U0689779

舊唐書卷一百四十一

列傳第九十一

田承嗣 姪悅 子緒 緒子季安　田弘正 子布 牟 布子在宥
張孝忠 子茂昭 茂昭子克勤 弟茂宗 茂和 陳楚附

田承嗣，平州人，世事盧龍軍爲裨校。祖璟、父守義，以豪俠聞於遼、碣。承嗣，開元末爲軍使安祿山前鋒兵馬使，累俘斬奚、契丹功，補左清道府率，遷武衞將軍。祿山構逆，承嗣與張忠志等爲前鋒，陷河洛。祿山敗，史朝義再陷洛陽，承嗣爲前導，僞授魏州刺史。代宗遣朔方節度使僕固懷恩引迴紇軍討平河朔。帝以二兇繼亂，郡邑傷殘，務在禁暴戢兵，屢行赦宥，凡爲安、史詿誤者，一切不問。時懷恩陰圖不軌，慮賊平寵衰，欲留賊將爲援，乃奏承嗣及李懷仙、張忠志、薛嵩等四人分帥河北諸郡，乃以承嗣檢校戶部尚書、鄭州刺史〔一〕。俄遷魏州刺史、貝博滄瀛等州防禦使。居無何，授魏博節度使。

承嗣不習教義，沉猜好勇，雖外受朝旨，而陰圖自固，重加稅率，修繕兵甲，計戶口之衆寡，而老弱事耕稼，丁壯從征役，故數年之間，其衆十萬。仍選其魁偉強力者萬人以自衞，謂之衙兵。郡邑官吏，皆自署置，戶版不籍於天府，稅賦不入於朝廷，雖曰藩臣，實無臣節。代宗以黎元久罹寇虐，姑務優容，累加檢校尚書僕射、太尉、同中書門下平章事，封鴈門郡王，賜實封千戶。及升魏州爲大都督府，以承嗣爲長史，仍以其子華尚永樂公主，冀以結固其心，庶其悛革；而生於朔野，志性兇逆，每王人慰安，言詞不遜。

大曆八年，相衞節度使薛嵩卒，其弟崿欲邀旄節；及用李承昭代嵩，衙將裴志清謀亂逐崿，崿率衆歸於承嗣。十年，薛崿歸朝，承嗣使親黨扇惑相州將吏謀亂，遂將兵襲擊，謬稱救應。代宗遣中使孫知古使魏州宣慰〔二〕，令各守封疆。承嗣不奉詔，遣大將盧子期攻洺州，楊光朝攻衞州，殺刺史薛雄，仍逼知古令巡磁、相二州，諷其大將割耳剺面，請承嗣爲帥，知古不能詰。四月，詔曰：

田承嗣出自行間，策名邊戍，早參戎秩，効用無聞，嘗輔兇渠，驅馳有素。洎再平河朔，歸命轅門。朝廷俯念遺黎，久罹兵革。自祿山召禍，瀛、博流離；思明繼釁，趙、魏堙厄；以至農桑井邑，靡獲安居，骨肉室家，不能相保。念其凋瘵，思用撫寧，以其先布欵誠，寄之爲理。所以委授旄鉞之任，假以方面之榮，期爾知恩，庶能自効。崇資茂

賞，首冠朝倫，列異姓之苴茅，登上公之禮命。子弟童稚，皆聯臺閣之華；妻妾僕媵，並受國邑之號。人臣之寵，舉集其門；將相之權，兼領其職。

夫宰相者，所以盡忠，而乃據國家之封壤，仗國家之兵戈，安國家之黎人，調國家之征賦。掩有資實，憑竊寵靈，內包兇邪，外示歸順。且相、衞之略，所管素殊，而逼脅軍人，使之翻潰。因其驚擾，便進軍師，事跡暴彰，姦邪可見。不然，豈志淸之亂，曾未崇朝，子期、光朝，會于明日。足知先有成約，指期而來，是爲蔑棄典刑，擅興戈甲。既云相州騷擾，鄰境救災，旋又更取磁州，重行威虐。此實自矛盾，不究始終。三州既空，遠邇驚陷，更移兵馬，又赴洺州，實爲暴惡不仁，窮極殘忍。薛雄乃衞州刺史，固非本藩，忿其不附，橫加凌虐，一門盡屠，非復噍類，酷烈無狀，人神所冤。又四州之地，皆列屯營，長史屬官，任情補署。精甲利刃，良馬勁兵，全實之資裝，農藏之積實，盡收魏府，罔有孑遺。其爲蓋在無赦，欲行討問，正厥刑書。猶示含容，冀其遷善，抑於典憲，務在慰安。乃遣知古遠奉詔書，諭以深旨，乃命承昭副茲麾下，撫彼舊封。而承昭又遣親將劉渾先傳詔命。承嗣遂巡磁、相〔三〕，仍刼知古偕行，先令姪悅權扇軍吏，至使引刀自割，抑令騰口相稽，當衆諠譁，請歸承嗣。論其姦狀，足以爲憑，此而可容，何者爲罪？

承嗣宜貶永州刺史，仍許一幼男女從行，便路赴任。委河東節度使薛兼訓、成德軍節度使李寶臣、幽州節度留後朱滔、昭義節度李承昭、淄靑節度李正已、淮西節度李忠臣、永平軍節度使李勉、汴宋節度田神玉等，掎角進軍。如承嗣不時就職，所在加討，按軍法處分。

詔下，承嗣懼，而麾下大將，復多攜貳，倉黃失圖，乃遣牙將郝光朝奉表請罪，乞束身歸朝。代宗重勞師旅，特恩詔允，幷姪悅等悉復舊官，仍詔不須入覲。

十一年，汴將李靈曜據城叛，詔近鎭加兵。靈曜求援於魏，承嗣令田悅率衆五千赴之，爲馬燧、李忠臣逆擊敗之，悅僅而獲免，兵士死者十七八，復詔誅之。十二年，承嗣復上章請罪，又赦之，復其官爵。承嗣有貝、博、魏、衞、相、磁、洺等七州，復爲七州節度使，於是承嗣弟廷琳及從子悅、承嗣子綰、緒等皆復本官，仍令給事中杜亞宣諭，賜鐵券。十三年九月，卒，時年七十五。有子十一人：維、朝、華、繹、綸、綰、緒、繪、純、紳、縉等。維爲魏州刺史；朝，神武將軍；華，太常少卿、駙馬都尉，尚永樂公主，再尚新都公主；餘子皆幼。而悅勇冠軍中，承嗣愛其才，及將卒，命悅知軍事，而諸子佐之。

悅初爲魏博中軍兵馬使、檢校右散騎常侍、魏府左司馬。大曆十三年，承嗣卒，朝廷用

悅爲節度留後。驍勇有膂力，性殘忍好亂，而能外飾行義，傾財散施，人多附之，故得兵柄。尋拜檢校工部尙書、御史大夫，充魏博七州節度使。大曆末，悅尙恭順。建中初，黜陟使洪經綸至河北，方聞悅軍七萬。經綸素昧時機，先以符停其兵四萬，令歸農畝。悅僞亦順命，卽依符罷之，既而大集所罷將士，激怒之曰：「爾等久在軍戎，各有父母妻子，既爲黜陟使所罷，如何得衣食自資？」衆遂大哭。悅乃盡出其家財帛衣服以給之，各令還其部伍，自此魏博感悅而怨朝廷。

居無何，或謬稱車駕將東封，而李勉增廣汴州城。李正己聞而猜懼，以兵萬人屯曹州，遣使說悅，同爲拒命。悅乃與正己、梁崇義等謀各阻兵，以判官王侑、扈蕚、許士則爲腹心，邢曹俊、孟希祐、李長春、符璘、康愔爲爪牙。建中二年，鎭州李寶臣卒，子惟岳求襲節鉞，俄而淄青李正己卒，子納亦求節鉞，朝廷皆不允，遂與惟岳、李納同謀叛逆。時朝廷遣張孝忠等討恆州，悅將孟希祐率兵五千援之。又遣將康愔率兵八千圍邢州，楊朝光五千人營於邯鄲西北盧家砦，絕昭義糧餉之路，悅自將兵甲數萬繼進。邢州刺史李洪、臨洺將張伾爲賊所攻，禦備將竭，詔河東節度使馬燧、河陽李芃與昭義軍討悅。七月三日，師自壺關東下，收賊盧家砦，大破賊於雙岡，邢州解圍，悅衆遁走，保洹水。馬燧等三帥距悅軍三十里爲壘，李納遣兵八千人助悅。

魏將邢曹俊者，承嗣之舊將，老而多智，頗知兵法，悅昵於扈蕚，以曹俊爲貝州刺史。及悅拒官軍於臨洺，大爲王師所破，悅乃召曹俊而問計焉，曹俊曰：「兵法十倍則攻，尙書以逆犯順，勢且不侔。宜於崞口置兵萬人以遏西師，則河北二十四州悉爲尙書有矣。今於臨洺、武安設攻城之計，糧竭卒盡，危凶立至，未見其可也。」祐等以其異己，咸譖毀，悅復令守貝州。

悅與淄青兵三萬餘人陣於洹水，馬燧等三帥與神策將李晟等來攻，悅之衆復敗，死傷二萬計。悅收合殘卒奔魏州，至南郭外，大將李長春拒關不內，以俟官軍。三帥雖進，頓兵於魏州南平邑浮圖，咸遲留不進，長春乃開門內之。悅持佩刀立於軍門，謂軍士百姓曰：「悅藉伯父餘業，久與卿等同事，今既敗喪相繼，不敢圖全。然悅所以堅拒天誅者，特以淄青、恆冀二大人在日，爲悅保薦於先朝，方獲承襲。今二帥云亡，子弟求襲，悅既不能報効，以至興師。今軍旅敗亡，士民塗炭，此皆悅之罪也。以母親之故，不能自剄，公等當斬悅首以取功勳，無爲俱死也！」乃自馬投地，衆皆憐之。或前撫持悅曰：「久蒙公恩，不忍聞此！今士民之衆，猶可一戰，生死以之。」悅收涕言曰：「諸公不以悅喪敗，猶願同心，悅縱身死，寧忘厚意於地下乎！」悅乃自割一髻，以爲要誓，於是將士自斷其髻，結爲兄弟，誓同生死。其將符璘、李再春、李瑤、悅從兄昂，相次以郡邑歸國。璘等家在魏州者，無少長悉爲悅所害。悅觀城內兵仗罄乏，士衆衰減，甚爲惶駭，乃復召邢曹俊與之謀。既至，完整徒旅，繕修營壁，人心復堅。經旬餘日，馬燧等進至城下。向使燧等乘勝長驅，襲其未備，則魏城屠之久矣，識者痛惜之。

會王武俊殺李惟岳，朱滔攻深州下之，朝廷以武俊爲恆州刺史，又以寶臣故將康日知爲深趙二州觀察使。是以武俊怨賞功在日知下，朱滔怨不得深州，二將有憾於朝廷。悅知其可間，遣判官王侑、許士則使於北軍，說朱滔曰：「昨者司徒奉詔征伐，徑趨賊境，旬朔之內，拔束鹿，下深州，惟岳勢蹙，故王大夫獲殄兇渠，皆因司徒勝勢。又聞司徒離幽州日，有詔得惟岳郡縣，使隸本鎭，今割深州與日知，是國家無信於天下也。且今上英武獨斷，有秦皇、漢武之才，誅夷豪傑，欲掃除河朔，不令子孫嗣襲。又朝臣立功立事如劉晏輩，皆被屠滅；昨破梁崇義，殺三百餘口，投之漢江，此司徒之所明知也。如馬燧、抱眞等破魏博後，朝廷必以儒德大臣以鎭之，則燕、趙之危可翹足而待也。若魏博全，則燕、趙無患，田尙書必以死報恩義。合從連衡，救災卹患，春秋之義也。春秋時諸侯有危者，桓公不能救則恥之。今司徒聲振宇宙，雄略命世，救鄰之急，非徒立義，且有利也。尙書以貝州奉司徒，命某送孔目，惟司徒熟計之。」滔既有貳於國，欣然從之，乃命判官王郅與許士則同往恆州說王武俊，仍許還武俊深州。武俊大喜，卽令判官王巨源報滔，仍知深州事。武俊又說張孝

忠同援悅，孝忠不從，恐爲後患，乃遣小校鄭侹築壘於北境，以拒孝忠；仍令其子士眞爲恆、冀、深三州留後，以兵圍趙州。

三年五月，悅以救軍將至，率其衆出戰於御河之上，大敗而還。四月，朱滔、武俊蒐軍於寧晉縣，共步騎四萬。五月十四日，起軍南下，次宗城，滔判官鄭雲逵及弟方逵背滔歸馬燧。六月二十八日，滔、武俊之師至魏州，會神策將李懷光軍亦至。懷光銳氣不可遏，堅欲與賊戰，遂徑薄朱滔陣，殺千餘人。王武俊與騎將趙琳、趙萬敵等二千騎橫擊懷光陣，滔軍繼踵而進，禁軍大敗，人相蹈藉，投屍於河三十里，河水爲之不流。馬燧等收軍保壘。是夜，王武俊決河水入王莽故河，欲隔官軍，水已深三尺，糧餉路絕。王師計無從出，乃遣人告朱滔曰：「鄙夫輒不自量，與諸人合戰。王大夫善戰，天下無敵，司徒五郎與王君圖之，放老夫歸鎭，必得聞奏，以河北之事委五郎。」時武俊戰勝，滔心忌之，卽曰：「大夫二兄敗官軍，馬司徒卑屈若此，不宜迫人於險也。」武俊曰：「燧等連兵十萬，皆是國之名臣，一戰而北，貽國之恥，不知此等何面見天子耶！然吾不惜放還，但不行五十里，必反相拒。」燧等至魏縣，軍於河西，武俊等三將壘於河東，兩軍相持，自七月至十月，勝負未決。

悅感朱滔救助，欲推爲盟主。滔判官李子牟、武俊判官鄭儒等議曰：「古有戰國連衡誓約以抗秦，請依周末七雄故事，並建國號爲諸侯，用國家正朔，今年號不可改也。」於是朱滔

稱冀王，悅稱魏王，武俊稱趙王，又請李納稱齊王。十一月一日，築壇於魏縣中，告天受之。滔爲盟主，稱孤；武俊、悅、納稱寡人。滔以幽州爲范陽府，恆州爲眞定府，魏州爲大名府，鄆州爲東平府，皆以長子爲元帥。僞册之日，其軍上有雲物稍異，馬燧等望而笑曰：「此雲無知，乃爲賊瑞。」又其營地前三年土長高三尺餘，魏州戶曹韋稔爲土長頌曰：「益土之兆也。」

四年十月，涇師犯闕，諸帥各還本鎭。悅、滔、武俊互相疑惑，各去王號，遣使歸國，悅亦致書於抱眞，遣使聞奏。興元元年正月，加悅檢校尚書右僕射，封濟陽王，使並如故，仍令給事中、兼御史大夫孔巢父往魏州宣慰。時悅阻兵四年，身雖驍猛，而性愎無謀，以故頻致破敗，士衆死者十七八。魏人苦於兵革，願息肩焉，聞巢父至，莫不舞忭。悅方宴巢父，爲其從弟緖所殺。

緖，承嗣第六子。大曆末，授京兆府參軍。承嗣卒時，緖年幼稚。承嗣慮諸子不任軍政，以從子悅便弓馬，性狡黠，故任遇之，俾代爲帥守。及緖年長，悅以承嗣委遇之厚，待緖等無間，令主衙軍。緖兇險多過，悅不忍，嘗笞而拘之，緖頗怨望，常俟釁隙。會興元元年，朝廷宥悅，仍令孔巢父往宣慰。悅旣順命，門階徹警。悅宴巢父夜歸，緖率左右數十人先

殺悅腹心蔡濟、扈萼、許士則等，挺劍而入。其兩弟止之，緖斬止者，遂徑升堂。悅方沉醉，緖手刃悅并悅妻高氏，又入別院殺悅母馬氏。自河北諸盜殘害骨肉，無酷於緖者。緖懼衆不附，奔出北門，邢曹俊、孟希祜等領徒數百追及之，迭呼之曰：「節度使須郎君爲之，他人固不可也。」乃以緖歸衙，推爲留後。明日，歸罪於扈萼，以其首徇，然後稟於孔巢父，遣使以聞。時緖兄綸居長，爲亂兵所殺，遂以緖爲留後。朝廷授緖銀青光祿大夫、魏州大都督府長史、兼御史大夫、魏博節度使。時朱滔率兵兼引迴紇之衆南侵，緖遣兵助王武俊、李抱眞，大破朱滔于經城[三]，以功授檢校工部尚書。貞元元年，以嘉誠公主出降緖，加駙馬都尉。尋遷檢校左僕射，封常山郡王，食邑三千戶。改封雁門郡王，食實封五百戶。尋加同平章事。

初，田悅性儉嗇，衣服飲食，皆有節度，而緖等兄弟，心常不足。緖旣得志，頗縱豪侈，酒色無度。貞元十二年四月，暴卒，時年三十三，贈司空，賻賚加等。子三人：季和、季直、季安。季和爲澶州刺史；季直爲衙將；季安最幼，爲嫡嗣。

季安字夔。母微賤，嘉誠公主蓄爲己子，故寵異諸兄。年數歲，授左衞胄曹參軍，改著作佐郎、兼侍御史，充魏博節度副大使；累加至試光祿少卿、兼御史大夫。緖卒時，季安

年纔十五，軍人推爲留後，朝廷因授起復左金吾衞將軍，兼魏州大都督府長史、魏博節度營田觀察處置等使。服闋，拜銀青光祿大夫、檢校尚書右僕射，進位檢校司空，襲封雁門郡王。未幾，加金紫光祿大夫，以本官同中書門下平章事。

季安幼守父業，懼嘉誠之嚴，雖無他才能，亦粗修禮法；及公主薨，遂頗自恣，擊鞠、從禽色之娛。其軍中政務，大抵任徇情意，賓僚將校，言皆不從。免公主喪，加檢校司徒。元和中，王承宗擅襲戎帥，憲宗命吐突承璀爲招撫使，會諸軍進討。季安亦遣大將率兵赴會，仍自供糧餉。師還，加太子太保。

季安性忍酷，無所畏懼。有進士丘絳者，嘗爲田緖從事，及季安爲帥，絳與同職侯臧不協，相持爭權。季安怒，斥絳爲下縣尉，使人召還，先掘坎於路左，旣至坎所，活排而瘞之，其兇暴如此。元和七年卒，時年三十二，贈太尉。子懷諫、懷禮、懷詢、懷讓。

懷諫母，元誼女。及季安卒，元氏召諸將欲立懷諫，衆皆唯唯。懷諫幼，未能御事，軍政無巨細皆取決於私白身蔣士則，數以愛憎移易將校。衙軍怒，取前臨清鎭將田興爲留後，遣懷諫歸第，殺蔣士則等十餘人。田興葬季安畢，送懷諫於京師，乃起復授右監門衞將軍，賜第一區，芻米甚厚。田氏自承嗣據魏州至懷諫，四世相傳襲四十九年，而田興代焉。

田弘正，本名興。祖延惲，魏博節度使承嗣之季父也，位終安東都護府司馬。延惲生延玠，幼敦儒雅，不樂軍職，起家爲平舒丞，遷樂壽、清池、束城、河間四縣令，所至以良吏稱。大曆中，累官至太府卿、滄州別駕，遷滄州刺史、兼御史中丞，充橫海軍使。承嗣與淄青李正己、恆州李寶臣不協，承嗣旣令延玠守滄州，而寶臣、朱滔聯兵攻擊，欲兼其土宇。延玠嬰城固守，連年受敵，兵盡食竭，人易子而食，卒無叛者，卒能保全城守。朝廷嘉之，遷洺州刺史，又改相州。屬薛㟧之亂，承嗣竄食薛嵩所部；延玠守正字民，不以宗門回避而改節。建中初，族姪悅代承嗣領軍政，志圖兇逆，慮延玠不從，召爲節度副使。悅姦謀頗露，延玠謂悅曰：「爾藉伯父遺業，可稟守朝廷法度，坐享富貴，何苦與恆、鄆同爲叛臣？自兵亂已來，謀叛國家者，可以歷數，鮮有保完宗族者。爾若狂志不悛，可先殺我，無令我見田氏之赤族也。」乃謝病不出。悅過其第而謝之，延玠杜門不納，將吏請納。建中三年，鬱憤而卒。

弘正，廷玠之第二子。少習儒書，頗通兵法，善騎射，勇而有禮，伯父承嗣愛重之。當季安之世，爲衙內兵馬使。季安惟務侈靡，不卹軍務，屢行殺罰，弘正每從容規諷，軍中甚賴之。季安以人情歸附，乃出爲臨淸鎭將，欲捃摭其過害之。弘正假以風痺請告，灸灼滿

身，季安謂其無能爲。及季安病篤，其子懷諫幼騃，乃召弘正署其舊職。

季安卒，懷諫委家僮蔣士則改易軍政，人情不悅，咸曰：「都知兵馬使田興可爲吾帥也。」衙兵數千詣興私第陳請，興拒關不出，衆呼譟不已。興出，衆環而拜，請入府署。興頓仆於地，久之，度終不免，乃令於軍中曰：「三軍不以興不肖，令主軍務，欲與諸軍前約，當聽命否？」咸曰：「惟命是從。」興曰：「吾欲守天子法，以六州版籍請吏，勿犯副大使，可乎？」皆曰：「諾。」是日，入府視事，殺蔣士則十數人而已。晚自府歸第，其兄融責興曰：「爾卒不能自晦，取禍之道也。」翌日，具事上聞，憲宗嘉之，加興銀青光祿大夫、檢校工部尚書、魏州大都督府長史、兼御史大夫、上柱國、沂國公，充魏、博等州節度觀察處置支度營田等使，仍賜名弘正。仍令中書舍人裴度使魏州宣慰，賜魏博三軍賞錢一百五十萬貫。

弘正既受節鉞，上表曰：「臣聞君臣父子，是謂大倫，爰立紀綱，以正上下。其或子不爲子，臣不爲臣，覆載莫可得容，幽明所宜共殛。臣家本邊塞，累代唐人，從乃祖乃父以來，沐文子文孫之化。臣幸因宗族，早列偏裨，驅馳戎馬之鄉，不覩朝廷之禮。惟忠與孝，天與臣心，常思奮不顧生，以身殉國，無由上達，私自感傷。豈意命偶昌時，事緣難故，白刃之下，謬見推崇。天慈遽臨，免書罪累，朝章荐及，仍委旌旃。錫封壤於全藩，列班榮於八座，君父之恩已極，絲毫之效未伸，但以靦冒知羞，低徊自愧。是知功榮所著，必俟危亂之時；

徼幸之來，却在清平之日。循涯揣分，以寵爲憂。伏自天寶已還，幽陵肇亂，山東奧壤，悉化戎墟。外撫車馬，內懷梟獍，官封代襲，刑賞自專，國家含垢匿瑕，垂六十載。臣每思此事，當食忘餐。若稍假天年，得奉宸算，兼弱攻昧，批亢擣虛，竭鷹犬之資，展獲禽之用，導揚和氣，洗滌僞風，然後退歸田園，以避賢路。臣懷此志，陛下察之。」優詔褒美。

弘正樂聞前代忠孝立功之事，於府舍起書樓，聚書萬餘卷，視事之隙，與賓佐講論古今言行可否。今河朔有沂公史例十卷，弘正客爲弘正所著也。魏州自承嗣已來，館宇服玩有踰常制者，悉命徹毀之，以正廳大侈不居，乃視事于採訪使廳。賓僚參佐，請之於朝。頗好儒書，尤通史氏，左傳、國史，知其大略。

自弘正歸國，幽、恆、鄆、蔡有齒寒之懼，屢遣客間說，多方誘阻，而弘正終始不移其操。裴度明理體，詞說雄辯，弘正聽其言，終夕不倦，遂深相結納，由是奉上之意逾謹。元和十年，朝廷用兵討吳元濟，弘正遣子布率兵三千進討，屢戰有功。李師道以弘正効忠，又襲其後，不敢顯助元濟，故絕其掎角之援，王師得致討焉。俄而王承宗叛，詔弘正以全師壓境，承宗懼，遣使求救於弘正，遂表其事，承宗遂納二子，獻德、棣二州以自解。

十三年，王師加兵於鄆，詔弘正與宣武、義成、武寧、橫海等五鎮之師會軍齊進。十一月，弘正自帥全師自楊劉渡河築壘，距鄆四十里。師道遣大將劉悟率重兵以抗弘正，結壘

相望。前後合戰，魏軍大捷，而李愬、李光顏三面進攻，賊皆挫敗，其勢將危。十四年三月，劉悟以河上之衆倒戈入鄆，斬師道首，詣弘正請降。淄青十二州平，論功加檢校司徒、同中書門下平章事。是年八月，弘正入覲，憲宗待之隆異，對於麟德殿，參佐將校二百餘人皆有頒錫，進加檢校司徒、兼侍中，實封三百戶。仍以其兄檢校刑部尚書、相州刺史融爲太子賓客，東都留司。弘正三上章，願留闕下，憲宗勞之曰：「昨韓弘至朝，稱疾懇辭戎務，朕不得不從。今卿復請留，意誠可尚，然魏土樂卿之政，鄰境服卿之威，爲我長城，不可辭也。可亟歸藩。」弘正每懼有一旦之憂，嗣襲之風不革，兄弟子姪，悉仕於朝，憲宗皆擢居班列，朱紫盈庭，當時榮之。

十五年十月，鎭州王承宗卒，穆宗以弘正檢校司徒、兼中書令、鎭州大都督府長史，充成德軍節度、鎭冀深趙觀察等使。弘正以新與鎭人戰伐，有父兄之怨，乃以魏兵二千爲衞從。十一月二十六日，至鎭州，時賜鎭州三軍賞錢一百萬貫，不時至，軍衆諠騰以爲言。弘正親自撫喻，人情稍安，仍表請留魏兵爲紀綱之僕，以持衆心，其糧賜請給於有司。時度支使崔倰不知大體，固阻其請，凡四上表不報。明年七月，歸卒於魏州，是月二十八日夜軍亂，弘正并家屬、參佐、將吏等三百餘口並遇害。穆宗聞之震悼，册贈太尉，賵賻加等。弘正孝友慈惠，骨肉之恩甚厚。兄弟子姪在兩都者數十人，競爲崇飾，日費約二十萬，魏、鎭州

之財，皆輦屬於道。河北將卒心不平之，故不能盡變其俗，竟以此致亂。弘正子布、羣、牟。

布，弘正第三子。始，弘正爲田季安裨將，鎭臨清，布年尚幼，知季安身世必危，密白其父帥其所鎭之衆歸朝，弘正甚奇之。及弘正節制魏博，布掌親兵。國家討淮、蔡，布率偏師隸嚴綬，軍於唐州，授檢校秘書監、兼殿中侍御史。前後十八戰，破淩雲栅，下郾城，布皆有功，擢授御史中丞。時裴度爲宣撫使，嘗觀兵於沱口，賊將董重質領驍騎遽至，布以二百騎突出溝中擊之，俄而諸軍大集，賊乃退去。淮西平，拜左金吾衞將軍、兼御史大夫。十三年，丁母憂，起復舊官。十五年冬，弘正移鎭成德軍，仍以布爲河陽三城懷節度使，父子俱擁節旄，同日拜命。時韓弘亦與子公武俱爲節度使，然人以忠勤多田氏。

長慶元年春，移鎭涇原。其秋，鎭州軍亂，害弘正，都知兵馬使王廷湊爲留後。時魏博節度使李愬病不能軍，無以捍廷湊之亂，且以魏軍田氏舊旅，乃急詔布至，起復爲魏博節度使，仍遷檢校工部尚書，令布乘傳之鎭。布喪服居堊室，去旌節導從之飾；及入魏州，居喪御事，動皆得禮。其祿俸月入百萬，一無所取，又籍魏中舊產，無巨細計錢十餘萬貫，皆出之以頒軍士。牙將史憲誠出己麾下，謂必能輸誠報効，用爲先鋒兵馬使，精鋭悉委之。時

屢有急詔促令進軍。十月，布以魏軍三萬七千討之，結壘於南宮縣之南。十二月，進軍，下賊二栅。時朱克融囚張弘靖，據幽州，與廷湊掎角拒命。河朔三鎭，素相連衡，憲誠陰有異志。而魏軍驕侈，怯於格戰，又屬雪寒，糧餉不給，以此愈無鬭志，憲誠從而間之。俄有詔分布軍與李光顏合勢，東救深州，其衆自潰，多爲憲誠所有，布得其衆八千。是月十日，還魏州。十一日，會諸將復議興師，而將卒益倨，咸曰：「尚書能行河朔舊事，則死生以之；若使復戰，皆不能也。」布以憲誠離間，度衆終不爲用，嘆曰：「功無成矣！」即日，密表陳軍情，且稱遺表，略曰：「臣觀衆意，終負國恩，臣既無功，不敢忘死。伏願陛下速救光顏、元翼，不然，則義士忠臣，皆爲河朔屠害。」奉表號哭，拜授其從事李石，乃入啓父靈，抽刀自刺，曰：「上以謝君父，下以示三軍。」言訖而絕。時議以布才雖不足，能以死謝家國，心志決烈，得燕、趙之古風焉。

穆宗聞之震嘆，廢朝三日，詔曰：

故魏博節度使、起復寧遠將軍、檢校工部尚書、兼魏州大都督府長史、御史大夫、賜紫金魚袋田布，朕以寡昧，臨御萬邦，威刑不能禁干紀之徒，道化不能馴多僻之俗，致使上公罹禍，田氏銜冤。爰整旅以徂征，每終食而浩嘆，自茲弔伐，驟歷寒暄。雖良將銳師，率皆協力；而俟時觀釁，未即齊驅。嗟我誠臣，結其哀憤，引遷延之咎以自劾

責，奮決烈之志以謝君親。白刃置於肝心，鴻毛論其生死，忠臣孝子，一舉兩全。昔稱卞氏之門，漢表尸鄉之節，比方於布，今古爲鄰。況其臨命須臾，處之不撓，載形章表，益深衷悃。問使發緘，悼心疾首。從先臣於厚載，爾則無愧；覩遺像於麟閣，予何所堪。端拱崇名，職垂彝典，據斯以報，聊攄永懷。可贈尚書右僕射。

布子在宥，大中年爲安南都護，頗立邊功。

羣，大和八年爲少府少監，充入吐蕃使，歷棣州刺史、安南都護。牟，會昌初爲豐州刺史、天德軍使，歷武寧軍節度使，大中朝爲兗海節度使，移鎭天平軍。諸子皆以邊上立功，累更藩鎭，以忠義爲談者所稱。

張孝忠，本奚之種類。曾祖靖，祖遜，代乙失活部落酋帥。父謐，開元中以衆歸國，授鴻臚卿同正，以孝忠貴，贈戶部尚書。孝忠以勇聞於燕、趙。時號張阿勞、王沒諾干，二人齊名。阿勞，孝忠本字；沒諾干，王武俊本字。孝忠形體魁偉，長六尺餘，性寬裕，事親恭孝。天寶末，以善射授內供奉。安祿山奏爲偏將，破九姓突厥，先登陷陣，以功授果毅折衝。祿山、史思明繼陷河洛，孝忠皆爲其前鋒。史朝義敗，入李寶臣帳下。上元中，奏授左領軍郎將，累加左金吾衛將軍同正、試殿中監，仍賜名孝忠，歷飛狐、高陽二軍使。李寶臣以孝忠謹重驍勇，甚委信之，以妻妹昧谷氏妻焉，仍悉以易州諸鎭兵馬令其統制。前後居城鎭十餘年，甚著威惠。

田承嗣之寇冀州也，寶臣俾孝忠以精騎數千禦之。承嗣見其整肅，歎曰：「張阿勞在焉，冀州未易圖也。」乃焚營宵遁。及寶臣與朱滔戰於瓦橋，常慮滔來攻，故以孝忠爲易州刺史，選精騎七千配焉，使扞幽州。奏授太子賓客、兼御史中丞，封范陽郡王。既而寶臣疑忌大將，殺李獻誠等四五人，使召孝忠，孝忠懼不往。寶臣使孝忠弟孝節召焉，孝忠命孝節復命曰：「諸將無狀，連頸受戮，孝忠懼死不敢往，亦不敢叛，猶公之不覲於朝，慮禍而已，無他志也。」孝節泣曰：「兄不行，吾歸死矣。」孝忠曰：「偕往則幷命，吾留無患也。」乃歸，果無患。

無幾，寶臣死，其子惟岳阻兵不受命，朝廷詔幽州節度使討之。滔以孝忠宿將善戰，有精兵八千在易州，慮軍興則撓其後，乃使判官蔡雄說孝忠曰：「惟岳小子驕貴，不達人事，輒拒朝命。滔奉命伐罪，使君何用助逆，不自求多福耶！今昭義、河東攻破田悅，淮西李僕射收下襄陽，梁崇義投井而卒，臨漢江而誅者五千人，即河南軍計日北首，趙、魏滅亡可見也。使君誠能去逆効順，必受重任，有先歸國之功矣。」孝忠然之，乃遣衙官隨雄報滔，又遣易州

錄事參軍董稹入朝。德宗嘉之，授孝忠檢校工部尚書、恆州刺史、兼御史大夫，充成德軍節度使，便令與滔合兵攻惟岳，仍賜實封二百戶。其弟孝義及孝忠三女已適人在恆州者，悉爲惟岳所害。孝忠甚德滔之保薦，以其子茂和聘滔之女，契約甚密，遂合兵破惟岳之師於束鹿，惟岳遁歸恆州。滔請乘勝襲之，孝忠仍引軍西北，還營義豐，滔大駭。孝忠將佐曰：「尚書布赤心於朱司徒，相信至矣。今逆寇已潰，不終其功，竊所未喻。」孝忠曰：「本求破賊，賊已破矣。然恆州宿將尚多，迫之則困獸猶鬭，緩之必翻然改圖。又朱滔言大識淺，可以慮始，難與守成。吾壁義豐，坐待惟岳之殄滅耳。」既而朱滔屯束鹿，不敢進軍。月餘，王武俊果斬惟岳首以獻，如孝忠所料。後定州刺史楊政義以州降，孝忠遂有易、定之地。時既誅惟岳，分四州各置觀察使，武俊得恆州，康日知得深、趙二州，孝忠得易州。以成德軍額在恆州，孝忠既降政義，朝廷乃於定州置義武軍，以孝忠檢校兵部尚書，爲義武軍節度、易定滄等州觀察等使。

及朱滔、王武俊謀叛，將救田悅於魏州，慮孝忠躡後，滔軍將發，復遣蔡雄往說之。孝忠曰：「李惟岳背國作逆，孝忠歸國，今爲忠臣。孝忠性直，業已効忠，不復助逆矣。往與武俊同行，且孝忠與武俊俱出蕃部，少長相狎，深知其心僻，能翻覆，語司徒，當記鄙言，忽有蹉跌，始相憶也！」滔又啗以金帛，終拒而不從。易定居二兇之間，四面受敵，孝忠修峻溝

壘，感勵將士，竟不受二兇之熒惑，議者多之。又加檢校左僕射，實封至三百戶。後孝忠爲朱滔侵逼，詔神策兵馬使李晟、中官竇文場率師援之。孝忠以女妻晟子憑，與晟戮力同心，整訓士衆，竟全易定，賊不敢深入。及上幸奉天，令大將楊榮國提銳卒六百從晟入關赴難，收京城，榮國有功。

興元元年正月，詔以本官同平章事。滄州本隸成德軍，既移隸義武，其刺史李固烈者，惟岳妻兄也，請還恆州。是歲，孝忠遣牙將程華往滄州交檢府藏。固烈輜車數十乘上路，滄州軍士呼曰：「士皆菜色，刺史不垂賑卹，乃稛載而歸，官物不可得也！」殺固烈而剽之。程華聞亂，由竇而遁，將士追之，謂曰：「固烈貪暴，已誅之矣，押牙且知州務。」孝忠即令攝刺史事。及朱滔、王武俊稱僞國，華與孝忠阻絕，不能相援。華嬰城拒賊，一州獲全，朝廷嘉之，乃拜華滄州刺史、御史中丞，充横海軍使，仍改名日華，令每歲以滄州稅錢十二萬貫供義武軍。

貞元二年，河北蝗旱，米斗一千五百文，復大兵之後，民無蓄積，餓殍相枕。孝忠所食，豆䜴而已，其下皆甘粗糲，人皆服其勤儉，孝忠爲一時之賢將也。三年，加檢校司空，仍以其子茂宗尙義章公主。孝忠遣其妻鄧國夫人昧谷氏入朝，執親迎之禮，上嘉之，賞賚隆厚。五年七月，爲將佐所惑，以兵入蔚州；尋詔歸鎮，仍以擅興削檢校司空。七年三月卒，時年

六十二，廢朝三日，追封上谷郡王，贈太傅，再贈魏州大都督，册贈太師，謚曰貞武。子茂昭、茂宗、茂和。

茂昭，本名昇雲。幼有志氣，好儒書，以父蔭累官至檢校工部尙書。貞元七年，孝忠卒，德宗以邕王謜爲義武軍節度大使[五]、易定觀察使；以昇雲爲定州刺史，起復左金吾衞大將軍，充節度觀察留後，仍賜名茂昭。九年正月[六]，授節度使，累遷檢校僕射、司空。二十年十月，入朝，累陳奏河北及西北邊事，詞情忠切，德宗聳聽，嘆曰：「恨見卿之晚！」錫宴於麟德殿，賜良馬、甲第、器用、珍幣甚厚，仍以其第三男克禮尙晉康郡主。德宗方欲委之以邊任，明年晏駕，茂昭入臨於太極殿，每朝晡預列，聲哀氣咽，人皆獎其忠懇。順宗聽政，加中書門下平章事，且令還鎮，賜女樂二人，三表辭讓，及中使押犢車至第，茂昭立謂中使曰：「女樂出自禁中，非臣下所宜目覩。昔汾陽、咸寧、西平、北平嘗受此賜，不讓爲宜。茂昭無四賢之功，述職入覲，人臣常禮，奈何當此寵賜！後有立功之臣，陛下何以加賞？」順宗聞之，深加禮異，允其所讓。又錫安仁里第，亦固讓不受。元和二年，又請入覲，五上章懇切，憲宗許之。冬十月，至京師，留數月，詔令歸鎮。茂昭願奉朝請於闕下，不許，加太子太保，復令還鎮。

四年，王承宗叛，詔河東、河中、振武三鎮之師，合義武軍，爲恆州北道招討。茂昭創廩廄，開道路，以待西軍。屬正月望夜，軍吏請曰：「舊例，上元前後三夜，不止行人，不閉里門；今外道軍戎方集，請如軍令。」茂昭曰：「三鎮兵馬，官軍也，安得言外道！放燈一如常歲。」使長男克讓與諸軍分道並進。克讓渡木刀溝，與賊接戰屢勝。茂昭親擐甲胄，爲諸軍前鋒，累獻戎捷，幾覆承宗。會朝廷洗雪承宗，乃詔班師，加檢校太尉，兼太子太傅。

自安、史之亂，兩河藩帥多阻命自固，父死子代；唯茂昭表請舉族還朝，鄰藩累遣遊客間說，茂昭志意堅決，拜表求代者數四。上乃命左庶子任迪簡爲其行軍司馬[七]，乘驛赴之。以兩郡之簿書、管鑰、符印付迪簡，遣其妻季氏、男克讓克恭等先就路，將行，誡之曰：「吾使爾曹侍親出易者，庶後之子孫不爲風俗所染，則吾無恨矣。」時五年冬也。行及晉州，拜檢校太尉、兼中書令，充河中晉絳慈隰等州節度觀察等使。十二月十二日，至京師。故事雙日不坐，是日特開延英殿對茂昭，五刻乃罷。又上表請遷祖考之骨墓于京兆。在朝兩月，未之鎭。六年二月，疽發於首，卒，時年五十。廢朝五日，册贈太師，賻絹三千匹、布一千端、米粟三千石，喪事所須官給，詔京兆尹監護，謚曰獻武。

憲宗念其忠藎，諸昆仲子姪皆居職秩，仍詔每年給絹二千匹，春秋分給。克讓、克恭官至諸衞大將軍。小男克勤，長慶中左武衞大將軍。時有赦文許一子五品官，克勤以子幼，

請準近例迴授外甥。狀至中書，下吏部員外郎判廢置，裴夷直斷曰：「一子官，恩在念功，貴於延賞；若無己子，許及宗男。今張克勤自有息男，妄以外甥奏請，移於他族，知是何人，倘涉賣官，實爲亂法。雖援近日敕例，難破著定格文，國章既在必行，宅相恐難虛授。」具狀上中書門下，克勤所請，望宜不允。」遂爲定例。

茂宗以父蔭累官至光祿少卿同正。貞元三年，許尙公主，拜銀青光祿大夫、本官駙馬都尉，以公主幼待年。十三，屬茂宗母亡，遺表請終嘉禮。德宗念茂昭之勳，即日授雲麾將軍，起復授左衞將軍同正、駙馬都尉。諫官蔣乂等論曰：「自古以來，未聞有駙馬起復而尙公主者。」上曰：「卿所言，古禮也；如今人家往往有借吉爲婚嫁者，卿何苦固執？」又奏曰：「臣聞近日人家有不甚知禮教者，或女居父母服，家既貧乏，且無強近至親，即有借吉以就親者。至於男子借吉婚娶，從古未聞，今忽令駙馬起復成禮，實恐驚駭物聽。況公主年幼，更俟一年出降，時既未失，且合禮經。」太常博士韋彤、裴堪曰：「伏見駙馬都尉張茂宗猶在母喪，聖恩念其亡母遺表所請，許公主出降，仍令茂宗即吉就婚者。伏以夫婦之義，人倫大端，所以關雎冠於詩首者，王化所先也。天屬之親，孝行爲本，所以齊斬五服之重者，人道之厚也。聖人知此二端爲訓人之本，不可變也，故制婚禮，上以承宗廟，下以繼後嗣。至若

墨衰奪情，事緣金革。若使茂宗釋衰服而衣冕裳，去堊室而爲親迎，雖云輟哀借吉，是亦以凶瀆嘉。伏願抑茂宗亡母之請，顧典章不易之義，待其終制，然後賜婚。」德宗不納，竟以義章公主降茂宗。自是以戚里之親，頗承恩顧。

元和中，爲閑廐使。國家自貞觀中至於麟德，國馬四十萬匹在河、隴間。開元中尚有二十七萬，雜以牛羊雜畜，不啻百萬，置八使四十八監，占隴右、金城、平涼、天水四郡，幅員千里，自長安至隴右，置七馬坊，爲會計都領。岐、隴間善水草及腴田，皆屬七馬坊。至德以後〔八〕，西戎陷隴右，國馬盡散，監牧使與七馬坊名額盡廢，其地利因歸於閑廐使。寶應中，鳳翔節度使請以監牧賦給貧民爲業，土著相承，十數年矣。又有別敕賜諸寺觀凡千餘頃。及茂宗掌閑廐，與中尉吐突承璀善，遂恃恩舉舊事，並以監牧地租歸閑廐司。茂宗又奏麟遊縣有岐陽馬坊，按舊圖地方三百四十頃，制下閑廐司檢計。百姓紛紜論訴，節度使李惟簡具事上聞，詔監察御史孫革往按問之。革還奏曰：「天興縣東五里有隋故岐陽馬坊，地在其側，蓋因監爲名，與今岐陽所指百姓侵占處不相接，皆有明驗。」茂宗怒，恃有中助，誣革所奏不實。又令侍御史范傳式覆按，乃附茂宗，盡翻前奏，遂奪居人田業，皆屬閑廐，乃罷革官。長慶初，岐人論訴不已，詔御史按驗明白，乃復以其地還百姓，貶傳式官。

茂宗俄授左金吾衞大將軍。長慶二年，檢校工部尚書，兼兗州刺史、御史大夫，充兗海沂節度等使，加檢校兵部尚書。大和五年，入爲左金吾衞大將軍，充左衞使〔九〕，轉左龍武統軍卒。

茂和，元和中爲左武衞將軍。裴度爲淮西行營處置，用兵討吳元濟，建牙赴行營，奏用茂和爲都押衙。茂和嘗以膽氣才略自贊於相府，故度奏用之。茂和慮度無功，淮、蔡不可平，乃辭之以疾。度怒甚，奏請斬茂和以勵行者，憲宗曰：「予以其家門忠順，爲卿遠貶。」後復用爲諸衞將軍，卒。

陳楚者，定州人，茂昭之甥。少有武幹，爲義勇牙將，事茂昭，每出征伐，必令典精卒。隨茂昭入朝，授諸衞大將軍。元和十二年，義武軍節度使渾鎬喪師，定州兵亂，乃除楚易定節度，令馳傳赴任。亂猶未彌，楚夜馳入州城。楚家世久在定州，軍中部校皆楚之舊卒，人情大悅，軍卒帖然。轉河陽三城懷節度使。前後亟立戰功，入爲龍武統軍。長慶三年卒。

史臣曰：朝廷治亂，在法制當否，形勢得失而已。秦人叛上，法制失也；漢道勃興，形勢得也。臣觀開元之政舉，坐制百蠻；天寶之法衰，遂淪四海。玄宗一失其勢，橫流莫救，地分於羣盜，身播於九夷。河朔二十餘州，竟爲盜穴，諸田兇險，不近物情。而弘正、孝忠，頗達人臣之節，沂國力善無報，殆天意之好亂惡治歟！茂昭忠梗有禮，明禍福大端，近代之賢侯也。

贊曰：田宗不令，禍淫無應。謂天輔仁，胡覆弘正。茂昭知止，終以善勝。孰生厲階，上失威柄。

校勘記

〔一〕鄭州刺史　新書卷二一〇田承嗣傳「鄭州」作「莫州」，莫州原爲鄚州，「鄭」字疑爲「鄚」字之誤。

〔二〕孫知古　「古」字各本原作「在」，據冊府卷四三九、唐大詔令集卷一一九、全唐文卷四七改。下同。

〔三〕遂巡磁相　「遂」字各本原作「追」，據唐大詔令集卷一一九、全唐文卷四七改。

〔四〕經城　各本原作「涇城」，據本書卷一三二李抱眞傳、冊府卷三八五改。

〔五〕邕王謜　「謜」字各本原作「諒」，據本書卷一五〇德宗諸子傳、合鈔卷一九二張孝忠傳改。

〔六〕九年　各本原作「元年」，據本書卷一三德宗紀、通鑑卷二三四改。

〔七〕任迪簡　各本原作「任簡迪」，據本書卷一四憲宗紀及卷一八五下任迪簡傳改。

〔八〕至德以後　各本原作「至麟德以後」，按麟德以後，隴右猶未陷，今據新書卷一四八張孝忠傳刪「麟」字。

〔九〕充左衞使　合鈔卷一九二張孝忠傳作「充左街使」。

舊唐書卷一百四十二

列傳第九十二

李寶臣 子惟岳 惟誠 惟簡 惟簡子元本 王武俊 子士眞 士平 士則 士眞子承宗 承元 王廷湊 子元逵 元逵子紹鼎 紹懿 紹鼎子景崇 景崇子鎔

李寶臣，范陽城旁奚族也。故范陽將張鎖高之假子，故姓張，名忠志。幼善騎射，節度使安祿山選爲射生官。天寶中，隨祿山入朝，玄宗留爲射生子弟，出入禁中。及祿山叛，忠志遁歸范陽，祿山喜，錄爲假子，姓安，常給事帳中。祿山兵將指闕，使忠志領驍騎八千人入太原，劫太原尹楊光翽。忠志挾光翽出太原，萬兵追之不敢近。祿山使董精甲，扼井陘路，軍於土門。安慶緒僞署爲恆州刺史。九節度之師圍慶緒於相州，忠志懼，獻章歸國，肅宗因授恆州刺史。及史思明復渡河，僞授忠志工部尚書、恆州刺史、恆趙節度使，統衆三萬守常山。及思明敗，不受朝義之命，乃開土門路以內王師。河朔平定，忠志與李懷仙、薛

嵩、田承嗣各舉其地歸國，皆賜鐵券，誓以不死。因授忠志開府儀同三司、檢校禮部尚書、恆州刺史，實封二百戶，仍舊爲節度使。乃以恆州爲成德軍，賜姓名曰李寶臣。

時寶臣有恆、定、易、趙、深、冀六州之地，後又得滄州步卒五萬、馬五千匹，當時勇冠河朔諸帥。寶臣以七州自給，軍用殷積，招集亡命之徒，繕閱兵仗，與薛嵩、田承嗣、李正已、梁崇義等連結姻婭，互爲表裏，意在以土地傳付子孫，不稟朝旨，自補官吏，不輸王賦。初，天寶中，天下州郡皆鑄銅爲玄宗眞容，擬佛之制。及安、史之亂，賊之所部，悉鎔毀之，而恆州獨存，由是實封百戶。

初，寶臣、正已皆爲承嗣所易。寶臣弟寶正娶承嗣女，在魏州與承嗣子維擊鞠，寶正馬馳駭，觸殺維，承嗣怒，縶寶正以告。寶臣謝爲教不謹，緘杖令承嗣以示責，承嗣遂鞭殺之，由是交惡。

大曆十年，寶臣、正已更言承嗣之罪，請討之，代宗欲因其相圖，乃從其請。時幽州節度留後朱滔方恭順朝廷，詔滔與寶臣及太原之師攻其北，正已與滑亳、河陽、江淮之師攻其南。寶臣、正已會軍于棗強，椎牛釃酒，犒勞將士，仍頒優賞。寶臣軍賞厚，正已軍賞薄。既罷會，正已軍中咄咄有辭，正已聞之，懼有變，卽時引退。由是寶臣、朱滔共攻承嗣之滄州，連年未下。時承嗣使腹心將盧子期攻邢州〔一〕，城將陷，寶臣發精卒赴救，擊敗之，擒子

期來獻。河南諸將又大破田悅于陳留，正已收承嗣之德州，以重兵臨其境，指期進討。承嗣大懼，遂求解於寶臣，寶臣不許。

初，正已將發兵，使人至魏，承嗣囚之；及是，乃厚禮遣歸，發使與俱，具列境內戶口兵糧之數，悉以奉正已，且告曰：「承嗣老矣，今年八十有六，形體支離，無日月焉。己子不令，悅亦孱弱，不足保其後業。今之所有，爲公守耳，曷足辱公師旅焉！」立使者于廷，南向，拜而授書；又圖正已形，焚香事之如神，謂人曰：「眞聖人也！」正已聞之，且得其數，乃止，諸軍莫敢進者。

承嗣止正已，無南軍之虞。又知范陽寶臣故里，生長其間，心常欲得之，乃勒石爲讖，密瘞寶臣境內，使望氣者云：「此中有王氣。」寶臣掘地得之，有文曰：「二帝同功勢萬全，將田作伴入幽、燕。」二帝，指寶臣、正已也。承嗣又使客諷之曰：「公與朱滔共舉，取吾滄州，設得之，當歸國，非公所有。誠能捨承嗣之罪，請以滄州奉獻，可不勞師而致，願取范陽以自効。公將騎爲前驅，承嗣率步卒從，此萬全之勢。」寶臣喜，以爲事合符命，遂與承嗣通謀，割州與之。寶臣乃密圖范陽，承嗣亦陳兵境上。寶臣謂朱滔使曰：「吾聞朱公貌如神，安得而識之，願因繪事而觀，可乎？」滔乃圖其形以示之。寶臣懸於射堂，命諸將熟視之，曰：「朱公信神人也！」他日，滔出軍，寶臣密選精卒劫之，戒其將曰：「取彼貌如射堂所懸

者。」是時，二軍不相虞有變，滔與戰於瓦橋，滔適衣他服，以不識免。承嗣聞與滔交鋒，其釁已成，乃旋軍，使告寶臣曰：「河內有警急，不暇從公。石上讖文，吾戲爲之耳！」寶臣慚怒而退。

遷左僕射，封隴西郡王、檢校司空、同中書門下平章事。德宗卽位，拜司空，兼太子太傅。寶臣名位既高，自擅一方，專貯異志。妖人僞爲讖語，言寶臣終有天位。寶臣乃爲符瑞及靈芝朱草，作朱書符。又於深室齋戒築壇，上置金匜、玉斝，云「甘露神酒自出」。又僞刻玉爲印，金填文字，告境內云：「天降靈瑞，非予所求，不祈而至。」將吏無敢言者。妖輩慮其詐發，乃曰：「相公須飮甘露湯，卽天神降。」寶臣然之。妖人置堇湯中，飮之，三日而卒。

寶臣暮年，益多猜忌，以惟岳暗愞，諸將不服，卽殺大將辛忠義、盧俶、定州刺史張南容、趙州刺史張彭老、許崇俊等二十餘人，家口沒入，自是諸將離心。建中二年春卒，時年六十四，廢朝三日，册贈太保。子惟岳、惟誠、惟簡。

寶臣卒時，惟岳爲行軍司馬，三軍推爲留後，仍遣使上表求襲父任，朝旨不允。魏博節度使田悅上章保薦，請賜旄節，不許。惟岳乃與田悅、李正已同謀拒命，判官邵眞泣諫，以爲不可。惟岳暗懦，初雖聽從，終爲左右所惑而止。而所與圖議，皆姦吏胡震、家人王他奴

等唯勸拒逆爲事。

惟岳舅谷從政者，有智略，爲寶臣所忌，移病不出；至是知惟岳之謀，慮其覆宗，乃出諫惟岳曰：「今天下無事，遠方朝貢，主上神武，必致太平。如至不允，必至加兵。雖大夫恩及三軍，萬一不捷，孰爲大夫用命者？又先朝相公與幽帥不協，今國家致討，必命朱滔爲帥。彼嘗切齒，今遂復讎，可不懼乎！又頃者相公誅滅軍中將校，其子弟存者，口雖不言，心寧無憤？兵猶火也，不戢自焚。往者田承嗣佐安祿山、史思明謀亂天下，千征百戰；及頃年侵擾洺、相等州，爲官軍所敗，及貶永州，仰天垂泣。賴先相公佐佑保援，方獲赦宥，若雷霆不收，承嗣豈有生理！今田悅凶狂，何如承嗣名望？苟欲坐邀富貴，不料破家覆族。而況今之將校，罕有義心，因利乘便，必相傾陷。爲大夫晝久長之計，莫若令惟誠知留後，大夫自速入朝。國家念先相公之功，見大夫順命，何求而不得？今與羣逆爲自危之計，非保家之道也。」惟岳亦素忌從政，皆不聽，竟與魏、齊謀叛。

既而惟岳大將張孝忠以郡歸國，朝廷以孝忠爲成德軍節度使，仍詔朱滔與孝忠合勢討之。惟岳以精甲屯束鹿以抗之，田悅遣大將孟佑率兵五千助惟岳。建中三年正月，朱滔、孝忠大破恆州軍於束鹿，惟岳燒營而遁。惟岳大將趙州刺史康日知以郡歸國，惟岳乃令衙將衛常寧率士卒五千，兵馬使王武俊率騎軍八百同討日知。武俊既出恆州，謂常寧曰：「武

俊盡心於本使，大夫信讒，頗相猜忌，所謂朝不謀夕，豈圖生路！且趙州用兵，捷與不捷，武俊不復入恆州矣！妻子任從屠滅，且以殘生往定州事張尙書去也，孰能持頸就戮！」常寧曰：「中丞以大夫不可事，且有詔書云，斬大夫首者，以其官爵授。自大夫拒命已來，張尙書以易州歸國得節度使。今聞日知已得官爵。觀大夫事勢，終爲朱滔所滅。此際轉禍爲福，莫若倒戈入使府，誅大夫以取富貴也。況大夫暗昧，左右誑惑，其實易圖。事苟不捷，歸張尙書非晚。」武俊然之。三年閏正月，武俊與常寧自趙州迴戈，達明至恆，武俊子士眞應於內。武俊兵突入府署，遣虞候任越劫擒惟岳〔三〕，縊死於戟門外；又誅惟岳妻父鄭華及長慶、王他奴等二十餘人，傳首京師。

惟誠，惟岳異母兄，以父蔭爲殿中丞，累遷至檢校戶部員外郎。好儒書理道，寶臣愛之，委以軍事；性謙厚，以惟岳嫡嗣，讓而不受。同母妹嫁李正己子納，寶臣以其宗姓，請惟誠歸本姓，又令入仕於鄆州，爲李納營田副使。歷兗、淄、濟、淮四州刺史，竟客死東平。

惟簡，寶臣第三子。初，王武俊既誅惟岳，又械惟簡送京師，德宗拘於客省，防伺甚峻。

朱泚之亂，惟簡斬關而出，赴奉天，德宗嘉之，用爲禁軍將。從渾瑊率師討賊，頻戰屢捷，加御史中丞。從幸山南，得「元從功臣」之號，封武安郡王。後授左神威大將軍，轉天威統軍。元和初，檢校戶部尙書、左金吾衞大將軍，充街使，俄拜鳳翔隴右節度使。元和十三年正月卒，贈尙書右僕射。

子元本，生於貴族，輕薄無行。初，張茂昭子克禮尙襄陽公主。長慶中，主縱恣不法，常遊行市里。有士族子薛樞、薛渾者，俱得幸於主。尤愛渾，每詣渾家，謁渾母行事姑之禮。有吏誰何者，即以厚賂啗之。渾與元本皆少年，遂相誘掖，元本亦得幸於主，出入主第。張克禮不勝其忿，上表陳聞，乃召主幽于禁中。以元本功臣之後，得減死，杖六十，流象州。樞、渾以元本之故，亦從輕杖八十，長流崖州。

王武俊，契丹怒皆部落也。祖可訥干，父路俱。開元中，饒樂府都督李詩率其部落五千帳，與路俱南河襲冠帶，有詔褒美，從居薊。武俊初號沒諾干，年十五，能騎射。上元中，爲史思明恆州刺史李寶臣裨將。寶應元年，王師入井陘，將平河朔，武俊謂寶臣曰：「以寡敵衆，以曲遇直，戰則離，守則潰，銳師遠鬬，庸可禦乎？」寶臣遂徹警備，以恆、定、深、

趙、易五州歸國，與王師協力，東襲遺寇。寶臣除恆、定等州節度使，以武俊構謀，奏兼御史中丞，充本軍先鋒兵馬使。

大曆十年，田承嗣因薛嵩死，兼有相、衞、磁、邢、洺五州。承嗣遣將盧子期寇磁州〔四〕，詔令寶臣與李正己、李勉、李承昭、田神玉、朱滔、李抱眞各出兵討之。諸軍與子期戰于清水，大破之，寶臣將有節生擒子期以獻，代宗嘉其功，使中貴人馬承倩齎詔宣勞。承倩將歸，止傳舍，寶臣親遺百縑。承倩詬詈，擲出道中，寶臣顧左右有愧色。還休府中，諸將散歸，寶臣潛伺屏間，獨武俊佩刀立于門下。召入，解刀與語，曰：「見向者頑豎乎？」武俊曰：「今閣下有功尙爾，寇平後，天子以幅紙之詔召置京下，一匹夫耳，可乎？」寶臣曰：「爲之若何？」武俊曰：「不如玩養承嗣，以爲己資。」寶臣曰：「今與承嗣有釁矣，可推腹心哉？」武俊曰：「勢同患均，轉寇讎爲父子，欬唾間。若傳虛言，無益也。今中貴人劉清譚在驛，斬首送承嗣，立質妻孥矣。」寶臣曰：「恐不能如此。」武俊曰：「朱滔爲國屯兵滄州，請擒送承嗣以取信。」許之。立選銳士二千，皆乘駿馬，通夜馳三百里，晨至滔營，掩其不備。滔軍出戰，大敗，擒類滔者，滔故得脫。自此寶臣與田承嗣、李正己更相爲援，皆武俊萌之。

寶臣死，其子惟岳謀襲父位。寶臣舊將易州刺史張孝忠以州順命，遂以孝忠代寶臣，俾惟岳護喪歸京，惟岳不受命。建中三年正月，詔朱滔、張孝忠合軍討之。惟岳與武俊復

統萬餘衆戰於束鹿，武俊率三千騎先進，爲滔所敗，惟岳遁走。趙州刺史康日知遂以州順命，惟岳令武俊統兵擊之。日知遣人謂武俊曰：「惟岳孱微而無謀，何足同反！我城堅衆一，未可以歲月下。且惟岳恃田悅爲援，前歲悅之丁男甲卒塗地於邢州城下，猶不能陷，況此城乎！」復給僞手詔招武俊，信之，遂倒兵入恆州，率數百騎入衙門，使謂惟岳曰：「大夫舉兵與魏、齊同惡，今田尚書已喪敗，李尚書爲趙州所間，軍士自束鹿之役，傷痛軫心。朱僕射強兵宿境內，張尚書已授定州，三軍俱懼殞首喪家。聞有詔徵大夫，宜亟赴命，不爾，禍在漏刻。」惟岳怖，遽睢盱。武俊子士眞斬惟岳，持首而出。武俊殺不同己者十數人，遂定。傳首上聞，授武俊檢校秘書少監、兼御史大夫、恆州刺史、恆冀都團練觀察使，實封五百戶，以康日知爲深趙團練觀察使。

時惟岳僞定州刺史楊政義以州順命，深州刺史楊榮國降，朱滔分兵鎭之。朝廷既以定州屬張孝忠，深州屬康日知，武俊怒失趙、定二州，且名位不滿其志，朱滔怒失深州，因誘武俊謀反，斥言朝廷，遂連率勁兵救田悅。時馬燧、李抱眞、李芃、李晟方討田悅，敗悅於洹水，後連歲暴兵，然悅勢已蹙；至是武俊、朱滔復振起之，悅勢益張。

十一月，武俊使大將張鍾葵寇趙州，康日知擊敗之，斬首上獻。是日，武俊僭建國，稱趙王，以恆州爲眞定府，僞命官秩。朱滔、田悅、李納一同僭號，分據所部，各遣使勸誘蔡州

李希烈同僭位號。四年三月，希烈既爲周曾謀潰其腹心，或傳希烈已死，馬燧等四節度軍中聞之，歡聲震外。

六月，李抱眞使辯客賈林詐降武俊。林至武俊壁曰：「是來傳詔，非降也。」武俊色動，徵其說，林曰：「天子知大夫宿誠，及登壇建國之日，撫膺顧左右曰：『我本忠義，天子不省。』是後諸軍曾同表論列大夫。天子覽表動容，語使者曰：『朕前事誤，追無及已。朋友間失意尚可謝，朕四海主，毫芒安可復念哉！』」武俊曰：「僕虜將，尚知存撫百姓，天子固不專務殺人以安天下。今山東大兵者五，比戰勝，骨盡暴野，雖勝與誰守？今不憚歸國，以與諸侯盟約，虜性直，不欲曲在己。朝廷能降恩滌蕩之，僕首倡歸國，不從者，於以奉辭，則上不負天子，下不負朋友。此謀既行，河朔不五旬可定。」

十月，涇原兵犯闕，上幸奉天。京師問至，諸將退軍。李抱眞將還潞澤，田悅說武俊與朱滔襲擊之。賈林復說武俊曰：「今退軍前輜重，後銳師，人心固一，不可圖也。且勝而得地，則利歸魏博；喪師，卽成德大傷。大夫本部易、定、滄、趙四州，何不先復故地？」武俊遂北馬首，背田悅約。賈林復說武俊曰：「大夫冀邦豪族，不合謀據中華。且滔心幽險，王室強卽藉大夫援之，卑卽思有併吞。且河朔無冀國，唯趙、魏、燕耳。今朱滔稱冀，則窺大夫冀州，其兆已形矣。若滔力制山東，大夫須整臣禮，不從，卽爲所攻奪，此時臣滔乎？」武

俊投袂作色曰：「二百年宗社，我尚不能臣，誰能臣田舍漢！」由此計定，遂南修好抱眞，西連盟馬燧。會興元元年德宗罪己，大赦反側。二月，武俊集三軍，削僞國號。詔國子祭酒兼御史大夫董晉、中使王進傑，自行在至恆州宣命，授武俊檢校兵部尚書、成德軍節度使。三月，加司空、同中書門下平章事，兼幽州、盧龍兩道節度使、琅邪郡王。

時朱泚僞册滔爲皇太弟，滔率幽、檀勁卒，誘迴紇二千騎，已圍貝州數十日，將絕白馬津，南盜洛都，與泚合勢。時李懷光反據河中，李希烈已陷大梁，南逼江、漢，李納尚反於齊，田緒未爲用，李晟孤軍壁渭上，天子羽書所制者，天下纔十二三，海內蕩析，人心失歸。賈林又說武俊與抱眞合軍，同救魏博，爲武俊陳利害曰：「朱滔此行，欲先平魏博，更逢田悅被害，人心不安，旬日不救，魏、貝必下，滔益數萬。張孝忠見魏、貝已拔，必臣朱滔。三道連衡，兼統迴紇，長驅至此，家族可得免乎？常山不守，則昭義退保山西，河朔地盡入滔。今乘魏、貝未下，孝忠未附，公與昭義合軍破之，如掇遺耳！此計就，則聲振關中，京邑可坐復，鑾輿反正自公，則勳業無二也。」武俊歡然許之。兩軍議定，卜日同征。五月，武俊、抱眞會軍於鉅鹿東。兩軍既交，滔震恐。抱眞爲方陣，武俊用奇兵，朱滔傾壘出戰，武俊不擐甲而馳之，滔望風奔潰，自相蹂踐，死者十四五，收其輜重、器甲、馬牛不可勝計，滔夜奔還幽州。武俊班師，表讓幽州盧龍節度使，許之。乃升恆州爲大都督府，以武俊爲長史，加檢

校司徒，實封七百戶，餘如故。

車駕還京，寵之逾厚，子尚貴主，子弟在孩稚者，皆賜官名。尋丁母憂，起復加左金吾上將軍同正，免喪，加開府儀同三司。十二年，上念舊勳，加檢校太尉，兼中書令。十七年六月卒，時年六十七，廢朝五日，羣臣詣延英門奉慰，如渾瑊故事。詔左庶子上公持節册贈太師，賻絹三千匹、布千端、米粟三千石。太常謚曰威烈，德宗曰：「武俊竭忠奉國，宜賜謚忠烈。」子士眞、士清、士平、士則，士眞嗣。

士眞，武俊長子。少驍悍，冠於軍中，沉謀有斷。事李寶臣爲帳中親將，仍以女妻之。寶臣末年，慮身後諸子暗弱，爲諸將所奪，屢行誅戮，諸將離心。武俊官位雖卑，而勇略邁世，寶臣惜其才，不忍誅之，而士眞密結寶臣左右，保護其父，以是獲免。

惟岳之世，尤加委任，武俊亦盡心匡佐。既兵敗束鹿，張孝忠、康日知以地歸國，受官賞，惟岳稍貯防疑，武俊謀自貶損，出入不過三兩人。左右謂惟岳曰：「先相公委任武俊，以遺大夫，兼有治命。今披肝膽爲大夫者，武俊耳，又士眞卽大夫妹婿，保無異志。今勢危急，若不坦懷待之，若更如康日知，卽大事去矣。」惟岳曰：「我待武俊自厚，不獨先公遺旨。」由是無疑，卽令將兵攻趙州。士眞更宿於府衙，與同職謀事。及武俊倒戈，士眞等數人擒

惟岳出衙，縊死之。武俊領節鉞，以士眞爲副大使。

建中年，武俊僭稱趙王於魏縣，以士眞爲司空、眞定府留守，充元帥。及武俊破朱滔順命，以武俊兼幽州盧龍軍節度使，仍以士眞爲副使、檢校工部尚書。德宗還京，進位檢校兵部尚書，充德州刺史、德棣觀察使，封清河郡王。十七年，武俊卒，起復授左金吾衞大將軍同正、恆州大都督府長史，充成德軍節度、恆冀深趙德棣等州觀察等使，尋檢校尚書左僕射。順宗卽位，進位檢校司空。

士眞佐父立功，備歷艱苦，得位之後，恬然守善，雖自補屬吏，賦不上供，然歲貢貨財，名爲進奉者，亦數十萬，比幽、魏二鎭，最爲承順。元和元年，就加同中書門下平章事。四年三月卒。子承宗、承元、承通、承迪、承榮。

士清，以父勳累加官至殿中少監同正。元和初，爲冀州刺史、御史大夫，封北海郡王，早卒。

士平，以父勳補原王府諮議。貞元二年，選尚義陽公主，加秘書少監同正、駙馬都尉。元和中，累遷至安州刺史。時公主縱恣不法，士平與之爭忿，憲宗怒，幽公主於禁中，士平

幽於私第，不令出入。後釋之，出爲安州刺史。坐與中貴交結，貶賀州司戶。時輕薄文士蔡南、獨孤申叔爲義陽主歌詞，曰團雪、散雪等曲，言其遊處離異之狀，往往歌於酒席。憲宗聞而惡之，欲廢進士科，令所司網捉搦，得南、申叔貶之，由是稍止。及盜殺宰相武元衡，旬日捕賊未獲，士平與兄士則庭奏盜主於承宗，旣獲張晏等誅之，乃以士平爲左金吾衞大將軍。及奪承宗官爵，仍以士平襲父實封。

士則，士平異母兄。承宗旣立爲節度使，不容諸父，乃奔于京師，用爲神策大將軍。及承宗叛逆，盜殺宰相，士則請移貫京兆府。諸鎭兵討承宗，裴度言士則武俊子，其軍中必有懷之者，乃用士則爲邢州刺史，兼本州團練使，從昭義節度使郗士美討賊，冀攜離承宗之黨，且許以節制。士則恃此，頗不受士美節制，行止以兵自衞，雖謁士美，而衞兵如故。吏呵止之，士則不能平，見于辭氣。士美惡之，密以狀聞，乃以張遵代還。

承宗，士眞長子。河朔三鎭自置副大使，以嫡長爲之。承宗累奏至鎭州大都督府右司馬、知州事、御史大夫，充都知兵馬使、副大使。元和四年三月，士眞卒，三軍推爲留後，朝廷伺其變，累月不問。承宗懼，累上表陳謝。至八月，上令京兆少尹裴武往宣諭，承宗奉詔甚恭，且曰：「三軍見迫，不候朝旨，今請割德、棣二州上獻，以表丹懇。」由是起復雲麾將軍、左金吾衞大將軍同正、檢校工部尚書、鎭州大都督府長史、御史大夫、成德軍節度、鎭冀深趙等州觀察等使。又以德州刺史薛昌朝檢校右散騎常侍、德州刺史、御史大夫，充保信軍節度、德棣觀察等使。昌朝，故昭義節度使嵩之子，婚姻於王氏，入仕於成德軍，故爲刺史。承宗旣獻二州，朝廷不欲別命將帥，且授其親將。保信旌節未至德州，承宗遣數百騎馳往德州，虜昌朝歸眞定囚之。朝廷又加棣州刺史田渙充本州團練守捉使，冀漸離之。令中使景忠信往諭旨，令遣昌朝還鎭，承宗不奉詔。憲宗怒，下詔曰：「王承宗頃在苫廬，潛窺戎鎭，而內外以事君之禮，逆而必誅，分土之儀，專則有辟。朕念其先祖嘗有茂勳，貸以私恩，抑於公議。使臣旁午以告諭，孽童俯伏以陳誠，願獻兩州，期無二事。朕欲收其後効，用以曲全，授節制於舊疆，齒勳賢於列位。況德、棣本非成德所管，昌朝又是承宗懿親，俾撫近鄰，斯誠厚渥，外雖兩鎭，中實一家。而承宗象恭懷姦，肖貌稔禍，欺裴武於得位之後，縶昌朝於受命之中。豺狼之心，飽之而愈發；梟獍之性，養之而益凶。加以表疏之中，悖慢斯甚。式遏亂略，期于無刑；恭行天誅，示於有制〔四〕。可削承宗在身官爵。」詔左神策護軍中尉吐突承璀爲左右神策、河中河陽浙西宣歙等道赴鎭州行營兵馬招討處置等使，會諸道軍進討。神策兵馬使趙萬敵者，王武俊之

騎將也，驍悍聞於燕、趙，具言進討必捷。承璀因得兵柄，與萬敵偕行。承璀至行營，威令不振，禁軍屢挫衂。都將酈定進前擒劉闢有功，號爲驍將，又陷於賊。唯范陽節度使劉濟、易定節度使張茂昭至効忠赤，戰賊屢捷。而昭義節度使盧從史反復難制，陰附於賊，憲宗密詔承璀擒之，送于京師。

五年七月，承宗遣巡官崔遂上表三封，乞自陳首，且歸過於盧從史，其略曰：「臣頃在苫廬，綿歷時序，恭守朝旨，罔敢闕違。復奉詔書，令獻州郡，迫以三軍之勢，不從孤臣之心。今天兵四臨，王命久絕，白刃之下，雖避國刑；殷憂之中，轉積釁隙。中由盧從史首爲亂階，興天下之兵，生海內之亂，旣不忠於國，又不孝於家。當其聞父之喪，已變爲臣之節，迫脅天使，瀆紊朝經。而乃幸臣居喪，敗臣求利，上敢欺於聖主，下不顧其死親，矯情徒見於封章，邪妄素萌於胸臆。今構禍者已就擒獲，抱冤者實冀辯明。況臣之一軍，素守忠義，橫被從史離間君臣，哀號轅門，痛隔恩外。伏冀陛下以天地之德，容納爲心，弘好生之仁，許自新之路。順陽和而布澤，因雷雨以覃恩，追念祖父之前勞，俯覩臣子之來効，特開湯網，使樂堯年。」時朝廷以承璀宿師無功，國威日沮，頗憂；會承宗使至，宰臣商量，請行赦宥，乃全以六郡付之。承宗送薛昌朝入朝，授以右武衞將軍。

承宗以國家加兵不勝，誣從史姦計得行，雖上章表謙恭，而心無忌憚。十年，王師討吳

元濟，承宗與李師道繼獻章表，請宥元濟。其牙將尹少卿奏事，因爲元濟游說。少卿至中書，見宰相論列，語意不遜，武元衡怒，叱出之，承宗益不順。自是與李師道姦計百端，以沮用兵。四月，遣盜燒河陰倉。六月，遣盜伏於靖安里，殺宰相武元衡，京師震恐，大索旬日，天子爲之旰食。是時，承宗、師道之盜，所在竊發，焚襄州佛寺，斬建陵門戟，燒獻陵寢宮，欲伏甲屠洛陽。憲宗赫怒，命田弘正出師臨其境，并鄰道六節度之衆討之。時方淮西用兵，國用虛竭，河北諸軍多觀望不進。獨昭義節度使郗士美率精兵壓賊壘，欲乘釁而取之，軍威甚盛，承宗懼，不敢犯。俄詔權罷河北用兵，併力淮西。

十二年十月，誅吳元濟，承宗始懼，求救於田弘正。十三年三月，弘正遣人送承宗男知感、知信及其牙將石汎等詣闕請命，令於客舍安置；又獻德、棣二州圖印，兼請入管內租稅，除補官吏。上以弘正表疏相繼，重違其意，乃下詔曰：

帝者承天子人，下臨萬國。覩乾坤覆載之施，常務其曲全；用德刑撫御之方，每先其弘貸。叛則必伐，服而捨之，訪于典謨，亦尙斯道。朕祇符前訓，纘嗣丕圖，底寧方隅，蕩滌氛祲。上以攄祖宗之宿憤，下以致黎庶之阜康，思厚者生，務去者殺。至於包荒藏慝，屈法伸恩，苟吏誠之可矜，則宥過而無大。

王承宗頃居喪紀，見賣於鄰封；後領藩城，受疑於朝野。國恩雖厚，時憲不容；

戚實自貽，寵非我絕。百辟卿士，昌言在廷；四方諸侯，飛奏盈篋，競請致討，爭先出軍。尙復廣示招懷，務存容納，至於動衆，事豈願然。開境懲懼其殺傷，退舍爲伏其士伍，取陷救溺，能無慘嗟。以其先祖武俊，有勞王室，書于甲令，銘在景鐘；雖再駕王師，再從人欲，而十代之宥，常切朕懷。

近以三朝稱慶，八表流澤，廣此鴻霈，開其自新。而承宗果能翻然改圖，披露忠懇，遠遣二子，進陳表章，緘圖印以上聞，獻德、棣之名部，發囷奉粟，并竈貢鹽[五]，地願帥於職方，物請歸於司會。且天子所臨，莫非王土，析茲舊服，將表爾誠，諒由效順之心，悉見納忠之志，抑而不撫，何以示懷。朕念此方，亦猶赤子，一物失所，寢興靡寧，忍驅樂土之人，竟就陳原之戮！既克翦暴，常思止戈，予之此心，天地臨鑒。況常山師旅，舊有功勞，將改往以修來，奮酬恩而遷善，鑒精誠之俱切，俾渙汗而再敷。曠滌乃忿，斷於朕志；復此殊渥，當懷永圖。承宗可依前銀青光祿大夫、檢校吏部尚書、鎭州大都督府長史、御史大夫，充成德軍節度、鎭冀深趙觀察等使。

仍令右丞崔從往鎭州宣慰。承宗素服俟命，乃以華州刺史鄭權爲德州刺史，充橫海軍節度、德棣滄景觀察等使。明年，加金紫光祿大夫、檢校尚書左僕射。是歲，李師道平，承宗奉法逾謹，請當管四州，每州置錄事參軍一員、判司三員，每縣令一員、主簿一員，吏補授皆聽朝旨。十五年十一月卒，贈侍中。子知感、知信在朝。

承元，士眞第二子。兄承宗既領節鉞，奏承元爲觀察支使、朝議郎、左金吾衞冑曹參軍，兼監察御史，年始十六。勸承宗以二千騎佐王師平李師道，承宗不能用其言。

元和十五年冬，承宗卒，祕不發喪，大將謀取帥於旁郡。時參謀崔燧密與握兵者謀，乃以祖母涼國夫人之命，告親兵及諸將，使拜承元。承元拜泣不受。諸將請之不已，承元曰：「天子使中貴人監軍，有事盍先與議。」及監軍至，因以諸將意贊之。承元謂諸將曰：「諸公未忘先德，不以承元齒幼，欲使領事。承元欲効忠於國，以奉先志，諸公能從之乎？」諸將許諾。遂於衙門都將所理視事，約左右不得呼留後，事無巨細，決之參佐。密疏請帥，天子嘉之，授銀青光祿大夫、檢校工部尚書，兼滑州刺史、義成軍節度、鄭滑觀察等使。鄰鎭以兩河近事諷之，承元不聽，諸將亦悔。及起居舍人柏耆齎詔宣諭滑州之命，兵士或拜或泣。承元與柏耆於館驛召諸將諭之，諸將號哭諠譁。承元詰之曰：「諸公以先世之故，不欲承元失此，意甚隆厚，然奉詔遲留，其罪大矣！前者李師道未敗時，議赦其罪，時師道欲行，諸將止之，他日殺師道，亦諸將也。今公輩幸勿爲師道之事，敢以拜請。」遂拜諸將，泣涕不自勝。承元乃盡出家財，籍其人以散之，酌其勤者擢之。牙將李寂等十數人固留承元，斬寂

等，軍中始定。承元出鎭州，時年十八，所從將吏，有具器用貨幣而行者，承元悉命留之。承元昆弟及從父昆弟，授郡守者四人，登朝者四人，從事將校有勞者，亦皆擢用。祖母涼國夫人入朝，穆宗命內宮筵待，錫賚甚厚。

俄而王廷湊殺田弘正，據鎭州叛。移鎭鄜坊丹延節度使，便道請覲，穆宗器之，數召顧問。未幾，改鳳翔節度使。鳳翔西北界接涇原，無山谷之險，吐蕃由是徑往入寇。承元於要衝築壘，分兵千人守之，賜名曰臨汧城。詔襲岐國公，累加檢校左僕射。鳳翔城東，商旅所集，居人多以烽火相警，承元奏益城以環之。居鎭十年，加檢校司空、御史大夫，移授平盧軍節度、淄青登萊觀察等使。時均輸鹽法未嘗行於兩河，承元首請鹽法，歸之有司，自是兗、鄆諸鎭，皆稟均輸之法。承元寬惠有制，所理稱治。大和七年十二月，卒於平盧，時年三十三，册贈司徒。

王廷湊，本迴鶻阿布思之種族，世隸安東都護府。曾祖曰五哥之，事李寶臣父子。王武俊養爲假子，驍果善鬭，武俊愛之。以軍功累授左武衞將軍同正，贈越州都督。祖末怛活，贈左散騎常侍。父升朝，贈禮部尚書。皆以廷湊貴加贈典。祖父世爲王氏騎將，累遷

右職。

廷湊沉勇寡言，雄猜有斷，爲王承元衙內兵馬使。初，承元上稟朝旨，田弘正帥成德軍，國家賞錢一百萬貫，度支輦運不時至，軍情不悅。廷湊每抉其細故，激怒衆心。會弘正以魏兵二千爲衙隊，左右有備不能間。長慶元年六月，魏軍還鎮。七月二十八日夜，廷湊乃結衙兵譟於府署，遲明，盡誅弘正與將吏家族三百餘人。廷湊自稱留後、知兵馬使，將吏逼監軍宋惟澄上章請授廷湊節鉞。穆宗怒，下詔徵鄰道兵，仍以河東節度裴度充幽、鎮兩道招撫使，仍以弘正子涇原節度使布代李愬爲魏博節度使，令率魏軍進討。又以承宗故將深州刺史牛元翼爲成德軍節度使，下詔購誅廷湊。是月，鎮州大將王位等謀殺廷湊事泄，坐死者二千餘人。

時朱克融囚張弘靖，廷湊殺弘正，合從搆逆，謀拒王命。兩鎮併力，討除慮難應接，詔朝臣議其可否。東川節度使王涯獻狀曰：「幽、鎮兩州，悖亂天紀，迷亭育之厚德，肆狠虎之非心。囚縶鼎臣，戕賊戎帥，毒流州郡，釁及賓僚。凡在有情，孰不痛憤？伏以國家文德誕敷，武功繼立，遠無不伏，邇無不安，翦茲二方，敢逆天理。臣竊料詔書朝下，諸鎮夕驅，以貔貅問罪之師，當猖狂失節之寇，傾山壓卵，決海灌熒，勢之相懸，不是過也。但常山、薊郡，虞、虢相依，一時興師，恐費財力。罪有輕重，事有後先，譬之攻堅，宜從易者。如聞范

陽肇亂，出自一時，事非宿謀，迹亦可驗；鎮州搆禍，殊匪偶然，扇諸屬城，以兵拒境。如此則幽薊之衆，可示寬刑；鎮冀之戎，可資先討。況廷湊闒茸，不席父祖之資；成德分離，又多迫脅之勢。今以魏博思復讎之衆，昭義願盡敵之師，參之晉陽，輔以滄德，掎角而進，實若建瓴。盡屠其城，然後北首燕路，在朝廷不爲失信，於軍勢實得機宜，臣之愚誠，切在於此。臣又聞用兵若鬬，先扼其喉。今瀛鄚、易定，兩賊之咽喉也。誠宜假之威柄，戍以重兵，俾其死生不相知，間諜無所入；而以大軍先進冀、趙，次臨井陘，此一舉萬全之勢也。」

於是命易定節度使閉境以抗克融，諸軍三面進討。初，以滄德烏重胤獨當一面，重胤宿將，知不可進，頗遲留，乃以杜叔良代重胤。叔良有中官之援，朝辭日，大言云：「賊不足破。」時廷湊合幽薊之兵圍深州，梯衝雲合，牛元翼嬰城拒守。十一月，杜叔良爲賊所敗，衆皆陷沒，僅以身免，乃以德州王日簡代之。裴度率衆屯承天軍，諸將挫敗，深州危急，乃以鳳翔節度使李光顏爲忠武節度使，兼深冀節度，救深州，仍以中官楊永和監光顏軍。

國家自憲宗誅除羣盜，帑藏虛竭，穆宗即位，賞賜過當，及幽、鎮共起，征發百端，財力殫竭。時諸鎮兵十五萬餘，纔出其境，便仰給度支，置南北供軍院。既深入賊境，輦運艱阻，芻薪不繼，諸軍多分番樵採。俄而度支轉運車六百乘，盡爲廷湊邀而虜之，兵食益困。賊圍深州數重，雖光顏之善將，亦無以施其方略。其供軍院布帛衣賜，往往不得至院，在途

爲諸軍強奪，而懸軍深鬭者，率無支給。復又每軍遣內官一人監軍，悉選驍健者自衛，羸懦者即戰，以是屢多奔北。而廷湊、克融之衆，不過萬餘，而抗官軍十五萬者，良以統制不一，玩寇邀利故也。宰相崔祐甫不曉兵家〔七〕，膠柱於常態，以至復失河朔。既無如之何，遂議休兵而赦廷湊。

二年正月，魏府牙將史憲誠誘其軍謀叛，田布不能止，其衆自潰於南宮。二月，詔赦廷湊，仍授檢校右散騎常侍、鎮州大都督府長史、成德軍節度、鎮冀深趙等州觀察等使，以牛元翼爲山南東道節度使。遣兵部侍郎韓愈至鎮州宣慰，又遣中使銜命入深州，監元翼赴鎮。廷湊雖受命，而深州之圍不解。招撫使裴度與幽、鎮書，以大義責之，朱克融解圍而去，廷湊亦退舍。朝廷欲其稟命，並加克融檢校工部尚書。三月，牛元翼率十餘騎突圍出深州赴闕，深州將校臧平以城降，廷湊責其固守，殺將吏一百八十餘人。五月，遣中使楊再昌至鎮州，取牛元翼家族及田弘正骸骨，廷湊曰：「弘正骸骨，不知所在；元翼家族，請至秋發遣。」俄而元翼卒，廷湊乃盡屠其家，其酷毒如此。自獲赦宥，遂與朱克融、史憲誠連衡相應，謀拒朝廷。

大和初，滄州李全略死，其子同捷欲效河朔事，求代父任。文宗授以兗海節度使，同捷不奉詔，據郡構逆，以珍玩器幣妓女子弟投款於廷湊及幽州李載義。時載義初代克融，輸

誠効順，盡送同捷所遣赴闕，詔徵幽、魏、徐、兗之師進討。廷湊出兵撓魏北境，以援同捷。二年，下詔絕廷湊進奉。既魏博將亓志沼以行營兵叛〔七〕，倒戈攻魏州，諸軍擊志沼，廷湊出兵應之。史憲誠危急，詔義武軍節度使李聽擊敗之，志沼奔於廷湊。三年六月，誅李同捷。尋又何進滔殺史憲誠，據魏州。朝廷厭兵，誅之不果，遂授進滔魏博節度。八月，廷湊遣使詣闕請罪，朝廷因而赦之，依前檢校司徒、成德軍節度使。

鎮冀自李寶臣已來，雖惟岳、承宗繼叛，而猶親鄰畏法，期自新之路；而兇毒好亂，無君不仁，未如廷湊之甚也。又就加太子太傅、太原郡開國公，食邑二千戶。八年十一月卒，冊贈太尉，累贈至太師。

子元逵，爲鎮州右司馬，兼都知兵馬使。廷湊卒，三軍推主軍事，請命於朝，乃起復檢校工部尚書、鎮州大都督府長史、成德軍節度使，累遷檢校左僕射。元逵素懷忠順，頓革父風。及領藩垣，頗輸誠款，歲時貢奉，結轍於途，文宗嘉之。開成二年，詔以壽安公主出降，加駙馬都尉。元逵遣段氏姑詣闕納聘禮。段氏進食二千盤，并御衣戰馬、公主粧奩及私白身女口等，其從如雲，朝野榮之。會昌中，昭義節度使劉從諫卒，其子稹擅領軍政，武宗怒，誅之，命鄰藩分地而進討，以元逵爲北面招討使。詔至之日，出師次趙州，與魏博何弘敬同

收山東三州。元逵進攻邢州，俄而賊將裴問、高元武降元逵，王釗、安玉降何弘敬，並拔三郡。累遷檢校司徒、同中書門下平章事，以破劉稹功，加太傅、太原郡開國公，食邑二千戶，食實封二百戶。大中十一年二月卒，册贈太師，謚曰忠。子紹鼎、紹懿。

紹鼎，時為鎮州大都督府左司馬、知府事、節度副使、都知兵馬使。起復授檢校工部尚書、鎮府長史、成德軍節度、鎮深冀趙觀察等使，累加光祿大夫、尚書左僕射。其年七月卒，贈司空，賻布帛三百段、米粟二百石，累贈司徒、太尉，又贈太傅。子景胤、景崇、景譽；景崇為嫡，時年幼。

紹鼎卒，宣宗以昭王汭為鎮州大都督、成德軍節度使，以紹鼎弟節度副使〔六〕、都知兵馬使、檢校右散騎常侍、鎮府左司馬、知府事、兼御史中丞王紹懿，本官充成德軍節度觀察留後，仍賜紫金魚袋。尋正授節度使、檢校工部尚書。累加檢校右僕射、兼御史大夫、太原縣開國伯，食邑七百戶，又加檢校司空。卒，贈司徒。

景胤，初為成德軍中軍兵馬使、銀青光祿大夫、檢校太子賓客、監察御史。紹鼎卒，出為深州刺史、兼殿中侍御史，充本州團練守捉使。

景崇於季父紹懿時為鎮州大都督府左司馬、知府事、都知兵馬使。紹鼎卒，三軍立紹懿。數月，疾篤，召景崇謂之曰：「亡兄以軍政託予，以俟汝成立。今危惙如此，殆將不救。汝雖少年，勉自負荷，下禮藩鄰，上奉朝旨，俾吾兄家業不墜，惟汝之才也。」言訖而卒。時監軍在席，奏其治命，上嘉之，詔起復忠武將軍、守左金吾衞將軍同正、檢校右散騎常侍，充成德軍節度觀察留後，仍賜上柱國，賜紫金魚袋。尋正授節度使、檢校工部尚書。

咸通中，景崇以公主嫡孫，特承恩渥。季年，盜起徐方，王師進討，景崇令大將從諸軍。徐寇平，以功授檢校右僕射，封太原縣男，食邑三百戶。祖母章惠長公主薨，景崇居喪得禮，朝野稱之。起復左金吾衞上將軍同正，進位檢校司空。明年，同中書門下平章事，累加檢校太尉、趙國公，食邑三千戶，食實封二百戶，尋進封常山王。丁母秦國夫人憂，起復本官。乾符末，盜起河南，黃巢犯闕，駕幸劍南，景崇與定州節度使王處存馳檄藩鄰，以兵附處存入關討賊，奔問行在，貢輸相繼。關輔平定，以功眞拜太尉。中和二年十二月卒。

子鎔，時年十歲，三軍推為留後，朝廷因授旄鉞，檢校工部尚書。時天子蒙塵，九州鼎沸，河東節度李克用虎視山東，方謀吞據，鎔以重賂結納，以修和好。晉軍討孟方立於邢州，鎔常奉以芻糧。及方立平，晉將李存孝侵鎔南部，鎔求援於幽州，幽帥李匡威率衆三萬赴之，存孝退去。景福元年，鎔乘存孝有間於其帥，乃出兵攻堯山。晉帥遣大將李存質來援，大敗鎮人於堯山，死者萬計。晉人乘勝至趙州，鎔復求援於燕。二年，匡威率衆數萬來援。會邢州節度使李存孝背其帥據城自固，存孝單騎入鎮州，與鎔面相盟約。俄而李克用自率全師攻存孝，時匡威離鎮後，其弟匡籌奪據其位，匡威退無歸路。鎔感其援助之恩，乃迎入府城，築第以居之，事之如父，匡威亦盡心裨益，軍中之事，皆為訓練。是年五月，鎔過匡威第，陰遣部下伏甲劫鎔；鎔抱持之，鎔曰：「公誠止人勿倉卒！吾為晉人所困，賴公獲濟，猶吾父也，軍政請公帥之。」卽並轡歸府署，鎮軍拒之，竟殺匡威。晉人知匡威死，克用自率師至城下，鎔出練二十萬犒勞，修好而退。

及汴宋節度使朱全忠領鄆、靑三鎮，兵強天下，遣將葛從周、張存敬寇陷邢、洺二州，乘勝北掠燕、趙。俄而全忠率親兵薄於城下，鎔倉卒無備，謂賓佐曰：「勢危矣，計將安出？」判官周式者，率先而對曰：「敵人迫我，兵不能抗，此可以理說耳，請見梁帥圖之。」式卽時出見全忠，全忠逆謂式曰：「爾不必言。王令朋附幷汾，違盟爽信，敝賦業已及此，期於無捨！」式曰：「公言過矣。且公為唐室之桓、文，當以禮義而成霸業；乃欲窮兵黷武，困人於險難，天下其謂公何！」全忠喜，引式袂而慰之曰：「前言戲之耳！且君為王令計如何？」式曰：「但修好耳。」卽復見鎔，請出牛酒貨幣以犒軍，仍以鎔子昭祚及牙將梁公儒、李弘規子

各一人，從昭祚入官于大梁，全忠以女妻昭祚。

及全忠僭號，天下無主，鎔不獲已，行其正朔。鎔累遷至開府儀同三司、守太師、中書令，仍賜「敦睦保定大功臣」、上柱國、趙王，食邑一萬五千戶，食實封一千戶，襲食實封二百五十戶。僞梁加尚書令，及唐室中興，去僞尚書令之號。天祐七年，母魏國太夫人何氏卒，起復本官。十八年，為其大將王德明所殺，至於赤族。其後事在中興云。

史臣曰：土運中微，羣盜孔熾。賊臣附麗安、史，流毒中原，終竊土疆，為國蟊賊。加以武俊之狠狡，為其腹心，或叛或臣，見利忘義，蛇呑蝮吐，垂二百年。哀哉，王政不綱，以至于此。若使明皇不懈於開元之政，姚崇久握於阿衡，詎有柳城一胡，敢窺佐伯，況其下者哉！觀此無君，可為太息。

贊曰：鴟鴞為怪，必取其昏。人君失政，為盜啓門。牙旂金鉞，虎子狼孫。茫茫黔首，於何叫閽？

校勘記

〔一〕邢州　本卷下文及通鑑卷二二五作「磁州」。

〔二〕虞候任越　「候」字各本原無，據合鈔卷一九三李寶臣傳補。

〔三〕承嗣遣將盧子期寇磁州　此句上疑有脫文，通鑑卷二二五：「五月，乙未，承嗣將霍榮國以磁州降。八月，「己丑，田承嗣遣將盧子期寇磁州。」新書卷二一〇田承嗣傳于敍述「盧子期將萬人攻磁州」前，亦有「其下霍榮國以磁降」句。

〔四〕示於有制　「示」字各本原作「干」，據册府卷一二二改。

〔五〕幷寵貢鹽　「鹽」字各本原作「煙」，據册府卷一六五、唐大詔令集卷一二二改。

〔六〕宰相崔祐甫　合鈔卷一九三王廷湊傳「崔祐甫」作「崔植」，據本書卷一一九崔祐甫傳、卷一四三劉怦傳考之，當作「崔植」。

〔七〕丌志沼　「沼」字各本原作「治」，據本書卷一三三李晟傳、新書卷二一一王廷湊傳改。

〔八〕使以紹鼎弟節度　以上七字各本原無，據册府卷四三六補。

舊唐書卷一百四十三

列傳第九十三

李懷仙 朱希彩附　朱滔　劉怦 子濟　澭　濟子總　程日華 子懷直　懷直子權　李全略 子同捷

李懷仙，柳城胡人也。世事契丹，降將，守營州。祿山之叛，懷仙以裨將從陷河洛。安慶緒敗，又事史思明。善騎射，有智數。朝義時，僞授爲燕京留守、范陽尹。寶應元年，元帥雍王統迴紇諸兵收復東都，朝義渡河北走，乃令副元帥僕固懷恩率兵追之。時羣凶瓦解，國威方振，賊黨聞懷恩至，望風納款。朝義以餘孽數千奔范陽，懷仙誘而擒之，斬首來獻。屬懷恩私欲樹黨以固兵權，乃保薦懷仙可用；代宗復授幽州大都督府長史、檢校侍中、幽州盧龍等軍節度使，與賊將薛嵩、田承嗣、張忠志等分河朔而帥之。既而懷恩叛逆，西蕃入寇，朝廷多故，懷仙等四將各招合遺孽，治兵繕邑，部下各數萬勁兵，文武將吏，擅自

署置，貢賦不入於朝廷，雖稱藩臣，實非王臣也。朝廷初集，姑務懷安，以是不能制。懷仙大曆三年爲其麾下兵馬使朱希彩所殺。

希彩自稱留後。恆州節度使張忠志以懷仙世舊，無辜覆族，遣將率衆討之，爲希彩所敗。朝廷不獲已，宥之，以河南副元帥、黃門侍郎、同平章事王縉爲幽州節度使，授希彩御史中丞，充幽州節度副使，權知軍州事。詔縉赴鎮，希彩聞縉之來，蒐選卒伍，大陳戎備以逆之。縉晏然建旌節，而希彩迎謁甚恭。縉知終不可制，勞軍旬日而還。尋加希彩御史大夫，充幽州節度留後。十二月，加希彩幽州大都督府長史、幽州盧龍軍節度使。五年，封高密郡王。既得位，暴横自恣，無禮於朝廷。七年，孔目官李瑗因人之怒，伺隙斬之，軍人立其兵馬使朱泚爲留後。泚自有傳。

朱滔，賊泚之弟也。平州刺史朱希彩爲幽州節度，以滔同姓，甚愛之，常令將腹心親兵。及泚爲節度使，遂使滔將勁兵三千赴京師，請率先諸軍備塞。自祿山反後，山東范陽，外雖示順，實皆倔強不庭。泚首效臣節，代宗喜甚，命滔勒兵東入長安通化門，西出開遠門，出師勞還，未有兵還王城者，今而許之，蓋示優異。召滔對于三殿，代宗臨軒勞問，既而

曰：「卿材孰與泚多？」滔曰：「各有長短。統御士衆，方略明辨，臣不及泚；臣年二十八，獲謁龍顏，泚長臣五歲，未朝鳳闕，此不及臣。」代宗愈喜。

大曆九年，泚朝覲，因乞留西征吐蕃。以滔試殿中監，權知幽州盧龍節度留後，兼御史大夫。及田承嗣反，與李寶臣、李正己等解磁州圍。建中二年，寶臣死，其子惟岳謀襲父位。滔與成德軍節度張孝忠征之，大破惟岳於束鹿。滔命偏師守束鹿，進圍深州。惟岳乃統萬餘衆及田悅援兵圍束鹿。惟岳將王武俊以騎三千方陳橫進。滔繪帛爲狻猊象，使猛士百人蒙之，鼓譟奮馳，賊爲驚亂，隨擊，大破之，惟岳焚營而遁。以功加檢校司徒，爲幽州盧龍軍節度使，以德、棣二州隸焉。朝廷以康日知爲深趙二州團練使，王武俊爲恆冀二州團練使。滔怒失深州，武俊怒失寶臣故地，滔構武俊同己反。馬燧圍田悅于魏州，悅告急；滔與武俊遂連兵救悅，敗李懷光於愜山。三年十一月，滔僭稱大冀王，僞署百官，與李納、田悅、王武俊並稱王，南結李希烈。興元初，田悅、王武俊以朱泚據京師，滔兵強盛，首尾相應，田悅常謂武俊曰：「朱滔心險，不可隄防。」遂相率歸順。

泚既僭號，立滔爲皇太弟，仍令以重賂招誘迴紇，南攻魏、貝，即西入關。興元元年正月，滔驅率燕、薊之衆及迴紇雜虜號五萬，次南河，攻圍貝州。三月，田緒殺田悅，魏州亂。滔令大將馬寔分兵逼魏州，營于王莽河。德宗在山南，慮二凶兵合，遣使授王武俊平章事，令與李抱眞叶力擊滔。四月，恆、潞兩軍次經城北〔一〕，行營相距十里，抱眞自率二百騎徑入武俊軍，面申盟約，結爲兄弟。五月四日，進軍距貝州三十里而軍。翌日，滔令大將馬寔、盧南史引迴紇、契丹來挑戰，武俊遣騎將趙珍提精騎三百當之，抱眞將王虔休掎角待之。武俊與其子士清自當迴紇、契丹部落。兩軍既合，鼓譟震地，迴紇恃捷，穿武俊陣而過。武俊乘騎勒馬不動，俟迴紇引退，因而薄之，迴紇勢不能止。武俊父子縱馬急擊，獲迴紇三百騎。滔陣亂，東走，兩邊追斬，俘馘數萬計。遇夜，夾滔壘而軍。是夜，滔以殘衆千人奔德州，委棄戈甲山積。滔至瀛州，殺騎將蔡雄、楊布，以其前鋒先敗；又殺陰陽人尹少伯，以其言舉兵必勝故也。

六月，李晟收京城，朱泚、姚令言死。滔還幽州，爲武俊所攻，僅不能軍，上章待罪。九月，詔曰：「朱滔累獻款疏，深効懇誠，省之惻然，良用憫嘆！宜委武俊、抱眞開示大信，深加曉諭。若誠心益固，善跡克彰，朕當掩釁錄勳，與之昭雪。」貞元元年，尋卒於位，時年四十，贈司徒。

劉怦，幽州昌平人也。父貢，嘗爲廣邊大斗軍使。怦即朱滔姑之子，積軍功爲雄武軍使，廣屯田，節用，以辦理稱。稍遷涿州刺史。居數年，朱滔將兵討田承嗣，奏署怦領留府事，以寬緩得衆心。時李寶臣爲田承嗣間說，與之通謀。承嗣又以滄州與寶臣，乃以兵劫朱滔於瓦橋關，滔脫身走，乘勝欲襲取幽州。怦設方略鎮撫，寶臣不敢進，以功加御史中丞。

寶臣死，子惟岳拒朝命，德宗令滔與張孝忠同力討之。及惟岳平，滔怨朝廷違約不與深州，含怒不已。會王武俊亦怨割地深、趙，相謀叛，欲救田悅。怦時知幽州留後事，遣人齎書謂滔曰：「司徒位崇太尉，尊居宰相，恩寵冠藩臣之右，榮遇極矣。今昌平故里，朝廷改爲太尉鄉、司徒里〔二〕，此亦大夫不朽之名也。但以忠順自持，則事無不濟。竊思近日，務大樂戰，不顧成敗，而家滅身屠者，安、史是也。暴亂易亡，今復何有？怦忝密親，世荷恩遇，默而無告，是負重知。惟司徒圖之，無貽後悔也。」滔雖不用其言，亦嘉其盡言，卒無疑貳。凡出征伐，必以怦總留後事。及僭稱大冀王，僞署怦爲右僕射、范陽留守。及泚據京邑，召滔南河，至貝州，挫敗而還，兵甲盡喪。怦聞滔將至，悉蒐范陽兵甲，夾道排列二十餘里，以迎滔歸於府第，人皆嘉怦忠義。

貞元元年〔三〕，滔卒，三軍推怦權撫軍府事，怦爲衆所服，卒有其地。朝廷因授怦幽州大都督府長史、兼御史大夫、幽州盧龍節度副大使、知節度事、管內營田觀察、押奚契丹、經略盧龍軍使。居位三月，以貞元元年九月卒，年五十九，廢朝三日，贈兵部尚書，賜布帛有差。子濟繼爲幽州節度使。

濟，怦之長子。初，母難產，既產，侍者初見濟是一大蛇，黑氣勃勃，莫不驚走。及長，頗異常童。所居室焚，人皆驚救，濟從容而出，衆異之。累歷本管州縣牧宰。及怦爲節度使，以濟兼御史中丞，充行軍司馬。怦卒，軍人習河朔舊事，請濟代父爲帥，朝廷姑務便安，因而從之。累加至檢校兵部尚書。

貞元五年，遷左僕射，充幽州節度使。時烏桓、鮮卑數寇邊，濟率軍擊走之，深入千餘里，虜獲不可勝紀，東北晏然。貞元中，朝廷優容藩鎮方甚，兩河擅自繼襲者，尤驕蹇不奉法。惟濟最務恭順，朝獻相繼，德宗亦以恩禮接之。尋加同中書門下平章事。順宗即位，再遷檢校司徒。元和初，加兼侍中。及詔討王承宗，諸軍未進，濟獨率先前軍擊破之，生擒三百餘人，斬首千餘級，獻逆將於闕，優詔褒之。又爲詩四韻上獻，以表忠憤之志。明年春，將大軍次瀛州，累攻樂壽、博陸、安平等縣，前後大獻俘獲。賞功頗厚，仍與子孫六品官者凡四人。未幾，有疾，會赦承宗，錄功拜兼中書令。濟在鎮二十餘年，雖輸忠款，竟不入覲。又謀殺其弟澭，澭歸國爲信臣。及濟疾，次子總與濟親吏唐弘實通謀酖殺濟，數日，乃發喪。時年五十四，詔贈太師，廢朝三日，賻禮有加，諡曰莊武。

弟源，貞元十六年八月，爲檢校工部尚書，兼左武衞將軍。初，爲涿州刺史，不受兄教令，濟奏之，貶漢州參軍〔三〕，復不受詔。濟帥師至涿州，源出兵拒之，未合而自潰。濟擒源至幽州，上言請令入覲，故授官以徵之。

澭，濟之異母弟也。喜讀書，工武藝，輕財愛士，得人死力。事朱滔，常陳逆順之理。後怦爲盧龍軍節度使，病將卒，澭在父側，卽以父命召兄濟自瀛州至，竟得授節度使。濟常感澭奉己，澭爲瀛州刺史，亦許以澭代己任，其後濟乃以其子爲副大使。澭既怒濟，遂請以所部西捍隴塞，拔其所部兵一千五百人、男女萬餘口直趨京師，在道無一人犯令者。德宗寵遇，特授秦州刺史，以普潤縣爲理所。

及順宗傳位，稱太上皇，有山人羅令則詣澭言異端數百言，皆廢立之事，澭立命繫之。令則又云某之黨多矣，約以德宗山陵時伺便而動。澭械令則送京師，杖死之。後錄功，賜其額曰保義。其軍畜戎畏之，不敢爲寇，常有復河湟之志，議者壯之。元和二年十二

月，卒。

總，濟之第二子也，性陰賊險譎。元和五年，濟奉詔討王承宗，使長子緄假爲副使，領留務。時總爲瀛州刺史，濟署爲行營都兵馬使，屯軍饒陽，師久無功。總潛伺其隙，與判官張玘、孔目官成國寶及帳內小將爲謀，使詐自京至，曰：「朝廷以相公逗留不進，除副大使爲節度使矣。」明日，又使人曰：「副大使旌節已到太原。」又使人走而呼曰：「旌節過代州。」舉軍驚恐。濟驚惶憤怒，不知所爲，因殺主兵大將數十人及與緄素厚者，乃追緄，以張玘兄皐代知留務。濟自朝至日昃不食，渴索飲，總因置毒而進之。濟死，緄行至涿州，總矯以父命杖殺之，總遂領軍務。朝廷不知其事，因授以斧鉞，累遷至檢校司空。

及王承宗再拒命，總遣兵取賊武強縣，遂駐軍持兩端，以利朝廷供饋賞賜。是時吳元濟尚存，王承宗方跋扈，易定孤危，憲宗暫務姑息，加總同中書門下平章事。及元濟就擒，李師道梟首，王承宗憂死，田弘正入鎭州，總既無黨援，懷懼，每謀自安之計。初，總弒逆後，每見父兄爲祟，甚慘懼，乃於官署後置數百僧，厚給衣食，令晝夜乞恩謝罪。每公退，則憩于道場，若入他室，則惝惕不敢寐。晚年恐悸尤甚，故請落髮爲僧，冀以脫禍，乃以判官張皐爲留後。總以落髮，上表歸朝，穆宗授天平軍節度使，既聞落髮，乃賜紫，號大覺師。總行至易州界，暴卒。輟朝五日，贈太尉，擇日備禮册命，賻絹布一千五百段、米粟五百石。

先是元和初，王承宗阻兵，總父濟備陳征伐之術，請身先之。及出軍，累拔城邑，旋屬被病，不克成功。總既繼父，願述先志，且欲盡更河朔舊風。長慶初，累疏求入覲，兼請分割所理之地，然後歸朝。其意欲以幽、涿、營州爲一道，請弘靖理之；瀛州、漠州爲一道，請盧士玫理之；平、薊、嬀、檀爲一道，請薛平理之。仍籍軍中宿將盡薦於闕下，因望朝廷升奬，使幽薊之人皆有希羨爵祿之意。及疏上，穆宗且欲速得范陽，宰臣崔植、杜元穎又不爲久大經略，但欲重弘靖所授，而未能省其使局，惟瀛、漠兩州許置觀察使，其他郡縣悉命弘靖統之。時總所薦將校，又俱在京師旅舍中，久而不問。如朱克融輩，僅至假衣丐食，日詣中書求官，不勝其困。及除弘靖，又命悉還本軍。克融輩雖得復歸，皆深懷觖望，其後果爲叛亂。

總既以土地歸國，授其弟約及男等一十一人，領郡符加命服者五人，升朝班佐宿衞者六人。

程日華，定州安喜人，本單名華。父元皓，事安祿山爲帳下將，從陷兩京，頗稱勇力，史思明時爲定州刺史。華少事本軍，爲張孝忠牙將。

初，李寶臣授恆州節度，吞削藩鄰，有恆、冀、深、趙、易、定、滄、德等八州。寶臣既卒，惟岳拒朝命，以圖繼襲。寶臣部將張孝忠以定州歸國，授成德軍節度使，令與朱滔討惟岳。及惟岳誅，朝廷以恆、冀授王武俊，深、趙授康日知，易、定、滄授張孝忠，分爲三帥。時惟岳將李固烈守滄州，孝忠令華詣固烈交郡。固烈將歸眞定，悉取滄州府藏，累乘而還。軍人怒，殺固烈，皆奪其財，相與詣華曰：「李使君貪鄙而死，軍州請押牙權領。」不獲已，從之。孝忠因授華知滄州事。

未幾，朱滔合武俊謀叛，滄、定往來艱阻，二盜遂欲取滄州，多遣人遊說，又加兵攻圍，華俱不聽從，乘城自固。久之，錄事參軍李宇爲華謀曰：「使君受圍累年，張尚書不能致援，論功獻捷，須至中山，所謂勞而無功者也。請爲足下至京師，自以一州爲使。」華卽遣之。宇入闕，備陳華當二盜之間，疲於矢石。德宗深嘉之，拜華御史中丞、滄州刺史。復置橫海軍，以華爲使。尋加工部尚書、御史大夫，賜名日華，仍歲給義武軍糧餉數萬。自是別爲一使，孝忠唯有易、定二州而已。

武俊遣人說華歸己，華曰：「相公欲徵邑仍舊隸恆州，且借騎二百以抗賊，俟道路通卽從命。」武俊喜，卽以二百騎助之。華乃留其馬，遣人皆還。武俊怒其背約，又以朱滔方攻圍，慮爲所有而止。及武俊歸國，河朔無事，日華卽遣所留馬還武俊，別陳珍幣謝過，武俊

歡然而釋。貞元四年卒，贈兵部尚書。子懷直。

懷直習河朔事，父卒，自知留後事。朝廷嘉父之忠，起復授檢校工部尚書，兼御史大夫，升橫海軍爲節度，以懷直爲留後。又於弓高縣置景州，管東光、景城二縣，以爲屬郡。累加至檢校尚書右僕射。五年，起復正授節度觀察使。懷直荒於畋獵，數日方還，不恤軍政，軍士不勝寒餒。其帳下將從父兄懷信因衆怒閉門不內，懷直因來朝覲，貞元九年也。德宗優容之，依前檢校右僕射，兼龍武統軍，賜安業里甲第、妓女一人。既而懷信死，懷直子執恭知留後事，乃遣懷直歸滄州。十六年卒，年四十九，廢朝一日，贈揚州大都督。

執恭代襲父位，朝廷因而授之。元和六年入朝，憲宗禮遇遣之，加尚書左僕射。嘗夢滄州衙門樓額悉帖「權」字，遂奏請改名權。十三年，淮西賊平，藩方惕息，權以父子世襲如三鎮事例，心不自安，乃請入朝。十三年，至京師，表辭戎帥，因命華州刺史鄭權代之，以靖安里私第側狹，賜地二十畝，令廣其居。尋遷檢校司空、邠州刺史、邠寧節度使。十四年十一月卒，贈司徒。權兄弟子姪在朝列宿衞者三十餘人。

李全略者，本姓王，名日簡。爲鎭州小將，事王武俊。元和中，節度使王承宗沒，軍情不安，自拔歸朝，授代州刺史。及長慶初，鎭州軍亂，殺田弘正，穆宗爲之旰食，以日簡嘗爲鎭將，召問其計。日簡遂於御前極言利害，兼願有以自効，因授德州刺史，經略其事。明年，擢拜橫海軍節度使，賜姓李氏，名全略，以崇樹之。未幾，令子同捷入侍，兼進錢千萬。踰歲，同捷歸覲，乃奏請授滄州長史、知州事，兼主中軍兵馬。朝廷初不之許，後慮其有奇策，將副經略之旨，遂從之。及得請，全略乃陰結軍士，潛爲久計，外示忠順，內蓄姦謀。棣州刺史王稷善撫衆，且得其心，全略忌而殺之，仍孥戮其屬。凡所爲事，大率類此。寶曆二年四月卒。

子同捷，初爲副大使，居喪，擅領留後事，仍重賂藩鄰以求纘襲，朝廷知其所爲，經年不問。屬昭愍晏駕，文宗即位，同捷冀易世之後，稍行恩貸，即令母弟同志、同巽入朝，令掌書記崔長奉表，備達懇誠，請從朝旨。詔授同捷檢校左散騎常侍、兗州刺史、兗海節度使，以天平節度使烏重胤爲滄州節度以代之。詔下，同捷託以三軍乞留，拒命。乃命烏重胤率鄆、齊兵加討。又詔徐帥王智興、滑帥李聽、平盧康志睦、魏博史憲誠、易定張璠、幽州李載義等四面進攻。

同捷世行姦詐，自以嘗在成德軍爲將校，燕、趙之師，可結爲城社，乃以玉帛子女賂河北三鎮，以求旄鉞。李載義初受朝命，堅於効順，乃囚同捷姪及所賂玉帛妓女四十七人表獻。又表朝廷加載義左僕射、王廷湊司徒，以悅其心事。廷湊本蓄狠心，欲吞橫海，乃出兵于境以赴同捷。

王智興師次棣州，詔曰：「李同捷幸襲舊勳，不思纘緒，斬衰未幾，私行墨縗。毒殺忠良，擾惑部校，稽之國憲，難逭常刑。朕以頃在先朝，已稽中旨，實違成命，未議改圖。乃由留務之權，授以戎帥，拔負海之陋，置之中華，推恩含垢，斯亦至矣。而同捷昏懷迷執，閉境練兵，大詬鄰封，拒捍中使。遐邇憤怨，中外驚嗟，叛命既彰，大義當絕，事非獲已，良用憮然。其同捷在身官爵，並宜削奪，令諸軍進討。」俄而烏重胤卒，授神策節度使李寰代重胤出師，無功召還，乃加王智興平章事，充行營招撫使。史憲誠遣大將亓志沼與子唐帥兵二萬五千攻德州。大和二年九月，智興收棣州，因劃隸淄青。時諸軍在野，朝廷特置供軍糧料使，日費寖多。兩河諸帥每有小捷，虛張俘級，以邀賞賫，實欲因朝廷而緩賊也，繒帛征馬，賜之無算。

同捷既窘，王廷湊援之不及，乃令人誘亓志沼，俾倒戈攻憲誠，許以代爲魏博節度，志

沼信其言而叛。憲誠告難，詔李聽以諸道兵攻之。志沼敗，奔于鎭州。李寰赴闕，又以李祐代爲橫海節度。三年三月，詔諫議大夫柏耆軍前慰撫。四月，李祐收德州。同捷乞降于祐，祐疑其詐，柏耆請以騎兵三百入滄州，祐從之。耆徑入滄州，取同捷與其家屬赴京師。其月二十六日，至德州界，諜言廷湊兵來劫篡，耆乃斬同捷首，傳而獻捷，百僚稱賀。同捷母孫、妻崔、兒元達等既獻，詔悉宥之，配於湖南安置。

史臣曰：國家崇樹藩屏，保界山河，得其人則寓宇以寧，失其授則干戈勃起。若懷仙之輩，習亂河朔，志深狡蠹，忠義之談，罔經耳目，以暴亂爲事業，以專殺爲雄豪，或父子弟兄，或將帥卒伍，迭相屠滅，以成風俗。斯乃王道寖微，教化不及，惜哉蒸民，陷彼虎吻！其間劉總，粗貯臣誠，然而殺父兄以圖榮，落鬢髮而避禍，未旋踵而暴卒他境，斯謂報應之驗與！

贊曰：國法不綱，賊臣鴟張。雖曰父子，凶如虎狼。惡稔族滅，身屠地亡。蠢茲伏莽，汙我彝章。

中華書局

校勘記

〔一〕經城　各本原作「涇城」，據本書卷一三二李抱眞傳及卷三九地理志改。

〔二〕太尉卿　各本原作「衞卿」，據新書卷二一二朱滔傳、通鑑卷二二七改。

〔三〕貞元元年　「元年」，各本原作「二年」，據本卷上下文改。

〔四〕漢州　據本書卷三九地理志「漢州」當作「莫州」，合鈔卷一九四劉怦傳作「莫州」。

舊唐書卷一百四十四

列傳第九十四

尚可孤　李觀　戴休顏　陽惠元　李元諒　韓遊瓌
賈隱林　杜希全　尉遲勝　邢君牙　楊朝晟　張敬則

尚可孤，東部鮮卑宇文之別種也，代居松、漢之間。天寶末歸國，隸范陽節度安祿山，後事史思明。上元中歸順，累授左、右威衞二大將軍同正，充神策大將，以前後功改試太常卿，仍賜實封一百五十戶。魚朝恩之統禁軍，愛其勇，甚委遇之，俾爲養子，奏姓魚氏，名智德，以禁兵三千鎭于扶風縣，後移武功。可孤在扶風、武功凡十餘年，士伍整肅，軍邑安之。朝恩死，賜可孤姓李氏，名嘉勳。會李希烈反叛，建中四年七月，除兼御史中丞、荆襄應援淮西使，仍復本姓名尚可孤，以所統之衆赴山南，累有戰功。

及涇原兵叛，詔徵可孤軍至藍田，賊衆方盛，遂營於七盤，修城柵而居之。賊將仇敬等

來寇，可孤頻擊破之，因收藍田縣。興元元年三月，遷檢校工部尚書，兼御史大夫、神策京畿渭南商州節度使。四月，仇敬又來寇，可孤率兵急擊，擒仇敬斬之，遂進軍與副元帥李晟決策攻討。五月，晟率可孤及駱元光之軍收京城，可孤之師爲先鋒。京師平，以功升檢校右僕射，封馮翊郡王，增邑通前八百戶，實封二百戶。

可孤性謹愿沉毅，既有勳勩，衆會之中，未嘗言功。賊平之後，營於白花亭，御衆公平，號令嚴整，時人稱焉，李晟甚親重之。及李懷光以河中叛，詔可孤帥師與諸軍進討，次於沙苑，遇疾，卒于軍。贈司徒，賻布帛米粟加等，喪葬所須，並令官給。

李觀，洛陽人，其先自趙郡徙焉，秋官員外郎敬仁姪孫也。少習武藝，沉厚寡言，有將帥識度。乾元中，以策干朔方節度使郭子儀，子儀善之，令佐坊州刺史吳伷，充防遏使，尋以憂免，居盩厔別業。廣德初，吐蕃入寇，鑾駕之陝，觀於盩厔率鄉里子弟千餘人守黑水之西，戎人不敢近。會嶺南節度楊愼微將之鎭，以觀權謀，奏充偏將，俾總軍政。及徐浩、李勉繼領廣州，尤加信任，麾下兵甲悉委之。平馮崇道、朱濟時有功〔一〕，累遷大將。李勉移鎭滑州，累奏授試殿中監，加開府儀同三司〔二〕。追赴闕，授右龍武將軍。

建中末，涇師叛，觀時上直，領衛兵千餘人扈從奉天。詔都巡警訓練諸軍戍卒，三數日間，加召二千餘衆，列之通衢，整肅鼙鼓，城內因之增氣。德宗倚賴之，賜封二百戶，二子宏、寓，授八品京官。及駕出奉天，與令狐建、李昇、韋清等咸執羈靮，周旋艱險，皆著功勞。駕還京師，詔總後軍禁衞。

興元元年閏十月，拜四鎮北庭行軍涇原節度使、檢校兵部尚書。在鎮四年，雖無拓境之績，勵卒儲糧，訓整寧輯。及平涼之師會〔三〕，渾瑊既無戎備，觀伺知狡謀，潛擇精兵五千要伏險道；及瑊遁歸，賴觀游軍及李元諒之師表裏以免。帝優賞，賜賚甚厚，特詔褒美。其年，朝京師，除少府監、檢校工部尚書，以疾終。貞元四年，贈太子少傅。

戴休顏，夏州人。在軍伍以膽略稱。大曆中，爲郭子儀部將，以戰功累遷至鹽州刺史。奉天之難，倍道以所部蕃漢三千人號泣赴難，德宗嘉之，賜實封二百戶。與渾瑊、杜希全、韓遊瓌等捍禦有功。車駕再幸梁、洋，留守奉天。及李懷光叛據咸陽，使誘休顏，休顏集三軍斬其使，嬰城自守。懷光大駭，遂自涇陽夜遁。其月，拜檢校工部尚書、奉天行營節度使。李晟收京師，乃與渾瑊破泚偏師，斬首三千級，休顏追賊至中渭橋。李晟既淸宮闕，休顏與

瑊等率兵赴岐陽邀擊泚餘衆。及策勳，加檢校右僕射，封至六百戶。七月，扈駕至京，特賜女樂、甲第以褒功伐，尋拜左龍武將軍。貞元元年卒，年五十九，廢朝一日，贈賻有差。

陽惠元，平州人。以材力從軍，隸平盧節度劉正臣。後與田神功、李忠臣等相繼泛海至靑、齊間，忠勇多權略，稱爲名將。又以兵隸神策，充神策京西兵馬使，鎭奉天。

初，大曆中，兩河平定，事多姑息。李正己有淄、靑、齊、海、登、萊、沂、密、德、棣、曹、濮、徐、兗、鄆十五州之地，養兵十萬；李寶臣有恆、易、深、趙、滄、冀、定七州之地，有兵五萬；田承嗣有魏、博、相、衞、洺、貝、澶七州之地，有兵五萬；梁崇義有襄、鄧、均、房、復、郢六州之地，其衆二萬。皆始因叛亂得侯，各擅土宇，雖泛稟朝旨，而威刑爵賞，生殺自專，盤根結固，相爲表裏。朝廷常示大信，不爲拘限，緩之則嫌釁自作，急之則合謀。或聞詔旨將增一城，浚一池，必皆怨怒有辭，則爲之罷役，而自於境內治兵繕壘以自固。凡歷三朝，殆二十年，國家不敢興拳石撮土之役。

代宗性寬柔無怒，一切從之。凡河朔諸道健步奏計者，必獲賜賚。及德宗卽位，嚴察神斷，自誅劉文喜之後，知朝法不可犯，四盜俱不自安。奏計者空還，無所賞賜，歸者多怨。

或傳說飛語，云帝欲東封，汴州奏以城隘狹，增築城郭。李正己聞之，移兵萬人屯于曹州，田悅亦加兵河上，河南大擾，羽書警急。乃詔移京西戎兵萬二千人以備關東，帝御望春樓親誓師以遣之，曰：「嗚呼！東鄙之警，事非獲已。唯爾將校羣士，各以忠節，勤於王家，南赴蜀門，西定涇壘，甲冑不解，瘡痍未平，今載用爾分鎭于周、鄭之郊，敬聽明命。夫王者之師，有征無戰，稽諸理道，用正邦國。宜勵乃戈甲，保固城池，以德和人，以義制事。將備其侵軼，不用越境攻取，戢而後動，可謂正矣。今外夷來庭，方春生植，品物資始，農桑是時。俾爾將士，暴露中野，我心痛悼，鬱如焚灼。嗟爾有衆，其悉予懷。」士卒多泣下。及賜宴，諸將列坐，酒至，神策將士皆不飲，帝使問之。惠元時爲都將，對曰：「臣初發奉天，本軍帥張巨濟與臣等約曰：『斯役也，將策大勳，建大名。凱旋之日，當共爲歡；苟未戎捷，無以飲酒。』故臣等不敢違約而飲。」既發，有司供饌於道路，他軍無孑遺，唯惠元一軍缾罍不發。上稱嘆久之，降璽書慰勞。

及田悅反叛，詔惠元領禁兵三千與諸將討伐，戰御河，奪三橋，皆惠元之功也。尋加檢校工部尚書，攝貝州刺史，令以兵屬李懷光。建中四年冬，自河朔與懷光同赴國難，解奉天之圍。明年二月，懷光背國叛逆，惠元義不受汙，脫身奔竄奉天。會乘輿南幸，懷光怒惠元之逸，令其將冉宗以百餘騎追及於好畤縣。惠元計窮，父子三人並投人家井中，冉宗並出

而害之。興元元年，贈右僕射，仍賻絹百匹。惠元男尚食奉御晟贈殿中監，左衞兵曹參軍暠贈邠州刺史，褒死難也。

李元諒，本駱元光，姓安氏，其先安息人也。少爲宦官駱奉先所養，冒姓駱氏。元諒長大美鬚，勇敢多計。少從軍，備宿衞，積勞試太子詹事。鎭國軍節度使李懷讓署奏鎭國軍副使，俾領州事。元諒嘗在潼關領軍，積十數年，軍士皆畏服。

德宗居奉天，賊泚遣僞將何望之輕騎襲華州，刺史董晉棄州走，望之遂據城，將聚兵以絕東道。元諒自潼關將所部，仍令義兵因其未設備，徑攻望之，遂拔華州，望之走歸。元諒乃修城隍器械，召募不數日，得兵萬餘人，軍益振，以功加御史中丞。賊泚數遣兵來寇，輒擊却之。是時，尚可孤守藍田，與元諒掎角，賊東不能逾渭南，元諒功居多。無幾，遷華州刺史、兼御史大夫、潼關防禦、鎭國軍節度使，尋加檢校工部尚書。

興元元年五月，詔元諒與副元帥李晟進收京邑。兵次於滻西，賊悉衆來攻，元諒先士卒奮擊，大敗之。進軍至苑東，與晟力戰，壞苑垣而入，賊聯戰皆敗，遂復京師。元諒讓功於晟，出屯於章敬佛寺。帝還宮，加檢校尚書右僕射，實封七百戶，賜甲第、女樂，仍與一子

六品正員官。

李懷光反於河中，絕河津，詔元諒與副元帥馬燧、渾瑊同討之。時賊將徐庭光以銳兵守長春宮，元諒遣使招之。庭光素輕易元諒，且慢罵之，又以優胡爲戲於城上，辱元諒先祖，元諒深以爲恥。及馬燧以河東兵至，庭光降於馬燧，詔以庭光爲試殿中監、兼御史大夫。河中平，燧待庭光益厚。元諒因遇庭光於軍門，命左右劫而斬之，乃詣燧匍匐請罪。燧盛怒，將殺元諒，久之，以其功高乃止。德宗以元諒專殺，慮有章疏，先令宰相諭諫官勿論。

貞元三年，詔元諒將本軍從渾瑊與吐蕃會盟于平涼。元諒謂瑊曰：「本奉詔令營於潘原堡，以應援侍中。竊思潘原去平涼六七十里，蕃情多詐，儻有急變，何由應赴？請次侍中爲營。」瑊以違詔，固止之。元諒竟與瑊同進，瑊營距盟所二十里，元諒營次之，壕柵深固。及瑊赴會，乃戒嚴部伍，結陣營中。是日，虜果伏甲，乘瑊無備竊發。時士大夫皆朝服就執，軍士死者十七八。瑊單馬奔還，羣虜追躡，瑊營將李朝彩不能整衆，多已奔散，瑊至，空營而已。賴元諒之軍嚴固，瑊既入營，虜皆散去。是日無元諒軍，瑊幾不免。元諒乃整軍，先遣輜重，次與瑊俱申號令，嚴其部伍而還，時謂元諒有將帥之風。德宗嘉之，賜良馬十匹，金銀器、錦綵等甚厚。丁母憂，加右金吾衞上將軍，起復本官。帝念其勳勞，又賜姓李

氏，改名元諒。

四年春，加隴右節度支度營田觀察、臨洮軍使，移鎮良原。良原古城多摧圮，隴東要地，虜入寇，常牧馬休兵於此。元諒遠烽堠，培城補堞，身率軍士，與同勞逸，芟林薙草，斬荊榛，俟乾，盡焚之，方數十里，皆爲美田。勸軍士樹藝，歲收粟菽數十萬斛，生植之業，陶冶必備。仍距城築臺，上彀車弩[三]，爲城守備益固。無幾，又進築新城，以據便地。虜每寇掠，輒擊卻之，涇、隴由是乂安，虜深憚之。以疾，貞元九年十一月[四]，卒于良原，年六十二。帝甚悼惜，廢朝三日，贈司空，賻布帛米粟有差。

韓遊瓌，河西靈武人。仕本軍，累歷偏裨，積功至邠寧節度使。德宗出幸奉天，衞兵未集，遊瓌與慶州刺史論惟明合兵三千人赴難，自乾陵北過赴醴泉以拒泚。會有人自京城來，言賊信宿當至，上遽令追遊瓌等軍伍。纔入壁，泚黨果至，乃出闘城下，小不利，乃退入城。賊急奪門，遊瓌與賊隔門血戰，會暝方解。自是賊日攻城，遊瓌、惟明乘城拒守，躬當矢石，不暇寢息，赴難之功，遊瓌首焉。

李懷光反，從駕山南。德宗以禁軍無職局，六軍特置統軍一員，秩從二品，以遊瓌、惟明、賈隱林等分典從駕禁兵。李晟移軍東渭橋，與駱元光、尚可孤分扼京東要路，渾瑊與遊瓌、戴休顏分典京西要路，掎角進攻。興元元年，檢校刑部尚書、兼御史大夫，例授「奉天定難功臣」。李晟收京城，遊瓌三將亦破賊於咸陽。德宗自興元還京，渾瑊與遊瓌、休顏三將從，李晟、尚可孤、駱元光三將奉迎，論功行封，與瑊等相次，還鎮邠寧。

三年，以子欽緒與妖賊李廣弘同謀不軌，時遊瓌鎮長武城，事將發，欽緒奔于邠州，邠州將吏械送京師。遊瓌以子大逆，請代歸，固欲詣闕，詔不許。遊瓌鎖繫欽緒二子送京師，請從坐，上亦宥之。十二月，遊瓌入朝，素服待罪，入朝堂，遽命釋之，勞遇如故，復令還鎮。初，遊瓌入覲，邠州將吏以其子謀叛，又御軍無政，謂必受代，餞送之禮甚薄。及遊瓌見上，盛論邊事，請築豐義城以備蕃寇，上以特達，委用如初。及還鎮，軍中懼不自安。大將范希朝善將兵，名聞軍中，遊瓌畏其逼己，將因事誅之。希朝懼，出奔鳳翔，上素知名，召入宿衞。及遊瓌遣五百人築豐義城，兩板而潰。又寧州戍卒數百人，縱掠而叛。其無方略，失士心，皆此類也。自寧州卒叛，吐蕃入寇，遊瓌自率衆戍寧州。

四年七月，除將軍張獻甫代，遊瓌不俟獻甫至，又不告衆知，乃輕騎夜出歸朝。將卒素驕，聞獻甫嚴急，因其無帥，縱兵大掠，且圍監軍楊明義第，請奏范希朝爲帥。都虞候楊朝晟初逃難郊外，翌日聞請希朝，乃復入城，與軍衆曰：「所請甚愜，我來賀也。」叛卒稍安。朝

晟乃與諸將密謀，晨率甲兵而出，召叛卒告曰：「前請者不獲，張尚書來，昨日已入邠州。汝等謀叛，皆當死。吾不盡殺，誰爲賊首，各言之，以罪歸之，餘悉不問。」於衆中唱二百餘人，立斬之，軍城方定。上聞軍情欲希朝，乃授寧州刺史，爲獻甫邠寧之副。遊瓌至京，授右龍武統軍。十四年卒。

李廣弘者，或云宗室親王之胤。落髮爲僧，自云見五岳、四瀆神，已當爲人主。貞元三年，自邠州至京師，有市人董昌者，通導廣弘，舍于資敬寺尼智因之室。智因本宮人。董昌以酒食結殿前射生將韓欽緒、李政諫、南珍霞，神策將魏修、李傪，前越州參軍劉昉、陸緩、陸絳、陸充、徐綱等，同謀爲逆。廣弘言岳瀆神言，可以十月十日舉事，必捷。自欽緒已下，皆有署置爲宰相，以智因尼爲后。謀於舉事日夜令欽緒擊鼓於凌霄門，焚飛龍廄舍草積；又令珍霞盜擊街鼓，集城中人；又令政諫、修、傪等領射生、神策兵內應；事克，縱剽五日，朝官悉殺之。事未發，魏修、李傪上變，令內官王希遷等捕其黨與斬之，德宗因禁止諸色人不得輒入寺觀。

賈隱林者，滑州牙將也。建中初，爲本軍兵馬使，令率兵宿衞。朱泚之亂，諸軍未集，

隱林率衆扈從。性質朴，在奉天，賊急攻城，隱林與侯仲莊逐急救應，難險備至。既而懷光軍至，逆賊解圍，從臣稱慶，隱林抃舞畢，奏曰：「賊泚奔遁，臣下大慶，此皆宗社無疆之休。然陛下性靈太急，不能容忍，若舊性未改，賊雖奔亡，臣恐憂未艾也。」上不以爲忤，甚稱之。累官至檢校右散騎常侍，封武威郡王。將幸山南而卒，贈左僕射，賜其家實封三百戶，賻絹百匹、米百石，喪葬官給。

杜希全，京兆醴泉人也。少從軍，嘗爲郭尚父子儀裨將，積功至朔方軍節度使，軍令嚴肅，士卒皆悅服。初，德宗居奉天，希全首將所部與鹽州刺史戴休顏、夏州刺史時常春合兵赴難。軍已次漠谷，爲賊泚邀擊，乘高縱礌，又以大弩射之，傷者衆。德宗令出兵援之，不得進，希全退次邠州。以赴難功，加檢校戶部尚書，行在都知兵馬使。從幸梁州。帝還京師，遷太子少師、檢校右僕射，兼靈州大都督、御史大夫，受降定遠城天德軍靈鹽豐夏等州節度支度營田觀察押蕃落等使，餘姚郡王。

希全將赴靈州，當獻體要八章，多所規諫，德宗深納之，乃著君臣箴以賜之，其辭曰：

夫惟德惠人，惟辟奉天，從諫則聖，共理惟賢。皇立有極，駿命不易，總萬機以成務，齊六合之殊致。一心不能獨鑑，一目不能周視，敷求哲人，式序在位。於戲！君之任臣，必求一德；臣之事君，咸思正直。何啓沃之所宜，自古今而未得？且以讜言者逆耳，讒諛者伺側，故下情未通，而上聽已惑，俾夫忠賢，敗於凶慝。譬彼輕舟，烝徒楫之；亦有和羹，宰夫膳之。孰云理國，不自得師，覆車之軌，予其懲而。高以下升，和由甘受，惟君無良，亦臣之咎。聞諸辛毗，牽裾魏后，則有禽息，竭忠碎首，勉思獻替，以平可否。勿謂無傷，自微而彰，勿謂何害，積小成大，事有隱而必見，令既出而焉悔。鼓鐘在宮，聲聞于外，浩然涉水，朕未有艾，將負扆以虛心，期盡忠而納誨。在昔稷、契，實匡舜、禹；近茲魏徵，佑我文祖，君臣協德，混一區宇。肆予寡昧，獲纘丕緒，臣哉鄰哉，爾翼爾輔。

高秋始肅，我武惟揚，轄此禁衞，殿于大邦。戀闕方甚，嘉言乃昌，是規是諫，金玉其相。辭高理要，入德知方，總彼千慮，備于八章。宣父有言，啓予者商。殷有盤銘，周有欲器，或誡以辭，或警以事。披圖演義，發于爾志，與金鏡而高懸，將座右而同置。人皆有初，鮮愼厥終，汝其夙夜，期保朕躬。無曰爾身在外，而爾誠不通，一言之應，千里攸同。導彼遐俗〔六〕，達余四聰，華夷仰德，時乃之功。既往既來，懷賢忡忡，唱予和汝，式示深衷。

尋兼本管及夏綏節度都統，加太子少師。希全以鹽州地當要害，自貞元三年西蕃劫盟之後，州城陷虜，自是塞外無保障，靈武勢隔，西通鄜坊，甚爲邊患，朝議是之。九年，詔曰：

設險守國，易象垂文；有備無患，先王令典。況修復舊制，安固疆里，偃甲息人，必在於此。

鹽州地當衝要，遠介朔陲，東達銀夏，西援靈武，密邇延慶，保扞王畿。乃者城池失守，制備無據，千里庭障，烽燧不接，三隅要害，役戍其勤。若非興集師徒，繕修壁壘，設攻守之具，務耕戰之方，則封內多虞，諸華屢警，由中及外，皆靡寧居。深惟永圖，豈忘終食。顧以薄德，至化未孚，既不能復前古之治，致四夷之守，與其臨事而重擾，豈若先備而即安。是用弘久遠之謀，修五原之壘，使邊城有守，中夏克寧，不有暫勞，安能永逸？

宜令左右神策及朔方河中絳邠寧慶兵馬副元帥渾瑊、朔方靈鹽豐夏綏銀節度都統杜希全、邠寧節度使張獻甫、神策行營節度使邢君牙、銀夏節度使韓潭、鄜坊節度使王栖曜、振武節度使范希朝，各於所部簡練將士，令三萬五千人同赴鹽州。神策將軍

張昌宜權知鹽州事，應板築雜役，取六千人充。其鹽州防秋將士，率三年滿更代，仍委杜彥先具名奏聞〔七〕，悉與改轉。

朕情非己欲，志在靖人。咨爾將相之臣，忠良之士，輸誠奉命，陳力忘憂，勉茂功勳，永安疆埸。必集兵事，實惟衆心，各相率勵，以副朕志。

凡役六千人，二旬而畢。時將板築，仍詔涇原、劍南、山南諸軍深討吐蕃以牽制之，由是板築之時，虜不及犯塞。城畢，中外稱賀。由是靈武、銀夏、河西稍安，虜不敢深入。

希全久鎮河西，晚節倚邊多恣橫，帝嘗寬之。豐州刺史李景略威名出其右，希全深忌之，疑畏代己，乃誣奏景略，德宗不得已爲貶之。素病風眩，暴戾益甚。判官監察御史李起頗忤之，希全又誣奏殺之。將吏皆重足脅息。貞元十年正月卒，廢朝三日，贈司空。

尉遲勝，本于闐王珪之長子，少嗣位。天寶中來朝，獻名馬、美玉，玄宗嘉之，妻以宗室女，授右威衞將軍、毗沙府都督還國。與安西節度使高仙芝同擊破薩毗播仙〔八〕，以功加銀青光祿大夫、鴻臚卿，改光祿卿，皆同正。至德初，聞安祿山反，勝乃命弟曜行國事，自率兵五千赴難。國人留勝，以少女爲質而

後行。肅宗待之甚厚，授特進，兼殿中監。廣德中，拜驃騎大將軍、毗沙府都督、于闐王，令還國。勝固請留宿衞，加開府儀同三司，封武都王，實封百戶。勝請以本國王授曜，詔從之。勝乃於京師修行里盛飾林亭，以待賓客，好事者多訪之。

建中末，從幸奉天，爲兼御史中丞。駕在興元，勝爲右領軍將軍，俄遷右威衞大將軍，歷睦王傅。

貞元初，曜遣使上疏，稱：「有國以來，代嫡承嗣，兄勝既讓國，請傳勝子銳。」上乃以銳爲檢校光祿卿兼毗沙府長史還，固辭，且言曰：「曜久行國事，人皆悅服。銳生於京華，不習國俗，不可遣往。」因授韶王諮議。兄弟讓國，人多稱之。府除，以勝爲原王傅。卒時年六十四。貞元十年，贈涼州都督。子銳嗣。

邢君牙，瀛州樂壽人也。少從軍於幽薊、平盧，以戰功歷果毅折衝郎將，充平盧兵馬使。安祿山反，隨平盧節度使侯希逸過海，至青、徐間。田神功之討劉展，君牙又從神功戰伐有功，歷將軍、試光祿卿。神功既爲兗鄆節度使，令君牙領防秋兵入鎮好畤。屬吐蕃陵犯，代宗幸陝，君牙隸屬禁軍扈從。後又以戰功加鴻臚卿，累封河間郡公。

建中初，河北諸節帥叛，李晟率禁軍助馬燧等征之。晟以君牙爲都虞候，累於武安、襄國、洹水、魏縣、清豐討賊有功，君牙擒生斬級居多。屬德宗幸奉天，晟率君牙統所部兵，倍道兼程，來赴國難。及駐軍咸陽，移營渭橋，軍中之事，晟惟與君牙商之，他人莫可得而聞也。收復宮闕，驟加御史大夫、檢校常侍。既而晟爲鳳翔、涇原元帥，數出軍巡邊，常令君牙掌知留後，軍府安悅。貞元三年，晟以太尉、中書令歸朝，君牙代爲鳳翔尹、鳳翔隴州都防禦觀察使，尋遷右神策行營節度、鳳翔隴州觀察使，加檢校工部尚書。吐蕃連歲犯邊，君牙且耕且戰，以爲守備，西戎竟不能爲大患。尋加檢校右僕射。貞元十四年卒，時年七十一，廢朝一日，贈司空，賻布帛米粟有差。

楊朝晟，字叔明，夏州朔方人。初，在朔方爲部軍前鋒，常有功，授甘泉果毅。建中初，從李懷光討劉文喜于涇州，斬獲擒生居多，授驃騎大將軍，稍遷右先鋒兵馬使。後李納寇徐州，從唐朝臣征討，常冠軍鋒，以功授開府儀同三司、檢校太子賓客。

上在奉天，李懷光自山東赴難，以朝晟爲右廂兵馬使，將千餘人下咸陽，以挫朱泚，加御史中丞，實封一百五十戶。及懷光反於河中，朝晟被脅在軍。上幸梁、洋，韓遊瓌退於邠

寧，懷光以嘗在邠寧，迫制如屬城，以賊黨張昕在邠州總後務。昕懼難作，乃大索軍資，徵卒乘，約明潛發，歸于懷光。時朝晟父懷賓爲遊瓌將，夜後以數十騎斬昕及同謀者。遊瓌卽日使懷賓奉表聞奏，上召勞問，授兼御史中丞，正授遊瓌邠寧節度使。間諜至河中，朝晟聞其事，泣告懷光曰：「父立功于國，子合誅戮，不可主兵。」懷光遂繫之。及諸軍進圍河中，韓遊瓌營于長春宮，懷賓身當戰伐。及懷光平，上念其忠，俾副元帥渾瑊特原朝晟，用爲遊瓌都虞候。時父子同軍，皆爲開府、賓客、御史中丞，異姓王〔九〕，榮於軍中。

後詔徵遊瓌宿衞，以張獻甫代之。獻甫在道，軍中有裴滿者，扇亂劫朝晟，朝晟陽許之，密計斬三百餘人。獻甫入，改御史大夫。九年，城鹽州，徵兵以護外境，朝晟分統士馬鎮木波堡。獻甫卒，詔以朝晟代之。其年，丁母憂，起復左金吾大將軍同正、邠州刺史、兼御史大夫。十三年春，朝晟奏：「方渠、合道、木波，皆賊路也，請城其地以備之。」詔問：「須兵幾何？」朝晟奏曰：「臣部下兵自可集事，不煩外助。」復問：「前築鹽州，凡興師七萬，今何其易也？」朝晟曰：「鹽州之役，咸集諸軍，番戎盡知之。今臣境迫虜，若大興兵，卽番戎來寇，來寇則戰，戰則無暇城矣。今請密發軍士，不十日至塞下，未旬而功畢，番人始知，已無奈何。」上從之。已事，軍還至馬嶺，吐蕃始來，數日而退。初，軍次方渠，無水，師旅囂然。遽有青蛇乘高而下，視其迹，水隨而流，朝晟命築防環之，遂爲渟泉。軍人仰飲以足，圖其

事上聞，詔置祠焉。免喪，加檢校工部尚書。是夏，以防秋移軍寧州，遘疾，旬餘而卒。

張敬則者，不知何許人，本名昌，後賜名敬則。初助劉玄佐，累有軍功，官至鳳翔節度使。常有復河湟之志，遣大將野詩良輔發銳卒至隴西，番戎大駭。元和二年六月卒。

史臣曰：有唐中否，逆寇勃興，天王奢以蒙塵，諸侯忠而赴難。可孤生居沙漠，挺然懷效命之風；功冠貔貅，屹爾有不矜之色。李觀文儒之冑，樂習兵戎，戴聖主著定難之勳，救渾瑊於會盟之變。休顏斬使嬰城，懷光股慄；惠元窮蹙自致，天子軫悼。元諒退兵章敬，力戰讓功，雅有器度；及不忍小忿，專殺庭光，請罪軍門，壯哉烈士！其下諸將，鬱有勞能。勝生異域，推位讓國，堅留宿衞，願慕華風，居中土者，豈不思廉讓耶！斯乃高祖之基，太宗之業，貽厥孫謀，不徒虛語。

贊曰：建中失國，嘯聚氛祲。景命載延，羣雄畢力。歌鐘甲第，珪組繁錫。凡百人臣，忠爲令德。

校勘記

〔一〕朱濟時　「濟」字各本原作「泚」，據本書卷一三一李勉傳、新書卷一三一李勉傳改。

〔二〕加開府儀同三司　「開」下各本原有「封」字，明係衍文，據合鈔卷一九五李觀傳刪。

〔三〕平涼之師會　册府卷四一四「之」下無「師」字。

〔四〕上轂車弩　「車」字新書卷一五六李元諒傳作「連」。

〔五〕貞元九年　「九年」，各本原作「元年」，據册府卷三八五改。

〔六〕導彼遐俗　「俗」字各本原作「徐」，據唐會要卷七三、御覽卷五九二改。

〔七〕杜彥先　全唐文卷五二作「杜彥光」。

〔八〕安西節度使　「安西」，各本原作「西安」，據本書卷一〇四高仙芝傳改。

〔九〕異姓王　校勘記卷四九云：「按上文不言朝晟封王，疑有脫文。前傳（指本書卷一二二）復見之楊朝晟傳）無此三字。」

舊唐書卷一百四十五

列傳第九十五

劉玄佐 子士寧 士幹 李萬榮附　董晉　陸長源　劉全諒

李忠臣　李希烈　吳少誠 弟少陽 少陽子元濟附

劉玄佐，本名洽，滑州匡城人也。少倜儻，不理生業，爲縣捕盜吏，違法，爲令所笞，僅死，乃亡命從軍。大曆中，爲永平軍衙將。李靈曜據汴州，洽將兵乘其無備，徑入宋州，遂詔以州隸永平軍，節度使李勉奏署宋州刺史。建中二年，加兼御史中丞、亳潁節度等使。

李正已死，子納匿喪謀叛，而李洧以徐州歸順，納遣兵圍之。詔洽與諸軍援洧，與賊接戰，大破之，斬首萬餘級，由是轉輸路通，加御史大夫。又收濮州，降其將楊令暉，分兵挾之，徇濮陽，降其將高彥昭，以通濮陽津。遷尚書，累封四百戶，兼曹濮觀察使，尋加淄青兗鄆招

討使，又加汴滑都統副使。李希烈攻汴州，德宗在奉天，連戰，賊稍卻。興元初，進加檢校左僕射，加平章事。希烈圍寧陵，洽大將劉昌堅守不下〔一〕。希烈攻陳州，洽遣劉昌與諸軍救之，大敗賊黨，獲其將翟崇暉。希烈棄汴州，洽率軍收汴，詔加汴宋節度。無幾，授本管及陳州諸軍行營都統，賜名玄佐。是歲來朝，又拜涇原四鎮北庭等道兵馬副元帥，檢校司空，益封八百戶。

玄佐性豪侈，輕財重義，厚賞軍士，故百姓益困。是以汴之卒，始於李忠臣，訖於玄佐，而日益驕恣，多逐殺將帥，以利剽劫。又寵任小吏張士南及養子樂士朝，財物鉅萬。士朝通玄佐嬖妾。玄佐在鎮，李納每使來，必重賂遺，飾美女名樂，從其遊娛，故多得其陰事，常先爲備，故納憚其心計。貞元三年三月〔二〕，薨于位，年五十八，廢朝三日，贈太傅。將佐初匿喪，稱疾俟代，帝亦爲隱，數日乃發喪。子士寧、士幹。

初，將佐匿喪，既發，帝遣問所欲立：「吳湊可乎？」監軍孟介、行軍盧瑗皆曰「便」。及湊次汜水，柩將遷，請備儀，瑗不許，又令留什物俟新使，將士大怒。玄佐子婿及親兵乃以三月晦夜激怒三軍，明晨，衛兵皆甲冑，擁士寧登重榻，衣以墨縗，呼爲留後。軍士執城將曹金岸、浚儀令李邁，曰：「爾等皆請吳湊者！」遂臠之，唯盧瑗獲免。士寧乃以財物分賜將

士，請之爲帥，孟介以聞。帝召宰臣問計，竇參曰：「今汴人挾李納以邀命，若不許，懼合於納。」遂從之，授士寧起復金吾衞將軍同正、汴州刺史、宣武軍節度等使。士寧位未定時，遣使通王武俊、劉濟、田緒，以士寧未受詔於國，皆留之。

士寧初授節制，諸將多不悅服。性忍暴淫亂，或彎弓挺刃，手殺人於杯案間，悉烝父之妓妾，又強取人之婦女，好倮觀婦人。每出畋獵，數日方還，軍府苦之。其大將李萬榮與其父玄佐同里閈，少相善，寬厚得衆心，士寧疑之，去其兵權，令攝汴州事。萬榮深怨之，將伺其隙逐之。十年正月，士寧以衆二萬畋於城南，兵既出，萬榮晨入士寧廨舍，召其所留心腹兵千餘人，矯謂之曰：「有詔徵大夫入朝，俾吾掌留務，汝輩人賜錢三千貫[三]，無他憂也。」兵士皆拜。萬榮既約親兵於內，又召各營兵於外，以是言令之，軍士皆聽命。萬榮乃分兵閉城門，馳使白士寧曰：「詔徵大夫，宜速卽路；若遷延不行，當傳首以獻。」士寧知衆不爲用，計無所出，乃將五百騎走歸京師。比至中牟，亡走大半；至東都，所餘僮隸婢妾數十人而已。既至京師，詔令歸第服喪，禁絕出入。萬榮乃斬士寧所親之將辛液、白英賢以令於軍，凡賞軍士錢二十萬貫，詔令籍沒士寧家財以分賞焉，遂授萬榮宣武軍兵馬留後。

初，萬榮遣兵三千備秋於京西，有親兵三百前爲劉士寧所驕者日益橫，萬榮惡之，悉置行籍中，由是深怨萬榮。大將韓惟清、張彥琳請將往，不許，萬榮令其子迺將之，未發。惟

清、彥琳不得志，因親兵銜怨，乃作亂，共攻萬榮。萬榮分兵擊之，叛卒兵械少，戰不勝，乃劫轉運財貨及居人而潰，殺傷千餘人。叛兵四出，多投宋州，刺史劉逸準厚撫之。韓惟清走鄭州，張彥琳走東都，以東身歸罪，宥以不死，並流竄焉。萬榮悉捕逃叛將卒妻孥數千人，皆誅之。萬榮誅叛卒之後，人心恟恟不安，軍卒數人呼於市曰：「今夜大兵四面至，城當破。」衆驚駭，萬榮悉捕得，或云士寧所敎，萬榮斬之以聞，遂以士寧廢處郴州。十一年五月，授萬榮宣武軍節度使。其年八月，萬榮病，遂署其子迺爲司馬。乃勒大將李湛、伊婁涗、張伾往外鎭，尋皆令殺之。涗、伾皆已死，惟李湛至尉氏，尉氏鎭將郝忠節不肯殺湛。是夜軍士逐出李迺，遂執送京師。萬榮以其日病卒。迺至京師，付京兆府杖殺。

劉士幹，玄佐養子，前爲太府少卿。有樂士朝者，亦爲玄佐養子，因冒劉姓，與士幹有隙。及玄佐卒，或云爲士朝所酖。士幹知之，及至京師，遣奴持刀於喪位，語士朝曰：「有弔客至。」因誘殺之。賜士幹死。

董晉字混成，河中虞鄉人[四]。明經及第。至德初，肅宗自靈武幸彭原，晉上書謁見，

授校書郎、翰林待制，再轉衞尉丞，出爲汾州司馬。未幾，刺史崔圓改淮南節度，奏晉以本官攝殿中侍御史，充判官。尋歸臺，授本官，遷侍御史、主客員外郎、祠部郎中。大曆中，兵部侍郎李涵送崇徽公主使迴紇，奏晉爲判官，使還，拜司勳郎中。歷秘書太府太常少卿、左金吾將軍。旬日，德宗嗣位，改太常卿，遷右散騎常侍，兼御史中丞知臺事。以清勤謹愼，故驟遷右職。尋爲華州刺史、兼御史中丞、潼關防禦使。久之，加兼御史大夫。朱泚僭逆於京師，使兇黨仇敬、何望之侵逼華州，晉奔遁赴行在，授國子祭酒，尋令往恆州宣慰。從車駕還京師，遷左金吾衞大將軍，改尚書左丞。時右丞元琇領度支使，爲韓滉所擠貶黜，晉嫉之，見宰相極言非罪，舉朝稱之。復拜太常卿。

五年，遷門下侍郎、同平章事。時政事決在竇參，晉但奉詔書，領然諾而已。金吾衞將軍沈房有弟喪，公除，衣慘服入閣[五]，上問宰相，對曰：「準式，朝官有周年已下喪者，諸絁緵[六]，不合衣淺色。」帝曰：「南班安得有之？」對曰：「因循而然。」又問晉冠冕之制，對曰：「古人服冠冕者，動有佩玉之響，所以節步也。禮云『堂上接武，堂下布武』，至恭也，步武有常，君前之禮，進趨而已。今或奔走以致顚仆，非恭愼也。在式，朝官皆是綾袍袴，五品已上金玉帶，取其文彩畫飾，以奉上也。是以禹惡衣食而致美乎黻冕，君親一致。昔尚書郎含香，老萊彩服，皆此義也。服絁緵，非制也。」上深然之，遂詔曰：「常參官入閣，不得趨

走；周期已下喪者，禁慘服朝會。」又令服本品綾袍金玉帶。晉明於禮學如此。

竇參驕滿既甚，帝漸惡之。八年，參諷晉奏其姪給事中竇申爲吏部侍郎，帝正色曰：「豈不是竇參遣卿奏也？」晉不敢隱。因問參過失，晉具奏之。旬日，參貶官，晉憂懼，累上表辭位。九年夏，改禮部尚書、兵部尚書、東都留守、東都畿汝州都防禦使。

會汴州節度李萬榮疾甚，其子迺爲亂，以晉爲檢校左僕射、同平章事，兼汴州刺史、宣武軍節度營田、汴宋觀察使。晉既受命，唯將幕官傔從等十數人，都不召集兵馬。既至鄭州，宣武軍迎候將吏無至者。晉左右及鄭州官吏皆懼，共勸晉云：「鄧惟恭承萬榮疾病之甚，遂總領軍州事。今相公到此，尙不使人迎候，其情狀豈可料。卽恐須且遲迴，以候事勢。」晉曰：「奉詔爲汴州節度使，卽合準敕赴官，何可妄爲逗留！」人皆憂其不測，晉獨恬然。未至汴州十數里，鄧惟恭方來迎候，晉俾其不下馬。既入，乃委惟恭以軍政，衆服晉明於事體機變，而未測其深淺。

初，萬榮逐劉士寧，代爲節度使，委兵於惟恭，以其同鄉里。及疾甚，李迺將爲亂，惟恭乃與監軍同謀縛迺，送歸朝廷。惟恭自以當便代居其位，故不遣候吏，以疑懼晉心，冀其不敢進；不意晉之速至，晉已近，方遽出迎之。然心常怏怏，竟以驕盈慢法，潛圖不軌，配流嶺南。

朝廷恐晉柔懦，尋以汝州刺史陸長源爲晉行軍司馬。晉謙恭簡儉，每事因循多可，故亂兵粗安。長源好更張云爲，數請改易舊事，務從削刻。晉初皆然之，及案牘已成，晉乃命且罷。又委錢穀支計于判官孟叔度，叔度輕佻，好慢易軍人，皆惡之。晉十五年二月卒，年七十六，廢朝三日，贈太傅，賻布帛有差。卒後未十日，汴州大亂，殺長源、叔度等。

陸長源字泳之，開元、天寶中尚書左丞、太子詹事餘慶之孫，西河太守璪之子。長源淑書史。乾元中，陷河北諸賊，因爲昭義軍節度薛嵩從事〔七〕，久之，歷建、信二州刺史。浙西節度韓滉兼領江、淮轉運，奏長源檢校郎中、兼中丞，充轉運副使。罷爲都官郎中，改萬年縣令，出爲汝州刺史。

貞元十二年，授檢校禮部尚書、宣武軍行軍司馬，汴州政事，皆決斷之。性輕佻，言論容易，恃才傲物，所在人畏而惡之。及至汴州，欲以峻法繩驕兵，而董晉判官楊凝、孟叔度亦縱恣淫湎，衆情共怒。晉性寬緩，事務因循，以收士心。長源每事守法，晉或苟且，長源輒執而正之。

及晉卒，令長源知留後事。長源揚言曰：「將士多弛慢，不守憲章，當以法繩之。」由是

人人恐懼。加以叔度苛刻，多縱聲色，數至樂營與諸婦人嬉戲，自稱孟郎，衆皆薄之。舊例，使長薨，放散布帛於三軍制服。至是，人請服，長源初固不允，軍人求之不已，長源等議給其布直；叔度高其鹽價而賤爲布直，每人不過得鹽三二斤，軍情大變。或勸長源，故事有大變，皆賞三軍，三軍乃安。長源曰：「不可使我同河北賊，以錢買健兒取旌節。」兵士怨怒滋甚，乃執長源及叔度等臠而食之，斯須骨肉糜散。長源死之日，詔下以爲節度使，及聞其死，中外惜之，贈尚書右僕射。

劉全諒，懷州武陟人也〔八〕。父客奴，由征行家於幽州之昌平。少有武藝，從平盧軍。開元中，有室韋首領段普恪，恃驍勇，數苦邊；節度使薛楚玉以客奴有膽氣，令抗普恪。客奴單騎襲之，斬首以獻，自白身授左驍衞將軍，充遊奕使，自是數有戰功。性忠謹，爲軍人所信。天寶末，安祿山反，詔以安西節度封常清爲范陽節度，以平盧節度副使呂知誨爲平盧節度，以太原尹王承業爲河東節度。祿山既僭位於東都，遣腹心韓朝陽等招誘知誨，知誨遂受逆命，誘殺安東副都護、保定軍使馬靈詧，祿山遂署知誨爲平盧節度使。客奴與平盧諸將同議，取知誨殺之，仍遣與安東將王玄志遙相應援，馳以奏聞。十五載四月，授客奴柳城郡太守、攝御史大夫、平盧節度支度營田陸運、押兩蕃渤海黑水四府〔九〕、經略及平盧軍使，仍賜名正臣。又以王玄志爲安東副大都護、攝御史中丞、保定軍及營田使。正臣仍領兵平盧來襲范陽，未至，爲逆賊將史思明等大敗之。正臣奔歸，爲王玄志所酖而卒。逆賊署徐歸道平盧節度，王玄志與平盧將侯希逸等又襲殺歸道。大曆九年，追贈正臣工部尚書。

全諒本名逸準，以父勳授別駕、長史。建中初，劉玄佐爲宋亳節度使，召署爲牙將，以勇果騎射聞。玄佐以宗姓厚遇之〔一〇〕，累署都知兵馬使，試太僕卿、兼御史中丞。玄佐卒，子士寧代爲節度使，疑宋州刺史翟良佐不附己，陽言出巡，至宋州，遽以逸準代良佐爲刺史。及董晉卒，兵亂，殺陸長源，監軍俱文珍與大將密召逸準赴汴州，令知留後；朝廷因授以檢校工部尚書、汴州刺史，兼宣武軍節度觀察等使，仍賜名全諒。貞元十五年二月卒，年四十九，廢朝一日，贈右僕射。

李忠臣，本姓董，名秦，平盧人也，世家于幽州薊縣。自云曾祖文昰，棣州刺史；祖玄獎，安東都護府錄事參軍；父神嶠，河內府折衝。忠臣少從軍，在卒伍之中，材力冠異。事

幽州節度薛楚玉、張守珪、安祿山等，頻委征討，積勞至折衝郎將、將軍同正、平盧軍先鋒使。

及祿山反，與其倫輩密議，殺僞節度呂知誨，立劉正臣爲節度，以忠臣爲兵馬使。攻長楊，戰獨山，襲榆關、北平，殺賊將申子貢、榮先欽，擒周釗送京師，忠臣功多。又從正臣破漁陽，逆將李歸仁、李咸、白秀芝等來拒戰，約數十合，並摧破之。無何，潼關失守，郭子儀、李光弼退師，忠臣乃引軍北歸。奚王阿篤孤初以衆與正臣合，後詐言請以萬餘騎同收范陽，至后城南，中夜反攻，忠臣與戰，遂至溫泉山，破之，擒大首領阿布離，斬以祭纛釁鼓。正臣卒，又與衆議以安東都護王玄志爲節度使。

至德二載正月，玄志令忠臣以步卒三千自雍奴爲葦筏過海，賊將石帝庭、烏承洽來拒，忠臣與董竭忠退之；轉戰累日，遂收魯城、河間、景城等，大獲資糧，以赴本軍。復與大將田神功率兵討平原、樂安郡，下之；擒僞刺史臧瑜等，防河招討使李銑承制以忠臣爲德州刺史。屬史思明歸順，河南節度張鎬令忠臣以兵赴鄆州，與諸軍使收河南州縣。又與裨將陽惠元大破賊將王福德于舒舍口，肅宗累下詔慰諭，仍令鎮濮州，尋移韋城。

乾元元年九月，改光祿卿同正。其年，與郭子儀等九節度圍安慶緒於相州。明年二月，諸軍潰歸，忠臣亦退。至滎陽，賊將敬釭來襲官船，忠臣大破之，獲米二百餘艘，以資汴

州軍士。尋拜濮州刺史、緣河守捉使，移鎮杏園渡。及史思明陷汴州，節度使許叔冀與忠臣並力屈降賊，思明撫忠臣背曰：「吾比祇有左手，今得公，兼有右手矣。」與俱寇河陽。數日，忠臣夜以五百人斫其營，突圍歸，李光弼以聞，詔加開府儀同三司、殿中監同正，賜實封二百戶。召至京師，賜姓李氏，名忠臣，封隴西郡公，賜良馬、莊宅、銀器、綵物等。

時陝西、神策兩節度郭英乂、衞伯玉鎮陝州，以忠臣爲兩軍節度兵馬使。魚朝恩亦在陝，俾忠臣與賊將李歸仁、李感義等戰於永寧、莎柵，前後數十陣，皆摧破之。會淮西節度王仲昇爲賊所擒，寶應元年七月，拜忠臣太常卿同正、兼御史中丞、淮西十一州節度[二]；尋加安州刺史，仍鎮蔡州。其年，令忠臣會元帥諸軍收復東都。二年六月，就加御史大夫。時迴紇可汗既歸其國，留判官安恪、石帝庭於河陽守禦財物，因此招聚亡命爲寇，道路壅隔，詔忠臣討平之。

永泰元年，吐蕃犯西陲，京師戒嚴，代宗命中使追兵，諸道多不時赴難；使至淮西，忠臣方會鞠，即令整師飾駕。監軍大將固請曰：「軍行須擇吉日。」忠臣奮臂於衆曰：「焉有父母遇寇難，待揀好日方救患乎！」即日進發。自此方隅有警，忠臣必先期而至。由是代宗嘉其忠節，加本道觀察使，寵賜頗厚。及同華節度周智光舉兵反，詔忠臣與神策將李太清等討平之。大曆三年，加檢校工部尚書，實封通前三百戶。五年，加蔡州刺史。七年，檢校

右僕射、知省事。李靈曜之叛，田承嗣使姪悅援之，忠臣與諸軍大破悅等，汴州平。十一年十二月，加檢校司空平章事、汴州刺史。

忠臣性貪殘好色，將吏妻女多被誘脅以通之。又軍無紀綱，所至縱暴，人不堪命。而以妹壻張惠光爲衙將，恃勢兇虐，軍中苦之，數有言於忠臣，不之信也。俄以惠光爲節度副使，令惠光子爲衙將，陵橫甚於其父。忠臣所信任大將李希烈，素善騎射，羣情所伏，因衆心之怒，以十四年三月，與少將丁暠、賈子華、監軍判官蔣知璋等舉兵斬惠光父子，以脅逐忠臣。單騎赴京師，朝廷方寵武臣，不之責也，依前檢校司空、平章事，留京師奉朝請。

建中初，嘗因奏對，德宗謂之曰：「卿耳甚大，眞貴人也。」忠臣對曰：「臣聞驢耳甚大，龍耳甚小，臣耳雖大，乃驢耳也。」上說之。時常侍張涉承恩用事，坐受財賄事露，帝將以法繩之，涉即帝在春宮時侍講也。忠臣奏曰：「陛下貴爲天子，而先生以乏財抵法，以愚臣觀之，非先生之過也。」帝意解，但令歸田里。前湖南觀察辛京杲嘗以忿怒杖殺部曲，有司劾奏京杲殺人當死，從之。忠臣奏曰：「京杲合死久矣。」上問之，對曰：「渠伯叔某於某處戰死，兄弟某於某處戰死，渠嘗從行，獨不死，是以知渠合死久矣。」上亦憫然，不令加罪，改授王傅而已。

忠臣木強率直，不識書，不喜儒生，及罷兵權，官位崇重，常鬱鬱不得志。及朱泚反，以爲僞司空、兼侍中。泚率兵逼奉天，命忠臣京城留守。泚敗，忠臣走樊川別業，李晟下將士擒忠臣至，繫之有司。興元元年，幷其子並誅斬之，時年六十九，籍沒其家。

李希烈，遼西人。父大定。希烈少從平盧軍，後隨李忠臣過海至河南。寶應初，忠臣爲淮西節度，署希烈爲偏裨，累授將軍、試光祿卿、殿中監。忠臣兼領汴州，希烈爲左廂都虞候，加開府儀同三司。大曆末，忠臣軍政不脩，事多委妹壻張惠光，爲押衙，弄權縱恣，人怨。與少將丁暠等斬惠光父子，忠臣奔赴朝廷。詔以忻王爲淮西節度副大使，授希烈蔡州刺史、兼御史中丞、淮西節度留後，令滑亳節度李勉兼領汴州。

德宗即位後月餘，加御史大夫，充淮西節度支度營田觀察使，又改淮西節度淮寧軍以寵之。建中元年，又加檢校禮部尚書。會山南東道節度梁崇義拒捍朝命，迫脅使臣，二年六月，詔諸軍節度率兵討之，加希烈南平郡王，兼漢北都知諸兵馬招撫處置使。希烈破崇義衆，遂討平之。錄希烈功，加檢校右僕射、同平章事，賜實封五百戶。淄青節度李正己又謀不軌，三年秋，加希烈檢校司空，兼淄青兗鄆登萊齊等州節度支度營田、新羅渤海兩蕃使，令討襲正己。希烈遂率所部三萬人移居許州，聲言遣使往青州招諭李納，其實潛與交

通，又移牒汴州令備供擬，將與納同爲亂。李勉以其道路合自陳留，乃除道具饌以待之，希烈不從，乃大慢罵。自是志意縱肆，言多悖慢，日遣使交通河北諸賊帥等。是歲長至日，朱滔、田悅、王武俊、李納各僭稱王，滔使至希烈，希烈亦僭稱建興王、天下都元帥。

四年，希烈遣其將襲陷汝州，執李元平而去，東都大擾亂。朝廷猶爲含容，遣太子太師顏眞卿往宣慰。眞卿發後數日，以龍武將軍哥舒曜爲東都兼汝州行營兵馬節度。希烈既見眞卿，但肆兇言，令左右慢罵，指斥朝廷。又遣逆黨董待名、韓霜露、劉敬宗、陳質、翟暉等四人伺外[三]，侵抄州縣，官軍皆爲其所敗，荆南節度張伯儀全軍覆沒。又令周曾、王玢、姚憺、呂從賁、康琳等來襲曜，曾、玢、憺等謀迴軍據蔡州襲討希烈，事洩，並遇害。神策軍使白志貞又獻策謀，令嘗爲節度、都團練使者各出家僮部曲一人及馬，令劉德信總之討希烈。尋詔李勉爲淮西招討使，哥舒曜爲副。至四月，曜率衆屯襄城，頻與賊戰，皆不勝。八月，希烈率衆二萬圍襄城，李勉又令將唐漢臣率兵與劉德信同爲曜之影援，皆望風敗衂。希烈兇逆既甚，帝乃命舒王爲荆襄、江西、沔鄂等道節度諸軍行營兵馬都元帥，大開幕府，文武僚屬之盛，前後出師，未有其比。又令涇原諸道出兵，皆赴襄城。軍未發，會涇州兵亂，車駕幸奉天。其日，希烈大破曜軍於襄城，曜遁歸東都，賊因乘勝攻陷汴州，李勉奔歸宋州。

希烈性慘毒酷，每對戰陣殺人，流血盈前，而言笑飲饌自若，以此人畏而服從其教令，盡其死力。其攻汴州，驅百姓，令運木土築壘道，又怒其未就，乃驅以塡之，謂之溼梢。既入汴州，於是僭號曰武成，以孫廣、鄭賁、李綬、李元平爲宰相，以汴州爲大梁府，李淸虛爲尹，署百官。遣兵東討，至寧陵，竟爲劉洽所拒，不得前。又遣將翟暉率精卒襲陳州，爲劉洽、李納大破之，生擒暉以獻。諸軍乘勝進攻汴州，希烈遁歸蔡州，擒其僞署將相鄭賁、劉敬宗等。李皐、樊澤、曲環、張建封又四面討襲之，累拔其郡縣，希烈敗衂。貞元二年三月，因食牛肉遇疾，其將陳仙奇令醫人陳仙甫置藥以毒之而死。妻男骨肉兄弟共一十七人，並誅之。初，希烈於唐州得象一頭，以爲瑞應，又上蔡、襄城獲其珍寶，乃是爛車釭及滑石僞印也。

陳仙奇者，起於行間，性忠果。自希烈死，朝廷授淮西節度，頗竭誠節。未幾，爲別將吳少誠所殺，贈太子太保，賻布帛、米粟有差，喪事官給。

吳少誠，幽州潞縣人。父爲魏博節度都虞候。少誠以父勳授一子官，釋褐王府戶曹。後至荆南，節度使庾準奇之，留爲衙門將。準入覲，從至襄漢，見梁崇義不遵憲度，知有異

志，少誠密計有成擒之略，將自陳於闕下。屬李希烈初授節制，銳意立功，見少誠計慮，乃以少誠所見錄奏，有詔慰飭，不次封通義郡王。未幾，崇義違命，希烈受制專征，以少誠爲前鋒。崇義平，賜實封五千戶[三]。後希烈叛，少誠頗爲其用。希烈死，少誠等初推陳仙奇統戎事，朝廷已命仙奇，尋爲少誠所殺，衆推少誠知留務。朝廷遂授以申光蔡等州節度觀察兵馬留後，尋正授節度。

少誠善爲治，勤儉無私，日事完聚，不奉朝廷。貞元三年，判官鄭常及大將楊冀謀逐少誠以聽命於朝，試校書郎劉涉假爲手詔數十，潛致於大將，欲因少誠之出，閉城門以拒之。屬少誠將出餞中使，常、冀等遂謀舉事，臨發，爲人所告，常、冀先遇害。其將李嘉節等各持假詔請罪，少誠悉宥之。其大將宋旻、曹濟奔歸京師。

十五年，陳許節度曲環卒，少誠擅出兵攻掠臨潁縣，節度留後上官涚遣兵赴救，臨潁鎭使韋淸與少誠通，救兵三千餘人，悉擒縛而去。九月，遂圍許州。尋下詔削奪少誠官爵，分遣十六道兵馬進討。十二月，官軍敗衂於小溵河。明年正月，夏州節度使韓全義爲淮蔡招討處置使，北路行營諸軍將士並取全義指揮，陳許節度留後上官涚充副使。五月，全義與少誠將吳秀、吳少陽等戰於溵水南，官軍復敗。七月，全義頓軍於五樓行營，爲賊所乘，大潰，全義與都監軍使賈秀英、賈國良等夜遁，遂城守溵水。汴宋、徐泗、淄青兵馬直趣陳州，列營四面。少誠兵逼溵水五、六里下營，韓全義諸軍又退保陳州。其汴州、河陽等兵各私歸本道；陳許將孟元陽與神策兵各率所部留軍溵水。全義斬昭義、滑州、河陽、河中都將凡四人，然竟未嘗整陣交鋒，而王師累挫潰。少誠尋引兵退歸蔡州。遂下詔洗雪，復其官爵，累加檢校僕射。順宗即位，加同中書門下平章事。元和初，遷檢校司空，依前平章事。元和四年十一月卒，年六十，廢朝三日，贈司徒。

吳少陽，本滄州清池人。初，吳少誠父翔在魏博軍中，與少陽相愛，及少誠知淮西留守，乃厚以金帛取少陽至，則名以堂弟，署爲軍職，累奏官爵，出入少誠家，情旨甚暱。少陽度少誠猜忍，懼爲所害，乃請出外以任防捍之任，少誠乃表爲申州刺史、兼御史大夫，凡五年。少陽頗寬易，而少誠之衆悅附焉。及少誠病亟，家僮單于熊兒者，僞以少誠意取少陽至；時少誠已不知人，乃僞署少陽攝副使、知軍州事。少誠子元慶，年二十餘，先爲軍職，兼御史中丞，少陽密害之。及少誠死，少陽自爲留後。時王承宗求繼士眞，不受詔，憲宗怒，以討承宗，不欲兵連兩河，乃詔遂王宥遙領彰義軍節度大使，以少陽爲留後，遂授彰義軍節度使、檢校工部尙書。少陽據蔡州凡五年，不朝覲。汝南多廣野大澤，得豢馬畜，時奪掠壽州茶山之利，內則數匿亡命，以富實其軍。又屢以牧馬來獻，詔因善之。元和九年九月卒，

贈右僕射。

吳元濟，少陽長子也。初爲試協律郎、兼監察御史、攝蔡州刺史。及父死，不發喪，以病聞，因假爲少陽表，請元濟主兵務。帝遣醫工候之，即稱少陽疾愈，不見而還。先是，少陽判官蘇兆、楊元卿及其將侯惟淸嘗同爲少陽畫朝覲計；及元濟自領軍，兇狠無義，唯暱軍中兇悍之徒。素不便兆，縊殺之，歸其屍於家，械侯惟淸而囚之。時朝廷誤聞惟淸已死，贈兵部尙書，贈蘇兆以右僕射。楊元卿先奏事在京師，得盡言經略淮西事於宰相李吉甫。始，少陽以病聞，元卿請凡淮西使在道路者，所在留止之。及少陽卒，凡四十日，不爲輟朝，但易將加兵於外以待。其邸吏無何妄傳董重質已殺元濟，并屠其家，李吉甫遽請對拜賀，乃輟朝。數日，知元濟尙在。時賊陰計已成，羣衆四出，狂悍而不可遏，屠舞陽，焚葉縣，攻掠魯山、襄城。汝州、許州及陽翟人多逃伏山谷荆棘間，爲其殺傷驅剽者千里，關東大恐。

十月，以陳州刺史李光顏爲忠武軍節度使，又以山南東道節度使嚴綬充申光蔡等州招撫使，仍令內常侍崔潭峻監綬軍。十年正月，綬軍臨賊西境。詔曰：「吳元濟逆絕人理，反易天常；不居父喪，擅領軍政。諭以詔旨，曾無謙恭；熒惑一方之人，迫脅三軍之衆。以

少陽嘗經任使，爲之軫悼，命申弔祭，臨遣使臣。陵虐封疆，遂致稽阻，絕朝廷之理，忘父子之恩。旋又掩寇舞陽，傷殘吏卒，焚燒葉縣，騷擾閭閻，恣行奪攘，無所畏忌。朕念賞延之義，重傷藩帥之門，尚欲納於忠順之途，處在顯榮之地。未能飭怒，猶爲包荒，再降詔書，俾申招撫。而毒螫滋甚，姦心靡悛，壽春西南，又陷鎮栅，窮兇稔惡，縱暴延災。覆載之所不容，人神之所共棄，良非獲已，致此興戎。吳元濟在身官爵，並宜令削奪。令宣武、大寧、淮南、宣歙等道兵馬合勢〔四〕，山南東道及魏博、荊南、江西、劍南東川兵馬與鄂岳計會〔五〕，東都防禦使與懷鄭汝節度及義成兵馬掎角相應，同期進討。」

二月，緩兵爲賊所襲，敗于磁丘，退保唐州。四月，光顏破賊黨，元濟遣人求援于鎮州王承宗、淄鄆李師道，二帥上表于朝廷，請赦元濟之罪，朝旨不從。自是兩河賊帥所在竊發，冀以沮撓王師。五月，承宗、師道遣盜燒河陰倉，詔御史中丞裴度於軍前宣喻，觀用兵形勢。度還奏曰：「臣觀諸將，唯光顏勇義盡心，必有成功。」上意甚悅。翌日，光顏奏大破賊於時曲，上曰：「度知光顏，可謂至矣。」乃以度兼刑部侍郎。自是中外相賀，決不赦賊，徵天下兵環申、蔡之郊，大小十餘鎮。六月，承宗、師道遣盜伏於京城，殺宰相武元衡、中丞裴度，衡先死，度重傷而免。憲宗特怒，卽命度爲宰相，淮右用兵之事，一以委之。七月，李師道遣嵩山僧圓淨結山賊與留邸兵，欲焚燒東都，先事敗而禍弭。嚴綬退罷，乃以汴州節度

使韓弘爲淮右行營兵馬都統，以高霞寓有名，用爲唐鄧節度。

十一年春，諸軍雲合，惟李光顏、懷汝節度烏重胤心無顧望，且夕血戰，繼獻戎捷。六月，高霞寓爲賊所擊，敗于鐵城，退保新興栅。時諸軍勝負皆不實聞，多虛稱克捷，及霞寓敗，中外恟恟。宰相諫官屢以罷兵爲請，唯裴度堅於破賊。尋以袁滋代霞寓爲唐鄧帥，滋柔懦不能軍。十二年正月，袁滋復貶，閑廄使李愬表請軍前自効，乃用愬爲唐鄧帥以代滋。愬軍壓境，拔賊文城栅，擒栅將吳秀琳，又獲賊將李祐；李光顏亦拔賊郾城。元濟始懼，盡發左右及守城卒，屬董重質以抗光顏、重胤。

六月，元濟乞降，爲羣賊所制，不能自拔。上以元凶已蹙，兵未臨於賊城，餽饋日殫，因延英問計於宰相，裴度曰：「賊力已困，但羣帥不一，故未能決降。」上曰：「卿決能行乎？」曰：「臣誓不與賊偕全。」七月，詔以度爲彰義軍節度使，兼申光蔡四面行營招撫使，以郾城爲行在蔡州，爲節度所〔六〕。八月，度至郾城，激勵士衆，軍士喜度至，以賞罰必行，皆願輸膂，每出勞，軍士有流涕者。

時李愬營文城栅，既得吳秀琳、李祐，知其可用，委信無疑，日夜與計事於帳中。祐曰：「元濟勁軍，多在洄曲西境防捍，而守蔡者皆市人疲耄之卒，可以乘虛掩襲，直抵懸瓠，比賊將聞之，元濟成擒矣。」愬然之，咨於裴度，度曰：「兵非出奇不勝，常侍良圖也。」十一月，愬夜出軍，令李祐率勁騎三千爲前鋒，田進誠三千爲後軍，愬自率三千爲中軍。其月十日夜，至蔡州城下，坎牆而畢登，賊不之覺。十一日，攻衙城，擒元濟并其家屬以聞。

初，元濟之叛，恃其兇狠，然治軍無紀綱。其將趙昌洪、凌朝江、董重質等各權兵外寇。李師道鄆州之鹽，城往來寧陵、雍丘之間，韓弘知而不禁。淮右自少誠阻兵已來，三十餘年，王師加討，未嘗及其城下，嘗走韓全義，敗于頓，故驕悍無所顧忌。且恃城池重固，有陂浸阻迴，故以天下兵環攻三年，所克者一縣而已。及黜高霞寓、李遜、袁滋，諸軍始進。又得陰山府沙陀驍騎、邯鄲勇卒，光顏、重胤之奮命，及丞相臨統，破諸將首尾之計，方擒元惡。

申、蔡之始，人劫於希烈、少誠之虐法，而忘其所歸。數十年之後，長者衰喪，而壯者安於毒暴而恬於搏噬。地既少馬，而廣畜騾，乘之教戰，謂之騾子軍，尤稱勇悍，而甲仗皆畫爲雷公星文以爲厭勝，而少誠能以姦謀固衆心。初，韓全義敗於溵水，蔡兵于全義帳中得公卿問訊書，少誠束而諭衆曰：「朝廷公卿以此書託全義，收蔡州日，乞一將士妻女以爲婢妾。」以此激怒其衆，絕其歸向之心。是以蔡人有老死不聞天子恩宥者，故堅爲賊用。地雖中州，人心過于夷貊，乃至搜閱天下豪銳，三年而後屈者，彼非將才而力備，蓋勢驅性習，不知教義之所致也。

元濟至京，憲宗御興安門受俘，百僚樓前稱賀，乃獻廟社，徇于兩市〔七〕，斬之於獨柳，時年三十五。其夜失其首。妻沈氏，沒入掖庭；弟二人、子三人，流於江陵誅之；判官劉協庶七人皆斬。光、蔡等州平，始復爲王土矣。

史臣曰：治亂勢也，勢亂不能卒治。長源以法繩驕軍，禍不旋踵，則董公之寬柔不無謂。古之名將，以陰謀怨望，鮮全其族者。董秦始奮忠義，多長者言，宜其顯赫，及失意挾邪，俄被淮陰之戮，惜哉！吳少誠爲希烈之亂胎，雖謀奪其軍，及嗣而滅。而元濟効希烈之狂悖，謂無天地，人之兇險，一至於斯！是知王者御治之道，其可忽諸！

贊曰：聖哲之君，愼名與器。不軌之臣，得寵則戾。董怨而族，吳悖而殖。好亂樂禍，可監前車。

校勘記

〔一〕劉昌　各本原作「劉昌言」，據本書卷一五二劉昌傳、冊府卷三五九刪「言」字。

〔二〕貞元三年　本書卷一三德宗紀、通鑑卷二三四「三年」作「八年」。

〔三〕三千貫　張森楷云：「千當作十。……新傳作人賜錢三萬，正爲三十貫。」

〔四〕虞鄉　各本原作「盧鄉」，據本書卷三九地理志、新書卷一五一董晉傳改。

〔五〕衣慘服入閣　「衣」上各本原有「不」字，據冊府卷六〇删。

〔六〕諸綖縵　「諸」字唐會要卷二四作「許服」。

〔七〕薛嵩從事　「從事」二字各本原作「卒後」，據冊府卷七二八改。

〔八〕武陟　各本原作「武涉」，據本書卷三九地理志改。

〔九〕黑水　各本原作「墨水」，據新書卷四三下地理志改。

〔一〇〕宗姓　各本原作「宗姪」，據冊府卷四二二改。

〔一一〕淮西　「西」字各本原無，據冊府卷三五八補。

〔一二〕四人　校勘記卷五〇：「疑四字乃五字之誤。」

〔一三〕五千戶　新書卷二一四吳少誠傳作「五十戶」。

〔一四〕宣武大寧　冊府卷一二二、唐大詔令集卷一一九作「宣武忠武太原武寧」，疑史文有脫誤。

〔一五〕計會　「計」字各本原作「許」，據冊府卷一二二、唐大詔令集卷一一九改。

〔一六〕以郾城爲行在蔡州爲節度所　考本書卷一七〇裴度傳，此句疑當作「以郾城爲行蔡州節度使治所」。

〔一七〕徇于兩市　「市」字各本原作「京」，張森楷云：「當作市，京市形近而訛，新傳簡云徇於市。」據改。

舊唐書卷一百四十六

列傳第九十六

薛播　鮑防　李自良　李說　嚴綬　蕭昕　杜亞　王緯

李若初　于頎　盧徵　楊憑　鄭元　杜兼　裴玢　薛伾

薛播，河中寶鼎人，中書舍人文思曾孫也。父元暉，什邡令，以播贈工部郎中。播，天寶中舉進士，補校書郎，累授萬年縣丞、武功令、殿中侍御史、刑部員外郎、萬年令。播溫敏，善與人交，李栖筠、常衮、崔祐甫皆引擢之。及祐甫輔政，用爲中書舍人。出汝州刺史，以公事貶泉州刺史。尋除晉州刺史，河南尹，遷尚書左丞，轉禮部侍郎。遇疾，貞元三年卒，贈禮部尚書。

初，播伯父元曖終於隰城丞，其妻濟南林氏，丹陽太守洋之妹，有母儀令德，博涉五經，善屬文，所爲篇章，時人多諷詠之。元曖卒後，其子彥輔、彥國、彥偉、彥雲及播兄據、揔並

早孤幼，悉爲林氏所訓導，以至成立，咸致文學之名。開元、天寶中二十年間，彥輔、據等七人並舉進士，連中科名，衣冠榮之。

鮑防，襄州人。幼孤貧，篤志好學，善屬文。天寶末舉進士，爲浙東觀察使薛兼訓從事，累至殿中侍御史。入爲職方員外郎，改太原少尹，正拜節度使。入爲御史大夫，歷福建、江西觀察使，徵拜左散騎常侍。扈從奉天，除禮部侍郎，尋遷工部尚書致仕。

防歷洪、福、京兆，皆有政聲，唯總戎非所宜，而謬執兵柄。以太原革車胡騎雄雜，而迴鶻深入寇，防出拒戰，爲虜所敗。

爲禮部侍郎時，嘗遇知雜侍御史竇參於通衢，導騎不時引避，僕人爲參所鞭，及參秉政，遽令致仕。防謂親友曰：「吾與蕭昕之子齒，而與昕同日懸車，非朽邁之致，以餘忿見廢。」防文學舊人，歷職中外，不因罪戾，而爲俗吏所擠，竟以憤終。衆頗憫防而咎參，故參之敗不旋踵，非不幸也。

李自良，兗州泗水人。初，祿山之亂，自良從兗鄆節度使能元皓，以戰功累授右衞率。後從袁傪討袁晁陳莊賊，積功至試殿中監，隸浙江東道節度使薛兼訓。兼訓移鎮太原，自良從行，授河東軍節度押衙。兼訓卒，鮑防代，又事防爲牙將。會迴鶻入寇，防令大將焦伯瑜、杜榮國將兵擊之。自良謂防曰：「迴鶻遠來求戰，未可與爭鋒。但於歸路築二壘，以兵守之，堅壁不動，虜求戰不得，師老自旋。俟其返旆，即乘之，縱不甚捷，虜必狼狽矣。二壘阨其歸路，策之上也。」防不從，促伯瑜等逆戰，遇虜於百井，伯瑜等大敗而還，由是稍知名。

馬燧代防爲帥，署奏自良代州刺史、兼御史大夫，仍爲軍候。自良勤恪有謀，燧深委信之。建中年，田悅叛，燧與抱眞東討，自良常爲河東大將，摧鋒陷陣，破田悅。及討李懷光於河中，自良專河東軍都將，前後戰績居多。燧之立功名，由自良協輔之力也。

貞元三年，從燧入朝，罷燧兵權，德宗欲以自良代燧，自良懇辭事燧久，不欲代爲軍帥，物議多之，乃授右龍武大將軍。德宗以河東密邇胡戎，難於擇帥，翌日，自良謝，上謂之曰：「卿於馬燧存軍中事分，誠爲得禮；然北門之寄，無易於卿。」即日拜檢校工部尚書、兼御史大夫、太原尹、北都留守、河東節度支度營田觀察使。在鎭九年，以簡儉守職，軍民胥悅。雖出身戎伍，動必循法，略不以暴戾加人。十一年五月，卒於軍，年六十三，上甚嗟惜之，

廢朝一日，贈左僕射，賻布帛米粟有差。

李說，淮安王神通之裔也。父遇，天寶中爲御史中丞。說以門蔭歷仕，累佐使幕。馬燧爲河陽三城、太原節度，皆辟爲從事。累轉御史郎官，御史中丞，太原少尹，出爲汾州刺史。節度使李自良復奏爲太原少尹、檢校庶子、兼中丞。

貞元十一年五月，自良病，凡六日而卒，匿喪，陽言病甚，數日發喪。先是，都虞候張瑤久在軍，素得士心，嘗請假遷葬，自良未許。至是，說與監軍王定遠謀，乃給瑤假，以大將毛朝陽代瑤，然後遣使告自良病。中使第五國珍自雲、朔使還，過太原，聞自良病，中使遲留信宿。自良卒，國珍急馳至京，先說使至。乃下制以通王領河東節度大使，以說爲行軍司馬，充節度留後、北都副留守，仍令國珍齎說官告及軍府將吏部內刺史等敕書三十餘通往太原宣賜，軍中始定。

定遠恃立說之功，頗恣縱橫，軍政皆自專決，仍請賜印。監軍有印，自定遠始也。定遠既得印，益暴，將吏輒自補授，說寖不歡，遂成嫌隙。是歲七月，定遠署虞候田宏爲列將，以代彭令茵。令茵不伏，揚言曰：「超補列將，非功不可，宏有何功，敢代予任！」定遠聞而含怒，召令茵斬之，埋於馬糞之中，家人請尸，不與，三軍皆怨。說具以事聞。德宗以定遠有奉天扈從之功，恕死停任。制未至，定遠怒說奏聞，趨府謀殺說，昇堂未坐，抽刀刺說，說走而獲免。定遠馳至府門，召集將吏，於箱中陳敕牒官告二十餘軸，示諸將曰：「有敕，令李景略知留後，遣說赴京，公等皆有恩命。」指箱中示之，諸將方拜抃，大將馬良輔呼而麾衆曰：「箱中皆監軍舊官告，非恩命也，不可受，但備急變爾。」定遠知事敗，走登乾陽樓，召其部下將卒，多不之應。比夜，定遠墜城下槎枿，傷而不死。尋有詔削奪，長流崖州。大將高迪等同其謀，說皆斬之。尋正拜河東節度使，檢校禮部尚書。

說在鎭六年，初勤心吏職，後遇疾，言語行步蹇澀，不能錄軍府之政，悉監軍主之。又爲孔目吏宋季等欺誑，軍政事多隳紊，如此累年。十六年十月卒，年六十一，廢朝一日，贈左僕射。

是月，制以河東節度行軍司馬鄭儋檢校工部尚書、兼太原尹、御史大夫、河東節度度支營田觀察等使、北都留守。在任不期年而卒。

嚴綬，蜀人。曾祖方約，利州司功。祖挹之，符離尉。父丹，殿中侍御史。綬，大曆中

登進士第，累佐使府。貞元中，由侍御史充宣歙團練副使，深爲其使劉贊委遇，政事多所咨訪。十二年，贊卒，綬掌宣歙留務，傾府藏以進獻，由是有恩，召爲尚書刑部員外郎。天下賓佐進獻，自綬始也。

未幾，河東節度使李說嬰疾，事多曠弛，行軍司馬鄭儋代綜軍政；既而說卒，因授儋河東節度使。是時姑息四方諸侯，未嘗特命帥守，物故即用行軍司馬爲帥，冀軍情厭伏。儋既爲帥，德宗選朝士可以代儋爲行軍司馬者，因綬前日進獻，上頗記之，故命檢校司封郎中，充河東行軍司馬。不周歲，儋卒，遷綬銀青光祿大夫、檢校工部尚書，兼太原尹、御史大夫、北都留守，充河東節度支度營田觀察處置等使。元和元年，楊惠琳叛於夏州，劉闢叛於成都，綬表請出師討伐。綬悉選精甲，付牙將李光顏兄弟，光顏累立戰功。蜀、夏平，加綬檢校尚書左僕射，尋拜司空，進階金紫，封扶風郡公。綬在鎭九年，以寬惠爲政，士馬蕃息，境內稱治。

四年，入拜尚書右僕射。綬雖名家子，爲吏有方略，然銳於勢利，不存名節，人士以此薄之。嘗預百僚廊下食，上令中使馬江朝賜櫻桃。綬居兩班之首，在方鎭時識江朝，敍語次，不覺屈膝而拜，御史大夫高郢亦從而拜。是日，爲御史所劾，綬待罪于朝，命釋之。翌日，責江朝，降官一等。尋出鎭荆南，進封鄭國公。有溆州蠻首張伯靖者，殺長吏，據辰、錦

等州，連九洞以自固，詔綬出兵討之。綬遣部將李忠烈齎書曉諭，盡招降之。

九年，吳元濟叛，朝議加兵，以綬有弘恕之稱，可委以戎柄，乃授山南東道節度使，尋加淮西招撫使。綬自帥師壓賊境，無威略以制寇，到軍日，遽發公藏以賞士卒，累年蓄積，一旦而盡；又厚賂中貴人以招聲援。師徒萬餘，閉壁而已，經年無尺寸功。裴度見上，屢言綬非將帥之才，不可責以戎事，乃拜太子少保代歸。尋檢校司空。久之，進位太傅，食封至三千戶。長慶二年五月卒，年七十七，詔贈太保。

綬材器不踰常品，事兄嫂過謹，爲時所稱。常以寬柔自持，位躋上公，年至大耋，前後統臨三鎮，皆號雄藩，所辟士親睹爲將相者凡九人，其貴壽如此。

蕭昕，河南人。少補崇文進士。開元十九年，首舉博學宏辭，授陽武縣主簿。天寶初，復舉宏辭，授壽安尉，再遷左拾遺。昕嘗與布衣張鎬友善，館而禮之，表薦之曰：「如鎬者，用之則爲王者師，不用則幽谷一叟爾。」玄宗擢鎬拾遺，不數年，出入將相。及安祿山反，昕舉贊善大夫來瑱堪任將帥，思明之亂，瑱功居多。累遷憲部員外郎，爲副元帥哥舒翰掌書記。潼關敗，間道入蜀，遷司門郎中。尋兼安陸長史，爲河南等道都統判官。遷中書舍人，

兼揚府司馬，佐軍仍舊，入拜本官，累遷秘書監。代宗幸陝，昕出武關詣行在，轉國子祭酒。

大曆初，持節弔迴鶻。時迴鶻恃功，廷詰昕曰：「祿山、思明之亂，非我無以平定，唐國奈何市馬而失信，不時歸價？」衆皆失色，昕答曰：「國家自平寇難，賞功無絲毫之遺，況鄰國乎！且僕固懷恩，我之叛臣，乃者爾助爲亂，聯西戎而犯郊畿；及吐蕃敗走，迴紇悔懼，啓顙乞和。非大唐存念舊功，則當匹馬不得出塞矣。是迴紇自絕，非我失信。」迴紇慚退，加禮以歸，爲常侍。十二年〔二〕。朱泚之亂，徒步出城，泚急求之，亡竄山谷間。至奉天，遷太子少傅。貞元初，兼禮部尚書，尋復知貢舉。五年，致仕。七年，卒于家，年九十，廢朝，諡曰懿。

杜亞字次公，自云京兆人也。少頗涉學，善言物理及歷代成敗之事。至德初，於靈武獻封章，言政事，授校書郎。其年，杜鴻漸爲河西節度，辟爲從事，累授評事、御史。後入朝，歷工、戶、兵、吏四員外郎。永泰末，劍南叛亂，鴻漸以宰相出領山、劍副元帥，以亞及楊炎並爲判官。使還，授吏部郎中、諫議大夫；炎爲禮部郎中、知制誥、中書舍人。亞自以才

用合當柄任，雖爲諫議大夫，而心不悅。李栖筠承恩，衆望必爲宰相，亞厚結之。元載得罪，亞與劉晏、李涵等七人同鞫訊之。載死之翌日，亞遷給事中、河北宣慰使。宰相常袞亦不悅亞，歲餘，出爲洪州刺史、兼御史中丞、江西都團練觀察使。

德宗初嗣位，勵精求賢，令中使召亞。亞自揣必以宰輔見徵，乃促程而進，累路與人言議，語及行宰相事，方面或以公事諮祈，亞皆納之。既至，帝微知之，不悅，又奏對辭旨疏闊，出爲陝州觀察使兼轉運使。尋遷河中、晉、絳等州防禦觀察使。楊炎作相，劉晏得罪，亞坐貶睦州刺史。

興元初，召拜刑部侍郎。出爲揚州長史、兼御史大夫、淮南節度觀察使。時承陳少遊征稅煩重，奢侈僭濫之後，又新遭王紹亂兵剽掠，淮南之人，望亞之至，革剗舊弊，冀以康寧。亞自以材當公輔之選，而聯出外職，志頗不適，政事多委參佐，招引賓客，談論而已。揚州官河填淤，漕輓堙塞，又僑寄衣冠及工商等多侵衢造宅，行旅擁弊。亞乃開拓疏啓，公私悅賴，而盛爲奢侈。江南風俗，春中有競渡之戲，方舟並進，以急趣疾進者爲勝。亞乃令以漆塗船底，貴其速進；又爲綺羅之服，塗之以油，令舟子衣之，入水而不濡。亞本書生，奢縱如此，朝廷亟聞之。

貞元五年，以戶部侍郎竇覦爲淮南節度代亞。亞猶以舊望，竇覦甚畏之〔三〕。改檢校

吏部尚書，判東都尚書省事，充東都留守、都防禦使。既病風，尚建利以固寵，奏請開苑內地爲營田，以資軍糧，減度支每年所給，從之。亞不躬親部署，但委判官張薦、楊晪。初，奏請取荒地營田，其苑內地堪耕食者，先爲留司中官及軍人等開墾已盡。亞計急，乃取軍中雜錢舉息與畿內百姓，每至田收之際，多令軍人車牛散入村鄉，收斂百姓所得菽粟將還軍。民家略盡，無可輸稅，人多艱食，由是大致流散。乃厚賂中官，令奏河南尹無政，亞自此亦規求兼領河南尹，事不果。帝漸知虛誕，乃以禮部尚書董晉代爲東都留守，召亞還京師。既風疾漸深，又患脚膝，不任朝謁。貞元十四年卒于家，年七十四，贈太子少傅。

王緯字文卿，太原人也。祖景，司門員外、萊州刺史。父之咸，長安尉，與昆弟之賁、之渙皆善屬文。之咸以緯貴故累贈刺史。緯舉明經，又書判入等，歷長安尉，出佐使府，授御史郎官，入朝爲金部員外郎、劍南租庸使、檢校司封郎中、彭州刺史、檢校庶子、兼御史中丞、西川節度營田副使。初，大曆中，路嗣恭爲江西觀察使，陷害判官李泌，將誅之，緯亦爲路嗣恭判官，說諭救解，獲免。貞元三年，泌爲相，擢授緯給事中；未數日，又擢爲潤州刺史、兼御史中丞、浙江西道都團練觀察使。十年，加御史大夫，兼諸道鹽鐵轉運使，三歲加

檢校工部尚書。緯性勤儉，歷官清潔，而傷於苛碎，多用削刻之吏，督察巡屬，人不聊生。貞元十四年卒，年七十一，廢朝一日，贈太子少保。

李若初，趙郡人。貞觀中幷州長史、工部侍郎弘節之曾孫也。祖道謙，太府卿。若初少孤貧，初爲轉運使劉晏下微冗散職，晏判官包佶重其勤幹，以女妻之。歷陳州太康令，刺史李芃初涖官，若初獻計，請收斂羨餘錢物，交結權貴，芃厚遇之。累歲，芃遷河陽三城使，奏若初爲從事，軍中之事，多以委之。累授檢校郎中、兼中丞、懷州刺史。轉虢州刺史，坐公事爲觀察使劾奏，免歸。久之，出爲衢州刺史，遷福州刺史、兼御史中丞、福建都團練使。尋遷越州刺史、浙江東道都團練觀察使。十四年秋，代王緯爲潤州刺史、兼御史大夫、浙江西道都團練觀察諸道鹽鐵轉運使。善於吏道，性嚴強力，束斂下吏，人甚畏服。方整理鹽法，頗有次敍。貞元十五年，遇疾卒，廢朝一日，贈禮部尚書。

于頎字休明，河南人也。父庭誨，濟王府倉曹，累贈尚書左僕射。頎少以吏事聞，累授

京兆府士曹，爲尹史翽所賞重。翽出鎭襄、漢，奏爲御史，充判官。翽爲亂兵所殺，頎挺出收葬遺骸，時人義之。度支使第五琦署爲河東租庸使，累授鳳翔少尹、度支郎中、兼御史中丞、轉運租庸糧料鹽鐵等使。頎因奏移轉運汴州院於河陰，以汴州累遇兵亂，散失錢帛故也。元載爲諸道營田使，又署爲郎官，令於東都、汝州開置屯田。歷戶部侍郎、秘書少監、京兆尹、太府卿，代杜濟爲京兆尹。

及爲大官，好任機數，專候權要，朝列中無勢利者，視之蔑如也。曲事元載，親昵之。而爲政苛細無大體，丁所生母憂罷。及載得罪後，出爲鄭州刺史，遷河南尹，以無政績代還。時徵汾州刺史劉暹，暹剛腸嫉惡，歷典數州，皆爲廉使畏憚。宰相盧杞恐暹爲御史大夫，虧沮己之所見，遽稱薦頎爲御史大夫，以其柔佞易制也。從幸奉天，改左散騎常侍，歷左千牛上將軍，徙大理卿、太子少保、工部尚書。因入朝仆地，爲金吾仗衞掖起，改太子少師致仕。貞元十五年卒，時年七十四。

盧徵，范陽人也，家於鄭之中牟。少涉獵書記。永泰中，江淮轉運使劉晏辟爲從事，委以腹心之任，累授殿中侍御史。晏得罪，貶珍州司戶。元琇亦晏之門人，興元中爲戶部侍郎、判度支，薦徵爲京兆司錄、度支員外。琇得罪，坐貶爲信州長史。遷信州刺史。入爲右司郎中，驟遷給事中。戶部侍郎竇參深遇之，方倚以自代。貞元八年春，同州刺史闕，參請以尚書左丞趙憬補之，特詔用徵，以間參腹心也。數歲，轉華州刺史。徵冀復入用，深結託中貴，厚遺之。故事，同、華以近地人貧，每正至端午降誕，所獻甚薄；徵遂竭其財賦，每有所進獻，輒加常數，人不堪命。疾病臥理者數年，貞元十六年卒，時年六十四。

楊憑字虛受，弘農人。舉進士，累佐使府。徵爲監察御史，不樂檢束，遂求免。累遷起居舍人、左司員外郎、禮部兵部郎中、太常少卿、湖南江西觀察使，入爲左散騎常侍、刑部侍郎、京兆尹。憑工文辭，少負氣節，與母弟凝、凌相友愛，皆有時名。重交游，尚然諾，與穆質、許孟容、李鄘、王仲舒爲友，故時人稱楊、穆、許、李之友〔四〕，仲舒以後進慕而入焉。性尚簡傲，不能接下，以此人多怨之。及歷二鎭，尤事奢侈。

元和四年，拜京兆尹，爲御史中丞李夷簡劾奏憑前爲江西觀察使贓罪及他不法事，敕付御史臺覆按，刑部尚書李鄘、大理卿趙昌同鞫問臺中。又捕得憑前江西判官、監察御史楊瑗繫於臺，復命大理少卿胡珦、左司員外郎胡証、侍御史韋顗同推鞫之。詔曰：「楊憑頃

在先朝，委以藩鎭，累更選用，位列大官。近者憲司奏劾，暴揚前事，計錢累萬，曾不報聞，蒙蔽之罪，於何逃責？又營建居室，制度過差，侈靡之風，傷我儉德。以其自尹京邑，人頗懷之，將議刑書，是加愍惻。宜從退譴，以誡百僚，可守賀州臨賀縣尉同正，仍馳驛發遣。」先是憑在江西，夷簡自御史出，官在巡屬，憑頗疏縱，不顧接之，夷簡常切齒。及憑歸朝，修第於永寧里，功作併興，又廣蓄妓妾於永樂里之別宅，時人大以爲言。夷簡乘衆議，舉劾前事，且言修營之僭，將欲殺之。及下獄，置對數日，未得其事，夷簡持之益急，上聞，且貶焉，追舊從事以驗。自貞元以來居方鎭者，爲德宗所姑息，故窮極僭奢，無所畏忌。及憲宗即位，以法制臨下，夷簡首舉憑罪，故時議以爲宜；然繩之太過，物論又譏其深切矣。

鄭元，舉進士第，累遷御史中丞。貞元中爲河中節度使杜確行軍司馬。確卒，遂繼爲節度使，入拜尚書左丞。元和二年，轉戶部侍郎、兼御史大夫、判度支。三年春，遷刑部尚書，兼京兆尹。九月，復判度支，依前刑部尚書、兼御史大夫。元性嚴毅，有威斷，更踐劇任，時稱其能。元和四年，以疾辭職，守本官，逾月卒。

杜兼，京兆人，貞觀中宰相杜正倫五代孫。舉進士，累辟諸府從事，拜濠州刺史。兼性浮險，豪侈矜氣。屬貞元中德宗厭兵革，姑息戎鎮，至軍郡刺史，亦難於更代。兼探上情，遂練卒修武，占召勁勇三千人以上聞，乃恣凶威。錄事參軍韋賞、團練判官陸楚，皆以守職論事忤兼，兼密誣奏二人通謀，扇動軍中。忽有制使至，兼率官吏迎于驛中，前呼韋賞、陸楚出，宣制杖殺之。賞進士擢第，楚兗公象先之孫，皆名家，有士林之譽，一朝以無罪受戮，郡中股慄，天下冤歎之。又誣奏李藩，將殺之，語在藩事中。故兼所至，人側目焉。元和初，入爲刑部、吏部郎中，拜給事中，除金商防禦使，旋授河南少尹、知府事，尋正拜河南尹，皆杜佑在相位所借護也。元和四年，卒于官。

裴玢，京兆人。五代祖疏勒國王綽，武德中來朝，授鷹揚大將軍，封天山郡公，因留闕下，遂爲京兆人。玢初爲金吾將軍論惟明傔，德宗幸奉天，以戰功封忠義郡王。惟明鎮鄜坊，累署玢爲都虞候。後節度王栖曜卒，中軍將何朝宗謀作亂，中夜縱火，玢匿身不救火，遲明而擒朝宗。德宗發三司使按問，竟斬朝宗及行軍司馬崔輅，以同州刺史劉公濟爲節度

使，以玢爲坊州長史、兼侍御史，充行軍司馬。明年，公濟卒，拜玢鄜州刺史、兼御史大夫，充節度觀察等使。三年，改授山南西道節度觀察等使。

玢歷二鎮，頗以公清苦節爲政，不交權倖，不務貢獻，蔬食敝衣，居處纔避風雨，而廩庫饒實，三軍百姓安業，近代將帥無比焉。及綿疾辭位，請歸長安。元和七年卒，年六十五，贈尙書左僕射，諡曰節。

薛伾，勝州刺史渙之子。倘父汾陽王召置麾下，著名於諸將間。左僕射李揆使西蕃，伾爲將從役。時賊泚之難，昆夷赴義，伾馳騎鄉導，至于武功，擢授左威衞將軍。使絕域者前後數四，累遷左金吾衞大將軍、檢校工部尙書、兼將作監，出爲鄜坊觀察使。元和八年，卒于官，贈潞州大都督。

史臣曰：薛播溫敏有文，鮑防董戎無術。李、嚴太原之政，可謂美矣。蕭昕抱則哲之知，杜亞懷非次之望。王緯淸潔而傷苛碎，若初善理而性剛嚴。于頎好任機權，趨附勢利；盧徵厚斂貨賄，結託中人。楊憑好奢，鄭元有斷。杜兼殺戮端士，怙亂邀君；裴玢發姦謀，安民和衆。而玢敝衣糲食，不交權倖，帑庾咸實，郡邑以寧。若夫君子無求備於人，捨短從長，彰善癉惡，則裴玢之善，抑之更揚；杜兼之惡，欲蓋而彰耳。

校勘記

〔一〕十二年　校勘記卷五〇云：「張氏本『十二』作『建中四』，云依本紀及新書。按朱泚之亂，固建中四年之事，然上文有大曆初之語，大曆紀元凡十四年。或『十二年』下另紀他事而傳寫脫去，或『十二年』三字屬上爲常侍，不屬下朱泚之亂，亦未可知。當存以俟考。」

〔二〕竇覦甚畏之　新書卷一七二杜亞傳作「宰相竇參憚其宿望」。

〔三〕時人稱楊穆許李之友　御覽卷四〇八「友」字作「交」。

舊唐書卷一百四十七

列傳第九十七

杜黃裳　高郢 子定　杜佑 子式方 從郁　式方子悰　從郁子牧

杜黃裳字遵素，京兆杜陵人也。登進士第、宏辭科，杜鴻漸深器重之。爲郭子儀朔方從事，子儀入朝，令黃裳主留務于朔方。邠將李懷光與監軍陰謀代子儀，乃爲僞詔書，欲誅大將溫儒雅等。黃裳立辨其僞，以詰懷光，懷光流汗伏罪。諸將有難制者，黃裳矯子儀命盡出之，數月而亂不作。後入爲臺省官，爲裴延齡所惡，十年不遷。貞元末，爲太常卿。王叔文之竊權，黃裳終不造其門。嘗語其子壻韋執誼，令率百官請皇太子監國，執誼遽曰：「丈人纔得一官，可復開口議禁中事耶！」黃裳勃然曰：「黃裳受恩三朝，豈可以一官見買！」卽拂衣而出。

尋拜平章事。邠州節度使韓全義曾居討伐之任，無功，黃裳奏罷之。劉闢作亂，議者

以劍南險固，不宜生事；唯黃裳堅請討除，憲宗從之。又奏請不以中官爲監軍，祇委高崇文爲使。黃裳自經營伐蜀，以至成功，指授崇文，無不懸合。崇文素憚劉澭，黃裳使人謂崇文曰：「若不奮命，當以劉澭代之。」由是得崇文之死力。既平闢，宰臣入賀，帝目黃裳曰：「此卿之功也。」後與憲宗語及方鎮除授，黃裳奏曰：「德宗自艱難之後，事多姑息。貞元中，每帥守物故，必先命中使偵伺其軍動息，其副貳大將中有物望者，必厚賂近臣以求見用，帝必隨其稱美而命之，以是因循，方鎮罕有特命帥守者。陛下宜熟思貞元故事，稍以法度整肅諸侯，則天下何憂不治！」憲宗然其言。由是用兵誅蜀、夏之後，不容藩臣蹇傲，克復兩河，威令復振，蓋黃裳啟其衷也。黃裳有經畫之才，達於權變，然檢身律物，寡廉潔之譽，以是居鼎職不久。二年正月，檢校司空，同平章事，兼河中尹、河中晉絳等州節度使。八月，封邠國公。三年九月，卒於河中，年七十一，贈司徒，謚曰宣。

黃裳性雅澹寬恕，心雖從長，口不忤物。始爲卿士，女嫁韋執誼，深不爲執誼所稱；及執誼譴逐，黃裳終保全之，洎死嶺表，請歸其喪，以辦葬事。及是被疾，醫人誤進其藥，疾甚而不怒。然爲宰相，除授不分流品，或官以賂遷，時論惜之。

黃裳歿後，賄賂事發。八年四月，御史臺奏：「前永樂令吳憑爲僧鑒虛受託，與故司空杜黃裳，於故州邠寧節度使高崇文處納賂四萬五千貫，並付黃裳男載，按問引伏。」敕曰：「吳憑曾佐使府，忝履官途，自宜畏法惜身，豈得爲人通貨！事關非道，理合懲愆，宜配流昭州。其付杜載錢物，宰輔之任，寵寄實深，致茲貨財，不能拒絕，已令按問，悉合徵收，貴全終始之恩，俾弘寬大之典。其所取錢物，並宜矜免，杜載等並釋放。」

載爲太子僕，長慶中，遷太僕少卿、兼御史中丞，充入吐蕃使。

載弟勝，登進士第，大中朝位給事中。勝子庭堅，亦進士擢第。

高郢字公楚，其先渤海蓨人。九歲通春秋，能屬文。天寶末，盜據京邑，父伯祥先爲好畤尉，抵賊禁，將加極刑。郢時年十五，被髮解衣，請代其父，賊黨義之，乃俱釋。後舉進士擢第，應制舉，登茂才異行科，授華陰尉。嘗以魯不合用天子禮樂，乃引公羊傳著魯議，見稱於時，由是授咸陽尉。

郭子儀節制朔方，辟爲掌書記。子儀嘗怒從事張曇，奏殺之，郢極言爭救，忤子儀旨，奏貶猗氏丞。李懷光節制邠寧，奏爲從事，累轉副元帥判官、檢校禮部郎中。懷光背叛，將歸河中，郢言：「西迎大駕，豈非忠乎！」懷光忿而不聽。及歸鎮，又欲悉衆而西，時渾瑊軍孤，羣帥未集，郢與李鄘誓死駐之。屬懷光長子璀候郢，郢乃諭以逆順曰：「人臣所宜效順。

且自天寶以來阻兵者，今復誰在？況國家自有天命，非獨人力。今若恃衆西向，自絕于天，十室之邑，必有忠信，安知三軍不有奔潰者乎？」李璀震懼，流涕氣索。明年春，郢與都知兵馬使呂鳴岳、都虞候張延英同謀間道上表；及受密詔，事洩，二將立死。懷光乃大集將卒，白刃盈庭，引郢詰之。郢挺然抗辭，無所慚隱，憤氣感發，觀者淚下，懷光慚沮而止。德宗還京，命諫議大夫孔巢父、中人啖守盈赴河中宣慰懷光，授以太保，而懷光怒，激其親兵詬詈，殺守盈及巢父。巢父之被刃也，委於地，郢就而撫之。及懷光被誅，馬燧辟郢爲掌書記。

未幾，徵拜主客員外，遷刑部郎中，改中書舍人，凡九歲，拜禮部侍郎。時應進士舉者，多務朋游，馳逐聲名；每歲冬，州府薦送後，唯追奉讌集，罕肄其業。郢性剛正，尤嫉其風，既領職，拒絕請託，雖同列通熟，無敢言者。志在經藝，專考程試。凡掌貢部三歲，進幽獨，抑浮華，朋濫之風，翕然一變。拜太常卿。貞元十九年冬，進位銀青光祿大夫，守中書侍郎、同中書門下平章事。順宗卽位，轉刑部尚書，爲韋執誼等所憚。尋罷知政事，以本官判吏部尚書事。明年，出鎮華州。

元和元年冬，復拜太常卿，尋除御史大夫。數月，轉兵部尚書。逾月，再表乞骸，不許。又上言曰：「臣聞勞生佚老，天理自然，蠕動翾飛，日入皆息。自非貢禹之守經據古，趙喜之

正身匪懈，韓暨之志節高潔，山濤之道德模表，縱過常期，詎爲貪冒。其有當仁不讓，急病忘身，豈止君命，猶宜身舉。臣郢不才，久辱高位，無任由衷瀝懇之至。」乃授尚書右僕射致仕。六年七月卒，年七十二。贈太子太保，謚曰貞。

郢性恭慎廉潔，罕與人交游，守官奉法勤恪，掌誥累年，家無制草。或謂之曰：「前輩皆留制集，公焚之何也？」曰：「王言不可存私家。」時人重其慎密。與鄭珣瑜並命拜相，未幾，德宗升遐。時同在相位，杜佑以宿舊居上，而韋執誼由朋黨專柄。順宗風恙方甚，樞機不宣，而王叔文以翰林學士兼戶部侍郎，充度支副使。是時政事，王叔文謀議，王伾通導，李忠言宣下，韋執誼奉行。珣瑜自受命，憂形顏色，至是以勢不可奪，因稱疾不起；郢則因循，竟無所發，以至於罷。物論定此爲優劣焉。子定嗣。

定，幼聰警絕倫，年七歲時，讀尚書湯誓，問郢曰：「奈何以臣伐君？」郢曰：「應天順人，不爲非道。」又問曰：「用命賞于祖，不用命戮于社，是順人乎？」父不能對。仕至京兆參軍。小字董二，人以幼慧，多以字稱之。尤精王氏易，嘗爲易圖，合八出以畫八卦，上圓下方，合則重，轉則演，七轉而六十四卦六甲八節備焉。著易外傳二十二卷。

杜佑字君卿，京兆萬年人。曾祖行敏，荆、益二州都督府長史、南陽郡公。祖愨，右司員外郎、詳正學士。父希望，歷鴻臚卿、恆州刺史、西河太守，贈右僕射。佑以蔭入仕，補濟南郡參軍、剡縣丞。時潤州刺史韋元甫嘗受恩於希望，佑謁見，元甫未之知，以故人子待之。他日，元甫視事，有疑獄不能決，佑時在旁，元甫試訊於佑，佑口對響應，皆得其要，元甫奇之，乃奏爲司法參軍。元甫爲浙西觀察、淮南節度，皆辟爲從事，深所委信。累官至檢校主客員外郎，入爲工部郎中，充江西青苗使〔一〕，轉撫州刺史。改御史中丞，充容管經略使。楊炎入相，徵入朝，歷工部、金部二郎中，並充水陸轉運使，改度支郎中，兼和糴等使。時方軍興，餽運之務，悉委於佑，遷戶部侍郎、判度支。爲盧杞所惡，出爲蘇州刺史。佑母在，杞以蘇州憂闕授之，佑不行，俄換饒州刺史。未幾，兼御史大夫，充嶺南節度使。時德宗在興元，朝廷故事，執政往往遺脫；舊嶺南節度，常兼五管經略使，佑獨不兼。故五管不屬嶺南，自佑始也。

貞元三年，徵爲尚書左丞，又出爲陝州觀察使，遷檢校禮部尚書、揚州大都督府長史，充淮南節度使。丁母憂，特詔起復，累轉刑部尚書、檢校右僕射。十六年，徐州節度使張建封卒，其子愔爲三軍所立，詔佑以淮南節制檢校左僕射、同平章事，兼徐泗節度使，委以討伐。佑乃大具舟艦，遣將孟準先當之。準渡淮而敗，佑杖之，固境不敢進。及詔以徐州授愔，而加佑兼濠、泗等州觀察使。在揚州開設營壘三十餘所，士馬修葺，然於賓僚間依阿無制，判官南宮僔、李亞、鄭元均爭權，頗紊軍政，德宗知之，並竄於嶺外。

十九年入朝，拜檢校司空、同平章事，充太清宮使。德宗崩，佑攝冢宰，尋進位檢校司徒，充度支鹽鐵等使，依前平章事。旋又加弘文館大學士。時王叔文爲副使，佑雖總統，而權歸叔文。叔文敗，又奏李巽爲副使，頗有所立。順宗崩，佑復攝冢宰，尋讓金穀之務，引李巽自代。先是，度支以制用惜費，漸權百司之職，廣署吏員，繁而難理；佑始奏營繕歸之將作，木炭歸之司農，染練歸之少府，綱條頗整，公議多之，朝廷允其議。元和元年，册拜司徒、同平章事，封岐國公。時河西党項潛導吐蕃入寇，邊將邀功，亟請擊之。佑上疏論之曰：

臣伏見党項與西戎潛通，屢有降人指陳事迹，而公卿廷議，以爲誠當謹兵戎，備侵軼，益發甲卒，邀其寇暴。此蓋未達事機，匹夫之常論也。

夫蠻夷猾夏，唐虞已然。周宣中興，獫狁爲害，但命南仲往城朔方，追之太原，及境而止，誠不欲弊中國而怒遠夷也。秦平六國，恃其兵力，北築長城，以拒匈奴，西逐諸羌，出於塞外。勞力擾人，結怨階亂，中國未靜，白徒競起，海內雲擾，實生謫戍。漢武因文、景之富，命將興師，遂至戶口減半，竟下哀痛之詔，罷田輪臺。前史書之，尚嘉

其先迷而後復。蓋聖王之理天下也，唯務綏靜蒸人，西至流沙，東漸于海，在南與北，亦存聲教。不以遠物爲珍，匪求遐方之貢，豈疲內而事外，終得少而失多。故前代納忠之臣，並有匡君之議。淮南王請息師于閩越，賈捐之願棄地于珠崖，安危利害，高懸前史。

昔馮奉世矯漢帝之詔，擊莎車，傳其王首於京師，威震西域，宣帝大悅，議加爵土之賞。蕭望之獨以爲矯制違命，雖有功效，不可爲法，恐後之奉使者爭逐發兵，爲國家生事，述理明白，其言遂行。國家自天后已來，突厥默啜兵強氣勇，屢寇邊城，爲害頗甚。開元初，邊將郝靈佺親捕斬之，傳首闕下，自以爲功，代莫與二，坐望榮寵。宋璟爲相，慮武臣邀功，爲國生事，止授以郎將。由是訖開元之盛，無人復議開邊，中國遂寧，外夷亦靜。此皆成敗可徵，鑒戒非遠。

且党項小蕃，雜處中國，本懷我德，當示撫綏。間者邊將非廉，亟有侵刻，或利其善馬，或取其子女，便賄方物，徵發役徒。勞苦既多，叛亡遂起，或與北狄通使，或與西戎寇邊，有爲使然，固當懲革。傳曰：「遠人不服，則修文德以來之。」管子曰：「國家無使勇猛者爲邊境。」此誠聖哲識微知著之遠略也。今戎醜方強，邊備未實，誠宜慎擇良將，誠之完葺，使保誠信，絕其求取，用示懷柔。來則懲禦，去則謹備，自然彼懷，革其

姦謀，何必遠圖興師，坐致勞費。

陛下上聖君人，覆育羣類，動必師古，謀無不臧。伏望堅保永圖，置兵袵席，天下幸甚。臣識昧經綸，學慚博究，竊鼎鉉之寵任，爲朝廷之老臣，恩深莫倫，志懇思報，臧否備閱，芻蕘上陳，有瀆旒扆，伏深惶悚。

上深嘉納。

歲餘，請致仕，詔不許，但令三五日一入中書，平章政事。每入奏事，憲宗優禮之，不名，常呼司徒。佑城南樊川有佳林亭，卉木幽邃，佑每與公卿讌集其間，廣陳妓樂。諸子咸居朝列，當時貴盛，莫之與比。元和七年，被疾，六月，復乞骸骨，表四上，情理切至，憲宗不獲已許之。詔曰：

宣力濟時，爲臣之懿躅；辭榮告老，行己之高風。況乎任重公台，義深翼贊，秉沖讓之志，堅金石之誠。敦諭既勤，所執彌固，則當遂其衷懇，進以崇名，尙齒優賢，斯王化之本也。

金紫光祿大夫、守司徒、同中書門下平章事、兼充弘文館大學士、太淸宮使、上柱國、岐國公、食邑三千戶杜佑，巖廊上才，邦國茂器，蘊經通之識，履溫厚之姿，寬裕本乎性情，謀猷彰乎事業。博聞強學，知歷代沿革之宜；爲政惠人，審羣黎利病之要。

由是再司邦用，累歷藩方，出總戎麾，入和鼎實。聿膺重寄，歷事先朝，左右朕躬，夙夜不懈。命以詔册，登之上公，肅恭在廷，華髮承弁。茲可謂國之元老，人之具瞻者也。

朕纘承丕業，思弘景化，選勞求舊，期致時邕，方伸引翼之儀，遽抗懸車之請。而又固辭年疾，乞就休閑，已而復來，星琯屢變，有不可抑，良用耿然。永惟古先哲王，君臣之際，臣有耆艾以求其退，君有優賜以徇其情，乃轂鄧禹敷教之功，仍增王祥輔導之秩，俾養浩然之氣，安於敬止之鄉，庶乎怡神葆和，永綏福履。仍加階級，以厚寵章，可光祿大夫、守太保致仕，宜朝朔望。

是日，上遣中使就佑第賜絹五百匹、錢五百千。其年十一月薨，壽七十八，廢朝三日，册贈太傅，諡曰安簡。

佑性敦厚強力，尤精吏職，雖外示寬和，而持身有術。爲政弘易，不尙皦察，掌計治民，物便而濟，馭戎應變，即非所長。性嗜學，該涉古今，以富國安人之術爲己任。初開元末，劉秩採經史百家之言，取周禮六官所職，撰分門書三十五卷，號曰政典，大爲時賢稱賞，房琯以爲才過劉更生。佑得其書，尋味厥旨，以爲條目未盡，因而廣之，加以開元禮、樂，書成二百卷，號曰通典。貞元十七年，自淮南使人詣闕獻之，曰：

臣聞太上立德，不可庶幾；其次立功，遂行當代；其次立言，見志後學。由是往哲遞相祖述，將施有政，用乂邦家。臣本以門資，幼登官序，仕非遊藝，才不逮人，徒懷自強，頗玩墳籍。雖履歷叨幸，或職劇務殷，竊惜光陰，未嘗輕廢。夫孝經、尙書、毛詩、周易、三傳，皆父子君臣之要道，十倫五教之宏綱，如日月之下臨，天地之大德，百王是式，終古攸遵。然多記言，罕存法制，愚管窺測，莫達高深，輒肆荒虛，誠爲僭度。每念懵學，莫探政經，略觀歷代衆賢著論，多陳紊失之弊，或闕匡拯之方。臣旣庸淺，寧詳損益，未原其始，莫暢其終。尙賴周氏典禮，秦皇蕩滅不盡，縱有繁雜，且用準繩。至於往昔是非，可爲來今龜鏡，布在方册，亦粗研尋。自頃纘修，年踰三紀，識寡思拙，心昧辭蕪。圖籍實多，事目非少，將事功畢，罔愧乖疏，固不足發揮大猷，但竭愚盡慮而已。書凡九門，計貳百卷，不敢不具上獻，庶明鄙志所之，塵瀆聖聰，兢惶無措。

優詔嘉之，命藏書府。其書大傳於時，禮樂刑政之源，千載如指諸掌，大爲士君子所稱。

佑性勤而無倦，雖位極將相，手不釋卷；質明視事，接對賓客，夜則燈下讀書，孜孜不怠。與賓佐談論，人憚其辯而伏其博，設有疑誤，亦能質正。始終言行，無所玷缺，唯在淮南時，妻梁氏亡後，升嬖妾李氏爲正室，封密國夫人，親族子弟言之不從，時論非之。三子，師損嗣，位終司農少卿。

式方字考元。以蔭授揚府參軍，轉常州晉陵尉。浙西觀察使王緯辟爲從事，入爲太子通事舍人，改太常寺主簿。明練鐘律，有所考定，深爲高郢所賞。時父作鎭揚州，家財鉅萬，甲第在安仁里，杜城有別墅，亭館林池，爲城南之最。昆仲皆在朝廷，與時賢遊從，樂而有節。旣而佑入中書，出爲昭應令。丁父憂，服闋，遷司農少卿，賜金紫，加正議大夫、太僕卿。時少子悰選尙公主，式方以右戚移病不視事。久之，穆宗即位〔三〕，轉兼御史中丞，充桂管觀察都防禦使。長慶二年三月，卒於位，贈禮部尙書。式方性孝友，弟兄尤睦。季弟從郁，少多疾病，式方每躬自煎調，藥膳水飲，非經式方之手，不入於口。及從郁夭喪，終年號泣，殆不勝情，士友多之。子惲、憓、悰、恂。惲嗣，富平尉；憓，興平尉。

悰，以蔭三遷太子司議郎。元和九年，選尙公主，召見于麟德殿。尋尙岐陽公主，加銀青光祿大夫、殿中少監、駙馬都尉。岐陽，憲宗長女，郭妃之所生。自頃選尙，多於貴戚或武臣節將之家。于時翰林學士獨孤郁，權德輿之女壻，時德輿作相，郁避嫌辭內職。上頗重學士，不獲已許之，且歎德輿有佳壻，遂令宰臣於卿士家選尙文雅之士可居淸列者。初於文學後進中選擇，皆辭疾不應，唯悰願焉。累遷至司農卿。太和六年，轉京兆尹。七年，檢校刑部尚書，出爲鳳翔尹、鳳翔隴右節度。丁內艱，八年，起復授忠武軍節度使、陳許蔡觀察等使，就加兵部尚書。開成初，入爲工部尚書、判度支。屬岐陽公主薨，久而未謝。文宗怪之，問左右。戶部侍郎李珏對曰：「近日駙馬爲公主服斬衰三年，所以士族之家不願爲國戚者，半爲此也。杜悰未謝，拘此服紀也。」上愕然曰：「予初不知。」乃詔曰：「制服輕重，必由典禮。如聞往者駙馬爲公主服三年，緣情之義，殊非故實，違經之制，今乃聞知。宜令行杖周，永爲通制。」三年，改戶部尚書，兼判戶部度支事。會昌中，拜中書侍郎、同中書門下平章事，尋加左僕射。

大中初，出鎮西川，降先沒吐蕃維州。州即古西戎地也，其地南界江陽，岷山連嶺而西，不知其極，北望隴山，積雪如玉，東望成都，若在井底。地接石紐山，夏禹生于石紐山是也。其州在岷山之孤峰，三面臨江。天寶後，河、隴繼陷，惟此州在焉。吐蕃利其險要，二十年間，設計得之，遂據其城，因號曰無憂城，吐蕃由是不虞邛、蜀之兵。先是，李德裕鎮西川，維州吐蕃首領悉怛謀以城來降，德裕奏之，執政者與德裕不協，遽勒還其城。至是復收之，亦不因兵刃，乃人情所歸也。俄復入相，加司空，繼加司徒，歷鎮重藩。至是加太傅、邠國公。悰無他才，常延接寒素，甘食竊位而已。

從郁，以蔭貞元末再遷太子司議郎。元和初，轉左補闕，諫官崔羣、韋貫之、獨孤郁等以從郁宰相子，不合爲諫官，乃降授左拾遺。羣等復執曰：「拾遺之與補闕，雖資品有殊，皆名諫列。父爲宰相，子爲諫官，若政有得失，不可使子論父。」乃改爲祕書丞，終駕部員外郎。子牧、顗，俱登進士第。顗後病目而卒。

牧字牧之，既以進士擢第，又制舉登乙第，解褐弘文館校書郎，試左武衞兵曹參軍。沈傳師廉察江西宣州，辟牧爲從事、試大理評事。又爲淮南節度推官、監察御史裏行，轉掌書記。俄眞拜監察御史，分司東都，以弟顗病目棄官。授宣州團練判官、殿中侍御史、內供奉。遷左補闕、史館修撰，轉膳部、比部員外郎，並兼史職。出牧黃、池、睦三郡，復遷司勳員外郎、史館修撰，轉吏部員外郎。又以弟病免歸。授湖州刺史，入拜考功郎中、知制誥，歲中遷中書舍人。牧好讀書，工詩爲文，嘗自負經緯才略。武宗朝誅昆夷、鮮卑，牧上宰相書論兵事，言「胡戎入寇，在秋冬之間，盛夏無備，宜五六月中擊胡爲便」。李德裕稱之。注曹公所定孫武十三篇行於代。

牧從兄悰隆盛于時，牧居下位，心常不樂。將及知命，得病，自爲墓志、祭文。又嘗夢人告曰：「爾改名畢。」踰月，奴自家來，告曰：「炊將熟而甑裂。」牧曰：「皆不祥也。」俄又夢

書行紙曰：「皎皎白駒，在彼空谷。」寤寢而歎曰：「此過隙也。吾生於角，徵還於角〔三〕，爲第八宮，吾之甚厄也。予自湖守遷舍人，木還角，足矣。」其年，以疾終於安仁里，年五十。有集二十卷，曰杜氏樊川集，行於代。子德祥，官至丞郎。

史臣曰：黃裳以道致君，持誠奉主，辨懷光之詐，罷全義之征。討賊闢之凶，舉無遺算；葬執誼之柩，豈曰不仁。郢天縱之性，總丱之年，代父命於臨刑，孝也；懷光之亂，王人被傷，撫巢父於賊庭，義也；抑浮濫之流，考藝文之士，盡搜幽滯，大變時風，正也；保止足之名，辭榮辱之路，高避世利，遐躅昔賢，智也。忠孝全矣，仁智備矣。此二子者，皆臨大節而不可奪也。佑承蔭入仕，讞獄受知，博古該今，輸忠效用，位居極品，榮逮子孫，操修之報，不亦宜哉！及其賓僚紊法，嬖妾受封，事重因循，難乎語於正矣。牧之文章，悰之長厚，能否既異，才位不倫，命矣夫！

贊曰：貞公壯節，臨難奮毅。言行無玷，斯爲明哲。戡亂阜俗，時泰位隆。國之名臣，邠公、岐公。

校勘記

〔一〕充江西青苗使　新書卷一六六杜佑傳「江西」作「江淮」。

〔二〕穆宗即位　「穆宗」，各本原作「文宗」，下文云式方於長慶二年三月卒，猶未至文宗時也，新書卷一六六杜佑傳作「穆宗立」，是也，今據改。

〔三〕徵還於角　「徵還」，御覽卷四〇〇作「昴畢」。

舊唐書卷一百四十八

列傳第九十八

裴垍　李吉甫　李藩　權德輿 子璩

裴垍字弘中，河東聞喜人。垂拱中宰相居道七代孫。垍弱冠舉進士。貞元中，制舉賢良極諫，對策第一，授美原縣尉。秩滿，藩府交辟，皆不就。拜監察御史，轉殿中侍御史、尚書禮部考功二員外郎。時吏部侍郎鄭珣瑜請垍考詞判，垍守正不受請託，考覈皆務才實。

元和初，召入翰林爲學士，轉考功郎中、知制誥，尋遷中書舍人。李吉甫自翰林承旨拜平章事，詔將下之夕，感出涕，謂垍曰：「吉甫自尙書郎流落遠地，十餘年方歸，便入禁署，今纔滿歲，後進人物，罕所接識。宰相之職，宜選擢賢俊，今則懵然莫知能否。卿多精鑒，今之才傑，爲我言之。」垍取筆疏其名氏，得三十餘人；數月之內，選用略盡，當時翕然稱吉甫

有得人之稱。三年，詔舉賢良，時有皇甫湜對策，其言激切，牛僧孺、李宗閔亦苦詆時政。考官楊於陵、韋貫之升三子之策皆上第，垍居中覆視，無所同異。及爲貴倖泣訴，請罪於上，憲宗不得已，出於陵、貫之官，罷垍翰林學士，除戶部侍郎。然憲宗知垍好直，信任彌厚。

其年秋，李吉甫出鎭淮南，遂以垍代爲中書侍郎、同平章事。明年，加集賢院大學士、監修國史。垍奏：「集賢御書院，請準六典，登朝官五品已上爲學士，六品已下爲直學士；自非登朝官，不問品秩，並爲校理；其餘名目一切勒停。史館請登朝官入館者，並爲修撰；非登朝官，並爲直史館。仍永爲常式。」皆從之。元和五年，中風病。憲宗甚嗟惜，中使旁午致問，至於藥膳進退，皆令疏陳。疾益痼，罷爲兵部尙書，仍進階銀青。明年，改太子賓客。卒，廢朝，賻禮有加，贈太子少傅。

初，垍在翰林承旨，屬憲宗初平吳、蜀，勵精思理，機密之務，一以關垍，垍小心敬愼，甚稱中旨。及作相之後，懇請旌別淑慝，杜絕蹊徑，齊整法度，考課吏理，皆蒙垂意聽納。吐突承璀自春宮侍憲宗，恩顧莫二。承璀承間欲有所關說，憲宗憚垍，誡勿復言，在禁中常以官呼垍而不名。楊於陵爲嶺南節度使，與監軍許遂振不和，遂振誣奏於陵，憲宗令追與慢官，垍曰：「以遂振故罪一藩臣，不可。」請授吏部侍郎。嚴綬在太原，其政事一出監軍李輔光，綬但拱手而已，垍具奏其事，請以李鄘代之。

王士眞死，其子承宗以河北故事請代父爲帥。憲宗意速於太平，且頻蕩寇孽，謂其地可取。吐突承璀恃恩，謀撓垍權，遂伺君意，請自征討。盧從史陰苞逆節，內與承宗相結約，而外請興師，以圖厚利。垍一一陳其不可，且言：「武俊有大功於朝，前授李師道而後奪承宗，是賞罰不一，無以沮勸天下。」逗留半歲，憲宗不決，承璀之策竟行。及師臨賊境，從史果攜貳，承璀數督戰，從史益驕倨反覆，官軍病之。時王師久暴露無功，上意亦怠。後從史遣其衙門將王翊元入奏，垍延與語，微動其心，且喻以爲臣之節，翊元因吐誠言從史惡稔可圖之狀。垍遣再往，比復還，遂得其大將烏重胤等要領。垍因從容啓言：「從史暴戾，有無君之心。今聞其視承璀如嬰孩，往來神策壘間，益自恃不嚴，是天亡之時也。若不因其機而致之，後雖興師，未可以歲月破也。」憲宗初愕然，熟思其計，方許之。垍因請密其謀，憲宗曰：「此唯李絳、梁守謙知之。」時絳承旨翰林，守謙掌密命。後承璀竟擒從史，平上黨，其年秋班師。垍以「承璀首唱用兵，今還無功，陛下縱念舊勞，不能加顯戮，亦請貶黜以謝天下」。遂罷承璀兵柄。

先是，天下百姓輸賦於州府：一曰上供，二曰送使，三曰留州。建中初定兩稅時，貨重錢輕；是後貨輕錢重，齊人所出，固已倍其初征。而其留州送使，所在長吏又降省估使就

實估，以自封殖而重賦於人。及垍爲相，奏請：「天下留州、送使物，一切令依省估。其所在觀察使，仍以其所涖之郡租賦自給，若不足，然後徵於支郡。」其諸州送使額，悉變爲上供，故江淮稍息肩。

垍雖年少，驟居相位，而器局峻整，有法度，雖大僚前輩，其造請不敢干以私。諫官言時政得失，舊事，操權者多不悅其舉職。垍在中書，有獨孤郁、李正辭、嚴休復自拾遺轉補闕，及參謝之際，垍廷語之曰：「獨孤與李二補闕，孜孜獻納，今之遷轉，可謂酬勞無愧矣。嚴補闕官業，或異於斯，昨者進擬，不無疑緩。」休復悚恧而退。垍在翰林，舉李絳、崔羣同掌密命，及在相位，用韋貫之、裴度知制誥，擢李夷簡爲御史中丞，其後繼踵入相，咸著名跡。其餘量材賦職，皆叶人望，選任之精，前後莫及。議者謂垍作相，才與時會，知無不爲，于時朝無倖人，百度寖理，而再周遘疾，以至休謝，公論惜之。

李吉甫字弘憲，趙郡人。父棲筠，代宗朝爲御史大夫，名重於時，國史有傳。吉甫少好學，能屬文。年二十七，爲太常博士，該洽多聞，尤精國朝故實，沿革折衷，時多稱之。遷屯田員外郎，博士如故，改駕部員外。宰臣李泌、竇參推重其才，接遇頗厚。及陸贄爲相，出

爲明州員外長史，久之遇赦，起爲忠州刺史。時贄已謫在忠州，議者謂吉甫必逞憾於贄，重搆其罪，及吉甫到部，與贄甚歡，未嘗以宿嫌介意。六年不徙官，以疾罷免。尋授郴州刺史，遷饒州。先是，州城以頻喪四牧，廢而不居，物怪變異，郡人信驗；吉甫至，發城門管鑰，剪荆榛而居之，後人乃安。

憲宗嗣位，徵拜考功郎中、知制誥，旣至闕下，旋召入翰林爲學士，轉中書舍人，賜紫。憲宗初卽位，中書小吏滑渙與知樞密中使劉光琦暱善，頗竊朝權，吉甫請去之。劉闢反，帝命誅討之，計未決，吉甫密贊其謀，兼請廣徵江淮之師，由三峽路入，以分蜀寇之力。事皆允從，由是甚見親信。二年春，杜黃裳出鎭，擢吉甫爲中書侍郎、平章事。吉甫性聰敏，詳練物務，自員外郎出官，留滯江淮十五餘年，備詳閭里疾苦。及是爲相，患方鎭貪恣，乃上言使屬郡刺史得自爲政。敍進羣材，甚有美稱。

三年秋，裴均爲僕射、判度支，交結權倖，欲求宰相。先是，制策試直言極諫科，其中有譏刺時政，忤犯權倖者，因此均黨揚言皆執政教指，冀以搖動吉甫，賴諫官李約、獨孤郁、李正辭、蕭俛密疏陳奏，帝意乃解。吉甫早歲知獎羊士諤，擢爲監察御史；又司封員外郎呂溫有詞藝，吉甫亦眷接之。竇羣亦與羊、呂善，羣初拜御史中丞，奏請士諤爲侍御史，溫爲郎中、知雜事。吉甫怒其不先關白，而所請又有超資者，持之數日不行，因而有隙。羣遂伺

得日者陳克明出入吉甫家，密捕以聞，憲宗詰之，無姦狀。吉甫以裴垍久在翰林，憲宗親信，必當大用，遂密薦垍代己，因自圖出鎭。其年九月，拜檢校兵部尚書，兼中書侍郎、平章事，充淮南節度使，上御通化門樓餞之。在揚州，每有朝廷得失，軍國利害，皆密疏論列。又於高郵縣築堤爲塘，漑田數千頃，人受其惠。

五年冬，裴垍病免。明年正月，授吉甫金紫光祿大夫、中書侍郎、平章事、集賢殿大學士、監修國史、上柱國、趙國公。及再入相，請減省職員幷諸色出身胥吏等，及量定中外官俸料，時以爲當。京城諸僧有以莊磑免稅者，吉甫奏曰：「錢米所徵，素有定額，寬緇徒有餘之力，配貧下無告之民，必不可許。」憲宗乃止。又請歸普潤軍於涇原。

七年，京兆尹元義方奏：「永昌公主準禮令起祠堂，請其制度。」初貞元中，義陽、義章二公主咸於墓所造祠堂一百二十間，費錢數萬；及永昌之制，上令義方減舊制之半。吉甫奏曰：「伏以永昌公主，稚年夭枉，舉代同悲，況於聖情，固所鍾念。然陛下猶減制造之半，示折衷之規，昭儉訓人，實越今古。臣以祠堂之設，禮典無文，德宗皇帝恩出一時，事因習俗，當時人間不無竊議。昔漢章帝時，欲爲光武原陵、明帝顯節陵各起邑屋，東平王蒼上疏言其不可。東平王卽光武之愛子，明帝之愛弟。賢王之心，豈惜費於父兄哉！誠以非禮之事，人君所當愼也。今者，依義陽公主起祠堂，臣恐不如量置墓戶，以充守奉。」翌日，上謂

吉甫曰：「卿昨所奏罷祠堂事，深愜朕心。朕初疑其冗費，緣未知故實，是以量減。覽卿所陳，方知無據。然朕不欲破二十戶百姓，當揀官戶委之。」吉甫拜賀。上曰：「卿，此豈是難事。有關朕身，不便於時者，苟聞之則改，此豈足多耶！卿但勤匡正，無謂朕不能行也。」

七年七月，上御延英，顧謂吉甫曰：「朕近日畋遊悉廢，唯喜讀書。昨於代宗實錄中，見其時綱紀未振，朝廷多事，亦有所鑒誡。向後見卿先人事迹，深可嘉歎。」吉甫降階跪奏曰：「臣先父伏事代宗，盡心盡節，迫於流運，不待聖時，臣之血誠，常所追恨。陛下耽悅文史，聽覽日新，見臣先父忠於前朝，著在實錄，今日特賜褒揚，先父雖在九泉，如覩白日。」因俯伏流涕，上慰諭之。

八年十月，上御延英殿，問時政記記何事。時吉甫監修國史，先對曰：「是宰相記天子事以授史官之實錄也。古者左史記言，今起居舍人是；右史記事〔一〕，今起居郎是。永徽中，宰相姚璹監修國史，慮造膝之言，或不可聞，因請隨奏對而記於仗下，以授于史官，今時政記是也。」上曰：「間或不修，何也？」曰：「面奉德音，未及施行，總謂機密，故不可書以送史官；其間有謀議出於臣下者，又不可自書以付史官；及已行者，制令昭然，天下皆得聞知，卽史官之記，不待書以授也。且臣觀時政記者，姚璹修之於長壽，及璹罷而事寢；賈耽、齊抗修之於貞元，及耽、抗罷而事廢。然則關時政化者，不虛美，不隱惡，謂之良史

也。」

是月，迴紇部落南過磧，取西城柳谷路討吐蕃，西城防禦使周懷義表至，朝廷大恐，以爲迴紇聲言討吐蕃，意是入寇。吉甫奏曰：「迴紇入寇，且當漸絕和事，不應便來犯邊，但須設備，不足爲虞。」因請自夏州至天德，復置廢館一十一所，以通緩急。又請發夏州騎士五百人，營於經略故城，應接驛使，兼護党項。九年，請於經略故城置宥州。六胡州以在靈鹽界，開元中廢六州。曰：「國家舊置宥州，以寬宥爲名，領諸降戶。天寶末，宥州寄理於經略軍，蓋以地居其中，可以總統蕃部，北以應接天德，南援夏州。今經略遙隸靈武，又不置軍鎭，非舊制也。」憲宗從其奏，復置宥州，詔曰：「天寶中宥州寄理於經略軍，寶應已來，因循遂廢。由是昆夷屢擾，党項靡依，蕃部之人，撫懷莫及。朕方弘遠略，思復舊規，宜於經略軍置宥州，仍爲上州，於郭下置延恩縣，爲上縣，屬夏綏銀觀察使。」

淮西節度使吳少陽卒，其子元濟請襲父位。吉甫以爲淮西內地，不同河朔，且四境無黨援，國家常宿數十萬兵以爲守禦，宜因時而取之。頗叶上旨，始爲經度淮西之謀。

元和九年冬，暴病卒，年五十七。憲宗傷悼久之，遣中使臨弔，常贈之外，內出絹五百匹以恤其家，再贈司空。吉甫初爲相，頗洽時情，及淮南再徵，中外延望風采。秉政之後，視聽時有所蔽，人心疑憚之。時負公望者慮爲吉甫所忌，多避畏。憲宗潛知其事，未周歲，

遂擢用李絳，大與絳不協，而絳性剛訐，於上前互有爭論，人多直絳。然性畏慎，雖其不悅者，亦無所傷。服物食味，必極珍美，而不殖財產，京師一宅之外，無他第墅，公論以此重之。有司諡曰「敬憲」，及會議，度支郎中張仲方駁之，以爲太優。憲宗怒，貶仲方，賜吉甫諡曰忠懿。

吉甫嘗討論易象異義，附於一行集注之下；及綴錄東漢、魏、晉、周、隋故事，訖其成敗損益大端，目爲六代略，凡三十卷；分天下諸鎮，紀其山川險易故事，各寫其圖於篇首，爲五十四卷，號爲元和郡國圖；又與史官等錄當時戶賦兵籍，號爲國計簿，凡十卷；纂六典諸職爲百司舉要一卷。皆奏上之，行於代。子德脩、德裕。

李藩字叔翰，趙郡人。曾祖至遠，天后時李昭德薦爲天官侍郎，不詣昭德謝恩，時昭德怒，奏黜爲壁州刺史。祖畬，開元時爲考功郎中，事母孝謹，母卒，不勝喪死。至遠、畬皆以志行名重一時。父承，爲湖南觀察使，亦有名。

藩少恬淡修檢，雅容儀，好學。父卒，家富於財，親族弔者，有挈去不禁，愈務散施，不數年而貧。年四十餘未仕，讀書揚州，困於自給，妻子怨尤之，晏如也。杜亞居守東都，以

故人子署爲從事。洛中盜發，有誣牙將令狐運者，亞信之，拷掠竟罪；藩知其冤，爭之不從，遂辭出。後獲真盜宋瞿曇，藩益知名。

張建封在徐州，辟爲從事，居幕中，謙謙未嘗論細微。杜兼爲濠州刺史，帶使職，建封病革，兼疾驅到府，陰有冀望。藩與同列省建封，出而泣語兼曰：「僕射公奄忽如此，公宜在州防遏，今棄州此來，欲何也？宜疾去！不若此，當奏聞。」兼錯愕不虞，遂徑歸。建封死，兼悔所志不就，怨藩甚。既歸揚州，兼因誣奏藩建封死時搖動軍中。德宗大怒，密詔杜佑殺之。佑素重藩，懷詔旬日不忍發，因引藩論釋氏，曰：「因報之事，信有之否？」藩曰：「信然。」曰：「審如此，君宜遇事無恐。」因出詔。藩覽之，無動色，曰：「某與兼信爲報也。」佑曰：「慎勿出口，吾已密論，持百口保君矣。」德宗得佑解，怒不釋，亟追藩赴闕。及召見，望其儀形，曰：「此豈作惡事人耶！」乃釋然，除秘書郎。

王紹持權，邀藩一相見即用，終不就。王仲舒、韋成季、呂洞輩爲郎官，朋黨輝赫，日會聚歡酒，慕藩名，強致同會，藩不得已一至。仲舒輩好爲訛語俳戲，後召藩，堅不去，曰：「吾與仲舒輩終日，不曉所與言何也。」後果敗。遷主客員外郎，尋換右司。時順宗册廣陵王淳爲皇太子，兵部尚書王紳請改名紹，時議非之，皆云：「皇太子亦人臣也，東宮之臣改之宜也，非其屬而改之，諂也。如紳輩豈爲以禮事上耶！」藩謂人曰：「歷代故事，皆自不識大體之臣而失之，因不可復正，無足怪也。」及太子即位，憲宗是也。宰相改郡縣名以避上名，唯監察御史韋淳不改。既而有詔以陸淳爲給事中，改名質；淳不得已改名貫之[一]，議者嘉之。

藩尋改吏部員外郎。元和初，遷吏部郎中，掌曹事，爲吏所蔽，濫用官闕，黜爲著作郎。轉國子司業，遷給事中。制敕有不可，遂於黃敕後批之，吏曰：「宜別連白紙。」藩曰：「別以白紙，是文狀，豈曰批敕耶！」裴垍言於帝，以爲有宰相器，屬鄭絪罷免，遂拜藩門下侍郎、同平章事。藩性忠蓋，事無不言，上重之，以爲無隱。

四年冬，顧謂宰臣曰：「前代帝王理天下，或家給人足，或國貧下困，其故何也？」藩對曰：「古人云：『儉以足用。』蓋足用繫於儉約。誠使人君不貴珠玉，唯務耕桑，則人無淫巧，俗自敦本，百姓既足，君孰與不足，自然帑藏充羨，稼穡豐登。若人君竭民力，貴異物，上行下效，風俗日奢，去本務末，衣食益乏，則百姓不足，君孰與足，自然國貧家困，盜賊乘隙而作矣。今陛下永鑒前古，思躋富庶，躬尚勤儉，自當理平。伏願以知之爲非艱，保之爲急務，宮室輿馬，衣服器玩，必務損之又損，示人變風，則天下幸甚。」帝曰：「儉約之事，是我誠心；貧富之由，如卿所說。唯當上下相勖，以保此道，似有踰濫，極言箴規，此固深於卿等也。」藩等拜賀而退。

帝又問曰：「禳災祈福之說，其事信否？」藩對曰：「臣竊觀自古聖達，皆不禱祠。故楚昭王有疾，卜者謂河爲祟，昭王以河不在楚，非所獲罪，孔子以爲知天道。仲尼病，子路請禱，仲尼以爲神道助順，繫於所行，己既全德，無愧屋漏。故答子路云：『丘之禱久矣。』書云：『惠迪吉，從逆凶。』言順道則吉，從逆則凶。詩云：『自求多福。』則禍福之來，咸應行事，若苟爲非道，則何福可求？是以漢文帝每有祭祀，使有司敬而不祈，其見超然，可謂盛德。若使神明無知，則安能降福；必其有知，則私己求媚之事，君子尚不可悅也，況於明神乎！由此言之，則履信思順，自天祐之，苟異於此，實難致福。故堯、舜之德，唯在修己以安百姓。管仲云：『義於人者和於神。』蓋以人爲神主，故但務安人而已。虢公求神，以致危亡，王莽妄祈，以速漢兵，古今明誡，書傳所紀。伏望陛下每以漢文、孔子之意爲準，則百福具臻。」帝深嘉之。

時河東節度使王鍔用錢數千萬賂遺權倖，求兼宰相。藩與權德輿在中書，有密旨曰：「王鍔可兼宰相，宜即擬來。」藩遂以筆塗「兼相」字，却奏上云：「不可。」德輿失色曰：「縱不可，宜別作奏，豈可以筆塗詔耶！」曰：「勢迫矣！出今日，便不可止。日又暮，何暇別作奏！」事果寢。李吉甫自揚州再入相，數日，罷藩爲詹事。後數月，上思藩，召對，復有所論列。元和六年，出爲華州刺史、兼御史大夫，未行卒，年五十八，贈戶部尚書。藩爲相材能不

及裴垍，孤峻頗後韋貫之，然人物清規，亦其流也。

權德輿字載之，天水略陽人。父皐，字士繇，後秦尚書翼之後。少以進士補貝州臨清尉。安祿山以幽州長史充河北按察使，假其才名，表爲薊縣尉，署從事。皐陰察祿山有異志，畏其猜虐，不可以潔退，欲潛去，又慮禍及老母。天寶十四年，祿山使皐獻戎俘，自京師迴，過福昌。福昌尉仲讙，皐從父妹壻也，密以計約之。比至河陽，詐以疾亟召讙，讙至，皐示已喑，瞪讙而瞑。讙乃勉哀而哭，手自含襲，既逸皐而葬其棺，人無知者。從吏以詔書還，皐母初不知，聞皐之死，慟哭傷行路。祿山不疑其詐死，許其母歸。皐時微服匿跡，候母於淇門，既得侍其母，乃奉母晝夜南去，及渡江，祿山已反矣。由是名聞天下。淮南採訪使高適表皐試大理評事，充判官。屬永王璘亂，多劫士大夫以自從，皐懼見迫，又變名易服以免。玄宗在蜀，聞而嘉之，除監察御史。會丁母喪，因家洪州。時南北隔絕，或踰歲不聞詔命。有中使奉宣至洪州，經時未復，過有求取，州縣苦之。時有王遘爲南昌令，將執按之，因見皐白其事，皐不言，久之，垂涕曰：「方今何由可致一赦使，而遽有此言。」因掩涕而起，遘遽拜謝之。浙西節度使顏眞卿表皐爲行軍司馬，詔徵爲起居舍人，又以疾辭。嘗曰：「本

自全吾志，豈受此之名耶！」李季卿爲江淮黜陟使，奏皐節行，改著作郎，復不起。兩京蹂於胡騎，士君子多以家渡江東，知名之士如李華、柳識兄弟者，皆仰皐之德而友善之。大曆三年，卒於家，年四十六。元和中謚曰貞孝。初，皐卒，韓洄、王定爲服朋友之喪，李華爲其墓表，以爲分天下善惡，一人而已。前贈秘書監，至是因子德輿爲相，立家廟。至元和十二年，復贈太子太保。

德輿生四歲，能屬詩；七歲居父喪，以孝聞；十五爲文數百篇，編爲童蒙集十卷，名聲日大。韓洄黜陟河南，辟爲從事，試秘書省校書郎。貞元初，復爲江西觀察使李兼判官，再遷監察御史。府罷，杜佑、裴胄皆奏請，二表同日至京。德宗雅聞其名，徵爲太常博士，轉左補闕。八年，關東大水，上疏請降詔恤隱，遂命奚陟等四人使。裴延齡以巧倖判度支，九年，自司農少卿除戶部侍郎，仍判度支。德輿上疏曰：

臣伏以爵人於朝，與衆共之，況經費之司，安危所繫。延齡頃自權判，逮今間歲，不稱之聲，日甚於初。羣情衆口，諠於朝市，不敢悉煩聖聽，今謹略舉所聞。多云以常賦正額支用未盡者，便爲剩利，以爲己功。又重破官錢買常平先所收市雜物，遂以再給估價，用充別貯利錢。又云邊上諸軍皆至懸闕，自今春已來，並不支糧。伏以疆場之事，所虞非細，誠聖謨前定，終事切有司。陛下必以延齡孤貞獨立，爲時所抑，醜正

有黨，結此流言，何不以新收剩利，徵其本末，爲分析條奏？又擇朝賢信臣，與中使一人巡覆邊軍，察其資儲有無虛實。倘延齡受任已來，精心勤力，每事省約，別收羨餘，於正數各有區分，邊軍儲蓄，實猶可支，身自斂怨，爲國惜費，自宜更示優奬，以洗羣疑，明書厥勞，昭示天下。如或言者非謬，罔上實多，豈以邦國重務，委之非據。臣職在諫曹，合採羣議，正拜已來，今已旬日，道路云云，無不言此。豈京師士庶之衆，愚智之多，合而爲黨，共有讎嫉。陛下亦宜稍迴聖鑑，俯察羣心。況臣之事君，如子事父，今當聖明不諱之代，若猶愛身隱情，是不忠不孝，莫大之罪。敢瀝肝血，伏待刑書。

十年，遷起居舍人，歲中，兼知制誥。轉駕部員外郎、司勳郎中，職如舊。遷中書舍人。是時，德宗親覽庶政，重難除授，凡命於朝，多補自御札。始，德輿知制誥，給事有徐岱，舍人有高郢；居數歲，岱卒，郢知禮部貢舉，獨德輿直禁垣，數旬始歸。嘗上疏請除兩省官，德宗曰：「非不知卿之勞苦，禁掖清切，須得如卿者，所以久難其人。」德輿居西掖八年，其間獨掌者數歲。貞元十七年冬，以本官知禮部貢舉，來年，眞拜侍郎，凡三歲掌貢士，至今號爲得人。轉戶部侍郎。元和初，歷兵部、吏部侍郎，坐郎吏誤用官闕，改太子賓客，復爲兵部侍郎，遷太常卿。

五年冬，宰相裴垍寢疾，德輿拜禮部尚書、平章事，與李藩同作相。河中節度王鍔來

朝，貴倖多譽鍔者，上將加平章事，李藩堅執以爲不可。德輿繼奏曰：「夫平章事，非序進而得，國朝方鎮帶宰相者，蓋有大忠大勳。大曆已來，又有跋扈難制者，不得已而與之。今王鍔無大忠勳，又非姑息之時，欲假此名，實恐不可。」上從之。

運糧使董溪、于皐謨盜用官錢，詔流嶺南，行至湖外，密令中使皆殺之。他日，德輿上疏曰：「竊以董溪等，當陛下憂山東用兵時，領糧料供軍重務，聖心委付，不比尋常，敢負恩私，恣其贓犯，使之萬死，不足塞責。弘寬大之典，流竄太輕，陛下合改正罪名，兼責臣等疏略。但詔令已下，四方聞知，不書明刑，有此處分，竊觀衆情，有所未喻。伏自陛下臨御已來，每事以誠，實與天地合德，與四時同符，萬方之人，沐浴皇澤。至如于、董所犯，合正典章，明下詔書，與衆同棄，即人各懼法，人各謹身。臣誠知其罪不容誅，又是已過之事，不合論辯，上煩聖聰。伏以陛下聖德聖姿，度越前古，頃所下一詔，舉一事，皆合理本，皆順人心。伏慮他時更有此比，但要有司窮鞫，審定罪名，或致之極法，或使自盡，罰一勸百，孰不甘心？巍巍聖朝，事體非細，臣每於延英奏對，退思陛下求理之言，生逢盛明，感涕自賀。況以愚滯朴訥，聖鑒所知，伏惟恕臣迂疏，察臣丹懇。」

及李吉甫自淮南詔徵，未一年，上又繼用李絳。時上求理方切，軍國無大小，一付中書。吉甫、絳議政頗有異同，或於上前論事，形於言色；其有詣於理者，德輿亦不能爲發

明，時人以此譏之。竟以循默而罷，復守本官。尋以檢校吏部尚書爲東都留守，後拜太常卿，改刑部尚書。先是，許孟容、蔣乂等奉詔删定格敕，孟容等尋改他官，乂獨成三十卷，表獻之，留中不出。德輿請下刑部，與侍郎劉伯芻等考定，復爲三十卷奏上。十一年，復以檢校吏部尚書出鎮興元。十三年八月，有疾，詔許歸闕，道卒，年六十。贈左僕射，謚曰文。

德輿自貞元至元和三十年間，羽儀朝行，性直亮寬恕，動作語言，一無外飾，蘊藉風流，爲時稱嚮。於述作特盛，六經百氏，游泳漸漬，其文雅正而弘博，王侯將相洎當時名人薨歿，以銘紀爲請者什八九，時人以爲宗匠焉。尤嗜讀書，無寸晷暫倦，有文集五十卷，行於代。子璩，中書舍人。

史臣曰：裴垍精鑒默識，舉賢任能，啓沃帝心，弼諧王道。如崔羣、裴度、韋貫之輩，咸登將相，皆垍之薦達。立言立事，知無不爲。吉甫該洽典經，詳練故實，仗裴垍之抽擢，致朝倫之式序。吉甫知垍之能別髦彥，垍知吉甫之善任賢良，相須而成，不忌不克。叔翰修身愼行，力學承家，批制敕有夕郎之風，塗御書見宰執之器，而乃輕財散施，天爵是期，偉哉自待之意也！德輿孝悌力學，髫齔有聞，疏延齡恣行巧佞，論臯讜不書明刑，三十年羽儀朝

行，實臯之餘慶所鍾。此四子者，所謂經緯之臣，又何慚於王佐矣！

贊曰：二李秉鈞，信爲名臣。甫柔而黨，藩俊而純。裴公鑒裁，朝無屈人。權之藻思，文質彬彬。

校勘記

〔一〕左史記言……右史記事　各本原作「右史記言……左史記事」，據唐會要卷六四、册府卷五五七改。

〔二〕淳不得已改名貫之　「貫之」，各本原作「處厚」，據唐會要卷二三改。校勘記卷五〇云：「今考貫之傳及處厚傳，皆云本名淳，然貫之曾爲監察御史，處厚未嘗爲監察御史，當以會要爲是。」

舊唐書卷一百四十九

列傳第九十九

于休烈 子肅　肅子敖　敖子琮　令狐峘　歸崇敬 子登　登子融
奚陟　張薦 子又新　希復　希復子讀　蔣乂 子係　伸　柳登 弟冕　子璟
沈傳師 子詢

于休烈，河南人也。高祖志寧，貞觀中任左僕射，爲十八學士。父默成，沛縣令，早卒。休烈至性貞愨，機鑒敏悟。自幼好學，善屬文，與會稽賀朝萬齊融、延陵包融爲文詞之友，齊名一時。舉進士，又應制策登科，授秘書省正字。累遷右補闕、起居郎、集賢殿學士，轉比部員外郎，郎中。楊國忠輔政，排不附己者，出爲中部郡太守。

值祿山構難，肅宗踐祚，休烈自中部赴行在，擢拜給事中。遷太常少卿，知禮儀事，兼修國史。肅宗自鳳翔還京，勵精聽受，嘗謂休烈曰：「君舉必書，良史也。朕有過失，卿書之

否？」對曰：「禹、湯罪己，其興也勃焉。有德之君，不忘規過，臣不勝大慶。」時中原蕩覆，典章殆盡，無史籍檢尋。休烈奏曰：「國史一百六卷，開元實錄四十七卷，起居注并餘書三千六百八十二卷，並在興慶宮史館。京城陷賊後，皆被焚燒。且國史、實錄，聖朝大典，修撰多時，今並無本。伏望下御史臺推勘史館所由，令府縣招訪。有人別收得國史、實錄，如送官司，重加購賞。若是史官收得，仍赦其罪。得一部超授官資，得一卷賞絹十匹。」數月之內，唯得一兩卷。前修史官工部侍郎韋述陷賊，入東京，至是以其家藏國史一百一十三卷送于官。

肅宗以太常鐘磬，自隋已來，所傳五音，或有不調，乾元初謂休烈曰：「古者聖人作樂，以應天地之和，以合陰陽之序，則人不夭札，物不疵癘。且金石絲竹，樂之器也。比親享郊廟，每聽懸樂，宮商不備，或鐘磬失度。可盡將鐘磬來，朕當於內自定。」太常集樂工考試數日，審知差錯，然後令別鑄造磨刻。及事畢，上臨殿親試考擊，皆合五音，羣臣稱慶。

休烈尋轉工部侍郎、修國史，獻五代帝王論，帝甚嘉之。宰相李揆矜能忌賢，以休烈修國史與己齊列，嫉之，奏爲國子祭酒，權留史館修撰以下之。休烈恬然自持，殊不介意。舊儀，元正冬至，百官不於光順門朝賀皇后，乾元元年，張皇后遂行此禮。休烈奏曰：「周禮有命夫朝人主，命婦朝女君。自顯慶已來，則天皇后始行此禮。其日，命婦又朝光順門，與

百官雜處，殊爲失禮。」肅宗詔停之。

代宗即位，甄別名品，宰臣元載稱之，乃拜右散騎常侍，依前兼修國史，尋加禮儀使。遷工部侍郎。又改檢校工部尚書，兼判太常卿事，正拜工部尚書，累封東海郡公，加金紫光祿大夫。在朝凡三十餘年，歷掌清要，家無儋石之蓄。恭儉溫仁，未嘗以喜愠形於顏色。而親賢下士，推轂後進，雖位崇年高，曾無倦色。篤好墳籍，手不釋卷，以至于終。大曆七年卒，年八十一。有集十卷行於代。嗣子益，次子肅，相繼爲翰林學士。

是歲春，休烈妻韋氏卒。上以休烈父子儒行著聞，特詔贈韋氏國夫人，葬日給鹵簿鼓吹。及聞休烈卒，追悼久之，褒贈尚書左僕射，賻絹百匹、布五十端，遣謁者內常侍吳承倩就私第宣慰。儒者之榮，少有其比。肅官至給事中。肅子敖。

敖字蹈中，以家世文史盛名，少爲時彥所稱，志行修謹。登進士第，釋褐祕書省校書郎。湖南觀察使楊憑辟爲從事，府罷，鳳翔節度使李鄘、鄂岳觀察使呂元膺相繼辟召。自協律郎、大理評事試監察御史。元和六年，真拜監察御史。轉殿中，歷倉部司勳二員外、萬年令，拜右司郎中，出爲商州刺史。長慶四年，入爲吏部郎中。其年，遷給事中。

昭愍初即位，李逢吉用事，與翰林學士李紳素不叶，遂誣紳以不測之罪，逐於嶺外。紳

同職駕部郎中知制誥龐嚴、司封員外郎知制誥蔣防坐紳黨，左遷信、汀等州刺史。制詔下，敖封還詔書。時人以爲與嚴相善，訴其非罪，皆曰：「于給事犯宰執之怒，伸龐、蔣之屈，不亦仁乎？」及駮奏出，乃是論龐嚴貶黜太輕，中外無不大噱，而逢吉由是奬之。尋轉工部侍郎，遷刑部，出爲宣歙觀察使，兼御史中丞。

敖溫裕長者，與物無忤，居官亦未嘗有立。周踐臺閣，三爲列曹侍郎，謹順自容而已。大和四年八月卒，年六十六，贈禮部尚書。四子：球、珪、瓌、琮，皆登進士第。

琮落拓有大志，雖以門資爲吏，久不見用。大中朝，駙馬都尉鄭顥，以琮世故，獨以器度奇之。會有詔於士族中選人才尙公主，衣冠多避之。顥謂琮曰：「子人才甚佳，但不護細行，爲世譽所抑，久而不調，能應此命乎？」琮然之。會李瀚知貢舉〔一〕，顥託之登第，其年遂升諫列，尙廣德公主，拜駙馬都尉。累踐臺閣，揚歷藩府。乾符中同平章事〔二〕。

黃寇犯京師，僖宗出幸，琮病不能從。旣僭號，起琮爲相。琮以疾辭，迫脅不已，琮曰：「吾病亟矣，死在旦夕。加以唐室親姻，義不受命，死即甘心。」竟爲賊所害，而赦公主。主視琮受禍，謂賊曰：「妾李氏女也，義不獨存，願與于公并命。」賊不許，公主入室自縊而卒。廣德閨門有禮，咸通、乾符中譽在人口。于族內外冠婚喪祭，主必自預行禮，諸婦班而見之，尊卑答勞，咸有儀法，爲時所稱。珪、球皆至清顯。

令狐峘，德棻之玄孫。登進士第。祿山之亂，隱居南山豹林谷，谷中有峘別墅。司徒楊綰未仕時，避亂南山，止於峘舍。峘博學，貫通羣書，有口辯，綰甚稱之。及綰爲禮部侍郎，修國史，乃引峘入史館。自華原尉拜右拾遺，累遷起居舍人，皆兼史職，修玄宗實錄一百卷，代宗實錄四十卷。著述雖勤，屬大亂之後，起居注亡失，峘纂開元、天寶事，雖得諸家文集，編其詔策，名臣傳記十無三四，後人以漏落處多，不稱良史。大曆八年，改刑部員外郎。

德宗即位，將厚奉元陵，峘上疏諫曰：

臣聞傳曰「近臣盡規」，禮記曰「事君有犯而無隱」。臣幸偶昌運，謬參近列，敢竭狂愚，庶裨分寸，伏惟陛下詳察。

臣讀漢書劉向傳，見論王者山陵之誡，良史稱歎，萬古芬芳。何者？聖賢之心，勤儉是務，必求諸道，不作無益。故舜葬蒼梧，不變其肆；禹葬會稽，不改其列。周武葬于畢陌，無丘壠之處；漢文葬於霸陵，因山谷之勢。禹非不忠也，啟非不順也，周公非

不悌也，景帝非不孝也，其奉君親，皆從微薄。昔宋文公始爲厚葬，用蜃炭，益車馬，其臣華元、樂舉，春秋書爲不臣。秦始皇葬驪山，魚膏爲燈燭，水銀爲江海，珍寶之藏，不可勝計，千載非之。宋桓魋爲石椁，夫子曰「不如速朽」。子游問喪具，夫子曰「稱家之有無」。張釋之對孝文曰：「使其中無可欲，雖無石椁，又何戚焉？」漢文帝霸陵皆以瓦器，不以金銀爲飾。由是觀之，有德者葬逾薄，無德者葬逾厚，昭然可覩矣。

陛下自臨御天下，聖政日新。進忠去邪，減膳節用，不珍雲物之瑞，不近鷹犬之娛。有司給物，悉依元估，利於人也。遠方底貢，唯供祀事，薄於己也。故澤州奏慶雲，詔曰「以時和爲嘉祥」；邕州奏金坑，詔曰「以不貪爲寶」。恭惟聖慮，無非至理。而獨六月一日制節文云「應緣山陵制度，務從優厚，當竭帑藏，以供費用」者，此誠仁孝之德，切於聖衷。伏以尊親之義，貴於合禮。陛下每下明詔，發德音，皆比蹤唐、虞，超邁周、漢。豈取悅凡常之目，有違賢哲之心，與失德之君競其奢侈者也？臣又伏讀遺詔曰：「其喪儀制度，務從儉約，不得以金銀錦綵爲飾。」陛下恭順先志，動無違者。若制度優厚，豈顧命之意耶？

伏惟陛下遠覽虞、夏、周、漢之制，深惟夫子、張釋之之誠，虔奉先旨，俯遵禮經，爲萬代法，天下幸甚。今赦書雖已頒行，諸條尙猶未出，此時奉遺制，敷聖理，固未晚也。

伏望速詔有司，悉從古禮。臣聞愚夫之言，明主擇焉。況臣忝職史官，親逢睿德，恥同華元、樂舉之爲不臣也，願以舜、禹之理紀聖猷也。夙夜懇迫，不敢不言，抵犯聖明，實憂罪譴。言行身黜，雖死猶生。

優詔答曰：「朕頃議山陵，心方迷謬，忘遵先旨，遂有優厚之文。卿聞見該通，識度弘遠，深知不可，形於至言。援引古今，依據經禮，非唯中朕之病，抑亦成朕之躬。免朕獲不子之名，皆卿之力也。敢不聞義而徙，收之桑榆，奉以始終，期無失墜。古之遺直，何以加焉！」

初大曆中，劉晏爲吏部尚書，楊炎爲侍郎，晏用峘判吏部南曹事。峘荷晏之舉，每分闕，必擇其善者送晏，不善者送炎，炎心不平之。及建中初，峘爲禮部侍郎，炎爲宰相，不念舊事。有士子杜封者，故相鴻漸子，求補弘文生。炎嘗出杜氏門下，託封於峘。峘謂使者曰：「相公誠憐封，欲成一名，乞署封名下一字，峘得以志之。」炎不意峘賣，即署名託封。峘以炎所署奏論，言宰相迫臣以私，臣若從之，則負陛下，不從則炎當害臣。德宗出疏問炎，炎具言其事，德宗怒甚，曰：「此姦人，無可奈何。」欲決杖流之，炎苦救解，貶衡州別駕。遷衡州刺史。

貞元中，李泌輔政，召拜右庶子、史館修撰。性既僻異，動失人和。在史館，與同職孔述睿等爭忿細故，數侵述睿。述睿長者，讓而不爭。無何，泌卒，竇參秉政，惡其爲人，貶吉

州別駕。久之，授吉州刺史。

齊映廉察江西，行部過吉州。故事，刺史始見觀察使，皆戎服趨庭致禮。映雖嘗爲宰相，然驟達後進，峘自恃前輩，有以過映，不欲以戎服謁。入告其妻韋氏，恥抹首趨庭。謂峘曰：「卿自視何如人，白頭走小生前，卿如不以此禮見映，雖黜死，我亦無恨。」峘曰「諾」，即以客禮謁之。映雖不言，深以爲憾。映至州，奏峘糾前政過失，鞫之無狀，不宜按部臨人，貶衢州別駕。衢州刺史田敦，峘知舉時進士門生也。初峘當貢部，放牓日貶逐，與敦不相面。敦聞峘來，喜曰：「始見座主。」迎謁之禮甚厚，敦月分俸之半以奉峘。峘在衢州殆十年。順宗即位，以秘書少監徵，既至而卒。

元和三年，峘子太僕寺丞丕，始獻峘所撰代宗實錄四十卷。初峘坐李泌貶，監修國史奏峘所撰實錄一分，請於貶所畢功。至是方奏，以功贈工部尚書。

歸崇敬字正禮，蘇州吳郡人也。曾祖奧，以崇敬故，追贈秘書監。祖樂，贈房州刺史。父待聘，亦贈秘書監。崇敬少勤學，以經業擢第。遭喪哀毀，以孝聞，調授四門助教。天寶末，對策高第，授左拾遺，改秘書郎。遷起居郎、贊善大夫，兼史館修撰，又加集賢殿校理。以家貧求爲外職，歷同州、潤州長史，會玄宗、肅宗二帝山陵，參掌禮儀，遷主客員外郎。又兼史館修撰，改膳部郎中。

崇敬以百官朔望朝服袴褶非古，上疏云：「按三代典禮，兩漢史籍，並無袴褶之制，亦未詳所起之由。隋代已來，始有服者。事不師古，伏請停罷。」從之。又諫：「東都太廟，不合置木主。謹按典禮，虞主用桑，練主用栗。作桑主則埋栗主，作栗主則埋桑主，所以神無二主，天無二日，土無二王也。東都太廟，是則天皇后所建，以置武氏木主。中宗去其主而存其廟，蓋將以備行幸遷都之置也。且殷人屢遷，前八後五，則前後遷都一十三度，不可每都而別立神主也。議者或云：『東都神主已曾虔奉而禮之，豈可一朝廢之乎？』且虞祭則立桑主而虔祀，練祭則立栗主而埋桑主，豈桑主不曾虔祀而乃埋之？又所闕之主，何須更作？作之不時，恐非禮也。」又議云：「每年春秋二時釋奠文宣王，祝板御署訖，北面揖，臣以爲禮太重。謹按大戴禮，師尚父授周武王丹書，武王東面而立。今署祝板，伏請準武王東面之禮，輕重庶得其中。」時有術士巨彭祖上疏云：「大唐土德，千年合符，請每四季郊祀天地。」詔禮官儒者議之。崇敬議曰：「按舊禮，立春之日，迎春於東郊，祭青帝。立夏之日，迎夏於南郊，祭赤帝。先立秋十八日，迎黃靈於中地，祀黃帝。秋、冬各於其方。黃帝於五行爲土，王在四季，生於火，故火用事之末而祭之，三季則否。漢、魏、周、隋，共行此禮。國家土

德乘時，亦以每歲六月土王之日祀黃帝於南郊，以后土配，所謂合禮。今彭祖請用四季祠祀，多憑緯候之文，且據陰陽之說。事涉不經，恐難行用。」又議祭五人帝不稱臣云：「太昊五帝，人帝也，於國家即爲前後之禮，無君臣之義。若於人帝而稱臣，則於天帝復何稱也？議者或云：『五人帝列於月令，分配五時。』則五神、五音、五祀、五蟲、五臭，皆備五數〔五〕，以備其時之色數，非謂別有尊崇也。」又請太祖景皇帝配天，事已具禮儀志。自是國典大禮，崇敬常參議焉。

大曆初，以新羅王卒，授崇敬倉部郎中、兼御史中丞，賜紫金魚袋，充弔祭、册立新羅使。至海中流，波濤迅急，舟船壞漏，衆咸驚駭。舟人請以小艇載崇敬避禍，崇敬曰：「舟中凡數十百人，我何獨濟？」逡巡，波濤稍息，竟免爲害。故事，使新羅者，至海東多有所求，或攜資帛而往，貿易貨物，規以爲利；崇敬一皆絕之，東夷稱重其德。使還，授國子司業，兼集賢學士。與諸儒官同修通志，崇敬知禮儀志，衆稱允當。

時皇太子欲以仲秋之月，於國學行齒胄之禮。崇敬以國學及官名不稱，請改國學之制，兼更其名，曰：

禮記王制曰，天子學曰辟雍。又五經通義云，辟雍，養老教學之所也。以形制言之，雍，壅也，辟，璧也，壅水環之，圓如璧形。以義理言之，辟，明也，雍，和也，言以禮

樂明和天下。禮記亦謂之澤宮。射義云，天子將祭，必先習射於澤宮。故前代文士，亦呼云璧池，亦曰璧沼，亦謂之學省。後漢光武立明堂、辟雍、靈臺，謂之三雍宮。至明帝躬行養老於其中。晉武帝亦作明堂、辟雍、靈臺，親臨辟雍，行鄉飲酒之禮。又別立國子學，以殊士庶。永嘉南遷，唯有國子學，不立辟雍。北齊立國子寺，隋初亦然。至煬帝大業十三年，改爲國子監。今國家富有四海，聲明文物之盛，唯辟雍獨闕，伏請改國子監爲辟雍省。

又以：

祭酒之名，非學官所宜。按周禮：「師氏掌以美詔王〔四〕，敎國子。」請改祭酒爲太師氏，位正三品。又司業者，義在禮記，云「樂正司業」。正，長也，言樂官之長，司主此業。爾雅云：「大板謂之業。」按詩周頌：「設業設簴，崇牙樹羽。」則業是懸鐘磬之栒簴也。今太學既不敎樂，於義則無所取，請改司業一爲左師，一爲右師，位正四品上。

又以：

五經六籍，古先哲王致理之式也。國家創業，制取賢之法，立明經，發微言於衆學，釋回增美，選賢與能。自艱難已來，取人頗易，考試不求其文義，及第先取於帖經，遂使專門業廢，請益無從，師資禮虧，傳受義絕。今請以禮記、左傳爲大經，周禮、儀

禮、毛詩爲中經〔五〕，尚書、周易爲小經，各置博士一員。其公羊、穀梁文疏少，請共準一中經，通置博士一員。所擇博士，兼通孝經、論語，依憑章疏，講解分明，注引旁通，問十得九，兼德行純潔，文詞雅正，儀形規範，可爲師表者，令四品以上各舉所知。在外者給驛，年七十已上者蒲輪。其國子、太學、四門、三館，各立五經博士，品秩上下，生徒之數，各有差。其舊博士、助敎、直講、經直及律館、算館助敎，請皆罷省。

其敎授之法，學生至監，謁同業師。其所執贄，脯脩一束、清酒一壺，衫布一段，其色隨師所服。師出中門，延入與坐，割脩斟酒，三爵而止。乃發篋出經，摳衣前請。師爲依經辨理，略舉一隅，然後就室。每朝、晡二時請益，師亦二時居講堂，說釋道義，發明大體，兼敎以文行忠信之道，示以孝悌睦友之義。旬省月試，時考歲貢。以生徒及第多少，爲博士考課上下。其有不率敎者，則檟楚扑之。國子不率敎者，則申禮部，移爲太學。太學之不變者，移之四門。四門之不變者，歸本州之學。州學之不變者，復本役，終身不齒。雖率敎九年而學不成者，亦歸之州學。

其禮部考試之法，請無帖經，但於所習經中問大義二十，得十八爲通，兼論語、孝經各問十得八，兼讀所問文注義疏，必令通熟者爲一通。又於本經問時務策三道，通二爲及第。其中有孝行聞於鄉閭者，舉解具言於習業之下。省試之日，觀其所實，義

少兩道，亦請兼收。其天下鄉貢亦如之。習業考試，並以明經爲名。得第者，授官之資與進士同。若此，則敎義日深，而禮讓興；禮讓興，則強不犯弱，衆不暴寡。此由太學而來者也。

詔下尚書集百僚定議以聞。議者以爲省者，禁也，非外司所宜名。周禮代掌其職者曰氏，國學非代官，不宜曰太師氏。其餘大抵以習俗既久，重難改作，其事不行。

會國學胥吏以餐錢差舛，御史臺按問，坐貶饒州司馬。建中初，又拜國子司業。尋遷爲翰林學士，遷左散騎常侍，加銀靑光祿大夫，尋兼晉王元帥參謀，累加光祿大夫。以兩河叛換之徒初稟朝命，令崇敬以本官兼御史大夫持節宣慰，奉使稱旨。及還，上表請歸拜墓，許之，賜以繒帛，儒者榮之。尋加特進、檢校戶部尚書，遷工部尚書，並依前翰林學士，充皇太子侍讀。累表辭，以年老乞骸骨，改兵部尚書致仕。貞元十五年卒，時年八十，廢朝一日，贈左僕射。子登嗣。

登字沖之。雅實弘厚，事繼母以孝稱。大曆七年，舉孝廉高第，補四門助敎。貞元初，復登賢良科，自美原尉拜右拾遺。時裴延齡以姦佞有恩，欲爲相，諫議大夫陽城上疏切直，德宗赫怒，右補闕熊執易等亦以危言忤旨。初執易草疏成，示登，登慨然曰：「願寄一名。

雷電之下，安忍令足下獨當。」自是同列切諫，登每聯署其奏，無所迴避，時人稱重。轉右補闕、起居舍人，三任十五年。同列嘗出其下者，多以馳騖至顯官，而登與右拾遺蔣武退然自守，不以淹速介意。後遷兵部員外郎，充皇太子侍讀，尋加史館修撰。

順宗初，以東朝舊恩，超拜給事中，旋賜金紫，仍錫衫笏焉。遷工部侍郎。與孟簡、劉伯芻、蕭俛受詔同翻譯大乘本生心地觀經。又爲東宮及諸王侍讀，獻龍樓箴以諷。久之，改左散騎常侍。因中謝，憲宗問時所切，登以納諫爲對，時論美之。轉兵部侍郎，兼判國子祭酒事，遷工部尚書。元和十五年卒，年六十七，贈太子少保。

登有文學，工草隸。寬博容物。嘗使僮飼馬，馬蹄踶，僮怒擊折馬足，登知而不責。晚年頗好服食，有饋金石之藥者，且云先嘗之矣，登服之不疑。藥發毒幾死，方訊云未之嘗，他人爲之怒，登視之無慍色。常慕陸象先之爲人，議者亦以爲近之。子融嗣。

融，進士擢第，自監察拾遺入省，拜工部員外郎，遷考功員外。六年，轉工部郎中，充翰林學士。八年，正拜舍人。九年，轉戶部侍郎。開成元年，兼御史中丞。湖南觀察使盧周仁違敕進羨餘錢十萬貫。融奏曰：「天下一家，何非君土？中外財賦，皆陛下府庫也。周仁輒陳小利，妄設異端，言南方火災，恐成灰燼，進於京國，姑徇私誠。入財貨以希恩，待朝

廷而何淺。臣恐天下放效，以羨餘爲名，因緣剋剝，生人受弊。周仁請行重責，以例列藩。其所進錢，請還湖南，代貧下租稅。」詔周仁所進於河陰院收貯，以備水旱。金部員外郎韓益判度支案，子弟受人賂三千餘貫，坐是擬贓。上問融曰：「韓益所犯與盧元中、姚康孰甚？」對曰：「元中與康枉破官錢三萬餘貫，益所取受人事，比之殊輕。」乃貶梧州司戶。

尋遷京兆尹。時府司物力不充，特敕賜錢五萬貫，府司以所賜之半還司農寺栄錢，融因對言之。上以融學家，因問「蔬糲」字有賴音，何也？「糲」是飯之極麤者耶？」融以義類對之。時兩公主出降，府司供帳事殷，又俯近上巳，曲江賜宴奏請改日。上曰：「去年重陽，取九月十九日，未失重陽之意，今改取十三日可也。」既而李固言作相，素不悅融，罷尹。月餘，授秘書監。俄而固言罷，楊嗣復輔政，以融權知兵部侍郎。一年內拜吏部，三年檢校禮部尚書，興元尹、兼御史大夫，充山南西道節度使。

融子仁晦、仁翰、仁憲、仁召、仁澤，皆登進士第。咸通中並至達官。

奚陟字殷卿，亳州人也。祖乾繹，天寶中弋陽郡太守。陟少好讀書，登進士第，又登制

舉文詞清麗科，授弘文館校書，尋拜大理評事。佐入吐蕃使，不行，授左拾遺。丁父母憂，哀毀過禮，親朋愍之。車駕幸興元，召拜起居郎、翰林學士。辭以疾病，久不赴職，改太子司議郎。歷金部、吏部員外郎，左司郎中，彌綸省闥。又累奉使，皆稱旨。

貞元八年，擢拜中書舍人。是歲，江南、淮西大雨爲災，令陟勞問巡慰，所在人安悅之。中書省故事，姑息胥徒，以常在宰相左右也，陟皆以公道處之。先是右省雜給，率分等第，皆據職田頃畝，即主書所受與右史等。陟乃約以料錢爲率，自是主書所得減拾遺。時中書令李晟所請紙筆雜給，皆不受，但告雜事舍人，令且貯之，他日便悉以遺舍人。前例，雜事舍人自攜私入，陟以所得均分省內官。又躬親庶務，下至園蔬，皆悉自點閱，人以爲難，陟處之無倦。

遷刑部侍郎。裴延齡惡京兆尹李充有能政，專意陷害之，誣奏充結陸贄，數厚賂遺金帛。充既貶官，又奏充比者妄破用京兆府錢穀至多，請令比部勾覆，以比部郎中崔元翰陷充，怨惡贄也。詔許之。元翰曲附延齡，劾治府史。府史到者，雖無過犯，皆笞決以立威，時論喧然。陟乃躬自閱視府案，具得其實，奏言：「據度支奏，京兆府貞元九年兩稅及已前諸色羨餘錢，共六十八萬餘貫，李充並妄破用。今所勾勘，一千二百貫已來是諸縣供館驛加破，及在諸色人戶腹內合收，其斛斗共三十二萬石，唯三百餘石諸色輸納所由欠折，其餘並是準敕及度支符牒，給用已盡。」陟之寬平守法，多如此類。元翰既不遂其志，因此憤恚而卒。

陟尋以本官知吏部選事，銓綜平允，有能名，遷吏部侍郎。所莅之官，時以爲稱職。貞元十五年卒，年五十五，贈禮部尚書。

張薦字孝舉，深州陸澤人。祖鷟字文成，聰警絕倫，書無不覽。爲兒童時，夢紫色大鳥，五彩成文，降于家庭。其祖謂之曰：「五色赤文，鳳也；紫文，鸑鷟也，爲鳳之佐，吾兒當以文章瑞於明廷。」因以爲名字。初登進士第，對策尤工，考功員外郎騫味道賞之曰(六)：「如此生，天下無雙矣！」調授岐王府參軍。又應下筆成章及才高位下、詞標文苑等科。鷟凡應八舉，皆登甲科。再授長安尉，遷鴻臚丞。凡四參選，判策爲銓府之最。員外郎員半千謂人曰：「張子之文如青錢，萬簡萬中，未聞退時。」時流重之，目爲「青錢學士」。然性褊躁，不持士行，尤爲端士所惡，姚崇甚薄之。開元初，澄正風俗，鷟爲御史李全交所糾，言鷟語多譏刺時，坐貶嶺南。刑部尚書李日知奏論，乃追敕移於近處。開元中，入爲司門員外郎卒。鷟下筆敏速，著述尤多，言頗詼諧。是時天下知名，無賢不肖，皆記誦其文。天后

朝，中使馬仙童陷默啜，默啜謂仙童曰：「張文成在否？」曰：「近自御史貶官。」默啜曰：「國有此人而不用，漢無能爲也。」新羅、日本東夷諸蕃，尤重其文，每遣使入朝，必重出金貝以購其文，其才名遠播如此。

薦少精史傳，顏眞卿一見歎賞之。大曆中(七)，浙西觀察使李涵表薦其才可當史任，乃詔授左司禦率府兵曹參軍。既至闕下，以母老疾，竟不拜命。母喪闋，禮部侍郎于邵舉前事以聞，召充史館修撰，兼陽翟尉。朱泚之亂，變姓名伏匿城中，因著史遁先生傳。德宗還宮，擢拜左拾遺。貞元元年冬，上親郊。時初克復，簿籍多失，禮文錯亂，乃以薦爲太常博士，參典禮儀。四年，迴紇和親，以檢校右僕射、刑部尚書關播充使，送咸安公主入蕃，以薦爲判官，轉殿中侍御史。使還，轉工部員外郎，改戶部本司郎中。十一年，拜諫議大夫，仍充史館修撰。

時裴延齡恃寵，譖毀士大夫。薦欲上書論之，屢揚言未果。延齡聞之怒，奏曰：「諫官論朝政得失，史官書人君善惡，則領史職者不宜兼諫議。」德宗以爲然。薦爲諫議月餘，改祕書少監。延齡排擯不已，會差使冊迴紇毗伽懷信可汗及弔祭，乃命薦兼御史中丞，入迴紇。二十年，吐蕃贊普死，以薦爲工部侍郎、兼御史大夫，充入吐蕃弔祭使。涉蕃界二千餘里，至赤嶺東被病，歿於紇壓驛，吐蕃傳其柩以歸。順宗即位，凶問至，詔贈禮部尚書。

薦自拾遺至侍郎，僅二十年，皆兼史館修撰。三使絕域，皆兼憲職。以博洽多能，敏於占對被選。有文集三十卷及所撰五服圖、宰輔略、靈怪集、江左寓居錄等，並傳于時。子又新、希復，皆登進士第。

又新幼工文，善於傅會。長慶中，宰相李逢吉用事，翰林學士李紳深爲穆宗所寵，逢吉惡之，求朝臣中凶險敢言者掎摭紳陰事，俾暴揚於搢紳間。又新與拾遺李續之、劉棲楚尤蒙逢吉睠待，指爲鷹犬。穆宗崩，昭愍初卽位，又新等構紳，貶端州司馬，朝臣表賀，又至中書賀宰相。及門，門者止之曰：「請少留，緣張補闕在齋內與相公談。」俄而又新揮汗而出，旅揖羣官曰：「端溪之事，又新不敢多讓。」人皆辟易憚之。與續之等七人，時號「八關十六子」。

寶曆三年，逢吉出爲山南東道節度使，請又新爲副使，李續之爲行軍司馬。逢吉爲宰相時，用門下省主事田伾，伾犯贓亡命，逢吉保之于外。及罷相，裴度發其事，逢吉坐罰俸。又詔曰：「朕在億兆人之上，不令而人化，不言而人信者，法也。法行則君主重，法廢則朝廷輕。田伾常挂亡命之章，偷請養賢之祿，迹在搜捕，公行人間，而更冒選吏曹，顯擬郡佐。及黃樞覆驗，烏府追擒，證諫皆明，姦狀盡得。三移憲牒，一無申陳。衆狀滿前，羣議盈耳，

終則步健不至，琅璫空來。蔑視紀綱，頗同侮謔，顧茲參畫，負我上台。閱視連名，伊爾二子，又新可汀州刺史，李續之可涪州刺史。」及逢吉致仕，李訓用事，復召二子爲尚書郎。訓敗，復貶而卒。

希復子讀，登進士第，有俊才。累官至中書舍人、禮部侍郎，典貢舉，時稱得士。位終尚書左丞。

蔣乂字德源，常州義興人也。祖瓌，太子洗馬，開元中弘文館學士。父將明，累遷至左司郎中、國子司業、集賢殿學士、副知院事，代爲名儒。而乂史官吳兢之外孫，以外舍富墳史，幼便記覽不倦。七歲時，誦庾信哀江南賦，數徧而成誦在口，以聰悟強力聞於親黨間。弱冠博通羣籍，而史才尤長。其父在集賢時，以兵亂之後，圖籍溷雜，乃白執政，請攜乂入院，令整比之。宰相張鎰見而奇之，乃署爲集賢小職。乂編次踰年，於亂中勒成部帙，得二萬餘卷，再遷王屋尉，充太常禮院修撰。貞元九年，轉右拾遺，充史館修撰。

十三年，以故河中節度使張茂昭弟光祿少卿同正茂宗尚義章公主，茂宗方居母喪，有詔起復雲麾將軍成禮。詔下，乂上疏諫曰：「墨縗之禮，本緣金革。從古已來，未有駙馬起

復尚主者。既乖典禮，且違人情，切恐不可。」上令中使宣諭云：「茂宗母臨亡有請，重違其心。」乂又拜疏，辭逾激切。德宗於延英特召入對，上曰：「卿所言古禮也。朕聞如今人家，往往有借吉爲婚嫁者，卿何苦固執？」對曰：「臣聞里俗有不甚知禮法者，或女居父母服內，家既貧匱，旁無至親，卽有借吉以就禮者。男子借吉而娶，臣未嘗聞之。況陛下臨御已來，每事憲章典禮。建中年郡縣主出降，皆詔有司依禮，不用俗儀，天下慶戴。忽今駙馬起復成禮，實恐驚駭物聽。臣或聞公主年甚幼小，卽更俟一年出降，時既未失，且合禮經，實天下幸甚。」上曰：「卿言甚善，更俟商量。」俄而韋彤、裴堪諫疏繼入，上不悅，促令奉行前詔，然上心頗重乂。

上嘗登淩煙閣，見左壁頹剝，文字殘缺，每行僅有三五字，命錄之以問宰臣。宰臣遽受宣，無以對，卽令召乂至，對曰：「此聖曆中侍臣圖贊，臣皆記憶。」卽於御前口誦，以補其缺，不失一字。上歎曰：「虞世南暗寫列女傳，無以加也。」十八年，遷起居舍人，轉司勳員外郎，皆兼史職。時集賢學士甚衆，會詔問神策軍建置之由，相府討求，不知所出，諸學士悉不能對，乃訪於乂。乂徵引根源，事甚詳悉，宰臣高郢、鄭珣瑜相對曰：「集賢有人矣。」翌日，詔兼判集賢院事。父子代爲學士，儒者榮之。時順宗祔廟，將行祧遷之禮，詔公卿議。咸云：「中宗中興之主，不當遷。」乂建議云：「中宗既正位柩前，乃受母后篡奪，五王翼戴，方復

大業。此乃由我失之，因人得之，止可同於反正，不得號爲中興。」羣議紛然，竟依乂所執。元和二年，遷兵部郎中。與許孟容、韋貫之等受詔刪定制敕，成三十卷，奏行用。改祕書少監，復兼史館修撰。尋奉詔與獨孤郁、韋處厚同修德宗實錄。五年，書成奏御，以功拜右諫議大夫。明年監修國史裴垍罷相，李吉甫再入，以乂垍之修撰，改授太常少卿。久之，遷祕書監。

乂性朴直，不能事人，或遇權臣專政，輒數歲不遷官。在朝垂三十年，前後每有大政事、大議論，宰執不能裁決者，必召以咨訪。乂徵引典故，以參時事，多合其宜，然亦以此自滯。而好學不倦，老而彌篤，雖甚寒暑，手不釋卷。旁通百家，尤精歷代沿革。家藏書一萬五千卷。本名武，因憲宗召對，奏曰：「陛下已誅羣寇，偃武修文，臣名於義未允，請改名乂。」上忻然從之。時帝方用兵兩河，乂亦因此諷諭耳。乂居史任二十年，所著大唐宰輔錄七十卷、淩煙閣功臣、秦府十八學士、史臣等傳四十卷。長慶元年卒，年七十五，贈禮部尚書，謚曰懿。子係、伸、偕、仙、佶。

係，大和初授昭應尉，直史館。二年，拜右拾遺、史館修撰，典實有父風，與同職沈傳師、鄭澣、陳夷行、李漢等受詔撰憲宗實錄。四年，書成奏御，轉尚書工部員外，遷本司郎

中，仍兼史職。宰相宋申錫爲北軍羅織，罪在不測，係與諫官崔玄亮泣諫於玉階之下，申錫亦減死，時論稱之。開成中，轉諫議大夫。武宗朝，李德裕用事，惡李漢，以係與漢僚壻，出爲桂管都防禦觀察使。宣宗卽位，徵拜給事中、集賢殿學士、判院事。轉吏部侍郎，改左丞。出爲興元節度使，入爲刑部尚書。俄檢校戶部尚書、鳳翔尹，充鳳翔隴節度使，入爲兵部尚書。以弟伸爲丞相，懇辭朝秩，檢校尚書左僕射、襄州刺史、山南東道節度使，封淮陽縣開國公，食邑五百戶。

伸，登進士第，歷佐使府。大中初入朝，右補闕、史館修撰，轉中書舍人，召入翰林爲學士。自員外郎中至戶部侍郎、學士承旨，轉兵部侍郎。大中末，中書侍郎、平章事。

仙、佶皆至刺史。

偕有史才，以父任歷官左拾遺、史館修撰，轉補闕。咸通中，與同職盧耽、牛叢等受詔修文宗實錄。

蔣氏世以儒史稱，不以文藻爲事，唯伸及係子兆有文才，登進士第，然不爲文士所譽。與柳氏、沈氏父子相繼修國史實錄，時推良史，京師云蔣氏日曆，士族靡不家藏焉。

柳登字成伯，河東人。父芳，肅宗朝史官，與同職韋述受詔添修吳兢所撰國史，殺青未竟而述亡，芳緒述凡例，勒成國史一百三十卷。上自高祖，下止乾元，而敍天寶後事，絕無倫類，取捨非工，不爲史氏所稱。然芳勤於記註，含毫罔倦。屬安、史亂離，國史散落，編綴所聞，率多闕漏。上元中坐事徙黔中，遇內官高力士亦貶巫州，遇諸途。芳以所疑禁中事，咨於力士。力士說開元、天寶中時政事，芳隨口志之。又以國史已成，經於奏御，不可復改，乃別撰唐曆四十卷，以力士所傳，載於年曆之下。芳自永寧尉、直史館，轉拾遺、補闕、員外郎，皆居史任，位終右司郎中、集賢學士。

登少嗜學，與弟冕咸以該博著稱。登年六十餘，方從宦遊，累遷至膳部郎中。元和初，爲大理少卿，與刑部侍郎許孟容等七人，奉詔删定開元已後敕格。再遷右庶子，以衰病改祕書監，不拜，授右散騎常侍致仕。長慶二年卒，時九十餘，輟朝一日，贈工部尚書。弟冕。

冕，文史兼該，長於吏職。貞元初，爲太常博士。二年，昭德王皇后之喪，論皇太子服紀。左補闕穆質請依禮周期而除，冕與同職張薦等奏議曰：

準開元禮，子爲母齊衰三年，此王公已下服紀。皇太子爲皇后喪服，國禮無聞。昔晉武帝元皇后崩，其時亦疑太子所服。杜元凱奏議曰：「古者天子三年之喪，既葬除服。魏氏革命，亦以既葬爲節。故天子諸侯之禮當已具矣，惡其害已而削去其籍。今其存者唯士喪禮一篇，戴聖之記錯雜其內，亦難以取正。皇太子配至尊，與國爲體，固宜卒哭而除服。」於是山濤、魏舒並同其議，晉朝從之。歷代遵行，垂之不朽。

臣謹按實錄，文德皇后以貞觀十年九月崩，十一月葬，至十一年正月，除晉王治爲幷州都督。晉王卽高宗在藩所封，文德皇后幼子，據其命官，當已除之義也。今請皇太子依魏、晉故事，爲大行皇后喪服，葬而虞，虞而卒哭，卒哭而除，心喪終制，庶存厭降之禮。

事下中書，宰臣召問禮官曰：「語云，『子食於有喪者之側，未嘗飽也。』今豈可令皇太子衰服侍膳，至於既葬乎？準令，羣臣齊衰，給假三十日卽公除。約於此制，更審議之。」張薦曰：「請依宋、齊間皇后爲父母服三十日公除例，爲皇太子喪服之節。」薦以既公除，詣於正內，則服墨慘，歸至本院，衰麻如故。穆質曰：「杜元凱既葬除服之論，不足爲法。臣愚以爲遵三年之制則太重，從三十日之變太輕，唯行古之道，以周年爲定。」詔宰臣與禮官定可否。宰臣以穆質所奏問博士，冕對曰：「準禮，三年喪，無貴賤一也。豈有以父母貴賤而差降喪服之節乎？且禮有公門脫齊衰，開元禮皇后爲父母服十三月，其稟朝旨，十三日而除；皇

太子爲外祖父母服五月，其從朝旨，則五日而除。所以然者，恐喪服侍奉，有傷至尊之意也。故從權制，昭著國章，公門脫衰，義亦在此，豈皆爲金革乎？皇太子今若抑哀公除，墨慘朝覲，歸至本院，依舊衰麻，酌於變通，庶可傳繼。」宰臣然其議，遂命太常卿鄭叔則草奏，以冕議爲是。而穆質堅執前義，請依古禮，不妨太子墨衰於內也。宰臣齊映、劉滋參酌羣議，請依叔則之議，制從之。及董晉爲太常卿，德宗謂之曰：「皇太子所行周服，非朕本意，有諫官橫論之。今熟計之，卽禮官請依魏、晉故事，斯甚折衷。」明年冬，上以太子久在喪，合至正月晦受吉服，欲以其年十一月釋衰麻，以及新正稱慶。有司皆論不可，乃止。

六年十一月，上親行郊享。上重愼祀典，每事依禮。時冕爲吏部郎中，攝太常博士，與司封郎中徐岱、倉部郎中陸質、工部郎中張薦，皆攝禮官，同修郊祀儀注，以備顧問。初，詔以皇太子亞獻，親王終獻，上令問柳冕當受誓戒否〔八〕，冕對曰：「準開元禮有之，然誓詞云『不供其職，國有常刑』，今太子受誓，請改云『各揚其職，肅奉常儀』。」上又問升郊廟去劍履及象劍尺寸之度，祝文輕重之宜，冕據禮經沿革聞奏，上甚嘉之。

冕言事頗切，執政不便之，出爲婺州刺史。十三年，兼御史中丞、福州刺史，充福建都團練觀察使。冕在福州奏置萬安監牧於泉州界，置羣牧五，悉索部內馬五千七百匹、驢騾牛八百頭、羊三千口，以爲監牧之資。人情大擾，期年無所滋息，詔罷之。以政無狀，詔以

閻濟美代歸而卒。子璟，登進士第，亦以著述知名。

璟，寶曆初登進士第，三遷監察御史。時郊廟告祭，差攝三公行事，多以雜品，璟時監察，奏曰：「準開元二十三年敕，宗廟大祠，宜差左右丞相、嗣王、特進、少保、少傅、尚書、賓客、御史大夫。又二十五年敕，太廟五享，差丞相、師傅、尚書、嗣郡王通攝，餘司不在差限。又元和四年敕，太廟告祭攝官，太尉以宰相充，其攝司空、司徒，以僕射、尚書、師傅充，餘司不在差限。比來吏部因循，不守前後敕文，用人稍輕。請自今年多季，勒吏部準開元、元和敕例差官。」從之。再遷度支員外郎，轉吏部。開成初，換庫部員外郎、知制誥，尋以本官充翰林學士。

初，璟祖芳精於譜學，永泰中按宗正譜牒，自武德已來宗枝昭穆相承，撰皇室譜二十卷，號曰永泰新譜，自後無人修續。璟因召對，言及圖譜事，文宗曰：「卿祖嘗爲皇家圖譜，朕昨觀之，甚爲詳悉。卿檢永泰後試修續之。」璟依芳舊式，續德宗後事，成十卷，以附前譜，仍詔戶部供紙筆廚料。五年，拜中書舍人充職。武宗朝，轉禮部侍郎，再司貢籍，時號得人。子韜亦以進士擢第。

沈傳師字子言，吳人。父既濟，博通羣籍，史筆尤工，吏部侍郎楊炎見而稱之。建中初，炎爲宰相，薦既濟才堪史任，召拜左拾遺、史館修撰。既濟以吳兢撰國史，以則天事立本紀，奏議非之曰：

史氏之作，本乎懲勸，以正君臣，以維家邦。前端千古，後法萬代，使其生不敢差，死不忘懼〔九〕。緯人倫而經世道，爲百王準的，不止屬辭比事，以日繫月而已。故善惡之道，在乎勸誡，勸誡之柄，存乎褒貶。是以春秋之義，尊卑輕重升降，幾微髣髴，雖一字二字，必有微旨存焉。況鴻名大統，其可以貸乎？

伏以則天皇后，初以聰明睿哲，內輔時政，厥功茂矣。及弘道之際，孝和以長君嗣位，而太后以專制臨朝，俄又廢帝，或幽或徙。既而握圖稱籙，移運革名，牝司燕啄之蹤，難乎備述。其後五王建策，皇運復興，議名之際，得無降損。必將義以親隱，禮從國諱，苟不及損，當如其常，安可橫絕彝典，超居帝籍？昔仲尼有言，必也正名，故夏、殷二代爲帝者三十世矣，而周人通名之曰王，吳、楚、越之君爲王者百餘年，而春秋書之爲子。蓋高下自乎彼，而是非稽乎我。過者抑之，不及者援之，不爲弱滅，不爲僭奪。握中持平，不振不傾，使其求不可得，而蓋不可掩，斯古君子所以愼其名也。

夫則天體自坤順，位居乾極，以柔乘剛，天紀倒張，進以強有，退非德讓。今史臣追書，當稱之太后，不宜曰「上」。孝和雖迫母后之命，降居藩邸，而體元繼代，本吾君也，史臣追書，宜稱曰「皇帝」，不宜曰「廬陵王」。睿宗在景龍已前，天命未集，徒稟后制，假臨大寶，於倫非次，於義無名，史臣書之，宜曰「相王」，未宜曰「帝」。若以得失既往，遂而不舉，則是非褒貶，安所辨正，載筆執簡，謂之何哉？則天廢國家曆數，用周正朔，廢國家太廟，立周七廟。鼎命革矣，徽號易矣，旂裳服色，既已殊矣，今安得以周氏年曆而列爲唐書帝紀？徵諸禮經，是謂亂名。且孝和繼天踐祚，在太后之前，而敍年製紀，居太后之下，方之躋僖，是謂不智，詳今考古，並未爲可。

或曰：班、馬良史也，編述漢事，立高后以續帝載，豈有非之者乎？答曰：昔高后稱制，因其曠嗣，獨有分王諸呂，負於漢約，無遷鼎革命之甚。況其時孝惠已歿，孝文在下，宮中二子，非劉氏種，不紀呂后，將紀誰焉？雖云其然，議者猶爲不可，況遷鼎革命者乎？

或曰：若天后不紀，帝緒缺矣，則二十二年行事，何所繫乎？曰：孝和以始年登大位，以季年復舊業，雖尊名中奪，而天命未改，足以首事，足以表年，何所拘閡，裂爲二紀？昔魯昭之出也，春秋歲書其居，曰「公在乾侯」。且君在雖失位，不敢廢也。今請併

天后紀合孝和紀，每於歲首，必書孝和所在以統之，書曰某年春正月，皇帝在房陵，太后行某事，改某制云云。則紀稱孝和，而事述太后，俾名不失正，而禮不違常，名禮兩得，人無間矣。其姓氏名諱，入宮之由，歷位之資，才藝智略，年辰崩葬，別纂錄入皇后傳，列於廢后王庶人之下，題其篇曰「則天順聖武后」云。

事雖不行，而史氏稱之。

德宗初即位，銳於求理。建中二年夏，敕中書、門下兩省，分置待詔官三十員，以見官前任及同正試攝九品已上，擇文學理道、韜鈐法度之深者爲之，各準品秩給俸錢，廩餼、幹力、什器、館宇之設，以公錢爲之本，收息以贍用。物論以爲兩省皆名侍臣，足備顧問，無勞別置冗員。既濟上疏論之曰：

臣伏以陛下今日之理，患在官煩，不患員少；患在不問，不患無人。且中書、門下兩省常侍、諫議、補闕、拾遺，總四十員，及常參待制之官，日有兩人，皆備顧問，亦不少矣。中有二十一員，尚闕人未充，他司缺職，累倍其數。陛下若謂見官非才，不足與議，則當選求能者，以代其人。若欲務廣聰明，畢收淹滯，則當擇其可者，先補缺員。則朝無曠官，俸不徒費。且夫置錢息利，是有司權宜，非陛下經理之法。今官三十員，皆給俸錢，幹力及廚廩什器、建造廳宇，約計一月不減百萬，以他司息例準之，當以錢二

千萬爲之本，方獲百萬之利。若均本配人，當復除二百戶，或許其入流。反覆計之，所損滋甚。當今關輔大病，皆爲百司息錢，傷人破產，積於府縣。實思改革，以正本源。又臣嘗計天下財賦耗斁之大者，唯二事焉，最多者兵資，次多者官俸。其餘雜費，十不當二事之一。所以黎人重困，杼軸猶空。方期緝熙〔一〇〕，必藉裁減。今四方形勢，兵罷未得，資費之廣，蓋非獲已。陛下躬行儉約，節用愛人，豈俾閑官，復爲冗食？籍舊而置，猶可省也，若之何加焉？陛下必以制出不可改，請重難慎擇，遷延寢罷。

其事竟不得行。既而楊炎譴逐，既濟坐貶處州司戶。後復入朝，位終禮部員外郎。

傳師，擢進士，登制科乙第，授太子校書郎，鄠縣尉，直史館，轉左拾遺、左補闕，並兼史職。遷司門員外郎、知制誥，召充翰林學士。歷司勳、兵部郎中，遷中書舍人。性恬退無競，時翰林未有承旨，次當傳師爲之，固稱疾，宣召不起，乞以本官兼史職。俄兼御史中丞，出爲潭州刺史、湖南觀察使。入爲尚書右丞。出爲洪州刺史、江南西道觀察使，轉宣州刺史、宣歙池觀察使。入爲吏部侍郎。大和元年卒，年五十九，贈吏部尚書。

初傳師父既濟撰建中實錄十卷，爲時所稱。傳師在史館，預修憲宗實錄未成，廉察湖南，特詔齎一分史稿，成於理所。有子樞、詢，皆登進士第。

詢歷清顯，中書舍人、翰林學士、禮部侍郎。咸通中，檢校戶部尚書、潞州長史、昭義節

度使。爲政簡易，性本恬和。奴歸秦者通詢侍者，詢將戮之未果，奴結牙將爲亂，夜攻府第，詢舉家遇害。

史臣曰：前代以史爲學者，率不偶於時，多罹放逐，其故何哉？誠以褒貶是非在於手，賢愚輕重繫乎言，君子道微，俗多忌諱，一言切己，嫉之如讎。所以峘、薦坎壈於仕塗，沈、柳不登於顯貫，後之載筆執簡者，可以爲之痛心。道在必伸，物不終否，子孫藉其餘祐，多至公卿者，蓋有天道存焉。

贊曰：褒貶以言，孔道是莫。誅亂以筆，亦有董狐。邦家大典，班、馬何辜？懲惡勸善，史不可無。

校勘記

〔一〕李藩　新書卷一〇四于志寧傳作「李潘」。

〔二〕乾符中　冊府卷三一二、新書卷一〇四于琮傳繫此事於咸通八年。

〔三〕皆備五數　聞本作「皆備五穀」，餘各本作「五穀皆備」，此據冊府卷五九〇改。

〔四〕師氏掌以美詔王　「美」字各本原作「義」。唐會要卷六六、冊府卷六〇四作「美」，周禮原文作「媺」。「媺」即「美」之古寫，故據改。

〔五〕周禮儀禮毛詩爲中經　「儀禮」二字各本原無，據唐會要卷六六、冊府卷六〇四補。

〔六〕薦昧道　「薦」字聞、殿、廣本作「審」，局本作「蹇」，此據新書卷一六一張薦傳改。

〔七〕大曆中　各本原作「天寶中」，據冊府卷五五四、新書卷一六一張薦傳改。

〔八〕親王終獻上令問柳冕當受誓戒否　「親王」及「上令問柳冕」七字各本原無，據御覽卷五三〇補。冊府卷五九〇亦有七字，但「上」字作「帝」，「柳冕」作「冕等」。

〔九〕死不忘懼　「忘」字各本原作「妄」，據唐會要卷六三、冊府卷五五九改。

〔一〇〕方期緝熙　「期緝」二字各本原作「斯輯」，據全唐文卷四七六改。

舊唐書卷一百五十

列傳第一百

德宗順宗諸子

舒王誼　通王諶　虔王諒　肅王詳　文敬太子謜　資王謙
代王諲　昭王誡　欽王諤　珍王誠　郯王經　均王緯　溆王縱
莒王紓　密王綢　郇王綜　邵王約　宋王結　集王緗　冀王絿
和王綺　衡王絢　欽王續　會王纁　福王綰　珍王繕　撫王紘
岳王緄　袁王紳　桂王綸　翼王綽　蘄王緝

德宗皇帝十一子：昭德皇后王氏生順宗皇帝；舒王誼，昭靖太子之子；文敬太子，順宗之子；諸妃生通王已下八王，本錄不載母氏。

舒王誼本名謨，代宗第三子昭靖太子邈之子也。以其最幼，德宗憐之，命之爲子。大曆十四年六月，封舒王，拜開府儀同三司，與通王、虔王同日封。仍詔所司，其開府俸料，逐月進內，尋以軍興罷支。建中元年，領四鎭北庭行軍、涇原節度大使，以涇州刺史孟皥爲節度留後。以誼愛弟之子，諸王之長，軍國大事，欲其更踐，必委試之。

明年，尙父郭子儀病篤，上御紫宸，命誼持制書省之。誼冠遠遊冠，絳紗袍，乘象輅，駕駟馬，飛龍騎士三百人隨之。國府之官，皆袴褶騎而導前，鹵簿備，引而不樂，在遏密故也。及門，郭氏子弟迎拜於外，王不答拜。子儀臥不能興，以手叩頭謝恩而已。王解冠珮，以常服傳詔勞問之。

三年〔一〕，蔡帥李希烈叛，詔哥舒曜討之。八月，希烈自帥衆三萬，圍哥舒曜于襄城，又詔河南都統李勉援之。勉捨襄城，令大將唐漢臣等選勁兵，徑襲許州以解圍。漢臣未至許，上遣中使追之，責以違詔，亟旋師，爲賊所乘，漢臣之衆大敗。勉恐東都危急，乃分兵數千赴洛，又爲賊所隔。賊衆急攻汴、滑，勉走宋州，朝廷大聳，乃詔誼爲揚州大都督，持節荆襄、江西、沔鄂等道節度，兼諸軍行營兵馬元帥，改名誼。又以哥舒翰聲近，士卒竊議，改封普王，令統攝諸軍，進攻希烈。仍以兵部侍郎蕭復爲戶部尙書、兼御史大夫、元帥府統軍長史。舊例有行軍長史，以復父名衡，特更之。又以新除澤州觀察使孔巢父爲右庶子、兼御史大夫，充行軍左司馬〔二〕；以山南東道節度行軍司馬、檢校兵部郎中、兼御史中丞樊澤爲諫議大夫、兼御史中丞、行軍右司馬。刑部員外郎劉從一爲吏部郎中、兼中丞；侍御史韋儹爲工部郎中、兼中丞，並充元帥府判官。兵部員外郎高參爲本司郎中，充元帥府掌書記。以右金吾大將軍渾瑊檢校工部尙書、兼御史大夫，爲中軍虞候。江西節度使嗣曹王皐爲前軍兵馬使，鄂岳團練使李兼爲之副。山南東道節度使賈耽爲中軍兵馬使。荆南節度使張伯儀充後軍兵馬使。以左神武軍使王价檢校太子賓客，左衞將軍高承謙檢校太子詹事，前司農少卿郭曙檢校左庶子，前祕書省著作郎常愿爲祕書少監，並充元帥府押衙。制下未行，涇原兵亂而止。

德宗初聞兵士出怨言，不得賞設，乃令誼與翰林學士姜公輔傳詔安撫，許以厚賞。行及內門，兵已陣於闕前，誼狼狽而還，遂奉德宗出幸奉天。賊之攻城，誼晝夜傳詔，慰勞諸軍，僅不解帶者月餘。從車駕還宮，復封舒王、開府儀同三司，揚州大都督如故。永貞元年十月薨，廢朝三日。

通王諶，德宗第三子也。大曆十四年封，制授開府儀同三司。貞元九年十月，領宣武軍節度大使、汴宋等州觀察支度營田等使，以宣武都知兵馬使李萬榮爲留後，王不出閤。十一年，河東帥李自良卒，以諶爲河東節度大使，以行軍司馬李說知府事，充留後，亦不出閤。

虔王諒，德宗第四子。大曆十四年封，授開府儀同三司。貞元二年，領蔡州節度大使、申光蔡觀察等使，以太將吳少誠爲留後。十年，領朔方靈鹽節度大使、靈州大都督，以朔方行軍司馬李欒爲靈府左司馬，知府事，朔方留後。十一年九月，橫海大將程懷信逐其帥懷直。十月，以諒領橫海節度大使、滄景觀察等使，以都知兵馬使程懷信爲留後，王不出閤。十六年，徐帥張建封卒，徐軍亂，又以諒領徐州節度大使、徐泗濠觀察處置等使，以建封子愔爲留後。

肅王詳，德宗第五子。大曆十四年六月封。建中三年十月薨，時年四歲，廢朝三日，贈揚州大都督。性聰惠，上尤憐之，追念無已，不令起墳墓，詔如西域法，議層甎造塔。禮儀使判官、司門郎中李岩上言曰：「墳墓之義，經典有常，自古至今，無聞異制。層甎起塔，始於天竺，名曰『浮圖』，行之中華，竊恐非禮。況肅王天屬，名位尊崇，喪葬之儀，存乎簡册，舉而不法，垂訓非輕。伏請準令造墳，庶遵典禮。」詔從之。

文敬太子謜，順宗之子。德宗愛之，命爲子。貞元四年，封邕王，授開府儀同三司。七年，定州張孝忠卒，以謜領義武軍節度大使、易定觀察等使，以定州刺史張茂昭爲留後。十年六月，潞帥李抱眞卒，又以謜領昭義節度大使、澤潞邢洺磁觀察等使，以潞將王虔休爲潞府司馬，知留後。十五年十月薨，時年十八，廢朝三日，贈文敬太子，所司備禮册命。其年十二月，葬於昭應，有陵無號。發引之日，百官送於通化門外，列位哭送。是日風雪寒甚，近歲未有。詔置陵署令丞。

資王謙，德宗第七子。大曆十四年封。

代王諲，德宗第八子。本封縉雲郡王，早薨。建中二年，追封代王。

昭王誡，德宗第九子。貞元二十一年封。

欽王諤，德宗第十子。順宗即位，詔曰：「王者之制，子弟畢封，所以固藩輔而重社稷，古今之通義也。第十弟諤等，寬簡忠厚，生知孝敬，行皆由禮，志不違仁。樂善本於性情，好賢宗於師傅。禮修六藝，達人倫風化之源；博習羣言，知惠和睦友之道。温恭朝夕，允

茂厥猷，克有嘉聞，宜封土宇。諤可封欽王，第十一弟可封珍王。」

珍王諴，德宗第十一子，與欽王同制封。

德宗仁孝，動循法度，雖子弟姑妹之親，無所假借。建中初，詔親王子弟帶開府朝秩者，出就本班。又以公主、郡縣主出降，與舅姑抗禮，詔曰：「冠婚之義，人倫大經。昔唐堯降嬪，帝乙歸妹。迨於漢氏，同姓主之。爰自近古，禮教陵夷，公郡法度，僭差殊制。姻族闕齒序之義，舅姑有拜下之禮，自家刑國，多愧古人。今縣主有行，將俟嘉命，俾親執棗栗以見舅姑，敬遵宗婦之儀，降就家人之禮。事資變革，以抑浮華。其令禮儀使與禮官博士，約古今舊儀及開元禮，詳定公主、郡縣主出降、覲見之文儀以聞。」

初，開元中置禮會院于崇仁里。自兵興已來，廢而不修，故公、郡、縣主不時降嫁，殆三十年，至有華髮而猶丱者，雖居內館，而不獲覲見十六年矣。凡皇族子弟，皆散棄無位，或流落他縣，湮沉不齒錄，無異匹庶。及德宗即位，敍用枝屬，以時婚嫁，公族老幼，莫不悲感。初即位，將謁太廟，始與公、郡、縣主相見於大次中，尊者展其敬，幼者申其愛，歔欷哭泣之聲聞於朝，公卿陪列者爲之悽然。每將有大禮，必與諸父昆弟同其齋次。及岳陽、信寧、宜芳、永順、朗陵、陽安、襄城、德清、南華、元城、新鄉等十一縣主同月出降，敕所司大

小之物，必周其用。至於櫛、纚、笄、總，皆經於心，各給錢三百萬，使中官主之，以買田業，不得侈用。其衣服之飾，使內司計造，不在此數。是時所司度人用一籠花，計錢七十萬。帝曰：「籠花首飾，婦禮不可闕，然用費太廣，即無謂也。宜損之又損之。」及三萬而止。帝謂主等曰：「吾非有所愛，但不欲無益之費耳。」各以餘錢六十萬賜之，以備他用。

舊例，皇姬下嫁，舅姑返拜而婦不答。及是，制下禮官定制曰：「既成婚於禮會院，明晨，舅坐於堂東階西向，姑南向，婦執笲，盛以棗栗，升自西階，再拜，跪奠於舅席前。退降受笲，盛以腶脩。升，北面再拜，跪奠於姑席前。降，東面拜壻之伯叔兄弟姊妹。已而謝恩於光順門，壻之親族亦隨之，然後會讌於十六宅。」是日，縣主皆如其制。初，贈司徒沈易良之妻崔氏，即太后之季父母也，帝每見之，方屣而韡，召王、韋二美人出拜。敕崔氏坐受勿答。故戚屬之間，罔不憚其敬，不肅而遵禮法焉。

順宗二十三子：莊憲皇后王氏生憲宗皇帝，王昭儀生郯王經(三)；趙昭儀生宋王結；王昭儀生郇王綜；王昭訓生衡王絢；餘十八王，本錄不載母氏。

郯王經，本名湊，順宗次子。始封建康郡王，貞元二十一年進封。大和八年薨。

均王緯，本名沔，順宗第三子。始封洋川郡王，貞元二十一年進封。

溆王縱，本名洵，順宗第四子。初授殿中監，封臨淮郡王，貞元二十一年進封。

莒王紓，本名浼，順宗第五子。初授秘書監，封弘農郡王。貞元二十一年進封。大和八年薨。

密王綢，本名泳，順宗第六子。始封漢東郡王，貞元二十一年進封。元和二年九月薨。

郇王綜，本名湜，順宗第七子。初授少府監，封晉陵郡王，貞元二十一年進封。元和三年四月薨。

邵王約，本名激，順宗第八子。初授國子祭酒，封高平郡王，貞元二十一年進封。

宋王結，本名滋，順宗第九子。始封雲安郡王，貞元二十一年進封。長慶二年薨。

集王緗，貞元二十一年封。長慶二年薨。

冀王絿，本名淮，順宗第十子。初授太常卿，封宣城郡王，貞元二十一年進封。大和九年薨。

和王綺，本名滑，順宗第十一子。始封德陽郡王，貞元二十一年進封。大和七年薨。

衡王絢，順宗第十二子。貞元二十一年封。寶曆二年薨。

欽王績，順宗第十三子。貞元二十一年封。

會王纁，順宗第十四子。貞元二十一年封。元和五年十一月薨。

福王綰，本名涺，順宗第十五子。母莊憲王皇后，憲宗同出。初授光祿卿，封河東郡王，貞元二十一年進封。咸通元年，特册拜司空。明年薨。

珍王繕，本名況，順宗第十六子。初授衞尉卿，封洛交郡王，貞元二十一年進封。

撫王紘，順宗第十七子。貞元二十一年封。咸通四年，特册拜司空。五年，册司徒。乾符三年，册太尉。其年薨。

岳王緄，順宗第十八子。貞元二十一年封。大和二年薨。

袁王紳，順宗第十九子。貞元二十一年封。大和十四年薨。

桂王綸，順宗第二十子。貞元二十一年封。大和九年薨。

翼王綽，順宗第二十一子。貞元二十一年封。咸通二年薨。

蘄王緝，順宗第二十二子。咸通八年薨〔四〕。

史臣曰：夫聖人君臨宇縣，肇啓邦基，莫不受命上玄，膺名帝籙。自太昊已降，五運相

推，迄于殷湯，曆數綿永。但設均平之化，未聞封建之名。洎乎周、漢，始以子弟建侯樹屏，以作維城。及王室浸微，遂有莽、卓之亂。唐室自艱難已後，兩河兵革屢興，諸王雖封，竟不出閤。夫帝王居寰宇之尊，撫億兆之衆，但能平一理道，夙夜嚴恭，任賢使能，設官分職，自然四海樂推。天命所祐，縱無封建，亦鴻基永固，安俟嬰孺鎮重哉？

贊曰：孝文秉禮，道弘藩邸。睦族展親，儀刑戚里。自閤臨藩，所謂周爰。無如惡鳥，終懷籠樊。

校勘記

〔一〕三年　本書卷一二德宗紀、册府卷二六九作「四年」。

〔二〕充行軍左司馬　「左」字各本原無，據册府卷二六九、通鑑卷二二八補。

〔三〕王昭儀　本書卷一四憲宗紀、新書卷八二十一宗諸子傳作「張昭訓」。

〔四〕咸通八年薨　「薨」字各本原作「封」，據新書卷九懿宗紀、卷八二十一宗諸子傳、通鑑卷二五〇改。

舊唐書卷一百五十一

列傳第一百一

高崇文 子承簡　伊慎　朱忠亮　劉昌裔　范希朝　王鍔 子稷　閻巨源　孟元陽　趙昌

高崇文，其先渤海人。崇文生幽州，朴厚寡言，少從平盧軍。貞元中，隨韓全義鎮長武城，治軍有聲。五年夏，吐蕃三萬寇寧州，崇文率甲士三千救之，戰于佛堂原，大破之，死者過半。韓全義入覲，崇文掌行營節度留務，遷兼御史中丞。十四年，爲長武城使，積粟練兵，軍聲大振。

永貞元年冬，劉闢阻兵，朝議討伐，宰臣杜黄裳以爲獨任崇文，可以成功。元和元年春，拜檢校工部尚書、兼御史大夫，充左神策行營節度使，兼統左右神策、奉天麟游諸鎮兵以討闢。時宿將專征者甚衆，人人自謂當選，及詔出大驚。崇文在長武城，練卒五千，常若

寇至。及是，中使至長武，卯時宣命，而辰時出師五千，器用無闕者。軍至興元，軍中有折逆旅之匕箸，斬之以徇。西從閬中入，遂却劍門之師，解梓潼之圍，賊將邢泚遁歸。屯軍梓州，因拜崇文爲東川節度使。先是，劉闢攻陷東川，擒節度使李康，及崇文克梓州，乃歸康求雪己罪，崇文以康敗軍失守，遂斬之。

成都北一百五十里有鹿頭山，扼兩川之要，闢築城以守，又連八栅，張掎角之勢以拒王師。是日，破賊二萬于鹿頭城下，大雨如注，不克登乃止。明日，又破于萬勝堆。堆在鹿頭之東，使驍將高霞寓親鼓，士攀緣而上，矢石如雨，又命敢死士連登，奪其堆，燒其栅，栅中之賊殲焉。遂據堆下瞰鹿頭城，城中人物可數。凡八大戰皆大捷，賊搖心矣。

八月，阿跌光顏與崇文約，到行營愆一日，懼誅，乃深入以自贖，故軍於鹿頭西大河之口，以斷賊糧道，賊大駭。是日，賊綿江栅將李文悅以三千人歸順，尋而鹿頭將仇良輔舉城降者衆二萬。闢之男方叔、子壻蘇強先監良輔軍，是日械繫送京師，降卒投戈面縛者彌十數里，遂長驅而直指成都。德陽等縣城皆鎮以重兵，莫不望旗率服，師無留行。闢大懼，以親兵及逆黨盧文若齎重寶西走吐蕃。吐蕃素受其賂，且將啓之。崇文遣高霞寓、酈定進倍道追之，至羊灌田及焉。闢自投岷江，擒於湧湍之中。西蜀平，乃檻闢送京師伏法。文若赴水死。王師入成都，介士屯于大逵，軍令嚴肅，珍寶山積，市井不移，無秋毫之犯。

先是，賊將邢泚以兵二萬爲鹿頭之援，旣降又貳，斬之以徇。衣冠陷逆者，皆匍匐衙門請命，崇文條奏全活之。制授崇文檢校司空，兼成都尹，充劍南西川節度、管內度支營田觀察處置、統押近界諸蠻西山八國雲南安撫等使。改封南平郡王，食實封三百戶，詔刻石紀功于鹿頭山下。

崇文不通文字，厭大府案牘諮稟之繁，且以優富之地，無所陳力，乞居塞上以扞邊戍，懇疏累上。二年冬，制加同中書門下平章事、邠州刺史、邠寧慶三州節度觀察等使，仍充京西都統。恃其功而侈心大作，帑藏之富，百工之巧，舉而自隨，蜀都一罄。以不習朝儀，憚於入覲，優詔令便道之鎭。居三年，大修戎備。元和四年卒，年六十四，廢朝三日，贈司徒，諡曰威武，配享憲宗廟庭。

子承簡，少爲忠武軍部將，後入神策軍。以父征劉闢，拜嘉王傅。裴度征淮、蔡，奏承簡以本官兼御史中丞，爲其軍都押衙。淮西平，詔以郾城、上蔡、遂平三縣爲溵州，治郾城，用承簡爲刺史。尋轉邢州刺史，値觀察使責時賦急，承簡代數百戶出其租。

遷宋州刺史，屬汴州逐其帥，以部將李齐行帥事。齐遣其將責宋官私財物，承簡執而囚之。自是汴使來者，輒繫之，一日幷出斬于軍門之外，威震郡中。及齐兵大至，宋州凡三

城，已陷南一城，承簡保北兩城以拒，凡十餘戰。會徐州救兵至，齐爲汴將李質執之，傳送京師，兵圍宋者卽遁去。授承簡檢校左散騎常侍、兗海沂密等州節度觀察處置等使〔一〕。俄遷檢校工部尚書、義成軍節度、鄭滑潁等州觀察處置等使。就加檢校尚書右僕射。入拜右金吾衞大將軍，充右街使。復出爲邠寧慶等州節度觀察處置等使。先是，羌虜多以秋月犯西邊，承簡請軍寧州以備之。因疾上言乞入覲，卽隨表詣闕。大和元年八月，行至永壽縣傳舍卒，贈司空。

崇文孫駢，歷位崇顯，終淮南節度使，自有傳。

伊愼，兗州人。善騎射，始爲果毅。喪母，將營合祔，不識其父之墓。晝夜號哭，未浹日，夢寐有指導焉。遂發壠，果得舊記驗。

大曆八年，江西節度使路嗣恭討嶺南哥舒晃之亂，以愼爲先鋒，直逼賊壘，疾戰破之，斬首三千級，由是復始興之地。未幾，與諸將追斬晃於泔溪，函首獻于闕下。嗣恭表愼功，授連州長史，知當州團練副使，三遷江州別駕。討梁崇義之歲，愼以江西牙將從李希烈〔二〕，摧鋒陷敵，功又居多。江漢旣平，希烈愛愼之材，數遺善馬，意欲縻之，愼以計遁，歸命本道。明年，希烈果反。嗣曹王皐始至鍾陵，大集將吏，得愼而壯之。大集兵將，繕理舟師。希烈懼愼爲曹王所任，遺愼七屬之甲，詐爲愼書行間焉。上遣中使卽軍以詰之，曹王乃抗疏論雪。上章未報，會賊兵泝江來寇，曹王乃召愼勉之令戰，大破三千餘衆，朝廷始信其不貳。累破蔡山栅，取蘄州，降其將李良。又攻黃梅縣，殺賊將韓霜露，斬首千餘級。優詔褒異，授試太子詹事，封南兗郡王，又兼御史中丞、蘄州刺史，充節度都知兵馬使。

建中末，車駕在梁、洋，鹽鐵使包佶以金幣泝江將進獻，次于蘄口。時賊已屠汴州，遣驍將杜少誠將步騎萬餘來寇黃梅，以絕江道。愼兵七千，遇於永安戍。愼列樹三栅，相去數里，偃旗臥鼓。於中栅鼙鼓，三栅悉兵以擊，賊軍大亂，少誠脫身以免，斬級不可勝數，江路遂通。又破荀莽栅，進兵圍安州。賊阻溳水，攻之不能下。希烈遣其甥劉戒虛將騎八千來援，愼分兵迎擊，戰于應山，擒戒虛，縛示城下，遂開門請罪。以功拜安州刺史、兼御史大夫，仍賜實封一百戶。希烈又遣將援隋州，愼擊之於厲鄉，走康叔夜，斬首五千級。希烈死，李惠登爲賊守隋州，愼飛書招諭，惠登遂以城降。因密奏惠登可用，詔授隋州刺史。

貞元十五年，以愼爲安黃等州節度、管內支度營田觀察等使。十六年，吳少誠阻命，詔以本道步騎五千，兼統荊南湖南江西三道兵，當其一面。於申州城南前後破賊數千，以例

加檢校刑部尚書。二十一年，於安黃置奉義軍額，以爲奉義軍節度使、檢校右僕射。憲宗卽位，入眞拜右僕射。元和二年，轉檢校左僕射，兼右金吾衞大將軍。以路第五從直求鎭河中，爲從直所奏，貶右衞將軍。數月，復爲檢校尚書右僕射，兼右衞上將軍。元和六年卒，年六十八，贈太子太保。

朱忠亮本名士明，汴州浚儀人。初事薛嵩爲將。大曆中，詔鎭普潤縣，掌屯田。朱泚之亂，以麾下四十騎奔奉天。德宗嘉之，封東陽郡王，爲「奉天定難功臣」。及大駕南幸，爲虜騎所獲，繫於長安。賊平，李晟釋之，薦於渾瑊，署定平鎭都虞候。鎭使李朝寀卒，遂代之。憲宗卽位，加御史大夫。築臨涇城有勞，特加檢校工部尚書、涇原四鎭節度使，仍賜名。涇土舊俗多賣子，忠亮以俸錢贖而還其親者約二百人。元和八年卒，贈右僕射。

劉昌裔，太原陽曲人。少遊三蜀，楊琳之亂，昌裔說其歸順。及琳授洛州刺史，以昌裔爲從事，琳死乃去。

曲環將幽隴兵收濮州也，辟爲判官。詔授監察御史，累加至檢校兵部尚書，賜紫，兼中丞，充營田副使。貞元十五年，環鎮許州，卒，詔上官涚知節度留後。吳少誠攻許州，涚領事，欲棄城走。昌裔追止之曰：「留後既受詔，宜以死守城。況城中士馬足以破賊，但堅壁不戰，不過五七日，賊勢必衰，我以全制之可也。」涚然之。賊日夕攻急，堞壞不得修，昌裔令造戰棚木柵以待，募壯士破營，得突將千人，鑿城分出，大破之，因立戰棚木柵於城上，城以故不陷。兵馬使安國寧與涚不善，謀反以城降賊，事洩，昌裔密計斬之。即召其麾下千餘人食之，賞縑二匹，伏兵諸要巷，令持縑者悉斬之，無一人得脫。十六年，以全陳許功，以涚爲節度使，昌裔爲陳州刺史。

韓全義之敗溵水也，與諸道兵皆走保陳州，求舍，昌裔登城謂曰：「天子命公討蔡州，今來陳州，義不敢納，請舍城外。」而從千騎入全義營，持牛酒勞軍。全義不自意，驚喜歎服。十八年，改充陳許行軍司馬。明年，涚卒，詔昌裔爲許州刺史，充陳許節度使，再加檢校右僕射。

元和八年五月，許州大水，壞廬舍，漂溺居人。六月，徵昌裔加檢校左僕射，兼左龍武統軍。初，昌裔以老疾而軍府無政，因其水敗軍府，上乃促令韓皐代之。昌裔赴召，至長樂驛，聞有是命，乃上言風眩，請歸私第，許之。其年卒，贈潞州大都督。

范希朝字致君，河中虞鄉人。建中年，爲邠寧虞候，戎政修舉，事節度使韓遊瓌。及德宗幸奉天，希朝戰守有功，累加兼中丞，爲寧州刺史。遊瓌入覲，自奉天歸邠州，以希朝素整肅有聲，畏其逼己，求其過將殺之。希朝懼，奔鳳翔。德宗聞之，趣召至京師，置於左神策軍中。遊瓌歿，邠州諸將列名上請希朝爲節度，德宗許之，希朝讓於張獻甫，曰：「臣始逼而來，終代其任，非所以防覬覦安反側也。」詔嘉之，以獻甫統邠寧。數日，除希朝振武節度使，就加檢校禮部尚書。

振武有党項、室韋，交居川阜，凌犯爲盜，日入慝作，謂之「刮城門」。居人懼駭，鮮有寧日。希朝周知要害，置堡柵，斥候嚴密，人遂獲安。異蕃雖鼠竊狗盜，必殺無赦，戎虜甚憚之，曰：「有張光晟苦我久矣，今聞是乃更姓名而來。」其見畏如此。蕃落之俗，有長帥至，必効奇駝名馬，雖廉者猶曰當從俗，以致其歡，希朝一無所受。積十四年，皆保塞而不爲横。單于城中舊少樹，希朝於他處市柳子，命軍人種之，俄遂成林，居人賴之。貞元末，累表請修朝覲。時節將不以他故自述職者，惟希朝一人，德宗大悅。既至，拜檢校右僕射，兼右金吾大將軍。

順宗時，王叔文黨用事，將授韓泰以兵柄，利希朝老疾易制，乃命爲左神策、京西諸城鎮行營節度使，鎮奉天，而以泰爲副，欲因代之，叔文敗而罷。憲宗即位，復以檢校僕射爲右金吾，出拜檢校司空，充朔方靈鹽節度使。

突厥別部有沙陀者，北方推其勇勁，希朝誘致之，自甘州舉族來歸，衆且萬人。其後以之討賊，所至有功，遷河東節度使。率師討鎮州，無功。既耄且疾，事不理，除左龍武統軍，以太子太保致仕。元和九年卒，贈太子太師。

希朝近代號爲名將，人多比之趙充國。及張茂昭擊王承宗，幾覆，希朝玩寇不前，物議罪之。

王鍔字昆吾，自言太原人。本湖南團練營將。初，楊炎貶道州司馬，鍔候炎於路，炎與言異之。後嗣曹王皐爲團練使，擢任鍔，頗便之。使招邵州武岡叛將王國良有功，表爲邵州刺史。及皐改江西節度使，李希烈南侵，皐請鍔以勁兵三千鎮尋陽。後皐自以全軍臨九江，既襲得蘄州，盡以衆渡，乃表鍔爲江州刺史、兼中丞，充都虞候，因以鍔從。小心習事，善探得軍府情狀，至於言語動靜，巨細畢以白皐。皐亦推心委之，雖家宴妻女之會，鍔或在

焉。鍔感皐之知，事無所避。

後皐攻安州，使伊愼盛兵圍之，賊懼，請皐使至城中以約降[三]，皐使鍔懸而入。既成約，殺不從者以出。明日城開，皐以其衆入。伊愼以賊惕懼，由其圍也，不下鍔，鍔稱疾避之。及皐爲荆南節度使，表鍔爲江陵少尹、兼中丞，欲列於賓倅。馬彝、裴泰鄙鍔請去，乃復以爲都虞候。

明年，從皐至京師，皐稱鍔於德宗曰：「鍔雖文用小不足，他皆可以試驗。」遂拜鴻臚少卿。尋除容管經略使，凡八年，谿洞安之。遷廣州刺史、御史大夫、嶺南節度使。廣人與夷人雜處，地征薄而叢求於川市。鍔能計居人之業而榷其利，所得與兩稅相埒。鍔以兩稅錢上供時進及供奉外，餘皆自入。西南大海中諸國舶至，則盡沒其利，由是鍔家財富於公藏。日發十餘艇，重以犀象珠貝，稱商貨而出諸境。周以歲時，循環不絕，凡八年，京師權門多富鍔之財。拜刑部尚書。時淮南節度使杜佑屢請代，乃以鍔檢校兵部尚書，充淮南副節度使。鍔始見佑，以趨拜悅佑，退坐司馬廳事。數日，詔杜佑以鍔代之。

鍔明習簿領，善小數以持下，吏或有姦，鍔畢究之。嘗聽理，有遺匿名書於前者，左右取以授鍔，鍔內之鞾中，鞾中先有他書以雜之。及吏退，鍔探取他書焚之，人信其以所匿名者焚也。既歸省所告者，異日乃以他徼事連其所告者，固窮按驗之以譎衆，下吏以爲神明。

鍔長於部領，程作有法，軍州所用竹木，其餘碎屑無所棄，皆復爲用。掾曹簾壞，吏以新簾易之，鍔察知，以故者付紅坊以替箬，其他率如此。每有饗宴，輒錄其餘以備後用，或云賣之，收利皆自歸，故鍔錢流衍天下。在鎭四年，累至司空。

元和二年來朝，眞拜左僕射，未幾除檢校司徒、河中節度。居三年，兼太子太傅，移鎭太原。時方討鎭州，鍔緝綏訓練，軍府稱理。鍔受符節居方面凡二十餘年。九年，加同平章事。十年卒，年七十六，贈太尉。鍔將卒，約束後事甚明，如知其死日。

鍔附太原王翃爲從子，以婚閥自炫，翃子弟多附鍔以致名宦。又嘗讀春秋左氏傳，自稱儒者，人皆笑之。

子稷，歷官鴻臚少卿。鍔在藩鎭，稷嘗留京師，以家財奉權要，視官高下以進賂，不待白其父而行之。廣治第宅，嘗奏請藉坊以益之，作複垣洞穴，實金錢於其中。貴官清品，溺其賞宴而遊，不憚清議。及父卒，爲奴所告稷換鍔遺表，隱沒所進錢物。上令鞫其奴於內仗，又發中使就東都驗責其家財。宰臣裴度苦諫，於是罷其使而殺奴。稷長慶二年爲德州刺史，廣齎金寶僕妾以行。節度使李全略利其貨而圖之，故致本州軍亂，殺稷，其室女爲全略所虜，以妓媵處之。

稷子叔泰。開成四年，滄州節度使劉約上言：「王稷爲李全略所殺，家無遺類。稷男叔泰，時年五歲，郡人宋忠獻匿之獲免，乃收養之，今已成長。臣獎其義，忠獻已補職，叔泰津送以聞。」文宗詔曰：「王鍔累朝宣力，王稷一旦捐軀，須錄孤遺，徵申憫念。王叔泰委吏部與九品官，令奉祭。」

閻巨源，貞元十九年以勝州刺史攝振武行軍司馬。屬希朝入覲，遂代爲節度。以材力進，無他智能。初不知書而好文其言，輒乖誤，時人多摭其談說以爲戲，然以寬厚爲將卒所懷。後爲邠寧節度使、檢校左僕射。元和九年卒。

孟元陽，起於陳許軍中，理戎整肅，勤事，善部署。曲環之爲節度，元陽已爲大將，環使董作西華屯。元陽盛夏芒屩立稻田中，須役者退而後就舍，故其田歲無不稔，軍中足食。環卒，吳少誠寇許州，元陽城守，外無救兵，攻圍甚急，而終不能傅其城，賊乃罷兵。韓全義五樓之敗，諸軍多私歸，元陽及神策都將蘇元策、宣州都將王幹各率部留軍溵水，破賊二千餘人。兵罷，加御史大夫。元和初，拜河陽節度、檢校尚書。五年，拜右僕射、昭義節度，入爲右羽林統軍，封趙國公。俄拜左金吾大將軍，復除統軍。元和九年卒，贈揚州大都督。

趙昌字洪祚，天水人。祖不器，父居貞，皆有名於時。李承昭爲昭義節度，辟昌在幕府。貞元七年，爲虔州刺史。屬安南都護爲夷獠所逐，拜安南都護，夷人率化。十年，因屋壞傷脛，懇疏乞還，以檢校兵部郎中裴泰代之，入拜國子祭酒。及泰爲首領所逐，德宗詔昌問狀。昌時年七十二，而精健如少年者，德宗奇之，復命爲都護，南人相賀。

憲宗卽位，加檢校工部尚書，尋轉戶部尚書，充嶺南節度。元和三年，遷鎭荆南，徵爲太子賓客。及得見，拜工部尚書、兼大理卿。歲餘，讓卿守本官。六年，除華州刺史，辭於麟德殿。時年八十餘，趨拜輕捷，召對詳明，上退而歎異，宣宰臣密訪其頤養之道以奏焉。在郡三年，入爲太子少保。九年卒，年八十五，贈揚州大都督，謚曰成。

史臣曰：高崇文以律貞師，勤於軍政，戎麾指蜀，遽立奇功，可謂近朝之良將也。伊

愼、朱忠亮、劉昌裔、范希朝、閻巨源、孟元陽、趙昌等，各立功立事，亦一時之名臣。王鍔明可照姦，忠能奉主，此乃垂名於後也。至若竹頭木屑，曾無棄遺，作事有程，儉而足用，則又士君子之爲也。如賤收貴出，務積珠金，唯利是求，多財爲累，則與夫淸白遺子孫者遠矣。凡百在位，得不鑑之。

贊曰：崇文之功，顯於西蜀。伊愼之忠，見乎南服。朱、劉、范、閻，各有其目。元陽、趙昌，不無遺躅。惟彼太原，戰勳可錄。累在多財，子孫不祿。

校勘記

〔一〕兗海沂密等州節度　「兗」字各本原作「充」，據新書卷一七〇高崇文傳、通鑑卷二四二改。

〔二〕愼以江西牙將從李希烈　「從」字各本原作「統」，據冊府卷三五九、七二四改。

〔三〕請單使至城中以約降　「請」字各本原無，據冊府卷四五一補。

舊唐書卷一百五十二

列傳第一百二

馬璘　郝廷玉　王栖曜 子茂元　劉昌 子士涇　李景略
張萬福　高固　郝玼　段佐　史敬奉 野詩良輔附

馬璘，扶風人也。祖正會，右威衞將軍。父晟，右司禦率府兵曹參軍。璘少孤，落拓不事生業。年二十餘，讀馬援傳至「大丈夫當死於邊野，以馬革裹尸而歸」，慨然歎曰：「豈使吾祖勳業墜于地乎！」開元末，杖劍從戎，自効於安西。以前後奇功，累遷至左金吾衞將軍同正。

至德初，王室多難，璘統甲士三千，自二庭赴于鳳翔。肅宗奇之，委以東討。殄寇陝郊，破賊河陽，皆立殊勋。嘗從李光弼攻賊洛陽，史朝義自領精卒，拒王師于北邙，營壘如山，旌甲耀日，諸將愕眙不敢動。璘獨率所部橫戈而出，入賊陣者數四，賊因披靡潰去。副

元帥李光弼壯之，曰：「吾用兵三十年，未見以少擊衆，有雄捷如馬將軍者。」遷試太常卿。

明年，蕃賊寇邊，詔璘赴援河西。廣德初，僕固懷恩不順，誘吐蕃入寇，代宗避狄陝州。璘即日自河右轉鬬戎虜閒，至于鳳翔。時蕃軍雲合，鳳翔節度使孫志直方閉城自守，璘乃持滿外向，突入懸門，不解甲，背城出戰，吐蕃奔潰。璘以勁騎追擊，俘斬數千計，血流于野，由是雄名益振。代宗還宮，召見慰勞之，授兼御史中丞。

永泰初，拜四鎭行營節度，兼南道和蕃使，委之禁旅，俾清殘寇。俄遷四鎭、北庭行營節度及邠寧節度使、兼御史大夫，旋加檢校工部尚書。以犬戎浸驕，歲犯郊境，涇州最鄰戎虜，乃詔璘移鎭涇州，兼權知鳳翔隴右節度副使、涇原節度、涇州刺史，四鎭、北庭行營節度使如故，復以鄭、滑二州隸之。璘詞氣慷慨，以破虜爲己任。既至涇州，分建營堡，繕完戰守之具，頻破吐蕃，以其生口俘馘來獻，前後破吐蕃約三萬餘衆。在涇州令寬而肅，人皆樂爲之用。鎭守凡八年，雖無拓境之功，而城堡獲全，虜不敢犯。加檢校右僕射。上甚重之，遷檢校左僕射知省事，詔宰臣百僚於尚書省送上，進封扶風郡王。

璘雖生於士族，少無學術，忠而能勇，武幹絕倫，艱難之中，頗立忠節，中興之猛將也。年五十六，大曆十二年卒，德宗悼之〔一〕，廢朝，贈司徒。

璘久將邊軍，屬西蕃寇擾，國家倚爲屏翰。前後賜與無算，積聚家財，不知紀極。在京

師治第舍，尤爲宏侈。天寶中，貴戚勳家，已務奢靡，而垣屋猶存制度。然衞公李靖家廟，已爲嬖臣楊氏馬廐矣。及安、史大亂之後，法度隳弛，內臣戎帥，競務奢豪，亭館第舍，力窮乃止，時謂「木妖」。璘之第，經始中堂，費錢二十萬貫，他室降等無幾。及璘卒於軍，子弟護喪歸京師，士庶觀其中堂，或假稱故吏，爭往赴弔者數十百人。德宗在東宮，宿聞其事，及踐祚，條舉格令，第舍不得踰制，仍詔毀璘中堂及內官劉忠翼之第，璘之家園，進屬官司。自後公卿賜宴，多於璘之山池。子弟無行，家財尋盡。

郝廷玉者，驍勇善格鬬，事太尉李光弼，爲帳中愛將。乾元中，史思明再陷洛陽，光弼拔東都之師保河陽。時三城壁壘不完，芻粮不支旬日，賊將安太清等率兵數萬，四面急攻。光弼懼賊勢西犯河、潼，極力保孟津以掎其後，晝夜嬰城，血戰不解，將士夷傷。光弼召諸將訊之曰：「賊黨何面難抗？」或對曰：「西北隅最爲勍敵。」乃亟召廷玉謂之曰：「兇渠攻西北者難奈，爾爲我決勝而還。」辭曰：「廷玉所領，步卒也，願得騎軍五百。」光弼以精騎三百授之。光弼法令嚴峻，是日戰不利而還者，不解甲斬之。廷玉奮命先登，流矢雨集，馬傷不能軍而退。光弼登堞見之，駭然曰：「廷玉奔還，吾事敗矣！」促令左右取廷玉首來。廷玉

見使者曰：「馬中毒箭，非敗也。」光弼命易馬而復，徑騎衝賊陣，馳突數四，俄而賊黨大敗於河壖，廷玉擒賊將徐璜而還。由是賊解中潬之圍，信宿退去。前後以戰功累授開府儀同三司，試太常卿，封安邊郡王。從光弼鎭徐州。光弼薨，代宗用爲神策將軍。

永泰初，僕固懷恩誘吐蕃、迴紇入犯京畿，分命諸將屯於要害，廷玉與馬璘率五千人屯於渭橋西窯底。觀軍容使魚朝恩以廷玉善陣，欲觀其教閱。廷玉乃於營內列部伍，鳴鼓角而出，分而爲陣，箕張翼舒，乍離乍合，坐作進退，其衆如一。朝恩歎曰：「吾在兵閒十餘年，始見郝將軍之訓練耳。治戎若此，豈有前敵耶？」廷玉悽然謝曰：「此非末校所長，臨淮王之遺法也。太尉善御軍，賞罰當功過。每校旗之日，軍士小不如令，必斬之以徇，由是人皆自効，而赴蹈馳突，有心破膽裂者。太尉薨變已來，無復校旗之事，此不足軍容見賞。」

王縉爲河南副元帥，詔以廷玉爲其都知兵馬使，累授秦州刺史。大曆八年卒，追錄舊勳，贈工部尚書。

王栖曜，濮州濮陽人也。初遊鄉學。天寶末，安祿山叛，尚衡起義兵討之，以栖曜爲牙將。下兗、鄆諸縣，軍威稍振。進爲衙前總管。初，逆將邢超然據曹州，栖曜攻之。超然乘

城號令，栖曜曰：「彼可取也！」一箭殞之，城中氣懾，遂拔曹州。及衡居節制，授右威衞將軍、先鋒遊奕使。隨衡入朝，授試金吾衞將軍。

上元元年，王璵爲浙東節度使，奏爲馬軍兵馬使。廣德中，草賊袁晁起亂台州，連結郡縣，積衆二十萬，盡有浙江之地。御史中丞袁傪東討，奏栖曜與李長爲偏將，聯日十餘戰，生擒袁晁，收復郡邑十六，授常州別駕、浙西都知兵馬使。

時江左兵荒，詔內常侍馬日新領汴滑軍五千鎮之。日新貪暴，賊蕭廷蘭乘人怨訴，逐之而劫其衆。時栖曜遊奕近郊，爲賊所脅，進圍蘇州。栖曜因其懈怠，挺身登城，率城中兵復出擊賊，其衆大潰。遷試金吾大將軍。

李靈曜叛于汴州，浙西觀察使李涵俾栖曜將兵四千爲河南掎角。以功加銀青光祿大夫，累加至御史中丞。李希烈既陷汴州，乘勝東侵，連陷陳留、雍邱，頓軍寧陵，期襲宋州。浙西節度使韓滉命栖曜將強弩數千，夜入寧陵。希烈不之知，晨朝，弩矢及希烈坐幄，希烈驚曰：「此江、淮弩士入矣！」遂不敢東去。

貞元初，拜左龍武大將軍，旋授鄜坊丹延節度觀察使、檢校禮部尚書，兼御史大夫。貞元十九年卒於位。子茂元。

茂元幼有勇略，從父征伐知名。元和中爲右神策將軍。大和中檢校工部尚書、廣州刺史、嶺南節度使。在安南招懷蠻落，頗立政能。南中多異貨，茂元積聚家財鉅萬計。李訓之敗，中官利其財，掎摭其事，言茂元因王涯、鄭注見用。茂元懼，罄家財以賂兩軍，以是授忠武軍節度、陳許觀察使。會昌中，爲河陽節度使。是時河北諸軍討劉稹，茂元亦以本軍屯天井，賊未平而卒。

劉昌字公明，汴州開封人也。出自行間，少學騎射。及安祿山反，昌始從河南節度張介然，授易州遂城府左果毅。及史朝義遣將圍宋州，昌在圍中，連月不解，城中食盡，賊垂將陷之。刺史李岑計蹙，昌爲之謀曰：「今河陽有李光弼制勝，且江、淮足兵，此廩中有數千斤麴，可以屑食。計援兵不二十日當至。東南隅之敵，衆以爲危，昌請守之。」昌遂被鎧持盾登城，陳逆順以告諭賊，賊衆畏服。後十五日，副元帥李光弼救軍至，賊乃宵潰。光弼聞其謀，召置軍中，超授試左金吾衞郎將。光弼卒，宰臣王縉令歸宋州爲牙門將。轉太僕卿，兼許州別駕。

李靈曜據汴州叛，刺史李僧惠將受靈曜牽制，昌密遣曾神表潛說僧惠。僧惠召昌問計，昌泣陳其逆順，僧惠感之，乃使神表齎表詣闕，請討靈曜，遂翦靈曜左翼。汴州平，李忠臣嫉僧惠功，遂欲殺昌，昌潛遁。及劉玄佐爲刺史，乃復其職。又轉太常卿，兼華州別駕。玄佐尋爲宋亳潁宣武軍節度使，昌自下軍爲左廂兵馬使。

李納反，以師收考城，充行營諸軍馬步都虞候，加檢校太子詹事、兼御史中丞。明年，玄佐圍濮州，昌攝濮州刺史。李希烈既陷汴州，玄佐遣將高翼以精兵五千保襄邑，城陷，翼赴水死。自宋及江、淮，人心震恐。時昌以三千人守寧陵，希烈率五萬衆陣于城下，昌深壍以遏地道，凡四十五日，不解甲冑，躬勵士卒，大破希烈。希烈解圍攻陳州，刺史李公廉計窮，昌從劉玄佐以浙西兵合三萬人救之。至陳州西五十里與賊遇，昌晨壓其陣，及未成列，大破之，生擒其將翟暉。希烈退保蔡州，自此不復侵軼。詔加檢校左散騎常侍。隨玄佐收汴州，加檢校工部尚書，增實封通前二百戶。丁母憂，起復加金吾衞大將軍，贈其母梁國夫人。

貞元三年，玄佐朝京師，上因以宣武士衆八千委昌北出五原。軍中有前却沮事，昌繼斬三百人，遂行。尋以本官授京西北行營節度使。歲餘，授涇州刺史，充四鎮、北庭行營，兼涇原節度支度營田等使。昌躬率士衆，力耕三年，軍食豐羨，名聞闕下。復築連雲堡，受詔城平涼，以扼彈箏峽口。昌命徒庀事，旬餘而畢。又於平涼西別築胡谷堡，名曰彰信。

平涼當四會之衝，居北地之要，分兵援戍，遏其要衝，遂以保寧邊鄙，加檢校右僕射。

昌初至平涼劫盟之所，收聚亡歿將士骸骨坎瘞之，因感夢於昌，有愧謝之意。昌上聞，德宗下詔深自克責，遣祕書少監孔述睿及中使以御饌、內造衣服數百襲，令昌收其骸骨，分爲大將三十人，將士百人，各具棺櫬衣服，葬於淺水原。建二塚，大將曰「旌義塚」，將士曰「懷忠塚」。詔翰林學士撰銘志祭文。昌盛陳兵設幕次，具牢饌祭之。昌及大將皆素服臨之，焚其衣服紙錢，別立二石堆，題以塚名。諸道師徒，莫不感泣。

昌在西邊僅十五年，強本節用，軍儲豐羨。及嬰疾，約以是日赴京求醫，未發而卒，年六十四，廢朝一日，贈司空。子士涇。

士涇，德宗朝尚主，官至少列十餘年，家富於財。結託中貴，交通權倖。憲宗朝，遷太府卿。制下，給事中韋弘景等封還制書，言士涇不合居九卿，辭語激切。憲宗謂弘景曰：「士涇父有功於國，又是戚屬，制書宜下。」弘景奉詔。士涇善胡琴，多遊權倖之門，以此爲之助，時論鄙之。

李景略，幽州良鄉人也。大父楷固。父承悅，檀州刺史、密雲軍使。景略以門蔭補幽州功曹。大曆末，寓居河中，闔門讀書。李懷光爲朔方節度，招在幕府。五原有偏將張光者，挾私殺妻，前後不能斷。光富於財貨，獄吏不能劾。景略訊其實，光竟伏法。既而亭午有女厲被髮血身，膝行前謝而去。左右有識光妻者，曰：「光之妻也。」因授大理司直，遷監察御史。及懷光屯軍咸陽，反狀始萌。景略時說懷光請復宮闕，迎大駕，懷光不從。景略出軍門慟哭曰：「誰知此軍一日陷於不義。」軍士相顧甚義之，因退歸私家。

尋爲靈武節度杜希全辟在幕府，轉殿中侍御史，兼豐州刺史、西受降城使。豐州北扼迴紇，迴紇使來中國，豐乃其通道。前爲刺史者多懦弱，虜使至則敵禮抗坐。時迴紇遣梅錄將軍隨中官薛盈珍入朝，景略欲以氣制之。郊迎，傳言欲先見中使，梅錄初未喻。景略既見盈珍，乃使謂梅錄曰：「知可汗初沒，欲申弔禮。」乃登高壠位以待之。梅錄俯僂前哭，景略因撫之曰：「可汗棄代，助爾號慕。」虜之驕容威氣，索然盡矣，遂以父行呼景略。自此迴紇使至景略，皆拜之于庭，由是有威名。杜希全忌之，上表誣奏，貶袁州司馬。希全死，徵爲左羽林將軍，對于延英殿，奏對衎衎，有大臣風彩。

時河東李說有疾，詔以景略爲太原少尹、節度行軍司馬。時方鎮節度使少徵入換代者，皆死亡乃命焉，行軍司馬盡簡自上意。受命之日，人心以屬。景略居疑帥之地，勢已難

處。迴紇使梅錄將軍入朝，說置宴會，梅錄爭上下坐，說不能遏，景略叱之。梅錄，前過豐州者也，識景略語音，疾趨前拜曰：「非豐州李端公耶？不拜麾下久矣，何其瘠也。」又拜，遂命之居次坐。將吏賓客顧景略，悉加嚴憚。說心不平，厚賂中尉竇文場，將去景略，使爲內應。

歲餘，風言迴紇將南下陰山，豐州宜得其人。上素知景略在邊時事。上方軫慮，文場在旁，言景略堪爲邊任，乃以景略爲豐州刺史、兼御史大夫、天德軍西受降城都防禦使。迫塞苦寒，土地鹵瘠，俗貧難處。景略節用約己，與士同甘苦，將卒安之。鑿咸應、永清二渠，溉田數百頃，公私利焉。廩儲備，器械具，政令肅，智略明。二歲後，軍聲雄冠北邊，迴紇畏之，天下皆惜其理未盡景略之能。貞元二十年，卒於鎮，年五十五，贈工部尚書。

張萬福，魏州元城人。自曾祖至其父皆明經，止縣令州佐。萬福以父祖業儒皆不達，不喜爲書生，學騎射。年十七八，從軍遼東有功，爲將而還，累攝舒廬壽三州刺史、舒廬壽三州都團練使。州送租賦詣京師，至潁州界爲盜所奪，萬福領輕兵馳入潁州界討之。賊不意萬福至，忙迫不得戰，萬福悉衆而誅之，盡得其所亡物，并得前後所掠人妻子、財物、牛馬等萬計，悉還其家；不能自致者，萬福給船乘以遣之。

尋眞拜壽州刺史、淮南節度副使。爲節度使崔圓所忌，失刺史，改鴻臚卿，以節度副使將千人鎮壽州，萬福不以爲恨。

許杲以平盧行軍司馬將卒三千人駐濠州不去，有窺淮南意。圓令萬福攝濠州刺史。杲聞即提卒去，止當塗。陳莊賊陷舒州，圓又以萬福爲舒州刺史，督淮南岸盜賊，連破其黨。

大曆三年，召赴京師，代宗謂曰：「聞卿名久，欲一識卿面，且將累卿以許杲。」萬福拜謝，因前奏曰：「陛下以一許杲召臣，如河北諸將叛，欲以屬何人？」代宗笑謂曰：「且與吾了許杲事，方當大用卿。」以爲和州刺史、行營防禦使，督淮南岸盜賊。至州，杲懼，移軍上元。杲至楚州大掠，節度使韋元甫命萬福追討之。未至淮陰，杲爲其將康自勸所逐。自勸擁兵繼掠，循淮而東，萬福倍道追而殺之，免者十二三，盡得其虜掠金帛婦人等，皆送致其家。元甫將厚賞將士，萬福曰：「官健常虛費衣糧，無所事，今乃一小賴之，不足過賞，請用三之一。」代宗發詔以勞之，賜衣一襲、宮錦十雙。

久之，詔以本鎮之兵千五百人防秋西京。萬福詣揚州交所領兵，會元甫死，諸將皆願得萬福爲帥，監軍使米重耀亦請萬福知節度事。萬福曰：「某非幸人，勿以此相待。」遂去之。帶利州刺史鎮咸陽，因留宿衞。

李正己反，將斷江、淮路，令兵守埇橋、渦口。江、淮進奏舡千餘隻，泊渦下不敢過。德宗以萬福爲濠州刺史，召見謂曰：「先帝改卿名『正』者，所以褒卿也。朕以爲江、淮草木亦知卿威名，若從先帝所改，恐賊不知是卿也。」復賜名萬福。馳至渦口，立馬岸上，發進奉紅，淄青兵馬倚岸睥睨不敢動，諸道舡繼進。改泗州刺史。魏州飢，父子相賣，餓死者接道。萬福曰：「魏州吾鄉里，安可不救？」令其兄子將米百車往饟之。又使人於汴口，魏人自賣者，給車牛贖而遣之。

爲杜亞所忌，徵拜右金吾將軍。召見，德宗驚曰：「杜亞言卿昏耄，卿乃如是健耶！」詔圖形於淩煙閣，數賜酒饌衣服，并敕度支籍口畜給其費。及陽城等於延英門外請對論事，伏閤不去。德宗大怒，不可測。萬福揚言曰：「國有直臣，天下太平矣。」萬福年已八十，見此盛事。」閤前徧揖城等，天下益重其名。

貞元二十一年，以左散騎常侍致仕。其年五月卒，年九十。萬福自始從軍至卒，祿食七十餘年，未嘗病一日，典九郡皆有惠愛。在泗州時，遇德宗幸奉天，李希烈反，陳少遊悉令管內刺史送妻子在揚州以爲質。萬福獨不送，謂使者曰：「爲某白相公，萬福妻老且醜，不足煩相公寄意。」終不之遣，由是爲人所稱。

高固，高祖侃永徽中爲北庭安撫使，有生擒車鼻可汗之功，官至安東都護，事具前錄。固生微賤，爲叔父所賣，展轉爲渾瑊家奴，號曰黄芩。性敏惠，有膂力，善騎射，好讀左氏春秋。瑊大愛之，養如己子，以乳母之女妻之，遂以固名，取左氏傳高固之名也。

少隨瑊從戎於朔方，德宗幸奉天，固猶在瑊麾下。是時，賊兵已突入東雍門，固引甲士亂揮長刀，連斫數賊，拽車塞闔，一以當百，賊乃退去。衆咸壯之。以功封渤海郡王。李懷光既反，德宗再幸梁漢。懷光發跡邠寧，至是，使留後張昕取將士萬餘人以資援河中。固時在軍中，乃伺便突入張昕帳中，斬首以徇。拜檢校右散騎常侍、前軍兵馬使。貞元十七年，節度使楊朝晟卒，軍中請固爲帥，德宗念固功，因授檢校工部尚書。順宗卽位，就加檢校禮部尚書。憲宗朝，進檢校右僕射。數年受代，入爲統軍，轉檢校左僕射，兼右羽林統軍。元和四年七月卒，贈陝州大都督。

郝玼者，涇原之戍將也。貞元中，爲臨涇鎭將，勇敢無敵，聲振虜庭。玼以臨涇地居險要，當虜要衝，白其帥曰：「臨涇草木豐茂，宜畜牧，西蕃入寇，每屯其地，請完壘益軍以折

虜之入寇。」前帥不從。及段佐節制涇原，深然其策。元和三年，佐請築臨涇城，朝廷從之，仍以爲行涼州〔二〕，詔玼爲刺史以戍之。自此西蕃入寇，不過臨涇。

玼出自行間，前無堅敵。在邊三十年，每戰得蕃俘，必刳剔而歸其尸，蕃人畏之如神。贊普下令國人曰：「有生得郝玼者，賞之以等身金。」蕃中兒啼者，呼玼名以怖之。十三年，檢校左散騎常侍、渭州刺史、御史大夫，充涇原行營節度、平涼鎭遏都知兵馬使，封保定郡王。吐蕃畏其威，綱紀欲圖之，朝廷慮失驍將，移授慶州刺史，竟終牖下。

段佐者，亦以勇敢知名。少事汾陽王子儀爲牙將，從征邊朔，積効居多。貞元末，爲涇原節度使，練卒保邊，亦爲西蕃畏憚。累至檢校工部尚書、右神策大將軍。元和五年卒。

史敬奉，靈武人，少事本軍爲牙將。元和十四年，敬奉大破吐蕃於鹽州城下，賜實封五十戶。先是西戎頻歲犯邊，敬奉白節度杜叔良請兵三千，備一月粮，深入蕃界，叔良以二千五百人授之。敬奉既行十餘日，人莫知其所向，皆謂吐蕃盡殺之矣。乃由他道深入，突出蕃衆之後。戎人驚潰，敬奉率衆大破之，殺戮不可勝紀，驅其餘衆於蘆河，獲羊馬駝牛萬數。

敬奉形甚短小，若不能勝衣。至於野外馳逐，能擒奔馬，自執鞍勒，隨鞍躍上，然後羈帶，矛矢在手，前無強敵。甥姪及僮使僅二百人，每以自隨，臨入敵，輒分其隊爲四五，隨逐水草，每數日各不相知，及相遇，已皆有獲虜矣。

與鳳翔將野詩良輔、涇原將郝玼各以名雄邊上。吐蕃嘗謂漢使曰：「唐國既與吐蕃和好，何妄語也！」問曰：「何謂？」曰：「若不妄語，何因遣野詩良輔作隴州刺史？」其畏憚如此。

史臣曰：自盜起中原，河、隴陷虜，犬戎作梗，屢犯郊畿。謀臣運策以竭精，武士荷戈而不暇。如璘、昌之材力，扼腕奮命，欲吞虜于胸中；郝、史驍雄，斬將搴旗，將申威于塞外。而竟不能北踰白道，西出蕭關，俾十九郡生民，竟淪左衽，僅能自保，功何取焉！雖運使時然，亦將略有所未至。栖曜、萬福之節概，景略之負氣，壯哉！

贊曰：馬、劉、史、郝，氣雄邊朔。力扞獯虜，終慙衞、霍。萬福義勇，景略氣豪。爲人所

忌，慷慨徒勞。

校勘記

〔一〕德宗　大曆爲代宗年號，「德宗」疑爲「代宗」之誤。合鈔卷二〇三馬璘傳作「代宗」。

〔二〕行涼州　寰宇記卷三三、新書卷一七〇郝玼傳、卷三七地理志、通鑑卷二三七均作「行原州」。

舊唐書卷一百五十三

列傳第一百三

姚南仲　劉迺 子伯芻　孫寬夫　端夫　曾孫允章附　袁高　段平仲
薛存誠 子廷老　廷老子保遜　保遜子昭緯　盧坦

姚南仲，華州下邽人。乾元初，制科登第，授太子校書，歷高陵、昭應、萬年三縣尉。遷右拾遺，轉右補闕。大曆十三年，貞懿皇后獨孤氏崩(一)，代宗悼惜不已，令於近城爲陵墓，冀朝夕臨望於目前。南仲上疏諫曰：

伏聞貞懿皇后今於城東章敬寺北以起陵廟，臣不知有司之請乎，陛下之意乎，陰陽家流希旨乎？臣愚以爲非所宜也。謹具疏陳論，伏願暫留天睠而省察焉。

臣聞人臣宅於家，君上宅於國。長安城是陛下皇居也，其可穿鑿興動，建陵墓於其側乎？此非宜一也。夫葬者藏也，欲人之不得見也。是以古帝前王葬后妃，莫不憑

丘原，遠郊郭。今則西臨宮闕，南迫康莊，若使近而可見，死而復生，雖在西宮待之可也。如骨肉歸土，魂無不之，章敬之北，竟何所益？覩之兆庶，則彰溺愛；垂之萬代，則累明德，此非所宜二也。夫帝王者，居高明，燭幽滯。先皇所以因龍首建望春，蓋爲此也。今若起陵目前，動傷宸慮，天心一傷，數日不平。且匹夫向隅，滿堂爲之不樂；萬乘不樂，人其可歡心乎？又暇日起歌，動鐘于內，此地皆聞，此非宜三也。伏以貞懿皇后坤德合天，母慈逮下，陛下以切軫旋晨，久俟蓍龜。始謚之以貞懿，終待之以褻近，臣竊惑焉，非所以稱述后德，光被下泉也。今國人皆曰：「貞懿皇后之陵邇於城下者，主上將日省而時望焉。」斯有損於聖德，無益於貞懿。將欲寵之，而反辱之，此非宜四也。

凡此數事，實玷大猷，天下咸知，伏惟陛下熟計而取其長也。陛下方將偃武靖人，一誤於此，其傷實多。臣恐君子是非，史官褒貶，大明忽虧於掩蝕，至德翻後於堯、舜，不其惜哉！今指日尙遙，改卜何害？抑皇情之殊眷，成貞懿之美號。

疏奏，帝甚嘉之，賜緋魚袋，特加五品階，宣付史館。與宰相常袞善，袞貶官，南仲坐出爲海鹽縣令。浙江東、西道觀察使韓滉辟爲推官，奏授殿中侍御史、內供奉，充支使。尋徵還，歷左司兵部員外，轉郎中，遷御史中丞、給事中、

同州刺史、陝虢觀察使。

貞元十五年，代李復爲鄭滑節度使。監軍薛盈珍恃勢奪軍政，南仲數爲盈珍讒毀，德宗頗疑之。十六年，盈珍遣小使程務盈馳驛奉表，誣奏南仲陰事。南仲裨將曹文洽亦入奏事京師，伺知盈珍表中語。文洽私懷憤怒，遂晨夜兼道追務盈，至長樂驛及之，與同舍宿，中夜殺務盈，沉盈珍表於廁中，乃自殺。日旰，驛吏闢門，見血流塗地，旁得文洽二緘，一告于南仲，一表理南仲之冤，且陳首殺務盈。上聞其事，頗駭異之。南仲慮釁深，遂乞入朝。德宗曰：「盈珍擾軍政耶？」南仲對曰：「盈珍不擾軍政，臣自隳陛下法耳。如盈珍輩所在有之，雖羊、杜復生，撫百姓，御三軍，必不能成愷悌父母之政，師律善陣之制矣。」上默然久之。授尙書右僕射。貞元十九年七月，終于位，年七十四，贈太子太保，謚曰貞。

劉迺字永夷，洺州廣平人。高祖武幹，武德初拜侍中，即中書侍郎林甫從祖兄子也。父如璠，昫山丞，以迺貴贈民部郎中。迺少聰穎志學，暗記六經，日數千言。及長，文章清雅，爲當時推重。天寶中，舉進士，尋丁父艱，居喪以孝聞。既終制，從調選曹。迺常以文部選才未爲盡善，遂致書於知銓舍人宋昱曰：

虞書稱：「知人則哲，能官人則惠。」巍巍唐、虞，舉以爲難。今夫文部，既始之以掄材，終之以授位，是則知人官人，斯爲重任。昔在禹、稷、皐陶之衆聖，猶曰載采有九德，考績以九載。近代主司，獨委一二小冢宰，察言於一幅之判，觀行於一揖之內，古今遲速，何不侔之甚哉！夫判者，以狹詞短韻，語有定規爲體，亦猶以一小冶而鼓衆金，雖欲爲鼎爲鏞，不可得也。故曰判之在文，至局促者。夫銓者，必以崇衣冠，自媒耀爲賢，斯又士之醜行，君子所病。若引文公、尼父登之於銓廷，則雖圖書易象之大訓，以判體挫之，曾不及徐、庾。雖有至德，以喋喋取之，曾不若嗇夫。嗚呼！彼干霄蔽日，誠巨樹也，當求尺寸之材，必後於椓杙。龍吟武嘯，誠希聲也，若尙頰舌之感，必下於蛙黽。觀察之際，猶不悲夫！執事慮過龜策，文合雅誥，豈拘以瑣瑣故事，曲折因循哉？誠能先資以政事，次徵以文學，退觀其理家，進察其臨節，則厖鴻深沉之事，亦可以窺其門戶矣。

其載，補剡縣尉。改會稽尉。宣州觀察使殷日用奏爲判官，宣慰使李季卿又以表薦，連授大理評事、兼監察御史。轉運使劉晏奏令巡覆江西，多所蠲免。改殿中侍御史、檢校倉部員外、民部郎中，並充浙西留後。佐晏徵賦，頗有裨益，晏甚任之。

大曆十二年，元載既誅，以迺久在職，召拜司門員外郎。十四年，崔祐甫秉政，素與迺

中華書局

友善。會加郭子儀尚父，以冊禮久廢，至是復行之。祐甫令兩省官撰冊文，未稱旨；召迺至閣草之，立就。詞義典裁，祐甫歎賞久之。數日，擢爲給事中，尋遷權知兵部侍郎。及楊炎、盧杞爲相，意多醜正，以故五歲不遷。建中四年夏，但眞拜而已。

其冬，涇師作亂，駕幸奉天，迺臥疾在私第，賊泚遣使以甘言誘之，迺稱疾篤。又令其僞宰相蔣鎭自來招誘，迺託瘖疾，灸灼徧身。鎭再至，知不可劫脅，乃歎息曰：「鎭亦嘗忝列曹郎，苟不能死，以至於斯，寧以自辱羶腥，復欲汙穢賢哲乎？」歔欷而退。及聞輿駕再幸梁州，迺自投於牀，搏膺呼天，因是危惙，絕食數日而卒，時年六十。德宗還京，聞迺之忠烈，追贈禮部尚書。子伯芻。

伯芻字素芝，登進士第，志行修謹。淮南杜佑辟爲從事，府罷，屏居吳中。久之，徵拜右補闕，遷主客員外郎。以過從友人飲噱，爲韋執誼密奏，貶虔州掾曹，復爲考功員外郎。裴垍善其應對機捷，遷考功郎中、集賢院學士，轉給事中。裴垍罷相，爲太子賓客，未幾而卒。李吉甫復入相，與垍宿嫌，不加贈官，伯芻上疏論之，贈垍太子少傅。伯芻妻，垍從姨也。或讒於吉甫，以此論奏。伯芻懼，亟請散地，因出爲虢州刺史。吉甫卒，裴度擢爲刑部侍郎，俄知吏部選事。元和十年，以左常侍致仕，卒，年六十一，贈工部尚書。伯芻風姿古

雅，涉學，善談笑，而動與時適，論者稍薄之。

子寬夫，登進士第，歷諸府從事。寶曆中，入爲監察御史。嘗上言曰：「近日攝祭多差王府官僚，位望既輕，有乖嚴敬。伏請今後攝太尉，差尚書省三品已上及保傅賓詹等官；如人少，即令丞郎通攝之。」俄轉左補闕。少列陳岵進注維摩經，得濠州刺史。寬夫與同列，因對論之，言岵因供奉僧進經以圖郡牧。敬宗怒謂宰相曰：「陳岵不因僧得郡，諫官安得此言，須推排頭首來。」寬夫奏曰：「昨論陳岵之時，不記發言前後，唯握筆草狀，即是微臣。今論事不當，臣合當罪。若尋究推排，恐傷事體。」帝嘉其引過，欣然釋之。

寬夫弟端夫，爲太常博士，駁章綬諡議知名。寬夫子允章、煥章。允章登進士第，累官至翰林學士承旨、禮部侍郎。咸通九年，知貢舉，出爲鄂州觀察使、檢校工部尚書，後遷東都留守。黃巢犯洛陽，允章不能拒，賊不之害，坐是廢于家。以疾卒。

袁高字公頤，恕己之孫。少慷慨，慕名節。登進士第，累辟使府，有贊佐裨益之譽。代宗登極，徵入朝，累官至給事中、御史中丞。建中二年，擢爲京畿觀察使。以論事失旨，貶韶州長史，復拜爲給事中。

貞元元年，德宗復用吉州長史盧杞爲饒州刺史，令高草詔書。高執詞頭以謁宰相盧翰、劉從一曰：「盧杞作相三年，矯詐陰賊，退斥忠良。朋附者咳唾立至青雲，睚眦者顧盼已擠溝壑。傲很明德，反易天常，播越鑾輿，瘡痍天下，皆杞之爲也。爰免族戮，雖示貶黜，尋已稍遷近地，若更授大郡，恐失天下之望。惟相公執奏之，事尚可救。」翰、從一不悅，改命舍人草之。詔出，執之不下，仍上奏曰：「盧杞爲政，窮極兇惡。三軍將校，願食其肉；百辟卿士，嫉之若讎。」遺補陳京、趙需、裴佶、宇文炫、盧景亮、張薦等上疏論奏。次日，又上疏。高又於正殿奏云：「陛下用盧杞獨秉鈞軸，前後三年，棄斥忠良，附下罔上，使陛下越在草莽，皆杞之過。且漢時三光失序，雨旱不時，皆宰相請罪，小者免官，大者刑戮。杞罪合至死，陛下好生惡殺，赦杞萬死，唯貶新州司馬，旋復遷移。今除刺史，是失天下之望。伏惟聖意裁擇。」上謂曰：「盧杞有不逮，是朕之過。」復奏曰：「盧杞姦臣，常懷詭詐，非是不逮。」上曰：「朕已有赦。」高曰：「赦乃赦其罪，不宜授刺史。且赦文至優黎民，今饒州大郡，若命姦臣作牧，是一州蒼生，獨受其弊。望引常參官顧問，并擇謹厚中官，令採聽於衆。若億兆之人異臣之言，臣當萬死。」於是，諫官爭論於上前，上良久謂曰：「若與盧杞刺史太優，與上佐可乎？」曰：「可矣！」遂追饒州制。翌日，遣使宣慰高云：「朕思卿言深理切，當依卿所奏。」太

子少保韋倫、太府卿張獻恭等奏：「袁高所奏至當，高是陛下一良臣，望加優異。」

貞元二年，上以關輔祿山之後，百姓貧乏，田疇荒穢，詔諸道進耕牛，待諸道觀察使各選揀牛進貢，委京兆府勸課民戶，勘責有地無牛百姓，量其地著，以牛均給之。其田五十畝已下人，不在給限。高上疏論之：「聖慈所憂，切在貧下。有田不滿五十畝者尤是貧人，請量三兩家共給牛一頭，以濟農事。」疏奏，從之。尋卒於官，年六十，中外歎惜。憲宗朝，宰臣李吉甫嘗言高之忠鯁，詔贈禮部尚書。

段平仲字秉庸，武威人。隋人部尚書段達六代孫也。登進士第，杜佑、李復相繼鎭淮南，皆表平仲爲掌書記。復移鎭華州、滑州，仍爲從事。入朝爲監察御史。平仲磊落尚氣節，嗜酒傲言。時德宗春秋高，多自聽斷。由是庶務壅隔，事或不理，中外畏上嚴察，無敢言者。平仲嘗謂人曰：「主上聰明神武，臣下畏懼不言，自循默耳。如平仲一得召見，必當大有開悟。」貞元十四年，京師旱，詔擇御史、郎官各一人，發廩賑恤。平仲與考功員外陳歸當奉使，因辭得對，乃入近御座，粗陳本事。上察平仲意有所蓄，以歸在側不言。及奏事畢退，平仲獨不退，欲有奏啓，上因兼留歸問之，聲色甚厲，雜以他語。平仲錯愕，都不得言，

因誤稱其名。上怒，叱出之。平仲蒼黃，又誤趨御障後，歸下階連呼，乃得出。由是坐廢七年，然亦因此名顯。

後除屯田膳部二員外郎、東都留守判官，累拜右司郎中。元和初，遷諫議大夫。內官吐突承璀爲招討使，征鎮州，無功而還，平仲與呂元膺抗疏論列，請加黜責。轉給事中。自在要近，朝廷有得失，未嘗不論奏，時人推其狷直。轉尚書左丞，以疾改太子左庶子卒。

薛存誠字資明，河東人。父勝能文，嘗作拔河賦，詞致瀏亮，爲時所稱。存誠進士擢第，累辟使府，入朝爲監察御史，知館驛。元和初，王師討劉闢，郵傳多事，上特令中官爲館驛使。存誠密表論奏，以爲有傷公體。會諫官亦論奏，上乃罷之。轉殿中侍御史，遷度支員外郎。裴垍作相，用爲起居郎，轉司勳員外、刑部郎中，兼侍御史知雜事，改兵部郎中、給事中。瓊林庫使奏占工徒太廣，存誠以爲此皆姦人竄名以避征役，不可許。咸陽縣尉袁儋與軍鎮相競，軍人無理，遂肆侵誣，儋反受罰。二敕繼至，存誠皆執之。上聞甚悅，命中使嘉慰之，由是擢拜御史中丞。

僧鑒虛者，自貞元中交結權倖，招懷賂遺，倚中人爲城社，吏不敢繩。會于頔、杜黃裳

家私事發，連逮鑒虛下獄。存誠案鞫得姦贓數十萬，獄成，當大辟。中外權要，更於上前保救，上宣令釋放，存誠不奉詔。明日，又令中使詣臺宣旨曰：「朕要此僧面詰之，非赦之也。」存誠附中使奏曰：「鑒虛罪款已具，陛下若召而赦之，請先殺臣，然後可取。不然，臣期不奉詔。」上嘉其有守，從之，鑒虛竟笞死。洪州監軍高重昌誣奏信州刺史李位謀大逆，追赴京師。上令付仗內鞫問。存誠一日三表，請付位於御史臺。及推案無狀，位竟得雪。

未幾，再授給事中。數月，中丞闕，上思存誠前効，謂宰相持憲無以易存誠，遂復爲御史中丞。未視事，暴卒。憲宗深惜之，贈刑部侍郎。存誠性和易，於人無所不容，及當官御事，卽確乎不拔，士友以是稱重之。子廷老。

廷老謹正有父風，而性通銳。寶曆中爲右拾遺。敬宗荒恣，宮中造清思院新殿，用銅鏡三千片、黃白金薄十萬番。廷老與同僚入閤奏事曰：「臣伏見近日除拜，往往不由中書進擬，或是宣出。伏恐綱紀漸壞，姦邪恣行。」敬宗厲聲曰：「更諫何事？」舒元褒對曰：「近日宮中修造太多。」上色變曰：「何處修造？」元褒不能對。廷老進曰：「臣等職是諫官，凡有所聞，卽合論奏。莫知修造之所，但見運瓦木絕多，卽知有用。乞陛下勿罪臣言。」帝曰：「所奏已知。」尋加史館修撰。

時李逢吉秉權，惡廷老言太切直。鄭權因鄭注得廣州節度，權至鎮，盡以公家珍寶赴京師以酬恩地。廷老上疏請按權罪，中人由是切齒。又論逢吉黨人張權輿、程昔範不宜居諫列，逢吉大怒。廷老告滿十旬，逢吉乃出廷老爲臨晉縣令。

文宗卽位，入爲殿中侍御史。大和四年，以本官充翰林學士，與同職李讓夷相善，廷老之入內署，讓夷薦挈之。廷老性放逸嗜酒，不持檢操，終日酣醉，文宗知之不悅。五年，罷職，守本官，讓夷亦坐廷老罷職，守職方員外郎。廷老尋拜刑部員外郎，轉郎中，遷給事中。開成三年卒。廷老當官舉職，不求虛譽，侃侃於公卿之間，甚有正人風望。贈刑部侍郎。

子保遜，登進士第，位亦至給事中。

保遜子昭緯，乾寧中爲禮部侍郎，貢舉得人，文章秀麗。爲崔胤所惡，出爲磎州刺史，卒。

盧坦字保衡，河南洛陽人，其先自范陽徙焉。父巒，贈鄭州刺史。坦嘗爲義成軍判官，節度使李復疾篤，監軍使薛盈珍慮變，遽封府庫，入其麾下五百人於使牙，軍中恟恟，坦密言於盈珍促收之。及復卒，坦護喪歸東都。

後爲壽安令。時河南尹徵賦限窮，而縣人訴以機織未就，坦請延十日，府不許。坦令戶人但織而輸，勿顧限也，違之不過罰令俸耳。既成而輸，坦亦坐罰，由是知名。累遷至庫部員外郎，兼侍御史知雜事。會李錡反，有司請毀錡祖父廟墓。坦常爲錡從事，乃上言曰：「淮安王神通有功於草昧。且古之父子兄弟，罪不相及，況以錡故累五代祖乎？」乃不毀。因賜神通墓五戶，以備灑掃。及武元衡爲宰相，以坦爲中丞，李元素爲大夫，命坦分司東都，未幾歸臺。裴均爲僕射，在班踰位，坦請退之，均不受。坦曰：「姚南仲爲僕射，例如此。」均曰：「南仲何人？」坦曰：「南仲是守正而不交權倖者也。」尋罷爲右庶子，時人歸咎於均。旬月，出爲宣歙池觀察使。三年，入爲刑部侍郎、鹽鐵轉運使，改戶部侍郎、判度支。

元和八年，西受降城爲河徙浸毀，宰相李吉甫請移兵於天德故城。坦與李絳叶議，以爲：「西城張仁愿所築，制匈奴上策。城當磧口，居虜要衝，美水豐草，邊防所利。今河流之決，不過退就二三里，奈何捨萬代永安之策，徇一時省費之謀？況天德故城僻處确瘠，其北枕山，與河絕遠，烽候警備，不相統接。虜之唐突，勢無由知，是無故而蹙國二百里，非所利也。」及城使周懷義奏利害，與坦議同。事竟不行〔三〕。未幾，出爲劍南東川節度使。在鎮累年，後請收閏月軍吏糧料，以助軍行營，人多非之。元和十二年九月卒〔四〕，年六十九，贈禮部尚書。

史臣曰：古之諍臣，有死於言者。其次，引裾折檻，不改其操，亦難矣哉。袁高之執盧杞，存誠之戮鑾䕋，有古人之遺風焉。平仲觸鱗之氣，糾其謬歟？文洽奪章，以攄府憤；永夷絕食，不飲盜泉，節義之士也。南仲非葬之言，盧坦西城之議，量之深也。如數子，道爲時無君子，乃是厚誣。

贊曰：靈草指佞，諫臣匡失。惟袁與薛，人中屈軼。寬夫雀躍，廷老鴻軒。姚、盧啓奏，君子之言。

校勘記

〔一〕大曆十三年貞懿皇后獨孤氏崩　據本書卷一一代宗紀、新書卷一六二姚南仲傳、通鑑卷二二五，貞懿死于大曆十年；唐會要卷二一：「大曆十三年七月，將葬貞懿皇后。」則大曆十三年應爲貞懿葬年，此云「崩」，當誤。

〔二〕事竟不行　「竟」字各本原作「既」，據唐會要卷七三改。

〔三〕元和　各本原作「貞元」，新書卷一五九盧坦傳作「元和」。校勘記卷五二引張宗泰說：「貞元在元和前，上文歷敍坦元和年間之事，斷無貞元時已卒之理。」據改。

舊唐書

後晉　劉　昫　等撰

第一三冊

卷一五四至卷一六九（傳）

中華書局

中華書局

舊唐書卷一百五十四

列傳第一百四

孔巢父 從子戡 戣 戢　許孟容　呂元膺　劉栖楚　張宿　熊望　柏耆

孔巢父，冀州人，字弱翁。父如珪，海州司戶參軍，以巢父贈工部郎中。巢父早勤文史，少時與韓準、裴政、李白、張叔明、陶沔隱於徂來山，時號「竹溪六逸」。永王璘起兵江淮，聞其賢，以從事辟之。巢父知其必敗，側身潛遁，由是知名。廣德中，李季卿爲江淮宣撫使，薦巢父，授左衞兵曹參軍。大曆初，澤潞節度使李抱玉奏爲賓幕，累授監察御史，轉殿中、檢校庫部員外郎，出授歸州刺史。建中初，涇原節度留後孟皥表巢父試祕書少監、兼御史中丞、行軍司馬。尋拜汾州刺史，入爲諫議大夫，出爲潭州刺史、湖南觀察使。未行，會普王爲荆襄副元帥〔一〕，以巢父爲元帥府行軍司馬、兼御史大夫。

尋屬涇師之難，從德宗幸奉天，遷給事中、河中陝華等州招討使。累獻破賊之謀，德宗甚賞之。尋兼御史大夫，充魏博宣慰使。巢父博辯多智，對田悅之衆，陳逆順利害君臣之道，士衆欣悚喜抃曰：「不圖今日復覩王化。」及就宴，悅酒酣，自矜其騎射之藝、拳勇之略，因曰：「若蒙見用，無堅不摧。」巢父謂之曰：「若如公言而不早歸國者，但爲一好賊耳。」悅曰：「爲賊既曰好賊，爲臣當作功臣。」巢父曰：「國方有虞，待子而息。」悅起謝焉。悅背叛日久，其下厭亂，且喜巢父之至。數日，田承嗣之子緒以失職怨望，因人心之搖動，遂構謀殺悅而與大將邢曹俊等稟命於巢父。巢父因其衆意，令田緒權知軍務，以紓其難。

興元元年，李懷光擁兵河中，七月，復以巢父兼御史大夫，充宣慰使。既傳詔旨，懷光以巢父嘗使魏博，田悅死於帳下，恐禍及。又朔方蕃渾之衆數千，皆在行列，頗驕悖不肅。聞罷懷光兵權，時懷光素服待命，巢父不止之，衆咸忿恚咄嗟曰：「太尉盡無官矣！」方宣詔，讙譟，懷光亦不禁止，巢父、守盈並遇害。上聞之震悼，贈尚書左僕射，仍詔收河中日，備禮葬祭。賜其家布帛米粟甚厚，仍授一子正員官。從子戡、戣、戢。

戡，巢父兄岑父之子，方嚴有家法，重然諾，尚忠義。盧從史鎮澤潞，辟爲書記。從史寖驕，與王承宗、田緒陰相連結，欲效河朔事以固其位。戡每秉筆至不軌之言，極諫以爲不

可，從史怒。戡歲餘謝病歸洛陽。李吉甫鎮揚州，召爲賓佐。從史知之，上疏論列，請行貶逐。憲宗不得已，授衞尉丞，分司洛陽。初，貞元中藩帥誣奏從事者，皆不驗理，便行降黜。及戡詔下，給事中呂元膺執之，上令中使慰喩元膺，制書方下。戡不調而卒，贈駕部員外郎。

戣字君嚴。登進士第，鄭滑節度使盧羣辟爲從事。羣卒，命戣權掌留務，監軍使以氣凌之，戣無所屈降。入爲侍御史，累轉尚書郎。元和初，改諫議大夫。侃然忠讜，有諫臣體。上疏論時政四條，帝意嘉納。六年十月，內官劉希光受將軍孫璹賂二十萬貫以求方鎭，事敗，賜希光死。時吐突承璀以出軍無功，諫官論列，坐希光事出爲淮南監軍。試太子通事舍人李涉知上待承璀意未衰，欲投匭上疏，論承璀有功，希光無事，久委心腹，不宜遽棄。戣爲匭使，得涉副章，不受，面詰責之。涉乃進疏於光順門，戣極論其與中官交結，言甚激切，詔貶涉爲陝州司倉。倖臣聞之側目，人爲危之。

戣高步公卿間，以方嚴見憚。俄兼太子侍讀，遷吏部侍郎，轉左丞。九年，信州刺史李位爲州將韋岳讒譖於本使監軍高重謙，言位結聚術士，以圖不軌。追位至京師，鞫於禁中。戣奏曰：「刺史得罪，合歸法司按問，不合劾於內仗。」乃出付御史臺，戣與三司訊鞫得其狀。

位好黃老道，時修齋籙，與山人王恭合鍊藥物，別無逆狀。以岳誣告，決殺。貶位建州司馬。時非戣論諫，罪在不測，人士稱之。愈爲中官所惡，尋出爲華州刺史、潼關防禦等使。入爲大理卿，改國子祭酒。十二年，嶺南節度使崔詠卒，三軍請帥，宰相奏擬皆不稱旨。因入對，上謂裴度曰：「嘗有上疏論南海進蚶菜者，詞甚忠正，此人何在，卿第求之。」度退訪之，或曰祭酒孔戣嘗論此事，度徵疏進之，即日授廣州刺史、兼御史大夫、嶺南節度使。

戣剛正清儉，在南海，請刺史俸料之外，絕其取索。先是帥南海者，京師權要多託買南人爲奴婢，戣不受託。至郡，禁絕賣女口。先是準詔禱南海神，多令從事代祠。戣每受詔，自犯風波而往。韓愈在潮州，作詩以美之。時桂管經略使楊旻、桂仲武、裴行立等騷動生蠻，以求功伐，遂至嶺表累歲用兵。唯戣以清儉爲理，不務邀功，交、廣大理。穆宗即位〔二〕，召爲吏部侍郎。長慶中，或告戣在南海時家人受賂，上不之責，改右散騎常侍。二年，轉尚書左丞。累請老，詔以禮部尚書致仕，優詔褒美。仍令所司歲致羊酒，如漢禮徵士故事。長慶四年正月卒，時年七十三。

子遵孺、溫裕，皆登進士第。大中已後，迭居顯職。溫裕位京兆尹、天平軍節度使。遵孺子緯，自有傳。

戢字方舉，戣母弟也。以季父巢父死難，德宗嘉其忠，詔與一子正員官，因授戢修武尉。以長兄戡未仕，固乞迴授。舉明經登第，判入高等，授祕書省校書郎、陽翟尉，入拜監察御史，轉殿中，分司東都。時昭義節度判官徐玫，以狡厲助成從史之惡。從史既得罪，孟元陽爲昭義節度，復欲用玫爲賓佐，戢遂牒澤潞收玫以俟命，然後列狀上聞，竟流玫播州。轉侍御史、庫部員外郎。初涇師之亂，朱泚署彭偃爲舍人。至是偃子充符爲鄜坊從事，或薦其才，執事者召至京師。戢謂京兆尹裴武曰：「朱泚爲僞詔指斥乘輿，皆彭偃之詞也。悖逆之子，不能鳥竄獸伏，乃違道以干譽，子盍效季孫行父之逐莒僕，以勉事君者。」武卽日逐充符。

遷京兆尹，出爲汝州刺史、大理卿〔三〕。出爲潭州刺史、湖南觀察使。時兄戣爲嶺南，兄弟皆居節鎮，朝野榮之。入爲右散騎常侍，拜京兆尹。時累月亢旱，深軫聖情。戢自禱雨於曲池，是夕大雨。文宗甚悅，詔兼御史大夫。大和三年正月卒，贈工部尚書。

子温業，登進士第。大中後，歷位通顯。温業子晦。

許孟容字公範，京兆長安人也。父鳴謙，究通易象，官至撫州刺史，贈禮部尚書。孟容

少以文詞知名，舉進士甲科，後究王氏易，登科授祕書省校書郎。趙贊爲荆、襄等道黜陟使，表爲判官。貞元初，徐州節度使張建封辟爲從事，四遷侍御史。李納屯兵境上，揚言入寇。建封遣將吏數輩告論，不聽。於是遣孟容單車詣納，爲陳逆順禍福之計，納卽日發使追兵，因請修好。遂表孟容爲濠州刺史。無幾，德宗知其才，徵爲禮部員外郎。

有公主之子，請補弘文、崇文館諸生，孟容舉令式不許。主訴於上，命中使問狀。孟容執奏竟得。遷本曹郎中。德宗降誕日，御麟德殿，命孟容等登座，與釋、老之徒講論。十四年，轉兵部郎中。未滿歲，遷給事中。十七年夏，好畤縣風雹傷麥，上命品官覆視，不實，詔罰京兆尹顧少連已下。敕出，孟容執奏曰：「府縣上事不實，罪止奪俸停官，其於弘宥，已是殊澤。但陛下使品官覆視後，更擇憲官一人，再令驗察，覆視轉審，隱欺益明。事宜觀聽，法歸綱紀。臣受官中謝日，伏請詔敕有須詳議者，則乞停留晷刻，得以奏陳。此敕既非急宣，可以少駐。」詔雖不許，公議是之。十八年，浙江東道觀察使裴肅卒，以攝副使齊總爲衢州刺史。時總爲肅剝下進奉以希恩，遽授大郡，物議喧然。詔出，孟容執奏曰：「陛下比者以兵戎之地，或有不獲已超授者。今衢州無他虞，齊總無殊績，忽此超授，羣情驚駭。總是浙東判官，今詔敕稱權知留後，攝都團練副使，向來無此敕命。便用此詔，尤恐不可。若總必有可錄，陛下須要酬勞，卽明書課最，超一兩資與改。今舉朝之人，不知總之功能，衢州浙

東大郡，總自大理評事兼監察御史授之，使遐邇不甘，兇惡騰口。如臣言不切，乞陛下暫停此詔，密使人聽察，必賀聖朝無私。今齊總詔謹隨狀封進。」尋有諫官論列，乃留中不下。德宗召孟容對於延英，諭之曰：「使百執事皆如卿，朕何憂也。」自給事中袁高論盧杞後，未嘗有可否，及聞孟容之奏，四方皆感上之聽納，嘉孟容之當官。

十九年夏旱，孟容上疏曰：

臣伏聞陛下數月已來，齋居損膳，爲兆庶心疲，又敕有司，走於羣望，牲於百神，而密雲不雨，首種未入。豈觴醪有闕，祈祝非誠，爲陰陽適然，豐歉前定，何聖意精至，甘澤未答也？臣歷觀自古天人交感事，未有不由百姓利病之急者、切者，邦家教令之大者、遠者。京師是萬國所會，強幹弱枝，自古通規。其一年稅錢及地租，出入一百萬貫。臣伏冀陛下卽日下令，全放免之；其次，三分放二。且使旱涸之際，免更流亡。若播種無望，徵斂如舊，則必愁怨遷徙，不顧墳墓矣。臣愚以爲德音一發，膏澤立應，變災爲福，期在斯須。戶部所收掌錢，非度支歲計，本防緩急別用。今此炎旱，直支一百餘萬貫，代京兆百姓一年差科，實陛下巍巍睿謀，天下鼓舞歌揚者也。復更省察庶政之中，有流移征防，當還而未還者；徒役禁錮，當釋而未釋者；逋懸饋送，當免而未免者；沉滯鬱抑，當伸而未伸者。有一於此，則特降明命，令有司條列，三日內聞奏。

其當還、當釋、當免、當伸者，下詔之日，所在卽時施行。臣愚以爲如此而神不監，歲不稔，古未之有。

事雖不行，物議嘉之。貞元末，坐裴延齡、李齊運等讒謗流貶者，動十數年不量移，故因旱歉，孟容奏此以諷。然終貞元世，罕有遷移者。

孟容以諷諭太切，改太常少卿。元和初，遷刑部侍郎、尚書右丞。四年，拜京兆尹，賜紫。神策吏李昱假貸長安富人錢八千貫，滿三歲不償。孟容遣吏收捕械繫，剋日命還之，曰〔四〕：「不及期當死。」自興元已後，禁軍有功，又中貴之尤有渥恩者，方得護軍，故軍士日益縱橫，府縣不能制。孟容剛正不懼，以法繩之，一軍盡驚，冤訴於上。立命中使宣旨，令送本軍，孟容繫之不遣。中使再至，乃執奏曰：「臣誠知不奉詔當誅，然臣職司輦轂，合爲陛下彈抑豪強。錢未盡輸，昱不可得。」上以其守正，許之。自此豪右斂迹，威望大震。改兵部侍郎。俄以本官權知禮部貢舉，頗抑浮華，選擇才藝。出爲河南尹，亦有威名。俄知禮部選事，徵拜吏部侍郎。

會十年六月，盜殺宰相武元衡，并傷議臣裴度。時淮夷逆命，兇威方熾，王師問罪，未有成功。言事者繼上章疏請罷兵。是時盜賊竊發，人情甚惑，獨孟容詣中書雪涕而言曰：「昔漢廷有一汲黯，姦臣尚爲寢謀。今主上英明，朝廷未有過失，而狂賊敢爾無狀，寧謂國

無人乎？然轉禍爲福，此其時也。莫若上聞，起裴中丞爲相，令主兵柄，大索賊黨，窮其姦源。」後數日，度果爲相，而下詔行誅。時孟容議論人物，有大臣風彩。由太常卿爲尚書左丞，奉詔宣慰汴宋陳許河陽行營諸軍，俄拜東都留守。元和十三年四月卒，年七十六，贈太子少保，謚曰憲。

孟容方勁，富有文學。其折衷禮法考詳訓典甚堅正，論者稱焉。而又好推轂，樂善拔士，士多歸之。

呂元膺字景夫，鄆州東平人。曾祖紹宗，右拾遺。祖霈，殿中侍御史。父長卿，右衞倉曹參軍，以元膺贈祕書監。元膺質度瓌偉，有公侯之器。建中初，策賢良對問第，授同州安邑尉。同州刺史侯鐈聞其名，辟爲長春宮判官。屬蒲賊侵軼，鐈失所，元膺遂潛跡不務進取。

貞元初，論惟明節制渭北，延在賓席，自是名達於朝廷。惟明卒，王棲曜代領其鎭。德宗俾棲曜留署使職，咨以軍政。累轉殿中侍御史，徵入眞拜本官，轉侍御史。丁繼母憂，服闋，除右司員外郎，出爲蘄州刺史，頗著恩信。嘗歲終閱郡獄囚，囚有自告者曰：「某有父母

在，明日元正不得相見。」因泣下。元膺憫焉，盡脫其械縱之，與爲期。守吏曰：「賊不可縱。」元膺曰：「吾以忠信待之。」及期，無後到者，由是羣盜感義，相引而去。元和初，徵拜右司郎中、兼侍御史知雜事，遷諫議大夫、給事中。規諫駁議，大舉其職。及鎭州王承宗之叛，憲宗將以吐突承璀爲招討處置使。元膺與給事中穆質、孟簡，兵部侍郎許孟容等八人，抗論不可，且曰：「承璀雖貴寵，然內臣也。若爲帥總兵，恐不爲諸將所伏。」指論明切，憲宗納之，爲改使號，然猶專戎柄，無功而還。出爲同州刺史，及中謝，上問時政得失，元膺論奏，辭氣激切，上嘉之。翌日謂宰相曰：「元膺有讜言直氣，宜留在左右，使言得失，卿等以爲何如？」李藩、裴垍賀曰：「陛下納諫，超冠百王，乃宗社無疆之休。臣等不能廣求端士，又不能數進忠言，孤負聖心，合當罪戾。請留元膺給事左右。」尋兼皇太子侍讀，賜以金紫。

尋拜御史中丞，未幾，除鄂岳觀察使，入爲尚書左丞。度支使潘孟陽與太府卿王遂迭相奏論，孟陽除散騎常侍，遂爲鄧州刺史，皆假以美詞。元膺封還詔書，請明示枉直。江西觀察使裴堪奏虔州刺史李將順贓狀，朝廷不覆按，遽貶將順道州司戶。元膺曰：「廉使奏刺史贓罪，不覆檢卽謫去，縱堪之詞足信，亦不可爲天下法。」又封詔書，請發御史按問，宰臣不能奪。代權德輿爲東都留守、檢校工部尚書、兼御史大夫、都畿防禦使。舊例，留守賜旗甲，與方鎭同。及元膺受任不賜，朝論以淮西用兵，特用元膺守洛，不宜削其儀制，以沮威望，諫官論列，援華、汝、壽三州例。上曰：「此數處，並宜不賜。」留守不賜旗甲，自元膺始。

十年七月，鄆州李師道留邸伏甲謀亂。初，師道於東都置邸院，兵諜雜以往來，吏不敢辨。因吳元濟北犯，郊畿多警，防禦兵盡戍伊闕。師道伏甲百餘於邸院，將焚宮室，而肆殺掠。已烹牛饗衆，明日將出。會小將李再興告變，元膺追兵伊闕，圍之半日〔三〕，無敢進攻者，防禦判官王茂元殺一人而後進。或有毀其墉而入者，賊衆突出，圍兵奔駭。賊乃團結，以其孥偕行，出長夏門，轉掠郊墅，奪牛馬，東濟伊水，望山而去。元膺誡境上兵，重購以捕之。數月，有山棚賣鹿於市，賊過，山棚乃召集其黨，引官兵圍於谷中，盡獲之。窮理其魁，乃中岳寺僧圓淨，年八十餘，嘗爲史思明將，偉悍過人。初執之，使折其脛，鎚之不折。圓淨罵曰：「脚猶不解折，乃稱健兒乎！」自置其足教折之。臨刑歎曰：「誤我事，不得使洛城流血！」死者凡數十人。留守防禦將二人，都亭驛卒五人，甘水驛卒三人，皆潛受其職署而爲之耳目，自始謀及將敗無知者。初，師道多買田於伊闕、陸渾之間，凡十餘處，故以舍山棚而衣食之。有訾嘉珍、門察者，潛部分之，以屬圓淨。以師道錢千萬僞理佛寺，期以嘉珍竊發時舉火於山中，集二縣山棚人作亂。及窮按之，嘉珍、門察皆稱害武元衡者。元膺以聞，送之上都，賞告變人楊進、李再興錦綵三百匹、宅一區，授之郎將。元膺因請募山河子弟以衞宮城，從之。盜發之日，都城震恐，留守兵寡弱不可倚，而元膺坐皇城門，指

使部分，氣意自若，以故居人帖然。

數年，改河中尹，充河中節度等使。時方鎭多事姑息，元膺獨以堅正自處，監軍使洎往來中貴，無不敬憚。入拜吏部侍郎，因疾固讓，改太子賓客。元和十五年二月卒，年七十二，贈吏部尚書。

元膺學識深遠，處事得體，正色立朝，有台輔之望。初遊京師時，故相齊映謂人曰：「吾不及識婁、郝，殆斯人之類乎！」其業官行己，始終無缺云。

劉棲楚，出於寒微。爲吏鎭州，王承宗甚奇之。後有薦於李逢吉，自鄧掾擢爲拾遺。性果敢，逢吉以爲鷹犬之用，欲中傷裴度及殺李紳。

敬宗卽位，畋遊稍多，坐朝常晚，棲楚出班，以額叩龍墀出血，苦諫曰：「臣歷觀前王嗣位之初，莫不躬勤庶政，坐以待旦。陛下卽位已來，放情嗜寢，樂色忘憂，安臥宮闈，日晏方起。西宮密邇，未過山陵，鼓吹之聲，日喧於外。伏以憲宗皇帝、大行皇帝皆是長君，恪勤庶政，四方猶有叛亂。陛下運當少主，卽位未幾，惡德布聞，臣慮福祚之不長也。臣忝諫官，致陛下有此，請碎首以謝！」遂以額叩龍墀，久之不已。宰臣李逢吉出位宣曰：「劉棲楚

休叩頭，候詔旨。」栖楚捧首而起，因更陳論，搕頭見血，上爲之動容，以袖連揮令出。栖楚又云：「不可臣奏，臣卽碎首死。」中書侍郎牛僧孺復宣示而出，敬宗爲之動容。

無何，遷起居郎，至諫議。俄又宣授刑部侍郎，丞郎宣授，未之有也。改京兆尹，摧抑豪右，甚有鈎距，人多比之於西漢趙廣漢者。後恃權寵，常以詞氣淩宰相韋處厚，遂出爲桂州觀察使。逾年，卒於任，時大和元年九月。

張宿者，布衣諸生也。憲宗爲廣陵王時，因軍使張茂宗薦達，出入邸第。及上在東宮，宿時入謁，辨譎敢言。洎監撫之際，驟承顧擢，授左拾遺。以舊恩，數召對禁中，機事不密，貶郴州郴縣丞。十餘年徵入，歷贊善大夫、左補闕、比部員外郎。宰相李逢吉惡之，數於上前言其狡譎，不可保信，乃用爲濠州刺史。制下，宿自理乞留，乃追制。上欲以爲諫議大夫，逢吉奏曰：「諫議職重，當以能可否朝政者爲之。宿細人，不足以汙賢者位。陛下必須用宿，請先去臣卽可。」上不悅。又逢吉與裴度是非不同，上方委度討伐，乃出逢吉爲劍南東川節度。乃用宿權知諫議大夫，俄而內使宣授。

初，宰相崔羣、王涯奏曰：「諫議大夫前時亦有拔自山林、起於卒伍者，其例則少，用皆有

由。或道義彰明，不求聞達；或山林卓異，出於羣萃。以此選求，是愜公議。或事迹未著，恩由一時，雖有例超升，卽時議未允。宿本非文辭入用，望實稍輕。驟加不次之榮，翻恐以身爲累。臣等所以累有論諫，依資且與郎中，事冀適中，非於此人情有厚薄，請授職方郎中。」上命如初，羣等乃請權知，尋又宣授。宿怨執政擯己，頗加讒毀。依附皇甫鎛等，傷害清正之士，陰事中要，以圖進取。

十三年正月，充淄青宣慰使，至東都，暴病卒，於是正人相賀。詔贈祕書監。

熊望者，登進士第。粗有文詞，而性憸險。有口辯，往往得遊公卿間，率以大言詭意，指抉時政。旣由此而得進士第，務進不已。而京兆尹劉栖楚以不次驟居清貫，廣樹朋黨，門庭無晝夜，塡委不息。望出入栖楚之門，爲伺密機，陰佐計畫，人無知者。昭愍嬉遊之隙，學爲歌詩。以翰林學士崇重，不可褻狎，乃議別置「東頭學士」，以備曲宴賦詩，令採卑官才堪任學士者爲之。栖楚以望名薦送，事未行而昭愍崩。

文宗卽位，韋處厚輔政，大去姦黨，旣逐栖楚，又詔曰：「孔門高懸百行，由至順者其身必榮；朝廷廣設衆官，踐正途者其道必達。前鄉貢進士熊望，因緣薄伎，偷冀褻幸。營居

中之密職，擾惑朝經；鼓逼下之囂聲，因依邪隙。及衆議波湧，累月不寧，司門驗繻，累月至四，考覆謬妄，乃非坦途。朕大啓康莊，以端羣望，俾示投荒之典，用正向方之流。可漳州司戶。」

柏耆者，將軍良器之子。素負志略，學縱橫家流。會王承宗以常山叛，朝廷厭兵，欲以恩澤撫之。耆於蔡州行營以畫干裴度，請以朝旨奉使鎭州，乃自處士授左拾遺。旣見承宗，以大義陳說，承宗泣下，請質二男，獻兩郡，由是知名。元和十五年，王承元歸國〔六〕，移鎭滑州，朝廷賜成德軍賞錢一百萬貫，令諫議大夫鄭覃宣慰軍人，賞錢未至，浩浩然騰口。穆宗詔耆往諭旨。耆至，令承元集三軍，宣導上旨，衆心乃安。轉兵部郎中。

大和初，遷諫議大夫。俄而李同捷叛，兩河藩帥加兵滄、德，宿師於野連年，同捷窮蹙求降。耆旣宣諭訖〔七〕，與節度使李祐謀，耆乃帥數百騎入滄州，取同捷赴京，滄、德平。諸將害耆邀功，爭上表論列，文宗不獲已，貶循州司戶，判官沈亞之貶虔州南康尉。內官馬國亮又奏耆於同捷處取婢九人，再命長流愛州，尋賜死。

史臣曰：人臣事君，犯顏匡政，不避死亡之誅。議者以爲徇名，臣惡其訐也。如許京兆之勁軍吏，呂尚書之封詔書，詞義可觀，聳動人聽，以爲沽激，傷善何多！而栖楚、張宿之徒，鷹犬下材，爲人鳴吠，誠可醜也。柏耆恃縱橫之算，欲俯拾卿相，忘身蹈利，旋踵而誅，宜哉。巢父使不辱命，志在致君，遭罹喪亂，竟陷虎吻。而戣、戡諸子，世載忠貞，大中之後，鬱爲昌族，爲善之利，豈虛言哉！

贊曰：君子重義，小人殉利。巢殞耆誅，其道卽異。許、呂封駁，照耀黃扉。死而可作，吾誰與歸？

校勘記

〔一〕普王爲荆襄副元帥　「副元帥」，本書卷一五〇舒王傳作「元帥」，新書卷七德宗紀、卷八二舒王傳作「都元帥」。

〔二〕穆宗　各本原作「敬宗」，按本卷下文云：「長慶中，或告戣在南海時家人受賂」，當爲穆宗時事，今據新書卷一六三孔巢父傳改。

〔三〕大理卿　合鈔卷二〇五孔巢父傳「大」上有「遷」字。

〔四〕曰 各本原作「日」，據新書卷一六二許孟容傳改。

〔五〕閏之半日 「日」字各本原作「月」，據本書卷一二四李正己傳、冊府卷六九五改。

〔六〕元和十五年王承元歸國 各本原作「元和十年王承宗歸國」，據本書卷一四二王武俊傳、冊府卷六五六、通鑑卷二四一改。下同。

〔七〕沓既宣諭訖 本句上無所承，顯有脫文。新書卷一七五柏耆傳此上有「乃授耆德州行營諸軍計會使與判官沈亞之諭旨」等字。

舊唐書卷一百五十五

列傳第一百五

穆寧 子贊 質 員 賞　崔邠 弟鄯 郾 鄲　竇羣 兄常 牟 弟庠 鞏
李遜 弟建　薛戎 弟放

穆寧，懷州河內人也。父元休，以文學著，撰洪範外傳十篇，開元中獻之，玄宗賜帛，授偃師縣丞、安陽令。寧清慎剛正，重交遊，以氣節自任。少以明經調授鹽山尉。是時，安祿山始叛，僞署劉道玄爲景城守。寧唱義起兵，斬道玄首，傳檄郡邑，多有應者。賊將史思明來寇郡，寧以攝東光令將兵禦之。思明遣使說誘，寧立斬之。郡懼賊怨深後大兵至，奪寧兵及攝縣。初，寧佐採訪使巡按，常過平原，與太守顏眞卿密揣祿山必叛。至是，眞卿亦唱義，舉郡兵以拒祿山。會間使持書遺眞卿曰：「夫子爲衞君乎？」更無他詞。眞卿得書大喜，因奏署大理評事、河北採訪支使。寧以長子屬母弟曰：「惟爾所適，苟不乏嗣，吾無累矣。」

因往平原謂眞卿曰：「先人有嗣矣！古所謂死有輕於鴻毛者，寧是也，願佐公以定危難。」眞卿深然之。其後，寧計或不行，眞卿迫蹙棄郡，夜渡河而南，見肅宗於鳳翔。帝問拒賊之狀，眞卿曰：「臣不用穆寧之言，功業不成。」帝奇之，發驛召寧，將以右職待之。會眞卿以抗直失旨，事遂止。

上元二年，累官至殿中侍御史，佐鹽鐵轉運使。副元帥李光弼以餉運不繼，或惡寧者誣譖於光弼，光弼揚言欲殺寧。寧直抵徐州見光弼，喻以大義，不爲撓折。光弼深重之，寧得行其職。寶應初，轉侍御史，爲河南轉運租庸鹽鐵等副使。明年，遷戶部員外郎。無幾，加兼御史中丞，爲河南、江南轉運使。廣德初，加庫部郎中。是時河運不通，漕輓由漢、沔自商山達京師。選鎭夏口者，詔以寧爲鄂州刺史、鄂岳沔都團練使及淮西鄂岳租庸鹽鐵沿江轉運使，賜金紫。時淮西節度使李忠臣貪暴不率法，設防戍以稅商賈，又縱兵士剽劫，行人殆絕。與寧夾淮爲理，憚寧威名，寇盜輒止。沔州別駕薛彥偉坐事忤旨，寧杖之致死，寧坐貶虔州司馬，重貶昭州平集尉。

大曆四年，起授監察御史，領轉運留後事於淄青。間一年，改檢校司封郎中、兼侍御史，領轉運留後事於江西。明年，拜檢校祕書少監，兼和州刺史，理有善政。居無何，官罷。代寧者以天寶版籍校見戶，誣以逋亡多，坐貶泉州司戶。寧子贊，守闕三年告冤，詔遣御史按覆，而人戶增倍，詔書召寧除右諭德。寧強毅不能事權貴，執政者以爲不附己，且憚其難制，故處之散位。寧默默不得志，且曰：「時不我容，我不時徇，則非吾之進也，在於退乎。」辭病居家，請告幾十旬者數矣。親友強之，復一朝請。上居奉天，寧詣行在，拜祕書少監。興元初，改右庶子。德宗還京師，寧曰：「可以行吾志矣。」因移病罷歸東都。貞元六年，就拜祕書監致仕。

寧好學，善教諸子，家道以嚴稱。事寡姊以悌聞。通達體命，未嘗服藥。每誡諸子曰：「吾聞君子之事親，養志爲大，直道而已。慎無爲謟，吾之志也。」貞元十年十月卒，時年七十九。四子：贊、質、員、賞。

贊字相明，釋褐爲濟源主簿。時父寧爲和州刺史，以剛直不屈於廉使，遂被誣奏，貶泉州司戶參軍。贊奔赴闕庭，號泣上訴，詔御史覆問，寧方得雪。詔曰：「令子申父之冤，憲臣奉君之命，楚劍不衡於牛斗，秦臺自洗於塵埃。」由是知名。累遷京兆兵曹參軍、殿中侍御史，轉侍御史，分司東都。

時陝州觀察使盧岳妾裴氏，以有子，岳妻分財不及，訴於官，贊鞫其事。御史中丞盧佋佐之，令深繩裴罪，贊持平不許。宰臣竇參與佋善，參、佋俱持權，怒贊以小事不受指使，遂

下贊獄。侍御史杜倫希其意，誣贊受裴之金，鞭其使以成其獄，甚急。贊弟賞，馳詣闕，撾登聞鼓。詔三司使覆理無驗，出爲郴州刺史。參敗，徵拜刑部郎中。因次對，德宗嘉其才，擢爲御史中丞。時裴延齡判度支，以姦巧承恩。屬吏有贓犯，贊鞫理承伏，延齡請曲法出之，贊三執不許，以款狀聞。延齡誣贊不平，貶饒州別駕。丁母憂，再轉虔、常二州刺史。憲宗即位，拜宣州刺史、御史中丞，充宣歙觀察使，所莅皆有政聲。永貞元年十一月卒，時年五十八，贈工部尚書。

贊與弟質、員、賞以家行人材爲搢紳所仰。贊官達，父母尙無恙，家法淸嚴。贊兄弟奉指使，笞責如僮僕，贊最孝謹。

質強直，應制策入第三等，其所條對，至今傳之。自補闕至給事中，時政得失，未嘗不先論諫。元和初，掌賦使院多擅禁繫戶人，而有笞掠至死者。質乃論奏鹽鐵轉運司應決私鹽繫囚，須與州府長吏監決。自是刑名畫一。憲宗以王承宗叛，用內官吐突承璀爲招討使。質率同列伏閤論奏，言自古無以中官爲將帥者。上雖改其名，心頗不悅，尋改質爲太子左庶子。五年，坐與楊憑善，出爲開州刺史。未幾卒。

員工文辭，尙節義，杜亞爲東都留守，辟爲從事、檢校員外郎。早卒，有文集十卷。

質兄弟俱有令譽而和粹，世以「滋味」目之：贊俗而有格爲酪，質美而多入爲酥，員

爲醍醐，賞爲乳腐。近代士大夫言家法者，以穆氏爲高。

崔邠字處仁，淸河武城人。祖結，父倕，官卑。邠少舉進士，又登賢良方正科。貞元中授渭南尉。遷拾遺、補闕。常疏論裴延齡，爲時所知。以兵部員外郎知制誥至中書舍人，凡七年。又權知吏部選事。明年，爲禮部侍郎，轉吏部侍郎，賜以金紫。

邠溫裕沉密，尤敦清儉，上亦器重之。裴垍將引爲相，病難於承答，事竟寢。兄弟同時奉朝請者四人，頗以孝敬怡睦聞。後改太常卿，知吏部尙書銓事。故事，太常卿初上，大閱四部樂於署，觀者縱焉。邠自私第去帽親導母輿，公卿逢者回騎避之，衢路以爲榮。居母憂，歲餘卒，元和十年三月也，時年六十二。贈吏部尙書，謚曰文簡。弟鄯、郾、鄲等六人。子璀、璜，璀子彥融，皆登進士第，歷位臺閣。

鄯少有文學，舉進士。元和中，歷監察御史。大和元年十月，自太子詹事拜左金吾衞大將軍。鄯昆弟六人，仕官皆至三品。邠、郾、鄲三人，知貢舉，掌銓衡。冠族聞望，爲時名德。鄯大和九年冬，爲左金吾大將軍，無病暴亡。不旬日有訓、注之亂，其亂始自金吾，君

子乃知鄯之亡，崔氏積善之徵也。贈禮部尙書。子瑄。

郾字廣略，舉進士，平判入等，授集賢殿校書郎。三命升朝，爲監察御史、刑部員外郎。資質秀偉，神情重雅，人望而愛之，終不可捨，不知者以爲事高簡拘靜默耳。居內憂，釋服爲吏部員外。姦吏不敢欺，孤寒無援者未嘗留滯，銓敍之美，爲時所稱。再遷左司郎中。元和十三年，鄭餘慶爲禮儀詳定使，選時有禮學者共事，以郾爲詳定判官、吏部郎中。十五年，遷諫議大夫。穆宗即位，荒於禽酒，坐朝常晚。郾與同列鄭覃等延英切諫，穆宗甚嘉之，畋遊稍簡。長慶中，轉給事中。

昭愍即位，選侍講學士，轉中書舍人。入思政殿謝恩，郾奏曰：「陛下用臣爲侍講，半歲有餘，未嘗問臣經義。今蒙轉改，實慚尸素，有愧厚恩。」帝曰：「朕機務稍閑，即當請益。」高鉞曰〔一〕：「陛下意雖樂善，既未延接儒生，天下之人，寧知重道？」帝深引咎，賜之錦綵。郾退與同列高重抄撮六經嘉言要道，區分事類，凡十卷，名曰諸經纂要，冀人主易於省覽。上嘉之，賜錦綵二百匹、銀器等。

其年，轉禮部侍郎，東都試舉人。凡兩歲掌貢士，平心閱試，賞拔藝能，所擢者無非名士，至大中、咸通之代，爲輔相名卿者十數人。出爲陝州觀察使。舊弊有上供不足，奪吏俸

以益之，歲八十萬，鄘以廉使常用之直代之。居二年，政績聞於朝，遷鄂岳安黃等州觀察使。又五年，移浙西道都團練觀察使，所至用寬政安疲人(三)。及居鄂渚，則峻法嚴刑，未常貰一死罪。江湖之間，萑蒲是叢，因造蒙衝小艦，上下千里，期月而盡獲羣盜。凡三按廉車，率由清簡少事，財用有餘，人遂寧泰。開成元年卒，年六十九，贈吏部尚書，謚曰德。

鄘與兄郱、弟鄲等皆有令譽。而鄘疏財恢廓，昆仲所不及。子璐、瓌、瑾、珮、璆。

璐大和三年登進士第，出佐藩方，入升朝列，累至中書舍人。大中六年，知貢舉，旋拜禮部侍郎，出爲浙西觀察使。又遷鄂州刺史、鄂岳觀察使，終於位。瓌、珮、璆官至郎署給諫。瑾大中十年登進士第，累居使府，歷尚書郎、知制誥。咸通十三年，知貢舉，選拔頗爲得人。尋拜禮部侍郎，出爲湖南觀察使。

鄲登進士第，累遷監察御史，三遷考功郎中。大和三年，以本官充翰林學士，轉中書舍人。六年，罷學士。八年，爲工部侍郎、集賢殿學士，權知禮部，眞拜兵部侍郎，本官判吏部東銓事。文宗勤於政道，每苦選曹訛弊，延英謂宰臣曰：「吏部殊不選才，安得撫實無濫，可釐革否？」李石對曰：「令錄可以商量，他官且宜循舊。」上曰：「循舊如配官耳，賢不肖安能甄別？」帝召三銓謂之曰：「卿等比選令錄，如何注擬？」鄲對曰：「資敍相當，問其爲治之術，

視可否而擬之。」帝曰：「依資合得，而才劣者何授？」對曰：「與邊遠慢官。」帝曰：「如以不肖之才治邊民，則疾苦可知也。凡朝廷求理，遠近皆須得人。苟非其才，人受其弊矣。」

尋拜吏部侍郎。開成二年，出爲宣州刺史、兼御史中丞、宣歙觀察使。四年，入爲太常卿。七月，以本官同中書門下平章事，尋加中書侍郎、銀青光祿大夫。會昌初，李德裕用事，與鄲弟兄素善。鄲在相位累年，歷方鎮、太子師保卒。

竇羣字丹列，扶風平陵人。祖亶，同昌郡司馬。父叔向，以工詩稱，代宗朝，官至左拾遺。羣兄常、牟，弟庠、鞏，皆登進士第，唯羣獨爲處士，隱居毗陵，以節操聞。及母卒，嚙一指置棺中，因廬墓次終喪。後學春秋於啖助之門人盧庇者，著書三十四卷，號史記名臣疏。貞元中，蘇州刺史韋夏卿以丘園茂異薦，兼獻其書，不報。及夏卿入爲吏部侍郎，改京兆尹，中謝日，因對復薦羣。徵拜左拾遺，遷侍御史，充入蕃使祕書監張薦判官。羣因入對，奏曰：「陛下即位二十年，始自草澤擢臣爲拾遺，是難其進也。今陛下以二十年難進之臣，用爲和蕃判官，一何易也？」德宗異其言，留之，復爲侍御史。

王叔文之黨柳宗元、劉禹錫皆慢羣，羣不附之。其黨議欲貶羣官，韋執誼止之。羣嘗

謁王叔文，叔文命撤榻而進，羣揖之曰：「夫事有不可知者。」叔文曰：「如何？」羣曰：「去年李實伐恩恃貴，傾動一時，此時公逡巡路旁，乃江南一吏耳。今公已處實形勢，又安得不慮路旁有公者乎？」叔文雖異其言，竟不之用。

憲宗即位，轉膳部員外、兼侍御史知雜，出爲唐州刺史。節度使于頔素聞其名，既謁見，羣危言激切，頔甚悅，奏留充山南東道節度副使、檢校兵部郎中、兼御史中丞，賜紫金魚袋。宰相武元衡、李吉甫皆愛重之，召入爲吏部郎中。元衡輔政，舉羣代己爲中丞。羣奏刑部郎中呂溫、羊士諤爲御史，吉甫以羊、呂險躁，持之數日不下，羣等怒吉甫。

三年八月，吉甫罷相，出鎭淮南，羣等欲因失恩傾之。吉甫嘗召術士陳登宿于安邑里第，翌日，羣令吏捕登考劾，僞構吉甫陰事，密以上聞。帝召登面訊之，立辯其僞。憲宗怒，將誅羣等，吉甫救之，出爲湖南觀察使。數日，改黔州刺史、黔州觀察使。在黔中屬大水壞其城郭，復築其城，徵督谿洞諸蠻，程作頗急，於是，辰、錦生蠻乘險作亂，羣討之不能定。六年九月，貶開州刺史。在郡二年，改容州刺史、容管經略觀察使。

九年，詔還朝，至衡州病卒，時年五十。羣性狠戾，頗復恩讎，臨事不顧生死。是時徵入，云欲大用，人皆懼駭，聞其卒方安。二子：謙餘、審餘。

兄常字中行，大曆十四年登進士第，居廣陵之柳楊。結廬種樹，不求苟進，以講學著書爲事，凡二十年不出。貞元十四年，鎭州節度使王武俊聞其賢，遣人致聘，辟爲掌書記，不就。其年，杜佑鎭淮南，奏授校書郎，爲節度參謀。元和六年，自湖南判官入爲侍御史，轉水部員外郎。出爲朗州刺史，歷固陵、潯陽、臨川三郡守。入爲國子祭酒，求致仕。寶曆元年卒，時年七十。子弘餘，會昌中爲黃州刺史。

牟字貽周，貞元二年登進士第，試祕書省校書郎、東都留守巡官。歷河陽、昭義從事，檢校水部郎中，賜緋，再爲留守判官。入爲都官郎中，出爲澤州刺史，入爲國子祭酒。長慶二年卒，時年七十四。子周餘，大中年祕書監。

牟弟庠，字冑卿，釋褐國子主簿。吏部侍郎韓皐出鎭武昌，辟爲推官。皐移鎭浙西，奏庠爲節度副使、殿中侍御史，遷澤州刺史。又爲宣歙副使，除奉天令、登州刺史、東都留守判官，歷信、婺二州刺史。卒年六十三。子縣、戡。

鞏字友封，元和二年登進士第。袁滋鎭滑州，辟爲從事。滋改荆、襄二鎭，皆從之掌管記之任。平盧薛平又辟爲副使。入朝，拜侍御史，歷司勳員外、刑部郎中。元稹觀察浙東，奏爲副使、檢校祕書少監、兼御史中丞，賜金紫。稹移鎭武昌，鞏又從之。鞏能五言詩，昆仲之間，與牟詩俱爲時所賞重。性溫雅，多不能持論，士友言議之際，吻動而不發，白居易

等目爲「囁嚅翁」。終于鄂渚，時年六十。子六人，景餘、師裕最知名。

李遜字友道，後魏申公發之後，於趙郡謂之申公房。曾祖進德，太子中允。祖珍玉，昌明令。父震，雅州別駕。世寓於荆州之石首。

遜登進士第，辟襄陽掌書記，復從事於湖南，主其留務，頗有聲績，累拜池、濠二州刺史。先是，濠州之都將楊騰，削刻士卒，州兵三千人謀殺騰。騰覺之，走揚州，家屬皆死。濠兵不自戢，因行攘剽。及遜至郡，餘亂未珍，徐驅其間，爲陳逆順利害之勢，衆皆釋甲請罪，因以寧息。觀察使旨限外徵役，皆不從。入拜虞部郎中。

元和初，出爲衢州刺史。以政績殊尤，遷越州刺史、兼御史大夫、浙東都團練觀察使。先是，貞元初，皇甫政鎮浙東，嘗福建兵亂，逐觀察使吳詵，政以所鎮實壓閩境，請權益兵三千，俟賊平而罷。賊平向三十年，而所益兵仍舊。遜視事數日，舉奏停之。遜爲政以均一貧富、扶弱抑強爲已任，故所至稱理。

九年，入爲給事中。遜以舊制隻日視事對羣臣，遜奏論曰：「事君之義，有犯無隱。陳誠啓沃，不必擇辰。今羣臣數奏，乃候隻日，是畢歲臣下覲天顏，獻可否能幾何？」憲宗嘉

之，乃許不擇時奏對。俄遷戶部侍郎。

元和十年，拜襄州刺史，充山南東道節度、觀察等使。襄陽前領八郡，唐、鄧、隋在焉。是時方討吳元濟，朝議以唐、蔡鄰接，遂以鄧隸唐州，三郡別爲節制，命高霞寓領之，專俟攻討。遜以五州賦餉之。

時遜代嚴綬鎮襄陽，綬以八州兵討賊在唐州。既而綬以無功罷兵柄，命高霞寓代綬將兵於唐州，其襄陽軍隸于霞寓。軍士家口在襄州者，遜厚撫之，士卒多捨霞寓亡歸。既而霞寓爲賊所敗，乃移過于遜，言供饋不時。霞寓本出禁軍，內官皆佐之。既貶官，中人皆言遜撓霞寓軍，所以致敗。上令中使至襄州聽察曲直，奏言遜不直，乃左授太子賓客分司，又降爲恩王傅。

十三年，李師道効順，命遜爲左散騎常侍，馳赴東平諭之。師道得詔意動，即請効順，旋爲其下所惑而止。遜還，未幾，除京兆尹，改國子祭酒。十四年，拜許州刺史，充忠武節度、陳許溵蔡等州觀察處置等使。是時，新罹兵戰，難遽完緝。及遜至，集大軍與之約束嚴具，示賞罰必信，號令數百言，士皆感悅。

長慶元年，幽、鎮繼亂，遜請身先討賊，不許，但命以兵一萬，會于行營。遜奉詔，即日發兵，故先諸軍而至，由是進位檢校吏部尚書。尋改鳳翔節度使，行至京師，以疾陳乞，改刑

部尚書。長慶三年正月卒，年六十三，廢朝一日，贈右僕射。

遜幼孤，寓居江陵，與其弟建，皆安貧苦，易衣併食，講習不倦。遜兄造，知二弟賢，日爲營丐，成其志業。建先遜一年卒。兄弟同致休顯，士君子多之。諡曰恭肅。造早卒。

建字杓直，家素清貧，無舊業。與兄造、遜於荆南躬耕致養，嗜學力文。舉進士，選授祕書省校書郎。德宗聞其名，用爲右拾遺、翰林學士。元和六年，坐事罷職，降詹事府司直。高郢爲御史大夫，奏爲殿中侍御史，遷兵部郎中、知制誥。自以草詔思遲，不願司文翰，改京兆尹。與宰相韋貫之友善，貫之罷相，建亦出爲澧州刺史。徵拜太常少卿，尋以本官知禮部貢舉。建取捨非其人，又惑於請託，故其年選士不精，坐罰俸料。明年，除禮部侍郎，竟以人情不洽，改爲刑部。

建名位雖顯，以廉儉自處，家不理垣屋，士友推之。長慶二年二月卒，贈工部尚書。三子：訥、恪、朴。訥最知名，官至華州刺史、檢校尚書右僕射。

薛戎字元夫，河中寶鼎人。少有學術，不求聞達，居於毗陵之陽羨山。年餘四十，不易

其操。江西觀察使李衡辟爲從事，使者三返方應。故相齊映代衡，又留署職，府罷歸山。福建觀察使柳冕表爲從事，累月，轉殿中侍御史。

會泉州闕刺史，冕署戎權領州事。是時，姚南仲節制鄭滑，從事馬總以其道直爲監軍使誣奏，貶泉州別駕。冕附會權勢，欲構成總罪，使戎按問曲成之。戎以總無辜，不從冕意，別白其狀。戎還自泉州，冕盛氣據衙而見賓客。戎遂歷東廂從容而入。冕度勢未可屈，徐起以見，一揖而退。又構其罪以狀聞，置戎于佛寺，環以武夫，恣其侵辱，如是累月，誘令成總之罪。操心如一，竟不動搖。杜佑鎮淮南，知戎之冤，乃上其表，發書諭冕，戎難方解，遂辭職寓居於江湖間。

後閻濟美爲福建觀察使，備聞其事，奏充副使。又隨濟美移鎮浙東，改侍御史，入拜刑部員外郎。出爲河南令，累改衢、湖、常三州刺史，遷浙東觀察使。所莅皆以政績聞。居數歲，以疾辭官。長慶元年十月卒，贈左散騎常侍。戎檢身處約，不務虛名。俸入之餘，散於宗族。身歿之後，人無譏焉。兄弟五人，季弟放最知名。

放登進士第，性端厚寡言，於是非不甚繫意。累佐藩府，莅事幹敏，官至試大理評事，擢拜右拾遺，轉補闕，歷水部、兵部二員外，遷兵部郎中。

遇憲宗以儲皇好書，求端士輔導經義，選充皇太子侍讀。及穆宗嗣位，未聽政間，放多在左右，密參機命。穆宗常謂放曰：「小子初承大寶，懼不克荷，先生宜爲相，以匡不逮。」放叩頭曰：「臣實庸淺，獲侍冕旒，固不足猥塵大位。輔弼之任，自有賢能。」其言無矯飾，皆此類也。穆宗深嘉其誠，因召對思政殿，賜以金紫之服，轉工部侍郎、集賢學士。雖任非峻切，而恩顧轉隆。轉刑部侍郎，職如故。

穆宗常謂侍臣曰：「朕欲習學經史，何先？」放對曰：「經者，先聖之至言，仲尼之所發明，皆天人之極致，誠萬代不刊之典也。史記前代成敗得失之迹，亦足鑒其興亡，然得失相參，是非無準的，固不可爲經典比也。」帝曰：「六經所尙不一，志學之士，白首不能盡通，如何得其要？」對曰：「論語者六經之菁華，孝經者人倫之本，窮理執要，眞可謂聖人至言。是以漢朝論語首列學官，光武令虎賁之士皆習孝經，玄宗親爲孝經注解，皆使當時大理，四海乂寧。蓋人知孝慈，氣感和樂之所致也。」上曰：「聖人以孝爲至德要道，其信然乎！」轉兵部侍郎、禮部尙書，判院事。

放閨門之內，尤推孝睦，孤孀百口，家貧每不給贍，常苦俸薄。放因召對，懇求外任。其時偶以節制無闕，乃授以廉問。及鎭江西，惟用清潔爲理，一方之人，至今思之。寶曆元年，卒於江西觀察使，廢朝一日。

史臣曰：穆祕監之剛正不奪，如寒松倚巖，千丈勁節。而竇容州之敢決，如鷙鳥逐雀，英氣動人，巖穴之流，罕能及此。然矯激過當，君子不爲。如塤如篪，不通不介，士行之美，崔氏諸子有焉。建、遜之貞方，戎、放之道義，元和已來，稱爲令族，宜哉！

贊曰：穆之贊、質，竇之常、羣，迹參時傑，氣爽人文。二李英英，四崔濟濟。薛氏三門，難兄難弟。

校勘記

〔一〕高鉞　本書卷一六八高釴傳、新書卷一六三崔郾傳作「高釴」。

〔二〕所至用寬政　「所」字各本原無，據册府卷六八〇補。

舊唐書卷一百五十六

列傳第一百六

于頔　韓弘 子公武　弘弟充　李質附　王智興 子晏平　晏宰

于頔字允元，河南人也，周太師燕文公謹之後也。始以蔭補千牛，調授華陰尉，黜陟使劉灣辟爲判官。又以櫟陽主簿攝監察御史，充入蕃使判官。再遷司門員外郎，兼侍御史，賜紫，充入西蕃計會使，將命稱旨〔一〕，時論以爲有出疆專對之能。

歷長安縣令、駕部郎中。出爲湖州刺史。因行縣至長城方山，其下有水曰西湖，南朝疏鑿，溉田三千頃，久堙廢。頔命設堤塘以復之，歲獲秔稻蒲魚之利，人賴以濟。州境陸地褊狹，其送終者往往不掩其棺槥，頔葬朽骨凡十餘所。改蘇州刺史，濬溝瀆，整街衢，至今賴之。吳俗事鬼，頔疾其淫祀廢生業，神宇皆撤去，唯吳太伯、伍員等三數廟存焉。雖爲政有績，然橫暴已甚，追憾湖州舊尉，封杖以計強決之。觀察使王緯奏其事，德宗不省。

及後頔累遷，乃與緯書曰：「一蒙惡奏，三度改官。」由大理卿遷陝虢觀察使，自以爲得志，益恣威虐。官吏日加科罰，其惴恐重足一跡。掾姚峴不勝其虐，與其弟汎舟于河，遂自投而死。

貞元十四年，爲襄州刺史，充山南東道節度觀察。地與蔡州鄰，吳少誠之叛，頔率兵赴唐州，收吳房、朗山縣，又破賊於濯神溝。於是廣軍籍，募戰士，器甲犀利，僴然專有漢南之地。小失意者，皆以軍法從事。因請升襄州爲大都督府，府比鄆、魏。時德宗方姑息方鎭，聞頔事狀，亦無可奈何，但允順而已。頔奏請無不從，於是公然聚斂，恣意虐殺，專以凌上威下爲務。鄧州刺史元洪，頔誣以贓罪奏聞，朝旨不得已爲流端州，命中使監焉。至隋州棗陽縣，頔命部將領士卒數百人劫洪至襄州，拘留之。中使奔歸京師，德宗怒，笞之數十。頔又表洪其責太重，復降中使景忠信宣旨慰諭，遂除洪吉州長史，然後洪獲赴謫所。又怒判官薛正倫，奏貶峽州長史。及敕下，頔怒已解，復奏請爲判官，德宗皆從之。正倫卒，未殯，頔以兵圍其宅，令孽男逼娶其嫡女。頔累遷至左僕射、平章事、燕國公。俄而不奉詔旨，擅總兵據南陽，朝廷幾爲之旰食。

及憲宗卽位，威肅四方，頔稍戒懼。以第四子季友求尙主，憲宗以長女永昌公主降焉。其第二子方屢諷其父歸朝，入覲，册拜司空、平章事。

元和中，內官梁守謙掌樞密，頗招權利。有梁正言者，勇於射利，自言與守謙宗盟情厚，頔子敏與之遊處。正言取頔財賄，言路守謙，以求出鎭；久之無効，敏責其貨於正言，乃誘正言之僮，支解棄于溷中。八年春，敏奴王再榮詣銀臺門告其事，卽日捕頔孔目官沈璧、家僮十餘人於內侍獄鞫問。尋出付臺獄，詔御史中丞薛存誠、刑部侍郎王播、大理卿武少儀爲三司使按問，乃搜死奴於其第，獲之。頔率其男贊善大夫正、駙馬都尉季友，素服單騎，將赴闕下，待罪於建福門。門司不納，退於街南，負牆而立，遣人進表。閤門使以無引不受，日沒方歸。明日，復待罪於建福門，宰相喻令還第，貶爲恩王傅。敏長流雷州，錮身發遣。殿中少監、駙馬都尉季友追奪兩任官階，令其家循省。左贊善大夫正、祕書丞方並停見任。孔目官沈璧決四十，配流封州。奴犀牛與劉幹同手殺人，宜付京兆府決殺。敏行至商山賜死，梁正言、僧鑒虛並付京兆府決殺。

頔，其年十月，改授太子賓客[二]。十年，王師討淮、蔡，諸侯貢財助軍，頔進銀七千兩、金五百兩、玉帶二，詔不納，復還之。十三年，頔表求致仕，宰臣擬授太子少保，御筆改爲太子賓客。其年八月卒，贈太保，諡曰「厲」。其子季友從獵苑中，訴於穆宗，賜諡曰「思」。右丞張正甫封敕請還本諡。右補闕高鉞上疏論之曰[三]：

夫諡者，所以懲惡勸善，激濁揚淸，使忠臣義士知勸，亂臣賊子知懼。雖竊位於當

時，死加惡諡者，所以懲暴戾，垂沮勸。孔子修春秋，亂臣賊子懼，蓋爲此也。垂範如此而不能救，況又隳其典法乎？

臣風聞此事是徐泗節度使李愬奏請。李愬勳臣節將，陛下寵其勳勞，賜其爵祿、車服、第宅則可，若亂朝廷典法，將何以沮勸？仲尼曰：「唯名與器，不可以假人。」名器，君之所司，若以假人，與之政也，政亡則國家從之。頔頃鎭襄、漢，殺戮不辜，恣行兇暴。移軍襄、鄧，迫脅朝廷，擅留逐臣，徼遮天使。當先朝嗣位之始，貴安反側，以靖四方，幸免鈇鉞之誅，得全腰領而斃，誠宜諡之「繆厲」，以沮兇邪；豈可曲加美名，以惠奸宄。如此，則是于頔生爲奸臣，死獲美諡，竊恐天下有識之士，謂聖朝無人，有此倒置。伏請速追前詔，却依太常諡爲厲。使朝典無虧，國章不濫。

太常博士王彥威又疏曰：

古之聖王立諡法者，所以彰善惡、垂勸誡。使一字之褒，賞踰紱冕；一言之貶，辱過朝市。此有國之典禮，陛下勸懲之大柄也。頔頃擁節旄，肆行暴虐，人神共憤，法令不容。擅興全師，僭爲正樂，侵辱中使，擅止制囚，殺戮不辜，誅求無度，臣故定諡爲厲。今陛下不忍，改賜爲「思」，誠出聖慈，實害聖政。

伏以陛下自臨宸扆，懋建大中，聞善若驚，從諫不倦。況當統天立極之始，所謂執法愼名之時，一垂恩光，大啓徼倖。且如頔之不法，然而陛下不忍加懲，臣恐今後不逞之徒如頔者衆矣，死援頔例，陛下何以處之？是恩曲於前，而弊生於後。若以李吉甫有賜諡之例，則甫之爲相也，有犯上殺人之罪乎？以頔況之，恐非倫類。如以頔常入財助國，改過來覲，兩使絕域，可以贖論。夫傷物害人，剝下奉上，納賄求幸，尤不可長其漸焉。

自兩河宿兵，垂七十年，王師憓征，瘡痏未息。及張茂昭以易定入覲，程權以滄景歸朝[四]，故恩禮殊尤，以勸來者。而于頔以文吏之職，居腹心之地，而倔強犯命，不獲已而入朝，豈茂昭之比乎！縱有入財使遠之勤，何以掩其惡迹。伏望陛下恩由義斷，澤以禮成，褒貶道存，僥倖路絕，則天下幸甚。

疏奏不報，竟諡爲思。

長慶中，以戚里勳家諸貴引用，于方復至和王傅，家富於財，方交結遊俠，務於速進。元稹作相，欲以其策平河朔羣盜，方以策畫干稹。而李逢吉之黨欲傾裴度，乃令人告稹欲結客刺度。事下法司，按鞫無狀，而方竟坐誅。

韓弘，潁川人。其祖、父無聞，世居滑之匡城。少孤，依母族，劉玄佐卽其舅也。事玄佐爲州掾，累奏試大理評事。玄佐卒，子士寧被逐，弘出汴州，爲宋州南城將，劉全諒時爲都知兵馬使。貞元十五年，全諒卒，汴軍懷玄佐之惠，又以弘長厚，共請爲留後，環監軍使表其事，朝廷亦以玄佐故許之。自試大理評事檢校工部尙書、汴州刺史、兼御史大夫、宣武軍節度副大使知節度事、宋亳汴潁觀察等使。

時吳少誠遣人至汴，密與劉全諒謀，因曲環卒襲陳許。會全諒卒，其人在傳舍，弘喜獲節鉞，卽斬其人以聞。立出軍三千，助禁軍共討少誠。汴州自劉士寧之後，軍益驕恣，及陸長源遇害，頗輕主帥。其爲亂魁黨數十百人，弘視事數月，皆知其人。有部將劉鍔者，兇卒之魁也。弘欲大振威望，一日，引短兵於衙門，召鍔與其黨三百，數其罪，盡斬之以徇，血流道中，弘對賓僚言笑自若。自是訖弘入朝，二十餘年，軍衆十萬，無敢怙亂者。累授檢校左右僕射、司空。憲宗卽位，加同平章事。時王鍔檢校司空、平章事。致書于宰臣武元衡，恥在王鍔之下。憲宗方欲用形勢以臨淮西，乃授以司徒、平章事，班在鍔上。及用嚴綬爲招討，爲賊所敗，弘方鎭汴州，當兩河賊之衝要，朝廷慮其異志，欲以兵柄授之，而令李光顏、烏重胤實當旗鼓。乃授弘淮西諸軍行營都統，令兵部郎中、知制誥李程宣賜官告。弘實不離理所，唯令其子公武率師三千隸李光顏軍。弘雖居統帥，常不欲諸軍立功，陰爲逗

撓之計。每聞獻捷，輒數日不怡，其危國邀功如是。吳元濟誅，以統帥功加檢校司徒、兼侍中，封許國公，罷行營都統。

十四年，誅李師道，收復河南二州，弘大懼。其年七月，盡攜汴之牙校千餘人入覲，對於便殿，拜舞之際，以其足疾，命中使掖之。宴賜加等，預册徽號大禮。進絹三十五萬匹、絁三萬匹、銀器二百七十件，三上章堅辭戎務，願留京師奉朝請。詔曰：

納大忠，樹嘉績，爲臣所以明極節；錫殊寵，進高秩，有國所以待元臣。況乎邦敎誕敷，王言總會，百辟攸憲，四方式瞻。永念于懷，久虛其位，載揚成命，僉曰休哉。宣武軍節度副大使知節度事、汴宋亳潁等州觀察處置等使、開府儀同三司、守司徒、兼侍中、使持節汴州諸軍事、汴州刺史、上柱國、許國公、食邑三千戶韓弘，降神挺材，積厚成器，中蘊深閎之量，外標嚴重之姿。有匡國濟時之心，推誠不耀；有夷兇禁暴之略，仗義益彰。自鎭浚郊，二十餘載，師徒稟訓而咸肅，吏士奉法而愈明。俗臻和平，人用庶富，威聲之重，隱若山崇。

屬者，淮濆濯征，命統羣帥，克殄殘孽，惟乃有指蹤之功。及齊境興妖，分師進討，遂梟元惡，惟乃有略地之效。既聞旋旆，俄請執珪，深陳魏闕之誠，遠繼韓侯之志，朝天有慶，就日方伸。又抗表章，固辭戎旅，三加敦諭，所守彌堅。于蕃于宣，諒切於注

意；我弼我輔，雖違其衷懇。式遂良願，載兼上司。論道之榮，因之以齊八政；中樞之長，昇之以贊萬務。玄袞赤舃，備于寵光，不有其人，孰膺斯任？可守司徒、兼中書令。

乃以吏部尙書張弘靖兼平章事，代弘鎭宣武。

憲宗崩，以弘攝冢宰。十五年六月，以本官兼河中尹、河中晉絳節度觀察等使。時弘弟充爲鄭滑節度使，子公武爲鄜坊節度使。父子兄弟，皆秉節鉞，人臣之寵，冠絕一時。二年，請老乞罷戎鎭，三表從之。依前守司徒、中書令。其年十二月病卒，時年五十八，贈太尉，賻絹二千匹、布七百端、米粟千石。

初，弘鎭大梁二十餘載，四州征賦皆爲己有，未嘗上供，有私錢百萬貫、粟三百萬斛、馬七千匹，兵械稱是。專務聚財積粟，峻法樹威，而莊重寡言，沉謀勇斷，鄰封如吳少誠、李師道輩皆憚之。詔使宣諭，弘多倨待。及齊、蔡賊平，勢屈入覲，兩朝寵待加等，弘竟以名位始終，人臣之幸也。時公武已卒，弘孫紹宗嗣。

公武自宣武馬步都虞候將兵誅蔡，賊平，檢校右散騎常侍、鄜州刺史、鄜坊等州節度使。丁所生憂，起復金吾將軍，仍舊職。十四年，父弘入朝，公武乞罷節度，入爲右金吾將軍。既而弘出鎭河中，季父充移鎭宣武，公武歎曰：「二父聯居重鎭，吾以孺子當執金吾職，家門之盛，懼不克勝。」堅辭宿衞，改右驍衞將軍。性頗恭遜，不以富貴自處。弘罷河中，居永崇里第，公武居宣陽里之北門，因省父，無疾暴卒，贈戶部尙書。

充依舅劉玄佐，歷河陽、昭義牙將，及兄弘節制宣武，召歸主親兵，奏授御史大夫。弘頗酷法，人人不自保。充獨謙恭執禮，未嘗懈怠，由是偏得士心。然以親逼權重，常不自安。

元和六年，因獵近郊，單騎歸于洛陽。時朝廷方姑息弘，亦憐充之無異志，擢拜右金吾衞將軍。十二月，轉大將軍，歷少府監。十五年，代姪公武爲鄜坊節度使、檢校工部尙書。

長慶二年，幽、鎭、魏復亂，朝廷以王承元有冀卒數千在滑州，恐封疆相接，復相勸誘，命充與承元更換所守，檢校左僕射。是歲，汴州節度使李愿被三軍所逐，立都將李岕爲留後。朝廷以充久在汴州，衆心悅附，命充爲宣武節度使，兼統義成之師往討岕。會岕疽發腦，屬兵於紀綱李質。質以計誅首亂，送岕歸京師，充遂不戰而入大梁。時陳許李光顏亦奉詔討岕，軍於尉氏，意欲必先收汴，因大肆俘掠。汴州監軍使姚文壽亦欲招許下之師。充在中牟聞其謀，率衆徑至城下，汴人素懷充來，皆踊躍相賀，無復疑貳。詔加檢校司空。

詔割潁州隸滑州。充既安堵，密籍部伍間，得嘗構惡者千餘人。一日下令，并父母妻子立出之，敢逡巡境內者斬。自是軍政大理，汴人無不愛戴。

四年八月，例加司徒。詔未至，暴疾卒，時年五十五，贈司徒，謚曰肅。充雖內外皆將家，素不事豪侈，常以簡約自持，臨機決策，動無遺悔，善將者多之。

李質者，汴之牙將。李岕既爲留後，倚質爲心腹。及朝廷以岕爲郡守，志邀節鉞，質勸喻不從。會岕疽發首，乃與監軍姚文壽謀，斬岕傳首京師。有詔以韓充鎭汴，充未至，質權知軍州事，使衙牙兵二千人，皆日給酒食，物力爲之損屈。充將至，質曰：「若韓公始至，頓去二千人日膳，人情必大去；若不除之，後當無繼。不可留此弊以遺吾帥。」遂處分停日膳而後迎充。召爲金吾將軍，長慶三年四月卒。

王智興字匡諫，懷州溫縣人也。曾祖靖，左武衞將軍。祖瓌，右金吾衞將軍。父縉，太子詹事。智興少驍銳，爲徐州衙卒，事刺史李洧。及李納謀叛，欲害洧，洧遂以徐州歸國。納怒，以兵攻徐甚急。智興健行，不四五日齎表京師求援。德宗發朔方軍五千人隨智興赴

之，淄青圍解。自是，智興常以徐軍抗納，累歷滕、豐、沛、狄四鎭將。自是二十餘年爲徐將。

元和中，王師誅吳元濟，李師道與蔡賊謀撓沮王師，頻出軍侵徐，徐帥李愿以所部步騎悉委智興以抗之。鄆將王朝晏以兵攻沛，智興擊敗之。賊又令姚海率勁兵二萬圍豐，攻城甚急，智興復擊敗之。於賊壘獲美妾，智興懼軍士爭之，乃曰：「軍中有女子，安得不敗？此雖無罪，違軍法也。」卽斬之以徇。累官至侍御史、本軍都押衙。十三年，王師誅李師道，智興率徐軍八千會諸道之師進擊，與陳許之軍大破賊於金鄉，拔魚臺，俘斬萬計，以功遷御史中丞。賊平，授沂州刺史。

長慶初，河朔復亂，徵兵進討。穆宗素知智興善將，遷檢校左散騎常侍、兼御史大夫，充武寧軍節度副使、河北行營都知兵馬使。初，召智興以徐軍三千渡河，徐之勁卒皆在部下。節度使崔羣慮其旋軍難制，密表請追赴闕，授以他官。事未行，會赦王廷湊，諸道班師。智興先期入境，羣頗憂疑，令府僚迎勞，且誡之曰：「兵士悉輸甲仗於外，副使以十騎入城。」智興旣首處賓僚，聞之心動，率歸師斬關而入，殺軍中異已者十餘人，然後詣衙謝羣曰：「此軍情也。」羣治裝赴闕，智興遣兵士援送羣家屬。至埇橋，遂掠鹽鐵院緡幣及汴路進奉物，商旅貲貨，率十取七八。逐濠州刺史侯弘度，弘度棄城走。朝廷以罷兵，力不能加討，遂授智興

檢校工部尚書、徐州刺史、御史大夫，充武寧軍節度、徐泗濠觀察使。自是智興務積財賄，以路權勢，賈其聲譽，用度不足，稅泗口以裒益之，累加至檢校僕射、司空。

大和初，李同捷據滄德叛，智興上章，請躬督士卒討賊，從之。乃出全軍三萬，自備五月糧餉，朝廷嘉之，加檢校司徒、同平章事，兼滄德行營招撫使。初，同捷狂桀犯命，濟之以王廷湊，王師經年無功。及智興拔棣州，賊大懼，諸軍稍務進取。以智興首功，加守太傅，封鴈門郡王。賊平入朝，上賜宴麟德殿，賞賜珍玩名馬，進位侍中，改許州刺史、忠武軍節度、陳許蔡等州觀察使。大和七年，改授河中尹、河中節度、晉磁隰觀察等使，智興因入朝。九年五月，改汴州刺史、宣武軍節度、宋亳汴潁觀察等使。

開成元年七月卒，年七十九，贈太尉，不視朝三日。葬于洛陽榆林之北原，四鎭將校會葬者千人。智興九子，晏平、晏宰、晏皐、晏實、晏恭、晏逸、晏深、晏斌、晏韜，而晏平、晏宰最知名。

晏平幼從父征伐，以討李同捷功授檢校右散騎常侍、靈州大都督府長史、朔方靈鹽節度。丁父憂，奔歸洛陽。晏平居官貪黷，去鎭日，擅將征馬四百餘匹及兵仗七千事自衞，爲憲司所糾。減死，長流康州。以父喪，未赴流所，告於河北三鎭，三帥上表救解，請從昭雪，改授撫州司馬。給事中韋温、薛廷老、盧弘宣封還制書，改永州司戶。韋温又執不下，文宗令中使宣諭方行。

晏宰於昆仲間最稱偉器，大中後，歷上黨、太原節度使。扞迴鶻、党項，屢立邊功。

晏皐仕至左威衞將軍。

史臣曰：于燕公以儒家子，逢時擾攘，不持士範，非義非俠，健者不爲，末塗淪躓，固其宜矣。韓、王二帥，乘險蹈利，犯上無君，豺狼噬人，鴟鴞幸夜，爵祿過當，其可已乎？謂之功臣，恐多慚色。

贊曰：于子淸狂，輕犯彝章。韓虐王剽，專恣一方。元和赫斯，揮劍披攘。擇肉之倫，爪距摧藏。

校勘記

〔一〕將命稱旨　「旨」字各本原作「於」，據冊府卷六五三改。

〔二〕改授太子賓客　新書卷一七二于頔傳作「拜戶部尚書」。

〔三〕高鉞　本書卷一六八高釴傳、新書卷一七二于頔傳作「高釴」。

〔四〕程權　各本原作「陳權」，據本書卷一四三程日華傳改。

舊唐書卷一百五十七

列傳第一百七

王翃 兄翊　郗士美　李鄘 子柱 柱子磎　辛祕　馬摠　韋弘景　王彥威

王翃，太原晉陽人也。兄翊，乾元中累官至京兆少尹。性謙柔，淡於聲利，自商州刺史遷襄州刺史、山南東道節度觀察等使。入朝，充北蕃宣慰使，稱職，代宗素重之。及卽位，目爲純臣，遷刑部侍郎、御史中丞。居憲司雖不能舉振綱條，然以謹重知名。大曆二年卒。

翊爲侍郎時，翃自折衝授辰州刺史，遷朗州，有威望智術，所莅立名。大曆五年遷容州刺史、容管經略使。自安、史之亂，頻詔徵發嶺南兵募，隸南陽魯炅軍。炅與賊戰於葉縣，大敗，餘衆離散。嶺南谿洞夷獠乘此相恐爲亂，其首領梁崇牽自號

「平南十道大都統」，及其黨覃問等，誘西原賊張侯、夏永攻陷城邑，據容州。前後經略使陳仁琇、李抗、侯令儀、耿愼惑、元結、長孫全緒等，雖容州刺史，皆寄理藤州，或寄梧州。及翃至藤州，言於衆曰：「吾爲容州刺史，安得寄理他邑！」乃出私財募將健，許奏以好爵，以是人各盡力。不數月，斬賊魁歐陽珪。馳於廣州，見節度使李勉，求兵爲援。勉曰：「容州陷賊已久，羣獠方強，卒難圖也。若務速攻，祇自敗耳，郡不可復也。」翃請曰：「大夫如未暇出師，但請移牒諸州，揚言出千兵援助，冀藉聲勢成萬一之功。」勉然之。翃乃以手札告諭義州刺史陳仁璀、藤州刺史李曉庭等，盟約討賊。翃復募三千餘人同力戰，日數合。節度使牒止翃用兵，翃慮惑將士，匿其牒，奮起士卒，大破賊數萬衆，擒其帥梁崇牽，賊遁數百里外，盡復容州故境。翃發使以聞，奏置順州，以遏餘寇。前後大小百餘戰，生擒賊帥上獻者七十餘人。累加銀青光祿大夫、兼御史中丞，充招討處置使。

翃又令其將張利用、李實等分兵討襲西原，遂收復鬱林諸州，部內漸安。後因哥舒晃殺節度使呂崇賁，嶺南復亂，翃遣大將李實悉所管兵赴援廣州。西原賊率覃問復招合夷獠曰：「容州兵馬盡赴廣州，郡可圖也。」於是悉衆來襲。翃知其來，伏兵禦之，生擒覃問，其衆大敗。代宗聞而壯之，遣中使慰勞，加金紫光祿大夫。

時西蕃入寇，河中元帥郭子儀統兵備之，乃徵翃爲河中少尹，充節度留後，領子儀之

務。有悍將凌正者，橫暴擾軍政，約其徒夜謀斬關以逐翃。有告者，翃縮夜漏數刻，以差其期，賊驚而遁，卒誅正，軍城乂安。

歷汾州刺史、京兆尹。屬發涇原兵討李希烈，軍次滻水，翃備供頓，肉敗糧臭，衆怒以叛。翃奔至奉天，加御史大夫，改將作監，從幸山南。車駕還京，改大理卿。出爲福州刺史、福建觀察使，入爲太子賓客。貞元十二年，檢校禮部尚書，代董晉爲東都留守，判尚書省事、東畿汝防禦使。凡開置二十餘屯，市勁觔良鐵以爲兵器，簡練士卒，軍政頗修。無何，吳少誠阻命，翃賦車籍甲，不待完繕，東畿之人賴之。十八年卒，時七十餘，贈禮部尚書。

郗士美字和夫，高平金鄉人也。父純，字高卿，爲李邕、張九齡等知遇，尤以詞學見推，與顏眞卿、蕭穎士、李華皆相友善。舉進士，繼以書判制策，三中高第，登朝歷拾遺、補闕、員外、郎中、諫議大夫、中書舍人。處事不迴，爲元載所忌。魚朝恩署牙將李琮爲兩街功德使，琮暴橫，於銀臺門毀辱京兆尹崔昭。純詣元載抗論，以爲國恥，請速論奏，載不從，遂以疾辭。退歸東洛凡十年，自號伊川田父，清名高節，稱於天下。及德宗卽位，崔祐甫作相，召拜左庶子、集賢學士。到京，以年老乞身，表三上，除太子詹事致仕，東歸洛陽。德宗召見，

屢加褒歎，賜以金紫。公卿大夫皆賦詩祖送於都門，搢紳以爲美談。有文集六十卷行於世。

士美少好學，善記覽，父友顏眞卿、蕭穎士輩嘗與之討論經傳，應對如流，既而相謂曰：「吾曹異日當交於二郗之間矣。」未冠，爲陽翟丞。李抱眞鎭潞州，辟爲從事，雅有參贊之績。其後易二帥，皆詔士美佐之。

由坊州刺史爲黔州刺史、兼御史大夫、持節黔中經略招討觀察鹽鐵等使。時溪州賊帥向子琪連結夷獠，控據山洞，衆號七八千，士美設奇略討平之。詔書勞慰，加檢校右散騎常侍，封高平郡公，再遷京兆尹。每別殿延問，必咨訪大政。出爲鄂州觀察使。

貞元十八年，伊愼有功，特授安黃節度。二十年，愼來朝，其子宥主留事，朝廷未能去。會宥母卒於京師，利主軍權，不時發喪。士美命從事託以他故過其境，宥果迎之，告以凶問，先備肩轝，卽日遣之。

元和五年，拜河南尹。明年三月，檢校工部尚書、潞州大都督府長史，充昭義節度。前政之豐給浮費，至皆減損，號令嚴肅。

及朝廷討王承宗，士美遣兵馬使王獻領勁兵一萬爲先鋒。獻兇惡恃亂，逗撓不進，遽令召至，數其罪斬之。下令曰：「敢後出者斬！」士美親鼓之。兵既合，而賊軍大敗，下三營，

中華書局

環柏鄉，屢以捷聞。上大悅曰：「吾故知士美能辦吾事。」于時四面七、八鎮兵共十餘萬，以環鎮、冀，未有首功，多犯法。士美兵士勇敢畏法，威聲甚振，承宗大懼，指期有破亡之勢，會詔班師，至今兩河間稱之。

十二年，以疾徵爲工部尚書，稍閒，拜忠武節度使、檢校刑部尚書。至鎮踰月，寢疾，元和十四年九月卒，年六十四，贈尚書左僕射，謚曰景。士美善與人交，然諾之際豁如也，當時名稱翕然。

李鄘字建侯，江夏人。北海太守邕之姪孫。父暄，官至起居舍人。鄘大曆中舉進士，又以書判高等，授祕書正字。爲李懷光所辟，累遷監察御史。及懷光據蒲津叛，鄘與母妻陷賊中，恐禍及親，因僞白懷光曰：「兄病在洛，請母往視之。」懷光許焉，且戒妻子無得從，鄘皆遣行。後懷光知，責之，對曰：「鄘名隸軍籍，不得隨侍老母，奈何不使婦隨姑行也。」懷光無以罪之。時與故相高郢同在賊廷，乃密奏賊軍虛實及攻取之勢，德宗賜手詔以勞之。後事泄，懷光嚴兵召郢與鄘詰責。鄘詞激氣壯，三軍義之，懷光不敢殺，囚之獄中。懷光死，馬燧就獄致禮，表爲河東從事，尋以言不行，歸養洛中。襄州節度使嗣曹王皋致禮延辟，署

從事，奏兼殿中侍御史。入爲吏部員外郎。

徐州張建封卒，其子愔爲將校所迫，俾領軍務。詔擇臨難不懾者卽其軍以諭之，遂命鄘爲徐州宣慰使。鄘直抵其軍，召將士，傳朝旨，陳禍福，脫監軍使桎梏，令復其位，兇黨不敢犯。及愔上表稱兵馬留後，鄘以爲非詔令所加，不宜稱號，立使削去，方受其表。遷吏部郎中。

順宗登極，拜御史中丞，遷京兆尹、尚書右丞。元和初，以京師多盜，復選爲京兆尹，擒奸禁暴，威望甚著。尋拜檢校禮部尚書、鳳翔尹、鳳翔隴右節度使。是鎮承前命帥，多用武將，有「神策行營」之號。初受命，必詣軍修謁。鄘既受命，表陳其不可，詔遂去「神策行營」字，但爲鳳翔隴右節度。未幾，遷鎮太原，入爲刑部尚書、兼御史大夫、諸道鹽鐵轉運使。五年多，出爲揚州大都督府長史、淮南節度使。鄘前在兩鎮，皆以剛嚴操下，遽變舊制，人情不安，故未幾卽改去。至淮南數歲，就加檢校左僕射，政嚴事理，府廩充積。

及王師征淮夷，鄆寇李師道表裏相援。鄘發楚、壽等州二萬餘兵，分壓賊境，日費甚廣，未嘗請於有司。時憲宗以兵興，國用不足，命鹽鐵副使程异乘驛諭江淮諸道，俾助軍用。鄘以境內富實，乃大籍府庫，一年所蓄之外，咸貢於朝廷。諸道以鄘爲倡首，悉索以獻，自此王師無匱乏之憂。

先是吐突承璀監淮南軍，貴寵莫貳，鄘亦以剛嚴素著，而差相敬憚，未嘗稍失。承璀歸，遂引以爲相。十二年，徵拜門下侍郎、同平章事。鄘出入顯重，素不以公輔自許，年侵勢過，頗安外鎮。登祖筵，聞樂而泣下曰：「宰相之任，非吾所長也。」行頗緩，至京師，又辭疾歸第。既未朝謁，亦不領政事，竟以疾辭，改授戶部尚書。俄換檢校左僕射，兼太子賓客，分司東都。尋以太子少傅致仕。元和十五年八月卒，贈太子太保，謚曰肅。

鄘強直無私飾，與楊憑、穆質、許孟容、王仲舒友善，皆任氣自負。然鄘當官嚴重，爲吏以峻法立操，所至稱理，而剛決少恩。鎮揚州七年，令行禁止，擒擿生殺，一委軍吏，參佐束手，居人頗陷非法，物議以此少之。

子柱，官至浙東觀察使。

柱子磎，字景望，博學多通，文章秀絕。大中十三年，一舉登進士第。歸仁晦鎮大梁，穆仁裕鎮河陽，自監察、殿中相次奏爲從事。入爲尚書水部員外郎，累遷吏部郎中，兼史館修撰，拜翰林學士、中書舍人。廣明中，分司洛下。遇巢、讓之亂，逃於河橋。光啓中避亂淮海，有僞襄王詔命，磎皆不從。王鐸鎮滑臺，杖策詣之。鐸表薦于朝，昭宗雅重之，復召入翰林爲學士，拜戶部侍郎，遷

禮部尚書。景福二年十月，與韋昭度並命中書門下平章事。宣制日，水部郎中、知制誥劉崇魯掠其麻哭之，奏云：「李磎奸邪，挾附權倖，以忝學士，不合爲相。」時宰臣崔昭緯與昭度及磎素不相協，密遣崇魯沮之也，乃左授太子少師。磎因上十章及納諫論三篇自雪，且數崇魯之惡。議者重其才而鄙其訟。昭宗素愛其才，而急於大用。至乾寧初，又上第十一表，乃復命爲相。數月，與昭度同爲王行瑜等所殺。

磎自在臺省，聚書至多，手不釋卷，時人號曰「李書樓」。所撰文章及注解書傳之闕疑，僅百餘卷，經亂悉亡。王行瑜死，德音昭雪，贈司徒，謚曰文。

子沇，字東濟，有俊才，與父同日遇害，詔贈禮部員外郎。

辛祕，隴西人。少嗜學，貞元年中，累登五經、開元禮科，選授華原尉，判入高等，調補長安尉。高郢爲太常卿，嘉其禮學，奏授太常博士。遷祠部、兵部員外郎，仍兼博士。山陵及郊丘二禮儀使皆署爲判官。當時推其達禮。

元和初，拜湖州刺史。未幾，屬李錡阻命，將收支郡，遂令大將監守五郡。蘇常杭睦四州刺史，或以戰敗，或被拘執；賊黨以祕儒者，甚易之。祕密遣衙門將丘知二勒兵數百人，候

賊將動，逆戰大破之。知二中流矢墜馬，起而復戰，斬其將，焚其營，一州遂安。賊平，以功賜金紫，由是僉以祕材堪將帥。

及太原節度范希朝領全師出討王承宗，徵祕爲河東行軍司馬，委以留務。尋召拜左司郎中，出爲汝州刺史。九年，徵拜諫議大夫，改常州刺史，選爲河南尹。莅職修政，有可稱者。

十二年，拜檢校工部尚書，代郗士美爲潞州大都督府長史、御史大夫，充昭義軍節度、澤潞磁洛邢等州觀察使。是時以再討王承宗，澤潞壓境，凋費尤甚。朝議以兵革之後，思能完復者，遂以命祕。凡四歲，府庫積錢七十萬貫，餱糧器械稱是。及歸，道病，先自爲墓誌。將歿，又爲書一通，命緘致几上。其家發之，皆送終遵儉之旨。久歷重任，無豐財厚產，爲時所稱。元和十五年十二月卒，年六十四，贈左僕射，謚曰昭。

馬摠字會元，扶風人。少孤貧，好學，性剛直，不妄交遊。貞元中，姚南仲鎮滑臺，辟爲從事。南仲與監軍使不叶，監軍誣奏南仲不法。及罷免，摠坐貶泉州別駕，監軍入掌樞密。福建觀察使柳冕希旨欲殺摠，從事穆贊鞫摠，贊稱無罪，摠方免死。後量移恩王傅。元和

初，遷虔州刺史。四年，兼御史中丞，充嶺南都護〔一〕、本管經略使。摠敦儒學，長於政術，在南海累年，清廉不撓，夷獠便之。於漢所立銅柱之處，以銅一千五百斤特鑄二柱，刻書唐德，以繼伏波之迹。以綏蠻功，就加金紫。八年，轉桂州刺史、桂管經略觀察使，入爲刑部侍郎。裴度宣慰淮西，奏爲制置副使。吳元濟誅，度留摠蔡州，知彰義軍留後。尋檢校工部尚書、蔡州刺史、兼御史大夫，充淮西節度使。摠以申、光、蔡等州久陷賊寇，人不知法，威刑勸導，咸令率化。奏改彰義軍曰淮西，賊之僞迹，一皆削盪。

十三年，轉許州刺史、忠武軍節度、陳許溵等州觀察處置等使。明年，改華州刺史、潼關防禦、鎮國軍等使。十四年，遷檢校刑部尚書、鄆州刺史、天平軍節度、鄆曹濮等州觀察等使，就加檢校尚書左僕射。入爲戶部尚書。長慶三年卒，贈右僕射。

摠理道素優，軍政多暇，公務之餘，手不釋卷。所著奏議集、年曆、通曆、子鈔等書百餘卷，行於世。

韋弘景，京兆人。後周逍遙公敻之後。祖嗣立，終宣州司戶。父堯，終洋州興道令。弘景，貞元中始舉進士，爲汴州、浙東從事。元和三年，拜左拾遺，充集賢殿學士，轉左補

闕，尋召入翰林爲學士。普潤鎮使蘇光榮爲涇原節度使，弘景草麻，漏敍光榮之功，罷學士，改司門員外郎，轉吏部員外、左司郎中，改吏部度支郎中。張仲方貶李吉甫謚，上怒，貶仲方。弘景坐與仲方善，出爲綿州刺史。宰相李夷簡出鎮淮南，奏爲副使，賜以金紫。入爲京兆少尹，遷給事中。

劉士涇以駙馬交通邪倖，穆宗用爲太僕卿，弘景與給事薛存慶封還詔書，論士涇曰：「伏以司僕正卿，位居九列。在周之命，伯冏其人，所以惟月膺名，象河稱重。漢朝亦以石慶之謹愿，陳萬年之行潔，皆踐斯職，謂之大僚。今士涇戚里常人，班敍散秩，以父任將帥，家富貲財，聲名不在於士林，行義無聞於朝野，忽長卿寺，有瀆官常。以親則人物未賢，以勳則寵待常厚，今叨顯任，誠謂謬官。傳曰：『惟名與器，不可假人。』蓋士涇之謂。臣等職司違失，實在守官。其劉士涇新除太僕卿敕，未敢行下。」穆宗遣宰臣宣諭，弘景等固執如前。宰臣不得已，改衞尉少卿。穆宗復遣諭弘景曰：「士涇父昌有邊功，士涇爲少列十餘年，又尚雲安公主，宜有加恩。朕思賞勞睦親之意，竟行前命。」穆宗怒〔二〕，乃令弘景使安南、邕、容宣慰，時論翕然推重。

時蕭俛以清直在位，弘景議論常所輔助。遷刑部侍郎，轉吏部侍郎，銓綜平允，權邪憚其嚴勁，不敢干以非道。掌選二歲，改陝虢觀察使。歲滿，徵拜尚書左丞，駁吏部授官不

當者六十人。弘景素以鯁亮稱，及居綱轄之地，郎吏望風脩整。會吏部員外郎楊虞卿以公事爲下吏所訕，獄未能辨，詔下弘景與憲司就尚書省詳讞。虞卿多朋游，人多嚮附之，弘景素所不悅，時已請告在第，及準詔就召，以公服來謁。弘景謂之曰：「有敕推公。」虞卿失容自退。轉禮部尚書，充東都留守，判東都尚書省事。繕完宮室，至今賴之。

大和五年五月卒，年六十六，贈尚書左僕射。弘景歷官行事，始終以直道自立，議論操持，無所阿附，當時風教，尤爲倚賴。自長慶已來，目爲名卿。

王彥威，太原人。世儒家，少孤貧，苦學，尤通三禮。無由自達，元和中遊京師，求爲太常散吏。卿知其書生，補充檢討官。彥威於禮閣掇拾自隋已來朝廷沿革、吉凶五禮，以類區分，成三十卷獻之，號曰元和新禮，由是知名，特授太常博士。

憲宗晏駕，未定謚。淮南節度使李夷簡以憲宗功高列聖，宜特稱祖，穆宗下禮官議。彥威奏曰：「據禮經，三代之制，始封之君，謂之太祖。太祖之外，又祖有功而宗有德，故夏后氏祖顓頊而宗禹，殷人祖契而宗湯，周人郊祀后稷，祖文王而宗武王。自東漢魏晉，漸違經意，沿革不一，子孫以推美爲先，自始祖已下並有建祖之制。蓋非典訓，不可法也。國朝祖

宗制度，本於周禮，以景皇帝爲太祖，又祖神堯而宗太宗。自高宗已降，但稱宗。謂之尊名，可爲成法。不然，則太宗造有區夏，理致昇平；玄宗掃清內難，翊戴聖父；肅宗龍飛靈武，收復兩都，此皆應天順人，撥亂返正，至於廟號，亦但稱宗。謹按經義，祖者始也，宗者尊也，故傳曰『始封必爲祖』，書曰『德高可宗，故號高宗』。今宜本三代之定制，去魏、晉之亂法，守貞觀、開元之憲章，而擬議大名，垂以爲訓。大行廟號，宜稱宗。」制從之。

故事，祔廟之禮，先告於太極殿，然後奉神主赴太廟。祔禮畢，不再告于太極殿。時憲宗祔廟禮畢，執政詳舊典，令有司再告祔享禮畢于太極殿。彥威執議以爲不可，執政怒。會宗正寺進祝版，誤以憲宗爲睿宗。執政銜其強，奏祝版參差，博士之罪，彥威坐削一階，奪兩季俸。彥威殊不低迴，每議禮事，守正不阿附，君子稱之。累轉司封員外郎中。弘文館舊不置學士，文宗特置一員以待彥威。尋使魏博宣慰，特賜金紫。五年，遷諫議大夫。朝廷自誅李師道，收復淄青十二州，未定戶籍，乃命彥威充十二州勘定兩稅使。朝法振舉，人不以爲煩。以本官兼史館修撰。

彥威通悉典故，宿儒碩學皆讓之。時以僕射上事儀注，前後不定，中丞李漢奏定，朝議未以爲允。中書門下奏請依元和七年已前儀注，左右僕射上日，請受諸司四品六品丞郎已下拜。彥威奏論曰：「臣謹按開元禮：凡受册官，並與卑官答拜。國朝官品令，三師三公正

一品，尚書令正二品，並是册拜授官。上之日，亦無受朝官再拜之文。僕射班次三公，又是尚書令副貳之職，雖端揆之重，有異百僚，然與羣官比肩事主。禮曰：『非其臣即答拜之。』又曰：『大夫之臣不稽首。』非尊家臣，以避君也。即僕射上日受常參官拜，事頗非儀。況元和七年已經奏議，酌爲定制，編在國章。近年上儀，又有受拜之禮，禮文乍變，物論未安，請依元和七年敕爲定。」時李程爲左僕射，宰執難於改革，雖不從其議，論者稱之。

興平縣人上官興因醉殺人亡竄，吏執其父下獄，興自首請罪，以出其父。京兆尹杜悰、御史中丞宇文鼎以其首罪免父，有光孝義，請減死配流。彥威與諫官上言曰：「殺人者死，百王共守。若許殺人不死，是教殺人。興雖免父，不合減死。」詔竟許決流。彥威詣中書投宰相面論，語訐氣盛，執政怒，左授河南少尹。未幾，改司農卿。李宗閔重之，既秉政，授青州刺史，兼御史大夫，充平盧軍節度、淄青等觀察使。

開成元年，召拜戶部侍郎，尋判度支。彥威儒學雖優，亦勤吏事，然貨泉之柄，素非所長，性既剛訐，自恃有餘。嘗紫宸廷奏曰：「臣自計司按見管錢穀文簿，皆量入以爲出，使經費必足，無所刻削。且百口之家，猶有歲蓄，而軍用錢物，一切通用，悉隨色額占定，終歲支給，無毫釐之差。倘臣一旦愚迷，欲自欺竊，亦不可得也。」名曰度支占額圖。既而又進供軍圖，曰：「起至德、乾元之際，迄於永貞、元和之初，天下有觀察者十，節度二十有九，防禦

者四，經略者三。掎角之師，犬牙相制，大都通邑，無不有兵，都計中外兵額至八十餘萬〔三〕。長慶戶口凡三百三十五萬，而兵額約九十九萬，通計三戶資一兵。今計天下租賦，一歲所入，總不過三千五百餘萬，而上供之數三之一焉。三分之中〔四〕，二給衣賜。自留州留使兵士衣賜之外，其餘四十萬衆，仰給度支。伏以時逢理安，運屬神聖，然而兵不可弭，食豈惟時。憂勤之端，兵食是切。臣謬司邦計，虔奉睿圖，輒纂事功，庶裨聖覽。」又纂集國初已來至貞元帝代功臣，如左氏傳體敍事，號曰唐典，進之。

彥威既掌利權，心希大用。時內官仇士良、魚弘志禁中用事。先是左右神策軍多以所賜衣物於度支中估，判使多曲從，厚給其價。開成初，有詔禁止，然趨利者猶希意從其請託。至是，彥威大結私恩，凡內官請託，無不如意，物議鄙其躁妄。復脩王播舊事，貢奉羨餘，殆無虛日。會邊軍上訴衣賜不時，兼之朽故。宰臣惡其所爲，令攝度支人吏付臺推訊。彥威略不介懷，入司視事。及人吏受罰，左授衞尉卿，停務，方還私第。

三年七月，檢校禮部尚書，代殷侑爲許州刺史，充忠武軍節度、陳許溵觀察等使。會昌中，入爲兵部侍郎，歷方鎭，檢校兵部尚書。卒，贈僕射，諡曰靖。

史臣曰：世以治軍戎，決權變，非儒者之事。而王翃、郗士美釋縫掖之儒衣〔五〕，奮將軍之旗鼓，俾士赴湯火，威振藩籬，何其壯也。所謂非秦無人，吾謀適不用也。二子遭遇英主，伸其效用，宜哉！李建侯不屈於賊庭，馬會元見伸於貝錦，臨危挺操，所謂貞臣，將相之榮，固其宜矣。辛潞州之特達，韋僕射之峻整，王尚書之果敢，皆一時之偉器也。若以道自牧，求福不回，即能臣也。而彥威欲爲巧宦，不亦疏乎？

贊曰：見危致命，臨難不恐。士美、建侯，仁者之勇。弘景陸離，駁正黃扉。貪名喪道，狂哉彥威。

校勘記

〔一〕嶺南都護　御覽卷二五一及卷二七八、册府卷一三三「嶺南」均作「安南」。

〔二〕穆宗怒　按此句與上文文義不貫。册府卷四六〇此句上有「弘景執奏不可中人宣諭再三弘景不爲之迴」十八字。

〔三〕兵額　各本原作「各額」，據册府卷四八六、全唐文卷七二九改。

〔四〕三分之中　「分」字各本原作「萬」，據册府卷四八六、全唐文卷七二九改。

〔五〕縫掖　校勘記卷五三引張宗泰說：「縫」當作「逢」字。

舊唐書卷一百五十八

列傳第一百八

武元衡 從父弟儒衡　鄭餘慶 子澣　澣子允謨　茂休　處誨　從讜
韋貫之 兄綬　弟纁　子澳

武元衡字伯蒼，河南緱氏人。曾祖載德〔一〕，天后從父弟，官至湖州刺史。祖平一，善屬文，終考功員外郎、修文館學士，事在逸人傳。父就，殿中侍御史，以元衡貴，追贈吏部侍郎。元衡進士登第，累辟使府，至監察御史。後爲華原縣令。時畿輔有鎮軍督將恃恩矜功者，多撓吏民，元衡苦之，乃稱病去官。放情事外，沉浮讌詠者久之。德宗知其才，召授比部員外郎。一歲，遷左司郎中。時以詳整稱重。貞元二十年，遷御史中丞。嘗因延英對罷，德宗目送之，指示左右曰：「元衡眞宰相器也。」順宗卽位，以病不親政事。王叔文等使其黨以權利誘元衡，元衡拒之。時奉德宗山

陵，元衡爲儀仗使。監察御史劉禹錫，叔文之黨也，求充儀仗判官，元衡不與，其黨滋不悅。數日，罷元衡爲右庶子。憲宗卽位，始冊爲皇太子〔二〕，元衡贊引，因識之，及登極，復拜御史中丞。持平無私，綱條悉舉，人甚稱重。尋遷戶部侍郎。元和二年正月，拜門下侍郎、平章事，賜金紫，兼判戶部事。上爲太子時，知其進退守正，及是用爲宰相，甚禮信之。

初，浙西節度李錡請入覲，乃拜爲右僕射，令入朝，既而又稱疾，請至歲暮。上問宰臣，鄭絪請如錡奏，元衡曰：「不可。且錡自請入朝，詔既許之，卽又稱疾，是可否在錡。今陛下新臨大寶，天下屬耳目，若使奸臣得遂其私，則威令從茲去矣。」上以爲然，遽追之，錡果計窮而反。

先是，高崇文平蜀，因授以節度使。崇文理軍有法，而不知州縣之政，上難其代者，乃以元衡代崇文，拜檢校吏部尚書，兼門下侍郎、平章事，充劍南西川節度使。將行，上御安福門以臨慰之。高崇文既發成都，盡載其軍資、金帛、帟幕、伎樂、工巧以行。元衡至，則庶事節約，務以便人。比三年，公私稍濟。撫蠻夷，約束明具，不輒生事。重慎端謹，雖淡於接物，而開府極一時之選。八年，徵還。至駱谷，重拜門下侍郎、平章事。

時李吉甫、李絳情不相叶，各以事理曲直於上前。元衡居中，無所違附，上稱爲長者。及吉甫卒，上方討淮、蔡，悉以機務委之。時王承宗遣使奏事，請赦吳元濟。請事於宰相，辭禮悖慢，元衡叱之，承宗因飛章詆元衡，咎怨頗結。元衡宅在靜安里，九年六月三日，將朝，出里東門，有暗中叱使滅燭者，導騎訶之，賊射之中肩。又有匿樹陰突出者，以棓擊元衡左股。其徒馭已爲賊所格奔逸，賊乃持元衡馬，東南行十餘步害之，批其顱骨懷去。及衆呼偕至，持火照之，見元衡已踣於血中，卽元衡宅東北隅墻之外。時夜漏未盡，陌上多朝騎及行人，鋪卒連呼十餘里，皆云賊殺宰相，聲達朝堂，百官恟恟，未知死者誰也。須臾，元衡馬走至，遇人始辨之。既明，仗至紫宸門，有司以元衡遇害聞，上震驚，却朝而坐延英，召見宰相。惋慟者久之，爲之再不食。冊贈司徒，贈賻布帛五百匹、粟四百石，輟朝五日，謚曰忠愍。

元衡工五言詩，好事者傳之，往往被於管絃。

初，八年，元衡自蜀再輔政，時太白犯上相，歷執法。占者言：「今之三相皆不利，始輕末重。」月餘，李絳以足疾免。明年十月，李吉甫以暴疾卒。至是，元衡爲盜所害，年五十八。始元衡與吉甫齊年，又同日爲宰相。及出鎭，分領揚、益。及吉甫再入，元衡亦還。吉甫先一年以元衡生月卒，元衡後一年以吉甫生月卒。吉凶之數，若符會焉。先是長安謠曰「打麥麥打三三三」，既而旋其袖曰「舞了也」。解者謂：「打麥」者，打麥時也；「麥打」者，蓋謂暗中突擊也；「三三三」，謂六月三日也；「舞了也」，謂元衡之卒也。自是京師大恐，

城門加衞兵，察其出入，物色伺之。其偉狀異製、燕趙之音者，多執訊之。元衡從父弟儒衡。

儒衡字庭碩，才度俊偉，氣直貌莊，言不妄發，與人交友，終始不渝。相國鄭餘慶不事華潔，後進趨其門者多垢衣敗服，以望其知。而儒衡謁見，未嘗輒易所好，但與之正言直論，餘慶因亦重之。憲宗以元衡橫死王事，嘗嗟惜之，故待儒衡甚厚。累遷戶部郎中。十二年，權知諫議大夫事，尋兼知制誥。皇甫鎛以宰相領度支，剝下以媚上，無敢言其罪者。儒衡上疏論列，鎛密訴其事，帝曰：「勿以儒衡上疏，卿將報怨耶！」鎛不復敢言。

儒衡氣岸高雅，論事有風彩，羣邪惡之，尤爲宰相令狐楚所忌。元和末年，垂將大用，楚畏其明俊，欲以計沮之，以離其寵。有狄兼謨者，梁公仁傑之後，時爲襄陽從事。楚乃自草制詞，召狄兼謨爲拾遺，曰：「朕聽政餘暇，躬覽國書，知奸臣擅權之由，見母后竊位之事。我國家神器大寶，將遂傳於他人。洪惟昊穹，降鑒儲祉，誕生仁傑，保佑中宗，使絕維更張，明辟乃復。宜福冑胤，與國無窮。」及兼謨制出，儒衡泣訴於御前，言其祖平一在天后朝辭榮終老，當時不以爲累。憲宗再三撫慰之，自是薄楚之爲人。然儒衡守道不回，嫉惡太甚，終不至大任。尋正拜中書舍人。時元稹依倚內官，得知制誥，儒衡深鄙之。會食瓜閣下，

蠅集於上，儒衡以扇揮之曰：「適從何處來，而遽集於此？」同僚失色，儒衡意氣自若。遷禮部侍郎。長慶四年卒，年五十六。

鄭餘慶字居業，滎陽人。祖長裕，官至國子司業，終潁川太守。長裕弟少微，爲中書舍人、刑部侍郎。兄弟有名於當時。父慈，與元德秀友善，官至太子舍人。

餘慶少勤學，善屬文。大曆中舉進士。建中末，山南節度使嚴震辟爲從事，累官殿中侍御史，丁父憂罷。貞元初入朝，歷左司、兵部員外郎，庫部郎中。八年，選爲翰林學士。十三年六月，遷工部侍郎，知吏部選事。時有玄法寺僧法湊爲寺衆所訴，萬年縣尉盧伯達斷還俗，後又復爲僧，伯達上表論之。詔中丞宇文邈、刑部侍郎張彧、大理卿鄭雲逵等三司與功德使判官諸葛述同按鞫。時議述胥吏，不合與憲臣等同入省按事，餘慶上疏論列，當時翕然稱重。

十四年，拜中書侍郎、平章事。餘慶通究六經深旨，奏對之際，多以古義傅之。與度支使于頔素善，每奏事餘慶皆議可之。未幾，頔以罪貶。時又歲旱人飢，德宗與宰臣議，將賑給禁衛六軍。事未行，爲中書吏所洩，餘慶貶郴州司馬。凡六載。順宗登極，徵拜尚書左

丞。

憲宗嗣位之月，又擢守本官平章事。未幾，屬夏州將楊惠琳阻命，宰臣等論奏，多議兵事。餘慶復以古義上言，夏州軍士皆仰給縣官，又有「介馬萬蹄」之語。時議以餘慶雖好古博雅而未適時。有主書滑渙，久司中書簿籍，與內官典樞密劉光琦情通。宰相議事，與光琦異同者，令渙達意，未嘗不遂所欲。宰相杜佑、鄭絪皆姑息之，議者云佑私呼爲滑八，四方書幣貲貨，充集其門，弟泳官至刺史。及餘慶再入中書，與同僚集議，渙指陳是非，餘慶怒其僭，叱之。尋而餘慶罷相，爲太子賓客。其年八月，渙贓汙發，賜死；上聞餘慶叱渙事，甚重之，乃改爲國子祭酒。尋拜河南尹。三年，檢校兵部尚書，兼東都留守。六年四月，正拜兵部尚書。

餘慶再爲相，罷免皆非大過，尤以清儉爲時所稱。洎中外踐更，鬱爲耆德，朝廷得失，言成準的。時京兆尹元義方、戶部侍郎判度支盧坦，皆以勳官前任至三品，據令合立門戟，各請戟立於其第。時義方以加上柱國，坦以前任宣州觀察使請戟。近代立戟者，率有銀青階，而義方只據勳官，有司不詳覆而給之，議者非之。臺司將劾而未果。會餘慶自東都來，發論大以爲不可。由是，臺司移牒詰禮部，左司郎中陸則、禮部員外崔備皆罰俸，奪元、盧之門戟。

餘慶受詔撰惠昭太子哀册，其辭甚工。有醫工崔環，自淮南小將爲黃州司馬。敕至南省，餘慶執之封還，以爲諸道散將無故授正員五品官，是開徼倖之路，且無闕可供。言或過理，由是稍忤時權，改太子少傅，兼判太常卿事。初德宗自山南還宮，關輔有懷光、吐蕃之虞，都下驚憂，遂詔太常集樂去大鼓。至是，餘慶始奏復用大鼓。

九年，拜檢校右僕射，兼興元尹，充山南西道節度觀察使，三歲受代。十二年，除太子少師。尋以年及懸車，請致仕，詔不許。時累有恩赦敍階，及天子親謁郊廟，行事官等皆得以恩授三品五品，不復計考，其使府賓吏，又以軍功借賜命服而後入拜者十八九。由是，在朝衣綠者甚少，郎官諫官有被紫垂金者。又丞郎中謝洎郎官出使，多賜章服，以示加恩，於是寵章尤濫，當時不以服章爲貴，遂詔餘慶詳格令立制，條奏以聞。

十三年，拜尚書左僕射。自兵興以來，處左右端揆之位者多非其人，及餘慶以名臣居之，人情美洽。憲宗以餘慶諳練典章，朝廷禮樂制度有乖故事，專委餘慶參酌施行，遂用爲詳定使。餘慶復奏刑部侍郎韓愈、禮部侍郎李程爲副使，左司郎中崔郾、吏部郎中陳珮、刑部員外郎楊嗣復、禮部員外郎庾敬休並充詳定判官。朝廷儀制、吉凶五禮，咸有損益焉。改鳳翔尹、鳳翔隴節度使。

十四年，兼太子少師、檢校司空，封滎陽郡公，兼判國子祭酒事。以太學荒毀日久，生

徒不振，奏率文官俸給修兩京國子監。

及穆宗登極，以師傅之舊，進位檢校司徒，優禮甚至。元和十五年十一月卒，詔曰：「故金紫光祿大夫、檢校司徒、兼太子少師、上柱國、滎陽郡開國公、食邑二千戶鄭餘慶，始以衣冠禮樂，行於山東，餘力文章，遂成志學。出入清近，踰五十年。再秉台衡，屢分戎律。凡所要職，無不踐更。貴而能貧，卑以自牧。耆碩聞於臺閣，柔睦化於閨門。受命有考父之恭，待士比公孫之廣。焚書逸禮，盡可口傳；古史舊章，如因心匠。朕方咨稟，庶罔昏踰。神將祝予，痛悼何及！乞言既阻，賵禮宜優，可贈太保。」時年七十五，諡曰貞。

餘慶砥名礪行，不失儒者之道，清儉率素，終始不渝。四朝居將相之任，出入垂五十年，祿賜所得，分給親黨，其家頗類寒素。自至德已來，方鎮除授，必遣中使領旌節，就第宣賜，皆厚以金帛遺之。求媚者唯恐其數不廣，故王人一來，有獲錢數百萬者。餘慶每受方任，天子必誡其使曰：「餘慶家貧，不得妄有求取。」專欲振起儒教，後生謁見者率以經學諷之，而周其所急，理家理身，極其儉薄。及修官政，則喜開廣。鎮岐下一歲，戎事可觀。又創立儒宮，以來學者。雖行己可學，而往往近於沽激，故當時議者不全德許之。上以家素清貧，不辦喪事，宜令所司特給一月俸料以充賻贈，用示褒榮。有文集、表疏、碑誌、詩賦共五十卷，行於世。

中華書局

兄承慶，官不顯。弟膺甫，官至主客員外郎中、楚懷鄭三州刺史。次弟具瞻、羽客、時然，皆官至縣令賓佐。餘慶子澣。

澣本名涵，以文宗藩邸時名同，改名澣。貞元十年舉進士。以父謫官，累年不任。自祕書省校書郎遷洛陽尉，充集賢院修撰，改長安尉、集賢校理。轉太常寺主簿，職仍故。遷太常博士，改右補闕。獻疏切直，人爲危之。及餘慶入朝，憲宗謂餘慶曰：「卿之令子，朕之直臣，可更相賀。」遂遷起居舍人，改考功員外郎。刺史有驅迫人吏上言政績，請刊石紀政者。澣探得其情，條責廉使，巧跡遂露，人服其敏識。時餘慶爲僕射，請改省郎，乃換國子博士、史館修撰。丁母憂，除喪，拜考功郎中。復丁內艱，終制，退居汜上。長慶中，徵爲司封郎中、史館修撰，累遷中書舍人。

文宗登極，擢爲翰林侍講學士。上命撰經史要錄二十卷，書成，上喜其精博，因摘所上書語類，上親自發問，澣應對無滯，錫以金紫。大和二年，遷禮部侍郎，典貢舉二年，選拔造秀，時號得人。轉兵部侍郎，改吏部，出爲河南尹，皆著能名。入爲左丞，旋拜刑部尚書，兼判左丞事。出爲山南西道節度觀察使，檢校戶部尚書、興元尹、兼御史大夫。餘慶之鎮興元，創立儒宮，開設學館，至澣之來，復繼前美。開成四年閏正月，以戶部尚書徵。詔

下之日，卒于興元，年六十四，贈右僕射，諡曰宣。有文集、制誥共三十卷，行於世。澣四子：允謨、茂諶、處誨、從讜。

允謨以蔭累官臺省，歷蜀、彭、濠、晉四州刺史，位終太子右庶子。

茂諶避國諱改茂休，開成二年登進士第，四遷太常博士、兵部員外郎、吏部郎中、絳州刺史，位終祕書監。

處誨字延美，於昆仲間文章拔秀，早爲士友所推。大和八年登進士第，釋褐祕府，轉監察、拾遺、尚書郎、給事中。累遷工部、刑部侍郎，出爲越州刺史、浙東觀察使、檢校刑部尚書、汴州刺史、宣武軍節度觀察等使，卒于汴。處誨族父朗。初朗爲定州節度使時，處誨爲工部侍郎，因早朝假寐於待漏院，忽夢己爲浙東觀察使，經過汴州，而朗爲汴帥，留連飲餞，仰視屋棟，飾以黃土，賓從皆所識。明年，朗果自定州鎭宣武，辟韋重掌書記。重將行，處誨告以所夢。明年，處誨轉刑部侍郎。其年秋，授浙東觀察使。行及潼關，朗遣從事迎勞，仍致手書，令先疏所夢。比至汴，宴于清暑亭，賓佐悉符夢中。朗仰視屋棟曰：「此亦黃土也。」四坐感歎移時。後五年，朗卒，處誨繼爲汴州節度使，乃賦詩一章，刻于廳事，以盡思朗之悲。處誨方雅好古，且勤於著述，撰集至多。爲校書郎時，撰次明皇雜錄三篇，行於世。

從讜字正求，會昌二年登進士第，釋褐祕書省校書郎，歷拾遺、補闕、尚書郎、知制誥。故相令狐綯、魏扶，皆父貢舉門生，爲之延譽，尋遷中書舍人。咸通三年，知貢舉，拜禮部侍郎，轉刑部，改吏部侍郎。典選平允，時無屈人。垂將作輔，以權臣請託不行，改檢校刑部尚書、太原尹、北都留守、河東節度觀察等使。踰年，乞還不允，改檢校兵部尚書、汴州刺史、宣武軍節度觀察等使。期年報政，美聲流聞。當途者懼其大用，改廣州刺史、嶺南節度使。

五管爲南詔蠻所擾，天下徵兵，時有龐勛之亂，不暇邊事。從讜在鎮，北兵寡弱，夷獠棼然，乃擇其土豪，授之右職，禦侮扞城，皆得其効。雖郡邑屢陷，而交、廣晏然。俄而懿宗厭代，從讜以久在番禺，不樂風土，思歸戀闕，形於賦詠，累上章求爲分司散秩。僖宗徵還，用爲刑部尚書，尋以本官同平章事。

乾符中，盜起河南，天下騷動。陰山府沙陁都督李國昌部族方強，虎視北邊。屬靈州

防禦使段文楚軍儲不繼，郡兵乏食，乃密引沙陁部攻城，殺文楚，遂據振武軍雲、朔等州。又令其子克章、克用大合諸部，南侵忻、代。前帥竇澣、李侃、李蔚相繼以重臣鎮并部，皆不能遏。俄而康傳圭爲三軍所殺，軍士益驕，矜功責賞，動爲譟聚。加以河南、河北七道兵帥，雲合都下，人不聊生，沙陁連陷城邑，朝廷難於擇帥。僖宗欲以宰臣臨制之，詔曰：「開府儀同三司、門下侍郎、兼兵部尚書、充太清宮使、弘文館大學士、延資庫使、上柱國、滎陽郡開國公、食邑二千戶鄭從讜，自處鈞衡，屢來麟鳳，才高應變，動必研機。朕以北門興王故地，以爾嘗施惠化，倘有去思。方當用武之時，暫輟調元之職，佇殲兇醜，副我憂勤。可檢校司空、同平章事、太原尹、北都留守、河東節度，兼行營招討等使。」制下，許自擇參佐。乃奏長安令王調爲副使，兵部員外郎、史館修撰劉崇龜爲節度判官，前司勳員外郎、史館修撰趙崇爲觀察判官，前進士劉崇魯充推官，前左拾遺李渥充掌書記，前長安尉崔澤充支使。開幕之盛，冠於一時。時中朝瞻望者，目太原爲「小朝廷」，言名人之多也。

時新承軍亂之後，殺掠攻剽，無日無之。從讜貌溫而氣勁，沉機善斷，奸無遁情。凡兇謀盜發，無不落其彀中，以是羣豪惕息。舊府城都虞候張彥球者，前帥令率兵三千逐沙陁於百井，中路而還，縱兵破鑰，殺故帥康傳圭。及從讜至，搜索其魁誅之，知彥球意善，有方略，召之開喻，坦然無疑，悉以兵柄委之。

廣明初，李鈞、李琢繼率本道之師出雁門，爲沙陀所敗。十二月，黃巢犯長安，僖宗出幸，傳詔謂從讜曰：「卿志安封域，權總戎麾，夷夏具瞻，社稷全賴。今月五日，草賊黃巢奔衝，十六日，駐蹕梁、漢。上慚九廟，下愧萬方。藩閫乍聞，痛憤應切。專差供奉官劉全及往彼慰喻。卿宜差點本道兵士，酌量多少，付北面副招討使諸葛爽，俾令入援。」從讜承詔雪涕，團結戎伍，遣牙將論安、後院軍使朱玫率步騎五千，從諸葛爽入關赴難。時中和元年五月也。

論安軍次離石。是月，沙陀李克用軍奄至，營于汾東，稱奉詔赴難入關。從讜具稟餼犒勞，信宿不發，克用傅城而呼曰：「本軍將南下，欲與相公面言。」從讜登城謂之曰：「僕射父子，咸通以來奮激忠義，血戰爲國，天下之人受賜。老夫歷事累朝，位忝將相，今日羣盜擾攘，輿駕奔播，蕩覆神州，不能荷戈討賊，以酬聖奬，老夫之罪也。然多難圖勳，是僕射立功立事之時也。所恨受命守藩，不敢辱命，無以仰陪戎桀。若僕射終以君親爲念，破賊之後，車駕還宮，却得待罪闕庭，是所願也。唯僕射自愛。」克用拜謝而去。然雜虜不戢，肆掠近甸，從讜遣大將王蟾、薛威出師追擊之。翌日，契苾部救兵至，沙陀大敗而還。初論安率師入關，至陰地，以數百卒擅歸，從讜集諸部校斬之於鞠場，並以兵衆付朱玫赴難。時鄭畋亦以宰相鎭鳳翔，與從讜宗人，同年登進士，畋亦舉兵岐下，以遏賊巢。廣明首唱仗義，斷

賊首尾，逆徒名爲「二鄭」。國威復振，二儒帥之功也。

二年十一月，代北監軍使陳景思奉詔赦沙陀部，許討賊自贖。由是沙陀五部數萬人南下，不敢蹈境，乃自嵐、石沿河而南，唯李克用以數百騎臨城敍別。從讜遺之名馬、器幣而訣。三年，克用破賊立功，授河東節度代從讜，還至榆次，遣使致禮，謂從讜曰：「予家尊在雁門，且還覲省。相公徐治行裝，勿遽首途。」從讜承詔，卽日牒監軍使周從寓請知兵馬留後事，書記劉崇魯知觀察留後事，戒之曰：「俟面李公，按籍而還。」

五月十五日，從讜離太原。時京城雖復，車駕未還，道途多寇。行次絳州，唐彥謙爲刺史，留駐數月。多，詔使追赴行在，復輔政，歷司空、司徒，正拜侍中。光啓末，固辭機務，以疾還第。卒，有司謚曰文忠。

從讜知人善任，性不驕矜，故所至有聲績。在太原時，大將張彥球強桀難制，前後帥守以疑間貽釁，故軍旅不寧。及從讜撫封四年，知其才用可委，開懷任遇，得其死力。故抗虜全城，多彥球之効也，累奏爲行軍司馬。及再秉政，用爲金吾將軍，累郡刺史。在絳州時，彥謙判官陸扆嗜學有才思，寓於郡齋，日與之談宴，無間先後，乃稱之於朝，位至清顯。在汴時，以兄處誨嘗爲鎭帥，歿於是郡，訖一政受代，不於公署舉樂，其友悌知禮，操履如此。國之名臣，文忠有焉。

韋貫之本名純，以憲宗廟諱，遂以字稱。八代祖夐，仕周，號逍遙公。父肇，官至吏部侍郎，有重名於時。貫之卽其第二子。少舉進士，貞元初，登賢良科，授校書郎。秩滿，從調判入等，再轉長安縣丞。德宗末年，京兆尹李實權移宰相，言其可否，必數日而詔行。人有以貫之名薦於實者，答曰：「是其人居與吾同里，亟聞其賢，但吾得識其面而進於上。」舉笏示說者曰：「實已記其名氏矣。」說者喜，驟以其語告於貫之，且曰：「子今日詣實而明日受賀矣。」貫之唯唯，數歲終不往，然是後竟不遷。

永貞中，始除監察御史。上書舉季弟纁自代，時議不以爲私。轉右補闕，而纁代爲監察。元和元年，杜從郁爲左補闕，貫之與崔羣奏論，尋降爲左拾遺。又論遺、補雖品不同，皆是諫官。父爲宰相，子爲諫官，若政有得失，不可使子論父。改爲祕書丞。

後與中書舍人張弘靖考制策，第其名者十八人，其後多以文稱。轉禮部員外郎。新羅人金忠義以機巧進，至少府監，蔭其子爲兩館生，貫之持其籍不與，曰：「工商之子不當仕。」忠義以藝通權倖，爲請者非一，貫之持之愈堅。既而疏陳忠義不宜汚朝籍，詞理懇切，竟罷去之。改吏部員外郎。三年，復策賢良之士，又命貫之與戶部侍郎楊於陵、左司郎中鄭敬、

都官郎中李益同爲考策官。貫之奏居上第者三人，言實指切時病，不顧忌諱，雖同考策者皆難其詞直，貫之獨署其奏，遂出爲果州刺史。道中黜巴州刺史。俄徵爲都官郎中、知制誥。踰年，拜中書舍人，改禮部侍郎。凡二年，所選士大抵抑浮華，先行實，由是趨競者稍息。轉尙書右丞，中謝日面賜金紫。

明年，以本官同中書門下平章事。淮西之役，鎭州盜竊發輦下，殺宰相武元衡，傷御史中丞裴度。及度爲相，二寇並征，議者以物力不可。貫之請釋鎭以養威，攻蔡以專力。上方急於太平，未可其奏。貫之進言：「陛下豈不知建中之事乎？天下之兵，始於蔡急魏應，齊趙同惡。德宗率天下兵，命李抱眞、馬燧急攻之，物力用屈，於是朱泚乘之爲亂，朱滔隨而向闕，致使梁、漢爲府，奉天有行，皆陛下所聞見。非他，不能忍待次第，速於撲滅故也。陛下獨不能寬歲月，俟拔蔡而圖鎭邪？」上深然之，而業已下伐鎭詔。後滅蔡而鎭自服，如其策焉。初，王師征蔡，以汴帥韓弘爲都統，又命汝帥烏重胤、許帥李光顏合兵而進。貫之以爲諸將四面討賊，各銳進取，今若置統督，復令二帥連營，則持重養威，未可以歲月下也。貫之議不從，四年而始克蔡。尋遷中書侍郎。同列以張仲素、段文昌進名爲學士，貫之阻之，以行止未正，不宜在內庭。

貫之爲相，嚴身律下，以清流品爲先，故門無雜賓。有張宿者，有口辯，得幸於憲宗，

擢爲左補闕。將使淄青，宰臣裴度欲爲請章服，貫之曰：「此人得幸，何要假其恩寵耶？」其事遂寢。宿深銜之，卒爲所搆，誣以朋黨，罷爲吏部侍郎。不涉旬，出爲湖南觀察使。弟虢州刺史纁，亦貶遠郡。時兩河留兵，國用不足，命鹽鐵副使程异使諸道督課財賦。异所至方鎭，皆諷令掊拾進獻。貫之謂兩稅外不忍橫賦加人，所獻未滿异意，遂率屬內六州留錢以繼獻，由是罷爲太子詹事，分司東都。

上卽位，擢爲河南尹，徵拜工部尚書。未行，長慶元年卒於東都，年六十二，詔贈尚書右僕射。貫之自布衣至貴位，居室無改易。歷重位二十年，苞苴寶玉，不敢到門。性沉厚寡言，與人交，終歲無款曲，未曾僞詞以悅人。身歿之後，家無羨財。有文集三十卷。伯兄綬，德宗朝爲翰林學士。貞元之政，多參決於內署。綬所議論，常合中道，然畏愼致傷，晚得心疾，故不極其用。

纁有精識奧學，爲士林所器。閨門之內，名教相樂。故韋氏兄弟令稱，推於一時。纁累官至太常少卿。

貫之子澳、潾。

澳字子斐，大和六年擢進士第，又以弘詞登科。性貞退寡慾，登第後十年不仕。伯兄

列傳第一百八　韋貫之　四一七五

舊唐書卷一百五十八　四一七六

温，與御史中丞高元裕友善。温請用澳爲御史，謂澳曰：「高二十九持憲綱，欲與汝相面，汝必得御史。」澳不答。温曰：「高君端士，汝不可輕。」澳曰：「然恐無呈身御史。」竟不詣元裕之門。

周墀鎭鄭滑，辟爲從事。墀輔政，以澳爲考功員外郎、史館修撰。墀初作相，私謂澳曰：「才小任重，何以相救？」澳曰：「苟公重知，顧公無權足矣。」墀愕然，不喻其旨，澳曰：「爵賞刑罰，非公共欲行者，願不以喜怒憎愛行之。但令百司羣官各舉其職，則公斂衽於廟堂之上，天下自理，何要權耶？」墀深然之。不周歲，以本官知制誥，尋召充翰林學士，累遷戶部兵部侍郎、學士承旨。與同僚蕭寘深爲宣宗所遇，每二人同直，無不召見，詢訪時事。每有邦國刑政大事，中使傳宣草詞，澳心欲論諫，卽曰：「此一事，須降御札，方敢施行。」遲留至旦，必論其可否，上旨多從之。出爲京兆尹，不避權豪，京師讋憚。

會判戶部宰相蕭鄴改判度支，澳於延英對。上曰「戶部闕判使」，澳對以府事，上言「戶部闕判使」者三，又曰：「卿意何如？」澳對曰：「臣近年心力減耗，不奈繁劇，累曾陳乞一小鎭，聖慈未垂矜允。」上默然不樂其奏。澳甥柳玭知其對，謂澳曰：「舅之獎遇，特承聖知，延英奏對，恐未得中。」澳曰：「吾不爲時相所信，忽自宸旨，委以使務，必以吾他岐得之，何以自明？我意不錯。爾須知時事漸不堪，是吾徒貪爵位所致，爾宜志之！」大中十二年，檢校工部尚書，兼孟州刺史，充河陽三城懷孟澤節度等使，辭於內殿。上曰：「卿自求便，我不去卿。」在河陽累年，中使王居方使魏州，令傳詔旨謂澳曰：「久別無恙，知卿奉道，得何藥術，可具居方口奏。」澳因中使上章陳謝，又曰：「方士殊不可聽，金石有毒，切不宜服食。」帝嘉其忠，將召之，而帝厭代。

懿宗卽位，遷檢校戶部尚書，兼青州刺史、平盧節度觀察處置等使。入爲戶部侍郎，轉吏部，銓綜平允，不受請託。爲執政所惡，出爲邠州刺史、邠寧節度使。宰相杜審權素不悅於澳，會吏部發澳時簿籍，吏緣爲奸，坐罷鎭，以祕書監分司東都。嘗戲吟云：「莫將韋鑒同殷鑒，錯認容身作保身。」此句聞於京師，權幸尤怒之。上表求致仕，宰相疑其怨望，拜河南尹。制出，累上章辭疾，以松檟在秦川，求歸樊川別業，許之。踰年，復授戶部侍郎，以疾不拜而卒。贈戶部尚書，謚曰貞。

潾亦登進士第，無位而卒。潾子庾、庠、序、雍、郊。

庾登進士第，累佐使府，入朝爲御史，累遷兵部郎中、諫議大夫。從僖宗幸蜀，改中書舍人，累拜刑部侍郎，判戶部事。車駕還京，充頓遞使，至鳳翔病卒。

序、雍、郊皆登進士第。序、雍官至尚書郎。郊文學尤高，累歷清顯。自禮部員外郎知制誥，正拜中書舍人。昭宗末，召充翰林學士，累官戶部侍郎、學士承旨，卒。

列傳第一百八　韋貫之　校勘記　四一七七

舊唐書卷一百五十八　四一七八

史臣曰：二武朗拔精裁，爲時羽儀，嫉惡太甚，遭罹不幸，俾刃喋血，誠可哀哉！令狐中傷，爲惡滋甚，君子之行，其若是乎？鄭貞公博雅好古，一代儒宗。文忠致君，無忝乃祖，衣冠之盛，近代罕儔。韋氏三宗，世多才俊。純、纁忠懿，爲時元龜，作輔論兵，言皆體國。澳之貞亮，不替祖風。三代謚貞，考行無愧。

贊曰：后族崢嶸，平一辭榮。高風襲慶，鍾在二衡。猗與貞公，繼以文忠。純、纁文雅，綽有父風。

校勘記

〔一〕載德　各本原作「德載」，據本書卷一八三武承嗣傳、新書卷七四宰相世系表改。

〔二〕憲宗卽位始冊爲皇太子　冊府卷一七二作「帝始冊爲皇太子」。

舊唐書卷一百五十九

列傳第一百九

衞次公子洙　鄭絪子祇德　祇德子顥　韋處厚　崔羣　路隨父泌

衞次公字從周，河東人。器韻和雅，弱冠舉進士。禮部侍郎潘炎目爲國器，擢居上第，參選調。吏部侍郎盧翰嘉其才，補崇文館校書郎，改渭南尉。次公善鼓琴，京兆尹李齊運使其子交歡，意欲次公授之琴，次公拒之，由是終身未嘗操絃。

嚴震之鎮興元，辟爲從事，授監察，轉殿中侍御史。貞元八年，徵爲左補闕，尋兼翰林學士。二十一年正月，德宗昇遐。時東宮疾恙方甚，倉卒召學士鄭絪等至金鑾殿。中人或云：「內中商量，所立未定。」衆人未對，次公遽言曰：「皇太子雖有疾，地居冢嫡，內外繫心。必不得已，當立廣陵王。若有異圖，禍難未已。」絪等隨而唱之，衆議方定。

及順宗在諒闇，外有王叔文輩操權樹黨，無復經制，次公與鄭絪同處內廷，多所匡正。

轉司勳員外郎。久之，以本官知制誥，賜紫金魚袋，仍爲學士，權知中書舍人。尋知禮部貢舉，斥浮華，進貞實，不爲時力所搖。眞拜中書舍人，仍充史館修撰，遷兵部侍郎、知制誥，復兼翰林學士。與鄭絪善，會鄭絪罷相，次公左授太子賓客，改尚書右丞，兼判戶部事，拜陝、虢等州都防禦觀察處置等使。請蠲錢三百萬，人得蘇息，政聞于朝。徵爲兵部侍郎。選人李勣，徐有功之孫名在黜中，次公召而謂之曰：「子之祖先，勳在王府，豈限常格。」並優秩而遣之。

改尚書左丞，恩顧頗厚。上方命爲相，已命翰林學士王涯草詔，時淮夷宿兵歲久，次公累疏請罷。會有捷書至，相詔方出，憲宗令追之，遂出爲淮南節度使、檢校工部尚書，兼揚州大都督府長史、御史大夫。元和十三年十月，受代歸朝，道次病卒，贈太子少保，年六十六，謚曰敬。次公自少入仕，歷大僚，節操趣尚，始終如一，爲衆推重。

子洙，登進士第，尚憲宗女臨眞公主。累官至給事中、駙馬都尉、工部侍郎。

鄭絪字文明。父羨，池州刺史。絪少有奇志，好學，善屬文。大曆中，有儒學高名，如張參、蔣乂、楊綰、常袞，皆相知重。絪擢進士第，登宏詞科，授秘書省校書郎、鄠縣尉。張延賞鎮西川，辟爲書記，入除補闕、起居郎，兼史職。無幾，擢爲翰林，轉司勳員外郎、知制誥。德宗朝，在內職十三年，小心兢謙，上遇之頗厚。

貞元末，德宗晏駕，順宗初卽位，遺詔不時宣下，絪與同列衞次公密申正論，中人不敢違。及王伾、王叔文朋黨擅權之際，絪又能守道中立。憲宗監國，遷中書舍人，依前學士。憲宗初，勵精求理，俄拜中書侍郎、平章事，加集賢殿大學士，轉門下侍郎、宏文館大學士。絪與杜黃裳同當國柄。黃裳多所關決，首建議誅惠琳、斬劉闢及他制置。絪謙默多無所事，由是貶秩爲太子賓客。出爲嶺南節度觀察等使、廣州刺史、檢校禮部尚書，以廉政稱。爲工部尚書，轉太常卿，又爲同州刺史、長春宮使，改東都留守。入歷兵部尚書，旋爲河中節度使。大和二年，入爲御史大夫、檢校左僕射、兼太子少保。

絪以文學進，恬澹，踐歷華顯，出入中外者踰四十年。所居雖無赫奕之稱，而守道敦篤，耽悅墳典，與當時博聞好古之士，爲講論名理之游，時人皆仰其耆德焉。及文宗卽位，以年力衰耄，累表陳乞，遂以太子太傅致仕。三年十月卒，年七十八，贈司空，謚曰宣。子祇德。

祇德子顥，登進士第，結綬弘文館校書。遷右拾遺、內供奉，詔授銀青光祿大夫，遷起

居郎。尚宣宗女萬壽公主，拜駙馬都尉。歷尚書郎、給事中、禮部侍郎。典貢士二年，振拔滯才，至今稱之。遷刑部、吏部侍郎。大中十三年，檢校禮部尚書、河南尹。

顥居戚里，有器度。大中時，恩澤無對。及宣宗棄代，追感恩遇，嘗爲詩序曰：「去年壽昌節，赴麟德殿上壽，迴憩于長興里第。昏然晝寢，夢與十數人納涼於別館。館宇蕭灑，相與聯句。予爲數聯，同遊甚稱賞。既寤，不全記諸聯，唯省十字云『石門霧露白，玉殿莓苔青』，乃書之于楹。私怪語不祥，不敢言於人。不數日，宣宗不豫，廢朝會，及宮車上僊，方悟其事。追惟顧遇，續石門之句爲十韻云：『閶闔流虹節，歸軒出禁扃。奔波陶畏景，蕭灑夢殊庭。境象非曾到，崇嚴昔未經。日車烏斂翼，風動鶴飄翎。異苑人爭集，涼臺筆不停。石門霧露白，玉殿莓苔青。若匪災先兆，何當思入冥。御爐虛仗馬，華蓋負云亭。白日成千古，金縢閟九齡。小臣哀絕筆，湖上泣青萍。』」未幾，顥亦卒。

韋處厚字德載，京兆人。父萬，監察御史，爲荆南節度參謀。處厚本名淳，避憲宗諱，改名處厚。幼有至性，事繼母以孝聞。居父母憂，廬於墓次。既免喪，遊長安。通五經，博覽史籍，而文思贍逸。元和初，登進士第，應賢良方正，擢居異等，授秘書省校書郎。裴垍

以宰相監修國史，奏以本官充直館，改咸陽縣尉，遷右拾遺，並兼史職。修德宗實錄五十卷上之，時稱信史。轉左補闕、禮部考功二員外。早爲宰相韋貫之所重，時貫之以議兵不合旨出官，處厚坐友善，出爲開州刺史。入拜戶部郎中，俄以本官知制誥。穆宗以其學有師法，召入翰林，爲侍講學士，換諫議大夫，改中書舍人，侍講如故。

時張平叔以便佞詼諧，他門捷進，自京兆少尹爲鴻臚卿、判度支，不數月，宜授戶部侍郎。平叔以征利中穆宗意，欲希大任。以榷鹽舊法爲弊年深，欲官自糶鹽，可富國強兵，勸農積貨，疏利害十八條。詔下其奏，令公卿議。處厚抗論不可，以平叔條奏不周，經慮未盡，以爲利者返害，爲簡者至煩，乃取其條目尤不可者，發十難以詰之。時平叔傾巧有恩，自謂言無不允。及處厚條件駁奏，穆宗稱善，令示平叔，平叔詞屈無以答，其事遂寢。

處厚以幼主荒怠，不親政務，既居納誨之地，宜有以啓導性靈，乃銓擇經義雅言，以類相從，爲二十卷，謂之六經法言，獻之。錫以繒帛銀器，仍賜金紫。以憲宗實錄未成，詔處厚與路隨兼充史館修撰。實錄未成，許二人分日入內，仍放常參。處厚俄又權兵部侍郎。

敬宗嗣位，李逢吉用事，素惡李紳，乃構成其罪，禍將不測。處厚與紳皆以孤進，同年進士，心頗傷之，乃上疏曰：

臣竊聞朋黨議論，以李紳貶黜尚輕。臣受恩至深，職備顧問，事關聖聽，不合不言。紳先朝奬用，擢在翰林，無過可書，無罪可戮。今羣黨得志，讒嫉大興。詢於人情，皆甚歎駭。詩云：「萋兮菲兮，成是貝錦。彼譖人者，亦已太甚。」又曰：「讒言罔極，交亂四國。」自古帝王，未有遠君子、近小人而致太平者。古人云：「三年無改於父之道，可謂孝矣。」李紳是前朝任使，縱有罪愆，猶宜洗釁滌瑕，念舊忘過，以成無改之美。今逢吉門下故吏，遍滿朝行，侵毀加誣，何詞不有？所貶如此，猶爲太輕。蓋曾參有投杼之疑，先師有拾塵之戒。伏望陛下斷自聖慮，不惑奸邪，則天下幸甚！建中之初，山東向化，只緣宰相朋黨，上負朝廷。楊炎爲元載復讎，盧杞爲劉晏報怨，兵連禍結，天下不平。伏乞聖明，察臣愚懇。

帝悟其事，紳得減死，貶端州司馬。

處厚正拜兵部侍郎，謝恩於思政殿。時昭愍狂恣，屢出畋遊，每月坐朝不三四日，處厚因謝從容奏曰：「臣有大罪，伏乞面首。」帝曰：「何也？」處厚對曰：「臣前爲諫官，不能先朝死諫，縱先聖好畋及色，以至不壽，臣合當誅。然所以不死諫者，亦爲陛下此時在春宮，年已十五。今則陛下皇子始一歲矣，臣安得更避死亡之誅？」上深感悟其意，賜錦綵一百匹、銀器四事。

寶曆元年四月，羣臣上尊號，御殿受册肆赦。李逢吉以李紳之故，所撰赦文但云左降官已經量移者與量移，不言未量移者，蓋欲紳不受恩例。處厚上疏曰：「伏見赦文節目中，左降官有不該恩澤者。在宥之體，有所未弘。臣聞物議皆言逢吉恐李紳量移，故有此節。若如此，則應是近年流貶官，因李紳一人皆不得量移。事體至大，豈敢不言？李紳先朝奬任，曾在內廷，自經貶官，未蒙恩宥。古人云：『人君當記人之功，忘人之過。』管仲拘囚，齊桓舉爲國相；冶長縲絏，仲尼選爲密親。有罪猶宜滌蕩，無辜豈可終累？況鴻名大號，册禮重儀，天地百靈之所鑒臨，億兆八紘之所瞻戴，恩澤不廣，實非所宜。臣與逢吉素無讎嫌，與李紳本非親黨，所論者全大體，所陳者在至公。伏乞聖慈察臣肝膽，倘蒙允許，仍望宣付宰臣，應近年左降官，並編入赦條，令準舊例，得量移近處。」帝覽奏，深悟其事〔一〕，乃追改赦文，紳方霑恩例。處厚爲翰林承旨學士，每立視草，惬會聖旨。常奉急命於宣州徵鷹鷂及揚、益、兩浙索奇文綾綿，皆抗疏不奉命，且引前時赦書爲證，帝皆可其奏。

寶曆季年，急變中起，文宗底綏內難，詔命將降，未有所定。處厚聞難奔赴，昌言曰：「春秋之法，大義滅親，內惡必書，以明逆順。正名討罪，於義何嫌？安可依違，有所避諱！」遂奉藩教行焉。是夕，詔命制置及踐祚禮儀，不暇責所司，皆出於處厚之議。及禮行之後，皆叶舊章。以佐命功，旋拜中書侍郎、同中書門下平章事、監修國史，加銀青光祿大夫，進爵

靈昌郡公。

處厚在相位，務在濟時，不爲身計。中外補授，咸得其宜。初，貞元中宰相齊抗奏減冗員，罷諸州別駕，其在京百司當入別駕者，多處之朝列。元和以來，兩河用兵，偏裨立功者，往往擢在周行，率以儲寀王官雜補之，皆盛服趨朝，朱紫塡擁。久次當進及受代閑居者，常數十人，趨中書及宰相私第，摩肩候謁，繁於辭語。及處厚秉政，復奏置六雄、十望、十緊、三十四州別駕以處之，而清流不雜，朝政清肅。

文宗勤於聽政，然浮於決斷，宰相奏事得請，往往中變。處厚常獨論奏曰：「陛下不以臣等不肖，用爲宰相，參議大政。凡有奏請，初蒙聽納，尋易聖懷。若出自宸衷，即示臣等不信；若出於橫議，臣等何名鼎司？且裴度元勳宿德，歷輔四朝，孜孜竭誠，人望所屬，陛下固宜親重。竇易直良厚，忠事先朝，陛下固當委信。微臣才薄，首蒙陛下擢用，非出他門，言既不從，臣宜先退。」即趨下再拜陳乞。上矍然曰：「何至此耶！卿之志業，朕素自知，登庸作輔，百職斯舉。縱朕有所失，安可遽辭，以彰吾薄德？」處厚謝之而去，出延英門復令召還，謂曰：「凡卿所欲言，並宜啓論。」處厚因對彰善癉惡，歸之法制，凡數百言；又裴度勳高望重，爲人盡心切直，宜久任，可壯國威。帝皆聽納。自是宰臣敷奏，人不敢橫議。

俄而滄州李同捷叛，朝廷加兵。魏博史憲誠中懷向背，裴度以宿舊自任，待憲誠於不

疑。嘗遣親吏請事至中書，處厚謂曰：「晉公以百口於上前保爾使主，處厚則不然，但仰俟所爲，自有朝典耳。」憲誠聞之大懼，自此輸竭，竟有功於滄州。又嘗以理財制用爲國之本，撰大和國計二十卷以獻。李載義累破滄、鎭兩軍，兵士每有俘執，多遣刳剔，處厚以書喩之，載義深然其旨。自此滄、鎭所獲生口，配隸遠地，前後全活數百千人。

處厚居家循易，如不克任。至於廷諍敷啓，及馭轄待胥吏，勁確嶷然不可奪。質狀非魁偉，如甚懦者，而庶僚請事，畏惕相顧，雖與語移晷，不敢私謁。急於用才，酷嗜文學，嘗病前古有以浮議坐廢者，故推擇羣材，往往棄瑕錄用，亦爲時所譏。雅信釋氏因果，晚年尤甚。聚書踰萬卷，多手自刊校。奉詔修元和實錄，未絕筆，其統例取捨，皆處厚創起焉。大和二年十二月，因延英奏對，造膝之際，忽奏「臣病作」，遽退。文宗命中官扶出歸第，一夕而卒，年五十六，贈司空。處厚當國柄二周歲，啓沃之謀，頗叶時譽，咸共惜之。

崔羣字敦詩，清河武城人，山東著姓。十九登進士第，又制策登科，授秘書省校書郎，累遷右補闕。元和初，召爲翰林學士，歷中書舍人。羣在內職，常以讜言正論聞於時。憲宗嘉賞，降宣旨云：「自今後學士進狀，並取崔羣連署，然後進來。」羣以禁密之司，動爲故

事，自爾學士或惡直醜正，則其下學士無由上言。羣堅不奉詔，三疏論奏方允。

元和七年，惠昭太子薨，穆宗時爲遂王，憲宗以澧王居長，又多內助，將建儲貳，命羣與澧王作讓表，羣上言曰：「大凡己合當之，則有陳讓之儀；己不合當，因何遽有讓表？今遂王嫡長，所宜正位青宮。」竟從其奏。時魏博節度使田季安進絹五千匹，充助修開業寺。羣以爲事實無名，體尤不可，請止其所進。羣前後所論多愜旨，無不聽納。遷禮部侍郎，選拔才行，咸爲公當。轉戶部侍郎。

十二年七月〔二〕，拜中書侍郎、同中書門下平章事。十四年，誅李師道，上顧謂宰臣曰：「李師古雖自襲祖父，然朝廷待之始終。其妻於師道卽嫂叔也，雖云逆族，若量罪輕重，亦宜降等。又李宗奭雖抵嚴憲，其情比之大逆亦有不同。其妻士族也，今與其子女俱在掖廷〔三〕，於法皆似稍深。卿等留意否？」羣對曰：「聖情仁惻，罪止元兇。其妻近屬，倘獲寬宥，實合弘煦之道。」於是師古妻裴氏、女宜娘，詔出於鄧州安置。宗奭妻韋氏及男女先沒掖廷，並釋放，其奴婢、資貨皆復賜之。又鹽鐵福建院官權長孺坐贓，詔付京兆府決殺，長孺母劉氏求哀於宰相，羣因入對言之。憲宗愍其母耄年，乃曰：「朕將屈法赦長孺何如？」羣曰：「陛下仁惻卽赦之，當速令中使宣諭。如待正敕，卽無及也。」長孺竟得免死長流。羣之啓奏平恕，多此類也。

時憲宗急於邊寇，頗奬聚斂之臣，故藩府由是希旨，往往捃拾，目爲進奉。處州刺史苗稷進羨餘錢七千貫，羣議以爲違詔，受之則失信於天下，請却賜本州，代貧下租稅。時論美之。

度支使皇甫鎛陰結權倖，以求宰相，羣累疏其奸邪。嘗因對面論，語及天寶、開元中事，羣曰：「安危在出令，存亡繫所任。玄宗用姚崇、宋璟、張九齡、韓休、李元紘、杜暹則理，用林甫、楊國忠則亂。人皆以天寶十五年祿山自范陽起兵，是理亂分時，臣以爲開元二十年罷賢相張九齡，專任奸臣李林甫，理亂自此已分矣。用人得失，所繫非小。」詞意激切，左右爲之感動，鎛深恨之，而憲宗終用鎛爲宰相。無何，羣臣議上尊號，皇甫鎛欲加「孝德」兩字，羣曰：「有睿聖則孝德在其中矣。」竟爲鎛所構，憲宗不樂，出爲湖南觀察都團練使。

穆宗卽位，徵拜吏部侍郎，召見別殿，謂羣曰：「我昇儲位，知卿爲羽翼。」羣曰：「先帝之意，元在陛下。頃者授陛下淮西節度使，臣奉命草制，且曰：『能辨南陽之牘，允符東海之貴。』若不知先帝深旨，臣豈敢輕言？」數日，拜御史中丞。浹旬，授檢校兵部尚書，兼徐州刺史、武寧軍節度、徐泗濠觀察等使。初，幽、鎭逆命，詔授沂州刺史王智興爲武寧軍節度副使，領徐州兵討伐。羣以智興早得士心，表請因授智興旄鉞，竟寢不報。智興自河北迴戈，城內皆是父兄，開關延入，羣爲智興所逐。朝廷坐其失守，授秘書監，分司東都。未幾，改

華州刺史、兼御史大夫，復改宣州刺史、歙池等州都團練觀察等使，徵拜兵部尚書。久之，改檢校吏部尚書、江陵尹、荊南節度觀察使。踰歲，改檢校右僕射，兼太常卿。大和五年，拜檢校左僕射，兼吏部尚書。六年八月卒，年六十一，册贈司空。

羣有沖識精裁，爲時賢相，清議以儉素之節，其終不及厥初。羣年未冠舉進士，陸贄知舉，訪於梁肅，議其登第有才行者，肅曰：「崔羣雖少年，他日必至公輔。」果如其言。

羣弟于，登進士，官至郎署，有令名。

子充，亦以文學進，歷三署，終東都留守。

路隨字南式，其先陽平人。高祖節，高宗朝爲越王府東閤祭酒。曾祖惟恕，官至睦州刺史。祖傪之，仕終太子通事舍人。

父泌字安期，少好學，通五經，尤嗜詩、易、左氏春秋，能諷其章句，皆究深旨。博涉史傳，工五言詩。性端亮寡言，以孝悌聞於宗族。建中末，以長安尉從調，與李益、韋綬等書判同居高第，泌授城門郎。屬德宗違難奉天，泌時在京師，棄妻子潛詣行在所。又從幸梁州，排潰軍而出，再爲流矢所中，裂裳濡血，以策說渾瑊，瑊深重之，辟爲從事。瑊討懷光，

累奏爲副元帥判官、檢校戶部郎中、兼御史中丞。河中平，隨瑊與吐蕃會盟于平涼，因劫盟陷蕃。在絕域累年，棲心於釋氏之教，爲贊普所重，待以賓禮，卒於戎鹿〔四〕。

貞元十九年，吐蕃遣邊將書求和，隨哀泣上疏，願允其請，表三上，德宗命中使諭旨。朝廷懲其宿詐，俟更要於後信，訖數歲不報。元和中，蕃使復款塞，隨復五獻封章，請修和好。又上書於宰執哀訴，裴垍、李藩皆協力敷奏，憲宗可之。命祠部郎中徐復報聘，乃特於詔中疏平涼陷蕃者名氏，令歸中國。吐蕃因復等還，遣使來朝，遂以泌及鄭叔矩之喪與銘及遺錄至，朝野傷歎。憲宗憫之，贈絳州刺史，賜絹二百匹，至葬日，委所在官給喪事。泌累贈太子少保。

泌陷蕃之歲。隨方在孩提，後稍長成，知父在蕃，乃日夜啼號，坐必西嚮，饌不食肉，母氏言其形貌肖先君，遂終身不照鏡。後以通經調授潤州參軍，爲李錡所困，使知市事，隨翛然坐市中，一不介意。韋夏卿爲東都留守，聞而辟之，由是聲名日振。元和五年，邊吏以訃至，隨居喪，益以孝聞。服闋，擢拜左補闕。

會李絳諷上納諫，憲宗皇帝曰：「諫官路隨、韋處厚章疏相繼，朕常深用其言。」自是識者敬伏焉。俄遷起居郎，轉司勳員外郎。自補闕至司勳員外，皆充史館修撰。穆宗卽位，遷司勳郎中，賜緋魚袋，與韋處厚同入翰林爲侍講學士，採三代皇王興衰，著六經法言二

十卷奏之，拜諫議大夫，依前侍講學士。將修憲宗實錄，復命兼充史職。敬宗登極，拜中書舍人、翰林學士，仍賜紫。有以金帛謝除制者，必叱而却之曰：「吾以公事接私財耶？」終無所納。文宗卽位，韋處厚入相，隨代爲承旨，轉兵部侍郎、知制誥。大和二年，處厚薨，隨代爲相，拜中書侍郎，加監修國史。初，韓愈撰順宗實錄，說禁中事頗切直，內官惡之，往往於上前言其不實，累朝有詔改修。及隨進憲宗實錄後，文宗復令改正永貞時事，隨奏曰：

臣昨面奉聖旨，以順宗實錄頗非詳實，委臣等重加刊正，畢日聞奏。臣自奉宣命，取史本欲加筆削。近見衞尉卿周居巢、諫議大夫王彥威、給事中李固言、史官蘇景胤等各上章疏，具陳刊改非甚便宜。又聞班行如此議論頗衆。臣伏以史冊之作，勸誡所存，事有當書，理宜歸實。匹夫美惡尙不可誣，人君得失無容虛載。聖旨以前件實錄記貞元末數事，稍非摭實，蓋出傳聞，審知差舛，便令刊正。頃因坐日，屢形聖言，通計前後，至于數四。臣及宗閔、僧孺亦以永貞已來，歲月至近，禁中行事，在外固難詳知。既聞乖謬，因述古今，引前史直不疑盜嫂之言，及第五倫撾陛下所言，皆是接於耳目。既聞乖謬，因述古今，引前史直不疑盜嫂之言，及第五倫撾公之說，皆多此比類，難盡信書。所冀睿鑒詳於聽言，深宮愼於行事。持此比類，上開聰明，特蒙降察，稍恕前謬。由是近垂宣命，令有改修。

臣等伏以貞觀已來，累朝實錄有經重撰，不敢固辭，但欲粗刪深誤，亦固盡存諸說。宗閔、僧孺相與商量，緣此書成於韓愈，今史官李漢、蔣係皆愈之子壻，若遺參撰，或致私嫌。以臣既職監修，盍令詳正，及經奏請，事遂施行。今者庶僚競言，不知本起，表章交奏，似有他疑。臣雖至昧，容非自請。既迫羣議，輒冒上聞。縱臣果獲修成，必懼終爲時累。且韓愈所書，亦非己出，元和之後，已是相循。縱其密親，豈害公理？使歸本職，實謂正名。其實錄伏望條示舊記最錯誤者，宜付史官，委之修定。則冀聖祖垂休，永無慚於傳信；下臣非據，獲減戾於侵官。彰清朝立政之方，表公器不私之義。流言自弭，時論攸宜。

詔曰：「其實錄中所書德宗、順宗朝禁中事，尋訪根柢，蓋起謬傳，諒非信史。宜令史官詳正刊去，其他不要更修。餘依所奏。」四年，轉門下侍郎，加崇文館大學士。七年，兼太子太師，備禮冊拜。表上史官所修憲宗、穆宗實錄。八年，辭疾，不得謝。會李德裕連貶至袁州長史，隨不署奏狀，始爲鄭注所忌。九年四月，拜檢校尚書右僕射、同中書門下平章事，兼潤州刺史、鎮海軍節度、浙江西道觀察等使。大和九年七月，遘疾于路，薨于揚子江之中流，年六十，冊贈太保，謚曰貞。

隨有學行大度，爲諫官能直言，在內廷匡益。自寶曆初爲承旨學士，卽參大政矣。後十五年在相位〔五〕，宗閔、德裕朋黨交興，攘臂於其間，李訓、鄭注始終奸詐，接武於其後，而

隨藏器韜光，隆汙一致，可謂得君子中庸而常居之也。

史臣曰：衞次公、鄭絪、韋處厚、崔羣、路隨等，皆以文學飾身，致位崇極。兼之忠讜，垂名簡書，茲實有足多也。絪有其位，有其時，懷獨善之謀，晦衆濟之道，左遷非不幸也。次公因獻捷之書，輟已成之詔，命也夫。處厚危言切議，振士友之急，稱同列之善，君子哉！

贊曰：衞、鄭、韋、路，兼之博陵。文學政事，爲時所稱。

校勘記

〔一〕深悟其事 「深悟」二字各本原無，據冊府卷五五三補。

〔二〕十二年 「十」字各本原無，據新書卷一六五崔羣傳、通鑑卷二四〇改。

〔三〕今與其子女 「與」字各本原無，據唐會要卷三九、冊府卷一五〇補。

〔四〕卒於戎鹿 校勘記卷五三引張宗泰說：「『鹿』字義不可通，疑當作『幕』。」

〔五〕十五年 合鈔卷二一〇路隨傳作「五年」。

舊唐書卷一百六十

列傳卷第一百一十

韓愈 張籍 孟郊 唐衢 李翺 宇文籍 劉禹錫
柳宗元 韋辭

韓愈字退之，昌黎人。父仲卿，無名位。愈生三歲而孤，養於從父兄。愈自以孤子，幼刻苦學儒，不俟獎勵。大曆、貞元之間，文字多尚古學，效楊雄、董仲舒之述作，而獨孤及、梁肅最稱淵奧，儒林推重。愈從其徒遊，銳意鑽仰，欲自振於一代。洎舉進士，投文於公卿間，故相鄭餘慶頗爲之延譽，由是知名於時。

尋登進士第。宰相董晉出鎮大梁，辟爲巡官。府除，徐州張建封又請爲其賓佐。愈發言眞率，無所畏避，操行堅正，拙於世務。調授四門博士，轉監察御史。德宗晚年，政出多門，宰相不專機務，宮市之弊，諫官論之不聽。愈嘗上章數千言極論之，不聽，怒貶爲連州

陽山令，量移江陵府掾曹。元和初，召爲國子博士，遷都官員外郎。時華州刺史閻濟美以公事停華陰令柳澗縣務，俾攝掾曹。居數月，濟美罷郡，出居公館，澗遂諷百姓遮道索前年軍頓役直。後刺史趙昌按得澗罪以聞，貶房州司馬。愈因使過華，知其事，以爲刺史相黨，上疏理澗，留中不下。詔監察御史李宗奭按驗，得澗贓狀，再貶澗封溪尉。以愈妄論，復爲國子博士。愈自以才高，累被擯黜，作進學解以自喻曰：

國子先生晨入太學，召諸生立館下，誨之曰：「業精于勤荒于嬉，行成于思毀于隨。方今聖賢相逢，治具畢張，拔去兇邪，登崇俊良。占小善者率以錄，名一藝者無不庸。爬羅剔抉，刮垢磨光。蓋有幸而獲選，孰云多而不揚？諸生業患不能精，無患有司之不明；行患不能成，無患有司之不公。」

言未既，有笑于列者曰：「先生欺予哉！弟子事先生，于茲有年矣。先生口不絕吟於六藝之文，手不停披於百家之編。記事者必提其要，纂言者必鈎其玄。貪多務得，細大不捐。燒膏油以繼晷，常矻矻以窮年。先生之業，可謂勤矣。觝排異端，攘斥佛、老，補苴罅漏，張皇幽眇。尋墜緒之茫茫，獨旁搜而遠紹；障百川而東之，迴狂瀾於既倒。先生之於儒，可謂有勞矣。沉浸醲郁，含英咀華，作爲文章，其書滿家。上規姚、姒，渾渾無涯。周誥、殷盤，佶屈聱牙。春秋謹嚴，左氏浮誇。易奇而法，詩正而葩。下逮莊、騷，太史所錄，子雲、相如，同工異曲。先生之於文，可謂閎其中而肆其外矣。少始知學，勇於敢爲；長通於方，左右具宜。先生之於爲人，可謂成矣。然而公不見信於人，私不見助於友，跋前躓後，動輒得咎。暫爲御史，遂竄南夷。三爲博士，冗不見治。命與仇謀，取敗幾時。冬煖而兒號寒，年豐而妻啼饑。頭童齒豁，竟死何裨？不知慮此，而反教人爲！」

先生曰：「吁，子來前。夫大木爲杗，細木爲桷，欂櫨侏儒，椳闑扂楔，各得其宜，施以成室者，匠氏之工也。玉札丹砂、赤箭青芝、牛溲馬勃、敗鼓之皮，俱收幷蓄，待用無遺者，醫師之良也。登明選公，雜進巧拙，紆餘爲妍，卓犖爲傑，校短量長，唯器是適者，宰相之方也。昔者，孟軻好辯，孔道以明，轍環天下，卒老于行。荀卿守正，大論是弘，逃讒于楚，廢死蘭陵。是二儒者，吐辭爲經，舉足爲法，絕類離倫，優入聖域，其遇于世何如也？今先生學雖勤，不由其統；言雖多，不要其中；文雖奇，不濟於用；行雖修，不顯於衆。猶且月費俸錢，歲靡廩粟，子不知耕，婦不知織，乘馬從徒，安坐而食，踵常塗之促促，窺陳編以盜竊。然而聖主不加誅，宰臣不見斥，此非其幸哉！動而得謗，名亦隨之。投閑置散，乃分之宜。若夫商財賄之有無，計班資之崇庳，忘己量之所稱，指前人之瑕疵，是所謂詰匠氏之不以杙爲楹，而訾醫師以昌陽引年，欲進其豨苓也。」

執政覽其文而憐之，以其有史才，改比部郎中、史館修撰。踰歲，轉考功郎中、知制誥，拜中書舍人。

俄有不悅愈者，摭其舊事，言愈前左降爲江陵掾曹，荆南節度使裴均館之頗厚，均子鍔凡鄙，近者鍔還省父，愈爲序餞鍔，仍呼其字。此論喧於朝列，坐是改太子右庶子。元和十二年八月，宰臣裴度爲淮西宣慰處置使，兼彰義軍節度使，請愈爲行軍司馬，仍賜金紫。淮、蔡平，十二月隨度還朝，以功授刑部侍郎，仍詔愈撰平淮西碑，其辭多敍裴度事。時先入蔡州擒吳元濟，李愬功第一，愬不平之。愬妻出入禁中，因訴碑辭不實，詔令磨愈文。憲宗命翰林學士段文昌重撰文勒石。

鳳翔法門寺有護國眞身塔，塔內有釋迦文佛指骨一節，其書本傳法，三十年一開，開則歲豐人泰。十四年正月，上令中使杜英奇押宮人三十人，持香花，赴臨皋驛迎佛骨。自光順門入大內，留禁中三日，乃送諸寺。王公士庶，奔走捨施，唯恐在後。百姓有廢業破產、燒頂灼臂而求供養者。愈素不喜佛，上疏諫曰：

伏以佛者，夷狄之一法耳。自後漢時始流入中國，上古未嘗有也。昔黃帝在位百年，年百一十歲；少昊在位八十年，年百歲；顓頊在位七十九年，年九十八歲；帝嚳在位七十年，年百五歲；帝堯在位九十八年，年百一十八歲；帝舜及禹年皆百歲。此

時天下太平，百姓安樂壽考，然而中國未有佛也。其後殷湯亦年百歲，湯孫太戊在位七十五年，武丁在位五十年，書史不言其壽，推其年數，蓋亦俱不減百歲。周文王年九十七歲，武王年九十三歲，穆王在位百年。此時佛法亦未至中國，非因事佛而致此也。漢明帝時始有佛法，明帝在位纔十八年耳。其後亂亡相繼，運祚不長，宋、齊、梁、陳、元魏已下，事佛漸謹，年代尤促。唯梁武帝在位四十八年，前後三度捨身施佛，宗廟之祭，不用牲牢，晝日一食，止於菜果；其後竟爲侯景所逼，餓死臺城，國亦尋滅，事佛求福，乃更得禍。由此觀之，佛不足信，亦可知矣。

高祖始受隋禪，則議除之。當時羣臣識見不遠，不能深究先王之道、古今之宜，推闡聖明，以救斯弊，其事遂止。臣嘗恨焉！伏惟皇帝陛下，神聖英武，數千百年以來未有倫比。卽位之初，卽不許度人爲僧尼、道士，又不許別立寺觀。臣當時以爲高祖之志，必行於陛下之手。今縱未能卽行，豈可恣之轉令盛也！

今聞陛下令羣僧迎佛骨於鳳翔，御樓以觀，舁入大內，令諸寺遞迎供養。臣雖至愚，必知陛下不惑於佛，作此崇奉以祈福祥也。直以年豐人樂，徇人之心，爲京都士庶設詭異之觀、戲玩之具耳。安有聖明若此而肯信此等事哉？然百姓愚冥，易惑難曉，苟見陛下如此，將謂眞心信佛。皆云天子大聖，猶一心敬信，百姓微賤，於佛豈合惜身

命。所以灼頂燔指，百十爲羣，解衣散錢，自朝至暮，轉相倣效，唯恐後時，老幼奔波，棄其生業。若不卽加禁遏，更歷諸寺，必有斷臂臠身以爲供養者。傷風敗俗，傳笑四方，非細事也。

佛本夷狄之人，與中國言語不通，衣服殊製。口不道先王之法言，身不服先王之法服〔一〕，不知君臣之義、父子之情。假如其身尙在，奉其國命，來朝京師，陛下容而接之，不過宣政一見，禮賓一設，賜衣一襲，衞而出之於境，不令惑於衆也。況其身死已久，枯朽之骨，兇穢之餘，豈宜以入宮禁！孔子曰：「敬鬼神而遠之。」古之諸侯，行弔於國，尙令巫祝先以桃茢，祓除不祥，然後進弔。今無故取朽穢之物，親臨觀之，巫祝不先，桃茢不用，羣臣不言其非，御史不舉其失，臣實恥之。乞以此骨付之水火，永絕根本，斷天下之疑，絕後代之惑。使天下之人，知大聖人之所作爲出於尋常萬萬也，豈不盛哉！豈不快哉！佛如有靈，能作禍祟，凡有殃咎，宜加臣身。上天鑒臨，臣不怨悔。

疏奏，憲宗怒甚。間一日，出疏以示宰臣，將加極法。裴度、崔羣奏曰：「韓愈上忤尊聽，誠宜得罪，然而非內懷忠懇，不避黜責，豈能至此？伏乞稍賜寬容，以來諫者。」上曰：「愈言我奉佛太過，我猶爲容之。至謂東漢奉佛之後，帝王咸致夭促，何言之乖剌也？愈爲人臣，敢爾狂妄，固不可赦。」于是人情驚惋，乃至國戚諸貴亦以罪愈太重，因事言之，乃貶爲潮州刺史。

愈至潮陽，上表曰：

臣今年正月十四日，蒙恩授潮州刺史，卽日馳驛就路。經涉嶺海，水陸萬里。臣所領州，在廣府極東，去廣府雖云二千里，然來往動皆踰月。過海口，下惡水，濤瀧壯猛，難計期程，颶風鱷魚，患禍不測。州南近界，漲海連天，毒霧瘴氛，日夕發作。臣少多病，年纔五十，髮白齒落，理不久長。加以罪犯至重，所處又極遠惡，憂惶慚悸，死亡無日。單立一身，朝無親黨，居蠻夷之地，與魑魅同羣。苟非陛下哀而念之，誰肯爲臣言者。

臣受性愚陋，人事多所不通，唯酷好學問文章，未嘗一日暫廢，實爲時輩推許。臣於當時之文，亦未有過人者，至於論述陛下功德，與詩、書相表裏，作爲歌詩，薦之郊廟，紀太山之封，鏤白玉之牒，鋪張對天之宏休，揚厲無前之偉跡，編於詩、書之策而無愧，措於天地之間而無虧。雖使古人復生，臣未肯多讓。伏以大唐受命有天下，四海之內，莫不臣妾，南北東西，地各萬里。自天寶之後，政治少懈，文致未優，武克不綱。孽臣姦隸，外順內悖，父死子代，以祖以孫，如古諸侯，自擅其地，不朝不貢，六七十年。四聖傳序，以至陛下，躬親聽斷，干戈所麾，無不從順。宜定樂章，以告神明，東巡泰

山，奏功皇天，使永永萬年，服我成烈。當此之際，所謂千載一時不可逢之嘉會，而臣負罪嬰纍，自拘海島，戚戚嗟嗟，日與死迫，曾不得奏薄伎於從官之內、隸御之間，窮思畢精，以贖前過。懷痛窮天，死不閉目！瞻望宸極，魂神飛去。伏惟陛下，天地父母，哀而憐之。

憲宗謂宰臣曰：「昨得韓愈到潮州表，因思其所諫佛骨事，大是愛我，我豈不知？然愈爲人臣，不當言人主事佛乃年促也。我以是惡其容易。」上欲復用愈，故先語及，觀宰臣之奏對。而皇甫鎛惡愈狷直，恐其復用，率先對曰：「愈終太狂疏，且可量移一郡。」乃授袁州刺史。

初，愈至潮陽，既視事，詢吏民疾苦，皆曰：「郡西湫水有鱷魚，卵而化，長數丈，食民畜產將盡，以是民貧。」居數日，愈往視之，令判官秦濟炮一豚一羊，投之湫水，呪之曰：

前代德薄之君，棄楚、越之地，則鱷魚涵泳於此可也。今天子神聖，四海之外，撫而有之。況揚州之境，刺史縣令之所治，出貢賦以共天地宗廟之祀，鱷魚豈可與刺史雜處此土哉？刺史受天子命，令守此土，而鱷魚睅然不安谿潭，食民畜熊鹿麞豕，以肥其身，以繁其卵，與刺史爭爲長。刺史雖駑弱，安肯爲鱷魚低首而下哉？今潮州大海在其南，鯨鵬之大，蝦蟹之細，無不容，鱷魚朝發而夕至。今與鱷魚約，三日乃至七日，如頑而不徙，須爲物害，則刺史選材伎壯夫，操勁弓毒矢，與鱷魚從事矣！

呪之夕，有暴風雷起於湫中。數日，湫水盡涸，徙於舊湫西六十里。自是潮人無鱷患。

袁州之俗，男女隸於人者，踰約則沒入出錢之家。愈至，設法贖其所沒男女，歸其父母。仍削其俗法，不許隸人。

十五年，徵爲國子祭酒，轉兵部侍郎。會鎭州殺田弘正，立王廷湊，令愈往鎭州宣諭。愈既至，集軍民，諭以逆順，辭情切至，廷湊畏重之。改吏部侍郎。轉京兆尹，兼御史大夫。以不臺參，爲御史中丞李紳所劾。愈不伏，言準敕仍不臺參。紳、愈性皆褊僻，移刺往來，紛然不止，乃出紳爲浙西觀察使，愈亦罷尹，爲兵部侍郎。及紳面辭赴鎭，泣涕陳敍，穆宗憐之，乃追制以紳爲兵部侍郎，愈復爲吏部侍郎。

長慶四年十二月卒，時年五十七，贈禮部尚書，謚曰文。

愈性弘通，與人交，榮悴不易。少時與洛陽人孟郊、東郡人張籍友善。二人名位未振，愈不避寒暑，稱薦於公卿間，而籍終成科第，榮於祿仕。後雖通貴，每退公之隙，則相與談讌，論文賦詩，如平昔焉。而觀諸權門豪士，如僕隸焉，瞪然不顧。而頗能誘厲後進，館之者十六七，雖晨炊不給，怡然不介意。大抵以興起名教弘獎仁義爲事。凡嫁內外及友朋孤女僅十人。

常以爲自魏、晉已還，爲文者多拘偶對，而經誥之指歸，遷、雄之氣格，不復振起矣。故

愈所爲文，務反近體，抒意立言，自成一家新語。後學之士，取爲師法。當時作者甚衆，無以過之，故世稱「韓文」焉。然時有恃才肆意，亦有盭孔、孟之旨。若南人妄以柳宗元爲羅池神，而愈撰碑以實之；李賀父名晉，不應進士，而愈爲賀作諱辨，令舉進士；又爲毛穎傳，譏戲不近人情：此文章之甚紕繆者。時謂愈有史筆，及撰順宗實錄，繁簡不當，敍事拙於取捨，頗爲當代所非。穆宗、文宗嘗詔史臣添改，時愈壻李漢、蔣係在顯位，諸公難之。而韋處厚竟別撰順宗實錄三卷。有文集四十卷，李漢爲之序。

子昶，亦登進士第。

張籍者，貞元中登進士第。性詭激，能爲古體詩，有警策之句，傳於時。調補太常寺太祝，轉國子助教、秘書郎。以詩名當代，公卿裴度、令狐楚，才名如白居易、元稹，皆與之遊，而韓愈尤重之。累授國子博士、水部員外郎，轉水部郎中，卒。世謂之張水部云。

孟郊者，少隱於嵩山，稱處士。李翶分司洛中，與之遊。薦於留守鄭餘慶，辟爲賓佐。性孤僻寡合，韓愈一見以爲忘形之契，常稱其字曰東野，與之唱和於文酒之間。鄭餘慶鎭興元，又奏爲從事，辟書下而卒。餘慶給錢數萬葬送，贍給其妻子者累年。

唐衢者，應進士，久而不第。能爲歌詩，意多感發。見人文章有所傷歎者，讀訖必哭，涕泗不能已。每與人言論，既相別，發聲一號，音辭哀切，聞之者莫不悽然泣下。嘗客遊太原，屬戎帥軍宴，衢得預會。酒酣言事，抗音而哭，一席不樂，爲之罷會，故世稱唐衢善哭。左拾遺白居易遺之詩曰：「賈誼哭時事，阮籍哭路歧。唐生今亦哭，異代同其悲。唐生者何人？五十寒且饑。不悲口無食，不悲身無衣。所悲忠與義，悲甚則哭之。太尉擊賊日，尚書叱盜時。大夫死兇寇，諫議謫蠻夷。每見如此事，聲發涕輒隨。我亦君之徒，鬱鬱何所爲？不能發聲哭，轉作樂府辭。」其爲名流稱重若此。竟不登一命而卒。

李翶字習之，涼武昭王之後。父楚金，貝州司法參軍。翶幼勤於儒學，博雅好古，爲文尚氣質。貞元十四年登進士第，授校書郎。三遷至京兆府司錄參軍。元和初，轉國子博

士、史館修撰。

十四年，太常丞王涇上疏請去太廟朔望上食，詔百官議。議者以開元禮，太廟每歲禘、祫、蒸、嘗、臘，凡五享。天寶末，玄宗令尚食每月朔望具常饌，令宮闈令上食於太廟，後遂爲常。由是朔望不視朝，比之大祠。翶奏議曰：

國語曰，王者日祭。禮記曰，王立七廟，皆月祭之。周禮時祭，禴祠蒸嘗。漢氏皆雜而用之。蓋遭秦火，詩、書、禮經燼滅，編殘簡缺，漢乃求之。先儒穿鑿，各伸己見，皆託古聖賢之名，以信其語，故所記各不同也。古者廟有寢而不墓祭，秦、漢始建寢廟於園陵，而上食焉。國家因之而不改。貞觀、開元禮並無宗廟日祭月祭之禮，蓋以日祭月祭，既已行於陵寢矣，故太廟之中，每歲五饗六告而已。不然者，房玄齡、魏徵輩皆一代名臣，窮極經史，豈不見國語、禮記有日祭月祭之詞乎？斯足以明矣。

伏以太廟之饗，籩豆牲牢，三代之通禮，是貴誠之義也。園陵之奠，改用常饌，秦、漢之權制，乃食味之道也。今朔望上食於太廟，豈非用常褻味而貴多品乎？且非禮所謂「至敬不饗味而貴氣臭」之義也。傳稱：屈到嗜芰，有疾，召其宗老而屬之曰：「祭我必以芰。」及祭薦芰，其子違命去芰而用羊饋籩豆脯醢。君子是之。言事祖考之義，當以禮爲重，不以其生存所嗜爲獻，蓋明非食味也。然則薦常饌於太廟，無乃與芰爲比

中華書局

乎？且非三代聖王之所行也。況祭器不陳俎豆，祭官不命三公，執事者唯宮闈令與宗正卿而已。謂之上食也，安得以爲祭乎？且時享于太廟，有司攝事，祝文曰：「孝曾孫皇帝臣某，謹遣太尉臣名，敢昭告于高祖神堯皇帝、祖妣太穆皇后竇氏。時惟孟春，永懷罔極。謹以一元大武、柔毛剛鬣、明粢薌萁、嘉蔬嘉薦醴齊，敬脩時享，以申追慕。」此祝辭也。前享七日質明，太尉誓百官於尚書省曰：「某月某日時享于太廟，各揚其職。不供其事，國有常刑。」凡陪享之官，散齋四日，致齋三日，然後可以爲祭也。宗廟之禮，非敢擅議，雖有知者，其誰敢言？故六十餘年，行之不廢。今聖朝以弓矢既櫜，禮樂爲大，故下百僚，可得詳議。臣等以爲貞觀、開元禮并無太廟上食之文，以禮斷情，罷之可也。至若陵寢上食，採國語、禮記日祭月祭之詞，因秦、漢之制，修而存之，以廣孝道可也。如此，則經義可據，故事不遺。大禮既明，永息異論，可以繼二帝三王，而爲萬代法。與其瀆禮越古，貴因循而憚改作，猶天地之相遠也。知禮者是之，事竟不行。

翺性剛急，論議無所避。執政雖重其學，而惡其激訐，故久次不遷。翺以史官記事不實，奏狀曰：「臣謬得秉筆史館，以記注爲職。夫勸善懲惡，正言直筆，紀聖朝功德，述忠賢事業，載姦臣醜行，以傳無窮者，史官之任也。凡人事迹，非大善大惡，則衆人無由得知，舊

例皆訪於人，又取行狀謚議，以爲依據。今之作行狀者，多是其門生故吏，莫不虛加仁義禮智，妄言忠肅惠和。此不唯其處心不實，苟欲虛美於受恩之地耳。蓋爲文者，又非游、夏、遷、雄之列，務於華而忘其實，溺於文而棄其理。故爲文則失六經之古風，紀事則非史遷之實錄。臣今請作行狀者，但指事實，直載事功。假如作魏徵傳，但記其諫諍之辭，足以爲正直；段秀實但記其倒用司農印以追逆兵，以象笏擊朱泚，足以爲忠烈。若考功視行狀，不依此者不得受。依此則考功下太常，牒史館，然後定謚。伏乞以臣此奏下考功。」從之。

翺與李景儉友善。初，景儉拜諫議大夫，舉翺自代。至是，景儉貶黜，七月出翺爲朗州刺史。俄而景儉復爲諫議大夫，翺亦入爲禮部郎中。翺自負辭藝，以爲合知制誥，以久未如志，鬱鬱不樂，因入中書謁宰相，面數李逢吉之過失，逢吉不之校。翺心不自安，乃請告。滿百日，有司準例停官，逢吉奏授廬州刺史。大和初，入朝爲諫議大夫，尋以本官知制誥。三年二月，拜中書舍人。

初，諫議大夫柏耆將使滄州軍前宣諭，翺嘗贊成此行。柏耆尋以擅入滄州得罪，翺坐謬舉，左授少府少監。俄出爲鄭州刺史。五年，出爲桂州刺史、御史中丞，充桂管都防禦使。七年，改授潭州刺史、湖南觀察使。八年，徵爲刑部侍郎。九年，轉戶部侍郎。七月，

檢校戶部尚書、襄州刺史，充山南東道節度使。會昌中，卒於鎮，謚曰文。

宇文籍字夏龜。父滔，官卑。少好學，尤通春秋。竇羣自處士徵爲右拾遺，表籍自代，由是知名。登進士第，宰相武元衡出鎮西蜀，奏爲從事。以咸陽尉直史館，與韓愈同修順宗實錄，遷監察御史。王承宗叛，詔捕其弟駙馬都尉承系，其賓客中有爲諜識者。又蘇表以破淮西策干宰相武元衡，元衡不用。以籍舊從事，令召表訊之，籍因與表狎。元衡怒，坐貶江陵府戶曹參軍。至任，節度使孫簡知重之，欲令兼幕府職事。籍辭曰：「籍以君命譴黜，亦當以君命升。假榮偷獎，非所願也。」後考滿，連辟藩府，入爲侍御史，轉著作郎，遷駕部員外郎、史館修撰。與韋處厚、韋表微、路隨、沈傳師同修憲宗實錄。俄以本官知制誥，轉庫部郎中。大和中，遷諫議大夫，專掌史筆，罷知制誥。籍性簡澹寡合，耽玩經史，精於著述，而風望峻整，爲時輩推重。大和二年正月卒，時年五十九，贈工部侍郎。

子臨，大中初登進士第。

劉禹錫字夢得，彭城人。祖雲，父潊，仕歷州縣令佐，世以儒學稱。禹錫貞元九年擢進士第，又登宏辭科。禹錫精於古文，善五言詩，今體文章復多才麗。從事淮南節度使杜佑幕，典記室，尤加禮異。從佑入朝，爲監察御史。與吏部郎中韋執誼相善。

貞元末，王叔文於東宮用事，後輩務進，多附麗之，禹錫尤爲叔文知獎，以宰相器待之。順宗即位，久疾不任政事，禁中文誥，皆出於叔文，引禹錫及柳宗元入禁中，與之圖議，言無不從。轉屯田員外郎、判度支鹽鐵案，兼崇陵使判官。頗怙威權，中傷端士。宗元素不悅武元衡，時武元衡爲御史中丞，乃左授右庶子。侍御史竇羣奏禹錫挾邪亂政，不宜在朝，羣即日罷官。韓皐憑藉貴門，不附叔文黨，出爲湖南觀察使。既任喜怒凌人，京師人士不敢指名，道路以目，時號二王、劉、柳。

叔文敗，坐貶連州刺史，在道，貶朗州司馬。地居西南夷，土風僻陋，舉目殊俗，無可與言者。禹錫在朗州十年，唯以文章吟詠，陶冶情性。蠻俗好巫，每淫祠鼓舞，必歌俚辭。禹錫或從事於其間，乃依騷人之作，爲新辭以教巫祝。故武陵谿洞間夷歌，率多禹錫之辭也。

初禹錫、宗元等八人犯衆怒，憲宗亦怒，故再貶。制有「逢恩不原」之令。然執政惜其才，欲洗滌痕累，漸序用之。會程异復掌轉運，有詔以韓皐及禹錫等爲遠郡刺史〔二〕。屬武

元衡在中書，諫官十餘人論列，言不可復用而止。

禹錫積歲在湘、澧間，鬱悒不怡，因讀張九齡文集，乃敍其意曰：「世稱曲江爲相，建言放臣不宜於善地，多徙五谿不毛之鄉。今讀其文章，自內職牧始安，有瘴癘之歎，自退相守荆州，有拘囚之思。託諷禽鳥，寄辭草樹，鬱然與騷人同風。嗟夫，身出於遐陬，一失意而不能堪，矧華人士族，而必致醜地，然後快意哉！議者以曲江爲良臣，識胡雛有反相，羞與凡器同列，密啓廷諍，雖古哲人不及，而燕翼無似，終爲餒魂。豈忮心失恕，陰謫最大，雖二美莫贖耶？不然，何袁公一言明楚獄而鍾祉四葉。以是相較，神可誣乎？」

元和十年，自武陵召還，宰相復欲置之郎署。時禹錫作遊玄都觀詠看花君子詩，語涉譏刺，執政不悅，復出爲播州刺史。詔下，御史中丞裴度奏曰：「劉禹錫有母，年八十餘。今播州西南極遠，猿狖所居，人迹罕至。禹錫誠合得罪，然其老母必去不得，則與此子爲死別，臣恐傷陛下孝理之風。伏請屈法，稍移近處。」憲宗曰：「夫爲人子，每事尤須謹慎，常恐貽親之憂。今禹錫所坐，更合重於他人，卿豈可以此論之？」度無以對。良久，帝改容而言曰：「朕所言，是責人子之事，然終不欲傷其所親之心。」乃改授連州刺史。去京師又十餘年，連刺數郡。

大和二年，自和州刺史徵還，拜主客郎中。禹錫銜前事未已，復作遊玄都觀詩序曰：

「予貞元二十一年爲尚書屯田員外郎，時此觀中未有花木，是歲出牧連州，尋貶朗州司馬。居十年，召還京師，人人皆言有道士手植紅桃滿觀，如爍晨霞，遂有詩以志一時之事。旋又出牧，于今十有四年，得爲主客郎中。重遊玆觀，蕩然無復一樹，唯兔葵燕麥，動搖於春風，因再題二十八字，以俟後遊。」其前篇有「玄都觀裏桃千樹，總是劉郎去後栽」之句，後篇有「種桃道士今何在，前度劉郎又到來」之句，人嘉其才而薄其行。禹錫甚怒武元衡、李逢吉，而裴度稍知之。大和中，度在中書，欲令知制誥，執政又聞詩序，滋不悅，累轉禮部郎中、集賢院學士。度罷知政事，禹錫求分司東都。終以恃才褊心，不得久處朝列。六月，授蘇州刺史，就賜金紫。秩滿入朝，授汝州刺史，遷太子賓客，分司東都。

禹錫晚年與少傅白居易友善，詩筆文章，時無在其右者。常與禹錫唱和往來，因集其詩而序之曰：「彭城劉夢得，詩豪者也。其鋒森然，少敢當者。予不量力，往往犯之。夫合應者聲同，交爭者力敵。一往一復，欲罷不能。由是每制一篇，先於視草，視竟則興作，興作則文成。一二年來，日尋筆硯，同和贈答，不覺滋多。大和三年春以前，紙墨所存者，凡一百三十八首。其餘乘興仗醉，率然口號者不在此數。因命小姪龜兒編錄，勒成兩軸。仍寫二本，一付龜兒，一授夢得小男崙郎，各令收藏，附兩家文集。予頃與元微之唱和頗多，或在人口。嘗戲微之云：『僕與足下二十年來爲文友詩敵，幸也，亦不幸也。吟詠情性，播揚名聲，其適遺形，其樂忘老，幸也。然江南士女語才子者，多云元、白，以子之故，使僕不得獨步於吳、越間，此亦不幸也。今垂老復遇夢得，非重不幸耶？』夢得夢得，文之神妙，莫先於詩。若妙與神，則吾豈敢？如夢得『雪裏高山頭白早，海中仙果子生遲』，『沉舟側畔千帆過，病樹前頭萬木春』之句之類，眞謂神妙矣。在在處處，應有靈物護持，豈止兩家子弟祕藏而已！」其爲名流許與如此。夢得嘗爲西塞懷古、金陵五題等詩，江南文士稱爲佳作，雖名位不達，公卿大僚多與之交。

開成初，復爲太子賓客分司，俄授同州刺史。秩滿，檢校禮部尚書、太子賓客分司。會昌二年七月卒，時年七十一，贈戶部尚書。

子承雍，登進士第，亦有才藻。

柳宗元字子厚，河東人。後魏侍中濟陰公之系孫。曾伯祖奭，高宗朝宰相〔三〕。父鎮，太常博士，終侍御史。宗元少聰警絕衆，尤精西漢詩騷。下筆構思，與古爲侔。精裁密緻，璨若珠貝。當時流輩咸推之。登進士第，應舉宏辭，授校書郎、藍田尉。貞元十九年，爲監察御史。

順宗卽位，王叔文、韋執誼用事，尤奇待宗元。與監察呂溫密引禁中，與之圖事。轉尚書禮部員外郎。叔文欲大用之，會居位不久，叔文敗，與同輩七人俱貶。宗元爲邵州刺史，在道，再貶永州司馬。旣罹竄逐，涉履蠻瘴，崎嶇堙厄，蘊騷人之鬱悼，寫情敍事，動必以文。爲騷文十數篇，覽之者爲之悽惻。

元和十年，例移爲柳州刺史。時朗州司馬劉禹錫得播州刺史，制書下，宗元謂所親曰：「禹錫有母年高，今爲郡蠻方，西南絕域，往復萬里，如何與母偕行。如母子異方，便爲永訣。吾於禹錫爲執友，胡忍見其若是？」卽草章奏，請以柳州授禹錫，自往播州。會裴度亦奏其事，禹錫終易連州。

柳州土俗，以男女質錢，過期則沒入錢主，宗元革其鄉法。其已沒者，仍出私錢贖之，歸其父母。江嶺間爲進士者，不遠數千里皆隨宗元師法；凡經其門，必爲名士。著述之盛，名動於時，時號柳州云。有文集四十卷。元和十四年十月五日卒，時年四十七。子周六、周七，纔三四歲。觀察使裴行立爲營護其喪及妻子還於京師，時人義之。

韋辭字踐之。祖召卿，洛陽丞。父翃，官至侍御史。辭少以兩經擢第，判入等，爲祕書省校書郎。貞元末，東都留守韋夏卿辟爲從事。後累佐使府，皆以參書稱職。元和九年，自藍田令入拜侍御史，以事累出爲朗州刺史，再貶江州司馬。長慶初，韋處厚、路隨以公望居顯要，素知辭有文學理行，亟稱薦之。擢爲戶部員外，轉刑部郎中，充京西北和糴使。尋爲戶部郎中、兼御史中丞，充鹽鐵副使，轉吏部郎中。文宗卽位，韋處厚執政，且以澄汰浮華、登用藝實爲事，乃以辭與李翺同拜中書舍人。

辭素無淸藻，文筆不過中才，然處事端實，游官無黨。與李翺特相善，俱擅文學高名。疏達自用，不事檢操。處厚以激時用，頗不厭公論，辭亦倦於潤色，苦求外任，乃出爲潭州刺史、御史中丞、湖南觀察使。在鎭二年，吏民稱治。大和四年卒，時年五十八，贈右散騎常侍。

史臣曰：貞元、大和之間，以文學聳動搢紳之伍者，宗元、禹錫而已。其巧麗淵博，屬辭比事，誠一代之宏才。如俾之詠歌帝載，黼藻王言，足以平揖古賢，氣吞時輩。而蹈道不謹，昵比小人，自致流離，遂隳素業。故君子羣而不黨，戒懼愼獨，正爲此也。韓、李二文公，於陵遲之末，遑遑仁義，有志於持世範，欲以人文化成，而道未果也。至若抑揚、墨，排

釋、老，雖於道未弘，亦端士之用心也。

贊曰：天地經綸，無出斯文。愈、翺揮翰，語切典墳。犧雞斷尾，害馬敗羣。僻塗自噬，劉、柳諸君。

校勘記

〔一〕先王之法服 「服」字各本原作「行」，據韓昌黎集卷三九、通鑑卷二四〇改。

〔二〕韓皐 校勘記卷五三謂考韓皐傳無此事，並引沈炳震說：「皐」字誤，或當作「泰」，或作「曄」。

〔三〕高宗朝宰相 「高宗」，各本原作「高祖」。本書卷七七柳亨傳載，柳奭至永徽三年，始爲中書令。新書卷七三上宰相世系表云：「奭字子燕，相高宗。」據改。

舊唐書卷一百六十一

列傳第一百一十一

李光進 弟光顏 烏重胤 王沛 子逢 李珙 李祐 董重質

楊元卿 子延宗 劉悟 子從諫 孫稹 劉沔 石雄

李光進，本河曲部落稽阿跌之族也。父良臣，襲雞田州刺史，隸朔方軍。光進姊適舍利葛旃，殺僕固瑒而事河東節度使辛雲京。光進兄弟少依葛旃，因家于太原。光進勇毅果敢，其武藝兵略次于葛旃。肅宗自靈武觀兵，光進從郭子儀破賊，收兩京，累有戰功。至德中，授代州刺史，封范陽郡公，食邑二百戶。上元初，郭子儀爲朔方節度，以軍討大同、橫野、淸夷、范陽及河北殘寇，用光進爲都知兵馬使。尋遷渭北節度使。永泰初，進封武威郡王。大曆四年，檢校戶部尙書，知省事。未幾，又轉檢校刑部尙書，兼太子太保。是歲多十月，葬母於京城之南原，將相致祭者凡四十四幄，窮極奢靡，城內士庶，觀

者如堵〔一〕。

元和四年，王承宗反〔二〕，范希朝引師救易定，表光進爲步都虞候，戰於木刀溝，光進有功。六年，拜銀青光祿大夫、檢校工部尙書，充單于大都護、振武節度使。詔以光進夙有誠節，克著茂勳，賜姓李氏。其弟光顏除洺州刺史，充本州團練使。兄弟恩澤同時，人皆歎異。八年，遷靈武節度使。光進嘗從馬燧救臨洺，戰洹水，收河中，皆有功。前後軍中之職，無所不歷，中丞、大夫悉曾兼帶。先是救易定之師，光進、光顏皆在其行，故軍中呼光進爲大大夫，光顏爲小大夫。十年七月卒。

光進兄弟少以孝睦推於軍中。及居母喪，三年不歸寢室。光顏先娶妻，其母委以家事。母卒，光進始娶。光顏使其妻奉管籥、家籍、財物，歸于其姒。光進命反之，且謂光顏曰：「新婦逮事母，嘗命以主家，不可改也。」因相持泣良久，乃如初。卒時年六十五，贈尙書左僕射。

光顏與兄光進以葛旃善騎射，兄弟自幼皆師之，葛旃獨許光顏之勇健，已不能逮。及長，從河東軍爲裨將，討李懷光、楊惠琳皆有功。後隨高崇文平蜀，搴旗斬將，出入如神，由是稍稍知名。自憲宗元和已來，歷授代、洺二州刺史、兼御史大夫。九年，將討淮、蔡，九月，

遷陳州刺史，充忠武軍都知兵馬使。踰月，遷忠武軍節度使、檢校工部尚書。

會朝廷徵天下兵，環申、蔡而討吳元濟，詔光顏以本軍獨當一面。光顏於是引兵臨溵水，抗洄曲。明年五月，破元濟之師於時曲。初，賊衆晨壓光顏之壘而陣，光顏不得出，乃自毀其柵之左右，出騎以突之。光顏將數騎冒堅而衝之，出入者數四，賊衆盡識，矢集於身如蝟。其子攬光顏馬鞅，止其深入，光顏擧刃叱之，乃退。於是人爭奮躍，賊乃大潰，死者數千人。捷聲至京師，人人相賀。時伐蔡之師，大小凡十餘鎭，自裴度使還，唯奏光顏勇而知義，終不辱命。至是，果立功焉。

是歲十一月，光顏又與懷汝節度烏重胤同破元濟之衆於小溵河，平其柵。初，都統韓弘令諸軍齊攻賊城，賊又徑攻烏重胤之壘。重胤禦之，中數槍，馳請救於光顏。光顏以小溵橋賊之堡也，乘其無備，使田穎、宋朝隱襲而取之，乃平其城塹，由是克救重胤。韓弘以光顏違令，取穎及朝隱將戮之。穎及朝隱勇而材，軍中皆惋惜之。光顏畏弘不敢留。會中使景忠信至，知其情，乃矯詔令所在械繫之。走馬入見，具以本末聞。憲宗赦忠信矯詔罪，令即往釋穎及朝隱。弘及光顏迭以表論。憲宗謂弘使曰：「穎等違都統令，固當處死。但光顏以其襲賊有功，亦可宥之。軍有三令五申，宜捨此以收來效。」及以詔諭弘，弘不悅。十一年，光顏連敗元濟之衆，拔賊凌雲柵。憲宗大悅，賜其告捷者奴婢銀錦。進位檢校尚書

左僕射。

十二年四月，光顏敗元濟之衆三萬于郾城，其將張伯良奔于蔡州，殺其賊什二三，獲馬千匹，器甲三萬聯，皆畫雷公符，仍書云：「速破城北軍。」尋而郾城守將鄧懷金請以城降，光顏許之，而收郾城。初，鄧懷金以官軍圍青陵城，絕其歸路，懷金懼，謀於郾城令董昌齡。昌齡母素誡其子令降，昌齡因此勸懷金歸款于光顏，且曰：「城中之人，父母妻子皆質于蔡州，如不屈而降，則家盡屠矣。請來攻城，我則擧烽求救。救兵將至，官軍逆擊之必敗，此時當以城降。」光顏從之，賊果敗走。於是昌齡執印，帥吏列于門外，懷金與諸將素服倒戈，列于門內，光顏受降，乃入羅城，其城自壞五十餘步。

時韓弘爲汴帥，驕矜倔強，常倚賊勢索朝廷姑息，惡光顏力戰，陰圖撓屈，計無所施。遂擧大梁城求得一美婦人，敎以歌舞絃管六博之藝，飾之以珠翠金玉衣服之具，計費數百萬，命使者送遺光顏，冀一見悅惑而怠於軍政也。使者即齎書先造光顏壘曰：「本使令公德公私愛，憂公暴露，欲進一妓，以慰公征役之思，謹以候命。」光顏曰：「今日已暮，明旦納焉。」詰朝，光顏乃大宴軍士，三軍咸集，命使者進妓。妓至則容止端麗，殆非人間所有，一座皆驚。光顏乃於座上謂來使曰：「令公憐光顏離家室久，捨美妓見贈，誠有以荷德也。然光顏受國家恩深，誓不與逆賊同生日月下。今戰卒數萬，皆背妻子，蹈白刃，光顏奈何以女色

爲樂？」言訖，涕泣嗚咽。堂下兵士數萬，皆感激流涕。乃厚以縑帛酬其來使，俾領其妓自席上而迴，謂使者曰：「爲光顏多謝令公。光顏事君許國之心，死無貳矣！」自此兵衆之心，彌加激勵。

及裴度至行營，率賓從於方城沱口觀板築，五溝賊遽至，注弩挺刃，勢將及度，光顏決戰於前以却之。時光顏預慮其來，先使田布以二百騎伏於溝中，出賊不意交擊之，度方獲免。布又先扼其溝中歸路，賊多棄騎越溝，相率墜壓而死者千餘人。是日微光顏之救，度幾陷矣。是月，賊知光顏勇冠諸將，乃悉其衆出當光顏之師。時李愬乘其無備，急引兵襲蔡州，拔之，獲元濟。董重質棄洄曲軍，入城降愬。光顏知之，躍馬入賊營，大呼以降，賊衆萬餘人，皆解甲投戈請命。賊平，加檢校司空。

十三年春，命中官宴光顏於居第，賜粥米二十餘車。憲宗又御麟德殿召對，賜金帶錦綵。朝廷東討李師道，授光顏義成軍節度使。至鎭，尋赴行營。數旬之內，再敗賊軍於濮陽，殺戮數千人，進軍深入。

十四年，西蕃入寇，移授邠寧節度使。時鹽州爲吐蕃所毀，命李文悅爲刺史，令光顏充勾當修築鹽州城使，仍許以陳許六千人隨赴邠寧。是歲，吐蕃侵涇原。自田縉鎭夏州，以貪猥侵撓党項羌，乃引吐蕃入寇。及蕃軍攻涇州，邊將郝玼血戰始退[三]。初，光顏聞賊攻

涇州，料兵赴救，邠師喧然曰：「人給五十千而不識戰陣，彼何人也！常額衣資不得而前蹈白刃，此何人也！」憤聲忷忷不可遏。光顏素得士心，曲爲陳說大義，言發涕流，三軍感之，亦泣下，乃欣然即路，擊賊退之。

穆宗即位，就加特進，仍與一子四品正員官。尋詔赴闕，賜開化里第，進加同中書門下平章事。穆宗以光顏功冠諸將，故召赴闕，讌賜優給。已而帶平章復鎭，所以報勳臣也。長慶初，遷鳳翔節度使，依前檢校司空、同中書門下平章事。歲末，復授許州節度使。朝廷以光顏昔鎭陳許，頗得士心，將討鎭、冀，故有此拜。赴鎭日，宰相百僚以故事送別於章敬寺，穆宗御通化門臨送之，賜錦綵、銀器、良馬、玉帶等物。二年，討王廷湊，命光顏兼深州行營諸軍節度使。光顏既受命而行，懸軍討賊，艱於饋運，朝廷又以滄、景、德、棣等州俾之兼管，以其鄰賊之郡，可便飛輓。光顏以朝廷制置乖方，賊帥連結，未可朝夕平定，事若差跌，即前功悉棄，乃懇辭兼鎭。尋以疾作，表祈歸鎭。朝廷果討賊無功而赦廷湊。四年，敬宗即位，正拜司徒。

汴州李夵逐其帥叛，詔光顏率陳許之師討之。營于尉氏，俄而誅夵。遷太原尹、北京留守、河東節度使，進階開府儀同三司，仍於正衙受册司徒兼侍中。二年九月卒，年六十六，廢朝三日，贈太尉，謚曰忠。

烏重胤，潞州牙將也。元和中，王承宗叛，王師加討。潞帥盧從史雖出軍，而密與賊通。時神策行營吐突承璀與從史軍相近，承璀與重胤謀，縛從史於帳下。是日，重胤戒嚴，潞軍無敢動者。憲宗賞其功，授潞府左司馬，遷懷州刺史，兼充河陽三城節度使。會討淮、蔡，用重胤壓境，仍割汝州隸河陽。自王師討淮西三年，重胤與李光顏掎角相應，大小百餘戰，以至元濟誅。就加檢校尚書右僕射，轉司空。蔡將有李端者，過溵河降重胤。其妻爲賊束縛於樹，臠食至死，將絕猶呼其夫曰：「善事烏僕射。」其得人心如此。

元和十三年，代鄭權爲橫海軍節度使。既至鎮，上言曰：「臣以河朔能拒朝命者，其大略可見。蓋刺史失其職，反使鎮將領兵事。若刺史各得職分，又有鎮兵，則節將雖有祿山、思明之姦，豈能據一州爲叛哉？所以河朔六十年能拒朝命者，祇以奪刺史、縣令之職，自作威福故也。臣所管德、棣、景三州，已舉公牒，各還刺史職事訖，應在州兵，並令刺史收管。又景州本是弓高縣，請却廢爲縣，歸化縣本是草市，請廢縣依舊屬德州。」詔並從之。由是法制修立，各歸名分。

及屯軍深州，重胤以朝廷制置失宜，賊方憑陵，未可輕進，觀望累月。穆宗急於誅叛，

遂以杜叔良代之，以重胤檢校司徒，兼興元尹，充山南西道節度使。召至京師，復以本官爲天平軍節度、鄆曹濮等州觀察等使。李同捷據滄州，請襲父位，朝廷不從。議者慮狡童拒命，欲以重臣代，乃移鎮兗海，加太子太師、平章事，俾兼領滄景節度〔三〕，仍舊割齊州隸之，蓋望不勞師而底定。制出旬日，重胤卒，贈太尉。

重胤出自行間，及爲長帥，赤心奉上。能與下同甘苦，所至立功，未嘗矜伐。而善待賓僚，禮分同至，當時名士，咸願依之。身歿之日，軍士二十餘人，皆割股肉以爲祭酹，雖古之名將，無以加焉。

子漢弘嗣，起復授左領軍衞將軍。漢弘上表乞終服紀，文宗嘉詔從之。服闋，方授官。

王沛，許州人。年十八，有勇決。許州節度使上官涗奇其才，以女妻之，署爲牙門將。及涗卒，子壻田偁迫脅涗子，欲邀襲位，懼監軍使不順其事，將結謀伏兵以圖之。沛竊知其謀，密告監軍，因盡擒其黨於伏匿之所。監軍范日用以其事聞，德宗乃以陳許行軍司馬劉昌裔總統其軍，賜沛手詔，令護涗之子赴上都。既至，召見，德宗謂之曰：「據卿忠義，寵宜加等。但昌裔所奏，祇請加監察御史，朕意殊爲不足。卿速歸，便宜付昌裔，更令奏來。」遂

駟騎而還，未至許州，拜開府儀同三司、兼御史中丞，依前本職。

吳元濟反，李光顏受命攻討，奇沛節概，署行營兵馬使，別統勁兵屯于近郊。及軍合，連破蔡寇。頻詔進軍，諸將觀望，無敢先渡溵河。沛率兵五千，夜渡溵河合流口，徑扼賊喉而成城。自是，河陽、宣武、太原、魏博等軍繼渡，掎角進攻郾城。沛先結壘與賊對，賊將鄧懷金率衆面縛而降。蔡賊平，沛隨李光顏入朝，光顏具陳沛功，加御史大夫。

既還鎮，光顏受詔討鄆寇。及李師道誅，詔分許州兵戍于邠，以沛爲都將，救鹽州，擊退吐蕃。以功加寧州刺史，遷陳州。李㝏反，詔沛兼忠武節度副使，率師討㝏。㝏平，加檢校右散騎常侍，遷兗海沂密節度、觀察等使。此邦新造，人情獷驁，沛明申法令，選蒐軍政，期年大理。明年，改檢校工部尚書，充忠武軍節度、陳許蔡觀察等使。卒于鎮，贈右僕射。子逢。

逢少沉勇，從父征伐有功，爲忠武都知兵馬使。大和中，入宿衞，歷諸衞將軍。從石雄、劉沔破迴紇于天德。性果決，用法嚴。其時有二千人不上陣，官賜賞給，逢皆不與。或非之，逢曰：「健兒向前冒白刃，若無功而賞，其如冒刃者何？」王宰攻劉稹，逢領陳許七千人屯翼城，代田令昭。賊平，檢校左散騎常侍。累遷至忠武軍節度、陳許觀察等使。

李珙，山東甲姓，代修婚姻。至珙，不好讀書，唯以弓馬爲務。長六尺餘，氣貌魁岸。嘗詣澤潞謁李抱眞，異之，將選爲衙門將，旋以酒酣使氣，復欲棄之。都將王虔休謂抱眞曰：「李珙，奇士也，若不能用，不如殺之，無爲他人所得。」

抱眞死，虔休爲帥，乃依虔休，累爲昭義大將。吐突承璀之擒盧從史，烏重胤實預其謀，珙初不知，將救從史。聞重胤受朝旨，乃觀望不進，重胤以此德之。後領河陽，乃置於麾下。然朝廷以與從史厚善，竟出爲北邊一校。元和十年，征淮西，重胤懇表爲諸道行營都虞候，詔特從之，俄以母憂去職。服闋，除右武衞上將軍。長慶四年八月卒，年六十四，廢朝一日。

李祐，本蔡州牙將。事吳元濟，驍勇善戰。自王師討淮西，祐爲行營將，每抗官軍，皆憚之。元和十二年，爲李愬所擒。愬知祐有膽略，釋其死，厚遇之。推誠定分，與同寢食，往往帳中密語，達曙不寐。人有耳屬於外者，但屢聞祐感泣聲。而軍中以前時爲祐殺傷者多，營壘諸卒會議，皆恨不殺祐。愬以衆情歸怨，慮不能全，因送祐於京師，乃上表救之。

憲宗特恕，遂遣祐賜愬。愬大喜，卽以三千精兵付之。祐所言，無有所疑，竟以祐破蔡，擒元濟。以功授神武將軍，遷金吾將軍、檢校左散騎常侍、夏州刺史、御史大夫、夏綏銀宥節度使。

寶曆初，入爲右金吾大將軍。尋以吐蕃入寇，出爲涇州刺史、涇原節度使。大和初，討李同捷，遷檢校戶部尚書、滄州刺史、滄德景節度使。大和三年五月卒。

董重質，本淮西牙將，吳少誠之子壻也。性勇悍，識軍機，善用兵。及元濟拒命，重質又爲謀主，領大軍當王師，連歲不拔，皆重質之謀也。元和十二年，宰相裴度督兵淮西，至郾城，元濟乃悉發左右及守城之卒，委重質而拒度。時李愬乘虛入蔡，既擒元濟，重質之家在蔡，愬乃安卹之，仍使其子持書禮以召重質。重質見其子，知城已陷，及元濟囚窘之狀，乃慨然以單騎歸愬，白衣叩伏，愬揖登階，以賓禮與之食。憲宗欲殺之，愬奏許以不死而來降，請免之，且乞於本軍驅使。於是，貶春州司戶參軍。

明年，轉太子少詹事，委武寧軍收管驅使，仍加金紫。十五年，徵入，授左神武軍將軍，知軍事，兼御史中丞。仍賜金帛，與有功者等。尋授鹽州刺史，又遷左右神策及諸道劍南西川行營節度使、檢校左散騎常侍。大和四年，又轉夏綏銀宥節度使。五年，就加檢校工

部尚書。重質訓兵立法，羌戎畏服。八年八月卒，贈尚書右僕射。

楊元卿，祖子華，德州安陵縣丞。父寓，申州鍾山縣令。元卿少孤，慷慨有才略。及冠，尙漂蕩江嶺之表，縱遊放言，人謂之狂生。時吳少誠專蔡州，朝廷姑息之。元卿白衣謁見，署以劇縣，旋辟爲從事，奏授試大理評事。亦事少陽，後奏轉監察裏行。因上奏，宰相李吉甫深加慰納，自是一歲或再隨奏至京師。元卿每與少陽言，諭以大義，乃爲凶黨所構，賴節度判官蘇肇保持，故免。元卿潛奉朝廷，內耗少陽之事。

及少陽死，其子元濟繼立，元卿說曰：「先尚書性吝，諸將皆飢寒。今須布惠以自固也。府中有無，元卿熟知之，曷若散聘諸道，卑辭厚禮，以丈人行呼羣帥，庶幾一助，而諸將大獲矣。元卿願將留後表上聞，朝廷安得不從哉？」元濟許之，元卿卽日離蔡，以賊勢盈虛條奏，潛請詔諸道拘留使者。及元濟覺，元卿妻陳氏并四男並爲元濟所殺，同坊一射垛。蘇肇以保持元卿，亦同日被害。詔授元卿岳王府司馬，尋遷太子僕射。

元和十三年，授蔡州刺史、兼御史中丞。未行，改授光祿少卿。初，朝廷比令元卿與李愬會議，於唐州東境選要便處，權置行蔡州。如百姓官健有歸順者，便準敕優恤，必令全活。既而召見，元卿遽奏請借度支錢，及言事頗多不合旨。宰相裴度亦以諸將討賊三年，功成在旦暮，如更分土地與元卿，卽恐相侵生事，故罷前命而改授焉。是歲，既平淮西，元卿奏曰：「淮西甚有寶貨及犀帶，臣知之，往取必得。」上曰：「朕本討賊，爲人除害，今賊平人安，則我求之得矣。寶貨犀帶，非所求也，勿復此言。」是月，詔授左金吾衞將軍。未幾，改汾州刺史，復徵爲左金吾衞將軍。

長慶初，易置鎭、魏守臣，元卿詣宰相深陳利害，并具表其事。後穆宗感悟，賜白玉帶，旋授檢校左散騎常侍、涇州刺史、涇原渭節度觀察等使，兼充四鎭北庭行軍。元卿乃奏置屯田五千頃，每屯築牆高數仞，鍵閉牢密，卒然寇至，盡可保守。加檢校工部尚書。營田成，復加使號。居六年，涇人論奏，爲立德政碑，移授懷州刺史，充河陽三城節度觀察等使。大和五年，就加檢校司空，進階光祿大夫，以其營田納粟二十萬石，以裨經費故也。是歲，改授汴宋亳觀察等使。凡所廢置，皆有弘益，詔並從之。年七十，寢疾，歸洛陽，詔授太子太保。是歲八月卒，廢朝三日，贈司徒。元卿始以毀家効順，累授方鎭。然性險巧，所至好聚斂，善結交，涇人得情，亦由此也。

子延宗，開成中爲磁州刺史，坐謀逐河陽節度使以自立，爲其黨所告，臺司推鞫得實，誅之。

劉悟，正臣之孫也。正臣本名客奴。天寶末，祿山叛，平盧軍節度使柳知晦受賊僞署[五]，客奴時職居牙門，襲殺知晦，馳章以聞，授平盧軍節度使，賜名正臣。

悟少有勇力，叔逸準爲汴帥，積緡錢數百萬於洛中，悟輒破局鐍，悉盜用之。既而懼，亡歸李師古。始亦未甚知，後因擊毬馳突，衝師古馬仆，師古怒，將斬之。悟猛以氣語押觸師古，師古奇而免之，因令管壯士，將後軍，累署衙門右職，奏授淄青節度都知兵馬使、兼監察御史。

元和末，憲宗既平淮西，下詔誅師道，師道遣悟將兵拒魏博軍，而數促悟戰。悟未及進，馳使召之。悟度使來必殺己，乃僞疾不出，令都虞候往迎之。使者亦果以誠告其人云：「奉命殺悟以代悟。」都虞候卽時先還，悟劫之得其實，乃召諸將與謀曰：「魏博田弘正兵強，出戰必敗，不出則死。今天子所誅者，司空一人而已，悟與公等皆爲所驅迫，使就其死。何如殺其來使，整戈以取鄆，立大功，轉危亡爲富貴耶！」衆咸曰：「善，唯都將所命！」悟於是立斬其使，以兵取鄆，圍其內城，兼以火攻其門。不數刻，擒師道并男二人，並斬其首以獻。擢拜悟檢校工部尚書、兼御史大夫、義成軍節度使，封彭城郡王，仍賜實封五百戶，錢二萬

貫、莊、宅各一區。十五年正月入覲，又加檢校兵部尚書，餘如故。

穆宗即位，以恩例遷檢校尚書右僕射。是歲十月，移鎮澤潞，旋以本官兼平章事。長慶元年，幽州大將朱克融叛，囚其帥張弘靖，朝廷求名將以鎮漁陽，乃加悟檢校司空、平章事，充盧龍軍節度使。悟以幽州方亂，未克進討，請授之節鉞，徐圖之，乃復以悟爲澤潞節度，拜檢校司徒，兼太子太傅，依前平章事。時監軍劉承偕頗恃恩權，常對衆辱悟，又縱其下亂法，悟不能平。異日有中使至，承偕宴之，請悟，悟欲往。左右皆曰：「往則必爲其困辱矣。」軍衆因亂，悟不止之，乃擒承偕至牙門，殺其二僕，欲并害承偕，悟救之獲免。朝廷不獲已，貶承偕。自是悟頗縱恣，欲効河朔三鎮。朝廷失意不逞之徒，多投寄潞州以求援。往往奏章論事，辭旨不遜。寶曆元年九月病卒，贈太尉。遺表請以其子從諫繼纘戎事。敬宗下大臣議。僕射李絳以澤潞內地，與三鎮事理不同，不可許。宰相李逢吉、中尉王守澄受其賂，曲爲奏請。

從諫自將作監主簿，起復雲麾將軍，守金吾衞大將軍同正、檢校左散騎常侍、兼御史大夫，充昭義節度副大使，知節度觀察等留後。二年，加金吾上將軍、檢校工部尚書，充昭義節度等使。文宗即位，進檢校司空。六年十二月入覲，七年春歸藩，加同中書門下平章事。

九年，李訓事敗，宰相王涯等四人被禍。時涯兼掌邦計，雖不與李訓同謀，然不自異於其間，既死非其罪。從諫素德涯之私恩〔六〕，心頗不平，四上章請涯等罪名，仇士良輩深憚之。是時中官頗横，天子不能制，朝臣日憂陷族，賴從諫論列而鄭覃、李石方能粗秉朝政。

先是有蕭洪者，詐稱太后弟，因仇士良保任，許之厚賂。及洪累授方鎮，納賂不滿士良之志，士良怒，遣人上書論洪非太后之親，又以蕭本者爲太后弟。從諫深知內宮之故，乃自潞府飛章論之曰：「臣聞造僞以亂眞者，匹夫知之尚不可，況天下皆知乎？執疏以爲親者，在匹夫之家尚不可，況處大國之朝乎？臣受國恩深，奉公心切，知有此失，安敢不言？伏唯皇帝陛下仁及萬方，孝敦九族，而推心無黨，唯理是求。微臣所以不避直言，切論深事。伏見金吾將軍蕭本稱是太后親弟，受此官榮。今喧然國都，追聞藩府，自上及下，異口同音，皆言蕭弘是眞，蕭本是僞。臣傍聽衆論，徧察羣情，咸思發明，以正名分。今年二月，其蕭弘投臣當道，求臣上聞，自言：比者福建觀察使唐扶及監軍劉行立具審根源，已曾論奏。其時屬蕭本得爲外戚，來自左軍，臺司既不敢研窮，聖意遂勒還鄉里。自茲議論，轉益沸騰。臣亦令潛問左軍，權論大體，而士良推至公之道，發不黨之言。蓋蕭本自度孤危，妄有憑恃。伏以名居國舅，位列朝班，而眞僞不分，中外所恥。切慮皇太后受此罔惑，已有恩情，若含垢於一時，終取笑於千古。伏乞追蕭弘赴闕，與蕭本對推，細詰根源，必辨眞僞。」詔令

三司使推按。帝以二蕭雖詐，託名太后之宗，不欲誅之，俱流嶺表。從諫進位檢校司徒。會昌三年卒。

大將郭誼等匿喪，用其姪稹權領軍務。時宰相李德裕用事，素惡從諫之姦回，奏請劉稹護喪歸洛，以聽朝旨。稹竟叛。德裕用中丞李回奉使河朔，說令三鎮加兵討稹，乃削奪稹官，命徐許滑孟魏鎮幽并八鎮之師，四面進攻。四年，郭誼斬稹，傳首京師。從諫妻裴氏。初，稹拒命，裴氏召集大將妻同宴，以酒爲壽，泣下不能已。諸婦請命，裴曰：「新婦各與汝夫文字，勿忘先相公之拔擢，莫効李丕背恩，走投國家。子母爲託，故悲不能已也。」諸婦亦泣下，故潞將叛志益堅。稹死，裴亦以此極刑。稹族屬昆仲九人，皆誅。

劉沔，許州牙將也。少事李光顏，爲帳中親將。元和末，光顏討吳元濟，常用沔爲前鋒。蔡將有董重質者，守洄曲，其部下乘騾即戰，號「騾子軍」，最爲勁悍，官軍常警備之。沔驍銳善騎射，每與騾軍接戰，必冒刃陷堅，俘馘而還，故忠武一軍，破賊第一。淮、蔡平，隨光顏入朝，憲宗留宿衞，歷三將軍。歷鹽州刺史、天德軍防禦使，在西北邊累立奇効。大和末，河西党項羌叛，沔以天德之師屢誅其酋渠，移授振武節度使，檢校右散騎常

侍、單于大都護。開成中，党項雜虜大擾河西，沔率吐渾、契苾、沙陀三部落等諸族萬人、馬三千騎，徑至銀、夏討襲，大破之，俘獲萬計，告捷而還。以功加檢校戶部尚書。會昌初，迴紇部飢，烏介可汗奉太和公主至漠南求食〔七〕。過杷頭峯，犯雲、朔、北川。朝廷以太原重地，控扼諸戎，乃移沔河東節度使、檢校尚書左僕射、太原尹、北京留守。詔與幽州張仲武協力招撫迴鶻，竟破虜寇，迎公主還宮。以功進位檢校司空，尋改滑州刺史、義成軍節度使。

四年，潞帥劉從諫卒，子稹匿喪，擅主留務，要求旄鉞。武宗怒，命忠武節度使王宰、徐州節度李彥佐等，充潞府西南面招撫使，遂復授沔太原節度，充潞府北面招討使。沔與張仲武不協，方徵兵幽州，乃移沔爲鄭滑節度使，進位檢校司徒。既而以疾求歸洛陽，授太子太保，卒。

初，沔爲忠武小校，從李光顏討淮西，爲捉生將。前後遇賊血戰，鋒刃所傷，幾死者數四。嘗傷重臥草中，月黑不知歸路，昏然而睡，夢人授之雙燭，曰：「子方大貴，此行無患，可持此而還。」既行，炯然有雙光在前。自後破虜危難，每行常有此光。及罷鎮後，雙光息。五年，李德裕出鎮，罷沔爲太子太保。明年，以太子太保致仕卒。

石雄，徐州牙校也。王智興之討李同捷，以雄爲右廂捉生兵馬使。勇敢善戰，氣凌三軍。自智興以兵臨賊境，率先收棣州，雄先驅渡河，前無堅陣。徐人伏雄之撫待，惡智興之虐，欲逐之而立雄。智興以軍在賊境，懼其變生，因其立功，請授一郡刺史。朝廷徵赴京師，授壁州刺史。智興尋殺雄之素相善諸將士百餘人，仍奏雄搖動軍情，請行誅戮。文宗雅知其能，惜之，乃長流白州。

大和中，河西党項擾亂，選求武士，乃召還，隸振武劉沔軍爲裨將，累立破羌之功。文宗以智興故，未甚提擢，而李紳、李德裕以崔羣舊將，素嘉之。

會昌初，迴鶻寇天德，詔命劉沔爲招撫迴鶻使。三年，迴鶻大掠雲、朔北邊，牙於五原。沔以太原之師屯於雲州，沔謂雄曰：「黠虜離散，不足驅除。國家以公主之故，不欲急攻。今觀其所爲，氣凌我輩。若稟朝旨，或恐依違。我輩捍邊，但能除患，專之可也。公可選驍健，乘其不意，徑趨虜帳，彼以疾雷之勢，不暇枝梧，必棄公主亡竄。事苟不捷，吾自繼進，亦無患也。」雄受教，自選勁騎，得沙陀李國昌三部落，兼契苾拓拔雜虜三千騎，月暗夜發馬邑，徑趨烏介之牙。時虜帳逼振武，雄既入城，登堞視其衆寡，見氈車數十，從者皆衣朱碧，類華人服飾。雄令諜者訊之：「此何大人？」虜曰：「此公主帳也。」雄喻其人曰：「國家兵馬

欲取可汗。公主至此，家國也，須謀歸路，俟兵合時不得動帳幕。」雄乃大率城內牛馬雜畜及大鼓，夜穴城爲十餘門。遲明，城上立旗幟炬火，乃於諸門縱其牛畜，鼓譟從之，直犯烏介牙帳。炬火燭天，鼓譟動地，可汗惶駭莫測，率騎而奔。雄率勁騎追至殺胡山，急擊之，斬首萬級，生擒五千，羊馬車帳皆委之而去。遂迎公主還太原。以功加檢校左散騎常侍、豐州刺史、兼御史大夫、天德防禦等使。

雄沉勇徇義，臨財甚廉。每破賊立功，朝廷特有賜與，皆不入私室，置於軍門，首取一分，餘並分給，以此軍士感義，皆思奮發。累遷檢校左僕射、河中尹、河中晉絳節度使。

俄而昭義劉從諫卒，其子稹擅主軍務，朝議問罪，令徐帥李彥佐爲潞府西南面招撫使，以晉州刺史李丕爲副。時王宰在萬善柵，劉沔在石會，相顧未進。雄受代之翌日，越烏嶺，破賊五砦，斬獲千計。武宗聞捷大悅，謂侍臣曰：「今之義而有勇，罕有雄之比者。」雄既率先破賊，不旬日，王宰收天井關，何弘敬、王元逵亦收磁洺等郡。先是潞州狂人折腰於市，謂人曰：「雄七千人至矣。」劉從諫捕而誅之。及稹危蹙，大將郭誼密款請斬稹歸朝，軍中疑其詐。雄倡言曰：「賊稹之叛，郭誼爲謀主。今請斬稹，即誼自謀，又何疑焉？」武宗亦以狂人之言，詔雄以七千兵受降。雄卽徑馳潞州降誼，盡擒其黨與。賊平，進加檢校司空。王宰，智興之子，於雄不足，雄以轅門子弟善禮之。然討潞之役，雄有始卒之功，宰心惡之。及李德裕罷相，宰黨排擯雄，罷鎮。既而聞德裕貶，發疾而卒。

史臣曰：古所謂名將者，不必蒙輪拔距之材，拉虎批熊之力，要當以義終始，好謀而成。而阿跌昆仲，稟氣陰山，率多令範，讓家權於主婦，拒美妓於姦臣，章武恢復之功，義師之効也。重胤忠於事上，仁於撫下，淮、蔡之役，勳亞光顏，殿邦之臣也，不可多得。王沛之擒僚壻，李祐之執賊渠，皆因事立功，轉禍爲福，智則智矣，仁者不爲。而劉悟自恃太尤，世邀纘襲，至於赤族，報亦晚耶！雄、沔負羽邊城，聲馳沙漠，奉迎貴主，摧破昆戎，不亦壯乎！雄能感於知己，不爲無義，美哉！

贊曰：淮、鄆砥平，義將輸誠。二凶受縛，亦其同惡。毀義棄忠，必殄爾宗。孰稱善將？劉沔、石雄。

校勘記

〔一〕肅宗自靈武觀兵……觀者如堵　殿本考證葉酉說：「按肅宗去憲宗，閱世者五，光進薨于元和七年，其不及從郭子儀破賊也明矣。此乃光弼弟光進事，錯簡於此。」今考本書卷一一〇李光弼

傳，此處敍事與光弼弟光進事多合，葉說或是。

〔二〕王承宗反　「反」字各本原無，校勘記卷五四說：「閣本『宗』下有『反』字。考證云：刊本脫『反』字，據新唐書帝紀增。」據補。

〔三〕郗玭　「玭」字各本原作「玼」，據本書卷一五二郗玭傳改。

〔四〕乃移鎮兗海加太子太師平章事俾兼領滄景節度　冊府卷一二〇作「遂命同捷移鎮兗海，以重胤羣帥中齒輩舊老，加太子太師、平章事，俾兼統滄景。」此處史文當有脫誤。

〔五〕柳知晦　本書卷一四五劉全諒傳作「呂知晦」。

〔六〕從諫素德涯之私恩　「從諫」，各本原作「悟」，據冊府卷四〇六改。

〔七〕漢南　各本原作「漢南」，據冊府卷三八五改。

舊唐書卷一百六十二

列傳第一百一十二

潘孟陽　李鄘　王遂　曹華　韋綬　鄭權　盧士玫
韓全義　高霞寓　高瑀　崔戎　陸亘　張正甫 子毅夫　毅夫子禕

潘孟陽，禮部侍郎炎之子也。孟陽以父蔭進，登博學宏辭科，累遷殿中侍御史，降爲司議郎。孟陽母，劉晏女也，公卿多父友及外祖賓從，故得薦用，累至兵部郎中。德宗末，王紹以恩倖，數稱孟陽之材，因擢授權知戶部侍郎，年未四十。順宗即位，永貞內禪，王叔文誅，杜佑始專判度支，請孟陽代叔文爲副。時憲宗新即位，乃命孟陽巡江淮省財賦，仍加鹽鐵轉運副使，且察東南鎮之政理。時孟陽以氣豪權重，領行從三四百人，所歷鎮府，但務遊賞，與婦女爲夜飲。至鹽鐵轉運院，廣納財賄，補吏職而已。及歸，大失人望，罷爲大理卿。三年，出爲華州刺史，遷梓州刺史、劍南東川節度使。與武元衡有舊，元

衡作相，復召爲戶部侍郎、判度支，兼京北五城營田使，以和糴使韓重華爲副。太府卿王遂與孟陽不協，議以營田非便，持之不下，孟陽忿憾形於言。二人俱請對，上怒不許，乃罷孟陽爲左散騎常侍。明年，復拜戶部侍郎。

孟陽氣尙豪俊，不拘小節。居第頗極華峻，憲宗微行至樂遊原，見其宏敞，工猶未已，問之，左右以孟陽對，孟陽懼而罷工作。性喜宴，公卿朝士多與之遊，時指怒者不一。俄以風緩不能行，改左散騎常侍。元和十年八月卒，贈兵部尙書。憲宗每事求理，常發江淮宣慰使，左司郎中鄭敬奉使，辭，上誡之曰：「朕宮中用度，一匹已上皆有簿籍，唯賑卹貧民，無所計算。卿經明行修，今登車傳命，宜體吾懷，勿學潘孟陽，奉使所至，但務酣飲、遊山寺而已。」其爲人主所薄如此！

李鄘，不知何許人。起於寒賤，以莊憲皇后妹壻，元和已來驟階仕進。以恩澤至坊州、絳州刺史。無他才，性纖巧承迎。常飾廚傳以奉往來中使及禁軍中尉賓客，以求善譽。治民滋事，粗有政能。上以爲才，召拜司農卿，遷京兆尹。

十年，莊憲太后崩，鄘爲山陵橋道置頓使。恃能惜費，每事減損。靈駕至灞橋頓，從官

多不得食。及至渭城北門，門壞。先是，橋道司請改造渭城北門，計錢三萬，鄘以勞費不從，令深鑿軌道以通靈駕。掘土既深，旁柱皆懸，因而頓壞，所不及轀輬車者數步而已。初欲壞城之東北墉，以出靈駕，中人皆不可，乃停駕，徹去壞門土木而後行。鄘懼，誣奏轀輬軸折，山陵使李逢吉令御史封其車軸，自陵還，奏請免鄘官。上以用兵務集財賦，以鄘前後進奉，不之責，但罰俸而已。逢吉極言其罪，乃削銀青階。翌日，復賜金紫。自此，朝廷端士，多遭譖毁，義士爲之側目。時宿師於野，饋運不集。浙西重鎭，號爲殷阜，乃以鄘爲潤州刺史、浙西觀察使，令設法鳩聚財貨。淮西用兵，頗賴其賦。十四年，以病求還京師，未朝謁而卒。

王遂，宰相方慶之孫也。以吏能聞於時，尤長於興利。銳於操下，法頗嚴酷。累遷至鄧州刺史。以曉達錢穀，入爲太府卿。潘孟陽判度支，與遂私憾，互有爭論。遂爲西北供軍使，言營田非便，與孟陽會議相非，各求請對。上怒，俱不見，出遂爲柳州刺史。遂親吏韋行素、柳季常請課料於兩池務，屬遂罷務，季常等爲吏所誣，各笞四十。遂柳州制出，左丞呂元膺執奏曰：「遂以補吏犯贓，法當從坐。」其除官制云『淸能業官』，據遂犯狀，不宜有

『淸』字。柳州大郡，出守爲優。謹封還制書。」上令喻之，方行。數年，用兵淮西，天子藉錢穀吏以集財賦，知遂強幹，乃用爲宣州刺史、宣歙觀察使。淮、蔡平，王師東討，召拜光祿卿，充淄靑行營諸軍糧料使。以光祿職當祠祭，改檢校左散騎常侍、兼御史大夫。

初，師之出也，歲計兵食三百萬石，及鄆賊誅，遂進羨餘一百萬，上以爲能。時分師道所據十二州爲三鎭，乃以遂爲沂州刺史、沂兗海等州觀察使。遂性狷忿，不存大體。而軍州民吏，久染汚俗，率多獷戾，而遂數因公事詈罵將卒曰「反虜」，將卒不勝其忿。牙將王弁乘人心怨怒，十四年七月，遂方宴集，弁譟集其徒，害遂於席，判官張實、李甫等同遇害。及曹華代遂至鎭，盡擒亂黨王弁等誅之。

遂器用不弘，僻於聚斂，而非兼撫之才，但峻威刑，以繩亂俗。其所製笞杖，率踰常制。遂既死，監軍使封其杖進呈，上令出示於朝，以誡廉使。

曹華，宋州楚丘人，仕宣武軍爲牙校。貞元末，吳少誠叛，本軍以華驍果有智算，用爲襄城戍將。蔡賊攻襄城，華屢敗之，德宗特賜旗甲。元和九年，以功授寧州刺史，未行而吳元濟叛，朝廷命河陽帥烏重胤討賊。重胤請華爲懷汝節度行營副使。前後數十戰，大破

賊於青陵城。賊平，授棣州刺史，封陳留郡王。棣鄰於鄆，賊屢侵逼，華招募羣盜之勁者，補之軍卒，分據要路。其後，賊至皆擊敗之，鄆人不敢北顧。及李師道誅，分所管十二州爲三鎭。王遂爲沂兗海觀察使，褊刻不能馭衆，爲牙將王弁所害，朝廷遂授華左散騎常侍、沂州刺史、沂海兗觀察使。華至鎭，視事三日，宴將吏，伏甲士千人於幕下。羣校既集，華喩之曰：「吾受命廉問，奉聖旨，以鄆州將士分割三處，有道途轉徙之勞。今有頒給，北州兵稍厚〔一〕。鄆州士卒處右，州兵處左，冀易以區別。」分定，並令州兵出外。既出闔門，乃謂鄆卒曰：「天子深知鄆人之勞，然前害主帥者，不能免罪。」甲士自幕中出，周環之，凡鄆一千二百人，立斬于庭，血流成渠。是日，門屛之間，有赤霧高丈餘，久之方散。自是海、沂之人，重足股慄，無敢爲盜者。

華惡沂之地褊，請移理於兗，許之。初，李正己盜有青、鄆十二州，傳襲四世，垂五十年，人俗頑驁，不知禮教。華令將吏曰：「鄒、魯儒者之鄉，不宜忘於禮義。」乃躬禮儒士，習俎豆之容，春秋釋奠於孔子廟，立學講經，儒冠四集。出家財贍給，俾成名入仕，其往者如歸。

及鎭州軍亂，殺田弘正，華表請以本軍進討，就加檢校工部尚書，升兗海爲武寧節度〔二〕，賜之節鉞。李㝏叛於大梁，華不俟命赴討。㝏方遣兵三千人取宋州，華逆擊敗之。由是，宋、亳不從㝏亂。㝏平，以功加檢校尚書右僕射。以河朔拒命，移華爲滑州刺史、義成軍節度使。長慶三年七月，卒於鎭，時年六十九。

華雖出自戎行，而動必由禮，尤重士大夫，未嘗以富貴驕人，下迨僕隸走使之徒，必待之以誠信，人以爲難。贈司空。

韋綬字子章，京兆人。少有至性，喪父，刺血寫佛經。初爲長安縣尉，遭朱泚之亂，變服乘驢赴奉天。于頔鎭襄陽，辟爲賓佐。嘗因言政，面刺頔之縱恣。入朝爲工部員外，轉屯田郎中。元和十年，改職方郎中，充太子諸王侍讀，再遷諫議大夫。時穆宗在東宮，方幼好戲，綬講書之隙，頗以嘲誚悅之。嘗密齎家所造食，入宮餉太子。憲宗嘗召對，綬奏曰：「太子學書，至『依』字，輒去旁『人』。臣問之，太子云：『君父以此字可天下奏事，臣子不合全書。』」上益嘉太子之賢，賜綬錦綵。綬無威儀，時以人間鄙說戲言以取悅太子。太子因入侍，道綬語，憲宗不悅，謂侍臣曰：「凡侍讀者，當以經義輔導太子，納之軌物，而綬語及此，予何望耶？」乃罷侍讀，出爲虔州刺史。

穆宗卽位，以師友之恩，召爲尚書右丞，兼集賢院學士，甚承恩顧，出入禁中。綬以七

月六日是穆宗載誕節，請以是日百官詣光順門賀太后，然後上皇帝壽。時政道頗僻，敕出，人不敢議。久之，宰臣奏古無生日稱賀之儀，其事終寢。綬在集賢，遇重陽，賜宰臣百官曲江宴，綬請與集賢學士別爲一會，從之。長慶元年三月，轉禮部尚書，判集賢院事。

帝嘗問：「禳災祈福，其可必乎？」綬對曰：「昔宋景公以一善言而法星退之三舍，此禳災以德也。漢文帝除祕祝，每於祠祭，盡敬而已，言無所祈，以明福不可以求致也。而二君卒能變已變之災，享自致之福，著於史傳，其理甚明。如失德以祈災消，媚神以祈福至，神苟有知，當因以致譴，非祈禳之道也。」時人主失德，綬因以諷之。

二年十月，檢校戶部尚書、興元尹、山南西道節度使。辭日，請門戟十二，自將赴鎭；又訴家貧，請賜錢二百萬；又面乞授子元弼官。上皆可之。綬御事無術，洎臨戎鎭，庶政隳紊。二年八月卒，贈尚書右僕射，博士劉端夫請謚爲「通」，殿中侍御史孟琯上言以爲非當。博士權安請謚爲「繆」，竟不施行。

鄭權，滎陽開封人也。登進士第，釋褐涇原從事。節度使劉昌符病亟〔三〕，請入覲，度軍情必變，以權寬厚容衆，俾主留務。及昌符上路，兵果亂，權挺身入白刃中，抗辭喩以逆順，因殺其首亂者數人，三軍畏伏。德宗聞而嘉之。時天子厭兵，藩鎭將吏得軍情者，多超授官爵。自試衞佐擢授行軍司馬、御史中丞，入朝爲倉部郎中，累遷至河南尹。十一年，代李遜爲襄州刺史、山南東道節度使。十二年，轉華州刺史、潼關防禦、鎭國軍使。十三年，遷德州刺史、德棣滄景節度使。

時朝廷用兵討李師道，權以德、棣之兵臨境。奏於平原、安德二縣之間置歸化縣，以集降民。滄州刺史李宗奭與權不協，每事多違，不稟節制。權奏之，上令中使追之。宗奭諷州兵留己，上言懼亂，未敢離郡，乃以烏重胤鎭橫海，代權歸朝。滄州將吏懼，共逐宗奭。宗奭方奔歸京師。詔以悖慢之罪，斬於獨柳之下。其弟宗爽，長流汀州。授權邠寧節度。會天德軍使上章論宗奭之冤，爲權誣奏，權降授原王傅，尋遷右金吾衞大將軍，充左街使。

穆宗卽位，改左散騎常侍，充入迴鶻告哀使。憚其遠役，辭以足疾，不獲免，肩輿而行。權器度魁偉，有辭辯。既至虜廷，與虜主爭論曲直，言辭激壯，可汗深敬異之。

長慶元年使還，出爲河南尹，入拜工部侍郎，遷本曹尚書。以家人數多，俸入不足，求爲鎭守。旬月，檢校右僕射、廣州刺史、嶺南節度使。初權出鎭，有中人之助，南海多珍貨，權頗積聚以遺之，大爲朝士所嗤。四年十月卒。

盧士玫，山東右族，以文儒進。性端厚，與物無競〔四〕，雅有令聞。始爲吏部員外郎，稱職，轉郎中、京兆少尹。奉憲宗園寢，刑簡事集，時論推其有才，權知京兆尹事。會幽州劉總願釋兵柄入朝，請用張弘靖代己，復請析瀛、莫兩州，用士玫爲帥，朝廷一皆從之。士玫遂授檢校右常侍，充瀛、莫兩州都防禦觀察使。

無何，幽州亂，害賓佐，縶弘靖，取裨將朱克融領軍務，遣兵襲瀛、莫。朝廷慮防禦之名不足抗凶逆，即日除士玫檢校工部尚書，充瀛莫節度使。士玫亦罄家財助軍用，堅拒叛徒者累月。竟以官軍救之不至，又瀛莫之卒親愛多在幽州，遂爲其下陰導克融之兵以潰。士玫及從事皆被拘執，送幽州，囚於賓館。及朝廷宥克融之罪，士玫方得歸東洛。尋拜太子賓客，留司洛中，旋除虢州刺史，復爲賓客。寶曆元年七月卒，贈工部尚書。

韓全義，出自行間，少從禁軍，事竇文場。及文場爲中尉，用全義爲帳中偏將，典禁兵在長武城。貞元十三年，爲神策行營節度、長武城使，代韓潭爲夏綏銀宥節度，詔以長武兵赴鎮。全義貪而無勇，短於撫御。制未下，軍中知之，相與謀曰：「夏州沙磧之地，無耕蠶生

業。盛夏移徙，吾所不能。」是夜，戍卒鼓譟爲亂，全義踰城而免，殺其親將王栖巖、趙虔曜等。賴都虞候高崇文誅其亂首而止之，全義方獲赴鎮。

明年，吳少誠拒命，詔徵十七鎮之師討之。時軍無統帥，兵無多少，皆以內官監之，師之進退不由主將。十五年冬，王師爲賊所敗于小溵河。德宗以文場素待全義，乃用爲蔡州四面行營招討使，仍以陳許節度使上官涚副之。諸鎮之師，皆取全義節度。全義將略非所長，能以巧佞財賄結中貴人，以被薦用。及師臨賊境，又制在監軍，每議兵出，一帳之中，中人十數，紛然爭論莫決。蔡賊聞之，屢求決戰。十六年五月，遇賊於溵水南廣利城。旗鼓未交，諸軍大潰，爲賊所乘，全義退保五樓，賊對壘相望。潰兵未集，乃與監軍賈英秀、賈國良等保溵水縣。賊距溵水五六里而軍，全義懼其凌突，退保陳州。其汴宋、河北之軍，皆亡歸本鎮，唯陳許將孟元陽、神策將蘇光榮等數千人守溵水。全義誘潞州大將夏侯仲宣、滑將時昂、河陽將權文度、河中將郭湘等誅之，由是軍情稍固。少誠知王師無能爲，致書幣以告監軍，願求昭洗。德宗召大臣議，宰相賈耽曰：「昨全義五樓退軍，賊不追襲者，應望國家恩貸。臣伏恐須開生路。」上然之。又得監軍等奏，即下制洗滌，加其爵秩。

十七年，全義自陳州班師，而中人掩其敗迹，上待之如初。全義武臣，不達朝儀，託以足疾，不任謁見。全義司馬崔放入對，德宗勞問，放引過，言招撫無功。德宗曰：「全義爲招

討使，招得吳少誠歸國，其功大矣。何必殺人乃爲功耶！」旋命還鎮，令中使就第賜宴，錫賚頗厚。自還至辭，都不謁見而去。議者以隳敗法制，從古已還，未如貞元之甚。憲宗在藩，常惡其事。及即位，全義懼，求入覲，詔以太子太保致仕。其年七月卒。

高霞寓，范陽人。祖仙，父栖鶴，皆以孝聞。凡五代同爨。德宗朝，采訪使洪經綸奏旌表其門閭，鄉里稱美其事。霞寓少讀左氏春秋及孫、吳兵法，好大言，頗以節概自許。貞元中，徒步造長武城使高崇文，待以猶子之分，擢授軍職，累奏憲宗，甚見委信。元和初，詔授兼御史大夫，從崇文將兵擊劉闢，連戰皆克，下鹿頭城，降李文悅、仇良輔。蜀平，以功拜彭州刺史，尋繼崇文爲長武城使，封感義郡王。元和五年，以左威衛將軍隨吐突承璀擊王承宗，又加左散騎常侍。明年，改豐州刺史、三城都團練防禦使，六遷至檢校工部尚書。

元和十年，朝廷討吳元濟，以霞寓宿將，乃析山南東道爲兩鎮，以霞寓爲唐鄧隋節度使。霞寓雖稱勇敢，素昧機略，至於統制，尤非所長。及達所部，乃率兵趣蕭陂，與賊決戰。既小勝，又進至文城柵。賊軍僞敗而退，霞寓逐之不已，因爲伏兵所掩，王師大衄，霞寓僅以身免。坐貶歸州刺史。後以恩例，徵爲右衛大將軍。十三年，出爲振武節度使，入爲左

武衛大將軍。長慶元年，授邠寧節度使。三年，就加檢校右僕射。四年，加檢校司空，又加司徒。寶曆二年，疽發首，不能理事，求歸闕下。其夏，授右金吾衛大將軍、檢校司徒，途次奉天而卒，年五十五，贈太保。

霞寓卒伍常材，始因宦官進用，遂階節將。位望既高，言多不遜。朝廷知之，欲議移罷，霞寓頗懷憂恐，捨私第爲佛寺，上言請額爲「懷恩」，用資聖福，大率姦妄兇狡如此。又非斥朝列，侮慢僚屬，鄙辭俚語，日聞於時。

高瑀，渤海蓨人。少好論兵，釋褐右金吾冑曹，累辟諸府從事，歷陳、蔡二郡刺史，入爲太僕卿。大和初，忠武節度使王沛卒，物議以陳許軍四征有功，必自擇帥，或以禁軍之將得之。宰相裴度、韋處厚議瑀深沉方雅，曾刺陳、蔡，人懷良政，又熟忠武軍情，欲請用瑀。事未聞，陳許表至，果請瑀爲帥，乃授檢校左散騎常侍、許州刺史、忠武節度使。自大曆已來，節制之除拜，多出禁軍中尉。凡命一帥，必廣輸重賂。禁軍將校當爲帥者，自無家財，必取資於人，得鎮之後，則膏血疲民以償之。及瑀之拜，以內外公議，搢紳相慶曰：「韋公作相，債帥鮮矣！」

三年，就加檢校工部尚書。比年水旱，人民薦饑。瑀召集州民，繞郭立堤塘一百八十里，蓄洩既均，人無饑年。加檢校右僕射。六年，移授徐州刺史、武寧軍節度等使。議者以徐泗王智興之後，軍士驕恣，宜得雄帥鎮之，乃以太府卿崔珙代瑀，徵為刑部尚書。以疾求分司，拜太子少傅。其月，復授檢校右僕射、陳許蔡節度使。八年六月卒，贈司空。瑀性寬和，有體量，為官雖無赫赫之譽，所至皆理，尤得士心，論者美之。

崔戎字可大。高伯祖玄暐，神龍初有大功，封博陵郡王。祖嬰，郢州刺史。父貞固，太原榆次尉。戎舉兩經登科，授太子校書，調判入等，授藍田主簿，為藩鎮名公交辟。裴度領太原，署為參謀。時王承宗據鎮州叛〔三〕，度請戎單車往諭之，承宗感泣受教。入為殿中侍御史，累拜吏部郎中，遷諫議大夫。尋為劍南東、西兩川宣慰使。西州承蠻寇之後，戎既宣撫，兼再定征稅，廢置得所，公私便之。還，拜給事中，駁奏為當時所稱。改華州刺史，遷兗海沂密都團練觀察等使。將行，州人戀惜遮道，至有解靴斷鐙者。理兗一年，大和八年五月卒，贈禮部尚書。

陸亘字景山，吳郡人。祖元明，睦州司馬。父持詮，惠陵臺令。亘以書判授集賢殿正字、華原縣尉。應制舉，授萬年縣丞。自京兆府兵曹參軍拜太常博士。寺有禮生孟真久於其事，凡吉凶大儀，禮官不能達，率訪真，真亦賴是須要姑息。元和七年，冊皇太子，將撰儀注，真亦欲參預，亘咎之，由是禮儀不專於胥吏。自虞部員外郎出為鄧州刺史。其後入為戶部郎中、秘書少監、太常少卿，歷刺兗、蔡、虢、蘇四郡，遷越州刺史、浙東團練觀察等使，移宣歙觀察使，加御史大夫。大和八年九月卒，年七十一，贈禮部尚書。

亘強明嚴毅，所至稱理。初赴兗州，延英面奏曰：「凡節度使握兵分屯屬郡者，刺史不能制，遂為一州之弊，宜有處分。」因詔天下兵分屯屬郡者，隸于刺史。越之永嘉郡，城于海壖，常陷寇境，集官吏廩祿之半，以代常賦，因循相踵，吏返為倖。亘按舉贓罪，表請郡守以降，增給其俸，人皆賴之。

張正甫字踐方，南陽人。曾祖大禮，坊州刺史。祖紹貞，尚書右丞。父泚，蘇州司馬。正甫登進士第，從樊澤為襄陽從事，累轉監察御史。于頔代澤，辟留正甫。正甫堅辭之，遂誣奏貶郴州長史。後由邕府徵拜殿中侍御史，遷戶部員外郎，轉司封員外、兼侍御史知雜事。遷戶部郎中，改河南尹。由尚書右丞為同州刺史，入拜左散騎常侍、集賢殿學士判院事。轉工部尚書。五年，檢校兵部尚書、太子詹事。明年，以吏部尚書致仕。正甫仁而端亮，涖官清強，居外任，所至稱理。大和八年九月卒，年八十三，累贈太師。子毅夫。

毅夫登進士第。初正甫兄式，大曆中進士登第，繼之以正甫，式子元夫、傑夫、徵夫又相次登科。大和中，文章之盛，世共稱之。元夫，大和初兵部郎中、知制誥，遷中書舍人，出為汝州刺史。毅夫位至戶部侍郎、弘文館學士判院事。諸羣從登第者數人，而毅夫子禕最知名。

禕字冠章，釋褐汴州從事、戶部判官，入為藍田尉、集賢校理。趙隱鎮浙西，劉鄴鎮淮南，皆辟為賓佐。入為監察御史，遷左補闕。乾符中，詔入翰林為學士，累官至中書舍人。黃巢犯京師，從僖宗幸蜀，拜工部侍郎，判戶部事。奉使江淮還，為當塗者不協，改太子賓客、左散騎常侍，轉吏部侍郎，歷刑部、兵部尚書。從昭宗在華，為韓建所構，貶衡州司馬。昭宗還京，徵拜禮部尚書、太常卿，充禮儀使，遷兵部尚書。禕苦心為文，老而益壯。為刑部時，劉鄴子覃，當巢寇時避禍於金吾將軍張直方之第，被害。僖宗還京，而惡覃者以託附逆黨，

死不以義，下三司詳罪。禕上章申理，言覃父子併命於賊廷，豈附逆耶？其家竟獲洗雪，覃亦贈官。其行義始終，皆如此類。

史臣曰：孟陽、王遂儒雅之曹，才有可稱，竟以財媚時君，陷為俗吏。蹈道之論，可不懼耶！全義官由妄進，霞寓位以卒升，勇毅不足以啓行，謀慮不足以應變，敗亡之辱，不亦宜乎？朝無責帥之刑，蓋自恥也。權、瑀長者，末塗喪真，雖牽於食貧，純則僞矣。

贊曰：蘊仁則哲，蘊利則狂。搢紳之亂，勿效潘、王。全義逃責，貞元失策。霞寓薄刑，元和復興。

校勘記

〔一〕北州兵稍厚　「北」字各本原作「此」，通鑑卷二四一作「天子以鄆人有遷徙之勞，特加優給」。時曹華治所在沂州，鄆州不得稱「此州」。冊府卷四〇一作「北州」，以鄆州於沂海兗為北，是也，今據改。

〔二〕升兗海為武寧節度　新書卷六五方鎮表云：長慶元年「升沂海觀察使為節度使，徙治兗州」。未

言爲武寧節度。按武寧爲徐泗軍號，與兗海無關，「武寧」二字疑誤。

〔三〕劉昌符　本書卷一五二劉昌傳、新書卷一七〇劉昌傳均作「劉昌」。

〔四〕與物無競　「無競」二字各本原無，據册府卷八四四補。

〔五〕時王承宗據鎮州叛　校勘記卷五四引張宗泰說：上文云「裴度領太原」，以本紀及各傳考之，度領太原時據鎮州叛者乃王廷湊，非王承宗，承宗乃廷湊之誤。下文「承宗感泣受赦」，「承宗」亦當作「廷湊」。

舊唐書卷一百六十三

列傳第一百一十三

孟簡　胡証 証子溵 湘　崔元略 子鉉 鉉子沆 元略弟元受 元式 元儒

杜元穎　崔弘禮　李虞仲　王質　盧簡辭 兄簡能 弟弘正

簡求 簡能子知猷 簡求子嗣業 汝弼

孟簡字幾道，平昌人。天后時同州刺史詵之孫。工詩有名。擢進士第，登宏辭科，累官至倉部員外郎。戶部侍郎王叔文竊政，簡爲子司，多不附之，叔文惡之雖甚，亦不至擯斥。尋遷司封郎中。元和四年，超拜諫議大夫，知匭事。簡明於內典，六年，詔與給事中劉伯芻、工部侍郎歸登、右補闕蕭俛等，同就醴泉佛寺翻譯大乘本生心地觀經，簡最擅其理。王承宗叛，詔以吐突承璀爲招討使，簡抗疏論之，坐語訐，出爲常州刺史。八年，就加金紫光祿大夫。簡始到郡，開古孟瀆，長四十一里，灌溉沃壤四千餘頃，爲廉使舉其課績，

是有就加之命。是歲，徵拜爲給事中。九年，出爲越州刺史、兼御史中丞、浙東觀察使。承李遜抑遏士族、恣縱編戶之後，及簡爲政，一皆反之，而農估多受其弊，當時以爲兩未可也。十二年，入爲戶部侍郎。十三年，代崔元略爲御史中丞，仍兼戶部侍郎。是歲，出爲襄州刺史、山南東道節度使。

十四年，敕於穀城縣置孳牧，命曰臨漢監，令簡充使。簡奏請均州鄖鄉縣鎮遏使趙潔充本縣令。臺司奏有虧刑典，罰一月俸。是歲，改授太子賓客，分司東都。十五年，穆宗卽位，貶吉州司馬員外置同正員。初，簡在襄陽，以腹心吏陸翰知上都進奏，委以關通中貴。翰持簡陰事，漸不可制，簡怒，追至州，以土囊殺之，且欲滅口。翰子弟詣闕，進狀訴冤，且告簡贓狀。御史臺按驗，獲簡賂吐突承璀錢帛等共計七千餘貫匹，事狀明白，故再貶之。長慶元年大赦，量移睦州刺史。二年，移常州刺史。三年，入爲太子賓客，分司東都。其年十二月卒。

簡性俊拔尚義，早歲交友先歿者，視其孤，每厚於周䘏，議者以爲有前輩風。然溺於浮圖之教，爲儒曹所誚。

胡証字啟中，河東人。父瑱，伯父玫，登進士第。証，貞元中繼登科，咸寧王渾瑊辟爲河中從事。自殿中侍御史拜韶州刺史，以母年高不可適遠，改授太子舍人。襄陽節度使于頔請爲掌書記，檢校祠部員外郎。元和四年，由侍御史歷左司員外郎、長安縣令、戶部郎中。田弘正以魏博內屬，請除副貳，乃兼御史中丞，充魏博節度副使，仍兼左庶子。入遷左諫議大夫。

九年，以党項寇邊，以証有安邊才略，乃授單于都護、御史大夫、振武軍節度使。前任將帥非統馭之才，邊事曠廢，朝廷故特用証以鎮。十三年，徵爲金吾大將軍，依前兼御史大夫。十四年，充京西、京北巡邊使，訪其利害以聞。

長慶元年，太和公主出降迴紇，詔以本官檢校工部尚書充和親使。舊制，以使車出境，有行人私覿之禮，官不能給，召富家子納貲於使者而命之官。及証將行，首請釐革，儉受省費，以絕鬻官之門。行及漠南，虜騎繼至，狠心犬態，一日千狀，欲以戎服變革華服，又欲以王姬疾驅徑路。証抗志不拔，守漢儀，黜夷法，竟不辱君命。使還，拜工部侍郎。敬宗卽位之初，檢校戶部尚書，守京兆尹。數月，遷左散騎常侍。寶曆初，拜戶部尚書、判度支，上表乞免，願效藩服。二年，檢校兵部尚書、廣州刺史，充嶺南節度使。大和二年，以疾上表求還京師。是歲十月卒于嶺南，時年七十一，廢朝一日，贈左僕射。

廣州有海舶之利，貨貝狎至。証善蓄積，務華侈，厚自奉養，童奴數百，於京城修行里起第，連亙閭巷。嶺表奇貨，道途不絕，京邑推爲富家。証素與賈餗善，及李訓事敗，禁軍利其財，稱証子溵匿餗，乃破其家。一日之內，家財並盡。軍人執溵入左軍，仇士良命斬之以徇。時溵弟湘爲太原從事，忽白晝見綠衣人無首，血流被地，入于室，湘惡之。翌日，溵凶問至，而湘獲免。

崔元略，博陵人。祖渾之。父儆，貞元中官至尚書左丞。元略舉進士，歷佐使府。元和八年，拜殿中侍御史。十二年，遷刑部郎中、知臺雜事，擢拜御史中丞。元和十三年，以李夷簡自西川徵拜御史大夫，乃命元略留司東臺。尋除京兆少尹，知府事，仍加金紫。數月，眞拜京兆尹。明年，改左散騎常侍。

穆宗卽位，命元略使党項宣撫，辭疾不行，出爲黔南觀察使、兼御史中丞。初，元略受命使党項，意宰臣以私憾排斥，頗出怨言。宰相崔植奏曰：「比以聖意切在安撫党項，乃差元略往使，受命之後，苦不樂行，言辭之間，頗乖去就。豈有身忝重恩，不思報效，苟非便己，卽不肯行。須有薄懲，以肅在位，請出爲黔中觀察使。」初，崔植任吏部郎中，元略任刑部郎中知雜。時中丞改京兆尹，物議以植有風憲之望。元略因入閤，妄稱植失儀，命御史彈之。時二人皆進擬爲中丞，中旨果授元略，植深銜之。及植爲相，元略以左散騎常侍使於党項，元略意植之見排，辭疾不行，被譴出。踰年，轉鄂州刺史、鄂岳都團練觀察使。長慶四年，入爲大理卿。

敬宗卽位，復爲京兆尹，尋兼御史大夫。以悞徵畿甸經赦免放緡錢萬七千貫，爲侍御史蕭澈彈劾。有詔刑部郎中趙元亮、大理正元從質、侍御史溫造充三司覆理。元略有中助，止於削兼大夫。初，元略有宰相望，及是事，望益減。寶曆元年，遷戶部侍郎。議者以元略版圖之拜，出於宣授。時諫官有疏，指言內常侍崔潭峻方有權寵，元略以諸父事之，故雖被彈劾，而遽遷顯要。元略亦上章自辨，且曰：「一昨府縣條疏，臺司舉劾，孤立無黨，謗言益彰，不謂詔出宸衷，恩延望外。處南宮之重位，列左戶之清班，豈臣庸虛，敢自干冒。天心所擇，雖驚特進之恩；衆口相非，乃致因緣之說。」詔答之曰：「朕所命官，豈非公選？卿能稱職，奚恤人言！」然元略終不能逃父事潭峻之名。寶曆二年四月，京兆府以元略前任尹日爲橋道使，造東渭橋時，被本典鄭位、判官鄭復虛長物價，擡估給用，不還人工價直，率斂工匠破用，計贓二萬一千七百九貫。敕云：「元略不能檢下，有涉慢官，罰一月俸料。」時劉栖楚自爲京兆尹，有覬覦相位之意。元略方在次對，又多遊裴度門，栖楚恐礙己，以計摧之，

乃按舉山陵時錢物以污之。

大和三年，轉戶部尚書。四年，判度支。五年，檢校吏部尚書，出爲東都留守、畿汝等防禦使。是歲，又遷滑州刺史、義成軍節度使。十二月卒，廢朝三日，贈尚書左僕射。子鉉。

鉉字台碩，登進士第，三辟諸侯府，荊南、西蜀掌書記。會昌初，入爲左拾遺，再遷員外郎，知制誥，召入翰林，充學士。累遷戶部侍郎承旨。會昌末，以本官同平章事。爲同列李德裕所嫉，罷相，爲陝虢觀察使、檢校刑部尚書。宣宗卽位，遷檢校兵部尚書、河中尹、博陵縣開國子，食邑五百戶。大中三年，召拜御史大夫，尋加正議大夫、中書侍郎、同平章事。累遷金紫光祿大夫，守左僕射、門下侍郎、太清宮使、弘文館大學士、博陵縣開國公，食邑至二千戶。七年，以館中學士崔瑑、薛逢等撰續會要四十卷，獻之。九年，檢校司徒、揚州大都督長史，進封魏國公、淮南節度使。宣宗於太液亭賦詩宴餞，有「七載秉鈞調四序」之句，儒者榮之。

咸通初，移鎮襄州。咸通八年，徐州戍將龐勛自桂管擅還，道途剽掠。鉉時爲荊南節度，聞徐州軍至湖南，盡率州兵，點募丁壯，分扼江、湘要害，欲盡擒之。徐寇聞之，踰嶺自

江西、淮右北渡，朝議壯之。卒於江陵。子沆、汀、滙、沂。

沆，登進士第，官至員外郎，知制誥，拜中書舍人。坐事貶循州司戶。乾符初，復拜舍人，尋遷禮部侍郎，典貢舉。選名士十數人，多至卿相。乾符末，本官同平章事。遇京國盜據，從駕不及而卒。沂後官亦隆顯。

元略弟元受、元式、元儒。元受登進士第，高陵尉，直史館。元和初，于皋謨爲河北行營糧料使。元受與韋岵、薛巽、王湘等皆爲皋謨判官，分督供饋。既罷兵，或以皋謨隱沒贓罪，除名賜死。元受從坐，皆逐嶺表，竟坎壈不達而卒。子鈞、鍘、銖相繼登進士第，辟諸侯府。

元式，會昌三年檢校左散騎常侍、河中尹、河中晉絳觀察使。四年，檢校禮部尚書、太原尹、北都留守、河東節度使。六年，入爲刑部尚書。宣宗朝領度支，以本官同平章事。

元儒，元和五年登進士第。

元式子鍇，仕至京兆尹。

杜元穎，萊公如晦裔孫也。父佐官卑。元穎，貞元末進士登第，再辟使府。元和中爲

左拾遺、右補闕，召入翰林，充學士。手筆敏速，憲宗稱之。吳元濟平，以書詔之勤，賜緋魚袋，轉司勳員外郎，知制誥。穆宗即位，召對思政殿，賜金紫，超拜中書舍人。其年冬，拜戶部侍郎承旨。長慶元年三月，以本官同平章事，加上柱國、建安男。元穎自穆宗登極，自補闕至侍郎，不周歲居輔相之地。辭臣速達，未有如元穎之比也。

三年冬，帶平章事出鎮蜀川，穆宗御安福門臨餞。昭愍即位，童心多僻，務爲奢侈，而元穎求蜀中珍異玩好之具，貢奉相繼，以固恩寵。以故箕斂刻削，工作無虛日，軍民嗟怨，流聞于朝。大和三年，南詔蠻攻陷戎、巂等州，徑犯成都。兵及城下，一無備擬，方率左右固牙城而已。蠻兵大掠蜀城玉帛、子女、工巧之具而去。是時蠻三道而來，東道攻梓州，郭釗禦之而退。時元穎幾陷，賴郭釗擊敗其衆，方還。蠻驅蜀人至大渡河，謂之曰：「此南吾境，放爾哭別鄉國。」數萬士女，一時慟哭，風日爲之慘悽。哭已，赴水而死者千餘，怨毒之聲，累年不息。蠻首領籃顛遣人上表曰：「蠻軍比修職貢，遽敢侵邊？但杜元穎不恤三軍，令入蠻疆作賊，移文報彼，都不見信，故蜀部軍人，繼爲鄉導，蓋蜀人怨苦之深，祈我此行，誅虐帥也。誅之不遂，無以慰蜀士之心，願陛下誅之。」監軍小使張士謙至，備言元穎之咎，坐貶循州司馬，判官崔璜連州司馬，紇干皋郢州長史，盧并唐州司馬，皆以佐元穎無狀也。六年，卒於貶所。臨終，上表乞贈官，贈湖州刺史。

元穎弟元絳，位終太子賓客。絳子審權，位至宰相，自有傳。

崔弘禮字從周，博陵人。北齊懷遠之七代孫。祖育，常州江陰令。父孚，湖州長城令。弘禮風貌魁偉，磊落有大志。舉進士，累佐藩府，官至侍御史。

元和中，呂元膺爲東都留守，以弘禮爲從事。時淮西吳少陽初死，吳元濟阻兵拒命，山東反側之徒，爲之影援，東結李師道謀襲東洛，以脅朝廷。弘禮爲元膺籌畫，部分兵衆，以固東都，卒亦無患。累除汾州、棣州刺史。會田弘正請入覲，請副使，乃授弘禮衛州刺史，充魏博節度副使，歷鄭州刺史。

長慶元年，劉總入覲，張弘靖移鎮范陽，復加弘禮檢校左散騎常侍，充幽州盧龍軍節度副使。未及境，幽、鎮兵亂，改爲絳州刺史。明年，汴州李㝏反，急詔追弘禮爲河南尹、兼御史大夫、東都畿汝都防禦副使。㝏平，遷河陽節度使。整練戈矛，頗壯戎備。又上言請於秦渠下闢荒田三百頃，歲收粟二萬斛，詔皆從之。以疾連表請代，數歲，拜檢校戶部尚書、華州刺史。會天平軍節度使烏重胤卒，朝廷難其人，復以弘禮爲天平軍節度使，仍詔即日乘遞赴鎮。

文宗即位，就加檢校左僕射。理鄆三載，改授東都留守，仍遷刑部尚書。詔赴闕，以疾未至。大和四年十月，復除留守。是歲十二月卒，年六十四，贈司空。

弘禮少時，專以倜儻意氣自任，通涉兵書，留心軍旅之要，用此累更選用，歷踐藩鎮。所居無可尚之績，雖繕完有素，然善治生蓄積，物議少之。

李虞仲字見之，趙郡人。祖震，大理丞。父端，登進士第，工詩。大曆中，與韓翃、錢起、盧綸等文詠唱和，馳名都下，號「大曆十才子」。時郭尚父少子曖尚代宗女昇平公主，賢明有才思，尤喜詩人，而端等十人，多在曖之門下。每宴集賦詩，公主坐視簾中，詩之美者，賞百縑。曖因拜官，會十子曰：「詩先成者賞。」時端先獻，警句云：「薰香荀令偏憐小，傅粉何郎不解愁。」主即以百縑賞之。錢起曰：「李校書誠有才，此篇宿構也。願賦一韻正之，請以起姓爲韻。」端即襞牋而獻曰：「方塘似鏡草芊芊，初月如鉤未上弦。新開金埒教調馬，舊賜銅山許鑄錢。」曖曰：「此愈工也。」起等始服。端自校書郎移疾江南，授杭州司馬而卒。

虞仲亦工詩。元和初，登進士第，又以制策登科，授弘文校書。從事荆南，入爲太常博士，遷兵部員外、司勳郎中。寶曆中，考制策甚精，轉兵部郎中、知制誥，拜中書舍人。大和四

年，出爲華州刺史、兼御史大夫。入拜左散騎常侍，兼秘書監。八年，轉尚書右丞。九年，爲兵部侍郎，尋改吏部。開成元年四月卒，時年六十五。虞仲簡澹寡欲，立性方雅，奕代文學，達而不矜，士友重之。

王質字華卿，太原祁人。五代祖通字仲淹，隋末大儒，號文中子。通生福畤，終上蔡主簿。福畤生勉，登進士第，制策登科，位終寶鼎令。勉生怡，終渝州司戶。怡生潛，揚州天長丞。質則潛之第五子。少負志操，以家世官卑，思立名於世，以大其門。寓居壽春，躬耕以養母，專以講學爲事，門人受業者大集其門。年甫強仕，不求聞達，親友規之曰：「以華卿之才，取名位如俯拾地芥耳，安自苦於闒茸者乎？揚名顯親，非耕稼可致也。」質乃白於母，請赴鄉舉。元和六年，登進士甲科。釋褐嶺南管記，歷佐淮蔡、許昌、梓潼、興元四府，累奏兼監察御史。入朝爲殿中，遷侍御史、戶部員外郎。爲舊府延薦，檢校司封郎中，賜金紫，充興元節度副使。入爲戶部郎中，遷諫議大夫。

大和中，王守澄構陷宰相宋申錫，文宗怒，欲加極法。質與常侍崔玄亮雨泣切諫，請付外推，申錫方從輕典。質爲中人側目，執政出爲虢州刺史。質射策時，深爲李吉甫所器，及

德裕爲相，甚禮之，事必咨決，尋召爲給事中、河南尹。八年，爲宣州刺史、兼御史中丞、宣歙團練觀察使。在政三年，開成元年十二月，無疾暴卒，時年六十八，贈左散騎常侍，謚曰定。

質清廉方雅，爲政有聲。雖權臣待之厚，而行己有素，不涉朋比之議。在宣城辟崔珦、劉蕡、裴夷直、趙晳爲從事，皆一代名流。視其所與，人士重之。子曰慶存。

盧簡辭字子策，范陽人，後徙家于蒲。祖翰。父綸，天寶末舉進士，遇亂不第，奉親避地於鄱陽，與郡人吉中孚爲林泉之友。大曆初，還京師，宰相王縉奏爲集賢學士、秘書省校書郎。王縉兄弟有詩名於世，縉既官重，凡所延辟，皆辭人名士，以綸能詩，禮待逾厚。會縉得罪，坐累。久之，調陝府戶曹、河南密縣令。建中初，爲昭應令。朱泚之亂，咸寧王渾瑊充京城西面副元帥，乃拔綸爲元帥判官、檢校金部郎中。貞元中，吉中孚爲翰林學士、戶部侍郎，典邦賦，薦綸于朝。會丁家艱，而中孚卒。太府卿韋渠牟得幸於德宗，綸即渠牟之甥也，數稱綸之才，德宗召之內殿，令和御製詩，超拜戶部郎中。方欲委之掌誥，居無何，卒。

初，大曆中，詩人李端、錢起、韓翃輩能爲五言詩，而辭情捷麗，綸作尤工。至貞元末，錢、李諸公凋落，綸嘗爲懷舊詩五十韻，敍其事曰：「吾與吉侍郎中孚、司空郎中曙、苗員外發、崔補闕峒、耿拾遺湋、李校書端，風塵追遊，向三十載。數公皆負當時盛稱，榮耀未幾，俱沉下泉。傷悼之際，暢當博士追感前事，賦詩五十韻見寄。輒有所酬，以申悲舊，兼寄夏侯審侍御。」其歷言諸子云：「侍郎文章宗，傑出淮、楚靈。掌賦若吹籟，司言如建瓴。郎中善慶餘，雅韻與琴清。鬱鬱松帶雪，蕭蕭鴻入冥。員外眞貴儒，弱冠被華纓。月香飄桂實，乳溜瀝瓊英。補闕思沖融，巾拂藝亦精。彩蝶戲芳圃，瑞雲滋翠屏。拾遺興難侔，逸調曠無程。九醞貯彌潔，三花寒轉馨。校書才智雄，舉世一娉婷。賭墅鬼神變，屬辭鸞鳳驚。差肩曳長裾，總轡奉和鈴。共賦瑤臺雪，同觀金谷筝。倚天方比劍，沉水忽如瓶。君持玉盤珠，寫我懷袖盈。讀罷涕交頤，願言躋百齡。」綸之才思，皆此類也。文宗好文，尤重綸詩，嘗問侍臣曰：「盧綸集幾卷？有子弟否？」李德裕對曰：「綸有四男，皆登進士第，今員外郎簡能、侍御史簡辭是也。」即遣中使詣其家，令進文集。簡能盡以所集五百篇上獻，優詔嘉之。

簡辭，元和六年登第，三辟諸侯府。長慶末，入朝爲監察，轉侍御史。文雅之餘，尤精法律，歷朝簿籍，靡不經懷。寶曆中，故京兆尹黎幹男煟詣臺治父葉縣舊業，臺司莫知本末。

簡辭曰：「幹坐魚朝恩黨誅，田產籍沒。大曆已來，多少赦令，豈有雪朝恩、黎幹節文？況其田產分給百姓，將及百年，而煟恃中助而冒論耶！」乃移汝州刺史裴通，準大曆元年敕給百姓。又福建鹽鐵院官盧昂坐贓三十萬，簡辭按之，於其家得金牀、瑟瑟枕大如斗。昭愍見之曰：「此宮中所無，而盧昂爲吏可知也！」尋轉考功員外郎，轉郎中。大和中，坐事自太僕卿出爲衢州刺史。會昌中，入爲刑部侍郎，轉戶部。大中初，轉兵部侍郎、檢校工部尚書、許州刺史、御史大夫、忠武軍節度使，遷檢校刑部尚書、襄州刺史、山南東道節度使，卒。簡辭兄簡能。

簡能字子拙，登第後再辟藩府，入爲監察御史。大和九年，由駕部員外檢校司封郎中，充鳳翔節度判官。時鄭注得幸，李訓與之謀誅宦官，俾注鎭鳳翔，仍妙選當時才俊以爲賓佐。簡能與蕭俛弟傑、錢起子可復，皆爲訓所選，從注。及訓敗，注誅，簡能、蕭傑等四人皆爲監軍使所害。

簡辭弟弘正、簡求。弘正字子強，元和末登進士第，累辟使府掌書記。入朝爲監察御史、侍御史。大和中，華州刺史宇文鼎、戶部員外盧允中坐贓，弘正按之。文宗怒，將殺鼎，

弘正奏曰：「鼎歷持綱憲，繩糾之官，今爲近輔刺史，以贓污聞，死固常典。但取受之首，罪在允中，監司之責，鼎當連坐。」文宗釋之，鼎方減等。三遷兵部郎中、給事中。

會昌末，王師討劉稹。時詔河北三帥收山東州郡，俄而何弘敬、王元逵得邢、洺、磁三郡。宰臣奏議曰：「山東三郡以賊稹未誅，宜且立留後。如弘敬、元逵有所陳請，則朝廷難以依違。」上曰：「然，誰可任者？」李德裕曰：「給事中盧弘正嘗爲昭義判官，性又通敏，推擇攸宜。」即命爲邢洺磁團練觀察留後。未行而稹誅，乃令弘正銜命宣諭河北三鎭。使還，拜工部侍郎。

大中初，轉戶部侍郎，充鹽鐵轉運使。前是，安邑、解縣兩池鹽法積弊，課入不充。弘正令判官司空輿至池務檢察，特立新法，仍奏輿爲兩池使。三年，課入加倍，其法至今賴之。檢校戶部尙書，出爲徐州刺史、武寧軍節度使、徐泗濠觀察等使。徐方自智興之後，軍士驕怠，有銀刀都尤勞姑息，前後屢逐主帥。弘正在鎭期年，皆去其首惡，喻之忠義。訖於受代，軍旅無譁。鎭徐四年，遷檢校兵部尙書、汴州刺史、宣武軍節度、宋亳潁觀察等使，卒于鎭。

簡求字子臧，長慶元年登進士第，釋褐江西王仲舒從事。又從元稹爲浙東、江夏二府

掌書記。裴度鎭襄陽，保釐洛都，皆辟爲賓佐，奏殿中侍御史。入朝，拜監察。裴度鎭太原，復奏爲記室。入爲殿中，賜緋。牛僧孺鎭襄漢，辟爲觀察判官。入爲水部、戶部二員外郎。會昌末，討劉稹，詔以許帥李彥佐爲招討使。朝廷以簡求果佐使府，達於機略，乃以簡求爲忠武節度副使知節度事、本道供軍使。入爲吏部員外，轉本司郎中，求爲蘇州刺史。

時簡辭鎭漢南，弘正爲侍郎，領使務，昆仲皆居顯列，時人榮之。既而宰執不協，弘正出鎭，罷簡求爲左庶子分司。數年，出爲壽州刺史。九年，党項叛，以簡求爲四鎭北庭行軍、涇州刺史、涇原渭武節度押蕃落等使、檢校左散騎常侍、上柱國、范陽縣男、食邑三百戶。十一年，遷檢校工部尙書、定州刺史、御史大夫、義武軍節度、北平軍等使。十三年，檢校刑部尙書、鳳翔尹、鳳翔隴西節度觀察等使。十四年八月，代裴休爲太原尹、北都留守，充河東節度觀察等使。

簡求辭翰縱橫，長於應變，所歷四鎭，皆控邊陲，屬雜虜寇邊，因之移授，所至撫御，邊鄙晏然。太原軍素管退渾、契苾、沙陀三部落，或撫納不至，多爲邊患。前政或要之詛盟，質之子弟，然爲盜不息。簡求開懷撫待，接以恩信，所質子弟，一切遣之。故五部之人〔一〕，欣然聽命。咸通初，以疾辭，表章瀝懇，制以太子太師致仕，還於東都。都城有園林別墅，歲時行樂，子弟侍側，公卿在席，詩酒賞詠，竟日忘歸，如是者累年。五年十月卒，時年七十六。贈尙書左僕射。

簡能子知猷。知猷登進士第，釋褐祕書省正字。宰臣蕭鄴鎭江陵、成都，辟爲兩府記室。入拜左拾遺，改右補闕、史館修撰，轉員外郎。出爲饒州刺史。入拜兵部郎中，賜緋魚，改吏部郎中、太常少卿。出爲商州刺史。徵拜給事中，轉中書舍人。僖宗幸山南，襄王僞署，乃避地金州。駕還，徵拜工部侍郎，轉戶部，判史館，遷尙書右丞、兵部侍郎。歷太常卿，工部、戶部尙書，復領太常卿。昭宗在華下，加檢校右僕射，守太子少師。進位太子太師、檢校司空，卒於華下。知猷器度長厚，文辭美麗。尤工書，落簡措翰，人爭模倣。子文度，位亦至丞郎。

簡辭無子，以簡求子貽殷、玄禧入繼。貽殷終光祿少卿。玄禧登進士第，終國子博士。弘正子虔灌，有俊才，進士登第。所著文筆，爲時所稱。位終祕書監。

簡求十子，而嗣業、汝弼最知名。嗣業進士登第，累辟使府。廣明初，以長安尉直昭文館、左拾遺、右補闕。王鐸徵兵收兩京，辟爲都統判官、檢校禮部郎中，卒。

汝弼登進士第，累遷至祠部員外郎、知制誥，從昭宗遷洛。屬柳璨黨附賊臣，誣陷士

族，汝弼懼，移疾退居，客遊上黨。遇潞府爲太原所攻，節度使丁會歸降，從會至太原，李克用奏爲節度副使，累奏戶部侍郎。太原使府有龍泉亭，簡求節制時手書詩一章，在亭之西壁。汝弼復爲亞帥，每亭中宴集，未嘗居賓位，西向俛首而已，人士嘉之。盧氏兩世貴盛，六卿方鎭相繼，而未有居輔相者。至中興，嗣業子文紀，仕至尙書中書侍郎、平章事。

史臣曰：孟襄陽之清節，胡廣州之堅正，卒以結權倖而敗，積貨賄而亡。人如面焉，固難知也。二崔以綱憲相傾，元穎以獻奇取媚，雖遭時多僻，位至鼎司，言之正人，亦孔之醜。而父事宦者，何所逃譏？以端、綸之才，任不踰元士，而盧簡辭之昆仲，雲搏水擊，鬱爲鼎門，非德積慶鍾，安能及此？辭人之後，不亦休哉！

贊曰：君子喻義，小人近利。孟讜胡亡，家財掃地。聲勢相傾，崔、杜醜名。端、綸諸子，奕葉光榮。

校勘記

〔一〕五部　冊府卷三九七同。校勘記卷五四引張宗泰說：「五」當作「三」。

舊唐書卷一百六十四

列傳第一百一十四

王播 子式 弟炎 起 起子龜 龜子蕘 炎子鐸 **李絳** 絳子璋 頊

楊於陵 子景復 嗣復 紹復 師復

王播字明歇。曾祖璡，嘉州司馬。祖昇，咸陽令。父恕，揚府參軍。播擢進士第，登賢良方正制科，授集賢校理，再遷監察御史，轉殿中，歷侍御史。貞元末，倖臣李實爲京兆尹，恃恩頗橫，嘗遇播於途，不避。故事，尹避臺官。播移文詆之，實怒，後奏播爲三原令，欲挫之。播受命，趨府謁謝，盡府縣之儀。及臨所部，政理修明，恃勢豪門，未嘗貸法。歲終考課，爲畿邑之最。實以其人有政術，甚禮重之，頻薦之于上。德宗奇之，將不次拔用，會母喪。

順宗卽位，除駕部郎中，改長安令。歲中，遷工部郎中，知臺雜，刺舉綱憲，爲人所稱。

轉考功郎中，出爲虢州刺史。李巽領鹽鐵，奏爲副使、兵部郎中。

元和五年，代李夷簡爲御史中丞。振舉朝章，百職修舉。十月，代許孟容爲京兆尹。時禁軍諸鎮布列畿內，軍人出入，屬鞬佩劍，往往盜發，難以擒姦。而播奏請畿內軍鎮將卒，出入不得持戎具，諸王駙馬權豪之家，不得於畿內按試鷹犬畋獵之具。詔從之，自是姦盜弭息。六年三月，轉刑部侍郎，充諸道鹽鐵轉運使。

播長於吏術，雖案牘鞅掌，剖析如流，黠吏詆欺，無不彰敗。時天下多故，法寺議讞，科條繁雜。播備舉前後格條，置之座右，凡有詳決，疾速如神。當時屬僚，歎服不暇。

十年四月，改禮部尚書，領使如故。先是，李巽以程异爲江淮院官，异又通泉貨，及播領使，奏之爲副。當王師討吳元濟，令异乘傳往江淮，賦輿大集，以至賊平，深有力焉。及皇甫鎛用事，恐播大用，乃請以使務命程异領之，播守本官而已。十三年，檢校戶部尚書、成都尹、劍南西川節度使。

穆宗卽位，皇甫鎛貶，播累表求還京師。長慶元年七月，徵還，拜刑部尚書，復領鹽鐵轉運等使。十月，兼中書侍郎、平章事，領使如故。長慶中，內外權臣，率多假借。播因銅鹽擢居輔弼，專以承迎爲事，而安危啓沃，不措一言。時河北復叛，朝廷用兵。會裴度自太原入覲，朝野物論，言度不宜居外。明年三月，留度復知政事，以播代度爲淮南節度使、檢校右僕射，領使如故。仍請攜鹽鐵印赴鎭，上都院印，請別給賜，從之。播至淮南，屬歲旱儉，人相啖食，課最不充，設法掊斂，比屋嗟怨。

敬宗卽位，就加銀青光祿大夫、檢校司空，罷鹽鐵轉運使。時中尉王守澄用事，播自落利權，廣求珍異，令腹心吏內結守澄，以爲之助。守澄乘閑啓奏，言播有才，上於延英言之。諫議大夫獨孤朗、張仲方，起居郎孔敏行、柳公權、宋申錫，補闕韋仁實、劉敦儒，拾遺李景讓、薛廷老等，請開延英面奏播之姦邪，交結寵倖，復求大用。天子沖幼，不能用其言。自是，物議紛然不息。明年正月，播復領鹽鐵轉運使。播既得舊職，乃於銅鹽之內，巧爲賦斂，以事月進，名爲羨餘，其實正額，務希獎擢，不恤人言。

時揚州城內官河水淺，遇旱卽滯漕船，乃奏自城南閶門西七里港開河向東，屈曲取禪智寺橋通舊官河，開鑿稍深，舟航易濟，所開長一十九里，其工役料度，不破省錢，當使方圓自備，而漕運不阻。後政賴之。

文宗卽位，就加檢校司徒。大和元年五月，自淮南入覲，進大小銀盌三千四百枚、綾絹二十萬匹。六月，拜尚書左僕射、同平章事，領使如故。二年，進封太原公、太淸宮使。四年正月，患喉腫暴卒，時年七十二。廢朝三日，贈太尉。

播出自單門，以文辭自立，踐昇華顯，鬱有能名。而隨勢沉浮，不存士行，姦邪進取，君

子恥之。然天性勤於吏事，使務塡委，胥吏盈廷取決，簿書堆案盈几，他人若不堪勝，而播用此爲適。播子式，弟炎、起。

炎，貞元十五年登進士第，累官至太常博士，早世。子鐸、鐐。

起字舉之，貞元十四年擢進士第，釋褐集賢校理，登制策直言極諫科，授藍田尉。宰相李吉甫鎭淮南，以監察充掌書記。入朝爲殿中，遷起居郎、司勳員外郎、直史館。元和十四年，以比部郎中知制誥。穆宗卽位，拜中書舍人。

長慶元年，遷禮部侍郎。其年，錢徽掌貢士，爲朝臣請託，人以爲濫。詔起與同職白居易覆試，覆落者多。徽貶官，起遂代徽爲禮部侍郎，掌貢二年，得士尤精。先是，貢舉猥濫，勢門子弟，交相酬酢，寒門俊造，十棄六七。及元稹、李紳在翰林，深怒其事，故有覆試之科。及起考貢士，奏當司所選進士，據所考雜文，先送中書，令宰臣閱視可否，然後下當司放牓。從之。議者以爲起雖避是非，失貢職也，故出爲河南尹。入爲吏部侍郎。

文宗卽位，加集賢學士、判院事。以兄播爲僕射輔政，不欲典選部，改兵部侍郎。大和二年，出爲陝虢觀察使、兼御史大夫。四年，入拜尚書左丞。居播之喪，號毀過禮，友悌尤至。遷戶部尚書、判度支。以西北邊備，歲有和市以給軍，勞人饋輓，奏於靈武、邠寧起營

田。六年，檢校吏部尚書、河中尹、河中晉絳節度使。時屬蝗旱，粟價暴踊，豪門閉糴，以邀善價。起嚴誡儲蓄之家，出粟於市，隱者致之於法，由是民獲濟焉。

七年，入爲兵部尚書。八年，檢校右僕射、襄州刺史，充山南東道節度。江、漢水田，前政撓法，塘堰缺壞。起下車，命從事李業行屬郡，檢視而補繕，特爲水法，民無凶年。九年，就加銀青光祿大夫。時李訓用事，訓即起貢舉門生也，欲援起爲相。八月，詔拜兵部侍郎，判戶部事。其冬，訓敗，起以儒素長者，人不以爲累，但罷判戶部事。

文宗好文，尤尚古學。鄭覃長於經義，起長於博洽，俱引翰林，講論經史。起僻於嗜學，雖官位崇重，耽玩無斁，夙夜孜孜，殆忘寢食，書無不覽，經目靡遺。轉兵部尚書。以莊恪太子登儲，欲令儒者授經，乃兼太子侍讀，判太常卿，充禮儀詳定使，創造禮神九玉，奏議曰：

邦國之禮，祀爲大事；珪璧之議，經有前規。謹按周禮：「天地四方，以蒼璧禮天，黃琮禮地，青珪禮東方，赤璋禮南方，白琥禮西方，黑璜禮北方。」又云：「四圭有邸以祀天」，「兩圭有邸以祀地」，「圭璧以祀日月星辰」。凡此九器，皆祀神之玉也。又云：「以禋祀祀昊天上帝。」鄭玄云：「禋，煙也，爲玉幣，祭訖燔之而升煙，以報陽也。」今與開元禮義同，此則焚玉之驗也。又周禮「掌國之玉鎮大寶器，若大祭，既事而藏之」，此則收玉之證也。梁代崔靈恩撰三禮義宗云：「凡祭天神，各有二玉，一以禮神，一則燔之。禮神者，訖事却收。祀神者，與牲俱燎。」則靈恩之義，合于禮經。今國家郊天祀地，祀神之玉常用，守經據古，禮神之玉則無。臣等請下有司，精求良玉，創造蒼璧、黃琮等九器，祭訖則藏之。其燎玉即依常制。

從之。爲太子廣五運圖及文場秀句等獻之。三年，以本官充翰林侍講學士。莊恪太子薨，詔起爲哀册文，辭情婉麗。

四年，遷太子少師，判兵部事，侍講如故。以其家貧，特詔每月割仙韶院月料錢三百千添給。起富於文學，而理家無法，俸料入門，即爲僕妾所有。帝以師友之恩，特加周給，議者以與伶官分給，可爲恥之。

武宗即位，八月，充山陵鹵簿使。樞密使劉弘逸、薛季稜懼誅，欲因山陵兵士謀廢立。起與山陵使知其謀，密奏，皆伏誅。尋檢校左僕射、東都留守，判東都尚書省事。

會昌元年，徵拜吏部尚書，判太常卿事。三年，權知禮部貢舉。明年，正拜左僕射，復知貢舉。起前後四典貢部，所選皆當代辭藝之士，有名於時，人皆賞其精鑒徇公也。其年秋，出爲興元尹，兼同平章事，充山南西道節度使〔一〕。赴鎮日，延英辭，帝謂之曰：「卿國之耆老，宰相無內外，朕有闕政，飛表以聞。」宴賜頗厚。在鎮二年，以老疾求代，不許。大中元年，卒于鎮，時年八十八。廢朝三日，贈太尉，諡曰文懿。文集一百二十卷，五緯圖十卷，寫宣十卷。起侍講時，或僻字疑事，令中使口宣，即以牓子對，故名曰寫宣。子龜嗣。

龜字大年，性簡澹蕭灑，不樂仕進，少以詩酒琴書自適，不從科試。京城光福里第，起兄弟同居，斯爲宏敞。龜意在人外，倦接朋游，乃於永達里園林深僻處創書齋，吟嘯其間，目爲半隱亭。及從父起在河中，於中條山谷中起草堂，與山人道士遊，朔望一還府第，後人目爲「郎君谷」。及起保釐東周，龜於龍門西谷構松齋，棲息往來，放懷事外。起鎮興元，又於漢陽之龍山立隱舍，每浮舟而往，其閑逸如此。武宗知之，以左拾遺徵，久之，方至殿廷一謝，陳情曰：「臣才疏散，無用於時，加以疾病所嬰，不任祿仕。臣父年將九十，作鎮遠藩，喜懼之年，闕於供侍。乞罷今職，以奉晨昏。」上優詔許之。明年，丁父憂。服闋，以右補闕徵，遷侍御史、尚書郎。

大中末，出爲宣歙團練觀察副使，賜緋。入爲祠部郎中、史館修撰。前從崔璵貳宣歙，及璵鎮河中，又奏爲副使。入爲兵部郎中，賜金紫，尋知制誥。咸通末，以弟鐸在中書，不欲在禁掖，改太常少卿，尋檢校右散騎常侍、同州刺史。牙將白約者，甚狡蠹，前後防禦使不能制。龜因事發，笞死以徇，人皆畏威自效。十四年，轉越州刺史、御史大夫、浙東團練觀察使。先是，龜兄式撫臨此郡，有惠政，聞龜復至，舞抃迎之。屬徐、泗之亂，江淮盜起，山越亂，攻郡，爲賊所害，贈工部尚書。子蕘。

蕘苦學，善屬文。以季父作相，避嫌不就科試。乾符初，崔瑾廉察湖南，崔涓鎮江陵，皆辟爲從事。蕭遘作相，奏授藍田尉，直史館，遷左拾遺、右補闕，中丞盧涯奏爲侍御史。從僖宗幸山南，拜右司員外郎，卒。子權，中興仕至兵部尚書。

式以門蔭，累遷監察御史，轉殿中，亦巧宦。大和中，依倚鄭注，謁王守澄，爲中丞歸融所劾，出爲江陵少尹。大中後，踐更省署。咸通初，爲浙東觀察使。草賊仇甫據明州叛，來攻會稽，式討平之。式有威略。三年，徐州銀刀軍叛，以式爲徐州節度使。式至鎮，盡誅銀刀等七軍，徐方平定，天子嘉之。後累歷方任，卒。

鐸字昭範。會昌初進士第，兩辟使府。大中初，入爲監察御史。咸通初，由駕部郎中知制誥，拜中書舍人。五年，轉禮部侍郎，典貢士兩歲，時稱得人。七年，以戶部侍郎、判度支遷禮部尚書。十二年，以本官同平章事。時宰相韋保衡以拔擢之恩，事鐸尤謹，累兼刑部、吏部尚書。僖宗即位，加右僕射。保衡得罪，以鐸檢校右僕射，出爲汴州刺史、宣武軍節度使。

鐸有經世大志，以安邦爲己任，士友推之。乾符二年，河南、江左相繼寇盜結集，內官田令孜素聞鐸名，乃復召鐸，拜右僕射、門下侍郎、同平章事。四年，賊陷江陵，楊知溫失守，宋威破賊失策。朝議統率，宰相盧攜稱高駢累立戰功，宜付軍柄，物議未允。鐸廷奏曰：「臣忝宰執之長，在朝不足分陛下之憂。臣願自率諸軍，盪滌羣盜。」朝議然之。五年，以鐸守司徒、門下侍郎、同平章事，兼江陵尹、荊南節度使，充諸道行營兵馬都統。鐸至鎮，綏懷流散，完葺軍戎，期年之間，武備嚴整。

時兗州節度使李係者，西平王晟之孫，以其家世將才，奏用爲都統都押衙，兼湘南團練使。時黃巢在嶺南，鐸悉以精甲付係，令分兵扼嶺路。係無將略，徼有口才，軍政不理。廣明初，賊自嶺南寇湖南諸郡，係守城自固，不敢出戰。賊編木爲栰，沿湘而下，急攻潭州，陷之。係甲兵五萬，皆爲賊所殺，投屍於江。鐸聞係敗，令部將董漢宏守江陵，自率兵萬餘會襄陽之師。江陵竟陷於賊。天子不之責。罷相，守太子太師。宰相盧攜用事，竟以淮南高駢代鐸爲都統。

其年秋，賊焚剽淮南，高駢挫敗。及賊陷兩京，盧攜得罪，天子用鄭畋爲兵馬都統。明年，畋病歸行在，朝議復以鐸爲侍中、滑州刺史、義成軍節度使〔二〕，充諸道行營都統，率禁軍、山南、東蜀之師三萬，營於盩厔東，進屯靈感寺。

明年春，兗、鄆、徐、許、鄭、滑、邠、寧、鳳翔十鎮之師大集關內。時賊已僭名號，以前浙東觀察使崔璆、尚讓爲宰相，傳僞命。天下藩帥，多持兩端。既聞鐸傳檄四方，諸侯翻然景附。賊之號令，東西不過岐、華，南北止及山、河。而勁卒驍將，日馳突於國門，羣賊由是離心。其年秋，賊將朱溫降，收同州。十一月，賊華州戍卒七千來奔。三年二月，沙陀軍至，收華州。四月，敗賊於良田坡，遂收京城。封鐸晉國公。鐸加中書令，以收城諸將，量其功伐高下，承制爵賞以聞。是時國命危若綴旒，天子播越蠻陬，大事去矣。若非鄭畋之奮發，鐸之忠義，則土運之隆替，未可知也。

自巢、讓之亂，關東方鎮牙將，皆逐主帥，自號藩臣。時溥據徐州，朱瑄據鄆州，朱瑾據兗州，王敬武據青州，周岌據許州，王重榮據河中，諸葛爽據河陽，皆自擅一藩，職貢不入，賞罰由己。既逐賊出關，尤恃功伐，朝廷姑息不暇。巢賊出關東，與蔡帥秦宗權合縱。時溥舉兵徐方，請身先討賊，乃授溥都統之命。十軍軍容使田令孜以內官楊復光有監護用師之功，尤忌儒臣立事，故有時溥之授。

初，鐸出軍，兼鄭滑節度使，以便供饋。至是，罷鐸都統之權，令仗節歸藩。鐸以朱全忠於己有恩，倚爲藩蔽。初，全忠辭禮恭順，既而全忠軍旅稍集，其意漸倨。鐸知不可依表求還朝。

其年冬，僖宗自蜀將還，乃以鐸爲滄景節度使。時楊全玫在滄州，聞鐸之來，訴於魏州樂彥貞。鐸受命赴鎮，至魏州旬日，彥貞迎謁，宴勞甚至。鐸以上台元老，功蓋羣后，行則肩輿，妓女夾侍，賓僚服御，盡美一時。彥貞子從訓，兇戾無行，竊所慕之，令甘陵州卒數百人，伏於漳南之高雞泊。及鐸行李至，皆爲所掠，鐸與賓客十餘人，皆遇害。時光啓四年十二月也〔三〕。

鐸弟鐐，累官至汝州刺史。王仙芝陷郡城，被害。

李絳字深之，趙郡贊皇人也。曾祖貞簡。祖剛，官終宰邑。父元善，襄州錄事參軍。絳舉進士，登宏辭科，授祕書省校書郎。秩滿，補渭南尉。貞元末，拜監察御史。元和二年，以本官充翰林學士。未幾，改尚書主客員外郎。踰年，轉司勳員外郎。五年，遷本司郎中、知制誥。皆不離內職，孜孜以匡諫爲己任。

憲宗即位，叛臣李錡阻兵於浙右。錡既誅，朝廷將輦其所沒家財，絳上言曰：「李錡兇狡叛戾，僭侈誅求，刻剝六州之人，積成一道之苦。聖恩本以叛亂致討，蘇息一方。今輦運錢帛，播聞四海，非所謂式遏亂略，惠綏困窮。伏望天慈，並賜本道，代貧下戶今年租稅，則萬姓欣戴，四海歌詠矣。」憲宗嘉之。

時中官吐突承璀自藩邸承恩寵，爲神策護軍中尉，乃於安國佛寺建立聖政碑，大興功作，仍請翰林爲其文。絳上言曰：

陛下布惟新之政，剗積習之弊，四海延頸，日望德音。今忽立聖政碑，示天下以不廣。易稱：大人者與天地合德，與日月合明。執契垂拱，勵精求理，豈可以文字而盡聖德，碑表而贊皇猷？若可敘述，是有分限，虧損盛德，豈謂敷揚至道哉？故自堯、舜、禹、湯、文、武，並無建碑之事。至秦始皇荒逸之君，煩酷之政，然後有罘、嶧之碑，揚誅伐之功，紀巡幸之跡，適足爲百王所笑，萬代所譏，至今稱爲失道亡國之主，豈可擬議於此？陛下嗣高祖、太宗之業，舉貞觀、開元之政，思理不遑食，從諫如順流，固可與堯、舜、禹、湯、文、武方駕而行，又安得追秦皇暴虐不經之事而自損聖政？近者，閻巨源請立紀聖功碑，陛下詳盡事宜，皆不允許。今忽令立此，與前事頗乖。況此碑既在安國寺，不得不敍載遊觀崇飾之事，述遊觀且乖理要，敍崇飾又匪政經，固非哲王所宜行也。其碑，伏乞聖恩特令寢罷。

憲宗深然之，其碑遂止。

絳後因浴堂北廊奏對，極論中官縱恣、方鎮進獻之事，憲宗怒，厲聲曰：「卿所論奏，何太過耶？」絳前論不已，曰：「臣所諫論，於臣無利，是國家之利。陛下不以臣愚，使處腹心之地，豈可見事虧聖德，致損清時，而惜身不言，仰屋竊歎，是臣負陛下也。若不顧患禍，盡誠奏論，旁忤倖臣，上犯聖旨，以此獲罪，是陛下負臣也。且臣與中官，素不相識，又無嫌隙，祇是威福太盛，上損聖朝，臣所以不敢不論耳。使臣緘默，非社稷之福也。」憲宗見其誠切，改容慰喩之曰：「卿盡節於朕，人所難言者，卿悉言之，使朕聞所不聞，眞忠正誠節之臣也。他日南面，亦須如此。」絳拜恩而退。遽宣宰臣，令與改官，乃授中書舍人，依前翰林學士。翌日，面賜金紫，帝親爲絳擇良笏賜之。

前後朝臣裴武、柳公綽、白居易等，或爲姦人所排陷，特加貶黜，絳每以密疏申論，皆獲寬宥。及鎮州節度使王士眞死，朝廷將用兵討除，絳深陳以爲未可。絳既盡心匡益，帝每有詢訪，多協事機。六年，猶以中人之故，罷學士，守戶部侍郎，判本司事。嘗因次對，憲宗曰：「戶部比有進獻，至卿獨無，何也？」絳曰：「將戶部錢獻入內藏，是用物以結私恩。」上聳然，益嘉其直。吐突承璀恩寵莫二，是歲，將用絳爲宰相，前一日，出承璀爲淮南監軍。翌日，降制，以絳爲中書侍郎、同中書門下平章事。同列李吉甫便僻，善逢迎上意，絳梗直，多所規諫，故與吉甫不協。時議者以吉甫通於承璀，故絳尤惡之。絳性剛訐，每與吉甫爭論，

人多直絳。憲宗察絳忠正自立，故絳論奏，多所允從。

上嘗謂絳曰：「卜筮之事，習者罕精，或中或否。近日風俗，尤更崇尚，何也？」對曰：「臣聞古先哲王畏天命，示不敢專，邦有大事可疑者，故先謀於卿士庶人，次決於卜筮，俱協則行之。末俗浮僞，幸以徼福。正行慮危，邪謀覬安，遲疑昏惑，謂小數能決之。而愚夫愚婦假時日鬼神者，欲利欺詐，參之見聞，用以刺射小近之事，神而異之。近者，風俗近巫，此誠弊俗。聖旨所及，實辨邪源。但存而不論，弊斯息矣。」

他日延英，上曰：「朕讀玄宗實錄，見開元致理，天寶兆亂。事出一朝，治亂相反，何也？」絳對曰：

臣聞理生於危心，亂生於肆志。玄宗自天后朝出居藩邸，嘗淹官守，接時賢於外，知人事之艱難。臨御之初，任姚崇、宋璟，二人皆忠鯁上才，動以致主爲心。明皇乘思理之初，亦勵精聽納，故當時名賢在位，左右前後，皆尚忠正。是以君臣交泰，內外寧謐。開元二十年以後，李林甫、楊國忠相繼用事，專引柔佞之人，分居要劇，苟媚于上，不聞直言。嗜慾轉熾，國用不足，姦臣說以興利，武夫說以開邊。天下騷動，姦盜乘隙，遂至兩都覆敗，四海沸騰，乘輿播遷，幾至難復。蓋小人啓導，縱逸生驕之致也。至今兵宿兩河，西疆削盡，甿戶凋耗，府藏空虛，皆因天寶喪亂，以至於此。安危理亂，實繫時主所行。陛下思廣天聰，親覽國史，垂意精賾，鑒于化源，實天下幸甚。

上又曰：「凡人行事，常患不通於理，已然之失，追悔誠難。古人處此，復有道否？」絳對曰：「行事過差，聖哲皆所不免，故天子致諍臣以匡其失。故主心理於中，臣論正於外，制理於未亂，銷患於未萌。主或過舉，則諫以正之，故上下同體，猶手足之於心膂，交相爲用，以致康寧。此亦常理，非難遵之事。但矜得護失，常情所蔽。古人貴改過不吝，從善如流，良爲此也。臣等備位，無所發明，但陛下不廢芻言，則端士賢臣，必當自效。」帝曰：「朕擢用卿等，所冀直言。各宜盡心無隱，以匡不逮。無以護失爲慮也！」

其秋，魏博節度使田季安死，其子懷諫幼弱，軍中立其大將田興，使主軍事，興卒以六州之地歸命。其經始營創，皆絳之謀也。

時敎坊忽稱密旨，取良家士女及衣冠別第妓人，京師囂然。絳謂同列曰：「此事大虧損聖德，須有論諫。」或曰：「此嗜欲間事，自有諫官論列。」絳曰：「相公居常病諫官論事，此難事即推與諫官可乎？」乃極言論奏。翌日延英，憲宗舉手謂絳曰：「昨見卿狀所論採擇事，非卿盡忠於朕，何以及此？朕都不知向外事，此是敎坊罪過，不諭朕意，以至於此。朕緣丹王已下四人，院中都無侍者，朕令於樂工中及閭里有情願者，厚其錢帛，祇取四人，四王各與一人。伊不會朕意，便如此生事。朕已令科罰，其所取人，並已放歸。若非卿言，朕

寧知此過？」

八年，封高邑縣男。絳以足疾，拜章求免。九年，罷知政事，授禮部尚書。十年，檢校戶部尚書，出爲華州刺史。未幾，入爲兵部尚書。丁母憂。十四年，檢校吏部尚書，出爲河中觀察使。河中舊爲節制，皇甫鎛惡絳，祇以觀察命之。十五年，鎛得罪，絳復爲兵部尚書。

穆宗卽位，改御史大夫。穆宗亟於畋遊行幸，絳於延英切諫，帝不能用。絳以疾辭，復爲兵部尚書。長慶元年，轉吏部尚書。是歲，加檢校尚書右僕射，判東都尚書省事，充東都留守。二年正月，檢校本官、兗州刺史、兗海節度觀察等使。三年，復爲東都留守。四年，就加檢校司空。

寶曆初，入爲尚書左僕射。二年九月，昭義節度使劉悟卒，遺表請以子從諫嗣襲，將吏詣闕論請。絳密奏請速除近澤潞四面將帥一人，以充節度，令倍程赴鎮，使從諫未及拒命，新使已到，所謂「疾雷不及掩耳」。潞州軍心，自有所繫。從諫無位，何名主張。時宰相李逢吉、王守澄已受從諫賂，俱請以從諫留後，不能用絳言。

絳以直道進退，聞望傾於一時。然剛腸嫉惡，賢不肖太分，以此爲非正之徒所忌。又嘗與御史中丞王播相遇於道〔四〕，播不爲之避，絳奏論事體，敕命兩省詳議，咸以絳論奏是。

中華書局

李逢吉佑璠惡絳，乃罷絳僕射，改授太子少師，分司東都。

文宗卽位，徵爲太常卿。二年，檢校司空，出爲興元尹、山南西道節度使。三年冬，南蠻寇西蜀，詔徵赴援。絳於本道募兵千人赴蜀，及中路，蠻軍已退，所募皆還。興元兵額素定，募卒悉令罷歸。四年二月十日，絳晨興視事，召募卒，以詔旨喩而遣之，仍給以稟麥，皆怏怏而退。監軍使楊叔元貪財怙寵，怨絳不奉己，乃因募卒賞薄，衆辭之際，以言激之，欲其爲亂，以逞私憾。募卒因監軍之言，怒氣益甚，乃譟聚趨府，劫庫兵以入使衙。絳方與賓僚會宴，不及設備。聞亂北走登陴，衙將王景延力戰以禦之。兵折矢窮，景延死，絳乃爲亂兵所害，時年六十七。絳初登陴，左右請絳縋城，可以避免，絳不從，乃幷從事趙存約、薛齊俱死焉。

文宗聞奏震悼，下制曰：「朝有正人，時稱令德，入參廟算，出總師干。方當寵任之臣，橫罹不幸之酷。殄瘁興歎，搢紳所同。故山南西道節度、管內觀察處置等使、銀青光祿大夫、檢校司空、兼興元尹、御史大夫、上柱國、趙郡開國公、食邑二千戶李絳，神授聰明，天賦清直。抱仁義以希前哲，立標準以程後來。抑揚時情，坐致台輔。佐我烈祖，格于皇天。仗鉞宣風，聯居樂土，乘軒鳴玉，嘗極清班。先聲而物議皆歸，不約而羣情自許。漢中名部，俾遂便安。而變起不圖，禍生無兆。殲良之慟，聞訃增傷。是極哀榮，用優典禮。三公

正秩，品數甚崇，式表異恩，以攄沉痛。可贈司徒。仍令所司，擇日備禮册命。」賻布帛三千段、米粟二百石。子璋、頊。

璋，登進士第。盧鈞鎭太原，辟爲從事。大中末，入朝爲監察，轉侍御史。出刺兩郡，終宣歙觀察使。子德林。

楊於陵字達夫，弘農人。漢太尉震之第五子奉之後。曾祖珪，爲辰州掾曹。祖冠俗，奉先尉。父太淸，宋州單父尉。於陵，天寶末家寄河朔。祿山亂，其父歿於賊，於陵始六歲。及長，客於江南。好學，有奇志。弱冠舉進士，釋褐爲潤州句容主簿。時韓滉節制金陵，滉性剛嚴，少所接與。及於陵以屬吏謁謝，滉甚奇之，謂其妻柳氏曰：「夫人常擇佳壻，吾閱人多矣，無如楊主簿者。」後竟以女妻之。秩滿，爲鄂岳、江西二府從事〔三〕，累官至侍御史。

韓滉自江南入朝，總將相財賦之任，頗承顧遇，權傾中外。於陵自江西府罷，以婦翁權幸方熾，不欲進取，乃卜築於建昌，以讀書山水爲樂。滉歿，貞元八年，始入朝，爲膳部員外郎，歷考功、吏部三員外，判南曹。時宰相有密親調集，文書不如式，於陵駁之，大協物論。遷右司郎中，復轉吏部郎中，改京兆少尹。出爲絳州刺史。德宗雅聞其名，將辭赴郡，詔留之，拜中書舍人。時李實爲京兆尹，恃承恩寵，於陵與給事中許孟容俱不附協，爲實媒孽，孟容改太常少卿，於陵爲秘書少監。貞元末，實覆敗，遷於陵爲華州刺史，充潼關防禦、鎭國軍等使。未幾，遷浙江東道都團練觀察等使。政聲流聞，入拜戶部侍郎，復改京兆尹。先是，禁軍影占編戶，無以區別。自於陵請致挾名，每五丁者，得兩丁入軍，四丁、三丁者，各以條限。由是京師豪強，復知所畏。再遷戶部侍郎。

元和初，以考策升直言極諫牛僧孺等，爲執政所怒，出爲嶺南節度使。會監軍使許遂振悍戾貪恣，干撓軍政，於陵奉公潔己，遂振無能奈何，乃以飛語上聞。憲宗驚惑，賴宰相裴垍爲於陵申理，憲宗感悟。五年，入爲吏部侍郎。遂振終自得罪。

於陵爲吏部，凡四周歲，監察姦吏，調補平允，當時稱之。初，吏部試判，別差考判官三人校能否，元和初罷之。七年，吏部尙書鄭餘慶以疾請告，乃復置考判官，以兵部員外郎韋顗、屯田員外張仲素、太學博士陸亘等爲之。於陵自東都來，言曰：「本司考判，自當公心。非次置官，不知曹內公事。考官祇論判之能否，不計闕員，本司祇計員闕幾何，定其留放。置官不便。」宰執以已置顗等，祇令考科目選人，其餘常調，委本司自考。於陵又以甲曆年深朽斷，吏緣爲姦，奏換大曆七年至貞元二十年甲庫曆，令本司郎官監換。

九年，妖人楊叔高自廣州來干於陵，請爲己輔，於陵執奏殺之。改兵部侍郎、判度支。時淮西用兵，於陵用所親爲唐鄧供軍使，節度使高霞寓以供軍有闕，移牒度支，於陵不爲之易，其闕如舊。霞寓軍屢有摧敗，詔書督責之，乃奏以度支饋運不繼。憲宗怒，十一年，貶於陵爲桂陽郡守，量移原王傅。復遷戶部侍郎，知吏部選事。會誅李師道，分其地爲三鎭，朝廷思有所制置，以於陵兼御史大夫，充淄、青十二州宣慰使，還奏合旨。

穆宗卽位，遷戶部尙書。長慶初，拜太常卿，充東都留守。年高，拜章辭位。寶曆二年，授檢校右僕射、兼太子太傅。旋以左僕射致仕，詔給全俸，懇讓不受。

於陵器度弘雅，進止有常。居朝三十餘年，踐更中外，始終不失其正。居官奉職，亦善操守，時人皆仰其風德。大和四年十月卒，年七十八，册贈司空，謚貞孝。子四人：景復、嗣復、紹復、師復。

嗣復自有傳。景復位終同州刺史。紹復進士擢第，弘辭登科，位終中書舍人。師復位終大理卿。

大中後，楊氏諸子登進士第者十人：嗣復子授、技、拭、撝，紹復子擢、拯、據、揆，師復子拙、振等。擢終給事中。拯司封員外郎。據右補闕。揆左諫議大夫。拙左庶子。振左拾遺。

史臣曰：王氏二英，播、起位崇將相，善始令終。而炎薄祐短齡，美鍾於鐸，而能驤首矯翼，淩厲亨衢，仗鉞秉衡，扶持衰運。天胡罰善，遇盜而殂，悲哉！李趙公頡頏禁林，訏謨相府，嘉言啓沃，不以身爲。糜軀將壇，沒有餘裕。楊僕射避婦翁之當軸，疏驕尹之怙權，守道居貞，壽考終吉，行己始卒，人以爲難。美哉！

贊曰：王氏儒宗，一門三相。趙公排擯，言猶鯁亮。干將雖折，不改其剛。楊君之德，韶、夏洋洋。

校勘記

〔一〕山南西道　各本原作「山南東道」，新書卷一六七王播傳作「山南西道」，按王起爲興元尹，當在山南西道，新書是，據改。

〔二〕義成軍　「成」字各本原作「武」，據新書卷一八五王鐸傳改。

〔三〕光啓四年　通鑑卷二五六作「中和四年」。

〔四〕王璠　各本原作「王播」。按此處史文所述，係王璠事，今據本書卷一六九王璠傳改。

〔五〕江西　各本原作「江南」，據冊府卷八〇八改。

舊唐書卷一百六十五

列傳第一百一十五

韋夏卿　王正雅 族孫凝　柳公綽 子仲郢 孫璧 玭 弟公權 伯父子華 子華子公度　崔玄亮　溫造 子璋　郭承嘏　殷侑 孫盈孫　徐晦

韋夏卿字雲客，杜陵人。父迢，檢校都官郎中、嶺南節度行軍司馬。夏卿苦學，大曆中與弟正卿俱應制舉，同時策入高等，授高陵主簿。累遷刑部員外郎。時久旱蝗，詔於郎官中選赤畿令，改奉天縣令。以課最第一，轉長安令。改吏部員外郎，轉本司郎中，拜給事中。出爲常州刺史。夏卿深於儒術，所至招禮通經之士。時處士竇羣寓於郡界，夏卿以其所著史論，薦之于朝，遂爲門人。改蘇州刺史。貞元末，徐州張建封卒，初授夏卿徐州行軍司馬，尋授徐泗濠節度使。夏卿未至，建封子愔爲軍人立爲留後，因授旄鉞。徵夏卿爲吏部侍郎，轉京兆尹、太子賓客，檢校工部尚書、東都留守，遷太子少保。卒時年六十四，贈左

僕射。

夏卿有風韻，善談讌，與人同處終年，而喜慍不形於色。撫孤侄，恩踰己子，早有時稱。其所與游辟之賓佐，皆一時名士。爲政務通適，不喜改作。始在東都，傾心辟士，頗得才彥，其後多至卿相，世謂之知人。

王正雅字光謙，其先太原人〔一〕。東都留守翃之子。伯父翊，代宗朝御史大夫，以貞亮鯁直名於當代，卒謚曰忠惠。正雅少時，以孝行修謹聞。元和初，舉進士，登甲科，禮部侍郎崔邠甚知之，累從職使府。元和十一年，拜監察御史，三遷爲萬年縣令。當穆宗時，京邑號爲難理，正雅抑強扶弱，政甚有聲。會柳公綽爲京兆尹，上前褒稱，穆宗命以緋衣銀章，就縣宣賜。遷戶部郎中，尋加知臺雜事，再遷太常少卿，出爲汝州刺史，充本州防禦使。有中人爲監軍，怙權干政，正雅不能堪，乃謝病免。

入爲大理卿。會宋申錫事起，獄自內出，卒無證驗。是時王守澄之威權，鄭注之寵勢，雖宰相重臣，無敢顯言其事者。唯正雅與京兆尹崔琯上疏〔二〕，請出造事者，付外考驗其事，別具狀聞。由是獄情稍緩，申錫止於貶官，中外翕然推重之。大和五年十一月卒，贈左

散騎常侍。

正雅從弟重，翊之子也，位止河東令。重子衆仲，登進士第，累官衡州刺史。衆仲子凝。

凝字致平，少孤，宰相鄭肅之甥，少依舅氏。年十五，兩經擢第。嘗著京城六崗銘，爲文士所稱。再登進士甲科。崔璵領鹽鐵，辟爲巡官。歷佐梓潼、宣歙使幕。宰相崔龜從奏爲鄠縣尉、集賢校理，遷監察御史，轉殿中。宰相崔鉉出鎮揚州，奏爲節度副使。入爲起居郎，歷禮部、兵部、考功三員外，遷司封郎中、長安令。中丞鄭處誨奏知臺雜，換考功郎中，遷中書舍人。時政不協，出爲同州刺史，賜金紫。暮年，移疾華州敷水別墅。踰年，以禮部侍郎徵。凝性堅正，貢闈取士，拔其寒俊，而權豪請託不行，爲其所怒，出爲商州刺史。明年，檢校右散騎常侍、潭州刺史、湖南團練觀察使。入爲兵部侍郎，領鹽鐵轉運使。又以不奉權倖，改祕書監。出爲河南尹、檢校禮部尚書、宣州刺史、宣歙觀察使。凝咸通中兩佐宣城使幕，備究人之利病，滌除積弊，民俗阜康。

踰歲，黃巢自嶺表北歸，大掠淮南，攻圍和州。凝令牙將樊儔率師據采石以援之。儔犯令，凝即斬之以徇，命別將烏穎代儔赴援，竟解歷陽之圍。賊怒，引衆攻宣城。大將王涓

請出軍逆戰，凝曰：「賊忿恚而來，宜持重待之。彼衆我寡，萬一不捷，則州城危矣！」涓銳意請行，凝即閱集丁壯，分守要害，登陴設備，涓果戰死。賊乘勝而來，則守有備矣。賊爲梯衝之具，急攻數月，禦備力殫，吏民請曰：「賊之凶勢不可當，願尚書歸款退之，懼覆尚書家族。」凝曰：「人皆有族，予豈獨全？誓與此城同存亡也。」既而賊退去，時乾符五年也。其年夏，疾甚，有大星墜於正寢。八月卒于郡，時年五十八。無子，以弟子鑣爲嗣。鑣兄鉅，位終兵部侍郎。

柳公綽字起之，京兆華原人也。祖正禮，邠州士曹參軍。父子溫，丹州刺史。公綽幼聰敏。年十八，應制舉，登賢良方正、直言極諫科，授祕書省校書郎，貞元元年也。貞元四年，復應制舉，再登賢良方正科，時年二十一。制出，授渭南尉。

公綽性謹重，動循禮法。屬歲飢，其家雖給，而每飯不過一器。歲稔復初。家甚貧，有書千卷，不讀非聖之書。爲文不尚浮靡。慈隰觀察使姚齊梧奏爲判官，得殿中侍御史。多，薦授開州刺史，入爲侍御史，再遷吏部員外郎。武元衡罷相鎮西蜀，與裴度俱爲元衡判官，尤相善。先度入爲吏部郎中，度以詩餞別，有「兩人同日事征西，今日君先捧紫泥」之句。

元和初，憲宗頗出遊畋，銳意用兵，公綽欲因事諷諫，五年十一月，獻太醫箴一篇，其辭曰：

天布寒暑，不私於人。品類既一，崇高以均。惟謹好愛，能保其身。清淨無瑕，輝光以新。寒暑滿天地之間，浹肌膚於外；好愛溢耳目之前，誘心知於內。清潔爲隄，奔射猶敗，氣行無間，隙不在大。睿聖之姿，清明絕俗，心正無邪，志高寡欲。謂天高矣，氛蒙晦之。謂地厚矣，橫流潰之。聖德超邁，萬方賴之。飲食所以資身也，過則生患；衣服所以稱德也，侈則生慢。唯過與侈，心必隨之，氣與心流，疾亦伺之。聖心不惑，孰能移之？畋遊恣樂，流情蕩志，馳騁勞形，咤叱傷氣。惟天之重，從禽爲累。不養其外，前修所忌。聖心非之，孰敢違之。人乘氣生，嗜欲以萌，氣離有患，氣凝則成。巧必喪真，智必誘情，去彼煩慮，在此誠明。醫之上者，理於未然，患居慮後，防處事先。心靜樂行，體和道全，然後能德施萬物，以享億年。聖人在上，各有攸處。庶政有官，羣藝有署。臣司太醫，敢告諸御。

憲宗深嘉之。翌日，降中使奬勞之曰：「卿所獻之文云：『氣行無間，隙不在大。』何憂朕之深也？」踰月，拜御史中丞。

公綽素與裴垍厚，李吉甫出鎮淮南，深怨垍。六年，吉甫復輔政，以公綽爲潭州刺史、兼御史中丞，充湖南觀察使。湖南地氣卑濕，公綽以母在京師，不可迎侍，致書宰相，乞分司洛陽，以便奉養，久不許。八年，移爲鄂州刺史、鄂岳觀察使，乃迎母至江夏。

九年，吳元濟據蔡州叛，王師討伐，詔公綽以鄂岳兵五千隸安州刺史李聽，率赴行營。公綽曰：「朝廷以吾儒生不知兵耶？」即日上奏，願自征行，許之。公綽自鄂濟湄江〔三〕，直抵安州，李聽以廉使之禮事之。公綽謂之曰：「公所以屬鞬負弩者，豈非爲兵事耶？若去戎容，被公服，兩郡守耳，何所統攝乎？以公名家曉兵，若吾不足以指麾，則當赴闕。不然，吾且署職名，以兵法從事矣。」聽曰：「唯公所命。」即署聽爲鄂岳都知兵馬使、中軍先鋒、行營兵馬都虞候，三牒授之。乃選卒六千屬聽，戒其部校曰：「行營之事，一決都將。」聽感恩畏威，如出麾下。其知權制變，甚爲當時所稱。鄂軍既在行營，公綽時令左右省問其家。如疾病、養生、送死，必厚廩給之。軍士之妻冶容不謹者，沉之于江。行卒相感曰：「中丞爲我輩知家事，何以報効？」故鄂人戰每克捷。

十一年，入爲給事中。李師道歸朝，遣公綽往鄆州宣諭。使還，拜京兆尹，以母憂免。十四年，起爲刑部侍郎，領鹽鐵轉運使。轉兵部侍郎、兼御史大夫，領使如故。長慶元年，罷使，復爲京兆尹、兼御史大夫。

時河朔復叛，朝廷用兵，補授行營諸將，朝令夕改，驛騎相望。公綽奏曰：「自幽、鎮用兵，使命繁併，館遞匱乏，鞍馬多闕。又敕使行李人數，都無限約。其衣緋紫乘馬者二十、三十匹，衣黃綠者不下十匹、五匹。驛吏不得視券牒，隨口即供。驛馬既盡，遂奪路人鞍馬。衣冠士庶，驚擾怨嗟，遠近喧騰，行李將絕。伏望聖慈，聊爲定限。」乃下中書條疏人數。自是吏不告勞。以言直爲北司所惡，尋轉吏部侍郎。

二年九月，遷御史大夫。韓弘病，自河中入朝。以弘守司徒、中書令，詔百僚問疾，弘遣其子達情，言不能接見。公綽謂其子曰：「聖上以公官重，令百司省問，異禮也。如拜君賜，宜力疾公見。安有臥令子弟傳言耶？」弘懼，挾扶而出，人皆聳然。

三年，改尚書左丞，又拜檢校戶部尚書、襄州刺史、山南東道節度使。行部至鄧縣，縣二吏犯法，一贓賄，一舞文。縣令以公綽守法，必殺贓吏。獄具，判之曰：「贓吏犯法，法在；姦吏壞法，法亡。」誅舞文者。公綽馬害圉人，命斬之。賓客進言曰：「可惜良馬，圉人自防不至。」公綽曰：「安有良馬害人乎？」亟命殺之。牛僧孺罷相鎮江夏，公綽具戎容，於郵舍候之。軍吏自以漢上地高於鄂，禮太過。公綽曰：「奇章才離台席，方鎮重宰相，是尊朝廷也。」竟以戎容見。有道士獻丹藥，試之有驗，問所從來，曰：「鍊此丹於蓟門。」時朱克融方叛，公綽遽謂之曰：「惜哉，至藥來於賊臣之境，雖驗何益！」乃沉之于江，而逐道士。鄧

縣人鄭懷政病狂，妄稱天子，公綽捕而殺之。

敬宗即位，加檢校左僕射。寶曆元年，入爲刑部尚書。二年，授邠州刺史、邠寧慶節度使。所部有神策諸鎮，屯列要地，承前不受節度使制置，遂致北虜深入。公綽上疏論之，因詔諸鎮皆稟邠寧節度使制置。三年，入爲刑部尚書，京兆人有姑鞭婦致死者，府斷以償死。公綽議曰：「尊毆卑非鬬，且其子在，以妻而戮其母，非教也。」竟減死。

大和四年，復檢校左僕射、太原尹、北都留守、河東節度觀察等使。是歲，北虜遣梅祿將軍李暢以馬萬匹來市，託云入貢。所經州府，守帥假之禮分，嚴其兵備。留館則戒卒於外，懼其襲奪。太原故事，出兵迎之〔二〕。暢及界上，公綽使牙將祖孝恭單馬勞問，待以修好之意。暢感義出涕，徐驅道中，不妄馳獵。及至，闢牙門，令譯引謁，宴以常禮。及市馬而還，不敢侵犯。陘北有沙陀部落，自九姓、六州皆畏避之。公綽至鎮，召其酋朱耶執宜，直抵雲、朔塞下，治廢柵十一所，募兵三千付之，留屯塞上，以禦匈奴。其妻母來太原者，請梁國夫人對酒食問遺之。沙陀感之，深得其効。

六年，以病求代。三月，授兵部尚書，徵還京師。四月卒，贈太子太保，謚曰成。

公綽天資仁孝，初丁母崔夫人之喪，三年不沐浴。事繼親薛氏三十年，姻戚不知公綽非薛氏所生。外兄薛宮早卒，一女孤，配張毅夫，資遣甚於己子。性端介寡合，與錢徽、蔣乂、杜元穎、薛存誠文雅相知，交情款密。凡六開府幕，得人尤盛。錢徽掌貢之年，鄭朗覆落，公綽將赴襄陽，首辟之，朗竟爲名相。盧簡辭、崔璵、夏侯孜、韋長、李續、李拭皆至公卿。爲吏部侍郎，與舅左丞崔從同省，人士榮之。子仲郢，弟公權、公諒。

仲郢字諭蒙，元和十三年進士擢第，釋褐秘書省校書郎。牛僧孺鎮江夏，辟爲從事。仲郢有父風，動修禮法，僧孺歎曰：「非積習名教，安能及此！」入爲監察御史。五年，遷侍御史。富平縣人李秀才，籍在禁軍，誣鄉人斫父墓柏，射殺之，法司以專殺論。文宗以中官所庇，決杖配流。右補闕蔣係上疏論之，不省。仲郢執奏曰：「聖王作憲，殺人有必死之令；聖明在上，當官無壞法之臣。今秀才犯殺人之科，愚臣備監決之任，此賊不死，是亂典章。臣雖至微，豈敢曠職？其秀才未敢行決，望別降敕處分。」乃詔御史蕭傑監之，傑又執奏。帝遂詔京兆府行決，不用監之，然朝廷嘉其守法。

會昌中，三遷吏部郎中，李德裕頗知之。武宗有詔減冗官，吏部條疏，欲牒天下州府取額外官員，仲郢曰：「諸州每多申闕，何煩牒耶？」倖門頓塞。仲郢條理旬日，減一千二百員，時議爲愜。遷諫議大夫。五年，淮南奏吳湘獄，御史崔元藻覆按得罪，仲郢上疏理之，人皆危懼。德裕知其無私，益重之。武宗築望仙臺，仲郢累疏切諫，帝召諭之曰：「聊因舊

趾增葺，愧卿忠言。」德裕奏爲京兆尹，謝日，言曰：「下官不期太尉恩獎及此，仰報厚德，敢不如奇章門館。」德裕不以爲嫌。時廢浮圖法，以銅像鑄錢。仲郢爲京畿鑄錢使，錢工欲於模加新字，仲郢止之，唯淮南加新字，後竟爲僧人取之爲像設鐘磬。紇干臮訴表甥劉詡毆母，詡爲禁軍小校，仲郢不俟奏下，杖殺。爲北司所譖，改右散騎常侍，權知吏部尚書銓事。

宣宗即位，德裕罷相，出仲郢爲鄭州刺史。周墀自江西移鎮滑臺，過鄭，覩其境內大理，甚獎之，俄而墀入輔政，遷爲河南尹。莅事踰月，召拜戶部侍郎。居無何，墀罷知政事。同列有疑仲郢與墀善，左授祕書監。數月，復出爲河南尹。以寬惠爲政，言事者以爲不類京兆之政。仲郢曰：「輦轂之下，彈壓爲先；郡邑之治，惠養爲本。何取類耶？」

大中年，轉梓州刺史、劍南東川節度使。孔目吏邊章簡者，以貨交近倖，前後廉使無如之何。仲郢因事決殺，部內肅然，不俟行法而自理。在鎮五年，美績流聞，徵爲吏部侍郎。入朝未謝，改兵部侍郎，充諸道鹽鐵轉運使。大中十二年，罷使，守刑部尚書。咸通初，轉兵部，加金紫光祿大夫、河東男、食邑三百戶。俄出爲興元尹、山南西道節度使。鳳州刺史盧方乂以輕罪決部民，數日而斃，其妻列訴，又旁引他吏，械繫滿獄。仲郢召其妻謂之曰：「刺史科小罪誠人，但本非死刑，雖未出辜，其實病死。」罰方乂百直，繫者皆釋，郡人

深感之。因決贓吏過當，以太子賓客分司東都。踰年，爲虢州刺史。數月，檢校尚書左僕射、東都留守。盜發先人墓，棄官歸華原。除華州刺史，不拜。數月，以本官爲鄆州刺史、天平軍節度觀察等使，授節鉞於華原別墅，卒於鎮。

初，仲郢自拜諫議後，每遷官，羣烏大集於昇平里第，廷樹戟架皆滿，凡五日而散。詔下，不復集，家人以爲候，唯除天平，烏不集。

仲郢嚴禮法，重氣義。嘗感李德裕之知，大中朝，李氏無祿仕者。仲郢領鹽鐵時，取德裕兄子從質爲推官，知蘇州院事，令以祿利贍南宅。令狐綯爲宰相，頗不悅。仲郢與綯書自明，其要云：「任安不去，常自愧於昔人；吳詠自裁，亦何施於今日？李太尉受責既久，其家已空，遂絕蒸嘗，誠增痛惻。」綯深感歎，尋與從質正員官。

仲郢以禮法自持，私居未嘗不拱手，內齋未嘗不束帶。三爲大鎮，廄無名馬，衣不薰香。退公布卷，不捨晝夜。九經、三史一鈔，魏、晉已來南北史再鈔，手鈔分門三十卷，號柳氏自備。又精釋典，瑜伽、智度大論皆再鈔，自餘佛書，多手記要義。小楷精謹，無一字肆筆。撰尚書二十四司箴，韓愈、柳宗元深賞之。有文集二十卷。子珪、璧、玭。

珪字鎮方，大中五年登進士第，累辟使府，早卒。

璧，大中九年登進士第。文格高雅。嘗爲馬嵬詩，詩人韓琮、李商隱嘉之。馬植鎮陳

許，辟爲掌書記，又從植汴州。李瓚鎮桂管，奏爲觀察判官。軍政不恆，璧極言不納，拂衣而去。桂府尋亂，入爲右補闕。僖宗幸蜀，召充翰林學士，累遷諫議大夫，充職。

玭應兩經舉，釋褐秘書正字。又書判拔萃，高湜辟爲度支推官。踰年，拜右補闕。湜出鎮澤潞，奏爲節度副使。入爲殿中侍御史。李蔚鎮襄陽，辟爲掌書記。湜再鎮澤潞，復爲副使。入爲刑部員外。湜爲亂將所逐，貶高要尉，玭三上疏申理。湜見疏本歎曰：「我自辨析，亦不及此。」尋出廣州節度副使。明年，黃巢陷廣州，郡人鄧承勳以小舟載玭脫禍。召爲起居郎。賊陷長安，爲刃所傷，出奔行在，歷諫議給事中，位至御史大夫。

玭嘗著書誡其子弟曰：

夫門地高者，可畏不可恃。可畏者，立身行己，一事有墜先訓，則罪大於他人。雖生可以苟取名位，死何以見祖先於地下？不可恃者，門高則自驕，族盛則人之所嫉。實藝懿行，人未必信，纖瑕微累，十手爭指矣。所以承世冑者，修己不得不懇，爲學不得不堅。夫人生世，以無能望他人用，以無善望他人愛，用愛無狀，則曰「我不遇時，時不急賢」。亦由農夫鹵莽而種，而怨天澤之不潤，雖欲弗餒，其可得乎！

予幼聞先訓，講論家法。立身以孝悌爲基，以恭默爲本，以畏怯爲務，以勤儉爲法，以交結爲末事，以氣義爲凶人。肥家以忍順，保交以簡敬。百行備，疑身之未周；三緘密，慮言之或失。廣記如不及，求名如儻來。去吝與驕，庶幾減過。莅官則潔己省事，而後可以言守法，守法而後可以言養人。直不近禍，廉不沽名。廩祿雖微，不可易黎甿之膏血；榎楚雖用，不可恣褊狹之胸襟。憂與福不偕，潔與富不並。比見門家子孫，其先正直當官，耿介特立，不畏強禦；及其衰也，唯好犯上，更無他能。如其先遜順處己，和柔保身，以遠悔尤；及其衰也，但有暗劣，莫知所宗。此際幾微，非賢不達。

夫壞名災己，辱先喪家。其失尤大者五，宜深誌之。其一，自求安逸，靡甘澹泊，苟利於己，不恤人言。其二，不知儒術，不悅古道，懵前經而不恥，論當世而解頤，身既寡知，惡人有學。其三，勝己者厭之，佞己者悅之，唯樂戲譚，莫思古道，聞人之善嫉之，聞人之惡揚之，浸漬頗僻，銷刻德義，簪裾徒在，廝養何殊。其四，崇好慢遊，耽嗜麴蘗，以銜杯爲高致，以勤事爲俗流，習之易荒，覺已難悔。其五，急於名宦，暱近權要，一資半級，雖或得之，衆怒羣猜，鮮有存者。茲五不是，甚於痤疽。痤疽則砭石可瘳，五失則巫醫莫及。前賢炯戒，方冊具存，近代覆車，聞見相接。

夫中人已下，修辭力學者，則躁進患失，思展其用；審命知退者，則業荒文蕪，一

不足採。唯上智則研其慮，博其聞，堅其習，精其業，用之則行，捨之則藏。苟異於斯，豈爲君子？

初公綽理家甚嚴，子弟克稟誡訓，言家法者，世稱柳氏云。

公權字誠懸。幼嗜學，十二能爲辭賦。元和初，進士擢第，釋褐秘書省校書郎。李聽鎮夏州，辟爲掌書記。穆宗即位，入奏事，帝召見，謂公權曰：「我於佛寺見卿筆蹟，思之久矣。」即日拜右拾遺，充翰林侍書學士，遷右補闕、司封員外郎。穆宗政僻，嘗問公權筆何盡善，對曰：「用筆在心，心正則筆正。」上改容，知其筆諫也。歷穆、敬、文三朝，侍書中禁。公綽在太原，致書于宰相李宗閔云：「家弟苦心辭藝，先朝以侍書見用，頗偕工祝，心實恥之，乞換一散秩。」乃遷右司郎中，累換司封、兵部二郎中、弘文館學士。

文宗思之，復召侍書，遷諫議大夫。俄改中書舍人，充翰林書詔學士。每浴堂召對，繼燭見跋，語猶未盡，不欲取燭，宮人以蠟淚揉紙繼之。從幸未央宮苑中，駐輦謂公權曰：「我有一喜事，邊上衣賜，久不及時，今年二月給春衣訖。」公權前奉賀，上曰：「單賀未了，卿可賀我以詩。」宮人迫其口進，公權應聲曰：「去歲雖無戰，今年未得歸。皇恩何以報，春日得春衣。」上悅，激賞久之。

便殿對六學士，上語及漢文恭儉，帝舉袂曰：「此澣濯者三矣。」學士皆贊詠帝之儉德，唯公權無言，帝留而問之，對曰：「人主當進賢良，退不肖，納諫諍，明賞罰。服澣濯之衣，乃小節耳。」時周墀同對，爲之股慄，公權辭氣不可奪。帝謂之曰：「極知舍人不合作諫議，以卿言事有諍臣風彩，却授卿諫議大夫。」翌日降制，以諫議知制誥，學士如故。

開成三年，轉工部侍郎，充職。嘗入對，上謂曰：「近日外議如何？」公權對曰：「自郭旼除授邠寧，物議頗有臧否。」帝曰：「旼是尚父之從子，太皇太后之季父，在官無過。自金吾大將授邠寧小鎮，何事議論耶？」公權曰：「以旼勳德，除鎮攸宜。人情論議者，言旼進二女入宫，致此除拜，此信乎？」帝曰：「二女入宫參太后，非獻也。」公權曰：「瓜李之嫌，何以戶曉？」因引王珪諫太宗出廬江王妃故事，帝卽令南內使張日華送二女還旼。公權忠言匡益，皆此類也。

累遷學士承旨。武宗卽位，罷內職，授右散騎常侍。宰相崔珙用爲集賢學士、判院事。李德裕素待公權厚，及爲珙奏薦，頗不悅，左授太子詹事，改賓客。累遷金紫光祿大夫、上柱國、河東郡開國公、食邑二千戶。復爲左常侍、國子祭酒。歷工部尚書。咸通初，改太子少傅，改少師，居三品、二品班三十年。六年卒，贈太子太師，時年八十八。

公權初學王書，遍閱近代筆法，體勢勁媚，自成一家。當時公卿大臣家碑板，不得公權

手筆者，人以爲不孝。外夷入貢，皆別署貨貝，曰此購柳書。上都西明寺金剛經碑備有鍾、王、歐、虞、褚、陸之體，尤爲得意。文宗夏日與學士聯句。帝曰：「人皆苦炎熱，我愛夏日長。」公權續曰：「薰風自南來，殿閣生微涼。」時丁、袁五學士皆屬繼，帝獨諷公權兩句，曰：「辭清意足，不可多得。」乃令公權題於殿壁，字方圓五寸，帝視之歎曰：「鍾、王復生，無以加焉！」

大中初，轉少師，中謝，宣宗召昇殿，御前書三紙，軍容使西門季玄捧硯，樞密使崔巨源過筆。一紙眞書十字，曰「衞夫人傳筆法於王右軍」；一紙行書十一字，曰「永禪師眞草千字文得家法」；一紙草書八字，曰「謂語助者焉哉乎也」。賜錦綵、瓶盤等銀器，仍令自書謝狀，勿拘眞行，帝尤奇惜之。

公權志耽書學，不能治生，爲勳戚家碑板，問遺歲時鉅萬，多爲主藏豎海鷗、龍安所竊。別貯酒器杯盂一笥，緘縢如故，其器皆亡。訊海鷗，乃曰：「不測其亡。」公權哂曰：「銀杯羽化耳。」不復更言。所寶唯筆硯圖畫，自扃鐍之。常評硯，以青州石末爲第一，言墨易冷，絳州黑硯次之。尤精左氏傳、國語、尚書、毛詩、莊子。每說一義，必誦數紙。性曉音律，不好奏樂。常云：「聞樂令人驕怠故也。」

公綽伯父子華，永泰初，爲嚴武西蜀判官，奏爲成都令。累遷池州刺史，入爲昭應令，知府東十三縣捕賊，尋檢校金部郎中、修葺華淸宫使。元載欲用爲京兆尹，未拜而卒。自知死日，預爲墓誌。有知人之明，公綽生三日，視之，謂其弟子温曰：「保惜此兒，福祚吾兄弟不能及。興吾門者，此兒也。」因以起之爲公綽字。子華二子：公器、公度。

公度善攝生，年八十餘，步履輕便。或祈其術，曰：「吾初無術，但未嘗以元氣佐喜怒，氣海常温耳！」位止光祿少卿。

公器子遵，遵子璨，璨仕至宰相，自有傳。

崔玄亮字晦叔，山東磁州人也。玄亮貞元十一年登進士第，從事諸侯府。性雅淡，好道術，不樂趨競，久遊江湖。至元和初，因知己薦達入朝。再遷監察御史，轉侍御史。出爲密、湖、曹三郡刺史。每一遷秩，謙讓輒形於色。大和初，入爲太常少卿。四年，拜諫議大夫，中謝日，面賜金紫。朝廷推其名望，遷右散騎常侍。

來年，宰相宋申錫爲鄭注所構，獄自內起，京師震懼。玄亮首率諫官十四人，詣延英請對，與文宗往復數百言。文宗初不省其諫，欲置申錫於法，玄亮泣奏曰：「孟軻有言：衆人皆曰殺之，未可也；卿大夫皆曰殺之，未可也；天下皆曰殺之，然後察之，方置於法。今至聖

之代，殺一凡庶，尚須合於典法，況無辜殺一宰相乎？臣爲陛下惜天下法，實不爲申錫也。」言訖，俯伏嗚咽，文宗爲之感悟，玄亮由此名重於朝。七年，以疾求爲外任，宰相以弘農便其所請，乃授檢校左散騎常侍、虢州刺史。是歲七月，卒於郡所，中外無不歎惜。始玄亮登第，弟純亮、寅亮相次升進士科，藩府辟召，而玄亮最達。玄亮孫貽孫，位至侍郎。

温造字簡輿，河內人。祖景倩，南鄭令。父輔國，太常丞。造幼嗜學，不喜試吏，自負節概，少所降志，隱居王屋，以漁釣逍遙爲事。壽州刺史張建封聞風致書幣招延，造欣然謂所親曰：「此可人也。」徙家從之。建封動靜咨詢，而不敢縻以職任。及建封授節彭門，造歸下邳，有高天下之心。建封恐一旦失造，乃以兄女妻之。

時李希烈方悖，侵寇藩隣，屢陷郡邑。天下城鎭恃兵者，從而動搖，多逐主帥，自立留後，邀求節鉞。德宗患之，以范陽劉濟方輸忠款，但未能盡達朝廷倚賴之意，乃密詔建封選特達識略之士往喻之。建封乃強署造節度參謀，使于幽州。造與語未訖，濟俯伏流涕曰：「濟僻在遐裔，不知天子神聖，大臣忠藎。願得率先諸侯，效以死節。」造還，建封以其名上

聞。德宗愛其才，召至京師，謂之曰：「卿誰家子？年復幾何？」造對曰：「臣五代祖大雅，外五代祖李勣。臣犬馬之年三十有二。」德宗奇之，欲用爲諫官，以語泄事寢。

長慶元年，授京兆府司錄參軍。奉使河朔稱旨，遷殿中侍御史。

既而幽州劉總請以所部九州聽朝旨，穆宗選可使者，或薦造，帝召而謂之曰：「朕以劉總輸忠，雖書詔便蕃，未盡朕之深意。以卿素能辦事，爲朕此行。」造對曰：「臣府縣走吏，初受憲職，望輕事重，恐辱國命，無能諭旨。」帝曰：「我在東宮時，聞劉總請覲，及我卽位，比年上書不絕，及約以行期，卽瘖默不報。卿識機知變，往喻我懷，無多讓也。」乃拜起居舍人，賜緋魚袋，充太原、鎭州、幽州宣諭使。造初至范陽，劉總具櫜鞬郊迎，乃宣聖旨，示以禍福。總俯伏流汗，若兵加於頸矣。及造使還，總遂移家入覲，朝廷遂以張弘靖代之。及朱克融逐弘靖，鎭州殺田弘正，朝廷用兵，乃先令造銜命河東、魏博、澤潞、橫海、深冀、易定等道，喻以軍期，事皆稱旨。

俄而坐與諫議大夫李景儉史館飲酒，景儉醉謁丞相，出造爲朗州刺史。在任開後鄉渠九十七里，溉田二千頃，郡人獲利，乃名爲右史渠。居四年，召拜侍御史，請復置彈事朱衣、豸冠於外廊，大臣阻而不行。李祐自夏州入拜金吾，違制進馬一百五十四，造正衙彈奏，祐股戰汗流。祐私謂人曰：「吾夜踰蔡州城擒吳元濟，未嘗心動，今日膽落于溫御史。吁，可

畏哉！」遷左司郎中，再知雜事。尋拜御史中丞。

大和二年十一月，宮中昭德寺火。寺在宣政殿東隔垣，火勢將及，宰臣、兩省、京兆尹、中尉、樞密，皆環立於日華門外，令神策兵士救之，晡後稍息。是日，唯臺官不到，造奏曰：「昨宮中遺火，緣臺有繫囚，恐緣爲姦，追集人吏隄防，所以至朝堂在後，臣請自罰三十直。其兩巡使崔蠡、姚合火滅方到，請別議責罰。」敕曰：「事出非常，臺有囚繫，官曹警備，亦爲周慮，卽合待罪朝堂，候取進止。量罰自許，事涉乖儀。溫造、姚合、崔蠡各罰一月俸料。」

造性剛褊，人或激觸，不顧貴勢，以氣淩藉。嘗遇左補闕李虞於街，怒其不避，捕祗承人決脊十下。左拾遺舒元褒等上疏論之曰：「國朝故事，供奉官街中，除宰相外，無所迴避。溫造蔑朝廷典禮，淩陛下侍臣，恣行胸臆，曾無畏忌。凡事有小而關分理者，不可失也。分理一失，亂由之生。遺、補官秩雖卑，陛下侍臣也；中丞雖高，法吏也。侍臣見淩，是不廣敬；法吏壞法，何以持繩？前時中書舍人李虞仲與造相逢，造乃曳去引馬。知制誥崔咸與造相逢，造又捉其從人。當時緣不上聞，所以暴犯益甚。臣聞元和、長慶中，中丞行李不過半坊，今乃遠至兩坊，謂之『籠街喝道』。但以崇高自大，不思僭擬之嫌。若不糾繩，實虧彝典。」敕曰：「憲官之職，在指佞觸邪，不在行李自大；侍臣之職，在獻可替否，不在道路相高。並列通班，合知名分，如聞喧競，亦已再三，既招人言，甚損朝體。其臺官與供奉官同道，聽先後而行，道途卽祗揖而過，其參從人則各隨本官之後，少相辟避，勿言衝突。又聞近日已來，應合導從官，事力多者，街衢之中，行李太過。自今後，傳呼前後，不得過三百步。」然造之舉奏，無所吐茹。朝廷有喪不以禮、配不以類者，悉劾之。獲僞官王果等九十餘人杖殺，南曹吏李賓等六人刑於都市。遷尙書右丞，加大中大夫，封祁縣開國子，賜金紫。

四年，興元軍亂，殺節度使李絳，文宗以造氣豪嫉惡，乃授檢校右散騎常侍、興元尹、山南西道節度使。造辭赴鎭，以興元兆亂之狀奏之，文宗盡悟其根本，許以便宜從事。帝慮用兵勞費，造奏曰：「臣計諸道征蠻之兵已迴，俟臣行程至褒縣，望賜臣密詔，使受約束。比臣及興元，諸軍相續而至，臣用此足矣。」乃授造手詔四通，神策行營將董重質、河中都將溫德彝、郃陽都將劉士和等，咸令稟造之命。

造行至褒城，會興元都將衞志忠征蠻迴，謁見，造卽留以自衞，密與志忠謀，又召亞將張丕、李少直各諭其旨。暨發褒城，以八百人爲衙隊，五百人爲前軍，入府分守諸門。造下車置宴，所司供帳於廳事，造曰：「此隘狹，不足以饗士卒，移之牙門。」坐定，將卒羅拜，志忠兵周環之，造曰：「吾欲問新軍去住之意。可悉前，舊軍無得錯雜。」勞問既畢，傳言令坐，有未至者，因令舁酒巡行。及酒匝，未至者皆至，牙兵圍之亦合，坐卒未悟，席上有先覺者，

揮令起，造傳言叱之，因帖息不敢動。卽召坐卒，詰以殺絳之狀。志忠、張丕夾階立，拔劍呼曰「殺」。圍兵齊奮，其賊首教練使丘鑄等并官健千人，皆斬首於地，血流四注。監軍楊叔元在座，遽起求哀，擁造靴以請命，遣兵衞出之，以俟朝旨。敕旨配流康州。其親刃絳者斬一百斷，號令者斬三斷，餘並斬首。內一百首祭李絳，三十首祭王景延、趙存約等，並投屍於江。以功就加檢校禮部尙書。

五年四月，入爲兵部侍郎，以耳疾求退。七月，檢校戶部尙書、東都留守，判東都尙書省事、東畿汝防禦使。

造至洛中，九月，制改授河陽懷節度觀察等使。造以河內膏腴，民戶凋瘵，奏開浚懷州古秦渠枋口堰，役工四萬，溉濟源、河內、溫、武陟四縣田五千餘頃。七年十一月，入爲御史大夫。造初赴鎭漢中，遇大雨，平地水深尺餘，乃禱雞翁山祈晴，俄而疾風驅雲，卽時開霽。文宗嘗聞其事，會造入對言之，乃詔封雞翁山爲侯。九年五月，轉禮部尙書。其年六月病卒，時年七十，贈右僕射。有文集八十卷。造於晚年積聚財貨，一無散施，時頗譏之。子璋嗣。

璋以蔭入仕，累佐使府，歷三郡刺史。咸通末，爲徐泗節度使，徐州牙卒曰銀刀軍，頗驕橫。璋至，誅其惡者五百餘人，自是軍中畏法。入爲京兆尹，持法太深，豪右一皆屏迹。

會同昌公主薨，懿宗怒，殺醫官，其家屬宗枝下獄者三百人。瑋上疏切諫，以爲刑法太深，帝怒，貶瑋振州司馬。制出，瑋歎曰：「生不逢時，死何足惜？」是夜自縊而卒。

郭承嘏字復卿。曾祖尚父汾陽王。祖晞，諸衞將軍。父鈞。承嘏生而秀異，乳保之年，即好筆硯。比及成童，能通五經。元和四年，禮部侍郎張弘靖知其才，擢升進士第，累辟使幕。歷渭南尉。入朝爲監察御史，遷起居舍人。丁內艱，以孝聞，終喪爲侍御史，職方、兵部二員外，兵部郎中。大和六年，拜諫議大夫。頻上疏，言時政得失。文宗以鄭注爲太僕卿，承嘏論諫激切，注甚懼之。本官知匭院事。九年，轉給事中。

開成元年，出爲華州刺史，兼御史中丞。詔下，兩省迭詣中書，求承嘏出麾之由。給事中盧載封還詔書，奏曰：「承嘏自居此官，繼有封駁，能奉其職，宜在瑣闥。牧守之才，易爲推擇。」文宗謂宰臣曰：「承嘏久在黃扉，欲優其祿俸，暫令廉問近關。而諫列拜章，惜其稱職，甚美事也。」乃復爲給事中。

文宗以淮南諸道累歲大旱，租賦不登，國用多闕。及是，以度支、戶部分命宰臣鎮之。承嘏論之曰：「宰相者，上調陰陽，下安黎庶，致君堯、舜，致時清平。俾之閱簿書，算緡帛，

非所宜也。」帝深嘉之，遷刑部侍郎。時因朔望，以刑法官得對，文宗從容顧問，恩禮甚厚。未及大用，以二年二月卒。承嘏身歿之後，家無餘財，喪祭所費，皆親友共給而具，搢紳之流，無不痛惜。贈吏部尚書。

殷侑，陳郡人。父懌。侑爲兒童時，勵志力學，不問家人資產。及長，通經，以講習自娛。貞元末，以五經登第，精於歷代沿革禮。元和中，累爲太常博士。時迴紇請和親，朝廷計費五百萬緡。朝廷方用兵伐叛，費用百端，欲緩其期，乃命宗正少卿李孝誠奉使宣諭，以侑爲副。侑謹重，有節概，臨事俊辯。既至虜庭，可汗初待漢使，盛陳兵甲，欲臣漢使而不答拜。侑堅立不動，宣諭畢，可汗責其倨，宣言欲留而不遣。行者皆懼，侑謂虜使曰：「可汗是漢家子壻，欲坐受使臣拜，是可汗失禮，非使臣之倨也。」可汗憚其言，卒不敢逼。使還，拜虞部員外郎。王承宗拒命，遣侑銜命招諭之。承宗尋稟朝旨，獻德、棣二州，遣二子入朝。遷侑諫議大夫。凡朝廷之得失，悉以陳論，前後上八十四章，以言激切，出爲桂管觀察使。

寶曆元年，檢校右散騎常侍、洪州刺史，轉江西觀察使。所至以潔廉著稱。入爲衞尉卿。文宗初即位，滄州李同捷叛，而王廷湊助逆，欲加兵鎭州，詔五品已上都省集議。時上銳於破賊，宰臣莫敢異議，獨侑以廷湊再亂河朔，方衒招懷，雖附兇徒，未甚彰露，宜且含容，專討同捷。其疏末云：「伏願以宗社安危爲大計，以善師攻心爲神武，以含垢安人爲遠圖，以網漏吞舟爲至誡。」文宗雖不納，深所嘉之。

滄景平，以侑嘗爲滄州行軍司馬，大和四年，加檢校工部尚書、滄齊德觀察使。時大兵之後，滿目荆榛，遺骸蔽野，寂無人煙。侑不以妻子之官，始至，空城而已。侑攻苦食淡，與士卒同勞苦。周歲之後，流民襁負而歸。侑上表請借耕牛三萬，以給流民，乃詔度支賜綾絹五萬匹，買牛以給之。數年之後，戶口滋饒，倉廩盈積，人皆忘亡。初州兵三萬，悉取給於度支。侑一歲而賦入自贍其半，二歲而給用悉周，請罷度支給賜。而勸課多方，民吏胥悅，上表請立德政碑。以功加檢校吏部尚書。侑以郭下清池縣在子城北，非便，奏移於南郭之內。

六年，入爲刑部尚書，尋復檢校吏部尚書、鄆州刺史，兼御史大夫，充天平軍節度、鄆曹濮觀察等使。自元和末，收復師道十二州爲三鎭，朝廷務安反側，征賦所入，盡留贍軍，貫緡尺帛，不入王府。侑以軍賦有餘，賦不上供，非法也，乃上表起大和七年，請歲供兩稅、榷酒等錢十五萬貫、粟五萬石。詔曰：「鄆、曹、濮等州，元和已來，地本殷實，自分三道，十

五餘年，雖頒詔書，竟未入賦。殷侑承兵戈之後，當歉旱之餘，勸力奉公，謹身守法。纔及周歲，已致阜安。而又體國輸忠，率先入貢，成三軍奉上之志，陳一境樂輸之心。尋有表章，良用嘉歎！」尋就加檢校右僕射。九年，御史大夫溫造劾侑不由制旨，擅監軍俸入，賦斂於人。上不問，以庾承宣代還。

其年，濮州錄事參軍崔元武，於五縣人吏率斂及縣官料錢，以私馬擡估納官，計絹一百二十匹。大理寺斷三犯俱發，以重者論，祇以中私馬爲重，止令削三任官。而刑部覆奏，令決杖配流。獄未決，侑奏曰：「法官不習法律，三犯不同，即坐其所重。元武所犯，皆枉法取受，準律，枉法十五匹已上絞。律疏云：即以贓致罪，頻犯者並累科。據元武所犯，令當入處絞刑。」疏奏，元武依刑部奏，決六十，流賀州。乃授侑刑部尚書。八月，檢校右僕射，復爲天平軍節度使。上以溫造所奏深文故也。

開成元年，復召爲刑部尚書。時初經李訓之亂，上問侑治安之術。侑極言委任責成，宜在朝之耆德，新進小生，無宜輕用。帝深嘉之，賜錦綵三百匹。及中謝，又令中使就第賜金十斤。其年七月，檢校左僕射，出爲襄州刺史、山南東道節度使。二年三月，以病求代，以太子賓客分司東都。十一月，復檢校右僕射，出爲忠武節度、陳許蔡觀察等使。三年七月，卒于鎭，時年七十二，贈司空。侑以通經入仕，觀風撫俗，所莅有聲。而晚年急於大用，

稍通權倖，物望減於往時。子𦐔。

𦐔大和五年登進士第，藩府辟召，不至通顯。子盈孫。

盈孫，乾符末爲成都掾。駕在西川，用爲太常博士，禮學有祖風。光啓二年冬，隨駕自成都還。三年二月，駐蹕鳳翔。時宗廟爲賊所焚，車駕至京，告享無所。四月，盈孫謂宰執曰：「太廟十一室，并祧廟八室，及三太后三室，因光啓元年十二月二十五日車駕出宮，其緣室法物神主，本司載行，至鄠縣並被盜剽奪。皇帝還宮，合先製造。」宰相鄭延昌奏曰：「太廟大殿二十二間，功績至大，計料支費不少，兼宗廟制度，損益重難，今未審依元料修奉，爲復別有商量。」敕付禮院詳議。

時博士四人，杜用勵在利州，崔澄在河中，封舜卿在巴南，獨盈孫獻議曰：「太廟制度，歷代參詳，皆符典經，難議損益。謹按舊制，十一室，二十三間，十一架。垣墉廣袤之度，堂室淺深之規，階陛等級之差，棟宇崇低之則，前古所謂奢不能侈，儉不能踰者也。今以朝廷帑藏方虛，費用稍廣，須資變禮，將務從宜，固不可易前聖之規模，狹大朝之制度，當憑典實，別有參詳。謹按至德二年，以太廟方修，新作神主，於長安殿安置，便行饗告之禮，如同宗廟之儀，以俟廟成，方爲遷祔。當時議論，無所是非。竊知今者京城除大內正衙外，別無

殿宇。伏聞先有詔旨，且以少府監大廳權充太廟。伏緣十一室於五間之中，陳設隘狹，伏請接續廳之兩頭，成十一室〔五〕，薦饗之。三太后廟，卽於監內西南，別取屋宇三間，且充廟室。候太廟修奉畢日，別議遷祔。」敕旨依奏。其神主、法物、樂懸，皆盈孫奏重修製，知禮者稱爲博洽。

龍紀元年十一月，昭宗郊祀圓丘，兩中尉楊復恭及兩樞密，皆請朝服。盈孫上疏曰：「臣昨赴齋宮，見中尉、樞密內臣，皆具朝服。臣尋前代及國朝典令，無內官朝服製度。伏以皇帝陛下，承天御歷，聖祚中興，祗見宗祧，克陳大禮，皆稟高祖、太宗之成制，必循虞、夏、商、周之舊經。軒冕服章，式遵彝憲。若內官要衣朝服，令依所守官本品之服。事雖無據，粗可行之。臣忝禮司，合具陳奏。」時中貴皆如宰相大臣朝服，故盈孫論之。帝雖不從，嘉其所守，轉祕書少監，卒。

徐晦，進士擢第，登直言極諫制科，授櫟陽尉，皆自楊憑所薦。及憑得罪，貶臨賀尉，交親無敢祖送者，獨晦送至藍田，與憑言別。時故相權德輿與憑交分最深，知晦之行，因謂晦曰：「今日送臨賀，誠爲厚矣，無乃爲累乎！」晦曰：「晦自布衣受楊公之眷，方茲流播，爭忍無言而別？如他日相公爲姦邪所譖，失意於外，晦安得與相公輕別？」德輿嘉其眞懇，大稱之於朝。不數日，御史中丞李夷簡請爲監察，晦白夷簡曰：「生平不踐公門，公何取信而見獎拔？」夷簡曰：「聞君送楊臨賀，不顧犯難，肯負國乎？」由是知名。

歷殿中侍御史、倘書郎，出爲晉州刺史。入拜中書舍人。寶曆元年，出爲福建觀察使。二年，入爲工部侍郎，出爲同州刺史、兼御史中丞。大和四年，徵拜兵部侍郎。五年，爲太子賓客，分司東都。晦性強直，不隨世態，當官守正，唯嗜酒太過，晚年喪明，乃至沉廢。以禮部倘書致仕。開成三年三月卒，贈兵部倘書。

史臣曰：溫、柳二公，以文行飾躬，砥礪名節，當官守法，侃侃有大臣之節，而竟不登三事，位止正卿。所以知公輔之量，以和爲貴。漢武帝畏汲黯而相孫弘，太宗重魏徵而委玄齡，其旨遠也。韋、崔名士，薦賢致主，綽有古風。殷司空治民，斯爲循吏，而忠規壯節，至晚不衰。徐、郭讜言，鬱爲佳士。如數君者，實爲令人。

贊曰：柳氏禮法，公忠節概。搏鷙爲優，彌綸則隘。夏卿獎拔，晦叔匡將。徐、郭之議，金玉鏘鏘。

校勘記

〔一〕其先太原人　「人」字各本原作「尹」，廿二史考異卷六〇：「尹當作人，不連下讀。」合鈔卷二一六王正雅傳亦作「人」，據改。

〔二〕崔瑢　各本原作「崔綰」，據冊府卷六一七、本書卷一七七崔央傳改。

〔三〕湞江　各本原作「湘江」，據御覽卷二七七改。

〔四〕出兵迎之　「迎」字各本原作「送」，據冊府卷四二二改。

〔五〕成十一室　「十一」原作「一十」，冊府卷五九三作「建成十一間」，考本傳上文，當以「十一」爲是，據改。

舊唐書卷一百六十六

列傳第一百一十六

元稹 龐嚴附 白居易 弟行簡 敏中附

元稹字微之，河南人。後魏昭成皇帝，稹十代祖也。兵部尚書、昌平公巖，六代祖也。曾祖延景，岐州參軍。祖悱，南頓丞。父寬，比部郎中、舒王府長史，以稹貴，贈左僕射。

稹八歲喪父。其母鄭夫人，賢明婦人也，家貧，爲稹自授書，教之書學。稹九歲能屬文。十五兩經擢第。二十四調判入第四等，授秘書省校書郎。二十八應制舉才識兼茂、明於體用科，登第者十八人，稹爲第一，元和元年四月也。制下，除右拾遺。

稹性鋒鋭，見事風生。既居諫垣，不欲碌碌自滯，事無不言，卽日上疏論諫職。又以前時王叔文、王伾以猥褻待詔，蒙幸太子，永貞之際，大撓朝政。是以訓導太子宮官，宜選正人，乃獻教本書曰：

臣伏見陛下降明詔，修廢學，增胄子，選司成。大哉堯之爲君，伯夷典禮，夔教胄子之深旨也。然而事有萬萬於此者，臣敢冒昧殊死而言之。臣聞諸賈生曰：「三代之君，仁且久者，教之然也。」誠哉是言。且夫周成王，人之中才也，近管、蔡則讒入，有周、召則義聞，豈可謂天聰明哉？然而克終于道者，得不謂教之然耶？俾伯禽、唐叔與之游，禮、樂、詩、書爲之習，目不得閱淫豔妖誘之色，耳不得聞優笑淩亂之音，口不得習操斷擊搏之書，居不得近容順陰邪之黨，游不得縱追禽逐獸之樂，玩不得有遐異僻絶之珍。凡此數者，非謂備之於前而不爲也，亦將不得見之矣。及其長而爲君也，血氣既定，遊習既成，雖有放心快己之事日陳于前，固不能奪已成之習、已定之心矣。則彼忠直道德之言，固吾之所習聞也，陳之者有以諭焉；彼庸佞違道之説，固吾之所積懼也，諂之者有以辨焉。人之情，莫不欲耀其所能而黨其所近，苟將得志，則必快其所蘊矣。物之性亦然，是以魚得水而游，馬逸駕而走，鳥得風而翔，火得薪而熾，此皆物之快其所蘊也。今夫成王所蘊道德也，所近聖賢也。是以舉其近，則周公左而召公右，伯禽魯而太公齊；快其蘊，則興禮樂而朝諸侯，措刑罰而美教化。教之至也〔一〕，可不謂信然哉！

及夫秦則不然。滅先王之學，曰將以愚天下；黜師保之位，曰將以明君臣。胡亥之生也，詩、書不得聞，聖賢不得近。彼趙高者，詐宦之戮人也，而傅之以殘忍戕賊之術，且曰恣睢天下以爲貴，莫見其面以爲尊。是以天下之人人未盡愚，而胡亥固已不能分獸畜矣。趙高之威懾天下，而胡亥固已自幽於深宮矣。彼李斯，秦之寵丞相也，因讒冤死，無所自明，而況于疏遠之臣庶乎？若然，則秦之亡有以致之也。

漢高承之以兵革，漢文守之以廉謹，卒不能蘇復大訓。是以景、武、昭、宣，天資甚美，才可以免禍亂，哀、平之閒，則不能虞篡弑矣。然而惠帝廢易之際，猶賴羽翼以勝邪心。是後有國之君，議教化者，莫不以興廉舉孝、設學崇儒爲意，曾不知教化之不行自貴始。略其貴者，教其賤者，無乃鄰於倒置乎？

洎我太宗文皇帝之在藩邸，以至於爲太子也，選知道德者十八人與之遊習。卽位之後，雖遊宴飲食之間，若十八人者，實在其中。上失無不言，下情無不達，不四三年而名高盛古，豈一日二日而致是乎？游習之漸也。貞觀已還，師傅皆宰相兼領，其餘宮僚，亦甚重焉。馬周以位高恨不得爲司議郎，此其驗也。文皇之後，漸疏賤之。用至母后臨朝，翦棄王室。當中、睿二聖勤勞之際，雖有骨鯁敢言之士，既不得在調護保安之職，終不能吐扶衞之一辭，而令醫匠安金藏剖腹以明之，豈不大哀也耶？兵興已來，茲弊尤甚。師資保傅之官，非疾廢眊瞶不任事者爲之，卽休戎罷帥不

知書者處之。至于友諭贊議之徒，疏冗散賤之甚者，搢紳恥由之。夫以匹士之愛其子者，猶求明哲慈惠之師以教之，直諒多聞之友以成之，豈天下之元良，而可以疾廢眊瞶不知書者爲之師乎？疏冗散賤不適用者爲之友乎？此何不及上古之甚也！近制，宮僚之外，往往以沉滯僻老之儒，充侍直、侍讀之選，而又疏棄斥逐之，越月踰時，不得召見，彼又安能傳成道德而保養其身躬哉？臣以爲積此弊者，豈不以皇天眷佑，祚我唐德，以舜繼堯，傳陛下十一聖矣，莫不生而神明，長而仁聖，以是爲屑屑習儀者故不之省耳。臣獨以爲於列聖之謀則可也，計傳後嗣則不可。脱或萬代之後，若有周成之中才，而又生於深宮優笑之間，無周、召保助之教，則將不能知喜怒哀樂之所自矣，況稼穡艱難乎？

今陛下以上聖之資，肇臨海內，是天下之人傾耳注心之日。特願陛下思成王訓導之功，念文皇游習之漸，選重師保，愼擇宮僚，皆用博厚弘深之儒，而又明達機務者爲之。更相進見，日就月將。因令皇太子聚諸生，定齒胄講業之儀，行嚴師問道之禮，至德要道以成之，徹膳記過以警之。血氣未定，則去禽色之娛以就學；聖質已備，則資遊習之善以弘德。此所謂「一人元良，萬方以貞」之化也。豈直修廢學，選司成，而足倫匹其盛哉？而又俾則百王，莫不幼同師，長同術，識君道之素定，知天倫之自然，然後

選用賢良，樹爲藩屏。出則有晉、鄭、魯、衞之盛，入則有東牟、朱虛之強，蓋所謂宗子維城、犬牙盤石之勢也，又豈與夫魏、晉以降，因睦其兄弟而自翦其本枝者同年而語哉？

憲宗覽之甚悅。

又論西北邊事，皆朝政之大者，憲宗召對，問方略。爲執政所忌，出爲河南縣尉。丁母憂，服除，拜監察御史。四年，奉使東蜀，劾奏故劍南東川節度使嚴礪違制擅賦，又籍沒塗山甫等吏民八十八戶田宅一百一十一、奴婢二十七人、草千五百束、錢七千貫。時礪已死，七州刺史皆責罰。稹雖舉職，而執政有與礪厚者惡之。使還，令分務東臺。浙西觀察使韓皐封杖決湖州安吉令孫澥，四日內死。徐州監軍使孟昇卒，節度使王紹傳送昇喪柩還京[三]，給券乘驛，仍於郵舍安喪柩。稹並劾奏以法。河南尹房式爲不法事，稹欲追攝，擅令停務。既飛表聞奏，罰式一月俸，仍召稹還京。宿敷水驛，內官劉士元後至，爭廳，士元怒，排其戶，稹襪而走廳後。士元追之，後以箠擊稹傷面。執政以稹少年後輩，務作威福，貶爲江陵府士曹參軍。

稹聰警絕人，年少有才名，與太原白居易友善。工爲詩，善狀詠風態物色，當時言詩者稱元、白焉。自衣冠士子，至閭閻下俚，悉傳諷之，號爲「元和體」。既以俊爽不容於朝，流放

荊蠻者僅十年。俄而白居易亦貶江州司馬，稹量移通州司馬。雖通、江懸邈，而二人來往贈答，凡所爲詩，有自三十、五十韻乃至百韻者。江南人士，傳道諷誦，流聞闕下，里巷相傳，爲之紙貴。觀其流離放逐之意，靡不悽惋。

十四年，自虢州長史徵還，爲膳部員外郎。宰相令狐楚一代文宗，雅知稹之辭學，謂稹曰：「嘗覽足下製作，所恨不多，遲之久矣。請出其所有，以豁予懷。」稹因獻其文，自敍曰：

稹初不好文，徒以仕無他歧，強由科試。及有罪譴棄之後，自以爲廢滯潦倒，不復爲文字有聞於人矣。曾不知好事者抉摘芻蕪，塵瀆尊重。竊承相公特於廊廟間道稹詩句，昨又面奉教約，令獻舊文。戰汗悚踊，慚忝無地。

稹自御史府謫官，於今十餘年矣，閑誕無事，遂專力於詩章。日益月滋，有詩句千餘首。其間感物寓意，可備矇瞽之風者有之。辭直氣粗，罪尤是懼，固不敢陳露於人。唯杯酒光景間，屢爲小碎篇章，以自吟暢。然以爲律體卑庳，格力不揚，苟無姿態，則陷流俗。常欲得思深語近，韻律調新，屬對無差，而風情宛然，而病未能也。江湖間多新進小生，不知天下文有宗主，妄相放效，而又從而失之，遂至於支離褊淺之辭，皆目爲元和詩體。

稹與同門生白居易友善。居易雅能詩，就中愛驅駕文字，窮極聲韻，或爲千言，或五百言律詩，以相投寄。小生自審不能過之，往往戲排舊韻，別創新辭，名爲次韻相酬，蓋欲以難相挑。自爾江湖間爲詩者，復相放效，力或不足，則至於顛倒語言，重複首尾，韻同意等，不異前篇，亦目爲元和詩體。

而司文者考變雅之由，往往歸咎於稹。嘗以爲雕蟲小事，不足以自明。始聞相公記憶，累旬已來，實慮糞土之牆，庇之以大廈，使不復破壞，永爲板築者之誤。輒寫古體歌詩一百首，百韻至兩韻律詩一百首，爲五卷，奉啓跪陳。或希構廈之餘，一賜觀覽，知小生於章句中樂櫨榱桷之材，盡曾量度，則十餘年之邅迴，不爲無用矣。

楚深稱賞，以爲今代之鮑、謝也。

穆宗皇帝在東宮，有妃嬪左右嘗誦稹歌詩以爲樂曲者，知稹所爲，嘗稱其善，宮中呼爲元才子。荊南監軍崔潭峻甚禮接稹，不以掾吏遇之，常徵其詩什諷誦之。長慶初，潭峻歸朝，出稹連昌宮辭等百餘篇奏御，穆宗大悅，問稹安在，對曰：「今爲南宮散郎。」即日轉祠部郎中、知制誥。朝廷以書命不由相府，甚鄙之，然辭誥所出，夐然與古爲侔，遂盛傳於代，由是極承恩顧。嘗爲長慶宮辭數十百篇，京師競相傳唱。居無何，召入翰林，爲中書舍人、承旨學士。中人以潭峻之故，爭與稹交，而知樞密魏弘簡尤與稹相善，穆宗愈深知重。河東節度使裴度三上疏，言稹與弘簡爲刎頸之交，謀亂朝政，言甚激訐。穆宗顧中外人情，乃罷稹

內職，授工部侍郎。上恩顧未衰，長慶二年，拜平章事。詔下之日，朝野無不輕笑之。

時王廷湊、朱克融連兵圍牛元翼於深州，朝廷俱赦其罪，賜節鉞，令罷兵，俱不奉詔。稹以天子非次拔擢，欲有所立以報上。有和王傅于方者，故司空頔之子，干進於稹，言有奇士王昭、王友明二人，嘗客於燕、趙間，頗與賊黨通熟，可以反間而出元翼，仍自以家財資其行，仍賂兵、吏部令史爲出告身二十通，以便宜給賜，稹皆然之。有李賞者，知于方之謀，以稹與裴度有隙，乃告度云：「于方爲稹所使，欲結客王昭等刺度。」度隱而不發。及神策軍中尉奏于方之事，乃詔三司使韓皐等訊鞫，而害裴事無驗，而前事盡露，遂俱罷稹、度平章事，乃出稹爲同州刺史，度守僕射。諫官上疏，言責度太重，稹太輕，上心憐稹，止削長春宮使。

稹初罷相，三司獄未奏，京兆尹劉遵古遣坊所由潛邏稹居第，稹奏訴之，上怒，罰遵古，遣中人撫諭稹。稹至同州，因表謝上，自敍曰：

臣稹辜負聖明，辱累恩獎，便合自求死所，豈謂尚忝官榮？臣稹死罪。

臣八歲喪父，家貧無業。母兄乞丐，以供資養。衣不布體，食不充腸。幼學之年，不蒙師訓。因感鄰里兒稚有父兄爲開學校，涕咽發憤，願知詩、書。慈母哀臣，親爲教授。年十有五，得明經出身，由是苦心爲文，夙夜強學。年二十四，登吏部乙科，授校書郎。年二十八，蒙制舉首選，授左拾遺。始自爲學，至於升朝，無朋友爲臣吹噓，無

親戚爲臣援庇。莫非苦己，實不因人，獨立性成，遂無交結。任拾遺日，屢陳時政，蒙先皇帝召問於延英。旋爲宰相所憎，出臣河南縣尉。及爲監察御史，又不規避，專心糾繩，復爲宰相怒臣不庇親黨，因以他事貶臣江陵判司。廢棄十年，分死溝瀆。

元和十四年，憲宗皇帝開釋有罪，始授臣膳部員外郎。與臣同省署者，多是臣登朝時舉人，任卿相者，半是臣同諫院時拾遺、補闕。愚臣既不料陛下天聽過卑，知臣薄藝，朱書授臣制誥，延英召臣賜緋。宰相惡臣不出其門，由是百萬侵毀。陛下察臣無罪，寵獎踰深，召臣面授舍人，遣充承旨翰林學士，金章紫服，光飾陋軀，人生之榮，臣亦至矣。然臣益遭誹謗，日夜憂危，唯陛下聖鑒昭臨，彌加保任，竟排羣議，擢授台司。臣忝有肺肝，豈並尋常宰相？況當行營退散之後，牛元翼未出之間，每聞陛下軫念之言，愚臣恨不身先士卒。所問于方計策，遣王友明等救解深州，蓋欲上副聖情，豈是別懷他意？不料姦人疑臣殺害裴度，妄有告論，塵瀆聖聽，愧羞天地。臣本待辨明一了，便擬殺身謝責，豈料聖慈尚加，薄貶同州。雖違咫尺之間，不遠郊圻之境，伏料必是宸衷獨斷，乞臣此官。若遣他人商量，乍可與臣遠處方鎮，豈肯遣臣俯近闕廷？

所恨今月三日，尚蒙召對延英。此時不解泣血，仰辭天顏，乃至今日竄逐。臣自離京國，目斷魂銷。每至五更朝謁之時，實制淚不已。臣若餘生未死，他時萬一歸還，

不敢更望得見天顏，但得再聞京城鐘鼓之音，臣雖黃土覆面，無恨九泉。臣無任自恨自慚，攀戀聖慈之至。

在郡二年，改授越州刺史、兼御史大夫、浙東觀察使。會稽山水奇秀，稹所辟幕職，皆當時文士，而鏡湖、秦望之遊，月三四焉。而諷詠詩什，動盈卷帙。副使竇鞏，海內詩名，與稹酬唱最多，至今稱蘭亭絕唱。稹既放意娛遊，稍不修邊幅，以瀆貨聞於時。凡在越八年。

大和初，就加檢校禮部尚書。三年九月，入爲尚書左丞。振舉紀綱，出郎官頗乖公議者七人。然以稹素無檢操，人情不厭服。會宰相王播倉卒而卒，稹大爲路歧，經營相位。四年正月，檢校戶部尚書，兼鄂州刺史、御史大夫、武昌軍節度使。五年七月二十二日暴疾，一日而卒于鎮，時年五十三，贈尚書右僕射。有子曰道護，時年三歲。稹仲兄司農少卿積，營護喪事。所著詩賦、詔册、銘誄、論議等雜文一百卷，號曰元氏長慶集。又著古今刑政書三百卷，號類集，並行於代。

稹長慶末因編删其文稿，自敍曰：

劉秩云制不可削〔三〕。予以爲有可得而削之者，貢謀猷，持嗜慾，君有之則譽歸于上，臣專之則譽歸於下。苟而存之，其攘也，非道也。經制度，明利害，區邪正，辨嫌惑，存之則事分著，去之則是非泯。苟而削之，其過也，非道也。

元和初，章武皇帝新卽位，臣下未有以言刮視聽者。予時始以對詔在拾遺中供奉，由是獻教本書、諫職、論事等表十數通，仍爲裴度、李正辭、韋熏訟所言當行，而宰相曲道上語。上頗悟，召見問狀。宰相大惡之，不一月，出爲河南尉。後果歲，補御史，使東川。謹以元和赦書，劾節度使嚴礪籍塗山甫等八十八家，過賦梓、遂之民數百萬。朝廷異之，奪七刺史料，悉以所籍歸於人。會潘孟陽代礪爲節度使，貪過礪，且有所承迎，雖不敢盡廢詔，因命當得所籍者皆入資。資過其稱，摧薪盜賦無不爲，仍爲礪密狀不當得醜謚。予自東川還，朋礪者潛切齒矣。

無何，分蒞東都臺。天子久不在都，都下多不法者。百司皆牢獄，有栽接吏械人逾歲而臺府不得而知之者，予因飛奏絕百司專禁錮。河南尉叛官，予劾之，忤宰相旨。監徐使死於軍，徐帥郵傳其柩，柩至洛，其下歐詬主郵吏，予命吏徙柩於外，不得復乘傳。浙西觀察使封杖決安吉令至死；河南尹誣奏書生尹太階請死之；飛龍使誘趙寔家逃奴爲養子；田季安盜娶洛陽衣冠女；汴州沒入死商錢且千萬；滑州賦於民以千，授於人以八百〔四〕；朝廷饋東師，主計者誤命牛車四千三百乘飛芻越太行。類是數十事，或移或奏，皆止之。貞元已來，不慣用文法，內外寵臣皆喑嗚。會河南尹房式詐諼事發，奏攝之。前所喑嗚者叫噪。宰相素以劾叛官事相銜，乘是黜予江陵掾。後十年，始爲膳部員外郎。

穆宗初，宰相更相用事，丞相段公一日獨得對，因請亟用兵部郎中薛存慶、考功員外郎牛僧孺，予亦在請中，上然之。不十數日次用爲給、舍，他忿恨者日夜構飛語，予懼罪，比上書自明。上憐之，三召與語。語及兵賦洎西北邊事，因命經紀之。是後書奏及進見，皆言天下事，外間不知，多臆度。陛下益憐其不漏禁中語，召入禁林，且欲亟用爲宰相。是時裴度在太原，亦有宰相望，巧者謀欲俱廢之，乃以予所無構於裴。裴奏至，驗之皆失實。上以裴方握兵，不欲校曲直，出予爲工部侍郎，而相裴之期亦衰矣。不累月，上盡得所構者，雖不能暴揚之，遂果初意，卒用予與裴俱爲宰相。復有購狂民告予借客刺裴者，鞫之復無狀，然而裴與予以故俱罷免。

始元和十五年八月得見上，至是未二歲，僭忝恩寵，無是之速者；遭罹謗咎，亦無是之甚者。是以心腹腎腸，糜費於扶衞危亡之不暇，又惡暇經紀陛下之所付哉！然而造次顛沛之中，前後列上兵賦邊防之狀，可得而存者一百一十五。苟而削之，是傷先帝之器使也。至于陳暢辨謗之章，去之則無以自明於朋友矣。其餘郡縣之奏請，賀慶之禮，因亦附於件目。始教本書至於爲人雜奏，二十有七軸，凡二百二十有七奏。終殁吾世，貽之子孫式，所以明經制之難行，而銷毀之易至也。

其自敍如此，欲知其作者之意，備於此篇。

稹文友與白居易最善。後進之士，最重龐嚴，言其文體類己，保薦之。

龐嚴者，壽春人。父景昭。嚴元和中登進士第，長慶元年應制舉賢良方正、能直言極諫科，策入三等，冠制科之首。是月，拜左拾遺。聰敏絕人，文章峭麗。翰林學士元稹、李紳頗知之。明年二月，召入翰林爲學士，轉左補闕，再遷駕部郎中、知制誥。嚴與右拾遺蔣防俱爲稹、紳保薦，至諫官內職。

四年，昭愍即位，李紳爲宰相李逢吉所排，貶端州司馬。嚴坐累，出爲江州刺史。給事中于敖素與嚴善，制既下，敖封還。時人凜然相顧曰：「于給事犯宰相怒而爲知己，不亦危乎！」及覆制出，乃知敖駁制書貶嚴太輕，中外無不嗤誚，以爲口實。初李紳謫官，朝官皆賀逢吉，唯右拾遺吳思不賀。逢吉怒，改爲殿中侍御史，充入蕃告哀使。嚴復入爲庫部郎中。

大和二年二月，上試制舉人，命嚴與左散騎常侍馮宿、太常少卿賈餗爲試官，以裴休爲甲等制科之首。有應直言極諫舉人劉蕡，條對激切，凡數千言，不中選，人咸以爲屈。其所對策，大行於時，登科者有請以身名授蕡者。嚴再遷太常少卿。五年，權知京兆尹，以強幹

不避權豪稱，然無士君子之檢操，貪勢嗜利。因醉而卒。

白居易字樂天，太原人。北齊五兵尚書建之仍孫。建生士通，皇朝利州都督。士通生志善，尚衣奉御。志善生溫，檢校都官郎中。溫生鍠，歷酸棗、鞏二縣令。鍠生季庚，建中初爲彭城令。時李正己據河南十餘州叛。正己宗人洧爲徐州刺史，季庚說洧以彭門歸國，因授朝散大夫、大理少卿、徐州別駕，賜緋魚袋，兼徐泗觀察判官。歷衢州、襄州別駕。自鍠至季庚，世敦儒業，皆以明經出身。季庚生居易。初，建立功於高齊，賜田於韓城，子孫家焉，遂移籍同州。至溫徙於下邽，今爲下邽人焉。

居易幼聰慧絕人，襟懷宏放。年十五六時，袖文一編，投著作郎吳人顧況。況能文，而性浮薄，後進文章無可意者。覽居易文，不覺迎門禮遇曰：「吾謂斯文遂絕，復得吾子矣。」貞元十四年，始以進士就試，禮部侍郎高郢擢升甲科，吏部判入等，授祕書省校書郎。元和元年四月，憲宗策試制舉人，應才識兼茂、明於體用科，策入第四等，授盩厔縣尉、集賢校理。

居易文辭富豔，尤精於詩筆。自讎校至結綬畿甸，所著歌詩數十百篇，皆意存諷賦，箴時之病，補政之缺，而士君子多之，而往往流聞禁中。章武皇帝納諫思理，渴聞讜言，二年

十一月，召入翰林爲學士。三年五月，拜左拾遺。居易自以逢好文之主，非次拔擢，欲以生平所貯，仰酬恩造。拜命之日，獻疏言事曰：

蒙恩授臣左拾遺，依前翰林學士，已與崔羣同狀陳謝。但言忝冒，未吐衷誠。今再瀆宸嚴，伏惟重賜詳覽。臣謹按六典，左右拾遺，掌供奉諷諫，凡發令舉事，有不便於時、不合於道者，小則上封，大則廷諍。其選甚重，其秩甚卑，所以然者，抑有由也。大凡人之情，位高則惜其位，身貴則愛其身；惜位則偷合而不言，愛身則苟容而不諫，此必然之理也。故拾遺之置，所以卑其秩者，使位未足惜，身未足愛也；所以重其選者，使下不忍負心，上不忍負恩也。夫位不足惜，恩不忍負，然後能有闕必規，有違必諫。朝廷得失無不察，天下利病無不言。此國朝置拾遺之本意也。由是而言，豈小臣愚劣暗懦所宜居之哉？

況臣本鄉校豎儒，府縣走吏，委心泥滓，絕望煙霄。豈意聖慈，擢居近職，每宴飲無不先預，每慶賜無不先霑，中廄之馬代其勞，內廚之膳給其食。朝慚夕惕，已逾半年，塵曠漸深，憂愧彌劇。未申微效，又擢清班。臣所以授官已來僅經十日，食不知味，寢不遑安，唯思粉身以答殊寵，但未獲粉身之所耳。

今陛下肇臨皇極，初受鴻名，夙夜憂勤，以求致理。每施一政、舉一事，無不合於

道、便於時者。萬一事有不便於時者，陛下豈不欲聞之乎？萬一政有不合於道者，陛下豈不欲知之乎？倘陛下言動之際，詔令之間，小有闕遺，稍關損益，臣必密陳所見，潛獻所聞，但在聖心裁斷而已。臣又職在禁中，不同外司，欲竭愚誠，合先陳露。伏希天鑒，深察赤誠。

居易與河南元稹相善，同年登制舉，交情隆厚。稹自監察御史謫爲江陵府士曹掾，翰林學士李絳、崔羣上前面論稹無罪，居易累疏切諫曰：

臣昨緣元稹左降，頻已奏聞。臣內察事情，外聽衆議，元稹左降有不可者三。何者？元稹守官正直，人所共知。自授御史已來，舉奏不避權勢，祇如奏李佐公等事，多是朝廷親情。人誰無私，因以挾恨，或假公議，將報私嫌，遂使誣謗之聲，上聞天聽。臣恐元稹左降已後，凡在位者，每欲舉職，必先以稹爲誡，無人肯爲陛下當官守法，無人肯爲陛下嫉惡繩愆。內外權貴親黨，縱有大過大罪者，必相容隱而已，陛下從此無由得知。此其不可者一也。

昨元稹所追勘房式之事，心雖徇公，事稍過當。既從重罰，足以懲違，況經謝恩，旋又左降。雖引前事以爲責辭，然外議喧喧，皆以爲稹與中使劉士元爭廳，因此獲罪。至於爭廳事理，已具前狀奏陳。況聞士元蹋破驛門，奪將鞍馬，仍索弓箭，嚇辱朝官，

承前已來，未有此事。今中官有罪，未聞處置；御史無過，却先貶官。遠近聞知，實損聖德。臣恐從今已後，中官出使，縱暴益甚，朝官受辱，必不敢言，縱有被淩辱毆打者，亦以元稹爲戒，但吞聲而已。陛下從此無由得聞。此其不可二也。

臣又訪聞元稹自去年已來，舉奏嚴礪在東川日枉法，沒入平人資產八十餘家；又奏王紹違法給券，令監軍押柩及家口入驛；又奏裴玢違敕徵百姓草；又奏韓皋使軍將封杖打殺縣令。如此之事，前後甚多，屬朝廷法行，悉有懲罰。計天下方鎭，皆怒元稹守官。今貶爲江陵判司，卽是送與方鎭，從此方便報怨，朝廷何由得知？臣伏聞德宗時有崔善貞者，告李錡必反，德宗不信，送與李錡，錡掘坑熾火，燒殺善貞。曾未數年，李錡果反，至今天下爲之痛心。臣恐元稹貶官，方鎭有過，無人敢言，陛下無由得知不法之事。此其不可者三也。

若無此三不可，假如朝廷悞左降一御史，蓋是小事，臣安敢煩瀆聖聽，至于再三。誠以所損者深，所關者大，以此思慮，敢不極言。

疏入不報。

又淄青節度使李師道進絹，爲魏徵子孫贖宅，居易諫曰：「徵是陛下先朝宰相，太宗嘗賜殿材成其正室，尤與諸家第宅不同。子孫典貼，其錢不多，自可官中爲之收贖，而令師道掠美，事實非宜。」憲宗深然之。

上又欲加河東王鍔平章事，居易諫曰：「宰相是陛下輔臣，非賢良不可當此位。鍔誅剝民財，以市恩澤，不可使四方之人謂陛下得王鍔進奉，而與之宰相，深無益於聖朝。」乃止。

王承宗拒命，上令神策中尉吐突承璀爲招討使，諫官上章者十七八，居易面論，辭情切至。既而又請罷河北用兵，凡數千百言，皆人之難言者，上多聽納。唯諫承璀事切，上頗不悅，謂李絳曰：「白居易小子，是朕拔擢致名位，而無禮於朕，朕實難奈。」絳對曰：「居易所以不避死亡之誅，事無巨細必言者，蓋酬陛下特力拔擢耳，非輕言也。陛下欲開諫諍之路，不宜阻居易言。」上曰：「卿言是也。」由是多見聽納。

五年，當改官，上謂崔羣曰：「居易官卑俸薄，拘於資地，不能超等，其官可聽自便奏來。」居易奏曰：「臣聞姜公輔爲內職，求爲京府判司，爲奉親也。臣有老母，家貧養薄，乞如公輔例。」於是，除京兆府戶曹參軍。六年四月，丁母陳夫人之喪，退居下邽。九年冬，入朝，授太子左贊善大夫。

十年七月，盜殺宰相武元衡，居易首上疏論其冤，急請捕賊以雪國恥。宰相以宮官非諫職，不當先諫官言事。會有素惡居易者，掎摭居易，言浮華無行，其母因看花墮井而死，而居易作賞花及新井詩，甚傷名教，不宜置彼周行。執政方惡其言事，奏貶爲江表刺史。

詔出，中書舍人王涯上疏論之，言居易所犯狀迹，不宜治郡，追詔授江州司馬。

居易儒學之外，尤通釋典，常以忘懷處順爲事，都不以遷謫介意。在湓城，立隱舍於廬山遺愛寺，嘗與人書言之曰：「予去年秋始遊廬山，到東西二林間香鑪峯下，見雲木泉石，勝絕第一。愛不能捨，因立草堂。前有喬松十數株，修竹千餘竿，青蘿爲牆援，白石爲橋道，流水周於舍下，飛泉落於簷間，紅榴白蓮，羅生池砌。」居易與湊、滿、朗、晦四禪師，追永、遠、宗、雷之迹，爲人外之交。每相攜遊詠，躋危登險，極林泉之幽邃。至於翛然順適之際，幾欲忘其形骸。或經時不歸，或踰月而返，郡守以朝貴遇之，不之責。

時元稹在通州，篇詠贈答往來，不以數千里爲遠。嘗與稹書，因論作文之大旨曰：

夫文尚矣，三才各有文。天之文三光首之，地之文五材首之，人之文六經首之。就六經言，詩又首之。何者？聖人感人心而天下和平。感人心者，莫先乎情，莫始乎言，莫切乎聲，莫深乎義。詩者：根情，苗言，華聲，實義。上自賢聖，下至愚騃，微及豚魚，幽及鬼神，羣分而氣同，形異而情一，未有聲入而不應、情交而不感者。聖人知其然，因其言，經之以六義；緣其聲，緯之以五音。音有韻，義有類。韻協則言順，言順則聲易入；類舉則情見，情見則感易交。於是乎孕大含深，貫微洞密，上下通而二氣泰，憂樂合而百志熙。二帝三王所以直道而行、垂拱而理者，揭此以爲大柄，決此以爲大竇也。故聞「元首明，股肱良」之歌，則知虞道昌矣。聞五子洛汭之歌，則知夏政荒矣。言者無罪，聞者作誡，言者聞者莫不兩盡其心焉。

洎周衰秦興，採詩官廢，上不以詩補察時政，下不以歌洩導人情。用至於諂成之風動，救失之道缺。于時六義始刓矣。國風變爲騷辭，五言始於蘇、李。詩騷皆不遇者，各繫其志，發而爲文。故河梁之句，止於傷別；澤畔之吟，歸于怨思。彷徨抑鬱，不暇及他耳。然去詩未遠，梗概尚存。故興離別則引雙鳧一鴈爲喻，諷君子小人則引香草惡鳥爲比。雖義類不具，猶得風人之什二三焉。于時六義始缺矣。晉、宋已還，得者蓋寡。以康樂之奧博，多溺於山水；以淵明之高古，偏放於田園。江、鮑之流，又狹於此。如梁鴻五噫之例者，百無一二。于時六義寖微矣。陵夷至于梁、陳間，率不過嘲風雪、弄花草而已。噫！風雪花草之物，三百篇中豈捨之乎？顧所用何如耳。設如「北風其涼」，假風以刺威虐；「雨雪霏霏」，因雪以愍征役；「棠棣之華」，感華以諷兄弟；「采采芣苢」，美草以樂有子也。皆興發於此而義歸於彼。反是者，可乎哉！然則「餘霞散成綺，澄江淨如練」，「歸花先委露，別葉乍辭風」之什，麗則麗矣，吾不知其所諷焉。故僕所謂嘲風雪、弄花草而已。于時六義盡去矣。

唐興二百年，其間詩人不可勝數。所可舉者，陳子昂有感遇詩二十首，鮑防感興詩十五篇。又詩之豪者，世稱李、杜。李之作，才矣奇矣，人不逮矣。索其風雅比興，十無一焉。杜詩最多，可傳者千餘首。至於貫穿古今，覼縷格律，盡工盡善，又過於李焉。然撮其新安、石壕、潼關吏、蘆子關、花門之章，「朱門酒肉臭，路有凍死骨」之句，亦不過十三四。杜尚如此，況不逮杜者乎？僕常痛詩道崩壞，忽忽憤發，或廢食輟寢，不量才力，欲扶起之。嗟乎！事有大謬者，又不可一二而言，然亦不能不粗陳於左右。

僕始生六七月時，乳母抱弄於書屏下，有指「之」字「無」字示僕者，僕口未能言，心已默識。後有問此二字者，雖百十其試而指之不差。則知僕宿習之緣，已在文字中矣。及五六歲，便學爲詩，九歲諳識聲韻[五]。十五六，始知有進士，苦節讀書。二十已來，晝課賦，夜課書，間又課詩，不遑寢息矣。以至于口舌成瘡，手肘成胝，既壯而膚革不豐盈，未老而齒髮早衰白，瞥然如飛蠅垂珠在眸子中者，動以萬數，蓋以苦學力文之所致。

又自悲家貧多故，年二十七，方從鄉賦。既第之後，雖專於科試，亦不廢詩。及授校書郎時，已盈三四百首。或出示交友如足下輩，見皆謂之工，其實未窺作者之域耳。自登朝來，年齒漸長，閱事漸多，每與人言，多詢時務，每讀書史，多求理道，始知文章合爲時而著，歌詩合爲事而作。是時皇帝初即位，宰府有正人，屢降璽書，訪人急病。

僕當此日，擢在翰林，身是諫官，月請諫紙。啓奏之間，有可以救濟人病，裨補時闕，而難於指言者，輒詠歌之，欲稍稍進聞於上。上以廣宸聽，副憂勤；次以酬恩獎，塞言責；下以復吾平生之志。豈圖志未就而悔已生，言未聞而謗已成矣。

又請爲左右終言之。凡聞僕賀雨詩，衆口籍籍，以爲非宜矣。聞僕哭孔戡詩，衆面脈脈，盡不悅矣。聞秦中吟，則權豪貴近者相目而變色矣。聞登樂遊園寄足下詩，則執政柄者扼腕矣。聞宿紫閣村詩，則握軍要者切齒矣。大率如此，不可偏舉。不相與者，號爲沽譽，號爲詆訐，號爲訕謗。苟相與者，則如牛僧孺之誡焉。乃至骨肉妻孥，皆以我爲非也。其不我非者，舉世不過三兩人。有鄧魴者，見僕詩而喜，無何魴死。有唐衢者，見僕詩而泣，未幾而衢死。其餘即足下，足下又十年來困躓若此。嗚呼！豈六義四始之風，天將破壞，不可支持耶？抑又不知天意不欲使下人病苦聞于上耶？不然，何有志於詩者不利若此之甚也！

然僕又自思關東一男子耳。除讀書屬文外，其他懵然無知，乃至書畫棋博可以接羣居之歡者，一無通曉，即其愚拙可知矣。初應進士時，中朝無緦麻之親，達官無半面之舊，策蹇步於利足之途，張空拳於戰文之場。十年之間，三登科第，名落衆耳，迹升清貫，出交賢俊，入侍冕旒。始得名於文章，終得罪於文章，亦其宜也。

日者聞親友間說，禮、吏部舉選人，多以僕私試賦判爲準的。其餘詩句，亦往往在人口中。僕恧然自愧，不之信也。及再來長安，又聞有軍使高霞寓者，欲聘倡妓，妓大誇曰：「我誦得白學士長恨歌，豈同他哉？」由是增價。又足下書云：到通州日，見江館柱間有題僕詩者。何人哉？又昨過漢南日，適遇主人集衆娛樂他賓，諸妓見僕來，指而相顧曰：此是秦中吟、長恨歌主耳。自長安抵江西三四千里，凡鄉校、佛寺、逆旅、行舟之中，往往有題僕詩者；士庶、僧徒、孀婦、處女之口，每有詠僕詩者。此誠雕篆之戲，不足爲多，然今時俗所重，正在此耳。雖前賢如淵、雲者，前輩如李、杜者，亦未能忘情於其間。

古人云：「名者公器，不可多取。」僕是何者，竊時之名已多。既竊時名，又欲竊時之富貴，使己爲造物者，肯兼與之乎？今之屯窮，理固然也。況詩人多蹇，如陳子昂、杜甫，各授一拾遺，而屯剝至死。孟浩然輩不及一命，窮悴終身。近日孟郊六十，終試協律；張籍五十，未離一太祝。彼何人哉！況僕之才又不逮彼。今雖謫佐遠郡，而官品至第五，月俸四五萬，寒有衣，饑有食，給身之外，施及家人。亦可謂不負白氏子矣。微之，微之！勿念我哉！

僕數月來，檢討囊帙中，得新舊詩，各以類分，分爲卷目。自拾遺來，凡所遇所感，

關於美刺興比者，又自武德至元和，因事立題，題爲新樂府者，共一百五十首，謂之諷諭詩。又或退公，或臥病閑居，知足保和，吟玩性情者一百首，謂之閑適詩。又有事物牽於外，情理動於內，隨感遇而形於歎詠者一百首，謂之感傷詩。又有五言、七言、長句、絕句，自百韻至兩韻者四百餘首，謂之雜律詩。凡爲十五卷，約八百首。異時相見，當盡致於執事。

微之！古人云：「窮則獨善其身，達則兼濟天下。」僕雖不肖，常師此語。大丈夫所守者道，所待者時。時之來也，爲雲龍，爲風鵬，勃然突然，陳力以出；時之不來也，爲霧豹，爲冥鴻，寂兮寥兮，奉身而退。進退出處，何往而不自得哉？故僕志在兼濟，行在獨善，奉而始終之則爲道，言而發明之則爲詩。謂之諷諭詩，兼濟之志也；謂之閑適詩，獨善之義也。故覽僕詩者，知僕之道焉。其餘雜律詩，或誘於一時一物，發於一笑一吟，率然成章，非平生所尚者，但以親朋合散之際，取其釋恨佐歡，今銓次之間，未能刪去。他時有爲我編集斯文者，略之可也。

微之！夫貴耳賤目，榮古陋今，人之大情也。僕不能遠徵古舊，如近歲韋蘇州歌行，才麗之外，頗近興諷，其五言詩，又高雅閑澹，自成一家之體，今之秉筆者誰能及之？然當蘇州在時，人亦未甚愛重，必待身後，人始貴之。今僕之詩，人所愛者，悉不

過雜律詩與長恨歌已下耳。時之所重，僕之所輕。至於諷諭者，意激而言質；閑適者，思澹而辭迂。以質合迂，宜人之不愛也。今所愛者，並世而生，獨足下耳。然百千年後，安知復無如足下者出，而知愛我詩哉？故自八九年來，與足下小通則以詩相戒，小窮則以詩相勉，索居則以詩相慰，同處則以詩相娛。知吾罪吾，率以詩也。

如今年春遊城南時，與足下馬上相戲，因各誦新艷小律，不雜他篇，自皇子陂歸昭國里，迭吟遞唱，不絕聲者二十里餘。樊、李在傍，無所措口。知我者以為詩仙，不知我者以為詩魔。何則？勞心靈，役聲氣，連朝接夕，不自知其苦，非魔而何？偶同人當美景，或花時宴罷，或月夜酒酣，一詠一吟，不覺老之將至，雖驂鸞鶴、遊蓬瀛者之適，無以加於此焉，又非仙而何？微之，微之！此吾所以與足下外形骸、脫蹤迹、傲軒鼎、輕人寰者，又以此也。

當此之時，足下興有餘力，且欲與僕悉索還往中詩，取其尤長者，如張十八古樂府，李二十新歌行，盧、楊二祕書律詩，竇七、元八絕句，博搜精掇，編而次之，號為「元白往還集」。衆君子得擬議於此者，莫不踊躍欣喜，以為盛事。嗟乎！言未終而足下左轉，不數月而僕又繼行，心期索然，何日成就？又可為之太息矣。

僕常語足下，凡人為文，私於自是，不忍於割截，或失於繁多。其間妍媸，益又自

惑。必待交友有公鑒無姑息者，討論而削奪之，然後繁簡當否，得其中矣。況僕與足下，為文尤患其多。己尚病，況他人乎？今且各纂詩筆，粗為卷第，待與足下相見日，各出所有，終前志焉。又不知相遇是何年，相見是何地，溘然而至，則如之何？微之知我心哉！

潯陽臘月，江風苦寒，歲暮鮮歡，夜長少睡。引筆鋪紙，悄然燈前，有念則書，言無銓次。勿以繁雜為倦，且以代一夕之話言也。

居易自敍如此，文士以為信然。

十三年冬，量移忠州刺史。自潯陽浮江上峽。十四年三月，元稹會居易於峽口，停舟夷陵三日。時季弟行簡從行，三人於峽州西二十里黃牛峽口石洞中，置酒賦詩，戀戀不能訣。南賓郡當峽路之深險處也，花木多奇，居易在郡，為木蓮荔枝圖，寄朝中親友，各記其狀曰：「荔枝生巴、峽間，形圓如帷蓋。葉如桂，冬青；華如橘，春榮；實如丹，夏熟。朵如蒲萄，核如枇杷，殼如紅繒，膜如紫綃，瓤肉瑩白如雪，漿液甘酸如醴酪。大略如此，其實過之。若離本枝，一日而色變，二日而香變，三日而味變，四五日外，色香味盡去矣。」「木蓮大者高四五丈，巴民呼為黃心樹，經冬不凋。身如青楊，有白文。葉如桂，厚大無脊。花如蓮，香色艷膩皆同，獨房蘂有異〔六〕。四月初始開，自開迨謝，僅二十日。元和十四年夏，命

道士毌丘元志寫之。惜其遐僻，因以三絕賦之。」有「天教拋擲在深山」之句，咸傳於都下，好事者喧然模寫。

其年冬，召還京師，拜司門員外郎。明年，轉主客郎中、知制誥，加朝散大夫，始著緋。時元稹亦徵還為尚書郎、知制誥，同在綸閣。長慶元年三月，受詔與中書舍人王起覆試禮部侍郎錢徽下及第人鄭朗等一十四人。十月，轉中書舍人。十一月，穆宗親試制舉人，又與賈餗、陳岵為考策官。凡朝廷文字之職，無不首居其選，然多為排擯，不得用其才。

時天子荒縱不法，執政非其人，制御乖方，河朔復亂。居易累上疏論其事，天子不能用，乃求外任。七月，除杭州刺史。俄而元稹罷相，自馮翊轉浙東觀察使。交契素深，杭、越鄰境，篇詠往來，不間旬浹。嘗會于境上，數日而別。秩滿，除太子左庶子，分司東都。寶曆中，復出為蘇州刺史。文宗即位，徵拜祕書監，賜金紫。九月上誕節，召居易與僧惟澄、道士趙常盈對御講論於麟德殿。居易論難鋒起，辭辨泉注，上疑宿構，深嗟挹之。大和二年正月，轉刑部侍郎，封晉陽縣男，食邑三百戶。三年，稱病東歸，求為分司官，尋除太子賓客。

居易初對策高第，擢入翰林，蒙英主特達顧遇，頗欲奮厲効報，苟致身於訏謨之地，則兼濟生靈。蓄意未果，望風為當路者所擠，流徙江湖。四五年間，幾淪蠻瘴。自是宦情衰

落，無意於出處，唯以逍遙自得，吟詠情性為事。大和已後，李宗閔、李德裕朋黨事起，是非排陷，朝升暮黜，天子亦無如之何。楊穎士、楊虞卿與宗閔善，居易妻，穎士從父妹也。居易愈不自安，懼以黨人見斥，乃求致身散地，冀於遠害。凡所居官，未嘗終秩，率以病免，固求分務，識者多之。五年，除河南尹。七年，復授太子賓客分司。

初，居易罷杭州，歸洛陽，於履道里得故散騎常侍楊憑宅，竹木池館，有林泉之致。家妓樊素、蠻子者，能歌善舞。居易既以尹正罷歸，每獨酌賦詠於舟中，因為池上篇曰：

東都風土水木之勝在東南偏，東南之勝在履道里，里之勝在西北隅，西閈北垣第一第，即白氏叟樂天退老之地。地方十七畝，屋室三之一，水五之一，竹九之一，而島樹橋道間之。初樂天既為主，喜且曰：「雖有池臺，無粟不能守也」，乃作池東粟廩。又曰：「雖有子弟，無書不能訓也」，乃作池北書庫。又曰：「雖有賓朋，無琴酒不能娛也」，乃作池西琴亭，加石樽焉。

樂天罷杭州刺史，得天竺石一、華亭鶴二以歸。始作西平橋，開環池路。罷蘇州刺史時，得太湖石五、白蓮、折腰菱、青板舫以歸，又作中高橋，通三島逕。罷刑部侍郎時，有粟千斛，書一車，洎臧獲之習管磬絃歌者指百以歸。先是潁川陳孝仙與釀酒法，味甚佳；博陵崔晦叔與琴，韻甚清；蜀客姜發授秋思，聲甚澹；弘農楊貞一與青石

三，方長平滑，可以坐臥。

大和三年夏，樂天始得請爲太子賓客，分秩於洛下，息躬於池上。凡三任所得，四人所與，洎吾不才身，今率爲池中物。每至池風春，池月秋，水香蓮開之旦，露清鶴唳之夕，拂楊石，舉陳酒，援崔琴，彈秋思，頹然自適，不知其他。酒酣琴罷，又命樂童登中島亭，合奏霓裳散序，聲隨風飄，或凝或散，悠揚於竹煙波月之際者久之。曲未竟，而樂天陶然石上矣。睡起偶詠，非詩非賦，阿龜握筆，因題石間。視其粗成韻章，命爲池上篇云：

十畝之宅，五畝之園，有水一池，有竹千竿。勿謂土狹，勿謂地偏，足以容膝，足以息肩。有堂有亭，有橋有船，有書有酒，有歌有絃。有叟在中，白鬚飄然，識分知足，外無求焉。如鳥擇木，姑務巢安；如蛙作坎，不知海寬。靈鵲怪石，紫菱白蓮，皆吾所好，盡在我前。時引一杯，或吟一篇。妻孥熙熙，雞犬閑閑。優哉游哉，吾將老乎其間。

又効陶潛五柳先生傳，作醉吟先生傳以自況。文章曠達，皆此類也。

大和末，李訓構禍，衣冠塗地，士林傷感，居易愈無宦情。開成元年，除同州刺史，辭疾不拜。尋授太子少傅，進封馮翊縣開國侯。四年冬，得風病，伏枕者累月，乃放諸妓女樊、蠻

等，仍自爲墓志，病中吟詠不輟。自言曰：「予年六十有八，始患風痺之疾，體癏首眩，左足不支。蓋老病相乘，有時而至耳。予栖心釋梵，浪迹老、莊，因疾觀身，果有所得。何則？外形骸而內忘憂患，先禪觀而後順醫治。旬月以還，厥疾少間，杜門高枕，澹然安閑。吟詠興來，亦不能遏，遂爲病中詩十五篇以自諭。」

會昌中，請罷太子少傅，以刑部尚書致仕。與香山僧如滿結香火社，每肩輿往來，白衣鳩杖，自稱香山居士。大中元年卒，時年七十六，贈尚書右僕射。有文集七十五卷，經史事類三十卷，並行於世。長慶末，浙東觀察使元稹，爲居易集序曰：

樂天始未言，試指「之」「無」字能不悞。始既言，讀書勤敏，與他兒異。五六歲識聲韻，十五志辭賦，二十七舉進士。貞元末，進士尚馳競，不尚文，就中六籍尤擯落。禮部侍郎高郢始用經藝爲進退，樂天一舉擢上第。明年，中拔萃甲科，由是性習相近遠、玄珠、斬白蛇等賦洎百節判，新進士競相傳於京師。會憲宗皇帝策召天下士，對詔稱旨，又登甲科。未幾，選入翰林，掌制誥。比比上書言得失，因爲賀雨詩、秦中吟等數十章，指言天下事，時人比之風、騷焉。

予始與樂天同祕書，前後多以詩章相贈答。予譴掾江陵，樂天猶在翰林，寄予百韻律體及雜體，前後數十詩。是後各佐江、通，復相酬寄。巴、蜀、江、楚間洎長安中少

年，遞相仿效，競作新辭，自謂爲元和詩，而樂天秦中吟、賀雨諷諭閑適等篇，時人罕能知者。然而二十年間，禁省觀寺、郵候牆壁之上無不書，王公妾婦、牛童馬走之口無不道。其繕寫模勒，衒賣於市井，或因之以交酒茗者，處處皆是。其甚有至盜竊名姓，苟求自售，雜亂間廁，無可奈何。予嘗於平水市中，見村校諸童，競習歌詠，召而問之，皆對曰：「先生教我樂天、微之詩。」固亦不知予爲微之也。又雞林賈人求市頗切，自云：「本國宰相，每以一金換一篇，甚僞者，宰相輒能辨別之。」自篇章已來，未有如是流傳之廣者。

長慶四年，樂天自杭州刺史以右庶子召還，予時刺會稽，因得盡徵其文，手自排纘，成五十卷，凡二千二百五十一首。前輩多以前集、中集爲名，予以爲陛下明年當改元，長慶訖於是矣，因號白氏長慶集。

大凡人之文，各有所長，樂天長可以爲多矣。夫諷諭之詩長於激，閑適之詩長於遣，感傷之詩長於切，五字律詩百言而上長於贍，五字七字百言而下長於情，賦贊箴誡之類長於當，碑記敍事制誥長於實，啓奏表狀長於直，書檄辭冊剖判長於盡。總而言之，不亦多乎哉！

人以爲稹序盡其能事。

居易嘗寫其文集，送江州東西二林寺、洛城香山聖善等寺，如佛書雜傳例流行之。無子，以其姪孫嗣。遺命不歸下邽，可葬於香山如滿師塔之側，家人從命而葬焉。

行簡字知退。貞元末，登進士第，授祕書省校書郎。元和中，盧坦鎮東蜀，辟爲掌書記。府罷，歸潯陽。居易授江州司馬，從兄之郡。十五年，居易入朝爲尚書郎，行簡亦授左拾遺，累遷司門員外郎、主客郎中。長慶末，振武奏水運營田使賀拔志言營田數過實，詔令行簡按覆之，不實，志懼，自刺死。行簡寶曆二年冬病卒，有文集二十卷。行簡文筆有兄風，辭賦尤稱精密，文士皆師法之。居易友愛過人，兄弟相待如賓客。行簡子龜兒，多自教習，以至成名。當時友悌，無以比焉。

敏中字用晦，居易從父弟也。祖鏻，位終揚府錄事參軍。父季康，溧陽令。敏中少孤，爲諸兄之所訓厲。長慶初，登進士第，佐李聽，歷河東、鄭滑、邠寧三府節度掌書記，試大理評事。大和七年，丁母憂，退居下邽。會昌初，爲殿中侍御史，分司東都，尋除戶部員外郎，還京。

武宗皇帝素聞居易之名，及卽位，欲徵用之，宰相李德裕言居易衰病不任朝謁，因言

從弟敏中辭藝類居易，卽日知制誥，召入翰林充學士，遷中書舍人。累至兵部侍郎、學士承旨。會昌末，同平章事，兼刑部尚書、集賢史館大學士。宣宗卽位，加右僕射、金紫光祿大夫、太清宮使、太原郡開國公、食邑二千戶。及李德裕再貶嶺南，敏中居四輔之首，雷同毀譽，無一言伸理，物論罪之。五年，罷相，檢校司空，出爲邠州刺史、邠寧節度、招撫党項都制置等使。七年，進位特進、成都尹、劍南西川節度副大使、知節度等事。十一年二月，檢校司徒、平章事、江陵尹、荆南節度使。懿宗卽位，徵拜司徒、門下侍郎、平章事，復輔政。尋加侍中。三年罷相，爲河中尹、河中晉絳節度使。累遷中書令。太子太師致仕卒。

史臣曰：舉才選士之法，尚矣。自漢策賢良，隋加詩賦，罷中正之法，委銓舉之司。由是爭務雕蟲，罕趨函丈，矯首皆希於屈、宋，駕肩並擬於風、騷。或侔箴闕之篇，或效補亡之句。咸欲錙銖采葛，糠粃懷沙，較麗藻於碧雞，鬭新奇於白鳳。暨編之簡牘，播在管絃，未逃季緒之詆訶，孰望子虛之稱賞？迨今千載，不乏辭人，統論六義之源，較其三變之體，如二班者蓋寡，類七子者幾何？至潘、陸情致之文，鮑、謝清便之作，迨於徐、庾，踵麗增華，纂組成而耀以珠璣，瑤臺構而間之金碧。國初開文館，高宗禮茂才，虞、許擅價於前，蘇、李馳

聲於後。或位昇台鼎，學際天人，潤色之文，咸布編集。然而向古者傷於太僻，徇華者或至不經，齷齪者局於宮商，放縱者流於鄭、衞。若品調律度，揚搉古今，賢不肖皆賞其文，未如元、白之盛也。昔建安才子，始定霸於曹、劉；永明辭宗，先讓功於沈、謝。元和主盟，微之、樂天而已。臣觀元之制策，白之奏議，極文章之壼奧，盡治亂之根荄。非徒謠頌之片言，盤盂之小說。就文觀行，居易爲優，放心於自得之場，置器於必安之地，優游卒歲，不亦賢乎。

贊曰：文章新體，建安、永明。沈、謝既往，元、白挺生。但留金石，長有莖英。不習孫、吳，焉知用兵？

校勘記

〔一〕敎之至也　「敎」字各本原無，據元氏長慶集卷二九補。

〔二〕王紹　各本原作「王沼」，據本書卷一二三王紹傳、新書卷一七四元稹傳改。

〔三〕劉秩　各本原作「劉歆」，據元氏長慶集卷三二、册府卷七七〇改。

〔四〕授於人以八百　「百」字各本原作「伯」，據元氏長慶集卷三二改。

〔五〕諳識聲韻　「諳」字各本原作「暗」，據白氏長慶集卷二八改。

〔六〕獨房蕊有異　各本原作「房獨蕊有異」，據白氏長慶集卷一八改。

舊唐書卷一百六十七

列傳第一百一十七

趙宗儒　竇易直　李逢吉　段文昌（子成式）　宋申錫　李程

趙宗儒字秉文。八代祖彤，仕後魏爲征南將軍。父驊，爲秘書少監。宗儒舉進士，初授弘文館校書郎。滿歲，又以書判入高等，補陸渾主簿。數月，徵拜右拾遺，充翰林學士。時父驊祕書少監，與父並命，出於一日，當時榮之。建中四年，轉屯田員外郎，內職如故。居父憂，免喪，授司門、司勳二員外郎。

貞元六年，領考功事，定百吏考績，黜陟公當，無所畏避。右司郎中獨孤良器、殿中侍御史杜倫，各以過黜之。尚書左丞裴郁、御史中丞盧紹比皆考中上，宗儒貶之中中。又祕書少監鄭雲逵考其同官孫昌裔入上下，宗儒復入中上。凡考之中上者，不過五十人，餘多減入中中。德宗聞而善之，遷考功郎中。丁母憂，終喪，授吏部郎中。十一年，遷給事中。十

二年，與諫議大夫崔損同日以本官同中書門下平章事，俱賜紫金魚袋。十四年，罷相，爲右庶子。

宗儒端居守道，勤奉朝請而已，德宗聞而嘉之。二十年，遷吏部侍郎，召見勞之曰：「知卿閉關六年，故有此拜。曩者與先臣並命，尚念之耶？」宗儒因俯伏流涕。德宗崩，順宗命爲德宗哀册文，辭頗悽惋。

元和初，檢校禮部尚書，判東都尚書省事、兼御史大夫，充東都留守、畿汝都防禦使。入爲禮部、戶部二尚書，尋檢校吏部尚書，守江陵尹、兼御史大夫、荆南節度營田觀察等使。散冗食之戍二千人。六年，又入爲刑部尚書。八年，轉檢校吏部尚書、興元尹、兼御史大夫，充山南西道節度觀察等使。九年，召拜御史大夫，俄遷檢校右僕射、河中尹、兼御史大夫、晉絳慈隰節度觀察等使。赴鎭後，擅用供軍錢八千餘貫，坐罰一月俸。十一年七月，入爲兵部尚書。九月，改太子少傅，權知吏部尚書銓事。十四年九月，拜吏部尚書。

穆宗卽位，以初釋服，令尚書省官試先朝所徵集應制人等，宗儒奏曰：「準今月十五日敕：比者先朝徵集應制人等，已及時限，恐皆來自遠方，難於久住，酌宜審事，遂委有司定日就試。如聞所集之人多已分散，須知審的，然後裁定，宜令所司商量聞奏者。伏以制科所設，本在親臨，南省試人，亦非舊典。今覃恩既畢，庶政惟新。況山陵日近，公務繁迫，待問

之士，就試非多。臣等商量，恐須權罷。」從之。復拜太子少傅，判太常卿事。

長慶元年二月，檢校右僕射，守太常卿。太常有師子樂，備五方之色，非會朝聘享不作，幼君荒誕，伶官縱肆，中人掌教坊者移牒取之。宗儒不敢違，以狀白宰相。宰相以爲事在有司執守，不合關白。以宗儒怯不任事，改太子少師。

寶曆元年，遷太子太保。昭愍晏駕[一]，爲大明宮留守。大和四年，拜檢校司空、兼太子太傅。文宗召見，諮以理道，對曰：「堯、舜之化，慈儉而已。願陛下守而勿失。」文宗嘉納之。五年，宋申錫被誣，上召師保已下議其刑，上以宗儒高年，宜令不拜。尋拜疏請老。六年，詔以司空致仕。是歲九月卒，年八十七，廢朝，册贈司徒。宗儒以文學進，前後三鎮方任，八領選部，略於儀矩，切於治生，時論以此少之。

竇易直字宗玄，京兆人。祖元昌，彭州九隴縣令。父彧，廬州刺史。易直舉明經，爲祕書省校書郎，再以判入等，授藍田尉。累歷右司、兵部、吏部三郎中。元和六年，遷御史中丞，謝日，賜緋魚袋。八年，改給事中。九月，出爲陝虢都防禦觀察使，仍賜紫。入爲京兆尹。萬年尉韓晤姦贓事發，易直令曹官韋正晤訊之，得贓三十萬。上意其未盡，詔重鞫，坐

贓三百萬，貶易直金州刺史，正晤長流昭州。十三年六月，遷宣州刺史、宣歙池都團練觀察等使。

長慶二年七月，汴州將李㝏逐其帥李愿，易直聞之，欲出官物以賞軍。或謂易直曰：「賞給無名，却恐生患。」乃已。軍士已聞之。時江、淮旱，水淺，轉運司錢帛委積不能漕，州將王國清指以爲賞，激諷州兵謀亂。先事有告者，乃收國清下獄。其黨數千，大呼入獄中，篡取國清而出之，因欲大剽。易直登樓謂將吏曰：「能誅爲亂者，每獲一人，賞十萬。」衆喜，倒戈擊亂黨，並擒之。國清等三百餘人，皆斬之。

九月，以李德裕代還，爲吏部侍郎。十一月，改戶部，兼御史大夫，判度支。四年五月，以本官同平章事，判使如故。改門下侍郎，封晉陽郡公。寶曆元年七月，罷判度支。大和二年十月罷相，檢校左僕射、平章事、襄州刺史、山南東道節度使[二]。五年，入爲左僕射，判太常卿事。十一月，檢校司空、鳳翔尹、鳳翔隴節度使。六年，以疾求還京師。七年四月卒，贈司徒，謚曰恭惠。

易直自入仕十年餘，常居散秩，不應請辟，及居方任，亦以公廉聞。在相位，未嘗論用親黨，凡於公舉，卽無所避。然元和中，吏部尚書鄭餘慶議僕射上日儀制，不與隔品官亢禮。易直時爲御史中丞，奏駁餘慶所議。及易直爲左僕射[三]，却行隔品致敬之禮，時論非之。

李逢吉字虛舟，隴西人。貞觀中學士李玄道曾孫。祖顏，父歸期。逢吉登進士第，釋褐授振武節度掌書記。入朝爲左拾遺、左補闕，改侍御史，充入吐蕃册命副使、工部員外郎，又充入南詔副使。元和四年，使還，拜祠部郎中，轉右司。六年，遷給事中。七年，與司勳員外郎李巨並爲太子諸王侍讀。九年，改中書舍人。十一年二月，權知禮部貢舉，騎都尉，賜緋。四月，加朝議大夫、門下侍郎、同平章事，賜金紫；其貢院事，仍委禮部尚書王播署牓。

逢吉天與姦回，妬賢傷善。時用兵討淮、蔡，憲宗以兵機委裴度，逢吉慮其成功，密沮之，由是相惡。及度親征，學士令狐楚爲度制辭，言不合旨，楚與逢吉相善，帝皆黜之，罷逢吉政事，出爲劍南東川節度使、檢校兵部尚書。穆宗卽位，移襄州刺史、山南東道節度使。逢吉於帝有侍讀之恩，遣人密結倖臣，求還京師。長慶二年三月，召爲兵部尚書。時裴度亦自太原入朝。以度招懷河朔功，復留度，與工部侍郎元稹相次拜平章事。度在太原時，嘗上表論稹姦邪。及同居相位，逢吉以爲勢必相傾，乃遣人告和王傅于方結客，欲爲元稹刺裴度。及捕于方，鞫之無狀，稹、度俱罷相位，逢吉代度爲門下侍郎平章事。自

是寖以恩澤結朝臣之不逞者，造作謗言，百端中傷裴度。賴學士李紳、韋處厚等顯於上前，言度爲逢吉排斥，而度於國有功，不宜擯棄，故得以僕射在朝。時已失河朔，而王智興擅據徐州，李㝏據汴州，國威不振，天下延頸俟度再秉國鈞，以攘暴亂。及爲逢吉嫁禍，奪其權，四海爲之側目，朝士上疏論列者十餘人。屬時君荒淫，政出羣小，而度竟逐外藩。

學士李紳有寵，逢吉惡之，乃除爲中丞，又欲出於外，乃以吏部侍郎韓愈爲京兆尹，兼御史大夫，放臺參。以紳褊直，必與愈爭。及制出，紳果移牒往來，愈性木強，遂至語辭不遜，喧論於朝。逢吉乃罷愈爲兵部侍郎，紳爲江西觀察使。紳中謝日，帝留而不遣。

翼城人鄭注以醫藥得幸於中尉王守澄，逢吉令其從子仲言賂注，求結於守澄。仲言辯譎多端，守澄見之甚悅。自是，逢吉有助，事無違者。敬宗初卽位，年方童丱，守澄從容奏曰：「陛下得爲太子，逢吉之力也，是時，杜元穎、李紳堅請立深王爲太子。」乃貶紳端州司馬。朝士代逢吉鳴吠者，張又新、李續之、張權輿、劉栖楚、李虞、程昔範、姜洽、李仲言，時號「八關十六子」。又新等八人居要劇，而胥附者又八人，有求於逢吉者，必先經此八人納賂，無不如意者。逢吉尋封涼國公，邑千戶，兼右僕射。

昭愍卽位，左右屢言裴度之賢，曾立大勳，帝甚嘉之。因中使往興元，卽令問訊。寶曆初，度連上章請入覲。逢吉之黨坐不安席，如矢攢身，乃相與爲謀，欲沮其來。張權輿撰

「非衣小兒」之謠，傳於閭巷。言度相有天分，應謠讖，而韋處厚於上前解析，言權輿所撰之言。既不能沮，又令衛尉卿劉遵古從人安再榮告武昭謀害逢吉。武昭者，有才力，裴度破淮、蔡時奬用之，累奏爲刺史。及度被斥，昭以門吏久不見用，客于京師，途窮頗有怨言。逢吉黨法司鞫昭行止，則顯裴度任用，以沮入朝之行。逢吉又與同列李程不協。太學博士李涉、金吾兵曹茅彙者，於京師貴遊間以氣俠相許，二人出入程及逢吉之門。水部郎中李仍叔，程之族，知武昭鬱鬱恨不得官，仍叔謂昭曰：「程欲與公官，但逢吉阻之。」昭愈憤怒，因酒與京師人劉審、張少騰說刺逢吉之言。審以昭言告張權輿，乃聞于逢吉，卽令茅彙召昭相見，逢吉厚相結託，自是疑怨之言稍息。逢吉待茅彙尤厚，嘗與彙書云：「足下當字僕爲『自求』，僕當字足下爲『利見』。」文字往來，其間甚密。及裴度求覲，無計沮之，卽令許武昭事，以暴揚其迹。再榮既告，李仲言誡彙曰：「言武昭與李程同謀則活，否則爾死。」彙曰：「冤死甘心。誣人以自免，予不爲也。」及昭下獄，逢吉之醜迹皆彰。昭死，仲言流象州，茅彙流嶲州，李涉流康州，李虞自拾遺爲河南士曹。敬宗待裴度益厚，乃自漢中召還，復知政事。

逢吉檢校司空、平章事、襄州刺史、山南東道節度使，仍請張又新、李續之爲參佐。大和二年，改汴州刺史、宣武軍節度使。五年八月，入爲太子太師、東都留守、東畿汝防禦使，

加開府儀同三司。八年，李訓用事。三月，徵拜左僕射，兼守司徒。時逢吉已老，病足，不任朝謁，卽以司徒致仕。九年正月卒，時年七十八。贈太尉，諡曰成。

段文昌字墨卿，西河人。高祖志玄，陪葬昭陵，圖形淩煙閣。祖德皎，贈給事中。父諤，循州刺史，贈左僕射。文昌家于荆州，倜儻有氣義，節度使裴胄知之而不能用。韋皐在蜀，表授校書郎。李吉甫刺忠州，文昌嘗以文干之。及吉甫居相位，與裴垍同加奬擢，授登封尉、集賢校理。俄拜監察御史，遷左補闕，改祠部員外郎。元和十一年，守本官，充翰林學士。

文昌，武元衡之子壻也。元衡與宰相韋貫之不協，憲宗欲召文昌爲學士，貫之奏曰：「文昌志尚不修，不可擢居近密。」至是貫之罷相，李逢吉乃用文昌爲學士，轉祠部郎中，賜緋，依前充職。十四年，加知制誥。十五年，穆宗卽位，正拜中書舍人，尋拜中書侍郎、平章事。

長慶元年，拜章請退。朝廷以文昌少在西蜀，詔授西川節度使、同中書門下平章事。文昌素洽蜀人之情，至是以寬政爲治，嚴靜有斷，蠻夷畏服。二年，雲南入寇，黔中觀察使崔元略上言，朝廷憂之，乃詔文昌禦備。文昌走一介之使以喩之，蠻寇卽退。敬宗卽位，徵拜刑部尚書，轉兵部，兼判左丞事。

文宗卽位，遷御史大夫，尋檢校尚書右僕射、揚州大都督府長史、同平章事、淮南節度使。大和四年，移鎭荆南。

文昌於荆、蜀皆有先祖故第，至是贖爲浮圖祠。又以先人墳墓在荆州，別營居第以置祖禰影堂，歲時伏臘，良辰美景享薦之。徹祭，卽以音聲歌舞繼之，如事生者，搢紳非焉。六年，復爲劍南西川節度。九年三月，賜春衣中使至，受宣畢，無疾而卒，年六十三，贈太尉。有文集三十卷。

文昌布素之時，所向不偶。及其達也，揚歷顯重，出入將相，洎二十年。其服飾玩好、歌童妓女，苟悅於心，無所愛惜，乃至奢侈過度，物議貶之。子成式。

成式字柯古，以蔭入官，爲祕書省校書郎。研精苦學，祕閣書籍，披閱皆遍。累遷尚書郎。咸通初，出爲江州刺史。解印，寓居襄陽，以閑放自適。家多書史，用以自娛，尤深於佛書。所著酉陽雜俎傳於時。

宋申錫字慶臣。祖素，父叔夜。申錫少孤貧，有文學。登進士第，釋褐祕書省校書郎。韋貫之罷相，出湖南，辟爲從事。其後累佐使府。長慶初，拜監察御史。二年，遷起居舍人。寶曆二年，轉禮部員外郎，尋充翰林侍講學士。申錫始自策名，及在朝行，淸愼介潔，不趨黨與。當長慶、寶曆之間，時風囂薄，朋比大扇。及申錫被用，時論以爲激勸。文宗卽位，拜戶部郎中、知制誥。大和二年，正拜中書舍人，復爲翰林學士。

初，文宗常患中人權柄太盛，自元和、寶曆比致宮禁之禍。及王守澄之領禁兵，恃其宿舊，跋扈尤甚。有鄭注者，依恃守澄爲姦利，出入禁軍，賣官販權，中外咸扼腕視之。文宗雅知之，不能堪。申錫時居內廷，文宗察其忠厚，可任以事。嘗因召對，與申錫從容言及守澄，無可奈何，令與外廷朝臣謀去之，且約命爲宰相，申錫頓首謝之。未幾，拜左丞，踰月，加平章事。申錫素能謹直，寵遇超輩，時情大爲屬望。及到中書，剖斷循常[三]，望實頗不相副。

大和五年，忽降中人召宰相入赴延英。路隨、李宗閔、牛僧孺等既至中書東門，中人云：「所召無宋申錫。」申錫始知被罪，望延英以笏叩頭而退。隨等至，文宗以神策軍中尉王守澄所奏，得本軍虞候豆盧著狀，告宋申錫與漳王謀反，隨等相顧愕然。初，守澄於浴堂

以鄭注所構告于文宗，守澄卽時於市肆追捕，又將以二百騎就靖恭里屠申錫之家。會內官馬存亮同入，諍於文宗曰：「謀反者適宋申錫耳，何不召南司會議。今卒然如此，京師企足自爲亂矣。」守澄不能難，乃止，乃召三相告之。又遣右軍差人於申錫宅捕孔目官張全眞、家人買子緣信等。又於十六宅及市肆追捕胥吏，以成其獄。文宗又召師保、僕射、尙書丞郎、常侍、給事、諫議、舍人、御史中丞、京兆尹、大理卿，同於中書及集賢院參驗其事。

翌日，開延英，召宰臣及議事官，帝自詢問。左常侍崔玄亮、給事中李固言、諫議大夫王質、補闕盧鈞舒元褒羅泰蔣係裴休竇宗直韋溫、拾遺李羣韋端符丁居晦袁都等一十四人，皆伏玉階下奏以申錫獄付外，請不於禁中訊鞫。文宗曰：「吾已謀於公卿大僚，卿等且出。」玄亮固言，援引今古，辭理懇切。玄亮泣涕久之，文宗意稍解，貶申錫爲右庶子，漳王爲巢縣公。再貶申錫爲開州司馬。

初，申錫旣得密旨，乃除王璠爲京兆尹，以密旨喻之。璠不能謀，而注與守澄知之，潛爲其備。漳王湊，文宗之愛弟也，賢而有人望。豆盧著者，職屬禁軍，與注親表。文宗不省其詐，乃罷申錫爲庶子。時京城恟恟，衆庶讙言，以爲宰相眞連十宅謀反，百僚震駭。居一二日，方審其詐。諫官伏閤懇論，文宗震怒，叱諫官令出者數四。時中外屬望大僚三數人廷辯其事。僕射竇易直曰：「人臣無將，將而必誅。」聞者愕然。唯京兆尹崔琯、大理卿王正雅連

上疏請出內獄，且曰：「王師文未獲，卽獄未具，請出豆盧著與申錫同付外廷勘。」當時人情翕然推重。初議申錫抵死，顧物論不可，又將投於嶺表，文宗終悟外廷之言，乃有開州之命。

初，申錫旣被罪，怡然不以爲意，自中書歸私第，止於外廳，素服以俟命。其妻出謂之曰：「公爲宰相，人臣位極於此，何負天子反乎？」申錫曰：「吾自書生被厚恩，擢相位，不能鋤去姦亂，反爲所羅織，夫人察申錫豈反者乎？」因相與泣下。

申錫自居內廷，及爲宰相，以時風侈靡，居要位者尤納賄賂，遂成風俗，不暇更方遠害，且與貞元時甚相背矣。申錫至此，約身謹潔，尤以公廉爲己任，四方問遺，悉無所受。旣被罪，爲有司驗劾，多獲其四方受領所還問遺之狀，朝野爲之歎息。

七年七月，卒於開州。詔曰：「申錫雖不能周愼，自抵憲章，聞其亡歿遐荒，良用悲惻。宜許其歸葬鄉里，以示寬恩。」開成元年九月，詔復申錫正議大夫、尙書左丞、同中書門下平章事、上柱國，賜紫，兼贈兵部尙書。仍以其子愼微爲城固縣尉。

李程字表臣，隴西人。父鷫伯。程，貞元十二年進士擢第，又登宏辭科，累辟使府。二十年，入朝爲監察御史。其年秋，召充翰林學士。順宗卽位，爲王叔文所排，罷學士。三遷爲員外郎。元和中，出爲劍南西川節度行軍司馬。十年，入爲兵部郎中，尋知制誥。韓弘爲淮西都統，詔程銜命宣諭。明年，拜中書舍人，權知京兆尹事。十二年，權知禮部貢舉。十三年四月，拜禮部侍郎。六月，出爲鄂州刺史、鄂岳觀察使。入爲吏部侍郎，封渭源男，食邑三百戶。敬宗卽位之五月，以本官同平章事。

敬宗沖幼，好治宮室，畋遊無度，欲於宮中營新殿，程諫曰：「自古聖帝明王，以恭儉化天下。陛下在諒闇之中，不宜興作，願以瓦木迴奉園陵。」上欣然從之。程又奏請置侍講學士，數陳經義。程辯給多智算，能移人主之意，尋加中書侍郎，進封彭原郡公。寶曆二年〔五〕，罷相，檢校兵部尙書、同平章事、太原尹、北京留守、河東節度使。大和四年三月，檢校尙書左僕射、平章事、河中尹、河中晉絳節度使。

六年，就加檢校司空。七月，徵爲左僕射，中謝日奏曰：「臣所忝官上禮，前後儀注不同。在元和、長慶中，僕射數人上日，不受四品已下官拜。近日再定儀注，四品已下官悉許受拜，王涯、竇易直已行之於前。今御史臺云：已聞奏，太常寺定取十五日上。臣進退未知所據。」時中丞李漢以爲受四品已下拜太重。敕曰：「僕射上儀，近已詳定。所緣拜禮，皆約令文，已經施行，不合更改。宜準大和四年十一月六日敕處分。」

程藝學優深，然性放蕩，不修儀檢，滑稽好戲，而居師長之地，物議輕之。七年六月，檢

校司空、汴州刺史、宣武軍節度使。九年，復爲河中晉絳節度使、就加檢校司徒。開成元年五月，復入爲右僕射，兼判太常卿事。十一月，兼判吏部尙書銓事。二年三月，檢校司徒，出爲襄州刺史、山南東道節度使。卒，有司謚曰繆。子廓。

廓進士登第，以詩名聞於時。大中末，累官至潁州刺史，再爲觀察使。廓子晝，亦登進士第。

史臣曰：宗儒、易直，以寬柔養望，坐致公台，與時沉浮，壽考終吉，可謂能奉身矣。逢吉起徒步而至鼎司，欺蔽幼君，依憑內豎，蛇虺其腹，毒害正人，而不與李訓同誅，天道福淫明矣。申錫小器大謀，貶死爲幸。程不持士範，歿獲醜名。君子操修，豈宜容易？

贊曰：趙、竇優柔，坐享公侯。蝮蛇野葛，逢吉之流。豈無 人？主輔謨猷。程、錫弼諧，于道難周。

校勘記

〔一〕昭愍　各本原作「昭肅」，廿二史考異卷六〇：「『昭肅』當作『昭愍』，敬宗謚也。」據改。

〔二〕山南東道　「東」字各本原作「西」。前既云其爲襄州刺史，襄州爲山南東道治所，新書卷一五二竇易直傳、合鈔卷二一八竇易直傳正作山南東道。今改。

〔三〕左僕射　「左」字各本原作「右」，據本卷上文及合鈔卷二一八竇易直傳改。

〔四〕剖斷循常　「剖」字各本原作「割」，據册府卷六七〇改。

〔五〕寶曆　各本原作「寶應」，據册府卷三三二改。

舊唐書卷一百六十八

列傳第一百一十八

韋溫 蕭祐附　獨孤郁 弟朗　錢徽 子可復　高釴 弟銖 鍇　馮宿 弟定 審　封敖

韋溫字弘育，京兆人。祖肇，吏部侍郎。父綬，德宗朝翰林學士，以散騎常侍致仕。綬弟貫之，憲宗朝宰相，自有傳。溫七歲時，日念毛詩一卷。年十一歲，應兩經舉登第。釋褐太常寺奉禮郎。以書判拔萃，調補祕書省校書郎。時綬致仕田園，聞溫登第，愕然曰：「判入高等，在羣士之上，得非交結權幸而致耶？」令設席於庭，自出判目試兩節。溫命筆即成，綬喜曰：「此無愧也。」調授咸陽尉。入爲監察御史，以父在田里，憲府禮拘，難於省謁，不拜。換著作郎，一謝即還。侍省父疾，溫侍醫藥，衣不解帶，垂二十年。父憂，毀瘠踰制。免喪，久之爲右補闕，忠鯁救時。宋申錫被誣，溫倡言曰：「宋公履行有素，身居台輔，不當

有此，是姦人陷害也。吾輩諫官，豈避一時之雷電，而致聖君賢相蒙蔽惑之咎耶？」因率同列伏閤切爭之，由是知名。

大和五年，太廟第四、第六室缺漏，上怒，罰宗正卿李銳、將作王堪，乃詔中使鳩工補葺之。溫上疏曰：「臣聞吏舉其職，國家所以治；事歸於正，朝廷所以尊。夫設制度，立官司，事存典故，國有經費，而最重者，奉宗廟也。伏以太廟當修，詔下踰月，有司弛墮，曾不加誠。宜黜慢官，以懲不恪之罪，擇可任者，責以繕完之功。此則事歸于正，吏舉其職也。而聖思不勞〔二〕，百職無曠。今慢官不恪，止于罰俸，宗廟所切，便委內臣。是許百司之官，公然廢職，以宗廟之重，爲陛下所私，羣官有司，便同委棄。此臣竊爲聖朝惜此事也。事關宗廟，皆書史策，苟非舊典，不可率然。伏乞更下詔書，得委所司營繕，則制度不紊，官業交修。」上乃止內使。

羣臣上尊號，溫上疏曰：「德如三皇止稱皇，功如五帝止稱帝。徽號之來，乃聖王之末事。今歲三川水災，江淮旱歉，恐非崇飾徽稱之時。」帝深嘉之，乃止。改侍御史。

李德裕作相，遷禮部員外郎。或以溫厚於牛僧孺，言於德裕，德裕曰：「此人堅正中立，君子也。」鄭注鎮鳳翔，自知不爲所齒，求德門弟子爲參佐，請溫爲副使。或以爲理不可拒，拒則生患。溫曰：「擇禍莫若輕。拒之止於遠貶，從之有不測之禍。」鄭注誅，轉考功員外

郎。尋知制誥，召入翰林爲學士。以父職禁廷，憂畏成病，遺誡不令居禁職，懇辭不拜。

俄兼太子侍讀，每晨至少陽院，午見莊恪太子。溫曰：「殿下盛年，宜早起，學周文王爲太子，雞鳴時問安西宮。」太子幼，不能行其言。稱疾，上不悅，改太常少卿。未幾，拜給事中。王晏平爲靈武，剋削軍士，贓罪發，帝以智興之故，減死，貶官。溫三封詔書，文宗深奬之。莊恪得罪，召百僚諭之，溫曰：「太子年幼，陛下訓之不早，到此非獨太子之過。」遷尚書右丞。

吏部員外郎張文規父弘靖，長慶初在幽州爲朱克融所囚，文規不時省赴，人士喧然罪之。溫居綱轄，首糾其事，出文規爲安州刺史。鹽鐵判官姚勗知河陰院，嘗雪冤獄，鹽鐵使崔珙奏加酬奬，乃令權知職方員外郎。制出，令勗上省，溫執奏曰：「國朝已來，郎官最爲清選，不可以賞能吏。」上令中使宣諭，言勗能官，且放入省。溫堅執不奉詔，乃改勗檢校禮部郎中。翌日，帝謂楊嗣復曰：「韋溫不放姚勗入省，有故事否？」嗣復對曰：「韋溫志在銓擇清流。然姚勗士行無玷，梁公元崇之孫，自殿中判鹽鐵案，陛下奬之，宜也。若人有吏能，不入清流，孰爲陛下當煩劇者？此衰晉之風也。」上素重溫，亦不奪其操，出爲陝虢觀察使。

武宗即位，李德裕用事，召拜吏部侍郎，欲引以爲相。時李漢以家行不謹，貶汾州司馬，溫從容白德裕曰：「李漢不爲相公所知，昨以不孝之罪絀免，乞加按問。」德裕曰：「親情

耶？」溫曰：「雖非親昵，久相知耳。」德裕不悅。居無何，出溫爲宣歙觀察使，辟鄭處誨爲觀察判官，德裕愈不悅。池州人訟郡守，溫按之無狀，杖殺之。

明年，瘍生於首，謂愛壻張復魯曰：「予任校書郎時，夢二黃衣人齎符來追，及滻，將渡，一人續至曰：『彼墳至大，功須萬日。』遂不涉而寤。計今萬日矣，與公訣矣。」明日卒，贈工部尚書，謚曰孝。

溫在朝時，與李珏、楊嗣復周旋。及楊、李禍作，歎曰：「楊三、李七若取我語，豈至是耶！」初溫以楊、李與德裕交怨，及居位，溫勸楊、李徵用德裕，釋憾解慍，二人不能用，故及禍。溫無子，女適薛蒙，善著文，續曹大家女訓十二章，士族傳寫，行于時。溫剛腸寡合，人多疏簡，唯與常侍蕭祐善。

蕭祐者，蘭陵人。少孤貧，耿介苦學，事親以孝聞。自處士徵拜左拾遺，累遷至考功郎中。祐博雅好古，尤喜圖畫。前代鍾、王遺法，蕭、張筆勢，編序眞僞，爲二十卷，元和末進御，優詔嘉之，授兵部郎中。出爲虢州刺史，入爲太常少卿，轉諫議大夫。踰月爲桂州刺史、御史中丞、桂管防禦觀察使。大和二年八月，卒于官，贈右散騎常侍。祐閑澹貞退，善鼓琴賦詩，書畫盡妙，遊心林壑，嘯詠終日，而名人高士，多與之遊。給事中韋溫尤重之，結爲林泉之友。

獨孤郁，河南人。父及，天寶末與李華、蕭穎士等齊名，善爲文，所著仙掌銘，大爲時流所賞，位終常州刺史。郁，貞元十四年登進士第，文學有父風，尤爲舍人權德輿所稱，以子妻之。貞元末，爲監察御史。

元和初，應制舉才識兼茂、明於體用，策入第四等，拜左拾遺。太子司議郎杜從郁拜左補闕，郁與同列，論之曰：「從郁是宰臣佑之子，父居宰執，從郁不宜居諫列。」乃改爲左拾遺，又論曰：「補闕之與拾遺，資品雖殊，同是諫官，若時政或有得失，不可令子論父。」從郁竟改他官。

四年，轉右補闕，又與同列拜章論中官吐突承璀不宜爲河北招討使，乃改招撫宣慰使。五年，兼史館修撰。尋召充翰林學士，遷起居郎。權德輿作相，郁以婦公辭內職，憲宗曰：「德輿乃有此佳壻。」因詔宰相於士族之家選尚公主者。遷郁考功員外郎，充史館修撰、判館事，預修德宗實錄。七年，以本官復知制誥。八年，轉駕部郎中。其年十月，復召爲翰林學士。九年，以疾辭內職。十一月，改秘書少監，卒。

郁弟朗，嘗居諫官，請罷淮西用兵，不協旨，貶興元戶曹。入爲監察御史，轉殿中。十五年，兼充史館修撰，遷都官員外郎。長慶初，諫議大夫李景儉於史館飲酒，憑醉謁宰相，語辭侵侮，朗坐同飲，出爲澧州刺史。入爲左司員外郎，遷諫議大夫。揚州節度使王播罷兼鹽鐵使，行賂於中人，求復領銅鹽，朗上章論之。

寶曆元年十一月，拜御史中丞。二年六月，賜金紫之服。侍御史李道樞乘醉謁朗，朗劾之，左授司議郎。憲府故事，三院御史由大夫、中丞自辟，請命于朝。時崔晃、鄭居中不由憲長而除，皆丞相之僚舊也，敕命雖行，朗拒而不納，晃竟改太常博士，居中分司東臺。其年十月，高少逸入閤失儀，朗不彈奏，宰相銜阻崔晃事，左授少逸贊善大夫，朗亦罰俸。朗稱執法不稱，乞罷中丞，敬宗令中使諭之，不允其讓。文宗即位，改工部侍郎。大和元年八月，出爲福州刺史、御史中丞、福建觀察使。是月赴官，暴卒於路，贈右散騎常侍。

郁子庠，亦登進士第。大中後，官達，亦至侍郎。

錢徽字蔚章，吳郡人[三]。父起，天寶十年登進士第。起能五言詩。初從鄉薦，寄家江

湖，嘗於客舍月夜獨吟，遽聞人吟於庭曰：「曲終人不見，江上數峯青。」起愕然，攝衣視之，無所見矣，以爲鬼怪，而志其一十字。起就試之年，李暐所試湘靈鼓瑟詩題中有「青」字，起即以鬼謠十字爲落句，暐深嘉之，稱爲絕唱。是歲登第，釋褐祕書省校書郎。大曆中，與韓翃、李端輩十人，俱以能詩，出入貴遊之門，時號「十才子」，形於圖畫。起位終尚書郎。

徽，貞元初進士擢第，從事戎幕。元和初入朝，三遷祠部員外郎，召充翰林學士。六年，轉祠部郎中、知制誥。八年，改司封郎中、賜緋魚袋，內職如故。九年，拜中書舍人。十一年，王師討淮西，詔朝臣議兵，徽上疏言用兵累歲，供饋力殫，宜罷淮西之征，憲宗不悅，罷徽學士之職，守本官。

長慶元年，爲禮部侍郎。時宰相段文昌出鎮蜀川，文昌好學，尤喜圖書古畫。故刑部侍郎楊憑兄弟以文學知名，家多書畫，鍾、王、張、鄭之蹟在書斷、畫品者，兼而有之。憑子渾之求進，盡以家藏書畫獻文昌，求致進士第。文昌將發，面託錢徽，繼以私書保薦。翰林學士李紳亦託舉子周漢賓於徽。及牓出，渾之、漢賓皆不中選。李宗閔與元稹素相厚善。初稹以直道譴逐久之，及得還朝，大改前志，由逕以徼進達，宗閔亦急於進取，二人遂有嫌隙。楊汝士與徽有舊，是歲，宗閔子壻蘇巢及汝士季弟殷士俱及第。故文昌、李紳大怒。文昌赴鎮，辭日，內殿面奏，言徽所放進士鄭朗等十四人，皆子弟藝薄，不當在選中。穆宗以其事

訪於學士元稹、李紳，二人對與文昌同。遂命中書舍人王起、主客郎中知制誥白居易，於子亭重試，內出題目孤竹管賦、鳥散餘花落詩，而十人不中選。詔曰：

國家設文學之科，本求才實，苟容僥倖，則異至公。訪聞近日浮薄之徒，扇爲朋黨，謂之關節，干撓主司。每歲策名，無不先定，永言敗俗，深用興懷。鄭朗等昨令重試，意在精覈藝能，不於異書之中，固求深僻題目，貴令所試成就，以觀學藝淺深。孤竹管是祭天之樂，出於周禮正經，閱其呈試之文，都不知其本事，辭律鄙淺，蕪累亦多。比令宣示錢徽，庶其深自懷愧，誠宜盡棄，以警將來。但以四海無虞，人心方泰，用弘寧撫，式示殊恩，特掩爾瑕，庶明予志。孔溫業、趙存約、竇洵直所試粗通，與及第；裴譔特賜及第，鄭朗等十人並落下。自今後禮部舉人，宜準開元二十五年敕，及第訖，所試雜文幷策，送中書門下詳覆。

尋貶徽爲江州刺史，中書舍人李宗閔劍州刺史，右補闕楊汝士開江令。初議貶徽，宗閔、汝士令徽以文昌、李紳私書進呈，上必開悟，徽曰：「不然。苟無愧心，得喪一致，修身慎行，安可以私書相證耶？」令子弟焚之，人士稱徽長者。

既而穆宗知其朋比之端，乃下詔曰：

昔者，卿大夫相與讓於朝，士庶人相與讓於列，周成王刑措不用，漢文帝恥言人過，眞理古也，朕甚慕焉。中代已還，爭端斯起，掩抑其言則專蔽，誘掖其說則侵誣。語稱訕上自非責實循名，不能彰善癉惡，故孝宣必有告訐及下，光武不以單辭遽行。之非，律有匿名之禁，皆以防三至之毀，重兩造之明。是以爵人於朝則皆勸，刑人於市則皆懼，罪有歸而賞當事也。

末代偷巧，內荏外剛。卿大夫無進思盡忠之誠，多退有後言之謗；士庶人無切磋琢磨之益，多銷鑠浸潤之讒。進則諛言諂笑以相求，退則羣居州處以相議。留中不出之請，蓋發其陰私；公論不容之誅，是生於朋黨。擢一官，則曰恩皆自我；黜一職，則曰事出他門。比周之迹已彰，尙矜介特；由徑之蹤盡露，自謂貞方。居省寺者不以勤恪涖官，而曰務從簡易；提紀綱者不以準繩檢下，而曰密奏風聞。獻章疏者更相是非，備顧問者互有憎愛。苟非秦鏡照膽，堯羊觸邪，時君聽之，安可不惑？參斷一謬，俗化益訛。禍發齒牙，言生枝葉，率是道也，朕甚憫焉。

我國家貞觀、開元，同符三代，風俗歸厚，禮讓皆行。兵興已來，人散久矣，始欲導之以德，不欲驅之以刑。然而信有未孚，理有未至，曾無恥格，益用雕刓。小則綜覈之權，見侵於下輩；大則樞機之重，旁撓於薄徒。尙念因而化之，亦冀去其尤者。而宰臣懼其寖染，未克澄淸。備引祖宗之書，願垂勸誡之詔，遂伸告諭，頗用殷勤。各當自

省厥躬，與我同底于道。

元稹之辭也。制出，朋比之徒，如撻於市，咸睚眦於紳、稹。

徽明年遷華州刺史、潼關防禦、鎭國軍等使。文宗卽位，徽拜尙書左丞。大和元年十二月，復授華州刺史。二年秋，以疾辭位，授吏部尙書致仕。三年三月卒，時年七十五。子可復、可及，皆登進士第。

可復累官至禮部郎中。大和九年，鄭注出鎭鳳翔，李訓選名家子以爲賓佐，授可復檢校兵部郎中、兼御史中丞，充鳳翔節度副使。其年十一月，李訓敗，鄭注誅，可復爲鳳翔監軍使所害。

高釴字翹之。祖鄭賓，宋州寧陵令。父去疾，攝監察御史。釴，元和初進士及第，判入等，補祕書省校書郎。累遷至右補闕，充史館修撰。十四年，上疏請不以內官爲京西北和糴使。十五年，轉起居郎，依前充職。

釴孤貞無黨，而能累陳時政得失。長慶元年，穆宗憐之，面賜緋於思政殿，仍命以本官充翰林學士。二年，遷兵部員外郎，依前充職。四年四月，禁中有張韶之變，敬宗幸左軍。

是夜，釴從帝宿於左軍。翌日賊平，賞從臣，賜釴錦綵七十匹，轉戶部郎中、知制誥。十二月，正拜中書舍人，充職如故。謝恩於思政殿，因諫敬宗，以求理莫若躬親，用示憂勤之旨也。帝深納其言，又賜錦綵五十匹。寶曆二年三月，罷學士，守本官。大和三年七月，授刑部侍郎。四年冬，遷吏部侍郎。銓綜之司，官業振舉。七年，出爲同州刺史、兼御史中丞。八年六月卒，贈兵部尚書，遺命薄葬。釴少時孤貧，潔己力行，與弟銖、鍇皆以檢靜自立，致位崇顯，居家友睦，爲搢紳所重。

銖，元和六年登進士第。穆宗卽位，入朝爲監察御史，累遷員外郎、吏部郎中。大和五年，拜給事中。七年，爲外官監考使。八年十月，文宗用國子助教李仲言爲侍講，銖率諫官伏閤論曰：「仲言素行纖邪，若聽用，必亂國經。」上令中使宣諭曰：「朕要仲言講書，非有聽用也。」是歲，先旱後水，京師穀價騰踊，彗星爲變，舉選皆停，人情雜然流議，鄭注姦謀，日聞于外。銖等犯難論諍，冀上省悟。旣奉宣傳，相顧失色，以其危亡可翹足而待也。明年，訓、注竊權，惡銖不附己，五月，出爲越州刺史、御史中丞、浙東觀察使。開成三年，就加檢校左散騎常侍，尋入爲刑部侍郎。四年七月，出爲河南尹。會昌末，爲吏部侍郎。

鍇，元和九年登進士第，升宏辭科，累遷吏部員外。大和三年，準敕試別頭進士明經鄭齊之等十八人。牓出之後，語辭紛競，監察御史姚中立以聞，詔鍇審定，乃升李景、王淑等人以爲公。六年二月，自司勳郎中轉諫議大夫。七年，遷中書舍人。九年十月，以本官權知禮部貢舉。開成元年春，試畢，進呈及第人名，文宗謂侍臣曰：「從前文格非佳，昨出進士題目，是朕出之，所試似勝去年。」鄭覃曰：「陛下改詩賦格調，以正頹俗，然高鍇亦能勵精選士，仰副聖旨。」帝又曰：「近日諸侯章奏，語太浮華，有乖典實，宜罰掌書記，以誡其流。」李石曰：「古人因事爲文，今人以文害事，懲弊抑末，實在盛時。」乃以鍇爲禮部侍郎。凡掌貢部三年，每歲登第者四十人。三年牓出後，敕曰：「進士每歲四十人，其數過多，則乖精選。宜途塡委，要窒其源，宜改每年限放三十人，如不登其數，亦聽。」然鍇選擢雖多，頗得實才，抑豪華，擢孤進，至今稱之。尋轉吏部侍郎。其年九月，出爲鄂州刺史、御史大夫、鄂岳觀察使，卒。

釴子湜，鍇子湘，偕登進士第。湜，咸通十二年爲禮部侍郎。湘自員外郎知制誥，正拜中書舍人，咸通年，改諫議大夫。坐宰相劉瞻親厚，貶高州司馬。乾符初，復爲中書舍人。三年，遷禮部侍郎，選士得人。出爲潞州大都督府長史、昭義節度、澤潞觀察等使，卒。

馮宿，東陽人。丱歲隨父子華廬祖墓，有靈芝白兔之祥。宿昆弟二人，皆幼有文學。宿登進士第，徐州節度張建封辟爲掌書記。後建封卒，其子愔爲軍士所立，李師古欲乘喪襲取。時王武俊且覬其釁，愔恐懼，計無所出，宿乃以檄書招師古而說武俊曰：「張公與君爲兄弟，欲同力驅兩河歸天子，衆所知也。今張公歿，幼子爲亂兵所脅，內則誠款隔絕於朝廷，外則境土侵逼於強寇。孤危若此，公安得坐視哉！誠能奏天子，念先僕射之忠勳，捨其子之迫脅，使得束身自歸，則公於朝廷有靖亂之功，於張氏有繼絕之德矣。」武俊大悅，卽以表聞。由是朝廷賜愔節鉞，仍贈建封司徒。

宿以嘗從建封，不樂與其子處，乃從浙東觀察使賈全府辟。愔恨其去己，奏貶泉州司戶。徵爲太常博士。王士眞死，以其子承宗不順，不加謚。宿以爲懷柔之義，不可遺其忠勞，乃加之美謚。轉虞部、都官二員外郎。元和十二年，從裴度東征，爲彰義軍節度判官。淮西平，拜比部郎中。會韓愈論佛骨，時宰疑宿草疏，出爲歙州刺史。入爲刑部郎中。十五年，權判考功。宿以宰臣及三品已下官〔三〕，故事內校考別封以進，翰林學士職居內署，事莫能知，請依前書上考，諫官御史亦請仍舊，並書中上考。

長慶元年，以本官知制誥。二年，轉兵部郎中，依前充職。牛元翼以深州不從王庭湊，詔授襄州節度使。元翼未出深州，爲庭湊所圍。二年，以宿檢校右庶子、兼御史中丞，賜紫金魚袋，往總留務。監軍使周進榮不遵詔命，宿以狀聞。元翼旣至，宿歸朝，拜中書舍人，轉太常少卿。敬宗卽位，宿常導引乘輿，出爲華州刺史。以父名拜章乞罷，改左散騎常侍，兼集賢殿學士，充考制策官。

大和二年，拜河南尹。時洛苑使姚文壽縱部下侵欺百姓，吏不敢捕。一日，遇大會，嘗所捕者傲睨於文壽之側，宿知而掩之，杖死。大和四年，入爲工部侍郎。六年，遷刑部侍郎，修格後敕三十卷，遷兵部侍郎。九年，出爲劍南東川節度使，檢校禮部尚書。開成元年十二月卒，廢朝，贈吏部尚書，謚曰懿。有文集四十卷。子圖、陶、韜，三人皆登進士，揚歷清顯。

宿弟定字介夫，儀貌壯偉，與宿俱有文學，而定過之。貞元中皆舉進士，時人比之漢朝二馮君。于頔牧姑蘇也，定寓焉，頔友於布衣間。後頔帥襄陽，定乘驢詣軍門，吏不時白，定不留而去。頔慚，笞軍吏，馳載錢五十萬，及境謝之。定飯逆旅，復書責以貴傲而返其遺，頔深以爲恨。權德輿掌貢士，擢居上第，後於潤州佐薛苹幕，得校書郎，尋爲鄠縣尉，充集賢校理。定先時居父憂，因號毁得肺病，趨府或不及時，大學士疑其恃才簡怠，乃奪其職，俾爲大理評事。登朝爲太常博士，轉祠部員外郎。

寶曆二年，出爲鄆州刺史。長壽縣尉馬洪沼告定強奪人妻，及將闕官職田祿粟入已費用，詔監察御史李顧行鞫之。獄具上聞，制曰：「馮定經使臣推問，無入己贓私，所告罰錢，又皆公用。然長吏之體，頗涉無儀，刑賞或乖，宴遊不節。緣經恩赦，難更科書，猶持郡符，公議不可，宜停見任。」尋除國子司業、河南少尹。

大和九年八月，爲太常少卿。文宗每聽樂，鄙鄭、衞聲，詔奉常習開元中霓裳羽衣舞，以雲韶樂和之。舞曲成，定總樂工閱於庭，定立於其間。文宗以其端凝若植，問其姓氏，翰林學士李珏對曰：「此馮定也。」文宗喜，問曰：「豈非能爲古章句者耶？」乃召升階，文宗自吟定送客西江詩。吟罷益喜，因錫禁中瑞錦，仍令大錄所著古體詩以獻。尋遷諫議大夫、知甌事。

是歲，李訓事敗伏誅，衣冠横罹其禍，中外危疑。及改元御殿，中尉仇士良請用神策仗衞在殿門，定抗疏論罷，人情危之。又請許左右史隨宰臣入延英記事，宰臣不樂。二年，改太子詹事。三年，宰臣鄭覃拜太子太師，欲於尚書省上事。定奏曰：「據六典，太師居詹事府，不合於都省禮上。」乃詔於本司上事，人推美之。四年，遷衞尉卿。是歲，上章請老，詔

以左散騎常侍致仕。會昌六年，改工部尚書而卒。

先長慶中，源寂使新羅國，見其國人傳寫諷念定所爲黑水碑、畫鶴記。韋休符之使西番也，見其國人寫定商山記於屏障。其文名馳於戎夷如此。子袞、顓、軒、巖四人，皆進士登第。咸通中，歷任臺省。宿從弟審、寬。

審父子郁。審，貞元十二年登進士第，累辟使府。入爲監察御史，累遷至兵部郎中。開成三年，遷諫議大夫。四年九月，出爲桂州刺史、桂管觀察使。入爲國子祭酒。國子監有孔子碑，睿宗篆額，加「大周」兩字，蓋武后時篆也。審請琢去僞號，復「大唐」字，從之。咸通中，卒於祕書監。審弟寬，子緘，皆進士擢第，知名於時。

封敖字碩夫，其先渤海蓨人。祖希奭，父諒，官卑。敖，元和十年登進士第，累辟諸侯府。

大和中，入朝爲右拾遺。會昌初，以員外郎知制誥，召入翰林爲學士，拜中書舍人。敖構思敏速，語近而理勝，不務奇澀，武宗深重之。嘗草賜陣傷邊將詔，警句云：「傷居爾體，痛在肸躬。」帝覽而善之，賜之宮錦。李德裕在相位，定策破迴鶻，誅劉稹，議兵之際，同列或有不可之言，唯德裕籌計指畫，竟立奇功，武宗賞之，封衞國公，守太尉。其制語有「遏横議於風波，定奇謀於掌握。逆稹盜兵，壺關晝鎖，造膝嘉話，開懷靜思，意皆我同，言不他惑。」制出，敖往慶之，德裕口誦此數句，撫敖曰：「陸生有言，所恨文不迨意。如卿此語，秉筆者不易措言。」座中解其所賜玉帶以遺敖，深禮重之。

然敖不持士範，人重其才而輕其所爲，德裕不能大用之。德裕罷相，敖亦罷内職。宣宗即位，遷禮部侍郎。大中二年，典貢部，多擢文士。轉吏部侍郎、渤海男、食邑七百戶。四年，出爲興元尹、御史大夫、山南西道節度使，歷左散騎常侍。十一年，拜太常卿，出爲淄青節度使，入爲戶部尚書，卒。

子彥卿、望卿，從子特卿，皆進士及第，咸通後，歷位清顯。

史臣曰：韋公鯁亮，守官犯而得禮。蕭子恬於吏隱，抑亦名賢。蔚章操韻非高，而從容長者。郁、朗襟概，鬱有世風。三高並秀於一時，二馮爭驅於千里，咸以摛英掞藻，華國揚名。潤色之能，封無與讓，壽考垂慶，儒何負哉。

贊曰：伏蒲進諫，染翰爲文。獨孤、韋氏，志在匡君。馮、高諸子，綺繡繽紛。禁垣擅

美，渤海凌雲。

校勘記

〔一〕聖思不勞　「思」字各本原作「恩」，據唐會要卷一八、册府卷五三三改。

〔二〕吳郡人　廿二史考異卷六〇云：「當作吳興人。」按新書卷二〇三盧綸傳謂錢起吳興人，徽當亦是吳興。

〔三〕宿以宰臣及三品已下官　册府卷六三六同。唐會要卷八一「已下官」作「已上官」。

舊唐書卷一百六十九

列傳第一百一十九

李訓　鄭注　王涯　王璠　賈餗　舒元輿　郭行餘　羅立言　李孝本

李訓，肅宗時宰相揆之族孫也。始名仲言。進士擢第。形貌魁梧，神情灑落，辭敏智捷，善揣人意。寶曆中，從父逢吉爲宰相，以訓陰險善計事，愈親厚之。初與茅彙等欲中傷李程，及武昭事發，訓坐長流嶺表，會赦得還。丁母憂，居洛中。

時逢吉爲留守，思復爲宰相，且深怨裴度，居常憤鬱不樂。訓揣知其意，即以奇計動之。自言與鄭注善，逢吉以爲然，遺訓金帛珍寶數百萬，令持入長安，以賂注。注得賂甚悅，乘間薦于中尉王守澄，乃以注之藥術，訓之易道，合薦于文宗。守澄以訓縗粗，難入禁中，帝令訓戎服，號王山人，與注入內。帝見其指趣，甚奇之。及訓釋服，在京師。大和八年，

自流人補四門助教，召入內殿，面賜緋魚。其年十月，遷國子周易博士，充翰林侍講學士。入院日，賜宴，宣法曲弟子二十人就院奏法曲以寵之。兩省諫官伏閤切諫，言訓姦邪，海內聞知，不宜令侍宸扆，終不聽。

文宗性守正嫉惡，以宦者權寵太過，繼爲禍胎，元和末弑逆之徒尚在左右，雖外示優假，心不堪之。思欲芟落本根，以雪讎恥，九重深處，難與將相明言。前與侍講宋申錫謀，謀之不臧，幾成反噬，自是巷伯尤横。因鄭注得幸守澄，俾之援訓，冀黄門之不疑也。訓既在翰林，解易之際，或語及巷伯事，則再三憤激，以動上心。以其言論縱横，謂其必能成事，遂以眞誠謀於訓、注。自是二人寵幸，言無不從，而深祕之謀，往往流聞於外。上慮中人猜慮，乃疏易義五條，示於百辟，有能出訓之意者賞之，蓋欲知上以師友寵之。九年七月，改兵部郎中、知制誥，充翰林學士。九月，遷禮部侍郎、同平章事，仍賜金紫之服。詔以平章之暇，三五日一入翰林。

訓既秉權衡，即謀誅內豎。中官陳弘慶者〔一〕，自元和末負弑逆之名，忠義之士無不扼腕，時爲襄陽監軍，乃召自漢南，至青泥驛，遣人封杖決殺。王守澄自長慶已來知樞密，典禁軍，作威作福。訓既作相，以守澄爲六軍十二衞觀軍容使，罷其禁旅之權，尋賜酖殺之。訓愈承恩顧，每別殿奏對，他宰相莫不順成其言，黄門禁軍迎拜戢斂。訓本以纖達，門庭趨附之士，率皆狂怪險異之流，時亦能取正人偉望，以鎭人心。天下之人，有冀訓以致太平者，不獨人主惑其言。

訓雖爲鄭注引用，及祿位俱大，勢不兩立，託以中外應赴之謀，出注爲鳳翔節度使。俟誅內豎，即兼圖注。約以其年十一月誅中官，須假兵力，乃以大理卿郭行餘爲邠寧節度使，戶部尚書王璠爲太原節度使，京兆少尹羅立言權知大尹事，太府卿韓約爲金吾街使，刑部郎中知雜李孝本權知中丞事，皆訓之親厚者。冀王璠、郭行餘未赴鎭間，廣令召募豪俠及金吾臺府之從者，俾集其事。

是月二十一日，帝御紫宸。班定，韓約不報平安，奏曰：「金吾左仗院石榴樹，夜來有甘露，臣已進狀訖。」乃蹈舞再拜，宰相百官相次稱賀。李訓奏曰：「甘露降祥，俯在宮禁。陛下宜親幸左仗觀之。」班退，上乘軟舁出紫宸門，由含元殿東階升殿，宰相侍臣分立於副階，文武兩班，列於殿前。上令宰相兩省官先往視之，既還，曰：「臣等恐非眞甘露，不敢輕言。言出，四方必稱賀也。」上曰：「韓約妄耶？」乃令左右軍中尉、樞密內臣往視之。

既去，訓召王璠、郭行餘曰：「來受敕旨！」璠恐悚不能前，行餘獨拜殿下。時兩鎭官健，皆執兵在丹鳳門外，訓已令召之，唯璠從兵入，邠寧兵竟不至。中尉、樞密至左仗，聞幕下有兵聲，驚恐走出，閽者欲扃鎖之，爲中人所叱，執關而不能下。內官迴奏，韓約氣懾汗

流，不能舉首。中官謂之曰：「將軍何及此耶？」又奏曰：「事急矣，請陛下入內。」即舉軟輿迎帝，訓殿上呼曰：「金吾衞士上殿來，護乘輿者，人賞百千。」內官決殿後罘罳，舉輿疾趨，訓攀呼曰：「陛下不得入內。」金吾衞士數十人，隨訓而入。羅立言率府中從人自東來，李孝本率臺中從人自西來，共四百餘人，上殿縱擊，內官死傷者數十人。訓時愈急，邐迆入宣政門，帝瞋目叱訓，內官郄志榮奮拳擊其胸，訓即僵仆於地。帝入東上閤門，門即闔，內官呼萬歲者數四。須臾，內官率禁兵五百人，露刃出閤門，遇人即殺。宰相王涯、賈餗、舒元輿方中書會食，聞難出走，諸司從吏死者六七百人。

是日，訓中拳而仆，知事不濟，乃單騎走入終南山，投寺僧宗密。訓與宗密素善，欲剃其髮匿之，從者止之，乃趨鳳翔，欲依鄭注。出山，爲盩厔鎭將宗楚所得，械送京師。至昆明池，訓恐入軍別受搒掠，乃謂兵士曰：「所在有兵，得我者即富貴，不如持我首行，免被奪取。」乃斬訓，持首而行。訓弟仲景、再從弟戶部員外郎元皐，皆伏法。

仇士良以宗密容李訓，遣人縛入左軍，責以不告之罪。將殺之，宗密怡然曰：「貧僧識訓年深，亦知反叛。然本師教法，遇苦即救，不愛身命，死固甘心。」中尉魚弘志嘉之，奏釋其罪。

鄭注，絳州翼城人，始以藥術游長安權豪之門。本姓魚，冒姓鄭氏，故時號魚鄭，注用事時，人目之爲「水族」。

元和十三年，李愬爲襄陽節度使，注往依之，愬得其藥力，因厚遇之，署爲節度衙推。從愬移鎮徐州，又爲職事，軍政可否，愬與之參決。注詭辯陰狡，善探人意旨，與愬籌謀，未嘗不中其意。然挾邪任數，專作威福，軍府患之。時王守澄監徐軍，深怒注。一日，以軍情患注白于愬，愬曰：「彼雖如此，實奇才也。將軍試與之語，苟不如旨，去未爲晚。」愬卽令謁監軍，守澄初有難色。及延坐與語，機辯縱衡，盡中其意，遂延于內室，促膝投分，恨相見之晚。翌日，守澄謂愬曰：「誠如公言，實奇士也。」自是出入守澄之門，都無限隔。愬署爲巡官，齒於賓席。

及守澄入知樞密，當長慶、寶曆之際，國政多專於守澄。注晝伏夜動，交通路遺，初則讒邪姦巧之徒附之以圖進取；數年之後，達僚權臣，爭湊其門。累從山東、京西諸軍，歷衛佐、評事、御史，又檢校庫部郎中，爲昭義節度副使。既以陰事誣陷宋申錫，守道正人，始側目焉。

大和七年，罷邪寧行軍司馬，入京師，御史李款閤內彈之曰：「鄭注內通敕使，外結朝

官，兩地往來，卜射財貨，晝伏夜動，干竊化權。人不敢言，道路以目。請付法司。」旬日內，諫章十數，文宗不納。尋授注通王府司馬，充右神策判官，中外駭歎。八年九月，注進藥方一卷，令守澄召注對浴堂門，賜錦綵。召對之夕，彗出東方，長三尺，光耀甚緊。其年十二月，拜太僕卿、兼御史大夫。

注起第善和里，通於永巷，長廊複壁，日聚京師輕薄子弟、方鎮將吏，以招權利。間日入禁軍，與守澄款密，語必移時，或通夕不寐。李訓既附注以進，承間入謁，而輕浮躁進者，盈於注門。九年八月，遷工部尚書，充翰林侍講學士。召自九仙門，帝面賜告身。時李訓已在禁庭，二人相洽，日侍君側，講貫太平之術，以爲朝夕可致昇平。兩姦合從，天子益惑其說。是時，訓、注之權，赫於天下。既得行其志，生平恩讎，絲毫必報。因楊虞卿之獄，挾忌李宗閔、李德裕，心所惡者，目爲二人之黨。朝士相繼斥逐，班列爲之一空，人人惴慄，若崩厥角。帝微知之，下詔慰諭，人情稍安。

訓、注天資狂妄，倫合苟容，至於經略謀猷，無可稱者。初浴堂召對，上訪以富人之術，乃以榷茶爲對。其法，欲以江湖百姓茶園，官自造作，量給直分，命使者主之。帝惑其言，乃命王涯兼榷茶使。又言秦中有災，宜興工役以禳之。文宗能詩，嘗吟杜甫江頭篇云：「江頭宮殿鎖千門，細柳新蒲爲誰綠？」始知天寶已前，環曲江四岸有樓臺行宮廨署，心切慕之。既得注言，卽命左右神策軍差人淘曲江、昆明二池，仍許公卿士大夫之家於江頭立亭館，以時追賞。時兩軍造紫雲樓、彩霞亭，內出樓額以賜之。注言無不從，皆此類也。

九月，檢校尙書左僕射、鳳翔尹、鳳翔節度使。蓋與李訓謀事有期，欲中外協勢。十一月，注聞訓事發，自鳳翔率親兵五百餘人赴闕。至扶風，聞訓敗，乃還。監軍使張仲淸已得密詔，迎而勞之，召至監軍府議事。注倚兵衞卽赴之，仲淸已伏兵幕下。注方坐，伏兵發，斬注，傳首京師，部下潰散。注家屬屠滅，靡有孑遺。初未獲注，京師憂恐。至是，人人相慶。

注兩目不能遠視，自言有金丹之術，可去痿弱重膇之疾。始李愬自云得効，乃移之守澄，亦神其事。由是中官視注皆憐之，卒以是售其狂謀。而守澄自貽其患，復致衣冠塗地，豈一時之沴氣歟？既籍沒其家財，得絹一百萬匹，他貨稱是。

王涯字廣津，太原人。父晃。涯，貞元八年進士擢第，登宏辭科。釋褐藍田尉。二十年十一月，召充翰林學士，拜右拾遺、左補闕、起居舍人，皆充內職。元和三年，爲宰相李吉甫所怒，罷學士，守都官員外郎，再貶虢州司馬。五年，入爲吏部員外。七年，改兵部員外

郎、知制誥。九年八月，正拜舍人。十年，轉工部侍郎、知制誥，加通議大夫、淸源縣開國男，學士如故。十一年十二月，加中書侍郎、同平章事。十三年八月，罷相，守兵部侍郎，尋遷吏部。

穆宗卽位，以檢校禮部尙書、梓州刺史、劍南東川節度使。其年十一月，吐蕃南北犄角入寇，西北邊騷動，詔兩川兵拒之。時蕃軍逼雅州，涯上疏曰：「臣當道出軍，徑入賊腹，有兩路：一路從龍州淸川鎭入蕃界，徑抵故松州城，是吐蕃舊置節度之所；一路從綿州威蕃柵入蕃界，徑抵棲雞城，皆吐蕃險要之地。」又曰：「臣伏見方今天下無犬吠之警，海內同覆盂之安。每蕃戎一警，則中外咸震，致陛下有旰食軫懷之憂，斯乃臣等居大官、受重寄者之深責也。雖承詔發卒，心馳寇廷，期於爲國討除，使戎人芟剪。晝夜思忖，何補涓毫？所以慺慺愚心，願陳萬一。臣觀自古長策，昭然可徵。在於實邊兵，選良將，明斥候，廣資儲，杜其姦謀，險其走集，此立朝士大夫皆知，不獨微臣知之也，祇在舉行之耳。然臣愚見所及，猶欲布露者，誠願陛下不愛金帛之費，以釣北虜之心。臨遣信臣，與之定約曰，犬戎悖亂負恩，爲邊鄙患者數矣，能制而服之者，唯在北蕃。如能發兵深入，殺若干人，取若干地，則受若干之賞。開懷以示之，厚利以啗之，所以勸獎要約者異於他日，則匈奴之銳，可得出矣。一戰之後，西戎之力衰矣。」穆宗不能用其謀。

長慶元年，幽、鎮復亂，王師征之，未聞克捷。涯在鎮上書論用兵曰：

伏以幽、鎮兩州，悖亂天紀，迷亭育之厚德，肆豺虎之非心。囚繫鼎臣，戕賊戎帥，毒流列郡，釁及賓僚。凡在有情，孰不扼腕？咸欲橫戈荷戟，問罪賊廷。伏以國家文德誕敷，武功繼立，遠無不服，邇無不安。矧茲二方，敢逆天理？臣竊料詔書朝下，諸鎮夕驅，以貔貅問罪之師，當猖狂失節之寇，傾山壓卵，決海灌熒，勢之相懸，不是過也。

但以常山、燕郡，虞、虢相依，一時興師，恐費財力。且夫罪有輕重，事有後先，攻堅宜從易者。如聞范陽肇亂，出自一時，事非宿謀，情亦可驗。鎮州構禍，殊匪偶然，扇動屬城，以兵拒境。如此則幽、薊之衆，可示寬刑；鎮、冀之戎，必資先討。況廷湊闒茸，不席父祖之恩；成德分離，人多迫脅之勢。今以魏博思復讎之衆，昭義願盡敵之師，參之晉陽，輔以滄、易，犄角而進，易若建瓴，盡屠其城，然後北首燕路。在朝廷不爲失信，於軍勢實得機宜。臣之愚忠，輒在於此。

臣又聞用兵若鬬，先扼其喉。今瀛、莫、易、定，兩賊之咽喉也，誠宜假之威柄，戍以重兵。俾其死生不相知，間諜無所入，而以大軍先迫冀、趙，次下井陘，此百舉百全之勢也。臣受恩深至，無以上酬，輒冒陳聞，不勝戰越。

洎涯疏至，盧士玫已爲賊劫，陷瀛、莫州，凶勢不可遏。俄而二凶俱宥之。

三年，入爲御史大夫。敬宗即位，改戶部侍郎、兼御史大夫，充鹽鐵轉運使，俄遷禮部尚書，充職。寶曆二年，檢校尚書左僕射、興元尹、山南西道節度使，就加檢校司空。大和三年正月，入爲太常卿。文宗以樂府之音，鄭衞太甚，欲聞古樂，命涯詢於舊工，取開元時雅樂，選樂童按之，名曰雲韶樂。樂曲成，涯與太常丞李廓、少府監庾承憲押樂工獻於梨園亭，帝按之於會昌殿。上悅，賜涯等錦綵。四年正月，守吏部尚書、檢校司空，復領鹽鐵轉運使。其年九月，守左僕射，領使。奏李師道前據河南十二州，其兗、鄆、淄、青、濮州界，舊有銅鐵冶，每年額利百餘萬，自收復，未定稅額，請復係鹽鐵司，依建中元年九月敕例制置，從之。七年七月，以本官同平章事，進封代國公，食邑二千戶。八年正月，加檢校司空、門下侍郎、弘文館大學士、太清宮使。九年五月，正拜司空，仍令所司冊命，加開府儀同三司，仍兼領江南榷茶使。

十一月二十一日，李訓事敗，文宗入內，涯與同列歸中書會食，未下筯，吏報有兵自閤門出，逢人即殺。涯等蒼惶步出，至永昌里茶肆，爲禁兵所擒，并其家屬奴婢，皆繫於獄。仇士良鞫涯反狀，涯實不知其故，械縛既急，搒笞不勝其酷，乃令手書反狀，自誣與訓同謀。獄具，左軍兵馬三百人領涯與王璠、羅立言，右軍兵馬三百人領賈餗、舒元輿、李孝本，先

赴郊廟，徇兩市，乃腰斬於子城西南隅獨柳樹下。涯以榷茶事，百姓怨恨，詬罵之，投瓦礫以擊之。中書房吏焦寓、焦璿、臺吏李楚等十餘人，吏卒爭取殺之，籍沒其家。涯子工部郎中、集賢殿學士孟堅，太常博士仲翔，其餘稚小妻女，連襟係頸，送入兩軍，無少長盡誅之。自涯已下十一家，資貨悉爲軍卒所分。涯積家財鉅萬計，兩軍士卒及市人亂取之，竟日不盡。

涯博學好古，能爲文，以辭藝登科，踐揚清峻，而貪權固寵，不遠邪佞之流，以至赤族。涯家書數萬卷，侔於秘府。前代法書名畫，人所保惜者，以厚貨致之；不受貨者，即以官爵致之。厚爲垣，竅而藏之複壁。至是，人破其垣取之，或剔取函奩金寶之飾與其玉軸而棄之。

涯之死也，人以爲冤。昭義節度使劉從諫三上章，求示涯等三相罪名，仇士良頗懷憂恐。初宦官縱毒，凌藉南司。及從諫奏論，凶焰稍息，人士賴之。

王璠字魯玉。父礎，進士，文辭知名。元和五年，擢進士第，登宏辭科。風儀修飾，操履甚堅，累辟諸侯府。元和中，入朝爲監察御史，再遷起居舍人，副鄭覃宣慰於鎮州。長慶中，累歷員外郎。十四年，以職方郎中知制誥。寶曆元年二月，轉御史中丞。

時李逢吉爲宰相，與璠親厚，故自郎官掌誥，便拜中丞。恃逢吉之勢，稍橫。嘗與左僕射李絳相遇於街，交車而不避，絳上疏論之曰：「左、右僕射，師長庶僚，開元中名之丞相。其後雖去三事機務，猶總百司之權。表狀之中，不署其姓。尚書已下，每月合衙。上日百僚列班，宰相居上，中丞御史列位於廷。禮儀之崇，中外特異。所以自武德、貞觀已來，聖君賢臣，布政除弊，不革此禮，謂爲合宜。苟有不安，尋亦合廢。近年緣有才不當位，恩加特拜者，遂從權便，不用舊儀。酌於羣情，事實未當。今或有僕射初除，就中丞院門相看，即與欲參何殊。或中丞新授，亦無見僕射處。又參賀處，或僕射先至，中丞後來，憲度乖宜，尊卑倒置。倘人才忝位，自合別授賢良；若朝命守官，豈得有虧法制？伏望下百僚詳定事體，使永可遵行。」敕旨令兩省詳議，兩省奏曰：「元和中，伊慎忝居師長之位，太常博士韋謙削去舊儀。今李絳所論，於禮甚當。」逢吉素惡絳之直，天子雖許行舊儀，中書竟無處分，乃罷璠中丞，遷工部侍郎。尋罷絳僕射，以太子少師分司東都。其弄權怙寵如此。

璠二年七月出爲河南尹。大和二年，以本官權知東都選。十月，轉尚書右丞，敕還畢入朝。三年，改吏部侍郎。四年七月，拜京兆尹、兼御史大夫。十二月，遷左丞，判太常卿事。六年八月，檢校禮部尚書、潤州刺史、浙西觀察使。

八年，李訓得幸，累薦于上。召還，復拜右丞。璠以逢吉故吏，自是傾心於訓，權倖傾

朝。九年五月，遷戶部尚書、判度支。詔曰，召對浴堂，錫之錦綵。其年十一月，李訓將誅內官，令璠召募豪俠，乃授太原節度使，託以募爪牙爲名。訓敗之日，璠歸長興里第，是夜爲禁軍所捕，舉家下獄，斬璠於獨柳樹，家無少長皆死。

璠子遐休，直弘文館。李訓舉事之日，遐休於館中禮上，同職駕部郎中令狐定等五六人送之，是日悉爲亂兵所執。定以兄楚爲僕射，軍士釋之，獨執遐休誅之。

初璠在浙西，繕城壕，役人掘得方石，上有十二字云：「山有石，石有玉，玉有瑕，瑕即休。」璠視莫知其旨，京口老人講之曰：「此石非尚書之吉兆也。尚書祖名崟，崟生礎，是山有石也。礎生尚書，是石有玉也。尚書之子名遐休，休，絕也。此非吉徵。」果赤族。

賈餗字子美，河南人。祖渭，父寧。餗進士擢第，又登制策甲科，文史兼美，四遷至考功員外郎。長慶初，策召賢良，選當時名士考策，餗與白居易俱爲考策官，選文人以爲公。尋以本官知制誥，遷庫部郎中，充職。四年，爲張又新所構，出爲常州刺史。大和初，入爲太常少卿。二年，以本官知制誥。三年七月，拜中書舍人。四年九月，權知禮部貢舉。五年，牓出後，正拜禮部侍郎。凡典禮闈三歲，所選士七十五人，得其名人多至公卿者。七

五月，轉兵部侍郎。八年十一月，遷京兆尹、兼御史大夫。

九年四月，檢校禮部尚書，潤州刺史、浙西觀察使，制出未行，拜中書侍郎、同平章事，進金紫階，封姑臧男，食邑三百戶。未幾，加集賢殿學士，監修國史。其年十一月，李訓事發，兵交殿廷，禁軍肆掠，餗易服步行出內，潛身人間。翌日，自投神策軍，與王涯等皆族誅。餗雖中立自持，然不能以身犯難，排斥姦纖，脂韋其間，遂至覆族。逢時多僻，死非其罪，世多冤之。

舒元輿者，江州人。元和八年登進士第，釋褐諸府從事。大和初，入朝爲監察，轉侍御史。

初，天寶中，玄宗祀九宮壇，次郊壇行事，御署祝板。元輿爲監察，監祭事，以爲太重，奏曰：「臣伏見祀九宮貴神祝板九片，陛下親署御名，及稱臣於九宮之神。臣伏以天子之尊，除祭天地宗廟之外，無合稱臣者。王者父天母地，兄日姊月。而貴神以九宮爲目，是宜分方而守其位。臣數其名號，太一、天一、招搖、軒轅、咸池、青龍、太陰、天符、攝提也。此九神，於天地猶子男也，於日月猶侯伯也。陛下爲天子，豈可反臣於天之子男耶？臣竊以爲過。縱陰陽者流言其合祀，則陛下當合稱『皇帝遣某官致祭于九宮之神』，不宜稱臣與名。臣雖愚瞽，未知其可。乞下禮官詳議。」從之。尋轉刑部員外郎。

元輿自負奇才，銳於進取，乃進所業文章，乞試効用，宰執謂其躁競。五年八月，改授著作郎，分司東都。時李訓丁母憂在洛，與元輿性俱詭激，乘險蹈利，相得甚歡。及訓爲文宗寵遇，復召爲尚書郎。九年，以右司郎中知臺雜。七月，權知中丞事。九年(二)，拜御史中丞，兼判刑部侍郎。是月，以本官同平章事，與訓同知政事。而深謀詭算，熒惑主聽，皆生於二凶也。訓竊發之日，兵自內出。元輿易服單馬出安化門，爲追騎所擒，送左軍族誅之。

郭行餘者，亦登進士第。大和初，累官至楚州刺史。五年，移刺汝州，兼御史中丞。九月(三)，入爲大理卿。李訓在東都時，與行餘親善，行餘數相餉遺，至是用爲九列。十一月，訓欲竊發，令其募兵，乃授邠寧節度使。訓敗族誅。

羅立言者，父名歡。貞元末，登進士第。寶曆初，檢校主客員外郎，爲鹽鐵河陰院官。二年，坐糴米不實，計贓一萬九千貫，鹽鐵使惜其吏能，定罪止削所兼侍御史。大和中，爲司農少卿，主太倉出納物，以貨厚賂鄭注，李訓亦重之。訓將竊發，須兵集事，以京兆府多吏卒，用立言爲京兆少尹，知府事。訓敗日，族誅。

長安縣令孟琯貶硤州長史，萬年縣令姚中立朗州長史。以兩縣捕賊官受立言指使故也。初立言集兩縣吏卒，萬年捕賊官鄭洪懼禍託疾，既而詐死，令家人喪服聚哭。姚中立陰知其故，恐以詐聞，不免其累，乃以狀告洪之詐。仇士良拘洪入軍，洪銜中立之告，謂士良曰：「追集所由，皆因縣令處分，予何罪也。」故中立坐貶，洪免死。

李孝本者，宗室之子也。累官至刑部郎中，而依于訓、注以求進。舒元輿作相，訓用孝本知臺雜，權知中丞事，最預訓謀。竊發之日，孝本從人殺內官十餘人於殿廷。知事不濟，單騎走投鄭注。至咸陽西原，爲追騎所捕，族誅之。坐訓、注而族者，凡十一家，人以爲冤。

史臣曰：王者之政以德，霸者之政以權。古先后王，率由玆道，而遂能息人靖亂，垂統作則者。如梓人共柯而殊工，良奕同枰而獨勝，蓋在得其術，則事無後艱。昭獻皇帝端冕深帷，憤其厮養，欲鏟宮居之弊，載澄刑政之源。當宜禮一代正人，訪先朝耆德，修文敎而厚風俗，設武備以服要荒。俾西被東漸，皆陶於景化；柔祇蒼昊，必降於閺祥〔四〕，自然懷德以寧，無思不服。況區區宦者，獨能悖化哉？故豎刁、易牙，不廢齊桓之霸；韓嫣、籍孺，何妨漢帝之明。蓋有管仲、亞夫之賢，屬之以大政故也。此二君者，制御閽寺，得其道也。而昭獻忽君人之大體，惑纖狡之庸儒。雖終日橫經，連篇屬思，但得好文之譽，庸非致治之先。且李訓者，狙詐百端，陰險萬狀，背守澄而勸酖，出鄭注以擅權。祇如盡陨四星，兼權八校，小人方寸，卽又難知。但慮爲蚤蝨而採溪蓀，翻獲螟蜓之患也。嗚呼明主，夫何不思，遽致血濺黃門，兵交青瑣。苟無藩后之勢，黃屋危哉！涯、餗綽有士風，晚爲利喪，致身鬼蜮之伍，何逃畷室之災。非天不仁，子失道也！

贊曰：奭、旦興周，斯、高亡秦。禍福非天，治亂由人。訓、注姦僞，血漬象魏。非時乏賢，君迷倒置。

校勘記

〔一〕陳弘慶　本書卷一五憲宗紀、新書卷一七九李訓傳作「陳弘志」。

〔二〕九年　合鈔卷二二〇舒元輿傳作「九月」。

〔三〕九月　合鈔卷二二〇郭行餘傳作「九年」。

〔四〕必降於閺祥　合鈔卷二二〇闕文作「禎」字。

後晉　劉　昫　等撰

舊唐書

第一四册

卷一七〇至卷一八三（傳）

中華書局

舊唐書卷一百七十

列傳第一百二十

裴度

裴度字中立，河東聞喜人。祖有鄰，濮州濮陽令。父潊，河南府澠池丞。度，貞元五年進士擢第，登宏辭科。應制舉賢良方正、能直言極諫科，對策高等，授河陰縣尉。遷監察御史，密疏論權倖，語切忤旨，出爲河南府功曹。遷起居舍人。元和六年，以司封員外郎知制誥，尋轉本司郎中。

七年，魏博節度使田季安卒，其子懷諫幼年不任軍政，牙軍立小將田興爲留後。興布心腹於朝廷，請守國法，除吏輸常賦，憲宗遣度使魏州宣諭。興承僭侈之後，車服垣屋，有踰制度，視事齋閣，尤加宏敞。興惡之，不於其間視事，乃除舊採訪使廳居之，請度爲壁記，述興謙降奉法，魏人深德之。興又請度徧至屬郡，宣述詔旨，魏人郊迎感悅。使還，拜中

書舍人。

九年十月，改御史中丞。宣徽院五坊小使，每歲秋按鷹犬於畿甸，所至官吏必厚邀供餉，小不如意，卽恣其須索，百姓畏之如寇盜。先是，貞元末，此輩暴橫尤甚，乃至張網羅於民家門及井，不令出入汲水，曰：「驚我供奉鳥雀。」又羣聚於賣酒食家，肆情飲啖。將去，留蛇一篋，誡之曰：「吾以此蛇致供奉鳥雀，可善飼之，無使飢渴。」主人賂而謝之，方肯攜蛇篋而去。至元和初，雖數治其弊，故態未絕。小使嘗至下邽縣，縣令裴寰性嚴刻，嫉其凶暴，公館之外，一無曲奉。小使怒，構寰出慢言，及上聞，憲宗怒，促令攝寰下獄，欲以大不敬論。宰相武元衡等以理開悟，帝怒不解。度入延英奏事，因極言論列，言寰無罪，上愈怒曰：「如卿之言，寰無罪卽決五坊小使；如小使無罪，卽決裴寰。」度對曰：「按罪誠如聖旨，但以裴寰爲令長，憂惜陛下百姓如此，豈可加罪？」上怒色遽霽。翌日，令釋寰。

尋以度兼刑部侍郎，奉使蔡州行營，宣諭諸軍。既還，帝問諸將之才，度曰：「臣觀李光顏見義能勇，終有所成。」不數日，光顏奏大破賊軍於時曲，帝尤歎度之知人。

十年六月，王承宗、李師道俱遣刺客刺宰相武元衡，亦令刺度。是日，度出通化里，盜三以劍擊度，初斷韡帶，次中背，纔絕單衣，後微傷其首，度墮馬。會度帶氈帽，故創不至深。賊又揮刃追度，度從人王義乃持賊連呼甚急，賊反刃斷義手，乃得去。度已墮溝中，賊謂度已死，乃捨去。居三日，詔以度爲門下侍郎、同中書門下平章事。

度勁正而言辯，尤長於政體，凡所陳諭，感動物情。自魏博使還，宣達稱旨，帝深嘉屬。又自蔡州勞軍還，益聽其言。倘以元衡秉政，大用未果，自盜發都邑，便以大計屬之。初，元衡遇害，獻計者或請罷度官以安二鎮之心，憲宗大怒曰：「若罷度官，是姦計得行，朝綱何以振舉？吾用度一人，足以破此二賊矣。」度亦以平賊爲己任。度以所傷請告二十餘日，詔以衞兵宿度私第，中使問訊不絕。未拜前一日，宣旨謂度曰：「不用宣政參假，卽延英對來。」及度入對，撫諭周至。時羣盜干紀，變起都城，朝野恐駭。及度命相制下，人情始安，以爲必能殄寇。自是誅賊之計，日聞獻替，用軍愈急。

十一年，莊憲皇后崩，度爲禮儀使。上不聽政，欲準故事置冢宰以總百司。度獻議曰：「冢宰是殷、周六官之首，既掌邦理，實統百司。故王者諒闇，百官有權聽之制。後代設官，既無此號，不可虛設。且國朝故事，或置或否，古今異制，不必因循。」敕旨曰：「諸司公事，宜權取中書門下處分。」議者是之。

六月，蔡州行營唐鄧節度使高霞寓兵敗于鐵城，中外恟駭。先是詔羣臣各獻誅吳元濟可否之狀，朝臣多言罷兵赦罪爲便，翰林學士錢徽、蕭俛語尤切，唯度言賊不可赦。及霞寓敗，宰相以上必厭兵，欲以罷兵爲對。延英方奏，憲宗曰：「夫一勝一負，兵家常勢。若帝王

之兵不合敗，則自古何難於用兵，累聖不應留此凶賊。今但論此兵合用與否，及朝廷制置當否，卿等唯須要害處置。將帥有不可者，去之勿疑；兵力有不足者，速與應接。何可以一將不利，便沮成計？」於是宰臣不得措言，朝廷無敢言罷兵者，故度計得行。

王稷家二奴告稷換父遺表，隱沒進奉物。留其奴於仗內，遣中使往東都檢責稷之家財。度奏曰：「王鍔身歿之後，其家進奉已多。今因其奴告檢責其家事，臣恐天下將帥聞之，必有以家爲計者。」憲宗卽日遣中使還，二奴付京兆府決殺。

十二年，李愬、李光顏屢奏破賊，然國家聚兵淮右四年，度支供餉，不勝其弊，諸將玩寇相視，未有成功，上亦病之。宰相李逢吉、王涯等三人以勞師弊賦，意欲罷兵，見上互陳利害。度獨無言，帝問之，對曰：「臣請身自督戰。」明日延英重議，逢吉等出，獨留度，謂之曰：「卿必能爲朕行乎？」度俯伏流涕曰：「臣誓不與此賊偕全。」上亦爲之改容。度復奏曰：「臣昨見吳元濟乞降表，料此逆賊，勢實窘蹙。但諸將不一，未能迫之，故未降耳。若臣自赴行營，則諸將各欲立功以固恩寵，破賊必矣！」上然之。翌日，詔曰：

輔弼之臣，軍國是賴。興化致理，秉鈞以居；取威定功，則分閫而出。所以同君臣之體，一中外之任焉。屬者問罪汝南，致誅淮右，蓋欲刷其汙俗，弔彼頑人。雖挐地求生者實繁有徒，而嬰城執迷者未翦其類，何獸困而猶鬭，豈鳥窮之無歸歟？由是遙

聽鼓鼙，更張琴瑟，煩我台席，董茲戎旃。朝議大夫、守中書侍郎、同平章事、飛騎尉、賜紫金魚袋裴度，爲時降生，協朕夢卜，精辨宣力，堅明納忠。當軸而才謀老成，運籌而智略有定。司其樞務，備知四方之事；付以兵要，必得萬人之心。是用禱於上玄，揀此吉日，帶丞相之印綬，所以尊其名；賜諸侯之斧鉞，所以重其命。爾宜宣布清問，恢壯皇猷，感勵連營，蕩平多壘，招懷孤疾，字撫夷傷。況淮西一軍，素効忠節，過海赴難，史册書勳。建中初，攻破襄陽，擒滅崇義。比者脅於凶逆，歸命無由。每念前勞，常思安撫。所以內輟輔臣，俾爲師率，實欲保全慰諭，各使得宜。汝往欽哉！無越我丕訓。可門下侍郎、同中書門下平章事、蔡州刺史，充彰義軍節度、申光蔡觀察等使，仍充淮西宣慰招討處置使。

詔出，度以韓弘爲淮西行營都統，不欲更爲招討，請祗稱宣慰處置使。又以此行既兼招撫，請改「翦其類」爲「革其志」。又以弘已爲都統，請改「更張琴瑟」爲「近輟樞衡」，請改「煩我台席」爲「授以成算」，皆從之。仍奏刑部侍郎馬總爲宣慰副使，太子右庶子韓愈爲彰義行軍司馬，司勳員外郎李正封、都官員外郎馮宿、禮部員外郎李宗閔等爲兩使判官書記，皆從之。

初，德宗朝政多僻，朝官或相過從，多令金吾伺察密奏，宰相不敢於私第見賓客。及度

輔政，以羣賊未誅，宜延接奇士，共爲籌畫，乃請於私居接延賓客，憲宗許之。自是天下賢俊，得以効計議於丞相，接士於私第，由度之請也。

自討淮西，王師屢敗。論者以殺傷滋甚，轉輸不逮，擬議密疏，紛紜交進。度以腹心之疾，不時去之，終爲大患，不然，兩河之盜，亦將視此爲高下，遂堅請討伐，上深委信，故聽之不疑。

度既受命，召對於延英，奏曰：「主憂臣辱，義在必死。賊滅，則朝天有日；賊在，則歸闕無期。」上爲之惻然流涕。十二年八月三日，度赴淮西，詔以神策軍三百騎衞從，上御通化門慰勉之。度樓下銜涕而辭，賜之犀帶。度名雖宣慰，其實行元帥事，仍以郾城爲治所。上以李逢吉與度不協，乃罷知政事，出爲劍南東川節度。

既離京，淮西行營大將李光顏、烏重胤謂監軍梁守謙曰：「若侯度至而有功，卽非我利。可疾戰，先事立功。」是月六日，將出兵，與賊戰於賈店，爲賊所敗。度二十七日至郾城，巡撫諸軍，宣達上旨，士皆賈勇。時諸道兵皆有中使監陣，進退不由主將，戰勝則先使獻捷，偶衂則淩挫百端。度至行營，並奏去之，兵柄專制之於將，衆皆喜悅。軍法嚴肅，號令畫一，以是出戰皆捷。度遣使入蔡州，元濟與度書曰：比密有降款，而索日進隔河大呼，遂令三軍防元濟，故歸首無路。十月十一日，唐鄧節度使李愬，襲破懸瓠城，擒吳元濟。度先遣

宣慰副使馬總入城安撫。明日，度建彰義軍節，領洄曲降卒萬人繼進，李愬具櫜鞬以軍禮迎度，拜之路左。度既視事，蔡人大悅。舊令：途無偶語，夜不燃燭，人或以酒食相過從者，以軍法論。度乃約法，唯盜賊、鬬殺外，餘盡除之，其往來者，不復以晝夜爲限，於是蔡之遺黎始知有生人之樂。

初，度以蔡卒爲牙兵，或以爲反側之子，其心未安，不可自去其備。度笑而答曰：「吾受命爲彰義軍節度使，元惡就擒，蔡人卽吾人也。」蔡之父老，無不感泣，申、光之民，卽時平定。

十一月二十八日，度自蔡州入朝，留副使馬總爲彰義軍留後。初，度入蔡州，或譖度沒入元濟婦女珍寶，聞上頗疑之。上欲盡誅元濟舊將，封二劍以授梁守謙，使往蔡州。度迴至郾城遇之，乃復與守謙入蔡州，量罪加刑，不盡如詔。守謙固以詔止，度先以疏陳，乃徑赴闕下。二月，詔加度金紫光祿大夫、弘文館大學士，賜勳上柱國，封晉國公，食邑三千戶，復知政事。

憲宗以淮西賊平，因功臣李光顏等來朝，欲開內宴，詔六軍使修麟德殿之東廊。軍使張奉國以公費不足，出私財以助用，訴於執政。度從容啓曰：「陛下營造，有將作監等司局，豈可使功臣破產營繕？」上怒奉國泄漏，乃令致仕。其浚龍首渠，起凝暉殿，雕飾綺煥，徙

佛寺花木以植于庭。有程异、皇甫鎛者，姦纖用事，二人領度支鹽鐵，數貢羨餘錢，助帝營造。帝又以异、鎛平蔡時供饋不乏，二人並命拜同平章事。度延英面論曰：「程异、皇甫鎛，錢穀吏耳，非代天理物之器也。陛下徇耳目之欲，拔置相位，天下人騰口掉舌，以爲不可，於陛下無益。願徐思其宜。」帝不省納，度三上疏論之，請罷己相位，上都不省，事見鎛傳。

又賈人張陟負五坊使楊朝汶息利錢潛匿，朝汶於陟家得私簿記，有負錢人盧載初，云是故西川節度使盧坦大夫書迹，朝汶卽捕坦家人拘之。坦男不敢申理，卽以私錢償之。及徵驗書迹，乃故鄭滑節度盧羣手書也。坦男理其事，朝汶曰：「錢已進過，不可復得。」御史中丞蕭俛及諫官上疏陳其暴橫之狀，度與崔羣因延英對，極言之。憲宗曰：「且欲與卿商量東軍，此小事我自處置。」度奏曰：「用兵小事也，五坊追捕平人大事也。兵事不理，祗憂山東；五坊使暴橫，恐亂輦轂。」上不悅。帝久方省悟，召楊朝汶數之曰：「向者爲爾使我羞見宰相。」遽命誅之。

初，淮、蔡既平，鎭、冀王承宗甚懼，度遣辯士遊說，客於趙、魏間，使說承宗，令割地入質以效順。故承宗求援於田弘正，由度使客諷動之，故兵不血刃，而承宗鼠伏。

十三年，李師道翻覆違命，詔宣武、義成、武寧、橫海四節度之師與田弘正會軍討之。弘正奏請取黎陽渡河，會李光顏等軍齊進。帝召宰臣於延英議可否，皆曰：「閫外之事，大

將制之，既有奏陳，宜遂其請。」度獨以爲不可，奏曰：「魏博一軍，不同諸道。過河之後，卻退不得，便須進擊，方見成功。若取黎陽渡河，既纔離本界，便至滑州，徒有供餉之勞，又生顧望之勢。況弘正、光顏並少威斷，更相疑惑，必恐遷延。然兵事不從中制，一定處分，或慮不可。若欲於河南持重，則不如河北養威。不然，則且秣馬厲兵，候霜降水落，於楊劉渡河，直抵鄆州。但得至陽穀已來下營，則兵勢自盛，賊形自撓。」上曰：「卿言是矣。」乃詔弘正取楊劉渡河。及弘正軍既濟河而南，距鄆州四十里築壘，賊勢果蹙。頃之，誅師道。

度執性不回，忠於事上，時政或有所闕，靡不極言之，故爲姦臣皇甫鎛所構，憲宗不悅。十四年，檢校左僕射、同中書門下平章事、太原尹、北都留守、河東節度使。穆宗卽位，長慶元年秋，張弘靖爲幽州軍所囚，田弘正於鎭州遇害，朱克融、王廷湊復亂河朔，詔度以本官充鎭州四面行營招討使。時驕主荒僻，輔相庸才，制置非宜，致其復亂。雖李光顏、烏重胤等稱爲名將，以十數萬兵擊賊，無尺寸之功。蓋以勢既橫流，無能復振。然度受命之日，蒐兵補卒，不遑寢息。自董西師，臨於賊境，屠城斬將，屢以捷聞。穆宗深嘉其忠款，中使撫諭無虛月，進位檢校司空，兼充押北山諸蕃使。

時翰林學士元稹，交結內官，求爲宰相，與知樞密魏弘簡爲刎頸之交。稹雖與度無憾，然頗忌前達加於己上。度方用兵山東，每處置軍事，有所論奏，多爲稹輩所持。天下皆言

稹恃寵熒惑上聽，度在軍上疏論之曰：

臣聞主聖臣直。今既遇聖主，輒爲直臣，上答殊私，下塞羣謗，誓除國蠹，無以家爲。苟獻替之可行，何性命之足惜？伏惟皇帝陛下，恭承丕業，光啓雄圖，方殄頑人之風，以立太平之事。而逆豎構亂，震驚山東；姦臣作朋，撓敗國政。陛下欲掃蕩幽、鎭，宜肅清朝廷。何者？爲患有大小，議事有先後。河朔逆賊，祇亂山東；禁闈姦臣，必亂天下。是則河朔患小，禁闈患大。小者，臣等與諸戎臣必能翦滅；大者，非陛下制斷，非陛下覺悟，無計驅除。今文武百僚，中外萬品，有心者無不憤忿，有口者無不咨嗟。直以威權方重，奬用方深，無所畏避，不敢抵觸，恐事未行禍已及，不爲國計，且爲身謀。

臣比者猶思隱忍，不願發明。一則以罪惡如山，怨謗如雷〔一〕，伏料聖明，必自誅殛。一則以四方無事，萬樞且過，雖紀綱潛壞，賄賂公行，俟其貫盈，必自顚覆。今屬凶徒擾攘，宸衷憂軫，凡有制命，計於安危。痛此姦邪，恣行欺罔，干亂聖略，非止一途。又翰苑舊臣，結爲朋黨，陛下聽其所說，更訪於近臣，私相計會，更唱迭和，蔽惑聰明。所以臣自兵興已來，所陳章疏，事皆要切，所奉書詔，多有參差。惜陛下委付之意不輕，被姦臣抑損之事不少。

臣素知佞倖亦無黜嫌，祇是昨者臣請乘傳詣闕，面陳戎事，姦臣之徒，最所畏懼。知臣若到御坐之前，必能悉數其過，以此百計止臣此行。臣又請領兵齊進，逐便攻討，姦臣之黨，曲加阻礙。恐臣統率諸道，或有成功，進退皆受羈牽，意見悉遭蔽塞。復共一二憸狡，同辭合力。或兩道招撫，逗留旬時；或遣蔚州行營，拖曳日月。但欲令臣失所，使臣無成，則天下理亂，山東勝負，悉不顧矣。爲臣事君，一至於此。且陛下左右前後，忠良至多，亦有熟會典章，亦有飽諳師旅，足得任使，何獨斯人？以臣愚見，若朝中姦臣盡去，則河朔逆賊，不討而自平；若朝中姦臣尚在，則逆賊縱平無益。

臣讀國史，知代宗朝蕃戎侵軼，直犯都城。代宗不知，蓋被程元振蒙蔽，幾危社稷。當時柳伉，乃太常一博士耳，猶能抗表歸罪，爲國除害。今臣所處，兼總將相，豈肯坐觀凶邪，有噎日月。不勝感憤嫉惡之至！謹附中使趙奉國以聞。倘陛下未信忠言，猶惑姦黨，伏乞出臣此表，令三事大夫與百僚集議。彼不受責，臣合伏辜，天鑒孔明，照臣肝血。但得天下之人知臣不負陛下，則雖死之日，猶生之年。

繼上三章，辭情激切。穆宗雖不悅，然懼大臣正議，乃以魏弘簡爲弓箭庫使，罷元稹內職。然寵稹之意未衰，俄拜稹平章事，尋罷度兵權，守司徒、同平章事，充東都留守。諫官相率伏閤詣延英門者日二三。帝知其諫，不卽被召，皆上疏言：時未偃兵，度有將相全才，不

宜置之散地。帝以章疏旁午，無如之何，知人情在度，遂詔度自太原由京師赴洛。及元稹爲相，請上罷兵，洗雪廷湊、克融，解深州之圍，蓋欲罷度兵柄故也。

二年三月，度至京師，既見，先敍克融、廷湊暴亂河朔，受命討賊無功；次陳除職東都，許令入覲。辭和氣勁，感動左右。度伏奏龍墀，涕泗嗚咽，帝爲之動容，口自諭之曰：「所謝知，朕於延英待卿。」初，人以度無左右之助，爲姦邪排擯，雖度勳德，恐不能感動人主。及度奏河北事，慷慨激切，揚於殿廷，在位者無不聳動。雖武夫貴介，亦有咨嗟出涕者。翌日，以度守司徒、揚州大都督府長史，充淮南節度使，進階光祿大夫。

時朱克融、王廷湊雖受朝廷節鉞，未解深州之圍。度初發太原，與二鎭書，諭以大義。克融解圍而去，廷湊亦退舍。有中使自深州來言之，穆宗甚喜，卽日又遣中使往深州取牛元翼，更命度致書與廷湊。度沿路奉詔，中使得度書云：「朝謝後，卽歸留務。恐廷湊知度無兵權，卽背前約，請度易之。」中使乃進度書草具奏其事。及度至京師，進對明辯〔二〕，帝方憂深州之圍，遂授度淮南節度使。

先是監軍使劉承偕恃寵淩節度使劉悟，三軍憤發大譟，擒承偕，欲殺之。已殺其二傔，悟救之獲免，而囚承偕。詔遣歸京，悟託以軍情，不時奉詔。至是，宰臣延英奏事，度亦在列，上顧謂度曰：「劉悟拘承偕而不遣，如何處置？」度辭以藩臣不合議軍國事。上固問之，

中華書局

且曰：「劉悟負我，我以僕射寵之，近又賜絹五萬疋[三]，不思報功，翻縱軍衆凌辱監軍，我實難奈此事。」度對曰：「承偕在昭義不法，臣盡知之，昨劉悟在行營與臣書，數論其事。是時有中使趙弘亮在臣軍，仍持悟書將去，欲自奏，不知奏否？」上曰：「我都不知，悟何不密奏其事；我豈不能處置？」度曰：「劉悟武臣，不知大臣體例。雖然，臣竊以悟縱有密奏，陛下必不能處置。今日事狀如此，臣等面論，陛下猶未能決，悟單辭豈能動聖聽哉？」上曰：「前事勿論，直言此時如何處置？」度曰：「陛下必欲收忠義之心，使天下戎臣爲陛下死節，唯有下半紙詔書，言任使不明，致承偕亂法如此，令悟集三軍斬之。如此，則萬方畢命，羣盜破膽，天下無事矣。苟不能如此，雖與劉悟改官賜絹，臣亦恐於事無益。」上俛首良久，曰：「朕不惜承偕。緣是太后養子，今被囚縶，太后未知，如卿處置未得，可更議其宜。」度與王播等復奏曰：「但配流遠惡處，承偕必得出。」上以爲然，承偕果得歸。

度方受册司徒，徐州奏節度副使王智興自河北行營率師還，逐節度使崔羣，自稱留後。朝廷駭懼，即日宣制，以度守司徒、同平章事，復知政事，乃以宰相王播代度鎮淮南。度與李逢吉素不協，度自太原入朝，而惡度者以逢吉善於陰計，足能構度，乃自襄陽召逢吉入朝，爲兵部尚書。度既復知政事，而魏弘簡、劉承偕之黨在禁中。逢吉用族子仲言之謀，因醫人鄭注與中尉王守澄交結，內官皆爲之助。五月，左神策軍奏告事人李賞稱和王府司馬

于方受元稹所使，結客欲刺裴度。詔左僕射韓臯、給事中鄭覃與李逢吉三人鞫于方之獄，未竟，罷元稹爲同州刺史，罷度爲左僕射，李逢吉代度爲宰相。自是，逢吉之黨李仲言、張又新、李續等，內結中官，外扇朝士，立朋黨以沮度，時號「八關十六子」，皆交結相關之人數也。而度之醜譽日聞，俄出度爲山南西道節度使，不帶平章事。

長慶四年，襄陽節度使牛元翼卒。其家先在鎭州，朝廷累遣中使取之，王廷湊遷延不遣。至是，聞元翼卒，乃盡屠其家。昭愍皇帝聞之，嗟惋累日，因歎宰輔非才，致姦臣悖逆如此。翰林學士韋處厚上言曰：

臣聞汲黯在朝，淮南不敢謀叛；干木處魏，諸侯不敢加兵。王霸之理，皆以一士而止百萬之師，以一賢而制千里之難。臣伏以裴度勳高中夏，聲播外夷，廷湊、克融皆憚其用，吐蕃、迴鶻悉服其名。今若置之巖廊，委其參決，西夷北虜，未測中華；河北山東，必稟廟算。況幽、鎭未靜，尤資重臣。管仲曰：人離而聽之則愚，合而聽之則聖。理亂之本，非有他術，順人則理，違人則亂。伏承陛下當食歎息，恨無蕭、曹。今有一裴度尚不留驅使，此馮生所以感悟漢文，云雖有廉頗、李牧不能用也。

夫御宰相，當委之信之，親之禮之。如於事不效，於國無勞，則置之散僚，黜之遠郡。如此，則在位者不敢不勵，將進者不敢苟求。陛下存終始之分，但不永棄，則君臣

之厚也。今進皆負四海責望，退不失六部尚書，不肖者無因而勸。臣與李逢吉素無讎嫌，臣嘗被裴度因事貶黜。今之所陳，上答聖明，下達羣議，披肝感激，伏地涕流。伏望鑒臣愛君，矜臣體國，則天下幸甚。

昭愍愕然省悟，見度奏狀不帶平章事，謂處厚曰：「度曾爲宰相，何無平章事？」處厚因奏：「爲逢吉所擠，度自僕射出鎭興元，遂於舊使銜中減落。」帝曰：「何至是也。」翌日下制，復兼同平章事。

然逢吉之黨，巧爲毀沮，恐度復用。有陳留人武昭者，性果敢而辯舌。度之討淮西也，昭求進於軍門，乃令入蔡州說吳元濟。元濟臨之以兵，昭氣色自若，善待而還。度以爲可用，署之軍職，隨度鎭太原，奏授石州刺史。罷郡，除袁王府長史。昭既在散位，心微悒鬱，而有怨逢吉之言。而姦邪之黨，使衛尉卿劉遵古從人安再榮告事[四]，言武昭欲謀害李逢吉。獄具，而武昭死，蓋欲許度舊事以汙之也。然士君子公論，皆佑度而罪逢吉。天子漸明其端，每中使過興元，必傳密旨撫諭，且有徵還之約。

寶曆元年十一月，度疏請入覲京師。明年正月，度至，帝禮遇隆厚，數日，宣制復知政事。而逢吉黨有左拾遺張權輿者，尤出死力。度自興元請入朝也，權輿上疏曰：「度名應圖讖，宅據岡原，不召自來，其心可見。」先是姦黨忌度，作謠辭云：「非衣小兒坦其腹，天上有

口被驅逐。」「天口」言度嘗平吳元濟也。又帝城東西，橫亙六岡，合易象乾卦之數。度平樂里第，偶當第五岡，故權輿取爲語辭。昭愍雖少年，深明其誣謗，獎度之意不衰，姦邪無能措言。

時昭愍欲行幸洛陽，宰相李逢吉及兩省諫官，累疏論列，帝正色曰：「朕去意已定。其從官宮人，悉令自備糗糧，不勞百姓供饋。」逢吉頓首言曰：「東都千里而近，宮闕具存，以時巡遊，固亦常典。但以法駕一動，事須備儀，千乘萬騎，不可減省。縱不費用絕廣，亦須豐儉得宜，豈可自備糗糧，頓失大體？今干戈未甚戢，邊鄙未甚寧，恐人心動搖，伏乞稍迴宸慮。」帝不聽，令度支員外郎盧貞往東都已來檢計行宮及洛陽大內。朝廷方懷憂恐，會度自興元來，因延英奏事，帝語及巡幸。度曰：「國家營創兩都，蓋備巡幸。然自艱難已來，此事遂絕。東都宮闕及六軍營壘、百司廨署，悉多荒廢。陛下必欲行幸，亦須稍稍修葺。一年半歲後，方可議行。」帝曰：「羣臣意不及此，但云不合去。若如卿奏，不行亦得，何止後期[五]。」旋又朱克融、史憲誠各請以丁匠五千，助修東都，帝遂停東幸。

幽州朱克融執留賜春衣使楊文端，奏稱衣段疏薄；又奏今歲三軍春衣不足，擬於度支請給一季春衣，約三十萬端匹；又請助丁匠五千修東都。上憂其不遜，問宰臣曰：「克融所奏，如何處分？我欲遣一重臣往宣慰，便索春衣使，可乎？」度對曰：「克融家本凶族，無故

又行淩悖，必將滅亡，陛下不足爲慮。譬如一豺虎，於山林間自吼自躍，但不以爲事，則自無能爲。此賊祗敢於巢穴中無禮，動即不得。今亦不須遣使宣慰，亦不要索所留敕使，但更綴旬日已來，與一詔云：『聞中官到彼稍失去就，待到，我當有處分。所賜卿春衣，有司製造不謹，我甚要知之，已令科處。』所請丁匠五千人及兵馬赴東都，固是虛語。臣料賊中，必出不得。今欲直挫其姦意，即報云：『卿所請丁匠修宮闕，可速遣來，已敕魏博等道，令所在排比供擬。』料得此詔，必章惶失計。若未能如此，猶示含容，則報云：『東都宮闕，所要修葺，事在有司，不假卿遣丁匠遠來。又所言三軍春衣，自是本道常事。比來朝廷或有事賜與，皆緣徵發，須是優恩，若尋常則無此例。我固不惜三二十萬端疋，祗是事體不可獨與范陽。卿宜知悉。』祇如此處分即得，陛下更不要介意。」上從之，遂進詔草，至皆如度所料。不旬日，幽州殺克融幷其二子。

時帝童年驕縱，倦接羣臣，度從容奏曰：「比者，陛下每月約六七度坐朝。天下人心，無不知陛下躬親庶政，乃至河北賊臣遠聞，亦皆聳聽。自兩月已來，入閤開延英稍稀，或恐大段公事須稟睿謀者，有所擁滯。伏冀陛下乘涼數坐，以廣延問。伏以頤養聖躬，在於順適時候。若飲食有節，寢興有常，四體唯和，萬壽可保。道書云：『春夏早起，取雞鳴時；秋冬晏起，取日出時。』蓋在陽則欲及陰涼，在陰則欲及溫暖。今陛下憂勤庶政，親覽萬機，每

御延英，召臣等奏對，方屬盛夏，宜在清晨。如至巳午之間，即當炎赫之際，雖日昃忘食，不憚其勞，仰瞻扆旒，亦似煩熱。臣等已曾陳論，切望聽納。」自後，視事稍頻。未幾，兼領度支。屬盜起禁闈，宮車晏駕，度與中貴人密謀，誅劉克明等，迎江王立爲天子。以功加門下侍郎、集賢殿大學士、太清宮使，餘如故。以贊導之勳，進階特進。時滄景節度使李全略死，其子同捷竊弄兵柄，以求繼襲，度請行誅伐，踰年而同捷誅。因拜疏上陳調兵食非宰相事，請歸諸有司，詔從之，賜實封三百戶。

度年高多病，上疏懇辭機務，恩禮彌厚。文宗遣御醫診視，日令中使撫問。四年六月，詔曰：

昔漢以孔光降置几之詔，晉以鄭沖申奉册之命。雖優隆耆德，顯重元臣，而議政不及於咨詢，用禮止在於安逸。朕勤求至理，所寶唯賢，顧諟舊勞，敢不加敬。由是委宰制於大政，釋參決於繁務，時因聽斷，誠望弼諧，遷秩上公，式是殊寵。特進、守司徒、兼門下侍郎、同中書門下平章事、充集賢殿大學士、上柱國、晉國公、食邑三千戶、食實封三百戶裴度，稟河嶽之英靈，受乾坤之間氣，珪璋特達，城府洞開。外茂九功，內苞一德，器爲社稷之鎮，才實邦國之楨。故能祗事累朝，宣融景化。在憲宗時，掃滌區宇，爾則有出車殄寇之勳。在穆宗時，混同文軌，爾則有參戎入輔之績。在敬宗時，

阜康兆庶，爾則有活國庇人之勤。迨弼朕躬，總齊方夏，爾則有弔伐底寧之力。皆不遺廟算，布在簡編，功利及人，不可悉數。而朝論益重，我心實知。方用皐陶之謨，適値留侯之疾，瀝懇牢讓，備列奏章，塞詔上言，動形顏色。果聞勿藥之喜，更俟調鼎之功，而體力未和，音容尚阻。不有優崇之命，孰彰寵待之恩？宜其協贊機衡，弘敷教典，論道而儀刑卿士，宣德而鎭撫華夷。嗇養精神，保綏福履，爲國元老，毗予一人。仍可司徒、平章軍國重事，待疾損日，每三日、五日一度入中書。散官勳封實封如故。仍備禮册命。

度表辭曰：「伏以公台崇禮，典册盛儀，庸臣當之，實謂忝越。況累承寵命，亦爲便蕃，前後三度，已行此禮。令臣猶參樞近，竊懼無以弼諧，重此勞煩，有靦面目。伏乞天恩且課臣効官，責臣實事，册命之儀，特賜停罷。則素餐高位，空負恥於中心；弁冕輕車，免譏誚於衆口。」優詔從之。九月，加守司徒、兼侍中、襄州刺史，充山南東道節度觀察、臨漢監牧等使。

度素稱堅正，事上不回，故累爲姦邪所排，幾至顚沛。及晚節，稍浮沉以避禍。初，度支鹽鐵使王播，廣事進奉以希寵，度亦掇拾羨餘以効播，士君子少之。復引韋厚叔、南卓爲補闕拾遺，俾彌縫結納，爲自安之計。而後進宰相李宗閔、牛僧孺等不悅其所爲，故因度謝

病罷相位，復出爲襄陽節度。

初，元和十四年，於襄陽置臨漢監牧，廢百姓田四百頃，其牧馬三千二百餘匹。度以牧馬數少，虛廢民田，奏罷之，除其使名。八年三月，以本官判東都尚書省事，充東都留守。九年十月，進位中書令。十一月，誅李訓、王涯、賈餗、舒元輿等四宰相，其親屬門人從坐者數十百人，下獄訊劾，欲加流竄，度上疏理之，全活者數十家。

自是，中官用事，衣冠道喪。度以年及懸輿，王綱版蕩，不復以出處爲意。東都立第於集賢里，築山穿池，竹木叢萃，有風亭水榭，梯橋架閣，島嶼迴環，極都城之勝概。又於午橋創別墅，花木萬株，中起涼臺暑館，名曰綠野堂。引甘水貫其中，釃引脈分，映帶左右。度視事之隙，與詩人白居易、劉禹錫酣宴終日，高歌放言，以詩酒琴書自樂，當時名士，皆從之遊。每有人士自都還京，文宗必先問之曰：「卿見裴度否？」

上以其足疾，不便朝謁，而年未甚衰，開成二年五月，復以本官兼太原尹、北都留守、河東節度使。詔出，度累表固辭老疾，不願更典兵權，優詔不允。文宗遣吏部郎中盧弘往東都宣旨曰：「卿雖多病，年未甚老，爲朕臥鎭北門可也。」促令上路，度不獲已之任。三年冬，病甚，乞還東都養病。四年正月，詔許還京，拜中書令。以疾未任朝謝，詔曰：「司徒、中書令度，綽有大勳，累居台鼎。今以疾恙，未任謝上，其本官俸料，宜自計日支給。」又遣國

醫就第診視。屬上已曲江賜宴，羣臣賦詩，度以疾不能赴。文宗遣中使賜度詩曰：「注想待元老，識君恨不早。我家柱石衰，憂來學丘禱。」仍賜御札曰：「朕詩集中欲得見卿唱和詩，故令示此。卿疾恙未痊，固無心力，但異日進來。春時俗說難於將攝，勉加調護，速就和平。千百胸懷，不具一二。藥物所須，無憚奏請之煩也。」御札及門，而度已薨，四年三月四日也。上聞之，震悼久之，重令繕寫，置之靈座。時年七十五，册贈太傅，輟朝四日，賵賻加等。詔京兆尹鄭復監護喪事，所須皆官給。上怪度無遺表，中使問之，家人進其稿草，其旨以未定儲貳爲憂，言不及家事。

度始自書生以辭策中科選，數年之間，翔泳清切。逢時艱否，而能奮命決策，横身討賊，爲中興宗臣。當元和、長慶間，亂臣賊子，蓄銳喪氣，憚度之威稜。度狀貌不踰中人，而風彩俊爽，占對雄辯，觀聽者爲之聳然。時有奉使絕域者，四夷君長必問度之年齡幾何，狀貌孰似，天子用否？其威名播於憬俗，爲華夷畏服也如此。時威望德業，侔於郭子儀，出入中外，以身繫國之安危、時之輕重者二十年。凡命將相，無賢不肖，皆推度爲首，其爲士君子愛重也如此。雖江左王導、謝安坐鎮雅俗，而訏謨方略，度又過之。有子五人，識、諿、讓、諗、議。

識以廕授官，累遷至通議大夫、檢校右散騎常侍、壽州刺史、本州團練使、上柱國、襲晉

國公、食邑三千戶、實封一百五十戶，賜紫金魚袋。大中初，改潭州刺史、御史中丞，充河南都團練觀察使。八年，加檢校戶部尚書、鳳翔尹、鳳翔隴右節度使。十一年，本官移許州刺史、忠武軍節度、陳許觀察等使。

諿，長慶元年登進士第。

讓初任京兆府參軍，大和中度鎮襄陽，奏乞讓從行。

諗，大中五年自大中大夫檢校右散騎常侍、御史大夫、宣州刺史、宣歙觀察使、上柱國、河東男、食邑三百戶，賜紫金魚袋，入朝權知刑部侍郎。兄弟並列方鎮，時人榮之。

史臣曰：德宗懲建中之難，姑息藩臣，貞元季年，威令衰削。章武皇帝志攄宿憤，廷訪嘉猷。始得杜邠公，用高崇文誅劉闢。中得武丞相，運籌訓戎，贊成睿斷。終得裴晉公，耀武伸威，竟殄兩河宿盜。雄哉，章武之果斷也！晉公以書生素業，致位台衡，逢時遘屯，扼腕凶醜，誓以身徇，不亦壯乎！夫人臣事君，唯忠與義，大則以訏謨排禍難，小則以讜正匡過失，內不慮身計，外不恤人言，古之所難也。晉公能之，誠社稷之良臣，股肱之賢相。元和中興之力，公胡讓焉。昔仲尼歎周室陵遲，齊桓霸翼而有微管之論。當承宗、師道之濟惡也，姦人偏四海，刺客滿京師，乃至關吏禁兵，附賊陰計，議臣言未出口，刃已揕胸。苟非死義之臣，孰肯横身冒難，以輔天子者？苟裴令不用元和之世，則時運未可知也。臣所以明左衽之歎，宣聖奬賢之深。

贊曰：晉公伐叛，以身犯難。用之則治，捨之則亂。公去巖廊，復失冀方。顒、植之謀，信爲不臧。

校勘記

〔一〕怨謗如雷　「雷」字各本原作「電」，據册府卷四〇七、全唐文卷五三七改。

〔二〕進對明辯　「對」字各本原作「退」，據册府卷三二三改。

〔三〕五萬疋　各本原作「五百萬疋」，據册府卷三二三删「百」字。

〔四〕劉遵古　「古」字各本原作「吉」，據本書卷一六六元稹傳、卷一六七李逢吉傳改。

〔五〕何止後期　「何」字各本原無，據册府卷三二八補。

舊唐書卷一百七十一

列傳第一百二十一

李渤　張仲方　裴潾 張臯附　李中敏　李甘　高元裕 兄少逸
李漢　李景儉

李渤字濬之，後魏橫野將軍申國公發之後。祖玄珪，衞尉寺主簿。父鈞，殿中侍御史，以母喪不時舉，流于施州。渤恥其家汚，堅苦不仕，勵志於文學，不從科舉，隱於嵩山，以讀書業文爲事。元和初，戶部侍郎鹽鐵轉運使李巽、諫議大夫韋況更薦之，以山人徵爲左拾遺。渤託疾不赴，遂家東都。朝廷政有得失，附章疏陳論。又撰禦戎新錄二十卷，表獻之。九年，以著作郎徵之，詔曰：「特降新恩，用清舊議。」渤於是赴官。歲餘，遷右補闕。連上章疏忤旨，改丹王府諮議參軍，分司東都。十二年，遷贊善大夫，依前分司。十三年，遣人上疏，論時政凡五事：一禮樂，二食貨，三刑政，四議都，五辯讎。渤以散

秩在東都，以上章疏爲己任，前後四十五封。再遷爲庫部員外郎。

時皇甫鎛作相，剝下希旨。會澤潞節度使郗士美卒，渤充弔祭使，路次陝西，渤上疏曰：「臣出使經行，歷求利病。竊知渭南縣長源鄉本有四百戶，今纔一百餘戶，閺鄉縣本有三千戶，今纔有一千戶，其他州縣大約相似。訪尋積弊，始自均攤逃戶。凡十家之內，大半逃亡，亦須五家攤稅。似投石井中，非到底不止。攤逃之弊，苛虐如斯，此皆聚斂之臣剝下媚上，唯思竭澤，不慮無魚。乞降詔書，絕攤逃之弊。其逃亡戶以其家產錢數爲定，徵有所欠，乞降特恩免之。計不數年，人必歸於農矣。夫農者，國之本，本立然後可以議太平。若不由茲，而云太平者，謬矣。」又言道途不修，驛馬多死。憲宗覽疏驚異，即以飛龍馬數百匹，付畿內諸驛。渤既以草疏切直，大忤宰相，乃謝病東歸。

穆宗即位，召爲考功員外郎。十一月定京官考，不避權幸，皆行升黜，奏曰：

宰臣蕭俛、段文昌、崔植，是陛下君臨之初，用爲輔弼，安危理亂，決在此時。況陛下思天下和平，敬大臣禮切，固未有昵比左右、侈滿自賢之心。而宰相之權，宰相之事，陛下一以付之，實君義臣行，千載一遇之時也。此時若失，他更無時。而俛等上不能推至公，申炯誡，陳先王道德，以沃君心。又不能正色匪躬，振舉舊法，復百司之本，俾教化大立。臣聞政之興廢，在於賞罰。俛等作相已來，未聞奬一人德義，舉守官奉公者，使天下在官之徒有所激勸。又不聞黜一人職事不理、持祿養驕者，使尸祿之徒有所懼。如此，則刑法不立矣。邪正莫辯，混然無章，教化不行，賞罰不設，天下之事，復何望哉！

一昨陛下遊幸驪山，宰相、翰林學士是陛下股肱心腹，宜皆知之。蕭俛等不能先事未形，忘軀懇諫，而使陛下有忽諫之名流於史册，是陷君於過也。孔子曰：「所謂大臣者，以道事君，不可則止。」若俛等言行計從，不當如是。若言不行，計不從，須奉身速退，不宜尸素於化源。進退戾也，何所避辭？其蕭俛、段文昌、崔植三人幷翰林學士杜元穎等，並請考中下。

御史大夫李絳、左散騎常侍張惟素、右散騎常侍李益等諫幸驪山，鄭覃等諫畋遊，是皆恐陛下行幸不息，恣情無度；又恐馬有銜蹶不測之變，風寒生疾之憂，急奏無所詣，國璽委於婦人中倖之手。絳等能率御史諫官論列於朝，有懇激事君之體。其李絳、張惟素、李益三人，伏請賜上下考外，特與遷官，以彰陛下優忠賞諫之美。

其崔元略冠供奉之首，合考上下；緣與于翬上下考，于翬以犯贓處死，準令須降，請賜考中中。大理卿許季同，任使于翬、韋道沖、韋正牧，皆以犯贓，或左降，或處死，合考中下；然頃者陷劉闢之亂，棄家歸朝，忠節明著，今宜以功補過，請賜考中中。少府

監裴通，職事修舉，合考中上；以其請追封所生母而捨嫡母，是明罔於君，幽欺其先，請考中下。伏以昔在宰夫入寢，擅飲師曠、李調。今愚臣守官，請書宰相學士中下考。上愛聖運，下振頹綱，故臣懼不言之爲罪，不懼言之爲罪也。其三品官考，伏緣限在今月內進，輒先具如前。其四品以下官，續具條疏聞奏。

狀入，留中不下。議者以宰輔曠官，自宜上疏論列，而渤越職釣名，非盡事君之道。未幾，渤以墜馬傷足，請告，會魏博節度使田弘正表渤爲副使。杜元穎奏曰：「渤賣直沽名，動多狂躁。聖恩矜貸，且使居官。而干進多端，外交方鎭，遠求奏請，不能自安。久留在朝，轉恐生事。」乃出爲虔州刺史。

渤至州，奏還鄰境信州所移兩稅錢二百萬，免稅米二萬斛，減所由一千六百人。觀察使以其事上聞。未滿歲，遷江州刺史。張平叔判度支，奏徵久遠逋懸，渤在州上疏曰：「伏奉詔敕云，度支使所奏，令臣設計徵塡當州貞元二年逃戶所欠錢四千四百一十貫。臣當州管田二千一百九十七頃，今已旱死一千九百頃有餘，若更勒徇度支使所爲，必懼史官書陛下於大旱中徵三十六年前逋懸。臣任刺史，罪無所逃。臣既上不副聖情，下不忍鞭笞黎庶，不敢輕持符印，特乞放臣歸田。」乃下詔曰：「江州所奏，實爲懇誠。若不蠲容，必難存濟。所訴逋欠並放。」長慶二年，入爲職方郎中。三年，遷諫議大夫。

敬宗沖年卽位，坐朝常晚。一日入閤，久不坐，羣臣候立紫宸門外，有耆年衰病者幾將頓仆，渤出次白宰相曰：「昨日拜疏陳論，今坐益晚，是諫官不能迴人主之意，渤之罪也。請先出閤，待罪於金吾仗。」語次喚仗，乃止。渤又以左右常侍，職參規諷，而循默無言，論之曰：「若設官不責其事，不如罷之，以省經費。苟未能罷，則請責職業。」渤充理匭使，奏曰：「事之大者聞奏，次申中書門下，次移諸司。諸司處理不當，再來投匭，卽具事奏聞。如妄訴無理，本罪外加一等。準敕告密人付金吾留身待進止。今欲留身後牒臺府，冀止絕凶人。」從之。

長慶、寶曆中，政出多門，事歸邪倖。渤不顧患難，章疏論列，曾無虛日。帝雖昏縱，亦爲之感悟。轉給事中，面賜金紫。

寶曆元年，改元大赦。先是，鄠縣令崔發聞門外喧鬬，縣吏言五坊使下毆擊百姓。發怒，命吏捕之，曳挬既至，時已曛黑，不問色目。良久與語，乃知是一內官。天子聞之怒，收發繫御史臺。御樓之日，放繫囚，發亦在雞竿下。時有品官五十餘人，持仗毆發，縱橫亂擊，發破面折齒，臺吏以席蔽之，方免。是日繫囚皆釋，發獨不免。渤疏論之曰：「縣令不合曳中人，中人不合毆御囚，其罪一也。然縣令所犯在恩前，中人所犯在恩後。中人橫暴，一至於此，是朝廷馴致使然。若不早正刑書，臣恐四夷之人及藩鎮奏事傳道此語，則慢易之心萌矣。」渤又宣言于朝云：「郊禮前一日，兩神策軍於青城內奪京兆府進食牙盤，不時處置，致有毆擊崔發之事。」上聞之，按問左右，皆言無奪食事。以渤黨發，出爲桂州刺史、兼御史中丞，充桂管都防禦觀察使。

渤雖被斥，正論不已，而諫官繼論其屈。後宰相李逢吉、竇易直、李程因延英上語及崔發，逢吉等奏曰：「崔發淩轢中人，誠大不敬。然發母是故相韋貫之姊，年僅八十。自發下獄，積憂成疾。伏以陛下孝治天下，稍垂恩宥。」帝愍然良久，曰：「比諫官論奏，但言發屈，未嘗言不敬之罪，亦不言有老母。如卿等言，寧無愍惻。」卽遣中使送發至其家，兼撫問發母。韋夫人號哭，對中使杖發四十，拜章謝恩，帝又遣中使慰安之。

渤在桂管二年，風恙求代，罷歸洛陽。大和五年，以太子賓客徵至京師。月餘卒，時年五十九，贈禮部尚書。渤孤貞力行，操尚不苟合，而闒茸之流，非其沽激。至於以言擯退，終不息言，以救時病，服名節者重之。

子祝，會昌中登進士第，辟諸侯府。

張仲方，韶州始興人。祖九皐，廣州刺史、殿中監、嶺南節度使。父抗，贈右僕射。仲方伯祖始興文獻公九齡，開元朝名相。仲方，貞元中進士擢第，宏辭登科，釋褐集賢校理，丁母憂免。服闋，補祕書省正字，調授咸陽尉。出爲邠州從事，入朝歷侍御史、倉部員外郎。

會呂溫、羊士諤誣告宰相李吉甫陰事，二人俱貶，仲方坐呂溫貢舉門生，出爲金州刺史。吉甫卒，入爲度支郎中。時太常定吉甫謚爲「恭懿」，博士尉遲汾請爲「敬憲」，仲方駁議曰：

古者，易名請謚，禮之典也。處大位者，取其亘節，蔑諸細行，垂範當代，昭示後人，然後書之，垂于不朽。善善惡惡，不可以誣，故稱一字，則至明矣，定褒貶是非之宜，泯同異紛綸之論。

贈司徒吉甫，稟氣生材，乘時佐治，博涉多藝，含章炳文。燮贊陰陽，經緯邦國。惜乎通敏賚性，便媚取容。故載踐樞衡，疊致台衮，大權在己，沈謀罕成，好惡徇情，輕諾寡信。諂淚在瞼，遇便則流；巧言如簧，應機必發。

夫人臣之翼戴元后者，端恪致治，孜孜夙夜，緝熙庶績，平章百揆。兵者凶器，不可從我始；及乎伐罪，則料敵以成功。至使內有害輔臣之盜，外有懷毒蠆之孽。師徒暴野，戎馬生郊。皇上旰食宵衣，公卿大夫且慚且恥。農人不得在畝，緝婦不得在桑。耗斂賦之常資，散帑廩之中積，徵邊徼之備，竭運輓之勞。僵尸血流，胔骼成岳，酷毒之痛，號訴無辜，剿絕羣生，逮今四載。禍胎之兆，實始其謀，遺君父之憂，而豈謂之先覺者乎？

夫論大功者，不可以妄取，不可以枉致。爲資畫者，體理不顯不競，而豈妨令美。當削平西蜀，乃言語侍從之臣；擒翦東吳，則訏謨廊廟之輔。較其功則有異，言其力則不倫。何捨其所重而錄其所輕，收其所小而略其所大？且奢靡是嗜，而曰愛人以儉；受授無守，而曰慎才以補。斥諫諍之士于外，豈不近之蔽聽乎？舉忠烈之廟于內，豈不近之暱愛也？焉有蔽聽暱愛，家範無制，而能垂法作程，憲章百度乎？

謹按謚法，敬以直內，內而不肅，何以刑于外？憲者，法也。戴記曰：「憲章文武。」又曰：「發慮憲。」義以爲敬恪終始，載考歷位，未嘗劾一法官，議一小獄。及居重位，以安和平易寬柔自處。考其名與其行不類，研其事與其道不侔。一定之辭，惟精惟審，異日詳制，貽諸史官。請俟蔡寇將平，天下無事，然後都堂聚議，謚亦未遲。

憲宗方用兵，惡仲方深言其事，怒甚，貶爲遂州司馬，量移復州司馬。遷河東少尹。未幾，拜鄭州刺史。

滎陽大海佛寺有高祖爲隋鄭州刺史日，爲太宗疾祈福於此寺，造石像一軀，凡刊勒十六字以誌之。歲久剝缺，滎陽令李光慶重加修飾，仲方再刊石記之以聞。

及敬宗即位，李程作相，與仲方同年登進士第，召仲方爲右諫議大夫。敬宗童年戲慢，詔淮南王播造上巳競渡船三十隻。播將船材于京師造作，計用半年轉運之費方得成。仲方詣延英面論，言甚懇激，帝只令造十隻以進。帝又欲幸華清宮，仲方諫曰：「萬乘所幸，出須備儀。無宜輕行，以失威重。」帝雖不從，慰勞之。大和初，出爲福州刺史、兼御史中丞、福建觀察使。三年，入爲太子賓客。五年四月，轉右散騎常侍。七年，李德裕輔政，出爲太子賓客分司。八年，德裕罷相，李宗閔復召仲方爲常侍。

九年十一月，李訓之亂，四宰相、中丞、京兆尹皆死。翌日，兩省官入朝，宣政衙門未開，百官錯立於朝堂，無人吏引接，逡巡，閤門使馬元贄斜開宣政衙門傳宣曰：「有敕召左散騎常侍張仲方。」仲方出班，元贄宣曰：「仲方可京兆尹。」然後衙門大開喚仗。月餘，鄭覃作相，用薛元賞爲京兆尹，出仲方爲華州刺史。開成元年五月，入爲祕書監。外議以鄭覃黨李德裕排擯仲方，覃恐涉朋黨，因紫宸奏事，覃啓曰：「丞郎闕人，臣欲用張仲方。」文宗曰：「中臺侍郎，朝廷華選。仲方作牧守無政，安可以丞郎處之？」累加銀青光祿大夫、上柱國、曲江縣開國伯，食邑七百戶。二年四月卒。

仲方貞確自立，綽有祖風。自駁諡之後，爲德裕之黨擯斥，坎坷而歿，人士悲之。有文

集三十卷。

兄仲端，位終都昌令。弟仲孚，登進士第，爲監察御史。

裴潾，河東人也。少篤學，善隸書。以門蔭入仕。元和初，累遷右拾遺，轉左補闕。元和中，兩河用兵。初，憲宗寵任內官，有至專兵柄者，又以內官充館驛使。有曹進玉者，恃恩暴戾，遇四方使多倨，有至捽辱者，宰相李吉甫奏罷之。十二年，淮西用兵，復以內官爲使。潾上疏曰：「館驛之務，每驛皆有專知官。畿內有京兆尹，外道有觀察使、刺史，迭相監臨，臺中又有御史充館驛使，專察過闕。伏知近有敗事，上聞聖聰。但明示科條，督責官吏，據其所犯，重加貶黜，敢不惕懼，日夜厲精。若令宮闈之臣，出參館驛之務，則內臣外事，職分各殊，切在塞侵官之源，絕出位之漸。事有不便，必誡以初；令或有妨，不必在大。當掃靜妖氛之日，開太平至理之風，澄本正名，實在今日。」言雖不用，帝意嘉之，遷起居舍人。

憲宗季年銳於服餌，詔天下搜訪奇士。宰相皇甫鎛與金吾將軍李道古挾邪固寵，薦山人柳泌及僧大通、鳳翔人田佐元，皆待詔翰林。憲宗服泌藥，日增躁渴，流聞于外。潾上疏諫曰：

臣聞除天下之害者，受天下之利；共天下之樂者，饗天下之福。故上自黃帝、顓頊、堯、舜、禹、湯，下及周文王、武王，咸以功濟生靈，德配天地，故天皆報之以上壽，垂祚於無疆。伏見陛下以大孝安宗廟，以至仁牧黎元。自踐祚已來，剗積代之妖凶，開創平之洪業。而禮敬宰輔，待以終始，內能大斷，外寬小故。夫此神功聖化，皆自古聖主明君所不及，陛下躬親行之，實光映千古矣。是則天地神祇，必報陛下以山岳之壽；宗廟聖靈，必福陛下以億萬之齡；四海蒼生，咸祈陛下以覆載之永。自然萬靈保祐，聖壽無疆。

伏見自去年已來，諸處頻薦藥術之士，有韋山甫、柳泌等，或更相稱引，迄今狂謬，薦送漸多。臣伏以眞仙有道之士，皆匿其名姓，無求於代，潛遁山林，滅影雲壑，唯恐人見，唯懼人聞。豈肯干謁公卿，自鬻其術？今者所有誇衒藥術者，必非知道之士，咸爲求利而來，自言飛鍊爲神，以誘權貴賄賂。大言怪論，驚聽惑時，及其假僞敗露，曾不恥於逃遁。如此情狀，豈可保信其術，親餌其藥哉？禮曰：「夫人食味別聲，被色而生者也。」春秋左氏傳曰：「味以行氣，氣以實志。」又曰：「水火醯醢鹽梅，以烹魚肉。宰夫和之，齊之以味。君子食之，以平其心。」夫三牲五穀，稟自五行，發爲五味，蓋天

地生之所以奉人也，是以聖人節而食之，以致康強逢吉之福。若夫藥石者，前聖以之療疾，蓋非常食之物。況金石皆含酷烈熱毒之性，加以燒治，動經歲月，既兼烈火之氣，必恐難爲防制。若乃遠徵前史，則秦、漢之君，皆信方士，如盧生、徐福、欒大、李少君，其後皆姦僞事發，其藥竟無所成。事著史記、漢書，皆可驗視。禮曰：「君之藥，臣先嘗之；親之藥，子先嘗之。」臣子一也，臣願所有金石，鍊藥人及所薦之人皆先服一年，以考其眞僞，則自然明驗矣。

伏惟元和聖文神武法天應道皇帝陛下，合日月照臨之明，稟乾元利貞之德，崇正若指南，受諫如轉規，是必發精金之刃，斷可疑之網。所有藥術虛誕之徒，伏乞特賜罷遣，禁其幻惑。使浮雲盡徹，朝日增輝，道化侔羲、農，悠久配天地，實在此矣。伏以貞觀已來，左右起居有褚遂良、杜正倫、呂向、韋述等，咸能竭其忠誠，悉心規諫。小臣謬參侍從，職奉起居，侍從之中，最近左右。傳曰：「近臣盡規。」則近侍之臣，上達忠款，實其本職也。

疏奏忤旨，貶爲江陵令。

穆宗即位，柳泌等誅，徵潾爲兵部員外郎，遷刑部郎中。有前率府倉曹曲元衡者，杖殺百姓柏公成母。法官以公成母死在辜外，元衡父任軍使，使以父蔭徵銅。柏公成私受元衡

貪貨，母死不聞公府，法寺以經恩免罪。潾議曰：「典刑者，公柄也。在官者得施於部屬之內，若非在官，又非部屬，雖有私罪，必告於官。官爲之理，以明不得擅行鞭捶於齊人也。且元衡身非在官，公成母非部屬，而擅憑威力，橫此殘虐，豈合拘於常典？柏公成取貨於讎，利母之死，悖逆天性，犯則必誅。」奏下，元衡杖六十配流，公成以法論至死，公議稱之。轉考功、吏部二郎中。

寶曆初，拜給事中。大和四年，出爲汝州刺史、兼御史中丞，賜紫。坐違法杖殺人，貶左庶子，分司東都。七年，遷左散騎常侍，充集賢殿學士。集歷代文章，續梁昭明太子文選，成三十卷，目曰大和通選，并音義、目錄一卷，上之。當時文士，非素與潾遊者，其文章少在其選，時論咸薄之。八年，轉刑部侍郎，尋改華州刺史。九年，復拜刑部侍郎。開成元年，轉兵部侍郎。二年，加集賢院學士，判院事。尋出爲河南尹，入爲兵部侍郎。三年四月卒，贈戶部尚書，諡曰敬。

潾以道義自處，事上盡心，尤嫉朋黨，故不爲權幸所知。憲宗竟以藥誤不壽，君子以潾爲知言。穆宗雖誅柳泌，既而自惑，左右近習，稍稍復進方士。時有處士張皐上疏曰：

神慮澹則血氣和，嗜欲勝則疾疹作。和則必臻於壽考，作則必致於傷殘。是以古之聖賢，務自頤養，不以外物撓耳目，不徇聲色敗性情。由是和平自臻，福慶斯集。故

易曰：「無妄之疾，勿藥有喜。」詩曰：「自天降康，降福穰穰。」此皆理合天人，著在經訓。然則藥以攻疾，無疾固不可餌之也。高宗朝，處士孫思邈者，精識高道，深達攝生，所著千金方三十卷，行之於代。其序論云：「凡人無故不宜服藥，藥氣偏有所助，令人臟氣不平。」思邈此言，可謂洞於事理也。或寒暑爲寇，節宣有乖，事資醫方，尙須重愼，故禮云：「醫不三代，不服其藥。」施於凡庶，猶且如此，況在天子，豈得自輕？先朝暮年，頗好方士，徵集非一，嘗試亦多，果致危疾，聞於中外，足爲殷鑒。皆陛下素所詳知，必不可更踵前車，自貽後悔。今朝野之人，紛紜竊議，直畏忤旨，莫敢獻言。臣蓬艾微生，麋鹿同處，既非邀寵，亦又何求？但泛覽古今，粗知忠義，有聞而默，於理不安。願陛下無忽芻蕘，庶裨萬一。

穆宗歎獎其言，尋令訪皐，不獲。

李中敏，隴西人。父嬰。中敏，元和末登進士第，性剛褊敢言。與進士杜牧、李甘相善，文章趣向，大率相類。中敏累從府辟，入爲監察，歷侍御史。大和中，爲司門員外郎。六年夏旱。時王守澄方寵鄭注，及誣構宋申錫後，人側目畏之。上以久旱，詔求致雨之方。

中敏上言曰：「仍歲大旱，非聖德不至，直以宋申錫之冤濫，鄭注之姦弊。今致雨之方，莫若斬鄭注而雪申錫。」士大夫皆危之，疏留中不下。明年，中敏謝病歸洛陽。及訓、注誅，竟雪申錫，召中敏爲司勳員外郎。尋遷刑部郎中，知臺雜。

其年，拜諫議大夫，充理匭使。上言曰：「據舊例，投匭進狀人先以副本呈匭使，或詭異難行者，不令進入。臣檢尋文案，不見本敕，所由但云貞元奉宣，恐是一時之事。臣以爲本置匭函，每日從內將出，日暮進入，意在使冤濫無告有司不爲申理者，或論時政，或陳利害，宜開其必達之路，所以廣聰明而慮幽枉也。若令有司先見，裁其可否，卽非重密其事，俾壅塞自伸於九重之意。臣伏請今後所有進狀及封事，臣但爲引進，取捨可否，斷自中旨。庶使名實在茲，以明置匭之本。」從之。尋拜給事中。

李甘字和鼎。長慶末進士擢第，又制策登科。大和中，累官至侍御史。鄭注入翰林侍講，舒元興既作相，注亦求入中書。甘唱於朝曰：「宰相者，代天理物，先德望而後文藝。注乃何人，敢茲叨竊？白麻若出，吾必壞之。」會李訓亦惡注之所求，相注之事竟寢。訓不獲已，貶甘封州司馬。

又有李款者，與中敏同時爲侍御史，鄭注邠寧入朝，款伏閤彈注云：「內通敕使，外結朝官，兩地往來，卜射財貨。」文宗不之省。及注用事，款亦被逐。開成中，累官至諫議大夫，出爲蘇州刺史，遷洪州刺史、江西觀察使。杜牧自有傳。

高元裕字景圭，渤海人。祖彪，父集，官卑。元裕登進士第，本名允中，大和初，爲侍御史，奏改元裕。累遷左司郎中。李宗閔作相，用爲諫議大夫，尋改中書舍人。九年，宗閔得罪南遷，元裕出城餞送，爲李訓所怒，出爲閬州刺史。時鄭注入翰林，元裕草注制辭，言注以醫藥奉君親，注怒，會送宗閔，乃貶之。訓、注既誅，復徵爲諫議大夫。

開成三年，充翰林侍講學士。文宗寵莊恪太子，欲正人爲師友，乃兼太子賓客。四年，改御史中丞，風望峻整。上言曰：「御史府紀綱之地，官屬選用，宜得實才。其不稱者，臣請出之。」監察御史杜宣猷柳瓌崔郢、侍御史魏中庸高弘簡，並以不稱，出爲府縣之職。尋而藍田縣人賀蘭進與里內五十餘人相聚念佛，神策鎭將皆捕之，以爲謀逆，當大辟。元裕疑其冤，上疏請出賀蘭進等付臺覆問，然後行刑，從之。

會昌中，爲京兆尹。大中初，爲刑部尙書。二年，檢校吏部尙書、襄州刺史，加銀青光

祿大夫、渤海郡公，山南東道節度使。入爲吏部尚書，卒。元裕兄少逸、元恭。

少逸，長慶末爲侍御史，坐弟元裕貶官，左授贊善大夫，累遷左司郎中。元裕爲中丞，少逸遷諫議大夫，代元裕爲侍講學士。兄弟迭處禁密，時人榮之。會昌中，爲給事中，多所封奏。大中初，檢校禮部尚書、華州刺史、潼關防禦、鎭國軍使。入爲左散騎常侍、工部尚書，卒。

元裕子曦，登進士第。大中朝，由內外制歷丞郎，判度支。咸通中，守中書侍郎、平章事。

李漢字南紀，宗室淮陽王道明之後。道明生景融，景融生務該，務該生思，思生岌。岌已上無名位，至岌爲蜀州晉原尉。岌生荊，荊爲陝州司馬。荊生漢。

漢，元和七年登進士第，累辟使府。長慶末，爲左拾遺。敬宗好治宮室，波斯賈人李蘇沙獻沈香亭子材，漢上疏論之曰：「若以沈香爲亭子，卽與瑤臺瓊室事同。」寶曆中，王政日僻，漢與同列薛廷老因入閤延奏曰〔一〕：「近日除授，不由中書擬議，多是宣出施行。臣恐自此紀綱大壞，姦邪恣行。願陛下各敕有司，稍存典故。」坐言忤旨，出爲興元從事。

文宗卽位，召爲屯田員外郎、史館修撰。漢，韓愈子壻，少師愈爲文，長於古學，剛訐亦類愈。預修憲宗實錄，尤爲李德裕所憎。大和四年，轉兵部員外郎。李宗閔作相，用爲知制誥，尋遷駕部郎中。

八年，代宇文鼎爲御史中丞。時李程爲左僕射，以儀注不定，奏請定制。先是，大和三年，兩省官同定左右僕射儀注：御史中丞已下，與僕射相遇，依令致敬，斂馬側立待。僕射謝官日，大夫中丞、三院御史，就幕次參見，其觀象門外立班，旣以後至爲重。大夫中丞到班後，朝堂所由引僕射就位，傳呼贊導，如大夫就列之儀。班退，贊導亦如之。御史大夫與僕射道途相遇，則分道而行。舊事，左右僕射上，御史中丞、吏部侍郎已下羅拜。四年，中書奏曰：「僕射受中丞侍郎拜，則似太重，答郎官已下拜，則太輕。起今後，諸司四品已下官，及御史臺六品已下并郎官，並望準故事。餘依元和七年敕處分。」可之。至是，因李程奏，漢議曰：「左右僕射初上，受左右丞、諸曹侍郎、諸司四品及御史中丞已下拜。謹按開元禮及六典，並無此儀注，不知所起之由。或以爲僕射師長百僚，此語亦無證據，唯有曹魏時賈詡讓官表中一句語耳。且尙書令是正長，尙無受拜之文。故事，與御史中丞、司隸校尉號三獨坐。伏以朝廷比肩，同事聖主，南面受拜，臣下何安？縱有明文，尙須釐革。故禮記曰：『君於士不答拜，非其臣則答之。』況御史中丞、殿中御史是供奉官，尤爲不可。儀制令雖有隔品之文，不知便是受拜否？及御史大夫，亦曾受御史已下拜，今並不行。蓋以禮數僭逼，非人臣所安。元和六年七月，詔崔邠、段平仲與當時禮官王涇、韋公肅等同議其事，理甚精詳。今請舉而行之，庶爲折衷。」時程入省，竟依舊儀，議者以漢奏爲是。

七年，轉禮部侍郎。八年，改戶部侍郎。九年四月，轉吏部侍郎。六月，李宗閔得罪罷相，漢坐其黨，出爲汾州刺史〔二〕。宗閔再貶，漢亦改汾州司馬，仍三二十年不得錄用。會昌中，李德裕用事，漢竟淪躓而卒。

漢弟滻、洸、潘，皆登進士第。潘，大中初爲禮部侍郎。漢子貺，亦登進士第。

李景儉字寬中，漢中王瑀之孫。父褚，太子中舍。景儉，貞元十五年登進士第。性俊朗，博聞強記，頗閱前史，詳其成敗。自負王霸之略，於士大夫間無所屈降。貞元末，韋執誼、王叔文東宮用事，尤重之，待以管、葛之才。叔文竊政，屬景儉居母喪，故不及從坐。韋夏卿留守東都，辟爲從事。竇羣爲御史中丞，引爲監察御史。羣以罪左遷，景儉坐貶江陵戶曹。累轉忠州刺史。

元和末入朝，執政惡之，出爲澧州刺史〔三〕。與元稹、李紳相善。時紳、稹在翰林，屢言

於上前。及延英辭日，景儉自陳己屈，穆宗憐之，追詔拜倉部員外郎。月餘，驟遷諫議大夫。性旣矜誕，寵擢之後，凌蔑公卿大臣，使酒尤甚。中丞蕭俛、學士段文昌相次輔政，景儉輕之，形於談謔。二人俱訴之，穆宗不獲已，貶之。制曰：「諫議大夫李景儉，擢自宗枝，嘗探儒術，荐歷臺閣，亦分郡符。動或違仁，行不由義。附權幸以虧節，通姦黨之陰謀。衆情皆疑，羣議難息。據因緣之狀，當置嚴科；順長養之時，特從寬典。勉宜省過，無或徇非。可建州刺史。」未幾元稹用事，自郡召還，復爲諫議大夫。

其年十二月，景儉朝退，與兵部郎中知制誥馮宿、庫部郎中知制誥楊嗣復、起居舍人溫造、司勳員外郎李肇、刑部員外郎王鎰等同謁史官獨孤朗，乃於史館飲酒。景儉乘醉詣中書謁宰相，呼王播、崔植、杜元穎名，面疏其失，辭頗悖慢，宰相遜言止之，旋奏貶漳州刺史。是日同飲於史館者皆貶逐。景儉未至漳州而元稹作相，改授楚州刺史。議者以景儉使酒，凌忽宰臣，詔令纔行，遽遷大郡。稹懼其物議，追還，授少府少監。從坐者皆召還。而景儉竟以忤物不得志而卒。景儉疏財尙義，雖不屬名節，死之日，知名之士咸惜之。

景儉弟景儒、景信、景仁，皆有藝學，知名於時。景信、景仁，皆登進士第。

史臣曰：仲尼有言，「不得中行而與之，必也狂狷乎！」若𪻐論考第，仲方駁諡，誠知後悔，不能息言，可謂狷歟？當賊注挾邪之辰，羣公結舌而寢默，而中敏、李甘、元裕，或肆其言，或奮其筆，暴揚醜迹，不憚撩鬚。謂之爲狂，卽有遺恨，比夫請劍斷佞，亦可同年而語也。南紀有良史才，足以自立，而協比權幸，顚沛終身。君子愼獨，庸可忽諸。景儉自負太過，蕩而無檢，良驥跅弛之患也。

贊曰：張、李切言，利刃決雲。裴諫方士，深誠愛君。言排賊注，高、李不羣。漢、儉朋比，夫何足云。

校勘記

〔一〕薛廷老　「廷」字各本原作「延」，據本書卷一五三薛存誠傳改。

〔二〕汾州　各本原作「邠州」，據新書卷七八淮陽王道玄傳、通鑑卷二四五改。

〔三〕澧州　各本原作「澧州」，據新書卷八一讓皇帝憲傳改。

舊唐書卷一百七十二

列傳第一百二十二

令狐楚 弟定 子緒 綯 綯子滈 渙　牛僧孺 子蔚 藂 蔚子徽

蕭俛 弟傑 俶 從弟倣 倣子廩　李石 弟福

令狐楚字㲄士，自言國初十八學士德棻之裔。祖崇亮，綿州昌明縣令。父承簡，太原府功曹。家世儒素。楚兒童時已學屬文，弱冠應進士，貞元七年登第。桂管觀察使王拱愛其才，欲以禮辟召，懼楚不從，乃先聞奏而後致聘。楚以父掾太原，有庭闈之戀，又感拱厚意，登第後徑往桂林謝拱。不預宴遊，乞歸奉養，卽還太原，人皆義之。李說、嚴綬、鄭儋相繼鎭太原，高其行義，皆辟爲從事。自掌書記至節度判官，歷殿中侍御史。

楚才思俊麗，德宗好文，每太原奏至，能辨楚之所爲，頗稱之。鄭儋在鎭暴卒，不及處分後事，軍中喧譁，將有急變。中夜十數騎持刃迫楚至軍門，諸將環之，令草遺表。楚在白

刃之中，搦管卽成，讀示三軍，無不感泣，軍情乃安。自是聲名益重。丁父憂，以孝聞。免喪，徵拜右拾遺，改太常博士、禮部員外郎。母憂去官。服闋，以刑部員外郎徵，轉職方員外郎、知制誥。

楚與皇甫鎛、蕭俛同年登進士第。元和九年，鎛初以財賦得幸，薦俛、楚俱入翰林，充學士，遷職方郎中、中書舍人，皆居內職。時用兵淮西，言事者以師久無功，宜宥賊罷兵，唯裴度與憲宗志在殄寇。十二年夏，度自宰相兼彰義軍節度、淮西招撫宣慰處置使。宰相李逢吉與度不協，與楚相善。楚草度淮西招撫使制，不合度旨，度請改制內三數句語。憲宗方責度用兵，乃罷逢吉相任，亦罷楚內職，守中書舍人。元和十三年四月，出爲華州刺史。其年十月，皇甫鎛作相，其月以楚爲河陽懷節度使。十四年四月，裴度出鎭太原。七月，皇甫鎛薦楚入朝，自朝議郎授朝議大夫、中書侍郎、同平章事，與鎛同處台衡，深承顧待。

十五年正月，憲宗崩，詔楚爲山陵使，仍撰哀册文。時天下怒皇甫鎛之奸邪，穆宗卽位之四日，羣臣素服班於月華門外，宣詔貶鎛，將殺之。會蕭俛作相，託中官救解，方貶崖州。物議以楚因鎛作相而逐裴度，羣情共怒，以蕭俛之故，無敢措言。

其年六月，山陵畢，會有告楚親吏贓汚事發，出爲宣歙觀察使。楚充奉山陵時，親吏

韋正牧、奉天令于翬、翰林陰陽官等同隱官錢，不給工徒價錢，移爲羨餘十五萬貫上獻。怨訴盈路，正牧等下獄伏罪，皆誅，楚再貶衡州刺史。時元稹初得幸，爲學士，素惡楚與鎛膠固希寵，稹草楚衡州制，略曰：「楚早以文藝，得踐班資，憲宗念才，擢居禁近。異端斯害，獨見不明，密隳討伐之謀，潛附奸邪之黨。因緣得地，進取多門，遂忝台階，實妨賢路。」楚深恨稹。

長慶元年四月，量移郢州刺史，遷太子賓客，分司東都。二年十一月，授陝州大都督府長史、兼御史大夫、陝虢觀察使。制下旬日，諫官論奏，言楚所犯非輕，未合居廉察之任。上知之，遽令追制。時楚已至陝州，視事一日矣，復授賓客，歸東都。時李逢吉作相，極力援楚，以李紳在禁密沮之，未能擅柄。敬宗即位，逢吉逐李紳，尋用楚爲河南尹、兼御史大夫。

其年九月，檢校禮部尚書、汴州刺史、宣武軍節度、汴宋亳觀察等使。汴軍素驕，累逐主帥，前後韓弘兄弟，率以峻法繩之，人皆偷生，未能革志。楚長於撫理，前鎮河陽，代烏重胤移鎮滄州，以河陽軍三千人爲牙卒，卒咸不願從，中路叛歸，又不敢歸州，聚於境上。楚初赴任，聞之，乃疾驅赴懷州，潰卒亦至，楚單騎喻之，咸令橐弓解甲，用爲前驅，卒不敢亂。及莅汴州，解其酷法，以仁惠爲治，去其太甚，軍民咸悅，翕然從化，後竟爲善地。汴帥前例，始至率以錢二百萬實其私藏，楚獨不取，以其羨財治廨舍數百間。

大和二年九月，徵爲戶部尚書。三年三月，檢校兵部尚書、東都留守、東畿汝都防禦使。其年十一月，進位檢校右僕射、鄆州刺史、天平軍節度、鄆曹濮觀察等使。奏故東平縣爲天平縣。屬歲旱儉，人至相食，楚均富贍貧，而無流亡者。

六年二月，改太原尹、北都留守、河東節度等使。楚久在并州，練其風俗，因人所利而利之，雖屬歲旱，人無轉徙。楚始自書生，隨計成名，皆在太原，實如故里。及是秉旄作鎮，邑老歡迎。楚綏撫有方，軍民胥悅。七年六月，入爲吏部尚書，仍檢校右僕射。故事，檢校高官者，便從其班。楚以正官三品不宜從二品之列，請從本班，優詔嘉之。

九年六月，轉太常卿。十月，守尚書左僕射，進封彭陽郡開國公。十一月，李訓兆亂，京師大擾。訓亂之夜，文宗召右僕射鄭覃與楚宿于禁中，商量制敕，上皆欲用爲宰相。楚以王涯、賈餗冤死，敍其罪狀浮泛，仇士良等不悅，故輔弼之命移於李石。乃以本官領鹽鐵轉運等使。

先是，鄭注上封置榷茶使額，鹽鐵使兼領之，楚奏罷之，曰：

伏以江、淮數年已來，水旱疾疫，凋傷頗甚，愁歎未平。今夏及秋，稍校豐稔，方須惠卹，各使安存。昨者忽奏榷茶，實爲蠹政。蓋是王涯破滅將至，怨怒合歸，豈有令百姓移茶樹於官場中栽植，摘茶葉於官場中造作，有同兒戲，不近人情。方在恩權，孰敢

沮議？朝班相顧而失色，道路以目而吞聲。今宗社降靈，奸兇盡戮，聖明垂祐，黎庶合安。微臣蒙恩，兼領使務，官銜之內，猶帶此名。俯仰若驚，夙宵知懼。伏乞特回聖聽，下鑒愚誠，速委宰臣，除此使額。緣軍國之用或闕，山澤之利有遺，許臣條疏，續具聞奏。採造將及，妨廢爲虞。前月二十一日，內殿奏對之次，鄭覃與臣同陳論訖。伏望聖慈早賜處分，一依舊法，不用新條。唯納榷之時，須節級加價，商人轉賣，必校稍貴，即是錢出萬國，利歸有司。既不害茶商，又不擾茶戶，上以彰陛下愛人之德，下以竭微臣憂國之心。遠近傳聞，必當感悅。

從之。

先是元和十年，出內庫弓箭陌刀賜左右街使，充宰相入朝以爲翼衞，及建福門而止。至是，因訓、注之亂，悉罷之。楚又奏：「諸道新授方鎭節度使等，具帑抹，帶器仗，就尚書省兵部參辭。伏以軍國異容，古今定制，若不由舊，斯爲改常。未聞省閣之門，忽內弓刀之器。鄭注外蒙恩寵，內蓄兇狂，首創奸謀，將興亂兆。致王璠、郭行餘之輩，敢驅將吏，直詣闕庭。竇驚乘輿，騷動京國，血濺朝路，尸僵禁街。史册所書，人神共憤，既往不咎，其源尚開。前件事宜，伏乞速令停罷，如須參謝，即具公服。」從之。又奏請罷修曲江亭絹一萬三千七百四，回修尚書省，從之。

開成元年上巳，賜百僚曲江亭宴。楚以新誅大臣，不宜賞宴，獨稱疾不赴，論者美之。以權在內官，累上疏乞解使務。其年四月，檢校左僕射、興元尹，充山南西道節度使。二年十一月，卒于鎭，年七十二，册贈司空，諡曰文。

楚風儀嚴重，若不可犯，然寬厚有禮，門無雜賓。嘗與從事宴語方酣，有非類偶至，立命徹席，毅然色變。累居重任，貞操如初。未終前三日，猶吟詠自若。疾甚，諸子進藥，未嘗入口，曰：「修短之期，分以定矣，何須此物？」前一日，召從事李商隱曰：「吾氣魄已殫，情思俱盡，然所懷未已，強欲自寫聞天，恐辭語乖舛，子當助我成之。」即秉筆自書曰：

臣永惟際會，受國深恩。以祖以父，皆蒙褒贈；有弟有子，并列班行。全腰領以從先人，委體魄而事先帝，此不自達，誠爲甚愚。但以永去泉扃，長辭雲陛，更陳尸諫，猶進瞽言。雖號叫而不能，豈誠明之敢忘？今陛下春秋鼎盛，寰海鏡清，是修教化之初，當復理平之始。然自前年夏秋已來，貶譴者至多，誅戮者不少，望普加鴻造，稍霽皇威。歿者昭洗以雲雷，存者霑濡以雨露，使五穀嘉熟，兆人安康。納臣將盡之苦言，慰臣永蟄之幽魄。

書訖，謂其子緒、綯曰：「吾生無益於人，勿請諡號。葬日，勿請鼓吹，唯以布車一乘，餘勿加飾。銘誌但志宗門，秉筆者無擇高位。」當歿之夕，有大星隕於寢室之上，其光燭廷。楚端

坐與家人告訣，言已而終。嗣子奉行遺旨。詔曰：「生爲名臣，歿有理命。終始之分，可謂兩全。鹵簿哀榮之末節，難違往意；誄諡國家之大典，須守彝章。鹵簿宜停，易名須準舊例。」後綯貴，累贈至太尉。有文集一百卷，行於時。所撰憲宗哀册文，辭情典鬱，爲文士所重。

楚弟定，字履常，元和十一年進士及第，累辟使府。大和九年，累遷至職方員外郎、弘文館直學士、檢校右散騎常侍、桂州刺史、桂管都防禦觀察等使。卒，贈禮部尚書。

緒以蔭授官，歷隨、壽、汝三郡刺史。在汝州日，有能政，郡人請立碑頌德。緒以弟綯在輔弼，上言曰：「臣先父元和中特承恩顧，弟綯官不因人，出自宸衷。臣伏覩詔書，以臣刺汝州日，粗立政勞，吏民求立碑頌，尋乞追罷。臣任隨州日，郡人乞留，得上下考。及轉河南少尹，加金紫。此名已聞於日下，不必更立碑頌，乞賜寢停。」宣宗嘉其意，從之。

綯字子直，大和四年登進士第，釋褐弘文館校書郎。開成初爲左拾遺。二年，丁父喪。服闋，授本官，尋改左補闕、史館修撰，累遷庫部、戶部員外郎。會昌五年，出爲湖州刺史。

大中二年，召拜考功郎中，尋知制誥。其年，召入充翰林學士。三年，拜中書舍人，襲封彭陽男，食邑三百戶，尋拜御史中丞。四年，轉戶部侍郎，判本司事。其年，改兵部侍郎、同中書門下平章事。綯以舊事帶尙書省官，合先省上。上日，同列集於少府監。時白敏中、崔龜從曾爲太常博士，至相位，欲榮其舊署，乃改集於太常禮院，龜從手筆志其事於壁。

綯輔政十年，累官至吏部尙書、右僕射、涼國公，食邑二千戶。十三年，罷相，檢校司空、同中書門下平章事、河中尹、河中晉絳等節度使。咸通二年，改汴州刺史、宣武軍節度使。三年冬，遷揚州大都督府長史、淮南節度副大使、知節度事。累加開府儀同三司、檢校司徒，進食邑至三千戶。

九年，徐州戍兵龐勛自桂州擅還。七月至浙西，沿江自白沙入濁河，剽奪舟船而進。綯聞勛至，遣使慰撫，供給芻米。都押衙李湘白綯曰：「徐兵擅還，必無好意。雖無詔命除討，權變制在藩方。昨其黨來投，言其數不踰二千，而虛張舟航旗幟，恐人見其實。涉境已來，心頗憂惴。計其水路，須出高郵縣界，河岸斗峻而水深狹。若出奇兵邀之，俾荻船縱火於前，勁兵奮擊於後，敗走必矣。若不於此誅鋤，俟濟淮、泗，合徐人負怨之徒，不下十萬，則禍亂非細也。」綯性懦緩，又以不奉詔命，謂湘曰：「長淮已南，他不爲暴。從他過去，餘非吾事也。」

其年冬，龐勛殺崔彥曾，據徐州，聚衆六七萬。徐無兵食，乃分遣賊帥攻剽淮南諸郡，滁、和、楚、壽繼陷。穀食既盡，淮南之民多爲賊所噉。時兩淮郡縣多陷，唯杜慆守泗州，賊攻之經年，不能下。初詔綯爲徐州南面招討使，賊攻泗州急，綯令李湘將兵五千人援之。賊聞湘來援，遣人致書于綯，辭情遜順，言「朝廷累有詔赦宥，但抗拒者三兩人耳，旦夕圖去之，即束身請命，願相公保任之」。綯卽奏聞，請賜勛節鉞，仍誡李湘但戍淮口，賊已招降，不得立異。由是湘軍解甲安寢，去警徹備，日與賊軍相對，歡笑交言。一日，賊軍乘間，步騎徑入湘壘，淮卒五千人皆被生縶送徐州，爲賊蒸而食之。湘與監軍郭厚本爲龐勛斷手足，以徇於康承訓軍。時浙西杜審權發軍千人與李湘約會兵，大將翟行約勇敢知名。浙軍未至而湘軍敗。賊乃分兵，立淮南旗幟爲交鬭之狀。行約軍望見，急趨之，千人並爲賊所縛，送徐州。

綯既喪師，朝廷以左衞大將軍、徐州西南面招討使馬舉代綯爲淮南節度使。十二年八月，授檢校司徒、太子太保，分司東都。十三年，以本官爲鳳翔尹、鳳翔隴節度使，進封趙國公，食邑三千戶，卒。子滈、渙、渢。

滈少舉進士，以父在內職而止。及綯輔政十年，滈以鄭顥之親，驕縱不法，日事遊宴，

貨賄盈門，中外爲之側目。以綯黨援方盛，無敢措言。及懿宗卽位，訟者不一，故綯罷權軸。既至河中，上言曰：「臣男滈，爰自孩提，便從師訓，至於詞藝，頗及輩流。會昌二年臣任戶部員外郎時，已令應舉，至大中二年猶未成名。臣自湖州刺史蒙先帝擢授考功郎中、知制誥，尋充學士。繼叨渥澤，遂忝樞衡，事體有妨，因令罷舉，自當廢絕，一十九年。每遣退藏，更令勤勵。臣以祿位逾分，齒髮已衰，男滈年過長成，未霑一第，犬馬私愛，實切憫傷。臣二三年來，頻乞罷免，每年取得文解，意待纔離中書，便令赴舉。昨蒙恩制，寵以近藩。伏緣已逼禮部試期，便令就試。至於與奪，出自主司，臣固不敢撓其衡柄。臣初離機務，合具上聞。昨延英奉辭，本擬面奏，伏以戀恩方切，陳誠至難。伏冀宸慈，察臣丹懇。」詔令就試。

是歲，中書舍人裴坦權知貢舉，登第者三十人。有鄭羲者，故戶部尙書澣之孫，裴弘餘故相休之子，魏簹故相扶之子，及滈，皆名臣子弟，言無實才。諫議大夫崔瑄上疏論之曰：「令狐滈昨以父居相位，權在一門。求請者詭黨風趨，妄動者羣邪雲集。每歲貢闈登第，在朝淸列除官，事望雖出於綯，取捨全由於滈。喧然如市，旁若無人，權動寰中，勢傾天下。及綯罷相作鎭之日，便令滈納卷貢闈。豈可以父在樞衡，獨撓文柄？請下御史臺按問文解日月者。」奏疏不下。

濬既及第，釋褐長安尉、集賢校理。咸通二年，遷右拾遺、史館修撰。制出，左拾遺劉蛻、起居郎張雲，各上疏極論濬云：「恃父秉權，恣受貨賂。取李琢錢，除琢安南都護，遂致蠻陷交州。」張雲言：「大中十年，綯以諫議大夫豆盧籍、刑部郎中李鄴爲夔王已下侍讀，欲立夔王爲東宮，欲亂先朝子弟之序。濬內倚鄭顥，人誰敢言？」時綯在淮南，累表自雪。懿宗重傷大臣意，貶雲爲興元少尹，蛻爲華陰令，改濬詹事府司直。濬爲衆所非，宦名不達。渙、瀛俱登進士第。渙位至中書舍人。定子緘，緘子澄、湘。澄亦以進士登第，累辟使府。

牛僧孺字思黯，隋僕射奇章公弘之後。祖紹，父幼簡，官卑。僧孺進士擢第，登賢良方正制科，釋褐伊闕尉，遷監察御史，轉殿中，歷禮部員外郎。元和中，改都官，知臺雜，尋換考功員外郎，充集賢直學士。

穆宗即位，以庫部郎中知制誥。其年十一月，改御史中丞。以州府刑獄淹滯，人多冤抑，僧孺條疏奏請，按劾相繼，中外肅然。長慶元年，宿州刺史李直臣坐贓當死，直臣賂中貴人爲之申理，僧孺堅執不回。穆宗面喻之曰：「直臣事雖僭失，然此人有經度才，可委之

邊任，朕欲貸其法。」僧孺對曰：「凡人不才，止於持祿取容耳。帝王立法，束縛奸雄，正爲才多者。祿山、朱泚以才過人，濁亂天下，況直臣小才，又何屈法哉？」上嘉其守法，面賜金紫。二年正月，拜戶部侍郎。三年三月，以本官同平章事。

初韓弘入朝，以宣武舊事，人多流言，其子公武以家財厚賂權幸及多言者，班列之中悉受其遺。俄而父子俱卒，孤孫幼小，穆宗恐爲厮養竊盜，乃命中使至其家，閱其宅簿，以付家老。而簿上具有納賂之所，唯於僧孺官側朱書曰：「某月日，送牛侍郎物若干，不受，却付訖。」穆宗按簿甚悅。居無何，議命相，帝首可僧孺之名。

敬宗即位，加中書侍郎、銀青光祿大夫，封奇章子，邑五百戶。十二月，加金紫階，進封郡公、集賢殿大學士、監修國史。寶曆中，朝廷政事出於邪倖，大臣朋比，僧孺不奈羣小，拜章求罷者數四，帝曰：「俟予郊禮畢放卿。」及穆宗祔廟郊報後，又拜章陳退，乃於鄂州置武昌軍額，以僧孺檢校禮部尚書、同中書門下平章事、鄂州刺史、武昌軍節度、鄂岳蘄黃觀察等使。江夏城風土散惡，難立垣墉，每年加板築，賦菁茆以覆之。吏緣爲奸，蠹弊綿歲。僧孺至，計茆苫板築之費，歲十餘萬，即賦之以塼，以當苦築之價。凡五年，墉皆甃葺，蠹弊永除。屬郡沔州與鄂隔江相對，虛張吏員，乃奏廢之，以其所管漢陽、汊川兩縣隸鄂州〔一〕。文宗即位，就加檢校吏部尚書，凡鎮江夏五年。

大和三年，李宗閔輔政，屢薦僧孺有才，不宜居外。四年正月，召還，守兵部尚書、同平章事。五年正月，幽州軍亂，逐其帥李載義。文宗以載義輸忠於國，遽聞失帥，駭然，急召宰臣謂之曰：「范陽之變奈何？」僧孺對曰：「此不足煩聖慮。且范陽得失，不繫國家休戚，自安、史已來，翻覆如此。前時劉總以土地歸國，朝廷耗費百萬，終不得范陽尺帛斗粟入于天府，尋復爲梗。至今志誠亦由前載義也，但因而撫之，俾扞奚、契丹不令入寇，朝廷所賴也。假以節旄，必自陳力，不足以逆順治之。」帝曰：「吾初不詳思，卿言是也。」即日命中使宣慰。尋加門下侍郎、弘文館大學士。

六年，吐蕃遣使論董勃義入朝修好，俄而西川節度李德裕奏，吐蕃維州守將悉怛謀以城降。德裕又上利害云：「若以生羌三千，出戎不意，燒十三橋，擣戎之腹心，可以得志矣。」上惑其事，下尚書省議，衆狀請如德裕之策。僧孺奏曰：「此議非也。吐蕃疆土，四面萬里，失一維州，無損其勢。況論董勃義纔還，劉元鼎未到，比來修好，約罷戍兵。中國禦戎，守信爲上，應敵次之，今一朝失信，戎醜得以爲詞。聞贊普牧馬茹川，俯於秦、隴。若東襲隴坂，徑走回中，不三日抵咸陽橋，而發兵枝梧，駭動京國。事或及此，雖得百維州，亦何補也。」上曰：「然。」遂詔西川不內維州降將。僧孺素與德裕仇怨，雖議邊公體，而怙德裕者以僧孺害其功，謗論沸然，帝亦以爲不直。其年十二月，檢校左僕射、兼平章事、揚州大都督府

長史、淮南節度副大使、知節度事。

時中尉王守澄用事，多納纖人，竊議時政，禁中事密，莫知其說。一日，延英對宰相，文宗曰：「天下何由太平，卿等有意於此乎？」僧孺奏曰：「臣等待罪輔弼，無能康濟，然臣思太平亦無象。今四夷不至交侵，百姓不至流散；上無淫虐，下無怨讟；私室無強家，公議無壅滯。雖未及至理，亦謂小康。陛下若別求太平，非臣等所及。」既退至中書，謂同列曰：「吾輩爲宰相，天子責成如是，安可久處茲地耶？」旬日間，三上章請退，不許。會德裕黨盛，垂將入朝，僧孺故得請。上既受左右邪說，急於太平，奸人伺其銳意，故訓、注見用。數年之間，幾危宗社，而僧孺進退以道，議者稱之。

開成初，搢紳道喪，閹寺弄權，僧孺嫌處重藩，求歸散地，累拜章不允，凡在淮甸六年。開成二年五月，加檢校司空，食邑二千戶，判東都尚書省事、東都留守、東畿汝都防禦使。僧孺識量弘遠，心居事外，不以細故介懷。洛都築第於歸仁里。任淮南時，嘉木怪石，置之階廷，館宇清華，竹木幽邃。常與詩人白居易吟詠其間，無復進取之懷。

三年九月，徵拜左僕射，仍令左軍副使王元直齎告身宣賜。舊例，留守入朝，無中使賜詔例，恐僧孺退讓，促令赴闕。僧孺不獲已入朝。屬莊恪太子初薨，延英中謝日，語及太子，乃懇陳父子君臣之義，人倫大經，不可輕移國本，上爲之流涕。是時宰輔皆僧孺僚舊，

未嘗造其門，上頻宣召，託以足疾。久之，上謂楊嗣復曰：「僧孺稱疾，不任趨朝，未可即令自便。」四年八月，復檢校司空、兼平章事、襄州刺史、山南東道節度使，加食邑至三千戶。辭日，賜鳳、散、樟、杓等金銀古器，令中使喻之曰：「以卿正人，賜此古器，卿且少留。」僧孺奏曰：「漢南水旱之後，流民待理，不宜淹留。」再三請行，方允。

武宗即位，就加檢校司徒。會昌二年，李德裕用事，罷僧孺兵權，徵爲太子少保，累加太子少師。大中初卒，贈太子太師，謚曰文貞。

僧孺少與李宗閔同門生，尤爲德裕所惡。會昌中，宗閔棄斥，不爲生還。僧孺數爲德裕掎摭，欲加之罪，但以僧孺貞方有素，人望式瞻，無以伺其隙。德裕南遷，所著窮愁志，引里俗犢子之讖以斥僧孺，又目爲「太牢公」，其相憎恨如此。僧孺二子：蔚、藂。

蔚字大章，十五應兩經舉。大和九年，復登進士第，三府辟署爲從事，入朝爲監察御史。大中初，爲右補闕，屢陳章疏，指斥時病，宣宗嘉之，曰：「牛氏子有父風，差慰人意。」尋改司門員外郎，出爲金州刺史，入拜禮、吏二郎中。以祀事準禮，天官司所掌班列，有恃權越職者，蔚奏正之，爲時權所忌，左授國子博士，分司東都。踰月，權臣罷免，復徵爲吏部郎中，兼史館修撰，遷左諫議大夫。咸通中，爲給事中，延英謝日，面賜金紫。蔚封駁無避，帝

嘉之。踰歲，遷戶部侍郎，襲封奇章侯，以公事免。歲中復本官，歷工、禮、刑三尚書。咸通末，檢校兵部尚書，興元尹、山南西道節度使。在鎭三年。時中官用事，急於賄賂。屬徐方用兵，兩中尉諷諸藩貢奉助軍，蔚盡索軍府之有三萬端匹，隨表進納。中官怒，即以神策將吳行魯代還。及黃巢犯闕，乃自京師奔遁，避地山南，拜章請老，以尚書左僕射致仕。卒，累贈太尉。子循、徽。

徽咸通八年登進士第，三佐諸侯府，得殿中侍御史，賜緋魚。入朝爲右補闕，再遷吏部員外郎。乾符中，選曹猥濫，吏爲姦弊，每歲選人四千餘員。徽性貞剛，特爲奏請。由是銓敘稍正，能否旌別，物議稱之。

巢賊犯京師，父蔚方病，徽與其子自扶籃輿，投竄山南。閣路險狹，盜賊縱橫，谷中遇盜，擊徽破首，流血被體，而捉輿不輟。盜苦迫之，徽拜之曰：「父年高疾甚，不欲驚動。人皆有父，幸相垂愍。」盜感之而止。及前谷，又逢前盜，相告語曰：「此孝子也。」即同舉輿，延於其家，以帛封創，饘飲奉蔚。留之信宿，得達梁州。故吏感恩，爭來奔問。時僖宗已幸成都，徽至行朝拜章，乞歸侍疾。已除諫議大夫，不拜，謂宰相杜讓能曰：「願留兄循在朝，以當門戶，乞侍醫藥。」時循爲給事中，丞相許之。

其年鍾家艱，執喪梁、漢。既除，以中書舍人徵，未赴，疾作。以舍人綸制之地，不可曠官，請授散秩，改給事中。從駕還京，至陳倉疾甚，經年方間。宰相張濬爲招討使，奏徽爲判官，檢校左散騎常侍。詔下鳳翔，促令赴闕，徽謂所親曰：「國步方艱，皇居初復，帑廪皆虛，正賴羣臣協力，同心王室。而於破敗之餘，圖雄霸之舉，俾諸侯離心，必貽後悔也。以吾衰疾之年，安能爲之扞難。」辭疾不起。明年，濬敗，召徽爲給事中。

楊復恭叛歸山南，李茂貞上表，請自出兵糧問罪，但授臣招討使。奏不待報，茂貞與王行瑜軍已出疆，上怒其事，不時可之，茂貞恃強，章疏不已。昭宗延英召諫官宰相議可否。以邠、鳳皆有中人內應，不敢極言，相顧辭遜，上情不悅。徽奏曰：「兩朝多難，茂貞實有翼衞之功，惡諸楊阻兵，意在嫉惡。所造次者，不俟命而出師也。近聞兩鎭兵入界，多有殺傷，陛下若不處分，梁、漢之民盡矣。須授以使名，明行約束，則軍中爭不畏法。」帝曰：「此言極是。」乃以招討之命授之。及茂貞平賊，自恃寖驕，多撓國政，命杜讓能料兵討之，徽諫曰：「岐是國門，茂貞倔強，不顧禍患。萬一蹉跌，挫國威也，不若漸以制之。」及師出，復召徽謂之曰：「卿能斟酌時事。岐軍烏合，朕料必平，卿以爲捷在何日？」徽對曰：「臣忝侍從諫諍之列，所言軍國，據理陳聞。如破賊之期，在陛下考蓍龜，責將帥，非臣之職也。」而王師果衂，大臣被害。

徽尋改中書舍人。歲中，遷刑部侍郎，封奇章男。崔胤連結汴州，惡徽言事，改散騎常侍。不拜，換太子賓客。天復初，賊臣用事，朝政不綱，拜章請罷。詔以刑部尚書致仕，乃歸樊川別墅。病卒，贈吏部尚書。

藂字表齡，開成二年登進士第，出佐使府，歷踐臺省。乾符中，位至劍南西川節度使。黃巢之亂，從幸西川，拜太常卿。以病求爲巴州刺史，不許。駕還，拜吏部尚書。襄王之亂，避地太原，卒。子嶠，位至尚書郎。

蕭俛字思謙。曾祖太師徐國公嵩，開元中宰相。祖華，襲徐國公，肅宗朝宰相。父恒，贈吏部尚書。皆自有傳。俛，貞元七年進士擢第。元和初，復登賢良方正制科，拜右拾遺，遷右補闕。元和六年，召充翰林學士。七年，轉司封員外郎。九年，改駕部郎中、知制誥，內職如故。坐與張仲方善，仲方駁李吉甫謚議，言用兵徵發之弊，由吉甫而生，憲宗怒，貶仲方，俛亦罷學士，左授太僕少卿。

十三年，皇甫鎛用事，言於憲宗，拜俛御史中丞。俛與鎛及令狐楚，同年登進士第。明年，鎛援楚作相，二人雙薦俛於上。自是顧眄日隆，進階朝議郎、飛騎尉，襲徐國公，賜緋魚

袋。穆宗卽位之月，議命宰相，令狐楚援之，拜中書侍郎、平章事，仍賜金紫之服。八月，轉門下侍郎。

十月，吐蕃寇涇原，命中使以禁軍援之。穆宗謂宰臣曰：「用兵有必勝之法乎？」俛對曰：「兵者凶器，戰者危事，聖主不得已而用之。以仁討不仁，以義討不義，先務招懷，不爲掩襲。古之用兵，不斬祀，不殺厲，不擒二毛，不犯田稼。安人禁暴，師之上也。如救之甚於水火。故王者之師，有征無戰，此必勝之道也。如或縱肆小忿，輕動干戈，使敵人怨結，師出無名，非惟不勝，乃自危之道也。固宜深愼！」帝然之。

時令狐楚左遷西川節度使，王播廣以貨幣賂中人權幸，求爲宰相，而宰相段文昌復左右之。俛性嫉惡，延英面言播之纖邪納賄，喧於中外，不可以汚台司。事已垂成，帝不之省，俛三上章求罷相任。長慶元年正月，守左僕射，進封徐國公，罷知政事。俛居相位，孜孜正道，重愼名器。每除一官，常慮乖當，故鮮有簡拔而涉剋深，然志嫉奸邪，脫屣重位，時論稱之。

穆宗乘章武恢復之餘，卽位之始，兩河廓定，四鄙無虞。而俛與段文昌屢獻太平之策，以爲兵以靜亂，時已治矣，不宜黷武，勸穆宗休兵偃武。又以兵不可頓去，請密詔天下軍鎭有兵處，每年百人之中，限八人逃死，謂之「消兵」。帝既荒縱，不能深料，遂詔天下，如其策

而行之。而藩籍之卒，合而爲盜，伏於山林。明年，朱克融、王廷湊復亂河朔，一呼而遺卒皆至。朝廷方徵兵諸藩，籍既不充，尋行招募。烏合之徒，動爲賊敗，由是復失河朔，蓋「消兵」之失也。

俛性介獨，持法守正。以己輔政日淺，超擢太驟，三上章懇辭僕射，不拜。詔曰：「蕭俛以勤事國，以疾退身，本末初終，不失其道，旣罷樞務，俾居端揆。朕欲加恩超等，復吾前言。而繼有讓章，至於三四，敦諭頗切，陳乞彌堅。成爾謙光，移之選部，可吏部尚書。」俛又以選曹簿書煩雜，非攝生之道，乞換散秩。其年十月，改兵部尚書。二年，以疾表求分司，不許。三月，改太子少保，尋授同州刺史。寶曆二年，復以少保分司東都。

文宗卽位，授檢校左僕射、守太子少師。俛稱疾篤，不任赴闕，乞罷所授官。詔曰：「新除太子少師蕭俛，代炳台燿，躬茂天爵。文可以經緯邦俗，行可以感動神祇。夷澹粹和，精深敏直，進退由道，周旋令名。近以師傅之崇，疇于舊德，俾從優逸，冀保養頤。而抗疏懇辭，勇退知止。嘗亦敦諭，確乎難拔。遂茲牢讓，以厚時風，可銀靑光祿大夫、守尚書左僕射致仕。」

俛趣尚簡潔，不以聲利自汚。在相位時，穆宗詔撰故成德軍節度使王士眞神道碑，對曰：「臣器褊狹，此不能強。王承宗先朝阻命，事無可觀，如臣秉筆，不能溢美。或撰進之後，例行貺遺，臣若公然阻絕，則違陛下撫納之宜；儻俛受之，則非微臣平生之志。臣不願爲之秉筆。」帝嘉而免之。

俛家行尤孝。母韋氏賢明有禮，理家甚嚴。俛雖爲宰相，侍母左右，不異褐衣時。丁母喪，毀瘠踰制。免喪，文宗徵詔，懇以疾辭。旣致仕于家，以洛都官屬賓友，避歲時請謁之煩，乃歸濟源別墅，逍遙山野，嘯詠窮年。

八年，以莊恪太子在東宮，上欲以耆德輔導，復以少師徵之，俛令弟傑奉表京師，復納制書，堅辭痼疾。詔曰：「不待年而求謝，於理身之道則至矣，其如朝廷之望何？朕以肇建元良，精求師傅，遐想漢朝故事，玄成、石慶，當時重德，咸歷此官。吾以元子幼沖，切於師訓，欲以賴汝發明古今，冀忠孝之規，日聞于耳。特遣左右，至於林園。而卿高蹈翛然，屏絕趨進，復遣令弟還吾詔書。天爵自優，冥鴻方遠，不轉之志，其堅若山。循省來章，致煩爲愧。終以呂尙之秩，遂其疏曠之心。勵俗激貪，所補多矣。有益於政，寄聲以聞，亦有望於舊臣矣。可太子太傅致仕。」

開成二年，俛弟俶授楚州刺史。辭日，文宗謂俶曰：「蕭俛先朝名相，筋力未衰，可一來京國。朕賜俛詔書匹帛，卿便賚至濟源，道吾此意。」詔曰：「卿道冠時髦，業高儒行。著作礪濟川之効，弘致君匡國之規，留芳巖廊，逸老林壑。累降褒詔，亟加崇秩，而志不可奪，惝見乎辭。鴻飛入冥，吟想增歎。今賜絹三百匹，便令蕭俶宣示。」俛竟不起，卒。

傑字豪士。元和十二年登進士第。累官侍御史，遷主客員外郎。大和九年十月，鄭注爲鳳翔節度使，愼選參佐，李訓以傑檢校工部郎中，充鳳翔隴觀察判官。其年十一月，鄭注誅，傑爲鳳翔監軍使所害。

俶以蔭授官。大和中，累遷至河南少尹。九年五月，拜諫議大夫。開成二年，出爲楚州刺史。四年三月，遷越州刺史、御史中丞、浙東都團練觀察使。會昌中，入爲左散騎常侍，遷檢校刑部尙書、華州刺史、潼關防禦等使。大中初，坐在華州時斷獄不法，授太子賓客分司。四年，檢校戶部尙書、兗州刺史、兗沂海節度使。復入爲太子賓客。大中十二年，以太子少保分司東都，卒。俛從父弟倣。

倣，父悟，恆之弟也。悟，仕至大理司直。倣，大和元年登進士第。大中朝，歷諫議大夫、給事中。咸通初，遷左散騎常侍。

懿宗怠臨朝政，僻於奉佛，內結道場，聚僧念誦。又數幸諸寺，施與過當。倣上疏論之曰：

臣聞玄祖之道，由慈儉爲先；而素王之風，以仁義爲首。相沿百代，作則千年，至

聖至明，不可易也。如佛者，生於天竺，去彼王宮，割愛中之至難，取滅後之殊勝，名歸象外，理絕塵中，非爲帝王之所能慕也。昔貞觀中，高宗在東宮，以長孫皇后疾亟，嘗上言曰：「欲請度僧，以資福事。」后曰：「爲善有徵，吾未爲惡，善或無報，求福非宜。且佛者，異方之教，所可存而勿論。豈以一女子而紊王道乎？」故諡爲文德。且母后之論，尚能如斯，哲王之謨，安可反是？

伏覩陛下留神天竺，屬意桑門，內設道場，中開講會，或手錄梵筴，或口揚佛音。雖時啓於延英，從容四輔；慮稍稀於聽政，廢失萬機。居安思危，不可忽也。夫從容者君也，必疇咨於臣，盡忠匡救；外逆其耳，內沃其心，陳皐陶之謨，述仲虺之誥，發揮王道，恢益帝圖，非賜對之閒徒侍坐而已。夫廢失者，上拒其諫，下希其旨，言則狎玩，意在順從。漢重神仙，東方朔著十洲之記；梁崇佛法，劉孝儀詠七覺之詩。致禍禱無休，講誦不已，以至大空海內，中輟江東。以此言之，是廢失也。然佛者，當可以悟取，不可以相求。漢、晉已來，互興寶刹；姚、石之際，亦有高僧。或問以苦空，究其不滅，止聞有性，多曰忘言。執著貪緣，非其旨也。必乞陛下力求民瘼，虔奉宗祧。思繆賞與濫刑，其殃立至；佞勝殘而去殺，得福甚多。幸罷講筵，頻親政事。昔年韓愈已得罪於憲宗，今日微臣固甘心於退黜。

疏奏，帝甚嘉之。

四年，本官權知貢舉，遷禮部侍郎，轉戶部。以檢校工部尚書出爲滑州刺史，充義成軍節度、鄭滑潁觀察處置等使。在鎮四年，滑臨黃河，頻年水潦，河流泛溢，壞西北隄。倣奏移河四里，兩月畢功，畫圖以進。懿宗嘉之，就加刑部尚書，入爲兵部尚書、判度支，轉吏部尚書，選序平允。咸通末，復爲兵部尚書、判度支。尋以本官同平章事，累遷中書、門下二侍郎，兼戶部、兵部尚書。遷左右僕射，改司空、弘文館大學士、蘭陵郡開國侯。

俄而盜起河南，內官握兵，王室濁亂。倣氣勁論直，同列忌之，罷知政事，出爲廣州刺史、嶺南節度使。倣性公廉，南海雖富珍奇，月俸之外，不入其門。家人疾病，醫工治藥，須烏梅，左右於公廚取之，倣知而命還，促買於市。遇亂，不至京師而卒。

子廩，咸通三年進士擢第，累遷尚書郎。乾符中，以父出鎮南海，免官侍行。中和中，徵爲中書舍人，再遷京兆尹。僖宗再幸山南，廩以疾不能從。襄王僭竊，廩宗人遘受僞署，廩懼，自洛避地河朔，鎮冀節度使王鎔館之於深州。光化三年卒。廩貞退寡合，綽有家法。初從父南海，地多穀紙，倣敕子弟繕寫缺落文史，廩白曰：「家書缺者，誠宜補葺。然此去京師，水陸萬里，不可露齎，當須篋笥。人覩兼乘，謂是貨財，古人慕苡之嫌，得爲深誡。」倣曰：「吾不之思也。」故濁亂之際，克保令名。

子頎，亦登進士第，後官位顯達。

李石字中玉，隴西人。祖堅，父明。石，元和十三年進士擢第，從涼國公李聽歷四鎮從事。石機辯有方略，尤精吏術，藩府稱之。自聽征伐，常司留使務，事無不辦。大和三年，爲鄭滑行軍司馬。時聽握兵河北，令石入朝奏事，占對明辯，文宗目而嘉之。府罷，入爲工部郎中，判鹽鐵案。五年，改刑部郎中。由兵部郎中令狐楚請爲太原節度副使。七年，拜給事中。九年七月，權知京兆尹事。十月，遷戶部侍郎，判度支事。

文宗自德裕、宗閔朋黨相傾，大和七年已後，宿素大臣，疑而不用。意在擢用新進孤立，庶幾無黨，以革前弊，故賈餗、舒元輿驟階大用。及訓、注伏誅，欲用令狐楚，尋而中輟。石自朝議郎加朝議大夫，以本官同平章事，判使如故。石器度豁如，當官不撓。自京師變亂之後，宦者氣盛，凌轢南司，延英議事，中貴語必引訓以折文臣。石與鄭覃嘗謂之曰：「京師之亂，始自訓、注；而訓、注之起，始自何人？」仇士良等不能對，其勢稍抑，搢紳賴之。是時，踰月人情不安，帝謂侍臣曰：「如聞人心尚未安帖，比日何如？」石對曰：「比日苦寒，

蓋刑殺太過，致此陰沴。昨聞鄭注到鳳翔招募士卒不至，捕索誅夷不已，臣恐邊上聞之，乘此生事。宜降詔安喻其心。」從之。

江西、湖南兩道觀察使以新經訓、注之亂，吏卒多死，進官健衣糧一百二十分，充宰相募召從人，石奏曰：「宰相上弼聖政，下理羣司。若忠正無私，宗社所祐，縱逢盜賊，兵不能傷。若事涉隱欺，心懷矯妄，雖有防衞，鬼得而誅。臣等願推赤心以答聖獎。孟軻知非臧氏，孔子不畏匡人。其兩道所進衣糧，並望停寢，依從前制置，祇以金吾手力引從。」可之。帝又曰：「宰相之任，在選賢任能。」石曰：「臣與鄭覃常以此事爲切，但以人各有求，苟遂所欲則美譽至，稍不如意則謗議生。只宜各委所司薦用，臣等擇可授之，則物議息矣。」

其年十二月，中使田全操、劉行深巡邊回，走馬入金光門。從者訛言兵至，百官朝退，倉惶駭散，有不及束帶，韈而乘者。市人叫譟，塵坌四起。二相在中書，人吏稍散。鄭覃曰：「耳目頗異，且宜出去。」石曰：「事勢不可知，但宜堅坐鎮之，冀將寧息。若宰相亦走，則中外亂矣。必若繼亂，走亦何逃？任重官崇，人心所屬，不可忽也。」石視簿書，沛然自若。京城無賴之徒，皆戎服兵仗，北望闕門以俟變。內使連催閉皇城門，金吾大將軍陳君賞率其徒立望仙門下，謂中使曰：「假如有賊，閉門不晚。請徐觀其變，無宜自弱。」晡晚方定。是日，苟非石之鎮靜，君賞之禦侮，幾將亂矣。

開成元年，改元，大赦。石等商量節文，放京畿一年租稅，及正、至、端午進奉，並停三年，其錢代充百姓紐配錢。諸道除藥物、口味、茶菓外，不得進獻。諸司宣索製造，並停三年。赦後，紫宸宣對，鄭覃曰：「陛下改元御殿，全放京畿一年租稅，又停天下節鎮進奉。恩澤所設，實當要切。近年赦令，皆不及此。」上曰：「朕務行其實，不欲崇長空文。」石對曰：「赦書須內置一本，陛下時省覽之。十道黜陟使發日，付與公事根本，令與長吏詳擇施行，方盡利害之要。」石以從前德音雖降，人君不能守，姦吏從而違之，故有內置之奏以諷之。

尋加中書侍郎、集賢殿大學士，領鹽鐵轉運使。上御紫宸論政曰：「爲國之道，致治甚難。」石對曰：「朝廷法令行則易。臣聞文王陟降在上，陛下推赤誠，上達于天，何憂不治？」上又曰：「治亂由人邪正，由時運耶？」鄭覃對曰：「由聖帝，由忠臣，是由人也。」石曰：「亦由時運。九廟聖靈，鍾德於陛下，時也；陛下行己之道，則是由人。而前代帝王甚有德者，當亂離無奈何之際，又安得不推運耶？」帝曰：「卿言是也。」石又奏：「咸陽令韓遼請開興成渠。舊漕在咸陽縣西十八里，東達永豐倉，自秦、漢已來疏鑿，其後堙廢。昨遼計度，用功不多。此漕若成，自咸陽抵潼關，三百里內無車輓之勤，則轅下牛盡得歸耕，永利秦中矣。」上曰：「莫有陰陽拘忌否？」李固言曰：「王涯已前已曾陳奏，實秦中之利，但恐徵役今非其時。」上曰：「苟利於人，朕無所慮也。」石辭領使務。八月，罷鹽鐵轉運使。石用金部員外郎韓益判

度支案，益坐贓繫臺。石奏曰：「臣以韓益曉錢穀錄用之，不謂貪猥如此！」帝曰：「宰相但知人則用，有過則懲。卿所用人，且不掩其惡，可謂至公。從前宰相用人，有過曲爲蔽之，不欲人彈劾，此大謬也。但知能則舉，舉不失職則獎之，自然易得其人，何必容隱。」

三年正月五日〔二〕，石自親仁里將曙入朝，盜發於故郭尙父宅，引弓追及，矢纔破膚，馬逸而回。盜已伏坊門，揮刀斫石，斷馬尾，竟以馬逸得還私第。上聞之駭愕，遣中使撫問，賜金瘡藥，因差六軍兵士三十人衞從宰相。是日，京師大恐，常參官入朝者九人而已，旬日方安。石拜章辭位者三，乃加金紫光祿大夫、中書侍郎、同平章事、江陵尹、荆南節度使。李訓之亂，人情危迫，天子起石於常僚之中，付以衡柄。石以身徇國，不顧患難，振舉朝綱，國威再復。而中官仇士良切齒惡之，而伏戎加害。天子深知其故，畏逼而不能理，乃至罷免。及石赴鎮，賜宴之儀並闕，人士傷之，恥君子之道消也。石至鎮，表讓中書侍郎，乃加檢校兵部尙書、兼平章事。

武宗卽位，就加檢校尙書右僕射。會昌三年十月，加檢校司空、平章事、隴西郡開國伯、食邑七百戶、太原尹、北都留守、河東節度觀察等使。時澤潞劉稹阻兵，以石嘗爲太原副使，諳練北門軍政，故代劉沔鎭之。初，沔以兵三千人戍橫水，王師之討澤潞也，王逢軍於楡社，訴兵少，請益之，詔石以太原之卒赴楡社。石乃割橫水戍卒一千五百人，令別將楊弁率之，以赴王逢。舊例發軍，人給二縑。石以支計不足，量減一匹，軍人聚怨，又將及歲除，促令上路，衆愈不悅。楊弁乘其釁謀亂，出言激動軍人。四年正月，軍亂逐石，朝廷乃以晉絳觀察使崔元式代還。五年，檢校司徒、東都留守、判東都尙書省事、畿汝都防禦使。以太子少保分司卒。

石弟福，字能之，大和七年登進士第，累辟使府。石爲宰相，自薦弟於延英，言福才堪理人，授監察御史。累遷尙書郎，出爲商、鄭、汝、潁四州刺史。大中時，檢校工部尙書、滑州刺史、兼御史大夫，充義成軍節度、鄭滑潁觀察使。入爲刑部侍郎，累遷刑部、戶部尙書。乾符初，以檢校右僕射、襄州刺史、兼御史大夫充山南東道節度。

四年，草賊王仙芝徒黨數萬寇掠山南，福團練鄉兵，屯集要路，賊不敢犯。其秋，賊陷岳、鄂、饒、信等州。十二月，逼江陵，節度使楊知溫求援於福，福卽自率州兵及沙陀五百騎赴援。時賊已陷江陵之郛，聞福兵至，乃退去。僖宗嘉之，就加檢校司空、同平章事。歸朝，終於太子太傅。

史臣曰：彭陽奇章，起徒步而升台鼎。觀其人文彪炳，潤色邦典，射策命中，橫絕一時，誠俊賢也。而峩冠曳組，論道於臯、夔之伍，孰曰不然？如能蹈道匪躬，中立無黨，則其善盡矣。蕭太師貞獨嫉惡，不爲利回，不以夷、惠僾之，俾之經綸，則其道至矣。開成之始，帝道方淪，石於此時欲振頹緒，幾嬰戕賊，可爲咄嗟。多僻之時，止堪太息。

贊曰：喬松孤立，蘿蔦夤緣。柔附凌雲，豈曰能賢。嗚呼楚、孺，道喪曲全。蕭、李相才，致之外篇。

校勘記

〔一〕汳川　各本原作「汶川」，本書卷四〇地理志云：「汳川，漢安陸縣地，後魏置汳川郡。武德四年，分漢陽縣置汳川縣，屬沔州。」廿二史考異卷六〇云：「汶當作汳。」據改。

〔二〕三年正月五日　「三年」，各本原作「二年」，據本書卷一七下文宗紀、新書卷一三一李石傳、通鑑卷二四六改。

舊唐書卷一百七十三

列傳第一百二十三

鄭覃 弟朗 陳夷行 李紳 吳汝納 李回 李珏 李固言

鄭覃，故相珣瑜之子。以父蔭補弘文校理，歷拾遺、補闕、考功員外郎、刑部郎中。元和十四年二月，遷諫議大夫。憲宗用內官五人爲京西北和糴使，覃上疏論列。穆宗不恤政事，喜遊宴，即位之始，吐蕃寇邊。覃與同職崔玄亮等廷奏曰〔一〕：「陛下即位已來，宴樂過多，畋遊無度。今蕃寇在境，緩急奏報，不知乘輿所在。臣等忝備諫官，不勝憂惕，伏願稍減遊縱，留心政道。伏聞陛下晨夜昵狎倡優，近習之徒，賞賜太厚。凡金銀貨幣，皆出自生靈膏血，不可使無功之人，濫霑賜與。縱內藏有餘，亦乞用之有節，如邊上警急，即支用無闕。免令有司重斂百姓，實天下幸甚。」帝初不悅其言，顧宰相蕭俛曰：「此輩何人？」俛對曰：「諫官也。」帝意稍解，乃曰：「朕之過失，臣下盡規，忠也。」乃謂覃曰：「閤中奏事，殊不從

容。今後有事面陳，朕與卿延英相見。」時久無閤中奏事，覃等抗論，人皆相賀。

鎮冀節度使王承宗死，其弟承元聽朝旨，移授鄭滑節度。鎮之三軍留承元，以難不能赴鎮，承元乞重臣宣諭，乃以覃爲宣諭使，起居舍人王璠副之。初，鎮卒辭語不遜，覃至宣詔，諭以大義，軍人釋然聽命。長慶元年十一月，轉給事中。四年，遷御史中丞。十一月，權知工部侍郎。寶曆元年，拜京兆尹。

文宗即位，改左散騎常侍。三年，以本官充翰林侍講學士。四年四月，拜工部侍郎。覃長於經學，稽古守正，帝尤重之。覃從容奏曰：「經籍訛謬，博士相沿，難爲改正。請召宿儒奧學，校定六籍，準後漢故事，勒石於太學，永代作則，以正其闕。」從之。

五年，李宗閔、牛僧孺輔政，宗閔以覃與李德裕相善，薄之。時德裕自浙西入朝，復爲閔、孺所排，出鎮蜀川。宗閔惡覃禁中言事，奏爲工部尚書，罷侍講學士。文宗好經義，心頗思之。六年二月，復召爲侍講學士。七年春，德裕作相。五月，以覃爲御史大夫。文宗嘗於延英謂宰相曰：「殷侑通經學，爲人頗似鄭覃。」宗閔曰：「覃、侑誠有經學，於議論不足聽覽。」李德裕對曰：「殷、鄭之言，他人不欲聞，唯陛下切欲聞之。」覃嘗嫉人朋黨，爲宗閔所薄故也。八年，遷戶部尚書。其年，德裕罷相，宗閔復知政，與李訓、鄭注同排斥李德裕、李紳。二人貶黜，覃亦左授祕書監。九年六月，楊虞卿、李宗閔得罪長流，復以覃爲刑部尚

書。十月，遷尚書右僕射，兼判國子祭酒。訓、注伏誅，召覃入禁中草制敕，明日以本官同平章事，封滎陽郡公，食邑二千戶。

覃雖精經義，不能爲文，嫉進士浮華，開成初，奏禮部貢院宜罷進士科。初，紫宸對，上語及選士，覃曰：「南北朝多用文華，所以不治。士以才堪即用，何必文辭？」帝曰：「進士及第人已曾爲州縣官者，方鎮奏署即可之，餘即否。」覃曰：「此科率多輕薄，不必盡用。」帝曰：「輕薄敦厚，色色有之，未必獨在進士。此科置已二百年，亦不可遽改。」覃曰：「亦不可過有崇樹。」帝嘗謂宰臣曰：「百司弛慢，要重條舉。」因指前香爐曰：「此爐始亦華好，用之既久，乃無光彩。若不加飾，何由復初？」覃對曰：「丕變風俗，當考實效。自三十年已來，多不務實，取於顏情。如嵇、阮之流，不攝職事。」李石云：「此本因治平，人人無事，安逸所致。今之人俗亦慕王夷甫，恥不能及之。」上曰：「卿等輔朕，在振舉法度而已。」

時太學勒石經，覃奏起居郎周墀、水部員外郎崔球、監察御史張次宗、禮部員外郎溫業等校定九經文字，旋令上石。加門下侍郎、弘文館大學士、監修國史。上嘗於延英論古今詩句工拙，覃曰：「孔子所刪，三百篇是也。降此五言七言，辭非雅正，不足帝王賞詠。夫詩之雅頌，皆下刺上所爲，非上化下而作。王者採詩，以考風俗得失。仲尼刪定，以爲世規。近代陳後主、隋煬帝皆能章句，不知王者大端，終有季年之失。章句小道，願陛下不取也。」覃

以宰相兼判國子祭酒，奏太學置五經博士各一人，緣無職田，請依王府官例，賜祿粟，從之。又進石壁九經一百六十卷。

其年，李固言復爲宰相。固言與李宗閔、楊嗣復善，覃憎之。因起居郎闕，固言奏曰：「周敬復、崔球、張次宗等三人，皆堪此任。」覃曰：「崔球遊宗閔之門，且赤墀下秉筆，爲千古法，不可朋黨。如裴中孺、李讓夷，臣不敢有纖芥異論。」乃止。三年，楊嗣復自西川入拜平章事，與覃尤相矛盾，加之以固言、李珏，入對之際，是非蜂起。二月，覃進位太子太師。

文宗以旱放繫囚，出宮人劉好奴等五百餘人，送兩街寺觀，任歸親戚。紫宸對，李珏曰：「陛下放宮女數多，德邁千古。漢制，八月選人，晉武平吳，亦多採擇。仲尼所謂『未見好德如好色』。今陛下以爲無益放之，微臣敢賀。」覃曰：「晉武帝以採擇之失，中原化爲左衽，陛下以爲殷鑒，放去攸宜。」其年十二月，三上章求罷，詔落太子太師，餘如故。仍三五日一入中書，商量政事。四年五月，罷相，守左僕射。武宗即位，李德裕用事，欲援爲宰相，固以足疾不任朝謁。會昌二年，守司徒致仕，卒。子裔綽，以蔭授渭南尉，直弘文館。

覃少清苦貞退，不造次與人款狎。位至相國，所居未嘗增飾，纔庇風雨。家無媵妾，人皆仰其素風。然嫉惡太過，多所不容，衆憚而惡之。覃弟朗、潛。

朗字有融。長慶元年，登進士甲科，再遷右拾遺。開成中，爲起居郎。初，大和末風俗稍奢，文宗恭勤節儉，冀革其風。宰臣等言曰：「陛下節儉省用，風俗已移，長裾大袂，漸以減損。若更令戚屬絕其侈靡，不慮下不從教。」帝曰：「此事亦難戶曉，但去其泰甚，自以儉德化之。朕聞前時內庫唯二錦袍，飾以金鳥，一袍玄宗幸温湯御之，一即與貴妃。當時貴重如此，如今奢靡，豈復貴之？料今富家往往皆有。左衞副使張元昌便用金唾壺，昨因李訓已誅之矣。」時朗執筆螭頭下，宰臣退，上謂朗曰：「適所議論，卿記錄未？吾試觀之。」朗對曰：「臣執筆所記，便名爲史。伏準故事，帝王不可取觀。昔太宗欲覽國史，諫議大夫朱子奢云：『史官所述，不隱善惡。或主非上智，飾非護失，見之則致怨，所以義不可觀。』又褚遂良曰：『今之起居郎，古之左右史也，記人君言行，善惡必書，庶幾不爲非法，不聞帝王躬自觀史。』」帝曰：「適來所記，無可否臧，見亦何爽？」乃宣謂宰臣曰：「鄭朗引故事，不欲朕見起居注。夫人君之言，善惡必書。朕恐平常閑話，不關理體，垂諸將來，竊以爲恥。異日臨朝，庶幾稍改，何妨一見，以誡醜言。」朗遂進之。朗轉考功郎中。四年，遷諫議大夫。

會昌初，爲給事中。出爲華州刺史，入爲御史中丞、戶部侍郎，判本司事。大中朝，出爲定州刺史、義武軍節度、易定觀察、北平軍等使。尋遷檢校戶部尚書、汴州刺史、宣武軍節度、宋亳汴潁觀察等使。入爲工部尚書，判度支。遷御史大夫，改禮部尚書。以本官同

平章事，加中書侍郎、集賢殿大學士，修國史。大中十年，以疾辭位，進加檢校右僕射、守太子少師。十一年十月卒。詔曰：

故通議大夫、檢校尚書右僕射、兼太子少師、上柱國、賜紫金魚袋鄭朗，植操端方，稟氣莊重，藹若瑞玉，澹如澄川。智略合乎蓍龜，誠信服于僚友。自膺寵寄，頗負全才，竭匪躬于諫垣，彰盡瘁于瑣闥。載踐方嶽，亟登師壇，覩風推惠愛之心，訓士得撫循之術。政溢聞聽，念茲徵還，位冠多卿，職重邦計。經費有節，財用不虧。緊彼休功，明我推擇。爰嘉峭峻，俾總紀綱。公望益隆，典彝具舉，式諧注意，且沃深衷。俄參化源，以提政柄，三事仰清廉之節，百度見損益之能。近煦和風，遠浹膏雨。方俟坐鎭雅俗，表率庶官，頤養或乖，腠理生疾，屢陳章疏，乞遂退閑。既堅乃誠，式允其請。每圖懿績，唯冀有瘳。何竟至於彌留，而遽聞於捐代。閱奏興悼，臨軒載懷。將輟視朝之儀，兼列上公之秩。慰茲幽壤，期爾有知，可贈司空。

潛字無悶，亦登進士第。

陳夷行字周道，潁川人。祖忠，父邑。夷行，元和七年登進士第，累辟使府。寶曆末，由侍御史改虞部員外郎，皆分務東都。大和三年，入爲起居郎、史館修撰，預修憲宗實錄。四年獻上，轉司封員外郎。五年，遷吏部郎中。四月，召充翰林學士。八年，兼充皇太子侍讀，詔五日一度入長生院侍太子講經。上召對，面賜緋衣牙笏，遷諫議大夫、知制誥，餘職如故。九年八月，改太常少卿，知制誥、學士侍講如故。

開成二年四月，以本官同平章事。三年，楊嗣復、李珏繼入輔政，夷行介特，素惡其所爲，每上前議政，語侵嗣復，遂至往復。性不能堪，上表稱足疾辭位，不許，詔中使就第宣勞。七月，以王彥威爲忠武節度使，史孝章爲邠寧節度使，皆嗣復擬議。因延英對，上問夷行曰：「昨除二鎭，當否？」夷行對曰：「但出自聖心即當。」楊嗣復曰：「若出自聖心當，即人情皆愜。如事或過當，臣下安得無言？」帝曰：「誠如此，朕固無私也。」夷行曰：「自三數年來，姦臣竊權，陛下不可倒持太阿，授人鐏柄。」嗣復曰：「齊桓用管仲於讎虜，豈有太阿之慮乎？」上不悅。

仙韶院樂官尉遲璋授王府率，右拾遺竇洵直當衙論曰：「伶人自有本色官，不合授之清秩。」鄭覃曰：「此小事，何足當衙論列！王府率是六品雜官，謂之清秩，與洵直得否？此近名也。」嗣復曰：「嘗聞洵直幽，今當衙論一樂官，幽則有之，亦不足怪。」夷行曰：「諫官當衙，祇合論宰相得失，不合論樂官。然業已陳論，須與處置。今後樂人每七八年與轉一官，不

然，則加手力課三數人。」帝曰：「別與一官。」乃授光州長史，賜洵直絹百疋。夷行尋轉門下侍郎。

上紫宸議政，因曰：「天寶中政事，實不甚佳。當時姚、宋在否？」李珏曰：「姚亡而宋罷。」珏因言：「人君明哲，終始尤難。玄宗嘗云：『自即位已來，未嘗殺一不辜。』而任林甫陷害破人家族，不亦惑乎？」夷行曰：「陛下不可移權與人。」嗣復曰：「夷行之言容易，且太宗用房玄齡十六年、魏徵十五年，何嘗失道？臣以爲用房、魏多時不爲不理，用邪佞一日便足。」夷行之言，皆指嗣復專權。

文宗用郭薳爲坊州刺史，右拾遺宋邧論列，以爲不可。既而薳坐贓，帝謂宰相曰：「宋邧論事可嘉，邧授官來幾時？」嗣復曰：「去年。」因曰：「諫官論事，陛下但記其姓名，稍加優奬。如不當，亦須令知。」夷行曰：「諫官論事，是其本職。若論一事即加一官，則官何由得？不免有情。」帝曰：「情固不免，理平之時，亦不可免。」上竟以夷行議論太過，恩禮漸薄。尋罷知政事，守吏部尚書。

四年九月，檢校禮部尚書，出爲華州刺史。五年，武宗即位，李德裕秉政。七月，自華召入，復爲中書侍郎、平章事。會昌三年十一月，檢校司空、平章事、河中尹、河中晉絳節度使。卒，贈司徒。

弟玄錫、夷賓，皆進士擢第。玄錫又制策登科。

李紳字公垂，潤州無錫人。本山東著姓。高祖敬玄，則天朝中書令，封趙國文憲公，自有傳。祖守一，成都郫縣令。父晤，歷金壇、烏程、晉陵三縣令，因家無錫。紳六歲而孤，母盧氏教以經義。紳形狀眇小而精悍，能爲歌詩。鄉賦之年，諷誦多在人口。元和初，登進士第，釋褐國子助教，非其好也。東歸金陵，觀察使李錡愛其才，辟爲從事。紳以錡所爲專恣，不受其書幣，錡怒，將殺紳，遁而獲免。錡誅，朝廷嘉之，召拜右拾遺。

歲餘，穆宗召爲翰林學士，與李德裕、元稹同在禁署，時稱「三俊」，情意相善。尋轉右補闕。長慶元年三月，改司勳員外郎、知制誥。二年二月，超拜中書舍人，內職如故。俄而稹作相，尋爲李逢吉教人告稹陰事，稹罷相，出爲同州刺史。時德裕與牛僧孺俱有相望，德裕恩顧稍深。逢吉欲用僧孺，懼紳與德裕沮於禁中。二年九月，出德裕爲浙西觀察使，乃用僧孺爲平章事，以紳爲御史中丞，冀離內職，易掎摭而逐之。乃以吏部侍郎韓愈爲京兆尹，兼御史大夫，放臺參。知紳剛褊，必與韓愈忿爭。制出，紳果移牒往來，論臺府事體。而愈

復性訐，言辭不遜，大喧物論，由是兩罷之。愈改兵部侍郎，紳爲江西觀察使。天子待紳素厚，不悟逢吉之嫁禍，爲其心希外任，乃令中使就第宣勞，賜之玉帶。紳對中使泣訴其事，言爲逢吉所排，戀闕之情無已。及中謝日，面自陳訴，帝方省悟，乃改授戶部侍郎。

中尉王守澄用事，逢吉令門生故吏結託守澄爲援以傾紳，晝夜計畫。會紳族子虞，文學知名，隱居華陽，自言不樂仕進，時來京師省紳。虞與從伯耆、進士程昔範皆依紳。及耆拜左拾遺，虞在華陽寓書與耆求薦，書誤達於紳。紳以其進退二三，以書誚之，虞大怨望。及來京師，盡以紳嘗所密話言逢吉姦邪附會之語告逢吉，逢吉大怒。問計于門人張又新、李續之，咸曰：「搢紳皆自惜毛羽，孰肯爲相公搏擊，須得非常奇士出死力者。有前鄧州司倉劉栖楚者，嘗爲吏，鎮州王承宗以事縲之，栖楚以首觸地固爭，而承宗竟不能奪，其果銳如此。若相公取之爲諫官，令伺紳之失，一旦於上前暴揚其過，恩寵必替。事苟不行，過在栖楚，亦不足惜也。」逢吉乃用李虞、程昔範、劉栖楚，皆擢爲拾遺，以伺紳隙。

俄而穆宗晏駕，敬宗初卽位，逢吉快紳失勢，慮嗣君復用之，張又新等謀逐紳。會荆州刺史蘇遇入朝，遇能決陰事，衆問計於遇。遇曰：「上聽政後，當開延英，必有次對官，欲拔本塞源，先以次對爲慮，餘不足恃。」羣黨深然之，逢吉乃以遇爲左常侍。王守澄每從容謂敬宗曰：「陛下登九五，逢吉之助也。先朝初定儲貳，唯臣備知。時翰林學士杜元穎、李紳勸立深王，而逢吉固請立陛下，而李續之、李虞繼獻章疏。」帝雖沖年，亦疑其事。會逢吉進擬，言李紳在內署時，嘗不利於陛下，請行貶逐。帝初卽位，方倚大臣，不能自執，乃貶紳端州司馬。貶制既行，百僚中書賀宰相，唯右拾遺吳思不賀。逢吉怒，改爲殿中侍御史，充入吐蕃告哀使。

紳之貶也，正人腹誹，無敢有言，唯翰林學士韋處厚上疏，極言逢吉姦邪，誣擿紳罪，語在處厚傳。天子亦稍開悟。會禁中檢尋舊事，得穆宗時封書一篋。發之，得裴度、杜元穎與紳三人所獻疏，請立敬宗爲太子，帝感悟興歎，悉命焚逢吉黨所上謗書，由是讒言稍息，紳黨得保全。及寶曆改元大赦，逢吉定赦書節文，不欲紳量移，但云左降官已經量移者與量移，不言左降官與量移。韋處厚復上疏論之，語在處厚傳。帝特追赦書，添節文云「左降官與量移」，紳方移爲江州長史。再遷太子賓客，分司東都。

大和七年，李德裕作相。七月，檢校左常侍、越州刺史、浙東觀察使。九年，李訓用事，李宗閔復相，與李訓、鄭注連衡排擯德裕罷相，紳與德裕俱以太子賓客分司。開成元年，鄭覃輔政，起德裕爲浙西觀察使，紳爲河南尹。六月，檢校戶部尚書、汴州刺史、宣武節度、宋亳汴潁觀察等使。二年，夏秋旱，大蝗，獨不入汴、宋之境，詔書褒美。又於州置利潤樓店。四年，就加檢校兵部尚書。武宗卽位，加檢校尚書右僕射、揚州大都督府長史，知淮南節度

大使事。會昌元年，入爲兵部侍郎、同平章事，改中書侍郎，累遷守右僕射、門下侍郎、監修國史、上柱國、趙國公，食邑二千戶。四年，暴中風恙，足緩不任朝謁，拜章求罷。十一月，守僕射、平章事，出爲淮南節度使。六年，卒。

紳始以文藝節操進用，受顧禁中。後爲朋黨所擠，濱於禍患。賴正人匡救，得以功名始終。歿後，宣宗卽位，李德裕失勢罷相，歸洛陽，而宗閔、嗣復之黨崔鉉、白敏中、令狐綯欲置德裕深罪。大中初，教人發紳鎮揚州時舊事，以傾德裕。初，會昌五年，揚州江都縣尉吳湘坐贓下獄，準法當死，具事上聞。諫官疑其冤，論之，遣御史崔元藻覆推，與揚州所奏多同，湘竟伏法。及德裕罷相，羣怨方搆，湘兄進士汝納，詣闕訴冤，言紳在淮南恃德裕之勢，枉殺臣弟。德裕既貶，紳亦追削三任官告。

吳汝納者，澧州人，故韶州刺史武陵兄之子。武陵進士登第，有史學，與劉軻並以史才直史館。武陵撰十三代史駁議二十卷。自尚書員外郎出爲忠州刺史，改韶州。坐贓貶潘州司戶卒。

汝納亦進士擢第，以季父贓罪，久之不調。會昌中，爲河南府永寧縣尉。初，武陵坐贓時，李德裕作相，貶之，故汝納以不調挾怨，而附宗閔、嗣復之黨，同作謗言。會汝納弟湘爲

江都尉，爲部人所訟贓罪，兼娶百姓顏悅女爲妻，有踰格律。李紳令觀察判官魏鉶鞫之，贓狀明白，伏法。湘妻顏，顏繼母焦，皆笞而釋之，仍令江都令張弘思以船監送湘妻顏及兒女送澧州。

及揚州上具獄，物議以德裕素憎吳氏，疑李紳織成其罪。諫官論之，乃差御史崔元藻爲制使，覆吳湘獄。據款伏妄破程糧錢，計贓準法。其侍官娶百姓顏悅女爲妻，則稱悅是前青州衙推，悅先娶王氏是衣冠女，非繼室焦所生，與揚州案小有不同。德裕以元藻無定奪，奏貶崖州司戶。及汝納進狀，追元藻覆問。元藻既恨德裕，陰爲崔鉉、白敏中、令狐綯所利誘，卽言湘雖坐贓，罪不至死。又云，顏悅實非百姓，此獄是鄭亞首唱，元壽協李恪鍛成，李回便奏。遂下三司詳鞫，故德裕再貶，李回、鄭亞等皆竄逐。吳汝納、崔元藻爲崔、白、令狐所獎，數年並至顯官。

李回字昭度，宗室郇王禕之後。父如仙。回本名躔，以避武宗廟諱。長慶初，進士擢第，又登賢良方正制科。釋褐滑臺從事，揚州掌書記，得監察御史。入爲京兆府戶曹，轉司錄參軍。登朝爲左補闕、起居郎，尤爲宰相李德裕所知。回強幹有吏才，遇事通敏，官曹無

不理。授職方員外郎，判戶部案，歷吏部員外郎，判南曹。以刑部員外郎知臺雜，賜緋。開成初，以庫部郎中知制誥，拜中書舍人，賜金紫服。武宗卽位，拜工部侍郎，轉戶部侍郎，判本司事。三年，兼御史中丞。

會昌三年，劉稹據潞州，邀求旄鉞，朝議不允，加兵問罪。武宗懼稹陰附河朔三鎮，以沮王師，乃命回奉使河朔。魏博何弘敬、鎮冀王元逵皆具櫜鞬郊迎。回喻以朝旨，言澤潞密邇王畿，不同河北，自艱難已來，唯魏、鎮兩藩，列聖皆許襲，而稹無功，欲効河朔故事，理卽太悖。聖上但以山東三郡，境連魏、鎮，用軍便近，王師不欲輕出山東，請魏、鎮兩藩祗收山東三郡。弘敬、元逵俯僂從命。幽州張仲武與太原劉沔攻迴鶻，時兩人不協，朝廷方用兵，不欲藩帥不和。回至幽州，喻以和協之旨，仲武欣然釋憾。乃移劉沔鎮滑臺，命仲武領太原軍攻潞。賊平，以本官同平章事，累加中書侍郎，轉門下，歷戶、吏二尚書。

武宗崩，回充山陵使，祔廟竟，出爲成都尹、劍南西川節度。大中元年多，坐與李德裕親善，改潭州刺史、湖南觀察使，再貶撫州刺史。白敏中、令狐綯罷相，入朝爲兵部尚書，復出爲成都尹、劍南西川節度使。卒，贈司徒，謚曰文懿。

李珏字待價，趙郡人。父仲朝。珏進士擢第，又登書判拔萃科，累官至右拾遺。穆宗荒於酒色，纔終易月之制，卽與勳臣飲宴，珏與同列上疏論之曰：

臣聞人臣之節，本於忠藎，苟有所見，卽宜上陳。況爲陛下諫官，食陛下厚祿，豈敢腹誹巷議，辜負恩榮？臣等聞諸道路，不知信否，皆云有詔追李光顏、李愬，欲於重陽節日，合宴羣臣。倘誠有之，乃陛下念羣臣敷惠澤之慈旨也。然元朔未改，園陵尚新。雖陛下執易月之期，俯從人欲；而禮經著三年之制，猶服心喪。今遵同軌之會，適去於中邦；告遠夷之使，未復其來命。遏密弛禁，蓋爲齊人，合宴內廷，事將未可。夫明王之舉，動爲天下法，王言既降，其出如綸。苟玷皇猷，徒章直諫，臣等是以昧死上聞。且光顏、李愬，久立忠勞，今方盛秋，務拓邊境。如或召見，詔以謀猷，褒其宿勳，付以疆事，則與歌鐘合宴，酒食邀歡，不得同年而語也。陛下自纘嗣以來，發號施令，無非孝理因心，形于詔敕，固以感動於人倫。更在敬愼威儀，保持聖德而已。

上雖不用其言，慰勞遣之。

長慶元年，鹽鐵使王播增茶稅，初稅一百，增之五十，珏上疏論之曰：

榷率救弊，起自干戈，天下無事，卽宜蠲省。況稅茶之事，尤出近年，在貞元元年中，不得不爾。今四海鏡清，八方砥平，厚斂於人，殊傷國體。其不可一也。茶爲食

物，無異米鹽，於人所資，遠近同俗。既祛竭乏，難捨斯須，田閭之間，嗜好尤切。今增稅既重，時估必增，流弊於民，先及貧弱。其不可二也。且山澤之饒，出無定數，量斤論稅，所冀售多。價高則市者稀，價賤則市者廣，歲終上計，其利幾何？未見阜財，徒聞斂怨。其不可三也。臣不敢遠徵故事，直以目前所見陳之。伏望暫留聰明，稍垂念慮，特追成命，更賜商量。陛下卽位之初，已懲聚斂，外官押貫，旋有詔停，洋洋德音，千古不朽。今若榷茶加稅，頗失人情。臣忝諫司，不敢緘默。

時禁中造百尺樓，國計不充。王播希恩增稅，奉帝嗜慾，疏奏不省。遷吏部員外郎，轉司勳員外郎、知制誥。

大和五年，李宗閔、牛僧孺在相，與珏親厚，改度支郎中、知制誥，遂入翰林充學士。七年三月，正拜中書舍人。九年五月，轉戶部侍郎充職。七月，宗閔得罪，珏坐累，出爲江州刺史。開成元年四月，以太子賓客分司東都，遷河南尹。二年五月，李固言入相，召珏復爲戶部侍郎，判本司事。三年，楊嗣復輔政，薦珏以本官同平章事。珏與固言、嗣復相善，自固言得位，相繼援引，居大政，以傾鄭覃、陳夷行、李德裕三人。凡有奏議，必以朋黨爲謀，屢爲覃所廷折之。

珏自朝議郎進階正議大夫，其年十二月，上疏求罷，不許。

四年三月，文宗謂宰臣曰：「朕在位十四年，屬天下無事，雖未至理，亦少有如今日之無

事也。」珏對曰：「邦國安危，亦如人之身。當四體和平之時，長宜調適，以順寒暄之節。如恃安自忽，則疾患旋生。朝廷當無事之時，思省闕失而補之，則禍難不作矣。」

文宗以杜悰領度支稱職，欲加戶部尚書，因紫宸言之。陳夷行曰：「一切恩權，合歸君上。陛下自看可否？」珏對曰：「太宗用宰臣，天下事皆先平章，謂之平章事。代天理物，上下無疑，所以致太平者也。若拜一官，命一職，事事皆決於君上，即焉用彼相？昔隋文帝一切自勞心力，臣下發論則疑，凡臣下用之則宰相，不用則常僚，豈可自保？陛下常誦臣云：『竇易直勸我，宰相進擬，但五人留三人、兩人勾一人。渠即合勸我擇宰相，不合勸我疑宰相。』」帝曰：「易直此言甚鄙。」又曰：「韋處厚作相，三日薦六度師，亦大可怪。」珏曰：「處厚溺於奉佛，不悟其是非也。」

其年五月，上謂宰臣曰：「貞元政事，初年至好。」珏曰：「德宗中年好貨，方鎮進奉，即加恩澤。租賦出自百姓，更令貪吏剝削，聚貨以希恩，理道故不可也。」上曰：「人君聚斂，猶自不可。但輕賦節用可也。」珏又曰：「貞觀中，房、杜、王、魏啓告文皇，意祇在此，請不易初心。自古好事，克終實難。」上曰：「朕心終不改也。」尋封贊皇男，食邑三百戶。

武宗即位之年九月，與楊嗣復俱罷相，出爲桂州刺史、桂管觀察使。三年，長流驩州。大中二年，崔鉉、白敏中逐李德裕，徵入朝爲戶部尚書。出爲河陽節度使。入爲吏部尚書，

累遷金紫光祿大夫、檢校尚書右僕射、揚州大都督府長史、淮南節度使、上柱國、贊皇郡開國公、食邑一千五百戶。大中七年卒，贈司空。

李固言，趙郡人。祖并，父現。固言，元和七年登進士甲科。大和初，累官至駕部郎中、知臺雜。四年，李宗閔作相，用爲給事中。五年，宋申錫爲王守澄誣陷，固言與同列伏閤論之。將作監王堪修奉太廟弛慢，罰俸，仍改官爲太子賓客。制出，固言封還曰：「東宮調護之地，不可令弛慢被罰之人處之。」改爲均王傅。六年，遷工部侍郎。七年四月，轉尚書左丞，奉詔定左右僕射上事儀注。八年，李德裕輔政，出爲華州刺史。其年十月，宗閔復入，召拜吏部侍郎。九年五月，遷御史大夫。六月，宗閔得罪，固言代爲門下侍郎、平章事，尋加崇文館大學士。時李訓、鄭注用事，自欲竊輔相之權。宗閔既逐，外示公體，爰立固言，其實惡與宗閔朋黨。九月，以兵部尚書出爲興元節度使。李訓自代固言爲平章事。訓、注誅，文宗思其讜正，開成元年四月，復召爲平章事，判戶部事。

二年，羣臣上徽號，上紫宸言曰：「中外上章，請加徽號。朕思理道猶鬱，實愧岳牧之請。如聞州郡甚有無政處？」固言曰：「人言鄭州王堪衰老，隋州鄭襄無政。」帝曰：「堪是貞元時御史，祇有此一人。」鄭覃曰：「臣以王堪舊人，舉爲刺史。鄭襄比來守官，亦無敗事。若言外郡不理，何止二人？」帝曰：「濟濟多士，文王以寧。德宗時，班行多閑員，豈時乏才耶？」李石對曰：「十室之邑，必有忠信。安有大國無人？蓋貞元中仕進路塞，所以有才之人或託迹他所，此乃不敍進人才之過也。」固言曰：「求才之道，有人保任，便宜獎用。隨其稱職與否升黜之。」上曰：「宰相薦人，莫計親疏。竇易直作相，未嘗論用親情。若已非相才，自宜引退。若是公舉，親亦何嫌？人鮮全才，但用其所長爾。」

尋進階金紫，判戶部事。其年十月，以門下侍郎平章事出爲成都尹、劍南西川節度使，代楊嗣復。上表讓門下侍郎，乃檢校左僕射。會昌初入朝，歷兵、戶二尚書。宣宗即位，累授檢校司徒、東都留守、東畿汝都防禦使。大中末，以太常卿孫簡代之，拜太子太傅，分司東都，卒。

史臣曰：陳、鄭諸公，章疏議論，綽有端士之風。天子待以賢能，付之以鼎職。延英獻納，罕聞康濟之謨；文陛敷敭，莫副具瞻之望。加以互生傾奪，競起愛憎。惟回奉使而喻藩臣，救危邦而除宿憾。況昭獻文章可以爲世範，德行可以爲人師，有啓、誦之上才，非

桓、靈之失道，詎可不思己過，祇務面欺。輔弼之宜，安可垂訓？若俾韓非之言進矣，子鞏安可逃乎？土運之衰，斯爲魍魎，悲夫！

贊曰：愛而知惡，憎不忘善。平心救非，可居鼎鉉。吠聲濟惡，結黨專朝。謀身壞國，何名燮調？

校勘記

〔一〕覃與同職崔玄亮等廷奏曰　按本書卷一六五崔玄亮傳無此事。據本書卷一五五崔邠傳、新書卷一六五鄭珣瑜傳、御覽卷四五四、通鑑卷二四一「崔玄亮」當作「崔郾」。

舊唐書卷一百七十四

列傳第一百二十四

李德裕 子燁

李德裕字文饒，趙郡人。祖栖筠，御史大夫。父吉甫，趙國忠懿公〔一〕，元和初宰相。祖、父自有傳。德裕幼有壯志，苦心力學，尤精西漢書、左氏春秋。恥與諸生從鄉賦，不喜科試。年纔及冠，志業大成。貞元中，以父譴逐蠻方，隨侍左右，不求仕進。元和初，以父再秉國鈞，避嫌不仕臺省，累辟諸府從事。十一年，張弘靖罷相，鎮太原，辟為掌書記。由大理評事得殿中侍御史。十四年府罷，從弘靖入朝，眞拜監察御史。明年正月，穆宗即位，召入翰林充學士。帝在東宮，素聞吉甫之名，既見德裕，尤重之。禁中書詔，大手筆多詔德裕草之。是月，召對思政殿，賜金紫之服。踰月，改屯田員外郎。

穆宗不持政道，多所恩貸，戚里諸親，邪謀請謁，傳導中人之旨，與權臣往來，德裕嫉

之。長慶元年正月，上疏論之曰：「伏見國朝故事，駙馬緣是親密，不合與朝廷要官往來。玄宗開元中，禁止尤切。訪聞近日駙馬輒至宰相及要官私第，此輩無他才伎可以延接，唯是洩漏禁密，交通中外，羣情所知，以為甚弊。其朝官素是雜流，則不妨來往。若職在清列，豈可知聞？伏乞宣示宰臣，其駙馬諸親，今後公事即於中書見宰相，請不令詣私第。」上然之。尋轉考功郎中、知制誥。二年二月，轉中書舍人，學士如故。

初，吉甫在相位時，牛僧孺、李宗閔應制舉直言極諫科。二人對詔，深詆時政之失，吉甫泣訴於上前。由是，考策官皆貶，事在李宗閔傳。元和初，用兵伐叛，始於杜黃裳誅蜀。吉甫經畫，欲定兩河，方欲出師而卒，繼之元衡、裴度。而韋貫之、李逢吉沮議，深以用兵為非，而韋、李相次罷相，故逢吉常怒吉甫、裴度。而德裕於元和時，久之不調，而逢吉、僧孺、宗閔以私怨恆排擯之。

時德裕與李紳、元稹俱在翰林，以學識才名相類，情頗款密，而逢吉之黨深惡之。其月，罷學士，出為御史中丞。時元稹自禁中出，拜工部侍郎、平章事。三月，裴度自太原復輔政。是月，李逢吉亦自襄陽入朝，乃密賂纖人，構成于方獄。六月，元稹、裴度俱罷相，稹出為同州刺史，逢吉代裴度為門下侍郎、平章事。既得權位，銳意報怨。時德裕與牛僧孺俱有相望，逢吉欲引僧孺，懼紳與德裕禁中沮之，九月，出德裕為浙西觀察使，尋引僧孺同平章事。

由是交怨愈深。

潤州承王國清兵亂之後，前使竇易直傾府藏賞給，軍旅寖驕，財用殫竭。德裕儉於自奉，留州所得，盡以贍軍，雖施與不豐，將卒無怨。二年之後，賦輿復集。德裕壯年得位，銳於布政，凡舊俗之害民者，悉革其弊。江、嶺之間信巫祝，惑鬼怪，有父母兄弟厲疾者，舉室棄之而去。德裕欲變其風，擇鄉人之有識者，諭之以言，繩之以法，數年之間，弊風頓革。屬郡祠廟，按方志前代名臣賢后則祠之，四郡之內，除淫祠一千一十所。又罷私邑山房一千四百六十，以清寇盜。人樂其政，優詔嘉之。

昭愍皇帝童年纘曆，頗事奢靡，即位之年七月，詔浙西造銀盝子妝具二十事進內。德裕奏曰：

臣百生多幸，獲遇昌期，受寄名藩，常憂曠職，孜孜夙夜，上報國恩。數年已來，災旱相繼，罄竭微慮，粗免流亡，物力之間，尚未完復。臣伏準今年三月三日赦文，常貢之外，不令進獻。此則陛下至聖至明，細微洞照，一恐聚斂之吏緣以成奸，一恐凋瘵之人不勝其弊。上弘儉約之德，下敷惻憫之心。萬國羣甿，鼓舞未息。昨奉五月二十三日詔書，令訪茅山眞隱，將欲師處謙守約之道，發務實去華之美。雖無人上塞丹詔，實率土已偃玄風，豈止微臣，獨懷抃賀。

況進獻之事，臣子常心，雖有赦文不許，亦合竭力上貢。唯臣當道，素號富饒，近年已來，比舊即異。貞元中，李錡任觀察使日，職兼鹽鐵，百姓除隨貫出榷酒錢外，更置官酤，兩重納榷，獲利至厚。又訪聞當時進奉，亦兼用鹽鐵羨餘，貢獻繁多，自後莫及。至薛苹任觀察使時，又奏置榷酒，上供之外，頗有餘財，軍用之間，實為優足。自元和十四年七月三日敕，却停榷酤。又準元和十五年五月七日赦文，諸州羨餘，不令送使，唯有留使錢五十萬貫。每年支用，猶欠十三萬貫不足，常須是事節儉，百計補塡，經費之中，未免懸欠。至於綾紗等物，猶是本州所出，易於方圓。金銀不出當州，皆須外處回市。

去二月中奉宣令進盝子，計用銀九千四百餘兩。其時貯備，都無二三百兩，乃諸頭收市，方獲制造上供。昨又奉宣旨，令進妝具二十件，計用銀一萬三千兩，金一百三十兩。尋令併合四節進奉金銀，造成兩具進納訖。今差人於淮南收買，旋到旋造，星夜不輟，雖力營求，深憂不迨。臣若因循不奏，則負陛下任使之恩；若分外誅求，又累陛下慈儉之德。伏乞陛下覽前件榷酤及諸州羨餘之目，則知臣軍用褊短，本末有由。伏料陛下見臣奏論，必賜詳悉，知臣竭愛君守事之節，盡納忠罄直之心。伏乞聖慈，宣令宰臣商議，何以遣臣上不違宣索，下不闕軍儲，不困疲人，不斂物怨，前後詔敕，

並可遵承。輒冒宸嚴，不勝戰汗之至。

時準敕不許進獻，踰月之後，徵貢之使，道路相繼，故德裕因訴而諷之。事奏，不報。

又詔進可幅盤條繚綾一千匹，德裕又論曰：

臣昨緣宣索，已具軍資歲計及近年物力聞奏，伏料聖慈，必垂省覽。又奉詔旨，令織定羅紗袍段及可幅盤條繚綾一千匹，伏讀詔書，倍增惶灼。

臣伏見太宗朝，臺使至涼州見名鷹，諷李大亮獻之。大亮密表陳誠，太宗賜詔云：「使遣獻之，遂不曲順。」再三嘉歎，載在史書。又玄宗命中使於江南採鵁鶄諸鳥，汴州刺史倪若水陳論，玄宗亦賜詔嘉納，其鳥即時皆放。又令皇甫詢於益州織半臂背子、琵琶捍撥、鏤牙合子等，蘇頲不奉詔書，輒自停織。太宗、玄宗皆不加罪，欣納所陳。臣竊以鵁鶄鏤牙，至爲微細，若水等尙以勞人損德，瀝款效忠。當聖祖之朝，有臣如此，豈明王之代，獨無其人？蓋有位者蔽而不言，必非陛下拒而不納。

又伏覩四月二十三日德音云：「方、召侯伯有位之士，無或棄吾謂不可教。其有違道傷理，徇欲懷安，面刺廷攻，無有隱諱。」則是陛下納誨從善，道光祖宗，不盡忠規，過在臣下。況玄鵝天馬，椈豹盤條，文彩珍奇，只合聖躬自服。今所織千匹，費用至多，在臣愚誠，亦所未諭。昔漢文帝衣弋綈之衣，元帝罷輕纖之服，仁德慈儉，至今稱之。

伏乞陛下，近覽太宗、玄宗之容納，遠思漢文、孝元之恭己，以臣前表宣示羣臣，酌臣當道物力所宜，更賜節減，則海隅蒼生，無不受賜。臣不勝懇切兢惶之至。

優詔報之。其繚綾罷進。

元和已來，累敕天下州府，不得私度僧尼。徐州節度使王智興聚貨無厭，以敬宗誕月，請於泗州置僧壇，度人資福，以邀厚利。江、淮之民，皆羣黨渡淮。德裕奏論曰：「王智興於所屬泗州置僧尼戒壇，自去多於江、淮已南，所在懸牓招置。江、淮自元和二年後，不敢私度。自聞泗州有壇，戶有三丁必令一丁落髮，意在規避王徭，影庇資產。自正月已來，落髮者無算。臣今於蒜山渡點其過者，一日一百餘人，勘問唯十四人是舊日沙彌，餘是蘇、常百姓，亦無本州文憑，尋已勒還本貫。訪聞泗州置壇次第，凡僧徒到者，人納二緡，給牒即回，別無法事。若不特行禁止，比到誕節，計江、淮已南，失却六十萬丁壯。此事非細，繫於朝廷法度。」狀奏，即日詔徐州罷之。

敬宗荒僻日甚，遊幸無恆，疏遠賢能，昵比羣小。坐朝月不二三度，大臣罕得進言。海內憂危，慮移宗社。德裕身居廉鎭，傾心王室，遣使獻丹扆箴六首曰：「臣聞『心乎愛矣，遐不謂矣』，此古之賢人所以篤於事君者也。夫迹疏而言親者危，地遠而意忠者忤。然臣竊念拔自先聖，偏荷寵光，若不愛君以忠，則是上負靈鑒。臣頃事先朝，屬多陰沴，嘗獻大明賦以諷，頗蒙先朝嘉納。臣今日盡節明主，亦由是心。昔張敞之守遠郡，梅福之在遐徼，尙竭誠盡忠，不避尤悔。況臣嘗學舊史，頗知箴諷，雖在疏遠，猶思獻替。謹獻丹扆箴六首，仰塵睿鑒，伏積兢惶。」

其宵衣箴曰：「先王聽政，昧爽以俟。雞鳴既盈，日出而視。伯禹大聖，寸陰爲貴。光武至仁，反支不忌。無俾姜后，獨去簪珥。彤管記言，克念前志。」

其正服箴曰：「聖人作服，法象可觀。雖在宴遊，尙不懷安。汲黯莊色，能正不冠。楊阜毅然，亦譏縹紈。四時所御，各有其官。非此勿服，惟辟所難。」

其罷獻箴曰：「漢文罷獻，詔還騄耳。鑾輅徐驅，焉用千里？厥後令王，亦能恭己。翟裘既焚，筒布則毀。道德爲麗，慈仁爲美。不過天道，斯爲至理。」

其納誨箴曰：「惟后納誨，以求厥中。從善如流，乃能成功。漢驁流湎，畢白浮鍾。魏叡侈汰，凌霄作宮。忠雖不忤，善亦不從。以規爲瑱，是謂塞聰。」

其辨邪箴曰：「居上處深，在察微萌。雖有讒慝，不能蔽明。漢之有昭，德過周成。上書知僞，照奸得情。燕、蓋既折，王猷洽平。百代之後，乃流淑聲。」

其防微箴曰：「天子之孝，敬遵王度。安必思危，乃無遺慮。亂臣猖獗，非可遽數。玄黃莫辨，觸瑟始仆。柏谷微行，豺豕塞路。睹貌獻飧，斯可誡懼。」

帝手詔答曰：「卿文雅大臣，方隅重寄。表率諸部，肅淸全吳。化洽行春，風澄坐嘯。眷言善政，想歎在懷。卿之宗門，累著聲績，冠內廷者兩代，襲侯伯者六朝。果能激愛君之誠，喩詩人之旨，在遠而不忘忠告，諷上而常深慮微。博我以端躬，約予以循禮。三復規諫，累夕稱嗟。置之座隅，用比韋弦之益；銘諸心腑，何啻藥石之功？卿既以投誠，朕每懷開諫。苟有過擧，無忘密陳。山川既退，睠屬何已，必當克己，以副乃誠。」

德裕意在切諫，不欲斥言，託箴以盡意。宵衣，諷坐朝稀晚也；正服，諷服御乖異也；罷獻，諷徵求玩好也；納誨，諷侮棄讜言也；辨邪，諷信任羣小也；防微，諷輕出遊幸也。帝雖不能盡用其言，命學士韋處厚殷勤答詔，頗嘉納其心焉。德裕久留江介，心戀闕廷，因事寄情，望回聖獎。而逢吉當軸，枳棘其塗，竟不得內徙。

寶曆二年，亳州言出聖水，飲之者愈疾。德裕奏曰：「臣訪聞此水，本因妖僧誑惑，狡計丐錢。數月已來，江南之人，奔走塞路。每三二十家，都顧一人取水。擬取之時，疾者斷食葷血，既飲之後，又二七日蔬飧，危疾之人，俟之愈病。其水斗價三貫，而取者益之他水，沿路轉以市人，老疾飲之，多至危篤。昨點兩浙、福建百姓渡江者，日三五十人。臣於蒜山渡已加捉搦。若不絕其根本，終無益黎甿。昔吳時有聖水，宋、齊有聖火，事皆妖妄，古人所非。乞下本道觀察使令狐楚，速令塡塞，以絕妖源。」從之。

敬宗爲兩街道士趙歸眞說以神仙之術，宜訪求異人以師其道；僧惟貞、齊賢、正簡說以祠禱修福，以致長年。四人皆出入禁中，日進邪說。山人杜景先進狀，請於江南求訪異人。至浙西，言有隱士周息元壽數百歲，帝即令高品薛季稜往潤州迎之，仍詔德裕給公乘遣之。德裕因中使還，獻疏曰：

臣聞道之高者莫若廣成、玄元，人之聖者莫若軒黃、孔子。昔軒黃問廣成子，理身之要，何以長久？對曰：「無視無聽，抱神以靜。形將自正，神必自清。無勞子形，無搖子精，乃可長生。愼守其一，以處其和。故我修身千二百歲矣，吾形未嘗衰。」又云：「得吾道者，上爲皇而下爲王。」玄元語孔子曰：「去子之驕氣與多欲，態色與淫志，是皆無益於子之身。吾所告子者是已。」故軒黃發謂天之歎，孔子興猶龍之感。前聖於道，不其至乎？

伏惟文武大聖廣孝皇帝陛下，用玄祖之訓，修軒黃之術，凝神閑館，物色異人，將以覿冰雪之姿，屈順風之請。恭惟聖感，必降眞仙。若使廣成、玄元混迹而至，語陛下之道，授陛下之言，以臣度思，無出於此。臣所慮赴召者，必迂怪之士，苟合之徒，使物淖冰，以爲小術，衒耀邪僻，蔽欺聰明。如文成、五利，一無可驗。臣所以三年之內，四奉詔書，未敢以一人塞詔，實有所懼。

臣又聞前代帝王，雖好方士，未有服其藥者。故漢書稱黃金可成，以爲飲食器則益壽。又高宗朝劉道合、玄宗朝孫甑生，皆成黃金，二祖竟不敢服，豈不以宗廟社稷之重，不可輕易。此事炳然載於國史。以臣微見，倘陛下睿慮精求，必致眞隱，唯問保和之術，不求餌藥之功，縱使必成黃金，止可充於玩好。則九廟靈鑒，必當慰悅，寰海兆庶，誰不歡心？臣思竭愚衷，以裨玄化，無任兢憂之至。

息元至京，帝館之於山亭，問以道術。自言識張果、葉靜能，詔寫眞待詔李士昉問其形狀，圖之以進。息元山野常人，本無道學，言事誕妄，不近人情。及昭愍遇盜而殂，文宗放還江左。德裕深識守正，皆此類也。

文宗即位，就加檢校禮部尚書。大和三年八月，召爲兵部侍郎，裴度薦以爲相。而吏部侍郎李宗閔有中人之助，是月拜平章事，懼德裕大用。九月，檢校禮部尚書，出爲鄭滑節度使。德裕爲逢吉所擯，在浙西八年，雖遠闕庭，每上章言事。文宗素知忠藎，採朝論徵之。到未旬時，又爲宗閔所逐，中懷於悒，無以自申。賴鄭覃侍講禁中，時稱其善，雖朋黨流言，帝乃心未已。宗閔尋引牛僧孺同知政事，二憾相結，凡德裕之善者，皆斥之於外。四年十月，以德裕檢校兵部尚書、成都尹、劍南西川節度副大使、知節度事、管內觀察處置、西山八國雲南招撫等使。裴度於宗閔有恩，度征淮西時，請宗閔爲彰義觀察判官，自後名位日進。至是恨度援德裕，罷度相位，出爲興元節度使，牛、李權赫於天下。

西川承蠻寇剽虜之後，郭釗撫理無術，人不聊生。德裕乃復葺關防，繕完兵守。又遣人入南詔，求其所俘工匠，得僧道工巧四千餘人，復歸成都。五年九月，吐蕃維州守將悉怛謀請以城降。其州南界江陽，岷山連嶺而西，不知其極；北望隴山，積雪如玉；東望成都，若在井底。一面孤峯，三面臨江，是西蜀控吐蕃之要地。至德後，河、隴陷蕃，唯此州尚存。吐蕃利其險要，將婦人嫁於此州閽者。二十年後，婦人生二子成長。及蕃兵攻城，二子內應，其州遂陷。吐蕃得之，號曰「無憂城」。貞元中，韋皋鎭蜀，經略西山八國，萬計取之不獲，至是悉怛謀遣人送款。德裕疑其詐，遣人送錦袍金帶與之，託云候取進止，悉怛謀乃盡率郡人歸成都。德裕乃發兵鎭守，因陳出攻之利害。時牛僧孺沮議，言新與吐蕃結盟，不宜敗約，語在僧孺傳。乃詔德裕却送悉怛謀一部之人還維州，贊普得之，皆加虐刑。德裕六年復修邛峽關，移嶲州於臺登城以扞蠻。

德裕所歷征鎭，以政績聞。其在蜀也，西拒吐蕃，南平蠻、蜑。數年之內，夜犬不驚，瘡痏之民，粗以完復。會監軍王踐言入朝知樞密，嘗於上前言悉怛謀縛送以快戎心，絕歸降之義，上頗尤僧孺。其年冬，召德裕爲兵部尚書，僧孺罷相，出爲淮南節度使。七年二月，德裕以本官平章事，進封贊皇伯，食邑七百戶。六月，宗閔亦罷，德裕代爲中書侍郎、集賢大學士。

其年十二月，文宗暴風恙，不能言者月餘。八年正月十六日，始力疾御紫宸見百僚。宰臣退問安否，上歎醫無名工者久之，由是王守澄進鄭注。初，注構宋申錫事，帝深惡之，欲令京兆尹杖殺之。至是以藥稍效，始善遇之。守澄復進李訓，善易。其年秋，上欲授訓諫官，德裕奏曰：「李訓小人，不可在陛下左右。頃年惡積，天下皆知，無故用之，必駭視聽。」上曰：「人誰無過，俟其悛改。朕以逢吉所託，不忍負言。」德裕曰：「聖人有改過之義。訓天性奸邪，無悛改之理。」上顧王涯曰：「商量別與一官。」遂授四門助教。制出，給事中鄭肅、韓佽封之不下，王涯召肅面喻令下。俄而鄭注亦自絳州至，訓、注惡德裕排己，九月十日，復召宗閔於興元，授中書侍郎、平章事，代德裕，出德裕爲興元節度使。德裕中謝日，自陳戀闕，不願出藩，追敕守兵部尚書。宗閔奏制命已行，不宜自便，尋改檢校尚書左僕射、潤州刺史、鎭海軍節度、蘇常杭潤觀察等使，代王璠。

德裕至鎭，奉詔安排宮人杜仲陽於道觀，與之供給。仲陽者，漳王養母，王得罪，放仲陽於潤州故也。九年三月，左丞王璠、戶部侍郎李漢進狀，論德裕在鎭，厚賂仲陽，結託漳王，圖爲不軌。四月，帝於蓬萊殿召王涯、李固言、路隨、王璠、李漢、鄭注等，面證其事。璠、漢加誣構結，語甚切至。路隨奏曰：「德裕實不至此。誠如璠、漢之言，微臣亦合得罪。」

中華書局

霆論稍息。尋授德裕太子賓客，分司東都。其月，又貶袁州長史。路隨坐證德裕，罷相，出鎮浙西。其年七月，宗閔坐救楊虞卿，貶處州；李漢坐黨宗閔，貶汾州。十一月，王璠與李訓造亂伏誅，而文宗深悟前事，知德裕爲朋黨所誣。明年三月，授德裕銀青光祿大夫，量移滁州刺史。七月，遷太子賓客。十一月，檢校戶部尚書，復浙西觀察使。德裕凡三鎮浙西，前後十餘年。

開成二年五月，授揚州大都督府長史、淮南節度副大使、知節度使事，代牛僧孺。初，僧孺聞德裕代己，乃以軍府事交付副使張鷺，即時入朝。時揚州府藏錢帛八十萬貫匹，及德裕至鎮，奏領得止四十萬，半爲張鷺支用訖。僧孺上章訟其事，詔德裕重檢括，果如僧孺之數。德裕稱初到鎮疾病，爲吏隱欺，請罰，詔釋之。補闕王績、魏謩、崔黨、韋有翼、拾遺令狐綯、韋楚老、樊宗仁等，連章論德裕妄奏錢帛以傾僧孺，上竟不問。四年四月，就加檢校尚書左僕射。五年正月，武宗即位。七月，召德裕於淮南。九月，授門下侍郎、同平章事。初，德裕父吉甫，年五十一出鎮淮南，五十四自淮南復相。今德裕鎮淮南，復入相，一如父之年，亦爲異事。

會昌元年，兼左僕射。開成末，迴紇爲黠戛斯所攻，戰敗，部族離散，烏介可汗奉太和公主南來。會昌二年二月，牙於塞上，遣使求助兵糧，收復本國，權借天德軍以安公主。時

天德軍使田牟，請以沙陀、退渾諸部落兵擊之。上意未決，下百僚商議，議者多云如牟之奏。德裕曰：「頃者國家艱難之際，迴紇繼立大功。今國破家亡，竄投無所，自居塞上，未至侵淫。以窮來歸，遽行殺伐，非漢宣待呼韓邪之道也。不如聊濟資糧，徐觀其變。」宰相陳夷行曰：「此借寇兵而資盜糧，非計也，不如擊之便。」德裕曰：「田牟、韋仲平言沙陀、退渾並願擊賊，此緩急不可恃也。夫見利則進，遇敵則散，是雜虜之常態，必不肯爲國家扞禦邊境。天德一城，戍兵寡弱，而欲與勁虜結讎，陷之必矣。不如以理卹之，俟其越軼，用兵爲便。」帝以爲然，許借米三萬石。

俄而迴紇宰相唱沒斯殺赤心宰相，以其衆來降。赤心部族又投幽州，烏介勢孤，而不與之米，其衆飢乏，漸近振武保大柵、杷頭峯，突入朔州州界。沙陀、退渾皆以其家保山險，雲州張獻節嬰城自固。虜大縱掠，卒無拒者。上憂之，與宰臣計事。德裕曰：「杷頭峯北便是沙磧，彼中野戰，須用騎兵。若以步卒敵之，理難必勝。今烏介所恃者公主，如令勇將出奇奪得公主，虜自敗矣。」上然之，即令德裕草制處分代北諸軍，固關防，以出奇形勢授劉沔。沔令大將石雄急擊可汗于殺胡山，敗之，迎公主還宮，語在石雄傳。尋進位司空。

三年二月，趙蕃奏黠戛斯攻安西、北庭都護府，宜出師應援。德裕奏曰：

據地志，安西去京七千一百里，北庭去京五千二百里。承平時，向西路自河西、隴右出玉門關，迤邐是國家州縣，所在皆有重兵。其安西、北庭要兵，便於側近徵發。自艱難已後，河、隴盡陷吐蕃，若通安西、北庭，須取迴紇路去。今迴紇破滅，又不知的屬黠戛斯否。縱令救得，便須却置都護，須以漢兵鎮守。每處不下萬人，萬人從何徵發？饋運取何道路？今天德、振武去京至近，兵力常苦不足，無事時貯糧不支得三年，朝廷力猶不及，況保七千里安西哉！臣所以謂縱令得之，實無用也。昔漢宣帝時，魏相請罷車師之田；漢元帝時，賈捐之請棄珠崖郡；國朝賢相狄仁傑亦請棄四鎮，立斛瑟羅爲可汗，又請棄安東，却立高氏。蓋不欲貪外虛內，耗竭生靈。此三臣者，當自有之時，尚欲棄之，以肥中國，況隔越萬里，安能救之哉！臣恐蕃戎多計，知國力不及，僞且許之，邀求中國金帛，陛下不可中悔，此則將實費以換虛事，即是滅一迴紇而又生之，恐計非便。

乃止。

德裕又以大和五年吐蕃維州守將以城降，爲牛僧孺所沮，終失維州，奏論之曰：

臣在先朝，出鎮西蜀。其時吐蕃維州首領悉怛謀，雖是雜虜，久樂皇風，將彼堅城，降臣本道。臣尋差兵馬，入據其城，飛章以聞，先帝驚歎。其時與臣不足者，望風嫉臣，遽獻疑言，上罔宸聰，以爲與吐蕃盟約，不可背之，必恐將此爲辭，侵犯郊境。詔

臣還却此城，兼執送悉怛謀等，令彼自戮。復降中使，迫促送還。昔白起殺降，終于杜郵致禍；陳湯見徙，是爲郅支報讎。感歎前事，愧心終日。今者幸逢英主，忝備台司，輒敢追論，伏希省察。

且維州據高山絕頂，三面臨江，在戎虜平川之衝，是漢地入兵之路。初，河、隴盡沒，此州獨存。吐蕃潛將婦人嫁與此州門子，二十年後，兩男長成，竊開壘門，引兵夜入，因茲陷沒，號曰「無憂」。因併力於西邊，遂無虞於南路。憑凌近甸，旰昃累朝。貞元中，韋皐欲經略河湟，須以此城爲始，盡銳萬旅，急攻累年。吐蕃愛惜既甚，遂遣舅論莽熱來援。雉堞高峻，臨衝難及於層霄；鳥逕屈盤，猛士多糜於礌石。莫展公輸之巧，空擒莽熱而還。

及南蠻負恩，擁地驅劫。臣初到西蜀，衆心未安，外揚國威，中緝邊備。其維州執臣信令，乃送款與臣，臣告以須俟奏聞，所冀探其情僞。其悉怛謀尋率一城之兵衆，并州印甲仗，塞途相繼，空壘歸臣。臣大出牙兵，受其降禮。南蠻在列，莫敢仰視。況西山八國，隔在此州，比帶使名，都成虛語。諸羌久苦蕃中征役，願作大國王人。自維州降後，皆云但得臣信牒帽子，便相率內屬。其蕃界合水、棲雞等城，既失險阨，自須抽歸，可減八處鎮兵，坐收千里舊地。臣見莫大之利，乃爲恢復之基。繼具奏聞，請以酬

賞，臣自與錦袍金帶，顒俟詔書。且吐蕃維州未降已前一年，猶圍魯州。以此言之，豈守盟約？況臣未嘗用兵攻取，彼自感化來降。又沮議之人，不知事實。犬戎遲鈍，土曠人稀，每欲乘秋犯邊，皆須數歲就食。臣得維州踰月，未有一使入疆。自此之後，方應破膽，豈有慮其後怨，鼓此游詞。

臣受降之時，指天爲誓，寧忍將三百餘人性命，棄信偷安。累表上陳，乞垂矜赦。答詔嚴切，竟令執還，加以體披桎梏，舁於竹畚。及將就路，冤叫呼天。將吏對臣，無不流涕。其部送者，便遭蕃帥譏誚曰：「既已降彼，何須送來？」乃却將此降人，戮于漢界之上，恣行殘害，用固攜離。乃至擲其嬰孩，承以槍槊。臣聞楚靈誘殺蠻子，春秋明譏；周文外送鄧叔，簡册深鄙。況乎大國，負此異類，絕忠款之路，快兇虐之情，從古以來，未有此事。臣實痛悉怛謀舉城受酷，由臣陷此無辜，乞慰忠魂，特加褒贈。」帝意傷之，尋賜贈官。

其年，德裕兼守司徒。四月，澤潞節度使劉從諫卒，軍人以其姪稹擅總留後，三軍請降旄鉞。帝與宰臣議可否，德裕曰：「澤潞國家內地，不同河朔。前後命帥，皆用儒臣。頃者李抱眞成立此軍，身歿之後，德宗尚不許繼襲，令李緘護喪歸洛。洎劉悟作鎮，長慶中頗亦自專，屬敬宗因循，遂許從諫繼襲。開成初，於長子屯軍，欲興晉陽之甲，以除君側，與鄭注、

李訓交結至深，外託效忠，實懷窺伺。自疾病之初，便令劉稹管兵馬。若不加討伐，何以號令四方？若因循授之，則藩鎮相效，自茲威令去矣！」帝曰：「卿算用兵必克否？」對曰：「劉稹所恃者，河朔三鎮耳。但得魏鎮不與稹同，破之必矣。請遣重臣一人，傳達聖旨，言澤潞命帥，不同三鎮。自艱難已來，列聖皆許三鎮嗣襲，已成故事。今國家欲加兵誅稹，禁軍不欲出山東。其山東三州，委鎮魏出兵攻取。」上然之，乃令御史中丞李回使三鎮諭旨，賜魏鎮詔書云：「卿勿爲子孫之謀，欲存輔車之勢。」何弘敬、王元逵承詔，聳然從命。初議出兵，朝官上疏相繼，請依從諫例，許之繼襲，而宰臣四人，亦有以出師非便者。德裕奏曰：「如師出無功，臣請自當罪戾，請不累李紳、讓夷等。」及弘敬、元逵出兵，德裕又奏曰：「貞元、大和之間，朝廷伐叛，詔諸道會兵，纔出界便費度支供餉，遲留逗撓，以困國力，或密與賊商量，取一縣一柵以爲勝捷，所以師出無功。今請處分元逵、弘敬，只令收州，勿攻縣邑。」帝然之。及王宰、石雄進討，經年未拔澤潞。及弘敬、元逵收邢、洺、磁三州，稹黨遂離，以至平殄，皆如其算。

時王師方討澤潞，三年十二月，太原橫水戍兵因移戍榆社，乃倒戈入太原城，逐節度使李石，推其都將楊弁爲留後。武宗以賊稹未殄，又起太原之亂，心頗憂之，遣中使馬元貫往太原宣諭，覘其所爲。元貫受楊弁賂，欲保祐之。四年正月，使還，奏曰：「楊弁兵馬極多，自牙門列隊至柳子，十五餘里，明光甲曳地。」德裕奏曰：「李石比以城內無兵，抽橫水兵一千五百人赴榆社，安能朝夕間便致十五里兵甲耶？」元貫曰：「晉人驍敢，盡可爲兵，重賞招致耳。」德裕曰：「招召須財，昨橫水兵亂，止爲欠絹一匹。李石無處得，楊弁從何致耶？又太原有一聯甲，並在行營，安致十五里明光耶？」元貫詞屈。德裕奏曰：「楊弁微賊，決不可恕。如國力不及，寧捨劉稹。」卽時請降詔，令王逢起榆社軍，又令王元逵兵自土門入，會于太原。河東監軍呂義忠聞之，卽日召榆社本道兵，誅楊弁以聞。

自開成五年多迴紇至天德，至會昌四年八月平澤潞，首尾五年，其籌度機宜，選用將帥，軍中書詔，奏請雲合，起草指蹤，皆獨決於德裕，諸相無預焉。以功兼守太尉，進封衞國公，三千戶。五年，武宗上徽號後，累表乞骸，不許。德裕病月餘，堅請解機務，乃以本官平章事兼江陵尹、荊南節度使。數月追還，復知政事。宣宗卽位，罷相，出爲東都留守、東畿汝都防禦使。

德裕特承武宗恩顧，委以樞衡。決策論兵，舉無遺悔，以身扞難，功流社稷。及昭肅棄天下，不逞之伍咸害其功。白敏中、令狐綯，在會昌中德裕不以朋黨疑之，置之臺閣，顧待甚優。及德裕失勢，抵掌戟手，同謀斥逐，而崔鉉亦以會昌末罷相怨德裕。大中初，敏中復薦鉉在中書，乃相與掎摭構致，令其黨人李咸者，訟德裕輔政時陰事。乃罷德裕留守，以太

子少保分司東都，時大中元年秋。尋再貶潮州司馬。敏中等又令前永寧縣尉吳汝納進狀，訟李紳鎮揚州時謬斷刑獄。明年冬，又貶潮州司戶。德裕既貶，大中二年，自洛陽水路經江、淮赴潮州。其年冬，至潮陽，又貶崖州司戶。至三年正月，方達珠崖郡。十二月卒，時年六十三〔三〕。

德裕以器業自負，特達不羣。好著書爲文，獎善嫉惡，雖位極台輔，而讀書不輟。有劉三復者，長於章奏，尤奇待之。自德裕始鎮浙西，迄於淮甸，皆參佐賓筵。軍政之餘，與之吟詠終日。在長安私第，別構起草院。院有精思亭，每朝廷用兵，詔令制置，而獨處亭中，凝然握管，左右侍者無能預焉。東都於伊闕南置平泉別墅，清流翠篠，樹石幽奇。初未仕時，講學其中。及從官藩服，出將入相，三十年不復重遊，而題寄歌詩，皆銘之於石。今有花木記、歌詩篇錄二石存焉。有文集二十卷。記述舊事，則有次柳氏舊聞、御臣要略、伐叛志、獻替錄行於世。

初貶潮州，雖蒼黃顚沛之中，猶留心著述，雜序數十篇，號曰窮愁志。其論冥數曰：仲尼罕言命，不語神，非謂無也。欲人嚴三綱之道，奉五常之教，修天爵而致人爵，不欲信富貴于天命，委禍祿於冥數。昔衞卜協于沙丘，爲謚已久；秦塞屬於臨洮，名子不悟；朝歌未滅，而國流丹烏；白帝尚在，而漢斷素蛇。皆兆發於先，而符應

於後，不可以智測也。周、孔與天地合德，與神明合契，將來之數，無所遁情。而猥跋於周，鳳衰于楚，豈親戚之義，不可去也，人倫之教，不可廢也。條侯之貴，鄧通之富，死於兵革可也，死于女室可也，唯不宜以餒終，此又不可以理得也。命偶時來，盜有名器者，謂禍福出於胸懷，榮枯生於口吻，沛然而安，溘然而笑，曾不知黄雀遊於茂樹，而挾彈者在其後也。

乙丑歲，予自荆楚，保釐東周，路出方城間，有隱者困于泥塗，不知其所如，謂方城長曰：「此官人居守後二年，南行萬里。」則知憾予者必因天譴，譖予者乃自鬼謀。雖抱至冤，固不爲恨。予嘗三遇異人，非卜祝之流，皆遁世者。初掌記北門，管涔隱者謂予曰：「君明年當在人君左右，爲文翰之職，須值少主。」予聞之，愕然變色，隱者亦悔失言，避席求去。予問曰：「何爲事少主？」對曰：「君與少主已有宿緣。」其年秋登朝，至明年正月，穆宗纘緒，召入禁苑。及爲中丞，閩中隱者叩門請見，予下榻與語，曰：「時事非久，公不早去，多必作相，禍將至矣。若亟請居外，則代公者受患。公後十年終當作相，自西而入。」是秋，出鎮吳門，時年三十六歲。經八稔，尋又仗鉞南燕。秋暮，有邑子于生引鄴郡道士至。纔升階，未及命席，謂予曰：「公當爲西南節制，孟冬望舒前，符節至矣。」三者皆與之協，不差歲月。自憲闈竟十年居相位，由西蜀而入，代予持憲

者，俄亦竄逐。唯再謫南荒，未嘗有前知之士爲予言之。豈禍患不可移者，神道所祕，莫得預聞。

其自序如此。斯論可以警夫躁競者，故書於事末。

德裕三子。燁，檢校祠部員外郎、汴宋亳觀察判官。大中二年，坐父貶象州立山尉。二子幼，從父殁於崖州。燁咸通初量移郴州郴縣尉，卒於桂陽。子延古。

史臣曰：臣總角時，亟聞耆德言衞公故事。是時天子神武，明於聽斷，公亦以身犯難，酬特達之遇。言行計從，功成事遂，君臣之分，千載一時。觀其禁掖彌綸，巖廊啓奏，料敵制勝，襟靈獨斷，如由基命中，罔有虚發，實奇才也。語文章，則嚴、馬扶輪；論政事，則蕭、曹避席。罪其竊位，即太深文。所可議者，不能釋憾解仇，以德報怨，泯是非於度外，齊彼我於環中。與夫市井之徒，力戰錐刀之末，淪身瘴海，可爲傷心。古所謂攫金都下，忽於市人，離婁不見於眉睫。才則才矣，語道則難。

贊曰：公之智決，利若青萍。破虜誅叛，摧枯建瓴。功成北闕，骨葬南溟。嗚呼煙閣，誰上丹青？

校勘記

〔一〕趙國忠懿公　「懿」字各本原無，據本書卷一四八李吉甫傳補。唐會要卷八〇「忠懿」作「恭懿」。

〔二〕明年冬……時年六十三　十七史商榷卷九一云：「所謂明年者，大中二年也。其下文二年當作三年，三年當作四年，年六十三當作六十四。」

舊唐書卷一百七十五

列傳第一百二十五

憲宗二十子　穆宗五子　敬宗五子　文宗二子　武宗五子
宣宗十一子　懿宗八子　僖宗二子　昭宗十子　嗣襄王熅
朱玫　王行瑜附

憲宗二十子：穆宗皇帝、宣宗皇帝、惠昭太子寧、澧王惲、深王悰、洋王忻、絳王悟、建王恪、鄜王憬、瓊王悅、沔王恂、婺王懌、茂王愔、淄王協、衡王憺、澶王忱、棣王惴、彭王惕、信王憻、榮王憒。

惠昭太子寧，憲宗長子也。母曰紀美人。貞元二十一年四月，封平原郡王。元和元年八月，進封鄧王。四年閏三月，立爲皇太子，改名宙，尋復今名。其年有司將行册禮，以孟

夏、孟秋再卜日，臨事皆以雨罷，至十月方行册禮。元和六年十二月薨，年十九，廢朝十三日。時敕國子司業裴茝攝太常博士，西内勾當。茝通習古今禮儀，嘗爲太常博士。及官至郎中，每兼其職，至改司業，方罷兼領。國典無皇太子薨禮，故又命茝領之。廢朝十三日，蓋用期服以日易月之制也。謚曰惠昭。

澧王惲，憲宗第二子也，本名寬。貞元二十一年，封同安郡王。元和元年，進封澧王。七年，改今名。時吐突承璀恩寵特異，惠昭太子薨，議立儲副，承璀獨排羣議，屬澧王，欲以威權自樹，賴憲宗明斷不惑。上將册拜太子，詔翰林學士崔羣代澧王作讓表一章。羣奏曰：「凡事已合當之而不爲，則有退讓焉。」上深納之。及憲宗晏駕，承璀死，王亦薨於其夕。以元和十五年四月丁丑發喪，廢朝三日。長子漢，東陽郡王。次子源，安陸郡王。第三子演，臨安郡王。

深王悰，本名察，憲宗第四子也。貞元二十一年，封彭城郡王。元和元年，進封深王，改今名。長子潭，河内郡王。次子淑，吳興郡王。

洋王忻，本名寰，憲宗第五子也。貞元二十一年，封爲高密郡王。元和元年，進封洋王。七年，改今名。大和二年薨。長子沛，大和八年，封穎川郡王。

絳王悟，本名寮，憲宗第六子也。貞元二十一年，封文安郡王。元和元年，進封絳王。七年，改今名。寶曆二年多遇害。長子洙，大和八年，封新安郡王。第二子滂，封高平郡王。

建王恪，本名審，憲宗第十子也。元和元年八月，淄青節度李師古卒，其弟師道擅領軍務，以邀符節。朝廷方興討罰之師，不欲分兵兩地，乃封審爲建王。間一日，授開府儀同三司、鄆州大都督，充平盧軍淄青等州節度營田觀察處置、陸運海運、押新羅渤海兩蕃等使，而以師道爲節度留後。不出閤。七年，改今名。長慶元年薨。

鄜王憬，長慶元年封，開成四年七月薨。長子溥，平陽郡王。

瓊王悅，長慶元年封。第二子津，河間郡王。

沔王恂，長慶元年封。長子瀛，晉陵郡王。

婺王懌，長慶元年封。長子清，新平郡王。

茂王愔，長慶元年封。長子濾，武功郡王。

淄王協，憲宗第十四子也。長慶元年封，開成元年薨。長子澣，大和八年八月，封許昌郡王。第三子渙，馮翊郡王。

衡王憺，長慶元年封。長子涉，晉平郡王。

澶王忱，長慶元年封。長子濘，雁門郡王。

棣王惴，大中六年封，咸通三年薨。

彭王惕，大中三年封。

信王憻，大中十四年封，咸通八年薨。

榮王憒，咸通三年封，廣明元年八月十九日，授開府儀同三司，守司空，其年十月九日薨。其子令平嗣王。

穆宗五子：敬宗皇帝、文宗皇帝、武宗皇帝、懷懿太子湊、安王溶。

懷懿太子湊，穆宗第六子。少寬和溫雅，齊莊有度。長慶初，封漳王。文宗以王守澄恃權，深怒閹官，欲盡誅之，密令宰相宋申錫與外臣謀畫其計。守澄門人鄭注伺知其事，欲先事誅申錫。以漳王賢而有望，乃令神策虞候豆盧著告變，言「十六宅宮市典晏敬則、朱訓與申錫親事王師文同謀不軌，朱訓與王師文言聖上多病，太子年小，若立兄弟，次是漳王，要先結託，乃於師文處得銀五鋌、絹八百匹；又晏敬則於十六宅將出漳王與綾汗衫一領、熟線綾一匹，以答申錫」。其事皆鄭注憑虛結構，而擒朱訓等於黃門獄，鍛鍊僞成其款。居三四日，朝臣方悟其誣構。諫官崔玄亮等閤中極諫，叩頭出血，請出申錫獄付外勘鞫。鄭注輩恐其僞迹敗露，乃請行貶黜。制曰：「王者敎先入愛，義不遺親。豈於同氣之中，可致異詞之間。如或愼修不至，詿誤有聞，構爲厲階，犯我邦紀，未加殛竄，尙屈彝章。漳王湊手足之親，盤石是固，居崇寵秩，列在戚藩。頃多克順之心，亦有尙賢之志。而滿盈生患，敗覆是圖，姦兇會同，謀議聯及。汚我皇化，彰于外朝，初駭予衷，再驚羣聽。尙以未具獄詞，猶資審愼，建侯之命，姑務從寬。可降封巢縣公。」制下，上令中使齎巢縣官告，就十宅賜湊。言國法須此，爾宜寬勉。八年薨，贈封齊王。

鄭注伏誅，帝思湊被陷而心傷之，開成三年正月制曰：

褒善飾終，王者常典。況我友于之愛，手足之親，永言痛悼之懷，用錫元良之命。

故齊王湊孕靈天宇，擢秀本枝，孝敬知於孩提，惠和洽於親愛。將固磐石，遂分茅社。學探蟻術之精，智有象舟之妙。好書樂善，造次不失其清規；置醴尊師，風雨不忘其至敬。方期台耇，以保怡怡，天胡不仁，殲我同氣。念周宣好愛之分，長慟莫追；覽魏文榮樂之言，軫懷無已。由是稽諸前典，式展追榮，特峻彝章，表恩泉壤。雖禮命之儀則爾，而天倫之恨何攄？遐想幽魂，宜膺寵數。可贈懷懿太子，有司擇日册命。

安王溶，穆宗第八子。母楊賢妃。長慶元年封，大和八年，授開府儀同三司、檢校吏部尙書。開成初，敕安王、潁王並以百官例，逐月給料錢。武宗卽位，李德裕秉政，或告文宗崩時，楊嗣復以與賢妃宗家，欲立安王爲嗣，故王受禍，嗣復貶官。

敬宗五子：悼懷太子普、梁王休復、襄王執中、紀王言揚、陳王成美。

悼懷太子普，敬宗長子也。母曰郭妃。寶曆元年，封晉王。大和二年薨，年五歲。上撫念之甚厚，册贈悼懷太子。

梁王休復。開成二年八月詔曰：「王者胙土畫疆，封建子弟，所以承衞帝室，蕃茂本枝，祖宗成式，朕曷敢廢？況天付正性，夙奉至訓，尊賢好善，體仁由禮，是可舉建侯之命，膺分社之榮。親親賢賢，於是乎在。敬宗皇帝第二子休復、第三子執中、第四子言揚、第六子成美，皆氣蘊冲和，行推敬愼，游泳墳、索，佩服師言。宜開土宇之封，用申睦族之典。休復可封梁王，執中可封襄王，言揚可封紀王，成美可封陳王。宜令有司擇日備禮册命。」

襄王執中與梁王同時受封。第三男宋，樂平郡王。

紀王與襄王同時受封。

陳王成美與紀王言揚同時受封。開成四年十月詔曰：「古先哲王之有天下也，何嘗不正國本而承天序，建儲貳而主重離？朕以寡昧，祗荷丕圖，虔恭寅畏，思固鴻業，愼擇全懿，曠于旬時。而卿士獻謀，龜筮告吉，以爲少陽虛位，願舉盛儀，列聖垂休，俾合予志，選賢而立，式表無私。敬宗皇帝第六男陳王成美，天假忠孝，日新道德，溫文合雅，謙敬保和。裕端明之體度，尙詩、書之辭訓，言皆中禮，行不違仁。是可以訓考舊章，欽若成命，授之匕鬯，以

奉粢盛。宜迴朱邸之榮，俾踐靑宮之重，可立爲皇太子。宜令所司擇日備禮册命。」自莊恪太子薨，將相大臣洎職言者，拜章面陳凡累月，上遂命立陳王。未行册禮，復降仍舊，其年殂於藩邸。第十九男儼，宣城郡王。

文宗二子：莊恪太子永、蔣王宗儉。

莊恪太子永，文宗長子也。母曰王德妃。大和四年正月，封魯王。六年，上以王年幼，思得賢傅輔導之。時王傅和元亮，因待制召問，元亮出於卒吏，不知書，一不能對。後宰相延英奏事，上從容曰：「魯王質性可敎，宜擇賢士大夫爲官屬，不可復用和元亮之輩。」因以戶部侍郎庾敬休守本官，兼魯王傅；太常卿鄭肅守本官，兼王府長史；戶部郎中李踐方守本官，兼王府司馬。其年十月，降詔册爲皇太子。上自卽位，承敬宗盤遊荒怠之後，恭儉惕愼，以安天下，以晉王謹愿，且欲建爲儲貳。未幾，晉王薨，上哀悼甚，不復言東宮事久之。今有是命，中外慶悅。後以王起、陳夷行爲侍讀。

開成三年，上以皇太子宴遊敗度，不可敎導，將議廢黜，特開延英，召宰臣及兩省御史

臺五品已上、南班四品已上官對。宰臣及衆官以爲儲后年小，可俟改過，國本至重，願寬宥。御史中丞狄兼謩上前雪涕以諫，詞理懇切。翌日，翰林學士六人洎神策六軍軍使十六人又進表陳論，上意稍解。其日一更，太子歸少陽院，以中人張克己、柏常心充少陽院使；如京使王少華、判官袁載和及品官、白身、內園小兒、宮人等數十人，連坐至死及剝色、流竄。尋詔侍讀竇宗直、周敬愼依前隔日入少陽院。

其年薨，敕兵部尚書王起撰哀册文曰：

維大唐開成三年，歲次戊午，十月乙酉朔，十六日庚子，皇太子薨于少陽院。十七日辛丑，遷座于大吉殿。十一月乙卯朔，二十四日戊寅，命册使太子太師兼右僕射、門下侍郎、國子祭酒、平章事鄭覃，副使中書侍郎、平章事楊嗣復，持節册謚曰莊恪。十二月乙酉朔，十二日丙申，葬于驪山之北原莊恪陵，禮也。玉琯歲窮，金壺漏盡，祖奠告徹，哀笳將引。庭滅燎而月寒，路搖旆而風緊。皇帝念主鬯之缺位，悼佩觿之夭年。銅樓已閉，銀牓徒懸。方追思於對日，遽冥寞而賓天。典册具舉，文物咸備。爰詔侍臣，顯揚上嗣，其詞曰：

皇矣帝緒，肇基綿古，種德尊道，宗文祖武。上聖開成，天下和平，儲祉發祥，是生元良。覃訏之初，岐嶷用彰，蘊才游藝，玉裕金相。既免孩提，是加封殖，俾維城於東

魯，錫介珪於上國。辭榮朱邸，正位青宮，尊師重傅，養德含聰。畏馳道而不絕，問寢門而益恭。招賢警戒，齒胄謙沖，冀日躋於三善，奉天慈於九重。漢莊好學，旣顯於外；魏丕能文，方循於內。美不二於顏過，嘉得三於鯉退。焜燿甲觀，鏗鏘瑜珮。方積善於爲山，何反眞而游岱。嗚呼哀哉！

憂兢損壽，沉痾始遘，羣望並走，百靈宜祐。吳客之問徒爲，越人之方靡救。占前星之掩曜，知東朝之降咎。天垂象而則然，人由己而何有？嗚呼哀哉！稅駕乘華兮卽宮夜臺，鳳笙長絕兮屋輅徐來。路青宮而右出，歷玄灞而左迴，度凋林兮魂斷，入曠野兮心摧。水助挽而幽咽，雲帶翣而徘徊，悲佳城之已掩，見新廟之方開。嗚呼哀哉！授經兮局期，執紼兮增欷，九原作兮何嗟及，七日還兮安可希。有少海之波逝，無西園之蓋飛，商山之羽翼已散，望苑之賓客咸歸。瑟彼玉簡，閟于泉扉，用傳信於文字，願不昧於音徽。嗚呼哀哉！

初，上以太子稍長，不循法度，昵近小人，欲加廢黜，迫於公卿之請乃止。太子終不悛改，至是暴薨。時傳云：太子德妃之出也，晚年寵衰。賢妃楊氏，恩渥方深，懼太子他日不利於己，故日加誣譖，太子終不能自辨明也。太子旣薨，上意追悔。四年，因會寧殿宴，小兒緣橦，有一夫在下，憂其墮地，有若狂者。上問之，乃其父也。上因感泣，謂左右曰：「朕富有天下，不能全一子。」遂召樂官劉楚材、宮人張十十等責之，曰：「陷吾太子，皆爾曹也。今已有太子，更欲踵前耶？」立命殺之。

蔣王宗儉，文宗第二子，開成二年封。

武宗五子：杞王峻，開成五年封；益王峴、兗王岐、德王嶧、昌王嵯，皆會昌二年封。

宣宗十一子〔一〕：懿宗皇帝，餘並封王。

靖懷太子漢，會昌六年封雍王，大中六年薨，册贈靖懷太子。

雅王涇，宣宗第二子。大中元年封。

衞王灌，大中十一年封，十四年薨。

夔王滋，宣宗第三子也。會昌六年封，咸通四年薨。

慶王沂，第四子也。會昌六年封，大中十四年薨。

濮王澤，第五子也。大中二年封。

鄂王潤，第六子也。大中五年封，乾符三年薨。

懷王洽，第七子也。大中八年封。

昭王汭，第八子也。大中八年封，乾符三年薨。

康王汶，大中八年封。

廣王澭，大中十一年封。

懿宗八子：僖宗皇帝、昭宗皇帝，餘並封王。

魏王佾，咸通三年封。

涼王健，咸通三年封，乾符六年薨。

蜀王佶，咸通三年封。

威王侃，咸通六年封郢王，十年改封今王。

吉王保，咸通十三年封，文德元年八月九日授開府儀同三司、檢校太傅，仍加食邑三百戶。

睦王倚，咸通十三年封。

僖宗二子：建王震，中和元年九月十六日封；益王陞，光啓三年十一月十四日封。

昭宗十子：哀帝，餘並封王。

德王裕，昭宗長子也。大順二年六月二十八日封，乾寧四年二月十四日册爲皇太子。時駕在華州，韓建畏諸王主兵，誘防城卒張行思、花重武相次告通王以下欲殺建。建他日又造訛言云：諸王欲劫遷車駕，別幸藩鎭。諸王懼，詣建自陳，建乃延入臥內，密遣人奏云：「今日睦王、濟王、韶王、通王、彭王、韓王、儀王、陳王等八人到臣理所，不測事由。臣竊量事體，不合與諸王相見，兼恐久在臣所，於事非宜。忽然及門，意不可測。」又上疏抗請歸十

六宅，如是者數四，帝不允。建懼爲諸王所圖，乃以精甲數千圍行宮，請誅定州護駕軍都將李筠。帝懼甚，詔斬筠於大雲橋。其三都軍士，尋放還本道。殿後都亦與三都元繞行宮扈蹕。至是，並急詔散之。罷諸王兵柄。建慮上不悅，乃上表請立德王爲皇太子。其年八月，嗣延王戒丕自太原還，詔與通王已下八王並賜死于石堤谷。

光化末，樞密使劉季述、王仲先等幽昭宗於東內，册裕爲帝；及天復初誅季述、仲先，與寺人藏於右軍，羣臣請殺之，昭宗曰：「太子冲幼，爲賊輩所立。」依舊令歸少陽院。及朱全忠自鳳翔迎駕還京，以德王眉目疏秀，春秋漸盛，常惡之，謂崔胤曰：「德王曾竊居寶位，天下知之。大義滅親，何得久留？是教後代以不孝也，請公密啓。」胤然之，昭宗不納。他日言於全忠，全忠曰：「此國家大事，臣安敢竊議？乃崔胤賣臣也。」尋以哀帝爲天下兵馬元帥。

後昭宗至洛下，一日幸福先寺，謂樞密使蔣玄暉曰：「德王朕之愛子，全忠何故須令廢之，又欲殺之？」言訖淚下，因齧其中指血流。玄暉具報全忠，由是轉恚。昭宗遇弒之日，蔣玄暉於西內置社筵〔三〕，酒酣，德王已下六王皆爲玄暉所殺，投屍九曲池。

棣王祤，乾寧元年十月八日封。

虔王禊、沂王禋、遂王禕，並與棣王同時封册。

景王祕，乾寧四年十月二十二日封。

祁王祺與景王同時封册。

雅王禛、瓊王祥，並光化元年十一月九日封。

嗣襄王熅，性柔善，無他能。光啓二年春，車駕在寶雞，西軍逼請幸岐隴，帝以數十騎自大散關幸興元。時熅有疾，不能從，因爲朱玫所挾。至鳳翔，有臺省官從行未及者僅百人。四月，玫乃與宰相蕭遘、裴澈率羣僚册熅爲監國。熅以鄭昌圖判度支，而鹽鐵、戶部各置副使，三司之事，一以委焉，目曰「廢置相公」。五月，熅遣僞戶部侍郎柳陟等十餘人，分諭關東、河北諸道，納僞命者甚衆。十月，朱玫率蕭遘等册熅爲帝，改元曰永貞〔四〕，遙尊僖宗爲太上元皇聖帝。

初，河中王重榮表率東諸侯進貢，唯蔡賊與太原不順。秦宗權自僭號，太原不協于朱玫故也。及王行瑜殺朱玫，熅奔至渭上，王重榮使人迎之，熅與僞百官泣別，謂曰：「朕見重榮，當令與卿等各備所服以接卿。」殺朱玫之翊日，熅爲鄜州亂軍所殺，行瑜遂函首送行在。

熅四月監國，至十二月死，凡在僞位九月矣。

朱玫者，邠州人也。少從邊，以功歷郡守。乾符末，領邠寧節制。中和中，收復京師，與太原李克用、東方逵同制加使相。光啓元年冬，受詔招討河中，軍敗，以軍容使田令孜失策，時諸軍皆怒，乃徇人情，表請誅令孜。令孜與楊復恭挾帝西幸，玫又失策，乃虜嗣襄王熅，與蕭遘等同立爲帝，大行封拜，以啖諸侯，而天下之人，歸者十五六焉。與李昌符始謀册立，及後玫自稱大丞相，吐握在己，昌符怒之，乃以表送款行在，復密結樞密使楊復恭，人心乃離。

時行在出令，有能斬朱玫首者，則授以邠帥。賊將王行瑜以大唐峯不利，退保鳳州，終慮得罪，與腹心密謀，徑入京師。時玫有第在和善里，行瑜率兵仗入見，玫猶責以擅還，行瑜曰：「我要代爾領邠州節制，何復多言？」遂斬之。

王行瑜者，邠州人也。少隸本軍，事朱玫爲偏將，平巢寇有功。光啓二年，玫册嗣襄王熅爲僞帝，授天平軍節度使。領兵守大散關，攻大唐峯，爲李鋌所敗〔五〕，乃送款行在。以部下反攻朱玫于闕下，斬之，因授邠州節度使。後平楊守亮于山南，以功累加至中書令。

景福中，逼朝廷加尚書令，宰臣韋昭度密奏不可。會韓建、李茂貞稱兵入覲，欲行廢立，不果，乃請殺昭度與李磎。是歲，又遣弟行約攻河中，河中引太原軍至，由是大敗。行約、行實劫駕不獲，遂歸邠州。行瑜率兵屯梨園，王師圍急，行實、行約先敗，次保龍泉，行瑜又遁至邠州，不能守。乾寧二年十一月〔五〕，挈族至慶州，爲部下所殺。

史臣曰：自天寶已降，內官握禁旅，中闈纂繼，皆出其心。故手纔攬於萬機，目已睨於六宅，防閑禁錮，不近人情。文宗好古睦親，至敦友悌。悔前非於齊湊，褒以儲闈；付後事於陳王，歸其胄席。或降輿朱邸，對食瓊筵，怡怡申肺腑之情，穆穆盡棣華之義，近朝盛美，可洽風謠。昭肅惑讒，毒流安邸。雖覽大臣之議，欲使磐維；竟無出閤之儀，終身幽枉。谷風之怨，可爲傷心。大中、咸通已來，寶圖世及。犬牙麟趾，雖不逭於姬周；豆什布謠，未甚悲於宗籍。於姬不足，比魏有餘。

贊曰：周封子弟，運祚綿長。管、蔡勦絕，魯、魏克昌。誅叛賞順，王者大綱。法不私親，棣萼其芳。

校勘記

〔一〕宣宗十一子　各本及新書十一宗諸子傳均同，惟據下文所記則有十二人，疑「一」字爲「二」字之誤。

〔二〕西內　各本原作「內西」，校勘記卷二八引張宗泰說：「內西當從他本作西內，謂在大內之西。」合鈔卷二二六德王裕傳作「西內」。據改。

〔三〕永貞　據本書卷一九下僖宗紀、新書卷八二襄王僙傳、通鑑卷二五六當作「建貞」。

〔四〕李鋌　新書卷二二四下王行瑜傳、通鑑卷二五六作「李鋋」。

〔五〕乾寧　各本原作「乾化」，據本書卷二〇上昭宗紀、新書卷二二四下王行瑜傳、通鑑卷二六〇改。

舊唐書卷一百七十六

列傳第一百二十六

李宗閔　楊嗣復 子授 損 技 拭 撝　楊虞卿 弟漢公 從兄汝士 汝士弟魯士 汝士子知溫 知遠 知權附　馬植　李讓夷　魏謩　周墀　崔龜從　鄭肅　盧商

李宗閔字損之，宗室鄭王元懿之後。祖自仙，楚州別駕。父曾，宗正卿，出爲華州刺史、鎮國軍潼關防禦等使。曾兄夷簡，元和中宰相。宗閔，貞元二十一年進士擢第，元和四年，復登制舉賢良方正科。

初，宗閔與牛僧孺同年登進士第，又與僧孺同年登制科。應制之歲，李吉甫爲宰相當國，宗閔、僧孺對策，指切時政之失，言甚鯁直，無所迴避。考策官楊於陵、韋貫之、李益等又第其策爲中等，又爲不中第者注解牛、李策語，同爲唱誹。又言翰林學士王涯甥皇甫湜

中選，考覈之際，不先上言。裴垍時爲學士，居中覆視，無所異同。吉甫泣訴於上前，憲宗不獲已，罷王涯、裴垍學士，垍守戶部侍郎，涯守都官員外郎；吏部尚書楊於陵出爲嶺南節度使，吏部員外郎韋貫之出爲果州刺史。王涯再貶虢州司馬，貫之再貶巴州刺史，僧孺、宗閔亦久之不調，隨牒諸侯府。七年，吉甫卒，方入朝爲監察御史，累遷禮部員外郎。

元和十二年，宰相裴度出征吳元濟，奏宗閔爲彰義軍觀察判官。賊平，遷駕部郎中，又以本官知制誥。穆宗即位，拜中書舍人。時曾自宗正卿出刺華州，父子同時承恩制，人士榮之。長慶元年，子壻蘇巢於錢徽下進士及第，其年，巢覆落。宗閔涉請託，貶劍州刺史。時李吉甫子德裕爲翰林學士，錢徽牓出，德裕與同職李紳、元稹連衡言於上前，云徽受請託，所試不公，故致重覆。比相嫌惡，因是列爲朋黨，皆挾邪取權，兩相傾軋。自是紛紜排陷，垂四十年。

復入爲中書舍人。三年冬，權知禮部侍郎。四年，貢舉事畢，權知兵部侍郎。寶曆元年，正拜兵部侍郎，父憂免。大和二年，起爲吏部侍郎，賜金紫之服。三年八月，以本官同平章事。時裴度薦李德裕，將大用。德裕自浙西入朝，爲中人助宗閔者所沮，復出鎮。尋引牛僧孺同知政事，二人唱和，凡德裕之黨皆逐之。累轉中書侍郎、集賢大學士。七年，德裕作相。六月，罷宗閔知政事，檢校禮部尚書、同平章事、興元尹、山南西道節度使。

中華書局

宗閔爲吏部侍郎時，因駙馬都尉沈嶬結託女學士宋若憲及知樞密楊承和，二人數稱之於上前，故獲徵用。及德裕秉政，羣邪不悅，而鄭注、李訓深惡之，文宗乃復召宗閔於興元，爲中書侍郎、平章事，命德裕代宗閔爲興元尹。既再得權位，輔之以訓、注，尤恣所欲，進封襄武侯，食邑千戶。九年六月，京兆尹楊虞卿得罪，宗閔極言救解，文宗怒叱之曰：「爾嘗謂鄭覃是妖氣，今作妖，覃耶、爾耶？」翌日，貶明州刺史，尋再貶處州長史。七月，鄭注發沈嶬、宋若憲事，內官楊承和、韋元素、沈嶬及若憲姻黨坐貶者十餘人，又貶宗閔潮州司戶。時訓、注竊弄威權，凡不附己者，目爲宗閔、德裕之黨，貶逐無虛日，中外震駭，連月陰晦，人情不安。九月詔曰：

朕承天纘曆，燭理不明，勞虛襟以求賢，勵寬德以容衆。頃者，或台輔乖弼違之道，而具僚扇朋附之風，翕然相從，實斁彝憲。致使薰蕕共器，賢不肖並馳，退迹者成後時之夫，登門者有迎吠之客。繆戾之氣，堙鬱和平，而望陰陽順時，疵癘不作，朝廷清肅，班列和安，自古及今，未嘗有也。今既再申朝典，一變澆風，掃清朋比之徒，匡飭貞廉之俗。凡百卿士，惟新令猷。如聞周行之中，尚蓄疑懼，或有妄相指目，令不自安，今斯曠然，明喻朕意。應與宗閔、德裕或親或故及門生舊吏等，除今日已前黜遠之外，一切不問。各安職業，勿復爲嫌。

文宗以二李朋黨，繩之不能去，嘗謂侍臣曰：「去河北賊非難，去此朋黨實難。」宗閔雖驟放黜，竟免李訓之禍。

開成元年，量移衢州司馬。三年，楊嗣復輔政，與宗閔厚善，欲拔用之，而畏鄭覃沮議，乃託中人密諷於上。上以嗣復故，因紫宸對，謂宰相曰：「宗閔在外四五年，宜別授一官。」鄭覃曰：「陛下憐其地遠，宜移近內地三五百里，不可再用姦邪。陛下若欲用宗閔，臣請先退。」陳夷行曰：「比者，宗閔得罪，以朋黨之故，恕死爲幸。寶曆初，李續之、張又新、蘇景胤等，朋比姦險，幾傾朝廷，時號『八關十六子』。」李珏曰：「主此事者，罪在逢吉。李續之居喪服闋，不可不與一官，臣恐中外衣冠，交興議論，非爲續之輩也。」夷行曰：「昔舜逐四凶天下治，朝廷求理，何惜此十數纖人？」嗣復曰：「事貴得中，不可但徇憎愛。」上曰：「與一郡可也。」鄭覃曰：「與郡太優，止可洪州司馬耳。」夷行曰：「宗閔養成鄭注之惡，幾覆邦家，國之巨蠹也。」嗣復曰：「比者，陛下欲加鄭注官，宗閔不肯，陛下亦當記憶。」覃曰：「嗣復黨庇宗閔。臣觀宗閔之惡，甚於李林甫。」嗣復曰：「覃語大過。昔玄宗季年，委用林甫，妬賢害能，破人家族。宗閔在位，固無此事。況大和末，宗閔、德裕同時得罪。二年之間，德裕再領重鎮，而宗閔未離貶所。陛下懲惡勸善，進退之理宜均，非臣獨敢黨庇。昨殷侑與韓益奏官及章服，臣以益前年犯贓，未可其奏，鄭覃託臣云『幸且勿論』。孰爲黨庇？」翌日，以宗閔爲杭州

刺史。四年冬，遷太子賓客，分司東都。時鄭覃、陳夷行罷相，嗣復方再拔用宗閔知政事，俄而文宗崩。

會昌初，李德裕秉政，嗣復、李珏皆竄嶺表。三年，劉稹據澤潞叛。德裕以宗閔素與劉從諫厚，上黨近東都，宗閔分司非便，出爲封州刺史。又發其舊事，貶郴州司馬，卒於貶所。

子琨、瓚，大中朝皆進士擢第。令狐綯作相，特加獎拔。瓚自員外郎知制誥，歷中書舍人、翰林學士。綯罷相，出爲桂管觀察使。御軍無政，爲卒所逐，貶死。

自天寶艱難之後，宗室子弟，賢而立功者，唯鄭王、曹王子孫耳。夷簡再從季父汧國公勉，德宗朝宰相。夷簡諸弟夷亮、夷則、夷範，皆登進士第。宗閔弟宗冉。宗冉子深、湯。湯累官至給事中，咸通中踐更臺閣，知名於時。

楊嗣復字繼之，僕射於陵子也。初，於陵十九登進士第，二十再登博學宏詞科，調補潤州句容尉。浙西觀察使韓滉有知人之鑒，見之甚悅。滉有愛女，方擇佳壻，謂其妻柳氏曰：「吾閱人多矣，無如楊生貴而有壽，生子必爲宰相。」於陵秩滿，寓居揚州而生嗣復。後滉見之，撫其首曰：「名位果踰於父，楊門之慶也。」因字曰慶門。

嗣復七八歲時已能秉筆爲文。年二十，進士擢第。二十一，又登博學宏詞科，釋褐祕書省校書郎。遷右拾遺，直史館。以嗣復深於禮學，改太常博士。元和十年，累遷至刑部員外郎。鄭餘慶爲詳定禮儀使，奏爲判官，改禮部員外郎。時父於陵爲戶部侍郎，嗣復上言與父同省非便，請換他官。詔曰：「應同司官有大功以下親者，但非連判及勾檢之官并官長，則不在迴避之限。如官署同，職司異，雖父子兄弟無所避嫌。」再遷兵部郎中。長慶元年十月，以庫部郎中知制誥，正拜中書舍人。

嗣復與牛僧孺、李宗閔皆權德輿貢舉門生，情義相得，進退取捨，多與之同。四年，僧孺作相，欲薦拔大用，又以於陵爲東都留守，未歷相位，乃令嗣復權知禮部侍郎。寶曆元年二月，選貢士六十八人，後多至達官。文宗即位，拜戶部侍郎。以父於陵太子少傅致仕，年高多疾，懇辭侍養，不之許。大和四年，丁父憂免。七年三月，起爲尚書左丞。其年宗閔罷相，德裕輔政。七月，以嗣復檢校禮部尚書、梓州刺史、劍南東川節度觀察等使。九年，宗閔復知政事。三月，以嗣復檢校戶部尚書、成都尹、劍南西川節度副大使知節度事、觀察處置等使。

開成二年十月，入爲戶部侍郎，領諸道鹽鐵轉運使。三年正月，與同列李珏並以本官同平章事，領使如故，進階金紫，弘農伯，食邑七百戶。上以幣輕錢重，問鹽鐵使何以去其

太甚？嗣復曰：「此事累朝制置未得，但且禁銅，未可變法。法變擾人，終亦未能去弊。」李珏曰：「禁銅之令，朝廷常典，但行之不嚴，不如無令。今江淮已南，銅器成肆，市井逐利者，銷錢一緡，可爲數器，售利三四倍。遠民不知法令，率以爲常。縱國家加鑪鑄錢，何以供銷鑄之弊？所以禁銅之令，不得不嚴。」

八月，紫宸奏事，曰：「聖人在上，野無遺賢。陸洿上疏論兵，雖不中時事，意亦可獎。閒居蘇州累年，宜與一官。」李珏曰：「士子趨競者多，若奬陸洿，貪夫知勸矣。昨竇洵直論事，陛下賞之以幣帛，況與陸洿官耶？」帝曰：「洵直奬其直心，不言事之當否。」鄭覃曰：「若苞藏則不可知。」嗣復曰：「臣深知洵直無邪惡，所奏陸洿官，尚未奉聖旨。」鄭覃曰：「陛下須防朋黨。」嗣復曰：「鄭覃疑臣朋黨，乞陛下放臣歸去。」因拜乞罷免。李珏曰：「比來朋黨，近亦稍弭。」覃曰：「近有小朋黨生。」帝曰：「此輩凋喪向盡。」覃曰：「楊漢公、張又新、李續之卽今尙在。」珏曰：「今有邊事論奏。」覃曰：「論邊事安危，臣不如珏；嫉惡則珏不如臣。」嗣復曰：「臣聞左右佩劍，彼此相笑。臣今不知鄭覃指誰爲朋黨。」因當香案前奏曰：「臣待罪宰相，不能申夔、龍之道，唯以朋黨見譏，必乞陛下罷臣鼎職。」上慰勉之。文宗方以政事委嗣復，惡覃言切。

帝延英謂宰臣曰：「人傳符讖之語，自何而來？」嗣復對曰：「漢光武好以讖書決事，近

代隋文帝亦信此言，自是此說日滋，只如班彪王命論所引，蓋矯意以止賊亂，非所重也。」李珏曰：「喪亂之時，佐命者務神符命；理平之代，只合推諸人事。」上曰：「卿言是也。」帝又曰：「天后用人，有自布衣至宰相者，當時還得力否？」嗣復曰：「天后重行刑辟，輕用官爵，皆自圖之計耳。凡用人之道，歷試方見其能否。當艱難之時，或須拔擢，無事之日，不如且循資級。古人拔卒爲將，非治平之時，蓋不獲已而用之也。」上又問新修開元政要，敍致何如。嗣復曰：「臣等未見。陛下若欲遺之子孫，則請宣付臣等，參詳可否。玄宗或好遊畋，或好聲色，與貞觀之政不同，故取捨須當，方堪流傳。」

四年五月，上問延英政事，逐日何人記錄監修？李珏曰：「是臣職司。」陳夷行曰：「宰相所錄，必當自伐，聖德卽將掩之。臣所以頻言，不欲威權在下。」珏曰：「夷行此言，是疑宰相中有賣威權、貨刑賞者。不然，何自爲宰相而出此言？臣累奏求退，若得王傅，臣之幸也。」鄭覃曰：「陛下開成元年、二年政事至好，三年、四年漸不如前。」嗣復曰：「元年、二年是鄭覃、夷行用事，三年、四年臣與李珏同之。臣蒙聖慈擢處相位，不能悉心奉職。鄭覃云『三年之後，一年不如一年』，臣之罪也。陛下縱不誅夷，臣合自求泯滅。」因叩頭曰：「臣今日便辭玉階，不敢更入中書。」卽趨去。上令中使召還，勞之曰：「鄭覃失言，卿何及此？」覃起謝曰：「臣性愚拙，言無顧慮。近日事亦漸好，未免些些不公，亦無甚處。臣亦不獨斥嗣復，遽

何至此。所爲若是，乃嗣復不容臣耳。」嗣復曰：「陛下不以臣微才，用爲中書侍郎。時政善否，其責在臣。陛下月費俸錢數十萬，時新珍異，必先賜與，蓋欲輔佐聖明，臻于至理。既一年不如一年，非惟臣合得罪，亦上累聖德。伏請別命賢能，許臣休退。」上曰：「鄭覃之言偶然耳，奚執咎耶？」嗣復數日不入，上表請罷。帝方委用，乃罷鄭覃、夷行知政事。自是，政歸嗣復，進加門下侍郎。明年正月，文宗崩。

先是，以敬宗子陳王爲皇太子。中尉仇士良違遺令立武宗。武宗之立，既非宰相本意，甚薄執政之臣。其年秋，李德裕自淮南入輔政。九月，出嗣復爲湖南觀察使。明年，誅樞密薛季稜、劉弘逸。中人言：「二人頃附嗣復、李珏，不利於陛下。」武宗性急，立命中使往湖南、桂管，殺嗣復與珏。宰相崔鄲、崔珙等亟請開延英，因極言國朝故事，大臣非惡逆顯著，未有誅戮者，願陛下復思其宜。帝良久改容曰：「朕纘嗣之際，宰相何嘗比數。李珏、季稜志在扶册陳王，嗣復、弘逸志在樹立安王。立陳王猶是文宗遺旨，嗣復欲立安王，全是希楊妃意旨。嗣復嘗與妃書云：『姑姑何不斆則天臨朝！』」珙等曰：「此事曖昧，眞虛難辨。」帝曰：「楊妃曾臥疾，妃弟玄思，文宗令入內侍疾月餘，此時通導意旨。朕細問內人，情狀皎然，我不欲宣出於外。向使安王得志，我豈有今日？然爲卿等恕之。」乃追潭、桂二中使，再貶嗣復潮州刺史。

宣宗卽位，徵拜吏部尙書。大中二年，自潮陽還，至岳州病，一日而卒，時年六十六。贈左僕射，謚曰孝穆。子損、授、技、拭、撝，而授最賢。

授字得符，大中九年進士擢第，釋褐從事諸侯府，入爲鄠縣尉、集賢校理。歷監察御史、殿中，分務東臺。再遷司勳員外郎、洛陽令、兵部員外郎。李福爲東都留守，奏充判官，改兵部郎中。由吏部拜左諫議大夫、給事中，出爲河南尹。盧攜作相，召拜工部侍郎。黃巢犯京師，僖宗幸蜀，徵拜戶部侍郎。以母病，求散秩，改祕書監分司。車駕還，拜兵部侍郎。宰相有報怨者，改左散騎常侍、國子祭酒，又轉太子賓客。從昭宗在華下，改刑部尙書、太子少保。卒，贈左僕射。

子晛字公隱，進士及第，再遷左拾遺。昭宗初卽位，喜遊宴，不恤時事，晛上疏極諫，帝面賜緋袍象笏。崔安潛出鎭青州，辟爲支使。不至鎭，改太常博士。歷主客、戶部二員外郎。關中亂，崔胤引朱全忠入京師，乃挈家避地湖南，官終諫議大夫。

損字子默，以蔭受官，爲藍田尉。三遷京兆府司錄參軍，入爲殿中侍御史。家在新昌里，與宰相路巖第相接。巖以地狹，欲易損馬廄廣之，遣人致意。時損伯叔昆仲在朝者十

餘人，相與議曰：「家門損益恃時相，何可拒之？」損曰：「非也。凡尺寸地，非吾等所有。先人舊業，安可以奉權臣？窮達命也。」巖不悅。會差制使鞫獄黔中，乃遣損使焉。踰年而還，改戶部員外郎、洛陽縣令。入爲吏部員外，出爲絳州刺史。路巖罷相，徵拜給事中，遷京兆尹。盧攜作相，有宿憾，復拜給事中，出爲陝虢觀察使。時軍亂，逐前使崔蕘。損至，盡誅其亂首。踰年，改青州刺史、御史大夫、淄青節度使。又檢校刑部尚書、鄆州刺史、天平軍節度使。未赴鄆，復留青州，卒於鎮。

技進士及第，位至中書舍人。拭官終考功員外郎。撝終兵部郎中。拭、撝並進士擢第。

楊虞卿字師臯，虢州弘農人。祖燕客。父寧，貞元中爲長安尉。少有棲遁之志，以處士徵入朝。有口辯，優游公卿間，竇參尤重之，會參貶，仕進不達而卒。虞卿，元和五年進士擢第，又應博學宏辭科。元和末，累官至監察御史。穆宗初卽位，不修政道，盤遊無節，虞卿上疏諫曰：

臣聞鳶烏遭害則仁鳥逝，誹謗不誅則良言進。況詔旨勉諭，許陳愚誠，故臣不敢避誅，以獻狂瞽。竊聞堯、舜受命，以天下爲憂，不聞以位爲樂。況北虜猶梗，西戎未

賓，兩河之瘡痏未平，五嶺之妖氛未解。生人之疾苦盡在，朝廷之制度莫修，邊儲屢空，國用猶屈。固未可以高枕無虞也。

陛下初臨萬宇，有憂天下之志，宜日延輔臣公卿百執事，凝旒而問，造膝以求，使四方內外，有所觀焉。自聽政已來，六十日矣，八開延英，獨三數大臣仰龍顏，承聖問。其餘侍從詔誥之臣，偕入而齊出，何足以聞政事哉？諫臣盈廷，忠言未聞於聖聽，臣實羞之。蓋由主恩尙疏，而衆正之路未啓也。夫公卿大臣，宜朝夕接見論道，賜與從容，則君臣之情相接，而理道備聞矣。今自宰相已下四五人，時得頃刻侍坐，天威不遠，鞠躬隕越，隨旨上下，無能往來。此由君太尊、臣太卑故也。自公卿已下，雖歷踐清地，曾未祇奉天睠，以承下問，鬱塞正路，偷安倖門。況陛下神聖如五帝，臣下莫能望清光，所宜周徧顧問，惠其氣色，使支體相輔，君臣喩明。陛下求理於公卿，公卿求理於臣輩，自然上下孜孜相問，使進忠若趨利，論政若訴冤。如此而不聞過失、不致昇平者，未之有也。自古帝王，居危思安之心不相殊，而居安慮危之心不相及，故不得皆爲聖帝明王。小臣疏賤，豈宜及此，獨不忍冒榮偷祿以負聖朝。惟陛下圖之。

帝深獎其言。尋令奉使西北邊，犒賞戍卒，遷侍御史，再轉禮部員外郎、史館修撰。長慶四年八月，改吏部員外郎。

大和二年，南曹令史李賨等六人，僞出告身籤符，賣鑿空僞官，令赴任者六十五人，取受錢一萬六千七百三十貫。虞卿按得僞狀，捕賨等移御史臺鞫劾。賨稱六人共率錢二千貫，與虞卿廳典溫亮，求不發舉僞濫事迹。乃詔給事中嚴休復、中書舍人高鉞、左丞韋景休充三司推案，而溫亮逃竄。賨等既伏誅，虞卿以檢下無術，停見任。

及李宗閔、牛僧孺輔政，起爲左司郎中。五年六月，拜諫議大夫，充弘文館學士，判院事。六年，轉給事中。七年，宗閔罷相，李德裕知政事，出爲常州刺史。

虞卿性柔佞，能阿附權幸以爲姦利。每歲銓曹貢部，爲舉選人馳走取科第，占員闕，無不得其所欲，升沉取捨，出其脣吻。而李宗閔待之如骨肉，以能朋比唱和，故時號黨魁。八年，宗閔復入相，尋召爲工部侍郎。九年四月，拜京兆尹。其年六月，京師訛言鄭注爲上合金丹，須小兒心肝，密旨捕小兒無算。民間相告語，扃鎖小兒甚密，街肆恟恟。上聞之不悅，鄭注頗不自安。御史大夫李固言素嫉虞卿朋黨，乃奏曰：「臣昨窮問其由，此語出於京兆尹從人，因此扇於都下。」上怒，卽令收虞卿下獄。虞卿弟漢公幷男知進等八人自繫，撾鼓訴冤，詔虞卿歸私第。翌日，貶虔州司馬，再貶虔州司戶，卒於貶所。

子知進、知退、堪，弟漢公，皆登進士第。知退歷都官、戶部二郎中。堪庫部、吏部二員外郎。

漢公，大和八年擢進士第，又書判拔萃，釋褐爲李絳興元從事。絳遇害，漢公遁而獲免。累遷戶部郎中、史館修撰。大和七年，遷司封郎中。漢公子範、籌，皆登進士第，累辟使府。虞卿從兄汝士。

汝士字慕巢，元和四年進士擢第，又登博學宏詞科，累辟使府。長慶元年爲右補闕。坐弟殷士貢舉覆落，貶開江令。入爲戶部員外，再遷職方郎中。大和三年七月，以本官知制誥。時李宗閔、牛僧孺輔政，待汝士厚。尋正拜中書舍人，改工部侍郎。八年，出爲同州刺史。九年九月，入爲戶部侍郎。開成元年七月，轉兵部侍郎。其年十二月，檢校禮部尚書、梓州刺史、劍南東川節度使。時宗人嗣復鎭西川，兄弟對居節制，時人榮之。四年九月，入爲吏部侍郎，位至尚書，卒。子知溫、知遠、知權，皆登進士第。

知溫累官至禮部郎中、知制誥，入爲翰林學士、戶部侍郎，轉左丞。出爲河南尹、陝虢觀察使。遷檢校兵部尚書、襄州刺史、山南東道節度使。知溫弟知至，累官至比部郎中、知制誥。坐故府劉瞻罷相，貶官。知至亦貶瓊州司馬。入爲諫議大夫，累遷京兆尹、工部侍郎。知溫、知至皆位至列曹尚書。汝士弟魯士。

魯士字宗尹，本名殷士。長慶元年，進士擢第，其年詔翰林覆試，殷士與鄭朗等覆落，

二十四史

中華書局

因改名魯士。復登制科，位不達而卒。

初汝士中第，有時名，遂歷清貫。其後諸子皆至正卿，鬱爲昌族。所居靜恭里，知溫兄弟，並列門戟。咸通中，昆仲子孫，在朝行方鎮者十餘人。

馬植，扶風人。父曛。植，元和十四年進士擢第，又登制策科，釋褐壽州團練副使。得祕書省校書郎，三遷饒州刺史。開成初，遷安南都護、御史中丞、安南招討使。

植文雅之餘，長於吏術。三年，奏：「當管羈縻州首領，或居巢穴自固，或爲南蠻所誘，不可招諭，事有可虞。臣自到鎮，約之以信誠，曉之以逆順。今諸首領，總發忠言，願納賦稅。其武陸縣請升爲州，以首領爲刺史。」從之。又奏陸州界廢珠池復生珠。以能政，就加檢校左散騎常侍，加中散大夫，轉黔中觀察使。會昌中，入爲大理卿。

植以文學政事爲時所知，久在邊遠，及還朝，不獲顯官，心微有望，李德裕素不重之。宣宗卽位，宰相白敏中與德裕有隙，凡德裕所薄者，必不次拔擢之，乃加植金紫光祿大夫，行刑部侍郎，充諸道鹽鐵轉運使。轉戶部侍郎，領使如故。俄以本官同平章事，遷中書侍郎，兼禮部尚書。敏中罷相，植亦罷爲太子賓客，分司東都。數年，出爲許州刺史、檢校刑

部尚書、忠武軍節度觀察等使。大中末，遷汴州刺史、宣武軍節度觀察等使。卒于鎮。

李讓夷字達心，隴西人。祖悅，父應規。讓夷，元和十四年擢進士第，釋褐諸侯府。大和初入朝，爲右拾遺，召充翰林學士，轉左補闕。三年，遷職方員外郎、左司郎中充職。九年，拜諫議大夫。

開成元年，以本官兼知起居舍人事。時起居舍人李褒有痼疾，請罷官。宰臣李石奏闕官，上曰：「褚遂良爲諫議大夫，嘗兼此官，卿可盡言今諫議大夫姓名。」石遂奏李讓夷、馮定、孫簡、蕭俶。帝曰：「讓夷可也。」李固言欲用崔球、張次宗，鄭覃曰：「崔球遊宗閔之門，赤墀下秉筆記注，爲千古法，不可用朋黨。如裴中孺、李讓夷，臣不敢有纖芥異論。」其爲人主大臣知重如此。二年，拜中書舍人。以鄭覃此言，深爲李珏、楊嗣復所惡，終文宗世官不達。及德裕秉政，驟加拔擢，歷工、戶二侍郎，轉左丞。累遷檢校尚書右僕射，俄拜中書侍郎，同平章事。宣宗卽位罷相，以太子賓客分司卒。

魏謩字申之，鉅鹿人。五代祖文貞公徵，貞觀朝名相。曾祖殷，汝陽令。祖明，亦爲縣令。父馮，獻陵臺令。謩，大和七年登進士第。楊汝士牧同州，辟爲防禦判官，得祕書省校書郎。汝士入朝，薦爲右拾遺。文宗以謩魏徵之裔，頗奇待之。

前邕管經略使董昌齡枉殺錄事參軍衡方厚，坐貶漵州司戶。至是量移硤州刺史，謩上疏論之曰：「王者施渙汗之恩以赦有罪，唯故意殺人無赦。昌齡比者錄以微効，授之方隅，不能祗慎寵光，恣其狂暴，無辜專殺，事跡顯彰。妻孥銜冤，萬里披訴。及按鞫伏罪，貸以微生，中外議論，以爲屈法。今若授之牧守，以理疲人，則殺人者拔擢，而冤苦者何伸？交紊憲章，有乖至理。」疏奏，乃改爲洪州別駕。

御史中丞李孝本，皇族也，坐李訓誅，有女沒入掖廷。謩諫曰：

臣聞治國家者，先資於德義，德義不修，家邦必壞。故王者以德服人，以義使人。服使之術，要在修身，修身之道，在於孜孜。夫一失百虧之戒，存乎久要之源。前志曰：「勿以小惡而爲之，勿以小善而不爲。」斯則懼於漸也！臣又聞，君如日焉，顯晦之徵，人皆瞻仰，照臨之大，何以掩藏？前代設敢諫之鼓，立誹謗之木，貴聞其過也。陛下卽位已來，誕敷文德，不悅聲色，出後宮之怨婦，配在外之鰥夫。洎今十年，未嘗採擇。自數月已來，天睠稍迴，留神妓樂，敎坊百人、二百人，選試未已，莊宅司收市，壟壟

有聞。昨又宣取李孝本之女入內。宗姓不異，寵幸何名，此事深累慎修，有虧一簣。陛下九重之內，不得聞知。凡此之流，大生物議，實傷理道之本，未免塵穢之嫌。夫欲人不知，莫若勿爲。諺曰：「止寒莫若重裘，止謗莫若自修。」伏希陛下照鑒不惑，崇千載之盛德，去一旦之玩好。敎坊停息，宗女遣還，則大正人倫之風，深弘王者之體。

疏奏，帝卽日出孝本女，遷謩右補闕。詔曰：「昔乃先祖貞觀中諫書十上，指事直言，無所避諱。每覽國史，未嘗不沉吟伸卷，嘉尚久之。爾爲拾遺，其風不墜，屢獻章疏，必道其所以。至於備灑掃於諸王，非自廣其聲妓也；恤髫齔之宗女，固無嫌於徵取也。雖然，疑似之間，不可家至而戶曉。爾能詞旨深切，是博我之意多也。噫！人能匪躬謇諤，似其先祖，吾豈不能虛懷延納，仰希貞觀之理歟？而謩居官日淺，未當敍進，吾豈限以常典，以待直臣。可右補闕。」帝謂宰臣曰：「昔太宗皇帝得魏徵，裨補闕失，弼成聖政。我得魏謩，於疑似之間，必能極諫。不敢希貞觀之政，庶幾處無過之地矣。」

敎坊副使雲朝霞善吹笛，新聲變律，深愜上旨，自左驍衞將軍宣授兼揚府司馬。宰臣奏曰：「揚府司馬品高，郎官刺史迭處，不可授伶官。」上意欲授之，因宰臣對，亟稱朝霞之善。謩聞之，累疏陳論，乃改授潤州司馬。

荊南監軍使呂令琮從人擅入江陵縣，毆罵縣令韓忠，觀察使韋長申狀與樞密使訴之。

謩上疏曰：「伏以州縣侵屈，只合上聞；中外關連，須存舊制。韋長任廉使，體合精詳，公事都不奏聞，私情擅爲踰越。況事無巨細，不可將迎。縣令官業有乖，便宜理罪；監軍職司侵越，卽合聞天。或以慮煩聖聽，何不但申門下？今則首紊常典，理合糾繩。伏望聖慈，速加懲誡！」疏奏不出，時論惜之。

三年，轉起居舍人。紫宸中謝，帝謂之曰：「以卿論事忠切，有文貞之風，故不循月限，授卿此官。」又謂之曰：「卿家有何舊書詔？」對曰：「比多失墜，惟簪笏見存。」上令進來。鄭覃曰：「在人不在笏。」上曰：「鄭覃不會我意，此卽甘棠之義，非在笏而已。」謩將退，又召誡之曰：「事有不當，卽須奏論。」謩曰：「臣頃爲諫官，合伸規諷。今居史職，職在記言，臣不敢輒踰職分。」帝曰：「凡兩省官並合論事，勿拘此言。」尋以本官直弘文館。

四年，拜諫議大夫，仍兼起居舍人，判弘文館事。紫宸入閤，遣中使取謩起居注，欲視之，謩執奏曰：「自古置史官，書事以明鑒誡。陛下但爲善事，勿畏臣不書。如陛下所行錯忤，臣縱不書，天下之人書之。臣以陛下爲文皇帝，陛下比臣如褚遂良。」帝又曰：「我嘗取觀之。」謩曰：「由史官不守職分，臣豈敢陷陛下爲非法？陛下一覽之後，自此書事須有迴避。如此，善惡不直，非史也。遺後代，何以取信？」乃止。

謩初立朝，爲李固言、李珏、楊嗣復所引，數年之內，至諫議大夫。武宗卽位，李德裕用

事，謩坐楊、李之黨，出爲汾州刺史。楊、李貶官，謩亦貶信州長史。宣宗卽位，白敏中當國，量移郢州刺史，尋換商州。二年，內徵爲給事中，遷御史中丞。謝日，面賜金紫之服。彈駙馬都尉杜中立贓罪，貴戚憚之。兼戶部侍郎，判本司事。謩奏曰：「御史臺紀綱之地，不宜與泉貨吏雜處，乞罷中司，專綜戶部公事。」從之。

尋以本官同平章事，判使如故。謝日，奏曰：「臣無夔、契之才，睽叨夔、契之任，將何以仰報鴻私？今邊戍粗安，海內寧息，臣愚所切者，陛下未立東宮，俾正人傅導，以存副貳之重。」因泣下。上感而聽之。先是，累朝人君不欲人言立儲貳，若非人主己欲，臣下不敢獻言。宣宗春秋高，嫡嗣未辨，謩作相之日，率先啓奏，人士重之。尋兼集賢大學士。詹毗國獻象，謩以其性不安中土，請還其使，從之。太原節度使李業殺降虜，北邊大擾。業有所恃，人不敢非。謩卽奏其事，乃移業滑州。加中書侍郎。大理卿馬曙從人王慶告曙家藏兵甲，曙坐貶官，而慶無罪。謩引法律論之，竟杖殺慶。

進階銀青光祿大夫，兼禮部尚書、監修國史。修成文宗實錄四十卷，上之。其修史官給事中盧耽、太常少卿蔣偕、司勳員外郎王渢、右補闕盧告、膳部員外郎牛叢，皆頒賜錦綵、銀器，序遷職秩。謩轉門下侍郎，兼戶部尚書。大中十年，以本官平章事、成都尹、劍南西川節度副大使知節度事。十一年，以疾求代，徵拜吏部尚書。以疾未痊，乞授散秩，改檢校

右僕射，守太子少保。十二年十二月卒，時年六十六，贈司徒。

謩儀容魁偉，言論切直，與同列上前言事，他宰相必委曲規諷，唯謩讜言無所畏避。宣宗每曰：「魏謩綽有祖風，名公子孫，我心重之。」然竟以語辭太剛，爲令狐綯所忌，罷之。謩嘗鈔撮子書要言，以類相從，二十卷，號曰魏氏手略。有文集十卷。子潛、滂。潛登進士第。潛，于敖甥〔二〕。後琮爲相，潛歷顯官。

周墀字德升，汝南人。祖頲，父霈。墀，長慶二年擢進士第，大和末，累遷至起居郎。墀能爲古文，有史才，文宗重之，補集賢學士，轉考功員外郎，仍兼起居舍人事。開成二年，以本官知制誥，尋召充翰林學士。三年，遷職方郎中。四年十月，正拜中書舍人，內職如故。武宗卽位，出爲華州刺史、鎭國軍潼關防禦等使，改鄂州刺史、御史中丞、鄂岳觀察使。會昌六年十一月，遷洪州刺史、江南西道觀察使。大中初，檢校禮部尚書、滑州刺史、義成軍節度鄭滑觀察等使、上柱國、汝南男，食邑三百戶。入朝爲兵部侍郎、判度支。尋以本官同平章事，累遷銀青光祿大夫、中書侍郎、監修國史，兼刑部尚書。罷相，檢校刑部尚書、梓州刺史、御史大夫、劍南東川節度使。未行，追制改檢校右僕射，加食邑五百戶。歷方鎭卒。

崔龜從字玄告，清河人。祖璜，父誠，官微。龜從，元和十二年擢進士第，又登賢良方正制科及書判拔萃二科，釋褐拜右拾遺。大和二年，改太常博士。時饗宗廟於敬宗室，祝板稱皇帝孝弟。龜從議曰：「臣審詳孝字，載考禮文，義本主於子孫，理難施於兄弟。按禮記卜虞之文，子孫曰哀，兄弟曰某。然則虞之稱哀，與祭之稱孝，其義一也。於祖禰則理宜稱孝，於伯仲則止可稱名。又東晉溫嶠議宗廟祝辭，於孝字非子者則不稱，傍親直言敢告。當時朝議，咸以爲宜。今臣上考禮經，無兄弟稱孝之義；下徵晉史，有不稱傍親之文。臣謂饗敬宗廟，宜去孝弟兩字。」

又以祀九宮壇，舊是大祠。龜從議曰：「九宮貴神，經典不載。天寶中，術士奏請，遂立祠壇。事出一時，禮同郊祀。臣詳其圖法，皆主星名。縱司水旱兵荒，品秩不過列宿。今者，五星悉是從祀，日月猶在中祠，豈容九宮獨越常禮，備列王事，誠誓百官。尊卑乖儀，莫甚於此。若以嘗在祀典，不可廢除，臣請降爲中祠。」制從之。

龜從又以大臣薨謝，不於閤哀日輟朝。奏議曰：「伏以廢朝軫悼，義重君臣，所貴及哀，

尤宜示信。自頃已來，輟朝非奏報之時，備禮於數日之外。雖遵常制，似不本情。臣不敢遠徵古書，請引國朝故事：貞觀中任瓌卒，有司對仗奏聞，太宗責其乖禮；岑文本既歿，其夕爲罷警嚴；張公謹之亡，哭之不避辰日。是知閔悼之意，不宜過時。臣謂大臣薨，禮合輟朝，縱有機務急速，便殿須召宰臣，不臨正朝，無爽事體。如此，則由衷之信，載感於幽明，稱情之文，無虧於典禮。」又奏：「文武三品官薨卒輟朝。有未經親重之官，今任又是散列者，爲之變禮，誠恐非宜。自今後，文武三品以上官，非曾任將相，及曾在密近，宜加恩禮者，餘請不在輟朝之限。」從之。

累轉考功郎中、史館修撰。九年，轉司勳郎中、知制誥。十二月，正拜中書舍人。開成初，出爲華州刺史。三年三月，入爲戶部侍郎，判本司事。四年，權判吏部尚書銓事。大中四年，爲中書侍郎、同平章事，兼吏部尚書。五年七月，撰成續唐曆三十卷，上之。六年，罷相，檢校吏部尚書、汴州刺史、宣武軍節度觀察等使，累歷方鎮卒。

鄭肅，滎陽人。祖烈，父閱，世儒家。肅苦心力學。元和三年，擢進士第，又以書判拔萃，歷佐使府。大和初，入朝爲尚書郎。六年，轉太常少卿。肅能爲古文，長於經學，左丘

明、三禮，儀注疑議，博士以下必就肅決之。

時魯王永有寵，文宗擇名儒爲其府屬，用戶部侍郎庾敬休兼王傅，戶部郎中李踐方兼司馬，以肅本官兼長史，由是知名。明年，魯王爲太子，肅加給事中。九年，改刑部侍郎，尋改尚書右丞，權判吏部西銓事。開成初，出爲陝虢都防禦觀察使、兼御史大夫。二年九月，召拜吏部侍郎。帝以肅嘗侍太子，言論典正，復令兼太子賓客，爲東宮授經。既而太子失寵，上不悅，有廢斥意。肅因召見，深陳邦國大本、君臣父子之義，上改容嘉之，而太子竟以楊妃故得罪，乃以肅檢校禮部尚書，兼河中尹、河中節度、晉絳觀察等使。會昌初，武宗思太子永之無罪，盡誅陷永之黨。朝議稱肅忠正，有大臣之節，召拜太常卿，累遷戶部、兵部尚書。

五年，以本官同平章事，加中書、門下二侍郎，監修國史，兼尚書右僕射。素與李德裕親厚，宣宗卽位，德裕罷知政事，肅亦罷相，復爲河中節度使。以疾辭，拜太子太保，卒。

子洎，咸通中累官尚書郎，出爲刺史。洎子仁規、仁表，俱有俊才，文翰高逸。仁規累遷拾遺、補闕、尚書郎、湖州刺史、尚書郎知制誥，正拜中書舍人，卒。仁表擢第後，從杜審權、趙隲爲華州、河中掌書記，入爲起居郎。仁表文章尤稱俊拔，然恃才傲物，人士薄之。自謂門地、人物、文章具美，嘗曰：「天瑞有五色雲，人瑞有鄭仁表。」劉鄴少時，投文於洎，仁表兄弟嗤鄙之。咸通末，鄴爲宰相，仁表竟貶死南荒。

盧商字爲臣，范陽人。祖昂，澧州刺史[二]。父廣，河南縣尉。商，元和四年擢進士第，又書判拔萃登科。少孤貧力學，釋褐祕書省校書郎。范傳式廉察宣歙，辟爲從事。王播、段文昌相繼鎮西蜀，商皆佐職爲記室，累改禮部員外郎。入朝爲工部員外郎、河南縣令，歷工部、度支、司封三郎中。大和九年，改京兆少尹，權大理卿事。

開成初，出爲蘇州刺史。中謝日，賜金紫之服。初，郡人苦鹽法太煩，姦吏侵漁。商至，籍見戶，量所要自售，無定額，蘇人便之，歲課增倍。宰相領鹽鐵，以其績上，遷潤州刺史、浙西團練觀察使。入爲刑部侍郎，轉京兆尹。三年，朝廷用兵上黨，飛輓越太行者環地六七鎮，以商爲戶部侍郎，判度支，兼供軍使，軍用無闕。逆稹盪平，加檢校禮部尚書、梓州刺史、劍南東川節度使。

宣宗卽位，入爲兵部侍郎。尋以本官同平章事、范陽郡開國公，食邑二千戶，加兼工部尚書。數年，檢校工部尚書，出爲鄂岳觀察使，就加檢校兵部尚書。大中十三年，以疾求代，徵拜戶部尚書。其年八月，卒于漢陰驛，時年七十一。子知遠、知微、知宗、僧朗、蕘。

史臣曰：宗閔、嗣復，承宗室世家之地胄，有文學政事之美名，徊翔清華，出入隆顯。苟能義以爲上，羣而不黨，議太平於稷、契之列，致人主於勛、華之盛，遭時得位，誰曰不然？而捨彼鴻猷，狎茲鼠輩，養虞卿而射利，抗德裕以報仇。矛盾相攻，幾傾王室，沒身蠻瘴，其利伊何？古者，廉、藺解仇，冀全國體，而邀懽釋憾，實亂大倫。世道銷刓，一至於此！崔、魏二丞相，嘉言啓奏，無忝正人。墀、讓史才，肅之禮學，商之長者，或登三事，或踐六卿，以道始終，夫何不韙。

贊曰：漢誅鉤黨，魏破疽囊。何鄧之後，二李三楊。偷權報怨，任國存亡。書茲覆轍，敢告巖廊！

校勘記

[一] 于敖　各本原作「子敖」，合鈔卷二二七魏謩傳注說：「按子敖當作于敖，潛爲敖甥，與敖子琮爲中表，故琮爲相汲引之也。」據改。

[二] 澧州刺史　「澧州」，各本原作「灃州」，據新書卷七三上宰相世系表改。

舊唐書卷一百七十七

列傳第一百二十七

崔慎由 父從 弟安潛 伯父能 能子彥曾 慎由子胤 崔珙 兄琯 弟璿 璪 璵 球 璵子澹 澹子遠 盧鈞 裴休 兄儔 弟俅 楊收 兄發 弟嚴 子鉅 鏻 嚴子涉 注 韋保衡 路巖 夏侯孜 子潭 澤 劉瞻 劉瑑 曹確 畢諴 杜審權 子讓能 彥林 弘徽 劉鄴 豆盧瑑

崔慎由字敬止，清河武城人。高祖融，位終國子司業，謚曰文，自有傳。曾祖翹，位終禮部尚書、東都留守。祖異，位終渠州刺史。

父從，少孤貧。寓居太原，與仲兄能同隱山林，苦心力學。屬歲兵荒，至於絕食，弟兄採梠拾橡實，飲水棲衡，而講誦不輟，怡然終日，不出山巖，如是者十年。貞元初，進士登

第，釋褐山南西道推官，府公嚴震，待以殊禮。以父憂免〔一〕。弟兄廬于父墓，手植松柏。免喪，不應辟命。久之，西川節度使韋皐開西南夷，置兩路運糧使，奏從掌西山運務，後權知邛州事。及皐薨，副使劉闢阻命，欲并東川，以謀告從。從以書諭闢，闢怒，出兵攻之，從嬰城拒守，卒不從之。高崇文平蜀，從事坐累多伏法，惟從以拒闢免。盧坦在宣州，辟爲團練觀察副使。

元和初入朝，累遷吏部員外郎。九年，裴度爲中丞，奏從爲侍御史知雜，守右司郎中。度作相，用從自代爲中丞。從氣貌孤峻，正色立朝，彈奏不避權幸。事關臺閣或付使內者，必抗章論列，請歸有司。選辟御史，必先質重貞退者。改給事中，數月，出爲陝州大都督府長史、陝虢團練觀察使、兼御史中丞，賜紫金魚袋。入爲尚書右丞。

淄青賊平，鎮州王承宗懼，上章請割德、棣二州自贖，又令二子入侍。憲宗選使臣宣諭，以從中選。議者以承宗罪惡貫盈，每多姦譎，入朝二子，必非血胤，人頗憂之。從次魏州，田弘正以路由寇境，欲以五百騎援之，從辭之。以童奴十數騎，徑至鎮州。於鞠場宣敕，三軍大集。從諭以逆順，辭情慷慨，軍士感動，承宗泣下，禮貌益恭，遂按德、棣戶口符印而還。其年八月，出爲興元尹、御史大夫、山南西道節度觀察等使。監軍使知上意欲大用之，每爲中貴傳達意旨，欲其賂遺，從終不答。

穆宗即位，召拜尚書左丞。長慶二年，檢校禮部尚書、鄜州刺史、鄜坊丹延節度等使。鄜畤內接畿甸，神策軍鎮相望，踰禁犯法，累政不能制，而從撫遏舉奏，軍士惕然。党項羌有以羊馬來市者，必先遺帥守，從皆不受，撫諭遣之，羣羌不敢爲盜。四年，入爲吏部侍郎，尋改太常卿。寶曆二年，檢校吏部尚書，充東都留守。

大和三年，入爲戶部尚書。李宗閔秉政，以從與裴度、李德裕厚善，惡之，改檢校尚書右僕射、太子賓客東都分司。從請告百日，罷官，物論咎執政。宗閔懼，四年三月，召拜檢校左僕射，兼揚州大都督府長史、御史大夫，充淮南節度副大使，知節度事。揚府舊有貨麴之利，資產奴婢交易者，皆有貫率，羊有口算，每歲收利以給用，從悉除之。舊制，官吏祿俸有布帛加估之給，節度使獨不在此例。從至，一例估折給之。六年十月，卒于鎮，贈司空，謚曰貞。

從少以貞晦恭讓自處，不交權利，忠厚方嚴，正人多所推仰。階品合立門戟，終不之請。四爲大鎮，家無妓樂，士友多之。

慎由，大和初擢進士第，又登賢良方正制科。聰敏強記，宇量端厚，有父風。釋褐諸侯府。大中初入朝，爲右拾遺、員外郎、知制誥，正拜舍人，召充翰林學士、戶部侍郎。再歷方

鎮，入朝爲工部尚書。十年，以本官同平章事，兼集賢殿大學士，轉監修國史、上柱國，加太中大夫、兼禮部尚書。

初，慎由與蕭鄴同在翰林，情不相洽。及慎由作相，罷鄴學士。俄而鄴自判度支爲平章事，恩顧甚隆，鄴引劉瑑同知政事。十二年二月詔曰：「太中大夫、中書侍郎、兼禮部尚書、同中書門下平章事、監修國史、上柱國、賜紫金魚袋崔慎由，繼美德門，承家貴位，搢紳偉望，禮樂上流。挺松筠之貞姿，服蘭蓀之懿行。自居名器，累歷清華，禁林才擅於多能，綸閣詞推於巨麗。物情愈茂，延譽甚高，再列二卿之崇，亟闡六條之化。爰加獎任，益委重難。屢啓嘉謨，俄參大柄，而周涉寒暑，備見器能。道已著於始終，恩豈殊於中外。可檢校禮部尚書、梓州刺史、兼御史大夫、劍南東川節度使。」

咸通初，改爲華州刺史、潼關防禦、鎮國軍等使，加檢校司空、河中尹、河中晉絳節度使。入爲吏部尚書。移疾請老，拜太子太保，分司東都，卒。子胤。弟安潛。

安潛字進之，大中三年登進士第。咸通中，累歷清顯，出爲許州刺史、忠武軍節度觀察等使。乾符中，遷成都尹、劍南西川節度等使。黃巢之亂，從僖宗幸蜀。王鐸爲諸道行營都統，奏安潛爲副。收復兩京，以功累加至檢校侍中。龍紀初，青州王敬武卒，以安潛代。

敬武子師範拒命，安潛赴鎭，至棣州，刺史張蟾出州兵攻青州，爲師範所敗，朝廷竟授之節鉞。安潛還京師，累加太子太傅。卒，贈太師，謚曰貞孝。子梶、䥙。梶，景福中爲起居郎。䥙爲右拾遺。梶累官至尚書。

從兄能，少勵志苦學，累辟使府。元和初，爲蜀州刺史。六年，轉黔中觀察使。坐爲南蠻所攻，陷郡邑，貶永州刺史。穆宗即位，弟從居顯列，召拜將作監。長慶四年九月，出爲廣州刺史、御史大夫、嶺南節度使，卒。

子彥曾，有幹局。大中末，歷三郡刺史。咸通初，累遷太僕卿。七年，檢校左散騎常侍、徐州刺史、御史大夫，充武寧軍節度使。彥曾通於法律，性嚴急，以徐軍驕，命彥曾治之，長於撫養，而短於軍政。用親吏尹戡、徐行儉當要職。二人貪猥，不恤軍旅，士卒怨之。先是，六年，南蠻寇五管，陷交阯，詔徐州節度使孟球召募二千人赴援，分八百人戍桂州。舊三年一代，至是戍卒求代，尹戡以軍帑匱乏，難以發兵，且留舊戍一年。其戍卒家人飛書桂林，戍卒怒，牙官許佶、趙可立、王幼誠、劉景、傅寂、張實、王弘立、孟敬文、姚周等九人，殺都頭王仲甫，立糧料判官龐勛爲都將。羣伍突入監軍院取兵甲，乃剽湘潭、衡山兩縣，虜其丁壯。乃擅迴戈，沿江自浙西入淮南界，由濁河達泗口。其衆千餘人，每將過郡

縣，先令倡卒弄傀儡以覘人情，慮其邀擊。既離泗口，彥曾令押牙田厚簡慰喻，又令都虞候元密伏兵任山館。龐勛遣吏送狀啓訴，以軍士思歸，勢不能遏，願至府外解甲歸兵，便還家。彥曾怒誅之，勛等擁衆攻宿州，陷之。出官帑召募，翌日，得兵二千人，乃虜奪舟船五千餘艘。步卒在船，騎軍夾岸，鼓譟而進，元密發伏邀之，爲賊所敗。時亡命者歸賊如市，彥曾驅城中丁男城守。九年九月十四日，賊逼徐州。十五日後，每旦大霧不開。十六日，彥曾並誅逆卒家口。十七日，昏霧尤甚，賊四面斬關而入。龐勛先謁漢高祖廟，便入牙城。監軍張道謹相見，不交一言，乃止大彭館。收尹戡、徐行儉及判官焦璐、李棁、崔蘊、温廷皓、韋廷乂，並殺之。翌日，賊將趙可立害彥曾，龐勛自稱武寧軍節度使。

愼由子胤。

胤字昌遐，乾寧二年登進士第。王重榮鎭河中，辟爲從事。入朝，累遷考功、吏部二員外郎，轉郎中、給事中、中書舍人。大順中，歷兵部、吏部二侍郎，尋以本官同平章事。時王室多故，南北司爭權，咸樹朋黨，外結藩帥。胤長於陰計，巧於附麗，外示凝重而心險躁。自李茂貞、王行瑜怙亂 兵勢不遜，杜讓能、韋昭度繼遭誅戮，而宰臣崔昭緯深結行瑜以自固，而待胤以宗人之分，屢加薦用，累遷中書侍郎，判戶部事。昭宗出幸石門，胤與同列徐彥若、王摶等從。車駕還宮，加禮部尚書，並賜號「扶危匡國致理功臣」。

三年，李茂貞犯京師，扈昭宗幸華州。帝復雪杜讓能、韋昭度、李磎之枉，懲昭緯之前慝，罷胤政事，檢校兵部尚書、廣州刺史、嶺南東道節度等使。時朱全忠方霸於關東，胤密致書全忠求援。全忠上疏理胤之功，不可離輔弼之地。胤已至湖南，復召拜平章事。胤既獲汴州之援，頗弄威權。恨徐彥若、王摶發昭緯前事，深排抑之。俄出彥若爲南海節度。又摭王摶交結敕使，同危宗社，令全忠上疏論之。光化中，貶摶溪州司馬，賜死於藍田驛。誅中尉宋道弼、景務修。自是朝廷權政，皆歸於己，兼領三司使務。宦官側目，不勝其忿。

及劉季述幽昭宗於東內，以德王監國。季述畏全忠之強，不敢殺胤，但罷知政事，落使務，守本官而已。胤復致書於全忠，請出師反正，故全忠令大將張存敬急攻晉絳河中。胤以天子幽囚，諸侯覬覦，有神策軍巡使孫德昭者，頗怒季述之廢立，胤伺知之，令判官石戩與德昭遊，伺其深意。每酒酣，德昭泣下，戩知其誠，乃與之謀曰：「今中外大臣，自廢立已來，無不含怒。至於軍旅，亦懷憤惋。今謀反者，獨季述、仲先耳。足下誅此二豎，復帝寶位，垂名萬代，今正其時。持疑不斷，則功落他人之手也！」德昭謝曰：「予軍吏耳，社稷大計，不敢自事。如相公委使，不敢避也。」胤乃劃衣帶，手書以通其意。十二月晦，德昭伏兵誅

季述。昭宗反正，胤進位司空，復知政事，兼領度支、鹽鐵、三司等使。

明年夏，朱全忠攻陷河中、晉絳，進兵至同華，中尉韓全誨以胤交結全忠，慮汴軍逼京師，請罷知政事，落使務。其年多，全誨挾帝幸鳳翔。胤怨帝廢黜，不扈從，遣使告全忠，請於岐陽迎駕，令太子太師盧知猷率百官迎全忠入京師。初，全忠至華州，遣掌書記裴鑄入奏鳳翔，言欲以兵士迎駕。及入京師，又上表曰：

臣獨兼四鎭，迨事兩朝，分數千里之封疆，受二十年之恩渥。徼同物類，猶解感知，忝齒人倫，寧忘報効？臣昨將兵士奔赴闕庭，尋過京畿，遠迎車駕。初因幕吏，面奉德音；尋有宰臣，頻飛密札。或以京都紛擾，委制置於中朝；或以鑾輅播遷，俾奉迎於近甸。臣是以遠離藩鎭，不憚疲勞。昨奉詔書，兼宣口敕，令臣速抽兵士，且歸本藩，仍遣百官，俾赴行在。覩綸言於鳳紙，若面丹墀；認御札於龍衣，如親翠蓋。然知從來書詔，出自宰臣，每降宣傳，皆非聖旨，致臣悞將師旅，遽入關畿；比令迎駕之行，翻掛脅君之過。臣今見與茂貞要約，釋兩地猜嫌，早致萬乘歸京，以副八紘懇望。其宰臣百官已下，非臣輒有阻留，伏乞詔赴行朝，以備還駕。

昭宗得全忠表，怒胤尤甚。是月二十六日詔曰：

食君之祿，合務於盡忠；秉國之鈞，宜思於致理。其有疊膺異渥，繼執重權，遽萌狂

悖之心，忽構傾危之計，人知不可，天固難容。扶危定亂致理功臣、開府儀同三司、守司空，兼門下侍郎、同平章事，充太清宮使、弘文館大學士、延資庫使、諸道鹽鐵轉運等使、判度支、上柱國、魏國公、食邑五千戶崔胤，奕葉公台，蟬聯珪組。冠歲名升於甲乙，壯年位列於公卿，趣向有聞，行藏可尙。朕採於羣議，詢彼輿情，有冀小康，遂登大用。殊不知漏卮難滿，小器易盈，曾無報國之心，但作危邦之計，四居極位，一無可稱。豈有都城，合聚兵甲，暗養死士，將亂國經，聚貔武以保其一坊，致刁斗遠連於右輔。始則將京兆府官錢委元規召卒，後則用度支使榷利令陳班聚兵，事去公朝，權歸私室。百辟休戚，由其顧眄之間；四方是非，繫彼指呼之際。令狐渙姦纖有素，操守無堪，用作腹心，共張聲勢。遂令濫居深密，日在禁闈，罔惑朕躬，僞行書詔。致茲播越，職爾之由。豈有權重位崇，恩深獎厚，曾無惕厲，轉恣睢盱，顯構外兵，將圖不軌。

朕以庶士流散，兵革繁多，遂命宰臣，與之商議。五降內使，一貢表章，堅臥不來，拒召如此。況又拘留庶吏，廢闕晨趨。人旣奔驚，朕須巡幸。果見兵纏輦轂，火照宮闈，烟塵漲天，干戈匝野。致朕奔迫，及於岐陽。翠輦未安，鐵騎旋至，圍逼行在，焚燒屋廬。覩此阽危，咎將誰執？近省全忠章表，兼遣幕吏敷陳，言宰臣繼飛密緘，促其兵士西上，靜詳構扇，孰測苞藏，無功及人，爲國生事。於戲！君人之道，委之宰衡，庶務

殷繁，豈能親理？盡將機事，付爾主張，負我何多，構亂至此！仍存大體，不謂無恩。可責授朝散大夫，守工部尙書。

初，天復反正之後，宦官尤畏胤，事無大小咸稟之。每內殿奏對，夜則繼之以燭。常說昭宗請盡誅內官，但以宮人掌內司事。中尉韓全誨、張弘彥、袁易簡等伺知之，於帝前求哀請命，乃詔胤密事進囊封，勿更口奏。宦官無由知其謀，乃求知書美婦人進內，以偵陰事。由是胤謀頗洩。宦官每相聚流涕，愈不自安，故全誨等爲劫幸之謀，由胤忌嫉之太過也。

及全忠攻鳳翔，胤寓居華州，爲全忠畫圖王之策。天復二年，全忠自岐下還河中，胤迎謁于渭橋，捧卮上壽，持板爲全忠唱歌，仍自撰歌辭，贊其功業。三年，李茂貞殺韓全誨等，與全忠通和，昭宗急詔徵胤赴行在。凡四降詔，三賜朱書御札，稱病不赴。及帝出鳳翔，胤乃迎於中路，卽日降制，復舊官，知政事，進位司徒，兼判六軍諸衞事。仍詔移家入左軍，賜帳幄器用十車。胤奏京兆尹鄭元規爲六軍副使。胤與全忠奏罷左右神策內諸司等使及諸道監軍、副監、小使、內官三百餘人，同日斬之于內侍省。諸道監軍，隨處斬首以聞。

昭宗初幸鳳翔，命盧光啓、韋貽範、蘇檢等作相，及還京，胤皆貶斥之。又貶陸扆爲沂王傅，王溥太子賓客，學士薛貽矩夔州司戶，韓偓濮州司戶，姚洎景王府咨議。應從幸羣官貶逐者三十餘人。唯用裴贄爲相，以其孤立易制也。內官旣盡屠戮，諸使悉罷，天子宣傳詔命，惟令宮人寵顏等宣事。而欺君蠹國，所不忍聞。胤所悅者闒茸下輩，所惡者正人君子，人人悚懼，朝不保夕。

其年十月，全忠子友倫宿衞京師，因擊鞠墜馬而卒。全忠愛之，殺會鞠者十餘人，而疑胤陰謀，由是怒胤。初，天子還宮，全忠東歸，胤以事權在己，慮全忠急於篡代，乃與鄭元規謀招致兵甲，以扞茂貞爲辭。全忠知其意，從之。胤毀城外木浮圖，取銅鐵爲兵仗。全忠令汴州軍人入關應募者數百人。及友倫死，全忠怒，遣其子宿衞軍使友諒誅胤，而應募者突然而出。四年正月初，貶太子賓客，尋爲汴軍所殺。胤傾險樂禍，外示寬宏。初拜平章事，其季父安潛謂所親曰：「吾父兄刻苦樹立門戶，一旦終當爲緇郎所壞。」果如其言。胤累加至侍中，封魏國公。初，朱全忠雖竊有河南方鎭，憚河朔、河東，未萌問鼎之志。及得胤爲鄉導，乃電擊潼關，始謀移國。自古與盜合從，覆亡宗社，無如胤之甚也。子有鄰。

崔珙，博陵安平人。祖懿。父頲，貞元初進士登第，元和初累官至少府監。四年，出爲同州刺史，卒。頲有子八人，皆至達官，時人比漢之荀氏，號曰「八龍」。

長曰琯，貞元十八年進士擢第。又制策登科，釋褐諸侯府，入朝爲尙書郎。大和初，累

遷給事中，宣慰幽州稱旨。俄而興元兵亂，殺李絳，命琯平亂褒中，三軍寂然從命。使還，改工部侍郎。四年冬，拜京兆尹。五年四月，改尙書右丞。六年十二月，出爲江陵尹、御史大夫、荆南節度使。八年，入爲兵部侍郎，轉吏部，權判左丞事。開成二年，眞拜左丞。時弟珙爲京兆尹，兄弟並居顯列。以本官權判兵部西銓、吏部東銓事。三年，檢校戶部尙書，判東都尙書省事、東都留守、東畿汝都防禦等使。會昌中，遷銀青光祿大夫、檢校吏部尙書、興元尹，充山南西道節度使。以弟珙罷相貶官，琯亦罷鎭歸東都。五年卒。詔曰：

孔氏以顏、冉之行，首於四科；漢代以荀、陳之門，方之「八凱」。乃睠時哲，得茲令名，用舉飾終之恩，以抒殲良之歎。故山南西道節度使崔琯，誠明履正，粹密鄰幾，有子政之精忠，得公綽之不欲。禮樂二事，以爲身文；仁義五常，自成家範。往以茂器，列于大僚。屬賢相受誣，廟堂議法，由長孺之道，以佑正人；徼京兆之言，豈聞非罪？旣是魏其之直，益彰王鳳之邪。莊色于朝，羣公聳視；讜詞不撓，淑問攸歸。歷踐名藩，皆留遺愛。居常愼獨，淸則畏知。爰自青衿，迄于白首，厲翼之志，始終不渝。未陟台階，實辜公論；追榮左相，式示優崇。可贈尙書左僕射。

珙，琯之母弟也。以書判拔萃高等，累佐使府。性威重，尤精吏術。大和初，累官泗州刺史，入爲太府卿。七年正月，拜廣州刺史、嶺南節度使。延英中謝，帝問以撫理南海之

宜，珙奏對明辯，帝深嘉之。時高瑀鎮徐州，承智興之後，軍驕難制，軍士數犯法，上欲擇威望之帥以臨之，久難其才。會珙言事慷慨，謂宰臣曰：「崔珙言事，神氣精爽，此可以臨徐人。」卽以王茂元代珙鎮廣南，授珙兼檢校工部尚書、徐州刺史、兼御史大夫，充武寧軍節度、徐泗濠觀察使。

開成初，就加檢校兵部尚書。二年，檢校吏部尚書、右金吾大將軍，充街使。六月，遷京兆尹。是歲，京畿旱，珙奏滻水入內者，十分量減九分，賜貧民溉田，從之。三年正月，盜發親仁里，欲殺宰相李石，其賊出於禁軍，珙坐捕盜不獲，罰俸料。會昌初，李德裕用事，與珙親厚，累遷戶部侍郎，充諸道鹽鐵轉運等使。尋以本官同中書門下平章事，累兼刑部尚書、門下侍郎，進階銀青光祿大夫，兼尚書左僕射。素與崔鉉不叶，及李讓夷引鉉輔政，代珙領使務，乃掎摭珙領使日妄破宋滑院鹽鐵錢九十萬貫文，又言珙嘗保護劉從諫，坐貶澧州刺史〔三〕，再貶恩州司馬。宣宗卽位，以赦召還，爲太子賓客，出爲鳳翔節度使。

三年，崔鉉復知政事，珙辭疾請罷，制曰：「將相大臣，與國同體，誠欲自便，豈宜不從？苟非其時，涉于避事。前鳳翔隴州節度觀察處置等使、光祿大夫、檢校尚書右僕射、兼鳳翔尹、御史大夫、上柱國、安平郡開國公、食邑二千戶崔珙，早以器能，周歷顯重。行已每稱其友悌，在公亦竭其精忠。自負譴前朝，遠移南徼，及我嗣守，頗聞嘉名。由是剖竹近關，揚

旃右輔，爲國垣翰，適資謀猷。近者犬戎輸誠，歸我故地，下議納款，且籌開疆。宜其率先啓行，副此寵待。忽覽退閑之請，頗乖毗倚之誠。陳力之方，豈無其道？匪躬之故，或異於是。以其故老，特爲優容，俾居青宮之輔，仍從分洛之命。君臣禮分，予無愧焉。可太子少師，分司東都。」未幾卒。子涓，大中四年進士擢第。珙弟瑨、璪、璵、球、珦。

瑨以書判拔萃，開成中累遷至刑部郎中。會昌中，歷三郡刺史，位終方鎮。

璪，開成初爲吏部郎中，轉給事中。會昌初，出爲陝虢觀察使，遷河南尹，入爲御史中丞，轉吏部侍郎。大中初，改兵部侍郎，充諸道鹽鐵轉運使。崔鉉再輔政，罷璪使務，檢校兵部尚書，兼河中尹、御史大夫，充河中晉絳磁隰等州節度觀察使。七年，入爲左丞，再遷刑部尚書。子滔，大中初登進士第。

璵字朗士，長慶初進士擢第，又制策登科。開成末，累遷至禮部員外郎。會昌初，以考功郎中知制誥，拜中書舍人。大中五年，遷禮部侍郎。六年，選士，時謂得才。七年，權知戶部侍郎，進封博陵子，食邑五百戶，轉兵部侍郎。子澹。

澹，大中十三年登進士第，累遷禮部員外郎，位終吏部侍郎。澹子遠。

遠，龍紀元年登進士第。大順初，以員外郎知制誥，召充翰林學士，正拜中書舍人。乾寧三年，轉戶部侍郎、博陵縣男，食邑三百戶，轉兵部侍郎承旨。尋以本官同平章事，遷中書侍郎，兼吏部尚書。天祐初，從昭宗東遷洛陽。罷相，守右僕射。二年，爲柳璨希朱全忠旨，累貶白州長史。行至滑州，被害於白馬驛。遠文才清麗，風神峻整，人皆慕其爲人，當時目爲「釘座梨」，言席上之珍也。

球字叔休，寶曆二年登進士第。會昌中，爲鳳翔節度判官，入朝爲尚書郎。子濆。濆，大中末亦進士登第。

崔氏咸通乾符間，昆仲子弟紆組拖紳，歷臺閣、踐藩嶽者二十餘人。大中以來盛族，時推甲等。

盧鈞字子和，本范陽人。祖炅，父繼。鈞，元和四年進士擢第，又書判拔萃，調補校書郎，累佐諸侯府。大和五年，遷左補闕。與同職理宋申錫之枉，由是知名。歷尚書郎，出爲常州刺史。九年，拜給事中。開成元年，出爲華州刺史、潼關防禦、鎮國軍等使。

其年冬，代李從易爲廣州刺史、御史大夫、嶺南節度使。南海有蠻舶之利，珍貨輻湊。舊帥作法興利以致富，凡爲南海者，靡不梱載而還。鈞性仁恕，爲政廉潔，請監軍領市舶

使，己一不干預。自貞元已來，衣冠得罪流放嶺表者，因而物故，子孫貧悴，雖遇赦不能自還。凡在封境者，鈞減俸錢爲營槥櫝。其家疾病死喪，則爲之醫藥殯殮，孤兒稚女，爲之婚嫁，凡數百家。由是山越之俗，服其德義，令不嚴而人化。三年將代，華蠻數千人詣闕請立生祠，銘功頌德。先是土人與蠻獠雜居，婚娶相通，吏或撓之，相誘爲亂。鈞至立法，俾華蠻異處，婚娶不通，蠻人不得立田宅，由是徼外肅清，而不相犯。

會昌初，遷襄州刺史、山南東道節度使。四年，誅劉稹，以鈞檢校兵部尚書，兼潞州大都督府長史、昭義節度、澤潞邢洺磁觀察等使。是冬，詔鈞出潞軍五千戍代北。鈞升城門餞送，其家設幄觀之。潞卒素驕，因與家人訣別，乘醉倒戈攻城門，監軍以州兵拒之，至晚撫勞方定。詔鈞入朝，拜戶部侍郎、判度支，遷戶部尚書。

大中初，檢校尚書右僕射、汴州刺史、御史大夫、宣武軍節度、宋亳汴潁觀察等使，就加檢校司空。四年，入爲太子少師，進位上柱國、范陽郡開國公、食邑二千戶。六年，復檢校司空、太原尹、北都留守、河東節度使。九年，詔曰：「河東軍節度使盧鈞，長才博達，敏識宏深。藴山河之靈，抱瑚璉之器。多能不耀，用晦而彰。由嶺表而至太原，五換節鉞，仁聲載路，公論彌高。藩垣之和氣不衰，臺閣之清風常在，宜升揆路，以表羣僚。可尚書左僕射。」

鈞踐歷中外，事功益茂，後輩子弟，多至台司。至是急徵，謂當輔弼，雖居端揆，心殊失

望。常移病不視事，與親舊遊城南別墅，或累日一歸。宰臣令狐綯惡之，乃罷僕射，仍加檢校司空，守太子太師。物議以鈞長者，罪綯弄權。綯懼，十一年九月，以鈞檢校司徒、同中書門下平章事、興元尹，充山南西道節度使，入爲太子太師，卒。

裴休字公美，河內濟源人也。祖宣，父肅。肅，貞元中自常州刺史兼御史中丞、越州刺史、浙東團練觀察等使。時山賊栗鍠誘山越爲亂，陷浙東郡縣。肅召州兵討平之，因紀其事，號平戎記，上之。德宗嘉賞。肅生三子，儔、休、俅，皆登進士第。

休志操堅正，童齔時，兄弟同學于濟源別墅。休經年不出墅門，晝講經籍，夜課詩賦。虞人有以鹿贄儔者，儔、俅炰之，召休食，休曰：「我等窮生，菜食不充，今日食肉，翌日何繼？無宜改饌。」獨不食。長慶中，從鄉賦登第，又應賢良方正，升甲科。大和初，歷諸藩辟召，入爲監察御史、右補闕、史館修撰。會昌中，自尚書郎歷典數郡。

大中初，累官戶部侍郎，充諸道鹽鐵轉運使，轉兵部侍郎，兼御史大夫，領使如故。六年八月，以本官同平章事，判使如故。自大和已來重臣領使者，歲漕江、淮米不過四十萬石，能至渭河倉者十不三四。漕吏狡蠹，敗溺百端。官舟沉溺者歲七十餘隻。緣河姦吏，

大紊劉晏之法。洎休領使，分命僚佐深按其弊。因是所過地里，悉令縣令兼董漕事，能者獎之。自江津達渭口，以四十萬之傭，歲計緡錢二十八萬貫，悉使歸諸漕吏，巡院無得侵牟。舉新法凡十條，奏行之，又立稅茶法十二條奏行之，物議是之。初休典使三歲，漕米至渭、河倉者一百二十萬斛，更無沉舟之弊。累轉中書侍郎，兼禮部尚書。

休在相位五年。十年，罷相，檢校戶部尚書、汴州刺史、御史大夫，充宣武軍節度使。其年多，進階金紫光祿大夫、上柱國、河東縣子、食邑五百戶，守太子少保，分司東都。十一年多，檢校戶部尚書、潞州大都督府長史、御史大夫，充昭義節度、潞磁邢洺觀察使。十三年十月，加檢校吏部尚書、太原尹、北都留守、河東節度觀察等使。十四年八月，以本官兼鳳翔尹，充鳳翔隴州節度使。咸通初，入爲戶部尚書，累遷吏部尚書、太子少師，卒。

休性寬惠，爲官不尚曒察，而吏民畏服。善爲文，長於書翰，自成筆法。家世奉佛，休尤深於釋典。太原、鳳翔近名山，多僧寺。視事之隙，遊踐山林，與義學僧講求佛理。中年後，不食葷血，常齋戒，屏嗜慾。香爐貝典，不離齋中，詠歌贊唄，以爲法樂。與尚書紇干㮚皆以法號相字。時人重其高潔而鄙其太過，多以詞語嘲之，休不以爲忤。

俅字冠識，亦登進士第。休子弢。

楊收字藏之，同州馮翊人。自言隋越公素之後。高祖悟虛，應賢良制科擢第，位終朔州司馬。曾祖幼烈，位終寧州司馬。祖藏器，邠州三水丞。父遺直，位終濠州錄事參軍。家世爲儒，遺直客於蘇州，講學爲事，因家于吳。遺直生四子：發、假、收、嚴。

發字至之，大和四年登進士第，又以書判拔萃，釋褐校書郎、湖南觀察推官，再辟西蜀從事。入朝爲監察，轉侍御史，累遷至禮部郎中。大中三年，改左司郎中。

宣宗追尊順宗、憲宗等尊號，禮院奏廟中神主已題舊號，請改造及重題，詔禮官議。發與都官郎中盧搏獻議曰：

臣等伏尋舊典，栗主升祔之後，在禮無改造之文，亦無重加尊謚、改題神主之例。求之曠古，會無其文。周加太王、王季、文王之謚，但以德合王周，遂加王號，未聞改謚易主。且文物大備，禮法可稱，最在兩漢，並無其事。光武中興，都洛陽，遣大司馬鄧禹入關，奉高祖已下十一帝后神主祔洛陽宗廟，蓋神主不合新造故也。自魏、晉迄於周、隋，雖代有放恣之君，亦有知禮講學之士，不聞加謚追尊、改主重題。書之史策，可以覆視。

今議者惟引東晉重造鄭太后神主事爲證。伏以鄭太后本琅邪王妃，薨後已祔琅邪邸廟。其後，母以子貴，將升祔太廟。賀循請重造新主，改題皇后之號，備禮告祔，當時用之。伏以諸侯廟主與天子廟主長短不同。若以王妃八寸之主上配至極，禮似不同。時諂神貪君之私，用此謬禮，改造神主。比量晉事，又絕非宜。

且宣懿非穆宗之后，實武宗之母。母以子之貴，已祔別廟，正爲得禮，饗薦無虧。今若從祀至尊，題主稱爲太后，因臣因子，正得其宜。今乃別造新主，題去太字，卽是穆宗上仙之後，臣下追致作嬪之禮，瀆亂正經，實驚有識。臣當時並列朝行，實知謬戾。以漢律，擅論宗廟者以大不敬論，又其時無詔下議，遂默塞不敢出言。今又欲重用東晉謬禮，穢媟聖朝大典。猥蒙下問，敢不盡言。

臣謹按國朝前例，甚有明文。武德元年五月，備法駕於長安通義里舊廟，奉迎宣簡公、懿王、景皇帝神主，升祔太廟。既言於舊廟奉迎，足明必奉舊主。其加謚追尊之禮，自古本無其事，自則天太后攝政之後累有之。自此之後，數用其禮。歷檢國史，並無改造重題之文。若故事有之，無不書於簡册。臣等愚見，宜但告新謚于廟而止。其改造重題之文，開元初，太常卿韋縚以高宗廟題武后神主云天后聖帝武氏，縚奏請削去天后聖帝之號，別題云則天順聖皇后武氏，詔從之，卽不知其時削舊題耶？重造主

耶？亦不知用何代典禮？禮之疑者，決在宸衷。以臣所見，但以新謚寶册告陵廟，正得其宜。改造重題，恐乖禮意。

時宰相覆奏就神主改題，而知禮者非之，以發議爲是。

改授太常少卿，出爲蘇州刺史。蘇，發之鄉里也。恭長慈幼，人士稱之。還，改福州刺史、福建觀察使。甌閩之人，美其能政，耆老以善績聞。朝廷以發長於邊事，移授廣州刺史、嶺南節度使。屬前政不率，蠻、夏咸怨，發以嚴爲理，軍亂，爲軍人所囚，致於郵舍。坐貶婺州刺史，卒于治所。

子乘，亦登進士第，有俊才，尤能爲歌詩，歷顯職。

假字仁之，進士擢第。故相鄭覃刺華州，署爲從事。從覃鎮京口，得大理評事。入爲監察，轉侍御史。由司封郎中知雜事，轉太常少卿。出爲常州刺史，卒官。

初，遺直娶元氏，生發、假。繼室長孫氏，生收、嚴。

收長六尺二寸，廣顙深頤，疏眉秀目，寡言笑，方於事上，博聞強記。初家寄涔陽，甚貧。收七歲喪父，居喪有如成人，而長孫夫人知書，親自教授。十三，略通諸經義，善於文

詠，吳人呼爲「神童」。兄發戲令詠蛙，即曰：「兔邊分玉樹，龍底耀銅儀。會當同鼓吹，不復問官私。」又令詠筆，仍賦鑽字，即曰：「雖匪囊中物，何堅不可鑽？一朝操政事，定使冠三端。」每良辰美景，吳人造門觀神童，請爲詩什，觀者壓敗其藩。收嘲曰：「爾幸無羸角，何用觸吾藩。若是升堂者，還應自得門。」收以母奉佛，幼不食肉，母亦勗之曰：「俟爾登進士第，可肉食也。」

收以仲兄假未登第，久之不從鄉賦。開成末，假擢第，是多，收之長安，明年，一舉登第，年纔二十六。時發爲潤州從事，因家金陵。收得第東歸，路由淮右，故相司徒杜悰鎮揚州，延收署節度推官，奏授校書郎。悰領度支，以收爲巡官。悰罷相鎮東蜀，奏授掌書記，得協律郎。悰移鎮西川，復管記室。宰相馬植奏授渭南尉，充集賢校理，改監察御史。收辭曰：「僕兄弟進退以義。頃仲兄假鄉賦未第，收不出衡門。今假從事侯府，僕不忍先爲御史。相公必欲振恤孤生，俟僕稟兄旨命可也。」馬公嘉之。收即密達意於西蜀杜公，願復爲參佐，悰即表爲節度判官。馬公乃以收弟嚴爲渭南尉、集賢校理，代收之任。周墀罷相，鎮東蜀，表嚴爲掌書記。墀至鎮而卒，悰乃辟嚴爲觀察判官。兄弟同幕，爲兩使判官，時人榮之。俄而假自浙西觀察判官入爲監察御史，收亦自西川入爲監察。兄弟並居憲府，特爲新例。

裴休作相，以收深於禮學，用爲太常博士。時收弟嚴亦自揚州從事入爲監察。尋丁母喪，歸蘇州。既除，崔珙罷相，鎮淮南，以收爲觀察支使。入爲侍御史，改職方員外郎，分司東都。宰相夏侯孜領度支，用收爲判官。罷職，改司勳員外郎、長安令。秩滿，改吏部員外郎。上言先人未葬，旅殯毗陵，擬遷卜於河南之偃師，請兄弟自往，從之。及葬東周，會葬者千人。時故府杜悰、夏侯孜皆在洛，二公聯薦收於執政。宰相令狐綯用收爲翰林學士，以庫部郎中知制誥，正拜中書舍人，賜金紫，轉兵部侍郎、學士承旨。左軍中尉楊玄价以收宗姓，深左右之，乃加銀青光祿大夫、中書侍郎、同平章事，累遷門下侍郎、刑部尚書。

收以交阯未復，南蠻擾亂，請治軍江西，以壯出嶺之師。乃於洪州置鎮南軍，屯兵積粟，以餉南海。天子嘉之，進位尚書右僕射、太清太微宮使、弘文館大學士、晉陽縣男、食邑三百戶。

收居位稍務華靡，頗爲名輩所譏。而門吏僮奴，倚爲姦利。時楊玄价弟兄掌機務，招來方鎮之路，屢有請託，收不能盡從。玄价以爲背己，由是傾之。八年十月，罷知政事，檢校工部尚書，出爲宣歙觀察使。韋保衡作相，又發收陰事，言前用嚴譔爲江西節度，納賂百萬。明年八月，貶爲端州司馬，尋盡削官封，長流驩州。又令內養郭全穆齎詔賜死。九年

三月十五日，全穆追及之，宣詔訖，收謂全穆曰：「收爲宰相無狀，得死爲幸。心所悲者，弟兄淪喪將盡，只有弟嚴一人，以奉先人之祀。予欲昧死上塵天聽，可容一刻之命，以俟秉筆乎？」全穆許之。收自書曰：

臣昳畝下才，謬當委任。心乖報國，罪積彌天，特舉朝章，賜之顯戮。臣誠悲誠感，頓首死罪。臣出自寒門，旁無勢援，幸逢休運，累污清資。聖獎曲流，遂叨重任。上不能罄輸臣節，以答寵光；下不能迴避禍胎，以延俊乂。苟利尸素，頻歷歲時，果至聖朝，難寬大典。誠知一死未塞深愆，固不合將泉壤之詞，上塵天聽。伏乞陛下哀臣愚蹇，稍緩雷霆。臣頃蒙擢在台衡，不敢令弟嚴守官闕下，旋蒙聖造，令刺浙東。所有罪愆，是臣自負，伏乞聖慈，貸嚴微命。臣血屬皆幼，更無近親，只有弟嚴，才力尪悴。家族所恃，在嚴一人，俾存歿曲全，在陛下弘覆。臣無任魂魄望恩之至。

全穆復奏，懿宗愍然宥嚴。判官朱侃、常濬、閻均，族人楊公慶、嚴季實、楊全益、何師玄、李孟勳、馬全祐、李羽、王彥復等，皆配流嶺表。收子鑒、鉅、鏻，皆登進士第。

鉅，乾寧初以尚書郎知制誥，召充翰林學士，拜中書舍人、戶部侍郎，封晉陽男、食邑三百戶。從昭宗東遷，爲左散騎常侍，卒。

鏻，登第後補集賢校理，藍田尉。乾寧中，累遷尚書郎。

嚴字凜之，會昌四年進士擢第。是歲僕射王起典貢部，選士三十人，嚴與楊知至、竇緘、源重、鄭朴五人試文合格，物議以子弟非之，起覆奏。武宗勅曰：「楊嚴一人可及第，餘四人落下。」嚴釋褐諸侯府。咸通中，累遷吏部員外，轉郎中，拜給事中、工部侍郎，尋以本官充翰林學士。兄收作相，封章請外職，拜越州刺史、御史中丞、浙東團練觀察使。收罷相貶官，嚴坐貶邵州刺史。收得雪，嚴量移吉王傅。乾符四年，累遷兵部侍郎。五年，判度支。其年病卒。二子：涉、注。

涉，乾符二年登進士第。昭宗朝，累遷吏部郎中、禮刑二侍郎。乾符四年，改吏部侍郎。天祐初，轉左丞。從昭宗遷洛陽，改吏部尚書。輝王即位，本官平章事，加中書侍郎。涉性端厚秉禮。乾寧之後，賊臣竊發，王室寖微。及天祐東遷，大事去矣。涉爲時所嬰，不能自退。及命相之日，與家人相向灑泣曰：「吾不能脫此網羅，禍將至矣。」謂其子凝式曰：「今日之命，吾家重不幸矣，必累爾等。」涉謙退善處，竟以令終。

注，中和二年進士登第。昭宗朝，累官考功員外、刑部郎中。尋知制誥，正拜中書舍人，召充翰林學士，累遷戶部侍郎。輝王纘曆，兄涉爲宰相，注避嫌辭內職，守戶部侍郎。

韋保衡者，字蘊用，京兆人。祖元貞，父慤，皆進士登第。慤字端士，大和初登第，後累佐使府，入朝亟歷臺閣。大中四年，拜禮部侍郎。五年選士，頗得名人，載領方鎮節度，卒。保衡，咸通五年登進士第，累拜起居郎。十年正月，尚懿宗女同昌公主。公主郭淑妃所生，妃有寵，出降之日，傾宮中珍玩以爲贈送之資。尋以保衡爲翰林學士，轉郎中，正拜中書舍人、兵部侍郎承旨。不期年，以本官平章事。保衡恃恩權，素所不悅者，必加排斥。王鐸貢舉之師，蕭遘同門生，以素薄其爲人，皆擯斥之。以楊收、路巖在中書不加禮接，媒孽逐之。自起居郎至宰相，二年之間，階至特進、扶風縣開國侯、食邑二千戶、集賢殿大學士。十一年八月，公主薨，自後恩禮漸薄。咸通末，淮、徐盜起，素所怨者發其陰事，保衡竟得罪賜死。坐保衡免官。

弟保乂，進士登第，尚書郎、知制誥，召充翰林學士，歷禮戶兵三侍郎、學士承旨。坐保衡免官。

路巖者，字魯瞻，陽平冠氏人也。祖季登，大曆六年登進士第，累辟諸侯府。升朝爲尚書郎，遷左諫議大夫，卒。生三子，羣、庠、單，皆登進士第。

羣字正夫，既擢進士，又書判拔萃，累佐使府。入朝爲監察御史。穆宗初即位，遣使西北邊犒宴軍士，稱旨，累加兵部郎中。大和二年，遷諫議大夫，以本官充侍講學士。四年，罷侍講爲翰林學士。五年，正拜中書舍人，學士如故。羣精經學，善屬文。性仁孝，志行貞潔。父母歿後，終身不茹葷血。歷踐臺閣，受時君異寵，未嘗以勢位自矜。與士友結交，榮達如一。八年正月病卒，君子惜之。二子：嶽、巖，大中中相次進士登第。

巖幼聰敏過人，父友踐方鎮，書幣交辟，久之方就。數年之間，出入禁署。累遷中書舍人、戶部侍郎。咸通三年，以本官同平章事，年始三十六。在相位八年，累兼左僕射。懿宗時，王政多僻，宰臣用事。巖既承委遇，稍務奢靡，頗通賂遺。及韋保衡尚公主，素惡巖爲人。保衡作相，罷巖知政事，以檢校左僕射出爲成都尹、劍南西川節度使。未幾，改荊南節度。詔令六月下峽赴鎮，尋復罷之。

嶽歷兩郡刺史，入爲給事中。子德延。

夏侯孜字好學，本譙人。父審封。孜，寶曆二年登進士第，釋褐諸侯府，累遷婺、絳二郡刺史。入爲諫議大夫，轉給事中。十年，改刑部侍郎。十一年，兼御史中丞，遷尚書右丞、上柱國，賜紫金魚袋。十一年二月，遷朝議大夫，守戶部侍郎，判戶部事。再加兵部侍郎，充諸道鹽鐵轉運等使。懿宗即位，以本官同平章事，領使如故。累加左僕射、門下侍郎，封譙郡侯，與路巖、楊收同輔政。咸通八年罷相，檢校司空、同平章事，兼成都尹，充劍南西川節度使。屬南蠻入寇，蜀中饑饉，軍儲不備，蠻陷嶲州，蜀川大擾。尋移孜爲河中尹、檢校司徒、河中晉絳節度使。

九年，龐勛據徐州，南蠻深入。天子懲孜治蜀無政，詔曰：

河中晉絳慈隰節度使、開府儀同三司、檢校司徒、同中書門下平章事、河中尹、上柱國、譙郡開國公、食邑二千戶夏侯孜，早以文詞，遂登科第，累更清貫，亦有能名。東陽推撫俗之能，故絳著臨人之稱。其後用司風憲，寵領藩條，皆以公才，不辜時選。洎掌于經費，備歷重難，居然要會之權，頗得均平之道。錄其績効，擢處鈞衡。造膝之時，亦聞其算畫；沃心之際，備見其謀猷。於是念彼邊隅，控臨巴蜀，藉其才術，再靜蠻陬。翻致帑廩空虛，軍資罄竭，寃流闔境，寇逼連甍。雖易帥已來，頻移星琯，而無備之後，歲有干戈。昨者徼障初安，瘡痍復釁。數尋事實，果驗根由。既乖經濟之源，益昧君臣之義。出於物論，非獨予懷，是議難處近藩，爰更散秩。可太子少保，分司東都。

未幾卒。

子灋、澤，皆登進士第。灋累官至禮部侍郎。中和三年選士，多至卿相。子坦。

劉瞻字幾之，彭城人。祖升，父景。瞻，大中初進士擢第〔三〕。四年，又登博學宏詞科，歷佐使府。咸通初升朝，累遷太常博士。劉瑑作相，以宗人遇之，薦爲翰林學士。轉員外郎中，正拜中書舍人、戶部侍郎承旨。出爲太原尹、河東節度使。入拜京兆尹，復爲戶部侍郎、翰林學士。十年，以本官同平章事，加中書侍郎，兼刑部尚書、集賢殿大學士。

十一年八月，同昌公主薨，懿宗尤嗟惜之。以翰林醫官韓宗召、康仲殷等用藥無効，收之下獄。兩家宗族，枝蔓盡捕三百餘人，狴牢皆滿。瞻召諫官令上疏，無敢極言。瞻自上疏曰：

臣聞修短之期，人之定分，賢愚共一，今古攸同。喬松彝花，稟氣各異。至如籛鏗壽考，不因有智而延齡；顏子早亡，不爲不賢而促壽。此皆含靈稟氣，修短自然之理也。一昨同昌公主久嬰危疾，深軫聖慈。醫藥無徵，幽明遽隔。陛下過鍾宸愛，痛切追思，爰責醫工，令從嚴憲。然韓宗召等因緣藝術，備荷寵榮，想於診候之時，無不盡其方術。亦欲病如沃雪，藥暂通神，其奈禍福難移，竟成差跌。原其情狀，亦可哀矜。而差

悞之愆，死未塞責。自陛下雷霆一怒，朝野震驚，囚九族於狴牢，因兩人之藥悞。老幼械繫三百餘人，咸云：「宗召荷恩之日，寸祿不霑，進藥之時，又不同議。此乃禍從天降，罪匪己爲。」物議沸騰，道路嗟嘆。

陛下以寬仁厚德，御宇十年，四海萬邦，咸歌聖政。何事遽移前志，頓易初心。以達理知命之君，涉肆暴不明之謗。且殉宮女而違道，囚平人而結冤，此皆陛下安不思危，忿不顧難者也。陛下信崇釋典，留意生天，大要不過喜捨慈悲，方便布施，不生惡念，所謂福田。則業累盡消，往生忉利，比居濁惡，未可同年。伏望陛下盡釋繫囚，易怒爲喜，虔奉空王之教，以資愛主之靈。中外臣僚，同深懇激。

帝閱疏大怒，即日罷瞻相位，檢校刑部尚書、同平章事、江陵尹，充荆南節度等使。再貶康州刺史，量移虢州刺史。入朝爲太子賓客分司。翰林學士戶部侍郎鄭畋、右諫議大夫高湘，比部郎中知制誥楊知至、禮部郎中魏簹、兵部員外張顏、刑部員外崔彥融、御史中丞孫瑝等，皆坐瞻親善貶逐。京兆尹温璋仰藥而卒。

劉瑑者，彭城人。祖璠，父焆。瑑，開成初進士擢第。會昌末，累遷尚書郎、知制誥，正拜中書舍人。大中初，轉刑部侍郎。瑑精於法律，選大中以前二百四十四年制敕可行用者二千八百六十五條，分爲六百四十六門，議其輕重，別成一家法書，號大中統類，奏行用之。出爲河南尹，遷檢校工部尚書、汴州刺史、宣武軍節度使。十一年五月，加檢校禮部尚書、太原尹、北都留守、河東節度觀察等使。其年十二月入朝，拜戶部侍郎，判度支。尋以本官同平章事，領使如故。十二年，累加集賢殿大學士。罷相，又歷方鎮，卒。弟項，亦登進士第。

曹確字剛中，河南人。父景伯，貞元十九年進士擢第，又登制科。確，開成二年登進士第，歷聘藩府。入朝爲侍御史，以工部員外郎知制誥，轉郎中，入內署爲學士，正拜中書舍人，賜金紫，權知河南尹事。入爲兵部侍郎。咸通五年，以本官同平章事，加中書侍郎、監修國史。

確精儒術，器識謹重，動循法度。懿宗以伶官李可及爲威衛將軍，確執奏曰：「臣覽貞觀故事，太宗初定官品令，文武官共六百四十三員，顧謂房玄齡曰：『朕設此官員，以待賢士。工商雜色之流，假令術踰儕類，止可厚給財物，必不可超授官秩，與朝賢君子比肩而立，同坐而食。』大和中，文宗欲以樂官尉遲璋爲王府率，拾遺竇洵直極諫，乃改授光州長

史。伏乞以兩朝故事，別授可及之官。」帝不之聽。

可及善音律，尤能轉喉爲新聲，音辭曲折，聽者忘倦。京師屠沽效之，呼爲「拍彈」。同昌公主除喪後，帝與淑妃思念不已，可及乃爲歎百年舞曲。舞人珠翠盛飾者數百人，畫魚龍地衣，用官絁五千匹。曲終樂闋，珠璣覆地，詞語悽惻，聞者涕流，帝故寵之。嘗於安國寺作菩薩蠻舞，如佛降生，帝益憐之。可及嘗爲子娶婦，帝賜酒二銀樽，啓之非酒，乃金翠也。人無敢非之者，唯確與中尉西門季玄屢論之，帝猶顧待不衰。僖宗即位，崔彥昭奏逐之，死於嶺表。

確累加右僕射，判度支事。在相位六年。九年罷相，檢校司徒、平章事、潤州刺史、鎮海軍節度觀察等使。以出師扞龐勛功，就加太子太師。弟汾，亦進士登第，累官尚書郎、知制誥，正拜中書舍人。出爲河南尹，遷檢校工部尚書、許州刺史、忠武軍節度觀察等使。入爲戶部侍郎，判度支。弟兄並列將相之任，人士榮之。確與畢諴俱以儒術進用，及居相位，廉儉貞苦，君子多之，稱爲曹、畢。

畢諴者，字存之，鄆州須昌人也。伯祖構，高宗時吏部尚書。構弟栩，鄧王府司馬，生

淩。淩爲汾州長史，生勻，爲協律郎。勻生諴，少孤貧，燃薪讀書，刻苦自勵。既長，博通經史，尤能歌詩。端慤好古，交遊不雜。大和中，進士擢第，又以書判拔萃，尚書杜悰鎭許昌，辟爲從事。悰領度支，諴爲巡官。悰鎭揚州，又從之。悰入相，諴爲監察，轉侍御史。武宗朝，宰相李德裕專政，出悰爲東蜀節度。悰之故吏，莫敢餞送問訊，唯諴無所顧慮，問遺不絕。德裕怒，出諴爲磁州刺史。宣宗卽位，德裕得罪，凡被譴者皆徵還。諴入爲戶部員外郎，分司東都，歷駕部員外郎、倉部郎中。故事，勢門子弟，鄙倉、駕二曹，居之者不悅。唯諴受命，恬然恭遜，口無異言，執政多之。改職方郎中，兼侍御史知雜。期年，召爲翰林學士、中書舍人，遷刑部侍郎。

自大中末，党項羌叛，屢擾河西。宣宗召學士對邊事[四]，諴卽援引古今，論列破羌之狀，上悅曰：「吾方擇能帥，安集河西，不期頗、牧在吾禁署，卿爲朕行乎？」諴忻然從命，卽用諴爲邠寧節度、河西供軍安撫等使。諴至軍，遣使告喩叛徒，諸羌率化。又以邊境禦戎，以兵多積穀爲上策。乃召募軍士，開置屯田，歲收穀三十萬石，省度支錢數百萬。詔書嘉之，就加檢校工部尚書，移鎭澤潞，充昭義節度使。二年，改太原尹、北都留守、河東節度使。太原近胡，九姓爲亂。諴明賞罰，謹斥候，期年諸部革心。就加檢校尚書左僕射，移授汴州刺史，充宣武軍節度、宋亳汴觀察等使。

其年，入爲戶部尚書，領度支。月餘，改禮部尚書，同平章事，累遷中書侍郎、兵部尚書、集賢大學士。在相位三年，十月以疾固辭位，詔守兵部尚書，以其本官同平章事，出鎭河中。十二月二十三日，卒于鎭，時年六十二。

諴謹重，長於文學，尤精吏術。在相位，以同官任情不法，固辭而免，君子美之。子紹顏、知顏，登進士第，累歷顯官。

杜審權字殷衡，京兆人也。國初萊成公如晦六代孫。祖佐，位終大理正。佐生二子，元穎、元絳。元穎，穆宗朝宰相。絳位終太子賓客。絳生二子，審權、蔚，並登進士第。

審權，釋褐江西觀察判官，又以書判拔萃，拜右拾遺，轉左補闕。大中初，遷司勳員外郎，轉郎中知雜。又以本官知制誥，正拜中書舍人。十年，權知禮部貢舉。十一年，選士三十人，後多至達官。正拜禮部侍郎。其年冬，出爲陝州大都督府長史、陝虢都團練觀察使，加檢校戶部尚書、河中尹、河中晉絳節度使。懿宗卽位，召拜吏部尚書。三年，以本官同平章事，累加門下侍郎、右僕射。九年罷相，檢校司空，兼潤州刺史、鎭海軍節度使、蘇杭常等州觀察使。

時徐州戍將龐勛自桂州擅還，據徐、泗，大擾淮南。審權與淮南節度使令狐綯、荆南節度使崔鉉，奉詔出師，掎角討賊，而浙西饋運不絕，繼破徐戎。賊平，召拜尚書左僕射。十一年，制曰：

開府儀同三司、檢校司空、守尚書左僕射、上柱國、襄陽郡開國公、食邑二千戶杜審權，韻合黃鍾，行貞白璧。沖粹孕靈嶽之秀，精明涵列宿之光，塵外孤標，雲間獨步。踐歷華貫，餘二十年；鑒裁名流，凡幾百輩。清切之任無不試，重難之務無不經。靜而立名，嚴以肅物，絕分毫徇己之意，秉尺寸度量之懷。貞方飭躬，溫茂繕性。儉不逼下，畏以居高。語默適時，喜慍莫見。頃罷機務，鎭于金陵，値淮夷猖狂，干戈悖起。果發猛士，挫彼賊鋒；廣備糗糧，助茲軍食。深惟將相之大體，頗覩文武之全才。王導以蕭灑之名，不忘戎事；謝安以恬澹之德，亦在兵間。及駟馬來朝，擢居端揆，嚴重自處，恬曠不渝。虞芮之故都，前蹤尚爾；郇瑕之舊地，往事依然。兼以股肱之良，爲吾腹心之寄，改佩相印，更握兵符。仍五敎之崇名，極一時之盛禮。可檢校司徒、同平章事、河中尹，充河中晉絳節度觀察等使。

數年以本官兼許州刺史、忠武軍節度觀察等使，入爲太子太傅，分司東都。卒，贈太師，諡曰德。三子：讓能、彥林、弘徽。

讓能，咸通十四年登進士第，釋褐咸陽尉。宰相王鐸鎭汴，奏爲推官。入爲長安尉、集賢校理。丁母憂，以孝聞。服闋，淮南節度使劉鄴辟掌記室，得殿中，賜緋。入爲監察。牛蔚鎭興元，奏爲節度判官。入爲右補闕，歷侍御史、起居郎、禮部兵部員外郎。蕭遘領度支，以本官判度支案。

黃巢犯京師，奔赴行在，拜禮部郎中、史館修撰。尋以本官知制誥，正拜中書舍人。謝日，面賜金紫之服，尋召充翰林學士。六飛在蜀，關東用兵，徵發招懷，書詔雲委。讓能詞才敏速，筆無點竄，動中事機，僖宗嘉之，累遷戶部侍郎。從駕還京，加禮部尚書，進階銀青光祿大夫，封建平縣開國子，食邑五百戶。轉兵部尚書、學士承旨。

沙陀逼京師，僖宗蒼黃出幸。是夜，讓能宿直禁中，聞難作，步出從駕。出城十餘里，得遺馬一匹，無羈勒，以紳束首而乘之。駕在鳳翔，朱玫兵遽至，僖宗急幸寶雞，近臣唯讓能獨從。翌日，孔緯等六七人至。邠師攻關，帝幸梁、漢，棧道爲石協所毀，崎嶇險阻之間，不離左右。帝顧謂之曰：「朕之失道，再致播遷。險難之中，卿常在側，古所謂忠于所事，卿無負矣！」讓能謝曰：「臣家世歷重任，蒙國厚恩，陛下不以臣愚，擢居近侍。臨難苟免，臣之恥也；獲扞牧圉，臣之幸也。」至褒中，加金紫光祿大夫，改兵部侍郎，同平章事。

時朱玫立襄王稱制，天下牧伯附之者十六七，貢賦殆絶。朝士纔十數人，行帑無寸金，衞兵不宿飽。帝垂泣御席，無如之何。讓能首陳大計，請以重臣使河中，諭王重榮以大義，果承詔請雪，以圖討逆。京師平，拜特進、中書侍郎，兼兵部尚書、集賢殿大學士，進封襄陽郡開國公，食邑二千戶。駕在鳳翔，李昌符作亂，倏然變起，讓能單步入侍。時朝臣受僞署者衆，法司請行極法，以戒事君，讓能固爭之，獲全者十七八。昭宗纂嗣，賜「扶危啓運保乂功臣」，加開府儀同三司、尚書左僕射，封晉國公，增邑千戶，仍賜鐵券。誅秦宗權，許、蔡平定，加司空、門下侍郎、監修國史。昭宗郊禮畢，進位司徒、太清宮使、弘文館大學士、延資庫使、諸道鹽鐵轉運等使；加食邑一千戶。明年，册拜太尉，加食邑一千戶。

自大順已來，鳳翔李茂貞大聚兵甲，恃功驕恣。會楊復恭走山南，茂貞欲兼有梁、漢之地，亟請問罪，詔未允而出師。昭宗怒其專，不得已而從之。及山南平，詔授以茂貞鎮興元，徐彥若鎮鳳翔，仍割果、閬兩州隸武定軍。茂貞怒，上章論列，語辭不遜，又與讓能書曰：

宰相之職，外撫四夷，內安百姓。陰陽不順，猶資燮理之功；宇宙將傾，須假扶持之力。卽萬靈舒慘，四海安危，盡繫朝綱，咸由廟算，既爲重任，方屬元臣。況今國步猶艱，皇居未壯。曩日九衢三市，草擁荒墟；當時萬戶千門，霜凝白骨。大廈傾欹而未已，沉痾綿息以無餘。皆云非賢后無以拯社稷之危，非眞宰無以革寰區之弊。今

公捨築入夢，投竿爲師，踐履中台，制臨外閫，不究興亡之理，罕聞沉斷之機。蓋意有所不平，心有所未悟，輒思上問，願審臧謀。竊見楊守亮擅舉干戈，阻艱西道，將圖割據，吞併東川。居巴、賨爲一窟豺狼，在梁、漢致十年荆棘。果聞敗衂，尋挫凶狂。既前去而不諧，思却歸而無地。當道與邠州見爲隔絶綱運，方舉問罪兵師，忽聞朝廷授武定之雙旌，割果、閬之兩郡，未審是何名目？酬何功勞？忝大國之紀綱，蠹天子之州縣，非惟取笑於童稚，抑亦包羞於馬牛。自謂奇謀，信爲獨見。伏慮是明公賞凶黨無君之輩，挫忠臣奉國之心。要助姦邪，須摧正直。又聞公切於保位，利在安家。商量不自於中書，剸割全通於內地。雖知深奥，罕測津涯，亦聞駭異羣情，頗是喧騰衆口。

其悖戾如此。

京師百姓，聞茂貞聚兵甲，羣情恟恟，數千百人守闕門。候中尉西門重遂出，擁馬論列曰：「乞不分割山南，請姑息鳳翔，與百姓爲主。」重遂曰：「此非吾事，出於宰相也。」昭宗怒，詔讓能只在中書調發畫計，不歸第。月餘，宰相崔昭緯陰結邠、岐爲城社，凡讓能出一言，卽日達於茂貞、行瑜。茂貞令健兒數百人，雜市人於街。崔昭緯、鄭延昌歸第，市人擁肩輿訴曰：「岐帥無罪，幸相公不加討伐，致都邑不寧。」二相輿中喻之曰：「大政聖上委杜太尉，吾等不預。」市豪褰簾熟視，又不之識，因投瓦石，擊二相之輿。崔、鄭下輿散走，匿身獲免。

是日，喪堂印公服，天子怒，捕魁首誅之，由是用兵之意愈堅。京師之人，相與藏竄，嚴刑不能已。讓能奏曰：「陛下初臨大寶，國步未安。自艱難已來，且行貞元故事，姑息藩鎮。茂貞邇在國門，不宜起怨。臣料此時未可行也。」帝曰：「政刑削弱，詔令不出城門，此賈生慟哭之際也。又書不云乎？藥不瞑眩，厥疾弗瘳。朕不能孱孱度日，坐觀淩弱。卿爲我主張調發，用兵吾委諸王。」讓能對曰：「陛下憤藩臣之倔強，必欲強幹弱枝，以隆王室，此則中外大臣所宜戮力，以成陛下之志；不宜獨任微臣。」帝曰：「卿位居元輔，與朕同休共戚，無宜避事。」讓能泣辭曰：「臣待罪台司，未乞骸骨者，思有以報國恩耳，安敢愛身避事？況陛下之心，憲祖之志也。但時有所不便，勢有所必然。他日臣雖受晁錯之誅，但不足以殄七國之患，敢不奉詔，繼之以死。」

景福二年秋，上以嗣覃王爲招討使，神策將李鐬副之，率禁軍三萬，送彥若赴鎮。崔昭緯密與邠、鳳結託，心害讓能，言討伐非上意，出於太尉也。九月，茂貞出軍逆戰，王師敗于盩厔。岐兵乘勝至三橋，讓能奏曰：「臣固預言之矣。請歸罪於臣，可以紓難。」上涕下不能已，曰：「與卿訣矣。」卽日貶爲雷州司戶。茂貞在臨臯驛，請誅讓能，尋賜死，時年五十三。駕自石門還京，念讓能之冤，追贈太師。子光乂、曉，以父枉横，不求聞達。曉入梁，位亦至宰輔。

彥林、弘徽，乾符中相次登進士第。彥林，光化中累官至尚書郎、知制誥，拜中書舍人。天祐初，爲御史中丞。

弘徽，累官至中書舍人，遷戶部侍郎，充弘文館學士判館事，與兄同日被害。

劉鄴字漢藩，潤州句容人也。父三復，聰敏絶人，幼善屬文。少孤貧，母有廢疾，三復丐食供養，不離左右，久之不遂鄉賦。長慶中，李德裕拜浙西觀察使，三復以德裕禁密大臣，以所業文詣郡干謁。德裕閱其文，倒屣迎之，乃辟爲從事，管記室。母亡，哀毁殆不勝喪。德裕三爲浙西，凡十年，三復皆從之。大和中，德裕輔政，用爲員外郎。居無何，罷相，復鎮浙西，三復從之。汝州刺史劉禹錫以宗人遇之，深重其才，嘗爲詩贈三復，序曰：「從弟三復，三爲浙右從事，凡十餘年。往年主公入相，薦用登朝，中復從公之京口，未幾而罷。昨以尚書員外郎奉使至潞，旋承新命，改轅而東。三從公皆在舊地，徵諸故事，尠無其比，因賦詩餞別以志之。」又從德裕歷滑臺、西蜀、揚州，累遷御史中丞。會昌中，德裕用事，自諫議、給事拜刑部侍郎、弘文館學士判館事。

朝廷用兵誅劉稹，澤潞既平，朝議以劉從諫妻裴氏是裴問之妹，欲原之。法司定罪，以劉稹之叛，裴以酒食會潞州將校妻女，泣告以固逆謀。三復奏曰：

劉從諫苞藏逆謀，比雖已露，今推窮僕妾，尤得事情。據其圖謀語言，制度服物，人臣僭亂，一至於斯。雖生前幸免於顯誅，而死後已從於追戮，凡在朝野，同深慶快。且自古人臣叛逆，合有三族之誅。尚書曰：「乃有顚越不恭，我則劓殄滅之，無遺育，無俾易種于茲新邑。」如此則阿裴已不得免於極法矣。又況從諫死後，主張狂謀，罪狀非一。劉稹年既幼小，逆節未深，裴爲母氏，固宜誡誘，若廣說忠孝之道，深陳禍福之源，必冀鴟毒不施，梟音全革。而乃激厲凶黨，膠固叛心，廣招將校之妻，適有酒食之宴，號哭激其衆意，贈遺結其羣情。遂使叛黨稽不捨之誅，孽童延必死之命，以至周歲，方就誅夷，此阿裴之罪也。雖以裴問之功，或希減等，而國家有法，難議從輕。伏以管叔周公之親弟也，有罪而且誅之。以周公之賢，尚不捨兄弟之罪；況裴問之功劾，安能破朝廷法耶？據阿裴廢臣妾之道，懷逆亂之謀，裴問如周公之功，尚合行周公之戮。況於朝典，固在不疑。阿裴請準法。

從之。三復未幾病卒。

鄴六七歲能賦詩，李德裕尤憐之，與諸子同硯席師學。大中初，德裕貶逐，鄴無所依，

以文章客遊江、浙。每有制作，人皆稱誦。高元裕廉察陝虢，署爲團練推官，得祕書省校書郎。咸通初，劉瞻、高璩居要職，以故人子薦爲左拾遺，召充翰林學士，轉尚書郎中知制誥，正拜中書舍人、戶部侍郎、學士承旨。

鄴以李德裕貶死珠崖，大中朝以令狐綯當權，累有赦宥，不蒙恩例。懿宗即位，綯在方鎮，屬郊天大赦，鄴奏論之曰：「故崖州司戶參軍李德裕，其父吉甫，元和中以直道明誠，高居相位，中外咸理，訏謨有功。德裕以偉望宏才，繼登台衮，險夷不易，勁正無羣。稟周勃厚重之姿，慕楊秉忠貞之節。頃以微累，竄于遐荒，既迫衰殘，竟歸冥寞。其子燁坐貶象州立山縣尉。去年遇陛下布惟新之命，覃作解之恩，移授郴州郴縣尉，今已殁於貶所。倘德裕猶有親援，可期振揚，微臣固不敢上論，以招浮議。今骨肉將盡，生涯已空，皆傷棨戟之門，遽作荆榛之地，孤骨未歸於塋兆，一男又没於湘江。特乞聖明，俯垂哀愍，俾還遺骨，兼賜贈官。上弘錄舊之仁，下激徇公之節。」詔從之。

鄴尋以本官領諸道鹽鐵轉運使。其年同平章事，判度支，轉中書侍郎，兼吏部尚書，累加太清宮使、弘文館大學士。僖宗即位，蕭倣、崔彥昭秉政，素惡鄴，乃罷鄴知政事，檢校尚書左僕射、同平章事、揚州大都督府長史、淮南節度使。是日鄴押班宣廳竟，通事引鄴內殿謝，「不及笏記，鄴自敍十餘句語云：「霖雨無功，深愧代天之用；烟霄失路，未知歸骨之期。」

帝爲之惻然。

黃巢渡淮而南，詔以浙西高駢代還，尋除鳳翔尹、鳳翔隴右節度使，以疾辭，拜左僕射。巢賊犯長安，鄴從駕不及，與崔沆、豆盧瑑匿於金吾將軍張直方之家旬日。賊嚴切追捕，三人夜竄，爲賊所得，迫以僞命，稱病不應，俱爲賊所害。

豆盧瑑者，河東人。祖愿，父籍，皆以進士擢第。瑑，大中十三年亦登進士科。咸通末，累遷兵部員外郎，轉戶部郎中知制誥，召充翰林學士，正拜中書舍人。乾符中，累遷戶部侍郎、學士承旨。六年，與吏部侍郎崔沆同日拜平章事。宣制日，大風雷雨拔樹，左丞韋蟾與瑑善，往賀之。瑑言及雷雨之異，蟾曰：「此應相公爲霖作解之祥也。」瑑笑答曰：「霖何甚耶？」及巢賊犯京師，從僖宗出開遠門，爲盜所制，乃匿於張直方之家，遇害。識者以風雷不令之兆也。

弟瓚、璨，皆進士登第，累歷清要。瓚子革，中興位亦至宰輔。

史臣曰：近代衣冠人物，門族昌盛，從、瑑之後，實富名流。而彥曾屬徐亂之秋，胤接李亡之數，計則繆矣，天可逃乎？楊、劉、曹、畢諸族，門非世冑，位以藝升，伏膺典墳，俯拾青紫。而收得位求侈，以至敗名，行己飭躬，此爲深誡！杜氏三世輔相，太尉陷於橫流，臨難忘身，可爲流涕。

贊曰：漢代荀、陳，我朝崔、杜。有子有弟，多登宰輔。裴士改節，楊子敗名。膏粱移性，信而有徵。

校勘記

〔一〕以父憂免　「父憂」，新書卷一一四崔融傳作「母喪」。校勘記卷五九引張宗泰說：「上文既言少孤，則此句父憂二字當依新書作母喪。」

〔二〕澧州刺史　「澧」字各本原作「灃」，據本書卷四〇地理志、合鈔卷二二八崔珙傳改。

〔三〕大中　聞本作「太中」，餘各本作「太和」。校勘記卷五九說：「張本太和作大中，云下文云咸通升朝，大中與咸通時代相接。本作太和，未免相隔過遠。」據改。

〔四〕宣宗　各本原作「懿宗」，據新書卷一八三畢誠傳、通鑑卷二四九改。

舊唐書卷一百七十八

列傳第一百二十八

趙隱 弟騭 子光逢 光裔 光胤 張裼 子文蔚 濟美 貽憲
李蔚 子渥 洵 澤 崔彥昭 鄭畋 子凝績 盧攜 王徽

趙隱字大隱，京兆奉天人也。祖植。建中末朱泚之亂，德宗幸奉天，時倉卒變起，羽衞不集，數日間賊來攻城，植以家人奴客奮力拒守，仍獻家財以助軍賞，天子嘉之。賊平，咸寧王渾瑊辟爲推官，累遷殿中侍御史。貞元初，遷鄭州刺史。鄭滑節度使李融奏兼副使。十年，融病，軍府之政委於植。大將宋朝晏構三軍爲亂，中夜火發，植與監軍列卒待之。遲明，亂卒自潰，卽日誅斬皆盡。帝優詔嘉之，入爲衞尉少卿，三遷尙書工部侍郎。十七年，出爲廣州刺史、兼御史大夫、嶺南東道節度觀察等使，卒於鎭。子存約、滂。

存約，大和三年爲興元從事。是時軍亂，存約與節度使李絳方宴語，吏報：「新軍亂，突入府廨，公宜避之。」絳曰：「吾爲帥臣，去之安往？」麾存約令遁，存約曰：「荷公厚德，獲奉賓啗。背恩苟免，非吾志也。」卽欲部分左右拒賊，是日與絳同遇害。

隱以父罹非禍，泣守松楸十餘年，杜門讀書，不應辟命。會昌中，父友當權要，敦勉仕進，方應弓招，累爲從事。大中三年，應進士登第，累遷郡守、尙書郎、給事中、河南尹，歷戶、兵二侍郎，領鹽鐵轉運等使。咸通末，以本官同平章事，加中書侍郎，兼禮部尙書，進階特進，天水伯，食邑七百戶。

隱性仁孝，與弟騭尤稱友悌。少孤貧，弟兄力耕稼以奉親，造次不干親戚。既居宰輔，不以權位自高。退朝易衣，弟兄侍母左右。歲時伏臘，公卿大臣盈門通訊，而大臣及母之榮，無如其比。乾符中罷相，檢校兵部尙書、潤州刺史、浙西觀察等使。入爲太常卿，轉吏部尙書，累加尙書左僕射。廣明中卒。子光逢、光裔、光胤。

弟騭，亦以進士登第。大中末，與兄隱並踐省闥。咸通初，以兵部員外郎知制誥，轉郎中，正拜中書舍人。六年，權知貢舉。七，選士，多得名流，拜禮部侍郎、御史中丞，累遷華州刺史、潼關防禦、鎭國軍等使，卒。

光逢，乾符五年登進士第，釋褐鳳翔推官。入朝爲監察御史，丁父憂免。僖宗還京，授太常博士，歷禮部、司勳、吏部三員外郎，集賢殿學士，轉禮部郎中。景福中，以祠部郎中知制誥，尋召充翰林學士，正拜中書舍人、戶部侍郎、學士承旨。改兵部侍郎、尙書左丞，學士如故。乾寧三年，從駕幸華州，拜御史中丞，改禮部侍郎。劉季述廢立之後，宰相崔胤與黃門爭權，衣冠道喪。光逢移疾，退居洛陽，閉關却掃六七年。昭宗遷洛，起爲吏部侍郎，復爲左丞，歷太常卿。鼎沒於梁，累官至宰輔，封齊國公。

光裔，光啓三年進士擢第。乾寧中，累遷司勳郎中、弘文館學士，改膳部郎中、知制誥，賜金紫之服。兄弟對掌內外制命，時人榮之。季述廢立之後，光逢歸洛。光裔旅遊江表以避患，嶺南劉隱深禮之，奏爲副使，因家嶺外。

光胤，大順二年進士登第。天祐初，累官至駕部郎中。入梁，歷顯位。中興用爲宰輔。

張裼字公表，河間人。父君卿，元和中舉進士，詞學知名，累歷郡守。裼，會昌四年進士擢第，釋褐壽州防禦判官。于琮布衣時，客遊壽春，郡守待之不厚。裼以琮衣冠子，異禮遇之。琮將別，謂裼曰：「吾餉逆旅翁五十千，郡將之惠不登其數，如何？」裼方奉母，家貧，

適得俸絹五十匹，盡以遺琮，約曰：「他時出處窮達，交相卹也。」裼累辟太原掌書記。大中朝，琮爲翰林學士，俄登宰輔，判度支。琮召裼爲司勳員外郎、判度支，尋用爲翰林學士，轉郎中、知制誥，拜中書舍人、戶部侍郎、學士承旨。咸通末，琮爲韋保衡所構譴逐，裼坐貶封州司馬。保衡誅，琮得雪，裼量移入朝，爲太子賓客，遷吏部侍郎、京兆尹。乾符三年，出爲華州刺史。其年冬，檢校吏部尙書、鄆州刺史、天平軍節度觀察等使。四年，卒于鎭，時年六十四。子文蔚、濟美、貽憲。

文蔚，乾符二年進士擢第，累佐使府。龍紀初，入朝爲尙書郎。乾寧中，以祠部郎中知制誥，正拜中書舍人，賜紫。崔胤擅朝政，與蔚同年進士，尤相善，用爲翰林學士、戶部侍郎，轉兵部。從昭宗遷洛陽。輝王時，拜中書侍郎、平章事。入梁，卒。

濟美、貽憲，相繼以進士登第。貽憲覆試落籍，爲戶部巡官、集賢校理。

李蔚字茂休，隴西人。祖上公，位司農卿，元和初爲陝虢觀察使。父景素，大和中進士。蔚，開成末進士擢第，釋褐襄陽從事。會昌末調選，又以書判拔萃，拜監察御史，轉殿中監。大中七年，以員外郎知臺雜，尋知制誥，轉郎中，正拜中書舍人。咸通五年，權知禮

部貢舉。六年，拜禮部侍郎，轉尙書右丞。懿宗奉佛太過，常於禁中飯僧，親爲贊唄。以旃檀爲二高座，賜安國寺僧徹，逢八飯萬僧。蔚上疏諫曰：

臣聞孔丘聖者也，言則引周任之言；苻融賢者也，諫必稱王猛之議。誠以事求師古，詞貴達情。陛下自纘帝圖，克崇佛事，止當修外，未甚得中。臣略採本朝名臣啓奏之言，以證奉佛初終之要。

天后時，曾營大像，功費百萬，狄仁傑諫曰：「夫寶鉸殫于綴飾，瓌材竭于輪奐。功不使鬼，必在役人，物不天來，皆從地出，非苦百姓，物何以求？物生有時，用之無度，臣每思惟，實所悲痛。至如往在江表，像法盛興，梁武、簡文，施捨無限。及乎三淮沸浪，五嶺騰烟，列刹盈衢，無救危亡之禍；緇衣蔽路，豈益勤王之師？況近年以來，風塵屢擾，水旱失節，征役稍繁。必若多費官財，又苦人力，一隅有難，將何以救？」此切當之言一也。

中宗時，公主外戚，奏度僧尼，姚崇諫曰：「佛不在外，求之于心。佛圖澄最賢，無益於後趙；羅什多藝，不救於姚秦。何充、苻融，皆遭敗滅；齊襄、梁武，未免災殃。但志發慈悲，心行利益，若蒼生安樂，卽是佛身。」此切當之言二也。

睿宗爲金仙、玉眞二公主造二道宮，辛替否諫曰：「自夏已來，淫雨不解，穀荒于壠，麥爛于場。入秋已來，亢旱爲災，苗而不實，霜損蟲暴，草菜枯黃，下人咨嗟，未加賑貸。陛下愛兩女而造兩觀，燒瓦運木，載土塡沙。道路流言，皆云用錢百萬。陛下聖人也，遠無不知；陛下明君也，細無不見。旣知且見，知倉有幾年之儲？庫有幾年之帛？知百姓之間可存活乎？三邊之士可轉輸乎？今發一卒以扞邊陲，追一兵以衞社稷，多無衣食，皆帶饑寒，賞賜之間，迥無所出。軍旅驟敗，莫不由斯。而陛下破百萬貫錢，造不急之觀，以賈六合之怨，以違萬人之心。」此切當之言三也。

替否又諫造寺曰：「釋教以清淨爲基，慈悲爲主。常體道以濟物，不利己而害人；每去己以全眞，不營身以害教。今三時之月，築山穿池，損命也；殫府虛藏，損人也；廣殿長廊，營身也。損命則不慈悲，損人則不濟物，營身則不清淨。豈大聖至神之心乎？佛書曰：『一切有爲法，如夢幻泡影，如露亦如電。』臣以爲減雕琢之費以賑貧人，是有如來之德；息穿掘之苦以全昆蟲，是有如來之仁；罷營葺之直以給邊陲，是有湯武之功；迴不急之祿以購清廉，是有唐虞之治。陛下緩其所急，急其所緩，親未來而疏見在，失眞實而冀虛無。重俗人之所爲，輕天子之功業，臣實痛之。」此切當之言四也。

臣觀仁傑，天后時上公也；姚崇，開元時賢相也；替否，睿宗之直臣也。臣每覽斯言，未嘗不廢卷而太息，痛其言之不行也。伏以陛下深重緇流，妙崇佛事，其爲樂善，實邁前蹤。但細詳時代之安危，渺鑒昔賢之敷奏，則思過半矣，道遠乎哉！臣過忝渥恩，言虧匡諫，但舉從繩之義，少裨負扆之明。營繕之間，稍宜停減。

優詔嘉之。尋拜京兆尹、太常卿。

尋以本官同平章事，加中書侍郎，與盧攜、鄭畋同輔政。罷相，出爲襄州刺史、山南東道節度使。入爲吏部尙書，加檢校尙書右僕射、汴州刺史、宣武軍節度觀察等使。咸通十四年，轉揚州大都督府長史、淮南節度副大使知節度事。乾符三年受代，百姓詣闕乞留一年，從之。四年，復爲吏部尙書，尋遷檢校司空、東都留守、東畿汝都防禦使。六年，河東軍亂〔一〕，殺崔季康，詔以邠寧李侃鎭太原，軍情不伏。以蔚嘗爲太原從事，軍民懷之，八月，以蔚爲太原尹、北都留守、河東節度觀察等使。其年十月到鎭，下車三日，暴病卒。弟綰，從兄繪，累官至刺史。蔚三子：渥、洵、澤。

渥，咸通末進士及第，釋褐太原從事，累拜中書舍人、禮部侍郎。光化三年，選貢士。洵至福建觀察使。

崔彥昭字思文，清河人。父豈。彥昭，大中三年進士擢第，釋褐諸侯府。咸通初，累遷兵部員外郎，轉郎中、知制誥，拜中書舍人，再遷戶部侍郎，判本司事。

彥昭長於經濟，儒學優深，精於吏事。前治數郡，所莅有聲，動多遺愛。十年，檢校禮部尙書、孟州刺史、河陽懷節度使，進階金紫。十二年正月，加檢校刑部尙書、太原尹、北都留守、河東節度管內觀察等使。時徐、泗用兵之後，北戎多寇邊，沙陀諸部動干紀律。彥昭柔以恩惠，來以兵威，三年之間，北門大治，軍民歌之。考滿受代，耆老數千詣闕乞留，詔報曰：「彥昭早著令名，累更劇任。入司邦計，開張用經緯之文；出統藩維，撫馭得韜鈐之術。自臨幷部，隱若長城。但先和衆安人，不欲恃險與馬。遂致三軍百姓，瀝懇同詞，備述政能，唯恐罷去。顧茲重鎭，方委長材。旣獲便安，未議移替，想當知悉。」

僖宗卽位，就加檢校吏部尙書。時趙隱、高璩知政事，與彥昭同年進士，薦彥昭長於治財賦。十五年三月，召爲吏部侍郎，充諸道鹽鐵轉運使。乾符初，以本官同平章事、判度支。

先是，楊收、路巖、韋保衡皆以朋黨好賂得罪，蕭倣秉政，頗革前弊。而彥昭輔政數月，百職斯舉，察而不煩，士君子稱之。二年，因其轉官，僖宗誡曰：

彥昭歷試有勞，僉諧無愧，涉於六月，秉是一心。修乃文可以興文教，勵乃武可以成武功。重整前規，兩司大計，清能壁立，政乃風行。姦欺屏絕於多歧，請託銷摧於正議。不煩內庫，有助涓毫；不假外藩，有進絲髮。軍食所入，餘剩於明年；郊廟所供，克辦於今歲。頗符神化，眞謂廟謀。不有良臣，安能富國？宜酬勳於黃閣，俾正位於紫垣。敬服誠詞，永堅茂業。嗚呼！秉鈞之道，何所難哉；覆車之塗，近已多矣！與其樹黨，不若修身；與其收恩，不如秉直。買暫勝者貽其永敗，沽小智者囊其大愚。不貴及人，唯爭自我，初誠潤屋，尋以危家，金玉滿堂，莫之能守，縱經營而得位，用枉撓而當辜。唯爾選自朕心，探於人望。宜詔既畢，閑門未知，來遂奔車，退無私謝。獨推元老，曾請急徵，以守道而自臻，實榮親之最重。爾其堅持正直，允執規程。但畏幽陰，必歸公當。甘言可憚，敍往可嗤。獎善須明，懲姦須銳。利於人者，雖難必舉；利於己者，雖易勿爲。頻念孤寒，每思耕織。常自勤於數事，便有望於中興。彰朕知臣，在卿匡國，必使恩從下布，法自上行。但立直標，終無曲影。苟致我於堯、舜，亦比爾於皐、夔。可中書侍郎，依前判度支事。

彥昭事母至孝，雖位居宰輔，退朝侍膳，與家人雜處，承奉左右，未嘗高言。歲時慶賀，公卿拜席，時人榮之。累遷門下侍郎，兼刑部尚書，充太淸宮使、弘文館大學士。與鄭畋、

李蔚同知政事，三加兼官，皆領度支如故。進階特進，累兼尚書右僕射。罷相，歷方鎭，以太子太保分司卒。子保謙。

鄭畋字台文，滎陽人也。曾祖鄰、祖穆、父亞，並登進士第。亞字子佐，元和十五年擢進士第，又應賢良方正、直言極諫制科，吏部調選，又以書判拔萃；數歲之內，連中三科。聰悟絕倫，文章秀發。李德裕在翰林，亞以文干謁，深知之。出鎭浙西，辟爲從事。累屬家艱，人多忌嫉，久之不調。會昌初，始入朝爲監察御史，累遷刑部郎中。中丞李回奏知雜，遷諫議大夫、給事中。五年，德裕罷相鎭渚宮，授亞正議大夫，出爲桂州刺史、御史中丞、桂管都防禦經略使。大中二年，吳汝納訴冤，德裕再貶潮州，亞亦貶循州刺史，卒。

畋年十八，登進士第，釋褐汴宋節度推官，得祕書省校書郎。二十二，吏部調選，又以書判拔萃授渭南尉、直史館事。未行，亞出桂州，畋隨侍左右。大中朝，白敏中、令狐綯相繼秉政十餘年，素與德裕相惡，凡德裕親舊多廢斥之；畋久不偕於士伍。咸通中，令狐綯出鎭，劉瞻鎭北門，辟爲從事。入朝爲虞部員外郎。右丞鄭薰，令狐之黨也，摭畋舊事覆奏，不放入省，畋復出爲從事。五年，入爲刑部員外郎，轉萬年令。九年，劉瞻作相，薦爲翰林學士，轉戶部郎中。

畋以久罹擯棄，幸承拔擢，因授官自陳曰：「臣十八進士及第，二十二書判登科。此時結綬王畿，便貯青雲之望。洎一沉風水，久換星霜，厭外府之罇罍，渴明庭之禮樂。咸通五年，方始登朝。若匪遭逢聖君，無以發揚幽迹。臣任刑部員外郎日，累於閤內對敭，去冬蒙擢宰萬年，又得延英中謝。傾藿幸依於白日，捨盆終覩於青天。昨以京縣浩穰，苦心爲政，疲羸粗息，強禦無蹤。方專宰字之心，用副憂勤之化。陛下過垂採聽，超授恩榮，擢於百里之中，致在三淸之上。纔超翰苑，遽改郎曹。」

尋加知制誥，又自陳曰：「臣會昌二年進士及第，大中首歲，書判登科。其時替故昭義節度使沈詢作渭南縣尉；兩考罷免，楊收以結綬替臣。詢則備歷顯榮，歿經數載；收則寵極台輔，絀已三年。臣則外困賓筵，內甘散秩，仰窺霄漢，空歎雲泥。雖云賦命屯奇，實以遭人排忌。」其因事自洗滌如此。

俄遷中書舍人。十年，王師討徐方，禁庭書詔旁午，畋灑翰泉涌，動無滯思，言皆破的，同僚閣筆推之。尋遷戶部侍郎。龐勛平，以本官充承旨。畋以德望先達，淪滯久之。既冠禁庭，當爲宰輔，因謝承旨自陳曰：「禁林素號淸嚴，承旨尤稱峻重。偏膺顧問，首冠英賢。

今之宰輔四人，三以此官騰躍，其爲盛美，更異尋常。豈謂凡流，繼茲芳躅，臣所以憂不稱承旨之任也。至若繼劉瞻之愼密，守保衡之規程，瀝懇事君，披肝翊聖，以貞方爲介胄，用忠信作藩籬。丹青帝文，金玉王度，臣亦不敢讓承旨之職。況沉舟墜羽，因聖主發揚，有薄藝微才，受鴻恩知遇。再周寒暑，六忝官榮，由郎吏以至於貳卿，自末僚而遷於上列。」其切於大用如此。

其年八月，劉瞻以諫囚醫工宗族罷相，出爲荆南節度使。畋草制過爲美詞，懿宗省之甚怒，責之曰：「畋頃以行跡玷穢，爲時棄捐，朝籍周行，無階踐歷。竟因由徑，遂致叨居，塵忝既多，狡蠹尤甚。且居承旨，合體朕懷。一昨劉瞻出藩，朕豈無意？爾次當視草，過爲美詞。逞譎詭於筆端，籠愛憎於形內。徒知報瞻欸唖之惠，誰思蔑我拔擢之恩。載詳言僞而堅，果明同惡相濟。人之多僻，一至於斯！宜行竄逐之科，用屏回邪之黨。可梧州刺史。」

僖宗卽位，召還，授右散騎常侍，改兵部侍郎。乾符四年，還吏部侍郎，尋降制曰：「頃者時鬱正途，權歸邪幸。爾畋執心無惑，秉節被讒，徵復鴛行，愈洽人望。旣負彌綸之業，宜居輔弼之司。可本官同平章事。」僖宗上尊號禮畢，進加中書侍郎，進階特進，轉門下侍郎，兼禮部尚書、集賢殿大學士。

五年，黃巢起曹、鄆，南犯荆、襄，東渡江、淮，衆歸百萬，所經屢陷郡邑。六年，陷安南府據之，致書與浙東觀察使崔璆，求鄆州節鉞。璆言賊勢難圖，宜因授之，以絕北顧之患，天子下百僚議。初黃巢之起也，宰相盧攜以浙西觀察使高駢素有軍功，奏爲淮南節度使，令扼賊衝，尋以駢爲諸道行營都統。及崔璆之奏，朝臣議之。有請假節以紓患者，畋採羣議，欲以南海節制縻之。攜以始用高駢，欲立奇功以圖勝。攜曰：「高駢將略無雙，淮土甲兵甚銳。今諸道之師方集，蕞爾纖寇，不足平殄。何事捨之示怯，而令諸軍解體耶！」畋曰：「巢賊之亂，本因饑歲。人以利合，乃至實繁，江、淮以南，薦食殆半。國家久不用兵，士皆忘戰，所在節將，閉門自守，尚不能枝。不如釋咎包容，權降恩澤。彼本以饑年利合，一遇豐歲，孰不懷思鄉土？其衆一離，則巢賊几上肉耳，此所謂不戰而屈人兵也。若此際不以計攻，全恃兵力，恐天下之憂未艾也。」羣議然之，而左僕射于琮曰：「南海有市舶之利，歲貢珠璣。如令妖賊所有，國藏漸當廢竭。」上亦望駢成功，乃依攜議。及中書商量制敕，畋曰：「妖賊百萬，橫行天下，高公遷延玩寇，無意翦除，又從而保之，彼得計矣。國祚安危，在我輩三四人畫度。公倚淮南用兵，吾不知稅駕之所矣。」攜怒，拂衣而起，袂染於硯，因投之。僖宗聞之怒，曰：「大臣相詬，何以表儀四海？」二人俱罷政事，以太子賓客分司東都。

廣明元年，賊自嶺表北渡江、浙，虜崔璆，陷淮南郡縣。高駢止令張璘控制衝要，閉

壁自固。天子始思畋前言，二人俱徵還，拜畋禮部尚書。尋出爲鳳翔隴右節度使。是冬，賊陷京師，僖宗出幸。畋聞難作，候駕於斜谷迎謁，垂泣曰：「將相悞陛下，以至於此。臣實罪人，請死以懲無狀。」上曰：「非卿失也。朕以狂寇凌犯，且駐蹕興元，卿宜堅扼賊衝，勿令滋蔓。」畋對曰：「臣心報國，死而後已，請陛下無東顧之憂。然道路艱虞，奏報梗澀，臨機不能遠稟聖旨，願聽臣便宜從事。」上曰：「苟利宗社，任卿所行。」畋還鎮，蒐乘補卒，繕修戎仗，濬飾城壘。盡出家財以散士卒。晝夜如臨大敵。

中和元年二月，賊將尚讓、王璠率衆五萬，欲攻鳳翔，畋預知賊至，令大將李昌言等伏於要害。賊以畋儒者，必不能拒，步騎長驅，部伍不整。畋以銳卒數千，陳于高岡，虛立旗幟，延袤數里。距賊十餘里，伐鼓而陣。賊不之測衆寡，始欲列卒而陣，後軍未至，而昌言等發伏擊之，其衆大撓。日既晡矣，岐軍四合，追擊於龍尾陂，賊委兵仗自潰，斬馘萬計，得其鎧仗，岐軍大振。天子聞之，謂宰相曰：「予知畋不盡，儒者之勇，甚慰予懷。」即授畋檢校尚書左僕射、同平章事，充京西諸道行營都統。

時畿內諸鎮禁軍尚數萬，賊巢汙京師後，衆無所歸，畋承制招諭，諸鎮將校皆萃岐陽。畋分財以結其心，與之盟誓，期匡王室。又傳檄天下曰：

鳳翔隴右節度使、檢校尚書左僕射、同中書門下平章事、充京西諸道行營都統、上

柱國、滎陽郡開國公、食邑二千戶鄭畋，移檄告諸藩鎮、郡縣、侯伯、牧守、將吏曰：夫屯亨有數，否泰相沿，如日月之蔽虧，似陰陽之愆伏。是以漢朝方盛，則莽、卓肆其姦凶；夏道未衰，而羿、浞騁其殘酷。不無僭越，尋亦誅夷。即知妖孽之生，古今難免。代有忠貞之士，力爲匡復之謀。我國家應五運以承乾，躡三王之垂統，綿區飲化，匝宇歸仁。十八帝之鴻猷，銘於神鼎；三百年之睿澤，播在人謠。加以政尚寬弘，刑無枉濫，翼翼勤行於王道，孜孜務恤於生靈。足可傳寶祚於無窮，御瑤圖於不朽。

近歲螟蝗作害，旱暵延災，因令無賴之徒，遽起亂常之暴，雖加討逐，猶肆猖狂。草賊黃巢，奴僕下才，豺狼醜類。寒耕熱耨，不勵力於田疇；媮食靡衣，務偷生於剽奪。結連凶黨，驅迫平人，始擾害於里閭，遂侵凌於郡邑。屬以藩臣不武，戎士貪財，徒加討逐之名，竟作遷延之役。致令滋蔓，累有邀求。聖上愛育情深，含弘道廣，指萬方而罪己，用百姓以爲心。假以節旄，委之藩鎮，冀其悛革，免困疲羸。而殊無犬馬之誠，但恣蟲蛇之毒。剽掠我征鎮，覆沒我京都，凌辱我衣冠，屠殘我士庶。視人命有同於草芥，謂大寶易取如弈棋。而乃竊據宮闈，僞稱名號，爛羊頭而拜爵，續狗尾以命官，燕巢幕以誇安，魚在鼎而猶戲。殊不知五侯拗怒，期分項羽之屍；四塚既成，待葬蚩尤之骨。猶復廣侵田宅，濫瀆貨財，比谿壑以難盈，類烏鳶而縱攫。茫茫赤縣，僅同

夷貊之鄉；惴惴黔黎，若在狴牢之內。固已人神共怒，行路傷心。

畋謬領藩垣，榮兼將相，每枕戈而待旦，常泣血以忘餐，誓與義士忠臣，共翦狐鳴狗盜。近承詔命，會合諸軍。皇帝親御六師，即離三蜀，霜戈萬隊，鐵馬千羣，雕虎嘯以風生，應龍驤而雲起。淮南高相公，會關東諸道百萬雄師，計以夏初，會於關內。畋與涇原節度使程宗楚、秦州節度使仇公遇等，已驅組練，大集關畿，爭麾隴右之蛇矛，待掃關中之蟻聚。而吐蕃、党項以久被皇化，深憤國讎，願以沙漠之軍，共獻盪平之捷。此際華戎合勢，藩鎮連衡，旌旗煥爛於雲霞，劍戟晶熒於霜雪。莫不持纓待試，賈勇爭先，思垂竹帛之功，誓雪朝廷之恥。矧茲殘孽，不足殄除。況諸道世受國恩，身縻好爵，皆貯匡邦之略，咸傾致主之誠。自函、洛構氛，鑾輿避狄，莫不指銅駝而眥裂，望玉壘以魂銷。聞此勤王，固宜投袂。更希憤激，速殄寇讎。永圖社稷之勳，以報君親之德，迎鑾反正，豈不休哉。

時駕在坤維，音驛阻絕，以爲朝廷無能復振。及畋傳檄，諸藩聳動，各治勤王之師，巢賊聞之大懼。自是賊騎不過京西。當時非畋扼賊之衝，褒、蜀危矣。尋進位檢校司空。

其年冬，畋暴病，以岐山方禦賊衝，宜須驍將鎮守，表薦大將李昌言，詔可之。詔畋赴行在。二年正月至成都，以王鐸代畋將兵收復。畋尋以僕射平章事，以疾，久之不拜，累表

乞解機務。二年多，罷相，授太子少保。僖宗以畋子給事中凝績爲隴州刺史，詔待畋就郡養疾，薨於郡舍，時年五十九。

光啓末，李茂貞授鳳翔節度使。畋會兵時，茂貞爲博野軍小校在奉天，畋盡召其軍至岐下，以茂貞勤於軍旅，甚奇之，委以遊邏之任。至是，茂貞思畋獎待之恩，上表論之曰：

臣伏見當道故檢校司空、同平章事鄭畋，瑞應星精，祥開月角，建洪鑪於聖代，成庶績於明時。鳳毛方浴於春池，龍節忽移於右輔。旋以羣凶嘯聚，萬蝟鋒攢，蒼黃而玉輅省方，次第而金門徹鑰。九州相望，初猶豫以從風；百辟無歸，半狐疑而委質。而畋衝冠怒髮，投袂治兵，羅劍戟於罇前，練貔貅於閫外。坎牲誓衆，釁鼓出師，馳羽檄於四方，暢皇威於萬里。身維地軸，決橫流而盡入東溟；手正天關，掃妖星而重拿北極。及至囊沙滅竈，伐鼓揚旌，四凶方侈於獸心，一陣盡塗於龍尾。大振建瓴之捷，只於反掌之間。不期天柱朝摧，將星夜隕，竹帛徒書於茂烈，松楸未煥於易名。臣始仕從戎，爰承指顧，稟三令五申之戒，預一匡九合之謀。今則謬以微功，獲居重鎮。尋武侯之遺愛，城壘宛然；念叔子之高蹤，涕零何極？伏冀特加贈謚，以慰泉扃。

昭宗嘉之，詔贈司徒，謚曰文昭。

畋文學優深，器量弘恕，美風儀，神彩如玉，尤能賦詩。與人結交，榮悴如一。始爲員

外郎，爲鄭薰不放省上，畋不以爲憾。及畋作相，薰子爲郎，畋特獎拔爲給事中，列曹侍郎。其以德報怨，多此類也。子凝績，景福中歷刑部、戶部侍郎。

盧攜字子升，范陽人。祖損。父求，寶曆初登進士第，應諸府辟召，位終郡守。攜，大中九年進士擢第，授集賢校理，出佐使府。咸通中，入朝爲右拾遺、殿中侍御史，累轉員外郎中、長安縣令、鄭州刺史。召拜諫議大夫。乾符初，以本官召充翰林學士，拜中書舍人。乾符末[一]，加戶部侍郎、學士承旨。四年，以本官同中書門下平章事，累加門下侍郎，兼兵部尚書、弘文館大學士。

五年，黃巢陷荆南、江西外郛及虔、吉、饒、信等州，自浙東陷福建，遂至嶺南，陷廣州，殺節度使李岧，遂抗表求節鉞。初，王仙芝起河南，攜舉宋威、齊克讓、曾衮等有將略，用爲招討使。及宋威殺尚君長，致賊充斥，朝廷遂以宰臣王鐸爲都統，攜深不悅。浙帥崔璆等上表，請假黃巢廣州節鉞，上令宰臣議。攜以王鐸爲統帥，欲激怒黃巢，堅言不可假賊節制，止授率府率而已。與同列鄭畋爭論，投硯於地。由是兩罷之，爲太子賓客分司。

六年，高駢大將張驎頻破賊。攜素待高駢厚，常舉可爲統帥。天子以駢立功，復召攜輔政。及王鐸失守，罷都統，以高駢代之。由是自潼關以東，汝、陝、許、鄭、汴、滑、青、兗皆易帥。王鐸、鄭畋所授任者皆易之。攜內倚田令孜，外以高駢爲援，朝廷大政，高下在心。時攜病風，精神恍惚。政事可否，皆決於親吏溫季修，貨賄公行。及賊擾淮南，張驎被殺，而許州逐帥，溵水兵潰，朝廷震懼，皆歸罪於攜。及賊陷潼關，罷攜相，爲太子賓客，是夜仰藥而死。

子晏，天祐初爲河南縣尉，爲柳璨所殺。

王徽字昭文，京兆杜陵人，其先出於梁魏。魏爲秦滅，始皇徙關東豪族實關中，魏諸公子徙於霸陵。以其故王族，遂爲王氏。後周同州刺史熊，徽之十代祖，葬咸陽之鳳岐原，子孫因家焉。曾祖擇從兄易從，天后朝登進士第。從弟明從、言從，睿宗朝並以進士擢第。昆仲四人，開元中三至鳳閣舍人，故時號「鳳閣王家」。其後，易從子定，定子逢，逢弟仲周，定兄密，密子行古，行古子收，收子超，皆以進士登第。王氏自易從已降，至大中朝登進士科者一十八人，登臺省，歷牧守、賓佐者三十餘人。擇從，大足三年登進士第，先天中又應賢良方正制舉，升乙第，再遷京兆士曹參軍，充麗正殿學士。祖察，至德二年登進士第，位

終漣州刺史。父自立，位終緱氏令。

徽大中十一年進士擢第，釋褐祕書省校書郎。戶部侍郎沈詢判度支，辟爲巡官。宰相徐商領鹽鐵，又奏爲參佐。時宣宗詔宰相於進士中選子弟尚主[二]，或以徽籍上聞。徽性沖澹，遠勢利，聞之憂形於色。徽登第時，年踰四十，見宰相劉瑑哀祈，具陳年已高矣，居常多病，不足以塵汚禁臠。瑑於上前言之方免。從令狐綯歷宣武、淮南兩鎭掌書記，得大理評事。召拜右拾遺，前後上疏論事二十三，人難言者必犯顏爭之，人士翕然稱重。會徐商罷相鎭江陵，以徽舊僚，欲加奏辟而不敢言。徽探知其旨，即席言曰：「僕在進士中，荷公重顧，公佩印臨戎，下官安得不從？」商喜甚，奏授殿中侍御史，賜緋，荆南節度判官。高湜時持憲綱，奏爲侍御史知雜，兼職方員外郎，轉考功員外。時考簿上中下字朱書，吏緣爲姦，多有措改。徽白僕射，請以墨書，遂絕姦吏之弊。宰相蕭倣以徽明於吏術，尤重之。乾封初[三]，遷司封郎中、長安縣令。學士闕人，倣用徽爲翰林學士，改職方郎中、知制誥，正拜中書舍人。延英中謝，面賜金紫，遷戶部侍郎、學士承旨。改兵部侍郎、尚書左丞，學士承旨如故。

廣明元年十二月三日，改戶部侍郎、同平章事。是日，黃巢入潼關，其夜僖宗出幸。徽與同列崔沆、豆盧瑑、僕射于琮，至曙方知車駕出幸，遂相奔馳赴行在。徽夜落荆榛中，墜

於崖谷，爲賊所得，追還京師。將授之僞命，徽示以足折口瘖，雖白刃環之，終無懼色。賊令輿歸第，命醫工視之。月餘，守視者稍怠，徽乃雜於負販，竄之河中，遣人間道奉絹表入蜀。天子嘉之，詔授光祿大夫，守兵部尚書。將赴行在，尋詔徽以本官充東面宣慰催陣使。時王鐸都統行營兵馬在河中，累年未能破賊。徽與行營都監楊復光謀，赦沙陀三部落，令赴難。其年夏，代北軍至，決戰累捷，收復京師，以功加尚書右僕射。

光啓中，潞州軍亂，殺其帥成麟，以兵部侍郎鄭昌圖權知昭義軍事。時孟方立割據山東三州，別爲一鎮。上黨支郡唯澤州耳，而軍中之人多附方立，昌圖不能制。宰相奏請以重臣鎮之，乃授徽檢校尚書左僕射、同平章事、潞州大都督府長史、澤潞邢洺磁觀察等使。時鑾輅未還，關東聚盜。而河東李克用與孟方立方爭澤潞。以朝廷兵力必不能加，上表訴之曰：

臣聞量才授任，本切於安人；奉上推忠，莫先於體國。臣早逢昌運，備歷華資，止仗竭誠，幸無躁迹。六年內置，雖叨侍從之榮；一日台司，未展匡扶之志。敢忘急病，用副憂勤。況重鎮兵符，元戎相印，特膺寵寄，出自宸衷，豈合憚勞，更陳衷款。但以鄭昌圖主留累月，將結深根；孟方立專據三州，轉成積釁。招其外則潞人胥怨，撫其內則邢將益疑。禍方熾於既焚，計奈何於已失。須觀勝負，乃決安危。欲違命而勇

行，則寢興百慮；思奉身而先退，則事體兩全。伏乞聖慈，博求廷議，擇其可付，理在從長。免徽臣負懷寵之譏，使上黨破必爭之勢。觸藩知難，庶無愧於前言；報國圖功，豈無伸於此日。

天子乃以昌圖鎮之，以徽爲諸道租庸供軍等使，餘官如故。

時京師收復之後，宮寺焚燒，園陵毀廢，故車駕久而未還，乃以徽爲大明宮留守、京畿安撫制置修奉園陵等使。徽方治財賦，又兼制置，王畿之人，大半流喪，乃招合遺散，撫之如子。數年之間，版戶稍葺，東內齋閣，繕完有序。徽拜表請車駕還京曰：「昨者狂寇將逃，延災方甚。而端門鳳時，鎮福地而獨存；王氣龍盤，鬱祥烟而不散。足表宗祧降祉，臨御非遙。今雖初議修崇，未全壯麗，式示卑宮之儉，更凝馭道之尊。且肅宗纔見捷書，便離岐下；德宗雖當盛暑，不駐漢中。故事具存，昌期難緩，願迴鑾輅，早復京師。臣謬以散材，叨膺重寄，閉閤深念，拜章累陳。審時事之安危，繫廟謀之得失。臣雖隨宜制置，竭力撫綏，如或鑾駕未迴，必恐人心復散。縱成徽劾，終負殊私。勢有必然，理宜過慮。以茲淹駐，轉失機宜。實希永挂宸聰，亟還淸蹕。」帝深嘉納，進位檢校司空、御史大夫，權知京兆尹事。

中外權臣，遣人治第京師。因其亂後，多侵犯居人，百姓告訴相繼。徽不避權豪，平之以法。由是殘民安業，而權幸側目惡其強，乃以其黨薛杞爲少尹，知府事。杞方居父喪，徽執奏不令入府。權臣愈怒，奏罷徽使務，以本官徵赴行在。尋授太子少師，移疾退居蒲州，滿十旬，請罷。僖宗還宮，復授太子少師，疾，未任朝謁。宰相以徽怨望，奏貶集州刺史，徽乃輿疾赴貶所。不旬日，沙陀逼京師，僖宗出幸寶雞，而軍容田令孜得咎。天子以徽無罪，召拜吏部尚書，封琅邪郡侯，食邑千戶。徽將赴行在，而襄王僭僞。邠、岐兵士，追逼乘輿，天子幸漢中，徽不能進。李熅僞制至河中府，召徽赴闕。徽託以風疾，不能步履。熅將僭號，逼內外臣僚署奢狀，徽稱臂緩，不能秉筆，竟不署名。

朱玫既誅，天子自褒中還至鳳翔，召徽拜御史大夫。車駕還宮，徽上章，以足膝風痺，不任朝拜，乞除散秩，復授太子少師。及便殿中謝，昭宗顧瞻進對，曰：「王徽神氣尚強，安可自便？」乃改授吏部尚書。大亂之後，銓選失緒，吏爲姦蠹，有重疊補擬者。徽從初注授，便置手曆，一一檢視，人無擁滯，內外稱之。進位檢校司空，守尚書右僕射。大順元年十二月卒，贈太尉，謚曰貞。子三人：椿、樗、㭎。

史臣曰：議兵之難，古無百勝。蓋以行權制變，法斷在於臨機；出奇無窮，擊實懸於中的。昔晉國之平孫皓，賈公閭堅沮渡江；吳人欲拒曹瞞，張輔吳終慚失策。彼之賢俊，未

免悔尤。況盧子昇平代書生，素迷軍志，只保高駢之平昔，不料高駢之苞藏，以至力困黃巢，毒流赤縣，絕吭仰藥，何所補焉？台文氣激壯圖，志攄宿憤，慷慨奮衆，叱咤臨戎，竟扼賊喉，以康天步，謂之不武，斯焉取斯？崔、趙以鼎職奉親，天倫並達，積慶垂裕，播美士林。徽志吐盜泉，脫身虎口，功名不墜，君子多之。

贊曰：武以伸威，謀以制敵。何必臨戎，陳師衽席。高駢玩寇，盧攜保姦。聖斷一悞，崎嶇劍山。

校勘記

〔一〕河東軍亂　「河東」，各本原作「河南」，據本書卷一九下僖宗本紀改。

〔二〕乾符末　按乾符共六年，下文有「四年」，此處不應爲「乾符末」，疑有誤。

〔三〕時宣宗詔宰相於進士中選子弟尙主　「宣宗」，各本原作「懿宗」，新書卷一八五王徽傳作「宣宗」。按王徽於宣宗大中十一年進士及第，十二年正月劉瑑同平章事，五月瑑卒，則徽見瑑乞免尙主，當在宣宗時。據改。

〔四〕乾封初　乾封爲高宗年號，徽爲大中、大順間人，大中後有咸通、乾符、廣明等年號，疑此「乾封」爲「乾符」之誤。

舊唐書卷一百七十九

列傳第一百二十九

蕭遘 弟蘧　孔緯 子崇弼　韋昭度　崔昭緯　張濬　朱朴
鄭綮　劉崇望 兄崇龜　弟崇魯　崇謨　徐彥若 父商　弟彥樞　子綰
陸扆　柳璨 弟瑊　瑀

蕭遘，蘭陵人。開元朝宰相太師徐國公嵩之四代孫〔一〕。嵩生衡。衡生復，德宗朝宰相。復生湛。湛生寘，咸通中宰相。寘生遘，以咸通五年登進士第，釋褐祕書省校書郎、太原從事。入朝爲右拾遺，再遷起居舍人。與韋保衡同年登進士第，保衡以幸進無藝，同年門生皆薄之。遘形神秀偉，志操不羣，自比李德裕，同年皆戲呼「太尉」，保衡心銜之。及保衡作相，掎遘之失，貶爲播州司馬。途經三峽，維舟月夜賦詩自悼，慮保衡見害，遽有神人謂之曰：「相公勿憂，予當禦侮奉衞。」遘心異之。過峽州，經白帝祠，即所覩之神人也。保

衡誅，以禮部員外郎徵還，轉考功員外郎、知制誥。乾符初，召充翰林學士，正拜中書舍人，累遷戶部侍郎、翰林承旨。

黃巢犯闕，僖宗出幸，以供饋不給，須近臣掌計，改兵部侍郎、判度支。中和元年三月，自襃中幸成都，次綿州。以本官同平章事，加中書侍郎，累兼吏部尚書、監修國史。

遘少負大節，以經濟爲己任，洎處台司，風望尤峻，奏對朗拔，天子器之。光啓初，王綱不振。是時天下諸侯，半出羣盜，強弱相噬，怙衆邀寵，國法莫能制。有李凝古者，從支詳爲徐州從事，詳爲衙將時溥所逐，而賓佐陷於徐。及溥爲節度使，因食中毒，而惡凝古者譖之，云爲支詳報讎行酖，溥收凝古殺之。凝古父損，時爲右常侍，溥上章披訴，言損與凝古同謀。內官田令孜受溥厚賂，曲奏請收損下獄。中丞盧渥附令孜，鍛鍊其獄。侍御史王華嫉惡，堅執奏證損無罪。令孜怒，奏移損付神策獄按問，王華拒不奉詔，奏曰：「李損位居近侍，當死卽死，安可取辱於黃門之手？」遘非時進狀，請開延英，奏曰：「李凝古行酖之謀，其事曖昧，已遭屠害，今不復論。李損父子相別三四年，音問斷絕，安得誣罔同謀？時溥恃勳壞法，凌蔑朝廷，而抗表請按侍臣，悖戾何甚？厚誣良善，人皆痛心。若李損羅織而誅，行當便及臣等。」帝爲之改容，損得免，止於停任。

時田令孜專總禁軍，公卿僚庶，無不候其顏色，唯遘以道自處，未嘗屈降。是年冬，令

孜奏安邑兩池鹽利，請直屬禁軍。王重榮上章論列，乃奏移重榮別鎭。重榮不受，令孜請率禁軍討之。重榮求援於太原，李克用引軍赴之，拒戰沙苑，禁軍大敗，逼京城。僖宗懼，出幸鳳翔。諸藩上章抗論令孜生事，離間方面。遘素惡令孜，乃與裴澈致書召朱玫。玫以邠州之軍五千迎駕，仍與河中、太原修睦，請同匡王室。由是，諸鎭繼上章，請駕還京。令孜聞玫軍至，迫脅天子幸陳倉。時僖宗倉卒出城，夜中百官不及扈從，玫怒令孜弄權，又以天子不諒其忠，語辭怨望，乃訴于遘曰：「主上六年奔播，百端艱險。中原士庶，與賊血戰，肝腦塗地，十室九空。比至收復京都，十亡七八。殘民遺老，方喜車駕歸宮。主上不念生靈轉輸之勞，甲士血戰之效，將勤王之功業，爲敕使之寵榮，而更志在亂邦，與國生事，召戎結怨，不自他人。昨奉指蹤，徑來奔問，不蒙見信，翻類脅君。古者忠而獲罪，正如此也。吾等報國之心極矣，戰賊之力殫矣，安能垂頭疊翼，喘喘於閹寺之手哉！春秋之義，喪君有君。相公徐思其宜，改圖可也。」遘曰：「主上臨御十餘年，未聞過行。比來喪亂播越，失於授任非才。近年令孜掣肘，動不如意，上每言之，流涕不已。昨去陳倉，上無行意，令孜陳兵帳下，列卒階前，造次迫行，不容俟且。靜言此賊，罪不容誅。至尊之心，孰不深鑒？足下乃心王室，止有歸兵還鎭，拜表迎鑾，德業功名，益光圖史。捨此已往，理或未安。改圖之言，未敢聞命。」玫曰：「李家王子極多，有天下者，豈一王哉？」遘曰：「廢立危事，雖有伊尹、

霍光之賢，尚貽後悔。古人云：『勿爲福始，勿爲禍先。』如公矢謀，未見其利。」玫退而宣言曰：「我册箇王子爲主，不從者斬。」及立襄王，請遘爲册文。遘曰：「少嬰衰疾，文思減落。比來禁署，未免倩人，請命能者。」竟不措筆。乃命鄭昌圖爲之，玫滋不悅。及還長安，以昌圖代遘爲相，署遘太子太保。乃移疾，滿百日，退居河中之永樂縣。

遘在相位五年，累兼尚書右僕射，進封楚國公。僖宗再還京，宰相孔緯與遘不協，以其受僞命，奏貶官，尋賜死於永樂。咸通中，王鐸掌貢籍，遘與韋保衡俱以進士中選，而保衡暴貴，與鐸同在中書。及僖宗在蜀，遘又與鐸並居相位。帝嘗召宰臣，鐸年高，升階足跌，踣勾陳中，遘旁掖起，帝目之喜曰：「輔弼之臣和，予之幸也。」謂遘曰：「適見卿扶王鐸，予喜卿善事長矣。」遘對曰：「臣扶王鐸不獨司長。臣應舉歲，鐸爲主司，以臣中選門生也。」上笑曰：「王鐸選進士，朕選宰相，於卿無負矣。」遘謝之而退。

遘爲大臣，士行無缺。逢時不幸，爲僞熅所汚，不以令終，人士惜之。弟蘧，時爲永樂令。

孔緯字化文，魯曲阜人，宣尼之裔。曾祖岑父，位終祕書省著作佐郎，諫議大夫巢父兄

也。祖戣，位終禮部尙書，自有傳。父遵孺，終華陰縣丞。

緯少孤，依諸父溫裕、溫業，皆居方鎮，與名公交，故緯聲籍早達。大中十三年，進士擢第，釋褐祕書省校書郎。崔愼由鎮梓州，辟爲從事。又從崔鉉爲揚州支使，得協律郎。崔愼由鎮華州、河中，緯皆從之，歷觀察判官。宰相楊收奏授長安尉，直弘文館。御史中丞王鐸奏爲監察御史，轉禮部員外郎。宰相徐商奏兼集賢直學士，改考功員外郎。丁內憂免。服闋，以右司員外郎入朝。宰臣趙隱嘉其能文，薦爲翰林學士，轉考功郎中、知制誥，賜緋。正拜中書舍人，累遷戶部侍郎。謝日，面賜金紫之服。乾符中，罷學士，出爲御史中丞。緯器志方雅，嫉惡如讎。旣總憲綱，中外不繩而自肅。歷戶部、兵部、吏部三侍郎。居選曹，動循格令。權要有所託，私書盈几，不之省。執政怒之，改太常卿。

黃巢之亂，從僖宗幸蜀，改刑部尙書，判戶部事。宰臣蕭遘在翰林時，與緯情旨不協。至是因戶部取給不充，移之散秩，改太子少保。光啓元年，從駕還京。

是時田令孜軍敗，沙陀逼京師，帝移幸鳳翔，邠帥朱玫引兵來迎駕。令孜挾帝幸山南。時中夜出幸，百官不及扈從，而隨駕者黃門衞士數百人而已。帝駐寶雞，候百官，詔授緯御史大夫，遣中使傳詔，令緯率百僚赴行在。時京師急變，從駕官屬至盩厔，並爲亂兵所剽，資裝殆盡。緯承命見宰相論事，蕭遘、裴澈以田令孜在帝左右，意不欲行，辭疾不見緯。緯遣

臺吏促百官上路，皆以袍笏不具爲詞。緯無如之何，乃召三院御史謂之曰：「吾輩世荷國恩，身居憲秩。雖六飛奔迫，而咫尺天顏，累詔追徵，皆無承稟，非臣子之義也。凡布衣交舊，緩急猶相救卹，況在君親？策名委質，安可背也！」言竟泣下。三院曰：「夫豈不懷，但盩厔剽剝之餘，乞食不給。今若首塗，聊營一日之費，俟信宿繼行可也。」緯拂衣起曰：「吾妻危疾，且不保夕，丈夫豈以妻子之故，怠君父之急乎？公輩善自爲謀，吾行決矣。」

即日見李昌符告曰：「主上再有詔命，令促百僚前進。觀羣公立意，未有發期。僕忝趨闕，不宜居後。道途多梗，明公幸假五十騎，送至陳倉。」昌符嘉之，謂緯曰：「路無頓遞，裹糧辦耶？」乃送錢五十緡，令騎士援緯達散關。緯知朱玫必蓄異志，奏曰：「關城小邑，不足以駐六師，請速幸梁州。」翌日，車駕離陳倉，纔入關而邠、岐之兵圍寶雞，攻散關。微緯之言幾危矣。

至褒中，改兵部侍郎、同中書門下平章事，尋改中書侍郎、集賢殿大學士。王行瑜斬朱玫，平定京城，遷門下侍郎、監修國史。從駕還京，駐蹕岐陽，進階特進，兼吏部尙書，領諸道鹽鐵轉運使。車駕還宮，進位左僕射，賜「持危啓運保乂功臣」，食邑四千戶，食實封二百戶，賜鐵券，恕十死罪，賜天興縣莊、善和里宅各一區，兼領京畿營田使。

僖宗晏駕，充山陵使。僖宗祔廟，緯準故事，不入朝。昭宗遣中使召赴延英，令緯依舊視事，進加司空。以國學盜火所焚，令緯完葺，仍兼領國子祭酒。蔡賊秦宗權伏誅，進階開府儀同三司，進位司徒，封魯國公。

十一月，昭宗謁郊廟，兩中尉、內樞密請朝服。所司申前例，中貴人無朝服助祭之禮〔三〕，少府監亦無素製冠服。中尉怒，立令製造，下太常禮院。禮官舉故事，亦稱無中尉朝服助祭之文，諫官亦論之。緯奏曰：「中貴不衣朝服助祭，國典也。陛下欲以權道寵內臣，則請依所兼之官而爲之服。」天子召諫官謂之曰：「大禮日近，無宜立異，爲朕容之。」於是內官以朝服助祭。郊禮畢，進位兼太保。

大順元年夏，幽州、汴州請討太原，宰臣張濬請自率禁軍爲招討。上持疑未決，問計於緯。緯以討之爲便，語在濬傳。其年秋，濬軍爲太原所擊，大敗而還。濬罷相貶官，緯坐附濬，以檢校太保、江陵尹、荆南節度觀察等使，未離闕下，再貶均州刺史。緯、濬密遣人求援於汴州，朱全忠上章論救。緯至商州，有詔俾令就便，遂寓居華州。

乾寧二年五月，三鎭入京師，殺宰相韋昭度、李谿。帝以大臣朋黨，外交方鎭，思用骨鯁正人，遣中使趣華州召緯入朝，以疾未任上路。六月，授太子賓客。其日之夕，改吏部尙書。翌日，拜司空，兼門下侍郎、同平章事、太淸宮使，修奉太廟、弘文館大學士、延資庫使。階爵、功臣名、食邑並如故。旬日之內，驛騎敦促，相望于路，扶疾至京師。延英中謝，奏

曰：「臣前時待罪宰相，智術短淺，有負弼諧。陛下特貸刑書，曲全腰領。臣期於死報泉壤，不望生叩玉階。復拜龍顏，實臣榮幸。然臣比嬰衰疾，伏枕累年，形骸雖存，生意都盡。平居勉強，御事猶疏。況比𤣥贏，寧勝重委？國祚方泰，英彥盈庭，豈以朽腐之人，再塵機務。臣力疾一拜殿庭，乞陛下許臣自便。」因嗚咽流涕。緯久疾，拜蹈艱難，上令中使止之，改容軫念。令閤門使送緯中書視事。不旬日，沙陀次河中，同州王行約入京師謀亂，天子出幸石門。緯從駕至莎城，疾漸危篤，先還京城。九月，卒於光德里第，贈太尉。

緯家尙節義，挺然不屈。雖權勢熏灼，未嘗假以恩禮。大順初，天武都頭李順節恃恩頗橫，不期年領浙西節度使，俄加平章事。謝日，臺吏申中書，稱天武相公衙謝，準例班見百僚。緯判曰：「不用立班。」順節粗暴小人，不閑朝法，盛飾趨中書，旣見無班，心甚怏怏。他日因會，順節微言之，緯曰：「必知公慊也。夫百辟卿士，天子庭臣也，比來班見宰相，以輔臣居班列之首，奉長之義也。公握天武健兒，而於政事廳受百僚班見，意自安乎？必若須此儀，俟去『都頭』二字可也。」順節不敢復言。其秉禮不回，多此類也。

孔氏自元和後，昆仲貴盛，至正卿方鎭者六七人，未有爲宰輔者，至緯始在鼎司。子崇弼，亦登進士第，仕至散騎常侍。

韋昭度字正紀，京兆人。祖縉，父逢。昭度，咸通八年進士擢第。乾符中，累遷尙書郎、知制誥，正拜中書舍人。從僖宗幸蜀，拜戶部侍郎。中和元年，權知禮部貢舉。明年，以本官同平章事，兼吏部尙書。

昭宗卽位，閬州刺史王建攻陳敬瑄於成都，隔絕貢奉，乃以昭度檢校司空、同平章事、成都尹、劍南西川節度招撫宣慰等使。昭度赴鎭，敬瑄不受代，詔東川顧彥朗與王建合勢討之，昭度爲行營招討。卒歲止拔漢州。王建謂昭度曰：「相公勞師弊衆，遠事蠻夷。訪聞京洛以東，羣侯相噬，禍難未已，朝廷不治，腹心之疾也。相公宜亟還京師，咨謀匡合，平定兩河，國家之利也。敬瑄小醜，以日月制之，擒之必矣，此事責建可辦。」昭度然之，奏請還都。昭度未及京師，建以重兵守劍門，急攻成都下之，殺敬瑄，自稱留後。昭度還，以檢校司空充東都留守。召還，爲右僕射。

景福二年冬，宰相杜讓能爲鳳翔所殺，復委昭度知政事，與李谿並命。時宰相崔昭緯專政，惡李谿之爲人。降制日，令知制誥劉崇魯哭麻以沮之。谿上表論列，天子待谿益厚。明年春，復命谿同平章事，昭緯不勝其忿。先是，邠州王行瑜求爲尙書令，昭度奏議云：「國朝已來，功如郭子儀，未省曾兼此官。」乃賜號「尙父」。崔昭緯宗人鋋曾爲行瑜從事，朝廷每降

制敕不便於昭緯者，卽令鋋訴於行瑜，俾上章論列。朝旨小有依違，卽表章不遜。至是李谿入拜，昭緯謂鋋曰：「前時尙父之命已行，而昭度沮之，今又引谿同列。此人姦纖，惑上視聽，宗社不寧，恐復有杜太尉之事。」行瑜與李茂貞上章言：「命相非其人，懼危宗社。」天子優詔曉諭，言谿有才。其年五月，行瑜、茂貞、華州韓建以兵入覲，面奏昭度、李谿之姦邪，請加譴逐。制敕未行，三鎭兵害昭度於都亭驛。及行瑜誅，降制復其官爵，令其家收葬。

崔昭緯，淸河人也。祖庇，滑州酸棗縣尉。父璙，鄂州觀察使。昭緯進士及第。昭宗朝，歷中書舍人、翰林學士、戶部侍郎、同平章事。性姦纖，忌前達。內結中人，外連藩閫，屬朝廷微弱，每託援以淩人主。昭宗明察，心不能堪。以誘召三鎭將兵詣闕，賊殺宰輔內臣，帝深切齒。會太原之師誅行瑜，罷相，授右僕射。後又以託附汴州，再貶梧州司馬。尋降制曰：

崔昭緯頃居內署，粗著微勞。擢於侍從之司，委以燮調之任。不能忠貞報國，端愼處身，潛交結於姦臣，致漏泄於機事。星霜累換，匡輔蔑聞。爾罪一也。又快其私忿，輒恣陰謀。託崔鋋之險巇，連行瑜之計畫，遂致稱兵向闕，怙衆脅君。故宰臣韋昭度、李谿並以無辜見害，幾危宗社，顯辱君親。爾罪二也。及行瑜敗滅，京國甫安，而乃自懼欺誣，別謀託附。又於藩閫，潛請薦論，不唯苟免罪愆，兼亦再希任用。貪榮冒寵，僭濫無厭，敗俗傷風，賢愚共鄙。爾罪三也。又將厚賂，欲結諸王，輕侮我憲章，玷瀆我骨肉。貨財之數，文字具存。賴諸王作朕腹心，嫉其蠹害，盡將昭緯情款，兼其親吏姓名，直具奏聞，拒其求託。昭緯曾居宰輔，久歷淸崇，但欲逞其回邪，都不顧其事體。觀其識見，實駭聽聞。爾罪四也。自姦邪既露，情狀難容。尙示寬刑，未行嚴憲，投于荒裔，冀其自新。而不能退省過尤，恭承制命，速赴貶所，用守常規。而猶自務宴安，尋聞所在留駐，攪擾藩鎭，侮慢朝章。曾無稟畏之心，可驗苞藏之計。罔知愆咎，唯謗朝廷。爾罪五也。朕以恩澤者帝王之雨露，刑法者邦國之雷霆，無雨露則庶物不榮，無雷霆則萬邦不肅。朕體天道以化育，遵王度以澄淸，罪既昭彰，理難含垢。凡百多士，宜體予懷。宜所在賜自盡。

時昭緯行次至荆南，中使至，斬之。兄昭符，仕至禮部尙書。昭愿，太子少保。昭矩，給事中。昭遠，考功員外郎。

張濬字禹川，河間人。祖仲素，位至中書舍人。父鐐，官卑，家寓州。濬倜儻不羈，涉獵文史，好大言，爲士友之所擯棄。初從鄉賦隨計，咸薄其爲人。濬憤憤不得志，乃田衣野服，隱於金鳳山，學鬼谷縱橫之術，欲以捭闔取貴仕。乾符中，樞密使楊復恭因使遇之，自處士薦爲太常博士，累轉度支員外郎。

黃巢將逼關輔，濬託疾請告，侍其母，挈族避亂商州。賊犯京師，僖宗出幸，途無供頓，衞軍不得食。漢陰令李康獻糗餌數百騾綱，軍士始得食。僖宗召康問曰：「卿爲縣令，安操心及此？」康對曰：「臣爲塵吏，敢有此進獻？張濬員外敎臣也。」帝異之，急召至行在，拜兵部郎中。未幾，拜諫議大夫。

其年冬，宰相王鐸至滑臺，兼充天下行營都統。方徵兵諸侯，奏用濬爲都統判官。時王敬武初破弘霸郎，軍威大振，累詔徵平盧兵，敬武獨不赴援。鐸遣濬往說之，敬武已受僞命，復怙強不迎詔使。濬至，謁見，責之曰：「公爲天子守藩，王臣齎詔宣諭，而侮慢詔使。既未識君臣禮分，復何顏以御軍民哉？」敬武愕然謝咎。既宣詔，軍士按兵默然，濬並召將佐集於鞠場面諭之曰：「人生效忠仗義，所冀粗分順逆，懸知利害。黃巢前日販鹽虜耳，公等捨累葉天子而臣販鹽白丁，何利害之可論耶！今諸侯勤王，天下響應，公等獨據一州，坐觀成敗。賊平之後，去就何安？若能此際排難解紛，陳師鞠旅，共誅寇盜，迎奉鑾輿，則富

貴功名，指掌可取。吾惜公輩捨安而即危也。」諸將改容引過，謂敬武曰：「諫議之言是也。」即時出軍，從濬入援京師。賊平，累遷戶部侍郎。僖宗再幸山南，拜平章事、判度支。

濬初發迹，依楊復恭。及復恭失勢，乃依田令孜，以至重位，而反薄復恭。及再幸山南，復恭代令孜爲中尉，罷濬知政事。昭宗初在藩邸，深嫉宦官，復恭有援立大勳，恃恩任事，上心不平之。當時趣向者，多言濬有方略，能畫大計，復用爲宰相、判度支。上嘗問濬，致理何事最急？對曰：「莫若強兵。兵強而天下服。」上由是專務蒐補兵甲，欲以武功勝天下。後延英論前代爲治得失，濬曰：「不必遠徵漢、晉之弊。臣竊見陛下春秋鼎盛，英睿如此，內外逼於強臣，臣每思之，實痛心而泣血也。」

會朱全忠誅秦宗權，安居受殺李克恭，以潞州降全忠。幽州李匡威、雲州赫連鐸等奏請出軍討太原。詔四品以上官議，皆言：「國祚未安，不宜生事。假如得太原，亦非國家所有。」濬議曰：「先帝頻至播越，王室不寧。原其亂階，由克用、全忠之矛盾也。請因其奏，乘全忠立功，可斷兩雄之勢。」上曰：「收復之功，克用第一。今乘其危困而加兵，諸侯其謂我何？」濬懇論用兵之利害，蓋欲示外勢而擠復恭也。上旨未決。宰臣孔緯曰：「張濬所陳，萬代之利也。陛下所惜，即目之利也。以臣所料，師渡河而賊必自破。昨計度軍中轉餉犒勞，一二年間，必無闕事，陛下斷意行之。」

既二相俱論，乃以濬爲河東行營兵馬都招討宣慰使，以京兆尹孫揆副之，仍授揆昭義節度使，華州韓建爲供軍使，朱全忠爲太原西南面招討使，李匡威、赫連鐸爲太原東北面招討使。全忠以汴軍三千爲濬牙隊。大順元年六月，濬率軍五十二都，兼邠寧、鄜、夏雜虜共五萬人騎，發自京師。昭宗御安喜樓臨送，濬酒酣泣奏曰：「陛下動爲賊臣掣肘，臣所以誓死憤惋，爲陛下除其僭逼。」楊復恭聞之不悅。中尉內使餞於長樂，復恭奉卮酒屬濬，濬辭曰：「聖人賜酒，已醉矣。」復恭戲曰：「相公握禁兵，擁大旆，獨當一面，不領復恭意作面子耶！」濬笑曰：「賊平之後，方見面子。」復恭銜之。

時汴、華、邠、岐之師渡河，會濬於晉州。汴將朱崇節權知潞州事，太原將李存孝攻之。濬慮賊平汴人據昭義，乃令孫揆分兵赴鎮，中使韓歸範送旌節至軍。八月，揆與歸範赴潞州。至潞，並爲存孝擒送太原。九月，汴將葛從周棄潞州。十月，濬軍至陰地，邠、岐、華三鎮之師營平陽。李存孝擊之，一戰而敗，委兵仗潰散。進攻晉州。數日，中夜濬斂衆遁走。比曙，喪師殆半。存孝進收晉、絳、慈、隰等州〔三〕。濬狼狽由含山踰王屋，出河清〔四〕，拆屋木縛筏濟河，部下離散將盡。李克用上章論訴曰：

晉州長寧關使張承暉於當道錄到張濬榜并詔曰，張濬充招討制置使，令率師討臣，兼削臣屬籍官爵者。臣誠冤誠憤，頓首頓首。伏以宰臣張濬欺天蔽日，廊廟不容。

讒臣於君，奪臣之位。憑燕帥妄奏，與汴賊結恩，矯託皇威，擅宣王命，徵集師旅，撓亂乾坤。悞陛下中興之謀，貽黔黎重傷之困。臣實何罪，而陛下伐之？此則宰臣持權，面欺陛下。

況臣父子二代，受恩四朝，破徐方，救荊楚，收鳳闕，碎梟巢，致陛下今日冠通天之冠，佩白玉之璽。臣之屬籍，懿皇所賜；臣之師律，先帝所命。臣無逆節，濬討何名？陛下若厭逐功臣，欲用文吏，自可遷臣封邑，以俟就第。奈何加諸其罪，孰肯無詞？若以臣雲中之伐，獲罪於時，則拓拔思恭取鄜、延，朱全忠侵徐、鄆，陛下何不討之？假令李孝德不忠於主，伐之爲是，則朱瑄、時溥有何罪耶？此乃同坐而異名，賞彼而誅此，使天下藩服，強者扼腕，弱者自動，流言竊議，爲臣怨嗟，固非中興之術也。

且陛下阽危之秋，則獎臣爲韓、彭、伊、霍；既安之後，罵臣曰戎、羯、蕃、夷。海內握兵立事如臣者衆矣，寧不懼陛下他時之罵哉！臣昨遇燕軍，以禮退舍。匡威淺昧，厚自矜誇，乃言臣中矢石，覆士卒。致內外吠聲一發，短謀競陳，悞陛下君臣之分。況命官選將，自有典刑，不必幸臣之弱而後取之。倘臣延期挺命，尙固一方，彼實何顏以見陛下。此則姦邪朋黨，輕弄邦典，陛下凝旒端扆，何由知之？今張濬既以出軍，徵臣固難束手。臣便欲叫閽，輕騎面叩玉階，訴邪佞於陛下之彤墀，納詔命於先皇之宗廟，

然後束身司敗，甘處憲章。

時克用令所擒中使奉表，表至而濬敗，朝廷聳震，制曰：

漢武因恭儉富庶之後，建置朔方，孫弘沮之，十不得一。而良史以弘有宰相體者，誠以愛人治國爲先，拓境開疆爲末。及孝宣値雄才削平之餘，將議北征，魏相爭之，五將尋罷。果致中興，號爲賢輔。況朕承天厭兵戈之後，人思休息之時。敢望皋、夔，共成堯日；庶幾孫、魏，粗及漢年。苟易於斯，如何倚注。

光祿大夫、門下侍郎、兼戶部尙書、同中書門下平章事、上柱國、清河郡開國伯、食邑一千二百戶、充河東行營諸道兵馬招討制置等使張濬，早以盛名，稱爲奇士，由是再加徵用，委以鈞衡，謂其必致小康，克勝大任。而乃罔思守道，但欲邀功，用不詭之詢謀，起無名之兵革。自云一舉，止在旬時，堅請抗論，勢莫能奪。輕葛亮渭濱之役，小裴度淮右之行。經歷寒暄，耗費百萬。虛誕彰于朝野，詐詭布於華夷，橫草蔑聞，燎原愈急。俾擁旄乘驛之使，囚在虜庭；勤王奉國之軍，懷歸本土。忘廊廟之威重，結藩屏之仇讎。欲使海內生靈，竭其貢賦；不獨河中郡邑，蕩爲丘墟。稽生厲階，欲誰歸咎？

於戲！徵晁錯之故事，思王恢之舊章，國有明文，爾當何逭？尙以愛人以禮，理體宜然。廉鎭劇權，武昌善地，宜罷樞軸之務，仍停支度之司。勉自思惟，以逃後命。可檢

校戶部尙書、鄂州刺史、武昌軍節度觀察等使。尋貶連州刺史，馳驛發遣。行至藍田關不行，留華州依韓建。時朝廷微弱，竟不能詰。

乾寧二年，三鎮殺韋昭度，帝召孔緯欲大用，亦以濬爲兵部尙書，又領天下租庸使。三年，天子幸華州，罷濬使務，守尙書右僕射。上疏乞致仕，授左僕射致仕，乃還洛陽，居於長水縣別墅。濬雖退居山墅，朝廷或有得失，必章疏上言。德王廢立之際，濬致書諸藩，請圖匡復。王師範青州起兵，欲取濬爲謀主。事雖不果，其迹頗泄。朱全忠將圖纂代，懼濬搆亂四方，不欲顯誅，密諷張全義令圖之。乃令牙將楊麟率健卒五十人，有如劫盜，圍其墅而殺之，天復三年十二月晦夜也。

永寧縣吏葉彥者，張氏待之素厚。楊麟之來，彥知之，告濬第二子格曰：「相公之禍不可免，郎君宜自爲謀。」格、濬父子號咷而已。濬謂格曰：「留則併命，去或可免。汝自圖之，勿以吾爲累，冀存後祀也。」格拜辭而去。葉彥率義士三十人送渡漢江而旋。格由荆江上峽入蜀。王建僭號，用爲宰相。中興平蜀，任圜攜格而還。格感葉彥之惠，訪之身已歿，而厚報其家。濬第三子竄於楊行密。

自乾寧之後，賊臣內侮，王室寖微，昭宗不堪凌弱，欲簡拔奇材以爲相。然採於羣小之論，未嘗獲一名人。登用之徒，無不爲時嗤誚。

朱朴者，乾寧中爲國子博士。腐儒木強，無他才伎。道士許巖士出入禁中，嘗依朴爲姦利，從容上前薦朴有經濟才。昭宗召見，對以經義，甚悅，即日拜諫議大夫、平章事。在中書與名公齒，筆札議論，動爲笑端。數月，巖士事敗，俱爲韓建所殺。

鄭綮者，以進士登第，歷監察、殿中，倉、戶二員外，金、刑、右司三郎中。家貧求郡，出爲廬州刺史。黃巢自嶺表還，經淮南剽掠，綮移黃巢文牒，請不犯郡界，巢笑而從之，一郡獨不被寇。天子嘉之，賜緋魚袋。罷郡，有錢千緡，寄州帑。後郡數陷，盜不犯鄭使君寄庫錢。至楊行密爲刺史，送所寄於京師還綮。

綮善爲詩，多侮劇刺時，故落格調，時號鄭五歇後體。初去廬江，與郡人別云：「唯有兩行公廨淚，一時灑向渡頭風。」滑稽皆此類也。

王徽爲御史大夫，奏綮爲兵部郎中、知臺雜，遷給事中，賜金紫。僖宗自山南還，以宰相杜讓能弟弘徽爲中書舍人。綮以弘徽兄在中書，弟不宜同居禁近，封還制書，天子不報，綮即移病休官。無幾，以左散騎常侍徵還。朝政有闕，無不上章論列。事雖不行，喧傳都下，執政惡之，改國子祭酒。物議以綮匡諫而置之散地不可，執政懼，復用爲常侍。

光化初，昭宗還宮，庶政未愜，綮每形於詩什而嘲之，中人或誦其語於上前。昭宗見其激訐，謂有蘊蓄，就常奏班簿側注云：「鄭綮可禮部侍郎、平章事。」中書胥吏詣其家參謁，綮笑而問之曰：「諸君大悞，俾天下人並不識字，宰相不及鄭五也。」胥吏曰：「出自聖旨特恩，來日制下。」抗其手曰：「萬一如此，笑殺他人。」明日果制下，親賓來賀，搔首言曰：「歇後鄭五作宰相，時事可知矣。」累表遜讓不獲。既入視事，侃然守道，無復詼諧。終以物望非宜，自求引退。三月餘，移疾乞骸，以太子少保致仕。光化二年卒。

時議以昭宗命台臣濬、朴、綮三人尤謬，季末之妖也。

劉崇望字希徒。其先代郡人，隨元魏孝文帝徙洛陽，遂爲河南人。八代祖隋大理卿坦，生政會，輔太宗起義晉陽，官至戶部尙書，封渝國公，圖形凌烟閣。政會生玄意，尙太宗女南平公主，歷洪、饒八州採訪使。玄意生奇，位至吏部侍郎。奇生愼知，仕至獲嘉令。愼知生駿，仕至東阿令。駿生藻，位終祕書郎。藻生符，進士登第，咸通中位終蔡州刺史，生

八子，崇龜、崇望、崇魯、崇謩最知名。

崇龜，咸通六年進士擢第，累遷起居舍人，禮部、兵部二員外。丁母憂免。廣明元年春，鄭從讜罷相，鎮太原，奏崇龜爲度支判官、檢校吏部郎中、御史中丞，賜金紫。中和三年入朝，爲兵部郎中，拜給事中。大順中，遷左散騎常侍、集賢殿學士、判院事，改戶部侍郎，檢校戶部尙書。出爲廣州刺史、清海軍節度、嶺南東道觀察處置等使，卒。

崇望，咸通十五年登進士科。王凝廉問宣歙，辟爲轉運巡官。戶部侍郎裴坦領鹽鐵，辟爲參佐。崔安潛鎮許昌、成都，崇望昆仲四人，皆在安潛幕下。入爲長安尉，直弘文館，遷監察御史、右補闕、起居郎、弘文館學士，轉司勳、吏部二員外郎。崔安潛爲吏部尙書，崇望判南曹，滌除宿弊，復清選部。田令孜干政，藩鎮怨望，河中尤甚，不修職貢。僖宗在山南，以蒲坂近關，欲其効用，選使諭旨，以崇望爲諫議大夫。既至，諭以大義，重榮奉詔恭順，誓心匡復，請殺朱玫自贖。使還，上悅，召入翰林充學士，累遷戶部侍郎、承旨，轉兵部，在禁署四年。

昭宗即位，拜中書侍郎、同平章事，累兼兵部、吏部尙書。大順初，同列張濬畫策討太

源，崇望以爲不可，瀗果敗。瀗黜，崇望代爲門下侍郎、監修國史、判度支。

明年，玉山都頭楊守信協楊復恭稱兵闕下，陣于通化門，上陳兵於延嘉門。是夜，命崇望守度支庫。明日曉，入含光門，未開，門內禁軍列于左右，俟門開卽劫掠兩市。及聞傳呼宰相來，門方啓，崇望駐馬慰諭之曰：「聖上在街東親總戎事。公等禁軍，何不樓前殺賊，立取功名。切不可剽掠街市，圖小利以成惡名也。」將士唯唯，從崇望至長樂門。守信見兵來，卽遁去，軍士呼萬歲。是日庫市獲全，軍人不亂，繄崇望之方略也。尋加左僕射。

時溥與朱全忠爭衡，全忠謀兼徐、泗，上表請以重臣鎭徐，乃以崇望守本官，充武寧軍節度使。溥不受代，行至華陰而還，拜太常卿。王重盈死，王珂、王珙爭河中節鉞，朝廷以宰相崔胤爲河中節度使。珂，李克用之子壻也。河東進奏官薛志勤揚言曰：「崔相雖重德，如作鎭河中代王珂，不如光德劉公，於我公事素也。」及三鎭以兵入朝，殺害大臣，以志勤之言，責授崇望昭州司馬。及王行瑜誅，太原上表言崇望無辜放逐。時已至荆南，有詔召還，拜吏部尚書。未至，王摶再知政事〔五〕，兼吏部尚書，乃改崇望兵部尚書。

時西川侵寇顧彥暉，欲併東川，以崇望檢校右僕射、平章事、梓州刺史、劍南東川節度使。未至鎭，召還，復爲兵部尚書。光化二年卒，時年六十二，册贈司空。

崇魯，廣明元年登進士第，鄭從讜奏充太原推官。時兄崇龜爲節度判官，昆仲同居幕府，尋轉掌書記。中和二年入朝，拜右拾遺、左補闕。景福初，以水部員外郎知制誥。二年，杜讓能得罪，昭宗復命韋昭度爲相，翰林學士李谿同平章事。崇魯與崔昭緯相善。昭緯恃邠、岐之援，讓能既誅之後，權歸於己，昭宗師李谿爲文，懼居位得寵則恩顧漸衰，乃私與崇魯謀沮之。及谿宣制之日，出班而哭，謂昭緯曰：「朝廷雖乏賢，不可用纖人爲宰輔。谿比依復恭、重遂居內職。前日杜太尉狼籍，爲朝廷深恥。今則削弱如此，安可更遵覆轍乎？」由是谿命不行。谿自十一月初至歲暮，聯上十表訴冤，其詞詆毀，所不忍聞。明年春，復命谿爲平章事。昭緯召李茂貞、王行瑜、韓建稱兵入朝，殺昭度與谿。其年，太原誅王行瑜，昭緯貶官，崇魯坐貶崖州司戶。初崇龜在外，聞崇魯哭麻，大恚，數日不食，謂所親曰：「吾家兄弟進身有素，未嘗以聲利敗名。吾門不幸，生此等兒。」

崇謨，中和三年進士及第。乾寧末，爲太常少卿、弘文館直學士。

徐彥若，天后朝大理卿有功之裔。曾祖宰，祖陶，父商，三世繼登進士科。商字義聲，大中十三年及第，釋褐祕書省校書郎。累遷侍御史，改禮部員外郎。尋知制誥，轉郎中，召充翰林學士，拜中書舍人、戶部侍郎判本司事，檢校戶部尚書、襄州刺史、山南東道節度等使。入爲御史大夫。咸通初，加刑部尚書，充諸道鹽鐵轉運使，遷兵部尚書、東莞子、食邑五百戶。四年，以本官同平章事。六年罷相，檢校右僕射、江陵尹、荆南節度觀察等使。入爲吏部尚書，累遷太子太保，卒。

彥若，咸通十二年進士擢第。乾符末，以尚書郎知制誥，正拜中書舍人。昭宗卽位，還御史中丞，轉吏部侍郎，檢校戶部尚書，代李茂貞爲鳳翔隴節度使。茂貞不受代，復拜中丞，改兵部侍郎、同平章事，進加中書侍郎，累兼左僕射、監修國史。扈昭宗石門還宮，加開府儀同三司、守司空，進封齊國公，太清宮、修奉太廟等使，加弘文館大學士，賜「扶危匡國致理功臣」名。昭宗自華還宮，進位太保、門下侍郎。時崔胤專權，以彥若在己上，欲事權萃於其門。二年九月，以彥若檢校太尉、同平章事、廣州刺史、清海軍節度、嶺南東道節度等使。卒於鎭。

弟彥樞，位至太常少卿。

子綰，天祐初歷司勳、兵部二員外，戶部、兵部二郎中。

陸扆字祥文，本名允迪，吳郡人。徙家于陝，今爲陝州人。曾祖澧，位終殿中侍御史。祖師德，淮南觀察支使。父鄯，陝州法曹參軍。扆，光啓二年登進士第，其年從僖宗幸興元。九月，宰相韋昭度領鹽鐵，奏爲巡官。明年，宰相孔緯奏直史館，得校書郎，尋丁母憂免。龍紀元年冬，召授藍田尉，直弘文館，遷左拾遺，兼集賢學士。中丞柳玭奏改監察御史。大順二年三月，召充翰林學士，改屯田員外郎，賜緋。景福元年，加祠部郎中、知制誥。二年元日朝賀，面賜金紫之服。五月，拜中書舍人。

扆文思敏速，初無思慮，揮翰如飛，文理俱愜，同舍服其能。天子顧待特異。嘗金鑾作賦，命學士和，扆先成。帝覽而嗟挹之，曰：「朕聞貞元時有陸贄、吳通玄兄弟，能作內庭文書，後來絕不相繼。今吾得卿，斯文不墜矣。」

乾寧初，轉戶部侍郎。二年，改兵部，進階銀青光祿大夫、嘉興男、三百戶。三年正月，宣授學士承旨，尋改左丞。其年七月，改戶部侍郎、同平章事。故事，三署除拜，有光署錢以宴舊僚，內署卽無斯例。扆拜輔相之月，送學士光院錢五百貫，特舉新例，內署榮之。八月，加中書侍郎、集賢殿大學士、判戶部事。九月，覃王率師送徐彥若赴鳳翔。師之起也，扆堅請曰：「播越之後，國步初集，不宜與近輔交惡，必爲他盜所窺。加以親王統兵，物議騰口，無益於事，祇貽後患。」昭宗已發兵，怒扆沮議，是月十九日，責授硤州刺史。師出果敗，車駕出幸。四年二月，復授扆工部尚書。八月，轉兵部尚書，從昭宗自華還宮。

明年正月，復拜中書侍郎、同平章事。光化三年四月，兼戶部尚書，進封吳郡開國公，食邑一千戶。九月，轉門下侍郎、監修國史。天復元年五月，進階特進，兼兵部尚書，加食邑五百戶。車駕自鳳翔還京，赦後諸道皆降詔書，獨鳳翔無詔。扆奏曰：「鳳翔近在國門，責其心迹，罪實難容。然比來職貢無虧，朝廷未與之絕。一朝獨無詔命，示人不廣也。」崔胤怒，奏貶扆沂王傅，分司東都，削階至正議大夫。居無何，崔胤誅，復授吏部尚書，階封如故。從昭宗遷洛。其年秋，昭宗遇弒。明年五月，責授濮州司戶，與裴樞、崔遠、獨孤損等被害於滑州白馬驛，時年五十九。子璪，後爲緱氏令。

柳璨，河東人。曾祖子華。祖公器，僕射公綽之再從弟也。父遵。璨少孤貧好學，僻居林泉。晝則採樵，夜則燃木葉以照書。性謇直，無緣飾。宗人璧、玭，貴仕於朝，鄙璨朴鈍，不以諸宗齒之。光化中，登進士第。尤精漢史，魯國顏蕘深重之。蕘爲中書舍人，判史館，引爲直學士。璨以劉子玄所撰史通譏駁經史過當，璨紀子玄之失，別爲十卷，號柳氏

釋史，學者伏其優贍。遷左拾遺。公卿朝野，託爲牋奏，時譽日洽。以其博奧，目爲「柳篋子」。

昭宗好文，初寵待李谿頗厚。洎谿不得其死，心常惜之，求文士似谿者。或薦璨高才，召見，試以詩什，甚喜。無幾，召爲翰林學士。崔胤得罪前一日，召璨入內殿草制敕。胤死之日，既夕，璨自內出，前驅傳呼相公來。人未見制敕，莫測所以。翌日對學士，上謂之曰：「朕以柳璨奇特，似可獎任。若令預政事，宜授何官？」承旨張文蔚曰：「陛下拔用賢能，固不拘資級。恩命高下，出自聖懷。若循兩省遷轉，拾遺超等入起居郎，臨大位非宜也。」帝曰：「超至諫議大夫可乎？」文蔚曰：「此命甚愜。」即以諫議大夫平章事，改中書侍郎。任人之速，古無茲例。

同列裴樞、獨孤損、崔遠皆宿素名德，遽與璨同列，意微輕之，璨深蓄怨。昭宗遷洛，諸司內使、宿衞將佐，皆朱全忠腹心也，璨皆將迎，接之以恩，厚相交結，故當時權任皆歸之。二年五月，西北長星竟天，掃太微、文昌、帝座諸宿，全忠方謀纂代，而妖星謫見，占者云：「君臣俱災，宜刑殺以應天變。」蔣玄暉、張廷範謀殺衣冠宿望難制者，璨即首疏素所不快者三十餘人，相次誅殺，班行爲之一空，冤聲載路。傷害既甚，朱全忠心惡之。會全忠授九錫，蔣玄暉等別陳意見。王殷至大梁，誣玄暉等通導宮掖，欲興復李氏。全忠怒，捕廷範，令河南聚衆，五車分裂之，兼誅璨，臨刑呼曰：「負國賊柳璨，死其宜矣！」初，璨還洛後，累兼戶部尚書、守司空，進階光祿大夫、鹽鐵轉運使。其弟瑀、瑊坐璨咎死。

史臣曰：嗚呼！李氏之失馭也，孛沴之氣紛如，仁義之徒殆盡。狐鳴鴟嘯，瓦解土崩。加帶河礪嶽之門，寂無琨、逖；奮挺揭竿之類，唯効敦、玄。手未捨於棘矜，心已萌于問鼎。加以囂浮士子，闒茸鯫儒，昧管、葛濟時之才，無王、謝扶顚之業，邀功射利，陷族喪邦。濬、緯養虎於前，胤、璨剝廬於後。逐徐、薛於瘴海，置檗、朴於巖廊。殿廷有哭制之夫，輔弼走破輿之黨。九疇既紊，百怪斯呈。木將朽而蠹蝎生，厲既篤而夔魖見。妖徒若此，亡國宜然。何必長星，更臨衰運？

贊曰：蕭召朱玫，孔符張濬。身世罹殃，邦家起釁。如木斯蠹，自潰於中。抵巇侮亂，安責伏戎。

校勘記

〔一〕四代孫　合鈔卷二三〇蕭遘傳注說：「按下文，當作五代孫。」

〔二〕中貴人無朝服助祭之禮　各本「朝服」上原有「例」字，據冊府卷三三六刪。

〔三〕存孝進收晉絳慈隰等州　「慈」字殘宋本、殿本、懼盈齋本作「磁」，局本作「磁」。按磁州屬河北道，此處與絳、隰等州相鄰者則爲河東道之慈州。新書卷一八五張濬傳作「慈州」，據改。

〔四〕河濟　各本原作「淸河」，新書卷一八五張濬傳作「河淸」。張森楷說：「河淸是河南府屬縣，爲濬馬奔衝道。」據改。

〔五〕王搏　各本原作「王溥」，據新書卷九〇劉政會傳改。

舊唐書卷一百八十

列傳第一百三十

朱克融　李載義　楊志誠 史元忠附　張仲武 子直方　張允伸　張公素　李可舉　李全忠 子匡威　匡籌

朱克融，賊泚之從孫也。祖滔，父洄。克融少爲幽州軍校，事節度使劉總。總將歸朝，慮其有變，籍軍中素有異志者，薦之闕下，時克融亦在籍中。宰相崔植、杜元穎不知兵，且無遠略，謂兩河無虞，遂奏勒歸鎮。長慶初，幽州軍亂，囚其帥張弘靖。時洄廢疾於家，軍中素伏其謀略，至是衆欲立之，洄自以老且病，推克融統軍務焉。朝廷尋加檢校左散騎常侍，授以符節。

寶曆二年，遣使送方鎮及三軍時服，克融怒所賜疏弱，執中使以聞。上特優容，別命中使宣諭，仍改賜衣物，流其使楊文端等。先是克融執中使，奏稱：「竊聞陛下欲幸東都，請將

兵馬幷丁匠五千人，修理宮闕，迎候車駕。」又上言無衣，擬於朝廷請三十萬端疋，以備一歲所費，不然則三軍不安。天子怒其悖慢，取宰臣裴度謀，優容之，語見別卷。克融官至檢校司空、吳興郡王。其年五月，本州軍亂，殺之，子延齡亦遇害。次子延嗣竊立，尋爲大將李載義所殺。

李載義字方轂，常山愍王之後。代以武力稱，繼爲幽州屬郡守。載義少孤，與鄉曲之不令者遊。有勇力，善挽强角觝。劉濟爲幽州節度使，見而偉之，致於親軍，從征伐。以功遷衙前都知兵馬使，檢校光祿大夫、兼監察御史。寶曆中，幽師殺朱克融。其子延嗣竊襲父位，不遵朝旨，虐用其人，載義遂殺之，數其罪以聞。敬宗嘉之，拜檢校戶部尚書、兼御史大夫，封武威郡王，充幽州盧龍等軍節度副大使，知節度事。

未幾，李同捷據滄景以邀襲父爵。載義上表，請討同捷以自効。上嘉其誠懇，特加檢校右僕射。累破賊軍，以功加司空，進階金紫。大和三年，平滄景，策勳加平章事，仍賜實封三百戶。四年，奚寇邊，以兵擊走之，仍虜其名王，就加太保。五年春，爲其部下楊志誠所逐，因入覲。上以載義有平滄景之功，又能恭順朝旨，册拜太保、同平章事。其年，改山

南西道節度、觀察等使，兼興元尹。七年，遷北都留守，兼太原尹，充河東節度觀察處置等使。尋加開府儀同三司。丁母憂，起復驃騎大將軍，餘如故。

迴鶻每遣使入朝，所至强暴。邊城長吏多務苟安，不敢制之以法，但嚴兵防守，虜益驕悍，或突入市肆，暴橫無所憚。至是，有迴鶻將軍李暢者，曉習中國事，知不能以法制馭，益驕恣。鞭捶驛吏，貪求無已。載義因召李暢與語曰：「可汗使將軍朝貢，以固舅甥之好，不當使將軍暴踐中華。今朝廷饔餼至厚，所以禮蕃客也。苟有不至，吏當坐死。若將軍之部伍不戢，凌侮上國，剽掠廬舍，載義必殺爲盜者。將軍勿以法令可輕而不戒勵之！」遂罷防守之兵，而使兩卒司其門。虜知其不爲下，無敢犯令。九年，加侍中。開成二年卒，年五十，贈太尉。

載義晚年驕恣，慘暴一方。以楊志誠復爲部下所逐，過太原，載義躬自毆擊，遂欲殺之，賴從事救解以免。然而擅殺志誠之妻孥及將卒。朝廷錄其功，屈法不問。

楊志誠，大和五年爲幽州後院副兵馬使，事李載義。時朝廷賜載義德政碑文，載義延中使擊鞠，志誠亦與焉，遂於鞠場叫呼謀亂，載義奔於易州，志誠乃爲本道馬步都知兵馬使。

文宗聞之驚，急召宰臣。時牛僧孺先至，上謂曰：「幽州今日之事可奈何？」僧孺曰：「此不足煩聖慮，臣被召疾趨氣促，容臣稍緩息以對。」上良久曰：「卿以爲不足憂，何也？」僧孺對曰：「陛下以范陽得失繫國家休戚耶？且自安、史之後，范陽非國家所有。前時劉總向化，以土地歸闕，朝廷約用錢八十萬貫，而未嘗得范陽尺布斗粟上供天府，則今日志誠之得，猶前日載義之得也。陛下但因而撫之，亦事之宜也。且范陽國家所賴者，以其北捍突厥，不令南寇。今若假志誠節鉞，惜其土地，必自爲力。則爪牙之用，固不計於逆順。臣固曰不足煩聖慮。」上大喜曰：「如卿之言，吾洗然矣。」尋以嘉王運遙領節度，以志誠爲節度觀留後，檢校左散騎常侍，兼幽州左司馬。尋改檢校工部尚書、節度副大使，知節度事。

七年，轉檢校吏部尚書。詔下，進奏官徐迪詣中書白宰相曰：「軍中不識朝廷體位，只知自尚書改僕射爲遷，何知工部轉吏部爲美？且軍士盛飾以待新恩，一旦復爲尚書，軍中必慚。今中使往彼，其勢恐不得出。」及使至，其傔奔還，奏曰：「楊志誠怒不得僕射，三軍亦有怨言。春衣使魏寶義、兼他使焦奉鸞尹士恭，並爲志誠縶留矣。」志誠遣將王文穎謝恩，幷讓官，復賜官告批答，文穎不受而歸。朝廷納裴度言，務以含垢，下詔諭之，因再遣使加尚書右僕射。

八年，爲三軍所逐，而立史元忠。元忠進志誠所造衮龍衣二副及被服鞍韉，皆繡飾鸞

鳳日月之形，或爲王字。因付御史臺按問，流嶺南。行至商州，殺之。

初，元忠既逐志誠，詔以通王淳遙領節度，授元忠左散騎常侍、幽州大都督府左司馬、知府事，充節度留後。明年，轉檢校工部尚書、節度副大使、知節度事。後爲偏將陳行泰所殺。

張仲武，范陽人也。仲武少業左氏春秋，擲筆爲薊北雄武軍使。會昌初，陳行泰殺節度使史元忠，權主留後。俄而行泰又爲次將張絳所殺，令三軍上表，請降符節。時仲武遣軍吏吳仲舒表請以本軍伐叛。上遣宰臣詢其事，仲舒曰：「絳與行泰皆是游客，主軍人心不附。仲武是軍中舊將張光朝之子，年五十餘，兼曉儒書，老於戎事，性抱忠義，願歸心闕廷。」李德裕因奏：「陳行泰、張絳皆令大將上奏，邀求節旄，所以必不可與。今仲武上表布誠，先陳密款，因而拔用，即似有名。」許之，乃授兵馬留後，詔撫王紘遙領節度。尋改仲武節度副大使、知節度事，檢校工部尚書、幽州大都督府長史，兼御史大夫、蘭陵郡王。俄而迴鶻擾邊。

時迴鶻有特勤那頡啜擁赤心宰相一族七千帳(二)，東逼漁陽。仲武遣其弟仲至與裨將游奉寰、王如清等，率銳兵三萬人大破之。前後收其侯王貴族千餘人，降三萬人，獲牛馬、橐駝、旗纛、罽幕不可勝計。遣從事李周瞳、牙門將國從玘相次獻捷。詔加檢校兵部尚書，兼東面招撫迴鶻使。先是，奚、契丹皆有迴鶻監護使，督以歲貢，且爲漢諜。至是，遣裨將石公緒等諭意兩部，凡戮八百餘人。又迴鶻初遣宣門將軍等四十七人，詭詞結歡，潛伺邊隙。仲武使密略其下，盡得陰謀，且欲馳入五原，驅掠雜虜。遂逗遛其使，緩彼師期。人馬病死，竟不遣之。迴鶻烏介可汗既敗，不敢近邊，乃依康居求活，盡徙餘種，寄託黑車子。仲武由是威加北狄，表請於薊北立紀聖功銘，敕李德裕爲之文，其銘曰：

大和之初，赤氣宵興；開成之末，彤雲暮凝。異鳥南來，胡滅之徵，北夷颯掃，厥國土崩。逼迫遷徙，震我邊鄙，長蛇去穴，奔鯨失水。上都薊門，兵連千里，曾不畏天，猶爲驕子。丐我邊穀，邀我王師，假我一城，建彼幡旗。「歸計強漢」，郅支嫚辭，狠顧朔野，伏莽見羸。雁門之北，羌戎雜處，濈濈羣羊，茫茫大鹵。縱其梟騎，驚我牧圉，暴若豺狼，疾如風雨。皇赫斯怒，羽檄徵兵，謀而泉默，斷乃霆驚。沉機變化，動合神明，沙漠之外，虜無隱情。漁陽突騎，燕歌壯氣，赳赳元戎，眈眈虎視。金鼓奮衆，干旄蔽地，爰命其弟，屬之大事。翩翩飛將，董我三軍，稟兄之制，代帥之勳。威略火烈，胡馬星分，戈迴白日，劍薄浮雲。天街之北，旄頭已落，絕轡之野，蚩尤未縛。俾我元侯，恢弘遠略，終取單于，係之徽索。陰山寢鋒，亭徼弢弓，萬里毘夷，九譯而通。蠻夷既同，天子之功，儒臣篆美，刊石垂鴻。

仲武歷官至司徒、中書門下平章事。大中年卒，謚曰莊。

子直方，以幽州節度副使襲父位。動多不法，慮爲將卒所圖，三年多，託以遊獵，奔赴闕庭，尋授金吾將軍。直方性率暴，行豪奪之事，以罪累貶柳州司馬。十一年，還右驍衛將軍，分司東都。咸通中，位至羽林統軍。中和歲，賊巢犯闕，公卿恃其豪，多隱藏於第。直方納招亡命，謀欲劫巢。或有告者，由是以兵圍而害之。

張允伸字逢昌，范陽人也。曾祖秀，檀州刺史。祖巖，納降軍使。父朝掖，贈太尉。允伸世仕幽州軍門，累職至押衙，兼馬步都知兵馬使。大中四年，戎帥周綝寢疾，表允伸爲留後，朝廷可其奏，加右散騎常侍。其年冬，詔賜旌節，遷檢校工部尚書。咸通九年，累加至光祿大夫、檢校司徒、兼太傅、同中書門下平章事、燕國公。十年，徐人作亂，請以弟允皐領兵伐叛，懿宗不允。進助軍米五十萬石，鹽二萬石，詔嘉之，賜以錦綵、玉帶、金銀器等。

多，又加特進，兼侍中。十二年，以風恙拜章請就醫藥，詔許之。以子簡會檢校工部尚書，充節度副大使。十三年，允伸再上表進納所賜旌節。朝命未至，其年正月二十五日卒，年八十八。冊贈太尉，謚曰忠烈。

允伸領鎮凡二十三年，克勤克儉，比歲豐登。邊鄙無虞，軍民用乂。至今談者美之。有子十四人。

簡眞，幽府左司馬，先允伸卒。簡壽，右領軍衛大將軍。餘或升朝籍，或爲刺史、郡佐。

張公素，范陽人。咸通中，爲幽州軍校，事張允伸，累遷至平州刺史。允伸卒，子簡會權主留後事，公素領本郡兵赴焉。三軍素畏公素威望，簡會知力不能制，即時出奔，遂立爲帥。朝廷尋授旌節，累加至中書門下平章事。無幾，李茂勳奪其位，公素歸闕，貶復州司戶參軍。

李可舉，本迴鶻阿布思之族也。張仲武破迴鶻，可舉父茂勳與本部侯王降焉。茂勳善騎射，性沉毅，仲武器之。常遣拓邊，以功封郡王，賜姓名。咸通末，納降軍使陳貢言者，幽之宿將，人所信服。茂勳密謀劫而殺之，聲云貢言舉兵。張公素以兵逆擊不利，公素走，茂勳入城，軍民方知其非貢言也。既有其衆，遂推而立之，朝廷卽降符節。無幾，以疾告老，授右僕射致仕，表可舉自節度副使、幽州左司馬加右散騎常侍，爲節度留後。中和中，累官至檢校太尉。

中和末，以太原李克用兵勢方盛，與定州王處存密相締結。可舉慮其窺伺山東，終爲己患，遂遣使搆雲中赫連鐸乘其背，則與鎭州合謀舉兵，兼言易、定是燕、趙之餘，云得其地則正其疆理而分之。時可舉遣將李全忠攻易州。有次將劉仁恭者，多權數，攻之彌月不下，乃穴地道以入其城。既下易州，士卒稍驕。王處存引輕軍三千，以羊皮蒙之，夜伏於城外，仍別於間道以騎士伺之。燕軍望見，謂之羣羊，爭趨焉。處存乘其無部伍，一擊大敗之，尋復其城。全忠遁歸，懼可舉罪之，收其餘衆，反攻幽州。可舉危急，收集其族，登樓自燔而死。

李全忠，范陽人。廣明中，爲棣州司馬。有蘆生于室，一尺三節，心惡之，謂別駕張建

曰：「吾室生蘆，無乃怪歟？」建曰：「蘆，茅類，得澤而滋，公家有茅土之慶，殆天意乎！其生三節，必傳節鉞者三人。公勉樹功名，無忘斯言。」全忠秩滿還鄉里，事節度使李可舉爲牙將。時可舉兵鋒方盛，欲與鎭人分易、定，遣全忠將兵攻之，爲定州軍大敗於易水。全忠懼，率其餘衆掩攻幽州。可舉死，三軍推全忠爲留後，朝廷因以節鉞授之，光啓元年春也。

全忠卒，子匡威自襲父位，稱留後。匡威素稱豪爽，屬遇亂離，繕甲燕薊，有吞四海之志。赫連鐸據雲中，屢引匡威與河東爭雲、代，交兵積年。景福初，鎭州王鎔誘河東將李存孝，克用怒，加兵討之。時鎔童幼，求援於燕，匡威親率軍應之。二年春，河東復出師井陘，鎔再乞師，匡威來援。匡威弟匡籌，妻張氏有國色。師將發，家人會別，匡威酒酣，留張氏報之。匡籌私懷忿怒，匡威軍至博野，匡籌乃據城自爲節度。匡威部下聞之，亡歸者半。匡威退無歸路，將入覲京師。時匡威留於深州，遣判官李抱貞奉章以聞。屬京師大亂之後，聞匡威來朝，市人震恐，咸曰「金頭王來謀社稷」，士庶有亡竄山谷者。匡威其實不行，欲圖鎭州，示無留意。鎔以匡威再來援己，致其失師，遣使迎歸府第，父事之。匡威爲鎔城郛繕甲，指陳方略，視鎔如子。每陰謀驟施，以悅人心。鎭之三軍，素忠於王氏，惡其所爲。會鎔過匡威第慰忌辰，匡威縞衣裹甲，伏兵劫鎔入牙城。鎔兵逆戰，燔東偏門，軍士呼譟登屋，矢下如雨。鎔僕墨君和亂中扶鎔登屋免難，而斬匡威以徇。

是歲，匡籌出師攻鎭之樂壽、武強以報恥。匡威部曲劉仁恭歸於河東。乾寧元年冬，河東聽仁恭之謀，出師進討。二月，敗燕軍於居庸，匡籌挈其族遁去，將赴京師。至景城，爲滄州節度使盧彥威所殺，掠其輜車、妓妾。匡籌妻張氏產於路，不能進，劉仁恭獲之，獻於李克用，後立爲夫人，嬖寵專房。李氏父子三葉，十年而亡。

史臣曰：大都偶國，亂之本也。故古先哲王建國，公侯之封，不過千乘，所以強幹弱枝，防其悖慢。彼幽州者，列九圍之一，地方千里而遙，其民剛強，厥田沃壤。遠則慕田光、荆卿之義，近則染祿山、思明之風。二百餘年，自相崇樹，雖朝廷有時命帥，而土人多務逐君。習苦忘非，尾大不掉，非一朝一夕之故也。若李載義、張仲武、張允伸因利乘便，獲旌旗，以仁守之，恭順朝旨，亦足多也。如朱克融、楊志誠、史元忠、張公素、李可舉、李全忠，以不仁得之，靡更蠹志。或尋爲篡奪，或僅傳子孫，咸非令終，蓋其宜也。餘因篡得，不仁何逃？

贊曰：碣石之野，氣勁人豪。二百餘載，自相奪高。載義、仲武，亦多忠勞。

校勘記

〔一〕特勤 「特」字各本原作「將」，據新書卷二一二張仲武傳改。

舊唐書卷一百八十一

列傳第一百三十一

史憲誠 子孝章　何進滔 子弘敬　韓允忠 子簡　樂彦禎 子從訓　羅弘信 子威

史憲誠，其先出於奚虜，今爲靈武建康人。祖道德，開府儀同三司、試太常卿、上柱國、懷澤郡王。父周洛，爲魏博軍校，事田季安，至兵馬大使、銀青光祿大夫、檢校太子賓客、兼御史中丞、柱國、北海郡王。憲誠始以材勇，隨父歷軍中右職，兼監察御史。元和中，田弘正討李師道，令憲誠以先鋒四千人濟河，累下其城柵。復以大軍齊進，乘勢逐北，魏之全師迫于鄆之城下。師道窮蹙，劉悟斬首投魏軍。錄功，超授憲誠兼中丞。

鎮州王承宗死，弘正自魏移領鎮州。居數月，爲王廷湊所殺，遂以兵叛，朝廷以弘正子布爲魏博節度使，領兵討伐，俾復父冤。時幽州朱克融援助廷湊，布不能制，因自引決，軍

情囂然。憲誠爲中軍都知兵馬使，乘亂以河朔舊事動其人心，諸軍卽擁而歸魏，共立爲帥，國家因而命之。時克融、廷湊並據兵爲亂，憲誠喜得旄節，雖外順朝旨，而中與朱、王爲輔車之勢，長慶二年正月也。

尋遣司門郎中韋文恪宣慰。時李岕爲亂，與憲誠書問交通。憲誠表請與岕節鉞，仍於黎陽檥舟，示欲渡河。及見文恪，舉止驕倨，其言甚悖，旋聞岕爲帳下所殺，乃從改過，謂文恪曰：「憲誠蕃人，猶狗也。唯能識主，雖被棒打，終不忍離。」其狡譎如此。朝廷每爲優容，尋加左僕射。敬宗卽位，進秩司空。

大和二年，滄景節度使李全略卒，其子同捷竊據軍城，表邀符節，舉兵伐之。先是，憲誠與全略婚媾，及同捷叛，復潛以糧餉爲助。上屢發使申諭，尋又就加平章事。憲誠嘗遣驍將至闕下，恣爲張大，宰相韋處厚以語折蚪之，憲誠不敢復與同捷爲應。時憲誠示出師共討同捷。及滄景平，加司徒。憲誠心不自安，乃遣子孝章入覲，又飛章願以所管奉命，上嘉之，乃加侍中，移鎮河中。憲誠素懷向背，不能以忠誠感激其衆。未及出城，大和三年六月二十六日夜，爲軍衆所害，册贈太尉。

孝章幼聰悟好學。元和中，李愬爲魏帥，取大將子弟列于軍籍。孝章倡言願効文職，愬奇之，令攝府參軍。及憲誠領節鉞，改士曹參軍、兼監察御史，賜緋。孝章以父在鎮多違朝旨，嘗雪涕極諫，備陳逆順之理。朝廷聞而嘉之，乃授檢校太子左諭德、兼侍御史，充節度副使。累遷至散騎常侍、兼御史大夫，賜紫。領本道兵同平滄景，加工部尚書。尋請赴闕，文宗慰勞甚厚，憲誠亦因懇乞朝覲。上知憲誠之入覲，自孝章之謀，遂加禮部尚書，分相、衛、澶三州別爲一鎮，俾孝章領之。孝章未到鎮，憲誠遇害。上以孝章有忠節，起復爲右金吾衞將軍。間歲，授鄜坊節度使。居四年，遷于滑。一歲，入爲右領軍大將軍，改右金吾大將軍，俄授邠寧節度。孝章歷三鎮，雖無異績，而謹身畏法，以保初終。開成三年十月卒，贈右僕射。

何進滔，靈武人也。曾祖孝物，祖俊，並本州軍校。父默，夏州衙前兵馬使，檢校太子賓客，試太常卿。以進滔之貴，贈左散騎常侍。進滔客寄於魏，委質軍門，事節度使田弘正。弘正奉詔討鄆州，破李師道，時進滔爲衙內都知兵馬使，以功授兼侍御史。大和三年，軍衆害史憲誠，連聲而呼曰：「得衙內都知兵馬使何端公知留後，卽三軍安矣。」推而立之。朝廷因授進滔左散騎常侍、魏博等州節度觀察處置等使。爲魏帥十餘年，大得民情，累官

至司徒、平章事卒。

子弘敬襲其位。朝廷時遣河中帥李執方、滄州帥劉約各遣使勸令歸闕，別俟朝旨。弘敬不從，竟就加節制。及劉稹反，不時起兵。鎮州王元逵下邢、洺二州，兵次上黨，弘敬方出師壓境。大中後，宣宗務其姑息，繼加官爵，亦至使相。咸通初卒，子全皞嗣之。朝廷尋降符節，累官亦至同平章事。十一年，爲軍人所害。子孫相繼，四十餘年。

韓允忠，魏州人也。舊名君雄，懿宗改賜今名。父國昌，歷本州右職。會昌中，從何弘敬破劉稹，以功爲貝州刺史、兼御史中丞。以允忠故，累贈兵部尚書。允忠少仕軍門，繼升裨校。潞州之役，亦與其行。咸通十一年，何全皞爲軍衆所殺，推允忠爲帥。時僖宗爲普王，卽降詔遙領節度，授允忠左散騎常侍、兼御史中丞，充節度觀察留後。不數月，轉檢校工部尚書、魏州大都督府長史、充魏博節度觀察等使。累加至檢校司空、同平章事。乾符元年十一月卒，年六十一。累贈太尉。

子簡，自允忠初授戎帥，便爲節度副使。乾符初，累官至檢校工部尚書。允忠卒，卽起爲節度觀察留後。踰月，加檢校右僕射。其後累加至侍中，封昌黎郡王。賊巢之亂，諸葛爽受其僞命河陽節度使。時僖宗在蜀，寇盜蜂起，簡據有六州，甲兵強盛，竊懷僭亂之志，且欲啓其封疆，乃舉兵攻河陽，爽棄城而走。簡遂留兵保守，因北掠邢、洺而歸，遂移軍攻鄆。鄆帥曹全晸出戰，爲簡所敗，死之。鄆將崔君裕收合殘衆，保鄆州。簡進攻其城，半年不下，河陽復爲諸葛爽所襲。簡因欲先討君裕，次及河陽，乃舉兵至鄆，君裕請降。尋移軍復攻河陽，行及新鄉，爲爽軍逆擊，敗之。簡單騎奔迴，憂憤，疽發背而卒，時中和元年十一月也。

樂彥禎，魏州人也。父少寂，歷澶、博、貝三州刺史，贈工部尚書。彥禎少爲本州軍校。韓簡之領節旄也，以彥禎爲馬步軍都虞候，轉博州刺史。下河陽，走諸葛爽，有功，遷澶州刺史。簡再討河陽之敗也，彥禎以一軍先歸，魏人遂共立之，朝廷尋授檢校工部尚書，知魏博留後。俄加戶部尚書，充節度觀察處置等使。中和四年，累加至尚書左僕射、同平章事。僖宗自蜀迴，加開府儀同三司，册拜司徒。彥禎志滿驕大，動多不法。一旦徵六州之衆，

板築羅城，約河門舊堤，周八十里，月餘而畢，人用怨咨。

又其子從訓天資悖逆。王鐸自滑移鎭滄州，過魏郊，從訓見其女妓，利之，先伏兵於漳南高雞泊，俟鐸之至，圍而害之，掠其所有。時朝廷微弱，不能詰。魏人素知鐸名望，議者惜之，而罪從訓。從訓又召亡命之徒五百餘輩，出入臥內，號爲「子將」，委以腹心，軍人籍籍，各有異議。從訓聞而忌之，易服遁出，止於近縣，彥禎因命爲六州都指揮使。未幾，又兼相州刺史。到任之後，般輦軍器，取索錢帛，使人來往，交午塗路，軍府疑貳。彥禎危憤而卒，衆推都將趙文玣知留後事。從訓自相州領兵三萬餘人至城下，文玣按兵不出。衆懷疑懼，復害文玣，推羅弘信爲帥。弘信以兵出戰，敗之。從訓招集餘衆，次於洹水。弘信遣將程公佐領兵討擊，大敗之，梟從訓首於軍門，時文德元年春也。

羅弘信字德孚，魏州貴鄉人。曾祖秀，祖珍，父讓，皆爲本州軍校。弘信少從戎役，歷事節度使韓簡、樂彥禎。光啓末，彥禎子從訓忌牙軍，出居於外，軍衆廢彥禎，推趙文玣權主軍州事。衆復以爲不便，因推弘信爲帥。先是，有鄰人密謂弘信曰：「某嘗夜遇一白鬚翁，相告云，君當爲土地主。如是者再三。」弘信竊異之。及廢文玣，軍人聚呼曰：「孰願爲

節度使者？」弘信卽應之曰：「白鬚翁早以命我。」衆乃環而視之，曰：「可也。」由是立之。僖宗聞之，文德元年四月，詔加工部尚書，權知節度留後。七月，復加金紫光祿大夫、檢校尚書右僕射，充魏博節度觀察處置等使。龍紀中，加檢校司空、同平章事，封豫章郡公。

乾寧中，朱全忠急攻兗鄆，朱瑄求援於太原。太原發軍，假道於魏，令大將李存信屯莘縣。存信御軍無法，侵魏之芻牧，弘信不平之。全忠復遣人謂之曰：「太原志吞河朔，迴戈之日，貴道堪憂。」弘信乃託好於汴，出師三萬攻存信，敗之。太原怒，舉兵攻魏，營於觀音門外，汴將葛從周援之，屯於洹水。李克用子落落時爲鐵林軍使，爲從周所擒，乃退歸。自是太原之師，每歲侵擾相、魏，魏人患之。朱全忠方事兗鄆，懼弘信離貳，每歲時賂遺，必卑辭厚禮答貺，全忠對魏使北面拜而受之曰：「六兄比予倍年已上，兄弟之國，安得以常鄰遇之。」弘信以爲厚己，亦推心焉。弘信累官至檢校太師、守侍中、臨淸王。光化元年九月卒，年六十三，贈太師，追封北平王，謚曰莊肅。子威。

威字端己。文德初，授左散騎常侍，充天雄軍節度副使。自龍紀至乾寧，十年之中，累加官爵。弘信卒，襲父位爲留後，朝廷從而命之。天復末，累加至檢校太傅、兼侍中、長沙王。天祐初，授檢校太尉、守侍中，進封鄴王，賜號「忠勤宣力致理功臣」。

魏之牙中軍者，自至德中，田承嗣盜據相、魏、澶、博、衞、貝等六州，召募軍中子弟置之部下，遂以爲號。皆豐給厚賜，不勝驕寵。年代寖遠，父子相襲，親黨膠固。其兇戾者，強買豪奪，踰法犯令，長吏不能禁。變易主帥，有同兒戲，如史憲誠、何進滔、韓君雄、樂彥禎，皆爲其所立，優獎小不如意，則舉族被害。威懲其往弊，雖以貨賂姑息，而心銜之。

威嗣世之明年，正月，幽州劉仁恭擁兵十萬，謀亂河朔，進陷貝州，長驅攻魏。威求援於汴，朱全忠遣將李思安屯於洹水，葛從周自邢、洺引軍入魏。燕將劉守文、單可及攻汴軍於內黃。思安逆戰，大敗之，乘勝追躡。從周出會掩擊，復敗燕軍，斬首三萬。三年，威引汴軍攻滄州以報之。自是，威感全忠援助之恩，合從景附。

天祐二年七月十三日夜，牙軍裨校李公佺作亂，威僅以身免，公佺出奔滄州。自是愈懼，遣使求援於全忠，密謀破之。全忠遣李思安會魏博軍，再攻滄州。全忠女妻威子廷規，先是卒，全忠遣長直軍校馬嗣勳選兵千人，密於輿中實兵甲入魏，言助女葬事。三年正月五日，嗣勳至，全忠親率大軍濟河，言視行營於滄景。威欲因而出迎，至期，卽假全忠帳下銳卒入而夾攻之。威恐洩其事，慰納之。是月十四日夜，率廝養百十輩，與嗣勳合攻之。時宿於牙城者千人，遲明殺之殆盡，凡八千家，皆破其族。魏軍攻滄州者在歷亭聞有變，其將史仁遇擁之，保于高唐，六州之內，皆爲讎敵，累月平之。威仕梁

數年後卒，年三十四，位至守太師、兼中書令，贈尚書令，謚曰貞壯。

威性明敏，達於吏道。伏膺儒術，招納文人，聚書至萬卷。每花朝月夕，與賓佐賦咏，甚有情致。錢塘人羅隱者，有當世詩名，自號江東生。威遣使賂遺，敍其宗姓，推爲叔父。隱亦集其詩寄之。威酷嗜其作，目己所爲曰偷江東集，凡五卷，今鄴中人士諷詠之。

史臣曰：魏、鎮、燕三鎮，不能制之也久矣。兵強地廣，合從連衡，爵命雖假於朝廷，羣臣自謀於元帥。如史憲誠等五家，其初皆因此而得之，其後亦因此而失之。蓋不知取之以權，守之以仁，則遠矣。若善繼者，史氏、羅氏之二子有焉，其餘不足觀也。

贊曰：逆取順守，古亦有之。如其逆守，滅亡必隨。史、何、韓、樂，世數盛衰。足以爲鑒，念茲在茲。

舊唐書卷一百八十二

列傳第一百三十二

王重榮 子珂 王處存 弟處直 諸葛爽 高駢 畢師鐸 秦彥

時溥 朱瑄 弟瑾

王重榮，河中人。父縱，鹽州刺史，咸通中有邊功。重榮以父蔭補軍校，與兄重盈俱號驍雄，名譽軍中。廣明初，重榮爲河中馬步軍都虞候。巢賊據長安，蒲帥李都不能拒，稱臣於賊，賊僞授重榮節度副使。河中密邇京師，賊徵求無已，軍府疲於供億，賊使百輩，塡委傳舍。重榮謂都曰：「吾以外援未至，詭謀附賊以紓難。今軍府積實，苦被徵求，復來收兵，是賊危我也，倘不改圖，危亡必矣。請絕橋道，嬰城自固。」都曰：「吾兵微力寡，絕之立見其患。唯公圖之，願以節鉞假公。」翌日，都歸行在，重榮知留後事，乃斬賊使，求援鄰藩。既而賊將朱溫舟師自同州至，黃鄴之兵自華陰至，數萬攻之。重榮戒勵士衆，大敗之，獲其

兵仗，軍聲益振，朝廷遂授節鉞，檢校司空。時中和元年夏也。

俄而忠武監軍楊復光率陳、蔡之師萬人，與重榮合。賊將李詳守華州，重榮合勢攻之，擒詳以徇。俄而朱溫以同州降。賊既失同、華，狂躁益熾。黃巢自率精兵數萬，至梁田坡。時重榮軍華陰南，楊復光在渭北，犄角破賊，出其不意，大敗賊軍，獲其將趙璋，巢中流矢而退。而重榮之師，亡耗殆半，懼賊復來，深憂之，謂復光曰：「軍雖小捷，銳旅亡失。萬一賊黨復來，其將何軍以應？吾之成敗，未可知也。」復光曰：「鴈門李僕射，與僕家世事舊，其尊人與僕父同患難。僕射奮不顧身，死義知己。倘得李鴈門爲援，吾事濟矣。」因遣使傳詔徵兵。明年，李克用領兵至，大敗巢賊，收復京城。其倡義啓導之功，實重榮居首。京師平，以功檢校太尉、同平章事、琅邪郡王。

光啓元年，僖宗還京。喪亂之後，六軍初復，國藏虛竭。觀軍容使田令孜奏以安邑、解縣兩池榷課，直屬省司，以充贍給。舊事，河中節度兼榷使，每年額輸省課。重榮累表論列，旣循往例，兼恃大功。令孜不許，奏請移重榮爲定州節度。制下，不奉詔，令孜率禁軍攻之，屯于沙苑，爲重榮擊敗之。十二月，令孜挾天子出幸寶雞，太原聞之，乃與重榮入援京師，遣使迎駕還宮。令孜尤懼，刦劫幸山南。及朱玫立襄王稱制，重榮不受命，會太原之師於河西，以圖興復。明年，王行瑜殺朱玫，僖宗反正，重榮之忠力居多。

重榮用法稍嚴，季年尤甚。部下常行儒者，嘗有所譴罰，深銜之。光啓三年六月，行儒以兵攻府第，重榮夜出於城外別墅。詰旦，爲行儒所害，行儒乃推重盈爲帥。重盈既立，誅行儒與其黨，安集軍民。

乾寧初，重盈卒，軍府推行軍司馬王珂爲留後。重盈子珙，時爲陝帥，瑤爲絳州刺史。珂即重榮兄重簡子，出繼重榮。由是爭爲蒲帥。瑤、珙上章論列，又與朱溫書云：「珂非吾兄弟，予家之蒼頭也，小字蟲兒，安得繼嗣？」珂上章云：「亡父有興復之功。」遣使求援於太原，太原保薦於朝。珙厚結王行瑜、李茂貞、韓建爲援，三鎭互相表薦。昭宗詔諭之曰：「吾以太原與重榮有再造之功，已俞其奏矣。」故明年五月，茂貞等三人率兵入覲，賊害時政，請以河中授珙。珙、瑤連兵攻河中，李克用怒，出師討三鎭。瑤、珙兵退，克用拔絳州，斬瑤，乃師於渭北。天子以珂爲河中節度，授以旄鉞，仍充供軍糧料使。既誅王行瑜，克用以女妻之。珂親至太原，太原令李嗣昭將兵助珂攻珙，珙每戰頻敗。珙性慘刻，人有蹤犯，必斬首置於座前，言笑自若，部下咸苦之。因其削弱，皆懷離叛。光化二年六月，部將李璠殺珙，自稱留後。

光化末，朱溫初伏鎭、定，將圖關輔，屬劉季述廢立之際，京師俶擾，崔胤潛乞師於汴，

以圖反正。溫謂其將張存敬、侯言曰：「王珂恃太原之勢，侮慢藩鄰，骨肉相殘，自大其事，爾爲我持一繩以縛之。」存敬等率兵數萬渡河，由含山出其不意，天復元年正月，兵攻晉、絳。珂將絳州刺史陶建釗、晉州刺史張漢瑜既無備，即開門降，溫令別將何絪守晉州，扼其援路。二月，存敬大軍逼河中，珂遣告急於太原。晉、絳既當兵衝，援師不能進，珂妻書告太原曰：「賊勢攻逼，朝夕爲俘囚，乞食大梁，大人安忍不救？」克用曰：「賊阻前途，衆寡不敵，救則與爾兩亡。可與王郎歸朝廷。」珂計無從出，即謀歸京師。又使人告李茂貞曰：「聖上初返正，詔藩鎭無相侵伐，同匡王室。朱公不顧國家約束，卒遣賊臣，急攻敝邑，則朱公之心可見矣。敝邑若亡，則同、華、邠、岐非諸君所能保也。天子神器，拱手而授人矣，此自然之勢也。公可與華州令公早出精銳固潼關，以應敝邑。僕自量不武，請於公之西偏求爲鎭守，此地請公有之。關西安危，國祚延促，繫公此舉也。」茂貞不答。

珂勢蹙，將渡河歸京師，人情離合。時河橋毀圮，凌澌梗塞，舟楫難濟。珂族檥舟有日，珂夜自慰諭守陴者，默然無應。牙將劉訓夜半至珂寢門，珂叱之曰：「兵欲反耶？」訓解衣袒臂曰：「公苟懷疑，訓請斷臂。」珂曰：「事勢如何，計將安出？」訓曰：「若夜出整棹待濟，人必爭舟。苟一夫鴟張，其禍莫測。不如俟明旦，以情諭三軍，願從者必半，然後登舟赴闕，可以前濟。不然，則召諸將校，且爲款狀，以緩賊軍，徐圖向背，策之上也。」珂然之，即登城謂存敬曰：「吾於汴王有家世事分，公宜退舍。俟汴王至，吾自聽命。」存敬即日退舍。

三月，朱溫自洛陽至，先哭於重榮之墓，悲不自勝，陳辭致祭，蒲人聞之感悅。珂欲面縛牽羊以見。溫報曰：「太師阿舅之恩，何時可忘耶？郎君若以亡國之禮相見，黃泉其謂我何？」及珂出，迎之於路，握手歔欷，聯轡而入。居半月，以存敬守河中，珂舉家徙于汴。後溫令珂入覲，遣人殺之於華州傳舍。自重榮初帥河中，傳至珂二十年。

王處存，京兆萬年縣勝業里人。世隸神策軍，爲京師富族，財產數百萬。父宗，自軍校累至檢校司空、金吾大將軍、左街使，遙領興元節度。宗善興利，乘時貿易，由是富擬王者，仕宦因貲而貴，侯服玉食，僮奴萬指。處存起家右軍鎭使，累至驍衛將軍、左軍巡使。乾符六年十月，檢校刑部尚書、義武軍節度使。

明年，黃巢犯闕，僖宗出幸，處存號哭累日，不俟詔命，即率本軍入援。遣二千人間道往山南，衞從車駕。時李都守河中降賊，會王重榮斬僞使，通使於處存，乃同盟誓師，營於渭北。時巢賊僭號，天下藩鎭，多受其僞命，唯鄭畋守鳳翔，鄭從讜守太原。處存、王重榮首倡義舉，以招太原。俄而鄭畋破賊前鋒，王鐸自行在至，故諸鎭翻然改圖，以出勤王之

師。

中和元年四月，涇原行軍唐弘夫敗賊將林言、尙讓軍，乘勝進逼京師。處存自渭北親選驍卒五千，皆以白繻爲號，夜入京城，賊已遁去。京師故人見處存，遮道慟哭，歡呼塞路。軍人皆釋兵，爭據第宅，坊市少年多帶白號雜軍。翌日，賊偵知，自灞上復襲京師，市人以爲王師，歡呼迎之。處存爲賊所迫，收軍還營。賊怒，召集兩市丁壯七八萬，併殺之，血流成渠。

處存家在京師，世受國恩，以賊寇未平，鑾輿出狩，每言及時事，未嘗不嗚咽流涕，諸軍義之。前後遣使十輩迎李克用，既契世姻好，特相款昵。洎收京師，王鐸第其功，勤王舉義，處存爲之最；收城破賊，克用爲之最。以功檢校司空。後又遣大將張公慶率勁兵三千，合諸軍滅賊巢於泰山，以功檢校司徒。

田令孜討王重榮，詔處存爲河中節度，處存上章申理，言：「重榮無罪，有大功於國，不宜輕有除改，以搖藩鎭之心。」初，幽、鎭兩藩，兵甲彊盛，易定於其間，疲於侵寇。及匡威得志驕盈，恆欲兼并之，賴與太原姻好，每爲之援。處存亦睦鄰以禮，優撫軍民，折節下士，人多歸之，以至抗衡列鎭。累加侍中、檢校太尉。乾寧二年九月卒，年六十五，贈太子太師，謚曰忠肅。

三軍以河朔舊事，推其子副大使郜爲留後，朝廷從而命之，授以旄鉞，尋加檢校司空、同平章事，累至太保。光化三年七月，汴將張存敬進寇幽州，旋入祁溝。郜遣馬步都將王處直將兵拒之，爲存敬所敗，退營沙河。汴人進擊，營於懷德驛，處直之衆奔撓，城中大恐。十月，郜委城攜族奔於太原，太原累表授檢校太尉。天復初，卒於晉陽。其弟鄴，克用以女妻之，歷嵐、石、沔三州刺史、大同軍防禦使。天祐中卒。

處直字允明，處存母弟也。初爲定州後院軍都知兵馬使。汴人入寇，處直拒戰不利而退，三軍大譟，推處直爲帥。及郜出奔，乃權留後事。汴將張存敬攻城，梯衝雲合，處直登城呼曰：「敝邑於朝廷未嘗不忠，於藩鄰未嘗失禮，不虞君之涉吾地，何也？」朱溫遣人報之曰：「何以附太原而弱鄰道？」處直報曰：「吾兄與太原同時立勳王室，地又親鄰，脩好往來，常道也。請從此改圖。」溫許之。仍歸罪於孔目吏梁問，出絹十萬匹，牛酒以犒汴軍，存敬脩盟而退。溫因表授旄鉞，檢校左僕射。天祐元年，加太保，封太原王。後仕僞梁，授北平王，檢校太尉。不數歲，復於莊宗〔一〕。後十餘年，爲其子都廢歸私第，尋卒，年六十一。

諸葛爽，青州博昌人。役屬縣爲伍伯，爲令所笞，乃棄役，以里謳自給。會龐勛之亂，乃委身爲徐卒，累軍功至小校。官軍討徐，龐勛勢蹙。率百餘人與泗州守將陽羣歸國，累授汝州防禦使。李琢爲招討使，討沙陀於雲州，表爽爲副。廣明元年，賊陷京師〔二〕，詔爽率代北行營兵馬，赴難關中。爽軍屯櫟陽。潼關不守，車駕出幸，爽乃降賊，巢以爽爲河陽節度使。巢賊敗，復表歸國，進位檢校司徒。

時魏博韓簡軍勢方盛。中和元年四月，魏人攻河陽，大敗爽軍於修武，爽棄城遁走。簡令大將守河陽，乃出師討曹全晸於鄆州。十月，孟州人復誘爽，爽自金商率兵千人，復入河陽。乃犒勞魏人，令趙文㺹率之而去。十一月，爽攻新鄉，簡自鄆來逆戰，軍於獲嘉西北。時簡將引魏人入趨關輔，誅除巢孽，自有圖王之志，三軍屢諫不從。偏將樂彥禎因衆心搖，說激之，牙軍奔歸魏州。爽軍乘之，簡鄉兵八萬大敗，奔騰亂死，清水爲之不流。明年正月，簡爲牙軍所殺，爽軍由是大振。

及巢賊將敗，爽復歸國。爽雖起羣盜，既貴之後，善於爲理，所至法令澄清，人無怨歎，人士以此多之。光啓二年，爽卒，帳中將劉經、張言以爽子仲方爲孟帥。俄而蔡賊孫儒率衆攻之，城陷於賊，仲方歸於汴，儒遂據孟州。

高駢字千里，幽州人。祖崇文，元和初功臣，封南平王，自有傳。父承明，神策虞候。駢，家世仕禁軍，幼而朗拔，好爲文，多與儒者遊，喜言理道。兩軍中貴，翕然稱重，乃縻之勇爵，累歷神策都虞候。會党項羌叛，令率禁兵萬人戍長武城。時諸將禦羌無功，唯駢伺隙用兵，出無不捷，懿宗深嘉之。西蕃寇邊，移鎮秦州，尋授秦州刺史、本州經略使。

先是李琢爲安南都護，貪於貨賄，虐賦夷獠，人多怨叛，遂結蠻軍合勢攻安南，陷之。自是累年亟命將帥，未能收復。五年，移駢爲安南都護。至則匡合五管之兵，期年之內，招懷溪洞，誅其首惡，一戰而蠻卒遁去，收復交州郡邑。又以廣州饋運艱澀，駢視其水路，自交至廣，多有巨石梗途，乃購募工徒，作法去之。由是舟楫無滯，安南儲備不乏，至今賴之。天子嘉其才，遷檢校工部尚書、鄆州刺史、天平軍節度觀察等使。治鄆之政，民吏歌之。

南詔蠻寇嶲州，渡瀘肆掠。乃以駢爲成都尹、劍南西川節度觀察等使。蜀土散惡，成都比無垣墉，駢乃計每歲完葺之費，甃之以塼甓，雉堞由是完堅。傳檄雲南，以兵壓境，講信修好〔三〕，不敢入寇，進位檢校尚書右僕射、江陵尹、荆南節度觀察等使。乾符四年，進位檢校司空、潤州刺史、鎭海軍節度、浙江西道觀察等使，進封燕國公。

時草賊王仙芝陷荆襄，宋威率諸道師討逐，其衆離散過江表。天子以駢前鎭鄆，軍民

畏服，仙芝徒黨，鄆人也，故授駢京口節鉞，以招懷之。尋授諸道兵馬都統、江淮鹽鐵轉運等使。駢令其將張璘、梁纘分兵討賊，前後累捷，降其首領數十人，賊南趨嶺表，天子嘉之。六年冬，進位檢校司徒、揚州大都督府長史、淮南節度副大使知節度事，兵馬都統、鹽鐵轉運使如故。駢至淮南，繕完城壘，招募軍旅，土客之軍七萬，乃傳檄徵天下兵，威望大振。朝廷深倚賴之，進位檢校太尉、同平章事。

既而黃巢賊合仙芝殘黨，復陷湖南、浙西州郡，衆號百萬。巢據廣州，求天平節鉞，朝廷議欲以南海節鉞授之。宰相盧攜與駢素善，以駢前在浙西已立討賊之効，今方集諸道之師於淮甸，不宜捨賊，以弱士心。鄭畋議且宜假賊方鎭以紓難。二人爭論於朝，以言詞不遜，由是兩罷之。駢方持兵柄，聞朝議異同，心頗不平之。

廣明元年夏，黃巢之黨自嶺表北趨江淮，由采石渡江，張璘勒兵天長欲擊之。駢恐朝議有不附己者，欲賊縱橫河洛，令朝廷聳振，則從而誅之。大將畢師鐸曰：「妖賊百萬，所經鎭戍若蹈無人之境。今朝廷所恃者都統，破賊要害之地，唯江淮爲首。彼衆我寡，若不據津要以擊之，俾北渡長淮，何以扼束，中原陷覆必矣。」駢駭然曰：「君言是也。」即令出軍。有愛將呂用之者，以左道媚駢，駢頗用其言。用之懼師鐸等立功，即奪己權，從容謂駢曰：「相公勳業高矣，妖賊未殄，朝廷已有間言。賊若蕩平，則威望震主，功居不賞，公安稅駕

耶？爲公良畫，莫若觀釁，自求多福。」駢深然之，乃止諸將，但握兵保境而已。

其年冬，賊陷河洛，中使促駢討賊，冠蓋相望，駢終逗撓不行。既而兩京覆沒，盧攜死，駢大閱軍師，欲兼并兩浙，爲孫策三分之計。天子在蜀，亟命出師。中和二年五月，雉雊於揚州廨舍，占者云：「野鳥入室，軍府將空。」駢心惡之。其月，盡出兵於東塘，結壘而處，每日教閱，如赴難之勢。仍與浙西周寶書，請同入援京師，寶大喜，卽點閱將赴之，遣人偵之，知其非實。駢在東塘凡百日，復還廣陵，蓋禳雉雊之異也。

僖宗知駢無赴難意，乃以宰臣王鐸爲京城四面諸道行營兵馬都統，崔安潛副之，韋昭度領江淮鹽鐵轉運使。增駢階爵，使務並停。駢既失兵柄，又落利權，攘袂大詬，累上章論列，語詞不遜。其末章曰：

臣伏奉詔命，令臣自省，更勿依違者。臣仰天訴地，血淚交流，如劍戟攢心，若湯火在己。只如黃巢大寇，圍逼天長小城，四旬有餘，竟至敗走。臣散徵諸道兵甲，盡出家財賞給，而諸道多不發兵，財物卽爲己有。縱然遣使徵得，敕旨不許過淮。其時黃巢殘兇，纔及二萬，經過數千里，軍鎮盡若無人。只如潼關已東，止有一徑，其爲險固，甚於井陘。豈有狂寇奔衝，略無阻礙，卽百二之地，固是虛言，神策六軍，此時安在？陛下蒼黃西出，內官奔命東來，黎庶盡被殺傷，衣冠悉遭屠戮。今則園陵開毀，宗廟荆

榛，遠近痛傷，遐邇嗟怨。雖然，姦臣未悟，陛下猶迷，不思宗廟之焚燒，不痛園陵之開毀。臣之痛也，實在於斯！此事見之多年，不獨知於今日。況自萑蒲盜起，朝廷徵用至多，上至帥臣，下及裨將，以臣所料，悉可坐擒，用此爲謀，安能辦事？陛下今用王鐸，盡主兵權，誠知狂寇必殲，梟巢卽覆。臣讀禮至宣尼射於矍相之圃，蓋觀者如堵牆，使子路出延射曰：潰軍之將，亡國之大夫，與爲人後者，不入於射也。嚴誠如斯，圖功也豈宜容易？陛下安忍委敗軍之將，陷一儒臣？崔安潛到處貪殘，只如西川，可爲驗矣，委之副貳，詎可平戎？況天下兵驕，在處僭越，豈二儒士，能戢彊兵，萬一乖張，將何救助？願陛下下念黎庶，上爲宗祧，無使百代有抱恨之臣，千古留刮席之恥。臣但慮寇生東土，劉氏復興，卽軹道之災，豈獨往日。乞陛下稍留神慮，以安宗社。今賢才在野，憸人滿朝，致陛下爲亡國之君，此等計將安出？伏乞戮賣官鬻爵之輩，徵鯁直公正之臣，委之重難，置之左右，克復宮闕，莫尙於斯。若此時謗誹忠臣，沉埋烈士，匡復宗社，未見有期。臣受國恩深，不覺語切，無任憂懼之至。

詔報駢曰：

省表具悉。卿一門忠孝，三代勳庸，銘於景鐘，煥在青史。卿承祖父之訓，襲弓冶之基，起自禁軍，從微至著。始則囊錐露穎，稍有知音；尋則天驥呈才，急於試効。自秦州經略使，授交趾節旄，聯翩寵榮，汗漫富貴，未嘗斷絶，僅二十年。卿報國之功，亦可悉數。最顯赫者，安南拒蠻，至今海隅尚守。次則汶陽之日，政聲洽平。洎臨成都，脅歸驃信，三載之內，亦無侵凌。創築羅城，大新錦里，其爲雄壯，實少比儔。渚宮不暇於施爲，便當移鎮；建鄴纔聞於安靜，旋卽渡江。自到廣陵，併鍾多壘，卽亦招降草寇，救援臨淮。大約昭灼功勳，不大於此數者。朝廷累加渥澤，靡吝徽章，位極三公，兵環大鎮。銅鹽重務，綰握約及七年；都統雄藩，幅員幾於萬里。朕瞻如太華，倚若長城，凡有奏論，無不依允，其爲託賴，豈愧神明？

自黃巢肆毒咸京，卿並不離隋苑。豈金陵苑水，能遮鵝鸛之雄；風伯雨師，終阻帆檣之利？自聞歸止，寧免鬱陶。卿既安住蕪城，鄭畋以春初入覲，遂命上相，親領師徒，因落卿都統之名，固亦不乖事例，仍加封實，貴表優恩。何乃疑忿太深，指陳過當，移時省讀，深用震嗟。聊舉諸條，粗申報復。

卿表云：「自是陛下不用微臣，固非微臣有負陛下」者。朕拔卿汶上，超領劍南，荆、潤、維揚，聯居四鎮。綰利則牢盆在手，主兵則都統當權。直至京北、京南、神策諸鎮，悉在指揮之下，可知董制之雄。而乃貴作司徒，榮爲太尉，以爲不用，何名爲用

乎？

卿又云：「若欲俯念舊勳，佇觀後效，何不以王鐸權位，與臣主持，必能糾率諸侯，誅鋤羣盜」者。朕緣久付卿兵柄，不能翦滅元兇，自天長漏網過淮，不出一兵襲逐，奄殘京國，首尾三年，廣陵之師，未離封部，忠臣積望，勇士興譏。所以擢用元臣，誅夷巨寇，心期貔武，便掃欃槍。卿初委張璘，請放却諸道兵士，辛勤召置，容易放還，璘果敗亡，巢益顚越。卿前年初夏，逞發神機，與京中朝貴書，題云：「得靈仙教導，芒種之後，賊必蕩平。」尋聞圍逼天長，必謂死在卿手，豈知魚跳鼎釜，狐脫網羅，遽過長淮，竟爲大憝。都統既不能禦遏，諸將更何以枝梧？果致連犯關河，繼傾都邑。從來倚仗之意，一旦控告無門，凝睇東南，惟增悽惻。及朕蒙塵入蜀，宗廟汚於賊庭，天下人心，無不雪涕。既知曆數猶在，謳謠未移，則懷忠拗怒之臣，貯救難除姦之志，便須果決，安可因循？況恩厚者其報深，位重者其心急。此際天下義舉，皆望淮海率先。豈知近輔儒臣，先爲首唱，而窮邊勇將，誓志平戎，關東寂寥，不見干羽。洎乎初秋覽表，方云仲夏發兵，便詔軍前，幷移汝上。喜聞兵勢，渴見旌幢。尋稱宣潤阻艱，難從天討。謝玄破苻堅於淝水，裴度平元濟於淮西，未必儒臣不如武將。

卿又云：「若不斥逐邪佞，親近忠良，臣既不能保家，陛下豈能安國，忽當今日，棄

若寒灰」者。未委誰是忠良，誰爲邪佞？終日寵榮富貴，何嘗不保其家；無人扞禦寇戎，所以不安其國。豈有位兼將相，使帶銅鹽，自謂寒灰，眞同浪語。

卿又云：「不痛園陵之開毀，不念宗廟之焚燒，臣實痛之，實在茲也。」且龜玉毀於櫝中，誰之過也？鯨鯢漏於網外，抑有其由。卿手握強兵，身居大鎭，不能遮圍擒戮，致令脫漏猖狂，雖則上繫天時，抑亦旁由人事。朕自到西蜀，不離一室之中，屏棄笙歌，杜絕遊獵，蔬食適口，布服被身，焚香以望園陵，雪涕以思宗廟，省躬罪己，不敢遑安。「姦臣未悟」之言，誰人肯認，「陛下猶迷」之語，朕不敢當。

卿又云：「自來所用將帥，上至帥臣，下及裨將，以臣所料，悉可坐擒，用此爲謀，安能集事」者。且十室之邑，猶有忠信，天下至大，豈無英雄？況守固城池，悉嚴兵甲，縱非盡美，安得平欺？卿尙不能縛黃巢於天長，安能坐擒諸將。只如拓拔思恭、諸葛爽輩，安能坐擒耶？勿務大言，不堪垂訓。

卿又云王鐸是敗軍之將，兼徵引夔相射羲者。昔曹沫三敗，終復魯讎；孟明再奔，竟雪秦恥。近代汾陽尙父，咸寧太師，亦曾不利鼓鼙，尋則功成鐘鼎。安知王鐸不立大勳？

卿又云：「無使百代有抱恨之臣，千古留刮席之恥，但慮寇生東土，劉氏復興，卽軹

道之災，豈獨往日」者。我國家景祚方遠，天命未窮，海內人心，尙樂唐德。朕不荒酒色，不虧刑名，不結怨於生靈，不貪財於宇縣。自知運曆，必保延洪。況巡省已來，禎祥薦降，西蜀半年之內，聲名又以備全。塞北、日南，悉來朝貢；黠戛、善闡，並至梯航。但慮天寶、建中，未如今日；淸宮復國，必有近期。卿云「劉氏復興」，不知誰爲其首？遠言「刮席之恥」，比朕於劉盆子耶？仍憂「軹道之災」，方朕於秦子嬰也？雖稱直行，何太罔誣！三復斯言，尤深駭異。

卿又云：「賢才在野，憸人滿朝，致陛下爲亡國之君，此子等計將安出，伏乞戮賣官鬻爵之輩，徵鯁直公正之臣」者。且唐、虞之世，未必盡是忠良；今巖野之間，安得不遺賢彥。朕每令銓擇，亦遣訪求。其於選將料兵，安人救物，但屬收復之業，講求理化之基，自有長才，同匡大計。賣官鬻爵之士，中外必不有之，勿聽狂辭，以資游說。且朕遠違宮闕，寄寓巴邛，所失恩者甚多，尙不興怨，卿落一都統，何足介懷？況天步未傾，皇綱尙整，三靈不昧，百度猶存。但守君臣之軌儀，正上下之名分，宜遵教約，未可際凌。朕雖沖人，安得輕侮！但以知卿歲久，許卿分深，貴存終始之恩，勿貯猜嫌之慮。所宜深省，無更過言。

駢始以兵權，欲臨藩鎭，吞併江南，一朝失之，威望頓減，陰謀自阻，故累表堅論，欲其復故。明年四月，王鐸與諸道之師敗賊關中，收復京城。駢聞之，悔恨萬狀。而部下多叛，計無所出，乃託求神仙，屏絕戎政，軍中可否，取決於呂用之。光啓初，僖宗再幸山南，李熅僭號，僞授駢中書令、諸道兵馬都統、江淮鹽鐵轉運等使。駢方怨望，而甘於僞署，稱藩納賄，不絕於途，宴安自得，日以神仙爲事。呂用之又薦豎工諸葛殷、張守一有長年之術〔四〕，駢並署爲牙將。於府第別建道院，院有迎仙樓、延和閣，高八十尺，飾以珠璣金鈿。侍女數百，皆羽衣霓服，和聲度曲，擬之鈞天。日與用之、殷、守一三人授道家法籙，談論於其間，賓佐罕見其面。

府第有隋煬帝所造門屋數間，俗號中書門，最爲宏壯，光啓元年，無故自壞。明年，淮南饑，蝗自西來，行而不飛，浮水緣城而入府第。道院竹木，一夕如翦，經像幢節，皆齧去其首。撲之不能止。旬日之內，蝗自食噉而盡。其年九月，雨魚。是月十日夜，大星隕于延和閣前，其聲如雷，火光爍地。自二年十一月雨雪陰晦，至三年二月不解。比歲不稔，食物踊貴，道殣相望，饑骸蔽地。是月，浙西周寶爲三軍所逐，駢喜，以爲妖異當之。

三月，蔡賊過淮口，駢令畢師鐸出軍禦之。師鐸與高郵鎭將張神劍、鄭漢璋等，率行營兵反攻揚州。四月城陷，師鐸囚駢於道院，召宣州觀察使秦彥爲廣陵帥。既而蔡賊楊行密自壽州率兵三萬，乘虛攻城。城中米斗五十千，餓死大半。駢家屬並在道院，秦彥供給甚

薄，薪蒸亦闕，奴僕徹延和閣欄檻煑革帶食之，互相篡啖。駢召從事盧涚謂之曰：「予三朝爲國，粗立功名。比擺脫塵埃，自求淸淨，非與人世爭利。一旦至此，神道其何望耶？」掩涕不能已。初，師鐸之入城也，愛將申及謂駢曰：「逆黨人數不多，卽目弛於防禁，願奉令公潛出廣陵，依投支郡，以圖雪恥，賊不足平也。若持疑不決，及旦夕不得在公左右。」駢怯懦不能行其謀。九月，師鐸出城戰敗，慮駢爲賊內應，又有尼奉仙，自言通神，謂師鐸曰：「揚府災，當有大人死應之，自此善也。」秦彥曰：「大人非高令公耶？」卽令師鐸以兵攻道院，侍者白駢曰：「有賊攻門。」曰：「此秦彥來。」整衣候之。俄而亂卒升階曳駢數之曰：「公上負天子恩，下陷揚州民，淮南塗炭，公之罪也。」駢未暇言，首已墮地矣。

駢既死，左右奴客踰垣而遁，入行密軍。行密聞之，舉軍縞素，繞城大哭者竟日，仍焚紙奠酒，信宿不已。駢與兒姪死於道院，都一坎瘞之，裹之以氈。行密入城，以駢孫愈爲判官，令主喪事。葬送未行而愈卒，後故吏鄺師虔收葬之。初師鐸入城，呂用之、張守一出奔楊行密，詐言所居有金。行密入城，掘其家地下，得銅人長三尺餘，身被桎梏，釘其心，刻「高駢」二字於胸，蓋以魅道厭勝蠱惑其心，以至族滅。

畢師鐸者，曹州冤朐人。乾符初，與里人王仙芝嘯聚爲盜，相與陷曹、鄆、荆、襄。師鐸

善騎射，其徒目爲「鶻子」。仙芝死，來降高駢。初敗黃巢於浙西，皆師鐸、梁纘之効也，頗寵待之。

駢末年惑於呂用之，舊將俞公楚、姚歸禮皆爲用之讒構見殺，師鐸意不自安，有愛妾復爲用之所奪。光啓三年三月，蔡賊楊行密逼淮口，駢令師鐸率三百騎戍高郵，戍將張神劍亦怒用之，兩人謀自安之計。用之伺知，亟請召還。師鐸母在廣陵，遣信令師鐸遁去。或謂師鐸曰：「請殺神劍，併高郵之兵趨府，令公必殺用之爲解。」又曰：「不如投徐州，則身存而家保。」師鐸曰：「非計也。呂用之誑惑主帥，塗炭生民，七八年來，鬼怨人怒。今日之事，安知天不假予誅妖亂而康淮甸耶？」又曰：「鄭漢璋是我歸順時副使，常切齒於用之，今率精兵在淮口。聞吾此舉，即樂從也。」乃趨淮口，與漢璋合，得兵千人。又相與至高郵，問計於張神劍。神劍曰：「公見事晚耶？用之一妖物耳，前受襄王僞命，作鎭廣州，遲留不行，志圖淮海節鎭。令公已奪其魄，彼一旦成事，焉能北面事妖物耶！」即割臂血爲盟，推師鐸爲盟主，稱大丞相，移檄郡縣，以誅用之、守一、殷爲名，乃署其卒長唐宏、王朗、駱玄眞、倪詳、逯本、趙簡等，分董其卒三千人。

四月，趨廣陵，營於大明寺。揚州大駭。呂用之分兵城守，高駢登延和閣，聞鼓譟聲怪之。用之曰：「師鐸兵士迴戈，止遏不得，適已隨宜處置，公幸勿憂。」苟不聽，徒勞玄女一符

耳。」師鐸陳兵數日，用之屢出戰，師鐸憂其不克，求救于宣州秦彥曰：「苟得廣陵，則迎公爲帥。」彥令牙將秦稠，率兵三千助之。師鐸門客畢慕顏自城中出，曰：「人心已離，破之必矣。」秦稠軍至，兵威漸振。駢聞甚憂，謂用之曰：「吾以心腹仗爾，不能駕馭此輩，誤我何多？百姓遭罹飢饉，不可虐用。吾自枉手札喻師鐸，可令大將一人自行。」用之即以其黨許戡送駢書，師鐸怒曰：「梁纘、韓問何在？令爾來耶！」即斬之。用之選勁兵自衞。一日，至道院，駢叱去之，乃令猶子傑握牙兵，令師鐸母作書，遣大將古鍔與師鐸子出城喩之。師鐸令子還白曰：「不敢負令公恩德，正爲淮南除弊。但斬用之、守一，即日退還高郵。」秦稠攻西南隅，城中應之，即日城陷。呂用之由參佐門遁走。駢聞師鐸至，改服俟之，與師鐸交拜，如賓主之儀，即日署爲節度副使，漢璋、神劍皆署職事。

秦稠點閱府庫監守之，仍密召彥於宣州。或謂師鐸曰：「公昨舉兵誅二妖物，故人情樂從。今軍府已安，以事理論之，公宜還政高公，自典兵馬，戎權在手，取捨自由，藩鄰聞之，不失大義。議者皆言秦稠破城之日，已召秦彥。彥若爲帥，兵權非足下有也。公感其援，但以金玉報之，阻其渡江，最爲上策。若秦彥作帥，則楊行密朝聞夕至。如高令復帥，外寇必自卷懷。」師鐸猶豫未決，而秦彥軍至。五月，彥爲節度使，署師鐸爲行軍司馬，移居牙外，心頗不悅。

是月，楊行密引軍攻揚州，彥兵拒戰繼敗。八月，師鐸與鄭漢璋出軍萬人擊行密，皆大敗而還，自是不復出。九月，師鐸殺高駢。十月，秦彥、師鐸突圍而遁。十一月，秦彥、師鐸引蔡賊孫儒之兵三萬圍揚州。行密求救于汴，朱全忠遣大將李璠率師淮口，以爲聲援。孫儒以廣陵未下，而汴卒來，又慮秦彥、師鐸異志。四年正月，孫儒斬秦彥、師鐸于高郵之南，鄭漢璋亦死焉。

秦彥者，徐州人，本名立。爲卒，隸徐軍。乾符中，坐盜繫獄，將死，夢人謂之曰：「爾可隨我。」及寤械破，乃得逸去，因改名彥。乃聚徒百人，殺下邳令，取其資裝入黃巢軍。巢兵敗於淮南，乃與許勍俱降高駢，累奏授和州刺史。中和二年，宣歙觀察使竇潏病，彥以兵襲取之，遂代潏爲觀察使，朝廷因而命之。

光啓三年，揚州牙將畢師鐸囚其帥高駢，懼外寇來侵，乃迎彥爲帥。彥召池州刺史趙鍠知宣州事，自率衆入揚州。師鐸推彥爲帥。

五月，壽州刺史楊行密率兵攻彥，遣其將張神劍令統兵屯灣頭山光寺。行密屯大雲寺，北跨長崗，前臨大道，自揚子江北至槐家橋，柵壘相聯。秦彥登城望之，懼形於色，令秦稠、師鐸率勁卒八千出鬬，爲行密所掩，盡沒，稠死之。彥急求援於蘇州刺史張雄，雄率兵

赴之，屯于東塘。重圍半年，城中芻糧並盡，草根木實、市肆藥物、皮囊革帶，食之亦盡。外軍掠人而賣，人五十千。死者十六七，縱存者鬼形鳥面，氣息奄然。張雄多軍糧，相約交市。城中以寶貝市米，金一斤，通犀帶一，得米五升。雄軍得貨，不戰而去。九月，畢師鐸出戰，又敗，自是日與秦彥相對嗟惋。問神尼奉仙何以獲濟，尼曰：「走爲上計也。」十月，彥與師鐸突圍投孫儒，並爲所殺。

江淮之間，廣陵大鎭，富甲天下。自師鐸、秦彥之後，孫儒、行密繼踵相攻，四五年間，連兵不息，廬舍焚蕩，民戶喪亡，廣陵之雄富掃地矣。

時溥，彭城人，徐之牙將。黃巢據長安，詔徵天下兵進討。中和二年，武寧軍節度使支詳遣溥與副將陳璠率師五千赴難。行至河陰，軍亂，剽河陰縣迴。溥招合撫諭，其衆復集，懼罪，屯于境上。詳遣人迎犒，悉恕之，溥乃移軍向徐州。既入，軍人大呼，推溥爲留後，送詳於大彭館。溥大出資裝，遣陳璠援詳歸京。詳宿七里亭，其夜爲璠所殺，舉家屠害。溥以璠爲宿州刺史，竟以違命殺詳，溥誅璠，又令別將帥軍三千赴難京師。天子還宮，授之節鉞。

及黃巢攻陳州，秦宗權據蔡州，與賊連結。徐、蔡相近，溥出師討之，軍鋒益盛，每戰屢捷。黃巢之敗也，其將尚讓以數千人降溥，後林言又斬黃巢首歸徐州，時溥功居第一，詔授檢校太尉、中書令，鉅鹿郡王。宗權未平，仍授溥徐州行營兵馬都統。

蔡賊平，朱全忠與之爭功，遂相嫌怨。淮南亂，朝廷以全忠遙領淮南節度，以平孫儒、行密之亂。汴人應援，路出徐方，溥阻之。全忠怒，出師攻徐。自光啓至大順六七年間，汴軍四集，徐、泗三郡，民無耕稼，頻歲水災，人喪十六七。溥窘蹙，求和于汴，全忠曰：「移鎭則可。」然之。朝廷以尚書劉崇望代溥，以溥爲太子太師。溥懼出城見害，不受代。汴將龐師古陳兵于野，溥求援于兗州，朱瑾出兵救之，值大雪，糧盡而還。城中守陴者飢甚，加之病疫。汴將王重師、牛存節夜乘梯而入，溥與妻子登樓自焚而卒，景福二年四月也。地入于汴。

朱瑄，宋州人。父慶，盜鹽抵法。瑄逃於青州，爲王敬武牙卒。中和初，黃巢據長安，詔徵天下兵。敬武遣牙將曹全晸率兵三千赴難關西，以瑄爲軍候。會青州警急，敬武召全晸還，路由鄆州。時鄆帥薛崇爲草賊王仙芝所殺，鄆將崔君裕權知州事。全晸知其兵寡，襲殺君裕，據有鄆州，自稱留後。以瑄有功，署爲濮州刺史，留將牙軍。

光啓初，魏博韓簡欲乘并曹鄆，以兵濟河攻鄆。全晸出兵逆戰，爲魏軍所敗，全晸死之。瑄收合殘卒，保州城。韓簡攻圍半年，不能拔。會魏軍亂退去，朝廷嘉之，授以節鉞。時瑄有衆三萬，其弟瑾，勇冠三軍，有爭天下之心。秦宗權之盛也，屢侵鄰、汴。朱全忠爲賊所攻，甚窘，求救於瑄。瑄令朱瑾出師援之，擊敗秦宗權，全忠乃與瑄情極隆厚。全忠狡譎翻覆，虎視藩鄰。會宗權誅，乃急攻徐州。時溥求援于瑄，瑄與全忠書，請釋溥修好，僞許之。瑄以恩及全忠，遣使讓之，又令朱瑾出軍援溥。及徐、泗平，全忠乃移兵攻鄆。三四年間，每春秋入其境剽掠，人不得耕織，民爲俘者十五六，瑄禦備殫竭。景福末，與弟瑾合兩鎭之兵，與汴人大戰于魚山下，瑄、瑾俱敗，兵士陷沒。汴將朱友裕以長塹圍之。乾寧四年正月，城中食竭，瑄與妻榮氏出奔，至中都，爲野人所害，傳首汴州。榮氏至汴州爲尼。

朱瑾，瑄之母弟，驍果善戰。初乾符末，朝廷以將軍齊克讓爲兗州節度，瑾將襲取之，乃求婚於克讓。及親迎，瑾選勇士衛從，禮會之夜竊發，逐克讓，遂據城稱留後。朝廷不獲已，以節鉞授之。及朱瑄平，汴人移兵攻兗，經年食盡，瑾出城求食，比還，爲別將所拒，不得入，乃渡淮依楊行密。行密寵待之，用爲壽州刺史，大敗汴軍于淸口，自此全忠不敢以兵渡淮。瑾，楊溥時謀亂，爲徐知訓所殺。

史臣曰：疾風知勁草，世亂見忠臣，誠哉是言也。土運中微，賊巢僭越，藩伯勤王，赴難者率有聲而無實。唯重榮斬賊使於近關，處存舉義師於安喜，橫身泣赴，不顧禍患，遂得義徒雲合，逆黨勢窮。宜乎服冕乘軒，傳家胙土。而重榮傷於峻法，嚴而少恩，禍發輿臺，誠悲枉橫。高駢起家禁旅，頗立功名，玩寇崇妖，致茲狼籍。後來勳德，可誡前車。瑄、溥不以善取，固宜凶終。瑾持此狠心，安逃虎口？王綱之紊，羣盜及茲，復何言哉！

贊曰：王者撫運，居安慮危。不以德處，即爲盜闚。乾坤盪覆，生聚流離。讀駢章疏，可爲涕洟。

校勘記

〔一〕復於莊宗　合鈔卷二三三王處存傳「復」下有「仕」字。

〔二〕賊陷京師　新書卷一八七諸葛爽傳作「黃巢犯京師」。按本傳下文云「潼關不守，車駕出幸」，據本書卷一九下僖宗紀及卷二〇〇下黃巢傳俱云黃巢先克潼關，後「陷京師」。是潼關未克前，黃巢不得「陷京師」，「陷」字疑誤。

〔三〕講信修好　舊唐書補校說：「講信疑曠信之誤。」

〔四〕暨工　校勘記卷六〇：「暨字疑醫字之誤。」冊府卷九二二云：「有呂用之、張守一、諸葛殷者，皆江、吳醫祝之輩。」

舊唐書卷一百八十三

列傳第一百三十三

外戚

獨孤懷恩 竇德明 姪懷貞 族弟孝諶 孝諶子希瑊 希球 希瓘 希瓘從父弟維鍌 長孫敞 從父弟操 趙持滿附 武承嗣 子延秀 從父弟三思 三思子崇訓 從祖弟懿宗 攸暨 攸暨妻太平公主 從父弟攸緒 薛懷義附 韋溫 王仁皎 子守一 吳漵 弟湊 竇覦 柳晟 王子顏

自古后族，能以德禮進退、全宗保名者，鮮矣。蓋恃宮掖之寵，接宴私之歡，高爵厚祿驕其內，聲色服玩惑於外，莫知師友之訓，不達危亡之道。故以中才處之，罕不覆敗，亦由

重植之木，自然顛披也。明哲之君，知驕侈之易滿，榮寵之難保，授任各當其才，祿位不過其量，告之以天命不易，誡之以大義滅親，使居無過之地，永享不貲之福，與國終始，不失其所以親也。易曰：「震來虩虩，恐致福也。」又曰：「婦子嘻嘻，失家節也。」與其愛而失節，曷若懼而致福？魏氏懲漢人之敗，著矯枉之法：幼主嗣位，母后不得臨朝；外氏無功，時主不得封爵。雖曰刻薄，而卞、甄之族，竟無大過。皇唐受命，長孫、竇氏以勳賢任職，而武氏、韋氏以盈滿致覆。夫廢興者，豈天命哉，蓋人事也。竇威、長孫無忌各自有傳，其餘載其得失，爲外戚傳，以存鑒誡焉。

獨孤懷恩，元貞皇后弟之子也。父整，隋涿郡太守。懷恩幼時，以獻皇后之姪，養於宮中。後仕爲鄠縣令。高祖平京城，授長安令，在職嚴明，甚得時譽。及高祖受禪，擢拜工部尚書。時虞州刺史韋義節擊堯君素於蒲州，而義節文吏怯懦，頻戰不利。高祖遣懷恩代總其衆，懷恩督兵城下，爲賊所拒，頻戰不利，高祖切讓之，因是怨望。高祖嘗戲之曰：「弟姑子悉爲天子，次當舅子乎？」懷恩遂自以爲符命，每扼腕曰：「我家豈女獨富貴耶？」由是陰圖異計。

時虞鄉南山多羣盜，劉武周將宋金剛寇陷澮州，高祖悉發關中卒以隸太宗，屯於柏壁。懷恩遂與解縣令榮靜、前五原縣主簿元君寶謀引王行本兵及武周連和，與山賊劫永豐倉而斷柏壁糧道，割河東地以咯武周。事臨發，會夏縣人呂崇茂殺縣令，據縣起兵，應武周。高祖遣懷恩與永安王孝基、陝州總管于筠、內史侍郎唐儉攻崇茂。宋金剛潛兵來襲，諸將盡沒，君寶與開府劉讓亦同陷于賊中，遂洩懷恩之謀。既而懷恩逃歸，高祖復令率師攻蒲州。唐儉在賊中，說賊將尉遲敬德，請使讓還，連和罷兵，遂使發其事。會堯君素爲其下所殺，小帥王行本以蒲州降，懷恩勒兵入據其城。高祖將濟河，已御舟矣，會讓至，迺使召懷恩，懷恩不知事已洩，輕舟來赴。及中流而執之，收其黨按驗，遂誅之，時年三十六，籍沒其家。

竇德明，太穆順聖皇后兄之孫也。祖照，尙後魏文帝女義陽公主，封鉅鹿公。父彥，襲父封，仕隋爲西平郡守。德明少師事陳留王孝逸，頗涉文史。會漢王諒作亂，遣其將綦良攻黎州，德明時年十八，募得五千人，倍道而進，號令嚴整，一戰破之。以功累拜齊王府屬，坐事免。及義師圍長安，永安王孝基、襄邑王神符、江夏王道宗及高祖之壻竇誕、趙慈景並繫獄，隋將衞文昇、陰世師欲殺之。德明謂文昇曰：「罪不在此輩，殺之無傷於彼，適足招

怨。」文昇乃止。及謁見高祖，竟不自言，時人稱其長者。武德初，拜考功郎中。從太宗擊王世充，頻有戰功，封顯武男。貞觀初，歷常、愛二州刺史。尋卒。

弟德玄，高宗時爲左相。德玄子懷貞。

懷貞少有名譽，時兄弟宗族，並以輿馬爲事，懷貞獨折節自修，衣服儉素。聖曆中爲清河令，治有能名。俄歷越州都督、揚州大都督府長史，所在皆以清幹著稱。

神龍二年，累遷御史大夫，兼檢校雍州長史。時韋庶人及安樂公主等干預朝政，懷貞每諂順委曲取容，改名從一，以避后父之諱，自是名稱日損。庶人微時乳母王氏，本蠻婢也，特封莒國夫人，嫁爲懷貞妻。俗謂乳母之壻爲阿䅟，懷貞每因謁見之次及進表疏，列在官位，必曰「皇后阿䅟」，時人或以「國䅟」呼之，初無慚色。宦官用權，懷貞尤所畏敬，每視事聽訟，見無鬚者，誤以接之。監察御史魏傳弓嘗以內常侍輔信義尤縱暴，將奏劾之，懷貞曰：「輔常侍深爲安樂公主所信任，權勢甚高，言成禍福，何得輒有彈糾？」傳弓曰：「今王綱漸壞，君子道消，正由此輩擅權耳。若得今日殺之，明日受誅，無所恨。」懷貞無以答，但固止之。

韋庶人敗，左遷濠州司馬。尋擢授益州大都督府長史。以附會太平公主，累拜侍中、

兼御史大夫，代韋安石爲尚書左僕射，監脩國史，賜爵魏國公。睿宗爲金仙、玉眞二公主創立兩觀，料功甚多，時議皆以爲不可，唯懷貞贊成其事，躬自監役。懷貞族弟詹事司直維鎣謂懷貞曰：「兄位極台衮，當思獻可替否，以輔明主。奈何校量瓦木，廁跡工匠之間，欲令海內何所瞻仰也？」懷貞不能對，而監作如故。時人爲之語曰：「竇僕射前爲韋氏國奢，後作公主邑丞。」言懷貞伏事公主，同於邑官也。先天二年，太平公主逆謀事洩，懷貞懼罪，投水而死，追戮其屍，改姓毒氏。德明族弟孝諶。

孝諶，刑部尚書誕之子，昭成順聖皇后父也。則天時，歷太常少卿、潤州刺史。長壽二年，后母龐氏被酷吏所陷，誣與后呪詛不道，孝諶左遷羅州司馬而卒。

子希瑊、希球、希瓘，並流嶺南。神龍初，隨例雪免。景雲年，追贈孝諶太尉、邠國公，希瑊襲爵。玄宗即位，加贈孝諶太保，希瑊等以舅氏，甚見優寵。希瑊累遷太子少傅、豳國公，尋卒。希球官至太子賓客，封冀國公，開元二十七年卒。及卒，謚曰靖。希瓘初賜爵畢國公，後改名璡，初爲左散騎常侍，及希球卒，因授開府儀同三司。玄宗以早失太后，尤重外家，璡兄弟三人皆國公，食實封。璡子鍔，又尚玄宗女永昌長公主，恩寵賜賚，實爲厚矣。而兄弟皆貪鄙，過自封植，璡又甚之。天寶七年，有竇勉潛交巫祝，勉犯法，璡坐信其詭說，

被停官，放歸田園。尋以尊老，又授開府儀同三司，依舊朝會。十三載十二月卒，玄宗哭於行在，贈司徒。財貨鉅萬。

璡從父弟維鎣，好學，以撰著爲業。時宗族咸以外戚，崇飾輿馬，維鎣獨清儉自守。中書令張說、黃門侍郎盧藏用、給事中裴子餘皆與之親善。官至水部郎中卒。撰吉凶禮要二十卷行於代。

長孫敞，文德順聖皇后之叔父也。仕隋爲左衞郎將。煬帝幸江都，留敞守京城禁苑。及義旗入關，率子弟迎謁於新豐，從平京城，以功除將作少監。出爲杞州刺史。貞觀初，坐贓免。太宗以后親，常令內給絹以供私費。尋拜宗正少卿致仕，加金紫光祿大夫，累封平原郡公。卒，贈幽州都督，謚曰良，陪葬昭陵。

敞從父弟操，周大司徒、薛國公覽之子也。武德中，爲陝東道行臺金部郎中，出爲陝州刺史。自州東引水入城，以代井汲，百姓于今利之。貞觀中，歷洛州刺史、益揚二州都督府長史，並有善政。二十三年，以子詮尚太宗女新城公主，拜岐州刺史。永徽初，加金紫光祿大夫，賜爵樂壽男。尋卒，贈吏部尚書、并州都督，謚曰安。

詮官至尚衣奉御。詮即侍中韓瑗妻弟也，及瑗得罪，事連於詮，減死配流巂州。詮至流所，縣令希旨杖殺之。

詮之甥有趙持滿者，工書善射，力搏猛獸，捷及奔馬，而親仁愛衆，多所交結，京師無貴賤皆愛慕之。初爲涼州長史，嘗逐野馬，自後射之，無不洞于胸腋，邊人深伏之。許敬宗懼其作難，誣與詮及無忌同反。及拷訊，終無異詞，且曰：「身可殺，辭不可奪。」吏竟代爲款以殺之。

武承嗣，荆州都督士彠之孫，則天順聖皇后兄子也。初，士彠娶相里氏，生元慶、元爽。又娶楊氏，生三女：長適越王府功曹賀蘭越石，次則天，次適郭氏。士彠卒後，兄子惟良、懷運及元爽等遇楊氏失禮。及則天立爲皇后，追贈士彠爲司徒、周忠孝王，封楊氏代國夫人。賀蘭越石早卒，封其妻爲韓國夫人。尋又加贈士彠爲太尉，楊氏改封爲榮國夫人。時元慶仕爲宗正少卿，元爽爲少府少監，惟良爲衞尉少卿，榮國夫人恨其曩日薄己，諷皇后抗疏請出元慶等爲外職，佯爲退讓，其實惡之也。於是元慶爲龍州刺史，元爽爲濠州刺史，惟良爲

始州刺史。元慶至州病卒，元爽自濠州又配流振州而死。

乾封年，惟良與弟淄州刺史懷運，以岳牧例集於泰山之下。時韓國夫人女賀蘭氏在宮中，頗承恩寵。則天意欲除之，諷高宗幸其母宅，因惟良等獻食，則天密令人以毒藥貯賀蘭氏食中，賀蘭氏食之，暴卒，歸罪於惟良、懷運，乃誅之。仍諷百僚抗表請改其姓爲蝮氏，絕其屬籍。元爽等緣坐配流嶺外而死，乃以韓國夫人之子敏之爲士彠嗣，改姓武氏，累拜左侍極、蘭臺太史，襲爵周國公。仍令鳩集學士李嗣眞、吳兢之徒，於蘭臺刊正經史并著撰傳記。

敏之既年少色美，烝於榮國夫人，恃寵多愆犯，則天頗不悅之。咸亨二年，榮國夫人卒，則天出內大瑞錦，令敏之造佛像追福，敏之自隱用之。又司衞少卿楊思儉女有殊色，高宗及則天自選以爲太子妃，成有定日矣，敏之又逼而淫焉。及在榮國服內，私釋衰絰，著吉服，奏妓樂。時太平公主尚幼，往來榮國之家，宮人侍行，又嘗爲敏之所逼。俄而姦汙事發，配流雷州，行至韶州，以馬韁自縊而死。

承嗣，元爽子也。敏之死後，自嶺南召還，拜尚衣奉御，襲祖爵周國公。俄遷祕書監。則天臨朝，追尊士彠爲忠孝太皇，置崇先府官屬，五代祖已下，皆爲王。嗣聖元年，以承嗣爲禮部尚書。尋除太常卿、同中書門下三品。垂拱中，轉春官尚書，依舊知政事。載初元

年，代蘇良嗣爲文昌左相、同鳳閣鸞臺三品，兼知內史事。

天授元年，於東都創置武氏七廟，追尊周文王爲始祖文皇帝，王子武爲睿祖康皇帝，云武氏之先也。后五代祖贈太原靖王居常爲嚴祖成皇帝，高祖贈趙肅恭王克己爲肅祖章敬皇帝，曾祖贈魏康王儉爲烈祖昭安皇帝，祖贈周安成王華爲顯祖文穆皇帝，考忠孝太皇爲太祖孝明高皇帝，妣皆隨帝號曰皇后。元慶爲梁憲王，元爽爲魏德王。又追封伯父及兄弟俱爲王，諸姑姊爲長公主。於是封承嗣爲魏王，元慶子夏官尚書三思爲梁王，后從父兄子納言攸寧爲建昌王，太子通事舍人攸歸爲九江王，司禮卿重規爲高平王，左衞親府中郎將載德爲潁川王，右衞將軍攸暨爲千乘王，司農卿懿宗爲河內王，左千牛中郎將嗣宗爲臨川王，右衞勳二府中郎將攸宜爲建安王，尚乘直長攸望爲會稽王，太子通事舍人攸緒爲安平王，攸止爲恆安王。又封承嗣男延基爲南陽王，延秀爲淮陽王，三思男崇訓爲高陽王，崇烈爲新安王，后兄子贈陳王承業男延暉爲嗣陳王，延祚爲咸安王。

承嗣嘗諷則天革命，盡誅皇室諸王及公卿中不附己者，承嗣從父弟三思又盛贊其計，天下于今冤之。俄又賜承嗣實封千戶，仍監修國史。承嗣自爲次當爲皇儲，令鳳閣舍人張嘉福諷諭百姓抗表陳請，則天竟不許。如意元年，授特進。尋拜太子太保，罷知政事。承嗣以不得立爲皇太子，怏怏而卒，贈太尉、并州牧，諡曰宣。

子延基襲爵，則天避其父名，封爲繼魏王。尋與其妻永泰郡主及懿德太子等，話及張易之兄弟出入宮中，恐有不利，後忿爭不協，洩之，則天聞而大怒，咸令自殺。復以承嗣次子延義爲繼魏王。

中宗卽位，侍中敬暉等以唐室中興，武氏諸王宜削其王爵，乃率羣官上表曰：

臣聞神器者，天下之至公，必歸乎有德；皇極者，域中之大寶，必順乎天命。歷考前古，詳觀帝業，皆不並興，莫有二主。故三皇氏沒而五帝氏興，夏、商氏衰而周、漢氏作。何則？帝王之曆數，必應乎五行，水盛則火衰，木衰則金盛；天地之運也，合乎四時，春往則夏來，暑退則寒集。則知五行之數也，帝王不可違，違之則宗社不安，生人不理；四時之序，天地不能變，變之則霜露不均，水旱交錯。

自有隋失御，海內崩離，天曆之重，歸于唐室。萬方樂業，荷撥亂之功；三聖重光，布生成之德。可謂有功於四海，有德於蒸人。自弘道遏密，生靈降禍，百辟哀號，如喪考妣。則天皇后臨御帝圖，明目達聰，躬親庶績。則有讒邪凶孽，誣惑叡德，構害宗枝，誅夷殆盡。英藩賢戚，百不一存，餘類在者，投竄荒裔。冤酷人神，感傷天地，忠臣義士，實所痛心。自天授之際，時稱改革，武家子姪，咸樹封建，十餘年間，實亦榮極。于時唐室藩屏，豈得並封，故知事有升降，時使然也。

今則天皇帝厭倦萬機，神器大寶，重歸陛下。百姓謳歌，欣復唐業，上至卿士，下及蒼生，黃髮之倫，童兒之輩，莫不歡欣舞忭，如見父母。豈不以唐家恩德，感幽祇之心；陛下仁明，順天下之望？今皇業重構，聖祚中興，神祇之道，有助於先德矣，黎人之誠，無負於陛下矣。臣又聞之，業不兩盛，事不兩大，故天無二日，土無二王，前聖之格言，先哲之明誠。自皇明反正，天命惟新，武家諸王，封建依舊，生者既加茅土，死者仍追賦邑，萬姓失望，卿士寒心。何則？開闢已來，罕有斯理，帝王之道，實無此法。陛下縱欲開恩以行私惠，豈可違五行之曆數乎？乖四時之寒暑乎？

又海內衆情，朝廷竊議，爲武氏諸王身計，亦適將有損。何則？處之未得其所，居之實恐不安，陛下雖欲寵之，翻乃陷之，不遵古典故也。且唐曆有歸，周命已去，爵重則難保，祿薄則易全。又則天皇帝親政之時，武氏諸王，亦分外職。今居京輦，不降舊封，天下之心，竊將不可。陛下縱欲敦崇外戚，曲流恩貸，奈宗廟社稷之計何？奈卿士黎庶之議何？

伏願陛下爲社稷之遠圖，割私情之小愛，內崇經邦之要，外順遐邇之心，豈不固宗社之基，允人靈之願？則陛下巍巍之業，貫三光而洞九泉；親親之義，上有倫而下有

序。臣特承榮寵，思竭丹赤，既爲唐臣，實爲唐計，伏乞聖慈，俯垂矜納。

中書舍人岑羲之詞也。上答曰：

朕嘗因暇景，博覽前修，帝籍皇圖，略稽其迹。至若二靈肇判，三才肆興，驪連栗陸之辰，軒盧大庭之日，時猶朴略，未著圖書。洎乎出震應期，畫八卦而成象；炎皇御曆，播百穀以興農。車服創於軒轅之朝，曆象建於唐堯之代，封建之事，闕爾無聞。自周漢已來，方崇藩屏。至於三微更王，五運迭興，以古揆今，事迹有爽。

比者別宗撫曆，異姓興邦，伏以則天大聖皇帝，內輔外臨，將五十載，在朕躬則爲慈母，於士庶卽是明君。往者垂拱之中，嗣皇臨政，當此之際，魯衞並存。及乎全節興妖，琅邪構逆，災連七國，釁結三監，既行大義之懷，遂有泣誅之事。周唐革命，蓋爲從權，子姪封王，國之常典。卿等表云「天授之際，武家封建，唐家藩屏，豈得並封」者，至如千里一房，不預逆謀，還依姓李，無改舊惠，豈非善惡區分，申明逆順矣？今以聖上乖豫，高枕怡神，委政朕躬，纂承丕緒。昨者二月之首，攸暨等屢請削封，朕獨斷襟懷，不依來請。昔漢祖以布衣取天下，猶封異姓爲王，況朕以累聖開基，豈可削封外族。羣公等以「天無二日，土無二王」，抗表紫庭，用申丹懇者。然以賞罰之典，經國大綱，攸暨、三思，皆悉預告凶豎，雖不親冒白刃，而亦早獻丹誠，今若却除舊封，便慮有功

難勸。

於是降封梁王三思爲德靜郡王，量減實封二百戶，定王、駙馬都尉攸暨爲樂壽郡王，河內郡王懿宗爲耿國公，建昌郡王攸寧爲江國公，會稽郡王攸望爲鄴國公，臨川郡王嗣宗爲管國公，建安郡王攸宜爲息國公，高平郡王重規爲鄶國公，繼魏王延義爲魏國公，安平郡王攸緒爲巢國公，高陽郡王、駙馬都尉崇訓爲酆國公，淮陽郡王延秀爲桓國公，咸安郡王延祚爲咸安郡公。

中宗時，嗣宗至曹州刺史，攸宜工部尚書，重規岐州刺史，相次病卒。攸望至太常卿，左遷春州司馬而死。延秀伏誅後，武氏宗屬緣坐誅死及配流，殆將盡矣。先天二年，制削士彠帝號，依舊追贈太原王，妻楊氏亦削后號，依舊爲太原王妃。

延秀，承嗣第二子也。則天時，突厥默啜上言有女請和親，制延秀與閻知微俱往突厥，將親迎默啜女爲妻。既而默啜執知微，入寇趙、定等州，故延秀久不得還。神龍初，默啜更請通和，先令延秀還款，始得歸，封桓國公，又授左衞中郎將。時武崇訓爲安樂公主壻，卽延秀從父兄，數引至主第。延秀久在蕃中，解突厥語，常於主第，延秀唱突厥歌，作胡旋舞，有姿媚，主甚喜之。及崇訓死，延秀得幸，遂尚公主。

主，韋后所生男女中最小。初，中宗遷於房州，欲達州境，生於路次。性惠敏，容質秀絕。中宗韋后愛寵日深，恣其所欲，奏請無不允許，恃寵橫縱，權傾天下，自王侯宰相已下，除拜多出其門。所營第宅幷造安樂佛寺，擬於宮掖，巧妙過之，令楊務廉於城西造定昆池於其莊，延袤數里。出降之時，以皇后仗發於宮中，中宗與韋后御安福門觀之，燈燭供擬，徹明如晝。延秀拜席日，授太常卿，兼右衞將軍、駙馬都尉，改封恆國公，實封五百戶。廢休祥宅，於金城坊造宅，窮極壯麗，帑藏爲之空竭。崇訓子數歲，因加金紫光祿大夫、太常卿同正員、左衞將軍，封鎬國公，賜實封五百戶，以嗣其父。公主產男滿月，中宗韋后幸其第，就第放赦，遣宰臣李嶠、文士宋之問、沈佺期、張說、閻朝隱等數百人賦詩美之。

延秀既恃恩，放縱無所忌憚。又公主府倉曹符鳳知延秀有不臣之心，遂說曰：「今天下蒼生，猶以武氏爲念，大周必可再興。按讖書云『黑衣神孫披天裳』，駙馬卽神皇之孫也。」每勸令著皁褋子以應之。及韋庶人敗，延秀與公主在內宅，格戰良久，皆斬之。後追貶爲悖逆庶人。

三思，元慶子也。少以后族累轉右衞將軍。則天臨朝，擢拜夏官尚書。及革命，封梁王，賜實封一千戶。尋拜天官尚書。證聖元年，轉春官尚書，監修國史。聖曆元年，檢校內史。二年，進拜特進、太子賓客，仍並依舊監修國史。

三思略涉文史，性傾巧便辟，善事人，由是特蒙信任。則天數幸其第，賞賜甚厚。時薛懷義、張易之、昌宗皆承恩顧，三思與承嗣每折節事之。懷義欲乘馬，承嗣、三思必爲之執轡。又贈昌宗詩，盛稱昌宗才貌是王子晉後身，仍令朝士遞相屬和。三思又以則天厭居深宮，又欲與張易之、昌宗等扈從馳騁，以弄其權。乃請創造三陽宮于嵩高山，興泰宮于萬壽山，請則天每歲臨幸，前後工役甚衆，百姓怨之。

神龍初，進拜司空、同中書門下三品，加實封五百戶，固辭不受。未幾，隨例降封爲德靜郡王，量減實封二百戶。尋拜左散騎常侍，則天遺制令復其所減實封。初，敬暉等立功後，掌知國政，三思慮其更爲己患，而令其子崇訓因安樂公主構誣敬暉等，並流于嶺表而死。自是三思威權日盛，軍國政事，多所參綜，敬暉等所斥黜者，皆能引復舊職，令百官復修則天之法。時人皆言其陰懷篡逆，以比曹孟德、司馬仲達。

雍州人韋月將、高軫等並上疏言三思父子必爲逆亂。三思知而求索其罪，有司希旨，奏「月將坐當棄市，軫配流嶺外」。黃門侍郎宋璟執奏云：「月將所犯，不合至死。」三思怒，竟斥宋璟爲外職。三思既猜嫉正士，嘗言「不知何等名作好人，唯有向我好者，是好人耳」。又與其所親兵部尚書宗楚客、將作大匠宗晉卿、太府卿紀處訥、鴻臚卿甘元柬遞相引致，干黷

時政。侍御史周利用、冉祖雍，太僕丞李悛，光祿丞宋之遜，監察御史姚紹之等五人，常爲其耳目，時人呼爲「三思五狗」。中宗尋又制：武氏崇恩廟，一依天授時舊禮享祭，其昊陵〔一〕、順陵，並置官員，皆三思意也。

三思既與韋庶人及上官昭容私通，嘗忌節愍太子，又因安樂公主密謀廢黜之。三年七月，太子率羽林大將軍李多祚等，發左右羽林兵，殺三思及其子崇訓于其第，幷殺其親黨十餘人。俄而事變，太子既死，中宗爲三思舉哀，廢朝五日，贈太尉，追封梁王，諡曰宣。安樂公主又以節愍太子首致祭于三思及崇訓靈柩前。睿宗踐祚，以三思父子俱有逆節，制令斲棺暴屍，平其墳墓。

崇訓，三思第二子也。則天時，封爲高陽郡王。長安中，尚安樂郡主。時三思用事於朝，欲寵其禮，中宗爲太子在東宮，三思宅在天津橋南，自重光門內行親迎禮，歸於其宅。三思又令宰臣李嶠、蘇味道，詞人沈佺期、宋之問、徐彥伯、張說、閻朝隱、崔融、崔湜、鄭愔等賦花燭行以美之。其時張易之、昌宗、宗楚客兄弟貴盛，時假詞於人，皆有新句。崇訓授左衞中郎將。神龍元年，拜駙馬都尉，遷太常卿，兼左衞將軍。降封酆國公，仍賜實封五百戶，尋徙封鎬國公。二年，兼太子賓客，攝左衞將軍。及爲節愍太子所殺，優制贈開府儀同

三司，追贈魯王，謚曰忠。

懿宗，則天伯父士逸之孫也。父元忠，高宗時仕至倉部郎中。天授年，封士逸爲蜀王，懿宗封爲河內郡王，歷遷洛州長史、左金吾衞大將軍。萬歲通天年中，契丹賊帥孫萬榮寇河北，命懿宗爲大總管討之。軍次趙州，及聞賊將至冀州，懿宗懼，便欲棄軍而遁。人或謂曰：「賊衆極多，然其軍無輜重，以抄掠爲資，若按兵以守，勢必離散，因而擊之，可有大功也。」懿宗不聽，遂退據相州，時人嗤其怯懦。由是賊衆進屠趙州而去。尋又令懿宗安撫河北諸州。

先是，百姓有脅從賊衆，後得歸來者，懿宗以爲同反，總殺之，仍生刳取其膽，後行刑，流血盈前，言笑自若。初，孫萬榮別帥何阿小攻陷冀州，亦多屠害士女；至是，時人號懿宗與阿小爲兩何，爲之語曰：「唯此兩何，殺人最多。」懿宗又自天授已來，嘗受中旨，推鞫制獄，王公大臣，多被陷成其罪，時人以爲周興、來俊臣之亞焉。神龍初，隨例降爵，封耿國公，累轉懷州刺史，尋卒。

攸暨，則天伯父士讓孫也。天授中，封士讓爲楚王，攸暨封千乘郡王，賜爵實封三百戶。

兄攸寧爲建昌郡王，實封四百戶。攸寧歷遷鳳閣侍郎、納言、多官尙書，病卒。攸暨初爲右衞中郎將，尙太平公主，授駙馬都尉。累遷右衞將軍，進封定王，又加實封三百戶。俄又改安定郡王，歷遷司禮卿、左散騎常侍，加特進。神龍中，拜司徒，復封定王，實封滿一千戶，固辭不拜。尋而隨例降封樂壽郡王，拜右散騎常侍，加開府儀同三司。延秀等誅後，又降封楚國公。延和元年卒，贈太尉、并州大都督，追封定王。尋以公主謀逆，令平毀其墓。

太平公主者，高宗少女也。以則天所生，特承恩寵。初，永隆年降駙馬薛紹。紹，垂拱中被誣告與諸王連謀伏誅，則天私殺攸暨之妻以配主焉。公主豐碩，方額廣頤，多權略，則天以爲類己，每預謀議，宮禁嚴峻，事不令洩。公主亦畏懼自檢，但崇飾邸第。二十餘年，天下獨有太平一公主，父爲帝，母爲后，夫爲親王，子爲郡王，貴盛無比。永淳已前朝制，親王食實封八百戶，有至一千戶；公主出降三百戶，公主加五十戶〔一〕。太平食湯沐之邑一千二百戶，聖曆初加至三千戶。

神龍元年，預誅張易之謀有功，進號鎭國太平公主，相王加號安國相王，並食實封通前五千戶，賞賜不可勝紀。公主薛氏二男二女，武氏二男一女，並食實封。又相王、衞王重俊、成王千里宅，遣衞士宿衞，環其所居，十步置一仗舍，持兵巡徼，同於宮禁。太平、長寧、安樂三公主，置鋪一如親王。二年正月，置公主府。景龍二年，公主男崇簡、崇敏、崇行，同授三品，與漁陽王兄弟四人同制。時中宗仁善，韋后、上官昭容用事禁中，皆以爲智謀不及公主，甚憚之。公主日益豪橫，進達朝士，多至大官，詞人後進造其門者，或有貧窘，則遺之金帛，士亦翕然稱之。

及唐隆元年六月，韋后作逆稱制，僞尊溫王。玄宗居臨淄邸，憤之，將清內難。公主又預其謀，令男崇簡從之。及立溫王，數日，天下之心歸於相府，難爲其議。公主入啓幼主，以王室多故，賫於長君，乃提下幼主，因與玄宗、大臣尊立睿宗。公主頻著大勳，益尊重，乃加實封五千戶，通前滿一萬戶。公主子崇行、崇敏、崇簡三人，封異姓王，崇行國子祭酒，四人九卿三品。每入奏事，坐語移時，所言皆聽。薦人或驟歷清職，或至南北衙將相，權移人主。軍國大政，事必參決，如不朝謁，則宰臣就第議其可否。

公主由是滋驕，田園遍於近甸膏腴，而市易造作器物，吳、蜀、嶺南供送，相屬於路。綺疏寶帳，音樂輿乘，同於宮掖。侍兒披羅綺，常數百人，蒼頭監嫗，必盈千數。外州供狗馬玩好滋味，不可紀極。有胡僧惠範，家富於財寶，善事權貴，公主與之私，奏爲聖善寺主，加三品，封公，殖貨流於江劍。公主懼玄宗英武，乃連結將相，專謀異計。其時宰相七人，五出公主門，常元楷、李慈掌禁兵，常私謁公主。

先天二年七月，玄宗在武德殿，事漸危逼，乃勒兵誅其黨竇懷貞、蕭至忠、岑羲等。公主遁入山寺，數日方出，賜死于家。公主諸子及黨與死者數十人。籍其家，財貨山積，珍奇寶物，侔於御府，馬牧羊牧田園質庫，數年徵斂不盡。惠範家產亦數十萬貫。

攸緒，惟良子也。少有志行。天授中封安平郡王，歷遷殿中監，出爲揚州大都督府長史。聖曆中，棄官隱于嵩山，以琴書藥餌爲務。中宗卽位，以安車備禮徵之，降書曰：

朕聞大隱忘情，不去朝市，至人無迹，何所凝滯。王高標峻尙，雅操孤貞，有感一之用，弘體二之德，學究深遠，理實精微。草芥貂蟬，錙銖纓紱，蔭松山而辭竹苑，去朱邸而臥清溪，追遂林壑，傲睨箕潁，有年歲矣。朕虔膺聖曆，重闢皇基，保乂邦家，寧輯區宇，求賢採彥，俯谷窺山。王之所居，接近嵩岳，長望高烈，思滿風烟。駐驛喬巖，追尋大隗，鳴鑾峒岫，詢訪廣成，機務殷繁，有懷莫遂。今遣國子司業杜愼盈以禮命徵辟，掃夔、龍之第，虛稷、契之筵，神化丹青，朕之志也。豈以黃屋之貴，傾彼白雲之心？通變之宜，希從降志，延佇閶闔，若在汾陽。

攸緒應召至都，授太子賓客。尋請歸嵩山，制從之，令京官五品已上餞送于定鼎門外。及三思、延秀等構逆，諸武多坐誅戮，唯攸緒以隱居不預其禍，時論美之。睿宗卽位，又降敕曰：「頃以賊臣結黨，后族擅權，扇動宮闈，肆行鴆毒。靈祇所感，姦惡伏誅，今得宗社乂安，天地交泰。卿久厭簪紱，早慕林泉，守道不回，見幾而作，興言高尚，有足嘉稱。但怒用不遷，罪無相及，爲善有驗，卿之謂與！或慮驚疑，故令慰謝。」其見重如此。尋徵爲太子賓客，不就。開元二年，攸緒又請就廬山居止，制不許，仍令州縣數加存問，不令外人侵擾。十一年卒，年六十九。

薛懷義者，京兆鄠縣人，本姓馮，名小寶。以鬻臺貨爲業，偉形神，有膂力，爲市於洛陽，得幸於千金公主侍兒。公主知之，入宮言曰：「小寶有非常材用，可以近侍。」因得召見，恩遇日深。則天欲隱其迹，便於出入禁中，乃度爲僧。又以懷義非士族，乃改姓薛，令與太平公主壻薛紹合族，令紹以季父事之。自是與洛陽大德僧法明、處一、惠儼、稜行、感德、感知、靜軌、宣政等在內道場念誦。懷義出入乘廄馬，中官侍從，諸武朝貴，匍匐禮謁，人間呼爲薛師。

垂拱初，說則天於故洛陽城西修故白馬寺，懷義自護作，寺成，自爲寺主。頗恃恩狂蹶，其下犯法，人不敢言。右臺御史馮思勗屢以法劾之，懷義遇勗於途，令從者毆之，幾死。又於建春門內敬愛寺別造殿宇，改名佛授記寺。垂拱四年，拆乾元殿，於其地造明堂，懷義

充使督作。凡役數萬人，曳一大木千人，置號頭，頭一嚾，千人齊和。明堂大屋凡三層，計高三百尺。又於明堂北起天堂，廣袤亞於明堂。懷義以功拜左威衛大將軍，封梁國公。永昌中，突厥默啜犯邊，以懷義爲清平道大總管，率軍擊之，至單于臺，刻石紀功而還。加輔國大將軍，進右衛大將軍，改封鄂國公、柱國，賜帛二千段。

懷義與法明等造大雲經，陳符命，言則天是彌勒下生，作閻浮提主，唐氏合微。故則天革命稱周，懷義與法明等九人並封縣公，賜物有差，皆賜紫袈裟、銀龜袋。其偽大雲經頒於天下，寺各藏一本，令升高座講說。則天將革命，誅殺宗屬諸王，唯千金公主以巧媚善進奉獨存，抗疏請以則天爲母，因得曲加恩寵，改邑號爲延安大長公主，加實封，賜姓武氏。以子克乂娶魏王武承嗣女，內門參問，不限早晚，見則盡歡。長壽二年，默啜復犯塞，又以懷義爲代北道行軍大總管，以李多祚、蘇宏暉爲將。未行，改朔方道行軍大總管，以內史李昭德爲行軍長史，鳳閣侍郎、平章事蘇味道爲行軍司馬，契苾明、曹仁師、沙吒忠義等十八將軍以討之。未行虜退，乃止。

懷義後厭入宮中，多居白馬寺，刺血畫大像，選有膂力白丁度爲僧，數滿千人。侍御史周矩疑其姦，奏請劾之，不許，固請之，則天曰：「卿且退，朕卽令去。」矩至臺，薛師亦至，乘馬躡階而下，便坦腹於牀。矩召臺吏，將按之，遽乘馬而去。矩具以聞，則天曰：「此道人風

病，不可苦問。所度僧任卿勘當。」矩按之，窮其狀以聞，諸僧悉配遠州。遷矩天官員外郎，竟爲薛師所構，下獄，免官。

後有御醫沈南璆得幸，薛師恩漸衰，恨怒頗甚。證聖中，乃焚明堂、天堂，並爲灰燼，則天愧而隱之，又令懷義充使督作。乃於明堂下置九州鼎，鑄銅爲十二屬形象，置於本辰位，皆高一丈，懷義率人作號頭安置之。其後益驕倨，則天惡之，令太平公主擇膂力婦人數十，密防慮之。人有發其陰謀者，太平公主乳母張夫人令壯士縛而縊殺之，以輦車載屍送白馬寺。其侍者僧徒，皆流竄遠惡處。

韋温，中宗韋庶人從父兄也。父玄儼，高宗末官至許州刺史。玄儼弟玄貞，初爲普州參軍，以女爲皇太子妃，擢拜豫州刺史。中宗嗣位，妃爲后。及帝降爲廬陵王，玄貞配流欽州而死。后母崔氏，爲欽州首領甯承兄弟所殺。玄貞有四子：洵、浩、洞、泚，亦死於容州。后二妹，逃竄獲免，間行歸長安。

及中宗復位，韋氏復爲皇后，其日，追贈玄貞爲上洛郡王。左拾遺賈虛己上疏諫曰：「孔子曰：『惟名與器，不可以假人。』且非李氏而王，自古盟書所棄。今陛下創制謀始，垂範將

來，爲皇王令圖，子孫明鏡。匡復未幾，后族有私，臣雖庸愚，尚知未可，史官執簡，必是直書。今萬姓顒然，聞一善令，莫不途歌里頌，延頸向風，欣然慕化，日恐不及。陛下奈何行私惠，使樵夫議之。卽先朝贈太原王，殷鑒不遠。同雲生於膚寸，尋木起於蘖栽，誠可惜也。渙汗既行，難改成命，臣望請皇后抗表固辭，使天下知弘讓之風，彤管著沖謙之德，是則巍巍聖鑒，無得而稱。」疏奏不省。

尋又追贈玄貞爲太師、雍州牧、益州大都督，玄儼爲特進、并州大都督、魯國公，遣使迎玄貞及崔氏喪柩歸京師。又遣廣州都督周仁軌率兵討斬甯承兄弟，以其首祭于崔氏，擢拜仁軌左羽林大將軍，賜爵汝南郡公，食實封五百戶。及玄貞等柩將至，上與后登長樂宮，望喪而泣。加贈玄貞爲酆王，諡曰文獻，仍號其廟曰褒德，陵曰榮先，各置官員，并給戶一百人守衛灑掃。又贈玄貞子洵爲吏部尚書、汝南郡王，浩太常卿、武陵郡王，洞衛尉卿、淮南郡王，泚太僕卿、上蔡郡王，亦遣使迎其喪柩於京師。

温，神龍中累遷禮部尚書，封魯國公。弟湑，左羽林將軍，封曹國公。后妹夫陸頌爲國子祭酒，馮太和爲太常少卿，太和尋卒，又適嗣虢王邕。湑子捷，尚成安公主，温從祖弟濯，尚定安公主，皆拜駙馬都尉。景龍三年，温遷太子少保、同中書門下三品，仍遙授揚州大都督。温等既居榮要，燻灼朝野，時人比之武氏。湑及陸頌相次病卒，賻贈甚厚。及中宗

崩，后令温總知內外兵馬，守援宮掖。又引從子播、族弟璿、弟捷、濯等，分掌屯營及左右羽林軍。臨淄王討韋氏，温等皆坐斬，宗族無少長皆死，語在韋庶人傳。睿宗即位，仍令削平玄貞及洵等墳墓。

王仁皎，玄宗王庶人父也。景龍中，官至長上果毅。玄宗即位，以后父，歷將作大匠、太僕卿，遷開府儀同三司，封祁國公。仁皎不預朝政，但厚自奉養，積子女財貨而已。開元七年卒，贈太尉，官供葬事。柩車既發，上於望春亭遙望之，令張說爲其碑文，玄宗親書石焉。子守一。

守一與后雙生。守一與玄宗有舊，及上登極，以清陽公主妻之。從討蕭至忠、岑羲等有功，自尚乘奉御遷殿中少監，特封晉國公，累轉太子少保。父卒，襲爵祁國公。十一年，坐與庶人潛通左道，左遷柳州司馬，行至藍田驛，賜死。守一性貪鄙，積財巨萬，及籍沒其家，財帛不可勝計。

吳溆，章敬皇后之弟也，濮州濮陽人。祖神泉，位終縣令。父令珪，益州郫縣丞。寶曆二年〔三〕，代宗始封拜外族，贈神泉司徒，令珪太尉。令珪母弟前宣城令令瑤爲開府儀同三司、太子家令，封濮陽郡公；中郎將令瑜爲開府儀同三司、太子諭德、濟陽郡公。溆時爲盛王府錄事參軍，拜開府儀同三司、太子詹事、濮陽郡公。以元舅遷鴻臚少卿、金吾將軍。建中初，遷大將軍。溆雖居戚屬，恭遜謙和，人皆重之。

涇師之亂，從幸奉天，盧杞、白志貞謂德宗曰：「臣細觀朱泚心迹，必不至爲戎首，佇當效順。宜擇大臣一人，入京師慰諭，以觀其心。」上召從幸羣臣言之，皆憚其行。溆起奏曰：「不以臣才望無堪，臣願此行。」德宗甚悅。溆退而謂人曰：「人臣食君之祿，死君之難，臨危自計，非忠也。吾忝戚屬，今日委身於賊，誠知必死，不欲聖情慊於無人犯難也。」卽日齎詔見泚，深陳上待屬之意。時泚逆謀已定，貌雖從命，而心已異，乃留溆於客省，竟被害。上聞之，悲悼不已，贈太子太傅，賜其家實封二百戶，一子五品正員官，敕收城日葬事官給。弟湊。

湊，寶曆中與兄溆同日開府〔四〕，授太子詹事，俱封濮陽郡公。湊以兄弟三品，固辭太過，乞授卑官，乃以湊檢校太子賓客，兼太子家令，充十王宅使〔五〕。累轉左金吾衞大將軍。湊小心謹慎，智識周敏，特承顧問，偏見委信。大曆中，滑帥令狐彰、汴帥田神功相次歿於理所，時藩方兵驕，乘戎帥喪亡，人情多梗。代宗命湊銜命撫慰，至必委曲說諭，隨所欲爲之奏請，皆得軍民和協，帝深重之。

宰臣元載弄權，招致賄賂，醜迹日彰，帝惡之，將加之法，恐左右洩漏，無與言者，唯與湊密計圖之。及收載於內侍省，同列王縉，其黨楊炎、王昂、韓洄、包佶、韓會等，皆當從坐籍沒。湊諫救百端，言「法宜從寬，縉等從坐，理不至死。若不降以等差，一例極刑，恐虧損聖德」。由是縉等得減死，流貶之。

大曆末，丁繼母喪免。建中初，起爲右衞將軍，兼通州刺史。貞元初，入爲太子賓客，出爲福州刺史、御史中丞、福建觀察使，爲政勤儉清苦，美響日聞。宰相竇參以私怨惡之，數加譖毀，又言湊風病，不任趨馳。德宗召湊至京師，對于別殿，上令殿上行走，以驗其病否，由是悟參之誣，因是惡參。尋以湊爲陝州大都督府長史、陝虢觀察使，以代參之黨李翼。會劉玄佐卒，以湊檢校兵部尙書、汴州刺史、御史大夫、宣武軍節度使。時汴州軍亂，殺牙將曹金岸、縣令李邁，謀立玄佐子士寧。上將遣兵送湊赴鎭，召宰臣議，竇參深沮其行，恐軍中拒命，乃召湊迴，授右金吾衞大將軍，而以梁宋節鉞授士寧。

貞元十四年春夏旱，穀貴，人多流亡，京兆尹韓皐以政事不理黜官。上召湊，面授京兆尹，卽日令視事，經宿方下制。湊孜孜爲理，以勤儉爲務，人樂其政。時宮中選內官買物於市，倚勢強買，物不充價，人畏而避之，呼爲「宮市」。掌賦者多與中貴人交結假借，不言其弊。湊爲京尹，便殿從容論之，曰：「物議以中人買物於市，稍不便於人，此事甚細，虛掇流議。凡宮中所須，責臣可辦，不必更差中使。若以臣府縣外吏，不合預聞宮中所須，則乞選內官年高謹重者，充宮市令，庶息人間論議。」又奏：「掌閑彍騎、飛龍內園、芙蓉及禁軍諸司等使，雜供手力資課太多，量宜減省。」上多從之。

初，府掾吏以湊起自戚藩，不諳簿領，凡有疑獄難決之事，多候湊將出時方呈，冀免指擿瑕病，湊雖倉卒閱視，必指其姦倖之處，下筆決斷，無毫釐之差。掾吏非大過，不行笞責，而召面按問，詰責而釋之，吏尤惕厲，庶務咸舉。

文敬太子、義章公主相繼薨歿，上深追念，葬送之儀頗厚，召集工役，載土築墳，妨民農務。湊候上顧問，極言之。宗屬門吏以湊論諫太繁，恐上厭苦，每以簡約規之。湊曰：「聖上明哲，憂勞四海，必不以公主、太子之鍾念而忽疲民。但人多順旨不言，若再三啓諫，必動宸情，則生民受賜。長吏不言，是爲阿旨。如窮民上訴，罪在何人？」議者重之。以能政，兼兵部尙書。官街樹缺，所司植榆以補之，湊曰：「榆非九衢之玩。」亟命易之以槐。及槐陰成而湊卒，人指樹而懷之。

湊於德宗爲老舅，漢魏故事，多退居散地，纔免罪戾而已，湊自貞元已來，特承恩顧，歷中外顯貴，雖聖獎隆深，亦由湊小心辦事，奉職有方故也。

湊既疾，不召巫醫，藥不入口，家人泣而勉之，對曰：「吾以凡才，濫因外戚進用，起家便授三品，歷顯位四十年，壽登七十，爲人足矣，更欲何求？古之以親戚進用者，罕有善終，吾得歸全以侍先人，幸也。」德宗知之，令御醫進藥，不獲已，服之。貞元十六年四月卒，時年七十一，贈尚書左僕射，罷朝一日。

竇覦，昭成皇后族姪。父光，華原尉。覦以親蔭，釋褐右衞率府兵曹參軍。鄜坊節度臧希讓奏爲判官，累授監察殿中侍御史、檢校工部員外郎、坊州刺史。興元元年，討李懷光於河中，詔覦以坊州兵七百人屯郃陽。賊平，以功兼御史中丞。遷同州刺史，入朝爲戶部侍郎。覦無他才伎，爲吏有計數，又以韓滉子壻，故藩府辟召，遂歷牧守。宰相竇參，覦再從姪，參少依覦，及參秉政，力薦於朝，故有貳卿之拜。數月，爲揚州大都督府長史、御史大夫、充淮南節度副大使、知節度事，既非德舉，人咸薄之。赴鎮旬日，暴卒，詔贈禮部尚書。

柳晟者，肅宗皇后之甥。母和政公主，父潭，官至太僕卿、駙馬都尉。晟少無檢操，代宗於諸甥之中，特加撫鞠，俾與太子、諸王同學，授詩書，恩寵罕比。累試太常卿。德宗即位，以與晟幼同硯席，尤親之。涇師之亂，從幸奉天，晟密啓曰：「願受詔入京城，遊說羣賊，冀其攜貳。」德宗壯而許之。晟與賊帥多有舊，出入其門說誘之。事洩，爲朱泚所擒，械之於獄。晟有力，乃於獄中穿垣破械而遁，落髮爲僧，間道歸行在。還將作少監。元和初，檢校工部尚書、興元尹、山南西道節度使。罷鎮入朝，以違詔進奉，爲御史元稹所劾，詔宥之。俄充入迴鶻冊立使，復命，還左金吾衞大將軍。元和十三年卒，贈太子少保。

王子顏，琅邪臨沂人，莊憲皇后之父也。祖思敬，少從軍，累試太子賓客。父難得，有勇決，善騎射，天寶初爲河源軍使。吐蕃贊普王子郎支都有勇，乘誥眞馬，寶鈿裝鞍，出陣求鬭，無敢與校者。難得挾槍奮馬突前，刺殺郎支都，斬其首，傳於京師。軍還，玄宗召見之，令於殿前乘馬挾槍作刺郎支都之狀，賜以錦袍金帶，累拜金吾將軍同正員。天寶七載，從哥舒翰擊吐蕃於積石軍，虜吐谷渾王子悉弄參及子壻悉頰藏而還，累拜左武衞將軍、隴西遊奕使。九載，擊吐蕃，收五橋，拔樹敦城，補白水軍使。十三載，從收九曲，加特進。祿山之叛，從哥舒翰戰於潼關，關門不守，從肅宗幸靈武。時行在闕軍賞，難得進絹三千疋及金銀器等。至德初，試衞尉卿、興平軍使，兼鳳翔都知兵馬使。進收京城，與賊軍戰。其下斬元曜戰酣墮馬，難得馳救之，賊射之中眉，皮穿披下鄣目。難得自拔去箭，并皮掣落，馳馬復戰，血流被面，而抗賊不已，肅宗深嘉之。從郭子儀攻安慶緒於相州，累封琅邪郡公、英武軍使。寶應二年卒，贈潞州大都督。

子顏少從父征役，累官金紫光祿大夫、檢校衞尉卿，生后而卒。順宗內禪，以后生憲宗皇帝，褒贈先代：思敬司徒，難得太傅，子顏太師。

顏子重榮，官至福王傅；用，官至太子賓客、金吾將軍。

贊曰：戚里之賢，避寵畏權。不卹禍患，鮮能保全。福盈者敗，勢壓者顚。武之惟良〔六〕，明於自然。

校勘記

〔一〕昊陵　各本原作「吳陵」，據新書卷二〇六武承嗣傳、唐會要卷二一改。

〔二〕公主加五十戶　新書卷八三太平公主傳作「而主（指太平公主）獨加戶五十」，合鈔卷二三七武承嗣傳「公主」上有「長」字。

〔三〕寶曆二年　按「寶曆」是敬宗年號，新書卷一九三吳溆傳有「代宗立，詔贈后祖神泉爲司徒」云云，此處敍代宗時事，疑「寶曆」爲「寶應」之誤。

〔四〕寶曆中與兄溆同日開府　據上文，吳溆拜開府儀同三司當在代宗寶應年間，則此處之「寶曆」亦當爲「寶應」之誤。

〔五〕充十王宅使　「十王宅」，各本原作「十宅王」，據冊府卷三〇五改。

〔六〕武之惟良　按惟良爲攸緒之父，此處指攸緒，疑史文有誤。

後晉 劉昫 等撰

舊唐書

第一五册

卷一八四至卷一九〇（傳）

中華書局

舊唐書卷一百八十四

列傳第一百三十四

宦官

楊思勗 高力士 李輔國 程元振 魚朝恩 劉希暹 賈明觀
竇文場 霍仙鳴 俱文珍 吐突承璀 王守澄 田令孜
楊復光 楊復恭

唐制有內侍省，其官員：內侍四人，內常侍六人，內謁者監六人，內給事八人，謁者十二人，典引十八人，寺伯二人，寺人六人。別有五局：掖廷局掌宮人簿籍；宮闈局掌宮內門禁，其屬有掌扇、給使等員；奚官局掌宮人疾病死喪；內僕局掌宮中供帳燈燭；內府局主中藏給納。五局有令丞，皆內官爲之。

貞觀中，太宗定制，內侍省不置三品官，內侍是長官，階四品。至永淳末，向七十年，權未假於內官，但在閤門守禦，黃衣廩食而已。則天稱制，二十年間，差增員位。中宗性慈，務崇恩貸，神龍中，宦官三千餘人，超授七品以上員外官者千餘人，然衣朱紫者尙寡。玄宗在位既久，崇重宮禁，中官稍稱旨者，即授三品左右監門將軍，得門施棨戟。開元、天寶中，長安大內、大明、興慶三宮，皇子十宅院，皇孫百孫院，東都大內、上陽兩宮，大率宮女四萬人，品官黃衣已上三千人，衣朱紫者千餘人。後李輔國從幸靈武，程元振翼衛代宗，怙寵邀君，乃至守三公，封王爵，干預國政，亦未全握兵權。代宗時，子儀北伐，親王東討，遂特立觀軍容宣慰使，命魚朝恩爲之，然自有統帥，亦監領而已。

德宗避涇師之難，幸山南，內官竇文場、霍仙鳴擁從。賊平之後，不欲武臣典重兵，其左右神策、天威等軍，欲委宦者主之，乃置護軍中尉兩員、中護軍兩員，分掌禁兵，以文場、仙鳴爲兩中尉，自是神策親軍之權，全歸於宦者矣。自貞元之後，威權日熾，蘭錡將臣，率皆子蓄，藩方戎帥，必以賄成，萬機之與奪任情，九重之廢立由己。元和之季，毒被乘輿。長慶纘隆，徒鬱枕干之憤；臨軒暇逸，旋忘塗地之冤。而易月未除，滔天盡怒。甲第名園之賜，莫匪伶官；朱袍紫綬之榮，無非巷伯。是時高品白身之數，四千六百一十八人，內則參秉戎權，外則監臨藩嶽。文宗包祖宗之恥，痛肘腋之讎，思翦厲階，去其太甚。宋申錫言未

中華書局

出口，尋以破家；李仲言謀之不臧，幾乎敗國。何、竇之徒轉蹙，讓、珪之勢尤狂，五十餘年，禍胎踰煽，昭宗之季，所不忍聞。

臣遍覽前書，考茲覆轍，試言大較，庶竭其源。何者？自書契已來，不無閽寺，況垂之天象，備見職官。卽如秦皇、漢武，宮闈之內，宦官以侍宴遊。但英睿之君，措置斯得；及荒僻之主，奢蕩是求。委番、棨、蹶、楀之徒，飾姬姜狗馬之玩，外言不入，惟欲是從。雖並列五侯，猶爲賞薄，遍封萬戶，尙嫌恩疏。苟思捧日之勤，遂據迴天之勢。及三綱錯亂，四海崩離，袁本初之入北宮，無鬚殆盡；石冉閔之攻鄴下，內豎咸誅。旋至殄瘁邦家，不獨感傷和氣，淫刑斯逞，可爲傷心。向使不假威權，但趨帷扆，何止四星終吉，抑亦萬乘延洪。昔賢爲社鼠之喻，不其然乎？

今錄楊思勗已下所行事，以爲鑒誡云。

楊思勗，本姓蘇，羅州石城人。爲內官楊氏所養，以閹，從事內侍省。預討李多祚功，超拜銀青光祿大夫，行內常侍。思勗有膂力，殘忍好殺，從臨淄王誅韋氏，遂從王爲爪士，累遷右監門衛將軍。

開元初，安南首領梅玄成叛，自稱「黑帝」，與林邑、眞臘國通謀，陷安南府，詔思勗將兵討之。思勗至嶺表，鳩募首領子弟兵馬十餘萬，取伏波故道以進，出其不意。玄成遽聞兵至，惶惑計無所出，竟爲官軍所擒，臨陣斬之，盡誅其黨與，積屍爲京觀而還。十二年，五谿首領覃行璋作亂，思勗復受詔率兵討之，生擒行璋，斬其黨三萬餘級。以軍功累加輔國大將軍。後從東封，又加驃騎大將軍，封虢國公。十四年，邕州賊帥梁大海擁賓、橫等數州反叛，思勗又統兵討之，生擒梁大海等三千餘人，斬餘黨二萬餘級，復積屍爲京觀。十六年，瀧州首領陳行範、何遊魯、馮璘等聚徒作亂，陷四十餘城。行範自稱帝，遊魯稱定國大將軍，璘稱南越王，割據嶺表。詔思勗率永、連、道等兵及淮南弩手十萬人進討。兵至瀧州，臨陣擒遊魯、馮璘，斬之。行範潛竄深州，投雲際、盤遼二洞。思勗悉衆攻之，生擒行範，斬之，斬其黨六萬級，獲口馬金玉巨萬計。思勗性剛決，所得俘囚，多生剝其面，或劈髮際，掣去頭皮，將士已下，望風慴憚，莫敢仰視，故所至立功。內給事牛仙童使幽州，受張守珪厚賂，玄宗怒，命思勗殺之。思勗縛架之數日，乃探取其心，截去手足，割肉而啖之，其殘酷如此。二十八年卒，時年八十餘。

高力士，潘州人，本姓馮。少閹，與同類金剛二人，聖曆元年嶺南討擊使李千里進入宮。則天嘉其黠惠，總角修整，令給事左右。後因小過，撻而逐之。內官高延福收爲假子，延福出自武三思家，力士遂往來三思第。歲餘，則天復召入禁中，隸司宮臺，廩食之。長六尺五寸，性謹密，能傳詔敕，授宮闈丞。景龍中，玄宗在藩，力士傾心奉之，接以恩顧。及唐隆平內難，升儲位，奏力士屬內坊，日侍左右，擢授朝散大夫、內給事。先天中，預誅蕭、岑等功，超拜銀青光祿大夫，行內侍同正員。開元初，加右監門衞將軍，知內侍省事。

玄宗尊重宮闈，中官稍稱旨，卽授三品將軍，門施棨戟，故楊思勗、黎敬仁、林招隱、尹鳳祥等，貴寵與力士等。楊則持節討伐，黎、林則奉使宣傳，尹則主書院。其餘孫六、韓莊、楊八、牛仙童、劉奉廷、王承恩、張道斌、李大宜、朱光輝、郭全、邊令誠等，殿頭供奉、監軍、入蕃、教坊、功德主當，皆爲委任之務。監軍則權過節度，出使則列郡辟易。其郡縣豐贍，中官一至軍，則所冀千萬計，修功德，市鳥獸，詣一處，則不啻千貫，皆在力士可否。故帝城中甲第，畿甸上田、菓園池沼，中官參半於其間矣。

每四方進奏文表，必先呈力士，然後進御，小事便決之。玄宗常曰：「力士當上，我寢則穩。」故常止於宮中，稀出外宅。若附會者，想望風彩，以冀吹噓，竭肝膽者多矣。宇文融、李林甫、李適之、蓋嘉運、韋堅、楊愼矜、王鉷、楊國忠、安祿山、安思順、高仙芝因之而取將

相高位，其餘職不可勝紀。肅宗在春宮，呼爲二兄，諸王公主皆呼「阿翁」，駙馬輩呼爲「爺」。力士於寢殿側簾帷中休息，殿側亦有一院，中有修功德處，雕瑩瑰璨，窮極精妙。力士謹愼無大過，然自宇文融已下，用權相噬，以紊朝綱，皆力士之由。又與時消息，觀其勢候，雖至親愛，臨覆敗皆不之救。

力士義父高延福夫妻，正授供奉。嶺南節度使於潘州求其本母麥氏送長安，令兩媼在堂，備於甘脆。金吾大將軍程伯獻與力士結爲兄弟，麥氏亡，伯獻於靈筵散髮，具縗絰，受賓弔答。十七年，贈力士父廣州大都督，麥氏越國夫人。開元初，瀛州呂玄晤作吏京師，女有姿色，力士娶之爲婦，擢玄晤爲少卿、刺史，子弟皆爲王傅。呂夫人卒，葬城東，葬禮甚盛。中外爭致祭贈，充溢衢路，自第至墓，車馬不絕。

天寶初，加力士冠軍大將軍、右監門衞大將軍，進封渤海郡公。七載，加驃騎大將軍。力士資產殷厚，非王侯能擬，於來庭坊造寶壽佛寺、興寧坊造華封道士觀，寶殿珍臺，侔於國力。於京城西北截灃水作碾，並轉五輪，日碾麥三百斛。初，寶壽寺鐘成，力士齋慶之，舉朝畢至。凡擊鐘者，一擊百千；有規其意者，擊至二十杵，少尙十杵。

其後又有華州袁思藝，特承恩顧。然力士巧密，人悅之；思藝驕倨，人士疏懼之。十四載，置內侍省，內侍監兩員，秩正三品，以力士、思藝對任之。玄宗幸蜀，思藝走投祿山，

力士從幸成都，進封齊國公。從上皇還京，加開府儀同三司，賜實封五百戶。

上元元年八月，上皇移居西內甘露殿，力士與內官王承恩、魏悅等，因侍上皇登長慶樓，爲李輔國所構，配流黔中道。力士至巫州，地多薺而不食，因感傷而詠之曰：「兩京作斤賣，五谿無人採。夷夏雖不同，氣味終不改。」寶應元年三月，會赦歸，至朗州，遇流人言京國事，始知上皇厭代，力士北望號慟，嘔血而卒。代宗以其耆宿，保護先朝，贈揚州大都督，陪葬泰陵。

李輔國，本名靜忠，閑廄馬家小兒。少爲閹，貌陋，粗知書計。爲僕，事高力士，年且四十餘，令掌廄中簿籍。天寶中，閑廄使王鉷嘉其畜牧之能，薦入東宮。祿山之亂，玄宗幸蜀，輔國侍太子扈從，至馬嵬，誅楊國忠，輔國獻計太子，請分玄宗麾下兵，北趨朔方，以圖興復。輔國從至靈武，勸太子即帝位，以系人心。肅宗即位，擢爲太子家令，判元帥府行軍司馬事，以心腹委之，仍賜名護國，四方奏事，御前符印軍號，一以委之。輔國不茹葷血，常爲僧行，視事之隙，手持念珠，人皆信以爲善。從幸鳳翔，授太子詹事，改名輔國。肅宗還京，拜殿中監，閑廄、五坊、宮苑、營田、栽接、總監等使，又兼隴右羣牧、京畿鑄

錢、長春宮等使，勾當少府、殿中二監都使。至德二年十二月，加開府儀同三司，進封郕國公，食實封五百戶。宰臣百司，不時奏事，皆因輔國上決。常在銀臺門受事，置察事廳子數十人，官吏有小過，無不伺知，即加推訊。府縣按鞫，三司制獄，必詣輔國取決，隨意區分，皆稱制敕，無敢異議者。每出則甲士數百人衞從。中貴人不敢呼其官，但呼五郎。宰相李揆，山東甲族，位居台輔，見輔國執子弟之禮，謂之五父。肅宗又爲輔國娶故吏部侍郎元希聲姪擢女爲妻。擢弟挹，時並引入臺省，擢爲梁州長史。輔國判元帥行軍司馬，專掌禁兵，賜內宅居止。

上皇自蜀還京，居興慶宮，肅宗自夾城中起居。上皇時召伶官奏樂，持盈公主往來宮中，輔國常陰候其隙而間之。上元元年，上皇嘗登長慶樓，與公主語，劍南奏事官過朝謁，上皇令公主及如仙媛作主人。輔國起微賤，貴達日近，不爲上皇左右所禮，慮恩顧或衰，乃潛畫奇謀以自固。因持盈待客，乃奏云：「南內有異謀。」矯詔移上皇居西內，送持盈於玉真觀，高力士等皆坐流竄。

二年八月，拜兵部尙書，餘官如故。詔羣臣於尙書省送上，賜御府酒饌、太常樂，武士戎服夾道，朝列畢會。輔國驕恣日甚，求爲宰臣，肅宗曰：「以公勳力，何官不可，但未允朝望，如何？」輔國諷僕射裴冕聯章薦己，肅宗密謂宰臣蕭華曰：「輔國欲帶平章事，卿等欲有

章薦，信乎？」華不對，問裴冕，曰：「初無此事，吾臂可截，宰相不可得也。」華復入奏，上喜曰：「冕固堪大用。」輔國銜之。寶應元年四月，肅宗寢疾，宰臣等不可謁見，輔國誣奏華專權，請黜之，上不許，輔國固請不已，乃罷華知政事，守禮部尙書。及帝崩，華竟被斥逐。

代宗即位，輔國與程元振有定策功，愈恣橫，私奏曰：「大家但內裏坐，外事聽老奴處置。」代宗怒其不遜，以方握禁軍，不欲遽責，乃尊爲尙父，政無巨細，皆委參決。五月，加司空、中書令，食實封八百戶。程元振欲奪其權，請上漸加禁制，乘其有間，乃罷輔國判元帥行軍事，其閑廄已下使名，並分授諸貴，仍移居外。輔國始懼，茫然失據。詔進封博陸王，罷中書令，許朝朔望。輔國欲入中書修謝表，閽吏止之曰：「尙父罷相，不合復入此門。」乃氣憤而言曰：「老奴死罪，事郎君不了，請於地下事先帝。」上猶優詔答之。十月十八日夜，盜入輔國第，殺輔國，攜首臂而去。詔刻木首葬之，仍贈太傅。

程元振，以宦者直內侍省，累遷至內射生使。寶應末，肅宗晏駕，張皇后與太子有怨，恐不附己，引越王係入宮，欲令監國。元振知其謀，密告李輔國，乃挾太子，誅越王並其黨與。代宗即位，以功拜飛龍副使、右監門將軍、上柱國，知內侍省事。尋代輔國判元帥行軍

司馬，專制禁兵，加鎭軍大將軍、右監門衞大將軍，封保定縣侯，充寶應軍使。九月，加驃騎大將軍，封邠國公，贈其父元貞司空，母郄氏趙國夫人。是時元振之權，甚於輔國，軍中呼爲「十郎」。

元振常請託於襄陽節度使來瑱，瑱不從。及元振握權，徵瑱入朝，瑱遷延不至。廣德元年，破裴茙，遂入朝，拜兵部尙書。元振欲報私憾，誣瑱之罪，竟坐誅。宰臣裴冕爲肅宗山陵使，有事與元振相違，乃發小吏贓私，貶冕施州刺史。來瑱名將，裴冕元勳，二人既被誣陷，天下方鎭皆解體，元振猶以驕豪自處，不顧物議。九月，吐蕃、党項入犯京畿，下詔徵兵，諸道卒無至者。十月，蕃軍至便橋，代宗蒼黃出幸陝州，賊陷京師，府庫蕩盡。及至行在，太常博士柳伉上疏切諫誅元振以謝天下，代宗顧人情歸咎，乃罷元振官，放歸田里，家在三原。

十二月，車駕還京，元振服縗麻於車中，入京城，以規任用。與御史大夫王昇飲酒，爲御史所彈。詔曰：

族談錯立，法尙不容，同惡陰謀，議當從重，有一於此，情實難原。程元振性惟兇愎，質本庸愚，蕞爾之身，合當萬死。頃已寬其嚴典，念其微勞，屈法伸恩，放歸田里。仍乖克己，尙未知非，既忘含煦之仁，別貯覬覦之望。敢爲嘯聚，仍欲動搖，不令之臣，共爲

睥睨，妄談休咎，仍懷怨望。束兵裹甲，變服潛行，無顧君親，將圖不軌。按驗皆是，無所逃刑，首足異門，未云塞責。朕猶不忘薄効，再捨罪人，特寬斧鉞之誅，俾正投荒之典。宜長流溱州百姓，委京兆府差綱遞送，路次州縣，差人防援，至彼捉搦，勿許東西。縱有非常之赦，不在會恩之限。凡百僚庶，宜體朕懷。

魚朝恩，天寶末以宦者入內侍省，初爲品官，給事黃門。性黠惠，善宣答，通書計。至德中，常令監軍事。九節度討安慶緒於相州，不立統帥，以朝恩爲觀軍容宣慰處置使。觀軍容使名，自朝恩始也。以功累加左監門衛大將軍。時郭子儀頻立大功，當代無出其右，朝恩妬其功高，屢行間諜，子儀悉心奉上，殊不介意。肅宗英悟，特察其心，故朝恩之間不行。自相州之敗，史思明再陷河洛，朝恩常統禁軍鎮陝，以殿東夏。廣德元年，西蕃入犯京畿，代宗幸陝。時禁軍不集，徵召離散，比至華陰，朝恩大軍遽至迎奉，六師方振。由是深加寵異，改爲天下觀軍容宣慰處置使。時四方未寧，萬務事殷，上方注意勳臣，朝恩專典神策軍，出入禁中，賞賜無算。

朝恩性本凡劣，恃勳自伐，靡所忌憚。時引腐儒及輕薄文士於門下，講授經籍，作爲文

章，粗能把筆釋義，乃大言於朝士之中，自謂有文武才幹，以邀恩寵。上優遇之，加判國子監事，光祿、鴻臚、禮賓、內飛龍、閑廄等使。赴國子監視事，特詔宰臣、百僚、六軍將軍送上，京兆府造食，教坊賜樂。大臣羣官二百餘人〔二〕，皆以本官備章服充附學生，列於監之廊下，待詔給錢萬貫充食本，以爲附學生廚料〔三〕。朝恩恣橫，求取無厭，凡有奏請，以必允爲度，幸臣未有其比。

大曆二年，朝恩獻通化門外賜莊爲寺，以資章敬太后冥福，仍請以章敬爲名，復加興造，窮極壯麗。以城中材木不足充費，乃奏壞曲江亭館、華清宮觀樓及百司行廨、將相沒官宅給其用，土木之役，僅踰萬億。三年，讓判國子監事，加韓國公。章敬太后忌日，百僚於興唐寺行香，朝恩置齋饌於寺外之車坊，延宰臣百僚就食。朝恩恣口談時政，公卿惕息。戶部郎中相里造、殿中侍御史李衎以正言折之，朝恩不悅，乃罷會。

後嘗釋奠於國子監，宰臣百僚皆會，朝恩講易，徵鼎卦「覆餗」之義，以譏元載，載心銜之，陰圖除去之。上以朝恩太橫，亦惡之。載欲伺其便，巧中傷之，乃用腹心崔昭爲京兆尹，伺朝恩出處。昭不吝財賂，潛與朝恩黨陝州觀察使皇甫溫相結，溫與昭協，自是朝恩動靜，載皆知之，巨細悉以聞。上益怒，朝恩未之察，日以驕橫。載奏加朝恩實封，又加皇甫溫權位，以肆其欲。

五年，朝恩所昵武將劉希暹微有過忤，上諷之，詔罷朝恩觀軍容使，加實封通前一千戶，朝恩始疑，然每朝謁，恩顧如常，亦不以載爲意。會寒食宴近臣，朝恩入謁。先是，每宴罷，必出還營，是日有詔留之。朝恩始懼，言頗悖慢，上亦以舊恩不之責。是日朝恩還第，縊經而卒。劉希暹亦下獄賜死。

希暹，出自戎伍，有膂力，形貌光偉，以騎射聞。朝恩用之爲神策都虞候，封交河郡王。善候朝恩意旨，深被委信。累遷至太僕卿，與兵馬使王駕鶴同掌禁兵，所爲不法。諷朝恩於北軍置獄，召坊市兇惡少年，羅織城內富人，誣以違法，捕置獄中，忍酷考訊，錄其家產，並沒於軍。或有舉選之士，財貨稍殷，客於旅舍，遇橫死者非一。坊市苦之，謂之「入地牢」。捕賊吏有賈明觀者，尤凶蠹，以屢置大獄，家產巨萬。希暹黨之，地在禁密，人無敢言者。朝恩死，上寬宥之。以素志非順，慮不見容，常自疑懼。與王駕鶴聯職，希暹辭多不遜。駕鶴純謹，上信任之，至是以希暹語上聞，乃誅之。

賈明觀者，本萬年縣捕賊吏。事希暹，恣爲兇惡，毒甚豺狼。朝恩、希暹既死，元載復受明觀姦謀，潛容之，特奏令江西効力。明觀將出城，百姓數萬人懷磚石候之，載令市吏止

約。明觀在洪州二年，觀察使魏少遊容之。及路嗣恭代少遊，至郡之日，召明觀笞殺之。議者滅魏之名，多路之正。

朝恩素待禮部尚書裴士淹，戶部侍郎、判度支第五琦，二人亦坐貶官。

竇文場、霍仙鳴者，始在東宮事德宗。初魚朝恩誅後，內官不復典兵，德宗以親軍委白志貞。志貞多納豪民賂，補爲軍士，取其傭直，身無在軍者，但以名籍請給而已。涇師之亂，帝召禁軍禦賊，志貞召集無素，是時並無至者，唯文場、仙鳴率諸宦者及親王左右從行。志貞貶官，左右禁旅，悉委文場主之。從幸山南，兩軍漸集。

德宗還京，頗忌宿將，凡握兵多者，悉罷之，禁旅文場、仙鳴分統焉。貞元十二年六月，特立護軍中尉兩員、中護軍兩員，以帥禁軍，乃以文場爲左神策護軍中尉，仙鳴爲右神策護軍中尉，右神威軍使張尚進爲右神策中護軍，內謁者監焦希望爲左神策中護軍，自文場等始也。時竇、霍之權，振於天下，藩鎮節將，多出禁軍，臺省清要，時出其門。文場累加驃騎大將軍。是歲仙鳴病，帝賜馬十匹，令於諸寺爲僧齋以祈福。久病不愈，十四年，倉卒而卒。上疑左右小使正將食中加毒，配流者數十人。仙鳴死後，以開府內常侍第五守亮爲右軍中尉。

文場連表請致仕，許之。

十五年已後，楊志廉、孫榮義爲左右軍中尉，亦踵竇、霍之事，怙寵驕恣。貪利冒寵之徒，利其納賄，多附麗之。至於貞元末，宦官復盛。順宗卽位，王叔文用事，與韋執誼謀奪神策軍權，乃用宿將范希朝爲京西北禁軍都將。事未行，爲內官俱文珍等所排，叔文貶而止。

俱文珍，貞元末宦官，後從義父姓，曰劉貞亮。性忠正，剛而蹈義。順宗卽位，風疾不能視朝政，而宦官李忠言與牛美人侍病，美人受旨於帝，復宣之於忠言，忠言授之王叔文。叔文與朝士柳宗元、劉禹錫、韓曄等圖議[三]，然後下中書，俾韋執誼施行，故王之權振天下。叔文欲奪宦者兵權，每忠言宣命，內臣無敢言者，唯貞亮建議與之爭。知其朋徒熾，慮隳朝政，乃與中官劉光琦、薛文珍、尚衍、解玉等謀，奏請立廣陵王爲皇太子，勾當軍國大事。順宗可之。貞亮遂召學士衞次公、鄭絪、李程、王涯入金鑾殿，草立儲君詔。及太子受內禪，盡逐叔文之黨，政事悉委舊臣，時議嘉貞亮之忠藎。累遷至右衞大將軍，知內侍省事。元和八年卒，憲宗思其翊戴之功，贈開府儀同三司。

吐突承璀，幼以小黃門直東宮，性敏慧，有才幹。憲宗卽位，授內常侍，知內省事，左監門將軍。俄授左軍中尉、功德使。四年，王承宗叛，詔以承璀爲河中、河南、浙西、宣歙等道赴鎭州行營兵馬招討等使，內侍省常侍宋惟澄爲河南、陝州、河陽已來館驛使，內官曹進玉、劉國珍、馬江朝等分爲河北行營糧料館驛等使。諫官、御史上疏相屬，皆言自古無中貴人爲兵馬統帥者，補闕獨孤郁、段平仲尤激切。憲宗不獲已，改爲充鎭州已來招撫處置等使。及承璀率禁軍上路，帝御通化門樓，慰諭遣之。出師經年無功，乃遣密人告王承宗，令上疏待罪，許以罷兵爲解。仍奏昭義節度使盧從史素與賊通，許爲承宗求節鉞。乃誘潞州牙將烏重胤謀執從史送京師。及承宗表至，朝廷議罷兵，承璀班師，仍爲禁軍中尉。段平仲抗疏極論承璀輕謀弊賦，請斬之以謝天下。憲宗不獲已，降爲軍器使。俄復爲左衞上將軍，知內侍省事。

時弓箭庫使劉希先取羽林大將軍孫璹錢二十萬以求方鎭，事發賜死，辭相告訐，事連承璀，乃出爲淮南節度監軍使。太子通事舍人李涉，性狂險，投匭上書，論希先、承璀無罪，不宜貶戮。諫議大夫、知匭事孔戣，見涉疏之副本，不受其章。涉持疏於光順門欲進之，戣上疏論其纖邪，貶涉硤州司倉。上待承璀之意未已，而宰相李絳在翰林，時數論承璀之過，故出之。八年，欲召承璀還，乃罷絳相位。承璀還，復爲神策中尉。惠昭太子薨，承璀建議請立澧王寬爲太子，憲宗不納，立遂王宥。穆宗卽位，銜承璀不佑己，誅之。敬宗時，中尉馬存亮論承璀之冤，詔雪之，仍令假子士曄以禮收葬。

王守澄，元和末宦者。憲宗疾大漸，內官陳弘慶等弑逆。憲宗英武，威德在人，內官祕之，不敢除討，但云藥發暴崩。時守澄與中尉馬進潭、梁守謙、劉承偕、韋元素等定冊立穆宗皇帝。長慶中，守澄知樞密事。

初元和中，守澄爲徐州監軍，遇翼城醫人鄭注，出入節度使李愬家。注敏悟過人，博通典藝，棋奕醫卜，尤臻於妙，人見之者，無不歡然。注嘗爲李愬煮黃金，服一刀圭，可愈痿弱重腿之疾，復能反老成童。愬與守澄服之，頗効。守澄知樞密，薦引入禁中，穆宗待之亦厚。注多奇詭，每與守澄言必通夕。

文宗卽位，守澄爲驃騎大將軍，充右軍中尉。注復得幸於文宗，後依倚守澄，大爲姦弊。文宗以元和逆黨尚在，其黨大盛，心常憤惋，端居不怡。翰林學士宋申錫嘗獨對探知，

上略言其意，申錫請漸除其逼。帝亦以申錫沉厚有方略，爲其事可成，乃用爲宰相。申錫謀未果，爲注所察，守澄乃令軍吏豆盧著誣告申錫與漳王謀逆，申錫坐貶。

宰相李逢吉從子訓，與注交通，訓亦機詭萬端，二人情義相得，俱爲守澄所重。復引訓入禁中，爲上講周易。旣得幸，又探知帝旨，復以除宦官謀中帝意。帝以訓才辯縱橫，以爲其事必捷，待以殊寵，自流人中用爲學官，充侍講學士。時仇士良有翊上之功，爲守澄所抑，位未通顯。訓奏用士良分守澄之權，乃以士良爲左軍中尉，守澄不悅，兩相矛盾。訓因其惡。大和九年，帝令內養李好古齎酖賜守澄，祕而不發，守澄死，仍贈揚州大都督。其弟守涓爲徐州監軍，召還，至中牟，誅之。守澄豢養訓、注，反罹其禍，人皆快其受佞而惡訓、注之陰狡。

李訓既殺守澄，復惡鄭注，乃奏用注爲鳳翔節度使。訓欲盡誅宦官，乃與金吾將軍韓約，新除太原節度使王璠、新除邠寧節度使郭行餘、權御史中丞李孝本、權京兆尹羅立言謀。其年十一月二十一日，上御宣政殿，百僚班定，韓約不奏平安，乃奏曰：「臣當仗廨內石榴樹，夜來降甘露，請陛下幸仗舍觀之。」帝乘輦趣金吾仗。中尉仇士良與諸官先往石榴樹觀之，伺知其詐，又聞幕下兵仗聲，惶駭而還，奏曰：「南衙有變。」遂扶帝輦入閤門。李訓從輦大呼曰：「邠寧、太原之兵，何不赴難？衞乘輿者，人賞百千！」於是誰何之卒及御史臺從

人，持兵入宣政殿院，宦官死者甚衆。鑾既入閤門，內官呼萬歲。俄而士良等率禁兵五百餘人，露刃出東上閤門，逢人即殺，王涯、賈餗、舒元輿、李訓等四人宰相及王璠、郭行餘等十一人，屍橫闕下。自是權歸士良與魚弘志。至宣宗即位，復誅其太甚者，而閹寺之勢，仍握軍權之重焉。

田令孜，本姓陳。咸通中，從義父入內侍省爲宦者。頗知書，有謀略，自諸司小使監諸鎭用兵，累遷神策中尉、左監門衞大將軍。乾符中，盜起關東。諸軍誅盜，以令孜爲觀軍容、制置左右神策、護駕十軍等使。京師不守，從僖宗幸蜀。鑾輿返正，令孜頗有匡佐之功，時令孜威權振天下。

時關中寇亂初平，國用虛竭，諸軍不給，令孜請以安邑、解縣兩池榷鹽課利，全隸神策軍，詔下，河中王重榮抗章論列，言使名久例隸當道，省賦自有常規。令孜怒，用王處存爲河中節度使，重榮不奉詔。令孜率禁兵討之，重榮引太原軍爲援，戰於沙苑，禁軍大敗。京師復亂，僖宗出幸寶雞，又移幸山南，方鎭皆憾令孜生事。令孜懼，引前樞密楊復恭代己，從幸梁州，求爲西川監軍。西川節度使陳敬瑄，即令孜之弟也。

昭宗即位，三川大亂，詔宰相韋昭度鎭西川，陳敬瑄不受代。令孜引閬州刺史王建爲援，建素以父事令孜。時建方亂東川，聞其召也，以西蜀可圖，欣然赴之。建以所領千餘兵至漢州，陳敬瑄以建雄豪難制，辭而遣之。建曰：「十軍阿父召予，及門而拒，鄰藩聞之，孰肯相容？爲予報令公，建至此，無所歸也。」遂遣使上表，請討陳敬瑄以自効。朝廷嘉之，即命昭度爲招討，入蜀加兵，經年無功，昭度還京。建遂絕棧道，不通詔使。歲中急擊成都，陳敬瑄計窘，遣令孜出城，與建通和。建竟自爲蜀帥，令孜以義父之故，依倚仍舊監軍事。既而陳敬瑄遇酖，令孜亦爲建所殺。

楊復光，內常侍楊玄价之養子也。幼以宦者入內侍省，慷慨負節義，有籌略，爲小黃門，監鎭兵征討。乾符中，賊渠黃巢之犯江西，復光爲排陣使，遣判官吳彥弘入城喻朝旨，巢即令其將尚君長奉表歸國。招討使宋威害其功，併兵擊賊，巢怒，復作剽。朝廷誅尚君長，怨怒愈深。宋威戰敗，復光總其兵權，進攻洪州，擒賊將徐唐莒。詔以荆南節度使王鐸爲招討，代宋威。復光監忠武軍，屯于鄧州，以遏賊衝。

京師陷賊，節度使周岌受僞命，賊使往來旁午。岌嘗夜宴，急召復光，左右曰：「周公

歸賊，必謀害內侍，不如勿往。」復光曰：「事勢如此，義不圖全。」即赴之。酒酣，岌言本朝事，復光因泣下，良久曰：「丈夫所感者恩義，而規利害，非丈夫也。公自匹夫享公侯之貴，豈捨十八葉天子而北面臣賊，何恩義利害之可言乎！」聲淚俱發，岌亦爲之流涕。岌曰：「吾不能獨力拒賊，貌奉而心圖之，故召公。」瀝酒爲盟。是夜，復光遣其養子守亮殺賊使於傳舍。

時秦宗權叛岌，據蔡州。復光得忠武之師三千入蔡州，說宗權，俾同義舉。宗權遣將王淑率衆萬人從復光收荆襄。次鄧州，王淑逗留不進，復光斬之，併其軍，分爲八都。鹿晏弘、晉暉、李師泰、王建、韓建等，皆八都之大將也。進攻南陽，賊將朱溫、何勤來逆戰，復光敗之，進收鄧州，獻捷行在，中和元年五月也。復光乘勝追賊，至藍橋，丁母憂還。尋起復，受詔充天下兵馬都監，押諸軍入定關輔。王重榮爲東面招討使，復光以兵會之。

二年七月，至河中。賊將朱溫守同州，復光遣使諭之。九月，溫以所部來降。時賊將李翔守華州，巢寇益盛，王重榮憂之，謂復光曰：「臣賊則負國，拒戰則兵微，今日成敗，未可知也，公其圖之。」復光曰：「鴈門李僕射以雄武振北陲，其家尊與吾先世同患難。李鴈門奮不顧身，自播遷已來，徵兵未至者，蓋太原阻路也。如以朝旨諭鄭公，詔到，其軍必至。」重榮曰：「善。」王鐸遣使奉墨詔之太原，太原以兵從之。及收京城，三敗巢賊，復光與其子守

亮、守宗等身先犯難，功烈居多。其年六月，卒於河中，時年四十二。復光雖黃門近幸，然慷慨有大志，善撫士卒，及死之日，軍中慟哭累日。身後平賊立功者，多是復光部下門人故將也。

諸假子：守亮，興元節度使；守宗，忠武節度使；守信，商州防禦使；守忠，洋州節度使；其餘以守爲名者數十人，皆爲牧守將帥。

楊復恭，貞元末中尉楊志廉之後。志廉子欽義，大中朝爲神策中尉。欽義子三人：玄翼、玄价、玄寔。玄翼，咸通中掌樞密；玄寔，乾符中爲右軍中尉；玄价，河陽監軍。復恭，即玄翼子也。以父，幼爲宦者，入內侍省。知書，有學術，每監諸鎭兵。龐勛之亂，監陣有功，自河陽監軍入爲宣徽使。咸通十年，玄翼卒，起復爲樞密使。時黃巢犯闕，左軍中尉田令孜爲天下觀軍容制置使，專制中外。復恭每事力爭得失，令孜怒，左授復恭飛龍使，乃稱疾退於藍田。僖宗自蜀還京，田令孜出師失律，車駕再幸山南，復用復恭爲樞密使，尋代令孜爲右軍中尉。時行在制置，內外經略，皆出於復恭。車駕還京，授觀軍容使，封魏國公。

僖宗晏駕，迎壽王踐祚。文德元年，加開府、金吾上將軍，專典禁兵，既軍權在手，頗擅

朝政。昭宗惡之，政事多訪於宰臣，故韋昭度、張濬、杜讓能每有陳奏，卽舉大中故事，稍抑宦者之權。上性明察，由是偏聽之釁生焉。國舅王瓌，頗居中任事，復恭惡之，奏授黔南節度。至吉柏江，覆舟而沒，物議歸咎於復恭。上每切齒道復恭。復恭假子天威軍使守立，權勇冠於六軍，人皆避之。上欲罪復恭，懼守立爲亂，乃謂復恭曰：「吾要卿家守立在左右，可進來。」乃賜姓李，名順節，恩寵特異，勢侔樞要。乃與復恭爭權，每中傷其陰事，授順節鎭海軍節度使、同平章事。

大順二年九月，詔復恭致仕，賜杖屨。復恭既失勢，欲退止商山別居，第在昭化里，近玉山營。假子守信爲玉山軍使，守信時候復恭於其第，或誣告云玉山軍使與復恭謀亂，詔李順節率禁軍攻之。昭宗御延喜樓。守信以兵拒之，順節屢敗。際晚，守信、復恭挈其族出通化門，趨興元。守信令部將張綰殿其後，綰戰敗，被擒。復恭至興元，節度使楊守亮乃糾合諸守義兄弟舉兵，以討順節爲名。天子詔李茂貞、王行瑜討之。明年，守亮兵敗，復恭與守亮挈其族，將奔太原，入商山。至乾元縣，爲華州兵所獲，執送京師，皆梟首於市。李茂貞收興元，進復恭前後與守亮私書六十紙，內訴致仕之由云：「承天是隋家舊業，大姪但積粟訓兵，不要進奉。吾於荊榛中援立壽王，有如此負心門生天子，既得尊位，乃廢定策國老。」其不遜如是。後復恭假子彥博奔太原，收復恭骸骨，葬於介休縣之抱腹山。

復恭之後，宦者西門重遂爲右軍中尉。李茂貞初併山南，兵衆強盛，干預朝政，宰相杜讓能與重遂等謀誅之。師興，爲茂貞所敗，重遂被誅，乃以內官駱全瓘、劉景宣爲左右軍中尉。乾寧二年春，李茂貞、王行瑜以兵入朝，殺宰相韋昭度、李谿。河東節度使李克用率師渡河，討邠、岐二帥，軍於渭北。駱全瓘與茂貞宿衞將閻圭，脅天子幸岐州，昭宗蒼黃幸莎城。茂貞以太原問罪，乃誅全瓘、閻圭以自解。昭宗幸華州，宦官稍微。

及光化還宮，內官景務修、宋道弼復專國政，宰相崔胤深惡之，中外不睦。宰相徐彥若、王摶有度量，見其陰險相傾，懼危時事，嘗奏曰：「人君當務大體，平心御物，無有偏私。偏任偏聽，古人所患。今中官怙寵，道路目之，皆知此弊，然未能卒改。俟多難漸平，以道消息之。陛下勿泄聖謨，啓其姦詐。」崔胤知摶所奏，頗銜之，他日見上，曰：「王摶姦邪，已爲敕使外應，不可在相位。」二年六月，貶摶官，賜死於藍田，道弼、務修亦賜死，以樞密使劉季述、王奉先爲兩軍中尉，出徐彥若鎭南海。

崔胤秉政而排擯宦官，季述等外結藩侯，以爲黨援。十一月六日，季述矯詔以皇太子監國，遂廢昭宗，居東內，奪傳國寶授太子。昭宗以何皇后宮嬪數人隨行，幽于東宮，季述手持銀檛，於上前以檛畫地數上罪狀，云：「某時某事，你不從我言，其罪一也。」其悖逆如此。乃令李師虔以兵圍之，鎔錫錮其扃鐍。時方凝冽，嬪御無被，哭聲聞于外。穴牆通食者兩月。十二月晦，崔胤等謀反正，誅季述、奉先，復迎昭宗卽位，改元天復元年。

其歲十一月，朱全忠寇河中華州，陷之，京師震恐，中尉韓全誨請上且幸鳳翔。全忠追逼乘輿，兵圍鳳翔者累年。三年正月，茂貞殺兩軍中尉韓全誨張弘彥、樞密使袁易簡周敬容等二十二人，皆斬首，以布囊貯之，令學士薛貽矩送於全忠求和。是月，全忠迎駕還長安，詔以崔胤爲宰相，兼判六軍諸衞。

胤奏曰：「高祖、太宗承平時，無內官典軍旅。自天寶以後，宦官寖盛。貞元、元和，分羽林衞爲左、右神策軍，以使衞從，令宦官主之，唯以二千人爲定制。自是參掌樞密。由是內務百司，皆歸宦者，上下彌縫，共爲不法，大則傾覆朝政，小則構扇藩方。車駕頻致播遷，朝廷漸加微弱，原其禍作，始自中人。自先帝臨御已來，陛下纂承之後，朋儕日熾，交亂朝綱，此不翦其本根，終爲國之蟊賊。內諸司使務宦官主者，望一切罷之，諸道監軍使，並追赴闕廷，卽國家萬世之便也。」

詔曰：

宦官之興，肇于秦、漢。趙高、閻樂，竟滅嬴宗；張讓、段珪，遂傾劉祚。肆其志則國必受禍，悟其事則運可延長。朕所以斷在不疑，祈天永命者也。

先皇帝嗣位之始，年在幼沖，羣豎相推，奄專大政。於是毒流宇內，兵起山東，遷幸三川，幾淪神器。迴鑾之始，率土思安，而田令孜妬能忌功，遷搖近鎭，陳倉播越，患難相仍。洎朕纂承，益相侮慢，復恭、重遂逞其禍，道弼、季述繼其兇，幽辱朕躬，淩脅孺子。天復返正，罪己求安，兩軍內樞，一切假借。韓全誨等每懷憤惋，曾務報讎，視將相若血仇，輕君上如木偶。未周星歲，竟致播遷；及在岐陽，過於羈紲。上憂宗社傾墜，下痛民庶流離，茫然孤居，無所控告。

全忠位兼二柄，深識朕心，駐兵近及於三年，獨斷方誅於元惡。今謝罪郊廟，卽宅宮闈，正刑當在於事初，除惡宜絕其根本。先朝及朕，五致播遷，王畿之甿，減耗大半，父不能庇子，夫不能室妻。言念于茲，痛深骨髓，其誰之罪？爾輩之由。

帝王之爲治也，內有宰輔卿士，外有藩翰大臣，豈可令刑餘之人，參預大政？況此輩皆朕之家臣也，比於人臣之家，則奴隸之流。恣橫如此，罪惡貫盈，天命誅之，罪豈能捨？橫屍伏法，固不足矜，含容久之，亦所多愧。其第五可範已下，並宜賜死。其在畿甸同華、河中，並盡底處置訖。諸道監軍使已下，及管內經過並居停內使，敕到並仰隨處誅夷訖聞奏。已令準國朝故事，量留三十人，各賜黃絹衫一領，以備宮內指使，仍不得輒有養男。其左右神策軍，並令停廢。

是日，諸司宦官百餘人，及隨駕鳳翔羣小又二百餘人，一時斬首於內侍省，血流塗地。及宮人宋柔等十一人，兩街僧道與內官相善者二十餘人，並笞死於京兆府。內諸司一切罷之，皆歸省寺。自是京城並無宦官，天子每宣傳詔命，即令宮人出入。崔胤雖復仇快志，國祚旋亦覆亡，悲夫。

贊曰：崇墉大廈，壯其楹礎。殿邦禦侮，亦俟明德。宵人意褊，動不量力。投鼠敗器，良堪太息。

校勘記

〔一〕大臣羣官二百餘人　「羣官」，御覽卷八四八、新書卷二〇七魚朝恩傳作「子弟」。

〔二〕以爲附學生廚料　「爲」字各本原無，據御覽卷八四八、冊府卷六六九補。

〔三〕韓曄　各本原作「韓日華」，據本書卷一三五王叔文傳、新書卷一六八王叔文傳、通鑑卷二三六改。

舊唐書卷一百八十五上

列傳第一百三十五上

良吏上

韋仁壽　陳君賓　張允濟　李桐客　李素立 孫至遠 至遠子畬

薛大鼎　賈敦頤 弟敦實　李君球　崔知溫　高智周　田仁會 子歸道

韋機 孫岳 岳子景駿　權懷恩 叔祖萬紀　馮元常 弟元淑

蔣儼　王方翼　薛季昶

漢宣帝曰：「使政平訟息，民無愁歎，與我共理，其惟良二千石乎！」故漢代命官，重外輕內，郎官出宰百里，郡守入作三公。世祖中興，尤深吏術，慎選名儒爲輔相，不以吏事責功臣，政優則增秩賜金，績負則論輸左校。選任之道，皇漢其優。

隋政不綱，彝倫斯紊，天子事巡遊而務征伐，具僚逞佞媚而竊恩權。是時朝廷無正人，方岳無廉吏。跨州連郡，莫非豺虎之流；佩紫懷黃，悉奮爪牙之毒。以至土崩不救，旋踵而亡。

武德之初，餘風未殄。太宗皇帝削平亂迹，湔洗污風，唯思稼穡之艱，不以珠璣爲寶，以是人知恥格，俗尚貞修，太平之基，率由茲道。洎天后、玄宗之代，貞元、長慶之間，或以卿士大夫涖方州，或以御史、郎官宰畿甸，行古道也，所病不能。自武德已還，歷年三百，其間岳牧，不乏循良。今錄其政術有聞，爲之立傳，所冀表吏師而儆不恪也。

韋仁壽，雍州萬年人也。大業末，爲蜀郡司法書佐，斷獄平恕，其得罪者皆曰：「韋君所斷，死而無恨。」高祖入關，遣使定巴蜀，使者承制拜仁壽嶲州都督府長史。時南寧州內附，朝廷每遣使安撫，類皆受賄，邊人患之，或有叛者。高祖以仁壽素有能名，令檢校南寧州都督，寄聽政於越嶲，使每歲一至其地以慰撫之。仁壽將兵五百人至西洱河，承制置八州十七縣，授其豪帥爲牧宰，法令清肅，人懷歡悅。及將還，酋長號泣曰：「天子遣公鎮撫南寧，何得便去？」仁壽以城池未立爲辭，諸酋長乃相與築城，立廨舍，旬日而就。仁壽又曰：「吾奉詔但令巡撫，不敢擅住。」及將歸，蠻夷父老各揮涕相送。因遣子弟隨之入朝，貢方物，高祖大悅。仁壽復請徙居南寧，以兵鎮守。有詔特聽以便宜從事，令益州給兵送之。刺史竇軌害其功，託以蜀中山獠反叛，未遑遠略，不時發遣。經歲餘，仁壽病卒。

陳君賓，陳鄱陽王伯山子也。仕隋爲襄國太守。武德初，以郡歸款，封東陽公，拜邢州刺史。貞觀元年，累轉鄧州刺史。州邑喪亂之後，百姓流離，君賓至纔期月，皆來復業。二年，天下諸州並遭霜澇，君賓一境獨免，當年多有儲積，蒲、虞等州戶口，盡入其境逐食。太宗下詔勞之曰：

朕以隋末亂離，毒被海內，率土百姓，零落殆盡，州里蕭條，十不存一，寤寐思之，心焉若疚。是以日昃忘食，未明求衣，曉夜孜孜，惟以安養爲慮。每見水旱降災，霜雹失所，撫躬責己，自慚德薄。恐貧乏之黎庶，不免饑餒，傾竭倉廩，普加賑恤。其有一人絕食，若朕奪之，分命庶僚，盡心匡救。去年關內六州及蒲、虞、陝、鼎等復遭亢旱，禾稼不登，糧儲既少，遂令分房就食。比聞刺史以下及百姓等並識朕懷，逐糧戶到，遞

相安養，迴還之日，各有贏糧，乃別齎布帛，以申贈遺，如此用意，嘉歎良深。一則知水旱無常，彼此遞相拯贍，不慮凶年。二則知禮讓興行，輕財重義，四海士庶，皆爲兄弟。變澆薄之風，敦仁慈之俗，政化如此，朕復何憂。其安置客口，官人支配得所，並令考司錄爲功最。養戶百姓，不吝財帛，已敕主者免今年調物。宜知此意，善相勸勉。

其年，入爲太府少卿，轉少府少監。九年，坐事除名。後起授虔州刺史，卒。

張允濟，青州北海人也。隋大業中爲武陽令，務以德教訓下，百姓懷之。元武縣與其鄰接，有人以牸牛依其妻家者八九年，牛孳產至十餘頭，及將異居，妻家不與，縣司累政不能決。其人詣武陽質於允濟，允濟曰：「爾自有令，何至此也？」其人垂泣不止，具言所以。允濟遂令左右縛牛主，以衫蒙其頭，將詣妻家村中，云捕盜牛賊，召村中牛悉集，各問所從來處。妻家不知其故，恐被連及，指其所訴牛曰：「此是女壻家牛也，非我所知。」允濟遂發蒙，謂妻家人曰：「此即女壻，可以牛歸之。」妻家叩頭服罪。元武縣司聞之，皆大慚。又嘗道逢一老母種葱者，結菴守之，允濟謂母曰：「但歸，不煩守也。若遇盜，當來告令。」老母如其言，居一宿而葱大失，母以告允濟，悉召葱地十里中男女畢集，允濟呼前驗問，果得盜葱者。曾有行人候曉先發，遺衫於路，行十數里方覺，或謂曰：「我武陽境內，路不拾遺，但能迴取，物必當在。」如言果得。遠近稱之，政績尤異。

遷高陽郡丞，時無郡將，允濟獨統大郡，吏人畏悅。及賊帥王須拔攻圍，時城中糧盡，吏人取槐葉藁節食之，竟無叛者。貞觀初，累遷刑部侍郎，封武城縣男。出爲幽州刺史，尋卒。

李桐客，冀州衡水人也。仕隋爲門下錄事。大業末，煬帝幸江都，時四方兵起，謀欲徙都丹陽，召百僚會議。公卿希旨，俱言「江右黔黎，皆思望幸，巡狩吳會，勒石紀功，復禹之跡，今其時也。」桐客獨議曰：「江南卑濕，地狹州小，內奉萬乘，外給三軍，吳人力屈，恐不堪命。且踰越險阻，非社稷之福。」御史奏桐客謗毀朝政，僅而獲免。後隋滅，從宇文化及至黎陽，轉沒竇建德。建德平，太宗召授秦府法曹參軍。貞觀初，累遷通、巴二州，所在清平流譽，百姓呼爲慈父。後卒於家。

李素立，趙州高邑人，北齊梁州刺史義深曾孫也。祖騊，散騎常侍。父政藻，隋水部郎中，大業末充使淮南，爲盜所殺。素立，武德初爲監察御史。時有犯法不至死者，高祖特命殺之，素立諫曰：「三尺之法，與天下共之，法一動搖，則人無所措手足。陛下甫創鴻業，遐荒尚阻，奈何輦轂之下，便棄刑書？臣忝法司，不敢奉旨。」高祖從之。自是屢承恩顧。素立尋丁憂，高祖令所司奪情授以七品清要官，所司擬雍州司戶參軍，高祖曰：「此官要而不清。」又擬祕書郎，高祖曰：「此官清而不要。」遂擢授侍御史，高祖曰：「此官清而復要。」貞觀中，累轉揚州大都督府司馬。時突厥鐵勒部相率內附，太宗於其地置瀚海都護府以統之，以素立爲瀚海都護。又有闕泥孰別部，猶爲邊患，素立遣使招諭降之。夷人感其惠，率馬牛以饋素立，素立唯受其酒一盃，餘悉還之。爲建立廨舍，開置屯田。久之，轉綿州刺史。永徽初，遷蒲州刺史，及將之任，所餘糧儲及什物，皆令州司收之，唯齎己之書籍而去。道病卒，高宗聞而特爲廢朝一日，諡曰平。

其孫至遠，有重名。長壽中爲天官郎中。內史李昭德重其才，薦於則天，擢令知流內選事。或勸至遠謝其私恩，至遠曰：「李公以公見用，豈得以私謁也。」竟不謝，遂爲昭德所銜，因事出爲壁州刺史卒。

至遠子畚，初爲汜水主簿，處事敏速，有聲稱，雖村童廝養之輩，一閱之後，無不知替代姓名者。累轉國子司業。事母甚謹，閨門邕睦，累代同居。每歲時拜慶，長幼男女，咸有禮節。及妻卒，時母已先病，畚恐傷母意，約家人不令哭聲使聞於母，朝夕定省，不曾見其憂念之色，士友甚以此稱之。及母終，過毁，卒於喪。

至遠弟從遠，景雲中歷黄門侍郎、太府卿。

素立從兄子遊道，則天時官至冬官尚書、同鳳閣鸞臺三品。

薛大鼎，蒲州汾陽人，周太子少傅博平公善孫也。父粹，隋介州長史。漢王諒謀反，授絳州刺史，諒敗伏誅。大鼎以年幼免死，配流辰州，後得還鄉里。義旗初建，於龍門謁高祖，因說："請勿攻河東，從龍門直渡，據永豐倉，傳檄遠近，則足食足兵。既總天府，據百二之所，斯亦拊背扼喉之計。"高祖深然之。時將士咸請先攻河東，遂從衆議。授大將軍府察非掾。

貞觀中，累轉鴻臚少卿、滄州刺史。州界有無棣河，隋末塡廢，大鼎奏開之，引魚鹽於

海。百姓歌之曰："新河得通舟楫利，直達滄海魚鹽至。昔日徒行今騁駟，美哉薛公德滂被。"大鼎又以州界卑下，遂決長蘆及漳、衡等三河，分洩夏潦，境内無復水害。時與瀛州刺史賈敦頤、曹州刺史鄭德本，俱有美政，河北稱爲"鐺脚刺史"。

永徽四年，授銀青光祿大夫，行荆州大都督府長史。明年卒。有二子：克構、克勤。克構，天授中官至麟臺監。克勤，歷司農少卿，爲來俊臣所陷伏誅。克構坐配流嶺表而死。

賈敦頤，曹州冤句人也。貞觀中，歷遷滄州刺史。在職清潔，每入朝，盡室而行，唯弊車一乘，羸馬數匹，羈靮有闕，以繩爲之，見者不知其刺史也。二十三年，轉瀛州刺史。州界滹沱河及滱水，每歲泛溢，漂流居人，敦頤奏立堤堰，自是無復水患。

永徽五年，累遷洛州刺史。時豪富之室，皆籍外占田，敦頤都括獲三千餘頃，以給貧乏。又發姦擿伏，有若神明。尋卒。弟敦實。

敦實，貞觀中爲饒陽令，政化清靜，老幼懷之。時敦頤復授瀛州刺史，舊制，大功以上不復連官，朝廷以其兄弟在職，俱有能名，竟不遷替。咸亨元年，累轉洛州長史，甚有惠政。時洛陽令楊德幹杖殺人吏，以立威名，敦實曰："政在養人，義須存撫，傷生過多，雖能亦不足貴也。"常抑止德幹，德幹亦爲之稍減。四年，遷太子右庶子。

初敦頤爲洛州刺史，百姓共樹碑於大市通衢，及敦實去職，復刻石頌美，立于兄之碑側，時人號爲"棠棣碑"。敦實後爲懷州刺史，永淳初，以年老致仕。及病篤，子孫迎醫視之，敦實曰："未聞良醫能治老也。"終不服藥。垂拱四年卒，時年九十餘。

子膺福，先天中歷左散騎常侍、昭文館學士，坐預竇懷貞等謀逆伏誅。

李君球，齊州平陵人也。父義滿，屬隋亂，糾合宗黨，保固村閭，外盜不敢侵逼，以功累授齊郡通守。武德初，遠申誠款，詔以其宅爲譚州〔一〕，仍拜爲總管，封平陵郡公。君球少任俠，頗涉書籍。貞觀中，齊州都督齊王據州城舉兵作亂，君球與兄子行均守縣城。事平，太宗聞而嘉之，擢授遊擊將軍，仍改其本縣爲全節縣。君球累補左驍衞、義全府折衝都尉。

龍朔三年，高宗將伐高麗，君球上疏諫曰：

臣聞心之病者，不能緩聲；事之急者，不能安言；性之慈者，不能隱情。且食君之祿者，死君之事，今臣食陛下之祿矣，其敢愛身乎？臣聞司馬法曰："國雖大，好戰必亡；天下雖安，忘戰必危。"兵者凶器，戰者危事，故聖主明王重行之也。畏人力之盡，恐府庫之殫，懼社稷之危，生中國之患。故古人云："務廣德者昌，務廣地者亡。"昔秦始皇好戰不已，至于失國，是不愛其内而務其外故也。漢武遠討朔方，殆乎萬里，廣拓南海，分爲八郡，終於戶口減半，國用空虛，至於末年，方垂哀痛之詔，自悔其失。

彼高麗者，辟側小醜，潛藏山海之間，得其人不足以彰聖化，棄其地不足以損天威，何至乎疲中國之人，傾府庫之實，使男子不得耕耘，女子不得蠶織。陛下爲人父母，不垂惻隱之心，傾其有限之貲，貪於無用之地。設令高麗既滅，卽不得不發兵鎮守，少發則兵威不足，多發則人心不安，是乃疲於轉戍，萬姓無聊生也。萬姓無聊，卽天下敗矣。天下既敗，陛下何以自安？故臣以爲征之不如不征，滅之不如不滅。

書奏不納。

尋遷蔚州刺史，未行，改爲興州刺史。累遷揚州大都督府長史，政尚嚴肅，人吏憚之，盜賊屏跡，高宗頻降書勞勉。時有吐谷渾犯塞，以君球素有威重，轉爲靈州都督。尋卒官。

崔知溫，許州鄢陵人。祖樞，司農卿。父義眞，陝州刺史。知溫初爲左千牛。麟德中，累轉靈州都督府司馬。州界有渾、斛薛部落萬餘帳，數侵掠居人，百姓咸廢農業，習騎射以備之。知溫表請徙於河北，斛薛不願遷移，時將軍契苾何力爲之言於高宗，遂寢其奏。知溫前後十五上，詔竟從之，於是百姓始就耕穫。後斛薛入朝，因過州謝曰：「前蒙奏徙河北，實有怨心。然牧地膏腴，水草不乏，部落日富，始荷公恩。」拜伏而去。

知溫四遷蘭州刺史，會有党項三萬餘衆來寇州城，城內勝兵既少，衆大懼，不知所爲。知溫使開城門延賊，賊恐有伏，不敢進。俄而將軍權善才率兵來救，大破党項之衆。善才因其降，欲盡坑之，以絕後患，知溫曰：「弗逆克奔，古人之善戰。誅無噍類，禍及後昆。又谿谷崢嶸，草木幽蔚，萬一變生，悔之何及。」善才然其計。又欲分降口五百人以與知溫，知溫曰：「向論安危之策，乃公事也，豈圖私利哉！」固辭不受。党項餘衆由是悉來降附。知溫累遷尚書左丞，轉黃門侍郎、同中書門下三品，兼修國史。永隆二年七月，遷中書令。永淳三年三月卒，年五十七，贈荆州大都督。

子泰之，開元中官至工部尚書。

少子諤之。諤之，神龍初爲將作少匠，預誅張易之有功，封博陵縣侯，賜實封二百戶。

開元初，累遷少府監。

知溫兄知悌。知悌，高宗時官至戶部尚書。

高智周，常州晉陵人。少好學，舉進士。累補費縣令，與丞、尉均分俸錢，政化大行，人吏刊石以頌之。尋授秘書郎、弘文館直學士，預撰瑤山玉彩、文館辭林等，三遷蘭臺大夫。時孝敬在東宮，智周與司文郎中賀凱、司經大夫王眞儒等，俱以儒學詔授爲侍讀。總章元年，請假歸葬其父母，因謂所親曰：「知進而不知退，取患之道也。」乃稱疾去職。俄起授壽州刺史，政存寬惠，百姓安之。每行部，必先召學官，見諸生，試其講誦，訪以經義及時政得失，然後問及墾田獄訟之事。咸亨二年，召拜正諫大夫，兼檢校禮部侍郎。尋遷黃門侍郎、同中書門下三品，兼修國史。俄轉御史大夫，累表辭煩劇之任，高宗嘉其意，拜右散騎常侍。又請致仕，許之。永淳二年十月，卒於家，年八十二，贈越州都督。

智周少與鄉人蔣子愼善，同詣善相者，曰：「明公位極人臣，而胤嗣微弱；蔣侯官祿至薄，而子孫轉盛。」子愼後累年爲建安尉卒，其子繪來謁智周，智周已貴矣，曰：「吾與子父有故，子復有才。」因以女妻之。永淳中，爲緱氏尉，鄭州司兵卒。

繪子捷，舉進士。開元中，歷臺省，仕至湖、延二州刺史。子貴，贈揚州大都督。

捷子冽、渙，並進士及第。冽，歷禮、吏、戶部三侍郎，尚書左丞；渙，天寶末給事中，永泰初右散騎常侍。高氏殄滅已久，果符相者之言。初，冽兄弟在父艱，廬於墓側，植松柏千餘株，又同時榮貴，人推其友愛。

冽子鍊，渙子銖，亦進士舉。

田仁會，雍州長安人。祖軌，隋幽州刺史、信都郡公。父弘，陵州刺史，襲信都郡公。仁會，武德初應制舉，授左衞兵曹，累遷左武候中郎將。貞觀十八年(三)，太宗征遼發後，薛延陀數萬騎抄河南，太宗令仁會及執失思力率兵擊破之，逐北數百里，延陀脫身走免。太宗嘉其功，降璽書慰勞。

永徽二年，授平州刺史，勸學務農，稱爲善政。轉鄆州刺史，屬時旱，仁會自曝祈禱，竟獲甘澤。其年大熟，百姓歌曰：「父母育我田使君，精誠爲人上天聞。田中致雨山出雲，倉廩既實禮義申。但願常在不患貧。」五遷勝州都督，州界有山賊阻險，劫奪行李，仁會發騎盡捕殺之。自是外戶不閉，盜賊絕跡。入爲太府少卿。

麟德二年，轉右金吾將軍，所得祿俸，估外有餘，輒以納官，時人頗譏其邀名。仁會強力疾惡，晝夜巡警，自宮城至於衢路，絲毫越法，無不立發。每日庭引百餘人，躬自閱罰，略無寬者。京城貴賤，咸畏憚之。時有女巫蔡氏，以鬼道惑衆，自云能令死者復生，市里以爲神明，仁會驗其假妄，奏請徙邊。高宗曰：「若死者不活，便是妖妄；若死者得生，更是罪過。」竟依仁會所奏。仁會，總章二年遷太常正卿，咸亨初又轉右衞將軍，以年老致仕。儀鳳四年卒，年七十八，謚曰威。神龍中，以子歸道贈戶部尚書。

歸道，弱冠明經舉。長壽中累補司賓丞，仍通事舍人內供奉。久之，轉左衞郎將。

聖曆初，突厥默啜遣使請和，制遣左豹韜衞將軍閻知微入蕃，冊爲立功報國可汗。默啜又遣使入朝謝恩，知微遇諸途，便與之緋袍、銀帶，兼表請蕃使入都日，大備陳設。歸道上言曰：「突厥背恩積稔，悔過來朝，宜待聖恩，寬其罪戾，解辮削衽，須稟天慈。知微擅與袍帶，國家更將何物充賜？望反初服，以俟朝恩。且小蕃使到，不勞大備之儀。」則天然之。及默啜將至單于都護府，乃令歸道攝司賓卿迎勞之。默啜又奏請六胡州及單于都護府之地，則天不許。默啜深怨，遂拘縶歸道，將害之。歸道辭色不撓，更責以無厭求請，兼諭其禍福，默啜意稍解。會有制賜默啜粟三萬石，雜綵五萬段，農器三千事，并許之結婚。於是歸道得還，遂面陳默啜不利之狀，請加防禦，則天納焉。頃之，默啜果叛，掠閻知微入寇趙、定等州。擢拜歸道夏官侍郎，甚見親委。累遷左金吾將軍、司膳卿，兼押千騎。未幾，除尚方監，加銀青光祿大夫。轉殿中監，仍令依舊押千騎，宿衞於玄武門。

敬暉等討張易之、昌宗也，遣使就索千騎，歸道既先不預謀，拒而不與。及事定，暉等將誅之，歸道執辭免，令歸私第。中宗嘉其忠壯，召拜太僕少卿，累除殿中少監、右金吾將軍。歲餘病卒，贈輔國大將軍，追封原國公，中宗親爲文以祭之。

子賓庭，開元中爲光祿卿。

韋機，雍州萬年人。祖元禮，隋浙州刺史。父恪，洛州別駕。機，貞觀中爲左千牛胄曹，充使往西突厥，冊立同俄設爲可汗。會石國反叛，路絕，三年不得歸。機裂裳錄所經諸國風俗物產，名爲西征記。及還，太宗問蕃中事，機因奏所撰書，太宗大悅，擢拜朝散大夫，累遷至殿中監。

顯慶中爲檀州刺史。邊州素無學校，機敦勸生徒，創立孔子廟，圖七十二子及自古賢達，皆爲之贊述。會契苾何力東討高麗，軍衆至檀州，而灤河泛漲，師不能進，供其資糧，數

日不乏。何力全師還，以其事聞。高宗以爲能，超拜司農少卿，兼知東都營田，甚見委遇。有宦者於苑中犯法，機杖而後奏，高宗嗟賞，賜絹數十疋，謂曰：「更有犯者，卿即鞭之，不煩奏也。」

上元中，遷司農卿，檢校園苑，造上陽宮，并移中橋從立德坊曲徙於長夏門街，時人稱其省功便事。有道士朱欽遂爲天后所使，馳傳至都，所爲橫恣。機囚之，因密奏曰：「道士假稱中宮驅使，依倚形勢，臣恐虧損皇明，爲禍患之漸。」高宗特發中使慰諭機，而欽遂配流邊州，天后由是不悅。儀鳳中，機坐家人犯盜，爲憲司所劾，免官。永淳中，高宗幸東都，至芳桂宮驛，召機，令白衣檢校園苑。將復本官，爲天后所擠而止，俄令檢校司農少卿事，會卒。子餘慶。

餘慶官至右驍衞兵曹，早卒。餘慶子岳。

岳亦以吏幹著名，則天時，累轉汝州司馬。會則天幸長安，召拜尚舍奉御，從駕還京，因召見。則天謂曰：「卿是韋機之孫，勤幹固有家風也。卿之家事，朕悉知之。」因問家人名，賞慰良久。尋拜太原尹，岳素不習武，固辭邊任。由是忤旨，左遷宋州長史，歷海、虢二州刺史，所在皆著威名。睿宗時，入爲殿中少監，甚承恩顧。及竇懷貞、李晉等伏誅，以岳嘗與交往，爲姜皎所陷，左遷渠州別駕，稍遷陝州刺史。開元中，卒於潁州別駕。岳子景駿。

景駿明經舉。神龍中，累轉肥鄉令。縣北界漳水，連年汎溢。舊隄迫近水漕，雖修築不息，而漂流相繼。景駿審其地勢，拓南數里，因高築隄。暴水至，隄南以無患，水去而隄北稱爲腴田。漳水舊有架柱長橋，每年修葺，景駿又改造爲浮橋，自是無復水患，至今賴焉。時河北飢，景駿躬撫合境，村閭必通贍恤，貧弱獨免流離。及去任，人吏立碑頌德。

開元中，爲貴鄉令。縣人有母子相訟者，景駿謂之曰：「吾少孤，每見人養親，自恨終天無分。汝幸在溫凊之地，何得如此？錫類不行，令之罪也。」因垂泣嗚咽，仍取孝經付令習讀之，於是母子感悟，各請改悔，遂稱慈孝。

累轉趙州長史，路由肥鄉，人吏驚喜，競來犒餞，留連經日。有童稚數人，年甫十餘歲，亦在其中，景駿謂曰：「計吾爲此令時，汝輩未生，既無舊恩，何殷勤之甚也？」咸對曰：「此閒長宿傳說，縣中廨宇、學堂、館舍、隄橋，並是明公遺跡。將謂古人，不意親得瞻覩，不覺欣戀倍於常也。」其爲人所思如此。

十七年，遷房州刺史。州帶山谷，俗參蠻夷，好淫祀而不修學校。景駿始開貢舉，悉除

淫祀。又通狹路，并造傳館，行旅甚以爲便。二十年，轉奉先令，未行而卒。

權懷恩，雍州萬年人，周荊州刺史、千金郡公景宣玄孫也，其先自天水徙家焉。祖弘壽，大業末爲臨汾郡司倉書佐。高祖鎮晉陽，引判留守事。以從義師之功，累轉秦王府長史。太宗遇之甚厚。又從平王世充，拜太僕卿，累封盧國公，卒，謚曰恭。父知讓，襲爵，官至博州刺史。

懷恩初以蔭授太子洗馬。咸亨初，累轉尚乘奉御，襲爵盧國公。時有奉乘安畢羅善於調馬，甚爲高宗所寵，懷恩奏事，遇畢羅在帝左右戲無禮，懷恩退而杖之四十。高宗知而嗟賞之，謂侍臣曰：「懷恩乃能不避強禦，眞良吏也。」即日拜萬年令，爲政清肅，令行禁止，前後京縣令無及之者。後歷慶、萊、衞、邢四州刺史，洛州長史。懷恩姿狀雄毅，束帶之後，妻子不敢仰視。所歷皆以威名御下，人吏重足而立。俄出爲宋州刺史。時汴州刺史楊德幹亦以嚴肅與懷恩齊名。至是懷恩路由汴州，德幹送之出郊，懷恩見新橋中途立木以禁車過者，謂德幹曰：「一言處分豈不得，何用此爲？」德幹大慚，時議以爲不如懷恩也。轉益州大都督府長史，尋卒。

姪楚璧，官至左領軍衞兵曹參軍。開元十年，駕在東都，楚璧乃與故兵部尚書李迥秀男齊損、從祖弟金吾淑、陳倉尉盧玢及京城左屯營押官長上折衝周履濟楊楚劍元令琪等舉兵反。立楚璧兄子梁山，年十五，詐稱襄王男，號爲光帝。擁左屯營兵百餘人，梯上景風門，踰城而入，踞長樂恭禮門。入宮城，求留守、刑部尚書王志愔，不獲。屬天曉，屯營兵自相翻覆，盡殺梁山等，傳首東都，楚璧並坐籍沒。

懷恩叔祖萬紀。萬紀性強正，好直言。貞觀中，爲治書侍御史，以公事奏劾魏徵、溫彥博等，太宗以爲不避豪貴，甚禮之。遷尚書左丞，封冀氏男，再轉齊王祐府長史。祐既失德，數匡正之，竟爲祐所殺，語在祐傳。祐既死，贈萬紀齊州都督、武都公，謚曰敬。子玄福，高宗時爲兵部侍郎。

馮元常，相州安陽人，自長樂徙家焉，北齊右僕射子琮曾孫也。舉明經。高宗時，累遷監察御史，爲劍南道巡察使，興利除害，蜀土賴焉。永淳中，爲尚書左丞。元常清鑒有理識，甚爲高宗之所賞，嘗密奏「中宮權重，宜稍抑損」，高宗雖不能用，深以其言爲然，則天聞

而甚惡之。及臨朝，四方承旨，多獻符瑞，嵩陽令樊文進瑞石，則天命於朝堂示百官。元常奏言「狀涉諂僞，不可誣罔士庶」，則天不悅，出爲隴州刺史。

俄而天下岳牧集乾陵會葬，則天不欲元常赴陵所，中途改授眉州刺史。劍南先時光火賊夜掠居人，晝潛山谷，元常至，喻以恩信，許其首露，仍切加捕逐，賊徒捨器杖，面縛自陳者相繼。又轉廣州都督，便道之任，不許詣都。尋屬安南首領李嗣仙殺都護劉延祐，剽陷州縣，敕元常討之。率士卒濟南海，先馳檄示以威恩，喻以禍福，嗣仙徒黨多相率歸降，因縱兵誅其魁首，安慰居人而旋。雖屢有政績，則天竟不賞之。尋爲酷吏周興所陷，追赴都，下獄死。

元常閨門雍肅，雅有禮度，雖小功之喪，未嘗寢於私室，甚爲士類所稱。

從父弟元淑，則天時爲清漳令，政有殊績，百姓號爲神明。又歷浚儀、始平二縣令，皆單騎赴職，未嘗以妻子之官。所乘馬，午後則不與芻，云令其作齋。身及奴僕，每日一食而已。俸祿之餘，皆供公用，并給與貧士。人或譏其邀名，元淑曰：「此吾本性，不爲苦也。」中宗時，降璽書勞勉，仍令史官編其事跡。卒於祠部郎中。

蔣儼，常州義興人。貞觀中，爲右屯衞兵曹參軍。太宗將征遼東，募使高麗者，衆皆畏憚，儼謂人曰：「主上雄略，華夷畏威，高麗小蕃，豈敢圖其使者。縱其凌虐，亦是吾死所也。」遂出請行。及至高麗，莫離支置於窟室中，脅以兵刃，終不屈撓。會高麗敗，得歸，太宗奇之，拜朝散大夫。再遷幽州司馬，以善政爲巡察使劉祥道所薦，擢爲會州刺史。再遷殿中少監，數陳意見，高宗每優納之。再轉蒲州刺史。蒲州戶口殷劇，前後刺史，多不稱職，儼下車未幾，令行禁止，稱爲良牧。

永淳元年，拜太僕卿，以父名卿，固辭，乃除太子右衞副率。時徵隱士田遊巖爲太子洗馬，在宮竟無匡輔，儼乃貽書以責之曰：「足下負巢、由之峻節，傲唐、虞之聖主，養煙霞之逸氣，守林壑之遁情，有年載矣，故能聲出區宇，名流海內。主上屈萬乘之重，申三顧之榮，遇子以商山之客，待子以不臣之禮，將以輔導儲貳，漸染芝蘭耳。皇太子春秋鼎盛，聖道未周，拾遺補闕，臣子恆務。僕以不才，猶參廷諜，誠以素非德望，位班卒伍，言以人廢，不蒙採掇。足下受調護之寄，是可言之秋，唯唯而無一談，悠悠以卒年歲。向使不餐周粟，僕何敢言，祿及親矣，將何酬塞？想爲不達，謹書起予。」遊巖竟不能答。

儼尋檢校太常卿。文明中，封義興縣子，歷右衞大將軍、太子詹事，以年老致仕。垂拱

三年卒于家，年七十八。文集五卷。

王方翼，并州祁人也，高宗王庶人從祖兄也。祖裕，武德初隋州刺史，裕妻即高祖妹同安大長公主也。太宗時，以公主屬尊年老，特加敬異，數幸其第，賞賜累萬。方翼父仁表，貞觀中爲岐州刺史。仁表卒，妻李氏爲主所斥，居於鳳泉別業。時方翼尚幼，乃與傭保齊力勤作，苦心計，功不虛棄，數年闢田數十頃，修飾館宇，列植竹木，遂爲富室。公主卒後，歸長安。友人趙持滿犯罪被誅，暴尸於城西，親戚莫敢收視，方翼歎曰：「欒布之哭彭越，大義也；周文之掩朽骼，至仁也。絕友之義，蔽主之仁，何以事君？」乃收其屍，具禮葬之。高宗聞而嘉歎，由是知名。

永徽中累授安定令，誅大姓皇甫氏，盜賊止息，號爲善政。五遷肅州刺史。時州城荒毀，又無壕塹，數爲寇賊所乘。方翼發卒濬築，引多樂水環城爲壕。又出私財造水碾磑，稅其利以養飢餒，宅側起舍十餘行以居之。屬蝗儉，諸州貧人死於道路，而肅州全活者甚衆，州人爲立碑頌美。

會吏部侍郎裴行儉西討遮匐，奏方翼爲副，兼檢校安西都護。又築碎葉鎮城，立四面

十二門，皆屈曲作隱伏出沒之狀，五旬而畢。西域諸胡競來觀之，因獻方物。

永隆中[三]，車薄反叛，圍弓月城。方翼引兵救之，至伊麗河，賊前來拒，因縱擊，大破之，斬首千餘級。俄而三姓咽麪悉發衆十萬，與車薄合勢以拒。方翼屯兵熱海，與賊連戰，流矢貫臂，徐以佩刀截之，左右莫有覺者。既而所將蕃兵懷貳，謀執方翼以應賊，方翼密知之，悉召會議，佯出軍資以賜之。續續引去，便令斬之，會大風，又振金鼓以亂其聲，遂誅七千餘人。因遣裨將分道討襲咽麪等，賊既無備，因是大潰，擒首領突騎施等三百人，西域遂定。以功遷夏州都督。屬牛疫，無以營農，方翼造人耕之法，施關鍵，使人推之，百姓賴焉。永淳二年，詔徵方翼，將議西域之事，於奉天宮謁見，賜食與語。方翼衣有舊時血漬之處，高宗問其故，方翼具對熱海苦戰之狀。高宗使袒視其瘡，歎曰：「吾親也。」賞賜甚厚。俄屬綏州白鐵余舉兵反，乃詔方翼副程務挺討之。賊平，封太原郡公。

則天臨朝，以方翼是庶人近屬，陰欲除之。及程務挺被誅，以方翼與務挺連職素善，追赴都下獄，遂流于崖州而死。

子珣、琦、瑨，並知名。珣、瑨，開元中皆爲中書舍人；琦，至祕書監。

薛季昶，絳州龍門人也。則天初，上封事，解褐拜監察御史。頻按制獄稱旨，累遷御史中丞。萬歲通天元年，夏官郎中侯味虛統兵討契丹不利，奏言「賊徒熾盛，常有蛇虎導其軍」。則天命季昶按驗其狀，便爲河北道按察使。季昶先馳至軍，斬味虛以聞。又有藁城尉吳澤者，貪虐縱橫，嘗射殺驛使，截百姓子女髮以爲髢，州將不能制，甚爲人吏所患，季昶又杖殺之。由是威震遠近，州縣望風懾懼。然後布以恩信，旌揚善吏。有汴州孝女李氏，年八歲，父卒，柩殯在堂十餘載，每日哭臨無限。及年長，母欲嫁之，遂截髮自誓，請在家終養。及喪母，號毀殆至滅性，家無丈夫，自營棺槨，州里欽其至孝，送葬者千餘人。葬畢，廬於墓側，蓬頭跣足，負土成墳，手植松柏數百株。季昶列上其狀，有制特表門閭，賜以粟帛。

久視元年，季昶自定州刺史入爲雍州長史，威名甚著，前後京尹，無及之者。俄遷文昌左丞，歷魏、陝二州刺史。長安末，爲洛州長史，所在皆以嚴肅爲政。

神龍初，以預誅張易之兄弟功，加銀青光祿大夫，拜戶部侍郎。時季昶勸敬暉等因兵勢殺武三思，暉等不從，竟以此敗，語在暉傳。季昶亦因是累貶，自桂州都督授儋州司馬。初，季昶與昭州首領周慶立及廣州司馬光楚客不協。及將之儋州，懼慶立見殺，將往廣州，又懼楚客，乃歎曰：「薛季昶行事至是耶！」因自製棺，仰藥而死。

睿宗即位，下制曰：「故儋州司馬薛季昶，剛幹義烈，早承先顧，驅策中外，積譽昭宣，有莊、湯之推舉，同汲黯之強直。屬醜正操衡，除其異己，橫加竄責，卒至殂亡。言念忠冤，有懷嘉悼。可贈左御史大夫，仍同敬暉等例，與一子官。」

校勘記

[一] 詔以其宅爲譚州 「譚州」，各本原作「潭州」，據本書卷三八地理志改。舊唐書補校卷六謂「宅」字疑「地」字之誤。

[二] 貞觀十八年 「十八年」，本書卷三太宗紀下、通鑑卷一九八作「十九年」。

[三] 永隆 本書卷五高宗紀、通鑑卷二〇三作「永淳」。

舊唐書卷一百八十五下

列傳第一百三十五下

良吏下

裴懷古　張知謇兄知玄　知晦　弟知泰　知默　楊元琰　倪若水　李濬
陽嶠　宋慶禮　姜師度　強循和逢堯　潘好禮　楊茂謙　楊瑒
崔隱甫　李尚隱　呂諲　蕭定　蔣沇　薛珏　李惠登　任迪簡
范傳正　袁滋　薛苹　閻濟美

裴懷古，壽州壽春人也。儀鳳中，詣闕上書，授下邽主簿。長壽中，累轉監察御史。時姚、巂蠻首反叛，詔懷古往招輯之。懷古申明賞罰，賊徒歸附者日以千數，乃俘其魁首，處其居人而還。蠻夷荷恩，立碑頌德。時恆州鹿泉寺僧淨滿爲弟子所謀，密畫女人居高樓，仍

作淨滿引弓而射之，藏於經笥。已而詣闕上言僧咒詛，大逆不道。則天命懷古按問誅之。懷古究其辭狀，釋淨滿以聞，則天大怒，懷古奏曰：「陛下法無親疏，當與天下畫一。豈使臣誅無辜之人，以希聖旨。向使淨滿有不臣之狀，臣復何顏能寬之乎？臣今慎守平典，雖死無恨也。」則天意乃解。

聖曆中，閻知微充使往突厥，懷古監其軍。至虜庭，默啜立知微爲南面可汗。將授懷古僞職，懷古不從，將殺之，懷古抗辭曰：「寧守忠以就死，不毀節以求生，請就斬，所不避也。」乃禁錮隨軍，因挺身奔竄以歸，拜祠部員外郎。

時姚、巂蠻首相率詣闕頌懷古綏撫之狀，請爲牧守以撫之，遂授姚州都督，以疾不行，轉司封郎中。時始安賊歐陽倩擁徒數萬，剽陷州縣，授懷古桂州都督，仍充招慰討擊使。纔及嶺，飛書招誘，示以禍福，賊徒迎降，自陳爲吏人侵逼，乃舉兵耳。懷古知其誠懇，乃輕騎以赴之，左右曰：「夷獠難親，未可信也。」懷古曰：「吾仗忠信，可通於神明，況於人乎！」因造其營以慰諭之。羣賊喜悅，歸其所掠財貨，納於公府。諸洞酋長素持兩端者，盡來款附，嶺外悉定。

復歷相州刺史、并州大都督府長史，所在爲人吏所慕。神龍中，遷左羽林大將軍，行未達都，復授并州長史。吏人聞懷古還，老幼相攜，郊野歡迎。時崔宣道代懷古爲并州，下車而罷，出郊以候懷古。懷古恐傷宣道之意，命官吏驅逐出迎之人，而百姓奔赴愈衆，其爲人所思如此。俄轉幽州都督，徵爲左威衛大將軍。尋卒。

張知謇，蒲州河東人也，徙家于岐。少與兄知玄、知晦，弟知泰、知默五人，勵志讀書，皆以明經擢第。儀質瓌偉，眉目疏朗，曉於玄理，清介自守，故當時名公爭引薦之，遞歷畿赤。知謇、知泰、知默，調露後又歷臺省。

知謇，天授後歷房、和、舒、延、德、定、稷、晉、洛、宣、貝十一州刺史，所涖有威嚴，人不敢犯。通天中，知泰爲洛州司馬，知默爲秋官郎中。知謇自德州入計，則天重其才幹，又目其狀貌過人，命畫工寫之，以賜其本。曰：「人或有才，未必有貌，卿家昆弟，可謂兩絕。」時人稱之。尋以知泰爲夏官、地官侍郎，益州長史，中臺右丞。

初，知謇爲房州時，中宗以盧陵王安置房州，制約甚急。知謇與董玄質、崔敬嗣相次爲刺史，皆保護，供擬豐贍，中宗德之。及神龍元年，中宗踐極，自貝州追知謇爲左衛將軍，加雲麾將軍，封范陽郡公。知泰自兵部侍郎授右御史大夫，加銀青光祿大夫，進封漁陽郡公。鬚髮華皓，同貴於朝，時望甚美之。

知泰以忤武三思，出爲并州刺史、天平軍使，仍帶本官。尋又爲魏州刺史。景龍二年卒，優詔褒贈，謚曰定。時知謇爲洛州長史、東都副留守，又歷左、右羽林大將軍，同、華州刺史，大理卿致仕。開元中卒，年八十。

知謇敏於從政，性亮直，不喜有請託求進、無才而冒位者。故子姪經義不精，不許論舉。知默嘗與來俊臣、周興等同掌詔獄，陷於酷吏，子孫禁錮。知泰，開元中累贈刑部尚書，特進。

知玄子景升，知泰子景佚，開元中皆至大官，門列棨戟。

楊元琰，虢州閿鄉人，隋禮部尚書希曾孫也。初生時，數歲不能言，相者曰：「語遲者神定，此必成大器也。」及長，偉姿儀，以器局見稱。初爲平棘令，號爲善政。載初中，累遷安南副都護，又歷蘄、蒲、晉、魏、宣、許六州刺史，涼、梁二都督，荆府長史。前後九度清白升進，累降璽書褒美。

長安中，張柬之代元琰爲荆州長史，與元琰泛江中流，言及則天革命，議諸武擅權之狀，元琰發言慷慨，有匡復之意。及柬之知政事，奏引元琰爲右羽林將軍。至都，柬之謂

中華書局

曰：「記昔江中之言乎？今日之授，意不細也。」乃結元琰與李多祚等，定計誅張易之兄弟。及事成，加雲麾將軍，封弘農郡公，食實封五百戶，仍賜鐵券，恕十死。俄而張柬之、敬暉等爲武三思所構，元琰覺變，奏請削髮出家，仍辭官爵實封，中宗不許。敬暉聞而笑曰：「向不知奏請出家，合贊成其事，剃却胡頭，豈不妙也。」元琰多鬚類胡，暉以此言戲之。元琰曰：「功成名遂，不退將危。此由衷之請，不徒然也。」暉知其意，瞿然不悅。

及暉等得罪，元琰竟以先覺獲全。尋加金紫光祿大夫，轉衞尉卿。明年，李多祚等被誅，元琰以曾與多祚同立功，亦被繫獄問狀。賴中書侍郎蕭至忠保明之，竟得免罪，又轉光祿卿。景雲中，抗疏請削在身官爵，迴贈父官。中宗許之，乃追贈其父越州長史。睿宗卽位，三遷刑部尚書，改封魏國公。開元初，拜太子賓客致仕。六年，卒于家，年七十九。子仲嗣，密州刺史；仲昌，吏部郎中。

倪若水，恆州藁城人也。開元初，歷遷中書舍人、尚書右丞，出爲汴州刺史，政尚清靜，人吏安之。又增修孔子廟堂及州縣學舍，勸勵生徒，儒教甚盛，河、汴間稱詠不已。

四年，玄宗令宦官往江南採鵁鶄等諸鳥，路由汴州。若水知之，上表諫曰：「方今九夏時忙，三農作苦，田夫擁耒，蠶婦持桑。而以此時採捕奇禽異鳥，供園池之玩，遠自江、嶺，達於京師，水備舟船，陸倦擔負，飯之以魚肉，間之以稻粱。道路觀者，豈不以陛下賤人貴鳥也！陛下方當以鳳皇爲凡鳥，麒麟爲凡獸，卽鵁鶄、鸂鶒，曷足貴也？陛下昔潛龍藩邸，備歷艱虞。今氛祲廓清，高居九五，玉帛子女，充於後庭，職貢珍奇，盈於內府，過此之外，復何求哉？臣承國厚恩，超居重任。草芥賤命，常欲殺身以効忠；葵藿微心，常願隳肝以報主。瞻望庭闕，敢布腹心，直言忤旨，甘從鼎鑊。」手詔答曰：「朕先使人取少雜鳥，其使不識朕意，採鳥稍多。卿具奏其事，辭誠忠懇，深稱朕意。卿達識周材，義方敬直，故輟綱轄之重，委以方面之權。果能閑邪存誠，守節彌固，骨鯁忠烈，遇事無隱。言念忠讜，深用嘉慰。使人朕已量事決罰，禽鳥並令放訖。今賜卿物四十段，用答至言。」

尋入拜戶部侍郎。七年，復授尚書右丞卒。

李濬，隴西人，祖世武。睿宗卽位，加銀青光祿大夫。上在東宮，選爲太子中允。又出爲麟州刺史，政有能名。開元初，置諸道按察使，盛選能吏，授濬潤州刺史、江東按察使，累封眞源縣子。州人孫處玄以學行著名，濬特加禮異，累表薦之，仍令子麟與之結交。處玄竟稱疾不起。濬尋拜虢、潞二州刺史，又拜益州長史、劍南節度使，攝御史大夫。所歷皆以誠信待物，稱爲良吏。及去職，咸有遺愛。八年卒官，贈戶部尚書，謚曰成。子麟，自有傳。

陽嶠，河南洛陽人，其先自北平徙焉，北齊右僕射休之玄孫也。儀鳳中應八科舉，授將陵尉，累遷詹事司直。長安中，桓彥範爲左御史中丞，袁恕己爲右御史中丞，爭薦嶠，請引爲御史。內史楊再思素與嶠善，知嶠不樂搏擊之任，謂彥範等曰：「聞其不情願，如何？」彥範曰：「爲官擇人，豈待情願。唯不情願者，尤須與之，所以長難進之風，抑躁求之路。」再思然其言，擢爲右臺侍御史。景龍末，累轉國子司業。嶠恭謹好學，有儒者之風。又勤於政理，循循善誘。及在學司，時人以爲稱職。奏修先聖廟及講堂，因建碑前庭，以紀崇儒之事。睿宗卽位，拜尚書右丞。時分建都督府以統外臺，精擇良吏，以嶠爲涇州都督，尋停不行。又歷魏州刺史，充兗州都督、荆州長史，爲本道按察使，所在以清白聞。魏州人詣闕割耳，請嶠重臨其郡，又除魏州刺史。入爲國子祭酒，累封北平伯，薦尹知章、范行恭、趙玄默等爲學官，皆稱名儒。時學徒漸弛，嶠課率經業，稍行鞭箠，學生怨之，頗有喧謗，乃相率

乘夜於街中毆之。上聞而令所由杖殺無理者，由是始息。嶠素友悌，撫孤姪如己子。常謂人曰：「吾雖位登方伯，而心不異於釁時一尉耳。」識者甚稱歎之。尋以年老致仕，卒於家，謚曰敬。

宋慶禮，洛州永年人。舉明經，授衞縣尉。則天時，侍御史桓彥範受詔於河北斷塞居庸、岳嶺、五迴等路，以備突厥，特召慶禮以謀其事。慶禮雅有方略，彥範甚禮之。尋遷大理評事，仍充嶺南採訪使。時崖、振等五州首領，更相侵掠，荒俗不安，承前使人，懼其炎瘴，莫有到者。慶禮躬至其境，詢問風俗，示以禍福，於是安堵，遂罷鎮兵五千人。

開元中，累遷貝州刺史，仍爲河北支度營田使。初，營州都督府置在柳城，控帶奚、契丹。則天時，都督趙文翽政理乖方，兩蕃反叛，攻陷州城，其後移於幽州東二百里漁陽城安置。開元五年，奚、契丹各款塞歸附，玄宗欲復營州於舊城，侍中宋璟固爭以爲不可，獨慶禮甚陳其利。乃詔慶禮及太子詹事姜師度、左驍衛將軍邵宏等充使，更於柳城築營州城，興役三旬而畢。俄拜慶禮御史中丞，兼檢校營州都督。開屯田八十餘所，追拔幽州及漁陽、淄青等戶，并招輯商胡，爲立店肆，數年間，營州倉廩頗實，居人漸殷。

慶禮爲政清嚴，而勤於聽理，所歷之處，人吏不敢犯。然好興功役，多所改更。嘗於邊險置弈立槍，以邀賊路，議者頗嗤其不切事也。七年卒，贈工部尚書。太常博士張星議曰：「宋慶禮大剛則折，至察無徒，有事東北，所亡萬計，所謂害於而家，凶於而國。案謚法，好巧自是曰『專』，請謚曰『專』。」禮部員外郎張九齡駮曰：

慶禮在人苦節，爲國勞臣，一行邊陲，三十年所。戶庭可樂，彼獨安於傳遽；稼穡爲艱，又能實於軍廩。莫不服勞辱之事而匪懈其心，守貞堅之規而自盡其力，有一於此，人之所難。況營州者，鎮彼戎夷，扼喉斷臂，逆則制其死命，順則爲其主人，是稱樂都，其來尚矣。往緣趙翽作牧，馭之非才，自經隳廢，便長寇孽。故二十年間，有事東鄙，僵屍暴骨，敗將覆軍，蓋不可勝紀。

大明臨下，聖謀獨斷，恢祖宗之舊，復大禹之跡。以數千之役徒，無甲兵之強衞，指期遂往，稟命而行。於是量畚築，執鼛鼓，親總其役，不愆所慮，俾柳城爲金湯之險，林胡生腹心之疾，蓋爲此也。尋而罷海運，收歲儲，邊亭晏然，河朔無擾。與夫興師之費，轉輸之勞，較其優劣，孰爲利害？而云「所亡萬計」，一何謬哉！及契丹背誕之日，懼我掎角之勢，雖鼠穴自固，而駒牧無侵，蓋張皇彼都繄賴之力也。安有踐其跡以制其實，貶其謚以徇其虛，採慮始之謗聲，忘經遠之權利，義非得所，孰謂其可？請以所

議，更下太常，庶素行之迹可尋，易名之典不墜者也。

星復執前議，慶禮兄子辭玉又詣闕稱冤，乃謚曰敬。

姜師度，魏人也。明經舉。神龍初，累遷易州刺史、兼御史中丞，爲河北道監察兼支度營田使。師度勤於爲政，又有巧思，頗知溝洫之利。始於薊門之北，漲水爲溝，以備奚、契丹之寇。又約魏武舊渠，傍海穿漕，號爲平虜渠，以避海艱，糧運者至今利焉。尋加銀青光祿大夫，累遷大理卿。景雲二年，轉司農卿。

開元初，遷陝州刺史。州西太原倉控兩京水陸二運，常自倉車載米至河際，然後登舟。師度遂鑿地道，自上注之，便至水次，所省萬計。六年，以蒲州爲河中府，拜師度爲河中尹，令其繕緝府寺。先是，安邑鹽池漸涸，師度發卒開拓，疏決水道，置爲鹽屯，公私大收其利。再遷同州刺史，又於朝邑、河西二縣界，就古通靈陂，擇地引雒水及堰黃河灌之，以種稻田，凡二千餘頃，內置屯十餘所，收獲萬計。特加金紫光祿大夫，尋遷將作大匠。

明年，左拾遺劉彤上言：「請置鹽鐵之官，收利以供國用，則免重賦貧人，使窮困者獲濟。」疏奏，令宰相議其可否，咸以爲鹽鐵之利，甚裨國用。遂令師度與戶部侍郎強循並攝御史中丞，與諸道按察使計會，以收海內鹽鐵。其後頗多沮議者，事竟不行。

師度以十一年病卒，年七十餘。師度既好溝洫，所在必發眾穿鑿，雖時有不利，而成功亦多。先是，太史令傅孝忠善占星緯，時人爲之語曰：「傅孝忠兩眼看天，姜師度一心穿地。」傳之以爲口實。

強循者，鳳州人。亦以吏幹知名，官至大理卿。

又有和逢堯者，岐州岐山人。性詭譎，有辯辯。睿宗時，突厥默啜請尚公主，許之，逢堯以御史中丞攝鴻臚卿充使報命。既至虜庭，默啜遣其大臣謂逢堯曰：「敕書送金鏤鞍，檢乃銀胎金塗，豈是天子意，爲是使人換却。如此虛假，公主必應非實。請還信物，罷和親之事。」遂策馬而去。逢堯大呼，命左右引馬迴，謂曰：「漢法重女壻，令送鞍者，祇取平安長久之義，何必以金銀爲升降耶？若爾，乃是可汗貪金而輕銀，豈是重人而貴信？」默啜聞之，曰：「承前漢使，不敢如此，不可輕也。」遂設宴備禮。逢堯又說默啜令裹頭著紫衫，南面再拜，遣子隨逢堯入朝。逢堯以奉使功，驟遷戶部侍郎。尋以附會太平公主，左遷朗州司馬。

開元中，累轉栢州刺史，卒于官。

潘好禮，貝州宗城人〔二〕。少與鄉人孟溫禮、楊茂謙爲莫逆之友。好禮舉明經，累授上蔡令，理有異績，擢爲監察御史。開元三年，累轉邠王府長史。俄而邠王出爲滑州刺史，以好禮兼邠王府司馬，知滑州事。王欲有所遊觀，好禮輒諫止之。後王將鷹犬與家人出獵，好禮聞而遮道請還，王初不從，好禮遂臥於馬前，呼曰：「今正是農月，王何得非時將此惡少狗馬踐暴禾稼，縱樂以損於人！請先蹋殺司馬，然後聽王所爲也。」王慚懼，謝之而還。

好禮尋遷豫州刺史，爲政孜孜，而繁於細事，人吏雖憚其清嚴，亦厭其苛察。其子請歸鄉預明經舉，好禮謂曰：「國法須平，汝若經業未精，則不可妄求也。」乃自試其子，經義未通，好禮大怒，集州僚笞而枷之，立於州門以徇於眾。俄坐事左遷溫州別駕卒。好禮常自以直道，不附於人，又未嘗敍累階勳，服用粗陋，形骸土木，議者亦嫌其邀名。

楊茂謙者，清河人。竇懷貞初爲清河令，甚重之。起家應制舉，拜左拾遺，出爲臨洺

令。時洛州穪茂議與清漳令馮元淑、肥鄉令韋景駿，皆有政理之聲。茂議以清白聞，擢爲祕書郎。時竇懷貞爲相，數稱薦之，由是歷遷大理正、御史中丞。開元初，出爲魏州刺史、河北道按察使，與司馬張懷玉本同鄉曲，初善而末隙，遂相糾訐，坐貶桂州都督。尋轉廣州都督，以疾卒。

楊瑒，華陰人。高祖縉，陳中書舍人，以辭學知名。陳亡，始自江左徙關中。祖琮，絳州刺史。瑒初爲麟遊令，時御史大夫竇懷貞檢校造金仙、玉眞二觀，移牒近縣，徵百姓所隱逆人資財，以充觀用。瑒拒而不受，懷貞怒曰：「焉有縣令卑微，敢拒大夫之命乎？」瑒曰：「所論爲人冤抑，不知計位高卑。」懷貞壯其對。又中宗時，韋庶人上表請以年二十二爲丁限。及韋氏敗，省司舉徵租調，瑒執曰：「韋庶人臨朝當國，制書非一，或進階卿士，或赦宥罪人，何獨於已役中男，重徵丁課，恐非保人之術。」省司遂依瑒所執，一切免之。瑒由是知名，擢拜殿中侍御史。

開元初，遷侍御史。時崔日知爲京兆尹，貪暴犯法，瑒與御史大夫李傑將糾劾之。傑反爲日知所構，瑒廷奏曰：「糾彈之司，若遭恐脅，以成姦人之謀，御史臺固可廢矣。」上以其

言切直，遽令傑依舊視事，貶日知爲歙縣丞。瑒歷遷御史中丞、戶部侍郎。上嘗於延英殿召中書門下與諸司尚書及瑒議戶口之事，瑒因奏人間損益，甚見嗟賞。時御史中丞宇文融奏括戶口，議者或以爲不便，敕百僚省中集議，時融方在權要，公卿已下，多雷同融議，瑒獨與盡理爭之。尋出爲華州刺史。

十六年，遷國子祭酒，表薦「滄州人王迥質、瀛州人尹子路、汴州人白履忠，皆經學優長，德行純茂，堪爲後生師範，請追授學官，令其敎授，以獎儒學之路」。及追至，迥質起家拜諫議大夫，仍爲皇太子侍讀；履忠以年老，不任職事，拜朝散大夫，放歸家；子路直弘文館敎授。瑒又奏曰：「竊見今之舉明經者，主司不詳其述作之意，曲求其文句之難，每至帖試，必取年頭月日，孤經絕句。且今之明經，習左傳者十無二三，若此久行，臣恐左氏之學，廢無日矣。臣望請自今已後，考試者盡帖平文，以存大典。又周禮〔二〕、儀禮及公羊、穀梁殆將廢絕，若無甄異，恐後代便棄。望請能通周、儀禮、公羊、穀梁者，亦量加優獎。」於是下制「明經習左氏及通周禮等四經者，出身免任散官」，遂著於式。由是生徒爲瑒立頌於學門之外。再遷大理卿，以老疾辭職。二十三年，拜左散騎常侍。尋卒，贈戶部尚書，謚曰貞。

瑒常嘆儀禮廢絕，雖士大夫不能行之。其家子女婚冠及有吉凶之會，皆按據舊文，更爲儀注，使長幼遵行焉。

崔隱甫，貝州武城人，散騎侍郎儦之曾孫也。祖濟，太子洗馬。父元彥，太平令。隱甫，開元初再遷洛陽令，理有威名。九年，自華州刺史轉太原尹，人吏刊石頌其美政。十二年，入爲河南尹。十四年，代程行諶爲御史大夫。時中書令張說當朝用事，隱甫與御史中丞宇文融、李林甫劾其犯狀，說遂罷知政事。

隱甫在職強正，無所迴避。自貞觀年李乾祐爲御史大夫，別置臺獄，有所鞫訊，便輒繫之。由是自中丞、侍御史已下，各自禁人，牢扉常滿。隱甫引故事，奏以爲不便，遂掘去之。又憲司故事，大夫已下至監察御史，競爲官政，略無承稟。隱甫一切督責，事無大小，悉令諮決，稍有忤意者，便列上其罪，前後貶黜者殆半，羣僚側目。是冬，敕隱甫校外官考。舊例皆委細參問，經春未定。隱甫召天下朝集使，一時集省中，一日校考便畢，時人伏其敏斷。帝嘗謂曰：「卿爲御史大夫，海內咸去稱職，甚副朕之所委也。」

隱甫既與張說有隙，俄又遞爲朋黨，帝聞而惡之，特免官，令歸侍母。歲餘，復授御史大夫。遷刑部尚書，母憂去官。二十一年，起復太原尹，仍爲河東採訪處置使。復爲刑部尚書，兼河南尹。二十四年，車駕還京，以隱甫爲東都留守，爲政嚴肅，甚爲人吏之所嘆服。

尋卒。

李尚隱，其先趙郡人，世居潞州之銅鞮，近又徙家京兆之萬年。弱冠明經累舉，補下邽主簿。時姚珽爲同州刺史，甚禮之。景龍中爲左臺監察御史。時中書侍郎、知吏部選事崔湜及吏部侍郎鄭愔同時典選，傾附勢要，逆用三年員闕，士庶嗟怨。尋而相次知政事，尚隱與同列御史李懷讓於殿廷劾之，湜等遂下獄推究，竟貶黜之。時又有睦州刺史馮昭泰，誣奏桐廬令李師等二百餘家，稱其妖逆，詔御史按覆之。諸御史憚昭泰剛愎，皆稱病不敢往。尚隱嘆曰：「豈可使良善陷枉刑而不爲申明哉！」遂越次請往，竟推雪李師等，奏免之。

俄而崔湜、鄭愔等復用，尚隱自殿中侍御史出爲伊闕令，懷讓爲魏縣令。湜等既死，尚隱又自定州司馬擢拜吏部員外郎，懷讓自河陽令擢拜兵部員外郎。尚隱累遷御史中丞。時御史王旭頗用威權，爲士庶所患。會爲讎者所訟，尚隱按之，無所容貸，獲其姦贓鉅萬，旭遂得罪。尚隱尋轉兵部侍郎，再遷河南尹。

尚隱性率剛直，言無所隱，處事明斷。其御下，豁如也。又詳練故事，近年制敕，皆暗記之，所在稱爲良吏。

十三年夏，妖賊劉定高夜犯通洛門，尚隱坐不能覺察所部，左遷桂州都督。臨行，帝使謂之曰：「知卿公忠，然國法須爾。」因賜雜綵百匹以慰之。俄又遷廣州都督，仍充五府經略使。及去任，有懷金以贈尚隱者，尚隱固辭之，曰：「吾自性分不可改易，非爲愼四知也。」竟不受之。

累轉京兆尹，歷蒲、華二州刺史，加銀青光祿大夫，賜爵高邑伯，入爲大理卿，代王鉷爲御史大夫。時司農卿陳思問多引小人爲其屬吏，隱盜錢穀，積至累萬。尚隱又舉按之，思問遂流嶺南而死。尚隱三爲憲官，輒去朝廷之所惡者，時議甚以此稱之。二十四年，拜戶部尚書、東都留守。二十八年，轉太子賓客。尋卒，年七十五，諡曰貞。

呂諲，蒲州河東人。志行修整，勤於學業。少孤貧，不能自振，里人程楚賓家富於財，諲娶其女，楚賓及子震皆重其才，厚與資給，遂遊京師。天寶初，進士及第，調授寧陵尉，本道採訪使韋陟嘉其才，辟爲支使。隴右、河西節度使哥舒翰奏充度支判官，累兼衞佐、太子通事舍人。諲性謹守，勤於吏職，雖同僚追賞，而塊然視事，不離案牘，翰益親之，累兼虞部員外郎、侍御史。

祿山之亂，哥舒翰敗，肅宗卽位于靈武，諲馳赴行在。內官朱光輝、李遵驟薦有才，帝深遇之，超拜御史中丞，進奏無不允從。幸鳳翔，遷武部侍郎，賜金紫之服。十月，克復兩京，詔諲與三司官詳定陷賊官陳希烈已下數百人罪戾輕重。諲用法太深，君子薄之。

乾元二年三月，以本官同中書門下平章事，知門下省事。七月，丁母憂免。十月，起復授本官，兼充度支使，遷黃門侍郎。上元元年正月，加同中書門下三品，賜門戟。既立於第門，或謂諲曰：「吉慶之事，不宜凶服受之。」諲遂權釋縗麻，當中而拜，人皆笑其失禮。累加銀青光祿大夫，東平男。諲既爲相，用妻父程楚賓爲衞尉少卿，子震爲員外郎。中官馬上言出納詔命，諲昵之，有納賂於上言求官者，諲補之藍田尉。五月，上言事洩咎死，以其肉令從官食之，諲坐貶太子賓客。

七月，授諲荆州大都督府長史、兼御史大夫，充澧、朗、荆、忠、硤五州節度觀察處置等使。諲至治所，上言請於江陵置南都。九月，敕改荆州爲江陵府，永平軍團練三千人，以遏吳、蜀之衝。又析江陵置長寧縣。又請割潭、衡、連、道、邵、郴〔三〕、涪等七州隸江陵府。先是，張惟一爲荆州長史，已爲防禦使，陳希昂爲司馬。希昂，衡州酋帥，家兵千人在部下，自爲藩衞。有牟遂金仕至將軍，爲惟一親將，與希昂積憾。率兵入惟一衙，索遂金之首，惟一懼，卽令斬首與之。自是軍政歸於希昂。及諲至，奏追希昂赴上都，除侍御史，出爲常州刺史、本州防禦使。希昂路由江陵，諲伏甲擊殺之，部下皆斬，積屍於府門。府中慴服，始奏其罪。

又妖人申泰芝以左道事李輔國，擢爲諫議大夫。輔國奏於道州界置軍，令泰芝爲軍校，誘引羣蠻，納其金帛，賞以緋紫，用囊中敕書賜衣以示之，人用聽信。軍人例衣朱紫，作剽磔洞，吏不敢制，已積年矣。潭州刺史龐承鼎忿之，因泰芝入奏，至長沙，縶之，首贓巨萬，及左道文記，一時搜獲，遣使奏聞。輔國黨芝，奏召泰芝赴闕。既得召見，具言承鼎曲加誣陷。詔鞫承鼎誣罔之罪，令荆南府按問。諲令判官、監察御史嚴郢鞫之。諲上疏論其事，肅宗怒，流郢於建州。承鼎竟得雪，後泰芝竟以贓敗流死。人重諲之守正，其剛斷不撓，皆此類也。

初諲作相，與同列李揆不協。及諲被斥二年，以善政聞，揆惡之，因言置軍湖南不便，又使人往荆、湖，密伺諲過。諲知之，乃上疏論揆，揆坐貶袁州長史。

諲素羸疾，元年建卯月卒，贈吏部尚書，有司諡曰肅。故吏度支員外郎嚴郢請以二字曰「忠肅」，博士獨孤及堅議以「肅」爲當，從之。諲在台司無異稱，及理江陵三年，號爲良守。初郡人立祠，諲歿後歲餘，江陵將吏合錢十萬，於府西爽塏地大立祠宇，四時祠禱之。

蕭定字梅臣，江南蘭陵人，左僕射、宋國公瑀曾孫也。父恕，虢州刺史，以定贈工部尙書。定以蔭授陝州參軍、金城丞，以吏事清幹聞。給事中裴遵慶奏爲選補黜陟使判官。迴改萬年主簿，累遷侍御史、考功員外郎、左右司二郎中。爲元載所擠，出爲祕書少監，兼袁州刺史，歷信、湖、宋、睦、潤五州刺史，所涖有政聲。大曆中，有司條天下牧守課績，唯定與常州刺史蕭復、豪州刺史張鎰爲理行第一。其勤農桑，均賦稅，逋亡歸復，戶口增加，定又冠焉。尋遷戶部侍郎、太常卿。朱泚之逆，變姓名藏匿里閭間。京師平，首蒙旌擢，除太子少師。興元元年卒，年七十七，加贈太子太師。

蔣沇，萊州膠水人，吏部侍郎欽緒之子也。性介獨好學，早有名稱。以孝廉累授洛陽尉、監察御史。與兄演、溶，弟清，俱以幹局吏事擅能名於天寶中。長史韓朝宗、裴迥咸以推覆檢勾之任委之，處事平允，剖斷精當，動爲羣僚楷式。乾元後，授陸渾、盩厔、咸陽、高陵四縣令，當軍旅之後，瘡痍未平，沇竭心綏撫，所至安輯。副元帥郭子儀每統兵由其縣，必誡軍吏曰：「蔣沇令清而嚴幹，供億故當有素，士衆得蔬飯見饋則足，無撓淸政。」其爲名人所知如此。

稍遷長安令、刑部郎中、兼侍御史，領渭橋河運出納使。時元載秉政，廉潔守道者多不更職，沆以故滯於郎位，久不徙官。大曆十二年，常衮以羣議稱沆屈，擢拜御史中丞、東都副留守。尋遷刑部侍郎、刪定副使。改大理卿，持法明審，號爲稱職。

建中元年冬，鑾駕幸奉天，沆奔行在，爲賊候騎所拘執，欲以僞職誘之，因絕食稱病，潛竄里閭間。京師平，首蒙旌擢，拜右散騎常侍。尋以疾終，年七十四，追贈工部尚書。

薛玨字溫如，河中寶鼎人。祖寶胤，邠州刺史。父紘，蒲州刺史。玨少以門蔭授懿德太子廟令，累授乾陵臺令。無幾，拜試太子中允，兼渭南尉，奏課第一。間歲，復以清名尤異聞，遷昭德令。縣人請立碑紀政，玨固讓不受。

遷楚州刺史、本州營田使。先是，州營田宰相遙領使，刺史得專達，俸錢及他給百餘萬，田官數百員，奉廝役者三千戶，歲以優授官者復十餘人。玨皆條去之，十留一二，而租入有羸。爲觀察使誣奏，左授硤州刺史，遷陳州刺史。建中初，上分命使臣黜陟官吏，使淮南

李承以玨楚州之去煩政簡[四]，使山南趙贊以玨硤州之廉清，使河南盧翰以玨之肅物[五]，皆以陟狀聞，加中散大夫，賜紫。宣武軍節度使劉玄佐署奏兼御史大夫、汴宋都統行軍司馬。無幾，李希烈自汴州走，除玨汴州刺史，遷河南尹，入爲司農卿。

當是時，詔天下舉可任刺史、縣令者，殆有百人。有詔令與羣官詢考，及延問人間疾苦，及胥吏得失，取其有惻隱、通達事理者條舉，什纔一二。宰相將以辭策校之，玨曰：「求良吏不可兼責以文學，宜以聖君愛人之本爲心。」執政卒無難之，皆敍進官，頗多稱職。

貞元五年，拜京兆尹。玨剛嚴明察，練達法理，以勤身率下，失於纖巧，無文學大體。八年，坐竇參改太子賓客。無幾，除嶺南節度觀察使。以疾卒，年七十四，廢朝一日，贈工部尚書。有子存慶，自有傳。

李惠登，平盧人也。少爲平盧裨將。安祿山反，遂從兵馬使董秦海轉收滄、棣等州，輕師遠闘，賊不能支。史思明反，復陷于賊，脫身投山南節度使來瑱，奏授試金吾衛將軍。李希烈反，授惠登兵二千，鎮隨州。貞元初，舉州歸順，授隨州刺史、兼御史中丞。遭李忠臣、希烈殘殘之後，野曠無人，惠登朴素不知學，居官無枝葉[六]，率心爲政，皆與理順。利人者因行之，病人者因去之，二十年間，田疇闢，戶口加。諸州奏吏入其境，無不歌謠其能。及

于頔爲山南東道節度，以其績上聞，加御史大夫，升其州爲上。尋加檢校國子祭酒。及卒，加贈洪州都督。

任迪簡，京兆萬年人。舉進士。初爲天德軍使李景略判官。性重厚，嘗有軍宴，行酒者誤以醯進，迪簡知誤，以景略性嚴，慮坐主酒者，乃勉飲盡之，而僞容其過，以酒薄白景略，請換之，於是軍中皆感悅。及景略卒，衆以迪簡長者，議請爲帥。監軍使聞之，拘迪簡於別室，軍衆連呼而至，發戶扃取之。表聞，德宗使察焉，具以軍情奏，除豐州刺史、天德軍使，自殿中授兼御史大夫，再加常侍。追入，拜太常少卿、汝州刺史、左庶子。

及張茂昭去易定，以迪簡爲行軍司馬。既至，屬虞候楊伯玉以府城叛，俄而衆殺之。將納迪簡[七]，兵馬使張佐元又叛，迪簡攻殺之，乃得入。尋加檢校工部尚書，充節度使。初，茂昭奢蕩不節，公私殫罄，迪簡至，欲饗士，無所取給，乃以糲食與士同之。身居戟門下凡周月，軍吏感之，請歸堂寢，迪簡乃安其位。三年，以疾代，除工部侍郎，至京，竟不能朝謝。改太子賓客卒，贈刑部尚書。

范傳正字西老，南陽順陽人也。父倫，戶部員外郎，與郡人李華敦交友之契。傳正舉進士，又以博學宏辭及書判皆登甲科，授集賢殿校書郎、渭南尉，拜監察、殿中侍御史。自比部員外郎出爲歙州刺史，轉湖州刺史，歷三郡，以政事修理聞。擢爲宣歙觀察使，受代至京師，憲宗聞其里第過侈，薄之，因拜光祿卿。以風恙卒，贈左散騎常侍。

傳正精悍有立，好古自飭。及爲廉察，頗事奢侈，厚以財貨問遺權貴，視公蓄如私藏，幸而不至甚敗。褐衣時遊西邊，著西陲要略三卷。

袁滋字德深，陳郡汝南人也。弱歲強學，以外兄道州刺史元結有重名，往來依焉。每讀書，玄解旨奧，結甚重之。無何，黜陟使趙贊以處士薦，授試校書郎。何士幹鎮武昌，辟爲從事，累官詹事府司直。部有邑長，下吏誣以盜金，滋察其冤，竟出之。御史中丞韋綰聞之，薦爲侍御史，轉工部員外郎。

貞元十九年，韋皐始通西南蠻夷，酋長異牟尋貢琛請使，朝廷方命撫諭，選郎吏可行者，皆以西南遐遠憚之。滋獨不辭，德宗甚嘉之，以本官兼御史中丞，持節充入南詔使。未

行，遷祠部郎中，使如故。來年夏，使還，擢為諫議大夫。俄拜尚書右丞，知吏部選事。出為華州刺史、兼御史中丞、潼關防禦使、鎮國軍使，以寬易清簡為政。百姓有至自他境者，皆給地以居，名其居曰義合里。專以慈惠為本，人甚愛之。然百姓有過犯者，皆縱而不理。擒盜輒捨，或以物償之。徵拜金吾衞大將軍，耆耋鰥寡遮道不得進。楊於陵代其任，宣言謂百姓曰：「於陵不敢易袁公之政。」然後羅拜而訣。

上始監國，與杜黃裳俱為相，拜中書侍郎、平章事。會韋皐歿，劉闢擁兵擅命，滋持節安撫。行及中路，拜檢校吏部尚書、平章事、劍南西川節度使，賊兵方熾，滋懼而不進，貶吉州刺史。俄拜義成軍節度使，百姓立生祠禱之。徵拜戶部尚書，連為荆襄二帥，改彰義軍節度、隨唐鄧申光等州觀察使。逆賊吳元濟與官軍對壘者數年，滋竟以淹留無功，貶撫州刺史。未幾，遷湖南觀察使卒，年七十，贈太子少保。

滋工篆籀書，雅有古法。因使行，著雲南記五卷。嘗讀劉暉悲甘陵賦，嘆其褒善懲惡雖失春秋之旨，然其文不可廢，因著甘陵賦後序。

子都，仕至翰林學士。

薛苹，河東寶鼎人也。少以吏事進，累官至長安令，拜虢州刺史，朝廷以尤課擢為湖南觀察使，又遷浙江東道觀察使，以理行遷浙江西道觀察使。廉風俗，守法度，人甚安之。理身儉薄，嘗衣一綠袍，十餘年不易，因加賜朱紱，然後解去。苹歷三鎮，凡十餘年，家無聲樂，俸祿悉以散諸親族故人子弟。除左散騎常侍致仕。時有年過懸車而不知止者，唯苹年至而無疾請告，角巾東洛，時甚高之。卒年七十四，贈工部尚書。

閻濟美，登進士第。累歷臺省，有長者之譽。自婺州刺史為福建觀察使，復為潤州刺史、浙西觀察使。所至以簡淡為理，兩地之人，常賦之外，不知其他。入拜右散騎常侍。華州刺史〔九〕、潼關防禦、鎮國軍使，入為祕書監。以年及懸車，上表乞骸骨，以工部尚書致仕。後以恩例，累有進改。及歿于家，年九十餘。

贊曰：聖人造世，才傑濟時。在理致治，無為而為。坑隍非議，簡易從規。樂只君子，邦家之基。

校勘記

〔一〕宗城　各本原作「宋城」，據本書卷三九地理志、新書卷一二八潘好禮傳改。

〔二〕周禮　各本原無，據冊府卷六三九補。

〔三〕郴　各本原作「柳」，據新書卷一四〇呂諲傳改。

〔四〕使淮南李承　「使」字各本原無，據冊府卷六七三補。

〔五〕河南　各本原作「淮南」，據冊府卷六七三改。

〔六〕居官無枝蘖　「枝蘖」，各本原作「拔萃」，據冊府卷六七七改。

〔七〕將納迪簡　「將納」二字各本原無，據冊府卷七二四補。

〔八〕華州刺史　新書卷一五九閻濟美傳「華州」上有「尋出」二字。

舊唐書卷一百八十六上

列傳第一百三十六上

酷吏上

來俊臣　周興　傅遊藝　丘神勣　索元禮　侯思止　萬國俊
來子珣　王弘義　郭霸　吉頊

古今御天下者，其政有四：五帝尚仁，體文德也；三王仗義，立武功也；五霸崇信，取威令也；七雄任力，重刑名也。蓋仁義既廢，然後齊之以威刑；威刑既衰，而酷吏爲用，於是商鞅、李斯譎詐設矣。持法任術，尊君卑臣，奮其策而鞭撻宇宙，持危救弊，先王不得已而用之，天下之人謂之苛法。降及兩漢，承其餘烈，於是前有郅都、張湯之徒持其刻，後有董宣、陽球之屬肆其猛。雖然異代，亦克公方，天下之人謂之酷吏，此又鞅、斯之罪人也，然

而網既密而姦不勝矣。夫子曰：「刑罰不中，則人無所措手足。」誠哉是言也。

唐初革前古之敝，務於勝殘，垂衣而理，且七十載，而人不敢欺。由是觀之，在彼不在此。逮則天以女主臨朝，大臣未附，委政獄吏，剪除宗枝。於是來俊臣、索元禮、萬國俊、周興、丘神勣、侯思止、郭霸、王弘義之屬，紛紛而出。然後起告密之刑，制羅織之獄，生人屏息，莫能自固。至於懷忠蹈義，連頸就戮者，不可勝言。武后因之坐移唐鼎，天網一舉，而卒籠八荒，酷之爲用，斯害也已。遂使酷吏之黨，橫噬於朝，制公卿之死命，擅王者之威力。貴從其欲，毒侈其心，天誅發於脣吻，國柄秉於掌握。兇慝之士，榮而慕之，身赴鼎鑊，死而無悔。若是者何哉？要時希旨，見利忘義也。

嘗試而論之，今夫國家行斧鉞之誅，設狴牢之禁以防盜者，雖云固矣，而猶踰垣掘冢，揭篋探囊；死者於前，盜者於後，何者？以其間有欲也，然所徇者不過數金之資耳！彼酷吏與時上下，取重人主，無怵惕之憂，坐致尊寵，杖起卒伍，富擬封君，豈唯數金之利耶？則盜官者爲幸矣。故有國者則必窒覬覦之路，杜僥倖之門，可不務乎！況乎樂觀時變，恣懷陰賊，斯又郅都、董宣之罪人也。異哉，又有效於斯者！中興四十載而有吉温、羅希奭之蠹政，又數載而有敬羽、毛若虛之危法。朝經四葉，獄訟再起，比周惡黨，勦絕善人。厦撓將措之刑，以傷太和之氣，幸災樂禍，苟售其身，此又來、索之罪人也。

嗚呼！天道禍淫，人道惡殺，既爲禍始，必以凶終。故自鞅、斯至于毛、敬，蹈其跡者，卒以誅夷，非不幸也。嗚呼！執愚賈害，任天下之怨；反道辱名，歸天下之惡。或肆諸原野，人得而誅之；或投之魑魅，鬼得而誅之。天人報應，豈虛也哉！俾千載之後，聞其名者，曾蛇豕之不若。悲夫！昔春秋之義，善惡不隱，今爲酷吏傳，亦所以示懲勸也。語曰：「前事不忘，將來之師。」意在斯乎！意在斯乎！

來俊臣，雍州萬年人也。父操，博徒。與鄉人蔡本結友，遂通其妻，因樗蒲贏本錢數十萬，本無以酬，操遂納本妻。入操門時，先已有娠，而生俊臣。凶險不事生產，反覆殘害，舉無與比。曾於和州犯奸盜被鞫，遂妄告密，召見奏〔一〕，刺史東平王續杖之一百。後續天授中被誅，俊臣復告密，召見，奏言前所告密是豫、博州事，枉被續決杖，遂不得申。則天以爲忠，累遷侍御史，加朝散大夫。按制獄，少不會意者，必引之，前後坐族千餘家。

二年，擢拜左臺御史中丞。朝廷累息，無交言者，道路以目。與侍御史侯思止、王弘義、郭霸、李仁敬，司刑評事康暐、衛遂忠等，同惡相濟。招集無賴數百人，令其告事，共爲羅織，千里響應。欲誣陷一人，即數處別告，皆是事狀不異，以惑上下。仍皆云：「請付來俊

臣推勘，必獲實情。」則天於是於麗景門別置推事院，俊臣推勘必獲，專令俊臣等按鞫，亦號爲新開門。但入新開門者，百不全一。弘義戲謂麗景門爲「例竟門」，言入此門者，例皆竟也。

俊臣與其黨朱南山輩造告密羅織經一卷，皆有條貫支節，布置事狀由緒。俊臣每鞫囚，無問輕重，多以醋灌鼻，禁地牢中，或盛之瓮中，以火圜遶炙之，並絕其糧餉，至有抽衣絮以噉之者。又令寢處糞穢，備諸苦毒。自非身死，終不得出。每有赦令，俊臣必先遣獄卒盡殺重囚，然後宣示。又以索元禮等作大枷，凡有十號：一曰定百脈，二曰喘不得，三曰突地吼，四曰著即承，五曰失魂膽，六曰實同反，七曰反是實，八曰死猪愁，九曰求即死，十曰求破家。復有鐵籠頭連其枷者，輪轉于地，斯須悶絕矣。囚人無貴賤，必先布枷棒于地，召囚前曰：「此是作具。」見之魂膽飛越，無不自誣矣。則天重其賞以酬之，故吏競勸爲酷矣。由是告密之徒，紛然道路，名流僶俛，閱日而已。朝士多因入朝，默遭掩襲，以至于族，與其家無復音息。故每入朝者，必與其家訣曰：「不知重相見不？」

如意元年，地官尚書狄仁傑、益州長史任令暉、冬官尚書李遊道、秋官尚書袁智宏、司賓卿崔神基、文昌左丞盧獻等六人，並爲其羅告。俊臣既以族人家爲功，苟引之承反，乃奏請降敕，一問即承，同首例得減死。及脅仁傑等反，仁傑歎曰：「大周革命，萬物惟新，唐朝

中華書局

舊臣，甘從誅戮。反是實。」俊臣乃少寬之。其判官王德壽謂仁傑曰：「尚書事已爾，得減死。德壽今業已受驅策，欲求少階級，憑尚書牽楊執柔，可乎？」仁傑曰：「若之何？」德壽曰：「尚書昔在春官時，執柔任某司員外，引之可也。」仁傑曰：「皇天后土，遣狄仁傑行此事！」以頭觸柱，血流被面，德壽懼而止焉。

仁傑既承反，有司但待報行刑，不復嚴備。仁傑得憑守者求筆硯，拆被頭帛書之，敍冤苦，置于綿衣，遣謂德壽曰：「時方熱，請付家人去其綿。」德壽不復疑矣，家人得衣中書，仁傑子光遠持之稱變，得召見。則天覽之愕然，召問俊臣曰：「卿言仁傑等承反，今子弟訟冤，何故也？」俊臣曰：「此等何能自伏其罪！臣寢處甚安，亦不去其巾帶。」則天令通事舍人周綝視之。俊臣遽令獄卒令假仁傑等巾帶，行立於西，命綝視之。綝懼俊臣，莫敢西顧，但視東唯諾而已。俊臣令綝少留，附進狀，乃令判官妄爲仁傑等作謝死表，代署而進之。鳳閣侍郎樂思晦男年八九歲，其家已族，宜隸于司農〔二〕，上變，得召見，言：「俊臣苛毒，願陛下假條反狀以付之，無大小皆如狀矣。」則天意少解，乃召見仁傑曰：「卿承反何也？」仁傑等曰：「不承反，臣已死於枷棒矣。」則天曰：「何謂作謝死表？」仁傑曰：「無。」因以表示之，乃知其代署，遂出此六家。

俊臣復按大將軍張虔勗、大將軍內侍范雲仙於洛陽牧院。虔勗等不堪其苦，自訟於徐

有功，言辭頗厲，俊臣命衞士以亂刀斬殺之。雲仙亦言歷事先朝，稱所司冤苦，俊臣命截去其舌。士庶破膽，無敢言者。

俊臣累坐贓，爲衞吏紀履忠所告下獄〔三〕。長壽二年，除殿中丞。又坐贓，出爲同州參軍，逼奪同列參軍妻，仍辱其母。萬歲通天元年，召爲合宮尉，擢拜洛陽令、司農少卿。則天賜其奴婢十人，當受於司農。時西蕃酋長阿史那斛瑟羅家有細婢，善歌舞，俊臣因令其黨羅告斛瑟羅反，將圖其婢。諸蕃長詣闕割耳剺面訟冤者數十人，乃得不族。時綦連耀、劉思禮等有異謀，明堂尉吉頊知之，不自安，以白俊臣發之，連坐族者數十輩。俊臣將擅其功，復羅告頊，得召見，僅而免。

俊臣先逼娶太原王慶詵女。俊臣與河東衞遂忠有舊，遂忠行雖不著，然好學，有詞辯，嘗攜酒謁俊臣，俊臣方與妻族宴集，應門者紿云：「已出矣。」遂忠知妄，入其宅，慢罵毀辱之。俊臣恥其妻族，命毆擊反接，既而免之，自此構隙。俊臣將羅告武氏諸王及太平公主、張易之等，遂相掎摭，則天屢保持之。而諸武及太平公主恐懼，共發其罪，乃棄市，國人無少長皆怨之，競剮其肉，斯須盡矣。

中宗神龍元年三月八日，詔曰：「國之大綱，惟刑與政，刑之不中，其政乃虧。劉光業、王德壽、王處貞、屈貞筠、鮑思恭、劉景陽等，庸流賤職，姦吏險夫，以粗暴爲能官，以兇殘爲奉法。往從按察，害虐在心，倏忽加刑，呼吸就戮，曝骨流血，其數甚多，冤濫之聲，盈於海內。朕唯布新澤，恩被人祇，撫事長懷，尤深惻隱。光業等五人積惡成釁，並謝生涯，雖其人已殂，而其跡可貶，所有官爵，並宜追奪。其枉被殺人，各令州縣以禮埋葬，還其官蔭。劉景陽身今見在，情不可矜，特以會恩，免其嚴罰，宜從貶降，以雪冤情，可棣州樂單縣員外尉。自今內外法官，咸宜敬慎。其文深刺骨，跡徇凝脂，高下任情，輕重隨意，如酷吏丘神勣、來子珣、萬國俊、周興、來俊臣、魚承曄、王景昭、索元禮、傅遊藝、王弘義、張知默、裴籍、焦仁亶、侯思止、郭霸、李仁敬、皇甫文備、陳嘉言等，其身已死，並遺除名〔四〕。自垂拱已來，枉濫殺人，有官者並令削奪。唐奉一依前配流，李秦授、曹仁哲並與嶺南惡處。」

開元十三年三月十二日，御史大夫程行諶奏：「周朝酷吏來子珣、萬國俊、王弘義、侯思止、郭霸、焦仁亶、張知默、李敬仁、唐奉一、來俊臣、周興、丘神勣、索元禮、曹仁哲、王景昭、裴籍、李秦授、劉光業、王德壽、屈貞筠、鮑思恭、劉景陽、王處貞二十三人，殘害宗枝，毒陷良善，情狀尤重，子孫不許與官。陳嘉言、魚承曄、皇甫文備、傅遊藝四人，情狀稍輕，子孫不許近任。」

周興者，雍州長安人也。少以明習法律，爲尚書省都事。累遷司刑少卿、秋官侍郎。自垂拱已來，屢受制獄，被其陷害者數千人。天授元年九月革命，除尚書左丞，上疏除李家宗正屬籍。二年十一月，與丘神勣同下獄，當誅，則天特免之，徙於嶺表。在道爲讎人所殺。

傅遊藝，衞州汲人也。載初元年，爲合宮主簿、左肅政臺御史，除左補闕。上書稱武氏符瑞，合革姓受命，則天甚悅，擢爲給事中。數月，加同鳳閣鸞臺平章事。同月，又加朝散大夫，守鸞臺侍郎，依舊同平章事。其年九月革命，改天授元年，賜姓武氏。二年五月，加銀青光祿大夫。兄神童爲多官尚書，兄弟並承榮寵。逾月，除司禮少卿，停知政事。夢登湛露殿，旦而陳於所親，爲其所發，伏誅。時人號爲四時仕宦，言一年自青而綠，及於朱紫也。希則天旨，誣族皇枝。神龍初，禁錮其子孫。初，遊藝請則天發六道使，雖身死之後，竟從其謀，於是萬國俊輩恣斬戮矣。

丘神勣，左衞大將軍行恭子也。永淳元年，爲左金吾衞將軍。弘道元年，高宗崩，則天

使於巴州害章懷太子，既而歸罪於神勣，左遷疊州刺史。尋復入爲左金吾衞將軍，深見親委。受詔與周興、來俊臣鞫制獄，俱號爲酷吏。垂拱四年，博州刺史、琅邪王冲起兵，以神勣爲清平道大總管。尋而冲爲百姓孟青棒、吳希智所殺。神勣至州，官吏素服來迎，神勣揮刃盡殺之，破千餘家，因加左金吾衞大將軍。天授二年十月，下詔獄伏誅。

索元禮，胡人也。光宅初，徐敬業起兵揚州，以匡復爲名，則天震怒，又恐人心動搖，欲以威制天下。元禮探其旨告事，召見，擢爲游擊將軍，令於洛州牧院推案制獄。元禮性殘忍，推一人，廣令引數十百人，衣冠震懼，甚於狼虎。則天數召見賞賜，張其權勢。凡爲殺戮者數千人。於是周興、來俊臣之徒，效之而起矣。時有諸州告密人，皆給公乘，州縣護送至闕下，於賓館以廩之，稍稱旨，必授以爵賞以誘之，貴以威於遠近。元禮尋以酷毒轉甚，則天收人望而殺之。天下之人謂之來、索，言酷毒之極，又首按制獄也。

載初元年十月，左臺御史周矩上疏諫曰：「頃者小人告訐，習以爲常，內外諸司，人懷苟免，姑息臺吏，承接強梁，非故欲，規避誣構耳。又推劾之吏，皆以深刻爲功，鑿空爭能，相矜以虐。泥耳籠頭，枷研楔轂，摺脅籤爪，懸髮薰耳，臥鄰穢溺，曾不聊生，號爲「獄持」。或

累日節食，連宵緩問，晝夜搖撼，使不得眠，號曰「宿囚」。此等既非木石，且救目前，苟求賒死。臣竊聽輿議，皆稱天下太平，何苦須反。豈被告者盡是英雄，以求帝王耶？只是不勝楚毒自誣耳。何以覈之？陛下試取所告狀酌其虛實者，付令推，微訊動以探其情，所推者必上下其手，希聖旨也。願陛下察之。今滿朝側息不安，皆以爲陛下朝與之密，夕與之讎，不可保也。聞有追攝，與妻子卽爲死訣。故爲國者以仁爲宗，以刑爲助，周用仁而昌，秦用刑而亡，此之謂也。願陛下緩刑用仁，天下幸甚。」則天從之，由是制獄稍息。

侯思止，雍州醴泉人也。貧窮不能理生業，乃樂事渤海高元禮家。性無賴詭譎。時恆州刺史裴貞杖一判司。則天將不利王室，羅反之徒已興矣。判司教思止說游擊將軍高元禮，因請狀乃告舒王元名及裴貞反，周興按之，並族滅。授思止游擊將軍。元禮懼而曲媚，引與同坐，呼爲侯大，曰：「國家用人以不次，若言侯大不識字，卽奏云：『獬豸獸亦不識字，而能觸邪。』」則天果如其言，思止以獬豸對之，則天大悅。天授三年，乃拜朝散大夫、左臺侍御史。元禮復教曰：「在上知侯大無宅，倘以諸役官宅見借，可辭謝而不受。在上必問所由，卽奏云：『諸反逆人，臣惡其名，不願坐其宅。』」則天復大悅，恩澤甚優。

思止既按制獄，苛酷日甚。嘗按中丞魏元忠，曰：「急認白司馬，不然，卽喫孟青。」白司馬者，洛陽有坂號白司馬坂。孟青者，將軍姓孟名青棒，卽殺琅邪王冲者也。思止閭巷庸奴，常以此謂諸囚也。元忠辭氣不屈，思止怒而倒曳元忠。元忠徐起曰：「我薄命，如乘惡驢墜，脚爲鐙所挂，被拖曳。」思止大怒，又曳之曰：「汝拒捍制使，奏斬之。」元忠曰：「侯思止，汝今爲國家御史，須識禮數輕重。如必須魏元忠頭，何不以鋸截將，無爲抑我承反。奈何爾佩服朱紫，親銜天命，不行正直之事，乃言白司馬、孟青，是何言也！非魏元忠，無人抑教。」思止驚起悚怍，曰：「思止死罪，幸蒙中丞教。」引上牀坐而問之，元忠徐就坐自若，思止言竟不正。時人効之，以爲談謔之資。侍御史霍獻可笑之，思止以聞，則天怒，謂獻可曰：「我已用之，卿笑何也？」獻可具以其言奏，則天亦大笑。

時來俊臣棄故妻，逼娶太原王慶詵女，思止亦奏請娶趙郡李自挹女，敕政事商量。鳳閣侍郎李昭德撫掌謂諸宰相曰：「大可笑。」諸宰相問故，昭德曰：「往年來俊臣賊劫王慶詵女，已大辱國。今日此奴又請索李自挹女，無乃復辱國乎！」竟爲李昭德搒殺之。

萬國俊，洛陽人。少譎異險詐。垂拱後，與來俊臣同爲羅織經，屠覆宗枝朝貴，以作威

勢，自司刑評事，俊臣同引爲判官。天授二年，攝右臺監察御史，常與俊臣同按制獄。長壽二年，有上封事言嶺南流人有陰謀逆者，乃遣國俊就按之，若得反狀，便斬決。國俊至廣州，遍召流人，置于別所，矯制賜自盡，並號哭稱冤不服。國俊乃引出，擁之水曲，以次加戮，三百餘人，一時併命。然後鍛鍊曲成反狀，仍誣奏云：「諸流人咸有怨望，若不推究，爲變不遙。」則天深然其奏，乃命右衞翊二府兵曹參軍劉光業、司刑評事王德壽、苑南面監丞鮑思恭、尚輦直長王大貞、右武衞兵曹參軍屈貞筠等，並攝監察御史，分往劍南、黔中、安南等六道鞫流人。尋擢授國俊朝散大夫、肅政臺侍御史。光業等見國俊盛行殘殺，得加榮貴，乃共肆其兇忍，唯恐後之。光業殺九百人，德壽殺七百人，其餘少者咸五百人。亦有遠年流人，非革命時犯罪，亦同殺之。則天後知其冤濫，下制：「被六道使所殺之家口未歸者，並遞還本管。」國俊等俄亦相次而死，皆見鬼物爲祟，或有流竄而終。

來子珣，雍州長安人。永昌元年四月，以上書陳事，除左臺監察御史。時朝士有不帶靴而朝者，子珣彈之曰：「臣聞束帶立於朝。」舉朝大噱。則天委之按制獄，多希旨，賜姓武氏，字家臣。天授中，丁父憂，起復朝散大夫、侍御史。時雅州刺史劉行實及弟渠州刺史

行瑜、倘衣奉御行威并兄子鷹揚郎將軍虔通等，爲子珣誣告謀反誅，又於盱眙毀其父左監門大將軍伯英棺柩。俄又轉爲游擊將軍、右羽林中郎將。常衣錦半臂，言笑自若，朝士訝之。長壽元年，配流愛州卒。

王弘義，冀州衡水人也。告變，授游擊將軍。天授中，拜右臺殿中侍御史。長壽中，拜左臺侍御史，與來俊臣羅告衣冠。延載元年，俊臣貶，弘義亦流放瓊州，妄稱敕追。時胡元禮爲侍御史，使嶺南道，次于襄、鄧，會而按之。弘義詞窮，乃謂曰：「與公氣類。」元禮曰：「足下任御史，元禮任洛陽尉。元禮今爲御史，公乃流囚，復何氣類？」乃搒殺之。弘義每暑月繫囚，必於小房中積蒿而施氈褥，遭之者斯須氣絕矣，苟自誣引，則易於他房。與俊臣常行移牒，州縣懾懼，自矜曰：「我之文牒，有如狼毒野葛也。」弘義常於鄉里傍舍求瓜，主吝之，弘義乃狀言瓜園中有白兔，縣官命人捕逐，斯須園苗盡矣。內史李昭德曰：「昔聞蒼鷹獄吏，今見白兔御史。」

郭霸，廬江人也。天授二年，自宋州寧陵丞應革命舉，拜左臺監察御史。如意元年，除左臺殿中侍御史。長壽二年，右臺侍御史。初舉集，召見，於則天前自陳忠鯁云：「往年征徐敬業，臣願抽其筋，食其肉，飲其血，絕其髓。」則天悅，故拜焉，時人號爲「四其御史」。時大夫魏元忠臥疾，諸御史盡往省之，霸獨居後，比見元忠，憂懼，請示元忠便液，以驗疾之輕重。元忠驚悚，霸悅曰：「大夫糞味甘，或不瘳。今味苦，當即愈矣。」元忠剛直，殊惡之，以其事露朝士。嘗推芳州刺史李思徵，搒捶考禁，不勝而死。聖曆中，屢見思徵，甚惡之。嘗因退朝遽歸，命家人曰：「速請僧轉經設齋。」須臾見思徵從數十騎上其廷，曰：「汝枉陷我，我今取汝。」霸周章惶怖，援刀自刳其腹，斯須蛆爛矣。是日，閭里亦見兵馬數十騎駐于門，少頃不復見矣。時洛陽橋壞，行李弊之，至是功畢。則天嘗問羣臣：「比在外有何好事？」舍人張元一素滑稽，對曰：「百姓喜洛橋成，幸郭霸死，此即好事。」

吉頊，洛州河南人也。身長七尺，陰毒敢言事。進士舉，累轉明堂尉。萬歲通天二年，有箕州刺史劉思禮，自云學於張憬藏，善相，云洛州錄事參軍綦連耀應圖讖，有「兩角騏驎兒」之符命。頊告之，則天付武懿宗與頊對訊。懿宗與頊誘思禮，令廣引朝士，必全其命。思禮乃引鳳閣侍郎李元素、夏官侍郎孫元通、天官侍郎劉奇石抱忠、鳳閣舍人王處來庭、主簿柳璆、給事中周潘、涇州刺史王勔、監察御史王助、司議郎路敬淳、司門員外郎劉愼之、右司員外郎宇文全志等三十六家，微有忤意者，必構之，楚毒百端，以成其獄。皆海內賢士名家，天下冤之，親故連累竄逐者千餘人。頊由是擢拜右肅政臺中丞，日見恩遇。

明年，突厥寇陷趙、定等州，則天召頊檢校相州刺史，以斷賊南侵之路。頊以素不習武爲辭，則天曰：「賊勢將退，藉卿威名鎮遏耳。」初，太原有術士溫彬茂，高宗時老，臨死，封一狀謂其妻曰：「吾死後，年名垂拱，即詣闕獻之，愼勿開也。」垂拱初，其妻獻之。狀中預陳則天革命及突厥至趙、定之事，故則天知賊至趙州而退。頊初至州募人，略無應者。俄而詔以皇太子爲元帥，應募者不可勝數。及賊退，頊入朝奏之，則天甚悅。

聖曆二年臘月，遷天官侍郎、同鳳閣鸞臺平章事。時易之、昌宗諷則天置控鶴監官員，則天以易之爲控鶴監。頊素與易之兄弟親善，遂引頊，以殿中少監田歸道、鳳閣舍人薛稷、正諫大夫員半千、夏官侍郎李迥秀，俱爲控鶴內供奉，時議甚不悅。初，則天以頊幹辯有口才，偉儀質，堪委以心腹，故擢任之。及與武懿宗爭趙州功於殿中，懿宗短小俯僂，頊聲氣凌厲，下視懿宗，嘗不相假。則天以爲「卑我諸武於我前，其可倚與！」其年十月，以弟作僞官，貶琰川尉，後改安固尉。尋卒。

初，中宗未立爲皇太子時，易之、昌宗嘗密問頊自安之策，頊云：「公兄弟承恩既深，非有大功於天下，則不全矣。今天下士庶，咸思李家，廬陵既在房州，相王又在幽閉，主上春秋既高，須有付託。武氏諸王，殊非屬意。明公若能從容請建立廬陵及相王，以副生人之望，豈止轉禍爲福，必長享茅土之重矣。」易之然其言，遂承間奏請。則天知頊首謀，召而問之，頊曰：「廬陵王及相王，皆陛下之子，先帝顧託於陛下，當有主意，唯陛下裁之。」則天意乃定。頊既得罪，時無知者。睿宗即位，左右發明其事，乃下制曰：「故吏部侍郎、同中書門下平章事吉頊，體識宏遠，風規久大。嘗以經緯之才，允膺匡佐之委。時王命中否，人謀未輯，首陳返政之議，克副祈天之基。永懷遺烈，寧忘厥効。可贈左御史臺大夫。」

校勘記

〔一〕遂安告密召見奏　「召見奏」三字疑是涉後文而衍。

〔二〕宜隸于司農　張森楷云：「『宜』字不當有，各本並誤衍文。」

〔三〕衛吏紀履忠　「衛吏」二字新書卷二〇九來俊臣傳、通鑑卷二〇五考異引統紀均作「御史」。

〔四〕並遣除名　以上四字各本原無，據冊府卷一五二補。

舊唐書卷一百八十六下

列傳第一百三十六下

酷吏下

姚紹之　周利貞　王旭　吉溫 王鈞　嚴安之　盧鉉附　羅希奭
毛若虛　敬羽 裴昇　畢曜附

姚紹之，湖州武康人也。解褐典儀，累拜監察御史。中宗朝，武三思恃庶人勢，駙馬都尉王同晈謀誅之，事洩，令紹之按問而誅同晈。紹之初按問同晈，張仲之、祖延慶謀衣袖中發調弩射三思，伺其便未果。宋之遜以其外妹妻延慶，曰：「今日將行何事，而以妻爲？」之遜固抑與延慶，且洽其心矣。之遜子曇密發之，乃敕右臺大夫李承嘉與紹之按於新開門內。初，紹之將直盡其事。詔宰相李嶠等對問，諸相懼三思威權，但僶俛，佯不問。仲之、延

慶言曰：「宰相中有附會三思者。」嶠與承嘉耳言，復說誘紹之，其事乃變。遂密置人力十餘，命引仲之對問，至，即爲紹之所擒，塞口反接，送獄中。紹之還，謂仲之曰：「張三，事不諧矣！」仲之固言三思反狀，紹之命棒之而臂折，大呼天者六七，謂紹之曰：「反賊，臂且折矣，命已輸汝，當訴爾於天帝！」因裂衫以束之，乃自誣反而遇誅。紹之自此神氣自若，朝廷側目。

累遷左臺侍御史。奉使江左，經汴州，辱錄事參軍魏傳弓。尋拜監察御史。紹之後坐贓汚，詔傳弓按之，獲贓五千餘貫以聞，當坐死。韋庶人妹保持之，遂黜放爲嶺南瓊山尉。傳弓初按紹之，紹之在揚州，色動，謂長吏盧萬石曰：「頃辱傳弓，今爲所按，紹之死矣。」逃入西京，爲萬年尉擒之，繫折其足，因授南陵令員外置。開元十三年，累轉括州長史同正員，不預知州事，死。

周利貞，神龍初爲侍御史，附託權要，爲桓彥範、敬暉等五王嫉之，出爲嘉州司馬。時中書舍人崔湜與桓、敬善，武三思用事禁中，彥範憂之，託心腹於湜。湜反露其計於三思，爲三思所中，盡流嶺南。湜勸盡殺之，以絕其歸望。三思問：「誰可使者？」利貞即湜之表

兄，因舉爲此行。利貞至，皆鴆殺之，因擢爲左臺御史中丞。先天元年，爲廣州都督。時湜爲中書令，與僕射劉幽求不叶，陷幽求徙于嶺表，諷利貞殺之，爲桂州都督王晙護之，逗留獲免。無何，玄宗正位，利貞與薛季昶、宋之問同賜死於桂州驛。

王旭，太原祁人也。曾祖珪，貞觀初爲侍中，尚永寧公主〔一〕。旭解褐鴻州參軍，轉兗州兵曹。神龍元年正月，張柬之、桓彥範等誅張易之、昌宗兄弟，尊立孝和皇帝。其兄昌儀，先貶乾封尉，旭斬之，齎其首赴于東都，遷并州錄事參軍。唐隆元年，玄宗誅韋庶人等，并州長史周仁軌，韋氏之黨，有詔誅之，旭不覆敕，又斬其首，馳赴西京。開元二年，累遷左臺侍御史。時光祿少卿盧崇道以崔湜妻父，貶於嶺外。逃歸，匿於東都，爲讎家所發，詔旭究其獄。旭欲擅其威權，因捕崇道親黨數十人，皆極其楚毒，然後結成其罪，崇道及三子並杖死於都亭驛，門生親友皆決杖流貶。時得罪多是知名之士，四海冤之。旭又與御史大夫李傑不叶，遞相糾訐，傑竟左遷衢州刺史。旭既得志，擅行威福，由是朝廷畏而鄙之。

五年，遷左司郎中，常帶侍御史。旭爲吏嚴苛，左右無敢支梧，每銜命推劾，一見無不輸款者。時宋王憲府掾紀希虬兄任劍南縣令，被告有贓私，旭使至蜀鞫之。其妻美，旭威逼

之，因奏決殺縣令，納贓數千萬。至六年，希虬遣奴詐爲祗承人，受顧在臺，事旭累月，旭賞之，召入宅中，委以腹心。其奴密記旭受饋遺囑託事，乃成數千貫，歸謁希虬。希虬銜泣見憲，敍以家冤。憲憫之，執其狀以奏，詔付臺司劾之，贓私累巨萬，貶龍平尉，憤恚而死，甚爲時人之所慶快。

吉溫，天官侍郎頊弟琚之孽子也。譎詭能諂事人，遊於中貴門，愛若親戚。性禁害，果於推劾。天寶初，爲新豐丞。時太子文學薛嶷承恩倖，引溫入對，玄宗目之而謂嶷曰：「是一不良漢，朕不要也。」時蕭炅爲河南尹，河南府有事，京臺差溫推詰，事連炅，堅執不捨，賴炅與右相李林甫善，抑而免之。及溫選，炅已爲京兆尹，一唱萬年尉，即就其官，人爲危之。時驃騎高力士常止宿宮禁，或時出外第，炅必謁焉。溫先馳與力士言謔甚洽，握手呼行第，炅覷之歎伏。及他日，溫謁炅於府庭，遽布心腹曰：「他日不敢隳國家法，今日已後，洗心事公。」炅復與盡歡。

會林甫與左相李適之、駙馬張垍不叶，適之兼兵部尚書，垍兄均爲兵部侍郎，林甫遣人許出兵部銓曹主簿事令史六十餘人僞濫事，圖覆其官長，詔出付京兆府與憲司對問。數

日，竟不究其由。昊使溫劾之。溫於院中分囚於兩處，溫於後廳佯取兩重囚訊之，或杖或壓，痛苦之聲，所不忍聞，卽云：「若存性命，乞紙盡答。」令史輩素諳溫，各自誣伏罪，及溫引問，無敢違者。晷刻間事輯，驗囚無栲訊決罰處。常云：「若遇知己，南山白額獸不足縛也。」會李林甫將起刑獄，除不附己者，乃引之於門，與羅希奭同鍛鍊詔獄。

五載，因中官納其外甥武敬一女爲盛王琦妃，擢京兆府士曹。時林甫專謀不利於東儲，以左驍衞兵曹柳勣杜良娣妹壻，令溫推之。溫追著作郎王曾、前右司禦率府倉曹王修已、左武衞司戈盧寧、左威衞騎曹徐徵同就臺鞫，數日而獄成。勣等杖死，積屍於大理寺。

六載，林甫又以戶部侍郎、兼御史中丞楊愼矜違忤其旨，御史中丞王鉷與愼矜親而嫉之，同構其事，云「蓄圖讖，以己是隋煬帝子孫，闚於興復」，林甫又奏付溫鞫焉，愼矜下獄繫之。使溫於東京收捕其兄少府少監愼餘、弟洛陽令愼名，於汝州捕其門客史敬忠。敬忠頗有學，嘗與朝貴遊，蹉跎不進，與溫父璟情契甚密，溫孩孺時，敬忠嘗抱撫之。溫令河南丞姚開就擒之，鎖其頸，布袂蒙面以見溫。溫驅之於前，不交一言。欲及京，使典誘之云：「楊愼矜今款招已成，須子一辨。若解人意，必活；忤之，必死。」敬忠迴首曰：「七郎，乞一紙。」溫佯不與，見詞懇，乃於桑下令答三紙，辯皆符溫旨，喜曰：「丈人莫相怪！」遂徐下拜。及至溫湯，始鞫愼矜，以敬忠詞爲證。及再搜其家，不得圖讖。林甫恐事洩，危之，乃使御

史盧鉉入搜。鉉乃袖讖書而入，於隱僻中詬而出曰：「逆賊牢藏祕記，今得之矣。」指於愼矜小妻韓珠團婢見，舉家惶懼，且行捶擊，誰敢忤焉。獄乃成，愼矜兄弟賜死。溫自是威振，衣冠不敢偶言。

溫早以嚴毒聞，頻知詔獄，忍行枉濫，推事未訊問，已作奏狀，計贓數。及被引問，便懾懼，卽隨意而書，無敢惜其生者，因不加栲擊，獄成矣。林甫深以溫爲能，擢戶部郎中，常帶御史。林甫雖倚以爪牙，溫又見安祿山受主恩，驃騎高力士居中用事，皆附會其間，結爲兄弟。常謂祿山曰：「李右相雖觀察人事，親於三兄，必不以兄爲宰相。溫雖被驅使，必不超擢。若三兄奏溫爲相，卽奏兄堪大任，擠出林甫，是兩人必爲相矣。」祿山悅之。時祿山承恩無敵，驟言溫能，玄宗亦忘曩歲之語。十載，祿山加河東節度，因奏溫爲河東節度副使，幷知節度營田及管內採訪監察留後事。其載，又加兼鴈門太守，仍知安邊郡鑄錢事，賜紫金魚袋。及丁所生憂，祿山又奏起復爲本官。尋復奏爲魏郡太守、兼侍御史。

楊國忠入相，素與溫交通，追入爲御史中丞，仍充京畿、關內採訪處置使。溫於范陽辭，祿山令累路館驛作白紬帳以候之，又令男慶緒出界送，攏馬出驛數十步。及至西京，朝廷動靜，輒報祿山，信宿而達。十三載正月，祿山入朝，拜左僕射，充閑廄使，因奏加溫武部侍郎、兼御史中丞，充閑廄、苑內、營田、五坊等副使。時楊國忠與祿山嫌隙已成，溫轉厚於

祿山，國忠又忌之。其多，河東太守韋陟入奏於華清宮，陟自謂失職，託於溫結歡於祿山，廣載河東土物饋於溫，又及權貴。國忠諷評事吳豸之使鄉人告之，召付中書門下，對法官鞫之，陟伏其狀，貶桂嶺尉，溫澧陽長史，溫判官員錫新興尉。明年，溫又坐贓七千匹及奪人口馬奸穢事發，貶端州高要尉。溫至嶺外，遷延不進，依於張博濟，止於始安郡。八月，遣大理司直蔣沇鞫之，溫死於獄中，博濟及始安太守羅希奭死於州門。

初，溫之貶斥，玄宗在華清宮，謂朝臣曰：「吉溫是酷吏子姪，朕被人誑惑，用之至此。屢勸朕起刑獄以作威福，朕不受其言。今去矣，卿等皆可安枕也。」初，開元九年，有王鈞爲洛陽尉，十八年，有嚴安之爲河南丞，皆性毒虐，笞罰人畏其不死，皆杖訖不放起，須其腫憒，徐乃重杖之，懊血流地，苦楚欲死，鈞與安之始眉目喜暢，故人吏懾懼。溫則售身權貴，噬齧衣冠，來頗異耳。溫九月死始興，十一月，祿山起兵作亂，人謂與溫報讎耳。祿山入洛陽城，卽僞位。玄宗幸蜀後，祿山求得溫一子，纔六七歲，授河南府參軍，給與財帛。

初，溫之按楊愼矜，侍御史盧鉉同其事。鉉初爲御史，作韋堅判官，及堅爲李林甫所嫉，鉉以堅款曲發於林甫，冀售其身。及按愼矜，鉉先與張瑄同臺，情旨素厚，貴取媚於權臣，誣瑄與楊愼矜共解圖讖，持之，爲驢駒拔橛以成其獄〔三〕。又爲王鉷閑廄判官，鉷緣邪縡事朝堂被推，鉉證云：「大夫將白帖索廄馬五百匹以助逆，我不與之。」鉷死在晷刻，鉉忍誣之，

衆咸怒恨焉。及被貶爲廬江長史，在郡怨見瑄爲祟，乃云：「端公何得來乞命？不自由。」鉉須臾而卒。

羅希奭，本杭州人也，近家洛陽，鴻臚少卿張博濟堂外甥。爲吏持法深刻。天寶初，右相李林甫引與吉溫持獄，又與希奭姻婭，自御史臺主簿再遷殿中侍御史。自韋堅、皇甫惟明、李適之、柳勣、裴敦復、李邕、鄔元昌、楊愼矜、趙奉璋下獄事，皆與溫鍛鍊，故時稱「羅鉗吉網」，惡其深刻也。八載，除刑部員外，轉郎中。十一載，李林甫卒，出爲中部、始安二太守，仍充當管經略使。

十四載，以張博濟、吉溫、韋陟、韋誡奢、李從一、員錫等流貶，皆於始安，希奭或令假攝。右相楊國忠奏遣司直蔣沇往按之，復令張光奇替爲始安太守，仍降敕曰：「前始安郡太守、充當管經略使羅希奭，幸此資序，叨居牧守。地列要荒，人多竄殛，尤加委任，冀絕姦訛。翻乃嘯結逋逃，羣聚不逞，應是流貶，公然安置。或差攝郡縣，割剝黎甿；或輟借館宇，侵擾人吏。不唯輕侮典憲，實亦隳壞紀綱。擢髮數愆，豈多其罪，可貶海東郡海康尉員外置。張博濟往託回邪，跡惟憑恃，嘗自抵犯；又坐親姻，前後貶官，歲月頗久，逗留不赴，

情狀難容。及命按舉，仍更潛匿，亡命逭刑，莫斯爲甚。並當切害，合峻常刑，宜於所在各決重杖六十。使夫爲政之士，克守章程，負罪之人，期於悛革。凡厥在位，宜各悉心。」時員錫、李從一、韋誠奢、吉承恩並決杖，遣司直宇文審往監之。

毛若虛，絳州太平人也。眉毛覆於眼，其性殘忍。初爲蜀川縣尉，使司以推勾見任。天寶末，爲武功丞，年已六十餘矣。肅宗收兩京，除監察御史，審國用不足，上策徵剝財貨，有潤於公者，日有進奉，漸見任用稱旨。每推一人，未鞫，卽先收其家資，以定贓數，不滿望，卽攤徵鄉里近親，峻其威權，人皆懼死，輸納不差晷刻。

乾元二年，鳳翔府七坊押官先行剽劫，州縣不能制，因有劫殺事，縣尉謝夷甫因衆怒，遂搒殺之。其妻訴於李輔國，輔國奏請御史孫鎣鞫之〔三〕，鎣不能正其事。又令中丞崔伯陽三司使雜訊之，又不證成其罪。因令若虛推之，遂歸罪於夷甫。伯陽與之言，若虛頗不遜。伯陽數讓之，若虛馳謁告急，肅宗曰：「卿且出。」對曰：「臣出卽死矣。」肅宗潛留若虛簾內，召伯陽至，伯陽頗短若虛，上怒，叱出之。因流貶伯陽同推官十餘人〔四〕，皆於嶺外遠惡處。宰相李峴以左右於鎣等，亦被貶斥。於是若虛威震朝列，公卿懾懼矣。尋擢爲御史中

丞。上元元年，貶賓化尉而死。

敬羽，寶鼎人也。父昭道，開元初爲監察御史。羽貌寢而性便僻，善候人意旨。天寶九載，爲康成縣尉。安思順爲朔方節度使，引在幕下。及肅宗於靈武卽大位，羽尋擢爲監察御史，以苛刻徵剝求進。及收兩京後，轉見委任。作大枷，有鶻尾榆，著卽悶絕。又臥囚於地，以門關輾其腹，號爲「肉餺飥」。掘地爲坑，實以棘刺，以敗席覆上，領囚臨坑訊之，必墜其中，萬刺攢之。又捕逐錢貨，不減毛若虛。

上元中，擢爲御史中丞。太子少傅、宗正卿、鄭國公李遵，爲宗子通事舍人李若冰告其贓私，詔羽按之。羽延遵，各危坐於小牀，羽小瘦，遵豐碩，頃間問卽倒。請垂足，羽曰：「尙書下獄是囚，羽禮延坐，何得慢耶！」遵絕倒者數四。請問，羽徐應之，授紙筆，書贓數千貫，奏之。肅宗以勳舊捨之，但停宗正卿。及嗣薛王珍潛謀不軌〔五〕，詔羽鞫之。羽召支黨羅於廷，索鶻尾榆枷之，布栲訊之具以繞之，信宿成獄。珍坐死，右衞將軍竇如玢、試都水使者崔昌等九人並斬，太子洗馬趙非熊、陳王府長史陳閎、楚州司馬張昂、左武衞兵曹參軍焦自榮、前鳳翔府郿縣主簿李岊、廣文館進士張夐等六人決殺，駙馬都尉薛履謙賜自盡，左散騎常侍張鎬貶辰州司戶。

胡人康謙善賈，資產億萬計。楊國忠爲相，授安南都護。至德中，爲試鴻臚卿，專知山南東路驛。人嫉之，告其陰通史朝義。謙髭鬚長三尺過帶，按之兩宿，鬢髮皆禿，膝踝亦栲碎，視之者以爲鬼物，非人類也。乞捨其生，以後送狀奏殺之，沒其資產。

羽與毛若虛在臺五六年間，臺中囚繫不絕。又有裴昇、畢曜同爲御史，皆酷毒，人之陷刑，當時有毛、敬、裴、畢之稱。裴、畢尋又流黔中。羽，寶應元年貶爲道州刺史。尋有詔殺之，羽聞之，衣凶服南奔溪洞，爲吏所擒，臨刑，袖中執州縣官吏犯贓私狀數紙，曰：「有人通此狀，恨不得推究其事。主州政者，無宜寢也。」

贊曰：王德將衰，政在姦臣。鷹犬搏擊，縱之者人。遭其毒螫，可爲悲辛。作法爲害，延濫不仁。

校勘記

〔一〕尙永寧公主　廿二史考異卷六〇云：「案珪封永寧郡公，未嘗尙主。尙南平公主者，珪之子敬直

也。」

〔二〕驢駒拔橛　「拔」字各本原作「板」，據本書卷一〇五楊愼矜傳、合鈔卷二四二吉溫傳改。

〔三〕孫鎣　各本原作「孫瑩」，據本書卷一一二李峘傳、冊府卷六一九、新書卷二〇九毛若虛傳改。下同。

〔四〕因流貶伯陽　冊府卷六一九「流」下有「夷甫」二字。

〔五〕嗣薛王珍　新書卷二〇九敬羽傳、通鑑卷二二二「薛」作「岐」，是也。珍是薛王業子，後出嗣岐王，當作嗣岐王。

舊唐書卷一百八十七上

列傳第一百三十七上

忠義上

夏侯端　劉感　常達　羅士信　呂子臧　張道源 族子楚金附
李公逸　張善相　李玄通　敬君弘　馮立　謝叔方　王義方
成三郎　尹元貞　高叡 子仲舒　崔琳附　王同晈 周憬附　蘇安恆
俞文俊　王求禮　燕欽融 郎岌附　安金藏

語曰：「無求生以害仁，有殺身以成仁。」孟軻曰：「生亦我所欲，義亦我所欲，捨生而取義可也。」古之德行君子，動必由禮，守之以仁，造次顚沛，不忝于素。有若仲由之結纓，鉏麑之觸樹，紀信之蹈火，豫讓之斬衣，此所謂殺身成仁，臨難不苟者也。然受刑一代，顧瞻

七族。不犯難者，有終身之利；隨市道者，獲當世之榮。苟非氣義不羣，貞剛絕俗，安能碎所重之支體，徇他人之義哉！則由、麑、信、讓之徒，君人者常宜血祀，況自有其臣乎！卽如安金藏剖腹以明皇嗣，段秀實挺笏而擊元兇，張巡、姚誾之守城，杲卿、眞卿之罵賊，又愈於金藏。秀實等各見本傳。今採夏侯端、李憕已下，附于此篇。

夏侯端，壽州壽春人，梁尙書左僕射詳之孫也。仕隋爲大理司直，高祖龍潛時，與其結交。大業中，高祖帥師於河東討捕，乃請端爲副。時煬帝幸江都，盜賊日滋。端頗知玄象，善相人，說高祖曰：「金玉牀搖動，此帝座不安。參墟得歲，必有眞人起於實沉之次。天下方亂，能安之者，其在明公。但主上曉察，情多猜忍，切忌諸李，強者先誅，金才既死，明公豈非其次？若早爲計，則應天福；不然者，則誅矣。」高祖深然其言。及義師起，端在河東，爲吏所捕，送于長安，囚之。高祖入京城，釋之，引入臥內，與語極歡，授祕書監。

屬李密爲王世充所破，以衆來降，關東之地，未有所屬，端固請往招諭之，乃加大將軍，持節爲河南道招慰使。至黎陽，李勣發兵送之，自澶水濟河，傳檄郡縣，東至于海，南至于淮，二十餘州，並遣使送款。行次譙州，會亳州刺史丁叔則及汴州刺史王要漢並以所部降於世充，路遂隔絕。

端素得衆心，所從二千人，雖糧盡，不忍委去。端知事必不濟，乃坐澤中，盡殺私馬，以會軍士，因歔欷曰：「今王師已敗，諸處並沒，卿等土壤，悉皆從僞，特以共事之情，未能見委。然我奉王命，不可從。卿有妻子，無宜效我。可斬吾首，持歸於賊，必獲富貴。」衆皆流涕。端又曰：「卿不忍見殺，吾當自刎。」衆士抱持之，皆曰：「公於唐家，非有親屬，但以忠義之故，不辭於死。諸人與公共事，經涉艱危，豈有害公而取富貴！」復與同進。潛行五日，餒死者十三四，又爲賊所擊，奔潰相失者大半。端唯與三十餘人東走，採生豋豆而食之，猶持節與之俱臥起，謂衆人曰：「平生不知死地乃在此中。我受國恩，所以然耳，今卿等何乃相伴死乎！可散投賊，猶全性命。吾當抱此一節，與之俱殞。」衆又不去。

屬李公逸爲唐守杞州，聞而勒兵迎館之。于時河南之地，皆入世充，唯公逸感端之義，獨堅守不下。世充遣使召端，解衣遺之，禮甚厚，仍送除書，以端爲淮南郡公、吏部尙書。端對其使者曰：「夏侯端天子大使，豈受王世充之官！自非斬我頭將往見汝，何容身苟活而屈於賊乎！」遂焚其書，拔刀斬其所遺衣服。因發路西歸，解節旄懷之，取竿加刃，從間道得至宜陽。初，山中險峻，先無蹊徑，但冒履榛梗，晝夜兼行，從者三十二人，或墜崖溺水、遇猛獸而死又半，其餘至者，皆鬢髮秃落，形貌枯瘠。端馳驛奉見，但謝無功，殊不自言艱苦。高祖憫之，復以爲祕書監。俄出爲梓州刺史，所得料錢，皆散施孤寡。貞觀元年病卒。

劉感，岐州鳳泉人，後魏司徒高昌王豐生之孫也。武德初，以驃騎將軍鎭涇州，薛仁杲率衆圍之，感嬰城拒守，城中糧盡，遂殺所乘馬以分將士，感一無所噉，唯煮馬骨取汁，和木屑食之。城垂陷者數矣。長平王叔良援兵至，仁杲解圍而去。感與叔良出戰，爲賊所擒。仁杲復圍涇州，令感語城中云：「援軍已敗，徒守孤城，何益也！宜早出降，以全家室。」感許之。及至城下，大呼曰：「逆賊飢餓，亡在朝夕！秦王率數十萬衆，四面俱集，城中勿憂，各宜自勉〔一〕，以全忠節！」仁杲大怒，執感於城邊，埋脚至膝，馳騎射殺之，至死聲色逾厲。賊平，高祖購得其屍，祭以少牢，贈瀛州刺史，封平原郡公，謚曰忠壯。令其子襲官爵，并賜田宅。

常達，陝人也。初仕隋爲鷹揚郎將，數從高祖征伐，甚蒙親待。及義兵起，達在霍邑，從宋老生來拒戰。老生敗，達懼，自匿不出。高祖謂達已死，令人閱屍求之。及達奉見，高祖大悅，以爲統軍。武德初，拜隴州刺史。時薛舉屢攻之，不能克，乃遣其將仵士政以數百

人僞降達。達不之測，厚加撫接。士政伺隙以其徒劫達，擁城中二千人而叛，牽達以見於舉，達詞色抗厲，不爲之屈。舉指其妻謂達曰：「識皇后否？」達曰：「正是瘻老嫗，何足可識！」竟釋之。有賊帥張貴謂達曰：「汝識我否？」答曰：「汝逃死奴。」瞋目視之，貴怒，拔刀將斫達，人救之，獲免。及仁杲平，高祖見達，謂曰：「卿之忠節，便可求之古人。」命起居舍人令狐德棻曰：「劉感、常達，須載之史策也。」執仵士政，摸殺之。賜達布帛三百段，復拜隴州刺史，卒。

羅士信，齊州歷城人也。大業中，長白山賊王薄、左才相、孟讓來寇齊郡，通守張須陀率兵討擊。士信年始十四，固請自効，須陀謂曰：「汝形容未勝衣甲，何可入陣！」士信怒，重著二甲，左右雙鞬而上馬，須陀壯而從之。擊賊濰水之上，陣纔列，士信馳至賊所，刺倒數人，斬一人首，擲於空中，用槍承之，戴以略陣。賊衆愕然，無敢逼者，須陀因而奮擊，賊衆大潰。士信逐北，每殺一人，輒劓其鼻而懷之，及還，則驗鼻以表殺賊之多少也。須陀甚加歎賞，以所乘馬遺之，引置左右。每戰，須陀先登，士信爲副。煬帝遣使慰喻之，又令畫工寫須陀、士信戰陣之圖，上于內史。

及須陀爲李密所殺，士信隨裴仁基率衆歸于密，署爲總管。使統所部，隨密擊王世充。敗，士信躍馬突進，身中數矢，乃陷於世充軍。世充知其驍勇，厚禮之，與同寢食。後世充破李密，得密將邴元真等，盡拜爲將軍，不復專重之。士信恥與爲伍，率所部千餘人奔于穀州。高祖以爲陝州道行軍總管，使圖世充。及大軍至洛陽，士信以兵圍世充千金堡，中有大罵之者，士信怒，夜遣百餘人將嬰兒數十至于堡下，詐言「從東都來投羅總管」。因令嬰兒啼譟，既而佯驚曰：「此千金堡，吾輩錯矣！」忽然而去。堡中謂是東都逃人，遽出兵追之。士信伏兵於路，俟其開門，奮擊大破之，殺無遺類。世充平，擢授絳州總管，封剡國公。

尋從太宗擊劉黑闥於河北，有洺水人以城來降，遣士信入城據守，賊悉衆攻之甚急，遇雨雪，大軍不得救，經數日，城陷，爲賊所擒。黑闥聞其勇，意欲活之，士信詞色不屈，遂遇害，年二十。太宗聞而傷惜，購得其屍，葬之，謚曰勇。士信初爲裴仁基所禮，嘗感其知己之恩，及東都平，遂以家財收斂，葬於北邙。又云：「我死後，當葬此墓側。」及卒，果就仁基左而託葬焉。

呂子臧，蒲州河東人也。大業末，爲南陽郡丞。高祖克京師，遣馬元規撫慰山南，子臧堅守不下，元規遣使諷諭之，前後數輩，皆爲子臧所殺。及煬帝被殺，高祖又遣其壻薛君倩齎手詔諭旨，子臧乃爲煬帝發喪成禮，而後歸國，拜鄧州刺史，封南陽郡公。

時朱粲新敗，子臧率所部數千人，與元規併力將擊之，謂元規曰：「朱粲新破之後，上下危懼，一戰可擒。若更遷延，部衆稍集，力強食盡，必死戰於我，爲患不細也。」元規不納，子臧請以本兵獨戰，又不許。俄而粲衆大至，元規懼，退保南陽。子臧謂元規曰：「言不見納，以至於此，老夫今坐公死矣！」粲果率兵圍之，遇霖雨，城壁皆壞，所親者知城必陷，固勸其降，子臧曰：「安有天子方伯降賊者乎！」於是率其麾下赴敵而死。俄而城陷，元規亦遇害。

張道源，并州祁人也。年十五，父死，居喪以孝行稱，縣令郭湛改其所居爲復禮鄉至孝里。道源嘗與友人客遊，友人病，中宵而卒，道源恐驚擾主人，遂共屍臥，達曙方哭，親步營送，至其本鄉里。高祖舉義，召授大將軍府戶曹參軍。及平京城，遣道源撫慰山東，燕、趙之地爭來款附。高祖下書褒美，累封范陽郡公，後拜大理卿。時何稠、士澄有罪，家口籍沒，仍以賜之，道源歎曰：「人有否泰，蓋亦是常。安可因己之泰，利人之否，取其子女以爲

僕妾，豈近仁者之心乎！」皆捨之，一無所取。尋轉太僕卿，後歷相州都督。武德七年卒官，贈工部尚書，謚曰節。道源雖歷職九卿，身死日，唯有粟兩石，高祖深異之，賜其家帛三百段。族子楚金。

楚金少有志行，事親以孝聞。初與兄越石同預鄉貢進士，州司將罷越石而薦楚金，辭曰：「以順則越石長，以才則楚金不如。」固請俱退。時李勣爲都督，歎曰：「貢士本求才行，相推如此，何嫌雙居也。」乃俱薦擢第。楚金，高宗時累遷刑部侍郎。儀鳳年，有妖星見，楚金上疏，極言得失，高宗優納，賜帛二百段。則天臨朝，歷位吏部侍郎、秋官尚書，賜爵南陽侯。爲酷吏周興所陷，配流嶺表，竟卒於徙所。著翰苑三十卷、紳誡三卷，並傳於時。

李公逸，汴梁雍丘人也。隋末，與族弟善行以義勇爲人所附。初歸王世充，知其必敗，遣間使請降。高祖因以雍丘置杞州，拜爲總管，封陽夏郡公，又以善行爲杞州刺史。世充遣其從弟辨率衆攻之，公逸遣使請援，高祖以其懸隔賊境，未即出兵。公逸乃留善行居守，自入朝請援，行至襄城，爲世充伊州刺史張殷所獲，送于洛陽。世充謂曰：「卿越鄭臣唐，其

說安在？」公逸答曰：「我於天下，唯聞有唐。」世充怒，斬之，善行竟沒於賊。高祖聞而悼惜，封其子爲襄邑縣公。

張善相，許州襄城人也。大業末，爲里長，每督縣兵逐小盜，爲衆所附，遂據本郡，歸於李密。密敗，以城歸國，高祖授伊州總管。王世充數攻之，善相頻遣使請救，兵旣不赴，城中糧盡，自知必敗，謂僚屬曰：「死當斬吾頭以歸世充。」衆皆泣曰：「寧與公同死，終不獨生！」後城陷被擒，送於世充，辭色不撓，罵世充極口，尋被害。高祖歎曰：「吾負善相，善相不負吾。」封其子爲襄城郡公。

李玄通，雍州藍田人。仕隋鷹揚郎將。義兵入關，率所部歸國，累除定州總管。劉黑闥反叛，攻之，城陷被擒。黑闥重其才，欲以爲大將，玄通歎息曰：「吾荷朝恩，作藩東夏，孤城無援，遂陷虜庭。當守臣節，以忠報國，豈能降志，輒受賊官。」拒而不受。故吏有以酒食餽之者，玄通曰：「諸君哀吾困辱，故以酒食來相寬慰，吾當爲諸君一醉。」遂與樂飲，謂守者

曰：「吾能舞劍，可借吾刀。」守者與之，及曲終，太息而言：「大丈夫受國厚恩，鎮撫方面，不能保全所守，亦何面目視息世間哉！」因潰腹而死。高祖聞而爲之流涕，拜其子伏護爲大將。

敬君弘，絳州太平人，齊右僕射顯儁曾孫也。武德中，爲驃騎將軍，封黔昌縣侯，掌屯營兵於玄武門，加授雲麾將軍。隱太子建成之誅也，其餘黨馮立、謝叔方率兵犯玄武門，君弘挺身出戰，其所親止之曰：「事未可知，當且觀變，待兵集，成列而戰，未晚也。」君弘不從，乃與中郎將呂世衡大呼而進，並遇害。太宗甚嗟賞之，贈君弘左屯衞大將軍，世衡右驍衞將軍。

馮立，同州馮翊人也。有武藝，略涉書記，隱太子建成引爲翊衞車騎將軍，託以心膂。建成被誅，其左右多逃散，立歎曰：「豈有生受其恩而死逃其難！」於是率兵犯玄武門，苦戰久之，殺屯營將軍敬君弘，謂其徒曰：「微以報太子矣！」遂解兵遁於野。俄而來請罪，太宗數之曰：「汝在東宮，潛爲間構，阻我骨肉，汝罪一也。昨日復出兵來戰，殺傷我將士，汝罪

二也。何以逃死！」對曰：「出身事主，期之効命，當職之日，無所顧憚。」因伏地歔欷，悲不自勝。太宗慰勉之。立歸，謂所親曰：「逢莫大之恩，幸而獲濟，終當以死奉答。」未幾，突厥至便橋，立率數百騎與虜戰於咸陽，殺獲甚衆。太宗聞而嘉歎，拜廣州都督。前後作牧者，多以黷貨爲蠻夷所患，由是數怨叛。立到，不營產業，衣食取給而已。嘗至貪泉，歎曰：「此吳隱之所酌泉也。飲一盃水，何足道哉！吾當汲而爲食，豈止一盃耶，安能易吾性乎！」遂畢飲而去。在職數年，甚有惠政，卒於官。

謝叔方，雍州萬年人也。初從巢剌王元吉征討，數有戰功，元吉奏授屈咥直府左車騎。太宗誅隱太子及元吉于玄武門，叔方率府兵與馮立合軍，拒戰于北闕下，殺敬君弘、呂世衡。太宗兵不振，秦府護軍尉遲敬德傳元吉首以示之，叔方下馬號哭而遁。明日出首，太宗曰：「義士也！」命釋之。歷遷西、伊二州刺史，善綏邊鎮，胡戎愛而敬之，如事嚴父。貞觀末，累加銀青光祿大夫，歷洪、廣二州都督。永徽中卒。

王義方，泗州漣水人也。少孤貧，事母甚謹，博通五經，而謇傲獨行。初舉明經，因詣京師，中路逢徒步者，自云父爲潁上令，聞病篤，倍道將往焉，徒步不前，計無所出。義方解所乘馬與之，不告姓名而去。俄授晉王府參軍，直弘文館。特進魏徵甚禮之，將以姪女妻之，義方竟娶徵之姪女，告人曰：「昔不附宰相之勢，今感知己之言故也。」轉太子校書。

無何，坐與刑部尚書張亮交通，貶爲儋州吉安丞。行至海南，舟人將以酒脯致祭，義方曰：「黍稷非馨，義在明德。」乃酌水而祭，爲文曰：「思帝鄉而北顧，望海浦而南浮。必也行愆諸己；義負前修。長鯨擊水，天吳覆舟。因忠獲戾，以孝見尤。四維霧廓，千里安流。靈應如響，無作神羞。」時當盛夏，風濤蒸毒，既而開霽，南渡吉安。蠻俗荒梗，義方召諸首領，集生徒，親爲講經，行釋奠之禮，清歌吹籥，登降有序，蠻酋大喜。

貞觀二十三年，改授洹水丞。時張亮兄子皎，配流在崖州，來依義方而卒，臨終託以妻子及致屍還鄉。義方與皎妻自誓於海神，使奴負柩，令皎妻抱其赤子，乘義方之馬，身獨步從而還。先之原武葬皎，告祭張亮，送皎妻子歸其家而往洹水。轉雲陽丞，擢爲著作佐郎。顯慶元年，遷侍御史。時中書侍郎李義府執權用事，婦人淳于氏有美色，坐事繫大理，義府悅之，託大理丞畢正義枉法出之。高宗又敕給事中劉仁軌、侍御史張倫重按其事。正義自縊。高宗特原義府之罪。義方以義府姦蠹害政，將加彈奏，以問其母，母曰：「昔王陵

母伏劍成子之義，汝能盡忠立名，吾之願也，雖死不恨。」義方乃先奏曰：

臣聞春鶯鳴於獻歲，蟋蟀吟於始秋，物有徵而應時，人有賤而言忠。臣去歲冬初，雲陽下縣丞耳。今春及夏，陛下擢臣著作佐郎，極文學之淸選。未幾，又拜臣侍御史，濫朝廷之雄職。顧視生涯，隕首非報，唯欲有犯無隱，以廣天聽。伏以李義府枉殺寺丞，陛下已赦之，臣不應更有鞫問。然天子置三公、九卿、二十七大夫、八十一元士，本欲水火相濟，鹽梅相成，然後庶績咸熙，風雨交泰，亦不可獨是獨非，皆由聖旨。昔唐堯失之於四凶，漢祖失之於陳豨，光武失之於逄萌，魏武失之於張邈。此四帝者，英傑之主，然失之於前，得之於後。今陛下繼聖，撫育萬邦，蠻陬夷落，猶懼疏網，況輦轂咫尺，姦臣肆虐，足使忠臣抗憤，義士扼腕。縱令正義自縊，彌不可容，便是畏義府之權勢，能殺身以滅口。此則生殺之威，上非主出；賞罰之柄，下移佞寵。臣恐履霜堅冰，積小成大，請重鞫正義死由，雪冤氣於幽泉，誅姦臣於白日。

乃廷劾義府曰：「臣聞附下罔上，聖主之所宜誅；心狠貌恭，明時之所必罰。是以隱賊掩義，不容唐帝之朝；竊幸乘權，終齒漢皇之劍。中書侍郎李義府，因緣際會，遂階通顯。不能盡忠竭節，對敭王休，策蹇勵駑，祇奉皇眷，而反憑附城社，蔽虧日月，請託公行，交遊羣小。貪冶容之美，原有罪之淳于；恐漏洩其謀，殞無辜之正義。雖挾山超海之力，望此猶輕；

迴天轉日之威，方斯更劣。此而可恕，孰不可容！金風届節，玉露啓塗，霜簡與秋典共淸，忠臣將鷹鸇並擊。請除君側，少答鴻私，碎首玉階，庶明臣節。」高宗以義方毀辱大臣，言詞不遜，左遷萊州司戶參軍。秩滿，家于昌樂，聚徒教授。母卒，遂不復仕進。總章二年卒，年五十五。撰筆海十卷、文集十卷。門人何彥光、員半千爲義方制師服，三年喪畢而去。半千者，齊州全節人也。事義方經十餘年，博涉經史，知名河朔。則天時官至天官侍郎。撰三國春秋二十卷，行於代。自有傳。

成三郎，幽州漁陽人也。光宅年，爲左豹韜衞長上果毅。李孝逸之討徐敬業，以爲前鋒，與賊戰於高郵，官軍敗績，被擒，送于江都。賊黨唐之奇紿其衆曰：「此李孝逸也！」將斬之，三郎大呼曰：「我是果毅成三郎，不是將軍李孝逸。官軍已圍爾數重，破爾在於朝夕。我死，妻子受榮；爾死，家口配沒，終不及我。」之奇怒，斬之。敬業平，贈左監門將軍，謚曰勇。時曲阿令尹元貞，亦死敬業之難。

尹元貞者，瀛州河間人也。在曲阿，聞敬業攻陷潤州，率兵赴援。及戰敗，被擒。敬業臨以白刃，脅令附己，將加任用。元貞詞色慷慨，竟不之屈，尋遇害。敬業平，贈潤州刺史，謚曰壯。

高叡，雍州萬年人，隋尚書左僕射熲孫也。父表仁，穀州刺史。叡少以明經累除桂州都督，尋加銀青光祿大夫，轉趙州刺史，封平昌縣子。聖曆初，突厥默啜來寇，叡嬰城固守。長史唐波若見城圍甚急，遂潛謀應賊。叡覺之，將自殺，不死，俄而城陷被擒，更令招喻諸縣未降者，叡竟不從，遂爲所殺。

初，賊將至州境，或謂叡曰：「突厥所向無前，百姓喪膽，明公力不能禦，不若降之。」叡曰：「吾爲天子刺史，不戰而降，其罪大矣。」則天聞而深歎息之，贈冬官尙書，謚曰節。及賊退，唐波若伏誅，家口籍沒。因下制曰：「故趙州刺史高叡，狂賊既至，死節不降；長史唐波若，不能固城，相率歸賊。高叡已加褒贈，波若等身死破家。賞罰既行，須敦懲勸，宜頒示天下，咸使知聞。」

子仲舒，博通經史，尤明三禮及詁訓之書。神龍中，爲相王府文學，王甚敬重之。開元

中，累授中書舍人，侍中宋璟、中書侍郎蘇頲每詢訪故事焉。時又有中書舍人崔琳，深達政理，璟等亦禮焉，嘗謂人曰：「古事問高仲舒，今事問崔琳，則又何所疑矣。」仲舒累遷太子右庶子卒。

王同皎，相州安陽人，陳侍中、駙馬都尉寬之曾孫。其先自琅邪仕江左，陳亡，徙家河北。同皎，長安中尙皇太子女定安郡主，授朝散大夫，行太子典膳郎。敬暉等討張易之兄弟也，遣同皎與右羽林將軍李多祚迎太子於東宮，請太子至玄武門指麾將士。太子初拒而不許，同皎諷諭切至，太子乃就駕。以功授右千牛將軍，封琅邪郡公，賜實封五百戶。及郡主進封爲公主，拜同皎爲駙馬都尉。尋加銀青光祿大夫，遷光祿卿。

神龍二年，同皎以武三思專權任勢，謀爲逆亂，乃招集壯士，期以則天靈駕發引，劫殺三思。同謀人撫州司倉冉祖雍，具以其計密告三思。三思乃遣校書郎李悛上言：「同皎潛謀殺三思後，將擁兵詣闕，廢黜皇后。」帝然之，遂斬同皎于都亭驛前，籍沒其家。臨刑神色不變，天下莫不冤之。睿宗卽位，令復其官爵。執冉祖雍、李悛，並誅之。

初與同皎叶謀，有武當丞周憬者，壽州壽春人也。事既洩，遁於比干廟中，自刎而死。

臨終，謂左右曰：「比干，古之忠臣也。倘神道聰明，應知周憬忠而死也。韋后亂朝，寵樹邪佞，武三思干上犯順，虐害忠良，吾知其滅亡不久也。可懸吾頭於國門，觀其身首異門而出。」其後皆如其言。

蘇安恆，冀州武邑人也。博學，尤明周禮及春秋左氏傳。大足元年，投匭上疏曰：

陛下欽聖皇之顧託，受嗣子之推讓，應天順人，二十年矣。豈不思虞舜褰裳，周公復辟，良以大禹至聖，成王既長，推位讓國，其道備焉。故舜之於禹，是其族親；旦與成王〔二〕，不離叔父。且族親何如子之愛？叔父何如母之恩？今太子孝敬是崇，春秋既壯，若使統臨宸極，何異陛下之身。陛下年德既尊，寶位將倦，機務殷重，浩蕩心神，何不禪位東宮，自怡聖體。臣聞自昔明王之孝理天下者，不見二姓而俱王也。當今梁、定、河內、建昌諸王等，承陛下之蔭覆，並得封王，臣恐千秋萬歲之後，於事非便，臣請黜為公侯，任以閑簡。臣又聞陛下有二十餘孫，今無尺土之封，此非長久之計也。臣請四面都督府及要衝州郡，分土而王之。縱今年尚幼小，未嫻養人之術，請擇立師傅，成其孝敬之道，將以夾輔周室，藩屏皇家，使累葉重光，饗祀不輟，斯為美矣，豈不大

哉！

疏奏，則天召見，賜食慰諭而遣之。

長安二年，又上疏曰：

忠臣不順時而取寵，烈士不惜死而偷生。故君道不明者，忠臣之過歟！臣道不軌者，烈士之過歟！昔者先皇晏駕，留其顧託，將以萬機殷廣，令陛下兼知其事。雖唐堯、虞舜居其位，而共工、驩兜在其間，陛下骨肉之恩阻，陛下子母之愛忘。臣謂聖情以運祚將衰，極斯大節；天下謂陛下微弱李氏，貪天之功。何以年在耄倦，而不能復子明辟，使忠言莫進，姦佞成朋，夷狄紛擾，屠害黎庶。陛下雖納隍軫念，亦罔能救此生靈。

臣聞天下者，神堯、文武之天下也。昔有隋失馭，小人道長，羣雄蹶鹿，四海瞻烏。皇唐親事戎旃，鳳翔參野，削平宇縣，龍踐宸極。歃血為盟，指河為誓，非李氏不王，非功臣不封。陛下雖居正統，實唐氏舊基。故詩曰：「惟鵲有巢，唯鳩居之。」此言雖小，可以喻大。陛下自坤生德，乘乾作主，豈不以上符天意，下順人心。東宮昔在諒陰，相王又非長子，陛下恐宗祀中絕，所以應其謳歌。當今太子追迴，年德俱盛，陛下貪其寶位而忘母子深恩。臣聞京邑翼翼，四方取則。陛下蔽太子之元良，枉太子之神器，

何以教天下母慈子孝，焉能使天下移風易俗焉？惟陛下思之，將何聖顏以見唐家宗廟？將何誥命以謁大帝墳陵？陛下何故日夜積憂，不知鐘鳴漏盡？臣愚以天意人事，還歸李家。陛下雖安天位，殊不知物極則反，器滿則傾。故語曰：「當斷不斷，反受其亂。」此之謂也。陛下不如高揖機務，自恬聖躬，命史臣以書之，令樂府以歌之，斯亦太平之盛事也。

臣聞見過不諫，非忠臣也；畏死不言，非勇士也。臣何惜一朝之命，而不安萬乘之國哉！故曰：苟利國家，雖死可矣。願陛下稍輟萬機，詳臣愚見。陛下若以臣為忠，則從諫如流，擇是而用；若以臣為不忠，則斬取臣頭，以令天下。

疏奏不納。

明年，御史大夫魏元忠為張易之兄弟所構，安恆又抗疏申理之曰：

臣聞明王有含天下之量，有濟天下之心，能進天下之善，除天下之惡。若為君王而不行此四者，則當神冤鬼怒，陰錯陽亂，欲使國家榮泰，其可得乎！陛下革命之初，勤於庶政，親總萬機，博採謀猷，傍求俊乂，故海內以陛下為納諫之主矣〔三〕。暮年已來〔四〕，怠於政教，讒邪結黨，水火成災，百姓不親，五品不遜，故四海之內，以陛下為受佞之主矣。當今邪正莫辯〔五〕，訴訟含冤，豈陛下昔是而今非，蓋居安忘危之失也。

臣竊見御史大夫、檢校太子右庶子、同鳳閣鸞臺平章事魏元忠，廉直有聞，位居宰輔。履忠正之基者，用元忠為龜鏡；踐邪佞之路者，嫉元忠若仇讎。麟臺監張易之兄弟，在身無德，於國無功，不逾數年，遂極隆貴。自當飲冰懷懼，酌水思清，夙夜兢兢，以答恩造。不謂谿壑其志，豺狼其心，欲指鹿而獻馬，先害忠而損善，將斯亂代之法，汙我明君之朝。自元忠下獄，臣見長安城內，街談巷議，皆以陛下委任姦宄，斥逐賢良，以元忠必無不順之言，以易之必有交亂之意，相逢偶語，人心不安。雖有忠臣烈士，空撫髀於私室，而鉗口不敢言者，皆懼易之等威權，恐無辜而受戮，亦徒虛死耳！

今賊虜強盛，徵斂煩重，以臣言之，萬姓不勝其弊。況又聞陛下縱逸讒慝，禁錮良善，賞刑失中，則遐邇生變。臣恐四夷因之，則窺覘得失，以為邊郡之患；百姓因之，即結聚義兵，以除君側之惡。復恐逐鹿之黨，叩關而至，亂階之徒，從中相應，爭鋒於朱雀門內，問鼎於大明殿前，陛下將何事以謝之？復何方以禦之？臣今為陛下計，安百姓之心者，莫若收雷電之威，解元忠之網，復其爵位，君臣如初，則天下幸甚。陛下好生惡殺，縱不能斬佞臣頭以塞人望，臣請奪其榮寵，翦其羽翼，無使權柄在手，驕橫日滋。專國倍於穰侯，迴天過於左悺，則社稷危矣，惟陛下圖之。

臣本微賤，不識元忠、易之，豈此可親而彼可疏，但恐讒邪長而忠臣絕。伏願陛下

暫垂天鑒，察臣此心，卽徵臣朝志得行，夕死無恨。」疏奏，易之等大怒，欲遣刺客殺之，賴正諫大夫朱敬則、鳳閣舍人桓彥範、著作郎魏知古等保護以免。

安恆，神龍初爲集藝館內教。節愍太子之殺武三思也，或言安恆預其謀，遂下獄死。睿宗卽位，知其冤，下制曰：「故蘇安恆，文學基身，鯁直成操，往年抗疏，忠讜可嘉。屬回邪擅權，奄從非命，興言軫悼，用惻于懷。宜贈寵章，式旌徽烈，可贈諫議大夫。」時又有俞文俊、王求禮，亦以直言見稱。

俞文俊者，荆州江陵人。則天載初年，新豐因風雷山移，乃改縣名爲慶山，四方畢賀，文俊詣闕上書曰：「臣聞天氣不和而寒暑併，人氣不和而疣贅生，地氣不和而堆阜出。今陛下以女主處陽位，反易剛柔，故地氣隔塞而山變爲災。陛下謂之慶山，臣以爲非慶也。臣愚以爲宜側身修德，以答天譴。不然，恐殃禍至矣！」則天大怒，流於嶺外。後爲六道使所殺。

王求禮者，許州長社人。則天時，爲左拾遺。時武懿宗統兵討契丹，畏愞不敢進，及賊平，懿宗奏滄、瀛等數百家從賊，請誅之。求禮廷折之曰：「此等素無武備，城池不完，遇賊畏懼，苟從之以求生，豈素有背叛之心也！懿宗擁強兵數十萬，聞賊輒退，使其滋蔓，又欲移罪於草澤詿誤之人，豈爲臣之道！臣請先斬懿宗，以謝河北。」懿宗不能答，則天遂寬脅從者之罪。後都城三月雨雪，鳳閣侍郎蘇味道以爲瑞雪，率羣官表賀，求禮曰：「公爲宰相，不能燮理陰陽，非時降雪，又將災而爲瑞，誣罔視聽。若以三月雪爲瑞雪，卽臘月雷亦爲瑞雷耶？」味道不從。求禮累遷左臺殿中侍御史。神龍初，爲衞王掾，病卒。

燕欽融，洛州偃師人也。景龍末，爲許州司戶參軍。時韋庶人干預國政，盛封拜羣從子弟，又與悖逆庶人及駙馬都尉武延秀、中書令宗楚客等將圖危宗社。欽融連上奏其事，庶人大怒，勸中宗召欽融廷見，撲殺之。宗楚客又私令執法者加刃〔六〕，欽融因而致死。睿宗卽位，下制曰：「故許州司戶參軍燕欽融，先陳忠讜，頗列章奏，雖干非其位，而進不顧身。永言奄亡，誠所傷悼，方開諫路，宜慰窀穸。可贈諫議大夫，仍令備禮改葬，特授一子官。」

先是，定州人郎岌，亦備陳韋庶人及宗楚客將爲逆亂之狀，中宗不納，而韋庶人勸杖殺之。睿宗卽位，追贈諫議大夫。

安金藏，京兆長安人，初爲太常工人。載初年，則天稱制，睿宗號爲皇嗣。少府監裴匪躬、內侍范雲仙並以私謁皇嗣腰斬。自此公卿已下，並不得見之，唯金藏等工人得在左右。或有誣告皇嗣潛有異謀者，則天令來俊臣窮鞫其狀，左右不勝楚毒，皆欲自誣，唯金藏確然無辭，大呼謂俊臣曰：「公不信金藏之言，請剖心以明皇嗣不反。」卽引佩刀自剖其胸，五藏並出，流血被地，因氣絕而仆。則天聞之，令輿入宮中，遣醫人却納五藏，以桑白皮爲線縫合，傅之藥，經宿，金藏始甦。則天親臨視之，歎曰：「吾子不能自明，不如爾之忠也。」卽令俊臣停推，睿宗由是免難。

金藏，神龍初喪母，寓葬於都南闕口之北，廬於墓側，躬造石墳石塔，晝夜不息。原上舊無水，忽有湧泉自出。又有李樹盛多開花，犬鹿相狎。本道使盧懷愼上聞，敕旌表其門。景雲中，累遷右武衞中郎將。玄宗卽位，追思金藏忠節，下制褒美，擢拜右驍衞將軍，乃令史官編次其事。開元二十年，又特封代國公，仍於東岳等諸碑鐫勒其名。竟以壽終，贈兵部尚書。

校勘記

〔一〕各宜自勉　「自」字各本原無，據御覽卷四一七補。

〔二〕且與成王　「與」字各本原作「舉」，據册府卷五四四、全唐文卷二三七改。

〔三〕納諫之主　「納諫」二字各本原無，據册府卷八七五、全唐文卷二三七補。

〔四〕暮年已來　册府卷八七五、全唐文卷二三七「暮年」均作「春年」。

〔五〕當今邪正莫辯　「當今」二字各本原無，據册府卷八七五、全唐文卷二三七補。

〔六〕私令執法者加刃　新書卷一九一王同皎傳作「私令衞士極力」。

舊唐書卷一百八十七下

列傳第一百三十七下

忠義下

李憕 子源 彭 彭孫景讓　張介然　崔無詖　盧奕　蔣清
顏杲卿 子泉明　薛愿 龐堅附　張巡 姚誾附　許遠　程千里
袁光庭　邵眞　符璘　趙曄　石演芬 張名振附　張伾　甄濟
劉敦儒　高沐　賈直言　庾敬休　辛讜

李憕，太原文水人。父希倩，中宗神龍初右臺監察御史。憕早聰敏，以明經舉，開元初爲咸陽尉。時張說自紫微令、燕國公出爲相州刺史、河北按察使，有洺州劉行善相人，說問「寮寀後誰貴達？」行乃稱憕及臨河尉鄭巖，說乃以女妻巖，妹婿陰行眞女妻於憕。及說爲

并州長史、天兵軍大使〔一〕，引憕常在幕下。九年，入爲相，憕又爲長安尉。屬宇文融爲御史，括田戶，奏知名之士崔希逸、咸廙業、宇文順、于孺卿、李宙及憕爲判官，攝監察御史，分路檢察，以課並遷監察御史。憕縣歷兵、吏部郎中，給事中。憕有吏幹，明於几案，甚有當官之稱。

二十八年，爲河南少尹。時蕭炅爲尹，依倚權貴，涖事多不法，憕以公直正之，人用繫賴。又道士孫甑生以左道求進，託以修功德，往來嵩山，求請無度，憕必挫之。炅及甑生患之而構於朝廷，天寶初，出爲清河太守。十一載，累轉河東太守〔二〕、本道採訪。謁於行在所，改尚書右丞、京兆尹。

十四載，轉光祿卿、東京留守，判尙書省事。其載十一月，安祿山反於范陽，人心震懼。玄宗遣安西節度封常清兼御史大夫爲將，召募於東京以禦之。憕與留臺御史中丞盧奕、河南尹達奚珣，綏輯將士，完繕城郭，遏其侵逼。遷憕禮部尙書，依前留守。自逆徒發范陽，至渡河，令嚴，覘候計絕。及渡河，陷陳留、滎陽二郡，殺張介然、崔無詖，數日間已至都城下。祿山所統，皆蕃漢精兵，訓練已久；常清之衆，多市井之人，初不知戰。及兵交之後，被鐵騎唐突，飛矢如雨，皆魂懾色沮，望賊奔散。憕謂奕曰：「吾曹荷國重寄，誓無避死，雖力不敵，其若官守何！」奕亦徑許願守本司。於是憕居留守宅，奕獨居臺中。及常清西奔，祿

山領其衆，椎鼓大呼，以入都城，殺掠數千人，箭及宮闕。然後住居於閑廄中，令擒憕及奕、判官蔣清等三人害之，以威於衆。祿山傳憕、奕、清三人之首，以徇河北。信宿，至平原，太守顏眞卿斬其使，浴其首，殮以木函，祭而瘞之，以聞。玄宗贈憕司徒，仍與一子五品官；奕武部尙書，崔無詖工部尙書，各與一子官；蔣清文部郎中。

憕豐於產業，伊川膏腴，水陸上田，脩竹茂樹，自城及闕口，別業相望，與吏部侍郎李彭年皆有地癖。鄭巖，天寶中仕至絳郡太守，入爲少府監，田產亞於憕。憕有子十餘人，二子爲僧，與憕同遇害；二子彭、源，存焉。

源時年八歲，爲賊所俘，轉徙流離，凡七八年。及史朝義走河北，洛陽故吏有義源者，贖之於民家。代宗聞之，授河南府參軍，轉司農寺主簿。以父死禍難，無心祿仕，誓不婚妻，不食酒肉。洛陽之北惠林寺，憕之舊墅也，源乃依寺僧，寓居一室，依僧齋戒，人未嘗見其所習。先穴地爲墓，預爲終制，時時偃仰於穴中。

長慶三年，御史中丞李德裕表薦之曰：「處士李源，即故禮部尙書、東都留守、贈司徒、忠烈公李憕之少子。天與忠孝，嗣茲貞烈。以父死國難，哀纏終身，自司農寺主簿，絕心祿仕，垂五十年。暨于衰暮，多依惠林佛寺，本憕之墅也。寺之正殿，即憕之寢室，源過殿必

趨，未嘗登踐。隨僧一食，已五十年。其端心執孝，無有不至。抱此貞節，棄於清朝，臣竊爲陛下惜之。」詔曰：

禮著死綏，傳稱握節，捐生守位，取重人倫。爲義甚明，其風或替，言念於此，慨然興懷。而朝之公卿，有上言者，云天寶之季，盜起幽陵，振蕩生靈，噬吞河洛。贈司徒、忠烈公憕，處難居首，正色受屠，兩河聞風，再固危壁，首立殊節，到今稱之。其子源，有曾、閔之行，可貫于神明；有巢、由之風，可希于太古。山林以寄其迹，爵祿不入于心，泊然無營，五十餘載。夫褒忠可以勸臣節，旌孝可以激人倫，尙義可以警澆浮，敬老可以厚風俗。舉茲四者，大儆于時。是用擢自衡門，立於文陛，處以諫職，冀聞讜言，仍加印紱，式示光寵。可守左諫議大夫，賜緋魚袋。仍敕河南尹差官就所居敦諭遣發。

穆宗尋令中使齎手詔、緋袍、牙笏、絹二百匹，往洛陽惠林寺宣賜。源受詔，對中使苦陳疾甚年高，不能趨拜，附表謝恩，其官告服色絹，皆辭不受。竟卒於寺。

彭以一子官累歷州縣令長。子宏，仕官愈卑，生三子：景讓、景莊、景溫，自元和後，相繼以進士登第。

景讓，大和中爲尚書郎，出爲商州刺史。開成二年，入朝爲中書舍人。二年十月，出爲華州刺史、潼關防禦、鎮國軍使。四年，入爲禮部侍郎。五年，選貢士李蔚，後至宰相；楊知退爲尚書。大中朝，爲襄州刺史、山南道節度使[三]，入爲吏部尚書。十一年，轉御史大夫。景讓有大志，事親以孝聞，正色立朝，言無避忌。爲大夫時，宣宗舅鄭光卒，詔贈司徒，罷朝三日，景讓曰：「國舅雖親，朝典有素，無容過越。」乃上言曰：

鄭光是陛下親舅，外族之愛，誠軫聖心，況皇太后哀切之時，理合加等，而賜之粟帛，隆其第宅，自家刑國，允謂合宜。今以輟朝之數，比於親王公主，則前例所無，縱有，亦不可施用。何者？先王制禮，所以防微。大凡人情，於外族則深，於宗屬則薄[四]。所以先王制禮，割愛厚親，士庶猶然，況當萬乘。親王公主，宗屬也；舅氏，外族也。今朝廷公卿以至庶人，據開元禮，外祖父母及親舅喪服，小功五月，若親伯叔親兄弟卽服齊縗周年。所以疏其外而密於內也。有天下者，尤不可使外戚強盛。故西漢有呂氏之侈，幾滅劉氏；國朝有則天之簒，殆革唐命。皆非一朝一夕，其所由來漸也。今鄭光輟朝日數，與親王公主同，設使陛下速改詔命，輟朝一日或兩日，示其升降有差，恩禮無僭，使四方見陛下欽明之德，青史傳陛下制度之文，垂之百王，播之芳烈。臣愚不肖，謬竊恩私，實願陛下處於堯、舜之上，羲、軒之列，所以甘心鼎鑊，伏進危言。

優詔報之，乃罷兩日。景讓復爲吏部尚書卒，謚曰孝。景溫，登第後踐歷臺閣。咸通中，自工部侍郎出爲華州刺史、潼關防禦、鎮國軍使。景莊，亦至達官。

張介然者，蒲州猗氏人也。本名六朗。謹慎善籌算，爲郡守在河、隴。及天寶中，王忠嗣、皇甫惟明、哥舒翰相次爲節將，並委以營田支度等使。進位衞尉卿，仍兼行軍司馬，使如故。及加銀青光祿大夫，帶上柱國，因入奏稱旨，特加賜賚，介然乘閒奏曰：「臣今三品，合列棨戟。若列於帝城，鄉里不知臣貴。臣，河東人也，請列戟於故鄉。」玄宗曰：「所給可列故鄉，京城佇當別賜。」介然拜謝而出，仍賜絹五百匹，令宴集閭里，以寵異之。本鄉列戟，自介然始也。哥舒翰追在西京，薦爲少府監。

安祿山將犯河洛，以介然爲河南防禦使，令守陳留。陳留水陸所湊，邑居萬家，而素不習戰。介然至任數日，賊已渡河。雖率兵登城，兼守要害，虜騎十萬，所過殺戮，煙塵亙天，彌漫數十里。介然之衆，聞吹角鼓譟之聲，授甲不得，氣已奪矣，故至覆敗。初，玄宗以祿山起逆，於河南要路懸榜以購其首，又論已殺其子慶宗等。祿山入陳留北郭，安慶緒見榜，白於祿山。祿山於輿中兩手撫胸，大哭數聲，曰：「我有何罪，已殺我兒！」便縱兇毒，前有陳留兵將降者向萬人，行列於路，祿山命其牙將殺戮皆盡，流血如川，乃斬介然於軍門，祿山氣乃稍解。頓軍於陳留郭下，以其將李庭望爲節度鎮之。十五載，玄宗贈介然工部尚書，與一子五品官。

崔無詖者，京兆長安人也。本博陵舊族。父從禮，中宗韋庶人之舅，景龍中衞尉卿。時中書令、鄭國公蕭至忠才位素高，甚承恩顧，敕亡先女冥婚韋庶人亡弟。無詖婚至忠女，后爲女家，中宗爲兒家，供擬甚厚，時人爲之語曰：「皇后嫁女，天子娶婦。」及韋庶人敗，至忠女亦死，無詖坐累久貶在外。開元中，爲益州司馬。會楊國忠爲新都尉，與之歡甚；國忠因事引用之，累轉陝郡太守、少府監、滎陽郡太守。安祿山率衆南向，無詖召募拒之。及賊陷陳留郡後，兇威轉盛，戈矛鼓角，驚駭城邑，兩宿及滎陽。乘城自墜如雨，故無詖及官吏，盡爲賊所虜。賊以其將武令珣鎮之。

盧奕，黃門監懷慎之少子也。與其兄奐齊名。大腹豐下，眉目疏朗。謹愿寡慾，不尙

輿馬，克己自勵。開元中，任京兆司錄參軍。天寶初，爲鄠縣令、兵部郎中。所歷有聲，皆如奐之所治也。天寶八載，轉給事中。十一載，爲御史中丞。始懷慎及奐並爲中丞，父子三繼，清節不易，時人美之。奕留臺東都，又分知東都武部選事。十四載，安祿山犯東都，人吏奔散，奕在臺獨居，爲賊所執，與李憕同見害。玄宗聞而愍之，贈兵部尚書。太常議謚，博士獨孤及議曰：

盧奕剛毅朴忠，直方而清，勵精吏事，所居可紀。天寶十四載，洛陽陷沒，于時東京人士，狼狽鹿駭，猛虎磨牙而爭其肉，居位者皆欲保命而全妻子。或先策高足，爭脫羿彀；或不恥苟活，甘飲盜泉。奕獨正身守位義不去，以死全節誓不辱。勢窘力屈，以朝服就執，猶慷慨感憤，數賊梟獍之罪。觀者股栗，奕不變其色，而北面辭君，然後受害。雖古烈士，方之者鮮矣！

或曰：「洛陽之存亡，操兵者實任其咎，非執法吏所能抗。師敗將奔，去之可也。委身寇讎，以死誰懟？」及以爲不然。勇者禦而忠者守，必社稷是衞，則死生以之。危而去之，是智免也，於忠何有？昔荀息殺身於晉，不食其言也；仲由結纓於衞，食焉不避其難也；玄冥勤其官而水死，守位而忘軀也；伯姬待保姆而火死，先禮而後身也。彼四人者，死之日，皆於事無補，夫豈愛死而貿禍也，以爲死輕於義，故蹈義而捐生。

古史書之，使事君者勸。然則祿山之亂，大於里克、孔悝；奕廉察之任，切於玄冥之官。分命所繫，不啻於保姆；逆黨兵威，甚于水火。于斯時也，能與執干戈者同其戮力，挽之不來，推之不去，豈不以師可虧，死不可苟，身可殺，節不可奪。故全其特操於白刃之下，孰與夫懷安偷生者同其風哉！

謹按謚法，圖國忘身曰「貞」，秉德遵業曰「烈」。奕執憲戎馬之間，志藩王室，可謂圖國；國危不能拯，而繼之以死，可謂忘身；歷官一十任，言必正，事必果，而清節不撓，去之若始至，可謂秉德；先黃門以直道佐時，奕嗣之以忠純，可謂遵業。請謚曰「貞烈」。

從之。

蔣清者，故吏部侍郎欽緒之子。舉明經，調補太子校書郎、鞏縣丞，盧奕留之憲府。清與諸兄溢、演、沇，知名于時。奕之被害，清亦死焉。

顏杲卿，琅邪臨沂人。世仕江左。五代祖之推，北齊黃門侍郎、修文館學士，齊亡入周，始家關內，遂爲長安人焉。曾伯祖師古，貞觀中祕書監，自有傳。曾祖勤禮，崇文館學士。祖甫，曹王侍讀。父元孫，垂拱初登進士第，考功員外郎劉奇榜其詞策，文瑰俊拔〔五〕，多士聳觀。歷官長安尉、太子舍人、亳州刺史卒。

杲卿以蔭受官，性剛直，有吏幹。開元中，爲魏州錄事參軍，振舉綱目，政稱第一。天寶十四載，攝常山太守。時安祿山爲河北、河東採訪使，常山在其部內。其年十一月，祿山舉范陽之兵詣闕。十二月十二日，陷東都。杲卿忠誠感發，懼賊遂寇潼關，即危宗社。時從弟眞卿爲平原太守，初聞祿山逆謀，陰養死士，招懷豪右，爲拒賊之計。至是遣使告杲卿，相與起義兵，掎角斷賊歸路，以紓西寇之勢。杲卿乃與長史袁履謙、前眞定令賈深、前內丘丞張通幽等，謀開土門以背之。時祿山遣蔣欽湊、高邈率衆五千守土門。杲卿欲誅欽湊，開土門之路。時欽湊軍隸常山郡，屬欽湊遣高邈往幽州未還，杲卿遣吏召欽湊至郡計事。是月二十二日夜，欽湊至，舍之於傳舍。會飲既醉，令袁履謙與參軍馮虔、縣尉李栖默、手力翟萬德等殺欽湊。中夜，履謙以欽湊首見杲卿，相與垂泣，喜事交濟也。是夜，稾城尉崔安石報高邈還至蒲城，即令馮虔、翟萬德與安石往圖之。詰朝，高邈之騎從數人至稾城驛，安石皆殺之。俄而邈至，安石紿之曰：「太守備酒樂於傳舍。」邈方據廳下馬，馮虔等擒而縶之。是日，賊將何千年自東都來趙郡，馮虔、萬德伏兵於醴泉驛，千年至，又擒之。即日縛二賊將還郡。杲卿遣子安平尉泉明及賈深、張通幽、翟萬德，函欽湊之首，械二賊，送於京師。至太原，節度使王承業留泉明、賈深等，寢杲卿之表，承業自上表獻之，以爲己功。玄宗不之知，擢拜承業大將軍，牙官獲賞者百數。玄宗尋知杲卿之功，乃加衞尉卿、兼御史大夫，以袁履謙爲常山太守，賈深爲司馬〔六〕。

杲卿既斬賊將，收兵練卒，乃檄告河北郡縣，言朝廷以榮王爲河北兵馬大元帥，哥舒翰爲副，統衆三十萬，即出土門。郡縣聞之，皆殺賊守將，遠近響應，時十五郡皆爲國家所守。時安祿山遣使傳李憕、盧奕之首徇河北，至平原，眞卿殺賊使，收藏憕等首。清池尉賈載亦斬僞署景城守劉玄道，傳首於平原。饒陽郡守盧全誠亦據郡舉兵，會于眞卿。時常山、平原二郡兵威大振。祿山方自率衆而西，已至陝虢，聞河北有變而還，乃命史思明、蔡希德率衆渡河。

十五年正月，思明攻常山郡，城中兵少，衆寡不敵，禦備皆竭。其月八日，城陷，杲卿、履謙爲賊所執，送於東都。思明既陷常山，遂攻諸郡，鄴、廣平、鉅鹿、趙郡、上谷、博陵、文安、魏郡、信都，復爲賊守。祿山見杲卿，面責之曰：「汝昨自范陽戶曹，我奏爲判官，遂得光祿、太常二丞，便用汝攝常山太守，負汝何事而背我耶？」杲卿瞋目而報曰：「我世爲唐臣，

常守忠義，縱受汝奏署，復合從汝反乎！且汝本營州一牧羊羯奴耳，叨竊恩寵，致身及此，天子負汝何事而汝反耶？」祿山怒甚，令縛於中橋南頭從西第二柱，節解之，比至氣絕，大罵不息。是日杲卿幼子誕、姪詡及袁履謙，皆被先截手足，何千年弟在傍，含血噴其面，因加割臠，路人見之流涕。其年二月，李光弼、郭子儀之師自土門東下，復收常山郡。杲卿、履謙等妻女數百人，繫之獄中，光弼破械出之，令行喪服，給遺周厚。

至德二年冬，廣平王收復兩京，史思明以河朔歸國。時眞卿爲蒲州刺史，乃令泉明於河北求訪血屬。杲卿妹先適故榆次令張景儋，妹女流落賊中，泉明一女亦落賊中，俱索購錢三萬。泉明悉索所費，購姑女而還，比復納購，已女遂失。而袁履謙已下，父之將吏妻子奴隸三百餘人，轉徙賊中，窮窘無告。泉明悉以歸蒲州，眞卿贍給久之，隨其所詣而資送之。泉明求其父屍於東都，得其行刑者，言杲卿被害時，先斷一足，與履謙同坎瘞之。及發瘞得屍，果無一足，即日與履謙之屍，各爲一柩，扶護還長安。初，履謙妻疑夫柩殮衣儉薄，發棺視之，一與杲卿等，履謙妻號踊感歎，待之如父。泉明之志行仁義如此。

乾元元年五月，詔曰：「故衞尉卿、兼御史中丞、恆州刺史顏杲卿，任彼專城，志梟狂虜，艱難之際，忠義在心。憤羣凶而慷慨，臨大節而奮發，遂擒元惡，成此茂勳。屬胡虜憑陵，流毒方熾，孤城力屈，見陷寇讎，身歿名存，實彰忠烈。夫仁者有勇，驗之於臨難；臣之報

國，義存於捐軀。嘉其死節之誠，未備飾終之禮，可贈太子太保。」

薛愿，河東汾陰人。父縚，禮部郎中。兄崇一，尚惠宣太子女宜君縣主。女弟爲廢太子瑛妃。愿坐宮廢貶官。祿山之亂，南陽節度使魯炅奏用愿爲潁川太守、本郡防禦使。時賊已陷陳留、滎陽、汝南等郡，方圍南陽。潁川當其來往之路，愿與防禦副使龐堅同力固守，城中儲蓄無素，兵卒單寡。自至德元年正月至十一月，賊晝夜攻之不息，距城百里，廬舍墳墓林樹開發斬徹殆盡，而外救無至。賊將阿史那承慶悉以銳卒併攻，爲木驢木鵝，雲梯衝棚，四面雲合，鼓譟如雷，矢石如雨，力攻十餘日，城中守備皆竭，賊夜半乘梯而入。愿、堅俱被執，送於東都，將支解之，或說祿山曰：「薛愿、龐堅，義士也。人各爲其主，屠之不祥。」乃縶於洛水之濱，屬苦寒，一夕凍死。

堅，武德功臣玉之玄孫。初娶邠王守禮女建寧縣主。魯炅奏爲潁川郡長史兼防禦副使。

張巡，蒲州河東人。兄曉，開元中監察御史。兄弟皆以文行知名。巡聰悟有才幹，舉

進士，三以書判拔萃入等。天寶中，調授清河令。有能名，重義尚氣節，人以危窘告者，必傾財以恤之。

祿山之亂，巡爲眞源令，說譙郡太守，令完城，募市人，爲拒賊之勢。時吳王祗爲靈昌太守，奉詔糾率河南諸郡，練兵以拒逆黨，濟南太守李隨副之。巡與單父尉賈賁各召募豪傑，同爲義舉。

時雍丘令令狐潮欲以其城降賊，民吏百餘人不從命，潮皆反接，仆之于地，將斬之。會賊來攻城，潮遽出鬬，而反接者自解其縛，閉城門拒潮召賁。賁與巡引衆入雍丘，殺潮妻子，嬰城守備。吳王祗承制授賁監察御史。數日，賊來攻城，賁出鬬而死，巡乃合賁之衆城守。令狐潮引賊將李廷望攻圍累月，賊傷夷大半。祿山乃於雍丘北置杞州，築城壘以絕餉路，自是內外隔絕。又相持累月，賊鋒轉熾，城中益困。

時許遠爲睢陽守，與城父令姚誾同守睢陽城，賊攻之不下。初祿山陷河洛，許叔冀守靈昌，薛愿守潁川，許遠守睢陽，皆城孤無援。愿守一年而城陷，叔冀一年而自拔，獨睢陽堅守。賊將尹子奇攻圍經年，巡以雍丘小邑，儲備不足，大寇臨之，必難保守，乃列卒結陣詐降〔七〕，至德二年正月也。玄宗聞而壯之，授巡主客郎中、兼御史中丞。尹子奇攻圍既久，城中糧盡，易子而食，析骸而爨，人心危恐，慮將有變。巡乃出其妾，對三軍殺之，以饗軍士，曰：「諸公爲國家戮力守城，一心無二，經年乏食，忠義不衰。巡不能自割肌膚，以啖將士，豈可惜此婦人，坐視危迫。」將士皆泣下，不忍食，巡強令食之。乃括城中婦人，既盡，以男夫老小繼之，所食人口二三萬，人心終不離變。

時賀蘭進明以重兵守臨淮，巡遣帳下之士南霽雲夜縋出城，求援於進明。進明日與諸將張樂高會，無出師意。霽雲泣告之曰：「本州強寇凌逼，重圍半年，食盡兵窮，計無從出。初圍城之日，城中數萬口，今婦人老幼，相食殆盡，張中丞殺愛妾以啖軍人，今見存之數，不過數千，城中之人，分當餌賊。但睢陽既拔，卽及臨淮，皮毛相依，理須援助。霽雲所以冒賊鋒刃，匍匐乞師，謂大夫深念危亡，言發響應，何得宴安自處，殊無救恤之心？夫忠臣義士之所爲，豈宜如此！霽雲既不能達主將之意，請嚙一指，留於大夫，示之以信，歸報本州。」霽雲自臨淮還睢陽，縋城而入。城中將吏知救不至，慟哭累日。

十月，城陷，巡與姚誾、南霽雲、許遠，皆爲賊所執。巡神氣慷慨，每與賊戰，大呼誓師，眥裂血流，齒牙皆碎。城將陷，西向再拜，曰：「臣智勇俱竭，不能式遏強寇，保守孤城。臣雖爲鬼，誓與賊爲厲，以答明恩。」及城陷，尹子奇謂巡曰：「聞君每戰眥裂，嚼齒皆碎，何至此耶？」巡曰：「吾欲氣吞逆賊，但力不遂耳！」子奇以大刀剔巡口，視其齒，存者不過三數。巡大罵曰：「我爲君父義死。爾附逆賊，犬彘也，安能久哉！」子奇義其言，將禮之，左右曰：「此

人守義，必不爲我用。素得士心，不可久留。」是日，與姚誾、霽雲同被害，唯許遠執送洛陽。

姚誾者，陜州平陸人，故相梁國公崇之姪孫。父弇，開元初歷處州刺史。誾性豪蕩，好飲謔，善絲竹。歷壽安尉、城父令，與張巡素相親善。以守睢陽之功，至德二年春，加檢校尚書侍郎。

賈賁者，故閬州刺史璿之子也。

許遠者，杭州鹽官人也。世仕江右。曾祖高陽公敬宗，龍朔中宰相，自有傳。遠清幹，初從軍河西，爲磧西支度判官。章仇兼瓊鎭劍南，又辟爲從事，慕其門，欲以子妻之，遠辭，兼瓊怒，積他事中傷，貶爲高要尉。後遇赦得還。

祿山之亂，不次拔將帥，或薦遠素練戎事，玄宗召見，拜睢陽太守，累加侍御史、本州防禦使。及賊將尹子奇攻圍，遠與張巡、姚誾嬰城拒守經年，外救不至，兵糧俱盡而城陷。尹子奇執送洛陽，與哥舒翰、程千里，俱囚之客省。及安慶緒敗，渡河北走，使嚴莊皆害之。

初，賀蘭進明與房琯素不相叶。及琯爲宰相，進明時爲御史大夫。琯奏用進明爲彭城

太守，河南節度使、兼御史大夫，代嗣虢王巨；復用靈昌太守許叔冀爲進明都知兵馬、兼御史大夫，重其官以抗進明。虢王巨受代之時，盡將部曲而行，所留者揀退羸兵數千人、劣馬數百匹，不堪扞賊。叔冀恃部下精銳，又名位等於進明，自謂匹敵，不受進明節制。故南霽雲之乞師，進明不敢分兵，懼叔冀見襲。兩相觀望，坐視危亡，致河南郡邑爲墟，由執政之乖經制也。

程千里，京兆人。身長七尺，骨相魁岸，有勇力。本磧西募人，累以戎勳，官至安西副都護。天寶十一載，授御史中丞。十二載，兼北庭都護，充安西、北庭節度使。突厥首領阿布思先率衆內附，隸朔方軍，玄宗賜姓名曰李獻忠。李林甫遙領朔方節度，用獻忠爲副將。後有詔移獻忠部落隸幽州，獻忠素與祿山有隙，懼不奉詔，乃叛歸磧北，數爲邊患。玄宗憤之，命千里將兵討之。十二載十一月，千里兵至磧西，以書喻葛祿，令其相應。獻忠勢窮，歸葛祿部，葛祿縛獻忠并其妻子及帳下數千人，送之千里，飛表獻捷，天子壯之。十三載三月，千里獻俘於勤政樓，斬之於朱雀街，以功授右金吾衞大將軍同正，仍留佐羽林軍。

祿山之亂，詔千里於河東召募，充河東節度副使、雲中太守。十五載正月，遷上黨郡長

史，特進，攝御史中丞，以兵守上黨。賊來攻城，屢爲千里所敗，以功累加開府儀同三司、禮部尚書，兼御史大夫。

至德二年九月，賊將蔡希德圍城，數以輕騎挑戰。千里恃其驍果，開懸門，率百騎，欲生擒希德，勁騎搏之，垂將擒而希德救兵至，千里斂騎而退，橋壞墜坑，反爲希德所執，仰首告諸騎曰：「非吾戰之過，此天也！爲我報諸將士，乍可失帥，不可失城。」軍人聞之泣下，晝夜嚴兵城守，賊竟不能拔。千里至東都，安慶緒捨之，僞署特進，囚之客省。及慶緒敗走，爲嚴莊所害。

其年十二月，上御丹鳳樓大赦，節文曰：「忠臣事君，有死無貳；烈士徇義，雖歿如存。其李憕、盧奕、袁履謙、張巡、許遠、張介然、蔣清、龐堅等，即與追贈，訪其子孫，厚其官爵，家口深加優恤。」自是赦恩，無不該於節義，而程千里終以生執賊庭，不沾褒贈。

袁光庭者，河西戍將，天寶末爲伊州刺史。祿山之亂，西北邊戍兵入赴難〔八〕，河、隴郡邑，皆爲吐蕃所拔。唯光庭守伊州累年，外救不至，虜百端誘說，終不之屈，部下如一。及矢石既盡，糧儲並竭，城將陷沒，光庭手殺其妻子，自焚而死。朝廷聞之，贈工部尚書。

邵眞者，恆州節度使李寶臣之判官也。累加檢校司封郎中、兼御史中丞，專掌文翰，寶臣深所信任。寶臣死，其子惟岳擅領父衆，李正己、田悅遣人說惟岳同叛，眞泣諫曰：「先公位兼將相，受國厚恩，大夫縗絰之中，遽欲違命，同鄰道之惡，違先公之志，必不可也。田悅與我密邇，絕之又恐速禍；正己稍遠，絕之易耳。但令悅使還報，請徐思其宜；執正己使送京師，因請致討，朝廷必嘉大夫之忠，而旌節可得。」惟岳然之，令眞草奏。將發，孔目吏胡震謂惟岳曰：「此事非細，請與將吏會議。」長史畢華曰：「先公與二道親好，二十餘年，一朝背之，伏恐生事。今執其來使，送於京師，大善。脫未爲朝廷所信，正己兵強，忽來襲城，孤軍無援，何以敵之？不若仍舊勿絕，徐觀其變。」惟岳又從之。眞又勸惟岳遣其弟惟簡入朝，仍遣軍吏薛廣嗣詣河東節度馬燧軍求保薦。田悅屯兵束鹿，聞其謀，遣人謂惟岳曰：「邵眞惑亂軍政，必速殺之。不然，吾且討其罪矣。」惟岳懼，遂殺眞。朝廷聞而嘉之，贈戶部尚書。

符璘者，田悅之將。初，馬燧、李抱眞、李芃等破田悅於洹水，燧等進屯魏州。時悅與

李納會於濮陽，因請助兵，納分麾下數千人隨之。至是納爲河南諸軍所逼，自濮陽奔歸濮州，徵兵於悅，悅遣璘將三百騎護送之。納兵既歸，遂悉其衆降於燧。遷璘試太子詹事、兼御史中丞，封義陽郡王，實封一百戶。

璘父令奇，初爲悅部將，至是因璘之出，遂令三子同降於燧。悅怒，執令奇，令奇大呼慢罵之，悅族其家。贈令奇戶部尚書。

趙曄〔九〕，字雲卿，鄧州穰人，其先自天水徙焉，貞觀中主客員外郎德言曾孫也。父敬先，殿中侍御史。

曄志學，善屬文。開元中，舉進士，連擢科第，補太子正字，累授大理評事，貶北陽尉，移雷澤、河東二丞。河東採訪使韋陟以曄履操清直，頗推敬之，表爲賓僚。陟罷，陳留採訪使郭納復奏曄爲支使。及安祿山陷陳留，因沒于賊。

時有京兆韋氏，夫任畿官，以不供賊軍遇害，韋被逆賊沒入爲婢。江西觀察使韋儇，族兄弟也。曄哀其冤抑，以錢贖之，俾其妻置之別院，厚供衣食，而曄竟不面其人。明年，收復東都，曄以家財資給，而訪其親屬歸之，識者咸重焉。

乾元初，三司議罪，貶晉江尉。數年，改錄事參軍。徵拜左補闕，未至。福建觀察使李承昭奏爲判官，授試大理司直、兼監察御史。試司議郎、兼殿中侍御史。入爲膳部、比部二員外，膳部、倉部二郎中，祕書少監。

曄性孝悌，敦重交友，雖經艱危，不改其操。少時與殷寅、顏眞卿、柳芳、陸據、蕭穎士、李華、邵軫，同志友善，故天寶中語曰：「殷、顏、柳、陸，蕭、李、邵、趙」，以其重行義，敦交道也。而曄早擅高名，在宦途五十年，累經貶謫，蹇躓備至。入仕三十年，方霑省官，身在郎署，子常徒步。官既散曹，俸祿單寡，衣食不充，以至亡歿，服名檢者爲之歎息。建中四年冬，涇原兵叛，曄竄于山谷。尋以疾終，追贈華州刺史。子宗儒，別有傳。

石演芬，本西域胡人也。以武勇爲朔方邠寧節度兵馬使、兼御史大夫。李懷光養爲子，累至右武鋒都將。時懷光軍屯三橋，將與朱泚通謀，演芬乃使門客郜成義密疏，具言懷光無狀，請罷其總統。成義至奉天，乃反以其言告懷光子璀，璀密告其父。懷光乃召演芬責之曰：「以爾爲子，奈何欲破我家！今死可乎？」演芬對曰：「天子以公爲腹心，公上負天子，安可責演芬！且演芬胡人，不解異心，欲守事一人，幸免呼爲賊。死，常分也！」懷光使

左右臠食之，皆曰：「此忠烈士也！可令速死。」乃以刀斷其頸。德宗追思義烈，贈兵部尚書，仍賜錢三百千。又捕得郜成義于朔方，戮之。

先是，詔賜懷光鐵券，懷光奉詔倨慢，左都將張名振大呼軍門曰：「太尉見賊不擊，天使到不迎，固將反耶！且安史兩賊、僕固懷恩今皆族滅，公欲何爲？是賫忠義之士立功勳耳！」懷光聞之，召謂曰：「我不反，爲賊強盛，須蓄銳俟時耳。」無幾，懷光引軍入咸陽，名振曰：「公乃言不反，今此來何也？何不急攻朱泚，收復京城，以圖富貴。」懷光曰：「名振病狂。」使左右殺之。

張伾，建中初，以澤潞將鎮臨洺。田悅攻之，伾度兵力不能出戰，嚴設守備，嬰城拒守，賊不能拔。累月，攻之益急，士多死傷，糧儲漸乏，救兵未至。伾知事不濟，無以激士心，乃悉召將卒於軍門，命其女出拜之，謂曰：「將士辛苦守戰，伾之家無尺寸物與公等，獨有此女，幸未嫁人，願出賣之，爲將士一日之費。」衆皆大哭，曰：「誓爲將軍死戰，幸無慮也。」會馬燧與太原之師至，與衆合擊悅於城下，大敗之。伾乘勢出戰，士卒無不一當百。圍解，以功遷泗州刺史。在州十餘年，拜右金吾衛大將軍，詔未至，病卒。貞元二十一年，贈尚書右僕射。

有子重政，軍吏欲立爲郡將，重政母徐氏固拒不從。詔曰：「前昭義軍泗州行營衙前兵馬使、大中大夫、試太子賓客、兼監察御史張重政，門有勳力，惟推義勇。夙聞克家之美，常稱撫衆之才。近者其父初亡，羣小扇惑，誘以奇計，俾執軍麾。而重政與其母兄，號泣固拒，遂全懇願，奔告元戎，不爲利回，成其先志。於家爲孝子，在國爲忠臣，軍政乂安，行義昭著。念茲名節，感歎良深，宜洽恩榮，俾弘激勸。禮無避於金革，理當由於權奪，戎章憲府，式示兼崇。可起復雲麾將軍，守金吾衛大將軍員外置同正員，檢校太子詹事、兼御史中丞，仍委淮南節度使與要職事任使。」

又詔曰：「張重政母高平郡夫人徐氏，族茂姻閥，行表柔明，懷正家之美，有擇鄰之識。頃當變故，曾不詭隨，保其門宗，訓成忠孝，雖圖史所載，何以加之。念其令子，已申奬用，特彰母儀之德，俾崇封國之榮。可封魯國太夫人。」

甄濟，字孟成，中山無極人，家於衞州。少孤，天寶中隱居衞州青岩山，人伏其操行，約不敢漁。採訪使安祿山表薦之，授試大理評事，充范陽郡節度掌書記。天寶末，安祿山有異志，謀以智免。衞縣令齊玘誠信可托，乃求使至衞，具以誠告。弟惲密求羊血以爲備，至

夜，僞嘔血疾不能支，遂舁歸。及祿山反，使僞節度使蔡希德領行戮者李掞等二人，封刀來召，濟詐不起，即就戮之。濟以左手書云：「去不得！」李掞持刀而前，濟引首以待，希德歔欷嗟歎之，曰：「李掞退。」以實病報祿山。後安慶緒亦使人至縣，強舁至東都安國觀。經月餘，代宗收東京，濟起，詣軍門上謁，乃送上都。肅宗館之於三司，使令受僞命官瞻望，以愧其心。授祕書郎，轉太子舍人。寶應初，拜刑部員外郎。魏少遊奏授著作郎、兼侍御史，終於襄州。

元和中，襄州節度使袁滋奏其節行，詔曰：「符風樹節，謂之立名，歿加褒贈，所以誘善。故朝散大夫、祕書省著作郎、兼侍御史甄濟，早以文雅，見稱於時。嘗因辟召，亦佐戎府。而能保堅貞之正性，不履危機；覩逆亂之潛萌，不從脅汚。義聲可傳於竹帛，顯贈未賁於松楸。藩方所陳，允叶彝典，追加命秩，以獎忠魂。可贈祕書少監。」

劉敦儒，開元朝史官左散騎常侍子玄之孫。敦儒母有心疾，非日鞭人不安，子弟僕使，不勝其苦，皆逃遁他處，唯敦儒侍養不息，體常流血。及母亡，居喪毀瘠骨立，洛中謂之劉孝子。元和中，東都留守權德輿具奏其至行，詔曰：「孝子劉敦儒，生於儒門，稟此至性。王

祥篤行，起孝敬而不移；曾參養志，積歲年而罔怠。用弘勸獎，而服官常，分曹洛師，俾遂私志。可左龍武軍兵曹參軍，分司東都。」

高沐，渤海人。父憑，從事于宣武軍，知曹州事。李靈曜作亂，憑密遣使奏賊中事狀，詔除曹州刺史。無何，李正己盜有曹、濮，憑遂陷于賊，數年卒。

沐，貞元中進士及第。以家族在鄆，李師古置為判官。居數年，師道擅襲，每謀不順，沐與同列郭昈、李公度等，必廣引古今成敗諭之，前後說師道為善者凡千言。其判官李文會、孔目官林英，皆為師道信用，乘間相與涕泣於師道前曰：「文會等血誠憂尚書家事，反為高沐輩所嫉，尚書奈何不惜十二州之城，成高沐等百代之名乎！」復日夜讒搆，由是漸見疑忌，令沐知萊州事。林英因奏事至京，遣邸吏密報師道云：「高沐潛有誠款至朝廷矣！」師道大怒，李文會從而構成之，沐遂遇害於遷所，而囚郭昈於萊州，其血屬皆徙遠地。及淮西平，師道漸懼。李公度與其將李英曇乘其懼也，說師道獻三州及入質長子。初甚然之，中悔，將殺公度。賈直言聞之，謂師道用事奴曰：「今大禍將至，豈非高沐冤氣所為！又殺公度，是益其疾也。」乃止。遂英曇於萊州，未至，縊殺之。又有崔承寵、楊偕、陳

佑、崔清，皆以仗順為賊所惡，李文會呼為高沐之黨。沐遇害，承寵等同被囚放。郭昈名亞於沐，雖不死，備嘗困辱矣。及劉悟平賊，遽召李公度，執手歔欷。既除滑州節度，首辟昈及公度為從事。

元和十四年四月，詔曰：「圖難忘死，為臣之峻節；顯忠旌善，有國之令猷。日者妖豎反覆，侮我朝章，而濮州刺史高沐，劫在凶威，潛輸忠款。諷其不庭之咎，將冀革心；數其煮海之饒，聿求利國。伏奏必陳於逆節，漏師常破其陰謀。竟以盜憎，遂死王事，歿而不朽，風聲凜然。式表漏泉之澤，且彰勁草之節。可贈吏部尚書。仍委馬總訪其遺骸，以禮收葬，優恤其家。若有子孫，具名聞奏。」

賈直言者，父道沖，以伎術得罪，貶之，賜酖於路。直言僞令其父拜四方，辭上下神祇，伺使者視稍怠，即取其酖以飲，遂迷仆而死。明日酖洩于足而復蘇。代宗聞之，減父死，直言亦自此病躄。後從事於李師道。師道不恭朝命，直言冒刃說者二，輿櫬說者一，師道訖不從。及劉悟斬師道，節制鄭滑，得直言於禁錮之間，又嘉其所為，因奏置幕中。後遷於潞，亦與之俱行。悟纖微乖失，直言必盡理箴規，以是美譽日聞於朝。穆宗以諫議大夫

徵之，悟拜章乞留，復授檢校右庶子、兼御史大夫，依前充昭義軍行軍司馬。悟用其言，終身不虧臣節。後歷太子賓客。大和九年三月卒[10]，廢朝一日，贈工部尚書。

庾敬休，字順之，其先南陽新野人。祖光烈，與仲弟光先，祿山迫以僞官，皆潛伏奔竄。光烈為大理少卿，光先為吏部侍郎。父河，當賊泚盜據宮闕，與季弟倬逃竄山谷。河終兵部郎中。

敬休舉進士，以宏詞登科，授祕書省校書郎，從事宣州。旋授渭南尉、集賢校理。遷右拾遺、集賢學士。歷右補闕，稱職，轉起居舍人，俄遷禮部員外郎。入為翰林學士，遷禮部郎中，罷職歸官。又遷兵部郎中、知制誥。丁憂，服闋，改工部侍郎，權知吏部選事，遷吏部侍郎。

上將立魯王為太子，慎選師傅，改工部侍郎兼魯王傅。奏：「劍南西川、山南西道每年稅茶及除陌錢，舊例委度支巡院勾當榷稅，當司於上都召商人便換。大和元年，戶部侍郎崔元略與西川節度使商量，取其穩便，遂奏請茶稅事使司自勾當，每年出錢四萬貫送省。近年已來，不依元奏，三道諸色錢物，州府逗留，多不送省。請取江西例，於歸州置巡院一

所，自勾當收管諸色錢物送省，所冀免有逋懸。欲令巡官李濆專往與德裕、遵古商量制置，續具奏聞。」從之。又奏：「兩川米價騰踊，百姓流亡。請糶兩川闕官職田祿米，以救貧人。」從之。再為尚書左丞。大和九年三月，卒于家。敬休姿容温雅，襟抱夷曠，不飲酒茹葷，不邇聲色。著諭善錄七卷。贈吏部尚書。

辛讜，故太原尹雲京之孫，壽州刺史晦之猶子也。性慷慨，重然諾，專務賑人之急。年五十，不求苟進，有濟時匡難之志。

咸通十年，龐勛亂徐泗。時杜慆守泗州，賊以郡當江淮要害，極力攻之。時兩淮郡縣皆陷，慆守臨淮久之，援軍雖集，賊未解圍。時讜寓居廣陵，乃仗劍挐小艇趨泗口，貫城柵入城見慆。慆素聞有義而不相面，喜讜至，握手謝曰：「判官李延樞方話子為人，何遽至耶？吾無憂矣！」時賊三面攻城，王師結壘于洪源驛，相顧不前。讜夜以小舟穿賊壘至洪源驛，見監軍郭厚本，論泗州危急，且宜速救，厚本然之。淮南都將王公弁謂厚本曰：「賊衆我寡，無宜輕舉，當俟可行。」讜坐中拔劍瞋目謂公弁曰：「賊百道攻城，陷在旦夕。公等奉詔赴援，而逗留不進，更欲何為？不唯有負國恩，丈夫氣義，亦宜感發。假如臨淮陷賊，淮

南卽是寇場，公何獨存耶！」卽欲揮刃向公弁，厚本持之。讜望泗州大哭經日，帳下爲之流涕。厚本義其心，選勇士三百，隨讜入泗州。夜半斬賊柵，大呼，由水門而入，賊軍大駭。既知援兵入，賊乃退舍，人心遂固。

浙西觀察使杜審權遣大將翟行約率軍三千赴援，屯蓮塘驛。慆欲遣人勞之，將吏皆憚其行，讜曰：「杜相公以大夫宗盟，急難相赴，安得令使者無言而還！」卽賫慆書幣，犒其使。淮南大將李湘率師五千來援，賊詐降，敗于淮口，湘與郭厚本皆爲賊所執，自是無援。賊併兵急攻，以鐵鎖斷淮流，梯衝雲合，凡周七月，晝夜不息。乘城之士，不遑寢寐，面目生瘡，軍儲漸少，分食稀粥。賴讜犯難仗義，求救於淮北諸軍。既而馬舉以大軍至，賊解圍而去。讜無子，猶子山僧、元老等寄在廣陵。每出城，則書二姓名，謂慆曰：「志之，得嗣爲幸。」慆益感之。賊平，授讜泗州團練判官、侍御史。慆遷鄭滑節度，讜亦從之，爲賓佐。慆卒，乃退歸江東，以隱居爲事。

贊曰：獸解觸邪，草能指佞。烈士徇義，見危致命。國有忠臣，亡而復存。何以喪邦？姦邪受恩。

校勘記

〔一〕天兵軍　各本原作「太平軍」，據本書卷九七張說傳改。

〔二〕河東太守　「河東」，各本原作「河南」，時河南爲府，其官當爲府尹，不當爲太守。新書卷一九一李憕傳作河東太守，是，據改。

〔三〕山南道　新書卷一七七李景讓傳作「山南東道」。

〔四〕宗屬　各本原作「宗廟」，丁子復唐書合鈔補正云：「廟，冊府元龜作屬」，據改。

〔五〕文瑰俊拔　舊唐書補校云：「『瑰』疑『理』之誤。」

〔六〕賈深　各本原作「杲卿」，據冊府卷六八六改。

〔七〕乃列卒結陣詐降　此處有脫文，冊府卷七六三作：「乃開門驅百姓詐降，令將士持弓弩引滿，巡以銳卒數百殿其後，且行且戰，夜投睢陽城，見許遠、姚誾等，共謀捍守。」

〔八〕戍兵　各本原作「戎兵」，據御覽卷二五五、冊府卷六八六改。

〔九〕趙犨　本書卷一六七趙宗儒傳同。冊府卷七七七、新書卷一五一趙宗儒傳作「趙驊」。

〔一〇〕大和　各本原作「元和」，據新書卷一九三賈直言傳改。

舊唐書卷一百八十八

列傳第一百三十八

孝友

善父母爲孝，善兄弟爲友。夫善於父母，必能隱身錫類，仁惠逮于胤嗣矣；善於兄弟，必能因心廣濟，德信被于宗族矣。推而言之，可以移於君，施於有政，承上而順下，令終而善始，雖蠻貊猶行焉，雖窘迫猶亨焉。自昔立身揚名，未有不偕孝友而成者也。前代史官，

所傳孝友傳，多錄當時旌表之士，人或微細，非衆所聞，事出閭里，又難詳究。今錄衣冠盛德，衆所知者，以爲稱首。至於州縣薦飾者，必覆其殊尤，可以勸世者，亦載之。

李知本，趙州元氏人，後魏洛州刺史靈六世孫也。父孝端，隋獲嘉丞。初，孝端與族弟太沖，俱有世閥，而太沖官宦最高，孝端方之爲劣，鄉族爲之語曰：「太沖無兄，孝端無弟。」知本頗涉經史，事親至孝，與弟知隱甚稱雍睦。子孫百餘口，財物僮僕，纖毫無間。隋末，盜賊過其閭而不入，因相誡曰〔一〕：「無犯義門。」同時避難者五百餘家，皆賴而獲免。知本貞觀初官至夏津令，知隱至伊闕丞。知本孫瓆，開元中爲給事中、揚州刺史。知隱孫顒，有文詞，亦歷給事中、太常少卿。從祖兄弟，凡爲給事者四人。

張志寬，蒲州安邑人。隋末喪父，哀毀骨立，爲州里所稱。賊帥王君廓屢爲寇掠，聞其名，獨不犯其閭，鄰里賴之而免者百餘家。後爲里正，詣縣稱母疾，急求歸。縣令問其狀，對曰：「母嘗有所苦，志寬亦有所苦。向患心痛，知母有疾。」令怒曰：「妖妄之辭也！」繫之於獄。馳驗其母，竟如所言。令異之，慰喻遣去。及丁母憂，負土成墳，廬於墓側，手植松

柏千餘株。高祖聞之，遣使就弔，授員外散騎常侍，賜物四十段，表其門閭。

劉君良，瀛州饒陽人也。累代義居，兄弟雖至四從，皆如同氣，尺布斗粟，人無私焉。大業末，天下饑饉，君良妻勸其分析，乃竊取庭樹上鳥雛，交置諸巢中，令群鳥鬭競，舉家怪之。其妻曰：「方今天下大亂，爭鬭之秋，禽鳥尚不能相容，況於人乎！」君良從之。分別後月餘，方知其計。中夜，遂攬妻髮大呼曰：「此即破家賊耳！」召諸昆弟，哭以告之。是夜棄其妻，更與諸兄弟同居處，情契如初。屬盜起，閭里依之為堡者數百家，因名為義成堡。武德七年，深州別駕楊弘業造其第，見有六院，唯一飼，子弟數十人，皆有禮節，咨嗟而去。貞觀六年，詔加旌表。

又有宋興貴者，雍州萬年人。累世同居，躬耕致養，至興貴已四從矣。高祖聞而嘉之，武德二年，詔曰：「人稟五常，仁義為重；士有百行，孝敬為先。自古哲王，經邦致治，設教垂範，皆尚於斯。叔世澆訛，人多偽薄，修身克己，事資誘勸。朕恭膺靈命，撫臨四海，愍茲弊俗，方思遷導。宋興貴立操雍和，志情友穆，同居合爨，累代積年，務本力農，崇讓履順。弘長

名教，敦勵風俗，宜加褒顯，以勸將來。可表其門閭，蠲免課役。布告天下，使明知之。」興貴尋卒。

鄆州壽張人張公藝，九代同居。北齊時，東安王高永樂詣宅慰撫旌表焉。隋開皇中，大使、邵陽公梁子恭亦親慰撫，重表其門。貞觀中，特敕吏加旌表。麟德中，高宗有事泰山，路過鄆州，親幸其宅，問其義由。其人請紙筆，但書百餘「忍」字。高宗為之流涕，賜以縑帛。

王君操，萊州即墨人也。其父隋大業中與鄉人李君則鬭競，因被毆殺。君操時年六歲，其母劉氏告縣收捕，君則棄家亡命，追訪數年弗獲。貞觀初，君則自以世代遷革，不慮國刑，又見君操孤微，謂其無復讎之志，遂詣州府自首。而君操密袖白刃刺殺之，刳腹取其心肝，啗食立盡，詣刺史具自陳告。州司以其擅殺戮，問曰：「殺人償死，律有明文，何方自理，以求生路？」對曰：「亡父被殺，二十餘載。聞諸典禮，父讎不可同天。早願圖之，久而未遂，常懼亡滅，不展冤情。今大恥既雪，甘從刑憲。」州司據法處死，列上其狀，太宗特詔原免。

周智壽者，雍州同官人。其父永徽初被族人安吉所害。智壽及弟智爽乃候安吉於途，擊殺之。兄弟相率歸罪於縣，爭為謀首，官司經數年不能決。鄉人或證智爽先謀，竟伏誅。臨刑神色自若，顧謂市人曰：「父讎已報，死亦何恨。」智壽頓絕衢路，流血徧體。又收智爽屍，舐取智爽血，食之皆盡，見者莫不傷焉。

豫州人許坦，年十歲餘，父入山採藥，為猛獸所噬，即號叫以杖擊之，獸遂奔走，父以得全。太宗聞而謂侍臣曰：「坦雖幼童，遂能致命救親，至孝自中，深可嘉尚。」授文林郎，賜帛五十段。

博州聊城人王少玄者，父隋末於郡西為亂兵所害。少玄遺腹生，年十餘歲，問父所在，其母告之，因哀泣，便欲求屍以葬。時白骨蔽野，無由可辨，或曰：「以子血霑父骨，即滲入焉。」少玄乃刺其體以試之，凡經旬日，竟獲父骸以葬。盡體病瘡，歷年方愈。貞觀中，本州聞薦，拜徐王府參軍。

趙弘智，洛州新安人。後魏車騎大將軍肅孫。父玄軌，隋陝州刺史。弘智早喪母，事

父以孝聞。學通三禮、史記、漢書。隋大業中，為司隸從事。武德初，大理卿郎楚之應詔舉之〔二〕，授詹事府主簿。又預修六代史。初與祕書丞令狐德棻、齊王文學袁朗等十數人同修藝文類聚，轉太子舍人。貞觀中，累遷黃門侍郎，兼弘文館學士。以疾出為萊州刺史。弘智事兄弘安，同於事父，所得俸祿，皆送于兄處。及兄亡，哀毀過禮，事寡嫂甚謹，撫孤姪以慈愛稱。稍遷太子右庶子。及宮廢，坐除名。尋起為光州刺史。

永徽初，累轉陳王師。高宗令弘智於百福殿講孝經，召中書門下三品及弘文館學士、太學儒者，並預講筵。弘智演暢微言，備陳五孝。學士等難問相繼，弘智酬應如響。高宗怡然曰：「朕頗耽墳籍，至於孝經，偏所習覩。然孝之為德，弘益實深，故云『德教加於百姓，刑于四海』，是知孝道之為大也。」顧謂弘智：「宜略陳此經切要者，以輔不逮。」弘智對曰：「昔者天子有諍臣七人，雖無道不失其天下。微臣顓愚，願以此言奏獻。」帝甚悅，賜綵絹二百匹、名馬一匹。尋遷國子祭酒，仍為崇賢館學士。四年卒，年八十二，謚曰宣。有文集二十卷。

陳集原，瀧州開陽人也〔三〕。代為嶺表酋長。父龍樹，欽州刺史。集原幼有孝行，父纔

有疾，卽終日不食。永徽中，喪父，嘔血數升，枕服苫廬，悲慼行路。資財田宅及僮僕三十餘人，並以讓兄弟。則天時，官至左豹韜衞將軍。

元讓，雍州武功人也。弱冠明經擢第。以母疾，遂不求仕，躬親藥膳，承侍致養，不出閭里者數十餘年。及母終，廬於墓側，蓬髮不櫛沐，菜食飲水而已。咸亨中，孝敬監國，下令表其門閭。永淳元年，巡察使奏讓孝悌殊異，擢拜太子右內率府長史。後以歲滿還鄉里。鄉人有所爭訟，不詣州縣，皆就讓決焉。聖曆中，中宗居春宮，召拜太子司議郎。及謁見，則天謂曰：「卿既能孝於家，必能忠於國。今授此職，須知朕意。宜以孝道輔弼我兒。」尋卒。

裴敬彝，絳州聞喜人也。曾祖子通，隋開皇中太中大夫。母終，廬於墓側，哭泣無節，目遂喪明。俄有白鳥巢於墳樹。子通弟兄八人，復以友悌著名，詔旌表其門，鄉人至今稱爲「義門裴氏」。敬彝少聰敏，七歲解屬文，性又端謹，宗族咸重之，號爲「甘露頂」。年十四，

侍御史唐臨爲河北巡察使，敬彝父智周時爲內黃令，爲部人所訟，敬彝詣臨論其冤。臨大奇之，因令作詞賦，智周事得釋，特表薦敬彝，補陳王府典籤。智周在官暴卒，敬彝時在長安，忽泣涕不食，謂所親曰：「大人每有痛處，吾卽輒然不安。今日心痛，手足皆廢，事在不測，得無戚乎？」遂請急還，倍道言歸，果聞父喪，羸毀逾禮。事母復以孝聞。乾封初，累轉監察御史。時母病，有醫人許仁則，足疾不能乘馬，敬彝每肩輿之以候母焉。及母卒，特詔贈以縑帛，仍官造靈轝。服闋，拜著作郎，兼修國史。儀鳳中，自中書舍人歷吏部侍郎、左庶子。則天臨朝，爲酷吏所陷，配流嶺南，尋卒。

裴守眞，絳州稷山人也。後魏冀州刺史叔業六世孫也。父眘，大業中爲淮南郡司戶。屬郡人楊琳、田瓚據郡作亂，盡殺官吏，以眘素有仁政，相誡不許驚害，仍令人護送眘及妻子還鄉。貞觀中，官至鄮令。

守眞早孤，事母至孝，及母終，哀毀骨立，殆不勝喪。復事寡姊及兄甚謹，閨門禮則，士友所推。初舉進士，及應八科舉，累轉乾封尉[四]，屬永淳初關中大饑，守眞盡以祿俸供姊及諸甥，身及妻子粗糲不充，初無倦色。尋授太常博士。

守眞尤善禮儀之學，當時以爲稱職。高宗時封嵩山，詔禮官議射牲之事，守眞奏曰：「據周禮及國語，郊祀天地，天子自射其牲。漢武唯封太山，令侍中儒者射牲行事。至於餘祀，亦無射牲之文。但親春射牲，雖是古禮，久從廢省。據封禪祀禮，日未明十五刻，宰人以鸞刀割牲，質明而行事。比鸞駕至時，宰牲總畢，天皇唯奠玉酌獻而已。今祀前一日射牲，事卽傷早；祀日方始射牲，事又傷晚。若依漢武故事，卽非親射之儀，事不可行。」

又神功破陣樂、功成慶善樂二舞每奏，上皆立對，守眞又議曰：「竊唯二舞肇興，讚吟攸屬，贊九功之茂烈，叶萬國之歡心。義均韶、夏，用兼賓祭，皆祖宗盛德，而子孫享之。詳覽傳記[五]，未有皇王立觀之禮。況升中大事，華夷畢集，九服仰垂拱之安，百蠻懷率舞之慶。甄陶化育，莫匪神功，豈於樂舞，別申嚴敬。臣等詳議，奏二舞時，天皇不合起立。」時並從守眞議。會高宗不豫，事竟不行。及高宗崩，時無大行凶儀，守眞與同時博士韋叔夏、輔抱素等討論舊事創爲之[六]，當時稱爲得禮之中。

守眞天授中爲司府丞，則天特令推究詔獄，務存平恕，前後奏免數十家。由是不合旨，出爲汴州司錄，累轉成州刺史。爲政不務威刑，甚爲人吏所愛。俄轉寧州刺史，成州人送出境者數千人。長安中卒。

子子餘，事繼母以孝聞。舉明經，累補鄠縣尉。時同列李朝隱、程行諶皆以文法著稱，子餘獨以詞學知名。或問雍州長史陳崇業，子餘與朝隱、行諶優劣，崇業曰：「譬如春蘭秋菊，俱不可廢也。」景龍中，爲左臺監察御史。時涇、岐二州有隋代蕃戶子孫數千家，司農卿趙履溫奏，悉沒爲官戶奴婢，仍充賜口，以給貴幸。子餘以爲官戶承恩，始爲蕃戶，又是子孫，不可抑之爲賤，奏劾其事。時履溫依附宗楚客等，與子餘廷對曲直。子餘詞色不撓，履溫等詞屈，從子餘奏爲定。開元初，累遷冀州刺史，政存寬惠，人吏稱之。又爲岐王府長史，加銀青光祿大夫。十四年卒，諡曰孝。子餘居官清儉，友愛諸兄弟。兄弟六人，皆有志行。次弟巨卿，衞尉卿；耀卿，別有傳。

李日知，鄭州滎陽人也。舉進士。天授中，累遷司刑丞。時用法嚴急，日知獨寬平無冤濫。嘗免一死囚，少卿胡元禮請斷殺之，與日知往復至于數四，元禮怒曰：「元禮不離刑曹，此囚終無生理。」答曰：「日知不離刑曹，此囚終無死法。」因以兩狀列上，日知果直。

神龍初，爲給事中。日知事母至孝，時母老，嘗疾病，日知取急調侍，數日而鬢髮變白。尋加朝散大夫。其母未受命婦邑號而卒，將葬發引，吏人賚告身而至，日知於路上卽時殯

絕，久之乃蘇。左右皆哀慟，莫能仰視。巡察使、衛州司馬路敬潛將聞其孝悌之跡，使求其狀，日知辭讓不報。服闋，累遷黃門侍郎。

時安樂公主池館新成，中宗親往臨幸，從官皆預宴賦詩，日知獨存規誡，其末章曰：「所願暫思居者逸，莫使時稱作者勞。」論者多之。景雲元年〔七〕，同中書門下平章事，轉御史大夫，知政事如故。明年，進拜侍中。先天元年，轉刑部尚書，罷知政事。頻乞骸骨，請致仕，許之。初，日知將有陳請，而不與妻謀，歸家而使左右飾裝，將出居別業。妻驚曰：「家產屢空，子弟名宦未立，何爲遽辭職也？」日知曰：「書生至此，已過本分。人情無厭，若恣其心，是無止足之日。」及歸田園，不事產業，但葺構池亭，多引後進，與之談讌。開元三年卒。

初，日知以官在權要，諸子弟年纔總角，皆結婚名族，時議以爲失禮之中。卒後，少子伊衡，以妾爲妻，費散田宅，仍列訟諸兄，家風替矣。

崔沔，京兆長安人，周隴州刺史士約玄孫也。自博陵徙關中，世爲著姓。父皚，庫部員外郎、汝州長史。沔淳謹，口無二言，事親至孝，博學有文詞。初應制舉，對策高第。俄被

落第者所援，則天令所司重試，沔所對策，又工於前，爲天下第一，由是大知名。再轉陸渾主簿。秩滿調遷，吏部侍郎岑羲深賞重之，謂人曰：「此今之郄詵也。」特表薦擢爲左補闕，累遷祠部員外郎。沔爲人舒緩，訥於造次，當官正色，未嘗撓沮。

睿宗時，徵拜中書舍人。時沔母老疾在東都，沔不忍捨之，固請閑官，以申侍養，由是改爲虞部郎中。無何，檢校御史中丞。時監察御史宋宣遠，恃盧懷慎之親，頗犯法，沔舉劾之。又姚崇之子光祿少卿彝，留司東都，頗通賓客，廣納賄賂，沔又將按驗其事。姚、盧時在政事，遽薦沔有史才，轉爲著作郎，其實去權也。

開元七年，爲太子左庶子。母卒，哀毀逾禮，常於廬前受弔，賓客未嘗至於靈座之室，謂人曰：「平生非至親者，未嘗升堂入謁，豈可以存亡而變其禮也。」中書令張說數稱薦之。服闋，拜中書侍郎。或謂沔曰：「今之中書，皆是宰相承宣制命。侍郎雖是副貳，但署位而已，甚無事也。」沔曰：「不然。設官分職，上下相維，各申所見，方爲濟理。豈可俛默偷安，而爲懷祿士也！」自是每有制敕及曹事，沔多所異同，張說頗不悅焉。尋出爲魏州刺史，奏課第一，徵還朝廷，分掌吏部十銓事。以清直，歷祕書監、太子賓客。

二十四年，制令禮官議加籩豆之數及服制之紀。太常卿韋縚奏請加宗廟之奠，每坐籩豆各十二。外祖服請加至大功九月，舅服加至小功五月，堂姨、堂舅、舅母服請加至袒免。

時又令百官詳議可否。沔建議曰：

竊聞識禮樂之情者能作，達禮樂之文者能述。述作之義，聖賢所重；禮樂之本，古今所崇。變而通之，所以久也。所謂變者，變其文也；所謂通者，通其情也。祭祀之興，肇於太古，人所飲食，必先嚴獻。未有火化，茹毛飲血，則有毛血之薦；未有麴糵，汙罇抔飲，則有玄酒之奠。施及後王，禮物漸備，作爲酒醴，伏其犧牲，以致馨香，以極豐潔，故有三牲八簋之盛，五齊九獻之殷。然以神道至玄，可存而不可測也；祭禮主敬，可備而不敢廢也。是以血腥爓熟，玄罇犧象，靡不畢登於明薦矣。

然而薦貴於新，味不尚褻，雖則備物，猶存節制。故禮云：「天之所生，地之所長，苟可薦者，莫不咸在。」備物之情也。「三牲之俎，八簋之實，美物備矣；昆蟲之異，草木之實，陰陽之物備矣。」此則節制之文也。鉶俎、籩豆、簠簋、罇罍之實，皆周人之時饌也，其用通於讌饗賓客。而周公制禮，咸與毛血玄酒同薦於先。晉中郎盧諶，近古之知禮、著家祭禮者也。觀其所薦，皆晉時常食，不復純用禮經舊文。然則當時飲食，不可闕於祭祀明矣，是變禮文而通其情也。

我國家由禮立訓，因時制範，考圖史於前典，稽周、漢之舊儀。清廟時享，禮饌畢陳，用周制也，而古式存焉；園寢上食，時膳具設，遵漢法也，而珍味極焉。職貢來祭，

致遠物也；有新必薦，順時令也。苑囿之內，躬稼所收，蒐狩之時，親發所中，莫不割鮮擇美，薦而後食，盡誠敬也。若此至矣，復何加焉。但當申敕有司，祭如神在，無或簡怠，畾增虔誠。其進貢珍羞，或時物鮮美，考諸祠典，無有漏落。皆詳名目，編諸甲令，因宜而薦，以類相從。則新鮮肥濃，盡在是矣，不必加於籩豆之數也。至於祭器，隨物所宜。故太羹，古食也，盛於甄，甄，古器也；和羹，時饌也，盛於鉶，鉶，時器也。亦有古饌而盛於時器，故毛血盛於盤，玄酒盛於罇。未有薦時饌而追用古器者，由古質而今文，便於事也。雖加籩豆十二，未足以盡天下美物，而措諸清廟，有兼倍之名，近於侈矣。魯人丹桓宮之楹，又刻其桷，春秋書以「非禮」。御孫諫曰：「儉，德之恭也；侈，惡之大也。先君有恭德，而君納諸惡，無乃不可乎！」是不可以越禮而崇侈於宗廟也。又據漢書藝文志，「墨家之流，出於清廟，是以貴儉」。由此觀之，清廟之不尚於奢，舊矣。太常所請，恐未可行。

又按太常奏狀「今酌獻酒爵，制度全小，僅未一合，執持甚難，不可全依古制，猶望稍須廣大」者。竊據禮文，有以小爲貴者，獻以爵，貴其小也。小不及制，敬而非禮，是有司之失其傳也。固可隨失釐正，無待議而後革。然禮失於敬，猶奢而寧儉，非大過也。未知今制，何所依準。請兼詳令式，據文而行。

又按太常奏狀「外祖服請加至大功九月，舅服請加至小功五月，堂姨、堂舅、舅母請加至袒免」者。竊聞大道既隱，天下爲家，聖人因之，然後制禮。禮敎之設，本於正家；家道正而天下定矣。正家之道，不可以貳，總一之義，理歸本宗。所以父以尊崇，母以厭降，豈亡愛敬，宜存倫序。是以內有齊斬，外服皆緦，尊名所加，不過一等，此先王不易之道。前聖所志，後賢所傳，其來久矣。昔辛有適伊川，見被髮而祭於野者，曰：「不及百年，此其戎乎！其禮先亡矣。」往修新禮，時改舊章，漸廣渭陽之恩，不遵洙、泗之典。及弘道之後，唐元之間，國命再移於外族矣。禮亡徵兆，儻或斯見，天人之際，可不戒哉！開元初，補闕盧履冰嘗進狀論喪服輕重，敕令僉議。于時羣議紛拏，各安積習。太常禮部奏依舊定。陛下運稽古之明，特降別敕，一依古禮，事符典故，人知向方，式固宗盟，社稷之福。更圖異議，竊所未詳。

時職方郎中韋述、戶部郎中楊伯成、禮部員外郎楊沖昌、監門兵曹劉秩等，亦建議與沔相符。俄又令中書門下參詳爲定。於是宗廟之典，籩豆每座各加至六，親姨舅爲小功，舅母加緦麻，堂姨至袒免，餘依舊定，乃下制施行焉。沔既善禮經，朝廷每有疑議，皆取決焉。二十七年卒，時年六十七，贈禮部尚書。

陸南金，蘇州吳郡人也。祖士季，從同郡顧野王學左氏傳，兼通史記、漢書。隋末，爲越王侗記室兼侍讀。侗稱制，授著作郎。時王世充將行篡奪，侗不平之，謂士季曰：「隋有天下三十餘載，朝廷文武，遂無烈者乎？」士季對曰：「見危授命，臣之宿心。請因其啓事，便加手刃。」事頗洩，遂停士季侍讀。貞觀初，爲太學博士，兼弘文館學士，尋卒。

南金初爲奉禮郎。開元初，太常少卿盧崇道犯罪流嶺表，逃歸東都。時南金以母喪在家，崇道事急，假稱弔賓，造南金言其情，南金哀而納焉。崇道俄爲讎人所發，詔使侍御史王旭按其事，遂捕獲崇道，連引南金，旭遂繩以重法。

南金弟趙璧詣旭，自言藏崇道，請代兄死。南金固稱：「弟實自誣，身請當罪。」兄弟讓死，旭怪而問其故，趙璧曰：「兄是長嫡，又能幹家事。亡母未葬，小妹未嫁，自惟幼劣，生無所益，身自請死。」旭遂列上狀，上嘉其友義，並特宥之。南金由是大知名。南金頗涉經史，言行修謹，左丞相張說及宗人太子少保象先皆欽重之。累轉庫部員外郎，以疾，固辭不堪繁劇，轉爲太子洗馬。卒年五十餘。

張琇者，蒲州解人也。父審素，爲巂州都督，在邊累載。俄有糾其軍中贓罪，敕監察御史楊汪馳傳就軍按之。汪在路，爲審素黨與所劫，對汪殺告事者，脅汪令奏雪審素之罪。俄而州人翻殺審素之黨，汪始得還。至益州，奏稱審素謀反，因深按審素，構成其罪，斬之，籍沒其家。琇與兄瑝，以年幼坐徙嶺外。尋各逃歸，累年隱匿。汪後累轉殿中侍御史，改名萬頃。

開元二十三年，瑝、琇候萬頃於都城，挺刃殺之。瑝雖年長，其發謀及手刃，皆琇爲之。既殺萬頃，繫表於斧刃，自言報讎之狀。便逃奔，將就江外，殺與萬頃同謀構父罪者。行至汜水，爲捕者所獲。時都城士女，皆矜琇等幼稚孝烈，能復父讎，多言其合矜恕者。中書令張九齡又欲活之。裴耀卿、李林甫固言：「國法不可縱報讎。」上以爲然，因謂九齡等曰：「復讎雖禮法所許，殺人亦格律具存。孝子之情，義不顧命，國家設法，焉得容此。殺之成復讎之志，赦之虧律格之條。然道路諠議，故須告示。」乃下敕曰：「張瑝等兄弟同殺，推問款承。律有正條，俱各至死。近聞士庶，頗有諠詞，矜其爲父復讎，或言本罪冤濫。但國家設法，事在經久，蓋以濟人，期於止殺。各申爲子之志，誰非徇孝之夫，展轉相繼，相殺何限。咎繇作士，法在必行；曾參殺人，亦不可恕。不能加以刑戮，肆諸市朝，宜付河南府告示決殺。」

瑝、琇既死，士庶咸傷愍之，爲作哀誄，牓於衢路。市人斂錢，於死所造義井，并葬瑝、琇於北邙。又恐萬頃家人發之，并作疑塚數所。其爲時人所傷如此。

梁文貞，虢州閿鄉人。少從征役，比回而父母皆卒。文貞恨不獲終養，乃穿壙爲門，磴道出入，晨夕灑掃其中。結廬墓側，未嘗暫離。自是不言三十年，家人有所問，但畫字以對。其後山水衝斷驛路，更於原上開道，經文貞墓前。由是行旅見之，遠近莫不欽歎。有甘露降塋前樹，白兔馴擾，鄉人以爲孝感所致。開元初，縣令崔季友刊石以紀之。二十四年，刺史許景先奏：「文貞孝行絕倫，泣血廬墓三十餘年，請宣付史官。」是歲，御史大夫崔隱甫廷奏：「恆州鹿泉人李處恭、張義貞兩家祖父，自國初已來，異姓同居，至今三代，百有餘年。又青州北海人呂元簡，四代同居，至所畜牛馬羊狗，皆異母共乳。請加旌表，仍編入史館。」制皆許之。

崔衍，左丞倫之子。繼母李氏，不慈於衍。衍時爲富平尉，倫使于吐蕃，久方歸，李氏衣弊衣以見倫。倫問其故，李氏稱：「自倫使于蕃中，衍不給衣食。」倫大怒，召衍責詬，命僕隸拉于地，袒其背，將鞭之。衍涕泣，終不自陳。倫弟殷，聞之趨往，以身蔽衍，杖不得下。因大言曰：「衍每月俸錢，皆送嫂處，殷所具知，何忍乃言衍不給衣食！」倫怒乃解。由是倫遂不聽李氏之譖。及倫卒，衍事李氏益謹。李氏所生子部，每多取子母錢，使其主以契書徵負于衍。衍歲爲償之，故衍官至江州刺史，而妻子衣食無所餘。

後歷蘇、虢二州刺史。虢居陝、華二州之間，而稅重數倍。其青苗錢，華、陝之郊，畝出十有八；而虢之郊，每徵十之七。衍乃上其事，時裴延齡領度支，方務聚斂，乃給衍以前後刺史無言者。衍又上陳人困曰：「臣所治多是山田，且當郵傳衝要，屬歲不登，頗甚流離。舊額賦租，特望蠲減。臣伏見比來諸郡論百姓間事，患在長吏因循不爲申請，不詣實，不患朝廷不矜放。有以不言受譴者，未有言而獲罪者。陛下拔臣牧大郡，委臣撫疲民，臣所以不敢顧望，苟求自安，敢罄狂瞽，上干聖覽。」帝以衍詞理切直，乃特敕度支，令減虢州青苗錢。

遷宣歙池觀察使，政務簡便，人頗懷之。其所擇從事，多得名流。時有位者待賓僚率輕傲，衍獨加禮敬，幕中之士，後多顯達。貞元中，天下好進奉以結主恩，徵求聚斂，州郡耗竭，韋皐、劉贊、裴肅爲之首。贊死而衍代其位，衍雖不能驟革其弊，居宣州十年，頗勤

儉，府庫盈溢。及穆贊代衍，宣州歲饑，遂以錢四十二萬貫代百姓稅，故宣州人不至流散。貞元二十一年，詔加工部尚書。

丁公著，字平子，蘇州吳郡人。祖柬，父緒，皆不仕。公著生三歲，喪所親。七歲，見鄰母抱其子，哀感不食，因請於父，絕粒奉道，冀其幽贊，父憫而從之。年十七，父勉令就學。年二十一，五經及第。明年，又通開元禮，授集賢校書郎。秩未終，歸侍鄉里，不應請辟。居父喪，躬負土成墳，哀毀之容，人爲憂之，里閭聞風，皆敦孝悌。觀察使薛苹表其行〔八〕，詔賜粟帛，旌其門閭。淮南節度使李吉甫慕其才行，薦授太子文學，兼集賢殿校理。吉甫自淮南入相，廷薦其行，卽日授右補闕。遷集賢直學士，尋授水部員外郎，充皇太子及諸王侍讀。著皇太子及諸王訓十卷。轉駕部員外，仍兼舊職。

穆宗卽位，未及聽政，召居禁中，詢訪朝典，以宰相許之。公著陳情，詞意極切，超授給事中，賜紫金魚袋。未幾，遷工部侍郎，仍兼集賢殿學士，寵青宮之舊也。知吏部選事。公著知將欲大用，以疾辭退，因求外官，遂授浙江西道都團練觀察使。二年，授河南尹。皆以清靜爲理。改尙書右丞，轉兵部、吏部侍郎，遷禮部尙書、翰林侍講學士。上以浙西災寇，

詢求良帥，命檢校戶部尙書領之。詔賜米七萬石以賑給，浙民賴之。改授太常卿，以疾請歸鄉里，未至而終，年六十四。贈右僕射，廢朝一日。著禮志十卷。

公著淸儉守道，每得一官，未嘗不憂色滿容。年四十四喪室，以至終身，無妓妾聲樂之好。凶問至日，中外痛惜之。

羅讓字景宣。祖懷操。父珦，官至京兆尹。讓少以文學知名，舉進士，應詔對策高等，爲咸陽尉。丁父憂，服除，尙衣麻茹菜，不從四方之辟者十餘年。李鄘爲淮南節度使〔九〕，就其所居，請爲從事。除監察御史，轉殿中，歷尙書郎、給事中，累遷至福建觀察使、兼御史中丞，甚著仁惠。有以女奴遺讓者，讓問其所因，曰：「本某等家人。兄姊九人，皆爲官所賣，其留者唯老母耳。」讓慘然，焚其券書，以女奴歸其母。入爲散騎常侍。未幾，除江西都團練觀察使、兼御史大夫。年七十一卒。贈禮部尙書。

子劭京，字子峻，進士擢第，又登科。讓再從弟詠。詠子劭權，字昭衡，進士擢第。劭京、劭權知名於時，並歷淸貫。

贊曰：麒麟鳳凰，飛走之類。唯孝與悌，亦爲人瑞。表門賜爵，勸乃錫類。彼禽者梟，傷仁害義。

校勘記

〔一〕因相誡曰　「誡」字各本原作「讓」，據冊府卷八五二改。

〔二〕大理卿　各本原作「太禮卿」，據冊府卷六二三、新書卷一〇六趙弘智傳改。

〔三〕瀧州開陽人　「瀧州」，原作「隴州」，據本書卷四一地理志、新書卷一九五陳集原傳改。

〔四〕乾封尉　「尉」字各本原作「郡」，據冊府卷八五二、新書卷一二九裴守眞傳改。

〔五〕傳記　各本原作「博記」，據唐會要卷七改。

〔六〕輔抱素　「抱」字原作「鮑」，據唐會要卷七、新書卷一二九裴守眞傳改。

〔七〕景雲元年　「元」，原作「九」，按景雲無九年，新書卷一一六李日知傳作「景龍初」，合鈔卷二四五李日知傳作「景雲元年」。

〔八〕薛苹　各本原作「薛華」，據本書卷一八五下薛苹傳、新書卷一六四丁公著傳改。

〔九〕李鄘　各本原作「李獻」，據本書卷一五七李鄘傳、新書卷一九七羅珦傳改。

舊唐書卷一百八十九上

列傳第一百三十九上

儒學上

徐文遠　陸德明　曹憲 許淹　李善　公孫羅附　歐陽詢 子通
朱子奢　張士衡　賈公彥 李玄植附　張後胤　蓋文達 宗人文懿
谷那律　蕭德言　許叔牙 子子儒　敬播　劉伯莊 子之宏
秦景通　羅道琮

古稱儒學家者流，本出於司徒之官，可以正君臣，明貴賤，美教化，移風俗，莫若於焉。故前古哲王，咸用儒術之士，漢家宰相，無不精通一經，朝廷若有疑事，皆引經決定；由是人識禮教，理致昇平。近代重文輕儒，或參以法律，儒道既喪，淳風大衰，故近理國多劣

於前古。自隋氏道消，海內版蕩，彝倫攸斁，戎馬生郊，先代之舊章，往聖之遺訓，掃地盡矣。

及高祖建義太原，初定京邑，雖得之馬上，而頗好儒臣。以義寧三年五月，初令國子學置生七十二員，取三品已上子孫；太學置生一百四十員，取五品已上子孫；四門學生一百三十員，取七品已上子孫。上郡學置生六十員，中郡五十員，下郡四十員。上縣學並四十員，中縣三十員，下縣二十員。武德元年，詔皇族子孫及功臣子弟，於祕書外省別立小學。二年，詔曰：

盛德必祀，義存方策，達人命世，流慶後昆。建國君人，弘風闡教，崇賢彰善，莫尚於茲。自八卦初陳，九疇攸敍，徽章互垂[二]，節文不備。爰始姬旦，匡翊周邦，創設禮經，尤明典憲。啓生人之耳目，窮法度之本源，化起二南，業隆八百，豐功茂德，冠于終古。暨乎王道既衰，頌聲不作，諸侯力爭，禮樂陵遲。粵若宣父，天資睿哲，經綸齊、魯之內，揖讓洙、泗之間，綜理遺文，弘宣舊制。四科之教，歷代不刊；三千之文，風流無歇。惟茲二聖，道著羣生，守祀不修，明褒尚闕。朕君臨區宇，興化崇儒，永言先達，情深紹嗣。宜令有司於國子學立周公、孔子廟各一所，四時致祭。仍博求其後，具以名聞，詳考所宜，當加爵土。是以學者慕嚮，儒教聿興。

至三年，太宗討平東夏，海內無事，乃銳意經籍，於秦府開文學館，廣引文學之士，下詔以府屬杜如晦等十八人爲學士，給五品珍膳，分爲三番，更直宿于閣下。及即位，又於正殿之左，置弘文學館，精選天下文儒之士虞世南、褚亮、姚思廉等，各以本官兼署學士，令更日宿直。聽朝之暇，引入內殿，講論經義，商略政事，或至夜分乃罷。又召勳賢三品已上子孫，爲弘文館學生。貞觀二年，停以周公爲先聖，始立孔子廟堂於國學，以宣父爲先聖，顏子爲先師。大徵天下儒士，以爲學官。數幸國學，令祭酒、博士講論，畢，賜以束帛。學生能通一大經已上，咸得署吏。又於國學增築學舍一千二百間，太學、四門博士亦增置生員，其書算各置博士、學生，以備藝文，凡三千二百六十員。其玄武門屯營飛騎，亦給博士，授以經業，有能通經者，聽之貢舉。是時四方儒士，多抱負典籍，雲會京師。俄而高麗及百濟、新羅、高昌、吐蕃等諸國酋長，亦遣子弟請入於國學之內。鼓篋而升講筵者，八千餘人，濟濟洋洋焉，儒學之盛，古昔未之有也。

太宗又以經籍去聖久遠，文字多訛謬，詔前中書侍郎顏師古考定五經，頒於天下，命學者習焉。又以儒學多門，章句繁雜，詔國子祭酒孔穎達與諸儒撰定五經義疏，凡一百七十卷，名曰五經正義，令天下傳習。十四年，詔曰：「梁皇侃、褚仲都，周熊安生、沈重，陳沈文阿、周弘正、張譏，隋何妥、劉炫等，並前代名儒，經術可紀。加以所在學徒，多行其疏，宜加

優異，以勸後生。可訪其子孫見在者，錄名奏聞，當加引擢。」二十一年，又詔曰：「左丘明、卜子夏、公羊高、穀梁赤、伏勝、高堂生、戴聖、毛萇、孔安國、劉向、鄭衆、杜子春、馬融、盧植、鄭玄、服虔、何休、王肅、王弼、杜元凱、范甯等二十一人，並用其書，垂於國冑。既行其道，理合褒崇。自今有事太學，可與顏子俱配享孔子廟堂。」其尊重儒道如此。

高宗嗣位，政教漸衰，薄於儒術，尤重文吏。於是醇醲日去，華競日彰，猶火銷膏而莫之覺也。及則天稱制，以權道臨下，不吝官爵，取悅當時。其國子祭酒，多授諸王及駙馬都尉。準貞觀舊事，祭酒孔穎達等赴上日，皆講五經題。至是，諸王與駙馬赴上，唯判祥瑞按三道而已。至於博士、助教，唯有學官之名，多非儒雅之實。是時復將親祠明堂及南郊，又拜洛，封嵩嶽，將取弘文國子生充齋郎行事，皆令出身放選，前後不可勝數。因是生徒不復以經學爲意，唯苟希僥倖。二十年間，學校頓時隳廢矣。

玄宗在東宮，親幸太學，大開講論，學官生徒，各賜束帛。及即位，數詔州縣及百官薦舉經通之士。又置集賢院，招集學者校選，募儒士及博涉著實之流。以爲儒學篇。

徐文遠，洛州偃師人。陳司空孝嗣玄孫，其先自東海徙家焉。父徹，梁祕書郎，尚元帝女安昌公主而生文遠。屬江陵陷，被虜於長安，家貧無以自給。其兄休，鬻書爲事，文遠日

閱書于肆，博覽五經，尤精春秋左氏傳。時有大儒沈重講于太學，聽者常千餘人。文遠就質問，數日便去。或問曰：「何辭去之速？」答曰：「觀其所說，悉是紙上語耳，僕皆先已誦得之。至於奧賾之境，翻似未見。」有以其言告重者，重呼與議論，十餘反，重甚歎服之。

文遠方正純厚，有儒者風。竇威、楊玄感、李密皆從其受學。開皇中，累遷太學博士。詔令往并州，爲漢王諒講孝經、禮記。及諒反，除名。大業初，禮部侍郎許善心舉文遠與包愷、褚徽、陸德明、魯達爲學官，遂擢授文遠國子博士，愷等並爲太學博士。時人稱文遠之左氏、褚徽之禮、魯達之詩、陸德明之易，皆爲一時之最。文遠所講釋，多立新義，先儒異論，皆定其是非，然後詰駁諸家，又出己意，博而且辨，聽者忘倦。

後越王侗署爲國子祭酒。時洛陽饑饉，文遠出城樵採，爲李密軍所執。密令文遠南面坐，備弟子禮北面拜之。文遠曰：「老夫疇昔之日，幸以先王之道，仰授將軍。時經興替，倏焉已久。今將軍屬風雲之際，爲義衆所歸，權鎮萬物，威加四海，猶能屈體弘尊師之義，此將軍之德也，老夫之幸也。既荷茲厚禮，安不盡言乎，但未審將軍意耳！欲爲伊、霍繼絕扶傾，雖遲暮，猶願盡力；若爲莽、卓乘危迫險，則老夫耄矣，無能爲也。」密頓首曰：「昨奉朝命，垂拜上公，冀竭庸虛，匡奉國難。所以未朝見者，不測城內人情。且欲先征化及，報復冤恥，立功贖罪，然後凱旋，入拜天闕。此密之本意，惟先生教之。」文遠曰：「將軍名臣之

子，累顯忠節，前受誤於玄感，遂乃暫墜家聲。行迷未遠，而迴車復路，終於忠孝，用康家國，天下之人，是所望於將軍也。」密又頓首曰：「敬聞命矣，請奉以周旋。」及征化及還，而王世充已殺元文都等，權兵專制。密又問計於文遠，答曰：「王世充亦門人也，頗得識之。是人殘忍，意又褊促，既乘此勢，必有異圖。將軍前計爲不諧矣，非破王世充，不可朝覲。」密曰：「嘗謂先生儒者，不學軍旅之事，今籌大計，殊有明略。」

及密敗，復入東都，王世充給其廩食，而文遠盡敬，見之先拜。或問曰：「聞君踞見李密，而敬王公，何也？」答曰：「李密，君子也，能受酈生之揖；王公，小人也，有殺故人之義。相時而動，豈不然歟！」後王世充僭號，復以爲國子博士。因出樵採，爲羅士信獲之，送於京師，復授國子博士。武德六年，高祖幸國學，觀釋奠，遣文遠發春秋題，諸儒設難蜂起，隨方占對，皆莫能屈。封東莞縣男。年七十四，卒官。撰左傳音三卷、義疏六十卷。孫有功，自有傳。

陸德明，蘇州吳人也。初受學於周弘正，善言玄理。陳太建中，太子徵四方名儒，講于承光殿，德明年始弱冠，往參焉。國子祭酒徐克開講，恃貴縱辨，衆莫敢當，德明獨與抗對，合朝賞歎。解褐始興王國左常侍，遷國子助教。陳亡，歸鄉里。隋煬帝嗣位，以爲祕書學士。大業中，廣召經明之士，四方至者甚衆。遣德明與魯達[二]、孔褒俱會門下省，共相交難，無出其右者。授國子助教。王世充僭號，封其子爲漢王，署德明爲師，就其家，將行束脩之禮。德明恥之，因服巴豆散，臥東壁下。王世充子入，跪牀前，對之遺痢，竟不與語。遂移病於成皐，杜絕人事。

王世充平，太宗徵爲秦府文學館學士，命中山王承乾從其受業。尋補太學博士。後高祖親臨釋奠，時徐文遠講孝經，沙門惠乘講波若經，道士劉進喜講老子，德明難此三人，各因宗指，隨端立義，衆皆爲之屈。高祖善之，賜帛五十匹。貞觀初，拜國子博士，封吳縣男。尋卒。撰經典釋文三十卷、老子疏十五卷、易疏二十卷，並行於世。太宗後嘗閱德明經典釋文，甚嘉之，賜其家束帛二百段[三]。子敦信，龍朔中官至左侍極，同東西臺三品。

曹憲，揚州江都人也。仕隋爲祕書學士。每聚徒教授，諸生數百人。當時公卿已下，亦多從之受業。憲又精諸家文字之書，自漢代杜林、衞宏之後，古文泯絕，由憲此學復興。大業中，煬帝令與諸學者撰桂苑珠叢一百卷，時人稱其該博。憲又訓注張揖所撰博雅，分

爲十卷，煬帝令藏于祕閣。貞觀中，揚州長史李襲譽表薦之，太宗徵爲弘文館學士，以年老不仕，乃遣使就家拜朝散大夫，學者榮之。太宗又嘗讀書有難字，字書所闕者，錄以問憲，憲皆爲之音訓及引證明白，太宗甚奇之。年一百五歲卒。所撰文選音義，甚爲當時所重。初，江、淮間爲文選學者，本之於憲，又有許淹、李善、公孫羅復相繼以文選教授，由是其學大興於代。

許淹者，潤州句容人也。少出家爲僧，後又還俗。博物洽聞，尤精詁訓。撰文選音十卷。

李善者，揚州江都人。方雅淸勁，有士君子之風。明慶中，累補太子內率府錄事參軍、崇賢館直學士，兼沛王侍讀。嘗注解文選，分爲六十卷，表上之，賜絹一百二十匹，詔藏于祕閣。除潞王府記室參軍，轉祕書郎。乾封中，出爲經城令。坐與賀蘭敏之周密，配流姚州。後遇赦得還，以教授爲業，諸生多自遠方而至。又撰漢書辯惑三十卷。載初元年卒。子邕，亦知名。

公孫羅，江都人也。歷沛王府參軍，無錫縣丞。撰文選音義十卷，行於代。

歐陽詢，潭州臨湘人，陳大司空頠之孫也。父紇，陳廣州刺史，以謀反誅。詢當從坐，僅而獲免。陳尚書令江總與紇有舊，收養之，教以書計。雖貌甚寢陋，而聰悟絕倫，讀書即數行俱下，博覽經史，尤精三史。仕隋爲太常博士。高祖微時，引爲賓客。及即位，累遷給事中。詢初學王羲之書，後更漸變其體，筆力險勁，爲一時之絕，人得其尺牘文字，咸以爲楷範焉。高麗甚重其書，嘗遣使求之。高祖嘆曰：「不意詢之書名，遠播夷狄，彼觀其跡，固謂其形魁梧耶！」武德七年，詔與裴矩、陳叔達撰藝文類聚一百卷，奏之，賜帛二百段。貞觀初，官至太子率更令、弘文館學士，封渤海縣男。年八十餘卒。

子通，少孤，母徐氏教其父書。每遺通錢，紿云：「賀汝父書迹之直。」通慕名甚銳，晝夜精力無倦，遂亞於詢。儀鳳中，累遷中書舍人。丁母憂，居喪過禮。起復本官，每入朝，必徒跣至皇城門外。直宿在省，則席地藉藁。非公事不言，亦未嘗啓齒。歸家必衣縗絰，號慟無恆。自武德已來，起復後而能哀感合禮者，無與通比。年凶未葬，四年居廬不釋服，家人多月密以氈絮置所眠席下，通覺，大怒，遽令徹之。五遷，垂拱中至殿中監，賜爵渤海子。天授元年，封夏官尚書。二年，轉司禮卿，判納言事。爲相月餘，會鳳閣舍人張嘉福等請立

武承嗣爲皇太子，通與岑長倩固執以爲不可，遂忤諸武意，爲酷吏所陷，被誅。神龍初，追復官爵。

朱子奢，蘇州吳人也。少從鄉人顧彪習春秋左氏傳，後博觀子史，善屬文。隋大業中，直祕書學士。及天下大亂，辭職歸鄉里，尋附于杜伏威。武德四年，隨伏威入朝，授國子助教。貞觀初，高麗、百濟同伐新羅，連兵數年不解，新羅遣使告急。乃假子奢員外散騎侍郎充使，喻可以釋三國之憾，雅有儀觀，東夷大欽敬之，三國王皆上表謝罪，賜遺甚厚。初，子奢之出使也，太宗謂曰：「海夷頗重學問，卿爲大國使，必勿藉其束脩，爲之講說。使還稱旨，當以中書舍人待卿。」子奢至其國，欲悅夷虜之情，遂爲發春秋左傳題，又納其美女之贈。使還，太宗責其違旨，猶惜其才，不至深譴，令散官直國子學。轉諫議大夫、弘文館學士，遷國子司業，仍爲學士。子奢風流蘊藉，頗滑稽，又輔之以文義，由是數蒙宴遇，或使論難於前。十五年卒。

張士衡，瀛州樂壽人也。父之慶，齊國子助教。士衡九歲喪母，哀慕過禮，父友齊國子博士劉軌思見之〔一〕，每爲掩泣，謂其父曰：「昔伯饒號『張曾子』，亦豈能遠過！吾聞君子不親教，當爲成就之。」及長，軌思授以毛詩、周禮，又從熊安生及劉焯受禮記，皆精究大義。此後徧講五經，尤攻三禮。仕隋爲餘杭令，後以年老歸鄉里。

貞觀中，幽州都督燕王靈夔備玄纁束帛之禮，就家迎聘，北面師之。庶人承乾在東宮，又加旌命。及至洛陽宮謁見，太宗延之升殿，賜食，擢授朝散大夫、崇賢館學士。承乾見之，問以齊氏滅亡之由緒，對曰：「齊後主悖虐無度，昵近小人，至如高阿那瓌、駱提婆、韓長鸞等，皆奴僕下才，凶險無賴，是信是使，以爲心腹。誅害忠良，疏忌骨肉。窮極奢靡，剝喪黎元。所以周師臨郊，人莫爲用，以至覆滅，實此之由。」承乾又問曰：「布施營功德，有果報不？」對曰：「事佛在於清淨無欲，仁恕爲心。如其貪婪無厭，驕虐是務，雖復傾財事佛，無救目前之禍。且善惡之報，若影隨形，此是儒書之言，豈徒佛經所說。是爲人君父，當須仁慈；爲人臣子，宜盡忠孝。仁慈忠孝，則福祚攸永；如或反此，則殃禍斯及。此理昭然，願殿下勿爲憂慮。」及承乾廢黜，敕給乘傳，令歸本鄉。十九年卒。

士衡既禮學爲優，當時受其業擅名於時者，唯賈公彥爲最焉。

賈公彥，洺州永年人。永徽中，官至太學博士。撰周禮義疏五十卷、儀禮義疏四十卷。子大隱，官至禮部侍郎。

時有趙州李玄植，又受三禮於公彥，撰三禮音義行於代。玄植兼習春秋左氏傳於王德韶，受毛詩於齊威，博涉漢史及老、莊諸子之說。貞觀中，累遷太子文學、弘文館直學士。高宗時，屢被召見，與道士、沙門在御前講說經義，玄植辨論甚美，申規諷，帝深禮之。後坐事左遷汜水令，卒官。

張後胤，蘇州崑山人也。父中，有儒學，隋漢王諒出牧并州，引爲博士。後胤從父在并州，以學行見稱。時高祖鎮太原，引居賓館。太宗就受春秋左氏傳。武德中，累除燕王諮議參軍。貞觀中，後胤上言：「陛下昔在太原，問臣：『隋氏運終，何族當得天下？』臣奉對：『李姓必得。公家德業，天下繫心，若於此首謀，長驅關右，以圖帝業，孰不幸賴！』此實微臣早識天命。」太宗曰：「此事並記之耳。」因詔入賜宴，言及平昔，從容謂曰：「今弟子何

如？」後胤對曰：「昔孔子領徒三千，達者無子男之位。臣翼贊一人，爲萬乘主，計臣功逾於先聖。」太宗甚悅，賜良馬五匹，拜燕王府司馬，遷國子祭酒，轉散騎常侍。永徽初，請致仕，加金紫光祿大夫，給賜並同職事。卒贈禮部侍郎，陪葬昭陵。

蓋文達，冀州信都人也。博涉經史，尤明三傳。性方雅，美鬚貌，有士君子之風。刺史竇抗嘗廣集儒生，令相問難，其大儒劉焯、劉軌思、孔穎達咸在坐，文達亦參焉。既論難，皆出諸儒意表，抗大奇之，問曰：「蓋生就誰受學？」劉焯對曰：「此生岐嶷，出自天然。以多問寡，焯爲師首。」抗曰：「可謂冰生於水而寒於水也。」武德中，累授國子助教。太宗在藩，召爲文學館直學士。貞觀十年，遷諫議大夫，兼弘文館學士。十三年，除國子司業。俄拜蜀王師，以王有罪，坐免。十八年，授崇賢館學士。尋卒。其宗人文懿，亦以儒業知名，當時稱爲「二蓋」焉。

文懿者，貝州宗城人也(五)。武德初，歷國子助教。時高祖別於祕書省置學(六)，教授王公之子，時以文懿爲博士。文懿嘗開講毛詩，發題，公卿咸萃，更相問難，文懿發揚風雅，

甚得詩人之致。貞觀中，卒於國子博士。

谷那律，魏州昌樂人也。貞觀中，累補國子博士。黃門侍郎褚遂良稱爲「九經庫」。尋遷諫議大夫，兼弘文館學士。嘗從太宗出獵，在途遇雨，因問：「油衣若爲得不漏？」那律曰：「能以瓦爲之，必不漏矣。」意欲太宗不爲畋獵。太宗悅，賜帛二百段。永徽初卒官。

蕭德言，雍州長安人，齊尚書左僕射思話玄孫也。本蘭陵人，陳亡，徙關中。祖介，梁侍中、都官尚書；父引，陳吏部侍郎，並有名於時。德言博涉經史，尤精春秋左氏傳，好屬文。貞觀中，除著作郎，兼弘文館學士。德言晚年尤篤志於學，自晝達夜，略無休倦。每欲開五經，必束帶盥濯，危坐對之。妻子候間請曰：「終日如是，無乃勞乎？」德言曰：「敬先聖之言，豈憚如此。」時高宗爲晉王，詔德言授經講業。及升春宮，仍兼侍讀。尋以年老，請致仕，太宗不許，又遺之書曰：「朕歷觀前代，詳覽儒林，至於顏、閔之才，不終其壽；游、夏之德，不逮其學。惟卿幼挺珪璋，早標美譽。下帷閉戶，包括六經；映雪聚螢，牢籠百氏。自隋季版蕩，庠序無聞，儒道墜泥塗，詩書填坑穽。眷言墳典，每用傷懷。頃年已來，天下無事，方欲建禮作樂，偃武修文。卿年齒已衰，教將何恃！所冀才德猶茂，臥振高風，使濟南伏生，重在於茲日；關西孔子，故顯於當今。令問令望，何其美也！念卿疲朽，何以可言。」尋賜爵封陽縣侯(七)。十七年，拜祕書少監。兩宮禮賜甚厚。二十三年，累表請致仕，許之。高宗嗣位，以師傅恩，加銀青光祿大夫。永徽五年，卒于家，年九十七。高宗爲之輟朝，贈太常卿。文集三十卷。曾孫至忠，自有傳。

許叔牙，潤州句容人。少精於毛詩、禮記，尤善諷詠。貞觀初，累授晉王文學兼侍讀，尋遷太常博士。升春宮，加朝散大夫，遷太子洗馬，兼崇賢館學士，仍兼侍讀。嘗撰毛詩纂義十卷，以進皇太子，太子賜帛百段，兼令寫本付司經局。御史大夫高智周嘗謂人曰：「凡欲言詩者，必須先讀此書。」貞觀二十三年卒。子子儒。

子儒，亦以學藝稱。長壽中，官至天官侍郎、弘文館學士。子儒居選部，不以藻鑑爲意，委令史句直，以爲腹心，注官之次，子儒但高枕而臥，時云「句直平配」。由是補授失序，

無復綱紀，道路以爲口實。其所註史記，竟未就而終。

敬播，蒲州河東人也。貞觀初，舉進士。俄有詔詣祕書內省佐顏師古、孔穎達修隋史，尋授太子校書。史成，遷著作郎，兼修國史。與給事中許敬宗撰高祖、太宗實錄，自創業至于貞觀十四年，凡四十卷。奏之，賜物五百段。太宗之破高麗，名所戰六山爲駐蹕，播謂人曰：「聖人者，與天地合德，山名駐蹕，此蓋以鑾輿不復更東矣。」卒如所言。時梁國公房玄齡深稱播有良史之才，曰：「陳壽之流也。」玄齡以顏師古所注漢書，文繁難省，令播撮其機要，撰成四十卷，傳於代。尋以撰實錄功，遷太子司議郎。時初置此官，極爲清望。中書令馬周歎曰：「所恨資品妄高，不獲歷居此職。」參撰晉書，播與令狐德棻、陽仁卿、李嚴等四人總其類。

會刑部奏言：「準律：謀反大逆，父子皆坐死，兄弟處流。此則輕而不懲，望請改從重法。」制遣百僚詳議。播議曰：「昆季孔懷，天倫雖重，比於父子，性理已殊。生有異室之文，死有別宗之義。今有高官重爵，本蔭唯逮子孫；胙土錫珪，餘光不及昆季。豈有不沾其蔭，輒受其辜，背禮違情，殊爲太甚。必期反茲春令，踵彼秋荼，創次骨於道德之辰，建深文於

措刑之日，臣將以爲不可。」詔從之。

永徽初，拜著作郎。與許敬宗等撰西域圖。後歷諫議大夫、給事中，並依舊兼修國史。又撰太宗實錄，從貞觀十五年至二十三年，爲二十卷，奏之，賜帛三百段。後坐事出爲越州都督府長史。龍朔三年，卒官。播又著隋略二十卷。

劉伯莊，徐州彭城人也。貞觀中，累除國子助教。與其舅太學博士侯孝遵齊爲弘文館學士，當代榮之。尋遷國子博士，其後又與許敬宗等參修文思博要及文館詞林。龍朔中，兼授崇賢館學士。撰史記音義、史記地名、漢書音義各二十卷，行於代。

子之宏，亦傳父業。則天時，累遷著作郎，兼修國史。卒於相王府司馬。睿宗即位，以故吏贈祕書少監。

秦景通，常州晉陵人也。與弟暐尤精漢書，當時習漢書者皆宗師之，常稱景通爲大秦

君，暐爲小秦君。若不經其兄弟指授，則謂之「不經師匠，無足採也」。景通，貞觀中累遷太子洗馬，兼崇賢館學士。爲漢書學者，又有劉納言(八)，亦爲當時宗匠。

納言，乾封中歷都水監主簿，以漢書授沛王賢。及賢爲皇太子，累遷太子洗馬，兼充侍讀。常撰俳諧集十五卷以進太子。及東宮廢，高宗見而怒之，詔曰：「劉納言收其餘藝，參侍經史，自府入宮，久淹歲月，朝遊夕處，竟無匡贊。闕忠孝之良規，進詼諧之鄙說，儲宮敗德，抑有所由。情在好生，不忍加戮，宜從屏棄，以勵將來。可除名。」後又坐事配流振州而死。

羅道琮，蒲州虞鄉人也。祖順，武德初爲興州刺史。勤於學業，而慷慨有節義。貞觀末，上書忤旨，配流嶺表。時有同被流者，至荊、襄間病死，臨終，泣謂道琮曰：「人生有死，所恨委骨異壤。」道琮曰：「我若生還，終不獨歸棄卿於此。」瘞之路左而去。歲餘，遇赦得還，至殯所，屬霖潦瀰漫，屍柩不復可得。道琮設祭慟哭，告以欲與俱歸之意，若有靈者，幸相警示。言訖，路側水中，忽然湧沸。道琮又呪云：「若所沸處是，願更令一沸。」呪訖，又沸。道琮便取得其屍，銘誌可驗，遂負之還鄉。當時識者稱道琮誠感所致。道琮尋以明經登第。高宗末，官至太學博士。每與太學助教康國安、道士李榮等講論，爲時所稱。尋卒。

校勘記

(一) 徽章互垂　合鈔卷二四六儒學傳「垂」字作「乖」。

(二) 魯達　「達」字各本原無，據冊府卷五九七補。

(三) 賜其家束帛　「家」字各本原無，據御覽卷六〇一、冊府卷六〇一補。

(四) 國子博士　「子」字各本原無，據冊府卷八一一補。

(五) 宗城　各本原作「宋城」，據本書卷三九地理志、冊府卷五九七改。

(六) 高祖　各本原作「高宗」，上文明言武德初，當作「高祖」，冊府卷五九七、新書卷一九八蓋文達傳正作「高祖」，據改。

(七) 封陽縣侯　新書卷一九八蕭德言傳作「封武陽縣侯」。

(八) 劉納言　御覽卷六〇一、新書卷一九八敬播傳作「劉訥言」。

舊唐書卷一百八十九下

列傳第一百三十九下

儒學下

邢文偉　高子貢　郎餘令　路敬淳　王元感　王紹宗　韋叔夏
祝欽明　郭山惲　柳沖　盧粲　尹知章孫季良附　徐岱
蘇弁兄袞 冕　陸質　馮伉　韋表微　許康佐

邢文偉，滁州全椒人也。少與和州高子貢、壽州裴懷貴俱以博學知名於江、淮間。咸亨中，累遷太子典膳丞。時孝敬在東宮，罕與宮臣接見，文偉輒減膳，上書曰：「臣竊見禮戴記曰：『太子既冠成人，免於保傅之嚴，則有司過之史，徹膳之宰。史之義，不得不司過；宰之義，不得不徹膳，不徹膳則死〔一〕。』今皇帝式稽前典，妙簡英俊，自庶子已下，至司議〔二〕、舍

人及學士、侍讀等，使翼佐殿下，以成聖德。近日已來，未甚延納，談議不狎，謁見尚稀，三朝之後，但與內人獨居，何由發揮聖智，使睿哲文明者乎？今史雖闕官，宰當奉職，忝備所司，未敢逃死，謹守禮經，輒申減膳。」太子答書曰：「顧以庸虛，早尚墳典，每欲研精政術，極意書林。但往在幼年，未閑將衛，竭誠耽誦，因即損心。比日以來，風虛更積，中奉恩旨，不許重勞。加以趨侍含元，溫凊朝夕，承親以無專之道，遵禮以色養爲先。所以屢闕坐朝，時乖學緒。公潛申勗戒，聿薦忠規，敬尋來請，良符宿志。自非情思審諭，義均弼諧，豈能進此藥言，形於簡墨！撫躬三省，感愧兼深。」文偉自是益知名。

其後右史缺官，高宗謂侍臣曰：「邢文偉事我兒，能減膳切諫，此正直人也。」遂擢拜右史。則天臨朝，累遷鳳閣侍郎，兼弘文館學士。載初元年，遷內史。天授初，內史宗秦客以姦贓獲罪，文偉坐附會秦客，貶授珍州刺史。後有制使至其州境，文偉以爲殺己，遽自縊而死。

高子貢者，和州歷陽人也。弱冠遊太學，徧涉六經，尤精史記。與文偉及亳州朱敬則爲莫逆之交。明經舉，歷祕書正字、弘文館直學士。鬱鬱不得志，棄官而歸。屬徐敬業作

亂於揚州，遣弟敬猷統兵五千人，緣江西上，將逼和州。子貢率鄉曲數百人拒之，自是賊不敢犯。以功擢授朝散大夫，拜成均助教。虢王鳳之子東莞公融，曾爲和州刺史，從子貢受業，情義特深。及融爲申州，陰懷異志，令黃公譔結交於子貢，推爲謀主，潛謀密議，書信往復，諸王內外相應，皆出自其策。尋而事發，被誅。

郎餘令，定州新樂人也。祖楚之，少與兄蔚之，俱有重名。隋大業中，蔚之爲左丞，楚之爲尚書民曹郎，煬帝重其兄弟，稱爲二郎。楚之，武德初爲大理卿，與太子少保李綱、侍中陳叔達撰定律令。後受詔招諭山東，爲竇建德所獲，脅以兵刃，又誘以厚利，楚之竟不爲屈。及還，以年老致仕。貞觀初卒，時年八十。餘令父知運，貝州刺史；兄餘慶，高宗時萬年令，理有威名，京城路不拾遺，後卒於交州都督。

餘令少以博學知名，舉進士。初授霍王元軌府參軍，數上詞賦，元軌深禮之。先是，餘令從父知年爲霍王友，亦見推仰。元軌謂人曰：「郎氏兩賢，人之望也。」相次入府，不意培塿而松柏成林。」轉幽州錄事參軍。時有客僧聚衆欲自焚，長史裴照率官屬欲往觀之。餘令曰：「好生惡死，人之性也。違越教義，不近人情。明公佐守重藩，須察其姦詐，豈得輕

舉，觀此妖妄。」照從其言，因收僧按問，果得詐狀。孝敬在東宮，餘令續梁元帝孝德傳，撰孝子後傳三十卷以獻，甚見嗟重。累轉著作佐郎。撰隋書未成，會病卒，時人甚痛惜之。

路敬淳，貝州臨清人也。父文逸。隋大業末，闔門遇盜，文逸潛匿草澤，晝伏於死人中，夜行避難。自傷窮梗，閉口不食。同侶閔其謹愿，勸以不當滅性，捃拾以食之，遞負之而行，遂免於難。貞觀末，官至申州司馬。

敬淳與季弟敬潛俱早知名。敬淳尤勤學，不窺門庭，徧覽墳籍，而孝友篤敬。遭喪，三年不出廬寢。服免，方號慟入見其妻，形容羸毁，妻不之識也。後舉進士。天授中，歷司禮博士、太子司議郎，兼修國史，仍授崇賢館學士。數受詔修緝吉凶雜儀，則天深重之。萬歲通天二年，坐與綦連耀結交，下獄死。敬淳尤明譜學，盡能究其根源枝派，近代已來，無及之者。撰著姓略記十卷，行於時。又撰衣冠本系，未成而死。神龍初，追贈祕書少監。敬潛仕至中書舍人。

王元感，濮州鄄城人也。少舉明經，累補博城縣丞。兗州都督、紀王慎深禮之，命其子東平王續從元感受學。天授中，稍遷左衞率府錄事，兼直弘文館。是後則天親祠南郊及享明堂，封嵩嶽，元感皆受詔共諸儒撰定儀注，凡所立議，衆咸推服之。轉四門博士，仍直弘文館。元感時雖年老，猶能燭下看書，通宵不寐。長安三年，表上其所撰尚書糾謬十卷、春秋振滯二十卷、禮記繩愆三十卷，并所注孝經、史記稿草，請官給紙筆，寫上祕書閣。詔令弘文、崇賢兩館學士及成均博士詳其可否。學士祝欽明、郭山惲、李憲等皆專守先儒章句，深譏元感掎摭舊義，元感隨方應答，竟不之屈。鳳閣舍人魏知古、司封郎中徐堅、左史劉知幾、右史張思敬，雅好異聞，每爲元感申理其義，連表薦之。尋下詔曰：「王元感質性溫敏，博聞強記，手不釋卷，老而彌篤。掎前達之失，究先聖之旨，是謂儒宗，不可多得。可太子司議郎，兼崇賢館學士。」魏知古嘗稱其所撰書曰：「信可謂五經之指南也。」中宗卽位，以春宮舊僚，進加朝散大夫，拜崇賢館學士。尋卒。

王紹宗，揚州江都人也，梁左民尚書銓曾孫也，其先自琅邪徙焉。紹宗少勤學，徧覽經史，尤工草隸。家貧，常傭力寫佛經以自給，每月自支錢足卽止，雖高價盈倍，亦卽拒之。

寓居寺中，以清淨自守，垂三十年。文明中，徐敬業於揚州作亂，聞其高行，遣使徵之，紹宗稱疾固辭。又令唐之奇親詣所居逼之，竟不起。敬業大怒，將殺之，之奇曰：「紹宗人望，殺之恐傷士衆之心。」由是獲免。及賊平，行軍大總管李孝逸以其狀聞，則天驛召赴東都，引入禁中，親加慰撫，擢拜太子文學，累轉祕書少監，仍侍皇太子讀書。紹宗性澹雅，以儒素見稱，當時朝廷之士，咸敬慕之。張易之兄弟，亦加厚禮。易之伏誅，紹宗坐以交往見廢，卒于鄉里。

韋叔夏，尚書左僕射安石兄也。少而精通三禮，其叔父太子詹事琨嘗謂曰：「汝能如是，可以繼丞相業矣。」舉明經。調露年，累除太常博士。後屬高宗崩，山陵舊儀多廢缺，叔夏與中書舍人賈太隱、太常博士裴守貞等，草創撰定，由是授春官員外郎。則天將拜洛及享明堂，皆別受制，共當時大儒祝欽明、郭山惲撰定儀注。凡所立議，衆咸推服之。累遷成均司業。久視元年，特下制曰：「吉凶禮儀，國家所重，司禮博士，未甚詳明。成均司業韋叔夏、太子率更令祝欽明等，博涉禮經，多所該練，委以參掌，冀弘典式。自今司禮所修儀注，並委叔夏等刊定訖，然後進奏。」長安四年，擢春官侍郎。神龍初，轉太常少卿，充建立廟社使。以功進銀青光祿大夫。三年，拜國子祭酒。累封沛國郡公。卒時年七十餘。撰五禮要記三十卷，行於代。贈兗州都督、修文館學士，謚曰文。子縚，太常卿。

祝欽明，雍州始平人也。少通五經，兼涉衆史百家之說。舉明經。長安元年，累遷太子率更令，兼崇文館學士。中宗在春宮，欽明兼充侍讀。二年，遷太子少保。中宗卽位，以侍讀之故，擢拜國子祭酒、同中書門下三品，加位銀青光祿大夫，歷刑部、禮部二尚書，兼修國史，仍舊知政事，累封魯國公，食實封三百戶。尋以匿忌日，爲御史中丞蕭至忠所劾，貶授申州刺史。久之，入爲國子祭酒。景龍三年，中宗將親祀南郊，欽明與國子司業郭山惲二人奏言皇后亦合助祭，遂建議曰：

謹按周禮，天神曰祀，地祇曰祭，宗廟曰享。大宗伯職曰：「祀大神，祭大祇，享大鬼，理其大禮。若王有故不預，則攝位。凡大祭祀，王后不預，則攝而薦豆籩，徹。」又追師職：「掌王后之首服，以待祭祀。」又內司服職：「掌王后之六服。凡祭祀，供后之衣服。」又九嬪職：「大祭祀，后祼獻則贊，瑤爵亦如之。」據此諸文，卽皇后合助皇帝祀天

神、祭地祇，明矣。故鄭玄注內司服云：「闕狄，皇后助王祭羣小祀之服。」然則小祀尚助王祭，中、大推理可知。闕狄之上，猶有兩服：第一褘衣，第二搖狄，第三闕狄。此三狄，皆助祭之服。闕狄卽助祭小祀，卽知搖狄助祭中祀，褘衣助祭大祀。鄭舉一隅，故不委說。唯祭宗廟，周禮王有兩服，先王衮冕，先公鷩冕。鄭玄因此以后助祭宗廟，亦分兩服，云：「褘衣助祭先王，搖狄助祭先公。」不言助祭天地社稷，自宜三隅而反。

且周禮正文「凡祭，王后不預」，既不專言宗廟，卽知兼祀天地，故云「凡」也。又春秋外傳云：「禘郊之事，天子親射其牲，王后親舂其粢。」故代婦職但云：「詔王后之禮事」，不主言宗廟也。若專主宗廟者，則內宗、外宗職皆言「掌宗廟之祭祀」。此皆禮文分明，不合疑惑。

舊說以天子父天、母地，兄日、姊月，所以祀天於南郊，祭地於北郊，朝日於東門之外，以昭事神，訓人事，君必躬親以禮之〔三〕，有故然後使攝，此其義也。禮記祭統曰：「夫祭也者，必夫婦親之，所以備內外之官也。官備則具備。」又，「哀公問於孔子曰：『冕而親迎，不已重乎？』孔子愀然作色而對曰：『合二姓之好，以繼先聖之後，以爲天地宗廟社稷之主，君何謂已重焉！』」又漢書郊祀志云：「天地合祭，先祖配天，先妣配地。天地合精，夫婦判合。祭天南郊，則以地配，一體之義也。」據此諸文，卽知皇后合助

祭，望請別修助祭儀注同進。

帝頗以爲疑，召禮官親問之。太常博士唐紹、蔣欽緒對曰：「皇后南郊助祭，於禮不合。但欽明所執，是祭宗廟禮，非祭天地禮。謹按魏、晉、宋及齊、梁、周、隋等歷代史籍，至於郊天祀地，並無皇后助祭之事。」帝令宰相取兩家狀對定。欽緒與唐紹及太常博士彭景直又奏議曰：

周禮凡言祭、祀、享三者，皆祭之互名，本無定義。何以明之？按周禮典瑞職云：「兩珪有邸，以祀地。」則祭地亦稱祀也。又司筵云：「設祀先王之胙席。」則祭宗廟亦稱祀也。又內宗職云：「掌宗廟之祭祀。」此又非獨天稱祀，地稱祭也。又按禮記云：「惟聖爲能享帝。」此卽祀天帝亦言享也。又按孝經云：「春秋祭祀，以時思之。」此卽宗廟亦言祭祀也。經典此文，不可備數。據此則欽明所執天曰祀，地曰祭，廟曰享，未得爲定明矣。又周禮凡言大祭祀者，祭天地宗廟之總名，不獨天地爲大祭也。何以明之？按鬱人職云〔三〕：「大祭祀，與量人授舉斝之卒爵。」尸與斝，皆宗廟之事，則宗廟亦稱大祭祀。又欽明狀引九嬪職：「大祭祀，后祼獻則贊瑤爵。」據祭天無祼，亦無瑤爵，此乃宗廟稱大祭祀之明文。欽明所執大祭祀卽爲祭天地，未得爲定明矣。

又周禮大宗伯職云：「凡大祭祀，王后有故不預，則攝而薦豆籩，徹。」欽明唯執此

文，以爲王后有祭天地之禮。欽緒等據此，乃是王后薦宗廟之禮，非祭天地之事。何以明之？按此文：「凡祀大神，祭大祇，享大鬼，帥執事而卜日宿，視滌濯，涖玉鬯，省牲鑊，奉玉齍，制大號，理其大禮，制相王之大禮。若王不與祭祀，則攝位。」此已上一「凡」，直是王兼祭天地宗廟之事，故通言大神、大祇、大鬼之祭也。已下文云：「凡大祭祀，王后不與，則攝而薦豆籩，徹。」此一「凡」，直是王后祭廟之事，故唯言大祭祀也。若云王后助祭天地，不應重起「凡大祭祀」之文也。爲嫌王后有祭天地之疑，故重起後「凡」以別之耳。王后祭廟，自是大祭祀，何故取上「凡」相王之禮，以混下「凡」王后祭宗廟之文？此是本經科段明白。

又按周禮「外宗掌宗廟之祭祀，佐王后薦玉豆。凡后之獻，亦如之。王后有故不預，則宗伯攝而薦豆籩。」外宗無佐祭天地之禮。但天地尙質，宗廟尙文。玉豆，宗廟之器，初非祭天所設。請問欽明，若王后助祭天地，在周禮使何人贊佐？若宗伯攝后薦豆祭天，又合何人贊佐？並請明徵禮文，卽知攝薦是宗廟之禮明矣。

按周禮司服云：「王祀昊天上帝，則服大裘而冕。享先王，則袞冕。」內司服「掌王后祭服」，無王后祭天之服。按三禮義宗明王后六服，謂褘衣、搖翟、闕翟、鞠衣、展衣、褖衣。「褘衣從王祭先王則服之，搖翟祭先公及饗諸侯則服之，鞠衣以采桑則服之，展衣以禮見王及見賓客則服之，褖衣燕居服之。」王后無助祭於天地之服，但自先王已下。又三禮義宗明后夫人之服云〔三〕：「后不助祭天地五嶽，故無助天地四望之服。」按此，則王后無祭天之服明矣。三禮義宗明王后五輅，謂重翟、厭翟、安車、翟車、輦車也。「重翟者，后從王祭先王先公所乘也；厭翟者，后從王饗諸侯所乘也；安車者，后宮中朝夕見於王所乘也；翟車者，后求桑所乘也；輦車者，后遊宴所乘也。」按此，則王后無祭天之車明矣。

又禮記郊特牲義贊云：「祭天無祼。鄭玄注云：『唯人道宗廟有祼。天地大神，至尊不祼。』圜丘之祭，與宗廟祫同。朝踐，王酌泛齊以獻，是一獻。后無祭天之事，大宗伯次酌醴齊以獻，是爲二獻。」按此，則祭圜丘，大宗伯次王爲獻，非攝王后之事。欽明等所執王后有故不預，則宗伯攝薦豆籩，更明攝王后宗廟之薦，非攝天地之祀明矣。

欽明建議引禮記祭統曰「夫祭也者，必夫婦親之」。按此，是王與后祭宗廟之禮，非關祀天地之義。按漢、魏、晉、宋、後魏、齊、梁、周、陳、隋等歷代史籍，興王令主，郊天祀地，代有其禮，史不闕書，並不見往代皇后助祭之事。又高祖神堯皇帝、太宗文武聖皇帝南郊祀天，無皇后助祭處。高宗天皇大帝永徽二年十一月辛酉親有事于南郊，又總章元年十二月丁卯親拜南郊，亦並無皇后助祭處。又按大唐禮，亦無皇后南郊助祭

之禮。

欽緒等幸忝禮官，親承聖問，竭盡聞見，不敢依隨。伏以主上稽古，志遵舊典，所議助祭，實無明文。

時尙書左僕射韋巨源又希旨，協同欽明之議。上納其言，竟以后爲亞獻，仍補大臣李嶠等女爲齋娘，以執籩豆。及禮畢，特詔齋娘有夫壻者，咸爲改官。

景雲初，侍御史倪若水劾奏欽明及郭山惲曰：「欽明等本自腐儒，素無操行，崇班列爵，實爲叨忝，而涓塵莫効，諂佞爲能。遂使曲臺之禮，圜丘之制，百王故事，一朝墜失。所謂亂常改作，希旨病君，人之不才，遂至於此。今聖明馭曆，賢良入用，惟茲小人，猶在朝列。臣請並從黜放，以肅周行。」於是左授欽明饒州刺史。後入爲崇文館學士。尋卒。

郭山惲，蒲州河東人。少通三禮。景龍中，累遷國子司業。時中宗數引近臣及修文學士，與之宴集，嘗令各効伎藝，以爲笑樂。工部尙書張錫爲談容娘舞，將作大匠宗晉卿舞渾脫，左衞將軍張洽舞黃麞，左金吾衞將軍杜元琰誦婆羅門呪，給事中李行言唱駕車西河，中書舍人盧藏用効道士上章。山惲獨奏曰：「臣無所解，請誦古詩兩篇。」帝從之，於是誦鹿

鳴、蟋蟀之詩。奏未畢，中書令李嶠以其詞有「好樂無荒」之語，頗涉規諷，怒爲忤旨，遽止之。翌日，帝嘉山惲之意，詔曰：「郭山惲業優經史，識貯古今，八索、九丘，由來徧覽；前言往行，實所該詳。昨者因其豫遊，式宴朝彥，既乘歡洽，咸使詠歌。遂能志在匡時，潛申規諷，謇謇之誠彌切，諤諤之操逾明。宜示褒揚，美茲鯁直。」賜時服一副。尋與祝欽明同獻皇后助祭郊祀之議。景雲中，左授括州長史。開元初，復入爲國子司業。卒于官。

柳沖，蒲州虞鄉人也，隋饒州刺史莊曾孫也。其先仕江左，世居襄陽。陳亡，還鄉里。父楚賢，大業末爲河北縣長。時堯君素固守郡城，以拒義師。楚賢進說曰：「隋之將亡，天下皆知。唐公名應圖籙，動以信義，豪傑響應，天所贊也。君子見機而作，不俟終日，轉禍爲福，今其時也。」君素不從，楚賢潛行歸國，高祖甚悅，拜侍御史。貞觀中，累轉光祿少卿，使突厥存撫李思摩，突厥贈馬百匹及方物，悉拒而不受。累轉交、桂二州都督，皆有能名。卒於杭州刺史。

沖博學，尤明世族，名亞路敬淳。天授初，爲司府主簿，受詔往淮南安撫。使還，賜爵河東縣男。景龍中，累遷爲左散騎常侍，修國史。初，貞觀中太宗命學者撰氏族志百卷，以

甄別士庶；至是向百年，而諸姓至有興替，沖乃上表請改修氏族。中宗命沖與左僕射魏元忠及史官張錫、徐堅、劉憲等八人，依據氏族志，重加修撰。元忠等施功未半，相繼而卒，乃遷爲外職。至先天初，沖始與侍中魏知古、中書侍郎陸象先及徐堅、劉子玄、吳兢等撰成姓族系錄二百卷奏上。沖後歷太子詹事、太子賓客、宋王傅、昭文館學士，以老疾致仕。開元二年，又敕沖及著作郎薛南金刊定系錄，奏上，賜絹百匹。五年卒。

盧粲，幽州范陽人，後魏侍中陽烏五代孫。祖彥卿，撰後魏紀二十卷，行於時，官至合肥令。叔父行嘉，亦有學涉，高宗時爲雍王記室。粲博覽經史，弱冠舉進士。景龍二年，累遷給事中。時節愍太子初立，韋庶人以非己所生，深加忌嫉，勸中宗下敕令太子却取衞府封物，每年以供服用。粲駁奏曰：「皇太子處繼明之重，當主鬯之尊，歲時服用，自可百司供擬。又據周官，諸應用財器，歲終則會，唯王及太子應用物，並不會。此則儲君之費，咸與王同。今與列國諸侯齊衡入封，豈所謂憲章在昔，垂法將來者也！必謂青宮初啓，服用所資，自當廣支庫物，不可長存藩封。」詔從之。

後安樂公主壻武崇訓爲節愍太子所殺，特追封爲魯王，令司農少卿趙履溫監護葬事。

履溫諷公主奏請依永泰公主故事，爲崇訓造陵。詔從其請。粲駁奏曰：

伏尋陵之稱謂，本屬皇王及儲君等。自皇家已來，諸王及公主墓，無稱陵者。唯永泰公主承恩特葬，事越常塗，不合引以爲名。春秋左氏傳云：「衞孫桓子與齊戰。衞新築大夫仲叔于奚救孫桓子，桓子以免。衞人賞之以邑，于奚辭，請曲縣、繁纓以朝，許之。仲尼聞之，曰：『惜也，不如多與之邑。唯名與器，不可以假人。若以假人，與之政也，政亡則國家從之。』」聖人知微知章，不可不慎。魯王哀榮之典，誠別承恩，然國之名器，豈可妄假！又塋兆之稱，不應假永泰公主爲名，請比貞觀已來諸王舊例，足得豐厚。

手敕答曰：「安樂公主與永泰公主無異。同穴之義，古今不殊。魯王緣自特爲陵制，不煩固執。」粲又奏曰：

臣聞陵之稱謂，施於尊極，不屬王公已下。且魯王若欲論親等第，則不親於雍王。雍王之墓，尚不稱陵，魯王自不可因尚公主而加號。且君之舉事，則載於方册，或稽之往典，或考自前朝。臣歷檢貞觀已來，駙馬墓無得稱陵者。且君人之禮，服絕於傍期，蓋爲不獨親其親，不獨子其子。陛下以膝下之恩愛，施及其夫，贈賵之儀，哀榮足備，豈得使上下無辨，君臣一貫者哉！又安樂公主承兩儀之澤，履福祿之基，指南山以錫

年，仰北辰而永庇。魯王之葬，車服有章，加等之儀，備有常數，塋兆之稱，不應假永泰公主爲名，非所謂垂法將來，作則羣辟者也。

帝竟依粲所奏。公主大怒，粲以忤旨出爲陳州刺史。累轉秘書少監。開元初卒。

尹知章，絳州翼城人。少勤學，嘗夢神人以大鑿開其心，以藥內之，自是日益開朗，盡通諸經精義，未幾而諸師友北面受業焉。長安中，駙馬都尉武攸暨重其經學，奏授其府定王文學。神龍初，轉太常博士。中宗初即位，建立宗廟，議者欲以涼武昭王爲始祖，以備七代之數。知章以爲武昭遠世[六]，非王業所因，特奏議以爲不可。當時竟從知章之議。俄拜陸渾令，以公坫棄官。時散騎常侍解琬亦罷職歸田園，與知章共居汝、洛間，以修學爲事。

睿宗初即位，中書令張說薦知章有古人之風，足以坐鎮雅俗，拜禮部員外郎。俄轉國子博士。後祕書監馬懷素奏引知章就祕書省與學者刊定經史。知章雖居吏職，歸家則講授不輟，尤明易及莊、老玄言之學，遠近咸來受業。其有貧匱者，知章盡其家財以衣食之。性和厚，喜愠不形於色，未嘗言及家人產業。其子嘗請併市樵米，以備歲時之費，知章曰：

中華書局

「如汝所言，則下人何以取資？吾幸食祿，不宜奪其利也。」竟不從。開元六年卒，時年五十有餘。所注孝經、老子、莊子、韓子、管子、鬼谷子，頗行於時。門人孫季良等立碑於東都國子監之門外，以頌其德。

孫季良者，河南偃師人也，一名翌。開元中，爲左拾遺、集賢院直學士。撰正聲詩集三卷，行於代。

徐岱字處仁，蘇州嘉興人也。家世以農爲業。岱好學，六籍諸子，悉所探究，問無不通，難莫能屈。大曆中，轉運使劉晏表薦之，授校書郎。浙西觀察使李栖筠厚遇之，敕故所居爲復禮鄉。尋爲朝廷推擇，改河南府偃師縣尉。建中年，禮儀使蔣鎮特薦爲太常博士，掌禮儀。從幸奉天、興元。改膳部員外郎兼博士。貞元初，遷水部郎中，充皇太子及舒王已下侍讀。尋改司封郎中，擢拜給事中，加兼史館修撰，並依舊侍讀。承兩宮恩顧，時無與比，而謹慎過甚，未嘗洩禁中語，亦不談人之短，婚嫁甥姪之孤遺者，時人以此稱之。然吝嗇頗甚，倉庫管鑰，皆自執掌，獲譏於時。卒時年五十，上歎惜之，賻以帛絹，皇太子又遺絹

一百疋，贈禮部尚書。

蘇弁字元容，京兆武功人。曾叔祖良嗣，天后朝宰相，國史有傳。弁少有文學，舉進士，授祕書省正字，轉奉天主簿。朱泚之亂，德宗倉卒出幸，縣令杜正元上府計事，聞大駕至，官吏惶恐，皆欲奔竄山谷。弁諭之曰：「君上避狄，臣下當伏難死節。昔肅宗幸靈武，至新平、安定，二太守皆潛遁，帝命斬之以徇，諸君知其事乎！」衆心乃安。及車駕至，迎扈儲備無闕，德宗嘉之，就加試大理司直。賊平，拜監察御史，歷三院，累轉倉部郎中，仍判度支案。

裴延齡卒，德宗聞其才，特開延英，面賜金紫，授度支郎中，副知度支事，仍命立於正郎之首。副知之號，自弁始也。承延齡之後，以寬簡代煩虐，人甚稱之。遷戶部侍郎，依前判度支，改太子詹事。弁初入朝，班位失序，殿中侍御史鄭儒立對仗彈之。弁於金吾待罪數刻，特釋放。舊制，太子詹事班次太常、宗正卿已下。貞元三年，御史中丞竇參敍定班，移詹事在河南、太原尹之下。弁乃引舊班制立，臺官詰之，仍紿云：「自已白宰相，請依舊。」故爲儒立彈之。旋坐給長武城軍糧朽敗，貶汀州司戶參軍(七)。當德宗時，朝臣受譴，少蒙再錄，至晚年尤甚。唯弁與韓皐得起爲刺史，授滁州，轉杭州。弁與兄冕、衮，皆以友弟儒學稱。

冕纘國朝政事，撰會要四十卷，行於時。弁聚書至二萬卷，皆手自刊校，至今言蘇氏書，次於集賢祕閣焉。貞元二十一年，卒于家。衮自贊善大夫貶永州司戶參軍，敕：「蘇衮貶官，本緣弟連坐。矜其年暮，加以疾患，宜令所在勒迴，任歸私第。」衮年且七十，兩目無見已逾年，以弁之故，竟未停官。及貶，上聞之哀憫，故許還家。尋卒。初，冕既坐弁貶官，或有人言冕才學，上悔不早知，業已貶出，又復還衮，難於再追冕，乃止。

陸質，吳郡人，本名淳，避憲宗名改之。質有經學，尤深於春秋，少師事趙匡，匡師啖助，助、匡皆爲異儒，頗傳其學，由是知名。陳少遊鎮揚州，愛其才，辟爲從事。後薦於朝，拜左拾遺。轉太常博士，累遷左司郎中，坐細故，改國子博士，歷信、台二州刺史。順宗即位，質素與韋執誼善，由是徵爲給事中、皇太子侍讀，仍改賜名質。時執誼得幸，順帝寢疾，與王叔文等竊弄權柄。上在春宮，執誼懼，質已用事，故令質入侍，而潛伺上意，因用解。

及質發言，上果怒曰：「陛下令先生與寡人講義，何得言他。」質惶懼而出。未幾病卒。質著集注春秋二十卷、類禮二十卷、君臣圖翼二十五卷，並行於代。貞元二十一年卒。

馮伉，本魏州元城人。父玠，後家于京兆。少有經學。大曆初，登五經秀才科，授祕書郎。建中四年，又登博學三史科。三遷尚書膳部員外郎，充睦王已下侍讀。澤潞節度使李抱眞卒，爲弔贈使，抱眞男遺伉帛數百匹，不納。又專送至京，伉因表奏，固請不受。屬醴泉缺縣令，宰臣進人名，帝意不可，謂宰臣曰：「前使澤潞不受財帛者，此人必有清政，可以授之。」遂改醴泉令。縣中百姓多猾，爲著諭蒙十四篇，大略指明忠孝仁義，勸學務農，每鄉給一卷，俾其傳習。在縣七年，韋渠牟薦爲給事中，充皇太子及諸王侍讀。召見於別殿，賜金紫。著三傳異同三卷。順宗即位，拜尚書兵部侍郎。改國子祭酒，爲同州刺史。入拜左散騎常侍，復領太學。元和四年卒，年六十六，贈禮部尚書。子藥，進士擢第，又登制科，仕至尚書郎。

韋表微，始舉進士登第，累佐藩府。元和十五年，拜監察御史。逾年，以本官充翰林學士。遷左補闕、庫部員外郎、知制誥。滿歲，擢遷中書舍人。俄拜戶部侍郎，職並如故。時自長慶、寶曆，國家比有變故，凡在翰林，遷擢例無滿歲，由是表微自監察六七年間，秩正貳卿，命服金紫，承遇恩渥，盛於一時。卒年六十。表微少時，剋苦自立。著九經師授譜一卷、春秋三傳總例二十卷。

子蟾，進士登第，咸通末，爲尚書左丞。

許康佐，父審。康佐登進士第，又登宏詞科。以家貧母老，求爲知院官，人或怪之，笑而不答。及母亡，服除，不就侯府之辟，君子始知其不擇祿養親之志也，故名益重。遷侍御史，轉職方員外郎，累遷至駕部郎中，充翰林侍講學士，仍賜金紫。歷諫議大夫、中書舍人，皆在內庭。爲戶部侍郎，以疾解職。除兵部侍郎，轉禮部尚書，卒年七十二，贈吏部尚書。撰九鼎記四卷。

弟堯佐、元佐，堯佐子道敏，並登進士第，歷官清顯。

贊曰：積學成功，閉談辨治。儒道玄機，聖人雅旨。出必由戶，行跡其軌。邈有其人，光乎信史。

校勘記

〔一〕不徹膳則死　「不」字各本原無，據御覽卷八四八補。

〔二〕至司議　「司」字各本原作「路」，據本書卷四四職官志、冊府卷七一四改。

〔三〕君必躬親以禮之　「之」字各本原作「文」，據冊府卷五九六、全唐文卷二三七改。

〔四〕鬱人　「鬱」字各本原作「爵」，據周禮卷一九鬱人、冊府卷五九六改。

〔五〕明后夫人之服　「后」字各本原作「二」，據唐會要卷九上改。

〔六〕武昭遠世　「遠」字各本原作「逮」，張森楷云：「新傳『逮』作『遠』，是，各本並誤。」據改。

〔七〕汀州司戶參軍　「汀」字各本原作「河」，據卷一三德宗紀、新書卷一〇三蘇世長傳改。

舊唐書卷一百九十上

列傳第一百四十上

文苑上

孔紹安 子禎 孫若思　袁朗 弟承序 利貞 孫誼　賀德仁　庾抱
蔡允恭　鄭世翼　謝偃　崔信明　張蘊古　劉胤之 弟子延祐 兄子藏器
張昌齡　崔行功　孟利貞　董思恭　元思敬
徐齊聃　杜易簡 從祖弟審言　盧照鄰　楊炯　王勃 兄勔 勮
駱賓王　鄧玄挺

臣觀前代秉筆論文者多矣。莫不憲章謨、誥，祖述詩、騷，遠宗毛、鄭之訓論，近鄙班、揚之述作。謂「采采芣苢」，獨高比興之源；「湛湛江楓」，長擅詠歌之體。殊不知世代有文

質，風俗有淳醨，學識有淺深，才性有工拙。昔仲尼演三代之易，刪諸國之詩，非求勝於昔賢，要取名於今代。實以淳朴之時傷質，民俗之語不經，故飾以文言，考之絃誦。然後致遠不泥，永代作程，即知是古非今，未爲通論。夫執鑒寫形，持衡品物，非伯樂不能分駑驥之狀，非延陵不能別雅、鄭之音。若空混吹竽之人，即異聞韶之歎。近代唯沈隱侯斟酌二南，剖陳三變，攄雲、淵之抑鬱，振潘、陸之風徽。俾律呂和諧，宮商輯洽，不獨子建總建安之霸，客兒擅江左之雄。爰及我朝，挺生賢俊，文皇帝解戎衣而開學校，飾賁帛而禮儒生，門羅吐鳳之才，人擅握蛇之價。靡不發言爲論，下筆成文，足以緯俗經邦，豈止雕章縟句。韻諧金奏，詞炳丹青，故貞觀之風，同乎三代。高宗、天后，尤重詳延，天子賦橫汾之詩，臣下繼柏梁之奏，巍巍濟濟，煇爍古今。如燕、許之潤色王言，吳、陸之鋪揚鴻業，元稹、劉蕡之對策，王維、杜甫之雕蟲，並非肄業使然，自是天機秀絕。若隋珠色澤，無假淬磨，孔璣翠羽，自成華彩，置之文苑，實煥緗圖。其間爵位崇高，別爲之傳。今採孔紹安已下，爲文苑三篇，覬懷才憔悴之徒，千古見知於作者。

孔紹安，越州山陰人，陳吏部尚書奐之子。少與兄紹新俱以文詞知名。十三，陳亡入

中華書局

隋，徙居京兆鄠縣。閉門讀書，誦古文集數十萬言，外兄虞世南歎異之。紹新嘗謂世南曰：「本朝淪陷，分從湮滅，但見此弟，竊謂家族不亡矣。」時有詞人孫萬壽，與紹安篤忘年之好，時人稱爲孫、孔。紹安大業末爲監察御史，時高祖爲隋討賊於河東，詔紹安監高祖之軍，深見接遇。及高祖受禪，紹安自洛陽間行來奔。高祖見之甚悅，拜內史舍人，賜宅一區、良馬兩匹、錢米絹布等。時夏侯端亦嘗爲御史，監高祖軍，先紹安歸朝，授秘書監。紹安因侍宴，應詔詠石榴詩曰：「祇爲時來晚，開花不及春。」時人稱之。尋詔撰梁史，未成而卒。有文集五卷。

子禎，高宗時爲蘇州長史。曹王明爲刺史，不循法度，禎每進諫，明曰：「寡人天子之弟，豈失於爲王哉！」禎曰：「恩寵不可恃，大王不奉行國命，恐今之榮位，非大王所保，獨不見淮南之事乎？」明不悅。明左右有侵暴下人者，禎捕而杖殺之。明後果坐法，遷於黔中，謂人曰：「吾愧不用孔長史言，以及於此！」禎累遷絳州刺史，封武昌縣子。卒，謚曰溫。

子季詡，早知名，官至左補闕。

紹安孫若思。若思孤，母褚氏親自教訓，遂以學行知名。年少時，有人賫褚遂良書跡

數卷以遺，若思唯受其一卷。其人曰：「此書當今所重，價比黃金，何不總取？」若思曰：「若價比金寶，此爲多矣！」更截去半以還之。明經舉，累遷庫部郎中。若思常謂人曰：「仕至郎中足矣。」至是持一石止水，置於座右，以示有止足之意。尋遷給事中。中宗即位，敬暉、桓彥範等知國政，以若思多識故事，所有改革大事及疑議，多訪於若思。再轉禮部侍郎，出衞州刺史。先是，諸州別駕皆以宗室爲之，不爲刺史致敬，由是多行不法。若思至州，舉奏別駕李道欽犯狀，請加鞫訊。乃詔別駕於刺史致禮，自若思始也。俄以清白稱，加銀青光祿大夫，賜絹百匹。歷汝州刺史、太子右諭德，封梁郡公。開元十七年卒，謚曰惠。

袁朗，雍州長安人，陳尚書左僕射樞之子。其先自陳郡仕江左，世爲冠族，陳亡徙關中。朗勤學，好屬文。在陳，釋褐秘書郎，甚爲尚書令江總所重。嘗製千字詩，當時以爲盛作。陳後主聞而召入禁中，使爲月賦，朗染翰立成。後主曰：「觀此賦，謝希逸不能獨美於前矣。」又使爲芝草、嘉蓮二頌，深見優賞。歷太子洗馬、德教殿學士，遷秘書丞。陳亡，仕隋爲尚書儀曹郎。武德初，授齊王文學、祠部郎中，封汝南縣男，再轉給事中。貞觀初卒官。太宗爲之廢朝一日，謂高士廉曰：「袁朗在任雖近，然其性謹厚，特使人傷惜。」因敕給其喪事，並存問妻子。有文集十四卷。

從父弟承序，陳尚書僕射憲之子。武德中，齊王元吉聞其名，召爲學士。府廢，累轉建昌令。在任清靜，士吏懷之。高宗在藩，太宗選學行之士爲其僚屬，謂中書侍郎岑文本曰：「梁、陳名臣，有誰可稱？復有子弟堪招引否？」文本因言：「隋師入陳，百司奔散，莫有留者，唯袁憲獨在其主之傍。王世充將受隋禪，羣僚表請勸進，憲子給事中承家，托疾獨不署名。此父子足稱忠烈。承家弟承序，清貞雅操，實繼先風。」由是召守晉王友，仍令侍讀，加授弘文館學士。未幾卒。

朗從祖弟利貞，陳中書令敬之孫也。高宗時爲太常博士、周王侍讀。永隆二年，王立爲皇太子，百官上禮，高宗將會百官及命婦於宣政殿，并設九部伎及散樂，利貞上疏諫曰：「臣以前殿正寢，非命婦宴會之地；象闕路門，非倡優進御之所。望詔命婦會於別殿，九部伎從東西門入，散樂一色伏望停省。若於三殿別所，自可備極恩私〔一〕。微臣庸蔽，不閑典則，忝預禮司，輕陳狂瞽。」帝納其言，即令移於麟德殿。至會日，酒酣，帝使中書侍郎薛元超謂利貞曰：「卿門承忠鯁，能抗疏直言，不加厚賜，何以獎勸！」賜物百段。俄遷祠部員外郎，

卒。中宗即位，以侍讀恩，追贈秘書少監。

朗十三代祖漢司徒滂，滂生魏國郎中、御史大夫渙，渙生晉尚書準，準生東晉右將軍、豫章太守冲，冲生司徒從事中郎耽，耽生琅邪內史質，質生丹陽尹、宋公長史豹，豹生宋吳郡太守洵，累代有高名重位，前史有傳。五代叔祖宋太尉淑，高祖父左僕射、雍州刺史顗，高祖司空粲，皆死國難。曾祖梁中書監、司空、穆公昂，仕齊爲吳興太守，及梁高祖禪齊，久辭朝命。父樞，叔父憲，仕陳，皆爲陳僕射。叔祖敬，中書令。及陳亡，憲冒難扶護後主。朗自以中外人物爲海內冠族，雖琅邪王氏繼有台鼎，而歷朝首爲佐命，鄙之不以爲伍。

朗孫誼，又虞世南外孫。神功中，爲蘇州刺史。嘗因視事，司馬清河張沛通謁，沛即侍中文瓘之子，誼揖之曰：「司馬何事？」沛曰：「此州得一長史，是隴西李亶，天下甲門。」誼曰：「司馬何言之失！門戶須歷代人賢，名節風教，爲衣冠顧矚，始可稱舉，老夫是也。夫山東人尚於婚媾，求於祿利；作時柱石，見危授命，則曠代無人。何可說之以爲門戶！」沛懷慚而退。時人以爲口實。

賀德仁，越州山陰人也。父朗，陳散騎常侍。德仁少與從兄德基俱事國子祭酒周弘正，咸以詞學見稱，時人語曰：「學行可師賀德基，文質彬彬賀德仁。」德仁兄弟八人，時人方之荀氏。陳鄱陽王伯山為會稽太守，改其所居甘滂里為高陽里。德仁事陳，至吳興王友。入隋，僕射楊素薦之，授豫章王府記室參軍。王以師資禮之，恩遇甚厚。及煬帝即位，豫章王改封齊王，又授齊王府屬。及齊王獲譴，府僚皆被誅責，唯德仁以忠謹免罪，出補河東郡司法。素與隱太子善，及高祖平京師，隱太子封隴西公，用德仁為隴西公友。尋遷太子中舍人，以衰老不習吏事，轉太子洗馬。時蕭德言亦為洗馬，陳子良為右衞率府長史，皆為東宮學士。貞觀初，德仁轉趙王友。無幾卒，年七十餘。有文集二十卷。

德仁弟子紀、敳，亦以博學知名。高宗時，紀官至太子洗馬，修五禮，敳至率更令，兼太子侍讀。兄弟並為崇賢館學士，學者榮之。

庾抱，潤州江寧人也，其先自潁川徙家焉。祖粲，陳御史中丞。父超，南平王記室。抱開皇中為延州參軍事。後累歲，調吏部，尚書牛弘知其有學術，給筆札令自序，援翰便就，弘甚奇之。後補元德太子學士，禮賜甚優。會皇孫載誕，太子宴賓客，抱於坐中獻嫡皇孫

頌，深被嗟賞。後為越嶲主簿，稱病不行。義寧中，隱太子弘引為隴西公府記室〔三〕。時軍國多務，公府文檄皆出於抱。尋轉太子舍人，未幾卒。有集十卷。

蔡允恭，荊州江陵人也。祖點，梁尚書儀曹郎。父大業，後梁左民尚書。允恭有風彩，善綴文。仕隋歷著作佐郎、起居舍人。雅善吟詠，煬帝屬詞賦，多令諷誦之。嘗遣教宮女，允恭深以為恥，因稱氣疾，不時應召。煬帝又許授以內史舍人，更令入內教宮人，允恭固辭不就，以是稍被疏絕。江都之難，允恭從宇文化及西上，沒於竇建德。及平東夏，太宗引為秦府參軍兼文學館學士。貞觀初，除太子洗馬。尋致仕，卒于家。有集十卷，又撰後梁春秋十卷。

鄭世翼，鄭州滎陽人也，世為著姓。祖敬德，周儀同大將軍。父機，司武中士。世翼弱冠有盛名，武德中，歷萬年丞、揚州錄事參軍。數以言辭忤物，稱為輕薄。時崔信明自謂文章獨步，多所凌轢，世翼遇諸江中，謂之曰：「嘗聞『楓落吳江冷』。」信明欣然示百餘篇。世翼覽之未終，曰：「所見不如所聞。」投之於江，信明不能對，擁楫而去。世翼貞觀中坐怨謗，配流嶲州卒。文集多遺失，撰交遊傳，頗行於時。

謝偃，衞縣人也，本姓直勒氏。祖孝政，北齊散騎常侍，改姓謝氏。偃仕隋為散從正員郎。貞觀初，應詔對策及第，歷高陵主簿。十一年，駕幸東都，穀、洛泛溢洛陽宮，詔求直諫之士。偃上封事，極言得失，太宗稱善，引為弘文館直學士，拜魏王府功曹。偃嘗為塵、影二賦，甚工。太宗聞而召見，自制賦序，言「區宇乂安，功德茂盛」。令其為賦，偃奉詔撰成，名曰述聖賦，賜綵數十匹。偃又獻惟皇誡德賦以申諷，曰：

臣聞理忘亂，安忘危，逸忘勞，得忘失，此四者，人君莫不皆然。是以夏桀以瑤臺璇室為麗，而不悟鳴條南巢之禍；殷辛以象箸玉杯為華，而不知牧野白旗之敗。故當其盛也，謂四海為己力；及其衰焉，乃匹夫之不制。當其信也，謂天下為無危；及其疑也，則顧盼皆讎敵。是知必有其德，則誠結戎夷，化行荒裔；苟失其度，則變生骨肉，釁起腹心矣。是以為人主者，不可忘初。處殿堂，則思前主之所以亡；朝萬國，則思今己之所以貴；巡府庫，則思今己之所以得；視功臣，則思其為己之始；見名將，則思其用力之初。苟非忘舊，則人無易心，何患乎天下之不化。故且行之則為堯、舜，

暮失之則為桀、紂，豈異人哉！其詞曰：

周墳籍以遐覩，總宇宙而一窺，結繩往而莫紀，書契祟而可知。惟皇王之迭代，信步驟之恆規，莫不慮失者常得，懷安者必危。是以戰戰慄慄，日慎一日，守約守儉，去奢去逸。外無荒禽，內無荒色，唯賢是授，唯人斯恤。則三皇不足六，五帝不足十。若夫恃聖驕力，狠戾倔強，忠良是棄，諂佞斯獎。搆崇臺以造天，穿深池以絕壤。厚賦重斂，積寶藏鏹，無罪加刑，有功不賞。則夏桀可二，殷辛易兩。在危所恃，居安勿忘。功臣無逐，故人無放，放故者亡，逐功者喪。四海岌岌，九土漫漫，覆之甚易，存之實難。是以一人有悅，萬國同歡；一人失所，兆庶俱殘。喜則隆冬可熱，怒則盛夏成寒，一動而八表亂，一言而天下安。舉君過者曰忠，述主美者為佞，苟承顏以順旨，必蔽視而稱聖。故使曲者亂直，邪者疑正，改華服以就胡，變雅音而入鄭，雖往古之軌躅，亦當今之龜鏡。崔嵬龍殿，赫奕鳳門，苞四海以稱主，冠天下而獨尊。既兄日而姊月，亦父乾而母坤。視則金翠溢目，聽則絲竹盈耳。信賞罰之在躬，實榮辱之由己，語羲皇而易匹，言堯、舜之可擬。驕志自此而生，侈心因茲而起。常懼覆而懼亡，必思足而思止；勿忘潛龍之初，當懷布衣之始。在位稱寶，居器曰神，鐘鼓庭設，玉帛階陳。得必有兆，失必有因，一替一立，或周或秦。既承前代，當思後人，唯德可以久，天道無常親。

時李百藥工爲五言詩，而偃善作賦，時人稱爲李詩謝賦焉。十七年，府廢，出爲湘潭令，卒。文集十卷。

崔信明，青州益都人也，後魏七兵尚書光伯曾孫也。祖縚，北海郡守。信明以五月五日日正中時生，有異雀數頭，身形甚小，五色畢備，集于庭樹，鼓翼齊鳴，聲清宛亮。隋太史令史良使至青州，遇而占之曰：「五月爲火，火爲離，離爲文彩。日正中，文之盛也。又有雀五色，奮翼而鳴。此兒必文藻煥爛，聲名播於天下。雀形既小，祿位殆不高。」及長，博聞強記，下筆成章。鄉人高孝基有知人之鑒，每謂人曰：「崔信明才學富贍，雖名冠一時，但恨其位不達耳。」

大業中爲堯城令。竇建德僭號，欲引用之。信明族弟敬素爲建德鴻臚卿，說信明曰：「隋主無道，天下鼎沸，衣冠禮樂，掃地無餘。兄遁跡下僚，不被收用，豫讓所以不報范中行，祇以衆人遇我者也。夏王英武，有併吞天下之心，士女襁負而至者不可稱數。此時不立功立事，豈是見幾而作者乎？」信明曰：「昔申胥海畔漁者，尚能固其節，吾終不能屈身僞主，求斗筲之職。」遂踰城而遁，隱於太行山。貞觀六年，應詔舉，授興世丞。遷秦川令，卒。

信明頗蹇傲自伐，常賦詩吟嘯，自謂過於李百藥，時人多不許之。又矜其門族，輕侮四海士望，由是爲世所譏。

子冬日，則天時爲黃門侍郎，被酷吏所殺。

張蘊古，相州洹水人也。性聰敏，博涉書傳，善綴文，能背碑覆局，尤曉時務，爲州閭所稱。自幽州總管府記室直中書省。太宗初即位，上大寶箴以諷，其詞曰：

今來古往，俯察仰觀，惟辟作福，爲君實難。主普天之下，處王公之上，任土貢其所求，具僚和其所唱。是故兢懼之心日弛，邪僻之情轉放，豈知事起乎所忽，禍生乎無妄。固以聖人受命，拯溺亨屯，歸過於己，推恩於民。大明無偏照，至公無私親，故以一人治天下，不以天下奉一人。禮以禁其奢，樂以防其佚。左言而右事，出警而入蹕。四時同其慘舒，三光同其得失。故身爲之度，而聲爲之律。勿謂無知，居高聽卑；勿謂何害，積小成大。樂不可極，極樂生哀；欲不可縱，縱欲成災。壯九重於內，所居不過容膝，彼昏不知，瑤其臺而瓊其室。羅八品於前，所食不過適口，唯狂罔念，丘其糟而池其酒。勿內荒於色，勿外荒於禽，勿貴難得之貨，勿聽亡國之音。內荒伐人性，外荒蕩人心，難得之貨侈，亡國之聲淫。勿謂我尊而傲賢侮士，勿謂我智而拒諫矜己。聞之夏王，據饋頻起；亦有魏帝，牽裾不止。安彼反側，如春陽秋露，巍巍蕩蕩，恢漢高大度；撫茲庶事，如履薄臨深，戰戰慄慄，用周文小心。

詩云「不識不知」，書曰「無偏無黨」。一彼此於胸臆，捐好惡於心想。衆棄而後加刑，衆悅而後命賞。弱其強而治其亂，申其屈而直其枉。故曰：如衡如石，不定物以數，物之懸者，輕重自具；如水如鏡，不示物以情，物之鑒者，妍媸自生。勿渾渾而濁，勿皎皎而清，勿沒沒而闇，勿察察而明。雖冕旒蔽目而視於未形，雖黈纊塞耳而聽於無聲。縱心乎湛然之域，遊神於至道之精。扣之者應洪纖而効響，酌之者隨深淺而皆盈。故曰：天之清，地之寧，王之貞。四時不言而代序，萬物無爲而受成，豈知帝有其力，而天下和平。吾王撥亂，戡以智力，民懼其威，未懷其德。我皇撫運，扇以淳風，民懷其始，未保其終。爰述金鏡，窮神盡聖，使人以心，應言以行。包括治體，抑揚詞令，天下爲公，一人有慶。開羅起祝，援琴命詩，一日二日，念茲在茲。唯人所召，自天祐之。爭臣司直，敢告前疑。

太宗嘉之，賜以束帛，除大理丞。

初，河內人李好德，素有風疾，而語涉妄妖。蘊古究其獄，稱好德癲病有徵，法不當坐。

治書侍御史權萬紀劾蘊古家住相州，好德之兄厚德爲其刺史，情在阿縱，奏事不實。太宗大怒，曰：「小子乃敢亂吾法耶！」令斬於東市。太宗尋悔，因發制，凡決死者，命所司五覆奏，自蘊古始也。

劉胤之，徐州彭城人也。祖禕之，後魏臨淮鎮將。胤之少有學業，與隋信都丞孫萬壽、宗正卿李百藥爲忘年之友。武德中，御史大夫杜淹表薦之，再遷信都令，甚存惠政。永徽初，累轉著作郎、弘文館學士，與國子祭酒令狐德棻、著作郎楊仁卿等，撰成國史及實錄，奏上之，封陽城縣男。尋以老，不堪著述，出爲楚州刺史，卒。

弟子延祐，弱冠本州舉進士，累補渭南尉，刀筆吏能，爲畿邑當時之冠。司空李勣嘗謂曰：「足下春秋甫爾，便擅大名，宜稍自貶抑，無爲獨出人右也。」後歷右司郎中，檢校司賓少卿，封薛縣男。徐敬業之亂，揚州初平，所有刑名，莫能決定，延祐奉使至軍所決之。時議者斷受賊五品官者斬，六品者流。延祐以爲諸非元謀，迫脅從盜，則置極刑，事涉枉濫，乃斷受賊五品者流，六品已下俱除名而已。其得全濟者甚衆。

出爲賓州刺史，轉安南都護。嶺南俚戶，舊輸半課，及延祐到，遂勒全輸。由是其下皆怨，謀欲將叛，延祐乃誅其首惡李嗣仙。垂拱三年，嗣仙黨與丁建、李思慎等遂率衆圍安南府。時城中勝兵不過數百，乃禁門堅守，以候鄰境之援。廣州大族馮子猷幸災樂禍，欲因危立功，遂按兵縱敵，使其爲害滋甚，延祐遂爲思慎所害。其後桂州司馬曹玄靜率兵討思慎等，擒之，盡斬於安南城下。

胤之從父兄子藏器，亦有詞學，官至宋州司馬。藏器子知柔，開元初爲工部尚書。知柔弟知幾，避玄宗名改子玄，自有傳。

張昌齡，冀州南宮人。弱冠以文詞知名，本州欲以秀才舉之，昌齡以時廢此科已久，固辭，乃充進士貢舉及第。貞觀二十一年，翠微宮成，詣闕獻頌。太宗召見，試作息兵詔草，俄頃而就。太宗甚悅，因謂之曰：「昔禰衡、潘岳，皆恃才傲物，以至非命。汝才不減二賢，宜追鑒前軌，以副吾所取也。」乃敕於通事舍人裏供奉。尋爲崑山道行軍記室，破盧明月，平龜茲[五]，軍書露布，皆昌齡之文也。再轉長安尉，出爲襄州司戶，丁憂去官。後賀蘭敏

之奏引於北門修撰，尋又罷去。乾封元年卒。文集二十卷。

兄昌宗，亦有學業，官至太子舍人、修文館學士。撰古文紀年新傳三十卷。

崔行功，恆州井陘人，北齊鉅鹿太守伯讓曾孫也，自博陵徙家焉。行功少好學，中書侍郎唐儉愛其才，以女妻之。儉前後征討，所有文表，皆行功之文。高宗時，累轉吏部郎中。以善敷奏，嘗兼通事舍人，內供奉。坐事貶爲游安令，尋徵爲司文郎中。當時朝廷大手筆，多是行功及蘭臺侍郎李懷儼之詞。

先是，太宗命秘書監魏徵寫四部羣書，將進內貯庫，別置讎校二十人、書手一百人。徵改職之後，令虞世南、顏師古等續其事，至高宗初，其功未畢。顯慶中，罷讎校及御書手，令工書人繕寫，計直酬傭，擇散官隨番讎校。其後又詔東臺侍郎趙仁本、東臺舍人張文瓘及行功、懷儼等相次充使檢校，又置詳正學士以校理之，行功仍專知御集。遷蘭臺侍郎。咸亨中，官名復舊，改爲秘書少監。上元元年，卒官。有集六十卷。兄子玄暐，別有傳。

行功前後預撰晉書及文思博要等。同時又有孟利貞、董思恭、元思敬等，並以文藻知名。

孟利貞者，華州華陰人也。父神慶，高宗初爲沁州刺史，以清介著名。利貞初爲太子司議郎，中宗在東宮，深懼之。受詔與少師許敬宗、崇賢館學士郭瑜、顧胤、董思恭等撰瑤山玉彩五百卷，龍朔二年奏上之，高宗稱善，加級賜物有差。利貞累轉著作郎，加弘文館學士。垂拱初卒。又撰續文選十三卷。

兄允忠，垂拱中爲天官侍郎。

董思恭者，蘇州吳人。所著篇詠，甚爲時人所重。初爲右史，知考功舉事，坐預泄問目，配流嶺表而死。

元思敬者，總章中爲協律郎，預修芳林要覽，又撰詩人秀句兩卷，傳於世。

徐齊聃，湖州長城人也。父孝德，以女爲才人，官至果州刺史。齊聃少善屬文，高宗時累遷蘭臺舍人[四]。時敕令有突厥酋長子弟事東宮，齊聃上疏曰：「昔姬誦與伯禽同業，晉儲以師曠爲友，匪唯專賴師資，固亦詳觀近習。皇太子自可招集園、綺，寤寐應、劉。階闥小臣，必採於端士；驅馳所任，並歸於正人。方流好善之風，永播崇賢之美。今乃使氊裘之子，解辮而侍春闈，冒頓之苗，削衽而陪望苑。在於道義，臣竊有疑。詩云：『敬慎威儀，以近有德。』書曰：『任官惟賢才，左右惟其人。』蓋殷勤於此，防微之至也。」齊聃又嘗上奏曰：「齊獻公即陛下外氏，雖子孫有犯，不合上延于祖。今周忠孝公廟甚修崇，而齊獻公廟遂毀壞，不審陛下將何以重示海內，以彰孝理之風？」帝皆納其言。

齊聃善於文誥，甚爲當時所稱。高宗愛其文，令侍周王等屬文，以職在樞劇，仍敕間日來往焉。以漏泄機密，左授蘄州司馬。俄又坐事配流欽州。咸亨中卒，年四十餘。睿宗即位，追錄舊恩，累贈禮部尚書。子堅，別有傳。

杜易簡，襄州襄陽人，周硤州刺史叔毗曾孫也。九歲能屬文，及長，博學有高名，姨兄

中書令岑文本甚推重之。登進士第，累轉殿中侍御史。咸亨中，爲考功員外郎。時吏部侍郎裴行儉、李敬玄相與不叶，易簡與吏部員外郎賈言忠希行儉之旨，上封陳敬玄罪狀。高宗惡其朋黨，左轉易簡爲開州司馬，尋卒。易簡頗善著述，撰御史臺雜注五卷、文集二十卷，行於代。易簡從祖弟審言。

審言，進士舉，初爲隰城尉。雅善五言詩，工書翰，有能名。然恃才謇傲，甚爲時輩所嫉。乾封中，蘇味道爲天官侍郎，審言預選，試判訖，謂人曰：「蘇味道必死。」人問其故，審言曰：「見吾判，卽自當羞死矣！」又嘗謂人曰：「吾之文章，合得屈、宋作衙官；吾之書跡，合得王羲之北面。」其矜誕如此。

累轉洛陽丞。坐事貶授吉州司戶參軍，又與州僚不叶，司馬周季重與員外司戶郭若訥共搆審言罪狀，繫獄，將因事殺之。既而季重等府中酣讌，審言子并年十三，懷刃以擊之，季重中傷死，而并亦爲左右所殺。季重臨死曰：「吾不知審言有孝子，郭若訥誤我至此。」審言因此免官，還東都，自爲文祭并，士友咸哀并孝烈，蘇頲爲墓誌，劉允濟爲祭文。後則天召見審言，將加擢用，問曰：「卿歡喜否？」審言蹈舞謝恩，因令作歡喜詩，甚見嘉賞，拜著作佐郎。俄遷膳部員外郎。神龍初，坐與張易之兄弟交往，配流嶺外。尋召授國子監主簿，

加修文館直學士。年六十餘卒。有文集十卷。次子閑。閑子甫，別有傳。

盧照鄰字昇之，幽州范陽人也。年十餘歲，就曹憲、王義方授蒼、雅及經史，博學善屬文。初授鄧王府典籤，王甚愛重之，曾謂羣官曰：「此卽寡人相如也。」後拜新都尉，因染風疾去官，處太白山中，以服餌爲事。後疾轉篤，徙居陽翟之具茨山，著釋疾文、五悲等誦，頗有騷人之風，甚爲文士所重。照鄰既沉痼攣廢，不堪其苦，嘗與親屬執別，遂自投潁水而死，時年四十。文集二十卷。

兄光乘，亦知名，長壽中爲隴州刺史。

楊炯，華陰人。伯祖虔威，武德中官至右衞將軍。炯幼聰敏博學，善屬文。神童舉，拜校書郎，爲崇文館學士。儀鳳中，太常博士蘇知幾上表，以公卿已下冕服，請別立節文。敕下有司詳議，炯獻議曰：

古者太昊庖羲氏，仰以觀象，俯以察法，造書契而文籍生。次有黃帝軒轅氏，長而敦敏，成而聰明，垂衣裳而天下理。其後數遷五德，君非一姓，體國經野，建邦設都，文質所以再而復，正朔所以三而改。夫改正朔者，謂夏后氏之建寅，殷人建丑，周人建子。至於以日繫月，以月繫時，以時繫年，此三王相襲之道也。夫易服色者，謂夏后氏尙黑，殷人尙白，周人尙赤。至於山、龍、華蟲、宗彝、藻、火、粉米、黼、黻，此又百代可知之道。

謹按虞書曰：「予欲觀古人之象，日、月、星辰、山、龍、華蟲作會，宗彝、藻、火、粉米、黼、黻、絺繡。」由此言之，則其所從來者尙矣。日月星辰者，明光照下土也。山者，布散雲雨，象聖王大澤霑下也。龍者，變化無方，象聖王應時布教也。華蟲者，雉也，身被五彩，象聖王體兼文明也。宗彝者，武蜼也，以剛猛制物，象聖王神武定亂也。藻者，逐水上下，象聖王隨代而應也。火者，陶冶烹飪，象聖王至德日新也。粉米者，人恃以生，象聖王爲物之所賴也。黼能斷割，象聖王臨事能決也。黻者，兩已相背，象君臣可否相濟也。

迨有周氏，乃以日月星辰爲旌旗之飾[三]，又登龍於山，登火於宗彝，於是乎制衮冕以祀先王也。九章者，法陽數也，以龍爲首章。衮者，卷也，龍德神異，應變潛見，表聖王深識遠智，卷舒神化也。又制鷩冕以祭先公也。鷩者，雉也，有耿介之志，表公有賢才，能守耿介之節也。又制毳冕以祭四望也。四望者，岳瀆之神也。武蜼者，山林

所生，明其象也。制絺冕以祭社稷也。社稷者，土穀之神也。粉米由之而成，象其功也。又制玄冕以祭羣小祀也。百神異形，難可遍擬，但取黻之相背，昭異名也。夫以周公之多才也，故治定制禮，功成作樂。夫以孔宣之將聖也，故行夏之時，服周之冕。先王之法服，乃此之自出矣；天下之能事，又於是乎畢矣。

今知幾表狀請制大明冕十三章，乘輿服之者。謹按，日月星辰者，已施於旌旗矣。龍武山火者，又不踰於古矣。而云麟鳳有四靈之名，玄龜有負圖之應，雲有紀官之號，水有盛德之祥，此蓋別表休徵，終是無踰比象。然則皇王受命，天地興符，仰觀則璧合珠連，俯察則銀黃玉紫。殫南宮之粉壁，不足寫其形狀；罄東觀之鉛黃，未可紀其名實。固不可畢陳於法服也。雲者，龍之氣也。水者，藻之自生也。又不假別爲章目，此蓋不經之甚也。

又鸞冕八章，三公服之者。鸞者，太平之瑞也，非三公之德也。鷹鸇者，鷙鳥也，適可以辨祥刑之職也。熊羆者，猛獸也，適可以旌武臣之力也。又稱藻爲水草，無所法象，引張衡賦「蔕倒茄於藻井，披紅葩之狎獵」，請爲蓮華，取其文彩者。夫茄者，蓮也。若以蓮代藻，變古從今，既不知草木之名，亦未達文章之意，此又不經之甚也。

又毳冕六章，三品服之者。按此王者祀四望服之名也。今三品乃得同王之毳冕，

而三公不得同王之衮名，豈唯顚倒衣裳，抑亦自相矛盾，此又不經之甚也。

又黻冕四章，五品服之者。考之於古，則無其名，驗之於今，則非章首，此又不經之甚也。

若夫禮唯從俗，則命爲制，令爲詔，乃秦皇之故事，猶可以適於今矣。若夫義取隨時，則出稱警，入稱蹕，乃漢國之舊儀，猶可以行於代矣。亦何取變周公之軌物，改宣尼之法度者哉！

由是竟寢知幾所請。

炯俄遷詹事司直。則天初，坐從祖弟神讓犯逆，左轉梓州司法參軍。秩滿，選授盈川令。如意元年七月望日，宮中出盂蘭盆，分送佛寺，則天御洛南門，與百僚觀之。炯獻盂蘭盆賦，詞甚雅麗。炯至官，爲政殘酷，人吏動不如意，輒搒殺之。又所居府舍，多進士亭臺，皆書榜額，爲之美名，大爲遠近所笑。無何卒官。中宗即位，以舊僚追贈著作郎。文集三十卷。

炯與王勃、盧照鄰、駱賓王以文詞齊名，海內稱爲王楊盧駱，亦號爲「四傑」。炯聞之，謂人曰：「吾愧在盧前，恥居王後。」當時議者，亦以爲然。其後崔融、李嶠、張說俱重四傑之文。崔融曰：「王勃文章宏逸，有絕塵之跡，固非常流所及。炯與照鄰可以企之，盈川之言信矣。」說曰：「楊盈川文思如懸河注水，酌之不竭，既優於盧，亦不減王。『恥居王後』，信然；『愧在盧前』，謙也。」

開元中，說爲集賢大學士十餘年，常與學士徐堅論近代文士，悲其凋喪。堅曰：「李趙公、崔文公之筆術，擅價一時，其間孰優？」說曰：「李嶠、崔融、薛稷、宋之問之文，如良金美玉，無施不可。富嘉謨之文，如孤峯絕岸，壁立萬仞，濃雲鬱興，震雷俱發，誠可畏也，若施於廊廟，則駭矣。閻朝隱之文，如麗服靚粧，燕歌趙舞，觀者忘疲，若類之風、雅，則罪人矣。」問後進詞人之優劣，說曰：「韓休之文，如太羹旨酒，雅有典則，而薄於滋味。許景先之文，如豐肌膩理，雖穠華可愛，而微少風骨。張九齡之文，如輕縑素練，實濟時用，而微窘邊幅。王翰之文，如瓊杯玉斝，雖爛然可珍，而多有玷缺。」堅以爲然。

虔威子德幹，高宗末，歷澤、齊、汴、相四州刺史，治有威名，郡人爲之語曰：「寧食三斗蒜，不逢楊德幹。」子神讓，天授初與徐敬業於揚州謀叛，父子伏誅。

王勃字子安，絳州龍門人。祖通，隋蜀郡司戶書佐。大業末，棄官歸，以著書講學爲業。依春秋體例，自獲麟後，歷秦、漢至於後魏，著紀年之書，謂之元經。又依孔子家語、揚雄法言例，爲客主對答之說，號曰中說。皆爲儒士所稱。義寧元年卒，門人薛收等相與議諡曰文中子。二子：福畤、福郊。

勃六歲解屬文，構思無滯，詞情英邁，與兄勔、勮，才藻相類。父友杜易簡常稱之曰：「此王氏三珠樹也。」勃年未及冠，應幽素舉及第。乾封初，詣闕上宸遊東嶽頌。時東都造乾元殿，又上乾元殿頌。沛王賢聞其名，召爲沛府修撰，甚愛重之。諸王鬬雞，互有勝負，勃戲爲檄英王雞文。高宗覽之，怒曰：「據此是交構之漸。」即日斥勃，不令入府。久之，補虢州參軍。勃恃才傲物，爲同僚所嫉。有官奴曹達犯罪，勃匿之，又懼事洩，乃殺達以塞口。事發，當誅，會赦除名。時勃父福畤爲雍州司戶參軍，坐勃左遷交趾令。上元二年，勃往交趾省父，道出江中，爲採蓮賦以見意，其辭甚美。渡南海，墮水而卒，時年二十八。

勮，弱冠進士登第，累除太子典膳丞。長壽中，擢爲鳳閣舍人。時壽春王成器、衡陽王成義等五王初出閤，同日授册。有司撰儀注，忘載册文。及百僚在列，方知闕禮，宰相相顧失色。勮立召書吏五人，各令執筆，口占分寫，一時俱畢，詞理典贍，人皆歎服。尋加弘文館學士，兼知天官侍郎。勮頗任權勢，交結非類。萬歲通天二年，綦連耀謀逆事泄，勮坐與耀善，并弟勔並伏誅〔六〕。

勔累官至涇州刺史。神龍初，有詔追復勮、勔官位。

福畤，天后朝以子貴，累轉澤州長史，卒。

初，吏部侍郎裴行儉典選，有知人之鑒，見勮與蘇味道，謂人曰：「二子亦當掌銓衡之任。」李敬玄尤重楊炯、盧照鄰、駱賓王與勃等四人，必當顯貴。行儉曰：「士之致遠，先器識而後文藝。勃等雖有文才，而浮躁淺露，豈享爵祿之器耶！楊子沉靜，應至令長，餘得令終爲幸。」果如其言。

勃文章邁捷，下筆則成，尤好著書，撰周易發揮五卷及次論等書數部，勃亡後，並多遺失。有文集三十卷。勃聰警絕衆，於推步曆算尤精，嘗作大唐千歲曆，言唐德靈長千年，不合承周、隋短祚。其論大旨云：「以土王者，五十代而一千年；金王者，四十九代而九百年；水王者，二十代而六百年；木王者，三十代而八百年；火王者，二十代而七百年。此天地之常期，符曆之數也。自黃帝至漢，並是五運眞主。五行已遍，土運復歸，唐德承之，宜矣。魏、晉至于周、隋，咸非正統，五行之沴氣也，故不可承之。」大率如此。

駱賓王，婺州義烏人。少善屬文，尤妙於五言詩，嘗作帝京篇，當時以爲絕唱。然落魄無行，好與博徒遊。高宗末，爲長安主簿。坐贓，左遷臨海丞，怏怏失志，棄官而去。文明中,與徐敬業於揚州作亂。敬業軍中書檄,皆賓王之詞也。敬業敗,伏誅,文多散失。則天素重其文,遣使求之。有兗州人郄雲卿集成十卷,盛傳於世。

鄧玄挺,雍州藍田人。少善屬文,累遷左史。坐與上官儀善,出爲頓丘令,有善政,璽書勞問。累授中書舍人。性俊辨,機捷過人,每有嘲謔,朝廷稱爲口實。則天臨朝,遷吏部侍郎,既不稱職,甚爲時談所鄙。又患消渴之疾,選人目爲「鄧渴」,爲榜於衢路。自有唐已來,掌選之失,未有如玄挺者。坐此左遷澧州刺史。在州復以善政聞,遷晉州刺史,召拜麟臺少監,重爲天官侍郎,其失又甚於前。玄挺女爲道王子諲妻,又與蔣王子煒相善。諲謀迎中宗於房陵,以問玄挺。煒又嘗謂玄挺曰:「欲作急計如何?」玄挺雖皆不答,而不以告。永昌元年得罪,下獄死。

校勘記

〔一〕自可備極恩私　「恩私」,各本原作「思和」,據冊府卷五四三改。

〔二〕隱太子弘引爲隴西公府記室　合鈔卷二四九庾抱傳無「弘」字。

〔三〕破盧明月平龜茲　趙紹祖新舊唐書互證卷一八云:「案當云破處月,平龜茲。考太宗本紀:貞觀二十二年九月,崑丘道行軍總管阿史那社爾及薛延陀餘部處月、處密戰,破之。十月,及龜茲戰,敗之。舊書盧明月乃處月之譌。新傳不知易,但以其誤而刪之。盧明月,隋末賊,爲張須陀所破,見秦叔寶傳。『處』『盧』字形相近,傳鈔者強不知以爲知也。」

〔四〕蘭臺舍人　冊府卷五四三、新書卷一九九徐齊聃傳作「西臺舍人」。案本書卷四二職官志,高宗龍朔二年,改祕書省爲蘭臺,其官屬無舍人。又改中書舍人爲西臺舍人,與本傳下文「職在樞劇」「漏泄機密」相合。似當以「西臺舍人」爲是。

〔五〕旌旗之飾　「飾」字各本原作「飭」,據本書卷四五輿服志、全唐文卷一九〇改。

〔六〕弟勔　「弟」字新書卷二〇一王勃傳作「兄」。

舊唐書卷一百九十中

列傳第一百四十中

文苑中

郭正一　元萬頃 范履冰　苗神客　周思茂　胡楚賓附　喬知之 弟侃　備
劉希夷附　劉允濟　富嘉謨 吳少微　谷倚附　員半千 丘悅附　劉憲
王適　司馬鍠　梁載言附　沈佺期　陳子昂 閭丘均附　宋之問
閻朝隱 王無競　李適　尹元凱附　賈曾 子至　許景先　賀知章
賀朝　萬齊融　張若虛　邢巨　包融　李登之附　席豫 徐安貞附　齊澣
王澣　李邕　孫逖 子成

郭正一,定州鼓城人〔一〕。貞觀中舉進士。累轉中書舍人、弘文館學士。永隆二年,遷

祕書少監,檢校中書侍郎,與魏玄同、郭待舉並同中書門下平章事。宰相以平章事爲名,自正一等始也。永淳二年,正除中書侍郎。正一在中書累年,明習舊事,兼有詞學,制敕多出其手,當時號爲稱職。則天臨朝,轉國子祭酒,罷知政事。尋出爲晉州刺史,入爲麟臺監,又檢校陝州刺史。永昌元年,爲酷吏所陷,流配嶺南而死,家口籍沒,文集多遺失。

先是儀鳳中,吐蕃入寇,工部尚書劉審禮率兵十八萬與蕃將倫欽陵戰于青海,王師大敗,審禮沒于陣。高宗赧然,乃召侍臣問以禦戎之策,正一對曰:「吐蕃作梗,年歲已深,命將興師,相繼不絕,空勞士馬,虛費糧儲,近討則徒損兵威,深入則未窮巢穴。臣望少發兵募,且遣備邊,明立烽候,勿令侵擾。伺國用豐足,人心叶同,寬之數年,可一舉而滅。」給事中劉齊賢、皇甫文亮等亦以爲嚴守爲便。正一才略,率多此類。

元萬頃,洛陽人,後魏景穆皇帝之胤。祖白澤,武德中總管。萬頃善屬文,起家拜通事舍人。乾封中,從英國公李勣征高麗,爲遼東道總管記室。別帥馮本以水軍援裨將郭待封,船破失期。待封欲作書與勣,恐高麗知其救兵不至,乘危迫之,乃作離合詩贈勣。勣不達其意,大怒曰:「軍機急切,何用詩爲?必斬之!」萬頃爲解釋之,乃止。勣嘗令萬頃作文

撽高麗，其語有譏高麗「不知守鴨綠之險」，莫離支報云「謹聞命矣」，遂移兵固守鴨綠，官軍不得入，萬頃坐是流于嶺外。後會赦得還，拜著作郎。

時天后諷高宗廣召文詞之士入禁中修撰，萬頃與左史范履冰、苗神客，右史周思茂、胡楚賓咸預其選，前後撰列女傳、臣軌、百僚新誡、樂書等凡千餘卷。朝廷疑議及百司表疏皆密令萬頃等參決，以分宰相之權，時人謂之「北門學士」。萬頃屬文敏速，然性疏曠，不拘細節，無儒者之風。則天臨朝，遷鳳閣舍人。無幾，擢拜鳳閣侍郎。萬頃素與徐敬業兄弟友善，永昌元年爲酷吏所陷，配流嶺南而死。時神客、楚賓已卒，履冰、思茂相次爲酷吏所殺。

范履冰者，懷州河內人。自周王府戶曹召入禁中，凡二十餘年。垂拱中，歷鸞臺、天官二侍郎。尋遷春官尚書，同鳳閣鸞臺平章事，兼修國史。載初元年，坐嘗舉犯逆者被殺。

苗神客者，滄州東光人。官至著作郎。

周思茂者，貝州漳南人。少與弟思鈞，俱早知名。自右史轉太子舍人。與范履冰在禁中最蒙親遇，至於政事損益，多參預焉。累遷麟臺少監、崇文館學士。垂拱四年，下獄死。

胡楚賓者，宣州秋浦人。屬文敏速，每飲半酣而後操筆。高宗每令作文，必以金銀杯

盛酒令飲，便以杯賜之。楚賓終日酣宴，家無所藏，費盡復入待詔，得賜又出。然性慎密，未嘗言禁中事，醉後人或問之，答以他事而已。自殷王文學拜右史、崇賢直學士而卒。

喬知之，同州馮翊人也。父師望，尚高祖女廬陵公主，拜駙馬都尉，官至同州刺史。知之與弟侃、備，並以文詞知名。知之尤稱俊才，所作篇詠，時人多諷誦之。則天時，累除右補闕，遷左司郎中。知之有侍婢曰窈娘，美麗善歌舞，爲武承嗣所奪。知之怨惜，因作綠珠篇以寄情，密送與婢，婢感憤自殺。承嗣大怒，因諷酷吏羅織誅之。

侃，開元初爲兗州都督。

備，預修三教珠英，長安中卒於襄陽令。

時又有汝州人劉希夷，善爲從軍閨情之詩，詞調哀苦，爲時所重，志行不修，爲姦人所殺。

劉允濟，洛州鞏人，其先自沛國徙焉，南齊彭城郡丞巘六代孫也。少孤，事母甚謹。博學善屬文，與絳州王勃早齊名，特相友善。弱冠本州舉進士，累除著作佐郎。允濟嘗採摭魯哀公後十二代至于戰國遺事，撰魯後春秋二十卷，表上之，遷左史，兼直弘文館。垂拱四年，明堂初成，允濟奏上明堂賦以諷，則天甚嘉歎之，手制褒美，拜著作郎。天授中，爲來俊臣所搆，當坐死，以其母老，特許終其餘年，仍留繫獄。久之，會赦免，貶授大庾尉。長安中，累遷著作佐郎，兼修國史。未幾，擢拜鳳閣舍人。中興初，坐與張易之款狎，左授青州長史，爲吏清白，河南道巡察使路敬潛甚稱薦之。尋丁母憂，服闋而卒。

富嘉謨，雍州武功人也。舉進士。長安中，累轉晉陽尉，與新安吳少微友善，同官。先是，文士撰碑頌，皆以徐、庾爲宗，氣調漸劣；嘉謨與少微屬詞，皆以經典爲本，時人欽慕之，文體一變，稱爲富吳體。嘉謨作雙龍泉頌、千蠋谷頌，少微撰崇福寺鐘銘，詞最高雅，作者推重。并州長史張仁亶待以殊禮，坐必同榻。嘉謨後爲壽安尉，預修三教珠英。中興初，爲左臺監察御史，卒。有文集五卷。

少微亦舉進士，累至晉陽尉。中興初，調於吏部，侍郎韋嗣立稱薦，拜右臺監察御史。

臥病，聞嘉謨死，哭而賦詩，尋亦卒。有文集五卷。

嘉謨與少微在晉陽，魏郡谷倚爲太原主簿，皆以文詞著名，時人謂之「北京三傑」。倚後流寓客死，文章遺失。

微子鞏，開元中爲中書舍人。

員半千，本名餘慶，晉州臨汾人。少與齊州人何彥先同師事學士王義方，義方嘉重之，嘗謂之曰：「五百年一賢，足下當之矣。」因改名半千。及義方卒，半千與彥先皆制服，喪畢而去。

上元初，應八科舉，授武陟尉。屬頻歲旱饑，勸縣令殷子良開倉以賑貧餒，子良不從。會子良赴州，半千便發倉粟以給饑人。懷州刺史郭齊宗大驚，因而按之。時黃門侍郎薛元超爲河北存撫使，謂齊宗曰：「公百姓不能救之，而使惠歸一尉，豈不愧也！」遽令釋之。尋又應嶽牧舉，高宗御武成殿，召諸州舉人，親問曰：「兵書所云天陣、地陣、人陣，各何謂也？」半千越次而進曰：「臣觀載籍，此事多矣。或謂：天陣，星宿孤虛；地陣，山川向背；人陣，偏伍彌縫。以臣愚見，謂不然矣。夫師出以義，有若時雨，得天之時，此天陣也；兵

在足食，且耕且戰，得地之利，此地陣也；善用兵者，使三軍之士，如父子兄弟，得人之和，此人陣也。三者去矣，其何以戰！」高宗甚嗟賞之。及對策，擢爲上第。

垂拱中，累補左衞胄曹，仍充宣慰吐蕃使。及引辭，則天曰：「久聞卿名，謂是古人，不意乃在朝列。境外小事，不足煩卿，宜留待制也。」卽日使入閣供奉。證聖元年，半千爲左衞長史，與鳳閣舍人王處知、天官侍郎石抱忠，並爲弘文館直學士，仍與著作佐郎路敬淳分日於顯福門待制。半千因撰明堂新禮三卷，上之。則天封中嶽，半千又撰封禪四壇碑十二首以進，則天稱善。前後賜絹千餘匹。

長安中，五遷正諫大夫，兼右控鶴內供奉。半千以控鶴之職，古無其事，又授斯任者率多輕薄，非朝廷進德之選，上疏請罷之。由是忤旨，左遷水部郎中，預修三教珠英。中宗時，爲濠州刺史。睿宗卽位，徵拜太子右諭德，兼崇文館學士，加銀青光祿大夫，累封平原郡公。開元二年卒。文集多遺失。半千同時學士丘悅。

丘悅者，河南陸渾人也。亦有學業。景龍中，爲相王府掾，與文學韋利器、典籤裴耀卿俱爲王府直學士。睿宗在藩甚重之，官至岐王傅。開元初卒。撰三國典略三十卷，行於時。

劉憲，宋州寧陵人也。父思立，高宗時爲侍御史。屬河南、河北旱儉，遣御史中丞崔謐等分道存問賑給，思立上疏諫曰：「今麥序方秋，蠶功未畢，三時之務，萬姓所先。敕使撫巡，人皆竦抃，忘其家業，冀此天恩，踊躍參迎，必難抑止，集衆旣廣，妨廢亦多。加以途程往還，兼之晨夕停滯，旣緣賑給，須立簿書，本欲安存，却成煩擾。又無驛之處，其馬稍難，簡擇公私，須預追集。雨後農務，特切常情，暫廢須臾，卽虧歲計，每爲一馬，遂勞數家，從此相乘，恐更滋甚。望且委州縣賑給，待秋閑時出使褒貶。」疏奏，謐等遂不行。後遷考功員外郎，始奏請明經加帖、進士試雜文，自思立始也。尋卒官。

憲弱冠舉進士，累除多官員外郎。天授中，受詔推按來俊臣，憲嫉其酷暴，欲因事繩之，反爲俊臣所搆，貶鄭水令。再遷司僕丞。及俊臣伏誅，擢憲爲給事中，尋轉鳳閣舍人。神龍初，坐嘗爲張易之所引，自吏部侍郎出爲渝州刺史。俄復入爲太僕少卿，兼修國史，加修文館學士。景雲初，三遷太子詹事。玄宗在東宮，留意經籍，憲因上啓曰：「自古及今，皆重于學。至于光耀盛德，發揚令問，安靜身心，保寧家國，無以加焉。殿下居副君之位，有絕人之才，豈假尋章摘句，蓋資略知大意，用功甚少，爲利極多。伏願克成美志，無棄暇日，上以慰至尊之心，下以答庶僚之望。侍讀褚無量經明行修，耆年宿望，時賜召問，以察其言，幸甚。」玄宗甚嘉納之。明年，憲卒，贈兗州都督。有集三十卷。

初則天時，敕吏部糊名考選人判，以求才彥，憲與王適、司馬鍠、梁載言相次判入第二等。

王適，幽州人。官至雍州司功。

司馬鍠，洛州溫人也。神龍中，卒于黃門侍郎。

梁載言，博州聊城人。歷鳳閣舍人，專知制誥。撰具員故事十卷、十道志十六卷，並傳於時。中宗時爲懷州刺史。

沈佺期，相州內黃人也。進士舉。長安中，累遷通事舍人，預修三教珠英。佺期善屬文，尤長七言之作(二)，與宋之問齊名，時人稱爲沈宋。再轉考功員外郎，坐贓配流嶺表。神龍中，授起居郎，加修文館直學士。後歷中書舍人、太子詹事。開元初卒。有文集十卷。弟全交及子，亦以文詞知名。

陳子昂，梓州射洪人。家世富豪，子昂獨苦節讀書，尤善屬文。初爲感遇詩三十首，京兆司功王適見而驚曰：「此子必爲天下文宗矣！」由是知名。舉進士。會高宗崩，靈駕將還長安，子昂詣闕上書，盛陳東都形勝，可以安置山陵，關中旱儉，靈駕西行不便。曰：

梓州射洪縣草莽愚臣子昂，謹頓首冒死獻書闕下。臣聞明王不惡切直之言以納忠，烈士不憚死亡之誅以極諫。故有非常之策者，必待非常之時；得非常之時者，必待非常之主。然後危言正色，抗義直辭，赴湯鑊而不回，至誅夷而無悔。豈徒欲詭世誇俗，厭生樂死者哉！實以爲殺身之害小，存國之利大，故審計定議而甘心焉。況乎得非常之時，遇非常之主，言必獲用，死亦何驚，千載之跡，將不朽於今日矣。

伏惟大行皇帝遺天下，棄羣臣，萬國震驚，百姓屠裂。陛下以徇齊之聖(三)，承宗廟之重，天下之望，喁喁如也，莫不冀蒙聖化，以保餘年，太平之主，將復在於茲矣。況皇太后又以文母之賢，協軒宮之耀，軍國大事，遺詔決之，唐、虞之際，於斯盛矣。臣伏見詔書，梓宮將遷西京，鑾輿亦欲陪幸，計非上策，智者失圖，廟堂未聞有骨鯁之謨，朝廷多見有順從之議，臣竊惑以爲過矣。伏自思之，生聖日，沐皇風，摩頂至踵，莫非亭育，不能歷丹鳳，抵濯龍，北面玉階，東望金屋，抗音而正諫者，聖王之罪人也。所以不顧萬死，乞獻一言，願蒙聽覽，甘就鼎鑊，伏惟陛下察之。

臣聞秦都咸陽之時，漢都長安之日，山河爲固，天下服矣。然猶北取胡、宛之利，南資巴蜀之饒。自渭入河，轉關東之粟；踰沙絕漠，致山西之儲。然後能削平天下，彈壓諸侯，長轡利策，橫制宇宙。今則不然。燕、代迫匈奴之侵，巴、隴嬰吐蕃之患，西蜀疲老，千里贏糧，北國丁男，十五乘塞，歲月奔命，其弊不堪。秦之首尾，今爲闕矣，卽所餘者，獨三輔之間耳。頃遭荒饉，人被荐飢。自河已西，莫非赤地；循隴已北，罕逢青草。莫不父兄轉徙，妻子流離，委家喪業，膏原潤莽，此朝廷之所備知也。賴以宗廟神靈，皇天悔禍，去歲薄稔，前秋稍登，使羸餓之餘，得保性命，天下幸甚，可謂厚矣。然而流人未返，田野尚蕪，白骨縱橫，阡陌無主。至於蓄積，尤可哀傷。陛下不料其難，貴從先意，遂欲長驅大駕，按節秦京，千乘萬騎，何方取給？況山陵初制，穿復未央，土木工匠，必資徒役。今欲率疲弊之衆，興數萬之軍，徵發近畿，鞭撲羸老，鑿山採石，驅以就功。春作無時，秋成絕望，凋瘵遺噍，再罹艱苦。倘不堪弊，必有逋逃，「子來」之頌，將何以述之？此亦宗廟之大機，不可不審圖也。況國無兼歲之儲，家鮮匝時之蓄，一旬不雨，猶可深憂，忽加水旱，人何以濟？陛下不深察始終，獨違羣議，臣恐三輔之

弊，不止如前日矣！

且天子以四海爲家，聖人包六合爲宇。歷觀邃古，以至於今，何嘗不以三王爲仁，五帝爲聖。雖周公制作，夫子著明，莫不祖述堯、舜，憲章文、武，爲百王之鴻烈，作千載之雄圖。然而舜死陟方，葬蒼梧而不返；禹會羣后，歿稽山而永終。豈其愛蠻夷之鄉而鄙中國哉？實將欲示聖人無外也。故能使墳籍以爲美談，帝王以爲高範。況我巍巍大聖，轢帝登皇，日月所照，莫不率俾。何獨秦、豐之地，可置山陵，河、洛之都，不堪園寢？陛下豈不察之，愚臣竊爲陛下惜也。且景山崇麗，秀冠羣峯，北對嵩、邙，西望汝海，居祝融之故地，連太昊之遺墟，帝王圖跡，縱橫左右，園陵之美，復何加焉。陛下曾未察之，謂其不可，愚臣鄙見，良足尙矣。況瀍、澗之中，天地交會，北有太行之險，南有宛、葉之饒，東壓江、淮，食湖海之利，西馳崤、澠，據關河之寶。以聰明之主，養純粹之人，天下和平，恭己正南面而已。陛下不思瀍、洛之壯觀，關、隴之荒蕪，乃欲棄太山之安，履焦原之險，忘神器之大寶，徇曾、閔之小節，愚臣暗昧，以爲甚也。陛下何不覽爭臣之策，采行路之謠，諮謨太后，平章宰輔，使蒼生之望，知有所安，天下豈不幸甚。

昔者平王遷都，光武都洛，山陵寢廟，不在東京，宗社墳塋，並居西土，然而春秋美爲始王，漢書載爲代祖，豈其不願孝哉？何聖賢褒貶於斯濫矣？實以時有不可，事有必然。蓋欲遺小存大，去禍歸福，聖人所以貴也。夫小不忍亂大謀，仲尼之至誡，願陛下察之。若以臣愚不用，朝議遂行，臣恐關、隴之憂，無時休也。

臣又聞太原蓄鉅萬之倉，洛口積天下之粟，國家之資，斯爲大矣。今欲捨而不顧，背以長驅，使有識驚嗟，天下失望。倘鼠竊狗盜，萬一不圖，西入陝州之郊〔四〕，東犯武牢之鎮，盜敖倉一抔之粟，陛下何以遏之？此天下之至機，不可不深懼也。雖則盜未旋踵，誅刑已及，滅其九族，焚其妻子，泣辜雖恨，將何及焉！故曰：「先謀後事者逸，先事後謀者失。」「國之利器，不可以示人。」斯言豈徒設也，固願陛下念之。

則天召見，奇其對，拜麟臺正字。

則天將事雅州討生羌，子昂上書曰：

麟臺正字臣子昂昧死上言。臣聞道路云：國家欲開蜀山，自雅州道入討生羌，因以襲擊吐蕃。執事者不審圖其利害，遂發梁、鳳、巴蜒兵以徇之。臣愚以爲西蜀之禍，自此結矣。

臣聞亂生必由於怨。雅州邊羌，自國初已來，未嘗一日爲盜。今一旦無罪受戮，其怨必甚；怨甚懼誅，必蜂駭西山；西山盜起，則蜀之邊邑，不得不連兵備守；兵久

不解，則蜀之禍構矣。昔後漢末西京喪敗，蓋由此諸羌。此一事也。

且臣聞吐蕃桀黠之虜，君長相信，而多姦謀。自敢抗天誅，邇來向二十餘載，大戰則大勝，小戰則小勝，未嘗敗一隊，亡一夫。國家往以薛仁貴、郭待封爲虓武之將，屠十一萬衆於大非之川，一甲不返。又以李敬玄、劉審禮爲廊廟之器，辱十八萬衆於青海之澤〔五〕，身囚虜庭。是時精甲勇士，勢如雲雷，然竟不能擒一戎，馘一醜，至今而關、隴爲空。今乃欲以李處一爲將，驅憔悴之兵，將襲吐蕃，臣竊憂之，而爲此虜所笑。此二事也。

且夫事有求利而得害者。則蜀昔時不通中國，秦惠王欲帝天下而幷諸侯，以爲不兼賨，不取蜀，勢未可舉，乃用張儀計，飾美女，譎金牛，因間以啖蜀侯。蜀侯果貪其利，使五丁力士鑿通谷，棧褒斜，置道於秦。自是險阻不關，山谷不閉，張儀躡踵乘便，縱兵大破之，蜀侯誅，賨邑滅。至今蜀爲中州，是貪利而亡。此三事也。

且臣聞吐蕃羯虜，愛蜀之珍富，欲盜之久有日矣。然其勢不能舉者，徒以山川阻絕，障隘不通，此其所以頓餓狼之喙而不得侵食也。今國家乃撤邊羌，開隘道，使其收奔亡之種，爲嚮導以攻邊。是乃借寇兵而爲賊除道，舉全蜀以遺之。此四事也。

臣竊觀蜀爲西南一都會，國家之寶庫，天下珍貨聚出其中。又人富粟多，順江而

下，可以兼濟中國。今執事者乃圖僥倖之利，悉以委事西羌。地不足以富國，徒殺無辜之衆，以傷陛下之仁，糜費隨之，無益聖德，又況僥倖之利，未可圖哉！此五事也。

夫蜀之所恃，有險也；人之所安，無役也。今國家乃開其險，役其人，險開則便寇，人役則傷財。臣恐未見羌戎，已有姦盜在其中矣。往年益州長史李崇眞圖此姦利，傳檄稱吐蕃欲寇松州，遂使國家盛軍師、大轉餉以備之。未二三年，巴蜀二十餘州騷然大弊，竟不見吐蕃之面，而崇眞贓錢已計鉅萬矣。蜀人殘破，幾不堪命。此之近事，猶在人口，陛下所親知。臣愚意者不有姦臣欲圖此利，復以生羌爲計者哉！此六事也。

且蜀人尫劣，不習兵戰，一虜持矛，百人莫敢當。又山川阻曠，去中夏精兵處遠。今國家若擊西羌，掩吐蕃，遂能破滅其國，奴虜其人，使其君長係首北闕，計亦可矣。若不到如此，臣方見蜀之邊陲不守，而爲羌夷所橫暴。昔辛有見被髮而祭伊川者，以爲不出百年，此其爲戎。臣恐不及百年而蜀爲戎。此七事也。

且國家近者廢安北，拔單于，棄龜茲，放疏勒，天下翕然，謂之盛德。所以者何？蓋以陛下務在仁，不在廣，務在養，不在殺，將以此息邊鄙，休甲兵，行三皇、五帝之事者也。今又徇貪夫之議，謀動兵戈，將誅無罪之戎，而遺全蜀之患，將何以令天下乎？

此愚臣所以不甚悟者也。況當今山東饑，關、隴弊，歷歲枯旱，人有流亡。誠是聖人寧靜思和天人之時，不可動甲兵，興大役，以自生亂。臣又流聞西軍失守，北軍不利，邊人忙動，情有不安。今者復驅此兵，投之不測。臣聞自古亡國破家，未嘗不由黷兵。今小人議夷狄之利，非帝王之至德也，又況弊中夏哉！

臣聞古之善爲天下者，計大而不計小，務德而不務刑，圖其安則思其危，謀其利則慮其害，然後能長享福祿，伏願陛下熟計之。

再轉右拾遺，數上疏陳事，詞皆典美。時有同州下邽人徐元慶，父爲縣尉趙師韞所殺。後師韞爲御史，元慶變姓名於驛家傭力，候師韞，手刃殺之。議者以元慶孝烈，欲捨其罪。子昂建議以爲「國法專殺者死，元慶宜正國法，然後旌其閭墓，以褒其孝義可也。」當時議者咸以子昂爲是。俄授麟臺正字。武攸宜統軍北討契丹，以子昂爲管記，軍中文翰皆委之。子昂父在鄉，爲縣令段簡所辱，子昂聞之，遽還鄉里。簡乃因事收繫獄中，憂憤而卒，時年四十餘。

子昂褊躁無威儀，然文詞宏麗，甚爲當時所重。有集十卷，友人黃門侍郎盧藏用爲之序，盛行於代。

子昂卒後，益州成都人閭丘均，亦以文章著稱。景龍中，爲安樂公主所薦，起家拜太常博士。而公主被誅，均坐貶爲循州司倉，卒。有集十卷。

宋之問，虢州弘農人。父令文，有勇力，而工書，善屬文。高宗時，爲左驍衞郎將、東臺詳正學士。之問弱冠知名，尤善五言詩，當時無能出其右者。初徵令與楊炯分直內教，俄授洛州參軍，累轉尚方監丞、左奉宸內供奉。易之兄弟雅愛其才，之問亦傾附焉。預修三教珠英，常扈從遊宴。則天幸洛陽龍門，令從官賦詩，左史東方虬詩先成，則天以錦袍賜之。及之問詩成，則天稱其詞愈高，奪虬錦袍以賞之。及易之等敗，左遷瀧州參軍〔六〕。未幾，逃還，匿於洛陽人張仲之家。仲之與駙馬都尉王同皎等謀殺武三思，之問令兄子發其事以自贖。及同皎等獲罪，起之問爲鴻臚主簿，由是深爲義士所譏。景龍中，再轉考功員外郎。時中宗增置修文館學士，擇朝中文學之士，之問與薛稷、杜審言等首膺其選，當時榮之。及典舉，引拔後進，多知名者。尋轉越州長史。睿宗即位，以之問嘗附張易之、武三思，配徙欽州。先天中，賜死於徙所。之問再被竄謫，經途江、嶺，所有篇詠，傳布遠近。友人武平一爲之纂集，成十卷，傳於代。

世人以之問父爲三絕，之問以文詞知名，弟之悌有勇力，之遜善書，議者云各得父之一絕。

之悌，開元中自右羽林將軍出爲益州長史、劍南節度兼採訪使。尋還太原尹。

閻朝隱，趙州欒城人也。少與兄鏡幾、弟仙舟俱知名。朝隱文章雖無風、雅之體，善構奇，甚爲時人所賞。累遷給事中，預修三教珠英。張易之等所作篇什，多是朝隱及宋之問潛代爲之。聖曆二年，則天不豫，令朝隱往少室山祈禱。朝隱乃曲申悅媚，以身爲犧牲，請代上所苦。及將康復，賜絹綵百匹、金銀器十事。俄轉麟臺少監。易之伏誅，坐徙嶺外。尋召還。先天中，復爲祕書少監。又坐事貶爲通州別駕，卒官。

朝隱修三教珠英時，成均祭酒李嶠與張昌宗爲修書使，盡收天下文詞之士爲學士，預其列者，有王無競、李適、尹元凱，並知名於時。自餘有事跡者，各見其本傳。

王無競，字仲烈，其先琅邪人，因官徙居東萊，宋太尉弘之十一代孫。父侃，棣州司馬。無競有文學，初應下筆成章舉及第，解褐授趙州欒城縣尉，歷祕書省正字，轉右武衞倉

曹、洛陽縣尉，遷監察御史，轉殿中。舊例，每日更直於殿前正班。時宰相宗楚客、楊再思常離班偶語，無競前曰：「朝禮至敬，公等大臣，不宜輕易以慢恆典。」楚客等大怒，轉無競爲太子舍人。神龍初，坐訶詆權倖，出爲蘇州司馬。及張易之等敗，以嘗交往，再貶嶺外，卒於廣州，年五十四。

李適者，雍州萬年人。景龍中，爲中書舍人，俄轉工部侍郎。睿宗時，天台道士司馬承禎被徵至京師。及還，適贈詩，序其高尚之致，其詞甚美，當時朝廷之士，無不屬和，凡三百餘人。徐彥伯編而敍之，謂之白雲記，頗傳於代。尋卒。

尹元凱者，瀛州樂壽人。初爲磁州司倉，坐事免，乃棲遲山林，不求仕進，垂三十年。與張說、盧藏用特相友善，徵拜右補闕。卒於并州司馬。

賈曾，河南洛陽人也。父言忠，乾封中爲侍御史。時朝廷有事遼東，言忠奉使往支軍糧。及還，高宗問以軍事，言忠畫其山川地勢，及陳遼東可平之狀，高宗大悅。又問諸將優劣，言忠曰：「李勣先朝舊臣，聖鑒所悉。龐同善雖非鬭將，而持軍嚴整。薛仁貴勇冠三軍，名可振敵。高侃儉素自處，忠果有謀。契苾何力沉毅持重，有統御之才，然頗有忌前之癖。

諸將夙夜小心，忘身憂國，莫過於李勣者。」高宗深然之。累轉吏部員外郎。坐事左遷邵州司馬，卒。

曾少知名。景雲中，爲吏部員外郎。玄宗在東宮，盛擇宮僚，拜曾爲太子舍人。時太子頻遣使訪召女樂，命宮臣就率更署閱樂，多奏女妓。曾啓諫曰：

臣聞作樂崇德，以感人神，韶、夏有容，咸、英有節，婦人媟黷，無豫其間。昔魯用孔子，幾至於霸，齊人懼之，饋以女樂，魯君既受，孔子所以行。戎有由餘，兵強國富，秦人反間，遺之女妓，戎王耽悅，由餘乃奔。斯則大聖名賢嫉之已久。良以婦人爲樂，必務冶容，哇姣動心，蠱惑喪志，上行下效，淫俗將成，敗國亂人，實由茲起。伏惟殿下神武命代，文思登庸，宇內顒顒，瞻仰德化。而渴賢之美，未被於民心；好妓之聲，或聞於人聽。豈所以追啓、誦之徽烈，襲堯、舜之英風者哉！至若監撫餘閑，宴私多豫，後庭妓樂，古或有之，非以風人，爲弊猶隱。至於所司教習，章示羣僚，慢伎淫聲，實虧睿化。伏願下教令，發德音，屏倡優，敦雅、頌，率更女樂，並令禁斷，諸使採召，一切皆停。則朝野內外，皆知殿下放鄭遠佞，輝光日新，凡在含生，孰不欣戴。

太子手令答曰：「比嘗聞公正直，信亦不虛。寡人近日頗尋典籍，至於政化，偏所留心，女樂之徒，亦擬禁斷。公之所言，雅符本意。」俄特授曾中書舍人。曾以父名忠，固辭，乃拜

諫議大夫、知制誥。

明年，有事於南郊，有司立議，唯祭昊天上帝，而不設皇地祇之位。曾奏議「請於南郊方丘，設皇地祇及從祀等坐，則禮惟稽古，義得緣情。」睿宗令宰相及禮官詳議，竟依曾所奏。開元初，復拜中書舍人，曾又固辭，議者以爲中書是曹司名，又與曾父音同字別，於禮無嫌，曾乃就職。與蘇晉同掌制誥，皆以詞學見知，時人稱爲蘇賈。曾後坐事，貶洋州刺史。開元六年，玄宗念舊，特恩甄敍，繼歷慶、鄭等州刺史，入拜光祿少卿，遷禮部侍郎。十五年卒。子至。

至，天寶末爲中書舍人。祿山之亂，從上皇幸蜀。時肅宗即位於靈武，上皇遣至爲傳位册文，上皇覽之歎曰：「昔先帝遜位於朕，册文則卿之先父所爲。今朕以神器大寶付儲君，卿又當演誥。累朝盛典，出卿父子之手，可謂難矣。」至伏於御前，嗚咽感涕。

寶應二年，爲尚書左丞。時禮部侍郎楊綰上疏請依古制，縣令舉孝廉於刺史，試其所通之學，送名於省；省試每經問義十條、對策三道，取其通否。詔令左右丞、諸司侍郎、大夫、中丞、給、舍等參議，議者多與綰同。至議曰：

夏之政尚忠，殷之政尚敬，周之政尚文，然則文與忠敬，皆統人之行也。是故前代

以文取士，本行也，由詞以觀行，則及詞也。宣父稱「顏子不遷怒，不貳過」，謂之「好學」。至乎修春秋，則游、夏不能措一辭，不亦明乎！間者禮部取人，有乖斯義。試學者以帖字爲精通，而不窮旨義，豈能知「遷怒」「貳過」之道乎？考文者以聲病爲是非，唯擇浮豔，豈能知移風易俗化天下之事乎？是以上失其源，下襲其流，乘流波蕩，不知所止，先王之道，莫能行也。夫先王之道消，則小人之道長；小人之道長，則亂臣賊子由是出焉。臣弒其君，子弒其父，非一朝一夕之故，其所由來者漸矣。漸者何？儒道不舉，取士之失也。夫一國之事，繫一人之本，謂之風。贊揚其風，繫卿大夫也，卿大夫何嘗不出於士乎？今取士，試之小道，不以遠者大者，使干祿之徒，趨馳末術，是誘導之差也。所以祿山一呼，四海震蕩，思明再亂，十年不復。向使禮讓之道弘，仁義之風著，則忠臣孝子比屋可封，逆節不得而萌也，人心不得而搖也。

且夏有天下四百載，禹之道喪，而殷始興焉；殷有天下六百祀，湯之法棄，而周始興焉；周有天下八百年，文、武之政弊，而秦始并焉。觀三代之選士任賢，皆考實行，故能風俗淳一，運祚長遠。秦坑儒士，二代而亡。漢興，雜用三代之政，弘四科之舉，終彼四百，豈非學行道扇，化行於鄉里哉！自魏至隋，僅四百載，竊號僭位，德義不修，是以子孫速顚，享國咸促。

國家革魏、晉、梁、隋之弊，承夏、殷、周、漢之業，四隩既宅，九州攸同，覆幬生育，德合天地，安有捨皐王舉士之道，從亂代取人之術，此公卿大夫之辱也。今西京有太學，州縣有小學，兵革一動，生徒流離，儒臣師氏，祿廩無由，貢士不稱行實，胄子何嘗講習。禮部每歲擢甲乙之第，謂弘獎勸，不其謬歟！祇足以長浮薄之風，啓僥倖之路矣！其國子博士等，望加員數，厚其祿秩，通儒碩生，間居其職。十道大郡，量置太學館，令博士出外，兼領郡官，召置生徒，依乎故事，保桑梓者鄉里舉焉，在流寓者庠序推焉。朝而行之，夕見其利。

議者然之。宰臣等奏以舉人舊業已成，難於速改。其今歲舉人，望且依舊。賈至所議，來年允之。

廣德二年，轉禮部侍郎。是歲，至以時艱歲歉，舉人赴省者，奏請兩都試舉人，自至始也。永泰元年，加集賢院待制。大曆初，改兵部侍郎。五年，轉京兆尹、兼御史大夫，卒。

許景先，常州義興人，後徙家洛陽。少舉進士，授夏陽尉。神龍初，東都起聖善寺報慈閣。景先詣闕獻大像閣賦，詞甚美麗，擢拜左拾遺。累遷給事中。開元初，每年賜射，節級

賜物，屬年儉，甚費府庫。景先奏曰：

近以三九之辰，頻賜宴射，已著格令，猶降綸言。但古制不存，禮章多闕，官員累倍，帑藏未充，水旱相仍，繼之師旅，既不足以觀德，又未足以威邊，耗國損人，且爲不急。夫古之天子，以射選諸侯，以射飾禮樂，以射觀容志，故有騶虞、貍首之奏，采蘩、采蘋之樂。天子則以備官爲節，諸侯則以時會爲節，卿大夫以循法爲節，士以不失職爲節，皆審志固行，德美事成，陰陽克和，暴亂不作。故諸侯貢士，亦試於射宮，容體有虧，則絀其地。是諸侯君臣皆盡志於射，射之禮也大矣哉〔七〕！今則不然。衆官既多，鳴鏑亂下，以苟獲爲利，以偶中爲能，素無五善之容，頗失三侯之禮。冗官厚秩，禁衞崇班，動盈累千，其算無數。近河南、河北，水潦處多，林胡小蕃，見寇郊壘，軍書日至，河朔騷然。命將除凶，未圖克捷，興師十萬，日費千金。去歲豫、亳兩州，微遭旱損，庸賦不辦，以致流亡。聖人憂勤，降使招恤，流離歲月，猶未能安，人之困窮，以至於此。今一箭偶中，是一丁庸調，用之既無惻隱，獲之固無恥慚。考古循今，則爲未可。且禁衞武官，隨番許射，能中的者，必有賞焉。此則訓武習戎，時習不闕，待寇寧歲稔，率由舊章，則愛禮養人，幸甚幸甚。

自是乃停賜射之禮。

俄轉中書舍人。自開元初，景先與中書舍人齊澣、王丘、韓休、張九齡掌知制誥，以文翰見稱。中書令張說嘗稱曰：「許舍人之文，雖無峻峯激流嶄絕之勢，然屬詞豐美，得中和之氣，亦一時之秀也。」十年夏，伊、汝泛溢，漂損居人廬舍，溺死者甚衆。景先言於侍中源乾曜曰：「災眚所降，必資修德以禳之，左傳所載『降服出次』，卽其事也。誠宜發德音，遣大臣存問，憂人罪己，以答天譴。明公位存輔弼，當發明大體，以啓沃明主，不可緘默也。」乾曜然其言，遽以聞奏，乃下詔遣戶部尚書陸象先往賑給窮乏。十三年，玄宗令宰臣擇刺史之任，必在得人，景先首中其選，自吏部侍郎出爲虢州刺史。後轉岐州，入拜吏部侍郎，卒。

賀知章，會稽永興人，太子洗馬德仁之族孫也。少以文詞知名，舉進士。初授國子四門博士，又遷太常博士，皆陸象先在中書引薦也。開元十年，兵部尚書張說爲麗正殿修書使，奏請知章及祕書員外監徐堅、監察御史趙冬曦皆入書院，同撰六典及文纂等，累年，書竟不就。後轉太常少卿。

十三年，遷禮部侍郎，加集賢院學士，又充皇太子侍讀。是歲，玄宗封東嶽，有詔應行從羣臣，並留於谷口，上獨與宰臣及外壇行事官登於嶽上齋宮之所。初，上以靈山清潔，不

欲喧繁，召知章講定儀注，因奏曰：「昊天上帝君位，五方諸帝臣位，帝號雖同，而君臣異位。陛下享君位於山上，羣臣祀臣位於山下，誠足垂範來葉，爲變禮之大者也。然禮成於三獻，亞終合於一處。」上曰：「朕正欲如是，故問卿耳。」於是敕：「三獻於山上行事，五方帝及諸神座於下壇行事。」俄屬惠文太子薨，有詔禮部選挽郎，知章取捨非允，爲門蔭子弟喧訴盈庭。知章於是以梯登牆，首出決事，時人咸嗤之。由是改授工部侍郎，兼祕書監同正員，依舊充集賢院學士。俄遷太子賓客、銀青光祿大夫兼正授祕書監。

知章性放曠，善談笑，當時賢達皆傾慕之。工部尚書陸象先，卽知章之族姑子也，與知章甚相親善。象先常謂人曰：「賀兄言論倜儻，眞可謂風流之士。吾與子弟離闊，都不思之，一日不見賀兄，則鄙吝生矣。」知章晚年尤加縱誕，無復規檢，自號四明狂客，又稱「祕書外監」，遨遊里巷。醉後屬詞，動成卷軸，文不加點，咸有可觀。又善草隸書，好事者供其牋翰，每紙不過數十字，共傳寶之。

時有吳郡張旭，亦與知章相善。旭善草書，而好酒，每醉後號呼狂走，索筆揮灑，變化無窮，若有神助，時人號爲張顚。

天寶三載，知章因病恍惚，乃上疏請度爲道士，求還鄉里，仍捨本鄉宅爲觀。上許之，仍拜其子典設郎曾爲會稽郡司馬，仍令侍養。御製詩以贈行，皇太子已下咸就執別。至鄉

無幾壽終，年八十六。

肅宗以侍讀之舊，乾元元年十一月詔曰：「故越州千秋觀道士賀知章，器識夷淡，襟懷和雅，神清志逸，學富才雄，挺會稽之美箭，藴崑崗之良玉。故飛名仙省，侍講龍樓，常靜默以養閑，因談諧而諷諫。以暮齒辭祿，再見款誠，願追二老之蹤，克遂四明之客。允叶初志，脫落朝衣，駕青牛而不還，狎白衣而長往。丹壑非昔，人琴兩亡，惟舊之懷，有深追悼，宜加縟禮，式展哀榮。可贈禮部尚書。」

先是神龍中，知章與越州賀朝、萬齊融，揚州張若虛、邢巨，湖州包融，俱以吳、越之士，文詞俊秀，名揚於上京。朝萬止山陰尉，齊融崑山令，若虛兗州兵曹，巨監察御史。融遇張九齡，引爲懷州司戶、集賢直學士。數子人間往往傳其文，獨知章最貴。神龍中，有尉氏李登之，善五言詩，蹉跌不偶，六十餘，爲宋州參軍卒。

席豫，襄陽人，湖州刺史固七世孫，徙家河南。豫進士及第。開元中，累官至考功員外郎，典舉得士，爲時所稱。三遷中書舍人，與韓休、許景先、徐安貞、孫逖相次掌制誥，皆

有能名。轉戶部侍郎，充江南東道巡撫使，兼鄭州刺史。入爲吏部侍郎，玄宗謂之曰：「卿以前爲考功，職事修舉，故有此授。」豫典選六年，復有令譽。天寶初，改尚書左丞。尋檢校禮部尚書，封襄陽縣子。玄宗幸温泉宮，登朝元閣賦詩，羣臣屬和。帝以豫詩爲工，手制褒美曰：「覽卿所進，實詩人之首出，作者之冠冕也。」

豫與弟晉，俱以詞藻見稱，而豫性尤謹，雖與子弟書疏及吏曹簿領，未嘗草書，謂人曰：「不敬他人，是自不敬也。」或曰：「此事甚細，卿何介意？」豫曰：「細猶不謹，而況巨耶！」七載，卒于位，時年六十九。疾篤，謂其子曰：「吾亡三日斂，斂日卽葬，勿更久留，貽公私之煩。家無餘財，可賣所居，聊備葬禮。」人嘉其達。贈江陵大都督，謚曰文。

徐安貞者，信安龍丘人。尤善五言詩。嘗應制舉，一歲三擢甲科，人士稱之。開元中爲中書舍人、集賢院學士。上每屬文及作手詔，多命安貞視草，甚承恩顧。累遷中書侍郎。天寶初卒。

齊澣，定州義豐人。少以詞學稱。弱冠以制科登第，釋褐蒲州司法參軍。景雲二年，中書令姚崇用爲監察御史，彈劾違犯，先於風教，當時以爲稱職。開元中，崇復用爲給事中，遷中書舍人。論駁書詔，潤色王言，皆以古義謨誥爲準的，侍中宋璟、中書侍郎蘇頲並重之。祕書監馬懷素、右常侍元行冲受詔編次四庫羣書，乃奏澣爲編修使，改祕書少監。尋丁憂免。

十二年，出爲汴州刺史。河南，汴爲雄郡，自江、淮達于河、洛，舟車輻輳，人庶浩繁。前後牧守，多不稱職，唯倪若水與澣皆以清嚴爲治，民吏歌之。中書令張說擇左右丞之才，舉懷州刺史王丘爲左丞，以澣爲右丞。李元紘、杜暹爲相，以開府、廣平公宋璟爲吏部尚書，又用戶部侍郎蘇晉與澣爲吏部侍郎，當時以爲高選。

時開府王毛仲寵幸用事，與龍武將軍葛福順爲姻親，故北門官見毛仲奏請，無不之允，皆受毛仲之惠，進退隨其指使。澣惡之，乘間論之曰：「福順典兵馬，與毛仲婚姻，小人寵極則姦生，若不預圖，恐後爲患，惟陛下思之。況腹心之委，何必毛仲，而高力士小心謹慎，又是閹官，便於禁中驅使。臣雖過言，庶裨萬一。臣聞君不密則失臣，臣不密則失身，惟聖慮密之。」玄宗嘉其誠，諭之曰：「卿且出。朕知卿忠義，徐俟其宜。」會大理丞麻察坐事出爲興州別駕，澣與察善，出城餞之，因語禁中諫語。察性諂諂，遽以澣語奏之。玄宗怒，令中書門下鞫問。又召澣於內殿，謂之曰：「卿向朕道『君不密則失臣，臣不密則失身』，而疑朕不密，

而翻告麻察，是何密耶？麻察輕險無行，常遊太平之門，此日之事，卿豈不知耶？」澣免冠頓首謝罪，乃貶高州良德丞。又貶察爲潯州皇化尉。澣數年量移常州刺史。

二十五年，遷潤州刺史，充江南東道採訪處置使。潤州北界隔吳江，至瓜步沙尾，紆匯六十里，船繞瓜步，多爲風濤之所漂損。澣乃移其漕路，於京口埭下直渡江二十里，又開伊婁河二十五里，卽達揚子縣。自是免漂損之災，歲減脚錢數十萬。又立伊婁埭，官收其課，迄今利濟焉。數年，復爲汴州刺史。淮、汴水運路，自虹縣至臨淮一百五十里，水流迅急，舊用牛曳竹索上下，流急難制。澣乃奏自虹縣下開河三十餘里，入于清河，百餘里出清水，又開河至淮陰縣北岸入淮，免淮流湍險之害。久之，新河水復迅急，又多僵石，漕運難澀，行旅弊之。

澣因高力士中助，連爲兩道採訪使，遂興開漕之利，以中人主意，復勾剝貨財，賂遺中貴，物議薄之。又納劉戒之女爲妾，凌其正室，專制家政。李林甫惡之，遣人摘撫其失。會澣判官犯贓，澣連坐，遂廢歸田里。天寶初，起爲員外少詹事，留司東都。時絳州刺史嚴挺之爲林甫所搆，除員外少詹事，留司東都。與澣皆朝廷舊德，既廢居家巷，每園林行樂，則杖屨相過，談讌終日。林甫聞而患之，欲離其勢。五年，用澣爲平陽太守。卒於郡。肅宗卽位，爲林甫所陷者皆得雪，澣受褒贈。

王澣，并州晉陽人。少豪蕩不羈，登進士第，日以蒱酒爲事。并州長史張嘉貞奇其才，禮接甚厚，澣感之，撰樂詞以敍情，於席上自唱自舞，神氣豪邁。張說鎮并州，禮澣益至。會說復知政事，以澣爲祕書正字，擢拜通事舍人，遷駕部員外。櫪多名馬，家有妓樂。澣發言立意，自比王侯，頤指儕類，人多嫉之。說既罷相，出澣爲汝州長史，改仙州別駕。至郡，日聚英豪，從禽擊鼓，恣爲歡賞，文士祖詠、杜華常在座。於是貶道州司馬，卒。有文集十卷。

李邕，廣陵江都人。父善，嘗受文選於同郡人曹憲。後爲左侍極賀蘭敏之所薦引，爲崇賢館學士，轉蘭臺郎。敏之敗，善坐配流嶺外。會赦還，因寓居汴、鄭之間，以講文選爲業。年老疾卒。所注文選六十卷，大行於時。

邕少知名。長安初，內史李嶠及監察御史張廷珪，並薦邕詞高行直，堪爲諫諍之官，由是召拜左拾遺。俄而御史中丞宋璟奏侍臣張昌宗兄弟有不順之言，請付法推斷。則天初不應，邕在階下進曰：「臣觀宋璟之言，事關社稷，望陛下可其奏。」則天色稍解，始允宋璟所

請。既出，或謂邕曰：「吾子名位尚卑，若不稱旨，禍將不測，何爲造次如是？」邕曰：「不愿不狂，其名不彰。若不如此，後代何以稱也？」

及中宗卽位，以妖人鄭普思爲祕書監，邕上書諫曰：

蓋人有感一餐之惠，殞七尺之身，況臣爲陛下官，受陛下祿，而目有所見，口不言之，是負恩矣。自陛下親政日近，復在九重，所以未聞在外羣下竊議。道路籍籍，皆云普思多行詭惑，妄說妖祥，唯陛下不知，尚見驅使，此道若行，必撓亂朝政。臣至愚至賤，不敢以胸臆對揚天威，請以古事爲明證。孔丘云：「詩三百，一言以蔽之，曰：思無邪。」陛下今若以普思有奇術，可致長生久視之道，則爽鳩氏久應得之，永有天下，非陛下今日可得而求；若以普思可致仙方，則秦皇、漢武久應得之，永有天下，亦非陛下今日可得而求；若以普思可致佛法，則漢明、梁武久應得之，永有天下，亦非陛下今日可得而求；若以普思可致鬼道，則墨翟、干寶各獻於至尊矣，而二主得之，永有天下，亦非陛下今日可得而求。此皆事涉虛妄，歷代無效，臣愚不願陛下復行之於明時。唯堯、舜二帝，自古稱聖，臣觀所得，故在人事，敦睦九族，平章百姓，不聞以鬼神之道理天下。伏願陛下察之，則天下幸甚。

疏奏不納。以與張柬之善，出爲南和令，又貶富州司戶。

唐隆元年，玄宗清內難，召拜左臺殿中侍御史。改戶部員外郎，又貶崖州舍城丞。開元三年，擢爲戶部郎中。邕素與黃門侍郎張廷珪友善，時姜皎用事，與廷珪謀引邕爲憲官。事洩，中書令姚崇嫉邕險躁，因而構成其罪，左遷括州司馬。後徵爲陳州刺史。十三年，玄宗車駕東封回，邕於汴州謁見，累獻詞賦，甚稱上旨。由是頗自矜衒，自云當居相位。張說爲中書令，甚惡之。俄而陳州贓汙事發，下獄鞫訊，罪當死，許州人孔璋上書救邕曰：

臣聞明主御宇，捨過舉能，取材棄行；烈士抗節，勇不避死，見危授命。昔用林父，豈念過乎？漢用陳平，豈念行乎？禽息殞身，北郭碎首，豈愛死乎？向若林父誅，陳平死，百里不用，晏嬰見逐，是晉無赤狄之土，漢無皇極之尊，秦不幷西戎，齊不霸東海矣。

臣伏見陳州刺史李邕，學成師範，文堪經國，剛毅忠烈，難不苟免。往者張易之用權，人畏其口，而邕折其角；韋氏恃勢，言出禍應，而邕挫其鋒。雖身受謫屈，而姦謀中損，卽邕有大造於我邦家也。且斯人所能者，拯孤恤窮，救乏賑惠，積而便散，家無私聚。今聞坐贓下吏，鞫訊待報，將至極刑，死在朝夕。

臣聞生無益於國，不若殺身以明賢。臣朽賤庸夫，輪轅無取，獸息禽視，雖生何

爲。況賢爲國寶，社稷之衞，是臣痛惜深矣。臣願六尺之軀，甘受膏斧，以代邕死。臣之死，所謂落一毛；邕之生，有足照千里。然臣與邕，生平不款，臣知有邕，邕不知有臣。臣不逮邕，明矣。夫知賢而舉，仁也；代人任患，義也。臣獲二善而死，且不朽，則又何求！陛下若以臣之賤不足以贖邕，鴈門縫掖有効矣。伏惟陛下寬邕之生，速臣之死，令邕率德改行，想林父之功，使臣得瞑目黃泉，附北郭之迹，臣之大願畢矣。陛下卽以陽和之始，難於用鉞，俟天成命，敢忘伏劍，豈煩大刑，然後歸死。皇天后土，實照臣之心。

昔吳、楚七國叛，因亞夫得劇孟，則寇不足憂。夫以一賢之能，敵七國之衆。伏惟陛下覆載之道，存棄瑕之義，遠思劇孟，近取李邕，豈惟成愷悌之澤，實亦歸天下之望。況大禮之後，天地更新，赦而復論，人誰無罪？惟明主圖之。臣聞士爲知己者死，且臣不爲死者所知，甘於死者，豈獨爲惜邕之賢，亦成陛下矜能之德。惟明主圖之。

疏奏，邕已會減死，貶爲欽州遵化縣尉，璋亦配流嶺南而死。邕後於嶺南從中官楊思勖討賊有功，又累轉括、淄、滑三州刺史，上計京師。邕素負美名，頻被貶斥，皆以邕能文養士，賈生、信陵之流，執事忌勝，剝落在外。人間素有聲稱，後進不識，京、洛阡陌聚觀，以爲古人，或將眉目有異，衣冠望風，尋訪門巷。又中使臨問，索其新文，復爲人陰中，竟不

得進。

天寶初，爲汲郡、北海二太守。邕性豪侈，不拘細行，所在縱求財貨，馳獵自恣。五載，姦贓事發。又嘗與左驍衞兵曹柳勣馬一匹，及勣下獄，吉溫令勣引邕議及休咎，厚相賂遺，詞狀連引，敕刑部員外郎祁順之、監察御史羅希奭馳往就郡決殺之，時年七十餘。

初，邕早擅才名，尤長碑頌。雖貶職在外，中朝衣冠及天下寺觀，多齎持金帛，往求其文。前後所製，凡數百首，受納饋遺，亦至鉅萬。時議以爲自古鬻文獲財，未有如邕者。有文集七十卷。其張韓公行狀〔八〕、洪州放生池碑、批韋巨源諡議，文士推重之。後因恩例，得贈祕書監。

孫逖，潞州涉縣人。曾祖仲將，壽張丞。祖希莊，韓王府典籤。父嘉之，天册年進士擢第，又以書判拔萃，授蜀州新津主簿，歷曲周、襄邑二縣令，以宋州司馬致仕，卒年八十三。

逖幼而英俊，文思敏速。始年十五，謁雍州長史崔日用。日用小之，令爲土火爐賦，逖握翰即成，詞理典贍。日用覽之駭然，遂爲忘年之交，以是價譽益重。開元初，應哲人奇士舉，授山陰尉。遷祕書正字。十年，應制登文藻宏麗科，拜左拾遺。張說尤重其才，逖日遊其門，轉左補闕。黃門侍郎李暠出鎮太原，辟爲從事。暠在鎮，與蒲州刺史李尙隱遊于伯

樂川，逖爲之記，文士盛稱之。二十一年，入爲考功員外郎、集賢修撰。逖選貢士二年，多得俊才。初年則杜鴻漸至宰輔，顏眞卿爲尙書。後年拔李華、蕭穎士、趙驊登上第，逖謂人曰：「此三人便堪掌綸誥。」

二十四年，拜逖中書舍人。逖自以通籍禁闈，其父官纔邑宰，乃上表陳情曰：「臣父嘉之，雖當暮齒，幸遇明時，綿歷驅馳，纔及令長。臣夙荷嚴訓，累登淸秩，頻遷省闥，又拜掖垣。地近班榮，臣則過量；途遙日暮，父乃後時。在公府有倫榮之責，於私庭無報德之効，反慚烏鳥，徒廁鴛鴻。伏望降臣一外官，特乞微恩，稍霑臣父。」玄宗優詔獎之，授嘉之宋州司馬致仕，尋卒。丁父喪免，二十九年服闋，復爲中書舍人。其年充河東黜陟使。天寶三載，權判刑部侍郎。五載，以風病求散秩，改太子左庶子。逖掌誥八年，制敕所出，爲時流歎服。議者以爲自開元已來，蘇頲、齊澣、蘇晉、賈曾、韓休、許景先及逖，爲王言之最。逖尤善思，文理精練，加之謙退不伐，人多稱之。以疾沉廢累年，轉太子詹事。上元中卒。廣德二年，詔贈尙書右僕射，諡曰文。有集三十卷。子宿、絳、成。逖弟遹、遘、造。

遹終左武衞兵曹。宿歷河東掌記，代宗朝歷刑部郎中、中書舍人，出爲華州刺史，卒。

成字退思，以父蔭累授雲陽、長安尉，歷監察御史，轉殿中。隴右副元帥李抱玉奏充掌書記，入爲屯田、司勳二員外郎。丁母喪免，終制，出爲洛陽令，轉長安令。時兄宿爲華州刺史，因失火驚懼成瘖病。成素孝悌，蒼黃請急，不俟報而趨華。代宗嘉之，歎曰：「急難之切，觀過知仁。」歷倉部郎中、京兆少尹。出爲信州刺史，有惠政，郡人請立碑頌德，優詔褒美。轉蘇州刺史。貞元四年，改桂州刺史、桂管觀察使。五年卒。

宿子公器，官至信州刺史、邕管經略使。公器子簡、範，並舉進士。會昌後，兄弟繼居顯秩，歷諸道觀察使。簡，兵部尙書。子紓、徽，並登進士第。

校勘記

〔一〕鼓城　各本原作「彭城」，據新書卷一〇六郭正一傳改。

〔二〕尤長七言之作　「七言」，册府卷七七七、卷八四〇均作「五言」。

〔三〕徇齊　各本原作「恂齊」，據唐文粹卷二六、全唐文卷二一二改。

〔四〕陝州　各本原作「郟州」，據唐文粹卷二六、全唐文卷二一二改。

〔五〕辱十八萬衆於青海之澤　「衆」字各本原作「乘」，據四部叢刊影印明弘治本陳伯玉集、新書卷一〇七陳子昂傳改。

〔六〕瀧州　各本原作「隴州」，據新書卷二〇二宋之問傳改。

〔七〕射之禮也大矣哉　「射」字各本原無，據唐會要卷二六、全唐文卷二六八補。

〔八〕張韓公行狀　「張」字各本原無，據册府卷八四〇、御覽卷五八九補。

舊唐書卷一百九十下

列傳第一百四十下

文苑下

李華 蕭穎士 李翰附 陸據 崔顥 王昌齡 孟浩然 元德秀
王維 李白 杜甫 吳通玄 兄通微 王仲舒 崔咸 唐次 子扶 持 持子彥謙 劉蕡 李商隱 溫庭筠 薛逢 子廷珪 李拯
李巨川 司空圖

李華字遐叔，趙郡人。開元二十三年進士擢第。天寶中，登朝爲監察御史。累轉侍御史，禮部、吏部二員外郎。華善屬文，與蘭陵蕭穎士友善。華進士時，著含元殿賦萬餘言，穎士見而賞之，曰：「景福之上，靈光之下。」華文體溫麗，少宏傑之氣，穎士詞鋒俊發，華自

以所業過之，疑其誣詞。乃爲祭古戰場文，熏汙之如故物，置於佛書之閣。華與穎士因閱佛書得之，華謂之曰：「此文何如？」穎士曰：「可矣。」華曰：「當代秉筆者，誰及於此？」穎士曰：「君稍精思，便可及此。」華愕然。華著論言龜卜可廢，通人當其言。

祿山陷京師，玄宗出幸，華扈從不及，陷賊，僞署爲鳳閣舍人。收城後，三司類例減等，從輕貶官，遂廢於家，卒。華嘗爲魯山令元德秀墓碑，顏眞卿書，李陽冰篆額，後人爭模寫之，號爲「四絕碑」。有文集十卷，行於時。

蕭穎士者，字茂挺。與華同年登進士第。當開元中，天下承平，人物駢集，如賈曾、席豫、張垍、韋述輩，皆有盛名，而穎士皆與之遊，由是縉紳多譽之。李林甫採其名，欲拔用之，乃召見。時穎士寓居廣陵，母喪，卽縗麻而詣京師，徑謁林甫於政事省。林甫素不識，遽見縗麻，大惡之，卽令斥去。穎士大忿，乃爲伐櫻桃賦以刺林甫云：「擢無庸之瑣質，因本枝而自庇。洎枝幹而非據，專廟廷之右地。雖先寢而或薦，豈和羹之正味。」其狂率不遜，皆此類也。然而聽譽絕倫，嘗與李華、陸據同遊洛南龍門，三人共讀路側古碑，穎士一閱，卽能誦之，華再閱，據三閱，方能記之。議者以三人才格高下亦如此。是時外夷亦知穎士之

名，新羅使入朝，言國人願得蕭夫子爲師，其名動華夷若此。終以誕傲褊忿，困躓而卒。

華宗人翰，亦以進士知名。天寶中，寓居陽翟。爲文精密，用思苦澀，常從陽翟令皇甫曾求音樂，每思涸則奏樂，神逸則著文。祿山之亂，從友人張巡客宋州。巡率州人守城，賊攻圍經年，食盡矢窮方陷。當時薄巡者言其降賊，翰乃序巡守城事迹，撰張巡姚誾等傳兩卷上之，肅宗方明巡之忠義，士友稱之。上元中爲衛縣尉，入朝爲侍御史。

陸據者，周上庸公騰六代孫。少孤，文章俊逸，言論縱横。年三十餘，始遊京師，舉進士。公卿覽其文，稱重之，辟爲從事。累官至司勳員外郎。天寶十三載卒。

開元、天寶間，文士知名者，汴州崔顥、京兆王昌齡高適、襄陽孟浩然，皆名位不振，唯高適官達，自有傳。

崔顥者，登進士第，有俊才，無士行，好蒱博飲酒。及遊京師，娶妻擇有貌者，稍不愜

意，卽去之，前後數四。累官司勳員外郎。天寶十三年卒。

王昌齡者，進士登第，補祕書省校書郎。又以博學宏詞登科，再遷汜水縣尉。不護細行，屢見貶斥，卒。昌齡爲文，緒微而思淸。有集五卷。

孟浩然，隱鹿門山，以詩自適。年四十來遊京師，應進士不第，還襄陽。張九齡鎭荊州，署爲從事，與之唱和。不達而卒。

元德秀者，河南人，字紫芝。開元二十一年登進士第。性純朴，無緣飾，動師古道。父爲延州刺史。德秀少孤貧，事母以孝聞。開元中，從鄉賦，歲遊京師，不忍離親，每行則自負板輿，與母詣長安。登第後，母亡，廬於墓所，食無鹽酪，藉無茵席，刺血畫像寫佛經。久之，以孤幼牽於祿仕，調授邢州南和尉。佐治有惠政，黜陟使上聞，召補龍武錄事參軍。

德秀早失恃怙，縗麻相繼，不及親在而娶，既孤之後，遂不娶婚。族人以絕嗣規之，德秀曰：「吾兄有子，繼先人之祀。」以兄子婚娶，家貧無以爲禮，求爲魯山令。先是墮車傷足，不任趨拜，汝郡守以客禮待之。部人爲盜，吏捕之繫獄，會縣界有猛獸爲暴，盜自陳曰：「願格殺猛獸以自贖。」德秀許之，胥吏曰：「盜詭計苟免，擅放官囚，無乃累乎？」德秀曰：「吾不欲負約，累則吾坐，必請不及諸君。」卽破械出之。翌日，格猛獸而還。誠信化人，大率此類。

秩滿，南遊陸渾，見佳山水，杳然有長往之志，乃結廬山阿。歲屬饑歉，庖廚不爨，而彈琴讀書，怡然自得。好事者載酒餚過之，不擇賢不肖，與之對酌，陶陶然遺身物外。琴觴之餘，間以文詠，率情而書，語無雕刻。所著季子聽樂論、蹇士賦，爲高人所稱。天寶十三年卒，時年五十九，門人相與諡爲文行先生。士大夫高其行，不名，謂之元魯山。

王維字摩詰，太原祁人。父處廉，終汾州司馬，徙家于蒲，遂爲河東人。維開元九年進士擢第。事母崔氏以孝聞。與弟縉俱有俊才，博學多藝亦齊名，閨門友悌，多士推之。歷右拾遺、監察御史、左補闕、庫部郎中。居母喪，柴毀骨立，殆不勝喪。服闋，拜吏部郎

中。天寶末，爲給事中。祿山陷兩都，玄宗出幸，維扈從不及，爲賊所得。維服藥取痢，僞稱瘖病。祿山素憐之，遣人迎置洛陽，拘於普施寺，迫以僞署。祿山宴其徒於凝碧宮，其樂工皆梨園弟子、教坊工人。維聞之悲惻，潛爲詩曰：「萬戶傷心生野煙，百官何日再朝天？秋槐花落空宮裏，凝碧池頭奏管絃。」賊平，陷賊官三等定罪。維以凝碧詩聞于行在，肅宗嘉之，會縉請削己刑部侍郎以贖兄罪，特宥之，責授太子中允。乾元中，遷太子中庶子、中書舍人，復拜給事中，轉尚書右丞。

維以詩名盛於開元、天寶間，昆仲宦遊兩都，凡諸王駙馬豪右貴勢之門，無不拂席迎之，寧王、薛王待之如師友。維尤長五言詩。書畫特臻其妙，筆蹤措思，參於造化，而創意經圖，卽有所缺，如山水平遠，雲峯石色，絕迹天機，非繪者之所及也。人有得奏樂圖，不知其名，維視之曰：「霓裳第三疊第一拍也。」好事者集樂工按之，一無差，咸服其精思。

維弟兄俱奉佛，居常蔬食，不茹葷血，晚年長齋，不衣文綵。得宋之問藍田別墅，在輞口，輞水周於舍下，別漲竹洲花塢，與道友裴迪浮舟往來，彈琴賦詩，嘯詠終日。嘗聚其田園所爲詩，號輞川集。在京師日飯十數名僧，以玄談爲樂。齋中無所有，唯茶鐺、藥臼、經案、繩床而已。退朝之後，焚香獨坐，以禪誦爲事。妻亡不再娶，三十年孤居一室，屏絕塵累。乾元二年七月卒。臨終之際，以縉在鳳翔，忽索筆作別縉書，又與平生親故作別書數幅，多敦厲朋友奉佛脩心之旨，捨筆而絕。

代宗時，縉爲宰相，代宗好文，常謂縉曰：「卿之伯氏，天寶中詩名冠代，朕嘗於諸王座聞其樂章。今有多少文集，卿可進來。」縉曰：「臣兄開元中詩百千餘篇，天寶事後，十不存一。比於中外親故間相與編綴，都得四百餘篇。」翌日上之，帝優詔褒賞。縉自有傳。

李白字太白，山東人〔一〕。少有逸才，志氣宏放，飄然有超世之心。父爲任城尉，因家焉。少與魯中諸生孔巢父、韓沔、裴政、張叔明、陶沔等隱於徂徠山，酣歌縱酒，時號「竹溪六逸」。天寶初，客遊會稽，與道士吳筠隱於剡中。既而玄宗詔筠赴京師，筠薦之於朝，遣使召之，與筠俱待詔翰林。白既嗜酒，日與飲徒醉於酒肆。玄宗度曲，欲造樂府新詞，亟召白，白已臥於酒肆矣。召入，以水灑面，卽令秉筆，頃之成十餘章，帝頗嘉之。嘗沉醉殿上，引足令高力士脫靴，由是斥去。乃浪迹江湖，終日沉飲。時侍御史崔宗之謫官金陵，與白詩酒唱和。嘗月夜乘舟，自采石達金陵，白衣宮錦袍，於舟中顧瞻笑傲，傍若無人。初賀知章見白，賞之曰：「此天上謫仙人也。」祿山之亂，玄宗幸蜀，在途以永王璘爲江

淮兵馬都督、揚州節度大使，白在宣州謁見，遂辟爲從事。永王謀亂，兵敗，白坐長流夜郎。後遇赦得還，竟以飲酒過度，醉死於宣城。有文集二十卷，行於時。

杜甫字子美，本襄陽人，後徙河南鞏縣。曾祖依藝，位終鞏令。祖審言，位終膳部員外郎，自有傳。父閑，終奉天令。

甫天寶初應進士不第。天寶末，獻三大禮賦，玄宗奇之，召試文章，授京兆府兵曹參軍。十五載，祿山陷京師，肅宗徵兵靈武，甫自京師宵遁赴河西，謁肅宗於彭原郡，拜右拾遺。房琯布衣時與甫善，時琯爲宰相，請自帥師討賊，帝許之。其年十月，琯兵敗於陳濤斜。明年春，琯罷相。甫上疏言琯有才，不宜罷免。肅宗怒，貶琯爲刺史，出甫爲華州司功參軍。時關畿亂離，穀食踊貴，甫寓居成州同谷縣，自負薪採梠，兒女餓殍者數人。久之，召補京兆府功曹。

上元二年冬，黃門侍郎、鄭國公嚴武鎭成都，奏爲節度參謀、檢校尚書工部員外郎，賜緋魚袋。武與甫世舊，待遇甚隆。甫性褊躁，無器度，恃恩放恣，嘗憑醉登武之牀，瞪視武曰：「嚴挺之乃有此兒！」武雖急暴，不以爲忤。甫於成都浣花里種竹植樹，結廬枕江，縱酒

嘯詠，與田畯野老相狎蕩，無拘檢。嚴武過之，有時不冠，其傲誕如此。永泰元年夏，武卒，甫無所依。及郭英乂代武鎮成都，英乂武人粗暴，無能刺謁，乃遊東蜀依高適。既至而適卒。是歲，崔寧殺英乂，楊子琳攻西川，蜀中大亂。甫以其家避亂荆、楚，扁舟下峽，未維舟而江陵亂，乃泝沿湘流，遊衡山，寓居耒陽。甫嘗遊嶽廟，爲暴水所阻，旬日不得食。耒陽聶令知之，自棹舟迎甫而還。永泰二年，啗牛肉白酒，一夕而卒於耒陽，時年五十九。

子宗武，流落湖、湘而卒。元和中，宗武子嗣業，自耒陽遷甫之柩，歸葬於偃師縣西北首陽山之前。

天寶末詩人，甫與李白齊名，而白自負文格放達，譏甫齷齪，而有飯顆山之嘲誚。元和中，詞人元稹論李、杜之優劣曰：

予讀詩至杜子美而知小大之有所總萃焉。始堯、舜之時，君臣以賡歌相和。是後詩人繼作，歷夏、殷、周千餘年，仲尼緝拾選揀，取其干預教化之尤者三百，餘無所聞。騷人作而怨憤之態繁，然猶去風、雅日近，尚相比擬。秦、漢已還，採詩之官既廢，天下妖謠民謳、歌頌諷賦、曲度嬉戲之辭，亦隨時間作。至漢武賦柏梁而七言之體具。蘇子卿、李少卿之徒，尤工爲五言。雖句讀文律各異，雅鄭之音亦雜，而辭意簡遠，指事言情，自非有爲而爲，則文不妄作。建安之後，天下之士遭罹兵戰，曹氏父子鞍馬間爲

文，往往橫槊賦詩，故其遒壯抑揚、冤哀悲離之作，尤極於古。晉世風概稍存。宋、齊之間，教失根本，士以簡慢歙習舒徐相尚，文章以風容色澤、放曠精清爲高，蓋吟寫性靈、留連光景之文也，意義格力無取焉。陵遲至於梁、陳，淫豔刻飾、佻巧小碎之詞劇，又宋、齊之所不取也。

唐興，官學大振，歷世之文，能者互出。而又沈、宋之流，研練精切，穩順聲勢，謂之爲律詩。由是之後，文體之變極焉。然而莫不好古者遺近，務華者去實，效齊、梁則不逮於魏、晉，工樂府則力屈於五言，律切則骨格不存，閑暇則纖穠莫備。至於子美，蓋所謂上薄風、騷，下該沈、宋，言奪蘇、李，氣吞曹、劉，掩顏、謝之孤高，雜徐、庾之流麗，盡得古今之體勢，而兼人人之所獨專矣。使仲尼考鍛其旨要，尚不知貴其多乎哉！苟以爲能所不能，無可無不可，則詩人已來未有如子美者。

是時山東人李白，亦以文奇取稱，時人謂之李、杜。予觀其壯浪縱恣，擺去拘束，模寫物象，及樂府歌詩，誠亦差肩於子美矣。至若鋪陳終始，排比聲韻，大或千言，次猶數百，詞氣豪邁，而風調清深，屬對律切，而脫棄凡近，則李尚不能歷其藩翰，況堂奧乎！

予嘗欲條析其文，體別相附，與來者爲之準，特病懶未就爾。

自後屬文者，以稹論爲是。甫有文集六十

吳通玄，海州人。父道瓘爲道士，善教誘童孺，大曆中，召入宮，爲太子諸王授經。德宗在東宮，師道瓘，而通玄兄弟，出入宮掖，恆侍太子遊，故遇之厚。通玄與兄通微，俱博學善屬文，文彩綺麗。通玄幼應神童舉，釋褐祕書正字、左驍衞兵曹、大理評事。建中初，策賢良方正等科，通玄應文詞清麗，登乙第，授同州司戶、京兆戶曹。

貞元初，召充翰林學士。遷起居舍人、知制誥，與陸贄、吉中孚、韋執誼等同視草。陸贄富詞藻，特承德宗重顧，經歷艱難，通玄弟兄又以東宮侍上，由是爭寵，頗相嫌恨。贄性褊急，屢於上前短通玄，又言：「承平時工藝書畫之徒，待詔翰林，比無學士，只自至德後，天子召集賢學士于禁中草書詔，因在翰林院待進止，遂以爲名。奔播之時，道途或豫除改，權令草制。今四方無事，百揆時序，制書職分，宜歸中書舍人。學士之名，理須停寢。」贄以通玄援引朋黨，於禁中叶力排己，故欲廢之，德宗不許〔三〕。會贄權知兵部侍郎，知貢舉，乃正拜之，罷內職，皆通玄譖之也。

七年，自起居郎拜諫議大夫、知制誥。通玄自以久次當拜中書舍人，而反除諫議，殊失

望。陸贄與宰相竇參相惡。參從子給事中申，參尤寵之，每預中書擬議，所至人呼申爲「喜鵲」。申，嗣虢王則之從父甥也。申與則之親善。則之爲金吾將軍，好學有文，申與則之潛結吳通玄兄弟，爲參共傾陸贄。則之令人造謗書，言贄考試舉人不實，招納賄賂。時通玄取宗室女爲外婦，德宗知之。既聞申、則之譖陸贄，綱紀伺之，果與通玄結構其謀，帝大怒，罷竇參知政事，尋貶郴州司馬，竇申錦州司戶，李則之昭州司馬，通玄泉州司馬。帝召見之，親自臨問，責以污辱近屬。行至華州長城驛，賜死。尋以陸贄爲中書侍郎、平章事，代竇參。

通微，建中四年自壽安縣令入爲金部員外，召充翰林學士。七年，改禮部郎中，尋轉中書舍人。通玄死，素服待罪於國門，帝特宥之，通微竟不敢爲喪服。

通玄詞藻婉麗，帝尤憐之。貞元初，昭德王皇后崩，詔李紓爲諡册文，宰相張延賞、柳渾爲廟樂章。及進，皆不稱旨，並召通玄重撰。凡中旨撰述，非通玄之筆，無不慊然，重之如此。

王仲舒字弘中，太原人。少孤貧，事母以孝聞。嗜學工文，不就鄉舉。凡與結交，必知

名之士，與楊頊、梁肅、裴樞爲忘形之契。貞元十年，策試賢良方正能直言極諫等科，仲舒登乙第，超拜右拾遺。裴延齡領度支，矯誕大言，中傷良善，仲舒上疏極論之。累轉尙書郎。元和五年，自職方郎中知制誥。仲舒文思温雅，制誥所出，人皆傳寫。京兆尹楊憑爲中丞李夷簡所劾，貶臨賀尉。仲舒與憑善，宣言於朝，言夷簡掎摭憑罪，仲舒坐貶硤州刺史。遷蘇州。穆宗卽位，復召爲中書舍人。其年出爲洪州刺史、御史中丞、江南西道觀察使。江西前例榷酒私釀法深，仲舒至鎭，奏罷之。又出官錢二萬貫，代貧戶輸稅。長慶三年冬，卒于鎭。

崔咸字重易，博陵人。祖安石。父銳，位終給事中。咸元和二年進士擢第，又登博學宏詞科。鄭餘慶、李夷簡辟爲賓佐，待如師友。及登朝，歷踐臺閣，獨行守正，時望甚重。敬宗欲幸東都，人心不安。裴度以勳舊自興元隨表入覲，既至，李逢吉不欲度復入中書。京兆尹劉栖楚，逢吉黨也。栖楚等十餘人駕肩排度，而朝士持兩端者日擁度門。一日，度留客命酒，栖楚矯求度之歡，曲躬附裴耳而語，咸嫉其矯，舉爵罰度曰：「丞相不當許所由官呫囁耳語。」度笑而飲之。栖楚不自安，趨出。坐客皆壯之。累遷陝州大都督府長史、陝虢

觀察等使。自旦至暮，與賓僚痛飲，恆醉不醒。簿領堆積，夜分省覽，剖判決斷，無毫釐之差，胥吏以爲神人。入爲右散騎常侍、祕書監。大和八年十月卒。

初，銳佐李抱眞爲澤潞從事，有道人自稱盧老，曾事隋朝雲際寺李先生，預知過往未來之事。屬河朔禁遊客，銳館之於家。一旦辭去，且曰：「我死，當與君爲子。」因指口下黑子，願以爲志。咸之生也，果有黑子，其形神卽盧老也，父卽以盧老字之。既冠，棲心高尚，志於林壑，往往獨遊南山，經時方還。尤長於歌詩，或風景晴明，花朝月夕，朗吟意愜，必悽愴霑襟，旨趣高奇，名流嗟挹。有文集二十卷。

唐次，并州晉陽人也，國初功臣禮部尙書儉之後。建中初進士擢第，累辟使府。貞元初，歷侍御史，竇參深重之，轉禮部員外郎。八年，參貶官，次坐出爲開州刺史。在巴峽間十餘年，不獲進用。西川節度使韋皐抗表請爲副使，德宗密諭皐令罷之。次久滯蠻荒，孤心抑鬱，怨謗所積，孰與申明，乃採自古忠臣賢士，遭罹讒謗放逐，遂至殺身，而君猶不悟，其書三篇，謂之辨謗略，上之。德宗省之，猶怒，謂左右曰：「唐次乃方吾爲古之昏主，何自諭如此！」改夔州刺史。憲宗卽位，與李吉甫同自峽內召還，授次禮部郎中。尋以本官知制誥，正拜中書舍人，卒。

章武皇帝明哲嫉惡，尤惡人朋比傾陷，嘗閱書禁中，得次所上書三篇，覽而善之，謂學士沈傳師曰：「唐次所集辨謗之書，實君人者時宜觀覽。朕思古書中多有此事，次編錄未盡。卿家傳史學，可與學士類例廣之。」傳師奉詔與令狐楚、杜元穎等分功脩續，廣爲十卷，號元和辨謗略，其序曰：

臣聞乾坤定而上下分矣，至於播四時之候，遂萬物之宜，在驗乎妖、祥之二氣，祥氣降則爲豐爲茂，妖氣降則爲沴爲災。君臣立而卑高隔矣，至於處神明之奧，詢獻納之辭，在審乎邪、正之二說，正言勝則爲忠爲讜，邪言勝則爲讒爲諛。故詩云：「萋兮斐兮，成是貝錦。」刺其組織之甚巧也。語曰：「邪徑敗良田，讒口亂善人。」惡其莠言之蠹政也。蓋謂似信而詐，似忠而非，便便可以動心，捷捷可以亂德，豈止鶗鴂彫卉，薏苡惑珠者哉！況立國家，自中徂外，道偏則刑罰不中，讒勝則忠孝靡彰。遡覽前聞，緬想近古，招賢容鯁，遠佞嫉邪，慮之則深，防之未至。伏惟睿聖文武皇帝陛下，垂衣御宇，化洽文明，謨猷博訪於縉紳，旌賁屢臻於巖穴。尙復廣四目，周四聽，制理皆在於未萌，作範將垂於不朽。乃詔掌文之臣令狐楚等，上自周、漢，下洎隋朝，求史籍之忠賢，罹讒謗之事迹，敍瑕釁之本末，紀謠詠之淺深，編次指明，勒成十卷。昔虞舜有

聖讒之命，我皇脩辨謗之書，千古一心，同垂至理。將俟法宮退日昃之政，別殿備乙夜之觀，則聖慮先辨，謗何由興，上天不言，而民自信矣。

憲宗優詔答之。

次子扶、持。

扶字雲翔，元和五年進士登第，累佐使府。入朝爲監察御史，出爲刺史。大和初，入朝爲屯田郎中。五年〔三〕，充山南道宣撫使，至鄧州，奏：「內鄉縣行市、黃澗兩場倉督鄧琬等，先主掌湖南、江西運到糙米，至淅川縣於荒野中囤貯，除支用外，六千九百四十五石，裛爛成灰塵。度支牒徵元掌所由，自貞元二十年，鄧琬父子兄弟至玄孫，相承禁繫二十八年，前後禁死九人。今琬孫及玄孫見在枷禁者。」敕曰：「如聞鹽鐵、度支兩使，此類極多。其鄧琬等四人，資產全已賣納，禁繫三代，瘐死獄中，實傷和氣。鄧琬等並疏放。天下州府監院如有此類，不得禁經三年已上。速便疏理以聞。」物議嘉扶有宣撫之才。俄轉司勳郎中。八年，充弘文館學士，判院事。九年，轉職方郎中，權知中書舍人事。開成初，正拜舍人，踰月，授福州刺史、御史中丞、福建團練觀察使。四年十一月，卒于鎭。

扶佐幕立事，登朝有名，及廉問甌、閩，政事不治。身歿之後，僕妾爭財，詣闕論訴，法

司按勠，其家財十萬貫，歸於二妾。又嘗枉殺部人，爲其家所訴。行已前後不類，時論非之。

持字德守，元和十五年擢進士第，累辟諸侯府。入朝爲侍御史、尙書郎。大中末〔四〕，自工部郎中出爲容州刺史、御史中丞、容管經略招討使。入爲給事中。大中末，檢校左散騎常侍、靈州大都督府長史、朔方節度、靈武六城轉運等使。進位檢校戶部尙書、潞州大都督府長史、昭義節度、澤潞邢洛磁觀察處置等使，卒。

子彥謙，字茂業，咸通末應進士，才高負氣，無所屈降，十餘年不第。乾符末，河南盜起，兩都覆沒，以其家避地漢南。中和中，王重榮鎭河中，辟爲從事。累奏至河中節度副使，歷晉、絳二州刺史。彥謙博學多藝，文詞壯麗，至於書畫音樂博飲之技，無不出於輩流。尤能七言詩，少時師溫庭筠，故文格類之。

光啓末，王重榮爲部下所害，朝議責參佐，彥謙與書記李巨川俱貶漢中掾曹。時楊守亮鎭興元，素聞其名，彥謙以本府參承，守亮見之，喜握手曰：「聞尙書名久矣，邂逅於茲。」翌日，署爲判官。累官至副使，閬、壁二郡刺史。卒於漢中。有詩數百篇，禮部侍郎薛廷珪爲之序，號鹿門先生集，行於時。子渙，位亦至郡守。

次弟歡、款、欣。款貞元六年登進士第，累辟使府，登朝爲御史，出爲郡守，卒。子校。校字已有，會昌末，累遷刑部員外，轉郎中，累歷刺史，卒。

劉蕡字去華，昌平人。父勉。蕡寶曆二年進士擢第。博學善屬文，尤精左氏春秋。與朋友交，好談王霸大略，耿介嫉惡，言及世務，慨然有澄清之志。自元和末，閹寺權盛，握兵宮闈，橫制天下，天子廢立，由其可否，干撓庶政。當時目爲南北司，愛惡相攻，有同水火。蕡草澤中居常憤惋。文宗卽位，恭儉求理，大和二年策試賢良曰：

朕聞古先哲王之理也，玄默無爲，端拱思道，陶民心以居簡，凝日用而不宰，厚下以立本，推誠而建中。由是天人通，陰陽和，俗躋仁壽，物無疵癘。噫，盛德之所臻，敻乎莫可及也。三代令王，質文迭究，百僞滋熾，風流寖微，自漢而降，足徵蓋寡。朕顧惟昧道，祗荷丕構，奉若謨訓，不敢怠荒。任賢惕厲，宵衣旰食，詎追三五之遐軌，庶紹祖宗之鴻緒。而心有所未達，行有所未孚，由中及外，闕政斯廣。是以人不率化，氣或堙厄，災旱竟歲，播植愆時。國廩罕蓄，乏九年之儲；吏道多端，微三載之績。京師，諸夏之本也，將以觀理，而豪猾時踰檢；太學，明教之源也，期於變風，而生徒多墮業。列郡在乎頒條，而干禁或未絕；百工在乎按度，而淫巧或未衰。俗墮風靡，積訛成蠹。其擇官濟理也，聽人以言，則枝葉難辨；御下以法，則恥格不形。其阜財發號也，生之寡而食之衆，煩於令而鮮於理。思所以究此繆盭，致之治平，茲心浩然，若涉泉水。故前詔有司，博延羣彥，佇啓宿懵，冀臻時雍。子大夫識達古今，明於康濟，造廷待問，副朕虛懷。必當箴主之闕，辨政之疵，明綱條之致紊，稽富庶之所急。何施斯革於前弊，何澤斯惠乎下土，何脩而理古可近，何道而和氣克充，推之本源，著於條對。至於夷吾輕重之權，孰輔於理；嚴尤底定之策，孰叶於時；元凱之考課何先；叔子之克平何務。推此龜鏡，擇乎中庸，期在洽聞，朕將親覽。

時對策者百餘人，所對止循常務，唯蕡切論黃門太橫，將危宗社。對曰：

臣誠不佞，有匡國致君之術，無位而不得行；有犯顏敢諫之心，無路而不得進。但懷憤鬱抑，思有時而一發耳。常欲與庶人議於道，商旅謗於市，得通上聽，一悟主心，雖被妖言之罪，無所悔焉。況逢陛下以至德嗣興，以大明垂照，詢求過闕，咨訪謨猷，制詔中外，舉直言極諫者。臣既辱斯舉，專承大問，敢不悉意以言。至於上之所忌，時之所禁，權倖之所諱惡，有司之所與奪，臣愚不識。伏惟陛下少加優容，不使聖朝有讜直而受戮者，乃天下之幸也。謹昧死以對。

伏惟聖策，有思先古之理，念玄默之化，將欲通天人以齊俗，和陰陽以煦物，見陛下慕道之深也。臣以爲哲王之理，其則不遠，惟陛下致之之道何如爾。

伏惟聖策，有祗荷丕構而不敢荒寧，奉若謨訓而罔有怠忽，見陛下憂勞之志也。若夫任賢惕厲，宵衣旰食，宜黜左右之纖佞，進股肱之大臣；若夫追蹤三五，紹復祖宗，宜鑒前古之興亡，明當時之成敗。心有所未達，以下情塞而不得上通；行有所未孚，以上澤壅而不得下浹。欲人之化也，在脩己以先之；欲氣之和也，在遂性以導之。救災患在致乎精誠，廣播植在視乎食力。國廩罕蓄，本乎冗食尙繁；吏道多端，本乎選用失當。豪猾踰制，由中外之法殊；生徒墮業，由學校之官廢。列郡干禁，由授任非人；百工淫巧，由制度不立。

伏以聖策，有擇官濟理之心，阜財發號之歎，見陛下教化之本也。且進人以行，則枝葉安有難別乎？防下以禮，則恥格安有不形乎？念生寡而食衆，可罷斥惰游；念令煩而理鮮，要察其行否。博延羣彥，願陛下必納其言；造廷待問，則小臣安敢愛死。

伏以聖策，有求賢箴闕之言，審政辨疵之念，見陛下咨訪之勤也。遂小臣屏姦豪之志，則弊革於前；守陛下念康濟之心，則惠敷於下。邪正之道分，則理古可近；禮樂之方著，而和氣克充。至若夷吾之法，非皇王之權；嚴尤所陳，無最上之策。元凱之

中華書局

所先，不若唐、虞之考績；叔子之所務，不若重華之舞干。且俱非大德之中庸，未爲上聖之龜鑑，何足以爲陛下道之哉！或有以繫安危之機，兆存亡之變者，臣請披瀝肝膽，爲陛下別白而重言之。

臣前所謂「哲王之理，其則不遠」者，在陛下愼思之，力行之，終始不懈而已。臣謹按春秋：「元者，氣之始也；春者，歲之始也。」春秋以元加於歲，以春加於王，明王者當奉若天道，以謹其始也。又舉時以終歲，舉月以終時，春秋雖無事，必書首月以存時，明王者當奉若天道，以謹其終也。王者動作終始必法於天者，以其運行不息也。陛下既能謹其始，又能謹其終，懋而脩之，勤而行之，則可以執契而居簡，無爲而不宰，廣立本之大業，崇建中之盛德矣。又安有三代循環之弊，而爲百僞滋熾之漸乎？臣故曰「惟陛下致之之道何如耳」。

臣前所謂「若夫任賢惕厲，宵衣旰食，宜黜左右之纖佞，進股肱之大臣」者，實以陛下憂勞之至也。臣聞不宜憂而憂者，國必衰；宜憂而不憂者，國必危。今陛下不以國家存亡之事、社稷安危之策，而降於清問。臣未知陛下以布衣之臣不足以定大計耶？或萬機之勤，而聖慮有所未至耶？不然，何宜憂而不憂者乎？臣以爲陛下宜先憂者，宮闈將變，社稷將危，天下將傾，海內將亂。此四者，國家已然之兆，故臣謂聖慮宜

先及之。夫帝業既艱難而成之，故不可容易而守之。昔太祖肇其基，高祖勤其績，太宗定其業，玄宗繼其明，至于陛下，二百有餘載矣。其間明聖相因，憂亂繼作，未有不委用賢士，親近正人，而能紹興其徽烈者也。或一日不念，則顚覆大器，宗廟之恥，萬古爲恨。

臣謹按春秋，人君之道在體元以居正，昔董仲舒爲漢武帝言之略矣。其所未盡者，臣得爲陛下備而論之。夫繼故必書卽位，所以正其始也；終必書所終之地，所以正其終也。故爲君者，所發必正言，所履必正道，所居必正位，所近必正人。

臣又按春秋「閽弑吳子餘祭」，不書其君。春秋譏其疏遠賢士，昵近刑人，有不君之道矣。伏惟陛下思祖宗開國之勤，念春秋繼故之誡。將明法度之端，則發正言而履正道；將杜篡弑之漸，則居正位而近正人。遠刀鋸之賤，親骨鯁之直，輔相得以專其任，庶職得以守其官。奈何以褻近五六人，總天下大政，外專陛下之命，內竊陛下之權，威懾朝廷，勢傾海內，羣臣莫敢指其狀，天子不得制其心。禍稔蕭牆，姦生帷幄，臣恐曹節、侯覽，復生於今日，此宮闈之所以將變也。

臣謹按春秋，魯定公元年春王不言正月者，春秋以其先君不得正其終，則後君不得正其始，故曰定無正也。今忠賢無腹心之寄，閽寺持廢立之權，陷先君不得正其終，致陛下不得正其始。況皇儲未建，郊祀未脩，將相之職不歸，名分之宜不定，此社稷之所以將危也。

臣謹按春秋「王札子殺召伯、毛伯」。春秋之義，兩下相殺不書。而此書者，重其專王命也。且天之所授者在君，君之所授者在命。操其命而失之者，是不君也；侵其命而專之者，是不臣也。君不君，臣不臣，此天下所以將傾也。

臣謹按春秋，晉趙鞅以晉陽之兵叛入于晉。書其歸者，以其能逐君側惡人以安其君，故春秋善之。今威柄淩夷，藩臣跋扈。或有不達人臣之節，首亂者以安君爲名；不究春秋之微，稱兵者以逐惡爲義。則政刑不由乎天子，攻伐必自於諸侯，此海內之所以將亂也。又樊噲排闥而雪涕，爰盎當車以抗詞，京房發憤以殞身，竇武不顧而畢命，此皆陛下明知之矣。

臣謹按春秋，晉狐射姑殺陽處父。書襄公殺之者，以其上漏言也。襄公不能固陰重之機，處父所以及戕賊之禍，故春秋非之。夫上漏其情，則下不敢盡意；上泄其事，則下不敢盡言。傳有「造膝」「詭辭」之文，易有「殺身」「害成」之戒。今公卿大臣，非不能爲陛下言之，慮陛下必不能用之。陛下既忽之而不用，必洩其言；臣下既言之而不行，必嬰其禍。適足以鉗直臣之口，重奸臣之威。是以欲盡其言，則起失身之懼；欲

盡其意，則有害成之憂。故徘徊鬱塞，以俟陛下感悟，然後盡其啓沃耳。陛下何不以聽朝之餘，時御便殿，召當時賢相與舊德老臣，訪持變扶危之謀，求定傾救亂之術。塞陰邪之路，屛褻狎之臣，制侵淩迫脅之心，復門戶掃除之役，戒其所宜戒，憂其所宜憂。既不能治於前，當治於後；既不能正其始，當正其終。則可以虔奉典謨，克承丕構，終任賢之效，無旰食之憂矣。

臣前所謂「若夫追蹤三五，紹復祖宗，宜鑒前古之興亡，明當時之成敗」者。臣聞堯、舜之爲君而天下之人理者，以其能任九官四嶽十二牧，不失其舉，不貳其業，不侵其職。居官惟其能，左右惟其賢。元凱在下，雖微必舉；四凶在朝，雖強必誅。考其安危，明其取捨。至秦之二代，漢之元、成，咸欲措國如唐、虞，致身如堯、舜，而終敗亡者，以其不見安危之機，不知取捨之道，不任大臣，不辨姦人，不親忠良，不遠讒佞。伏惟陛下察唐、虞之所以興，而景行於前；鑒秦、漢之所以亡，而戒懼於後。陛下無謂廟堂無賢相，庶官無賢士。今紀綱未絕，典刑猶在，人誰不欲致身爲王臣，致時爲太平，陛下何忽而不用之耶？又有居官非其能，左右非其賢，其惡如四凶，其詐如趙高，其姦如恭、顯，陛下又何憚而不去之耶？神器固有歸，天命固有分，祖廟固有靈，忠臣固有心，陛下其念之哉！昔秦之亡也，失於強暴；漢之亡也，失於微弱。強暴則賊臣畏死而害

上，徼弱則姦臣竊權而震主。伏見敬宗皇帝不虞亡秦之禍，不翦其萌；伏惟陛下深軫亡漢之憂，以杜其漸。則祖宗之鴻業可紹，三五之遐軌可追矣。

臣前所謂「陛下心有所未達，以下情塞而不能上通；行有所未孚，以上澤壅而不得下浹」者。且百姓塗炭之苦，陛下無由而知；則陛下有子育之心，百姓無由而信。臣謹按春秋書「梁亡」，不書取者，梁自亡也，以其思慮昏而耳目塞，上出惡政，人爲寇盜，皆不知其所以然，以自取其滅亡也。臣聞國君之所以尊者，重其社稷也；社稷之所以重者，存其百姓也。苟百姓之不存，則社稷不得固其重；苟社稷之不重，則國君不得保其尊。故治天下不可不知百姓之情。夫百姓者，陛下之赤子也。陛下宜令仁慈者親育之，如保傅焉，如乳哺焉，如師之教導焉。故人信於上也，敬之如神明，愛之如父母。今或不然。陛下親近貴倖，分曹補署，建除卒吏，召致賓客，因其貨賄，假其氣勢。大者統藩方，小者爲牧守。居上無淸惠之政，而有饕餮之害；居下無忠誠之節，而有姦欺之罪。故人之於上也，畏之如豺狼，惡之如讎敵。今海內困窮，處處流散，饑者不得食，寒者不得衣，鰥寡孤獨者不得存，老幼疾病者不得養。加以國之權柄，專在左右，貪臣聚斂以固寵，姦吏因緣而弄法。冤痛之聲，上達于九天，下流於九泉，鬼神怨怒，陰陽爲之愆錯。君門萬里而不得告訴，士人無所歸化，百姓無所歸命。

官亂人貧，盜賊並起，土崩之勢，憂在且夕。卽不幸因之以疾癘，繼之以凶荒，臣恐陳勝、吳廣不獨起於秦，赤眉、黃巾不獨起於漢，故臣所以爲陛下發憤扼腕，痛心泣血爾。如此則百姓有塗炭之苦，陛下何由而知之；陛下有子育之心，百姓安得而信之乎？致使陛下「行有所未孚，心有所未達」者，固其然也。

臣聞昔漢元帝卽位之初，更制七十餘事，其心甚誠，其稱甚美。然而紀綱日紊，國祚日衰，姦宄日強，黎元日困者，以其不能擇賢明而任之，失其操柄也。卽陛下御宇，憂勤兆庶，屢降德音，四海之內，莫不抗首而長思，自喜復生於死亡之中也。伏惟陛下愼終如始，以塞萬方之望。誠能揭國權以歸其相，持兵柄以歸其將，去貪臣聚斂之政，除姦吏因緣之害，惟忠賢是近，惟正直是用，內寵便僻，無所聽焉。選淸愼之官，擇仁惠之長，敏之以利，煦之以仁，教之以孝慈，導之以德義，去耳目之塞，通上下之情，俾萬國歡康，兆民蘇息，則心無不達，行無不孚矣。

臣前所謂「欲兆人之化也，在脩己以先之」者。臣聞德以脩己，教以導人，脩之也則人不勸而自至，導之也則人敦行而率從。是以君子欲政之必行也，故以身先之；欲人之從化也，故以道御之。今陛下先之以身而政未必行，御之以道而人未從化，豈不以立教之旨未盡其方也。夫立教之方，在乎君以明制之，臣以忠行之，君以知人爲明，臣以匡時爲忠，知人則任賢而去邪，匡時則固本而守法。賢不任則重賞不足以勸善，邪不去則嚴刑不足以禁非，本不固則民流，法不守則政散，而欲教之使必至，化之使必行，不可得也。陛下能斥姦邪不私其左右，舉賢正不遺其疏遠，則化浹於朝廷矣；愛人以敦本，分職而奉法，脩其身以及其人，始於中而成於外，則化行於天下矣。

臣前所謂「欲氣之和也，在於遂性以導之」者，當納人於仁壽也。夫欲人之仁壽也，在乎立制度，脩教化。夫制度立則財用省，財用省則賦斂輕，賦斂輕則人富矣；教化脩則爭競息，爭競息則刑罰淸，刑罰淸則人安矣。旣富矣，則仁義興焉；旣安矣，則壽考至焉。仁壽之心感於下，和平之氣應於上，故災害不作，休祥荐臻，四方底寧，萬物咸遂矣。

臣前所謂「救災旱在致乎精誠」者。臣謹按春秋，魯僖公七月之中，三書不雨者，以其君有恤人之志也；魯文公三年之中，一書不雨者，以其君無憫人之心也。故僖公致精誠而旱不害物，文公無卹憫而旱則成災。陛下誠能有卹人之心，則無成災之變矣。

臣前所謂「廣播植在視乎食力」者。臣謹按春秋：「君人者，必時視人之所勤。人勤於力，則功築罕；人勤於財，則貢賦少；人勤於食，則百事廢。」今財食與人力皆勤

矣，願陛下廢百事之勞，廣三時之務，則播植不愆矣。

臣前所謂「國廩罕蓄，本乎冗食尙繁」者。臣謹按春秋「臧孫辰告糴于齊」，春秋譏其國無九年之蓄，一年不登而百姓饑。臣願斥游惰之人以篤其耕植，省不急之費以贍其黎元，則廩蓄不乏矣。

臣前所謂「吏道多端，本乎選用失當」者，由國家取人不盡其才，任人不明其要故也。今陛下之用人也，求其聲而不得其實；故人之趨進也，務其末而不務其本。臣願覈考課之實，定遷序之制，則多端之吏息矣。

臣前所謂「豪猾踰檢，由中外之法殊」者，以其官禁不一也。臣謹按春秋，齊桓公盟諸侯不以日，而葵丘之盟特以日者，美其能宣明天子之禁，率奉王官之法，故春秋備而書之。夫官者，五帝、三王之所建也；法者，高祖、太宗之所制也。法宜畫一，官宜正名。今又分外官、中官之員，立南司、北司之局，或犯禁於南，則亡命于北，或正刑于外，則破律於中，法出多門，人無所措，實由兵農勢異，而中外法殊也。臣聞古者因井田而制軍賦，間農事以脩武備，提封約卒乘之數，命將在公卿之列，故兵農一致而文武同方，可以保乂邦家，式遏禍亂。暨太宗皇帝肇建邦典，亦置府兵，臺省軍衞，文武參掌，居閑歲則櫜弓力穡，將有事則釋耒荷戈，所以脩復古制，不廢舊物。今則不然。夏

官不知兵籍，止於奉朝請；六軍不主兵事，止於養勳階。軍容合中官之政，戎律附內臣之職。首一戴武弁，嫉文吏如仇讎；足一蹈軍門，視農夫如草芥。謀不足以翦除凶逆，而詐足以抑揚威福；勇不足以鎮衞社稷，而暴足以侵軼里閭。羈紲藩臣，干凌宰輔，隳裂王度，汩亂朝經。張武夫之威，上以制君父；假天子之命，下以御英豪。有藏姦觀釁之心，無伏節死難之義。豈先王經文緯武之旨耶！臣願陛下貫文武之道，均兵農之功，正貴賤之名，一中外之法，選軍衞之職，脩省署之官，近崇貞觀之規，遠復成周之制，自邦畿以刑于下國，始天子以達于諸侯，則可以制豪猾之強，無踰檢之患矣。

臣前所謂「生徒墮業，由學校之官廢」者，蓋以國家貴其祿而賤其能，先其身而後其行，故庶官乏通經之學，諸生無脩業之心矣。臣前所謂「列郡干禁，由授任非其人」者。臣以爲刺史之任，理亂之根本繫焉，朝廷之法制在焉，權可以抑豪猾，恩可以惠孤寡，強可以禦姦寇，政可以移風俗。其將校有曾經戰陣，及功臣子弟，各請隨宜酬賞。如無治人之術者，不當授任此官，則絕干禁之患矣。臣前所謂「百工淫巧，由制度不立」者。臣請以官位祿秩，制其器用車服，禁人金銀珠玉錦繡雕鏤不蓄於私室，則無蕩心之巧矣。臣前所謂「辨枝葉」者，考其言以詢行也。臣前所謂「形于恥格」者，導德而齊禮也。臣前所謂「念生寡而食衆，可罷斥惰遊」者，已備之於前矣。臣前所謂「令煩而

列傳第一百四十下　文苑下　五〇七五

理鮮，要察其行否」者。臣聞號令者，乃理國之具也，君審而出之，臣奉而行之，或虧上旨，罪在不赦。今陛下令煩而理鮮，得非持之者有所蔽欺乎？

舊唐書卷一百九十下　五〇七六

臣前所謂「博延羣彥，願陛下必納其言；造廷待問，則小臣不敢愛死」者。臣聞晁錯爲漢畫削諸侯之策，非不知禍之將至也。忠臣之心，壯夫之節，苟利社稷，死無悔焉。今臣非不知言發而禍應，計行而身戮，蓋所以痛社稷之危，哀生人之困，豈忍姑息時忌，竊陛下一命之寵哉！昔龍逢死而啓殷，比干死而啓周，韓非死而啓漢，陳蕃死而啓魏。今臣之來也，有司或不敢薦臣之言，陛下又無以察臣之心，退必受戮於權臣之手。臣幸得從四子於地下，固臣之願也。所不知殺臣者，臣死之後，將孰爲啓之哉？至於人主之闕，政教之疵，前日之弊，臣既言之矣。若乃流下土之惠，修近古之理，而致其和平者，在陛下行之而已。然上之所陳者，實以臣親奉聖問，敢不條對。雖臣之愚，以爲未極教化之大端，皇王之要道。伏惟陛下事天地以教人敬，奉宗廟以教人孝，養高年以教人悌長，字百姓以教人慈幼，調元氣以煦育，扇大和於仁壽，可以逍遙無爲，垂拱成化。至若念陶鈞之道，在擇宰相而任之，使權造物之柄；念保定之功，在擇將帥而任之，使修分閫之寄；念百度之未貞，在擇庶官而任之，使專職業之守；念百姓之慭痛，在擇長吏而任之，使明惠育之術。自然言足以爲天下教，行足以爲天下法，仁足以勸善，義足以禁非，又何必宵衣旰食，勞神惕慮，然後以致其理哉！

是歲，左散騎常侍馮宿、太常少卿賈餗、庫部郎中龐嚴爲考策官，三人者，時之文士也，覩蕡條對，歎服嗟悒，以爲漢之晁、董，無以過之。言論激切，士林感動。時登科者二十二人，而中官當途，考官不敢留蕡在籍中，物論喧然不平之。守道正人，傳讀其文，至有相對垂泣者。諫官御史，扼腕憤發，而執政之臣，從而弭之，以避黃門之怨。唯登科人李郃謂人曰：「劉蕡不第，我輩登科，實厚顏矣。」請以所授官讓蕡，事雖不行，人士多之。令狐楚在興元，牛僧孺鎮襄陽，辟爲從事，待如師友。位終使府御史。

李商隱字義山，懷州河內人。曾祖叔恆，年十九登進士第，位終安陽令。祖俌，位終邢州錄事參軍。父嗣。

商隱幼能爲文。令狐楚鎮河陽，以所業文干之，年纔及弱冠。楚以其少俊，深禮之，令與諸子遊。楚鎮天平、汴州，從爲巡官，歲給資裝，令隨計上都。開成二年，方登進士第，釋褐祕書省校書郎，調補弘農尉。會昌二年，又以書判拔萃。王茂元鎮河陽，辟爲掌書記，得侍御史。茂元愛其才，以子妻之。茂元雖讀書爲儒，然本將家子，李德裕素遇之，時德裕秉

列傳第一百四十下　文苑下　五〇七七

政，用爲河陽帥。德裕與李宗閔、楊嗣復、令狐楚大相讎怨。商隱既爲茂元從事，宗閔黨大薄之。時令狐楚已卒，子綯爲員外郎，以商隱背恩，尤惡其無行。俄而茂元卒，來遊京師，久之不調。會給事中鄭亞廉察桂州，請爲觀察判官、檢校水部員外郎。大中初，白敏中執政，令狐綯在內署，共排李德裕逐之。亞坐德裕黨，亦貶循州刺史。商隱隨亞在嶺表累載。三年入朝，京兆尹盧弘正奏署掾曹，令典牋奏。明年，令狐綯作相，商隱屢啓陳情，綯不之省。弘正鎮徐州，又從爲掌書記。府罷入朝，復以文章干綯，乃補太學博士。會河南尹柳仲郢鎮東蜀，辟爲節度判官、檢校工部郎中。大中末，仲郢坐專殺左遷，商隱廢罷，還鄭州，未幾病卒。

舊唐書卷一百九十下　五〇七八

商隱能爲古文，不喜偶對。從事令狐楚幕，楚能章奏，遂以其道授商隱，自是始爲今體章奏。博學強記，下筆不能自休，尤善爲誄奠之辭。與太原溫庭筠、南郡段成式齊名，時號「三十六」。文思清麗，庭筠過之。而俱無持操，恃才詭激，爲當塗者所薄，名宦不進，坎壈終身。弟羲叟，亦以進士擢第，累爲賓佐。商隱有表狀集四十卷。

溫庭筠者，太原人，本名岐，字飛卿。大中初，應進士。苦心硯席，尤長於詩賦。初至

京師，人士翕然推重。然士行塵雜，不脩邊幅，能逐絃吹之音，爲側豔之詞，公卿家無賴子弟裴誠、令狐縞之徒，相與蒱飲，酣醉終日，由是累年不第。徐商鎭襄陽，往依之，署爲巡官。咸通中，失意歸江東，路由廣陵，心怨令狐綯在位時不爲成名。既至，與新進少年狂遊狹邪，久不刺謁。又乞索於楊子院，醉而犯夜，爲虞候所擊，敗面折齒，方還揚州訴之。令狐綯捕虞候治之，極言庭筠狹邪醜迹，乃兩釋之。自是汙行聞于京師。庭筠自至長安，致書公卿間雪冤。屬徐商知政事，頗爲言之。無何，商罷相出鎭，楊收怒之，貶爲方城尉。再遷隋縣尉，卒。

子憲，以進士擢第。弟庭皓，咸通中爲徐州從事，節度使崔彥曾爲龐勛所殺，庭皓亦被害。庭筠著述頗多，而詩賦韻格淸拔，文士稱之。

薛逢字陶臣，河東人。父倚。逢會昌初進士擢第，釋褐祕書省校書郞。崔鉉罷相鎭河中，辟爲從事。鉉復輔政，奏授萬年尉，直弘文館，累遷侍御史、尙書郞。逢文詞俊拔，論議激切，自負經畫之略，久之不達。應進士時，與彭城劉瑑尤相善，而瑑詞藝不逮逢，逢每侮之。至大中末，瑑揚歷禁署，逢愈不得意，自是相怨。俄而瑑知政事，或薦逢知制誥，瑑

奏曰：「先朝立制，兩省官給事中、舍人除拜，須先歷州縣。逢未嘗治郡，宜先試之。」乃出爲巴州刺史。既而沈詢、楊收、王鐸由學士相繼爲將相，皆逢同年進士，而逢文藝最優。楊收作相後，逢有詩云：「須知金印朝天客，同是沙隄避路人。威鳳偶時皆瑞聖，潛龍無水謾通神。」收聞，大銜之，又出爲蓬州刺史。收罷相，入爲太常少卿。給事中王鐸作相，逢又有詩云：「昨日鴻毛萬鈞重，今朝山嶽一塵輕。」鐸又怨之。以恃才褊忿，人士鄙之。遷祕書監，卒。

子廷珪。中和中登進士第。大順初，累遷司勳員外郞，知制誥，正拜中書舍人。乾寧三年，奉使太原復命，昭宗幸華州，改左散騎常侍。移疾免，客遊成都。光化中，復爲中書舍人，遷刑部、吏部二侍郞，權知禮部貢舉，拜尙書左丞。入梁，至禮部尙書。

李拯字昌時，隴西人。咸通十二年登進士第。乾符中，累佐府幕。黃巢之亂，避地平陽。僖宗還京，召拜尙書郞，轉考功郞中，知制誥。僖宗再幸寶鷄，拯扈從不及，在鳳翔。襄王僭號，逼爲翰林學士。拯既汚僞署，心不自安。後朱玫秉政，百揆無敍，典章濁亂，拯嘗朝退，駐馬國門，望南山而吟曰：「紫宸朝罷綴鴛鸞，丹鳳樓前駐馬看。唯有終南山色在，晴明依舊滿長安。」吟已涕下。及王行瑜殺朱玫，襄王出奔，京城亂，拯爲亂兵所殺。妻盧氏，知書能文，有姿色。拯既死，伏其屍慟哭，賊逼之，堅哭不動，又臨之以兵，至於斷一臂，終不顧，爲賊所害，人皆傷之。

李巨川字下己，隴右人。國初十八學士道玄之後，故相逢吉之姪曾孫。父循，大中八年登進士第。巨川乾符中應進士，屬天下大亂，流離奔播，切於祿位，乃以刀筆從諸侯府。王重榮鎭河中，辟爲掌書記。時車駕在蜀，賊據京師，重榮匡合諸藩，叶力誅寇，軍書奏請，堆案盈几。巨川文思敏速，翰動如飛，傳之藩鄰，無不聳動，重榮收復功，巨川之助也。及重榮爲部下所害，朝議罪參佐，貶爲漢中掾。時楊守亮帥興元，素知之，聞巨川至，喜謂客曰：「天以李書記遺我也！」卽命管記室，累遷幕職。景福中，守亮爲李茂貞所攻，城陷，以部下數百人欲投太原，入秦，爲華軍所擒。巨川時從守亮，亦被械繫。在途，巨川題詩於樹葉以遺華帥韓建，詞情哀鳴，建欣然解縛。守亮誅，卽命爲掌書記。俄而李茂貞犯京師，天子駐蹕於華。韓建以一州之力，供億萬乘，慮其不濟，遣巨川傳檄天下，請助轉餉，同匡王

室，完葺京城。四方書檄，酬報輻湊，巨川灑翰陳敍，文理俱愜，昭宗深重之，卽時巨川之名聞于天下。昭宗還京，特授諫議大夫，仍留佐建。

光化初，朱全忠陷河中，進兵入潼關。建懼，令巨川見全忠送款，至河中，從容言事。巨川指陳利害，全忠方圖問鼎，聞巨川所陳，心惡之。判官敬翔，亦以文筆見知於全忠，慮得巨川減落名價，謂全忠曰：「李諫議文章信美，但不利主人。」是日爲全忠所害。

司空圖字表聖，本臨淮人。曾祖遂，密令。祖彖，水部郞中。父輿，精吏術。大中初，戶部侍郞盧弘正領鹽鐵，奏輿爲安邑兩池榷鹽使、檢校司封郞中。先是，鹽法條例疏闊，吏多犯禁；輿乃特定新法十條奏之，至今以爲便。入朝爲司門員外郞，遷戶部郞中，卒。

圖咸通十年登進士第，主司王凝於進士中尤奇之。凝左授商州刺史，圖請從之，凝加器重，洎廉問宣歙，辟爲上客。召拜殿中侍御史，以赴闕遲留，責授光祿寺主簿，分司東都。乾符六年，宰相盧攜罷免，以賓客分司，圖與之遊，攜嘉其高節，厚禮之。嘗過圖舍，手題于壁曰：「姓氏司空貴，官班御史卑。老夫如且在，不用念屯奇。」明年，攜復入朝，路由陝虢，謂陝帥盧渥曰：「司空御史，高士也，公其厚之。」渥卽日奏爲賓佐。其年，攜復知政事，召圖

爲禮部員外郎，賜緋魚袋，遷本司郎中。其年冬，巢賊犯京師，天子出幸，圖從之不及，乃退還河中。時故相王徽亦在蒲，待圖頗厚。數年，徽受詔鎮潞，乃表圖爲副使，徽不赴鎮而止。僖宗自蜀還，次鳳翔，召圖知制誥，尋正拜中書舍人。其年僖宗出幸寶雞，復從之不及，退還河中。

龍紀初，復召拜舍人，未幾又以疾辭。河北亂，乃寓居華陰。景福中，又以諫議大夫徵。時朝廷微弱，紀綱大壞，圖自深惟出不如處，移疾不起。乾寧中，又以戶部侍郎徵，一至闕廷致謝，數日乞還山，許之。昭宗在華，徵拜兵部侍郎，稱足疾不任趨拜，致章謝之而已。昭宗遷洛，鼎欲歸梁，柳璨希賊旨，陷害舊族，詔圖入朝。圖懼見誅，力疾至洛陽，謁見之日，墮笏失儀，旨趣極野。璨知不可屈，詔曰：「司空圖俊造登科，朱紫升籍，既養高以傲代，類移山以釣名，心惟樂于漱流，仕非專於祿食。匪夷匪惠，難居公正之朝；載省載思，當徇棲衡之志。可放還山。」

圖有先人別墅在中條山之王官谷，泉石林亭，頗稱幽棲之趣。自考槃高臥，日與名僧高士遊詠其中。晚年爲文，尤事放達，嘗擬白居易醉吟傳爲休休亭記曰：

司空氏禎貽溪之休休亭，本名濯纓亭，爲陝軍所焚。天復癸亥歲，復葺於壞垣之中，乃更名曰休休。休，休也，美也，既休而具美存焉。蓋量其才一宜休，揣其分二宜

休，耄且聵三宜休。又少而惰，長而率，老而迂，是三者皆非濟時之用，又宜休也。尙慮多難不能自信，既而晝寢，遇二僧謂予曰：「吾嘗爲汝師。汝昔矯於道，銳而不固，爲利慾之所拘，幸悟而悔，將復從我於是溪耳。且汝雖退，亦嘗爲匪人之所嫉，宜耐辱自警，庶保其終始，與靖節、醉吟第其品級於千載之下，復何求哉！」因爲耐辱居士歌，題於東北楹曰：「咄咄，休休休，莫莫莫，伎倆雖多性靈惡，賴是長教閑處着。休休休，莫莫莫，一局棋，一爐藥，天意時情可料度。白日偏催快活人，黃金難買堪騎鶴。若曰：『爾何能？』答云：『耐辱莫。』」

其詭激嘯傲，多此類也。

圖既脫柳璨之禍還山，乃預爲壽藏終制。故人來者，引之壙中，賦詩對酌，人或難色，圖規之曰：「達人大觀，幽顯一致，非止暫遊此中。公何不廣哉！」圖布衣鳩杖，出則以女家人鸞臺自隨。歲時村社雩祭祠禱，鼓舞會集，圖必造之，與野老同席，曾無傲色。王重榮父子兄弟尤重之，伏臘饋遺，不絕於途。唐祚亡之明年，聞輝王遇弒于濟陰，不懌而疾，數日卒，時年七十二。有文集三十卷。

圖無子，以其甥荷爲嗣。荷官至永州刺史。以甥爲嗣，嘗爲御史所彈，昭宗不之責。

贊曰：國之華彩，人文化成。間代傑出，奮藻擒英。騏驥逸步，咸、韶正聲。燦流緗素，下視姬、嬴。

校勘記

〔一〕山東人　新書卷二〇二李白傳作：「其先隋末以罪徙西域，神龍初（公元七〇五年）遁還，客巴西。」范傳正唐左拾遺翰林學士李公新墓碑文謂「其先隴西成紀人，隋末被竄于碎葉」。李陽冰草堂集序所述大抵相同。據郭沫若李白與杜甫考證，李白原籍隴西成紀，隋末其先人遷居中亞碎葉（今巴爾喀什湖南面的楚河流域），公元七〇一年他在那裏出生。李白中年時曾在山東住過，故杜甫詩中有「汝與山東李白好」之句，元稹杜子美墓係銘遂以李白爲山東人，舊唐書沿襲了這一錯誤。

〔二〕德宗不許　「不」字各本原無，「許」字各本原作「計」，據新書卷一四五竇參傳改。

〔三〕五年　各本原作「十五年」，據新書卷八九唐儉傳改。

〔四〕大中末　舊唐書補校謂：下云「大中末，檢校左散騎常侍」，此「大中」當是「大和」之誤。

二十四史
中華書局

後晉 劉昫 等撰

舊唐書

第一六册

卷一九一至卷二〇〇下(傳)

中華書局

舊唐書卷一百九十一

列傳第一百四十一

方伎

崔善爲　薛頤　甄權弟立言　宋俠　許胤宗　乙弗弘禮
袁天綱　孫思邈　明崇儼　張憬藏　李嗣眞　張文仲李虔縱
韋慈藏附　尚獻甫裴知古附　孟詵　嚴善思　金梁鳳　張果
葉法善　僧玄奘　神秀慧能　普寂　義福附　一行泓師附　桑道茂

夫術數占相之法，出於陰陽家流。自劉向演鴻範之言，京房傳焦贛之法，莫不望氣視祲，懸知災異之來；運策揲蓍，預定吉凶之會。固已詳於魯史，載彼周官。其弊者肄業非精，順非行僞，而庸人不脩德義，妄冀遭逢。如魏豹之納薄姬，孫皓之邀青蓋，王莽隨式而

移坐，劉歆聞讖而改名；近者綦連耀之構異端，蘇玄明之犯宮禁，皆因占候，輔此姦兇。聖王禁星緯之書，良有以也。國史載袁天綱前知武后，恐匪格言，而李淳風删方伎書，備言其要。舊本錄崔善爲已下，此深於其術者，兼桑門道士方伎等，並附此篇。

崔善爲，貝州武城人也。祖顒，後魏員外散騎侍郎。父權會，齊丞相府參軍事。善爲好學，兼善天文算曆，明達時務。弱冠州舉，授文林郎。屬隋文帝營仁壽宮，善爲領丁匠五百人。右僕射楊素爲總監，巡至善爲之所，索簿點人，善爲手持簿暗唱之，五百人一無差失，素大驚。自是有四方疑獄，多使善爲推按，無不妙盡其理。

仁壽中，稍遷樓煩郡司戶書佐。高祖時爲太守，甚禮遇之。善爲以隋政傾頹，乃密勸進，高祖深納之。義旗建，引爲大將軍府司戶參軍，封清河縣公。武德中，歷內史舍人、尚書左丞，甚得譽。諸曹令史惡其聰察，因其身短而傴，嘲之曰：「崔子曲如鉤，隨例得封侯。髆上全無項，胸前別有頭。」高祖聞之，勞勉之曰：「澆薄之人，醜正惡直。昔齊末姦吏歌斛律明月，而高緯愚暗，遂滅其家。朕雖不德，幸免斯事。」因購流言者，使加其罪。時傅仁均所撰戊寅元曆，議者紛然，多有同異，李淳風又駁其短十有八條。高祖令善爲考校二家得

失，多有駁正。

貞觀初，拜陝州刺史。時朝廷立議，戶殷之處，得徙寬鄉。善爲上表稱「畿內之地，是謂戶殷，丁壯之人，悉入軍府。若聽移轉，便出關外。此則虛近實遠，非經通之議」。其事乃止。後歷大理、司農二卿，名爲稱職。坐與少卿不協，出爲秦州刺史，卒，贈刑部尚書。

薛頤，滑州人也。大業中，爲道士。解天文律曆，尤曉雜占。煬帝引入內道場，亟令章醮。武德初，追直秦府。頤嘗密謂秦王曰：「德星守秦分，王當有天下，願王自愛。」秦王乃奏授太史丞，累遷太史令。貞觀中，太宗將封禪泰山，有彗星見，頤因言「考諸玄象，恐未可東封」。會褚遂良亦言其事，於是乃止。頤後上表請爲道士，太宗爲置紫府觀於九嵕山，拜頤中大夫，行紫府觀主事。又敕於觀中建一清臺，候玄象，有災祥薄蝕謫見等事，隨狀聞奏。前後所奏，與京臺李淳風多相符契。後數歲卒。

甄權，許州扶溝人也。嘗以母病，與弟立言專醫方，得其旨趣。隋開皇初，爲祕書省正

字，後稱疾免。隋魯州刺史庫狄嶔苦風患，手不得引弓，諸醫莫能療，權謂曰：「但將弓箭向垛，一鍼可以射矣。」鍼其肩隅一穴，應時即射。權之療疾，多此類也。貞觀十七年，權年一百三歲，太宗幸其家，視其飲食，訪以藥性，因授朝散大夫，賜几杖衣服。其年卒。撰脈經、鍼方、明堂人形圖各一卷。

弟立言，武德中累遷太常丞。御史大夫杜淹患風毒發腫，太宗令立言視之，既而奏曰：「從今更十一日午時必死。」果如其言。時有尼明律，年六十餘，患心腹鼓脹，身體羸瘦，已經二年。立言診脈曰：「其腹內有蟲，當是誤食髮爲之耳。」因令服雄黃，須臾吐一蛇，如人手小指，唯無眼，燒之，猶有髮氣，其疾乃愈。立言尋卒。撰本草音義七卷、古今錄驗方五十卷。

宋俠者，洺州清漳人，北齊東平王文學孝正之子也。亦以醫術著名。官至朝散大夫、藥藏監。撰經心錄十卷，行於代。

許胤宗，常州義興人也。初事陳爲新蔡王外兵參軍。時柳太后病風不言，名醫治皆不愈，脈益沉而噤。胤宗曰：「口不可下藥，宜以湯氣薰之。令藥入腠理，周理即差。」乃造黃耆防風湯數十斛，置於牀下，氣如煙霧，其夜便得語。由是超拜義興太守。陳亡入隋，歷尚藥奉御。武德初，累授散騎侍郎。時關中多骨蒸病，得之必死，遞相連染，諸醫無能療者。胤宗每療，無不愈。或謂曰：「公醫術若神，何不著書以貽將來？」胤宗曰：「醫者，意也，在人思慮。又脈候幽微，苦其難別，意之所解，口莫能宣。且古之名手，唯是別脈，脈既精別，然後識病。夫病之於藥，有正相當者，唯須單用一味，直攻彼病，藥力既純，病即立愈。今人不能別脈，莫識病源，以情臆度，多安藥味，譬之於獵，未知兔所，多發人馬，空地遮圍，或冀一人偶然逢也。如此療疾，不亦疏乎！假令一藥偶然當病，復共他味相和，君臣相制，氣勢不行，所以難差，諒由於此。脈之深趣，既不可言，虛設經方，豈加於舊。吾思之久矣，故不能著述耳。」年九十餘卒。

乙弗弘禮，貝州高唐人也。隋煬帝居藩，召令相己，弘禮跪而賀曰：「大王骨法非常，必

爲萬乘之主，誠願戒之在得。」煬帝即位，召天下道術人，置坊以居之，仍令弘禮統攝。帝見海內漸亂，玄象錯謬，內懷憂恐，嘗謂弘禮曰：「卿昔相朕，其言已驗。且占相道術，朕頗自知。卿更相朕，終當何如？」弘禮逡巡不敢答。帝迫曰：「卿言與朕術不同，罪當死。」弘禮曰：「臣本觀相書，凡人之相，有類於陛下者，不得善終。臣聞聖人不相，故知凡聖不同耳。」自是帝嘗遣使監之，不得與人交言。

初，泗州刺史薛大鼎隋時嘗坐事沒爲奴，貞觀初與數人詣之，大鼎次至，弘禮曰：「君奴也，欲何所相？」咸曰：「何以知之？」弘禮曰：「觀其頭目，直是賤人，但不知餘處何如耳？」大鼎有慚色，乃解衣視之，弘禮曰：「看君面，不異前言。占君自腰已下，當爲方嶽之任。」其占相皆此類也。貞觀末卒。

袁天綱，益州成都人也。尤工相術。隋大業中，爲資官令。武德初，蜀道使詹俊赤牒授火井令。初，天綱以大業元年至洛陽，時杜淹、王珪、韋挺就之相。天綱謂淹曰：「公蘭臺成就，學堂寬博，必得親糾察之官，以文藻見知。」謂王曰：「公三亭成就，天地相臨，從今十年已外，必得五品要職。」謂韋曰：「公面似大獸之面，交友極誠，必得士友攜接，初爲武職。」

復謂淹等「二十年外，終恐三賢同被責黜，暫去即還。」淹尋遷侍御史，武德中爲天策府兵曹、文學館學士。王珪爲太子中允。韋挺，隋末與隱太子友善，後太子引以爲率。至武德六年，俱配流嶲州。淹等至益州，見天綱曰：「袁公洛邑之言，則信矣。未知今日之後何如？」天綱曰：「公等骨法，大勝往時，終當俱受榮貴。」至九年，被召入京，共造天綱，天綱謂杜公曰：「即當得三品要職，年壽非天綱所知。王、韋二公，在後當得三品官，兼有年壽，然晚途皆不稱愜，韋公尤甚。」淹至京，拜御史大夫、檢校吏部尚書。王珪尋授侍中，出爲同州刺史。韋挺歷御史大夫、太常卿，貶象州刺史。皆如天綱之言。

大業末，竇軌客遊德陽，嘗問天綱，天綱謂曰：「君額上伏犀貫玉枕，輔角又成，必於梁、益州大樹功業。」武德初，軌爲益州行臺僕射，引天綱，深禮之。天綱又謂軌曰：「骨法成就，不異往時之言。然目氣赤脈貫瞳子，語則赤氣浮面，如爲將軍，恐多殺人。願深自誡愼。」武德九年，軌坐事被徵，將赴京，謂天綱曰：「更得何官？」曰：「面上家人坐仍未見動，輔角右畔光澤，更有喜色，至京必承恩，還來此任。」其年果重授益州都督。

則天初在襁褓，天綱來至第中，謂其母曰：「唯夫人骨法，必生貴子。」乃召諸子，令天綱相之。見元慶、元爽曰：「此二子皆保家之主，官可至三品。」見韓國夫人曰：「此女亦大貴，然不利其夫。」乳母時抱則天，衣男子之服，天綱曰：「此郎君子神色爽徹，不可易知，試令

行看。」於是步於牀前，仍令舉目，天綱大驚曰：「此郎君子龍睛鳳頸，貴人之極也。」更轉側視之，又驚曰：「必若是女，實不可窺測，後當爲天下之主矣。」

貞觀八年，太宗聞其名，召至九成宮。時中書舍人岑文本令視之，天綱曰：「舍人學堂成就，眉覆過目，文才振於海內，頭又生骨，猶未大成，若得三品，恐是損壽之徵。」文本官至中書令，尋卒。其年，侍御史張行成、馬周同問天綱，天綱曰：「馬侍御伏犀貫腦，兼有玉枕，又背如負物，當富貴不可言。近古已來，君臣道合，罕有如公者。公面色赤，命門色暗，耳後骨不起，耳無根，只恐非壽者。」周後位至中書令，兼吏部尚書，年四十八卒。謂行成曰：「公五嶽四瀆成就，下亭豐滿，得官雖晚，終居宰輔之地。」行成後至尙書右僕射。天綱相人所中，皆此類也。申國公高士廉嘗謂曰：「君更作何官？」天綱曰：「自知相命，今年四月盡矣。」果至是月而卒。

孫思邈，京兆華原人也。七歲就學，日誦千餘言。弱冠，善談莊、老及百家之說，兼好釋典。洛州總管獨孤信見而歎曰：「此聖童也。但恨其器大，適小難爲用也。」周宣帝時，思邈以王室多故，乃隱居太白山。隋文帝輔政，徵爲國子博士，稱疾不起。嘗謂所親曰：「過五十年，當有聖人出，吾方助之以濟人。」及太宗即位，召詣京師，嗟其容色甚少，謂曰：「故知有道者誠可尊重，羨門、廣成，豈虛言哉！」將授以爵位，固辭不受。顯慶四年，高宗召見，拜諫議大夫，又固辭不受。

上元元年，辭疾請歸，特賜良馬，及鄱陽公主邑司以居焉。當時知名之士宋令文、孟詵、盧照鄰等，執師資之禮以事焉。思邈嘗從幸九成宮，照鄰留在其宅。時庭前有病梨樹，照鄰爲之賦，其序曰：「癸酉之歲，余臥疾長安光德坊之官舍。父老云：『是鄱陽公主邑司。昔公主未嫁而卒，故其邑廢。』時有孫思邈處士居之。邈道合古今，學殫數術。高談正一，則古之蒙莊子；深入不二，則今之維摩詰耳。其推步甲乙，度量乾坤，則洛下閎、安期先生之儔也。」照鄰有惡疾，醫所不能愈，乃問思邈：「名醫愈疾，其道何如？」思邈曰：「吾聞善言天者，必質之於人；善言人者，亦本之於天。天有四時五行，寒暑迭代，其轉運也，和而爲雨，怒而爲風，凝而爲霜雪，張而爲虹蜺，此天地之常數也。人有四支五藏，一覺一寐，呼吸吐納，精氣往來，流而爲榮衞，彰而爲氣色，發而爲音聲，此人之常數也。陽用其形，陰用其精，天人之所同也。及其失也，蒸則生熱，否則生寒，結而爲瘤贅，陷而爲癰疽，奔而爲喘乏，竭而爲焦枯，診發乎面，變動乎形。推此以及天地亦如之。故五緯盈縮，星辰錯行，日月薄蝕，孛彗飛流，此天地之危診也。寒暑不時，天地之蒸否也；石立土踊，天地之瘤贅

也；山崩土陷，天地之癰疽也；奔風暴雨，天地之喘乏也；川瀆竭涸，天地之焦枯也。良醫導之以藥石，救之以鍼劑，聖人和之以至德，輔之以人事，故形體有可愈之疾，天地有可消之災。」又曰：「膽欲大而心欲小，智欲圓而行欲方。詩曰：『如臨深淵，如履薄冰』，謂小心也；『赳赳武夫，公侯干城』，謂大膽也。『不爲利回，不爲義疚』，行之方也；『見機而作，不俟終日』，智之圓也〔一〕。」

思邈自云開皇辛酉歲生，至今年九十三矣，詢之鄉里，咸云數百歲人，話周、齊間事，歷歷如眼見，以此參之，不啻百歲人矣。然猶視聽不衰，神采甚茂，可謂古之聰明博達不死者也。

初，魏徵等受詔脩齊、梁、陳、周、隋五代史，恐有遺漏，屢訪之，思邈口以傳授，有如目覩。東臺侍郎孫處約將其五子侹、儆、俊、佑、佺以謁思邈，思邈曰：「俊當先貴；佑當晚達；佺最名重，禍在執兵。」後皆如其言。太子詹事盧齊卿童幼時，請問人倫之事，思邈曰：「汝後五十年位登方伯，吾孫當爲屬吏，可自保也。」後齊卿爲徐州刺史，思邈孫溥果爲徐州蕭縣丞。思邈初謂齊卿之時，溥猶未生，而預知其事。凡諸異迹，多此類也。

永淳元年卒。遺令薄葬，不藏冥器，祭祀無牲牢。經月餘，顏貌不改，舉屍就木，猶若空衣，時人異之。自注老子、莊子，撰千金方三十卷，行於代。又撰福祿論三卷，攝生眞錄

及枕中素書、會三教論各一卷。

子行，天授中爲鳳閣侍郎。

明崇儼，洛州偃師人。其先平原士族，世仕江左。父恪，豫州刺史。崇儼年少時，隨父任安喜令，父之小吏有善役召鬼神者，崇儼盡能傳其術。乾封初，應封嶽舉，授黃安丞。會刺史有女病篤，崇儼致他方殊物以療之，其疾乃愈。高宗聞其名，召與語，悅之，擢授冀王府文學。儀鳳二年，累遷正諫大夫，特令入閣供奉。崇儼每因謁見，輒假以神道，頗陳時政得失，帝深加允納。潤州棲霞寺，是其五代祖梁處士山賓故宅，帝特爲製碑文，親書於石，論者榮之。四年，爲盜所殺。時語以爲崇儼密與天后爲厭勝之法，又私奏章懷太子不堪承繼大位，太子密知之，潛使人害之。優制贈侍中，謚曰莊，仍拜其子珪爲祕書郎。

珪，開元中仕至懷州刺史。

張憬藏，許州長社人。少工相術，與袁天綱齊名。太子詹事蔣儼年少時，嘗遇憬藏，因

問祿命，憬藏曰：「公從今二年，當得東宮掌兵之官，秩未終而免職。免職之後，厄在三尺土下，又經六年，據此合是死徵。然後當享富貴，名位俱盛，即又不合中夭，年至六十一，爲蒲州刺史，十月三十日午時祿絕。」儼後皆如其言。嘗奉使高麗，被莫離支囚於地窖中，經六年，然後得歸。及在蒲州，年六十一矣，至期，召人吏妻子與之告別，自云當死，俄而有敕，許令致仕。左僕射劉仁軌微時，嘗與鄉人靖思賢各齎絹贍憬藏以問官祿。憬藏謂仁軌曰：「公居五品要官，雖暫解黜，終當位極人臣。」仁軌後自給事中坐事，令白衣向海東效力。固辭思賢之贈，曰：「公當孤獨客死。」及仁軌爲僕射，思賢尙存，謂人曰：「張憬藏相劉僕射，則妙矣。吾今已有三子，田宅自如，豈其言亦有不中也？」俄而三子相繼而死，盡貨田宅，寄死於所親園內。憬藏相人之妙，皆此類。竟不仕，以壽終。

李嗣眞，滑州匡城人也。父彥琮，趙州長史。嗣眞博學曉音律，兼善陰陽推算之術。弱冠明經舉，補許州司功。時左侍極賀蘭敏之受詔於東臺修撰，奏嗣眞弘文館參預其事。嗣眞與同時學士劉獻臣、徐昭俱稱少俊，館中號爲「三少」。敏之既恃寵驕盈，嗣眞知其必敗，謂所親曰：「此非庇身之所也。」因咸亨年京中大饑，乃求出，補義烏令。無何，敏之敗，修撰官皆連坐流放，嗣眞獨不預焉。調露中，爲始平令，風化大行。時章懷太子居春宮，嗣眞嘗於太清觀奏樂，謂道士劉槩、輔儼曰：「此曲何哀思不和之甚也？」槩、儼曰：「此太子所作寶慶樂也。」居數日，太子廢爲庶人。槩等以其事聞奏，高宗大奇之，徵拜司禮丞，仍掌五禮儀注，加中散大夫，封常山子。

永昌中，拜右御史中丞，知大夫事。時酷吏來俊臣構陷無罪，嗣眞上書諫曰：「臣聞陳平事漢祖，謀疏楚君臣，乃用黃金五萬斤，行反間之術。項王果疑臣下，陳平反間果行。今告事紛紜，虛多實少，焉知必無陳平先謀疏陛下君臣，後謀除國家良善，臣恐爲社稷之禍。伏乞陛下特迴天慮，察臣狂瞽，然後退就鼎鑊，實無所恨。」疏奏不納。尋被俊臣所陷，配流嶺南。萬歲通天年，徵還，至桂陽，自筮死日，預託桂陽官屬備凶器。依期暴卒。則天深加憫惜，敕州縣遞靈輿還鄉，贈濟州刺史。神龍初，又贈御史大夫。撰明堂新禮十卷、孝經指要、詩品、書品、畫品各一卷。

張文仲，洛州洛陽人也。少與鄉人李虔縱、京兆人韋慈藏並以醫術知名。文仲，則天初爲侍御醫。時特進蘇良嗣於殿庭因拜跪便絕倒，則天令文仲、慈藏隨至宅候之。文仲

曰：「此因憂憤邪氣激也，若痛衝脅，則劇難救。」自朝候之，未及食時，即苦衝脅絞痛。文仲曰：「若入心，即不可療。」俄頃心痛，不復下藥，日旰而卒。文仲尤善療風疾。其後則天令文仲集當時名醫共撰療風氣諸方，仍令麟臺監王方慶監其修撰。文仲奏曰：「風有一百二十四種，氣有八十種。大抵醫藥雖同，人性各異，庸醫不達藥之行使，冬夏失節，因此殺人。唯脚氣頭風上氣，常須服藥不絕，自餘則隨其發動，臨時消息之。但有風氣之人，春末夏初及秋暮，要得通洩，即不困劇。」於是撰四時常服及輕重大小諸方十八首表上之。文仲久視年終於尙藥奉御。撰隨身備急方三卷，行於代。

虔縱，官至侍御醫。慈藏，景龍中光祿卿。自則天、中宗已後，諸醫咸推文仲等三人爲首。

尙獻甫，衞州汲人也。尤善天文。初出家爲道士。則天時召見，起家拜太史令，固辭曰：「臣久從放誕，不能屈事官長。」則天乃改太史局爲渾儀監，不隸祕書省，以獻甫爲渾儀監。數顧問災異，事皆符驗。又令獻甫於上陽宮集學者撰方域圖。長安二年，獻甫奏曰：「臣本命納音在金，今熒惑犯五諸侯太史之位。熒，火也，能尅金，是臣將死之徵。」則天曰：

「朕爲卿禳之。」遽轉獻甫爲水衡都尉，謂曰：「水能生金，今又去太史之位，卿無憂矣。」其秋，獻甫卒，則天甚嗟異惜之。復以渾儀監爲太史局，依舊隸祕書監。

時又有雍州人裴知古，善於音律。長安中爲太樂丞。神龍元年正月春享西京太廟，知古預其事，謂萬年令元行沖曰：「金石諧和，當有吉慶之事，其在唐室子孫乎？」其月，中宗即位，復改國爲唐。知古又能聽婚夕環珮之聲，知其夫妻終始。後卒於太樂令。

孟詵，汝州梁人也。舉進士。垂拱初，累遷鳳閣舍人。詵少好方術，嘗於鳳閣侍郎劉禕之家，見其敕賜金，謂禕之曰：「此藥金也。若燒火其上，當有五色氣。」試之果然。則天聞而不悅，因事出爲台州司馬。後累遷春官侍郎。睿宗在藩，召充侍讀。長安中，爲同州刺史，加銀青光祿大夫。神龍初致仕，歸伊陽之山第，以藥餌爲事。詵年雖晚暮，志力如壯，嘗謂所親曰：「若能保身養性者，常須善言莫離口，良藥莫離手。」睿宗即位，召赴京師，將加任用，固辭衰老。景雲二年，優詔賜物一百段，又令每歲春秋二時特給羊酒糜粥。開元初，河南尹畢構以詵有古人之風，改其所居爲子平里。尋卒，年九十三。

詵所居官，好勾剝爲政，雖繁而理。撰家、祭禮各一卷，喪服要二卷，補養方、必效方各三卷。

嚴善思，同州朝邑人也。少以學涉知名，尤善天文曆數及卜相之術。初應消聲幽藪科舉擢第。則天時爲監察御史，兼右拾遺、內供奉。數上表陳時政得失，多見納用。稍遷太史令。聖曆二年，熒惑入輿鬼，則天以問善思，善思對曰：「商姓大臣當之。」其年，文昌左相王及善卒。長安中，熒惑入月，鎮星犯天關，善思奏曰：「法有亂臣伏罪，且有臣下謀上之象。」歲餘，張柬之、敬暉等起兵誅張易之、昌宗。其占驗皆此類也。

神龍初，遷給事中。則天崩，將合葬乾陵，善思奏議曰：

謹按天元房錄葬法云：「尊者先葬，卑者不合於後開入。」則天太后卑於天皇大帝，今欲開乾陵合葬，即是以卑動尊，事既不經，恐非安穩。臣又聞乾陵玄闕，其門以石閉塞，其石縫隙，鑄鐵以固其中，今若開陵，必須鐫鑿。然以神明之道，體尚幽玄，今乃動衆加功，誠恐多所驚黷。又若別開門道，以入玄宮，即往者葬時，神位先定，今更改作，爲害益深。又以修築乾陵之後，國頻有難，遂至則天太后權總萬機，二十餘年，其難始定。今乃更加營作，伏恐還有難生。

但合葬非古，著在禮經，緣情爲用，無足依准，況今事有不安，豈可復循斯制。伏見漢時諸陵，皇后多不合葬，魏、晉已降，始有合者。然以兩漢積年，向餘四百，魏、晉之後，祚皆不長。雖受命應期，有因天假，然以循機享德，亦在天時。但陵墓所安，必資勝地，後之胤嗣，用託靈根，或有不安，後嗣亦難長享。伏望依漢朝之故事，改魏、晉之頹綱，於乾陵之傍，更擇吉地，取生墓之法，別起一陵，既得從葬之儀，又成固本之業。臣伏以合葬者，人緣私情；不合者，前修故事。若以神道有知，幽途自得通會；若以死者無知，合之復有何益。然以山川精氣，上爲星象，若葬得其所，則神安後昌，若葬失其宜，則神危後損。所以先哲垂範，具之葬經，欲使生人之道必安，死者之神必泰。伏望少迴天眷，俯覽臣言，行古昔之明規，割私情之愛欲，使社稷長享，天下乂安，凡在懷生，孰不慶幸。

疏奏不納。

景龍中，遷禮部侍郎，出爲汝州刺史。睿宗在藩，善思嘗謂姚元之曰：「相王必登帝位。」及踐祚，元之以事聞奏，由是召拜右散騎常侍。唐隆元年，鄭愔謀册譙王重福爲帝，乃草僞制，除善思爲禮部尚書，知吏部選事。及譙王下獄，景雲元年，大理寺奏：「善思與逆人重福

通謀，合從極法。」給事中韓思復奏曰：「議獄緩死，列聖明規；刑疑惟輕，有國恆典。嚴善思往在先朝，屬韋氏擅內，恃寵宮掖，謀危社稷。善思此時，乃能先覺，因詣相府，有所發明，進論聖躬，必登宸極。雖交遊重福，謀陷韋氏，敕追善思，書至便發，向懷逆節，寧即奔命？一面疏網，誠合順生；三驅取禽，來而有宥。唯刑是恤，理合昭詳。請付刑部集羣官議定奏裁，以符慎獄。」時議者多云「善思合從原宥」，有司仍執前議請誅之，思復又駁奏懇直，睿宗納其奏，竟免善思死，配流靜州。無幾，遇赦還。年八十五，開元十七年卒。

初，善思爲御史時，中書舍人劉允濟爲酷吏所陷，當死，善思愍其老，密表奏請，允濟乃得免誅。善思後見允濟，竟不自言其事。韓思復奏免善思之罪，亦未嘗有所言謝。時人稱其長者。

善思子向，乾元中爲鳳翔尹，寶應中授太常員外卿。始善思父徐州長史延及善思俱年八十五而卒；廣德二年，向卒，又年八十五。向兄前趙郡司馬宙，長向十歲，向卒時，宙並無恙。

金梁鳳，不知何許人也。天寶十三載，客於河西。善相人，又言玄象。時哥舒翰爲節

度使，詔入京師，裴冕爲祠部郎中，知河西留後，在武威。梁鳳謂冕曰：「玄象有變，半年間有兵起，郎中此時當得中丞，不拜中丞，卽得宰相，不離天子左右，大富貴。」冕曰：「公乃狂言，冕何至此？」梁鳳曰：「有一日向東京，一日入蜀川，一日來向朔方，此時公得相。」冕懼其言，深謝絕之。其後安祿山反，南犯洛陽，僭稱僞位。哥舒翰東守潼關，累月，奏冕爲御史中丞，追赴京。冕又詰曰：「事驗也。」冕又問三日之兆，梁鳳曰：「東京日卽自磨滅，蜀川日亦不能久，此間日何轉分明，不可說。」冕志之。既潼關失守，玄宗幸蜀，肅宗北如靈武，冕會之，勸成策立，改元爲至德元年，冕果爲中書侍郎、平章事。冕奏之，肅宗召拜都水使者。

梁鳳在河隴，謂呂諲曰：「判官骨相，合得宰相。須得一大驚怖，卽得。」諲後至驛，責讓驛長，搒之。驛吏武將，性粗猛，持弓矢突入，射諲，矢兩發，幾中諲面，諲踰牆得免。以報梁鳳，梁鳳曰：「此必入相。」逾年，諲自黃門侍郎知政事。梁鳳在鳳翔，李揆、盧允二人同見之，俱素服，自稱選人。梁鳳謂之曰：「公等並至清望官，那得云無官。」揆、允以實對。梁鳳遣二人行，謂揆曰：「公從舍人卽入相，一年內事。」謂允曰：「公好卽是吏部郎中。」及尅復兩京，揆自中書舍人知禮部侍郎事，入爲中書侍郎、平章事，乃以允爲吏部郎中。其驗多此類。爾後佯聾以自晦。冕爲右僕射、兼御史大夫、成都尹、劍南節度使，有進止，令將梁鳳

行。後乃病卒。

張果者，不知何許人也。則天時，隱於中條山，往來汾、晉間，時人傳其有長年祕術，自云年數百歲矣。嘗著陰符經玄解，盡其玄理。則天遣使召之，果佯死不赴。後人復見之，往來恆州山中。開元二十一年，恆州刺史韋濟以狀奏聞。玄宗令通事舍人裴晤往迎之，果對使絕氣如死，良久漸蘇，晤不敢逼，馳還奏狀。又遣中書舍人徐嶠齎璽書以邀迎之，果乃隨嶠至東都，肩輿入宮中。

玄宗初卽位，親訪理道及神仙方藥之事，及聞變化不測而疑之。有邢和璞者，善算人而知夭壽善惡，玄宗令算果，則懵然莫知其甲子。又有師夜光者，善視鬼，玄宗召果與之密坐，令夜光視之，夜光進曰：「果今安在？」夜光對面終莫能見。玄宗謂力士曰：「吾聞飲堇汁無苦者，眞奇士也。」會天寒，使以堇汁飲果。果乃引飲三巵，醺然如醉所作，顧曰：「非佳酒也。」乃寢。頃之，取鏡視齒，則盡燋且黧。命左右取鐵如意擊齒墮，藏於帶。乃懷中出神仙藥，微紅，傅墮齒之齗。復寐良久，齒皆出矣，粲然潔白，玄宗方信之。玄宗好神仙，而欲果尚公主，果固未知之，謂祕書少監王迥質、太常少卿蕭華曰：「諺云

娶婦得公主，眞可畏也。」迥質與華相顧，未曉其言。卽有中使至，宣曰：「玉眞公主早歲好道，欲降先生。」果大笑，竟不奉詔。迥質等方悟向來之言。後懇辭歸山，因下制曰：「恆州張果先生，遊方外者也。跡先高尙，深入窈冥。是渾光塵，應召城闕。莫詳甲子之數，且謂羲皇上人。問以道樞，盡會宗極。今特行朝禮，爰畀寵命。可銀青光祿大夫，號曰通玄先生。」其年請入恆山，錫以衣服及雜綵等，便放歸山。乃入恆山，不知所之。玄宗爲造棲霞觀於隱所，在蒲吾縣，後改爲平山縣。

道士葉法善，括州括蒼縣人。自曾祖三代爲道士，皆有攝養占卜之術。法善少傳符籙，尤能厭劾鬼神。顯慶中，高宗聞其名，徵詣京師，將加爵位，固辭不受。求爲道士，因留在內道場，供待甚厚。時高宗令廣徵諸方道術之士，合鍊黃白。法善上言：「金丹難就，徒費財物，有虧政理，請覈其眞僞。」帝然其言，因令法善試之，由是乃出九十餘人，因一切罷之。法善又嘗於東都凌空觀設壇醮祭，城中士女競往觀之，俄頃數十人自投火中，觀者大驚，救之而免。法善曰：「此皆魅病，爲吾法所攝耳。」問之果然。法善悉爲禁劾，其病乃愈。法善自高宗、則天、中宗歷五十年，常往來名山，數召入禁中，盡禮問道。然排擯佛法，議者或譏

其向背。以其術高，終莫之測。睿宗卽位，稱法善有冥助之力，先天二年，拜鴻臚卿，封越國公，仍依舊爲道士，止於京師之景龍觀，又贈其父爲歙州刺史。當時尊寵，莫與爲比。

法善生於隋大業之丙子，死於開元之庚子，凡一百七歲。八年卒。詔曰：「故道士鴻臚卿員外置越國公葉法善，天眞精密，妙理玄暢，包括祕要，發揮靈符，固以冥默難源，希夷罕測。而情棲蓬閬，迹混朝伍，保黃冠而不杖，加紫綬而非榮，卓爾孤秀，泠然獨往。勝氣絕俗，貞風無塵，金骨外聳，珠光內應。斯乃體應中仙，名升上德。朕當聽政之暇，屢詢至道；公以理國之法，數奏昌言。謀參隱諷，事宜弘益。歎徽音之未泯，悲形解之俄留，曾莫憖遺，殲良奄及。永惟平昔，感愴于懷，宜申禮命，式旌泉壤。可贈越州都督。」

僧玄奘，姓陳氏，洛州偃師人。大業末出家，博涉經論。嘗謂翻譯者多有訛謬，故就西域，廣求異本以參驗之。貞觀初，隨商人往遊西域。玄奘既辯博出羣，所在必爲講釋論難，蕃人遠近咸尊伏之。在西域十七年，經百餘國，悉解其國之語，仍採其山川謠俗，土地所有，撰西域記十二卷。貞觀十九年，歸至京師。太宗見之，大悅，與之談論。於是詔將梵本六百五十七部於弘福寺翻譯，仍敕右僕射房玄齡、太子左庶子許敬宗，廣召碩學沙門五十餘

人，相助整比。

高宗在東宮，爲文德太后追福，造慈恩寺及翻經院，內出大幡，敕九部樂及京城諸寺幡蓋衆伎，送玄奘及所翻經像、諸高僧等入住慈恩寺。顯慶元年，高宗又令左僕射于志寧、侍中許敬宗、中書令來濟李義府杜正倫、黃門侍郎薛元超等，共潤色玄奘所定之經，國子博士范義頵、太子洗馬郭瑜、弘文館學士高若思等，助加翻譯。凡成七十五部，奏上之。後以京城人衆競來禮謁，玄奘乃奏請逐靜翻譯，敕乃移於宜君山故玉華宮。六年卒，時年五十六，歸葬於白鹿原，士女送葬者數萬人。

僧神秀，姓李氏，汴州尉氏人。少遍覽經史，隋末出家爲僧。後遇蘄州雙峯山東山寺僧弘忍，以坐禪爲業，乃歎伏曰：「此眞吾師也。」便往事弘忍，專以樵汲自役，以求其道。昔後魏末，有僧達摩者，本天竺王子，以護國出家，入南海，得禪宗妙法，云自釋迦相傳，有衣鉢爲記，世相付授。達摩齎衣鉢航海而來，至梁，詣武帝，帝問以有爲之事，達摩不說。乃之魏，隱於嵩山少林寺，遇毒而卒。其年，魏使宋雲於葱嶺回，見之，門徒發其墓，但有衣履而已。達摩傳慧可，慧可嘗斷其左臂，以求其法。慧可傳璨，璨傳道信，道信傳弘

忍。

弘忍姓周氏，黃梅人。初，弘忍與道信並住東山寺，故謂其法爲東山法門。神秀既師事弘忍，弘忍深器異之，謂曰：「吾度人多矣，至於懸解圓照，無先汝者。」弘忍以咸亨五年卒，神秀乃往荊州，居於當陽山。則天聞其名，追赴都，肩輿上殿，親加跪禮，敕當陽山置度門寺以旌其德。時王公已下及京都士庶，聞風爭來謁見，望塵拜伏，日以萬數。中宗卽位，尤加敬異。中書舍人張說嘗問道，執弟子之禮，退謂人曰：「禪師身長八尺，厖眉秀耳，威德巍巍，王霸之器也。」

初，神秀同學僧慧能者，新州人也，與神秀行業相埒。弘忍卒後，慧能住韶州廣果寺。韶州山中，舊多虎豹，一朝盡去，遠近驚歎，咸歸伏焉。神秀嘗奏則天，請追慧能赴都，慧能固辭。神秀又自作書重邀之，慧能謂使者曰：「吾形貌矬陋，北土見之，恐不敬吾法。又先師以吾南中有緣，亦不可違也。」竟不度嶺而死。天下乃散傳其道，謂神秀爲北宗，慧能爲南宗。

神秀以神龍二年卒，士庶皆來送葬。有詔賜諡曰大通禪師。又於相王舊宅置報恩寺，岐王範、張說及徵士盧鴻一皆爲其碑文。神秀卒後，弟子普寂、義福，並爲時人所重。

普寂姓馮氏，蒲州河東人也。年少時徧尋高僧，以學經律。時神秀在荊州玉泉寺，普寂乃往師事，凡六年，神秀奇之，盡以其道授焉。久視中，則天召神秀至東都，神秀因薦普寂，乃度爲僧。及神秀卒，天下好釋氏者咸師事之。中宗聞其高年，特下制令普寂代神秀統其法衆。開元十三年，敕普寂於都城居止。時王公士庶，競來禮謁，普寂嚴重少言，來者難見其和悅之容，遠近尤以此重之。二十七年，終于都城興唐寺，年八十九。時都城士庶曾謁者，皆制弟子之服。有制賜號爲大照禪師。及葬，河南尹裴寬及其妻子，並衰麻列于門徒之次，士庶傾城哭送，閭里爲之空焉。

義福姓姜氏，潞州銅鞮人。初止藍田化感寺，處方丈之室，凡二十餘年，未嘗出宇之外。後隸京城慈恩寺。開元十一年，從駕往東都，途經蒲、虢二州，刺史及官吏士女，皆齎幡花迎之，所在途路充塞。以二十年卒，有制賜號大智禪師。葬於伊闕之北，送葬者數萬人。中書侍郎嚴挺之爲製碑文。

神秀，禪門之傑，雖有禪行，得帝王重之，而未嘗聚徒開堂傳法。至弟子普寂，始於都城傳教，二十餘年，人皆仰之。

僧一行，姓張氏，先名遂，魏州昌樂人，襄州都督、郯國公公謹之孫也。父擅，武功令。

一行少聰敏，博覽經史，尤精曆象、陰陽、五行之學。時道士尹崇博學先達，素多墳籍。一行詣崇，借揚雄太玄經，將歸讀之。數日，復詣崇，還其書。崇曰：「此書意指稍深，吾尋之積年，尚不能曉，吾子試更研求，何遽見還也？」一行曰：「究其義矣。」因出所撰大衍玄圖及義決一卷以示崇。崇大驚，因與一行談其奧賾，甚嗟伏之，謂人曰：「此後生顏子也。」一行由是大知名。武三思慕其學行，就請與結交，一行逃匿以避之。尋出家爲僧，隱於嵩山，師事沙門普寂。睿宗卽位，敕東都留守韋安石以禮徵，一行固辭以疾，不應命。後步往荊州當陽山，依沙門悟眞以習梵律。

開元五年，玄宗令其族叔禮部郎中洽齎敕書就荊州強起之。一行至京，置於光太殿，數就之，訪以安國撫人之道，言皆切直，無有所隱。開元十年，永穆公主出降，敕有司優厚發遣，依太平公主故事。一行以爲高宗末年，唯有一女，所以特加其禮，又太平驕僭，竟以得罪，不應引以爲例。上納其言，遽追敕不行，但依常禮。其諫諍皆此類也。

一行尤明著述，撰大衍論三卷，攝調伏藏十卷，天一太一經及太一局遁甲經、釋氏系錄各一卷。時麟德曆經推步漸疏，敕一行考前代諸家曆法，改撰新曆，又令率府長史梁令瓚等與工人創造黃道游儀，以考七曜行度，互相證明。於是一行推周易大衍之數，立衍以應之，改撰開元大衍曆經。至十五年卒，年四十五，賜諡曰大慧禪師。

初，一行從祖東臺舍人太素，撰後魏書一百卷，其天文志未成，一行續而成之。上爲一行製碑文，親書於石，出內庫錢五十萬，爲起塔於銅人之原。明年，幸溫湯，過其塔前，又駐騎徘徊，令品官就塔以告其出豫之意，更賜絹五十匹，以蒔塔前松柏焉。

初，一行求訪師資，以窮大衍，至天台山國清寺，見一院，古松十數，門有流水，一行立於門屏間，聞院僧於庭布算聲，而謂其徒曰："今日當有弟子自遠求吾算法，已合到門，豈無人導達也？"即除一算。又謂曰："門前水當却西流，弟子亦至。"一行承其言而趨入，稽首請法，盡受其術焉，而門前水果却西流。道士邢和璞嘗謂尹愔曰："一行其聖人乎？漢之洛下閎造曆，云：'後八百歲當差一日，必有聖人正之。'今年期畢矣，而一行造大衍正其差謬，則洛下閎之言信矣，非聖人而何？"

時又有黃州僧泓者，善葬法。每行視山原，即爲之圖，張說深信重之。

桑道茂者，大曆中遊京師，善太一遁甲五行災異之說，言事無不中。代宗召之禁中，待詔翰林。建中初，神策軍脩奉天城，道茂請高其垣牆，大爲制度，德宗不之省。及朱泚之亂，帝蒼卒出幸，至奉天，方思道茂之言，時道茂已卒，命祭之。

贊曰：術數之精，事必前知。粲如垂象，變告無疑。怪誕之夫，誣罔蓍龜。致彼庸妄，幸時艱危。

校勘記

〔一〕不爲利回不爲義疚行之方也見機而作不俟終日智之圓也　按「不爲利回，不爲義疚」二句見左傳昭公三十一年；「見機而作，不俟終日」二句見周易繫辭下。冊府卷八三六「不爲利回」上有「傳曰」二字，「見機而作」上有「易曰」二字。

舊唐書卷一百九十二

列傳第一百四十二

隱逸

王績　田遊巖　史德義　王友貞　盧鴻一　王希夷　衛大經
李元愷　王守愼　徐仁紀　孫處玄　白履忠　王遠知　潘師正
劉道合　司馬承禎　吳筠　孔述睿 子敏行　陽城　崔覲

前代賁丘園，招隱逸，所以重貞退之節，息貪競之風。故蒙叟激讓王之篇，玄晏立高人之傳，箕、潁之迹，粲然可觀。而漢二龔之流，乃心王室，不事莽朝，忍渴盜泉，本非絕俗，甚可嘉也。皇甫謐、陶淵明慢世逃名，放情肆志，逍遙泉石，無意於出處之間，又其善也。卽有身在江湖之上，心遊魏闕之下，託薜蘿以射利，假巖壑以釣名，退無肥遁之貞，進乏濟時

之具，山移見誚，海鳥興譏，無足多也。阮嗣宗傲世佯狂，王無功嗜酒放蕩，才不足而智有餘，傷其時而晦其用，深識之士也。高宗天后，訪道山林，飛書巖穴，屢造幽人之宅，堅迴隱士之車。而遊巖、德義之徒，所高者獨行；盧鴻一、承禎之比，所重者逃名。至於出處語默之大方，未足與議也。今存其舊說，以備雜篇。

王績字無功，絳州龍門人。少與李播、呂才爲莫逆之交。隋大業中，應孝悌廉潔舉，授揚州六合縣丞。非其所好，棄官還鄉里。績河渚中先有田數頃，鄰渚有隱士仲長子先，服食養性，績重其眞素，願與相近，乃結廬河渚，以琴酒自樂。嘗遊北山，因爲北山賦以見志，詞多不載。績嘗躬耕於東皋，故時人號東皋子。或經過酒肆，動經數日，往往題壁作詩，多爲好事者諷詠。貞觀十八年卒。臨終自剋死日，遺命薄葬，兼預自爲墓誌。有文集五卷。又撰隋書，未就而卒。

兄通，字仲淹，隋大業中名儒，號文中子，自有傳。

田遊巖，京兆三原人也。初補太學生，後罷歸，遊於太白山，每遇林泉會意，輒留連不能去。其母及妻子並有方外之志，與遊巖同遊山水二十餘年。後入箕山，就許由廟東築室而居，自稱「許由東鄰」。調露中，高宗幸嵩山，遣中書侍郎薛元超就問其母，遊巖山衣田冠出拜，帝令左右扶止之，謂曰：「先生養道山中，比得佳否？」遊巖曰：「臣泉石膏肓，煙霞痼疾，既逢聖代，幸得逍遙。」帝曰：「朕今得卿，何異漢獲四皓乎？」薛元超曰：「漢高祖欲廢嫡立庶，黃、綺方來，豈如陛下崇重隱淪，親問巖穴。」帝甚歡，因將遊巖就行宮，并家口給傳乘赴都，授崇文館學士，令與太子少傅劉仁軌談論。帝後將營奉天宮于嵩山，遊巖舊宅先居宮側，特令不毀，仍親書題額懸其門，曰「隱士田遊巖宅」。文明中，進授朝散大夫，拜太子洗馬。垂拱初，坐與裴炎交結，特放還山。

史德義，蘇州崑山人也。咸亨初，隱居武丘山，以琴書自適，或騎牛帶瓢，出入郊郭廛市，號爲逸人。高宗聞其名，徵赴洛陽。尋稱疾東歸，公卿已下，皆賦詩餞別，德義亦以詩留贈，其文甚美。天授初，江南道宣勞使、文昌左丞周興表薦之，則天徵赴都，詔曰：「蘇州隱士史德義，志尚虛玄，業履貞確，謙沖彰於里閈，孝友表於閨庭。固辭徵辟，長往巖陵之

瀨；多謝簪裾，高蹈愚公之谷。博聞強識，說禮敦詩，繕性丘園，甘心畎畝。朕承天革命，建極開階，寤寐星雲，物色林壑。頃緣期而捐薜帶，應休運而解荷裳，粵自海隅，來遊魏闕，行藏之理斯得，去就之節無違。風操可嘉，啓沃攸佇，特宜優獎，委以諫曹。可朝散大夫[二]。」後周興伏誅，德義坐爲所薦免官，以朝散大夫放歸丘壑，自此聲譽稍減於隱居之前。

王友貞，懷州河內人也。父知敬，則天時麟臺少監，以工書知名。友貞弱冠時，母病篤，醫言唯啖人肉乃差。友貞獨念無可求治，乃割股肉以飴親，母病尋差。則天聞之，令就其家驗問，特加旌表。友貞素好學，讀九經皆百遍，訓誨子弟，如嚴君焉。口不言人過，尤好釋典，屏絕羶味，出言未嘗負諾，時論以爲眞君子也。

長安年，歷任長水令。後罷歸田里。中宗在春宮，召爲司議郞，不就。神龍初，又拜太子中舍，仍令所司以禮徵赴，及至，固以疾辭。詔曰：

敦夷齊之行，可以激貪；尚顏閔之道，用能勸俗。新除太子中舍人王友貞，德義泉載，人倫茂異，孝始於事親，信表於行己。富有文史，廉於財貨，久歷官政，累聞課績。有古人之風，保君子之德。乃抗志塵外，棲情物表，深歸解脫之門，誓守薰脩之誡。頃加徵命，作護儲闈，固在辭榮，累陳情懇。堅持淨義，不登於車服；味玆禪悅，靡求於珍饌。朕方崇獎廉退，懲抑澆浮，雖思廊廟之賢，豈違山林之願，宜加優秩，仍遂雅懷。可太子中舍人員外置，給全祿以畢其身，任其在家修道。仍令所在州縣存問，四時送祿至其住所。

玄宗在東宮，又表請禮徵之，以年老，竟辭疾不赴。年九十餘，開元四年卒。特下制曰：「貴德尊賢，飾終念遠，此聖人所以治天下、厚風俗也。王友貞稟氣元精，遊心大朴。孝惟不匱，獨貫於神明；道則雖名，高謝於人代。言念錫類，方期鎭俗，遽爾凋殂，良深愍悼。生無大位，雖隔外臣之儀；歿有餘榮，宜贈上卿之服。可贈銀青光祿大夫，仍委本縣令長特加弔祭。」

盧鴻一字浩然，本范陽人，徙家洛陽。少有學業，頗善籀篆楷隸，隱於嵩山。開元初，遣備禮再徵不至。五年，下詔曰：

朕以寡薄，忝膺大位。嘗恨玄風久替，淳化未昇，每用翹想遺賢，冀聞上皇之訓。

以卿黃中通理，鉤深詣微，窮太一之道，踐中庸之德，確乎高尚，足侔古人。故比下徵書，佇諧善績，而每輒託辭，拒違不至。使朕虛心引領，于今數年，雖得素履幽人之貞，而失考父滋恭之命。豈朝廷之故與生殊趣耶？將縱欲山林不能反乎？禮有大倫，君臣之義，不可廢也。今城闕密邇，不足爲難，便敕齎束帛之貺，重宜斯旨，想有以翻然易節，副朕意焉。

鴻一赴徵。六年，至東都，謁見不拜。宰相遣通事舍人問其故，奏曰：「臣聞老君言，禮者，忠信之所薄，不足可依。山臣鴻一敢以忠信奉見。」上別召升內殿，賜之酒食。詔曰：「盧鴻一應辟而至，訪之至道，有會淳風，爰舉逸人，用勸天下。特宜授諫議大夫。」鴻一固辭，又制曰：

昔在帝堯，全許由之節；緬惟大禹，聽伯成之高。則知天子有所不臣，諸侯有所不友，遯之時義大矣哉！嵩山隱士盧鴻一，抗迹幽遠，凝情篆素，隱居以求其志，行義以達其道，雲臥林壑，多歷年載。傳不云乎：「舉逸人，天下之人歸心焉。」是乃飛書巖穴，備禮徵聘，方佇獻替，式弘政理。而矯然不羣，確乎難拔，靜已以鎭其操，洗心以激其流，固辭榮寵，將厚風俗，不降其志，用保厥躬。會稽嚴陵，未可名屈，太原王霸，終以病歸。宜以諫議大夫放還山。歲給米百石、絹五十匹，充其藥物，仍令府縣送隱居之所。若知朝廷得失，具以狀聞。

將還山，又賜隱居之服，并其草堂一所，恩禮甚厚。

王希夷，徐州滕縣人也。孤貧好道。父母終，爲人牧羊，收傭以供葬。葬畢，隱於嵩山，師道士黃頤，向四十年，盡能傳其閉氣導養之術。頤卒，更居兗州徂來山中，與道士劉玄博爲棲遁之友。好易及老子，嘗餌松柏葉及雜花散。景龍中，年七十餘，氣力益壯。刺史盧齊卿就謁致禮，因訪以字人之術，希夷曰：「孔子稱『己所不欲，勿施於人』，可以終身行之矣。」及玄宗東巡，敕州縣以禮徵，召至駕前，年已九十六。上令中書令張說訪以道義，宦官扶入宮中，與語甚悅。開元十四年，下制曰：「徐州處士王希夷，絕學棄智，抱一居貞，久謝囂塵，獨往林壑。朕爲封巒展禮，側席旌賢，賁然來思，克應嘉召。雖紆綺季之跡，已過伏生之年，宜命秩以尊儒，俾全高於尙齒。可朝散大夫，守國子博士，聽致仕還山。州縣春秋致束帛酒肉，仍賜衣一副、絹一百匹。」尋壽終。

自則天、中宗已後，有蒲州人衞大經、邢州人李元愷，皆潔志不仕；蒲州人王守愼、常州人徐仁紀、潤州人孫處玄，皆退身辭職，爲時所稱。

衞大經者，篤學善易，口無二言。則天降詔徵之，辭疾不赴。與魏州人夏侯乾童有舊，聞乾童母卒，徒步往弔之，鄉人止之曰：「當夏溽暑，豈可步涉千里，致書可也。」大經曰：「尺書無能盡意。」遂行。至魏州，會乾童出行，大經造門設席，行弔禮，不訊其家人而還。開元初，畢構爲刺史，謂解令孔愼言曰：「衞生德厚，宜有旌異。古人式干木之閭，禮賢故也。」愼言造門就謁，時大經已年老，辭疾不見。嘗預筮死日，豫鑿墓自爲誌文，果如筮而終。

李元愷者，博學善天文律曆，然性恭愼，口未嘗言人之過。鄉人宋璟，年少時師事之，及璟作相，使人遺元愷束帛，將薦舉之，皆拒而不答。景龍中，元行沖爲洺州刺史，邀元愷至州，問以經義，因遺衣服，元愷辭曰：「微軀不宜服新麗，但恐不能勝其美以速咎也。」行沖乃以泥塗汙而與之，不獲已而受。及還，乃以己之所蠶素絲五兩以酬行沖，曰：「義不受無妄之財。」先是，定州人崔元鑒明三禮，鄉人張易之寵幸用事，薦之，起家拜朝散大夫，致仕于家，在鄉請半祿。元愷誚之曰：「無功受祿，災也。」元愷年八十餘，壽終。

王守愼者，有美名。垂拱中爲監察御史。時羅織事起，守愼舅秋官侍郎張知默推詔獄，奏守愼同知其事，守愼以疾辭，因請爲僧。則天初甚怪之，守愼陳情，詞理甚高，則天欣然從之，賜號法成。識鑒高雅，爲時賢所重。以壽終。

徐仁紀者，聖曆中徵拜左拾遺。三上書論得失，不納，謂人曰：「三諫不聽，可去矣。」遂移病歸鄉里。神龍初，宣慰使舉仁紀之行可以激俗，又徵拜左補闕。三上書，又不省，乃詣執政求出，俄授鹽昌令。妻子不之官，廨舍唯衣履及書疏而已，餘無所蓄。

孫處玄，長安中徵爲左拾遺。頗善屬文，嘗恨天下無書以廣新文。神龍初，功臣桓彥範等用事，處玄遺彥範書，論時事得失，彥範竟不用其言，乃去官還鄉里。以病卒。

白履忠，陳留浚儀人也。博涉文史。嘗隱居于古大梁城，時人號爲梁丘子。景雲中，徵拜校書郎。尋棄官而歸。開元十年，刑部尙書王志愔表薦履忠隱居讀書，貞苦守操，有古人之風，堪代褚無量、馬懷素入閣侍讀。十七年，國子祭酒楊瑒又表薦履忠堪爲學官，乃徵赴京師。及至，履忠辭以老病，不任職事。詔曰：「處士前祕書省校書郎白履忠，學優緗簡，道貴丘園，探賾以見其微，隱居能達其志。故以汲引洙、泗，物色夷門，素風自高，玄冕非貴。几杖云暮，章秩宜加，俾承禮命之優，式副寵賢之美。可朝散大夫。」履忠尋表請還鄉，手詔曰：「孝悌立身，靜退放俗，年過從耄，不雜風塵。盛德予聞，通班是錫，豈惟旌賁山藪，實欲獎勸人倫。且遊上京，徐還故里。」乃停留數月而歸。履忠鄉人左庶子吳兢謂履忠曰：「吾子家室屢空，竟不霑斗米匹帛，雖得五品，何益於實也？」履忠欣然曰：「往歲契丹入寇，家家盡著括排門夫，履忠特以少讀書籍，縣司放免，至今惶愧。今雖不得，且是吾家終身高臥，免徭役，豈易得也！」尋壽終。著三玄精辯論一卷，註老子及黃庭內景經，有文集十卷。

道士王遠知，琅邪人也。祖景賢，梁江州刺史。父曇選，陳揚州刺史。遠知母，梁駕部郎中丁超女也。嘗晝寢，夢靈鳳集其身，因而有娠，又聞腹中啼聲，沙門寶誌謂曇選曰：「生子當爲神仙之宗伯也。」遠知少聰敏，博綜羣書。初入茅山，師事陶弘景，傳其道法。後又師事宗道先生臧兢。陳主聞其名，召入重陽殿，令講論，甚見嗟賞。及隋煬帝爲晉王，鎮揚州，使王子相、柳顧言相次召之，遠知乃來謁見，斯須而鬚髮變白，晉王懼而遣之，少頃又復其舊。煬帝幸涿郡，遣員外郎崔鳳舉就邀之，遠知見於臨朔宮，煬帝親執弟子之禮，敕都城起玉清玄壇以處之。及幸揚州，遠知諫不宜遠去京國，煬帝不從。

高祖之龍潛也，遠知嘗密傳符命。武德中，太宗平王世充，與房玄齡微服以謁之，遠知迎謂曰：「此中有聖人，得非秦王乎？」太宗因以實告，遠知曰：「方作太平天子，願自惜也。」太宗登極，將加重位，固請歸山。至貞觀九年，敕潤州於茅山置太受觀，并度道士二十七人。降璽書曰：「先生操履夷簡，德業冲粹，屏棄塵雜，棲志虛玄，吐故納新，食芝餌朮，念衆妙於三清之表，返華髮於百齡之外，道邁前烈，聲高自古。非夫得祕訣於金壇，受幽文於玉笈者，其孰能與此乎！朕昔在藩朝，早獲問道，眷言風範，無忘寤寐。近覽來奏，請歸舊山，已有別敕，不違高志，并許置觀，用表宿心。未知先生早晚已屆江外，所營棟宇，何當就功？佇聞委曲，副茲引領。近已令太史薛頤等往詣，令宜朕意。」其年，遠知謂弟子潘師正

曰：「吾見仙格，以吾小時誤損一童子吻，不得白日昇天。見署少室伯，將行在卽。」翌日，沐浴，加冠衣，焚香而寢，卒，年一百二十六歲。調露二年，追贈遠知太中大夫，謚曰昇眞先生。則天臨朝，追贈金紫光祿大夫。天授二年，改謚曰昇玄先生。

潘師正，趙州贊皇人也。少喪母，廬於墓側，以至孝聞。大業中，度爲道士，師事王遠知，盡以道門隱訣及符籙授之。師正清淨寡欲，居於嵩山之逍遙谷，積二十餘年，但服松葉飲水而已。高宗幸東都，因召見與語，問師正：「山中有何所須？」師正對曰：「所須松樹清泉，山中不乏。」高宗與天后甚尊敬之，留連信宿而還。尋敕所司於師正所居造崇唐觀，嶺上別起精思觀以處之。初置奉天宮，帝令所司於逍遙谷口特開一門，號曰仙遊門，又於苑北面置尋眞門，皆爲師正立名焉。時太常奏新造樂曲，帝又令以祈仙、望仙、翹仙爲名。前後贈詩，凡數十首。師正以永淳元年卒，時年九十八。高宗及天后追思不已，贈太中大夫，賜謚曰體玄先生。

道士劉道合者，陳州宛丘人。初與潘師正同隱於嵩山。高宗聞其名，令於隱所置太一觀以居之。召入宮中，深尊禮之。及將封太山，屬久雨，帝令道合於儀鸞殿作止雨之術，俄而霽朗，帝大悅。又令道合馳傳先上太山，以祈福祐。前後賞賜，皆散施貧乏，未嘗有所蓄積。高宗又令道合合還丹，丹成而上之。咸亨中卒。及帝營奉天宮，遷道合之殯室，弟子開棺將改葬，其尸惟有空皮，而背上開拆，有似蟬蛻，盡失其齒骨，衆謂尸解。高宗聞之不悅，曰：「劉師爲我合丹，自服仙去。其所進者，亦無異焉。」

道士司馬承禎，字子微，河內溫人。周晉州刺史、琅邪公裔玄孫。少好學，薄於爲吏，遂爲道士。事潘師正，傳其符籙及辟穀導引服餌之術。師正特賞異之，謂曰：「我自陶隱居傳正一之法，至汝四葉矣。」承禎嘗遍遊名山，乃止於天台山。則天聞其名，召至都，降手敕以讚美之。及將還，敕麟臺監李嶠餞之於洛橋之東。

景雲二年，睿宗令其兄承禕就天台山追之至京，引入宮中，問以陰陽術數之事。承禎對曰：「道經之旨：『爲道日損，損之又損，以至於無爲。』且心目所知見者，每損之尚未能已，豈復攻乎異端，而增其智慮哉！」帝曰：「理身無爲，則清高矣。理國無爲，如何？」對曰：

「國猶身也。老子曰：『遊心於澹，合氣於漠，順物自然而無私焉，而天下理。』易曰：『聖人者，與天地合其德。』是知天不言而信，不爲而成。無爲之旨，理國之道也。」睿宗歎息曰：「廣成之言，卽斯是也。」承禎固辭還山，仍賜寶琴一張及霞紋帔而遣之，朝中詞人贈詩者百餘人。

開元九年，玄宗又遣使迎入京，親受法籙，前後賞賜甚厚。十年，駕還西都，承禎又請還天台山，玄宗賦詩以遣之。十五年，又召至都。玄宗令承禎於王屋山自選形勝，置壇室以居焉。承禎因上言：「今五嶽神祠，皆是山林之神，非正眞之神也。五嶽皆有洞府，各有上清眞人降任其職，山川風雨，陰陽氣序，是所理焉。冠冕章服，佐從神仙，皆有名數。請別立齋祠之所。」玄宗從其言，因敕五嶽各置眞君祠一所，其形象制度，皆令承禎推按道經，創意爲之。承禎頗善篆隸書，玄宗令以三體寫老子經，因刊正文句，定著五千三百八十言爲眞本以奏上之。以承禎王屋所居爲陽臺觀，上自題額，遣使送之。賜絹三百匹，以充藥餌之用。俄又令玉眞公主及光祿卿韋縚至其所居修金籙齋，復加以錫賚。

是歲，卒於王屋山，時年八十九。其弟子表稱：「死之日，有雙鶴遶壇，及白雲從壇中涌出，上連于天，而師容色如生。」玄宗深歎異之，乃下制曰：「混成不測，入寥自化。雖獨立有象，而至極則冥。故王屋山道士司馬子微，心依道勝，理會玄遠，遍遊名山，密契仙洞。存

觀其妙，逍遙得意之場；亡復其根，宴息無何之境。固以名登眞格，位在靈官。林壑未改，遐霄已曠，言念高烈，有愴于懷，宜贈徽章，用光丹籙。可銀青光祿大夫，號眞一先生。」仍爲親製碑文。

吳筠，魯中之儒士也。少通經，善屬文，舉進士不第。性高潔，不奈流俗，乃入嵩山，依潘師正爲道士，傳正一之法，苦心鑽仰，乃盡通其術。開元中，南遊金陵，訪道茅山。久之，東遊天台。筠尤善著述，在剡與越中文士爲詩酒之會，所著歌篇，傳於京師。玄宗聞其名，遣使徵之。既至，與語甚悅，令待詔翰林。帝問以道法，對曰：「道法之精，無如五千言，其諸枝詞蔓說，徒費紙札耳。」又問神仙修鍊之事，對曰：「此野人之事，當以歲月功行求之，非人主之所宜適意。」每與緇黃列坐，朝臣啓奏，筠之所陳，但名教世務而已，間之以諷詠，以達其誠。玄宗深重之。

天寶中，李林甫、楊國忠用事，綱紀日紊。筠知天下將亂，堅求還嵩山，累表不許，乃詔於嶽觀別立道院。祿山將亂，求還茅山，許之。既而中原大亂，江淮多盜，乃東遊會稽。嘗於天台剡中往來，與詩人李白、孔巢父詩篇酬和，逍遙泉石，人多從之。竟終於越中。文集

二十卷。其玄綱三篇、神仙可學論等，爲達識之士所稱。筠在翰林時，特承恩顧，由是爲羣僧之所嫉。驃騎高力士素奉佛，嘗短筠于上前，筠不悅，乃求還山。故所著文賦，深詆釋氏，亦爲通人所譏。然詞理宏通，文彩煥發，每製一篇，人皆傳寫。雖李白之放蕩，杜甫之壯麗，能兼之者，其唯筠乎！

孔述睿，越州人也。曾祖昌寓，膳部郎中。祖舜，監察御史。父齊參，寶鼎令。述睿少與兄克符、弟克讓，皆事親以孝聞。既孤，俱隱於嵩山。述睿好學不倦，大曆中，轉運使劉晏累表薦述睿有顏、閔之行，游、夏之學。代宗以太常寺協律郎徵之，轉國子博士，歷遷尚書司勳員外郎、史館修撰。述睿每加恩命，暫至朝廷謝恩，旬日即辭疾，却歸舊隱。

德宗踐祚，以諫議大夫銀章朱紱，命河南尹趙惠伯齎詔書、玄纁束帛，就嵩山以禮徵聘。述睿既至，召對於別殿，特賜第宅，給以廐馬，兼爲皇太子侍讀。旬日後累表固辭，依前乞還舊山，詔報之曰：「卿懷伊摯匡時之道，有廣成嘉遁之風。養素丘園，屢辭命秩。朕以峒山問道，渭水求師，亦何必務執勞謙，固求退讓。無違朕旨，且啓乃心。」述睿既懇辭不獲，方就職。久之，改祕書少監，兼右庶子，再加史館修撰。述睿精於地理，在館乃重修地理誌，時稱詳究。而又性謙和退讓，與物無競，每親朋集會，嘗怐怐然似不能言者，人皆敬之。時令狐峘亦充修撰，與述睿同職，多以細碎之事侵述睿，述睿皆讓之，竟不與爭，時人稱爲長者。

貞元四年，命齎詔并御饌、衣服數百襲，往平涼盟會處祭陷歿將士骸骨，以述睿性精慤故也。九年，以疾上表，請罷官。詔不許，報之曰：「朕以卿德重朝端，行敦風俗，不言之教，所賴攸深，未依來請，想宜悉也。」述睿再三上表，方獲允許，乃以太子賓客賜紫金魚袋致仕，放還鄉里，仍賜帛五十匹、衣一襲。故事，致仕還鄉者皆不給公乘，德宗優寵儒者，特命給而遣之。貞元十六年九月卒，年七十一。贈工部尚書。子敏行。

敏行字至之，舉進士，元和五年禮部侍郎崔樞下擢第。呂元膺廉問岳鄂，辟爲賓佐。丁母憂而罷。後元膺爲東都留守，移鎮河中，敏行皆從之。十四年，入爲右拾遺，遷左補闕。長慶中，爲起居郎，改左司員外郎，歷司勳郎中，充集賢殿學士，遷吏部郎中，俄拜諫議大夫。上疏論興元監軍楊叔元陰激募卒爲亂，殺節度使李絳。人不敢發其事，敏行上表極辯之，故叔元得罪，時論稱美。敏行名臣之子，少而修潔，爲人所稱；及游宦，與當時豪俊爲友，雖名華爲一時冠，而貞規雅操，與父遠矣。大和九年正月卒，年四十九，贈尚書工部侍郎。

陽城字亢宗，北平人也。代爲宦族。家貧不能得書，乃求爲集賢寫書吏，竊官書讀之，晝夜不出房，經六年，乃無所不通。既而隱於中條山，遠近慕其德行，多從之學。閭里相訟者，不詣官府，詣城請決。陝虢觀察使李泌聞其名，親詣其里訪之，與語甚悅。泌爲宰相，薦爲著作郎，德宗令長安縣尉楊寧齎束帛詣夏縣所居而召之，城乃衣褐赴京，上章辭讓。德宗遣中官持章服衣之而後召，賜帛五十匹。尋遷諫議大夫。

初未至京，人皆想望風彩，曰：「陽城山人能自刻苦，不樂名利，今爲諫官，必能以死奉職。」人咸畏憚之。及至，諸諫官紛紜言事，細碎無不聞達，天子益厭苦之；而城方與二弟及客日夜痛飲，人莫能窺其際，皆以虛名譏之。有造城所居，將問其所以者，城望風知其意，引之與坐，輒強以酒。客辭，城輒引自飲，客不能已，乃與城酬酢。客或時先醉仆席上，城或時先醉臥客懷中，不能聽客語。約其二弟云：「吾所得月俸，汝可度吾家有幾口，月食米當幾何，買薪、菜、鹽凡用幾錢，先具之，其餘悉以送酒媼，無留也。」未嘗有所蓄積。雖所服用有切急不可闕者，客稱某物佳可愛，城輒喜，舉而授之。有陳萇者，候其始請月俸，常

往稱其錢帛之美，月有獲焉。

時德宗在位，多不假宰相權，而左右得以因緣用事。於是裴延齡、李齊運、韋渠牟等以姦佞相次進用，誣譖時宰，毀詆大臣，陸贄等咸遭枉黜，無敢救者。城乃伏閤上疏，與拾遺王仲舒共論延齡姦佞，贄等無罪。德宗大怒，召宰相入議，將加城罪。時順宗在東宮，爲城獨開解之，城賴之獲免。於是金吾將軍張萬福聞諫官伏閤諫，趨往，至延英門，大言賀曰：「朝廷有直臣，天下必太平矣。」乃造城及王仲舒等曰：「諸諫議能如此言事，天下安得不太平？」已而連呼「太平，太平」。萬福武人，年八十餘，自此名重天下。時朝夕欲相延齡，城曰：「脫以延齡爲相，城當取白麻壞之。」竟坐延齡事改國子司業。

城既至國學，乃召諸生，告之曰：「凡學者所以學爲忠與孝也。諸生寧有久不省其親者乎？」明日，告城歸養者二十餘人。有薛約者，嘗學於城，性狂躁，以言事得罪，徙連州，客寄無根蒂，臺吏以蹤跡求得之於城家。城坐臺吏於門，與約飲酒訣別，涕泣送之郊外。德宗聞之，以城黨罪人，出爲道州刺史。太學生王魯卿、季償等二百七十人詣闕乞留，經數日，吏遮止之，疏不得上。

在道州，以家人法待吏人，宜罰者罰之，宜賞者賞之，不以簿書介意。道州土地產民多矮，每年常配鄉戶貢其男，號爲「矮奴」。城不平其以良爲賤，又憫其編甿歲有離異之苦，乃抗疏論而免之，自是乃停其貢，民皆賴之，無不泣荷。前刺史有贓罪，觀察使方推鞫之，吏有幸於前刺史者，拾其不法事以告，自爲功，城立杖殺之。賦稅不登，觀察使數加誚讓。州上考功第，城自署其第曰：「撫字心勞，徵科政拙，考下下。」觀察使遣判官督其賦，至州，怪城不出迎，以問州吏，吏曰：「刺史聞判官來，以爲有罪，自囚於獄，不敢出。」判官大驚，馳入謁城於獄，曰：「使君何罪，某奉命來候安否耳。」留一二日未去，城因不復歸館，門外有故門扇橫地，城晝夜坐臥其上，判官不自安，辭去。其後又遣他判官往按之，他判官義不欲按，乃載妻子行，中道而自逸。

順宗即位，詔徵之，而城已卒，士君子惜之。是歲四月，賜其家錢二百貫文，仍令所在州縣給遞，以喪歸葬焉。

崔覲，梁州城固人。爲儒不樂仕進，以耕稼爲業。老而無子，乃以田宅家財分給奴婢，令各爲生業。覲夫妻遂隱於城固南山，家事一不問，約奴婢遞過其舍，至則供給酒食而已。夫婦林泉相對，以嘯咏自娛。山南西道節度使鄭餘慶高其行，辟爲節度參謀，累邀方至府第。爲吏無方略，苦不達人事，餘慶以長者優容之。大和八年，左補闕王直方上疏論事，得

召見，文宗便殿訪以時事。直方亦興元人，與覲城固山爲鄰，是日因薦覲有高行，詔以起居郎徵之，覲辭疾不起。卒於山。

贊曰：高士忘懷，不隱不顯。依隱釣名，眞風漸鮮。結廬泉石，投紱市朝。心無出處，是曰逍遙。

校勘記

〔一〕朝散大夫　御覽卷五〇六作「諫議大夫」。

舊唐書卷一百九十三

列傳第一百四十三

列女

女子稟陰柔之質，有從人之義。前代誌貞婦烈女，蓋善其能以禮自防。至若失身賊庭，不汚非義，臨白刃而慷慨，誓丹衷而激發，粉身不顧，視死如歸，雖在壯夫，恐難守節，窈窕之操，不其賢乎！其次梁鴻之妻，無辭偕隱，共姜之誓，不踐二庭，婦道母儀，克彰圖史，又其長也。末代風靡，貞行寂寥，聊播椒蘭，以貽閫壼，彤管之職，幸無忽焉。

李德武妻裴氏，字淑英，戶部尚書、安邑公矩之女也。性婉順有容德，事父母以孝聞。適德武，經一年而德武坐從父金才事徙嶺表。矩時爲黃門侍郎，奏請德武離婚，煬帝許之。德武將與裴別，謂曰：「燕婉始爾，便事分離，方遠投瘴癘，恐無還理。尊君奏留，必欲改嫁耳，於此即事長訣矣！」裴泣而對曰：「婦人事夫，無再醮之禮。夫者，天也，何可背乎！守之以死，必無他志。」因操刀欲割耳自誓，保者禁之乃止。裴與德武別後，容貌毀悴，常讀佛經，不御膏澤。李氏之姊妹在都邑者，歲時朔望，必命左右致敬而省焉。裴又嘗讀烈女傳，見稱述不改嫁者，乃謂所親曰：「不踐二庭，婦人常理，何爲以此載於記傳乎？」後十餘年

間，與德武音信斷絕，矩欲奪其志。時有柳直求婚，許之，期有定日，乃以剪刀斷其髮，悲泣絕粒，矩不可奪，乃止。德武已於嶺表娶爾朱氏爲妻，及遇赦得還，至襄州，聞裴守節，乃出其後妻，重與裴合。生三男四女。貞觀中，德武終於鹿城令，裴歲餘亦卒。

楊慶妻王氏，世充兄之女也。慶即隋河間王弘之子，大業末，封郇王，爲滎陽太守。後陷於世充，世充以兄女妻之，授管州刺史。及太宗攻圍洛陽，慶謀背世充，欲與其妻俱來歸國。妻謂慶曰：「鄭國以妾奉箕箒於公者，所以結公心耳。今既二三其行，負恩背義，自爲身謀，妾將奈何？若至長安，則公家之婢耳！願送至東都，公之惠也。」慶不聽。伺慶出後，謂侍者曰：「唐兵若勝，我家則滅。鄭國無危，吾夫又死。進退維谷，何以生焉？」乃飲藥而卒。慶既入朝，官至宜州刺史。

時又有獨孤武都，謀叛王世充歸國，事覺誅死。武都子師仁，年始三歲，世充以其年幼不殺，使禁掌之。乳母王氏，號蘭英，請髡鉗，求入保養，世充許之。蘭英撫育提攜，備盡筋力。時喪亂年饑，人多餓死，蘭英扶路乞丐捃拾，遇有所得，便歸與師仁，蘭英唯啖土飲水

而已。後詐採拾，乃竊師仁歸于京師，高祖嘉其義，下詔曰：「師仁乳母王氏，慈惠有聞，撫鞠無倦，提攜遺幼，背逆歸朝。宜有褒隆，以錫其號。可封永壽郡君。」

楊三安妻李氏，雍州涇陽人也。事舅姑以孝聞。及舅姑亡沒，三安亦死，二子孩童，家至貧窶。李晝則力田，夜則紡績，數年間葬舅姑及夫之叔姪兄弟者七喪，深爲遠近所嗟尚。太宗聞而異之，賜帛二百段，遣州縣所在存恤之。

魏衡妻王氏，梓州郪人也。武德初，薛仁杲舊將房企地侵掠梁郡，因獲王氏，逼而妻之。後企地漸強盛，衡謀以城應賊，企地領衆將趣梁州，未至數十里，飲酒醉臥，王氏取其佩刀斬之，攜其首入城，賊衆乃散。高祖大悅，封爲崇義夫人，捨衡同賊之罪。

樊會仁母敬氏，字像子，蒲州河東人也。年十五，適樊氏，生會仁而夫喪，事舅姑姊姒

以謹順聞。及服終，母兄以其盛年，將奪其志，微加諷諭，便悲恨嗚咽，如此者數四。母兄乃潛許人爲婚，矯稱母患以召之。凡所營具，皆寄之鄰里。像子既至，省母無疾，鄰家復具餚饌，像子知爲所欺，佯爲不悟者。其嫂復請像子沐浴，像子私謂會仁曰：「吾不幸孀居，誓與汝父同穴。所以不死者，徒以我母羸老，汝身幼弱。今汝舅欲奪吾志，將加逼迫，於汝何如？」會仁失聲啼泣，像子撫之曰：「汝勿啼。吾向僞不覺者，令汝舅不我爲意，聞汝啼，知吾覺悟，必加防備，則吾難爲計矣。」會仁便佯睡，像子於是伺隙攜之遁歸。中路，兄使追及之，將逼與俱返，像子誓以必死，辭情甚切，其兄感歎而止。後會仁年十八病卒，時像子母已終，既葬，像子謂其所親曰：「吾老母不幸，又夫死子亡，義無久活。」於是號慟不食，數日而死。

絳州孝女衞氏，字無忌，夏縣人也。初，其父爲鄉人衞長則所殺，無忌年六歲，母又改嫁，無兄弟。及長，常思復讎。無忌從伯常設宴爲樂，長則時亦預坐，無忌以磚擊殺之。既而詣吏，稱父讎既報，請就刑戮。巡察大使、黄門侍郎褚遂良以聞，太宗嘉其孝烈，特令免罪，給傳乘徙於雍州，并給田宅，仍令州縣以禮嫁之。

孝女賈氏，濮州鄄城人也。年始十五，其父爲宗人玄基所害。其弟強仁年幼，賈氏撫育之，誓以不嫁。及強仁成童，思共報復，乃候玄基殺之，取其心肝，以祭父墓。遣強仁自列於縣司，斷以極刑。賈氏詣闕自陳己爲，請代強仁死。高宗哀之，特下制賈氏及強仁免罪，移其家於洛陽。

鄭義宗妻盧氏，幽州范陽人，盧彥衡之女也。略涉書史，事舅姑甚得婦道。嘗夜有強盜數十人，持杖鼓譟，踰垣而入，家人悉奔竄，唯有姑獨在室。盧冒白刃往至姑側，爲賊捶擊之，幾至於死。賊去後，家人問曰：「羣凶擾横，人盡奔逃，何獨不懼？」答曰：「人所以異於禽獸者，以其仁義也。昔宋伯姬守義赴火，流稱至今。吾雖不敏，安敢忘義。且鄰里有急，尚相赴救，況在於姑，而可委棄！若萬一危禍，豈宜獨生。」其姑每嘆云：「古人稱歲寒然後知松柏之後凋也，吾今乃知盧新婦之心矣。」貞觀中卒。

劉寂妻夏侯氏，滑州胙城人，字碎金。父長雲，爲鹽城縣丞，因疾喪明。碎金乃求離其夫，以終侍養。經十五年，兼事後母，以至孝聞。及父卒，毀瘠殆不勝喪，被髮徒跣，負土成墳，廬於墓側，每日一食，如此者積年。貞觀中，有制表其門閭，賜以粟帛。

楚王靈龜妃上官氏，秦州上邽人。父懷仁，右金吾將軍。上官年十八，歸于靈龜，繼楚哀王後。本生具存，朝夕侍奉，恭謹彌甚，凡有新味，非舅姑嘗訖，未曾先嘗。經數載，靈龜薨。及將葬，其前妃閻氏，嫁不踰年而卒，又無近族，衆議欲不舉之，上官氏曰：「必神而靈，寧可使孤魂無託！」於是備禮同葬，聞者莫不嘉歎。服終，諸兄姊謂曰：「妃年尚少，又無所生，改醮異門，禮儀常範，妃可思之。」妃掩泣對曰：「丈夫以義烈標名，婦人以守節爲行。未能即先犬馬，以殉溝壑，寧可復飾粧服，有他志乎！」遽將刀截鼻割耳以自誓，諸兄姊知其志不可奪，歎息而止。尋卒。

楊紹宗妻王氏，華州華陰人也。初年二歲，所生母亡，爲繼母鞠養。至年十五，父又征遼而歿。繼母尋亦卒。王乃收所生及繼母屍柩，并立父形像，招魂遷葬訖，廬於墓側，陪其祖父母及父母墳。永徽中，詔曰：「故楊紹宗妻王氏，因心爲孝，率性成道。年迫桑榆，筋力衰謝。以往在隋朝，父歿遼左，招魂遷葬，負土成墳，又葬其祖父母等，竭此老年，親加板築。痛結晨昏，哀感行路。永言志行，嘉尚良深。宜標其門閭，用旌敏德。」賜物三十段，粟五十石。

于敏直妻張氏，營州都督、皖城公儉之女也。數歲時父母微有疾，即觀察顏色，不離左右，晝夜省侍，宛若成人。及稍成長，恭順彌甚。適延壽公于欽明子敏直。初聞儉有疾，便即號踊自傷，期於必死。儉卒後，凶問至，號哭一慟而絕。高宗下詔，賜物百段，仍令史官錄之。

冀州鹿城女子王阿足者，早孤，無兄弟，唯姊一人。阿足初適同縣李氏，未有子而夫亡。時年尙少，人多聘之。爲姊年老孤寡，不能捨去，乃誓不嫁，以養其姊。每晝營田業，夜便紡績，衣食所須，無非阿足出者，如此二十餘年。及姊喪，葬送以禮。鄉人莫不稱其節行，競令妻女求與相識。後數歲，竟終于家。

樊彥琛妻魏氏，楚州淮陰人。彥琛病篤，將卒，魏泣而言曰：「幸以愚陋，託身明德，奉侍衣裳，二十餘載。豈意釁妨所招，遽見此禍，同入黃泉，是其願也。」彥琛答曰：「死生常道，無所多恨。君宜勉勵，養諸孤，使其成立。若相從而死，適足貽累，非吾所取也。」彥琛卒後，屬李敬業之亂，乃爲賊所獲。賊黨知其素解絲竹，逼令彈箏，魏氏歎曰：「我夫不幸亡歿，未能自盡，苟復偷生，今復見逼管絃，豈非禍從手發耶？」乃引刀斬指，棄之於地。賊黨又欲妻之，魏以必死自固，賊等忿怒，以刃加頸，語云：「若不從我，卽當殞命。」乃厲聲罵曰：「爾等狗盜，乃欲汚辱好人，今得速死，會我本志。」賊乃斬之，聞者莫不傷惜。

鄒保英妻奚氏，不知何許人也。萬歲通天年，契丹賊李盡忠來寇平州，保英時任刺史，

領兵討擊。旣而城孤援寡，勢將欲陷，奚氏乃率家僮及城內女丁相助固守。賊退，所司以聞，優制封爲誠節夫人。

時有古玄應妻高氏，亦能固守飛狐縣城，卒免爲突厥所陷。下詔曰：「頃屬默啜攻城，咸憂陷沒，丈夫固守，猶不能堅，婦人懷忠，不憚流矢，由茲感激，危城重安。如不褒升，何以獎勸。古玄應妻可封爲徇忠縣君。」

宋庭瑜妻魏氏，定州鼓城人，隋著作郎彥泉之後也，世爲山東士族。父克己，有詞學，則天時爲天官侍郎。魏氏善屬文。先天中，庭瑜自司農少卿左遷涪州別駕，魏氏隨夫之任，中路作南征賦以敘志，詞甚典美。開元中，庭瑜累遷慶州都督。初，中書令張說年少時爲克己所重，魏氏恨其夫爲外職，乃作書與說，敘己父疇昔之事，幷爲庭瑜申理，乃錄南征賦寄說。說歎曰：「曹大家東征之流也。」庭瑜尋轉廣州都督，道病卒。魏氏旬日亦殞，時人莫不傷之。

崔繪妻盧氏，幽州范陽人也，爲山東著姓。祖幼孫，常州刺史。父獻，有美名，則天時歷鸞臺侍郎、文昌左丞。天授中爲酷吏來俊臣所陷，左遷西鄉令而卒。繪早終，盧旣年少，諸兄常欲嫁之，盧輒稱病固辭。盧亡姊之夫李思沖，神龍初爲工部侍郎，又求續親。時思沖當朝美職，諸兄不之拒，將婚之夕，方以告盧，盧又固辭不可，仍令人防其門。盧謂左右曰：「吾自誓久已定矣。」乃夜中出自竇中，奔歸崔氏，鬢面盡爲糞穢所汚，宗族見者皆爲之垂淚。因出家爲尼，諸尼欽其操行，皆尊事之。開元中，以老病而卒。

奉天縣竇氏二女伯娘、仲娘，雖長於村野，而幼有志操。住與邠州接界。永泰中，草賊數千人，持兵刃入其村落行剽劫，聞二女有容色，姊年十九，妹年十六，藏於岩窟間，賊徒擬爲逼辱，乃先曳伯娘出，行數十步，又曳仲娘出，賊相顧自慰。行臨深谷，伯娘曰：「我豈受賊汚辱！」乃投之於谷。賊方驚駭，仲娘又投於谷。谷深數百尺，姊尋卒，仲娘脚折面破，血流被體，氣絕良久而蘇，賊義之而去。京兆尹第五琦感其貞烈，奏之，詔旌表門閭，長免丁役，二女葬事官給。京兆戶曹陸海著賦以美之。

原武尉盧甫妻李氏，隴西成紀人也。父瀾，永泰元年春任蘄縣令。界內先有草賊二千餘人，瀾挺身入賊，結以誠信，賊並降附，百姓復業者二百餘家。時曹昇任徐州刺史，知賊降，領兵掩襲，賊得脫後，入縣殺瀾。瀾將被殺，從父弟渤，詣賊救瀾，請代兄死。瀾又請留弟，弟兄爭死。瀾女盧甫妻，又泣請代父死。並爲賊所害。宣慰使、吏部侍郎李季卿以節義聞。

又有尉氏尉王泛妻裴氏，儀王傅巨卿之女也。素有容範，爲賊所俘，賊逼之，裴曰：「吾衣冠之子，當死卽死，終不苟全一命，受汚於賊。」賊脅之以兵，逼之以刃，裴堅罵抗之，賊怒，乃支解裴氏，至死不屈。季卿亦以狀迹聞。

詔曰：「鄭州原武縣尉盧甫亡妻李氏、汴州尉氏縣尉王泛亡妻裴氏等，懿範傳家，柔明植性，頃因寇難，克彰義烈。或請代父死，表因心之孝；或誓逐夫亡，摽難奪之節。宜膺贈飾，俾光休美。李氏可贈孝昌縣君，裴氏可贈河東縣君，仍編入史冊。」瀾、渤亦贈官秩。

鄒待徵妻薄氏。待徵，大曆中爲常州江陰縣尉〔一〕，其妻爲海賊所掠。薄氏守節，出待徵官告於懷中，託付村人，使謂待徵曰：「義不受辱。」乃投江而死。賊退潮落，待徵於江岸

得妻屍焉。江左文士，多著節婦文以紀之。

李湍妻。湍，與元濟之軍人也。元和中，淮南未平，湍心懷向順，乃急渡濄河，東降烏重胤。其妻遂爲賊束縛在樹，臠而食之，至死，叫其夫曰：「善事烏僕射。」觀者義之。至是，重胤以其事請列史冊。十三年，憲宗下詔從之。

董昌齡母楊氏。昌齡常爲泗州長史，世居于蔡。少孤，受訓於母。果事吳少誠、少陽，至元濟時，爲吳房令。楊氏潛誡曰：「逆順之理，成敗可知，汝宜圖之。」昌齡志未果，元濟又署爲郾城令。楊氏復誡曰：「逆黨欺天，天所不福。汝當速降，無以前敗爲慮，無以老母爲念。汝爲忠臣，吾雖歿無恨矣。」及王師逼郾城，昌齡乃以城降，且說賊將鄧懷金歸款於李光顏。憲宗聞之喜，急召昌齡至闕，眞授郾城令、兼監察御史，仍賜緋魚。昌齡泣謝曰：「此皆老母之訓。」憲宗嗟歎良久。元濟囚楊氏，欲殺之而止者數矣。蔡平，楊氏幸無恙。元和十五年，陳許節度使李遜疏楊氏之強明節義以聞，乃封北平郡太君。

韋雍妻蕭氏。雍，故太子賓客。張弘靖鎮幽州日，奏授觀察判官，攝監察御史。時屬朝廷制置未備，幽州俗本凶悍，尤不樂文儒爲主帥，賓佐習於常態，忿其變通，議論不密，卒然起亂。雍時家亦從劫，蕭氏聞難號呼，專執夫袂，左右格去，以死不從。及雍臨刃，蕭氏涕而告曰：「妾不幸年少，義不苟活，今日之事，願先就死。」執刃者斷其臂而殺雍，蕭氏詞氣不撓，雖凶悍圍視，無不嗟嘆。其夕，蕭氏亦卒。大和六年，節度使楊志誠表明其事，因降敕追封蘭陵縣君。

衡方厚妻程氏。方厚，大和中任邕州都督府錄事參軍，爲招討使董昌齡誣枉殺之。程氏力不能免，乃抑其哀，如非冤者。昌齡雅不疑慮，聽其歸葬。程氏故得以徒行詣闕，截耳於右銀臺門，告夫被殺之冤。御史臺鞫之，得實，諫官亦有章疏，故昌齡再受譴逐。程氏，開成元年降敕曰：「乃者吏爲不道，虐殺爾夫，詣闕申冤，徒行萬里，崎嶇逼畏，瀕於危亡。血誠既昭，幽憤果雪，雖古之烈婦，何以加焉。如聞孤孀無依，晝哭待盡，俾榮祿養，仍賜疏封。可封武昌縣君，仍賜一子九品正員官。」

女道士李玄眞，越王貞之玄孫。曾祖珍子，越王第六男也，先天中得罪，配流嶺南。玄眞祖、父，皆亡歿於嶺外。雖曾經恩赦，而未昭雪。玄眞進狀曰：「去開成三年十二月內得嶺南節度使盧鈞出俸錢接措，哀妾三代旅櫬暴露，各在一方，特與發遣，歸就大塋合祔。今護四喪，已到長樂旅店權下，未委故越王墳所在，伏乞天恩，允妾所奏，許歸大塋。妾年已六十三，孤露家貧，更無依倚。」詔曰：「越王事跡，國史著明，枉陷非辜，尋已洗雪。其珍子他事配流，數代漂零，不還京國。玄眞弱女，孝節卓然，啓護四喪，綿歷萬里，況是近族，必可加恩。行路猶或嗟稱，朝廷固須恤助。委宗正寺、京兆府與訪越王墳墓報知。如不是陪陵，任祔塋次卜葬。其葬事仍令京兆府接措，必使備禮。葬畢，玄眞如願住京城，便配咸宜觀安置。」

孝女王和子者，徐州人。其父及兄爲防秋卒，戍涇州。元和中，吐蕃寇邊，父兄戰死，無子，母先亡。和子時年十七，聞父兄歿於邊上，被髮徒跣縗裳，獨往涇州，行丐取父兄之喪，歸徐營葬，手植松柏，剪髮壞形，廬於墓所。節度使王智興以狀聞，詔旌表之。

又大中五年，兗州瑕丘縣人鄭神佐女，年二十四，先許適駿雄牙官李玄慶。神佐亦爲官健，戍慶州。時党項叛，神佐戰死，其母先亡，無子。女以父戰歿邊城，無由得還，乃剪髮壞形，自往慶州護父喪還，至瑕丘縣進賢鄉馬青村，與母合葬。便廬於墳所，手植松檟，誓不適人。節度使蕭俶以狀奏之曰：「伏以閭里之中，罕知禮敎，女子之性，尤昧義方。鄭氏女痛結窮泉，哀深陟岵，投身沙磧，歸父遺骸，遠自邊陲，得還閭里。感蓼莪以積恨，守丘墓以誓心，克彰孝理之仁，足厲貞方之節。」詔旌表門閭。

贊曰：政敎隆平，男忠女貞。禮以自防，義不苟生。彤管有煒，蘭閨振聲。關雎合雅，始號文明。

校勘記

〔一〕爲常州江陰縣尉　「江」字各本原作「山」，據新書卷二〇五列女傳改。

舊唐書卷一百九十四上

列傳第一百四十四上

突厥上

突厥之始，啓民之前，隋書載之備矣，袛以入國之事而述之。始畢可汗咄吉者，啓民可汗子也。隋大業中嗣位，值天下大亂，中國人奔之者衆。其族強盛，東自契丹、室韋，西盡吐谷渾、高昌諸國，皆臣屬焉，控弦百餘萬，北狄之盛，未之有也，高視陰山，有輕中夏之志。可汗者，猶古之單于，妻號可賀敦，猶古之閼氏也。其子弟謂之特勤，別部領兵者皆謂之設，其大官屈律啜，次阿波，次頡利發，次吐屯，次俟斤，並代居其官而無員數，父兄死則子弟承襲。

高祖起義太原，遣大將軍府司馬劉文靜聘于始畢，引以爲援。始畢遣其特勤康稍利等獻馬千匹，會于絳郡，又遣二千騎助軍，從平京城。及高祖卽位，前後賞賜，不可勝紀。始畢

自恃其功，益驕踞，每遣使者至長安，頗多横恣，高祖以中原未定，每優容之。武德元年，始畢使骨咄祿特勤來朝，宴于太極殿，奏九部樂，賚錦綵布絹各有差。二年二月，始畢帥兵渡河至夏州，賊帥梁師都出兵會之，謀入抄掠，授馬邑賊帥劉武周兵五百餘騎，遣入句注，又追兵大集，欲侵太原。是月，始畢卒，其子什鉢苾以年幼不堪嗣位，立爲泥步設，使居東偏，直幽州之北，立其弟俟利弗設，是爲處羅可汗。

處羅可汗嗣位，又以隋義成公主爲妻，遣使入朝告喪。高祖爲之舉哀，廢朝三日，詔百官就館弔其使者，又遣內史舍人鄭德挺往弔處羅，賻物三萬段。處羅此後頻遣使朝貢。先是，隋煬帝蕭后及齊王暕之子政道陷于竇建德，三年二月，處羅迎之，至于牙所，立政道爲隋王。隋末中國人在虜庭者，悉隸于政道，行隋正朔，置百官，居于定襄城，有徒一萬。時太宗在藩，受詔討劉武周，師次太原，處羅遣其弟步利設率二千騎與官軍會。六月，處羅至并州，總管李仲文出迎勞之，留三日，城中美婦人多爲所掠，仲文不能制。俄而處羅卒，義成公主以其子奥射設醜弱，廢不立之，遂立處羅之弟咄苾，是爲頡利可汗。

頡利可汗者，啓民可汗第三子也，初爲莫賀咄設，牙直五原之北。高祖入長安，薛舉猶據隴右，遣其將宗羅睺攻陷平涼郡，北與頡利連結。高祖患之，遣光祿卿宇文歆賚金帛以賂頡利。歆說之，令絕交於薛舉。初，隋五原太守張長遜因亂以其所部五原城隸於突厥。歆又說頡利遣長遜入朝，以五原地歸于我。頡利並從之，因發突厥兵及長遜之衆，並會於太宗軍所。武德三年，頡利又納義成公主爲妻，以始畢之子什鉢苾爲突利可汗，遣使入朝，告處羅死，高祖爲之罷朝一日，詔百官就館弔其使。

頡利初嗣立，承父兄之資，兵馬強盛，有憑陵中國之志。高祖以中原初定，不遑外略，每優容之，賜與不可勝計，頡利言辭悖傲，求請無厭。四年四月，頡利自率萬餘騎，與馬邑賊苑君璋將兵六千人共攻雁門，定襄王李大恩擊走之。先是漢陽公瓌[一]、太常卿鄭元璹、左驍衛大將軍長孫順德等各使于突厥，頡利並拘之，我亦留其使前後數輩，至是爲大恩所挫，於是乃懼，仍放順德還，更請和好，獻魚膠數十斤，欲令二國同於此膠。高祖嘉之，放其使者特勤熱寒、阿史德等還蕃，賜以金帛。

五年春，李大恩奏言突厥飢荒，馬邑可圖。詔大恩與殿內少監獨孤晟帥師討苑君璋，期以二月會于馬邑，晟後期不至，大恩不能獨進，頓兵新城以待之。頡利遣數萬騎與劉黑

闥合軍，進圍大恩，王師敗績，大恩歿于陣，死者數千人。六月，劉黑闥又引突厥萬餘騎入抄河北，頡利復自率五萬騎南侵，至于汾州，又遣數千騎西入靈、原等州，詔隱太子出豳州道，太宗出蒲州道以討之。時頡利攻圍并州，又分兵入汾、潞等州，掠男女五千餘口，聞太宗兵至蒲州，乃引兵出塞。

七年八月，頡利、突利二可汗舉國入寇，道自原州，連營南上，太宗受詔北討，齊王元吉隸焉。初，關中霖雨，糧運阻絕，太宗頗患之，諸將憂見於色，頓兵於豳州。頡利、突利率萬餘騎奄至城西，乘高而陣，將士大駭。太宗乃親率百騎馳詣虜陣，告之曰：「國家與可汗誓不相負，何爲背約深入吾地？我秦王也，故來一決。可汗若自來，我當與可汗兩人獨戰；若欲兵馬總來，我唯百騎相禦耳。」頡利弗之測，笑而不對。太宗又前，令騎告突利曰：「爾往與我盟，急難相救，爾今將兵來，何無香火之情也？亦宜早出，一決勝負。」突利亦不對。太宗前，將渡溝水，頡利見太宗輕出，又聞香火之言，乃陰猜突利，因遣使曰：「王不須渡，我無惡意，更欲共王自斷當耳。」於是稍引却，各斂軍而退。太宗因縱反間於突利，突利悅而歸心焉，遂不欲戰。其叔姪內離，頡利欲戰不可，因遣突利及夾畢特勤阿史那思摩奉見請和，許之。突利因自託於太宗，願結爲兄弟。思摩初奉見，高祖引升御榻，頓顙固辭，高祖謂曰：「頡利誠心遣特勤朝拜，今見特勤，如見頡利。」固引之，乃就坐，尋封思摩爲和順王。

八年七月，頡利集兵十餘萬，大掠朔州，又襲將軍張瑾于太原，瑾全軍並沒，脫身奔於李靖。出師拒戰，頡利不得進，屯于并州。太宗帥師討之，次蒲州，頡利引兵而去，太宗旋師。九年七月，頡利自率十餘萬騎進寇武功，京師戒嚴。己卯，進寇高陵，行軍總管左武候大將軍尉遲敬德與之戰于涇陽，大破之，獲俟斤阿史德烏沒啜，斬首千餘級。癸未，頡利遣其腹心執失思力入朝爲覘，自張形勢云：「二可汗總兵百萬，今已至矣。」太宗謂之曰：「我與突厥面自和親，汝則背之，我實無愧。又義軍入京之初，爾父子並親從我，賜汝玉帛，前後極多，何故輒將兵入我畿縣？爾雖突厥，亦須頗有人心，何故全忘大恩，自誇強盛？我當先戮爾矣。」思力懼而請命，太宗不許，縶之於門下省。

太宗與侍中高士廉、中書令房玄齡、將軍周範馳六騎幸渭水之上，與頡利隔津而語，責以負約，其酋帥大驚，皆下馬羅拜。俄而衆軍繼至，頡利見軍容大盛，又知思力就拘，由是大懼。太宗獨與頡利臨水交言，麾諸軍却而陣焉。蕭瑀以輕敵固諫于馬前，上曰：「吾已籌之，非卿所知也。突厥所以掃其境內，直入渭濱，應是聞我國家初有內難，朕又新登九五，將謂不敢拒之。朕若閉門，虜必大掠，強弱之勢，在今一舉。朕故獨出，以示輕之；又耀軍容，使知必戰。事出不意，乖其本圖，虜入既深，理當自懼。與戰則必克，與和則必固，制服匈奴，自茲始矣。」是日，頡利請和，詔許焉，車駕卽日還宮。乙酉，又幸城西，刑白馬，與

頡利同盟于便橋之上，頡利引兵而退。蕭瑀進曰：「初，頡利之未和也，謀臣猛將多請戰，而陛下不納，臣以爲疑。既而虜自退，其策安在？」上曰：「我觀突厥之兵，雖衆而不整，君臣之計，唯財利是視。可汗獨在水西，酋帥皆來謁我，我因而襲擊其衆，勢同拉朽。然我已令無忌、李靖設伏於幽州以待之〔二〕，虜若奔還，伏兵邀其前，大軍躡其後，覆之如反掌矣。我所以不戰者，卽位日淺，爲國之道，安靜爲務，一與虜戰，必有死傷；又匈虜一敗，或當懼而修德，結怨於我，爲患不細。我今卷甲韜戈，啗以玉帛，頑虜驕恣，必自此始，破亡之漸，其在茲乎！將欲取之，必固與之，此之謂也。」九月，頡利獻馬三千匹，羊萬口，上不受，詔頡利所掠中國戶口者悉令歸之。

貞觀元年，陰山已北薛延陀、迴紇、拔也古等餘部皆相率背叛，擊走其欲谷設。頡利遣突利討之，師又敗績，輕騎奔還。頡利怒，拘之十餘日，突利由是怨望，內欲背之。其國大雪，平地數尺，羊馬皆死，人大飢，乃懼我師出乘其弊，引兵入朔州，揚言會獵，實設備焉。侍臣咸曰：「夷狄無信，先自猜疑，盟後將兵，忽踐疆境。可乘其便，數以背約，因而討之。」太宗曰：「匹夫一言，尙須存信，何況天下主乎！豈有親與之和，利其災禍而乘危追險以滅之耶？諸公爲可，朕不爲也。縱突厥部落叛盡，六畜皆死，朕終示以信，不妄討之，待其無禮，方擒取耳。」

二年〔三〕，突利遣使奏言與頡利有隙，奏請擊之，詔秦武通以并州兵馬隨便應接。三年，薛延陀自稱可汗于漠北，遣使來貢方物。頡利始稱臣，尙公主，請修壻禮。頡利每委任諸胡，疏遠族類，胡人貪冒，性多翻覆，以故法令滋彰，兵革歲動，國人患之，諸部攜貳。頻年大雪，六畜多死，國中大餒，頡利用度不給，復重斂諸部，由是下不堪命，內外多叛之。上以其請和，後復援梁師都，詔兵部尙書李靖、代州都督張公謹出定襄道，并州都督李勣、右武衞將軍丘行恭出通漢道，左武衞大將軍柴紹出金河道，衞孝節出恆安道，薛萬徹出暢武道，並受靖節度以討之。十二月，突利可汗及郁射設、蔭奈特勤等並帥所部來奔。

四年正月，李靖進屯惡陽嶺，夜襲定襄，頡利驚擾，因徙牙於磧口，胡酋康蘇密等遂以隋蕭后及楊政道來降。二月，頡利計窘，竄于鐵山，兵尙數萬，使執失思力入朝謝罪，請舉國內附。太宗遣鴻臚卿唐儉、將軍安修仁持節安撫之，頡利稍自安。靖乘間襲擊，大破之，遂滅其國。頡利乘千里馬，獨騎奔于從姪沙鉢羅部落。三月，行軍副總管張寶相率衆奄至沙鉢羅營，生擒頡利送于京師。太宗謂曰：「凡有功於我者，必不能忘，有惡於我者，終亦不記。論爾之罪狀，誠爲不小，但自渭水會面爲盟，從此以來，未有深犯，所以錄此，不相責耳。」仍詔還其家口，館於太僕，廩食之。頡利鬱鬱不得志，與其家人或相對悲歌而泣。帝見羸憊，授虢州刺史，以彼土多麞鹿，縱其畋獵，庶不失物性。頡利辭不願往，遂授右衞大將軍，賜以田宅。五年，太宗謂侍臣曰：「天道福善禍淫，事猶影響。昔啓民亡國奔隋，文帝不

吝粟帛，大興士衆，營衞安置，乃得存立。既而強盛，當須子子孫孫思念報德。纔至始畢，卽起兵圍煬帝於雁門，及隋國將亂，又恃強深入，遂使昔安立其家國者，身及子孫，並爲頡利兄弟之所屠戮。今頡利破亡，豈非背恩忘義所致也！」八年卒，詔其國人葬之，從其俗禮，焚屍於灞水之東，贈歸義王，謚曰荒。其舊臣胡祿達官吐谷渾邪自刎以殉。

渾邪者，頡利之母婆施氏之媵臣也，頡利初誕，以付渾邪，至是哀慟而死。太宗聞而異之，贈中郎將，仍葬於頡利墓側，樹碑以紀之。

突利可汗什鉢苾者，始畢可汗之嫡子，頡利之姪也。隋大業中，突利年數歲，始畢遣領其東牙之兵，號爲泥步設。隋淮南公主之北也，遂妻之。頡利嗣位，以爲突利可汗，牙直幽州之北。突利在東偏，管奚、霫等數十部，徵稅無度，諸部多怨之。貞觀初，奚、霫等並來歸附，頡利怒其失衆，遣北征延陀，又喪師旅，遂囚而撻焉。

突利初自武德時，深自結於太宗，太宗亦以恩義撫之，結爲兄弟，與盟而去。後頡利政亂，驟徵兵於突利，拒之不與，由是有隙。貞觀三年，表請入朝，上謂侍臣曰：「朕觀前代爲國者，勞心以憂萬姓，世祚乃長；役人以奉其身，社稷必滅。今北蕃百姓喪亡，誠由其君

不君之故也。至使突利情願入朝，若非困迫，何能至此？夷狄弱則邊境無虞，亦甚爲慰，然見其顚狽，又不能不懼，所以然者，慮己有不逮，恐禍變亦爾。朕今視不能遠見，聽不能遠聞，唯藉公等盡忠匡弼，無得惰於諫諍也。」突利尋爲頡利所攻，遣使來乞師，太宗謂近臣曰：「朕與突利結爲兄弟，不可以不救。」杜如晦進曰：「夷狄無信，其來自久，國家雖爲守約，彼必背之。不若因其亂而取之，所謂取亂侮亡之道。」太宗然之。因令將軍周範屯太原以圖進取，突利乃率其衆來奔，太宗禮之甚厚，頻賜以御膳。四年，授右衞大將軍，封北平郡王，食邑封七百戶，以其下兵衆置順、祐等州，帥部落還蕃。太宗謂曰：「昔爾祖啓民亡失兵馬，一身投隋，隋家竪立，遂至強盛，荷隋之恩，未嘗報德。至爾父始畢反爲隋家之患，自爾已後，無歲不侵擾中國。天實禍淫，大降災變，爾衆散亂，死亡略盡。既事窮後，乃來投我，我所以不立爾爲可汗者，正爲啓民前事故也。改變前法，欲中國久安，爾宗族永固，是以授爾都督。當須依我國法，整齊所部，不得妄相侵掠，如有所違，當獲重罪。」五年，徵入朝，至并州，道病卒，年二十九。太宗爲之舉哀，詔中書侍郎岑文本爲其碑文，子賀邏鶻嗣。

突利弟結社率，貞觀初入朝，歷位中郎將。十三年，從幸九成宮，陰結部落得四十餘人，并擁賀邏鶻，相與夜犯御營，踰第四重幕，引弓亂發，殺衞士數十人。折衝孫武開率兵奮擊，乃退，北走渡渭水，欲奔其部落。尋皆捕而斬之，詔原賀邏鶻，流于嶺外。

頡利之敗也，其部落或走薛延陀，或走西域，而來降者甚衆。詔議安邊之術。朝士多言突厥恃強，擾亂中國，爲日久矣。今天實喪之，窮來歸我，本非慕義之心。因其歸命，分其種落，俘之河南兗、豫之地，散居州縣，各使耕織，百萬胡虜可得化爲百姓，則中國有加戶之利，塞北可常空矣。唯中書令溫彥博議請準漢建武時置降匈奴於五原塞下，全其部落，得爲捍蔽，又不離其土俗，因而撫之，一則實空虛之地，二則示無猜心。若遣向河南兗、豫，則乖物性，故非含育之道。太宗將從之。祕書監魏徵奏言：「突厥自古至今，未有如斯之破敗者也，此是上天勦絕，宗廟神武。且其世寇中國，百姓冤讎，陛下以其降伏，不能誅滅，卽宜遣還河北，居其故土。匈奴人面獸心，非我族類，強必寇盜，弱則卑服，不顧恩義，其天性也。秦、漢患其若是，故發猛將以擊之，收取河南，以爲郡縣。陛下奈何以內地居之。且今降者幾至十萬，數年之間，孳息百倍，居我肘腋，密邇王畿，心腹之疾，將爲後患，尤不可河南處也。」溫彥博奏曰：「天子之於物也，天覆地載，有歸我者則必養之。今突厥破滅之餘，歸心降附，陛下不加憐愍，棄而不納，非天地之道，阻四夷之意，臣愚甚謂不可。遣居河南，所謂死而生之，亡而存之，懷我德惠，終無叛逆。」魏徵又曰：「晉代有魏時胡落，分居近郡，平吳已後，郭欽、江統勸武帝逐出塞外，不用欽等言，數年之後，遂傾瀍、洛。前代覆車，殷鑒不遠，陛下必用彥博之言遣居河南，所謂養獸自遺患也。」彥博又曰：「聞聖人之道，無所不通，古先哲王，有教無類。突厥餘魂，以命歸我，我援護之，收居內地，稟我指麾，教以禮法，數年之後，盡爲農民，選其酋首，遣居宿衞，畏威懷德，何患之有？光武居南單于於內郡，爲漢藩翰，終乎一代，不有叛逆。」彥博旣口給，引類百端，太宗遂用其計，於朔方之地，自幽州至靈州置順、祐、化、長四州都督府，又分頡利之地六州，左置定襄都督府，右置雲中都督府，以統其部衆。其酋首至者皆拜爲將軍、中郎將等官，布列朝廷，五品以上百餘人，因而入居長安者數千家。自結社率之反也，太宗始患之。又上書者多云處突厥於中國，殊謂非便，乃徙於河北，立右武候大將軍、化州都督、懷化郡王思摩爲乙彌泥孰俟利苾可汗，賜姓李氏，率所部建牙於河北。

思摩者，頡利族人也。始畢、處羅以其貌似胡人，不類突厥，疑非阿史那族類，故歷處羅、頡利世，常爲夾畢特勤，終不得典兵爲設。武德初，數來朝貢，高祖封爲和順郡王。及其國亂，諸部多歸中國，唯思摩隨逐頡利，竟與同擒。太宗嘉其忠，除右武候大將軍、化州都督，令統頡利舊部落於河南之地，尋改封懷化郡王。及將徙於白道之北，思摩等咸憚薛延陀，不肯出塞，太宗遣司農卿郭嗣本賜延陀璽書

曰：「突厥頡利可汗未破已前，自恃強盛，抄掠中國，百姓被其殺者不可勝紀。我發兵擊破之，諸部落悉歸化。我略其舊過，嘉其從善，並授官爵，同我百僚，所有部落，愛之如子，與我百姓不異。但中國禮義，不滅爾國，前破突厥，止爲頡利一人爲百姓之害，所以廢而黜之，實不貪其土地，利其人馬也。自黜廢頡利以後，恆欲更立可汗，是以所降部落等並置河南，任其放牧，今戶口羊馬日向滋多。元許册立，不可失信，卽欲遣突厥渡河，復其國土。我策爾延陀日月在前，今突厥理是居後，後者爲小，前者爲大。爾在磧北，突厥居磧南，各守土境，鎭撫部落。若其踰越，故相抄掠，我卽將兵各問其罪。此約旣定，非但有便爾身，貽厥子孫，長守富貴也。」於是命禮部尚書趙郡王孝恭齎書就思摩部落，築壇於河上以拜之，并賜之鼓纛。突厥及胡在諸州安置者，並令渡河北，還其舊部。又以左屯衞將軍阿史那忠爲左賢王，左武衞將軍阿史那泥孰爲右賢王以貳之。

薛延陀聞太宗遣思摩渡河北，慮其部落翻附磧北，預蓄輕騎，伺至而擊之。太宗遣敕之曰：「擅相侵者，國有常刑。」延陀曰：「至尊遣莫相侵掠，敢不奉詔。然突厥翻覆難信，其未破前，連年殺中國人，動以千萬計。至尊破突厥，須收爲奴婢，將與百姓，而反養之如子，結社率竟反，此輩獸心，不可信也。臣荷恩甚深，請爲至尊誅之。」時思摩下部衆渡河者凡十萬，勝兵四萬人，思摩不能撫其衆，皆不愜服。至十七年，相率叛之，南渡河，請分處於勝、

夏二州之間，詔許之。思摩遂輕騎入朝，尋授右武衞將軍，從征遼東，爲流矢所中，太宗親爲吮血，其見顧遇如此。未幾，卒于京師。贈兵部尚書、夏州都督，陪葬昭陵，立墳以象白道山，詔爲立碑於化州。

先是，貞觀中，突厥別部有車鼻者，亦阿史那之族也，代爲小可汗，牙在金山之北。頡利可汗之敗，北荒諸部將推爲大可汗，遇薛延陀爲可汗，車鼻不敢當，遂率所部歸於延陀。爲人勇烈，有謀略，頗爲衆附。延陀惡而將誅之，車鼻密知其謀，竄歸於舊所，其地去京師萬里，勝兵三萬人，自稱乙注車鼻可汗。西有歌羅祿，北有結骨，皆附隸之。自延陀破後，遣其子沙鉢羅特勤來朝，貢方物，又請身自入朝。太宗遣將軍郭廣敬徵之，竟不至，太宗大怒。貞觀二十三年，遣右驍衞郎將高侃潛引迴紇、僕骨等兵衆襲擊之。其酋長歌邏祿泥孰闕俟利發及拔塞匐處木昆莫賀咄俟斤等率部落背車鼻[四]，相繼來降。永徽元年，侃軍次阿息山。車鼻聞王師至，召所部兵，皆不赴，遂攜其妻子從數百騎而遁，其衆盡降。侃率精騎追車鼻，獲之，送于京師，仍獻于社廟，又獻于昭陵。高宗數其罪而赦之，拜左武衞將軍，賜宅於長安，處其餘衆於鬱督軍山，置狼山都督以統之。車鼻長子羯漫陀先統拔悉密部。

車鼻未敗前，遣其子菴鏁入朝，太宗嘉之，拜左屯衞將軍，更置新黎州以統其衆。

車鼻既破之後，突厥盡爲封疆之臣，於是分置單于、瀚海二都護府。單于都護領狼山、雲中、桑乾三都督、蘇農等一十四州，瀚海都護領瀚海、金微、新黎等七都督、仙萼、賀蘭等八州，各以其首領爲都督、刺史。高宗東封泰山，狼山都督葛邏祿社利等首領三十餘人，並扈從至嶽下，勒名於封禪之碑。自永徽已後，殆三十年，北鄙無事。

調露元年，單于管內突厥首領阿史德溫傅、奉職二部落始相率反叛，立泥孰匐爲可汗，二十四州並叛應之。高宗遣鴻臚卿蕭嗣業、右千牛將軍李景嘉率衆討之，反爲溫傅所敗，兵士死者萬餘人。又詔禮部尚書裴行儉爲定襄道行軍大總管，率太僕少卿李思文、營州都督周道務等統衆三十餘萬，討擊溫傅，大破之，泥孰匐爲其下所殺，并擒奉職而還。永隆元年，突厥又迎頡利從兄之子阿史那伏念於夏州，將渡河立爲可汗，諸部落復響應從之。又詔裴行儉率將軍曹繼叔、程務挺、李崇直、李文暕等討之。伏念窘急，詣行儉降。行儉遂虜伏念詣京師，斬于東市。永淳二年，突厥阿史那骨咄祿復反叛。

骨咄祿者，頡利之疏屬，亦姓阿史那氏。其祖父本是單于右雲中都督舍利元英下首領，世襲吐屯啜。伏念既破，骨咄祿鳩集亡散，入總材山，聚爲羣盜，有衆五千餘人。又抄掠九姓，得羊馬甚多，漸至強盛，乃自立爲可汗，以其弟默啜爲殺，咄悉匐爲葉護。時有阿史德元珍，在單于檢校降戶部落，嘗坐事爲單于長史王本立所拘縶，會骨咄祿入寇，元珍請依舊檢校部落，本立許之，因而便投骨咄祿。骨咄祿得之，甚喜，立爲阿波達干，令專統兵馬事。

永淳二年，進寇蔚州，豐州都督崔智辯擊之，反爲賊所殺。文明元年，又寇朔州，殺掠人吏，則天詔左武威衞大將軍程務挺爲單于道安撫大使以備之。垂拱二年，骨咄祿又寇朔、代等州，左玉鈐衞中郎將淳于處平爲陽曲道總管，與副將中郎將蒲英節率兵赴援，行至忻州，與賊戰，大敗，死者五千餘人。三年，骨咄祿及元珍又寇昌平，詔左鷹揚衞大將軍黑齒常之擊却之。其年八月，又寇朔州，復以常之爲燕然道大總管，擊賊於黃花堆，大破之，追奔四十餘里，賊衆遂散走磧北。右監門衞中郎將爨寶璧又率精兵一萬三千人出塞窮追，反爲骨咄祿所敗，全軍盡沒，寶璧輕騎遁歸。初，寶璧見常之破賊，遽表請窮其餘黨，則天詔常之與寶璧計議，遙爲聲援。寶璧以爲破賊在朝夕，貪功先行，又令人出塞二千餘里覘候，見元珍等部落皆不設備，遂率衆掩襲之。既至，又遣人報賊，令得設備出戰，遂爲賊

所覆，寶璧坐此伏誅。則天大怒，因改骨咄祿爲不卒祿。元珍後率兵討突騎施，臨陣戰死。骨咄祿，天授中病卒。

默啜者，骨咄祿之弟也。骨咄祿死時，其子尚幼，默啜遂篡其位，自立爲可汗。長壽二年[五]，率衆寇靈州，殺掠人吏。則天遣白馬寺僧薛懷義爲代北道行軍大總管，領十八將軍以討之，既不遇賊，尋班師焉。默啜俄遣使來朝，則天大悅，册授左衞大將軍，封歸國公，賜物五千段。明年，復遣使請和，又加授遷善可汗。

萬歲通天元年，契丹首領李盡忠、孫萬榮反叛，攻陷營府，默啜遣使上言：「請還河西降戶，即率部落兵馬爲國家討擊契丹。」制許之。默啜遂攻討契丹，部衆大潰，盡獲其家口，默啜自此兵衆漸盛。則天尋遣使册立默啜爲特進、頡跌利施大單于、立功報國可汗。聖曆元年，默啜表請與則天爲子，并言有女，請和親。初，咸亨中，突厥諸部落來降附者，多處之豐、勝、靈、夏、朔、代等六州，謂之降戶。默啜至是又索此降戶及單于都護府之地，兼請農器、種子，則天初不許。默啜大怨怒，言辭甚慢，拘我使人司賓卿田歸道，將害之。時朝廷懼其兵勢，納言姚璹、鸞臺侍郎楊再思建議請許其和親，遂盡驅六州降戶數千帳，并種子四

中華書局

萬餘碩、農器三千事以與之，默啜浸強由此也。

其年，則天令魏王武承嗣男淮陽王延秀就納其女爲妃，遣右豹韜衞大將軍閻知微攝春官尚書，右武威衞郎將楊齊莊攝司賓卿，大齎金帛，送赴虜庭。行至黑沙南庭，默啜謂知微等曰：「我女擬嫁與李家天子兒，你今將武家兒來，此是天子兒否？我突厥積代已來，降附李家，今聞李家天子種末總盡，唯有兩兒在，我今將兵助立。」遂收延秀等，拘之別所，僞號知微爲可汗，與之率衆十餘萬，襲我靜難及平狄、清夷等軍，靜難軍使左玉鈐衞將軍慕容玄崱以兵五千人降之。俄進寇嬀、檀等州，則天令司屬卿武重規爲天兵中道大總管，右武威衞將軍沙吒忠義爲天兵西道前軍總管，幽州都督張仁亶爲天兵東道總管，率兵三十萬擊之。右羽林衞大將軍閻敬容爲天兵西道後軍總管，統兵十五萬以爲後援。默啜又出自恆岳道，寇蔚州，陷飛狐縣。俄進攻定州，殺刺史孫彥高，焚燒百姓廬舍，虜掠男女，無少長皆殺之。則天大怒，購斬默啜者封王，改默啜號爲斬啜。尋又圍逼趙州，長史唐波若翻城應之，刺史高叡抗節不從，遂遇害。則天乃立廬陵王爲皇太子，令充河北道行軍大元帥，軍未發而默啜盡抄掠趙、定等州男女八九萬人，從五回道而去，所過殘殺，不可勝紀。沙吒忠義及後軍總管李多祚等皆持重兵，與賊相望，不敢戰。河北道元帥納言狄仁傑總兵十萬追之，無所及。

二年，默啜立其弟咄悉匐爲左廂察，骨咄祿子默矩爲右廂察，各主兵馬二萬餘人。又

立其子匐俱爲小可汗，位在兩察之上，仍主處木昆等十姓兵馬四萬餘人，又號爲拓西可汗，自是連歲寇邊。久視元年，掠隴右諸監馬萬餘匹而去。制右肅政御史大夫魏元忠爲靈武道行軍大總管以備之，又命安北大都護相王旦爲天兵道元帥[六]，統諸軍討擊，竟未行而賊退。

長安三年，默啜遣使莫賀達干請以女妻皇太子之子，則天令太子男平恩王重俊、義興王重明廷立見之[七]。默啜遣大臣移力貪汗入朝，獻馬千匹及方物以謝許親之意。則天讌之於宿羽亭，太子、相王及朝集使三品以上並預會，重賜以遣之。中宗即位，默啜又寇靈州鳴沙縣，靈武軍大總管沙吒忠義拒戰久之，官軍敗績，死者六千餘人，賊遂進寇原、會等州，掠隴右羣牧馬萬餘匹而去，忠義坐免。中宗下制絕其請婚，仍購募能斬獲默啜者封國王，授諸衞大將軍，賞物二千段。又命內外官各進破突厥之策。右補闕盧俌上疏曰：

臣聞有虞咸熙，苗人逆命，殷宗大化，鬼方不賓，則戎狄交侵，其來遠矣。漢高帝納婁敬之議，與匈奴和親，妻以宗女，賂以鉅萬，冒頓益驕，邊寇不止。則遠荒之地，凶悍之俗，難以德綏，可以威制，而降自三代，無聞上策。今匈奴不臣，擾我亭障，皇赫斯怒，將整元戎。臣聞方叔帥師，功歌周雅，去病耀武，勳勒燕山，則萬里折衝，在於擇將。春秋謀元帥，取其說禮樂、敦詩書。晉臣杜預射不穿札，而建平吳之勳，是知中權制謀，不在一夫之勇。其蕃將沙吒忠義等身雖驍悍，志無遠圖，此乃騎將之材，本不可當大任。且師出以律，將軍死綏。秦克長平，趙括受戮，胡去馬邑，王恢坐誅，則棄軍有刑，古之常典。近者鳴沙之役，主將先逃，輕挫國威，須正邦憲。又其中軍既敗，陣亂矢窮，義勇之士，猶能死戰，功合紀錄，以勸戎行，賞罰既明，將士盡節，此擒敵之術也。

臣聞以蠻夷攻蠻夷，中國之長算，故陳湯統西域而郅支滅，常惠用烏孫而匈奴敗。臣聞昔置新秦以請購辯勇之士，班、傅之儔，旁結諸蕃，與圖攻取，此又犄角之勢也。臣聞昔置新秦以實塞下，宜因古法，募人徙邊，選其勝兵，免其行役，次廬伍，明敎令，則狃習戎事，究識夷險，其所虜獲，因而賞之。近戰則守家，遠戰則利貨，趨赴鋒鏑，不勞訓誓，朝賦「楊柳」，夕歌杕杜，十年之後，可以久安。

臣聞漢拜郅都，匈奴避境；趙命李牧，林胡遠竄。則朔方之安危，邊城之勝負，地方千里，制在一賢。其邊州刺史不可不愼擇，得其人而任之。蒐乘訓兵，屯田積粟，謹設烽燧，精飾戈矛，來則懲而禦之，去則備而守之，此又古之善經也。去歲亢陽，天下不稔，利在保境，不可窮兵。使內郡黔黎，各安其業，擇其宰牧，輕其賦徭，事無過舉，爵不以私。愛人之財，節其徭役；惜人之力，不廣臺榭。察地利天時以趣耕穫，命秋獮多狩以敎戰陣。則數年之後，有勇知方，稸藏山積，金革犀利。然後整六軍，絕大漠，

雷擊萬里，風掃二庭，斬蹛林之酋，懸藁街之邸，使百蠻震怖，五兵載戢，則上合天時，下順人事。理內以及外，綏近以來遠，以惠中國，以靜四方。臣少慕文儒，不習軍旅，奇正之術，多媿前良，獻替是司，輒陳瞽議。

上覽而善之。默啜於是殺我行人假鴻臚卿臧思言。思言對賊不屈節，特贈鴻臚卿，仍命左屯衞大將軍張仁亶攝右御史臺大夫，充朔方道大總管以禦之。仁亶始於河外築三受降城，絕其南寇之路。

睿宗踐祚，默啜又遣使請和親，制以宋王成器女爲金山公主許嫁之。默啜乃遣其男楊我支特勤來朝，授右驍衞員外大將軍。俄而睿宗傳位，親竟不成。

初，默啜景雲中率兵西擊娑葛，破滅之。契丹及奚自神功之後，常受其徵役，其地東西萬餘里，控弦四十萬，自頡利之後最爲強盛，自恃兵威，虐用其衆。默啜既老，部落漸多逃散。開元二年，遣其子移涅可汗及同俄特勤、妹壻火拔頡利發石阿失畢率精騎圍逼北庭。右驍衞將軍郭虔瓘嬰城固守，俄而出兵擒同俄特勤于城下，斬之。虜因退縮，火拔懼不敢歸，攜其妻來奔，制授左衞大將軍，封燕北郡王，封其妻爲金山公主，賜宅一區，奴婢十人，馬十匹，物千段。明年，十姓部落左廂五咄六啜、右廂五弩失畢五俟斤及子壻高麗莫離支高文簡、跌跌都督跌跌思泰等各率其衆，相繼來降，前後總萬餘帳。制令居河南之舊地；授高

文簡左衞員外大將軍，封遼西郡王；跌跌思泰爲特進、右衞員外大將軍兼跌跌都督，封樓煩郡公。自餘首領封拜賜物各有差。默啜女壻阿史德胡祿俄又歸朝，授以特進。其秋，默啜與九姓首領阿布思等戰于磧北，九姓大潰，人畜多死，阿布思率衆來降。

四年，默啜又北討九姓拔曳固，戰于獨樂河，拔曳固大敗。默啜負勝輕歸，而不設備，遇拔曳固迸卒頡質略於柳林中，突出擊默啜，斬之，便與入蕃使郝靈荃傳默啜首至京師。骨咄祿之子闕特勤鳩合舊部，殺默啜子小可汗及諸弟并親信略盡，立其兄左賢王默棘連，是爲毗伽可汗。

毗伽可汗以開元四年卽位，本蕃號爲小殺。性仁友，自以得國是闕特勤之功，固讓之，闕特勤不受，遂以爲左賢王，專掌兵馬。是時奚、契丹相率款塞，突騎施蘇祿自立爲可汗，突厥部落頗多攜貳，乃召默啜時衙官暾欲谷爲謀主。初，默啜下衙官盡爲闕特勤所殺，暾欲谷以女爲小殺可敦，遂免死，廢歸部落，及復用，年已七十餘，蕃人甚敬伏之。俄而降戶阿悉爛、跌跌思泰等復自河曲叛歸。初，降戶南至單于，左衞大將軍單于副都護張知運盡收其器仗，令渡河而南，蕃人怨怒。御史中丞姜晦爲巡邊使，蕃人訴無弓矢，

不得射獵，晦悉給還之，故有抗敵之具。張知運既不設備，與降戶戰于青剛嶺，爲降戶所敗，臨陣生擒知運，擬送與突厥，朔方總管薛訥率兵追討之。賊至大斌縣，又爲將軍郭知運所擊，賊衆大潰，散投黑山呼延谷，釋張知運而去。上以張知運喪師，斬之以徇。小殺既得降戶，謀欲南入爲寇，暾欲谷曰：「唐主英武，人和年豐，未有間隙，不可動也。我衆新集，猶尚疲羸，須且息養三數年，始可觀變而舉。」小殺又欲修築城壁，造立寺觀，暾欲谷曰：「不可。突厥人戶寡少，不敵唐家百分之一，所以常能抗拒者，正以隨逐水草，居處無常，射獵爲業，又皆習武。強則進兵抄掠，弱則竄伏山林，唐兵雖多，無所施用。若築城而居，改變舊俗，一朝失利，必將爲唐所併。且寺觀之法，教人仁弱，本非用武爭強之道，不可置也。」小殺等深然其策。

八年冬，御史大夫王晙爲朔方大總管，奏請西徵拔悉密，東發奚、契丹兩蕃，期以明年秋初，引朔方兵數道俱入，掩突厥衙帳於稽落河上。小殺聞之，大恐。暾欲谷曰：「拔悉密今在北庭，與兩蕃東、西相去極遠，勢必不合。王晙兵馬，計亦無能至此。必若能來，候其臨到，卽移衙帳向北三日，唐兵糧盡，自然去矣。且拔悉密輕而好利，聞命必是先來，王晙與張嘉貞不協，奏請有所不愜，必不敢動。若王晙兵馬不來，拔悉密獨至，卽須擊取之，勢易爲也。」九年秋，拔悉密果臨突厥衙帳，而王晙兵及兩蕃不至。拔悉密懼而引退，突厥欲

擊之，暾欲谷曰：「此衆去家千里，必將死戰，未可擊也，不如以兵躡之。」去北庭二百里，暾欲谷分兵間道先掩北庭，因縱卒擊拔悉密之還衆，遂散走投北庭，而城陷不得入，盡爲突厥所擒，并虜其男女而還。暾欲谷迴兵，因出赤亭以掠涼州羊馬。時楊敬述爲涼州都督，遣副將盧公利、判官元澄出兵邀擊之。暾欲谷曰：「敬述若守城自固，卽與連和；若出兵相當，卽須決戰。我今乘勝，必有功矣。」公利等兵至删丹，遇賊，元澄令兵士揎臂持滿，仍急結其袖，會風雪凍烈，盡墜弓矢，由是官軍大敗，元澄脫身而走。敬述坐削除官爵，白衣檢校涼州事。小殺由是大振，盡有默啜之衆。俄又遣使請和，乞與玄宗爲子，上許之。仍請尚公主，上但厚賜而遣之。

十三年，玄宗將東巡，中書令張說謀欲加兵以備突厥，兵部郎中裴光庭曰：「封禪者告成之事，忽此徵發，豈非名實相乖？」說曰：「突厥比雖請和，獸心難測。且小殺者仁而愛人，衆爲之用；闕特勤驍武善戰，所向無前；暾欲谷深沉有謀，老而益智，李靖、徐勣之流也。三虜協心，動無遺策，知我舉國東巡，萬一窺邊，何以禦之？」光庭請遣使徵其大臣扈從，卽突厥不敢不從，又亦難爲舉動。說然其言，乃遣中書直省袁振攝鴻臚卿，往突厥以告其意。小殺與其妻及闕特勤、暾欲谷等環坐帳中設宴，謂振曰：「吐蕃狗種，唐國與之爲婚；奚及契丹舊是突厥之奴，亦尚唐家公主；突厥前後請結和親，獨不蒙許，何也？」袁振曰：

「可汗既與皇帝爲子，父子豈合爲婚姻？」小殺等曰：「兩蕃亦蒙賜姓，猶得尚主，但依此例，有何不可？且聞入蕃公主，皆非天子之女，今之所求，豈問眞假，頻請不得，實亦羞見諸蕃。」振許爲奏請，小殺乃遣其大臣阿史德頡利發入朝貢獻，因扈從東巡。玄宗發都，至嘉會頓，引頡利發及諸蕃酋長入仗，仍與之弓箭。時有兔起於御馬之前，上引弓傍射，一發獲之。頡利發便下馬捧兔蹈舞曰：「聖人神武超絕，若天上則不知，人間無也。」上因令問飢否，對曰：「仰觀聖武如此，十日不食，猶爲飽也。」自是常令突厥入仗馳射，起居舍人呂向上疏曰：

臣聞鴟梟不鳴，未爲瑞鳥，猛虎雖伏，豈齊仁獸，是由醜性毒行，久務常積故也。今夫突厥者，正與此類，安忍殘賊，莫顧君親。陛下持武義臨之，修文德來之，既慴威靈，又沐聲教，以力以勢，不得不庭，故稽顙稱臣，奔命遣使。陛下乃能收其傾效，雜以從官，赴封禪之禮，參玉帛之會，此德業自盛，固不可名焉。因復詔許侍遊，召入禁仗，仰英姿之四照，送神藝之百發，恩意俱極，誠無得踰焉。乃更賜以馳逐，使操弓矢競飛鏃於前，同獲獸之樂，是屑略太過，未敢取也。雖聖胸豁達，與物無猜，而愚心徘徊，與時加慄。儻此等各懷犬吠，交肆盜憎，荆卿詭動，何羅竊至，暫逼嚴蹕，稍冒淸塵，縱卽殪玄方，墟幽土，單于爲醢，穹廬爲汚，何塞過責？特願陛下勿復親近，使知分限，待不

中華書局

失常，歸於得所，以謂迴兩曜之鑒，祛九宇之憂，孰不幸甚！上納其言，遂令諸蕃先發。東封迴，上爲頡利發設讌，厚賜而遣之，竟不許其和親。

十五年，小殺使其大臣梅錄啜來朝，獻名馬三十匹。時吐蕃與小殺書，將計議同時入寇，小殺并獻其書。上嘉其誠，引梅錄啜宴於紫宸殿，厚加賞賚，仍許於朔方軍西受降城爲互市之所，每年齎縑帛數十萬匹就邊以遺之。二十年，闕特勤死，詔金吾將軍張去逸、都官郎中呂向齎璽書入蕃弔祭，并爲立碑，上自爲碑文，仍立祠廟，刻石爲像，四壁畫其戰陣之狀。二十年，小殺爲其大臣梅錄啜所毒，藥發未死，先討斬梅錄啜，盡滅其黨。既卒，國人立其子爲伊然可汗。詔宗正卿李佺往申弔祭，并册立伊然，爲立碑廟，仍令史官起居舍人李融爲其碑文。無幾，伊然病卒，又立其弟爲登利可汗。

登利者，猶華言果報也。登利年幼，其母卽暾欲谷之女，與其小臣飫斯達干姦通，干預國政，不爲蕃人所伏。登利從叔父二人分掌兵馬，在東者號爲左殺，在西者號爲右殺，其精銳皆分在兩殺之下。二十八年，上遣右金吾將軍李質齎璽書册立登利爲可汗。俄而登利與其母誘斬西殺，盡併其衆，而左殺懼禍及己，勒兵攻登利，殺之，自立，號烏蘇米施可汗。左

殺又不爲國人所附，拔悉密部落起兵擊之，左殺大敗，脫身遁走，國中大亂。西殺妻子及默啜之孫勃德支特勤、毗伽可汗女大洛公主、伊然可汗小妻余塞匐、登利可汗女余燭公主及阿布思頡利發等，並率其部衆相次來降。天寶元年八月，降虜至京師，上令先謁太廟，仍於殿庭引見，御華萼樓以宴之，上賦詩以紀其事。

校勘記

〔一〕漢陽公瓌　「瓌」上各本原有「蘇」字，據本書卷六〇漢陽王瓌傳、册府卷九八〇删。

〔二〕幽州　通鑑卷一九一同，胡注云：「幽州當作豳州。」合鈔卷二五五突厥傳作豳州。

〔三〕二年　各本原作「三年」，通典卷一九七、寰宇記卷一九五均作「二年」。且下文既又有「三年」，此處當以作「二年」爲是，據改。

〔四〕及拔塞匐處木昆　「及」字各本原作「乃」，據寰宇記卷一九六改。

〔五〕長壽二年　通典卷一九八、寰宇記卷一九六均作「長壽三年」。

〔六〕安北大都護　「護」字各本原作「督」，據新書卷二一五上突厥傳、通鑑卷二〇七改。

〔七〕平恩王重俊義興王重明　按本書卷八六中宗諸子傳，平恩王當爲重福，義興王當爲重俊，史文當有訛誤。

舊唐書卷一百九十四下

列傳第一百四十四下

突厥下

西突厥本與北突厥同祖。初，木杆與沙鉢略可汗有隙，因分爲二。其國卽烏孫之故地，東至突厥國，西至雷翥海，南至疏勒，北至瀚海，在長安北七千里。自焉耆國西北七日行，至其南庭；又正北八日行，至其北庭。鐵勒、龜茲及西域諸胡國，皆歸附之。其人雜有都陸及弩失畢、歌邏祿、處月、處密、伊吾等諸種。風俗大抵與突厥同，唯言語微差。其官有葉護，有特勤，常以可汗子弟及宗族爲之；又有乙斤屈利啜、闔洪達、頡利發、吐屯、俟斤等官，皆代襲其位。

處羅可汗，隋煬帝大業中與其弟闕達設及特勤大奈入朝。仍從煬帝征高麗，賜號爲曷薩那可汗。遇江都之亂，從宇文化及至河北。化及敗，歸長安，高祖爲之降榻，引與同坐，封歸義郡王。獻大珠於高祖，高祖勞之曰：「珠信爲寶，朕所重者赤心，珠無所用。」竟不受之。先與始畢有隙，及在京師，始畢遣使請殺之，高祖不許。羣臣諫曰：「今若不與，則是存一人而失一國也，後必爲患。」太宗曰：「人窮來歸我，殺之不義。」驟諫於高祖，由是遷迴者久之。不得已，乃引曷薩那於內殿，與之縱酒，既而送至中書省，縱北突厥使殺之。太宗卽位，令以禮改葬。

闕達設初居於會寧，有部落三千餘騎。至隋末，自稱闕達可汗。武德初，遣使內屬，拜吐烏過拔闕可汗，厚加撫慰。尋爲李軌所滅。

特勤大奈，隋大業中與曷薩那可汗同歸中國。及從煬帝討遼東，以功授金紫光祿大夫。後分其部落於樓煩。會高祖舉兵，大奈率其衆以從。隋將桑顯和襲義軍於飲馬泉，諸軍多已奔退，大奈將數百騎出顯和後，掩其不備，擊大破之，諸軍復振。拜光祿大夫。及平京城，以力戰功，賞物五千段，賜姓史氏。武德初，從太宗破薛舉。又從平王世充，破竇建德、劉黑闥，並有殊功。賜宮女三人，雜綵萬餘段。貞觀三年，累遷右武衛大將軍、檢校豐州都督，封竇國公，實封三百戶。十二年卒，贈輔國大將軍。初，曷薩那之朝隋也，爲煬帝

所拘，其國人遂立薩那之叔父，曰射匱可汗。

射匱可汗者，達頭可汗之孫也。既立後，始開土宇，東至金山，西至海，自玉門已西諸國皆役屬之。遂與北突厥爲敵，乃建庭於龜茲北三彌山。尋卒。弟統葉護可汗代立。

統葉護可汗，勇而有謀，善攻戰。遂北并鐵勒，西拒波斯，南接罽賓，悉歸之，控弦數十萬，霸有西域，據舊烏孫之地。又移庭於石國北之千泉。其西域諸國王悉授頡利發，并遣吐屯一人監統之，督其征賦。西戎之盛，未之有也。

武德三年，遣使貢條支巨卵。時北突厥作患，高祖厚加撫結，與之并力以圖北蕃，統葉護許以五年冬。大軍將發，頡利可汗聞之大懼，復與統葉護通和，無相征伐。統葉護尋遣使來請婚，高祖謂侍臣曰：「西突厥去我懸遠，急疾不相得力，今請婚，其計安在？」封德彝對曰：「當今之務，莫若遠交而近攻，正可權許其婚，以威北狄。待之數年後，中國盛全，徐思其宜。」高祖遂許之婚，令高平王道立至其國，統葉護大悅。遇頡利可汗頻歲入寇，西蕃

路梗，由是未果爲婚。

貞觀元年，遣眞珠統俟斤與高平王道立來獻萬釘寶鈿金帶，馬五千疋。時統葉護自負強盛，無恩於國，部衆咸怨，歌邏祿種多叛之。頡利可汗不悅中國與之和親，數遣兵入寇，又遣人謂統葉護曰：「汝若迎唐家公主，要須經我國中而過。」統葉護患之，未克婚。爲其伯父所殺而自立，是爲莫賀咄侯屈利俟毗可汗。太宗聞統葉護之死，甚悼之，遣齎玉帛至其死所祭而焚之。會其國亂，不果至而止。

莫賀咄侯屈利俟毗可汗，先分統突厥種類爲小可汗，及此自稱大可汗，國人不附。弩失畢部共推泥孰莫賀設爲可汗，泥孰不從。時統葉護之子咥力特勤避莫賀咄之難，亡在康居，泥孰遂迎而立之，是爲乙毗鉢羅肆葉護可汗。連兵不息，俱遣使來朝，各請婚於我。太宗答之曰：「汝國擾亂，君臣未定，戰爭不息，何得言婚。」竟不許。仍諷令各保所部，無相征伐。其西域諸國及鐵勒先役屬於西突厥者，悉叛之，國內虛耗。

肆葉護既是舊主之子，爲衆心所歸，其西面都陸可汗及莫賀咄可汗部豪帥，多來附之。又興兵以擊莫賀咄，大敗之。莫賀咄遁於金山，尋爲咄陸可汗所害，國人乃奉肆葉護爲大可汗。肆葉護可汗立，大發兵北征鐵勒，薛延陀逆擊之，反爲所敗。肆葉護性猜狠信讒，無統馭之略。有乙利可汗者，於肆葉護功最多，由是授小可汗，以非罪族滅之。羣下震駭，莫能自固。肆葉護素憚泥孰，而陰欲圖之，泥孰遂適焉耆。其後設卑達干與突厥弩失畢二部豪帥潛謀擊之，肆葉護以輕騎遁於康居，尋卒。國人迎泥孰於焉耆而立之，是爲咄陸可汗。

咄陸可汗泥孰者，亦稱大渡可汗。父莫賀設，本隸統葉護。武德中，嘗至京師。時太宗居藩，務加懷輯，與之結盟爲兄弟。既被推爲可汗，遣使詣闕請降，太宗遣使賜以名號及鼓纛。貞觀七年，遣鴻臚少卿劉善因至其國，册授爲吞阿婁拔奚利邲咄陸可汗。明年，泥孰卒，其弟同娥設立，是爲沙鉢羅咥利失可汗。

沙鉢羅咥利失可汗以貞觀九年上表請婚，獻馬五百疋。朝廷唯厚加撫慰，未許其婚。俄而其國分爲十部，每部令一人統之，號爲十設。每設賜以一箭，故稱十箭焉。又分十箭爲左右廂，一廂各置五箭。其左廂號五咄六部落，置五大啜，一啜管一箭；其右廂號爲五

弩失畢，置五大俟斤，一俟斤管一箭，都號爲十箭。其後或稱一箭爲一部落，大箭頭爲大首領。五咄六部落居於碎葉已東，五弩失畢部落居於碎葉已西，自是都號爲十姓部落。

咥利失既不爲衆所歸，部衆攜貳，爲其統吐屯所襲，麾下亡散。咥利失以左右百餘騎拒之，戰數合，統吐屯不利而去。咥利失奔其弟步利設，與保焉耆。其阿悉吉闕俟斤與統吐屯等召國人，將立欲谷設爲大可汗，以咥利失爲小可汗。統吐屯爲人所殺，欲谷設兵又爲其俟斤所破，咥利失復得舊地，弩失畢、處密等並歸咥利失。

十二年，西部竟立欲谷設爲乙毗咄陸可汗。乙毗咄陸可汗既立，與咥利失大戰，兩軍多死，各引去。因與咥利失中分，自伊列河已西屬咄陸，已東屬咥利失。咄陸可汗又建庭於鏃曷山西，謂爲北庭。自厥越失、拔悉彌、駮馬、結骨、火燖、觸木昆諸國皆臣之〔一〕。十三年，咥利失爲其吐屯俟利發與欲谷設通謀作難，咥利失窮蹙，奔拔汗那而死。弩失畢部落酋帥迎咥利失弟伽那之子薄布特勤而立之，是爲乙毗沙鉢羅葉護可汗。

乙毗沙鉢羅葉護可汗既立，建庭於睢合水北，謂之南庭。東以伊列河爲界，自龜茲、鄯善、且末、吐火羅、焉耆、石國、史國、何國、穆國、康國，皆受其節度。累遣使朝貢，太宗降璽

書慰勉。貞觀十五年，令左領軍將軍張大師往授焉，賜以鼓纛。于時咄陸可汗與葉護頻相攻擊。會咄陸遣使詣闕，太宗諭以敦睦之道。咄陸于時兵衆漸強，西域諸國復來歸附。未幾，咄陸遣石國吐屯攻葉護，擒之，送於咄陸，尋爲所殺。

咄陸可汗既幷其國，弩失畢諸姓心不服咄陸，皆叛之。咄陸復率兵擊吐火羅，破之。自恃其強，專擅西域。遣兵寇伊州，安西都護郭恪率輕騎二千自烏骨邀擊，敗之。咄陸又遣處月、處密等圍天山縣，郭恪又擊走之。恪乘勝進拔處月俟斤所居之城，追奔及於遏索山，斬首千餘級，降其處密之衆而歸。咄陸初以泥孰啜自擅取所部物，斬之以徇；尋爲泥孰啜部將胡祿居所襲，衆多亡逸，其國大亂。貞觀十五年，部下屋利啜等謀欲廢咄陸，各遣使詣闕，請立可汗。太宗遣使齎璽書立莫賀咄乙毗可汗之子，是爲乙毗射匱可汗。

乙毗射匱可汗立，乃發弩失畢兵就白水擊咄陸。自知不爲衆所附[二]，乃西走吐火羅國。中國使人先爲咄陸所拘者，射匱悉以禮資送歸長安，復遣使貢方物，請賜婚。太宗許之，詔令割龜茲、于闐、疏勒、朱俱波、葱嶺等五國爲聘禮。及太宗崩，賀魯反叛，射匱部落爲其所併。

阿史那賀魯者，曳步利設射匱特勤之子也。初，阿史那步眞既來歸國，咄陸可汗乃立賀魯爲葉護，以繼步眞，居於多邏斯川，在西州直北一千五百里，統處密、處月、姑蘇、歌羅祿、弩失畢五姓之衆。其後，咄陸西走吐火羅國，射匱可汗遣兵迫逐，賀魯不常厥居。貞觀二十二年，乃率其部落內屬，詔居庭州。尋授左驍衛將軍、瑤池都督。高宗卽位，進拜左驍衛大將軍，瑤池都督如故。

永徽二年，與其子咥運率衆西遁，據咄陸可汗之地，總有西域諸郡，建牙于雙河及千泉，自號沙鉢羅可汗，統攝咄陸、弩失畢十姓。其咄陸有五啜：一曰處木昆律啜；二曰胡祿居闕啜，賀魯以女妻之；三曰攝舍提暾啜；四曰突騎施賀邏施啜；五曰鼠尼施處半啜。弩失畢有五俟斤：一曰阿悉結闕俟斤，最爲強盛；二曰哥舒闕俟斤；三曰拔塞幹暾沙鉢俟斤；四曰阿悉結泥孰俟斤；五曰哥舒處半俟斤。各有所部，勝兵數十萬，並羈屬賀魯。西域諸國，亦多附隸焉。

賀魯尋立咥運爲莫賀咄葉護，數侵擾西蕃諸部，又進寇庭州。三年，詔遣左武候大將軍梁建方、右驍衛大將軍契苾何力率燕然都護所部迴紇兵五萬騎討之，前後斬首五千級，虜渠帥六十餘人。四年，咄陸可汗死，其子眞珠葉護與五弩失畢請擊賀魯，破其牙帳，斬首千餘級。

顯慶二年，遣右屯衛將軍蘇定方，燕然都護任雅相，副都護蕭嗣業，左驍衛大將軍、瀚海都督迴紇婆閏等率師討擊，仍使右武衛大將軍阿史那彌射、左屯衛大將軍阿史那步眞爲安撫大使。定方行至曳咥河西，賀魯率胡祿居闕啜等二萬餘騎列陣而待。定方率副總管任雅相等與之交戰，賊衆大敗，斬大首領都搭達干等二百餘人。賀魯及闕啜輕騎奔竄，渡伊麗河，兵馬溺死者甚衆。嗣業至千泉賀魯下牙之處，彌射進軍至伊麗水，處月、處密等部各率衆來降。彌射又進次雙河，賀魯先使步失達干鳩集散卒，據栅拒戰。彌射、步眞攻之，大潰；又與蘇定方攻賀魯於碎葉水，大破之。

賀魯與咥運欲投鼠耨設，至石國之蘇咄城傍，人馬飢乏，城主伊涅達干詐將酒食出迎[三]，賀魯信其言入城，遂被拘執。蕭嗣業既至石國，鼠耨設乃以賀魯屬之。賀魯謂嗣業曰：「我破亡虜耳！先帝厚我，而我背之，今日之敗，天怒我也。舊聞漢法，殺人皆於都市，至京殺我，請向昭陵，使得謝罪於先帝，是本願也。」高宗聞而愍之。及俘賀魯至京師，令獻於昭陵及太廟，詔特免死。分其種落置崑陵、濛池二都護府，其所役屬諸國，皆分置州府，西盡于波斯，並隸安西都護府。四年，賀魯卒。詔葬于頡利墓側，刻石以紀其事。

阿史那彌射者，室點密可汗五代孫也。初，室點密從單于統領十大首領，有兵十萬衆，往平西域諸胡國，自爲可汗，號十姓部落，世統其衆。彌射在本蕃爲莫賀咄葉護[四]。貞觀六年，詔遣鴻臚少卿劉善因就蕃立爲奚利邲咄陸可汗，賜以鼓纛、綵帛萬段。其族兄步眞欲自立爲可汗，遂謀殺彌射弟姪二十餘人。彌射既與步眞有隙，以貞觀十三年率所部處月、處密部落入朝，授右監門大將軍。其後步眞遂自立爲咄陸葉護，其部落多不服，委之遁去。步眞復攜家屬入朝，授左屯衛大將軍。

彌射後從太宗征高麗有功，封平襄縣伯。顯慶二年，轉右武衛大將軍。及討平賀魯，乃册立彌射爲興昔亡可汗兼右衛大將軍、崑陵都護，分押賀魯下五咄六部落；步眞授繼往絕可汗兼右衛大將軍、濛池都護，仍分押五弩失畢部落。因下詔曰：「自西蕃權亂，三十餘年。比者賀魯猖狂，百姓重被劫掠。朕君臨四海，情均養育。不可使凶狡之虜，恣行侵漁；無辜之甿，久遭塗炭。故遣右屯衛將軍蘇定方等統率騎勇，北路討逐；卿等宜暢朝風，南道撫育。遂使凶渠畏威，夷人慕德，伐叛柔服，西域總平。賀魯父子既已擒獲，諸頭部落須有統領。卿早歸闕庭，久參宿衛，深感恩義，甚知法式，所以册立卿等各爲一部可汗。但諸姓從賀魯，非其本情，卿等纔至卽降，亦是赤心向國。卿宜與盧承慶等準其部落大小，位望高下，節級授刺史以下官。」

龍朔中，又令彌射、步眞率所部從驄海道大總管蘇海政討龜茲。步眞嘗欲并彌射部落，遂密告海政云：「彌射欲謀反，請以計誅之。」時海政兵纔數千，懸師在彌射境內，遂集軍吏而謀曰：「彌射若反，我輩即無噍類。今宜先舉事，則可克捷。」乃僞稱有敕，令大總管齎物數百萬段分賜可汗及諸首領。由是彌射率其麾下，隨例請物，海政盡收斬之。其後西蕃盛言彌射非反，爲步眞所誣，而海政不能審察，濫行誅戮。

則天臨朝，十姓無主數年，部落多散失。垂拱初，遂擢授彌射子左豹韜衞翊府中郎將元慶爲左玉鈐衞將軍兼崑陵都護，令襲興昔亡可汗，押五咄六部落；步眞子斛瑟羅爲右玉鈐衞將軍兼濛池都護，押五弩失畢部落。尋進授元慶左衞大將軍。如意元年，爲來俊臣誣謀反被害。其子獻，配流崖州。長安三年，召還。累授右驍衞大將軍，襲父興昔亡可汗，充安撫招慰十姓大使。獻本蕃漸爲默啜及烏質勒所侵，遂不敢還國。開元中，累遷右金吾大將軍。卒于長安。

阿史那步眞者，在本蕃授左屯衞大將軍。與彌射討平賀魯，加授驃騎大將軍、行右衞

大將軍、濛池都護，繼往絕可汗，押五弩失畢部落。尋卒。其子斛瑟羅，本蕃爲步利設，垂拱初，授右玉鈐衞將軍兼濛池都護，襲繼往絕可汗，押五弩失畢部落。天授元年，拜左衞大將軍，改封竭忠事主可汗，仍賜濛池都護。尋卒。子懷道，神龍年累授右屯衞大將軍、光祿卿，轉太僕卿兼濛池都護、十姓可汗。自垂拱已後，十姓部落頻被突厥默啜侵掠，死散殆盡。及隨斛瑟羅纔六七萬人，徙居內地，西突厥阿史那氏於是遂絕。

突騎施烏質勒者，西突厥之別種也。初隸在斛瑟羅下，號爲莫賀達干。後以斛瑟羅用刑嚴酷，衆皆畏之，尤能撫恤其部落，由是爲遠近諸胡所歸附。其下置都督二十員，各統兵七千人。嘗屯聚碎葉西北界，後漸攻陷碎葉，徙其牙帳居之。東北與突厥爲鄰，西南與諸胡相接，東南至西、庭州。斛瑟羅以部衆削弱，自則天時入朝，不敢還蕃，其地並爲烏質勒所併。景龍二年，詔封爲西河郡王，令攝御史大夫解琬就加册立。未至，烏質勒卒。其長子娑葛代統其衆，詔便立娑葛爲金河郡王，仍賜以宮女四人。

初，娑葛代父統兵，烏質勒下部將闕啜忠節甚忌之，以兵部尚書宗楚客當朝任勢，密遣使齎金七百兩以賂楚客，請停娑葛統兵。楚客乃遣御史中丞馮嘉賓充使至其境，陰與忠節籌其事，并自致書以申意。在路爲娑葛遊兵所獲，遂斬嘉賓，仍進兵攻陷火燒等城，遣使上表以索楚客頭。景龍三年，娑葛弟遮弩恨所分部落少於其兄，遂叛入突厥，請爲鄉導，以討娑葛。默啜乃留遮弩，遣兵二萬人與其左右來討娑葛，擒之而還。默啜顧謂遮弩曰：「汝於兄弟尚不和協，豈能盡心於我。」遂與娑葛俱殺之。默啜兵還，娑葛下部將蘇祿鳩集餘衆，自立爲可汗。

蘇祿者，突騎施別種也。頗善綏撫，十姓部落漸歸附之，衆二十萬，遂雄西域之地，尋遣使來朝。開元三年，制授蘇祿爲左羽林軍大將軍、金方道經略大使，進爲特勤，遣侍御史解忠順齎璽書册立爲忠順可汗。自是每年遣使朝獻，上乃立史懷道女爲金河公主以妻之〔五〕。

時杜暹爲安西都護，公主遣牙官齎馬千疋詣安西互市，使者宣公主教與暹，暹怒曰：「阿史那氏女，豈合宣教與吾節度耶！」杖其使者，留而不遣，其馬經雪寒，死並盡。蘇祿大怒，發兵分寇四鎮。會杜暹入知政事，趙頤貞代爲安西都護，城守久之，由是四鎮貯積及人畜並爲蘇祿所掠，安西僅全。蘇祿既聞杜暹入相，稍引退，俄又遣使入朝獻方物。十八年，蘇祿使至京師，玄宗御丹鳳樓設宴。突厥先遣使入朝，是日亦來預宴，與蘇祿使爭長。突

厥使曰：「突騎施國小，本是突厥之臣，不宜居上。」蘇祿使曰：「今日此宴，乃爲我設，不合居下。」於是中書門下及百僚議，遂於東西幕下兩處分坐，突厥使在東，突騎施使在西。宴訖，厚賚而遣之。

蘇祿性尤清儉，每戰伐，有所克獲，盡分與將士及諸部落，其下愛之，甚爲其用。潛又遣使南通吐蕃，東附突厥〔六〕。突厥及吐蕃亦嫁女與蘇祿。既以三國女爲可敦，又分立數子爲葉護，費用漸廣，先既不爲積貯，晚年抄掠所得者，留不分之，又因風病，一手攣縮，其下諸部，心始攜貳。

有大首領莫賀達干、都摩度兩部落，最爲強盛。百姓又分爲黃姓、黑姓兩種，互相猜阻。二十六年夏，莫賀達干勒兵夜攻蘇祿，殺之。都摩度初與莫賀達干連謀，俄又相背，立蘇祿之子咄火仙爲可汗，以輯其餘衆，與莫賀達干自相攻擊。莫賀達干遣使告安西都護蓋嘉運，嘉運率兵討之，大敗都摩度之衆，臨陣擒咄火仙，并收得金河公主而還。又欲立史懷道之子昕爲可汗以鎮撫之，莫賀達干不肯，曰：「討平蘇祿，本是我之元謀，若立史昕爲主，則國家何以酬賞於我？」乃不立史昕，便令莫賀達干統衆。二十七年二月，嘉運率將士詣闕獻俘，玄宗御花萼樓以宴之，仍令將吐火仙獻于太廟。俄又黃姓、黑姓自相屠殺，各遣使內附。

史臣曰：中原多事，外國窺邊，周獫狁、漢匈奴之後，其類實繁，前史論之備矣。突厥自隋文修王道，肅軍容，示恩威以羈縻之；煬帝失政敎，生戎心，肇亂離以啓發之。高祖借其力而入平京師，羣賊附其強而迭據河朔。高祖同御榻以延其使，太宗幸便橋以約其和。當其時焉，不其盛矣！竟滅其族而身死於國者，何也？咸謂太宗有馭夷狄之道，李勣著戡定之功。殊不知突厥之始也，賞罰明而將士戮力，遇煬帝之亂，亡命蓄怒者既附之，其興也宜哉！頡利之衰也，兄弟搆隙而部族離心，當太宗之理，謀臣猛將討逐之，其亡也宜哉！洎武后亂朝，默啜犯塞，玄宗纂嗣，傳首京師，東封太山，西戎扈蹕，開元之代，繼踵來降。西突厥諸族，遇其理，則衆心悅附而甲兵興焉；遇其亂，則族類怨怒而本根破矣！理亂二道，華夷一途，或質言於盛衰倚伏，未爲確論。

贊曰：中國失政，邊夷幸災。理亂之道，取鑒將來。

校勘記

〔一〕 胴木昆 「木」字各本原作「水」，據通典卷一九九、寰宇記卷一九七改。

〔二〕 自知不爲衆所附 通典卷一九九、寰宇記卷一九七，「自」上有「大敗之咄陸」五字。

〔三〕 詐將酒食出迎 「詐」字各本原作「許」，據通典卷一九九、寰宇記卷一九七改。

〔四〕 彌射在本蕃爲莫賀咄葉護 「彌射」二字各本原無，據通典卷一九九、寰宇記卷一九七補。

〔五〕 金河公主 通典卷一九九、寰宇記卷一九七同。唐會要卷六、新書卷二一五下突厥傳作「交河公主」。

〔六〕 東附突厥 「東」字各本原無，據通典卷一九九、寰宇記卷一九七補。

舊唐書卷一百九十五

列傳第一百四十五

迴紇

迴紇，其先匈奴之裔也，在後魏時，號鐵勒部落。其衆微小，其俗驍強，依託高車，臣屬突厥，近謂之特勒。無君長，居無恆所，隨水草流移，人性凶忍，善騎射，貪婪尤甚，以寇抄爲生。自突厥有國，東西征討，皆資其用，以制北荒。隋開皇末，晉王廣北征突厥，大破步迦可汗，特勒於是分散。大業元年，突厥處羅可汗擊特勒諸部，厚斂其物，又猜忌薛延陀，恐爲變，遂集其渠帥數百人盡誅之，特勒由是叛。特勒始有僕骨、同羅、迴紇、拔野古、覆羅，並號俟斤〔一〕，後稱迴紇焉。在薛延陀北境，居娑陵水側，去長安六千九百里，隨逐水草，勝兵五萬，人口十萬人。

初，有特健俟斤死，有子曰菩薩，部落以爲賢而立之。貞觀初，菩薩與薛延陀侵突厥北

邊，突厥頡利可汗遣子欲谷設率十萬騎討之，菩薩領騎五千與戰，破之於馬鬣山，因逐北至於天山，又進擊，大破之，俘其部衆，迴紇由是大振。因率其衆附于薛延陀，號菩薩爲「活頡利發」，仍遣使朝貢。菩薩勁勇，有膽氣，善籌策，每對敵臨陣，必身先士卒，以少制衆，常以戰陣射獵爲務。其母烏羅渾主知爭訟之事，平反嚴明，部內齊肅。迴紇之盛，由菩薩之興焉。

貞觀中擒降突厥頡利等可汗之後，北虜唯菩薩、薛延陀爲盛。太宗册北突厥莫賀咄爲可汗，遣統迴紇、僕骨、同羅、思結、阿跌等部。迴紇酋帥吐迷度與諸部大破薛延陀多彌可汗，遂併其部曲，奄有其地。貞觀二十年，南過賀蘭山，臨黃河，遣使入貢，以破薛延陀功，賜宴內殿。太宗幸靈武，受其降款，因請迴鶻已南置郵遞，通管北方。太宗爲置六府七州，府置都督，州置刺史，府州皆置長史、司馬已下官主之。以迴紇部爲瀚海府，拜其俟利發吐迷度爲懷化大將軍兼瀚海都督。時吐迷度已自稱可汗，署官號皆如突厥故事。以多覽爲燕然府，僕骨爲金微府〔二〕，拔野古爲幽陵府，同羅爲龜林府，思結爲盧山府，渾部爲皐蘭州〔三〕，斛薩爲高闕州，阿跌爲雞田州，契苾爲榆溪州，跌結爲雞鹿州，阿布思爲蹛林州〔四〕，白霫爲寘顏州；又以迴紇西北結骨爲堅昆府，其北骨利幹爲玄闕州，東北俱羅勃爲燭龍州。於故單于臺置燕然都護府統之，以導賓貢。

貞觀二十二年，吐迷度爲其姪烏紇所殺。初，烏紇蒸其叔母，遂與俱陸莫賀達干俱羅勃潛謀殺吐迷度以歸車鼻。烏紇、俱羅勃，並車鼻之壻也，烏紇遂夜領騎十餘劫吐迷度，殺之。燕然副都護元禮臣遣人紿烏紇云：「將奏而爲都督，替吐迷度也。」烏紇輕騎至禮臣所，跪拜致謝，禮臣擒而斬之以聞。太宗恐迴紇部落攜離，十月，遣兵部尚書崔敦禮往安撫之，仍以敦禮爲金山道副將軍。贈吐迷度左衞大將軍，賻物及衣服設祭甚厚。以吐迷度子前左屯衞大將軍、翊衞左郎將婆閏爲左驍衞大將軍〔五〕、大俟利發、使持節迴紇部落諸軍事瀚海都督。後俱羅勃來朝，太宗留之不遣。詔西突厥可汗阿史那賀魯統五啜、五俟斤二十餘部，居多羅斯水南，去西州馬行十五日程。迴紇不肯西屬突厥。

永徽二年，賀魯破北庭，詔將軍梁建方、契苾何力領兵二萬，取迴紇五萬騎，大破賀魯，收復北庭。顯慶元年，賀魯又犯邊，詔程知節、蘇定方、任雅相、蕭嗣業領兵并迴紇大破賀魯於陰山，再破於金牙山，盡收所據之地，西逐至耶羅川。賀魯西奔石國，婆閏隨蘇定方逐賀魯至石國西北蘇咄城，城主伊涅達干執賀魯送洛陽。以其地置濛池、崑陵府，以阿史那彌射、阿史那步眞爲二府都督，統十姓右廂五弩失畢、左廂五咄陸〔六〕。以賀魯種落分置州縣，西盡波斯。加婆閏右衞大將軍兼瀚海都督。永徽六年，迴鶻遣兵隨蕭嗣業討高麗。龍朔中，婆閏死，姪比粟毒主領迴鶻〔七〕，與同羅、僕固犯邊，高宗命鄭仁泰討平僕固等，比粟

毒敗走，因以鐵勒本部爲天山縣。永隆中獨解支，嗣聖中伏帝匐，開元中承宗、伏帝難，並繼爲酋長，皆受都督號以統蕃州，左殺右殺分管諸部。

開元中，迴鶻漸盛，殺涼州都督王君㚟，斷安西諸國入長安路，玄宗命郭知運等討逐，退保烏德犍山，南去西城一千七百里，西城卽漢之高闕塞也。西城北去磧石口三百里〔八〕。有十一都督，本九姓部落：一曰藥羅葛，卽可汗之姓；二曰胡咄葛；三曰咄羅勿；四曰貊歌息訖；五曰阿勿嘀；六曰葛薩；七曰斛嗢素；八曰藥勿葛；九曰奚耶勿。每一部落一都督。破拔悉密，收一部落，破葛邏祿，收一部落，各置都督一人，統號十一部落。每行止鬭戰，常以二客部落爲軍鋒。

天寶初，其酋長葉護頡利吐發遣使入朝，封奉義王。三載，擊破拔悉密，自稱骨咄祿毗伽闕可汗，又遣使入朝，因冊爲懷仁可汗。及至德元載七月，肅宗於靈武卽位。遣故邠王男承寀封爲燉煌王，將軍石定番，使于迴紇，以修好徵兵。及至其牙，可汗以女嫁於承寀，遣首領來朝，請和親，封迴紇公主爲毗伽公主。肅宗在彭原，遇之甚厚。二載二月，迴紇又使首領大將軍多攬等十五人入朝。九月戊寅，加承寀開府儀同三司，拜宗正卿，納迴紇公主爲妃。迴紇遣其太子葉護領其將帝德等兵馬四千餘衆，助國討逆，肅宗宴賜甚厚。又命元帥廣平王見葉護，約爲兄弟，接之頗有恩義。葉護大喜，謂王爲兄。

戊子，迴紇大首領達干等一十三人先至扶風，與朔方將士見僕射郭子儀，留之，宴設三日。葉護太子曰：「國家有難，遠來相助，何暇食爲。」子儀固留之，宴畢便發。其軍每日給羊二百口、牛二十頭、米四十石。及元帥廣平王率郭子儀等至香積寺東二十里，西臨灃水。賊埋精騎於大營東，將襲我軍之背。朔方左廂兵馬使僕固懷恩指迴紇馳救之，匹馬不歸，因收西京。十月，廣平王、副元帥郭子儀領迴紇兵馬，與賊戰於陝西。初次于曲沃，葉護使其將軍車鼻施吐撥裴羅等旁南山而東，遇賊伏兵于谷中，盡殪之。子儀至新店，遇賊戰，軍卻數里。迴紇望見，踰山西嶺上曳白旗而趨擊之，直出其後，賊衆大敗，軍而北坑，逐北二十餘里，人馬相枕藉，蹂踐而死者不可勝數，斬首十餘萬，伏屍三十里。賊黨嚴莊馳告安慶緒，率其黨背東京北走渡河，而葉護從廣平王、僕射郭子儀入東京。

初收西京，迴紇欲入城劫掠，廣平王固止之。及收東京，迴紇遂入府庫收財帛，於市井村坊剽掠三日而止，財物不可勝計，廣平王又賚之以錦罽寶貝，葉護大喜。及肅宗還西京，十一月癸酉，葉護自東京至。敕百官於長樂驛迎，上御宣政殿宴勞之。葉護升殿，其餘酋長列於階下，賜錦繡繒綵金銀器皿。及辭歸蕃，上謂曰：「能爲國家就大事成義勇者，卿等力也。」葉護奏曰：「迴紇戰兵，留在沙苑，今且須歸靈夏取馬，更收范陽，討除殘賊。」己丑，詔曰：「功濟艱難，義存邦國，萬里絕域，一德同心，求之古今，所未聞也。迴紇葉護，特稟英

姿，挺生奇略，言必忠信，行表溫良，才爲萬人之敵，位列諸蕃之長。屬凶醜亂常，中原未靖，以可汗有兄弟之約，與國家興父子之軍，奮其智謀，討彼凶逆，一鼓作氣，萬里摧鋒，二旬之間，兩京克定。力拔山岳，精貫風雲，蒙犯不以辭其勞，急難無以踰其分。固可懸之日月，傳之子孫，豈惟裂土之封，誓河之賞而已矣。夫位之崇者，司空第一；名之大者，封王最高。可司空，仍封忠義王，每載送絹二萬匹至朔方軍，宜差使受領。」

乾元元年五月壬申朔，迴紇使多亥阿波八十人，黑衣大食酋長閤之等六人並朝見，至閤門爭長，通事舍人乃分爲左右，從東西門並入。六月戊戌，宴迴紇使於紫宸殿前。

秋七月丁亥，詔以幼女封爲寧國公主出降。其降蕃日，仍以堂弟漢中郡王瑀爲特進、試太常卿、攝御史大夫，充冊命英武威遠毗伽可汗使；以堂姪左司郎中巽爲兵部郎中、攝御史中丞、鴻臚卿，副之，兼充寧國公主禮會使。特差重臣開府儀同三司、行尚書右僕射、冀國公裴冕送至界首。癸巳，以冊立迴紇英武威遠毗伽可汗，上御宣政殿，漢中王瑀受冊命。甲午，肅宗送寧國公主至咸陽磁門驛，公主泣而言曰：「國家事重，死且無恨。」上流涕而還。及瑀至其牙帳，毗伽闕可汗衣赭黃袍，胡帽，坐於帳中榻上，儀衞甚盛，引瑀立於帳外，謂瑀曰：「王是天可汗何親？」瑀曰：「是唐天子堂弟。」又問：「於王上立者爲誰？」瑀曰：「中使雷盧俊。」可汗又報曰：「中使是奴，何得向郎君上立？」雷盧俊竦懼，跳身向下立定。瑀不拜

而立，可汗報曰：「兩國主君臣有禮，何得不拜？」瑀曰：「唐天子以可汗有功，故將女嫁與可汗結姻好。比者中國與外蕃親，皆宗室子女，名爲公主。今寧國公主，天子眞女，又有才貌，萬里嫁與可汗。可汗是唐家天子女壻，合有禮數，豈得坐於榻上受詔命耶！」可汗乃起奉詔，便受册命。翼日，册公主爲可敦，蕃酋歡欣曰：「唐國天子貴重，將眞女來。」瑀所送國信繒綵衣服金銀器皿，可汗盡分與衙官、酋長等。及瑀回，可汗獻馬五百匹、貂裘、白氎。八月，迴紇使王子骨啜特勤及宰相帝德等驍將三千人助國討逆。肅宗嘉其遠至，賜宴，命隨朔方行營使僕固懷恩押之。九月甲申，迴紇使大首領蓋將等謝公主下降，兼奏破堅昆五萬人，宴於紫宸殿，賜物有差。十二月甲午，迴紇使三婦人，謝寧國公主之聘也，賜宴紫宸殿。

乾元二年，迴紇骨啜特勤等率衆從郭子儀與九節度於相州城下戰，不利。三月壬子，迴紇王子骨啜特勤及宰相帝德等十五人自相州奔于西京，肅宗宴之于紫宸殿，賞物有差。其月庚寅，迴紇特勤辭還行營，上宴之于紫宸殿，賜物有差。乙未，以迴紇王子新除左羽林軍大將軍員外置骨啜特勤爲銀青光祿大夫、鴻臚卿員外置。

夏四月，迴紇毗伽闕可汗死。長子葉護先被殺，乃立其少子登里可汗，其妻爲可敦。

六月丙午，以左金吾衞將軍李通爲試鴻臚卿、攝御史中丞，充弔祭迴紇使。毗伽闕可汗初

死，其牙官、都督等欲以寧國公主殉葬，公主曰：「我中國法，壻死，即持喪，朝夕哭臨，三年行服。今迴紇娶婦，須慕中國禮。若今依本國法，何須萬里結婚。」然公主亦依迴紇法，剺面大哭，竟以無子得歸。秋八月，寧國公主自迴紇還，詔百官於明鳳門外迎之。上元元年九月己丑，迴紇九姓可汗使大臣俱陸莫達干等入朝奉表起居。乙卯，迴紇使二十人於延英殿通謁，賜物有差。十一月戊辰，迴紇使延支伽羅等十人於延英殿謁見，賜物有差。

寶應元年，代宗初即位，以史朝義尙在河洛，遣中使劉清潭徵兵於迴紇，又修舊好。其秋，清潭入迴紇庭，迴紇已爲史朝義所誘，云唐家天子頻有大喪，國亂無主，請發兵來收府庫。可汗乃領衆而南，已八月矣。清潭齎敕書國信至，可汗曰：「我聞唐家已無主，何爲更有敕書？」中使對曰：「我唐家天子雖棄萬國，嗣天子廣平王天生英武，往年與迴紇葉護兵馬同收兩京，破安慶緒，與可汗有故。又每年與可汗繒絹數萬匹，可汗豈忘之耶？」然迴紇業已發至三城北，見荒城無戍卒，州縣盡爲空壘，有輕唐色，乃遣使北收單于兵馬倉糧，又大辱清潭。清潭發使來奏云：「迴紇登里可汗傾國自來，有衆十萬，羊馬不知其數。」京師大駭。上使殿中監藥子昂馳勞之，及於太原北忻州南，子昂密數其丁壯，得四千人，老小婦人相兼萬餘人，戰馬四萬匹，牛羊不紀。

先是，毗伽闕可汗請以子婚，肅宗以僕固懷恩女嫁之。及是爲可敦，與可汗同來，請懷

恩及懷恩母相見。上敕懷恩自汾州見之於太原，懷恩又諫國家恩信不可違背。初欲自蒲關入，取沙苑路，由潼關東向破賊，子昂說之云：「國家頻遭寇逆，州縣虛乏，難爲供擬，恐可汗失望。不如取土門路入，直取邢、洺、衞、懷。賊中兵馬盡在東京，可汗收其財帛，東裝南向，最爲上策。」可汗不從。又說「取懷州太行路，南據河陰之險，直扼賊之喉，亦上策也。」可汗又不從。又說「取陝州太陽津路，食太原倉粟而東，與澤潞、河南、懷鄭節度同入，亦上策也。」可汗從之。子昂因入奏，上以雍王适爲兵馬元帥，加懷恩同中書門下平章事。又以子昂兼御史中丞，與前潞府兼御史中丞魏琚爲左右廂兵馬使，以中書舍人韋少華充元帥判官兼掌書記，給事中李進兼御史中丞，充元帥行軍司馬，東會迴紇登里可汗營於陝州黃河北。

元帥雍王領子昂等從而見之，可汗責雍王不於帳前舞蹈，禮倨。子昂辭以元帥是嫡孫，兩宮在殯，不合有舞蹈。迴紇宰相及車鼻將軍庭詰曰：「唐天子與登里可汗約爲兄弟，今可汗即雍王叔，叔姪有禮數，何得不舞蹈？」子昂苦辭以身有喪禮，不合。又報云：「元帥即唐太子也，太子即儲君也，豈有中國儲君向外國可汗前舞蹈。」相拒久之，車鼻遂引子昂、李進、少華、魏琚各搒捶一百，少華、琚因搒捶，一宿而死。以王少年未諳事，放歸本營。而懷恩與迴紇右殺爲先鋒，及諸節度同攻賊，破之，史朝義率殘寇而走。元帥雍王退歸靈寶。

迴紇可汗繼進於河陽，列營而止數月。去營百餘里，人被剽劫逼辱，不勝其弊。懷恩常爲軍殿。及諸節度收河北州縣，僕固瑒與迴紇之衆追躡二千餘里，至平州石城縣，梟朝義首而歸，河北悉平。懷恩自相州西出崞口路而西，可汗自河陽北出澤、潞與懷恩會，歷太原，遣使拔賀那上表賀收東京，并進逆賊史朝義旌旗等物。辭還蕃，代宗引見於內殿，賜綵二百段。

初，迴紇至東京，以賊平，恣行殘忍，士女懼之，皆登聖善寺及白馬寺二閣以避之。迴紇縱火焚二閣，傷死者萬計，累旬火焰不止。及是朝賀，又縱橫大辱官吏。以陝州節度使郭英乂權知東都留守。時東都再經賊亂，朔方軍及郭英乂、魚朝恩等軍不能禁暴，與迴紇縱掠坊市及汝、鄭等州，比屋蕩盡，人悉以紙爲衣，或有衣經者。

代宗御宣政殿，出册文，加册可汗爲登里頡咄登密施含俱錄英義建功毗伽可汗，可敦加册爲婆墨光親麗華毗伽可敦。「頡咄」，華言「社稷法用」；「登密施」，華言「封竟」；「含俱錄」，華言「婁羅」；「毗伽」，華言「足意智」；「婆墨」，華言「得憐」。以散騎常侍兼御史大夫王翊充使，就可汗行營行册命焉。可汗、可敦及左右殺、諸都督、內外宰相已下，共加實封二千戶，令王翊就牙帳前禮册。左殺封爲雄朔王，右殺封爲寧朔王，胡祿都督封金河王，拔覽將軍封爲靜漠王，諸都督一十一人並封國公。

尋而懷恩叛，投靈武，有朔方舊將任敷、張韶等，收合餘燼，衆至數萬。廣德二年秋，乃引吐蕃之衆數萬人至奉天縣，朔方節度郭子儀率衆拒之而退。永泰元年秋，懷恩遣兵馬使范至誠、任敷將兵，又誘迴紇、吐蕃、吐谷渾、党項、奴剌之衆二十餘萬，以犯奉天、醴泉、鳳翔、同州等處，被其逆命。先以郭子儀屯涇陽，渾日進屯奉天，數摧其鋒。又聞懷恩死，吐蕃將馬重英等十月初引退，取邠州舊路而歸。迴紇首領羅達干等率其衆二千餘騎，詣涇陽請降，子儀許之，率衆被甲持滿數千人。迴紇譯曰：「此來非惡心，要見令公。」子儀曰：「我令公也。」迴紇曰：「請去甲。」子儀便脫兜鍪槍甲，策馬挺身而前，迴紇酋長相顧曰：「是也。」時太子太保李光進、兼御史大夫路嗣恭戎裝介馬在子儀之側，子儀指視迴紇曰：「此是渭北節度李太保。」又曰：「此是朔方軍糧使路大夫。」迴紇便下馬羅拜，子儀亦下馬，迴紇之衆爲左右翼，各數百人，漸進，子儀麾下亦馳而至，子儀麾退之。子儀命酒與之飲，贈之纏頭綵三千匹。子儀執迴紇大將可汗弟合胡祿都督藥羅葛等手，責讓之曰：「我國家知汝迴紇有功，報汝大厚，汝何背約負信，犯我王畿？我須與汝戰，何乃降爲！我一身挺入汝營，任汝拘縶，我麾下將士，須與汝戰。」迴紇又譯曰：「懷恩負心，來報可汗，云唐國天子今已向江淮，令公亦不主兵，我是以敢來。今知天可汗見在上都〔九〕，令公爲將，懷恩天又殺之。今請追殺吐蕃，收其羊馬，以報國恩。然懷恩子，可敦兄弟，請勿殺之。」合胡祿都督等與宰相磨咄莫

賀達干、宰相噉莫賀達干、宰相護都毗伽將軍、宰相揭拉裴羅達干、宰相梅錄大將軍羅達干、平章事海盈闕達干等，子儀先執杯，合胡祿都督請咒，子儀咒曰：「大唐天子萬萬歲！迴紇可汗亦萬歲！兩國將相亦萬歲！若起負心違背盟約者，身死陣前，家口屠戮。」合胡祿都督等失色，及杯至，卽譯曰：「如令公盟約。」皆喜曰：「初發本部來日，將巫師兩人來，云：『此行大安穩，然不與唐家兵馬鬭，見一大人卽歸。』今日領兵見令公，令公不爲疑，脫去衣甲，單騎相見，誰有此心膽！是不戰鬭見一大人，巫師有徵矣。」歡躍久之。子儀撫其背，首領等分纏頭綵以賞巫師，請諸將同擊吐蕃，子儀如其約。翌日，使領迴紇首領開府石野那等六人入京朝見〔一〇〕。

又五日，朔方先鋒兵馬使、開府、南陽郡王白元光與迴紇兵馬合於涇州靈臺縣西五十里赤山嶺，共破吐蕃等十餘萬衆，斬首五萬餘級，生擒一萬餘人，駝馬牛羊凡百里相繼，不可勝紀，收得蕃落五千餘人。初白元光等到靈臺縣西，探知賊勢，爲月明，思少陰晦，迴紇使巫師便致風雪。及遲明戰，吐蕃盡寒凍，弓矢皆廢，披氊徐進，元光與迴紇隨而殺之蔽野。僕固名臣，懷恩之姪，尤爲驍將，亦領千餘騎來降。尋而子儀又使迴紇宰相護地毗伽將軍、宰相梅錄大將軍、開府儀同三司、試太常卿羅達干等一百九十六人來見，上賜宴於延英殿，錫賚甚厚。閏月，子儀自涇陽領僕固名臣入奏，迴紇進馬，及宴別，前後賚繒綵十萬匹而還。

時帑藏空虛，朝官無祿俸，隨月給手力，謂之資課錢。稅朝官閏十月、十一月、十二月課以供之。

大曆六年正月，迴紇於鴻臚寺擅出坊市，掠人子女，所在官奪返，毆怒，以三百騎犯金光門、朱雀門。是日，皇城諸門盡閉，上使中使劉清潭宣慰，乃止。七年七月，迴紇出鴻臚寺，入坊市強暴，逐長安令邵說於含光門之街，奪說所乘馬將去。說脫身避走，有司不能禁。八年十一月，迴紇一百四十人還蕃，以信物一千餘乘。迴紇恃功，自乾元之後，屢遣使以馬和市繒帛，仍歲來市，以馬一匹易絹四十匹，動至數萬馬。其使候遣繼留於鴻臚寺者非一，蕃得帛無厭，我得馬無用，朝廷甚苦之。是時特詔厚賜遣之，示以廣恩，且俾知愧也。是月，迴紇使使赤心領馬一萬匹來求市，代宗以馬價出於租賦，不欲重困於民，命有司量入計許市六千匹。

十年九月，迴紇白晝刺人於東市，市人執之，拘於萬年縣。其首領赤心聞之，自鴻臚寺馳入縣獄，劫囚而出，斫傷獄吏。十三年正月，迴紇寇太原，過榆次、太谷，河東節度留後、太原尹、兼御史大夫鮑防與迴紇戰于陽曲，我師敗績，死者千餘人。代州都督張光晟與迴紇戰于羊武谷，破之，迴紇引退。先是辛雲京守太原，迴紇懼雲京，不敢窺幷、代，知鮑防無武略，乃敢凌逼，賴光晟邀戰勝之，北人乃安。德宗初卽位，使中官梁文秀告哀於迴紇，且

修舊好，可汗移地健不爲禮。而九姓胡素屬於迴紇者，又陳中國便利以誘其心，可汗乃舉國南下，將乘我喪。其宰相頓莫賀達干諫曰：「唐，大國也，且無負於我。前年入太原，獲羊馬數萬計，可謂大捷矣。以道途艱阻，比及國，傷耗殆盡。今若舉而不捷，將安歸乎？」可汗不聽。頓莫賀乘人之心，因擊殺之，幷殺其親信及九姓胡所誘來者凡二千人。

頓莫賀自立號爲合骨咄祿毗伽可汗，使其酋長建達干隨文秀來朝。命京兆尹源休持節册爲武義成功可汗。貞元三年八月，迴紇可汗遣首領墨啜達干、多覽將軍合闕達干等來貢方物，且請和親。四年十月，迴紇公主及使至自蕃，德宗御延喜門見之。時迴紇可汗喜於和親，其禮甚恭，上言：「昔爲兄弟，今爲子壻，半子也。」又詈辱吐蕃使者，及使大首領等妻妾凡五十六婦人來迎可敦，凡遣人千餘，納聘馬二千。德宗令朔州、太原分留七百人，其宰相首領皆至，分館鴻臚、將作。癸巳，見於宣政殿。乙未，德宗召迴紇公主，出使者對於麟德殿，各有頒賜。庚子，詔咸安公主降迴紇可汗，仍置府官屬視親王例。以殿中監、嗣滕王湛然爲咸安公主婚禮使，關播檢校右僕射、送咸安公主及册迴紇可汗使。貞元五年十二月，迴紇汨咄祿長壽天親毗伽可汗薨，廢朝三日，文武三品已上就鴻臚寺弔其來使。

貞元六年六月，迴紇使移職伽達干歸蕃，賜馬價絹三十萬匹。以鴻臚卿郭鋒兼御史大夫，充册迴紇忠貞可汗使。是歲四月，忠貞可汗爲其弟所殺而篡立。時迴紇大將頡干迦斯

西擊吐蕃未回，其次相率國人縱殺篡者而立忠貞之子爲可汗，年方十六七。及六月，頡干迦斯西討回，將至牙帳，次相等懼其後有廢立，不欲漢使知之，留鋒數月而回。頡干迦斯之至也，可汗等出迎郊野，陳郭鋒所送國信器幣，可汗與次將相等皆俯伏自說廢立之由，且請命曰：「惟大相生死之。」悉以所陳器幣贈頡干迦斯以悅之。可汗又拜泣曰：「兒愚幼無知，今幸得立，惟仰食於阿爹。」可汗以子事之，頡干迦斯以卑遜興感，乃相持號哭，遂執臣子之禮焉。盡以所陳器幣頒賜左右諸從行將士，己無所取。自是其國稍安，乃遣達比特勤梅錄將軍告忠貞可汗之哀於我，且請册新君。使至，廢朝三日，仍令三品已上官就鴻臚寺弔其使。是歲，吐蕃陷北庭都護府。

初，北庭、安西既假道於迴紇以朝奏，因附庸焉。迴紇徵求無厭，北庭差近，凡生事之資，必强取之。又有沙陀部落六千餘帳，與北庭相依，亦屬於迴紇，肆行抄奪，尤所厭苦。其先葛祿部落及白服突厥素與迴紇通和，亦憾其侵掠。因吐蕃厚賂見誘，遂附之。於是吐蕃率葛祿、白服之衆去冬寇北庭，迴紇大相頡干迦斯率衆援之，頻敗。吐蕃急攻之，北庭之人既苦迴紇，乃舉城降焉，沙陀部落亦降。節度使、檢校工部尚書楊襲古將麾下二千餘衆出奔西州，頡干利亦還。六年秋〔二〕，悉其國丁壯五萬人，召襲古，將復焉，俄爲所敗，死者大半。頡干利收合餘燼，晨夜奔還。襲古餘衆僅百六十，將復入西州，頡干迦斯紿之曰：

「第與我同至牙帳，當送君歸本朝。」既及牙帳，留而不遣，竟殺之。自是安西阻絕，莫知存亡，唯西州之人，猶固守焉。頡干迦斯敗，葛祿乘勝取迴紇之浮圖川，迴紇震恐，悉遷西北部落羊馬於牙帳之南以避之。

貞元七年五月庚申朔，以鴻臚少卿庾鋋兼御史大夫，册迴紇可汗及弔祭使。是月，迴紇遣使律支達干等來朝，告小寧國公主薨，廢朝三日。故，肅宗以寧國公主降迴紇，又以榮王女媵之；及寧國來歸，榮王女爲可敦，迴紇號爲小寧國公主，歷配英武、英義二可汗。及天親可汗立，出居於外，生英武二子，爲天親可汗所殺。無幾薨。七年八月，迴紇遣使獻敗吐蕃、葛祿於北庭所捷及其俘畜。先是，吐蕃入靈州，爲迴紇所敗，夜以火攻，賊而退。十二月，迴紇遣殺支將軍獻吐蕃俘大首領結心，德宗御延喜門觀之。八年七月，以迴紇藥羅葛靈檢校右僕射。靈本唐人，姓呂氏，因入迴紇，爲可汗養子，遂以可汗姓爲藥羅葛靈，在國用事。因來朝，寵賚甚厚，仍給市馬絹七萬匹。九年九月，遣使來朝貢。

貞元十一年六月庚寅，册拜迴紇騰里邏羽錄沒密施合祿胡毗伽懷信可汗〔三〕。元和四年，藹德曷里祿沒弭施合密毗迦可汗遣使改爲迴鶻，義取迴旋輕捷如鶻也。八年四月，迴鶻請和親，使伊難珠還蕃，宴于三殿，賜以銀器繒帛。是歲，迴鶻數千騎至鸊鵜泉，邊軍戒嚴。十二月二日，宴歸國迴鶻摩尼八人，令至中書見宰臣。先是，迴鶻請和親，憲宗使有司計之，禮費約五百萬貫，方內有誅討，未任其親，以摩尼爲迴鶻信奉，故使宰臣言其不可。乃詔宗正少卿李孝誠使于迴鶻，太常博士殷侑副之，諭其來請之意。

長慶元年，毗伽保義可汗薨，輟朝三日，仍令諸司三品已上官就鴻臚寺弔其使者。四月，正衙册迴鶻君長爲登羅羽錄沒密施句主錄毗伽可汗，以少府監裴通爲檢校左散騎常侍、兼御史大夫，持節册立、兼弔祭使。五月，迴鶻宰相、都督、公主、摩尼等五百七十三人入朝迎公主，於鴻臚寺安置。敕：太和公主出降迴鶻爲可敦，宜令中書舍人王起赴鴻臚寺宣示；以左金吾衞大將軍胡証檢校戶部尚書，持節充送公主入迴鶻及册可汗使；光祿卿李憲加兼御史中丞，充副使；太常博士殷侑改殿中侍御史，充判官。吐蕃犯青塞堡，以迴紇和親故也。鹽州刺史李文悅發兵擊退之。迴鶻奏：「以一萬騎出北庭，一萬騎出安西，拓吐蕃以迎太和公主歸國。」其月敕：「太和公主出降迴紇，宜特置府，其官屬宜視親王例。」

迴紇自咸安公主歿後，屢歸款請繼前好，久未之許。至元和末，其請彌切，憲宗以北虜有勳勞於王室，又西戎比歲爲邊患，遂許以妻之。既許而憲宗崩。穆宗即位，踰年乃封第十妹爲太和公主，將出降，迴紇登邏骨沒密施合毗伽可汗遣使伊難珠、句錄都督思結并外宰相、駙馬、梅錄司馬，兼公主一人、葉護公主一人，及達干并駝馬千餘來迎。太和公主發赴迴紇國，穆宗御通化門左个臨送，使百僚章敬寺前立班，儀衞甚盛，士女傾城觀焉。十一

月，振武節度張惟清奏：「準詔發兵三千赴蔚州，數內已發一千人訖，餘二千人，待太和公主出界即發遣。」又奏：「天德轉牒云：迴鶻七百六十人將駝馬及車，相次至黃蘆泉迎候公主。」豐州刺史李祐奏：「迎太和公主迴鶻三千於柳泉下營拓吐蕃〔三〕。」

二年二月，賜迴紇馬價絹五萬匹。三月，又賜馬價絹七萬匹。是月，裴度招討幽、鎭之亂，迴鶻請以兵從度討伐。朝議以寶應初迴紇收復兩京，恃功驕恣難制，咸以爲不可，遂命中使止迴紇令歸。會其已上豐州北界，不從止。詔發繒帛七萬匹賜之，方還。五月，命使册立登囉骨沒密施合毗伽昭禮可汗〔四〕，遣品官田務豐領國信十二車使迴鶻，賜可汗及太和公主。

長慶二年閏十月，金吾大將軍胡証、副使光祿卿李憲、婚禮使衞尉卿李銳、副使宗正少卿李子鴻、判官虞部郎中張敏、太常博士殷侑送太和公主至自迴紇，皆云：初，公主去迴紇牙帳尚可信宿，可汗遣數百騎來請與公主先從他道去。胡証曰：「不可。」虜使曰：「前咸安公主來時，去花門數百里即先去，今何獨拒我？」証曰：「我天子詔送公主以授可汗，今未見可汗，豈宜先往！」虜使乃止。既至虜庭，乃擇吉日，册公主爲迴鶻可敦。可汗先升樓東向坐，設氈幄於樓下以居公主，使羣胡主教公主以胡法。公主始解唐服而衣胡服，以一嫗侍，出樓前西向拜。可汗坐而視，公主再俯拜訖，復入氈幄中，解前所服而披可敦服，通裾大

纈，皆茜色，金飾冠如角前指，後出樓俯拜可汗如初禮。虜先設大輿曲扆，前設小座，相者引公主升輿，迴紇九姓相分負其輿，隨日右轉於庭者九，公主乃降輿升樓，與可汗俱東向坐。自此臣下朝謁，并拜可敦。可敦自有牙帳，命二相出入帳中。証等將歸，可敦宴之帳中，留連號啼者竟日，可汗因贈漢使以厚貺。

大和元年，命中使以絹二十萬匹付鴻臚寺宣賜迴鶻充馬價。三年正月，中使以絹二十三萬匹賜迴紇充馬價。七年三月，迴紇李義節等將駝馬到，且報可汗三月二十七日薨，已册親弟薩特勤。廢朝三日，仍令諸司文武三品、尚書省四品以上官就鴻臚寺弔其使者。以左驍衞將軍、皇城留守唐弘實爲金吾將軍兼御史大夫，持節充入迴鶻弔祭册立使。九年六月，入朝迴鶻進太和公主所獻馬射女子七人，沙陀小兒二人。開成初，其相有安允合者，與特勤柴革欲篡薩特勤可汗[三]，薩特勤可汗覺，殺柴革及安允合。又有迴鶻相掘羅勿者，擁兵在外，怨誅柴革、安允合，又殺薩特勤可汗，以𠩄馺特勤爲可汗。有將軍句錄末賀恨掘羅勿，走引黠戛斯領十萬騎破迴鶻城，殺𠩄馺，斬掘羅勿，燒蕩殆盡，迴鶻散奔諸蕃。有迴鶻相馺職者，擁外甥龐特勤及男鹿并遏粉等兄弟五人、一十五部西奔葛邏祿，一支投吐蕃，一支投安西。又有近可汗牙十三部，以特勤烏介爲可汗，南來附漢。

初，黠戛斯破迴鶻，得太和公主。黠戛斯自稱李陵之後，與國同姓，遂令達干十人送公

主至塞上。烏介途遇黠戛斯使，達干等並被殺，太和公主却歸烏介可汗，乃質公主同行，南渡大磧，至天德界，奏請天德城與太和公主居。有迴鶻相赤心者，與連位相姓僕固者，與特勤那頡啜擁部衆，不賓烏介。赤心欲犯塞，烏介遣其屬嗢沒斯先布誠於天德軍使田牟，然後誘赤心宰相同謁烏介可汗，戮赤心於可汗帳下幷僕固二人。那頡戰勝，全占赤心下七千帳，東瞰振武、大同，據室韋、黑沙、楡林，東南入幽州雄武軍西北界。幽州節度使張仲武遣弟仲至率兵大破那頡之衆，全收七千帳，殺戮收擒老小近九萬人。那頡中箭，透駝羣潛脫，烏介獲而殺之。

烏介諸部猶稱十萬衆，駐牙大同軍北閭門山，時會昌二年秋，頻劫東陜已北，天德、振武、雲朔，比屋俘戮。詔諸道兵悉至防捍，以河東節度使劉沔充南面招撫迴鶻使；以幽州節度使張仲武充東面招撫迴鶻使。二年冬、三年春，迴鶻特勤龐俱遮、阿敦寧二部，迴鶻公主密羯可敦一部，外相諸洛固阿跌一部，及牙帳大將曹磨你等七部，共三萬衆，相次降於幽州，詔配諸道。有特勤嗢沒斯、阿歷支、習勿啜三部，迴鶻相愛耶勿弘順、迴鶻尙書呂衡等諸部降振武，三部首領皆賜姓李氏，及名思忠、思貞、思惠、思恩，充歸義使。有特勤葉被沽兄李二部南奔吐蕃，有特勤可質力二部東北奔大室韋，有特勤荷勿啜東討契丹，戰死。

會昌三年，迴鶻尙書僕固繹到幽州，約以太和公主歸幽州，烏介去幽州界八十里下營，其親信骨肉及摩尼志淨等四人已先入振武軍。是夜，河東劉沔率兵奄至烏介營，烏介驚走東北約四百里外，依和解室韋下營，不及將太和公主同走。豐州刺史石雄兵遇太和公主帳，因迎歸國。烏介部衆至大中元年詣幽州降，留者漂流餓凍，衆十萬，所存止三千已下。烏介嫁妹與室韋，託附之。爲迴鶻相美權者逸隱啜逼諸迴鶻殺烏介於金山，以其弟特勤遏捻爲可汗，復有衆五千以上，其食用糧羊皆取給於奚王碩舍朗。

大中元年春，張仲武大破奚衆，其迴鶻無所取給，日有耗散。至二年春，唯存名王貴臣五百人已下，依室韋。張仲武因賀正室韋經過幽州，仲武却令還蕃，遣送遏捻等來向幽州。遏捻等懼，是夜與妻葛祿、子特勤毒斯等九騎西走，餘衆奔之不及，迴鶻諸相達官老幼大哭。室韋分迴鶻餘衆爲七分，七姓室韋各占一分。經三宿，黠戛斯相阿播領諸蕃兵稱七萬，從西南天德北界來取遏捻及諸迴鶻，大敗室韋。迴鶻在室韋者，阿播皆收歸磧北。在外猶數帳，散藏諸山深林，盜劫諸蕃，皆西向傾心望安西龐勒之到。龐勒已自稱可汗，有磧西諸城。其後嗣君弱臣強，居甘州，無復昔時之盛。到今時遣使入朝，進玉馬二物及本土所產，交易而返。

史臣曰：自三代以前，兩漢之後，西羌、北狄，互興部族，其名不同，爲患一也。蔡邕云：「邊陲之患，爲手足之疥；中國之困，爲胸背之疽。」突厥爲煬帝之患深矣，隋竟滅，中國之困，其理昭然。自太宗平突厥，破延陀，而迴紇興焉。太宗幸靈武以降之，置州府以安之，以名爵玉帛以恩之。其義何哉？蓋以狄不可盡，而以威惠羈縻之。開元中，三綱正，百姓足，四夷八蠻，翕然向化，要荒之外，畏威懷惠，不其盛矣！天寶末，奸臣弄權於內，逆臣跋扈於外，內外結釁而車駕遷還，華夷生心而神器將墜。肅宗誘迴紇以復京畿，代宗誘迴紇以平河朔，戡難中興之功，大卽大矣！然生靈之膏血已乾，不能供其求取；朝廷之法令並弛，無以抑其憑陵。忍恥和親，姑息不暇。僕固懷恩爲叛，尤甚阽危；郭子儀之能軍，終免侵軼。比昔諸戎，於國之功最大，爲民之害亦深。及勢利日隆，盛衰時變，冰消瓦解，如存若亡，竟爲手足之疥焉。僖、昭之世，黃、朱迭興，竟爲胸背之疽焉。手疥背疽，誠爲確論。

贊曰：土德初隆，比屋可封。朝綱中否，邊鄙興戎。安、史亂國，迴紇恃功。恃功伊何？咸議姑息。民不聊生，國殫其力。華夷有截，盛衰如織。彼旣長惡，我乃修德。疽疥之義，百代可則。

中華書局

校勘記

[一]並號俟斤　「並」字各本原作「步」，據寰宇記卷一九八、冊府卷九五六改。

[二]金微府　「微」字各本原作「徽」，據本書卷一九四上突厥傳、寰宇記卷一九六、新書卷四三下地理志、冊府卷九五六改。

[三]渾部　「渾」下各本原有「都」字，據本書卷一九九下鐵勒傳、寰宇記卷一九八、冊府卷九五六刪。

[四]蹛林州　「蹛」字各本原作「歸」，據本書卷一九九下鐵勒傳、新書卷四三下地理志、卷二一七上回鶻傳改。

[五]翊衛左郎將　「衛」字各本原無，據冊府卷七九四補。

[六]右廂五弩失畢左廂五咄陸　「右」字各本原作「左」，「左」字原作「右」，據本書卷一九四下突厥傳、寰宇記卷一九七改。

[七]娙　各本原作「妹」，據冊府卷九六七、通鑑卷二〇〇改。

[八]磧石口　新書卷二一七上回鶻傳、元和志卷四、寰宇記卷一九九均作「磧口」。

[九]見在上都　「都」字原作「郭」，據通鑑卷二二三及考異引舊書史文改。

[一〇]石野那　「石」字聞、殿、廣本作「古」，懼盈齋、局本作「右」，今據本書卷一二〇郭子儀傳、通鑑卷二二三改。

[一一]六年秋　「六」字各本原作「十」，據本書卷一三德宗紀、通鑑卷二三三改。

[一二]……毗伽懷信可汗　「伽」字各本原無，據唐會要卷九八、通鑑卷二三五補。

[一三]柳泉　各本原作「卿泉」，據冊府卷九七九改。

[一四]……毗伽昭禮可汗　「昭」字各本原無，據唐會要卷九八、新書卷二一七下回鶻傳補。

[一五]特勤柴革　「革」字各本原作「草」，據通鑑卷二四六及考異引舊書史文改。

舊唐書卷一百九十六上

列傳第一百四十六上

吐蕃上

吐蕃，在長安之西八千里，本漢西羌之地也。其種落莫知所出也，或云南涼禿髮利鹿孤之後也。利鹿孤有子曰樊尼，及利鹿孤卒，樊尼尚幼，弟傉檀嗣位，以樊尼爲安西將軍。後魏神瑞元年，傉檀爲西秦乞佛熾盤所滅，樊尼招集餘衆，以投沮渠蒙遜，蒙遜以爲臨松太守。及蒙遜滅，樊尼乃率衆西奔，濟黃河，逾積石，於羌中建國，開地千里。樊尼威惠夙著，爲羣羌所懷，皆撫以恩信，歸之如市。遂改姓爲窣勃野，以禿髮爲國號，語訛謂之吐蕃。其後子孫繁昌，又侵伐不息，土宇漸廣。歷周及隋，猶隔諸羌，未通於中國。

其國人號其王爲贊普，相爲大論、小論，以統理國事。無文字，刻木結繩爲約。雖有官，不常厥職，臨時統領。徵兵用金箭，寇至舉烽燧，百里一亭。用刑嚴峻，小罪剜眼鼻，或

皮鞭鞭之，但隨喜怒而無常科。囚人於地牢，深數丈，二三年方出之。宴異國賓客，必驅犛牛，令客自射牲以供饌。與其臣下一年一小盟，刑羊狗獼猴，先折其足而殺之，繼裂其腸而屠之，令巫者告于天地山川日月星辰之神云：「若心遷變，懷奸反覆，神明鑒之，同于羊狗。」三年一大盟，夜於壇墠之上與衆陳設肴饌，殺犬馬牛驢以爲牲，咒曰：「爾等咸須同心戮力，共保我家，惟天神地祇，共知爾志。有負此盟，使爾身體屠裂，同於此牲。」

其地氣候大寒，不生秔稻，有青稞麥、䅢豆、小麥、喬麥。畜多犛牛猪犬羊馬。又有天鼠，狀如雀鼠，其大如貓，皮可爲裘。又多金銀銅錫。其人或隨畜牧而不常厥居，然頗有城郭。其國都城號爲邏些城。屋皆平頭，高者至數十尺。貴人處於大氈帳，名爲拂廬。寢處汙穢，絕不櫛沐。接手飲酒，以氈爲盤，捻麨爲椀，實以羹酪，并而食之。多事羱羝之神，人信巫覡。不知節候，麥熟爲歲首。圍棋陸博，吹蠡鳴鼓爲戲，弓劍不離身。重壯賤老，母拜於子，子倨於父，出入皆少者在前，老者居其後。軍令嚴肅，每戰，前隊皆死，後隊方進。重兵死，惡病終。累代戰沒，以爲甲門。臨陣敗北者，懸狐尾於其首，表其似狐之怯，稠人廣衆，必以徇焉，其俗恥之，以爲次死。拜必兩手據地，作狗吠之聲，以身再揖而止。居父母喪，截髮，青黛塗面，衣服皆黑，既葬卽吉。其贊普死，以人殉葬，衣服珍玩及嘗所乘馬弓劍之類，皆悉埋之。仍於墓上起大室，立土堆，插雜木爲祠祭之所。

中華書局

貞觀八年，其贊普棄宗弄讚始遣使朝貢。弄讚弱冠嗣位，性驍武，多英略，其鄰國羊同及諸羌並賓伏之。太宗遣行人馮德遐往撫慰之。見德遐，大悅。聞突厥及吐谷渾皆尚公主，乃遣使隨德遐入朝，多賫金寶，奉表求婚，太宗未之許。使者既返，言於弄讚曰：「初至大國，待我甚厚，許嫁公主。會吐谷渾王入朝，有相離間，由是禮薄，遂不許嫁。」弄讚遂與羊同連，發兵以擊吐谷渾。吐谷渾不能支，遁於青海之上，以避其鋒；其國人畜並爲吐蕃所掠。於是進兵攻破党項及白蘭諸羌，率其衆二十餘萬，頓於松州西境。遣使貢金帛，云來迎公主。又謂其屬曰：「若大國不嫁公主與我，卽當入寇。」遂進攻松州。都督韓威輕騎覘賊，反爲所敗，邊人大擾。太宗遣吏部尚書侯君集爲當彌道行營大總管，右領軍大將軍執失思力爲白蘭道行軍總管，左武衞將軍牛進達爲闊水道行軍總管，右領軍將軍劉蘭爲洮河道行軍總管，率步騎五萬以擊之。進達先鋒自松州夜襲其營，斬千餘級。弄讚大懼，引兵而退，遣使謝罪，因復請婚，太宗許之。弄讚乃遣其相祿東贊致禮，獻金五千兩，自餘寶玩數百事。

貞觀十五年，太宗以文成公主妻之，令禮部尚書、江夏郡王道宗主婚，持節送公主於吐蕃。弄讚率其部兵次柏海，親迎於河源。見道宗，執子壻之禮甚恭。既而歎大國服飾禮儀之美，俯仰有愧沮之色。及與公主歸國，謂所親曰：「我父祖未有通婚上國者，今我得尚大

唐公主，爲幸實多。當爲公主築一城，以誇示後代。」遂築城邑，立棟宇以居處焉。公主惡其人赭面，弄讚令國中權且罷之，自亦釋氈裘，襲紈綺，漸慕華風。仍遣酋豪子弟，請入國學以習詩、書。又請中國識文之人典其表疏。

太宗伐遼東還，遣祿東贊來賀，奉表曰：「聖天子平定四方，日月所照之國，並爲臣妾，而高麗恃遠，闕於臣禮。天子自領百萬，度遼致討，隳城陷陣，指日凱旋。夷狄纔聞陛下發駕，少進之間，已聞歸國。雁飛迅越，不及陛下速疾。奴忝預子壻，喜百常夷。夫鵝，猶雁也，故作金鵝奉獻。」其鵝黃金鑄成，其高七尺，中可實酒三斛。二十二年，右衞率府長史王玄策使往西域，爲中天竺所掠，吐蕃發精兵與玄策擊天竺，大破之，遣使來獻捷。

高宗嗣位，授弄讚爲駙馬都尉，封西海郡王，賜物二千段。弄讚因致書于司徒長孫無忌等云：「天子初卽位，若臣下有不忠之心者，當勒兵以赴國除討。」并獻金銀珠寶十五種，請置太宗靈座之前。高宗嘉之，進封爲賨王，賜雜綵三千段。因請蠶種及造酒、碾、磑、紙、墨之匠，並許焉。乃刊石像其形，列昭陵玄闕之下。

永徽元年，弄讚卒。高宗爲之舉哀，遣右武候將軍鮮于臣濟持節賫璽書弔祭。弄讚子早死，其孫繼立，復號贊普，時年幼，國事皆委祿東贊。祿東姓薛氏〔一〕，雖不識文記，而性明毅嚴重，講兵訓師，雅有節制，吐蕃之幷諸羌，雄霸本土，多其謀也。初，太宗既許降文成

公主，贊普使祿東贊來迎，召見顧問，進對合旨，太宗禮之，有異諸蕃，乃拜祿東贊爲右衞大將軍，又以琅邪長公主外孫女段氏妻之。祿東贊辭曰：「臣本國有婦，父母所聘，情不忍乖。且贊普未謁公主，陪臣安敢輒娶。」太宗嘉之，欲撫以厚恩，雖奇其答而不遂其請。祿東贊有子五人：長曰贊悉若，早死；次欽陵，次贊婆，次悉多于，次勃論。及東贊死，欽陵兄弟復專其國。

後與吐谷渾不和，龍朔、麟德中遞相表奏，各論曲直，國家依違，未爲與奪。吐蕃怨怒，遂率兵以擊吐谷渾，吐谷渾大敗，河源王慕容諾曷鉢及弘化公主脫身走投涼州，遣使告急。咸亨元年四月，詔以右威衞大將軍薛仁貴爲邏娑道行軍大總管，左衞員外大將軍阿史那道眞、右衞將軍郭待封爲副，率衆十餘萬以討之。軍至大非川，爲吐蕃大將論欽陵所敗，仁貴等並坐除名。吐谷渾全國盡沒，唯慕容諾曷鉢及其親信數千帳來內屬，仍徙於靈州。自是吐蕃連歲寇邊，當、悉等州諸羌盡降之。

上元三年，進寇鄯、廓等州，殺掠人吏，高宗命尚書左僕射劉仁軌往洮河軍鎭守以禦之。儀鳳三年，又命中書令李敬玄兼鄯州都督，往代仁軌於洮河鎭守。仍召募關內、河東及諸州驍勇，以爲猛士，不簡色役。亦有嘗任文武官者召入殿庭賜宴，遣往擊之。又令益州長史李孝逸、巂州都督拓王奉等發劍南、山南兵募以防禦之。其年秋，敬玄與工部尚書

劉審禮率兵與吐蕃戰于青海，官軍敗績，審禮沒于陣，敬玄按軍不敢救。俄而收軍卻出，頓于承風嶺，阻泥溝不能動，賊屯於高岡以壓之。偏將左領軍員外將軍黑齒常之率敢死之士五百人，夜斫賊營，賊遂潰亂，自相蹂踐，死者三百餘人。敬玄遂擁衆鄯州，坐貶爲衡州刺史。往劍南兵募，於茂州之西南築安戎城以壓其境。俄有生羌爲吐蕃鄉導，攻陷其城，遂引兵守之。時吐蕃盡收羊同、党項及諸羌之地，東與涼、松、茂、巂等州相接，南至婆羅門，西又攻陷龜茲、疏勒等四鎭，北抵突厥，地方萬餘里，自漢、魏已來，西戎之盛，未之有也。

高宗聞審禮等敗沒，召侍臣問綏禦之策，中書舍人郭正一曰：「吐蕃作梗，年歲已深，命將興師，相繼不絕。空勞士馬，虛費糧儲，近討則徒損兵威，深入則未窮巢穴。望少發兵募，且遣備邊，明烽堠，勿令侵抄。使國用豐足，人心叶同，寬之數年，可一舉而滅。」給事中劉齊賢、皇甫文亮等皆言嚴守之便。尋而黑齒常之破吐蕃大將贊婆及素和貴於良非川，殺獲二千餘級，吐蕃遂引退。詔以常之爲河源軍使以鎭禦之。

儀鳳四年，贊普卒。其子器弩悉弄嗣位，復號贊普，時年八歲，國政復委於欽陵。遣其大臣論寒調傍來告喪，且請和。高宗遣郎將宋令文入蕃會葬。永隆元年，文成公主薨，高宗又遣使弔祭之。

則天臨朝，命文昌右相韋待價爲安息道大總管，安西大都護閻溫古爲副。永昌元年，

率兵往征吐蕃，遲留不進，待價坐流繡州[三]，溫古處斬。待價素無統禦之才，遂狼狽失據，士卒饑饉，皆轉死溝壑。明年，又命文昌右相岑長倩爲武威道行軍大總管以討吐蕃，中路退還，軍竟不行。如意元年，吐蕃大首領曷蘇率其所屬并貴川部落請降，則天令右玉鈐衞大將軍張玄遇率精卒二萬充安撫使以納之。師次大渡水，曷蘇事洩，爲本國所擒。又有大首領昝捶率羌蠻部落八千餘人詣玄遇內附，玄遇以其部落置葉川州，以昝捶爲刺史，仍於大度西山勒石紀功而還。長壽元年，武威軍總管王孝傑大破吐蕃之衆，克復龜茲、于闐、疏勒、碎葉等四鎮，乃於龜茲置安西都護府，發兵以鎮守之。萬歲登封元年，孝傑復爲肅邊道大總管，率副總管婁師德與吐蕃將論欽陵、贊婆戰于素羅汗山，官軍敗績，孝傑坐免官。萬歲通天元年，吐蕃四萬衆奄至涼州城下，都督許欽明初不之覺，輕出按部，遂遇賊，拒戰久之，力屈爲賊所殺。時吐蕃又遣使請和，則天將許之；論欽陵乃請去安西四鎮兵，仍索分十姓之地，則天竟不許之。

吐蕃自論欽陵兄弟專統兵馬，欽陵每居中用事，諸弟分據方面，贊婆則專在東境，與中國爲鄰，三十餘年，常爲邊患。其兄弟皆有才略，諸蕃憚之。聖曆二年，其贊普器弩悉弄年漸長，乃與其大臣論巖等密圖之。時欽陵在外，贊普乃佯言將獵，召兵執欽陵親黨二千餘人，殺之。發使召欽陵、贊婆等，欽陵舉兵不受召，贊普自帥衆討之，欽陵未戰而潰，遂自

殺，其親信左右同日自殺者百餘人。贊婆率所部千餘人及其兄子莽布支等來降，則天遣羽林飛騎郊外迎之，授贊婆輔國大將軍、行右衞大將軍，封歸德郡王，優賜甚厚，仍令領其部兵於洪源谷討擊。尋卒，贈特進、安西大都護。

久視元年，吐蕃又遣其將麴莽布支寇涼州，圍逼昌松縣。隴右諸軍州大使唐休璟與莽布支戰于洪源谷，斬其副將二人，獲首二千五百級。長安二年，贊普率衆萬餘人寇悉州，都督陳大慈與賊凡四戰，皆破之，斬首千餘級。於是吐蕃遣使論彌薩等入朝請求和，則天宴之於麟德殿，奏百戲於殿庭。論彌薩曰：「臣生於邊荒，由來不識中國音樂，乞放臣親觀。」則天許之。於是論彌薩等相視笑忭拜謝曰：「臣自歸投聖朝，前後禮數優渥，又得親觀奇樂，一生所未見。自顧微瑣，何以仰答天恩，區區褊心，唯願大家萬歲。」明年，又遣使獻馬千匹、金二千兩以求婚，則天許之。

時吐蕃南境屬國泥婆羅門等皆叛，贊普自往討之，卒於軍中。諸子爭立，久之，國人立器弩悉弄之子棄隸蹜贊爲贊普，時年七歲。中宗神龍元年，吐蕃使來告喪，中宗爲之舉哀，廢朝一日。俄而贊普之祖母遣其大臣悉薰熱來獻方物，爲其孫請婚，中宗以所養雍王守禮女爲金城公主許嫁之[五]。自是頻歲貢獻。景龍三年十一月，又遣其大臣尚贊吐等來迎女，中宗宴之於苑內毬場，命駙馬都尉楊慎交與吐蕃使打毬，中宗率侍臣觀之。四年正月，

制曰：

聖人布化，用百姓爲心；王者垂仁，以八荒無外。故能光宅遐邇，裁成品物。由是隆周理曆，恢柔遠之圖；強漢乘時，建和親之議。斯蓋御宇長策[四]，經邦茂範。朕受命上靈，克纂洪業，庶幾前烈，永致和平。睠彼吐蕃，僻在西服，皇運之始，早申朝貢。太宗文武聖皇帝德侔覆載，情深億兆，思偃兵甲，遂通姻好，數十年間，一方清淨。自文成公主往化其國，因多變革，我之邊隅，亟興師旅，彼之蕃落，頗聞彫弊。頃者贊普及祖母可敦、酋長等，屢披誠款，積有歲時，思託舊親，請崇新好。金城公主，朕之少女，豈不鍾念，但爲人父母，志息黎元，若允乃誠祈，更敦和好，則邊土寧晏，兵役服息。遂割深慈，爲國大計，築茲外館，聿膺嘉禮，降彼吐蕃贊普，即以今月進發，朕親自送于郊外。

中宗召侍中紀處訥謂曰：「昔文成公主出降，則江夏王送之。卿雅識蕃情，有安邊之略，可爲朕充吐蕃使也。」處訥拜謝，既而以不練邊事固辭。上又令中書侍郎趙彥昭充使。彥昭以既充外使，恐失其權寵，殊不悅，司農卿趙履溫私謂之曰：「公國之宰輔，而爲一介之使，不亦鄙乎？」彥昭曰：「然計將安出？」履溫因陰託安樂公主密奏留之。於是以左衞大將軍楊矩使焉。其月，帝幸始平縣以送公主，設帳殿於百頃泊側，引王公宰相及吐蕃使入宴。

中坐酒闌，命吐蕃使進前，諭以公主孩幼，割慈遠嫁之旨，上悲泣歔欷久之。因命從臣賦詩餞別，曲赦始平縣大辟罪已下，百姓給復一年，改始平縣爲金城縣，又改其地爲鳳池鄉愴別里。公主既至吐蕃，別築一城以居之。

睿宗即位，攝監察御史李知古上言：「姚州諸蠻，先屬吐蕃，請發兵擊之。」遂令知古徵劍南兵募往經略之。蠻酋傍名乃引吐蕃攻知古，殺之，仍斷其屍以祭天。時張玄表爲安西都護，又與吐蕃比境，互相攻掠，吐蕃內雖怨怒，外敦和好。時楊矩爲鄯州都督，吐蕃遣使厚遺之，因請河西九曲之地以爲金城公主湯沐之所，矩遂奏與之。吐蕃既得九曲，其地肥良，堪頓兵畜牧，又與唐境接近，自是復叛，始率兵入寇。

開元二年秋，吐蕃大將坌達焉、乞力徐等率衆十餘萬寇臨洮軍，又進寇蘭、渭等州，掠監牧羊馬而去。楊矩悔懼，飲藥而死。玄宗令攝左羽林將軍薛訥及太僕少卿王晙率兵邀擊之。仍下詔將大舉親征，召募將士，克期進發。俄而晙等與賊相遇於渭源之武階驛，前軍王海賓力戰死之，晙等率兵而進，大破吐蕃之衆，殺數萬人，盡收得所掠羊馬。賊餘黨奔北，相枕藉而死，洮水爲之不流。上遂罷親征，命紫微舍人倪若水往按軍實，仍弔祭王海賓而還。吐蕃遣其大臣宗俄因子至洮河祭其死亡之士，仍款塞請和，上不許之。自是連年犯邊，郭知運、王君㚟相次爲河西節度使以捍之。

中華書局

吐蕃既自恃兵強，每通表疏，求敵國之禮，言詞悖慢，上甚怒之。及封禪禮畢，中書令張說奏言：「吐蕃醜逆，誠負萬誅，然又事征討，實爲勞弊。且十數年甘、涼、河、鄯徵發不息，縱令屢勝，亦不能補。聞其悔過請和，惟陛下遣使，許其稽顙內屬，以息邊境，則蒼生幸甚。」上曰：「待吾與王君㚟籌之。」說出，謂源乾曜曰：「君㚟勇而無謀，常思僥倖，兩國和好，何以爲功？若入陳謀，則吾計不遂矣。」尋而君㚟入朝奏事，遂請率兵深入以討之。

十五年正月，君㚟率兵破吐蕃于青海之西，虜其輜重及羊馬而還。先是，吐蕃大將悉諾邏率衆入攻大斗谷，又移攻甘州，焚燒市里。君㚟畏其鋒，不敢出戰。會大雪，賊凍死者甚衆，遂取積石軍西路而還。君㚟先令人潛入賊境，於其歸路燒草。悉諾邏軍還至大非川，將士息甲牧馬，而野草皆盡，馬死過半。君㚟與秦州都督張景順等率衆襲其後，入至青海之西，時海水冰合，將士並乘冰而渡。會悉諾邏已渡大非川，輜重及疲兵尚在青海之側，君㚟縱兵俘之而還。其年九月，吐蕃大將悉諾邏恭祿及燭龍莽布支攻陷瓜州城，執刺史田元獻及王君㚟之父壽，盡取城中軍資及倉糧，仍毀其城而去。又進攻玉門軍及常樂縣，縣令賈師順嬰城固守，凡八十日，賊遂引退。俄而王君㚟爲迴紇餘黨所殺，乃命兵部尚書蕭嵩爲河西節度使，以建康軍使、左金吾將軍張守珪爲瓜州刺史，修築州城，招輯百姓，令其復業。時悉諾邏恭祿威名甚振，蕭嵩乃縱反間於吐蕃，云其與中國潛通，贊普遂召而誅之。

明年秋，吐蕃大將悉末朗復率衆攻瓜州，守珪出兵擊走之。隴右節度使、鄯州都督張忠亮引兵至青海西南渴波谷，與吐蕃接戰，大破之。俄而積石、莫門兩軍兵馬總至，與忠亮合勢追討，破其大莫門城，生擒千餘人，獲馬一千匹、犛牛五百頭，器仗衣資甚衆，又焚其駱駝橋而還。八月，蕭嵩又遣副將杜賓客率弩手四千人與吐蕃戰于祁連城下，自辰至暮，散而復合，賊徒大潰，臨陣斬其副將一人。賊敗，散走投山，哭聲四合。初，上聞吐蕃重來入寇，謂侍臣曰：「吐蕃驕暴，恃力而來，朕今按地圖，審利害，親指授將帥，破之必矣。」數日而露布至。

十七年，朔方大總管信安王禕又率兵赴隴右，拔其石堡城，斬首四百餘級，生擒二百餘口，遂於石堡城置振武軍，仍獻其俘囚于太廟。於是吐蕃頻遣使請和，忠王友皇甫惟明因奏事面陳通和之便。上曰：「吐蕃贊普往年嘗與朕書，悖慢無禮，朕意欲討之，何得和也！」惟明曰：「開元之初，贊普幼稚，豈能如此。必是在邊軍將務邀一時之功，僞作此書，激怒陛下。兩國既鬭，興師動衆，因利乘便，公行隱盜，僞作功狀，以希勳爵，所損鉅萬，何益國家。今河西、隴右，百姓疲竭，事皆由此。若陛下遣使往視金城公主，因與贊普面約通和，令其稽顙稱臣，永息邊境，此永代安人之道也。」上然其言，因令惟明及內侍張元方充使往問吐蕃。惟明、元方等至吐蕃，既見贊普及公主，具宣上意。贊普等欣然請和，盡出貞觀以來

前後敕書以示惟明等，令其重臣名悉獵隨惟明等入朝，上表曰：

外甥是先皇帝舅宿親，又蒙降金城公主，遂和同爲一家，天下百姓，普皆安樂。中間爲張玄表、李知古等東西兩處先動兵馬，侵抄吐蕃，邊將所以互相征討，迄至今日，遂成釁隙。外甥以先代文成公主、今金城公主之故，深識尊卑，豈敢失禮。又緣年小，枉被邊將讒搆鬭亂，令舅致怪。伏乞垂察追留，死將萬足。前數度使人入朝，皆被邊將不許，所以不敢自奏。去冬公主遣使人婁衆失力將狀專往，蒙降使看公主來，外甥不勝喜荷。謹遣論名悉獵及副使押衙將軍浪些紇夜悉獵入朝〔三〕，奏取進止。兩國事意，悉獵所知。外甥蕃中已處分邊將，不許抄掠，若有漢人來投，便令却送。伏望皇帝舅遠察赤心，許依舊好，長令百姓快樂。如蒙聖恩，千年萬歲，外甥終不敢先違盟誓。謹奉金胡瓶一、金盤一、金椀一、馬腦盃一、零羊衫段一，謹充微國之禮。

金城公主又別進金鵝盤盞雜器物等。十八年十月，名悉獵等至京師，上御宣政殿，列羽林仗以見之。悉獵頗曉書記，先曾迎金城公主至長安，當時朝廷皆稱其才辯。及是上引入內宴，與語，甚禮之，賜紫袍金帶及魚袋，并時服、繒綵、銀盤、胡瓶，仍於別館供擬甚厚。悉獵受袍帶器物而却進魚袋，辭曰：「本國無此章服，不敢當殊異之賞。」上嘉而許之。詔御史大夫崔琳充使報聘。仍於赤嶺各豎分界之碑，約以更不相侵。

時吐蕃使奏云：「公主請毛詩、禮記、左傳、文選各一部。」制令祕書省寫與之。正字于休烈上疏請曰：

臣聞戎狄，國之寇也；經籍，國之典也。戎之生心，不可以無備；典有恆制，不可以假人。傳曰：「裔不謀夏，夷不亂華。」所以格其非心，在乎有備無患。昔東平王入朝求史記、諸子，漢帝不與。蓋以史記多兵謀，諸子雜詭術。夫以東平，漢之懿戚，尚不欲示征戰之書；今西戎，國之寇讎，豈可貽經典之事！且臣聞吐蕃之性，慓悍果決，敏情持銳，善學不迴。若達於書，必能知戰。深於詩，則知武夫有師干之試；深於禮，則知月令有興廢之兵；深於傳，則知用師多詭詐之計；深於文，則知往來有書檄之制。何異借寇兵而資盜糧也！臣聞魯秉周禮，齊不加兵；吳獲乘車，楚疲奔命。一以守典存國，一以喪法危邦，可取鑒也。且公主下嫁從人，遠適異國，合慕夷禮，返求良書，愚臣料之，恐非公主本意也。慮有奔北之類，勸教於中。若陛下慮失蕃情，以備國信，必不得已，請去春秋。當周德既衰，諸侯強盛，禮樂自出，戰伐交興，情僞於是乎生，變詐於是乎起，則有以臣召君之事，取威定霸之名。若與此書，國之患也。傳曰：「于奚請曲縣繁纓，仲尼曰：『惜也，不如多與之邑。惟名與器，不可假人。』」狄固貪婪，貴貨易士，正可錫之錦綺，厚以玉帛，何必率從其求，以資其智。臣忝叨列位，職刊祕籍，實痛經

典，棄在戎夷。昧死上聞，惟陛下深察。

疏奏不省。二十一年，又制工部尚書李暠往聘吐蕃，每唐使入境，所在盛陳甲兵及騎馬，以矜其精銳。二十二年，遣將軍李佺於赤嶺與吐蕃分界立碑。二十四年正月，吐蕃遣使貢方物金銀器玩數百事，皆形制奇異。上令列於提象門外，以示百僚。

其年，吐蕃西擊勃律，遣使來告急，上使報吐蕃，令其罷兵。吐蕃不受詔，遂攻破勃律國，上甚怒之。時散騎常侍崔希逸爲河西節度使，於涼州鎮守。時吐蕃與漢樹柵爲界，置守捉使。希逸謂吐蕃將乞力徐曰：「兩國和好，何須守捉，妨人耕種。請皆罷之，以成一家，豈不善也？」乞力徐報曰：「常侍忠厚，必是誠言。但恐朝廷未必皆相信任。萬一有人交搆，掩吾不備，後悔無益也。」希逸固請之，遂發使與乞力徐殺白狗爲盟，各去守備。於是吐蕃畜牧被野。俄而希逸傔人孫誨入朝奏事，誨欲自邀其功，因奏言「吐蕃無備，若發兵掩之，必克捷」。上使內給事趙惠琮與孫誨馳往觀察事宜。惠琮等至涼州，遂矯詔令希逸掩襲之，希逸不得已而從之，大破吐蕃於青海之上，殺獲甚衆，乞力徐輕身遁逸。惠琮、孫誨皆加厚賞，吐蕃自是復絕朝貢。希逸以失信怏怏，在軍不得志，俄遷爲河南尹，行至京師，與趙惠琮俱見白狗爲祟，相次而死。孫誨亦以罪被戮。詔以岐州刺史蕭炅爲戶部侍郎判涼州事，代希逸爲河西節度使；鄯州都督杜希望爲隴右節度使；太僕卿王昱爲益州長史（六）、劍南節度使，分道經略，以討吐蕃。仍令毀其分界之碑。

二十六年四月，杜希望率衆攻吐蕃新城，拔之，以其城爲威戎軍（七），發兵一千以鎮之。其年七月，希望又從鄯州發兵奪吐蕃河橋，於河左築鹽泉城。吐蕃將兵三萬人以拒官軍，希望引衆擊破之，因於鹽泉城置鎮西軍。時王昱又率劍南兵募攻其安戎城。先於安戎城左右築兩城，以爲攻拒之所，頓兵於蓬婆嶺下，運劍南道資粮以守之。其年九月，吐蕃悉銳以救安戎城，官軍大敗，兩城並爲賊所陷，昱脫身走免，將士已下數萬人及軍糧資仗等並沒于賊。昱坐左遷括州刺史。初昱之在軍，謬賞其子錢帛萬計，并擅與紫袍等，所費鉅萬，坐是尋又重貶爲端州高要尉而死。

二十七年七月，吐蕃又寇白草、安人等軍，敕臨洮、朔方等軍分兵救援。時吐蕃於中路屯兵，斷臨洮軍之路。白水軍守捉使高束于拒守連旬，俄而賊退，蕭炅遣偏將掩其後，擊破之。王昱既敗之後，詔以華州刺史張宥爲益州長史、劍南防禦使，主客員外郎章仇兼瓊爲益州司馬、防禦副使。宥既文吏，素無攻戰之策，兼瓊遂專其戎事。俄而兼瓊入奏，盛陳攻取安戎之策，上甚悅，徙張宥爲光祿卿，拔兼瓊令知益州長史事，代張宥節度，仍爲之親畫取城之計。

二十八年春，兼瓊密與安戎城中吐蕃翟都局及維州別駕董承宴等通謀，都局等遂翻城

歸款，因引官軍入城，盡殺吐蕃將士，使監察御史許遠率兵鎮守。上聞之甚悅。中書令李林甫等上表曰：「伏以吐蕃此城，正當衝要，憑險自固，恃以窺邊。積年以來，蟻聚爲患，縱有百萬之衆，難以施功。陛下親紆祕策，不興師旅，頃令中使李思敬曉喻羌族，莫不懷恩，翻然改圖，自相謀陷。神算運於不測，睿略通於未然，累載逋誅，一朝蕩滅。又臣等今日奏事，陛下從容問臣等曰：『卿等但看四夷不久當漸摧喪。』德音纔降，遽聞戎捷。則知聖與天合，應如響至，前古以來，所未有也。請宜示百僚，編諸史策。」手制答曰：「此城儀鳳年中羌引吐蕃，遂被固守，歲月既久，攻伐亦多。其地險阻，非力所制。朝廷羣議，不合取之。朕以小蕃無知，事須處置，授以奇計，所以行之，獲彼戎心，歸我城守，有足爲慰也。」其年十月，吐蕃又引衆寇安戎城及維州，章仇兼瓊遣裨將率衆禦之，仍發關中彍騎以救援焉。時屬凝寒，賊久之自引退。詔改安戎城爲平戎城。

二十九年春，金城公主薨，吐蕃遣使來告哀，仍請和，上不許之。使到數月後，始爲公主舉哀於光順門外，輟朝三日。六月，吐蕃四十萬攻承風堡，至河源軍，西入長寧橋，至安仁軍，渾崖峯騎將盛希液以衆五千攻而破之。十二月，吐蕃又襲石堡城，節度使蓋嘉運不能守，玄宗憤之。天寶初，令皇甫惟明、王忠嗣爲隴右節度，皆不能克。七載，以哥舒翰爲隴右節度使，攻而拔之，改石堡城爲神武軍。

天寶十四載，贊普乞黎蘇籠獵贊死，大臣立其子婆悉籠獵贊爲主，復爲贊普。玄宗遣京兆少尹崔光遠兼御史中丞，持節齎國信冊命弔祭之。及還，而安祿山已竊據洛陽，以河、隴兵募令哥舒翰爲將，屯潼關。

昔秦以隴山已西爲隴西郡。漢懷匈奴於河右，置姑臧、張掖、酒泉、伊吾等郡；又於磧外置西域都護，控引胡國；又分隴西爲金城、西平等郡，雜以氐、羌居之。歷代喪亂，不爲賢豪所據，則爲遠夷侵廢，迨千年矣。武德初，薛仁杲奄有隴上之地，至於河虜；李軌盡有涼州之域（八），通於磧外。貞觀中，李靖破吐谷渾，侯君集平高昌，阿史那社爾開西域，置四鎮。前王之所未伏，盡爲臣妾，秦、漢之封域，得議其土境耶！於是歲調山東丁男爲戍卒，繒帛爲軍資，有屯田以資糗糧，牧使以娩羊馬。大軍萬人，小軍千人，烽戍邏卒，萬里相繼，以却於強敵。隴右鄯州爲節度，河西涼州爲節度，安西、北庭亦置節度，關內則於靈州置朔方節度，又有受降城、單于都護庭爲之藩衞。及潼關失守，河洛阻兵，於是盡徵河隴、朔方之將鎮兵入靖國難，謂之行營。曩時軍營邊州無備預矣。乾元之後，吐蕃乘我間隙，日蹙邊城，或爲虜掠傷殺，或轉死溝壑。數年之後，鳳翔之西，邠州之北，盡蕃戎之境，湮沒者數十州。

肅宗元年建寅月甲辰，吐蕃遣使來朝請和，敕宰相郭子儀、蕭華、裴遵慶等於中書設

宴〔九〕。將詣光宅寺爲盟誓，使者云：蕃法盟誓，取三牲血歃之，無向佛寺之事，請明日須於鴻臚寺歃血，以申蕃戎之禮。從之。寶應元年六月，吐蕃使燭番莽耳等二人貢方物入朝，乃於延英殿引見，勞賜各有差。而劍南西山又與吐蕃、氐、羌隣接，武德以來，開置州縣，立軍防，卽漢之笮路，乾元之後，亦陷於吐蕃。寶應二年三月，遣左散騎常侍兼御史大夫李之芳、左庶子兼御史中丞崔倫使于吐蕃，至其境而留之。

廣德元年九月，吐蕃寇陷涇州。十月，寇邠州，又陷奉天縣。遣中書令郭子儀西禦。吐蕃以吐谷渾、党項羌之衆二十餘萬，自龍光度而東。郭子儀退軍，車駕幸陝州，京師失守。降將高暉引吐蕃入上都城，與吐蕃大將馬重英等立故邠王男廣武王承宏爲帝，立年號，大赦，署置官員，尋以司封崔瓌等爲相〔一〇〕。郭子儀退軍南保商州，吐蕃居城十五日退，官軍收上都，以郭子儀爲留守。

初，車駕東幸，衣冠戚里盡南投荊襄及隱竄山谷，於是六軍將士持兵剽劫，所在阻絕。郭子儀領部曲數百人及其妻子僕從南入牛心谷，駝馬車牛數百兩，子儀遲留，未知所適。行軍判官、中書舍人王延昌、監察御史李萼謂子儀曰：「令公身爲元帥，主上蒙塵於外，家國之事，一至於此。今吐蕃之勢日逼，豈可懷安於谷中，何不南趨商州，漸赴行在。」子儀遽從之。延昌曰：「吐蕃知令公南行，必分兵來逼，若當大路，事卽危矣。不如取玉山路而去，出

其不意。」子儀又從之。延昌與李萼皆從子儀，子儀之隊千餘人，山路狹隘，連延百餘里，人不得馳。延昌與萼恐狹徑被追，前後不相救，至倒迴口，遂與子儀別行，踰絕澗，登七盤，趨于商州〔一一〕。先是，六軍將張知節與麾下數百人自京城奔于商州，大掠避難朝官、士庶及居人資財鞍馬，已有日矣。延昌與萼旣至，說知節曰：「將軍身掌禁兵，軍敗而不赴行在，又恣其下虜掠，何所歸乎？今郭令公元帥也，已欲至洛南，將軍若整頓士卒，喻以禍福，請令公來撫之，以圖收長安，此則將軍非常之功也。」知節大悅。其時諸軍將臧希讓、高昇、彭體盈、李惟詵等數人，各有部曲，率其數十騎，相次而至，又從其計，皆相率爲軍，約不侵暴。延昌留于軍中主約，萼以數騎往迎子儀，去洛南十餘里，及之，遂與子儀迴至商州。諸將大喜，皆遵其約束。

吐蕃將入京師也，前光祿卿殷仲卿逃難而出，鞍馬衣服盡爲土賊所掠。仲卿至藍田，糾合散兵及諸驍勇願從者百餘人，南保藍田，以拒吐蕃，其衆漸振，至于千人。子儀旣至商州，未知仲卿之舉，募人往探賊勢，羽林將軍長孫全緒請行，以二百騎隸之。又令太子賓客第五琦攝京兆尹，同收長安。全緒至韓公堆，晝則擊鼓，廣張旗幟，夜則多燃火以疑吐蕃。仲卿探知官軍，其勢益壯，遂相爲表裏，以狀聞于子儀。仲卿帥二百餘騎遊奕，直渡滻水。吐蕃懼，問百姓，百姓皆紿之曰：「郭令公自商州領衆却收長安，大軍不知其數。」賊以爲然，

遂抽軍而還，餘衆尙在城。軍將王撫及御史大夫王仲昇頓兵自苑中入，椎鼓大呼，仲卿之師又入城，吐蕃皆奔走，乃收上都。郭子儀乘之，鼓行入長安，人心乃安。

吐蕃退至鳳翔，節度孫志直閉門拒之，吐蕃圍守數日。會鎭西節度、兼御史中丞馬璘領精騎千餘自河西救楊志烈迴，引兵入城。遲明，單騎持滿，直衝賊衆，左右願從者百餘騎，璘奮擊大呼，賊徒披靡，無敢當者，賊疲而歸。賊衆恃其驍勇，翌日又逼城請戰，璘披甲開懸門，賊乃抽退，皆曰：「此將不惜死，不可當，且避之。」又復居原、會、成、渭之地。

十二月，乘輿還上都。二年五月，放李之芳還。九月，叛將僕射、大寧郡王僕固懷恩自靈武遣其黨范志誠、任敷等引吐蕃、吐谷渾之衆來犯王畿。十月，懷恩之衆至邠州挑戰，節度白孝德及副元帥先鋒郭晞嬰城拒之，以挫其鋒。賊衆遂逼奉天縣西二十里爲營，郭子儀屯於奉天，又按軍不戰。郭晞於邠州西三十里，令精騎二百五十人、步卒五十人斫懷恩營，破五千衆，斬首千餘級，生擒八十五人，降其大將四人，馬五百匹。十一月，僕固懷恩引吐蕃之衆退。

廣德二年，河西節度楊志烈被圍，守數年，以孤城無援，乃跳身西投甘州，涼州又陷於寇。

永泰元年三月，吐蕃請和，遣宰相元載、杜鴻漸等於興唐寺與之盟而罷。秋九月，僕固

懷恩誘吐蕃、迴紇之衆，南犯王畿。吐蕃大將尙結息贊磨、尙息東贊、尙野息及馬重英率二十萬衆至奉天界，邠州節度使白孝德不能禦，京城戒嚴。先是，朔方先鋒兵馬使渾日進、孫守亮屯軍於奉天以拒之，於是詔追副元帥郭子儀於河中府領衆赴援，屯於涇陽，諸將各屯守要害。初，吐蕃列營奉天，渾日進單騎衝之，驍騎二百人繼進，衝突其營，左右擊刺，賊徒驚駭，無不應弦而斃。日進挾一蕃將，躍馬而歸，蕃將奮身，失其撤飯一，日進之衆，無中鋒鏑者，軍中望而益振。明日，吐蕃悉衆圍之，日進命抛車夾石投之，雜以弓弩，賊死傷衆。數日，斂軍回營。尋又日進夜斫賊營於梁母神下，殺千餘人，生擒五百人，獲駝馬器械。

上又下詔親征，括朝官馬，京城置團練。鎭西節度馬璘遇吐蕃遊奕四百餘人於武功東原，使五十人擊而盡殺之，無噍類。自十七日雨至二十五日晚際始止〔一二〕，議者以爲天助。逆黨任敷以兵五千餘人犯白水縣。渾日進露布而至，屯於奉天馬嵬店。今月十九日已後至二十五日已前，交戰二百餘陣，破吐蕃一萬餘衆，斬首五千級，生擒一百六十人，馬一千二百四十二匹，駝一百一十五頭，器械、幡旗共三萬餘事。朝官震懼，家口迴避者十室八九，禁之不止。自前年吐蕃犯王畿後，於中渭橋鄠豐城以營兵，至是功畢。

吐蕃退至永壽北，遇迴紇之衆，雖聞懷恩死，皆悖其衆，相誘而奔，復來寇。至奉天，兩

蕃猜貳爭長，別爲營壘。吐蕃遊奕至寘底，吐蕃又至馬嵬店，因縱火焚居人廬舍而退。迴紇三千騎詣涇陽降款，請擊吐蕃爲効，子儀許之。於是朔方先鋒兵馬使開府南陽郡王白元光與迴紇合於涇陽，靈臺縣東五十里攻破吐蕃，斬首及生擒獲駝馬牛羊甚衆。上停親征，京師解嚴，宰相上表稱賀。

校勘記

〔一〕葜氏　通典卷一九〇、寰宇記卷一八五作「薛氏」。

〔二〕繡州　各本原作「浦州」，據本書卷六則天紀、卷七七韋挺傳、通鑑卷二〇四改。

〔三〕雍王守禮　「守」字各本原作「宗」，據御覽卷七九八、冊府卷九七九改。

〔四〕斯蓋御宇長策　「御」字各本原無，據御覽卷七九八、唐大詔令集卷四二補。

〔五〕讙遣論名悉獵　各本原作「護遣諭名悉獵」，據殘宋本冊府卷九七九改。

〔六〕王昱　「昱」字各本原作「昊」，據本書卷九玄宗紀、卷一〇三王忠嗣傳、新書卷二一六上吐蕃傳改。下同。

〔七〕威戎軍　「戎」字各本原作「武」，據本書卷九玄宗紀、通典卷一七二改。

〔八〕李軌　各本原作「李皦」，據合鈔卷二五六上吐蕃傳改。

〔九〕裴遵慶　「裴」字各本原作「張」，據本書卷一一三裴遵慶傳、新書卷二一六上吐蕃傳改。

〔一〇〕尋以司封崔瓌等爲相　通鑑卷二二三作「以前翰林學士于可封等相」，疑史文有誤。

〔一一〕京城　「京」字各本原無，據通鑑卷二二三考異引舊書史文補。

〔一二〕自十七日雨至二十五日晚際始止　「雨」字各本原無，據合鈔卷二五六上吐蕃傳補。

舊唐書卷一百九十六下

列傳第一百四十六下

吐蕃下

永泰二年二月，命大理少卿兼御史中丞楊濟修好于吐蕃。四月，吐蕃遣首領論泣藏等百餘人隨濟來朝，且謝申好。大曆二年十月，靈州破吐蕃二萬餘衆，生擒五百人，獲馬一千五百匹。十一月，和蕃使、檢校戶部尚書、兼御史大夫薛景仙自吐蕃使還，首領論泣陵隨景仙來朝，景仙奏云：「贊普請以鳳林關爲界。」俄又遣使路悉等十五人來朝。三年八月，吐蕃十萬寇靈武，大將尚悉摩寇邠州，邠寧節度使馬璘破二萬餘衆，擒其俘以獻之。九月，寇靈州，朔方騎將白元光破之。俄又復破二萬衆於靈武，獲羊馬數千計。關內副元帥郭子儀於靈州破吐蕃六萬餘衆。十二月，以蕃寇歲犯西疆，增修鎮守，乃移馬璘鎮涇州，仍爲涇原節度使。劍南西川亦破吐蕃萬餘衆。五年五月，徙置當〔一〕、悉、拓、靜、恭五州于山陵要害

之地，以備吐蕃。

八年秋，吐蕃六萬騎寇靈武，蹂踐我禾稼而去。十月，寇涇、邠等州，郭子儀遣先鋒將渾瑊與賊戰于宜祿，我師不利，副將史籍等三人死之，村墅居人爲驅掠者凡千餘人。是夜，瑊收合散卒襲賊營，會馬璘亦襲其輜重，凡殺數千人，賊遂潰。子儀大破吐蕃十餘萬衆。初，吐蕃犯我邠郊，馬璘以精卒二千餘人潛夜掩賊營，射賊豹皮將中目，賊衆扶之號泣，遂舉營遁去。璘因收獲朔方兵健二百餘人，百姓七百餘人，駝馬數百匹。

九年四月，以吐蕃侵擾，預爲邊備，乃降敕：「宜令子儀以上郡、北地、四塞、五原、義渠、稽胡、鮮卑雜種步馬五萬衆，嚴會栒邑，克壯舊軍。抱玉以晉之高都，韓之上黨，河、湟義從，汧、隴少年，凡三萬衆，橫絕高壁，斜界連營。馬璘以西域前庭，車師後部，兼廣武之戍，下蔡之徭，凡三萬衆，屯於回中〔三〕，張大軍之援。忠誠以武落別校，右地奇鋒，凡二萬衆，出岐陽而北會。希讓以三輔太常之徒，六郡良家之子，自渭上而西合汴宋、淄青、河陽、幽薊，總四萬衆，分列前後。魏博〔二〕、成德、昭義、永平總六萬衆，大舒左右。朕內整禁旅，親誓諸將，賚以千金之費，錫以六牧之馬。其戎裝戰器，軍用邊儲，各有司存，素皆精辦。咨爾將相文武宣力之臣，夫師克在和，善戰不陣，各宜保據疆界，屯據要衝，斥堠惟明，首尾相應。若既悔過，何必勞人；如或不恭，自當伐罪。然後眷求統一，以制諸軍。進取之宜，俟於後命。」

十一年正月，劍南節度使崔寧大破吐蕃故洪等四節度兼突厥、吐渾、氐、蠻、羌、党項等二十餘萬衆，斬首萬餘級，生擒蟠城兵馬使一千三百五十人，獻于闕下，牛羊及軍資器械，不可勝紀。十二年九月，入寇坊州，掠党項羊馬而去。十月，崔寧破吐蕃望漢城。十四年八月，命太常少卿韋倫持節使吐蕃，統蕃俘五百人歸之。十月，吐蕃率南蠻衆二十萬來寇：一入茂州，過汶川及灌口；一入扶、文，過方維、白壩；一自黎、雅過邛崍關，連陷郡邑。乃發禁兵四千人及幽州兵五千人同討，大破之。

建中元年四月，韋倫至。自大曆中聘使前後數輩，皆留之不遣，俘獲其人，必遣中官部統徙江、嶺，因緣求財及給養之費，不勝其弊。去年冬，吐蕃大興師以三道來侵，會德宗初即位，以德綏四方，徵其俘囚五百餘人，各給衣一襲，使倫統還其國，與之約和，敕邊將無得侵伐。吐蕃始聞歸其人，不之信，及蕃俘入境，部落皆畏威懷惠。其贊普乞立贊謂倫曰：「不知是來也，而有三恨，奈何？」倫曰：「未達所謂。」乞立贊曰：「不知大國之喪，而弔不及哀，一也。不知山陵之期，而賻不成禮，二也。不知皇帝舅聖明繼立，已發衆軍三道連衡。今靈武之師，聞命輒已；而山南之師已入扶、文，蜀師已趨灌口，追且不及，是三恨也。」乃發使奉贊，不二旬而復命。蜀帥上所獲戎俘，有司請準舊事頒爲徒隸，上曰：「要約著矣，言庸二乎！」乃各給縑二匹、衣一襲而歸之。五月，以韋倫爲太常卿，復使吐蕃。其冬，遣宰

相論欽明思等五十五人隨倫至，且獻方物。吐蕃見倫再至，甚歡。既就館，聲樂以娛之，留九日而還，兼遣其渠帥報命。

二年十二月，入蕃使判官常魯與吐蕃使論悉諾羅等至自蕃中。初，魯與其使崔漢衡至列館，贊普令止之，先命取國信敕，既而使謂漢衡曰：「來敕云：『所貢獻物，並領訖；今賜外甥少信物，至領取。』我大蕃與唐舅甥國耳，何得以臣禮見處？又所欲定界，雲州之西，請以賀蘭山爲界。其盟約，請依景龍二年敕書云：『唐使到彼，外甥先與盟誓；蕃使到此，阿舅亦親與盟。』」乃邀漢衡遣使奏定。魯使還奏焉，爲改敕書，以「貢獻」爲「進」，以「賜」爲「寄」，以「領取」爲「領之」。且謂曰：「前相楊炎不循故事，致此誤爾。」其定界盟，並從之。

三年四月，放先沒蕃將士僧尼等八百人歸還，報歸蕃俘也。九月，和蕃使、殿中少監、兼御史中丞崔漢衡與蕃使區頰贊至。時吐蕃大相尚結息忍而好殺，以嘗覆敗於劍南，思刷其恥，不肯約和。其次相尚結贊有材略，因言於贊普，請定界明約，以息邊人。贊普然之，竟以結贊代結息爲大相，終約和好，期以十月十五日會盟於境上。以崔漢衡爲鴻臚卿，以都官員外郎樊澤兼御史中丞、充入蕃計會使。初，漢衡與吐蕃約定月日盟誓，漢衡到，商量未決，已過其期，遂命澤詣結贊復定盟會期，且告遣隴右節度使張鎰與之同盟。澤至故原州，與結贊相見，以來年正月十五日會盟於清水西。

四年正月，詔張鎰與尚結贊盟于清水。將盟，鎰與結贊約，各以二千人赴壇所，執兵者半之，列於壇外二百步，散從者半之，分立壇下。鎰與賓佐齊映、齊抗及會盟官崔漢衡、樊澤、常魯、于頔等七人皆朝服；結贊與其本國將相論悉頰藏、論臧熱、論利陁、斯官者、論力徐等亦七人，俱升壇爲盟。初約漢以牛，蕃以馬，鎰恥與之盟，將殺其禮，乃謂結贊曰：「漢非牛不田，蕃非馬不行，今請以羊、豕、犬三物代之。」結贊許諾。塞外無豕，結贊請出羝羊，鎰出犬及羊，乃於壇北刑之，雜血二器而歃盟。文曰：

唐有天下，恢奄禹跡，舟車所至，莫不率俾。以累聖重光，歷年爲永，彰王者之丕業，被四海之聲教。與吐蕃贊普，代爲婚姻，固結隣好，安危同體，甥舅之國，將二百年。其間或因小忿，棄惠爲讎，封疆騷然，靡有寧歲。皇帝踐祚，愍茲黎元，俾釋俘隸，以歸蕃落。蕃國展禮，同茲叶和，行人往復，累布成命。是必詐謀不起，兵車不用矣。彼猶以兩國之要，求之永久，古有結盟，今請用之。國家務息邊人，外其故地，棄利蹈義，堅盟從約。今國家所守界：涇州西至彈箏峽西口，隴州西至清水縣，鳳州西至同谷縣，暨劍南西山大渡河東，爲漢界。蕃國守鎮在蘭、渭、原、會，西至臨洮，東至成州，抵劍南西界磨些諸蠻，大渡水西南，爲蕃界。其兵馬鎮守之處，州縣見有居人，彼此兩邊見屬漢諸蠻，以今所分見住處，依前爲定。其黃河以北，從故新泉軍，直北至大磧，直

南至賀蘭山駱駝嶺爲界，中間悉爲閑田。盟文有所不載者，蕃有兵馬處蕃守，漢有兵馬處漢守，並依見守，不得侵越。其先未有兵馬處，不得新置，并築城堡耕種。今二國將相受辭而會，齋戒將事，告天地山川之神，惟神照臨，無得愆墜。其盟文藏于宗廟，副在有司，二國之成，其永保之。

結贊亦出盟文，不加於坎，但埋牲而已。盟畢，結贊請鎰就壇之西南隅佛幄中焚香爲誓。誓畢，復升壇飲酒。獻酬之禮，各用其物，以將厚意而歸。

二月，命崔漢衡持節答蕃，遣區頰贊等歸。上初令宰相、尚書與蕃相區頰贊盟於豐邑里壇所，將盟，以清水之會疆場不定〔四〕，遂罷，因留頰贊未遣，復令漢衡使於贊普。六月，答蕃使判官于頔與蕃使論頰沒藏等至自青海。七月，以禮部尚書李揆加御史大夫，爲入蕃會盟使。又命宰相李忠臣、盧杞、關播、右僕射崔寧、工部尚書喬琳、御史大夫于頎、太府卿張獻恭、司農卿段秀實、少府監李昌夔、京兆尹王翃、左金吾衛將軍渾瑊等與區頰贊等會盟於壇所。初，于頔至自蕃中，與尚結贊約「疆場既定，請歸其使」。從之。以豐邑坊盟壇在京城之內非便，請卜壇於京城之西。其禮如清水之儀。先盟二日，命有司告太廟，盟官致齋。三日，朝服陞壇，關播跪讀盟文。盟畢，宴賜而遣之。

興元元年二月，以右散騎常侍兼御史大夫于頎往涇州已來宣慰吐蕃，仍與州府計會頔

遝。時吐蕃款塞請以兵助平國難，故遣使焉。四月，命太常少卿、兼御史中丞沈房爲入蕃計會及安西、北庭宣慰使。是月，渾瑊與吐蕃論莽羅率衆大破朱泚將韓旻、張廷芝、宋歸朝等於武功之武亭川，斬首萬餘級。

貞元二年，命倉部郎中、兼侍御史趙聿爲入吐蕃使。八月，吐蕃寇涇、隴、邠、寧數道，掠人畜，取禾稼，西境騷然。諸道節度及軍鎮咸閉壁自守而已。京師戒嚴。上遣左金吾將軍張獻甫與神策將李昇雲、蘇清沔等統兵屯於咸陽，召河中節度駱元光率衆戍咸陽以援之。九月，以吐蕃遊騎及於好時，上復遣張獻甫等統兵屯於咸陽，又詔遣左監門將軍康成使于吐蕃。初，吐蕃大相尚結贊累遣使請盟會定界，乃命成使之。至上砦原，與結贊相見，令其使論乞陀與成同來。

是月，鳳翔節度使李晟以吐蕃侵軼，遣其將王佖夜襲賊營，率驍勇三千人入汧陽，誡之曰：「賊之大衆，當過城下，無擊其首尾。首尾雖敗，中軍力全，若合勢攻之，汝必受其弊。但候其前軍已過，見五方旗、虎豹衣，則其中軍也。出其不意，乃是奇功。」佖如其言出擊之，賊衆果敗，副將史廷玉力戰死之。又寇鳳翔城下，李晟出兵禦之，一夕而退。十月，李晟遣兵襲吐蕃之摧沙堡〔五〕，大破之，焚其歸積，斬蕃酋扈屈律設贊等七人〔六〕，傳首京師。

十一月，吐蕃陷鹽州。初，賊之來也，刺史杜彥光使以牛酒犒之。吐蕃謂曰：「我欲州

城居之，聽爾率其人而去。」彥光乃悉衆奔鄜州。十二月，陷夏州，刺史拓拔乾暉率衆而去，復據其城。又寇銀州，素無城壁，人皆奔散。三年春，命檢校左庶子、兼御史中丞崔澣爲入吐蕃使，相次又遣左庶子李銛使之。河東、保寧等道節度使馬燧來朝。初，尚結贊既陷鹽、夏等州，各留千餘人守之，結贊大衆屯於鳴沙。自去冬及春，羊馬多死，糧餉不給。時詔遣華州、潼關節度駱元光、邠寧節度韓遊瓌統衆與鳳翔、鄜、邠及諸道戍卒，屯於塞上，又命燧率師次於石州，分兵隔河與元光等犄角討之。結贊聞而大懼，累遣使請和，仍約盟會，上皆不許。又遣其大將論頰熱厚禮卑詞求燧請盟，燧以奏焉，上又不許，惟促其合勢討逐。燧喜賂信詐，乃與頰熱俱入朝，盛言其可保信，許盟約，上於是從之。燧既赴朝也，諸軍但閉壁而已。結贊遽悉其衆棄夏州而歸，馬既多死，有徒行者。及是平涼之會，竟渝盟，馬燧亦由此失兵柄而奉朝請矣。

四月，崔澣至自鳴沙。初，澣至鳴沙，與尚結贊相見，詢問其違約陷鹽、夏州之故，對曰：「本以定界碑被牽倒，恐二國背盟相侵，故造境上請修舊好。又蕃軍頃年破朱泚之衆於武功，未獲酬償，所以來耳。及徙涇州，其節度使閉城自守，音問莫達。又徙鳳翔，請通使於李令公，亦不見納。及遣康成、王眞之來，皆不能達大國之命。日望大臣充使，兼展情禮，實無至者，乃引軍還。及鹽、夏二州之師，二州懼我之衆，請以城與我，求全而歸，非我所

攻陷也。今君以國親將命，若結好復盟，蕃之願也。盟會之期及定界之所，唯命是聽。君歸奏決定，當以鹽、夏相還也。」又云：「清水之會，同盟者少，是以和好輕慢不成。今蕃相及元帥已下凡二十一人赴。靈州節度使杜希全稟性和善，外境所知，請令主盟會。涇州節度李觀，亦請同主之。」又同章表上聞。澣誘賂蕃中給役者，求其人馬眞數，凡五萬九千餘人、馬八萬六千餘匹，可戰者僅三萬人，餘悉童幼，備數而已。

是日，改崔澣爲鴻臚卿，再入吐蕃，令澣報尚結贊曰：「杜希全職在靈州，不可出境。李觀今已改官，以侍中渾瑊充盟會使。」約以五月二十四日復盟於清水。又令告以鹽、夏二州歸于我，纔就盟會。上疑蕃情不實，以得州爲信焉。五月，渾瑊以充盟會使來辭，且受命。以兵部尚書崔漢衡爲盟會副使，司勳員外郎鄭叔矩爲判官。渾瑊赴會盟所，上令瑊統衆二萬餘人，遣華州潼關節度駱元光赴之。上令宰臣召吐蕃使論泣贊等於中書議會盟之所。初崔澣與尚結贊約復會於清水，且先歸我鹽、夏二州，結贊云：「清水非吉地，請會於原州之土梨樹。」又請盟畢歸二州。澣遣使與泣贊等同奏，上務懷柔遠人，皆從之。約以五月十五日盟于土梨樹，上召宰臣謀之。先是左神策將馬有麟奏：「土梨樹地多險隘，恐蕃軍隱伏，不利于我。平涼川四隅坦平，且近涇州，就之爲便。」由是乃定盟所於平涼川。時蕃使論泣贊已復命，遽追還，告而遣之。

渾瑊與尚結贊會於平涼。初，瑊與結贊約，以兵三千人列于壇之東西，散手四百人至壇下。及將盟，又約各益遊軍相覘伺。結贊擁精騎數萬于壇西，蕃之遊軍貫穿我師。瑊之將梁奉貞率六十騎爲遊軍，纔至蕃中，皆被執留，瑊不虞也。結贊又遣人請瑊曰：「請侍中以下服衣冠劍珮以俟命。」蓋誘其下馬，將劫持之。瑊與崔漢衡、監軍特進宋鳳朝等皆入幕次，坦無他慮。結贊命伐鼓三聲，其衆呼譟而至。瑊遽出自幕後，偶得他馬，跨而奔歸。時馬不加銜，瑊伏于鬣而手加之，凡馳十餘里，銜方及口，故追騎之矢，過而不傷焉。唯瑊之裨將辛榮招合數百人，據北阜與賊接戰，須臾賊衆四合，榮力屈而降。鳳朝及瑊判官韓弇，並爲亂兵所殺。漢衡及中官劉延邕、俱文珍、李清朝，漢衡判官鄭叔矩、路泌，掌書記袁同直，大將扶餘準、馬寧及神策、鳳翔、河東大將孟日華、李至言、樂演明、范澄、馬弇等六十餘人皆陷焉。餘將士及夫役死者四五百人，驅掠者千餘人，咸被解奪其衣。

初，漢衡爲亂軍所擊，其從吏呂溫以身蔽之，刃中溫而漢衡獲免。漢衡乃夷言謂執者曰：「我漢使崔尚書也，結贊與我善，如若殺我，結贊亦殺汝。」乃捨之，盡驅而西。既已面縛，各以一木自領至趾約于身，以毛繩三束之，又以毛繩連其髮而牽之。夜皆踣於地，以髮繩各繫一橛，又以毛罽都覆之，守衞者臥其上，以防其亡逸也。至故原州，結贊坐于帳中，召與相見，數讓國家，因怒渾瑊曰：「武功之捷，皆我之力，許以涇州、靈州相報，皆食其言，負

我深矣，舉國所忿。本劫是盟，在擒瑊也。吾遣以金飾桎梏待瑊，將獻贊普。既以失之，虛致君等耳，當遣君輩三人歸也。」吕温帶瘡亦至，結贊嘉其義，厚給賚之。結贊率其衆於石門，遣中官俱文珍、渾瑊之將馬寧、馬燧之將馬弇歸于我，遂送漢衡、叔矩等囚於河州，辛榮、扶餘準等於故廓州、鄯州分囚之。結贊本請杜希全、李觀同盟，將執二節將，率其銳師來犯京師，希全等既不行，又欲執渾瑊長驅入寇，其謀也如此。上遣中官王子恆賚詔書以遺結贊，蕃界不納而還。

初，瑊與駱元光將發涇州，元光謂瑊曰：「本奉詔令營於潘原堡，以應援侍中。竊以潘原去盟所六七十里，蕃情多詐，侍中倘有急，何由知之？請次侍中爲營，以虞其變。」瑊以非詔旨，固止之。元光與同進。瑊之營西去盟所二十餘里，元光之營次之。其濠柵頗深固，瑊之濠柵可踰越焉。及瑊單騎奔歸，未及其營，守將李朝彩不能整衆，多已奔散，瑊至，空營而已，器械資糧悉棄之，賴元光之衆陣於營中，瑊既入，賊追騎方退。元光乃先遣輜重，次與瑊俱申其號令，嚴其部伍而還。瑊復鎭于奉天。

六月，鹽、夏二州吐蕃焚城門及廬舍，毀城壁而歸。七月，詔曰：

乃者吐蕃犯塞，毒我生靈，俶擾隴東，深入河曲。朕以兵戈粗定，傷夷未瘳，務息戰伐之謀，遂從通和之請。亦知戎醜，志在貪婪，重違修睦之辭，乃允尋盟之會。果爲

隱匿，變發壇宮，縱犬羊兇狡之羣，乘文武信誠之衆，蒼黃淪陷，深用惻然。此皆由朕之不明，致其至此。既無德於萬衆，亦有愧於四方，宵旰貽憂，何嗟而及。今兵部尚書崔漢衡等，皆國之良士，朝之藎臣，嬰縶窮廬，眇然殊域。念其家室，或未周於屢空；錄以息男，庶或資於薄俸。漢衡宜與一子七品官；司勳員外郎鄭叔矩、檢校戶部郎中路泌、殿中侍御史韓弇及大將孟日華、辛榮、李至言、范澄、王良賓、樂演明、陽昔、權交成等，各與一子八品官；試左金吾兵曹參軍袁同直、檢校尉裴頙及副兵馬使以下，各與一子九品官。仍並與正員官。餘將士各與一子官，仍委本使即具名銜聞奏。

於是遣決勝軍使唐良臣以衆六百人戍潘原堡，神策副將蘇太平率其衆五百人戍隴州。

八月，崔漢衡至自吐蕃。初，漢衡與同陷者並至河州，尙結贊令召漢衡與神策將孟日華、中官劉延邕，俱至石門而遣之。結贊令五十騎送至境上，且齎表請進。及潘原，李觀使止曰：「有詔不許更納蕃使。」受其表而返其人。自是吐蕃率羌、渾之衆犯塞，分屯於潘口及靑石嶺。先是，吐蕃之衆自潘口東分爲三道：其一趣隴州，其一趣汧陽之東，其一趣鈞竿原。是日，相次屯於所趣之地，連營數十里。其汧陽賊營，距鳳翔四十里，京師震恐，士庶奔駭。賊遣羌、渾之衆，衣漢戎服，僞稱邢君牙之衆，奄至吳山及寶雞北界，焚燒廬舍，驅掠人畜，斷吳山神之首，百姓丁壯者驅之以歸，羸老者咸殺之，或斷手鑿目，棄之而去。初，李

晟在鳳翔，令伐大木塞安化峽，及是，賊並焚之。

九月，詔神策軍將石季章以衆三千戍武功，召唐良臣自潘原戍百里城。是月，吐蕃大掠汧陽、吳山、華亭等界人庶男女萬餘口，悉送至安化峽西，將分隸羌、渾等，乃曰：「從爾輩東向哭辭鄉國。」衆遂大哭。其時一慟而絕者數百人，投崖谷死傷者千餘人，聞者爲之痛心焉。渾瑊遣其將任蒙主以衆三千戍好畤。是月，吐蕃之衆復至，分屯於豐義及華亭。百僚入計以破吐蕃圍。隴州刺史韓清沔與蘇太平夜出兵伏於大像龕，及夜半，令城中及龕各舉火相應，賊大驚，因襲其營，賊乃退散。時吐蕃攻陷華亭。初，賊之圍華亭也，先絕其汲水道。其守將王仙鶴及鎭兵百姓凡三千人，皆在圍中，使人間道請救於隴州，刺史韓清沔令蘇太平率一千五百人赴之。及中路，其遊騎百餘沒於賊，太平素懦怯寡謀，遽引衆退歸。賊自是每日令遊騎千餘至隴州，州兵不敢復出。凡四日，圍中絕水，援軍不至，賊又積柴城下，將焚之，仙鶴遂降於賊。賊並焚廬舍，毀城壁，虜士衆十三四，收丁壯棄老而去。北攻連雲堡，又陷。堡之三面頗峭峻，唯北面連原，以濠爲固。賊自其北建拋樓七具，擊堡中，堡中唯一井，投石俄而滿焉。又飛梁架濠而過，苦攻之。堡將張明遂與其衆男女千餘口東向慟哭而降。涇州之西，唯有連雲堡每偵候賊之進退，及是堡陷，涇州不敢啓西門，西門外皆爲賊境，樵蘇殆絕，收刈禾稼，必布陣於野而收穫之。穫既失時，所得多空穗，於是涇人有

飢憂焉。吐蕃驅掠連雲堡之衆及邠、涇編戶逃竄山谷者，幷牛畜萬計，悉其衆送至彈箏峽。自是涇、隴、邠等賊之所至，俘掠殆盡。是秋，數州人無積聚者，邊將唯遣使表賀賊退而已。

十月，吐蕃數千騎復至長武城，韓全義率衆禦之。韓遊瓌之將請以衆助之，遊瓌不許。及暮，賊退，全義亦引還。自是賊之騎常往來涇、邠之間，諸城西門莫敢啓者。賊又修故原州城，其大衆屯焉。

四年五月，吐蕃三萬餘騎犯塞，分入涇、邠、寧、慶、麟等州，焚彭原縣廨舍，所至燒廬舍，人畜沒者約二三萬，計凡二旬方退。陳許行營將韓全義自長武城率衆抗之，無功而還。遊瓌素無軍政，且疾不能興，閉城自守，莫敢禦也。先是，吐蕃入寇，恆以秋冬，及春則多遇疾疫而退。是來也，方盛暑而無患。蓋華人陷者，厚其資產，質其妻子，爲戎虜所將而侵軼焉。九月，吐蕃將尙悉董星、論莽羅等寇寧州，節度使張獻甫率衆禦之，斬首百餘級，賊轉寇麟坊等州，縱掠而去。

五年十月，劍南節度使韋皋遣將王有道等與東蠻兩林苴那時、勿鄧夢衝等帥兵於故嶲州臺登北谷大破吐蕃青海、臘城二節度，殺其大兵馬使乞臧遮遮、悉多楊朱，斬首二千餘級，其投崖谷赴水死者不可勝數，生擒籠官四十五人，收獲器械一萬餘事、馬牛羊一萬餘頭匹。遮遮者，吐蕃驍勇者也，或云尙結贊之子，頻爲邊患。自其死也，官軍所攻城柵，無不

降下，蕃衆日却，數年間，盡復巂州之境。

六年，吐蕃陷我北庭都護府。初，北庭、安西，既假道於迴紇朝奏，因附庸焉。蕃性貪狠，徵求無度。北庭近羌，凡服用食物所資，必強取之，人不聊生矣。又有沙陀部六千餘帳，與北庭相依，亦屬於迴紇。迴紇肆其抄奪，尤所厭苦。其葛祿部及白服突厥素與迴紇通和，亦憾其奪掠，因吐蕃厚賂見誘，遂附之。於是吐蕃率葛祿、白服之衆，去歲各來寇北庭，迴紇大相頡干迦斯率衆援之，頻戰敗績，吐蕃攻圍頗急。北庭之人既苦迴紇，是歲乃舉城降於吐蕃，沙陀部落亦降焉。北庭節度使楊襲古與麾下二千餘人出奔西州，頡干迦斯不利而還。七年秋，又悉其丁壯五六萬人，將復北庭，仍召襲古偕行，俄爲吐蕃、葛祿等所擊，大敗，死者大半。頡干迦斯紿之曰：「且與我同至牙帳，當送君歸本朝也。」襲古從之，及牙帳，留而不遣，竟殺之。自是安西阻絕，莫知存否，唯西州之人，猶固守焉。頡干迦斯既敗衂，葛祿之衆乘勝取迴紇之浮圖川，迴紇震恐，悉遷西北部落羊馬於牙帳之南以避之〔七〕。

八年四月，吐蕃寇靈州，掠人畜，攻陷水口城，進圍州城，塞水口及支渠以營田。詔河東、振武分兵爲援，又分神策六軍之卒三千餘人戍於定遠、懷遠二城，上御神武樓勞遣之。吐蕃引去。六月，吐蕃數千騎由青石嶺寇涇州，掠田軍千餘人還，及連雲堡，守捉使唐朝臣遣兵出戰，大將王進用死之。九月，西川節度使韋臯攻吐蕃之維州，獲大將論贊熱及首領

獻于京師。十一月，山南西道節度嚴震擊破吐蕃於芳州及黑水堡，焚其積聚，幷獻首虜。

九年二月，詔城鹽州。是州先爲吐蕃所毀，自此塞外無堡障，靈武勢隔，西逼鄜坊，甚爲邊患，故命城之，二旬而畢。又詔兼御史大夫紇干遂統兵五千與兼御史中丞杜彥光之衆戍之。是役也，上念將士之勞，厚令度支供給。又詔涇原、劍南〔八〕、山南諸軍深討吐蕃，以分其力。由是板築之際，虜無犯塞者。及畢，中外咸稱賀焉。是月，西川韋臯獻獲吐蕃首虜、器械、旗幟、牛馬於闕下。初，將城鹽州，上命臯出師以分吐蕃之兵，臯遣大將董勔、張芬出西山及南道，破峨和城、通鶴軍。吐蕃南道元帥論莽熱率衆來援，又破之，殺傷數千人，焚定廉故城。凡平栅堡五十餘所。

十年，南詔蠻蒙異牟尋大破吐蕃於神川，使來獻捷，語在南詔傳。十一年八月，黃少卿攻陷欽、橫、潯、貴四州，吐蕃渠帥論乞髯蕩沒藏悉諾律以其家屬來降，明年並以爲歸德將軍。十二年九月，吐蕃寇慶州及華池縣，殺傷頗甚。十三年正月，邢君牙奏請於隴州西七十里築城以備西戎，名永信城。吐蕃贊普遣使農桑昔齋表請修和好，邊將以聞。上以其豺狼之性，數負恩背約，不受表狀，任其使却歸。五月十七日，吐蕃於劍南山、馬嶺三處開路，分軍下營，僅經一月，進軍逼臺登城。巂州刺史曹高任率領諸軍將士幷東蠻子弟合勢接戰，自朝至午，大破之，生擒大籠官七人，陣上殺獲三百人，餘被刀箭者不可勝紀，收獲馬畜五百

餘頭四、器械二千餘事。十四年十月，夏州節度使韓全義破吐蕃於鹽州西北。十六年六月，鹽州破吐蕃於烏蘭橋下〔九〕。

十七年七月，吐蕃寇鹽州，又陷麟州，殺刺史郭鋒，毀城隍，大掠居人，驅党項部落而去。次鹽州西九十里橫槽烽頓軍，呼延州僧延素輩七人，稱徐舍人召。其火隊吐蕃沒勒遽引延素等疾趨至帳前，皆馬革梏手，毛繩縲頸。見一吐蕃年少，身長六尺餘，赤髭大目，乃徐舍人也。命解縛，坐帳中，曰：「師勿懼。余本漢人，司空英國公五代孫也。屬武后斲喪王室，高祖建義中泯，子孫流播絕域，今三代矣。雖代居職位，世掌兵要，思本之心無涯，顧血族無由自拔耳。此蕃、漢交境也，復九十里至安樂州，師無由歸東矣。」延素曰：「僧身孤親老，懇祈全活。」悲不自勝。又曰：「余奉命率師備邊，因求資食，遂涉漢疆，展轉東進至麟州。城既無備，援兵又絕，是以拔之。知郭使君是勳臣子孫，必將活之，不幸爲亂兵所害。」適有飛鳥使至，飛鳥，猶中國驛騎也，云：「術者上變，召軍亟還。」遂歸之。時詔韋臯分遣偏將勒步騎合二萬，出成都西山，南北九道並進，逼棲雞、老翁、故維州、保州、松州諸城，以紓北邊故也。

九月，韋臯大破吐蕃於維州。十八年正月，韋臯擒吐蕃大首領論莽熱來獻，賜崇仁里宅以居之。莽熱，吐蕃內大相也。先貞元十六年，韋臯累破吐蕃二萬餘衆於黎州、巂州，吐

蕃遂大搜閱，築壘造舟，潛謀寇邊，臯悉挫之。於是吐蕃酋帥兼監統曩貢、臘城等九節度嬰𡢃、籠官馬定德與其大將八十七人，舉部落來降。定德有計畫，嬰𡢃習知兵法及山川地形，吐蕃每用兵，定德常乘驛計議，諸將稟其成算。至是自以邊功不立，懼得罪而歸心焉。其明年，吐蕃昆明城管磨些蠻千餘戶又來降。吐蕃以其衆外潰，遂北寇靈、朔，陷麟州。詔韋臯出兵成都西山以紓北邊。臯遂命鎮靜軍兵馬使陳洎等統兵萬人出三奇路〔一〇〕，威戎軍使崔堯臣率兵一千出龍溪石門路南，維保二州兵馬使仇晃、保霸兩州刺史董振等率兵二千進逼吐蕃維州城中，北路兵馬使邢玼幷諸州刺史董懷愕等率兵四千進攻棲雞、老翁等城，都將高倜、王英俊等率兵二千進逼故松州，隴東路兵馬使元膺幷諸將郝宗等復分兵八千出南道雅、邛、黎、巂等路。又令邛州鎮南軍使、御史大夫韋良金發鎮兵一千三百續進，雅州經略使路惟明與三部落主趙日進等率兵三千進攻逋租、偏松等城，黎州經略使王有道率三部落郝金信等二千過大渡河深入吐蕃界，巂州經略使陳孝陽與行營兵馬使何大海、韋義等及磨些蠻三部落主苴那時率兵四千進攻昆明、諸濟城。自八月至于十二月，累破十六萬衆，拔其七城、五軍鎮，受降三千餘戶，生擒六千餘人，斬首一萬餘級，遂圍維州。救軍再至，轉戰千餘里，吐蕃連敗，靈、朔之寇引衆南下，於是贊普遣莽熱以內大相兼東境五道節度兵馬使、都統羣牧大使率雜虜十萬衆來解維州之圍。王師萬餘衆，據險設伏以待之。先以千人

挑戰，莽熱見我師之少也，悉衆來追，入于伏中，諸將四面疾擊，遂擒莽熱，虜衆大潰。

十九年五月，吐蕃使論頰熱至。六月，以右龍武大將軍薛伾兼御史大夫，使于吐蕃。二十年三月上旬，贊普卒，廢朝三日，命工部侍郎張薦弔祭之。贊普以貞元十三年四月卒，長子立，一歲卒，次子嗣立。命文武三品以上官弔其使。四月，吐蕃使臧河南觀察使論乞冉及僧南撥特計波等五十四人來朝。十二月，遣使論襲熱、郭志崇來朝。二十一年二月，順宗命左金吾衞將軍、兼御史中丞田景度持節告哀于吐蕃，以庫部員外郎、兼御史中丞熊執易爲副使。七月，吐蕃使論悉諾等來朝。永貞元年十月，贊普使論乞縷勃藏來貢，助德宗山陵金銀、衣服、牛馬等。十一月，以衞尉少卿、兼御史中丞侯幼平充入蕃告册立等使。

元和元年正月，福建道送到吐蕃生口十七人，詔給遞乘放還蕃。六月，遣使論勃藏來朝。五年五月，遣使論思耶熱來朝，并歸鄭叔矩、路泌之柩及叔矩男文延等一十三人。叔矩、泌，平涼之盟陷焉，凡二十餘年，竟不屈節，因沒于蕃中，至是請和，故歸之。六月，命宰相杜佑等與吐蕃使議事中書令廳，且言歸我秦、原、安樂州地。七月，遣鴻臚少卿、攝御史中丞李銛爲入蕃使〔二〕，丹王府長史、兼侍御史吳暈副之。六年至十年，遣使朝貢不絕。十二年四月，吐蕃以贊普卒來告，以右衞將軍烏重玘兼御史中丞，充弔祭使，殿中侍御史段鈞副之。

十三年十月，吐蕃圍我宥州、鳳翔，上言遣使修好。是月，靈武於定遠城破吐蕃二萬人，殺戮二千人，生擒節度副使一人，判官長行三十九人，獲羊馬甚衆。平涼鎭遏使郝玼破二萬餘衆，收復原州城，獲羊馬不知其數。夏州節度田縉於靈武亦破三千餘人。十一月，鹽州上言，吐蕃入河曲，夏州破五萬餘人。靈武破長樂州羅城，焚其屋宇器械。西川節度使王播攻拔峨和、棲雞等城。

十四年正月，敕曰：「朕臨御萬邦，推布誠信，西戎納款，積有歲時，中或虧違，亦嘗苞貸。我有殊德，寧不是思，重譯貢珍，道途相繼，申恩示禮，曾無闕焉。昨者蕃使奉章，又至京輦，將君長之命，陳和好之誠。臨軒召見，館餼加厚，復以信幣，諭之簡書。亦既言旋，纔及近甸，遽聞蟻聚，來犯封陲，河曲之間，頗爲暴擾。背惠棄約，斯謂無名，公議物情，咸請誅絕。朕深惟德化之未被，豈慮夷俗之不賓，其國失信，其使何罪！釋其維縶，以遂性，示之弘覆以忘懷。予衷苟孚，庶使知感。其蕃使論矩立藏等并後般來使，并宜放歸本國。仍委鳳翔節度使以此意曉諭。」

八月，吐蕃營於慶州方渠，大軍至河州界。十月，吐蕃節度論三摩及宰相尙塔藏、中書令尙綺心兒共領軍約十五萬衆，圍我鹽州數重，党項首領亦發兵驅羊馬以助。閱歷三旬，賊以飛梯、鵝車、木驢等四面齊攻，城欲陷者數四。刺史李文悅率兵士乘城力戰，城穿壞不可守，撤屋版以禦之，晝夜防拒，或潛兵斫營，開城出戰，約殺賊萬餘衆。諸道救兵無至者。凡二十七日，賊乃退。

十五年二月，以祕書少監兼御史中丞田洎入吐蕃告哀，并告册立。三月，攻掠我青塞堡。七月，遣使來弔祭。十月，侵逼涇州。命右軍中尉梁守謙充左右神策、京西、京北行營都監，統神策兵四千人，并發八鎭全軍往救援。以太府少卿、兼御史中丞邵同持節入吐蕃，充答請和好使，貶前入吐蕃使、祕書少監田洎郴州司戶〔三〕。初，洎入蕃爲弔祭使，蕃請於長武城下會盟，洎懦怯，恐不得還，唯唯而已。至是西戎入寇，且曰：「田洎許我統兵馬赴盟誓。」遂貶之。戎人實以邊將擾之致忿，徒假洎爲辭也。涇州上言：「吐蕃大將並退。」於是罷神策行營兵。自田縉統夏州，以貪狠侵擾，党項苦之，屢引西戎犯塞。及是大兵入寇，邊將郝玼數襲擊蕃壘，殺戮甚衆，邠州李光顏復以全師而至，戎人懼而退。蓋田縉始生國患，而賴光顏、郝玼之驅戮也。十一月，夏州節度使李祐自領兵赴長澤鎭，靈武節度使李聽自領兵赴長樂州，并奉詔討吐蕃也。十二月，吐蕃千餘人圍烏、白池。

長慶元年六月，犯青塞堡，以我與迴紇和親故也。鹽州刺史李文悅發兵進擊之。九月，吐蕃遣使請盟，上許之。宰相欲重其事，請告太廟，太常禮院奏曰：「謹按肅宗、代宗故事，與吐蕃會盟，並不告廟。唯德宗建中末，與吐蕃會盟於延平門，欲重其誠信，特令告廟。至

貞元三年，會於平涼，亦無告廟之文。伏以事出一時，又非經制，求之典禮，亦無其文。今謹參詳，恐不合告。」從之。乃命大理卿、兼御史大夫劉元鼎充西蕃盟會使，以兵部郎中、兼御史中丞劉師老爲副，尙舍奉御、兼監察御史李武、京兆府奉先縣丞兼監察御史李公度爲判官。十月十日，與吐蕃使盟，宰臣及右僕射、六曹尙書、中執法、太常、司農卿、京兆尹、金吾大將軍皆預焉。其詞曰：

維唐承天，撫有八紘，聲教所臻，靡不來廷。兢業齋栗，懼其隕顛，纘武紹文，疊慶重光，克彰濬哲，罔忝洪緒，十有二葉，二百有四載。則我太祖，權明號而建不拔，鋪鴻名而垂永久，類上帝以答嘉應，享皇靈以酬景福，曷有怠已？越歲在癸丑冬十月癸酉，文武孝德皇帝詔丞相臣植、臣播、臣元穎等，與大將和蕃使禮部尙書論訥羅等〔四〕，會盟於京師，壇于城之西郊，坎于壇北。凡讀誓、刑牲、加書、復壤、陟降、周旋之禮，動無違者，蓋所以偃兵息人，崇姻繼好，懋建遠略，規恢長利故也。

原夫昊穹上臨，黃祇下載，茫茫蠢蠢之類，必資官司，爲厥宰臣，苟無統紀，則相滅絕。中夏見管，維唐是君；西裔一方，大蕃爲主。自今而後，屏去兵革，宿忿舊惡，廓焉消除，追崇舅甥，曩昔結援。邊堠撤警，戍烽韜煙，患難相恤，暴掠不作，亭障甌脫，絕其交侵。襟帶要害，謹守如故，彼無此詐，此無彼虞。嗚呼！愛人爲仁，保境爲信，

畏天爲智，事神爲禮，有一不至，搆災于躬。塞山崇崇，河水湯湯，日吉辰良，奠其兩疆，西爲大蕃，東實巨唐。大臣執簡，播告秋方。

大蕃贊普及宰相鉢闡布、尚綺心兒等，先寄盟文要節云：「蕃、漢兩邦，各守見管本界，彼此不得征，不得討，不得相爲寇讎，不得侵謀境土。若有所疑，或要捉生問事，便給衣糧放還。」今並依從，更無添改。預盟之官十七人，皆列名焉。其劉元鼎等與論訥羅同赴吐蕃本國就盟，仍敕元鼎到彼，令宰相已下各於盟文後自書名。

二年二月，遣使來請定界。六月，復遣使來朝。靈武節度使李進誠於大石山下破吐蕃三千騎〔一三〕。鹽州奏：「吐蕃千餘人入靈武界，遣兵逐便邀截。」又言：「擒得與党項送書信吐蕃一百五十人。」是月劉元鼎自吐蕃使迴，奏云：「去四月二十四日到吐蕃牙帳，以五月六日會盟訖。」初，元鼎往來蕃中，並路經河州，見其都元帥、尚書令尚綺心兒云：「迴紇，小國也。我以丙申年踰磧討逐，去其城郭二日程，計到即破滅矣，會我聞本國有喪而還。迴紇之弱如此，而唐國待之厚於我，何哉？」元鼎云：「迴紇於國家有救難之勳，而又不曾侵奪分寸土地，豈得不厚乎！」是時元鼎往來，渡黃河上流，在洪濟橋西南二千餘里，其水極爲淺狹，春可揭涉，秋夏則以船渡。其南三百餘里有三山，山形如鐵，河源在其間，水甚清冷，流經諸水，色遂赤，續爲諸水所注，漸旣黃濁。又其

源西去蕃之列館約四驛，每驛約二百餘里。東北去莫賀延磧尾，闊五十里，向南漸狹小，北自沙州之西，乃南入吐渾國，至此轉微，故號磧尾。計其地理，當劍南之直西。元鼎初見贊普於悶懼盧川，蓋贊普夏衙之所，其川在邏娑川南百里，臧河之所流也。時吐蕃遣使論悉諾息等隨元鼎來謝，命太僕少卿杜載使以答之。

三年正月，遣使論答熱來朝賀。四年九月，遣使求五臺山圖。十月，貢犛牛及銀鑄成犀牛、羊、鹿各一。寶曆元年三月，遣使尚綺立熱來朝，且請和好。九月，遣光祿卿李銳爲使以答之。大和五年至八年，遣使朝貢不絕，我亦時遣使報之。開成元年、二年，皆遣使來。會昌二年，贊普卒。十二月，遣論贊等來告哀，詔以將作少監李璟弔祭之。大中三年春，宰相尚恐熱殺東道節度使〔一四〕，以秦、原、安樂等三州并石門、木硤等七關款塞，涇原節度使康季榮以聞，命太僕卿陸耽往勞焉。其年七月，河、隴耆老率長幼千餘人赴闕，上御延喜樓觀之，莫不歡呼忭舞，更相解辮，爭冠帶于康衢，然後命善地以處之，觀者咸稱萬歲。

史臣曰：戎狄之爲患也久矣！自秦、漢已還，載籍大備，可得而詳也。但世罕小康，君無常聖，我衰則彼盛，我盛則彼衰，盛則侵我郊圻，衰則服我聲敎。懷柔之道，備預之方，儒臣多議於和親，武將唯期於戰勝，此其大較也。彼吐蕃者，西陲開國，積有歲年，蠶食鄰蕃，以恢土宇。高宗朝，地方萬里，與我抗衡，近代以來，莫之與盛。至如式遏邊境，命制出師，一彼一此，或勝或負，可謂勞矣。迨至幽陵盜起，乘輿播遷，戍卒咸歸，河、湟失守，此又天假之也。自茲密邇京邑，時縱寇掠，雖每遣行人，來修舊好，玉帛纔至於上國，烽燧已及於近郊，背惠食言，不顧禮義，卽可知也。夫要以神明，貴其誠信，平涼之會，畜其詐謀，此又不可以忠信而御也。孔子曰：「夷狄之有君，不如諸夏之亡也。」誠哉是言！

贊曰：西戎之地，吐蕃是強。蠶食鄰國，鷹揚漢疆。乍叛乍服，或弛或張。禮義雖攝，其心豺狠。

校勘記

〔一〕當　各本原作「安」，據本書卷一一代宗紀、新書卷二一六下吐蕃傳改。

〔二〕回中　聞、殿、懼盈齋、廣本作「泗中」，局本作「洄中」，今據唐大詔令集卷一〇七、冊府卷九九二改。

〔三〕魏博　「博」字各本原無，據唐大詔令集卷一〇七補。

〔四〕將盟以清水之會疆場不定　「將」字及「疆場」二字各本原無，據冊府卷九八一補。

〔五〕摧沙堡　「摧」字各本原作「堆」，據本書卷一二德宗紀、卷一三三李晟傳、冊府卷九九二改。

〔六〕扈屈律設贊　「設贊」二字本書卷一三三李晟傳作「悉蒙」。

〔七〕西北部落　「北」字各本原作「州」，據本書卷一九五回紇傳、通鑑卷二三三改。

〔八〕劍南　各本原作「湖南」，據新書卷二一六下吐蕃傳、通鑑卷二三四改。

〔九〕鹽州　新書卷二一六下吐蕃傳、通鑑卷二三五均作「靈州」。

〔一〇〕陳泊　「泊」字聞本原無，殿、懼盈齋、局、廣本均作「泊」，據本書卷一四〇韋皐傳、冊府卷九八七改。

〔一一〕李銛　各本原作「李銘」，據冊府卷九八〇、新書卷二一六下吐蕃傳改。

〔一二〕郴州司戶　「郴」字各本原作「柳」，據新書卷二一六下吐蕃傳、通鑑卷二四一改。

〔一三〕與大將和蕃使　冊府卷九八一作「與大蕃和使」，是。

〔一三〕大石山　各本原作「太谷山」，據新書卷二一六下吐蕃傳、通鑑卷二四二改。

〔一四〕殺東道節度使　「殺」字各本原無，據唐會要卷九七補。

舊唐書卷一百九十七

列傳第一百四十七

南蠻 西南蠻

林邑 婆利 盤盤 眞臘 陀洹 訶陵 墮和羅 墮婆登
東謝蠻 西趙蠻 牂牁蠻 南平獠 東女國 南詔蠻 驃國

林邑國，漢日南象林之地，在交州南千餘里。其國延袤數千里，北與驩州接。地氣多溫，不識冰雪，常多霧雨。其王所居城，立木爲柵。王著白㲲古貝，斜絡膊，繞腰，上加眞珠金鎖，以爲瓔珞，卷髮而戴花。夫人服朝霞古貝以爲短裙，首戴金花，身飾以金鎖眞珠瓔珞。王之侍衞，有兵五千人，能用弩及矟，以藤爲甲，以竹爲弓，乘象而戰。王出則列象千頭，馬四百匹，分爲前後。其人拳髮色黑，俗皆徒跣，得麝香以塗身，一日之中，再塗再洗。拜謁

皆合掌頓顙。嫁娶之法，得取同姓。俗有文字，尤信佛法，人多出家。父母死，子則剔髮而哭，以棺盛屍，積柴燔柩，收其灰，藏於金瓶，送之水中。俗以二月爲歲首，稻歲再熟。自此以南，草木多榮，四時皆食生菜，以檳榔汁爲酒。有結遼鳥，能解人語。

武德六年，其王范梵志遣使來朝。八年，又遣使獻方物，高祖爲設九部樂以宴之，及賜其王錦綵。貞觀初，遣使貢馴犀。四年，其王范頭黎遣使獻火珠，大如雞卵，圓白皎潔，光照數尺，狀如水精，正午向日，以艾承之〔一〕，卽火燃。五年，又獻五色鸚鵡。太宗異之，詔太子右庶子李百藥爲之賦。又獻白鸚鵡，精識辯慧，善於應答。太宗憫之，並付其使，令放還於林藪。自此朝貢不絕。頭黎死，子范鎭龍代立。太宗崩，詔於陵所刊石圖頭黎之形，列於玄闕之前。十九年，鎭龍爲其臣摩訶漫多伽獨所殺，其宗族並誅夷，范氏遂絕。國人乃立頭黎之女壻婆羅門爲王。後大臣及國人感思舊主，乃廢婆羅門而立頭黎之嫡女爲王。

自林邑以南，皆卷髮黑身，通號爲「崑崙」。

婆利國，在林邑東南海中洲上。其地延袤數千里，自交州南渡海，經林邑、扶南、赤土、丹丹數國乃至焉。其人皆黑色，穿耳附璫。王姓刹利耶伽，名護路那婆，世有其位。王戴花形如皮弁，裝以眞珠瓔珞，身坐金牀。侍女有金花寶縷之飾，或持白拂孔雀扇。行則駕象，鳴金擊鼓吹蠡爲樂。男子皆拳髮，被古貝布，橫幅以繞腰。風氣暑熱，恆如中國之盛夏。穀一歲再熟。有古貝草，緝其花以作布，粗者名古貝，細者名白㲲。貞觀四年，其王遣使隨林邑使獻方物。

盤盤國，在林邑西南海曲中，北與林邑隔小海，自交州船行四十日乃至。其國與狼牙修國爲鄰，人皆學婆羅門書，甚敬佛法。貞觀九年，遣使來朝，貢方物。

眞臘國，在林邑西北，本扶南之屬國，「崑崙」之類。在京師南二萬七百里，北至愛州六十日行。其王姓刹利氏。有大城三十餘所，王都伊奢那城。風俗被服與林邑同。地饒瘴癘毒。海中大魚有時半出，望之如山。每五六月中，毒氣流行，卽以牛豕祠之，不者則五穀不登。其俗東向開戶，以東爲上。有戰象五千頭，尤好者飼以飯肉。與鄰國戰，則象隊在

前，於背上以木作樓，上有四人，皆持弓箭。國尚佛道及天神，天神爲大，佛道次之。武德六年，遣使貢方物。貞觀二年，又與林邑國俱來朝獻。太宗嘉其陸海疲勞，錫賚甚厚。南方人謂眞臘國爲吉蔑國。自神龍以後，眞臘分爲二：半以南近海多陂澤處，謂之水眞臘；半以北多山阜，謂之陸眞臘，亦謂之文單國。高宗、則天、玄宗朝，並遣使朝貢。

水眞臘國，其境東西南北約員八百里，東至奔陀浪州，西至墮羅鉢底國，南至小海，北卽陸眞臘。其王所居城號婆羅提拔。國之東界有小城，皆謂之國。其國多象。元和八年，遣李摩那等來朝。

陀洹國，在林邑西南大海中，東南與墮和羅接，去交趾三月餘日行。賓服於墮和羅。其王姓察失利，字婆末婆那。土無蠶桑，以白㲲朝霞布爲衣。俗皆樓居，謂之「干欄」。貞觀十八年，遣使來朝。二十一年，又遣使獻白鸚鵡及婆律膏，仍請馬及銅鐘，詔並給之。

訶陵國，在南方海中洲上居，東與婆利、西與墮婆登、北與眞臘接，南臨大海。豎木爲城，作大屋重閣，以椶櫚皮覆之，王坐其中，悉用象牙爲牀。食不用匙筯，以手而撮。亦有文字，頗識星曆。俗以椰樹花爲酒，其樹生花，長三尺餘，大如人膊，割之取汁以成酒，味甘，飲之亦醉。貞觀十四年，遣使來朝。大曆三年、四年皆遣使朝貢(二)。元和十年，遣使獻僧祇僮五人、鸚鵡、頻伽鳥幷異種名寶。以其使李訶內爲果毅，訶內請迴授其弟，詔褒而從之。十三年，遣使進僧祇女二人、鸚鵡、玳瑁及生犀等。

墮和羅國，南與盤盤、北與迦邏舍佛、東與眞臘接，西鄰大海。去廣州五月日行。貞觀十二年，其王遣使貢方物。二十三年，又遣使獻象牙、火珠，請賜好馬，詔許之。

墮婆登國，在林邑南，海行二月，東與訶陵、西與迷黎車接，北界大海。風俗與訶陵略同。其國種稻，每月一熟。亦有文字，書之於貝多葉。其死者，口實以金，又以金釧貫於四肢，然後加以婆律膏及龍腦等香，積柴以燔之。貞觀二十一年，其王遣使獻古貝、象牙、白檀，太宗璽書報之，幷賜以雜物。

東謝蠻，其地在黔州之西數百里，南接守宮獠，西連夷子，北至白蠻(三)。土宜五穀，不以牛耕，但爲畬田，每歲易。俗無文字，刻木爲契。散在山洞間，依樹爲層巢而居，汲流以飲。皆自營生業，無賦稅之事。謁見貴人，皆執鞭而拜。有功勞者，以牛馬銅鼓賞之。有犯罪者，小事杖罰之，大事殺之，盜物倍還其贓。婚姻之禮，以牛酒爲聘。女歸夫家，皆母自送之。女夫慚，逃避經旬方出。讌聚則擊銅鼓，吹大角，歌舞以爲樂。好帶刀劍，未嘗捨離。丈夫衣服，有衫襖大口袴，以綿紬及布爲之。右肩上斜束皮帶，裝以螺殼、虎豹猿狖及犬羊之皮，以爲外飾。坐皆蹲踞。男女椎髻，以緋束之，後垂向下。其首領謝元深，既世爲酋長，其部落皆尊畏之。謝氏一族，法不育女，自云高姓不可下嫁故也。

貞觀三年，元深入朝，冠烏熊皮冠，若今之髦頭，以金銀絡額，身披毛帔，韋皮行縢而著履(四)。中書侍郎顏師古奏言：「昔周武王時，天下太平，遠國歸款，周史乃書其事爲王會篇。今萬國來朝，至於此輩章服，實可圖寫，今請撰爲王會圖。」從之。以其地爲應州，仍拜元深爲刺史，隸黔州都督府(五)。又有南謝首領謝強，與西謝鄰，共元深俱來朝見，爲南壽州刺史，後改爲莊州。

貞元十三年正月，西南蕃大酋長、正議大夫、檢校蠻州長史、繼襲蠻州刺史、資陽郡開國公、賜紫金魚袋宋鼎，左右大首領、朝散大夫、前檢校邛州刺史、賜紫金魚袋謝汕，左右大首領、繼襲摒蠻州巴江縣令、賜紫金魚袋宋萬傳，界首子弟大首領、朝散大夫、牂州錄事參軍謝文經(六)。黔中經略招討觀察使王礎奏：「前件刺史，建中三年一度朝貢，自後更不許隨例入朝。今年懇訴稱州接牂牁，同被聲敎，獨此排擯，竊自慚恥，謹遣隨牂牁等朝賀。伏乞特賜優諭，兼同牂牁刺史授官。其牂牁兩州，戶口殷盛，人力強大，鄰側諸蕃，悉皆敬憚。請比兩州每三年一度朝貢，仍依牂牁輪環差定，幷以才幹位望爲衆推者充。」敕旨曰：「宋鼎等已改官訖，餘依舊。」

西趙蠻，在東謝之南，其界東至夷子，西至昆明，南至西洱河。山洞阻深，莫知道里。南北十八日行，東西二十三日行。其風俗物產與東謝同。首領趙氏，世爲酋長。有戶萬餘。貞觀三年，遣使入朝。二十一年，以其地置明州，以首領趙磨爲刺史。

牂牁蠻，首領亦姓謝氏。其地北去充州一百五十里(七)，東至辰州二千四百里，南至交州一千五百里，西至昆明九百里。無城壁，散爲部落而居。土氣鬱熱，多霖雨。稻粟再熟。無徭役，唯征戰之時，乃相屯聚。刻木爲契。其法：劫盜者二倍還贓；殺人者出牛馬三十頭，乃得贖死，以納死家。風俗物產，略與東謝同。其首領謝龍羽，大業末據其地，勝兵數萬人。

武德三年，遣使朝貢，授龍羽牂州刺史，封夜郎郡公。貞觀四年十二月，遣使朝貢。開元十年閏五月，大酋長謝元齊死，詔立其嫡孫嘉藝襲其官封。二十五年，大酋長趙君道來朝，且獻方物。大曆中、貞元初，數遣使朝貢。七年二月，授其酋長趙主俗官，以其歲初朝貢不絕，褒之也。自七年至十八年，凡五遣使來。元和三年五月敕：「自今以後，委黔南觀察使差本道軍將充押領牂牁、昆明等使。」四年正月，遣使來朝。是月，遣中使魏德和領其使，幷齎國信物，降璽書賜其王焉。七年、九年、十一年，凡三遣使來。其年十二月，又遣使來賀正。長慶中，亦朝貢不絕。寶曆元年十二月，遣使謝良震來朝。大和五年至會昌二年，凡七遣使來。

南平獠者，東與智州、南與渝州、西與南州、北與涪州接〔八〕。部落四千餘戶。土氣多瘴癘，山有毒草及沙虱、蝮蛇。人並樓居，登梯而上，號爲「干欄」。男子左衽露髮徒跣；婦人橫布兩幅，穿中而貫其首，名爲「通裙」。其人美髮，爲髻鬟垂於後。以竹筒如筆，長三四寸，斜貫其耳，貴者亦有珠璫。土多女少男，爲婚之法，女氏必先貨求男族，貧者無以嫁女，多賣與富人爲婢。俗皆婦人執役。其王姓朱氏，號爲劍荔王，遣使內附，以其地隸于渝州。

東女國，西羌之別種，以西海中復有女國，故稱東女焉。俗以女爲王。東與茂州、党項接，東南與雅州接，界隔羅女蠻及白狼夷。其境東西九日行，南北二十日行。有大小八十餘城。其王所居名康延川，中有弱水南流，用牛皮爲船以渡。戶四萬餘衆，勝兵萬餘人，散在山谷間。女王號爲「賓就」。有女官，曰「高霸」，平議國事。在外官僚，並男夫爲之。其王侍女數百人，五日一聽政。女王若死，國中多斂金錢，動至數萬，更於王族求令女二人而立之。大者爲王，其次爲小王。若大王死，即小王嗣立，或姑死而婦繼，無有篡奪。其所居，

皆起重屋，王至九層，國人至六層。其王服青毛綾裙，下領衫，上披青袍，其袖委地。多則羔裘，飾以紋錦。爲小鬟髻，飾之以金。耳垂璫，足履鞣䩺。俗重婦人而輕丈夫。文字同於天竺。以十一月爲正。其俗每至十月，令巫者齎楮詣山中，散糟麥於空，大咒呼鳥。俄而有鳥如雞，飛入巫者之懷，因剖腹而視之，每有一穀，來歲必登，若有霜雪，必多災異。其俗信之，名爲鳥卜。其居喪，服飾不改，爲父母則三年不櫛沐。貴人死者，或剝其皮而藏之，內骨於瓶中，糅以金屑而埋之。國王將葬，其大臣親屬殉死者數十人。

隋大業中，蜀王秀遣使招之，拒而不受。武德中，女王湯滂氏始遣使貢方物，高祖厚資而遣之。還至隴右，會突厥入寇，被掠於虜庭。及頡利平，其使復來入朝。太宗遣令反國，并降璽書慰撫之。垂拱二年，其王斂臂遣大臣湯劍左來朝，仍請官號。則天册拜斂臂爲左玉鈐衞員外將軍，仍以瑞錦製蕃服以賜之。天授三年，其王俄琰兒來朝。萬歲通天元年，遣使來朝。開元二十九年十二月，其王趙曳夫遣子獻方物。天寶元年，命有司宴於曲江，令宰臣已下同宴。又封曳夫爲歸昌王，授左金吾衞大將軍，賜其子帛八十匹，放還。後復以男子爲王。

貞元九年七月，其王湯立悉與哥鄰國王董臥庭、白狗國王羅陀忽、逋租國王弟鄧吉知、南水國王姪薛尙悉曩、弱水國王董辟和、悉董國王湯息贊、清遠國王蘇唐磨、咄霸國王董藐

蓬，各率其種落詣劍南西川內附。其哥鄰國等，皆散居山川。弱水王即國初女國之弱水部落。其悉董國，在弱水西，故亦謂之弱水西悉董王。舊皆分隸邊郡，祖、父例授將軍、中郎、果毅等官；自中原多故，皆爲吐蕃所役屬。其部落，大者不過三二千戶，各置縣令十數人理之。土有絲絮，歲輸於吐蕃。至是悉與之同盟，相率獻款，兼齎天寶中國家所賜官誥共三十九通以進。西川節度使韋皐處其衆於維、霸、保等州，給以種糧耕牛，咸樂生業。立悉等數國王自來朝，召見於麟德殿。授立悉銀青光祿大夫、歸化州刺史；鄧吉知試太府少卿兼丹州長史；薛尙悉曩試少府少監兼霸州長史；董臥庭行至綿州卒，贈武德州刺史，命其子利囉爲保寧都督府長史〔九〕，襲哥鄰王。立悉妹乞悉漫頗有才智，從其兄來朝，封和義郡夫人。其大首領董臥卿等，皆授以官。俄又授女國王兄湯厥銀青光祿大夫、試太府卿；清遠王弟蘇歷顚銀青光祿大夫、試衞尉卿；南水國王薛莫庭及湯息贊〔一〇〕、董藐蓬，女國唱後湯拂庭、美玉鉢、南郎唐，並授銀青光祿大夫、試太僕卿。

其年，西山松州生羌等二萬餘戶，相繼內附。其黏信部落主董夢葱，龍諾部落主董辟忽，皆授試衞尉卿。立悉等並赴明年元會訖，錫以金帛，各遣還。尋詔加韋皐統押近界羌、蠻及西山八國使。其部落代襲刺史等官，然亦潛通吐蕃，故謂之「兩面羌」。

南詔蠻，本烏蠻之別種也，姓蒙氏。蠻謂王爲「詔」，自言哀牢之後，代居蒙舍州爲渠帥，在漢永昌故郡東，姚州之西。其先渠帥有六，自號「六詔」，兵力相埒，各有君長，無統帥。蜀時爲諸葛亮所征，皆臣服之。國初有蒙舍龍，生迦獨龐。迦獨生細奴邏，高宗時來朝。細奴邏生邏盛，武后時來朝。其妻方娠，邏盛次姚州，聞妻生子，曰：「吾且有子，死於唐地足矣。」子名曰盛邏皮。邏盛至京師，賜錦袍金帶歸國。

開元初，邏盛死，子盛邏皮立。盛邏皮死，子皮邏閣立。二十六年，詔授特進，封越國公，賜名曰歸義。其後破洱河蠻，以功策授雲南王。歸義漸強盛，餘五詔浸弱。先是，劍南節度使王昱受歸義賂，奏六詔合爲一詔。歸義既併五詔，服羣蠻，破吐蕃之衆兵，日以驕大。每入覲，朝廷亦加禮異。二十七年，徙居大和城。天寶四載，歸義遣孫鳳迦異來朝，授鴻臚卿，歸國，恩賜甚厚，歸義意望亦高。時劍南節度使章仇兼瓊遣使至雲南，與歸義言語不相得，歸義常銜之。

七年，歸義卒，詔立子閤羅鳳襲雲南王。無何，鮮于仲通爲劍南節度使，張虔陀爲雲南太守。仲通褊急寡謀，虔陀矯詐，待之不以禮。舊事，南詔常與其妻子謁見都督，虔陀皆私之。有所徵求，閤羅鳳多不應，虔陀遣人罵辱之，仍密奏其罪惡。閤羅鳳忿怨，因發兵反，

攻圍虔陀，殺之，時天寶九年也。明年，仲通率兵出戎、嶲州。閤羅鳳遣使謝罪，仍與雲南錄事參軍姜如芝俱來，請還其所虜掠，且言：「吐蕃大兵壓境，若不許，當歸命吐蕃，雲南之地，非唐所有也。」仲通不許，囚其使，進兵逼大和城，爲南詔所敗。自是閤羅鳳北臣吐蕃，吐蕃令閤羅鳳爲贊普鍾，號曰東帝，給以金印。蠻謂弟爲「鍾」。時天寶十一年也。十二年，劍南節度使楊國忠執國政，仍奏徵天下兵，俾留後、侍御史李宓將十餘萬，輦餉者在外，涉海瘴死者相屬於路，天下始騷然苦之。宓復敗於大和城北，死者十八、九。會安祿山反，閤羅鳳乘釁攻陷嶲州及會同軍，西復降尋傳蠻。

大曆十四年，閤羅鳳子鳳迦異先閤羅鳳死，立迦異子，是爲異牟尋，頗知書，有才智，善撫其衆。吐蕃役賦南蠻重數，又奪諸蠻險地立城堡，歲徵兵以助鎮防，牟尋益厭苦之。有鄭回者，本相州人，天寶中舉明經，授嶲州西瀘縣令，嶲州陷，爲所虜。閤羅鳳以回有儒學，更名曰蠻利，甚愛重之，命教鳳迦異。及異牟尋立，又命教其子尋夢湊。回久爲蠻師，凡授學，雖牟尋、夢湊，回得箠撻，故牟尋以下皆嚴憚之。蠻謂相爲清平官，凡置六人。牟尋以回爲清平官，事皆咨之，秉政用事。餘清平官五人，事回卑謹，或有過，回輒撻之。回嘗言於牟尋曰：「自昔南詔嘗款附中國，中國尚禮義，以惠養爲務，無所求取。今棄蕃歸唐，無遠戍之勞、重稅之困，利莫大焉。」牟尋善其言，謀內附者十餘年矣。會劍南西川節度使韋皋招撫

諸蠻，苴烏星、虜望等歸化，微聞牟尋之意，因令蠻寓書於牟尋，且招懷之，時貞元四年也。七年，又遣間使持書喻之。道出磨些蠻，其魁主潛告吐蕃。使至雲南，吐蕃已知之，令詰牟尋。牟尋懼，因紿吐蕃曰：「唐使，本蠻也，韋皋許其求歸，無他謀。」遂執送吐蕃。吐蕃益疑之，多召南詔大臣之子爲質，牟尋愈怨。

九年四月，牟尋乃與酋長定計遣使：趙莫羅眉由兩川，楊大和堅由黔中，或由安南。使凡三輩，致書與韋皋，各賫生金丹砂爲贄。三分前皋所與牟尋書，各持其一爲信。歲中，三使皆至京師，且曰：「牟尋請歸大國，永爲藩國。所獻生金，以喻向北之意如金也；丹砂，示其赤心耳。」上嘉之，乃賜牟尋詔書，因命韋皋遣使以覘其情。皋遂命巡官崔佐時至牟尋所都陽苴咩城，南去太和城十餘里，東北至成都二千四百里，東至安南如至成都，通水陸行。是時也，吐蕃使數百人，先佐時在南詔，牟尋悉召諸種落與議歸化，或未畢至，未敢公言，密令佐時稱牂牁使，衣以牂牁服而入。佐時不肯，曰：「我大唐使，安得服小夷之服。」牟尋不得已，乃夜迎佐時，設位陳燈燭。佐時乃大宣詔書，牟尋恐吐蕃知，顧左右無色，而業已歸唐，久之，歔欷流涕，皆俯伏受命。

其明年正月，異牟尋使其子閤勸及清平官等與佐時盟於點蒼山神祠。盟書一藏於神室，一沉於西洱河，一置祖廟，一以進天子。閤勸卽尋夢湊也。鄭回見佐時，多所指導，故佐

時探得其情。乃請牟尋斬吐蕃使數人，以示歸唐。又得其吐蕃所與金印。牟尋尋遣佐時歸，仍刻金契以獻。閤勸賦詩以餞之。牟尋乃去吐蕃所立帝號，私於佐時請復南詔舊名。佐時與盟訖，留二旬有六日而歸。

初，吐蕃因爭北庭，與迴鶻大戰，死傷頗衆，乃徵兵於牟尋，須萬人。牟尋既定計歸我，欲因徵兵以襲之，乃示寡弱，謂吐蕃曰：「蠻軍素少，僅可發三千人。」吐蕃少之，請益至五千，乃許。牟尋遽遣兵五千人戍吐蕃，乃自將數萬踵其後，晝夜兼行，乘其無備，大破吐蕃於神川。遂斷鐵橋，遣使告捷。且請韋皋使閱其所虜獲及城堡，以取信焉。時韋皋上言：「牟尋收鐵橋已來城壘一十六，擒其王五人，降其衆十餘萬。」以祠部郎中兼御史中丞袁滋持節冊南詔，仍賜牟尋印，鑄用黃金，以銀爲窠，文曰：「貞元冊南詔印。」先是，韋皋奏南詔前遣清平官尹仇寬獻所受吐蕃印五，二用黃金，今賜請以黃金，從蠻夷所重，傳示無窮。從皋之請也。

十年八月，遣使蒙湊羅棟及尹仇寬來獻鐸槊、浪人劍及吐蕃印八紐。湊羅棟，牟尋之弟也，錫賚甚厚。以尹仇寬爲檢校左散騎常侍，餘各授官有差。俄又封尹仇寬爲高溪郡王。十一年三月，遣清平官尹輔酋隨袁滋來朝。又得先沒蕃將衞景昇、韓演等，并南詔所獲吐蕃將帥俘馘百人至京師。湊羅棟歸國，在道而卒，贈右散騎常侍。授尹輔酋檢校太子詹事兼

御史中丞，餘亦差次授官。又降敕書賜異牟尋及子閤勸，清平官鄭回、尹仇寬等各一書，書左列中書三官宣奉行，復舊制也。九月，異牟尋遣使獻馬六十匹。

十二年，韋皋於雅州會野路招收得投降蠻首領高萬唐等六十九人，戶約七千，兼萬唐等先受吐蕃金字告身五十片。十四年，異牟尋遣酋望大將軍王丘各等賀正，兼獻方物。十九年正月旦，上御含元殿受南詔朝賀，以其使楊鎮龍武爲試太僕少卿，授黎州廓清道蠻首領襲恭化郡王劉志寧試太常卿。二十年，南詔遣使朝貢。

元和二年八月，遣使鄧傍傳來朝，授試殿中監。三年十二月，以異牟尋卒，廢朝三日。四年正月，以太常少卿武少儀充弔祭使，仍冊牟尋之子驃信苴蒙閤勸爲南詔王〔三〕，仍命鑄「元和冊南詔印」。七年十月，皆遣使朝貢。十一年五月，以龍蒙盛卒，廢朝三日。遣使來請冊立其君長。以少府少監李銑充冊立弔祭使，左贊善大夫許堯佐副之。十二年至十五年，比年遣使來朝，或年內二三至者。

寶曆三年，大和元年，亦遣使來。三年，杜元穎鎮西川，以文儒自高，不練戎事。南蠻乘我無備，大舉諸部入寇。牧守屢陳，亦不之信。十一月，蜀川出軍與戰，不利。陷我邛州，逼成都府，入梓州西郭，驅劫玉帛子女而去。上聞之，大怒，再貶元穎爲循州司馬。明年正月，其王蒙嵯顚以表自陳請罪，兼疏元穎過失。國家方事柔遠，尋釋其罪，復遣使來朝。

五年、八年，亦遣使來貢方物。開成四年、五年，會昌二年，皆遣使來朝。

驃國，在永昌故郡南二千餘里，去上都一萬四千里。其國境，東西三千里，南北三千五百里。東鄰眞臘國，西接東天竺國，南盡溟海，北通南詔些樂城界，東北拒陽苴咩城六千八百里。往來通聘迦羅婆提等二十國，役屬者道林王等九城，食境土者羅君潛等二百九十部落。

其王姓困沒長，名摩羅惹。其國相名摩訶思那。其王近適則舁以金繩牀，遠適則乘象。嬪姝甚衆，常數百人。其羅城構以塼甓，周一百六十里，濠岸亦構塼，相傳本是舍利佛城。城內有居人數萬家，佛寺百餘區。其堂宇皆錯以金銀，塗以丹彩，地以紫鑛，覆以錦罽。其俗好生惡殺。其土宜菽粟稻粱，無麻麥。其理無刑名桎梏之具，犯罪者以竹五十本東之，復犯者撻其背，數止五，輕者止三，殺人者戮之。男女七歲則落髮，止寺舍，依桑門，至二十不悟佛理，乃復長髮爲居人。其衣服悉以白氎爲朝霞，繞腰而已。不衣繒帛，云出於蠶，爲其傷生故也。君臣父子長幼有序。華言謂之驃，自謂突羅成，闍婆人謂之徒里掘。

古未嘗通中國。貞元中，其王聞南詔異牟尋歸附，心慕之。十八年〔一二〕，乃遣其弟悉利移因南詔重譯來朝，又獻其國樂凡十曲，與樂工三十五人俱。樂曲皆演釋氏經論之詞意。尋以悉利移爲試太僕卿。

史臣曰：禹畫九州，周分六服，斷長補短，止方七千，國賦之所均，王教之所備，此謂華夏者也。以圓蓋方輿之廣，廣谷大川之多，民生其間，胡可勝道，此謂蕃國者也。西南之蠻夷不少矣，雖言語不通，嗜欲不同，亦能候律瞻風，遠修職貢。但患已之不德，不患人之不來。何以驗之？貞觀、開元之盛，來朝者多也。

贊曰：五方異氣，所稟不同。維南極海，曰蠻與戎。惡我則叛，好我則通。不可不德，使其瞻風。

校勘記

〔一〕以艾承之　「承」字各本原作「烝」，據唐會要卷九八改。

〔二〕大曆三年四年　「四年」各本原作「四月」，按冊府卷九七二：大曆三年十一月、四年正月、十二月，訶陵並遣使朝貢。據改「四月」爲「四年」。

〔三〕北至白蠻　「白」字各本原無，據唐會要卷九九、冊府卷九五七、御覽卷七八八補。

〔四〕韋皮行縢而著履　「韋」字各本原作「爲」，據唐會要卷九九、御覽卷七七八改。

〔五〕隸黔州都督府　「隸」字各本原作「領」，據新書卷二二二下南蠻傳、唐會要卷九九、御覽卷七八八東謝蠻改。

〔六〕貞元十三年正月西南蕃大酋長……宋鼎……牂州錄事參軍謝文經　新書卷二二二下南蠻傳記此事云：「建中三年，大酋長檢校蠻州長史資陽郡公宋鼎與諸謝朝賀，德宗以其國小，不許。訴於黔中觀察使王礎，……。礎奏……請許三年一朝，詔從之。」

〔七〕充州　「充」字各本原作「兗」，據通典卷一八七、新書卷四三下地理志改。

〔八〕西與南州北與涪州接　「南州北與」四字各本原無，據合鈔卷二五八上南平獠傳改。新書卷二二二下南平獠傳作「西接南州，北涪州」。

〔九〕保寧都督府長史　「保」字各本原作「寶」，據唐會要卷九九、寰宇記卷一七九改。

〔一〇〕南水國王……　「水」字各本原無，據唐會要卷九九、通鑑卷二三四補。

〔一一〕南詔王　「王」字各本原無，據唐會要卷九九補。

〔一二〕十八年　「十」字各本原無，據唐會要卷一〇〇、冊府卷九七二、通鑑卷二三六補。

舊唐書卷一百九十八

列傳第一百四十八

西戎

泥婆羅　党項羌　高昌　吐谷渾　焉耆　龜茲　疏勒　于闐
天竺　罽賓　康國　波斯　拂菻　大食

泥婆羅國，在吐蕃西。其俗翦髮與眉齊，穿耳，揎以竹筩牛角，綴至肩者以爲姣麗。食用手，無匕箸。其器皆銅。多商賈，少田作。以銅爲錢，面文爲人，背文爲馬牛，不穿孔。衣服以一幅布蔽身，日數盥浴。以板爲屋，壁皆雕畫。俗重博戲，好吹蠡擊鼓。頗解推測盈虛，兼通曆術。事五天神，鐫石爲像，每日清水浴神，烹羊而祭。其王那陵提婆，身著眞珠、玻瓈、車渠、珊瑚、琥珀、瓔珞，耳垂金鉤玉璫，佩寶裝伏突，坐獅子牀，其堂內散花燃

香〔一〕。大臣及諸左右並坐於地，持兵數百列侍其側。宮中有七層之樓，覆以銅瓦，欄檻楹桷皆飾珠寶。樓之四角，各懸銅槽，下有金龍，激水上樓，注於槽中，從龍口而出，狀若飛泉。那陵提婆之父，爲其叔父所簒，那陵提婆逃難於外，吐蕃因而納焉，克復其位，遂羈屬吐蕃。

貞觀中，衞尉丞李義表往使天竺，塗經其國，那陵提婆見之大喜，與義表同出觀阿耆婆沵池。周迴二十餘步，水恆沸，雖流潦暴集，爍石焦金，未嘗增減。以物投之，卽生烟焰，懸釜而炊，須臾而熟。其後王玄策爲天竺所掠，泥婆羅發騎與吐蕃共破天竺有功。永徽二年，其王尸利那連陀羅又遣使朝貢。

党項羌，在古析支之地，漢西羌之別種也。魏、晉之後，西羌微弱，或臣中國，或竄山野。自周氏滅宕昌、鄧至之後，党項始強。其界東至松州，西接葉護，南雜春桑、迷桑等羌，北連吐谷渾，處山谷間，亙三千里。其種每姓別自爲部落，一姓之中復分爲小部落，大者萬餘騎，小者數千騎，不相統一。有細封氏、費聽氏、往利氏、頗超氏、野辭氏、房當氏、米擒氏、拓拔氏，而拓拔最爲強族。俗皆土著，居有棟宇，其屋織犛牛尾及羊毛覆之，每年一易。

俗尚武，無法令賦役。其人多壽，年一百五六十歲。不事產業，好爲盜竊，互相凌劫。尤重復讎，若讎人未得，必蓬頭垢面跣足蔬食，要斬讎人而後復常。男女並衣裘褐，仍披大氈。畜犛牛、馬、驢、羊，以供其食。不知稼穡，土無五穀。氣候多風寒，五月草始生，八月霜雪降。求大麥於他界，醞以爲酒。妻其庶母及伯叔母、嫂、子弟之婦，淫穢烝褻，諸夷中最爲甚，然不婚同姓。老死者以爲盡天年，親戚不哭；少死者則云夭枉，乃悲哭之。死則焚屍，名爲火葬。無文字，但候草木以記歲時。三年一相聚，殺牛羊以祭天。自周及隋，或叛或朝，常爲邊患。

貞觀三年，南會州都督鄭元璹遣使招諭，其酋長細封步賴舉部內附，太宗降璽書慰撫之。步賴因來朝，宴賜甚厚，列其地爲軌州，拜步賴爲刺史，仍請率所部討吐谷渾。其後諸姓酋長相次率部落皆來內屬，請同編戶，太宗厚加撫慰，列其地爲崌、奉、巖、遠四州，各拜其首領爲刺史。

有羌酋拓拔赤辭者，初臣屬吐谷渾，甚爲渾主伏允所暱，與之結婚。及貞觀初，諸羌歸附，而赤辭不至。李靖之擊吐谷渾，赤辭屯狼道坡以抗官軍。廓州刺史久且洛生遣使諭以禍福，赤辭曰：「我被渾主親戚之恩，腹心相寄，生死不貳，焉知其他。汝可速去，無令汚我刀也。」洛生知其不悟，於是率輕騎襲之，擊破赤辭於肅遠山，斬首數百級，虜雜畜六千而還。

太宗又令岷州都督李道彥說諭之，赤辭從子思頭密送誠款，其黨拓拔細豆又以所部來降。赤辭見其宗黨離，始有歸化之意。後岷州都督劉師立復遣人招誘，於是與思頭並率衆內屬，拜赤辭爲西戎州都督，賜姓李氏，自此職貢不絕。其後吐蕃強盛，拓拔氏漸爲所逼，遂請內徙，始移其部落於慶州，置靜邊等州以處之。其故地陷於吐蕃，其處者爲其役屬，吐蕃謂之「弭藥」。

又有黑党項，在於赤水之西。李靖之擊吐谷渾也，渾主伏允奔黑党項，居以空閑之地。及吐谷渾舉國內屬，黑党項酋長號敦善王因貢方物。

又有雪山党項，姓破丑氏，居於雪山之下，及白狗、舂桑、白蘭等諸羌，自龍朔已後，並爲吐蕃所破而臣屬焉。

其在西北邊者，天授三年內附，凡二十萬口，分其地置朝、吳、浮、歸等十州，仍散居靈、夏等界內。自至德已後，常爲吐蕃所誘，密以官告授之，使爲偵道，故時或侵叛，尋亦底寧。寶應初，其首領來朝，請助國供靈州軍糧，優詔襃美。

其在涇、隴州界者，上元元年率其衆十餘萬詣鳳翔節度使崔光遠請降。寶應元年十二月，其歸順州部落、乾封州部落、歸義州部落、順化州部落、和寧州部落、和義州部落、保善州部落、寧定州部落、羅雲州部落、朝鳳州部落，並詣山南西道都防禦使、梁州刺史臧希讓

請州印，希讓以聞，許之。

貞元三年十二月，初禁商賈以牛、馬、器械於党項部落貿易。十五年二月，六州党項自石州奔過河西。党項有六府部落，曰野利越詩、野利龍兒、野利厥律、兒黄、野海、野窣等。居慶州者號爲東山部落，居夏州者號爲平夏部落。永泰、大曆已後，居石州，依水草。至是永安城鎮將阿史那思昧擾其部落〔三〕，求取駝馬無厭，中使又贊成其事，党項不堪其弊，遂率部落奔過河。元和九年五月，復置宥州以護党項。十五年十一月，命太子中允李寮爲宣撫党項使。以部落繁富，時遠近商賈，齎繒貨入貿羊馬。至大和、開成之際，其藩鎮統領無緒，恣其貪婪，不顧危亡，或強市其羊馬，不酬其直，以是部落苦之，遂相率爲盜，靈、鹽之路小梗。會昌初，上頻命使安撫之，兼命憲臣爲使，分三印以統之。在邠、寧、延者，以侍御史、內供奉崔君會主之；在鹽、夏、長、澤者，以侍御史、內供奉李鄠主之；在靈、武、麟、勝者，以侍御史、內供奉鄭賀主之，仍各賜緋魚以重其事。久而無狀，尋皆罷之。

高昌者，漢車師前王之庭，後漢戊己校尉之故地，在京師西四千三百里。其國有二十一城，王都高昌，其交河城，前王庭也；田地城，校尉城也。勝兵且萬人。厥土良沃，穀麥

歲再熟，有蒲萄酒，宜五果，有草名白疊，國人採其花，織以爲布。有文字，知書計，所置官亦採中國之號焉。其王麴伯雅，卽後魏時高昌王嘉之六世孫也。隋煬帝時入朝，拜左光祿大夫、車師太守、封弁國公，仍以戚屬宇文氏女爲華容公主以妻之。武德二年，伯雅死，子文泰嗣，遣使來告哀，高祖遣前河州刺史朱惠表往弔之。七年，文泰又獻狗雄雌各一，高六寸，長尺餘，性甚慧，能曳馬銜燭，云本出拂菻國。中國有拂菻狗，自此始也。太宗嗣位，復貢玄狐裘，因賜其妻宇文氏花鈿一具。宇文氏復貢玉盤。西域諸國所有動靜，輒以奏聞。貞觀四年冬，文泰來朝，及將歸蕃，賜遺甚厚。其妻宇文氏請預宗親，詔賜李氏，封常樂公主，下詔慰諭之。

時西戎諸國來朝貢者，皆塗經高昌，文泰後稍壅絶之。伊吾先臣西突厥，至是內屬，文泰又與葉護連結，將擊伊吾。太宗以其反覆，下書切讓，徵其大臣冠軍阿史那矩入朝，將與議事。文泰竟不遣，乃遣其長史麴雍來謝罪。初，大業之亂，中國人多投於突厥。及頡利敗，或有奔高昌者，文泰皆拘留不遣。太宗詔令括送，文泰尙隱蔽之。又尋與西突厥乙毗設擊破焉耆三城，虜其男女而去。焉耆王上表訴之，太宗遣虞部郎中李道裕往問其狀。十三年，太宗謂其使曰：「高昌數年來朝貢脫略，無藩臣禮，國中署置官號，準我百僚，稱臣於人，豈得如此！今茲歲首，萬國來朝，而文泰不至。增城深塹，預備討伐。日者我使人至彼，文泰云：『鷹飛于天，雉竄于蒿，猫遊于堂，鼠安于穴，各得其所，豈不活耶！』又西域使欲來者，文泰悉拘留之。又遣使謂薛延陀云：『既自爲可汗，與漢天子敵也，何須拜謁其使。』事人闕禮，離間鄰好，惡而不誅，善者何勸？明年，當發兵馬以擊爾。」是時薛延陀可汗表請爲軍向導，以擊高昌，太宗許之。令民部尙書唐儉至延陀，與謀進取。太宗冀其悔過，復下璽書，示以禍福，徵之入朝。文泰稱疾不至。太宗乃命吏部尙書侯君集爲交河道大總管，率左屯衞大將軍薛萬均及突厥、契苾之衆，步騎數萬衆以擊之。時公卿近臣，皆以行經沙磧，萬里用兵，恐難得志，又界居絶域，縱得之，不可以守，競以爲諫，太宗皆不聽。文泰謂所親曰：「吾往者朝覲，見秦、隴之北，城邑蕭條，非復有隋之比。設今伐我，發兵多則糧運不給，若發三萬以下，吾能制之。加以磧路艱險，自然疲頓，吾以逸待勞，坐收其弊，何足爲憂也？」及聞王師臨磧口，惶駭計無所出，發病而死。

其子智盛嗣立。旣而君集兵奄至柳谷，進趨田地城，將軍契苾何力爲前軍，與之接戰而退。大軍繼之，攻拔其城，虜男女七千餘口，進逼其都。智盛移君集書曰：「有罪於天子者，先王也。咎深譴積，身已喪亡。智盛襲位無幾，君其赦諸？」君集謂曰：「若能悔禍，當面縛軍門也。」又命諸軍引衝車、拋車以逼之，飛石雨下，城中大懼。智盛窮蹙，出城降。君集分兵掠地，下其三郡、五縣、二十二城，戶八千，口三萬七千七百，馬四千三百匹。其界東

西八百里，南北五百里。先是，其國童謠云：「高昌兵馬如霜雪，漢家兵馬如日月。日月照霜雪，迴手自消滅。」文泰使人捕其初唱者，不能得。初，文泰與西突厥欲谷設通和，遺其金帛，約有急相爲表裏。及聞君集兵至，欲谷設懼而西走，不敢救。君集尋遣使告捷，太宗大悅，宴百僚，班賜各有差，曲赦高昌部內從軍兵士已上，父子犯死罪已下，期親犯流已下，大功犯徒已下，小功緦麻犯杖罪，悉原之。

時太宗欲以高昌爲州縣，特進魏徵諫曰：「陛下初臨天下，高昌夫婦先來朝謁。自後數月，商胡被其遏絶貢獻，加之不禮大國，遂使王誅載加。若罪止文泰，斯亦可矣，未若撫其人而立其子，所謂伐罪弔民，威德被於遐外，爲國之善者也。今若利其土壤，以爲州縣，常須千餘人鎮守，數年一易，每及交番，死者十有三四，遣辦衣資，離別親戚，十年之後，隴右空虛。陛下終不得高昌撮穀尺布以助中國，所謂散有用而事無用，臣未見其可。」太宗不從，竟以其地置西州，又置安西都護府，留兵以鎮之。初，西突厥遣其葉護屯兵於可汗浮圖城，與高昌相影響，至是懼而來降，以其地爲庭州。於是勒石紀功而旋。其智盛君臣及其豪右，皆徙中國。

麴氏有國，至智盛凡九世一百三十四年而滅。尋拜智盛爲左武衞將軍，封金城郡公；弟智湛爲右武衞中郎將，天山縣公〔四〕。及太宗崩，刊石像智盛之形，列於昭陵玄闕之下。智

湛，麟德中終於左驍衞大將軍、西州刺史。天授初，其子崇裕授左武衞大將軍，交河郡王。卒，封襲遂絕。

吐谷渾，其先居於徒河之清山，屬晉亂，始度隴，止於甘松之南，洮水之西，南極白蘭，地數千里。有城郭而不居，隨逐水草，廬帳爲室，肉酪爲糧。其官初有長史、司馬、將軍。近代已來，有王公、僕射、尚書、郎中。其俗頗識文字。男子通服長裙繒帽，或戴羃䍦。婦人以金花爲首飾，辮髮縈後，綴以珠貝。其婚姻富家厚出聘財，貧人竊女而去。父卒，妻其庶母；兄亡，妻其諸嫂。喪有服制，葬訖而除。國無常稅，用度不給，輒斂富室商人，以取足而止。殺人及盜馬者罪死，他犯則徵物以贖罪。氣候多寒，土宜大麥、蔓菁，頗有菽粟。出良馬、犛牛、銅、鐵、朱砂之類。有青海，周迴八百里，中有小山，至冬，放牝馬於其上，言得龍種。嘗得波斯馬，放入海，因生驄駒，能日行千里，故代稱「青海驄」焉。地兼鄯善、且沫。西北有流沙數百里，夏有熱風，傷斃行旅。風之將至，老駝便知之，則引項而鳴，以口鼻埋沙中。人以爲候，即以氈擁蔽口鼻而避其患。

隋煬帝時，其王伏允來犯塞，煬帝親總六軍以討之，伏允以數十騎潛於泥嶺而遁，其仙

頭王率男女十餘萬口來降。煬帝立其質子順爲王，送之本國，令統餘衆，尋復追還。大業末，伏允悉收故地，復爲邊患。高祖受禪，順自江都來歸長安。時李軌猶據涼州，高祖遣使與伏允通和，令擊軌以自効，當放順返國。伏允大悅，興兵擊之，戰于庫門，交綏而退。頻遣使朝貢，以順爲請，高祖乃遣之。太宗即位，伏允遣其洛陽公來朝，使未返，大掠鄯州而去。太宗遣使責讓之，徵伏允入朝，稱疾不至。仍爲其子尊王求婚，於是責其親迎以羈縻之。尊王又稱疾不肯入朝，有詔停婚，遣中郎將康處直諭以禍福。伏允遣兵寇蘭、廓二州。時鄯州刺史李玄運上言：「吐谷渾良馬悉牧青海，輕兵掩之，可致大利。」於是遣左驍衞大將軍段志玄率邊兵及契苾、党項之衆以擊之。去青海三十里，志玄與左驍衞將軍梁洛仁不欲戰，頓軍遲留不進，吐谷渾遂驅青海牧馬而遁。亞將李君羨率精騎別路，及賊於青海之南懸水鎮，擊破之，虜牛羊二萬餘頭而還。時伏允年老昏耄，其邪臣天柱王惑亂之，拘我行人鴻臚丞趙德楷。太宗頻遣宣諭，使者十餘返，竟無悛心。

貞觀九年，詔特進李靖爲西海道行軍大總管，兵部尚書侯君集爲積石道行軍總管，任城王道宗爲鄯州道行軍總管，仍爲靖副；涼州都督李大亮爲且沫道行軍總管，岷州都督李道彥爲赤水道行軍總管，利州刺史高甑生爲鹽澤道行軍總管，并突厥、契苾之衆以擊之。諸將頻與賊遇，連戰破之，獲其高昌王慕容孝儁。孝儁有雄略，伏允心膂之臣也。靖等進

至赤海，遇其天柱王部落，擊大破之，遂歷于河源。李大亮又俘其名王二十人，雜畜數萬，至且沫西境。或傳伏允西走，渡圖倫磧，欲入于闐。將軍薛萬均率輕銳追奔，入磧數百里，及其餘黨，破之。磧中乏水，將士皆刺馬血而飲之。侯君集與江夏王道宗趣南路，登漢哭山，飲馬烏海，獲其名王梁屈忽，經途二千餘里空虛之地，盛夏降霜，多積雪，其地乏水草，將士噉冰，馬皆食雪。又達于柏梁，北望積石山，觀河源之所出焉。兩軍會於大非川，至破邏真谷，伏允子大寧王順窮蹙，斬其國相天柱王，舉國來降。伏允大懼，與千餘騎遁于磧中，衆稍亡散，能屬之者纔百餘騎，乃自縊而死。國人乃立順爲可汗，稱臣內附。

順，即伏允之嫡子也。初爲侍子於隋，拜金紫光祿大夫，久不得歸，伏允遂立他子爲太子，及得返國，意常怏怏。會李靖等諸軍所向克捷，自以失位，欲因此立功，由是遂降。乃詔曰：「吐谷渾擅相君長，竊據荒裔，志在凶德，政出權門。酋渠攜貳，種落怨憤，長惡不悛，野心彌熾。莫顧藩臣之禮，曾無事上之節，草竊疆埸，虐割兆庶，積惡既稔，天亡有徵。朕君臨四海，含育萬類，一物失所，責深在予。所以爰命六軍，申茲九伐，義存活國，情非黷武。其子大寧王慕容順，隋氏之甥，志懷明悟，長自中土，幸慕華風，爰見時機，深識逆順。以其復諫違衆，獨陷迷途，遂誅邪臣，存茲大計。翻然改轍，代父歸罪，忠孝之美，深有可嘉。子能立功，足以補過，既往之釁，特宜原免。然其建國西鄙，已歷年代，即從廢絕，情所

未忍，繼其宗祀，允歸令胤〔四〕。可封順爲西平郡王，仍授趉胡呂烏甘豆可汗。」

太宗恐順不能靜其國，仍遣李大亮率精兵數千，爲其聲援。順既久質於隋，國人不附，未幾爲臣下所殺。其子燕王諾曷鉢嗣立。

諾曷鉢既幼，大臣爭權，國中大亂。太宗遣兵援之，封爲河源郡王，仍授烏地也拔勤豆可汗，遣淮陽王道明持節册拜，賜以鼓纛。諾曷鉢因入朝請婚。十四年，太宗以弘化公主妻之，資送甚厚。十五年，諾曷鉢所部丞相宣王專權〔五〕，陰謀作難，將徵兵，詐言祭山神，因欲襲擊公主，劫諾曷鉢奔于吐蕃，期有日矣。諾曷鉢知而大懼，率輕騎走鄯善城，其威信王以兵迎之。鄯州刺史杜鳳舉與威信王合軍擊丞相宣王，破之，殺其兄弟三人，遣使言狀。太宗命民部尚書唐儉持節撫慰之。太宗崩，刻石圖諾曷鉢之形，列於昭陵之下。高宗嗣位，以其尙主，拜駙馬都尉，賜物四十段。其後與吐蕃互相攻伐，各遣使請兵救援，高宗皆不許之。吐蕃大怒，率兵以擊吐谷渾，諾曷鉢既不能禦，脫身及弘化公主走投涼州。高宗遣右威衞大將軍薛仁貴等救吐谷渾，爲吐蕃所敗，於是吐谷渾遂爲吐蕃所併。諾曷鉢以親信數千帳來內屬，詔左武衞大將軍蘇定方爲安置大使，始徙其部衆于靈州之地，置安樂州，以諾曷鉢爲刺史，欲其安而且樂也。

垂拱四年，諾曷鉢卒，子忠嗣。忠卒，子宣趙嗣。聖曆三年，授宣趙左豹韜衞員外大將

軍，仍襲父烏地也拔勒豆可汗。宜趙卒，子曦皓嗣。曦皓卒，子兆嗣。及吐蕃陷我安樂州，其部衆又東徙，散在朔方、河東之境。今俗多謂之退渾，蓋語急而然。貞元十四年十二月，以朔方節度副使、左金吾衞大將軍同正慕容復爲襲長樂州都督、青海國王、烏地也拔勒豆可汗。未幾，卒，其封襲遂絕。

吐谷渾自晉永嘉之末，始西渡洮水，建國於罕羌之故地，至龍朔三年爲吐蕃所滅，凡三百五十年。

焉耆國，在京師西四千三百里〔六〕，東接高昌，西鄰龜茲，卽漢時故地。其王姓龍氏，名突騎支。勝兵二千餘人，常役屬於西突厥。其地良沃，多蒲萄，頗有魚鹽之利。

貞觀六年，突騎支遣使貢方物，復請開大磧路以便行李，太宗許之。自隋末罹亂，磧路遂閉，西域朝貢者皆由高昌。及是，高昌大怒，遂與焉耆結怨，遣兵襲焉耆，大掠而去。西突厥莫賀設與咄陸、弩失畢不協，奔于焉耆，咄陸復來攻之。六年，遣使言狀，并貢名馬。時西突厥國亂，太宗遣中郎將桑孝彥領左右胄曹韋弘機往安撫之，仍冊立咥利失可汗。可汗既立，秦善焉耆，令與焉耆爲援。十二年，處月、處密與高昌攻陷焉耆五城，掠男女一千五

百人，焚其廬舍而去。十四年，侯君集討高昌，遣使與之相結，焉耆王大喜，請爲聲援。及破高昌，其王詣軍門稱謁。焉耆人先爲高昌所虜者，悉歸之。由是遣使謝恩，并貢方物。

其年，西突厥重臣屈利啜爲其弟娶焉耆王女，由是相爲脣齒，朝貢遂闕。安西都護郭孝恪請擊之，太宗許焉。會焉耆王弟頡鼻葉護兄弟三人來至西州，孝恪選步騎三千出銀山道，以頡鼻弟栗婆準爲鄉導。焉耆所都城，四面有水，自恃險固，不虞於我。孝恪倍道兼行，夜至城下，潛遣將士浮水而渡，至曉，一時登堞，鼓角齊震，城中大擾。孝恪縱兵擊之，虜其王突騎支，首虜千餘級。以栗婆準導軍有功，留攝國事而還。時駕幸洛陽宮，孝恪鎖突騎支并其妻子送行在所，詔宥之。

初，西突厥屈利啜將兵來援焉耆，孝恪還師三日，屈利啜乃囚栗婆準，而西突厥處般啜令其吐屯來攝焉耆，遣使朝貢。太宗數之曰：「焉耆者，我兵擊得，汝何人，輒來統攝。」吐屯懼而返國。焉耆又立栗婆準從父兄薛婆阿那支爲王。處般啜乃執栗婆準送於龜茲，爲所殺。薛婆阿那支既得處般啜爲援，遂有國。及阿史那社爾之討龜茲，阿那支大懼，遂奔龜茲，保其東城，以禦官軍，社爾擊擒之，數其罪而斬焉。求得阿那支從父弟先那準立爲王，以修職貢。及太宗葬昭陵，乃刻石像龍突騎支之形，列於玄闕之下。自是朝貢不絕。

龜茲國，卽漢西域舊地也，在京師西七千五百里。其王姓白氏。有城郭屋宇，耕田畜牧爲業。男女皆翦髮，垂與項齊，唯王不翦髮。學胡書及婆羅門書、算計之事，尤重佛法。其王以錦蒙項，著錦袍金寶帶，坐金獅子牀。有良馬、封牛。饒蒲萄酒，富室至數百石。

高祖卽位，其主蘇伐勃駃遣使來朝。勃駃尋卒，子蘇伐疊代立，號時健莫賀俟利發。貞觀四年，又遣使獻馬，太宗賜以璽書，撫慰甚厚，由此歲貢不絕，然臣於西突厥。安西都護郭孝恪來伐焉耆，龜茲遣兵援助，自是職貢頗闕。

伐疊死，其弟訶黎布失畢代立，漸失藩臣禮。二十年，太宗遣左驍衞大將軍阿史那社爾爲崑山道行軍大總管，與安西都護郭孝恪、司農卿楊弘禮率五將軍，又發鐵勒十三部兵十餘萬騎，以伐龜茲。社爾既破西蕃處月、處密，乃進師趣其北境，出其不意，西突厥所署焉耆王棄城而遁，社爾遣輕騎追擒之。龜茲大震，守將多棄城而走。社爾進屯磧石〔七〕，去其都城三百里。遣伊州刺史韓威率千餘騎爲前鋒，右驍衞將軍曹繼叔次之。西至多褐城，與龜茲王相遇，及其相那利、將羯獵顚等，有衆五萬，逆拒王師。威乃僞遁而引之，其王俟利發見威兵少，悉衆而至。威退行三十里，與繼叔軍會，合擊大破之。其王退保都城，社爾進軍逼之，王乃輕騎而走，遂下其城，令孝恪守之。遣沙州刺史蘇海政、尙輦奉御薛萬備以

精騎逼之，行六百里，其王窘急，退保于撥換城。社爾等進軍圍之，擒其王及大將羯獵顚等。其相那利僅以身免，潛引西突厥之衆并其國兵萬餘人，來襲孝恪，殺之，官軍大擾。倉部郎中崔義起與曹繼叔、韓威等擊之，那利敗走。尋爲龜茲人所執以詣軍。前後破其大城五所，虜男女數萬口。社爾因立其王之弟葉護爲王，勒石紀功而旋。俘其王訶黎布失畢及那利、羯獵顚等獻於社廟。尋以訶黎布失畢爲左武翊衞中郎將，那利已下授官各有差。太宗之葬昭陵，乃刻石像其形，列於玄闕之前。永徽元年，又以訶黎布失畢爲右驍衞大將軍，尋放還蕃，撫其餘衆，依舊爲龜茲王，賜物一千段。

先是，太宗既破龜茲，移置安西都護府於其國城，以郭孝恪爲都護，兼統于闐、疏勒、碎葉，謂之「四鎭」。高宗嗣位，不欲廣地勞人，復命有司棄龜茲等四鎭，移安西依舊於西州。其後吐蕃大入，焉耆已西四鎭城堡，並爲賊所陷。則天臨朝，長壽元年，武威軍總管王孝傑、阿史那忠節大破吐蕃，克復龜茲、于闐等四鎭，自此復於龜茲置安西都護府，用漢兵三萬人以鎭之。既徵發內地精兵，遠逾沙磧，并資遺衣糧等，甚爲百姓所苦。言事者多請棄之，則天竟不許。其安西都護，則天時有田揚名，中宗時有郭元振，開元初則張孝嵩、杜暹，皆有政績，爲夷人所伏。

中華書局

疏勒國，卽漢時舊地也。西帶葱嶺，在京師西九千三百里。其王姓裴氏。貞觀中，突厥以女妻王。勝兵二千人。俗事祆神，有胡書文字。貞觀九年，遣使獻名馬，自是朝貢不絕。開元十六年，玄宗遣使冊立其王裴安定爲疏勒王。

于闐國，西南帶葱嶺，與龜茲接，在京師西九千七百里。勝兵四千人。其國出美玉。俗多機巧，好事祆神，崇佛教。先臣于西突厥。其王姓尉遲氏，名屈密(八)。貞觀六年，遣使獻玉帶，太宗優詔答之。十三年，又遣子入侍。及阿史那社爾伐龜茲，其王伏闍信大懼，使其子以駝萬三百匹饋軍。及將旋師，行軍長史薛萬備請社爾曰：「今者既破龜茲，國威已振，請因此機，願以輕騎羈取于闐之王。」社爾乃遣萬備率五十騎抵于闐之國，萬備陳國威靈，勸其入見天子，伏闍信於是隨萬備來朝。高宗嗣位，拜右驍衞大將軍，又授其子葉護玷爲右驍衞將軍，並賜金帶、錦袍、布帛六十段，幷宅一區，留數月而遣之，因請留子弟以宿衞。太宗葬昭陵，刻石像其形，列於玄闕之下。垂拱三年，其王伏闍雄復來入朝。天授三年，伏闍雄卒，則天封其子璥爲于闐國王。

開元十六年，復冊立尉遲伏師爲于闐王，數遣使朝貢。乾元三年，以于闐王尉遲勝弟守左監門衞率葉護曜爲太僕員外卿，仍同四鎭節度副使，權知本國事。以勝至德初領兵赴國難，因堅請留宿衞，故有是命。事在勝傳。

天竺國，卽漢之身毒國，或云婆羅門地也。在葱嶺西北(九)，周三萬餘里。其中分爲五天竺：其一曰中天竺，二曰東天竺，三曰南天竺，四曰西天竺，五曰北天竺。地各數千里，城邑數百。南天竺際大海；北天竺拒雪山，四周有山爲壁，南面一谷，通爲國門；東天竺東際大海，與扶南、林邑鄰接；西天竺與罽賓、波斯相接；中天竺據四天竺之會，其都城周迴七十餘里，北臨禪連河。云昔有婆羅門領徒千人，肄業於樹下，樹神降之，遂爲夫婦。宮室自然而立，僮僕甚盛。於是使役百神，築城以統之，經日而就。此後有阿育王，復役使鬼神，累石爲宮闕，皆雕文刻鏤，非人力所及。阿育王頗行苛政，置炮烙之刑，謂之地獄，今城中見有其迹焉。

中天竺王姓乞利咥氏，或云刹利氏，世有其國，不相篡弒。厥土卑濕暑熱，稻歲四熟。有金剛，似紫石英，百鍊不銷，可以切玉。又有旃檀、鬱金諸香。通於大秦，故其寶物或至扶南、交趾貿易焉。百姓殷樂，俗無簿籍，耕王地者輸地利。以齒貝爲貨。人皆深目長鼻。致敬極者，舐足摩踵。家有奇樂倡伎。其王與大臣多服錦罽。上爲螺髻於頂，餘髮翦之使拳。俗皆徒跣。衣重白色，唯梵志種姓披白疊以爲異。死者或焚屍取灰，以爲浮圖；或委之中野，以施禽獸；或流之於河，以餇魚鼈。無喪紀之文。謀反者幽殺之，小犯罰錢以贖罪。不孝則斷手刖足，截耳割鼻，放流邊外。有文字，善天文算曆之術。其人皆學悉曇章，云是梵天法。書於貝多樹葉以紀事。不殺生飲酒。國中往往有舊佛跡。

隋煬帝時，遣裴矩應接西蕃，諸國多有至者，唯天竺不通，帝以爲恨。當武德中，其國大亂。其嗣王尸羅逸多練兵聚衆，所向無敵，象不解鞍，人不釋甲，居六載而四天竺之君皆北面以臣之，威勢遠振，刑政甚肅。貞觀十五年，尸羅逸多自稱摩伽陀王，遣使朝貢，太宗降璽書慰問，尸羅逸多大驚，問諸國人曰：「自古曾有摩訶震旦使人至吾國乎？」皆曰：「未之有也。」乃膜拜而受詔書，因遣使朝貢。太宗以其地遠，禮之甚厚，復遣衞尉丞李義表報使。尸羅逸多遣大臣郊迎，傾城邑以縱觀，焚香夾道，逸多率其臣下東面拜受敕書，復遣使獻火珠及鬱金香、菩提樹。

貞觀十年，沙門玄奘至其國，將梵本經論六百餘部而歸。先是遣右率府長史王玄策使天竺，其四天竺國王咸遣使朝貢。會中天竺王尸羅逸多死，國中大亂，其臣那伏帝阿羅

那順篡立，乃盡發胡兵以拒玄策。玄策從騎三十人與胡禦戰，不敵，矢盡，悉被擒。胡並掠諸國貢獻之物。玄策乃挺身宵遁，走至吐蕃，發精銳一千二百人，幷泥婆羅國七千餘騎，以從玄策。玄策與副使蔣師仁率二國兵進至中天竺國城，連戰三日，大破之，斬首三千餘級，赴水溺死者且萬人，阿羅那順棄城而遁，師仁進擒獲之。虜男女萬二千人，牛馬三萬餘頭匹。於是天竺震懼，俘阿羅那順以歸。二十二年至京師，太宗大悅，命有司告宗廟，而謂羣臣曰：「夫人耳目玩於聲色，口鼻耽於臭味，此乃敗德之源。若婆羅門不劫掠我使人，豈爲俘虜耶？昔中山以貪寶取弊，蜀侯以金牛致滅，莫不由之。」拜玄策朝散大夫。是時就其國得方士那羅邇娑婆寐，自言壽二百歲，云有長生之術。太宗深加禮敬，館之於金飈門內，造延年之藥。令兵部尚書崔敦禮監主之，發使天下，採諸奇藥異石，不可稱數。延歷歲月，藥成，服竟不効，後放還本國。太宗之葬昭陵也，刻石像阿羅那順之形，列於玄闕之下。

五天竺所屬之國數十，風俗物產略同。有伽沒路國，其俗開東門以向日。王玄策至，其王發使貢以奇珍異物及地圖，因請老子像及道德經。那揭陀國，有醯羅城，中有重閣，藏佛頂骨及錫杖。貞觀二十年，遣使貢方物。天授二年，東天竺王摩羅枝摩、西天竺王尸羅逸多、南天竺王遮婁其拔羅婆、北天竺王婁其那那、中天竺王地婆西那，並來朝獻。景龍四年，南天竺國復遣使來朝。景雲元年，復遣使貢方物。開元二年，西天竺復遣使貢方物。

八年，南天竺國遣使獻五色能言鸚鵡。其年，南天竺國王尸利那羅僧伽請以戰象及兵馬討大食及吐蕃等，仍求有及名其軍，玄宗甚嘉之，名軍爲懷德軍。九月，南天竺王尸利那羅僧伽寶多枝摩爲國造寺，上表乞寺額，敕以歸化爲名賜之。十一月，遣使册利那羅伽寶多爲南天竺國王，遣使來朝。十七年六月，北天竺國三藏沙門僧密多獻質汗等藥〔10〕。十九年十月，中天竺國王伊沙伏摩遣其大德僧來朝貢。二十九年三月，中天竺王子李承恩來朝，授游擊將軍，放還。天寶中，累遣使來。

罽賓國，在葱嶺南，去京師萬二千二百里。常役屬於大月氏。其地暑濕，人皆乘象，土宜秔稻，草木凌寒不死。其俗尤信佛法。隋煬帝時，引致西域，前後至者三十餘國，唯罽賓不至。貞觀十一年，遣使獻名馬，太宗嘉其誠款，賜以繒綵。十六年，又遣使獻褥特鼠，喙尖而尾赤，能食蛇，有被蛇螫者，鼠輒嗅而尿之，其瘡立愈。顯慶三年，訪其國俗，云「王始祖馨孽，至今曷擷支，父子傳位，已十二代」。其年，改其城爲修鮮都督府。龍朔初，授其王修鮮等十一州諸軍事兼修鮮都督。開元七年，遣使來朝，進天文經一夾、祕要方并蕃藥等物，詔遣册其王爲葛羅達支特勒。二十七年，其王烏散特勒灑以年老，上表請以子拂菻罽

婆嗣位，許之，仍降使册命。天寶四年，又册其子勃匐準爲襲罽賓及烏萇國王，仍授左驍衛將軍。乾元元年，又遣使朝貢。

又有勃律國，在罽賓、吐蕃之間。開元中頻遣使朝獻。八年，册立其王蘇麟陀逸之爲勃律國王，朝貢不絕。二十二年，爲吐蕃所破。

康國，即漢康居之國也。其王姓溫，月氏人〔11〕。先居張掖祁連山北昭武城，爲突厥所破，南依葱嶺〔12〕，遂有其地。枝庶皆以昭武爲姓氏，不忘本也。其人皆深目高鼻，多鬚髯。丈夫翦髮或辮髮。其王冠氊帽，飾以金寶。婦人盤髻，幪以皁巾，飾以金花。人多嗜酒，好歌舞於道路。生子必以石蜜納口中，明膠置掌內，欲其成長口常甘言，掌持錢如膠之黏物。俗習胡書。善商賈，爭分銖之利。男子年二十，即遠之旁國，來適中夏，利之所在，無所不到。以十二月爲歲首。有婆羅門爲之占星候氣，以定吉凶。頗有佛法。至十一月，鼓舞乞寒，以水相潑，盛爲戲樂。

隋煬帝時，其王屈术支娶西突厥葉護可汗女，遂臣於西突厥。武德十年，屈术支遣使獻名馬。貞觀九年，又遣使貢獅子，太宗嘉其遠至，命祕書監虞世南爲之賦，自此朝貢歲

至。十一年，又獻金桃、銀桃，詔令植之於苑囿。萬歲通天年，則天封其大首領篤婆鉢提爲康國王，仍拜左驍衛大將軍。鉢提尋卒，又册其子泥涅師師爲康國王。師師以神龍中卒，國人又立突昏爲王。開元六年，遣使貢獻鎖子甲、水精杯、馬腦瓶、駝鳥卵及越諾之類。十九年，其王烏勒上表，請封其子咄曷爲曹國王，默啜爲米國王，許之。二十七年，烏勒卒，遣使册咄曷襲父位。天寶三年，又封爲欽化王，其母可敦封爲郡夫人。十一載、十三載，並遣使朝貢。

波斯國，在京師西一萬五千三百里，東與吐火羅、康國接，北鄰突厥之可薩部，西北拒拂菻，正西及南俱臨大海。戶數十萬。其王居有二城，復有大城十餘，猶中國之離宮。其王初嗣位，便密選子才堪承統者，書其名字，封而藏之。王死後，大臣與王之羣子共發封而視之，奉所書名者爲主焉。其王冠金花冠，坐獅子牀，服錦袍，加以瓔珞。俗事天地日月水火諸神，西域諸胡事火祆者，皆詣波斯受法焉。其事神，以麝香和蘇塗鬚點額，及於耳鼻，用以爲敬，拜必交股。文字同於諸胡。男女皆徒跣。丈夫翦髮，戴白皮帽，衣不開襟，并有巾帔，多用蘇方青白色爲之，兩邊緣以織成錦。婦人亦巾帔裙衫，辮髮垂後，飾以金銀。其國

乘象而戰，每一象，戰士百人，有敗衄者則盡殺之。國人生女，年十歲已上有姿貌者，其王收而養之，以賞有功之臣。俗右尊而左卑。以六月一日爲歲首。斷獄不爲文書約束，口決於庭。其繫囚無年限，唯王者代立則釋之。其叛逆之罪，就火祆燒鐵灼其舌，瘡白者爲理直，瘡黑者爲有罪。其刑有斷手、刖足、髡鉗、劓刵，輕罪翦鬚，或繫牌於項以志之，經時月而釋焉。其強盜一入獄，至老更不出，小盜罰以銀錢。死亡則棄之於山，制服一月而即吉。氣候暑熱，土地寬平，知耕種，多畜牧，有鳥形如橐駝，飛不能高，食草及肉，亦能噉犬攫羊，土人極以爲患。又多白馬、駿犬，或赤日行七百里者，駿犬今所謂波斯犬也。出騾及大驢、師子、白象、珊瑚樹高一二尺、琥珀、車渠、瑪瑙、火珠、玻瓈、琉璃、無食子、香附子、訶黎勒、胡椒、蓽撥、石蜜、千年棗、甘露桃。

隋大業末，西突厥葉護可汗頻擊破其國，波斯王庫薩和爲西突厥所殺，其子施利立，葉護因分其部帥監統其國，波斯竟臣於葉護。及葉護可汗死，其所令監統者因自擅於波斯，不復役屬於西突厥。施利立一年卒，乃立庫薩和之女爲王，突厥又殺之。施利之子單羯方奔拂菻，於是國人迎而立之，是爲伊怛支，在位二年而卒。兄子伊嗣候立。二十一年，伊嗣候遣使獻一獸，名活褥蛇，形類鼠而色青，身長八九寸，能入穴取鼠。伊嗣候懦弱，爲大首領所逐，遂奔吐火羅，未至，亦爲大食兵所殺。其子名卑路斯，又投吐火羅葉護，獲免。卑路斯龍

朔元年奏言頻被大食侵擾，請兵救援。詔遣隴州南由縣令王名遠充使西域，分置州縣，因列其地疾陵城爲波斯都督府，授卑路斯爲都督。是後數遣使貢獻。咸亨中，卑路斯自來入朝，高宗甚加恩賜，拜右武衞將軍。儀鳳三年，令吏部侍郎裴行儉將兵册送卑路斯爲波斯王，行儉以其路遠，至安西碎葉而還，卑路斯獨返，不得入其國，漸爲大食所侵，客於吐火羅國二十餘年，有部落數千人，後漸離散。至景龍二年，又來入朝，拜爲左威衞將軍，無何病卒，其國遂滅，而部衆猶存。

自開元十年至天寶六載，凡十遣使來朝，并獻方物。四月，遣使獻瑪瑙牀。九年四月，獻火毛繡舞筵、長毛繡舞筵、無孔眞珠。乾元元年，波斯與大食同寇廣州，劫倉庫，焚廬舍，浮海而去。大曆六年，遣使來朝，獻眞珠等。

拂菻國，一名大秦，在西海之上，東南與波斯接，地方萬餘里，列城四百，邑居連屬。其宮宇柱櫳，多以水精瑠璃爲之。有貴臣十二人共治國政，常使一人將囊隨王車，百姓有事者，卽以書投囊中，王還宮省發，理其枉直。其王無常人，簡賢者而立之。國中災異及風雨不時，輒廢而更立。其王冠形如鳥舉翼，冠及瓔珞，皆綴以珠寶，著錦繡衣，前不開襟，坐

金花牀。有一鳥似鵝，其毛綠色，常在王邊倚枕上坐，每進食有毒，其鳥輒鳴。其都城疊石爲之，尤絕高峻，凡有十萬餘戶，南臨大海。城東面有大門，其高二十餘丈，自上及下，飾以黃金，光輝燦爛，連曜數里。自外至王室，凡有大門三重，列異寶雕飾。第二門之樓中，懸一大金秤，以金丸十二枚屬於衡端，以候日之十二時焉，爲一金人，其大如人，立於側，每至一時，其金丸輒落，鏗然發聲，引唱以紀日時，毫釐無失。其殿以瑟瑟爲柱，黃金爲地，象牙爲門扇，香木爲棟梁。其俗無瓦，擣白石爲末，羅之塗屋上，其堅密光潤，還如玉石。至於盛暑之節，人厭囂熱，乃引水潛流，上徧於屋宇，機制巧密，人莫之知。觀者惟聞屋上泉鳴，俄見四簷飛溜，懸波如瀑，激氣成涼風，其巧妙如此。

風俗，男子翦髮，披帔而右袒，婦人不開襟，錦爲頭巾。家資滿億，封以上位。有羊羔生於土中，其國人候其欲萌，乃築牆以院之，防外獸所食也。然其臍與地連，割之則死，唯人著甲走馬及擊鼓以駭之，其羔驚鳴而臍絕，便逐水草。俗皆髡而衣繡，乘輜軿白蓋小車，出入擊鼓，建旌旗幡幟。土多金銀奇寶，有夜光璧、明月珠、駭雞犀、大貝、車渠、瑪瑙、孔翠、珊瑚、琥珀，凡西域諸珍異多出其國。隋煬帝常將通拂菻，竟不能致。貞觀十七年，拂菻王波多力遣使獻赤玻瓈、綠金精等物，太宗降璽書答慰，賜以綾綺焉。自大食強盛，漸陵諸國，乃遣大將軍摩栧伐其都城，因約爲和好，請每歲輸之金帛，遂

臣屬大食焉。乾封二年，遣使獻底也伽。大足元年，復遣使來朝。開元七年正月，其主遣吐火羅大首領獻獅子、羚羊各二。不數月，又遣大德僧來朝貢。

大食國，本在波斯之西。大業中，有波斯胡人牧駝於俱紛摩地那之山，忽有獅子人語謂之曰：「此山西有三穴，穴中大有兵器，汝可取之。穴中并有黑石白文，讀之便作王位。」胡人依言，果見穴中有石及矟刃甚多，上有文，敎其反叛。於是糾合亡命，渡恆曷水，劫奪商旅，其衆漸盛，遂割據波斯西境，自立爲王。波斯、拂菻各遣兵討之，皆爲所敗。永徽二年，始遣使朝貢。其王姓大食氏〔一三〕，名噉密莫末膩，自云有國已三十四年，歷三主矣。其國男兒色黑多鬚，鼻大而長，似婆羅門；婦人白晳。亦有文字。出駝馬，大於諸國。兵刃勁利。其俗勇於戰鬭，好事天神。土多沙石，不堪耕種，唯食駝馬等肉。俱紛摩地那山在國之西南，鄰於大海，其王移穴中黑石置之於國。又嘗遣人乘船，將衣糧入海，經八年而未及西岸。海中見一方石，石上有樹，幹赤葉青，樹上總生小兒，長六七寸，見人皆笑，動其手脚，頭著樹枝，其使摘取一枝，小兒便死，收在大食王宮。又有女國，在其西北，相去三月行。

龍朔初，擊破波斯，又破拂菻，始有米麪之屬。又將兵南侵婆羅門，吞併諸胡國，勝兵四十餘萬。長安中，遣使獻良馬。景雲二年，又獻方物。開元初，遣使來朝，進馬及寶鈿帶等方物。其使謁見，唯平立不拜，憲司欲糾之，中書令張說奏曰：「大食殊俗，慕義遠來，不可置罪。」上特許之。尋又遣使朝獻，自云在本國惟拜天神，雖見王亦無致拜之法，所司屢詰責之，其使遂請依漢法致拜。其時西域康國、石國之類，皆臣屬之，其境東西萬里，東與突騎施相接焉〔一四〕。

一云隋開皇中，大食族中有孤列種代爲酋長，孤列種中又有兩姓：一號盆泥奚深，一號盆泥末換。其奚深後有摩訶末者，勇健多智，衆立之爲主，東西征伐，開地三千里，兼克夏臘，一名釤城。釤音所鑒反。摩訶末後十四代，至末換。末換殺其兄伊疾而自立，復殘忍，其下怨之。有呼羅珊木鹿人並波悉林舉義兵，應者悉令著黑衣，旬月間衆盈數萬，鼓行而西，生擒末換，殺之，遂求得奚深種阿蒲羅拔，立之。末換已前謂之白衣大食，自阿蒲羅拔後改爲黑衣大食。阿蒲羅拔卒，立其弟阿蒲恭拂。至德初遣使朝貢，代宗時爲元帥，亦用其國兵以收兩都。寶應、大曆中頻遣使來。恭拂卒，子迷地立。迷地卒，子牟栖立〔一五〕。牟栖卒，弟訶論立。貞元中，與吐蕃爲勍敵。蕃軍太半西禦大食，故鮮爲邊患，其力不足也。十四年，詔以黑衣大食使含嵯、焉雞、沙北三人並爲中郎將，各放還蕃。

史臣曰：西方之國，綿亙山川，自張騫奉使已來，介子立功之後，通於中國者多矣。有唐拓境，遠極安西，弱者德以懷之，強者力以制之。開元之前，貢輸不絕。天寶之亂，邊徼多虞，邠郊之西，卽爲戎狄，藁街之邸，來朝亦稀。故古先哲王，務寧華夏，語曰「近者悅，遠者來」，斯之謂矣。

贊曰：大蒙之人，西方之國，與時盛衰，隨世通塞。勿謂戎心，不懷我德，貞觀、開元，藁街充斥。

校勘記

〔一〕散花燃香 「燃」字各本原無，據唐會要卷一〇〇、寰宇記卷一八五補。

〔二〕阿史那思昧 寰宇記卷一八四、新書卷二二一党項傳、通鑑卷二三五皆作「阿思那思暕」。

〔三〕天山縣公 「天」字各本原作「太」，據唐會要卷九五、冊府卷九六四改。

〔四〕允歸令胤 「令」字各本原作「命」，據御覽卷七九四、冊府卷九六四改。

〔五〕宣王 「宣」字各本原無，據新書卷二二一吐谷渾傳、通鑑卷一九六考異引實錄補。下同。

〔六〕四千三百里 御覽卷七九五、寰宇記卷一八一均作「七千三百里」。

〔七〕磧石 各本原作「積石」，據冊府卷九八五、新書卷二二一龜茲傳改。通鑑卷一九九作「磧口」，胡注：「新、舊書作磧石」。

〔八〕屈密 冊府卷九七〇、新書卷二二一于闐傳作「屋密」。

〔九〕在葱嶺西北 冊府卷九五八、寰宇記卷一八三皆作「在葱嶺之南」。

〔一〇〕三藏沙門僧密多 「三」字各本原無，據冊府卷九七一、寰宇記卷一八三補。

〔一一〕月氏人 「人」字各本原無，據冊府卷九五六、寰宇記卷一八三補。

〔一二〕南依葱嶺 冊府卷九五六、寰宇記卷一八三作「西踰葱嶺」。

〔一三〕其王姓大食氏 「王」字各本原無，據御覽卷七九五、冊府卷九五六補。

〔一四〕突騎施 「騎」字各本原作「厥」，據唐會要卷一〇〇改。

〔一五〕牟栖 「牟」字各本原作「卒」，據冊府卷九六六、寰宇記卷一八八改。

舊唐書卷一百九十九上

列傳第一百四十九上

東夷

高麗 百濟 新羅 倭國 日本

高麗者，出自扶餘之別種也。其國都於平壤城，卽漢樂浪郡之故地，在京師東五千一百里。東渡海至於新羅，西北渡遼水至于營州，南渡海至于百濟，北至靺鞨。東西三千一百里，南北二千里。其官大者號大對盧，比一品，總知國事，三年一代，若稱職者，不拘年限。交替之日，或不相祇服，皆勒兵相攻，勝者爲之。其王但閉宮自守，不能制禦。次曰太大兄，比正二品。對盧以下官，總十二級。外置州縣六十餘城。大城置傉薩一，比都督。諸城置道使，比刺史。其下各有僚佐，分掌曹事。衣裳服飾，唯王五綵，以白羅爲冠，白皮小

帶，其冠及帶，咸以金飾。官之貴者，則青羅爲冠，次以緋羅，插二鳥羽，及金銀爲飾，衫筒袖，袴大口，白韋帶，黃韋履。國人衣褐戴弁，婦人首加巾幗。好圍棊投壺之戲，人能蹴鞠。食用籩豆、簠簋、罇俎、罍洗，頗有箕子之遺風。

其所居必依山谷，皆以茅草葺舍，唯佛寺、神廟及王宮、官府乃用瓦。其俗貧窶者多，冬月皆作長坑，下燃熅火以取暖。種田養蠶，略同中國。其法：有謀反叛者，則集衆持火炬競燒灼之，燋爛備體，然後斬首，家悉籍沒；守城降敵，臨陣敗北，殺人行劫者斬；盜物者，十二倍酬贓；殺牛馬者，沒身爲奴婢。大體用法嚴峻，少有犯者，乃至路不拾遺。其俗多淫祀，事靈星神、日神、可汗神、箕子神。國城東有大穴，名神隧，皆以十月，王自祭之。俗愛書籍，至於衡門廝養之家，各於街衢造大屋，謂之局堂，子弟未婚之前，晝夜於此讀書習射。其書有五經及史記、漢書、范曄後漢書、三國志、孫盛晉春秋、玉篇、字統、字林；又有文選，尤愛重之。

其王高建武，卽前王高元異母弟也。武德二年，遣使來朝。四年，又遣使朝貢。高祖感隋末戰士多陷其地，五年，賜建武書曰：「朕恭膺寶命，君臨率土，祇順三靈，綏柔萬國。普天之下，情均撫字，日月所照，咸使乂安。王旣統攝遼左，世居藩服，思稟正朔，遠循職貢。故遣使者，跋涉山川，申布誠懇，朕甚嘉焉。方今六合寧晏，四海清平，玉帛旣通，道路

無壅。方申輯睦，永敦聘好，各保疆埸，豈非盛美。但隋氏季年，連兵構難，攻戰之所，各失其民。遂使骨肉乖離，室家分析，多歷年歲，怨曠不申。今二國通和，義無阻異，在此所有高麗人等，已令追括，尋即遣送；彼處有此國人者，王可放還，務盡撫育之方，共弘仁恕之道。」於是建武悉搜括華人，以禮賓送，前後至者萬數，高祖大喜。

七年，遣前刑部尚書沈叔安往冊建武爲上柱國、遼東郡王、高麗王，仍將天尊像及道士往彼，爲之講老子，其王及道俗等觀聽者數千人。高祖嘗謂侍臣曰：「名實之間，理須相副。高麗稱臣於隋，終拒煬帝，此亦何臣之有！朕敬於萬物，不欲驕貴，但據有土宇，務共安人，何必令其稱臣，以自尊大。卽爲詔述朕此懷也。」侍中裴矩、中書侍郎溫彥博曰：「遼東之地，周爲箕子之國，漢家玄菟郡耳！魏、晉已前，近在提封之內，不可許以不臣。且中國之於夷狄，猶太陽之對列星，理無降尊，俯同藩服。」高祖乃止。九年，新羅、百濟遣使訟建武，云閉其道路，不得入朝。又相與有隙，屢相侵掠。詔員外散騎侍郎朱子奢往和解之。建武奉表謝罪，請與新羅對使會盟。

貞觀二年，破突厥頡利可汗，建武遣使奉賀，并上封域圖。五年，詔遣廣州都督府司馬長孫師往收瘞隋時戰亡骸骨，毀高麗所立京觀。建武懼伐其國，乃築長城，東北自扶餘城，西南至海，千有餘里。十四年，遣其太子桓權來朝，并貢方物，太宗優勞甚至。

十六年，西部大人蓋蘇文攝職有犯，諸大臣與建武議欲誅之。事洩，蘇文乃悉召部兵，云將校閱，并盛陳酒饌於城南，諸大臣皆來臨視，蘇文勒兵盡殺之，死者百餘人。焚倉庫，因馳入王宮，殺建武，立建武弟大陽子藏爲王。自立爲莫離支，猶中國兵部尚書兼中書令職也，自是專國政。蘇文姓泉氏〔一〕，鬚貌甚偉，形體魁傑，身佩五刀，左右莫敢仰視。恆令其屬官俯伏於地，踐之上馬；及下馬，亦如之。出必先布隊仗，導者長呼以辟行人，百姓畏避，皆自投坑谷。

太宗聞建武死，爲之舉哀，使持節弔祭。十七年，封其嗣王藏爲遼東郡王、高麗王。又遣司農丞相里玄奬齎璽書往說諭高麗，令勿攻新羅。蓋蘇文謂玄奬曰：「高麗、新羅，怨隙已久。往者隋室相侵，新羅乘釁奪高麗五百里之地，城邑新羅皆據有之。自非反地還城，此兵恐未能已。」玄奬曰：「既往之事，焉可追論？」蘇文竟不從。太宗顧謂侍臣曰：「莫離支賊弒其主，盡殺大臣，用刑有同坑穽，百姓轉動輒死，怨痛在心，道路以目。夫出師弔伐，須有其名，因其弒君虐下，敗之甚易也。」

十九年，命刑部尚書張亮爲平壤道行軍大總管，領將軍常何等率江、淮、嶺、硤勁卒四萬，戰船五百艘，自萊州汎海趨平壤；又以特進英國公李勣爲遼東道行軍大總管，禮部尚書江夏王道宗爲副，領將軍張士貴等率步騎六萬趨遼東；兩軍合勢，太宗親御六軍以會之。

夏四月，李勣軍渡遼，進攻蓋牟城，拔之，獲生口二萬，以其城置蓋州。五月，張亮副將程名振攻沙卑城，拔之，虜其男女八千口。是日，李勣進軍於遼東城。帝次遼澤，詔曰：「頃者隋師渡遼，時非天贊，從軍士卒，骸骨相望，徧於原野，良可哀歎。掩骼之義，誠爲先典，其令並收瘞之。」國內及新城步騎四萬來援遼東，江夏王道宗率騎四千逆擊，大破之，斬首千餘級。帝渡遼水，詔撤橋梁，以堅士卒志。帝至遼東城下，見士卒負擔以塡塹者，帝分其尤重者，親於馬上持之。從官悚動，爭齎以送城下。時李勣已率兵攻遼東城。高麗聞我有拋車，飛三百觔石於一里之外者，甚懼之，乃於城上積木爲戰樓以拒飛石。勣列車發石以擊其城，所遇盡潰。又推撞車撞其樓閣，無不傾倒。帝親率甲騎萬餘，與李勣會，圍其城。俄而南風甚勁，命縱火焚其西南樓，延燒城中，屋宇皆盡。戰士登城，賊乃大潰，燒死者萬餘人，俘其勝兵萬餘口，以其城爲遼州。初，帝自定州命每數十里置一烽，屬于遼城，與太子約，克遼東，當舉烽。是日，帝命舉烽，傳入塞。

師次白崖城，命攻之，右衛大將軍李思摩中弩矢，帝親爲吮血，將士聞之，莫不感勵。其城因山臨水，四面險絕。李勣以撞車撞之，飛石流矢，雨集城中。六月，帝臨其西北，城主孫伐音潛遣使請降，曰：「臣已願降，其中有貳者。」詔賜以旗幟，曰：「必降，建之城上。」伐

音舉幟於城上，高麗以爲唐兵登也，乃悉降。初，遼東之陷也，伐音乞降，既而中悔，帝怒其反覆，許以城中人物分賜戰士。及是，李勣言於帝曰：「戰士奮厲爭先，不顧矢石者，貪虜獲耳。今城垂拔，奈何更許其降，無乃辜將士之心乎？」帝曰：「將軍言是也。然縱兵殺戮，虜其妻孥，朕所不忍也。將軍麾下有功者，朕以庫物賞之，庶因將軍贖此一城。」遂受降，獲士女一萬，勝兵二千四百，以其城置巖州，授孫伐音爲巖州刺史。我軍之渡遼也，莫離支遣加尸城七百人戍蓋牟城，李勣盡虜之，其人並請隨軍自效。太宗謂曰：「誰不欲爾之力，爾家悉在加尸，爾爲吾戰，彼將爲戮矣！破一家之妻子，求一人之力用，吾不忍也。」悉令放還。

車駕進次安市城北，列營進兵以攻之。高麗北部傉薩高延壽、南部耨薩高惠貞率高麗、靺鞨之衆十五萬來援安市城。賊中有對盧，年老習事，謂延壽曰：「吾聞中國大亂，英雄並起。秦王神武，所向無敵，遂平天下，南面爲帝，北夷請服，西戎獻款。今者傾國而至，猛將銳卒，悉萃於此，其鋒不可當也。今爲計者，莫若頓兵不戰，曠日持久，分遣驍雄，斷其饋運，不過旬日，軍糧必盡，求戰不得，欲歸無路，此不戰而取勝也。」延壽不從，引軍直進。太宗夜召諸將，躬自指麾。遣李勣率步騎一萬五千於城西嶺爲陣；長孫無忌率牛進達等精兵一萬一千以爲奇兵，自山北於狹谷出，以衝其後；太宗自將步騎四千，潛鼓角，偃旗幟，趣賊營北高峯之上；令諸軍聞鼓角聲而齊縱。因令所司張受降幕於朝堂之側，曰：「明日

午時，納降虜於此矣！」遂率軍而進。

明日，延壽獨見李勣兵，欲與戰。太宗遙望無忌軍塵起，令鼓角並作，旗幟齊舉。賊衆大懼，將分兵禦之，而其陣已亂。李勣以步卒長槍一萬擊之，延壽衆敗。無忌縱兵乘其後，太宗又自山而下，引軍臨之，賊因大潰，斬首萬餘級。延壽等率其餘寇，依山自保。於是命無忌、勣等引兵圍之，撤東川梁以斷歸路。太宗按轡徐行，觀賊營壘，謂侍臣曰：「高麗傾國而來，存亡所繫，一麾而敗，天佑我也。」因下馬再拜以謝天。延壽、惠真率十五萬六千八百人請降，太宗引入轅門。延壽等膝行而前，拜手請命。太宗簡傉薩以下酋長三千五百人，授以戎秩，遷之內地。收靺鞨三千三百，盡坑之，餘衆放還平壤。獲馬三萬疋、牛五萬頭、明光甲五千領，他器械稱是。高麗國振駭，后黃城及銀城並自拔，數百里無復人烟。因名所幸山爲駐蹕山，令將作造破陣圖，命中書侍郎許敬宗爲文勒石以紀其功。授高延壽鴻臚卿，高惠真司農卿。張亮又與高麗再戰於建安城下，皆破之，於是列長圍以攻焉。

八月，移營安市城東，李勣遂攻安市，擁延壽等降衆營其城下以招之。城中人堅守不動，每見太宗旄麾，必乘城鼓譟以拒焉。帝甚怒，李勣曰：「請破之日，男子盡誅。」城中聞之，人皆死戰。乃令江夏王道宗築土山，攻其城東南隅，高麗亦埤城增雉以相抗。李勣攻其西面，令拋石撞車壞其樓雉，城中隨其崩壞，即立木爲柵。道宗以樹條苞壤爲土，屯積

以爲山，其中間五道加木，被土於其上，不捨晝夜，漸以逼城。道宗遣果毅都尉傅伏愛領隊兵於山頂以防敵，土山自高而陟，排其城，城崩。會伏愛私離所部，高麗百人自頹城而戰，遂據有土山而塹斷之，積火縈盾以自固。太宗大怒，斬伏愛以徇。命諸將擊之，三日不能克。太宗以遼東倉儲無幾，士卒寒凍，乃詔班師。歷其城，城中皆屏聲偃幟，城主登城拜手奉辭。太宗嘉其堅守，賜絹百疋，以勵事君之節。初，攻陷遼東城，其中抗拒王師，應沒爲奴婢者一萬四千人，並遣先集幽州，將分賞將士。太宗愍其父母妻子一朝分散，令有司準其直，以布帛贖之，赦爲百姓。其衆歡呼之聲，三日不息。高延壽自降後，常積歎，尋以憂死。惠真竟至長安。

二十年，高麗遣使來謝罪，并獻二美女。太宗謂其使曰：「歸謂爾主，美色者，人之所重。爾之所獻，信爲美麗。憫其離父母兄弟於本國，留其身而忘其親，愛其色而傷其心，我不取也。」並還之。

二十二年，又遣右武衞將軍薛萬徹等往青丘道伐之，萬徹渡海入鴨綠水，進破其泊灼城，俘獲甚衆。太宗又命江南造大船，遣陝州刺史孫伏伽召募勇敢之士，萊州刺史李道裕運糧及器械，貯於烏胡島，將欲大舉以伐高麗。未行而帝崩。高宗嗣位，又命兵部尚書任雅相、左武衞大將軍蘇定方、左驍衞大將軍契苾何力等前後討之，皆無大功而還。

乾封元年，高藏遣其子入朝，陪位於太山之下。其年，蓋蘇文死，其子男生代爲莫離支，與其弟男建、男產不睦，各樹朋黨，以相攻擊。男生爲二弟所逐，走據國內城死守，其子獻誠詣闕求哀。詔令左驍衞大將軍契苾何力率兵應接之。男生脫身來奔，詔授特進、遼東大都督兼平壤道安撫大使，封玄菟郡公。十一月，命司空、英國公李勣爲遼東道行軍大總管，率裨將郭待封等以征高麗。二年二月，勣度遼至新城，謂諸將曰：「新城是高麗西境鎮城，最爲要害，若不先圖，餘城未易可下。」遂引兵於新城西南，據山築柵，且攻且守，城中窘迫，數有降者，自此所向克捷。高藏及男建遣太大兄男產將首領九十八人，持帛幡出降，且請入朝，勣以禮延接。男建猶閉門固守。總章元年九月(三)，勣又移營於平壤城南，男建頻遣兵出戰，皆大敗。男建下捉兵總管僧信誠密遣人詣軍中，許開城門爲內應。經五日，信誠果開門，勣從兵入，登城鼓譟，燒城門樓，四面火起。男建窘急自刺，不死。十一月，拔平壤城，虜高藏、男建等。十二月，至京師，獻俘於含元宮。詔以高藏政不由己，授司平太常伯；男產先降，授司宰少卿；男建配流黔州；男生以鄉導有功，授右衞大將軍，封汴國公，特進如故。高麗國舊分爲五部，有城百七十六，戶六十九萬七千；乃分其地置都督府九、州四十二、縣一百，又置安東都護府以統之。擢其酋渠有功者授都督、刺史及縣令，與華人參理百姓。乃遣左武衞將軍薛仁貴總兵鎮之。其後頗有逃散。

儀鳳中，高宗授高藏開府儀同三司、遼東都督，封朝鮮王，居安東，鎮本蕃爲主。高藏至安東，潛與靺鞨相通謀叛。事覺，召還，配流邛州，并分徙其人，散向河南、隴右諸州，其貧弱者留在安東城傍。高藏以永淳初卒，贈衞尉卿，詔送至京師，於頡利墓左賜以葬地，兼爲樹碑。垂拱二年，又封高藏孫寶元爲朝鮮郡王。聖曆元年，進授左鷹揚衞大將軍，封爲忠誠國王，委其統攝安東舊戶，事竟不行。二年，又授高藏男德武爲安東都督，以領本蕃。自是高麗舊戶在安東者漸寡少，分投突厥及靺鞨等，高氏君長遂絕矣。

男生以儀鳳初卒於長安，贈并州大都督。子獻誠，授右衞大將軍，兼令羽林衞上下。天授中，則天嘗內出金銀寶物，令宰相及南北衙文武官內擇善射者五人共賭之。內史張光輔先讓獻誠爲第一，獻誠復讓右玉鈐衞大將軍薛吐摩支，摩支又讓獻誠。既而獻誠奏曰：「陛下令簡能射者五人，所得者多非漢官。臣恐自此已後，無漢官工射之名，伏望停寢此射。」則天嘉而從之。時酷吏來俊臣嘗求貨於獻誠，獻誠拒而不答，遂爲俊臣所構，誣其謀反，縊殺之。則天後知其冤，贈右羽林衞大將軍，以禮改葬。

百濟國，本亦扶餘之別種，嘗爲馬韓故地，在京師東六千二百里，處大海之北，小海之

南。東北至新羅，西渡海至越州，南渡海至倭國，北渡海至高麗。其王所居有東西兩城。所置內官曰內臣佐平，掌宣納事；內頭佐平，掌庫藏事；內法佐平，掌禮儀事；衞士佐平，掌宿衞兵事；朝廷佐平，掌刑獄事；兵官佐平，掌在外兵馬事。又外置六帶方，管十郡。其用法：叛逆者死，籍没其家；殺人者，以奴婢三贖罪；官人受財及盜者，三倍追贓，仍終身禁錮。凡諸賦稅及風土所產，多與高麗同。其王服大袖紫袍，青錦袴，烏羅冠，金花爲飾，素皮帶，烏革履。官人盡緋爲衣，銀花飾冠。庶人不得衣緋紫。歲時伏臘，同於中國。其書籍有五經、子、史，又表疏並依中華之法。

武德四年，其王扶餘璋遣使來獻果下馬。七年，又遣大臣奉表朝貢。高祖嘉其誠款，遣使就册爲帶方郡王、百濟王。自是歲遣朝貢，高祖撫勞甚厚。因訟高麗閉其道路，不許來通中國，詔遣朱子奢往和之。又相與新羅世爲讎敵，數相侵伐。貞觀元年，太宗賜其王璽書曰：「王世爲君長，撫有東蕃。海隅遐曠，風濤艱阻，忠款之至，職貢相尋，尚想徽猷，甚以嘉慰。朕自祗承寵命，君臨區宇，思弘王道，愛育黎元。舟車所通，風雨所及，期之遂性，咸使乂安。新羅王金眞平，朕之藩臣，王之鄰國，每聞遣師，征討不息，阻兵安忍，殊乖所望。朕已對王姪信福及高麗、新羅使人，具敕通和，咸許輯睦。王必須忘彼前怨，識朕本懷，共篤鄰情，卽停兵革。」璋因遣使奉表陳謝，雖外稱順命，內實相仇如故。十一年，遣使

來朝，獻鐵甲雕斧。太宗優勞之，賜綵帛三千段并錦袍等。

十五年，璋卒，其子義慈遣使奉表告哀。太宗素服哭之，贈光祿大夫，賻物二百段，遣使册命義慈爲柱國，封帶方郡王、百濟王。十六年，義慈興兵伐新羅四十餘城，又發兵以守之，與高麗和親通好，謀欲取党項城以絕新羅入朝之路。新羅遣使告急請救，太宗遣司農丞相里玄奬齎書告諭兩蕃，示以禍福。及太宗親征高麗，百濟懷二，乘虛襲破新羅十城。二十二年，又破其十餘城。數年之中，朝貢遂絕。

高宗嗣位，永徽二年，始又遣使朝貢。使還，降璽書與義慈曰：

至如海東三國，開基自久，並列疆界，地實犬牙。近代已來，遂構嫌隙，戰爭交起，略無寧歲。遂令三韓之氓，命懸刀俎，尋戈肆憤，朝夕相仍。朕代天理物，載深矜愍。去歲王及高麗、新羅等使並來入朝〔三〕，朕命釋茲讎怨，更敦款穆。新羅使金法敏奏書：「高麗、百濟，脣齒相依，競舉兵戈，侵逼交至。大城重鎭，並爲百濟所併，疆宇日蹙，威力並謝。乞詔百濟，令歸所侵之城。若不奉詔，卽自興兵打取。但得故地，卽請交和。」朕以其言既順，不可不許。昔齊桓列土諸侯，尚存亡國；況朕萬國之主，豈可不卹危藩。王所兼新羅之城，並宜還其本國；新羅所獲百濟俘虜，亦遣還王。然後解患釋紛，韜戈偃革，百姓獲息肩之願，三蕃無戰爭之勞。比夫流血邊亭，積屍疆埸，耕織

並廢，士女無聊，豈可同年而語矣。王若不從進止，朕已依法敏所請，任其與王決戰；亦令約束高麗，不許遠相救恤。高麗若不承命，卽令契丹諸蕃渡遼澤入抄掠。王可深思朕言，自求多福，審圖良策，無貽後悔。

六年，新羅王金春秋又表稱百濟與高麗、靺鞨侵其北界，已沒三十餘城。顯慶五年，命左衞大將軍蘇定方統兵討之，大破其國。虜義慈及太子隆、小王孝演、僞將五十八人等送於京師，上責而宥之。其國舊分爲五部，統郡三十七，城二百，戶七十六萬。至是乃以其地分置熊津、馬韓、東明等五都督府，各統州縣，立其酋渠爲都督、刺史及縣令。命右衞郎將王文度爲熊津都督，總兵以鎭之。義慈事親以孝行聞，友于兄弟，時人號「海東曾、閔」。及至京，數日而卒。贈金紫光祿大夫、衞尉卿，特許其舊臣赴哭。送就孫皓、陳叔寶墓側葬之，并爲竪碑。

文度濟海而卒。百濟僧道琛、舊將福信率衆據周留城以叛。遣使往倭國，迎故王子扶餘豐立爲王。其西部、北部並翻城應之。時郎將劉仁願留鎭於百濟府城，道琛等引兵圍之。帶方州刺史劉仁軌代文度統衆，便道發新羅兵合契以救仁願，轉鬬而前，所向皆下。道琛等於熊津江口立兩栅以拒官軍，仁軌與新羅兵四面夾擊之，賊衆退走入栅，阻水橋狹，墮水及戰死萬餘人。道琛等乃釋仁願之圍，退保任存城。新羅兵士以糧盡引還，時龍朔元

年三月也。於是道琛自稱領軍將軍，福信自稱霜岑將軍，招誘叛亡，其勢益張。使告仁軌曰：「聞大唐與新羅約誓，百濟無問老少，一切殺之，然後以國付新羅。與其受死，豈若戰亡，所以聚結自固守耳！」仁軌作書，具陳禍福，遣使諭之。道琛等恃衆驕倨，置仁軌之使於外館，傳語謂曰：「使人官職小，我是一國大將，不合自參。」不答書遣之。尋而福信殺道琛，併其兵衆，扶餘豐但主祭而已。

二年七月，仁願、仁軌等率留鎭之兵，大破福信餘衆於熊津之東，拔其支羅城及尹城、大山、沙井等栅，殺獲甚衆，仍令分兵以鎭守之。福信等以眞峴城臨江高險，又當衝要，加兵守之。仁軌引新羅之兵乘夜薄城，四面攀堞而上，比明而入據其城，斬首八百級，遂通新羅運糧之路。仁願乃奏請益兵，詔發淄、青、萊、海之兵七千人，遣左威衞將軍孫仁師統衆浮海赴熊津，以益仁願之衆。時福信既專其兵權，與扶餘豐漸相猜貳。福信稱疾，臥於窟室，將候扶餘豐問疾，謀襲殺之。扶餘豐覺而率其親信掩殺福信，又遣使往高麗及倭國請兵以拒官軍。孫仁師中路迎擊，破之，遂與仁願之衆相合，兵勢大振。於是仁師、仁願及新羅王金法敏帥陸軍進，劉仁軌及別帥杜爽〔四〕、扶餘隆率水軍及糧船，自熊津江往白江以會陸軍，同趨周留城。仁軌遇扶餘豐之衆於白江之口，四戰皆捷，焚其舟四百艘，賊衆大潰，扶餘豐脫身而走。僞王子扶餘忠勝、忠志等率士女及倭衆並降，百濟諸城皆復歸順，孫仁師

中華書局

與劉仁願等振旅而還。詔劉仁軌代仁願率兵鎮守。乃授扶餘隆熊津都督，遣還本國，共新羅和親，以招輯其餘衆。

麟德二年八月，隆到熊津城，與新羅王法敏刑白馬而盟。先祀神祇及川谷之神，而後歃血。其盟文曰：

往者百濟先王，迷於逆順，不敦鄰好，不睦親姻。結託高麗，交通倭國，共爲殘暴，侵削新羅，破邑屠城，略無寧歲。天子憫一物之失所，憐百姓之無辜，頻命行人，遣其和好。負險恃遠，侮慢天經。皇赫斯怒，恭行弔伐，旌旗所指，一戎大定。固可瀦宮污宅，作誡來裔；塞源拔本，垂訓後昆。然懷柔伐叛，前王之令典；興亡繼絕，往哲之通規。事必師古，傳諸曩冊。故立前百濟太子司稼正卿扶餘隆爲熊津都督，守其祭祀，保其桑梓。依倚新羅，長爲與國，各除宿憾，結好和親。恭承詔命，永爲藩服。仍遣使人右威衞將軍魯城縣公劉仁願親臨勸諭，具宣成旨，約之以婚姻，申之以盟誓。刑牲歃血，共敦終始，分災恤患，恩若弟兄。祗奉綸言，不敢失墜，既盟之後，共保歲寒。若有乖背，二三其德，興兵動衆，侵犯邊陲，明神鑒之，百殃是降，子孫不昌，社稷無守，禋祀磨滅，罔有遺餘。故作金書鐵契，藏之宗廟，子孫萬代，無或敢犯。神之聽之，是饗是福。

劉仁軌之辭也。歃訖，埋幣帛於壇下之吉地，藏其盟書於新羅之廟。

仁願、仁軌等既還，隆懼新羅，尋歸京師。儀鳳二年，拜光祿大夫、太常員外卿兼熊津都督、帶方郡王，令歸本蕃，安輯餘衆。時百濟本地荒毀，漸爲新羅所據，隆竟不敢還舊國而卒。其孫敬，則天朝襲封帶方郡王、授衞尉卿。其地自此爲新羅及渤海靺鞨所分，百濟之種遂絕。

新羅國，本弁韓之苗裔也。其國在漢時樂浪之地，東及南方俱限大海，西接百濟，北鄰高麗。東西千里，南北二千里。有城邑村落。王之所居曰金城，周七八里。衞兵三千人，設獅子隊。文武官凡有十七等。其王金眞平，隋文帝時授上開府、樂浪郡公、新羅王。武德四年，遣使朝貢。高祖親勞問之，遣通直散騎侍郎庾文素往使焉，賜以璽書及畫屏風、錦綵三百段，自此朝貢不絕。其風俗、刑法、衣服，與高麗、百濟略同，而朝服尚白。好祭山神。其食器用柳桮，亦以銅及瓦。國人多金、朴兩姓，異姓不爲婚。重元日，相慶賀燕饗，每以其日拜日月神。又重八月十五日，設樂飲宴，賚羣臣，射其庭。婦人髮繞頭，以綵及珠爲飾，髮甚長美。

高祖既聞海東三國舊結怨隙，遞相攻伐，以其俱爲藩附，務在和睦，乃問其使爲怨所由。對曰：「先是百濟往伐高麗，詣新羅請救，新羅發兵大破百濟國，因此爲怨，每相攻伐。新羅得百濟王，殺之，怨由此始。」七年，遣使冊拜金眞平爲柱國，封樂浪郡王、新羅王。

貞觀五年，遣使獻女樂二人，皆鬒髮美色。太宗謂侍臣曰：「朕聞聲色之娛，不如好德。且山川阻遠，懷土可知。近日林邑獻白鸚鵡，尚解思鄉，訴請還國。鳥猶如此，況人情乎！朕愍其遠來，必思親戚，宜付使者，聽遣還家。」是歲，眞平卒，無子，立其女善德爲王，宗室大臣乙祭總知國政。詔贈眞平左光祿大夫，賻物二百段。九年，遣使持節冊命善德柱國，封樂浪郡王、新羅王。十七年，遣使上言：「高麗、百濟，累相攻襲，亡失數十城，兩國連兵，意在滅臣社稷。謹遣陪臣，歸命大國，乞偏師救助。」太宗遣相里玄奬齎璽書賜高麗曰：「新羅委命國家，不闕朝獻。爾與百濟，宜即戢兵。若更攻之，明年當出師擊爾國矣。」太宗將親伐高麗，詔新羅纂集士馬，應接大軍。新羅遣大臣領兵五萬人，入高麗南界，攻水口城，降之。

二十一年，善德卒，贈光祿大夫，餘官封並如故。因立其妹眞德爲王，加授柱國，封樂浪郡王。二十二年，眞德遣其弟國相、伊贊干金春秋及其子文王來朝(三)。詔授春秋爲特進，文王爲左武衞將軍。春秋請詣國學觀釋奠及講論，太宗因賜以所制溫湯及晉祠碑并新

撰晉書。將歸國，令三品以上宴餞之，優禮甚稱。

永徽元年，眞德大破百濟之衆，遣其弟法敏以聞(四)。眞德乃織錦作五言太平頌以獻之，其詞曰：「大唐開洪業，巍巍皇猷昌。止戈戎衣定，修文繼百王。統天崇雨施，理物體含章。深仁偕日月，撫運邁陶唐。幡旗既赫赫，鉦鼓何鍠鍠。外夷違命者，翦覆被天殃。淳風凝幽顯，遐邇競呈祥。四時和玉燭，七曜巡萬方(五)。維岳降宰輔，維帝任忠良。五三成一德，昭我唐家光。」帝嘉之，拜法敏爲太府卿。

三年，眞德卒，爲舉哀。詔以春秋嗣，立爲新羅王，加授開府儀同三司、封樂浪郡王。六年，百濟與高麗、靺鞨率兵侵其北界，攻陷三十餘城，春秋遣使上表求救。顯慶五年，命左武衞大將軍蘇定方爲熊津道大總管，統水陸十萬。仍令春秋爲嵎夷道行軍總管，與定方討平百濟，俘其王扶餘義慈，獻于闕下。自是新羅漸有高麗、百濟之地，其界益大，西至于海。

龍朔元年，春秋卒，詔其子太府卿法敏嗣位，爲開府儀同三司、上柱國、樂浪郡王、新羅王。三年，詔以其國爲雞林州都督府，授法敏爲雞林州都督。法敏以開耀元年卒，其子政明嗣位。垂拱二年，政明遣使來朝，因上表請唐禮一部并雜文章，則天令所司寫吉凶要禮，并於文館詞林採其詞涉規誡者，勒成五十卷以賜之。

天授三年，政明卒，則天爲之舉哀，遣使弔祭，册立其子理洪爲新羅王，仍令襲父輔國大將軍，行豹韜衞大將軍、雞林州都督。理洪以長安二年卒，則天爲之舉哀，輟朝二日，遣立其弟興光爲新羅王，仍襲兄將軍、都督之號。興光本名與太宗同，先天中則天改焉〔八〕。

開元十六年，遣使來獻方物，又上表請令人就中國學問經教，上許之。二十一年，渤海靺鞨越海入寇登州。時興光族人金思蘭先因入朝留京師，拜爲太僕員外卿，至是遣歸國發兵以討靺鞨，仍加授興光爲開府儀同三司、寧海軍使。二十五年，興光卒，詔贈太子太保，仍遣左贊善大夫邢璹攝鴻臚少卿，往新羅弔祭，并册立其子承慶襲父開府儀同三司、新羅王。璹將進發，上製詩序，太子以下及百僚咸賦詩以送之。上謂璹曰：「新羅號爲君子之國，頗知書記，有類中華。以卿學術，善與講論，故選使充此。到彼宜闡揚經典，使知大國儒教之盛。」又聞其人多善奕碁，因令善碁人率府兵曹楊季鷹爲璹之副。璹等至彼，大爲蕃人所敬。其國碁者皆在季鷹之下，於是厚賂璹等金寶及藥物等。

天寶二年，承慶卒，詔遣贊善大夫魏曜往弔祭之。册立其弟憲英爲新羅王，并襲其兄官爵。大曆二年，憲英卒，國人立其子乾運爲王，仍遣其大臣金隱居奉表入朝，貢方物，請加册命。三年，上遣倉部郎中、兼御史中丞、賜紫金魚袋歸崇敬持節齎册書往弔册之。以乾運爲開府儀同三司、新羅王，仍册乾運母爲太妃。七年，遣使金標石來賀正，授衞尉員外

少卿，放還。八年，遣使來朝，并獻金、銀、牛黃、魚牙紬、朝霞紬等。九年至十二年，比歲遣使來朝，或一歲再至。

建中四年，乾運卒，無子，國人立其上相金良相爲王。貞元元年，授良相檢校太尉、都督雞林州刺史、寧海軍使、新羅王。仍令戶部郎中蓋塤持節册命。其年，良相卒，立上相敬信爲王，令襲其官爵。敬信卽從兄弟也。十四年，敬信卒，其子先敬信亡，國人立敬信嫡孫俊邕爲王。十六年，授俊邕開府儀同三司、檢校太尉、新羅王。令司封郎中、兼御史中丞韋丹持節册命。丹至鄆州，聞俊邕卒，其子重興立〔九〕，詔丹還。永貞元年，詔遣兵部郎中元季方持節册重興爲王。

元和元年十一月，放宿衞王子金獻忠歸本國，仍加試祕書監。三年，遣使金力奇來朝。其年七月，力奇上言：「貞元十六年，奉詔册臣故主金俊邕爲新羅王，母申氏爲太妃，妻叔氏爲王妃。册使韋丹至中路，知俊邕薨，其册却迴在中書省。今臣還國，伏請授臣以歸。」敕：「金俊邕等册，宜令鴻臚寺於中書省受領，至寺宣授與金力奇，令奉歸國。仍賜其叔彥昇門戟，令本國準例給。」四年，遣使金陸珍等來朝貢。五年，王子金憲章來朝貢。

七年，重興卒，立其相金彥昇爲王，遣使金昌南等來告哀。其年七月，授彥昇開府儀同三司、檢校太尉、持節大都督雞林州諸軍事、兼持節充寧海軍使、上柱國、新羅國王，彥昇妻

貞氏册爲妃，仍賜其宰相金崇斌等三人戟，亦令本國準例給。兼命職方員外郎、攝御史中丞崔廷持節弔祭册立，以其質子金士信副之。十一年十一月，其入朝王子金士信等遇惡風，飄至楚州鹽城縣界，淮南節度使李鄘以聞。是歲，新羅饑，其衆一百七十人求食於浙東。十五年十一月，遣使朝貢。

長慶二年十二月，遣使金柱弼朝貢。寶曆元年，其王子金昕來朝。大和元年四月，皆遣使朝貢。五年，金彥昇卒，以嗣子金景徽爲開府儀同三司、檢校太尉、使持節大都督雞林州諸軍事、兼持節充寧海軍使、新羅王；景徽母朴氏爲太妃，妻朴氏爲妃。命太子左諭德、兼御史中丞源寂持節弔祭册立。開成元年，王子金義琮來謝恩，兼宿衞。二年四月，放還蕃，賜物遣之。五年四月，鴻臚寺奏〔一〇〕：新羅國告哀，質子及年滿合歸國學生等共一百五人，並放還。會昌元年七月，敕：「歸國新羅官、前入新羅宣慰副使、前充兗州都督府司馬、賜緋魚袋金雲卿，可淄州長史。」

倭國者，古倭奴國也。去京師一萬四千里，在新羅東南大海中。依山島而居，東西五月行，南北三月行。世與中國通。其國，居無城郭，以木爲栅，以草爲屋。四面小島五十餘

國，皆附屬焉。其王姓阿每氏，置一大率，檢察諸國，皆畏附之。設官有十二等。其訴訟者，匍匐而前。地多女少男。頗有文字，俗敬佛法。並皆跣足，以幅布蔽其前後。貴人戴錦帽，百姓皆椎髻，無冠帶。婦人衣純色裙，長腰襦，束髮於後，佩銀花，長八寸，左右各數枝，以明貴賤等級。衣服之制，頗類新羅。

貞觀五年，遣使獻方物。太宗矜其道遠，敕所司無令歲貢，又遣新州刺史高表仁持節往撫之。表仁無綏遠之才，與王子爭禮，不宣朝命而還。至二十二年，又附新羅奉表，以通起居。

日本國者，倭國之別種也。以其國在日邊，故以日本爲名。或曰：倭國自惡其名不雅，改爲日本。或云：日本舊小國，併倭國之地。其人入朝者，多自矜大，不以實對，故中國疑焉。又云：其國界東西南北各數千里，西界、南界咸至大海，東界、北界有大山爲限，山外卽毛人之國。

長安三年，其大臣朝臣眞人來貢方物。朝臣眞人者，猶中國戶部尚書，冠進德冠，其頂爲花，分而四散，身服紫袍，以帛爲腰帶。眞人好讀經史，解屬文，容止溫雅。則天宴之於

麟德殿，授司膳卿，放還本國。

開元初，又遣使來朝，因請儒士授經。詔四門助教趙玄默就鴻臚寺教之，乃遺玄默闊幅布以爲束修之禮，題云「白龜元年調布」。人亦疑其僞。所得錫賚，盡市文籍，泛海而還。其偏使朝臣仲滿，慕中國之風，因留不去，改姓名爲朝衡，仕歷左補闕、儀王友。衡留京師五十年，好書籍，放歸鄉，逗留不去。天寶十二年，又遣使貢。上元中，擢衡爲左散騎常侍、鎭南都護〔一一〕。貞元二十年，遣使來朝，留學生橘逸勢〔一二〕、學問僧空海。元和元年，日本國使判官高階眞人上言：「前件學生，藝業稍成，願歸本國，便請與臣同歸。」從之。開成四年，又遣使朝貢。

校勘記

〔一〕姓泉氏　「泉」字各本原作「錢」，據御覽卷七八三、新書卷二二〇高麗傳改。

〔二〕總章元年　「元年」各本原作「九年」，總章共兩年，作「九年」誤，據通鑑卷二〇一改。

〔三〕去歲王及高麗新羅等使並來入朝　「及」字各本原作「攻」，據全唐文卷一五改。

〔四〕杜爽　「杜」字各本原作「社」，據本書卷八四劉仁軌傳、通鑑卷二〇一改。

〔五〕文王　「王」字各本原作「正」，據册府卷九七四、新書卷二二〇新羅傳改。下同。

〔六〕遣其弟法敏以聞　本卷下文云法敏爲眞德弟春秋之子，新書卷二二〇新羅傳作「遣春秋子法敏入朝」。張森楷謂此句「弟」下當脫一「子」字。

〔七〕七曜　「七」字各本原作「十」，據御覽卷七八一改。

〔八〕先天中則天改焉　按先天時則天已卒，此處有誤。

〔九〕重興立　「立」字各本原作「無」，據唐會要卷九五、册府卷九六五改。

〔一〇〕鴻臚寺奏　「奏」字各本原無，據唐會要卷九五補。

〔一一〕鎭南都護　新書卷二二〇東夷傳作「安南都護」。

〔一二〕橘逸勢　「逸」字各本原作「免」，據日本續羣書類叢傳部橘逸勢傳改。

舊唐書卷一百九十九下

列傳第一百四十九下

北狄

鐵勒　契丹　奚　室韋　靺鞨　渤海靺鞨　霫　烏羅渾

鐵勒，本匈奴別種。自突厥強盛，鐵勒諸部分散，衆漸寡弱。至武德初，有薛延陀、契苾、迴紇、都播、骨利幹、多覽葛、僕骨、拔野古、同羅、渾部、思結、斛薛、奚結、阿跌、白霫等，散在磧北。薛延陀者，自云本姓薛氏，其先擊滅延陀而有其衆，因號爲薛延陀部。其官方兵器及風俗，大抵與突厥同。

初，大業中，西突厥處羅可汗始強大，鐵勒諸部皆臣之，而處羅徵稅無度，薛延陀等諸部皆怨，處羅大怒，誅其酋帥百餘人。鐵勒相率而叛，共推契苾哥楞爲易勿眞莫賀可汗，居

貪汗山北，又以薛延陀乙失鉢爲也咥小可汗，居燕末山北。西突厥射匱可汗強盛，延陀、契苾二部並去可汗之號以臣之。迴紇等六部在鬱督軍山者，東屬于始畢，乙失鉢所部在金山者，西臣于葉護。

貞觀二年，葉護可汗死，其國大亂。乙失鉢之孫曰夷男，率其部落七萬餘家附于突厥。遇頡利之政衰，夷男率其徒屬反攻頡利，大破之。於是頡利部諸姓多叛頡利，歸于夷男，共推爲主，夷男不敢當。時太宗方圖頡利，遣遊擊將軍喬師望從間道齎册書拜夷男爲眞珠毗伽可汗，賜以鼓纛。夷男大喜，遣使貢方物，復建牙於大漠之北鬱督軍山下，在京師西北六千里。東至靺鞨，西至葉護，南接沙磧，北至俱倫水〔一〕，迴紇、拔野古、阿跌、同羅、僕骨、霫諸大部落皆屬焉。

三年，夷男遣其弟統特勒來朝，太宗厚加撫接，賜以寶刀及寶鞭，謂曰：「汝所部有大罪者斬之，小罪者鞭之〔二〕。」夷男甚喜。四年，平突厥頡利之後，朔塞空虛，夷男率其部東返故國，建庭於都尉揵山北，獨邏河之南，在京師北三千三百里，東至室韋，西至金山，南至突厥，北臨瀚海，卽古匈奴之故地，勝兵二十萬，立其二子爲南北部。太宗亦以其強盛，恐爲後患。十二年，遣使備禮册命，拜其二子皆爲小可汗，外示優崇，實欲分其勢也。會朝廷立李思摩爲可汗，處其部衆於漠南之地，夷男心惡思摩，甚不悅。

十五年，太宗幸洛陽，將有事於太山，夷男謀於其國曰：「天子封太山，萬國必會，士馬皆集，邊境空虛，我於此時取思摩如拉朽耳。」因命其子大度設勒兵二十萬，屯白道川，據善陽嶺以擊思摩之部。思摩遣使請救，詔英國公李勣、蒲州刺史薛萬徹率步騎數萬赴之。踰白道川至青山，與大度設相及，追之累月，至諾眞水，大度設知不脫，乃亙十里而陳兵。先是，延陀擊沙鉢羅及阿史那社爾等，以步戰而勝。及其將來寇也，先講武於國中，教習步戰，每五人，以一人經習戰陣者使執馬，而四人前戰，克勝卽授馬以追奔，失應接罪至於死，沒其家口，以賞戰人，至是遂行其法。突厥兵先合輒退，延陀乘勝而逐之。勣兵拒擊，而延陀萬矢俱發，傷我戰馬。乃令去馬步陣，率長矟數百爲隊，齊奮以衝之，其衆潰散。副總管薛萬徹率數千騎收其執馬者，其衆失馬，莫知所從，因大縱，斬首三千餘級，獲馬萬五千匹，甲仗輜重不可勝計。大度設跳身而遁，萬徹將數百騎追之，弗及。其餘衆大奔走，相騰踐而死者甚衆，伏屍被野，夷男因乞與突厥和，并遣使謝罪。

十六年，遣其叔父沙鉢羅泥熟俟斤來請婚〔三〕，獻馬三千匹。太宗謂侍臣曰：「北狄世爲寇亂，今延陀崛強，須早爲之所。朕熟思之，唯有二策：選徒十萬，擊而虜之，滅除凶醜，百年無事，此一策也；若遂其來請，結以婚姻，緩轡羈縻，亦足三十年安靜，此亦一策也。未知何者爲先？」司空房玄齡對曰：「今大亂之後，瘡痍未復，且兵凶戰危，聖人所愼。和親之

策，實天下幸甚。」太宗曰：「朕爲蒼生父母，苟可以利之，豈惜一女？」遂許以新興公主妻之。因徵夷男備親迎之禮，仍發詔將幸靈州與之會。夷男大悅，謂其國中曰：「我本鐵勒之小帥也，天子立我爲可汗，今復嫁我公主，車駕親至靈州，斯亦足矣。」於是稅諸部羊馬以爲聘財，或說夷男曰：「我薛延陀可汗與大唐天子俱一國主，何有自往朝謁？如或拘留，悔之無及。」夷男曰：「吾聞大唐天子聖德遠被，日月所照，皆來賓服。我歸心委質，冀得覩天顏，死無所恨。然磧北之地，必當有主，捨我別求，固非大國之計。我志決矣，勿復多言。」於是言者遂止。太宗乃發使受其羊馬，然夷男先無府藏，調斂其國，往返且萬里，既涉沙磧，無水草，羊馬多死，遂後期。太宗於是停幸靈州。既而其聘羊馬來至，所耗將半。議者以爲夷狄不可禮義畜，若聘財未備而與之婚，或輕中國，當須要其備禮，於是下詔絕其婚。既而李思摩數遣兵侵掠之，延陀復遣突利失擊思摩，至定襄，抄掠而去。太宗遣英國公李勣援之，見虜已出塞而還。太宗以其數與思摩交兵，璽書責讓之。

十九年〔四〕，謂其使人曰：「語爾可汗，我父子並東征高麗，汝若能寇邊者，但當來也。」夷男遣使致謝，復請發兵助軍，太宗答以優詔而止。其冬，太宗拔遼東諸城，破駐蹕陣，而高麗莫離支潛令靺鞨誑惑夷男，啗以厚利，夷男氣懾不敢動。俄而夷男卒，太宗爲之擧哀。夷男少子肆葉護拔灼襲殺其兄突利失可汗而自立，是爲頡利俱利薛沙多彌可汗。拔灼性褊急，馭下無恩，多所殺戮，其下不附。是時復以太宗尙在遼東，遂發兵寇夏州，將軍執失思力擊敗之，虜其衆數萬，拔灼輕騎遁去，尋爲迴紇所殺，宗族殆盡。其餘衆尙五六萬，竄於西域，又諸姓俟斤遞相攻擊，各遣使歸命。

二十年，太宗遣使江夏王道宗、左衞大將軍阿史那社爾爲瀚海道安撫大使；右領軍大將軍執失思力領突厥兵，代州都督薛萬徹、營州都督張儉、右驍衞大將軍契苾何力各統所部兵分道並進；太宗親幸靈州，爲諸軍聲援。既而道宗渡磧，遇延陀餘衆數萬來拒戰，道宗擊破之，斬首千餘級。萬徹又與迴紇相遇，二將各遣使諭以綏懷之意，其酋帥見使者，皆頓顙歡呼，請入朝。太宗至靈州，其鐵勒諸部相繼至數千人，仍請列爲州縣，北荒悉平。詔曰：

惟天爲大，合其德者弗違；謂地蓋厚，體其仁者光被。故能彌綸八極，輿蓋二儀，振絕代之英聲，畢天下之能事。彼匈奴者，與開闢而俱生；奄有龍庭，共上皇而並列。僭稱驕子，分天街於紫宸；仰應旄頭，抗大禮於皇極。緬窺遂古，能無力制。自朕臨御天下，二紀于茲，粵以眇身，一匡寰宇。始勤勞於昧旦，終致治於昇平。曩者聊命偏師，遂擒頡利；今茲始弘廟略，已滅延陀。雖麾旆出征，未踰郊甸；前驅所輔，纔掩塞垣。長策風行，已振金微之表〔五〕；揚威電發，遠讋沙場之外。鐵勒諸姓、迴紇胡祿俟

利發等〔六〕，總百餘萬戶，散處北溟，遠遣使人，委身內屬，請同編列，並爲州郡。收其瀚海，盡入提封；解其辮髮，並垂冠帶。上變星昴，歸於東井之躔；下掩蹛林，袪入南山之囿。混元已降，殊未前聞；無疆之業，永貽來裔。古人所不能致，今既吞之；前王所不能屈，今咸滅之。斯實書契所未有，古今之壯觀，豈朕一人獨能宣力〔七〕。蓋由上靈儲祉，錫以太康；宗廟威靈，成茲克定。卽宜備禮，告于淸廟，仍頒示普天。

其後延陀西遁之衆，共推夷男兄子咄摩支爲伊特勿失可汗，率部落七萬餘口，西歸故地。乃去可汗之號，遣使奉表，請居鬱督軍山北。詔兵部尙書崔敦禮就加綏撫。而諸部鐵勒素服薛延陀之衆，及咄摩支至，九姓渠帥莫不危懼。朝議恐爲磧北之患，復令英國公李勣進加討擊。勣率九姓鐵勒二萬騎至于天山。咄摩支見官軍奄至，惶駭不知所爲，且聞詔使蕭嗣業在迴紇中，因而請降。嗣業與之俱至京師，詔授右武衞將軍，賜以田宅。咄摩支入國後，鐵勒酋帥潛知其部落，仍持兩端。李勣因縱兵追擊，前後斬五千餘級，虜男女三萬計。

二十一年〔八〕，契苾、迴紇等十餘部落以薛延陀亡散殆盡，乃相繼歸國。太宗各因其地土，擇其部落，置爲州府：以迴紇部爲瀚海都督府，僕骨爲金微都督府，多覽葛爲燕然都督府，拔野古部爲幽陵都督府，同羅部爲龜林都督府，思結部爲盧山都督府，渾部爲臯蘭州，

斛薛部爲高闕州，奚結部爲雞鹿州，阿跌部爲雞田州，契苾部爲榆溪州，思結別部爲蹛林州，白霫部爲寘顏州，凡一十三州。拜其酋長爲都督、刺史，給玄金魚以爲符信，又置燕然都護以統之。是歲，太宗以鐵勒諸部並皆內屬，詔賜京城百姓大酺三日。永徽元年，延陀首領先逃逸者請歸國，高宗更置溪彈州以安恤之。至則天時，突厥強盛，鐵勒諸部在漠北者漸爲所併。迴紇、契苾、思結、渾部徙于甘、涼二州之地。

其骨利幹北距大海，去京師最遠，自古未通中國。貞觀中遣使來朝貢，遣雲麾將軍康蘇密往慰撫之，仍列其地爲玄闕州。俄又遣使隨蘇密使入朝，獻良馬十匹。太宗奇其駿異，爲之制名，號爲十驥：一曰騰霜白，二曰皎雪驄，三曰凝露驄，四曰懸光驄，五曰決波騟，六曰飛霞驃，七曰發電赤，八曰流金騧，九曰翔麟紫，十曰奔虹赤。又爲文以敍其事。自延陀叛後，朝貢遂絕。

契丹，居潢水之南[九]，黃龍之北，鮮卑之故地，在京城東北五千三百里。東與高麗鄰，西與奚國接，南至營州，北至室韋。冷陘山在其國南，與奚西山相崎，地方二千里。逐獵往來，居無常處。其君長姓大賀氏。勝兵四萬三千人，分爲八部，若有徵發，諸部皆須議合，

不得獨舉。獵則別部，戰則同行。本臣突厥，好與奚鬭，不利則遁保青山及鮮卑山。其俗死者不得作塚墓，以馬駕車送入大山，置之樹上，亦無服紀。子孫死，父母晨夕哭之；父母死，子孫不哭。其餘風俗與突厥同。

武德初，數抄邊境。二年，入寇平州。六年，其君長咄羅遣使貢名馬豐貂。貞觀二年，其君摩會率其部落來降。突厥頡利遣使請以梁師都易契丹，太宗謂曰：「契丹、突厥，本是別類，今來降我，何故索之？師都本中國人，據我州城，以爲盜竊，突厥無故容納之，我師往討，便來救援。計不久自當擒滅，縱其不得，終不以契丹易之。」太宗伐高麗，至營州，會其君長及老人等，賜物各有差，授其蕃長窟哥爲左武衞將軍。二十二年，窟哥等部咸請內屬，乃置松漠都督府，以窟哥爲左領軍將軍兼松漠都督府、無極縣男，賜姓李氏。顯慶初，又拜窟哥爲左監門大將軍。其曾孫祜莫離，則天時歷左衞將軍兼檢校彈汗州刺史，歸順郡王。

又契丹有別部酋帥孫敖曹，初仕隋爲金紫光祿大夫。武德四年，與靺鞨酋長突地稽俱遣使內附，詔令於營州城傍安置，授雲麾將軍，行遼州總管。至曾孫萬榮，垂拱初累授右玉鈐衞將軍、歸誠州刺史，封永樂縣公。萬歲通天中，萬榮與其妹壻松漠都督李盡忠，俱爲營州都督趙翽所侵侮，二人遂舉兵殺翽，據營州作亂。盡忠即窟哥之胤，歷位右武衞大將軍兼松漠都督。則天怒其叛亂，下詔改萬榮名爲萬斬，盡忠爲盡滅。盡滅尋自稱無上可汗，

以萬斬爲大將，前鋒略地，所向皆下，旬日兵至數萬，進逼檀州。詔令右金吾大將軍張玄遇、左鷹揚衞將軍曹仁師、司農少卿麻仁節率兵討之。與萬斬戰于西硤石谷，官軍敗績，玄遇、仁節並爲賊所虜。又令夏官尚書王孝傑、左羽林將軍蘇宏暉領兵七萬以繼之。與萬斬戰于東硤石谷，孝傑在陣陷没[一〇]，宏暉棄甲而遁。萬斬乘勝率其衆入幽州，殺略人吏。清邊道大總管、建安郡王武攸宜遣裨將討之，不能克。又詔左金吾大將軍、河內王武懿宗爲大總管，御史大夫婁師德爲副大總管，右武衞將軍沙吒忠義爲前軍總管，率兵三十萬以討之。俄而李盡滅死，萬斬代領其衆。萬斬又遣別帥駱務整、何阿小爲遊軍前鋒，攻陷冀州，殺刺史陸寶積，屠官吏子女數千人。俄而奚及突厥之衆掩擊其後，掠其幼弱。萬斬棄其衆，以輕騎數千人東走。前軍副總管張九節率數百騎設伏以邀之。萬斬窮蹙，乃將其家奴輕騎宵遁，至潞河東，解鞍憩於林下，其奴斬之。張九節傳其首于東都，自是其餘衆遂降突厥。

開元三年，其首領李失活以默啜政衰，率種落內附。失活即盡忠之從父弟也。於是復置松漠都督府，封失活爲松漠郡王，拜左金吾衞大將軍兼松漠都督。其所統八部落，各因舊帥拜爲刺史，又以將軍薛泰督軍以鎭撫之。明年，失活入朝，封宗室外甥女楊氏爲永樂公主以妻之。

六年，失活死，上爲之舉哀，贈特進。失活從父弟娑固代統其衆，遣使冊立，仍令襲其兄官爵。娑固大臣可突于驍勇[一一]，頗得衆心，娑固謀欲除之。可突于反攻娑固，娑固奔營州。都督許欽澹令薛泰帥驍勇五百人，又徵奚王李大輔者及娑固合衆以討可突于[一二]。官軍不利，娑固、大輔臨陣皆爲可突于所殺，生拘薛泰。營府震恐，許欽澹移軍西入渝關。可突于立娑固從父弟鬱于爲主[一三]，俄又遣使請罪，上乃令冊立鬱于，令襲娑固官爵，仍赦可突于之罪。十年，鬱于入朝請婚。上又封從妹夫率更令慕容嘉賓女爲燕郡公主以妻之，仍封鬱于爲松漠郡王，授左金吾衞員外大將軍兼靜析軍經略大使，賜物千段。鬱于還蕃，可突于來朝，拜左羽林將軍，從幸并州。

明年，鬱于病死，弟吐于代統其衆[一四]，襲兄官爵，復以燕郡公主爲妻。吐于與可突于復相猜阻。十三年，攜公主來奔，便不敢還，改封遼陽郡王，因留宿衞。可突于立李盡忠弟邵固爲主。其冬，車駕東巡，邵固詣行在所，因從至岳下，拜左羽林軍員外大將軍、靜析軍經略大使，改封廣化郡王，又封皇從外甥女陳氏爲東華公主以妻之。

邵固還蕃，又遣可突于入朝，貢方物，中書侍郎李元紘不禮焉，可突于怏怏而去。左丞相張說謂人曰：「兩蕃必叛。可突于人面獸心，唯利是視，執其國政，人心附之，若不優禮縻之，必不來矣。」十八年，可突于殺邵固，率部落并脅奚衆降于突厥，東華公主走投平盧軍。

於是詔中書舍人裴寬、給事中薛侃等於京城及關內、河東、河南、河北分道募壯勇之士，以忠王浚爲河北道行軍元帥以討之，師竟不行。二十年，詔禮部尚書信安王禕爲行軍副大總管，領衆與幽州長史趙含章出塞擊破之，俘獲甚衆。可突于率其麾下遠遁，奚衆盡降，禕乃班師。明年，可突于又來抄掠。幽州長史薛楚玉遣副將郭英傑、吳克勤、鄔知義、羅守忠率精騎萬人，并領降奚之衆追擊之。軍至渝關都山之下，可突于領突厥兵以拒官軍。奚衆遂持兩端，散走保險。官軍大敗，知義、守忠率麾下遁歸，英傑、克勤沒于陣，其下六千餘人，盡爲賊所殺。詔以張守珪爲幽州長史兼御史中丞以經略之。可突于漸爲守珪所逼，遣使僞降。俄又迴惑不定，引衆漸向西北，將就突厥。守珪遣管記王悔等就部落招諭之〔五〕。時契丹衙官李過折與可突于分掌兵馬，情不叶，悔潛誘之，過折夜勒兵斬可突于及其支黨數十人。二十三年正月，傳首東都。詔封過折爲北平郡王，授特進，檢校松漠州都督，賜錦衣一副、銀器十事、絹綵三千疋。其年，過折爲可突于餘黨泥禮所殺，并其諸子，唯一子剌乾走投安東得免，拜左驍衛將軍。

天寶十年，安祿山誣其酋長欲叛，請舉兵討之。八月，以幽州、雲中、平盧之衆數萬人，就潢水南契丹衙與之戰，祿山大敗而還，死者數千人。至十二年，又降附。迄于貞元，常間歲來修藩禮。

貞元四年，與奚衆同寇我振武，大掠人畜而去。九年、十年，復遣使來朝，大首領悔落拽何已下，各授官放還。十一年，大首領熱蘇等二十五人來朝。自後至元和、長慶、寶曆、大和、開成時遣使來朝貢。會昌二年九月，制：「契丹新立王屈戍〔六〕，可雲麾將軍，守右武衛將軍員外置同正員。」幽州節度使張仲武上言：「屈戍等云，契丹舊用迴紇印，今懇請聞奏，乞國家賜印。」許之，以「奉國契丹之印」爲文。

奚國，蓋匈奴之別種也，所居亦鮮卑故地，即東胡之界也，在京師東北四千餘里。東接契丹，西至突厥，南拒白狼河，北至霫國。自營州西北饒樂水以至其國。勝兵三萬餘人，分爲五部，每部置俟斤一人。風俗並於突厥。每隨逐水草，以畜牧爲業，遷徙無常。居有氈帳，兼用車爲營，牙中常五百人持兵自衞。此外部落皆散居山谷，無賦稅。其人善射獵，好與契丹戰爭。

武德中，遣使朝貢。貞觀二十二年，酋長可度者率其所部內屬，乃置饒樂都督府，以可度者爲右領軍兼饒樂都督，封樓煩縣公，賜姓李氏。顯慶初，又授右監門大將軍。萬歲通天年，契丹叛後，奚衆管屬突厥，兩國常遞爲表裏，號曰「兩蕃」。景雲元年，其首領李大輔遣使貢方物，睿宗嘉之，宴賜甚厚。

延和元年，左羽林將軍、檢校幽州大都督孫儉〔七〕，率兵十二萬以襲其部落，師次冷陘，前軍左驍衛將軍李楷洛等與大輔會戰，我師敗績。儉懼，不敢進救，遣使矯報大輔云：「我奉敕來此招諭蕃將，李楷洛等不受節度而輒用兵，請斬以謝。」大輔曰：「若奉敕招諭，有何國信物？」儉率軍中綵帛萬餘段并袍帶以與之。大輔曰：「將軍可南還，無相驚擾。」儉軍漸失部伍，大輔乃率衆逼之，由是大敗，兵士死傷者數萬。儉及副將周以悌爲大輔所擒，送于突厥默啜，並遇害。

開元三年，大輔遣其大臣粵蘇梅落來請降，詔復立其地爲饒樂州，封大輔爲饒樂郡王，仍拜左金吾員外大將軍、饒樂州都督。五年，大輔與契丹首領松漠郡王李失活咸請於柳城依舊置營州都督府，上從之。敕太子詹事姜師度充使督工作〔八〕，役八千餘人。其年，大輔入朝，詔封從外甥女辛氏爲固安公主以妻之，賜物一千五百疋，遣右領軍將軍李濟持節送還蕃。

八年，大輔率兵救契丹，戰死，其弟魯蘇嗣立。十年，入朝，詔令襲其兄饒樂郡王、右金吾員外大將軍兼保塞軍經略大使，賜物一千段，仍以固安公主爲妻。而公主與嫡母未和，遞相論告，詔令離婚，復以成安公主之女韋氏爲東光公主以妻之。十四年，又改封魯蘇爲

奉誠王，授右羽林軍員外將軍。十八年，奚衆爲契丹衙官可突于所脅，復叛降突厥。魯蘇不能制，走投渝關，東光公主奔歸平盧軍。其秋，幽州長史趙含章發清夷軍兵擊奚，破之，斬首二百級。自是奚衆稍稍歸降。二十年，信安王禕奉詔討叛奚。奚酋長李詩瑣高等以其部落五千帳來降。詔封李詩爲歸義王兼特進、左羽林軍大將軍同正，仍充歸義州都督，賜物十萬段，移其部落於幽州界安置。天寶五載，又封其王娑固爲昭信王，仍授饒樂都督。

自大曆後，朝貢時至。貞元四年七月，奚及室韋寇振武。十一年四月，幽州奏卻奚六萬餘衆。元和元年，其王饒樂府都督、襲歸誠王梅落來朝，加檢校司空，放還蕃。三年，以奚首領索低爲右武威衛將軍同正，充檀、薊兩州遊奕兵馬使，仍賜姓李氏。八年，遣使來朝。十一年，遣使獻名馬。爾後每歲朝貢不絕，或歲中二三至。故事，常以范陽節度使爲押奚、契丹兩蕃使。自至德之後，藩臣多擅封壤，朝廷優容之，彼務自完，不生邊事，故二蕃亦少爲寇。其每歲朝賀，常各遣數百人至幽州，則選其酋渠三五十人赴闕，引見於麟德殿，錫以金帛遣還，餘皆駐而館之，率爲常也。

室韋者，契丹之別類也。居猱越河北，其國在京師東北七千里。東至黑水靺鞨，西至

中華書局

突厥，南接契丹，北至于海。其國無君長，有大首領十七人，並號「莫賀弗」，世管攝之，而附于突厥。兵器有角弓楛矢，尤善射，時聚弋獵，事畢而散。其人土著，無賦斂。或為小室，以皮覆上，相聚而居，至數十百家。剡木為犂，不加金刃，人牽以種，不解用牛。夏多霧雨，冬多霜霰。畜宜犬豕，豢養而啖之，其皮用以為韋，男子女人通以為服。被髮左衽，其家富者項著五色雜珠。婚嫁之法，男先就女舍，三年役力，因得親迎其婦。役日已滿，女家分其財物，夫婦同車而載，鼓舞共歸。武德中，獻方物。貞觀三年，遣使貢豐貂，自此朝貢不絕。

又云：室韋，我唐有九部焉。所謂嶺西室韋、山北室韋、黃頭室韋、大如者室韋、小如者室韋、婆萵室韋、訥北室韋、駱駝室韋，並在柳城郡之東北，近者三千五百里，遠者六千二百里。今室韋最西與迴紇接界者，烏素固部落，當俱輪泊之西南。次東有移塞沒部落。次東又有塞曷支部落，此部落有良馬，人戶亦多，居啜河之南，其河彼俗謂之燕支河。次又有和解部落，次東又有烏羅護部落，又有那禮部落。又東北有山北室韋，又北有小如者室韋，又北有婆萵室韋，東又有嶺西室韋，又東南至黃頭室韋，此部落兵強，人戶亦多，東北與達姤接。嶺西室韋北又有訥北支室韋，此部落較小。烏羅護之東北二百餘里，那河之北有古烏丸之遺人，今亦自稱烏丸國。武德、貞觀中，亦遣使來朝貢。其北大山之北有大室韋部

落，其部落傍望建河居。其河源出突厥東北界俱輪泊，屈曲東流，經西室韋界，又東經大室韋界，又東經蒙兀室韋之北，落俎室韋之南，又東流與那河、忽汗河合，又東經南黑水靺鞨之北，北黑水靺鞨之南，東流注于海。烏丸東南三百里，又有東室韋部落，在峱越河之北。其河東南流，與那河合。開元、天寶間，比年或間歲入貢。大曆中，亦頻遣使來貢。貞元八年閏十二月，室韋都督和解熱素等一十人來朝。大和五年至八年，凡三遣使來。九年十二月，室韋大都督阿成等三十人來朝〔一九〕。開成、會昌中，亦遣使來朝貢不絕。

靺鞨，蓋肅慎之地，後魏謂之勿吉，在京師東北六千餘里。東至於海，西接突厥，南界高麗，北鄰室韋。其國凡為數十部，各有酋帥，或附於高麗，或臣於突厥。而黑水靺鞨最處北方，尤稱勁健，每恃其勇，恆為鄰境之患。俗皆編髮，性凶悍，無憂戚，貴壯而賤老。無屋宇，並依山水掘地為穴，架木於上，以土覆之，狀如中國之塚墓，相聚而居。夏則出隨水草，冬則入處穴中。父子相承，世為君長。俗無文字。兵器有角弓及楛矢。其畜宜豬，富人至數百口，食其肉而衣其皮。死者穿地埋之，以身襯土，無棺斂之具，殺所乘馬於屍前設祭。

有酋帥突地稽者，隋末率其部千餘家內屬，處之於營州，煬帝授突地稽金紫光祿大夫、遼西太守。武德初，遣間使朝貢，以其部落置燕州，仍以突地稽為總管。劉黑闥之叛也，突地稽率所部赴定州，遣使詣太宗請受節度，以戰功封耆國公。又徙其部落於幽州之昌平城。會高開道引突厥來攻幽州，突地稽率兵邀擊，大破之。貞觀初，拜右衞將軍，賜姓李氏。尋卒。子謹行，偉貌，武力絕人。麟德中，歷遷營州都督。其部落家僮數千人，以財力雄邊，為夷人所憚。累拜右領軍大將軍，為積石道經略大使。吐蕃論欽陵等率衆十萬人入寇湟中，謹行兵士樵採，素不設備，忽聞賊至，遂建旗伐鼓，開門以待之。吐蕃疑有伏兵，竟不敢進。上元三年，又破吐蕃數萬衆於青海，降璽書勞勉之。累授鎮軍大將軍，行右衞大將軍，封燕國公。永淳元年卒，贈幽州都督，陪葬乾陵。自後或有酋長自來，或遣使來朝貢，每歲不絕。

其白山部，素附於高麗，因收平壤之後，部衆多入中國。汨咄、安居骨、號室等部〔二〇〕，亦因高麗破後奔散微弱，後無聞焉，縱有遺人，並為渤海編戶。唯黑水部全盛，分為十六部，部又以南北為稱〔二一〕。開元十三年，安東都護薛泰請於黑水靺鞨內置黑水軍。續更以最大部落為黑水府，仍以其首領為都督，諸部刺史隸屬焉。中國置長史，就其部落監領之。十六年，其都督賜姓李氏，名獻誠，授雲麾將軍兼黑水經略使，仍以幽州都督為其押使，自此朝貢不絕。

渤海靺鞨大祚榮者，本高麗別種也。高麗既滅，祚榮率家屬徙居營州。萬歲通天年，契丹李盡忠反叛，祚榮與靺鞨乞四比羽各領亡命東奔，保阻以自固。盡忠既死，則天命右玉鈐衞大將軍李楷固率兵討其餘黨，先破斬乞四比羽，又度天門嶺以迫祚榮。祚榮合高麗、靺鞨之衆以拒楷固，王師大敗，楷固脫身而還。屬契丹及奚盡降突厥，道路阻絕，則天不能討，祚榮遂率其衆東保桂婁之故地〔二二〕，據東牟山，築城以居之。

祚榮驍勇善用兵，靺鞨之衆及高麗餘燼，稍稍歸之。聖曆中，自立為振國王，遣使通于突厥。其地在營州之東二千里，南與新羅相接。越憙靺鞨東北至黑水靺鞨〔二三〕，地方二千里，編戶十餘萬，勝兵數萬人。風俗與高麗及契丹同，頗有文字及書記。中宗即位，遣侍御史張行岌往招慰之。祚榮遣子入侍，將加册立，會契丹與突厥連歲寇邊，使命不達。睿宗先天二年，遣郎將崔訢往册拜祚榮為左驍衞員外大將軍、渤海郡王，仍以其所統為忽汗州，加授忽汗州都督，自是每歲遣使朝貢。

開元七年，祚榮死，玄宗遣使弔祭，乃册立其嫡子桂婁郡王大武藝襲父為左驍衞大將軍、渤海郡王、忽汗州都督。

十四年，黑水靺鞨遣使來朝，詔以其地爲黑水州，仍置長史，遣使鎭押。武藝謂其屬曰：「黑水途經我境，始與唐家相通。舊請突厥吐屯，皆先告我同去。今不計會，卽請漢官，必是與唐家通謀，腹背攻我也。」遣母弟大門藝及其舅任雅發兵以擊黑水。門藝曾充質子至京師，開元初還國，至是謂武藝曰：「黑水請唐家官吏，卽欲擊之，是背唐也。唐國人衆兵強，萬倍於我，一朝結怨，但自取滅亡。昔高麗全盛之時，強兵三十餘萬，抗敵唐家，不事賓伏，唐兵一臨，掃地俱盡。今日渤海之衆，數倍少於高麗，乃欲違背唐家，事必不可。」武藝不從。門藝兵至境，又上書固諫。武藝怒，遣從兄大壹夏代門藝統兵，徵門藝，欲殺之。門藝遂棄其衆，間道來奔，詔授左驍衞將軍。武藝尋遣使朝貢，仍上表極言門藝罪狀，請殺之。上密遣門藝往安西，仍報武藝云：「門藝遠來歸投，義不可殺。今流向嶺南，已遣去訖。」乃留其使馬文軌、葱勿雅，別遣使報之。俄有洩其事者，武藝又上書云：「大國示人以信，豈有欺誑之理！今聞門藝不向嶺南，伏請依前殺却。」由是鴻臚少卿李道邃、源復以不能督察官屬，致有漏洩，左遷道邃爲曹州刺史，復爲澤州刺史。遣門藝暫向嶺南以報之。

二十年，武藝遣其將張文休率海賊攻登州刺史韋俊。詔遣門藝往幽州徵兵以討之，仍令太僕員外卿金思蘭往新羅發兵以攻其南境。屬山阻寒凍，雪深丈餘，兵士死者過半，竟無功而還。武藝懷怨不已，密遣使至東都，假刺客刺門藝於天津橋南，門藝格之，不死。詔

河南府捕獲其賊，盡殺之。

二十五年，武藝病卒，其子欽茂嗣立。詔遣內侍段守簡往册欽茂爲渤海郡王，仍嗣其父爲左驍衞大將軍、忽汗州都督。欽茂承詔赦其境內，遣使隨守簡入朝貢獻。大曆二年至十年，或頻遣使來朝，或間歲而至，或歲內二三至者。十二年正月，遣使獻日本國舞女一十一人及方物。四月、十二月，使復來。建中三年五月、貞元七年正月，皆遣使來朝，授其使大常靖爲衞尉卿同正，令還蕃。八月，其王子大貞翰來朝，請備宿衞。十年正月，以來朝王子大清允爲右衞將軍同正，其下三十餘人，拜官有差。

十一年二月，遣內常侍殷志贍册大嵩璘爲渤海郡王。十四年，加銀青光祿大夫、檢校司空，進封渤海國王〔三〕。嵩璘父欽茂，開元中，襲父位爲郡王左金吾大將軍，天寶中，累加特進、太子詹事、賓客，寶應元年，進封國王，大曆中，累加拜司空、太尉；及嵩璘襲位，但授其郡王、將軍而已，嵩璘遣使敍理，故再加册命。十一月，以王姪大能信爲左驍衞中郎將、虞候、婁蕃長，都督茹富仇爲右武衞將軍，放還。

二十一年，遣使來朝。順宗加嵩璘金紫光祿大夫、檢校司空。元和元年十月，加檢校太尉。十二月，遣使朝貢。四年，以嵩璘男元瑜爲銀青光祿大夫、檢校祕書監、忽汗州都督，依前渤海國王。五年，遣使朝貢者二。七年，亦遣使來朝。八年正月，授元瑜弟權知國務言義銀青光祿大夫、檢校祕書監、都督、渤海國王，遣內侍李重旻使焉。

十三年，遣使來朝，且告哀。五月，以知國務大仁秀爲銀青光祿大夫、檢校祕書監、都督、渤海國王。十五年閏正月，遣使來朝，加大仁秀金紫光祿大夫、檢校司空。十二月，復遣使來朝貢。長慶二年正月，又遣使來。四年二月，大叡等五人來朝，請備宿衞。寶曆中，比歲修貢。大和元年、四年，皆遣使來朝。

五年，大仁秀卒，以權知國務大彝震爲銀青光祿大夫、檢校祕書監、都督、渤海國王。六年，遣王子大明俊等來朝。七年正月，遣同中書右平章事高寶英來謝册命，仍遣學生三人，隨寶英請赴上都學問。先遣學生三人，事業稍成，請歸本國，許之。二月，王子大先晟等六人來朝。開成後，亦修職貢不絕。

霫，匈奴之別種也，居于潢水北，亦鮮卑之故地，其國在京師東北五千里。東接靺鞨，西至突厥，南至契丹，北與烏羅渾接。地周二千里，四面有山，環繞其境。人多善射獵，好以赤皮爲衣緣，婦人貴銅釧，衣襟上下懸小銅鈴，風俗略與契丹同。有都倫紇斤部落四萬戶，勝兵萬餘人。貞觀三年，其君長遣使貢方物。

烏羅渾國，蓋後魏之烏洛侯也，今亦謂之烏羅護，其國在京師東北六千三百里。東與靺鞨，西與突厥，南與契丹，北與烏丸接。風俗與靺鞨同。貞觀六年，其君長遣使獻貂皮焉。

史臣曰：北狄密邇中華，侵邊蓋有之矣；東夷隔礙瀛海，作梗罕常聞之。非惟勢使之然，抑亦稟於天性。太平之人仁，空峒之人武，信矣。隋煬帝縱欲無厭，興兵遼左，急斂暴欲，由是而起。亂臣賊子，得以爲資，不戢自焚，遂亡其國。我太宗文皇帝親馭戎輅，東征高麗，雖有成功，所損亦甚。及凱還之日，顧謂左右曰：「使朕有魏徵在，必無此行矣。」則是悔於出師也可知矣。何者？夷狄之國，猶石田也，得之無益，失之何傷，必務求虛名，以勞有用。但當修文德以來之，被聲教以服之，擇信臣以撫之，謹邊備以防之，使重譯來庭，航海入貢，茲庶得其道也。

贊曰：東夷之人，北狄之俗。爰考周官，是稱蠻服。未得無傷，已得何足。宜務懷柔，謂之覊束。

校勘記

〔一〕俱倫水 「水」字各本原作「山」，據通典卷一九九、寰宇記卷一九八改。

〔二〕大罪者斬之小罪者鞭之 「斬之小罪者」五字各本原無，據通鑑卷一九三補。唐會要卷九六作「大罪斬之，小罪鞭之」。

〔三〕泥熟俟斤 各本原作「泥敦策斤」，據冊府卷九七八、通鑑卷一九六改。

〔四〕十九年 各本原作「十七年」，據本書卷三太宗紀及卷一九九高麗傳、通鑑卷一九八改。

〔五〕金微 「微」字各本原作「徽」，據本書卷一九四上突厥傳、寰宇記卷一九六、新書卷四三下地理志、冊府卷一二二改。

〔六〕胡祿俟利發 「胡」字各本原作「月」，據唐大詔令集卷七九、冊府卷一二二改。

〔七〕獨能宣力 「宣力」二字各本原無，據唐大詔令集卷七九、冊府卷一二二補。

〔八〕二十一年 各本原作「二十二年」，據通典卷一九八改。突厥集史：「二十二爲二十一訛。下文云是歲大酺，元龜八〇固在二十一年正月甲寅也。」

〔九〕潢水 各本原作「黃水」，據唐會要卷九六、新書卷二一九契丹傳改。

〔一〇〕在陣陷沒 「在」字各本原作「左」，據冊府卷九八六改。

〔一一〕可突于 通鑑卷二一二、合鈔卷二五九下北狄傳作「可突干」。

〔一二〕李大輔 唐會要卷九六、通鑑卷二一一皆作「李大酺」。

〔一三〕鬱于 唐會要卷九六作「鬱於」，通鑑卷二一二作「鬱干」。

〔一四〕吐于 通鑑卷二一二作「吐干」。

〔一五〕管記王悔等 「記」字各本原作「紀」，據本書卷一〇三張守珪傳改。

〔一六〕契丹新立王屈戌 「王」字各本原作「五」，據唐會要卷九六改。

〔一七〕孫俊 新書卷二一九北狄傳、通鑑卷二一〇作「孫佺」。

〔一八〕姜師度 「姜」字各本原作「羊」，據通鑑卷二一一改。

〔一九〕大都督 「都」字各本原作「勝」，據唐會要卷九六、冊府卷九七二改。

〔二〇〕安居骨號室等部 「號」字各本原無，據通典卷一八六、寰宇記卷一九五補。

〔二一〕部又以南北爲稱 「稱」字各本原作「栅」，據唐會要卷九六、合鈔卷二五九下北狄傳改。

〔二二〕桂婁 新書卷二一九北狄傳作「挹婁」。

〔二三〕南與新羅相接越憙靺鞨東北至黑水靺鞨 冊府卷九五九作「南與新羅相接，西接越憙靺鞨，東北至黑水靺鞨。」

〔二四〕進封渤海國王 各本原作「進封渤海郡王」，據下文及冊府卷九六五改。

舊唐書卷二百上

列傳第一百五十上

安祿山 子慶緒 高尚 孫孝哲 史思明 子朝義

安祿山，營州柳城雜種胡人也。本無姓氏，名軋犖山。母阿史德氏，亦突厥巫師，以卜爲業。突厥呼鬬戰爲軋犖山，遂以名之。少孤，隨母在突厥中，將軍安波至兄延偃妻其母。開元初，與將軍安道買男俱逃出突厥中。道買次男貞節爲嵐州別駕，收獲之。年十餘歲，以與其兄及延偃相攜而出，感愧之，約與思順等并爲兄弟，冒姓爲安。及長，解六蕃語，爲互市牙郎。二十年，張守珪爲幽州節度，祿山盜羊事覺，守珪剝坐，欲棒殺之，大呼曰：「大夫不欲滅兩蕃耶？何爲打殺祿山！」守珪見其肥白，壯其言而釋之。令與鄉人史思明同捉生，行必剋獲，拔爲偏將。常嫌其肥，以守珪威風素高，畏懼不敢飽食。以驍勇聞，遂養爲子。

二十八年，爲平盧兵馬使。性巧黠，人多譽之。授營州都督、平盧軍使。厚賂往來者，乞爲好言，玄宗益信嚮之。天寶元年，以平盧爲節度，以祿山攝中丞爲使。入朝奏事，玄宗益寵之。三載，代裴寬爲范陽節度，河北採訪、平盧軍等使如故。採訪使張利貞常受其路；數載之後，黜陟使席建侯又言其公直無私；裴寬受代，及李林甫順旨，並言其美。數公皆信臣，玄宗意益堅不搖矣。後請爲貴妃養兒，入對皆先拜太眞，玄宗怪而問之，對曰：「臣是蕃人，蕃人先母而後父。」玄宗大悅，遂命楊銛已下並約爲兄弟姊妹。六載，加大夫。常令劉駱谷奏事。與王鉷俱爲大夫。李林甫爲相，朝臣莫敢抗禮，祿山承恩深，入謁不甚磬折。林甫命王鉷，鉷趨拜謹甚，祿山悚息，腰漸曲。每與語，皆揣知其情而先言之，祿山以爲神明，每見林甫，雖盛多亦汗洽。林甫接以温言，中書廳引坐，以己披袍覆之，祿山欣荷，無所隱，呼爲十郎。駱谷奏事，先問「十郎何言？」有好言則喜躍，若但言「大夫須好檢校」，則反手據牀曰：「阿與，我死也！」李龜年嘗敩其說，玄宗以爲笑樂。

晚年益肥壯，腹垂過膝，重三百三十斤，每行以肩膊左右擡挽其身，方能移步。至玄宗前，作胡旋舞，疾如風焉。爲置第宇，窮極壯麗，以金銀爲篣筐笊籬等。上御勤政樓，於御坐東爲設一大金雞障，前置一榻坐之，卷去其簾。十載入朝，又求爲河東節度，因拜之。男十一人：長子慶宗，太僕卿；少子慶緒，鴻臚卿。慶宗又尚郡主。

祿山陰有逆謀，於范陽北築雄武城，外示禦寇，內貯兵器，積穀爲保守之計，戰馬萬五千匹，牛羊稱是。兼三道節度，進奏無不允。引張通儒、李庭堅、平冽、李史魚、獨孤問俗在幕下，高尚掌書記，劉駱谷留居西京爲耳目，安守忠、李歸仁、蔡希德、牛庭玠、向潤客、崔乾祐、尹子奇、何千年、武令珣、能元皓、田承嗣、田乾眞，皆拔於行間。每月進奉生口駝馬鷹犬不絕，人無聊矣。既肥大不任戰，前後十餘度欺誘契丹，宴設酒中著莨菪子，預掘一坑，待其昏醉，斬首埋之，皆不覺死，每度數十人。十一載八月，祿山併率河東等軍五六萬，號十五萬，以討契丹。去平盧千餘里，至土護眞河，即北黃河也。又倍程三百里，奄至契丹牙帳。屬久雨，弓箭皆漲濕，將士困極，奚又夾攻之，殺傷略盡。祿山被射，折其玉簪，以麾下奚小兒二十餘人走上山，墜坑中，其男慶緒等扶持之。會夜，解走，投平盧城。

楊國忠屢奏祿山必反。十二載，玄宗使中官輔璆琳覘之，得其賄賂，盛言其忠。國忠又云「召必不至」，洎召之而至。十三載正月，謁於華清宮，因涕泣言：「臣蕃人，不識字，陛下擢臣不次，被楊國忠欲得殺臣。」玄宗益親厚之，遂以爲左僕射，却迴。其月，又請爲閑廄、隴右羣牧等都使，奏吉溫爲武部侍郎、兼中丞，爲其副，又請知總監事。既爲閑廄、羣牧等使，上筋脚馬，皆陰選擇之，奪得樓煩監牧及奪張文儼馬牧。三月一日，歸范陽，疾行出

關，日行三四百里，至范陽。人言反者，玄宗必大怒，縛送與之。十四載，玄宗又召之，託疾不至。賜其子婚，令就觀禮，又辭。

十一月，反于范陽，矯稱奉恩命以兵討逆賊楊國忠。以諸蕃馬步十五萬，夜半行，平明食，日六十里。以高尚、嚴莊爲謀主，孫孝哲、高邈、何千年爲腹心。天下承平日久，人不知戰，聞其兵起，朝廷震驚。禁衞皆市井商販之人，乃開左藏庫出錦帛召募。因以高仙芝、封常清等相次爲大將以擊之。祿山令嚴肅，得士死力，無不一當百，遇之必敗。十二月，度河至陳留郡，河南節度張介然城陷死之，傳首河北。陳留郭門祿山男慶緒見誅慶宗榜，泣告祿山，祿山在輿中驚哭曰：「吾子何罪而殺之！」狂而怒，官軍之降者夾道，命交相斫焉，死者六七千人，遂入陳留郡。太守郭納初拒戰，至是出降。至滎陽，太守崔無詖拒戰，城陷死之。次于泥水罌子谷，將軍荔非守瑜蹲而射之，殺數百人，矢及祿山輿，祿山不敢過，乃取谷南而過。守瑜箭盡，投河而死。東京留守李憕、中丞盧奕、採訪使判官蔣清燒絕河陽橋。祿山怒，率軍大至。封常清自苑西隤牆使伐樹塞路而奔。祿山入東京，殺李憕、盧奕、蔣清，召河南尹達奚珣，使之蒞事。初，常清欲殺珣，恐應賊，憕、奕諫止之。常清既敗，唯與數騎走至陝郡，高仙芝率兵守陝城，皆棄甲西走潼關，懼賊追躡，相蹂藉而死者塞路。陝郡太守竇庭芝走投河東。賊使崔乾祐守陝郡。臨汝太守韋斌降于賊。

十五年正月，賊竊號燕國，立年聖武，達奚珣已下署爲丞相。五月，南陽節度魯炅率荊、襄、黔中、嶺南子弟十萬餘，與賊將武令珣戰于葉縣城北滍河，王師盡沒。六月，李光弼、郭子儀出土門路，大破賊衆於常山郡東嘉山，河北諸郡歸降者十餘，祿山窘急，圖欲却投范陽。會哥舒翰自潼關領馬步八萬，與賊將崔乾祐戰于靈寶西，爲賊覆敗，翰西奔潼關，爲其帳下執送于賊。關門不守，玄宗幸蜀，太子收兵靈武。賊乃遣張通儒爲西京留守，田乾眞爲京兆尹，安守忠屯兵苑中。十一月，遣阿史那承慶攻陷潁川，屠之。

祿山以體肥，長帶瘡。及造逆後而眼漸昏，至是不見物。又著疽疾。俄及至德二年正月朔受朝，瘡甚而中罷。以疾加躁急，動用斧鉞，嚴莊亦被捶撻，莊乃日夜謀之。立慶緒於戶外，莊持刀領豎李豬兒同入祿山帳內，豬兒以大刀斫其腹。祿山眼無所見，牀頭常有一刀，及覺難作，捫牀頭不得，但撼幄帳大呼曰：「是我家賊！」腹腸已數斗流在牀上，言訖氣絕。因掘牀下深數尺爲坑，以氈罽包其屍埋之。又無哭泣之儀。莊即宣言於外，言祿山傳位於晉王慶緒，尊祿山爲太上皇。慶緒縱樂飲酒無度，呼莊爲兄，事之大小必咨之。

初，豬兒出契丹部落，十數歲事祿山，甚黠慧。祿山持刃盡去其勢，血流數升，欲死，祿山以灰火傅之，盡日而蘇，因爲閹人。祿山頗寵之，最見信用。祿山肚大，每著衣帶，三四人助之，兩人擡起肚，豬兒以頭戴之，始取裙褲帶及繫腰帶。玄宗寵祿山，賜華清宮湯浴，

皆許豬兒等入助解著衣服。然終見刳者，豬兒也。

慶緒，祿山第二子也。母康氏，祿山糟糠之妻。慶緒善騎射，祿山偏愛之。未二十，拜鴻臚卿，兼廣陽太守。初名仁執，玄宗賜名慶緒，爲祿山都知兵馬使。嚴莊、高尚立爲僞主。慶緒素懦弱，言詞無序，莊恐衆不伏，不令見人。莊爲僞御史大夫、馮翊郡王，以專其政。厚其軍將官秩，以固其心。

二月，肅宗南幸鳳翔郡，始知祿山死，使僕固懷恩使于迴紇，結婚請兵討逆。其月，郭子儀拔河東郡，崔乾祐南遁。八月，迴紇三千騎至。九月，廣平王領蕃漢之衆收西京，走安守忠，賊之死者積如山阜。十月，賊將尹子奇攻陷睢陽郡，殺張巡、姚闇等。王師乘勝至陝郡，賊懼，令嚴莊傾其驍勇而來拒。廣平王遣副元帥郭子儀等與賊戰于陝西曲沃，大破之於新店，逐北二十里，斬首十餘萬，伏屍三十里。嚴莊奔至東京，告慶緒，慶緒率其餘衆奔河北，保鄴郡。嚴莊至河內，南來歸順。賊將阿史那承慶等麾下三萬餘人，悉奔恆、趙、范陽。從慶緒者，唯疲卒一千三百而已。僞中書令張通儒秉政，改相州爲成安府，署置百官。旬日之內，賊將各以衆至者六萬餘，兇威復振。僞青、齊節度能元皓獨率衆歸順。明年，改乾元元年，僞德州刺史王暕、貝州刺史宇文寬等皆歸順，河北諸軍各以城守累月，賊使蔡希

德、安太清急擊，復陷於賊，虜之以歸，臠食其肉。其下潛謀歸順者衆矣，賊皆易置之，以縱屠戮，人心始離。又不親政事，繕治亭沼樓船，爲長夜之飲。高尚等各不相叶。蔡希德兵最銳，性剛直，張通儒譖而縊殺之，三軍冤痛不爲用。以崔乾祐爲天下兵馬使，權領中外兵。乾祐性愎戾，士卒不附。

九月，肅宗遣郭子儀等九節度率步騎二十萬攻之，以魚朝恩爲軍容使。初，子儀之列陣也，使善射者三千人伏於壘垣內。明日接戰，子儀麾其屬僞奔，慶緒逐之，伏者齊發，賊黨大潰。使薛嵩求救於史思明，言禪讓之禮。思明先遣李歸仁以步卒一萬、馬軍三千，先往滏陽以應。及至滏陽，子儀之圍已固，築城穿壕各三重，樓櫓之盛，古所未有。又引水以灌城下，城中水泉大上，井皆滿溢。以安太清代乾祐爲都知兵馬使。思明南攻魏州，節度使崔光遠南走，思明據其城數日，卽乾元二年正月一日也。思明僞稱燕王，立年號。慶緒自十月被圍至二月，城中人相食，米斗錢七萬餘，鼠一頭直數千，馬食隤牆麥䴬及馬糞濯而飼之。思明引衆來救。三月六日，子儀等戰敗，遂解圍而南，斷河陽橋以守轂水。思明領其衆營於鄴縣南。慶緒使收子儀等營中糧，尙六七萬石，復與孫孝哲、乾祐謀閉門自守，議更拒思明。諸將曰：「今日安可更背史王乎！」張通儒、高尚、平冽謂慶緒曰：「史王遠來，臣等皆合迎謝。」對曰：「任公暫往見思明。」思明與之涕泗，厚其禮，復命歸城。經三日，慶緒

不至。思明密召安太清令誘之。慶緒不獲已，以三百騎詣思明。思明引入，令三軍擐甲執兵待之。及諸弟領至于庭，再拜稽首曰：「臣不克負荷，棄失兩都，久陷重圍，不意大王以太上皇故，將兵遠救。」思明曰：「棄失兩都，用兵不利，亦何事也。爾爲人子，殺汝父以求位，庸非大逆乎？吾爲太上皇討賊。」卽牽出，幷其四弟及高尚、孫孝哲、崔乾祐，皆縊殺之。祿山父子僭逆三年而滅。初王師之圍相州也，意朝夕屠陷，唯術士桑道茂曰：「三月六日，西師必散，此城無憂。」卒如其言。

高尚，幽州雍奴人也，本名不危。母老，乞食於人，尙周遊不歸侍養。寓居河朔縣界，與令狐潮鄰里，通其婢，生一女，遂收之。尙頗篤學，贍文詞。嘗嘆息謂汝南周銑曰：「高不危寧當舉事而死，終不能咬草根以求活耳！」縣尉有姓高者，以其宗盟，引置門下，遂以尙入籍爲兄弟。李齊物爲懷州刺史，舉高尙不仕，送京師，幷助錢三萬。齊物寓書於中官將軍吳懷實以託之。懷實引見高力士，置賓館中，令與男丞相錫爲學，無問家事，一以委之。無何，令妻父呂令皓特表薦之。

天寶元年，拜左領軍倉曹參軍同正員。六載，安祿山奏爲平盧掌書記，出入祿山臥內。

祿山肥多睡，尙執筆在旁或通宵焉，由是寖親厚之。遂與祿山解圖讖，勸其反。天寶十一年，祿山表爲屯田員外郎。及隨祿山寇陷東京，僞授中書侍郎。僞赦書制敕多出其手。始，尙與嚴莊、孫孝哲計畫，自祿山以爲事必成。及顏杲卿殺李欽湊於土門，揚聲言榮王琬、哥舒翰二十萬衆徇河北，十七郡皆歸順。顏眞卿破袁知泰三萬衆於堂邑〔一〕，賀蘭進明再拔信都，李光弼、郭子儀繼收常山、趙郡，河北路絕者再。河南諸郡皆有防禦，潼關有哥舒翰之師。祿山大懼，怒尙等曰：「汝元向我道萬全，必無所畏。今四邊若此，韻鄭、汴數州尙存，向西至關，一步不通，河北並已無矣，萬全何在？更不須見我。」尙等遂數日不得見祿山，憂悶不知所爲。

會田乾眞自潼關至，曉諭祿山曰：「自古帝王，皆有勝敗，然後成大事，豈有一舉而得之者乎！今四邊兵馬雖多，皆非精銳，豈我之比。縱事不成，收取數萬衆，橫行天下，爲一盜跖，亦十年五歲矣，豈有人能制我耶！尙、莊等皆佐命元勳，何得隔絕不與相見，令其憂懼。只此數人，豈不能爲患乎？外間聞之，必心搖動。」祿山喜曰：「阿浩，非汝誰能開豁我心裏事，今無憂矣。爲之奈何？」乾眞曰：「不如喚取慰勞之。」遂召尙等飲宴作樂，祿山自唱歌以送酒，待之如初。阿浩，乾眞小字也。及慶緒至相州，僞授侍中。

孫孝哲，契丹人也。母爲祿山所通，因得狎近。及祿山僭逆，僞授殿中監、閑廐使，封王。孝哲尤用事，亞於嚴莊。委馬華侈，頗事豪貴，每食皆備珍饌。性殘忍，果於殺戮，聞者畏之。祿山使孝哲與張通儒同守西京，妃王宗枝皆罹其酷。與嚴莊爭權不睦，及祿山死，奪其使，以鄧季陽代之。慶緒之奔，莊懼爲所圖，因而來奔。

史思明，本名窣干，營州寧夷州突厥雜種胡人也。姿瘦，少鬚髮，鳶肩傴背，廞目側鼻。性急躁。與安祿山同鄉里，先祿山一日生，思明除日生，祿山歲日生。及長，相善，俱以驍勇聞。初事特進烏知義，每令騎覘賊，必生擒以歸。又解六蕃語，與祿山同爲互市郎。張守珪爲幽州節度，奏爲折衝。天寶初，頻立戰功，至將軍，知平盧軍事。嘗入奏，玄宗賜坐，與語，甚奇之。問其年，曰「四十矣」。玄宗撫其背曰：「卿貴在後，勉之。」遷大將軍、北平太守。十一載，祿山奏授平盧節度都知兵馬使。

十四載，安祿山反，命思明討饒陽等諸郡，陷之。十五載正月六日，思明與蔡希德圍顏杲卿於常山，九日拔之。又圍饒陽，二十九日不能拔。李光弼出土門，拔常山郡，思明解

圍而拒光弼。光弼列兵於城南，相持累月。光弼芻盡，使精卒以車數乘於旁縣取草，輒被擊之，其後率十四唯共得兩束草，至剉蒿薦以飼之。初，祿山以賈循爲范陽留後，謀歸順，爲副留守向潤客所殺，以思明代之。又以征戰在外，令向潤客代其任。四月，朔方節度郭子儀以朔方蕃、漢二萬人自土門而至常山，軍威遂振，南拔趙郡，思明退保博陵。五月十日，子儀、光弼擊之，敗思明於沙河上。又攻之，思明以騎卒奔嘉山，光弼擊之，思明大敗，走入博陵郡。光弼圍之，城幾拔。屬潼關失守，肅宗理兵于朔方，使中官邢廷恩追朔方、河東兵馬。光弼入土門，思明隨後徼擊之，已而迴軍併行擊劉正臣，正臣易之，初不設備，遂棄軍保北平，正臣妻子及軍貲二千乘盡沒。

思明將卒頗精銳，皆平盧戰士，南拔常山、趙郡。又攻河間，爲尹子奇所圍，已四十餘日。顏真卿使和琳以一萬二千人、馬百匹以救之，至河間二十餘里，北風勁烈，鼓鼙不相聞，賊縱擊之，擒和琳以至城下。思明既至，合勢，賊軍益盛。李奐爲賊所擒，送東京。又攻景城，擒李暐，暐投河而死。遂使康沒野波攻平原，顏真卿覺之，兵馬既盡，渡河而南。攻清河，糧盡城陷，擒太守王懷忠以獻祿山。將軍莊嗣賢圍烏承恩於信都，承恩母、妻先爲安祿山所獲，思明獲其男從則，使諭承恩，承恩遂降，思明與之把臂飲酒。饒陽陷，李系投火死。河北悉陷。尹子奇以五萬衆渡河至青州，欲便向江、淮。會迴紇二千騎奄至范陽，范

陽閉門二日，然後向太原，子奇行千里以救之。二年正月〔二〕，思明以蔡希德合范陽、上黨兵馬十萬，圍李光弼於太原。光弼使爲地道，至賊陣前。驍賊方戲弄城中人，地道中人出擒之，敵以爲神，呼爲「地藏菩薩」。思明留十月，會安祿山死，慶緒令歸范陽，希德留百餘日，皆不能拔而歸。自祿山陷兩京，常以駱駝運兩京御府珍寶於范陽，不知紀極。由是恣其逆謀，思明轉驕，不用慶緒之命。安慶緒爲王師所敗，投鄴郡。其下蕃、漢兵三萬人，初不知所從，思明擊殺三千人，然後降之。

慶緒使阿史那承慶、安守忠徵兵於思明，且欲圖之。判官耿仁智，忠謀之士，謂思明曰：「大夫崇重，人不敢言，仁智請一言而死。」思明曰：「試言之。」對曰：「大夫久事祿山，祿山兵權若此，誰敢不服。如大夫比者，逼於兇威耳，固亦無罪。今聞孝感皇帝聰明勇智，有少康、周宣之略。大夫發使輸誠，必開懷見納，此轉禍爲福之上策也。」思明曰：「善。」承慶等以五千騎至范陽，思明悉衆介冑以逆之，衆且數萬，去之一里，使謂之曰：「相公及王遠至，將士等不勝喜躍。此皆邊兵怯懦，頗懼相公之來〔三〕，莫敢進也。請弛弓以安之。」從之。思明遂以承慶、守忠入內廳，飲樂之。別令諸將於其所分收其甲仗。其諸郡兵皆給糧，恣歸之，欲留者分隸諸營。遂拘承慶，斬守忠、李立節之首。李光弼使衙官敬俛招之，遂令衙官竇子昂奉表，以所管兵衆八萬人及以僞河東節度高秀巖來降。肅宗大悅，封歸義

王、范陽長史、御史大夫、河北節度使，朝義已下并爲列卿，秀巖雲中太守，以其男如岳等七人爲大官。使內侍李思敬、將軍烏承恩宣慰使，令討殘賊。

明年，改乾元元年。四月，肅宗使烏承恩爲副使，候伺其過而殺之。初，承恩父知義爲節度，思明常事知義，亦有開獎之恩。以此李光弼冀其無疑，因謀殺之。承恩至范陽，數漏其情，夜取婦人衣衣之〔四〕，詣諸將家，以翻動之意諭之。諸將以白思明，甚懼，無以爲驗。有頃，承恩與思敬從上京來，宣恩命畢，將歸私第。思明留承恩且於館中，明當有所議。已令幃其所寢之牀，伏二人于其下。承恩有小男，先留范陽，思明令省其父。夜後，私於其子曰：「吾受命除此逆，明便授吾節度矣。」牀下二人叫呼而出，以告思明。思明令執之，搜其衣囊，得朝廷所與阿史那承慶鐵券及光弼與承恩之牒，云：「承慶事了，卽付鐵券；不了，不可付之。」又得簿書數百紙，皆載先所從反軍將名。思明語之曰：「我何負於汝而至是耶？」承恩稱：「死罪，此太尉光弼之謀也。」思明集軍將官吏百姓，西向大哭曰：「臣以十三州之地、十萬衆之兵降國家，赤心不負陛下，何至殺臣！」因搒殺承恩父子，囚李思敬，遣使表其事。朝廷又令中使慰諭云：「國家與光弼無此事，乃承恩所爲，殺之善也。」

又有使從京至，執三司議罪人狀。思明曰：「陳希烈已下，皆重臣，上皇棄之幸蜀，既收復天下，此輩當慰勞之。今尚見殺，況我本從祿山反乎！」諸將皆云：「烏承恩之前事，情狀

可知，光弼尙在，憂不細也。大夫何不取諸將狀以誅光弼，以謝河北百姓。主上若不惜光弼，爲大夫誅之，大夫乃安；不然，爲患未已。」思明曰：「公等言是。」乃令耿仁智、張不矜修表，「請誅光弼以謝河北。若不從臣請，臣則自領兵往太原誅光弼」。不矜初以表示思明，及封入函，耿仁智盡削去之。寫表者密告思明，思明大怒，執二人於庭曰：「汝等何得負我！」命斬之。仁智事思明頗久，意欲活之，却令召入，謂之曰：「我任使汝向三十年，今日之事，我不負汝。」仁智大呼曰：「人生固有一死，須存忠節。今大夫納邪說，爲反逆之計，縱延旬月，不如早死，請速加斧鉞。」思明大怒，亂捶殺之，腦流于地。

十月，郭子儀領九節度圍相州，安慶緒偷道求救於思明，思明懼軍威之盛，不敢進。十二月，蕭華以魏州歸順，詔遣崔光遠替之。思明擊而拔其城，光遠脫身南渡。思明於魏州殺三萬人，平地流血數日，卽乾元二年正月一日也。思明於魏州北設壇，僭稱爲大聖燕王，以周贄爲行軍司馬。三月，引衆救相州，官軍敗而引退。思明召慶緒等殺之，併有其衆。四月，僭稱大號，以周贄爲相，以范陽爲燕京。九月，寇汴州，節度使許叔冀合於思明，思明益振。又陷洛陽，與太尉光弼相拒。思明恣行兇暴，下無聊矣。

上元二年，潛遣人反說官軍曰：「洛中將士，皆幽、朔人，咸思歸。」魚朝恩以爲然，告光弼及諸節度僕固懷恩、衛伯玉等：「可速出兵以討殘賊。」光弼等然之，乃出師兩道齊進。

大榆林，賊委物僞遁，將士等不復設備，皆入城虜掠。賊伏兵在北邙山下，因大下，士卒咸棄甲奔散。魚朝恩、衛伯玉退保陝州，光弼、懷恩棄河陽城，退居聞喜。步兵散死者數千人，軍資器械盡爲賊所有，河陽、懷州盡陷於賊。

思明至陝州，爲官軍所拒於姜子坂，戰不利，退歸永寧。築三角城，約一日內畢〔五〕，以貯軍糧。朝義築城畢，未泥，思明至，詬之。對曰：「緣兵士疲乏，暫歇耳。」又怒曰：「汝惜部下兵，違我處分。」令隨身數十人立馬看泥，斯須而畢。又曰：「待收陝州，斬却此賊。」朝義大懼。思明居驛，朝義在店中，思明令腹心曹將軍總中軍兵嚴衞，朝義將駱悅并許叔冀男季常等言：「主上欲害王，悅與王死無日矣。」因言「廢興之事，古來有之，欲喚取曹將軍舉大事，可乎？」朝義迴面不應。悅曰：「若不應，悅等卽歸李家，王亦不全矣。」朝義然之，令許季常命曹將軍至。悅等告之，不敢拒。其夜，思明夢而驚悟，據牀惆悵。每好伶人，寢食置左右，以其殘忍，皆恨之。及此，問其故，曰：「吾向夢見水中沙上羣鹿渡水而至，鹿死水乾。」言畢如廁。伶人相謂曰：「鹿者，祿也；水者，命也。胡祿命俱盡矣。」駱悅入，問思明所在，未及對，殺數人，因指在廁。思明覺變，踰牆出，至馬槽，鞴馬騎之。悅等至，令傔人周子俊射，中其臂，落馬，曰：「是何事？」悅等告以懷王。思明曰：「我朝來語錯，今有此事。然汝殺我太疾，何不待我收長安？終事不成矣。」因急呼懷王者三，曰：「莫殺我！」却罵曹

將軍曰：「這胡誤我，這胡誤我！」悅遂令心腹擒思明赴柳泉驛，曰：「事已成矣。」朝義曰：「莫驚聖人否？莫損聖人否？」悅曰：「無有。」時周贄、許叔冀統後軍在福昌，朝義令許季常往告之。贄聞，驚欲仰倒。朝義領兵迴，贄等來迎，因殺贄。思明至柳泉驛，縊殺之。朝義便僭僞位。

朝義，思明孽子也。寬厚，人附之。使人往范陽，殺僞太子朝英等。僞留守張通儒覺之，戰於城中，數日，死者數千人，始斬之。時洛陽四面數百里，人相食，州縣爲墟。諸節度使皆祿山舊將，與思明等夷，朝義徵召不至。寶應元年十月，遣元帥雍王領河東朔方諸節度、迴紇兵馬赴陝。僕固懷恩與迴紇左殺爲先鋒，魚朝恩、郭英乂爲後殿，自澠池入；李抱玉自河陽入；副元帥李光弼自陳留入；雍王留陝州。二十九日，與朝義戰于邙山之下，逆賊敗績，走渡河，斬首萬六千，生擒四千六百，降三萬二千人，器械不可勝數。朝義走投汴州，汴州僞將張獻誠拒之，乃渡河北投幽州。二年正月，賊僞范陽節度李懷仙於莫州生擒之，送款來降，梟首至闕下。又以僞官以城降者恆州刺史、成德軍節度張忠志爲禮部尚書，餘如故；趙州刺史盧淑、定州程元勝、徐州劉如伶、相州節度薛嵩、幽州李懷仙、鄭州田承嗣並加封爵，領舊職。

思明乾元二年僭號，至朝義寶應元年滅，凡四年。

校勘記

〔一〕袁知泰　「泰」字各本原作「奉」，據本書卷一二八顏眞卿傳、新書卷一五三顏眞卿傳、通鑑卷二一七改。

〔二〕二年正月　御覽卷一一二「二年」上有「至德」二字。

〔三〕頗懼相公之來　「來」字御覽卷一一二、通鑑卷二二〇作「来」。

〔四〕夜取婦人衣衣之　「衣之」二字各本原無，據御覽卷一一二補。

〔五〕約一日內畢　「日」字各本原作「月」，據御覽卷一一二、通鑑卷二二二改。

舊唐書卷二百下

列傳第一百五十下

朱泚　黄巢　秦宗權

朱泚，幽州昌平人。曾祖利，贊善大夫，贈禮部尚書。祖思明，太子洗馬，贈太子太師，父懷珪，天寶初，事范陽節度使裴寬爲衙前將[一]，授折衝將軍。及安祿山、史思明叛，累爲管兵將。寶應中，李懷仙歸順，奏爲薊州刺史、平盧軍留後、柳城軍使。大曆元年卒，累贈左僕射。祖、父之贈，皆以泚故也。

泚以父資從軍，幼壯偉，腰帶十圍，騎射武藝亦不出人。外若寬和，中頗殘忍。然輕財好施，每征戰所得賞物，輒分與麾下將士，以是爲衆所推，故得濟其兇謀。初隸李懷仙爲部將，改經略副使。朱希彩既殺李懷仙，自爲節度，以泚宗姓，甚委信之。希彩爲政苛酷，人不堪命。大曆七年秋，希彩爲其下所殺，倉卒之際，未有所從。泚營在城北，弟滔，主衙內

兵，亦得衆心。滔變詐多端，潛使百餘人於衆中大言曰：「節度使非城北朱副使莫可。」衆既無從，因共推泚，泚遂權知留後，遣使奉表京師。十月，拜檢校左散騎常侍、兼御史中丞、幽州盧龍節度等使。八年三月，遷幽州盧龍節度等使[二]、幽州長史、兼御史大夫。其年，泚上表令弟滔率兵二千五百人赴京西防秋，代宗嘉之，手詔褒美。

九年，就加檢校戶部尚書，賜實封百戶。幽州及河北諸鎮，自天寶末便爲逆亂之地，李懷仙、朱希彩與連境三節度，名雖向順，未嘗朝謁。至是泚率先上表，請自領步騎三千人入覲，詔修甲第以待之。九月，泚至京師，代宗御內殿引見，賜御馬兩匹、戰馬十匹、金銀錦綵甚厚，又以器物十牀、馬四十匹、絹二萬匹、衣一千七百襲賜其將士，宴犒之盛，近時未有。泚又上表，請留京師，從之。因授其弟滔兼御史大夫、幽州節度留後。仍以河陽永平軍防秋兵，郭子儀統之；決勝軍揚猷兵，李抱玉統之；淮西鳳翔兵，馬璘統之；汴宋、淄青兵，俾泚統焉。十一年八月，加拜同平章事[三]。尋令出鎮奉天行營，復賜金銀繒綵并內庫弓箭以寵之。十二年，加檢校司空，代李抱玉爲隴右節度使，權知河西、澤潞行營兵馬事。

德宗嗣位，加太子太師、鳳翔尹，實封至三百戶。建中元年，涇州將劉文喜阻兵爲亂，加泚四鎮北庭行軍、涇原節度使，與諸軍討之。涇州平，加泚中書令，還鎮鳳翔，而以舒王謨遙領涇原節度[四]。二年，加泚太尉。朱滔將反叛，陰使人與泚計議，以帛書納蠟丸中，

置髮髻間。河東節度馬燧搜獲之，以聞，并送帛書及所遣使。泚惶懼，頓首乞歸罪有司。上勉之曰：「千里不同謀，非卿之過。」三年四月，以張鎰代泚爲鳳翔隴右節度留後，留泚京師，加實封至一千戶，與一子正員官，其幽州盧龍節度、太尉、中書令並如故。

四年十月，涇原兵叛，鑾駕幸奉天。叛卒等以泚嘗統涇州，知其失權廢居，快快思亂，羣寇無帥，幸泚政寬，乃相與謀曰：「朱太尉久囚空宅，若迎而爲主，事必濟矣。」姚令言乃率百餘騎迎泚於晉昌里第，泚乘馬擁從北向，燭炬星羅，觀者萬計，入居含元殿。明日，移處白華殿，但稱太尉。朝官有謁泚者，悉勸奉迎鑾駕，既不合泚意，皆逡巡而退。源休至，遂屏人移時，言多悖逆。又盛陳成敗，稱述符命，勸其僭僞，泚甚悅之。又李忠臣、張光晟繼至，咸以官閑積憤，樂於禍亂。鳳翔涇原大將張廷芝、段誠諫以潰卒三千餘自襄城而至。賊泚自謂衆望所集，僭竊之心，自此而定。乃以源休爲京兆尹、判度支，李忠臣爲皇城使。段秀實久失兵柄，故推心委之。遂發銳師三千，言奉迎乘輿，實陰有逆謀。秀實與劉海賓謀誅泚，且虞叛卒之震驚法駕，乃潛爲賊符，追所發兵。至六日，兵及駱驛而迴。因與海賓同入見泚，爲陳逆順之理，而海賓於靴中取匕首，爲其所覺，遂不得前。秀實知不可以義動，遽奪源休象笏，挺而擊泚，仍大呼曰：「反虜萬段！」泚舉臂衞首，秀實格拉之，恂恂然。李忠臣馳助泚，泚素多力，纔破其面，逆徒譟集，秀實、海賓遂併見害。

明日，聲言以親王權主社稷，士庶競往觀之。八日，源休、姚令言、李忠臣、張光晟等八人導泚自白華入宣政殿，僭卽僞位，自稱大秦皇帝，號應天元年，愚智莫不憤心。侍衞皆卒伍，行列不過十餘人。下僞詔曰：「幽囚之中，神器自至，豈朕薄德所能經營。」彭偃之詞也。僞署姚令言爲侍中，李忠臣爲司空、兼侍中，源休爲中書侍郎、平章事、判度支，蔣鎮爲吏部侍郎，樊係爲禮部侍郎、禮儀使，許季常爲京兆尹，洪經綸爲太常少卿，彭偃爲中書舍人，裴揆、崔幼貞爲給事中，崔莫爲御史中丞，張光晟、仇敬忠、敬釭、張寶、何望之、段誠諫、張庭芝、杜如江爲節度使，仍以其兄子遂爲太子，遙封弟滔爲冀王、太尉、尚書令，尋又號皇太弟。

十日，泚自領兵侵逼奉天，竊威儀輦輅，闐溢道途，蟻聚之衆，軍勢頗盛。以姚令言爲元帥，張光晟爲副。以李忠臣爲京兆尹、皇城留守，居中書省。尋以蔣鎮爲門下侍郎，李子平爲諫議大夫兼平章事。泚軍合於城下，渾瑊、韓遊瓌禦之，泚衆大敗，死者萬計。泚收軍於奉天東三里下營，大修攻具。明日，泚又分兵營於乾陵下瞰，城內大震。十一月三日，杜希全與泚衆戰於漠谷，官軍不利，自是泚益驕大。王師乘城而戰，人百其勇，賊多敗衄。或出野戰，官軍又獲利焉。泚乃大驅百姓塡塹，夜攻城，城中設奇以應之，賊乃退縮。西明寺僧法堅有巧思，爲泚造雲梯。十五日辰時，梯臨城東北隅，城內震駭。渾瑊使侯仲莊設大坑，

爲地道陷之。又縱火焚其梯，東風起，吹我軍，衆頗危。俄而風迴，吹賊軍，城益薪潑油，萬鼓齊震，風吹俱熾，須臾雲梯與兇黨同爲灰燼。城中三門悉出兵，王師又捷。其夜兵復出攻，泚衆敗績。李懷光以五萬人來援，自河北至，泚衆惶駭，因而大潰，長圍遂解焉。衆庶以懷光三日不至，城則危矣。

三十日夜，泚走至京城。時姚令言於城中造戰格拋樓，每坊團結，人心大異。泚自奉天迴，乃悉令去之，曰：「攻戰吾自有計。」前此每三五日，即使人僞自城外來，周走號令曰：「奉天已破。」百姓聞之，莫不飲泣，道路闃寂。時有入臺省吏人，不過十數輩，郎官六七人，而亦令依常年舉選，初有數十人陳狀，旬日亦皆屏退。泚自號其宅曰潛龍宮，悉移內庫珍貨瓌寶以實之。識者曰：「易稱『潛龍勿用』，此敗徵也。」無幾，百姓剽奪其珍寶，泚不能禁止。

明年正月一日，泚改僞國號曰漢，稱天皇元年。二月，李懷光既圖叛逆，遣使與泚通和。鑾駕幸梁、洋，自此衣冠之潛匿者，出受僞官十七八焉〔五〕。懷光初與泚往復通好甚密，以錢穀金帛互相饋遺。泚與書，事之如兄，約云：「剷平關中，當割據山河，永爲鄰國。」及懷光決計背叛，逼乘輿遷幸，泚乃下僞詔書，待懷光以臣禮，仍徵兵馬。懷光既爲所賣，慚怒憤恥，遂領衆遁歸河中。

三月，李晟、駱元光、尚可孤之衆，悉於城東累敗泚衆。四月，泚使韓旻、宋歸朝、張庭芝等寇武功，渾瑊以衆及吐蕃論莽羅大敗歸朝，殺逆黨萬餘人於武亭川。五月，泚又使仇敬忠寇藍田，尚可孤擊之，大破泚衆，擒敬忠斬之。李晟、駱元光、尚可孤遂悉師齊進，晟屯光泰門，逆徒拒官軍，王師累捷。二十八日，官軍入苑，收復京師，逆黨大潰。泚與姚令言、張庭芝、源休、李子平、朱遂以數千人西走，其餘黨或奔竄，或來降。泚衆緣路潰散，乃奔涇州，纔百餘騎。田希鑒閉門登陴，泚令謂鑒曰：「我與爾節度，何故背恩？」希鑒乃使人自城上擲泚所送旌節於外，續又投火焚之。泚遂過數里，息於逆旅。泚將梁庭芬入涇州說田希鑒曰：「公比日殺馮河清背叛，今雖歸順，國家必不能久容，公他日不免受禍。何如開門納朱公，與共成大事。」希鑒以爲然。庭芬乃追及泚言之，泚大悅，使庭芬却往涇州。庭芬請授己尚書、平章事，泚不從。梁庭芬既求宰相不得，不復往涇州，從泚至寧州彭原縣西城屯，復與泚心腹朱惟孝共射泚。泚走，墜故窖中。泚左右韓旻、薛綸、高幽嵒、武震、朱進卿、董希芝共斬泚，使宋膺傳首以獻。泚死時年四十三。姚令言投涇州，源休、李子平走鳳翔，尋並斬獲。宋歸朝之敗武功，降於李懷光，送興元斬之。唯不獲朱遂，傳爲野人所殺，或云與泚壻僞金吾將軍馬悅潛走党項部落，數月得達幽州。泚之僭逆，宦豎朱重曜頗親密用事，泚每呼之爲兄。時賊中以臘月大雨，僞星官謂泚曰：「當以宗中年長者禳其災變。」泚乃毒殺重曜，而以王禮葬焉。及京師平，亦出其屍而斬之。

姚令言自有傳。

黃巢，曹州冤句人，本以販鹽爲事。乾符中，仍歲凶荒，人饑爲盜，河南尤甚。初，里人王仙芝、尚君長聚盜，起於濮陽，攻剽城邑，陷曹、濮及鄆州。先有謠言云：「金色蝦蟆爭努眼，翻却曹州天下反。」及仙芝盜起，時議畏之。詔左金吾衛上將軍齊克讓爲兗州節度使〔六〕，以本軍討仙芝。仙芝懼，引衆歷陳、許、襄、鄧，無少長皆虜之，衆號三十萬。三年七月，陷江陵。十月，又遣將徐唐莒陷洪州〔七〕。時仙芝表請符節，不允，以神策統軍使宋威爲荊南節度招討使，中使楊復光爲監軍。復光遣判官吳彥宏諭以朝廷釋罪，別加官爵，仙芝乃令尚君長、蔡温球、楚彥威相次詣闕請罪，且求恩命。時宋威害復光之功，並擒送闕，敕於狗脊嶺斬之。賊怒，悉精銳擊官軍，威軍大敗，復光收其餘衆以統之。朝廷以王鐸代爲招討。五年八月，收復荊州〔八〕，斬仙芝首獻於闕下。

先是，君長弟讓以兄奉使見誅，率部衆入嵖岈山。黃巢、黃揆昆仲八人，率盜數千依讓。月餘，衆至數萬。陷汝州，虜刺史王鐐，又掠關東，官軍加討，屢爲所敗，其衆十餘萬。

尚讓乃與羣盜推巢爲王，號衝天大將軍，仍署官屬，藩鎮不能制。時天下承平日久，人不知兵。僖宗以幼主臨朝，號令出於臣下，南衙北司，迭相矛盾，以至九流濁亂，時多朋黨，小人讒勝，君子道消，賢豪忌憤，退之草澤，既一朝有變，天下離心。巢之起也，人士從而附之。或巢馳檄四方，章奏論列，皆指目朝政之弊，蓋士不逞者之辭也。巢徒黨既盛，與仙芝爲形援。及仙芝敗，東攻亳州不下，乃襲破沂州據之，仙芝餘黨悉附焉。

時王鐸雖衡招討之權，緩于攻取。時高駢鎮淮南，表請招討賊，許之，議加都統。巢乃渡淮，僞降于駢。駢遣將張璘率兵受降于天長鎮，巢擒璘殺之，因虜其衆。尋南陷湖、湘，遂據交、廣。託越州觀察使崔璆奏乞天平軍節度，朝議不允。又乞除官，時宰臣鄭畋與樞密使楊復恭奏，欲請授同正員將軍〔九〕，盧攜駁其議，請授率府率，如其不受，請以高駢討之。及巢見詔，大詬執政，又自表乞安南都護、廣州節度，亦不允。然巢以士衆烏合，欲據南海之地，永爲窠穴，坐邀朝命。是歲自春及夏，其衆大疫，死者十三四。衆勸請北歸，以圖大利。巢不得已，廣明元年，北踰五嶺，犯湖、湘、江、浙，進逼廣陵，高駢閉門自固，所過鎮戍，望風降賊。九月，渡淮。十一月十七日，陷洛陽，留守劉允章率分司官迎之。繼攻陝、虢，逼潼關，陷華州，留將喬鈐守之〔一〇〕。河中節度使李都詐進表于賊。朝廷以田令孜率神策、博野等軍十萬守潼關。時禁軍皆長安富族，世籍兩軍，豐給厚賜，高車大馬，以事權豪，自少迄長，不知戰陣。初聞科集，父子聚哭，憚於出征。各於兩市出値萬計，傭雇負販屠沽及病坊窮人，以爲戰士，操刀載戟，不知鐵鋭〔二〕。復任宦官爲將帥，驅以守關。關之左有谷，可通行人，平時捉税，禁人出入，謂之禁谷。及賊至，官軍但守潼關，不防禁谷，以爲谷既官禁，賊無得而踰也。尚讓、林言率前鋒由禁谷而入，夾攻潼關，官軍大潰，博野都徑還京師，燔掠西市。十二月三日，僖宗夜自開遠門出，趨駱谷，諸王官屬相次奔命，觀軍容使田令孜、王若儔收合禁軍扈從。四日，賊至昭應，金吾大將軍張直方率在京兩班迎賊灞上。五日，賊陷京師。

時巢衆累年爲盜，行伍不勝其富，遇窮民於路，爭行施遺。既入春明門，坊市聚觀，尚讓慰曉市人曰：「黃王爲生靈，不似李家不恤汝輩，但各安家。」巢賊衆競投物遺人。十三日，賊巢僭位，國號大齊，年稱金統，仍御樓宣赦，且陳符命曰：「唐帝知朕起義，改元廣明，以文字言之，唐已無天分矣。『唐』去『丑』『口』而安『黃』，天意令黃在唐下，乃黃家日月也。土德生金，予以金王，宜改年爲金統。」賊搜訪舊宰相不獲，以前浙東觀察使崔璆、楊希古、尚讓、趙章爲四相，孟楷、蓋洪爲左右軍中尉，費傳古爲樞密使，王璠爲京兆尹，許建、朱實、劉塘爲軍庫使，朱温、張言、彭攢、季逵爲諸衛大將軍、四面游奕使。又選驍勇形體魁梧者五百人，曰功臣。令其甥林言爲軍使，比之控鶴。

中和元年二月，尚讓寇鳳翔，鄭畋出師禦之，大敗賊於龍尾坡，畋乃馳檄告喩天下藩鎭。四月，涇原行軍唐弘夫之師屯渭北，河中王重榮之師屯沙苑，易定王處存之師屯渭橋，鄜延拓拔思恭之師屯武功，鳳翔鄭畋之師屯盩厔。六月，邠寧朱玫之師屯興平，忠武之師三千屯武功。是歲諸侯勤王之師，四面俱會。十二月，宰相王鐸率荆、襄之師自行在至。鄭畋帳下小校竇玫者，驍勇無敵，每夜率敢死之士百人，直入京師，放火燔諸門，斬級而還，賊人悚駭。

時京畿百姓皆砦於山谷，累年廢耕耘，賊坐空城，賦輸無入，穀食騰踊，米斗三十千。官軍皆執山砦百姓，鬻於賊爲食，人獲數十萬。朝士皆往來同、華，或以賣餅爲業，因奔於河中。宰相崔沆、豆盧瑑扈從不及〔三〕，匿之別墅，所由搜索嚴急，乃微行入永寧里張直方之家。朝貴怙直方之豪，多依之。既而或告賊云：「直方謀反，納亡命。」賊攻其第，直方族誅，沆、瑑數百人皆遇害。自是賊始酷虐，族滅居人。遣使傳命召故相駙馬都尉于琮於其第。琮曰：「吾唐室大臣，不可佐黃家草昧，加之老疾。」賊怒，令誅之。廣德公主幷賊號咷而謂曰〔三〕：「予卽天子女，不宜復存，可與相公俱死。」是日幷遇害。

二年，王處存合忠武之師，敗賊將尚讓，乘勝入京師，賊遁去。處存不爲備，是夜復爲賊寇襲，官軍不利。賊怒坊市百姓迎王師，乃下令洗城，丈夫丁壯，殺戮殆盡，流血成渠。九月，賊將同州刺史朱温降重榮。十一月，李克用率代北之師，自夏陽渡河，屯沙苑。三年正月，敗黃揆於沙苑，進營乾坑。二月，賊將林言、趙章、尚讓率衆十萬援華州。克用合河中、易定、忠武之師，戰於梁田坡，大敗賊軍，俘斬數萬，乘勝攻華州，塹柵以環之。克用騎軍在渭北，令薛志勤、康君立每夜突入京師，燔積聚，俘級而旋。黃揆棄華州，官軍收城。四月八日，克用合忠武騎將龐從遇賊於渭南，決戰三捷，大敗賊軍。十日夜，賊巢散走。詰且，克用由光泰門入，收京師。巢賊出藍田、七盤路，東走關東。天下兵馬都監押楊復光露布獻捷於行在，陳破賊事狀曰：

頃者妖興霧市，盜嘯叢祠，而岳牧藩侯，備盜不謹。謂大同之運，常可容姦；謂無事之秋，縱其長惡。賊首黃巢，因得充盈窟穴，蔓延萑蒲，驅我蒸黎，徇其兇逆。展鉏耰以成鋒刃，殺耕牛以恣燔炮，魑魅晝行，虺蜴夜噬〔四〕。自南海失守，湖外喪師，養虎災深，馴梟逆大，物無不害，惡靡不爲，豺狼貽朝市之憂，瘡痏及腹心之痛。遂至毒流萬姓，盜汙兩京，衣冠銜塗炭之悲，郡邑起丘墟之嘆。萬方共怒，十道齊攻，仗九廟之威靈，殄積年之兇醜。

河中節度使王重榮神資壯烈，天付機謀，誓立功名，志安家國。至於屯田待敵，率士當衡，收百姓十萬餘家，降賊黨三萬餘衆。法當持重，功遂晚成，久稽原野之刑，未

快雷霆之怒。自收同、華，逼近京師，夕烽高照於國門，遊騎俯臨於灞岸。既知四隅斷絕，百計奔衝，如窮鳥觸籠，似飛蛾赴燭。

鴈門節度使李克用神傳將略，天付忠貞，機謀與武藝皆優，臣節共本心相稱。殺賊無非手刃，入陣率以身先，可謂雄才，得名飛將。自統本軍南下，與臣同力前驅，雖在寢餐，不忘寇孽。

今月八日，遣衙隊前鋒楊守宗、河中騎將白志遷、橫野軍使滿存、躡雲都將丁行存、朝邑鎭將康師貞、忠武黃頭軍使龐從等三十都，隨李克用自光泰門先入京師，力摧兇寇。又遣河中將劉讓、王瓌、冀君武、孫珙，忠武將喬從遇，鄭滑將韓從威，荆南將申屠悰，滄州將賈滔，易定將張仲慶，壽州將張行方，天德將顧彥朗，左神策弩手甄君楚、公孫佐，橫衝軍使楊守亮，躡雲都將高周彝，忠順都將胡眞，絳州監軍毛宣伯、聶弘裕等七十都繼進。賊尚爲堅陣，來抗官軍。鴈門李克用率勵驍雄，整齊金革，叫譟而鑿將動瓦，喑嗚而氣欲吞沙，寬列戈矛，密張羅網。於是麾軍背擊，分騎橫衝，日明而劍躍飛輪，風急而旗開走電。使賊如浪，便可塞流；使賊如山，亦須折角。蹂踐則橫尸入地，騰凌則積血成塵，不煩卽墨之牛，若駕昆陽之象。楊守宗等齊驅直入，合勢夾攻，從卯至申，羣兇大潰。自望春宮前覆殺，至昇陽殿下攻圍，戈不濫揮，矢無虛發。其賊

一時奔走，南入商山，徒延漏刃之生，佇作飲頭之器。

自收平京闕，二面皆立大功；若破敵摧兇，李克用實居其首。其餘將佐，同效驅馳。兼臣所部領萬餘人，數歲櫛風沐雨。既茲平盪，並錄以聞。

五月，巢賊先鋒將孟楷攻蔡州，節度使秦宗權以兵逆戰，爲賊所敗。攻城急，宗權乃稱臣於賊。遂攻陳、許，營於溵水。陳州刺史趙犨迎戰，敗賊前鋒，生擒孟楷，斬之。黃巢素寵楷，悲惜之。乃悉衆攻陳州，營於城北五里，爲宮闕之制，曰八仙營。於是自唐、鄧、許、汝、孟、洛、鄭、汴、曹、濮、徐、兗數十州，畢罹其毒。賊圍陳郡三百日〔二五〕，關東仍歲無耕稼，人餓倚牆壁間，賊俘人而食，日殺數千。賊有舂磨砦，爲巨碓數百，生納人於臼碎之，合骨而食，其流毒若是。

趙犨求援於太原。四年二月，李克用率山西諸軍，由蒲、陝濟河，會關東諸侯，赴援陳州。三月，諸侯之師復集。四月，官軍敗賊於太康，俘斬萬計，拔其四壁。又敗賊將黃鄴於西華，拔其壁。巢賊大恐，收軍營於故陽里，官軍進攻之。五月，大雨震雷，平地水深三尺，壞賊壘，賊自離散，復聚於尉氏，逼中牟。翌日，營汴水北。是日，復大雨震電，溝塍漲流。賊分寇汴州，李克用自鄭州引軍襲擊，大敗之，獲賊將李用、楊景。殘衆保胙縣、冤句，官軍追討，賊無所保。其將李讜、楊能、霍存〔二六〕、葛從周、張歸厚、張歸霸各率部下降于大梁，尚

讓率部下萬人歸時溥。賊自相猜間，相殺於營中〔二七〕，所殘者千人，中夜遁去，克用追擊至濟陰而還。賊散於兗、鄆界。黃巢入泰山，徐帥時溥遣將張友與尚讓之衆掩捕之。至狼虎谷，巢將林言斬巢及二弟鄴、揆等七人首，并妻子皆送徐州。是月賊平。

秦宗權者，許州人，爲郡牙將。廣明元年十月，巢賊渡淮而北。十一月，忠武軍亂，逐其帥薛能。是月，朝廷授別校周岌爲許帥。初軍城未變，宗權因調發至蔡州，聞府軍亂，乃閱集蔡州之兵，欲赴難。俄聞府主殂，周岌未至，巢賊充斥，日寇郡城，宗權乃督勵士衆，登城拒守。洎岌至，卽令典郡事。天子幸蜀，姑務覊寇，上蔡有勁兵萬人，宗權卽與監軍楊復光同議勤王，出師破賊，以蔡牧授之，仍置節度之號。

中和三年，巢賊走關東，宗權逆戰不利，因與合從爲盜。巢賊既誅，宗權復熾，僭稱帝號，補署官吏。遣其將秦彥亂江淮，秦賢亂江南，秦誥陷襄陽，孫儒陷孟、洛、陝、虢至於長安，張晊陷汝、鄭，盧塘攻汴州。賊首皆慓銳慘毒，所至屠殘人物，燔燒郡邑。西至關內，東極青、齊，南出江淮，北至衞滑，魚爛鳥散，人烟斷絕，荆榛蔽野。賊既乏食，啖人爲儲，軍士四出，則鹽屍而從。關東郡邑，多被攻陷。唯趙犨兄弟守陳州，朱溫保汴州，城門之外，爲賊疆場。汴帥與兗、鄆合勢，屢敗賊軍，兇勢日削。

龍紀元年二月，其愛將申叢執宗權，撾折其足，送於汴。朱溫出師迎勞，接之以禮，謂之曰：「下官屢以天子命達於公，如前年中翻然改圖，與下官同力勤王，則豈有今日之事乎？」宗權曰：「僕若不死，公何以興？天以僕霸公也。」略無懼色。乃檻送京師。昭宗御延喜樓受俘，京兆尹孫揆以組練礫之〔二八〕，徇於兩市。宗權檻中引頸謂揆曰：「尚書明鑒，宗權豈反者耶！但輸忠不効耳。」衆大笑。與妻趙氏俱斬於獨柳之下。

史臣曰：我唐之受命也，置器於安，千年惟永，百蠻嚮化，萬國來王。但否泰之無恆，故夷險之不一。三百算祀，二十帝王。雖時有竊邑叛君之臣，乘危徼倖之輩，莫不才興兵革，卽就誅夷。其間沸騰，大盜三發，安祿山、朱泚、黃巢是也。

夫謀危社稷，將害君親，轘裂瀦宮，未塞其罪，故不俟於多談也。然盜之所起，必有其來，且無問於天時，宜決之於人事。祿山母爲巫者，身是牙郎，偶緣微立邊功，遂至大加寵用，總知馬牧，特委兵權。愛天子之獨尊，與國忠之相忌，故不能以義制事，以禮制心，遂稱向闕之兵，以期非望之福，此所以爲亂也。朱泚家本漁陽，性惟兇狡，耳習聞於篡奪，

心本乏於忠貞。暨弟爲亂階，身留京邑，小不如意，別懷異圖。但樂荒雞之鳴，唯幸和鑾之動，緣幽帥之嘗因亂得，謂神器之可以徼求。黃巢闒茸徵人，萑蒲賤類，因饑饉之歲，躡王、尚之蹤，志在奪攘，謀非遠大。一旦長驅江表，徑入關中，見五輅之蒙塵，謂寶命之在我。必若玄宗採九齡之語，行三令之威，不然使祿山名位不高，委任得所，則羣黎未必陷於塗炭，萬乘未必越於岷、峨。德宗能含垢匿瑕，不佳兵尚勇，不然則取李承之言，不委希烈伐叛，不然則取公輔之諫，早令朱泚就行，如此則未必有涇原之亂兵，未必有奉天之危急。僖宗能知人疾苦，惠彼困窮，不然則從鄭畋之謀，赦羣偷之罪，如此則黃巢不必能犯順，鑾御未必須省方。蓋差之毫釐，失之千里，蛇螫不能斷腕，蟻穴所以壞隄。後之帝王，足爲殷鑒。史朝義、秦宗權乘彼亂離，肆行暴虐，虔劉我郡邑，僭竊我衣裳，終雖滅亡，爲害斯甚，茲亦沴氣之餘也。

贊曰：天地否閉，反逆亂常。祿山犯闕，朱泚稱皇。賊巢陵突，羣豎披攘。徵其所以，存乎慢藏。

校勘記

〔一〕爲衙前將　「將」字各本原作「對」，據御覽卷一一三改。

〔二〕八年三月遷幽州盧龍節度等使　以上十三字各本原無，據御覽卷一一三補。

〔三〕加拜同平章事　「事」字各本原無，據御覽卷一一三補。

〔四〕舒王謨　「謨」字各本原作「讓」，御覽卷一一三作「謨」。本書卷一五〇德宗諸子傳：「舒王誼，本名謨。」據改。

〔五〕出受僞官十七八焉　「八」字各本原作「人」，據御覽卷一一三改。

〔六〕詔左金吾衛上將軍　「詔」字各本原無，據御覽卷一一六補。

〔七〕又遣將徐唐莒　「唐」字各本原作「君」，據御覽卷一一六、新書卷二二五下黃巢傳、通鑑卷二五三考異引舊傳改。

〔八〕收復荆州　「荆」字各本原作「亳」，據御覽卷一一六、通鑑卷二五三考異引舊傳改。

〔九〕欲請授同正員將軍　「將軍」，各本原作「軍將」，據通鑑卷二五三考異引舊傳改。

〔一〇〕留將喬鈐守之　「喬」字各本原作「畜」，據御覽卷一一六、通鑑卷二五四改。

〔一一〕不知鏃鋭　「鏃」字合鈔卷二六〇下黃巢傳作「鏃」。

〔一二〕豆盧瑑　「瑑」字各本原作「瓚」，據本書卷一七七豆盧瑑傳、新書卷一八三劉鄴傳、通鑑卷二五四改。下同。

〔一三〕廣德公主并賊　「并」字聞本、殿本、懼盈齋本、廣本同，局本作「抱」；合鈔卷二六〇下黃巢傳作「拒」。

〔一四〕虺蜴夜噬　「夜」字各本原作「反」，據本書卷一九下僖宗紀、冊府卷四三四改。

〔一五〕賊圍陳郡三百日　「三」字各本原無，據御覽卷一一六、通鑑卷二五五補。

〔一六〕楊能霍存　「能」字「存」字各本原無，據新書卷二二五下黃巢傳補。

〔一七〕相殺於營中　「中」字各本原作「州」，御覽卷一一六作「中」；按黃巢未至營州，據改。

〔一八〕以組練礫之　十七史商榷卷九二：「以組練礫之，當作縛之，字稍相似而譌。」

明重刻舊唐書聞序

書以紀事，誤聞爲瀆；事以著代，間逸則遺。是故史氏之書，與天地相爲始終，六經相爲表裏，疑信並傳，闕文不飾，以紀事實，以昭世代，故六經道明，萬世宗仰，非徒文藝之誇誕而已也。尙書壁存，典訓不斁；魯史麟絕，杞宋失徵。繼而有作，其惟司馬氏及小司馬，以迨班、范諸家。八書十志，經緯天人；八志十典，紘維政事。藏山刊石，繁紹聖經；歷漢躋隋，炳發靈憲。是故王教之要，國典之源，代有徵考，若視蓍蔡。

李唐嗣興，萬目畢舉，其經畫之精詳，維持之愼密，雖未上躋周軌，亦足並驟漢疆。晉史臣劉昫氏者，爰集館寮，博稽載典。纂修二十一本紀，首高祖以迄哀帝，而汝哲具昭。旁修十一志，始禮儀以終刑法，而巨細畢舉。列傳一千一百八十有奇，內以紀后妃之淑慝，外以悉文武之臧否。宗室族屬，互以時敍；外戚、宦官，各以類別。良吏、酷吏，鑒戒具昭；忠義、孝友，褒論悉當。儒學、文苑，表以著達；方伎、隱逸，兼以察徵。詳傳列女以彰婦順，分傳蠻狄以立大防。卷凡二百一十有四，統名之曰唐書。識博學宏，才優義正，眞有唐一代之良史，秦、隋以下，罕有其儷，固後世之刑鑒具在也。有宋迭興，分職書局，載輯唐鑑

於祖禹，繼纂唐書於昌朝，王、宋諸賢，相繼彙輯，復成一代之新書，遂亡劉氏之舊帙。

詮謬司文學，徧歷輔畿，爰校六經，兼讎諸史，始知漢、晉以迄宋、元，皆有監本，司成甬川張公，嘗奉旨校勘，總爲二十一史，刊證謬訛，粲然明備。惟劉氏唐書，鬱絕不傳，無所考覓。積集再期，酷志刊復，苦無善本，莫可繼志。竊惟古人有云：「層臺雲構，所缺過乎榱桷；爲山假高，不終踰乎一壏。」憫哉斯言，益用惶恍。乃旁諜學屬，博訪諸司，聞禮儒賢，以探往籍，更歷三載，竟莫有成。末復弭節姑蘇，窮搜力索，與令朱子遂得列傳於光祿張氏，長洲賀子隨得紀志於守溪公，遺籍俱出宋時模板。旬月之間，二美璧合，古訓有獲，私喜無涯。乃督同蘇庠，嚴爲校刻，司訓沈子，獨肩斯任，劾勤四載，書幸成編。匱直千金，刻未竟業。石江歐陽公聞而助以厚鏹，午山馮子、西郭陳子以迨郡邑諸長貳，咸力輔以終事。數百年之闕典，於是乎始有可稽矣。物之成毀，信各有數，是書之成，夫豈偶哉。肇工於嘉靖乙未，卒刻於嘉靖戊戌。珠璣璀璨，亥豕盡刊；玉薤精嚴，塵葉罔翳。煥新一代之舊文，遐續百王之訓典，追配諸史，允備全書。因布多方，以惠多士。餘姚聞人詮序。

清懼盈齋本舊唐書阮序

有唐三百年正史，所關最鉅，後唐長興中詔修唐書，至後晉開運二年，方纂成奏上。五代會要中但言書付史館，而未述刊版之事。宋嘉祐五年，頒新唐書於天下，而舊書遂不甚行。郡齋讀書志及直齋書錄解題雖皆載其書，而不言始刊之歲月，是北宋以前之舊槧，其有無固無從考證。明嘉靖乙未，餘姚聞人詮督學南畿，念舊書刻本漸少，懼其就湮，於是徧加尋訪，得紀志於吳縣王延喆家，得列傳於長洲張汴家。其書乃南宋紹興初年越州所刻，卷後載有校勘姓氏，舊唐書之流傳於明代者，以此爲最古。而卷帙尚有闕佚，復假應天陳沂、長洲王穀祥所藏本，彼此補葺，始爲完書。刻未及半，而詮以奉諱去官，繼其任者請諸撫按，與郡邑各官捐俸倡率，凡歷四年而後告成，其裒聚與刊布之難，悉詳原序。特當時聞本所據之書，止就殘篇斷簡，薈萃而成，初非全部，故魯魚亥豕之文，夏五郭公之句，正復不少，論者惜其未盡善焉。

我朝稽古右文，度越前代，乾隆四年，敕武英殿校刻此書，於聞本脱譌之甚者，逐條釐訂，各附考證於每卷之後。及四十七年編定四庫全書，特置此書於正史，而庋藏於三閣。

閣本之考證，又較殿本而加詳。惟是閣本但繕寫而未發刻，讀者既艱於傳鈔；殿本列於二十四史之內，坊肆間罕有單行者，寒素之家，購求匪易；而聞版久亡，其書尤爲難覓。甘泉岑紹周提舉建昉，嗜學好書，尤喜鐫刻古籍，其友江都梅蘊生植之，勸其重刊此書，遂慨然自諾，獨力任之。延江都沈與九齡、殷時若煥、凌東笙鏞、儀徵黄聖臺春熙，分任校字之事。全書字句，悉以殿本爲主，其間有刊刻小譌，爲人所共知者，即隨筆改正，外此則不敢妄改。至於行款書式，則仿照汲古閣史書，蓋毛氏所刻十七史，久已風行海內，而唐書有新無舊，故特補其所未備也。復延甘泉羅茗香士琳、儀徵劉孟瞻文淇及其子伯山毓崧，句容陳卓人立，排列各本，討論羣籍，得校勘記共若干卷。凡殿本、閣本之與聞本異者，一一臚列，并登載其考證；而沈氏新舊合鈔所辨析者，亦附見焉。若夫北宋初年，太平御覽、册府元龜等書，皆成於歐、宋未修以前，其引唐史，確係劉書，所據實最初之本，足以補正閣本者不可枚舉，皆採而集之。他如通典、通鑑、唐會要、文苑英華以及十七史商榷、廿二史攷異之類，可以互證參訂此書者，亦廣爲尋校，加以斷制。其體裁義例，悉遵殿本、閣本之成法，而推廣引申，以竟其緒。蓋殿本之總校爲沈歸愚尚書，其自作考證跋語云，「蒐羅未備，挂漏良多」；閣本之分校爲邵二雲學士，其集中所載提要云，「參核攷定，尚有待耳」。誠以官修之書，人心不齊，議論多而成功少，每致卒業無期，故但能略舉大端，開其門徑而已。後人若不由一反三，因源及委，其何以成前賢未遂之志哉。今岑氏捐資既勇，任事亦堅，能集衆長，而成鉅業。

昔元童時，讀文選汲古閣本，每慨然慕毛氏之爲人，毛氏之名，今亦永垂藝苑，此毛氏之福也。毛氏有此名有此福，而明於事者能效之，則今岑氏是也。揚州有力能刻古籍者甚多，而願者究少，則以此事亦須有讀書之性情嗜好，與辦事之才識福分，談何易哉。是書始刊於道光壬寅九月，告成於癸卯七月，計未及一稘，而粲然大備。衰年見此，洵爲快事，故樂得序之。道光癸卯閏月乙未，予告體仁閣大學士晉太子太保揚州阮元序。

〔宋〕歐陽修　宋　祁　撰

新唐書

中華書局

宋 歐陽修 宋祁 撰

新唐書

第一册

卷一至卷一〇（紀）

中華書局

中華書局

出版說明

一

在卷帙浩繁的廿四史中，有兩部官修的唐史，即五代時修的舊唐書和北宋時修的新唐書。

新唐書的編撰，約開始於北宋慶曆四年（公元一〇四四年），到嘉祐五年（公元一〇六〇年）完成，前後歷時約十七年，參加編撰的有歐陽修、宋祁、范鎮、呂夏卿等人。新唐書包括本紀十卷，志五十卷，表十五卷，列傳一百五十卷，共二百二十五卷。書成，由歐陽修、宋祁分別署名。

宋祁（公元九九六年——一〇六一年），曾任知制誥、翰林學士等職，並擔任過杭州、成德州等地的地方官。新唐書開始編寫後七年，當北宋王朝派人向宋祁催索文稿時，他說：「計今秋可了列傳，若紀、志猶須來春乃成。」〔一〕其實，到了公元一〇五八年，他才將一百五

〔一〕景文集卷四九與觀文右丞書

十卷列傳稿子交齊。至於紀、志、表三個部份，他根本無力完成。後來志和表分別由范鎮、呂夏卿負責編寫。但本紀無人撰寫，全書更無人總其成，所以宋仁宗又命歐陽修主修新唐書。

歐陽修（公元一〇〇七年——一〇七二年），號稱宋代的韓愈，政治地位比宋祁高，社會影響也比宋祁大。公元一〇四二年，在宋仁宗起用范仲淹推行「慶曆新政」時，歐陽修參加了「新政」活動，並調任爲諫官，對北宋王朝面臨的階級矛盾和民族矛盾非常關注。范仲淹罷相後，歐陽修也被貶，先後在滁州、揚州、潁州、應天府等地做了九年地方官。公元一〇五四年被調回中央，任翰林學士。新唐書實際上是在歐陽修的主持下最後完成的。歐陽修自己說：他中途參加，「接續殘零，刊撰紀、志六十卷」〔二〕。從文字風格上看，本紀十卷和贊，志、表的序，以及選舉志、儀衞志等，無疑出自歐陽修之手。特別是他所寫的贊、序，集中反映了他的歷史觀，有些內容幾乎是直接從他的政論文章那裏照搬過來的。書成後，他曾任樞密副使、參知政事等要職。

與舊唐書比較，由於時代不同，新唐書在編撰體例方面也有自己的特點。

首先是新唐書對志、表兩部份十分重視，這是因爲宋代大體上繼承了唐代的制度，歐

〔二〕歐陽文忠全集卷九一辭轉禮部侍郎劄子

陽修等在志、表方面特別用力，目的是總結唐代的典章制度以供宋王朝「參用」。

新唐書增加了以往史書所沒有的儀衞志、選舉志、兵志。新唐書的選舉志、兵志雖然敍述制度不够系統，資料也不够完備，但究竟爲我們了解唐朝科舉制和兵制演變提供了一定的方便。食貨志增爲五卷，不僅比舊唐書食貨志份量多，而且也比較有系統，有條理地保存了大量社會經濟史資料。地理志着重敍述唐朝地理沿革，記載軍府設置、物產分布、水利興廢等狀況，補正了不少舊唐書地理志的缺略。天文志和曆志在篇幅上超過舊唐書三倍以上，記載了唐代流行的七種曆法，特別可貴的是保存了在曆法史上佔有重要地位的大衍曆的曆議(即曆法理論)。藝文志與舊唐書經籍志相較，書目增加很多，特別是開元以後的著作補充不少，如李白、柳宗元的著作，新唐書所收錄的就有一些是舊唐書中找不到的。新唐書還增加了宰相表、方鎮表、宗室世系表、宰相世系表，雖有錯漏，但也可以起備查作用。

新唐書作者批評舊唐書「使明君賢臣、儁功偉烈與夫昏虐賊亂、禍根罪首，皆不得暴其善惡」〔一〕。所以在新唐書中秉孔子修春秋之意，進行所謂「忠奸順逆」的褒貶，並在舊唐書的類傳的基礎上，增添了卓行、奸臣、叛臣、逆臣等類傳，又將原有次序作了重新排列，如在舊唐書中，忠義傳排列第五，新唐書改爲第一，以表示糾正舊唐書「紀次無法」。舊唐書的合傳，大體上把同一時期地位接近或同一家族的人合在一起，新唐書作者認爲「忠奸善惡」不分，也加以改動。

新唐書還在列傳中保存了一些舊唐書所未載的史料。自安史之亂以後，史料散失不少，穆宗以下又無官修實錄，所以宋祁爲唐後期人物立傳，採用了不少小說、筆記、傳狀、碑志、家譜、野史等資料。同時，還增加了不少唐代晚期人物的列傳。關於少數民族的種族、部落的記載，新唐書比舊唐書多而且詳。

〔一〕進新唐書表

我們這次點校，以百衲本(影印北宋嘉祐十四行本，殘缺部份，以北宋十六行本、南宋十行本補)爲工作本，參校了北宋閩刻十六行本(影印膠卷殘本)、南宋閩刻十行影印本(缺四十多卷)、汲古閣本、殿本和浙江書局本。

本書「文革」前曾由董家遵同志進行過初點。一九七一年，新唐書和舊唐書、舊五代史、新五代史、宋史等五史決定由上海人民出版社古籍編輯室組織力量在上海繼續進行工作。本書的點校主要由華東師範大學完成，復旦大學中國歷史地理研究所也承擔了部分工作。參加本書點校的，華東師範大學有(依姓氏筆畫爲序)石淑儀、李國鈞、李德清、吳澤、沈灌羣、周子美、林艾園、金祖孟、袁英光、徐震堮、徐德嶙、馬興榮、陳懷良、梁永昌、張

惠芬、張瑞璠、葉百豐、楊積慶、趙善詒、謝天佑、戴家祥、簡修煒同志，復旦大學中國歷史地理研究所有(依姓氏筆畫爲序)祝培坤、鄒逸麟、趙永復、蔡尚思同志。參加全書編輯整理工作的有陸楓、李聖傳、葉亞廉、于在春、劉德權、馮菊年、周珙生同志(以上名單及排列順序均由各單位提供)。

這次重印，就已經發現的問題和可能條件作了少量的修正。

中華書局編輯部

唐書目錄

卷七十九　列傳第四

高祖諸子

卷八十　列傳第五

太宗諸子

卷八十一　列傳第六

三宗諸子

卷八十二　列傳第七

十一宗諸子

卷一百一十三　列傳第三十八

卷一百六十一 列傳第八十六

卷一百六十二 列傳第八十七

卷一百六十三 列傳第八十八

卷一百六十四 列傳第八十九

卷一百六十五 列傳第九十

卷一百六十六 列傳第九十一

卷一百六十七　列傳第九十二

卷一百六十八　列傳第九十三

卷一百六十九　列傳第九十四

卷一百七十　列傳第九十五

卷一百七十一　列傳第九十六

卷一百七十二　列傳第九十七

卷一百七十二　列傳第九十八

卷一百七十四　列傳第九十九

卷一百七十五　列傳第一百

卷一百七十六　列傳第一百一

卷一百九十六　列傳第一百二十一

隱逸

卷一百九十七　列傳第一百二十二

循吏

卷一百九十八　列傳第一百二十三

儒學上

卷一百九十九　列傳第一百二十四

儒學中

卷二百 列傳第一百二十五

儒學下

卷二百一 列傳第一百二十六

文藝上

卷二百二 列傳第一百二十七

文藝中

卷二百三 列傳第一百二十八

文藝下

卷二百四 列傳第一百二十九

方技

中華書局

卷二百五 列傳第一百三十

列女

卷二百六 列傳第一百三十一

外戚

卷二百七 列傳第一百三十二

宦者上

卷二百八 列傳第一百三十三

宦者下

卷二百九 列傳第一百三十四

酷吏

唐書卷一

本紀第一

高祖

高祖神堯大聖大光孝皇帝諱淵，字叔德，姓李氏，隴西成紀人也。其七世祖暠，當晉末，據秦、涼以自王，是爲涼武昭王。暠生歆，歆爲沮渠蒙遜所滅。歆生重耳，魏弘農太守。重耳生熙，金門鎭將，戍于武川，因留家焉。熙生天賜，爲幢主。天賜生虎，西魏時，賜姓大野氏，官至太尉，與李弼等八人佐周代魏有功，皆爲柱國，號「八柱國家」。周閔帝受魏禪，虎已卒，乃追錄其功，封唐國公，謚曰襄。襄公生昞，襲封唐公，周安州總管[一]、柱國大將軍，卒，謚曰仁。

仁公生高祖於長安，體有三乳，性寬仁，襲封唐公。隋文帝獨孤皇后，高祖之從母也，以故文帝與高祖相親愛。文帝相周，復高祖姓李氏，以爲千牛備身，事隋譙、隴二州刺史。

大業中，歷岐州刺史、滎陽樓煩二郡太守，召爲殿內少監、衞尉少卿。煬帝征遼東，遣高祖督運糧於懷遠鎭。楊玄感將反，其兄弟從征遼者皆逃歸，高祖先覺以聞，煬帝遽班師，以高祖爲弘化留守以禦玄感，詔關右諸郡兵皆受高祖節度。

是時，隋政荒，天下大亂，煬帝多以猜忌殺戮大臣。嘗以事召高祖，高祖遇疾，不時謁。高祖有甥王氏在後宮，煬帝問之，王氏對以疾，煬帝曰：「可得死否？」高祖聞之益懼，因縱酒納賂以自晦。

十一年，拜山西河東慰撫大使，擊龍門賊母端兒[二]，射七十發皆中，賊敗去，而斂其尸以築京觀，盡得其箭於其尸。又擊絳州賊柴保昌，降其衆數萬人。突厥犯塞，高祖與馬邑太守王仁恭擊之，隋兵少，不敵。高祖選精騎二千爲游軍，居處飲食隨水草如突厥，而射獵馳騁示以閒暇，別選善射者伏爲奇兵。虜見高祖，疑不敢戰，高祖乘而擊之，突厥敗走。

十三年，拜太原留守，擊高陽歷山飛賊甄翟兒于西河，破之。是時，煬帝南遊江都，天下盜起。高祖子世民知隋必亡，陰結豪傑，招納亡命，與晉陽令劉文靜謀舉大事。計已決，而高祖未之知，欲以情告，懼不見聽。高祖留守太原，領晉陽宮監，而所善客裴寂爲副監，世民陰與寂謀，寂因選晉陽宮人私侍高祖。高祖過寂飲酒，酒酣從容，寂具以大事告之，高祖大驚。寂曰：「正爲宮人奉公，事發當誅，爲此爾。」世民因亦入白其事，高祖初陽不

許，欲執世民送官，已而許之，曰：「吾愛汝，豈忍告汝邪？」然未有以發。而所在盜賊益多，突厥數犯邊，高祖兵出無功，煬帝遣使者執高祖詣江都，高祖大懼。世民曰：「事急矣，可舉事！」已而煬帝復馳使者赦止高祖，其事遂已。

是時，劉武周起馬邑，林士弘起豫章，劉元進起晉安，皆稱皇帝；朱粲起南陽，號楚帝；李子通起海陵，號楚王；邵江海據岐州，號新平王；薛舉起金城，號西秦霸王；郭子和起榆林，號永樂王；竇建德起河間，號長樂王；王須拔起恆、定，號漫天王；汪華起新安，杜伏威起淮南，皆號吳王；李密起鞏，號魏公；王德仁起鄴，號太公；左才相起齊郡，號博山公；羅藝據幽州，左難當據涇，馮盎據高、羅，皆號總管；梁師都據朔方，號大丞相；孟海公據曹州，號錄事；周文舉據淮陽，號柳葉軍；高開道據北平，張長愻據五原，周洮據上洛，楊士林據山南，徐圓朗據兗州，楊仲達據豫州，張善相據伊、汝，王要漢據汴州，時德叡據尉氏，李義滿據平陵，綦公順據青、萊，淳于難據文登，徐師順據任城，蔣弘度據東海，王薄據齊郡，蔣善合據鄆州，田留安據章丘，張青特據濟北，臧君相據海州，殷恭邃據舒州，周法明據永安，苗海潮據永嘉，梅知巖據宣城，鄧文進據廣州，俚酋楊世略據循、潮，冉安昌據巴東，甯長眞據鬱林，其別號諸盜往往屯聚山澤。而劉武周攻汾陽宮，高祖乃集將吏告曰：「今吾爲留守，而賊據離宮，縱賊不誅，罪當死。然出兵必待報，今江都隔遠，後期

奈何？」將吏皆曰：「國家之利可專者，公也。」高祖曰：「善。」乃募兵，旬日間得衆一萬。副留守虎賁郎將王威、虎牙郎將高君雅見兵大集，疑有變，謀因禱雨晉祠以圖高祖。高祖覺之，乃陰爲備。

五月甲子，高祖及威、君雅視事，開陽府司馬劉政會告威、君雅反，卽坐上執之。丙寅，突厥犯邊，高祖令軍中曰：「人告威、君雅召突厥，今其果然。」遂殺之以起兵。遣劉文靜使突厥，約連和。

六月己卯，傳檄諸郡，稱義兵，開大將軍府，置三軍。以子建成爲隴西公、左領軍大都督，左軍隸焉；世民爲燉煌公、右領軍大都督，右軍隸焉；元吉爲姑臧公，中軍隸焉。裴寂爲長史，劉文靜爲司馬，石艾縣長殷開山爲掾[三]，劉政會爲屬，長孫順德、王長諧、劉弘基、竇琮爲統軍。開倉庫賑窮乏。

七月壬子，高祖杖白旗，誓衆於野，有兵三萬，以元吉爲太原留守。癸丑，發太原。甲寅，遣將張綸徇下離石、龍泉、文城三郡。丙辰，次靈石，營於賈胡堡。隋虎牙郎將宋老生屯于霍邑，以拒義師。丙寅，隋鷹揚府司馬李軌起武威，號大涼王。

八月辛巳，敗宋老生于霍邑。丙戌，下臨汾郡。辛卯，克絳郡。癸巳，次龍門，突厥來助。隋驍衞大將軍屈突通守河東，絕津梁。壬寅，馮翊賊孫華、土門賊白玄度皆具舟以

來逆。

九月戊午，高祖領太尉，加置僚佐。以少牢祀河，乃濟。甲子，次長春宮。丙寅，隴西公建成、劉文靜屯永豐倉，守潼關。燉煌公世民自渭北徇三輔，從父弟神通起兵于鄠，柴氏婦，高祖女也，亦起兵于司竹，皆與世民會。鄠賊丘師利李仲文、盩厔賊何潘仁向善思、宜君賊劉旻等皆來降，因略定鄠、杜。壬申，高祖次馮翊。乙亥，燉煌公世民屯阿城，隴西公建成自新豐趨霸上。丙子，高祖自下邽以西，所經隋行宮、苑籞，悉罷之，出宮女還其家。

十月辛巳，次長樂宮，有衆二十萬。隋留守衞文昇等奉代王侑守京城，高祖遣使諭之，不報。乃圍城，下令曰：「犯隋七廟及宗室者，罪三族。」丙申，隋羅山令蕭銑自號梁公。

十一月丙辰，克京城。命主符郎宋公弼收圖籍。約法十二條，殺人、劫盜、背軍、叛者死。癸亥，遙尊隋帝爲太上皇，立代王爲皇帝。大赦，改元義寧。甲子，高祖入京師，至朝堂，望闕而拜。隋帝授高祖假黃鉞、使持節、大都督內外諸軍事、大丞相、錄尙書事，進封唐王。以武德殿爲丞相府，下敎曰令，視事于虔化門。

十二月癸未，隋帝贈唐襄公爲景王；仁公爲元王；夫人竇氏爲唐國妃，謚曰穆。以建成爲唐國世子；世民爲唐國內史，徙封秦國公；元吉爲齊國公。丞相府置長史、司錄以下官。趙郡公孝恭徇山南。甲辰，雲陽令詹俊徇巴、蜀。

二年正月丁未，隋帝詔唐王劍履上殿，入朝不趨，贊拜不名，加前後羽葆、鼓吹。戊午，周洮降。戊辰，世子建成爲左元帥，秦國公世民爲右元帥，徇地東都。

二月己卯，太常卿鄭元璹定樊、鄧，使者馬元規徇荆、襄。

三月己酉，齊國公元吉爲太原道行軍元帥。乙卯，世民徙封趙國公。丙辰，隋右屯衞將軍宇文化及弑太上皇于江都，立秦王浩爲皇帝。吳興郡守沈法興據丹陽，自稱江南道總管。樂安人盧祖尙據光州，自稱刺史。戊辰，隋帝進唐王位相國，總百揆，備九錫，唐國置丞相等官，立四廟。

四月己卯，張長遜降。辛巳，停竹使符，班銀菟符。

五月乙巳，隋帝命唐王冕十有二旒，建天子旌旗，出警入蹕。甲寅，王德仁降。戊午，隋帝遜于位，以刑部尙書蕭造、司農少卿裴之隱奉皇帝璽紱於唐王，三讓乃受。

武德元年五月甲子，卽皇帝位于太極殿。命蕭造兼太尉，告于南郊，大赦，改元。賜百官、庶人爵一級，義師所過給復三年，其餘給復一年。改郡爲州，太守爲刺史。庚午，太白晝見。隋東都留守元文都及左武衞大將軍王世充立越王侗爲皇帝。

六月甲戌，趙國公世民爲尙書令，裴寂爲尙書右僕射、知政事，劉文靜爲納言，隋民部

尙書蕭瑀、丞相府司錄參軍竇威爲內史令。丙子，太白晝見。己卯，追謚皇高祖曰宣簡公；皇曾祖曰懿王；皇祖曰景皇帝，廟號太祖，祖妣梁氏曰景烈皇后；皇考曰元皇帝，廟號世祖，妣獨孤氏曰元貞皇后；妃竇氏曰穆皇后。庚辰，立世子建成爲皇太子，封世民爲秦王，元吉齊王。癸未，薛舉寇涇州，秦王世民爲西討元帥，劉文靜爲司馬。太僕卿宇文明達招慰山東。乙酉，奉隋帝爲酅國公，詔曰：「近世時運遷革，前代親族，莫不夷絕。曆數有歸，實惟天命；興亡之效，豈伊人力。前隋蔡王智積等子孫，皆選用之。」癸巳，禁言符瑞者。辛丑，竇威薨。黃門侍郎陳叔達判納言，將作大匠竇抗兼納言。

七月壬子，劉文靜及薛舉戰于涇州，敗績。乙卯，郭子和降。庚申，廢隋離宮。

八月壬申，劉文靜除名。戊寅，約功臣恕死罪。辛巳，薛舉卒。壬午，李軌降。甲申，巖州刺史王德仁殺招慰使宇文明達以反。己丑，秦王世民爲西討元帥，以討薛仁杲。庚子，贈隋太常卿高熲上柱國、郯國公，上柱國賀若弼杞國公，司隸大夫薛道衡上開府、臨河縣公，刑部尙書宇文弼上開府、平昌縣公，左翊衞將軍董純柱國、狄道公，右驍衞將軍李金才上柱國、申國公，左光祿大夫李敏柱國、觀國公。諸遭隋枉殺而子孫被流者，皆還之。

九月乙巳，慮囚。始置軍府。癸丑，改銀菟符爲銅魚符。甲寅，秦州總管竇軌及薛仁杲戰，敗績。辛未，宇文化及殺秦王浩，自稱皇帝。

十月壬申朔，日有食之。己卯，李密降。壬午，朱粲陷鄧州，刺史呂子臧死之。乙酉，邵江海降。己亥，盜殺商州刺史泉彥宗。辛丑，大閱。是月，竇抗罷。

十一月，竇建德敗王須拔于幽州，須拔亡入于突厥。乙巳，涼王李軌反。戊申，禁獻侏儒短節、小馬庳牛、異獸奇禽者。己酉，秦王世民敗薛仁杲，執之。癸丑，行軍總管趙慈景攻蒲州，隋刺史堯君素拒戰，執慈景。癸亥，秦王世民俘薛仁杲以獻。

十二月壬申，世民爲太尉。丙子，蒲州人殺堯君素，立其將王行本。辛巳，鄭元璹及朱粲戰于商州，敗之。乙酉，如周氏陂。丁亥，至自周氏陂。庚子，光祿卿李密反，伏誅。

是歲，高開道陷漁陽，號燕王。

二年正月甲子，陳叔達兼納言。詔自今正月、五月、九月不行死刑，禁屠殺。丙寅，張善相降。己巳，楊士林降。

二月乙酉，初定租、庸、調法。令文武官終喪。丙戌，州置宗師一人。甲午，赦幷、浩、介、石四州賈胡堡以北繫囚。閏月，竇建德陷邢州，執總管陳君賓。辛丑，竇建德殺宇文化及于聊城。朱粲降。壬寅，皇太子及秦王世民、裴寂巡于畿縣。乙巳，御史大夫殷嶠勞朱粲于菊潭。庚戌，徼行，察風俗。乙卯，以穀貴，禁關內屠酤。左屯衞將軍何潘仁及山賊張

子惠戰于司竹，死之。丁巳，慮囚。庚申，驍騎將軍趙欽、王婆羅及山賊戰于盩厔，死之。丁卯，王世充陷殷州，陟州刺史李育德死之。

三月甲戌，王薄降。庚辰，蔣弘度、徐師順降。丁亥，竇建德陷趙州。丁酉，李義滿降。

四月，綦公順降。庚子，并州總管、齊王元吉及劉武周戰于榆次，敗績。辛丑，朱粲殺段確以反。乙巳，王世充廢越王侗，自稱皇帝。癸亥，陷伊州，執總管張善相。

五月庚辰，涼州將安脩仁執李軌以降。癸未，曲赦涼、甘、瓜、鄯、肅、會、蘭、河、廓九州。

六月，王世充殺越王侗。戊戌，立周公、孔子廟于國子監。庚子，竇建德陷滄州。丁未，劉武周陷介州。癸亥，裴寂爲晉州道行軍總管。離石胡劉季眞叛，陷石州，刺史王儉死之。

七月壬申，徐圓朗降。

八月丁酉，酅國公薨。甲子，竇建德陷洺州，執總管袁子幹。

九月辛未，殺戶部尚書劉文靜。李子通自稱皇帝。沈法興自稱梁王。丁丑，杜伏威降。裴寂及劉武周戰于介州，敗績，右武衛大將軍姜寶誼死之。庚辰，竇建德陷相州，總管呂珉死之。辛巳，劉武周陷并州。庚寅，太白晝見。竇建德陷趙州，執總管張志昂。乙未，

京師地震。梁師都寇延州，鄜州刺史梁禮死之。

十月己亥，羅藝降。乙卯，如華陰，赦募士背軍者。壬戌，劉武周寇晉州，永安王孝基及工部尚書獨孤懷恩、陝州總管于筠、內史侍郎唐儉討之。甲子，祠華山。是月，夏縣人呂崇茂反。秦王世民討劉武周。

十一月丙子，竇建德陷黎州，執淮安王神通、總管李世勣。

十二月丙申，獵于華山。永安王孝基及劉武周戰于下邽，敗績。壬子，大風拔木。

三年正月己巳，獵于渭濱。戊寅，王行本降。辛巳，如蒲州。癸巳，至自蒲州。

二月丁酉，京師西南地有聲。庚子，如華陰。甲寅，獨孤懷恩謀反，伏誅。辛酉，檢校隰州總管劉師善謀反，伏誅。

三月庚午，改納言爲侍中，內史令爲中書令。甲戌，中書侍郎封德彝兼中書令。乙酉，劉季眞降。

四月丙申，祠華山。壬寅，至自華陰。癸卯，禁關內諸州屠。甲寅，秦王世民及宋金剛戰于雀鼠谷，敗之。辛酉，王世充陷鄧州，總管雷四郎死之。壬戌，秦王世民及劉武周戰于洺州，敗之，武周亡入于突厥。克并州。

五月壬午，秦王世民屠夏縣。

六月丙申，赦晉、隰、潞、并四州。癸卯，詔隋帝及其宗室柩在江都者，爲營窆，置陵廟，以故宮人守之。丙午，慮囚。封子元景爲趙王，元昌魯王，元亨酆王。己酉，出宮女五百人，賜東征將士有功者。甲寅，顯州長史田瓚殺行臺尚書令楊士林，叛附于王世充。乙卯，瘞州縣暴骨。

七月壬戌，秦王世民討王世充。甲戌，皇太子屯于蒲州，以備突厥。丙戌，梁師都導突厥、稽胡寇邊，行軍總管段德操敗之。

八月庚子，慮囚。甲辰，時德叡降。

九月癸酉，田瓚降。己丑，給復陝、鼎、熊、穀四州二年。

十月戊申，高開道降。己酉，楊仲達降。己未，有星隕于東都。

十二月己酉，瓜州刺史賀拔行威反。

四年正月辛巳，皇太子伐稽胡。

二月，竇建德陷曹州，執孟海公。己丑，車騎將軍董阿興反于隴州，伏誅。乙巳，太常少卿李仲文謀反，伏誅。丙午，慮囚。丁巳，赦代州總管府石嶺之北。

三月，進封宜都郡王泰爲衛王。庚申，慮囚。乙酉，竇建德陷管州，刺史郭志安死之。

四月壬寅，齊王元吉及王世充戰于東都，敗績，行軍總管盧君諤死之。戊申，突厥寇并州，執漢陽郡王瓌、太常卿鄭元璹、左驍騎衛大將軍長孫順德。甲寅，封子元方爲周王，元禮鄭王，元嘉宋王，元則荆王，元茂越王。丁巳，左武衛將軍王君廓敗張青特，執之。

五月壬戌，秦王世民敗竇建德于虎牢，執之。乙丑，赦山東爲建德所詿誤者。戊辰，王世充降。庚午，周法明降。

六月庚寅，赦河南爲王世充所詿誤者。戊戌，蔣善合降。庚子，營州人石世則執其總管晉文衍，叛附于靺鞨。乙卯，臧君相降。

七月甲子，秦王世民俘王世充以獻。丙寅，竇建德伏誅。丁卯，大赦，給復天下一年，陝、鼎、函、虢、虞、芮、豳七州二年。甲戌，劉黑闥反于貝州。辛巳，戴州刺史孟啖鬼反，伏誅。

八月丙戌朔，日有食之。丁亥，皇太子安撫北境。丁酉，劉黑闥陷鄃縣，魏州刺史權威、貝州刺史戴元祥死之。癸卯，突厥寇代州，執行軍總管王孝基。丁未，劉黑闥陷歷亭，屯衛將軍王行敏死之。辛亥，深州人崔元遜殺其刺史裴晞，叛附于劉黑闥。兗州總管徐圓朗反。

九月，盧祖尙降。乙卯，淳于難降。甲子，汪華降。

是秋，夔州總管、趙郡王孝恭率十二總管兵以討蕭銑。

十月己丑，秦王世民爲天策上將，領司徒，齊王元吉爲司空。庚寅，劉黑闥陷瀛州，執刺史盧士叡，又陷觀州。癸卯，毛州人董燈明殺其刺史趙元愷。乙巳，趙郡王孝恭敗蕭銑于荆州，執之。

閏月乙卯，如稷州。己未，幸舊墅。壬戌，獵于好畤。乙丑，獵于九嵕。丁卯，獵于仲山。戊辰，獵于清水谷，遂幸三原。辛未，如周氏陂。壬申，至自周氏陂。

十一月甲申，有事于南郊。庚寅，李子通降。丙申，子通謀反，伏誅。壬寅，劉黑闥陷定州，總管李玄通死之。庚戌，杞州人周文舉殺其刺史王孝矩，叛附于黑闥。

十二月乙卯，黑闥陷冀州，總管麴稜死之。甲子，左武候將軍李世勣及黑闥戰于宋州，敗績。丁卯，秦王世民、齊王元吉討黑闥。己巳，黑闥陷邢州。庚午，陷魏州，總管潘道毅死之。辛未，陷莘州〔四〕。壬申，徙封元嘉爲徐王。

五年正月乙酉，劉黑闥陷相州，刺史房晃死之。丙戌，殷恭邃降。丁亥，濟州別駕劉伯通執其刺史竇務本，叛附于徐圓朗。庚寅，東鹽州治中王才藝殺其刺史田華，叛附于劉黑

闥。丙申，相州人殺其刺史獨孤徹，以其州叛附于黑闥。己酉，楊世略、劉元進降。

二月，王要漢降。己巳，秦王世民克邢州。丁丑，劉黑闥陷洺水，總管羅士信死之。戊寅，汴州總管王要漢敗徐圓朗于杞州，執周文舉。

三月戊戌，譚州刺史李義滿殺齊州都督王薄。丁未，秦王世民及劉黑闥戰于洺水，敗之，黑闥亡入于突厥。蔚州總管高開道反，寇易州，刺史慕容孝幹死之。

四月，梁州野蠶成繭。冉安昌降。己未，甯長眞降。戊辰，釋流罪以下稺麥。壬申，代州總管李大恩及突厥戰，死之。戊寅，鄧文進降。

五月，田留安降。庚寅，瓜州人王幹殺賀拔行威以降。乙巳，賜荆州今歲田租。

六月辛亥，劉黑闥與突厥寇山東。車騎將軍元韶爲瓜州道行軍總管，以備突厥。癸丑，吐谷渾寇洮、旭、疊三州，岷州總管李長卿敗之。乙卯，淮安郡王神通討徐圓朗。

七月甲申，作弘義宮。甲午，淮陽郡王道玄爲河北道行軍總管，討劉黑闥。貝州人董該以定州叛附于黑闥。丙申，突厥殺劉武周于白道。遷州人鄧士政反，執其刺史李敬昂。丁酉，馮盎降。

八月辛亥，葬隋煬帝。甲寅，吐谷渾寇岷州，益州道行臺左僕射竇軌敗之。乙卯，突厥寇邊。庚申，皇太子出豳州道，秦王世民出秦州道，以禦突厥。己巳，吐谷渾陷洮州。并州總管、襄邑郡王神符及突厥戰于汾東，敗之。戊寅，突厥陷大震關。

九月癸巳，靈州總管楊師道敗之于三觀山。丙申，洪州總管宇文歆又敗之于崇岡。壬寅，定州總管雙士洛、驃騎將軍魏道仁又敗之于恆山之陽。丙午，領軍將軍安興貴又敗之于甘州。劉黑闥陷瀛州，刺史馬匡武死之。東鹽州人馬君德以其州叛附于黑闥。

十月己酉，齊王元吉討黑闥。癸丑，貝州刺史許善護及黑闥戰于鄃縣，死之。甲寅，觀州刺史劉君會叛附于黑闥。乙丑，淮陽郡王道玄及黑闥戰于下博，死之。己巳，林士弘降。

十一月庚辰，劉黑闥陷滄州。甲申，皇太子討黑闥。丙申，如宜州。癸卯，獵于富平北原。

十二月丙辰，獵于萬壽原。戊午，劉黑闥陷恆州，刺史王公政死之。庚申，至自萬壽原。壬申，皇太子及劉黑闥戰于魏州，敗之。甲戌，又敗之于毛州。

六年正月己卯，黑闥將葛德威執黑闥以降〔五〕。壬午，巂州人王摩娑反，驃騎將軍衞彥討之。庚寅，徐圓朗陷泗州。

二月，劉黑闥伏誅。庚戌，幸温湯。壬子，獵于驪山。甲寅，至自温湯。丙寅，行軍總管李世勣敗徐圓朗，執之。

三月，苗海潮、梅知巖、左難當降。乙巳，洪州總管張善安反。

四月己酉，吐蕃陷芳州〔六〕。己未，以故第爲通義宮，祭元皇帝、元貞皇后于舊寢。赦京城，賜從官帛。辛酉，張善安陷孫州，執總管王戎。丁卯，南州刺史龐孝泰反，陷南越州。壬申，封子元璹爲蜀王，元慶漢王。癸酉，裴寂爲尙書左僕射，蕭瑀爲右僕射，封德彝爲中書令，吏部尙書趙恭仁兼中書令、檢校涼州諸軍事。

五月庚寅，吐谷渾、党項寇河州，刺史盧士良敗之。癸卯，高開道以奚寇幽州，長史王說敗之。

六月丁卯，突厥寇朔州，總管高滿政敗之。曲赦朔州。

七月丙子，沙州別駕竇伏明反，殺其總管賀若懷廓。己亥，皇太子屯于北邊，秦王世民屯于并州，以備突厥。

八月壬子，淮南道行臺左僕射輔公祏反。乙丑，趙郡王孝恭討之。

九月壬辰，秦王世民爲江州道行軍元帥。丙申，渝州人張大智反。

十月丙午，殺廣州都督劉世讓。戊申，降死罪，流以下原之。己未，如華陰。張大智降。庚申，獵于白鹿原。壬戌，右虞候率杜士遠殺高滿政，以朔州反。丁卯，突厥請和。

十一月壬午，張善安襲殺黄州總管周法明。丁亥，如華陰。辛卯，獵于沙苑。丁酉，獵

于伏龍原。

十二月壬寅朔，日有食之。癸卯，張善安降。庚戌，以奉義監爲龍躍宮，武功宅爲慶善宮。甲寅，至自華陰。

七年正月庚寅，鄒州人鄧同穎殺其刺史李士衡。

二月丁巳，釋奠于國學。己未，漁陽部將張金樹殺高開道以降。

三月戊戌，趙郡王孝恭敗輔公祏，執之。己亥，孝恭殺越州都督闞稜。

四月庚子，大赦。班新律令。給復江州道二年、揚越一年。

五月丙戌，作仁智宮。

六月辛丑，如仁智宮。壬戌，慶州都督楊文幹反。

七月己巳，突厥寇朔州，總管秦武通敗之。癸酉，慶州人殺楊文幹以降。甲午，至自仁智宮。嶲州地震山崩，遏江水。

閏月己未，秦王世民、齊王元吉屯于豳州，以備突厥。

八月己巳，吐谷渾寇鄯州，驃騎將軍彭武傑死之。戊寅，突厥寇綏州，刺史劉大俱敗之。壬辰，突厥請和。丁酉，裴寂使于突厥。

十月丁卯，如慶善宮。辛未，獵于鄠南。癸酉，幸終南山。丙子，謁樓觀老子祠。庚寅，獵于圍川。

十二月丁卯，如龍躍宮。戊辰，獵于高陵。庚午，至自高陵。太子詹事裴矩檢校侍中。

八年二月癸未，慮囚。

四月甲申，如鄠，獵于甘谷。作太和宮。丙戌，至自鄠。

六月甲子，如太和宮。

七月丙午，至自太和宮。丁巳，秦王世民屯于蒲州，以備突厥。

八月壬申，并州行軍總管張瑾及突厥戰于太谷，敗績，鄆州都督張德政死之，執行軍長史溫彥博。甲申，任城郡王道宗及突厥戰于靈州，敗之。丁亥，突厥請和。

十月辛巳，如周氏陂，獵于北原。壬午，如龍躍宮。

十一月辛卯，如宜州，獵于西原。裴矩罷。庚子，講武于同官。天策府司馬宇文士及權檢校侍中。辛丑，徙封元璹爲吳王，元慶陳王。癸卯，秦王世民爲中書令，齊王元吉爲侍中。癸丑，獵于華池北原。

十二月辛酉，至自華池。庚辰，獵于鳴犢泉。辛巳，至自鳴犢泉。

九年正月甲寅，裴寂爲司空。

二月庚申，齊王元吉爲司徒。壬午，有星孛于胃、昴。丁亥，孛于卷舌。

三月庚寅，幸昆明池，習水戰。壬辰，至自昆明池。丙午，如周氏陂。乙卯，至自周氏陂。丁巳，突厥寇涼州，都督、長樂郡王幼良敗之。

四月辛巳，廢浮屠、老子法。

六月丁巳，太白經天。庚申，秦王世民殺皇太子建成、齊王元吉。大赦。復浮屠、老子法。癸亥，立秦王世民爲皇太子，聽政。賜爲父後者襲勳、爵，赤牒官得爲眞，免民逋租宿賦。己卯，太白晝見。庚辰，幽州都督、廬江郡王瑗反，伏誅。癸未，赦幽州管內爲瑗所詿誤者。

七月辛卯，楊恭仁罷。太子右庶子高士廉爲侍中，左庶子房玄齡爲中書令，蕭瑀爲尚書左僕射。癸巳，宇文士及爲中書令，封德彝爲尚書左僕射。辛亥，太白晝見。甲寅，太白晝見。

八月丙辰，突厥請和。丁巳，太白晝見。壬戌，吐谷渾請和。甲子，皇太子即皇帝位。貞觀三年，太上皇徙居大安宮。九年五月，崩于垂拱前殿，年七十一。謚曰太武，廟號

高祖。上元元年，改謚神堯皇帝。天寶八載，謚神堯大聖皇帝；十三載，增謚神堯大聖大光孝皇帝。

贊曰：自古受命之君，非有德不王。自夏后氏以來，始傳以世，而有賢有不肖，故其爲世，數亦或短或長。論者乃謂周自后稷至於文、武，積功累仁，其來也遠，故其爲世尤長。然考於世本，夏、商、周皆出於黃帝，夏自鯀以前，商自契至於成湯，其間寂寥無聞，與周之興異矣。而漢亦起於亭長叛亡之徒。及其興也，有天下皆數百年而後已。由是言之，天命豈易知哉！然考其終始治亂，顧其功德有厚薄與其制度紀綱所以維持者如何，而其後世或浸以隆昌，或遽以壞亂，或漸以陵遲，或能振而復起，或遂至於不可支持，雖各因其勢，然有德則興，無德則絕，豈非所謂天命者常不顯其符，而俾有國者兢兢以自勉耶？唐在周、隋之際，世雖貴矣，然爲有所謂積功累仁之漸，而高祖之興，亦何異因時而特起者歟？雖其有治有亂，或絕或微，然其有天下年幾三百，可謂盛哉！豈非人厭隋亂而蒙德澤，繼以太宗之治，制度紀綱之法，後世有以憑藉扶持，而能永其天命歟？

校勘記

〔一〕周安州總管　「周」，各本原作「隋」，本書卷七〇上宗室世系表及舊唐書（下簡稱舊書）卷一高祖紀並作「周」。按唐高祖以周天和元年生於長安，七歲襲唐國公，爲周建德元年，則昞終于周，並未入隋。作「周」是，據改。

〔二〕母端兒　「母」，衲、影印南宋閩刻十行（下簡稱十行本）、殿、局本同，汲本作「馬」；資治通鑑（下簡稱通鑑）卷一八二作「毋」，胡三省注（下簡稱胡注）：「毋，音無，姓也。」

〔三〕石艾縣長殷開山爲掾　「石艾縣長」，本書卷九〇殷開山傳、舊書卷五八殷嶠傳及通鑑卷一八四均作「太谷長」。

〔四〕庚午陷魏州總管潘道毅死之辛未陷莘州　「莘」，各本原作「業」，通鑑卷一八九作「莘」。按本書卷三九地理志魏州莘縣云：「武德五年，以莘、臨黃、武陽、博州之武水置莘州。」是莘州乃由魏州析置。既云「庚午，陷魏州」，次日辛未所陷當爲莘州。據改。

〔五〕葛德威　本書卷八六劉黑闥傳及通鑑卷一九〇均作「諸葛德威」。

〔六〕吐蕃陷芳州　通鑑卷一九〇作「吐谷渾寇芳州」。

唐書卷二

本紀第二

太宗

太宗文武大聖大廣孝皇帝諱世民，高祖次子也。母曰太穆皇后竇氏。生而不驚。方四歲，有書生謁高祖曰：「公在相法，貴人也，然必有貴子。」及見太宗，曰：「龍鳳之姿，天日之表，其年幾冠，必能濟世安民。」書生已辭去，高祖懼其語泄，使人追殺之，而不知其所往，因以爲神。乃採其語，名之曰世民。

大業中，突厥圍煬帝鴈門，煬帝從圍中以木繫詔書，投汾水而下，募兵赴援。太宗時年十六，往應募，隸將軍雲定興，謂定興曰：「虜敢圍吾天子者，以爲無援故也。今宜先後吾軍爲數十里，使其晝見旌旗，夜聞鉦鼓，以爲大至，則可不擊而走之。不然，知我虛實，則勝敗未可知也。」定興從之。軍至崞縣，突厥候騎見其軍來不絕，果馳告始畢可汗曰：「救兵大

至矣！」遂引去。高祖擊歷山飛，陷其圍中，太宗馳輕騎取之而出，遂奮擊，大破之。

太宗爲人聰明英武，有大志，而能屈節下士。時天下已亂，盜賊起，知隋必亡，乃推財養士，結納豪傑。長孫順德、劉弘基等，皆因事亡命，匿之。又與晉陽令劉文靜尤善，文靜坐李密事繫獄，太宗夜就獄中見之，與圖大事。時百姓避賊多入城，城中幾萬人，文靜爲令久，知其豪傑，因共部署。計已定，乃因裴寂告高祖。高祖初不許，已而許之。

高祖已起兵，建大將軍府。太宗率兵徇西河，斬其郡丞高德儒。拜右領軍大都督，封燉煌郡公。唐兵西，將至霍邑，會天久雨，糧且盡，高祖謀欲還兵太原。太宗諫曰：「義師爲天下起也，宜直入咸陽，號令天下。今還守一城，是爲賊爾。」高祖不納。太宗哭于軍門，高祖驚，召問之，對曰：「還則衆散於前，而敵乘於後，死亡須臾，所以悲爾。」高祖寤，曰：「起事者汝也，成敗惟汝。」時左軍已先返，卽與隴西公建成分追之。夜半，太宗失道入山谷，棄其馬，步而及其兵，與俱還。高祖乃將而前，遲明至霍邑。宋老生不出，太宗從數騎傅其城，舉鞭指麾，若將圍之者。老生怒，出，背城陣。高祖率建成居其東，太宗及柴紹居其南。老生兵薄東陣，建成墜馬，老生乘之，高祖軍却。太宗自南原馳下坂，分兵斷其軍爲二，而出其陣後，老生兵敗走，遂斬之。進次涇陽，擊胡賊劉鷂子，破之。唐兵攻長安，太宗屯金城坊，攻其西北，遂克之。

義寧元年，爲光祿大夫、唐國內史，徙封秦國公，食邑萬戶。薛舉

攻扶風，太宗擊敗之，斬首萬餘級，遂略地至隴右。二年，爲右元帥，徙封趙國公，率兵十萬攻東都，不克而還，設三伏于三王陵，敗隋將段達兵萬人。

武德元年，爲尚書令、右翊衞大將軍，進封秦王。薛舉寇涇州，太宗爲西討元帥，進位雍州牧。七月，太宗有疾，諸將爲舉所敗。八月，太宗疾閒，復屯于高墌城，相持六十餘日。已而舉死，其子仁杲率其衆求戰，太宗按軍不動。久之，仁杲糧盡，衆稍離叛，太宗曰：「可矣！」乃遣行軍總管梁實柵淺水原。仁杲將宗羅睺擊實，太宗遣將軍龐玉救實，玉軍幾敗，太宗率兵出其後，羅睺敗走，太宗追之，至其城下，仁杲乃出降。師還，高祖遣李密馳傳勞之于豳州。密見太宗，不敢仰視，退而歎曰：「眞英主也！」獻捷太廟，拜右武候大將軍、太尉、使持節、陝東道大行臺尚書令，詔蒲、陝、河北諸總管兵皆受其節度。

二年正月，鎭長春宮，進拜左武候大將軍、涼州總管。是時，劉武周據幷州，宋金剛陷澮州〔一〕，王行本據蒲州，而夏縣人呂崇茂殺縣令以應武周。高祖懼，詔諸將棄河東以守關中。太宗以爲不可棄，願得兵三萬可以破賊。高祖於是悉發關中兵益之。十一月，出龍門關，屯于柏壁。

三年四月，擊敗宋金剛于柏壁。金剛走介州，太宗追之，一日夜馳二百里，宿于雀鼠谷之西原。軍士皆饑，太宗不食者二日，行至浩州乃得食，而金剛將尉遲敬德、尋相等皆來

降。劉武周懼，奔于突厥，其將楊伏念舉幷州降。高祖遣蕭瑀卽軍中拜太宗益州道行臺尚書令。七月，討王世充，敗之于北邙。

四年二月，竇建德率兵十萬以援世充，太宗敗建德于虎牢，執之，世充乃降。六月，凱旋，太宗被金甲，陳鐵騎一萬、介士三萬，前後鼓吹，獻俘于太廟。高祖以謂太宗功高，古官號不足以稱，乃加號天策上將，領司徒、陝東道大行臺尚書令，位在王公上，增邑戶至三萬，賜袞冕、金輅、雙璧、黃金六千斤，前後鼓吹九部之樂，班劍四十人。

五年正月，討劉黑闥於洺州，敗之。黑闥旣降，已而復反。高祖怒，命太子建成取山東男子十五以上悉阬之，驅其小弱婦女以實關中。太宗切諫，以爲不可，遂已。加拜左右十二衞大將軍。

七年，突厥寇邊，太宗與遇于豳州，從百騎與其可汗語，乃盟而去。

八年，進位中書令。初，高祖起太原，非其本意，而事出太宗。及取天下，破宋金剛、王世充、竇建德等，太宗功益高，而高祖屢許以爲太子。太子建成懼廢，與齊王元吉謀害太宗，未發。

九年六月，太宗以兵入玄武門，殺太子建成及齊王元吉。高祖大驚，乃以太宗爲皇太子。

八月甲子，卽皇帝位于東宮顯德殿。遣裴寂告于南郊。大赦，武德流人還之。賜文武官勳、爵。免關內及蒲、芮、虞、泰、陝、鼎六州二歲租，給復天下一年。民八十以上賜粟帛，百歲加版授。廢潼關以東瀕河諸關。癸酉，放宮女三千餘人。丙子，立妃長孫氏爲皇后。癸未，突厥寇便橋。乙酉，及突厥頡利盟于便橋。

九月壬子，禁私家妖神淫祀、占卜非龜易五兆者。

十月丙辰朔，日有食之。癸亥，立中山郡王承乾爲皇太子。庚辰，蕭瑀、陳叔達罷。

十一月庚寅，降宗室郡王非有功者爵爲縣公。

十二月癸酉，慮囚。

是歲，進封子長沙郡王恪爲漢王，宜陽郡王祐楚王。

貞觀元年正月乙酉，改元。辛丑，燕郡王李藝反于涇州，伏誅。

二月丁巳，詔民男二十、女十五以上無夫家者，州縣以禮聘娶；貧不能自行者，鄉里富人及親戚資送之；鰥夫六十、寡婦五十、婦人有子若守節者勿彊。

三月癸巳，皇后親蠶。丙午，詔：「齊僕射崔季舒、黃門侍郎郭遵、尚書右丞封孝琰以極言蒙難，季舒子剛、遵子雲、孝琰子君遵並及淫刑，宜免內侍，褒敍以官。」

閏月癸丑朔，日有食之。

四月癸巳，涼州都督、長樂郡王幼良有罪，伏誅。

五月癸丑，敕中書令、侍中朝堂受訟辭，有陳事者悉上封。

六月辛丑，封德彝薨。甲辰，太子少師蕭瑀爲尚書左僕射。

是夏，山東旱，免今歲租。

七月壬子，吏部尚書長孫无忌爲尚書右僕射。

八月河南、隴右邊州霜。宇文士及檢校涼州都督。戊戌，貶高士廉爲安州大都督。

九月庚戌朔，日有食之。辛酉，遣使諸州行損田，賑問下戶。御史大夫杜淹檢校吏部尚書，參議朝政。宇文士及罷。辛未，幽州都督王君廓奔于突厥。

十月丁酉，以歲饑減膳。

十一月己未，許子弟年十九以下隨父兄之官所。

十二月壬午，蕭瑀罷。戊申，利州都督李孝常、右武衞將軍劉德裕謀反，伏誅。

二年正月辛亥，長孫无忌罷。兵部尚書杜如晦檢校侍中，總監東宮兵馬事。癸丑，吐谷渾寇岷州，都督李道彥敗之。丁巳，徙封恪爲蜀王，泰越王，祐燕王。庚午，刑部尚書李

靖檢校中書令。

二月戊戌，外官上考者給祿。

三月戊申朔，日有食之。壬子，命中書門下五品以上及尚書議決死罪。壬戌，李靖爲關內道行軍大總管，以備薛延陀。己巳，遣使巡關內，出金寶贖饑民鬻子者還之。庚午，以旱蝗責躬，大赦。癸酉，雨。

四月己卯，瘞隋人暴骸。壬寅，朔方人梁洛仁殺梁師都以降。

六月甲申，詔出使官稟食其家。庚寅，以子治生，賜是日生子者粟。辛卯，辰州刺史裴虔通以弒隋煬帝削爵，流驩州。

七月戊申，萊州刺史牛方裕、絳州刺史薛世良、廣州長史唐奉義、虎牙郎將高元禮(三)，以宇文化及之黨，皆除名，徙于邊。

八月甲戌，省冤獄于朝堂。辛丑，立二王後廟，置國官。

九月壬子，以有年，賜酺三日。

十月庚辰，杜淹薨。戊子，殺瀛州刺史盧祖尚。

十一月辛酉，有事于南郊。

十二月壬辰，黃門侍郎王珪守侍中。癸巳，禁五品以上過市。

三年正月丙午，以旱避正殿。癸丑，官得上下考者，給祿一年。戊午，享于太廟。癸亥，耕藉田。辛未，裴寂罷。

二月戊寅，房玄齡爲尚書左僕射，杜如晦爲右僕射，尚書右丞魏徵爲祕書監，參預朝政。

三月己酉，慮囚。

四月乙亥，太上皇徙居于大安宮。甲午，始御太極殿。戊戌，賜孝義之家粟五斛，八十以上二斛，九十以上三斛，百歲加絹二匹，婦人正月以來產子者粟一斛。

五月乙丑，周王元方薨。

六月戊寅，以旱慮囚。己卯，大風拔木。壬午，詔文武官言事。

八月己巳朔，日有食之。丁亥，李靖爲定襄道行軍大總管，以伐突厥。

九月丁巳，華州刺史柴紹爲勝州道行軍總管，以伐突厥。

十一月庚申，并州都督李世勣爲通漠道行軍總管，華州刺史柴紹爲金河道行軍總管，任城郡王道宗爲大同道行軍總管，幽州都督衞孝節爲恆安道行軍總管，營州都督薛萬淑爲暢武道行軍總管，以伐突厥。

十二月癸未，杜如晦罷。

閏月癸丑，爲死兵者立浮屠祠。辛酉，慮囚。

是歲，中國人歸自塞外及開四夷爲州縣者百二十餘萬人。

四年正月丁卯朔，日有食之。癸巳，武德殿北院火。

二月己亥，幸溫湯。甲辰，李靖及突厥戰于陰山，敗之。丙午，至自溫湯。甲寅，大赦，賜酺五日。御史大夫溫彥博爲中書令，王珪爲侍中，民部尚書戴冑檢校吏部尚書，參豫朝政；太常卿蕭瑀爲御史大夫，與宰臣參議朝政。丁巳，以旱詔公卿言事。

三月甲午，李靖俘突厥頡利可汗以獻。

四月戊戌，西北君長請上號爲「天可汗」。

六月乙卯，發卒治洛陽宮。

七月甲子朔，日有食之。癸酉，蕭瑀罷。甲戌，太上皇不豫，廢朝。辛卯，疾愈，賜都督刺史文武官及民年八十以上、孝子表門閭者有差。

八月甲寅，李靖爲尚書右僕射。

九月庚午，瘞長城南隋人暴骨。己卯，如隴州。壬午，禁芻牧于古明君、賢臣、烈士之

墓者。

十月壬辰，赦岐、隴二州，免今歲租賦，降咸陽、始平、武功死罪以下。辛丑，獵于貴泉谷。甲辰，獵于魚龍川，獻獲于大安宮。乙卯，免武功今歲租賦。

十一月壬戌，右衞大將軍侯君集爲兵部尚書，參議朝政。甲子，至自隴州。戊寅，除鞭背刑。

十二月甲辰，獵于鹿苑。乙巳，至自鹿苑。

是歲，天下斷死罪者二十九人。

五年正月癸酉，獵于昆明池。丙子，至自昆明池，獻獲于大安宮。

二月己酉，封弟元裕爲鄶王，元名譙王，靈夔魏王，元祥許王，元曉密王。庚戌，封子愔爲梁王，貞漢王，惲郯王，治晉王，慎申王，囂江王，簡代王。

四月壬辰，代王簡薨。

五月乙丑，以金帛購隋人沒于突厥者，以還其家。

八月甲辰，遣使高麗，祭隋人戰亡者。戊申，殺大理丞張蘊古。

十一月丙子，有事于南郊。

十二月丁亥，詔：「決死刑，京師五覆奏，諸州三覆奏，其日尚食毋進酒肉。」壬寅，幸溫湯。癸卯，獵于驪山，賜新豐高年帛。戊申，至自溫湯。癸丑，赦關內。

六年正月乙卯朔，日有食之。癸酉，靜州山獠反，右武衛將軍李子和敗之。

三月，侯君集罷。戊辰，如九成宮。丁丑，降雍、岐、豳三州死罪以下，賜民八十以上粟帛。

五月，魏徵檢校侍中。

六月己亥，鄧王元亨薨。辛亥，江王囂薨。

七月己巳，詔天下行鄉飲酒。

九月己酉，幸慶善宮。

十月，侯君集起復。乙卯，至自慶善宮。

十二月辛未，慮囚，縱死罪者歸其家。

是歲，諸羌內屬者三十萬人。

七年正月戊子，斥宇文化及黨人之子孫勿齒。辛丑，賜京城酺三日。

二月丁卯，雨土。

三月戊子，王珪罷。庚寅，魏徵爲侍中。

五月癸未，如九成宮。

六月辛亥，戴冑薨。

八月辛未，東西洞獠寇邊，右屯衞大將軍張士貴爲龔州道行軍總管以討之。

九月，縱囚來歸，皆赦之。

十月庚申，至自九成宮。乙丑，京師地震。

十一月壬辰，開府儀同三司長孫无忌爲司空。

十二月甲寅，幸芙蓉園。丙辰，獵于少陵原。戊午，至自少陵原。

八年正月辛丑，張士貴及獠戰，敗之。壬寅，遣使循省天下。

二月乙巳，皇太子加元服。丙午，降死罪以下，賜五品以上子爲父後者爵一級，民酺三日。

三月庚辰，如九成宮。

五月辛未朔，日有食之。

是夏，吐谷渾寇涼州，左驍衛大將軍段志玄爲西海道行軍總管，左驍衛將軍樊興爲赤水道行軍總管，以伐之。

七月，隴右山崩。

八月甲子，有星孛于虛、危。

十月，作永安宮。甲子，至自九成宮。

十一月辛未，李靖罷。己丑，吐谷渾寇涼州，執行人鴻臚丞趙德楷。

十二月辛丑，特進李靖爲西海道行軍大總管，侯君集爲積石道行軍總管，任城郡王道宗爲鄯善道行軍總管，膠東郡公道彥爲赤水道行軍總管，涼州都督李大亮爲且末道行軍總管，利州刺史高甑生爲鹽澤道行軍總管，以伐吐谷渾。丁卯，從太上皇閱武于城西。

九年正月，党項羌叛。

二月，長孫无忌罷。

三月庚辰，洮州羌殺刺史孔長秀，附于吐谷渾。壬午，大赦。乙酉，高甑生及羌人戰，敗之。

閏四月丙寅朔，日有食之。

五月，長孫无忌起復。庚子，太上皇崩，皇太子聽政。壬子，李靖及吐谷渾戰，敗之。

七月庚子，鹽澤道行軍副總管劉德敏及羌人戰，敗之。

十月庚寅，葬太武皇帝于獻陵。

十一月壬戌，特進蕭瑀參豫朝政。

十年正月甲午，復聽政。癸丑，徙封元景爲荆王，元昌漢王，元禮徐王，元嘉韓王，元則彭王，元懿鄭王，元軌霍王，元鳳虢王，元慶道王，靈夔燕王，恪吳王，泰魏王，祐齊王，愔蜀王，惲蔣王，貞越王，慎紀王。

三月癸丑，出諸王爲都督。

六月壬申，溫彥博爲尚書右僕射，太常卿楊師道爲侍中。魏徵罷爲特進，知門下省事，參議朝章國典。己卯，皇后崩。

十一月庚寅，葬文德皇后于昭陵。

十二月，蕭瑀罷。庚辰，慮囚。

十一年正月丁亥，徙封元裕爲鄧王，元名舒王。庚子，作飛山宮。乙卯，免雍州今歲租賦。

二月丁巳，營九嵕山爲陵，賜功臣、密戚陪塋地及祕器。甲子，如洛陽宮。乙丑，給民百歲以上侍五人。壬午，獵于鹿臺嶺。

三月丙戌朔，日有食之。癸卯，降洛州囚見徒，免一歲租、調。辛亥，獵于廣成澤。癸丑，如洛陽宮。

六月甲寅，溫彥博薨。丁巳，幸明德宮。己未，以諸王爲世封刺史。戊辰，以功臣爲世封刺史。己巳，徙封元祥爲江王。

七月癸未，大雨，水，穀、洛溢。乙未，詔百官言事。壬寅，廢明德宮之玄圃院，賜遭水家。丙午，給亳州老子廟、兗州孔子廟戶各二十以奉享，復涼武昭王近墓戶二十以守衞。

九月丁亥，河溢，壞陝州河北縣，毀河陽中潬，幸白司馬坂觀之，賜瀕河遭水家粟帛。

十月癸丑，賜先朝謀臣武將及親戚亡者塋陪獻陵。

十一月辛卯，如懷州。乙未，獵于濟源蓼山。丙午，如洛陽宮。

十二年正月乙未，巂州地震。癸卯，松州地震。

二月癸亥，如河北縣，觀厎柱。甲子，巫州獠反，夔州都督齊善行敗之。乙丑，如陝州。

丁卯，觀鹽池。庚午，如蒲州。甲戌，如長春宮。免朝邑今歲租賦，降囚罪。乙亥，獵于河濱。

閏月庚辰朔，日有食之。丙戌，至自長春宮。

七月癸酉，吏部尚書高士廉爲尚書右僕射。

八月壬寅，吐蕃寇松州，侯君集爲當彌道行軍大總管，率三總管兵以伐之。

九月辛亥，闊水道行軍總管牛進達及吐蕃戰于松州，敗之。

十月己卯，獵于始平，賜高年粟帛。乙未，至自始平。鈞州山獠反，桂州都督張寶德敗之。

十一月己巳，明州山獠反，交州都督李道彥敗之。

十二月辛巳，壁州山獠反，右武候將軍上官懷仁討之。

是歲，滁、豪二州野蠶成繭。

十三年正月乙巳，拜獻陵，赦三原及行從，免縣人今歲租賦，賜宿衞陵邑郎將、三原令爵一級。丁未，至自獻陵。

二月庚子，停世封刺史。

三月乙丑，有星孛于畢、昴。

四月戊寅，如九成宮。甲申，中郎將阿史那結社率反，伏誅。壬寅，雲陽石然。

五月甲寅，以旱避正殿，詔五品以上言事，減膳，罷役，理囚，賑乏，乃雨。

六月丙申，封弟元嬰爲滕王。

八月辛未朔，日有食之。

十月甲申，至自九成宮。

十一月辛亥，楊師道爲中書令。戊辰，尚書左丞劉洎爲黃門侍郎，參知政事。

十二月壬申，侯君集爲交河道行軍大總管，以伐高昌。乙亥，封子福爲趙王。壬辰，獵于咸陽。癸巳，至自咸陽。

是歲，滁州野蠶成繭。

十四年正月庚子，有司讀時令。甲寅，幸魏王泰第，赦雍州長安縣，免延康里今歲租賦。

二月丁丑，觀釋奠于國學，赦大理、萬年縣，賜學官高第生帛。壬午，幸溫湯。辛卯，至自溫湯。乙未，求梁皇侃、褚仲都，周熊安生、沈重，陳沈文阿、周弘正、張譏，隋何妥、劉焯、劉炫之後。

三月，羅、竇二州獠反，廣州總管党仁弘敗之。

五月壬寅，徙封靈夔爲魯王。

六月，滁州野蠶成繭。乙酉，大風拔木。

八月庚午，作襄城宮。癸酉，侯君集克高昌。

九月癸卯，赦高昌部及士卒父子犯死、期犯流、大功犯徒、小功緦麻犯杖，皆原之。

閏十月乙未，如同州。甲辰，獵于堯山。庚戌，至自同州。

十一月甲子，有事于南郊。

十二月丁酉，侯君集俘高昌王以獻，賜酺三日。癸卯，獵于樊川。乙巳，至自樊川。

十五年正月辛巳，如洛陽宮，次溫湯。衞士崔卿、刁文懿謀反，伏誅。

三月戊辰，如襄城宮。

四月辛卯，詔以來歲二月有事于泰山。乙未，免洛州今歲租，遷戶故給復者加給一年，賜民八十以上物，惸獨鰥寡疾病不能自存者米二斛。慮囚。

六月己酉，有星孛于太微。丙辰，停封泰山，避正殿，減膳。

七月丙寅，宥周、隋名臣及忠烈子孫貞觀以後流配者。

十月辛卯，獵于伊闕。壬辰，如洛陽宮。

十一月癸酉，薛延陀寇邊，兵部尚書李世勣爲朔州道行軍總管，右衞大將軍李大亮爲靈州道行軍總管，涼州都督李襲譽爲涼州道行軍總管，以伐之。

十二月戊子，至自洛陽宮。庚子，命三品以上嫡子事東宮。辛丑，慮囚。甲辰，李世勣及薛延陀戰于諾眞水，敗之。乙巳，贈戰亡將士官三轉。

十六年正月乙丑，遣使安撫西州。戊辰，募戍西州者，前犯流死亡匿，聽自首以應募。辛未，徙天下死罪囚實西州。中書舍人岑文本爲中書侍郎，專典機密。

六月戊戌，太白晝見。

七月戊午，長孫无忌爲司徒，房玄齡爲司空。

十一月丙辰，獵于武功。壬戌，獵于岐山之陽。甲子，賜所過六縣高年孤疾氈衾粟帛，遂幸慶善宮。庚午，至自慶善宮。

十二月癸卯，幸溫湯。甲辰，獵于驪山。乙巳，至自溫湯。

十七年正月戊辰，魏徵薨。代州都督劉蘭謀反，伏誅。

二月己亥，慮囚。戊申，圖功臣于凌煙閣。

三月壬子，禁送終違令式者。丙辰，齊王祐反，李世勣討之。甲子，以旱遣使覆囚決獄。乙丑，齊王祐伏誅，給復齊州一年。

四月乙酉，廢皇太子爲庶人，漢王元昌、侯君集等伏誅。丙戌，立晉王治爲皇太子，大赦，賜文武官及五品以上子爲父後者爵一級，民八十以上粟帛，酺三日。丁亥，楊師道罷。己丑，特進蕭瑀爲太子太保，李世勣爲太子詹事，同中書門下三品。庚寅，謝承乾之過于太廟。癸巳，降封魏王泰爲東萊郡王。

六月己卯朔，日有食之。壬辰，葬隋恭帝。甲午，以旱避正殿，減膳，詔京官五品以上言事。丁酉，高士廉同中書門下三品，平章政事。

閏月丁巳，詔皇太子典左右屯營兵。丙子，徙封泰爲順陽郡王。

七月丁酉，房玄齡罷。

八月庚戌，工部尚書張亮爲刑部尚書，參豫朝政。

十月丁未，建諸州邸于京城。丁巳，房玄齡起復。

十一月己卯，有事于南郊。壬午，賜酺三日，以涼州獲瑞石，赦涼州。

十二月庚申，幸溫湯。庚午，至自溫湯。

十八年正月乙未，如鍾官城。庚子，如鄠。壬寅，幸溫湯。

二月己酉，如零口。乙卯，至自零口。丁巳，給復突厥、高昌部人隸諸州者二年。

四月辛亥，如九成宮。

七月甲午，營州都督張儉率幽、營兵及契丹、奚以伐高麗。

八月壬子，安西都護郭孝恪爲西州道行軍總管，以伐焉耆。甲子，至自九成宮。丁卯，劉洎爲侍中，岑文本爲中書令，中書侍郎馬周守中書令。

九月，黃門侍郎褚遂良參豫朝政。辛卯，郭孝恪及焉耆戰，敗之。

十月辛丑朔，日有食之。癸卯，宴雍州父老于上林苑，賜粟帛。甲寅，如洛陽宮。己巳，獵于天池。

十一月戊寅，慮囚。庚辰，遣使巡問鄭、汝、懷、澤四州高年，宴賜之。甲午，張亮爲平壤道行軍大總管，李世勣、馬周爲遼東道行軍大總管，率十六總管兵以伐高麗。

十二月壬寅，庶人承乾卒。戊午，李思摩部落叛。

十九年二月庚戌，如洛陽宮，以伐高麗。癸丑，射虎于武德北山。乙卯，皇太子監國于定州。丁巳，賜所過高年鰥寡粟帛，贈比干太師，謚忠烈。

三月壬辰，長孫无忌攝侍中，吏部尚書楊師道攝中書令。

四月癸卯，誓師于幽州，大饗軍。丁未，岑文本薨。癸亥，李世勣克蓋牟城。

五月己巳，平壤道行軍總管程名振克沙卑城。庚午，次遼澤，瘞隋人戰亡者。乙亥，遼東道行軍總管張君乂有罪，伏誅。丁丑，軍于馬首山。甲申，克遼東城。

六月丁酉，克白巖城。己未，大敗高麗于安市城東南山，左武衞將軍王君愕死之。辛酉，賜酺三日。

七月壬申，葬死事官，加爵四級，以一子襲。

九月癸未，班師。

十月丙午，次營州，以太牢祭死事者。丙辰，皇太子迎謁于臨渝關。戊午，次漢武臺，刻石紀功。

十一月癸酉，大饗軍于幽州。庚辰，次易州。癸未，平壤道行軍總管張文幹有罪，伏誅。丙戌，次定州。丁亥，貶楊師道爲工部尚書。

十二月戊申，次并州。己未，薛延陀寇夏州，左領軍大將軍執失思力敗之。庚申，殺劉洎。

二十年正月辛未，夏州都督喬師望及薛延陀戰，敗之。丁丑，遣使二十二人，以六條黜陟于天下。庚辰，赦幷州，起義時編戶給復三年，後附者一年。

二月甲午，從伐高麗無功者，皆賜勳一轉。庚申，賜所過高年鰥寡粟。

三月己巳，至自高麗。庚午，不豫，皇太子聽政。己丑，張亮謀反，伏誅。

閏月癸巳朔，日有食之。

六月乙亥，江夏郡王道宗、李世勣伐薛延陀。

七月辛亥，疾愈。李世勣及薛延陀戰，敗之。

八月甲子，封孫忠爲陳王。己巳，如靈州。庚辰，次涇州，賜高年鰥寡粟帛。丙戌，踰隴山關，次瓦亭，觀馬牧。丁亥，許陪陵者子孫從葬。

九月辛卯，遣使巡察嶺南。甲辰，鐵勒諸部請上號爲「可汗」。辛亥，靈州地震。

十月，貶蕭瑀爲商州刺史。丙戌，至自靈州。

十一月己丑，詔：「祭祀、表疏、蕃客、兵馬、宿衞行魚契給驛，授五品以上官及除解，決死罪，皆以聞，餘委皇太子。」

二十一年正月壬辰，高士廉薨。丁酉，詔以來歲二月有事于泰山。甲寅，以鐵勒諸部

本紀第二 太宗 四五

唐書卷二 四六

爲州縣，賜京師酺三日。慮囚，降死罪以下。

二月丁丑，皇太子釋菜于太學。

三月戊子，左武衞大將軍牛進達爲青丘道行軍大總管，李世勣爲遼東道行軍大總管，率三總管兵以伐高麗。

四月乙丑，作翠微宮。

五月戊子，幸翠微宮。壬辰，命百司決事于皇太子。庚戌，李世勣克南蘇、木底城。

六月丁丑，遣使鐵勒諸部贖中國人陷沒者。

七月乙未，牛進達克石城。丙申，作玉華宮。庚戌，至自翠微宮。

八月，泉州海溢。壬戌，停封泰山。

九月丁酉，封子明爲曹王。

十月癸丑，褚遂良罷。

十一月癸卯，進封泰爲濮王。

十二月戊寅，左驍衞大將軍契苾何力爲崑丘道行軍大總管，率三總管兵以伐龜茲。

二十二年正月庚寅，馬周薨。戊戌，幸溫湯。己亥，中書舍人崔仁師爲中書侍郎，參知機務。丙午，左武衞大將軍薛萬徹爲青丘道行軍大總管，以伐高麗。長孫无忌檢校中書令，知尚書、門下省事。戊申，至自溫湯。

二月，褚遂良起復。乙卯，見京城父老，勞之，蠲今歲半租，畿縣三之一。丁卯，詔度遼水有功未酬勳而犯罪者與成官同。乙亥，幸玉華宮。己卯，獵于華原。流崔仁師于連州。

三月丁亥，赦宜君，給復縣人自玉華宮苑中遷者三年。

四月丁巳，松州蠻叛，右武候將軍梁建方敗之。

六月丙寅，張行成存問河北從軍者家，令州縣爲營農。丙子，薛萬徹及高麗戰于泊灼城，敗之。

七月甲申，太白晝見。壬辰，殺華州刺史李君羨。癸卯，房玄齡薨。

八月己酉朔，日有食之。辛未，執失思力伐薛延陀餘部于金山。

九月庚辰，崑丘道行軍總管阿史那社爾及薛延陀餘部處月、處蜜戰，敗之。己亥，褚遂良爲中書令。壬寅，眉、邛、雅三州獠反，茂州都督張士貴討之。

十月癸丑，至自玉華宮。己巳，阿史那社爾及龜茲戰，敗之。

十二月辛未，降長安、萬年徒罪以下。

閏月癸巳，慮囚。

本紀第二 太宗 四七

唐書卷二 四八

二十三年正月辛亥，阿史那社爾俘龜茲王以獻。

三月己未，自冬旱，至是雨。辛酉，大赦。丁卯，不豫，命皇太子聽政于金液門。

四月己亥，幸翠微宮。

五月戊午，貶李世勣爲疊州都督。己巳，皇帝崩于含風殿，年五十三。庚午，奉大行御馬輿還京師。禮部尚書于志寧爲侍中，太子少詹事張行成兼侍中，高季輔兼中書令。壬申，發喪，謚曰文。上元元年，改謚文武聖皇帝；天寶八載，謚文武大聖皇帝；十三載，增謚文武大聖大廣孝皇帝。

贊曰：甚矣，至治之君不世出也！禹有天下，傳十有六王，而少康有中興之業。湯有天下，傳二十八王，而其甚盛者，號稱三宗。武王有天下，傳三十六王，而成、康之治與宣之功，其餘無所稱焉。雖詩、書所載，時有闕略，然三代千有七百餘年，傳七十餘君，其卓然著見於後世者，此六七君而已。嗚呼，可謂難得也！唐有天下，傳世二十，其可稱者三君，玄宗、憲宗皆不克其終，盛哉，太宗之烈也！其除隋之亂，比迹湯、武；致治之美，庶幾成、康。自古功德兼隆，由漢以來未之有也。至其牽於多愛，復立浮圖，好大喜功，勤兵於遠，此

中材庸主之所常爲。然春秋之法，常責備於賢者，是以後世君子之欲成人之美者，莫不歎息於斯焉。

校勘記

〔一〕宋金剛陷澮州　「澮州」，各本原作「澮州」，本書卷八六劉武周傳、舊書卷二太宗紀及通鑑卷一八七均作「澮州」，據改。

〔二〕高元禮　隋書卷四煬帝紀、册府元龜（下簡稱册府）卷一五二、通鑑卷一八五、一九二均作「元禮」。

唐書卷三

本紀第三

高宗

高宗天皇大聖大弘孝皇帝諱治，字爲善，太宗第九子也。母曰文德皇后長孫氏。始封晉王，貞觀七年，遥領并州都督。十七年，太子承乾廢，而魏王泰次當立，亦以罪黜，乃立治爲皇太子。太宗嘗命皇太子遊觀習射，太子辭以非所好，願得奉至尊，居膝下。太宗大喜，乃營寢殿側爲別院，使太子居之。太宗每視朝，皇太子常侍，觀決庶政。

二十三年，太宗有疾，詔皇太子聽政於金液門。四月，從幸翠微宮。太宗崩，以羽檄發六府甲士四千，衞皇太子入于京師。六月甲戌，即皇帝位于柩前。大赦，賜文武官勳一轉，民八十以上粟帛，給復雍州及比歲供軍所一年。癸未，長孫无忌爲太尉。癸巳，檢校洛州刺史李勣爲開府儀同三司，參掌機密。

八月癸酉，河東地震。乙亥，又震。庚辰，遣使存問河東，給復二年，賜壓死者人絹三匹。庚寅，葬文皇帝于昭陵。

九月甲寅，荆王元景爲司徒，吳王恪爲司空。乙卯，李勣爲尚書左僕射、同中書門下三品。

十一月乙丑，晉州地震。左翊衞郎將高偘伐突厥。

是冬，無雪。

永徽元年正月辛丑，改元。丙午，立妃王氏爲皇后。張行成爲侍中。

二月辛卯，封子孝爲許王，上金杞王，素節雍王。

四月己巳，晉州地震。

五月己未，太白晝見。

六月，高偘及突厥戰于金山，敗之。庚辰，晉州地震，詔五品以上言事。

七月辛酉，以旱慮囚。

八月戊辰，給五品以上解官充侍者半祿，加賜帛。庚午，降死罪以下。

九月癸卯，高偘俘突厥車鼻可汗以獻。

十月戊辰，李勣罷左僕射。

十一月己未，貶褚遂良爲同州刺史。

十二月庚午，琰州獠寇邊，梓州都督謝萬歲死之。

二年正月戊戌，開義倉以賑民。乙巳，黃門侍郎宇文節、中書侍郎柳奭同中書門下三品。乙卯，瑤池都督阿史那賀魯叛。

四月乙丑，命有司毋進肉食，訖于五月。

七月丁未，賀魯寇庭州，左武衛大將軍梁建方、右驍衛大將軍契苾何力爲弓月道行軍總管以伐之。

八月己巳，高季輔爲侍中，于志寧爲尚書左僕射，張行成爲右僕射，同中書門下三品。己卯，白水蠻寇邊，左領軍將軍趙孝祖爲郎州道行軍總管以伐之。

九月癸卯，以同州苦泉牧地賜貧民。

十月辛卯，晉州地震。

十一月辛酉，有事于南郊。癸酉，禁進犬馬鷹鶻。戊寅，忻州地震。甲申，雨木冰。是月，竇州、義州蠻寇邊，桂州都督劉伯英敗之。趙孝祖及白水蠻戰于羅仵候山，敗之。

十二月乙未，太白晝見。壬子，處月朱邪孤注殺招慰使單道惠，叛附于賀魯。

是冬，無雪。

三年正月癸亥，梁建方及處月戰于牢山，敗之。甲子，以旱避正殿，減膳，降囚罪，徒以下原之。己巳，褚遂良爲吏部尚書，同中書門下三品。丙子，享于太廟。丁亥，耕藉田。

三月辛巳，雨土。宇文節爲侍中，柳奭守中書令。

四月庚寅，趙孝祖及白水蠻戰，敗之。甲午，彭王元則薨。是月，兵部侍郎韓瑗爲黃門侍郎，同中書門下三品。

五月庚申，求齊侍中崔季舒、給事黃門侍郎裴澤、隋儀同三司豆盧毓、御史中丞游楚客子孫官之。

七月丁巳，立陳王忠爲皇太子，大赦，賜五品以上子爲父後者勳一轉，民酺三日。

九月丙辰，求周司沐大夫裴融、尚書左丞封孝琰子孫官之。是月，中書侍郎來濟同中書門下三品。

十二月癸巳，濮王泰薨。

四年二月甲申，駙馬都尉房遺愛、薛萬徹、柴令武、高陽巴陵公主謀反，伏誅；殺荆王元景、吳王恪。乙酉，流宇文節于桂州。戊子，廢蜀王愔爲庶人。己亥，徐王元禮爲司徒，李勣爲司空。

四月壬寅，以旱慮囚，遣使決天下獄，減殿中、太僕馬粟，詔文武官言事。甲辰，避正殿，減膳。

六月己丑，太白晝見。

八月己亥，隕石于馮翊十有八。

九月壬戌，張行成薨。甲戌，褚遂良爲尚書右僕射。

十月庚子，幸溫湯。甲辰，赦新豐。乙巳，至自溫湯。戊申，睦州女子陳碩眞反，婺州刺史崔義玄討之。

十一月庚戌，陳碩眞伏誅。癸丑，兵部尚書崔敦禮爲侍中。丁巳，柳奭爲中書令。

十二月庚子，高季輔薨。

五年正月丙寅，以旱詔文武官、朝集使言事。

三月戊午，如萬年宮。乙丑，次鳳泉湯。辛未，赦岐州及所過徒罪以下。

六月癸亥，柳奭罷。丙寅，河北大水，遣使慮囚。

八月己未，詔免麟游、岐陽今歲課役，岐州及供頓縣半歲。

九月丁酉，至自萬年宮。

十月癸卯，築京師羅郭，起觀于九門。

六年正月壬申，拜昭陵，赦醴泉及行從，免縣今歲租、調，陵所宿衞進爵一級，令、丞加一階。癸酉，以少牢祭陪葬者。甲戌，至自昭陵。庚寅，封子弘爲代王，賢潞王。

二月乙巳，皇太子加元服，降死罪以下，賜酺三日，五品以上爲父後者勳一轉。乙丑，營州都督程名振、左衛中郎將蘇定方伐高麗。

五月壬午，及高麗戰于貴端水，敗之。癸未，左屯衞大將軍程知節爲葱山道行軍大總管，以伐賀魯。壬辰，韓瑗爲侍中，來濟爲中書令。

七月乙酉，崔敦禮爲中書令。是月，中書舍人李義府爲中書侍郎，參知政事。

九月庚午，貶褚遂良爲潭州都督。乙酉，洛水溢。

十月，齊州黃河溢。己酉，廢皇后爲庶人。乙卯，立宸妃武氏爲皇后。丁巳，大赦，賜民八十以上粟帛。

十一月己巳，皇后見于太廟。戊子，停諸州貢珠。癸巳，詔禁吏酷法及爲隱名書者。是冬，皇后殺王庶人。

顯慶元年正月辛未，廢皇太子爲梁王，立代王弘爲皇太子。壬申，大赦，改元，賜五品以上子爲父後者勳一轉，民酺三日，八十以上粟帛。丙戌，禁胡人爲幻戲者。甲午，放宮人。

三月辛巳，皇后親蠶。丙戌，戶部侍郎杜正倫爲黃門侍郎、同中書門下三品。

四月壬寅，詔五品以上老疾不以罪者同致仕。壬子，矩州人謝無零反，伏誅。

七月癸未，崔敦禮爲太子少師、同中書門下三品。

八月丙申，崔敦禮薨。辛丑，程知節及賀魯部歌邏祿、處月戰于榆慕谷，敗之。

九月庚辰，括州海溢。癸未，程知節及賀魯戰于怛篤城，敗之。

十一月乙丑，以子顯生，賜京官、朝集使勳一轉。自八月霜且雨至於是月。

是歲，龜茲大將羯獵顛附于賀魯，左屯衞大將軍楊胄伐之。

二年閏正月壬寅，如洛陽宮。庚戌，右屯衞將軍蘇定方爲伊麗道行軍總管，以伐賀魯。

二月癸亥，降洛州囚罪，徒以下原之，免民一歲租、調，賜百歲以上氈衾粟帛。庚午，封子顯爲周王。壬申，徙封素節爲郇王。

三月戊申，禁舅姑拜公主，父母拜王妃。癸丑，李義府兼中書令。

五月丙申，幸明德宮。

七月丁亥，如洛陽宮。

八月丁卯，貶韓瑗爲振州刺史，來濟爲台州刺史。辛未，衞尉卿許敬宗爲侍中。

九月庚寅，杜正倫兼中書令。

十一月戊戌，如許州。甲辰，遣使慮所過州縣囚。乙巳，獵于滍南。壬子，講武于新鄭，赦鄭州，免一歲租賦，賜八十以上粟帛，其嘗事高祖任佐史者以名聞。

十二月乙卯，如洛陽宮。丁巳，蘇定方敗賀魯于金牙山，執之。丁卯，以洛陽宮爲東都。

三年正月戊申，楊胄及龜茲羯獵顛戰于泥師城，敗之。

二月甲戌，至自東都。戊寅，慮囚。

六月壬子，程名振及高麗戰于赤烽鎮，敗之。

十一月乙酉，貶杜正倫爲橫州刺史，李義府普州刺史。戊子，許敬宗權檢校中書令。甲午，蘇定方俘賀魯以獻。戊戌，許敬宗爲中書令，大理卿辛茂將兼侍中。

四年三月壬午，崑陵都護阿史那彌射及西突厥眞珠葉護戰于雙河，敗之。

四月丙辰，于志寧爲太子太師、同中書門下三品。乙丑，黃門侍郎許圉師同中書門下三品。戊辰，流長孫无忌于黔州。于志寧罷。

五月己卯，許圉師爲中書侍郎、同中書門下三品。丙申，兵部尚書任雅相、度支尚書盧承慶參知政事。戊戌，殺涼州都督長史趙持滿。

七月己丑，以旱避正殿。壬辰，慮囚。

八月壬子，李義府爲吏部尚書、同中書門下三品。

十月丙午，皇太子加元服，大赦，賜五品以上子孫爲父祖後者勳一轉，民酺三日。

閏月戊寅，如東都，皇太子監國。辛巳，詔所過供頓免今歲租賦之半，賜民八十以上氈衾粟帛。

十一月丙午，許圉師爲左散騎常侍、檢校侍中。戊午，辛茂將薨。癸亥，賀魯部悉結闕俟斤都曼寇邊，左驍衞大將軍蘇定方爲安撫大使以伐之。盧承慶同中書門下三品。

五年正月癸卯，蘇定方俘都曼以獻。甲子，如幷州。己巳，次長平，賜父老布帛。

二月丙戌，赦幷州及所過州縣，義旗初嘗任五品以上葬幷州者祭之，加佐命功臣食別封者子孫二階，大將軍府僚佐存者一階，民年八十以上版授刺史、縣令，賜酺三日。甲午，祠舊宅。

三月丙午，皇后宴親族鄰里于朝堂，會命婦于內殿。賜從官五品以上、幷州長史司馬勳一轉。婦人八十以上版授郡君，賜氈衾粟帛。己酉，講武于城西。辛亥，左武衞大將軍蘇定方爲神兵道行軍大總管，新羅王金春秋爲嵎夷道行軍總管，率三將軍及新羅兵以伐百濟。

四月癸巳，如東都。

五月辛丑，作八關宮。戊辰，定襄都督阿史德樞賓爲沙磚道行軍總管，以伐契丹。

六月庚午朔，日有食之。

七月乙巳，廢梁王忠爲庶人。丁卯，盧承慶罷。

八月庚辰，蘇定方及百濟戰，敗之。壬午，左武衞大將軍鄭仁泰及悉結、拔也固、僕骨、同羅戰，敗之。癸未，赦神兵道大總管以下軍士及其家，賜民酺三日。

十一月戊戌，蘇定方俘百濟王以獻。甲寅，如許州。

二十四史　中華書局

十二月辛未，獵于安樂川。己卯，如東都。壬午，左驍衞大將軍契苾何力爲浿江道行軍大總管，蘇定方爲遼東道行軍大總管，左驍衞將軍劉伯英爲平壤道行軍大總管，以伐高麗。阿史德樞賓及奚、契丹戰，敗之。

龍朔元年正月戊午，鴻臚卿蕭嗣業爲扶餘道行軍總管，以伐高麗。

二月乙未，改元，赦洛州。

四月庚辰，任雅相爲浿江道行軍總管，契苾何力爲遼東道行軍總管，蘇定方爲平壤道行軍總管，蕭嗣業爲扶餘道行軍總管，右驍衞將軍程名振爲鏤方道行軍總管，左驍衞將軍龐孝泰爲沃沮道行軍總管，率三十五軍以伐高麗。甲午晦，日有食之。

六月辛巳，太白經天。

八月甲戌，蘇定方及高麗戰于浿江，敗之。

九月癸卯，及皇后幸李勣、許圉師第。壬子，徙封賢爲沛王。

十月丁卯，獵于陸渾。戊辰，獵于非山。癸酉，如東都。鄭仁泰爲鐵勒道行軍大總管，蕭嗣業爲仙萼道行軍大總管，左驍衞大將軍阿史那忠爲長岑道行軍大總管，以伐鐵勒。

二年二月甲子，大易官名。甲戌，任雅相薨。戊寅，龐孝泰及高麗戰于蛇水，死之。

三月庚寅，鄭仁泰及鐵勒戰于天山，敗之。乙巳，如河北縣。辛亥，如蒲州。癸丑，如同州。

四月庚申，至自同州。辛巳，作蓬萊宮。

六月癸亥，禁宗戚獻纂組雕鏤。

七月戊子，以子旭輪生滿月，大赦，賜酺三日。右威衞將軍孫仁師爲熊津道行軍總管，以伐百濟。戊戌，李義府罷。

八月壬寅，許敬宗爲太子少師、同東西臺三品。

九月丁丑，李義府起復。

十月丁酉，幸温湯，皇太子監國。丁未，至自温湯。庚戌，西臺侍郎上官儀同東西臺三品。

十一月辛未，貶許圉師爲虔州刺史。癸酉，封子旭輪爲殷王。

是歲，右衞將軍蘇海政爲𠇗海道行軍總管，以伐龜茲。海政殺崑陵都護阿史那彌射〔一〕。

三年正月乙丑，李義府爲右相。

二月，減百官一月俸，賦雍、同等十五州民錢，以作蓬萊宮。乙亥，殺駙馬都尉韋正矩。庚戌，慮囚。

四月戊子，流李義府于巂州。

五月壬午，柳州蠻叛，冀州都督長史劉伯英以嶺南兵伐之。

六月，吐蕃攻吐谷渾，涼州都督鄭仁泰爲青海道行軍大總管以救之。

八月癸卯，有彗星出于左攝提。戊申，詔百寮言事。遣按察大使于十道。

九月戊午，孫仁師及百濟戰于白江，敗之。

十月辛巳，詔皇太子五日一至光順門，監諸司奏事，小事決之。

十一月甲戌，雨木冰。

十二月庚子，改明年爲麟德元年，降京師、雍州諸縣死罪以下。壬寅，安西都護高賢爲行軍總管，以伐弓月。

麟德元年二月戊子，如福昌宮。癸卯，如萬年宮。

四月壬午，道王元慶薨。

五月戊申，許王孝薨。丙寅，以旱避正殿。

七月丁未，詔以三年正月有事于泰山。

八月己卯，幸舊第，降萬年縣死罪以下。壬午，至自萬年宮。丁亥，司列太常伯劉祥道兼右相，大司憲竇德玄爲司元太常伯、檢校左相。

十二月丙戌，殺上官儀。戊子，殺庶人忠。劉祥道罷。太子右中護樂彥瑋、西臺侍郎孫處約同知軍國政事。

是冬，無雪。

二年二月壬午，如東都。

三月甲寅，司戎太常伯姜恪同東西臺三品。戊午，遣使慮京都諸司及雍、洛二州囚。

閏月癸酉，日有食之。

是春，疏勒、弓月、吐蕃攻于闐，西州都督崔智辯、左武衞將軍曹繼叔救之。

四月丙午，赦桂、廣、黔三都督府。丙寅，講武于邙山之陽。戊辰，左侍極陸敦信檢校右相，孫處約、樂彥瑋罷。

七月己丑，鄧王元裕薨。

中華書局

十月壬戌，帶方州刺史劉仁軌爲大司憲兼知政事。丁卯，如泰山。大有年。

乾封元年正月戊辰，封于泰山。庚午，禪于社首，以皇后爲亞獻。壬申，大赦，改元。賜文武官階、勳、爵。民年八十以上版授下州刺史、司馬、縣令，婦人郡、縣君；七十以上至八十，賜古爵一級。民酺七日，女子百戶牛酒。免所過今年租賦，給復齊州一年半，兗州二年。辛卯，幸曲阜，祠孔子，贈太師。

二月己未，如亳州，祠老子，追號太上玄元皇帝，縣人宗姓給復一年。

四月甲辰，至自亳州。庚戌，陸敦信罷。

六月壬寅，高麗泉男生請內附，右驍衞大將軍契苾何力爲遼東安撫大使，率兵援之。左金吾衞將軍龐同善、營州都督高偘爲遼東道行軍總管，左武衞將軍薛仁貴、左監門衞將軍李謹行爲後援。

七月乙丑，徙封旭輪爲豫王。庚午，劉仁軌兼右相。

八月辛丑，竇德玄薨。丁未，殺始州刺史武惟良、淄州刺史武懷運。

九月，龐同善及高麗戰，敗之。

十二月己酉，李勣爲遼東道行臺大總管，率六總管兵以伐高麗。

二年正月丁丑，以旱避正殿，減膳，慮囚。

二月丁酉，涪陵郡王愔薨。辛丑，禁工商乘馬。

六月乙卯，西臺侍郎楊武、戴至德、東臺侍郎李安期、司列少常伯趙仁本同東西臺三品。東臺舍人張文瓘參知政事。

七月己卯，以旱避正殿，減膳，遣使慮囚。

八月己丑朔，日有食之。辛亥，李安期罷。

九月庚申，以餌藥，皇太子監國。辛未，李勣及高麗戰于新城，敗之。

是歲，嶺南洞獠陷瓊州。

總章元年正月壬子，劉仁軌爲遼東道副大總管兼安撫大使、浿江道行軍總管。

二月丁巳，皇太子釋奠于國學。戊寅，如九成宮。壬午，李勣敗高麗，克扶餘、南蘇、木底、蒼巖城。

三月庚寅，大赦，改元。

四月乙卯，贈顏回太子少師，曾參太子少保。丙辰，有彗星出于五車，避正殿，減膳，撤樂，詔內外官言事。庚申，以太原元從西府功臣爲二等：第一功後官無五品者，授其子若孫一人，有至四品五品者加二階，有三品以上加爵三等；第二功後官無五品者，授其子若孫從六品一人，有至五品者加一階，六品者二階，三品以上爵一等。辛巳，楊武薨。

八月癸酉，至自九成宮。

九月癸巳，李勣敗高麗王高藏，執之。

十二月丁巳，俘高藏以獻。丁卯，有事于南郊。甲戌，姜恪檢校左相，司平太常伯閻立本守右相。

二年二月辛酉，右肅機李敬玄爲西臺侍郎，張文瓘爲東臺侍郎，同東西臺三品。

三月丙戌，東臺侍郎郝處俊同東西臺三品。癸巳，皇后親蠶。

四月己酉，如九成宮。

六月戊申朔，日有食之。

七月癸巳，左衞大將軍契苾何力爲烏海道行軍大總管，以援吐谷渾。

九月庚寅，括州海溢。壬寅，如岐州。乙巳，赦岐州，賜高年粟帛。十月丁巳，至自岐州。

十一月丁亥，徙封旭輪爲冀王，改名輪。

十二月戊申，李勣薨。

是冬，無雪。

咸亨元年正月丁丑，劉仁軌罷。

二月戊申，慮囚。丁巳，東南有聲若雷。

三月甲戌，大赦，改元。壬辰，許敬宗罷。

四月癸卯，吐蕃陷龜茲撥換城。罷安西四鎮。己酉，李敬玄罷。辛亥，右威衞大將軍薛仁貴爲邏娑道行軍大總管，以伐吐蕃。庚午，如九成宮。雍州大雨雹。高麗酋長鉗牟岑叛，寇邊，左監門衞大將軍高偘爲東州道行軍總管，右領軍衞大將軍李謹行爲燕山道行軍總管，以伐之。

六月壬寅朔，日有食之。

七月甲戌，以雍、華、蒲、同四州旱，遣使慮囚，減中御諸廄馬。戊子，李敬玄起復。薛仁貴及吐蕃戰于大非川，敗績。

八月庚戌，以穀貴禁酒。丁巳，至自九成宮。甲子，趙王福薨。丙寅，以旱避正殿，減膳。

九月丁丑，給復雍、華、同、岐、邠、隴六州一年。

閏月癸卯，皇后以旱請避位。甲寅，姜恪爲涼州道行軍大總管，以伐吐蕃。

十月庚辰，詔文武官言事。乙未，趙仁本罷。

十二月庚寅，復官名。

是歲，大饑。

二年正月乙巳，如東都，皇太子監國。

二月辛未，遣使存問諸州。

四月戊子，大風，雨雹。

六月癸巳，以旱慮囚。

九月，地震。丙申，徐王元禮薨。

十月丙子，求明禮樂之士。

十一月甲午朔，日有食之。庚戌，如許州，遣使存問所過疾老鰥寡，慮囚。

十二月癸酉，獵于昆陽。丙戌，如東都。

是歲，姜恪爲侍中，閻立本爲中書令。

三年正月辛丑，姚州蠻寇邊，太子右衞副率梁積壽爲姚州道行軍總管以伐之。

二月己卯，姜恪薨。

四月壬申，校旗于洛水之陰。

九月癸卯，徙封賢爲雍王。

十月己未，皇太子監國。

十一月戊子朔，日有食之。甲辰，至自東都。

十二月，金紫光祿大夫致仕劉仁軌爲太子左庶子、同中書門下三品。

四年正月丙辰，鄭王元懿薨。

四月丙子，如九成宮。

閏五月丁卯，禁作簺捕魚、營圈取獸者。

八月辛丑，以不豫詔皇太子聽諸司啓事。己酉，大風落太廟鴟尾。

十月壬午，閻立本薨。乙未，以皇太子納妃，赦岐州，賜酺三日。乙巳，至自九成宮。

上元元年二月壬午，劉仁軌爲雞林道行軍大總管，以伐新羅。

三月辛亥朔，日有食之。己巳，皇后親蠶。

八月壬辰，皇帝稱天皇，皇后稱天后。追尊六代祖宣簡公爲宣皇帝，妣張氏曰宣莊皇后；五代祖懿王爲光皇帝，妣賈氏曰光懿皇后。增高祖、太宗及后謚。大赦，改元，賜酺三日。

十一月丙午，如東都。己酉，獵于華山曲武原。

十二月癸未，蔣王惲自殺。

二年正月己未，給復雍、同、華、岐、隴五州一年。辛未，吐蕃請和。

二月，劉仁軌及新羅戰于七重城，敗之。

三月丁巳，天后親蠶。

四月辛巳，天后殺周王顯妃趙氏。丙戌，以旱避正殿，減膳，撤樂，詔百官言事。己亥，天后殺皇太子。

五月戊申，追號皇太子爲孝敬皇帝。

六月戊寅，立雍王賢爲皇太子，大赦。

七月辛亥，杞王上金免官，削封邑。

八月庚寅，葬孝敬皇帝于恭陵。丁酉，詔婦人爲宮官者歲一見其親。庚子，張文瓘爲侍中，郝處俊爲中書令，劉仁軌爲尚書左僕射，戴至德爲右僕射。

十月庚辰，雍州雨雹。壬午，有彗星出于角、亢。

儀鳳元年正月壬戌，徙封輪爲相王。丁卯，納州獠寇邊。

二月丁亥，如汝州溫湯，遣使慮免汝州輕繫。

三月癸卯，黃門侍郎來恆、中書侍郎薛元超同中書門下三品。甲辰，如東都，免汝州今歲半租，賜民八十以上帛。

閏月己巳，吐蕃寇鄯、廓、河、芳四州，左監門衞中郎將令狐智通伐之。乙酉，周王顯爲洮河道行軍元帥，領左衞大將軍劉審禮等十二總管，相王輪爲涼州道行軍元帥，領契苾何力等軍，以伐吐蕃。

四月戊申，至自東都。甲寅，中書侍郎李義琰同中書門下三品。戊午，如九成宮。

六月癸亥，黃門侍郎高智周同中書門下三品。

七月丁亥，有彗星出于東井。乙未，吐蕃寇疊州。

八月庚子，避正殿，減膳，撤樂，損食粟馬，慮囚，詔文武官言事。甲子，停南北中尚、梨園、作坊，減少府雜匠。是月，青州海溢。

十月乙未，至自九成宮。丙午，降封鄅王素節鄱陽郡王。

十一月壬申，大赦，改元。庚寅，李敬玄爲中書令。

十二月戊午，來恒、薛元超爲河南、河北道大使。

二年正月乙亥，耕藉田。庚辰，京師地震。

四月，太子左庶子張大安同中書門下三品。

五月，吐蕃寇扶州。

八月辛亥，劉仁軌爲洮河軍鎮守使。

十月壬辰，徙封顯爲英王，更名哲。

十二月乙卯，募關內、河東猛士，以伐吐蕃。

是歲，西突厥及吐蕃寇安西。冬，無雪。

三年正月丙子，李敬玄爲洮河道行軍大總管，以伐吐蕃。癸未，遣使募河南、河北猛士，以伐吐蕃。

四月丁亥，以旱避正殿，慮囚。戊申，大赦，改明年爲通乾元年。癸丑，涇州民生子異體連心。

五月壬戌，如九成宮。大雨霖。

九月辛酉，至自九成宮。癸亥，張文瓘薨。丙寅，李敬玄、劉審禮及吐蕃戰于青海，敗績，審禮死之。

十月丙申，停劍南、隴右歲貢。丙午，密王元曉薨。

閏十一月丙申，雨木冰。壬子，來恒薨。

十二月癸丑，罷通乾號。

調露元年正月戊子，如東都。庚戌，戴至德薨。

四月辛酉，郝處俊爲侍中。

五月丙戌，皇太子監國。戊戌，作紫桂宮。

六月辛亥，大赦，改元。吏部侍郎裴行儉伐西突厥。

九月壬午，行儉敗西突厥，執其可汗都支。

十月，突厥溫傅、奉職二部寇邊，單于大都護府長史蕭嗣業伐之。

十一月戊寅，高智周罷。甲辰，禮部尚書裴行儉爲定襄道行軍大總管，以伐突厥。

永隆元年二月癸丑，如汝州溫湯。丁巳，如少室山。乙丑，如東都。

三月，裴行儉及突厥戰于黑山，敗之。

四月乙丑，如紫桂宮。戊辰，黃門侍郎裴炎、崔知溫，中書侍郎王德眞，同中書門下三品。

五月丁酉，太白經天。

七月己卯，吐蕃寇河源。辛巳，李敬玄及吐蕃戰于湟川，敗績。左武衞將軍黑齒常之爲河源軍經略大使。丙申，江王元祥薨。突厥寇雲州，都督竇懷哲敗之。

八月丁未，如東都。丁巳，貶李敬玄爲衡州刺史。甲子，廢皇太子爲庶人。乙丑，立英王哲爲皇太子，大赦，改元，賜酺三日。己巳，貶張大安爲普州刺史。

九月甲申，王德眞罷。

十月壬寅，降封曹王明爲零陵郡王。戊辰，至自東都。

十一月壬申朔，日有食之。

開耀元年正月乙亥，突厥寇原、慶二州。辛巳，賜京官九品以上酺三日。癸巳，裴行儉爲定襄道行軍大總管，以伐突厥。己亥，減殿中、太僕馬，省諸方貢獻，免雍、岐、華、同四州二歲稅，河南、河北一年調。

二月丙午，皇太子釋奠于國學。

三月辛卯，郝處俊罷。

五月乙酉，常州人劉龍子謀反，伏誅。丙戌，定襄道副總管曹懷舜及突厥戰于橫水，敗績。己丑，黑齒常之及吐蕃戰于良非川，敗之。

六月壬子，永嘉郡王晫有罪，伏誅。

七月己丑，以太平公主下嫁，赦京師。甲午，劉仁軌罷左僕射。

閏月丁未，裴炎爲侍中，崔知溫、薛元超守中書令。庚戌，以餌藥，皇太子監國。庚申，裴行儉及突厥戰，敗之。

八月丁卯，以河南、河北大水，遣使賑乏絕，室廬壞者給復一年，溺死者賻物，人三段。

九月丙申，有彗星出于天市。壬戌，裴行儉俘突厥溫傅可汗、阿史那伏念以獻。乙丑，改元，赦定襄軍及諸道緣征官吏兵募。

十月丙寅朔，日有食之。

十一月癸卯，徙庶人賢于巴州。

永淳元年二月癸未，以孫重照生滿月，大赦，改元，賜酺三日。是月，突厥車薄、咽麪寇邊。

三月戊午，立重照爲皇太孫。

四月甲子朔，日有食之。丙寅，如東都，皇太子監國。辛未，裴行儉爲金牙道行軍大總管，率三總管兵以伐突厥。安西副都護王方翼及車薄、咽麪戰于熱海，敗之。丁亥，黃門侍郎郭待舉、兵部侍郎岑長倩、祕書員外少監郭正一、吏部侍郎魏玄同與中書門下同承受進止平章事。

五月乙卯，洛水溢。

六月甲子，突厥骨咄祿寇邊，嵐州刺史王德茂死之。是月，大蝗，人相食。

七月，作萬泉宮。己亥，作奉天宮。庚申，零陵郡王明自殺。

九月，吐蕃寇柘州，驍衞郎將李孝逸伐之。

十月甲子，京師地震。丙寅，黃門侍郎劉齊賢同中書門下平章事。

弘道元年正月甲午，幸奉天宮。

二月庚午，突厥寇定州，刺史霍王元軌敗之。

三月庚寅，突厥寇單于都護府，司馬張行師死之。庚子，李義琰罷。丙午，有彗星出于五車。癸丑，崔知溫薨。

四月己未，如東都。壬申，郭待舉、郭正一同中書門下平章事。甲申，綏州部落稽白鐵余寇邊，右武衞將軍程務挺敗之。

五月乙巳，突厥寇蔚州，刺史李思儉死之。

七月甲辰，徙封輪爲豫王，改名旦。薛元超罷。

八月乙丑，皇太子朝于東都，皇太孫留守京師。丁卯，滹沱溢。己巳，河溢，壞河陽城。

九月己丑，以太平公主子生，赦東都。

十月癸亥，幸奉天宮。

十一月戊戌，右武衞將軍程務挺爲單于道安撫大使，以伐突厥。辛丑，皇太子監國。丁未，如東都。戊申，裴炎、劉齊賢、郭正一兼於東宮平章事。

十二月丁巳，改元，大赦。是夕，皇帝崩于貞觀殿，年五十六。謚曰天皇大帝。天寶八載，改謚天皇大聖皇帝；十三載，增謚天皇大聖大弘孝皇帝。

贊曰：小雅曰：「赫赫宗周，褒姒威之。」此周幽王之詩也。是時，幽王雖亡，而太子宜臼立，是爲平王。而詩人乃言威之者，以爲文、武之業於是蕩盡，東周雖在，不能復興矣。其曰威者，甚疾之之辭也。武氏之亂，唐之宗室戕殺殆盡，其賢士大夫不免者十八九。以太宗之治，其遺德餘烈在人者未遠，而幾於遂絕，其爲惡豈一褒姒之比邪？以太宗之明，昧於知子，廢立之際，不能自決，卒用昏童。高宗溺愛衽席，不戒履霜之漸，而毒流天下，貽禍邦家。嗚呼，父子夫婦之間，可謂難哉！可不慎哉？

校勘記

〔一〕崑陵都護阿史那彌射　「都護」，各本原作「都督」。按上文顯慶四年三月壬午條載阿史那彌射爲崑陵都護，與本書卷二一五下及舊書卷一九四下突厥傳、冊府卷九六四俱合。查本書卷四三下及舊書卷四〇地理志、通鑑卷二〇〇皆云顯慶二年分西突厥地置崑陵、濛池二都護府。知「都督」爲「都護」之訛，據改。

唐書卷四

本紀第四

則天皇后　中宗

則天順聖皇后武氏諱曌，并州文水人也。父士彠，官至工部尙書、荆州都督，封應國公。

后年十四，太宗聞其有色，選爲才人。太宗崩，后削髮爲比丘尼，居于感業寺。高宗幸感業寺，見而悅之，復召入宫。久之，立爲昭儀，進號宸妃。永徽六年，高宗廢皇后王氏，立宸妃爲皇后。高宗自顯慶後，多苦風疾，百司奏事，時時令后決之，常稱旨，由是參豫國政。后既專寵與政，乃數上書言天下利害，務收人心，而高宗春秋高，苦疾，后益用事，遂不能制。高宗悔，陰欲廢之，而謀洩不果。上元元年，高宗號天皇，皇后亦號天后，天下之人謂之「二

聖」。

弘道元年十二月，高宗崩，遺詔皇太子卽皇帝位，軍國大務不決者，兼取天后進止。甲子，皇太子卽皇帝位，尊后爲皇太后，臨朝稱制。大赦，賜九品以下勳官一級。庚午，韓王元嘉爲太尉，霍王元軌爲司徒，舒王元名爲司空。甲戌，劉仁軌爲尙書左僕射，裴炎爲中書令，劉齊賢爲侍中：同中書門下三品。戊寅，郭待舉、魏玄同、岑長倩同中書門下三品。癸未，郭正一罷。

光宅元年正月癸未，改元嗣聖。癸巳，左散騎常侍韋弘敏爲太府卿、同中書門下三品。

二月戊午，廢皇帝爲廬陵王，幽之。己未，立豫王旦爲皇帝，妃劉氏爲皇后，立永平郡王成器爲皇太子。大赦，改元爲文明。賜文武官五品以上爵一等、九品以上勳兩轉。老人版授官，賜粟帛。職官五品以上舉所知一人。皇太后仍臨朝稱制。庚申，廢皇太孫重照爲庶人，殺庶人賢于巴州。甲子，皇帝率羣臣上尊號于武成殿。丁卯，册皇帝。丁丑，太常卿王德眞爲侍中，中書侍郎劉禕之同中書門下三品。庚辰，贈玉清觀道士太中大夫王遠知金紫光祿大夫。

三月丁亥，徙封上金爲畢王，素節葛王。

四月丁巳，滕王元嬰薨。辛酉，徙封上金爲澤王，素節許王。癸酉，遷廬陵王于房州；丁丑，又遷于均州。

五月癸巳，以大喪禁射獵。

閏月甲子，禮部尙書武承嗣爲太常卿、同中書門下三品。

七月戊午，廣州崑崙殺其都督路元叡。乙丑，突厥寇朔州，左武衛大將軍程務挺敗之。辛未，有彗星出于西方。

八月庚寅，葬天皇大帝于乾陵。丙午，武承嗣罷。

九月甲寅，大赦，改元。旗幟尙白，易內外官服青者以碧，大易官名，改東都爲神都。追尊老子母爲先天太后。丙辰，左威衛大將軍程務挺爲單于道安撫大使，以備突厥。己巳，追尊武氏五代祖克己爲魯國公，妣裴氏爲魯國夫人；高祖居常爲太尉、北平郡王，妣劉氏爲王妃；曾祖儉爲太尉、金城郡王，妣宋氏爲王妃；祖華爲太尉、太原郡王，妣趙氏爲王妃；考士彠爲太師、魏王，妣楊氏爲王妃。丁丑，柳州司馬李敬業舉兵于揚州以討亂。貶韋弘敏爲汾州刺史。

十月癸未，楚州司馬李崇福以山陽、安宜、鹽城三縣歸于敬業。甲申，左玉鈐衛大將軍梁郡公孝逸爲揚州道行軍大總管，左金吾衛大將軍李知十爲副，率兵三十萬以拒李敬業。

丁亥，左肅政臺御史大夫騫味道檢校內史、同鳳閣鸞臺三品，鳳閣舍人李景諶同鳳閣鸞臺平章事。壬辰，李敬業克潤州。丙申，殺裴炎。追謚五代祖魯國公曰靖，高祖北平郡王曰恭肅，曾祖金城郡王曰義康，祖太原郡王曰安成，考魏王曰忠孝。丁酉，曲赦揚、楚二州。復敬業姓徐氏。貶劉齊賢爲辰州刺史。李景諶罷。右史沈君諒、著作郎崔詧爲正諫大夫、同鳳閣鸞臺平章事。

十一月辛亥，左鷹揚衛大將軍黑齒常之爲江南道行軍大總管。庚申，右監門衛將軍蘇孝韴及徐敬業戰于阿谿，死之。乙丑，徐敬業將王那相殺敬業降。丁卯，郭待舉罷。鸞臺侍郎韋方質爲鳳閣侍郎、同鳳閣鸞臺平章事。

十二月戊子，遣御史察風俗。癸卯，殺程務挺。

垂拱元年正月丁未，大赦，改元。庚戌，騫味道守內史。戊辰，劉仁軌薨。

二月乙巳，春官尙書武承嗣、秋官尙書裴居道、右肅政臺御史大夫韋思謙同鳳閣鸞臺三品。突厥寇邊，左玉鈐衛中郎將淳于處平爲陽曲道行軍總管以擊之。沈君諒罷。

三月，崔詧罷。丙辰，遷廬陵王于房州。辛酉，武承嗣罷。辛未，頒垂拱格。

四月丙子，貶騫味道爲青州刺史。癸未，淳于處平及突厥戰于忻州，敗績。

五月丙午，裴居道爲納言。丁未，流王德眞于象州。己酉，冬官尚書蘇良嗣守納言。封皇帝子成義爲恒王。壬戌，以旱慮囚。壬申，韋方質同鳳閣鸞臺三品。

六月，天官尚書韋待價同鳳閣鸞臺三品。

九月丁卯，揚州地生毛。

十一月癸卯，韋待價爲燕然道行軍大總管，以擊突厥。

二年正月辛酉，大赦，賜酺三日，內外官勳一轉。

二月辛未朔，日有蝕之。

三月戊申，作銅匭。

四月庚辰，岑長倩爲內史。

五月丙午，裴居道爲內史。

六月辛未，蘇良嗣同鳳閣鸞臺三品。己卯，韋思謙守納言。

十月己巳，有山出于新豐縣，改新豐爲慶山，赦囚，給復一年，賜酺三日。

十二月，免并州百姓庸、調，終其身。

是冬，無雪。

三年閏正月丁卯，封皇帝子隆基爲楚王，隆範衞王，隆業趙王。

二月己亥，以旱避正殿，減膳。丙辰，突厥寇昌平，黑齒常之擊之。

三月乙丑，韋思謙罷。

四月辛丑，追號孝敬皇帝妃裴氏曰哀皇后，葬于恭陵。癸丑，以旱慮囚，命京官九品以上言事。壬戌，裴居道爲納言。

五月丙寅，夏官侍郎張光輔爲鳳閣侍郎、同鳳閣鸞臺平章事。庚午，殺劉禕之。

七月丁卯，冀州雌雞化爲雄。乙亥，京師地震，雨金于廣州。

八月壬子，魏玄同兼檢校納言。交趾人李嗣仙殺安南都護劉延祐，據交州，桂州司馬曹玄靜敗之。是月，突厥寇朔州，燕然道行軍大總管黑齒常之敗之。

九月己卯，虢州人楊初成自稱郎將，募人迎廬陵王于房州，不果，見殺。

十月庚子，右監門衞中郎將爨寶璧及突厥戰，敗績。

十二月壬辰，韋待價爲安息道行軍大總管，安西大都護閻温古副之，以擊吐蕃。

是歲，大饑。

四年正月甲子，增七廟，立高祖、太宗、高宗廟于神都。庚午，毀乾元殿，作明堂。

三月壬戌，殺麟臺少監周思茂。

四月戊戌，殺太子通事舍人郝象賢。

五月庚申，得「寶圖」于洛水。乙亥，加尊號爲聖母神皇。

六月丁亥朔，日有食之。得瑞石于汜水。

七月丁巳，大赦，改「寶圖」爲「天授聖圖」，洛水爲永昌洛水，封其神爲顯聖侯，加特進，禁漁釣。改嵩山爲神岳，封其神爲天中王、太師、使持節、大都督。賜酺五日。戊午，京師地震。

八月戊戌，神都地震。丙午，博州刺史琅邪郡王沖舉兵以討亂，遣左金吾衞大將軍丘神勣拒之。戊申，沖死之。庚戌，越王貞舉兵于豫州以討亂。辛亥，曲赦博州。

九月丙辰，左豹韜衞大將軍麴崇裕爲中軍大總管，岑長倩爲後軍大總管，以拒越王貞；張光輔爲諸軍節度。削越王貞及琅邪郡王沖屬籍，改其姓爲虺氏。貞死之。丙寅，赦豫州。殺韓王元嘉、魯王靈夔、范陽郡王藹、黃國公譔、東莞郡公融及常樂公主，皆改其姓爲虺氏。丁卯，左肅政臺御史大夫騫味道、夏官侍郎王本立同鳳閣鸞臺平章事。

十月辛亥，大風拔木。

十一月辛酉，殺濟州刺史薛顗及其弟駙馬都尉紹。

十二月乙酉，殺霍王元軌、江都郡王緒及殿中監裴承光。大殺唐宗室，流其幼者于嶺南。己亥，殺騫味道。己酉，拜洛受圖。辛亥，改明堂爲萬象神宮，大赦。

永昌元年正月乙卯，享于萬象神宮，大赦，改元，賜酺七日。丁巳，舒王元名爲司徒。戊午，布政于萬象神宮，頒九條以訓百官。己未，朗州雌雞化爲雄。

二月丁酉，尊考太師魏忠孝王曰周忠孝太皇，置崇先府官。戊戌，追謚妣楊氏曰周忠孝太后，太原郡王曰周安成王，妃趙氏爲王妃；金城郡王曰魏義康王，妃宋氏爲王妃；北平郡王曰趙肅恭王，妃劉氏爲王妃，五代祖魯國公曰太原靖王，夫人裴氏爲王妃。

三月甲子，張光輔守納言。癸酉，天官尚書武承嗣爲納言，張光輔守內史。

四月甲辰，殺汝南郡王瑋、鄱陽郡公諲、廣漢郡公謐、汶山郡公蓁、零陵郡王俊、廣都郡公璹，徙其家于嶲州。己酉，殺天官侍郎鄧玄挺。

五月丙辰，韋待價及吐蕃戰于寅識迦河，敗績。己巳，白馬寺僧薛懷義爲新平道行軍大總管，以擊突厥。

七月丁巳，流紀王慎于巴州，改其姓爲虺氏。丙子，流韋待價于繡州，殺閻温古。戊寅，王本立同鳳閣鸞臺三品。

八月癸未，薛懷義爲新平道中軍大總管，以擊突厥。甲申，殺張光輔、洛州司馬弓嗣業、洛陽令弓嗣明、陝州參軍弓嗣古、流人徐敬眞。乙未，松州雌雞化爲雄。辛丑，殺陝州刺史郭正一。丁未，殺相州刺史弓志元、蒲州刺史弓彭祖、尚方監王令基。

九月庚戌，殺恆山郡王承乾之子厥。

閏月甲午，殺魏玄同、夏官侍郎崔詧。戊申，殺彭州長史劉易從。

十月癸丑，殺涼州都督李光誼。丁巳，殺陝州刺史劉延景。戊午，殺右武威衞大將軍黑齒常之、右鷹揚衞將軍趙懷節。己未，殺嗣鄭王璥。丁卯，春官尚書范履冰、鳳閣侍郎邢文偉同鳳閣鸞臺平章事。

天授元年正月庚辰，大赦，改元曰載初，以十一月爲正月，十二月爲臘月，來歲正月爲一月。以周、漢之後爲二王後，封舜、禹、湯之裔爲三恪，周、隋同列國，封其嗣。乙未，除唐宗室屬籍。

臘月丙寅，殺劉齊賢。

一月戊子，王本立罷。邢文偉爲內史，岑長倩、武承嗣同鳳閣鸞臺三品，鳳閣侍郎武攸

寧爲納言。甲午，流韋方質于儋州。

二月丁卯，殺地官尚書王本立。

三月乙酉，以旱減膳。丁亥，蘇良嗣薨。

五月戊子，殺范履冰。己亥，殺梁郡公孝逸。

六月戊申，殺汴州刺史柳明肅。

七月辛巳，流舒王元名于和州。頒大雲經于天下。壬午，殺豫章郡王亶。丁亥，殺澤王上金、許王素節。甲午，赦永昌縣。癸卯，殺太常丞蘇踐言。

八月辛亥，殺許王素節之子璟、會江縣令白令言。甲寅，殺裴居道。壬戌，殺將軍阿史那惠、右司郎中喬知之。癸亥，殺尚書右丞張行廉、太州刺史杜儒童。甲子，殺流人張楚金。戊辰，殺流人元萬頃、苗神客。辛未，殺南安郡王潁、鄅國公昭及諸宗室李直、李敞、李然、李勳、李策、李越、李黯、李玄、李英、李志業、李知言、李玄貞。

九月乙亥，殺鉅鹿郡公晃、麟臺郎裴望及其弟司膳丞璉。壬午，改國號周。大赦，改元，賜酺七日。乙酉，加尊號曰聖神皇帝，降皇帝爲皇嗣，賜姓武氏，皇太子爲皇孫。丙戌，立武氏七廟于神都。追尊周文王曰始祖文皇帝，妣姒氏曰文定皇后；四十代祖平王少子武曰睿祖康皇帝，妣姜氏曰康惠皇后；太原靖王曰嚴祖成皇帝，妣曰成莊皇后；趙肅恭王曰肅祖章敬皇帝，妣曰章敬皇后；魏義康王曰烈祖昭安皇帝，妣曰昭安皇后；周安成王曰顯祖文穆皇帝，妣曰文穆皇后；忠孝太皇曰太祖孝明高皇帝，妣曰孝明高皇后。追封伯父及兄弟之子爲王，堂兄爲郡王，諸姑姊爲長公主，堂姊妹爲郡主。司賓卿史務滋守納言，鳳閣侍郎宗秦客檢校內史，給事中傅游藝爲鸞臺侍郎、同鳳閣鸞臺平章事。

十月丁巳，給復并州武興縣百姓，子孫相承如漢豐、沛。甲子，貶宗秦客爲遵化尉。丁卯，殺流人韋方質。己巳，殺許王素節之子瑛、琪、琬、瓚、瑒、瑗、琛、唐臣。辛未，貶邢文偉爲珍州刺史。置大雲寺。封周公爲褒德王，孔子爲隆道公。改唐太廟爲享德廟，以武氏七廟爲太廟。

二年正月甲戌，改置社稷，旗幟尚赤。戊寅，殺雅州刺史劉行實及其弟渠州刺史行瑜、尚衣奉御行感、兄子左鷹揚衞將軍虔通。戊子，武承嗣爲文昌左相。庚寅，賜酺。乙未，殺丘神勣、左豹韜衞將軍衞蒲山。庚子，殺史務滋。

臘月己未，始用周臘。

四月壬寅朔，日有蝕之。丙午，大赦。

五月丁亥，大風折木。岑長倩爲武威道行軍大總管，以擊吐蕃。

六月庚戌，左肅政臺御史大夫格輔元爲地官尚書，鸞臺侍郎樂思晦、鳳閣侍郎任知古：同鳳閣鸞臺平章事。

七月庚午，徙關內七州戶以實神都。

八月戊申，武攸寧罷。夏官尚書歐陽通爲司禮卿兼判納言事。庚申，殺右玉鈐衞大將軍張虔勗。

九月乙亥，殺岐州刺史雲弘嗣。壬辰，殺傅游藝。癸巳，左羽林衞大將軍武攸寧守納言，冬官侍郎裴行本、洛州司馬狄仁傑爲地官侍郎：同鳳閣鸞臺平章事。

十月己酉，殺岑長倩、歐陽通、格輔元。壬戌，殺樂思晦、左衞將軍李安靜。

長壽元年一月戊辰，夏官尚書楊執柔同鳳閣鸞臺平章事。庚午，貶任知古爲江夏令，狄仁傑彭澤令。流裴行本于嶺南。乙亥，殺右衞大將軍泉獻誠。庚辰，司刑卿李遊道爲冬官尚書、同鳳閣鸞臺平章事。

二月戊午，秋官尚書袁智弘同鳳閣鸞臺平章事。

四月丙申朔，日有食之。大赦，改元如意。

五月，洛水溢。七月，又溢。

八月甲戌，河溢，壞河陽縣。戊寅，武承嗣、武攸寧、楊執柔罷；秋官侍郎崔元綜爲鸞臺侍郎，夏官侍郎李昭德爲鳳閣侍郎，權檢校天官侍郎姚璹爲文昌左丞，檢校地官侍郎李元素爲文昌右丞，營繕大匠王璿爲夏官尚書，司賓卿崔神基：同鳳閣鸞臺平章事。

九月戊戌，大霧。庚子，大赦，改元。改用九月社，賜酺七日。癸卯，以并州爲北都。癸丑，流李遊道、袁智弘、王璿、崔神基、李元素于嶺南。

十月丙戌，武威道行軍總管王孝傑敗吐蕃，克四鎮。

二年臘月癸亥，殺皇嗣妃劉氏、德妃竇氏。丁卯，降封皇孫成器爲壽春郡王，恆王成義衡陽郡王，楚王隆基臨淄郡王，衞王隆範巴陵郡王，趙王隆業彭城郡王。

一月庚子，夏官侍郎婁師德同鳳閣鸞臺平章事。甲寅，殺尚方監裴匪躬、內常侍范雲仙。

三月己卯，殺左衞員外大將軍阿史那元慶、白潤府果毅薛大信〔一〕。

五月乙未，殺多官尚書蘇幹、相州刺史來同敏。癸丑，河溢棣州。

九月丁亥朔，日有蝕之。乙未，加號金輪聖神皇帝，大赦，賜酺七日，作七寶。庚子，追尊烈祖昭安皇帝曰渾元昭安皇帝，顯祖文穆皇帝曰立極文穆皇帝，太祖孝明高皇帝曰無上

孝明高皇帝。辛丑，姚璹罷。文昌右丞韋巨源同鳳閣鸞臺平章事，秋官侍郎陸元方爲鸞臺侍郎、同鳳閣鸞臺平章事，司賓卿豆盧欽望守內史。

延載元年臘月甲戌，突厥默啜寇靈州。右鷹揚衞大將軍李多祚敗之〔二〕。

一月甲午，婁師德爲河源、積石、懷遠等軍營田大使。

二月庚午，薛懷義爲伐逆道行軍大總管，領十八將軍以擊默啜。乙亥，以旱慮囚。己卯，武威道大總管王孝傑及吐蕃戰于冷泉，敗之。

三月甲申，鳳閣舍人蘇味道爲鳳閣侍郎、同鳳閣鸞臺平章事，李昭德檢校內史。薛懷義爲朔方道行軍大總管，擊默啜。昭德爲朔方道行軍長史，味道爲司馬。

四月壬戌，常州地震。

五月甲午，加號越古金輪聖神皇帝，大赦，改元，賜酺七日。

七月癸未，嵩嶽山人武什方爲正諫大夫、同鳳閣鸞臺平章事。

八月，什方罷。戊辰，王孝傑爲瀚海道行軍總管。己巳，司賓少卿姚璹守納言；左肅政臺御史大夫楊再思爲鸞臺侍郎，洛州司馬杜景佺檢校鳳閣侍郎：同鳳閣鸞臺平章事。戊寅，流崔元綜于振州。

九月壬午朔，日有蝕之。壬寅，貶李昭德爲南賓尉。

十月壬申，文昌右丞李元素爲鳳閣侍郎，右肅政臺御史中丞周允元檢校鳳閣侍郎：同鳳閣鸞臺平章事。嶺南獠寇邊，容州都督張玄遇爲桂、永等州經略大使。癸酉，雨木冰。

天冊萬歲元年正月辛巳，加號慈氏越古金輪聖神皇帝，改元證聖。大赦，賜酺三日。戊子，貶豆盧欽望爲趙州刺史，韋巨源鄜州刺史，杜景佺溱州刺史〔三〕，蘇味道集州刺史，陸元方綏州刺史。丙申，萬象神宮火。丙午，王孝傑爲朔方行軍總管，以擊突厥。

二月己酉朔，日有蝕之。壬子，殺薛懷義。甲子，罷「慈氏越古」號。

三月丙辰，周允元薨。

四月戊寅，建大周萬國頌德天樞。

七月辛酉，吐蕃寇臨洮，王孝傑爲肅邊道行軍大總管以擊之。

九月甲寅，祀南郊。加號天冊金輪大聖皇帝。大赦，改元，賜酺九日。以崇先廟爲崇尊廟。

萬歲通天元年臘月甲戌，如神岳。甲申，封于神岳。改元曰萬歲登封。大赦，免今歲

租稅，賜酺十日。丁亥，禪于少室山。己丑，給復洛州二年，登封、告成縣三年。癸巳，復于神都。

一月甲寅，婁師德爲肅邊道行軍副總管，以擊吐蕃。己巳，改崇尊廟爲太廟。

二月辛巳，尊神岳天中王爲神岳天中黃帝，天靈妃爲天中黃后。

三月壬寅，王孝傑、婁師德及吐蕃戰于素羅汗山，敗績。丁巳，復作明堂，改曰通天宮。大赦，改元，賜酺七日。

四月癸酉，檢校夏官侍郎孫元亨同鳳閣鸞臺平章事。庚子，貶婁師德爲原州都督府司馬。

五月壬子，契丹首領松漠都督李盡忠、歸誠州刺史孫萬榮陷營州，殺都督趙文翽。乙丑，左鷹揚衞將軍曹仁師、右金吾衞大將軍張玄遇、左威衞大將軍李多祚、司農少卿麻仁節等擊之。

七月辛亥，春官尚書武三思爲榆關道安撫大使，納言姚璹爲副，以備契丹。

八月丁酉，張玄遇、曹仁師、麻仁節等及契丹戰于黃麞谷，敗績，執玄遇、仁節。

九月庚子，同州刺史武攸宜爲清邊道行軍大總管，以擊契丹。丁巳，吐蕃寇涼州〔四〕，都督許欽明死之。庚申，并州長史王方慶爲鸞臺侍郎，殿中監李道廣：同鳳閣鸞臺平章事。

十月辛卯，契丹寇冀州，刺史陸寶積死之。甲午，慮囚。

神功元年正月壬戌，殺李元素、孫元亨、洛州錄事參軍綦連耀、箕州刺史劉思禮、知天官侍郎事石抱忠劉奇、給事中周譒、鳳閣舍人王勮、前涇州刺史王勔、太子司議郎路敬淳、司門員外郎劉順之、右司員外郎宇文全志、來庭縣主簿柳璆。癸亥，突厥默啜寇勝州，平狄軍副使安道買敗之。甲子，婁師德守鳳閣侍郎、同鳳閣鸞臺平章事。

一月乙巳，慮囚。

三月庚子，王孝傑及孫萬斬戰于東硤石谷，敗績，孝傑死之。戊申，赦河南、北。

四月戊辰，置九鼎于通天宮。癸酉，前益州大都督府長史王及善爲內史。癸未，右金吾衛大將軍武懿宗爲神兵道行軍大總管，及右豹韜衛將軍何迦密以擊契丹。

五月癸卯，婁師德爲清邊道行軍副大總管，右武衛將軍沙吒忠義爲清邊中道前軍總管，以擊契丹。

六月丁卯，殺監察御史李昭德、司僕少卿來俊臣。己卯，尙方少監宗楚客同鳳閣鸞臺平章事。戊子，特進武承嗣、春官尙書武三思同鳳閣鸞臺三品。辛卯，婁師德安撫河北。

七月丁酉，武承嗣、武三思罷。

八月丙戌，姚璹罷。

九月壬寅，大赦，改元，賜酺七日。庚戌，婁師德守納言。

十月甲子，給復徇忠、立節二縣一年。

閏月甲寅，檢校司刑卿、幽州都督狄仁傑爲鸞臺侍郎，司刑卿杜景佺爲鳳閣侍郎：同鳳閣鸞臺平章事。

聖曆元年正月甲子，大赦，改元，賜酺九日。丙寅，宗楚客罷。丁亥，李道廣罷。

三月己巳，召廬陵王于房州。戊子，廬陵王至自房州。

四月庚寅，赦神都及河北。辛丑，婁師德爲隴右諸軍大使，檢校河西營田事。

五月庚午，禁屠。

六月乙卯，大風拔木。

七月辛未，杜景佺罷。

八月，突厥寇邊。戊子，左豹韜衛將軍閻知微降于突厥，寇邊。甲午，王方慶罷。庚子，春官尙書武三思檢校內史，狄仁傑兼納言。司屬卿武重規爲天兵中道大總管，沙吒忠義爲天兵西道前軍總管，幽州都督張仁亶爲天兵東道總管，左羽林衛大將軍李多祚、右羽林衛大將軍閻敬容爲天兵西道後軍總管，以擊突厥。癸丑，突厥寇蔚州。乙卯，寇定州，刺史孫彥高死之。

九月甲子，夏官尙書武攸寧同鳳閣鸞臺三品。戊辰，突厥寇趙州，長史唐波若降于突厥，刺史高叡死之。突厥寇相州，沙吒忠義爲河北道前軍總管，將軍陽基副之，李多祚爲後軍總管，大將軍富福信爲奇兵總管，以禦之。壬申，立廬陵王顯爲皇太子，大赦，賜酺五日。甲戌，皇太子爲河北道行軍元帥，以擊突厥。戊寅，狄仁傑爲河北道行軍副元帥、檢校納言。辛巳，試天官侍郎蘇味道爲鳳閣侍郎、同鳳閣鸞臺平章事。

十月癸卯，狄仁傑爲河北道安撫大使。夏官侍郎姚元崇、麟臺少監李嶠同鳳閣鸞臺平章事。族閻知微。

二年正月壬戌，封皇嗣旦爲相王。

臘月戊子，左肅政臺御史中丞吉頊爲天官侍郎，檢校右肅政臺御史中丞魏元忠爲鳳閣侍郎：同鳳閣鸞臺平章事。辛亥，賜皇太子姓武氏，大赦。

一月庚申，武攸寧罷。

二月己丑，如緱氏。辛卯，如嵩陽。丁酉，復于神都。

三月甲戌，以隋、唐爲二王後。婁師德爲納言。

四月壬辰，魏元忠檢校并州大都督府長史、天兵軍大總管，婁師德副之，以備突厥。辛丑，婁師德爲隴右諸軍大使。甲辰，慮囚。

七月丙辰，神都大雨，洛水溢。

八月庚子，王及善爲文昌左相、同鳳閣鸞臺平章事，太子宮尹豆盧欽望爲文昌右相、同鳳閣鸞臺三品。楊再思罷。丁未，試天官侍郎陸元方爲鸞臺侍郎、同鳳閣鸞臺平章事。婁師德薨。戊申，武三思爲內史。

九月乙亥，如福昌縣，曲赦。戊寅，復于神都。庚辰，王及善薨。

是秋，黃河溢。

十月丁亥，吐蕃首領贊婆來。

久視元年正月戊午，貶吉頊爲琰川尉。壬申，武三思罷。

臘月辛巳，封皇太子之子重潤爲邵王。庚寅，陸元方罷司禮卿〔三〕。阿史那斛瑟羅爲平西軍大總管。丁酉，狄仁傑爲內史。庚子，文昌左相韋巨源爲納言。乙巳，如嵩山。

一月丁卯，如汝州溫湯。戊寅，復于神都。作三陽宮。

二月乙未，豆盧欽望罷。

三月癸丑，夏官尚書唐奉一爲天兵中軍大總管，以備突厥。

四月戊申，如三陽宮。

五月己酉朔，日有蝕之。癸丑，大赦，改元，罷「天册金輪大聖」號，賜酺五日，給復告成縣一年。

閏七月戊寅，復于神都。己丑，天官侍郎張錫爲鳳閣侍郎、同鳳閣鸞臺平章事。李嶠罷。丁酉，吐蕃寇涼州，隴右諸軍州大使唐休璟敗之于洪源谷。

八月庚戌，魏元忠爲隴右諸軍州大總管，以擊吐蕃。庚申，斂天下僧錢作大像。

九月辛丑，狄仁傑薨。

十月辛亥，魏元忠爲蕭關道行軍大總管，以備突厥。甲寅，復唐正月，大赦。丁巳，韋巨源罷。文昌右丞韋安石爲鸞臺侍郎、同鳳閣鸞臺平章事。丁卯，如新安隴澗山，曲赦。壬申，復于神都。

十二月甲寅，突厥寇隴右。

長安元年正月丁丑，改元大足。

二月己酉，鸞臺侍郎李懷遠同鳳閣鸞臺平章事。

三月丙申，流張錫于循州。

四月丙午，大赦。癸丑，姚元崇檢校并州以北諸軍州兵馬。

五月乙亥，如三陽宮。丁丑，魏元忠爲靈武道行軍大總管，以備突厥。丙申，天官侍郎顧琮同鳳閣鸞臺平章事。

六月庚申，夏官侍郎李迥秀同鳳閣鸞臺平章事。辛未，赦告成縣。

七月甲戌，復于神都。乙亥，揚、楚、常、潤、蘇五州地震。壬午，蘇味道按察幽、平等州兵馬。甲申，李懷遠罷。

九月壬申，殺邵王重潤及永泰郡主、主壻武延基。

十月壬寅，如京師。辛酉，大赦，改元。給復關內三年，賜酺三日。丙寅，魏元忠同鳳閣鸞臺三品。

十一月壬申，武三思罷。戊寅，改含元宮爲大明宮。

二年正月，突厥寇鹽州。

三月丙戌，李迥秀安置山東軍馬，檢校武騎兵。庚寅，突厥寇并州，雍州長史薛季昶持節山東防禦大使以備之。

七月甲午，突厥寇代州。

八月辛亥，劍南六州地震。

九月乙丑朔，日有蝕之。壬申，突厥寇忻州。己卯，吐蕃請和。

十月甲辰，顧琮薨。戊申，吐蕃寇悉州，茂州都督陳大慈敗之。甲寅，姚元崇同鳳閣鸞臺平章事，蘇味道、韋安石、李迥秀同鳳閣鸞臺三品。

十一月甲子，相王旦爲司徒。戊子，祀南郊，大赦，賜酺三日。

十二月甲午，魏元忠爲安東道安撫使。

三年三月壬戌朔，日有蝕之。

四月庚子，相王旦罷。吐蕃來求婚。乙巳，以旱避正殿。

閏月庚午，成均祭酒李嶠同鳳閣鸞臺平章事。己卯，李嶠知納言事。

七月壬寅，正諫大夫朱敬則同鳳閣鸞臺平章事。庚戌，檢校涼州都督唐休璟爲夏官尚書、同鳳閣鸞臺平章事。

八月乙酉，京師大雨雹。

九月庚寅朔，日有蝕之。丁酉，貶魏元忠爲高要尉。

十月丙寅，如神都。

十二月丙戌，天下置關三十。

四年正月丁未，作興泰宮。壬子，天官侍郎韋嗣立爲鳳閣侍郎、同鳳閣鸞臺三品。

二月癸亥，貶李迥秀爲廬州刺史。壬申，朱敬則罷。

三月丁亥，進封皇孫平恩郡王重福爲譙王。己亥，夏官侍郎宗楚客同鳳閣鸞臺平章事。貶蘇味道爲坊州刺史。

四月壬戌，韋安石知納言事，李嶠知內史事。丙子，如興泰宮，赦壽安縣，給復一年。

五月丁亥，大風拔木。

六月辛酉，姚元之罷。乙丑，天官侍郎崔玄暐爲鸞臺侍郎、同鳳閣鸞臺平章事。丁丑，李嶠同鳳閣鸞臺三品。壬午，相王府長史姚元之兼知夏官尚書、同鳳閣鸞臺三品。

七月丙戌，左肅政臺御史大夫楊再思守內史。甲午，復于神都。貶宗楚客爲原州都督。

八月庚申，唐休璟兼幽營二州都督、安東都護。

九月壬子，姚元之爲靈武道行軍大總管。

十月辛酉，元之爲靈武道安撫大使。甲戌，判秋官侍郎張柬之同鳳閣鸞臺平章事。壬午，懷州長史房融爲正諫大夫、同鳳閣鸞臺平章事。

十一月丁亥，天官侍郎韋承慶行鳳閣侍郎、同鳳閣鸞臺平章事。李嶠罷。

十二月丙辰，韋嗣立罷。

五年正月壬午，大赦。庚寅，禁屠。癸卯，張柬之、崔玄暐及左羽林衞將軍敬暉、檢校左羽林衞將軍桓彥範、司刑少卿袁恕己、左羽林衞將軍李湛薛思行趙承恩、右羽林衞將軍楊元琰、左羽林衞大將軍李多祚、職方郎中崔泰之、庫部員外郎朱敬則、司刑評事冀仲甫、檢校司農少卿兼知總監翟世言、內直郎王同皎率左右羽林兵以討亂；麟臺監張易之、春官侍郎張昌宗、汴州刺史張昌期、司禮少卿張同休、通事舍人張景雄伏誅。丙午，皇帝復于位。丁未，徙后于上陽宮。戊申，上后號曰則天大聖皇帝。

十一月，崩，謚曰大聖則天皇后。唐隆元年，改爲天后；景雲元年，改爲大聖天后；延和元年，改爲天后聖帝，未幾，改爲聖后；開元四年，改爲則天皇后；天寶八載，加謚則天順聖皇后。

中宗大和大聖大昭孝皇帝諱顯，高宗第七子也。母曰則天順聖皇后武氏。高宗崩，以皇太子即皇帝位，而皇太后臨朝稱制。嗣聖元年正月，廢居于均州，又遷于房州。聖曆二年，復爲皇太子。太后老且病。

神龍元年正月，張柬之等以羽林兵討亂。甲辰，皇太子監國，大赦，改元。丙午，復于位，大赦，賜文武官階、爵，民酺五日，免今歲租賦，給復房州三年，放宮女三千人。相王旦爲安國相王、太尉、同鳳閣鸞臺三品。庚戌，張柬之、袁恕己同鳳閣鸞臺三品，崔玄暐守內史，敬暉爲納言，桓彥範守納言。

二月甲寅，復國號唐。貶韋承慶爲高要尉，流房融于高州。楊再思同中書門下三品。姚元之罷。甲子，皇后韋氏復于位，大赦，賜酺三日，復宗室死于周者官爵。丙寅，太子賓客武三思爲司空、同中書門下三品。貶譙王重福爲濮州刺史。丁卯，右散騎常侍、駙馬都尉武攸暨爲司徒。辛未，安國相王旦罷。甲戌，太子少詹事祝欽明同中書門下三品。韋安石罷。進封子義興郡王重俊爲衞王，北海郡王重茂溫王。丁丑，武三思、武攸暨罷。

三月甲申，詔文明後破家者昭洗之，還其子孫蔭。己丑，袁恕己守中書令。

四月辛亥，桓彥範爲侍中，袁恕己爲中書令。丁卯，高要尉魏元忠爲衞尉卿、同中書門下平章事。辛未，敬暉爲侍中。甲戌，魏元忠、崔玄暐，刑部尚書韋安石爲吏部尚書，太子右庶子李懷遠爲左散騎常侍，涼州都督唐休璟爲輔國大將軍：同中書門下三品。乙亥，張柬之爲中書令。

五月壬午，遷武氏神主于崇恩廟。乙酉，立太廟、社稷于東都。戊子，復周、隋二王後。壬辰，進封兄成紀郡王千里爲成王。甲午，敬暉、桓彥範、張柬之、袁恕己、崔玄暐罷。韋安石兼檢校中書令，魏元忠兼侍中。甲辰，唐休璟爲尚書左僕射，特進豆盧欽望爲尚書右僕射：同中書門下三品。

六月壬子，左驍衞大將軍裴思諒爲靈武道行軍大總管，以備突厥。癸亥，韋安石爲中書令，魏元忠爲侍中，楊再思檢校中書令，豆盧欽望平章軍國重事。

七月辛巳，太子賓客韋巨源同中書門下三品。甲辰，洛水溢。

八月戊申，給復河南、洛陽二縣一年。壬戌，追冊妃趙氏爲皇后。乙亥，祔孝敬皇帝于東都太廟。皇后見于廟。丁丑，幸洛城南門，觀鬬象。

九月壬午，祀天地于明堂。大赦，賜文武官勳、爵，民爲父後者古爵一級，酺三日。癸

巳，韋巨源罷。

十月癸亥，幸龍門。乙丑，獵于新安。辛未，魏元忠爲中書令，楊再思爲侍中。

十一月戊寅，上尊號曰應天皇帝，皇后曰順天皇后。壬午，及皇后享于太廟，大赦，賜文武官階、勳、爵，民酺三日。己丑，幸洛城南門，觀潑寒胡戲。壬寅，皇太后崩，廢崇恩廟。

二年正月戊戌，吏部尚書李嶠同中書門下三品，中書侍郎于惟謙同中書門下平章事。閏月丙午，公主開府置官屬。

二月乙未，禮部尚書韋巨源爲刑部尚書、同中書門下三品。丙申，遣十道巡察使。

三月甲辰，韋安石罷。戶部尚書蘇瓌守侍中。戊申，唐休璟罷。庚戌，殺光祿卿、駙馬都尉王同皎。是月，置員外官。

四月己丑，李懷遠罷。己亥，雨毛于鄮縣。辛丑，洛水溢。

五月庚申，葬則天大聖皇后。

六月戊寅，貶敬暉爲崖州司馬，桓彥範瀧州司馬，袁恕己竇州司馬，崔玄暐白州司馬，張柬之新州司馬。

七月戊申，立衞王重俊爲皇太子。丙寅，魏元忠爲尚書右僕射、兼中書令，李嶠守中書

中華書局

令。辛未，左散騎常侍致仕李懷遠同中書門下三品。流敬暉于嘉州，桓彥範于瀼州，袁恕己于環州，崔玄暐于古州，張柬之于瀧州。

八月丙子，貶祝欽明爲申州刺史。

九月戊午，李懷遠薨。

十月癸巳，蘇瓌爲侍中。戊戌，至自東都。

十一月乙巳，大赦，賜行從官勳一轉。

十二月己卯，靈武軍大總管沙吒忠義及突厥戰于鳴沙，敗績。丙戌，以突厥寇邊，京師旱，河北水，減膳，罷土木工。蘇瓌存撫河北。丙申，魏元忠爲尚書左僕射。

景龍元年正月丙辰，以旱慮囚。

二月丙戌，復武氏廟、陵，置令、丞、守戶如昭陵。甲午，褒德廟、榮先陵置令、丞。

四月庚寅，赦雍州。

五月戊戌，右屯衞大將軍張仁亶爲朔方道行軍大總管，以備突厥。丙午，假鴻臚卿臧思言使于突厥，死之。以旱避正殿，減膳。

六月丁卯朔，日有食之。庚午，雨土于陝州。戊子，吐蕃及姚州蠻寇邊，姚嶲道討擊使

唐九徵敗之。

七月辛丑，皇太子以羽林千騎兵誅武三思，不克，死之。癸卯，大赦。壬戌，李嶠爲中書令。

八月丙戌，上尊號曰應天神龍皇帝，皇后曰順天翊聖皇后。魏元忠罷。

九月丁酉，吏部侍郎蕭至忠爲黃門侍郎，兵部尚書宗楚客、左衞將軍兼太府卿紀處訥：同中書門下三品。于惟謙罷。庚子，大赦，改元。賜文武官階、勳、爵。辛亥，楊再思爲中書令，韋巨源、紀處訥爲侍中。蘇瓌罷。

十月戊寅，殺習藝館內敎蘇安恆。壬午，有彗星出于西方。

十二月乙丑朔，日有食之。丁丑，雨土。

二年二月癸未，有星隕于西南。庚寅，大赦，進五品以上母、妻封號一等，無妻者授其女，婦人八十以上版授郡、縣、鄉君。

七月癸巳，朔方道行軍大總管張仁亶同中書門下三品。丁酉，有星孛于胃、昴。

十一月庚申，西突厥寇邊，御史中丞馮嘉賓使于突厥，死之。己卯，大赦，賜酺三日。癸未，安西都護牛師奬及西突厥戰于火燒城，死之。

是歲，皇后、妃、主、昭容賣官，行墨敕斜封。

三年二月己丑，及皇后幸玄武門，觀宮女拔河，爲宮市以嬉。壬寅，韋巨源爲尚書左僕射，楊再思爲右僕射：同中書門下三品。壬子，及皇后幸太常寺。

三月戊午，宗楚客爲中書令，蕭至忠守侍中，太府卿韋嗣立守兵部尚書、同中書門下三品。中書侍郎兼檢校吏部侍郎崔湜、守兵部侍郎趙彥昭爲中書侍郎：同中書門下平章事。戊寅，禮部尚書韋溫爲太子少保、同中書門下三品。太常少卿鄭愔守吏部侍郎、同中書門下平章事。

五月丙戌，貶崔湜爲襄州刺史，鄭愔江州司馬。

六月癸巳，太白晝見。庚子，以旱避正殿，減膳，撤樂。詔括天下圖籍。壬寅，慮囚。癸卯，楊再思薨。

七月丙辰，西突厥娑葛降。辛酉，許婦人非緣夫、子封者蔭其子孫。癸亥，慮囚。庚辰，澧水溢。

八月乙酉，李嶠同中書門下三品，特進韋安石爲侍中。壬辰，有星孛于紫宮。

九月戊辰，吏部尚書蘇瓌爲尚書左僕射、同中書門下三品。

十一月乙丑，有事于南郊，以皇后爲亞獻，大赦，賜文武官階、爵，入品者減考，免關內今歲賦，賜酺三日。甲戌，豆盧欽望薨。

十二月壬辰，前宋國公致仕唐休璟爲太子少師、同中書門下三品。甲午，如新豐溫湯。甲辰，赦新豐，給復一年，賜從官勳一轉。乙巳，至自新豐。

四年正月丙寅，及皇后微行以觀燈，遂幸蕭至忠第。丁卯，微行以觀燈，幸韋安石、長寧公主第。己卯，如始平。

二月壬午，赦咸陽、始平，給復一年。癸未，至自始平。庚戌，及后、妃、公主觀三品以上拔河。

三月，以河源九曲予吐蕃。庚申，雨木冰，井溢。

五月辛酉，封嗣虢王邕爲汴王。丁卯，殺許州司兵參軍燕欽融。丁丑，剡縣地震。

六月，皇后及安樂公主、散騎常侍馬秦客反。壬午，皇帝崩，年五十五，謚曰孝和皇帝。天寶十三載，加謚大和大聖大昭孝皇帝。

贊曰：昔者孔子作春秋而亂臣賊子懼，其於弑君篡國之主，皆不黜絕之，豈以其盜而有之者，莫大之罪也，不沒其實，所以著其大惡而不隱歟？自司馬遷、班固皆作高后紀，呂氏雖非篡漢，而盜執其國政，遂不敢沒其實，豈其得聖人之意歟？抑亦偶合於春秋之法也。唐之舊史因之，列武后于本紀，蓋其所從來遠矣。

夫吉凶之於人，猶影響也，而爲善者得吉常多，其不幸而罹於凶者有矣；爲惡者未始不及於凶，其幸而免者亦時有焉。而小人之慮，遂以爲天道難知，爲善未必福，而爲惡未必禍也。武后之惡，不及於大戮，所謂幸免者也。至中宗韋氏，則禍不旋踵矣。然其親遭母后之難，而躬自蹈之，所謂下愚之不移者歟！

校勘記

〔一〕白凋府　本書卷七六武后傳作「白澗府」。

〔二〕突厥默啜寇靈州右鷹揚衞大將軍李多祚敗之　據通鑑卷二〇五載：延載元年「臘月甲戌，默啜寇靈州。室韋反，遣右鷹揚衞大將軍李多祚擊破之」。本書卷一一〇李多祚傳：「室韋及孫萬榮之叛，多祚與諸將進討。」是多祚所討系室韋而非突厥，此合兩事爲一，疑有脫誤。

〔三〕杜景佺溱州刺史　本書卷一一六杜景佺傳及舊書卷九〇杜景儉傳（卽杜景佺）「溱州」均作「秦

州」。

〔四〕吐蕃寇涼州　「吐蕃」，本書卷九〇許欽明傳、通鑑卷二〇五均作「突厥」，舊書卷六則天紀、卷一九六上吐蕃傳均作「吐蕃」。

〔五〕陸元方罷司禮卿　據上文，陸元方於聖曆二年八月丁未爲鸞臺侍郎、同平章事。通鑑卷二〇六載，久視元年臘月，以忤旨「罷爲司禮卿」。是所罷者宰相職，非罷司禮卿。「罷」下疑脫「爲」字。

唐書卷五

本紀第五

睿宗　玄宗

睿宗玄眞大聖大興孝皇帝諱旦，高宗第八子也。始封殷王，領冀州大都督、單于大都護。長而溫恭好學，通詁訓，工草隸書。徙封豫王，又封冀王，累遷右金吾衞大將軍、洛州牧。徙封相王，復封豫王。武后廢中宗，立爲皇帝，其改國號周，以爲皇嗣，居于東宮。中宗自房州還，復爲皇太子，武后封皇嗣爲相王，授太子右衞率。累遷右羽林衞大將軍、并州牧、安北大都護、諸道元帥。中宗復位，進號安國相王。

景雲元年六月壬午，韋皇后弑中宗，矯詔立溫王重茂爲皇太子。以刑部尙書裴談、工部尙書張錫同中書門下三品；吏部尙書張嘉福、中書侍郎岑羲、吏部侍郎崔湜同中書門下平章事。發諸府兵五萬屯京師，以韋溫總知內外兵馬。甲申，乃發喪。又矯遺詔，自立爲

皇太后。皇太子卽皇帝位，以睿宗參謀政事，大赦，改元曰唐隆。太后臨朝攝政，罷睿宗參謀政事，以爲太尉。封嗣雍王守禮爲邠王，壽春郡王成器宋王。丁亥，溫王妃陸氏爲皇后。壬辰，紀處訥、張嘉福、岑羲持節巡撫關內、河南北。

庚子，臨淄郡王隆基率萬騎兵入北軍討亂，誅韋氏、安樂公主及韋巨源、馬秦客、駙馬都尉武延秀、光祿少卿楊均。辛丑，睿宗奉皇帝御安福門，大赦。賜文武官階、勳、爵，免天下歲租之半。進封隆基爲平王。朝邑尉劉幽求爲中書舍人，苑總監鍾紹京爲中書侍郎：參知機務。壬寅，紹京及黃門侍郎李日知同中書門下三品。紀處訥、韋溫、宗楚客、將作大匠宗晉卿、司農卿趙履溫伏誅。貶汴王邕爲沁州刺史，蕭至忠許州刺史，韋嗣立宋州刺史，趙彥昭絳州刺史，崔湜華州刺史。癸卯，太白晝見。平王隆基同中書門下三品，鍾紹京行中書令。張嘉福伏誅。

甲辰，安國相王卽皇帝位于承天門，大赦，長流、長任及流人未達者還之。賜內外官階、爵。復重茂爲溫王。乙巳，鍾紹京罷。丙午，太常少卿薛稷爲黃門侍郎，參豫機務。丁未，立平王隆基爲皇太子。復則天大聖皇后號曰天后。戊申，許州刺史姚元之爲兵部尙書、同中書門下三品。韋嗣立、蕭至忠爲中書令，趙彥昭爲中書侍郎，崔湜爲吏部侍郎：同中書門下平章事。

七月庚戌，進封衡陽郡王成義爲申王，巴陵郡王隆範岐王，彭城郡王隆業薛王。癸丑，兵部尚書崔日用爲黄門侍郎，參豫機務。丁巳，洛州長史宋璟檢校吏部尚書，同中書門下三品。岑羲罷。壬戌，貶蕭至忠爲晉州刺史，韋嗣立許州刺史，趙彦昭宋州刺史，張錫絳州刺史。崔湜罷。丙寅，貶李嶠爲懷州刺史。姚元之兼中書令，蘇瓌爲尚書左僕射。丁卯，唐休璟、張仁亶罷。己巳，大赦，改元，賜内外官及子爲父後者勳一轉。崔日用、薛稷罷。乙亥，廢崇恩廟、昊陵、順陵。追廢皇后韋氏爲庶人，安樂公主爲勃逆庶人。

八月庚寅，譙王重福及汴州刺史鄭愔反，伏誅。癸巳，罷墨敕斜封官。貶婁諲爲蒲州刺史。

九月辛未，太子少師致仕唐休璟爲朔方道行軍大總管，以備突厥。

十月乙未，追號天后曰大聖天后。癸卯，出義宗于太廟。

十一月戊申，姚元之爲中書令。己酉，葬孝和皇帝于定陵。壬子，蘇瓌、韋安石罷。宋王成器爲尚書左僕射。丁卯，赦靈駕所過。己巳，宋王成器爲司徒。

二年正月己未，太僕卿郭元振、中書侍郎張説同中書門下平章事。甲子，徙封重茂爲襄王。乙丑，追册妃劉氏、竇氏爲皇后。

二月丁丑，皇太子監國。甲申，貶姚元之爲申州刺史，宋璟楚州刺史。丙戌，太子少保韋安石爲侍中。劉幽求罷。復墨敕斜封官。辛卯，禁屠。

三月癸丑，作金仙、玉眞觀。

四月甲申，韋安石爲中書令。宋王成器罷。辛卯，李日知爲侍中。壬寅，大赦，賜文武官階、勳、爵，民酺三日。甲辰，作玄元皇帝廟。

五月庚戌，復昊陵、順陵，置官屬。壬戌，殿中監竇懷貞爲左御史臺大夫、同中書門下平章事。

八月乙卯，大赦，賜酺三日。丁巳，皇太子釋奠于國學。庚午，韋安石爲尚書左僕射、同中書門下三品。

九月乙亥，竇懷貞爲侍中。

十月甲辰，吏部尚書劉幽求爲侍中，右散騎常侍魏知古、太子詹事崔湜爲中書侍郎：同中書門下三品；中書侍郎陸象先同中書門下平章事。韋安石、李日知、郭元振、竇懷貞、張説罷。

十二月丁未，作潑寒胡戲。

先天元年正月辛未，享于太廟。甲戌，并、汾、絳三州地震。辛巳，有事于南郊。戊子，耕籍田。己丑，大赦，改元曰太極。賜内外官階、爵，民酺五日。版授九十以上下州刺史，八十以上上州司馬。辛卯，幸安福門，觀酺三日夜。壬辰，陸象先同中書門下三品。乙未，戶部尚書岑羲、左御史臺大夫竇懷貞同中書門下三品。

二月丁巳，皇太子釋奠于國學。

是春，旱。

五月戊寅，有事于北郊。辛巳，大赦，改元曰延和。賜内外官陪禮者勳一轉，民酺五日。

六月癸丑，岑羲爲侍中。乙卯，追號大聖天后爲天后聖帝。辛酉，刑部尚書郭元振爲朔方道行軍大總管，以伐突厥。甲子，幽州都督孫佺、左驍衛將軍李楷洛、左威衛將軍周以悌及奚戰于冷陘山，敗績。

七月辛未，有彗星入于太微。兵部尚書李迥秀爲朔方道後軍大總管。乙亥，竇懷貞爲尚書右僕射、平章軍國重事。己卯，幸安福門觀樂，三日而止。丙戌，以旱減膳。

八月庚子，立皇太子爲皇帝，以聽小事；自尊爲太上皇，以聽大事。壬寅，追號天后聖帝爲聖后。甲辰，大赦，改元，賜内外官及五品以上子爲父後者勳、爵，民酺五日。丁未，

立皇太子妃王氏爲皇后。戊申，封皇帝子嗣直爲郯王，嗣謙郢王。己酉，宋王成器爲司徒。庚戌，竇懷貞爲尚書左僕射，劉幽求守尚書右僕射，同中書門下三品；魏知古爲侍中，崔湜檢校中書令。戊午，流劉幽求于封州。

九月丁卯朔，日有食之。甲午，封皇帝子嗣昇爲陝王。

十月辛卯，獵于驪山。

十一月丁亥，詰遣皇帝巡邊。甲午，幽州都督宋璟爲左軍大總管，并州長史薛訥爲中軍大總管，兵部尚書郭元振爲右軍大總管。

二年正月乙亥，吏部尚書蕭至忠爲中書令。

二月，追作先天元年酺。

六月辛丑，以雨霖避正殿，減膳。丙辰，郭元振同中書門下三品。

七月甲子，大赦。乙丑，誥歸政于皇帝。

開元四年六月，崩于百福殿，年五十五，謚曰大聖眞皇帝。天寶十三載，增謚玄眞大聖大興孝皇帝。

玄宗至道大聖大明孝皇帝諱隆基，睿宗第三子也。母曰昭成皇后竇氏。性英武，善騎射，通音律、曆象之學。始封楚王，後爲臨淄郡王。累遷衞尉少卿、潞州別駕。

景龍四年，朝于京師，遂留不遣。庶人韋氏已弒中宗，矯詔稱制。玄宗乃與太平公主子薛崇簡、尙衣奉御王崇曄、公主府典籤王師虔、朝邑尉劉幽求、苑總監鍾紹京、長上折衝麻嗣宗、押萬騎果毅葛福順李仙鳧、道士馮處澄、僧普潤定策討亂。或請先啓相王，玄宗曰：「請而從，是王與危事；不從，則吾計失矣。」乃夜率幽求等入苑中，福順、仙鳧以萬騎兵攻玄武門，斬左羽林將軍韋播、中郎將高嵩以徇。左萬騎由左入，右萬騎由右入，玄宗率總監羽林兵會兩儀殿，梓宮宿衞兵皆起應之，遂誅韋氏。黎明，馳謁相王，謝不先啓。相王泣曰：「賴汝以免，不然，吾且及難。」乃拜玄宗殿中監，兼知內外閑廏、檢校隴右羣牧大使，押左右萬騎，進封平王，同中書門下三品。

睿宗卽位，立爲皇太子。景雲二年，監國，聽除六品以下官。延和元年，星官言：「帝坐前星有變。」睿宗曰：「傳德避災，吾意決矣。」七月壬辰，制皇太子宜卽皇帝位。太子惶懼入請，睿宗曰：「此吾所以答天戒也。」皇太子乃御武德殿，除三品以下官。八月庚子，卽皇帝位。先天元年十月庚子，享于太廟，大赦。

開元元年正月辛巳，皇后親蠶。

七月甲子，太平公主及岑羲、蕭至忠、竇懷貞謀反，伏誅。乙丑，始聽政。丁卯，大赦，賜文武官階、爵。庚午，流崔湜于竇州。甲戌，毀天樞。乙亥，尙書右丞張說檢校中書令。庚辰，陸象先罷。

八月癸巳，劉幽求爲尙書右僕射，知軍國大事。壬寅，宋王成器爲太尉，申王成義爲司徒，邠王守禮爲司空。

九月丙寅，宋王成器罷。庚午，劉幽求同中書門下三品，張說爲中書令。

十月，姚巂蠻寇姚州，都督李蒙死之。己亥，幸温湯。癸卯，講武于驪山。流郭元振于新州，給事中唐紹伏誅。免新豐來歲稅，賜從官帛。甲辰，獵于渭川。同州刺史姚元之爲兵部尙書、同中書門下三品。乙巳，至自渭川。

十一月乙丑，劉幽求兼侍中。戊子，羣臣上尊號曰開元神武皇帝。

十二月庚寅，大赦，改元，賜內外官勳。改中書省爲紫微省，門下省爲黃門省，侍中爲監。甲午，吐蕃請和。己亥，禁潑寒胡戲。壬寅，姚崇兼紫微令。癸丑，劉幽求罷。貶張說爲相州刺史。甲寅，黃門侍郎盧懷愼同紫微黃門平章事。

二年正月壬午，以關內旱，求直諫，停不急之務，寬繫囚，祠名山大川，葬暴骸。甲申，并州節度大使薛訥同紫微黃門三品，以伐契丹。

二月壬辰，避正殿，減膳，徹樂。突厥寇北庭，都護郭虔瓘敗之。己酉，慮囚。

三月己亥，磧西節度使阿史那獻執西突厥都擔。

四月辛未，停諸陵供奉鷹犬。

五月辛亥，魏知古罷。

六月，京師大風拔木。甲子，以太上皇避暑，徙御大明宮。

七月乙未，焚錦繡珠玉于前殿。戊戌，禁采珠玉及爲刻鏤器玩、珠繩帖縧服者，廢織錦坊。庚子，薛訥及奚、契丹戰于灤河，敗績。丁未，襄王重茂薨，追册爲皇帝。

八月壬戌，禁女樂。乙亥，吐蕃寇邊，薛訥攝左羽林軍將軍，爲隴右防禦大使，右驍衞將軍郭知運爲副，以伐之。

九月庚寅，作興慶宮。丁酉，宴京師侍老于含元殿庭，賜九十以上几、杖，八十以上鳩杖，婦人亦如之，賜於其家。戊申，幸温湯。

十月戊午，至自温湯。甲子，薛訥及吐蕃戰于武階，敗之。

十二月乙丑，封子嗣眞爲鄫王，嗣初鄂王，嗣玄鄄王。

三年正月丁亥，立郢王嗣謙爲皇太子。降死罪，流以下原之。賜酺三日。癸卯，盧懷愼檢校黃門監。

二月辛酉，赦囚非惡逆、造僞者。

四月庚申，突厥部三姓葛邏祿來附。右羽林軍大將軍薛訥爲涼州鎭軍大總管〔一〕，涼州都督楊執一副之；右衞大將軍郭虔瓘爲朔州鎭軍大總管，并州長史王晙副之：以備突厥。

五月丁未，以旱錄京師囚。戊申，避正殿，減膳。

七月庚辰朔，日有食之。

十月辛酉，巂州蠻寇邊，右驍衞將軍李玄道伐之。壬戌，薛訥爲朔方道行軍大總管，太僕卿呂延祚、靈州刺史杜賓客副之。癸亥，如郿，赦所過徒罪以下，賜侍老九十以上及篤疾者物。甲子，如鳳泉湯。戊辰，降大理繫囚罪。

十一月己卯，至自鳳泉湯。乙酉，幸温湯。丁亥，相州人崔子嵒反，伏誅。甲午，至自温湯。乙未，禁白衣長髮會。

十二月乙丑，降鳳泉湯所過死罪以下。

四年正月戊寅，朝太上皇于西宮。

二月丙辰，幸溫湯。辛酉，吐蕃寇松州，鄜州刺史蓋思貴伐之。丁卯，至自溫湯。癸酉，松州都督孫仁獻及吐蕃戰，敗之。

六月甲子，太上皇崩。辛未，京師、華陝二州大風拔木。癸酉，大武軍子將郝靈佺殺突厥默啜。

七月丁丑，吐蕃請和。丁酉，洛水溢。

八月辛未，奚、契丹降。

十月庚午，葬大聖眞皇帝于橋陵。

十一月己卯，盧懷愼罷。丁亥，遷中宗于西廟。丙申，尚書左丞源乾曜爲黃門侍郎、同紫微黃門平章事。

十二月乙卯，定陵寢殿火。丙辰，幸溫湯。乙丑，至自溫湯。

閏月己亥，姚崇、源乾曜罷。刑部尚書宋璟爲吏部尚書兼黃門監，紫微侍郎蘇頲同紫微黃門平章事。

五年正月癸卯，太廟四室壞，遷神主于太極殿，素服避正殿，輟視朝五日。己酉，享于太極殿。辛亥，如東都。戊辰，大霧。

二月甲戌，大赦，賜從官帛，給復河南一年，免河南北蝗、水州今歲租。

三月丙寅，吐蕃請和。

四月甲申，毀拜洛受圖壇。己丑，子嗣一卒。

五月丙辰，詔公侯子孫襲封。

七月壬寅，隴右節度使郭知運及吐蕃戰，敗之。

九月壬寅，復紫微省爲中書省，黃門省爲門下省，監爲侍中。

十月戊寅，祔神主于太廟。甲申，命史官月奏所行事。

六年正月辛丑，突厥請和。

二月壬辰，朔方道行軍大總管王晙伐突厥。

六月甲申，瀍水溢。

八月庚辰，以旱慮囚。

十月癸亥，賜河南府、懷汝鄭三州父老帛。

十一月辛卯，至自東都。丙申，享于太廟。元皇帝以上三祖枝孫失官者授五品京官，皇祖妣家子孫在選者甄擢之。免知頓及旁州供承者一歲租稅。乙巳，改傳國璽曰「寶」。是月，突厥執單于副都護張知運。

七年五月己丑朔，日有食之，素服，徹樂，減膳，中書門下慮囚。

六月戊辰，吐蕃請和。

閏七月辛巳，以旱避正殿，徹樂，減膳。甲申，慮囚。八月丙戌，慮囚。

九月甲戌，徙封宋王憲爲寧王。

十月，作義宗廟于東都。辛卯，幸溫湯。癸卯，至自溫湯。

十一月乙亥，皇太子入學齒胄，賜陪位官及學生帛。

八年正月辛巳，宋璟、蘇頲罷。京兆尹源乾曜爲黃門侍郎，并州大都督府長史張嘉貞爲中書侍郎，同中書門下平章事。

二月戊戌，子敏卒。

三月甲子，免水旱州逋負，給復四鎭行人家一年。

五月丁卯，源乾曜爲侍中，張嘉貞爲中書令。

六月庚寅，洛、瀍、穀水溢。

九月，突厥寇甘、涼，涼州都督楊敬述及突厥戰，敗績〔三〕。丙寅，降京城囚罪，杖以下原之。壬申，契丹寇邊，王晙檢校幽州都督、節度河北諸軍大使，黃門侍郎韋抗爲朔方道行軍大總管，以伐之。甲戌，中書門下慮囚。

十月辛巳，如長春宮。壬午，獵于下邽。庚寅，幸溫湯。十一月乙卯，至自溫湯。

九年正月，括田。丙寅，幸溫湯。乙亥，至自溫湯。

二月丙戌，突厥請和。丁亥，免天下七年以前逋負。

四月庚寅，蘭池胡康待賓寇邊。

五月庚午，原見囚死、流罪隨軍効力，徒以下未發者。

七月己酉，王晙執康待賓。

八月，蘭池胡康願子寇邊。

九月乙巳朔，日有食之。癸亥，天兵軍節度大使張說爲兵部尙書、同中書門下三品。

十一月庚午，大赦，賜文武官階、爵，唐隆、先天實封功臣坐事免若死者加贈，賜民酺三日。

十二月乙酉，幸温湯。壬辰，至自温湯。

是冬，無雪。

十年正月丁巳，如東都。

二月丁丑，次望春頓，賜從官帛。

四月己亥，張說持節朔方軍節度大使。

五月戊午，突厥請和。辛酉，伊、汝水溢。

閏月壬申，張說巡邊。

六月丁巳，河決博、棣二州。

七月庚辰，給復遭水州。丙戌，安南人梅叔鸞反，伏誅。

九月，張說敗康願子于木盤山，執之。己卯，京兆人權梁山反，伏誅。癸未，吐蕃攻小勃律，北庭節度使張孝嵩敗之。

十月甲寅，如興泰宮，獵于上宜川。庚申，如東都。

十二月，突厥請和。

十一年正月丁卯，降東都囚罪，杖以下原之。己巳，如幷州，降囚罪，徒以下原之。賜侍老物。庚辰，次潞州，赦囚，給復五年，以故第爲飛龍宮。辛卯，次幷州，改幷州爲北都。癸巳，赦太原府，給復一年，下戶三年，元從家五年。版授侍老八十以上縣令，婦人縣君；九十以上上州長史，婦人郡君；百歲以上上州刺史，婦人郡夫人。

二月己酉，貶張嘉貞爲幽州刺史。壬子，如汾陰，祠后土，賜文武官階、勳、爵、帛。癸亥，張說兼中書令。

三月辛未，至自汾陰，免所過今歲稅，赦京城。

四月甲子，張說爲中書令。吏部尚書王晙爲兵部尚書、同中書門下三品。

五月乙丑，復中宗于太廟。己丑，王晙持節朔方軍節度大使。辛卯，遣使分巡天下。

六月，王晙巡邊。

八月戊申，追號宣皇帝曰獻祖，光皇帝曰懿祖。

十月丁酉，幸温湯，作温泉宮。甲寅，至自温湯。

十一月戊寅，有事于南郊，大赦。賜奉祠官階、勳、爵，親王公主一子官，高年粟帛，孝子順孫終身勿事。天下酺三日，京城五日。

十二月甲午，如鳳泉湯。戊申，至自鳳泉湯。庚申，貶王晙爲蘄州刺史。

十二年四月壬寅，詔傍繼國王禮當廢而屬近者封郡王。

七月己卯，廢皇后王氏爲庶人。十月，庶人王氏卒。

十一月庚午，如東都。庚辰，溪州首領覃行章反，伏誅。辛巳，申王撝薨。

閏十二月丙辰朔，日有食之。

十三年正月戊子，降死罪，流以下原之。遣使宣慰天下。壬子，葬朔方隴右河西戰亡者。

三月甲午，徙封郯王潭爲慶王，陝王浚忠王，鄫王洽棣王，鄄王滉榮王。封子涺爲光王，濰儀王，澐潁王，澤永王，清壽王，洄延王，沐盛王，溢濟王。

九月丙戌，罷奏祥瑞。

十月辛酉，如兗州。庚午，次濮州，賜河南、北五百里內父老帛。

十一月庚寅，封于泰山。辛卯，禪于社首。壬辰，大赦。賜文武官階、勳、爵，致仕官一季祿，公主、嗣王、郡縣主一子官，諸蕃酋長來會者一官。免所過一歲、兗州二歲租。賜天下酺七日。丙申，幸孔子宅，遣使以太牢祭其墓，給復近墓五戶。丁酉，賜徐、曹、亳、許、仙、豫六州父老帛。

十二月己巳，如東都。

十四年二月，邕州獠梁大海反，伏誅。

四月丁巳，戶部侍郎李元紘爲中書侍郎、同中書門下平章事。庚申，張說罷。丁卯，岐王範薨。

六月戊午，東都大風拔木。壬戌，詔州縣長官言事。

七月癸未，瀍水溢。

八月丙午，河決魏州。

九月己丑，磧西節度使杜暹檢校黃門侍郎、同中書門下平章事。

十月甲寅，太白晝見。庚申，如廣成湯。己巳，如東都。

十二月丁巳，獵于方秀川。

十五年正月辛丑，河西、隴右節度使王君㚟及吐蕃戰于青海，敗之。

七月甲戌，震興教門觀，災。庚寅，洛水溢。己亥，降都城囚罪，徒以下原之。

八月，瀍、穀溢，毀澠池縣。己巳，降天下死罪，嶺南邊州流人，徒以下原之。

九月丙子，吐蕃寇瓜州，執刺史田元獻。閏月庚子，寇安西，副大都護趙頤貞敗之。庚申，回紇襲甘州，王君㚟死之。

十月己卯，至自東都。

十一月丁卯，獵于城南。

十二月乙亥，幸溫泉宮。丙戌，至自溫泉宮。

十六年正月壬寅，趙頤貞及吐蕃戰于曲子城，敗之。乙卯，瀧州首領陳行範反，伏誅。庚申，許徒以下囚保任營農。三月辛丑，免營農囚罪。

七月，吐蕃寇瓜州，刺史張守珪敗之。乙巳，隴右節度使張志亮、河西節度使蕭嵩克吐蕃大莫門城。八月辛卯，及吐蕃戰于祁連城，敗之。

九月丙午，以久雨降囚罪，徒以下原之。

十月己卯，幸溫泉宮。己丑，至自溫泉宮。

十一月癸巳，蕭嵩爲兵部尚書、同中書門下平章事。甲辰，弛陂澤禁。戊申，幸寧王憲第。庚戌，至自寧王憲第。

十二月丁卯，幸溫泉宮。丁丑，至自溫泉宮。

十七年二月丁卯，巂州都督張審素克雲南昆明城、鹽城。

三月戊戌，張守珪及吐蕃戰于大同軍，敗之。

四月癸亥，降死罪，流以下原之。乙亥，大風，震，藍田山崩。

六月甲戌，源乾曜、杜暹、李元紘罷。蕭嵩兼中書令。戶部侍郎宇文融爲黃門侍郎，兵部侍郎裴光庭爲中書侍郎：同中書門下平章事。

九月壬子，貶宇文融爲汝州刺史。

十月戊午朔，日有食之。

十一月庚寅，享于太廟。丙申，拜橋陵，赦奉先縣。戊戌，拜定陵。己亥，拜獻陵。壬寅，拜昭陵。乙巳，拜乾陵。戊申，至自乾陵，大赦。免今歲稅之半。賜文武官階、爵，侍老帛。旌表孝子順孫、義夫節婦，終身勿事。唐隆兩營立功三品以上予一子官。免供頓縣今歲稅。賜諸軍行人勳兩轉。

十二月辛酉，幸溫泉宮。壬申，至自溫泉宮。

是冬，無雪。

十八年正月辛卯，裴光庭爲侍中。

二月丙寅，大雨，雷震左飛龍廄，災。辛未，免囚罪杖以下。

四月乙卯，築京師外郭。

五月己酉，奚、契丹附于突厥。

六月甲子，有彗星出于五車。癸酉，有星孛于畢、昴。乙亥，瀍水溢。丙子，忠王浚爲河北道行軍元帥。壬午，洛水溢。

九月丁巳，忠王浚兼河東道諸軍元帥。

十月戊子，吐蕃請和。庚寅，如鳳泉湯。癸卯，至自鳳泉湯。

十一月丁卯，幸溫泉宮。丁丑，至自溫泉宮。

十九年正月，殺瀼州別駕王毛仲。丙子，耕于興慶宮。己卯，禁捕鯉魚。

四月壬午，降死罪以下。丙申，立太公廟。

六月乙酉，大風拔木。

七月癸丑，吐蕃請和。

八月辛巳，以千秋節降死罪，流以下原之。

十月丙申，如東都。十一月乙卯，次洛城南，賜從官帛。

是歲，揚州穭稻生。

二十年正月乙卯，信安郡王禕爲河東、河北道行軍副元帥，以伐奚、契丹。

二月甲戌朔，日有食之。壬午，降囚罪，徒以下原之。

三月己巳，信安郡王禕及奚、契丹戰于薊州，敗之。

五月戊申，忠王浚俘奚、契丹以獻。

六月丁丑，浚爲司徒。

八月辛未朔，日有食之。

九月乙巳，渤海靺鞨寇登州，刺史韋俊死之，左領軍衞將軍蓋福慎伐之。戊辰，以宋、滑、兗、鄆四州水，免今歲稅。

十月壬午，如潞州。丙戌，中書門下慮巡幸所過囚。辛卯，赦潞州，給復三年，賜高年粟帛。

十一月辛丑，如北都。癸丑，赦北都，給復三年。庚申，如汾陰，祠后土，大赦。免供頓州今歲稅。賜文武官階、勳、爵，諸州侍老帛，武德以來功臣後及唐隆功臣三品以上一子官。民酺三日。十二月辛未，至自汾陰。

二十一年正月丁巳，幸溫泉宮。二月丁亥，至自溫泉宮。

三月乙巳，裴光庭薨。甲寅，尚書右丞韓休爲黃門侍郎、同中書門下平章事。

閏月癸酉，幽州副總管郭英傑及契丹戰于都山，英傑死之。

四月乙卯，遣宣慰使黜陟官吏，決繫囚。丁巳，寧王憲爲太尉，薛王業爲司徒。

五月戊子，以皇太子納妃，降死罪，流以下原之。

七月乙丑朔，日有食之。

九月壬午，封子沔爲信王，泚義王，漼陳王，澄豐王，潓恆王，漩涼王，滔深王。

十月庚戌，幸溫泉宮。己未，至自溫泉宮。

十二月丁巳，蕭嵩、韓休罷。京兆尹裴耀卿爲黃門侍郎，中書侍郎張九齡同中書門下平章事。

二十二年正月己巳，如東都。

二月壬寅，秦州地震，給復壓死者家一年，三人者三年。

四月甲辰，降死罪以下。甲寅，北庭都護劉渙謀反，伏誅。

五月戊子，裴耀卿爲侍中，張九齡爲中書令，黃門侍郎李林甫爲禮部尚書、同中書門下三品。是日，大風拔木。

六月壬辰，幽州節度使張守珪俘奚、契丹以獻。

七月己巳，薛王業薨。

十一月甲戌，免關內、河南八等以下戶田不百畝者今歲租。

十二月戊子朔，日有食之。乙巳，張守珪及契丹戰，敗之，殺其王屈烈。

二十三年正月乙亥，耕藉田。大赦。侍老百歲以上版授上州刺史，九十以上中州刺史，八十以上上州司馬。賜陪位官勳、爵。征防兵父母年七十者遣還。民酺三日。

八月戊子，免鰥寡惸獨今歲稅米。

十月戊申，突騎施寇邊。

閏十一月壬午朔，日有食之。

是冬，東都人劉普會反，伏誅。

二十四年正月丙午，北庭都護蓋嘉運及突騎施戰，敗之。

四月丁丑，降死罪以下。

五月丙午，醴泉人劉志誠反，伏誅。

八月甲寅，突騎施請和。乙亥，汴王璥薨。

十月戊申，京師地震。甲子，次華州，免供頓州今歲稅，賜刺史、縣令中上考。降兩京死罪，流以下原之。丁卯，至自東都。

十一月辛丑，東都地震。壬寅，裴耀卿、張九齡罷。李林甫兼中書令，朔方軍節度副大使牛仙客爲工部尚書、同中書門下三品。

十二月戊申，慶王琮爲司徒。

二十五年三月乙酉，張守珪及契丹戰于捺祿山，敗之。辛卯，河西節度副大使崔希逸及吐蕃戰于青海，敗之。

四月辛酉，殺監察御史周子諒。乙丑，廢皇太子瑛及鄂王瑤、光王琚爲庶人，皆殺之。

十一月壬申，幸溫泉宮。乙酉，至自溫泉宮。

十二月丙午，惠妃武氏薨。丁巳，追册爲皇后。

二十六年正月甲戌，潮州刺史陳思挺謀反，伏誅。乙亥，牛仙客爲侍中。丁丑，迎氣于東郊。降死罪，流以下原之，以京兆稻田給貧民。禁王公獻珍物。賜文武官帛。壬辰，李林甫兼隴右節度副大使。

二月乙卯，牛仙客兼河東節度副大使。

三月丙子，有星孛于紫微。癸巳，京師地震。吐蕃寇河西，崔希逸敗之，鄯州都督杜希望克其新城。

四月己亥，有司讀時令。降死罪，流以下原之。

五月乙酉，李林甫兼河西節度副大使。

六月庚子，立忠王璵爲皇太子。

七月己巳，大赦。賜文武九品以上及五品以上子爲父後者勳一轉，侍老粟帛，加版授。免京畿下戶今歲租之半。賜民酺三日。

九月丙申朔，日有食之。庚子，益州長史王昱及吐蕃戰于安戎城，敗績。

中華書局

十月戊寅,幸温泉宮。壬辰,至自温泉宮。

二十七年正月壬寅,榮王琬巡按隴右。

二月己巳,羣臣上尊號曰開元聖文神武皇帝,大赦。免今歲稅。賜文武官階、爵。版授侍老百歲以上下州刺史,婦人郡君;九十以上上州司馬,婦人縣君;八十以上縣令,婦人鄉君。賜民酺五日。

八月乙亥,磧西節度使蓋嘉運敗突騎施于賀邏嶺,執其可汗吐火仙。壬午,吐蕃寇邊,河西、隴右節度使蕭炅敗之。

十月丙戌,幸温泉宮。十一月辛丑,至自温泉宮。

二十八年正月癸巳,幸温泉宮。庚子,至自温泉宮。

三月丁亥朔,日有食之。壬子,益州司馬章仇兼瓊敗吐蕃,克安戎城。

五月癸卯,吐蕃寇安戎城,兼瓊又敗之。

十月甲子,幸温泉宮。以壽王妃楊氏爲道士,號太眞。戊辰,以徐、泗二州無蠶,免今歲稅。辛巳,至自温泉宮。

十一月,牛仙客罷朔方、河東節度副大使。

二十九年正月癸巳,幸温泉宮。丁酉,立玄元皇帝廟,禁厚葬。庚子,至自温泉宮。

五月庚戌,求明道德經及莊、列、文子者。降死罪,流以下原之。

七月乙亥,伊、洛溢。

九月丁卯,大雨雪。

十月丙申,幸温泉宮。戊戌,遣使黜陟官吏。

十一月庚戌,邠王守禮薨。辛酉,至自温泉宮。己巳,雨木冰。辛未,寧王憲薨,追册爲皇帝,及其妃元氏爲皇后。

十二月癸未,吐蕃陷石堡城。

天寶元年正月丁未,大赦,改元。詔京文武官材堪刺史者自舉。賜侍老八十以上粟帛,九品以上勳兩轉。甲寅,陳王府參軍田同秀言:「玄元皇帝降于丹鳳門通衢。」

二月丁亥,羣臣上尊號曰開元天寶聖文神武皇帝。辛卯,享玄元皇帝于新廟。甲午,享于太廟。丙申,合祭天地于南郊,大赦。侍老加版授,賜文武官階、爵。改侍中爲左相,中書令爲右相,東都爲東京,北都爲北京,州爲郡,刺史爲太守。

七月癸卯朔,日有食之。辛未,牛仙客薨。

八月丁丑,刑部尚書李適之爲左相。

十月丁酉,幸温泉宮。十一月己巳,至自温泉宮。

十二月戊戌,隴右節度使皇甫惟明及吐蕃戰于青海,敗之。庚子,河西節度使王倕克吐蕃漁海、遊弈軍。朔方軍節度使王忠嗣及奚戰于紫乾河,敗之,遂伐突厥。

是冬,無冰。

二年正月乙卯,作昇仙宮。丙辰,加號玄元皇帝曰大聖祖。

三月壬子,享于玄元宮,追號大聖祖父周上御大夫敬曰先天太皇,咎繇曰德明皇帝,涼武昭王曰興聖皇帝。改西京玄元宮曰太淸宮,東京曰太微宮。

四月己卯,皇甫惟明克吐蕃洪濟城。

六月甲戌,震東京應天門觀,災。

十月戊寅,幸温泉宮。十一月乙卯,至自温泉宮。

十二月壬午,海賊吳令光寇永嘉郡。

是冬,無雪。

三載正月丙申,改年爲載。降死罪,流以下原之。辛丑,幸温泉宮。辛亥,有星隕于東南。

二月庚午,至自温泉宮。丁丑,河南尹裴敦復、晉陵郡太守劉同昇、南海郡太守劉巨鱗討吳令光。閏月,令光伏誅。

三月壬申,降死罪,流以下原之。

八月丙午,拔悉蜜攻突厥,殺烏蘇米施可汗,來獻其首。

十月甲午,幸温泉宮。十一月丁卯,至自温泉宮。

十二月癸丑,祠九宮貴神于東郊,大赦。詔天下家藏孝經。賜文武官階、爵,侍老粟帛,民酺三日。

四載正月丙戌,王忠嗣及突厥戰于薩河內山,敗之。

三月壬申,以外孫獨孤氏女爲靜樂公主,嫁于契丹松漠都督李懷節;楊氏女爲宜芳公主,嫁于奚饒樂都督李延寵。

八月壬寅，立太眞爲貴妃。

九月，契丹、奚皆殺其公主以叛。甲申，皇甫惟明及吐蕃戰于石堡城，副將褚詡死之。

十月戊戌，幸溫泉宮。十二月戊戌，至自溫泉宮。

五載正月乙亥，停六品以下員外官。

三月丙子，遣使黜陟官吏。

四月庚寅，李適之罷。丁酉，門下侍郎陳希烈同中書門下平章事。

五月壬子朔，日有食之。

七月，殺括蒼郡太守韋堅、播川郡太守皇甫惟明。

十月戊戌，幸溫泉宮。十一月乙巳，至自溫泉宮。

十二月甲戌，殺贊善大夫杜有鄰、著作郎王曾、左驍衞兵曹參軍柳勣、左司禦率府倉曹參軍王脩己、右武衞司戈盧寧、左威衞參軍徐徵。

六載正月辛巳，殺北海郡太守李邕、淄川郡太守裴敦復。丁亥，享于太廟。戊子，有事于南郊，大赦，流人老者許致仕，停立仗錢。賜文武官階、爵，侍老粟帛，民酺三日。

三月甲辰，陳希烈爲左相。

七月乙酉，以旱降死罪，流以下原之。

十月戊申，幸華清宮。

十一月丁酉，殺戶部侍郎楊愼矜及其弟少府少監愼餘、洛陽令愼名。

十二月癸丑，至自華清宮。

是歲，安西副都護高仙芝及小勃律國戰，敗之。

七載五月壬午，羣臣上尊號曰開元天寶聖文神武應道皇帝，大赦，免來載租、庸。以魏、周、隋爲三恪。賜京城父老物人十段。七十以上版授本縣令，婦人縣君；六十以上縣丞。天下侍老百歲以上上郡太守，婦人郡君；九十以上上郡司馬，婦人縣君；八十以上縣令，婦人鄉君。賜文武官勳兩轉，民酺三日。

十月庚戌，幸華清宮。十二月辛酉，至自華清宮。

八載四月，殺咸寧郡太守趙奉璋。

六月乙卯，隴右節度使哥舒翰及吐蕃戰于石堡城，敗之。

閏月丙寅，謁太清宮，加上玄元皇帝號曰聖祖大道玄元皇帝，增祖宗帝后謚。羣臣上尊號曰開元天地大寶聖文神武應道皇帝，大赦，男子七十、婦人七十五以上皆給一子侍，賜文武官階、爵，民爲戶者古爵，酺三日。

十月乙丑，幸華清宮。是月，特進何履光率十道兵以伐雲南。

十一月丁巳，幸御史中丞楊釗莊。

九載正月己亥，至自華清宮。丁巳，詔以十一月封華嶽。

三月辛亥，華嶽廟災，關內旱，乃停封。

五月庚寅，慮囚。

九月辛卯，以商、周、漢爲三恪。

十月庚申，幸華清宮。太白山人王玄翼言：「玄元皇帝降于寶仙洞。」

十二月乙亥，至自華清宮。

是歲，雲南蠻陷雲南郡，都督張虔陀死之。

十載正月壬辰，朝獻于太清宮。癸巳，朝享于太廟。甲午，有事于南郊，大赦，賜侍老

粟帛，酺三日。丁酉，李林甫兼朔方軍節度副大使、安北副大都護。己亥，改傳國寶爲「承天大寶」。戊申，安西四鎭節度使高仙芝執突騎施可汗及石國王。

四月壬午，劍南節度使鮮于仲通及雲南蠻戰于西洱河，大敗績，大將王天運死之，陷雲南都護府。

七月，高仙芝及大食戰于恆邏斯城，敗績。

八月，范陽節度副大使安祿山及契丹戰于吐護眞河，敗績。乙卯，廣陵海溢。丙辰，武庫災。

十月壬子，幸華清宮。

十一月乙未，幸楊國忠第。

十一載正月丁亥，至自華清宮。

二月庚午，突厥部落阿布思寇邊。

三月乙巳，改尚書省八部名。

四月乙酉，戶部郎中王銲、京兆人邢縡謀反，伏誅。丙戌，殺御史大夫王鉷。李林甫罷安北副大都護。

五月戊申，慶王琮薨。甲子，東京大風拔木。

六月壬午，御史大夫兼劍南節度使楊國忠敗吐蕃于雲南，克故洪城。

十月戊寅，幸華清宮。

十一月乙卯，李林甫薨。庚申，楊國忠爲右相。

十二月丁亥，至自華清宮。

十二載五月己酉，復魏、周、隋爲三恪。

六月，阿布思部落降。

八月，中書門下慮囚。

九月甲寅，葛邏祿葉護執阿布思。

十月戊寅，幸華清宮。

十三載正月丙午，至自華清宮。

二月壬申，朝獻于太清宮，加上玄元皇帝號曰大聖祖高上大道金闕玄元天皇大帝。癸酉，朝享于太廟，增祖宗謚。甲戌，羣臣上尊號曰開元天地大寶聖文神武證道孝德皇帝，大

赦，左降官遭父母喪者聽歸。賜孝義旌表者勳兩轉。侍老百歲以上版授本郡太守，婦人郡夫人；九十以上郡長史，婦人郡君；八十以上縣令，婦人縣君。太守加賜爵一級，縣令勳兩轉，民酺三日。丁丑，楊國忠爲司空。是日，雨土。

三月，隴右、河西節度使哥舒翰敗吐蕃，復河源九曲。辛酉，大風拔木。

五月壬戌，觀酺于勤政樓，北庭都護程千里俘阿布思以獻。

六月乙丑朔，日有食之。劍南節度留後李宓及雲南蠻戰于西洱河，死之。

八月丙戌，陳希烈罷。文部侍郎韋見素爲武部尚書、同中書門下平章事。

是秋，瀍、洛水溢。

十月乙酉，幸華清宮。十二月戊午，至自華清宮。

十四載三月壬午，安祿山及契丹戰于潢水，敗之。

五月，天有聲于浙西。

八月辛卯，降死罪，流以下原之。免今載租、庸半。賜侍老米。

十月庚寅，幸華清宮。

十一月，安祿山反，陷河北諸郡。范陽將何千年殺河東節度使楊光翽。壬申，伊西節度使封常清爲范陽、平盧節度使，以討安祿山。丙子，至自華清宮。九原郡太守郭子儀爲朔方軍節度副大使，右羽林軍大將軍王承業爲太原尹，衞尉卿張介然爲河南節度採訪使，右金吾大將軍程千里爲上黨郡長史，以討安祿山。丁丑，榮王琬爲東討元帥，高仙芝副之。

十二月丁亥，安祿山陷靈昌郡。辛卯，陷陳留郡，執太守郭納，張介然死之。癸巳，安祿山陷滎陽郡，太守崔無詖死之。丙申，封常清及安祿山戰于罌子谷，敗績。丁酉，陷東京，留守李憕、御史中丞盧奕、判官蔣清死之。河南尹達奚珣叛降于安祿山。

己亥，恆山郡太守顏杲卿敗何千年，執之，克趙、鉅鹿、廣平、清河、河間、景城、樂安、博平、博陵、上谷、文安、信都、魏、鄴十四郡。

癸卯，封常清、高仙芝伏誅。哥舒翰持節統領處置太子先鋒兵馬副元帥，守潼關。甲辰，郭子儀及安祿山將高秀巖戰于河曲，敗之。戊申，榮王琬薨。壬子，濟南郡太守李隨、單父尉賈賁、濮陽人尙衡以兵討安祿山。是月，平原郡太守顏眞卿、饒陽郡太守盧全誠、司馬李正以兵討安祿山。

十五載正月乙卯，東平郡太守嗣吳王祇以兵討安祿山。丙辰，李隨爲河南節度使，以討祿山。壬戌，祿山陷恆山郡，執顏杲卿、袁履謙，陷鄴、廣平、鉅鹿、趙、上谷、博陵、文安、

魏、信都九郡。癸亥，朔方軍節度副使李光弼爲河東節度副大使，以討祿山。甲子，南陽郡太守魯炅爲南陽節度使，率嶺南、黔中、山南東道兵屯于葉縣。乙丑，安慶緒寇潼關，哥舒翰敗之。丁丑，眞源令張巡以兵討安祿山。

二月己亥，嗣吳王祇及祿山將謝元同戰于陳留，敗之。李光弼克常山郡，郭子儀出井陘，會光弼，及安祿山將史思明戰，敗之。庚子，賈賁戰于雍丘，死之。

三月，顏眞卿克魏郡。史思明寇饒陽、平原。乙卯，張巡及安祿山將令狐潮戰于雍丘，敗之。丙辰，殺戶部尙書安思順、太僕卿安元貞。乙丑，李光弼克趙郡。

四月乙酉，北海郡太守賀蘭進明以兵救平原。丙午，太子左贊善大夫來瑱爲潁川郡太守，兼招討使。

五月丁巳，魯炅及安祿山戰于滍水，敗績，奔于南陽。戊辰，嗣虢王巨爲河南節度使。

六月癸未，顏眞卿及安祿山將袁知泰戰于堂邑，敗之。賀蘭進明克信都。丙戌，哥舒翰及安祿山戰于靈寶西原，敗績。是日，郭子儀、李光弼及史思明戰于嘉山，敗之。辛卯，蕃將火拔歸仁執哥舒翰叛降于安祿山，遂陷潼關、上洛郡。

甲午，詔親征。京兆尹崔光遠爲西京留守、招討處置使。丙申，行在望賢宮。丁酉，次馬嵬，左龍武大將軍陳玄禮殺楊國忠及御史大夫魏方進、太常卿楊暄。賜貴妃楊氏死。是

日，張巡及安祿山將翟伯玉戰于白沙堝，敗之。己亥，祿山陷京師。辛丑，次陳倉。閑廄使任沙門叛降于祿山。丙午，次河池郡。劍南節度使崔圓爲中書侍郎、同中書門下平章事。七月甲子，次普安郡。憲部侍郎房琯爲文部尚書、同中書門下平章事。丁卯，皇太子爲天下兵馬元帥，都統朔方、河東、河北、平盧節度使，御史中丞裴冕、隴西郡司馬劉秩副之。江陵大都督永王璘爲山南東路黔中江南西路節度使，盛王琦爲廣陵郡都督、江南東路淮南道節度使，豐王珙爲武威郡都督、河西隴右安西北庭節度使。庚午，次巴西郡。以太守崔渙爲門下侍郎、同中書門下平章事，韋見素爲左相。庚辰，次蜀郡。

八月壬午，大赦，賜文武官階、爵，爲安祿山脅從能自歸者原之。癸巳，皇太子即皇帝位于靈武，以聞。庚子，上皇天帝誥遣韋見素、房琯、崔渙奉皇帝冊于靈武。

十一月甲寅，憲部尚書李麟同中書門下平章事。

十二月甲辰，永王璘反，廢爲庶人。

至德二載正月庚戌，詔求天下孝悌可旌者。甲子，劍南健兒賈秀反，伏誅。三月庚午，通化郡言玄元皇帝降。五月庚申，詔追册貴嬪楊氏爲皇后。七月庚戌，行營健兒李季反，伏誅。庚午，劍南健兒郭千仞反，伏誅。十月丁巳，皇帝復京師，以聞。詔降劍南囚罪，流以下原之。

十二月丁未，至自蜀郡，居于興慶宮。三載，上號曰太上至道聖皇天帝。上元元年，徙居于西內甘露殿。元年建巳月，崩于神龍殿，年七十八。

贊曰：睿宗因其子之功，而在位不久，固無可稱者。嗚呼，女子之禍於人者甚矣！自高祖至于中宗，數十年間，再罹女禍，唐祚既絕而復續，中宗不免其身，韋氏遂以滅族。玄宗親平其亂，可以鑒矣，而又敗以女子。方其勵精政事，開元之際，幾致太平，何其盛也！及侈心一動，窮天下之欲不足爲其樂，而溺其所甚愛，忘其所可戒，至於竄身失國而不悔。考其始終之異，其性習之相遠也至於如此。可不慎哉！可不慎哉！

校勘記

〔一〕涼州　衲、十行、汲本作「源川」，殿、局本作「源州」。據本書卷一一一薛訥傳、卷二一五上突厥傳及通鑑卷二一一改。

〔二〕突厥寇甘涼涼州都督楊敬述及突厥戰敗績　上「涼」字各本原作「源」。按通鑑卷二一二載：開元八年，突厥掠涼州，都督楊敬述使裨將將兵邀擊，大敗。本書卷二一五下及舊書卷一九四上突厥傳略同。「源」爲「涼」之譌甚明，據改。

唐書卷六

本紀第六

肅宗　代宗

肅宗文明武德大聖大宣孝皇帝諱亨，玄宗第三子也。母曰元獻皇后楊氏。初名嗣昇，封陝王。

開元四年，爲安西大都護。性仁孝，好學，玄宗尤愛之，遣賀知章、潘肅、呂向、皇甫彬、邢璹等侍讀左右。

十五年，更名浚，徙封忠王，爲朔方節度大使、單于大都護。

十八年，奚、契丹寇邊，乃以肅宗爲河北道行軍元帥，遣御史大夫李朝隱等八總管兵十萬以伐之。居二歲，朝隱等敗奚、契丹於范陽北，肅宗以統帥功遷司徒。二十三年，又更名璵。

二十五年，皇太子瑛廢死，明年，立爲皇太子。有司行册禮，其儀有中嚴、外辦，其服絳紗。太子曰：「此天子禮也。」乃下公卿議。太師蕭嵩、左丞相裴耀卿請改「外辦」爲「外備」，絳紗衣爲朱明服，乃從之。二十八年，又更名紹。天寶三載，又更名亨。

安祿山來朝，太子識其有反相，請以罪誅之，玄宗不聽。祿山反。

十五載，玄宗避賊，行至馬嵬，父老遮道請留太子討賊，玄宗許之，遣壽王瑁及內侍高力士諭太子，太子乃還。六月丁酉，至渭北便橋，橋絕，募水濱居民得三千餘人，涉而濟。遇潼關散卒，以爲賊，與戰，多傷，既而覺之，收其餘以涉，後軍多沒者。夕次永壽縣，吏民稍持牛酒來獻。新平郡太守薛羽、保定郡太守徐瑴聞賊且至，皆棄城走。己亥，太子次保定，捕得羽、瑴，斬之。辛丑，次平涼郡，得牧馬牛羊，兵始振。朔方留後支度副使杜鴻漸、六城水陸運使魏少游、節度判官崔漪、支度判官崔簡金、關內鹽池判官李涵、河西行軍司馬裴冕迎太子治兵于朔方。庚戌，次豐寧，見大河之險，將保之，會天大風，迴趨靈武。

七月辛酉，至于靈武。壬戌，裴冕等請皇太子即皇帝位。甲子，即皇帝位于靈武，尊皇帝曰上皇天帝，大赦，改元至德。賜文武官階、勳、爵，版授侍老太守、縣令。裴冕爲中書侍郎、同中書門下平章事。甲戌，安祿山寇扶風，太守薛景仙敗之。

八月辛卯，張巡及安祿山將李廷望戰于雍丘，敗之。

十月辛巳朔，日有食之。癸未，次彭原郡。詔御史諫官論事勿先白大夫及宰相。始鬻爵、度僧尼。房琯爲招討西京、防禦蒲潼兩關兵馬元帥，兵部尚書王思禮副之。南軍入于宜壽，中軍入于武功，北軍入于奉天。辛卯，河南節度副使張巡及令狐潮戰于雍丘，敗之。辛丑，房琯以中軍、北軍及安祿山之衆戰于陳濤斜，敗績。癸卯，琯又以南軍戰，敗績。是月，遣永王璘朝上皇天帝于蜀郡。璘反，丹徒郡太守閻敬之及璘戰于伊婁埭，死之。

十一月辛亥，河西地震。戊午，崔渙爲江南宣慰使。郭子儀率回紇及安祿山戰于河上，敗之。史思明寇太原。

十二月，安祿山陷魯、東平、濟陰三郡。戊子，給復彭原郡二載。安祿山陷潁川，執太守薛愿及長史龐堅。

是歲，吐蕃陷巂州，嶺南溪獠梁崇牽陷容州。

二載正月，永王璘陷鄱陽郡。乙卯，安慶緒弒其父祿山。丙寅，河西兵馬使孟庭倫殺其節度使周佖，以武威郡反。乙亥，安慶緒將尹子奇寇睢陽郡，張巡敗之。

二月戊子，次于鳳翔。李光弼及安慶緒之衆戰于太原，敗之。丁酉，關西節度兵馬使郭英乂及安慶緒戰于武功，敗績。慶緒陷馮翊郡，太守蕭賁死之。慶緒將蔡希德寇太原。

戊戌，庶人璘伏誅。庚子，郭子儀及安慶緒戰于潼關，敗之。壬寅，河西判官崔偁克武威郡，孟庭倫伏誅。甲辰，郭子儀及安慶緒戰于永豐倉，敗之，大將李韶光、王祚死之。

三月辛酉，韋見素、裴冕罷。憲部尚書致仕苗晉卿爲左相。

四月戊寅，郭子儀爲關內、河東副元帥。壬午，瘞陣亡者。庚寅，郭子儀及安慶緒將李歸仁戰于劉運橋，敗之。

五月癸丑，子儀及慶緒將安守忠戰于淸渠，敗績。丁巳，房琯罷，諫議大夫張鎬爲中書侍郎、同中書門下平章事。

六月癸未，尹子奇寇睢陽。丁酉，南充郡民何滔執其太守楊齊曾以反，劍南節度使盧元裕敗之。

七月己酉，太白經天。丁巳，安慶緒將安武臣陷陝郡。

八月丁丑，焚長春宮。甲申，崔渙罷。張鎬兼河南節度使，都統淮南諸軍事。靈昌郡太守許叔冀奔于彭城。癸巳，大閱。

閏月甲寅，安慶緒寇好畤，渭北節度使李光進敗之。丁卯，廣平郡王俶爲天下兵馬元帥，郭子儀副之，以朔方、安西、回紇、南蠻、大食兵討安慶緒。辛未，京畿採訪宣慰使崔光遠及慶緒戰于駱谷，敗之；行軍司馬王伯倫戰于苑北，死之。

九月丁丑，慶緒陷上黨郡，執節度使程千里。壬寅，廣平郡王俶及慶緒戰于灃水，敗之。癸卯，復京師。慶緒奔于陝郡。尚書左僕射裴冕告太淸宮、郊廟、社稷、五陵，宣慰百姓。

十月戊申，廣平郡王俶及安慶緒戰于新店，敗之，克陝郡。壬子，復東京，慶緒奔于河北。興平軍兵馬使李奐及慶緒之衆戰于武關，敗之，克上洛郡。吐蕃陷西平郡。癸丑，安慶緒陷睢陽，太守許遠及張巡、鄆州刺史姚誾、左金吾衞將軍南霽雲皆死之。癸亥，給復鳳翔五載，版授父老官。遣太子太師韋見素迎上皇天帝于蜀郡。丁卯，至自靈武，饗于太廟，哭三日。己巳，關內節度使王思禮及安慶緒戰于絳郡，敗之。

十一月丙子，張鎬率四鎭伊西北庭行營兵馬使李嗣業、陝西節度使來瑱、河南都知兵馬使嗣吳王祗克河南郡縣。庚子，作九廟神主，告享于長樂殿。

十二月丙午，上皇天帝至自蜀郡。甲寅，苗晉卿爲中書侍郎、同中書門下平章事。戊午，大赦。靈武元從、蜀郡扈從官三品以上予一子官，四品以下一子出身。瘞陣亡者，致祭之，給復其家二載。免天下租、庸來歲三之一。禁珠玉、寶鈿、平脫、金泥、刺繡。復諸州及官名。以蜀郡爲南京，鳳翔郡爲西京，西京爲中京。給復潞州五載，并鄧許滑宋五州、雍丘好畤奉先縣二載，益州三載。賜文武官階、勳、爵，父老八十以上版授，加緋衣、銀魚，民酺五日。廣平郡王俶爲太尉，進封楚王。苗晉卿爲侍中，崔圓爲中書令，李麟同中書門下三品。進封子南陽郡王係爲趙王，新城郡王僅彭王，潁川郡王僴兗王，東陽郡王侹涇王。封子僙爲襄王，倕杞王，偲召王，佋興王，侗定王。乙丑，史思明降。壬申，達奚珣等伏誅。

乾元元年正月戊寅，上皇天帝御宣政殿，授皇帝傳國、受命寶符，册號曰光天文武大聖孝感皇帝。乙酉，出宮女三千人。庚寅，大閱。

二月癸卯，安慶緒將能元晧以淄、靑降，以元晧爲河北招討使。乙巳，上上皇天帝册號曰聖皇天帝。丁未，大赦，改元。贈死事及拒僞命者官。成都、靈州扈從三品以上予一子官，五品以上一子出身，六品以下敍進之。免陷賊州三歲稅。賜文武官階、爵。

三月甲戌，徙封俶爲成王。戊寅，立淑妃張氏爲皇后。

四月辛亥，祔神主于太廟。甲寅，朝享于太廟，有事于南郊。乙卯，大赦，賜文武官階、勳、爵，天下非租、庸毋輒役使，有能賑貧窮寵以官爵，京官九品以上言事，二王、三恪予一子官。史思明殺范陽節度副使烏承恩以反。

五月戊子，張鎬罷。乙未，崔圓、李麟罷。太常少卿王璵爲中書侍郎、同中書門下平章事。

七月，党項羌寇邊。

九月丙子，招討党項使王仲昇殺拓拔戎德。庚寅，郭子儀率李光弼、李嗣業、王思禮、淮西節度使魯炅、興平軍節度使李奐、滑濮節度使許叔冀、平盧兵馬使董秦、鄭蔡節度使季廣琛以討安慶緒。癸巳，大食、波斯寇廣州。

十月甲辰，立成王俶爲皇太子。大赦。賜文武官階、爵，五品以上子爲父後者勳兩轉。舉忠正孝友堪東宮官者。

十一月壬申，王思禮及安慶緒戰于相州，敗之。

十二月庚戌，戶部尚書李峘都統淮南、江東、江西節度使。丁卯，史思明陷魏州。

二年正月己巳，羣臣上尊號曰乾元大聖光天文武孝感皇帝。郭子儀及安慶緒戰于愁思岡，敗之。丁丑，祠九宮貴神。戊寅，耕籍田。

二月壬戌，中書門下慮囚。

三月己巳，皇后親蠶。壬申，九節度之師潰于滏水。史思明殺安慶緒。東京留守崔圓、河南尹蘇震、汝州刺史賈至奔于襄、鄧。郭子儀屯于東京。丁亥，以旱降死罪，流以下原之；流民還者給復三年。甲午，兵部侍郎呂諲同中書門下平章事。乙未，苗晉卿、王璵罷。京兆尹李峴爲吏部尚書，中書舍人李揆爲中書侍郎，戶部侍郎第五琦：同中書門下平章事。丙申，郭子儀爲東畿、山南東、河南等道諸節度防禦兵馬元帥。

四月庚子，王思禮及史思明戰于直千嶺，敗之。壬寅，詔減常膳服御，武德中尚作坊非賜蕃客、戎祀所須者皆罷之。

五月辛巳，貶李峴爲蜀州刺史。

七月辛巳，趙王係爲天下兵馬元帥，李光弼副之。辛卯，呂諲罷。

八月乙巳，襄州防禦將康楚元、張嘉延反，逐其刺史王政。

九月甲子，張嘉延陷荊州。丁亥，太子少保崔光遠爲荊襄招討、山南東道處置兵馬使。庚寅，史思明陷東京及齊、汝、鄭、滑四州。

十月乙巳，李光弼及史思明戰于河陽，敗之。壬戌，呂諲起復。

十一月庚午，貶第五琦爲忠州刺史。

十二月乙巳，康楚元伏誅。史思明寇陝州，神策軍將衞伯玉敗之。

上元元年三月丙子，降死罪，流以下原之。

四月戊申，山南東道將張維瑾反，殺其節度使史翽。丁巳，有彗星出于婁、胃。己未，來瑱爲山南東道節度使，以討張維瑾。

閏月辛酉，有彗星出于西方。甲戌，徙封係爲越王。己卯，大赦，改元，賜文武官爵。追封太公望爲武成王。復死刑三覆奏。是月，大饑。張維瑾降。

五月丙午，太子太傅苗晉卿爲侍中。壬子，呂諲罷。

六月乙丑，鳳翔節度使崔光遠及羌、渾、党項戰于涇、隴，敗之。乙酉，又敗之于普潤。李光弼及史思明戰于懷州，敗之。

七月丁未，聖皇天帝遷于西內。

十一月甲午，揚州長史劉展反，陷潤州。丙申，陷昇州。壬子，李峘、淮南節度使鄧景山及劉展戰于淮上，敗績。

是歲，吐蕃陷廓州。西原蠻寇邊，桂州經略使邢濟敗之。

二年正月甲寅，降死罪，流以下原之。乙卯，劉展伏誅。

二月己未，奴剌、党項羌寇寶鷄，焚大散關，寇鳳州，刺史蕭悅死之，鳳翔尹李鼎敗之。戊寅，李光弼及史思明戰于北邙，敗績。思明陷河陽。癸未，貶李揆爲袁州長史。河中節度使蕭華爲中書侍郎、同中書門下平章事。乙酉，來瑱及史思明戰于魯山，敗之。

三月甲午，史朝義寇陝州，神策軍節度使衞伯玉敗之。戊戌，史朝義弒其父思明。李光弼罷副元帥。

四月己未，吏部侍郎裴遵慶爲黃門侍郎、同中書門下平章事。乙亥，青密節度使尙衡及史朝義戰，敗之。丁丑，兗鄆節度使能元皓又敗之。壬午，劍南東川節度兵馬使段子璋反，陷綿州，遂州刺史嗣虢王巨死之，節度使李奐奔于成都。

五月甲午，史朝義將令狐彰以滑州降。戊戌，平盧軍節度使侯希逸及史朝義戰于幽州，敗之。庚子，李光弼爲河南道副元帥。劍南節度使崔光遠克東川，段子璋伏誅。

七月癸未朔，日有食之。

八月辛巳，殿中監李國貞都統朔方、鎭西、北庭、興平、陳鄭、河中節度使。

九月壬寅，大赦，去「乾元大聖光天文武孝感」號，去「上元」號，稱元年，以十一月爲歲首，月以斗所建辰爲名。賜文武官階、勳、爵，版授侍老官，先授者敍進之。停四京號。

元年建子月癸巳，曹州刺史常休明及史朝義將薛崿戰，敗之。己亥，朝聖皇天帝于西內。丙午，衞伯玉及史朝義戰于永寧，敗之。己酉，朝獻于太清宮。庚戌，朝享于太廟及元獻皇后廟。

建丑月辛亥，有事于南郊。己未，來瑱及史朝義戰于汝州，敗之。乙亥，侯希逸及朝義將李懷仙戰于范陽，敗之。

寶應元年建寅月甲申，追册靖德太子琮爲皇帝，妃竇氏爲皇后。乙酉，葬王公妃主遇害者。丙戌，盜發敬陵、惠陵。甲辰，李光弼克許州。吐蕃請和。戊申，史朝義陷營州。建卯月辛亥，大赦。賜文武官階、爵。五品以上清望及郎官、御史薦流人有行業情可矜者。停貢鷹、鶻、狗、豹。以京兆府爲上都，河南府爲東都，鳳翔府爲西都，江陵府爲南都，太原府爲北都。壬子，羌、渾、奴剌寇梁州。癸丑，河東軍亂，殺其節度使鄧景山，都知兵馬使辛雲京自稱節度使。乙丑，河中軍亂，殺李國貞及其節度使荔非元禮。戊辰，淮西節度使王仲昇及史朝義將謝欽讓戰于申州，敗績。庚午，郭子儀知朔方、河中、北庭、潞儀澤沁節度行營，興平、定國軍兵馬副元帥。壬申，鄜州刺史成公意及党項戰，敗之。

建辰月壬午，大赦，官吏聽納贓免罪，左降官及流人罰鎮効力者還之。甲午，奴剌寇梁州。戊申，蕭華罷。戶部侍郎元載同中書門下平章事。

建巳月庚戌，史朝義寇澤州，刺史李抱玉敗之。壬子，楚州獻定國寶玉十有三。甲寅，聖皇天帝崩。乙丑，皇太子監國。大赦，改元年爲寶應元年，復以正月爲歲首，建巳月爲四月。丙寅，閑廄使李輔國、飛龍廄副使程元振遷皇后于別殿，殺越王係、兗王僩。是夜，皇帝崩于長生殿，年五十二。

代宗睿文孝武皇帝諱豫，肅宗長子也。母曰章敬皇后吳氏。玄宗諸孫百餘人，代宗最長，爲嫡皇孫。聰明寬厚，喜愠不形於色，而好學強記，通易象。初名俶，封廣平郡王。

安祿山反，玄宗幸蜀，肅宗留討賊，代宗常從於兵間。

肅宗已即位，郭子儀等兵討安慶緒，未克。肅宗在岐，至德二載九月，以廣平郡王爲天下兵馬元帥，率朔方、安西、回紇、南蠻、大食等兵二十萬以進討，百官送于朝堂，過闕而下，步出木馬門，然後復騎。以安西、北庭行營節度使李嗣業爲前軍，朔方、河西、隴右節度使郭子儀爲中軍，關內行營節度使王思禮爲後軍，屯于香積寺。敗賊將安守忠，斬首六萬級。賊將張通儒守長安，聞守忠敗，棄城走，遂克京城，乃留思禮屯于苑中，代宗率大軍以東。安慶緒遣其將嚴莊拒于陝州，代宗及子儀、嗣業戰陝西，大敗之，慶緒奔于河北，遂克東都。肅宗還京師。十二月，進封楚王。

乾元元年三月，徙封成王。四月，立爲皇太子。初，太子生之歲，豫州獻嘉禾，於是以爲祥，乃更名豫。

肅宗去上元三年號，止稱元年，月以斗所建辰爲名。元年建巳月，肅宗寢疾，乃詔皇太子監國。而楚州獻定國寶十有三，因曰：「楚者，太子之所封，今天降寶於楚，宜以建元。」乃以元年爲寶應元年。

肅宗張皇后惡李輔國，欲圖之，召問太子，太子不許，乃與越王係謀之。肅宗疾革。四月丁卯，皇后與係將召太子入宮，飛龍副使程元振得其謀，以告輔國。輔國止太子無入，率兵入，殺係及兗王僩，幽皇后于別殿。是夕，肅宗崩，乃迎太子見羣臣於九仙門。明日，發喪。己巳，即皇帝位于柩前。癸酉，始聽政。甲戌，奉節郡王适爲天下兵馬元帥，郭子儀罷副元帥。乙亥，進封适爲魯王。

五月壬午，李輔國爲司空。庚寅，追尊母爲皇太后。丙申，李光弼及史朝義戰于宋州，敗之。丁酉，大赦。刺史予一子官，賜文武官階、爵，子爲父後者勳一轉。免民逋租宿負。進封子益昌郡王邈爲鄭王，延慶郡王迥爲韓王。追復庶人王氏爲皇后，瑛、瑤、琚皆復其封號。

六月辛亥，追廢皇后張氏、越王係、兗王僩皆爲庶人。

七月乙酉，殺山南東道節度使裴茙。癸巳，劍南西川兵馬使徐知道反。

八月己未，知道伏誅。辛未，台州人袁鼂反。乙亥，徙封适爲雍王。

九月戊子，鳳州刺史呂日將及党項羌戰于三嵯谷，敗之。丙申，回紇請助戰。壬寅，大閱。癸卯，袁鼂陷信州。

十月乙卯，陷溫、明二州。詔浙江水旱，百姓重困，州縣勿輒科率，民疫死不能葬者爲瘞之。辛酉，雍王适討史朝義。壬戌，盜殺李輔國。癸酉，雍王适克懷州。甲戌，敗史朝義于橫水，克河陽、東都，史朝義將張獻誠以汴州降。

十一月丁亥，朝義將薛嵩以相、衞、洺、邢四州降。丁酉，朝義將張忠志以趙、定、深、恆、易五州降。己亥，朔方行營節度使僕固懷恩爲朔方、河北副元帥。

十二月己酉，太府左藏庫火。戊辰，瘞京城內外暴骨。甲戌，李光弼及袁鼂戰于衢州，敗之。

是歲，舒州人楊昭反，殺其刺史劉秩子。西原蠻叛。吐蕃寇秦、成、渭三州。

廣德元年正月癸未，京兆尹劉晏爲吏部尚書、同中書門下平章事。甲申，史朝義自殺，其將李懷仙以幽州降，田承嗣以魏州降。壬寅，山陵使、山南東道節度使來瑱有罪，伏誅。

三月甲辰，山南東道兵馬使梁崇義自南陽入于襄州。丁未，李光弼及袁鼂戰，敗之。辛酉，葬至道大聖大明孝皇帝于泰陵。甲子，党項羌寇同州，郭子儀敗之于黃堆山。庚午，葬文明武德大聖大宣孝皇帝于建陵。

六月，同華節度使李懷讓自殺。

七月壬寅，羣臣上尊號曰寶應元聖文武孝皇帝。壬子，大赦，改元。免民逋負，戶三丁免其一庸、調；給復河北三年；回紇行營所經，免今歲租。賜內外官階、勳、爵。給功臣鐵券，藏名于太廟，圖形于凌煙閣。吐蕃陷隴右諸州。

八月，僕固懷恩反。

九月壬寅，裴遵慶宣慰僕固懷恩于汾州。乙丑，涇州刺史高暉叛附于吐蕃。

十月庚午，吐蕃陷邠州。辛未，寇奉天、武功，京師戒嚴。壬申，雍王适爲關內兵馬元帥，郭子儀副之。癸酉，渭北行營兵馬使呂日將及吐蕃戰于盩厔，敗之。乙亥，又戰于盩厔，敗績。丙子，如陝州。丁丑，次華陰。豐王珙有罪伏誅。戊寅，吐蕃陷京師，立廣武郡王承宏爲皇帝。辛巳，次陝州。癸巳，吐蕃潰，郭子儀復京師。南山五谷人高玉反。

十一月壬寅，廣州市舶使呂太一反，逐其節度使張休。

十二月辛未，劉晏宣慰上都。甲午，至自陝州。乙未，苗晉卿、裴遵慶罷。檢校禮部尚書李峴爲黃門侍郎、同中書門下平章事。丙申，放承宏于華州。吐蕃陷松、維二州。西原蠻陷道州。

二年正月丙午，詔舉堪御史、諫官、刺史、縣令者。乙卯，立雍王适爲皇太子。癸亥，劉晏、李峴罷。右散騎常侍王縉爲黃門侍郎，太常卿杜鴻漸爲兵部侍郎：同中書門下平章事。郭子儀兼河東副元帥。

二月辛未，僕固懷恩殺朔方軍節度留後渾釋之。癸酉，朝獻于太淸宮。甲戌，朝享于太廟。乙亥，有事于南郊。己丑，大赦。賜內外官階、爵；武德功臣子孫予一人官；成都、靈武元從三品以上加賜爵一級，餘加一階；寶應功臣三品以上官一子，仍賜爵一級，餘加階、勳兩轉，五品以上爲父後者勳兩轉。

三月辛丑，給復河南府二年。甲子，盛王琦薨。

四月甲午，禁鈿作珠翠。

五月，洛水溢。

六月丁卯，有星隕于汾州。

七月庚子，初稅青苗。己酉，李光弼薨。

八月丙寅，王縉爲侍中，都統河南、淮南、山南東道節度行營事。壬申，王縉罷侍中。癸巳，吐蕃寇邠州，邠寧節度使白孝德敗之于宜祿。

九月己未，劍南節度使嚴武及吐蕃戰于當狗城，敗之。

十月丙寅，吐蕃寇邠州。丁卯，寇奉天，京師戒嚴。庚午，嚴武克吐蕃鹽川城。辛未，朔方兵馬使郭晞及吐蕃戰于邠西，敗之。是月，突厥寇豐州，守將馬望死之。

十一月乙未，吐蕃軍潰，京師解嚴。河西節度使楊志烈及僕固懷恩戰于靈州，敗績。癸丑，袁鼂伏誅。免越州今歲田租之半，給復温、台、明三州一年。

十二月乙丑，高玉伏誅。丙寅，衆星隕。

是歲，西原蠻陷邵州。

永泰元年正月癸巳，大赦，改元。是月，歙州人殺其刺史龐濬。

二月戊寅，党項羌寇富平。庚辰，儀王璲薨。

三月庚子，雨木冰。庚戌，吐蕃請和。辛亥，大風拔木。

四月己巳，自春不雨，至于是而雨。

是夏，盩厔穭麥生。

七月辛卯，平盧、淄靑兵馬使李懷玉逐其節度使侯希逸。

八月庚辰，王縉爲河南副元帥。僕固懷恩及吐蕃、回紇、党項羌、渾、奴剌寇邊。

九月庚寅，命百官觀浮屠象于光順門。辛卯，太白經天。甲辰，吐蕃寇醴泉、奉天，党項羌寇同州，渾、奴剌寇盩厔，京師戒嚴。己酉，屯于苑，郭子儀屯于涇陽。丁巳，同華節度使周智光及吐蕃戰于澄城，敗之。智光入于鄜州，殺其刺史張麟，遂焚坊州。

十月，沙陀殺楊志烈。己未，吐蕃至邠州，與回紇寇邊。辛酉，寇奉天。癸亥，寇同州。乙丑，寇興平。丁卯，回紇、党項羌請降。癸酉，郭子儀及吐蕃戰于靈臺，敗之。京師解嚴。

閏月辛卯，朔方副將李懷光克靈州。辛亥，劍南西山兵馬使崔旰反，寇成都，節度使郭英乂奔于靈池，普州刺史韓澄殺之。癸丑，斂民貲作浮屠供。

大曆元年二月，吐蕃遣使來朝。壬子，杜鴻漸爲山南西道、劍南東西川、邛南、西山等道副元帥。

三月癸未，劍南東川節度使張獻誠及崔旰戰于梓州，敗績。

七月癸酉，洛水溢。

九月辛巳，吐蕃陷原州。

十一月甲子，大赦，改元，給復流民歸業者三年。

十二月己亥，有彗星出于瓠瓜。癸卯，周智光反，殺虢州刺史龐充。

中華書局

是冬，無雪。鄭王邈爲天下兵馬元帥。

二年正月丁巳，郭子儀討周智光。己未，同華將李漢惠以同州降。甲子，周智光伏誅。淮西節度使李忠臣入于華州。戊寅，給復同、華二州二年。

八月壬寅，殺駙馬都尉姜慶初。

九月甲寅，吐蕃寇靈州。乙卯，寇邠州。郭子儀屯于涇陽，京師戒嚴。乙丑，晝有星流于南方。

是秋，桂州山獠反。

十月戊寅，朔方軍節度使路嗣恭及吐蕃戰于靈州，敗之。京師解嚴。

十一月辛未，雨木冰。壬申，京師地震。

三年二月癸巳，商州兵馬使劉洽殺其刺史殷仲卿。

三月乙巳朔，日有食之。

五月乙卯，追號齊王倓爲皇帝，興信公主女張氏爲皇后。癸亥，地震。

六月壬寅，幽州兵馬使朱希彩殺其節度使李懷仙，自稱留後。

閏月庚午，王縉兼幽州盧龍軍節度使。

七月壬申，瀘州刺史楊子琳反，陷成都，劍南節度留後崔寬敗之，克成都。子琳殺夔州別駕張忠。戊寅，吐蕃遣使來朝。

八月己酉，吐蕃寇靈州。丁卯，寇邠州，京師戒嚴。戊辰，邠寧節度使馬璘及吐蕃戰，敗之。庚午，王縉兼河東節度使。

九月丁丑，濟王環薨。壬午，吐蕃寇靈州，朔方將白元光敗之。壬辰，又敗之于靈武。戊戌，京師解嚴。

十二月辛酉，涇原兵馬使王童之謀反，伏誅。

四年正月甲戌，殺潁州刺史李岵。

二月乙卯，杜鴻漸罷副元帥。丙辰，京師地震。

三月，遣御史稅商錢。甲戌，免京兆今歲稅。

五月丙戌，京師地震。

六月戊申，王縉罷副元帥、都統。

七月癸未，降死罪，流以下原之。

十月丁巳，大霧。

十一月辛未，禁畿內弋獵。壬申，杜鴻漸罷。癸酉，元載權知門下省事。甲戌，吐蕃寇靈州，朔方軍節度留後常謙光敗之。丙子，左僕射裴冕同中書門下平章事。癸巳，裴冕兼河南、淮西、山南東道副元帥。

十二月戊戌，裴冕薨。

是歲，廣州人馮崇道、桂州人朱濟時反，容管經略使王翃敗之。

五年正月辛卯，鳳翔節度使李抱玉爲河西、隴右、山南西道副元帥。

三月癸酉，內侍監魚朝恩有罪自殺。丙戌，以昭陵皇堂有光，赦京兆、關輔。

四月庚子，湖南兵馬使臧玠殺其團練使崔灌。己未，有彗星出于五車。

五月己卯，有彗星出于北方。六月己未，以彗星滅，降死罪，流以下原之。錄魏徵、王珪、李靖、李勣、房玄齡、杜如晦之後。

是歲，湖南將王國良反，及西原蠻寇州縣。

六年二月壬寅，李抱玉罷山南西道副元帥。

三月，王翃敗梁崇牽，克容州。

四月戊寅，藍田西原地陷。禁大繝、竭鑿六破錦及文紗吳綾爲龍、鳳、麒麟、天馬、辟邪者。

五月戊申，殺殿中侍御史陸珽、成都府司錄參軍事李少良、大理評事韋頌。

七年二月庚午，江州江溢。

五月乙酉，大雨雹，大風拔木。乙未，以旱大赦，減膳，徹樂。

是秋，幽州盧龍將李懷瑗殺其節度使朱希彩，經略軍副使朱泚自稱留後。

十月乙亥，以淮南旱，免租、庸三之二。

十一月庚辰，免巴、蓬、渠、集、壁、充、通、開八州二歲租、庸。

十二月丙寅，雨土，有長星出于參。

八年正月甲辰，詔京官三品以上及郎官、御史歲舉刺史、縣令一人。

五月辛卯，鄭王邈薨。壬辰，赦京師。癸卯，降死罪，流以下原之。

八月己未，吐蕃寇靈州，郭子儀敗之于七級渠。甲子，廢華州屯田給貧民。

中華書局

九月壬午，循州刺史哥舒晃反，殺嶺南節度使呂崇賁。戊子，詔京官五品以上、兩省供奉官、郎官、御史言事。

十月庚申，吐蕃寇涇、邠。丙寅，朔方兵馬使渾瑊及吐蕃戰于宜祿，敗績。涇原節度使馬璘及吐蕃戰于潘原，敗之。

九年二月辛未，徐州兵亂，逐其刺史梁乘。

四月壬辰，大赦。

十月壬申，信王瑝薨。乙亥，涼王璿薨。壬辰，降京師死罪，流以下原之。

十年正月丁酉，昭義軍兵馬使裴志清逐其節度使薛嵎，叛附于田承嗣。壬寅，壽王瑁薨。戊申，田承嗣反。癸丑，承嗣陷洺州。乙卯，劍南西川節度使崔寧及吐蕃戰于西山，敗之。

二月乙丑，田承嗣陷衞州，刺史薛雄死之。辛未，封子述爲睦王，逾郴王，連恩王，遘鄜王，造忻王，暹韶王，運嘉王，遇端王，遹循王，通恭王，達原王，逸雅王。丙子，河陽軍亂，逐三城使常休明。

三月甲午，陝州軍亂，逐其觀察使李國清。

四月癸未，河東節度使薛兼訓等討田承嗣。給復昭義五州二年。甲申，大雨雹，大風拔木。

五月乙未，魏博將霍榮國以磁州降。甲寅，大雨雹，大風拔木，震闕門。

六月甲戌，成德軍節度使李寶臣及田承嗣戰于冀州，敗之。

七月己未，杭州海溢。

八月己丑，田承嗣寇磁州。

九月壬寅，降京師死罪，流以下原之。壬子，吐蕃寇臨涇。癸丑，寇隴州。丙辰，李抱玉敗之于義寧。丁巳，馬璘又敗之于百里城。

十月辛酉朔，日有食之。甲子，昭義軍節度使李承昭及田承嗣戰于清水，敗之。丙寅，貴妃獨孤氏薨。丁卯，追册爲皇后。

十一月丁酉，魏博將吳希光以瀛州降。丁未，嶺南節度使路嗣恭克廣州，哥舒晃伏誅。

十一年正月庚寅，田承嗣降。辛亥，崔寧及吐蕃戰，敗之。

五月，汴宋都虞候李靈耀反，殺濮州刺史孟鑒。

七月庚寅，田承嗣寇滑州，永平軍節度使李勉敗績。

八月甲申，淮西節度使李忠臣、河陽三城使馬燧及李勉討李靈耀。

閏月丁酉，太白晝見。

九月乙丑，李忠臣、馬燧及李靈耀戰于鄭州，敗績。

十月乙酉，戰于中牟，敗之。壬辰，忠臣又敗之于西梁固。壬寅，淮南節度使陳少遊及李靈耀戰于汴州，敗之。丙午，田承嗣以兵援靈耀，李忠臣敗之于匡城。甲寅，靈耀伏誅。

十二年三月庚午，赦田承嗣。辛巳，元載有罪伏誅。貶王縉爲括州刺史。

四月壬午，太常卿楊綰爲中書侍郎，禮部侍郎常衮爲門下侍郎，同中書門下平章事。癸巳，詔諫官獻封事勿限時，側門論事者隨狀面奏，六品以上官言事投匭者無勒副章。丁酉，吐蕃寇黎、雅二州，崔寧敗之。是月，金州人卓英璘反。

六月乙巳，英璘伏誅。給復金州二年。丁未，以旱降京師死罪，流以下原之。

七月己巳，楊綰薨。丙子，詔尚書、御史大夫、左右丞、侍郎舉任刺史者。

九月庚午，吐蕃寇坊州。

是秋，河溢。

十一月壬子，山南西道節度使張獻恭及吐蕃戰于岷州，敗之。

十二月丁亥，崔寧及吐蕃戰于西山，敗之。

是歲，恆、定、趙三州地震。冬，無雪。

十三年正月戊辰，回紇寇并州。癸酉，河東節度留後鮑防及回紇戰于陽曲，敗績。

二月庚辰，代州刺史張光晟及回紇戰于羊虎谷，敗之。

四月甲辰，吐蕃寇靈州，常謙光敗之。

十月己丑，禁京畿持兵器捕獵。

是歲，郴州黃芩山崩。

十四年二月癸未，魏博節度使田承嗣卒，其兄子悅自稱留後。

三月丁未，汴宋將李希烈逐其節度使李忠臣，自稱留後。

五月辛酉，不豫，詔皇太子監國。是夕，皇帝崩于紫宸內殿，年五十三。

贊曰：天寶之亂，大盜遽起，天子出奔。方是時，肅宗以皇太子治兵討賊，眞得其職矣！然以僖宗之時，唐之威德在人，紀綱未壞，孰與天寶之際？而僖宗在蜀，諸鎭之兵糾合勠力，遂破黃巢而復京師。由是言之，肅宗雖不卽尊位，亦可以破賊矣。蓋自高祖以來，三遜于位以授其子，而獨睿宗上畏天戒，發於誠心，若高祖、玄宗，豈其志哉！代宗之時，餘孽猶在，平亂守成，蓋亦中材之主也！

唐書卷七

本紀第七

德宗　順宗　憲宗

德宗神武聖文皇帝諱适，代宗長子也。母曰睿眞皇太后沈氏。初，沈氏以開元末選入代宗宮。安祿山之亂，玄宗避賊于蜀，諸王妃妾不及從者，皆爲賊所得，拘之東都之掖廷。代宗克東都，得沈氏，留之宮中；史思明再陷東都，遂失所在。

肅宗元年建丑月，封德宗奉節郡王。代宗卽位，史朝義據東都，乃以德宗爲天下兵馬元帥，進封魯王。八月，徙封雍王。

寶應元年十月，屯于陝州，諸將進擊史朝義，敗之，朝義走河北，遂克東都。十一月，史朝義死幽州，守將李懷仙斬其首來獻，河北平。以功兼尙書令，與功臣郭子儀、李光弼等皆賜鐵券，圖形凌烟閣。廣德二年二月，立爲皇太子。

大曆十四年五月辛酉，代宗崩。癸亥，卽皇帝位于太極殿。閏月甲戌，貶常衮爲河南少尹，以河南少尹崔祐甫爲門下侍郎、同中書門下平章事。丙子，罷諸州府及新羅、渤海貢鷹鷂。戊寅，罷山南貢枇杷、江南甘橘非供宗廟者。辛巳，罷邕府歲貢奴婢。癸未，罷梨園樂工三百人、劍南貢生春酒。甲申，郭子儀爲尙父，兼太尉、中書令。丙戌，罷獻祥瑞，貢器以金銀飾者還之。丁亥，出宮人，放舞象三十有二于荆山之陽。

六月己亥，大赦。賜文武官階、爵，民爲戶者古爵一級。減乘輿服御。士庶田宅、車服踰制者，有司爲立法度。禁百官置邸販鬻。武德、至德將相有功者子孫予官。庚子，進封子宣城郡王誦爲宣王，封子謨爲舒王，諶通王，諒虔王，詳肅王，謙資王。乙巳，封弟迺爲益王，迅隋王，遂蜀王。丙午，詔六品以上淸望官，日二人待制。癸丑，命皇族五等以上居四方者，家一人赴山陵。

七月戊辰朔，日有食之。庚午，弛邕州金坑禁。辛卯，罷榷酤。

八月甲辰，道州司馬楊炎爲門下侍郎，懷州刺史喬琳爲御史大夫：同中書門下平章事。乙巳，還吐蕃俘。

十月丁酉，吐蕃、雲南蠻寇黎、茂、文、扶四州，鳳翔節度使朱泚、金吾衛大將軍曲環敗之于七盤城。己酉，葬睿文孝武皇帝于元陵。戊午，罷九成宮貢立獸炭、襄州蔗蒻工。辛酉，以沙苑豢豕三千給貧民。

十一月壬午，喬琳罷。

十二月乙卯，立宣王誦爲皇太子。丙寅晦，日有食之。

建中元年正月丁卯，改元。羣臣上尊號曰聖神文武皇帝。己巳，朝獻于太清宮。庚午，朝享于太廟。辛未，有事于南郊，大赦。賜文武官階、勳、爵，遣黜陟使于天下，賜子爲父後者勳兩轉。

二月丙申，初定兩稅。

四月乙未，四鎮、北庭行軍別駕劉文喜反于涇州，伏誅。己亥，地震。

六月甲午，崔祐甫薨。

七月丙寅，王國良降。己丑，殺忠州刺史劉晏。

八月丁巳，遙尊母沈氏爲皇太后。

九月己卯，雷。庚寅，睦王述爲奉迎皇太后使。

是多，無雪。黃河、滹沱、易水溢。

二年正月戊辰，成德軍節度使李寶臣卒，其子惟岳自稱留後，幽州盧龍軍節度使朱滔討之。魏博節度使田悅反，神策都虞候李晟、河東節度使馬燧、昭義軍節度使李抱眞、河陽節度副使李芃討之。永平軍節度使李勉爲汴、滑、陳、懷、鄭、汝、陝、河陽三城、宋、亳、潁節度都統。

二月乙巳，御史大夫盧杞爲門下侍郎、同中書門下平章事。乙卯，振武軍亂，殺其使彭令芳及監軍劉惠光。丁巳，發兵屯關東，餞師于望春樓。山南東道節度使梁崇義反。

五月，京師雨雹。庚申，置待詔官三十人。

六月，熒惑、太白鬬于東井。癸巳，淮寧軍節度使李希烈爲漢南、漢北兵馬招討使，以討梁崇義。

七月庚申，楊炎罷。檢校尚書右僕射侯希逸爲司空，前永平軍節度使張鎰爲中書侍郎、同中書門下平章事。侯希逸薨。癸未，馬燧、李抱眞及田悅戰于臨洺，敗之。

八月，劍南西川節度使張延賞、東川節度使王叔邕、山南東道節度使賈耽、荆南節度使李昌巎、陳少游討梁崇義，以李希烈爲諸軍都統。辛卯，平盧軍節度使李正己卒，其子納自稱留後。壬子，梁崇義伏誅。

九月，李納陷宋州。李惟岳將張孝忠以易、定二州降。壬戌，賜立功士卒帛，稟死事家三歲。

十月戊申，李納將李洧以徐州降。

十一月辛酉，納寇徐州，宣武軍節度使劉洽敗之于七里溝。丁丑，馬燧及田悅戰于雙岡，敗之。甲申，李納將王涉以海州降。

十二月丁酉，馬萬通以密州降。馬燧爲魏博招討使。

是歲，殺崖州司馬楊炎。

三年正月丙寅，朱滔、成德軍節度使張孝忠及李惟岳戰于束鹿，敗之。辛未，減常膳及太子諸王食物。復榷酤。癸未，李納陷海、密二州。

閏月乙未，李惟岳將康日知以趙州降。甲辰，惟岳伏誅，其將楊榮國以深州降。庚戌，馬燧及田悅戰于洹水，敗之。是月，悅將李再春以博州降，田昂以洺州降。

二月戊午，李惟岳將楊政義以定州降。甲戌，給復易、定、深、趙、恆、冀六州三年，赦吏民爲李惟岳迫脅者。己卯，震通化門。

四月戊午，李納將李士眞以德、棣二州降。甲子，借商錢。甲戌，昭義軍節度副使盧玄

卿爲魏博、澶相招討使。戊寅，張鎰罷。壬午，殺殿中侍御史鄭詹。是月，朱滔反，陷德、棣二州。

五月辛卯，朔方軍節度使李懷光討田悅。

六月甲子，京師地震。恆冀觀察使王武俊反。辛巳，李懷光、馬燧、李芃、李抱眞及朱滔、王武俊、田悅戰于連篋山，敗績。

七月壬辰，殿中丞李雲端謀反，伏誅。癸巳，停借商錢令。

八月癸丑，漢州司馬李孟秋、峯州刺史皮岸反，伏誅。

九月丁亥，初稅商錢、茶、漆、竹、木。

十月丙辰，吏部侍郎關播爲中書侍郎、同中書門下平章事。李希烈反。丙子，肅王詳薨。

四年正月丁亥，鳳翔節度使張鎰及吐蕃尚結贊盟于清水。庚寅，李希烈陷汝州，執刺史李元平。戊戌，東都、汝行營節度使哥舒曜討李希烈。二月丁卯，克汝州。

三月辛卯，李希烈寇鄂州，刺史李兼敗之。丁酉，荆南節度使張伯儀及李希烈戰于安州，敗績。

四月庚申，李勉爲淮西招討處置使，哥舒曜副之；張伯儀爲淮西應援招討使，賈耽、江南西道節度使嗣曹王皋副之。甲子，京師地震，生毛。丙子，哥舒曜及李希烈戰于潁橋，敗之。

五月辛巳，京師地震。乙酉，潁王璬薨。乙未，劉洽爲淄青、兗鄆招討制置使。

六月庚戌，稅屋間架，筭除陌錢。丁卯，徙封邈爲丹王，遘爲簡王。

七月，馬燧爲魏博、澶相節度招討使。壬辰，盧杞、關播、李忠臣及吐蕃區頰贊盟于京師。

八月丁未，李希烈寇襄城。乙卯，希烈將曹季昌以隋州降。庚申，有星隕于京師。

九月丙戌，神策軍行營兵馬使劉德信及李希烈戰于扈澗，敗績。庚子，舒王謨爲荆襄、江西、沔鄂節度諸軍行營兵馬都元帥，徙封普王。

十月，涇原節度使姚令言反，犯京師。戊申，如奉天。朱泚反。庚戌，泚殺司農卿段秀實及左驍衞將軍劉海賓。鳳翔後營將李楚琳殺其節度使張鎰，自稱留後。癸丑，李希烈陷襄城，宣武軍兵馬使高翼死之。甲寅，朱泚殺涇原節度都虞候何明禮。乙卯，殺尚書右僕射崔寧。丁巳，戶部尚書蕭復爲吏部尚書，吏部郎中劉從一爲刑部侍郎，京兆府戶曹參軍、翰林學士姜公輔爲諫議大夫：同中書門下平章事。朱泚犯奉天，禁軍敗績于城東。辛酉，

靈鹽節度留後杜希全、鄜坊節度使李建徽及朱泚戰于漠谷，敗績。癸亥，劉德信及泚戰于思子陵，敗之。甲子，行在都虞候渾瑊及泚戰于城下，敗之，左龍武軍大將軍呂希倩死之。乙丑，將軍高重傑死之。是月，商州軍亂，殺其刺史謝良輔。

十一月，劍南西山兵馬使張朏逐其節度使張延賞，朏伏誅。癸巳，李懷光及朱泚戰于魯店，敗之。懷光爲中書令，朔方邠寧同華陝虢河中晉絳慈隰行營兵馬副元帥。

十二月，朱泚陷華州。壬戌，貶盧杞爲新州司馬。庚午，李希烈陷汴、鄭二州。

興元元年正月癸酉，大赦，改元。去「聖神文武」號。復李希烈、田悅、王武俊、李納官爵。赴奉天收京城將士有罪減三等，子孫減二等，在行營者賜勳五轉。賜文武官階、勳、爵。罷間架、竹木茶漆稅及除陌錢。給復奉天五年，城中十年。關播罷。丙戌，吏部侍郎盧翰爲兵部侍郎、同中書門下平章事。戊子，蕭復爲山南東西、荆湖、淮南、江西、鄂岳、浙江東西、福建、嶺南宣慰安撫使。戊戌，劉洽爲汴滑宋亳都統副使。

二月甲子，李懷光爲太尉，懷光反。丁卯，如梁州。懷光將孟庭保以兵來追，左衞大將軍侯仲莊敗之于驛店。

三月，李懷光奪鄜坊京畿金商節度使李建徽、神策軍兵馬使陽惠元兵，惠元死之。癸酉，魏博兵馬使田緒殺其節度使田悅，自稱留後。甲戌，李懷光殺左廂兵馬使張名振，右武鋒兵馬使石演芬。丁亥，李晟爲京畿、渭北、鄜坊丹延節度招討使，神策行營兵馬使尚可孤爲神策、京畿、渭南、商州節度招討使。壬辰，次梁州。丁酉，劉洽權知汴滑宋亳都統兵馬事。己亥，渾瑊爲朔方、邠寧、振武、永平、奉天行營兵馬副元帥。

四月，李懷光陷坊州。甲辰，李晟爲京畿、渭北、商華兵馬副元帥。甲寅，姜公輔罷。涇原兵馬使田希鑒殺其節度使馮河清，自稱留後。乙丑，渾瑊及朱泚戰于武亭川，敗之。丁卯，義王玼薨。是月，坊州刺史竇覦克坊州。

五月癸酉，涇王侹薨。丙子，李抱眞、王武俊及朱滔戰于經城，敗之。壬辰，尚可孤及朱泚戰于藍田之西，敗之。乙未，李晟又敗之于苑北。戊戌，又敗之于白華，復京師。

六月癸卯，姚令言伏誅。甲辰，朱泚伏誅。己酉，李晟爲司徒、中書令。癸丑，以梁州爲興元府，給復一年，耆老加版授。甲寅，渾瑊爲侍中。己巳，給復洋州一年，加給興元一年，免鳳州今歲稅，父老加版授。

七月丙子，次鳳翔，免今歲秋稅，八十以上版授刺史，餘授上佐。丁丑，葬宗室遇害者。壬午，至自興元。丁亥，李懷光殺宣慰使孔巢父。辛卯，大赦。賜百官將士階、勳、爵，收京城者升八資。給復京兆府一年。是月，嗣曹王皋及李希烈戰于應山，敗之。

八月癸卯，李晟爲鳳翔隴右諸軍、涇原四鎭北庭行營兵馬副元帥，馬燧爲晉、慈、隰諸軍行營兵馬副元帥，渾瑊爲河中、同絳、陝虢諸軍行營兵馬副元帥。丙午，渾瑊兼朔方行營兵馬副元帥。己酉，延王玢、隋王迅薨。

十月辛丑，李勉檢校司徒、同中書門下平章事。

閏月戊子，李希烈將李澄以滑州降。

十一月癸卯，劉洽、邠隴行營節度使曲環及李希烈戰于陳州，敗之。戊午，克汴州。乙丑，蕭復罷。

十二月乙酉，渾瑊及李懷光戰于乾坑，敗績。

是歲，陳王珪薨。

貞元元年正月丁酉，大赦，改元。罷榷稅。

三月，李懷光殺步軍兵馬使田仙浩、都虞候呂鳴岳。丁未，李希烈陷鄧州，殺唐鄧隋招討使黃金岳。

是春，旱。

四月乙丑，徙封誼爲舒王。壬午，渾瑊及李懷光戰于長春宮，敗之。丙戌，馬燧、渾瑊

為河中招撫使。

六月己丑，幽州盧龍軍節度使朱滔卒，涿州刺史劉怦自稱留後。辛卯，劍南西川節度使張延賞為中書侍郎、同中書門下平章事。戊子，馬燧及李懷光戰于陶城，敗之。

七月，灞、滻竭。庚子，大風拔木。

八月，襲封配饗功臣子孫。甲子，以旱避正殿，減膳。甲戌，李懷光伏誅。己卯，給復河中、同絳二州一年。馬燧為侍中，張延賞罷。丙戌，李希烈殺宣慰使顏真卿。

九月辛亥，劉從一罷。庚申，幽州盧龍軍節度使劉怦卒，其子濟自稱留後。

是秋，雨木冰。

十一月癸卯，有事于南郊，大赦，賜奉天興元扈從百官、收京將士階、勳、爵。

二年正月丙申，詔減御膳之半，賙貧乏者授以官。壬寅，盧翰罷。吏部侍郎劉滋為左散騎常侍，給事中崔造，中書舍人齊映：同中書門下平章事。

二月癸亥，山南東道節度使樊澤及李希烈戰于泌河，敗之。

四月丙寅，希烈伏誅。甲戌，雨土。甲申，給復淮西二年。

五月，李希烈將李惠登以隋州降。己酉，地震。

六月癸未，滄州刺史程日華卒，其子懷直自稱觀察留後。是月，淮西兵馬使吳少誠殺其節度使陳仙奇，自稱留後。

七月，李希烈將薛翼以唐州降，侯召以光州降。

八月丙子，大雨雹。丙戌，吐蕃寇邠、寧、涇、隴四州。

九月乙巳，寇好畤，李晟敗之于汧陽。

十月癸酉，邠寧節度使韓游瓌又敗之于平川。

十一月甲午，立淑妃王氏為皇后。丁酉，皇后崩。辛丑，吐蕃陷鹽州。

十二月丁巳，陷夏州。馬燧為綏、銀、麟、勝招討使。庚申，崔造罷。甲戌，以吐蕃寇邊，避正殿。

三年正月壬寅，尚書左僕射張延賞同中書門下平章事。壬子，劉滋罷。貶齊映為夔州刺史。兵部侍郎柳渾同中書門下平章事。

二月己卯，華州潼關節度使駱元光克鹽、夏二州。甲申，葬昭德皇后于靖陵。

三月丁未，李晟為太尉。辛亥，馬燧罷副元帥。

五月，揚州江溢。吳少誠殺申州刺史張伯元、殿中侍御史鄭常。

閏月辛未，渾瑊及吐蕃盟于平涼，吐蕃執會盟副使、兵部尚書崔漢衡，殺判官、殿中侍御史韓弇。戊寅，太白晝見。

六月，吐蕃寇鹽、夏二州。丙戌，馬燧為司徒，前陝虢觀察使李泌為中書侍郎、同中書門下平章事。

七月甲子，朔方節度使杜希全為朔方、靈鹽、豐夏綏銀節度都統。壬申，張延賞薨。

八月辛巳朔，日有食之。己丑，柳渾罷。戊申，吐蕃寇青石嶺，隴州刺史蘇清沔敗之。

庚戌，禁大馬出蒲、潼、武關。

九月丁巳，吐蕃寇汧陽。丙寅，陷華亭及連雲堡。

十月甲申，寇豐義，韓游瓌敗之。乙酉，寇長武城，城使韓全義敗之。壬辰，射生將韓欽緒謀反，伏誅。

十一月己卯，京師、東都、河中地震。

十二月庚辰，獵于新店。

四年正月庚戌朔，京師地震。大赦，刺史予一子官，增戶墾田者加階，縣令減選，九品以上官言事。壬申，劉玄佐為四鎮北庭行營、涇原節度副元帥。是月，金、房二州地震，江溢山裂。雨木冰于陳留。

四月，河南、淮海地生毛。己亥，福建軍亂，逐其觀察使吳詵，大將郝誠溢自稱留後。

五月，吐蕃寇涇、邠、寧、慶、鄜五州。

六月己亥，封子諒為邕王。

七月庚戌，渾瑊為邠、寧、慶副元帥。癸丑，寧州軍亂，邠寧都虞候楊朝晟敗之。己未，奚、室韋寇振武。是月，河水黑。

八月，灞水溢。

九月庚申，吐蕃寇寧州，邠寧節度使張獻甫敗之。冬，築夾城。

是歲，京師地震二十。

五年正月甲辰朔，日有食之。

二月庚子，大理卿董晉為門下侍郎，御史大夫竇參為中書侍郎：同中書門下平章事。

三月甲辰，李泌薨。

夏，吐蕃寇長武城，韓全義敗之于佛堂原。

九月丙午，劍南西川節度使韋皋敗吐蕃于臺登北谷，克巂州。

十月，嶺南節度使李復克瓊州。

六年春，旱。

閏四月乙卯，詔常參官、畿縣令言事。免京兆府夏稅。

八月辛丑，殺皇太子妃蕭氏。

十一月戊辰，朝獻于太清宮。己巳，朝享于太廟。庚午，有事于南郊。賜文武官階、爵。降四罪，徒以下原之。葬戰亡暴骨者。

是歲，吐蕃陷北庭都護府，節度使楊襲古奔于西州。

七年正月己巳，襄王僙薨。

四月，安南首領杜英翰反，伏誅。

五月甲申，端王遇薨。

九月，回鶻殺楊襲古。

十二月戊戌，睦王述薨。

是多，無雪。

八年二月庚子，雨土。

三月甲申，宣武軍節度使劉玄佐卒，其子士寧自稱留後。

四月，吐蕃寇靈州。丁亥，殺左諫議大夫知制誥吳通玄。乙未，貶竇參爲郴州別駕。尚書左丞趙憬、兵部侍郎陸贄爲中書侍郎、同中書門下平章事。

五月己未，大風發太廟屋瓦。癸酉，平盧軍節度使李納卒，其子師古自稱留後。

六月，淮水溢。吐蕃寇連雲堡，大將王進用死之。

九月丁巳，韋皋及吐蕃戰于維州，敗之。

十一月壬子朔，日有食之。庚午，山南西道節度使嚴震及吐蕃戰于黑水堡，敗之。是月，幽州盧龍軍節度使劉濟及其弟瀛州刺史澭戰于瀛州，澭敗，奔于京師。

十二月甲辰，獵于城東。

九年正月癸卯，復稅茶。

四月辛酉，關輔、河中地震。

五月甲辰，義成軍節度使賈耽爲尚書右僕射，尚書右丞盧邁同中書門下平章事。丙午，董晉罷。

八月庚戌，李晟薨。

十一月癸未，朝獻于太清宮。甲申，朝享于太廟。乙酉，有事于南郊，大赦。

十二月丙辰，宣武軍將李萬榮逐其節度使劉士寧，自稱留後。

十年正月壬辰，南詔蠻敗吐蕃于神川，來獻捷。

四月癸卯朔，赦京城。戊申，地震。癸丑，又震。是月，太白晝見。

六月丙寅，韋皋敗吐蕃，克峨和城。自春不雨至于是月。辛未，雨，大風拔木。

七月，西原蠻叛。

八月，陷欽、橫、潯、貴四州。

十月，昭義軍節度留後王虔休及攝洺州刺史元誼戰于雞澤，敗之。

十二月丙辰，獵于城南。壬戌，貶陸贄爲太子賓客。

十一年四月丙寅，奚寇平州，劉濟敗之于青都山。

五月庚午，中書門下慮囚。

八月辛亥，馬燧薨。

九月，橫海軍兵馬使程懷信逐其兄節度使懷直，自稱留後。

十月，朗、蜀二州江溢。

十二月戊辰，獵于苑中。

十二年二月己卯，吐蕃寇瀛州，刺史曹高仕敗之。

三月丙辰，豳王遹薨。

四月庚午，魏博節度使田緒卒，其子季安自稱留後。

六月己丑，宣武軍節度使李萬榮卒，其子迺自稱兵馬使，伏誅。

七月戊戌，韓王迥薨。

八月己未朔，日有食之。丙戌，趙憬薨。

九月，吐蕃寇慶州。

十月甲戌，右諫議大夫崔損、給事中趙宗儒同中書門下平章事。

十三年正月壬寅，吐蕃請和。

四月辛酉，以旱慮囚。壬戌，雩于興慶宮。

五月壬寅，吐蕃寇嶲州，曹高仕敗之。庚戌，義寧軍亂，殺其將常楚客。

七月乙未，京師地震。

九月己丑，盧邁罷。

十四年三月丙申，鳳翔監軍使西門去奢殺其將夏侯佾。

五月己酉，始雷。

閏月辛亥，有星隕于西北。辛酉，長武城軍亂，逐其使韓全義。

六月丙申，歸化堡軍亂，逐其將張國誠，涇原節度使劉昌敗之。

七月壬申，趙宗儒罷。工部侍郎鄭餘慶爲中書侍郎、同中書門下平章事。

九月丁卯，杞王倕薨。

十二月壬寅，明州將栗鍠殺其刺史盧雲以反。

是冬，無雪，京師饑。

十五年正月甲寅，雅王逸薨。壬戌，郴州藍山崩。

二月乙酉，宣武軍亂，殺節度行軍司馬陸長源，宋州刺史劉逸淮自稱留後。

三月甲寅，彰義軍節度使吳少誠反，陷唐州，守將張嘉瑜死之。

四月乙未，栗鍠伏誅。

九月乙巳，陳許節度留後上官涚及吳少誠戰于臨潁，敗績。丙午，少誠寇許州。庚戌，宣武軍節度使劉全諒卒，都知兵馬使韓弘自稱留後。丙辰，宣武、河陽、鄭滑、東都汝、成德、幽州、淄青、魏博、易定、澤潞、河東、淮南、徐泗、山南東西、鄂岳軍討吳少誠。

十月己丑，邕王謜薨。

十一月丁未，山南東道節度使于頔及吳少誠戰于吳房，敗之。陳許節度使上官涚又敗之于柴籬。辛亥，安黃節度使伊愼又敗之于鍾山。

十二月庚午，壽州刺史王宗又敗之于秋柵。辛未，渾瑊薨。乙未，諸道兵潰于小溵河。

十六年正月乙巳，易定兵及吳少誠戰，敗績。

二月乙酉，鹽夏綏銀節度使韓全義爲蔡州行營招討處置使，上官涚副之。

四月丁亥，黔中宴設將傅近逐其觀察使韋士宗。

五月庚戌，韓全義及吳少誠戰于廣利城，敗績。壬子，徐泗濠節度使張建封卒，其子愔自稱知軍事。

七月丁巳，伊愼及吳少誠戰于申州，敗之。己未，韋皋克吐蕃末恭城。丙寅，韓全義及吳少誠戰于五樓，敗績。

八月，劉濟及其弟涿州刺史源戰于涿州，源敗，執之。己丑，殺遂州別駕崔位。韋皋克吐蕃顚城。

九月庚戌，貶鄭餘慶爲郴州司馬。庚申，太常卿齊抗爲中書侍郎、同中書門下平章事。

十月辛未，殺通州別駕崔河圖。

是歲，京師饑。

十七年二月丁酉，大雨雹。己亥，霜。乙巳，韋皋及吐蕃戰于鹿危山，敗之。戊申，大雨雹，震電。庚戌，大雪，雨雹。

五月壬戌朔，日有食之。

六月丙申，寧州軍亂，殺其刺史劉南金。己亥，浙西觀察使李錡殺上封事人崔善貞。丁巳，成德軍節度使王武俊卒，其子士眞自稱留後。

七月，隕霜殺菽。戊寅，吐蕃寇鹽州。己丑，陷麟州，刺史郭鋒死之。

九月乙亥，韋皋敗吐蕃于雅州，克木波城。

是歲，嘉王運薨。

十八年七月乙亥，罷正衙奏事。

十二月，環王陷驩、愛二州。

十九年二月己亥，安南將王季元逐其經略使裴泰，兵馬使趙均敗之。

三月壬子，淮南節度使杜佑檢校司空、同中書門下平章事。

七月己未，齊抗罷。自正月不雨至于是月。甲戌，雨。

閏十月庚戌，鹽州將李庭俊反，伏誅。丁巳，崔損薨。

十二月庚申，太常卿高郢爲中書侍郎，吏部侍郎鄭珣瑜爲門下侍郎：同中書門下平章事。

二十年二月庚戌，大雨雹。七月癸酉，大雨雹。

多，雨木冰。

二十一年正月癸巳，皇帝崩于會寧殿，年六十四。

順宗至德弘道大聖大安孝皇帝諱誦，德宗長子也。母曰昭德皇后王氏。始封宣城郡王，大曆十四年六月，進封宣王。十二月乙卯，立爲皇太子。

爲人寬仁，喜學藝，善隸書，禮重師傅，見輒先拜。從德宗幸奉天，常執弓矢居左右。郜國公主以蠱事得罪，太子妃，其女也，德宗疑之，幾廢者屢矣，賴李泌保護，乃免。後侍宴魚藻宮，張水嬉綵艦，宮人爲櫂歌，衆樂間發，德宗驩甚，顧太子曰：「今日何如？」太子誦詩「好樂無荒」以爲對。及裴延齡、韋渠牟用事，世皆畏其爲相，太子每俟顏色，陳其不可。故二人者卒不得用。

貞元二十年，太子病風且瘖。

二十一年正月，不能朝。是時，德宗不豫，諸王皆侍左右，惟太子臥病，不能見，德宗悲傷涕泣，疾有加。癸巳，德宗崩。丙申，即皇帝位于太極殿。

二月癸卯，朝羣臣于紫宸門。辛亥，吏部侍郎韋執誼爲尙書左丞、同中書門下平章事。

甲子，大赦。罷宮市。民百歲版授下州刺史，婦人郡君；九十以上上佐，婦人縣君。乙丑，罷鹽鐵使月進。

三月庚午，放後宮三百人。癸酉，放後宮及教坊女妓六百人。癸巳，立廣陵郡王純爲皇太子。

四月壬寅，封弟謜爲欽王，誠珍王；進封子建康郡王經郯王，洋川郡王緯均王，臨淮郡王縱溆王，弘農郡王紓莒王，漢東郡王綢密王〔二〕，晉陵郡王總郇王，高平郡王約邵王，雲安郡王結宋王，宣城郡王緗集王，德陽郡王絿冀王，河東郡王綺和王；封子絢爲衡王，纁會王，綰福王，紘撫王，緄岳王，紳袁王，綸桂王，纆翼王。戊申，以册皇太子，降死罪以下，賜文武官子爲父後者勳兩轉。

七月辛卯，橫海軍節度使程懷信卒，其子執恭自稱留後。乙未，皇太子權句當軍國政事。太常卿杜黃裳爲門下侍郎，左金吾衛大將軍袁滋爲中書侍郎：同中書門下平章事。鄭珣瑜、高郢罷。

永貞元年八月庚子，立皇太子爲皇帝，自稱曰太上皇。辛丑，改元。降死罪以下。立良娣王氏爲太上皇后。

元和元年正月，皇帝率羣臣上尊號曰應乾聖壽太上皇。是月，崩于咸寧殿，年四十六。謚曰至德大聖大安孝皇帝。大中三年，增謚至德弘道大聖大安孝皇帝。

憲宗昭文章武大聖至神孝皇帝諱純，順宗長子也。母曰莊憲皇太后王氏。貞元四年六月己亥，封廣陵郡王。二十一年三月，立爲皇太子。

永貞元年八月，順宗詔立爲皇帝。乙巳，即皇帝位于太極殿。丁未，始聽政。庚戌，罷獻祥瑞。癸丑，劍南西川節度使韋皋卒，行軍司馬劉闢自稱留後。戊午，天有聲于西北。己未，袁滋爲劍南西川、山南西道安撫大使。癸亥，尙書左丞鄭餘慶同中書門下平章事。

九月己巳，罷教坊樂工正員官。

十月丁酉，爲曾太皇太后舉哀。賈耽薨。戊戌，舒王誼薨。袁滋罷。己酉，葬神武聖文皇帝于崇陵。

十一月己巳，祔睿眞皇后于元陵寢宮。壬申，貶韋執誼爲崖州司馬。夏綏銀節度留後楊惠琳反。

十二月壬戌，中書舍人鄭絪爲中書侍郎、同中書門下平章事。

元和元年正月丁卯，大赦，改元。賜文武官階、勳、爵，民高年者米帛羊酒。癸未，長武城使高崇文爲左神策行營節度使，率左右神策京西行營兵馬使李元奕、山南西道節度使嚴礪、劍南東川節度使李康以討劉闢。甲申，太上皇崩。劉闢陷梓州，執李康。

三月丙子，高崇文克梓州。辛巳，楊惠琳伏誅。

四月丁未，杜佑爲司徒。壬戌，邵王約薨。初令尙書省六品、諸司四品以上職事官，太子師傅、賓客、詹事，王府傅，日二人待制。

五月辛卯，尊母爲皇太后。

六月癸巳，降死罪以下。賜百姓有父母祖父母八十以上者粟二斛、物二段，九十以上粟三斛、物三段。丙申，大風拔木。丁酉，高崇文及劉闢戰于鹿頭柵，敗之。癸卯，嚴礪又敗之于石碑谷。

閏月壬戌，平盧軍節度使李師古卒，其弟師道自稱留後。

七月壬寅，葬至德大聖大安孝皇帝于豐陵。癸丑，高崇文及劉闢戰于玄武，敗之。

八月丁卯，進封子平原郡王寧爲鄧王，同安郡王寬澧王，延安郡王宥遂王，彭城郡王察深王，高密郡王寰洋王，文安郡王寮絳王；封子審爲建王。

九月丙午，嚴礪及劉闢戰于神泉，敗之。辛亥，高崇文克成都。

十月甲子，減劍南東西川、山南西道今歲賦，釋脅從將吏。葬陣亡者，稟其家五歲。戊子，劉闢伏誅。

十一月庚戌，鄭餘慶罷。

是歲，召王偲薨。

二年正月己丑，朝獻于太淸宮。庚寅，朝享于太廟。辛卯，有事于南郊，大赦。賜文武官勳、爵，文宣公、二王後、三恪、公主、諸王一子官，高年米帛羊酒加版授。乙巳，杜黃裳罷。己酉，御史中丞武元衡爲門下侍郎，中書舍人李吉甫爲中書侍郎：同中書門下平章事。

二月己巳，罷兩省官次對。癸酉，邕管經略使路恕敗黃洞蠻，執其首領黃承慶。

九月乙酉，密王綢薨。

十月，鎭海軍節度使李錡反，殺留後王澹。乙丑，淮南節度使王鍔爲諸道行營兵馬招討使以討之。丁卯，武元衡罷。癸酉，鎭海軍兵馬使張子良執李錡。己卯，免潤州今歲稅。

十一月甲申，李錡伏誅。

十二月丙寅，劍南西川節度使高崇文爲邠寧節度、京西諸軍都統。

三年正月癸巳，羣臣上尊號曰睿聖文武皇帝，大赦。罷諸道受代進奉錢。

三月癸巳，郇王總薨。

四月壬申，大風壞含元殿西闕檻。

六月，西原蠻首領黃少卿降。

七月辛巳朔，日有食之。

九月庚寅，山南東道節度使于頔爲司空、同中書門下平章事。丙申，戶部侍郎裴垍爲中書侍郎、同中書門下平章事。戊戌，李吉甫罷。

四年正月壬午，免山南東道、淮南、江西、浙東、湖南、荆南今歲稅。戊子，簡王遘薨。

二月丁卯，鄭絪罷。給事中李藩爲門下侍郎、同中書門下平章事。

三月乙酉，成德軍節度使王士眞卒，其子承宗自稱留後。

閏月己酉，以旱降京師死罪非殺人者，禁刺史境內榷率、諸道旨條外進獻、嶺南黔中福建掠良民爲奴婢者，省飛龍廄馬。己未，雨。丁卯，立鄧王寧爲皇太子。

七月癸亥，吐蕃請和。

八月丙申，環王寇安南，都護張舟敗之。

十月辛巳，成德軍節度使王承宗反，執保信軍節度使薛昌朝。癸未，左神策軍護軍中尉吐突承璀爲左右神策、河陽、浙西、宣歙、鎭州行營兵馬招討處置使以討之。戊子，承璀爲鎭州招討宣慰使。癸巳，降死罪以下，賜文武官子爲父後者勳兩轉。

十一月己巳，彰義軍節度使吳少誠卒，其弟少陽自稱留後。

五年正月己巳，左神策軍大將軍酈定進及王承宗戰，死之。

三月甲子，大風拔木。

四月丁亥，河東節度使范希朝、義武軍節度使張茂昭及王承宗戰于木刀溝，敗之。

七月丁未，赦王承宗。乙卯，幽州盧龍軍節度使劉濟卒，其子總自稱留後。

九月丙寅，太常卿權德輿爲禮部尚書、同中書門下平章事。

十月，張茂昭以易、定二州歸于有司。辛巳，義武軍都虞候楊伯玉反，伏誅。是月，義武軍兵馬使張佐元反，伏誅。

十一月甲辰，會王纁薨。庚申，裴垍罷。

六年正月庚申，淮南節度使李吉甫爲中書侍郎、同中書門下平章事。

二月壬申，李藩罷。己丑，忻王造薨。

三月戊戌，有星隕于鄆州。

十二月己丑，戶部侍郎李絳爲中書侍郎、同中書門下平章事。

閏月辛卯，辰、溆州首領張伯靖反，寇播、費二州。辛亥，皇太子薨。

七年正月癸酉，振武河溢，毀東受降城。

四月癸巳，詔民田畝樹桑二。

六月癸巳，杜佑罷。

七月乙亥，立遂王宥爲皇太子。

八月戊戌，魏博節度使田季安卒，其子懷諫自稱知軍府事。

九月，京師地震。

十月乙未，魏博軍以田季安之將田興知軍事。庚戌，降死罪以下，賜文武官子爲父後者勳兩轉。是月，魏博節度使田興以六州歸于有司。

十一月辛酉，赦魏、博、貝、衞、澶、相六州，給復一年，賜高年、孤獨、廢疾粟帛，賞軍士。

八年正月辛未，權德輿罷。

二月丁酉，貶于頔爲恩王傅。

三月甲子，劍南西川節度使武元衡爲門下侍郎、同中書門下平章事。

四月己亥，黔中經略使崔能討張伯靖。

五月癸亥，荆南節度使嚴綬討伯靖。丁丑，大隗山崩。

六月辛卯，渭水溢。辛丑，出宮人。

七月己巳，劍南東川節度使潘孟陽討張伯靖。

八月辛巳，湖南觀察使柳公綽討伯靖。丁未，伯靖降。

十二月庚寅，振武將楊遵憲反，逐其節度使李進賢。

九年二月癸卯，李絳罷。

三月丙辰，巂州地震。丁卯，隕霜殺桑。

五月乙丑，桂王綸薨。癸酉，以旱免京畿夏稅。

六月壬寅，河中節度使張弘靖爲刑部尚書、同中書門下平章事。

閏八月丙辰，彰義軍節度使吳少陽卒，其子元濟自稱知軍事。

九月丁亥，山南東道節度使嚴綬、忠武軍都知兵馬使李光顔、壽州團練使李文通、河陽節度使烏重胤討之。

十月，太白晝見。丙午，李吉甫薨。甲子，嚴綬爲申、光、蔡招撫使。

十一月戊子，罷京兆府獻狐兔。

十二月，詔刑部、大理官朔望入對。戊辰，尚書右丞韋貫之同中書門下平章事。

十年正月乙酉，宣武軍節度使韓弘爲司徒。

二月甲辰，嚴綬及吳元濟戰于磁丘，敗績。自冬不雨至于是月。丙午，雪。壬戌，河東戍將劉輔殺豐州刺史燕重旰，伏誅。

三月庚子，忠武軍節度使李光顔及吳元濟戰于臨潁，敗之。四月甲辰，又敗之于南頓。

五月丙申，又敗之于時曲。

六月癸卯，盜殺武元衡。戊申，京師大索。乙丑，御史中丞裴度爲中書侍郎、同中書門下平章事。

七月甲戌，王承宗有罪，絕其朝貢。

八月己亥朔，日有食之。丁未，李師道將訾嘉珍反于東都，留守呂元膺敗之。乙丑，李光顔及吳元濟戰于時曲，敗績。

九月癸酉，韓弘爲淮西行營兵馬都統。

十月，地震。

十一月壬申，李光顔、烏重胤及吳元濟戰于小溵河，敗之。丁丑，李文通又敗之于固始。戊寅，盜焚獻陵寢宮。

十二月甲辰，武寧軍都押衙王智興及李師道戰于平陰，敗之。

是歲，丹王逾薨。

十一年正月己巳，張弘靖罷。乙亥，幽州盧龍軍節度使劉總及王承宗戰于武強，敗之。癸未，免鄜坊州二歲稅。

二月庚子，王承宗焚蔚州。甲申，盜斷建陵門戟。乙巳，中書舍人李逢吉爲門下侍郎、同中書門下平章事。乙丑，地震。

三月庚午，皇太后崩。

四月庚子，李光顔、烏重胤及吳元濟戰于凌雲柵，敗之。乙卯，劉總及王承宗戰于深州，敗之。己未，免京畿一歲逋稅。

五月丁卯，宥州軍亂，逐其刺史駱怡，夏綏銀節度使田縉敗之。丁亥，雲南蠻寇安南。

六月，密州海溢。甲辰，唐鄧節度使高霞寓及吳元濟戰于鐵城，敗績。

七月壬午，韓弘及元濟戰于郾城，敗之。丙戌，免淮西鄰州夏稅。

八月甲午，渭水溢。壬寅，韋貫之罷。戊申，西原蠻陷賓、巒二州。己未，昭義軍節度使郗士美及王承宗戰于柏鄉，敗之。庚申，葬莊憲皇太后于豐陵。

十一月乙丑，邕管經略使韋悅克賓、巒二州。甲戌，元陵火。

十二月丁未，翰林學士、工部侍郎王涯爲中書侍郎、同中書門下平章事。己未，西原蠻陷巖州。

是冬，桃李華。

十二年正月丁丑，地震。戊子，有彗星出于畢。

四月辛卯，唐鄧隋節度使李愬及吳元濟戰于嵖岈山，敗之。乙未，李光顔又敗之于郾城。

五月辛酉，李愬又敗之于張柴。

七月丙辰，裴度爲淮西宣慰處置使，戶部侍郎崔羣爲中書侍郎、同中書門下平章事。

八月癸亥，烏重胤及吳元濟戰于賈店，敗績。

九月丁未，李逢吉罷。甲寅，李愬及吳元濟戰于吳房，敗之。

十月癸酉，克蔡州。甲戌，淮南節度使李鄘為門下侍郎、同中書門下平章事。甲申，給復淮西二年，免旁州來歲夏稅。葬戰士，稟其家五年。

十一月丙戌，吳元濟伏誅。甲午，恩王連薨。

是歲，容管經略使陽旻克欽、橫、潯、貴四州。

十三年正月乙酉，大赦，免元和二年以前逋負，賜高年米帛羊酒。

三月戊戌，御史大夫李夷簡為門下侍郎、同中書門下平章事。李鄘罷。己酉，橫海軍節度使程權以滄、景二州歸于有司，權朝于京師。

四月甲寅，王承宗獻德、棣二州。庚辰，赦承宗。

六月癸丑朔，日有食之。癸亥，給復德、棣、滄、景四州一年。辛未，淮水溢。

七月乙酉，宣武、魏博、義成、橫海軍討李師道。辛丑，李夷簡罷。

八月壬子，王涯罷。

九月甲辰，戶部侍郎皇甫鎛、諸道鹽鐵轉運使程异為工部侍郎、同中書門下平章事。

十月壬戌，吐蕃寇宥州，靈武節度使杜叔良敗之于定遠城。

十一月丁亥，命山人柳泌為台州刺史以求藥。

十二月庚戌，迎佛骨于鳳翔。

十四年正月丙午，田弘正及李師道戰于陽穀，敗之。

二月戊午，師道伏誅。

四月辛未，程异薨。丙子，裴度罷。

七月戊寅，韓弘以汴、宋、亳、潁四州歸于有司，弘朝于京師。己丑，羣臣上尊號曰元和聖文神武法天應道皇帝。大赦，賜文武官階、勳、爵。遣黜陟使于天下。辛卯，沂海將王弁殺其觀察使王遂，自稱留後。丁酉，河陽節度使令狐楚為中書侍郎、同中書門下平章事。

八月己酉，韓弘為中書令。

九月戊寅，王弁伏誅。

十月壬戌，安南將楊清殺其都護李象古以反。癸酉，吐蕃寇鹽州。

十一月辛卯，朔方將史敬奉及吐蕃戰于鸊鵜河，敗之。

十二月乙卯，崔羣罷。

十五年正月，宦者陳弘志等反。庚子，皇帝崩，年四十三，謚曰聖神章武孝皇帝。大中三年，加謚昭文章武大聖至神孝皇帝。

贊曰：德宗猜忌刻薄，以彊明自任，恥見屈於正論，而忘受欺於姦諛。故其疑蕭復之輕己，謂姜公輔為賣直，而不能容；用盧杞、趙贊，則至於敗亂，而終不悔。及奉天之難，深自懲艾，遂行姑息之政。由是朝廷益弱，而方鎮愈彊，至於唐亡，其患以此。憲宗剛明果斷，自初即位，慨然發憤，志平僭叛，能用忠謀，不惑羣議，卒收成功。自吳元濟誅，彊藩悍將皆欲悔過而效順。當此之時，唐之威令，幾於復振，則其為優劣，不待較而可知也。及其晚節，信用非人，不終其業，而身罹不測之禍，則尤甚於德宗。嗚呼！小人之能敗國也，不必愚君暗主，雖聰明聖智，苟有惑焉，未有不為患者也。昔韓愈言，順宗在東宮二十年，天下陰受其賜。然享國日淺，不幸疾病，莫克有為，亦可以悲夫！

校勘記

〔一〕漢東郡王綱密王 「綱」，下文憲宗紀、本書卷七〇下宗室世系表、卷八二十一宗諸子傳及舊書卷一四順宗紀皆作「綢」。

二十四史 中華書局

唐書卷八

本紀第八

穆宗　敬宗　文宗　武宗　宣宗

穆宗睿聖文惠孝皇帝諱恆，憲宗第三子也。母曰懿安皇太后郭氏。始封建安郡王，進封遂王，遙領彰義軍節度使。元和七年，惠昭太子薨，左神策軍中尉吐突承璀欲立澧王惲，而惲母賤不當立，乃立遂王爲皇太子。

十五年正月庚子，憲宗崩，陳弘志殺吐突承璀及澧王。辛丑，遺詔皇太子卽皇帝位于柩前，司空兼中書令韓弘攝冢宰。

閏月丙午，皇太子卽皇帝位于太極殿。丁未，貶皇甫鎛爲崖州司戶參軍。戊申，始聽政。辛亥，御史中丞蕭俛、中書舍人翰林學士段文昌爲中書侍郞、同中書門下平章事。乙卯，尊母爲皇太后。戊辰，京師地震。

二月丁丑，大赦。賜文武官階、爵，高年粟帛，二王後、三恪、文宣公、嗣王、公主、縣主、武德配饗及第一等功臣家予一子官。放沒掖庭者。幸丹鳳門觀俳優。丁亥，幸左神策軍觀角觝、倡戲。乙未，吐蕃寇靈州。丙申，丹王逾薨。

三月乙巳，杜叔良及吐蕃戰，敗之。戊辰，大風，雨雹。辛未，楊清伏誅。

五月庚申，葬聖神章武孝皇帝于景陵。

六月丁丑，韓弘罷。

七月丁卯，令狐楚罷。

八月乙酉，容管經略留後嚴公素及黃洞蠻戰于神步，敗之。戊戌，御史中丞崔植爲中書侍郞、同中書門下平章事。

九月辛丑，觀競渡、角觝于魚藻宮，用樂。

十月庚辰，王承宗卒。辛巳，成德軍觀察支使王承元以鎭、趙、深、冀四州歸于有司。癸未，吐蕃寇涇州，右神策軍中尉梁守謙爲左右神策、京西、京北行營都監以禦之。丙戌，吐蕃遁。

十一月癸卯，赦鎭、趙、深、冀四州死罪以下，賜成德軍將士錢。

十二月庚辰，獵于城南。壬午，擊鞠于右神策軍，遂獵于城西。甲申，獵于苑北。

長慶元年正月己亥，朝獻于太淸宮。庚子，朝享于太廟。辛丑，有事于南郊。大赦，改元，賜文武官階、勳、爵。己未，有星孛于翼。壬戌，蕭俛罷。丁卯，有星孛于太微。

二月乙亥，觀樂于麟德殿。丙子，觀神策諸軍雜伎。己卯，劉總以盧龍軍八州歸于有司。壬午，段文昌罷。翰林學士、戶部侍郞杜元穎同中書門下平章事。辛卯，擊鞠于麟德殿。

三月庚戌，太白晝見。丁巳，赦幽、涿、檀、順、瀛、莫、營、平八州死罪以下(一)，給復一年。賜盧龍軍士錢。戊午，封弟憬爲鄜王，悅瓊王，恂沔王，懌婺王，愔茂王，怡光王，協淄王，憺衢王，忱澶王；子湛爲鄂王，涵江王，湊漳王，溶安王，瀍潁王。是月，徙封湛爲景王。

五月丙辰，建王審薨。

六月，有彗星出于昴。辛未，吐蕃寇青塞烽，鹽州刺史李文悅敗之。

七月甲辰，幽州盧龍軍都知兵馬使朱克融囚其節度使張弘靖以反。壬子，羣臣上尊號曰文武孝德皇帝。大赦，賜文武官階、勳、爵。壬戌，成德軍大將王廷湊殺其節度使田弘正以反。

八月壬申，朱克融陷莫州。癸酉，王廷湊陷冀州，刺史王進岌死之。丙子，瀛州軍亂，執其觀察使盧士玫，叛附于朱克融。王廷湊寇深州。丁丑，魏博、橫海、昭義、河東、義武兵討王廷湊。己丑，裴度爲幽、鎭招撫使。

九月乙巳，相州軍亂，殺其刺史邢濋。

十月丙寅，諸道鹽鐵轉運使、刑部尙書王播爲中書侍郞、同中書門下平章事。裴度爲鎭州西面行營都招討使。左領軍衞大將軍杜叔良爲深州諸道行營節度使。戊寅，王廷湊陷貝州。己卯，易州刺史柳公濟及朱克融戰于白石，敗之。庚辰，橫海軍節度使烏重胤及王廷湊戰于饒陽，敗之。辛卯，靈武節度使李進誠及吐蕃戰于大石山，敗之。

十一月甲午，裴度及王廷湊戰于會星，敗之。丙申，朱克融寇定州，義武軍節度使陳楚敗之。

十二月庚午，杜叔良及王廷湊戰于博野，敗績。丁丑，陳楚及朱克融戰于望都，敗之。乙酉，赦朱克融。己丑，陳楚及克融戰于淸源，敗之。

二年正月庚子，魏博軍潰于南宮。癸卯，魏博節度使田布自殺，兵馬使史憲誠自稱留後。海州海冰。

二月甲子，赦王廷湊。辛巳，崔植罷。工部侍郎元稹同中書門下平章事。戊子，昭義軍節度使劉悟囚其監軍使劉承偕。

三月乙巳，武寧軍節度副使王智興逐其節度使崔羣。戊午，守司徒、淮南節度使裴度同中書門下平章事。王播罷。

四月辛酉朔，日有食之。壬戌，成德軍節度使牛元翼奔于京師，王廷湊陷深州。

五月壬寅，邕州刺史李元宗叛，奔于黃洞蠻。

六月癸亥，宣武軍宿直將李臣則逐其節度使李愿，衙門都將李岕反。甲子，裴度、元稹罷。兵部尚書李逢吉爲門下侍郎、同中書門下平章事。乙丑，大風落太廟鴟尾。癸酉，吐蕃寇靈州，鹽州刺史趙旰敗之。

七月丙申，宋王結薨。戊申，李岕陷宋州。丙辰，兖鄆節度使曹華及李岕戰于宋州，敗之。丁巳，忠武軍節度使李光顏又敗之于尉氏。

八月壬申，宣武軍節度使韓充又敗之于郭橋。丙子，李岕伏誅。癸未，詔瘞汴、宋、鄭三州戰亡者，稟其家三歲。

九月戊子，鎭海軍將王國清謀反，伏誅。丙申，德州軍亂，殺其刺史王稷。

十月己卯，獵于咸陽。

十一月庚午，皇太后幸華清宮。癸酉，迎皇太后，遂獵于驪山。丙子，集王緗薨。

十二月丁亥，不豫，放五坊鷹隼及供獵狐兔。癸巳，立景王湛爲皇太子。癸丑，降死罪以下，賜文武常參及州府長官子爲父後者勳兩轉，宗子諸親一轉。

是冬，無冰，草木萌。

三年三月壬戌，御史中丞牛僧孺爲戶部侍郎、同中書門下平章事。癸亥，淮南、浙東西、江南、宣歙旱，遣使宣撫，理繫囚，察官吏。

四月甲午，陸州獠反。

五月壬申，京師雨雹。

七月丙寅，黃洞蠻陷欽州。

九月壬子朔，日有食之。

十月己丑，杜元穎罷。辛卯，黃洞蠻寇安南。

四年正月辛亥，降死罪以下，減流人一歲。賜文武官及宗子、賀正使階、勳、爵。詔百官言事。辛未，以皇太子權句當軍國政事。壬申，皇帝崩于清思殿，年三十。

敬宗睿武昭愍孝皇帝諱湛，穆宗長子也。母曰恭僖皇太后王氏。始封鄂王，徙封景王。

長慶二年十二月，穆宗因擊毬暴得疾，不見羣臣者三日。左僕射裴度三上疏，請立皇太子，而翰林學士、兩省官相次皆以爲言。居數日，穆宗疾少閒，宰相李逢吉請立景王爲皇太子。

四年正月，穆宗崩。癸酉，門下侍郎、平章事李逢吉攝冢宰。丙子，皇太子卽皇帝位于太極殿。

二月辛巳，始聽政。癸未，尊母爲皇太后，皇太后爲太皇太后。辛卯，放掖庭內園沒入者。丁未，擊鞠于中和殿。戊申，擊鞠于飛龍院。黃洞蠻降。己酉，擊鞠，用樂。

三月壬子，大赦。免京畿、河南青苗稅，減宮禁經費、乘輿服膳，罷貢鷹犬。元和以來，兩河藩鎭歸地者予一子官。庚午，太白經天。

四月丙申，擊鞠于清思殿。染坊匠張韶反，幸左神策軍，韶伏誅。丁酉，還宮。

五月乙卯，吏部侍郎李程、戶部侍郎判度支竇易直同中書門下平章事。

六月庚辰，大風壞延喜、景風門。

是夏，漢水溢。

八月丁亥，太白晝見。丁酉，中官季文德謀反，伏誅。黃洞蠻寇安南。

十一月戊午，瓌王及黃洞蠻陷陸州，刺史葛維死之。庚申，葬睿聖文惠孝皇帝于光陵。

寶曆元年正月己酉，朝獻于太淸宮。庚戌，朝享于太廟。辛亥，有事于南郊。大赦，改元。乙卯，牛僧孺罷。

四月癸巳，羣臣上尊號曰文武大聖廣孝皇帝。大赦。賜文武官階、爵。

五月庚戌，觀競渡于魚藻宮。

九月壬午，昭義軍節度使劉悟卒，其子從諫自稱留後。

十一月丙申，封子普爲晉王。

二年正月甲戌，發神策六軍穿池于禁中。

二月丁未，山南西道節度使裴度守司空、同中書門下平章事。

三月戊寅，觀競渡于魚藻宮。

四月戊戌，橫海軍節度使李全略卒，其子同捷反。

五月戊寅，觀競渡于魚藻宮。庚辰，幽州盧龍軍亂，殺其節度使朱克融，其子延嗣自稱節度使。

六月辛酉，觀漁于臨碧池。甲子，觀驢鞠、角觝于三殿。

七月癸未，衡王絢薨。以渼陂隸尚食，禁民漁。

八月丙午，觀競渡于新池。

九月甲戌，觀百戲于宣和殿，三日而罷。戊寅，幽州盧龍軍兵馬使李載義殺朱延嗣，自稱留後。壬午，李程罷。

十一月甲申，李逢吉罷。己丑，禁朝官、方鎮置私白身。

十二月，中官劉克明反。辛丑，皇帝崩，年十八。

文宗元聖昭獻孝皇帝諱昂，穆宗第二子也。母曰貞獻皇太后蕭氏。始封江王。

寶曆二年十二月，敬宗崩，劉克明等矯詔以絳王悟句當軍國事。壬寅，內樞密使王守澄、楊承和，神策護軍中尉魏從簡、梁守謙奉江王而立之，率神策六軍、飛龍兵誅克明，殺絳王。乙巳，江王即皇帝位于宣政殿。戊申，始聽政。尊母爲皇太后。庚戌，兵部侍郎、翰林學士韋處厚爲中書侍郎、同中書門下平章事。庚申，出宮人三千，省教坊樂工、翰林伎術冗員千二百七十人，縱五坊鷹犬，停貢纂組雕鏤、金筐寶飾牀榻。

大和元年二月乙巳，大赦，改元。免京兆今歲夏稅半。賜九廟陪位者子孫二階，立功將士階、爵，始封諸王後予一子出身。

五月戊辰，罷宰臣奏事監搜。丙子，橫海軍節度使烏重胤討李同捷。

六月癸巳，淮南節度副大使王播爲尚書左僕射、同中書門下平章事。乙卯，以旱降京畿死罪以下。

七月癸酉，葬睿武昭愍孝皇帝于莊陵。

十一月庚辰，橫海軍節度使李寰討李同捷。

十二月庚戌，王智興爲滄州行營招撫使。

二年正月壬申，地震。

六月乙卯，晉王普薨。己巳，大風拔木。乙亥，峯州刺史王昇朝反，伏誅。

是夏，河溢，壞棣州城；越州海溢。

七月辛丑，魏博節度使史憲誠及同捷戰于平原，敗之。甲辰，有彗星出于右攝提。

八月己巳，王廷湊反。壬申，義武軍節度使柳公濟及廷湊戰于新樂，敗之。己卯，劉從諫又敗之于臨城。辛巳，史憲誠及李同捷戰于平原，敗之。癸未，劉從諫及王廷湊戰于昭慶，敗之。

九月癸卯，柳公濟又敗之于博野。丁未，岳王緄薨。庚戌，安南軍亂，逐其都護韓約。

十月庚申，史憲誠及李同捷戰于平原，敗之。丁卯，洋王忻薨。癸酉，竇易直罷。戊寅，史憲誠及李同捷戰于平原，敗之。壬午，幽州盧龍軍節度使李載義又敗之于長蘆。

十一月壬辰，給復棣州一年，募戰士創廢者終身。甲辰，昭德寺火。

十二月乙丑，魏博行營兵馬使亓志沼反。壬申，韋處厚薨。戊寅，兵部侍郎、翰林學士路隋爲中書侍郎、同中書門下平章事。

三年正月丁亥，宣武、河陽兵討亓志沼。庚子，志沼奔于鎮州。

三月乙酉，罷教坊日直樂工。乙巳，以太原兵馬使傅毅爲義武軍節度使，義武軍不受命，都知兵馬使張璠自稱節度使。戊申，以璠爲義武軍節度使。

四月戊辰，滄景節度使李祐克德州，李同捷降。乙亥，滄德宣慰使柏耆以同捷歸于京師，殺之于將陵。

五月辛卯，給復滄、景、德、棣四州一年。

六月甲戌，魏博軍亂，殺其節度使史憲誠，都知兵馬使何進滔自稱留後。

八月辛亥，以相、衞、澶三州隸相衞節度使，進滔不受命。辛酉，以旱免京畿九縣今歲租。壬申，赦王廷湊。甲戌，吏部侍郎李宗閔同中書門下平章事。

十月癸丑，仗內火。

十一月壬辰，朝獻于太清宮。癸巳，朝享于太廟。甲午，有事于南郊。大赦。詔毋獻難成非常之物，焚綵布撩綾機杼。是月，雲南蠻陷巂、邛二州。

十二月丁未，鄂岳、襄鄧、忠武軍伐雲南蠻。庚戌，雲南蠻寇成都，右領軍衞大將軍董重質爲左右神策及諸道行營西川都知兵馬使以伐之。己未，雲南蠻寇梓州。壬戌，寇蜀州。

四年正月戊子，封子永爲魯王。辛卯，武昌軍節度使牛僧孺爲兵部尚書、同中書門下平章事。甲午，王播薨。

二月乙卯，興元軍亂，殺其節度使李絳。

三月癸卯，禁京畿弋獵。

四月丁未，奚寇邊，李載義敗之。

六月丁未，裴度平章軍國重事。

是夏，舒州江溢。

七月癸未，尚書右丞宋申錫同中書門下平章事。

九月壬午，裴度罷。

五年正月庚申，幽州盧龍軍亂，逐其節度使李載義，殺莫州刺史張慶初，兵馬使楊志誠自稱留後。

三月庚子，貶宋申錫爲太子右庶子。癸卯，降封漳王湊爲巢縣公。

六月甲午，梓州玄武江溢。

六年正月壬子，降死罪以下。

二月，蘇州地震，生白毛。

五月庚申，給民疫死者棺，十歲以下不能自存者二月糧。

七月戊申，原王逵薨。

十一月甲子，立魯王永爲皇太子。

十二月乙丑，牛僧孺罷。己巳，珍王誠薨。

七年正月壬辰，罷吳、蜀冬貢茶。

二月丙戌，兵部尚書李德裕同中書門下平章事。

三月辛卯，幽州盧龍軍節度使楊志誠執春衣使邊奉鸞、送奚契丹使尹士恭。辛丑，和王綺薨。

六月甲戌，地震。乙亥，李宗閔罷。

七月壬寅，尚書右僕射、諸道鹽鐵轉運使王涯同中書門下平章事。

閏月乙卯，以旱避正殿，減膳，徹樂，出宮女千人，縱五坊鷹犬。

八月庚寅，降死罪以下。賜文武及州府長官子爲父後者勳兩轉。

十二月庚子，不豫。

八年二月壬午朔，日有食之。庚寅，以疾愈，降死罪以下。

四月丙戌，詔笞罪毋鞭背。

五月己巳，飛龍、神駒中廄火。

六月丙戌，莒王紓薨。

七月辛酉，震定陵寢宮。癸亥，鄭王經薨〔一〕。

九月辛亥，有彗星出于太微。

十月辛巳，幽州盧龍軍大將史元忠逐其節度使楊志誠，自稱權句當節度兵馬。庚寅，山南西道節度使李宗閔爲中書侍郎、同中書門下平章事。甲午，李德裕罷。

十一月癸丑，成德軍節度使王廷湊卒，其子元逵自稱權句當節度事。丙子，莫州軍亂，逐其刺史張惟汎。

十二月己卯，降京畿死罪以下。

九年正月癸亥，巢縣公湊薨。

二月辛亥，冀王絿薨。乙卯，京師地震。

四月丙申，路隋罷。戊戌，浙江東道觀察使賈餗爲中書侍郎、同中書門下平章事。辛丑，大風拔木，落含元殿鴟尾，壞門觀。

五月辛未，王涯爲司空。

六月壬寅，貶李宗閔爲明州刺史。

七月辛亥，御史大夫李固言爲門下侍郎、同中書門下平章事。

九月癸亥，殺陳弘志。丁卯，李固言罷。己巳，御史中丞舒元輿爲刑部侍郎，翰林學士、兵部郎中李訓爲禮部侍郎，同中書門下平章事。

十月辛巳，殺觀軍容使王守澄。

十一月乙巳，殺武寧軍監軍使王守涓。壬戌，李訓及河東節度使王璠、邠寧節度使郭行餘、御史中丞李孝本、京兆少尹羅立言謀誅中官，不克，訓奔于鳳翔。甲子，尚書右僕射鄭覃同中書門下平章事。乙丑，權知戶部侍郎李石同中書門下平章事。左神策軍中尉仇士良殺王涯、賈餗、舒元輿、李孝本、羅立言、王璠、郭行餘、鳳翔少尹魏逄。戊辰，晝晦。鳳翔監軍使張仲清殺其節度使鄭注。己巳，仇士良殺右金吾衞大將軍韓約。

十二月壬申，殺左金吾衞將軍李貞素、翰林學士顧師邕。丁亥，降京師死罪以下。

開成元年正月辛丑朔，日有食之。大赦，改元。免大和五年以前逋負，京畿今歲稅，賜文武官階、爵。

二月乙亥，停獻鷹鳥、畋犬。

三月，京師地震。

四月辛卯，淄王協薨。甲午，山南西道節度使李固言爲門下侍郎、同中書門下平章事。

七月，滹沱溢。乙亥，雨土。

十二月己未，漵王縱薨。

二年二月丙午，有彗星出于東方。己未，均王緯薨。

三月丙寅，以彗見減膳。壬申，素服避正殿，徹樂，降死罪，流以下原之。縱五坊鷹隼，禁京畿採捕。

四月戊戌，工部侍郎陳夷行同中書門下平章事。乙卯，以旱避正殿。

六月丙午，河陽軍亂，逐其節度使李泳。己未，綿州獠反。

七月癸亥，党項羌寇振武。

八月庚戌，封兄子休復爲梁王，執中襄王，言揚杞王，成美陳王。癸丑，封子宗儉爲

蔣王。

十月戊申，李固言罷。

十一月乙丑，京師地震。丁丑，有星隕于興元。

三年正月甲子，盜傷李石。戊申，大風拔木。諸道鹽鐵轉運使、戶部尚書楊嗣復，戶部侍郎李珏，同中書門下平章事。丙子，李石罷。

夏，漢水溢。

八月己亥，嘉王運薨。

十月乙酉，義武軍節度使張璠卒，其子元益自稱留後。庚子，皇太子薨。乙巳，有彗星出于軫。

十一月壬戌，降死罪以下。

四年正月癸酉，有彗星出于羽林。閏月丙午，出于卷舌。

五月丙申，鄭覃、陳夷行罷。

七月甲辰，太常卿崔鄲同中書門下平章事。

八月辛亥，鄆王慣薨。

十月丙寅，立陳王成美爲皇太子。甲戌，地震。

十一月己亥，降京畿死罪以下。

十二月乙卯，乾陵寢宮火。

五年正月戊寅，不豫。己卯，左右神策軍護軍中尉魚弘志、仇士良立潁王瀍爲皇太弟，權句當軍國事，廢皇太子成美爲陳王。庚辰，仇士良殺仙韶院副使尉遲璋。辛巳，皇帝崩于太和殿，年三十三。

武宗至道昭肅孝皇帝諱炎，穆宗第五子也。母曰宣懿皇太后韋氏。始封潁王，累加開府儀同三司、檢校吏部尚書。

開成五年正月，文宗疾大漸，神策軍護軍中尉仇士良、魚弘志矯詔廢皇太子成美復爲陳王，立潁王爲皇太弟。辛巳，卽皇帝位于柩前。辛卯，殺陳王成美及安王溶、賢妃楊氏。甲午，始聽政。追尊母爲皇太后。

二月乙卯，大赦。庚申，有彗星出于室、壁。

四月甲子，大風拔木。

五月己卯，楊嗣復罷。諸道鹽鐵轉運使、刑部尚書崔珙同中書門下平章事。壬寅，大風拔木。

六月丙寅，以旱避正殿，理囚，河北、河南、淮南、浙東、福建蝗疫州除其徭。

七月戊寅，大風拔木。

八月甲寅，雨。壬戌，葬元聖昭獻孝皇帝于章陵。內樞密使劉弘逸、薛季稜以兵殺仇士良，不克，伏誅。庚午，李珏罷。

九月丁丑，淮南節度副大使李德裕爲門下侍郎、同中書門下平章事。

十月癸卯，回鶻寇天德軍。

十一月戊寅，有彗星出于東方。魏博節度使何進滔卒，其子重霸自稱留後。

十二月，封子峻爲杞王。

會昌元年正月己卯，朝獻于太清宮。庚辰，朝享于太廟。辛巳，有事于南郊。大赦，改元。

三月，御史大夫陳夷行爲門下侍郎、同中書門下平章事。

七月，有彗星出于羽林。壬辰，漢水溢。

九月癸巳，幽州盧龍軍將陳行泰殺其節度使史元忠，自稱知留務。

閏月，幽州盧龍軍將張絳殺行泰，自稱主軍務。

十月，幽州盧龍軍逐絳，雄武軍使張仲武入于幽州。

十一月壬寅，有彗星出于營室。辛亥，避正殿，減膳，理囚，罷興作。癸亥，崔鄲罷。

二年正月，宋、亳二州地震。己亥，李德裕爲司空。回鶻寇橫水柵，略天德、振武軍。

二月丁丑，淮南節度副大使李紳爲中書侍郎、同中書門下平章事。

三月，回鶻寇雲、朔。

四月丁亥，羣臣上尊號曰仁聖文武至神大孝皇帝。大赦，賜文武官階、勳、爵。

五月丙申，回鶻嗢沒斯降。

六月，陳夷行罷。河東節度使劉沔及回鶻戰于雲州，敗績。

七月，辛左神策軍閱武。尚書右丞兼御史中丞李讓夷爲中書侍郎、同中書門下平章事。嵐州民田滿川反，伏誅。回鶻可汗寇大同川。

九月，劉沔爲回鶻南面招撫使，幽州盧龍軍節度使張仲武爲東面招撫使，右金吾衞大將軍李思忠爲河西党項都將西南面招討使。

十月丁卯，封子峴爲益王，岐爲兗王。

十一月，獵于白鹿原。

十二月，封子嶧爲德王，嵯爲昌王。癸未，京師地震。

三年正月庚子，天德軍行營副使石雄及回鶻戰于殺胡山，敗之。

二月庚申朔，日有食之。辛未，崔珙罷。

是春，大雨雪。

四月乙丑，昭義軍節度使劉從諫卒，其子稹自稱留後。

五月甲午，震，東都廣運樓災。辛丑，成德軍節度使王元逵爲北面招討澤潞使，魏博節度使何弘敬爲東面招討澤潞使，及河中節度使陳夷行、河陽節度使王茂元、劉沔以討劉稹。戊申，翰林學士承旨、中書舍人崔鉉爲中書侍郎、同中書門下平章事。武寧軍節度使李彥佐爲晉絳行營諸軍節度招討使。

六月，西內神龍寺火。辛酉，李德裕爲司徒。

是夏，作望仙觀于禁中。

七月庚子，免河東今歲秋稅。

九月辛卯，忠武軍節度使王宰兼河陽行營攻討使。丁未，以雨霖，理囚，免京兆府秋稅。

十月己巳，晉絳行營節度使石雄及劉稹戰于烏嶺，敗之。壬午，日中月食太白。是月，党項羌寇鹽州。

十一月，寇邠、寧。兗王岐爲靈夏六道元帥、安撫党項大使，御史中丞李回副之。安南軍亂，逐其經略使武渾。

十二月丁巳，王宰克天井關。

四年正月乙酉，河東將楊弁逐其節度使李石。

二月甲寅朔，日有食之。辛酉，楊弁伏誅。

三月，石雄兼冀氏行營攻討使，晉州刺史李丕副之。

六月己未，中書、門下、御史臺慮囚。

閏七月壬戌，李紳罷。淮南節度副大使杜悰爲尚書右僕射，兼中書侍郎、同中書門下平章事。

丙子，昭義軍將裴問及邢州刺史崔嘏以城降。是月，洺州刺史王釗、磁州刺史安玉以城降。

八月乙未，昭義軍將郭誼殺劉稹以降。戊戌，給復澤、潞、邢、洺、磁五州一歲，免太原、河陽及懷、陝、晉、絳四州秋稅。戊申，李德裕爲太尉。

十月，獵于鄠縣。

十二月，獵于雲陽。

五年正月己酉，羣臣上尊號曰仁聖文武章天成功神德明道大孝皇帝。是日，朝獻于太清宮。庚戌，朝享于太廟。辛亥，有事于南郊。大赦，賜文武官階、勳、爵，文宣公、二王、三恪予一子出身。作仙臺于南郊。庚申，皇太后崩。

三月，旱。

五月壬子，葬恭僖皇太后于光陵。壬戌，杜悰、崔鉉罷。乙丑，戶部侍郎李回爲中書侍郎、同中書門下平章事。

六月甲申，作望仙樓于神策軍。

七月丙午朔，日有食之。是月，山南東道節度使鄭肅檢校尚書右僕射、同中書門下平章事。

八月壬午，大毁佛寺，復僧尼爲民。

十月，作昭武廟于虎牢關。

六年二月癸酉，以旱降死罪以下，免今歲夏稅。庚辰，夏綏銀節度使米暨爲東北道招討党項使。

三月壬戌，不豫。左神策軍護軍中尉馬元贄立光王怡爲皇太叔，權句當軍國政事。甲子，皇帝崩于大明宮，年三十三。

宣宗元聖至明成武獻文睿智章仁神聰懿道大孝皇帝諱忱，憲宗第十三子也。母曰孝明皇太后鄭氏。始封光王。性嚴重寡言，宮中或以爲不惠。

會昌六年，武宗疾大漸，左神策軍護軍中尉馬元贄立光王爲皇太叔。

三月甲子，即皇帝位于柩前。

四月乙亥，始聽政。尊母爲皇太后。丙子，李德裕罷。辛卯，李讓夷爲司空。

五月乙巳，大赦。翰林學士承旨、兵部侍郎白敏中同中書門下平章事。辛酉，封子溫爲鄆王，渼雍王，涇雅王，滋夔王，沂慶王。

七月，李讓夷罷。

八月辛未，大行宮火。壬申，葬至道昭肅孝皇帝于端陵。

九月，鄭肅罷。兵部侍郎、判度支盧商爲中書侍郎、同中書門下平章事。雲南蠻寇安南，經略使裴元裕敗之。

十二月戊辰朔，日有食之。

大中元年正月壬子，朝獻于太清宮。癸丑，朝享于太廟。甲寅，有事于南郊。大赦，改元。復左降官死者官爵，賜文武官階、勳，父老帛，文宣王後及二王後、三恪予一子官。

二月癸未，以旱避正殿，減膳，理京師囚，罷太常教坊習樂，損百官食，出宮女五百人，放五坊鷹犬，停飛龍馬粟。

三月，盧商罷。刑部尚書、判度支崔元式爲門下侍郎，翰林學士承旨、戶部侍郎韋琮爲中書侍郎：同中書門下平章事。

閏月，大復佛寺。

四月己酉，皇太后崩。

五月，張仲武及奚北部落戰，敗之。吐蕃、回鶻寇河西，河東節度使王宰伐之。

八月丙申，李回罷。庚子，葬貞獻皇太后于光陵。

十二月戊午，貶太子少保李德裕爲潮州司馬。

二年正月甲子，羣臣上尊號曰聖敬文思和武光孝皇帝。大赦。宗子房未仕者予一人出身，賜文武官階、勳、爵。

三月，封子澤爲濮王。

五月己未朔，日有食之。崔元式罷。兵部侍郎、判度支周墀，刑部侍郎、諸道鹽鐵轉運使馬植：同中書門下平章事。己卯，太皇太后崩。

七月己巳，續圖功臣于凌煙閣。

十一月壬午，葬懿安太皇太后于景陵。貶韋琮爲太子賓客，分司東都。

三年二月，吐蕃以秦原安樂三州、石門驛藏木峽制勝六盤石峽蕭七關歸于有司。

三月，詔待制官與刑法官、諫官次對。馬植罷。

是春，隕霜殺桑。

四月乙酉，周墀罷。御史大夫崔鉉爲中書侍郎，兵部侍郎、判戶部事魏扶：同中書門下平章事。癸巳，幽州盧龍軍節度使張仲武卒，其子直方自稱留後。

五月，武寧軍亂，逐其節度使李廓。

十月辛巳，京師地震。是月，振武及天德、靈武、鹽夏二州地震。吐蕃以維州歸于有司。

十一月己卯，封弟惕爲彭王。

十二月，吐蕃以扶州歸于有司。

四年正月庚辰，大赦。

四月壬申，以雨霖，詔京師、關輔理囚，蠲度支、鹽鐵、戶部逋負。

六月戊申，魏扶薨。戶部尚書、判度支崔龜從同中書門下平章事。

八月，幽州盧龍軍亂，逐其節度使張直方，衙將張允伸自稱留後。

十月辛未，翰林學士承旨、兵部侍郎令狐綯同中書門下平章事。

十一月，党項羌寇邠、寧。

十二月，鳳翔節度使李安業、河東節度使李拭爲招討党項使。

五年三月，白敏中爲司空，招討南山、平夏党項行營兵馬都統。

四月，赦平夏党項羌。辛未，給復靈鹽夏三州、邠寧鄜坊等道三歲。

六月，封子潤爲鄂王。

八月乙巳，赦南山党項羌。

十月，沙州人張義潮以瓜、沙、伊、肅、鄯、甘、河、西、蘭、岷、廓十一州歸于有司。白敏中罷。戊辰，戶部侍郎、判戶部魏謩同中書門下平章事。

十一月，崔龜從罷。

十二月，盜斫景陵門戟。

是歲，湖南饑。

六年三月，有彗星出于觜、參。

七月，雍王渼薨。

八月，禮部尚書、諸道鹽鐵轉運使裴休同中書門下平章事。

九月，獠寇昌、資二州。

十一月，封弟惴爲棣王。

是歲，淮南饑。

七年正月丙午，朝獻于太清宮。丁未，朝享于太廟。戊申，有事于南郊，大赦。

八年正月丙戌朔，日有食之。

三月，以旱理囚。

九月，封子洽爲懷王，汭昭王，汶康王。

九年正月甲申，成德軍節度使王元逵卒，其子紹鼎自稱留後。

閏四月辛丑，禁嶺外民鬻男女者。

七月，以旱遣使巡撫淮南，減上供饋運，蠲逋租，發粟賑民。丙辰，崔鉉罷。庚申，罷淮南宣歙浙西冬至、元日常貢，以代下戶租稅。是月，浙江東道軍亂，逐其觀察使李訥。

十年正月丁巳，御史大夫鄭朗爲工部尚書、同中書門下平章事。

九月，封子灌爲衞王。

十月戊子，裴休罷。

十二月壬辰，戶部侍郎、判戶部崔慎由爲工部尚書、同中書門下平章事。

十一年二月辛巳，魏謩罷。

五月，容管軍亂，逐其經略使王球。

七月庚子，兵部侍郎、判度支蕭鄴同中書門下平章事。成德軍節度副大使王紹鼎卒，其弟紹懿自稱留後。

八月，封子滋爲廣王。

九月乙未，有彗星出于房。

十月壬申，鄭朗罷。

十二年正月戊戌，戶部侍郎、判度支劉瑑同中書門下平章事。

二月，廢穆宗忌日，停光陵朝拜及守陵宮人。壬申，崔慎由罷。

閏月，自十月不雨，至于是月雨。

三月，鹽州監軍使楊玄价殺其刺史劉皐。

四月庚子，嶺南軍亂，逐其節度使楊發。戊申，兵部侍郎、諸道鹽鐵轉運使夏侯孜同中書門下平章事。

五月丙寅，劉瑑薨。庚辰，湖南軍亂，逐其觀察使韓琮。

六月丙申，江西都將毛鶴逐其觀察使鄭憲。辛亥，南蠻寇邊。

七月，容州將來正反，伏誅。

八月，宣歙將康全泰逐其觀察使鄭薰，淮南節度使崔鉉兼宣歙池觀察處置使以討之。丁巳，太原地震。

十月，康全泰伏誅。

十二月，毛鶴伏誅。甲寅，兵部侍郎、判戶部蔣伸同中書門下平章事。

十三年正月戊午，大赦，蠲度支、戶部逋負，放宮人。

八月壬辰，左神策軍護軍中尉王宗實立鄆王溫爲皇太子，權句當軍國政事。癸巳，皇帝崩于咸寧殿，年五十。謚曰聖武獻文孝皇帝。咸通十三年，加謚元聖至明成武獻文睿智章仁神聰懿道大孝皇帝。

贊曰：春秋之法，君弒而賊不討，則深責其國，以爲無臣子也。憲宗之弒，歷三世而賊猶在。至於文宗，不能明弘志等罪惡，以正國之典刑，僅能殺之而已，是可歎也。穆、敬昏童失德，以其在位不久，故天下未至於敗亂，而敬宗卒及其身，是豈有討賊之志哉！文宗恭儉儒雅，出於天性，嘗讀太宗政要，慨然慕之。及即位，銳意於治，每延英對宰臣，率漏下十一刻。唐制，天子以隻日視朝，乃命輟朝、放朝皆用雙日。凡除吏必召見訪問，親察其能否。故大和之初，政事脩飭，號爲清明。然其仁而少斷，承父兄之弊，宦官橈權，制之不得其術，故其終困以此。甘露之事，禍及忠良，不勝冤憤，飲恨而已。由是言之，其能殺弘志，亦足伸其志也。

昔武丁得一傅說，爲商高宗。武宗用一李德裕，遂成其功烈。然其奮然除去浮圖之法甚銳，而躬受道家之籙，服藥以求長年。以此見其非明智之不惑者，特好惡有不同爾。宣宗精於聽斷，而以察爲明，無復仁恩之意。嗚呼，自是而後，唐衰矣！

校勘記

〔一〕赦幽涿檀順瀛莫營平八州死罪以下　「營」，各本原作「管」。案本書卷三九及舊書卷三九地理志、通典卷一七八，此列諸州並隸河北道，惟無「管州」而有營州，「管」當爲「營」之形譌，據改。

〔二〕郯王經薨　「郯」，各本原作「鄆」，據本書卷七順宗紀、卷七〇下宗室世系表、卷八二十一宗諸子傳及通鑑卷二四五改。

唐書卷九

本紀第九

懿宗　僖宗

懿宗昭聖恭惠孝皇帝諱漼，宣宗長子也。母曰元昭皇太后鼂氏。始封鄆王。宣宗愛夔王滋，欲立爲皇太子，而鄆王長，故久不決。

大中十三年八月，宣宗疾大漸，以夔王屬內樞密使王歸長馬公儒、宣徽南院使王居方等。而左神策護軍中尉王宗實、副使丌元實矯詔立鄆王爲皇太子。癸巳，即皇帝位于柩前。王宗實殺王歸長、馬公儒、王居方。庚子，始聽政。癸卯，令狐綯爲司空。尊皇太后曰太皇太后。

九月庚申，追尊母爲皇太后。

十月辛卯，大赦。賜文武官階、勳、爵，耆老粟帛。

十一月戊午，蕭鄴罷。

十二月甲申，翰林學士承旨、兵部侍郎杜審權同中書門下平章事。丁酉，令狐綯罷。荊南節度使白敏中爲司徒，兼門下侍郎、同中書門下平章事。

是歲，雲南蠻陷播州。

咸通元年正月，浙東人仇甫反〔一〕，安南經略使王式爲浙江東道觀察使以討之。

二月丙申，葬聖武獻文孝皇帝于貞陵。

五月，京師地震。袁王紳薨。

七月，封叔惴爲信王。

八月，衞王灌薨。己卯，仇甫伏誅。

九月戊申，白敏中爲中書令。

十月，安南都護李鄠克播州。己亥，夏侯孜罷。戶部尚書、判度支畢諴爲禮部尚書、同中書門下平章事。

閏月乙亥，朝獻于太淸宮。

十一月丙子，朝享于太廟。丁丑，有事于南郊，大赦，改元。是月，慶王沂薨。

十二月戊申，雲南蠻寇安南。癸亥，福王綰爲司空。

二年二月，白敏中罷。尚書左僕射、判度支杜悰兼門下侍郎、同中書門下平章事。福王綰薨。

六月，鹽州刺史王寬爲安南經略招討使。

八月，雲南蠻寇邕州。九月，寇巂州。

三年正月庚午，羣臣上尊號曰睿文明聖孝德皇帝。大赦。是月，蔣伸罷。

二月庚子，杜悰爲司空。是月，棣王惴薨。湖南觀察使蔡襲爲安南經略招討使。

三月戊寅，歸義軍節度使張義潮克涼州。

七月，武寧軍亂，逐其節度使温璋。劍南西川節度使夏侯孜爲尚書左僕射、兼門下侍郎、同中書門下平章事。

九月，嶺南西道軍亂，逐其節度使蔡京。

十月丙申，封子佾爲魏王，侹涼王，佶蜀王。杜悰爲司徒。

十一月，封叔祖緝爲蘄王，叔憒榮王。雲南蠻寇安南。丙寅，降囚罪，免徐州秋稅。

十二月，夔王紳薨。

四年正月戊辰，朝獻于太清宮。己巳，朝享于太廟。庚午，有事于南郊，大赦。雲南蠻陷安南，蔡襲死之。庚辰，撫王紘爲司空。

二月，拜十六陵。秦州經略使高駢爲安南經略招討使。

四月，畢諴罷。

五月己巳，翰林學士承旨、兵部侍郎楊收同中書門下平章事。戊子，杜審權罷。

閏六月，杜悰罷。兵部侍郎、判度支曹確同中書門下平章事。

七月辛卯朔，日有食之。免安南戶稅、丁錢二歲，弛廉州珠池禁。

八月，夔王滋薨。

十二月乙酉，昭義軍亂，殺其節度使沈詢。

五年正月丙午，雲南蠻寇巂州。三月，寇邕州。

四月，兵部侍郎、判戶部蕭寘同中書門下平章事。

五月丁酉，瘞邕、巂州死事者。己亥，有彗星出于婁。

八月丁卯，夏侯孜爲司空。

十月，貞陵隧陷。

十一月戊戌，夏侯孜罷。壬寅，翰林學士承旨、兵部侍郎路巖同中書門下平章事。

六年三月，蕭寘薨。

四月，劍南東川節度使高璩爲兵部侍郎、同中書門下平章事。

五月，高駢及雲南蠻戰于邕州，敗之。

六月，高璩薨。御史大夫徐商爲兵部侍郎、同中書門下平章事。

七月，封子侃爲郢王。

十二月，晉、絳二州地震。壬子，太皇太后崩。

七年二月戊申，免河南府，同、華、陝、虢四州一歲稅，湖南及桂、邕、容三管，岳州夏秋稅之半。

三月，成德軍節度使王紹懿卒，其兄子景崇自稱留後。

閏月，吐蕃寇邠、寧。

五月甲辰，葬孝明太皇太后于景陵之園。

六月，魏博節度使何弘敬卒，其子全皞自稱留後。

八月辛卯，晝晦。

十月壬申，楊收罷。是月，高駢克安南。

十一月辛亥，大赦，免咸通三年以前逋負，賜文武官階、勳、爵。

八年正月丁未，河中府，晉、絳二州地震。

五月丙辰，以不豫降囚罪，出宮人五百，縱神策、五坊、飛龍鷹鷂，禁延慶、端午節獻女口。

七月，雨湯于下邳。壬寅，蘄王緝薨。乙巳，懷州民亂，逐其刺史劉仁規。甲子，兵部侍郎、諸道鹽鐵轉運使于琮同中書門下平章事。

十一月辛丑，疾愈，避正殿，賜民年七十而痼疾及軍士戰傷者帛。

十二月，信王憪薨。

九年正月，有彗星出于婁、胃。

七月，武寧軍節度糧料判官龐勛反于桂州。十月庚午，陷宿州。丁丑，陷徐州，觀察使崔彥曾死之。十月，陷濠州，刺史盧望回死之。右金吾衞大將軍康承訓爲徐泗行營兵馬都招討使，神武大將軍王晏權爲北面招討使，羽林將軍戴可師爲南面招討使。

十二月，龐勛陷和、滁二州，滁州刺史高錫望死之。壬申，戴可師及龐勛戰于都梁山，死之。是月，前天雄軍節度使馬擧爲南面招討使，泰寧軍節度使曹翔爲北面招討使。

十年二月，殺睦州流人楊收。

三月，徙封侃爲威王。

四月，殺鎭南軍節度使嚴譔。康承訓及龐勛戰于柳子，敗之。

六月，神策軍將軍宋威爲西北面招討使。戊戌，以蝗旱理囚。癸卯，徐商罷。翰林學士承旨、戶部侍郞劉瞻同中書門下平章事。

八月，有彗星出于大陵。

九月癸酉，龐勛伏誅。

十月戊戌，免徐、宿、濠、泗四州三歲稅役。

十二月壬子，雲南蠻寇嘉州。

十一年正月甲寅，羣臣上尊號曰睿文英武明德至仁大聖廣孝皇帝。大赦。雲南蠻寇黎、雅二州，及成都。

二月甲申，劍南西川節度副使王建立及雲南蠻戰于城北，死之。甲午，劍南東川節度使顏慶復及雲南蠻戰于新都，敗之。

三月，曹確罷。

四月丙午，翰林學士承旨、兵部侍郞韋保衡同中書門下平章事。

八月，殺醫待詔韓宗紹。魏博軍亂，殺其節度使何全皞，其將韓君雄自稱留後。

九月丙辰，劉瞻罷。

十一月辛亥，禮部尚書、判度支王鐸同中書門下平章事。

十二年四月癸卯，路巖罷。

五月庚申，理囚。

十月，兵部侍郞、諸道鹽鐵轉運使劉鄴爲禮部尚書、同中書門下平章事。

十三年二月丁巳，于琮罷。刑部侍郞、判戶部趙隱爲戶部侍郞、同中書門下平章事。

幽州盧龍軍節度使張允伸卒，其子簡會自稱留後。

三月癸酉，平州刺史張公素逐簡會，自稱留後。

四月庚子，浙江東西道地震。

五月乙亥，殺國子司業韋殷裕。封子保爲吉王，傑壽王，倚睦王。

十一月，王鐸爲司徒，韋保衡爲司空。

十四年正月，沙陀寇代北。

三月，迎佛骨于鳳翔。癸巳，雨土。

四月，幷州民產子二頭四手。壬寅，大赦。

六月，不豫。王鐸罷。

七月辛巳，皇帝崩于咸寧殿，年四十一。

僖宗惠聖恭定孝皇帝諱儇，懿宗第五子也。母曰惠安皇太后王氏。始封普王，名儼。

咸通十四年七月，懿宗疾大漸，左右神策護軍中尉劉行深、韓文約立普王爲皇太子。

辛巳，卽皇帝位于柩前。

八月癸巳，始聽政。丁未，追尊母爲皇太后。乙卯，韋保衡爲司徒。

九月，貶保衡爲賀州刺史。

十月乙未，尚書左僕射蕭倣爲中書侍郞、同中書門下平章事。

十二月，震電。癸卯，大赦，免水旱州縣租賦，罷貢鷹鶻。雲南蠻寇黎州。

乾符元年二月甲午，葬昭聖恭惠孝皇帝于簡陵。癸丑，降死罪以下。趙隱罷。華州刺史裴坦爲中書侍郞、同中書門下平章事。

四月辛卯，以旱理囚。

五月乙未，裴坦薨。刑部尚書劉瞻爲中書侍郞、同中書門下平章事。

八月辛未，瞻薨。兵部侍郞、判度支崔彥昭爲中書侍郞、同中書門下平章事。

十月，劉鄴罷。吏部侍郞鄭畋爲兵部侍郞，翰林學士承旨、戶部侍郞盧攜同中書門下平章事。

十一月庚寅，改元。羣臣上尊號曰聖神聰睿仁哲明孝皇帝。是月，蕭倣爲司空。魏博節度使韓允中卒，其子簡自稱留後。

十二月，党項、回鶻寇天德軍。雲南蠻寇黎、雅二州，河西、河東、山南東道、東川兵伐雲南。

二年正月己丑，朝獻于太清宮。庚寅，朝享于太廟。辛卯，有事于南郊，大赦。賜文武官階、勳、爵，文宣王及二王後、三恪一子官。雲南蠻請和。

四月庚辰，太白晝見。浙西突陣將王郢反。

五月，右龍武軍大將軍宋皓討之。蕭倣薨。

六月，濮州賊王仙芝、尚君長陷曹、濮二州，河南諸鎭兵討之。吏部尚書李蔚爲中書侍郎、同中書門下平章事。幽州將李茂勳逐其節度使張公素，自稱留後。

七月，以蝗避正殿，減膳。

十一月，震電。

三年二月丙子，以旱降死罪以下。

三月，葬暴骸。平盧軍節度使宋威爲指揮諸道招討草賊使，檢校左散騎常侍曾元裕副之。募能捕賊三百人者，官以將軍。幽州盧龍軍節度使李茂勳立其子可舉爲留後。

五月庚子，以旱理囚，免浙東西一歲稅。昭王汭薨。

六月乙丑，雄州地震。撫王紘爲太尉。

七月辛巳，雄州地震。鎭海軍節度使裴璩及王郢戰，敗之。鄂王潤薨。

九月乙亥朔，日有食之，避正殿。丙子，王仙芝陷汝州，執刺史王鐐。

十一月，陷郢，復二州。

十二月，京師地震。王仙芝陷申、光、廬、壽、通、舒六州。忠武軍節度使崔安潛爲諸道行營都統，宮苑使李瑑爲諸軍行營招討草賊使，右威衛上將軍張自勉副之。

是冬，無雪。

四年正月丁丑，降死罪以下二等，流人死者聽收葬。崔彥昭爲司空。

二月，王仙芝陷鄂州。

閏月，崔彥昭罷。昭義軍亂，逐其節度使高湜。宣武軍節度使王鐸檢校司徒，兼門下侍郎、同中書門下平章事。

三月，宛句賊黃巢陷鄆、沂二州，天平軍節度使薛崇死之。

四月壬申朔，日有食之。是月，陝州軍亂，逐其觀察使崔碣。江西賊柳彥璋陷江州，執其刺史陶祥。高安制置使鍾傳陷撫州。

五月，有彗星，避正殿，減膳。

六月，王鐸爲司徒。庚寅，雄州地震。

八月，黃巢陷隋州，執刺史崔休徵。

九月，沙陀寇雲、朔二州。鹽州軍亂，逐其刺史王承顏。

十月，河中軍亂，逐其節度使劉侔。

十一月，尚君長降，宋威殺之。

十二月，安南戍兵亂，逐桂管觀察使李瓚。江州刺史劉秉仁及柳彥璋戰，敗之。

五年正月丁酉，王仙芝陷江陵外郛。壬寅，曾元裕及王仙芝戰于申州，敗之。元裕爲諸道行營招討草賊使，張自勉副之。宋威罷招討使。

二月癸酉，雲中守捉使李克用殺大同軍防禦使段文楚。己卯，克用寇遮虜軍。是月，王仙芝伏誅，其將王重隱陷饒州，刺史顏標死之。江西賊徐唐莒陷洪州。

三月，黃巢陷濮州，寇河南。崔安潛罷都統。張自勉爲東西面行營招討使。湖南軍亂，逐其觀察使崔瑾。

四月，饒州將彭令璋克饒州，自稱刺史，徐唐莒伏誅。

五月丁酉，鄭畋、盧攜罷。翰林學士承旨、戶部侍郎豆盧瑑爲兵部侍郎，吏部侍郎崔沆爲戶部侍郎：同中書門下平章事。是日，雨雹，大風拔木。

八月，大同軍節度使李國昌陷岢嵐軍。黃巢陷杭州。

九月，李蔚罷。吏部尚書鄭從讜爲中書侍郎、同中書門下平章事。黃巢陷越州，執觀察使崔璆。鎭海軍將張潾克越州。

十月，昭義軍節度使李鈞、幽州盧龍軍節度使李可舉討李國昌。

十一月丁未，河東宣慰使崔季康爲河東節度、代北行營招討使。

十二月甲戌，黃巢陷福州。庚辰，崔季康、李鈞及李克用戰于洪谷，敗績。

是歲，天平軍節度使張裼卒，衙將崔君裕自知州事。

六年正月，鎭海軍節度使高駢爲諸道行營兵馬都統。魏王佾薨。

二月，京師地震，藍田山裂，出水。河東軍亂，殺其節度使崔季康。

四月庚申朔，日有食之。涼王侹薨。王鐸爲荆南節度使、南面行營招討都統。

五月，泰寧軍節度使李係爲湖南觀察使，副之。黃巢陷廣州，執嶺南東道節度使李迢，陷安南。

八月甲子，東都留守李蔚爲河東節度、代北行營招討使。

閏十月，黃巢陷潭、澧二州，澧州刺史李絢死之。

十一月丙辰，兩日並出而鬬。戊午，河東節度使康傳圭爲代北行營招討使。辛酉，黃巢陷江陵，殺李迢。丁丑，山南東道節度使劉巨容及黃巢戰于荆門，敗之。

十二月壬辰，克江陵。是月，貶王鐸爲太子賓客，分司東都。兵部尚書盧攜爲門下侍郎、同中書門下平章事。

是歲，淄州刺史曹全晸克鄆州，殺崔君裕。黃巢陷鄂、宣、歙、池四州。朗州賊周岳陷衡州，逐其刺史徐顥。荆南將雷滿陷朗州，刺史崔翥死之。石門蠻向瓌陷澧州，權知州事呂自牧死之。桂陽賊陳彥謙陷郴州，刺史董岳死之。

廣明元年正月乙卯，改元。免嶺南、荆湖、河中、河東稅賦十之四。戊寅，荆南監軍楊復光、泰寧軍將段彥謩殺其守將宋浩，以常滋爲節度留後。淮南將張潾及黃巢戰于大雲倉，敗之。

二月丙戌，李國昌寇忻、代二州。戊戌，河東軍亂，殺其節度使康傳圭。壬子，鄭從讜

罷爲河東節度使、代北行營招討使。

三月辛未，以旱避正殿，減膳。

四月甲申，京師、東都、汝州雨雹，大風拔木。丁酉，太府卿李琢爲蔚、朔招討都統。壬寅，張潾克饒州。

五月，汝州防禦使諸葛爽爲蔚、朔招討副使。泰寧軍將劉漢宏反。張潾及黃巢戰于信州，死之。

六月，巢陷睦、婺、宣三州。江華賊蔡結陷道州。宿州賊魯景仁陷連州。

七月，黃巢陷滁、和二州。辛酉，天平軍節度使曹全晸爲東面副都統。辛未，劉漢宏降。李可舉及李國昌戰于藥兒嶺，敗之。

八月辛卯，昭義軍亂，殺其節度使李鈞。癸卯，榮王憒爲司空。是月，憒薨。

九月，忠武軍將周岌殺其節度使薛能。牙將秦宗權自稱權知蔡州事。

十月，黃巢陷申州。

十一月，河中都虞候王重榮逐其節度使李都。黃巢陷汝州。壬戌，幸左神策軍閱武。護軍中尉田令孜爲諸道兵馬都指揮制置招討使，忠武軍監軍楊復光副之。丁卯，東都留守劉允章叛附于黃巢。壬申，巢陷虢州。田令孜爲汝、洛、晉、絳、同、華都統。

十二月壬午，黃巢陷潼關。甲申，貶盧攜爲太子賓客，分司東都。翰林學士承旨、尚書左丞王徽爲戶部侍郎，翰林學士、戶部侍郎裴澈爲工部侍郎：同中書門下平章事。行在咸陽。丙戌，左金吾衛大將軍張直方率武官叛附于黃巢。巢陷京師。辛卯，次鳳翔。丙申，河陽節度使諸葛爽叛附于黃巢。丁酉，次興元。庚子，廣德公主、豆盧瑑、崔沆、尚書左僕射劉鄴、右僕射于琮、太子少師裴諗、御史中丞趙濛、刑部侍郎李溥、京兆尹李湯死于黃巢。

是歲，雨血于靖陵。

中和元年正月壬子，如成都。壬申，兵部侍郎、判度支蕭遘爲工部侍郎、同中書門下平章事。丁丑，次成都。

二月己卯，赦劍南三川。太子少師王鐸爲司徒，兼門下侍郎、同中書門下平章事。淮南節度使高駢爲京城四面都統。邠寧節度使李存禮討黃巢。鳳翔節度使鄭畋及巢戰于龍尾坡，敗之。邠寧將王玫陷邠州。戊戌，清平鎮使陳晟執睦州刺史韋諸，自稱刺史。

三月辛亥，黃巢陷鄧州，執刺史趙戒。辛酉，鄭畋爲京城西面行營都統。甲子，畋及涇原節度使程宗楚、天雄軍經略使仇公遇盟于鳳翔。是月，王徽罷。諸葛爽以河陽降。

四月戊寅，王玫伏誅。程宗楚、朔方軍節度使唐弘夫及黃巢戰于咸陽，敗之。壬午，巢遁

于灞上。丁亥，復入于京師，弘夫、宗楚死之。是月，赦李國昌及其子克用以討黃巢。

五月丙辰，克用寇太原，振武軍節度使契苾璋敗之。辛酉，大風，雨土。是月，劉巨容爲南面行營招討使。楊復光克鄧州。

六月，鄧賊鍾季文陷明州。辛卯，邠寧節度副使朱玫及黃巢戰于興平，敗績。戊戌，鄭畋爲司空，兼門下侍郎、同中書門下平章事、京城四面行營都統。丙午，李克用陷忻、代二州。

七月丁巳，大赦，改元。庚申，翰林學士承旨、兵部侍郎韋昭度同中書門下平章事。丙寅，神策軍將郭琪反，伏誅。辛未，田令孜殺左拾遺孟昭圖。義武軍節度使王處存爲東南面行營招討使。

八月，感化軍將時溥逐其節度使支詳，自稱留後。昭義軍節度使高潯及黃巢戰于石橋，敗績，十將成麟殺潯，入于潞州。己丑，衆星隕于成都。

九月丙午，鄜延節度使李孝章、夏綏銀節度使拓拔思恭及黃巢戰于東渭橋，敗績。臨海賊杜雄陷台州。辛酉，封子震爲建王。己巳，昭義軍戍將孟方立殺成麟，自稱留後。永嘉賊朱褒陷温州。

是秋，河東霜殺禾。

十月，鳳翔行軍司馬李昌言逐其節度使鄭畋。

中華書局

十一月，李昌言爲鳳翔節度行營招討使。鄭畋、裴澈罷。遂昌賊盧約陷處州。

十二月，安南戍將閔頊逐湖南觀察使李裕，自稱留後。

是歲，霍丘鎮使王緒陷壽、光二州。

二年正月辛亥，王鐸爲諸道行營都都統，承制封拜，太子少師崔安潛副之。高駢罷都統。辛未，王處存爲京城東面都統，李孝章爲北面都統，拓拔思恭爲南面都統。

二月甲戌，黃巢陷同州。己卯，太子少傅分司東都鄭畋爲司空，兼門下侍郎、同中書門下平章事。丙戌，李昌言爲京城西面都統，邠寧節度使朱玫爲河南都統、諸谷防遏使。

三月，邛州蠻阡能叛，西川部將楊行遷討之。李克用陷蔚州。

六月，朱玫爲京城西北面行營都統。楊行遷及阡能戰于乾溪，敗績。己亥，荆南監軍朱敬玫殺其節度使段彥謩，少尹李燧自稱留後。

七月，保大軍節度留後東方逵爲京城東面行營招討使。撫州刺史鍾傳陷洪州，江西觀察使高茂卿奔于江州。

八月丁巳，東方逵爲京城東北面行營都統，拓拔思恭爲京城四面都統。魏博節度使韓簡陷孟州。

九月丙戌，黃巢將朱温以同州降。己亥，温爲右金吾衞大將軍、河中行營招討副使。是月，太原桃李實。嶺南西道軍亂，逐其節度使張從訓。平盧軍將王敬武逐其節度使安師儒，自稱留後。

十月，嵐州刺史湯羣以沙陀反。韓簡寇鄆州，天平軍節度使曹全晸死之，部將崔用自稱留後。諸葛爽陷孟州。

十一月，荆南軍亂，衙將陳儒自稱留後。丙子，湯羣伏誅。

是歲，關中大饑。南城賊危全諷陷撫州，危仔倡陷信州。廬州將楊行密逐其刺史郎幼復，和州刺史秦彥逐宣歙觀察使竇潏。

三年正月，雁門節度使李克用爲京城東北面行營都統。乙亥，王鐸罷。

二月，魏博軍亂，殺其節度使韓簡，其將樂彥禎自稱留後。己未，建王震爲太保。

三月，天有聲于浙西。壬申，李克用及黃巢戰于零口，敗之。

四月甲辰，又敗之于渭橋。丙午，復京師。

五月，鄭畋爲司徒，東都留守、檢校司空鄭從讜爲司空：同中書門下平章事。淮南將張瓌陷復州。奉國軍節度使秦宗權叛附于黃巢。

七月，宣武軍節度副大使朱全忠爲東北面都招討使。鄭畋罷。兵部尙書、判度支裴澈同中書門下平章事。

八月，黃巢、秦宗權寇陳州。淮南將韓師德陷岳州。

九月，武寧軍節度使時溥爲東面兵馬都統。

是秋，晉州地震。

十月，全椒賊許勍陷滁州。李克用陷潞州，刺史李殷銳死之。

十一月壬申，劍南西川行軍司馬高仁厚及阡能戰于邛州，敗之。

十二月，忠武軍將鹿晏弘逐興元節度使牛勗，自稱留後。

是歲，天平軍將曹存實克鄆州。石鏡鎮將董昌逐杭州刺史路審中。

四年正月，婺州將王鎮執其刺史黃碣，叛附于董昌。

二月，鎮伏誅。浦陽將蔣瓌陷婺州。舒州賊吳迥逐其刺史高澞。

三月甲子，劍南東川節度副大使楊師立反，西川節度使陳敬瑄爲西川、東川、山南西道都指揮招討使。前杭州刺史路審中陷鄂州。

五月辛酉，朱全忠及黃巢戰，敗之。辛未，河東節度使李克用及巢戰于宛句，敗之。

癸酉，高仁厚爲劍南東川節度使以討楊師立。壬午，福建團練副使陳巖逐其觀察使鄭鎰，自稱觀察使。

六月乙卯，赦劍南三川。瘞京畿骸骨。

七月辛酉，楊師立伏誅。壬午，黃巢伏誅。

九月，山南西道節度使鹿晏弘反。

十月，蕭遘爲司空。

十一月，鹿晏弘陷許州，殺節度使周岌，自稱留後。

十二月甲午，荆南行軍司馬張瓌逐其節度使陳儒，自稱留後。盜殺義昌軍節度使王鐸。

是歲，關中大饑。濮州刺史朱宣逐天平軍節度使曹存實，自稱留後。武昌軍將杜洪陷岳州。

光啓元年正月庚辰，荆南軍將成汭陷歸州。是月，王緒陷汀、漳二州。南康賊盧光稠陷虔州。

三月丁卯，至自成都。己巳，大赦，改元。時溥爲蔡州四面行營兵馬都統。蕭遘爲司徒，韋昭度爲司空。

四月，吳迥伏誅。秦宗權陷襄州，山南東道節度使劉巨容奔于成都。武當賊馮行襲陷均州，逐其刺史呂燁。

五月，羣臣上尊號曰至德光烈皇帝。

六月，幽州盧龍軍亂，殺其節度使李可舉，其將李全忠自稱留後。壬戌，秦宗權陷東都。

七月，義昌軍亂，逐其節度使楊全玫，衙將盧彥威自稱留後。

八月，光州賊王潮執王緒。甲寅，殺右補闕常濬。樂彥禎殺洺州刺史馬爽。

九月，河中節度使王重榮反，邠寧節度使朱玫討之。

十月癸丑，朱全忠及秦宗權戰于雙丘，敗績。

十一月，河東節度使李克用叛附于王重榮，重榮及克用寇同州，刺史郭璋死之。

十二月癸酉，朱玫及王重榮、李克用戰于沙苑，敗績。乙亥，克用犯京師。丙子，如鳳翔。

二年正月辛巳，鎮海軍將張郁陷常州。戊子，如興元。癸巳，朱玫叛，寇鳳翔。

二月，鄭從讜爲太傅。

三月壬午，山南西道節度使石君涉奔于鳳翔。遂州刺史鄭君雄陷漢州。丙申，次興元。戊戌，御史大夫孔緯、翰林學士承旨、兵部尙書杜讓能爲兵部侍郎、同中書門下平章事。

是春，成都地震，鳳翔女子化爲丈夫。

四月乙卯，朱玫以嗣襄王熅入于京師。

五月丙戌，有星孛于箕、尾。武寧軍將丁從實陷常州，逐其刺史張郁。

六月，淮西將黃晧殺欽化軍節度使閔頊。衡州刺史周岳陷潭州，自稱節度使。

七月，秦宗權陷許州，忠武軍節度使鹿晏弘死之。

八月，王潮陷泉州，刺史廖彥若死之。幽州盧龍軍節度使李全忠卒，其子匡威自稱留後。

九月，有星隕于揚州。戊寅，靜難軍將王行瑜陷興、鳳二州。

十月丙午，嗣襄王熅自立爲皇帝，尊皇帝爲太上元皇聖帝。朱全忠陷滑州，執義成軍節度使安師儒。丙辰，杭州刺史董昌攻越州，浙東觀察使劉漢宏奔于台州。是月，河陽節度使諸葛爽卒，其子仲方自稱留後。神策行營先鋒使滿存克興、鳳二州。感義軍節度使楊晟陷文州。武寧軍將張雄陷蘇州。

十一月庚子，秦宗權陷鄭州。

十二月，魏州地震。丙午，台州刺史杜雄執劉漢宏，降于董昌。昌自稱浙東觀察使。丙辰，朱玫伏誅。丁巳，熅伏誅。秦宗權陷孟州，諸葛仲方奔于汴州。

是歲，天平軍將朱瑾逐泰寧軍節度使齊克讓，自稱留後。湘陰賊鄧進思陷岳州。杜洪陷鄂州，自稱武昌軍節度留後。

三年三月癸未，蕭遘、裴澈、兵部侍郎鄭昌圖有罪伏誅。壬辰，如鳳翔。鄭從讜罷。韋昭度爲司徒。癸巳，鎮海軍將劉浩逐其節度使周寶，度支催勘使薛朗自稱知府事。

四月甲辰，六合鎮遏使徐約陷蘇州，逐其刺史張雄。甲子，淮南兵馬使畢師鐸陷揚州，執其節度使高駢。是月，維州山崩。

五月甲戌，宣歙觀察使秦彥入于揚州。癸未，秦宗權陷鄭州。

六月，陷孟州，河陽將李罕之入于孟州，張全義入于東都。己酉，鳳翔節度使李昌符反。庚戌，犯大安門，不克，奔于隴州。壬子，武定軍節度使李茂貞爲隴州招討使。丁巳，護國軍將常行儒殺其節度使王重榮，其兄重盈自稱留後。壬戌，亳州將謝殷逐其刺史宋衮。

七月丁亥，降死罪以下，貞觀、開元、建中、興元功臣後予一子九品正員官，減常膳三之

一，賜民九十以上粟帛。七月，李昌符伏誅。

八月，韋昭度爲太保。壬寅，謝殷伏誅。朱全忠陷亳州。壬子，陷曹州，刺史丘弘禮死之。

九月，戶部侍郎、判度支張濬爲兵部侍郎、同中書門下平章事。秦彥殺高駢。

十月丁未，朱全忠陷濮州。甲寅，封子陞爲益王。杭州刺史錢鏐陷常州。丁卯，鏐殺周寶。是月，秦宗權將孫儒寇揚州。

十一月壬申，廬州刺史楊行密陷揚州，秦彥、畢師鐸奔于孫儒。

十二月癸巳，淮西將趙德諲陷江陵，荊南節度使張瓌死之。朱全忠爲東南面招討使。饒州刺史陳儒陷衢州。上蔡賊馮敬章陷蘄州。

文德元年正月甲寅，孫儒殺秦彥、畢師鐸。癸亥，朱全忠爲蔡州四面行營都統。丙寅，薛朗伏誅。錢鏐陷潤州。

二月乙亥，不豫。己丑，至自鳳翔。庚寅，謁于太廟，大赦，改元。是月，魏博軍亂，殺其節度使樂彥禎，其將羅弘信自稱權知留後。

三月戊戌朔，日有食之，既。壬寅，疾大漸，立壽王傑爲皇太弟，知軍國事。癸卯，皇帝

崩于武德殿，年二十七。

贊曰：唐自穆宗以來八世，而爲宦官所立者七君。然則唐之衰亡，豈止方鎮之患？蓋朝廷天下之本也，人君者朝廷之本也，始卽位者人君之本也。其本始不正，欲以正天下，其可得乎？懿、僖當唐政之始衰，而以昏庸相繼；乾符之際，歲大旱蝗，民愁盜起，其亂遂不可復支，蓋亦天人之會歟！

校勘記

〔一〕浙東人仇甫反 「仇甫」，本書卷五八藝文志及通鑑卷二四九均作「裘甫」。

唐書卷十

本紀第十

昭宗 哀帝

昭宗聖穆景文孝皇帝諱曄，懿宗第七子也。母曰恭憲皇太后王氏。始封壽王。乾符三年，領幽州盧龍軍節度使。僖宗遇亂再出奔，壽王握兵侍左右，尤見倚信。文德元年三月，僖宗疾大漸，羣臣以吉王長，且欲立之。觀軍容使楊復恭率兵迎壽王，立爲皇太弟，改名敏。乙巳，卽皇帝位于柩前。

四月戊辰，孫儒陷揚州，自稱淮南節度使，楊行密奔于廬州。庚午，追尊母爲皇太后。韋昭度爲中書令，孔緯爲司空。乙亥，張全義陷孟州，李罕之奔于河東。成汭陷江陵，自稱留後。辛卯，朱全忠及秦宗權戰于蔡州，敗之。

五月壬寅，趙德諲以襄州降，以德諲爲忠義軍節度使、蔡州四面行營副都統。

六月，閬州防禦使王建陷漢州，執刺史張頊，遂寇成都。韋昭度罷爲劍南西川節度副大使，兼兩川招撫制置使。

十月，陳敬瑄反。辛卯，葬惠聖恭定孝皇帝于靖陵。

十一月丙申，秦宗權陷許州，執忠武軍節度使王縕。辛酉，奉國軍將申叢執秦宗權。

十二月丁亥，韋昭度爲行營招討使，及永平軍節度使王建討陳敬瑄。山南西道節度使楊守厚陷夔州。

龍紀元年正月癸巳，大赦，改元。翰林學士承旨、兵部侍郎劉崇望同中書門下平章事。壬子，宣武軍將郭璠殺奉國軍留後申叢，自稱留後。

二月戊辰，朱全忠俘秦宗權以獻。己丑，宗權伏誅。

三月，孔緯爲司徒，杜讓能爲司空。丙申，錢鏐陷蘇州，逐刺史徐約。

六月，李克用寇邢州。昭義軍節度使孟方立卒，其弟遷自稱留後。楊行密陷宣州，宣歙觀察使趙鍠死之。廬州刺史蔡儔叛附于孫儒。

八月甲戌，孟遷叛附于李克用。

十月，平盧軍節度使王敬武卒，其子師範自稱留後，陷棣州，刺史張蟾死之。宣歙觀察

中華書局

使楊行密陷常州，刺史杜稜死之。錢鏐陷潤州。

十一月丁未，朝獻于太清宮。戊申，朝享于太廟。己酉，有事于南郊，大赦。

十二月，孫儒陷常、潤二州。戊午，孔緯爲太保，杜讓能爲司徒。壬申，眉州刺史山行章叛附于王建。

大順元年正月戊子，羣臣上尊號曰聖文睿德光武弘孝皇帝，大赦，改元。壬寅，簡州將杜有遷執其刺史員虔嵩，叛附于王建。

二月己未，資州將侯元綽執其刺史楊戡，叛附于建。

三月戊申，昭義軍節度使李克脩卒，其弟克恭自稱留後。

四月丙辰，宿州將張筠逐其刺史張紹光。丙寅，嘉州刺史朱實叛附于王建。丙子，戎州將文武堅執其刺史謝承恩，叛附于建。

五月，張濬爲河東行營都招討宣慰使，京兆尹孫揆副之；幽州盧龍軍節度使李匡威爲北面招討使，雲州防禦使赫連鐸副之；朱全忠爲南面招討使，王鎔爲東面招討使，以討李克用。壬寅，昭義軍將安居受殺其節度使李克恭，叛附于朱全忠。癸丑，劍南東川節度使顧彥朗卒，其弟彥暉自稱留後。

六月辛酉，雅州將謝從本殺其刺史張承簡，叛附于王建。辛未，朱全忠爲河東東面行營招討使。是月，河東將安知建以邢、洺、磁三州叛附于全忠。

七月，楊行密陷潤州。戊申，李克用執昭義軍節度使孫揆。

八月，錢鏐殺蘇州刺史杜孺休。楊行密陷蘇州。淮南節度使孫儒陷潤州。庚午，朱全忠爲中書令。

九月，李克用陷潞州。楊行密陷潤、常二州。

閏月，孫儒陷常州。壬戌，邛州將任可知殺其刺史毛湘。

十月癸未，蜀州刺史李行周叛附于王建。李克用陷邢、洺、磁三州。

十一月丁卯，李匡威陷蔚州。是月，張濬及李克用戰于陰地，敗績。孫儒陷蘇州。

十二月，李克用陷晉州。

二年正月庚申，孔緯、張濬罷。翰林學士承旨、兵部侍郎崔昭緯，御史中丞徐彥若爲戶部侍郎：同中書門下平章事。甘露鎮使陳可言陷常州。錢鏐陷蘇州。

二月乙巳，赦陳敬瑄。丁未，詔王建罷兵，不受命。

是春，淮南大饑。

四月庚辰，有彗星入于太微。甲申，大赦，避正殿，減膳，徹樂。賜兩軍金帛，贖所略男女還其家。民年八十以上及疾不能自存者，長吏存卹。訪武德功臣子孫。癸卯，王建寇成都。

五月，孫儒陷和、滁二州。

六月，楊行密陷和、滁二州。丙午，封子祐爲德王。

七月，李克用陷雲州，防禦使赫連鐸奔于退渾。孫儒焚揚州以逃。

八月庚子，王建陷成都，執劍南西川節度使陳敬瑄，自稱留後。

十月壬午，朱全忠陷宿州。

十一月己未，曹州將郭銖殺其刺史郭詞，叛附于全忠。辛未，全忠陷壽州。

景福元年正月己未，朱全忠陷孟州，逐河陽節度使趙克裕。丙寅，大赦，改元。

二月，劉崇望罷。錢鏐陷蘇州。甲申，朱全忠寇鄆州，天平軍節度使朱宣敗之。

三月，戶部尚書鄭延昌爲中書侍郎、同中書門下平章事。乙巳，楊行密陷楚州，執刺史劉瓚；又陷常州，刺史陳可言死之。丙辰，武定軍節度使楊守忠、龍劍節度使楊守貞會楊守厚兵寇梓州。丙寅，福建觀察使陳巖卒，護閩都將范暉自稱留後。庚午，泉州刺史王潮寇

福州。

四月辛巳，杜讓能爲太尉。

六月戊寅，楊行密陷揚州。己巳，鳳翔隴右節度使李茂貞陷鳳州，感義軍節度使滿存奔于興元，遂陷興、洋二州。

八月壬申，寇興元，楊守亮、滿存奔于閬州。丙戌，降京畿、關輔囚罪，免淮南、浙西、宣州逋負。

十月，蔡儔以廬州叛附于朱全忠，河東將李存孝以邢州叛附于全忠。

十一月，有星孛于斗、牛。辛丑，武寧軍將張璲、張諫以濠、泗二州叛附于朱全忠。乙巳，朱友裕陷濮州，執刺史邵儒。孫儒將王壇陷婺州，刺史蔣瓌奔于越州。

是歲，明州刺史鍾文季卒，其將黃晟自稱刺史。

二年正月，徐彥若罷爲鳳翔隴右節度使，李茂貞爲山南西道節度使。茂貞不受命。

二月，楊行密陷常州。

三月辛酉，幽州盧龍軍兵馬留後李匡籌逐其兄匡威，自稱節度留後。

四月乙亥，王建殺陳敬瑄及劍南西川監軍田令孜。乙酉，有彗星入于太微。丁亥，王

鎔殺李匡威。戊子，朱全忠陷徐州，武寧軍節度使時溥死之。

五月庚子，王潮陷福州，范暉死之，潮自稱留後。

七月，楊行密陷廬州，蔡儔死之。

八月丙申，嗣覃王嗣周爲京西面招討使〔一〕，神策大將軍李鐬副之，以討李茂貞。庚子，昇州刺史張雄卒，其將馮弘鐸自稱刺史。是月，楊行密陷歙州。

九月壬午，嗣覃王嗣周及李茂貞戰于興平，敗績。甲申，茂貞犯京師。乙酉，茂貞殺觀軍容使西門重遂、內樞密使李周潼、段詡。貶杜讓能爲梧州刺史。壬辰，東都留守、檢校司徒韋昭度爲司徒，御史中丞崔胤爲戶部侍郎：同中書門下平章事。是月，昇州刺史馮弘鐸叛附于楊行密。

十月乙未，殺杜讓能及戶部侍郎杜弘徽。楊行密陷舒州。

十二月，韋昭度爲太傅。邵州刺史鄧處訥陷潭州，欽化軍節度使周岳死之，處訥自稱留後。

是歲，建州刺史徐歸範、汀州刺史鍾全慕叛附于王潮。

乾寧元年正月，有星孛于鶉首。乙丑，大赦，改元。李茂貞以兵來朝。

二月，右散騎常侍鄭綮爲禮部侍郎、同中書門下平章事。彰義軍節度使張鈞卒，其兄鐇自稱留後。

三月甲申，李克用寇邢州，執李存孝殺之。

五月丙子，王建陷彭州，威戎軍節度使楊晟死之。是月，鄭延昌罷。孫儒將劉建鋒、馬殷陷潭州，武安軍節度使鄧處訥死之，建鋒自稱留後。武岡指揮使蔣勛陷邵州。

六月，大同軍防禦使赫連鐸及李克用戰于雲州，死之。戊午，翰林學士承旨、禮部尚書李磎同中書門下平章事。庚申，磎罷。御史大夫徐彥若爲中書侍郎、同中書門下平章事。

七月，以雨霖避正殿，減膳。鄭綮罷。李茂貞陷閬州。

八月，楊守亮伏誅。癸巳，減京畿、興元、洋金商州賦役。

九月庚申，李克用陷潞州，昭義軍節度使康君立死之。

十月丁酉，封子祤爲棣王，禊虔王，禋沂王，禕遂王。

十一月，李克用陷武州。

十二月，陷新州。甲寅，幽州盧龍軍節度使李匡籌奔于滄州，義昌軍節度使盧彥威殺之。丙辰，李克用陷幽州。

是冬，楊行密陷黃州，執刺史吳討。

二年正月己巳，給事中陸希聲爲戶部侍郎、同中書門下平章事。壬申，護國軍節度使王重盈卒，其子珂自稱留後。

二月乙未，太子太傅李磎爲戶部侍郎、同中書門下平章事。

三月，崔胤、李磎罷。戶部侍郎、判戶部王摶爲中書侍郎、同中書門下平章事。楊行密陷濠州，執刺史張璲。庚午，河東地震。

四月，蘇州大雨雪。陸希聲、韋昭度罷。泰寧軍節度使朱瑾及朱全忠戰于高梧，敗績，其將安福慶死之。楊行密陷壽州，執刺史江從勗。

五月甲子，靜難軍節度使王行瑜、鎮國軍節度使韓建及李茂貞犯京師，殺太保致仕韋昭度、太子少師李磎。是月，李克用陷絳州，刺史王瑤死之。

六月庚寅，鎮海軍節度使錢鏐爲浙江東道招討使。癸巳，吏部尚書孔緯爲司空，兼門下侍郎、同中書門下平章事。

七月丙辰，李克用以兵屯于河中。戊午，匡國軍節度使王行約奔于京師。庚申，左右神策軍護軍中尉駱全瓘、劉景宣，指揮使王行實李繼鵬反，行在莎城。嗣薛王知柔權知中書事。壬戌，李克用陷同州。甲子，次石門。前護國軍節度使崔胤爲中書侍郎、同中書門下

平章事。

八月戊戌，李克用爲邠寧四面行營招討使，保大軍節度使李思孝爲北面招討使，定難軍節度使李思諫爲東北面招討使，彰義軍節度使張鐇爲西面招討使。辛丑，李克用爲邠寧四面行營都統。李繼鵬伏誅。赦李茂貞。辛亥，至自石門。壬子，崔昭緯罷。

九月丙辰，徐彥若爲司空。癸亥，孔緯薨。前昭義軍節度使李罕之爲邠寧四面行營副都統。

十月，京兆尹孫偓爲戶部侍郎、同中書門下平章事。丙戌，李克用及王行瑜戰于梨園，敗之。庚寅，王行約焚寧州以逃。義武軍節度使王處存卒，其子郜自稱留後。

十一月丁巳，李克用及王行瑜戰于龍泉，敗之。辛酉，衢州刺史陳儒卒，其弟岌自稱刺史。丁卯，王行瑜伏誅。壬申，齊州刺史朱瓊叛附于朱全忠。丁丑，王建陷利州，刺史李繼顒死之。

十二月癸未，赦京師，復大順以來削奪官爵非其罪者。甲申，閬州防禦使李繼雍、蓬州刺史費存、渠州刺史陳璠叛附于王建。丙申，建寇梓州。戊戌，通州刺史李彥昭叛附于建。

是歲，安州防禦使宣晟陷桂州，靜江軍節度使周元靜部將劉士政死之，晟自稱知軍府事。

三年正月癸丑，王建陷龍州，刺史田昉死之。

閏月丁亥，果州刺史周雄叛附于建。

四月壬子，武安軍亂，殺其節度使劉建鋒，其將馬殷自稱留後。

五月癸未，楊行密陷蘇州，執刺史成及。陷光州，刺史劉存死之。庚寅，成汭陷黔州，武泰軍節度使王建肇奔于成都。乙未，董昌伏誅。是月，蘄州刺史馮行章叛附于楊行密。

六月庚戌，李茂貞犯京師，嗣延王戒丕禦之。丙寅，及茂貞戰于婁館，敗績。

七月癸巳，行在渭北。甲午，韓建來朝，次華州。乙巳，崔胤罷。丙午，翰林學士承旨、尚書左丞陸扆爲戶部侍郎、同中書門下平章事。

八月甲寅，王摶罷。乙丑，國子毛詩博士朱朴爲左諫議大夫、同中書門下平章事。

九月乙未，武安軍節度使崔胤爲中書侍郎，翰林學士承旨、兵部侍郎崔遠同中書門下平章事。丁酉，貶陸扆爲峽州刺史。

十月，李克用及羅弘信戰于白龍潭，敗之。壬子，孫偓持節鳳翔四面行營節度、諸軍都統、招討、處置使。戊午，威勝軍節度使王摶爲吏部尚書、同中書門下平章事。

十一月戊子，忠國軍節度使李師悅卒，其子繼徽自稱留後。

四年正月乙酉，韓建以兵圍行宮，殺扈蹕都將李筠。丙申，朱全忠陷鄆州，天平軍節度使朱宣死之。己亥，孫偓罷都統。

二月，朱全忠寇兗州，泰寧軍節度使朱瑾奔于淮南，其子用貞以兗州叛附于全忠。全忠陷沂、海、密三州。保義軍節度使王珙寇河中。韓建殺太子詹事馬道殷、將作監許巖士。楊行密爲江南諸道行營都統。癸丑，王建陷瀘州，刺史馬敬儒死之。己未，立德王裕爲皇太子，大赦，饗于行廟。辛未，王建陷渝州。乙亥，孫偓、朱朴罷。

五月壬午，朱全忠陷黃州，刺史瞿璋死之。

六月，貶王建爲南州刺史。以李茂貞爲劍南西川節度使，嗣覃王嗣周爲鳳翔隴右節度使，茂貞不受命，嗣周及茂貞戰于奉天，敗績。

八月，韓建殺通王滋、沂王禋、韶王、彭王、嗣韓王、嗣陳王、嗣覃王嗣周、嗣延王戒丕、嗣丹王允。

九月，錢鏐陷湖州，忠國軍節度使李繼徽奔于淮南。彰義軍節度使張璉爲鳳翔西北行營招討使，靜難軍節度使李思諫爲鳳翔四面行營副都統，以討李茂貞。

十月壬子，遂州刺史侯紹叛附于王建。乙卯，合州刺史王仁威叛附于建。庚申，建陷梓州，劍南東川節度使顧彥暉死之。甲子，封子祕爲景王，祚輝王，祺祁王。

十一月癸酉，楊行密及朱全忠戰于清口，敗之。丙子，錢鏐陷台州。

十二月丁未，威武軍節度使王潮卒，其弟審知自稱留後。

光化元年正月，徐彥若爲司徒。

二月，赦李茂貞。

三月，幽州盧龍軍節度使劉仁恭之子守文陷滄州，義昌軍節度使盧彥威奔于汴州。

四月丙寅，立淑妃何氏爲皇后。

五月己巳，大赦。辛未，朱全忠陷洺州，刺史邢善益死之；又陷邢州。壬午，陷磁州，刺史袁奉韜死之。是月，馬殷陷邵、衡、永三州，刺史蔣勛、楊師遠、唐旻死之。

七月丙申，朱全忠陷唐州，又陷隋州，執刺史趙匡璘。

八月戊午，陷鄧州，執刺史國湘。壬戌，至自華州。甲子，大赦，改元。

九月丙子，有星隕于北方。甲申，錢鏐陷蘇州。

十月，魏博節度使羅弘信卒，其子紹威自稱留後。己亥，朱全忠陷安州，刺史武瑜死之。

十一月，衢州刺史陳岌叛附于楊行密。甲寅，封子禛爲雅王，祥瓊王。

十二月癸未，李罕之陷潞州，自稱節度留後。李克用陷澤州。

二年正月乙未，給復綿、劍二州二年。丁未，崔胤罷。兵部尚書陸扆同中書門下平章事。是月，李罕之陷沁州。劉仁恭陷貝州。

二月甲子，朱全忠陷蔡州，奉國軍節度使崔洪奔于淮南。

三月丁巳，全忠陷澤州。

六月丁丑，保義軍亂，殺其節度使王珙，其將李璠叛附于全忠。

七月壬辰，海州戍將陳漢賓以其州叛附于楊行密。馬殷陷道州，刺史蔡結死之。

八月，李克用陷澤、潞、懷三州。

十一月，徐彥若爲太保，王摶爲司空。馬殷陷郴、連二州，刺史陳彥謙、魯景仁死之。辛丑，保義軍將朱簡殺其節度使李璠，叛附于朱全忠。

三年四月辛未，皇后及皇太子享于太廟。

六月丁卯，清海軍節度使崔胤爲尚書左僕射，兼門下侍郎、同中書門下平章事。王摶罷。

已巳，殺之。

七月，浙江溢。

八月庚辰，李克用陷洺州，執刺史朱紹宗。

九月，朱全忠陷洛州。錢鏐陷婺州，刺史王壇奔于宣州。衢州刺史陳岌叛附于錢鏐。乙巳，徐彥若罷。丙午，崔遠罷。戊申，刑部尚書裴贄爲中書侍郎、同中書門下平章事。甲寅，朱全忠陷瀛州。

十月丙辰，陷景州，執刺史劉仁霸。辛酉，陷莫州。辛巳，陷祁州，刺史楊約死之。甲申，陷定州，義武軍節度使王郜奔于太原。

十一月己丑，左右神策軍中尉劉季述王仲先、內樞密使王彥範薛齊偓作亂，皇帝居于少陽院。辛卯，季述以皇太子裕爲皇帝。丁未，太白晝見。

十二月，劉季述殺睦王倚。

是歲，馬殷陷桂、宜、巖、柳、象五州。睦州刺史陳晟卒，其弟詢自稱刺史。

天復元年正月乙酉，左神策軍將孫德昭、董彥弼、周承誨以兵討亂，皇帝復于位。劉季述、薛齊偓伏誅，降封皇太子裕爲德王。戊申，朱全忠陷絳州。壬子，崔胤爲司空。朱全忠

陷晉州。

二月甲寅，以旱避正殿，減膳。戊辰，朱全忠陷河中，執護國軍節度使王珂。辛未，封全忠爲梁王。是月，翰林學士、戶部侍郎王溥爲中書侍郎，吏部侍郎裴樞爲戶部侍郎，同中書門下平章事。

三月辛亥，昭義軍節度使孟遷叛附于朱全忠。

四月壬子，全忠陷沁、澤二州。丁巳，儀州刺史張鄂叛附于全忠。甲戌，享于太廟。丙子，大赦，改元。武德、貞觀配饗功臣主祭子孫敍進之，介公、酅公後予一子九品正員官。免光化以來畿內逋負。

五月，李茂貞來朝。

六月，李克用陷隰、慈二州。

十月戊戌，朱全忠犯京師。

十一月己酉，陷同州。壬子，如鳳翔。丁巳，朱全忠陷華州，鎮國軍節度使韓建叛附于全忠。辛酉，兵部侍郎盧光啓權勾當中書事。癸亥，李茂貞及朱全忠戰于武功，敗績。丁卯，盧光啓爲右諫議大夫，參知機務。戊辰，朱全忠犯鳳翔。辛未，陷邠州，靜難軍節度使李繼徽叛附于全忠。甲戌，崔胤、裴樞罷。

十二月，鍾傳陷吉州。

是歲，清海軍節度使徐彥若卒，行軍司馬劉隱自稱留後。武貞軍節度使雷滿卒，其子彥威自稱留後。

二年正月丁卯，給事中韋貽範爲工部侍郎、同中書門下平章事。丙子，給事中嚴龜爲汴、岐和協使。

二月己亥，盜發簡陵。王建陷利州，昭武軍節度使李繼忠奔于鳳翔。

三月庚戌，晝晦。癸丑，朱全忠陷汾州。乙卯，浙西大雨雪。戊午，朱全忠陷慈、隰二州。丁卯，李克用陷汾、慈、隰三州。

四月，盧光啓罷。丙申，溫州刺史朱褒卒，其兄敖自稱刺史。楊行密陷昇州。

五月丙午，李茂貞及朱全忠戰于武功，敗績。庚午，韋貽範罷。

六月丙子，中書舍人蘇檢爲工部侍郎、同中書門下平章事。丙戌，朱全忠陷鳳州。

七月甲辰，陷成州。乙巳，陷隴州。

八月己亥，韋貽範起復。辛丑，王建陷興元，山南西道節度使王萬弘叛附于建。

九月戊申，李茂貞及朱全忠戰于槐林，敗績。武定軍節度使拓拔思恭叛附于王建〔二〕。

十月癸酉，楊行密爲東面諸道行營都統，及湖南節度使馬殷討朱全忠。王建陷興州。

十一月癸卯，保大軍節度使李茂勳以兵援鳳翔。丙辰，韋貽範薨。

十二月癸巳，溫州將丁章逐其刺史朱敖。己亥，朱全忠陷鄜州，保大軍節度使李茂勳叛附于全忠。

是歲，盧光稠陷韶州。岳州刺史鄧進思卒，其弟進忠自稱刺史。

三年正月丙午，平盧軍節度使王師範取兗州。戊申，殺左右神策軍護軍中尉韓全誨張彥弘、內樞密使袁易簡周敬容。辛亥，翰林學士姚洎爲汴、岐和協使。壬子，工部尚書崔胤爲司空，兼門下侍郎、同中書門下平章事。甲子，幸朱全忠軍。己巳，至自鳳翔，哭于太廟，大赦。庚午，崔胤及朱全忠殺中官七百餘人。辛未，胤判六軍十二衞事。丁章伏誅。

二月，雨土。甲戌，貶陸扆爲沂王傅，分司東都。丙子，王溥罷。朱全忠殺蘇檢、吏部侍郎盧光啓。戊寅，降京畿、河中鳳翔興德府、同邠鄜三州死罪以下。己卯，輝王祚爲諸道兵馬都元帥；庚辰，朱全忠爲太尉、中書令，副之。崔胤爲司徒。乙未，清海軍節度使裴樞爲門下侍郎、同中書門下平章事。

三月，朱全忠陷青州。楊行密陷密州，刺史劉康乂死之。

四月己卯，朱全忠判元帥府事。

五月壬子，荆南節度使成汭及楊行密戰于君山，死之。武貞軍節度使雷彥威之弟彥恭陷江陵。

六月乙亥，朱全忠陷登州。

九月，楊行密殺奉國軍節度使朱延壽。辛亥，朱全忠陷棣州，刺史邵播死之；陷密州。戊午，平盧軍節度使王師範叛附于全忠。

十月，忠義軍將趙匡明陷江陵，自稱留後。王建陷忠、萬、施三州。甲戌，陷夔州。丁丑，平盧軍將劉鄩以兗州叛附于朱全忠。

十二月，裴贄罷。楊行密陷宣州，寧國軍節度使田頵死之。辛巳，禮部尚書獨孤損爲兵部侍郎、同中書門下平章事。丙申，朱全忠殺尚書左僕射致仕張濬。

天祐元年正月乙巳，崔胤罷。裴樞判左三軍事，獨孤損判右三軍事。兵部尚書崔遠爲中書侍郎，翰林學士、右拾遺柳璨爲右諫議大夫，同中書門下平章事。己酉，朱全忠殺太子少傅崔胤及京兆尹鄭元規、威遠軍使陳班。戊午，全忠遷唐都于洛陽。

二月丙寅，日中見北斗。戊寅，次陝州。朱全忠來朝。甲申，封子禎爲端王，祁爲豐王，福爲和王，禧爲登王，祜爲嘉王。

三月丁未，朱全忠兼判左右神策及六軍諸衞事。

閏四月壬寅，次穀水。朱全忠來朝。甲辰，至自西都。享于太廟。大風，雨土。乙巳，大赦，改元。

六月，靜難軍節度使楊崇本會李克用、王建兵以討朱全忠。

七月乙丑，全忠以兵屯于河中。

八月壬寅，全忠以左右龍武統軍朱友恭、氏叔琮，樞密使蔣玄暉兵犯宮門；是夕，皇帝崩，年三十八。明年，起居郎蘇楷請更謚「恭靈莊閔」，廟號襄宗。至後唐同光初，復故號謚云。

昭宣光烈孝皇帝諱柷，昭宗第九子也。母曰皇太后何氏。始封輝王。朱全忠已弒昭宗，矯詔立爲皇太子，監軍國事。

天祐元年八月丙午，卽皇帝位于柩前。衢州刺史陳璋、睦州刺史陳詢叛附于楊行密。

九月庚午，尊皇后爲皇太后。

十月辛卯朔，日有食之。癸巳，朱全忠來朝。甲午，全忠殺朱友恭、氏叔琮。

十一月，全忠陷光州。

是歲，虔州刺史盧光稠卒，衙將李圖自稱知州事。

二年正月，盧約陷溫州。楊行密殺平盧軍節度使安仁義。丁丑，盜焚乾陵下宮。

二月，楊行密陷鄂州，武昌軍節度使杜洪死之。戊戌，朱全忠殺德王裕及棣王祤、虔王禊、遂王禕、景王祕、祁王祺、瓊王祥。己酉，葬聖穆景文孝皇帝于和陵。

三月甲子，裴樞罷。戊寅，獨孤損罷。禮部侍郎張文蔚同中書門下平章事。甲申，崔遠罷。吏部侍郎楊涉同中書門下平章事。

四月乙未，以旱避正殿，減膳。庚子，有彗星出于西北；甲辰，出于北河。辛亥，降京畿死罪以下，給復山陵役者一年。

五月，王建陷金州，戎昭軍節度使馮行襲奔于均州。

六月，行襲克金州。楊行密陷婺州，執刺史沈夏。戊子，朱全忠殺裴樞及靜海軍節度使獨孤損、左僕射崔遠、吏部尚書陸扆、工部尚書王溥、司空致仕裴贄、檢校司空兼太子太

保致仕趙崇、兵部侍郎王贊。

七月，卜郊。岳州刺史鄧進忠叛附于馬殷。

九月甲子，朱全忠陷襄州，忠義軍節度使趙匡凝奔于淮南。丙寅，封弟禔爲潁王，祐蔡王。朱全忠陷江陵，留後趙匡明奔于成都。乙酉，改卜郊。

十月丙戌，朱全忠爲諸道兵馬元帥。

十一月庚午，三卜郊。庚辰，淮南節度使楊行密卒，以其子渥爲淮南節度副大使、東面諸道行營都統。辛巳，朱全忠爲相國，總百揆，封魏王。

十二月乙未，全忠爲天下兵馬元帥，殺蔣玄暉及豐德庫使應頊、尙食使朱建武。癸卯，柳璨爲司空。戊申，朱全忠弒皇太后。辛亥，罷郊。癸丑，貶柳璨爲登州刺史。甲寅，殺璨及太常卿張廷範。

三年正月壬戌，淮南將王茂章以宣、歙二州叛附于錢鏐。

二月，楊渥陷岳州。癸巳，王建陷歸州。

四月癸未朔，日有食之。鎭南軍節度使鍾傳卒，其子匡時自稱留後。

六月，錢鏐陷衢、睦二州，刺史陳璋、陳詢奔于淮南。

七月，楊渥陷饒州。

八月癸未，朱全忠陷相州。

九月，楊渥陷洪州，執鍾匡時。乙亥，匡國軍節度使劉知俊陷坊州，執刺史劉彥暉。

十月辛巳，楊崇本會鳳翔、涇原、鄜延、秦隴兵以討朱全忠，戰于美原，敗績。

十一月，忠國軍節度使高彥卒，其子澧自稱留後。

閏十二月戊辰，李克用陷潞州，昭義軍節度使丁會叛附于克用。乙亥，震電，雨雪。

四年三月，劉守光囚其父仁恭，自稱幽州盧龍軍節度使。

四月戊午，錢鏐陷温州。甲子，皇帝遜于位，徙于曹州，號濟陰王。梁開平二年二月遇弒，年十七，謚曰哀帝。後唐明宗追謚昭宣光烈孝皇帝，陵曰温陵。

贊曰：自古亡國，未必皆愚庸暴虐之君也。其禍亂之來有漸積，及其大勢已去，適丁斯時，故雖有智勇，有不能爲者矣，可謂眞不幸也，昭宗是已。昭宗爲人明雋，初亦有志於興復，而外患已成，內無賢佐，頗亦慨然思得非常之材，而用匪其人，徒以益亂。自唐之亡也，其遺毒餘酷，更五代五十餘年，至於天下分裂，大壞極亂而後止。跡其禍亂，其漸積豈一朝一夕哉！

校勘記

〔一〕嗣覃王嗣周爲京西面招討使　「嗣覃王嗣周」，通鑑卷二五九同；本書卷五〇兵志作「嗣覃王允」，卷二〇八劉季述傳作「嗣覃王戒丕」。二十二史考異（下簡稱考異）卷四五云：「嗣覃王之名，三處互異。今考本紀，乾寧四年八月，韓建殺嗣覃王嗣周、嗣延王戒丕、嗣丹王允；而十一宗諸子及沙陀傳俱有嗣延王戒丕、嗣丹王允之文。則嗣覃王之名，當從本紀。」

〔二〕拓拔思恭　新五代史卷六三前蜀世家作「拓拔思敬」，通鑑卷二六三作「李思敬」。按本書卷二二一上党項傳，拓拔思恭賜姓李，思敬爲其弟。宋人常諱「敬」爲「恭」，此處思恭或卽思敬諱改，適與兄名混。

宋　歐陽修　宋祁　撰

新唐書

第二冊

卷一一至卷二七（志）

中華書局

唐書卷十一

志第一

禮樂一

由三代而上，治出於一，而禮樂達于天下；由三代而下，治出於二，而禮樂爲虚名。古者，宫室車輿以爲居，衣裳冕弁以爲服，尊爵俎豆以爲器，金石絲竹以爲樂，以適郊廟，以臨朝廷，以事神而治民。其歲時聚會以爲朝覲、聘問，懽欣交接以爲射鄉、食饗，合衆興事以爲師田、學校，下至里閭田畝，吉凶哀樂，凡民之事，莫不一出於禮。由之以教其民爲孝慈、友悌、忠信、仁義者，常不出於居處、動作、衣服、飲食之間。蓋其朝夕從事者，無非乎此也。此所謂治出於一，而禮樂達天下，使天下安習而行之，不知所以遷善遠罪而成俗也。

及三代已亡，遭秦變古，後之有天下者，自天子百官名號位序、國家制度、宫車服器一

切用秦，其間雖有欲治之主，思所改作，不能超然遠復三代之上，而牽其時俗，稍即以損益，大抵安於苟簡而已。其朝夕從事，則以簿書、獄訟、兵食爲急，曰：「此爲政也，所以治民。」至於三代禮樂，具其名物而藏於有司，時出而用之郊廟、朝廷，曰：「此爲禮也，所以教民。」此所謂治出於二，而禮樂爲虚名。故自漢以來，史官所記事物名數、降登揖讓、拜俛伏興之節，皆有司之事爾，所謂禮之末節也。然用之郊廟、朝廷，自搢紳、大夫從事其間者，皆莫能曉習，而天下之人至於老死未嘗見也，況欲識禮樂之盛，曉然論其意而被其教化以成俗乎？嗚呼！習其器而不知其意，忘其本而存其末，又不能備具，所謂朝覲、聘問、射鄉、食饗、師田、學校、冠婚、喪葬之禮在者幾何？自梁以來，始以其當時所行傅於周官五禮之名，各立一家之學。

唐初，即用隋禮，至太宗時，中書令房玄齡、祕書監魏徵，與禮官、學士等因隋之禮，增以天子上陵、朝廟、養老、大射、講武、讀時令、納皇后、皇太子入學、太常行陵、合朔、陳兵太社等，爲吉禮六十一篇，賓禮四篇，軍禮二十篇，嘉禮四十二篇，凶禮十一篇，是爲貞觀禮。

高宗又詔太尉長孫无忌、中書令杜正倫李義府、中書侍郎李友益、黄門侍郎劉祥道許圉師、太子賓客許敬宗、太常卿韋琨等增之爲一百三十卷，是爲顯慶禮。其文雜以式令，而義府、敬宗方得幸，多希旨傅會。事既施行，議者皆以爲非，上元三年，詔復用貞觀禮。由是終高宗世，貞觀、顯慶二禮兼行。而有司臨事，遠引古義，與二禮參考增損之，無復定制。武氏、中宗繼以亂敗，無可言者，博士掌禮，備官而已。

玄宗開元十年，以國子司業韋縚爲禮儀使，以掌五禮。十四年，通事舍人王嵒上疏，請刪去禮記舊文而益以今事，詔付集賢院議。學士張説以爲禮記不刊之書，去聖久遠，不可改易，而唐貞觀、顯慶禮，儀注前後不同，宜加折衷，以爲唐禮。乃詔集賢院學士右散騎常侍徐堅、左拾遺李鋭及太常博士施敬本撰述，歷年未就而鋭卒，蕭嵩代鋭爲學士，奏起居舍人王仲丘撰定，爲一百五十卷，是爲大唐開元禮。由是，唐之五禮之文始備，而後世用之，雖時小有損益，不能過也。

貞元中，太常禮院脩撰王涇考次歷代郊廟沿革之制及其工歌祝號，而圖其壇屋陟降之序，爲郊祀録十卷。元和十一年，祕書郎、脩撰韋公肅又録開元已後禮文，損益爲禮閣新儀三十卷。十三年，太常博士王彦威爲曲臺新禮三十卷，又採元和以來王公士民昏祭喪葬之禮爲續曲臺禮三十卷。嗚呼，考其文記，可謂備矣，以之施于貞觀、開元之間，亦可謂盛矣，而不能至三代之隆者，具其文而意不在焉，此所謂「禮樂爲虚名」也哉！

五禮

一曰吉禮。

大祀：天、地、宗廟、五帝及追尊之帝、后。中祀：社、稷、日、月、星、辰、岳、鎮、海、瀆、帝社、先蠶、七祀、文宣、武成王及古帝王、贈太子。小祀：司中、司命、司人、司祿、風伯、雨師、靈星、山林、川澤、司寒、馬祖、先牧、馬社、馬步，州縣之社稷、釋奠。而天子親祠者二十有四。三歲一祫，五歲一禘，當其歲則舉。其餘二十有二，一歲之間不能徧舉，則有司攝事。其非常祀者，有時而行之。而皇后、皇太子歲行事者各一，其餘皆有司行事。

凡歲之常祀二十有二：冬至、正月上辛，祈穀；孟夏，雩祀昊天上帝于圜丘；季秋，大享于明堂；臘，蜡百神于南郊；春分，朝日于東郊；秋分，夕月于西郊；夏至，祭地祇于方丘；孟冬，祭神州、地祇于北郊；仲春、仲秋上戊，祭于太社；立春、立夏、季夏之土王、立秋、立冬，祀五帝于四郊；孟春、孟夏、孟秋、孟冬、臘，享于太廟；孟春吉亥，享先農，遂以耕籍。

凡祭祀之節有六：一曰卜日，二曰齋戒，三曰陳設，四曰省牲器，五曰奠玉帛、宗廟之晨祼，六曰進熟、饋食。

一曰卜日。凡大祀、中祀無常日者卜，小祀則筮，皆于太廟。卜日，前祀四十有五日，卜于廟南門之外，布卜席閾西閾外。太常卿立門東，太卜正占者立門西，卜正奠龜於席西首，灼龜之具在龜北，乃執龜立席東，北向。太卜令進受龜，詣卿示高，卿受視已，令受龜，少退俟命。卿曰：「皇帝以某日祗祀於某。」令曰：「諾。」遂還席，西向坐。命龜曰：「假爾太龜，有常。」興，授卜正龜。卜正負東扉坐，作龜，興。令進，受龜，示卿。卿受，反之。令復位，東向，占之，不釋龜，進告於卿曰：「某日從。」乃以龜還卜正。

凡卜日必擧初旬；不吉，卽筮中及下，如初儀。

若筮日，則卜正啓櫝出策，兼執之，受命還席，以櫝擊策，述命曰：「假爾太筮，有常。」乃釋櫝坐策，執卦以示，如卜儀。小祀筮日，則太卜令莅之，日吉乃用，遇廢務皆勿避。

二曰齋戒。其別有三：曰散齋，曰致齋，曰淸齋。大祀，散齋四日，致齋三日；中祀，散齋三日，致齋二日；小祀，散齋二日，致齋一日。

大祀，前期七日，太尉誓百官於尙書省曰：「某日祀某神祇于某所，各揚其職。不供其事，國有常刑。」於是乃齋。皇帝散齋于別殿；致齋，其二日于太極殿，一日于行宮。前致齋一日，尙舍奉御設御幄於太極殿西序及室內，皆東向。尙舍直長張帷於前楹下。致齋之日，質明，諸衞勒所部屯門列仗。晝漏上水一刻，侍中版奏「請中嚴」。諸衞之屬各督其隊入陳於殿庭，通事舍人引文武五品已上袴褶陪位，諸侍衞之官服其器服，諸侍臣齋者結佩，詣閤奉迎。二刻，侍中版奏「外辦」。三刻，皇帝服衮冕，結佩，乘輿出自西房，曲直華蓋，警蹕侍衞，卽御座，東向，侍臣夾侍。一刻頃，侍中前跪奏稱：「侍中臣某言，請就齋室。」皇帝降座入室，文武侍臣還本司，陪位者以次出。

凡豫祀之官，散齋理事如舊，唯不弔喪問疾，不作樂，不判署刑殺文書，不行刑罰，不預穢惡。致齋，唯行祀事，其祀官已齋而闕者攝。其餘淸齋一日。

三曰陳設。其別有五：有待事之次，有卽事之位，有門外之位，有牲器之位，有席神之位。

前祀三日，尙舍直長施大次於外壝東門之內道北，南向。衞尉設文武侍臣之次於其前，左右相向。設祀官次於東壝之外道南，從祀文官九品於其東，東方、南方朝集使又於其東，蕃客又於其東，重行異位，北向西上。介公、酅公於西壝之外道南，武官九品於其西，西方、北方朝集使又於其西，蕃客又於其西，東上。其褒聖侯若在朝，位於文官三品下。設陳饌幔於內壝東西門之外道北，南向；北門之外道東，西向。

明日，奉禮郎設御位於壇之東南，西向；望燎位當柴壇之北，南向；祀官公卿位於內壝東門之內道南，分獻之官於公卿之南，執事者又於其後，異位重行，西向北上。御史位於壇下，一在東南，西向；一在西南，東向。奉禮郎位於樂縣東北，贊者在南，差退，皆西向。又設奉禮郎、贊者位於燎壇東北，西向。皆北上。協律郎位於壇上南陛之西，東向。太樂令位於北縣之間，當壇北向。從祀文官九品位於執事之南，東方、南方朝集使又於其南，蕃客又於其南，西向北上。介公、酅公位於中壝西門之內道南，武官九品又於其南，西方、北方朝集使又於其南，蕃客又於其南，東向北上。所以卽而行事也。

又設祀官及從祀羣官位於東西壝門之外，如設次，所以省牲及祀之日將入而序立也。

設牲牓於東壝之外，當門西向。蒼牲一居前，又蒼牲一、又靑牲一在北，少退南上。次赤牲一、次黃牲一、白牲一、玄牲一、又赤牲一、白牲一在南，少退北上。廩犧令位於牲西南，祝史陪其後，皆北向。諸太祝位於牲東，各當牲後，祝史陪其後，西向。太常卿位於牲前少北，御史位於其西，皆南向。

又設酒尊之位。上帝，太尊、著尊、犧尊、山罍各二，在壇上東南隅，北向；象尊、壺尊、山罍各二，在壇下南陛之東，北向，俱西上。配帝，著尊、犧尊、象尊、山罍各二，在壇上，於上帝酒尊之東，北向西上。五帝、日、月各太尊二，在第一等。內官每陛間各象尊二，在第二等。中官每陛間各壺尊二，在第三等。外官每道間各概尊二，於下壇下。衆星每道間各散尊二，於內壝之外。凡尊，設於神座之左而右向。尊皆加勺冪，五帝、日、月以上，皆有坫，以置爵也。設御洗於午陛東南，亞獻、終獻同洗於卯陛之南，皆北向。罍水在洗東，篚在洗西，南肆。篚，實以巾爵也。分獻，罍、洗、篚、冪各於其方陛道之左，內向。執尊、罍、篚、冪者，各立於其後。玉幣之篚於壇上下尊坫之所。

前祀一日，晡後，太史令、郊社令各常服，帥其屬升，設昊天上帝神座於壇上北方，南向，席以槀秸。高祖神堯皇帝神座於東方，西向，席以莞。五方帝、日、月於壇第一等，靑帝於東陛之北，赤帝於南陛之東，黃帝於南陛之西，白帝於西陛之南，黑帝於北陛之西，大明於東陛之南，夜明於西陛之北，席皆以槀秸。五星、十二辰、河漢及內官五十有五於第二等十有二陛之間，各依其方，席皆內向。其內官有北辰座於東陛之北，曜魄寶於北陛之西，北斗於南陛之東，天一、太一皆在北斗之東，五帝內座於曜魄寶之東，皆差在前。二十八宿及中官一百五十有九於第三等，其二十八宿及帝座、七公、日星、帝席、大角、攝提、太微、太子、明堂、軒轅、三台、五車、諸王、月星、織女、建星、天紀等一十有七皆差在前。外官一百有五於內壝之內，衆星三百六十於內壝之外，各依方次十有二道之間，席皆以莞。

若在宗廟，則前享三日，尙舍直長施大次於廟東門之外道北，南向。守宮設文武侍臣次於其後，文左武右，俱南向。設諸享官、九廟子孫於齋坊內道東近南，西向北上。文官九品又於其南，東方、南方蕃客又於其南，西向北上。介公、酅公於廟西門之外，近南。武官九品於其南，西方、北方蕃客又於其南，東向北上。前享一日，奉禮郎設御位於廟東南，西向。設享官公卿位於東門之內道南，執事者位於其後，西向北上。御史位於廟堂之下，一在東南，西向；一在西南，東向。令史各陪其後。奉禮郎位於樂縣東北，贊者二人在南差退，俱西向。協律郎位於廟堂上前楹之間，近西，東向。太樂令位於北縣之間，北向。設從享之官位，九廟子孫於享官公卿之南，昭、穆異位。文官九品以上，又於其南，東方、南方蕃客又於其南，西向北上。介公、酅公位於西門之內道南，武官九品於其南，少西，西方、北方蕃客又於其南，東向北上。設牲牓於東門之外，如郊之位。設尊彝之位於廟堂之上下，每座斝彝一，黃彝一，犧尊、象尊、著尊、山罍各二，在堂上，皆於神座之左。獻祖、太祖、高祖、高宗尊彝在前楹間，北向；懿祖、代祖、太宗、中宗、睿宗尊彝在戶外，南向。各有坫焉。其壺尊二、太尊二、山罍四，皆在堂下階間，北向西上；簋、鉶、籩、豆在堂上，俱東側階之北。每座四簋居前，四簠次之，六登次之，六鉶次之，籩、豆爲後，皆以南爲上，屈陳而下。御洗在東階東南，亞獻又於東南，俱北向。罍水在洗東，篚在洗西，南肆。享日，未明五刻，太廟令服其服，布昭、穆之座於戶外，自西序以東：獻祖、太祖、高祖、高宗皆北廂南向，懿祖、代祖、太宗、中宗、睿宗南廂北向。每座黼扆，莞席紛純，藻席畫純，次席黼純，左

右几。

四曰省牲器。省牲之日，午後十刻，去壇二百步所，禁行人。晡後二刻，郊社令、丞帥府史三人及齋郎，以尊、坫、罍、洗、篚、冪入設於位。三刻，謁者、贊引各引祀官、公卿及牲皆就位。謁者引司空，贊引引御史，入詣壇東陛，升，行掃除於上，降，行樂縣於下。初，司空將升，謁者引太常卿，贊引引御史，入詣壇東陛，升，視滌濯，降，就省牲位，南向立。廩犧令少前，曰：「請省牲。」太常卿省牲。廩犧令北面舉手曰：「腯。」諸太祝各循牲一匝，西向舉手曰：「充。」諸太祝與廩犧令以次牽牲詣廚，授太官。謁者引光祿卿詣廚，省鼎鑊，申視濯溉。祀官御史省饌具，乃還齋所。祀日，未明十五刻，太官令帥宰人以鸞刀割牲，祝史以豆取毛血，各置於饌所，遂烹牲。其于廟亦如之。

五曰奠玉帛。祀日，未明三刻，郊社令、良醞令各帥其屬入實尊、罍，太祝以玉幣置於篚，太官令帥進饌者實諸籩、豆、簠、簋於饌幔。未明二刻，奉禮郎帥贊者先入就位。贊者引御史、博士、諸太祝及令史、祝史與執事者，入自東門壇南，北向西上。奉禮郎曰：「再拜。」贊者承傳，御史以下皆再拜。執尊、罍、篚、冪者各就位。贊者引御史、諸太祝升壇東陛，御史一人，太祝二人，行掃除於上，及第一等；御史一人，太祝七人，行掃除於下。未明一刻，謁者、贊引各引羣臣就門外位，太樂令帥工人、二舞以次入，文舞陳於縣內，武舞立於縣南。謁者引司空入，奉禮郎曰：「再拜。」司空再拜，升自東陛，行掃除於上，降，行樂縣於下。謁者、贊引各引羣臣入就位。初，未明三刻，諸衞列大駕仗衞。侍中版奏「請中嚴」。乘黃令進玉輅於行宮南門外，南向。未明一刻，侍中版奏「外辦」。皇帝服袞冕，乘輿以出。皇帝升輅，如初。黃門侍郎奏「請進發」。至大次門外，南向。侍中請降輅。皇帝降輅，乘輿之次(一)。半刻頃，太常博士引太常卿立於大次外，當門北向。侍中版奏「外辦」。質明，皇帝服大裘而冕，博士引太常卿，太常卿引皇帝至中壝門外。殿中監進大珪，尚衣奉御又以鎭珪授殿中監以進。皇帝搢大珪，執鎭珪。禮部尚書與近侍者從，皇帝至版位，西向立。太常卿前奏：「請再拜。」皇帝再拜。奉禮郎曰：「衆官再拜。」在位者皆再拜。太常卿前曰：「有司謹具，請行事。」協律郎跪，俛伏，舉麾，樂舞六成，偃麾，戛敔，樂止。太常卿前奏：「請再拜。」皇帝再拜。奉禮郎曰：「衆官再拜。」在位者皆再拜。諸太祝跪取玉幣於篚，各立於尊所。皇帝升壇自南陛，北向立。太祝以玉幣授侍中，東向以進。皇帝搢鎭珪受之，跪奠於昊天上帝，俛伏，興，少退，再拜，立於西方，東向。太祝以幣授侍中以進，皇帝受幣，跪奠於高祖神堯皇帝，俛伏，興，拜，降自南陛，復于位。皇帝將奠配帝之幣，謁者七

人，分引獻官奉玉幣俱進，跪奠於諸神之位；祝史、齋郎助奠。初，衆官再拜，祝史各奉毛血之豆入，各由其陛升，諸太祝迎取於壇上奠之，退立於尊所。

若宗廟，曰晨祼。享日，未明四刻，太廟令、良醞令各帥其屬入實尊、罍，太官令帥進饌者實諸籩、豆、簠、簋。未明三刻，奉禮郎帥贊者先入就位。贊者引御史、博士、宮闈令、太祝及令史、祝史與執事者，入自東門，當階間，北向西上。奉禮郎曰：「再拜。」御史以下皆再拜。執尊、罍、篚、冪者各就位。贊者引御史、諸太祝升自東階，行掃除於堂上，令史、祝史行掃除於下。太廟令帥其屬陳瑞物太階之西，上瑞爲前列，次瑞次之，下瑞爲後；又陳伐國寶器亦如之，皆北向西上，藉以席。未明二刻，陳腰輿於東階之東，每室各二，皆西向北上。贊者引太廟令、太祝、宮闈令帥內外執事者，以腰輿升自東階，入獻祖室，開埳室。太祝、宮闈令奉神主各置於輿，出，置於座。次出懿祖以下神主如獻祖。鑾駕將至，謁者、贊者各引享官，通事舍人分引從享羣官、九廟子孫、諸方客使，皆就門外位。鑾駕至大次門外，回輅南向。將軍降，立於輅右。侍中請降輅。皇帝降輅，乘輿之大次。通事舍人引文武五品以上從享之官皆就門外位。太樂令帥工人、二舞入。謁者引司空入，就位。奉禮郎曰：「再拜。」司空再拜，升自東階，行掃除於堂上，降，行樂縣於下。初，司空行樂縣，謁者、贊引各引享官，通事舍人分引九廟子孫、從享羣官、諸方客使入就位。皇帝停大次半刻頃，侍

中版奏「外辦」。皇帝出。太常卿引皇帝至廟門外，殿中監進鎭珪，皇帝執鎭珪。近侍者從入，皇帝至版位，西向立。太常卿前曰：「再拜。」皇帝再拜。奉禮郎曰：「衆官再拜。」在位者皆再拜。太常卿前曰：「有司謹具，請行事。」協律郎舉麾，鼓柷，樂舞九成，偃麾，戛敔，樂止。太常卿曰：「再拜。」皇帝再拜。奉禮郎曰：「衆官再拜。」在位者皆再拜。皇帝詣罍洗，侍中跪取匜，興，沃水；又跪取盤，興，承水。皇帝搢珪，盥手。黃門侍郎跪取巾於篚，興，以帨受巾，跪奠於篚。又取瓚於篚，興，以進，皇帝受瓚。侍中酌水奉盤，皇帝洗瓚，黃門侍郎授巾如初。皇帝拭瓚，升自阼階，就獻祖尊彝所。執尊者舉冪，侍中贊酌鬱酒，進獻祖神座前，北向跪，以鬯祼地奠之，俛伏，興，少退，北向再拜。又就懿祖尊彝所，執尊者舉冪，侍中取瓚於坫以進，皇帝受瓚。侍中贊酌鬱酒，進懿祖神座前，南向跪，以鬯祼地奠之。次祼太祖以下，皆如懿祖。皇帝降自阼階，復于版位。初，羣官已再拜，祝史各奉毛、血及肝、膋之豆立於東門外，齋郎奉爐炭、蕭、稷、黍各立於其後，以次入自正門，升自太階。諸太祝各迎取毛、血、肝、膋於階上，進奠於神座前。祝史退立於尊所，齋郎奉爐炭置於神座之左，其蕭、稷、黍各置於其下，降自阼階以出。諸太祝取肝、膋燔於爐，還尊所。

校勘記

〔一〕乘輿之次　開元禮卷四、通典卷一〇九、一一四、唐會要卷九下及本卷下文「次」上均有「大」字。

唐書卷十二

志第二

禮樂二

六日進熟。皇帝既升，奠玉、幣。太官令帥進饌者奉饌，各陳於內壝門外。謁者引司徒出詣饌所，司徒奉昊天上帝之俎，太官令引饌入門，各至其陛。祝史俱進，跪，徹毛血之豆，降自東陛以出。諸太祝迎饌於壇上，司徒、太官令俱降自東陛以出。又進設外官、衆星之饌。皇帝詣罍洗，盥手，洗爵，升壇自南陛。司徒升自東陛，立於尊所。齋郎奉俎從升，立於司徒後。皇帝詣上帝尊所，執尊者舉冪，侍中贊酌汎齊，進昊天上帝前，北向跪，奠爵，興，少退，立。太祝持版進於神右，東向跪，讀祝文曰：「維某年歲次月朔日，嗣天子臣某，敢昭告于昊天上帝。」皇帝再拜。詣配帝酒尊所，執尊者舉冪，侍中取爵於坫以進，皇帝受爵，侍中贊酌汎齊，進高祖神堯皇帝前，東向跪，奠，興，少退，立。太祝持版進於左，北向跪，讀祝文曰：「維

某年歲次月朔日，曾孫開元神武皇帝臣某，敢昭告于高祖神堯皇帝。」皇帝再拜。進昊天上帝前，北向立。太祝各以爵酌上尊福酒，合置一爵，太祝持爵授侍中以進，皇帝再拜，受爵，跪，祭酒，啐酒，奠爵，俛伏，興。太祝各帥齋郎進俎。太祝減神前胙肉，共置一俎，授司徒以進，皇帝受以授左右。皇帝跪，取爵，遂飲，卒爵。侍中進受虛爵，復於坫。皇帝俛伏，興，再拜，降自南陛，復于位。文舞出，武舞入。初，皇帝將復位，謁者引太尉詣罍洗，盥手，洗瓠爵，自東陛升壇，詣昊天上帝著尊所，執尊者舉冪，太尉酌醴齊，進昊天上帝前，北向跪，奠爵，興，再拜。詣配帝犧尊所，取爵於坫，酌醴齊，進高祖神堯皇帝前，東向跪，奠爵，興，再拜。進昊天上帝前，北向立。諸太祝各以爵酌福酒，合置一爵，進于右，西向立。太尉再拜，受爵，跪，祭酒，遂飲，卒爵。太祝進受虛爵，復於坫。太尉再拜，降，復位。初，太尉獻將畢，謁者引光祿卿詣罍洗，盥手，洗瓠爵，升，酌盎齊。終獻如亞獻。太尉將升獻，謁者七人分引五方帝及大明、夜明等獻官，詣罍洗，盥手，洗瓠爵，各由其陛升，酌汎齊，進，跪奠於神前。初，第一等獻官將升，謁者五人次引獻官各詣罍洗，盥、洗，各由其陛升壇，詣第二等內官酒尊所，酌汎齊以獻〔一〕。贊者四人次引獻官詣罍洗，盥、洗，詣外官酒尊所，酌清酒以獻。贊者四人，次引獻官詣罍洗，盥、洗，詣衆星酒尊所，酌昔酒以獻。其祝史、齋郎酌酒助奠，皆如內官。上下諸祝各進，跪徹豆，還尊所。奉禮郎曰：「賜胙。」贊者曰：「衆官

再拜。」在位者皆再拜。太常卿前奏：「請再拜。」皇帝再拜。奉禮郎曰：「衆官再拜。」在位者皆再拜。樂作一成。太常卿前奏：「請就望燎位。」皇帝就位，南向立。上下諸祝各執篚，取玉、幣、祝版、禮物以上。齋郎以俎載牲體、稷、黍飯及爵酒，各由其陛降壇，詣柴壇，自南陛登，以幣、祝版、饌物置於柴上。戶內諸祝又以內官以下禮幣皆從燎。奉禮郎曰：「可燎。」東、西面各六人，以炬燎火。半柴，太常卿前曰：「禮畢。」皇帝還大次，出中壝門，殿中監前受鎮珪，以授尙衣奉御，殿中監又前受大珪。皇帝入次，謁者、贊引各引祀官，通事舍人分引從祀羣官、諸方客使以次出。贊者引御史、太祝以下俱復執事位。奉禮郎曰：「再拜。」御史以下皆再拜，出。工人、二舞以次出。

若宗廟，曰饋食。皇帝既升，祼，太官令出，帥進饌者奉饌，陳於東門之外，西向南上。謁者引司徒出，詣饌所，司徒奉獻祖之俎。太官引饌入自正門，至於太階。祝史俱進，徹毛血之豆，降自阼階以出。諸太祝迎饌於階上設之，乃取蕭、稷、黍擩於脂，燔於爐。太常卿引皇帝詣罍洗，盥手，洗爵，升自阼階，詣獻祖尊彝所，執尊者舉冪，侍中贊酌汎齊，進獻祖前，北向跪，奠爵。又詣尊所，侍中取爵於坫以進，酌汎齊，進神前，北向跪，奠爵，退立。太祝持版進於神右，東面跪，讀祝文曰：「維某年歲次月朔日，孝曾孫開元神武皇帝某，敢昭告于獻祖宣皇帝、祖妣宣莊皇后張氏。」皇帝再拜，又再拜。奠，詣懿祖尊彝，酌汎齊，

進神前，南向跪，爵，少西，俛伏，興。又酌汎齊，進神前，南向跪，爵，少東〔三〕，退立。祝史西面跪，讀祝文。皇帝再拜，又再拜。次奠太祖、代祖、高祖、太宗、高宗、中宗、睿宗，皆如懿祖。乃詣東序，西向立。司徒升自阼階，立於前楹間，北面東上。諸太祝各以爵酌上尊福酒，合置一爵，太祝持爵授侍中以進。皇帝再拜，受爵，跪，祭酒，啐酒，奠爵，俛伏，興。諸太祝各帥齋郎進俎，太祝減神前三牲胙肉，共置一俎上，以黍、稷飯共置一籩，授司徒以進；太祝又以胙肉授司徒以進。皇帝每受，以授左右，乃跪取爵，飲，卒爵。侍中進受虛爵，以授太祝，復於坫。皇帝降自阼階，復于版位。文舞出，武舞入。初，皇帝將復位，太尉詣罍洗，盥手，洗爵，升自阼階，詣獻祖尊彝所，酌醴齊進神前，北向跪，奠爵；少東，興，再拜。又取爵於坫，酌醴齊進神前，北向跪，奠爵；少西，北向再拜。次奠懿祖、太祖、代祖、高祖、太宗、高宗、中宗、睿宗如獻祖。乃詣東序，西向立。諸太祝各以爵酌福酒，合置一爵，太祝持爵進於左，北向立。太尉再拜受爵，跪，祭酒，遂飲，卒爵。太祝進受爵，復於坫。太尉興，再拜，復于位。初，太尉獻將畢，謁者引光祿卿詣罍洗，盥、洗，升，酌盎齊。終獻如亞獻。諸太祝各進，徹豆，還尊所。奉禮郎曰：「賜胙。」贊者曰：「衆官再拜。」在位者皆再拜。太常卿前奏：「請再拜。」皇帝再拜。奉禮郎曰：「衆官再拜。」在位者皆再拜。樂一成止。太常卿前曰：「禮畢。」皇帝出門，殿中監前受鎮珪。通事舍人、謁者、贊引各引享官、九

廟子孫及從享羣官、諸方客使以次出。贊引引御史、太祝以下俱復執事位。奉禮郎曰：「再拜。」御史以下皆再拜以出。工人、二舞以次出。太廟令與太祝、宮闈令帥腰輿升，納神主。其祝版燔於齋坊。

七祀，各因其時享：司命、戶以春，竈以夏，中霤以季夏土王之日，門、厲以秋，行以冬。時享之日，太廟令布神席于廟庭西門之內道南，東向北上；設酒尊于東南，罍洗又於東南。太廟令、良醞令實尊篚，太官丞引饌，光祿卿升，終獻，獻官乃卽事，一獻而止。

其配享功臣，各位於其廟室太階之東，少南西向，以北爲上。壺尊二於座左，設洗於終獻洗東南，北向。以太官令奉饌，廟享已亞獻，然後獻官卽事，而助奠者分奠，一獻而止。

此冬至祀昊天上帝于圜丘、孟冬祫于太廟之禮，在乎壇壝、宗廟之間，禮盛而物備者莫過乎此也。其壇堂之上下、壝門之內外、次位之尊卑與其向立之方、出入降登之節，大抵可推而見，其盛且備者如此，則其小且略者又可推而知也。

至於壇埒、神位、尊爵、玉幣、籩豆、簠簋、牲牢、册祝之數皆略依古。四成，而成高八尺一寸，下成廣二十丈，而五減之，至于五丈，而十有二陛者，圜丘也。

八觚三成，成高四尺，上廣十有六步，設八陛，上陛廣八尺，中陛一丈，下陛丈有二尺者，方丘也。高、廣皆四丈者，神州之壇也。其廣皆四丈，而高八尺者青帝、七尺者赤帝、五尺者黃帝、九尺者白帝、六尺者黑帝之壇也。廣四丈，高八尺者，朝日之壇也。爲坎深三尺，縱廣四丈，壇於其中，高一尺，方廣四丈者，夕月之壇也。廣五丈，以五土爲之者，社稷之壇也。高尺，廣丈，蜡壇也。高五尺，周四十步者，先農、先蠶之壇也。其高皆三尺，廣皆丈者，小祀之壇也。嶽鎭、海瀆祭於其廟，無廟則爲之壇於坎，廣一丈，四向爲陛者，海瀆之壇也。廣二丈五尺，高三尺，四出陛者，古帝王之壇也。廣一丈，高一丈二尺，戶方六尺者，大祀之燎壇也。廣八尺，高一丈，戶方三尺者，中祀之燎壇也。廣五尺，戶方二尺者，小祀之燎壇也。皆開上南出。瘞坎皆在內壝之外壬地，南出陛，方深足容物。此壇埒之制也。

冬至祀昊天上帝於圜丘，以高祖神堯皇帝配。東方青帝靈威仰、南方赤帝赤熛怒、中央黃帝含樞紐、西方白帝白招拒、北方黑帝汁光紀及大明、夜明在壇之第一等。天皇大帝、北辰、北斗、天一、太一、紫微五帝座，並差在行位前。餘內官諸坐及五星、十二辰、河漢四十九坐，在第二等十有二陛之間。中官、市垣、帝座、七公、日星、帝席、大角、攝提、太微、五帝、太子、明堂、軒轅、三台、五車、諸王、月星、織女、建星、天紀十七座及二十八宿，差在前

列。其餘中官一百四十二座皆在第三等十二陛之間。外官一百五在內壝之內，衆星三百六十在內壝之外。正月上辛祈穀祀昊天上帝，以高祖神堯皇帝配，五帝在四方之陛。孟夏雩祀昊天上帝，以太宗文武聖皇帝配，五方帝在第一等，五帝在第二等，五官在壇下之東南。季秋祀昊天上帝，以睿宗大聖眞皇帝配，五方帝在五室，五帝各在其左，五官在庭，各依其方。立春祀青帝，以太皥氏配，歲星、三辰在壇下之東北，七宿在西北，句芒在東南。立夏祀赤帝，以神農氏配，熒惑、三辰、七宿、祝融氏之位如青帝。季夏土王之日祀黃帝，以軒轅氏配，鎭星、后土氏之位如赤帝。立秋祀白帝，以少昊氏配，太白、三辰、七宿、蓐收之位如赤帝。立冬祀黑帝，以顓頊氏配，辰星、三辰、七宿、玄冥氏之位如白帝。蜡祭百神，大明、夜明在壇上，神農、伊耆各在其壇上，后稷在壇東，五官、田畯各在其方，五星、十二次、二十八宿、五方之岳鎭、海瀆、山林、川澤、丘陵、墳衍、原隰、井泉各在其方之壇，龍、麟、朱鳥、騶虞、玄武、鱗、羽、臝、毛、介、水墉、坊、郵表畷、於菟、貓各在其方壇之後。夏至祭皇地祇，以高祖配，五方之岳鎭、海瀆、原隰、丘陵、墳衍在內壝之內，各居其方，而中岳以下在西南。孟冬祭神州地祇，以太宗配。社以后土，稷以后稷配。吉亥祭神農，以后稷配，而朝日、夕月無配。席，尊者以稾秸，卑者以莞。此神位之序也。

以太尊實汎齊，著尊實醴齊，犧尊實盎齊，山罍實酒，皆二；以象尊實醍齊，壺尊實沈

齊，皆二；山罍實酒四：以祀昊天上帝、皇地祇、神州地祇。以著尊實汎齊，犧尊實醴齊，象尊實盎齊，山罍實酒，皆二，以祀配帝。以著尊二實醴齊，犧尊二實盎齊，以祀中官。以象尊二實醍齊，以祀外官。以壺尊二實昔酒，以祀衆星、日、月。以上皆有坫。迎氣，五方帝、五人帝以六尊，惟山罍皆減上帝之半。五方帝大享於明堂，太尊、著尊、犧尊、山罍各二。五方帝從祀於圜丘，以太尊實汎齊，皆二。五人帝從享於明堂，以著尊實醴齊，皆二。日、月，以太尊實醴齊，著尊實盎齊，皆二，以山罍實酒一。從祀於圜丘，以太尊二實汎齊。神州地祇從祀於方丘，以太尊二實汎齊。五官、五星、三辰、后稷，以象尊實醍齊；七宿，以壺尊實沈齊，皆二。蜡祭，神農、伊耆氏，以著尊皆二實盎齊。田畯、龍、麟、朱鳥、騶虞、玄武，以壺尊實沈齊。麟、羽、臝、毛、介、丘陵、墳衍、原隰、井泉、水墉、坊、郵表畷、虎、貓、昆蟲，以散尊實淸酒，皆二。嶽鎭、海瀆，以山尊實醍齊。山、川、林、澤，以蜃尊實沈齊，皆二。伊耆氏以上皆有坫。太社，以太罍實醍齊，著尊實盎齊，皆二；山罍一。太稷，后稷氏亦如之。其餘中祀，皆以犧尊實醍齊，象尊實盎齊，山罍實酒，皆二。小祀，皆以象尊二實醍齊。宗廟祫享，室以斝彝實明水，黃彝實鬯，皆一；犧尊實汎齊，象尊實醴齊，著尊實盎齊，山罍實酒，皆二。設堂上。壺尊實醍齊，大尊實沈齊，山罍實酒，皆二。設堂下。禘享，雞彝、鳥彝一。時享，春、夏室以雞彝、鳥彝一，秋、冬以斝彝、黃彝一，皆有坫。七祀及功臣配享，以壺尊二實醍齊。別廟之享，春、夏以雞彝實明水，鳥彝實鬯，皆一；犧尊實醴齊，象尊實盎齊，山罍實酒，皆二。秋、冬以斝彝、黃彝，皆一；著尊、壺尊、山罍皆二。太子之廟，以犧尊實醴齊，象尊實盎齊，山罍實酒，皆二。凡祀，五齊之上尊，必皆實明水；山罍之上尊，必皆實明酒；小祀之上尊，亦實明水。此尊爵之數也。

冬至，祀昊天上帝以蒼璧。上辛，明堂以四圭有邸，與配帝之幣皆以蒼，內官以下幣如方色。皇地祇以黃琮，與配帝之幣皆以黃。青帝以青圭，赤帝以赤璋，黃帝以黃琮，白帝以白琥，黑帝以黑璜；幣如其玉。日以圭、璧，幣以青；月以圭、璧，幣以白。神州、社、稷以兩圭有邸，幣以黑；嶽鎭、海瀆以兩圭有邸，幣如其方色。神農之幣以赤，伊耆以黑，五星以方色，先農之幣以青，先蠶之幣以黑，配坐皆如之。它祀幣皆以白，其長丈八尺。此玉、幣之制也。

冬至祀圜丘，昊天上帝、配帝，籩十二、豆十二、簋一、簠一、甄一、俎一。五方上帝、大明、夜明，籩八、豆八、簋一、簠一、甄一、俎一。五星、十二辰、河漢及內官、中官，籩二、豆二、簋一、簠一、俎一。外官衆星，籩、豆、簋、簠、俎各一。正月上辛，祈穀圜丘，昊天、配帝、五方帝，如冬至。孟夏雩祀圜丘，昊天、配帝、五方帝，如冬至。五人帝，籩四、豆四、簋一、簠一、俎一。五官，籩二、豆二、簋一、簠一、俎一。季秋大享明堂，如雩祀。立春祀青帝及太昊氏，籩豆皆十二、簋一、簠一、甄一、俎一。歲星、三辰、句芒、七宿，籩二、豆二、簋一、簠

一、俎一。其赤帝、黃帝、白帝、黑帝皆如之。蜡祭百神，大明、夜明，籩十、豆十、簋一、簠一、甄一、俎一。神農、伊耆，籩、豆各四，簋、簠、甄、俎各一。五星、十二辰、后稷、五方田畯、岳鎭、海瀆、二十八宿、五方山林川澤，籩、豆各二，簋、簠、俎各一。丘陵、墳衍、原隰、龍、麟、朱鳥、白虎、玄武、鱗、羽、毛、介、於菟等，籩、豆各一，簋、簠、俎各一。又井泉，籩、豆各一，簋、簠、俎各一。春分朝日，秋分夕月，籩十、豆十、簋一、簠一、甄一、俎一。四時祭風師、雨師、靈星、司中、司命、司人、司祿，籩八、豆八、簋一、簠一、俎一。夏至祭方丘，皇地祇及配帝，籩豆皆十二、簋一、簠一、甄一、俎一。神州，籩四、豆四、簋一、簠一、甄一、俎一。其五岳、四鎭、四海、四瀆及五方山川林澤，籩二、豆二，簋、簠、俎各一。孟冬祭神州及配帝，籩豆皆十二、簋一、簠一、甄一、俎一。春、秋祭太社、太稷及配坐，籩豆皆十、簋二、簠二、鉶三、俎三。四時祭馬祖、馬社、先牧、馬步，籩豆皆八、簋一、簠一、俎一。時享太廟，每室籩豆皆十二、簋二、簠二、甄三、鉶三、俎三。七祀，籩二、豆二、簋二、簠二、俎一。祫享、功臣配享，如七祀。孟春祭帝社及配坐，籩豆皆十、簋二、簠二、甄三、鉶三、俎三。季春祭先蠶，籩豆皆十、簋二、簠二、甄三、鉶三、俎三。孟冬祭司寒，籩豆皆八、簋一、簠一、俎一。春、秋釋奠於孔宣父，先聖、先師，籩十、豆十、簋二、簠二、甄三、鉶三、俎三；若從祀，籩豆皆二、簋一、簠一、俎一。春、秋釋奠於齊太公、留侯，籩豆皆十、簋二、簠二、甄三、鉶三、俎三。仲

春祭五龍，籩豆皆八、簋一、簠一、俎一。四時祭五岳、四鎭、四海、四瀆，各籩豆十、簋二、簠二、俎三。三年祭先代帝王及配坐，籩豆皆十、簋二、簠二、俎三。州縣祭社、稷、先聖，釋奠於先師，籩豆皆八、簋二、簠二、俎三。

籩以石鹽、槀魚、棗栗榛菱芡之實、鹿脯、白餠、黑餠、糗餌、粉餈。豆以韭菹醓醢[三]、菁菹鹿醢、芹菹兔醢、筍菹魚醢、脾析菹豚胉、酏食、糝食。中祀之籩無糗餌、粉餈，豆無酏食、糝食。小祀之籩無白餠、黑餠，豆無脾析菹豚胉。凡用皆四者，籩以石鹽、棗實、栗黃、鹿脯；豆以芹菹兔醢、菁菹鹿醢。用皆二者，籩以栗黃、牛脯；豆以葵菹鹿醢。用皆一者，籩以牛脯，豆以鹿醢。用牛脯者，通以羊。凡簠、簋皆一者，簋以稷，簠以黍。用皆二者，簋以黍、稷，簠以稻、粱。實甑以大羹，鉶以肉羹。此籩、豆、簠、簋、甑、鉶之實也。

昊天上帝，蒼犢；五方帝，方色犢；大明，青犢；夜明，白犢；神州地祇，黑犢。配帝之犢：天以蒼，地以黃，神州以黑，皆一。宗廟、太社、太稷、帝社、先蠶、古帝王、嶽鎭、海瀆，皆太牢。社、稷之牲以黑。五官、五星、三辰、七宿，皆少牢。蜡祭：神農氏、伊耆氏，少牢；后稷及五方、十二次、五官、五田畯、五嶽、四鎭、海瀆、日、月，方以犢二；星辰以降，方皆少牢五；井泉皆羊一。非順成之方則闕。風師、雨師、靈星、司中、司命、司人、司祿、馬祖、先牧、馬社、馬步，皆羊一。司寒，黑牲一。凡牲在滌，大祀九旬，中祀三旬，小祀一旬，養而不卜。無方色則用純，必有副焉。省牲而犢鳴，則免之而用副。禁其棰拊，死則瘞之，創病者請代犢，告祈之牲不養。凡祀，皆以其日未明十五刻，太官令帥宰人以鸞刀割牲，祝史以豆斂毛血置饌所，祭則奉之以入，遂亨之。肉載以俎，皆升右胖體十一：前節三，肩、臂、臑；後節二，肫、胳；正脊一，脡脊一，横脊一，正脅一，短脅一，代脅一，皆並骨。別祭用太牢者，酒二斗，脯一段，醢四合；用少牢者，酒減半。此牲牢之別也。

祝版，其長一尺一分，廣八寸，厚二分，其木梓、楸。凡大祀、中祀，署版必拜。皇帝親祠，至大次，郊社令以祝版進署，受以出，奠於坫。宗廟則太廟令進之。若有司攝事，則進而御署，皇帝北向再拜，侍臣奉版，郊社令受以出。皇后親祠，則郊社令預送內侍，享前一日進署，后北向再拜，近侍奉以出，授內侍送享所。享日之平明，女祝奠於坫。此册祝之制也。

校勘記

〔一〕酌汎齊以獻　「汎齊」，開元禮卷四、通典卷一〇九、唐會要卷九下均作「醍齊」。

〔二〕南向跪爵少東　按此與上文「南向跪，奠爵，少西」相應，「爵」上當有「奠」字。

〔三〕豆以韭菹醓醢　按周禮天官：「醢人掌四豆之實，朝事之豆，其實韭菹醓醢、……。」鄭玄注：「醓，肉汁也。」開元禮卷一俎豆亦云：「其豆實以韭菹醓醢、……。」「醓」當作「醓」。

唐書卷十三

志第三

禮樂三

自周衰，禮樂壞于戰國而廢絕于秦。漢興，六經在者，皆錯亂、散亡、雜僞，而諸儒方共補緝，以意解詁，未得其眞，而讖緯之書出以亂經矣。自鄭玄之徒，號稱大儒，皆主其說，學者由此牽惑沒溺，而時君不能斷決，以爲有其舉之，莫可廢也。由是郊、丘、明堂之論，至於紛然而莫知所止。

禮曰：「以禋祀祀昊天上帝。」此天也，玄以爲天皇大帝者，北辰耀魄寶也。又曰：「兆五帝於四郊。」此五行精氣之神也，玄以爲靑帝靈威仰、赤帝赤熛怒、黃帝含樞紐、白帝白招拒、黑帝汁光紀者，五天也。由是有六天之說，後世莫能廢焉。

唐初貞觀禮，冬至祀昊天上帝于圜丘，正月辛日祀感生帝靈威仰于南郊以祈穀，而孟夏雩于南郊，季秋大享于明堂，皆祀五天帝。至高宗時，禮官以謂太史圜丘圖，昊天上帝在壇上，而耀魄寶在壇第一等，則昊天上帝非耀魄寶可知，而祠令及顯慶禮猶著六天之說。顯慶二年，禮部尙書許敬宗與禮官等議曰：「六天出於緯書，而南郊、圜丘一也，玄以爲二物；郊及明堂本以祭天，而玄皆以爲祭太微五帝。傳曰：『凡祀，啓蟄而郊，郊而後耕。』故『郊祀后稷，以祈農事』。而玄謂周祭感帝靈威仰，配以后稷，因而祈穀。皆繆論也。」由是盡黜玄說，而南郊祈穀、孟夏雩、明堂大享皆祭昊天上帝。

乾封元年，詔祈穀復祀感帝。二年，又詔明堂兼祀昊天上帝及五帝。開元中，起居舍人王仲丘議曰：「按貞觀禮祈穀祀感帝，而顯慶禮祀昊天上帝。傳曰：『郊而後耕。』詩曰：『噫嘻春夏，祈穀于上帝。』禮記亦曰：『上辛祈穀于上帝。』而鄭玄乃云：『天之五帝迭王，王者之興必感其一，因別祭尊之。故夏正之月，祭其所生之帝於南郊，以其祖配之。故周祭靈威仰，以后稷配，因以祈穀。』然則祈穀非祭之本意，乃因后稷爲配爾，此非祈穀之本義也。夫祈穀，本以祭天也，然五帝者五行之精，所以生九穀也，宜於祈穀祭昊天而兼祭五帝。」又曰：「月令，大雩、大享帝，皆盛祭也。而孟夏雩、季秋大享，貞觀禮皆祭五方帝，而顯慶禮皆祭昊天上帝，宜兼用之以合大雩、大享之義。」既而蕭嵩等撰定開元禮，雖未能合古，而天神之位別矣。

其配神之主，武德中，冬至及孟夏雩祭皇地祇于方丘、神州地祇於北郊，以景帝配；而上辛祈穀祀感帝于南郊，季秋祀五方天帝於明堂，以元帝配。貞觀初，圓丘、明堂、北郊以高祖配，而元帝惟配感帝。高宗永徽二年，以太宗配祀明堂，而有司乃以高祖配五天帝，太宗配五人帝。太尉長孫无忌等與禮官議，以謂：「自三代以來，歷漢、魏、晉、宋，無父子同配於明堂者。祭法曰：『周人禘嚳而郊稷，祖文王而宗武王。』鄭玄以祖宗合爲一祭，謂祭五帝、五神于明堂，以文、武共配。而王肅駁曰：『古者祖功宗德，自是不毀之名，非謂配食於明堂。』春秋傳曰：『禘、郊、祖、宗、報，五者國之典祀也。』以此知祖、宗非一祭。」於是以高祖配于圓丘，太宗配于明堂。

乾封二年，詔圓丘、五方、明堂、感帝、神州皆以高祖、太宗並配。則天垂拱元年，詔有司議，而成均助教孔玄義、太子右諭德沈伯儀、鳳閣舍人元萬頃范履冰議皆不同，而卒用萬頃、履冰之說。由是郊、丘諸祠，常以高祖、太宗、高宗並配。開元十一年，親享圓丘，中書令張說、衞尉少卿韋縚爲禮儀使，乃以高祖配，而罷三祖並配。至二十年，蕭嵩等定禮，而祖宗之配定矣。

寶應元年，太常卿杜鴻漸、禮儀使判官薛頎歸崇敬等言：「禘者，冬至祭天於圓丘，周

人配以遠祖。唐高祖非始封之君，不得爲太祖以配天地。而太祖景皇帝受封于唐，即殷之契、周之后稷也，請以太祖郊配天地。」諫議大夫黎幹以謂：「禘者，宗廟之事，非祭天，而太祖非受命之君，不宜作配。」爲十詰十難以非之。書奏，不報。乃罷高祖，以景皇帝配。明年旱，言事者以爲高祖不得配之過也。代宗疑之，詔羣臣議。太常博士獨孤及議曰：「受命於神宗，禹也，而夏后氏祖顓頊而郊鯀；纘禹黜夏，湯也，而殷人郊冥而祖契；革命作周，武王也，而周人郊稷而祖文王。太祖景皇帝始封于唐，天所命也。」由是配享不易。嗚呼，禮之失也，豈獨緯書之罪哉！在於學者好爲曲說，而人君一切臨時申其私意，以增多爲盡禮，而不知煩數之爲黷也。

古者祭天於圓丘，在國之南，祭地於澤中之方丘，在國之北，所以順陰陽，因高下，而事天地以其類也。其方位既別，而其燎壇、瘞坎、樂舞變數亦皆不同，而後世有合祭之文。則天天冊萬歲元年，親享南郊，始合祭天地。

睿宗即位，將有事於南郊，諫議大夫賈曾議曰：「祭法，有虞氏禘黃帝而郊嚳，夏后氏禘黃帝而郊鯀。郊之與廟，皆有禘也。禘於廟，則祖宗合食於太祖；禘於郊，則地祇羣望皆合於圓丘，以始祖配享。蓋有事之大祭，非常祀也。三輔故事：『祭于圓丘，上帝、后土位皆南面。』則漢嘗合祭矣。」國子祭酒褚無量、司業郭山惲等皆以曾言爲然。是時睿宗將祭地於北郊，故曾之議寢。

玄宗既已定開元禮，天寶元年，遂合祭天地于南郊。是時，神仙道家之說興，陳王府參軍田同秀言：「玄元皇帝降丹鳳門。」乃建玄元廟。二月辛卯，親享玄元皇帝廟；甲午，親享太廟；丙申，有事于南郊。其後遂以爲故事，終唐之世，莫能改也。爲禮可不慎哉！

夫男女之不相褻於內外也，況郊廟乎？中宗時，將享南郊，國子祭酒祝欽明言皇后當助祭，太常博士唐紹、蔣欽緒以爲不可，左僕射韋巨源獨以欽明說爲是。於是以皇后爲亞獻，補大臣李嶠等女爲齋娘，以執籩豆焉。至德宗貞元六年，又以皇太子爲亞獻，親王爲終獻。

孝經曰：「宗祀文王於明堂，以配上帝。」而三代有其名而無其制度，故自漢以來，諸儒之論不一，至於莫知所從，則一切臨時增損，而不能合古。然推其本旨，要於布政交神於王者尊嚴之居而已，其制作何必與古同！然爲之者至無所據依，乃引天地、四時、風氣、乾坤、五行、數象之類以爲倣像，而衆說亦不克成。

隋無明堂，而季秋大享，常寓雩壇；唐高祖、太宗時，寓於圓丘。貞觀中，禮部尚書豆盧

寬、國子助教劉伯莊議：「從崑崙道上層以祭天，下層以布政。」而太子中允孔穎達以爲非。侍中魏徵以謂：「五室重屋，上圓下方，上以祭天，下以布政。自前世儒者所言雖異，而以爲如此者多同。至於高下廣狹丈尺之制，可以因事制宜也。」祕書監顏師古曰：「周書敍明堂有應門、雉門之制，以此知爲王者之常居爾。其青陽、總章、玄堂、太廟、左右个，皆路寢之名也。文王居明堂之篇，帶弓韣，禮高禖，九門磔禳，國有酒以合三族，推其事皆與月令合，則皆在路寢也。大戴禮曰在近郊，又曰文王之廟也，此奚足以取信哉？且門有皐、庫，豈得施於郊野，謂宜近在宮中。」徵及師古等皆當世名儒，其論止於如此。

高宗時改元總章，分萬年置明堂縣，示欲必立之。而議者益紛然，或以爲五室，或以爲九室，而高宗依兩議，以帟幕爲之，與公卿臨觀，而議益不一。乃下詔率意班其制度。至取象黃琮，上設鴟尾，其言益不經，而明堂亦不能立。

至則天始毀東都乾元殿，以其地立明堂，其制淫侈，無復可觀，皆不足記。其後火焚之，既而又復立。開元五年，復以爲乾元殿而不毀。初，則天以木爲瓦，夾紵漆之。二十五年，玄宗遣將作大匠康諐素毀之。諐素以爲勞人，乃去其上層，易以眞瓦。而迄唐之世，季秋大享，皆寓圓丘。

書曰：「七世之廟，可以觀德。」而禮家之說，世數不同。然自禮記王制、祭法、禮器，大儒荀卿、劉歆、班固、王肅之徒，以爲七廟者多。蓋自漢、魏以來，創業之君特起，其上世微，又無功德以備祖宗，故其初皆不能立七廟。

唐武德元年，始立四廟，曰宣簡公、懿王、景皇帝、元皇帝。貞觀九年，高祖崩，太宗詔有司定議。諫議大夫朱子奢請立七廟，虛太祖之室以待。於是尚書八座議：「禮曰：『天子，三昭三穆，與太祖之廟而七。』晉、宋、齊、梁皆立親廟六，此故事也。」制曰：「可。」於是祔弘農府君及高祖爲六室。二十三年，太宗崩，弘農府君以世遠毀，藏夾室，遂祔太宗；及高宗崩，宣皇帝遷于夾室，而祔高宗。皆爲六室。

武氏亂敗，中宗神龍元年，已復京太廟，又立太廟于東都。議立始祖爲七廟，而議者欲以涼武昭王爲始祖。太常博士張齊賢議以爲不可，因曰：「古者有天下者事七世，而始封之君謂之太祖。太祖之廟，百世不遷。至祫祭，則毀廟皆以昭穆合食于太祖。商祖玄王，周祖后稷，其世數遠，而遷廟之主皆出太祖後，故合食之序，尊卑不差。漢以高皇帝爲太祖，而太上皇不在合食之列，爲其尊於太祖也。魏以武帝爲太祖，晉以宣帝爲太祖，武、宣而上，廟室皆不合食于祫，至隋亦然。唐受天命，景皇帝始封之君，太祖也，以其世近，而在三昭三穆之內，而光皇帝以上，皆以屬尊不列合食。今宜以景皇帝爲太祖，復祔宣皇帝爲七室；

而太祖以上四室皆不合食于祫。」博士劉承慶、尹知章議曰：「三昭三穆與太祖爲七廟者，禮也。而王迹有淺深，太祖有遠近，太祖以功建，昭穆以親崇。有功者不遷，親盡者則毀。今以太祖近而廟數不備，乃欲於昭穆之外，遠立當遷之主以足七廟，而乖迭毀之義，不可。」已而天子下其議大臣，禮部尚書祝欽明兩用其言，於是以景皇帝爲始祖，而不祔宣皇帝。以孝敬皇帝爲義宗，祔于廟，由是爲七室，而京太廟亦七室。中宗崩，中書令姚元之、吏部尚書宋璟以爲「義宗，追尊之帝，不宜列昭穆，而其葬在洛州，請立別廟于東都，而有司時享，其京廟神主藏于夾室」。由是祔中宗，而光皇帝不遷，遂爲七室矣。

睿宗崩，博士陳貞節、蘇獻等議曰：「古者兄弟不相爲後，殷之盤庚，不序於陽甲；漢之光武，不嗣於孝成；而晉懷帝亦繼世祖而不繼惠帝。蓋兄弟相代，昭穆位同，至其當遷，不可兼毀二廟。荀卿子曰：『有天下者事七世。』謂從禰以上也。若傍容兄弟，上毀祖考，則天子有不得事七世者矣。孝和皇帝有中興之功而無後，宜如殷之陽甲，出爲別廟，祔睿宗以繼高宗。」於是立中宗廟于太廟之西。

開元十年，詔宣皇帝復祔于正室，謚爲獻祖，并謚光皇帝爲懿祖，又以中宗還祔太廟，於是太廟爲九室。將親祔之，而遇雨不克行，乃命有司行事。寶應二年，祧獻祖、懿祖，祔玄宗、肅宗。自是之後，常爲九室矣。

代宗崩，禮儀使顏眞卿議：「太祖、高祖、太宗皆不毀，而代祖元皇帝當遷。」於是遷元皇帝而祔代宗。德宗崩，禮儀使杜黃裳議：「高宗在三昭三穆外，當遷。」於是遷高宗而祔德宗，蓋以中、睿爲昭穆矣。順宗崩，當遷中宗，而有司疑之，以謂則天革命，中宗中興之主也。博士王涇、史官蔣武皆以爲中宗得失在己，非漢光武、晉元帝之比，不得爲中興不遷之君。由是遷中宗而祔順宗。

自憲宗、穆宗、敬宗、文宗四世祔廟，睿、玄、肅、代以次遷。至武宗崩，德宗以次當遷，而於世次爲高祖，禮官始覺其非，以謂兄弟不相爲後，不得爲昭穆，乃議復祔代宗。而議者言：「已祧之主不得復入太廟。」禮官曰：「昔晉元、明之世，已遷豫章、潁川，後皆復祔，此故事也。」議者又言：「廟室有定數，而無後之主當置別廟。」禮官曰：「晉武帝時，景、文同廟，廟雖六代，其實七主。至元帝、明帝，廟皆十室，故賀循曰：『廟以容主爲限，而無常數也。』」於是復祔代宗，而以敬宗、文宗、武宗同爲一代。初，玄宗之復祔獻祖也，詔曰：「使親而不盡，遠而不祧。」蓋其率意而言爾，非本於禮也。而後之爲說者，乃遷就其事，以謂三昭三穆與太祖祖功宗德三廟不遷爲九廟者，周制也。及敬、文、武三宗爲一代，故終唐之世，常爲九代十一室焉。

開元五年，太廟四室壞，奉其神主于太極殿，天子素服避正殿，輟朝三日。時將行幸東

都，遂謁神主于太極殿而後行。安祿山之亂，宗廟爲賊所焚，肅宗復京師，設次光順門外，嚮廟而哭，輟朝三日。其後黃巢陷京師，焚毀宗廟，而僖宗出奔，神主法物從行，皆爲賊所掠。巢敗，復京師，素服哭于廟而後入。

初，唐建東、西二都，而東都無廟。則天皇后僭號稱周，立周七廟于東都以祀武氏，改西京唐太廟爲享德廟。神龍元年，中宗復位，遷武氏廟主于西京，爲崇尊廟，而以東都武氏故廟爲唐太廟，祔光皇帝以下七室而親享焉。由是東西二都皆有廟，歲時並享。其後安祿山陷兩京，宗廟皆焚毀。肅宗即位，西都建廟作主，而東都太廟毀爲軍營，九室神主亡失，至大曆中，始於人間得之，寓于太微宮，不復祔享。自建中至于會昌，議者不一，或以爲：「東西二京宜皆有廟，而舊主當瘞，虛其廟以俟，巡幸則載主而行。」或謂：「宜藏其神主于夾室。」或曰：「周豐、洛有廟者，因遷都乃立廟爾，今東都不因遷而立廟，非也。」又曰：「古者載主以行者，惟新遷一室之主爾，未有載羣廟之主者也。」至武宗時，悉廢羣議，詔有司擇日修東都廟。已而武宗崩，宣宗竟以太微神主祔東都廟焉。

其追贈皇后、追尊皇太后、贈皇太子往往皆立別廟。其近於禮者，後世當求諸禮。其不合於禮而出其私意者，蓋其制作與其論議皆不足取焉，故不著也。

宣宗已復河、湟三州七關，歸其功順宗、憲宗而加謚號。博士李稠請改作神主，易書新

謚。右司郎中楊發等議，以謂：「古者已祔之主無改作，加謚追尊，非禮也，始於則天，然猶不改主易書，宜以新謚寶册告于陵廟可也。」是時，宰相以謂士族之廟皆就易書，乃就舊主易書新謚焉。

禘、祫，大祭也。祫以昭穆合食于太祖，而禘以審諦其尊卑，此祫、禘之義，而爲禮者失之，至於年數不同，祖、宗失位，而議者莫知所從。禮曰：「三年一祫，五年一禘。」傳曰：「五年再殷祭。」高宗上元三年十月當祫，而有司疑其年數。太學博士史玄璨等議，以爲：「新君喪畢而祫，明年而禘。自是之後，五年而再祭。蓋後禘去前禘五年，而祫常在禘後三年，禘常在祫後二年。魯宣公八年禘僖公，蓋二年喪畢而祫，明年而禘，至八年而再禘。昭公二十年禘，至二十五年又禘，此可知也。」議者以玄璨等言有經據，遂從之。睿宗崩，開元六年喪畢而祫，明年而禘。自是之後，祫、禘各自以年，不相通數。凡七祫五禘，至二十七年，禘、祫並在一歲，有司覺其非，乃議以爲一禘一祫，五年再殷，宜通數。而禘後置祫，歲數遠近，二說不同。鄭玄用高堂隆先三而後二，徐邈先二後三。而邈以謂二禘相去爲月六十，中分三十，置一祫焉。此最爲得，遂用其說。由是一禘一祫，在五年之間，合於再殷之義，而置祫先後，則不同焉。

禮，禘、祫，太祖位于西而東向，其子孫列爲昭穆，昭南向而穆北向。雖已毀廟之主，皆出而序于昭穆。殷、周之興，太祖世遠，而羣廟之主皆出其後，故其禮易明。漢、魏以來，其興也暴，又其上世微，故創國之君爲太祖而世近，毀廟之主皆在太祖之上，於是禘、祫不得如古。而漢、魏之制，太祖而上，毀廟之主皆不合食。

唐興，以景皇帝爲太祖，而世近在三昭三穆之內，至祫、禘，乃虛東向之位，而太祖與羣廟列於昭穆。代宗即位，祔玄宗、肅宗，而遷獻祖、懿祖于夾室。於是太祖居第一室，禘、祫得正其位而東向，而獻、懿不合食。建中二年，太學博士陳京請爲獻祖、懿祖立別廟，至禘、祫則享。禮儀使顏眞卿議曰：「太祖景皇帝居百代不遷之尊，而禘、祫之時，暫居昭穆，屈己以奉祖宗可也。」乃引晉蔡謨議，以獻祖居東向，而懿祖、太祖以下左右爲昭穆。由是議者紛然。

貞元十七年〔二〕，太常卿裴郁議，以太祖百代不遷，獻、懿二祖親盡廟遷而居東向，非是。請下百寮議。工部郎中張薦等議與眞卿同。太子左庶子李嶸等七人曰：「眞卿所用，晉蔡謨之議也，謨爲『禹不先鯀』之說，雖有其言，當時不用。獻、懿二祖宜藏夾室，以合祭法『遠廟爲祧，而壇、墠有禱則祭，無禱則止』之義。」吏部郎中柳冕等十二人曰：「周禮有先公之祧，遷祖藏於后稷之廟，其周未受命之祧乎？又有先王之祧，其遷主藏於文、武之廟，其周已受命之祧乎？今獻祖、懿祖，猶周先公也，請築別廟以居之。」司勳員外郎裴樞曰：「建石室於寢園以藏神主，至禘、祫之歲則祭之。」考功員外郎陳京、同官縣尉仲子陵皆曰：「遷神主於德明、興聖廟。」京兆少尹韋武曰：「祫則獻祖東向，禘則太祖東向。」十一年，左司郎中陸淳曰：「議者多矣，不過三而已。一曰復太祖之正位，二曰並列昭穆而虛東向，三曰祫則獻祖，禘則太祖，迭居東向。而復正太祖之位爲是。然太祖復位，則獻、懿之主宜有所歸。一曰藏諸夾室，二曰置之別廟，三曰遷于園寢，四曰祔於興聖。然而藏諸夾室，則無饗獻之期；置之別廟，則非禮經之文；遷于寢園，則亂宗廟之儀。唯祔于興聖爲是。」至十九年，左僕射姚南仲等獻議五十七封，付都省集議。戶部尙書王紹等五十五人請遷懿祖祔興聖廟，議遂定，由是太祖始復東向之位。

若諸臣之享其親，廟室、服器之數，視其品。開元十二年著令，一品、二品四廟，三品三廟，五品二廟，嫡士一廟，庶人祭於寢。及定禮，二品以上四廟，三品三廟，三品以上不須爵者亦四廟，四廟有始封爲五廟，四品、五品有兼爵亦三廟，六品以下達于庶人，祭於寢。天寶十載，京官正員四品清望及四品、五品清官，聽立廟，勿限兼爵。雖品及而建廟未逮，亦聽寢祭。

廟之制，三品以上九架，廈兩旁。三廟者五間，中爲三室，左右廈一間，前後虛之，無重栱、藻井。室皆爲石室一，於西墉三之一近南，距地四尺，容二主。廟垣周之，爲南門、東門，門屋三室，而上間以廟，增建神廚於廟東之少南，齋院於東門之外少北，制勿逾於廟。三品以上有神主，五品以上有几筵。牲以少牢，羊、豕一，六品以下特豚，不以祖禰貴賤，皆子孫之牲。牲闕，代以野獸。五品以上室異牲，六品以下共牲。二品以上室以籩豆十，三品以八，四品、五品以六。五品以上室皆簠二、簋二、甑二、鉶二、俎三、尊二、罍二、勺二、爵六、盤一、坫一、篚一、牙盤胙俎一。祭服，三品以上玄冕，五品以上爵弁，六品以下進賢冠，各以其服。

凡祔皆給休五日，時享皆四日。散齋二日於正寢，致齋一日於廟，子孫陪者齋一宿於家。始廟則署主而祔，後喪闋乃祔，喪二十八月上旬卜而祔，始神事之矣。王公之主載以輅，夫人之主以翟車，其餘皆以輿。天子以四孟、臘享太廟，諸臣避之，祭仲而不臘。三歲一祫，五歲一禘。若祔、若常享、若禘祫，卜日、齋戒、省牲、視滌、濯鼎鑊，亨牲、實饌、三獻、飲福、受胙進退之數，大抵如宗廟之祀。以國官亞、終獻，無則以親賓，以子弟。

其後不卜日，而筮用亥。祭寢者，春、秋以分，冬、夏以至日。若祭春分，則廢元日。然元正，歲之始，冬至，陽之復，二節最重。祭不欲數，乃廢春分，通爲四。

祠器以烏漆，差小常制。祭服以進賢冠，主婦花釵禮衣，後或改衣冠從公服，無則常服。凡祭之在廟、在寢，既畢，皆親賓子孫慰，主人以常服見。

若宗子有故，庶子攝祭，則祝曰：「孝子某使介子某執其常事。」通祭三代，而宗子卑，則以上牲祭宗子家，祝曰：「孝子某爲其介子某薦其常事。」庶子官尊而立廟，其主祭則以支庶封官依大宗主祭，兄陪於位。以廟由弟立，已不得延神也。或兄弟分官，則各祭考妣於正寢。

古殤及無後皆祔食於祖，無祝而不拜，設坐祖左而西向，亞獻者奠，祝乃奠之，一獻而止。其後廟制設幄，當中南向，祔坐無所施，皆祭室戶外之東而西向。親伯叔之無後者祔曾祖，親昆弟及從父昆弟祔於祖，親子姪祔於禰。寢祭之位西上，祖東向而昭穆南北，則伯叔之祔者居禰下之穆位北向，昆弟、從父昆弟居祖下之昭位南向，子姪居伯叔之下穆位北向，以序尊卑。凡殤、無後，以周親及大功爲斷。

古者廟於大門內，秦出寢於陵側，故王公亦建廟於墓。既廟與居異，則宮中有喪而祭。三年之喪，齊衰、大功皆廢祭；外喪，齊衰以下行之。

校勘記

〔一〕貞元十七年　通典卷五〇、冊府卷五九〇、唐會要卷一三及本書卷二〇〇陳京傳均作「貞元七年」。

唐書卷十四

志第四

禮樂四

其非常祀，天子有時而行之者，曰封禪、巡守、視學、耕藉、拜陵。

文中子曰：「封禪，非古也，其秦、漢之侈心乎？」蓋其曠世不常行，而於禮無所本，故自漢以來，儒生學官論議不同，而至於不能決，則出於時君率意而行之爾。隋文帝嘗令牛弘、辛彥之等撰定儀注，爲壇泰山下，設祭如南郊而已，未嘗升山也。

唐太宗已平突厥，而年數豐稔，羣臣請封泰山。太宗初頗非之，已而遣中書侍郎杜正倫行太山上七十二君壇迹，以是歲兩河大水而止。其後羣臣言封禪者多，乃命祕書少監顏師古、諫議大夫朱子奢等集當時名儒博士雜議，不能決。於是左僕射房玄齡、特進魏徵、中書

令楊師道博採衆議奏上之，其議曰：「爲壇於泰山下，祀昊天上帝。壇之廣十二丈，高丈二尺。玉牒長一尺三寸，廣、厚五寸。玉檢如之，厚減三寸。其印齒如璽，纏以金繩五周。玉策四，皆長一尺三寸，廣寸五分，厚五分，每策皆五簡，聯以金。昊天上帝配以太祖，皇地祇配以高祖。已祀而歸格于廟，盛以金匱。匱高六寸，廣足容之，制如表函，纏以金繩，封以金泥，印以受命之璽。而玉牒藏于山上，以方石三枚爲再累，纏以金繩，封以石泥，印以受命之璽。其山上之圓壇，土以五色，高九尺，廣五丈，四面爲一階。天子升自南階，而封玉牒。已封，而加以土，築爲封，高一丈二尺，廣二丈。其禪社首亦如之。其石檢封以受命璽，而玉檢別製璽，方一寸二分，文如受命璽。以石距非經，不用。又爲告至壇，方八十一尺，高三尺，四出陛，以燔柴告至，望秩羣神。」遂著于禮，其他降禪、朝覲皆不著。至十五年，將東幸，行至洛陽，而彗星見，乃止。

高宗乾封元年，封泰山，爲圓壇山南四里，如圓丘，三壝，壇上飾以青，四方如其色，號封祀壇。玉策三，以玉爲簡，長一尺二寸，廣一寸二分，厚三分，刻而金文。玉匱一，長一尺三寸，以藏上帝之冊。金匱二，以藏配帝之冊。纏以金繩五周，金泥、玉璽，璽方一寸二分，文如受命璽。石䃭以方石再累，皆方五尺，厚一尺，刻方其中以容玉匱。䃭旁施檢，刻深三寸三分，闊一尺，當繩刻深三分，闊一寸五分。石檢十枚，以檢石䃭，皆長三尺，闊一尺，厚

七分；印齒三道，皆深四寸，當璽方五寸，當繩闊一寸五分。檢立於碮旁，南方、北方皆三，東方、西方皆二，去碮隅皆一尺。碮纏以金繩五周，封以石泥。距石十二，分距碮隅，皆再累，皆闊二尺，長一丈，斜刻其首，令與碮隅相應。又爲壇於山上，廣五丈，高九尺，四出陛，一壝，號登封壇。玉牒、玉檢、石碮、石距、玉匱、石檢皆如之。爲降禪壇於社首山上，八隅、一成、八陛如方丘，三壝。上飾以黃，四方如其色，其餘皆如登封。其議略定，而天子詔曰：「古今之制，文質不同。今封禪以玉牒、金繩，而瓦尊、匏爵、秸席，宜改從文。」於是昊天上帝褥以蒼，地祇褥以黃，配褥皆以紫，而尊爵亦更焉。

是歲正月，天子祀昊天上帝于山下之封祀壇，以高祖、太宗配，如圓丘之禮。親封玉册，置石碮，聚五色土封之，徑一丈二尺，高尺〔一〕。已事，升山。明日，又封玉册于登封壇。又明日，祀皇地祇于社首山之降禪壇，如方丘之禮，以太穆皇后、文德皇后配，而以皇后武氏爲亞獻，越國太妃燕氏爲終獻，率六宮以登，其帷帟皆錦繡。羣臣瞻望，多竊笑之。又明日，御朝覲壇以朝羣臣，如元日之禮。乃詔立登封、降禪、朝覲之碑，名封祀壇曰舞鶴臺，登封壇曰萬歲臺，降禪壇曰景雲臺，以紀瑞焉。其後將封嵩嶽，以吐蕃、突厥寇邊而止。永淳元年，又作奉天宮於嵩山南，遂幸焉。將以明年十一月封禪，詔諸儒國子司業李行偉、考功員外郎賈大隱等草具其儀，已而遇疾，不克封，至武后遂登封焉。

玄宗開元十二年，四方治定，歲屢豐稔，羣臣多言封禪，中書令張說又固請，乃下制以十三年有事泰山。於是說與右散騎常侍徐堅、太常少卿韋縚、祕書少監康子元、國子博士侯行果刊定儀注。立圓臺於山上，廣五丈，高九尺，土色各依其方。又於圓臺上起方壇，廣一丈二尺，高九尺，其壇臺四面爲一階。又積柴爲燎壇於圓臺之東南，量地之宜，柴高一丈二尺，方一丈，開上，南出戶六尺。又爲圓壇於山下，三成、十二階，如圓丘之制。又積柴於壇南爲燎壇，如山上。又爲玉册、玉匱、石碮，皆如高宗之制。玄宗初以謂升中於崇山，精享也，不可諠譁。欲使亞獻已下皆行禮山下壇，召禮官講議。學士賀知章等言：「昊天上帝，君也。五方精帝，臣也。陛下享君於上，羣臣祀臣於下，可謂變禮之中。然禮成於三，亞、終之獻，不可異也。」於是三獻皆升山，而五方帝及諸神皆祭山下壇。玄宗問：「前世何爲祕玉牒？」知章曰：「玉牒以通意於天，前代或祈長年，希神仙，旨尚微密，故外莫知。」帝曰：「朕今爲民祈福，無一祕請，卽出玉牒以示百寮。」乃祀昊天上帝於山上壇，以高祖配。祀五帝以下諸神於山下，其祀禮皆如圓丘。而卜日、告天及廟、社、大駕所經及告至、問百年、朝覲，皆如巡狩之禮。

其登山也，爲大次於中道，止休三刻而後升。其已祭燔燎，侍中前跪稱：「具官臣某言，請封玉册。」皇帝升自南陛，北向立。太尉進昊天上帝神座前，跪取玉册，置於椄以進。皇

帝受玉册，跪內之玉匱，纏以金繩，封以金泥。侍中取受命寶跪以進。皇帝取寶以印玉匱，侍中受寶，以授符寶郎。太尉進，皇帝跪捧玉匱授太尉，太尉退，復位。太常卿前奏：「請再拜。」皇帝再拜，退入于次。太尉奉玉匱之椄於石碮南，北向立。執事者發石蓋，太尉奉玉匱，跪藏於石碮內。執事者覆石蓋，檢以石檢，纏以金繩，封以石泥，以玉寶遍印，引降復位。帥執事者以石距封固，又以五色土圓封。其配座玉牒封於金匱，皆如封玉匱。太尉奉金匱從降，俱復位。以金匱內太廟，藏於高祖神堯皇帝之石室。其禪于社首，皆如方丘之禮。

天子將巡狩，告於其方之州曰：「皇帝以某月于某巡狩，各脩乃守，考乃職事。敢不敬戒，國有常刑。」將發，告于圓丘。前一日，皇帝齋，如郊祀。告昊天上帝，又告于太廟、社稷。具大駕鹵簿。所過州、縣，刺史、令候於境，通事舍人承制問高年，祭古帝王、名臣、烈士。既至，刺史、令皆先奉見。將作築告至圓壇於嶽下，四出陛，設昊天上帝、配帝位。

天子至，執事皆齋一日。明日，望於嶽、鎮、海、瀆、山、川、林、澤、丘、陵、墳、衍、原、隰，所司爲壇。設祭官次於東壝門外道南，北向；設饌幔內壝東門外道北，南向；設宮縣、登歌；爲瘞埳。祭官、執事皆齋一日。嶽、鎮、海、瀆、山、川、林、澤、丘、陵、墳、衍、原、隰之尊，在壇上南陛之東，北向。設玉篚及洗，設神坐壇上北方。獻官奠玉幣及爵於嶽神，祝史

助奠鎮、海以下。

明日，乃肆覲，將作於行宮南爲壝。三分壝間之二在南，爲壇於北，廣九丈六尺，高九尺，四出陛。設宮縣壇南，御坐壇上之北，解劍席南陛之西。文、武官次門外東、西，刺史、令次文官南，蕃客次武官南，列輦路壇南。文官九品位壇東南，武官西南，相向。刺史、令位壇南三分庭一，蕃客位於西。又設門外位，建牙旗於壝外，黃麾大仗屯門，鈒戟陳壇中。吏部主客戶部贊羣官、客使就門外位。刺史、令贄其土之實，錦、綺、繒、布、葛、越皆五兩爲束，錦以黃帊〔二〕，常貢之物皆篚，其屬執列令後。文武九品先入就位。皇帝乘輿入北壝門，繇北陛升壇，卽坐，南向。刺史、蕃客皆入壝門，至位，再拜，奠贄，興，執贄。侍中降于刺史東北，皆拜。宣已，又拜。蕃客以舍人稱制如之。戶部導貢物入刺史前，龜首之，金次之，丹、漆、絲、纊四海九州之美物，重行陳。執者退，就東西文武前，側立。通事舍人導刺史一人，解劍脫舄，執贄升前，北向跪奏：「官封臣姓名等敢獻壤奠。」遂奠贄。舍人跪舉以東授所司，刺史劍、舄復位。初，刺史升奠贄，在庭者以次奠於位前，皆再拜。戶部尚書壇間北向跪，請以貢物付所司，侍中承制曰：「可。」所司受贄出東門。中書侍郎以州鎮表方一椄俟于西門外，給事中以瑞椄俟于東門外，乃就侍臣位。初，刺史將入，乃各引椄分進東、西陛下。刺史將升，中書令、黃門侍郎降立；既升，乃取表升。尚書既請受贄，中書令乃前跪讀，

黃門侍郎、給事中進跪奏瑞，侍郎、給事中導桉退，文武、刺史、國客皆再拜。北向位者出就門外位。皇帝降北陛以入，東、西位者出。設會如正、至，刺史、蕃客入門，皆奏樂如上公。

會之明日，考制度。太常卿採詩陳之，以觀風俗。命市納賈，以觀民之好惡。典禮者考時定日，同律，禮、樂、制度、衣服正之。山川神祇有不舉爲不恭，宗廟有不愼爲不孝，皆黜爵。革制度、衣服者爲叛，有討。有功德於百姓者，爵賞之。

皇帝視學，設大次于學堂後，皇太子次于大次東。設御座堂上，講榻北向〔三〕。皇太子座御座東南，西向。文臣三品以上座太子南，少退；武臣三品以上於講榻西南；執讀座於前楹，北向。侍講座執讀者西北、武官之前；論義座於講榻前，北向。執如意立於侍講之東，北向〔四〕。三館學官座武官後。設堂下版位，脫履席西階下。皇太子位於東階東南，執經於西階西南，文、武三品以上分位於南，執如意者一人在執經者後，學生位于文、武後。

其日，皇帝乘馬，祭酒帥監官、學生迎于道左。皇帝入次，執經、侍講、執如意者與文武、學生皆就位堂下。皇太子立于學堂門外，西向。侍中奏「外辦」。皇帝升北階，即坐。皇太子乃入就位，在位皆再拜。侍中敕皇太子、王公升，皆再拜，乃坐。執讀、執經釋義。執如意者以授侍講，秉詣論義坐，問所疑，退，以如意授執者，還坐，乃皆降。若賜會，則侍中

宣制，皇帝返次。羣官既會，皇帝還，監官、學生辭於道左。

皇帝孟春吉亥享先農，遂以耕藉。前享一日，奉禮設御坐於壇東，西向；望瘞位於壇西南，北向；從官位於內壝東門之內道南，執事者居後；奉禮位於樂縣東北，贊者在南。又設御耕藉位於外壝南門之外十步所，南向；從耕三公、諸王、尚書、卿位於御坐東南，重行西向，以其推數爲列。其三公、諸王、尚書、卿等非耕者位於耕者之東，重行，西向北上；介公、酅公於御位西南，東向北上。尚舍設御耒席於三公之北少西，南向。奉禮又設司農卿之位於南，少退；諸執耒耜者位於公卿耕者之後、非耕者之前，西向。御耒耜一具，三公耒耜三具，諸王、尚書、卿各三人合耒耜九具。以下耒耜，太常各令藉田農人執之。

皇帝已享，乃以耕根車載耒耜於御者間，皇帝乘車自行宮降大次。乘黃令以耒耜授廩犧令，橫執之，左耜寘於席，遂守之。皇帝將望瘞，謁者引三公及從耕侍耕者、司農卿與執耒耜者皆就位。皇帝出就耕位，南向立。廩犧令進耒席南，北向，解韜出耒，執以興，少退，北向立。司農卿進受之，以授侍中，奉以進。皇帝受之，耕三推。侍中前受耒耜，反之司農卿，卿反之廩犧令，令復耒於韜，執以興，復位。皇帝初耕，執耒者皆以耒耜授侍耕者。皇帝耕止，三公、諸王耕五推，尚書、卿九推。執耒者前受之。皇帝還，入自南門，出內壝東

門，入大次。享官、從享者出，太常卿帥其屬耕于千畝。

皇帝還宮，明日，班勞酒於太極殿，如元會，不賀，不爲壽。藉田之穀，斂而鍾之神倉，以擬粢盛及五齊、三酒，穰藁以食牲。

藉田祭先農，唐初爲帝社，亦曰藉田壇。貞觀三年，太宗將親耕，給事中孔穎達議曰：「禮，天子藉田南郊，諸侯東郊。晉武帝猶東南，今帝社乃東壇，未合於古。」太宗曰：「書稱『平秩東作』，而青輅、黛耜，順春氣也。吾方位少陽，田宜于東郊。」乃耕于東郊。垂拱中，武后藉田壇曰先農壇。神龍元年，禮部尚書祝欽明議曰：「周頌載芟：『春藉田而祈社稷。』禮：『天子爲藉千畝，諸侯百畝。』則緣田爲社，曰王社、侯社。今曰先農，失王社之義，宜正名爲帝社。」太常少卿韋叔夏、博士張齊賢等議曰：「祭法，王者立太社，然後立王社，所置之地，則無傳也。漢興已有官社，未立官稷，乃立于官社之後，以夏禹配官社，以后稷配官稷。臣瓚曰：『高紀，立漢社稷，所謂太社也。官社配以禹，所謂王社也。至光武乃不立官稷，相承至今。』魏以官社爲帝社，故摯虞謂魏氏故事立太社是也。晉或廢或置，皆無處所。或曰二社並處，而王社居西。崔氏、皇甫氏皆曰王社在藉田。桉衞宏漢儀『春始東耕於藉田，引詩先農，則神農也。』又五經要義曰：『壇於田，以祀先農如社。』魏秦靜議風伯、雨師、靈星、先農、社、稷爲國六神。晉太始四年，耕於東郊，以太牢祀先農。周、隋

舊儀及國朝先農皆祭神農于帝社，配以后稷。則王社、先農不可一也。今宜於藉田立帝社、帝稷，配以禹、棄，則先農、帝社並祠，叶於周之載芟之義。」欽明又議曰：「藉田之祭本王社。古之祀先農，句龍、后稷也。烈山之子亦謂之農，而周棄繼之，皆祀爲稷。共工之子曰后土，湯勝夏，欲遷而不可。故二神，社、稷主也。黃帝以降，不以羲、農列常祀，豈社、稷而祭神農乎？社、稷之祭，不取神農耒耜大功，而專於共工、烈山，蓋以三皇洪荒之迹，無取爲教。彼秦靜何人，而知社稷、先農爲二，而藉田有二壇乎？先農、王社，一也，皆后稷、句龍異名而分祭，牲以四牢。」欽明又言：「漢祀禹，謬也。今欲正王社、先農之號而未決，乃更加二祀，不可。」叔夏、齊賢等乃奏言：「經無先農，禮曰『王自爲立社，曰王社』。先儒以爲在藉田也。永徽中猶曰藉田，垂拱後乃爲先農。然則先農與社一神，今先農壇請改曰帝社壇，以合古王社之義。其祭，準令以孟春吉亥祠后土，以句龍氏配。」於是爲帝社壇，又立帝稷壇於西，如太社、太稷，而壇不設方色，以異於太社。

開元十九年，停帝稷而祀神農氏於壇上，以后稷配。二十三年，親祀神農於東郊，配以句芒，遂躬耕盡壠止。

肅宗乾元二年，詔去耒耜雕刻，命有司改造之。天子出通化門，釋軷而入壇，遂祭神農氏，以后稷配。冕而朱紘，躬九推焉。

憲宗元和五年，詔以來歲正月藉田。太常脩撰韋公肅言：「藉田禮廢久矣，有司無可考。」乃據禮經參采開元、乾元故事，爲先農壇於藉田。皇帝夾侍二人、正衣二人，侍中一人奉耒耜，中書令一人、禮部尚書一人侍從，司農卿一人授耒耜於侍中，太僕卿一人執牛，左、右衞將軍各一人侍衞。三公以宰相攝，九卿以左右僕射、尚書、御史大夫攝，三諸侯以正員一品官及嗣王攝。推數一用古制。禮儀使一人、太常卿一人贊禮；三公、九卿、諸侯執牛三十人，用六品以下官，皆服袴褶。御耒耜二，幷韜皆以青。其制度取合農用，不雕飾，畢日收之。藉耒耜丈席二。先農壇高五尺，廣五丈，四出陛，其色青。三公、九卿、諸侯耒十有五。御耒之牛四，其二，副也。幷牛衣。每牛各一人，絳衣介幘，取閑農務者，禮司以人贊導之。執耒持耜，以高品中官二人，不袴褶。皇帝詣望耕位，通事舍人分導文、武就耕所。太常帥其屬用庶人二十八，以郊社令一人押之。太常少卿一人，率庶人趨耕所。博士六人，分贊耕禮。司農少卿一人，督視庶人終千畝。廩犧令二人，間一人奉耒耜授司農卿，以五品、六品淸官攝；一人掌耒耜，太常寺用本官。三公、九卿、諸侯耕牛四十，其十，副也，牛各一人。庶人耕牛四十，各二牛一人。庶人耒耜二十具、鍤二具，木爲刃。主藉田縣令一人，具朝服，當耕時立田側，畢乃退。畿甸諸縣令先期集，以常服陪耕所。耆艾二十人，陪於庶人耕位南。三公從者各三人，九卿、諸侯從者各一人，以助耕。皆絳服介幘，用其本

司隸。是時雖草具其儀如此，以水旱用兵而止。

皇帝謁陵，行宮距陵十里，設坐於齋室，設小次於陵所道西南，大次於寢西南。侍臣次於大次西南，陪位者次又於西南，皆東向。文官於北，武官於南，朝集使又於其南，皆相地之宜。

前行二日，遣太尉告於廟。皇帝至行宮，卽齋室。陵令以玉册進署。設御位於陵東南隅，西向，有岡麓之閡，則隨地之宜。又設位於寢宮之殿東陛之東南，西向。尊坫陳于堂戶東南。百官、行從、宗室、客使位神道左右，寢宮則分方序立大次前。

其日，未明五刻，陳黃麾大仗於陵寢。三刻，行事官及宗室親五等、諸親三等以上幷客使之當陪者就位。皇帝素服乘馬，華蓋、繖、扇，侍臣騎從，詣小次。步出次，至位，再拜，又再拜。在位皆再拜，又再拜。少選，太常卿請辭，皇帝再拜，又再拜。奉禮曰：「奉辭。」在位者再拜。皇帝還小次，乘馬詣大次，仗衞列立以俟行。百官、宗室、諸親、客使序立次前。皇帝步至寢宮南門，仗衞止。乃入，繇東序進殿陛東南位，再拜；升自東階，北向，再拜，又再拜。入省服玩，抆拭帳簀，進太牢之饌，加珍羞。皇帝出尊所，酌酒，入，三奠爵，北向立。太祝二人持玉册于戶外，東向跪讀。皇帝再拜，又再拜，乃出戶，當前北向立。太常卿請辭，皇

帝再拜，出東門，還大次，宿行宮。

若太子、諸王、公主陪葬柏城者，皆祭寢殿東廡；功臣陪葬者，祭東序。爲位奠饌，以有司行事。

或皇后從謁，則設大次寢宮東，先朝妃嬪次於大次南，大長公主、諸親命婦之次又於其南，皆東向。以行帷具障謁所，內謁者設皇后位於寢宮東，大次前，少東。先朝妃嬪位西南，各於次東，司贊位妃嬪東北，皆東向。皇帝旣發行宮，皇后乘四望車之大次，改服假髻，白練單衣。內典引導妃嬪以下就位。皇后再拜，陪者皆拜。少選，遂辭，又拜，陪者皆拜。皇后還寢東大次，陪者退。皇后鈿釵禮衣，乘輿詣寢宮，先朝妃嬪、大長公主以下從。至北門，降輿，入大次，詣寢殿前西階之西，妃嬪、公主位於西〔四〕，司贊位妃嬪東北，皆東向。皇后再拜，在位者皆拜。皇后繇西階入室，詣先帝前再拜，復詣先后前再拜，進省先后服玩，退西廂東向立，進食。皇帝出，乃降西階位。辭，再拜，妃嬪皆拜。詣大次更衣，皇帝過，乃出寢宮北門，乘車還。

天子不躬謁，則以太常卿行陵。所司撰日，車府令具軺車一馬淸道，青衣、團扇、曲蓋繖，列俟于太常寺門。設次陵南百步道東，西向。右校令具薙器以備汛埽。太常卿公服乘車，奉禮郎以下從。至次，設卿位兆門外之左，陵官位卿東南，執事又於其南，皆西向。奉

禮郎位陵官之西，贊引二人居南。太常卿以下再拜，在位皆拜。謁者導卿，贊引導衆官入，奉行、復位皆拜。出，乘車之它陵。有芟治，則命之。

凡國陵之制，皇祖以上至太祖陵，皆朔、望上食，元日、冬至、寒食、伏、臘、社各一祭。皇考陵，朔、望及節祭，而日進食。又薦新於諸陵，其物五十有六品。始將進御，所司必先以送太常與尙食，滋味薦之，如宗廟。

貞觀十三年，太宗謁獻陵，帝至小次，降輿，納履，入闕門，西向再拜，慟哭俯伏殆不能興。禮畢，改服入寢宮，執饌以薦。閱高祖及太穆后服御，悲感左右。步出司馬北門，泥行二百步。

永徽二年，有司言：「先帝時，獻陵旣三年，惟朔、望、冬至、夏伏、臘、淸明、社上食，今昭陵喪期畢，請上食如獻陵。」從之。六年正月朔，高宗謁昭陵，行哭就位，再拜擗踊畢，易服謁寢宮。入寢哭踴，進東階，西向拜號，久，乃薦太牢之饌，加珍羞，拜哭奠饌。閱服御而後辭，行哭出寢北門，御小輦還。

顯慶五年，詔歲春、秋季一巡，宜以三公行陵，太常少卿貳之，太常給鹵簿，仍著於令。始，貞觀禮歲以春、秋仲月巡陵，至武后時，乃以四季月、生日、忌日遣使詣陵起居。景龍二年，右臺侍御史唐紹上書曰：「禮不祭墓，唐家之制，春、秋仲月以使具鹵簿衣冠巡陵。天授

之後，乃有起居，遂爲故事。夫起居者，參候動止，事生之道，非陵寢法。請停四季及生日、忌日、節日起居，準式二時巡陵。」手敕曰：「乾陵歲冬至、寒食以外使，二忌以內使朝奉。它陵如紹奏。」至是又獻、昭、乾陵皆日祭。太常博士彭景直上疏曰：「禮無日祭陵，惟宗廟月有祭。故王設廟、祧、壇、墠爲親疎多少之數，立七廟、一壇、一墠。曰考廟、曰王考廟、曰皇考廟、曰顯考廟，皆月祭之。遠廟爲祧，享嘗乃止。去祧爲壇，去壇爲墠，有禱焉祭之，無禱乃止。又譙周祭志：『天子始祖、高祖、曾祖、祖、考之廟，皆月朔加薦，以象平生朔食，謂之月祭；二祧之廟無月祭。』則古皆無日祭者。今諸陵朔、望食，則近於古之殷事；諸節日食，近於古之薦新。鄭注禮記：『殷事，月朔、半薦新之奠也。』又：『既大祥卽四時焉。』此其祭皆在廟，近代始以朔、望諸節祭陵寢，唯四時及臘五享廟。考經據禮，固無日祭於陵。唯漢七廟議，京師自高祖下至宣帝，與太上皇、悼皇考陵旁立廟，園各有寢、便殿，故日祭於寢，月祭於便殿。元帝時，貢禹以禮節煩數，願罷郡國廟。丞相韋玄成等又議七廟外，寢園皆無復。議者亦以祭不欲數，宜復古四時祭於廟。後劉歆引春秋傳『日祭，月祀，時享，歲貢。祖禰則日祭，曾高則月祀，二祧則時享，壇、墠則歲貢』。後漢陵寢之祭無傳焉，魏、晉以降，皆不祭墓。國家諸陵日祭請停如禮。」疏奏，天子以語侍臣曰：「禮官言諸陵不當日進食。夫禮以人情沿革，何專古爲？乾陵宜朝晡進奠如故。昭、獻二陵日一進，或所司苦於費，可減

朕常膳爲之。」

開元十五年敕：「宣皇帝、光皇帝陵，以縣令檢校，州長官歲一巡。」又敕：「歲春、秋巡陵，公卿具仗出城，至陵十里復。」

十七年，玄宗謁橋陵，至壖垣西闕下馬，望陵涕泗，行及神午門，號慟再拜。且以三府兵馬供衞，遂謁定陵、獻陵、昭陵、乾陵乃還。

二十三年，詔獻、昭、乾、定、橋五陵，朔、望上食，歲冬至、寒食各日設一祭。若節與朔、望、忌日合，卽準節祭料。橋陵日進半羊食。二十七年，敕公卿巡陵乘輅，其令太僕寺，陵給輅二乘及仗。明年，制：「以宣皇帝、光皇帝、景皇帝、元皇帝追尊號謚有制，而陵寢所奉未稱。建初、啓運陵如興寧、永康陵，置署官、陵戶，春、秋仲月，分命公卿巡謁。」二十年詔：建初、啓運、興寧、永康陵，歲四時、八節，所司與陵署具食進。」天寶二年，始以九月朔薦衣於諸陵。又常以寒食薦餳粥、雞毬、雷車，五月薦衣、扇。

陵司舊曰署，十三載改獻、昭、乾、定、橋五陵署爲臺，令爲臺令，陞舊一階。是後諸陵署皆稱臺。

大曆十四年，禮儀使顏眞卿奏：「今元陵請朔、望、節祭，日薦，如故事；泰陵惟朔、望、歲冬至、寒食、伏、臘、社一祭，而罷日食。」制曰：「可。」貞元四年，國子祭酒包佶言：「歲二

月、八月，公卿朝拜諸陵，陵臺所由導至陵下，禮略無以盡恭。」於是太常約舊禮草定曰：「所司先撰吉日，公卿輅車、鹵簿就太常寺發，抵陵南道東設次，西向北上。公卿既至次，奉禮郎設位北門外之左，陵官位其東南，執事官又於其南。謁者導公卿，典引導衆官就位，皆拜。公卿、衆官以次奉行，拜而還。」

故事，朝陵公卿發，天子視事不廢。十六年，拜陵官發，會蕭昏卒，廢朝。是後公卿發，乃因之不視事。

元和元年，禮儀使杜黃裳請如故事，豐陵日祭，崇陵唯祭朔、望、節日、伏、臘。二年，宰臣建言：「禮有著定，後世徇一時之慕，過於煩，幷故陵廟有薦新，而節有遣使，請歲太廟以時享，朔、望上食，諸陵以朔、望奠，親陵以朝晡奠，其餘享及忌日告陵皆停。」

校勘記

〔一〕高尺 舊書卷二三禮儀志、唐會要卷七「尺」上有「九」字。

〔二〕錦以黃帊 開元禮卷六二、通典卷一一八均作「飾以黃帊」。

〔三〕講榻北向 開元禮卷五二、通典卷一一七俱云：「監司設講榻於御座之西，南向。」

〔四〕執如意立於侍講之東北向 開元禮卷五二、通典卷一一七俱云：「其執如意者一人，立於侍講之南，東面。」

〔五〕妃嬪公主位於西 開元禮卷四五、通典卷一一六均謂「其妃嬪、公主等陪從，立於皇后之南」。

唐書卷十五

志第五

禮樂五

皇后歲祀一，季春吉巳享先蠶，遂以親桑。散齋三日於後殿；致齋一日於正寢，一日於正殿。前一日，尚舍設御幄於正殿西序及室中，俱東向。致齋之日，晝漏上水一刻，尚儀版奏「請中嚴」。尚服帥司仗布侍衞，司賓引內命婦陪位。六尚以下，各服其服，詣後殿奉迎。尚儀版奏「外辦」。上水二刻，皇后服鈿釵禮衣，結珮，乘輿出自西房，華蓋警蹕。皇后即御座，六尚以下侍衞。一刻頃，尚儀前跪奏稱：「尚儀妾姓言，請降就齋室。」皇后降座，乘輿入室。散齋之日，內侍帥內命婦之吉者，使蠶於蠶室，諸預享者皆齋。

前享三日，尚舍直長設大次於外壝東門之內道北，南向；內命婦及六尚以下次於其後，俱南向。守宮設外命婦次，大長公主、長公主、公主以下於南壝之外道西，三公夫人以

下在其南，重行異位，東向北上。陳饌幔於內壝東門之外道南，北向。前享二日，太樂令設宮縣之樂於壇南內壝之內，諸女工各位於縣後。右校爲采桑壇於壇南二十步所，方三丈，高五尺，四出陛。尚舍量施帷障於外壝之外，四面開門，其東門足容厭翟車。前享一日，內謁者設御位於壇之東南，西向；望瘞位於西南，當瘞埳，西向。亞獻、終獻位於內壝東門之內道南，執事者位於其後，重行異位，西向北上。典正位於壇下，一位於東南，西向；一位於西南，東向。女史各陪其後。司贊位於樂縣東北，掌贊二人在南，差退，西面。又設司贊、掌贊位於埋埳西南，東面南上；典樂舉麾位於壇上南陛之西，東向；司樂位於北縣之間，當壇北向。內命婦位於終獻之南，絕位，重行異位，西向北上；外命婦位於中壝南門之外，大長公主以下於道東，西向〔二〕，當內命婦，差退；太夫人以下於道西，去道遠近如公主，重行異位，相向北上。又設御采桑位於壇上，東向；內命婦采桑位於壇下，當御位東南，北向西上；執御鉤、筐者位於內命婦之西少南，西上；內外命婦執鉤、筐者位各於其采桑位之後。設門外位：享官於東壝之外道南，從享內命婦於享官之東，北面西上；從享外命婦於南壝之外道西，如設次。設酒尊之位於壇上東南隅，北向西上；御洗於壇南陛東南，亞獻之洗又於東南，俱北向；幣篚於壇上尊坫之所。晡後，內謁者帥其屬以尊坫、罍洗、篚冪入，設於位。升壇者自東陛。享日，未明十五刻，太官令帥宰人以鸞刀割牲，祝史以豆取毛血置於饌所，遂烹牲。五刻，司設升，設先蠶氏神座於壇上北方，南向。

前享一日，金吾奏：「請外命婦等應集壇所者聽夜行，其應采桑者四人，各有女侍者進筐、鉤載之而行。」其日未明四刻，搥一鼓爲一嚴；二刻，搥二鼓爲再嚴。尚儀版奏「請中嚴」。一刻，搥三鼓爲三嚴。司賓引內命婦入，立於庭，重行，西面北上。六尚以下詣室奉迎。尚服負寶，內僕進厭翟車於閤外，尚儀版奏「外辦」。馭者執轡，皇后服鞠衣，乘輿以出，華蓋、侍衞、警蹕。內命婦從出門。皇后升車，尚功進鉤，司製進筐，載之。內命婦及六尚等乘車從，諸翊駕之官皆乘馬。駕動，警蹕，不鳴鼓角。內命婦、宮人以次從。

其日三刻，尚儀及司醞帥其屬入，實尊罍及幣，太官令實諸籩、豆、簠、簋、俎等，內謁者帥其屬詣廚奉饌入，設於饌幔內。駕將至，女相者引享官，內典引引外命婦，俱就門外位。駕至大次門外，迴車南向，尚儀進車前跪奏稱：「尚儀妾姓言，請降車。」皇后降車，乘輿之大次，華蓋、繖、扇。尚儀以祝版進，御署，出奠於坫。尚功、司製進受鉤、筐以退，典贊引亞獻及從享內命婦俱就門外位。司贊帥掌贊先入就位，女相者引尚儀、典正及女史、祝史與女執尊罍篚冪者入自東門，當壇南，北向西上。司贊曰：「再拜。」掌贊承傳，尚儀以下皆再拜，就位。司樂帥女工人入，典贊引亞獻、終獻，女相者引執事者，司賓引內命婦，內典引引外命婦入，就位。皇后停大次半刻頃，司言引尚宮立於大次門外，當門北向。尚儀版奏「外辦」。

皇后出次，入自東門，至版位，西向立。尚宮曰：「再拜。」皇后再拜。司贊曰：「衆官再拜。」在位者皆再拜。尚宮曰：「有司謹具，請行事。」樂三成。尚宮曰：「再拜。」皇后再拜。司贊曰：「衆官再拜。」在位者皆再拜。壇上尚儀跪取幣於篚，興，立於尊所。皇后自壇南陛升，北面立，尚儀奉幣東向進，皇后受幣，進，北向，跪奠於神座，少退，再拜，降自南陛，復于位。初，內外命婦拜訖，女祝史奉毛血之豆立於內壝東門之外，皇后已奠幣，乃奉毛血入，升自南陛，尚儀迎引於壇上，進，跪奠於神座前。皇后既升奠幣，司膳出，帥女進饌者奉饌陳於內壝東門之外。皇后既降，復位。司膳引饌入，至階。女祝史跪徹毛血之豆，降自東陛以出。饌升自南陛，尚儀迎引於壇上，設於神座前。皇后詣罍洗，尚儀跪取匜，興，沃水；司言跪取盤，興，承水。皇后盥。司言跪取巾於篚，進以帨，受巾，跪奠於篚。乃取爵於篚，興，進，受爵。尚儀酌罍水，司言奉盤，皇后洗爵，司言授巾，皆如初。皇后升自壇南陛，詣酒尊。尚儀贊酌醴齊，進先蠶氏神座前，北向跪，奠爵，興，少退，立。尚儀持版進於神座之右，東面跪讀祝文。皇后再拜，尚儀以爵酌上尊福酒，西向進，皇后再拜受爵，跪，祭酒，啐酒，奠爵，興。尚儀帥女進饌者持籩、俎進神前，三牲胙肉各置一俎，又以籩取稷、黍飯共置一籩。尚儀以飯籩、胙俎西向以次進，皇后每受以授左右。乃跪取爵，遂飲，卒爵，興，再拜，降自南陛，復于位。初，皇后獻將畢，典贊引貴妃詣罍洗，盥手，洗爵，自東陛升壇，酌盎

齊于象尊，進神座前，北向跪，奠爵，興，少退，再拜。尚儀以爵酌福酒進，貴妃再拜受爵，跪祭，遂飲，卒爵，再拜，降自東陛，復位。昭儀終獻如亞獻。尚儀進神座前，跪徹豆。司贊曰：「賜胙。」掌唱曰：「衆官再拜。」在位者皆再拜。尚宮曰：「再拜。」皇后再拜。司贊曰：「衆官再拜。」在位者皆再拜。尚宮請就望瘞位，司贊帥掌贊就瘞埳西南位，皇后至望瘞位，西向立。尚儀執籩進神座前，取幣，自北陛降壇，西行詣瘞埳，以幣置於埳。司贊曰：「可瘞埳。」東西各四人實土半埳。尚宮曰：「禮畢，請就采桑位。」尚宮引皇后詣采桑壇，升自西陛，東向立。

初，皇后將詣望瘞位，司賓引內外命婦采桑者、執鉤筐者皆就位。內外命婦一品各二人，二品、三品各一人。皇后既至，尚功奉金鉤自北陛升，進。典製奉筐從升。皇后受鉤，采桑，典製以筐受之。皇后采三條止，尚功前受鉤，典製以筐俱退。皇后初采桑，典製等各以鉤授內外命婦。皇后采桑訖，內外命婦以次采，女史執筐者受之。內外命婦一品采五條，二品采九條，止，典製等受鉤，與執筐者退，復位。司賓各引內外命婦采桑者以從〔三〕，至蠶室，尚功以桑授蠶母，蠶母切之以授婕妤食蠶，灑一簿止。尚儀曰：「禮畢。」尚宮引皇后還大次，內外命婦各還其次。尚儀、典正以下俱復執事位。司贊曰：「再拜。」尚儀以下皆再拜，出。女工人以次出。其祝版燔於齊所。

車駕還宮之明日，內外命婦設會於正殿，如元會之儀，命曰勞酒。

其有司歲所常祀者十有三：立春後丑日祀風師，立夏後申日祀雨師，立秋後辰日祀靈星，立冬後亥日祀司中、司命、司人、司祿，季夏土王之日祭中霤，孟冬祭司寒。皆一獻。祝稱：「天子謹遣。」

其中春、中秋釋奠于文宣王、武成王，皆以上丁、上戊，國學以祭酒、司業、博士三獻，樂以軒縣。前享一日，奉禮郎設三獻位于東門之內道北，執事位於道南，皆西向北上；學官、館官位於縣東，當執事西南，西向；學生位於館官之後，皆重行北上；觀者位於南門之內道之左右，重行北面，相對爲首。設三獻門外位於東門之外道南，執事位於其後，每等異位，北向西上；館官、學官位於三獻東南，北向西上。設先聖神座於廟室內西楹間，東向；先師於先聖東北，南向；其餘弟子及二十一賢以次東陳，南向西上。其餘皆如常祀。

皇子束脩：束帛一篚，五匹；酒一壺，二斗；脩一案，五脡。其日平明，皇子服學生之服其服青衿。至學門外。博士公服，執事者引立學堂東階上，西面。相者引皇子立於門東，西面。陳束帛篚、壺酒、脯案於皇子西南，當門北向，重行西上。將命者出，立門西，東面，曰：「敢請就事。」皇子少進，曰：「某方受業於先生，敢請見。」將命者入告。博士曰：「某也不德，請皇子無辱。」若已封王，則云「請王無辱」。將命者出告，皇子固請。博士曰：「某也不德，請皇子就位，某敢見。」將命者出告，皇子曰：「某不敢以視賓客，請終賜見。」將命者入告，博士曰：「某辭不得命，敢不從。」將命者出告，執篚者以篚東面授皇子，皇子執篚。博士降俟于東階下，西面。相者引皇子，執事者奉壺酒、脩案以從，皇子入門而左，詣西階之南，東面。奉酒、脩者立於皇子西南，東面北上。皇子跪，奠篚，再拜。博士答再拜，皇子還避，遂進，跪取篚。相者引皇子進博士前，東面授幣，奉壺酒、脩案者從，奠於博士前，博士受幣，執事者取酒、脩、幣以東。相者引皇子立於階間近南，北面，奉酒、脩者出。皇子拜訖，相者引皇子出。

其學生束帛、酒、脩以見，如皇子。

武德二年，始詔國子學立周公、孔子廟；七年，高祖釋奠焉，以周公爲先聖，孔子配。九年封孔子之後爲褒聖侯。貞觀二年，左僕射房玄齡、博士朱子奢建言：「周公、尼父俱聖人，然釋奠於學，以夫子也。大業以前，皆孔丘爲先聖，顏回爲先師。」乃罷周公，升孔子爲先聖，以顏回配。四年，詔州、縣學皆作孔子廟。十一年，詔尊孔子爲宣父，作廟於兗州，給戶二十以奉之。十四年，太宗觀釋奠於國子學，詔祭酒孔穎達講孝經。

二十一年，詔左丘明、卜子夏、公羊高、穀梁赤、伏勝、高堂生、戴聖、毛萇、孔安國、劉向、鄭衆、賈逵、杜子春、馬融、盧植、鄭康成、服虔、何休、王肅、王弼、杜預、范甯二十二人皆以配享。而尼父廟學官自祭之，祝曰：「博士某昭告于先聖。」州、縣之釋奠，亦以博士祭。中書侍郎許敬宗等奏：「禮：『學官釋奠于其先師。』鄭氏謂：『詩、書、禮、樂之官也。』四時之學，將習其道，故釋奠各以其師，而不及先聖。惟春、秋合樂，則天子視學，有司總祭先聖、先師。秦、漢釋奠無文，魏則以太常行事，晉、宋以學官主祭。且國學樂以軒縣，尊、俎須於官，非臣下所可專也。請國學釋奠以祭酒、司業、博士爲三獻，辭稱『皇帝謹遣』。州學以刺史、上佐、博士三獻，縣學以令、丞、主簿若尉三獻。如社祭，給明衣。」會皇太子釋奠，自爲初獻，以祭酒張後胤亞獻，光州刺史攝司業趙弘智終獻。

永徽中，復以周公爲先聖，孔子爲先師，顏回、左丘明以降皆從祀。顯慶二年，太尉長孫无忌等言：「禮：『釋奠于其先師。』若禮有高堂生，樂有制氏，詩有毛公，書有伏生。又禮：『始立學，釋奠于先聖。』鄭氏注：『若周公、孔子也。』故貞觀以夫子爲聖，衆儒爲先師。且周公作禮樂，當同王者之祀。」乃以周公配武王，而孔子爲先聖。

總章元年，太子弘釋奠于學，贈顏回爲太子少師，曾參少保。咸亨元年，詔州、縣皆營孔子廟。武后天授元年，封周公爲褒德王，孔子爲隆道公。神龍元年，以鄒、魯百戶爲隆道公釆邑，以奉歲祀，子孫世襲褒聖侯。睿宗太極元年，以兗州隆道公近祠戶三十供灑掃，加贈顏回太子太師，曾參太子太保，皆配享。

玄宗開元七年，皇太子齒胄於學，謁先聖，詔宋璟亞獻，蘇頲終獻。臨享，天子思齒胄義，乃詔二獻皆用胄子，祀先聖如釋奠。右散騎常侍褚无量講孝經、禮記文王世子篇。

明年，司業李元瓘奏：「先聖廟爲十哲象，以先師顏子配，則配象當坐，今乃立侍。餘弟子列象廟堂不豫享，而范甯等皆從祀。請釋奠十哲享於上，而圖七十子於壁。曾參以孝受經於夫子，請享之如二十二賢。」乃詔十哲爲坐象，悉豫祀。曾參特爲之象，坐亞之。圖七十子及二十二賢於廟壁。

二十七年，詔夫子既稱先聖，可謚曰文宣王，遣三公持節册命，以其嗣爲文宣公，任州長史，代代勿絕。先時，孔廟以周公南面，而夫子坐西墉下。貞觀中，廢周公祭，而夫子位未改。至是，二京國子監、天下州縣夫子始皆南向，以顏淵配。贈諸弟子爵公侯：子淵兗公，子騫費侯，伯牛鄆侯，仲弓薛侯，子有徐侯，子路衞侯，子我齊侯，子貢黎侯，子游吳侯，子夏魏侯。又贈曾參以降六十七人：參成伯，顓孫師陳伯，澹臺滅明江伯，宓子賤單伯，原憲原伯，公冶長莒伯，南宮适郯伯，公晳哀郳伯，曾點宿伯，顏路杞伯，商瞿蒙伯，高柴共伯，漆雕開滕伯，公伯寮任伯，司馬牛向伯，樊遲樊伯，有若卞伯，公西赤邵伯，巫馬期鄫伯，梁

鱣梁伯，顏柳蕭伯，冉孺郜伯，曹卹豐伯，伯虔鄒伯，公孫龍黃伯，冉季產東平伯，秦子南少梁伯，漆雕斂武城伯，顏子驕琅邪伯，漆雕徒父須句伯，壤駟赤北徵伯，商澤睢陽伯，石作蜀郈邑伯，任不齊任城伯，公夏首亢父伯，公良孺東牟伯，后處營丘伯，秦開彭衙伯，奚容蒧下邳伯〔三〕，公肩定新田伯，顏襄臨沂伯，鄡單銅鞮伯，句井疆淇陽伯，罕父黑乘丘伯，秦商上洛伯，申黨召陵伯，公祖子之期思伯，榮子旗雩婁伯，縣成鉅野伯，左人郢臨淄伯，燕伋漁陽伯，鄭子徒榮陽伯，秦非汧陽伯，施常乘氏伯，顏噲朱虛伯，步叔乘淳于伯，顏之僕東武伯，原亢籍萊蕪伯，樂欬昌平伯，廉絜莒父伯，顏何開陽伯，叔仲會瑕丘伯，狄黑臨濟伯，邽巽平陸伯，孔忠汶陽伯，公西與如重丘伯，公西蒧祝阿伯。於是二京之祭，牲太牢、樂宮縣、舞六佾矣。州縣之牲以少牢而無樂。

二十八年，詔春秋二仲上丁，以三公攝事，若會大祀，則用中丁，州、縣之祭，上丁。上元元年，肅宗以歲旱罷中、小祀，而文宣之祭，至仲秋猶祠之於太學。永泰二年八月，脩國學祠堂成，祭酒蕭昕始奏釋奠，宰相元載、杜鴻漸、李抱玉及常參官、六軍將軍就觀焉。自復二京，惟正會之樂用宮縣，郊廟之享，登歌而已，文、武二舞亦不能具。至是，魚朝恩典監事，乃奏宮縣於論堂，而雜以教坊工伎。貞元九年季冬，貢舉人謁先師日與親享廟同，有司言上丁釋奠與大祠同，卽用中丁，乃更用日謁於學。元和九年，禮部奏貢舉人謁先師，自是

不復行矣。

開元十九年，始置太公尚父廟，以留侯張良配。中春、中秋上戊祭之，牲、樂之制如文宣。出師命將，發日引辭于廟。仍以古名將十人爲十哲配享。天寶六載，詔諸州武舉人上省，先謁太公廟。乾元元年，太常少卿于休烈奏：「秋享漢祖廟，旁無侍臣，而太公乃以張良配。子房生漢初，佐高祖定天下，時不與太公接。古配食廟庭，皆其佐命；太公，人臣也，誼無配享。請以張良配漢祖廟。」

上元元年，尊太公爲武成王，祭典與文宣王比，以歷代良將爲十哲象坐侍。秦武安君白起、漢淮陰侯韓信、蜀丞相諸葛亮、唐尚書右僕射衞國公李靖、司空英國公李勣列於左，漢太子少傅張良、齊大司馬田穰苴、吳將軍孫武、魏西河守吳起、燕昌國君樂毅列於右，以良爲配。後罷中祀，遂不祭。

建中三年，禮儀使顏眞卿奏：「治武成廟，請如月令春、秋釋奠。其追封以王，宜用諸侯之數，樂奏軒縣。」詔史館考定可配享者，列古今名將凡六十四人圖形焉：越相國范蠡，齊將孫臏，趙信平君廉頗，秦將王翦，漢相國平陽侯曹參、左丞相絳侯周勃、前將軍北平太守李廣、大司馬冠軍侯霍去病，後漢太傅高密侯鄧禹、左將軍膠東侯賈復、執金吾雍奴侯寇恂、伏波將軍新息侯馬援、太尉槐里侯皇甫嵩，魏征東將軍晉陽侯張遼，蜀前將軍漢壽亭侯關

羽，吳偏將軍南郡太守周瑜、丞相婁侯陸遜，晉征南大將軍南城侯羊祜、撫軍大將軍襄陽侯王濬，東晉車騎將軍康樂公謝玄，前燕太宰錄尚書太原王慕容恪，宋司空武陵公檀道濟，梁太尉永寧郡公王僧辯，北齊尚書右僕射燕郡公慕容紹宗，周大冢宰齊王宇文憲，隋上柱國新義公韓擒虎、柱國太平公史萬歲，唐右武候大將軍鄂國公尉遲敬德、右武衞大將軍邢國公蘇定方、右武衞大將軍同中書門下平章事韓國公張仁亶、兵部尚書同中書門下三品中山公王晙、夏官尚書同中書門下三品朔方大總管王孝傑；齊相管仲、安平君田單，趙馬服君趙奢、大將軍武安君李牧，漢梁王彭越、太尉條侯周亞夫、大將軍長平侯衞青、後將軍營平侯趙充國，後漢大司馬廣平侯吳漢、征西大將軍夏陽侯馮異、建威大將軍好時侯耿弇、太尉新豐侯段熲，魏太尉鄧艾，蜀車騎將軍西鄉侯張飛，吳武威將軍南郡太守孱陵侯呂蒙、大司馬荊州牧陸抗，晉鎭南大將軍當陽侯杜預、太尉長沙公陶侃，前秦丞相王猛，後魏太尉北平王長孫嵩，宋征虜將軍王鎭惡，陳司空南平公吳明徹，北齊右丞相咸陽王斛律光，周太傅大宗伯燕國公于謹、右僕射鄖國公韋孝寬，隋司空尚書令越國公楊素、右武候大將軍宋國公賀若弼，唐司空河間郡王孝恭、禮部尚書聞喜公裴行儉、兵部尚書同中書門下三品代國公郭元振、朔方節度使兼御史大夫張齊丘、太尉中書令尚父汾陽郡王郭子儀。

貞元二年，刑部尚書關播奏：「太公古稱大賢，下乃置亞聖，義有未安。而仲尼十哲，皆

當時弟子，今以異時名將，列之弟子，非類也。請但用古今名將配享，去亞聖十哲之名。」自是，唯享武成王及留侯，而諸將不復祭矣。

四年，兵部侍郎李紓言：「開元中，太公廟以張良配，以太常卿、少卿三獻，祝文曰：『皇帝遣某敢昭告。』至上元元年贈太公以王爵，祭典同文宣，有司遂以太尉獻，祝版親署。夫太公周之太師，張良漢之少傅，今至尊屈禮於臣佐，神何敢歆？且文宣百世所宗，故樂以宮縣，獻以太尉，尊師崇道也。太公述作止六韜，勳業著一代，請祝辭不進署，改昭告爲敬祭，留侯爲致祭，獻官用太常卿以下。」百官議之，多請如紓言。左司郎中嚴涗等議曰：「按紓援典訓尊卑之節，當矣，抑猶有未盡。夫大名徽號，不容虛美，而太公兵權奇計之人耳，當殷之失德，諸侯歸周，遂爲佐命。祀典不云乎，『法施於人則祀之』？如仲尼祖述堯舜，憲章文武，删詩書，定禮樂，使君君、臣臣、父父、子子皆宗之，法施於人矣。貞觀中，以太公兵家者流，始令磻溪立廟。開元漸著上戊釋奠禮，其進不薄矣。上元之際，執事者苟意於兵，遂封王爵，號擬文宣，彼於聖人非倫也。謂宜去武成王號，復爲太公廟，奠享之制如紓請。」刑部員外郎陸淳等議曰：「武成王，殷臣也，紂暴不諫，而佐周傾之。夫尊道者師其人，使天下之人入是廟，登是堂，稽其人，思其道，則立節死義之士安所奮乎？聖人宗堯、舜，賢夷、齊，不法桓、文，不贊伊尹，殆謂此也。武成之名，與文宣偶，非不刊之典也。臣愚謂罷上元追封

立廟，復磻溪祠，有司以時享，斯得矣。」左領軍大將軍令狐建等二十四人議曰：「兵革未靖，宜右武以起忠烈。今特貶損，非勸也。且追王爵，以時祠，爲武教主，文、武並宗，典禮已久，改之非也。」乃詔以將軍爲獻官，餘用紓奏。自是，以上將軍、大將軍、將軍爲三獻。

其五岳、四鎭，歲一祭，各以五郊迎氣日祭之。東岳岱山於兖州，東鎭沂山於沂州，南岳衡山於衡州，南鎭會稽於越州，中岳嵩高於河南，西岳華山於華州，西鎭吳山於隴州，北岳常山於定州，北鎭醫無閭於營州，東海於萊州，淮於唐州，南海於廣州，江於益州，西海及河於同州，北海及濟於河南。

校勘記

〔一〕西向　各本原作「東西」，據開元禮卷四八及通典卷一一五改。

〔二〕司賓各引內命婦采桑者以從　「以從」，開元禮卷四八、通典卷一一五作「退復位。司賓引婕妤一人詣蠶室，尚宮帥執鉤、筐者 以次從」。

〔三〕奚容蒧　「蒧」，各本原作「箴」，據史記卷六七仲尼弟子列傳、開元禮卷五四及通典卷五三改。

唐書卷十六

志第六

禮樂六

二曰賓禮，以待四夷之君長與其使者。

蕃國主來朝，遣使者迎勞。前一日，守宮設次於館門之外道右，南向。其日，使者就次，蕃主服其國服，立於東階下，西面。使者朝服出次，立於門西，東面；從者執束帛立於其南。有司出門，西面曰：「敢請事。」使者曰：「奉制勞某主。」稱其國名。有司入告，蕃主迎於門外之東，西面再拜，俱入。使者先升，立於西階上，執束帛者從升，立於其北，俱東向。蕃主乃升，立於東階上，西面。使者執幣曰：「有制。」蕃主將下拜，使者曰：「有後制，無下拜。」蕃主旋，北面再拜稽首。使者宣制，蕃主進受命，退復位，以幣授左右，又再拜稽首。使者降，出立於門外之西，東面。蕃主送於門之外，西，止使者，揖以俱入，讓升，蕃主先升東階上，

西面；使者升西階上，東面。蕃主以土物儐使者〔一〕，使者再拜受。蕃主再拜送物，使者降，出，蕃主從出門外，皆如初。蕃主再拜送使者，還。蕃主入，鴻臚迎引詣朝堂，依方北面立，所司奏聞，舍人承敕出，稱「有敕」。蕃主再拜。宣勞，又再拜。乃就館。

皇帝遣使戒蕃主見日，如勞禮。宣制曰：「某日，某主見。」蕃主拜稽首。使者降，出，蕃主送。

蕃主奉見。前一日，尚舍奉御設御幄於太極殿，南向；蕃主坐於西南，東向。守宮設次，太樂令展宮縣，設舉麾位於上下，鼓吹令設十二案，乘黃令陳車輅，尚輦奉御陳輿輦。典儀設蕃主立位於縣南道西，北面；蕃國諸官之位於其後，重行，北面西上；典儀位于縣之東北，贊者二人在南，差退，俱西面。諸衞各勒部，屯門列黃麾仗。所司迎引蕃主至承天門外，就次。本司入奏，鈒戟近仗皆入。典儀帥贊者先入，就位。侍中版奏「請中嚴」。諸侍衞之官及符寶郎詣閤奉迎，蕃主及其屬各立於閤外西廂，東面。侍中版奏「外辦」。皇帝服通天冠，絳紗袍，乘輿以出。舍人引蕃主入門，舒和之樂作。典儀曰：「再拜。」蕃主再拜稽首。侍中承制降詣蕃主西北，東面曰：「有制。」蕃主再拜稽首。乃宣制，又再拜稽首。侍中還奏，承制降勞，敕升座。蕃主再拜稽首，升座。侍中承制勞問，蕃主俛伏避席，將下拜，侍中承制曰：「無下拜。」蕃主復位，拜而對。侍中還奏，承制勞還館。蕃主降，復縣南位，再拜稽

首。其官屬勞以舍人，與其主俱出。侍中奏「禮畢」。皇帝興。

若蕃國遣使奉表幣，其勞及戒見皆如蕃國主。庭實陳於客前，中書侍郎受表置於案，至西階以表升。有司各率其屬受其幣焉。

其宴蕃國主及其使，皆如見禮。皇帝已卽御坐，蕃主入，其有獻物陳於其前。侍中承制降敕，蕃主升座。蕃主再拜奉贄，曰：「某國蕃臣某敢獻壤奠。」侍中升奏，承旨曰：「朕其受之。」侍中降於蕃主東北，西面，稱「有制」。蕃主再拜，乃宣制。又再拜以贄授侍中，以授有司。有司受其餘幣，俱以東。舍人承旨降敕就座，蕃國諸官俱再拜。應升殿者自西階，其不升殿者分別立於廊下席後。典儀曰：「就坐。」階下贊者承傳，皆就座。太樂令引歌者及琴瑟至階，脫履，升坐，其笙管者，就階間北面立。尙食奉御進酒，至階，典儀曰：「酒至，興。」階下贊者承傳，皆俛伏，興，立。殿中監及階省酒，尙食奉御進酒，皇帝舉酒，良醞令行酒。典儀曰：「再拜。」階下贊者承傳，皆再拜，受觶。皇帝初舉酒，登歌作昭和三終。尙食奉御受虛觶，奠于坫。酒三行，尙食奉御進食，典儀曰：「食至，興。」階下贊者承傳，皆興，立。殿中監及階省桉，尙食奉御品嘗食，以次進，太官令行蕃主以下食桉。典儀曰：「就坐。」階下贊者承傳，皆就坐。皇帝乃飯，蕃主以下皆飯。徹桉，又行酒，遂設庶羞。二舞以次入，作。食畢，蕃主以下復位于縣南，皆再拜。若有筐篚，舍人前承旨降宣敕，蕃主以下又再拜，乃出。

其三日軍禮。

皇帝親征。

纂嚴。前期一日，有司設御幄於太極殿，南向。文武羣官次於殿庭東西，每等異位，重行北向。乘黃令陳革輅以下車旗于庭。其日未明，諸衞勒所部，列黃麾仗。平明，侍臣、將帥、從行之官皆平巾幘、袴褶。留守之官公服，就次。上水五刻，侍中版奏「請中嚴」。鈒戟近仗列于庭。三刻，羣官就位，諸侍臣詣閤奉迎。侍中版奏「外辦」。皇帝服武弁，御輿以出，卽御座。典儀曰：「再拜。」在位者皆再拜。中書令承旨敕百寮羣官出，侍中跪奏「禮畢」。皇帝入自東房，侍臣從至閤。

乃禷于昊天上帝。前一日，皇帝淸齊於太極殿，諸豫告之官、侍臣、軍將與在位者皆淸齊一日。其日，皇帝服武弁，乘革輅，備大駕，至于壇所。其牲二及玉幣皆以蒼。尊以太尊、山罍各二，其獻一。皇帝已飲福，諸軍將升自東階，立于神座前，北向西上，飲福受胙。將軍之次在外壝南門之外道東，西向北上。其卽事之位在縣南，北面。每等異位，重行西上。

其奠玉帛、進熟、飲福、望燎，皆如南郊。

其宜于社，造于廟，皆各如其禮而一獻。軍將飲福于太稷，廟則皇考之室。

其凱旋，則陳俘馘於廟南門之外，軍實陳于其後。

其解嚴，皇帝服通天冠、絳紗袍，羣臣再拜以退，而無所詔。其餘皆如纂嚴。

若禡于所征之地，則爲壝再重，以熊席祀軒轅氏。兵部建兩旗于外壝南門之外，陳甲冑、弓矢于神位之側，植稍于其後。尊以犧、象、山罍各二，饌以特牲。皇帝服武弁，羣臣戎服，三獻。其接於神者皆如常祀，瘞而不燎。其軍將之位如禷。

其軷于國門，右校委土於國門外爲軷，又爲瘞埳於神位西北，太祝布神位於軷前，南向。太官令帥宰人刳羊。郊社之屬設尊、罍、篚、冪於神左，俱右向；置幣於尊所。皇帝將至，太祝立於罍、洗東南，西向再拜，取幣進，跪奠於神。進饌者薦脯醢，加羊於軷西首。太祝盥手洗爵，酌酒進，跪奠於神，興，少退，北向立，讀祝。太祝再拜。少頃，帥齋郎奉幣、爵、酒饌，宰人舉羊肆解之，太祝并載，埋於埳。執尊者徹罍、篚、席，駕至，權停。太祝以爵酌酒，授太僕卿，左併轡，右受酒，祭兩軹及軌前，乃飲，授爵，駕轢軷而行。

其所過山川，遣官告，以一獻。若遣將出征，則皆有司行事。

賊平而宣露布。其日，守宮量設羣官次。露布至，兵部侍郎奉以奏聞，承制集文武羣

官、客使於東朝堂，各服其服。奉禮設版位於其前，近南，文東武西，重行北向。又設客使之位。設中書令位於羣官之北，南面。吏部、兵部贊羣官、客使，謁者引就位。中書令受露布置於桉。令史二人絳公服，對舉之以從。中書令出，就南面位，持桉者立於西南，東面。中書令取露布，稱「有制」。羣官、客使皆再拜。遂宣之，又再拜，舞蹈，又再拜。兵部尙書進受露布，退復位，兵部侍郎前受之。中書令入，羣官、客使各還次。

仲冬之月，講武於都外。

前期十有一日，所司奏請講武。兵部承詔，遂命將帥簡軍士，除地爲場，方一千二百步，四出爲和門。又爲步、騎六軍營域，左右廂各爲三軍，北上。中間相去三百步，立五表，表間五十步，爲二軍進止之節。別墠地於北廂，南向。前三日，尙舍奉御設大次於墠。前一日，講武將帥及士卒集於墠所，建旗爲和門，如方色。都墠之中及四角皆建五采牙旗、旗鼓甲仗。大將以下，各有統帥。大將被甲乘馬，教習士衆。少者在前，長者在後。其還，則反之。長者持弓矢，短者持戈矛，力者持旌，勇者持鉦、鼓、刀、楯爲前行，持矟者次之，弓箭者爲後。使其習見旌旗、金鼓之節。旗臥則跪，旗舉則起。

講武之日，未明十刻而嚴，五刻而甲，步軍爲直陣以俟，大將立旗鼓之下。六軍各鼓十

二、鉦一、大角四。未明七刻，鼓一嚴，侍中奏「開宮殿門及城門」。五刻，再嚴，侍中版奏「請中嚴」。文武官應從者俱先置，文武官皆公服，所司爲小駕。二刻，三嚴，諸衞各督其隊與鈒戟以次入，陳於殿庭。皇帝乘革輅至墠所，兵部尚書介冑乘馬奉引，入自北門，至兩步軍之北，南向。黃門侍郎請降輅。乃入大次。兵部尚書停於東廂，西向。領軍減小駕，騎士立於都墠之四周〔三〕，侍臣左右立於大次之前，北上。九品以上皆公服，東、西在侍臣之外十步所，重行北上。諸州使人及蕃客先集於北門外，東方、南方立於道東，西方、北方立於道西，北上。駕將至，奉禮曰：「再拜」〔四〕。在位者皆再拜。皇帝入次，謁者引諸州使人，鴻臚引蕃客，東方、南方立於大次東北，西方、北方立於西北，觀者立於都墠騎士仗外四周，然後講武。

吹大角三通，中軍將各以鞞令鼓，二軍俱擊鼓。三鼓，有司偃旗，步士皆跪。諸帥果毅以上，各集於其中軍。左廂中軍大將立於旗鼓之東，西面，諸軍將立於其南；右廂中軍大將立於旗鼓之西，東面，諸軍將立於其南。北面，以聽大將誓。左右三軍各長史二人，振鐸分循，諸果毅各以誓詞告其所部。遂擊鼓，有司舉旗，士衆皆起行，及表，擊鉦，乃止。又擊三鼓，有司偃旗，士衆皆跪。又擊鼓，有司舉旗，士衆皆起，驟及表，乃止。東軍一鼓，舉青旗爲直陣；西軍亦鼓，舉白旗爲方陣以應。次西軍鼓，舉赤旗爲銳陣；東軍亦鼓，舉黑旗

爲曲陣以應。次東軍鼓，舉黃旗爲圜陣；西軍亦鼓，舉青旗爲直陣以應。次西軍鼓，舉白旗爲方陣；東軍亦鼓，舉赤旗爲銳陣以應。次東軍鼓，舉黑旗爲曲陣；西軍亦鼓，舉黃旗爲圜陣以應。凡陣，先舉者爲客，後舉者爲主。每變陣，二軍各選刀、楯五十人挑戰，第一、第二挑戰迭爲勇怯之狀，第三挑戰爲敵均之勢，第四、第五挑戰爲勝敗之形。每將變陣，先鼓而直陣，然後變從餘陣之法。既已，兩軍俱爲直陣。又擊三鼓，有司偃旗，士衆皆跪。又擊鼓舉旗，士衆皆起，騎馳、徒走，左右軍俱至中表，相擬擊而還。每退至一行表，跪起如前，遂復其初。侍中跪奏「請觀騎軍」，承制曰：「可。」二軍騎軍皆如步軍之法，每陣各八騎挑戰，五陣畢，大擊鼓而前，盤馬相擬擊而罷。遂振旅。侍中跪奏稱：「侍中臣某言，禮畢。」乃還。

皇帝狩田之禮，亦以仲冬。

前期，兵部集衆庶脩田法，虞部表所田之野，建旗於其後。前一日，諸將帥士集於旗下。質明，弊旗，後至者罰。兵部申田令，遂圍田。其兩翼之將皆建旗。及夜，布圍，闕其南面。駕至田所，皇帝鼓行入圍，鼓吹令以鼓六十陳於皇帝東南，西向；六十陳於西南，東向。皆乘馬，各備簫角。諸將皆鼓行圍。乃設驅逆之騎。皇帝乘馬南向，有司斂大綏以從。諸公、王以下皆乘馬，帶弓矢，陳於前後。所司之屬又斂小綏以從。乃驅獸出前。初，一驅過，有司整飭弓矢以前。再驅過，有司奉進弓矢。三驅過，皇帝乃從禽左而射之。每驅必三獸以上。皇帝發，抗大綏，然後公、王發，抗小綏。驅逆之騎止，然後百姓獵。

凡射獸，自左而射之，達於右腢爲上射，達右耳本爲次射，左髀達於右䯚爲下射。羣獸相從不盡殺，已被射者不重射。不射其面，不翦其毛。凡出表者不逐之。田將止，虞部建旗於田內，乃雷擊駕鼓及諸將之鼓，士從譟呼。諸得禽獻旗下，致其左耳。大獸公之，小獸私之。其上者供宗廟，次者供賓客，下者充庖廚。乃命有司饁獸於四郊，以獸告至於廟社。

射。

前一日，太樂令設宮縣之樂，鼓吹令設十二桉於射殿之庭，東面縣在東階東，西面縣在西階西。南北二縣及登歌廣開中央，避射位。張熊侯去殿九十步，設乏於侯西十步、北十步。設五福庭前，少西。布侍射者位於西階前，東面北上。布司馬位於侍射位之南，東面。布獲者位乏東，東面。布侍射者射位於殿階下，當前少西，橫布，南面。侍射者弓矢俟於西門外。陳賞物於東階下，少東。置罰豐於西階下，少西。設罰尊於西階，南北以殿深。設篚於尊西，南肆，實爵加冪。

其日質明，皇帝服武弁，文武官俱公服，典謁引入見，樂作，如元會之儀。酒二徧，侍中一人奏稱：「有司謹具，請射。」侍中一人前承制，退稱：「制曰可。」王、公以下皆降。文官立於東階下，西面北上。武官立於西階下，於射乏後，東面北上。持鈒隊羣立於兩邊，千牛備身二人奉御弓及矢立於東階上，西面，執弓者在北。又設坫於執弓者之前，又置御決、拾笥於其上。獲者持旌自乏南行，當侯東，行至侯，負侯北面立。侍射者出西門外，取弓矢，兩手奉弓，搢乘矢帶，入，立於殿下射位西，東面。司馬奉弓自西階升，當西楹前，南面，揮弓，命獲者以旌去侯西行十步，北行至乏止。司馬降自西階，復位。千牛中郎一人奉決、拾以笥，千牛將軍奉弓，千牛郎將奉矢，進，立於御榻東少南，西向。郎將跪奠笥於御榻前，少東。遂拂以巾，取決，興。贊設決。又跪取拾，興，贊設拾。以笥退，奠於坫。千牛將軍北面張弓，以袂順左右隈，上再下一，弓左右隈，謂弓面上下。以衣袂摩拭上面再，下面一。西面，左執弣、右執簫以進。千牛郎將以巾拂矢進，一一供御。欲射，協律郎舉麾，先奏鼓吹，及奏樂騶虞五節，御及射〔五〕，第一矢與第六節相應，第二矢與第七節相應，以至九節。協律郎偃麾，樂止。千牛將軍以矢行奏，中曰「獲」，下曰「留」，上曰「揚」，左曰「左方」，右曰「右方」。留，謂矢短不及侯；揚，謂矢過侯；左、右，謂矢偏不正。千牛將軍於御座東，西面受弓，退，付千牛於東階上。千牛郎將以笥受決、拾，奠於坫。

侍射者進，升射席北面立，左旋，東面張弓，南面挾矢。協律郎舉麾，乃作樂，不作鼓吹。樂奏貍首三節，然後發矢。若侍射者多，則齊發。第一發與第四節相應，第二發與第五節相應，以至七節。協律郎偃麾，樂止。弓右旋，東西弛弓，如面立，乃退復西階下，立。司馬升自西階，自西楹前，南面，揮弓，命取矢。取矢者以御矢付千牛於東階下，侍射者釋弓於位，庭前北面東上。有司奏請賞罰，侍中稱：「制曰可。」有司立楅之西，東面，監唱射矢。取矢者各唱中者姓名。中者立於東階下，西面北上；不中者立於西階下，東面北上。俱再拜。有司於東階下以付賞物。酌者於罰尊西，東面，跪，奠爵於豐上。不中者進豐南，北面跪，取爵，立飲，卒爵，奠豐下。酌者北面跪，取虛爵酌奠，不中者以次繼飲，皆如初。典謁引王公以下及侍射者，皆庭前北面相對爲首，再拜訖，引出。持鈒隊復位。皇帝入，奏樂，警蹕。有司以弓矢出中門外，侍射者出。

若特射無侍射之人，則不設楅，不陳賞罰。若燕遊小射，則常服，不陳樂縣，不行會禮。

合朔伐鼓〔五〕。

其日前二刻，郊社令及門僕赤幘絳衣，守四門，令巡門監察。鼓吹令平巾幘、袴褶，帥工人以方色執麾旒，分置四門屋下，設龍蛇鼓於右。東門者立於北塾，南面；南門者立於

東塾，西面；西門者立於南塾，北面；北門者立於西塾，東面。隊正一人平巾幘、袴褶，執刀，帥衞士五人執五兵立於鼓外，矛在東，戟在南，斧、鉞在西，矟在北。郊社令立穳於社壇四隅，以朱絲繩縈之。太史一人赤幘、赤衣，立於社壇北，向日觀變。黃麾次之；龍鼓一次之，在北；弓一、矢四次之。諸兵鼓立俟變。日有變，史官曰：「祥有變。」工人舉麾，龍鼓發聲如雷。史官曰：「止。」乃止。

其日，皇帝素服，避正殿，百官廢務，自府史以上皆素服，各於其廳事之前，重行，每等異位，向日立。明復而止。

貞元三年八月，日有食之，有司將伐鼓，德宗不許。太常卿董晉言：「伐鼓所以責陰而助陽也，請聽有司依經伐鼓。」不報。由是其禮遂廢。

大儺之禮。

選人年十二以上、十六以下爲侲子，假面，赤布袴褶。二十四人爲一隊，六人爲列。執事十二人，赤幘、赤衣，麻鞭。工人二十二人，其一人方相氏，假面，黃金四目，蒙熊皮，黑衣、朱裳，右執楯〔六〕；其一人爲唱帥，假面，皮衣，執棒；鼓、角各十，合爲一隊。隊別鼓吹令一人，太卜令一人，各監所部；巫師二人。以逐惡鬼于禁中。有司預備每門雄雞及酒，擬於宮城正門、皇城諸門磔攘，設祭。太祝一人，齋郎三人，右校爲瘞埳，各於皇城中門外之右。前一日之夕，儺者赴集所，具其器服以待事。

其日未明，諸衞依時刻勒所部，屯門列仗，近仗入陳於階。鼓吹令帥儺者各集於宮門外。內侍詣皇帝所御殿前奏「侲子備，請逐疫」。出命寺伯六人，分引儺者於長樂門、永安門以入，至左右上閤，鼓譟以進。方相氏執戈揚楯唱，侲子和，曰：「甲作食殉，胇胃食虎，雄伯食魅，騰簡食不祥，攬諸食咎，伯奇食夢，彊梁、祖明共食磔死寄生，委隨食觀，錯斷食巨，窮奇、騰根共食蠱，凡使一十二神追惡凶，赫汝軀，拉汝幹，節解汝肉，抽汝肺腸，汝不急去，後者爲糧。」周呼訖，前後鼓譟而出，諸隊各趨順天門以出，分詣諸城門，出郭而止。

儺者將出，祝布神席，當中門南向。出訖，宰手、齋郎疈牲匈磔之神席之西，藉以席，北首。齋郎酌清酒，太祝受，奠之。祝史持版於座右，跪讀祝文曰：「維某年歲次月朔日，天子遣太祝臣姓名昭告于太陰之神。」興，奠版于席，乃舉牲并酒瘞於埳。

校勘記

〔一〕蕃主以土物僨使者　「土」，各本原作「主」，據開元禮卷七九、通典卷一三一改。

〔二〕騎士立於都墠之四周　「四」，各本原作「西」，據開元禮卷八五、通典卷一三二改。

〔三〕奉禮曰再拜　「再」，各本原作「可」，據開元禮卷八五、通典卷一三二及本卷上下文改。

〔四〕御及射　開元禮卷八六、通典卷一三三「及」作「乃」。

〔五〕合朔伐鼓　「合」上各本原有「不」字，據開元禮卷九〇、通典卷一三三刪。

〔六〕右執楯　開元禮卷九〇、通典卷一三三均作「右執戈，左執楯」。

唐書卷十七

志第七

禮樂七

四曰嘉禮。

皇帝加元服。

有司卜日，告于天地宗廟。

前一日，尚舍設席於太極殿中楹之間，莞筵紛純，加藻席繢純，加次席黼純。有司設次，展縣，設案，陳車輦。設文官五品以上位於縣東，武官於縣西，六品以下皆於橫街之南，北上。朝集使分方於文武官當品之下，諸親位於四品、五品之下，皇宗親在東，異姓親在西。藩客分方各於朝集使六品之南，諸州使人於朝集使九品之後。又設太師、太尉位於橫街之南，道東，北面西上。典儀於縣東北，贊者二人在南，少退，俱西向。又設門外位於東西

朝堂，如元日。

其日，侍中版奏「請中嚴」。太樂令、鼓吹令帥工人入就位。有司設罍洗於阼階東南，設席於東房內，近西，張帷於東序外。殿中監陳袞服於內席，東領，緇纚、玉簪及櫛三物同箱，在服南。又設莞筵一，紛純，加藻席繢純，加次席黼純，在南。尚食實醴尊於東序外帷內，坫在尊北，實角、觶，柶各一。饌陳於尊西，籩、豆各十二；俎三，在籩、豆之北。設罍洗於尊東。袞冕、玉導置於箱。太常博士一人，立於西階下，東面。諸侍衞之官俱詣閤奉迎，典儀帥贊者及羣官以次入就位。太常博士引太常卿升西階，立於西房外，當戶北向。侍中版奏「外辦」。皇帝服空頂黑介幘、絳紗袍，出自西房，即御座立。太師、太尉入就位。典儀曰：「再拜。」贊者承傳，在位者皆再拜。太師升自西階，立於東階上，東面。太尉詣阼階下罍洗，盥手，升自東階，詣東房，取纚櫛箱進，跪奠於御座西端。太師詣御座前跪奏曰：「坐。」皇帝坐。太尉當前少左，跪，脫幘置於箱，櫛畢，設纚，興，少西，東面立。太師降，盥，受冕，右執頂，左執前，升自西階，當前少左，祝曰：「令月吉日，始加元服。壽考惟祺，以介景福。」乃跪，冠，興，復西階上位。太尉前，少左，跪，設簪，結纓，興，復位。皇帝興，適東房。殿中監徹櫛纚箱以退。

皇帝袞服出，即席南向坐。太尉詣序外帷內，盥手洗觶，酌醴，加柶覆之，面葉，立於序

內，南面。太師進受醴，面柄，前，北向祝曰：「甘醴唯厚，嘉薦令芳。承天之休，壽考不忘。」退，降立於西階下，東面。將祝，殿中監率進饌者奉饌設於前，皇帝左執觶，右取脯，擩於醢，祭於籩、豆之間。太尉取胏一以進，皇帝奠觶於薦西，受胏，舒左執本，右絕末以祭，上左手嚌之，授太尉。太尉加於俎，降，立於太師之南。皇帝帨手取觶，以柶祭醴，啐醴，建柶，奠觶於薦東。太師、太尉復橫街南位。典儀曰：「再拜。」贊者承傳，在位者皆再拜。太師、太尉出。侍中前跪奏「禮畢」。皇帝興，入自東房，在位者以次出。

皇太子加元服。

有司豫奏司徒一人爲賓，卿一人爲贊冠，吏部承以戒之。前一日，尚舍設御幄於太極殿，有司設羣官之次位，展縣，設桉，陳車輿，皆如皇帝之冠。設賓受命位於橫街南道東，贊冠位於其後，少東，皆北面。又設文武官門外位於順天門外道東、西。其日，侍中奏「請中嚴」。羣官有司皆就位。賓、贊入立於太極門外道東，西面。黃門侍郎引主節持幡節，中書侍郎引制書桉，立於樂縣東南，西面北上。侍中奏「外辦」。皇帝服通天冠、絳紗袍，乘輿出自西房，即御坐。賓、贊入就位。典儀曰：「再拜。」在位皆再拜。侍中及舍人前承制，侍中降至賓前，稱「有制」。公再拜。侍中曰：「將加冠於某之首，公其將事。」公少進，北面再拜

稽首，辭曰：「臣不敏，恐不能供事，敢辭。」侍中升奏，又承制降，稱：「制旨公其將事，無辭。」公再拜。侍中、舍人至卿前稱敕旨，卿再拜。侍中曰：「將加冠於某之首，卿宜贊冠。」卿再拜。黃門侍郎執節立於賓東北，西面。賓再拜受節，付于主節，又再拜。中書侍郎取制書立賓東北，西面，賓再拜，受制書，又再拜。典儀曰：「再拜。」贊者承傳，在位皆再拜。賓、贊出，皇帝降坐，入自東房，在位者以次出。初，賓、贊出門，以制書置於桉，引以幡節，威儀、鐃吹及九品以上，皆詣東宮朝堂。

冠前一日，衞尉設賓次於重明門外道西，南向，贊冠於其西南。又設次於門內道西，以待賓、贊。又設皇太子位於閤外道東，西向。三師位於道西，三少位於其南少退，俱東向。又設軒縣於庭，皇太子受制位於縣北，解劍席於東北，皆北面。

冠日平明，宮臣皆朝服，其餘公服，集於重明門外朝堂。宗正卿乘車侍從，詣左春坊權停。左右二率各勒所部，屯門列仗。左庶子版奏「請中嚴」。羣官有司入就位。設罍洗於東階東南。設冠席於殿上東壁下少南，西向；賓席於西階上，東向；主人席於皇太子席西南，西向；三師席於冠席北，三少席於冠席南[一]。張帷於東序內，設褥席於帷中。又張帷於序外，具饌。內直郎陳服於帷內，東領北上：袞冕，金飾象笏；遠游冠，緇布冠，服玄衣、素裳、素韠、白紗中單、青領褾襈裾，履、襪，革帶、大帶，笏。緇纚、犀簪二物同箱，在服南。櫛

實於箱，又在南。莞筵四，藻席四，又在南。良醞令實側尊甒醴於序外帷內，設罍洗於尊東，實巾一，角觶、柶各一。太官令實饌豆九、籩九於尊西，俎三在豆北。袞冕，遠游三梁冠、黑介幘，緇布冠青組纓屬於冠，冠、冕各一箱。奉禮郎三人各執立於西階之西，東面北上。主人、贊冠者宗正卿爲主人，庶子爲贊冠者。升，詣東序帷內少北，戶東，西立。典謁引羣官以次入就位。

初，賓、贊入次，左庶子版奏「外辦」。通事舍人引三師等入就閤外道西位，東面立。皇太子空頂黑介幘、雙童髻、綵衣、紫袴褶、織成褾領、綠紳、烏皮履，乘輿以出。洗馬迎於閤門外，左庶子請降輿，洗馬引之道東位，西向立。左庶子請再拜。三師、三少答拜。乃就階東南位。三師在前，三少在後，千牛二人夾左右，其餘仗衞列於師、保之外。皇太子乃出迎賓，至阼階東，西面立。宗正卿立於門東，西面。賓立於西，東面。宗正卿再拜，賓不答拜。賓入，主人從入，立於縣東北，西面。賓入，贊冠者從，賓詣殿階間，南面。贊冠者立於賓西南，東面。節在賓東少南，西面。制案在贊冠西南，東面。賓執制，皇太子詣受制位，北面立。主節脫節衣，賓稱「有制」。皇太子再拜。宣詔曰：「有制，皇太子某，吉日元服，率由舊章，命太尉某就宮展禮。」皇太子再拜。少傅進詣賓前，受制書，以授皇太子，付于庶子。皇太子升東階，入于東序帷內，近北，南面立。賓升西階，及宗正卿各立席後。

初，賓升，贊冠者詣罍洗，盥手，升自東階帷內，於主人冠贊之南，俱西面。主人贊冠者引皇太子出，立於席東，西面。賓贊冠者取纚、櫛二箱，坐奠於筵。皇太子進，升筵，西面坐。賓之贊冠者東面坐，脫幘置於箱，櫛畢，設纚，興，少北，南面立。執緇布冠者升〔二〕，賓降一等受之，右執頂，左執前，進，東向立，祝曰：「令月吉日，始加元服。棄厥幼志，愼其成德。壽考惟祺，以介景福。」乃跪，冠，興，復位。皇太子東面立，賓揖皇太子，贊冠者引適東序帷內，服玄衣素裳之服以出，立於席東，西面。賓揖皇太子升筵，西向坐。賓之贊冠者進，跪脫緇布冠，置於箱，興，復位。賓降二等，受遠游冠，右執頂，左執前，進，祝曰：「吉月令辰，乃申嘉服。克敬威儀，式昭厥德。眉壽萬歲，永壽胡福。」乃跪，冠，興，復位。皇太子興，賓揖皇太子，贊冠者引適東序帷內，朝服以出，立於席東，西面。賓揖皇太子升筵坐，賓之贊冠者跪脫遠游冠，興，復位。賓降三等受冕，右執頂，左執前，進，祝曰：「以歲之正，以月之令。咸加其服，以成厥德。萬壽無疆，承天之慶。」乃跪，冠，興，復位。每冠，皆贊冠者跪設簪、結纓。

皇太子興，賓揖皇太子適東序，服袞冕之服以出，立於席東，西面。贊冠者徹纚、櫛箱以入，又取筵入於帷內。主人贊冠者又設醴，皇太子席於室戶西，南向，下莞上藻。賓之贊冠者於東序外帷內，盥手洗觶。典膳郎酌醴，加柶覆之，面柄，授贊冠，立於序內，南面。賓揖皇太子就筵西，南面立。賓進，受醴，加柶，面柄，進，北向立，祝曰：「甘醴唯厚，嘉薦令芳。拜受祭之，以定厥祥。承天之休，壽考不忘。」皇太子拜，受觶。賓復位，東面答拜。贊冠者與進饌者奉饌設於筵前，皇太子升筵坐，左執觶，右取脯，擩於醢，祭於籩、豆之間。贊冠者取韭菹，遍擩於豆，以授皇太子，又祭於籩、豆之間。贊冠者取胏一，以授皇太子，皇太子奠觶於薦西，興，受胏，卻左手執本坐，繚右手絕末以祭。上左手嚌之〔三〕，興，以授贊冠者，加於俎。皇太子坐，帨手取觶，以柶祭醴三，始扱一祭，又扱再祭，加柶於觶，面葉，興，筵末坐，啐醴，建柶，興，降筵西，南面坐，奠觶，再拜，執觶，興。賓答拜。

皇太子降，立於西階之東，南面。賓降，立於西階之西少南，贊冠隨降，立於賓西南，皆東面。賓少進，字之，祝曰：「禮儀既備，令月吉日。昭告厥字，君子攸宜。宜之於嘏，永受保之。奉敕字某。」皇太子再拜曰：「某雖不敏，敢不祗奉。」又再拜。洗馬引太子降阼階位，三師在南，北面，三少在北，南面立。皇太子西面再拜，三師等各再拜以出。典儀曰：「再拜。」贊者承傳，在位者皆再拜。左庶子前稱「禮畢」。皇太子乘輿以入，侍臣從至閤，賓、贊及宗正卿出就會。

皇子冠。

前三日，本司帥其屬筮日、筮賓於聽事。前二日，主人至賓之門外次，東面，賓立於阼階下，西面，儐者進於左，北面，受命出，立於門東，西面，曰：「敢請事。」主人曰：「皇子某王將加冠，請某公教之。」儐者入告，賓出，立於門左，西面，再拜。主人答拜。主人曰：「皇子某王將加冠，願某公教之。」賓曰：「某不敏，恐不能恭事，敢辭。」主人曰：「某猶願某公教之。」賓曰：「王重有命，某敢不從。」主人再拜而還，賓拜送。命贊冠者亦如之。

冠之日，夙興，設洗於阼階東南，席於東房內西墉下。陳衣於席，東領北上：袞冕，遠游冠，緇布冠。緇纚、犀簪、櫛實於箱，在服南。莞筵、藻席各三，在南。設尊於房戶外之西，兩甒玄酒在西，加勺冪。設坫於尊東，置二爵於坫，加冪。豆十、籩十在服北，俎三在籩、豆之北。質明，賓、贊至於主人大門外之次，遠游三梁、緇布冠各一箱，各一人執之，待於西階之西，東面北上。設主人之席於阼階上，西面；賓席於西階上，東面；皇子席於室戶東房戶西，南面。俱下莞上藻。主人立於阼階下，當東房西面。諸親立於罍洗東南，西面北上。儐者立於門內道東，北面。皇子雙童髻、空頂幘、綵袴褶、錦紳、烏皮履，立於房內，南面。主人、贊冠者立於房內戶東，西面。賓及贊冠者出，立於門西，贊冠者少退，俱東面北上。

儐者受命於主人，出立於門東，西面，曰：「敢請事。」賓曰：「皇子某王將加冠，某謹應

中華書局

命。」儐者入告，主人出迎賓，西面再拜，賓答拜。主人揖贊冠者，贊冠者報揖，主人又揖賓，賓報。主人入，賓、贊冠者以次入，及內門，主人揖賓，賓入，贊冠者從之。至內霤，將曲揖，賓報揖。至階，主人立於階東，西面；賓立於階西，東面。主人曰：「請公升。」賓曰：「某備將事，敢辭。」主人曰：「固請公升。」賓曰：「某敢固辭。」主人曰：「終請公升。」賓曰：「某敢終辭。」主人升自阼階，立於席東，西向；賓升自西階，立於席西，東向。贊冠者及庭，盥於洗，升自西階，入於東房，立於主人贊冠者之南，俱西面。

主人贊冠者引皇子出，立於房戶外西，南面。賓之贊冠者取纚、櫛、簪箱，跪奠於皇子筵東端，興，席東少北，南面立。賓揖皇子，賓、主俱卽座。皇子進，升席，南面坐。賓之贊冠者進筵前，北面，跪，脫雙童髻置於箱，櫛畢，設纚。賓降，盥，主從降。賓東面辭曰：「願王不降。」主人曰：「公降辱，敢不從降。」賓既盥，詣西階，賓、主一揖一讓，升。主人立於席後，西面，賓立於西階上，東面〔三〕。執緇布冠者升，賓降一等受之，右執頂，左執前，北面跪，冠，興，復西階上席後，東面立。皇子興，賓揖皇子適房，賓、主俱坐。皇子服青衣素裳之服，出房戶西，南面立。賓揖皇子，皇子進，立於席後，南面。賓降，盥，主人從降，辭對如初。賓跪取爵於篚，興，洗，詣西階，賓、主一揖一讓，升，坐，主人立於席後，西面。賓詣酒尊所，酌酒進皇子筵前，北向立，祝曰：「旨酒既清，嘉薦亶時。始加元服，兄弟具來。孝友

時格，永乃保之。」皇子筵西拜爵，賓復西階上，東面答拜。執饌者薦籩、豆於皇子筵前。皇子升座，左執爵，右取脯，擩於醢，祭於籩、豆之間，祭酒，興，筵末坐，啐酒，執爵，興，降筵，奠爵，再拜，執爵興。賓答拜。冠者升筵，跪奠爵於薦東，興，立於筵西，南面。執饌者徹薦爵。

賓揖皇子，皇子進，升筵，南向坐。賓之贊冠者跪脫緇布冠，置於箱。賓降二等，受遠游冠，冠之。皇子興，賓揖皇子適房，賓、主俱坐。皇子服朝服，出房戶西，南面立。賓、主俱興，賓揖皇子，皇子進立於席後，南面。賓詣尊所，取爵酌酒，進皇子筵前，北向立，祝曰：「旨酒既湑，嘉薦伊脯。乃申其服，禮儀有序。祭此嘉爵，承天之祜。」皇子筵西拜，受爵，祭饌如初禮。賓揖皇子，進，升席，南面坐。賓之贊冠者跪脫進賢冠，賓降三等，受冕，冠之。每冠，皆贊冠者設簪結纓。

皇子興，賓揖皇子適房，服袞冕以出房戶西，南面。賓揖皇子，進，立於席後，南面。賓詣酒尊所，取爵酌酒進皇子，祝曰：「旨酒令芳，籩豆有楚。咸加其服，肴升折俎。承天之慶，受福無疆。」皇子筵西拜，受爵。執饌者薦籩、豆，設俎於其南。皇子升筵坐，執爵，祭脯醢。贊冠者取胏一以授皇子，皇子奠爵於薦西，興，受，坐，祭，左手嚌之，興，加於俎。皇子坐，涚手執爵，祭酒，興，筵末坐，啐酒，降筵西，南面坐，奠爵，再拜，執爵興。賓答拜。

皇子升筵坐，奠爵於薦東，興。贊冠者引皇子降，立於西階之東，南面。初，皇子降，賓降自西階，直西序東面立。主人降自東階，直東序西面立。賓少進，字之曰：「禮儀既備，令月吉日。昭告其字，爰字孔嘉。君子攸宜，宜之于嘏。永受保之，曰孟某甫。」仲、叔、季唯其所當。皇子曰：「某雖不敏，夙夜祗奉。」賓出，主人送於內門外，主人西面請賓曰：「公辱執事，請禮從者。」賓曰：「某既得將事，敢辭。」主人曰：「敢固以請。」賓曰：「某辭不得命，敢不從。」賓就次，主人入。初，賓出，皇子東面見，諸親拜之，皇子答拜。皇子入見內外諸尊於別所。

賓、主既釋服，改設席，訖，賓、贊俱出次，立於門西。主人出揖賓，賓報揖。主人先入，賓、贊從之至階，一揖一讓，升坐，俱坐。會訖，賓立於西階上，贊冠者在北，少退，俱東面。主人立於東階上，西面。掌事者奉束帛之篚升，授主人於序端。主人執篚少進，西面立。又掌事者奉幣篚升，立於主人後。幣篚升，牽馬者牽兩馬入陳於門內，三分庭一在南，北首西上。賓還西階上，北面再拜。主人進，立於楹間，贊冠者立於賓左，少退，俱北面再拜。主人南面，賓、贊進，立於主人之右，俱南面東上。主人授幣，賓受之，退，復位。於主人授幣，掌事者又以幣篚授贊冠者。主人還阼階上，北面拜送，賓、贊降自西階，從者訝受幣。賓當庭實東面揖，出，牽馬者從出，從者訝受馬於門外。賓降，主人降，送賓於大門，西面再拜。

若諸臣之嫡子三加，皆祝而冠，又祝而酌，又祝而字。庶子三加，既加，然後酌而祝之，又祝而字。其始冠皆緇布；再加皆進賢；其三加，一品之子以袞冕，二品之子以鷩冕，三品之子以毳冕，四品之子以絺冕，五品之子以玄冕，六品至於九品之子以爵弁。其服從之。其卽席而冠也，嫡子西面，庶子南面。其筮日、筮賓、贊，送戒之，及其所以冠之禮，皆如親王。

校勘記

〔一〕三師席於冠席北三少席於冠席南 各本原作「三師席於冠席南」。開元禮卷一一〇、通典卷一二六「南」上均有「北三少席於冠席」七字。案本卷上文均以三師、三少並言，此當屬脫文，據補。

〔二〕執緇布冠者升 各本原作「冠緇布冠升」，據開元禮卷一一〇、通典卷一二六補改。

〔三〕上左手嚌之 「上」，各本原作「止」。開元禮卷一一〇、通典卷一二六均作「上」，本卷上文亦有「上左手嚌之」語，據改。

〔四〕賓立於西階上東面 各本「東」下脫「面」字，據開元禮卷一一四、通典卷一二八補。

唐書卷十八

志第八

禮樂八

皇帝納皇后。

制命太尉爲使，宗正卿爲副，吏部承以戒之。前一日，有司展縣、設桉、陳車輿于太極殿廷，如元日。文武九品、朝集、蕃客之位，皆如冠禮。設使者受命位於大橫街南道東，西上，副少退，北面。侍中請「中嚴」。羣臣入就位。使、副入，立於門外道東，西面。黄門侍郎引幡、節，中書侍郎引制書桉，立於左延明門內道北，西面北上。乃奏「外辦」。皇帝衮冕御輿，出自西房，即御座。使、副入，就位。典儀曰：「再拜。」在位者皆再拜。侍中前承制，降詣使者東北，西面曰：「有制。」使、副再拜。侍中宣制曰：「納某官某氏女爲皇后，命公等持節行納采等禮。」使、副又拜。主節立於使者東北，西面，以節授黄門侍郎，侍郎以授使者，

付于主節，立於後。中書侍郎引制書桉立於使者東北，以制書授使者，置於桉。典儀曰：「再拜。」在位者皆再拜。使、副出，持節者前導，持桉者次之。侍中奏「禮畢」。皇帝入，在位者以次出。初，使、副乘輅，鼓吹備而不作，從者乘車以從。其制書以油絡網犢車載之。其日大昕，使、副至于次，主人受於廟若寢。布神席於室戶外之西，莞筵紛純，加藻席畫純，南向，右彤几。使、副立於門西，北上，持幡、節者立於北，少退，制桉立於南，執鴈者又在其南，皆東面。主人立於大門內，西面。儐者北面，受命於左，出立於門東，西面，曰：「敢請事。」使者曰：「某奉制納采。」儐者入告。主人曰：「臣某之女若如人，既蒙制訪，臣某不敢辭。」儐者出告，入引主人出，迎使者於大門外之南，北面再拜。使者不答。主人揖使、副先入，至於階。使、副入，導以幡、節，桉、鴈從之。幡、節立西階之西，東面；使者由階升，立於兩楹間，南面；副在西南，持桉及執鴈者又在西南，皆東面。主人升阼階，當使者前，北面立。持桉者以桉進，授使者以制書，節脫衣，使者曰：「有制。」主人再拜。宣制，主人降詣階間，北面，再拜稽首，升，進，北面受制書，以授左右。使者授鴈，主人再拜，進受鴈，以授左右。儐者引答表桉進，立於主人後，少西，以表授主人。主人進，授使者，退復位，再拜。節加衣。謁者引使、副降自西階以出。

制文以版，長一尺二寸，博四寸，厚八分，后家答版亦如之。

問名。使者既出，遂立於內門外之西，東面；主人立於內門內東廂，西面。儐者出請事，使者曰：「將加卜筮，奉制問名。」儐者入告。主人曰：「臣某之子若如人，既蒙制訪，臣某不敢辭。」儐者出告，入，引主人出，迎使者以入，授主人以制書，答表皆如納采。使、副降自西階以出，立於內門外之西，東面；主人立於東階下，西向。儐者出請事，使者曰：「禮畢。」儐者入告，主人曰：「某公奉制至於某之室，某有先人之禮，請禮從者。」儐者出告，使者曰：「某既得將事，敢辭。」儐者入告，主人曰：「先人之禮，敢固以請。」儐者出告，使者曰：「某辭不得命，敢不從。」儐者入告，遂引主人升立於序端。掌事者徹几，設二筵東上。設甒醴於東房西牖下，加勺冪，坫在尊北；實觶二，角柶二，籩、豆各一，實以脯醢，在坫北。又設洗於東南。主人降迎使者，西面揖，先入。使、副入門而左，主人入門而右。至階，主人曰：「請某位升。」使者曰：「某敢辭。」主人又曰：「固請某位升。」使者曰：「某敢固辭。」主人又曰：「終請某位升。」使者曰：「敢終辭。」主人升自阼階，使、副升自西階，北面立。主人阼階上，北面再拜。受几於序端。掌事者內拂几三，奉兩端西北向以進。主人東南向，外拂几三，振袂，內執之。掌事者一人又執几以從，主人進，西北向。使者序進，迎受於筵前，東南向以俟。主人還東階上，北面再拜送。使者以几跪進，北面跪，各設於坐左，退於西階上，北面東上，答拜，立於階西，東面南上。贊者二人俱升，取觶降，盥手，洗觶，升，實醴，加柶於

觶，覆之，面葉，出房，南面。主人受醴，面柄，進使者筵前西，北面立。又贊者執觶以從。使者西階上，北面，各一拜，序進筵前東，南面。主人又以次授醴，使者受，俱復西階上位。主人退，復東階上，北面一拜送。掌事者以次薦脯醢於筵前。使者各進，升筵，皆坐，左執觶，右取脯，擩於醢，祭於籩、豆之間，各以柶祭醴三，始扱一祭，又扱再祭，興；各以柶兼諸觶上，蹶降筵於西階上，俱北面坐，啐醴，建柶，各奠觶於薦，遂拜，執觶，興。主人答拜。使者進，升筵坐，各奠觶於薦東。降筵，序立於西階上，東面南上。掌事者牽馬入，陳於門內，三分庭一在南，北首西上。又掌事者奉幣篚，升自東階，以授主人，受於序端，進西面位。掌事者一人，又奉幣篚，立於主人之後。使者西階上，俱北面再拜。主人進詣楹間，南面立，使者序進，立於主人之西，俱南面。主人以幣篚授使者，使者受，退立於西階上，東面。執幣者又以授主人，主人受以授使副，使副受之，退立於使者之北，俱東面。主人還東階上，北面再拜送。使者降自西階，從者訝受幣篚。使者當庭實揖馬以出，牽馬者從出。使者出大門外之西，東面立。從者訝受馬。主人出門東，西面再拜送。使者退，主人入，立於東階下，西面。儐者告於主人曰：「賓不顧矣。」主人反於寢。使者奉答表詣闕。

納吉。使者之辭曰：「加諸卜筮，占日日從，制使某也入告[一]。」主人之辭曰：「臣某之女若如人，龜筮云吉，臣預在焉，臣某謹奉典制。」其餘皆如納采。

納徵。其日，使者至于主人之門外，執事者入，布幕於內門之外，玄纁束陳於幕上，六馬陳於幕南，北首西上。執事者奉穀珪以匵，俟於幕東，西面。謁者引使者及主人立於大門之內外。儐者進受命，出請事。使者曰：「某奉制納徵。」儐者入告，主人曰：「奉制賜臣以重禮，臣某祗奉典制。」儐者出告，入，引主人出，迎使者入。執事者坐，啓匵取珪，加於玄纁。牽馬者從入，三分庭一在南，北首西上。執珪者在馬西，俱北面。其餘皆如納采。

册后。前一日，守宮設使者次於后氏大門外之西，尙舍設尙宮以下次於后氏閤外道西，東向，障以行帷。其日，臨軒命使，如納采。奉禮設使者位於大門外之西，東向；使副及內侍位於使者之南，舉册桉及寶綬者在南，差退，持節者在使者之北，少退，俱東向。設主人位於大門外之南，北面。使者以下及主人位於內門外，亦如之。設內謁者監位於內門外主人之南，西面。司贊位於東階東南，掌贊二人在南，差退，俱西向。又置一桉於閤外。使、副乘輅，持節，備儀仗，鼓吹備而不作。內僕進重翟以下於大門之外道西，東向，以北爲上。諸衞令其屬布后儀仗。使者出次，就位。主人朝服立於東階下，西面。儐者受命，出請事。使者曰：「某奉制，授皇后備物典册。」儐者入告，主人出迎於大門外，北面再拜，使者不答拜。使者入門而左，持節者前導，持桉者次之。主人入門而右，至內門外位。奉册寶桉者進，授使副册寶。內侍進使者前，西面受册寶，東面授內謁者監，持入，立於閤外之西，東面

跪置於桉。尙宮以下入閤，奉后首飾、褘衣，傅姆贊出，尙宮引降立於庭中，北面。尙宮跪取册，尙服跪取寶綬，立於后之右，西向。司言、司寶各一人立於后左，東向。尙宮曰：「有制。」尙儀曰：「再拜。」皇后再拜。宣册。尙儀曰：「再拜。」皇后又再拜。尙宮授皇后以册，受以授司言。尙服又授以寶綬，受以授司寶。皇后升坐，內官以下俱降立於庭，重行相向，西上。司贊曰：「再拜。」掌贊承傳，皆再拜。諸應侍衞者各升，立於侍位。尙儀前跪奏曰：「禮畢。」皇后降坐以入。使者復命。

其遣使者奉迎。其日，侍中版奏「請中嚴」。皇帝服冕出，升所御殿，文武之官五品已上立於東西朝堂。奉迎前一日，守宮設使者次於大門之外道右，設使副及內侍次於使者次西，俱南向。尙舍設宮人次於閤外道西。奉禮設使、副、持桉執鴈者、持節者及奉禮、贊者位，如册后。又設內侍位於大門外道左，西面。又設宮人以下位於堂前。使、副朝服，乘輅持節，至大門外次，宮人等各之次奉迎。尙儀奏「請皇后中嚴」。傅姆導皇后，尙宮前引，出，升堂。皇后將出，主婦出於房外之西，南向。文武奉迎者皆陪立於大門之外，文官在東，武官在西，皆北上。謁者引使者詣大門外位，主人立於內門外堂前東階下，西面。儐者受命，出請事，使者曰：「某奉制，以今吉辰，率職奉迎。」儐者入告，主人曰：「臣謹奉典制。」儐者出告，入，引主人出門南，北面再拜。謁者引入至內門外堂西階，使者先升，位於兩楹間，南面；副在西，持桉、執鴈者在西南，俱東面。主人升東階，詣使者前，北面立。使、副授以制書，曰：「有制。」主人再拜。使者宣制，主人降詣階間，北面再拜稽首。升，進，北面受制書。主人再拜，北面立。使、副授以鴈，主人再拜，進受，仍北面立。儐者引二人對舉答表桉進，主人以表授使、副，再拜，降自西階以出，復門外位。奉禮曰：「再拜。」贊者承傳，使、副俱再拜。使者曰：「令月吉日，臣某等承制，率職奉迎。」內侍受以入，傳於司言，司言受以奏聞。尙儀奏請皇后再拜。主人入，升自東階，進，西面誡之曰：「戒之敬之，夙夜無違命。」主人退，立於東階上，西面。母誡於西階上，施衿結帨，曰：「勉之敬之，夙夜無違命。」皇后升輿以降，升重翟以几，姆加景，內宮侍從及內侍導引，應乘車從者如鹵簿。皇后車出大門外，以次乘車馬引從。

同牢之日，內侍之屬設皇后大次於皇帝所御殿門外之東，南向。將夕，尙寢設皇帝御幄於室內之奧，東向。鋪地席重茵，施屏障。初昏，尙食設洗於東階，東西當東霤，南北以堂深。后洗於東房，近北。設饌於東房西墉下，籩、豆各二十四〔三〕，簠、簋各二，登各三，俎三。尊於室內北牖下，玄酒在西。又尊於房戶外之東，無玄酒。坫在南，加四爵，合巹。器皆烏漆，巹以匏。皇后入大門，鳴鍾鼓。從永巷至大次前，回車南向，施步障。尙儀進當車前，跪請降車。皇后降，入次。尙宮引詣殿門之外，西向立。尙儀跪奏「外辦，請降坐禮

迎」。皇帝降坐，尙宮前引，詣門內之西，東面揖后以入。尙食酌玄酒三注於尊，尙寢設席於室內之西，東向。皇帝導后升自西階，入室即席，東向立。皇后入，立於尊西，南面。皇帝盥於西洗，后盥於北洗。饌入，設醬於席前，葅醢在其北；俎三設於豆東，豕俎特在北。尙食設黍于醬東，稷、稻、粱又在東；設湆于醬南。設后對醬于東，當特俎，葅醢在其南，北上；設黍于豕俎北，其西稷、稻、粱，設湆于醬北。尙食啓會郤于簠簋之南，對簠簋于北，加匕箸，尙寢設對席於饌東。尙食跪奏「饌具」。皇帝揖皇后升，對席，西面，皆坐。尙食跪取韭葅擩醢授皇帝，取葅擩醢授皇后，俱受，祭於豆間。尙食又取黍實於左手，遍取稷、稻、粱反於右手〔四〕，授皇帝，又取黍、稷、稻、粱授皇后，俱受，祭於豆間。又各取肺絕末授帝、后，俱祭於豆間。尙食各以肺加於俎。司飾二人以巾授皇帝及皇后，俱涗手。尙食各跪品嘗饌，移黍置於席上，以次授肺脊，帝、后皆食，三飯，卒食。尙食二人俱盥手洗爵於房，入室，酌于尊，以授帝、后，俱受，祭。尙食各以肝從，皆奠爵、振祭，嚌之。尙食皆受，實於俎、豆。各取爵，皆飲〔五〕。尙儀受虛爵，奠於坫。再酳如初，三酳用巹，如再酳。尙食俱降東階，洗爵，升，酌於戶外，進，北面奠爵，興，再拜，跪取爵祭酒，遂飲卒爵，奠，遂拜，執爵興，降，奠於篚。尙儀北面跪，奏稱：「禮畢，興。」帝、后俱興。尙宮引皇帝入東房，釋冕服，御常服；尙宮引皇后入幄，脫服。尙宮引皇帝入。尙食徹饌，設於東房，如初。皇后從者餕皇帝之

中華書局

餼，皇帝侍者餕皇后之餼。

皇太子納妃。

皇帝遣使者至于主人之家，不持節，無制書。其納采、問名、納吉、納徵、告期，皆如后禮。

其册妃。前一日，主人設使者次大門之外道右，南向；又設宮人次於使者西南，俱東向，障以行帷。奉禮設使者位於大門外之西，副及內侍又於其南，舉册桉及璽綬，命服者又南，差退，俱東向。設主人位於門南，北面。又設位於內門外，如之。設典內位於內門外主人之南，西面。宮人位於門外使者之後，重行東向，以北爲上，障以行帷。設贊者二人位於東階東南，西向。典內預置一桉於閤外。使、副朝服，乘輅持節，鼓吹備而不作。至妃氏大門外次，掌嚴奉褕翟衣及首飾，內廄尉進厭翟於大門之外道西，東向，以北爲上。諸衞帥其屬布儀仗。使者出次，持節前導，及宮人、典內皆就位。主人朝服，出迎於大門之外，北面再拜。使者入門而左，持桉從之。主人入門而右，至內門外位。奉册寶桉者進，授使副册寶，內侍西面受之，東面授典內，典內持入，跪置於閤內之桉。奉衣服及侍衞者從入，皆立於典內之南，俱東面。傅姆贊妃出，立於庭中，北面。掌書跪取玉寶，南向。掌嚴奉首飾、褕翟，

與諸宮官侍衞者以次入。司則前贊妃再拜，北面受册寶於掌書，南向授妃，妃以授司閨。司則又贊再拜，乃請妃升坐。宮官以下皆降立於庭，重行，北面西上。贊者曰：「再拜。」皆再拜。司則前啓「禮畢」。妃降座，入於室。主人儐使者如禮賓之儀。

臨軒醮戒。前一日，衞尉設次於東朝堂之北，西向。又設宮官次於重明門外。其日，皇太子服袞冕出，升金輅，至承天門降輅，就次。前一日，有司設御座於太極殿阼階上，西向。設羣官次於朝堂，展縣，陳車輅。其日，尚舍設皇太子席位於戶牖間，南向，莞席、藻席。尚食設酒尊於東序下，又陳籩脯一、豆醢一，在尊西。晡前三刻，設羣官版位於內，奉禮設版位於外，如朝禮。侍中版奏「請中嚴」。前三刻，諸侍衞之官侍中、中書令以下俱詣閤奉迎。典儀帥贊者先入就位，吏部、兵部贊羣官出次，就門外位。侍中版奏「外辦」。皇帝服通天冠、絳紗袍，乘輿出自西房，卽御座西向。羣官入就位。典儀曰：「再拜。」贊者承傳，在位者皆再拜。皇太子入縣南，典儀曰：「再拜。」贊者承傳，皇太子再拜。詣階，脫舄，升席西，南面立。尚食酌酒於序，進詣皇太子西，東面立。皇太子再拜，受爵。尚食又薦脯醢於席前。皇太子升席坐，左執爵，右取脯，擩於醢，祭於籩、豆之間。右祭酒，興，降席西，南面坐，啐酒，奠爵，興，再拜，執爵興。奉御受虛爵，直長徹薦，還於房。皇太子進，當御座前，東面立。皇帝命之曰：「往迎尒相，承我宗事，勗帥以敬。」皇太子曰：「臣謹奉制旨。」遂再

拜，降自西階，納舄，出門。典儀曰：「再拜。」贊者承傳，在位者皆再拜，以次出。侍中前跪奏「禮畢」。皇帝入。

皇太子既受命，執燭、前馬、鼓吹，至于妃氏大門外道西之次，回輅南向。左庶子跪奏，降輅之次。主人設几筵。妃服褕翟、花釵，立於東房，主婦立於房戶外之西，南向。主人公服出，立於大門之內，西向。在廟則祭服。左庶子跪奏「請就位」。皇太子立於門西，東面。儐者受命出請事，左庶子承傳跪奏，皇太子曰：「以茲初昏，某奉制承命。」左庶子俛伏，興，傳於儐者，入告，主人曰：「某謹敬具以須。」儐者出，傳於左庶子以奏。儐者入，引主人迎於門外之東，西面再拜，皇太子答再拜。主人揖皇太子先入，掌畜者以鴈授左庶子，以授皇太子，執鴈入。及內門，主人讓曰：「請皇太子入。」皇太子曰：「某弗敢先。」主人又固請，皇太子又曰：「某固弗敢先。」主人揖，皇太子入門而左，主人入門而右。及內門，主人揖入，及內霤，當曲揖，當階揖，皇太子皆報揖。至於階，主人曰：「請皇太子升。」皇太子曰：「某敢辭。」主人固請，皇太子又曰：「某敢固辭。」主人終請，皇太子又曰：「某終辭。」主人揖，皇太子報揖。主人升，立於阼階上，西面。皇太子升，進當房戶前，北面，跪奠鴈，再拜，降，出。主人不降送。內廄尉進厭翟於內門外[五]，傅姆導妃，司則前引，出於母左。師姆在右，保姆在左。父少進，西面戒之曰：「必有正焉，若衣花[六]。」命之曰：「戒之敬之，夙夜無違命。」母戒之西

階上，施衿結帨，命之曰：「勉之敬之，夙夜無違命。」庶母及門內施鞶，申之以父母之命，命之曰：「敬恭聽宗父母之言，夙夜無愆。視諸衿鞶。」妃既出內門，至輅後，皇太子授綏，姆辭不受，曰：「未教，不足與爲禮。」妃升輅，乘以几，姆加景。皇太子馭輪三周，馭者代之。皇太子出大門，乘輅還宮，妃次於後。主人使其屬送妃，以族從[七]。

同牢之日，司閨設妃次於閤內道東，南向。設皇太子御幄於內殿室內西廂，東向。設席重茵，施屏障。設同牢之席於室內，皇太子之席西廂，東向，妃席東廂，西向。席間量容牢饌。設洗於東階東南，設妃洗於東房近北。饌於東房西墉下，籩、豆各二十[八]，簠、簋各二，鉶各三，瓦登一，俎三。尊在室內北墉下，玄酒在西。又設尊於房戶外之東，無玄酒。篚在南，實四爵，合巹。皇太子車至左閤，回輅南向，左庶子跪奏「請降輅」。入俟於內殿門外之東，西面。妃至左閤外，回輅南向，司則請妃降輅，前後扇、燭。就次立於內殿門西，東面。皇太子揖以入，升自西階，妃從升。執扇、燭者陳於東、西階內。皇太子卽席，東向立；妃西向立。司饌進詣階間，跪奏「具牢饌」，司則承令曰：「諾。」遂設饌如皇后同牢之禮。司饌跪奏「饌具」。皇太子及妃俱坐。司饌跪取脯、取韭菹，皆擩於醢，授皇太子，又取授妃，俱受，祭於籩、豆之間。司饌跪取黍實於左手，遍取稷反於右手，授皇太子，又授妃，各受，祭於菹醢之間。司饌各立，取胏皆絕末，跪授皇太子及妃，俱受，又祭於菹醢之間。司饌俱以

肺加於俎。掌嚴授皇太子妃巾，涚手。以柶扱上鉶遍擩之，祭於上豆之間。司饌品嘗妃饌，移黍置於席上，以次跪授肺脊。皇太子及妃皆食以湇醬，三飯，卒食。司饌北面請進酒，司則承令曰：「諾。」司饌二人俱盥手洗爵於房，入室，酌于尊，北面立。皇太子及妃俱興，再拜。一人進授皇太子，一人授妃，皇太子及妃俱坐，祭酒，舉酒，司饌各以肝從，司則進受虛爵，奠於篚。司饌又俱洗爵，酌酒，再酳，皇太子及妃俱受爵飲。三酳用巹，如再酳。皇太子及妃立於席後，司則俱降東階，洗爵，升，酌於戶外，北面，俱奠爵，興，再拜。皇太子及妃俱答拜。司則坐，取爵祭酒，遂飲，啐爵，奠，遂拜，執爵興，降，奠爵於篚。司饌奏「徹饌」。司則前跪奏稱：「司則妾姓言，請殿下入。」皇太子入於東房，釋冕服，著袴褶。司則啓妃入幃幄，皇太子乃入室。媵餕皇太子之饌，御餕妃之饌。

親王納妃。

其納采、問名、納吉、納徵、請期，使者公服，乘犢車，至於妃氏之家，主人受於廟若寢，其賓主相見，儐贊出入升降，與其禮賓者，大抵皆如皇太子之使，而無副。其聘以玄纁束、乘馬，玉以璋。册命之日，使者持節，有副。

親迎。王衮冕輅車，至于妃氏之門外，主人布席於室戶外之西，西上，右几。又席於戶

內，南向。設甒醴於東房東北隅，篚在尊南，實觶一、角柶一，脯醢又在其南。妃於房內卽席，南向立，姆立於右。主人立於戶之東，西面。內贊者以觶酌醴，加柶，覆之，面柄，進筵前，北面。妃降席西，南面再拜，受觶。內贊者薦脯醢，妃升席，跪，左執觶，右取脯，擩於醢，祭於籩、豆之間，遂以柶祭醴三，始扱一祭，又扱再祭，興，筵末跪，啐醴，建柶，奠觶，降筵西，南面再拜，就席立。主人乃迎賓。其餘皆如皇太子之迎。

初昏，設洗於東階東南，又設妃洗於東房近北。饌於東房，障以帷。豆十六，簠、簋各二，登各二，俎三，羊豕、腊，羊豕節折，尊坫於室內北墉下，玄酒在西。又設尊於房戶外之東，無玄酒，坫在南，實以四爵，合巹。王至，降車以俟；妃至，降車北面立。王南面揖妃以入，及寢門，又揖以入。贊者酌玄酒三注於尊，妃從者設席於奧，東向。王導妃升自西階，入於室，卽席東面立。妃入立於尊西，南面。王盥於南洗，妃從者沃之；妃盥於北洗，王從者沃之。俱復位，立。贊者設饌入，西面，告「饌具。」王揖妃，卽對席，西面，皆坐。其先祭而後飯，乃酳祭，至于燭入，皆如太子納妃之禮。

公主出降。禮皆如王妃，而納采、問名、納吉、納徵、請期，主人皆受於寢。其賓之辭曰：「國恩貺室於某公之子，某公有先人之禮，使某也請。」主人命賓曰：「寡人有先皇之禮」云。

其諸臣之子，一品至于三品爲一等，玄纁束、乘馬，玉以璋。四品至于五品爲一等，玄纁束、兩馬，無璋。六品至于九品爲一等，玄纁束、儷皮二，而無馬。儷皮二，內攝之，毛在內，左首，立於幕南。其餘納采、問名、納吉、納徵、請期，大抵皆如親王納妃。

其親迎之日，大昕，壻之父、女之父告於禰廟若寢。將行，布席於東序，西向；又席於戶牖之間，南向。父公服，坐於東序，西向。子服其上服：一品衮冕，二品鷩冕，三品毳冕，四品絺冕，五品玄冕，六品爵弁。庶人絳公服。升自西階，進立於席西，南向。贊者酌酒進，北面以授子，子再拜受爵。贊者薦脯醢於席前，子升席，跪，左執爵，右取脯，擩於醢，祭於籩、豆之間。右祭酒，執爵興，降席西，南面跪，卒爵，再拜，執爵興。贊者受虛爵還尊所。子進立於父席前，東面。父命之曰：「往迎尒相，承我宗事，勗率以敬，先妣之嗣，若則有常。」庶子但云：「往迎爾相，勗率以敬。」子再拜曰：「不敢忘命。」又再拜，降，出，乃迎。

初昏，設洗、陳饌皆如親王。牲用少牢及腊，三俎、二籩、二簠，其豆數：一品十六，二品十四，三品十二。壻及婦共牢，婦之簋、簠及豆、登之數，各視其夫。尊於室中北墉下，設尊於房戶外之東，加冪、勺，無玄酒。夫婦酌於內，尊四，爵兩，巹凡六，夫婦各三酳。主人乘革輅，至於婦氏大門外。女準其夫服，花釵、翟衣，入於房，以觶酌醴，如王妃。主人迎賓以

入，遂同牢，皆如親王納妃之禮。

質明，布舅席於東序，西向；布姑席於房戶外之西，南向。舅姑卽席，婦執笲棗、栗入，升自西階，東面再拜，進，跪奠於舅席前，舅撫之，婦退，復位，又再拜。降自西階，受笲腶脩，升，進，北面再拜，進，跪奠於姑席前，姑舉之，婦退，復位，又再拜。婦席於姑西少北，南向。側尊甒醴於房內東壁下，籩、豆一，實以脯醢，在尊北。設洗於東房近北。婦立於席西，南面。內贊者盥手，洗觶，酌醴，加柶，面柄，北面立于婦前。婦進，東面拜受，復位。內贊者西階上，北面拜送，乃薦脯醢。婦升席，坐，左執觶，右取脯，擩於醢，祭於籩、豆之間，以柶祭醴三，始扱一祭，又扱再祭，加柶於觶，面葉，興，降席西，東面坐，啐醴，建柶，興，拜。內贊者答拜。婦進升席，跪，奠觶於豆東，取脯，降自西階以出，授婦氏從人於寢門外〔九〕。

盥饋。舅、姑入於室，婦盥饋。布席於室之奧，舅、姑共席坐，俱東面南上。贊者設尊於室內北墉下，饌於房內西墉下，如同牢。牲體皆節折，右載之於舅俎，左載之於姑俎。婦入，升自西階，入房，以醬進。其他饌，從者設之，皆加匕箸。俎入，設於豆東。贊者各授箸。舅、姑各以篚菹擩於醬〔一〇〕，祭於籩、豆之間，又祭飯訖，乃食，三飯，卒食。婦入於房，盥手洗爵，入室，酌酒酳舅，進奠爵舅席前少東，西面再拜，舅取爵祭酒，飲之。婦受爵出戶，入房，奠於右。盥手洗爵，酌酒酳姑。設婦席於室內北墉下，尊東面，婦徹饌，設於席前如初，

西上。婦進，西面再拜，退，升席，南向坐。將餕，舅命易醬，內贊者易之。婦及餕姑饌〔一一〕，婦祭，內贊者助之。既祭，乃食，三飯，卒食。內贊者洗爵酌酒酳婦，降席，西面再拜，受爵，升席坐，祭酒，飲，執爵興，降席東，南面立。內贊者受爵，奠於坫。婦進，西面再拜，受爵，升席坐，祭酒，飲訖，執爵興，降席東，南面立。內贊者受奠於篚，婦進，西面再拜。舅、姑先降自西階，婦降自阼階。凡庶子婦，舅不降，而婦降自西階以出。

校勘記

〔一〕占日日從制使某也入告　開元禮卷九三、通典卷一二二無「日」字，「入告」作「納吉」。

〔二〕籩豆各二十四　各本原無「籩」字，據開元禮卷九四、通典卷一二二補。

〔三〕遍取稷稻粱反於右手　「右」，各本原作「左」，據開元禮卷九四、通典卷一二二改。

〔四〕皆飲　「飲」，各本原作「飯」，據開元禮卷九四、通典卷一二二改。

〔五〕內廄尉進厭翟於內門外　各本原無「門」字，據開元禮卷一一一、通典卷一二七補。

〔六〕父少進西面戒之曰必有正焉若衣花　開元禮卷一二三、通典卷一二九均無「曰」字。「必有正焉，若衣花」似非戒辭，儀禮士昏禮鄭注「『必有正焉』者，以託戒使不忘。」可證。「曰」字疑衍。

〔七〕以族從　開元禮卷一一一作「以次旅從」，通典卷一二七作「以儐從」。

〔八〕籩豆各二十　各本原無「籩」字，據開元禮卷一一一、通典卷一二七補。

〔九〕授婦氏從人於寢門外　各本原無「婦」字，「人」原作「入」。通典（學海堂刻本）卷一二九作「授婦氏從人於寢門外」。按儀禮士昏禮有「取脯，降出授人於門外」之文，鄭注：「『人』謂婦氏人。」孔疏：「知『人』是婦氏之人者，以其在門外，婦往授之，明是婦氏之人也。」此當以通典爲正，今據改補。

〔一〇〕舅姑各以篚葅擩於醬　「篚」，開元禮卷一二三、通典卷一二九均作「韭」。

〔一一〕婦及餕姑饌　「及」，開元禮卷一二三、通典卷一二九均作「乃」。

唐書卷十九

志第九

禮樂九

皇帝元正、冬至受羣臣朝賀而會。

前一日，尙舍設御幄於太極殿，有司設羣官客使等次於東西朝堂，展縣，置桉，陳車輿，又設解劍席於縣西北橫街之南。文官三品以上位於橫街之南，道東；褒聖侯位於三品之下，介公、酅公位於道西；武官三品以上位於介公之西，少南；文官四品、五品位於縣東，六品以下位於橫街之南。又設諸州朝集使位：都督、刺史三品以上位於文、武官三品之東、西，四品以下分方位於文、武官當品之下。諸州使人又於朝集使之下，諸親於四品、五品之南。設諸蕃方客位：三等以上，東方、南方在東方朝集使之東，西方、北方在西方朝集使之西，每國異位重行，北面；四等以下，分方位於朝集使六品之下。又設門外位：文官於東朝

堂，介公、酅公在西朝堂之前，武官在介公之南，少退，每等異位重行；諸親位於文、武官四品、五品之南；諸州朝集使，東方、南方在宗親之南，使人分方於朝集使之下；諸方客，東方、南方在東方朝集使之南，西方、北方在西方朝集使之南，每國異位重行。

其日，將士塡諸街，勒所部列黃麾大仗屯門及陳於殿庭，羣官就次。侍中版奏「請中嚴」。諸侍衞之官詣閤奉迎，吏部兵部主客戶部贊羣官、客使俱出次，通事舍人各引就朝堂前位，引四品以下及諸親、客等應先置者入就位。侍中版奏「外辦」。皇帝服袞冕，冬至則服通天冠、絳紗袍，御輿出自西房，即御座南向坐。符寶郎奉寶置於前，公、王以下及諸客使等以次入就位。典儀曰：「再拜。」贊者承傳，在位者皆再拜。上公一人詣西階席，脫舄，跪，解劍置於席，升，當御座前，北面跪賀，稱：「某官臣某言：元正首祚，景福惟新，伏惟開元神武皇帝陛下與天同休。」冬至云：「天正長至，伏惟陛下如日之昇。」乃降階詣席，跪，佩劍，俛伏，興，納舄，復位。在位者皆再拜。侍中前承詔，降詣羣官東北，西面，稱「有制」。在位者皆再拜，宣制曰：「履新之慶，與公等同之。」冬至云：「履長。」在位者皆再拜，舞蹈，三稱萬歲，又再拜。

初，羣官將朝，中書侍郎以諸州鎭表別爲一桉，俟於右延明門外，給事中以祥瑞桉俟於左延明門外，侍郎、給事中俱就侍臣班。初入，戶部以諸州貢物陳於太極門東、西廂〔一〕，

禮部以諸蕃貢物可執者，蕃客執入就位，其餘陳於朝堂前。上公將入門，中書侍郎、給事中皆降，各引其桉入，詣東、西階下立。上公將升賀，中書令、黃門侍郎俱降，各立，取所奏之文以次升。上公已賀，中書令前跪奏諸方表，黃門侍郎又進跪奏祥瑞，俱降，置所奏之文於桉。侍郎與給事中引桉退至東、西階前，桉出。

初，侍中已宣制，朝集使及蕃客皆再拜。戶部尚書進詣階間跪奏，稱：「戶部尚書臣某言：諸州貢物請付所司。」侍中前承制，退，稱：「制曰可。」禮部尚書以次進詣階間，跪奏，稱「禮部尚書臣某言：諸蕃貢物請付所司。」侍中前承制，退，稱：「制曰可。」太府帥其屬受諸州及諸蕃貢物出歸仁、納義門，執物者隨之。典儀曰：「再拜。」通事舍人以次引北面位者出。侍中前，跪奏稱：「侍中臣某言禮畢。」皇帝降座，御輿入自東房，侍臣從至閤。引東西面位者以次出，蕃客先出。冬至，不奏祥瑞，無諸方表。

其會，則太樂令設登歌於殿上，二舞入，立於縣南。尚舍設羣官升殿者座：文官三品以上於御座東南，西向；介公、酅公在御座西南，東向；武官三品以上於其後；朝集使都督、刺史，蕃客三等以上，座如立位。設不升殿者座各於其位。又設羣官解劍席於縣之西北，橫街之南。尚食設壽尊於殿上東序之端，西向；設坫於尊南，加爵一。太官令設升殿者酒

尊於東、西廂，近北；設在庭羣官酒尊各於其座之南。皆有坫、冪，俱障以帷。

吏部兵部戶部主客贊羣官、客使俱出次，通事舍人引就朝堂前位，又引非升殿者次入就位。侍中版奏「外辦」。皇帝改服通天冠、絳紗袍，御輿出自西房，即御座。典儀一人升就東階上，通事舍人引公、王以下及諸客使以次入就位。侍中進當御座前，北面跪奏，稱：「侍中臣某言：請延諸公、王等升。」又侍中稱：「制曰可。」侍中詣東階上，西面，稱：「制延公、王等升殿上。」典儀承傳，階下贊者又承傳，在位者皆再拜。應升殿者詣東、西階，至解劍席，脫舄，解劍，升。上公一人升階，少東，西面立於座後。光祿卿進詣階間，跪奏稱：「臣某言：請賜羣臣上壽。」侍中稱：「制曰可。」光祿卿退，升詣酒尊所，西向立。上公詣酒尊所，北面。尚食酌酒一爵授上公，上公受爵，進前，北面授殿中監，殿中監受爵，進置御前，上公退，北面跪稱：「某官臣某等稽首言：元正首祚，冬至云：「天正長至。」臣某等不勝大慶，謹上千秋萬歲壽。」再拜，在位者皆再拜，立於席後。侍中前承制，退稱：「敬舉公等之觴。」在位者又再拜。殿中監取爵奉進，皇帝舉酒，在位者皆舞蹈，三稱萬歲。皇帝舉酒訖，殿中監進受虛爵，以授尚食，尚食受爵於坫。

初，殿中監受虛爵，殿上典儀唱〔三〕：「再拜。」階下贊者承傳，在位者皆再拜。上公就座後立，殿上典儀唱：「就座。」階下贊者承傳，俱就座。歌者琴瑟升坐，笙管立階間。尚食進酒至階，殿上典儀唱：「酒至，興。」階下贊者承傳，坐者皆俛伏，起，立於席後。殿中監到階省酒，尚食奉酒進，皇帝舉酒。太官令又行羣官酒，酒至，殿上典儀唱：「再拜。」階下贊者承傳，在位者皆再拜，搢笏受觶。殿上典儀唱：「就座。」階下贊者承傳，皆就座。皇帝舉酒，尚食進受虛爵，復于坫。觴行三周，尚食進御食，食至階，殿上典儀唱：「食至，興。」階下贊者承傳，坐者皆起，立座後。殿中監到階省桉，尚食品嘗食訖，以次進置御前。太官令又行羣官桉，設食訖，殿上典儀唱：「就座。」階下贊者承傳，皆就座。皇帝乃飯，上下俱飯。御食畢，仍行酒，遂設庶羞，二舞作。若賜酒，侍中承詔詣東階上，西面稱：「賜酒。」殿上典儀承傳，階下贊者又承傳，坐者皆起，再拜，立，受觶，就席坐飲，立，授虛爵，又再拜，就座。酒行十二遍。

會畢，殿上典儀唱：「可起。」階下贊者承傳，上下皆起，降階，佩劍，納舄，復位。位於殿庭者，仍立於席後。典儀曰：「再拜。」贊者承傳，在位者皆再拜。若有賜物，侍中前承制，降，詣羣官東北，西面稱：「有制。」在位者皆再拜。侍中宣制，又再拜，以次出。侍中前，跪奏稱：「侍中臣某言：禮畢。」皇帝興，御輿入自東房，東、西面位者以次出。

皇帝若服翼善冠、袴褶，則京官袴褶，朝集使公服。設九部樂，則去樂縣，無警蹕。太樂令帥九部伎立於左右延明門外，羣官初唱萬歲，太樂令即引九部伎聲作而入，各就座，以次作。

臨軒冊皇太子。

有司卜日，告于天地宗廟。

前一日，尚舍設御幄于太極殿，有司設太子次于東朝堂之北，西向。又設版位於大橫街之南，展縣，設桉，陳車輿，及文武羣官、朝集、蕃客之次位，皆如加元服之日。

其日，前二刻，宮官服其器服，諸衛率各勒所部陳于庭。左庶子奏「請中嚴」。侍衞之官奉迎，僕進金路，內率一人執刀。贊善奏「發引」。令侍臣上馬，庶子承令。其餘略如皇帝出宮之禮。皇太子遠遊冠、絳紗袍，三師導，三少從，鳴鐃而行。降路入次，亦如鑾駕。

其日，列黃麾大仗，侍中請「中嚴」。有司與羣官皆入就位。三師、三少導從，皇太子立於殿門外之東，西向。黃門侍郎以冊、寶綬桉立於殿內道北，西面，中書侍郎立桉後。侍中乃奏「外辦」。皇帝服袞冕，出自西房，即御座。皇太子入就位。典儀曰：「再拜。」皇太子再拜。又曰：「再拜。」在位者皆再拜。中書令降，立於皇太子東北，西向。中書侍郎一人引冊、一人引寶綬桉立於其東，西面，以冊授之。中書令曰：「有制。」皇太子再拜，中書令跪讀冊，皇太子再拜受冊，左庶子受之。侍郎以璽綬授中書令，皇太子進受，以授左庶子。皇太子

再拜，在位者皆再拜。侍中奏「禮畢」。皇帝入自東房，在位者以次出。

皇帝御明堂讀時令。

孟春，禮部尚書先讀令三日奏讀月令，承以宣告。

前三日，尚舍設大次於東門外道北，南向；守宮設文、武侍臣次於其後之左、右；設羣官次於璧水東之門外，文官在北，武官在南，俱西上。

前一日，設御座於青陽左个，東向。三品以上及諸司長官座於堂上：文官座於御座東北，南向；武官座於御座之東，北向。俱重行西上。設刑部郎中讀令座於御座東南，北向，有桉。設文官解劍席於丑陛之左，武官於卯陛之右，皆內向。太樂令展宮縣於青陽左个之庭，設舉麾位於堂上寅階之南，北向；其一位於樂縣東北，南向。典儀設三品以上及應升坐者位於縣東，文左武右，俱重行西向。非升坐者文官四品、五品位於縣北，六品以下於其東，絕位，俱南向；武官四品、五品於縣南，六品以下於其東，俱北向。皆重行西上。設典儀位於縣之西北，贊者二人在東，差退，俱南向。奉禮設門外位各於次前，俱每等異位，重行相向，西上。

其日，陳小駕，皇帝服青紗袍，佩蒼玉，乘金路出宮，至于大次。文、武五品以上從駕之

官皆就門外位，太樂令、工人、協律郎、典儀帥贊者皆先入，羣官非升坐者次入，就位。刑部郎中以月令置於桉，覆以帊，立於武官五品東南，郎中立於桉後，北面。侍中版奏「外辦」。皇帝御輿入自青龍門，升自寅階，即座。符寶郎置寶於前。典儀升，立於左个東北，南向。公、王以下入就西面位。典儀曰：「再拜。」贊者承傳，在位者皆再拜。侍中前，跪奏稱：「侍中臣某言：請延公、王等升。」又侍中稱：「制曰可。」侍中詣左个東北，南向稱：「詔延公、王等升。」典儀傳，贊者承傳，在位者皆再拜。西面位者各詣其階，解劍，脫舄，升，立於座後。刑部郎中引桉進，立於卯階下。侍中跪奏「請讀月令」。又侍中稱：「制曰可。」刑部郎中再拜，解劍，俛，脫舄，取令，升自卯階，詣席南，北向跪，置令於桉，立於席後。堂上典儀唱：「就座。」公、王以下及刑部郎中並就座。刑部郎中讀令，每句一絕，使言聲可了。讀訖，堂上典儀唱：「可起。」王、公以下皆起。刑部郎中以令置於桉，與羣官佩劍，納舄，復于位。典儀曰：「再拜。」在位者皆再拜。西面位者出。侍中跪奏稱：「侍中臣某言：禮畢。」皇帝降座，御輿出之便次，南、北面位者以次出。

自仲春以後，每月各居其位，皆冠通天，服、玉之色如其時。若四時之孟月及季夏土王，讀五時令於明堂亦如之。

皇帝親養三老五更於太學。

所司先奏三師、三公致仕者，用其德行及年高者一人爲三老，次一人爲五更，五品以上致仕者爲國老，六品以下致仕者爲庶老。尚食具牢饌。

前三日，尚舍設大次於學堂之後，隨地之宜。設三老、五更次於南門外之西，羣老又於其後，皆東向。文官於門外之東，武官在羣老之西，重行，東西向，皆北上。

前一日，設御座於堂上東序，西向，莞筵藻席。三老座於西楹之東，近北，南向；五更座於西階上，東向；國老三人座於三老西階，不屬焉。皆莞筵藻席。衆國老座於堂下西階之西，東面北上，皆蒲筵緇布純，加莞席。太樂令展宮縣於庭，設登歌於堂上，如元會。典儀設文、武官五品以上位於縣東、西，六品以下在其南，皆重行，西向北上；蕃客位於其南；諸州使人位於九品之後；學生分位於文、武官之後。設門外位如設次。又設尊於東楹之西，北向，左玄酒，右坫以置爵。

其日，鑾駕將至，先置之官就門外位，學生俱青衿服，入就位。鑾駕至太學門，回輅南向，侍中跪奏「請降輅」。降，入大次。文、武五品以上從駕之官皆就門外位，太樂令、工人、二舞入，羣官、客使以次入。初，鑾駕出宮，量時刻，遣使迎三老、五更於其第，三老、五更俱服進賢冠，乘安車，前後導從。其國老、庶老則有司預戒之。鑾駕既至太學，三老、五更及

羣老等俱赴集，羣老各服其服。太常少卿贊三老、五更俱出次，引立於學堂南門外之西，東面北上；奉禮贊羣老出次，立於三老、五更之後；太常博士引太常卿升，立於學堂北戶之內，當戶北面。侍中版奏「外辦」。皇帝出戶，殿中監進大珪，皇帝執大珪，降，迎三老於門內之東，西面立。侍臣從立於皇帝之後，太常卿與博士退立於左。三老、五更皆杖，各二人夾扶左右，太常少卿引導，敦史執筆以從。三老、五更於門西，東面北上，奉禮引羣老隨入，立於其後。太常卿前奏「請再拜」。皇帝再拜，三老、五更去杖，攝齊答拜。皇帝揖進，三老在前，五更從，仍杖，夾扶至階，皇帝揖升，俱就座後立。皇帝西面再拜三老，三老南面答拜，皇帝又西向肅拜五更，五更答肅拜，俱坐。三公授几，九卿正履。殿中監、尚食奉御進珍羞及黍、稷等，皇帝省之，遂設於三老前。皇帝詣三老座前，執醬而饋〔三〕，乃詣酒尊所取爵，侍中贊酌酒，皇帝進，執爵而酳。尚食奉御以次進珍羞酒食於五更前，國老、庶老等皆坐，又設酒食於前，皆食。皇帝即座。三老乃論五孝六順、典訓大綱，格言宣於上，惠音被于下。皇帝乃虛躬請受，敦史執筆錄善言善行。禮畢，三老以下降筵，太常卿引皇帝從以降階，逡巡立於階前。三老、五更出，皇帝升，立於階上，三老、五更出門。侍中前奏「禮畢」。皇帝降還大次。三老、五更升安車，導從而還，羣官及學生等以次出。明日，三老詣闕表謝。

州貢明經、秀才、進士身孝悌旌表門閭者，行鄉飲酒之禮，皆刺史爲主人。先召鄉致仕有德者謀之，賢者爲賓，其次爲介，又其次爲衆賓，與之行禮，而賓舉之。主人戒賓，立於大門外之西，東面；賓立於東階下，西面。將命者立於賓之左，北面，受命出，立於門外之東，西面，曰：「敢請事。」主人曰：「某日行鄉飲酒之禮，請吾子臨之。」將命者入告，賓出，立於門東，西面拜辱，主人答拜。主人曰：「吾子學優行高，應茲觀國，某日展禮，請吾子臨之。」賓曰：「某固陋，恐辱命，敢辭。」主人曰：「某謀於父師，莫若吾子賢，敢固以請。」賓曰：「夫子申命之，某敢不敬須。」主人再拜，賓答拜，主人退，賓拜送。其戒介亦如之，辭曰：「某日行鄉飲酒之禮，請吾子貳之。」

其日質明，設賓席於楹間，近北，南向；主人席於阼階上，西向；介席於西階上，東向；衆賓席三於賓席之西，南向；皆不屬。又設堂下衆賓席於西階西南，東面北上。設兩壺於賓席之東，少北，玄酒在西，加勺冪。置篚於壺南，東肆，實以爵觶。設贊者位於東階東，西向北上。賓、介及衆賓至，位於大門外之右，東面北上。主人迎賓於門外之左，西面拜賓，賓答拜；又西南面拜介，介答拜；又西南面揖衆賓，衆賓報揖。主人又揖賓，賓報揖。主人先入門而右，西面。賓入門而左，東面。介及衆賓序入，立於賓西南，東面北上。

衆賓非三賓者皆北面東上。

主人將進揖，當階揖，賓皆報揖。及階，主人曰：「請吾子升。」賓曰：「某敢辭。」主人曰：「固請吾子升。」賓曰：「某敢固辭。」主人曰：「終請吾子升。」賓曰：「某敢終辭。」主人升自阼階，賓升自西階，當楣，北面立。執尊者徹冪。主人適篚，跪取爵，興，適尊實之，進賓席前，西北面獻賓。賓西階上北面拜。主人少退，賓進於席前，受爵，退，復西階上，北面立。主人退於阼階上，北面拜，送爵。賓少退，贊者薦脯、醢於賓席前。賓自西方升席，南面立。贊者設折俎，賓跪，左執爵，右取脯，擩於醢，祭於籩、豆之間，遂祭酒，啐酒，興，降席東，適西階上，北面跪，卒爵，執爵興，適尊實之，進主人席前，東面酢主人。主人於阼階上北面拜，賓少退。主人進受爵，退阼階上，北面立。賓退，復西階上，北面拜，送爵。贊者薦脯、醢於主人席前，主人由席東自北方升席，贊者設折俎，主人跪，左執爵，右祭脯，擩於醢，祭於籩、豆之間，遂祭酒，啐酒，興，自南方降席，復阼階上，北面跪，卒爵，執爵興，跪奠爵於東序端，興，適篚，跪取觶實之以酬，復阼階上，北面跪，奠觶，遂拜，執觶興。賓西階上答拜。主人跪祭，遂飲，卒觶，執觶興，適尊實之，進賓席前，北面。賓拜，主人少退。賓既拜，主人跪奠觶於薦西，興，復阼階上位。賓遂進席前，北面跪，取觶，興，復西階上位。主人北面拜送。賓進席前，北面跪，奠觶於薦東，興，復西階上位。主人北面揖，降立阼階下，西面。賓降立於階西，東面。

主人進延介，揖之，介報揖。至階，一讓升，主人升阼階，介升西階，當楣，北面立。主人詣東序端，跪取爵，興，適尊實之，進於介席前，西南面獻介。介西階上北面拜，主人少退，介進，北面受爵，退復位。主人於介右北面拜送爵，介少退，主人立於西階之東。贊者薦脯、醢於介席前，介進自北方，升席，贊者設折俎，介跪，左執爵，右祭脯、醢，遂祭酒，執爵興，自南方降席，北面跪，卒爵，執爵興，介授主人爵，主人適尊實之，酢於西階上，立於介右，北面跪，奠爵，遂拜，執爵興。介答拜。主人跪祭，遂飲，卒爵，執爵興，進，跪奠爵於西楹南，還阼階上，揖降。介降，立於賓南。

主人於阼階前西南揖衆賓，遂升，適西楹南，跪取爵，興，適尊實之，進於西階上，南面獻衆賓之長，升西階上，北面拜，受爵。主人於衆賓長之右，北面拜送。贊者薦脯、醢於其席前，衆賓之長升席，跪，左執爵，右祭脯、醢，祭酒，執爵，興，退於西階上，立飲訖，授主人爵，降，復位。主人又適尊實之，進於西階上，南面獻衆賓之次者，如獻衆賓之長。又次一人升，飲，亦如之。主人適尊實酒，進於西階上，南面獻堂下衆賓。每一人升，受爵，跪祭，立飲，贊者遍薦脯、醢於其位。主人受爵、尊於篚。主人與賓一揖一讓升，賓、介、衆賓序升，即席。

設工人席於堂廉西階之東〔四〕，北面東上。工四人，先二瑟，後二歌。工持瑟升自階，就位坐。工鼓鹿鳴，卒歌，笙入，立於堂下，北面，奏南陔。乃間歌，歌南有嘉魚，笙崇丘；乃合樂周南關雎、召南鵲巢。

司正升自西階，司正謂主人贊禮者，禮樂之正。既成，將留賓，爲有懈墮，立司正以監之。跪取觶於篚，興，適尊實之，降自西階，詣階間，左還，北面跪，奠觶，拱手少跪〔五〕，取觶，遂飲，卒觶，興，適尊實之，詣阼階上，北面酬主人。主人降席，進立於賓東，賓跪奠觶，遂拜，執觶興，主人答拜，賓立飲，卒觶，適尊實之，阼階上東南授主人，再拜，賓少退，主人受觶，賓於主人之西，北面拜送，賓揖，復席。主人進西階上，北面酬介，介降席，自南方進，立於主人之西，北面。主人跪奠觶，遂拜，執觶興，介答拜。主人立飲，卒觶，適尊實之，進西階上，西面立，介拜，主人少退，介受觶，主人於介東，北面拜送，主人揖，復席。

司正升自西階，近西，北面立，相旅曰：「某子受酬。」受酬者降席，自西方進，北面立於介右。司正退，立於序端，東面，避受酬者。介跪奠觶，遂拜，執觶興，某子答拜。介立飲，卒觶，適尊實之，進西階上，西南面授某子，某子受觶，介立於某子之左，北面，揖，復席。司正曰：「某子受酬。」受酬者降席，自西方立於某子之左，北面，某子跪奠觶，遂拜，執觶興，受酬者答拜。某子立飲，卒觶，適尊實之，進西階上，西南面授之，受酬者受觶，某子立於酬者之右，揖，復席。次一人及堂下衆賓受酬亦如之。卒受酬者以觶跪奠於篚，興，復階下位。司正適阼階上，東面請命於主人，主人曰：「請坐於賓。」司正回，北面告於賓曰：「請賓坐。」賓曰：「唯命。」賓、主各就席坐。若賓、主公服者，則降脫履，主人先左，賓先右。司正降，復位。乃羞肉胾、醢，賓、主燕飲，行無算爵，無算樂，主人之贊者皆興焉。已燕，賓、主俱興，賓以下降自西階，主人降自東階，賓以下出立於門外之西，東面北上，主人送於門外之東，西面再拜，賓、介逡巡而退。

季冬之月正齒位，則縣令爲主人，鄉之老人年六十以上有德望者一人爲賓，次一人爲介，又其次爲三賓，又其次爲衆賓。年六十者三豆，七十者四豆，八十者五豆，九十者及主人皆六豆。賓、主燕飲，則司正北面請賓坐，賓、主各就席立。司正適篚，跪取觶，興，實之，進立于楹間，北面，乃揚觶而戒之以忠孝之本。賓、主以下皆再拜。司正跪奠觶，再拜，跪取觶飲，卒觶，興，賓、主以下皆坐。司正適篚，跪奠觶，興，降復位，乃行無算爵。其大抵皆如鄉飲酒禮。

校勘記

〔一〕戶部以諸州貢物陳於太極門東東西廂　開元禮卷九七、通典卷一二三「門」下不重「東」字。

〔二〕殿上典儀唱　「上」，各本原作「中」，據開元禮卷九七、通典卷一二三改。

〔三〕執醬而饋　「醬」，各本原作「爵」。案禮記樂記、祭義，開元禮卷一〇四及通典卷一二四均作「執醬而饋」，據改。

〔四〕設工人席於堂廉西階之東　各本原無「階」字，據開元禮卷一二八、通典卷一三〇補。

〔五〕拱手少跪　開元禮卷一二八、通典卷一三〇「少」下有「立」字。

唐書卷二十

志第十

禮樂十

五曰凶禮。

周禮五禮，二曰凶禮。唐初，徙其次第五，而李義府、許敬宗以爲凶事非臣子所宜言，遂去其國卹一篇，由是天子凶禮闕焉。至國有大故，則皆臨時采掇附比以從事，事已，則諱而不傳，故後世無考焉。至開元制禮，惟著天子賑卹水旱、遣使問疾、弔死、舉哀、除服、臨喪、册贈之類，若五服與諸臣之喪葬、衰麻、哭泣，則頗詳焉。

凡四方之水、旱、蝗，天子遣使者持節至其州，位于庭，使者南面，持節在其東南，長官北面，寮佐、正長、老人在其後，再拜，以授制書。

其問疾亦如之，其主人迎使者於門外，使者東面，主人西面，再拜而入。其問婦人之疾，則受勞問者北面。

若舉哀之日，爲位於別殿，文武三品以上入哭于庭，四品以下哭于門外。有司版奏「中嚴」、「外辦」。皇帝已變服而哭，然後百官內外在位者皆哭，十五舉音，哭止而奉慰。其除服如之。皇帝服：一品錫衰，三品以上緦衰，四品以下疑衰。服期者，三朝晡止；大功，朝晡止；小功以下，一哀止。晡，百官不集。若爲蕃國君長之喪，則設次于城外，向其國而哭，五舉音止。

若臨喪，則設大次於其門西，設素裀榻於堂上。皇帝小駕、鹵簿，乘四望車，警蹕，鼓吹備而不作。皇帝至大次，易素服，從官皆易服，侍臣則不。皇帝出次，喪主人免絰、釋杖、哭門外，望見乘輿，止哭而再拜，先入門右，西向。皇帝至堂，升自阼階，卽哭位。巫、祝各一人先升，巫執桃立于東南，祝執茢立于西南，戈者四人先後隨升。喪主人入廷再拜，敕引乃升，立戶內之東，西向。皇帝出，喪主人門外拜送。皇帝變服于次，乃還廬。文、武常服。皇帝升車，鼓吹不作而入。

其以敕使册贈，則受册于朝堂，載以犢車，備鹵簿，至第。妃主以內侍爲使，贈者以蠟印畫綬。册贈必因其啓葬，既葬則受於靈寢，既除則受於廟。主人公服而不哭，或單衣而

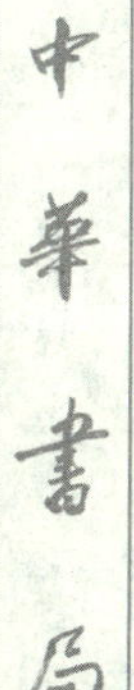

介幘。受必有祭；未廟，受之褻。

五服之制。

斬衰三年。正服：子爲父，女子子在室與已嫁而反室爲父。加服：嫡孫爲後者爲祖，父爲長子。義服：爲人後者爲所後父，妻爲夫，妾爲君，國官爲君。王公以下三月而葬，葬而虞，三虞而卒哭。十三月小祥，二十五月大祥，二十七月禫祭。

齊衰三年。正服：子，父在爲母。加服：爲祖後者，祖卒則爲祖母，母爲長子。義服：爲繼母、慈母，繼母爲長子，妾爲君之長子。

齊衰杖周。降服：父卒，母嫁及出妻之子爲母，報，服亦如之。正服：爲祖後者，祖在爲祖母。義服：父卒，繼母嫁，從，爲之服報；夫爲妻。

齊衰不杖周。正服：爲祖父母，爲伯叔父，爲兄弟，爲衆子，爲兄弟之子及女子子在室與適人者，爲嫡孫，爲姑、姊妹與無夫子，報，女子子與適人爲祖父母，妾爲其子。加服：女子子適人者爲兄弟之爲父後者。降服：妾爲其父母，爲人後者爲其父母，報，女子子適人者爲其父母。義服：爲伯叔母，爲繼父同居者，妾爲嫡妻，妾爲君之庶子，婦爲舅、姑，爲夫之兄弟之子，舅、姑爲嫡婦。

齊衰五月。正服：爲曾祖父母，女子子在室及嫁者亦如之。

齊衰三月。正服：爲高祖父母，女子子在室及嫁者亦如之。義服：爲繼父不同居者。其父卒母嫁，出妻之子爲母，及爲祖後，祖在爲祖母，雖周除，仍心喪三年。

大功，長殤九月，中殤七月。正服：爲子、女子子之長殤、中殤，爲叔父之長殤、中殤，爲姑、姊妹之長殤、中殤，爲兄弟之長殤、中殤，爲嫡孫之長殤、中殤，爲兄弟之子、女子子之長殤、中殤[一]。義服：爲夫之兄弟之子、女子子之長殤、中殤。成人九月正服：爲從兄弟，爲庶孫。降服：爲女子子適人者，爲姑、姊妹適人者報；出母爲女子子適人者，爲兄弟之女適人者報；爲人後者爲其兄弟與姑、姊妹在室者報。義服：爲夫之祖父母與伯叔父母報，爲夫之兄弟女適人者報；夫爲人後者，其妻爲本生舅、姑，爲衆子之婦。

小功五月殤。正服：爲子、女子子之下殤，爲叔父之下殤，爲姑、姊妹之下殤，爲兄弟之下殤，爲嫡孫之下殤，爲兄弟之子、女子子之下殤，爲從兄弟姊妹之長殤，爲庶孫之長殤。降服：爲人後者爲其兄弟之長殤，出嫁姑爲姪之長殤，爲人後者爲其姑、姊妹之長殤。義服：爲夫之兄弟之子、女子子之下殤，爲夫之叔父之長殤。成人正服：爲從祖祖父報，爲從祖父報，爲從祖姑、姊妹在室者報，爲從祖兄弟報，爲從祖祖姑在室者報，爲外祖父母，爲舅及從母報。降服：爲從父姊妹適人者報，爲孫女適人者，爲人後者爲其姑、姊妹適人者報。

義服：爲從祖祖母報，爲從祖母報，爲夫之姑、姊妹在室及適人者報，娣姒婦報，爲同母異父兄弟姊妹報，爲嫡母之父母兄弟從母，爲庶母慈已者，爲嫡孫之婦，母出爲繼母之父母兄弟從母，嫂叔報。

緦麻三月殤。正服：爲從父兄弟姊妹之中殤、下殤，爲庶孫之中殤、下殤，爲從祖叔父之長殤，爲從祖兄弟之長殤，爲舅及從母之長殤，爲從父兄弟之子之長殤，爲兄弟之孫長殤，爲從祖姑、姊妹之長殤。降服：爲人後者爲其兄弟之中殤、下殤，爲姪之中殤、下殤，出嫁姑爲之報，爲人後者爲其姑、姊妹之中殤、下殤。義服：爲人後者爲從父兄弟之長殤，爲夫之叔父之中殤、下殤，爲夫之姑、姊妹之長殤。成人正服：爲族兄弟，爲族曾祖父報，爲族祖父報，爲族父報，爲外孫，爲曾孫、玄孫，爲從母兄弟姊妹，爲姑之子，爲舅之子，爲族曾祖姑在室者報，爲族祖姑在室者報，爲族姑在室者報。降服：爲從祖姑、姊妹適人者報，女子子適人者爲從祖父報，庶子爲父後者爲其母，爲從祖姑適人者報，爲人後者爲外祖父母，爲兄弟之孫女適人者報。義服：爲族曾祖母報，爲族祖母報，爲族母報，爲庶孫之婦，女子子適人者爲從祖伯叔母，爲庶母，爲乳母，爲壻，爲妻之父母，爲夫之曾祖高祖父母，爲夫之從祖祖父母報，爲夫之外祖父母報，爲從祖兄弟之子，爲夫之從父兄弟之妻，爲夫之從父姊妹在室及適人者，爲夫之舅及從母報。改葬：子爲父母，妻妾爲其夫，其

冠服杖屨皆依儀禮。皇家所絕傍親無服者，皇弟、皇子爲之皆降一等。

初，太宗嘗以同爨緦而嫂叔乃無服，舅與從母親等而異服，詔侍中魏徵、禮部侍郎令狐德棻等議：「舅爲母族，姨乃外戚它姓，舅固爲重，而服止一時，姨喪乃五月，古人未達者也。於是服曾祖父母齊衰三月者，增以齊衰五月；適子婦大功，增以期；衆子婦小功，增以大功；嫂叔服以小功五月報；其弟妻及夫兄亦以小功；舅服緦，請與從母增以小功。」然律疏舅報甥，服猶緦。顯慶中，長孫无忌以爲甥爲舅服同從母，則舅宜進同從母報。又古庶母緦，今無服，且庶母之子，昆弟也，爲之杖齊，是同氣而吉凶異，自是亦改服緦。上元元年，武后請「父在，服母三年」。開元五年，右補闕盧履冰言：「禮，父在爲母期，而服三年，非也，請如舊章。」乃詔并議舅及嫂叔服，久而不能決。二十年，中書令蕭嵩等改脩五禮，於是父在爲母齊衰三年。

諸臣之喪。

有疾，齊於正寢，臥東首北墉下。疾困，去衣，加新衣，徹樂，清掃內外。四人坐而持手足，遺言則書之屬纊。氣絕，寢於地。男子白布衣，被髮徒跣；婦人女子青縑衣，去首飾；齊衰以下，丈夫素冠。主人坐於牀東，啼踊無數。衆主人在其後，兄弟之子以下又在其後，

皆西面南上，哭。妻坐於牀西，妾及女子在其後〔二〕，哭踊無數。兄弟之女以下又在其後，皆東面南上，籍藁坐哭。內外之際，隔以行帷。祖父以下爲帷東北壁下，南面西上；祖母以下爲帷西北壁，南面東上。外姻丈夫於戶外東，北面西上；婦人於主婦西北，南面東上。諸內喪，則尊行丈夫及外親丈夫席位於前堂，若戶外之左右，俱南面。宗親戶東，西上；外親戶西，東上。凡喪，皆以服精粗爲序，國官位於門內之東，重行北面西上，俱衰巾帕頭，舒薦坐；參佐位於門內之西，重行北面東上，素服，皆舒席坐，哭。斬衰，三日不食；齊衰，二日不食；大功，三不食；小功、緦麻，再不食。

復於正寢。復者三人，以死者之上服左荷之，升自前東霤，當屋履危，北面西上。左執領，右執腰，招以左。每招，長聲呼「某復」，三呼止，投衣於前，承以篋，升自阼階，入以覆尸。

乃設床於室戶內之西，去脚，簟、枕，施幄，去裙。遷尸於牀，南首，覆用斂衾，去死衣，楔齒以角柶，綴足以燕几，校在南。其內外哭位如始死之儀。

乃奠以脯、醢，酒用吉器。升自阼階，奠於尸東當腢。內喪，則贊者皆受於戶外而設之。

沐浴。掘埳於階閒，近西，南順，廣尺，長二尺，深三尺，南其壤，爲坐竈於西牆下，東

向，以俟煮沐。新盆、瓶、六鬲皆濯之，陳於西階下。沐巾一，浴巾二，用絺若綌，實於笲，櫛實於箱若簟，浴衣實於篋，皆具於西序下，南上。水淅稷米，取汁煮之，又汲爲湯以俟浴。以盆盛潘及沐盤，升自西階，授沐者，沐者執潘及盤入。主人皆出於戶東，北面西上；主婦以下戶西，北面東上。俱立哭。其尊行者，丈夫於主人之東，北面西上；婦人於主婦之西，北面東上。俱坐哭。婦人以帳。乃沐櫛，束髮用組，抳用巾。浴則四人抗衾，二人浴，拭用巾，抳用浴衣。設牀於戶東，衽下莞上簟。浴者舉尸，易牀，設枕，翦鬢斷爪如生，盛以小囊，大斂內於棺中。楔齒之柶、浴巾，皆埋於埳，寘之。衣以明衣裳，以方巾覆面，仍以大斂之衾覆之。內外入就位，哭。

乃襲。襲衣三稱，西領南上，明衣裳，舃一；帛巾一，方尺八寸；充耳，白纊；面衣，玄方尺，纁裏，組繫；握手，玄纁裏，長尺二寸，廣五寸，削約於內旁寸，著以綿組繫。庶襚繼陳，不用。將襲，具牀席於西階西，內外皆出哭，如浴。襲者以牀升，入設於戶東，布枕席，陳襲於席。祝去巾，加面衣，設充耳、握手，納舃若履。既襲，覆以大斂之衾，內外入哭。

乃唅。贊者奉盤水及笲，一品至于三品，飯用粱，唅用璧；四品至于五品，飯用稷；唅用碧；六品至于九品，飯用粱，唅用貝。升堂，唅者盥手於戶外，洗粱、璧實於笲，執以入，祝從入，北面，徹枕，去衾，受笲，奠於尸東。唅者坐於牀東，西面，鑿巾，納飯、唅於尸口。既唅，主人復位。

乃爲明旌，以絳廣充幅，一品至于三品，長九尺，韜杠，銘曰「某官封之柩」，置於西階上；四品至于五品，長八尺；六品至于九品，長六尺。

鑿木爲重，一品至于三品，長八尺，横者半之，三分庭一在南；四品至于五品，長七尺；六品至于九品，長六尺。以沐之米爲粥，實於鬲，蓋以疏布，繫以竹䈙，縣於重木。覆用葦席，北面，屈兩端交後，西端在上，綴以竹䈙。祝取銘置於重，殯堂前楹下，夾以葦席。

小斂衣一十九稱，朝服一，笏一，陳於東序，西領北上〔三〕。

設奠於東堂下，甒二，實以醴、酒，觶二，角柶一，少牢、腊三，籩、豆俎各八〔四〕。設盆盥於饌東，布巾。贊者辟脯醢之，奠於尸牀西南。

乃斂。具牀席於堂西，設盆盥西階之西，如東方。斂者盥，與執服者以斂衣入，喪者東西皆少退，內外哭。已斂，覆以夷衾，設牀於堂上兩楹間，衽下莞上簟，有枕。卒斂，開帷，主人以下西面憑哭，主婦以下東面憑哭，退。

乃斂髮而奠。贊者盥手奉饌至階，升，設於戶東，醴、酒奠於饌南，西上，其俎，祝受巾巾之。奠者徹襲，奠，自西階降出。下帷，內外俱坐哭。有國官、僚佐者，以官代哭；無者，以親疏爲之。夜則爲燎於庭，厥明滅燎。

乃大斂。衣三十稱，上服一稱，冕具簪、導、纓，內喪則有花釵，衾一，西領南上。設奠如小斂，甒加勺，篚在東南，籩、豆、俎皆有幂，用功布。

棺入，內外皆止哭，升棺於殯所，乃哭。熬八筐，黍、稷、粱、稻各二，皆加魚、腊。燭俟於饌東，設盆盥於東階東南。祝盥訖，升自阼階，徹巾，執巾者以待於阼階下。祝盥、贊者徹小斂之饌，降自西階，設於序西南，當西霤，如設於堂上。乃適於東階下新饌所，帷堂內外皆少退，立哭。御者斂，加冠若花釵，覆以衾。開帷，喪者東西憑哭如小斂，諸親憑哭。斂者四人舉牀，男女從，奉尸斂於棺，乃加蓋，覆以夷衾，內外皆復位如初。設熬穀，首足各一筐，傍各三筐，以木覆棺上，乃塗之，設帟於殯上，祝取銘置于殯。

乃奠。執巾、几席者升自阼階，入設於室之西南隅，東面。又几、巾已加，贊者以饌升，入室，西面，設於席前。祝加巾於俎，奠者降自西階以出。下帷，內外皆就位哭。

既殯，設靈座於下室西閒，東向，施牀、几、案、屏、帳、服飾，以時上膳羞及湯沐如平生。殷奠之日，不饋於下室〔五〕。

廬在殯堂東廊下，近南，設苫凷。齊衰於其南，爲堊室，俱北戶，翦蒲爲席，不緣；大功又於其南，張帷，席以蒲；小功、緦麻又於其南，設牀，席以蒲。婦人次於西房。

三日成服，內外皆哭，盡哀。乃降就次，服其服，無服者仍素服。相者引主人以下俱

杖升，立於殯，內外皆哭。諸子孫跪哭尊者之前，祖父撫之，女子子對立而哭，唯諸父不撫。尊者出，主人以下降立阼階。

朔望殷奠，饌於東堂下，瓦甒二，實醴及酒，角觶二，木柶一，少牢及腊三俎，二簋、二簠、二鉶、六籩、六豆。其日，不饋於下室。

葬有期，前一日之夕，除葦障，設賓次於大門外之右，南向。啓殯之日，主人及諸子皆去冠，以衰巾帕頭，就位哭。祝衰服執功布，升自東階，詣殯南，北向，內外止哭，三聲噫嘻，乃曰：「謹以吉辰啓殯。」既告，內外哭。祝取銘置於重。掌事者升，徹殯塗，設席於柩東，升柩於席。又設席柩東，祝以功布升，拂柩，覆用夷衾，周設帷，開戶東向。主人以下升，哭於帷東，西向，俱南上。諸祖父以下哭於帷東北壁下，諸祖母以下哭於帷西北壁下；外姻丈夫帷東上〔六〕，婦人帷西。祝與進饌者各以奠升，設於柩東席上，祝酌醴奠之。

陳器用。啓之夕，發引前五刻，搥一鼓爲一嚴，陳布吉、凶儀仗，方相、誌石、大棺車及明器以下，陳於柩車之前。一品引四、披六、鐸左右各八、黼翣二、黻翣二、畫翣二，二品三品引二、披四、鐸左右各六、黼翣二、畫翣二，四品五品引二、披二、鐸左右各四、黼翣二、畫翣二，六品至于九品披二、鐸二、畫翣二。

二刻頃，搥二鼓爲二嚴，掌饌者徹啓奠以出，內外俱立哭。執紼者皆入，掌事者徹帷，

持翣者升，以翣障柩。執紼者升，執鐸者夾西階立，執纛者入，當西階南，北面立。掌事者取重出，倚於門外之東。執旌者立於纛南，北面。搥三鼓爲三嚴，靈車進於內門外，南向，祝以腰輿詣靈座前，西向跪告。腰輿降自西階，以詣靈車。腰輿退。

執鐸者振鐸，降就階間，南向。持翣者障以翣。執纛者却行而引，輴止則北面立；執旌者亦漸而南，輴止，北面。主人以下以次從。

輴在庭。輴至庭，主人及諸子以下立哭於輴東北，西向南上；祖父以下立哭於輴東北，南向西上；異姓之丈夫立哭於主人東南，西面北上。婦人以次從降，妻、妾、女子子以下立哭於輴西，東面南上；祖母以下立哭於輴西北，南向東上；異姓之婦人立哭於主婦西南，東面北上。內外之際，障以行帷。國官立哭於執紼者東，北面西上；僚佐立哭於執紼者西南，北面東上。祝帥執饌者設祖奠於輴東，如大斂。祝酌奠，進饌，北面跪曰：「永遷之禮，靈辰不留，謹奉旋車，式遵祖道，尙饗。」

輴出，升車，執披者執前後披，紼者引輴出，旌先，纛次，主人以下從哭於輴後。輴出，到輴車，執紼者解屬於輴車，設帷障於輴後，遂升柩。祝與執饌者設遣奠於柩東，如祖奠。

既奠，掌事者以蒲葦苞牲體下節五〔七〕，以繩束之，盛以盤，載於輿前。方相、大棺車、輴車，明器輿、下帳輿、米輿、酒脯醢輿、苞牲輿、食輿爲六輿，銘旌、纛、鐸、輴車以次行。

賓有贈者，既祖奠，賓立於大門外西廂，東面，從者以篚奉玄纁立於西南，以馬陳於賓東南，北首西上。相者入，受命出，西面曰：「敢請事。」賓曰：「某敢賵。」相者入告，出曰：「孤某須矣。」執篚者奠，取幣以授賓。牽馬者先入，陳於輴車南，北首西上。賓入，由馬西當輴車南，北面立，內外止哭。賓曰：「某謚封若某位，將歸幽宅，敢致賵。」乃哭，內外皆哭。主人拜稽顙。賓進輴東，西面，奠幣於車上，西出，主人拜稽顙送之。

喪至于墓所，下柩。進輴車於柩車之後，張帷，下柩於輴。丈夫在西〔八〕，憑以哭。卑者拜辭，主人以下婦人皆障以行帷〔九〕，哭於羨道西，東面北上。

入墓。施行席於壙戶內之西，執紼者屬紼於輴，遂下柩於壙戶內席上，北首，覆以夷衾。

輴出，持翣入，倚翣於壙內兩廂，遂以帳張於柩東，南向。米、酒、脯於東北，食盤設於前，醯、醢設於盤南，苞牲置於四隅，明器設於右。

在壙。掌事者以玄纁授主人，主人授祝，奉以入，奠於靈座，主人拜稽顙。施銘旌、誌石於壙門之內，掩戶，設關鑰，遂復土三。主人以下稽顙哭，退，俱就靈所哭。掌儀者祭后土於墓左。

反哭。既下柩於壙，搥一鼓爲一嚴，掩戶；搥二鼓爲再嚴，內外就靈所；搥三鼓爲三

嚴，徹酒、脯之奠，追靈車於帷外〔一〇〕，陳布儀仗如來儀。腰輿入，少頃出，詣靈車後。靈車發引，內外從哭如來儀。出墓門，尊者乘，去墓百步，卑者乘以哭。靈車至第西階下，南向。祝以腰輿詣靈車後。少頃，升，入詣靈座前；主人以下從升，立於靈座東，西面南上；內外俱升。諸祖父以下哭於帷東北壁下，南面；妻及女子子以下婦人哭於靈西，東面；諸祖母以下哭於帷西北壁下，南面；外姻哭於南廂，丈夫帷東，婦人帷西，皆北面；弔者哭於堂上，西面。主人以下出就次，沐浴以俟虞，斬衰者沐而不櫛。

虞。主用桑，長尺，方四寸，孔徑九分，烏漆匱，置於靈座，在寢室內戶西，東向，素几在右。設洗於西階西南，瓦甒二、設於北牖下，醴、酒在東。喪者既沐，升靈所。主人及諸子倚杖於戶外，入哭于位如初。饌入，如殷奠，升自東階。主人盥手洗爵，酌醴，西面跪奠，哭止。祝跪讀祝，主人哭拜，內外應拜者皆哭拜。乃出，杖降西階，還次。間日再虞，後日三虞，禮如初。

小祥。毀廬爲堊室，設蒲席。堊室者除之，席地。主人及諸子沐浴櫛翦，去首絰，練冠，妻妾女子去腰絰。主用栗，祭如虞禮。

大祥之祭如小祥。間月而禫，釋祥服，而禫祭如大祥。既祥而還外寢。妻妾女子還於寢。食有醯、醬，既禫而飲醴酒，食乾肉。

祔廟，筮日。將祔，掌事者爲埳室於始祖廟室西壁，主人及亞獻以下散齊三日，致齊一日。前一日，主人以酒、脯告遞遷之主，乃遷置於幄坐，又奠酒、脯以安神。掌饌者徹膳以出，掌廟者以次匵神主納於埳室。又設考之祔坐於曾祖室內東壁下，西向，右几。設主人位於東南，西面。設子孫位於南門內道東，北面西上。設亞獻、終獻位於主人東南。設掌事以下位於終獻東南，俱西面北上。設贊唱者位於主人西南，西面。設酒尊於堂上室戶之東南，北向西上。設洗於阼階東南，北向，實爵三，巾二，加冪。其日，具少牢之饌二座，各俎三、簠二、簋二、鉶二。酒尊二，其一實玄酒爲上，其一實淸酒次之。其籩豆，一品者各十二，二品、三品者各八。主人及行事者祭服。掌事者具腰輿，掌廟者、閽寺人立於廟庭，北面再拜，升自東階，入，開埳室，出曾祖、曾祖妣神主置於座，降，出。執尊、罍、篚者入就位，祝進座前，西面告曰：「以今吉辰，奉遷神主于廟。」執輿者以輿升，入，進輿於座前，祝納神主於匵，升輿，祝仍扶於左，降自西階，子孫內外陪從於後。至廟門，諸婦人停於門外，周以行帷，俟祭訖而還。神主入自南門，升自西階，入於室。諸子孫從升，立於室戶西，重行東面，以北爲上。行事者從入，各就位。輿詣室前，迴輿西向。祝啓匵出神主，置於坐。輿降立於西階下，東向。相者引主人以下降自東階，各就位。祝立定，贊唱者曰：「再拜。」在位者皆再拜。掌饌者引饌入，升自東階，入於室，各設於神座前。主人盥手，洗爵，升自東階，酌醴

酒，入室，進，北面跪，奠爵於曾祖神座前。主人出，取爵酌酒，入室，進，東面跪，奠於祖座前。出戶，北面立。祝持版進於室戶外之右，東向跪讀祝文，主人再拜。祝進，入奠版於曾祖座。主人出，降，還本位。初，主人出，亞獻盥手，洗爵，升，酌酒入，進，北面跪，奠於曾祖，又酌酒入，進，東面跪，奠於祖神座，出戶，北面再拜訖，又入室，立於西壁下，東面再拜，出，降，復位。亞獻將畢，終獻入如亞獻。祝入，徹豆，贊者皆再拜。主人及在位子孫以下出。掌饌者入，徹饌以出。掌廟者納曾祖神主於埳室，出，又以腰輿升諸考神座前，納主於匵，置於輿，詣考廟，出神主置於座，進酒、脯之奠，少頃，徹之。祝納神主於埳室。六品以下祔祭于正寢，禮略如之。

校勘記

〔一〕爲兄弟之子女子之長殤中殤　開元禮卷一三二、通典卷一三四「女子」作「女子子」。

〔二〕妾及女子在其後　開元禮卷一三八、通典卷一三八「女子」作「女子子」。

〔三〕陳於東序西領北上　各本無「上」字，據開元禮卷一三八、通典卷一三八補。

〔四〕少牢腊三籩豆俎各八　開元禮卷一三八、通典卷一三八均作「少牢及腊三俎，籩、豆各八」。

〔五〕不饋於下室　「不饋」，各本原作「下饋」，據開元禮卷一三八、通典卷一三八及本卷下文改。

〔六〕外姻丈夫帷東上　開元禮卷一三八、通典卷一三八俱作「外姻丈夫帷東北面西上」。

〔七〕掌事者以蒲葦苞牲體下節五　開元禮卷一三九、通典卷一三九「五」作「七」。通典注云：「四品五品五苞，六品以下二苞。」

〔八〕丈夫在西　開元禮卷一三九、通典卷一三九均作「丈夫柩東，婦人柩西」。

〔九〕主人以下婦人皆障以行帷　開元禮卷一三九「主人以下」有「哭於羨道東，西面北上，妻妾女子子以下」十六字，通典卷一三九同，惟「妾」作「及」。

〔一〇〕追靈車於帷外　開元禮卷一三九、通典卷一三九「追」俱作「進」。

唐書卷二十一

志第十一

禮樂十一

聲無形而樂有器。古之作樂者，知夫器之必有弊，而聲不可以言傳，懼夫器失而聲遂亡也，乃多爲之法以著之。故始求聲者以律，而造律者以黍。自一黍之廣，積而爲分、寸；一黍之多，積而爲龠、合；一黍之重，積而爲銖、兩。此造律之本也。故爲之長短之法，而著之於度；爲之多少之法，而著之於量；爲之輕重之法，而著之於權衡。是三物者，亦必有時而弊，則又總其法而著之於數。使其分寸、龠合、銖兩皆起於黃鍾，然後律、度、量、衡相用爲表裏，使得律者可以制度、量、衡，因度、量、衡亦可以制律。不幸而皆亡，則推其法數而制之，用其長短、多少、輕重以相參考。四者既同，而聲必至，聲至而后樂可作矣。夫物用於有形而必弊，聲藏於無形而不竭，以有數之法求無形之聲，其法具存。無作則已，苟有

作者，雖去聖人於千萬歲後，無不得焉。此古之君子知物之終始，而憂世之慮深，其多爲之法而丁寧纖悉，可謂至矣。

三代既亡，禮樂失其本，至其聲器、有司之守，亦以散亡。自漢以來，歷代莫不有樂，作者各因其所學，雖清濁高下時有不同，然不能出於法數。至其所以用於郊廟、朝廷，以接人神之歡，其金石之響，歌舞之容，則各因其功業治亂之所起，而本其風俗之所由。

自漢、魏之亂，晉遷江南，中國遂沒於夷狄。至隋滅陳，始得其樂器，稍欲因而有作，而時君褊迫，不足以堪其事也。是時鄭譯、牛弘、辛彥之、何妥、蔡子元、于普明之徒，皆名知樂，相與譔定。依京房六十律，因而六之，爲三百六十律，以當一歲之日，又以一律爲七音，音爲一調，凡十二律爲八十四調，其說甚詳。而終隋之世，所用者黃鍾一宮，五夏、二舞、登歌、房中等十四調而已。

記曰：「功成作樂。」蓋王者未作樂之時，必因其舊而用之。唐興卽用隋樂。武德九年，始詔太常少卿祖孝孫、協律郎竇璡等定樂。初，隋用黃鍾一宮，惟擊七鍾，其五鍾設而不擊，謂之啞鍾。唐協律郎張文收乃依古斷竹爲十二律，高祖命與孝孫吹調五鍾，叩之而應，由是十二鍾皆用。孝孫又以十二月旋相爲六十聲、八十四調。其法，因五音生二變，因變徵爲正徵，因變宮爲清宮。七音起黃鍾，終南呂，迭爲綱紀。黃鍾之律，管長九寸，王於中宮土。半之：四寸五分，與清宮合，五音之首也。加以二變，循環無間。故一宮、二商、三角、四變徵、五徵、六羽、七變宮，其聲繇濁至清爲一均。凡十二宮調，皆正宮也。正宮聲之下，無復濁音，故五音以宮爲尊。十二商調，調有下聲一，謂宮也。十二角調，調有下聲二，宮、商也。十二徵調，調有下聲三，宮、商、角也。十二羽調，調有下聲四，宮、商、角、徵也。十二變徵調，居角音之後，正徵之前。十二變宮調，在羽音之後，清宮之前。雅樂成調，無出七聲，本宮遞相用。唯樂章則隨律定均，合以笙、磬，節以鍾、鼓。樂既成，奏之。

太宗謂侍臣曰：「古者聖人沿情以作樂，國之興衰，未必由此。」御史大夫杜淹曰：「陳將亡也，有玉樹後庭花，齊將亡也，有伴侶曲，聞者悲泣，所謂亡國之音哀以思。以是觀之，亦樂之所起。」帝曰：「夫聲之所感，各因人之哀樂。將亡之政，其民苦，故聞以悲。今玉樹、伴侶之曲尙存，爲公奏之，知必不悲。」尙書右丞魏徵進曰：「孔子稱：『樂云樂云，鍾鼓云乎哉。』樂在人和，不在音也。」十一年，張文收復請重正餘樂，帝不許，曰：「朕聞人和則樂和，隋末喪亂，雖改音律而樂不和。若百姓安樂，金石自諧矣。」

文收既定樂，復鑄銅律三百六十、銅斛二、銅秤二、銅甌十四、秤尺一。斛左右耳與臀皆方，積十而登，以至於斛，與古玉尺、玉斗同。皆藏於太樂署。武后時，太常卿武延秀以爲奇玩，乃獻之。及將考中宗廟樂，有司奏請出之，而秤尺已亡，其跡猶存，以常用度量校之，

尺當六之五，量、衡皆三之一。至肅宗時，山東人魏延陵得律一，因中官李輔國獻之，云：「太常諸樂調皆下，不合黃鍾，請悉更制諸鍾磬。」帝以爲然，乃悉取太常諸樂器入于禁中，更加磨剡，凡二十五日而成。御三殿觀之，以還太常。然以漢律考之，黃鍾乃太簇也，當時議者以爲非是。

其後黃巢之亂，樂工逃散，金奏皆亡。昭宗卽位，將謁郊廟，有司不知樂縣制度。太常博士殷盈孫按周法以算數除鎛鍾輕重高卬，黃鍾九寸五分，倍應鍾三寸三分半，凡四十八等。圖上口項之量及徑衡之圍。乃命鑄鎛鍾十二，編鍾二百四十。宰相張濬爲脩奉樂縣使，求知聲者，得處士蕭承訓等，校石磬，合而擊拊之，音遂諧。

唐爲國而作樂之制尤簡，高祖、太宗卽用隋樂與孝孫、文收所定而已。其後世所更者，樂章舞曲。至于昭宗，始得盈孫焉，故其議論罕所發明。若其樂歌廟舞，用於當世者，可以考也。

樂縣之制。宮縣四面，天子用之。若祭祀，則前祀二日，太樂令設縣於壇南內壝之外北嚮。東方、西方，磬虡起北，鍾虡次之；南方、北方，磬虡起西，鍾虡次之。鎛鍾十有二，在十二辰之位。樹雷鼓於北縣之內、道之左右，植建鼓於四隅。置柷、敔於縣內，柷在右，

敔在左。設歌鍾、歌磬於壇上，南方北向。磬虡在西，鍾虡在東。琴、瑟、箏、筑皆一，當磬虡之次，匏、竹在下。凡天神之類，皆以雷鼓；地祇之類，皆以靈鼓；人鬼之類，皆以路鼓。其設於庭，則在南，而登歌者在堂。若朝會，則加鍾磬十二虡，設鼓吹十二案於建鼓之外。案設羽葆鼓一，大鼓一，金錞一，歌、簫、笳皆二。登歌，鍾、磬各一虡，節鼓一，歌者四人，琴、瑟、箏、筑皆一，在堂上；笙、和、簫、篪、塤皆一，在堂下。若皇后享先蠶，則設十二大磬，以當辰位，而無路鼓。軒縣三面，皇太子用之。若釋奠于文宣王、武成王，亦用之。其制，去宮縣之南面。判縣二面，唐之舊禮，祭風伯、雨師、五嶽、四瀆用之。其制，去軒縣之北面。皆植建鼓於東北、西北二隅。特縣，去判縣之西面，或陳於階間，有其制而無所用。

凡橫者爲簨，植者爲虡〔二〕。虡以縣鍾磬，皆十有六，周人謂之一堵，而唐人謂之一虡。自隋以前，宮縣二十虡。及隋平陳，得梁故事用三十六虡，遂用之。唐初因隋舊，用三十六虡。高宗蓬萊宮成，增用七十二虡。至武后時省之。開元定禮，始依古著爲二十虡。至昭宗時，宰相張濬已修樂縣，乃言，舊制，太清宮、南北郊、社稷及諸殿廷用二十虡，而太廟、含元殿用三十六虡，濬以爲非古，而廟廷狹隘，不能容三十六，乃復用二十虡。而鍾虡四，以當甲丙庚壬，磬虡四，以當乙丁辛癸，與開元禮異，而不知其改制之時。或說以鍾磬應陰陽之位，此禮經所不著。

凡樂八音，自漢以來，惟金以鍾定律呂，故其制度最詳，其餘七者，史官不記。至唐，獨宮縣與登歌、鼓吹十二案樂器有數，其餘皆略而不著，而其物名具在。八音：一曰金，爲鎛鍾，爲編鍾，爲歌鍾，爲錞，爲鐃，爲鐲，爲鐸。二曰石，爲大磬，爲編磬，爲歌磬。三曰土，爲壎，爲嘂，嘂，大壎也。四曰革，爲雷鼓，爲靈鼓，爲路鼓，皆有鼗；爲建鼓，爲鼗鼓，爲縣鼓，爲節鼓，爲拊，爲相。五曰絲，爲琴，爲瑟，爲頌瑟，頌瑟，箏也；爲阮咸，爲筑。六曰木，爲柷，爲敔，爲雅，爲應。七曰匏，爲笙，爲竽，爲巢，巢，大笙也；爲和，和，小笙也。八曰竹，爲簫，爲管，爲篪，爲笛，爲舂牘。此其樂器也。

初，祖孝孫已定樂，乃曰大樂與天地同和者也，製十二和，以法天之成數，號大唐雅樂：一曰豫和，二曰順和，三曰永和，四曰肅和，五曰雍和，六曰壽和，七曰太和，八曰舒和，九曰昭和，十曰休和，十一曰正和，十二曰承和。用於郊廟、朝廷，以和人神。孝孫已卒，張文收以爲十二和之制未備，乃詔有司釐定，而文收考正律呂，起居郎呂才叶其聲音，樂曲遂備。自高宗以後，稍更其曲名。開元定禮，始復遵用孝孫十二和。其著于禮者：

一曰豫和，以降天神。冬至祀圓丘，上辛祈穀，孟夏雩，季秋享明堂，朝日，夕月，巡狩告于圓丘，燔柴告至，封祀太山，類于上帝，皆以圜鍾爲宮，三奏；黃鍾爲角，太簇爲徵，姑洗爲羽，各一奏，文舞六成。五郊迎氣，黃帝以黃鍾爲宮，赤帝以函鍾爲徵，白帝以太簇爲商，黑帝以南呂爲羽，青帝以姑洗爲角，皆文舞六成。

二曰順和，以降地祇。夏至祭方丘，孟冬祭神州地祇，春秋社，巡狩告社，宜于社，禪社首，皆以函鍾爲宮，太簇爲角，姑洗爲徵，南呂爲羽，各三奏，文舞八成。望于山川，以蕤賓爲宮，三奏。

三曰永和，以降人鬼。時享、禘祫，有事而告謁于廟，皆以黃鍾爲宮，三奏；大呂爲角，太簇爲徵，應鍾爲羽，各二奏。文舞九成。祀先農，皇太子釋奠，皆以姑洗爲宮，文舞三成；送神，各以其曲一成。蜡兼天地人，以黃鍾奏豫和，蕤賓、姑洗、太簇奏順和，無射、夷則奏永和，六均皆一成以降神，而送神以豫和。

四曰肅和，登歌以奠玉帛。于天神，以大呂爲宮；于地祇，以應鍾爲宮；于宗廟，以圜鍾爲宮；祀先農、釋奠，以南呂爲宮；望于山川，以函鍾爲宮。

五曰雍和，凡祭祀以入俎。天神之俎，以黃鍾爲宮；地祇之俎，以太簇爲宮；人鬼之俎，以無射爲宮。又以徹豆。凡祭祀，俎入之後，接神之曲亦如之。

六曰壽和，以酌獻、飲福。以黃鍾爲宮。

七曰太和，以爲行節。亦以黃鍾爲宮。凡祭祀，天子入門而即位，與其升降，至于還次，行則作，止則止。其在朝廷，天子將自內出，撞黃鍾之鍾，右五鍾應，乃奏之。其禮畢，興而入，撞蕤賓之鍾，左五鍾應，乃奏之。皆以黃鍾爲宮。

八曰舒和，以出入二舞，及皇太子、王公、羣后、國老若皇后之妾御、皇太子之宮臣，出入門則奏之。皆以太簇之商。

九曰昭和，皇帝、皇太子以舉酒。

十曰休和，皇帝以飯，以肅拜三老，皇太子亦以飯。皆以其月之律均。

十一曰正和，皇后受册以行。

十二曰承和，皇太子在其宮，有會以行。若駕出，則撞黃鍾，奏太和。出太極門而奏采茨，至于嘉德門而止。其還也亦然。

初，隋有文舞、武舞，至祖孝孫定樂，更文舞曰治康，武舞曰凱安，舞者各六十四人。文舞：左籥右翟，與執纛而引者二人，皆委貌冠，黑素，絳領，廣袖，白絝，革帶，烏皮履。武舞：左干右戚，執旌居前者二人，執鼗執鐸皆二人，金錞二，輿者四人，奏者二人，執鐃二人，執相在左，執雅在右，皆二人夾導，服平冕，餘同文舞。朝會則武弁，平巾幘，廣袖，金甲，豹文絝，烏皮鞾。執干戚夾導，皆同郊廟。凡初獻，作文舞之舞；亞獻、終獻，作武舞之舞。太廟降神以文舞，每室酌獻，各用其廟之舞。禘祫遷廟之主合食，則舞亦如之。儀鳳二年，太常卿韋萬石定凱安舞六變：一變象龍興參墟；二變象克定關中；三變象東夏賓服；四變象江淮平；五變象獫狁伏從；六變復位以崇，象兵還振旅。

初，太宗時，詔祕書監顏師古等撰定弘農府君至高祖太武皇帝六廟樂曲舞名，其後變更不一，而自獻祖而下廟舞，略可見也。獻祖曰光大之舞，懿祖曰長發之舞，太祖曰大政之舞，世祖曰大成之舞，高祖曰大明之舞，太宗曰崇德之舞，高宗曰鈞天之舞，中宗曰太和之舞，睿宗曰景雲之舞，玄宗曰大運之舞，肅宗曰惟新之舞，代宗曰保大之舞，德宗曰文明之舞，順宗曰大順之舞，憲宗曰象德之舞，穆宗曰和寧之舞，敬宗曰大鈞之舞，文宗曰文成之舞，武宗曰大定之舞，昭宗曰咸寧之舞。其餘闕而不著。

唐之自製樂凡三：一曰七德舞，二曰九功舞，三曰上元舞。

七德舞者，本名秦王破陣樂。太宗爲秦王，破劉武周，軍中相與作秦王破陣樂曲。及即位，宴會必奏之，謂侍臣曰：「雖發揚蹈厲，異乎文容，然功業由之，被於樂章，示不忘本也。」右僕射封德彝曰：「陛下以聖武戡難，陳樂象德，文容豈足道也！」帝矍然曰：「朕雖以武功興，終以文德綏海內，謂文容不如蹈厲，斯過矣。」乃製舞圖，左圓右方，先偏後伍，交錯屈伸，以象魚麗、鵝鸛。命呂才以圖敎樂工百二十八人，被銀甲執戟而舞，凡三變，每變爲四

陣，象擊刺往來，歌者和曰：「秦王破陣樂」。後令魏徵與員外散騎常侍褚亮、員外散騎常侍虞世南、太子右庶子李百藥更製歌辭，名曰七德舞。舞初成，觀者皆扼腕踊躍，諸將上壽，羣臣稱萬歲，蠻夷在庭者請相率以舞。太常卿蕭瑀曰：「樂所以美盛德形容，而有所未盡，陛下破劉武周、薛舉、竇建德、王世充，願圖其狀以識。」帝曰：「方四海未定，攻伐以平禍亂，製樂陳其梗槩而已。若備寫禽獲，今將相有嘗爲其臣者，觀之有所不忍，我不爲也。」自是元日、冬至朝會慶賀，與九功舞同奏。舞人更以進賢冠，虎文袴，螣蛇帶，烏皮鞾，二人執旌居前。其後更號神功破陣樂。

九功舞者，本名功成慶善樂。太宗生於慶善宮，貞觀六年幸之，宴從臣，賞賜閭里，同漢沛、宛。帝歡甚，賦詩，起居郎呂才被之管絃，名曰功成慶善樂。以童兒六十四人，冠進德冠，紫袴褶，長袖，漆髻，屣履而舞，號九功舞。進蹈安徐，以象文德。麟德二年詔：「郊廟、享宴奏文舞，用功成慶善樂，曳履，執紼，服袴褶，童子冠如故。武舞用神功破陣樂，衣甲，持戟，執纛者被金甲，八佾，加簫、笛、歌鼓，列坐縣南，若舞即與宮縣合奏。其宴樂二舞仍別設焉。」

上元舞者，高宗所作也。舞者百八十人，衣畫雲五色衣，以象元氣。其樂有上元、二儀、三才、四時、五行、六律、七政、八風、九宮、十洲、得一、慶雲之曲，大祠享皆用之。至上

元三年，詔：「惟圓丘、方澤、太廟乃用，餘皆罷。」又曰：「神功破陣樂不入雅樂，功成慶善樂不可降神，亦皆罷。」而郊廟用治康、凱安如故。

儀鳳二年，太常卿韋萬石奏：「請作上元舞，兼奏破陣、慶善二舞。而破陣樂五十二徧，著于雅樂者二徧；慶善樂五十徧，著于雅樂者一徧；上元舞二十九徧，皆著于雅樂。」又曰：「雲門、大咸、大磬、大夏，古文舞也。大濩、大武，古武舞也。爲國家者，揖讓得天下，則先奏文舞；征伐得天下，則先奏武舞。神功破陣樂有武事之象，功成慶善樂有文事之象，用二舞，請先奏神功破陣樂。」初，朝會常奏破陣舞，高宗即位，不忍觀之，乃不設。後幸九成宮，置酒，韋萬石曰：「破陣樂舞，所以宣揚祖宗盛烈，以示後世，自陛下即位，寢而不作者久矣。禮，天子親總干戚，以舞先祖之樂。今破陣樂久廢，羣下無所稱述，非所以發孝思也。」帝復令奏之，舞畢，歎曰：「不見此樂垂三十年，追思王業勤勞若此，朕安可忘武功邪！」羣臣皆稱萬歲。然遇饗燕奏二樂，天子必避位，坐者皆興。太常博士裴守眞以謂「奏二舞時，天子不宜起立」。詔從之。及高宗崩，改治康舞曰化康以避諱。武后毀唐太廟，七德、九功之舞皆亡，唯其名存。自後復用隋文舞、武舞而已。

燕樂。高祖即位，仍隋制設九部樂：燕樂伎，樂工舞人無變者。清商伎者，隋清樂也。有

編鍾、編磬、獨絃琴、擊琴、瑟、秦琵琶、臥箜篌、筑、箏、節鼓，皆一；笙、笛、簫、篪、方響、跋膝，皆二。歌二人，吹葉一人，舞者四人，并習巴渝舞。西涼伎，有編鍾、編磬，皆一；彈箏、搊箏、臥箜篌、豎箜篌、琵琶、五絃、笙、簫、觱篥、小觱篥、笛、橫笛、腰鼓、齊鼓、檐鼓，皆一；銅鈸二，貝一。白舞一人，方舞四人。天竺伎，有銅鼓、羯鼓、都曇鼓、毛員鼓、觱篥、橫笛、鳳首箜篌、琵琶、五絃、貝，皆一；銅鈸二，舞者二人。高麗伎，有彈箏、搊箏、鳳首箜篌、臥箜篌、豎箜篌、琵琶，以蛇皮爲槽，厚寸餘，有鱗甲，楸木爲面，象牙爲捍撥，畫國王形。又有五絃、義觜笛、笙、葫蘆笙、簫、小觱篥、桃皮觱篥、腰鼓、齊鼓、檐鼓、龜頭鼓、鐵版、貝、大觱篥。胡旋舞，舞者立毬上，旋轉如風。龜茲伎，有彈箏、豎箜篌、琵琶、五絃、橫笛、笙、簫、觱篥、答臘鼓、毛員鼓、都曇鼓、侯提鼓、雞婁鼓、腰鼓、齊鼓、檐鼓、貝，皆一；銅鈸二。舞者四人。設五方師子，高丈餘，飾以方色。每師子有十二人，畫衣，執紅拂，首加紅袜，謂之師子郎。安國伎，有豎箜篌、琵琶、五絃、橫笛、簫、觱篥、正鼓、和鼓、銅鈸，皆一；舞者二人。疏勒伎，有豎箜篌、琵琶、五絃、簫、橫笛、觱篥、答臘鼓、羯鼓、侯提鼓、腰鼓、雞婁鼓，皆一；舞者二人。康國伎，有正鼓、和鼓，皆一；笛、銅鈸，皆二。舞者二人。工人之服皆從其國。

隋樂每奏九部樂終，輒奏文康樂，一曰禮畢。太宗時，命削去之，其後遂亡。及平高昌，收其樂。有豎箜篌、銅角，一；琵琶、五絃、橫笛、簫、觱篥、答臘鼓、腰鼓、雞婁鼓、羯鼓，皆二

人。工人布巾，裌袍，錦襟，金銅帶，畫絝。舞者二人，黃袍袖，練襦，五色絛帶，金銅耳璫，赤鞾。自是初有十部樂。

其後因內宴，詔長孫无忌製傾盃曲，魏徵製樂社樂曲，虞世南製英雄樂曲。帝之破竇建德也，乘馬名黃驄驃，及征高麗，死於道，頗哀惜之，命樂工製黃驄疊曲。四曲，皆宮調也。

五絃，如琵琶而小，北國所出，舊以木撥彈，樂工裴神符初以手彈，太宗悅甚，後人習為搊琵琶。

高宗即位，景雲見，河水清，張文收采古誼為景雲河清歌，亦名燕樂〔二〕。有玉磬、方響、搊箏、筑、臥箜篌、大小箜篌、大小琵琶、大小五絃、吹葉、大小笙、大小觱篥、簫、銅鈸、長笛、尺八、短笛，皆一；毛員鼓、連鞉鼓、桴鼓、貝，皆二。每器工一人，歌二人。工人絳袍，金帶，烏鞾。舞者二十人。分四部：一景雲舞，二慶善舞，三破陣舞，四承天舞。景雲樂，舞八人，五色雲冠，錦袍，五色絝，金銅帶。慶善樂，舞四人，紫袍，白絝。破陣樂，舞四人，綾袍，絳絝。承天樂，舞四人，進德冠，紫袍，白絝。景雲舞，元會第一奏之。

高宗以琴曲寖絕，雖有傳者，復失宮商，令有司脩習。太常丞呂才上言：「舜彈五絃之琴，歌南風之詩，是知琴操曲弄皆合於歌。今以御雪詩為白雪歌。古今奏正曲復有送聲，

君唱臣和之義，以羣臣所和詩十六韻為送聲十六節。」帝善之，乃命太常著于樂府。才復撰琴歌、白雪等曲，帝亦製歌詞十六，皆著樂府。

帝將伐高麗，燕洛陽城門，觀屯營教舞，按新征用武之勢，名曰一戎大定樂，舞者百四十人，被五采甲，持槊而舞，歌者和之曰：「八紘同軌樂。」象高麗平而天下大定也。及遼東平，行軍大總管李勣作夷美賓之曲以獻。

調露二年，幸洛陽城南樓，宴羣臣，太常奏六合還淳之舞，其容制不傳。

高宗自以李氏老子之後也，於是命樂工製道調。

校勘記

〔一〕凡橫者為簨植者為虡　各本原作「植者為簨，橫者為虡」。禮記明堂位鄭註：「橫曰簨」，「植曰虡」。舊書卷二九音樂志、通典卷一四四均謂：「樂縣橫曰簨，豎曰簴。」據改。

〔二〕高宗即位景雲見河水清張文收采古誼為景雲河清歌亦名燕樂　按通典卷一四六，此貞觀中事。舊書卷二八音樂志、冊府卷五六九均繫此事於貞觀十四年。

唐書卷二十二

志第十二

禮樂十二

自周、陳以上，雅鄭淆雜而無別，隋文帝始分雅、俗二部，至唐更曰「部當」。

凡所謂俗樂者，二十有八調：正宮、高宮、中呂宮、道調宮、南呂宮、仙呂宮、黃鍾宮為七宮；越調、大食調、高大食調、雙調、小食調、歇指調、林鍾商為七商；大食角、高大食角、雙角、小食角、歇指角、林鍾角、越角為七角；中呂調、正平調、高平調、仙呂調、黃鍾羽、般涉調、高般涉為七羽。皆從濁至清，迭更其聲，下則益濁，上則益清，慢者過節，急者流蕩。其後聲器寖殊，或有宮調之名，或以倍四為度，有與律呂同名，而聲不近雅者。其宮調乃應夾鍾之律，燕設用之。

絲有琵琶、五絃、箜篌、箏，竹有觱篥、簫、笛，匏有笙，革有杖鼓、第二鼓、第三鼓、腰鼓、

大鼓，土則附革而為鞚，木有拍板、方響，以體金應石而備八音。倍四本屬清樂，形類雅音，而曲出於胡部。復有銀字之名，中管之格，皆前代應律之器也。後人失其傳，而更以異名，故俗部諸曲，悉源於雅樂。

周、隋管絃雜曲數百，皆西涼樂也。鼓舞曲，皆龜茲樂也。唯琴工猶傳楚、漢舊聲及清調，蔡邕五弄、楚調四弄，謂之九弄。隋亡，清樂散缺，存者纔六十三曲。其後傳者：平調、清調，周房中樂遺聲也；白雪，楚曲也；公莫舞，漢舞也；巴渝，漢高帝命工人作也；明君，漢元帝時作也；明之君，漢鞞舞曲也；鐸舞，漢曲也；白鳩，吳拂舞曲也；白紵，吳舞也；子夜，晉曲也；前溪，晉車騎將軍沈玩作也；團扇，晉王珉歌也；懊儂，晉隆安初謠也；長史變，晉司徒左長史王廞作也；丁督護，晉、宋間曲也；讀曲，宋人為彭城王義康作也；烏夜啼，宋臨川王義慶作也；石城，宋臧質作也；莫愁，石城樂所出也；襄陽，宋隨王誕作也；烏夜飛，宋沈攸之作也；估客樂，齊武帝作也；楊叛，北齊歌也；驍壺，投壺樂也；常林歡，宋、梁間曲也；三洲，商人歌也；採桑，三洲曲所出也；玉樹後庭花、堂堂，陳後主作也；泛龍舟，隋煬帝作也。又有吳聲四時歌、雅歌、上林、鳳雛、平折、命嘯等曲，其聲與其辭皆訛失，十不傳其一二。

蓋唐自太宗、高宗作三大舞，雜用於燕樂，其他諸曲出於一時之作，雖非純雅，尚不至

於淫放。武后之禍，繼以中宗昏亂，固無足言者。玄宗爲平王，有散樂一部，定韋后之難，頗有預謀者。及即位，命寧王主藩邸樂，以亢太常，分兩朋以角優劣。置內教坊於蓬萊宮側，居新聲、散樂、倡優之伎，有諧謔而賜金帛朱紫者，酸棗縣尉袁楚客上疏極諫。

初，帝賜第隆慶坊，坊南之地變爲池，中宗常泛舟以厭其祥。帝即位，作龍池樂，舞者十有二人，冠芙蓉冠，躡履，備用雅樂，唯無磬。又作聖壽樂，以女子衣五色繡襟而舞之。又作小破陣樂，舞者被甲冑。又作光聖樂，舞者鳥冠、畫衣，以歌王迹所興。

又分樂爲二部：堂下立奏，謂之立部伎；堂上坐奏，謂之坐部伎。太常閱坐部，不可教者隸立部，又不可教者，乃習雅樂。

立部伎八：一安舞，二太平樂，三破陣樂，四慶善樂，五大定樂，六上元樂，七聖壽樂，八光聖樂。安舞、太平樂，周、隋遺音也。破陣樂以下皆用大鼓，雜以龜茲樂，其聲震厲。大定樂又加金鉦。慶善舞顓用西涼樂，聲頗閑雅。每享郊廟，則破陣、上元、慶善三舞皆用之。

坐部伎六：一燕樂，二長壽樂，三天授樂，四鳥歌萬歲樂，五龍池樂，六小破陣樂。天授、鳥歌，皆武后作也。天授，年名。鳥歌者，有鳥能人言萬歲，因以制樂。自長壽樂以下，用龜茲舞，唯龍池樂則否。

是時，民間以帝自潞州還京師，舉兵夜半誅韋皇后，製夜半樂、還京樂二曲。帝又作文成曲，與小破陣樂更奏之。其後，河西節度使楊敬忠獻霓裳羽衣曲十二遍，凡曲終必遽，唯霓裳羽衣曲將畢，引聲益緩。帝方浸喜神仙之事，詔道士司馬承禎製玄眞道曲，茅山道士李會元製大羅天曲，工部侍郎賀知章製紫清上聖道曲。太清宮成，太常卿韋縚製景雲、九眞、紫極、小長壽、承天、順天樂六曲，又製商調君臣相遇樂曲。

初，隋有法曲，其音清而近雅。其器有鐃、鈸、鍾、磬、幢簫、琵琶。琵琶圓體修頸而小，號曰「秦漢子」，蓋絃鼗之遺製，出於胡中，傳爲秦、漢所作。其聲金、石、絲、竹以次作，隋煬帝厭其聲澹，曲終復加解音。玄宗既知音律，又酷愛法曲，選坐部伎子弟三百教於梨園，聲有誤者，帝必覺而正之，號「皇帝梨園弟子」。宮女數百，亦爲梨園弟子，居宜春北院。梨園法部，更置小部音聲三十餘人。帝幸驪山，楊貴妃生日，命小部張樂長生殿，因奏新曲，未有名，會南方進荔枝，因名曰荔枝香。

帝又好羯鼓，而寧王善吹橫笛，達官大臣慕之，皆喜言音律。帝常稱：「羯鼓，八音之領袖，諸樂不可方也。」蓋本戎羯之樂，其音太蔟一均，龜茲、高昌、疏勒、天竺部皆用之，其聲焦殺，特異衆樂。

開元二十四年，升胡部於堂上。而天寶樂曲，皆以邊地名，若涼州、伊州、甘州之類。後又詔道調、法曲與胡部新聲合作。明年，安祿山反，涼州、伊州、甘州皆陷吐蕃。

唐之盛時，凡樂人、音聲人、太常雜戶子弟隸太常及鼓吹署，皆番上，總號音聲人，至數萬人。

玄宗又嘗以馬百匹，盛飾分左右，施三重榻，舞傾杯數十曲，壯士舉榻，馬不動。樂工少年姿秀者十數人，衣黃衫、文玉帶，立左右。每千秋節，舞於勤政樓下，後賜宴設酺，亦會勤政樓。其日未明，金吾引駕騎，北衙四軍陳仗，列旗幟，被金甲、短後繡袍。太常卿引雅樂，每部數十人，間以胡夷之技。內閑廄使引戲馬，五坊使引象、犀，入場拜舞。宮人數百衣錦繡衣，出帷中，擊雷鼓，奏小破陣樂，歲以爲常。

千秋節者，玄宗以八月五日生，因以其日名節，而君臣共爲荒樂，當時流俗多傳其事以爲盛。其後巨盜起，陷兩京，自此天下用兵不息，而離宮苑囿遂以荒堙，獨其餘聲遺曲傳人間，聞者爲之悲涼感動。蓋其事適足爲戒，而不足考法，故不復著其詳。自肅宗以後，皆以生日爲節，而德宗不立節，然止於羣臣稱觴上壽而已。

代宗繇廣平王復二京，梨園供奉官劉日進製寶應長寧樂十八曲以獻，皆宮調也。

大曆元年，又有廣平太一樂。涼州曲，本西涼所獻也，其聲本宮調，有大遍、小遍。貞元

初，樂工康崑崙寓其聲於琵琶，奏於玉宸殿，因號玉宸宮調，合諸樂，則用黃鍾宮。

其後方鎭多製樂舞以獻。河東節度使馬燧獻定難曲。昭義軍節度使王虔休以德宗誕辰未有大樂，乃作繼天誕聖樂，以宮爲調，帝因作中和樂舞。山南節度使于頔又獻順聖樂，曲將半，而行綴皆伏，一人舞於中，又令女伎爲佾舞，雄健壯妙，號孫武順聖樂。

文宗好雅樂，詔太常卿馮定采開元雅樂製雲韶法曲及霓裳羽衣舞曲。雲韶樂有玉磬四虡，琴、瑟、筑、簫、篪、籥、跋膝、笙、竽皆一，登歌四人，分立堂上下，童子五人，繡衣執金蓮花以導，舞者三百人，階下設錦筵，遇內宴乃奏。謂大臣曰：「笙磬同音，沈吟忘味，不圖爲樂至於斯也。」自是臣下功高者，輒賜之。樂成，改法曲爲仙韶曲。會昌初，宰相李德裕命樂工製萬斯年曲以獻。

大中初，太常樂工五千餘人，俗樂一千五百餘人。宣宗每宴羣臣，備百戲。帝製新曲，教女伶數十百人，衣珠翠緹繡，連袂而歌，其樂有播皇猷之曲，舞者高冠方履，褒衣博帶，趨走俯仰，中於規矩。又有葱嶺西曲，士女踏歌爲隊，其詞言葱嶺之民樂河、湟故地歸唐也。

咸通間，諸王多習音聲、倡優雜戲，天子幸其院，則迎駕奏樂。是時，藩鎭稍復舞破陣樂，然舞者衣畫甲，執旗旆，纔十人而已。蓋唐之盛時，樂曲所傳，至其末年，往往亡缺。

周、隋與北齊、陳接壤，故歌舞雜有四方之樂。至唐，東夷樂有高麗、百濟，北狄有鮮

卑、吐谷渾、部落稽，南蠻有扶南、天竺、南詔、驃國，西戎有高昌、龜茲、疏勒、康國、安國，凡十四國之樂，而八國之伎，列於十部樂。

中宗時，百濟樂工人亡散，岐王爲太常卿，復奏置之，然音伎多闕。舞者二人，紫大袖裙襦，章甫冠，衣履[一]。樂有箏、笛、桃皮觱篥、箜篌，歌而已。

北狄樂皆馬上之聲，自漢後以爲鼓吹，亦軍中樂，馬上奏之，故隸鼓吹署。後魏樂府初有北歌，亦曰眞人歌，都代時，命宮人朝夕歌之。周、隋始與西涼樂雜奏。至唐存者五十三章，而名可解者六章而已。一曰慕容可汗，二曰吐谷渾，三曰部落稽，四曰鉅鹿公主，五曰白淨王，六曰太子企喻也。其餘辭多可汗之稱，蓋燕、魏之際鮮卑歌也。隋鼓吹有其曲而不同。貞觀中，將軍侯貴昌，并州人，世傳北歌，詔隸太樂，然譯者不能通，歲久不可辨矣。金吾所掌有大角，即魏之「簸邏回」，工人謂之角手，以備鼓吹。

南蠻、北狄俗斷髮，故舞者以繩圍首約髮。有新聲自河西至者，號胡音，龜茲散樂皆爲之少息。

扶南樂，舞者二人，以朝霞爲衣，赤皮鞋。天竺伎能自斷手足，刺腸胃，高宗惡其驚俗，詔不令入中國。睿宗時，婆羅門國獻人倒行以足舞，仰植銛刀，俯身就鋒，歷臉下，復植於背，觱篥者立腹上，終曲而不傷。又伏伸其手，二人躡之，周旋百轉。開元初，其樂猶與四

夷樂同列。

貞元中，南詔異牟尋遣使詣劍南西川節度使韋皐，言欲獻夷中歌曲，且令驃國進樂。韋皐乃作南詔奉聖樂，用黃鍾之均，舞六成，工六十四人，贊引二人，序曲二十八疊，執羽而舞「南詔奉聖樂」字，曲將終，雷鼓作於四隅，舞者皆拜，金聲作而起，執羽稽首，以象朝覲。每拜跪，節以鉦鼓。又爲五均：一曰黃鍾，宮之宮；二曰太蔟，商之宮；三曰姑洗，角之宮；四曰林鍾，徵之宮；五曰南呂，羽之宮。其文義繁雜，不足復紀。德宗閱於麟德殿，以授太常工人，自是殿庭宴則立奏，宮中則坐奏。

十七年，驃國王雍羌遣弟悉利移、城主舒難陀獻其國樂，至成都，韋皐復譜次其聲，又圖其舞容、樂器以獻。凡工器二十有二，其音八：金、貝、絲、竹、匏、革、牙、角，大抵皆夷狄之器，其聲曲不隸於有司，故無足采云。

校勘記

[一] 章甫冠衣履　「衣履」，舊書卷二九音樂志、文獻通考（下簡稱通考）卷一四八均作「皮履」。

唐書卷二十三上

志第十三上

儀衞上

唐制，天子居曰「衙」，行曰「駕」，皆有衞有嚴。羽葆、華蓋、旌旗、罕畢、車馬之衆盛矣，皆安徐而不譁。其人君舉動必以扇，出入則撞鍾，庭設樂宮，道路有鹵簿、鼓吹。禮官百司必備物而後動，蓋所以爲慎重也。故慎重則尊嚴，尊嚴則肅恭。夫儀衞所以尊君而肅臣，其聲容文采，雖非三代之制，至其盛也，有足取焉。

衙。

凡朝會之仗，三衞番上，分爲五仗，號衙內五衞。一曰供奉仗，以左右衞爲之；二曰親仗，以親衞爲之；三曰勳仗，以勳衞爲之；四曰翊仗，以翊衞爲之。皆服鶡冠、緋衫裌。五

曰散手仗，以親、勳、翊衞爲之，服緋絁裲襠，繡野馬。皆帶刀捉仗，列坐於東西廊下。每月以四十六人立內廊閤外，號曰內仗。以左右金吾將軍當上，中郎將一人押之，有押官，有知隊仗官。朝堂置左右引駕三衞六十人，以左右衞、三衞年長彊直能糾劾者爲之，分五番。有引駕佽飛六十六人，以佽飛、越騎、步射爲之，分六番，每番皆有主帥一人。坐日引駕升殿，金吾大將軍各一人押之，號曰押引駕官。中郎將、郎將各一人，檢校引駕事。又有千牛仗，以千牛備身、備身左右爲之。千牛備身冠進德冠，服袴褶；備身左右服如三衞。皆執御刀、弓箭，升殿列御座左右。

內外諸門以排道人帶刀捉仗而立，號曰立門仗。宣政左右門仗、內仗，皆分三番而立，號曰交番仗。諸衞有挾門隊、長槍隊。承天門內則左右衞挾門隊列東西廊下，門外則左右驍衞挾門隊列東西廊下。長樂、永安門內則左右威衞挾門隊列東西廊下，門外則左右領軍衞挾門隊列東西廊下。嘉德門內則左右武衞挾門隊列東西廊下。車駕出皇城，則挾門隊皆從。長槍隊有漆槍、木槍、白槲槍、樸頭槍。

每夜，第一鼕鼕，諸隊仗佩弓箭、胡祿，出鋪立廊下，按矟、張弓、捻箭、彀弩。第二鼕鼕後，擊鍾訖，持更者舉矟，鍾聲絕則解仗。一點，持更人按矟，持弓者穩箭唱號，諸衞仗隊皆分更行探。宿衞門閤仗隊，鍪、甲、蕞，擐左襻，餘仗隊唯持更人蕞一具，供奉、散手仗亦持

更、蕞、甲。

每朝，第一鼕鼕訖，持更矟皆舉，張弓者攝箭收弩，立門隊及諸隊仗皆立於廊下。第二鼕鼕鼕絕，按矟、弛弓、收鋪，諸門挾門隊立於階下。復一刻，立門仗皆復舊，內外仗隊立於階下。

元日、冬至大朝會、宴見蕃國王，則供奉仗、散手仗立於殿上；黃麾仗、樂縣、五路、五副路、屬車、輿輦、繖二、翰一，陳於庭；扇一百五十有六，三衞三百人執之，陳於兩箱。

黃麾仗，左右廂各十二部，十二行。第一行，長戟，六色氅，領軍衞赤氅，威衞青氅、黑氅，武衞鷲氅，驍衞白氅，左右衞黃氅，黃地雲花襖、冒。第二行，儀鍠，五色幡，赤地雲花襖、冒。第三行，大矟，小孔雀氅，黑地雲花襖、冒。第四行，小戟、刀、楯，白地雲花襖、冒。第五行，短戟，大五色鸚鵡毛氅，青地雲花襖、冒。第六行，細射弓箭，赤地四色雲花襖、冒。第七行，小矟，小五色鸚鵡毛氅，黃地雲花襖、冒。第八行，金花朱滕格楯刀，赤地雲花襖、冒。第九行，戎，鵝毛氅，黑地雲花襖、冒。第十行，細射弓箭，白地雲花襖、冒。第十一行，大鋋，白毦，青地雲花襖、冒。第十二行，金花綠滕格楯刀，赤地四色雲花襖、冒。十二行皆有行縢、鞋、韈。

前黃麾仗，首左右廂各二部，部十二行，行十人，左右領軍衞折衝都尉各一人，領主帥各十人，師子袍、冒。次左右廂皆一部，部十二行，行十人，左右威衞果毅都尉各一人，領主

帥各十人，豹文袍、冒。次廂各一部，部十二行，行十人，左右武衞折衝都尉各一人，主帥各十人。次廂各一部，部十二行，行十人，左右衞折衝都尉各一人，主帥各十人。次當御廂各一部，部十二行，行十人，左右衞果毅都尉各一人，主帥各十人。次後廂各一部，部十二行，行十人，左右驍衞折衝都尉各一人，主帥各十人。次後廂各二部，部十二行，行十人，左右武衞果毅都尉各一人，主帥各十人。次後左右廂各一部，部十二行，行十人，左右威衞折衝都尉各一人，主帥各十人。次後左右廂各一部，部十二行，行十人，左右威衞果毅都尉各一人，主帥各十人。次後左右廂各一部，部十二行，行十人，左右領軍衞果毅都尉各一人，主帥各十人。次盡後左右廂，軍衞、主帥各十人護後，被師子文袍、冒。

左右領軍衞黃麾仗，首尾廂皆絳引旛，二十引前，十掩後。十廂各獨揭鼓十二重，重二人，赤地雲花襖、冒，行縢、鞋、韈，居黃麾仗外。

每黃麾仗一部，鼓一，左右衞、左右驍衞、左右武衞、左右威衞將軍各一人，大將軍各一人，左右領軍衞大將軍各一人檢校，被繡袍。

次左右衞黃旗仗，立於兩階之次，鍪、甲、弓、箭、刀、楯皆黃，隊有主帥以下四十人，皆戎服，被大袍，二人引旗，一人執，二人夾，二十人執矟，餘佩弩、弓箭。第一麟旗隊，第二角端旗隊，第三赤熊旗隊，折衝都尉各一人檢校，戎服，被大袍，佩弓箭、橫刀。又有夾轂隊，廂各六隊，隊三十人，胡木鍪、毦、蜀鎧、懸鈴、覆膊、錦臂韝、白行縢、紫帶、鞋韈，持矟、楯、刀；廂各折衝都尉一人、果毅都尉二人檢校，冠進德冠，被紫絝褶連甲、緋繡葵花文袍。第一隊、第四隊，朱質鍪、鎧，緋絝。第二隊、第五隊，白質鍪、鎧，紫絝。第三隊、第六隊，黑質鍪、鎧，皂絝。

次左右驍衞赤旗仗，坐於東西廊下，鍪、甲、弓、箭、刀、楯皆赤，主帥以下如左右衞。第一鳳旗隊，第二飛黃旗隊，折衝都尉各一人檢校。第三吉利旗隊，第四兕旗隊，第五太平旗隊，果毅都尉各一人檢校。

又有親、勳、翊衞仗，廂各三隊壓角，隊皆有旗，一人執，二人引，二人夾，校尉以下翊衞以上三十五人，皆平巾幘、緋裲襠、大口絝，帶橫刀；執矟二十人，帶弩四人，帶弓箭十一人。第一隊鳳旗，大將軍各一人主之。第二隊飛黃旗，將軍各一人主之。第三隊吉利旗，郎將一人主之。

次左右武衞白旗仗，居驍衞之次，鍪、甲、弓、箭、刀、楯皆白，主帥以下如左右衞。第一五牛旗隊，黃旗居內，赤青居左，白黑居右，各八人執。第二飛麟旗隊，第三駃騠旗隊，第四鸞旗隊，果毅都尉各一人檢校。第五犀牛旗隊，第六鵔鸃旗隊，第七騏驎旗隊，第八騊駼旗隊，折衝都尉各一人檢校。持鈒隊，果毅都尉各一人、校尉二人檢校。前隊執銀裝長

刀，紫黃綬紛。絳引旛一，金節十二，分左右。次罕、畢、朱雀幢、叉，青龍、白虎幢，道蓋、叉，各一。自絳引旛以下，執者服如黃麾。執罕、畢及幢者，平陵冠、朱衣、革帶。左罕右畢，左青龍右白虎。稱長一人，出則告警，服如黃麾。鈒、戟隊各一百四十四人，分左右三行應蹕，服如黃麾。果毅執青龍等旗，將軍各一人檢校；旅帥二人執銀裝長刀，紫黃綬紛，檢校後隊。

次左右威衞黑旗仗，立于階下，鍪、甲、弓、箭、楯、矟皆黑，主帥以下如左右衞。第一黃龍負圖旗隊，第二黃鹿旗隊，第三騶牙旗隊，第四蒼烏旗隊，果毅都尉各一人檢校。

次左右領軍衞青旗仗，居威衞之次，鍪、甲、弓、箭、楯、矟皆青，主帥以下如左右衞。第一應龍旗隊，第二玉馬旗隊，第三三角獸旗隊，果毅都尉各一人檢校；第四白狼旗隊，第五龍馬旗隊，第六金牛旗隊，折衝都尉各一人檢校。

又有殳仗、步甲隊，將軍各一人檢校。殳仗左右廂千人，廂別二百五十人執殳，二百五十人執叉，皆赤地雲花襖、冒，行縢、鞋韈。殳、叉以次相間。左右領軍衞各一百六十人，左右武衞各一百人，左右威衞、左右驍衞、左右衞各八十人。左右廂有主帥三十八人，平巾幘、緋裲襠、大口絝，執儀刀。廂有左右衞各三人，左右驍衞、左右武衞、左右威衞、左右領軍衞各四人，以主殳仗，被豹文袍、冒；領軍衞，師子文袍。步甲隊從左右廂各四十八，前

後皆二十四。每隊折衝都尉一人主之，被繡袍。每隊一人，戎服大袍，帶橫刀，執旗；二人引，二人夾，皆戎服大袍，帶弓箭橫刀。隊別三十人，被甲、臂鞲、行縢、鞋韈。每一隊鍪、甲、覆膊，執弓箭，一隊胡木鍪及毦、蜀鎧、覆膊，執刀、楯、矟相間。第一隊，赤質鍪、甲，赤弓、箭，折衝都尉各一人主之，執鶡雞旗。第二隊，赤質鍪、鎧，赤刀、楯、矟，果毅都尉各一人主之，執豹旗。第三隊，青質鍪、甲，青弓、箭，折衝都尉各一人主之。第四隊，青質鍪、鎧，青刀、楯、矟，果毅都尉各一人主之。第五隊，黑質鍪、甲，黑弓、箭，左右威衞折衝都尉各一人主之。第六隊，黑質鍪、鎧，黑刀、楯、矟，果毅都尉各一人主之。第七隊，白質鍪、甲，白弓、箭，左右武衞折衝都尉各一人主之。第八隊，白質鍪、鎧，白刀、楯、矟，果毅都尉各一人主之。第九隊，黃質鍪、甲，黃弓、箭，左右驍衞折衝都尉各一人主之。第十隊，黃質鍪、鎧，黃刀、楯、矟，果毅都尉各一人主之。第十一隊，黃質鍪、甲，黃弓、箭，左右衞折衝都尉各一人主之。第十二隊，黃質鍪、鎧，黃刀、楯、矟，果毅都尉各一人主之。次後第一隊，黃質鍪、鎧，黃刀、楯、矟，左右衞折衝都尉各一人主之。至第十二隊與前同。

次左右金吾衞辟邪旗隊，折衝都尉各一人檢校。又有清游隊、朱雀隊、玄武隊。清游隊建白澤旗二，各一人執，帶橫刀；二人引，二人夾，皆帶弓箭、橫刀。左右金吾衞折衝都尉各一人，帶弓箭、橫刀，各領四十人，皆帶橫刀，二十人持矟，四人持弩，十六人帶弓箭。

朱雀隊建朱雀旗，一人執，引、夾皆二人，金吾衞折衝都尉一人主之，領四十人，二十人持矟，四人持弩，十六人帶弓箭，又二人持䂎矟，皆佩橫刀，䂎矟以黃金塗末。龍旗十二，執者戎服大袍，副竿二，各一人執，戎服大袍，分左右，果毅都尉各一人主之。大將軍各一人檢校二隊。玄武隊建玄武旗，一人執，二人引，二人夾，平巾幘、黑裲襠、黑袴、大口袴，左右金吾衞折衝都尉各一人主之，各領五十人，持矟二十五人，持弩五人，帶弓箭二十人，又二人持䂎矟。諸衞挾門隊、長槍隊與諸隊相間。

朝日，殿上設黼扆、躡席、熏爐、香案。御史大夫領屬官至殿西廡，從官朱衣傳呼，促百官就班，文武列於兩觀。監察御史二人立於東西朝堂甎道以涖之。平明，傳點畢，內門開。監察御史領百官入，夾階，監門校尉二人執門籍，曰：「唱籍」。既視籍，曰：「在」。入畢而止。次門亦如之。序班於通乾、觀象門南，武班居文班之次。入宣政門，文班自東門而入，武班自西門而入，至閤門亦如之。夾階校尉十人同唱，入畢而止。宰相、兩省官對班於香案前，百官班於殿庭左右，巡使二人分涖於鐘鼓樓下，先一品班，次二品班，次三品班，次四品班，次五品班。每班，尚書省官爲首。武班供奉者立於橫街之北，次千牛中郎將，次千牛將軍，次過狀中郎將一人，次接狀中郎將一人，次押柱中郎將一人，次押柱中郎一人，次排階中郎將一人，次押散手仗中郎將一人，次左右金吾衞大將軍。凡殿中省監、少監，尚衣、尚舍、尚輦奉

御，分左右隨繖、扇而立。東宮官居上臺官之次，王府官又次之，唯三太、三少、賓客、庶子、王傅隨本品。侍中奏「外辦」，皇帝步出西序門，索扇，扇合。皇帝升御座，扇開。左右留扇各三。左右金吾將軍一人奏「左右廂內外平安」。通事舍人贊宰相兩省官再拜，升殿。內謁者承旨喚仗，左右羽林軍勘以木契，自東西閤而入。內侍省五品以上一人引之，左右衞大將軍、將軍各一人押之。二十人以下入，則不帶仗。三十人入，則左右廂監門各二人，千牛備身各四人，三衞各八人，金吾一人。百人入，則左右廂監門各六人，千牛備身各四人，三衞三十三人，金吾七人。二百人，則增以左右武衞、威衞、領軍衞、金吾衞、翊衞等。凡仗入，則左右廂加一人監捉永巷，御刀、弓箭。及三衞帶刀入，則曰「仗入」；三衞不帶刀而入，則曰「監引入」。朝罷，皇帝步入東序門，然後放仗。內外仗隊，七刻乃下。常參、輟朝日，六刻即下。宴蕃客日，隊下，復立半仗於兩廊。朔望受朝及蕃客辭見，加纛、矟隊，儀仗減半。凡千牛仗立，則全仗立。太陽虧，昏壆大霧，則內外諸門皆立仗。泥雨，則延三刻傳點。

駕。

大駕鹵簿。天子將出，前二日，太樂令設宮縣之樂於庭。晝漏上五刻，駕發。前發七刻，擊一鼓爲一嚴。前五刻，擊二鼓爲再嚴，侍中版奏「請中嚴」。有司陳鹵簿。前二刻，擊

三鼓爲三嚴，諸衞各督其隊與鈒、戟以次入陳殿庭。通事舍人引羣官立朝堂，侍中、中書令以下奉迎於西階，侍中負寶，乘黃令進路於太極殿西階南向，千牛將軍一人執長刀立路前北向，黃門侍郎一人立侍臣之前，贊者二人。既外辦，太僕卿攝衣而升，正立執轡。天子乘輿以出，降自西階，曲直華蓋，警蹕，侍衞，千牛將軍前執轡，天子升路，太僕卿授綏，侍中、中書令以下夾侍。

黃門侍郎前奏「請發」。鑾駕動，警蹕，鼓傳音，黃門侍郎與贊者夾引而出，千牛將軍夾路而趨。駕出承天門，侍郎乘馬奏「駕少留，敕侍臣乘馬」。侍中前承制，退稱：「制曰可」。黃門侍郎退稱：「侍臣乘馬。」贊者承傳，侍臣皆乘。侍衞之官各督其屬左右翊駕，在黃麾內。符寶郎奉六寶與殿中後部從，在黃鉞內。侍中、中書令以下夾侍路前，贊者在供奉官內。

侍臣乘畢，侍郎奏「請車右升」。侍中前承制，退稱：「制曰可」。侍郎復位，千牛將軍升。侍郎奏「請發」。萬年縣令先導，次京兆牧、太常卿、司徒、御史大夫、兵部尚書，皆乘路，鹵簿如本品。

次清游隊。次左右金吾衞大將軍各一人，帶弓箭橫刀，檢校龍旗以前朱雀等隊，各二人持䂎矟，騎夾。次左右金吾衞果毅都尉各一人，帶弓箭橫刀，領夾道鐵甲佽飛。次虞候佽飛四十八騎，平巾幘、緋裲襠、大口袴，帶弓箭、橫刀，夾道分左右，以屬黃麾仗。次外鐵甲

佽飛二十四人，帶弓箭、橫刀，甲騎具裝，分左右廂，皆六重，以屬步甲隊。

次朱雀隊。次指南車、記里鼓車、白鷺車、鸞旗車、辟惡車、皮軒車，皆四馬，有正道匠一人，駕士十四人，皆平巾幘、大口絝、緋衫。太卜令一人，居辟惡車，服如佽飛，執弓箭。左金吾衞隊正一人，居皮軒車，服平巾幘、緋裲襠，銀裝儀刀，紫黃綬紛，執弩。次引駕十二重，重二人，皆騎，帶橫刀。自皮軒車後，屬於細仗前，矟、弓箭相間，左右金吾衞果毅都尉各一人主之。

次鼓吹。次黃麾仗一，執者武弁、朱衣、革帶，二人夾。次殿中侍御史二人導。次太史監一人，書令史一人，騎引相風、行漏輿。次相風輿，正道匠一人，輿士八人，服如正道匠。次擱鼓、金鉦，司辰、典事匠各一人，刻漏生四人，分左右。次行漏輿，正道匠一人，輿士十四人。

次持鈒前隊。次御馬二十四，分左右，各二人馭。次尚乘奉御二人，書令史二人，騎從。

次左青龍右白虎旗，執者一人，服如正道匠，引、夾各二人，皆騎。次左右衞果毅都尉各一人，各領二十五騎，二十人執矟，四人持弩，一人帶弓箭，行儀刀仗前。次通事舍人，四人在左，四人在右。侍御史，一人在左，一人在右。御史中丞，一人在左，一人在右。左拾遺一人在左，右拾遺一人在右。左補闕一人在左，右補闕一人在右。起居郎一人在左，起居

舍人一人在右。諫議大夫，一人在左，一人在右。給事中二人在左，中書舍人二人在右。黃門侍郎二人在左，中書侍郎二人在右。左散騎常侍一人在左，右散騎常侍一人在右。侍中二人在左，中書令二人在右。通事舍人以下，皆一人從。次香蹬一，有衣，繡以黃龍，執者四人，服如折衝都尉。

次左右衞將軍二人，分左右，領班劍、儀刀，各一人從。次班劍、儀刀，左右廂各十二行：第一左右衞親衞各五十三人，第二左右衞親衞各五十五人，第三左右衞勳衞各五十七人，第四左右衞勳衞各五十九人，各執金銅裝班劍，纁朱綬紛；第五左右衞翊衞各六十一人，第六左右衞翊衞各六十三人，第七左右衞翊衞各六十五人，第八左右驍衞翊衞各六十七人，各執金銅裝儀刀，綠綟綬紛；第九左右武衞翊衞各六十九人，第十左右威衞翊衞各七十一人，第十一左右領軍衞翊衞各七十三人，第十二左右金吾衞翊衞各七十五人，各執銀裝儀刀，紫黃綬紛。自第一行有曲折三人陪後門，每行加一人，至第十二行曲折十四人。

次左右廂，諸衞中郎將主之，執班劍、儀刀，領親、勳、翊衞。次左右衞郎將各一人，皆領散手翊衞三十人，佩橫刀，騎，居副仗矟翊衞內。次左右驍衞郎將各一人，各領翊衞二十八人，甲騎具裝，執副仗矟，居散手衞外。次左右衞供奉中郎將、郎將四人，各領親、勳、翊衞四十八人，帶橫刀，騎，分左右，居三衞仗內。

次玉路，駕六馬，太僕卿馭之，駕士三十二人。凡五路，皆有副。駕士皆平巾幘、大口絝，衫從路色。玉路，服青衫。千牛衞將軍一人陪乘，執金裝長刀，左右衞大將軍各一人騎夾，皆一人從，居供奉官後。次千牛衞將軍一人，中郎將二人，皆一人從。次千牛備身、備身左右二人，騎，居玉路後，帶橫刀，執御刀、弓箭。次御馬二，各一人馭。次左右監門校尉二人，騎，執銀裝儀刀，居後門內。

次衙門旗，二人執，四人夾，皆騎，赤綦襖、黃冒、黃袍。次左右監門校尉各十二人，騎，執銀裝儀刀，督後門，十二行，仗頭皆一人。次左右驍衞、翊衞各三隊，居副仗矟外。次左右衞夾轂，廂各六隊。

次大繖二，執者騎，橫行，居衙門後。次雉尾障扇四，執者騎，夾繖。次腰輿，輿士八人。次小團雉尾扇四，方雉尾扇十二，花蓋二，皆執者一人，夾腰輿。自大繖以下，執者服皆如折衝都尉。次掌輦四人，引輦。次大輦一，主輦二百人，平巾幘、黃絲布衫、大口絝、紫誕帶、紫行縢、鞋韈。尚輦奉御二人，主腰輿，各書令史二人騎從。

次殿中少監一人，督諸局供奉事，一人從。次諸司供奉官。次御馬二十四，各二人馭，分左右。次尚乘直長二人，平巾幘、緋絝褶，書令史二人騎從，居御馬後。

次後持鈒隊。次大繖二，雉尾扇八，夾繖左右橫行。次小雉尾扇、朱畫團扇，皆十二，

左右橫行。次花蓋二，叉二。次俾倪十二，左右橫行。次玄武幢一，叉一，居絳麾內。次絳麾二，左右夾玄武幢。次細矟十二，孔雀爲毦，左右橫行，居絳麾後。自鈒、戟以下，執者服如黃麾仗，唯玄武幢執者服如罕、畢。

次後黃麾，執者一人，夾二人，皆騎。次殿中侍御史二人，分左右，各令史二人騎從，居黃麾後。次大角。次方輦一，主輦二百人。次小輦一，主輦六十人。次小輿一，奉輿十二人，服如主輦。次尚輦直長二人，分左右，檢校輦輿，皆書令史二人騎從。次左右武衞五牛旗輿五，赤青居左，黃居中，白黑居右，皆八人執之，平巾幘、大口絝，衫從旗色，左右威衞隊正各一人主之，騎，執銀裝長刀。

次乘黃令一人，丞一人，分左右，檢校玉路，皆府史二人騎從。次金路、象路、革路、木路，皆駕六馬，駕士三十二人。次五副路，皆駕四馬，駕士二十八人。次耕根車，駕六馬，駕士三十二人。次安車、四望車，皆駕四馬，駕士二十四人。次羊車，駕果下馬一，小史十四人。次屬車十二乘，駕牛，駕士各八人。次門下、中書、祕書、殿中四省局官各一人，騎，分左右夾屬車，各五人從，唯符寶以十二人從。次黃鉞車，上建黃鉞，駕二馬，左武衞隊正一人在車，駕士十二人。次豹尾車，駕二馬，右武衞隊正一人在車，駕士十二人。

次左右威衞折衝都尉各一人，各領掩後二百人步從，五十人爲行，大戟五十人，刀、楯、

穳五十人，弓箭五十人，弩五十人，皆黑鍪、甲、覆膊、臂韝，橫行。次左右領軍衞將軍二人，領步甲隊及殳仗，各二人執犦矟從。次前後左右廂步甲隊。次左右廂黃麾仗。次左右廂殳仗。

次諸衞馬隊，左右廂各二十四。自十二旗後，屬於玄武隊，前後有主帥以下四十人，皆戎服大袍，二人引旗，一人執，二人夾，二十人執矟，餘佩弩、弓箭。第一辟邪旗，左右金吾衞折衝都尉各一人主之，皆戎服大袍，佩弓箭、橫刀，騎。第二應龍旗，第三玉馬旗，第四三角獸旗，左右領軍衞果毅都尉各一人主之。第五黃龍負圖旗，第六黃鹿旗，左右威衞折衝都尉各一人主之。第七飛麟旗，第八駃騠旗，第九鸞旗，左右武衞果毅都尉各一人主之。第十鳳旗，第十一飛黃旗，左右驍衞折衝都尉各一人主之。第十二麟旗，第十三角端旗，以當御，第十四赤熊旗，左右衞折衝都尉各一人主之。第十五兕旗，第十六太平旗，左右驍衞果毅都尉各一人主之。第十七犀牛旗，第十八鵔鸃旗，第十九騼騆旗，左右武衞折衝都尉各一人主之。第二十騶牙旗，第二十一蒼烏旗，左右威衞果毅都尉各一人主之。第二十二白狼旗，第二十三龍馬旗，第二十四金牛旗，左右領軍衞折衝都尉各一人主之。其服皆如第一。

次玄武隊。次衙門一，居玄武隊前、大戟隊後，執者二人，夾四人，皆騎，分左右，赤綦襖，黃袍，黃冒。次衙門左右廂，廂有五門，執、夾人同上。第一門，居左右威衞黑質步甲隊之後，白質步甲隊之前。第二門，居左右衞步甲隊之後，左右領軍衞黃麾仗之前。第三門，居左右武衞黃麾仗之後，左右驍衞黃麾仗之前。第四門，居左右領軍衞黃麾仗之後，左右衞步甲隊之前。第五門，居左右武衞白質步甲隊之後，黑質步甲隊之前。五門別當步甲隊黃麾仗前、馬隊後，各六人分左右，戎服大袍，帶弓箭、橫刀。

凡衙門皆監門校尉六人，分左右，執銀裝長刀，騎。左右監門衞大將軍、將軍、中郎將，廂各巡行。校尉二人，往來檢校諸門。中郎將各一人騎從。左右金吾衞將軍循仗檢校，各二人執犦矟騎從。左右金吾衞果毅都尉二人，糾察仗內不法，各一人騎從。

駕所至，路南向，將軍降立于路右，侍中前奏「請降路」。天子降，乘輿而入，繖、扇、華蓋，侍衞。

駕還，一刻，擊一鼓爲一嚴，仗衞還於塗。三刻，擊二鼓爲再嚴，將士布隊仗，侍中奏「請中嚴」。五刻，擊三鼓爲三嚴，黃門侍郎奏「請駕發」。鼓傳音，駕發，鼓吹振作。入門，太樂令命擊蕤賓之鍾，左五鍾皆應。鼓柷，奏采茨之樂。至太極門，戛敔，樂止。既入，鼓柷，奏太和之樂。回路南向，侍中請降路，乘輿乃入，繖、扇，侍御，警蹕如初。至門，戛敔，樂止。皇帝入，侍中版奏「請解嚴」。叩鉦，將士皆休。

唐書卷二十三下

志第十三下

儀衞下

太皇太后、皇太后、皇后出，尙儀版奏「請中嚴」。尙服率司仗布侍衞，司賓列內命婦於庭，西嚮北上，六尙以下詣室奉迎，尙服負寶，內僕進車於閤外，尙儀版奏「外辦」。馭者執轡，太皇太后乘輿以出，華蓋，侍衞，警蹕，內命婦從。

出門，太皇太后升車，從官皆乘馬，內命婦、宮人以次從。清游隊，旗一，執者一人，佩橫刀，引、夾皆二人，佩弓箭、橫刀，騎。次金吾衞折衝都尉一人，佩橫刀、弓箭；領騎四十，亦佩橫刀，夾折衝；執矟二十人，持弩四人，佩弓箭十六人，持犦矟、刀二人。次虞候佽飛二十八人，騎，佩弓箭、橫刀，夾道分左右，以屬黃麾仗。

次內僕令一人在左，丞一人在右，各書令史二人騎從。次黃麾一，執者一人，夾道二

人，皆騎。次左右廂黃麾仗，廂皆三行，行百人。第一短戟，五色氅，執者黃地白花綦襖、冒。第二戈，五色氅，執者赤地黃花綦襖、冒。第三鍠，五色幡，執者青地赤花綦襖、冒。左右衞、左右威衞、左右武衞、左右驍衞、左右領軍衞各三行，行二十人，每衞以主帥六人主之，皆豹文袍、冒，執鍮石裝長刀，騎，唯左右領軍衞減三人。每衞果毅都尉一人，被繡袍，各一人從；左右領軍衞有絳引幡，引前者三，掩後者三。

次內謁者監四人，給事二人，內常侍二人，內侍少監二人，騎，分左右，皆有內給使一人從。次內給使百二十人，平巾幘、大口絝、緋裲襠，分左右，屬於宮人車。

次偏扇、團扇、方扇皆二十四，宮人執之，衣綵大袖裙襦、綵衣、革帶、履，分左右。次香蹬一，內給使四人輿之，居重翟車前。

次重翟車，駕四馬，駕士二十四人。次行障六，次坐障三，皆左右夾車，宮人執之，服同執扇。次內寺伯二人，領寺人六人，執御刀，服如內給使，夾重翟車。次腰輿一，執者八人，團雉尾扇二，夾輿。次大繖四。次雉尾扇八，左右橫行，爲二重。次錦花蓋二，單行。次小雉尾扇、朱畫團扇皆十二，橫行。次錦曲蓋二十，橫行，爲二重。次錦六柱八，分左右。自腰輿以下，皆內給使執之。

次宮人車。次絳麾二，分左右。次後黃麾一，執者一人，夾二人，皆騎。次供奉宮人，

在黃麾後。

次厭翟車、翟車、安車，皆駕四馬，駕士各二十四人；四望車，駕士二十二人；金根車，駕牛，駕士十二人。

次左右廂衙門各二，每門二人執，四人夾，皆赤綦襖，黃袍、冒，騎。

次左右領軍衞，廂皆一百五十人，執殳，赤地黃花綦襖、冒，前屬於黃麾仗，後盡鹵簿；廂各主帥四人主之，皆黃袍、冒，執鍮石裝長刀，騎；折衝都尉二人，檢校殳仗，皆一人騎從。次衙門一，盡鹵簿後殳仗內正道，每門監門校尉二人主之，執銀裝長刀，廂各有校尉一人，騎，佩銀橫刀，往來檢校。御馬減大駕之半。

太皇太后將還，三嚴，內典引引外命婦出次，就位；司賓引內命婦出次，序立大次之前。既外辦，馭者執轡。太皇太后乘輿出次，華蓋、警蹕、侍衞如初。內命婦以下乘車以從。車駕入，內典引引外命婦退，駕至正殿門外，車駕南嚮，尚儀前奏「請降車」。將士還。

皇太子出，則鹵簿陳於重明門外。其日三刻，宮臣皆集於次，左庶子版奏「請中嚴」。典謁引宮臣就位，侍衞官服其器服，左庶子負璽詣閤奉迎，僕進車若輦於西閤外，南嚮，內率一人執刀立車前，北嚮，中允一人立侍臣之前，贊者二人立中允之前。前二刻，諸衞之官詣

閤奉迎，宮臣應從者各出次，立於門外，文東武西，重行北嚮北上。

左庶子版奏「外辦」，僕升正位執轡，皇太子乘輿而出，內率前執轡，皇太子升車，僕立授綏，左庶子以下夾侍。中允奏「請發」，車動，贊者夾引而出，內率夾車而趨，出重明門，中允奏「請停車，侍臣上馬」。左庶子前承令，退稱：「令曰諾」。中允退稱：「侍臣上馬。」贊者承傳，侍臣皆騎。中允奏「請車右升」。左庶子前承令，退稱：「令曰諾」。內率升訖，中允奏「請發」。車動，鼓吹振作，太傅乘車訓導，少傅乘車訓從。

出延喜門，家令先導，次率更令、詹事、太保、太傅、太師，皆軺車，備鹵簿。

次清游隊，旗一，執者一人，佩橫刀，引、夾皆二人，亦佩弓箭、橫刀，騎。次清道率府折衝都尉一人，佩弓箭、橫刀，領騎三十，亦佩橫刀，十八人執矟，九人挾弓箭，三人持弩，各二人騎從。次左右清道率府率各一人，騎，佩橫刀、弓箭，領清道直盪及檢校清游隊各二人，執㮚矟騎從。次外清道直盪二十四人，騎，佩弓箭、橫刀，夾道。

次龍旗六，各一人騎執，佩橫刀，戎服大袍，橫行正道，每旗前後二人騎，爲二重，前引後護，皆佩弓箭、橫刀，戎服大袍。次副竿二，分左右，各一人騎執。次細引六重，皆騎，佩橫刀，每重二人。自龍旗後屬於細仗，矟、弓箭相間，廂各果毅都尉一人主之。

次率更丞一人，府、史二人騎從，領鼓吹。次誕馬十，分左右，執者各二人。次廄牧令一

人居左，丞一人居右，各府、史二人騎從。

次左右翊府郎將二人，主班劍。次左右翊衞二十四人，執班劍，分左右。次通事舍人四人，司直二人，文學四人，洗馬二人，司議郎二人居左，太子舍人二人居右，中允二人居左，中舍人二人居右，左右諭德二人，左右庶子四人，騎，分左右，皆一人從。次左右衞率府副率二人步從。

次親、勳、翊衞，廂各中郎將、郎將一人，皆領儀刀六行：第一親衞二十三人，第二親衞二十五人，皆執金銅裝儀刀，纁朱綬紛；第三勳衞二十七人，第四勳衞二十九人，皆執銀裝儀刀，綠綟紛〔二〕；第五翊衞三十一人，第六翊衞三十三人，皆執鍮石裝儀刀，紫黃綬紛。自第一行有曲折三人陪後門，每行加一人，至第六行八人。次三衞十八人，騎，分左右夾路。

次金路，駕四馬，駕士二十三人，僕寺僕馭，左右率府率二人執儀刀陪乘。次左右衞率府率二人，夾路，各一人從，居供奉官後。次左右內率府率二人，副率二人，領細刀、弓箭，皆一人從。次千牛，騎，執細刀、弓箭。次三衞儀刀仗，後開衙門。次左右監門率府直長各六人，執鍮石儀刀，騎，監後門。次左右衞率府，廂各翊衞二隊，皆騎，在執儀刀行外；壓角隊各三十人，騎，佩橫刀，一人執旗，二人引，二人夾，十五人執矟，七人佩弓箭，三人佩弩，隊各郎將一人主之。

次繖二，人執，雉尾扇四，夾繖。次腰輿一，執者八人，團雉尾扇二，小方雉尾扇八，以夾腰輿。內直郎二人主之，各令史二人騎從。次誕馬十，分左右，馭者各二人。次典乘二人，各府、史二人騎從。次左右司禦率府校尉二人騎從，佩鍮石裝儀刀，領團扇、曲蓋。次朱漆團扇六，紫曲蓋六，各橫行。次諸司供奉。次左右清道率府校尉二人，騎，佩鍮石裝儀刀，主大角。

次副路，駕四馬，駕士二十二人；軺車，駕一馬，駕士十四人；四望車，駕一馬，駕士十人。

次左右廂步隊十六，每隊果毅都尉一人，領騎三十人，戎服大袍，佩橫刀，一人執旗，二人引，二人夾，二十五人佩弓箭，前隊持矟，與佩弓箭隊以次相間。次左右司禦率府副率各一人，騎，檢校步隊，二人執㮚矟騎從。

次儀仗，左右廂各六色，每色九行，行六人，赤綦襖、冒，行縢、鞋韈。第一戟，赤氅，六人；第二弓箭，六人；第三儀鋋，毦，六人；第四刀楯，六人；第五儀鍠，五色幡，六人；第六油戟，六人。次前仗首，左右廂各六色，每色三行，行六人，左右司禦率府二人，果毅都尉各一人，主帥各六人主之；次左右廂各六色，每色三行，行六人，左右衞率府副率二人，果毅都尉各一人，主帥各六人主之。左右司禦率府主帥各六人騎護後，率及副率各一人步

從。廂有絳引旛十二，引前者六，引後者六。廂各有獨揭鼓六重，重二人，居儀仗外、殳仗內，皆赤綦襖、冒，行縢、鞋韈。左右司禦率府四重，左右衞率府二重。

次左右廂皆百五十人，左右司禦率府各八十六人，左右衞率府各六十四人，赤綦襖、冒，主殳，分前後，居步隊外、馬隊內。各司禦率府果毅都尉一人主之，各一人騎從。廂各主帥七人，左右司禦率府各四人，左右衞率府各三人，騎，分前後。

次左右廂馬隊，廂各十隊，隊有主帥以下三十一人，戎服大袍，佩橫刀，騎。隊有旗一，執者一人，引、夾各二人，皆佩弓箭，十六人持矟，七人佩弓箭，三人佩弩。第一，左右清道率府果毅都尉二人主之。第二、第三、第四，左右司禦率府果毅都尉二人主之。第五、第六、第七，左右衞率府果毅都尉主之。第八、第九、第十，左右司禦率府果毅都尉二人主之。皆戎服大袍，佩弓箭、橫刀。

次後拒隊，旗一，執者佩橫刀，引、夾路各二人，佩弓箭、橫刀。次清道率府果毅都尉一人，領四十騎，佩橫刀，凡執矟二十人，佩弓箭十六人，佩弩四人，騎從。次後拒隊，前當正道殳仗內，有衙門。次左右廂各有衙門三：第一，當左右司禦率府步隊後，左右衞率府步隊前。第二，當左右衞率府步隊後，左右司禦率府儀仗前；第三，當左右司禦率府儀仗後，左右衞率府步隊前。每門二人執，四人夾，皆騎，赤綦襖，黃袍，冒。門有監門率府直長二人

檢校，左右監門率府副率各二人檢校諸門，各一人騎從。

次左右清道率府，副率各二人，檢校仗內不法，各一人騎從。次少師、少傅、少保，正道乘路，備鹵簿，文武以次從。

皇太子所至，回車南嚮，左庶子跪奏「請降路」。

還宮，一嚴，轉仗衞於還塗。再嚴，左庶子版奏「請中嚴」。三嚴，僕進車，左庶子版奏「外辦」。皇太子乘輿出門外，降輿，乘車，左庶子請車右升，侍臣皆騎，車動，至重明門，宮官下馬，皇太子乘車而入，太傅、少傅還。皇太子至殿前，車南嚮，左庶子奏「請降」，皇太子乘輿而入，侍臣從至閤，左庶子版奏「解嚴」。

若常行、常朝，無馬隊，鼓吹、金路、四望車、家令、率更令、詹事、太保、太師、少保、少師，又減隊仗三之一，清道、儀刀、誕馬皆減半，乘軺車而已。二傅乘犢車，導從十人，太傅加清道二人。

皇太子妃鹵簿。清道率府校尉六人，騎，分左右爲三重，佩橫刀、弓箭。次青衣十人，分左右。次導客舍人四人，內給使六十人，皆分左右，後屬內人車。次偏扇、團扇、方扇各十八，分左右，宮人執者間綵衣、革帶。次行障四，坐障二，宮人執以夾車。次典內二人，騎，分左右。次厭翟車，駕三馬，駕士十四人。次閤帥二人，領內給使十八人，夾車。次六柱二，內給使執之。次供奉內人，乘犢車。次繖一，雉尾扇二，團扇四，曲蓋二，皆分左右，各內給使執之。次戟九十，執者絳綦襖、冒，分左右。

親王鹵簿。有清道六人爲三重，武弁、朱衣、革帶。次轅弩一，執者平巾幘、緋袴褶，騎。次青衣十二人，平巾青幘、青布袴褶，執青布仗袋，分左右。次車輻十二，分左右。車輻，棒也，夾車而行，故曰車輻，執者服如轅弩。次戟九十，執者絳綦襖、冒，分左右。次絳引旛六，分左右，橫行，以引刀、楯、弓、箭、矟。次內第一行廂，執刀楯，絳綦襖、冒。第二行廂，執弓矢，戎服。第三行廂，執矟，戎服大袍。廂各四十人。次節一，夾矟二，各一人騎執，平巾幘、大口袴，緋衫。次告止旛四，傳敎旛四，信旛八。凡旛皆絳爲之，署官號，篆以黃，飾以鳥翅，取其疾也，金塗鉤，竿長一丈一尺，執者服如夾矟，分左右。次儀鋋二，儀鍠六，油戟十八，儀矟十，細矟十，執者皆絳綦襖、冒。次儀刀十八，執者服如夾矟，分左右。次誕馬八，馭者服如夾矟，分左右。次府佐六人，平巾幘、大口袴，緋裲襠，騎，持刀夾引。次象路一，駕四馬，佐二人立侍，一人武弁，朱衣，革帶，居左；一人緋裲襠，大口袴，持刀居右。駕士十八人，服如夾矟。次繖一，雉尾扇二。次朱漆團扇四，曲蓋二，執者皆絳綦襖、冒，分

左右。次僚佐，本服陪從。次麾、幢各一，左麾右幢。次大角，鼓吹。

一品鹵簿。有清道四人爲二重，轅弩一騎。青衣十人，車輻十人，戟九十，絳引旛六，刀、楯、弓、箭、矟皆八十，節二，大矟二，告止旛、傳敎旛皆二，信旛六，誕馬六，儀刀十六，府佐四人夾行。革路一，駕四馬，駕士十六人，繖一，朱漆團扇四，曲蓋二，僚佐本服陪從，麾、幢、大角、鐃吹皆備。

自二品至四品，青衣、車輻每品減二人。二品，刀、楯、弓、箭、戟、矟各減二十。三品以下，每品減十而已。二品，信旛四，誕馬四，儀刀十四，革路駕士十四人。三品亦如之，儀刀十，革路駕士十二人。四品，五品，信旛二，誕馬二，儀刀八，木路駕士十人。

自二品至四品，皆有清道二人，朱漆團扇二，曲蓋一，轅弩一騎，旛竿長丈，繖一，節一，夾矟二。

萬年縣令亦有清道二人，轅弩一騎，青衣、車輻皆二人，戟三十，告止旛、傳敎旛、信旛皆二，竿長九尺，誕馬二，軺車，一馬，駕士六人，繖，朱漆團扇、曲蓋皆一。非導駕及餘四等縣初上者，減轅弩、車輻、曲蓋，其戟亦減十。

內命婦、夫人鹵簿。青衣六人，偏扇、團扇皆十六，執者間綵裙襦、綵衣、革帶，行障三，坐障二，厭翟車駕二馬，馭人十，內給使十六人夾車，從車六乘，繖、雉尾扇皆一，團扇二，內給使執之，戟六十。

外命婦一品亦如之，厭翟車馭人減二，有從人十六人。非公主、王妃則乘白銅飾犢車，駕牛，馭人四，無雉尾扇。

嬪，青衣四人，偏扇、團扇、方扇十四，行障二，坐障一，翟車，馭人八，內給使十四人，夾車四乘，戟四十。

外命婦二品亦如之，乘白銅飾犢車，青通幰，朱裏，從人十四人。

婕妤、美人、才人，青衣二人，偏扇、團扇、方扇十，行障二，坐障一，安車，駕二馬，馭人八，內給使十人，從車二乘，戟二十。

太子良娣、良媛、承徽，外命婦三品亦如之，白銅飾犢車，從人十人。

外命婦四品，青衣二人，偏扇、團扇、方扇皆八，行障、坐障皆一，白銅飾犢車，馭人四，從人八。餘同三品，唯無戟。

自夫人以下皆清道二人，繖一，又有團扇二。

大駕鹵簿鼓吹，分前後二部。鼓吹令二人，府、史二人騎從，分左右。

前部：掆鼓十二，夾金鉦十二，大鼓、長鳴皆百二十，鐃鼓十二，歌、簫、笳次之；大橫吹百二十，節鼓二，笛、簫、觱篥、笳、桃皮觱篥次之；掆鼓、夾金鉦皆十二，小鼓、中鳴皆百二十，羽葆鼓十二，歌、簫、笳次之。至相風輿，有掆鼓一，金鉦一，鼓左鉦右。至黃麾，有左右金吾衛果毅都尉二人主大角百二十，橫行十重；鼓吹丞二人，典事二人騎從。

次後部鼓吹：羽葆鼓十二，歌、簫、笳次之；鐃鼓十二，歌、簫、笳次之；小橫吹百二十，笛、簫、觱篥、笳、桃皮觱篥次之。凡歌、簫、笳工各二十四人，主帥四人，笛、簫、觱篥、笳、桃皮觱篥工各二十四人。

小駕，又減御史大夫、指南車、記里鼓車、鸞旗車、皮軒車、象革木三路、耕根車、羊車、黃鉞車、豹尾車、屬車、小輦、小輿，諸隊及鼓吹減大駕之半。

法駕，減太常卿、司徒、兵部尚書、白鷺車、辟惡車、大輦、五副路、安車、四望車，又減屬車四，清游隊、持鈒隊、玄武隊皆減四之一，鼓吹減三之一。

凡鼓吹五部：一鼓吹，二羽葆，三鐃吹，四大橫吹，五小橫吹，總七十五曲。

鼓吹部有掆鼓、大鼓、金鉦小鼓、長鳴、中鳴。掆鼓十曲：一驚雷震，二猛獸駭，三鷙鳥擊，四龍媒蹀，五靈夔吼，六鵰鶚爭，七壯士怒，八熊羆吼，九石墜崖，十波蕩壑。大鼓十五曲，嚴用三曲：一元驎合邏，二元驎他固夜，三元驎跋至慮。警用十二曲：一元咳大至遊，二阿列乾，三破達析利純，四賀羽真，五鳴都路跋，六他勃鳴路跋，七相雷析追，八元咳赤賴，九赤咳赤賴，十吐咳乞物真，十一貪大訏，十二賀粟胡真。小鼓九曲：一漁陽，二雞子，三警鼓，四三鳴，五合節，六覆參，七步鼓，八南陽會星，九單搖。皆以爲嚴、警，其一上馬用之。長鳴一曲三聲：一龍吟聲，二彪吼聲，三河聲。中鳴一曲三聲：一盪聲，二牙聲，三送聲。

羽葆部十八曲：一太和，二休和，三七德，四騶虞，五基王化，六纂唐風，七厭炎精，八肇皇運，九躍龍飛，十殄馬邑，十一興晉陽，十二濟渭險，十三應聖期，十四御宸極，十五寧兆庶，十六服遐荒，十七龍池，十八破陣樂。

鐃吹部七曲：一破陣樂，二上車，三行車，四向城，五平安，六歡樂，七太平。

大橫吹部有節鼓二十四曲：一悲風，二遊絃，三閒絃明君，四吳明君，五古明君，六長樂聲，七五調聲，八烏夜啼，九望鄉，十跨鞍，十一閑君，十二瑟調，十三止息，十四天女怨，十五楚客，十六楚妃歎，十七霜鴻引，十八楚歌，十九胡笳聲，二十辭漢，二十一對月，二十二胡笳明君，二十三湘妃怨，二十四沈湘。

小橫吹部有角、笛、簫、笳、觱篥、桃皮觱篥六種，曲名失傳。

伶工謂夜警爲嚴，凡大駕嚴，夜警十二曲，中警三曲，五更嚴三遍。天子謁郊廟，夜五

鼓過半，奏四嚴；車駕至橋，復奏一嚴。元和初，禮儀使高郢建議罷之。

歷代獻捷必有凱歌，太宗平東都，破宋金剛，執賀魯，克高麗，皆備軍容，凱歌入京都，然其禮儀不傳。太和初，有司奏：「命將征討，有大功，獻俘馘，則神策兵衞於門外，如獻俘儀。凱樂用鐃吹二部，笛、觱篥、簫、笳、鐃鼓，皆工二人，歌工二十四人，乘馬執樂，陳列如鹵簿。鼓吹令、丞前導，分行俘馘之前。將入都門，鼓吹振作，奏破陣樂、應聖期、賀朝歡、君臣同慶樂等四曲。至太社、太廟門外，陳而不作。告獻禮畢，樂作。至御樓前，陳兵仗於旌門外二十步，樂工步行，兵部尚書介胄執鉞，於旌門中路前導，協律郎二人執麾，門外分導，太常卿跪請奏凱樂。樂闋，太常卿跪奏樂畢。兵部尚書、太常卿退，樂工立於旌門外，引俘馘入獻，及稱賀，俘囚出，乃退。」

校勘記

〔一〕綠緄紛　按上卷有「綠緄綬紛」文，與「纁朱綬紛」、「紫黃綬紛」相次，此同例。舊書卷四五云「有綬者則有紛」。疑「紛」上當有「綬」字。

唐書卷二十四

志第十四

車服

唐初受命，車、服皆因隋舊。武德四年，始著車輿、衣服之令，上得兼下，下不得儗上。

凡天子之車：

曰玉路者，祭祀、納后所乘也，青質，玉飾末；金路者，饗、射、祀還、飲至所乘也，赤質，金飾末；象路者，行道所乘也，黃質，象飾末；革路者，臨兵、巡守所乘也，白質，鞔以革；木路者，蒐田所乘也，黑質，漆之。五路皆重輿，左青龍，右白虎，金鳳翅，畫苣文鳥獸，黃屋左纛。金鳳一、鈴二在軾前，鸞十二在衡，龍輈前設鄣塵。青蓋三層，繡飾。上設博山方鏡，下圓鏡。樹羽。輪金根、朱班、重牙。左建旂，十有二旒，畫升龍，其長曳地，青繡綢杠。右載闟戟，長四尺，廣三尺，黻文。旂首金龍銜錦結綬及緌帶，垂鈴。金鍐方釳，插翟尾五焦，

鏤鍚，鞶纓十二就。旌旗、蓋、鞶纓，皆從路質，唯蓋裏皆用黃。五路皆有副。

耕根車者，耕藉所乘也，青質，三重蓋，餘如玉路。

安車者，臨幸所乘也，金飾重輿，曲壁，紫油纁，朱裏通幰，朱絲絡網，朱鞶纓，朱覆髮具絡，駕赤駵。副路、耕根車、安車，皆八鸞。

四望車者，拜陵、臨弔所乘也，制如安車，青油纁，朱裏通幰，朱絲絡網。

又有屬車十乘：一曰指南車，二曰記里鼓車，三曰白鷺車，四曰鸞旗車，五曰辟惡車，六曰皮軒車，七曰羊車，與耕根車、四望車、安車爲十乘。行幸陳於鹵簿，則分前後；大朝會，則分左右。

皇后之車六：

重翟車者，受册、從祀、饗廟所乘也，青質，青油纁，朱裏通幰，繡紫絡帶及帷，八鸞，鏤鍚，鞶纓十二就，金鍐方釳，樹翟羽，朱總。

厭翟車者，親桑所乘也，赤質，紫油纁，朱裏通幰，紅錦絡帶及帷。

翟車者，歸寧所乘也，黃油纁，黃裏通幰，白紅錦絡帶及帷。三車皆金飾末，輪畫朱牙，箱飾翟羽，朱絲絡網，鞶纓色皆從車質。

安車者，臨幸所乘也，制如金路，紫油纁，朱裏通幰。

四望車者，拜陵、弔喪所乘也，青油纁，朱裏通幰。

金根車者，常行所乘也，紫油纁，朱裏通幰。

夫人乘厭翟車，九嬪乘翟車，婕妤以下乘安車。外命婦、公主、王妃乘厭翟車。一品乘白銅飾犢車，青油纁，朱裏通幰，朱絲絡網。二品以下去油纁、絡網。四品有青偏幰。

皇太子之車三：

金路者，從祀、朝賀、納妃所乘也，赤質，金飾末，重較，箱畫苣文鳥獸，黃屋，伏鹿軾，龍輈，金鳳一，在軾前，設鄣塵，朱黃蓋裏，輪畫朱牙。左建旂九旒，右載闟戟，旂首金龍銜結綬及鈴緌，八鸞二鈴，金鍐方釳，樹翟尾五焦，鏤鍚，鞶纓九就。

軺車者，五日常服、朝饗、宮臣、出入行道所乘也。

四望車者，臨弔所乘也。二車皆金飾末，紫油纁，朱裏通幰。

親王及武職，一品有象路，青油纁，朱裏通幰，朱絲絡網。二品、三品有革路，朱裏青通幰。四品有木路，五品有軺車，皆碧裏青偏幰。象飾末，班輪，八鸞，左建旂，畫升龍，右

載闟戟。革路、木路，左建旜。軺車，曲壁，碧裏青通幰。諸路，朱質、朱蓋、朱旂、朱班輪。一品之旜九旒，二品八旒，三品七旒，四品六旒，鞶纓就亦如之。三品以上珂九子，四品七子，五品五子，六品以下去通幰及珂。

王公車路，藏於太僕，受制、行册命、巡陵、昏葬則給之。餘皆以騎代車。

凡天子之服十四：

大裘冕者，祀天地之服也。廣八寸，長一尺二寸，以板爲之，黑表，纁裏，無旒，金飾玉簪導，組帶爲纓，色如其綬，黈纊充耳。大裘，繒表，黑羔表爲緣，纁裏，黑領、褾、襟緣，朱裳，白紗中單，皂領，青褾、襈、裾，朱韈，赤舄。鹿盧玉具劍，火珠鏢首，白玉雙佩。黑組大雙綬，黑質，黑、黃、赤、白、縹、綠爲純，以備天地四方之色。廣一尺，長二丈四尺，五百首。紛廣二寸四分，長六尺四寸，色如綬。又有小雙綬，長二尺六寸，色如大綬，而首半之，間施三玉環。革帶，以白皮爲之，以屬佩、綬、印章。鞶囊，亦曰鞶帶，博三寸半，加金鏤玉鉤鰈。大帶，以素爲之，以朱爲裏，在腰及垂皆有裨，上以朱錦，貴正色也，下以綠錦，賤閒色也，博四寸。紐約，貴賤皆用青組，博三寸。黻以繒爲之，隨裳色，上廣一尺，以象天數，下廣二尺，

以象地數，長三尺，朱質，畫龍、火、山三章，以象三才，其頸五寸，兩角有肩，廣二寸，以屬革帶。朝服謂之韠，冕服謂之韍。

衮冕者，踐祚、饗廟、征還、遣將、飲至、加元服、納后、元日受朝賀、臨軒册拜王公之服也。廣一尺二寸，長二尺四寸，金飾玉簪導，垂白珠十二旒，朱絲組帶爲纓，色如綬。深青衣纁裳，十二章：日、月、星辰、山、龍、華蟲、火、宗彝八章在衣；藻、粉米、黼、黻四章在裳。衣畫，裳繡，以象天地之色也。自山、龍以下，每章一行爲等，每行十二。衣、褾、領，畫以升龍，白紗中單，黻領，青褾、襈、裾，韍繡龍、山、火三章，舄加金飾。

鷩冕者，有事遠主之服也。八旒，七章：華蟲、火、宗彝三章在衣；藻、粉米、黼、黻四章在裳。

毳冕者，祭海嶽之服也。七旒，五章：宗彝、藻、粉米在衣；黼、黻在裳。

絺冕者，祭社稷饗先農之服也。六旒，三章：絺、粉米在衣；黼、黻在裳。

玄冕者，蜡祭百神、朝日、夕月之服也。五旒，裳刺黼一章。自衮冕以下，其制一也，簪導、劍、佩、綬皆同。

通天冠者，冬至受朝賀、祭還、燕羣臣、養老之服也。二十四梁，附蟬十二首，施珠翠、金博山，黑介幘，組纓翠緌，玉、犀簪導，絳紗袍，朱裏紅羅裳，白紗中單，朱領、褾、襈、裾，白

裙、襦，絳紗蔽膝，白羅方心曲領，白襪，黑舄。白假帶，其制垂二條帛，以變祭服之大帶。天子未加元服，以空頂黑介幘，雙童髻，雙玉導，加寶飾。三品以上亦加寶飾，五品以上雙玉導，金飾，六品以下無飾。

緇布冠者，始冠之服也。天子五梁，三品以上三梁，五品以上二梁，九品以上一梁。

武弁者，講武、出征、蒐狩、大射、禡、類、宜社、賞祖、罰社、纂嚴之服也。有金附蟬，平巾幘。

弁服者，朔日受朝之服也。以鹿皮爲之，有攀以持髮，十有二琪，玉簪導，絳紗衣，素裳，白玉雙佩，革帶之後有鞶囊，以盛小雙綬，白韈，烏皮履。

黑介幘者，拜陵之服也。無飾，白紗單衣，白裙、襦，革帶，素韈，烏皮履。

白紗冒者，視朝、聽訟、宴見賓客之服也。以烏紗爲之，白裙、襦，白韈，烏皮履。

平巾幘者，乘馬之服也。金飾，玉簪導，冠支以玉，紫褶，白袴，玉具裝，珠寶鈿帶，有鞾。

白帢者，臨喪之服也。白紗單衣，烏皮履。

皇后之服三：

褘衣者，受册、助祭、朝會大事之服也。深青織成爲之，畫翬，赤質，五色，十二等。素紗中單，黼領，朱羅縠褾、襈，蔽膝隨裳色，以緅領爲緣〔二〕，用翟爲章，三等。青衣，革帶、大帶隨衣色，裨、紐約、佩、綬如天子，青韈，舄加金飾。

鞠衣者，親蠶之服也。黄羅爲之，不畫，蔽膝、大帶、革帶、舄隨衣色，餘同褘衣。

鈿釵襢衣者，燕見賓客之服也。十二鈿，服用雜色而不畫，加雙佩小綬，去舄加履，首飾大小華十二樹，以象衮冕之旒，又有兩博鬢。

皇太子之服六：

衮冕者，從祀、謁廟、加元服、納妃之服也。白珠九旒，紅絲組爲纓，犀簪導，青纊充耳。黑衣纁裳，凡九章：龍、山、華蟲、火、宗彝在衣，藻、粉米、黼、黻在裳。白紗中單，黼領，青褾、襈、裾。革帶金鉤䚢，大帶，瑜玉雙佩。朱組雙大綬，朱質，赤、白、縹、紺爲純，長一丈八尺，廣九寸，三百二十首。黻隨裳色，有火、山二章。白韈，赤舄，朱履，加金塗銀釦飾。鹿盧玉具劍如天子。

遠遊冠者，謁廟、還宮、元日朔日入朝、釋奠之服也。以具服，遠遊冠三梁，加金博山，附蟬九首，施珠翠，黑介幘，髮纓翠緌，犀簪導，絳紗袍，紅裳，白紗中單，黑領、褾、襈、裾，白裙、襦，白假帶，方心曲領，絳紗蔽膝，白韈，黑舄。朔日入朝，通服袴褶。

公服者，五日常朝、元日冬至受朝之服也。遠遊冠，絳紗單衣，白裙、襦，革帶金鉤䚢，假帶，瑜玉隻佩，方心，紛，金縷鞶囊，純長六尺四寸，廣二寸四分，色如大綬。

烏紗冒者，視事及燕見賓客之服也。白裙、襦，烏皮履。

弁服者，朔望視事之服也。鹿皮爲之，犀簪導，組纓九琪，絳紗衣，素裳，革帶，鞶囊，小綬，雙佩。自具服以下，皆白韈，烏皮履。

平巾幘者，乘馬之服也。金飾，犀簪導，紫褶，白袴，起梁珠寶鈿帶，鞾。進德冠者，亦乘馬之服也。九琪，加金飾，有袴褶，常服則有白裙、襦。

皇太子妃之服有三：

褕翟者，受册、助祭、朝會大事之服也。青織成，文爲搖翟，青質，五色九等。素紗中單，黼領，朱羅縠褾、襈，蔽膝隨裳色，用緅爲領緣，以翟爲章二等。青衣，革帶、大帶隨衣色，不朱裏，青韈，舄加金飾，佩、綬如皇太子。

鞠衣者，從蠶之服也。以黄羅爲之，制如褕翟，無雉，蔽膝、大帶隨衣色。

鈿釵襢衣者，燕見賓客之服也。九鈿，其服用雜色，制如鞠衣，加雙佩，小綬，去舄加履，首飾花九樹，有兩博鬢。

羣臣之服二十有一：

袞冕者，一品之服也。九旒，青璂爲珠，貫三采玉，以組爲纓，色如其綬。青纊充耳，寶飾角簪導。青衣纁裳，九章：龍、山、華蟲、火、宗彝在衣，藻、粉米、黼、黻在裳，皆絳爲繡遍衣。白紗中單，黼領，青褾、襈、裾。朱韈，赤舄。革帶鉤鰈，大帶，黻隨裳色。金寶玉飾劍鏢首，山玄玉佩。綠綟綬，綠質，綠、紫、黃、赤爲純，長一丈八尺，廣九寸，二百四十首。郊祀太尉攝事亦服之。

鷩冕者，二品之服也。八旒，青衣纁裳，七章：華蟲、火、宗彝在衣；藻、粉米、黼、黻在裳，銀裝劍，佩水蒼玉，紫綬，紫質，紫、黃、赤爲純，長一丈六尺，廣八寸，一百八十首。革帶之後有金鏤鞶囊，金飾劍，水蒼玉佩，朱韈，赤舄。

毳冕者，三品之服也。七旒，寶飾角簪導，五章：宗彝、藻、粉米在衣；黼、黻在裳。韍二章：山、火。紫綬如二品，金銀鏤鞶囊，金飾劍，水蒼玉佩，朱韈，赤舄。

絺冕者，四品之服也。六旒，三章：粉米在衣；黼、黻在裳，中單，青領。韍，山一章。銀鏤鞶囊。自三品以下皆青綬，青質，青、白、紅爲純，長一丈四尺，廣七寸，一百四十首，金飾劍，水蒼玉佩，朱韈，赤舄。

玄冕者，五品之服也。以羅爲之，五旒，衣、韍無章，裳刺黻一章。角簪導，青衣纁裳，其服用紬。大帶及裨，外黑內黃，黑綬紺質，青紺爲純，長一丈二尺，廣六寸，一百二十首。象笏，上圓下方，六品以竹木，上挫下方。金飾劍，水蒼玉佩，朱韈，赤舄。三品以下私祭皆服之。

平冕者，郊廟武舞郎之服也。黑衣絳裳，革帶，烏皮履。

爵弁者，六品以下九品以上從祀之服也。以紬爲之，無旒，黑纓，角簪導，青衣纁裳，白紗中單，青領、褾、襈、裾，革帶鉤鰈，大帶及裨內外皆緇，爵韠，白韈，赤履。五品以上私祭皆服之。

武弁者，武官朝參、殿庭武舞郎、堂下鼓人、鼓吹桉工之服也。有平巾幘，武舞緋絲布大袖，白練褠襠，螣蛇起梁帶，豹文大口絝，烏皮鞾。鼓人朱褠衣，革帶，烏皮履。鼓吹桉工加白練褠襠。

弁服者，文官九品公事之服也。以鹿皮爲之，通用烏紗，牙簪導。纓：一品九璂，二品八璂，三品七璂，四品六璂，五品五璂，犀簪導，皆朱衣素裳，革帶，鞶囊，小綬，雙佩，白韈，烏皮履。六品以下去璂及鞶囊、綬、佩。六品、七品綠衣，八品、九品青衣。

進賢冠者，文官朝參、三老五更之服也。黑介幘，青緌。紛長六尺四寸，廣四寸，色如其綬。三品以上三梁，五品以上兩梁，九品以上及國官一梁，六品以下私祭皆服之。侍中、中書令、左右散騎常侍有黃金璫，附蟬，貂尾。侍左者左珥，侍右者右珥。諸州大中正一梁，絳紗公服。殿庭文舞郎，黃紗袍，黑領、襈，白練褠襠，白布大口絝，革帶，烏皮履。

遠遊冠者，親王之服也。黑介幘，三梁，青緌，金鉤鰈大帶，金寶飾劍，玉鏢首，纁朱綬，朱質，赤、黃、縹、紺爲純，長一丈八尺，廣九寸，二百四十首。黃金璫，附蟬，諸王則否。

法冠者，御史大夫、中丞、御史之服也。一名解廌冠。

高山冠者，內侍省內謁者、親王司閤、謁者之服也。

委貌冠者，郊廟文舞郎之服也。有黑絲布大袖，白練領、褾，絳布大口絝，革帶，烏皮履。

却非冠者，亭長、門僕之服也。

平巾幘者，武官、衛官公事之服也。金飾，五品以上兼用玉，大口絝，烏皮鞾，白練裙、襦，起梁帶。陪大仗，有褠襠、螣蛇。朝集從事、州縣佐史、岳瀆祝史、外州品子、庶民任掌事者服之，有緋褶、大口絝，紫附褠。文武官騎馬服之，則去褠襠、螣蛇。袴褶之制：五品以上，細綾及羅爲之，六品以下，小綾爲之，三品以上紫，五品以上緋，七品以上綠，九品以上碧。褠襠之制：一當胸，一當背，短袖覆膊。螣蛇之制：以錦爲表，長八尺，中實以綿，象蛇形。起梁帶之制：三品以上，玉梁寶鈿，五品以上，金梁寶鈿，六品以下，金飾隱起而已。

黑介幘者，國官視品、府佐謁府、國子大學四門生俊士參見之服也。簪導，白紗單衣，青襟、褾、領，革帶，烏皮履。未冠者，冠則空頂黑介幘，雙童髻，去革帶。書算律學生、州縣學生朝參，則服烏紗冒，白裙、襦，青領。未冠者童子髻。

介幘者，流外官、行署三品以下、登歌工人之服也。絳公服，以縵緋爲之，制如絳紗單衣，方心曲領，革帶鉤鰈，假帶，韈，烏皮履。九品以上則絳褠衣，制如絳公服而狹，袖形直如溝，不垂，緋褶大口絝，紫附褠，去方心曲領、假帶。登歌工人，朱連裳，革帶，烏皮履。殿庭加白練褠襠。

平巾綠幘者，尙食局主膳，典膳局典食，太官署、食官署供膳、奉觶之服也。青絲布絝褶。羊車小史，五辮髻，紫碧腰襻，青耳屩。漏刻生、漏童，總角髻，皆青絲布絝褶。

具服者，五品以上陪祭、朝饗、拜表、大事之服也，亦曰朝服。冠幘，簪導，絳紗單衣，白紗中單，黑領、袖，黑褾、襈、裾，白裙、襦，革帶金鉤鰈，假帶，曲領方心，絳紗蔽膝，白韈，烏皮舄，劍，紛，鞶囊，雙佩，雙綬。六品以下去劍、佩、綬，七品以上以白筆代簪，八品、九品去白筆，白紗中單，以履代舄。

從省服者，五品以上公事、朔望朝謁、見東宮之服也，亦曰公服。冠幘纓，簪導，絳紗單衣，白裙、襦，革帶鉤鰈，假帶，方心，韈，履，紛，鞶囊，雙佩，烏皮履。六品以下去紛、鞶囊、雙佩。三品以上有公爵者，嫡子之婚，假絺冕。五品以上子孫，九品以上子，爵弁。庶人婚，假絳公服。

命婦之服六：

翟衣者，內命婦受册、從蠶、朝會，外命婦嫁及受册、從蠶、大朝會之服也。青質，繡翟，編次於衣及裳，重爲九等。青紗中單，黼領，朱縠標、襈、裾，蔽膝隨裳色，以緅爲領緣，加文繡，重雉爲章二等。大帶隨衣色，以青衣，革帶，青韈，舄，佩，綬，兩博鬢飾以寶鈿。一品翟九等，花釵九樹；二品翟八等，花釵八樹；三品翟七等，花釵七樹；四品翟六等，花釵六樹；五品翟五等，花釵五樹。寶鈿視花樹之數。

鈿釵禮衣者，內命婦常參、外命婦朝參、辭見、禮會之服也。制同翟衣，加雙佩、小綬，去舄，加履。一品九鈿，二品八鈿，三品七鈿，四品六鈿，五品五鈿。

禮衣者，六尙、寶林、御女、采女、女官七品以上大事之服也。通用雜色，制如鈿釵禮衣，唯無首飾、佩、綬。

公服者，常供奉之服也。去中單、蔽膝、大帶，九品以上大事、常供奉亦如之。半袖裙襦者，東宮女史常供奉之服也。公主、王妃佩、綬同諸王。

花釵禮衣者，親王納妃所給之服也。

大袖連裳者，六品以下妻，九品以上女嫁服也。青質，素紗中單，蔽膝、大帶、革帶，韈、履同裳色，花釵，覆笄，兩博鬢，以金銀雜寶飾之。庶人女嫁有花釵，以金銀琉璃塗飾之。連裳，青質，青衣，革帶，韈、履同裳色。

婦人燕服視夫。百官女嫁、廟見攝母服。五品以上媵降妻一等，妾降媵一等，六品以下妾降妻一等。

天子有傳國璽及八璽，皆玉爲之。神璽以鎭中國，藏而不用。受命璽以封禪禮神，皇帝行璽以報王公書，皇帝之璽以勞王公，皇帝信璽以召王公，天子行璽以報四夷書，天子之璽以勞四夷，天子信璽以召兵四夷，皆泥封。大朝會則符璽郎進神璽、受命璽於御座，行幸則合八璽爲五輿，函封從於黃鉞之內。

太皇太后、皇太后、皇后、皇太子及妃，璽皆金爲之，藏而不用。太皇太后、皇太后封令書以宮官印，皇后以內侍省印，皇太子以左春坊印，妃以內坊印。

初，太宗刻受命玄璽，以白玉爲螭首，文曰：「皇天景命，有德者昌。」至武后改諸璽皆爲寶。中宗即位，復爲璽。開元六年，復爲寶。天寶初，改璽書爲寶書。十載，改傳國寶爲承天大寶。

初，高祖入長安，罷隋竹使符，班銀菟符，其後改爲銅魚符，以起軍旅、易守長，京都留守、折衝府、捉兵鎭守之所及左右金吾、宮苑總監、牧監皆給之。畿內則左三右一，畿外則左五右一，左者進內，右者在外，用始第一，周而復始。宮殿門、城門，給交魚符、巡魚符。左廂、右廂給開門符、閉門符。亦左符進內，右符監門掌之。蕃國亦給之，雄雌各十二，銘以國名，雄者進內，雌者付其國。朝貢使各齎其月魚而至，不合者劾奏。

傳信符者，以給郵驛，通制命。皇太子監國給雙龍符，左右皆十。兩京、北都留守給麟符，左二十，右十九。東方諸州給青龍符，南方諸州朱雀符，西方諸州騶虞符，北方諸州玄武符，皆左四右三。左者進內，右者付外。行軍所亦給之。

隨身魚符者，以明貴賤，應召命，左二右一，左者進內，右者隨身。皇太子以玉契召，勘合乃赴。親王以金，庶官以銅，皆題某位姓名。官有貳者加左右，皆盛以魚袋，三品以上飾以金，五品以上飾以銀。刻姓名者，去官納之，不刻者傳佩相付。

有傳符、銅魚符者，給封符印，發驛、封符及封魚函用之。有銅魚而無傳符者，給封函，還符、封函用之。

天子巡幸，則京師、東都留守給留守印，諸司從行者，給行從印。

木契符者，以重鎭守、愼出納，畿內左右皆三，畿外左右皆五。皇帝巡幸，太子監國，有軍旅之事則用之，王公征討皆給焉，左右各十九。太極殿前刻漏所，亦以左契給之，右以授承天門監門，晝夜勘合，然後鳴鼓。玄武門苑內諸門有喚人木契，左以進內，右以授監門。有敕召者用之。魚契所降，皆有敕書。尚書省符，與左司乃用。

大將出，賜旌以顓賞，節以顓殺。旌以絳帛五丈，粉畫虎，有銅龍一，首纏緋幡，紫縑爲袋，油囊爲表。節，懸畫木盤三，相去數寸，隅垂赤麻，餘與旌同。

高宗給五品以上隨身魚銀袋，以防召命之詐，出內必合之。三品以上金飾袋。垂拱中，都督、刺史始賜魚。天授二年，改佩魚皆爲龜。其後三品以上龜袋飾以金，四品以銀，五品以銅。中宗初，罷龜袋，復給以魚。郡王、嗣王亦佩金魚袋。景龍中，令特進佩魚，散官佩魚自此始也。然員外、試、檢校官，猶不佩魚。景雲中，詔衣紫者魚袋以金飾之，衣緋者以銀飾之。開元初，駙馬都尉從五品者假紫、金魚袋，都督、刺史品卑者假緋、魚袋，五品以上檢校、試、判官皆佩魚。中書令張嘉貞奏，致仕者佩魚終身，自是百官賞緋、紫，必兼魚袋，謂之章服。當時服朱紫、佩魚者衆矣。

初，隋文帝聽朝之服，以赭黃文綾袍，烏紗冒，折上巾，六合鞾，與貴臣通服。唯天子之帶有十三鐶，文官又有平頭小樣巾，百官常服同於庶人。

至唐高祖，以赭黃袍、巾帶爲常服。腰帶者，搢垂頭於下，名曰鉈尾，取順下之義。一品、二品銙以金，六品以上以犀，九品以上以銀，庶人以鐵。既而天子袍衫稍用赤、黃，遂禁臣民服。親王及三品、二王後，服大科綾羅，色用紫，飾以玉。五品以上服小科綾羅，色用朱，飾以金。六品以上服絲布交梭雙紃綾，色用黃。六品、七品服用綠，飾以銀。八品、九品服用青，飾以鍮石。勳官之服，隨其品而加佩刀、礪、紛、帨。流外官、庶人、部曲、奴婢，則服紬絹絁布，色用黃白，飾以鐵、銅。

太宗時，又命七品服龜甲雙巨十花綾，色用綠。九品服絲布雜綾，色用青。是時士人以棠苧襴衫爲上服，貴女功之始也。一命以黃，再命以黑，三命以纁，四命以綠，五命以紫。士服短褐，庶人以白。中書令馬周上議：「禮無服衫之文，三代之制有深衣。請加襴、袖、褾、襈，爲士人上服。開骻者名曰缺骻衫，庶人服之。」又請：「裹頭者，左右各三襵，以象三才，重繫前脚，以象二儀。」詔皆從之。太尉長孫无忌又議：「服袍者下加襴，緋、紫、綠皆視其品，庶人以白。」

太宗嘗以幞頭起於後周，便武事者也。方天下偃兵，採古制爲翼善冠，自服之。又製

進德冠以賜貴臣，玉璂，制如弁服，以金飾梁，花趺，三品以上加金絡，五品以上附山雲。自是元日、冬至、朔、望視朝，服翼善冠，衣白練裙襦。常服則有袴褶與平巾幘，通用翼善冠。進德冠制如幞頭，皇太子乘馬則服進德冠，九璂，加金飾，犀簪導，亦有綺褶，燕服用紫。其後朔、望視朝，仍用弁服。

顯慶元年，長孫无忌等曰：「武德初，撰衣服令，天子祀天地服大裘冕。按周郊被衮以象天，戴冕藻十有二旒，與大裘異。月令：孟冬，天子始裘以禦寒。若啓蟄祈穀、冬至報天，服裘可也。季夏迎氣，龍見而雩，如之何可服？故歷代唯服衮章。漢明帝始采周官、禮記制祀天地之服，天子備十二章，後魏、周、隋皆如之。伏請郊祀天地服衮冕，罷大裘。又新禮，皇帝祭社稷服絺冕，四旒，三章；祭日月服玄冕，三旒，衣無章。按令文，四品、五品之服也。三公亞獻皆服衮，孤卿服毳、鷩，是天子同於大夫，君少臣多，非禮之中。且天子十二爲節以法天，烏有四旒三章之服？若諸臣助祭，冕與王同，是貴賤無分也。若降王一等，則王服玄冕，羣臣服爵弁，既屈天子，又貶公卿。周禮此文，久不用矣，猶祭祀之有尸侑，以君親而拜臣子，碏族、蜡氏之職，不通行者葢多。故漢魏承用衮冕。今新禮親祭日月，服五品之服，請循歷代故事，諸祭皆用衮冕。」制曰：「可。」无忌等又曰：「禮，皇帝爲諸臣及五服親舉哀，素服。今服白袷，禮令乖舛。且白袷出近代，不可用。」乃改以素服。自是鷩冕以

下，天子不復用，而白袷廢矣。

其後以紫爲三品之服，金玉帶銙十三；緋爲四品之服，金帶銙十一；淺緋爲五品之服，金帶銙十；深綠爲六品之服，淺綠爲七品之服，皆銀帶銙九；深青爲八品之服，淺青爲九品之服，皆鍮石帶銙八；黃爲流外官及庶人之服，銅鐵帶銙七。

武后擅政，多賜羣臣巾子、繡袍，勒以回文之銘，皆無法度，不足紀。至中宗又賜百官英王踣樣巾，其製高而踣，帝在藩時冠也。其後文官以紫黑絁爲巾，賜供奉官及諸司長官，則有羅巾、圓頭巾子，後遂不改。

初，職事官三品以上賜金裝刀、礪石，一品以下則有手巾、算袋、佩刀、礪石。至睿宗時，罷佩刀、礪石，而武官五品以上佩鞊韘七事，佩刀、刀子、礪石、契苾真、噦厥針筒、火石是也。

時皇太子將釋奠，有司草儀注，從臣皆乘馬著衣冠。左庶子劉子玄議曰：「古大夫乘車，以馬爲騑服。魏、晉朝士駕牛車。如李廣北征，解鞍憩息；馬援南伐，據鞍顧眄。則鞍馬行於軍旅，戎服所便。江左尚書郎乘馬，則御史治之。顏延年罷官，騎馬出入，世稱放誕。近古專車則衣朝服，單馬則衣褻服。皇家巡謁陵廟，册命王公，則盛服冠履，乘路車。士庶有以衣冠親迎者，亦時服箱。其餘貴賤，皆以騎代車。比者，法駕所幸，侍臣朝服乘馬。今既舍車，而冠履不易，何者？褒衣、博帶、革履、高冠，車中之服也。韈而鐙，跣而乘，非唯鞶

古，亦自取驚蹶。議者以祕閣梁南郊圖，有衣冠乘馬者，此圖後人所爲也。古今圖畫多矣，如畫羣公祖二疏，而有曳芒屩者；畫昭君入匈奴，而婦人有施帷冒者。夫芒屩出於水鄉，非京華所有；帷冒創於隋代，非漢宮所用。豈可因二畫以爲故實乎？謂乘馬衣冠宜省。」太子從之，編於令。

開元初，將有事南郊，中書令張說請遵古制用大裘，乃命有司製二冕。玄宗以大裘樸略，不可通寒暑，廢而不服。自是元正朝會用衮冕、通天冠，百官朔、望朝參，外官衙日，則佩算袋，餘日則否。玄宗謁五陵，初用素服，朔、望朝顓用常服。弁服、翼善冠皆廢。

唐初，賞朱紫者服於軍中，其後軍將亦賞以假緋紫，有從戎缺骻之服，不在軍者服長袍，或無官而冒衣綠。有詔殿中侍御史糾察。諸衛大將軍、中郎將以下給袍者，皆易其繡文：千牛衛以瑞牛，左右衛以瑞馬，驍衛以虎，武衛以鷹，威衛以豹，領軍衛以白澤，金吾衛以辟邪。行六品者，冠去璂珠，五品去鞶囊、雙佩，幞頭用羅縠。

婦人服從夫、子，五等以上親及五品以上母、妻，服紫衣，腰襻褾緣用錦繡。九品以上母、妻，服朱衣。流外及庶人不服綾、羅、縠、五色線鞾、履。凡襇色衣不過十二破，渾色衣不過六破。

二十五年，御史大夫李適之建議：「冬至、元日大禮，朝參官及六品清官服朱衣，六品以

下通服絝褶。」天寶中，御史中丞吉溫建議：「京官朔、望朝參，衣朱絝褶，五品以上有珂傘。」德宗嘗賜節度使時服，以鵰銜綬帶，謂其行列有序，牧人有威儀也。元和十二年，太子少師鄭餘慶言：「百官服朝服者多誤。自今唯職事官五品兼六品以上散官者，則有佩、劍、綬，其餘皆省。」

初，婦人施羃䍦以蔽身，永徽中，始用帷冒，施裙及頸，坐檐以代乘車。命婦朝謁，則以駝駕車。數下詔禁而不止。武后時，帷冒益盛，中宗後乃無復羃䍦矣。宮人從駕，皆胡冒乘馬，海內傚之，至露髻馳騁，而帷冒亦廢，有衣男子衣而鞾，如奚、契丹之服。武德間，婦人曳履及線鞾。開元中，初有線鞋，侍兒則著履，奴婢服襴衫，而士女衣胡服，其後安祿山反，當時以爲服妖之應。巴、蜀婦人出入有兜籠，乾元初，蕃將又以兜籠易負，遂以代車。

文宗即位，以四方車服僭奢，下詔準儀制令，品秩勳勞爲等級。職事官服綠、靑、碧，勳官諸司則佩刀、礪、紛、帨。諸親朝賀宴會之服：一品、二品服玉及通犀，三品服花犀、班犀。車馬無飾金銀。衣曳地不過二寸，袖不過一尺三寸。婦人裙不過五幅，曳地不過三寸，襦袖不過一尺五寸。袍襖之制：三品以上服綾，以鶻銜瑞草，鴈銜綬帶及雙孔雀；四品、五品服綾，以地黃交枝；六品以下服綾，小窠無文及隔織、獨織。一品導從以七騎；二品、三品

以五騎；四品以三騎；五品以二騎；六品以一騎。五品以上及節度使册拜、婚會，則車有幰。外命婦一品、二品、三品乘金銅飾犢車，檐舁以八人；三品舁以六人；四品、五品乘白銅飾犢車，檐舁以四人；胥吏、商賈之妻老者乘葦軬車，兜籠舁以二人。度支、戶部、鹽鐵門官等服細葛布，無紋綾，綠闇銀藍鐵帶，鞍、轡、銜、鐙以鍮石。未有官者，服粗葛布、官絁，綠銅鐵帶，乘蜀馬、鐵鐙。行官服紫粗布、絁，藍鐵帶。中官不衣紗縠綾羅，諸司小兒不服大巾，商賈、庶人、僧、道士不乘馬。婦人衣靑碧纈、平頭小花草履、彩帛縵成履，而禁高髻、險妝、去眉、開額及吳越高頭草履。王公之居，不施重栱、藻井。三品堂五間九架，門三間五架；五品堂五間七架，門三間兩架；六品、七品堂三間五架，庶人四架，而門皆一間兩架。常參官施懸魚、對鳳、瓦獸、通栿乳梁。詔下，人多怨者。京兆尹杜悰條易行者爲寬限，而事遂不行。唯淮南觀察使李德裕令管內婦人衣袖四尺者闊一尺五寸，裙曳地四五寸者減三寸。

開成末，定制：宰相、三公、師保、尚書令、僕射、諸司長官及致仕官，疾病許乘檐，如漢、魏載輿、步輿之制，三品以上官及刺史，有疾暫乘，不得舍驛。

校勘記

〔一〕以緅領爲緣　按舊書卷四五輿服志作「以緅爲領」。

唐書卷二十五

志第十五

曆一

曆法尚矣。自堯命羲、和，曆象日月星辰，以閏月定四時成歲，其事略見于書。而夏、商、周以三統改正朔，爲曆固已不同，而其法不傳。至漢造曆，始以八十一分爲統母，其數起於黃鍾之龠，蓋其法一本於律矣。其後劉歆又以春秋、易象推合其數，蓋傅會之說也。至唐一行始專用大衍之策，則曆術又本於易矣。蓋曆起於數，數者，自然之用也。其用無窮而無所不通，以之於律、於易，皆可以合也。然其要在於候天地之氣，以知四時寒暑，而仰察天日月星之行運，以相參合而已。然四時寒暑無形而運於下，天日月星有象而見于上，二者常動而不息。一有一無，出入升降，或遲或疾，不相爲謀。其久而不能無差忒者，勢使之然也。故爲曆者，其始未嘗不精密，而其後多疏而不合，亦理之然也。不合，則屢變

其法以求之。自堯、舜、三代以來，曆未嘗同也。

唐終始二百九十餘年，而曆八改。初曰戊寅元曆，曰麟德甲子元曆，曰開元大衍曆，曰寶應五紀曆，曰建中正元曆，曰元和觀象曆，曰長慶宣明曆，曰景福崇玄曆而止矣。

高祖受禪，將治新曆，東都道士傅仁均善推步之學，太史令庾儉、丞傅弈薦之。詔仁均與儉等參議，合受命歲名爲戊寅元曆。乃列其大要，所可考驗者有七，曰：「唐以戊寅歲甲子日登極，曆元戊寅，日起甲子，如漢太初，一也。多至五十餘年輒差一度，日短星昴，合于堯典，二也。周幽王六年十月辛卯朔，入蝕限，合于詩，三也。魯僖公五年壬子多至，合春秋命曆序，四也。月有三大、三小，則日蝕常在朔，月蝕常在望，五也。命辰起子半，命度起虛六，符陰陽之始，六也。立遲疾定朔，則月行晦不東見，朔不西朓，七也。」高祖詔司曆起二年用之，擢仁均員外散騎侍郎。

三年正月望及二月、八月朔，當蝕，比不効。六年，詔吏部郎中祖孝孫考其得失。孝孫使算曆博士王孝通以甲辰曆法詰之曰：

「日短星昴，以正仲多。」七宿畢見，舉中宿言耳。舉中宿，則餘星可知。仁均專守昴中，執文害意，不亦謬乎？又月令仲多「昏東壁中」，明昴中非爲常準。若堯時星昴昏中，差至東壁，然則堯前七千餘載，多至昏翼中，日應在東井。井極北，去人最近，故

暑；斗極南，去人最遠，故寒。寒暑易位，必不然矣。又平朔、定朔，舊有二家。三大、三小，爲定朔望；一大、一小，爲平朔望。日月行有遲速，相及謂之合會。晦、朔無定，由時消息。若定大小皆在朔者，合會雖定，而蔀、元、紀首三端並失。若上合履端之始，下得歸餘於終，合會有時，則甲辰元曆爲通術矣。

仁均對曰：

宋祖沖之立歲差，隋張胄玄等因而脩之。雖差數不同，各明其意。孝通未曉，乃執南斗爲冬至常星。夫日躔宿度，如郵傳之過，宿度既差，黃道隨而變矣。書云：「季秋月朔，辰弗集于房。」孔氏云：「集，合也。不合則日蝕可知。」又云：「先時者殺無赦，不及時者殺無赦。」既有先後之差，是知定朔矣。詩云：「十月之交，朔月辛卯。」又春秋傳曰：「不書朔，官失之也。」自後曆差，莫能詳正。故秦、漢以來，多非朔蝕。宋御史中丞何承天微欲見意，不能詳究，乃爲散騎侍郎皮延宗等所抑。孝通之語，乃延宗舊說。治曆之本，必推上元，日月如合璧，五星如連珠，夜半甲子朔旦冬至。自此七曜散行，不復餘分普盡，總會如初。唯朔分、氣分，有可盡之理，因其可盡，即有三端。此乃紀其日數之元爾。或以爲即夜半甲子朔冬至者，非也。冬至自有常數，朔名由於月起，月行遲疾匪常，三端安得即合。故必須日月相合與至同日者，乃爲合朔冬至耳。

孝孫以爲然，但略去尤疎闊者。

九年，復詔大理卿崔善爲與孝通等較定，善爲所改凡數十條。初，仁均以武德元年爲曆始，而氣、朔、遲疾、交會及五星皆有加減差。至是復用上元積算。其周天度，即古赤道也。貞觀初，直太史李淳風又上疏論十有八事，復詔善爲課二家得失，其七條改從淳風。十四年，太宗將親祀南郊，以十一月癸亥朔，甲子冬至。而淳風新術，以甲子合朔冬至，乃上言：「古曆分日，起於子半。十一月當甲子合朔冬至，故太史令傅仁均以減餘稍多，子初爲朔，遂差三刻。」司曆南宮子明、太史令薛頤等言：「子初及半，日月未離。淳風之法，較春秋已來晷度薄蝕，事皆符合。」國子祭酒孔穎達等及尚書八座參議，請從淳風。又以平朔推之，則二曆皆以朔日冬至，於事彌合。且平朔行之自古，故春秋傳或失之前，謂晦日也。雖癸亥日月相及，明日甲子，爲朔可也。從之。十八年，淳風又上言：「仁均曆有三大、三小，云日月之蝕，必在朔望。十九年九月後，四朔頻大。」詔集諸解曆者詳之，不能定。庚子，詔用仁均平朔，訖麟德元年。

仁均曆法祖述胄玄，稍以劉孝孫舊議參之，其大最疎於淳風。然更相出入，其有所中，淳風亦不能逾之。今所記者，善爲所較也。

戊寅曆上元戊寅歲至武德九年丙戌，積十六萬四千三百四十八算外。

章歲六百七十六。亦名行分法。

章閏二百四十九。

章月八千三百六十一。

月法三十八萬四千七十五。

日法萬三千六。

時法六千五百三。

度法、氣法九千四百六十四。

氣時法千一百八十三。

歲分三百四十五萬六千六百七十五。

歲餘二千三百一十五。

周分三百四十五萬六千八百四十五半。

斗分二千四百八十五半。

沒分七萬六千八百一十五。

沒法千一百三。

曆日二十七，曆餘萬六千六十四。

曆周七十九萬八千二百。

曆法二萬八千九百六十八。

餘數四萬九千六百三十五。

章月乘年，如章歲得一，爲積月。以月法乘積月，如日法得一，爲朔積日；餘爲小餘。日滿六十，去之；餘爲大餘。命甲子算外，得天正平朔。加大餘二十九、小餘六千九百一，得次朔。加平朔大餘七、小餘四千九百七十六、小分四之三，爲上弦。又加，得望。又加，得下弦。餘數乘年，如氣法得一，爲氣積日。命日如前，得冬至。加大餘十五、小餘二千六十八、小分八之一，得次氣日。加四季之節大餘十二、小餘千六百五十四、小分四〔二〕，得土王。凡節氣小餘，三之，以氣時法而一，命子半算外，各其加時。置冬至小餘，八之，減沒分，餘滿沒法爲日。加冬至去朔日算，依月大小去之，日不滿月算，得沒日。餘分盡爲減。加日六十九、餘七百八，得次沒。

二十四氣	損益率	盈縮數
冬至	益八百九十六	盈空
小寒	益三百九十八	盈八百九十六
大寒	益四百	盈千二百九十四
立春	益二百二十八	盈千六百九十四
啓蟄	益三百四十一	盈千九百二十二
雨水	益四百五十	盈二千二百六十三
春分	損五百	盈二千七百一十三
清明	損四百五十五	盈二千二百一十三
穀雨	損三百五十五	盈千七百五十八
立夏	損五百五十五	盈千四百三
小滿	損八百四十八	盈八百四十八
芒種	益七百三十九	縮初

二十四氣	損益率	盈縮數
夏至	益六百二十六	縮七百三十九
小暑	益四百五十六	縮千三百六十五
大暑	益二百八十八	縮千八百二十一
立秋	益四十	縮二千一百九
處暑	益三百四十二	縮二千一百四十九
白露	益四百五十五	縮二千四百九十一
秋分	損六百八十二	縮二千九百四十六
寒露	損六百二十五	縮二千二百六十四
霜降	損五百七十	縮千六百三十九
立冬	損五百一十三	縮千六十九
小雪	損四百五十六	縮五百五十六
大雪	損百	縮百

以平朔、弦、望入氣日算乘損益率，如十五得一，以損益盈縮數，爲定盈縮分。凡不盡，半法已上亦從一。以曆法乘朔積日，滿曆周去之；餘如曆法得一，爲日。命日算外，得天正平朔夜半入曆日及餘。次日加一，累而裁之。若以萬四千四百八十四乘平朔小餘，如六千五百三而一，不盡，爲小分，以加夜半入曆日。加之滿曆日及餘，去之，得平朔加時所入。加曆日七、餘萬一千八十四、小分三千九百九十五，命如前，得上弦。又加，得望、下弦及後朔。

曆日	行分	損益率	盈縮積分
一日	九千九百九	益三百九十二	盈初
二日	九千八百一十	益三百四十七	盈二千一百四十四萬一千二百二十六〔二〕
三日	九千六百九十五	益二百九十五	盈二千一百三十九萬四千八百五十八
四日	九千五百六十三	益二百三十六	盈二千九百九十五萬二千八百四
五日	九千四百一十四	益百六十九	盈三千六百七十九萬三千九百五十

曆日	行分	損益率	盈縮積分
六日	九千二百六十六	益百三	盈四千一百六十九萬七千二百七
七日	九千一百一十八	益三十六	盈四千四百六十七萬三千五百七十五〔三〕
八日	八千九百五十三	損三十八	盈四千五百七十二萬九千五十五
九日	八千七百八十八	損百一十二	盈四千四百六十三萬六千五百五十七
十日	八千六百四十	損百七十八	盈四千一百三十九萬八千六十八
十一日	八千五百八	損二百三十八	盈三千六百三十二萬四千六百九十二〔四〕
十二日	八千三百九十二	損二百九十	盈二千九百三十五萬四千五百二十八
十三日	八千二百七十七	損三百四十一	盈二千九十六萬五千六百六十
十四日	八千一百七十八	損三百八十六	盈一千一百八萬一千一百六
十五日	八千二百一十一	益三百七十一	縮九萬一千四十三
十六日	八千三百一十	益三百二十六	縮千八十三萬四千四
十七日	八千四百二十五	益二百一十五〔五〕	縮二千二十八萬九千三百七十二
十八日	八千五百五十五〔六〕	益二百一十六	縮二千八百二十三萬九千五十〔七〕

十九日	八千六百八十九	益百五十六	縮三千四百四十九萬一千九百三十六
二十日	八千八百三十七	益九十	縮三千九百一萬八千三十
二十一日	八千九百八十六	益二十三	縮四千一百六十一萬九千二百三十五
二十二日	九千一百五十一	損五十一	縮四千二百二十八萬二千五百四十七
二十三日	九千二百九十九	損百一十八	縮四千七百九萬九千八百五十七〔八〕
二十四日	九千四百四十七	損百八十四	縮三千七百三十九萬二千二百七十九
二十五日	九千五百七十八	損二百四十三	縮三千二百五十萬九千八百一十四〔九〕
二十六日	九千七百一十	損三百二	縮二千五百二萬三千五百六十二
二十七日	九千八百九	損三百四十七	縮千六百二十九萬五百一十八〔一〇〕
二十八日	九千八百九十一	損三百八十三	縮六百二十二萬九千八百八十

曆行分與次日相減，爲行差，後多爲進，後少爲退。減去行分六百七十六，爲差法。各置平朔、弦、望加時入曆日餘，乘所入日損益率，以損益其下積分，差法除，爲定盈縮積分。各置平朔、弦、望小餘，各以入氣積分盈加、縮減之，以入曆積分盈減、縮加之，滿若不足、進

退日法，皆爲定大小餘，命日甲子算外。以歲分乘年爲積分，滿周分去之；餘如度法得一，爲度。命以虛六，經斗去分，得多至日度及分。以多至去朔日算及分減之，得天正平朔前夜半日度及分。以小分法十四約度分爲行分。凡小分滿法成行分，行分滿法成度。若注曆，又以二十六約行分。月星準此。斗分百七十七，小分七半。累加一度，得次日。以行分法乘朔、望定小餘，以九百二十九除爲度分，又以十四約爲行分。以加夜半度，爲朔、望加時日度。定朔加時，日月同度。望則因加日度百八十二、行分四百二十六、小分十太。以夜半入曆日餘乘行差，滿曆法得一，以進加、退減曆行分，爲行定分。以朔定小餘乘之，滿日法得一，爲行分。以減加時月度，爲朔、望夜半月度。求次日，加月行定分，累之。

歲星

率三百七十七萬五千二十三。

終日三百九十八，行分五百九十六，小分七。

平見，入多至初日，減行分五千四百一十一。自後日損所減百二十分。立春初，日增所加六十分。春分，均加四日。清明畢穀雨，均加五日。立夏畢大暑，均加六日。立秋初日，加四千八十分。乃日損所加六十七分。入寒露，日增所減百一十七分。入小雪，畢大雪，均減八日。初見，順，日行百七十一分，日益遲一分，百一十四日行十九度二百九分。而留，二十六日。乃退，日九十七分，八十四日退十二度三十六分。又留，二十五日五百九十六分，小分七。凡五星留日有分者，以初定見日分加之。若滿行分法，去之，又增一日。乃順，初日行六十分，日益疾一分，百一十四日行十九度四百三十七分。而伏。

熒惑

率七百三十八萬一千二百二十三。

終日七百七十九，行分六百二十六，小分三。

平見，入多至初日，減萬六千三百五十四分。乃日損所減五百四十五分。入大寒，日增所加四百二十六分。入雨水後，均加二十九日。立夏初日，加萬九千三百九十二分。乃日損所加二百一十三分。入立秋，依平。入處暑，日增所減百八十四分。入小雪後，均減二十五日。

初見，入多至，初率二百四十一日行百六十三度。自後二日損日度各一，自百二十八日〔一一〕，率百七十七日行九十九度，畢百六十一日。又三日損一，盡百八十二日，率百七十日行九十二度，畢百八十八日。乃三日益一，盡二百二十七日，率百八十三日行百五度。又二日益一，盡二百四十九日，率百九十四日行百一十六度。又每日益一，盡三百一十日，

率二百五十五日行百七十七度，畢三百三十七日。乃二日損一，盡大雪，復初見。入小寒後〔一二〕，三日去日率一。入雨水，畢立夏，均去日率二十。自後三日減所去一日，畢小暑，依平，爲定日率。若入處暑，畢秋分，皆去度率六。各依多至後日數而損益之，又依所入之氣以減之，爲前疾日度率。若初行入大寒，畢大暑，皆差行，日益遲一分；其餘皆平行。若入白露，畢秋分，初遲〔一三〕，日行半度，四十日行二十度。即去日率四十、度率二十，別爲半度之。行訖，然後求平行分，續之。以行分法乘度定率，如日定率而一，爲平行分。不盡，爲小分。求差行者，減日率一，又半之，加平行分，爲初日行分。各盡其日度而遲。初日行三百二十六分，日益遲一分半，六十日行二十五度五分。其前疾去度六者，行三十一度五分。此遲初日加六十七分、小分六十分之三十六。

而留，十三日。前疾去日者，分日於二留，奇從後留。乃退，日百九十二分，六十日退十七度二十八分。又留，十二日六百二十六分，小分三。

又順。後遲，初日行二百三十八分，日益疾一分半，六十日行二十五度三十五分。此遲在立秋至秋分者，加六度，行三十一度三十五分。此遲初日加行分六十七、小分六十分之三十六。而後疾。入多至，初率二百一十四日行百三十六度。乃每日損一，盡三十七日，率百七十七日行九十九度。又二日損一，盡五十七日，率百六十七日行八十九度，畢七十九日。又三日益一，盡百三十日，率百八十四日行百六度。又二日益一，盡百四十四日，率百九十一日行百一十三度。又

每日益一，盡百九十日，率二百三十七日行百五十九度。又每日益二，盡二百日，率二百五十七日行百七十九度。又每日益一，盡二百一十日，率二百六十七日行百八十九度，畢二百五十九日。乃二日損一，畢大雪，復初。後遲加六度者，此後疾去度率六，爲定。各依多至後日數而損益之，爲後疾日度率。若入立夏，畢夏至，日行半度，盡六十日，行三十度。若入小暑，畢大暑，盡四十日，行二十度。皆去日度率，別爲半度之。行訖，然後求平行分，續之。各盡其日度而伏。

鎭星

率三百五十七萬八千二百四十六。

終日三百七十八，行分六十一。

平見，入多至初日，減四千八百一十四分。乃日增所減七十九分。入小寒，均減九日。乃每氣損所減一日。入夏至初日，均減二日。自後十日損所減一日。小暑五日外，依平。入大暑，日增所加百八十一分。入處暑，均加九日。入白露初日，加六千二分。乃日損所加百三十三分。入霜降，日增所減七十九分。

初見，順，日行六十分，八十三日行七度二百四十八分。而留，三十八日。乃退，日四十一分，百日退六度四十四分。又留，三十七日六十一分。乃順，日行六十分，八十三日行七度二百四十八分。而伏。

太白

率五百五十二萬六千二百。

終日五百八十三，行分六百二十，小分八。

晨見伏三百二十七日，行分六百二十，小分八。

夕見伏二百五十六日。

晨平見，入多至，依平。入小寒，日增所加六十六分。入立春，畢立夏，均加三日。小滿初日，加千九百六十四分。乃日損所加六十分〔四〕。入夏至，依平。入小暑，日增所減六十分〔五〕。入立秋，畢立多，均減三日。小雪初日，減千九百六十四分。乃日損所減六十六分。

初見，乃退，日半度，十日退五度。而留，九日。乃順，遲，差行，日益疾八分，四十日行三十度。入大雪畢小滿者，依此。入芒種，十日減一度。入小暑，畢霜降，均減三度。入立多，十日損所減一度，畢小雪。皆爲定度。以行分法乘定度，四十除，爲平行分。又以四乘三十九，以減平行，爲初日行分。平行，日一度，十五日行十五度。入小寒，十日益日度各一。入雨水後，皆二十一日行二十一度。入春分後，十日減一。畢立夏，依平。入小滿後，六日減一。畢立秋，日度皆盡，無平行。入霜降後，四日加一。畢大雪，依平。疾，百七十日行二百四度。前順遲減度者，計所減之數，以益此度爲定。而晨伏。

夕平見，入多至，日增所減百分。入啓蟄，畢春分，均減九日。清明初日，減五千九百八十六分。乃日損所減百分。入芒種，依平。入夏至，日增所加百分。入處暑，畢秋分，均加九日。寒露初日，加五千九百八十六分。乃日損所減百分。入大雪，依平。

初見，順疾，百七十日行二百四度。入多至畢立夏者，依此。入小滿，六日加一度。入夏至，畢小暑，均加五度。入大暑，三日減一度。入立秋，畢大雪，依平。從白露畢春分，皆差行，日益疾一分半〔六〕。以一分半乘百六十九而半之，以加平行，爲初日行分。入清明，畢於處暑，皆平行。乃平行，日一度，十五日行十五度。入多至後，十日減日度各一。入啓蟄，畢芒種，皆九日行九度。入夏至後，五日益一。入大暑，依平。入立秋後，六日加一。畢秋分，二十五日行二十五度。入寒露，六日減一。入大雪，依平。順遲，日益遲八分，四十日行三十度。前加度者，此依數減之。又留，九日。乃退，日半度，十日退五度。而夕伏。

辰星

率百九萬六千六百八十三。

終日百一十五，行分五百九十四，小分七。

晨見伏六十三日，行分五百九十四，小分七。

夕見伏五十二日。

晨平見，入多至，均減四日。入小寒，依平。入立春後，均減三日。入雨水，畢立夏，應見不見。其在啓蟄、立夏氣內，去日十八度外、三十六度內，晨有木、火、土、金一星者，亦見。入小滿，依平。入霜降，畢立多，均加一日。入小雪，至大雪十二日，依平。若在大雪十三日後，日增所減一日。

初見，留，六日。順遲，日行百六十九分。入大寒，畢啓蟄，無此遲行。乃平行，日一度，十日行十度。入大寒後，二日去日度各一，畢於二十日，日度俱盡，無此平行。疾，日行一度六百九分，十日行十九度六分。前無遲行者，此疾日減二百三分，十日行十六度四分。而晨伏。

夕平見，入多至後，依平。入穀雨，畢芒種，均減二日。入夏至，依平。入立秋，畢霜降，應見不見。其在立秋、霜降氣內，夕有星去日如前者，亦見。入立多，畢大雪，依平。

初見，順疾，日行一度六百九分，十日行十九度六分。若入小暑，畢處暑，日減二百三分。乃平行，日一度，十日行十度。入大暑後，二日去日及度各一，畢於二十日，日度俱盡，無此平行。遲，日行百六十九分。若疾減二百三分者，即不須此遲行。又留，六日七分。而夕伏。

各以星率去歲積分，餘反以減其率，餘如度法得一爲日，得多至後晨平見日及分。以冬至去朔日算及分加之，起天正，依月大小計之，命日算外，得所在日月。金、水各以晨見伏日及分加之，得夕平見。各以其星初日所加減之分，計後日損益之數以損益之。訖，乃以加減平見爲定見。其加減分皆滿行分法爲日。以定見去朔日及分加其朔前夜半日度，又以星初見去日度，歲星十四，太白十一，熒惑、鎭星、辰星皆十七，晨減、夕加之，得初見宿度。求次日，各加一日所行度及分。熒惑、太白有小分者，各以日率爲母。其行有益疾遲者，副置一日行分，各以其差疾益、遲損，乃加之。留者因前，退則依減，伏不注度。順行出斗，去其分；退行入斗，先加分。訖，皆以二十六約行分，爲度分。

交會法千二百七十四萬一千二百五八分〔七〕。

交分法六百三十七萬六百二九分。

朔差百八萬五千四百九十四二分。

望分六百九十一萬三千三百五十。

交限五百八十二萬七千八百五十五八分。

望差五十四萬二千七百四十七一分。

外限六百七十六萬七百八十二九分。

中限千二百三十五萬一千二十五八分。

內限千二百一十九萬一千四百五十八七分。

以朔差乘積月，滿交會法去之；餘得天正月朔入平交分。求望，以望分加之。求次月，以朔差加之。其朔望，入大雪，畢冬至，依平。入小寒，日加氣差千六百五十分。入啓蟄，畢清明，均加七萬六千一百分。自後日損所加千六百五十分。入芒種，畢夏至，依平。加之滿法，去之。若朔交入小寒畢雨水，及立夏畢小滿，値盈二時已下，皆半氣差加之。二時已上則否。如望差已下、外限已上有星伏，木、土去見十日外，火去見四十日外，金晨伏去見二十二日外，有一星者，不加氣差。入小暑後，日增所減千二百分。入白露，畢霜降，均減九萬五千八百二十五分。立冬初日，減六萬三千三百分，自後日損所減二千一百一十分。減若不足，加法，乃減之，餘爲定交分。朔入交分，如交限內限已上、交分中限已下有星伏如前者，不減。不滿交分法者，爲在外道；滿去之，餘爲在內道。如望差已下，爲去先交分。交限已上，以減交分，餘爲去後交分。皆三日法約，爲時數。望則月蝕，朔在內道則日蝕。雖在外道，去交近，亦蝕。在內道，去交遠，亦不蝕。

置蝕望定小餘。入曆一日，減二百八十；若十五日，卽加之；十四日，加五百五十；若二十八日，卽減之；餘日皆盈加、縮減二百八十：爲月蝕定餘。十二乘之，時法而一，命子半算外；不盡，得月蝕加時。約定小餘如夜漏半已下者，退日算上。

置蝕朔定小餘。入曆一日，卽減二百八十；若十五日，卽加之；十四日，加五百五十；若二十八日，卽減之：爲定。後不入四時加減之限。其內道，春，去交四時已上入曆，盈加、縮減二百八十；夏，盈加、縮減二百八十；秋，去交十一時已下，惟盈加二百八十，已上者，盈加五百五十，縮加二百八十；冬，去交五時已下，惟盈加二百八十：皆爲定餘。十二乘之，時法而一，命子半算外；不盡，爲時餘，副之。仲辰半前，以副減法爲差率；半後，退半辰，以法加餘，以副爲差率。季辰半前，以法加副爲差率；半後，退半辰，以法加餘，倍法加副，爲差率。孟辰半前，三因其法，以副減之，餘爲差率；半後，退半辰，以法加餘，又以法加副，乃三因其法，以副減之，爲差率。又置去交時數，三已下，加三；六已下，加二；九已下，加一；九已上，依數；十二已上，從十二。若季辰半後，孟辰半前，去交六時已上者，皆從其六。六時已下，依數不加。皆乘差率，十四除，爲時差。子午半後，以加時餘；卯酉半後，以減時餘；加之滿若不足，進退時法：孟謂寅、巳、申，仲謂午、卯、酉，季謂辰、未、戌〔八〕。得日蝕加時。

望去交分，多先後交，皆去二時；春先交，秋後交，去半時；春後交，秋先交，去二時；夏則依定。不足去者，旣。乃以三萬六千一百八十三爲法而一，以減十五，餘爲月蝕分。

朔去交，在內道，五月朔，加時在南方，先交十三時外；六月朔，後交十三時外者：不蝕。啓蟄畢清明，先交十三時外，値縮，加時在未西；處暑畢寒露，後交十三時外，値盈，加時在巳東：皆不蝕。交在外道，先後去交一時內者，皆蝕。若二時內，及先交値盈、後交値縮二時外者，亦蝕。夏去交二時內，加時在南方者，亦蝕。若去分、至十二時內，去交六時內者，亦蝕。若去春分三日內，後交二時；秋分三日內，先交二時內者：亦蝕。諸去交三時內有星伏，土、木去見十日外，火去見四十日外，金晨伏去見二十二日外，有一星者，不蝕。各置去交分。秋分後，畢立春，均減二十二萬八百分。啓蟄初日，畢芒種，日損所減千八百一十分。夏至後，畢白露，日增所減二千四百分。以減去交分，餘爲不蝕分。不足減，反相減爲不蝕分。亦以減望差爲定法。後交値縮者，直以望差爲定法。其不蝕分，大寒畢立春，後交五時外，皆去一時。時差値減者，先交減之，後交加之；時差値加者，先交加之，後交減之。不足減者，皆旣。十五乘之，定法而一，以減十五，餘爲日蝕分。

置日月蝕分，四已下，因增二；五已下，因增三；六已上，因增五：各爲刻率，副之。以乘所入曆損益率，四千五十七爲法而一。値盈，反其損益；値縮，依其損益。皆損益其副，爲定用刻。乃六乘之，十而一，以減蝕甚辰刻，爲虧初。又四乘之，十而一，以加食甚辰刻，爲復滿。

校勘記

〔一〕小餘千六百五十四小分四　按自四季之節至土王，等於歲分的三十分之一，卽氣策的五分之四。依此推算，「小分四」應作「半」或「小分八之四」或「小分四之二」。

〔二〕盈二千一百四十四萬一千二百二十六　按戊寅曆盈縮積分爲每日盈縮分之累計，而二日盈積實卽一日盈分。據李善蘭麟德術解卷三附錄所提示之公式，戊寅曆盈縮分卽當日行分差與日法之乘積，其中行分差爲日行分與平行分之差，而平行分爲章月與章歲之和。依此推算，「二千一百四十四萬」應作「一千一百三十四萬」。

〔三〕盈四千四百六十七萬三千五百七十五　據麟德術解公式核算，「三千五百七十五」應作「五千六百一十」。

〔四〕盈三千六百三十二萬四千六百九十二　據核算，「三十二萬」當作「二十三萬」。

〔五〕朒二百一十五　衲、十行、汲、殿本同，局本作「朒二百一十」。按戊寅曆損益率等於盈縮分除以曆分所得之商。依此推算，當作「二百七十五」。

〔六〕八千五百五十五　按十八、十九兩日縮分積之差，卽十八日之縮分。依此推算，當作「八千五百五十七」。

〔七〕縮二千八百二十三萬九千五十　據推算，「二十三萬」當作「二十四萬」。

〔八〕縮四千七百九萬九千八百五十七　據推算，「七百九萬」當作「七十九萬」。

〔九〕縮三千二百五十萬九千八百一十四　據推算，「二百五十萬」當作「二百五萬」。

〔一〇〕縮千六百二十九萬五百一十八　據推算，「二十九萬」當作「二十七萬」。

〔一一〕自百二十八日　「自」，各本同，新舊唐書合鈔（下簡稱合鈔）作「盡」。據本卷上下文「盡」、「畢」二字用法，並參考隋書卷十八律曆志所載大業曆，作「盡」是。

〔一二〕入小寒後　「小寒」，各本原作「小雪」，舊書卷三二曆志作「小寒」。舊書是，據改。

〔一三〕初遲　舊書卷三二曆志作「初」。本卷下文有「各盡其日度而遲」一語，此處所述仍屬前疾期間，「遲」字疑衍。

〔一四〕乃日損所加六十分　錢寶琮新唐書曆志校勘記（下簡稱錢校）云：據術，「六十分」當作「六十六分」。按自小滿初日至夏至初日，計三十日，共損所加一千九百六十四分，平均每日損六十五分半，四捨五入，正得六十六分。

〔一五〕日增所減六十分　「六十分」，舊書卷三二曆志同。錢校云：「二志並誤，據術當作『日增所減六十六分』。」

〔一六〕日益疾一分半　舊書卷三二曆志作「先疾，日益遲」。按：在夕順期間，金星運行速度由疾而遲。此當從舊書。

〔一七〕交會法千二百七十四萬一千二百五八分　按以三十六乘月法，以交會法減之，得朔差。據此核算，「五八分」卽今「五．八分」。以下七項用數同例。

〔一八〕孟謂寅巳申仲謂午卯酉季謂辰未戌　舊書卷三二曆志作「子、午、卯、酉爲仲，辰、戌、丑、未爲季，寅、申、巳、亥爲孟」。

唐書卷二十六

志第十六

曆二

高宗時，戊寅曆益疎，淳風作甲子元曆以獻。詔太史起麟德二年頒用，謂之麟德曆。古曆有章、蔀，有元、紀，有日分、度分，參差不齊，淳風爲總法千三百四十以一之。損益中晷術以考日至，爲木渾圖以測黃道，餘因劉焯皇極曆法，增損所宜。當時以爲密，與太史令瞿曇羅所上經緯曆參行。

弘道元年十二月甲寅朔，壬午晦。八月，詔二年元日用甲申，故進以癸未晦焉。永昌元年十一月，改元載初，用周正，以十二月爲臘月，建寅月爲一月。神功二年，司曆以臘爲閏，而前歲之晦，月見東方，太后詔以正月爲閏十月。是歲，甲子南至，改元聖曆。命瞿曇羅作光宅曆，將用之。三年，罷作光宅曆，復行夏時，終開元十六年。

麟德曆麟德元年甲子，距上元積二十六萬九千八百八十算。

總法千三百四十。

朞實四十八萬九千四百二十八。

常朔實三萬九千五百七十一。加三百六十二日盈朔實，減三百五十一日朒朔實。

辰率三百三十五。

以朞實乘積算，爲朞總。如總法得一，爲日。六十去之，命甲子算外，得多至。累加日十五、小餘二百九十二、小分六之五，得次氣。六乘小餘，辰率而一，命子半算外，各其加時。以常朔實去朞總，不滿爲閏餘。以閏餘減朞總，爲總實[一]，如總法得一，爲日。以減多至，得天正常朔。又以常朔小餘并閏餘，以減朞總，爲總實。因常朔加日二十九、小餘七百一十一，得次朔。因朔加日七、小餘五百一十二太，得上弦。又加，得望及下弦。

進綱十六。秋分後。

退紀十七。春分後。

中節	朓差率	消息總	先後率	盈朒積
冬至	益七百二十二	息初	先五十四	盈初
小寒	益六百一十八	息七百二十二	先四十六	盈五十四
大寒	益五百一十四	息千三百四十	先三十八	盈百
立春	益五百一十四	息千八百五十四	先三十八	盈百三十八
啓蟄	益六百一十八	息二千三百六十八	先四十六	盈百七十六
雨水	益七百二十二	息二千九百八十六	先五十四	盈二百二十二
春分	損七百二十二	息三千七百八	後五十四	盈二百七十六
清明	損六百一十八	息二千九百八十六	後四十六	盈二百二十二
穀雨	損五百一十四	息二千三百六十八	後三十八	盈百七十六
立夏	損五百一十四	息千八百五十四	後三十八	盈百三十八
小滿	損六百一十八	息千三百四十	後四十六	盈百
芒種	損七百二十二	息七百二十二	後五十四	盈五十四

中節	朓差率	消息總	先後率	盈朒積
夏至	益七百二十二	消初	先五十四	朒初
小暑	益六百一十八	消七百二十二	先四十六	朒五十四
大暑	益五百一十四	消千三百四十	先三十八	朒百
立秋	益五百一十四	消千八百五十四	先三十八	朒百三十八
處暑	益六百一十八	消二千三百六十八	先四十六	朒百七十六
白露	益七百二十二	消二千九百八十六	先五十四	朒二百二十二
秋分	損七百二十二	消三千七百八	後五十四	朒二百七十六
寒露	損六百一十八	消二千九百八十六	後四十六	朒二百二十二
霜降	損五百一十四	消二千三百六十八	後三十八	朒百七十六
立冬	損五百一十四	消千八百五十四	後三十八	朒百三十八
小雪	損六百一十八	消千三百四十	後四十六	朒百
大雪	損七百二十二	消七百二十二	後五十四	朒五十四

各以其氣率并後氣率而半之，十二乘之，綱紀除之，爲末率。二率相減，餘以十二乘之，綱紀除，爲總差。又以十二乘總差，綱紀除之，爲別差。以總差前少以減末率，前多以加末率，爲初率。累以別差，前少以加初率，前多以減初率，爲每日躔差及先後率。乃循積而損益之，各得其日定氣消息與盈朒積。其後無同率，因前末爲初率；前少者加總差，前多者以總差減之，爲末率。餘依術入之。

各以氣下消息積，息減、消加常氣，爲定氣。各以定氣大小餘減所近朔望大小餘，十二通其日，以辰率約其餘，相從爲辰總〔三〕。其氣前多以乘末率，前少以乘初率，十二而一，爲總率。前多者，以辰總減綱紀，以乘十二，綱紀而一，以加總率，辰總乘之，二十四除之〔三〕；前少者，辰總再乘別差，二百八十八除之；皆加總率。乃以先加、後減其氣盈朒積爲定。以定積盈加、朒減常朔弦望，得盈朒大小餘。

變周四十四萬三千七十七。

變日二十七，餘七百四十三，變奇一。

變奇法十二。

月程法六十七。

以奇法乘總實，滿變周，去之；不滿者，奇法而一，爲變分。盈總法從日，得天正常朔夜半入變。加常朔小餘，爲經辰所入。因朔加七日、餘五百一十二、奇九，得上弦。轉加，得望、下弦及次朔。加之滿變日及餘，去之。又以所入盈朒定積，盈加、朒減之，得朔、弦、望盈朒經辰所入。

變日	離程	增減率	遲速積
一日	九百八十五	增百三十四	速初
二日	九百七十四	增百一十七	速百三十四
三日	九百六十二	增九十九	速二百五十一
四日	九百四十八	增七十八	速三百五十
五日	九百三十三	增五十六	速四百二十八
六日	九百一十八	增三十三	速四百八十四
七日	九百二	增九 初增九 末減隱	速五百一十七
八日	八百八十六	減十四	速五百二十六
九日	八百七十	減三十八	速五百一十二
十日	八百五十四	減六十四〔四〕	速四百七十四
十一日	八百三十九	減八十五	速四百一十二
十二日	八百二十六	減百四	速三百二十七
十三日	八百一十五	減百二十一	速二百二十三
十四日	八百八	初減百二 末增二十九	速百二
十五日	八百十	增百二十八	遲二十九
十六日	八百一十九	增百一十五	遲百五十七
十七日	八百三十二	增九十五	遲二百七十二
十八日	八百四十六	增七十四	遲三百六十七
十九日	八百六十一	增五十二	遲四百四十一
二十日	八百七十七	增二十八	遲四百九十三
二十一日	八百九十三	增四 初增四 末減隱	遲五百二十一
二十二日	九百九	減二十	遲五百二十五
二十三日	九百二十五	減四十四	遲五百五
二十四日	九百四十一	減六十八	遲四百六十一
二十五日	九百五十五	減八十九	遲三百九十三
二十六日	九百六十八	減百八	遲三百四
二十七日	九百七十九	減百二十五	遲百九十六
二十八日	九百八十五	減百四十四 初減七十一 末增入後	遲七十一

以離程與次相減，得進退差；後多爲進，後少爲退，等爲平。各列朔、弦、望盈朒經辰所入日增減率，并後率而半之，爲通率。又二率相減，爲率差。增者以入變曆日餘減總法，餘乘率差，總法而一，并率差而半之；減者半入餘乘率差，亦總法而一；皆加通率。以乘入餘，總法除，爲經辰變率。半之，以速減、遲加入餘，爲轉餘。增者以減總法，減者因餘；皆乘率差，總法而一；以加通率，變率乘之，總法除之，以速減、遲加變率，爲定率。乃以定率增減遲速積爲定。其後無同率，亦因前率。應增者，以通率爲初數，半率差而減之；應損者，即爲通率。其曆率損益入餘進退日者，分爲二日，隨餘初末，如法求之，所得并以加減變率爲定。

七日：初，千一百九十一；末，百四十九。十四日：初，千四十二；末，二百九十八。二十一日：初，八百九十二；末，四百四十八。二十八日：初，七百四十三；末，五百九十七。各視入餘初數，已下爲初，已上以初數減之，餘爲末。

各以入變遲速定數，速減、遲加朔弦望盈朒小餘；滿若不足，進退其日。加其常日者爲盈，減其常日者爲朒。各爲定大小餘，命日如前。乃前朔、後朔迭相推校，盈朒之課，據實爲準；損不侵朒，益不過盈。

定朔日名與次朔同者大，不同者小，無中氣者爲閏月。其元日有交、加時應見者，消息前後一兩月，以定大小，令虧在晦、二，弦、望亦隨消息。月朔盈朒之極，不過頻三。其或過者，觀定小餘近夜半者量之。

黃道：南斗，二十四度三百二十八分。牛，七度。婺女，十一度。虛，十度。危，十六度。營室，十八度。東壁，十度。奎，十七度。婁，十三度。胃，十五度。昴，十一度。畢，十六度。觜觿，二度。參，九度。東井，三十度。輿鬼，四度。柳，十四度。七星，七度。張，十七度。翼，十九度。軫，十八度。角，十三度。亢，十度。氐，十六度。房，五度。心，五度。尾，十八度。箕，十度。

多至之初日躔定在南斗十二度。每加十五度二百九十二分、小分五，依宿度去之，各得定氣加時日度。

各以初日躔差乘定氣小餘，總法而一，進加、退減小餘，爲分；以減加時度，爲氣初夜半度。乃日加一度，以躔差進加、退減之，得次日。以定朔弦望小餘副之；以乘躔差，總法而一，進加、退減其副，各加夜半日躔，爲加時宿度。

合朔度，即月離也。上弦，加度九十一度、分四百一十七。望，加度百八十二度、分八百三十四。下弦，加度二百七十三度、分千二百五十一。訖，半其分，降一等，以同程法，得加時月離。因天正常朔夜半所入變日及餘，定朔有進退日者，亦進退一日，爲定朔夜半所入。累加一日，得次日。

各以夜半入變餘乘進退差，總法而一，進加、退減離程，爲定程。以定朔弦望小餘乘之，總法而一，以減加時月離，爲夜半月離。求次日，程法約定程，累加之。若以定程乘夜刻，二百除，爲晨分。以減定程，爲昏分。其夜半月離，朔後加昏爲昏度，望後加晨爲晨度。其注曆，五乘弦望小餘，程法而一，爲刻。不滿晨前刻者，退命算上。

辰刻八，分二十四。

刻分法七十二。

定氣	晨前刻	黃道去極度	屈伸率	發斂差
冬至	三十刻	百一十五度三分	伸一三分	益十六
小寒	二十九刻五十四分	百一十三度一分〔五〕	伸三七分	益十六
大寒	二十九刻十八分	百一十度七分〔六〕	伸六一分	益二十二
立春	二十八刻三十三分	百七度九分	伸九四分	益九
啓蟄	二十七刻三十分	百二度九分	伸十七分半	益七
雨水	二十六刻十八分	九十七度三分	伸十一八分	益三
春分	二十五刻	九十一度三分	伸十二二分半	損三
清明	二十三刻五十四分	八十五度三分	伸十一八分	損七
穀雨	二十二刻四十二分	七十九度七分	伸十七分半	損九
立夏	二十一刻三十九分	七十四度七分	伸九四分	損二十二
小滿	二十刻五十四分	七十度九分	伸六一分	損十六
芒種	二十刻十八分	六十八度五分	伸三七分	損十六

定氣	晨前刻	黃道去極度	屈伸率	發斂差
夏至	二十刻	六十七度三分	屈一三分	益十六
小暑	二十刻十八分	六十八度五分	屈三七分	益十六
大暑	二十刻五十四分	七十度九分	屈六一分	益二十二
立秋	二十一刻三十九分	七十四度七分	屈九四分	益九
處暑	二十二刻四十二分	七十九度七分	屈十七分半	益七
白露	二十三刻五十四分	八十五度三分	屈十一八分	益三
秋分	二十五刻	九十一度三分	屈十二二分半	損三
寒露	二十六刻十八分	九十七度三分	屈十一八分	損七
霜降	二十七刻三十分	百二度九分	屈十七分半	損九
立冬	二十八刻三十三分	百七度九分	屈九四分	損二十二
小雪	二十九刻十八分	百一十度七分〔七〕	屈六一分	損十六
大雪	二十九刻五十四分	百一十三度一分〔八〕	屈三七分	損十六

置其氣屈伸率，各以發斂差損益之，爲每日屈伸率。差滿十，從分；分滿十，爲率。各累計其率爲刻分。百八十乘之，十一乘綱紀除之，爲刻差。各半之，以伸減、屈加晨前刻分，爲每日晨前定刻。倍之，爲夜刻。以減一百，爲晝刻。以三十四約刻差，爲分；分滿十，爲度。以伸減、屈加氣初黃道去極，得每日。以晝刻乘朞實，二百乘，總法除，爲昏中度。以減三百六十五度三百二十八分，餘爲旦中度。各以加日躔，得昏旦中星。赤道計之。其赤道同太初星距。

遊交終率千九十三萬九千三百一十三。

奇率三百。

約終三萬六千四百六十四，奇百一十三。

交中萬八千二百三十二，奇五十六半。

交終日二十七，餘二百八十四，奇百一十三。

交中日十三，餘八百一十二，奇五十六半。

虧朔三千一百六，奇百八十七。

實望萬九千七百八十五，奇百五十。

後準千五百五十三，奇九十三半。

前準萬六千六百七十八，奇二百六十三。

置總實，以奇率乘之，滿終率去之；不滿，以奇率約，爲入交分。加天正常朔小餘，得朔汎交分。求次朔，以虧朔加之。因朔求望，以實望加之。各以朔望入氣盈朒定積，盈加、朒減之；又六十乘遲速定數，七百七十七除，爲限數；以速減、遲加，爲定交分。其朔，月在日道裏者，以所入限數減遲速定數，餘以速減、遲加其定交分。而出日道表者，爲變交分。不出表者，依定交分。其變交分三時半內者，依術消息，以定蝕不。交中已下者，爲月在外道；已上者，去之，餘爲月在內道。其分如後準已下，爲交後分；前準已上者，反減交中，餘爲交前分。望則月蝕，朔在內道則日蝕。百一十二約前後分，爲去交時。置定朔小餘，副之。辰率約之，以艮、巽、坤、乾爲次，命算外。其餘，半法已下爲初；已上者，去之，爲末。初則因餘，末則減法，各爲差率。月在內道者，益去交時十而三除之。以乘差率，十四而一，爲差。其朔，在二分前後一氣內，即以差爲定；近冬至以去寒露、雨水，近夏至以去清明、白露氣數倍之，又三除去交時增之；近冬至艮巽以加、坤乾以減，近夏至艮巽以減、坤乾以加其差，爲定差。艮、巽加副，坤、乾減副。月在外道者，三除去交時數，以乘差率，十四而一，爲差。艮、坤以減副，巽、乾以加副，爲食定小餘。望即因定望小餘，即所在辰；近朝夕者，以日出沒刻校前後十二刻半內候之。

月在外道，朔不應蝕。夏至初日，以二百四十八爲初準。去交前後分如初準已下、加時在午正前後七刻內者，蝕。朔去夏至前後，每一日損初準二分，皆畢於九十四日，爲每日變準。交分如變準已下、加時如前者，亦蝕。又以末準六十減初準及變準，餘以十八約之，爲刻準。以并午正前後七刻內數，爲時準。加時準內交分，如末準已下，亦蝕。又置末準，每一刻加十八，爲差準。加時刻去午前後如刻準已上、交分如差準已下者，亦蝕[九]。自秋分至春分，去交如末準已下、加時巳、午、未者，亦蝕。

月在內道，朔應蝕。若在夏至初日，以千三百七十三爲初準。去交如初準已上、加時在午正前後十八刻內者，或不蝕。夏至前後每日益初準一分半，皆畢於九十四日，爲每日變準。以初準減變準，餘十而一，爲刻準。以減午正前後十八刻，餘爲時準。其去交在變準已上、加時在準內，或不蝕。

望去交前後定分，多，減二百二十四；夏，減五十四；春，交後減百，交前減二百；秋，交後減二百，交前減百。不足減者，蝕既。有餘者，以減後準，百四而一，得月蝕分。

朔交，月在內道，入冬至畢定雨水，及秋分畢大雪，皆以五百五十八爲蝕差。入春分，日損六分，畢芒種[一〇]。以蝕差減去交分；不足減者，反減蝕差，爲不蝕分。其不蝕分，自小

滿畢小暑，加時在午正前後七刻外者，皆減一時；三刻內者，加一時。大寒畢立春交前五時外、大暑畢立冬交後五時外者，皆減一時；五時內者，加一時。諸加時蝕差應減者，交後減之，交前加之；應加者，交後加之，交前減之。不足減者，皆既；加減入不蝕限者，或不蝕。月在外道，冬至初日，無蝕差。自後日益六分，畢於雨水。入春分，畢白露，皆以五百二十二爲差。入秋分，日損六分，畢大雪。以差加去交分，爲蝕分。以減後準，餘爲不蝕分。十五約蝕差，以百四，爲定法[一一]。其不蝕分，如定法得一，以減十五，餘得日蝕分。

歲星

總率五十三萬四千四百八十三，奇四十五。

伏分二萬四千三十一，奇七十二半。

終日三百九十八，餘千一百六十三，奇四十五。

平見，入冬至，畢小寒，均減六日。入大寒，日損六十七分。入春分，依平。乃日加八十九分。入立夏，畢小滿，均加六日。入芒種，日損八十九分。入夏至，畢立秋，均加四日。入處暑，日損百七十八分。入白露，依平。自後日減五十二分。入小雪，畢大雪，均減六日。

初順，百一十四日行十八度五百九分，日益遲一分。前留，二十六日。旋退，四十二

日，退六度十二分，日益疾二分。又退，四十二日，退六度十二分，日益遲二分。後留，二十五日。後順，百一十四日行十八度五百九分，日益疾一分。日盡而夕伏。

熒惑

總率百四萬五千八十，奇六十。

伏分九萬七千九十，奇三十。

終日七百七十九，餘千二百二十，奇六十。

平見，入冬至，減二十七日。自後日損六百三分。入大寒，日加四百二分。入雨水，畢穀雨，均加二十七日。入立夏，日損百九十八分。入立秋，依平。入處暑，日減百九十八分。入小雪，畢大雪，均減二十七日。

初順，入冬至，率二百四十三日行百六十五度。乃三日損日度各二。小寒初日，率二百三十三日行百五十五度。乃二日損一。入穀雨四日，平，畢小滿九日，率百七十八日行百度。乃三日損一。夏至初日，平，畢六日，率百七十一日行九十三度。乃三日益一。入立秋初日，百八十四日行百六度。乃每日益一。入白露初日，率二百一十四日行百三十六度。乃五日益六。入秋分初日，率二百三十二日行百五十四度。又每日益一。入寒露初日，率二百四十七日行百六十九度。乃五日益三。入霜降五日，平，畢立冬十三日，率二百五十九日行

百八十一度。乃二日損日一〔三〕。入冬至，復初。

各依所入常氣，平者依率，餘皆計日損益，爲前疾日度定率。其前遲及留退，入氣有損益日、度者，計日損益，皆準此法。疾行日率，入大寒，六日損一；入春分，畢立夏，均減十日；入小滿，三日損所減一；畢芒種，依平；入立秋，三日益一；入白露，畢秋分，均加十日；入寒露，一日半損所加一；畢氣盡，依平：爲變日率。疾行度率，入大寒畢啓蟄，立夏畢夏至，大暑畢氣盡，霜降畢小雪，皆加四度；清明畢穀雨，加二度：爲變度率。

初行入處暑，減日率六十，度率三十；入白露，畢秋分，減日率四十四，度率二十二；皆爲初遲半度之行。盡此日、度，乃求所減之餘日、度率，續之，爲疾。初行入大寒畢大暑，差行，日益遲一分。其前遲、後遲，日率既有增損，而益遲、益疾，差分皆檢括前疾末日行分，爲前遲初日行分。以前遲平行分減之，餘爲前遲總差。後疾初日行分，爲後遲末日行分，以後遲初日行分減之，餘爲後遲總差。相減，爲前後別日差分。其不滿者皆調爲小分。遲疾之際，行分衰殺不倫者，依此。

前遲，入冬至，率六十日行二十五度；先疾，日益遲二分。入小寒，三日損一。大寒初日，率五十五日行二十度。乃三日益一。立春初日，平，畢清明，率六十日行二十五度。入穀雨，每氣別減一度。立夏初日，平，畢小滿，率六十日行二十二度。入芒種，每氣別益一度。夏至初日，平，畢處暑，率六十日行二十五度。入白露，三日損一。秋分初日，率六十

日行二十五度。乃每日益日一，三日益度二。寒露初日，率七十五日行三十度。乃每日損日一，三日損度一。霜降初日，率六十日行二十五度。乃二日損一度。入立冬一日，平，畢氣盡，率六十日行十七度。入小雪，五日益一度。大雪初日，率六十日行二十度。乃三日益一度。入冬至，復初。

前留，十三日。前疾減日率一者，以其數分益此留及後遲日率。前疾加日率者，以其數分減此留及後遲日率。

旋退，西行。入冬至初日，率六十三日退二十一度。乃四日益度一。小寒一日，率六十三日退二十六度。乃三日半損度一。立春三日，平，畢啓蟄，率六十三日退十七度。乃二日益日、度各一。雨水八日，平，畢氣盡，率六十七日退二十一度。入春分，每氣損日、度各一。大暑初日，平，畢氣盡，率五十八日退十二度。立秋初日，平，畢氣盡，率五十七日退十一度。乃二日益日一。寒露九日，平，畢氣盡，率六十六日退二十度。乃二日損一。霜降六日，平，畢氣盡，率六十三日退十七度。乃三日益一。立冬十一日，平〔四〕，畢氣盡，率六十七日退二十一度。乃二日損一。入冬至，復初。

後留，冬至初，留十三日。乃二日半益一。大寒初日，平，畢氣盡，留二十五日。乃二日半損一。雨水初日，留十三日。乃三日益一。清明初日，留二十三日。乃日損一。清明十日，平，畢處暑，留十三日。乃二日損一。秋分十一日，無留。乃每日益一。霜降初日，留十

九日。乃三日損一。立冬畢大雪，留十三日。

後遲，順，六十日行二十五度，日益疾二分。前疾加度者，此遲依數減之，爲定度。前疾無加度者，此遲入秋分至立冬減三度，入冬至減五度。後留定日朒十三日者，以所朒日數加此遲日率。

後疾，冬至初日，率二百一十日行百三十二度。乃每日損一。大寒八日，率百七十二日行九十四度。乃二日損一。啓蟄，平，畢氣盡，率百六十一日行八十三度。乃二日益一。芒種十四日，平，畢夏至，率二百三十三日行百五十五度。乃每日益一。大暑初日，平，畢處暑，率二百六十三日行百八十五度。乃二日損一。秋分一日，率二百五十五日行百七十七度。乃一日半損一。大雪初日，率二百五日行百二十七度。乃三日益一。入冬至，復初。

其入常氣日度之率有損益者，計日損益，爲後疾定日度率。疾行日率，其前遲定日朒六十及退行定日朒六十三者，皆以所朒日數加疾行定日率；前遲定日盈六十、退行定日盈六十三、後留定日盈十三者，皆以所盈日數減此疾定日率：各爲變日率。疾行度率，其前遲定度朒二十五、退行定度盈十七、後遲入秋分到多至減度者，皆以所盈朒度數加此疾定率；前遲定度盈二十五及退行定度朒十七者，皆以所盈朒度數減此疾定度率：各爲變度率。

初行入春分畢穀雨，差行，日益疾一分。初行入立夏畢夏至，日行半度，六十六日行三十三度。小暑畢大暑，五十日行二十五度。立秋畢氣盡，二十日行十度。減率續行，並

同前。盡日度而夕伏。

鎭星

總率五十萬六千六百二十三，奇二十九。

伏分二萬二千八百三十一，奇六十四半。

終日三百七十八，餘一百三，奇二十九。

平見，入冬至，初減四日。乃日益八十九分。入大寒，畢春分，均減八日。入清明，日損五十九分。入小暑初，依平。自後日加八十九分。入白露初，加八日。自後日損百七十八分。入秋分，均加四日。入寒露，日損五十九分。入小雪初日，依平。乃日減八十九分。

初順，八十三日行七度二百九十分，日益遲半分。前留，三十七日。旋退，五十一日退二度四百九十一分，日益疾少半。又退，五十一日退二度四百九十一分，日益遲少半。後留，三十七日。後順，八十三日，行七度二百九十分，日益疾半分。日盡而夕伏。

太白

總率七十八萬四千四百四十九，奇九。

伏分五萬六千二百二十四，奇五十四半。

終日五百八十三，餘千二百二十九，奇九。

夕見伏日二百五十六。

晨見伏日三百二十七，餘千二百二十九，奇九。

夕平見，入冬至、初依平，乃日減百分。入啓蟄，畢春分，均減九日。入清明，日損百分。入芒種，依平。入夏至，日加百分。入處暑，畢秋分，均加九日。入寒露，日損百分。入大雪，依平。

夕順，入冬至畢立夏，入立秋畢大雪，率百七十二日行二百六度。入小滿後，十日益一度，爲定度。入白露，畢春分，差行，益遲二分〔四〕。自餘平行。夏至畢小暑，率百七十二日行二百九度。入大暑，五日損一度，畢氣盡。平行，入冬至、大暑畢氣盡，率十三日行十三度。入冬至，十日損一，畢立春。入立秋，十日益一〔五〕，畢秋分。啓蟄畢芒種，七日行七度。入夏至後，五日益一，畢於小暑。寒露初日，率二十三日行二十二度〔六〕，乃六日損一，畢小雪。順遲，四十二日，行三十度，日益遲八分。前疾加過二百六度者，準數損此度。夕留，七日。夕退，十日退五度。日盡而夕伏。

晨平見，入冬至，依平。入小寒，日加六十七分。入立春，畢立夏，均加三日。入小滿，日損六十七分。入夏至，依平。入小暑，日減六十七分。入立秋，畢立冬，均減三日。入小雪，日損六十七分。

晨退，十日退五度。晨留，七日。順遲，冬至畢立夏，大雪畢氣盡，率四十二日行三十度，日益疾八分。入小滿，率十日損一度，畢芒種。夏至畢寒露，率四十二日行二十七度。入霜降，每氣益一度，畢小雪。平行，冬至畢氣盡，立夏畢氣盡，十三日行十三度。入小寒後，六日益日、度各一，畢啓蟄。小滿後，七日損日、度各一，畢立秋。雨水初日，率二十三日行二十三度。自後六日損日、度各一，畢穀雨。處暑畢寒露，無平行。入霜降後，五日益日、度各一，畢大雪。疾行，百七十二日，行二百六度。前遲行損度不滿三十度者，此疾依數益之。處暑畢寒露，差行，日益疾一分。自餘平行。日盡而晨伏。

辰星

總率十五萬五千二百七十八，奇六十六。

伏分二萬二千六百九十九，奇三十三。

終日百一十五，餘千一百七十八，奇六十六。

夕見伏日五十二。

晨見伏日六十三，餘千一百七十八，奇六十六。

夕平見，入冬至，畢清明，依平。入穀雨，畢芒種，均減二日。入夏至，畢大暑，依平。入立秋，畢霜降，應見不見。其在立秋、霜降氣內，夕去日十八度外、三十六度內有木、火、土、金星者，亦見。

入立冬，畢大雪，依平。

順疾，十二日行二十一度六分，日行一度五百三分。大暑畢處暑，十二日行十七度二分〔七〕，日行一度二百八十分。平行，七日行七度。入大暑後，二日損日、度各一。入立秋，無此平行。順遲，六日行二度四分，日行二百二十四分。前疾行十七度者，無此遲行。夕留，五日。日盡而夕伏。

晨平見，入冬至，均減四日。入小寒，畢大寒，依平。入立春，畢啓蟄，均減三日。其在啓蟄氣內，去日度如前，晨無木、火、土、金星者，不見。入雨水，畢立夏，應見不見。其在立夏氣內，去日度如前，晨有木、火、土、金星者，亦見。入小滿，畢寒露，依平。入霜降，畢立冬，均加一日。入小雪，畢大雪，依平。

晨見，留，五日。順遲，六日行二度四分，日行二百二十四分。入大寒，畢啓蟄，無此遲行。平行，七日行七度。入大寒後，二日損日、度各一。入立春，無此平行。順疾，行十二日行二十一度六分，日行一度五百三分。前無遲行者，十二日行十七度一十分，日行一度二百八十分。日盡而晨伏。

各以伏分減總實，以總率去之；不盡，反以減總率，如總法，爲日。天正定朔與常朔有進退者，亦進減、退加一日。乃隨次月大小去之，命日算外，得平見所在。各半見餘以同半總。太白、辰星以夕見伏日加之，得晨平見。各依所入常氣加減日及應計日損益者，以損益所加減；訖，餘以加減平見，爲常見。又以常見日消息定數之半，息減、消加常見，爲定見日及分。

置定見夜半日躔，半其分，以其日躔差乘定見餘，總法而一，進加、退減之，乃以其星初見去日度，歲星十四，太白十一，熒惑、鎭星、辰星十七，晨減、夕加，得初見定辰所在宿度。其初見消息定數，亦半之，以息加、消減其星初見行留日率。其歲星、鎭星不須加減。其加減不滿日者，與見通之，過半從日，乃依行星日度率，求初日行分。

置定見餘，以減半總，各以初日行分乘之，半總而一，順加、逆減星初見定辰所在度分，得星見後夜半宿度。以所行度分，順加、逆減之。其差行益疾益遲者，副置初日行分，各以其差遲損、疾加之，留者因前，逆則依減，以程法約行分爲度分，得每日所至。求行分者，皆以半總乘定度率，有分者從之。日率除，爲平行度分。置定日率，減一，以所差分乘之，二而一，爲差率。以疾減、遲加平行，爲初日所行度及分。

中宗反正，太史丞南宮說以麟德曆上元，五星有入氣加減，非合璧連珠之正，以神龍元年歲次乙巳，故治乙巳元曆。推而上之，積四十一萬四千三百六十算，得十一月甲子朔夜

半冬至，七曜起牽牛之初。其術有黃道而無赤道，推五星先步定合，加伏日以求定見。他與淳風術同。所異者，惟平合加減差。既成，而睿宗卽位，罷之。

校勘記

〔一〕以閏餘減朞總爲總實　按下文，「以常朔小餘并閏餘，以減朞總，爲總實」。舊書卷三二曆志同。疑「爲總實」三字衍。

〔二〕十二通其日以辰率約其餘相從爲辰總　錢校云：「據術當作『十二通其日，三其餘，以辰率約之，相從爲辰總』。」

〔三〕前多者以辰總減綱紀以乘十二綱紀而一以加總率辰總乘之二十四除之　錢校云：「據術當作『前多者以辰總減綱紀，以乘總差，綱紀而一，以加總差，辰總乘之，二十四除之』。」

〔四〕減六十四　「六十四」，舊書卷三三曆志作「六十二」。按九日速積減十日減率，得十日速積。依此核算，得「六十二」。據麟德術解有關公式核算，答數亦同。此當從舊書。

〔五〕百一十三度　舊書卷三三曆志同。但舊書大雪值「三」作「四」。按小寒、大雪兩值應相同；小寒、芒種兩值之和應爲一百八十二度六分，卽今一百八十度。據此核算，并參考太陽極距的現代數值，小寒値應爲百一十四度。

〔六〕百一十度　舊書卷三三曆志同，但舊書小雪值作「百一十一度」。按大寒、小雪兩值應相同；大寒、小滿兩值之和應爲一百八十二度六分，卽今一百八十度。據此核算，并參考太陽極距的近代數值，大寒值應爲百一十一度。

〔七〕百一十度　「一十」，舊書卷三三曆志作「一十一」。經核算，當以舊書爲正。

〔八〕百一十三度　「三」，舊書卷三三曆志作「四」。經核算，舊書是。

〔九〕加時刻去午前後如刻準已上交分如差準已下者亦蝕　「刻準已上」，舊書卷三三曆志作「刻準已下」。錢校云當從舊書。按加時愈近中午，交分值愈小，則日蝕的可能性愈大。錢校可從。

〔一〇〕畢芒種　「芒種」，舊書卷三三曆志作「白露」。據術，「畢芒種」下當云「入夏至，日益六分，畢白露」。此疑脫。

〔一一〕以百四爲定法　舊書卷三三曆志作「以減百四，爲定法」。據術，舊書是。

〔一二〕乃二日損日一　按自立冬十三日至冬至初日，計三十二日。「復初」卽恢復到一百六十五日行二百四十三度之率。據此核算，三十二日共損日度各十六。本卷上文作「乃二日損一」。此處「損」下「日」字疑爲衍文。

〔一三〕立冬十一日平　據上下文所列日度率，其間共益日度各四。按「三日益一」計之，需十二日，「十一日」疑爲「十二日」之訛。

〔一四〕差行益遲二分　舊書卷三三曆志「差行」下有「日」字。據術，舊書是。

〔一五〕十日益一　據上下文核算，「十」應爲「六」。正元曆（其步五星術與麟德曆同）亦作「六」。

〔一六〕率二十三日行二十二度　「二十二度」，據上下文核算，應爲「二十三度」。正元曆亦作「二十三度」。

〔一七〕大暑畢處暑十二日行十七度二分　錢校云：「依術推算，『十七度二分』乃『十七度一十分』之譌，舊書亦誤作『十七度二分』。」

唐書卷二十七上

志第十七上

曆三上

開元九年，麟德曆署日蝕比不效，詔僧一行作新曆，推大衍數立術以應之，較經史所書氣朔、日名、宿度可考者皆合。十五年，草成而一行卒，詔特進張說與曆官陳玄景等次爲曆術七篇、略例一篇、曆議十篇，玄宗顧訪者則稱制旨。明年，說表上之，起十七年頒于有司。時善算瞿曇譔者，怨不得預改曆事，二十一年，與玄景奏：「大衍寫九執曆，其術未盡。」太子右司禦率南宮說亦非之。詔侍御史李麟、太史令桓執圭較靈臺候簿，大衍十得七、八，麟德纔三、四，九執一、二焉。乃罪說等，而是否決。

自太初至麟德，曆有二十三家，與天雖近而未密也。至一行，密矣，其倚數立法固無以易也。後世雖有改作者，皆依倣而已，故詳錄之。略例，所以明述作本旨也；曆議，所以

考古今得失也。其說皆足以爲將來折衷。略其大要，著于篇者十有二。

其一曆本議曰：

易：「天數五，地數五，五位相得而各有合，所以成變化而行鬼神也。」天數始於一，地數始於二，合二始以位剛柔。天數終於九，地數終於十，合二終以紀閏餘。天數中於五，地數中於六，合二中以通律曆。天有五音，所以司日也。地有六律，所以司辰也。參伍相周，究於六十，聖人以此見天地之心也。自五以降，爲五行生數；自六以往，爲五材成數。錯而乘之，以生數衍成位。一、六而退極，五、十而增極；一、六爲爻位之統，五、十爲大衍之母。成數乘生數，其算六百，爲天中之積。生數乘成數，其算亦六百，爲地中之積。合千有二百，以五十約之，則四象周六爻也；二十四約之，則太極包四十九用也。綜成數，約中積，皆十五。綜生數，約中積，皆四十。兼而爲天地之數，以五位取之，復得二中之合矣。蓍數之變，九、六各一，乾坤之象也。七、八各三，六子之象也。故爻數通乎六十，策數行乎二百四十。是以大衍爲天地之樞，如環之無端，蓋律曆之大紀也。

夫數象微於三、四，而章於七、八。卦有三微，策有四象，故二微之合，在始中之際焉。蓍以七備，卦以八周，故二章之合，而在中終之際焉。中極居五六間，由闢闔之交，而在章微之際者，人神之極也。天地中積，千有二百，揲之以四，爲爻率三百；以十位乘之，而二章之積三千；以五材乘八象，爲二微之積四十。兼章微之積，則氣朔之分母也。以三極參之，倍六位除之，凡七百六十，是謂辰法，而齊於代軌。以十位乘之，倍大衍除之，凡三百四，是謂刻法，而齊于德運。半氣朔之母，千五百二十，得天地出符之數，因而三之，凡四千五百六十，當七精返初之會也。易始于三微而生一象，四象成而後八卦章。三變皆剛，太陽之象。三變皆柔，太陰之象。一剛二柔，少陽之象。一柔二剛，少陰之象。少陽之剛，有始、有壯、有究。少陰之柔，有始、有壯、有究。兼三才而兩之，神明動乎其中。故四十九象，而大業之用周矣。數之德圓，故紀之以三而變於七。象之德方，故紀之以四而變于八。

人在天地中，以閱盈虛之變，則閏餘之初，而氣朔所虛也。以終合通大衍之母，虧其地十，凡九百四十爲通數。終合除之，得中率四十九，餘十九分之九，終歲之弦，而斗分復初之朔也。地於終極之際，虧十而從天，所以遠疑陽之戰也。夫十九分之九，盈九而虛十也。乾盈九，隱乎龍戰之中，故不見其首。坤虛十，以導潛龍之氣，故不見其成。周日之朔分，周歲之閏分，與一章之弦，一蔀之月，皆合於九百四十，蓋取諸中率也。

一策之分十九，而章法生；一揲之分七十六，而蔀法生。一蔀之日二萬七千七百五十七〔二〕，以通數約之，凡二十九日餘四百九十九，而日月相及於朔，此六爻之紀也。以卦當

歲，以爻當月，以策當日，凡三十二歲而小終，二百八十五小終而與卦運大終，二百八十五，則參伍二終之合也。數象既合，而遁行之變在乎其間矣。

所謂遁行者，以爻率乘朔餘，爲十四萬九千七百，以四十九用、二十四象虛之，復以爻率約之，爲四百九十八、微分七十五太半，則章微之中率也。二十四象，象有四十九蓍，凡千一百七十六。故虛遁之數七十三，半氣朔之母，以三極乘參伍，以兩儀乘二十四變，因而并之，得千六百一十三，爲朔餘。四揲氣朔之母，以八氣九精遁其十七，得七百四十三，爲氣餘。歲八萬九千七百七十三而氣朔會，是謂章率。歲二億七千二百九十萬九百二十而無小餘，合于夜半，是謂蔀率。歲百六十三億七千四百五十九萬五千二百而大餘與歲建俱終，是謂元率。此不易之道也。

策以紀日，象以紀月。故乾坤之策三百六十，爲日度之準。乾坤之用四十九象，爲月弦之檢。日之一度，不盈全策；月之一弦，不盈全用。故策餘萬五千九百四十三，則十有二中所盈也。用差萬七千一百二十四，則十有二朔所虛也。綜盈虛之數，五歲而再閏。中節相距，皆當三五；弦望相距，皆當二七。升降之應，發斂之候，皆紀之以策而從日者也。表裏之行，朓朒之變，皆紀之以用而從月者也。

積算曰演紀，日法曰通法，月氣曰中朔，朔實曰揲法，歲分曰策實，周天曰乾實，餘分

曰虛分。氣策曰三元，一元之策，則天一遯行也。月策曰四象，一象之策，則朔、弦、望相距也。五行用事，曰發斂。候策曰天中，卦策曰地中，半卦曰貞悔。旬周曰爻數，小分母曰象統。日行曰躔，其差曰盈縮，積盈縮曰先後。古者平朔，月朝見曰朒，夕見曰朓。今以日之所盈縮、月之所遲疾損益之，或進退其日，以爲定朔。舒亟之度，乃數使然，躔離相錯，偕以損益，故同謂之朓朒。月行曰離，遲疾曰轉度，母曰轉法。遲疾有衰，其變者勢也。月逶迤馴屈，行不中道，進退遲速，不率其常。過中則爲速，不及中則爲遲。積遲謂之屈，積速謂之伸。陽，執中以出令，故曰先後；陰，含章以聽命，故曰屈伸。日不及中則損之，過則益之。月不及中則益之，過則損之。尊卑之用睽，而及中之志同。觀晷景之進退，知軌道之升降。軌與晷名舛而義合，其差則水漏之所從也。總名曰軌漏。中晷長短謂之陟降。景長則夜短，景短則夜長〔三〕。積其陟降，謂之消息。遊交曰交會，交而周曰交終。交終不及朔，謂之朔差。交中不及望，謂之望差。日道表曰陽曆，其裏曰陰曆。五星見伏周，謂之終率。以分從日謂之終日，其差爲進退。

其二中氣議曰：

曆氣始于冬至，稽其實，蓋取諸晷景。春秋傳僖公五年正月辛亥朔，日南至。以周曆

推之，入壬子蔀第四章，以辛亥一分合朔冬至，殷曆則壬子蔀首也。昭公二十年二月己丑朔，日南至。魯史失閏，至不在正。左氏記之，以懲司曆之罪。周曆得己丑二分，殷曆得庚寅一分。殷曆南至常在十月晦，則中氣後天也。周曆蝕朔差經或二日，則合朔先天也。傳所據者周曆也，緯所據者殷曆也。氣合于傳，朔合于緯，斯得之矣。戊寅曆月氣專合于緯，麟德曆專合于傳，偏取之，故兩失之。又命曆序以爲孔子脩春秋用殷曆，使其數可傳於後。考其蝕朔不與殷曆合，及開元十二年，朔差五日矣，氣差八日矣。上不合於經，下不足以傳於後代，蓋哀、平間治甲寅元曆者託之，非古也。又漢太史令張壽王說黃帝調曆以非太初，有司劾：「官有黃帝調曆不與壽王同，壽王所治乃殷曆也。」漢自中興以來，圖讖漏泄，而考靈曜、命曆序皆有甲寅元，其所起在四分曆庚申元後百一十四歲。延光初中謁者亶誦，靈帝時五官郎中馮光等，皆請用之，卒不施行。緯所載壬子冬至，則其遺術也。魯曆南至，又先周曆四分日之三，而朔後九百四十分日之五十一。故僖公五年辛亥爲十二月晦，壬子爲正月朔。又推日蝕密於殷曆，其以閏餘一爲章首，亦取合於當時也。

開元十二年十一月，陽城測景，以癸未極長，較其前後所差，則夜半前尚有餘分。新曆大餘十九，加時九十九刻，而皇極、戊寅、麟德曆皆得甲申，以玄始曆氣分二千四百四十三爲率，推而上之，則失春秋辛亥，是減分太多也。以皇極曆氣分二千四百四十五爲率，推而上之，雖合春秋，而失元嘉十九年乙巳冬至及開皇五年甲戌冬至、七年癸未夏至；若用麟德曆率二千四百四十七，又失春秋己丑。是減分太少也。故新曆以二千四百四十四爲率，而舊所失者皆中矣。

漢會稽東部尉劉洪以四分疎闊，由斗分多。更以五百八十九爲紀法，百四十五爲斗分，減餘太甚，是以不及四十年而加時漸覺先天。韓翊、楊偉、劉智等皆稍損益，更造新術，而皆依讖緯「三百歲改憲」之文，考經之合朔多中，較傳之南至則否。玄始曆以爲十九年七閏，皆有餘分，是以中氣漸差。據渾天，二分爲東西之中，而晷景不等；二至爲南北之極，而進退不齊。此古人所未達也。更因劉洪紀法，增十一年以爲章歲，而減閏餘十九分之一。春秋後五十四年，歲在甲寅，直應鍾章首，與景初曆閏餘皆盡。雖減章閏，然中氣加時尚差，故未合于春秋。其斗分幾得中矣。

後代曆家，皆因循玄始，而損益或過差。大抵古曆未減斗分，其率自二千五百以上。乾象至于元嘉曆，未減閏餘，其率自二千四百六十以上。玄始、大明至麟德曆皆減分破章，其率自二千四百二十九以上。較前代史官注記，惟元嘉十三年十一月甲戌景長，皇極、麟德、開元曆皆得癸酉，蓋日度變常爾。祖沖之既失甲戌冬至，以爲加時太早，增小餘以附會之。而十二年戊辰景長，得己巳；十七年甲午景長，得乙未；十八年己亥景長，得庚子。合一

失三，其失愈多。劉孝孫、張胄玄因之，小餘益強，又以十六年己丑景長爲庚寅矣。治曆者糾合衆同，以稽其所異，苟獨異焉，則失行可知。今曲就其一，而少者失三，多者失五，是捨常數而從失行也。周建德六年，以壬辰景長，而麟德、開元曆皆得癸巳。開皇七年，以癸未景短，而麟德、開元曆皆得壬午。先後相戾，不可叶也，皆日行盈縮使然。

凡曆術在於常數，而不在於變行。既叶中行之率，則可以兩齊先後之變矣。麟德已前，實錄所記，乃依時曆書之，非候景所得。又比年候景，長短不均，由加時有早晏，行度有盈縮也。

自春秋以來，至開元十二年，冬、夏至凡三十一事，戊寅曆得十六，麟德曆得二十三，開元曆得二十四。

其三合朔議曰：

日月合度謂之朔。無所取之，取之蝕也。春秋日蝕有甲乙者三十四。殷曆、魯曆先一日者十三，後一日者三；周曆先一日者二十二，先二日者九。其僞可知矣。莊公三十年九月庚午朔，襄公二十一年九月庚戌朔，定公五年三月辛亥朔，當以盈縮、遲速爲定朔。殷曆雖合，適然耳，非正也。僖公五年正月辛亥朔，十二月丙子朔，十四年

三月己丑朔；文公元年五月辛酉朔，十一年三月甲申晦；襄公十九年五月壬辰晦；昭公元年十二月甲辰朔，二十年二月己丑朔，二十三年正月壬寅朔、七月戊辰晦：皆與周曆合。其所記多周、齊、晉事，蓋周王所頒，齊、晉用之。僖公十五年九月己卯晦，十六年正月戊申朔；成公十六年六月甲午晦；襄公十八年十月丙寅晦、十一月丁卯朔，二十六年三月甲寅朔，二十七年六月丁未朔：與殷曆、魯曆合。此非合蝕，故仲尼因循時史，而所記多宋、魯事，與齊、晉不同可知矣。

昭公十二年十月壬申朔，原輿人逐原伯絞，與魯曆、周曆皆差一日，此丘明即其所聞書之也。僖公二十二年十一月己巳朔，宋、楚戰于泓。周、殷、魯曆皆先一日，楚人所赴也。昭公二十年六月丁巳晦，衞侯與北宮喜盟；七月戊午朔，遂盟國人。三曆皆先二日，衞人所赴也。此則列國之曆不可以一術齊矣。而長曆日子不在其月，則改易閏餘，欲以求合。故閏月相距，近則十餘月，遠或七十餘月，此杜預所甚繆也。夫合朔先天，則經書日蝕以糾之。中氣後天，則傳書南至以明之。其在晦、二日，則原乎定朔以得之。列國之曆或殊，則稽於六家之術以知之。此四者，皆治曆之大端，而預所未曉故也。

新曆本春秋日蝕、古史交會加時及史官候簿所詳，稽其進退之中，以立常率。然後以日躔、月離、先後、屈伸之變，偕損益之。故經朔雖得其中，而躔離或失其正；若躔離各得

其度，而經朔或失其中，則參求累代，必有差矣。三者迭相爲經，若權衡相持，使千有五百年間朔必在晝，望必在夜，其加時又合，則三術之交，自然各當其正，此最微者也。若乾度盈虛，與時消息，告譴於經數之表，變常於潛遯之中，則聖人且猶不質，非籌曆之所能及矣。

昔人考天事，多不知定朔。假蝕在二日，而常朔之晨，月見東方；食在晦日，則常朔之夕，月見西方。理數然也。而或以爲朓朒變行，或以爲曆術踈闊，遇常朔朝見則增朔餘，夕見則減朔餘，此紀曆所以屢遷也。漢編訢、李梵等又以晦猶月見，欲令蔀首先大。賈逵曰：「春秋書朔晦者，朔必有朔，晦必有晦，晦朔必在其月前也。先大，則一月再朔，後月無朔，是朔不可必也。訢、梵等欲諧偶十六日，月朓昏，晦當滅而已。又晦與合朔同時，不得異日。」考逵等所言，蓋知之矣。晦朔之交，始終相際，則光盡明生之限，度數宜均。故合於子正，則晦日之朝，猶朔日之夕也，是以月皆不見。若合於午正，則晦日之晨，猶二日之昏也，是以月或皆見。若陰陽遲速，軌漏加時不同，舉其中數率，去日十三度以上而月見，乃其常也。且晦日之光未盡也，如二日之明已生也。一以爲是，一以爲非。又常朔進退，則定朔之晦、二也。或以爲變，或以爲常。是未通於四三交質之論也。

綜近代諸曆，以百萬爲率齊之，其所差，少或一分，多至十數失一分。考春秋纔差一刻，而百數年間不足成朓朒之異。施行未幾，旋復踈闊，由未知躔離經朔相求耳。李業興、甄鸞等欲求天驗，輒加減月分，遷革不已，朓朒相戾，又未知昏明之限與定朔故也。楊偉採乾象爲遲疾陰陽曆，雖知加時後天，蝕不在朔，而未能有以更之也。

何承天欲以盈縮定朔望小餘。錢樂之以爲：「推交會時刻雖審，而月頻三大二小。日蝕不唯在朔，亦有在晦、二者。」皮延宗又以爲：「紀首合朔，大小餘當盡，若每月定之，則紀首位盈，當退一日，便應以故歲之晦爲新紀之首。立法之制，如爲不便。」承天乃止。虞劆曰：「所謂朔在會合，苟躔次既同，何患於頻大也？日月相離，何患於頻小也？」春秋日蝕不書朔者八，公羊曰：「二日也。」穀梁曰：「晦也。」左氏曰：「官失之也。」劉孝孫推俱得朔日，以丘明爲是，乃與劉焯皆議定朔，爲有司所抑不得行。傅仁均始爲定朔，而曰「晦不東見，朔不西朓」，以爲昏晦當滅，亦訢、梵之論。淳風因循皇極，皇極密於麟德，以朔餘乘三千四十，乃一萬除之，就全數得千六百一十三。又以九百四十乘之，以三千四十而一，得四百九十八秒七十五太彊，是爲四分餘率。

劉洪以古曆斗分太彊，久當後天，乃先正斗分，而後求朔法，故朔餘之母煩矣。韓翊以乾象朔分太弱，久當先天，乃先考朔分，而後覆求度法，故度餘之母煩矣。何承天反覆相求，使氣朔之母合簡易之率，而星數不得同元矣。李業興、宋景業、甄鸞、張賓欲使六甲之首衆

術同元，而氣朔餘分，其細甚矣。麟德曆有總法，開元曆有通法，故積歲如月分之數，而後閏餘偕盡。

考漢元光已來史官注記，日蝕有加時者凡三十七事，麟德曆得五，開元曆得二十二。

其四沒滅略例曰：

古者以中氣所盈之日爲沒，沒分偕盡者爲滅。開元曆以中分所盈爲沒，朔分所虛爲滅。綜終歲沒分，謂之策餘。終歲滅分，謂之用差。皆歸于揲易再扐而後掛也。

其五卦候議曰：

七十二候，原于周公時訓。月令雖頗有增益，然先後之次則同。自後魏始載于曆，乃依易軌所傳，不合經義。今改從古。

其六卦議曰：

十二月卦出於孟氏章句，其說易本於氣，而後以人事明之。京氏又以卦爻配期之日，坎、離、震、兌，其用事自分、至之首，皆得八十分日之七十三。頤、晉、井、大畜，皆五日十四

分，餘皆六日七分，止於占災眚與吉凶善敗之事。至於觀陰陽之變，則錯亂而不明。自乾象曆以降，皆因京氏。惟天保曆依易通統軌圖。自入十有二節、五卦、初爻，相次用事，及上爻而與中氣偕終，非京氏本旨及七略所傳。按郎顗所傳，卦皆六日七分，不以初爻相次用事，齊曆謬矣。又京氏減七十三分，爲四正之候，其說不經，欲附會緯文「七日來復」而已。

夫陽精道消，靜而無迹，不過極其正數，至七而通矣。七者，陽之正也，安在益其小餘，令七日而後雷動地中乎？當據孟氏，自冬至初，中孚用事，一月之策，九六、七八，是爲三十。而卦以地六，候以天五，五六相乘，消息一變，十有二變而歲復初。坎、震、離、兌，二十四氣，次主一爻，其初則二至、二分也。坎以陰包陽，故自北正，微陽動於下，升而未達，極於二月，凝涸之氣消，坎運終焉。春分出於震，始據萬物之元，爲主於內，則羣陰化而從之，極于南正，而豐大之變窮，震功究焉。離以陽包陰，故自南正，微陰生於地下，積而未章，至于八月，文明之質衰，離運終焉。仲秋陰形于兌，始循萬物之末，爲主於內，羣陽降而承之，極於北正，而天澤之施窮，兌功究焉。故陽七之靜始於坎，陽九之動始于震，陰八之靜始于離，陰六之動始于兌。故四象之變，皆兼六爻，而中節之應備矣。易爻當日，十有二中，直全卦之初；十有二節，直全卦之中。齊曆又以節在貞，氣在悔，非是。

其七日度議曰：

古曆，日有常度，天周爲歲終，故係星度于節氣。其說似是而非，故久而益差。虞喜覺之，使天爲天，歲爲歲，乃立差以追其變，使五十年退一度。何承天以爲太過，乃倍其年，而反不及。皇極取二家中數爲七十五年，蓋近之矣。考古史及日官候簿，以通法之三十九分太爲一歲之差。自帝堯演紀之端，在虛一度。及今開元甲子，却三十六度，而乾策復初矣。日在虛一，則鳥、火、昴、虛皆以仲月昏中，合于堯典。

劉炫依大明曆四十五年差一度，則冬至在虛、危，而夏至火已過中矣。梁武帝據虞劆曆，百八十六年差一度，則唐、虞之際，日在斗、牛間，而冬至昴尚未中。以爲皆承閏後節前，月却使然。而此經終始一歲之事，不容頓有四閏，故淳風因爲之說曰：「若冬至昴中，則夏至秋分星火、星虛，皆在未正之西。若以夏至火中，秋分虛中，則冬至昴在巳正之東。互有盈縮，不足以爲歲差證。」是又不然。今以四象分天，北正玄枵中，虛九度；東正大火中，房二度；南正鶉火中，七星七度；西正大梁中，昴七度。總晝夜刻以約周天，命距中星，則春分南正中天，秋分北正中天。冬至之昏，西正在午東十八度；夏至之昏，東正在午西十八度：軌漏使然也。冬至，日在虛一度，則春分昏張一度中；秋分虛九度中；冬至胃二度中，昴距星直午正之東十二度；夏至尾十一度中，心後星直午正之西十二度。四序進退，不逾午正間。而淳風以爲不叶，非也。又王孝通云：「如歲差自昴至壁，則堯前七千餘載，冬至，日應在東井。井極北，故暑；斗極南，故寒。寒暑易位，必不然矣。」所謂歲差者，日與黃道俱差也。假冬至日躔大火之中，則春分黃道交於虛九，而南至之軌更出房、心外，距赤道亦二十四度。設在東井，差亦如之。若日在東井，猶去極最近，表景最短，則是分、至常居其所。黃道不遷，日行不退，又安得謂之歲差乎？孝通及淳風以爲冬至日在斗十三度，昏東壁中，昴在巽維之左，向明之位，非無星也。水星昏正可以爲仲冬之候，何必援昴於始觀之際，以惑民之視聽哉！

夏后氏四百三十二年，日却差五度。太康十二年戊子歲冬至，應在女十一度。書曰：「乃季秋月朔，辰弗集于房。」劉炫曰：「房，所舍之次也。集，會也。會，合也。不合則日蝕可知。或以房爲房星，知不然者，且日之所在正可推而知之。君子愼疑，寧當以日在之宿爲文？近代善曆者，推仲康時九月合朔，已在房星北矣。」按古文「集」與「輯」義同。日月嘉會，而陰陽輯睦，則陽不疚乎位，以常其明，陰亦含章示沖，以隱其形。若變而相傷，則不輯矣。房者，辰之所次，星者，所次之名，其揆一也。又春秋傳「辰在斗柄」、「天策焞焞」、「降婁之初」、「辰尾之末」，君子言之，不以爲繆，何獨愼疑於房星哉？新曆仲康五年癸巳歲九月庚戌朔，日蝕在房二度。炫以五子之歌，仲康當是其一，肇位四海，復脩大禹

之典，其五年，羲、和失職，則王命徂征。虞劆以爲仲康元年，非也。

國語單子曰：「辰角見而雨畢，天根見而水涸，本見而草木節解，駟見而隕霜，火見而清風戒寒。」韋昭以爲夏后氏之令，周人所因。推夏后氏之初，秋分後五日，日在氐十三度，龍角盡見，時雨可以畢矣。又先寒露三日，天根朝覿，時訓「爰始收潦」，而月令亦云「水涸」。後寒露十日，日在尾八度而本見，又五日而駟見。故隕霜則蟄蟲墐戶。鄭康成據當時所見，謂天根朝見，在季秋之末，以月令爲謬。韋昭以仲秋水始涸，天根見乃竭。皆非是。霜降六日，日在尾末，火星初見，營室昏中，於是始脩城郭、宮室。故時儆曰：「營室之中，土功其始。火之初見，期于司理。」麟德曆霜降後五日，火伏。小雪後十日，晨見。至大雪而後定星中，日且南至，冰壯地坼。又非土功之始也。

夏曆十二次，立春，日在東壁三度，於太初星距壁一度太也。

顓頊曆上元甲寅歲正月甲寅晨初合朔立春，七曜皆直艮維之首。蓋重黎受職於顓頊，九黎亂德，二官咸廢，帝堯復其子孫，命掌天地四時，以及虞、夏。故本其所由生，命曰顓頊，其實夏曆也。湯作殷曆，更以十一月甲子合朔冬至爲上元。周人因之，距羲、和千祀，昏明中星率差半次。夏時直月節者，皆當十有二中，故因循夏令。其後呂不韋得之，以爲秦法，更考中星，斷取近距，以乙卯歲正月己巳合朔立春爲上元。洪範傳曰：「曆記始於顓

頊上元太始閼蒙攝提格之歲，畢陬之月，朔日己巳立春，七曜俱在營室五度。」是也。秦顓頊曆元起乙卯，漢太初曆元起丁丑，推而上之，皆不值甲寅，猶以日月五緯復得上元本星度，故命曰閼蒙攝提格之歲，而實非甲寅。

夏曆章蔀紀首，皆在立春，故其課中星，揆斗建與閏餘之所盈縮，皆以十有二節爲損益之中。而殷、周、漢曆，章蔀紀首皆直冬至，故其名察發斂，亦以中氣爲主。此其異也。

夏小正雖頗疏簡失傳，乃羲、和遺迹。何承天循大戴之說，復用夏時，更以正月甲子夜半合朔雨水爲上元，進乖夏曆，退非周正，故近代推月令、小正者，皆不與古合。開元曆推夏時立春，日在營室之末，昏東井二度中。古曆以參右肩爲距，方當南正。故小正曰：「正月初昏，斗杓懸在下。」魁枕參首，所以著參中也。季春，在昴十一度半，去參距星十八度，故曰：「三月，參則伏。」立夏，日在井四度，昏角中。南門右星入角距西五度，其左星入角距東六度，故曰：「四月初昏，南門正。昴則見。」五月節，日在輿鬼一度半。參去日道最遠，以渾儀度之，參體始見，其肩股猶在濁中。房星正中。故曰：「五月，參則見。初昏，大火中。」「八月，參中則曙」，失傳也。辰伏則參見，非中也。「十月初昏，南門見」，亦失傳也。定星方中，則南門伏，非昏見也。

商六百二十八年，日却差八度。太甲二年壬午歲冬至，應在女六度。

國語曰：「武王伐商，歲在鶉火，月在天駟，日在析木之津，辰在斗柄，星在天黿。」舊說歲在己卯，推其朏魄，迺文王崩，武王成君之歲也。其明年，武王即位，新曆孟春定朔丙辰，於商爲二月，故周書曰：「維王元祀二月丙辰朔，武王訪于周公。」竹書「十一年庚寅，周始伐商」。而管子及家語以爲十二年，蓋通成君之歲也。先儒以文王受命九年而崩；至十年，武王觀兵盟津；十三年，復伐商。推元祀二月丙辰朔，距伐商日月，不爲相距四年。所說非是。武王十年，夏正十月戊子，周師始起。於歲差日在箕十度，則析木津也。晨初，月在房四度。於易，雷乘乾曰大壯，房、心象焉。心爲乾精，而房，升陽之駟也。房與歲星實相經緯，以屬靈威仰之神，后稷感之以生。故國語曰：「月之所在，辰馬農祥，我祖后稷之所經緯也。」又三日得周正月庚寅朔，日月會南斗一度。故曰「辰在斗柄」。壬辰，辰星夕見，在南斗二十度。其明日，武王自宗周次于師所。凡月朔而未見曰「死魄」，夕而成光則謂之「朏」。朏或以二日，或以三日，故武成曰：「維一月壬辰，旁死魄。翌日癸巳，王朝步自周，于征伐商。」是時辰星與周師俱進，由建星之末，歷牽牛、須女，涉顓頊之虛。戊午，師度盟津，而辰星伏于天黿。辰星，汁光紀之精，所以告顓頊而終水行之運，且木帝之所繇生也。故國語曰：「星與日辰之位皆在北維，顓頊之所建也，帝嚳受之。我周氏出自天黿；及析木，有建星、牽牛焉，則我皇妣太姜之姪、伯陵之後逢公之所憑神也。」是歲，歲星始及鶉火。其明年，周始革命。歲又退行，旅於鶉首，而後進及鳥帑，所以返復其道，經綸周室。鶉火直軒轅之虛，以爰稼穡，稷星繫焉，而成周之大萃也。鶉首當山河之右，太王以興，后稷封焉，而宗周之所宅也。歲星與房實相經緯，而相距七舍；木與水代終，而相及七月。故國語曰：「歲之所在，則我有周之分也。自鶉及駟七列，南北之揆七月〔三〕。」其二月戊子朔，哉生明，王自克商還，至于酆，於周爲四月。新曆推定望甲辰，而乙巳旁之。故武成曰：「維四月，既旁生魄，粤六日庚戌，武王燎于周廟。」麟德曆，周師始起，歲在降婁，月宿天根，日躔心而合辰在尾，水星伏於星紀，不及天黿。又周書，革命六年而武王崩。管子、家語以爲七年，蓋通克商之歲也。

周公攝政七年二月甲戌朔，己丑望，後六日乙未。三月定朔甲辰，三日丙午。故召誥曰：「惟二月既望，越六日乙未，王朝步自周，至于酆」，「三月，惟丙午朏，越三日戊申，太保朝至于洛。」其明年，成王正位。三十年四月己酉朔甲子，哉生魄。故書曰：「惟四月，才生魄。」甲子，作顧命。康王十二年，歲在乙酉，六月戊辰朔，三日庚午。故畢命曰：「惟十有二年，六月庚午朏。越三日壬申，王以成周之衆命畢公。」自伐紂及此，五十六年，朏魄日名，上下無不合。而三統曆以己卯爲克商之歲，非也。夫有效於古者，宜合於今。三統曆自太初至開元，朔後天三日。推而上之，以至周初，先天，失之蓋益甚焉。是以知合於歆者，必非克商之歲。

自宗周訖春秋之季，日却差八度。康王十一年甲申歲冬至，應在牽牛六度。

周曆十二次，星紀初，南斗十四度，於太初星距斗十七度少也。

古曆分率簡易，歲久輒差。達曆數者隨時遷革，以合其變。故三代之興，皆揆測天行，考正星次，爲一代之制。正朔既革，而服色從之。及繼體守文，疇人代嗣，則謹循先王舊制焉。

國語曰：「農祥晨正，日月底于天廟，土乃脈發。先時九日，太史告稷曰，自今至于初吉，陽氣俱蒸，土膏其動。弗震不渝，脈其滿眚，穀乃不殖。」周初，先立春九日，日至營室。古曆距中九十一度，是日晨初，大火正中，故曰「農祥晨正，日月底于天廟」也。於易象，升氣究而臨受之，自冬至後七日，乾精始復。及大寒，地統之中，陽洽於萬物根柢，而與萌芽俱升，木在地中之象，升氣已達，則當推而大之，故受之以臨。於消息，龍德在田，得地道之和澤，而動於地中，升陽憤盈，土氣震發，故曰：「自今至於初吉，陽氣俱蒸，土膏其動。」又先立春三日，而小過用事，陽好節止於內，動作于外，矯而過正，然後返求中焉。是以及于艮維，則山澤通氣，陽精闢戶，甲坼之萌見，而孛穀之際離，故曰：「不震不渝，脈其滿眚，穀乃不殖。」君子之道，必擬之而後言，豈億度而已哉！韋昭以爲日及天廟，在立春之初，非也。於麟德曆則又後立春十五日矣。

春秋「桓公五年，秋，大雩」。傳曰：「書不時也。凡祀，啓蟄而郊，龍見而雩。」周曆立夏日在觜觿二度。於軌漏，昏角一度中，蒼龍畢見。然則當在建巳之初，周禮也。至春秋時，日已潛退五度，節前月卻，猶在建辰。月令以爲五月者，呂氏以顓頊曆芒種亢中，則龍以立夏昏見，不知有歲差，故雩祭失時。然則唐禮當以建巳之初，農祥始見而雩。若據麟德曆，以小滿後十三日，則龍角過中，爲不時矣。傳曰：「凡土功，龍見而畢務，戒事。火見而致用，水昏正而栽，日至而畢。」十六年冬，城向。十有一月，衞侯朔出奔齊。「冬，城向，書時也。」以歲差推之，周初霜降，日在心五度，角、亢晨見。立冬，火見營室中。後七日，水星昏正，可以興板榦。故祖沖之以爲定之方中，直營室八度。是歲九月六日霜降，二十一日立冬。十月之前，水星昏正，故傳以爲得時。杜氏據晉曆，小雪後定星乃中，季秋城向，似爲大早。因曰功役之事，皆總指天象，不與言曆數同。引詩云「定之方中」，乃未正中之辭，非是。麟德曆，立冬後二十五日火見，至大雪後營室乃中。而春秋九月書時，不已早乎。大雪，周之孟春，陽氣靜復，以繕城隍，治宮室，是謂發天地之房，方於立春斷獄，所失多矣。然則唐制宜以玄枵中天興土功。

僖公五年，晉侯伐虢。卜偃曰：「克之。童謠云：『丙之辰，龍尾伏辰，袀服振振，取虢之旂，鶉之賁賁，天策焞焞，火中成軍。』其九月十月之交乎！丙子旦，日在尾，月在策，鶉火

中，必是時。」策，入尾十二度。新曆是歲十月丙子定朔，日月合尾十四度於黃道。古曆日在尾，而月在策，故曰「龍尾伏辰」，於古距張中而曙，直鶉火之末，始將西降，故曰「賁賁」。

昭公七年四月甲辰朔，日蝕。士文伯曰：「去衞地，如魯地。於是有災，魯實受之。」新曆是歲二月甲辰朔入常，雨水後七日，在奎十度。周度爲降婁之始，則魯、衞之交也。自周初至是已退七度，故入雨水。七日方及降婁，雖日度潛移，而周禮未改，其配神主祭之宿，宜書於建國之初。淳風駁戊寅曆曰：「漢志降婁初在奎五度，今曆日蝕在降婁之中，依無歲差法，食於兩次之交。」是又不然。議者曉十有二次之所由生，然後可以明其得失。且劉歆等所定辰次，非能有以覩陰陽之賾，而得於鬼神，各據當時中節星度耳。歆以太初曆冬至日在牽牛前五度，故降婁直東壁八度。李業興正光曆，冬至在牽牛前十二度，故降婁退至東壁三度。及祖沖之後，以爲日度漸差，則當據列宿四正之中，以定辰次，不復係於中節。淳風以冬至常在斗十三度，則當以東壁二度爲降婁之初，安得守漢曆以駁仁均耶？又三統曆昭公二十年，己丑，日南至，與麟德及開元曆同。然則入雨水後七日，亦入降婁七度，非魯、衞之交也。三十一年十二月辛亥朔，日蝕。史墨曰：「日月在辰尾，庚午之日，日始有謫。」開元曆是歲十月辛亥朔，入常立冬。五日，日在尾十三度，於古距辰尾之初。麟德曆

日在心三度於黃道，退直于房矣。

哀公十二年冬十有二月，螽。開元曆推置閏當在十一年春，至十二年冬，失閏已久。是歲九月己亥朔，先寒露三日，於定氣，日在亢五度，去心近一次。火星明大，尚未當伏。至霜降五日，始潛日下。乃月令「蟄蟲咸俯」，則火辰未伏，當在霜降前。雖節氣極晚，不得十月昏見。故仲尼曰：「丘聞之，火伏而後蟄者畢。今火猶西流，司曆過也。」方夏后氏之初，八月辰伏，九月內火，及霜降之後，火已朝覿東方，距春秋之季千五百餘年，乃云「火伏而後蟄者畢」。向使冬至常居其所，則仲尼不得以西流未伏，明是九月之初也。自春秋至今又千五百歲，麟德曆以霜降後五日，日在氐八度，房、心初伏，定增二日，以月蝕衝校之，猶差三度。閏餘稍多，則建亥之始，火猶見西方。向使宿度不移，則仲尼不得以西流未伏，明非十月之候也。自羲、和已來，火辰見伏，三覩厥變。然則丘明之記，欲令後之作者參求微象，以探仲尼之旨。是歲失閏寖久，季秋中氣後天三日，比及明年仲冬，又得一閏。寤仲尼之言，補正時曆，而十二月猶可以螽。至哀公十四年五月庚申朔，日蝕。以開元曆考之，則日蝕前又增一閏，魯曆正矣。長曆自哀公十年六月，迄十四年二月，纔置一閏，非是。

戰國及秦，日卻退三度。始皇十七年辛未歲冬至，應在斗二十二度。秦曆上元正月己巳朔，晨初立春，日、月、五星俱起營室五度，蔀首日名皆直四孟。假朔退十五日，則閏在正

月前。朔進十五日，則閏在正月後。是以十有二節，皆在盈縮之中，而晨昏宿度隨之。以顓頊曆依月令自十有二節推之，與不韋所記合。而潁子嚴之倫謂月令晨昏距宿，當在中氣，致雩祭太晚，自乖左氏之文，而杜預又據春秋以月令爲否。皆非是。梁大同曆夏后氏之初，冬至日在牽牛初，以爲明堂、月令乃夏時之記，據中氣推之不合，更以中節之間爲正，迺稍相符。不知進在節初，自然契合。自秦初及今，又且千歲，節初之宿，皆當中氣。淳風因爲說曰：「今孟春中氣，日在營室，昏明中星，與月令不殊。」按秦曆立春，日在營室五度。麟德曆以啓蟄之日迺至營室，其昏明中宿十有二建，以爲不差，妄矣。

古曆，冬至昏明中星去日九十二度[四]，春分、秋分百度，夏至百一十八度，率一氣差三度，九日差一刻。

秦曆十二次，立春在營室五度，於太初星距危十六度少也。昏，畢八度中，月令參中，謂肩股也。晨，心八度中，月令尾中，於太初星距尾也。仲春昏，東井十四度中，月令弧中，弧星入東井十八度。晨，南斗二度中，月令建星中，於太初星距西建也。甄耀度及魯曆，南方有狼、弧，無東井、鬼，北方有建星，無南斗，井、斗度長，弧、建度短，故以正昏明云。

古曆星度及漢落下閎等所測，其星距遠近不同，然二十八之宿體不異。古以牽牛上星爲距，太初改用中星，入古曆牽牛太半度，於氣法當三十二分日之二十一。故洪範傳冬

至日在牽牛一度，減太初星距二十一分，直南斗二十六度十九分也。顓頊曆立春起營室五度，冬至在牽牛一度少。洪範傳冬至所起無餘分，故立春在營室四度太。祖沖之自營室五度，以太初星距命之，因云秦曆冬至，日在牽牛六度。虞劆等襲沖之之誤，爲之說云：「夏時冬至，日在斗末，以歲差考之，牽牛六度乃顓頊之代。漢時雖覺其差，頓移五度，故冬至還在牛初。」按洪範古今星距，僅差四分之三，皆起牽牛一度。劆等所說，亦非是。魯宣公十五年，丁卯歲，顓頊曆第十三蔀首與麟德曆俱以丁巳平旦立春。至始皇三十三年丁亥，凡三百八十歲，得顓頊曆壬申蔀首。是歲秦曆以壬申寅初立春，而開元曆與麟德曆俱以庚午平旦，差二日，日當在南斗二十二度。古曆後天二日，又增二度。然則秦曆冬至，定在牛前二度。氣後天二日，日不及天二度，微而難覺，故呂氏循用之。

及漢興，張蒼等亦以爲顓頊曆比五家疎闊中最近密。今考月蝕衝，則開元冬至，上及牛初正差一次。淳風以爲古術疎舛，雖弦望、昏明，差天十五度而猶不知。又引呂氏春秋，黃帝以仲春乙卯日在奎，始奏十二鍾，命之曰咸池。至今三千餘年，而春分亦在奎，反謂秦曆與今不異。按不韋所記，以其月令孟春在奎，謂黃帝之時亦在奎，猶淳風曆冬至斗十三度，因謂黃帝時亦在建星耳。經籍所載，合於歲差者，淳風皆不取，而專取於呂氏春秋。若謂十二紀可以爲正，則立春在營室五度，固當不易，安得頓移，使當啓蟄之節？此又其所不思也。

漢四百二十六年，日却差五度。景帝中元三年甲午歲冬至，應在斗二十一度。太初元年，三統曆及周曆皆以十一月夜半合朔冬至，日月俱起牽牛一度。古曆與近代密率相較，二百年氣差一日，三百年朔差一日。推而上之，久益先天；引而下之，久益後天。僖公五年，周曆正月辛亥朔，餘四分之一，南至。以歲差推之，日在牽牛初。至宣公十一年癸亥，周曆與麟德曆俱以庚戌日中冬至，而月朔尚先麟德曆十五辰。至昭公二十年己卯，周曆以正月己丑朔日中南至，麟德曆以己丑平旦冬至。哀公十一年丁巳，周曆入己酉蔀首，麟德曆以戊申禺中冬至。惠王四十三年己丑，周曆入丁卯蔀首，麟德曆以乙丑日昳冬至。呂后八年辛酉，周曆入乙酉蔀首，麟德曆以壬午黃昏冬至；其十二月甲申，人定合朔。太初元年，周曆以甲子夜半合朔冬至，麟德曆以辛酉禺中冬至，十二月癸亥晡時合朔。氣差三十二辰，朔差四辰。此疎密之大較也。

僖公五年，周曆、漢曆、唐曆皆以辛亥南至。後五百五十餘歲，至太初元年，周曆、漢曆皆得甲子夜半冬至，唐曆皆以辛酉，則漢曆後天三日矣。祖沖之、張胄玄促上章歲至太初元年，沖之以癸亥雞鳴冬至，而胄玄以癸亥日出。欲令合於甲子，而適與魯曆相會。自此推僖公五年，魯曆以庚戌冬至[三]，而二家皆以甲寅。且僖公登觀臺以望而書雲物，出於表晷天驗，非時史億度。乖丘明正時之意，以就劉歆之失。今考麟德元年甲子，唐曆皆以甲子冬至，而周曆、漢曆皆以庚午。然則自太初下至麟德差四日，自太初上及僖公差三日，不足疑也。

以歲差考太初元年辛酉冬至加時，日在斗二十三度。漢曆，氣後天三日，而日先天三度，所差尚少。故落下閎等雖候昏明中星，步日所在，猶未覺其差。然洪範、太初所揆，冬至昏奎八度中，夏至昏氐十三度中，依漢曆，冬至，日在牽牛初太半度，以昏距中命之，奎十一度中；夏至，房一度中。此皆閎等所測，自差三度，則劉向等殆已知太初冬至不及天三度矣。

及永平中，治曆者考行事，史官注日，常不及太初曆五度。然諸儒守讖緯，以爲當在牛初，故賈逵等議：「石氏星距，黃道規牽牛初直斗二十度，於赤道二十一度也。尚書考靈曜斗二十二度，無餘分。冬至，日在牽牛初，無牽牛所起文。編訢等據今日所去牽牛中星五度，於斗二十一度四分一，與考靈曜相近。」遂更曆從斗二十一度起。然古曆以斗魁首爲距，至牽牛爲二十二度，未聞移牽牛六度以就太初星距也。逵等以末學僻於所傳，而昧天象，故以權誣之，而後聽從他術，以爲日在牛初者，由此遂黜。

今歲差，引而退之，則辛酉冬至，日在斗二十度，合於密率，而有驗於今。推而進之，則

甲子冬至，日在斗二十四度，昏奎八度中，而有證於古。其虛退之度，又適及牽牛之初。而沖之雖促減氣分，冀符漢曆，猶差六度，未及於天。而麟德曆冬至不移，則昏中向差半次。淳風以爲太初元年得本星度，日月合璧，俱起建星。賈逵考曆，亦云古曆冬至皆起建星。兩漢冬至，日皆後天，故其宿度多在斗末。今以儀測，建星在斗十三四度間，自古冬至無差，審矣。

按古之六術，並同四分。四分之法，久則後天。推古曆之作，皆在漢初，却較春秋，朔並先天，則非三代之前明矣。

古曆，南斗至牽牛上星二十一度，入太初星距四度，上直西建之初。故六家或以南斗命度，或以建星命度。方周、漢之交，日已潛退，其襲春秋舊曆者，則以爲在牽牛之首；其考當時之驗者，則以爲入建星度中。然氣朔前後不逾一日，故漢曆冬至，當在斗末。以爲建星上得太初本星度，此其明據也。四分法雖疎，而先賢謹於天事，其遷革之意，俱有効於當時，故太史公等觀二十八宿疎密，立晷儀，下漏刻，以稽晦朔、分至、躔離、弦望，其赤道遺法，後世無以非之。故雜候清臺，太初最密。若當時日在建星，已直斗十三度，則壽王調曆宜允得其中，豈容頓差一氣而未知其謬，不能觀乎時變，而欲厚誣古人也。

後百餘歲，至永平十一年，以麟德曆較之，氣當後天二日半，朔當後天半日。是歲四分

曆得辛酉蔀首，已滅太初曆四分日之三，定後天二日太半。開元曆以戊午禺中冬至，日在斗十八度半弱，潛退至牛前八度。進至辛酉夜半，日在斗二十一度半弱。續漢志云：「元和二年冬至，日在斗二十一度四分之一。」是也。

祖沖之曰：「四分曆立冬景長一丈，立春九尺六寸，冬至南極日晷最長。二氣去至日數既同，則中景應等。而相差四寸，此冬至後天之驗也。二氣中景，日差九分半弱，進退調均，略無盈縮。各退二日十二刻，則景皆九尺八寸。以此推冬至後天亦二日十二刻矣。」東漢晷漏定於永元十四年，則四分法施行後十五歲也。

二十四氣加時，進退不等，其去午正極遠者四十九刻有餘。日中之晷，頗有盈縮，故治曆者皆就其中率，以午正言之。而開元曆所推氣及日度，皆直子半之始。其未及日中，尚五十刻。因加二日十二刻，正得二日太半。與沖之所算及破章二百年間輒差一日之數，皆合。

自漢時辛酉冬至，以後天之數減之，則合於今曆歲差斗十八度。自今曆戊午冬至，以後天之數加之，則合於賈逵所測斗二十一度。反復僉同。而淳風冬至常在斗十三度，豈當時知不及牽牛五度，而不知過建星八度耶？

晉武帝太始三年丁亥歲冬至，日當在斗十六度。晉用魏景初曆，其冬至亦在斗二十一

度少。

太元九年，姜岌更造三紀術，退在斗十七度。曰：「古曆斗分彊，故不可施於今；乾象斗分細，故不可通於古。景初雖得其中，而日之所在，乃差四度，合朔虧盈，皆不及其次。假月在東井一度蝕，以日檢之，乃在參六度。」岌以月蝕衝知日度，由是躔次遂正，爲後代治曆者宗。

宋文帝時，何承天上元嘉曆，曰：「四分、景初曆，冬至同在斗二十一度，臣以月蝕檢之，則今應在斗十七度。又土圭測二至，晷差三日有餘，則天之南至，日在斗十三四度矣。」事下太史考驗，如承天所上。以開元曆考元嘉十年冬至，日在斗十四度，與承天所測合。

大明八年，祖沖之上大明曆，冬至在斗十一度，開元曆應在斗十三度。梁天監八年，沖之子員外散騎侍郎暅之上其家術。詔太史令將作大匠道秀等較之，上距大明又五十年，日度益差。其明年，閏月十六日，月蝕，在虛十度，日應在張四度。承天曆在張六度，沖之曆在張二度。

大同九年，虞劆等議：「姜岌、何承天俱以月蝕衝步日所在。承天雖移岌三度，然其冬至亦上岌三日。承天在斗十三四度，而岌在斗十七度。其實非移。祖沖之謂爲實差，以推今冬至，日在斗九度，用求中星不合。自岌至今，將二百年，而冬至在斗十二度。然日之所在難知，驗以中星，則漏刻不定。漢世課昏明中星，爲法已淺。今候夜半中星，以求日衝，近於得密。而水有清濁，壺有增減，或積塵所擁，故漏有遲疾。臣等頻夜候中星，而前後相差或至三度。大略冬至遠不過斗十四度，近不出十度。」又以九年三月十五日夜半，月在房四度蝕。九月十五日夜半，月在昴三度蝕。以其衝計，冬至皆在斗十二度。自姜岌、何承天所測，下及大同，日已却差二度。而淳風以爲晉、宋以來三百餘歲，以月蝕衝考之，固在斗十三四度間，非矣。

劉孝孫甲子元曆，推太初冬至在牽牛初，下及晉太元、宋元嘉皆在斗十七度。開皇十四年，在斗十三度。而劉焯曆仁壽四年冬至，日在黃道斗十度，於赤道斗十一度也。其後孝孫改從焯法，而仁壽四年冬至，日亦在斗十度。焯卒後，胄玄以其前曆上元起虛五度，推漢太初，猶不及牽牛，乃更起虛七度，故太初在斗二十三度，永平在斗二十一度，並與今曆合。而仁壽四年，冬至在斗十三度，以驗近事，又不逮其前曆矣。戊寅曆，太初元年辛酉冬至，進及甲子，日在牽牛三度。永平十一年，得戊午冬至，進及辛酉，在斗二十六度。至元嘉，中氣上景初三日，而冬至猶在斗十七度。欲以求合，反更失之。又曲循孝孫之論，而不知孝孫已變從焯法，故爲淳風等所駁。歲差之術，由此不行。

以太史注記月蝕衝考日度，麟德元年九月庚申，月蝕在婁十度。至開元四年六月庚

申，月蝕在牛六度。較麟德曆率差三度，則今冬至定在赤道斗十度。

又皇極曆歲差皆自黃道命之，其每歲周分，常當南至之軌，與赤道相較，所減尤多。計黃道差三十六度，赤道差四十餘度，雖每歲遯之，不足爲過。然立法之體，宜盡其原，是以開元曆皆自赤道推之，乃以今有術從變黃道。

校勘記

〔一〕一蔀之日二萬七千七百五十七　按一蔀爲七十六年，一年爲三百六十五又四分之一日，依此計算，一蔀之日當爲二萬七千七百五十九，正合下文「以通數約之，凡二十九日餘四百九十九」之數。後漢書律曆志下正作「蔀日二萬七千七百五十九」。

〔二〕景長則夜短景短則夜長　按後漢書律曆志下劉注引月令章句曰：「冬至之爲極有三意焉：晝漏極短，去極極遠，晷景極長。」又曰：「夏至之爲極有三意焉：晝漏極長，去極極近，晷景極短。」則晷景長短與晝夜長短之關係應是景長則晝短夜長，景短則晝長夜短。此疑誤。

〔三〕南北之揆七月　按國語周語下作「南北之揆七同」，韋昭解云：「七同，合七律也。」此作「七月」，疑誤。

〔四〕冬至昏明中星去日九十二度　考異卷四三：「四分及祖沖之術，冬至昏明中星大率去日八十二

度。此云『九十二度』，疑誤。」按本卷下文云：「春分、秋分百度，夏至百一十八度。率一气差三度，九日差一刻。」依此核算，冬至昏明中星去日應爲八十二度。

〔三五〕魯曆以庚戌冬至　唐會要卷四二載傅仁均奏新術七事：「春秋命歷序云魯僖公五年壬子朔旦冬至，諸歷莫能符合，臣今造歷，卻推僖公五年春正月壬子朔日冬至則同。」考異卷四三據本卷中氣議及合朔議所述推論，以爲魯術推僖公五年冬至應在壬子，此云「庚戌冬至」誤。

唐書卷二十七下

志第十七下

曆三下

其八日躔盈縮略例曰：

北齊張子信積候合蝕加時，覺日行有入氣差，然損益未得其正。至劉焯，立盈縮躔衰術，與四象升降。麟德曆因之，更名躔差。凡陰陽往來，皆馴積而變。日南至，其行最急，急而漸損，至春分及中而後遲。迨日北至，其行最舒，而漸益之，以至秋分又及中而後益急。急極而寒若，舒極而燠若，及中而雨暘之氣交，自然之數也。焯術於春分前一日最急，後一日最舒；秋分前一日最舒，後一日最急。舒急同于二至，而中間一日平行。其說非是。當以二十四氣晷景，考日躔盈縮而密於加時。

其九九道議曰：

洪範傳云：「日有中道，月有九行。」中道，謂黃道也。九行者，青道二，出黃道東；朱道二，出黃道南；白道二，出黃道西；黑道二，出黃道北。立春、春分，月東從青道；立夏、夏至，月南從朱道；立秋、秋分，月西從白道；立冬、冬至，月北從黑道。漢史官舊事，九道術廢久，劉洪頗採以著遲疾陰陽曆，然本以消息爲奇，而術不傳。

推陰陽曆交在冬至、夏至，則月行青道、白道，所交則同，而出入之行異。故青道至春分之宿，及其所衝，皆在黃道正東；白道至秋分之宿，及其所衝，皆在黃道正西。若陰陽曆交在立春、立秋，則月循朱道、黑道，所交則同，而出入之行異。故朱道至立夏之宿，及其所衝，皆在黃道西南；黑道至立冬之宿，及其所衝，皆在黃道東北。若陰陽曆交在春分、秋分之宿，則月行朱道、黑道，所交則同，而出入之行異。故朱道至夏至之宿，及其所衝，皆在黃道正南；黑道至冬至之宿，及其所衝，皆在黃道正北。若陰陽曆交在立夏、立冬，則月循青道、白道，所交則同，而出入之行異。故青道至立春之宿，及其所衝，皆在黃道東南；白道至立秋之宿，及其所衝，皆在黃道西北。其大紀皆兼二道，而實分主八節，合于四正四維。

按陰陽曆中終之所交，則月行正當黃道，去交七日，其行九十一度，齊於一象之率，而得八行之中。八行與中道而九，是謂九道。凡八行正於春秋，其去黃道六度，則交在冬夏；

正於冬夏，其去黃道六度，則交在春秋。易九六、七八，迭爲終始之象也。乾坤定位，則八行各當其正。及其寒暑相推，晦朔相易，則在南者變而居北，在東者徙而爲西，屈伸、消息之象也。

黃道之差，始自春分、秋分，赤道所交前後各五度爲限。初，黃道增多赤道二十四分之十二，每限損一，極九限，數終于四，率赤道四十五度而黃道四十八度，至四立之際，一度少強，依平。復從四起，初限五度，赤道增多黃道二十四分之四，每限益一，極九限而止，終于十二，率赤道四十五度而黃道四十二度，復得冬、夏至之中矣。

月道之差，始自交初、交中，黃道所交亦距交前後五度爲限。初限，月道增多黃道四十八分之十二，每限損一，極九限而止，數終于四，率黃道四十五度而月道四十六度半，乃一度強，依平。復從四起，初限五度，月道差少黃道四十八分之四，每限益一，極九限而止，終于十二，率黃道四十五度而月道四十三度半，至陰陽曆二交之半矣。凡近交初限增十二分者，至半交末限減十二分，去交四十六度得損益之平率。

夫日行與歲差偕遷，月行隨交限而變，遯伏相消，朓朒相補，則九道之數可知矣。其月道所交與二分同度，則赤道、黑道近交初限，黃道增二十四分之十二，月道增四十八分之十二。至半交之末，其減亦如之。故於九限之際，黃道差三度，月道差一度半，蓋損益之數齊

也。若所交與四立同度，則黃道在損益之中，月道差四十八分之十二。月道至損益之中，黃道差二十四分之十二。於九限之際，黃道差三度，月道差四分度之三，皆朓朒相補也。若所交與二至同度，則青道、白道近交初限，黃道減二十四分之十二，月道增四十八分之十二。至半交之末，黃道增二十四分之十二，月道減四十八分之十二。於九限之際，黃道與月道差同，蓋遯伏相消也。

日出入赤道二十四度，月出入黃道六度，相距則四分之一，故於九道之變，以四立爲中交。在二分，增四分之一，而與黃道度相半。在二至，減四分之一，而與黃道度正均。故推極其數，引而伸之，每氣移一候。月道所差，增損九分之一，七十二候而九道究矣。

凡月交一終，退前所交一度及餘八萬九千七百七十三分度之四萬二千五百三少半，積二百二十一月及分七千七百五十三，而交道周天矣。因而半之，將九年而九道終。

以四象考之，各據合朔所交，入七十二候，則其八道之行也，以朔交爲交初，望交爲交中。若交初在冬至初候而入陰曆，則行青道。又十三日七十六分日之四十六，至交中得所衝之宿，變入陽曆，亦行青道。若交初入陽曆，則白道也。故考交初所入，而周天之度可知。若望交在冬至初候，則減十三日四十六分，視大雪初候陰陽曆而正其行也。

其十晷漏中星略例曰：

日行有南北，晷漏有長短。然二十四氣晷差徐疾不同者，句股使然也。直規中則差遲，與句股數齊則差急。隨辰極高下，所遇不同，如黃道刻漏。此乃數之淺者，近代且猶未曉。今推黃道去極，與晷景、漏刻、昏距、中星四術返覆相求，消息同率，旋相爲中，以合九服之變。

其十一日蝕議曰：

小雅「十月之交，朔日辛卯」。虞劆以曆推之，在幽王六年。開元曆定交分四萬三千四百二十九，入蝕限，加時在晝。交會而蝕，數之常也。詩云：「彼月而食，則維其常。此日而食，于何不臧。」日，君道也，無朏魄之變；月，臣道也，遠日益明，近日益虧。望與日軌相會，則徙而浸遠，遠極又徙而近交，所以著臣人之象也。望而正於黃道，是謂臣干君明，則陽斯蝕之矣。朔而正於黃道，是謂臣壅君明，則陽爲之蝕矣。且十月之交，於曆當蝕，君子猶以爲變，詩人悼之。然則古之太平，日不蝕，星不孛，蓋有之矣。若過至未分，月或變行而避之；或五星潛在日下，禦侮而救之；或涉交數淺，或在陽曆，陽盛陰微則不蝕；或德之休明，而有小眚焉，則天爲之隱，雖交而不蝕。此四者，皆德

教之所由生也。

四序之中，分同道，至相過，交而有蝕，則天道之常。如劉歆、賈逵，皆近古大儒，豈不知軌道所交，朔望同術哉？以日蝕非常，故闕而不論。黃初已來，治曆者始課日蝕疏密，及張子信而益詳。劉焯、張冑玄之徒自負其術，謂日月皆可以密率求，是專於曆紀者也。

以戊寅、麟德曆推春秋日蝕，大最皆入蝕限。於曆應蝕而春秋不書者尚多，則日蝕必在交限，其入限者不必盡蝕。開元十二年七月戊午朔，於曆當蝕半強，自交趾至于朔方，候之不蝕。十三年十二月庚戌朔，於曆當蝕太半，時東封泰山，還次梁、宋閒，皇帝徹膳，不舉樂，不蓋，素服，日亦不蝕。時羣臣與八荒君長之來助祭者，降物以需，不可勝數，皆奉壽稱慶，肅然神服。雖算術乖舛，不宜如此，然後知德之動天，不俟終日矣。若因開元二蝕，曲變交限而從之，則差者益多。

自開元治曆，史官每歲較節氣中晷，因檢加時小餘，雖大數有常，然亦與時推移，每歲不等。晷變而長，則日行黃道南；晷變而短，則日行黃道北。行而南，則陰曆之交也或失；行而北，則陽曆之交也或失。日在黃道之中，且猶有變，況月行九道乎！杜預云：「日月動物，雖行度有大量，不能不小有盈縮。故有雖交會而不蝕者，或有頻交而蝕者。」是也。

故較曆必稽古史，虧蝕深淺、加時朓朒陰陽，其數相叶者，反覆相求，由曆數之中，以合辰象之變；觀辰象之變，反求曆數之中。類其所同，而中可知矣；辨其所異，而變可知矣。其循度則合于曆，失行則合于占。占道順成，常執中以追變；曆道逆數，常執中以俟變。知此之說者，天道如視諸掌。

略例曰：舊曆考日蝕淺深，皆自張子信所傳，云積候所得，而未曉其然也。以圓儀度日月之徑，乃以月徑之半減入交初限一度半，餘爲闇虛半徑。以月去黃道每度差數，令二徑相掩，以驗蝕分，以所入日遲疾乘徑，爲泛所用刻數，大率去交不及三度，卽月行沒在闇虛，皆入既限。又半日月之徑，減春分入交初限相去度數，餘爲斜射所差。乃考差數，以立既限。而優游進退於二度中間，亦令二徑相掩，以知日蝕分數。月徑踰既限之南，則雖在陰曆，而所虧類同外道，斜望使然也。既限之外，應向外蝕，外道交分，準用此例。以較古今日蝕四十三事，月蝕九十九事，課皆第一。

使日蝕皆不可以常數求，則無以稽曆數之疎密。若皆可以常數求，則無以知政教之休咎。今更設考日蝕或限術，得常則合于數。又日月交會大小相若，而月在日下，自京師斜射而望之，假中國食既，則南方戴日之下所虧纔半，月外反觀，則交而不蝕。步九服日晷以定蝕分，晨昏漏刻與地偕變，則宇宙雖廣，可以一術齊之矣。

其十二五星議曰：

歲星自商、周迄春秋之季，率百二十餘年而超一次。戰國後其行寖急，至漢尙微差，及哀、平間，餘勢乃盡，更八十四年而超一次，因以爲常。此其與餘星異也。姬氏出自靈威仰之精，受木行正氣。歲星主農祥，后稷憑焉，故周人常閱其禨祥，而觀善敗。其始王也，次于鶉火，以達天黿。及其衰也，淫于玄枵，以害鳥帑。其後羣雄力爭，禮樂隕壞，而從衡攻守之術興。故歲星常贏行於上，而侯王不寧於下，則木緯失行之勢，宜極於火運之中，理數然也。

開元十二年正月庚午，歲星在進賢東北尺三寸，直軫十二度，於麟德曆在軫十五度。推而上之，至漢河平二年，其十月下旬，歲星在軒轅南耑大星西北尺所。麟德曆在張二度，直軒轅大星。上下相距七百五十年，考其行度，猶未甚盈縮，則哀、平後不復每歲漸差也。又上百二十年，至孝景中元三年五月，星在東井、鉞。麟德曆在參三度。又上六十年，得漢元年十月，五星聚于東井，從歲星也，於秦正歲在乙未，夏正當在甲午。麟德曆白露八日，歲星留觜觿一度。明年立夏，伏于參。由差行未盡，而以常數求之使然也。又上二百七十一年，至哀公十七年，歲在鶉火，麟德曆初見在輿鬼二度。立冬九日，留星三度。明年啓蟄十日退至柳五度，猶不及鶉火。又上百七十八年，至僖公五年，歲星當在大火。麟德曆初見在張八度，明年伏于翼十六度，定在鶉火，差三次矣。哀公以後，差行漸遲，相去猶近；哀公以前，率常行遲。而舊曆猶用急率，不知合變，故所差彌多。武王革命，歲星亦在大火，而麟德曆在東壁三度，則唐、虞已上，所差周天矣。

太初、三統曆歲星十二周天超一次，推商、周間事，大抵皆合。驗開元注記，差九十餘度，蓋不知歲星後率故也。皇極、麟德曆七周天超一次，以推漢、魏間事尙未差。上驗春秋所載，亦差九十餘度，蓋不知歲星前率故也。天保、天和曆得二率之中，故上合於春秋，下猶密於記注。以推永平、黃初間事，遠者或差三十餘度，蓋不知戰國後歲星變行故也。自漢元始四年，距開元十二年，凡十二甲子，上距隱公六年，亦十二甲子。而二曆相合於其中，或差三次於古，或差三次於今，其兩合於古今者，中間亦乖。欲一術以求之，則不可得也。

開元曆歲星前率，三百九十八日，餘二千二百一十九，秒九十三。自哀公二十年丙寅後，每加度餘一分〔一〕，盡四百三十九合，次合乃加秒十三而止，凡三百九十八日，餘二千六百五十九，秒六，而與日合，是爲歲星後率。自此因以爲常，入漢元始六年也。

歲星差合術曰：置哀公二十年冬至合餘，加入差已來中積分，以前率約之，爲入差合

數。不盡者如曆術入之，反求冬至後合日，乃副列入差合數，增下位一算，乘而半之，盈大衍通法爲日，不盡爲日餘，以加合日，卽差合所在也。求歲星差行徑術，以後終率約上元以來中積分，亦得所求。若稽其實行，當從元始六年置差步之，則前後相距，間不容髮，而上元之首，無忽微空積矣。

成湯伐桀，歲在壬戌，開元曆星與日合于角，次于氐十度而後退行。其明年，湯始建國爲元祀，順行與日合于房，所以紀商人之命也。

後六百一算至紂六祀，周文王初禴于畢，十三祀歲在己卯，星在鶉火，武王嗣位。克商之年，進及輿鬼，而退守東井。明年，周始革命，順行與日合于柳，進留于張。考其分野，則分陝之間，與三監封域之際也。

成王三年，歲在丙午，星在大火，唐叔始封，故國語曰：「晉之始封，歲在大火。」春秋傳僖公五年，歲在大火，晉公子重耳自蒲奔狄。十六年，歲在壽星，適齊過衞，野人與之塊，子犯曰：「天賜也，天事必象，歲及鶉火必有此乎！復于壽星，必獲諸侯。」二十三年，歲星在胃、昴。秦伯納晉文公。董因曰：「歲在大梁，將集天行。元年，實沈之星，晉人是居。君之行也，歲在大火，閼伯之星也，是謂大辰。辰以善成，后稷是相，唐叔以封。且以辰出而以參入，皆晉祥也。」二十七年，歲在鶉火，晉侯伐衞，取五鹿，敗楚師于城濮，始獲諸侯。歲適及

壽星，皆與開元曆合。

襄公十八年，歲星在陬訾之口，開元曆大寒三日，星與日合，在危三度，遂順行至營室八度。其明年，鄭子蟜卒。將葬，公孫子羽與裨竈晨會事焉，過伯有氏，其門上生莠，子羽曰：「其莠猶在乎，於是歲在降婁中而曙。」裨竈指之曰：「猶可以終歲，歲不及此次也。」開元曆，歲星在奎。奎，降婁也。麟德曆，在危。危，玄枵也。二十八年春，無冰。梓愼曰：「歲在星紀，而淫於玄枵。」裨竈曰：「歲棄其次，而旅於明年之次，以害鳥帑。周、楚惡之。」開元曆，歲星至南斗十七度，而退守西建間，復順行，與日合于牛初。應在星紀，而盈行進及虛宿，故曰「淫」。留玄枵二年，至三十年。開元曆，歲星順行至營室十度，留。距子蟜之卒一終矣。其年八月，鄭人殺良霄，故曰「及其亡也，歲在陬訾之口」。其明年，乃及降婁。

昭公八年十一月，楚滅陳。史趙曰：「未也。陳，顓頊之族也。歲在鶉火，是以卒滅。今在析木之津，猶將復由。」開元曆，在箕八度，析木津也。十年春，進及婺女初，在玄枵之維首。傳曰：「正月，有星出于婺女。」裨竈曰：「今茲歲在顓頊之墟。」是歲與日合于危。其明年進及營室，復得豕韋之次。景王問萇弘曰：「今茲諸侯何實吉？何實凶？」對曰：「蔡凶。此蔡侯般殺其君之歲，歲在豕韋，弗過此矣，楚將有之。歲及大梁，蔡復楚凶。」至十三年，歲星在昴、畢，而楚弒靈王，陳、蔡復封。初，昭公九年，陳災。裨竈曰：「後五年，陳將復

封。歲五及鶉火，而後陳卒亡。」自陳災五年，而歲在大梁，陳復建國。哀公十七年，五及鶉火，而楚滅陳。是年，歲星與日合在張六度。昭公三十一年夏，吳伐越。始用師於越也，史墨曰：「越得歲而吳伐之，必受其凶。」是歲，星與日合于南斗三度。昔僖公六年，歲陰在卯，星在析木。昭公三十二年，亦歲陰在卯，而星在星紀。故三統曆因以爲超次之率。考其實，猶百二十餘年。近代諸曆，欲以八十四年齊之，此其所惑也。後三十八年而越滅吳，星三及斗、牛，已入差合二年矣。

夫五事感於中，而五行之祥應于下，五緯之變彰于上。若聲發而響和，形動而影隨，故王者失典刑之正，則星辰爲之亂行；汩彝倫之敍，則天事爲之無象。當其亂行、無象，又可以曆紀齊乎？故襄公二十八年，歲在星紀，淫于玄枵。至三十年八月，始及陬訾之口，超次而前，二年守之。

漢元鼎中，太白入于天苑，失行，在黃道南三十餘度。間歲，武帝北巡守，登單于臺，勒兵十八萬騎，及誅大宛，馬大死軍中。

晉咸寧四年九月，太白當見不見，占曰：「是謂失舍，不有破軍，必有亡國。」時將伐吳，明年三月，兵出，太白始夕見西方，而吳亡。

永寧元年，正月至閏月，五星經天，縱橫無常。永興二年四月丙子，太白犯狠星，失行，

在黃道南四十餘度。永嘉三年正月庚子，熒惑犯紫微。皆天變所未有也，終以二帝蒙塵，天下大亂。

後魏神瑞二年十二月，熒惑在匏瓜星中，一夕忽亡，不知所在。崔浩以日辰推之，曰：「庚午之夕，辛未之朝，天有陰雲，熒惑之亡，在此二日。庚午未皆主秦，辛爲西夷。今姚興據咸陽，是熒惑入秦矣。」其後熒惑果出東井，留守盤旋，秦中大旱赤地，昆明水竭。明年，姚興死，二子交兵。三年，國滅。

齊永明九年八月十四日，火星應退在昴三度，先歷在畢；二十一日始逆行，北轉，垂及立冬，形色彌盛。魏永平四年八月癸未，熒惑在氐，夕伏西方，亦先期五十餘日，雖時曆疏闊，不宜若此。

隋大業九年五月丁丑，熒惑逆行入南斗，色赤如血，大如三斗器，光芒震耀，長七八尺，於斗中句巳而行，亦天變所未有也。後楊玄感反，天下大亂。

故五星留逆伏見之効，表裏盈縮之行，皆係之於時，而象之於政。政小失則小變，事微而象微，事章而象章。已示吉凶之象，則又變行，襲其常度。不然，則皇天何以陰騭下民，警悟人主哉！

近代算者昧於象，占者迷於數，覩五星失行，皆謂之曆舛。雖七曜循軌，猶或謂之天

災。終以數象相蒙，兩喪其實。故較曆必稽古今注記，入氣均而行度齊，上下相距，反復相求。苟獨異於常，則失行可知矣。

凡二星相近，多爲之失行。三星以上，失度彌甚。天竺曆以九執之情，皆有所好惡。遇其所好之星，則趣之行疾，捨之行遲。

張子信曆辰星應見不見術，晨夕去日前後四十六度內，十八度外，有木、火、土、金一星者見，無則不見。張胄玄曆，朔望在交限，有星伏在日下，木、土去見十日外，火去見四十日外，金去見二十二日外者，並不加減差，皆精氣相感使然。

夫日月所以著尊卑不易之象，五星所以示政教從時之義。故日月之失行也，微而少；五星之失行也，著而多。今略考常數，以課疏密。

略例曰：其入氣加減，亦自張子信始，後人莫不遵用之。原始要終，多有不叶。今較麟德曆，熒惑、太白見伏行度過與不及，熒惑凡四十八事，太白二十一事。餘星所差，蓋細不足考。且盈縮之行，宜與四象潛合，而二十四氣加減不均。更推易數而正之，又各立歲差，以究五精運周二十八舍之變。較史官所記，歲星二十七事，熒惑二十八事，鎭星二十一事，太白二十二事，辰星二十四事，開元曆課皆第一云。

至肅宗時，山人韓穎上言大衍曆或誤。帝疑之，以穎爲太子宮門郎，直司天臺。又損益其術，每節增二日，更名至德曆，起乾元元年用之，訖上元三年。

校勘記

〔一〕每加度餘一分　錢校云：「依文義『每』字下當有『合』字。」

新唐書

宋　歐陽修　宋祁　撰

第三册

卷二八至卷三六（志）

中華書局

中華書局

唐書卷二十八上

志第十八上

曆四上

開元大衍曆演紀上元閼逢困敦之歲，距開元十二年甲子，積九千六百九十六萬一千七百四十算。

一曰步中朔術

通法三千四十。

策實百一十一萬三百四十三。

揲法八萬九千七百七十三。

滅法九萬一千二百。

策餘萬五千九百四十三。

用差萬七千一百二十四。

掛限八萬七千一十八。

三元之策十五，餘六百六十四，秒七。

四象之策二十九，餘千六百一十三。

中盈分千三百二十八，秒十四。

朔虛分千四百二十七。

爻數六十〔一〕。

象統二十四。

以策實乘積算，曰中積分。盈通法得一，爲積日。爻數去之，餘起甲子算外，得天正中氣。凡分爲小餘，日爲大餘。加三元之策，得次氣。凡率相因加者，下有餘秒，皆以類相從。而滿法迭進，用加上位。日盈爻數去之。

以揲法去中積分，不盡曰歸餘之掛。以減中積分，爲朔積分。如通法爲日，去命如前，得天正經朔。加一象之日七、餘千一百六十三少，得上弦。倍之，得望。參之，得下弦。四

之，是謂一揲，得後月朔。凡四分，一爲少，三爲太。綜中盈、朔虛分，累益歸餘之掛，每其月閏衰。凡歸餘之掛五萬六千七百六十以上，其歲有閏〔二〕。因考其閏衰，滿掛限以上，其月合置閏。或以進退，皆以定朔無中氣爲。

二曰發斂術

凡常氣小餘不滿通法、如中盈分之半已下者，以象統乘之，內秒分，參而伍之，以減策實；不盡，如策餘爲日。命常氣初日算外，得沒日。凡經朔小餘不滿朔虛分者，以小餘減通法，餘倍參伍乘之，用減滅法；不盡，如朔虛分爲日。命經朔初日算外，得滅日。

天中之策五，餘二百二十一，秒三十一；秒法七十二。

地中之策六，餘二百六十五，秒八十六；秒法百二十。

貞悔之策三，餘百三十二，秒百三。

辰法七百六十。

刻法三百四。

各因中節命之，得初候。加天中之策，得次候。又加，得末候。因中氣命之，得公卦用

事。以地中之策累加之，得次卦，若以貞悔之策加侯卦，得十有二節之初外卦用事。因四立命之，得春木、夏火、秋金、冬水用事。以貞悔之策減季月中氣，得土王用事。凡相加減而秒母不齊，當令母互乘子，乃加減之；母相乘爲法。

常氣（月中節、四正卦）	初候	次候	末候	始卦	中卦	終卦
冬至（十一月中、坎初六）	丘蚓結	麋角解	水泉動	公中孚	辟復	侯屯內
小寒（十二月節、坎九二）	鴈北鄉	鵲始巢	野雞始雊	侯屯外	大夫謙	卿睽
大寒（十二月中、坎六三）	雞始乳	鷙鳥厲疾	水澤腹堅	公升	辟臨	侯小過內
立春（正月節、坎六四）	東風解凍	蟄蟲始振	魚上冰	侯小過外	大夫蒙	卿益
雨水（正月中、坎九五）	獺祭魚	鴻鴈來	草木萌動	公漸	辟泰	侯需內
驚蟄（二月節、坎上六）	桃始華	倉庚鳴	鷹化爲鳩	侯需外	大夫隨	卿晉
春分（二月中、震初九）	玄鳥至	雷乃發聲	始電	公解	辟大壯	侯豫內
清明（三月節、震六二）	桐始華	田鼠化爲鴽	虹始見	侯豫外	大夫訟	卿蠱
穀雨（三月中、震六三）	萍始生	鳴鳩拂其羽	戴勝降于桑	公革	辟史	侯旅內

立夏四月節震九四	螻蟈鳴	丘蚓出	王瓜生	侯旅外	大夫師	卿比
小滿四月中震六五	苦菜秀	靡草死	小暑至	公小畜	辟乾	侯大有內
芒種五月節震上六	螳蜋生	鵙始鳴	反舌無聲	侯大有外	大夫家人	卿井
夏至五月中離初九	鹿角解	蜩始鳴	半夏生	公咸	辟姤	侯鼎內
小暑六月節離六二	溫風至	蟋蟀居壁	鷹乃學習	侯鼎外	大夫豐	卿渙
大暑六月中離九三	腐草爲螢	土潤溽暑	大雨時行	公履	辟遯	侯恆內
立秋七月節離九四	涼風至	白露降	寒蟬鳴	侯恆外	大夫節	卿同人
處暑七月中離六五	鷹祭鳥	天地始肅	禾乃登	公損	辟否	侯巽內
白露八月節離上九	鴻鴈來	玄鳥歸	羣鳥養羞	侯巽外	大夫萃	卿大畜
秋分八月中兌初九	雷乃收聲	蟄蟲培戶	水始涸	公賁	辟觀	侯歸妹內
寒露九月節兌九二	鴻鴈來賓	雀入大水爲蛤	菊有黃華	侯歸妹外	大夫無妄	卿明夷
霜降九月中兌六三	豺乃祭獸	草木黃落	蟄蟲咸俯	公困	辟剝	侯艮內
立冬十月節兌九四	水始冰	地始凍	野雞入水爲蜃	侯艮外	大夫既濟	卿噬嗑
小雪十月中兌九五	虹藏不見	天氣上騰地氣下降	閉塞而成冬	公大過	辟坤	侯未濟內
大雪十一月節兌上六	鶡鳥不鳴	虎始交	荔挺生	侯未濟外	大夫蹇	卿頤

各以通法約其月閏衰，爲日，得中氣去經朔日算。求卦、候者，各以天、地之策，累加減之。凡發斂加時，各置其小餘，以六爻乘之，如辰法而一，爲半辰之數。不盡者，三約爲分〔三〕。分滿刻法爲刻。若令滿象積爲刻者，即置不盡之數，十之，十九而一，爲分。命辰起子半算外〔四〕。

三日步日躔術

乾實百一十一萬三百七十九太。

周天度三百六十五，虛分七百七十九太。

歲差三十六太。

定氣	盈縮分	先後數	損益率	朓朒積
冬至	盈二千三百五十三	先端	益百七十六	朒初
小寒	盈千八百四十五	先二千三百五十三	益百三十八	朒百七十六
大寒	盈千三百九十	先四千一百九十八	益百四	朒三百一十四
立春	盈九百七十六	先五千五百八十八	益七十三	朒四百一十八
雨水	盈五百八十八	先六千五百六十四	益四十四	朒四百九十一
驚蟄	盈二百一十四	先七千一百五十二	益十六	朒五百三十五
春分	縮二百一十四	先七千三百六十六	損十六	朒五百五十一
清明	縮五百八十八	先七千一百五十二	損四十四	朒五百三十五
穀雨	縮九百七十六	先六千五百六十四	損七十三	朒四百九十一
立夏	縮千三百九十	先五千五百八十八	損百四	朒四百一十八
小滿	縮千八百四十五	先四千一百九十八	損百三十八	朒三百一十四
芒種	縮二千三百五十三	先二千三百五十三	損百七十六	朒百七十六
夏至	縮二千三百五十三	後端	益百七十六	朓初
小暑	縮千八百四十五	後二千三百五十三	益百三十八	朓百七十六
大暑	縮千三百九十	後四千一百九十八	益百四	朓三百一十四
立秋	縮九百七十六	後五千五百八十八	益七十三	朓四百一十八
處暑	縮五百八十八	後六千五百六十四	益四十四	朓四百九十一
白露	縮二百一十四	後七千一百五十二	益十六	朓五百三十五
秋分	盈二百一十四	後七千三百六十六	損十六	朓五百五十一
寒露	盈五百八十八	後七千一百五十二	損四十四	朓五百三十五
霜降	盈九百七十六	後六千五百六十四	損七十三	朓四百九十一
立冬	盈千三百九十	後五千五百八十八	損百四	朓四百一十八
小雪	盈千八百四十五	後四千一百九十八	損百三十八	朓三百一十四
大雪	盈二千三百五十三	後二千三百五十三	損百七十六	朓百七十六

以盈縮分盈減、縮加三元之策，爲定氣所有日及餘。乃十二乘日，又三其小餘，辰法約而一，從之，爲定氣辰數。不盡，十之，又約爲分。以所入氣并後氣盈縮分，倍六爻乘之，綜兩氣辰數除之，爲末率。又列二氣盈縮分，皆倍六爻乘之，各如辰數而一；以少減多，餘爲氣差。至後以差加末率，分後以差減末率，爲初率。倍氣差，亦倍六爻乘之，復綜兩氣辰數除，爲日差。半之，以加減初末，各爲定率。以日差至後以減、分後以加氣初定率，爲每日盈縮分。乃馴積之，隨所入氣日加減氣下先後數，各其日定數。其求朓朒倣此。多至後爲陽復，在盈加之，在縮減之；夏至後爲陰復，在縮加之，在盈減之。距四正前一氣，在陰陽變革之際，不可相并，皆因前末爲初率。以氣差至前加之，分前減之，爲末率。餘依前術，各得所求。其分不滿全數，母又每氣不同，當退法除之。以百爲母，半已上，收成一。多至、夏至偕得天地之中，無有盈縮。餘各以氣下先後數先減、後加常氣小餘，滿若不足，進退其日，得定大小餘。凡推日月度及軌漏、交蝕，依定氣；注曆，依常氣；以減經朔、弦、望，各其所入日算。若大餘不足減，加爻數，乃減之。減所入定氣日算一，各以日差乘而半之；前少以加、前多以減氣初定率，以乘其所入定氣日算及餘秒。凡除者〔五〕，先以母通全，內子，乃相乘；母相乘除之。所得以損益朓朒積，各其入朓朒定數。若非朔望有交者，以十二乘所入日算；三其小餘，辰法除而從之；以乘損益率，如定氣辰數而一。所得以損益朓朒積，各爲定數。

南斗二十六，牛八，婺女十二，虛十，虛分七百七十九太。危十七，營室十六，東壁九，奎十六，婁十二，胃十四，昴十一，畢十七，觜觿一，參十，東井三十三，輿鬼三，柳十五，七星七，張十八，翼十八，軫十七，角十二，亢九，氐十五，房五，心五，尾十八，箕十一，爲赤道度。其畢、觜觿、參、輿鬼四宿度數，與古不同。依天以儀測定，用爲常數。紘帶天中，儀極攸憑，以格黃道。

推多至歲差所在，每距多至前後各五度爲限，初數十二，每限減一。盡九限，數終於四。當二立之際，一度少強，依平。乃距春分前、秋分後，初限起四，每限增一，盡九限，終於十二，而黃道交復。計春分後、秋分前，亦五度爲限。初數十二，盡九限，數終於四。當二立之際，一度少強，依平。乃距夏至前後，初限起四，盡九限，終於十二。皆累裁之，以數乘限度，百二十而一，得度。不滿者，十二除，爲分。若以十除，則大分，十二爲母，命太、半、少及強、弱。命曰黃赤道差數。二至前後各九限，以差減赤道度，二分前後各九限，以差加赤道度，各爲黃道度。

開元十二年，南斗二十三半，牛七半，婺女十一少，虛十，六虛之差十九太。危十七太，營室十七少，東壁九太，奎十七半，婁十二太，胃十四太，昴十一，畢十六少，觜觿一，參九少，東井三十，輿鬼二太，柳十四少，七星六太，張十八太，翼十九少，軫十八太，角十三，亢九半，氐十五太，房五，心四太，尾十七，箕十少，爲黃道度，以步日行。月與五星出入，循此。求此宿度，皆有餘分，前後輩之成少、半、太，準爲全度。若上考往古，下驗將來，當據歲差，每移一度，各依術算，使得當時度分，然後可以步三辰矣。

以乾實去中積分；不盡者，盈通法爲度。命起赤道虛九，宿次去之，經虛去分，至不滿宿算外，得多至加時日度。以三元之策累加之，得次氣加時日度。

以度餘減通法；餘以多至日躔距度所入限數乘之，爲距前分。置距度下黃赤道差，以通法乘之，減去距前分；餘滿百二十除，爲定差。不滿者，以象統乘之，復除，爲秒分。乃以定差減赤道宿度，得多至加時黃道日度。

又置歲差，以限數乘之，滿百二十除，爲秒分。不盡爲小分。以加三元之策，因累裁之。命以黃道宿次，各得定氣加時日度。

置其氣定小餘，副之。以乘其日盈縮分，滿通法而一，盈加、縮減其副。用減其日加時度餘，得其夜半日度。因累加一策，以其日盈縮分盈加、縮減度餘，得每日夜半日度。

四曰步月離術

轉終六百七十萬一千二百七十九。

轉終日二十七，餘千六百八十五，秒七十九。

轉法七十六。

轉秒法八十。

以秒法乘朔積分，盈轉終去之；餘復以秒法約，爲入轉分；滿通法，爲日。命日算外，得天正經朔加時所入。因加轉差日一、餘二千九百六十七、秒一，得次朔。以一象之策，循變相加，得弦、望。盈轉終日及餘秒者，去之。各以經朔、弦、望小餘減之，得其日夜半所入。

轉日	轉分	列衰	轉積度	損益率	朓朒積
一日	九百一十七	進十三	度初	益二百九十七	朒初
二日	九百三十	進十三	十二度五分	益二百五十九	朒二百九十七
三日	九百四十三	進十三	二十四度二十三分	益二百二十	朒五百五十六

四日	九百五十六	進十四	三十六度五十四分	益百八十	朒七百七十六
五日	九百七十	進十四	四十九度二十二分	益百三十九	朒九百五十六
六日	九百八十四	進十六	六十二度四分	益九十七	朒千九十五
七日	千	進十八	七十五度空	初益四十八 末損六	朒千一百九十二
八日	千一十八	進十九	八十八度十二分	損六十四	朒千二百三十四
九日	千三十七	進十四	百一度四十二分	損百六	朒千一百七十
十日	千五十一	進十四	百一十五度十五分	損百四十八	朒千六十四
十一日	千六十五	進十四	百二十九度二分	損百八十九	朒九百一十六
十二日	千七十九	進十三	百四十三度三分	損二百二十九	朒七百二十七
十三日	千九十二	進十三	百五十七度十八分	損二百六十七	朒四百九十八
十四日	千一百五	進十 退三	百七十一度四十六分	初損二百三十一 末益六十六	朒二百三十一
十五日	千一百一十二	退十三	百八十六度十一分	益二百八十九	朓六十六
十六日	千九十九	退十三	二百度五十九分	益二百五十	朓三百五十五

十七日	千八十六	退十三	二百一十五度十八分	益二百一十一	朓六百五
十八日	千七十三	退十四	二百二十九度四十分	益百七十一	朓八百一十六
十九日	千五十九	退十四	二百四十三度四十九分	益百三十	朓九百八十七
二十日	千四十五	退十七	二百五十七度四十四分	益八十七	朓千一百一十七
二十一日	千二十八	退十八	二百七十一度二十五分	初益三十六 末損十八	朓千二百四
二十二日	千一十	退十八	二百八十四度六十五分	損七十三	朓千二百二十二
二十三日	九百九十二	退十四	二百九十八度十一分	損百一十六	朓千一百四十九
二十四日	九百七十八	退十四	三百一十一度十五分	損百五十七	朓千三十三
二十五日	九百六十四	退十四	三百二十四度五分	損百九十八	朓八百七十六
二十六日	九百五十	退十三	三百三十六度五十七分	損二百三十七	朓六百七十八
二十七日	九百三十七	退十三	三百四十九度十九分	損二百七十六	朓四百四十一
二十八日	九百二十四	退七 進六	三百六十一度四十四分	初損百六十五 末益入後	朓百六十五

各置朔、弦、望所入轉日損益率，并後率而半之，爲通率。又二率相減，爲率差。前多者，以入餘減通法，餘乘率差，盈通法得一，并率差而半之；前少者，半入餘，乘率差，亦以通法除之，爲加時轉率。乃半之，以損益加時所入，餘爲轉餘。其轉餘，應損者，因餘，皆以乘率差，盈通法得一，加於通率，轉率乘之，通法約之，以朓減、朒加轉率，爲定率。乃以定率損益朓朒積，爲定數。其後無同率者，亦因前率。應益者，以通率爲初數，半率差而減之；應損者，即爲通率。其損益入餘進退日，分爲二日，隨餘初末，如法求之。所得並以損益轉率。此術本出皇極曆，以究算術之微變。若非朔望有交者，直以入餘乘損益率，如通法而一，以損益朓朒，爲定數。

七日：初數二千七百一，末數三百三十九。十四日：初數二千三百六十三，末數六百七十七。二十一日：初數二千二十四，末數千一十六。二十八日：初數千六百八十六，末數千三百五十四。以四象約轉終，均得六日二千七百一分。就全數約爲九分日之八。各以減法，餘爲末數。乃四象馴變相加，各其所當之日初末數也。視入轉餘，如初數已下者，加減損益，因循前率。如初數以上，則反其衰，歸于後率云。

各置朔、弦、望大小餘，以入氣、入轉朓朒定數，朓減、朒加之，爲定朔、弦、望大小餘。定朔日名與後朔同者，月大；不同者，小；無中氣者，爲閏月。凡言夜半，皆起晨前子正之中。若注曆，觀弦、望定小餘，不盈晨初餘數者，退一日。其望有交、起虧在晨初已前者，亦如之。又月行九道遲疾，則有三大二小。

以日行盈縮累增損之，則容有四大三小，理數然也。若俯循常儀，當察加時早晚，隨其所近而進退之，使不過三大三小〔六〕。其正月朔有交、加時正見者，消息前後一兩月，以定大小，令虧在晦、二。定朔、弦、望夜半日度各隨所直日度及餘分命之。乃列定朔、望小餘，副之〔七〕。以乘其日盈縮分，如通法而一，盈加、縮減其副。以加夜半日度，各得加時日度。

凡合朔所交，冬在陰曆、夏在陽曆，月行青道；冬至、夏至後，青道半交在春分之宿，當黃道東。立冬、立夏後，青道半交在立春之宿，當黃道東南。至所衝之宿，亦如之。冬在陽曆，夏在陰曆，月行白道；冬至、夏至後，白道半交在秋分之宿，當黃道西。立冬、立夏後，白道半交在立秋之宿，當黃道西北。至所衝之宿，亦如之。春在陽曆，秋在陰曆，月行朱道；春分、秋分後，朱道半交在夏至之宿，當黃道南。立春、立秋後，朱道半交在立夏之宿，當黃道西南。至所衝之宿，亦如之。春在陰曆，秋在陽曆，月行黑道。春分、秋分後，黑道半交在冬至之宿，當黃道北。立春、立秋後，黑道半交在立冬之宿，當黃道東北。至所衝之宿，亦如之。四序離爲八節，至陰陽之所交，皆與黃道相會，故月有九行。各視月交所入七十二候距交初中黃道日度，每五度爲限，亦初數十二，每限減一，數終於四，乃一度強，依平。更從四起，每限增一，終於十二，而至半交，其去黃道六度。又自十二，每限減一，數終於四，亦一度強，依平。更從四起，每限增一，終於十二，復與日軌相會。各累計其數，以乘限度，二百四十而一，得度。不滿者，二十四除，爲分，若以二十除之，則大分，以十二爲母。爲月行與黃道差數。距半交前後各九限，以差數爲減；距正交前後各九限，以差數爲加。此加減出入六度，單與黃道相較之數。若較之赤道，則隨氣遷變不常。計去多至、夏至以來候數，乘黃道所差，十八而一，爲月行與赤道差數。凡日以赤道內爲陰，外爲陽；月以黃道內爲陰，外爲陽。故月行宿度，入春分交後行陰曆、秋分交後行陽曆，皆爲同名。若入春分交後行陽曆、秋分交後行陰曆，皆爲異名。其在同名，以差數爲加者，加之；減者，減之。若在異名，以差數爲加者，減之；減者，加之。皆以增損黃道度，爲九道定度。

各以中氣去經朔日算，加其入交汎，乃以減交終，得平交入中氣日算。滿三元之策去之，餘得入後節日算。因求次交者，以交終加之，滿三元之策去之，得後平交入氣日算。

各以氣初先後數先加、後減之，得平交入定氣日算。倍六爻乘之，三其小餘，辰法除而從之；以乘其氣損益率，如定氣辰數而一；所得以損益其氣朓朒積，爲定數。

又置平交所入定氣餘，加其日夜半入轉餘，以乘其日損益率，滿通法而一，以損益其日朓朒積，交率乘之，交數而一，爲定數。乃以入氣入轉朓朒定數，朓減、朒加平交入氣餘，滿若不足，進退日算，爲正交入定氣日算。其入定氣餘，副之，乘其日盈縮分，滿通法而一，以盈加、縮減其副，以加其日夜半日度，得正交加時黃道日度。以正交加時度餘減通法，餘以正交之宿距度所入限數乘之，爲距前分。置距度下月道與黃道差，以通法乘之，減去距

前分，餘滿二百四十除，爲定差。不滿者一退爲秒。以定差及秒加黃道度、餘，仍計去多至、夏至已來候數乘定差，十八而一；所得依名同異而加減之，滿若不足，進退其度，得正交加時月離九道宿度。

各置定朔、弦、望加時日度，從九道循次相加。凡合朔加時，月行潛在日下，與太陽同度，是謂離象。先置朔、弦、望加時黃道日度，以正交加時所在黃道宿度減之；餘以加其正交九道宿度，命起正交宿度算外，即朔、弦、望加時所當九道宿度也。其合朔加時，若非正交，則日在黃道，月在九道，各入宿度雖多少不同，考其去極，若應繩準。故云：月行潛在日下，與太陽同度。以一象之度九十一、餘九百五十四、秒二十二半爲上弦，兌象。倍之，而與日衡，得望，坎象。參之，得下弦，震象。各以加其所當九道宿度，秒盈象統從餘，餘滿通法從度，得其日加時月度。綜五位成數四十，以約度餘，爲分。不盡者，因爲小分。

視經朔夜半入轉，若定朔大餘有進退者，亦加減轉日。否則因經朔爲定。累加一日，得次日。各以夜半入轉餘乘列衰，如通法而一；所得以進加、退減其日轉分，爲月轉定分。滿轉法，爲度。

視定朔、弦、望夜半入轉，各半列衰以減轉分。退者，定餘乘衰，以通法除，并衰而半之；進者，半餘乘衰，亦以通法除：皆加所減。乃以定餘乘之，盈通法得一，以減加時月度，爲夜半月度。各以每日轉定分累加之，得次日。若以入轉定分，乘其日夜漏，倍百刻除，爲晨分。以減轉定分，餘爲昏分。望前以昏、望後以晨加夜半度，各得晨昏月。

交日	屈伸率	屈伸積
一日	屈二十七	積初
二日	屈十九	積二十七
三日	屈十三	積四十六
四日	屈八	積五十九
五日	屈十三	積六十七
六日	屈十九	積一度四
七日	初屈二十 末伸七	積一度二十三
八日	伸十九	積一度三十六
九日	伸十三	積一度十七
十日	伸八	積一度四
十一日	伸十三	積七十二
十二日	伸十九	積五十九
十三日	伸二十七	積四十
十四日	初伸十三 末屈入後	積十三

各視每日夜半入陰陽曆交日數，以其下屈伸積，月道與黃道同名者，加之；異名者，減之。各以加減每日晨昏黃道月度，爲入宿定度及分。

五日步軌漏術

爻統千五百二十。

象積四百八十。

辰八刻百六十分。

昏、明二刻二百四十分。

定氣	陟降率	消息衰	陽城日晷	漏刻	黃道去極度	距中星度
冬至	降七十八	息空六十四	丈二尺七寸一分五十	二十七刻二百三十分	百一十七度二十分〔八〕	八十二度二十六分
小寒	降七十二	息十一九十一	丈二尺二寸二分七十七	二十七刻百三十五分	百一十四度三十五分	八十二度九十一分
大寒	降五十三	息二十二四十二	丈一尺二寸一分八十二	二十六刻三百八十分	百一十一度九十分	八十四度七十七分
立春	降三十四	息三十二十五	九尺七寸三分五十一	二十五刻四百七十五分	百八度五分	八十七度七十分
雨水	降初限七十八	息三十五七十八	八尺二寸一分六	二十四刻四百七十分	百三度二十分	九十一度三十九分
驚蟄	降一	息三十九五十	六尺七寸三分八十四	二十三刻三百六十分	九十七度三十分	九十五度八十八分
春分	陟五	息三十九六十五	五尺四寸三分十九	二十二刻二百三十分〔九〕	九十一度三十分	百度四十四分五十
清明	陟初限一	息三十八八十九	四尺三寸二分十一	二十一刻百二十分	八十五度三十分	百五度一分
穀雨	陟三十二	息三十三五十六	三尺三寸四十七	二十刻十分	七十九度三十分〔一〇〕	百九度五十分
立夏	陟五十二	息二十八三十八	二尺五寸三分三十一	十九刻五分	七十四度五十五分	百十三度十九分
小滿	陟六十三	息二十十二	尺九寸五分七十六	十八刻百分	七十度七十分	百一十六度十二分
芒種	陟六十四	息十十二	尺六寸三	十七刻三百三十五分〔一一〕	六十八度二十五分	百一十七度九十八分

定氣	陟降率	消息衰	陽城日晷	漏刻	黃道去極度	距中星度
夏至	降六十四	消空五十二	尺四寸七分七十九	十七刻二百五十分	六十七度四十分	百一十八度六十三分
小暑	降六十三	消十七十六	尺六寸三	十七刻三百三十五分〔一二〕	六十八度二十五分	百一十七度九十八分
大暑	降五十二	消二十七十五	尺九寸五分七十六	十八刻百分	七十度七十分	百一十六度十二分
立秋	降三十二	消二十八九十	二尺五寸三分三十一	十九刻五分	七十四度五十五分	百一十三度十九分
處暑	降初限九十九	消三十四五十五分	三尺三寸四十七	二十刻十分	七十九度三十分〔一三〕	百九度五十分
白露	降五	消三十八九十	四尺三寸二分十一	二十一刻百二十分	八十五度三十分	百五度一分
秋分	陟一	消三十九六十六	五尺四寸三分十九	二十二刻二百三十分〔一四〕	九十一度三十分	百度四十四分五十
寒露	陟初限一	消三十九五十	六尺七寸三分八十四	二十三刻三百六十分	九十七度三十分	九十五度八十八分
霜降	陟三十四	消廿四九十八〔一五〕	八尺二寸一分六	二十四刻四百七十分	百三度二十分	九十一度三十九分
立冬	陟五十三	消二十九七十二	九尺七寸三分五十一	二十五刻四百七十五分	百八度五分	八十七度七十分
小雪	陟七十二	消二十一七十	丈一尺二寸一分八十二	二十六刻三百八十分	百一十一度九十分	八十四度七十七分
大雪	陟七十八	消十一十三	丈二尺二寸二分七十七	二十七刻百三十五分	百一十四度三十五分	八十二度九十一分

各置其氣消息衰，依定氣所有日，每以陟降率陟減、降加其分，滿百從衰，各得每日消息定衰。其距二分前後各一氣之外，陟降不等，皆以三日爲限。雨水初日，降七十八。初限，日損十二。次限，日損八。次限，日損三。次限，日損二。次限，日損一。清明初日，陟一。初限，日益一。次限，日益二。次限，日益三。次限，日益八。末限，日益十九。處暑初日，降九十九。初限，日損十九。次限，日損八。次限，日損三。次限，日損二。末限，日損一。寒露初日，陟一。初限，日益一。次限，日益二。次限，日益三。次限，日益八。末限，日益十二。各置初日陟降率，依限次損益之，爲每日率。乃遞以陟減、降加氣初消息衰，各得每日定衰。

南方戴日之下，正中無晷。自戴日之北一度，乃初數千三百七十九。自此起差，每度增一，終於二十五度，計增二十六分。又每度增二，終於四十度。又每度增六，終於四十四度，增六十八。又每度增二，終於五十度。又每度增七，終於五十五度。又每度增十九，終於六十度，增百六十。又每度增三十三，終於六十五度。又每度增三十六，終於七十度。又每度增三十九，終於七十二度，增二百六十。又度增四百四十。又度增千六十。又度增千八百六十。又度增二千八百四十。又度增四千。又度增五千三百四十。各爲每度差。因累其差，以遞加初數，滿百爲分，分十爲寸，各爲每度晷差。又累其晷差，得戴日之北每度晷數。

各置其氣去極度，以極去戴日度五十六及分八十二半減之，得戴日之北度數。各以其消息定衰所直度之晷差，滿百爲分，分十爲寸，得每日晷差。乃遞以息減、消加其氣初晷數，得每日中晷常數。

以其日所在氣定小餘，亥統減之，餘爲中後分。不足減，反相減，爲中前分。以其晷差乘之，如通法而一，爲變差。以加減中晷常數，冬至後，中前以差減，中後以差加。夏至後，中前以差加，中後以差減。冬至一日，有減無加。夏至一日，有加無減。得每日中晷定數。

又置消息定衰，滿象積爲刻，不滿爲分。各遞以息減、消加其氣初夜半漏，得每日夜半漏定數。其全刻，以九千一百二十乘之，十九乘刻分從之，如三百而一，爲晨初餘數。

各倍夜半漏，爲夜刻。以減百刻，餘爲晝刻。減晝五刻以加夜，即晝爲見刻，夜爲沒刻。半沒刻加半辰，起子初算外，得日出辰刻。以見刻加而命之，得日入。置夜刻，五而一，得每更差刻。又五除之，得每籌差刻。以昏刻加日入辰刻，得甲夜初刻。又以更籌差加之，得五夜更籌所當辰。其夜半定漏，亦名晨初夜刻。

又置消息定衰，滿百爲度，不滿爲分。各遞以息減、消加氣初去極度，各得每日去極定數。

又置消息定衰，以萬二千三百八十六乘之，如萬六千二百七十七而一，爲度差。差滿百爲度。各遞以息加、消減其氣初距中度，得每日距中度定數。倍之，以減周天，爲距子度。

置其日赤道日度，加距中度，得昏中星。倍距子度，以加昏中星，得曉中星。命昏中星爲甲夜中星，加每更差度，得五夜中星。

凡九服所在，每氣初日中晷常數不齊。使每氣去極度數相減，各爲其氣消息定數。因測其地二至日晷，測一至可矣，不必兼要冬夏。於其戴日之北每度晷數中，較取長短同者，以爲其地戴日北度數及分。每氣各以消息定數加減之，因冬至後者，每氣以減。因夏至後者，每氣以加。得每氣戴日北度數。各因所直度分之晷數，爲其地每定氣初日中晷常數。其測晷有在表南者，亦據其晷尺寸長短與戴日北每度晷數同者，因取其所直之度，去戴日北度數。反之，爲去戴日南度。然後以消息定數加減之。

二至各於其地下水漏以定當處晝夜刻數。乃相減，爲冬夏至差刻。半之，以加減二至晝夜刻數，爲定春秋分初日晝夜刻數。乃置每氣消息定數。以當處差刻數乘之，如二至去極差度四十七分，八十而一，所得依分前後加減初日晝夜漏刻，各得餘定氣初日晝夜漏刻。置每日消息定衰，亦以差刻乘之，差度而一，所得以息減、消加其氣初漏刻，得次日。

其求距中度及昏明中星日出入，皆依陽城法求之。仍以差刻乘之，差度而一，爲今有之數。若置其地春秋定日中晷常數與陽城每日晷數，較其同者，因其日夜半漏亦爲其地定春秋分初日夜半漏。求餘定氣初日，亦以消息定數依分前後加減刻分，春分後以減，秋分後以加。滿象積爲刻。求次日，亦以消息定衰，依陽城術求之。此術究理，大體合通。然高山平川，視日不等。較其日晷，長短乃同。考其水漏，多少殊別。以茲參課，前術爲審。

校勘記

〔一〕爻數六十　各本原無。按本卷步中朔術後列術文有「爻數去之」語，則前列數據應有「爻數」一項。舊書卷三四曆志、合鈔卷四五並有「爻數六十」四字，據補。

〔二〕凡歸餘之掛五萬六千七百六十以上其歲有閏　合鈔卷四五無「十」字。按每歲閏餘爲三萬三千六十七，以加五萬六千七百六，得八萬九千七十三，適爲揲法。此衍「十」字。

〔三〕各置其小餘以六爻乘之如辰法而一爲半辰之數不盡者三約爲分　舊書卷三四曆志「不盡者」下有「五之三刻法除之爲刻又不盡者」十三字。按大衍通法三千四十，先乘以六，再乘以五，得九萬一千二百，爲刻法的三百倍。一日爲百刻，故須以三刻法除之，乃爲刻。此無求刻之計算步驟，逕云「不盡者三約爲分」，蓋有脫誤。

〔四〕命辰起子半算外　舊書卷三四曆志此下有「各其加時所在辰刻及分也」十一字。

〔五〕凡除者　錢校謂此注敍述帶分數乘法步驟，「除」字乃「乘」字之訛。

〔六〕使不過三大三小　錢校謂「『三小』乃『二小』之譌。下文云『其正月朔有交，加時正見者，消息前後一兩月以定大小，令虧在晦、二。』其意蓋謂倘依定朔法須有三月頻小者，大衍曆爲牽就習俗計，酌減爲二月頻小，使交蝕前之月應小而大，後月之朔蝕得在前月之晦日也。若得三月頻小，則決無退爲晦蝕之事矣。」

〔七〕乃列定朔望小餘副之　按上文云「各置朔弦望大小餘……爲定朔弦望大小餘」，則此處「朔」下亦當有「弦」字。舊書卷三四曆志「朔」下有「弦」字可證。

〔八〕百一十七度二十分　按冬至、夏至二日黃道去極度之和應爲一百八十二度六十分，即今一百八十度。冬至與大雪、小寒，夏至與芒種、小暑，其黃道去極度之差均應相等。據此核算，冬至黃道去極度爲「百一十五度二十分」。此誤。

〔九〕二十二刻二百三十分　按春分、秋分二日晝夜等長。二乘二十二刻二百四十分，加昏明五刻，適得五十刻。此誤。

〔一〇〕七十九度三十分　舊書卷三四曆志作「七十九度四十」。按本卷同表記雨水、霜降二日黃道去極度各爲「百三度二十分」。穀雨、雨水（或霜降）二日黃道去極度之和應爲一百八十二度六十分，

即今一百八十度，依此核算，穀雨黃道去極度應爲「七十九度四十」。此誤。

〔一一〕十七刻三百三十五分　按同表小寒漏刻爲「二十七刻百三十五分」，大雪漏刻同。芒種、小寒（或大雪）二日漏刻之和應爲四十五刻。據此核算，芒種漏刻應爲「十七刻三百四十五分」。此誤。

〔一二〕十七刻三百三十五分　按小暑、芒種二氣漏刻相同，此與芒種漏刻同誤。參見本卷校記〔一一〕。

〔一三〕七十九度三十分　按處暑、穀雨二氣黃道去極度相等，此與穀雨黃道去極度同誤。參見本卷校記〔一〇〕。

〔一四〕二十二刻二百三十分　按春分、秋分二日晝夜等長，漏刻應同。此與春分漏刻同誤。參見本卷校記〔九〕。

〔一五〕消二十四　按以霜降日數乘霜降消衰，得立冬消衰。按此核算，「二」應作「三」。

唐書卷二十八下

志第十八下

曆四下

六曰步交會術

終數八億二千七百二十五萬一千三百二十二。

交終日二十七，餘六百四十五，秒千三百二十二。

中日十三，餘千八百四十二，秒五千六百六十一。

朔差日二，餘九百六十七，秒八千六百七十八。

望差日一，餘四百八十三，秒九千三百三十九。

望數日十四，餘二千三百二十六，秒五千〔一〕。

交限日十二，餘千三百五十八，秒六千三百二十二。

交率三百四十三。

交數四千三百六十九。

交秒法一萬。

以交數去朔積分；不盡，以秒法乘之，盈交數又去之〔二〕；餘如秒法而一，爲入交分。滿通法爲日，命日算外，得天正經朔加時入交汎日及餘。因加朔差，得次朔。以望數加朔，得望。若以經朔望小餘減之，各得夜半所入。累加一日，得次日。加之滿交終，去之。各以其日入氣朓朒定數，朓減、朒加交汎〔三〕，爲入交常日及餘。又以交率乘其日入轉朓朒定數，如交數而一，以朓減、朒加入交常，爲入交定日及餘。各如中日已下者，爲月入陽曆；已上者，去之，餘爲月入陰曆。

陰陽曆

爻目	加減率	陰陽積	月去黃道度
少陽少陰初	加百八十七	陰陽初	空
少陽少陰二	加百七十一	陰陽百八十七	一度六十七分
少陽少陰三	加百四十七	陰陽三百五十八	二度百一十八分
少陽少陰四	加百一十五	陰陽五百五	四度二十五分
少陽少陰五	加七十五	陰陽六百二十	五度二十分
少陽少陰上	加二十七	陰陽六百九十五	五度九十五分
老陽老陰初	減二十七	陰陽七百二十二	六度二分
老陽老陰二	減七十五	陰陽六百九十五	五度九十五分
老陽老陰三	減百一十五	陰陽六百二十	五度二十分
老陽老陰四	減百四十七	陰陽五百五	四度二十五分
老陽老陰五	減百七十一	陰陽三百五十八	二度百一十八分
老陽老陰上	減百八十七	陰陽百八十七	一度六十七分

以其爻加減率與後爻加減率相減，爲前差。又以後爻率與次後爻率相減，爲後差。二差相減，爲中差。置所在爻并後爻加減率，半中差以加而半之，十五而一，爲爻末率，因爲後爻初率。每以本爻初、末率相減，爲爻差。十五而一，爲度差。半之，以加減初率，少象減之，老象加之。爲定初率。每以度差累加減之，少象以差減，老象以差加。各得每度加減定分。迺循積其分，滿百二十爲度，各爲月去黃道數及分。其四象初爻無初率，上爻無末率，皆倍本爻加減率，十五而一。所得，各以初、末率減之，皆互得其率。

各置夜半入轉，以夜半入交定日及餘減之，不足減，加轉終。餘爲定交初日夜半入轉。乃以定交初日與其日夜半入餘，各乘其日轉定分，如通法而一，爲分。滿轉法，爲度。各以加其日轉積度分，乃相減，所餘爲其日夜半月行入陰陽度數。轉求次日，以轉定分加之。以一象之度九十除之，若以少象除之，則兼除差度一、度分百六、大分十三、小分十四。訖，然後以次象除之。所得以少陽、老陽、少陰、老陰爲次，起少陽算外，得所入象度數及分。先以三十乘陰陽度分，十九而一，爲度分。不盡，以十五乘、十九除，爲大分。不盡者，又乘，又除，爲小分。然後以象度及分除之。乃以一爻之度十五除之，得所入爻度數及分。其月行入少象初爻之內及老象上爻之中，皆沾黃道。當朔望，則有虧蝕。

凡入交定如望差已下，交限已上，爲入蝕限。望入蝕限，則月蝕。朔入蝕限，月在陰曆，則日蝕。如望差已下，爲交後。交限已上，以減交中，餘爲交前。置交前後定日及餘，通之，爲去交前後定分。十一乘之，二千六百四十三除，爲去交度數。不盡，以通法乘之，復除爲餘。大抵去交十三度已上，雖入蝕限，爲涉交數微，光景相接，或不見蝕。望去交分七百七十九已下者，皆既。已上者，以定交分減望差，餘以百八十三約之，命以十五爲限，得月蝕之大分。月在陰曆，初起東南，甚於正南，復於西南。月在陽曆，初起東北，甚於正北，復於西北。其蝕十二分已上者，起於正東，復於正西。此據午正而論之。餘各隨方面所在，準此取正。

凡月蝕之大分五已下，因增三。十已下，因增四。十已上，因增五。其去交定分五百二十已下，又增半。二百六十已下，又增半。各爲汎用刻率。

定氣	增損差	差積
冬至	增十	積初
小寒	增十五	積十
大寒	增二十	積二十五
立春	增二十五	積四十五
雨水	增三十	積七十
驚蟄	增三十五	積百
春分	增四十	積百三十五
清明	增四十五	積百七十五
穀雨	增五十	積二百二十
立夏	增五十五	積二百七十
小滿	增六十	積三百二十五
芒種	增六十五	積三百八十五
夏至	損六十五	積四百五十
小暑	損六十	積三百八十五
大暑	損五十五	積三百二十五
立秋	損五十	積二百七十
處暑	損四十五	積二百二十
白露	損四十	積百七十五
秋分	損三十五	積百三十五
寒露	損三十	積百
霜降	損二十五	積七十
立冬	損二十	積四十五
小雪	損十五	積二十五
大雪	損十	積十

以所入氣并後氣增損差，倍六爻乘之，綜兩氣辰數除之，爲氣末率。又列二氣增損差，皆倍六爻乘之，各如辰數而一；少減多，餘爲氣差。加減末率，冬至後以差減，夏至後以差加。爲初率。倍氣差，綜兩氣辰數除，爲日差〔四〕。半之，加減初、末，爲定率。以差累加減氣初定率，冬至後以差加，夏至後以差減。爲每日增損差。乃循積之，隨所入氣日增損氣下差積，各其日定數。其二至之前一氣，皆後無同差，不可相并，各因前末爲初率。以氣差冬至前減、夏至前加，爲末率。

陰曆蝕差千二百七十五，蝕限三千五百二十四〔五〕，或限三千六百五十九。陽曆蝕限百三十五，或限九百七十四。以蝕朔所入氣日下差積，陰曆減之，陽曆加之，各爲朔定差及定限〔六〕。朔在陰曆，去交定分滿蝕定差已上者，爲陰曆蝕。不滿者，雖在陰曆，皆類同陽曆蝕。其去交定分滿定限已下者，的蝕。或限已下者，或蝕。

陰曆蝕者，置去交定分，以蝕定差減之，餘百四已下者，皆蝕既。已上者，以百四減之，餘以百四十三約之。其入或限者，以百五十二約之。半已下，爲半弱。半已上，爲半強。以減十五，餘爲日蝕之大分。其同陽曆蝕者，其去交定分少於蝕定差六十已下者，皆蝕既。已上者，以陽曆蝕定限加去交分，以九十約之。其陽曆蝕者，置去交定分，亦以九十約之。入或限者，以百四十三約之。皆半已下，爲半弱。半已上，爲半強。命之，以十五爲限，得日蝕之大分。

月在陰曆，初起西北，甚於正北，復於東北。月在陽曆，初起西南，甚於正南，復於東南。其蝕十二分已上，皆起於正西，復於正東。

凡日蝕之大分，皆因增二。其陰曆去交定分多於蝕定差七十已下者，又增〔七〕；三十五已下者，又增半。其同陽曆去交定分少於蝕定差二十已下者，又增半；四已下者，又增少。各爲汎用刻率。

置去交定分，以交率乘之，二十乘交數除之；其月道與黃道同名者，以加朔望定小餘；異名者，以減朔、望定小餘：爲蝕定餘。如求發斂加時術入之，得蝕甚辰刻。

各置汎用刻率，副之。以乘其日入轉損益率，如通法而一。所得，應朒者，依其損益；

應朓者，損加、益減其副，爲定用刻數。半之，以減蝕甚辰刻，爲虧初；以加蝕甚辰刻，爲復末。其月蝕，置定用刻數，以其日每更差刻除，爲更數。不盡，以每籌差刻除，爲籌數。綜之爲定用更籌。乃累計日入後至蝕甚辰刻，置之，以昏刻加日入辰刻減之，餘以更籌差刻除之。所得命以初更籌算外，得蝕甚更籌。半定用更籌減之，爲虧初；加之爲復末。按天竺俱摩羅所傳斷日蝕法，日蹋鬱車宮者，的蝕。其餘據日所在宮，火星在前三及後五之宮，幷伏在日下，則不蝕。若五星皆見，又水在陰曆及三星已上同聚一宿，則亦不蝕。凡星與日別宮或別宿則易斷，若同宿則難。天竺所云十二宮，即中國之十二次。鬱車宮者，降婁之次也。

九服之地，蝕差不同。先測其地二至及定春秋中晷長短〔八〕，與陽城每日中晷常數較取同者，各因其日蝕差爲其地二至及定春秋分蝕差。以夏至差減春分差，以春分差減冬至，各爲率。幷二率，半之，六而一，爲夏率。二率相減，六而一，爲總差。置總差，六而一，爲氣差。半氣差，以加夏率，又以總差減之，爲冬率。冬率即冬至率。每以氣差加之，各爲每氣定率。乃循積其率，以減冬至蝕差，各得每氣初日蝕差。求每日，如陽城法求之。若戴日之南，當計所在地，皆反用之。

七日步五星術

歲星

終率百二十一萬二千五百七十九，秒六。

終日三百九十八，餘二千六百五十九，秒六。

變差三十四，秒十四。

象算九十一，餘二百三十八，秒五十七，微分十二。

爻算十五，餘百六十六，秒四十二，微分八十二。

熒惑

終率二百三十七萬一千三，秒八十六。

終日七百七十九，餘二千八百四十三，秒八十六。

變差三十二，秒二。

象算九十一，餘二百三十八，秒四十三，微分八十四。

爻算十五，餘百六十六，秒四十，微分六十二。

鎮星

終率百一十四萬九千三百九十九，秒九十八。

終日三百七十八，餘二百七十九，秒九十八。

變差二十二，秒九十二。

象算九十一，餘二百三十七，秒八十七。

爻算十五，餘百六十六，秒三十一，微分十六。

太白

終率百七十七萬五千三十，秒十二。

終日五百八十三，餘二千七百一十一，秒十二。

中合日二百九十一，餘二千八百七十五，秒六。

變差三十，秒五十三。

象算九十一，餘二百三十八，秒三十四，微分五十四。

爻算十五，餘百六十六，秒三十九，微分九。

辰星

終率三十五萬二千二百七十九，秒七十二。

終日百一十五，餘二千六百七十九，秒七十二。

中合日五十七，餘二千八百五十九，秒八十六。

變差百三十六，秒七十八。

象算九十一，餘二百四十四，秒九十八，微分六十。

爻算十五，餘百六十七，秒四十九，微分七十四。

辰法七百六十。

秒法一百。

微分法九十六。

置中積分，以冬至小餘減之，各以其星終率去之，不盡者返以減終率；餘滿通法爲日，得冬至夜半後平合日算。

各以其星變差乘積算，滿乾實去之；餘滿通法，爲日。以減平合日算，得入曆算數。皆四約其餘，同於辰法。乃以一象之算除之，以少陽、老陽、少陰、老陰爲次，起少陽算外。餘以一爻之算除之；所得命起其象初爻算外，得所入爻算數。

五星爻象曆

歲星	少陽少陰初	益七百七十三	進退積空
	少陽少陰二	益七百二十一	進退七百七十三
	少陽少陰三	益六百三十	進退千四百九十四
	少陽少陰四	益五百	進退二千一百二十四
	少陽少陰五	益三百三十一	進退二千六百二十四
	少陽少陰上	益百二十三	進退二千九百五十五
	老陽老陰初	損百二十三	進退三千七十八
	老陽老陰二	損三百三十一	進退二千九百五十五
	老陽老陰三	損五百	進退二千六百二十四
	老陽老陰四	損六百三十	進退二千一百二十四
	老陽老陰五	損七百二十一	進退千四百九十四
	老陽老陰上	損七百七十三	進退七百七十三
熒惑	少陽少陰初	益千二百三十七	進退積空

	少陽少陰二	益千一百四十三	進退千二百三十七
	少陽少陰三	益九百九十一	進退二千三百八十
	少陽少陰四	益七百八十一	進退三千三百七十一
	少陽少陰五	益五百一十三	進退四千一百五十二
	少陽少陰上	益百八十七	進退四千六百六十五
	老陽老陰初	損百八十七	進退四千八百五十二
	老陽老陰二	損五百一十三	進退四千六百六十五
	老陽老陰三	損七百八十一	進退四千一百五十二
	老陽老陰四	損九百九十一	進退三千三百七十一
	老陽老陰五	損千一百四十三	進退二千三百八十
	老陽老陰上	損千二百三十七	進退千二百三十七
鎮星	少陽少陰初	益千六百八十四	進退積空
	少陽少陰二	益千五百四十四	進退千六百八十四

	少陽少陰三	益千三百三十	進退三千二百二十八
	少陽少陰四	益千四十二	進退四千五百五十八
	少陽少陰五	益六百八十	進退五千六百
	少陽少陰上	益二百四十四	進退六千二百八十
	老陽老陰初	損二百四十四	進退六千五百二十四
	老陽老陰二	損六百八十	進退六千二百八十
	老陽老陰三	損千四十二	進退五千六百
	老陽老陰四	損千三百三十	進退四千五百五十八
	老陽老陰五	損千五百四十四	進退三千二百二十八
	老陽老陰上	損千六百八十四	進退千六百八十四
太白	少陽少陰初	益二百五十五	進退積空
	少陽少陰二	益二百三十一	進退二百五十五
	少陽少陰三	益百九十八	進退四百八十六

	少陽少陰四	益百五十六	進退六百八十四
	少陽少陰五	益百五	進退八百四十
	少陽少陰上	益四十五	進退九百四十五
	老陽老陰初	損四十五	進退九百九十
	老陽老陰二	損百五	進退九百四十五
	老陽老陰三	損百五十六	進退八百四十
	老陽老陰四	損百九十八	進退六百八十四
	老陽老陰五	損二百三十一	進退四百八十六
	老陽老陰上	損二百五十五	進退二百五十五
辰星	少陽少陰初	益六百四十三	進退積空
	少陽少陰二	益五百八十五	進退六百四十三
	少陽少陰三	益五百一	進退千二百二十八
	少陽少陰四	益三百九十一	進退千七百二十九

少陽少陰五	益二百五十五	進退二千一百二十
少陽少陰上	益九十三	進退二千三百七十五
老陽老陰初	損九十三	進退二千四百六十八
老陽老陰二	損二百五十五	進退二千三百七十五
老陽老陰三	損三百九十一	進退二千一百二十
老陽老陰四	損五百一	進退千七百二十九
老陽老陰五	損五百八十五	進退千二百二十八
老陽老陰上	損六百四十三	進退六百四十三

以所入爻與後爻損益率相減，爲前差。又以後爻與次後爻損益率相減，爲後差。二差相減，爲中差。置所入爻并後爻損益率，半中差以加之，九之，二百七十四而一，爲爻末率，因爲後爻初率。皆因前爻末率，以爲後爻初率。初、末之率相減，爲爻差。倍爻差，九之，二百七十四而一，爲算差。半之，加減初、末，各爲定率。以算差累加減爻初定率，少象以差減，老象以差加。爲每算損益率。循累其率，隨所入爻損益其下進退積，各得其算定數。其四象初爻無初率，上爻

無末率，皆置本爻損益率四而九之，二百七十四得一，各以初、末率減之，皆互得其率。

各置其星平合所入爻之算差，半之，以減其入算損益率。損者，以所入餘乘差，辰法除，并差而半之；益者，半入餘，乘差，亦辰法除：皆加所減之率。乃以入餘乘之，辰法而一；所得以損益其算下進退，各爲平合所入定數。

置進退定數，金星則倍置之。各以合下乘數乘之，除數除之；所得滿辰法爲日，以進加、退減平合日算，先以四約平合餘，然後加減。爲常合日算。

置常合日先後定數，四而一，以先減、後加常合日算，得定合日算。又四約盈縮分，以定合餘乘之，滿辰法而一；所得以盈加、縮減其定餘，加其日夜半日度，爲定合加時星度。

又置定合日算，以多至大小餘加之，天正經朔大小餘減之。其至朔小餘，皆先以四約之。若大餘不足減，又以爻數加之，乃減之。餘滿四象之策除，爲月數。不盡者，爲入朔日算。命月起天正、日起經朔算外，得定合月、日。闕定朔與經朔有進退者，亦進減、退加一日爲定。

置常合及定合應加減定數，同名相從，異名相消；乃以加減其平合入爻算，滿若不足，進退爻算，得定合所入。乃以合後諸變曆度累加之，去命如前，得次變初日所入。如平合求進退定數，乃以乘數乘之，除數除之，各爲進退變率。

五星變行日中率、度中率、差行損益率、曆度乘數、除數。

歲星

合後伏：十七日三百三十二分，行三度三百三十二分。先遲，二日益疾九分。曆，一度三百五十七分。乘數三百五十，除數二百八十一。

前順：百一十二日，行十八度六百五十六分。先疾，五日益遲六分。曆，九度三百三十七分。乘數三百五十，除數二百八十一。

前留：二十七日。曆，二度二百二十分。乘數二百六十七，除數二百二十一。

前退：四十三日，退五度三百六十九分。先遲，六日益疾十一分。曆，三度四百七十五分。乘數四百七十，除數四百三。

後退：四十三日，退五度三百六十九分。先遲，六日益遲十一分。曆，三度四百七十五分。乘數五百一十，除數四百六十七。

後留：二十七日。曆，三度二百一十分。乘數二百七十，除數二百二十二。

後順：百一十二日，行十八度六十五分。先遲，五日益疾六分。曆，九度三百三十七分。乘數二百六十七，除數二百二十七。

合前伏：十七日三百三十二分，行三度三百三十二分〔九〕。先疾，二日益遲九分。曆，一度

三百五十八分。乘數三百五十，除數二百八十一。

熒惑

合後伏：七十一日七百三十五分，行五十四度七百三十五分。先疾，五日益遲七分。曆，三十八度二百一分。乘數百二十七，除數三十。

前疾：二百一十四日，行百三十六度。先疾，九日益遲四分。曆，百一十三度五百九十六分。乘數百二十七，除數三十。

前遲：六十日，行二十五度。先疾，日益遲四分。曆，三十一度六百八十五分。乘數二百三，除數五十四。

前留：十三日。曆，六度六百九十三分。乘數二百三，除數五十四。

前退：三十一日，退八度四百七十三分。先遲，六日益疾五分。曆，十六度三百六十七分。乘數二百三，除數四十八。

後退：三十一日，退八度四百七十三分。先疾，六日益遲五分。曆，十六度三百六十七分。乘數二百三，除數四十八。

後留：十三日。曆，六度六百九十三度〔一〇〕。乘數二百三，除數四十八。

後遲：六十日，行二十五度。先遲，日益疾四分。曆，三十一度六百八十五分。乘數二百三，除

數五十四。

後疾：二百一十四日，行百三十六度。先遲，九日益疾四分。曆，百一十三度五百九十六分。乘數二百三，除數五十四。

合前伏：七十一日七百三十六分，行五十四度七百三十六分。先遲，五日益疾七分。曆，三十八度二百一分。乘數百二十七，除數三十。

鎮星

合後伏：十八日四百一十五分，行一度四百一十五分。先遲，二日益疾九分。曆，四百八十分。乘數十二，除數十一。

前順：八十三日，行七度二百四十一分。先疾，六日益遲五分。曆，二度六百二十三分。乘數十二，除數十一。

前留：三十七日三百八十分。曆，一度二百八分。乘數十，除數九。

前退：五十日，退二度三百三十四分。先遲，七日益疾一分。曆，一度五百三十一分。乘數二十，除數十七。

後退：五十日，退二度三百三十四分。先疾，七日益遲一分。曆，一度五百三十一分。乘數五，除數四。

後留：三十七日三百八十分。曆，一度二百八分。乘數二十，除數一十七。

後順：八十三日，行七度二百四十一分。先遲，六日益疾五分。曆，二度六百二十三分。乘數十，除數九。

合前伏：十八日四百一十五分，行一度四百一十五分。先疾，二日益遲九分。曆，四百八十分。乘數十二，除數十一。

太白

晨合後伏：四十一日七百一十九分，行五十二度七百一十九分。先遲，三日益疾十六分。曆，四十一度七百一十九分。乘數七百九十七，除數二百九。

夕疾行：百七十一日，行二百六度。先疾，五日益遲九分。曆，百七十一度。乘數七百九十一，除數二百九。

夕平行：十二日，行十二度。曆，十二度。乘數五百一十五，除數百五十六。

夕遲行：四十二日，行三十一度。先疾，日益遲十分。曆，四十二度。乘數五百一十五，除數百三十七。

夕留：八日。曆，八度。乘數五百一十五，除數九十二。

夕退：十日，退五度。先遲，日益疾九分。曆，十度。乘數五百一十五，除數八十六。

夕合前伏：六日，退五度。先疾，日益遲十五分〔一〕。曆，六度。乘數五百一十五，除數八十四。

夕合後伏：六日，退五度。先遲，日益疾十五分〔二〕。曆，六度。乘數五百一十五，除數八十三。

晨退：十日，退五度。先疾，日益遲九分。曆，十度。乘數五百一十五，除數八十四。

晨留：八日，曆八度。乘數五百一十五，除數八十六。

晨遲行：四十二日，行三十一度。先遲，日益疾十分。曆，四十二度。乘數五百一十五，除數九十二。

晨平行：十二日，行十二度。曆，十二度。乘數五百一十五，除數百三十七。

晨疾行：百七十一日，行二百六度。先遲，五日益疾九分。曆，百七十一度。乘數五百一十五，除數百五十六。

晨合前伏：四十一日七百一十九分，行五十二度七百一十九分。先疾，三日益遲十六分。曆，四十一度七百一十九分。乘數七百九十七，除數二百九。

辰星

晨合後伏：十六日七百一十五分，行三十三度七百一十五分。先遲，日益疾二十二分。曆，十六度七百一十五分。乘數二百八十六，除數二百八十七。

夕疾行：十二日，行十七度。先疾，日益遲五十分。曆，十二度。乘數二百八十六，除數二百八十七。

夕平行：九日，行九度。曆，九度。乘數四百九十五，除數百九十四。

夕遲行：六日，行四度。先疾，日益遲七十六分。曆，六度。乘數四百九十六，除數百九十五。

夕留：三日。曆，三度。乘數四百九十七，除數百九十六。

夕合前伏：十一日，退六度。先遲，日益疾三十一分。曆，十一度。乘數四百九十八，除數百九十七。

夕合後伏：十一日，退六度。先疾，日益遲三十一分。曆，十一度。乘數五百，除數百九十八。

晨留：三日。曆，三度。乘數四百九十八，除數百九十八。

晨遲行：六日，行四度。先遲，日益疾七十六分。曆，六度。乘數四百九十七，除數百九十六。

晨平行：九日，行九度。曆，九度。乘數四百九十六，除數百九十五。

晨疾行：十二日，行十七度。先遲，日益疾五十分。曆，十二度。乘數四百九十三，除數百九十四。

晨合前伏：十六日七百一十五分，行三十三度七百一十五分。先疾，日益遲二十二分。曆，十六度七百一十五分。乘數二百八十六，除數二百八十七。

各置其本進退變率與後變率。同名者，相消爲差。在進前少，在退前多，各以差爲加；在進前多，在退前少，各以差爲減。異名者，相從爲并。前退後進，各以并爲加；前進後退，各以并爲減。逆行度率，則反之。皆以差及并，加減日度中率，各爲日度變率。其水星疾行，直以差、并加、減度中率，爲變率。其日直因中率爲變率，勿加減也。

以定合日與前疾初日、後疾初日與合前伏初日先後定數，各以同名者相消爲差，異名者相從爲并。皆四而一。所得滿辰法，各爲日度。乃以前日度盈加、縮減其合後伏度之變率及合前伏、前疾日之變率，亦以後日度盈減、縮加其後疾日之變率及合前伏、前疾度之變率。金水夕合，反其加減。留退亦然。其二留日之變率，若差於中率者，即以所差之數爲度，各加、減本遲度之變率。謂以所多於中率之數加之，少於中率之數減之。已下加減準此。退行度之變率，若差於中率者，即倍所差之數，各加、減本疾度之變率。其木、土二星，既無遲、疾，即加、減前、後順行度之變率。其水星疾行度之變率，若差於中率者，即以所差之數爲日，各加、減留日變率。其留日變率若少不足減者，即侵減遲日變率。若多於中率者，亦以所多之數爲日，以加留日變率。各加、減變率訖，皆爲日度定率。其日定率有分者，前後輩之。輩，配也。以少分配多分，滿全爲日。有餘轉配其諸變率。不加減者，皆依變率爲定率。

置其星定合餘，以減辰法；餘以其星初日行分乘之，辰法而一，以加定合加時度，得定合後夜半星度及餘。自此各依其星計日行度，所至皆從夜半爲始。各以一日所行度分順加、退減之。其行有小分者，各滿其法從行分。伏不注度，留者因前，退則依減。順行出虛，去六虛之

差。退行入虛，先加此差。六虛之差，亦四而一，乃用加減。訖，皆以轉法約行分，爲度分，得每日所至。日度定率，或加或減，益疾益遲，每日漸差，不可預定。今且略據日度中率，商量置之。其定率既有盈縮，即差數合隨而增損，當先檢括諸變定率與中率相較近者因用其差，求其初、末之日行分爲主。自餘諸變，因此消息，加、減其差，各求初、末行分。循環比較，使際會參合，衰殺相循。其金、水皆以平行爲主，前後諸變，準此求之。其合前伏，雖有日度定率，因加至合而與後算不叶者，皆從後算爲定。其初見伏之度，去日不等，各以日度與星辰相較。木去日十四度，金十一度，火、土、水各十七度皆見。各減一度，皆伏。其木、火、土三星，前順之初，後順之末，及金、水疾行、留、退初、末，皆是見、伏之初日，注曆消息定之。金、水及日、月度，皆不注分。

置日定率減一，以所差分乘之，爲實。以所差日乘定日率，爲法。實如法而一，爲行分，得每日差。以辰法通度定率，從其分，如日定率而一，爲平行度分。減日定率一，以所差分乘之，二而一，爲差率。以加、減平行分，益疾者，以差率減平行爲初日，加平行爲末日。益遲者，以差率加平行爲初日，減平行爲末日。得初、末日所行度及分。其差不全而與日相合者，先置日定率減一，以所差分乘之，爲實。倍所差日，爲法。實如法而一，爲行分。不盡者，因爲小分。然後爲差率。置初日行分，益遲者，以每日差累減之；益疾者，以每日差累加之；得次日所行度分。其每日差及初日行，皆有小分。母既不同，當令同之，乃用加、減。

其先定日數而求度者，減所求日一，以每日差乘之，二而一。所得以加、減初日行分，益遲減之，益疾加之。以所求日乘之，如辰法而一，爲度。不盡者，爲行分，得從初日至所求日積度及分。

若先定度數而返求日者，以辰法乘所求行度。有分者，從之。八之，如每日差而一，爲積。倍初日行分，以每日差加、減之，益遲者加之，益疾者減之。如每日差而一，爲率。令自乘，以積加、減之。益遲者以積減之，益疾者以積加之。開方除之，所得以率加、減之。益遲者以率加之，益疾者以率減之。乃半之，得所求日數。開方除者，置所開之數爲實。借一算於實之下，名曰下法。步之，超一位。置商於上方，副商於下法之上，名曰方法。命上商以除實。畢，倍方法一折，下法再折。乃置後商於下法之上，名曰隅法。副隅并方。命後商以除實。畢，隅從方法折下，就除如前開之。

五星前變，入陽爻，爲黃道北；入陰爻，爲黃道南。後變，入陽爻，爲黃道南；入陰爻，爲黃道北。其金水二星，以夕爲前變，晨爲後變。各計其變行，起初日入爻之算，盡老象上爻未算之數。不滿變行度常率者，因置其數以變行日定率乘之，如變行度常率而一，爲日。其入變日數與此日數已下者，星在道南北依本所入陰陽爻爲定。過此日數之外者，南北返之。

九執曆者，出于西域。開元六年，詔太史監瞿曇悉達譯之。斷取近距，以開元二年二

月朔爲曆首。度法六十。月有二十九日，餘七百三分日之三百七十三。曆首有朔虛分百二十六。周天三百六十度，無餘分。日去沒分九百分度之十三。二月爲時，六時爲歲。三十度爲相，十二相而周天。望前曰白博乂；望後曰黑博乂。其算皆以字書，不用籌策。其術繁碎，或幸而中，不可以爲法。名數詭異，初莫之辨也。陳玄景等持以惑當時，謂一行寫其術未盡，妄矣。

校勘記

〔一〕秒五千　「五千」，各本原作「五十」。舊書卷三四曆志作「五千」。按望數即四象之策的核算，舊書是，據改。

〔二〕以交數去朔積分不盡以秒法乘之盈交數又去之　按舊書卷三四曆志前「交數」作「交終」，後「交數」作「交終」，「交終」即本卷之「終數」。此段所述乃由朔積分求入交分之計算步驟。據術，此處二「交數」殆爲「終數」之訛。

〔三〕朓減朒加交汎　「交汎」，舊書卷三四曆志作「入交汎」，據術，舊書是。

〔四〕倍氣差綜兩氣辰數除爲日差　舊書卷三四曆志「倍氣差」下有「倍六爻乘之」五字。按倍氣差，兩氣日數之和除之，得日差。兩氣日數之和除之，亦即「倍六爻乘之，綜兩氣辰數除」。當以舊

書爲正。

〔五〕蝕限三千五百二十四　舊書卷三四曆志陰曆蝕限爲「二千五百二十四」。本卷下文陰曆或限作「三千六百五十九」，舊書同。按陰曆蝕限應遠較或限爲小，此「三」字疑誤。

〔六〕各爲朔定差及定限　「朔定差」，舊書卷三四曆志作「蝕定差」，據術，舊書是。

〔七〕其陰曆去交定分多於蝕定差七十已下者又增　舊書卷三四曆志「七十已下者」作「七十以上者」。據術，舊書是。又據上下文，「增」字下疑有脫文。

〔八〕先測其地二至及定春秋中晷長短　按下文云「爲其地二至及定春秋分蝕差」，疑此處「春秋」下脫「分」字。

〔九〕合前伏十七日三百三十二分行三度三百三十二分　按五星變行日中率相併，應得終日算及餘分。歲星終日餘分爲二千六百五十九分六秒。辰法乘之，通法除之，得六百六十五分。本卷上文及舊書卷三四曆志所載歲星合後伏餘分均爲「十七日三百三十二分」，則合前伏餘分當爲「三百三十三分」。

〔一〇〕曆六度六百九十三度　按上文既云「六度」，則「度」下「六百九十三」應是分數。

〔一一〕先疾日益遲　按太白在夕合前伏期間之退行速度逐日增快。舊書卷三四曆志作「先遲日益疾」是。

〔一二〕先遲日益疾　按太白在夕合後伏期間之退行速度逐日減慢。舊書卷三四曆志作「先疾日益遲」是。

唐書卷二十九

志第十九

曆五

寶應元年六月望戊夜，月蝕三之一。官曆加時在日出後，有交，不署蝕。代宗以至德曆不與天合，詔司天臺官屬郭獻之等，復用麟德元紀，更立歲差，增損遲疾、交會及五星差數，以寫大衍舊術。上元七曜，起赤道虛四度。帝爲製序，題曰五紀曆。

其與大衍小異者九事，曰：仲夏之朔，若月行極疾，合于亥正，朔不進，則朔之晨，月見東方矣。依大衍戌初進初朔，則朔之夕，月見西方矣。當視定朔小餘不滿五紀通法，如晨初餘數減十刻已下者，進以明日爲朔。一也。以三萬二千一百六十乘夜半定漏刻，六十七乘刻分從之，二千四百而一，爲晨初餘數。二也。陽曆去交分，交前加一辰，交後減一辰，餘百八十三已下者，日亦蝕。三也。月蝕有差，以望日所入定數，視月道同名者，交前爲

加，交後爲減；異名者，交前爲減，交後爲加，各以加減去交分。又交前減一辰，交後加一辰，餘如三百三十八已下者，旣。已上，以減望差，八十約之，得蝕分。四也。日蝕有差，以朔日所入定數，十五而一，以減百四，餘爲定法。以蝕差減去交分。又交前減兩辰，餘爲陰曆蝕。其不足減者，反減蝕差。在交後減兩辰，交前加三辰，餘爲類同陽曆蝕。又自小滿畢小暑，加時距午正八刻外者，皆減一辰；三刻內者，皆加一辰。自大寒畢立春，交前五辰外，自大暑畢立多交後五辰外，又減一辰。不足減者，旣。加減訖，各如定法而一，以減十五，餘爲蝕分。其陽曆蝕者，置去交分，以蝕差加之，交前加一辰，交後減一辰。所得，以減望差，餘如百四約之，得爲蝕分。五也。所蝕分，日以十八乘之，月以二十乘之，皆十五而一，爲汎用刻，不復因加。六也。日蝕定用刻在辰正前者，以十分之四爲虧初刻，六爲復末刻；未正後者，六爲虧初刻，四爲復末刻。不復相半。七也。五星乘數、除數，諸變皆通用之，不復變行異數。入進退曆，皆用度中率。八也。以定合初日與前疾初日、後疾初日與合前伏初日先後定數，各同名者，相消爲差；異名者，相從爲幷。皆四而一。所得滿辰法，各爲日。乃以前日盈減、縮加其合後伏日變率，亦以後日盈加、縮減合前伏日變率。太白、辰星夕變，則返加減留退。二退度變率，若差於中率者，倍所差之數，曰伏差，以加減前疾日度變率。熒惑均加減前疾兩變日度變率。歲星、熒惑、鎭星前留日變率，若差於中率者，以所差之數爲

度，加減前遲日變率。皆多於中率之數者，加之；少於中率者，減之。後留日變率，若差於中率者，以所差之數爲日，以加減後遲日變率及加減二退度變率。又以伏差加減後疾日度變率。多於中率之數者，減之；少於中率者，加之。其熒惑均加減疾遲兩變日度變率。歲星、鎮星無遲，卽加減前後順行日度變率。太白晨夕退行度變率，若差於中率者，亦倍所差之數爲度，加減本疾度變率〔一〕。夕合前後伏，雖亦退行，不取加減。二留日變率，若差於中率者，以所差之數爲度，加減本遲度變率。皆多於中率之數加之，少於中率減之。其辰星二留日變率，若差於中率者，以所差之數爲度，各加減本遲度變率。疾行度變率，若差於中率者，以所差之數爲日，各加減留日變率。亦多於中率之數者，加之；少於中率者，減之。其留日變率，若少不足減者，優減遲日變率。加減訖，皆爲日度定率。九也。

大衍以四象考五星進退，或時弗叶。獻之加減頗異，而偶與天合。於是頒用，訖建中四年。

寶應五紀曆演紀上元甲子，距寶應元年壬寅，積二十六萬九千九百七十八算。

五紀通法千三百四十。

策實四十八萬九千四百二十八。

揲法三萬九千五百七十一。

策餘七千二十八。

用差七千五百四十八。

掛限三萬八千三百五十七。

三元之策十五，餘二百九十二，秒五；秒母六。以象統爲母者，又四因之。

四象之策二十九，餘七百一十一。

一象之策七，餘五百一十二太。

天中之策五，餘九十七，秒十一；秒母十八。

地中之策六，餘百一十七，秒四；秒母三十。

貞悔之策三，餘五十八，秒十七。

辰法三百三十五。

刻法百三十四。

乾實四十八萬九千四百四十二，秒七十。

周天度三百六十五，虛分三百四十二，秒七十。

歲差十四，秒七十。

秒法百。

定氣	盈縮分	先後數	損益率	朓朒積
冬至	盈千三十七	先端	益七十八	朒初
小寒	盈八百一十三	先千三十七	益六十一	朒七十八
大寒	盈六百一十三	先千八百五十	益四十六	朒百三十九
立春	盈四百三十	先二千四百六十三	益三十二	朒百八十五
雨水	盈二百五十九	先二千八百九十三	益十九	朒二百一十七
驚蟄	盈九十四	先三千一百五十二	益七	朒二百三十六
春分	縮九十四	先三千二百四十六	損七	朒二百四十三
清明	縮二百五十九	先三千一百五十二	損十九	朒二百三十六
穀雨	縮四百三十	先二千八百九十三	損三十二	朒二百一十七
立夏	縮六百一十三	先二千四百六十三	損四十六	朒百八十五
小滿	縮八百一十三	先千八百五十	損六十一	朒百三十九
芒種	縮千三十七	先千三十七	損七十八	朒七十八
夏至	縮千三十七	後端	益七十八	朓初
小暑	縮八百一十三	後千三十七	益六十一	朓七十八
大暑	縮六百一十三	後千八百五十	益四十六	朓百三十九
立秋	縮四百三十	後二千四百六十三	益三十二	朓百八十五
處暑	縮二百五十九	後二千八百九十三	益十九	朓二百一十七
白露	縮九十四	後三千一百五十二	益七	朓二百三十六
秋分	盈九十四	後三千二百四十六	損七	朓二百四十三
寒露	盈二百五十九	後三千一百五十二	損十九	朓二百三十六
霜降	盈四百三十	後二千八百九十三	損三十二	朓二百一十七
立冬	盈六百一十三	後二千四百六十三	損四十六	朓百八十五
小雪	盈八百一十三	後千八百五十	損六十一	朓百三十九
大雪	盈千三十七	後千三十七	損七十八	朓七十八

定氣所有日及餘，以辰計之，曰辰數，與大衍同。

六虛之差七，秒七十。

轉終分百三十六萬六千一百五十六。

轉終日二十七，餘七百四十三，秒五。

秒法三十七。

轉法六十七。約轉分爲度，曰逡程。積逡程，曰轉積度。

終日	轉分列衰	損益率	朓朒積
一日	九百八十六退十二	益百三十五	朓初
二日	九百七十四退十二	益百一十七	朓百三十五
三日	九百六十二退十四	益九十九	朓二百五十二
四日	九百四十八退十五	益七十八	朓三百五十一
五日	九百三十三退十五	益五十六	朓四百二十九
六日	九百一十八退十六	益三十三	朓四百八十五
七日	九百二退十六	初益八末損一	朓五百一十八
八日	八百八十六退十六	損十四	朓五百二十五
九日	八百七十退十五	損三十八	朓五百一十一
十日	八百五十五退十四	損六十二	朓四百七十三
十一日	八百四十一退十三	損八十五	朓四百一十一
十二日	八百二十八退十一	損百三	朓三百二十六
十三日	八百一十七退七	損百一十八	朓二百二十三
十四日	八百一十退三進一	初損百五末益三十	朓百五
十五日	八百八進十一	益百二十八	朒三十
十六日	八百一十九進十三	益百一十五	朒百五十八
十七日	八百三十二進十四	益九十五	朒二百七十三
十八日	八百四十六進十五	益七十四	朒三百六十八
十九日	八百六十一進十六	益五十二	朒四百四十二
二十日	八百七十七進十六	益二十八	朒四百九十四
二十一日	八百九十三進十六	初益六末損三	朒五百二十二
二十二日	九百九進十五	損二十	朒五百二十五
二十三日	九百二十四進十五	損四十二	朒五百五
二十四日	九百三十九進十五	損六十五	朒四百六十三
二十五日	九百五十四進十四	損八十九	朒三百九十八
二十六日	九百六十八進十一	損百九	朒三百九
二十七日	九百七十九進六	損百二十五	朒二百
二十八日	九百八十五進五退四	初損七十五末益入後	朒七十五

七日初，千一百九十一。末，百四十九。　十四日初，千四十二。末，二百九十八。

二十一日初，八百九十二。末，四百四十八。　二十八日初，七百四十三。末，五百九十七。

入交陰、陽	屈伸率	屈伸積
一日	屈二十四	積初
二日	屈十七	積二十四
三日	屈十一	積四十一
四日	屈八	積五十二
五日	屈十一	積六十
六日	屈十七	積一度四
七日	初屈十八末伸六	積一度二十一
八日	伸十七	積一度三十三
九日	伸十一	積一度十六
十日	伸八	積一度五
十一日	伸十一	積六十四
十二日	伸十七	積五十三
十三日	伸二十四	積三十六
十四日	初伸十二末屈入後	積十二

半紀六百七十。
象積四百八十。
辰刻八刻，分百六十。
昏明刻各二刻，分二百四十。
交終三億六千四百六十四萬三千七百六十七。
交終日二十七，餘二百八十四，秒三千七百六十七。
交中日十三，餘八百一十二，秒千八百八十三半。
朔差日二，餘四百二十六，秒六千二百三十三。
望差日一，餘二百一十三，秒三千一百一十六半。
望數日十四，餘千二十五，秒五千。
交限日十二，餘五百九十八，秒八千七百六十七。
交率六十一。
交數七百七十七。凡春分後陰曆交後，秋分後陽曆交後，爲月道同名。餘皆爲異名。
辰分百一十三。

秒法一萬。
去交度乘數十一，除數千一百六十五。

太陰損益差：冬至、夏至，益十九，積七十六。小寒、小暑，益十七〔三〕，積九十五。大寒、大暑，益十四，積百一十一。立春、立秋，益十二，積百二十五。雨水、處暑，益十，積百三十七。驚蟄、白露，益七，積百四十七。春分、秋分，損七，積百五十四。清明、寒露，損十，積百四十七。穀雨、霜降，損十二，積百三十七。立夏、立冬，損十四，積百二十五。小滿、小雪，損十七〔三〕，積百一十一。芒種、大雪，損十九，積九十五。依定氣求朓朒術入之，各得其望日所入定數。

太陽每日蝕差：月在陰曆，自秋分後，春分前，皆以四百五十七爲蝕差；入春分後，日損五分；入夏至初日，損不盡者七；乃自後日益五分。月在陽曆，自春分後，秋分前，亦以四百五十七爲蝕差；入秋分後，日損五分；入冬至初日，損不盡者七；乃自後日益五分，各得朔日所入定數。

歲星

終率五十三萬四千四百八十二，秒三十六。
終日三百九十八，餘千一百六十二，秒三十六。
變差十四，秒八十八。
象算九十一，餘百五，秒十八。
交算十五，餘七十三，秒四十六，微分三十二。
乘數五。
除數四。

熒惑

終率百四萬五千八十八，秒八十三。
終日七百七十九，餘千二百二十八，秒八十三。
變差三十二，秒五十七。
象算九十一，餘百六，秒二十八，微分五十四。
交算十五，餘七十三，秒五十四，微分七十三。
乘數百二十七。
除數三十。

鎮星

終率五十萬六千六百二十三，秒二十九。
終日三百七十八，餘百三，秒二十九。
變差九，秒八十七。
象算九十一，餘百四，秒八十六，微分六十六。
交算十五，餘七十三，秒三十一，微分十一。
乘數十二。
除數十一。

太白

終率七十八萬二千四百四十九，秒九。
終日五百八十三，餘千二百二十九，秒九。
中合二百九十二，餘千二百八十四，秒五十九，微分七十二。
變差四十九，秒七十二。
象算九十一，餘百七，秒三十五，微分七十二。
交算十五，餘七十三，秒七十二，微分六十。
乘數十五。

除數二。

辰星

終率十五萬五千二百七十八，秒六十六。

終日百一十五，餘千一百七十八，秒六十六。

中合五十七，餘千二百五十九，秒三十三。

變差五十，秒八十五。

象算九十一，餘百七，秒四十二，微分七十八。

爻算十五，餘七十三，秒七十三，微分七十七。

秒法百。

微分法九十六。

星名	爻目	損益率	進退積	爻目	損益率	進退積
歲星	少陽少陰初	益三百四十一	進退空	老陽老陰初	損五十四	進退千三百五十七
	少陽少陰二	益三百一十八	進退三百四十一	老陽老陰二	損百四十六	進退千三百三

星名	爻目	損益率	進退積	爻目	損益率	進退積
	少陽少陰三	益二百七十七	進退六百五十九	老陽老陰三	損二百二十一	進退千一百五十七
	少陽少陰四	益二百二十一	進退九百三十六	老陽老陰四	損二百七十七	進退九百三十六
	少陽少陰五	益百四十六	進退千一百五十七	老陽老陰五	損三百一十八	進退六百五十九
	少陽少陰上	益五十四	進退千三百三	老陽老陰上	損三百四十一	進退三百四十一
熒惑	少陽少陰初	益五百四十五	進退空	老陽老陰初	損八十二	進退二千一百三十九
	少陽少陰二	益五百四	進退五百四十五	老陽老陰二	損二百二十七	進退二千五十七
	少陽少陰三	益四百三十七	進退千四十九	老陽老陰三	損三百四十四	進退千八百三十
	少陽少陰四	益三百四十四	進退千四百八十六	老陽老陰四	損四百三十七	進退千四百八十六
	少陽少陰五	益二百二十七	進退千八百三十	老陽老陰五	損五百四	進退千四十九
	少陽少陰上	益八十二	進退二千五十七	老陽老陰上	損五百四十五	進退五百四十五
鎮星	少陽少陰初	益七百四十二	進退空	老陽老陰初	損百八	進退二千八百七十七〔四〕
	少陽少陰二	益六百八十一	進退七百四十二	老陽老陰二	損三百	進退二千七百六十八
	少陽少陰三	益五百八十六	進退千四百二十三	老陽老陰三	損四百五十九	進退二千四百六十八

星名	爻目	損益率	進退積	爻目	損益率	進退積
	少陽少陰四	益四百五十九	進退二千九	老陽老陰四	損五百八十六	進退二千九
	少陽少陰五	益三百	進退二千四百六十八	老陽老陰五	損六百八十一	進退千四百二十三
	少陽少陰上	益百八	進退二千七百六十八	老陽老陰上	損七百四十二	進退七百四十二
太白	少陽少陰初	益百一十二	進退空	老陽老陰初	損十九	進退四百三十六
	少陽少陰二	益百二	進退百一十二	老陽老陰二	損四十七	進退四百一十七
	少陽少陰三	益八十八	進退二百一十四	老陽老陰三	損六十八	進退三百七十
	少陽少陰四	益六十八	進退三百二	老陽老陰四	損八十八	進退三百二
	少陽少陰五	益四十七	進退三百七十	老陽老陰五	損百二	進退二百一十四
	少陽少陰上	益十九	進退四百一十七	老陽老陰上	損百一十二	進退百一十二
辰星	少陽少陰初	益二百八十三	進退空	老陽老陰初	損四十一	進退千八十八
	少陽少陰二	益二百五十八	進退二百八十三	老陽老陰二	損百一十三	進退千四十七
	少陽少陰三	益二百二十一	進退五百四十一	老陽老陰三	損百七十二	進退九百三十四
	少陽少陰四	益百七十二	進退七百六十二	老陽老陰四	損二百二十一	進退七百六十二

星名	爻目	損益率	進退積	爻目	損益率	進退積
	少陽少陰五	益百一十三	進退九百三十四	老陽老陰五	損二百五十八	進退五百四十一
	少陽少陰上	益四十一	進退千四十七	老陽老陰上	損二百八十三	進退二百八十三

星目	變行目	變行日中率	變行度中率	差行損益率
歲星	合後伏	十七日百四十五分	行三度一百四十五分	先遲，日益疾二分
	前順	百一十四日	行十八度二百八十九分	先疾，二日益遲一分
	前留	二十七日		
	前退	四十一日	退五度百六十二分	先遲，四日益疾三分
	後退	四十一日	退五度百六十三分〔五〕	先疾，四日益遲三分〔六〕
	後留	二十七日		
	後順	百一十四日	行十八度二百八十九分	先遲，二日益疾一分
	合前伏	十七日百四十六分	行三度一百四十六分	先疾，日益遲二分
熒惑	合後伏	七十一日三百二十二分	行五十四度三百二十二分	先疾，五日益遲七分

前疾	百八日	行七十度	先疾，三日益遲一分
前次疾	百六日	行六十六度	先疾，九日益遲四分
前遲	六十日	行二十五度	先疾，日益遲四分
前留	十三日		
前退	三十一日	退八度二百一十分	先遲，六日益疾五分
後退	三十一日	退八度二百一十分	先疾，六日益遲五分
後留	十三日		
後遲	六十日	行二十五度	先遲，日益疾四分
後次疾	百六日	行六十六度	先遲，九日益疾二分
後疾	百八日	行七十度	先遲，三日益疾一分
合前伏	七十一日三百二十三分	行五十四度三百二十二分	先遲，五日益疾七分
鎮星 合後伏	十八日百八十四分	行一度百八十四分	先遲，日益疾二分
前順	八十三日	行七度百二分	先疾，三日益遲一分

前留	三十七日百六十四分		
前退	五十日	退二度百四十七分	先遲，十四日益疾一分
後退	五十日	退二度百四十七分	先疾，十四日益遲一分
後留	三十七日百六十四分		
後順	八十三日	行七度百二分	先遲，三日益疾一分
合前伏	十八日百八十四分	行一度百八十四分	先疾，日益遲二分
太白 晨合後伏	四十一日二百八十分	行五十二度二百八十分	先疾，五日益遲八分
夕疾行	百七十一日	行二百六度	先疾，五日益遲四分
夕平行	十二日	行十二度	
夕遲行	四十三日	行三十一度	先疾，日益遲五分
夕留	八日		
夕退	十日	退五度	先遲，日益疾四分
夕合前伏	六日	退五度	先遲，日益疾四十二分

夕合後伏	六日	退五度	先疾，日益遲四十二分
晨退	十日	退五度	先疾，日益遲四分
晨留	八日		
晨遲行	四十三日	行三十一度	先遲，日益疾五分
晨平行	十二日	行十二分(七)	
晨疾行	百七十一日	行二百六度	先遲，五日益疾四分
晨合前伏	四十一日二百八十分	行五十二度二百八十分	先遲，三日益疾八分
辰星 晨合後伏	十六日三百一十五分	行三十三度三百一十五分	先遲，日益疾十一分
夕疾行	十二日	行十七度	先疾，日益遲二十五分
夕平行	九日	行九度	
夕遲行	六日	行四度	先疾，日益遲三十八分
夕留	三日		
夕合前伏	十一日	退六度	先遲，日益疾十五分

夕合後伏	十一日	退六度	先疾，日益遲十五分
晨留	三日		
晨遲行	六日	行四度	先遲，日益疾三十八分
晨平行	九日	行九度	
晨疾行	十二日	行十七度	先遲，日益疾二十五分
晨合前伏	十六日三百一十五分	行三十三度三百一十五分	先疾，日益遲十一分

德宗時，五紀曆氣朔加時稍後天，推測星度與大衍差率頗異。詔司天徐承嗣與夏官正楊景風等，雜麟德、大衍之旨治新曆。上元七曜，起赤道虛四度。建中四年曆成，名曰正元。其氣朔、發斂、日躔、月離、軌漏、交會，悉如五紀法。惟發斂加時無辰法，皆以象統乘小餘，通法而一，爲辰數。餘五因之，六刻法除之，得刻。不盡，六而一，爲刻分。其軌漏，夜半刻分以刻法準象積取其數用之，以刻法通夜半定漏刻，內分，二十而一，爲晨初餘數。月蝕去交分，如二百七十九已下者，既。已上，以減望差，六十六約之，爲蝕分。日蝕差亦

十五約之，以減八十五，餘爲定法。又加減去交分訖，以減望差，八十五約之，得蝕分。日法不同也。其五星寫麟德曆舊術，因多至後夜半平合日算，加合後伏日及餘，即平見日算。金、水先得夕見，其滿晨見伏日及餘秒去之，餘爲晨平見。求入常氣，以取定見而推之。麟德曆之啓蟄，正元曆之雨水；麟德曆之雨水，正元曆之驚蟄也。麟德曆熒惑前、後疾變度率，初行入氣差行，日益遲、疾一分，正元曆則二分，亦度母不同也。詔起五年正月行新曆。會朱泚之亂，改元興元。自是頒用，訖元和元年。

建中正元曆演紀上元甲子，距建中五年甲子，歲積四十萬二千九百算外。

正元通法千九十五。

策實三十九萬九千九百四十三。

揲法三萬三千三百三十六〔六〕。

章閏萬一千九百一十一。

策餘五千七百四十三。

用差六千一百六十八。

掛限三萬一千三百四十三。

三元之策十五，餘二百三十九，秒七。

四象之策二十九，餘五百八十一。

一象之策七，餘四百一十九。

中盈分四百七十八，秒一十四。

朔虛分五百一十四。

象統二十四。

象位六。

天中之策五，餘七十九，秒五十五；秒母七十二。

地中之策六，餘九十五，秒四十三；秒母六十。

貞悔之策三，餘四十七，秒五十一半。

刻法二百一十九。六刻法千三百一十四。

乾實三十九萬九千九百五十五，秒二。

周天度三百六十五，虛分二百八十，秒二。

歲差十二，秒二。

秒母百。

定氣	盈縮分	先後數	損益率	朓朒積
冬至	盈八百四十八	先端	益六十三	朒初
小寒	盈六百六十四	先八百四十八	益五十	朒六十三
大寒	盈五百一	先千五百一十二	益三十七	朒百一十三
立春	盈三百五十一	先二千一十三	益二十六	朒百五十
雨水	盈二百一十二	先二千三百六十四	益十六	朒百七十六
驚蟄	盈七十七	先二千五百七十六	益六	朒百九十二
春分	縮七十七	先二千六百五十三	損六	朒百九十八
清明	縮二百一十二	先二千五百七十六	損十六	朒百九十二
穀雨	縮三百五十一	先二千三百六十四	損二十六	朒百七十六
立夏	縮五百一	先二千一十三	損三十七	朒百五十
小滿	縮六百六十四	先千五百一十二	損五十	朒百一十三
芒種	縮八百四十八	先八百四十八	損六十三	朒六十三

定氣	盈縮分	先後數	損益率	朓朒積
夏至	縮八百四十八	後端	益六十三	朓初
小暑	縮六百六十四	後八百四十八	益五十	朓六十三
大暑	縮五百一	後千五百一十二	益三十七	朓百一十三
立秋	縮三百五十一	後二千一十三	益二十六	朓百五十
處暑	縮二百一十二	後二千三百六十四	益十六	朓百七十六
白露	縮七十七	後二千五百七十六	益六	朓百九十二
秋分	盈七十七	後二千六百五十三	損六	朓百九十八
寒露	盈二百一十二	後二千五百七十六	損十六	朓百九十二
霜降	盈三百五十一	後二千三百六十四	損二十六	朓百七十六
立冬	盈五百一	後二千一十三	損三十七	朓百五十
小雪	盈六百六十四	後千五百一十二	損五十	朓百一十三
大雪	盈八百四十八	後八百四十八	損六十三	朓六十三

定氣辰數同大衍。

六虛之差六，秒二十。

轉終分三億一百七十二萬一百三十二。

轉終日二十七餘六百七，秒百三十二。

入轉秒法一萬。

轉法二百一十九。約轉分爲度，曰逡程。積逡程，曰轉積度。

終日	轉分 列衰	損益率	朓朒積
一日	三千二百二十二退三十八	益百一十	朓初
二日	三千一百八十四退四十	益九十六	朓百一十
三日	三千一百四十四退四十五	益八十一	朓二百六
四日	三千九十九退四十九	益六十四	朓二百八十七
五日	三千五十退四十九	益四十六	朓三百五十一
六日	三千一退五十三	益二十七	朓三百九十七

終日	轉分 列衰	損益率	朓朒積
七日	二千九百四十八退五十二	初益七末損一	朓四百二十四
八日	二千八百九十六退五十二	損十二	朓四百三十
九日	二千八百四十四退四十九	損三十一	朓四百一十八
十日	二千七百九十五退四十九	損五十一	朓三百八十七
十一日	二千七百四十六退四十六	損六十八	朓三百三十六
十二日	二千七百退三十	損八十五	朓二百六十八
十三日	二千六百七十退二十二	損九十六	朓百八十三
十四日	二千六百四十八退十進三	初損八十七末益二十五	朓八十七
十五日	二千六百四十一進三十六	益百七	朒二十五
十六日	二千六百七十七進四十三	益九十四	朒百三十二
十七日	二千七百二十進四十五	益七十八	朒二百二十六
十八日	二千七百六十五進四十九	益六十一	朒三百四
十九日	二千八百一十四進五十三	益四十二	朒三百六十五

終日	轉分 列衰	損益率	朓朒積
二十日	二千八百六十七進五十二	益二十三	朒四百七
二十一日	二千九百一十九進五十二	初益五末損二	朒四百三十
二十二日	二千九百七十一進四十九	損十六	朒四百三十三
二十三日	三千二十進四十九	損三十五	朒四百一十七
二十四日	三千六十九進四十九	損五十三	朒三百八十二
二十五日	三千一百一十八進四十六	損七十一	朒三百二十九
二十六日	三千一百六十四進三十六	損八十八	朒二百五十八
二十七日	三千二百進二十	損百二	朒百七十
二十八日	三千二百二十進十一退九	初損六十八末益四十二	朒六十八

七日：初九百七十三，末百二十二。

十四日：初八百五十一，末二百四十四。

二十一日：初七百二十九，末三百六十六。

二十八日：初六百七，末四百八十八。

入交陰陽	屈伸率	屈伸積
一日	屈七十八	積初
二日	屈五十六	積七十八
三日	屈三十六	積百三十四
四日	屈二十六	積百七十
五日	屈三十六	積百九十六
六日	屈五十六	積一度十三
七日	初屈五十九末伸二十	積一度六十九
八日	伸五十六	積一度百八
九日	伸三十六	積一度五十二
十日	伸二十六	積一度十六
十一日	伸三十六	積二百九
十二日	伸五十六	積百七十三

十三日	伸七十八	積百一十七
十四日	初伸三十九 末屈入後	積三十九

辰刻八刻，分七十三。

刻法二百一十九。

昏明刻各二刻，分百九半。

交終分二億九千七百九十七萬三千八百一十五。

交終日二十七，餘二百三十二，秒三千八百一十五。

交中日十三，餘六百六十三，秒六千九百七半。

朔差日二，餘三百四十八，秒六千一百八十五。

望差日一，餘百七十四，秒三千九十二半。

望數日十四，餘八百三十八。

交限日十二，餘四百八十九，秒三千八百一十五。

交率六十一。

交數七百七十七。

交辰法九十一少。

秒法一萬。

去交度乘數十一，除數九百四十五。

太陰損益差：冬至、夏至，益十六，積六十二。小寒、小暑，益十三，積七十八。大寒、大暑，益十一，積九十一。立春、立秋，益十，積百二。雨水、處暑，益八，積百一十二。驚蟄、白露，益六，積百二十。春分、秋分，損六，積百二十六。清明、寒露，損八，積百二十。穀雨、霜降，損十，積百一十二。立夏、立冬，損十一，積百二。小滿、小雪，損十三，積九十一。芒種、大雪，損十六，積七十八。以損益依入定氣求朓朒術入之，各得其望日所入定數。

太陽每日蝕差：月在陰曆，自秋分後、春分前，皆以三百七十三爲蝕差；入春分後，日損四分；入夏至初日，損不盡者六；乃自後日益四分。月在陽曆，自春分後、秋分前，亦以三百七十三爲蝕差；入秋分後，日損四分；入冬至初日，損不盡者六；乃自後日益四分：各得朔日所入定數。

歲星

終率四十三萬六千七百六十，秒四。

終日三百九十八，餘九百五十，秒四。

合後伏日十七，餘千二十三。

熒惑

終率八十五萬四千七，秒七十九。

終日七百七十九，餘千二，秒七十九。

合後伏日七十一，餘千四十九。

鎮星

終率四十一萬三千九百九十四，秒六十三。

終日三百七十八，餘八十四，秒六十三。

合後伏日十八，餘五百九十。

太白

終率六十三萬九千三百八十九，秒二十八。

終日五百八十三，餘四，秒二十八（九）。

晨合後伏日四十一，餘九百一十五。

夕見伏日二百五十六，餘五百二，秒一十四。

晨見伏日三百二十七，餘五百二，秒一十四。

辰星

終率十二萬六千八百八十八，秒四半。

終日百一十五，餘九百六十三，秒四半。

晨合後伏日十六，餘千四十。

夕見伏日五十二，餘四百八十一，秒五十二少。

晨見伏日六十三，餘四百八十一，秒五十二少。

秒法一百。

五星平見加減差

歲星

初見，去日十四度，見。入冬至，畢小寒，均減六日。自入大寒後，日損百九分半。入春分初日，依平。自後日加百四十五分半。入立夏，畢小滿，均加六日。自入芒種後，日損百四十五分。入夏至，畢立秋，均加四日。自入處暑後，日損二百九十一分半。入白露初日，依平。自後日減八十七分。入小雪，畢大雪，均減六日。

熒惑

初見，去日十七度，見。入冬至初日，減二十七日。自後日損九百八十五分半。入大寒初日，依平。自後日加六百五十七分。入驚蟄，畢穀雨，均加二十七日。自入立夏後，日損三百二十三分。入立秋，依平。自入處暑後，日減三百二十三分。入小雪，畢大雪，均減二十七日。

鎮星

初見，去日十七度，見。入冬至初日，減四日。自後日益百四十五分半。入大寒，畢春分，均減八日。自入清明後，日損九十六分。入小暑初日，依平。自後日加百四十五分半。入白露初日，加八日。自後日損二百九十一分。入秋分，均加四日。自入寒露後，日損九十六分。入小雪初日，依平。自後日減百四十五分半。

太白

初見，去日十一度。夕見：入冬至初日，依平。自後日減百六十三分。入雨水，畢春分，均減九日。自入清明後，日減百六十三分。入芒種，依平。自入夏至，日加百六十三分。入處暑，畢秋分，均加九日。自入寒露後，日損百六十三分。入大雪，依平。晨見：入冬至，依

平。入小寒後，日加百九分半。入立春，畢立夏，均加三日。入小滿後，日損百九分半。入夏至，依平。入小暑後，日減百九分半。入立秋，畢立冬，均減三日。入小雪後，日損百九分半。

辰星

初見，去日十七度。夕見：入冬至，畢清明，依平。入穀雨，畢芒種，均減二日。入夏至，畢大暑，依平。入立秋，畢霜降，應見不見。其在立秋及霜降二氣之內者，去日十八度外，三十六度內，有水、火、土、金一星已上者，見。入立冬，畢大雪，依平。晨見：入冬至，均減四日。入小寒，畢雨水，均減三日。其在雨水氣內，去日度如前，晨無水、火、土、金一星已上者，不見。入驚蟄，畢立夏，應見不見。其在立夏氣內，去日度如前，晨有水、火、土、金一星已上者，亦見。入小滿，畢寒露，依平。入霜降，畢立冬，均加一日。入小雪，畢大雪，依平。

五星變行加減差日度率

歲星

前順：差行。百一十四日，行十八度九百七十一分。先疾，二日益遲三分。

前留：二十六日。

前退：差行。四十二日，退六度。先遲，日益疾二分。

後退：差行。四十二日，退六度。先疾，日益遲二分。

後留：二十五日。

後順：差行。百一十四日，行十八度九百七十一分。先遲，二日益疾三分。日盡而夕伏。

熒惑

前疾：入冬至初日，二百四十三日行百六十五度。自後三日損日度各二。小寒初日，二百三十三日行百五十五度。自後二日損日度各一。穀雨四日，依平。畢小滿九日，百七十八日行百度。自九日後，三日損日度各一。夏至初日，依平。畢六日，百七十一日行九十三度。自六日後，每三日益日度各一。立秋初日，百八十四日行百六度。自後每日益日度各一。白露初日，二百一十四日行百三十六度。自後五日益日度各六。秋分初日，二百三十二日行百五十四度。自後每日益日度各一。寒露初日，二百四十七日行百六十九度。自後五日益日度各三。霜降五日，依平。畢立冬十三日，二百五十九日行百八十一度。自入十三日後，二日損日度各一。

前遲：差行。入冬至，六十日行二十五度；先疾，日益遲三分。自入小寒後，三日損日度各一。大寒初日，五十五日行二十度。自後三日益日度各一。立春初日，畢清明，平，六十

日行二十五度。自入穀雨，每氣損度一。立夏初日，畢小滿，平，六十日行二十三度。自入芒種後，每氣益一度。夏至初日，平。畢處暑，六十日行二十五度。自入白露後，三日損度一。秋分初日，六十日行二十度。自後每日益日一，三日益度二。寒露初日，七十五日行三十度。自後每日損日一，三日損度一。霜降初日，六十日行二十五度。自後二日損度一。立冬一日，平。畢氣末，六十日行十七度。自小雪後，五日益度一。大雪初日，六十日行二十度。自後三日益度一。

前留：十三日。前疾減一日率者，以其差分益此留及遲日率。前疾加日率者，以其差分減此留及後遲日率。

退行：入冬至初日，六十三日行二十二度。自後四日益度一。小寒一日，六十三日行二十六度。自入小寒一日後，三日半損度一。立春三日，平。畢雨水，六十三日退十七度。自入驚蟄後，二日益日度各一。驚蟄八日，平。畢氣末，六十七日退二十一度。自入春分後，一日損日度各一。春分四日，平。畢芒種，六十三日退十七度。自入夏至後，每六日損日度各一。大暑初日，平。畢氣末，五十八日退十二度。立秋初日，平。畢氣末，五十七日退十一度。自入白露後，二日益日度各一。白露十二日，平。畢秋分，六十三日退十七度。自入寒露後，三日益日度各一。寒露九日，平。畢氣末，六十六日退二十度。自入霜降後，二日損日度各一。霜降六日，平。畢氣末，六十三日退十七度。自入立冬後，三日益日度

各一。立冬十二日，平。畢氣末，六十七日退二十一度。自入小雪後，二日損日度各一。小雪八日，平。畢氣末，六十三日退十七度。自入大雪後，三日益度一。

後留：冬至初日，十三日。大寒初日，平。畢氣末，二十五日。自入立春後，二日半損一日。驚蟄初日，十三日。自後三日益日一。清明初日，三十三日。自後每日損日一。清明十日平。畢處暑，十三日。自入白露後，二日損日一。秋分十一日，無留。自入秋分十一日後 日益日一。霜降初日，十九日。立冬畢大雪，十三日。

後遲：差行。六十日行二十五度。先遲，日益疾三分。前疾加度者，此遲依數減之爲定。若不加度者，此遲入秋分至立冬減三度，入立冬到冬至減五度，後留定日十三日者，以所朒數加此遲日率。

後疾：冬至初日，二百一十日行百三十二度。自後每日損日度各一。大寒八日，百七十二日行九十四度。自入大寒八日後，二日損日度各一。雨水，平。畢氣末，百六十一日行八十三度。自入驚蟄後，三日益日度各一。穀雨三日，百七十七日行九十九度。自三日後每日益日度各一。芒種十四日，平。畢夏至十日，二百三十三日行百五十五度。自十日後，每日益日度各一。小暑五日，二百五十三日行百七十五度。自後每日益日度各一。大暑初日，平。畢處暑，二百六十三日行百八十五度。自入白露後，二日損日度各一。秋分一日，二百五十五日行百七十七度。自一日後，每三日損日度各一。大雪初日，二百五日行百二十七度。自後三日益日度各一。

鎮星

前順：差行。八十三日，行七度四百七十四分。先疾，三日益遲二分。

前留：三十七日。

前退：差行。五十一日，退三度。先遲，二日益疾一分。

後退：差行。五十一日，退三度。先疾，二日益遲一分。

後留：三十六日。

後順：差行。八十三日，行七度四百七十四分。先遲，三日益疾二分。

太白

夕見：入冬至，畢立夏，立秋畢大雪，百七十二日行二百六度。自入小滿後，十日益度一，爲定初。入白露，畢春分，差行；先疾，日益遲二分。自餘，平行。夏至畢小暑，百七十二日行二百九度。自入大暑後，五日損一度，畢氣末。

夕平行：冬至及大暑、大雪各畢氣末，十三日行十三度。自入冬至後，十日損一，畢立春。入立秋，六日益一，畢秋分。雨水畢芒種，七日行七度。自入夏至後，五日益一，畢小暑。寒露初日，二十三日行二十三度。自後六日損一，畢小雪。

夕遲：差行。四十二日行三十度。先疾，日益遲十三分。前加度過二百六度者，準數損此度。

夕留：七日。

夕退：十日，退五度。日盡而夕伏。

晨退：十日，退五度。

晨留：七日。

晨遲：差行。冬至畢立夏，大雪畢氣末，四十二日行三十度；先遲，日益疾十三分。自小滿後，率十日損一度，畢芒種。夏至畢寒露，四十二日行二十七度；差依前。自入霜降後，每氣益一度，畢小雪。

晨平行：冬至畢氣末，立夏畢氣末，十三日行十三度。自小寒後，六日益日度各一，畢雨水。入小滿後，七日損日度各一，畢立秋。驚蟄初日，二十三日行二十三度。自後六日損日度各一，畢穀雨。處暑畢寒露，無此平行。自入霜降後，五日益日度各一，畢大雪。

晨疾：百七十二日，行二百六度。前遲行損度不滿三十者，此疾依數益之。處暑畢寒露，差行；先遲，日益疾二分。自餘，平行。日盡而晨伏。

辰星

夕見疾：十二日，行二十一度十分。大暑畢處暑，十二日，行十七度十六分。

夕平：七日，行七度。自入大暑後，二日損度各一。入立秋，無此平行。

夕遲：六日，行二度七分。前疾行十七度者，無此遲行。

夕伏留：五日。日盡而夕伏。

晨見留：五日。

晨遲：六日，行二度七分。自入大寒，畢雨水，無此遲行。

晨平行：七日，行七度。入大寒後，二日損日度各一。入立春，無此平行。

晨疾：十二日，行二十一度十分。前無遲行者，十二日，行十七度十六分。日盡而晨伏。

校勘記

〔一〕加減本疾度變率　「度變率」，各本原作「變度率」。按本卷上下文皆作「度變率」，逕改。

〔二〕小寒小暑益十七　錢校說：「據數當作『十六』。」按小寒、小暑益差等於小寒、大寒兩積之差，亦即小暑大寒兩積之差。錢說是。

〔三〕小滿小雪損十七　錢校說：「據數當作『十六』。」按小滿、小雪損差等於小滿、芒種兩積之差，亦即小雪、大雪兩積之差。錢說是。

〔四〕進退二千八百七十七　錢校說：「據數當作『進退二千八百七十六』。」按進退積應爲前列諸爻日損益率之累計。錢說是。

〔五〕退五度百六十三分　合鈔卷四七作「退五度百六十二分」。按本卷上文所載歲星前退變行度中率爲「退五度百六十二分」，後退變行度中率應同。合鈔是。

〔六〕先疾四日益遲三分　衲、汲、殿本作「先遲四日益疾三分」，局本及合鈔卷四七作「先疾四日益遲三分」。按行星在後退期間運行速度由疾而遲，局本是，據改。

〔七〕行十二分　合鈔卷四七作「行十二度」。按行星在平行期間日行一度，本卷同表所載其他諸星夕平行、晨平行皆如此。合鈔是。

〔八〕揲法三萬三千三百三十六　合鈔卷四七作「揲法三萬二千三百三十六」。按以通法除揲法，得四象之策。合鈔是。

〔九〕終日五百八十三餘四秒二十八　此十三字各本原無。錢校說：「步五星術太白終率數下脫『終日五百八十三，餘四，秒二十八』十三字。由下列晨夕見伏日數相加得終日數。」按本卷所載正元曆步五星術，其他行星之下皆列終日及餘、秒，此處應無例外。經以通法除終率核算，錢說是，從補。

唐書卷三十上

志第二十上

曆六上

憲宗卽位，司天徐昂上新曆，名曰觀象。起元和二年用之，然無蔀章之數。至於察斂啓閉之候，循用舊法，測驗不合。至穆宗立，以爲累世纘緒，必更曆紀，乃詔日官改撰曆術，名曰宣明。上元七曜，起赤道虛九度。其氣朔、發斂、日躔、月離，皆因大衍舊術；晷漏、交會，則稍增損之；更立新數，以步五星。其大略謂：

通法曰統法。策實曰章歲。揲法曰章月。掛限曰閏限。三元之策曰中節。四象之策曰合策。一象之策曰象準。策餘曰通餘。交數曰紀法。通紀法爲分，曰旬周。章歲乘年，曰通積分。地中之策曰候策。天中之策曰卦策。以貞悔之策減中節，曰辰數。以加季月

之節，卽土用事日。凡小餘滿辰法，爲辰數；滿刻法，爲刻。乾實曰象數。秒法三百。以乘統法，曰分統。

凡步七曜入宿度，皆以刻法爲度母。凡刻法乘盈縮分，如定氣而一，曰氣中率。與後氣中率相減，爲合差。以定氣乘合差，倂後定氣以除，爲中差。加、減氣率，爲初、末率。倍中差，百乘之，以定氣除，爲日差。半之，以加、減初、末，各爲定率。以日差累加、減之，爲每日盈縮分。凡百乘氣下先後數，先減、後加常氣，爲定氣限數。乘歲差千四百四十，爲秒分。以加中節，因冬至黃道日度，累而裁之，得每定氣初日度。

入轉曰曆。凡入曆，如曆中已下爲進；已上，去之，爲退。凡定朔小餘，秋分後，四分之三已上，進一日。春分後，昏明小餘差春分初日者，五而一，以減四分之三。定朔小餘如此數已上者，進一日。或有交，應見虧初，則否。定弦望小餘，不滿昏明小餘者，退一日。或有交，應見虧初者，亦如之。凡正交，以平交入曆朓朒定數，朓減、朒加平交入定氣餘，滿若不足，進退日算，爲正交入定氣，不復以交率乘、交數除，及不加減平交入氣朓朒也。

凡推月度，以曆分乘夜半定全漏，如刻法而一，爲晨分；以減曆分，爲昏分。又以定朔、弦、望小餘乘曆分，統法除之，以減晨分，餘爲前；不足，反相減，餘爲後。乃前加、後減

加時月度，爲晨昏月度。以所入加時日度減後曆加時日度，餘加上弦之度及餘，以所入日前減、後加，又以後曆前加、後減，各爲定程。乃累計距後曆每日曆度及分，以減定程，爲盈；不足，反相減，爲縮。以距後曆日數均其差，盈減、縮加每日曆分，爲曆定分。累以加朔、弦、望晨昏月度，爲每日晨昏月度，不復加減屈伸也。

交統曰中統。象積曰刻法。消息曰屈伸。以屈伸準盈縮分，求每日所入，曰定衰。五乘之，二十四除之，曰漏差。屈加、伸減氣初夜半漏，得每日夜半定漏。刻法通爲分，曰昏明小餘。二十一乘屈伸定數，二十五而一，爲黃道屈伸差。乃屈減、伸加氣初去極度分，得每日去極度分。以萬二千三百八十六乘黃道屈伸差，萬六千二百七十七而一，爲每日度差。屈減、伸加氣初距中度分，得每日距中度數。凡屈伸準消息於中晷，曰定數；於漏刻，曰漏差；於去極，曰屈伸差；於距中度，曰度差。

交終曰終率。朔差曰交朔。望數曰交望。交限曰前準。望差曰後準。凡月行入四象陰陽度有分者，十乘之，七而一，爲度分。不盡，十五乘之，七除，爲大分。不盡又除，爲小分。乃以一象之度九十除之，乘除度差分百一十三、大分七、小分一少，然後以次象除之。

凡日蝕，以定朔日出入辰刻距午正刻數，約百四十七，爲時差。視定朔小餘如半法已下，以減半法，爲初率；已上，減去半法，餘爲末率。以乘時差，如刻法而一，初率以減，末率倍之，以加定朔小餘，爲蝕定餘。月蝕，以定望小餘爲蝕定餘。

凡日蝕，有氣差，有刻差，有加差。二至之初，氣差二千三百五十。距二至前後，每日損二十六，至二分而空。以日出沒辰刻距午正刻數，約其朔日氣差，以乘食甚距午正刻數。所得以減氣差，爲定數。春分後，陰曆加之，陽曆減之；秋分後，陰曆減之，陽曆加之。

二至初日，無刻差。自後每日益差分二、小分十。起立春至立夏，起立秋至立冬，皆以九十四分有半爲刻差。自後日損差分二、小分十，至二至之初損盡。以朔日刻差乘食甚距午正刻數，爲刻差定數。冬至後食甚在午正前，夏至後食甚在午正後，陰曆以減，陽曆以加；冬至後食甚在午正後，夏至後食甚在午正前，陰曆以加，陽曆以減。

又立冬初日後，每氣增差十七。至冬至初日，得五十一。自後，每氣損十七，終于大寒，損盡。若蝕甚在午正後，則每刻累益其差，陰曆以減，陽曆以加。應加減差，同名相從，異名相銷，各爲蝕差。以加減去交分，爲定分。月在陰曆，不足減，反減蝕差。交前減之，餘爲陽曆交後定分；交後減之，餘爲陽曆交前定分：皆不蝕。陽曆不足減，亦反減蝕差。交前減之，餘爲陰曆交後定分；交後減之，餘爲陰曆交前定分：皆蝕。

凡去交定分，如陽曆蝕限已下，爲陽曆蝕。以陽曆定法約，爲蝕分。已上者，以陽曆蝕限減之，餘爲陰曆蝕。以陰曆定法約之，以減十五，餘爲蝕分。

凡月蝕去交分，二千一百四十七已下，皆既。已上者，以減後準，餘如定法五百六約，爲蝕分。凡月蝕既，汎用刻二十。如去交分千四百三十五已下，因增半刻。七百一十二已下，又增半刻。凡日月帶蝕出沒，各以定法通蝕分，半定用刻約之，以乘見刻。多於半定用刻，出爲進，沒爲退。少於半定用刻，出爲退，沒爲進。各如定法而一，爲見蝕之大分。朔晝、望夜皆爲見刻。其九服蝕差，則不復考詳。

五星終率曰周率。因平合加中伏，得平見。金、水加夕，得晨；加晨，得夕。又以變差乘年，滿象數去之；不盡爲變交。三百約爲分，統法而一，以減平見。三十六乘平見秒，十二乘變交秒，同以三千六百爲母。餘如交率已下，星在陽曆；已上，去之，爲入陰曆。各以變策除，爲變數，命初變算外；不盡爲入其變度數及餘。自此百約餘分，母同刻法。以所入變下數，加減平見，爲常見。金星晨見，先計自夕見，盡夕退，應加減先後差。同名相從，異名相銷。與晨常見加減差，異名相銷，同名相從。依加減晨平見爲常見。

凡常見計入定氣，求先後定數，各以差率乘之，差數而一，爲定差。晨見先減、後加，夕

見先加、後減常見，爲定見。以常見與定見加減數，加減平見入變度數及餘秒，爲定見初變所入。以所行度順加、退減之，卽次變所入。各以所入變下差數加減日度變率。其水星常見與定見加減數，同名相從，異名相銷，反其加減。夕見差加疾行日率者，倍其差，加度率。又分其差，以加遲留日率。晨見亦分其差，以加遲留日率，以所差之數，加疾行日率，亦倍其差，加疾行度率。夕見差減疾行日率者，倍其差，減度率。又以其差減留日，不足減，侵減遲日。晨見差減留日，不足減者，侵減遲日，亦以其差減疾行日率，倍其差，以減度率。前變初日與後變末日先後數，同名相銷，異名相從，爲先後定數。各以差率乘之，差數而一，爲日差。金星用後變差率、差數。以先後定數減之，爲度差。金星夕伏，以日差減先後定數，爲度差。晨伏以先後定數加日差，爲度差。水星夕伏，以先後定數爲日差。倍之，爲度差。乃以日度差，積盈者以減、積縮者以加末變日度率。金、水晨伏，反用其差。又倍退行差，差率乘之，差數而一，爲日差。以退差減之，爲度差。金星夕伏，以日差減退差，爲度差。晨伏以退差加日差，爲度差。以退行日度差應加者減末變日度率。晨伏反用其差。各加減變訖，爲日度定率。

他亦皆準大衍曆法。其分秒不同，則各據本曆母法云。

起長慶二年，用宣明曆。自敬宗至于僖宗，皆遵用之。雖朝廷多故，不暇討論，然大衍曆後，法制簡易，合望密近，無能出其右者。訖景福元年。

觀象曆今有司無傳者。

長慶宣明曆演紀上元甲子，至長慶二年壬寅，積七百七萬一百三十八算外。

宣明統法八千四百。

章歲三百六萬八千五十五。

章月二十四萬八千五十七。

通餘四萬四千五十五。

章閏九萬一千三百七十一。

閏限二十四萬四百四十三，秒六。

中節十五，餘千八百三十五，秒五。

合策二十九，餘四千四百五十七。

象準七，餘三千二百一十四少。

中盈分三千六百七十一，秒二。

朔虛分三千九百四十三。

旬周五十萬四千。

紀法六十。

秒法八。

候數五，餘六百一十一，秒七。

卦位六，餘七百三十四，秒二。

辰數十二，餘千四百六十八，秒四。

刻法八十四。

象數九億二千四十四萬六千一百九十九。

周天三百六十五度。

虛分二千一百五十三，秒二百九十九。

歲差二萬九千六百九十九。

分統二百五十二萬。

秒母三百。

氣節	盈縮分	先後數	損益率	朓朒數
冬至	盈六十	先初	益四百四十九	朒初
小寒	盈五十	先六十	益三百七十四	朒四百四十九
大寒	盈四十	先百一十	益二百九十九	朒八百二十三
立春	盈三十	先百五十	益二百二十四	朒千一百二十二
雨水	盈十八	先百八十	益百三十五	朒千三百四十六
驚蟄	盈六	先百九十八	益四十五	朒千四百八十一
春分	縮六	先二百四	損四十五	朒千五百二十六
清明	縮十八	先百九十八	損百三十五	朒千四百八十一
穀雨	縮三十	先百八十	損二百二十四	朒千三百四十六
立夏	縮四十	先百五十	損二百九十九	朒千一百二十二
小滿	縮五十	先百一十	損三百七十四	朒八百二十三
芒種	縮六十	先六十	損四百四十九	朒四百四十九
夏至	縮六十	後初	益四百四十九	朓初
小暑	縮五十	後六十	益三百七十四	朓四百四十九
大暑	縮四十	後百一十	益二百九十九	朓八百二十三
立秋	縮三十	後百五十	益二百二十四	朓千一百二十二
處暑	縮十八	後百八十	益百三十五	朓千三百四十六
白露	縮六	後百九十八	益四十五	朓千四百八十一
秋分	盈六	後二百四	損四十五	朓千五百二十六
寒露	盈十八	後百九十八	損百三十五	朓千四百八十一
霜降	盈三十	後百八十	損二百二十四	朓千三百四十六
立冬	盈四十	後百五十	損二百九十九	朓千一百二十二
小雪	盈五十	後百一十	損三百七十四	朓八百二十三
大雪	盈六十	後六十	損四百四十九	朓四百四十九

二十四定氣皆百乘其氣盈縮分，盈減、縮加中節，爲定氣所有日及餘、秒。

六虛之差五十三，秒二百九十九。

曆周二十三萬一千四百五十八，秒十九。

曆周日二十七，餘四千六百五十八，秒十九。

曆中日十三，餘六千五百二十九，秒九半。

周差日一，餘八千一百九十八，秒八十一。

秒母一百。

七日：初數，七千四百六十五；末數，九百三十五。

十四日：初數，六千五百二十九；末數，千八百七十一。

上弦：九十一度，餘二千六百三十八，秒百四十九太。

望：百八十二度，餘五千二百七十六，秒二百九十九半。

下弦：二百七十三度，餘七千九百一十五，秒百四十九半。

秒母三百。以刻法約曆分爲度，積之爲積度。

曆日	曆分 進退衰	積度	損益率	朓朒積
一日	千一十二 進十四	初度	益八百三十	朒初
二日	千二十六 進十六	十二度 四分	益七百二十六	朒八百三十
三日	千四十二 進十八	二十四度 二十二分	益六百六	朒千五百五十六
四日	千六十 進十八	三十六度 五十六分	益四百七十一	朒二千一百六十二
五日	千七十八 進十八	四十九度 二十四分	益三百三十七	朒二千六百三十三
六日	千九十六 進十九	六十二度 一十分	益二百二	朒二千九百七十
七日	千一百一十五 進十九	七十五度 十四分	初益五十三 末損七	朒三千一百七十二
八日	千一百三十四 進十九	八十八度 三十七分	損八十二	朒三千二百一十八
九日	千一百五十三 進十九	百一度 七十九分	損二百二十四	朒三千一百三十六
十日	千一百七十二 進十九	百一十五度 五十六分	損三百六十六	朒二千九百一十二
十一日	千一百九十一 進十八	百二十九度 五十二分	損五百九	朒二千五百四十六
十二日	千二百九 進十四	百四十三度 六十七分	損六百四十三	朒二千三十七
十三日	千二百二十三 進十一	百五十八度 十六分	損七百四十八	朒千三百九十四
十四日	千二百三十四 進退空	百七十二度 六十三分	初損六百四十六	朒六百四十六
一日	千二百三十四 退十四	百八十七度 三十七分	益八百三十	朓初

曆日	曆分 進退衰	積度	損益率	朓朒積
二日	千二百二十 退十七	二百二度 十一分	益七百二十六	朓八百三十
三日	千二百三 退十八	二百一十六度 五十五分	益五百九十八	朓千五百五十六
四日	千一百八十五 退十八	二百三十度 八十二分	益四百六十四	朓二千一百五十四
五日	千一百六十七 退十八	二百四十五度 七分	益三百二十九	朓二千六百一十八
六日	千一百四十九 退十八	二百五十八度 八十二分	益百九十五	朓二千九百四十七
七日	千一百三十一 退十九	二百七十二度 五十五分	初益五十三 末損七	朓三千一百四十二
八日	千一百一十二 退十九	二百八十六度 十分	損八十二	朓三千一百八十八
九日	千九十三 退十九	二百九十九度 三十分	損二百二十五	朓三千一百六
十日	千七十四 退十八	三百一十二度 三十一分	損三百六十六	朓二千八百八十一
十一日	千五十六 退十七	三百二十五度 十三分	損五百一	朓二千五百一十五
十二日	千三十九 退十五	三百三十七度 六十一分	損六百二十八	朓二千一十四
十三日	千二十四 退十二	三百五十度 八分	損七百四十	朓千三百八十六
十四日	千一十二 進退空	三百六十二度 二十四分	初損六百四十六	朓六百四十六

中統四千二百。

辰刻八刻，分二十八。

昏、明刻各二刻，分四十二。

刻法八十四。度母同刻法。

距極度五十六，餘八十二分半。

北極出地三十四度，餘四十七分半。

定氣	屈伸數	黃道去極度	陽城日晷	夜半定漏	距中星度
冬至	屈六十五	百一十五度 十七分	丈二尺七寸 三十二分[一]	二十七刻 四十分	八十二度 二十二分
小寒	屈二百二十五	百一十四度 三十六分[二]	丈二尺三寸 九分十一	二十七刻 二十九分	八十二度 六十四分
大寒	屈三百六十五	百一十二度 二十五分	丈一尺三寸 八分三十	二十六刻 七十四分	八十四度 四十分
立春	屈四百八十五	百八度 五十五分	九尺九寸四 分七十八	二十六刻 十分	八十七度 二十一分
雨水	屈五百八十五	百三度 六十七分	八尺三寸七 分八十一	二十五刻 九分	九十度 七十九分
驚蟄	屈六百六十五	九十七度 八十分	六尺八寸八 分七十四	二十三刻 七十四分	九十五度 三十三分

春分	屈六百六十五	九十一度二十五分	五尺四寸四分七十	二十二刻四十二分	百度三十八分
清明	屈五百八十五	八十四度五十五分	四尺一寸九分五十九	二十二刻十分	百五度四十三分
穀雨	屈四百八十五	七十八度六十七分	三尺二寸六十九	十九刻七十五分	百九度八十一分
立夏	屈三百六十五	七十三度八十分	二尺四寸四分五十一	十八刻七十四分	百一十三度五十五分
小滿	屈二百二十五	七十度二十五分	尺八寸九分八十九	十八刻十分	百一十六度三十六分
芒種	屈六十五	六十八度四分	尺五寸七分十四	十七刻五十五分	百一十八度十二分
夏至	伸六十五	六十七度三十四分	尺四寸七分八十	十七刻四十四分	百一十八度五十四分
小暑	伸二百二十五	六十八度四分	尺五寸七分十四	十七刻五十五分	百一十八度十二分
大暑	伸三百六十五	七十度二十五分	尺八寸九分八十九	十八刻十分	百一十六度三十六分
立秋	伸四百八十五	七十三度八十分	二尺四寸四分五十一	十八刻七十四分	百一十三度五十五分
處暑	伸五百八十五	七十八度六十七分	三尺二寸六十九	十九刻七十五分	百九度八十一分
白露	伸六百六十五	八十四度五十五分	四尺一寸九分五十九	二十一刻十分	百五度四十三分
秋分	伸六百六十五	九十一度二十五分	五尺四寸五分七十〔三〕	二十二刻四十二分	百度三十八分
寒露	伸五百八十五	九十七度八十分	六尺八寸八分七十四	二十三刻七十四分	九十五度三十三分
霜降	伸四百八十五	百三度六十七分	八尺三寸七分八十一	二十五刻九分	九十度七十九分
立冬	伸三百六十五	百八度五十五分	九尺九寸四分七十八	二十六刻十分	八十七度二十一分
小雪	伸二百二十五	百一十二度二十五分	丈一尺三寸八分三十	二十六刻七十四分	八十四度四十分
大雪	伸六十五	百一十四度四十六分	丈二尺三寸九分十一	二十七刻二十九分	八十二度六十四分

終率二十二萬八千五百八十二，秒六千五百一十二。

終日二十七，餘千七百八十二，秒六千五百一十二。

中日十三，餘五千九十一，秒三千二百五十六。

交朔日二，餘二千六百七十四，秒三千四百八十八。

交望日十四，餘六千四百二十八，秒五千。

前準日十二，餘三千七百五十四，秒千五百一十二。

後準日一，餘千三百三十七，秒千七百四十四。

陰曆蝕限六千六十。

陽曆蝕限二千六百四十。

陰曆定法四百四。

陽曆定法百七十六。

交率二百二。

交數二千五百七十三。

秒法一萬。

去交度乘數十一，除數七千三百三。

歲星

周率三百三十五萬五百四十，秒八十三。

周策三百九十八，餘七千三百四十，秒八十三。

中伏日十六，餘七千八百七十，秒四十一半。

變差九十八，秒三十二。

交率百八十二，餘五十二，秒二十七。

變策十五，餘十八，秒三十五。

差率五。

差數四。

熒惑

周率六百五十五萬一千三百九十五，秒二十六。

周策七百七十九，餘七千七百九十五，秒二十六。

中伏日七十，餘八千九十七，秒六十三。

變差三千五，秒一。

交率百八十二，餘五十二，秒三十二。

變策十五，餘十八，秒三十六。

差率三十九。

差數十。

鎮星

周率三百一十七萬五千八百七十九，秒七十九。

周策三百七十八，餘六百七十九，秒七十九。

中伏日十八，餘四千五百三十九，秒八十九半。

變差二百七十七，秒九十二。

交率百八十二，餘五十二，秒二十七。

變策十五，餘十八，秒三十五。

差率十。

差數九。

太白

周率四百九十萬四千八百四十五，秒八十五。

周策五百八十三，餘七千六百四十五，秒八十五。

夕見伏日二百五十六。

夕見伏行二百四十四度。

晨見伏日三百二十七，餘七千六百四十五，秒八十五。

晨見伏行三百四十九，餘七千六百四十五，秒八十五。

中伏日四十一，餘八千二十二，秒九十二半。

變差千二百三十六，秒十二。

交率百八十二，餘五十二，秒二十九。

變策十五，餘十八，秒三十五。

夕見差率三十一。

差數十。

晨見差率二。

差數三。

辰星

周率九十七萬三千三百九十，秒二十五。

周策百一十五，餘七千三百九十，秒二十五。

夕見伏日五十二。

夕見伏行十八度。

晨見伏日六十三，餘七千三百九十，秒二十五。

晨見伏行九十七度，餘七千三百九十，秒二十五。

中伏日十八，餘七千八百九十五，秒十二半。

變差三千二百一，餘十，秒六十七。

交率百八十二，餘五十二，秒三十二。

變策十五，餘十八，秒三十六。

差率、差數空。

秒法百。

小分法三千六百。

五星平見加減曆

變數	歲星	熒惑	鎮星	太白夕	太白晨	辰星夕	辰星晨
陽初	減空	加空	五百八十	加空	七十六	加空	二百七十七
二	百二十六	九百七十	六百五	百二十六	百三十九	百五十一	三百七十八
三	二百三十九	千七百六十四	六百五	二百五十二	百八十九	二百七十七	四百五十四
四	三百四十	二千一百六十七	六百五	三百七十八	二百二十七	三百七十八	五百四
五	四百二十八	二千二百三十	五百八十	五百四	二百五十二	四百五十四	四百七十九
六	四百九十一	二千二百五十五	五百四	六百三十	二百六十五	五百四	四百五十四
七	五百一十七	二千二百六十八	三百七十八	七百五十六	二百五十二	四百七十九	四百三
八	四百九十一	二千一百九十二	二百二十七	六百三十	二百二十七	四百五十四	三百二十八
九	四百二十八	千九百六十六	七十六	五百四	百八十九	四百三	二百二十七
十	三百四十	千五百一十二	加七十六	三百七十八	百三十九	三百二十八	百二十六
十一	二百三十九	千二十一	百八十九	二百五十二	七十六	二百二十七	加空
十二	百二十六	五百一十七	三百一十五	百二十六	加空	百二十六	百五十一
陰初	加空	減空	四百五十四	減空	七十六	減空	二百七十七
二	百二十六	百二十六	六百五	百二十六	百三十九	百五十一	三百七十八
三	二百三十九	二百一十四	五百二十九	二百五十二	百八十九	二百七十七	四百五十四
四	三百四十	五百一十七	四百五十四	三百七十八	二百二十七	三百七十八	五百四
五	四百二十八	九百三十二	三百七十八	五百四	二百五十二	四百五十四	四百七十九
六	四百九十一、	千四百二十四	三百二	六百三十	二百六十五	五百四	四百五十四
七	五百一十七	二千二百六十八	二百一十八	七百五十六	二百五十二	四百七十九	四百三

八	四百九十一	二千二百六十八	百一十三	六百三十 二百三十七	四百五十四 三百二十八
九	四百二十八	二千二百五十五	減空	五百四 百八十九	四百三 二百二十七
十	三百四十	二千一百六十一	二百二十七	三百七十八 百三十九	三百二十八 百二十六
十一	二百三十九	二千七十九	四百三	二百五十二 七十六	二百二十七 減空
十二	百二十六	千九十六	五百四	百二十六 減空	百二十六 百五十一

歲星	前順百一十五日行十九度三十三分	前留二十五日	退行八十五日行十度八十二分	後留二十五日	後順百一十五日行十九度三十三分
初見去日十四度。	先疾，日益遲十三秒。		益疾、益遲二十一秒。		先遲，日益疾十三秒。
陽初	七十六		三十四		六十三
二	六十三		四十		七十六
三	五十		三十四		六十三
四	三十八		二十七		五十
五	二十五		二十		三十八

六	十三		十三		二十五
七	加空		七		十三
八	十三		減空		加空
九	二十五		七		十三
十	三十八		十三		二十五
十一	五十		二十		三十八
十二	六十三		二十七		五十
陰初	七十六		三十四		六十三
二	六十三		四十		七十六
三	五十		三十四		六十三
四	三十八		二十七		五十
五	二十五		二十		三十八
六	十三		十三		二十五

七	減空		七		十三
八	十三		加空		減空
九	二十五		七		十三
十	三十八		十三		二十五
十一	五十		二十		三十八
十二	六十三		二十七		五十

熒惑	前疾二百二十日行百四十度	前遲六十日行二十五度	前留	退行六十三日行十七度	後留	後遲六十日行二十五度	後疾二百七日行百三十四度
初見去日十七度。	先疾，日益遲五秒。	先疾，日益遲四十二秒。	十三日	益疾、益遲九秒。	十三日	先遲，日益疾四十二秒。	先遲，日益疾五秒。
陽初	七百五十六	百一		五十		百一	二千五百二十
二	減空	百二十六		六十三		百二十六	千六百七十六
三	二百三十九	百五十一		七十六		百五十一	八百三十二
四	五百四	百二十六		百五十一		百二十六	減空

五	千八	百一		二百七十七		百一	六百三十
六	千八百三十八	七十六		二百五十二		七十六	七百六
七	二千五百二十	五十		二百二十七		五十	千六百七十六
八	三千二十四	二十五		百四十三		二十五	二千九百三十六
九	三千二百七十六	減空		三十八		加空	三千九百六
十	三千四百四十	二十五		加空		二十五	四千五百三十六
十一	三千六百一十六	五十		七十六		五十	四千四百六十
十二	三千四百四十	七十六		八十八		七十六	四千一百八
陰初	三千二百七十六	百一		百一十三		百一	三千六百九十六
二	二千五百二十	百二十六		百三十九		百二十六	三千二百八十
三	千三百三十八	百五十一		二百五十二		百五十一	二千二百六十八
四	加空	百二十六		二百七十七		百二十六	千八
五	千三百三十八	百一		百七十六		百一	加三百四十

六	二千六百九十六	七十六		百一		七十六	二千五百一十二
七	三千二百七十六	五十		七十六		五十	三千三百五十六
八	三千六百一十六	二十五		五十		二十五	四千三百三十二
九	三千五百三十一	加空		二十五		減空	四千三十二
十	二千九百三十八	二十五		減空		二十五	三千三百五十二
十一	二千二百六十八	五十		十三		五十	三千一百五十四
十二	千五百一十三	七十六		二十五		七十六	二千五百六十二

鎮星	前順 八十三日行七度三十六分	前留 三十六日	退行 百三日行六度	後留 三十六日	後順 八十三日行七度三十六分
初見去日十七度。	先疾，日益遲八秒。		益疾、益遲二秒。		先遲，日益疾八秒。
陽初	二十六		二十		二十六
二	三十二		二十五		三十二
三	三十八		三十		三十八

四	三十二		二十五		三十二
五	二十六		二十		二十六
六	二十		十五		二十
七	十三		十		十三
八	七		五		七
九	加空		減空		加空
十	七		五		七
十一	十三		十		十三
十二	二十		十五		二十
陰初	二十六		二十		二十六
二	三十二		二十五		三十二
三	三十八		三十		三十八
四	三十二		二十五		三十二

五	二十六		二十		二十六
六	二十		十五		二十
七	十三		十		十三
八	七		五		七
九	減空		加空		減空
十	七		五		七
十一	十三		十		十三
十二	二十		十五		二十

太白	夕疾 百七十二日行二百六度	夕平 十三日行十三度	夕遲 四十二日行三十度	夕留	夕退 十日行五度	晨見退行 十日行五度	晨留	晨遲 四十二日行三十度	晨平 十三日行十三度	晨疾 百七十二日行二百六度
初見去日十一度。	先疾，日益遲八十四秒〔四〕。		先疾，日益遲一分二十八秒	七日	先遲，日益疾八十四秒	先疾，日益遲八十四秒	七日	先遲，日益疾一分二十八秒		先遲，日益疾十九秒。
陽初	二百二十七	六	減空		四	十三		百六十四	七十六	四百五十四
二	百一十二	十二	十三		空	八		百三十九	八十八	五百六十七

三	減空	十八	二十五		減空	四		百一十三	七十六	六百八十
四	百一十三	二十四	三十八		空	空		七十六	六十三	五百六十七
五	二百二十七	三十一	五十		四	空		三十八	五十	四百五十四
六	三百四十	三十八	六十三		八	減空		加空	三十八	三百四十
七	四百五十四	三十一	七十六		十三	空		三十八	十九	二百二十七
八	五百六十七	二十四	六十三		十三	空		七十六	加空	百一十三
九	六百八十	十八	五十		十三	四		百一十三	十八	加空
十	五百六十七	十二	三十八		十三	八		百三十九	三十八	百一十三
十一	四百五十四	六	二十五		十三	十三		百六十四	五十	二百二十七
十二	三百四十	加空	十三		八	十三		百七十六	六十三	三百四十
陰初	二百二十七	六	加空		四	十三		百六十四	七十六	四百五十四
二	百一十三	十二	十三		空	八		百三十九	八十八	五百六十七
三	加空	十八	二十五		加空	四		百一十三	七十六	六百八十

四	百一十三	二十四	三十八		空	空		七十六	六十三	五百六十七
五	二百二十七	三十一	五十		四	空		三十八	五十	四百五十四
六	三百四十	三十八	六十三		八	加空		減空	三十八	三百四十
七	四百五十四	三十一	七十六		十三	空		三十八	十九	二百二十七
八	五百六十七	二十四	六十三		十三	空		七十六	減空	百一十三
九	六百八十	十八	五十		十三	四		百一十三	十八	減空
十	五百六十七	十二	三十八		十三	八		百三十九	三十八	百一十三
十一	四百五十四	六	二十五		十三	十三		百六十四	五十	二百二十七
十二	三百四十	減空	十三		八	十三		百七十六	六十三	三百四十

辰星	夕疾十二日行十七度	夕遲十一日行九度	夕留三日	晨留三日	晨遲十一日行九度	晨疾十二日行十七度
初見去日十七度。	先疾，日益遲三分。	先疾，日益遲六分。			先遲，日益疾六分。	先遲，日益疾三分。

校勘記

〔一〕丈二尺七寸三十二分　按日晷長度單位分應十進爲寸。查本卷上下文記陽城日晷長度亦無類此表述方式。經參校本書卷二八大衍曆有關數據，並比較本卷下文各氣間陽城日晷差值遞減情況，「三十二分」疑爲「三分十二」之訛。

〔二〕百一十四度三十六分　按小寒、大雪二日黃道去極度相同，而小寒（或大雪）、小暑（或芒種）二日黃道去極度之和爲百八十二度五十分。據此核算，小寒黃道去極度應爲「百一十四度四十六分」。

〔三〕五尺四寸五分七十　按春分、秋分二日陽城日晷應同。同表記春分陽城日晷爲「五尺四寸四分七十」，「五分」疑爲「四分」之誤。

〔四〕先疾日益遲八十四秒　按此處所述爲夕疾期間變行損益率，夕疾應與晨疾相對應，下文所載太白晨疾値爲「日益疾十九秒」，則夕疾値當爲「日益遲十九秒」。

唐書卷三十下

志第二十下

曆六下

昭宗時，宣明曆施行已久，數亦漸差，詔太子少詹事邊岡與司天少監胡秀林、均州司馬王墀改治新曆，然術一出於岡。岡用算巧，能馳騁反覆于乘除間。由是簡捷、超徑、等接之術興，而經制、遠大、衰序之法廢矣。雖籌策便易，然皆冥於本原。其上元七曜，起赤道虛四度。景福元年，曆成，賜名崇玄。氣朔、發斂、盈縮、朓朒、定朔弦望、九道月度、交會、入蝕限去交前後，皆大衍之舊。餘雖不同，亦殊塗而至者。大略謂：

策實曰歲實。揲法曰朔實。三元之策曰氣策。四象之策曰平會。一象之策曰弦策。掛限曰閏限。爻數曰紀法。策餘曰歲餘。天中之策曰候策。地中之策曰卦策。貞悔之策曰土王策。辰法，半辰法也。乾實曰周天分。盈縮、朓朒，皆用常氣。盈縮分曰升降。先後曰盈縮。

凡升降、損益，皆進一等，倍象統乘之，除法而一，爲平行率。與後率相減，爲差。半之，以加減平行率，爲初、末率。倍差，進一等，以象統乘之，除法而一，爲日差。以加減初、末爲定。以日差累加減，爲每日分。凡小餘，皆萬乘之，通法除，爲約餘，則以萬爲法。又以百約之，爲大分，則以百爲法。

凡多至赤道日度及約餘，以減其宿全度，乃累加次宿，皆爲距後積度。滿限九十一度三十一分三十七小分，去之。餘半已下，爲初；已上，以減限，爲末。皆百四十四乘之，退一等，以減千三百一十五。所得以乘初、末度分，爲差。又通初、末度分，與四千五百六十六先相減、後相乘，千六百九十除之，以減差，爲定差，再退爲分。至後以減、分後以加距後積度，爲黃道積度。宿次相減，即其度也。

以多至赤道日度及約餘，依前求定差以減之，爲黃道日度。凡歲差，十一乘之，又以所求氣數乘之，三千八百八十八而一，以加前氣中積；又以盈縮分盈加、縮減之，命以多至宿度，即其氣初加時宿度。

其定朔小餘，如日法四十分之二十九已上，以定朔小餘減日法，餘如晨初餘數已下，進一日。

岡又作徑術求黃道月度。以蔀率去積年，爲蔀周。不盡，爲蔀餘。以歲餘乘蔀餘，副之。二因蔀周，三十七除之，以減副。百一十九約蔀餘，以加副。滿周天去之。餘，四因之爲分，度母而一爲度，即多至加時平行月。

又以多至約餘距午前後分，二百五十四乘之，萬約爲分，度母爲度[一]；午前以加、午後以減加時月，爲午中月。自此計日平行十三度十九分度之七。自多至距定朔，累以平行減之，爲定朔午中月。求次朔及弦望，各計日以平行加之。其分以度母除，爲約分。

又四十七除蔀餘，爲率差。不盡，以乘七日三分半，副之。九因率差，退一等，爲分，以減副。又百約多至加時距午分，午前加之，午後減之，滿轉周去之，即多至午中入轉。以多至距朔日減之，即定朔午中入轉。求次朔及弦望，計日加之。

各以所入日下損益率乘轉餘，百而一，以損益盈縮積，爲定差。以盈加、縮減午中月，爲定月。以月行定分乘其日晨昏距午分，萬約爲分，滿百爲度，以減午中定月，爲晨月；加之，爲昏月。

以朔昏月減上弦昏月，以上弦昏月減望昏月，以望晨月減下弦晨月，以下弦晨月減後朔晨月，各爲定程。以相距日均，爲平行度分。與次程相減，爲差。以加、減平行，爲初、末

日定行。後少，加爲初，減爲末。後多，減爲初，加爲末。減相距日一，均差，爲日差。累損、益初日，爲每日定行。後多，累益之。後少，累減之。因朔弦望晨昏月，累加之，得每日晨昏月。

晷漏

各計其日中入二至加時已來日數及餘。如初限已下，爲後；已上，以減二至限，餘爲前，副之。各以乘數乘之，用減初、末差。所得再乘其副，滿百萬爲尺，不滿爲寸、爲分。夏至後，則退一等。皆命曰晷差。多至前後，以減多至中晷；夏至前後，以加夏至中晷：爲每日陽城中晷。與次日相減，後多曰息，後少曰消。以多夏至午前、後約分乘之，萬而一，午前息減、消加，午後息加、消減中晷，爲定數也。凡多至初日，有減無加。夏至初日，有加無減。

又計二至加時已來至其日昏後夜半日數及餘。多至後爲息，夏至後爲消。如一象已下，爲初；已上，反減二至限，餘爲末。令自相乘，進二位，以消息法除爲分，副之。與五百分先相減，後相乘，千八百而一，以加副，爲消息數。以象積乘之，百約爲分，再退爲度。春分後，以加六十七度四十分，秋分後，以減百一十五度二十分，即各其日黃道去極。與一象相減，則赤道內外也。以消息數，春分後加千七百五十二，秋分後以減二千七百四十八，即各其日晷漏母也。以減五千，爲晨昏距午分。

置晷漏母，千四百六十一乘，而再半之。百約，爲距子度。以減半周天，餘爲距中度。百三十五乘晷漏母，百約爲分，得晨初餘數。凡晷漏，百爲刻。不滿，以象積乘之，百約爲分，得夜半定漏。

九服中晷，各於其地立表候之。在陽城北，多至前候晷景與陽城多至同者，爲差日之始；在陽城南，夏至前候晷景與陽城夏至同者，爲差日之始。自差日之始，至二至日，爲距差日數也。在至前者，計距前已來日數；至後者，計入至後已來日數。反減距差日，餘爲距後日準。求初、末限晷差，各多至前後以加、夏至前後以減多夏至陽城中晷，得其地其日中晷。若不足減，減去夏至陽城中晷，即其日南倒中晷也。自餘之日，各計多夏至後所求日數。減去距多夏至差日，餘準初、末限入之。又九服所在，各於其地置水漏，以定二至夜刻，爲漏率。以漏率乘每日晷漏母，各以陽城二至晷漏母除之，得其地每日晷漏母。

交會

以四百一乘朔望加時入交常日及約餘，三十除，爲度；不滿退除爲分，得定朔望入交定積度分。以減周天，命起朔望加時黃道日躔，即交所在宿次。

凡入交定積度，如半交已上[二]，爲在陽曆；已上，減去半交，餘爲入陰曆。以定朔望

約餘乘轉分，萬約爲分，滿百爲度；以減入陰、陽曆積度，爲定朔望夜半所入。

如一象已下，爲在少象；已上者，反減半交，餘爲入老象。皆七十三乘之，退一等。用減千三百二十四，餘以乘老、少象度及餘，再退爲分，副之。在少象三十度已下，老象六十一度已上，皆與九十一度先相減、後相乘，五十六除，爲差。若少象三十度已上，反減九十一度，及老象六十度已下，皆自相乘，百五除，爲差。皆以減副，百約爲度，即朔望夜半月去黃道度分。

凡定朔約餘距午前、後分，與五千先相減、後相乘，三萬除之；午前以減，午後倍之，以加約餘，爲日蝕定餘。定望約餘，即爲月蝕定餘。晨初餘數已下者，皆四百乘之，以晨初餘數除之，所得以加定望約餘，爲或蝕小餘。各以象統乘之，萬約，爲半辰之數。餘滿二千四百爲刻。不盡退除，爲刻分，即其辰刻日蝕有差。

置其朔距天正中氣積度，以減三百六十五度半，餘以千乘，滿三百六十五度半除爲分，曰限心。加二百五十分，爲限首。減二百五十分，爲限尾。滿若不足，加減一千，退蝕定餘一等。與限首、尾相近者，相減，餘爲限內外分。其蝕定餘多於限首、少於限尾者，爲外。少於限首、多於限尾者，爲內。在限內者，令限內分自乘，百七十九而一，以減六百三十，餘爲陰曆蝕差。限外者，置限外分與五百先相減、後相乘，四百四十六而一，爲陰曆蝕

差。又限內分亦與五百先相減，後相乘，三百一十三半而一，爲陽曆蝕差。

在限內者，以陽曆蝕差加陰曆蝕差，爲既前法。以減千四百八十，餘爲既後法。在限外者，以六百一十分爲既前法，八百八十分爲既後法。其去交度分，在限外陰曆者，以陰曆差減之。不足減者，不蝕。又限外無陽曆。交在限內陰曆者，以陽曆蝕差加之。若在限內陽曆者，以去交度分反減陽曆蝕差。若不足反減者，不蝕。皆爲去交定分。如既前法已下者，爲既前分。已上者，以減千四百八十，餘爲既後分。皆進一位。各以既前、後法除，爲蝕分。在既後者，其虧復陰曆也。既前者，陽曆也。

凡朔望月行定分，日以九百乘，月以千乘，如千三百三十七而一，日以減千八百，月以減二千，餘爲沉用刻分。凡月蝕沉用刻，在陽曆以三十四乘，在陰曆以四十一乘，百約，爲月蝕既限。以減千四百八十，餘爲月蝕定法。其去交度分，如既限已下者，既。已上者，以減千四百八十，餘進一位，以定法約，爲蝕分。其蝕五分已下者，爲或食；已上爲的蝕。

凡日月食分，沉用刻乘之，千而一，爲定用刻。不盡，退除爲刻分。既者，以沉爲定。各以減蝕甚約餘，爲虧初。加之，爲復滿。凡蝕甚與晨昏分相近，如定用刻已下者，因相減，餘以乘蝕分，滿定用刻而一，所得以減蝕分，得帶蝕分。

五星變差曰歲差。陰陽進退差曰盈縮。爻算曰晝度。晝有十二，亦爻數也。推冬至後加時平合日算〔三〕，曰平合中積。副之，曰平合中星。歲差減中星，曰入曆。有餘者，皆約之。因平合以諸變常積日加中積，常積度加中星、入曆，各其變中積、中星、入曆也。

凡入曆盈限已下，爲盈。已上，去之，爲縮。各如晝度分而一，命晝數算外。不滿，以晝下損益乘之，晝度分除之，以損益盈縮積，爲定差。盈加、縮減中積，爲定積。準求所入氣及月日，加冬至大餘及約餘，爲其變大小餘。以命日辰，則變行所在也。亦以盈加、縮減中星，應用躔差。視定積如半交已下，爲在盈；已上，去之，爲在縮。所得，令半交度先相減、後相乘，三千四百三十五除，爲度。不盡退除爲分者，亦盈加、縮減之。

其變異術者，從其術，各爲定星。命起冬至黃道日躔，得其變行加時所在宿度也。凡辰星依曆變置算，乃視晨見、晨順在冬至後，夕見、夕順在夏至後計中積去二至九十一日半已下，令自乘。已上，以減百八十二日半，亦自乘。五百而一，爲日。以加晨夕見中積、中星，減晨夕順中積、中星，各爲應見不見中積、中星也。凡盈縮定差，熒惑晨見變六十一乘之、五十四除之，乃爲定差。太白、辰星再合，則半其差。其在夕見、晨疾二變，則盈減、縮加。凡歲、鎮、熒惑留退，皆用前遲入曆定差。又各視前遲定星，以變下減度減之。餘半交已下，爲盈；已上，去之，爲縮。又視之，七十三已下三因之，已上減半交，餘二因之，爲差。歲、鎮二星，退一等。熒惑，全用之。在後退，又倍其差。後留，三之。皆滿百爲度。以盈加、縮減中積，又以前遲定差盈加、縮減，乃爲留退定積。其前後退中星，則以差縮加、盈減，又以前遲定差盈加、縮減，乃爲退行定星。

凡諸變定星迭相減，爲日度率。熒惑遲日盈六十、度盈二十四者，所盈日度加疾變日度，爲定率。太白退日率，百乘之，二百一十二除之，爲留日。以減退日率，爲定率。辰星退順日率一等，爲留日。以減順日率，爲定率。以日均度，爲平行。又與後變平行相減，爲差。半之，視後多少，以加減平行，爲初、末日行分。以初日行分乘其變小餘，萬而一，順減、退加其變加時宿度，爲夜半宿度。又減日率一，均差，爲日差。視後多少，累損益初日，爲每日行分。因夜半宿度，累加減之，得每日所至。

五星差行，衰殺不倫，皆以諸變類會消息署之。

起二年頒用，至唐終。

景福崇玄曆演紀上元甲子，距景福元年壬子，歲積五千三百九十四萬七千三百八算外。

崇玄通法萬三千五百。

歲實四百九十三萬八百一。

氣策十五，餘二千九百五十，秒一。

朔實三十九萬八千六百六十三。

平會二十九，餘七千一百六十三。

望策十四，餘萬三百三十一半。

弦策七，餘五千一百六十五太。

朔虛分六千三百三十七。

中盈分五千九百，秒二。

歲餘七萬八百一。

閏限三十八萬六千四百二十五，秒二十三。

象位六。

象統二十四。

候策五，餘九百八十三，秒二十五；秒母七十二。

卦策六，餘千一百八十，秒一；秒母六十。

土王策三，餘五百九十，秒一；秒母百二十。

辰數五百六十二半。

刻法百三十五。

周天分四百九十三萬九百六十一，秒二十四。

歲差百六十，秒二十四。

周天三百六十五度，虛分三千四百六十一，秒二十四。

約虛分二千五百六十三，秒八十八。

除法七千三百五。

秒母一百。

二十四氣中積，自冬至，每氣以氣策及約餘累之。

氣節	升降差	盈縮分	損益數	朓朒積
冬至	升七千七百四十	盈初	益七百八十二	朒初
小寒	升六千六十九	盈七千七百四十	益六百一十三	朒七百八十二
大寒	升四千五百七十二	盈萬三千八百九	益四百六十二	朒千三百九十五
立春	升三千二百五十	盈萬八千三百八十一	益三百二十八	朒千八百五十七

氣節	升降差	盈縮分	損益數	朓朒積
雨水	升千九百七十七	盈二萬一千六百三十一	益二百	朒二千一百八十五
驚蟄	升六百六十	盈二萬三千六百八	益六十七	朒二千三百八十五
春分	降六百六十	盈二萬四千二百六十八	損六十七	朒二千四百五十二
清明	降千九百七十七	盈二萬三千六百八	損二百	朒二千三百八十五
穀雨	降三千二百五十	盈二萬一千六百三十一	損三百二十八	朒二千一百八十五
立夏	降四千五百七十二	盈萬八千三百八十一	損四百六十二	朒千八百五十七
小滿	降六千六十九	盈萬三千八百九	損六百一十三	朒千三百九十五
芒種	降七千七百四十	盈七千七百四十	損七百八十二	朒七百八十二
夏至	降七千七百四十	縮初	益七百八十二	朓初
小暑	降六千六十九	縮七千七百四十	益六百一十三	朓七百八十二
大暑	降四千五百七十二	縮萬三千八百九	益四百六十二	朓千三百九十五
立秋	降三千二百五十	縮萬八千三百八十一	益三百二十八	朓千八百五十七
處暑	降千九百七十七	縮二萬一千六百三十一	益二百	朓二千一百八十五

氣節	升降差	盈縮分	損益數	朓朒積
白露	降六百六十	縮二萬三千六百八	益六十七	朓二千三百八十五
秋分	升六百六十	縮二萬四千二百六十八	損六十七	朓二千四百五十二
寒露	升千九百七十七	縮二萬三千六百八	損二百	朓二千三百八十五
霜降	升三千二百五十	縮二萬一千六百三十一	損三百二十八	朓二千一百八十五
立冬	升四千五百七十二	縮萬八千三百八十一	損四百六十二	朓千八百五十七
小雪	升六千六十九	縮萬三千八百九	損六百一十三	朓千三百九十五
大雪	升七千七百四十	縮七千七百四十	損七百八十二	朓七百八十二

轉周分三十七萬一千九百八十六，秒九十七。

轉終日二十七，餘七千四百八十六，秒九十七。

朔差日一，餘萬三千一百七十六，秒三。

度母一百。每日累轉分爲轉積度。

秒母一百。

轉終日	轉分 列逡	損益率	朓朒積
一日	千二百七 逡十六	益千三百一十九	朒初
二日	千二百二十三 逡十七	益千一百五十	朒千三百一十九
三日	千二百四十 逡十八	益九百七十八	朒二千四百六十九
四日	千二百五十八 逡十八	益七百九十九	朒三千四百四十七
五日	千二百七十六 逡十九	益六百一十七	朒四千二百四十六
六日	千二百九十五 逡二十一	益四百三十一	朒四千八百六十三
七日	千三百一十六 逡二十三	初益二百一十三 末損二十七	朒五千二百九十四
八日	千三百三十九 逡二十六	損二百八十五	朒五千四百八十
九日	千三百六十五 逡十八	損四百七十一	朒五千一百九十五
十日	千三百八十三 逡十八	損六百五十	朒四千七百二十四
十一日	千四百一 逡十九	損八百四十	朒四千七十四
十二日	千四百二十 逡十七	損千一十七	朒三千二百三十四

十三日	千四百三十七進十六	損千一百八十五	朒二千二百一十七
十四日	千四百五十三進十一	初損千三十二 末益二百九十二〔四〕	朒千三十二
十五日	千四百六十四退十七	益千二百八十四	朓二百九十三
十六日	千四百四十七退十八	益千一百一十	朓千五百七十七
十七日	千四百二十九退十八	益九百四十一	朓二千六百八十七
十八日	千四百一十一退十八	益七百五十七	朓三千六百二十八
十九日	千三百九十三退十八	益五百七十八	朓四千三百八十五
二十日	千三百七十五退二十二	益三百八十六	朓四千九百六十三
二十一日	千三百五十三退二十五	初益百六十 末損八十	朓五千三百四十九
二十二日	千三百二十八退二十二	損三百二十四	朓五千四百二十九
二十三日	千三百六退十九	損五百一十六	朓五千一百五
二十四日	千二百八十七退十九	損六百九十七	朓四千五百八十九
二十五日	千二百六十八退十八	損八百七十九	朓三千八百九十二
二十六日	千二百五十退十七	損千五十三	朓三千一十三
二十七日	千二百三十三退十七	損千二百二十三	朓千九百六十
二十八日	千二百一十六退九	初損七百三十七 末益入後	朓七百三十七

七日：初數萬一千九百九十六太，末數千五百三〔五〕。
十四日：初數萬四百九十三半，末數三千六半。
二十一日：初數八千九百九十少，末數四千五百九太。
二十八日：初數七千四百八十七。

蔀率九千三十六。
歲餘六百三十九。
周天分千七百三十五。
周天三百六十五度五分。
度母十九。
月行定分同轉分。

平行積度，日累十三度七分。

入轉日	損益數	盈縮積度
一日	益百三十一	縮初空
二日	益百一十四	縮一度三十一分
三日	益九十七	縮二度四十五分
四日	益七十九	縮三度四十二分
五日	益六十一	縮四度二十一分
六日	益四十三	縮四度八十二分
七日	初益二十一 末損三	縮五度二十五分
八日	損二十八	縮五度四十三分
九日	損四十七	縮五度一十五分
十日	損六十五	縮四度六十八分
十一日	損八十三	縮四度三分
十二日	損百一	縮三度二十分
十三日	損百一十七	縮二度十九分
十四日	初損百二 末益二十九	縮一度二分
十五日	益百二十七	盈二十九分
十六日	益百一十	盈一度五十六分
十七日	益九十四	盈二度六十六分
十八日	益七十五	盈三度六十分
十九日	益五十七	盈四度三十五分
二十日	益三十八	盈四度九十二分
二十一日	初益十六 末損八	盈五度三十分
二十二日	損三十二	盈五度三十八分
二十三日	損五十一	盈五度六分
二十四日	損六十九	盈四度五十五分

二十五日	損八十七	盈三度八十六分
二十六日	損百四	盈二度九十九分
二十七日	損百二十一	盈一度九十五分
二十八日	初損七十四 末益入後	盈七十四分

轉周二十七日，五十五分半。

七日：初八十八分，小分八十七半；末十一分，小分十二半。

十四日：初七十七分太；末二十二分少。

二十一日：初六十六分，小分六十二半；末三十三分，小分三十七半。

二十八日：初五十五分半。

入轉日母一百。

二至限百八十二日，六十二分，小分二十二分半。

消息法千六百六十七半。

一象九十一度三千一百三十一分。

辰法八刻百六十分。

昏、明二刻二百四十分。

象積四百八十。

冬至前後限五十九日；差二千一百九十五分；乘數十五。

夏至前後限百二十三日六十二分，小分二十二半；差四千八百八十分；乘數四。

陽城冬至晷丈二尺七寸一分半。

夏至晷尺四寸七分，小分八十。

交終分三十六萬七千三百六十四，秒九千六百七十三。

交終日二十七，餘二千八百六十四，秒九千六百七十三；約餘二千一百二十二。

交中日十三，餘八千一百八十二，秒四千八百三十六半；約餘六千六十一。

朔差日二，餘四千二百九十八，秒三百二十七；約餘三千一百八十四。

望策日十四，餘萬三百三十一，秒五千；約餘七千六百五十三。

交限日十二，餘六千三十三，秒四千六百七十三；約餘四千四百六十九。

望差日一，餘二千一百四十九，秒百六十三半；約餘千五百九十二。

交率二百六十二。

交數三千三百五十。

交終三百六十三度七十三分，小分六十四。

轉終三百七十四度二十八分。

半交百八十一度八十六分，小分八十二。

一象九十度，九十三分，小分四十一。

去交度乘數十一，除數八千六百三十二。

秒母一萬。

歲星

終率五百三十八萬四千九百六十二，秒十一。

平合日三百九十八，餘萬一千九百六十二，秒十一；約餘八千八百六十一。

盈限二百五度。

盈畫十七度八分，秒三十三。

縮限百六十度二十五分，秒六十三太。

縮畫十三度三十五分，秒四十七。

歲差百三十三，秒九十二半。

畫數	損益	盈差積	損益	縮差積
初	益百九十	盈初	益九十	縮初
二	益百八十	盈一度九十	益百七十	縮九十
三	益百五十	盈三度七十	益二百一十	縮二度六十
四	益百四十	盈五度二十	益百六十	縮四度七十
五	益七十	盈六度六十	益八十	縮七度三十
六	益四十五	盈七度三十	益四十	縮七度十
七	損四十五	盈七度七十五	益十五	縮七度五十
八	損百四十五	盈七度三十	益十	縮七度六十五
九	損八十五	盈五度八十五	損十	縮七度七十五
十	損二百	盈五度	損二百六十五	縮七度六十五

爻數	損益	盈差積	損益	縮差積
十一	損百六十	盈三度	損二百六十	縮五度
十二	損百四十	盈一度四十	損二百四十	縮二度四十

熒惑

終率千五十二萬八千九百一十六，秒九十一。

平合日七百七十九，餘萬二千四百一十六，秒九十一；約餘九千一百九十八。

盈限百九十六度八十分。

盈畫十六度四十分。

縮限百六十八度四十五分，秒六十三太。

縮畫十四度三分，秒八十。

歲差百三十三，秒四十六。

爻數	損益	盈差積	損益	縮差積
初	益千二百一十	盈初	益三百九十六	縮初
二	益八百一十二	盈十二度十三	益四百四十一	縮三度九十六
三	益四百七十三	盈二十度二十五	益四百五十七	縮八度三十七
四	益二百二	盈二十四度九十八	益四百四十八	縮十二度九十四
五	損十六	盈二十七度	益四百五	縮十七度四十二
六	損二百一十四	盈二十六度八十四	益三百二十三	縮二十一度四十七
七	損三百二十三	盈二十四度七十	益二百一十四	縮二十四度七十
八	損四百五	盈二十一度四十七	益十六	縮二十六度八十四
九	損四百四十八	盈十七度四十二	損二百二	縮二十七度
十	損四百五十七	盈十二度九十四	損四百七十三	縮二十四度九十八
十一	損四百四十一	盈八度三十七	損八百一十二	縮二十度二十五
十二	損三百九十六	盈三度九十六	損千二百一十三	縮十二度一十三

鎮星

終率五百一十萬四千八十四，秒五十四。

平合日三百七十八，餘千八十四，秒五十四；約餘八百三。

盈限百八十二度六十二分，秒六十三太。

盈畫十五度二十二分。

縮限百八十二度六十三分。

縮畫十五度二十二分。

歲差百三十二，秒九十四。

爻數	損益	盈差損	損益	縮差積
初	益百	盈初	益三百	縮初
二	益百三十	盈一度	益二百二十五	縮三度
三	益百七十	盈二度三十	益二百	縮五度二十五
四	益二百二十	盈四度	益五十	縮七度二十五
五	益百二十	盈六度二十	損三十五	縮七度七十五
六	益三十五	盈七度四十	損二十	縮七度四十
七	損三十五	盈七度七十五	損十五	縮七度二十
八	損百二十	盈七度四十	損五	縮七度五
九	損二百二十	盈六度二十	損百六十	縮七度
十	損百七十	盈四度	損百七十	縮五度四十
十一	損百三十	盈二度三十	損百八十	縮三度七十
十二	損百	盈一度	損百九十	縮一度九十

太白

終率七百八十八萬二千六百四十八，秒七十六。

平合日五百八十三，餘萬二千一百四十八，秒七十六；約餘八千九百九十九。

再合日二百九十一，餘萬二千八百二十四，秒三十八；約餘九千五百。

盈限百九十七度十六分。

盈畫十六度四十三分。

縮限百六十八度九分，秒六十三太。

縮畫十四度，秒八十。

歲差百三十四，秒三十六。

畫數	損益	盈差積	損益	縮差積
初	益百八十三	盈初	益六十四	縮初
二	益百五十	盈一度八十三	益百一十九	縮六十四
三	益百一十七	盈三度三十三	益百二	縮一度八十三
四	益八十三	盈四度五十	益百	縮二度八十五
五	益五十	盈五度三十三	益九十	縮三度八十五
六	益七十〔六〕	盈五度八十三	益七十三	縮四度七十五
七	損十七	盈六度	益四十五	縮五度四十八
八	損五十	盈五度八十三	益十五	縮五度九十三
九	損八十三	盈五度三十三	益五十一	縮六度八
十	損百一十七	盈四度五十	損百五	縮五度五十七
十一	損百五十	盈三度三十三	損百八十	縮四度五十二
十二	損百八十三	盈一度八十三	損二百七十二	縮二度七十二

辰星

終率百五十六萬四千三百七十八，秒九十七。

平合日百一十五，餘萬一千八百七十八，秒九十七；約餘八千八百。

再合日五十七，餘萬二千六百八十九，秒四十八半；約餘九千四百。

盈限百八十二度六十三分。

盈畫十五度二十二分。

縮限百八十二度六十二分，秒六十三太。

縮畫十五度二十一分，秒八十九。

歲差百三十三，秒六十四。

畫數	損益	盈差積	損益	縮差損
初	益九十二	盈初	益九十二	縮初
二	益七十五	盈九十二	益七十五	縮九十二
三	益五十八	盈一度六十七	益五十八	縮一度六十七
四	益四十一	盈二度二十五	益四十一	縮二度二十五
五	益二十五	盈二度六十六	益二十五	縮二度六十六
六	益九	盈二度九十一	益九	縮二度九十一
七	損九	盈三度	損九	縮三度
八	損二十五	盈二度九十一	損二十五	縮二度九十一
九	損四十一	盈二度六十六	損四十一	縮二度六十六
十	損五十八	盈二度二十五	損五十八	縮二度二十五
十一	損七十五	盈一度六十七	損七十五	縮一度六十七
十二	損九十二	盈九十二	損九十二	縮九十二

五星入變曆

星名	變目	常積日	常積度	加減
歲星	晨見	十七日五十分	三度五十分	用日躔差
	前疾	九十八日	十八度五十分	
	前遲	百三十一日五十分	二十二度五十分	
	前留	百五十八日		減六十五度
	前退	百九十九日七十五分	十六度七十五分	減七十一度
	後退	二百四十日	十一度	減八十二度五十分
	後留	二百六十七日五十分		減八十七度
	後遲	三百一日	十五度	
	後疾	三百八十一日三十八分	三十度十二分半	用日躔差
	夕合	三百九十八日八十七分	三十三度六十二分半	用日躔差

熒惑	晨見	七十二日	五十五度	用日躔差
	前疾	百九十三日	百三十五度	
	前次疾	二百八十七日	百九十二度五十分	
	前遲	三百四十七日	二百一十六度七十五分	
	前留	三百六十日		減百二十度
	前退	三百九十日	二百七度二十五分	減百二十五度五十分
	後退	四百二十日	百九十七度七十五分	減百三十度
	後留	四百三十三日		減百三十五度
	後遲	四百九十三日	二百二十二度	
	後次疾	五百八十七日	二百七十九度五十分	
	後疾	七百七日九十二分	三百五十九度六十二分	用日躔差
	夕合	七百七十九日九十二分	四百一十四度六十二分	用日躔差
鎮星	晨見	十九日	二度	用日躔差

	前疾	七十九日	八度	
	前遲	百三日	九度六十分	
	前留	百四十日		減百七十二度
	前退	百八十九日	六度四十二分	減百七十度
	後退	二百三十八日	三度二十四分	減百七十六度
	後留	二百七十五日		減百八十二度
	後遲	二百九十九日	四度八十四分	
	後疾	三百五十九日八分	十度八十三分	用日躔差
	夕合	三百七十八日八分	十二度八十三分	用日躔差
太白	夕見	四十二日	五十三度	用日躔差
	夕疾	百四十二日	百八十度五十分	
	夕次疾	二百一十九日	二百六十五度	
	夕遲	二百六十八日	三百一度五十分	

	夕留退	二百八十五日	二百九十六度	用日躔差
	再合	二百九十二日	二百九十二度	用日躔差
	晨見	二百九十九日	二百八十八度	用日躔差
	晨退留	三百一十六日	二百八十二度五十分	
	晨遲	三百六十五日	三百一十九度五十分	
	晨次疾	四百四十二日	四百三度五十分	
	晨疾	五百四十一日九十分	五百三十度九十分	用日躔差
	晨伏合	五百八十三日九十分	三百八十三度九十分	用日躔差
辰星	夕見	十七日	三十四度	用日躔差
	夕順留	四十七日	六十四度	用日躔差
	再合	五十八日	五十八度	用日躔差
	晨見	六十九日	五十二度	用日躔差
	晨留順	九十八日八十八分	八十一度八十八分	用日躔差

	晨伏合	百一十五日八十八分	百一十五度八十八分	用日躔差

校勘記

〔一〕萬約爲分度母爲度　按文義，「分」下應有「滿」字。

〔二〕如半交已上　按中法入交度分，概以黃白降交點爲起點。據術，「上」當作「下」。

〔三〕推冬至後加時平合日算　按平合加時起自冬至加時，終於是年冬至後第一次平合，「後加時」應作「加時後」。

〔四〕末益二百九十二　「二」，合鈔卷四九作「三」。經核算，合鈔是。

〔五〕七日初數萬一千九百九十六太末數千五百三　按三乘通法，加轉終餘秒，四而一，得七日初數。以減通法，得末數。據此核算，初數無誤，則末數「千五百三」下應有「少」字。

〔六〕益七十　按六晝盈積加六晝益值，得七晝盈積。按此核算，「七十」應作「十七」。

唐書卷三十一

志第二十一

天文一

昔者，堯命羲、和，出納日月，考星中以正四時。至舜，則曰「在璿璣玉衡，以齊七政」而已。雖二典質略，存其大法，亦由古者天人之際，推候占測，爲術猶簡。至於後世，其法漸密者，必積衆人之智，然後能極其精微哉。蓋自三代以來詳矣。詩人所記，婚禮、土功，必候天星。而春秋書日食、星變，傳載諸國所占次舍、伏見、逆順。至於周禮測景求中、分星辨國、妖祥察候，皆可推考，而獨無所謂璿璣玉衡者，豈其不用於三代耶？抑其法制遂亡，而不可復得耶？不然，二物者，莫知其爲何器也。至漢以後，表測景晷，以正地中，分列境界，上當星次，皆略依古。而又作儀以候天地，而渾天、周髀、宣夜之說，至於星經、曆法，皆出於數術之學。唐興，太史李淳風、浮圖一行，尤稱精博，後世未能過也。故採其要說，以

著于篇。至於天象變見所以譴告人君者，皆有司所宜謹記也。

貞觀初，淳風上言：「舜在璿璣玉衡，以齊七政，則渾天儀也。周禮，土圭正日景以求地中，有以見日行黃道之驗也。暨于周末，此器乃亡。漢落下閎作渾儀，其後賈逵、張衡等亦各有之，而推驗七曜，並循赤道。按冬至極南，夏至極北，而赤道常定於中，國無南北之異。蓋渾儀無黃道久矣。」太宗異其說，因詔爲之。至七年儀成。表裏三重，下據準基，狀如十字，末樹鼇足，以張四表。一曰六合儀，有天經雙規、金渾緯規、金常規，相結於四極之內。列二十八宿、十日、十二辰、經緯三百六十五度。二曰三辰儀，圓徑八尺，有璿璣規、月游規，列宿距度，七曜所行，轉於六合之內。三曰四游儀，玄樞爲軸，以連結玉衡游筩而貫約矩規。又玄極北樹北辰，南矩地軸，傍轉於內。玉衡在玄樞之間，而南北游，仰以觀天之辰宿，下以識器之晷度。皆用銅。帝稱善，置於凝暉閣，用之測候。閣在禁中，其後遂亡。

開元九年，一行受詔，改治新曆，欲知黃道進退，而太史無黃道儀，率府兵曹參軍梁令瓚以木爲游儀，一行是之，乃奏：「黃道游儀，古有其術而無其器，昔人潛思，皆未能得。今令瓚所爲，日道月交，皆自然契合，於推步尤要，請更鑄以銅鐵。」十一年儀成。一行又曰：「靈臺鐵儀，後魏斛蘭所作，規制朴略，度刻不均，赤道不動，乃如膠柱。以考月行，遲速多差，多或至十七度，少不減十度，不足以稽天象、授人時。李淳風黃道儀，以玉衡旋規，別帶日道，傍列二百四十九交，以攜月游，法頗難，術遂寢廢。臣更造游儀，使黃道運行，以追列舍之變，因二分之中，以立黃道，交於奎、軫之間，二至陟降，各二十四度。黃道內施白道月環，用究陰陽朓朒，動合天運。簡而易從，可以制器垂象，永傳不朽。」於是玄宗嘉之，自爲之銘。

又詔一行與令瓚等更鑄渾天銅儀，圓天之象，具列宿赤道及周天度數。注水激輪，令其自轉，一晝夜而天運周。外絡二輪，綴以日月，令得運行。每天西旋一周，日東行一度，月行十三度十九分度之七，二十九轉有餘而日月會，三百六十五轉而日周天。以木櫃爲地平，令儀半在地下，晦明朔望遲速有準。立木人二於地平上：其一前置鼓以候刻，至一刻則自擊之；其一前置鐘以候辰，至一辰亦自撞之。皆於櫃中各施輪軸，鉤鍵關鏁，交錯相持。置於武成殿前，以示百官。無幾而銅鐵漸澀，不能自轉，遂藏於集賢院。

其黃道游儀，以古尺四分爲度。旋樞雙環，其表一丈四尺六寸一分，縱八分，厚三分，直徑四尺五寸九分，古所謂旋儀也。南北科兩極〔一〕，上下循規各三十四度。表裏畫周天度，其一面加之銀釘。使東西運轉，如渾天游旋。中旋樞軸，至兩極首內，孔徑大兩度半，長與旋環徑齊。玉衡望筩，長四尺五寸八分，廣一寸二分，厚一寸，孔徑六分。衡旋於軸中，旋運持正，用窺七曜及列星之闊狹。外方內圓，孔徑一度半，周日輪也。陽經雙環，表一

丈七尺三寸，裏一丈四尺六寸四分，廣四寸，厚四分，直徑五尺四寸四分，置於子午。左右用八柱，八柱相固。亦表裏畫周天度，其一面加之銀釘。半出地上，半入地下。雙間挾樞軸及玉衡望筩〔二〕，旋環於中也。陰緯單環，外內廣厚周徑，皆準陽經，與陽經相銜各半，內外俱齊。面平，上爲天，下爲地。橫周陽環，謂之陰渾也。平上爲兩界，內外爲周天百刻。天頂單環，表一丈七尺三寸，縱廣八分，厚三分，直徑五尺四寸四分。直中國人頂之上，東西當卯酉之中，稍南使見日出入。令與陽經、陰緯相固，如鳥殼之裹黃。南去赤道三十六度，去黃道十二度，去北極五十五度，去南北平各九十一度強。赤道單環，表一丈四尺五寸九分，橫八分，厚三分，直徑四尺五寸八分。赤道者，當天之中，二十八宿之位也。雙規運動，度穿一穴。古者，秋分日在角五度，今在軫十三度；冬至日在牽牛初，今在斗十度。隨穴退交，不復差繆。傍在卯酉之南，上去天頂三十六度，而橫置之。黃道單環，表一丈五尺四寸一分，橫八分，厚四分，直徑四尺八寸四分。日之所行，故名黃道。太陽陟降，積歲有差。月及五星，亦隨日度出入。古無其器，規制不知準的，斟酌爲率，疏闊尤甚。今設此環，置於赤道環內，仍開合使運轉，出入四十八度，而極畫兩方，東西列周天度數，南北列百刻，可使見日知時。上列三百六十策，與用卦相準。度穿一穴，與赤道相交。白道月環，表一丈五尺一寸五分，橫八分，厚三分，直徑四尺七寸六分。月行有迂曲遲速，與日行緩急相

及〔三〕。古亦無其器，今設於黃道環內，使就黃道爲交合，出入六度，以測每夜月離。上畫周天度數，度穿一穴，擬移交會。皆用鋼鐵〔四〕。游儀，四柱爲龍，其崇四尺七寸，水槽及山崇一尺七寸半，槽長六尺九寸，高廣皆四寸，池深一寸，廣一寸半。龍能興雲雨，故以飾柱。柱在四維。龍下有山雲，俱在水平槽上。皆用銅。

其所測宿度與古異者：舊經，角距星去極九十一度，亢八十九度，氐九十四度，房百八度，心百八度，尾百二十度，箕百一十八度，南斗百一十六度，牽牛百六度，須女百度，虛百四度，危九十七度，營室八十五度，東壁八十六度，奎七十六度，婁八十度，胃、昴七十四度，畢七十八度，觜觿八十四度，參九十四度，東井七十度，輿鬼六十八度，柳七十七度，七星九十一度，張九十七度，翼九十七度，軫九十八度。今測，角九十三度半，亢九十一度半，氐九十八度，房百一十度半，心百一十度，尾百二十四度，箕百二十度，南斗百一十九度，牽牛百四度，須女百一度，虛百一度，危九十七度，營室八十三度，東壁八十四度，奎七十三度，婁七十七度，胃、昴七十二度，畢七十六度，觜觿八十二度，參九十三度，東井六十八度，輿鬼六十八度，柳八十度半，七星九十三度半，張百度，翼百三度，軫百度。

又舊經，角距星正當赤道，黃道在其南；今測，角在赤道南二度半，則黃道復經角中，與

天象合。虛北星舊圖入虛，今測在須女九度。危北星舊圖入危，今測在虛六度半。又奎誤距以西大星，故壁損二度，奎增二度；今復距西南大星，即奎、壁各得本度。畢，赤道十六度，黃道亦十六度。觜觿，赤道二度，黃道三度。二宿俱當黃道斜虛，畢尚與赤道度同，觜觿總二度，黃道損加一度，蓋其誤也。今測畢十七度半，觜觿半度。又柳誤距以第四星，今復用第三星。張中央四星爲朱鳥嗉，外二星爲翼，比距以翼而不距以膺，故張增二度半，七星減二度半；今復以膺爲距，則七星、張各得本度。

其他星：舊經，文昌二星在輿鬼，四星在東井。北斗樞在七星一度，琁在張二度，機在翼二度，權在翼八度，衡在軫八度，開陽在角七度，杓在亢四度。天關在黃道南四度，天尊、天椁在黃道北。天江、天高、狗國、外屏、雲雨、虛梁在黃道外。天囷、土公吏在赤道外，上台在東井，中台在七星，建星在黃道北半度，天苑在昴、畢，王良在壁外，屏在觜觿〔五〕，雷電在赤道外五度，霹靂在赤道外四度，八魁在營室，長垣、羅堰當黃道。今測，文昌四星在柳，一星在輿鬼，一星在東井。北斗樞在張十三度，琁在張十二度半，機在翼十三度，權在翼十七度太，衡在軫十度半，開陽在角四度少，杓在角十二度少。天關、天尊、天椁、天江、天高、狗國、外屏，皆當黃道。雲雨在黃道內七度，虛梁在黃道內四度，天囷當赤道，土公吏在赤道內六度，上台在柳，中台在張，建星在黃道北四度半，天苑在胃、昴，王良四星在奎，一星在

壁，外屏在畢〔六〕，雷電在赤道內二度，霹靂四星在赤道內，一星在外，八魁五星在壁，四星在營室，長垣在黃道北五度，羅堰在黃道北。

黃道，春分與赤道交於奎五度太；秋分交於軫十四度少；冬至在斗十度，去赤道南二十四度；夏至在井十三度少，去赤道北二十四度。其赤道帶天之中，以分列宿之度。黃道斜運，以明日月之行。乃立八節、九限，校二道差數，著之曆經。

蓋天之說，李淳風以爲天地中高而四隤，日月相隱蔽，以爲晝夜。繞北極常見者謂之上規，南極常隱者謂之下規，赤道橫絡者謂之中規。及一行考月行出入黃道，爲圖三十六，究九道之增損，而蓋天之狀見矣。

削篾爲度，徑一分，其厚半之，長與圖等，穴其正中，植鍼爲樞，令可環運。自中樞之外，均刻百四十七度。全度之末，旋爲外規。規外太半度，再旋爲重規。以均賦周天度分。又距極樞九十一度少半，旋爲赤道帶天之紘。距極三十五度旋爲內規。

乃步冬至日躔所在，以正辰次之中，以立宿距。按渾儀所測，甘、石、巫咸衆星明者，皆以篾，橫考入宿距，縱考去極度，而後圖之。其赤道外衆星疏密之狀，與仰視小殊者，由渾儀去南極漸近，其度益狹；而蓋圖漸遠，其度益廣使然。若考其去極入宿度數，移之於渾天

則一也。又赤道內外，其廣狹不均，若就二至出入赤道二十四度，以規度之，則二分所交不得其正；自二分黃赤道交，以規度之，則二至距極度數不得其正；當求赤道分至之中，均刻爲七十二限，據每黃道差數，以篾度量而識之，然後規爲黃道，則周天咸得其正矣。又考黃道二分二至之中，均刻爲七十二候，定陰陽曆二交所在，依月去黃道度，率差一候，亦以篾度量而識之，然後規爲月道，則周天咸得其正矣。

中晷之法。初，淳風造曆，定二十四氣中晷，與祖沖之短長頗異，然未知其孰是。及一行作大衍曆，詔太史測天下之晷，求其土中，以爲定數。其議曰：

周禮大司徒：「以土圭之法測土深。日至之景，尺有五寸，謂之地中。」鄭氏以爲「日景於地，千里而差一寸。尺有五寸者，南戴日下萬五千里，地與星辰四游升降於三萬里內，是以半之，得地中，今潁川陽城是也」。宋元嘉中，南征林邑，五月立表望之，日在表北，交州影在表南三寸，林邑九寸一分。交州去洛，水陸之路九千里，蓋山川回折使之然，以表考其弦當五千乎。開元十二年，測交州，夏至，在表南三寸三分，與元嘉所測略同。使者大相元太言：「交州望極，纔高二十餘度。八月海中望老人星下列星粲然，明大者甚衆，古所未識，迺渾天家以爲常沒地中者也。大率去南極二十度已

上之星則見。」又鐵勒、回紇在薛延陀之北，去京師六千九百里，其北又有骨利幹，居瀚海之北，北距大海，晝長而夜短，既夜，天如曛不暝，夕胹羊髀纔熟而曙，蓋近日出沒之所。太史監南宮說擇河南平地，設水準繩墨植表而以引度之，自滑臺始白馬，夏至之晷，尺五寸七分。又南百九十八里百七十九步，得浚儀岳臺，晷尺五寸三分。又南百六十七里二百八十一步，得扶溝，晷尺四寸四分。又南百六十里百一十步，至上蔡武津，晷尺三寸六分半。大率五百二十六里二百七十步，晷差二寸餘。而舊說，王畿千里，影差一寸，妄矣。

今以句股校陽城中晷，夏至尺四寸七分八氂，冬至丈二尺七寸一分半，定春秋分五尺四寸三分，以覆矩斜視，極出地三十四度十分度之四〔七〕。自滑臺表視之，極高三十五度三分，冬至丈三尺，定春秋分五尺五寸六分。自浚儀表視之，極高三十四度八分，冬至丈二尺八寸五分，定春秋分五尺五寸。自扶溝表視之，極高三十四度三分，冬至丈二尺五寸五分，定春秋分五尺三寸七分。上蔡武津表視之，極高三十三度八分，冬至丈二尺三寸八分，定春秋分五尺二寸八分。其北極去地，雖秒分微有盈縮，難以目校，大率三百五十一里八十步，而極差一度。極之遠近異，則黃道軌景固隨而變矣。

自此爲率推之，比歲武陵晷，夏至七寸七分，冬至丈五寸三分，春秋分四尺三寸七

分半，以圖測之，定氣四尺四寸七分，按圖斜視，極高二十九度半，差陽城五度三分。蔚州橫野軍夏至二尺二寸九分，冬至丈五尺八寸九分，春秋分六尺四寸四分半，以圖測之，定氣六尺六寸二分半。按圖斜視，極高四十度，差陽城五度三分。凡南北之差十度半，其徑三千六百八十八里九十步。自陽城至武陵，千八百二十六里七十六步，自陽城至橫野，千八百六十一里二百十四步。夏至晷差尺五寸三分，自陽城至武陵，差七寸三分，自陽城至橫野，差八寸。冬至晷差五尺三寸六分，自陽城至武陵差二尺一寸八分，自陽城至橫野，差三尺一寸八分。率夏至與南方差少，冬至與北方差多。

又以圖校安南，日在天頂北二度四分，極高二十度四分。冬至晷七尺九寸四分，定春秋分二尺九寸三分，夏至在表南三寸三分，差陽城十四度三分，其徑五千二十三里。至林邑，日在天頂北六度六分強，極高十七度四分，周圓三十五度，常見不隱。冬至晷六尺九寸，定春秋分二尺八寸五分，夏至在表南五寸七分，其徑六千一百一十二里。若令距陽城而北，至鐵勒之地，亦差十七度四分，與林邑正等，則五月日在天頂南二十七度四分，極高五十二度，周圓百四度，常見不隱。北至晷四尺一寸三分，南至晷二丈九尺二寸六分，定春秋分晷五尺八寸七分〔八〕。其沒地纔十五餘度，夕沒亥西，晨出丑東，校其里數，已在回紇之北，又南距洛陽九千八百一十五里，則極長之晝，其夕常明。然則骨利幹猶在其南矣。

吳中常侍王蕃，考先儒所傳，以戴日下萬五千里爲句股，斜射陽城，考周徑之率以揆天度，當千四百六里二十四步有餘。今測日晷，距陽城五千里已在戴日之南，則一度之廣皆三分減二，南北極相去八萬里，其徑五萬里。宇宙之廣，豈若是乎？然則蕃之術，以蠡測海者也。

古人所以恃句股術，謂其有證於近事。顧未知目視不能及遠，遠則微差，其差不已，遂與術錯。譬游於大湖，廣袤不盈百里，見日月朝夕出入湖中；及其浮于巨海，不知幾千萬里，猶見日月朝夕出入其中矣。若於朝夕之際，俱設重差而望之，必將大小同術，無以分矣。橫既有之，縱亦宜然。

又若樹兩表，南北相距十里，其崇皆數十里，置大炬於南表之端，而植八尺之木於其下，則當無影。試從南表之下，仰望北表之端，必將積微分之差，漸與南表參合。表首參合，則置炬於其上，亦當無影矣。又置大炬於北表之端，而植八尺之木於其下，則當無影。試從北表之下，仰望南表之端，又將積微分之差，漸與北表參合。表首參合，則置炬於其上，亦當無影矣。復於二表間更植八尺之木，仰而望之，則表首環屈相合。若置火炬於兩表之端，皆當無影矣。夫數十里之高與十里之廣，然猶斜射之影與仰望

不殊。今欲憑晷差以推遠近高下，尚不可知，而況稽周天里步於不測之中，又可必乎？十三年，南至，岱宗禮畢，自上傳呼萬歲，聲聞於下，時山下夜漏未盡，自日觀東望，日已漸高。據曆法，晨初迨日出差二刻半，然則山上所差凡三刻餘。其冬至夜刻同立春之後，春分夜刻同立夏之後。自岳趾升泰壇僅二十里，而晝夜之差一節。設使因二十里之崇以立句股術，固不知其所以然，況八尺之表乎！

原古人所以步圭影之意，將以節宣和氣，輔相物宜，不在於辰次之周徑。其所以重曆數之意，將欲恭授人時，欽若乾象，不在於渾、蓋之是非。若乃述無稽之法於視聽之所不及，則君子當闕疑而不議也。而或者各封所傳之器以術天體，謂渾元可任數而測，大象可運算而闚。終以六家之說，迭爲矛楯，誠以爲蓋天邪，則南方之度漸狹；果以爲渾天邪，則北方之極寖高。此二者，又渾、蓋之家盡智畢議，未能有以通其說也。則王仲任、葛稚川之徒，區區於異同之辨，何益人倫之化哉。凡晷差，冬夏不同，南北亦異，先儒一以里數齊之，遂失其實。今更爲覆矩圖，南自丹穴，北暨幽都，每極移一度，輒累其差，可以稽日食之多少，定晝夜之長短，而天下之晷，皆協其數矣。

昭宗時，太子少詹事邊岡，脩曆術，服其精粹，以爲不刊之數也。

初，貞觀中，淳風撰法象志，因漢書十二次度數，始以唐之州縣配焉。而一行以爲，天下山河之象存乎兩戒。北戒，自三危、積石，負終南地絡之陰，東及太華，逾河，並雷首、厎柱、王屋、太行，北抵常山之右，乃東循塞垣，至濊貊、朝鮮，是謂北紀，所以限戎狄也。南戒，自岷山、嶓冢，負地絡之陽，東及太華，連商山、熊耳、外方、桐柏，自上洛南逾江、漢，攜武當、荆山，至于衡陽，乃東循嶺徼，達東甌、閩中，是謂南紀，所以限蠻夷也。故星傳謂北戒爲「胡門」，南戒爲「越門」。

河源自北紀之首，循雍州北徼，達華陰，而與地絡相會，並行而東，至太行之曲，分而東流，與涇、渭、濟瀆相爲表裏，謂之「北河」。江源自南紀之首，循梁州南徼，達華陽，而與地絡相會，並行而東，及荆山之陽，分而東流，與漢水、淮瀆相爲表裏，謂之「南河」。

故於天象，則弘農分陝爲兩河之會，五服諸侯在焉。自陝而西爲秦、涼，北紀山河之曲爲晉、代，南紀山河之曲爲巴、蜀，皆負險用武之國也。自陝而東，三川、中岳爲成周；西距外方、大伾，北至于濟，南至于淮，東達鉅野，爲宋、鄭、陳、蔡；河內及濟水之陽爲鄁、衞；漢東濱淮水之陰爲申、隨。皆四戰用文之國也。北紀之東，至北河之北，爲邢、趙。南紀之東，至南河之南，爲荆、楚。自北河下流，南距岱山爲三齊，夾右碣石爲北燕。自南河下流，北距岱山爲鄒、魯，南涉江、淮爲吳、越。皆負海之國，貨殖之所阜也。自河源循塞垣北，東

及海，爲戎狄。自江源循嶺徼南，東及海，爲蠻越。觀兩河之象，與雲漢之所始終，而分野可知矣。

於易，五月一陰生，而雲漢潛萌于天稷之下，進及井、鉞間，得坤維之氣，陰始達於地上，而雲漢上升，始交於列宿，七緯之氣通矣。東井據百川上流，故鶉首爲秦、蜀墟，得兩戒山河之首。雲漢達坤維右而漸升，始居列宿上，觜觿、參、伐皆直天關表而在河陰，故實沈下流得大梁，距河稍遠，涉陰亦深。故其分野，自漳濱却負恆山，居北紀衆山之東南，外接髦頭地，皆河外陰國也。十月陰氣進踰乾維，始上達于天，雲漢至營室、東壁間，升氣悉究，與內規相接。故自南正達於西正，得雲漢升氣，爲山河上流；自北正達于東正，得雲漢降氣，爲山河下流。陬訾在雲漢升降中，居水行正位，故其分野當中州河、濟間。且王良、閣道由紫垣絕漢抵營室，上帝離宮也，內接成周、河內，皆豕韋分。十一月一陽生，而雲漢漸降，退及艮維，始下接于地，至斗、建間，復與列舍氣通，於易，天地始交，泰象也。踰析木津，陰氣益降，進及大辰，升陽之氣究，而雲漢沈潛於東正之中，故易，雷出地曰豫，龍出泉爲解，皆房、心象也。星紀得雲漢下流，百川歸焉。析木爲雲漢末派，山河極焉。故其分野，自南河下流，窮南紀之曲，東南負海，爲星紀；自北河末派，窮北紀之曲，東北負海，爲析木。負海者，以其雲漢之陰也。唯陬訾內接紫宮，在王畿河、濟間。降婁、玄枵與山河首尾相遠，

鄰顓頊之墟，故爲中州負海之國也。其地當南河之北、北河之南，界以岱宗，至于東海。自鶉首踰河，戒東曰鶉火，得重離正位，軒轅之祇在焉。其分野，自河、華之交，東接祝融之墟，北負河，南及漢，蓋寒燠之所均也。自析木紀天漢而南，曰大火，得明堂升氣，天市之都在焉。其分野，自鉅野岱宗，西至陳留，北負河、濟，南及淮，皆和氣之所布也。陽氣自明堂漸升，達于龍角，曰壽星。龍角謂之天關，於易，氣以陽決陰，夬象也。升陽進踰天關，得純乾之位，故鶉尾直建巳之月，內列太微，爲天廷。其分野，自南河以負海，亦純陽地也。壽星在天關內，故其分野，在商、亳西南，淮水之陰，北連太室之東，自陽城際之，亦巽維地也。

夫雲漢自坤抵艮爲地紀，北斗自乾攜巽爲天綱，其分野與帝車相直，皆五帝墟也。究咸池之政而在乾維內者，降婁也，故爲少昊之墟。叶北宮之政而在乾維外者，陬訾也，故爲顓頊之墟。成攝提之政而在巽維內者，壽星也，故爲太昊之墟。布太微之政，而在巽維外者，鶉尾也，故爲列山氏之墟。得四海中承太階之政者，軒轅也，故爲有熊氏之墟。木、金得天地之微氣，其神治於季月；水、火得天地之章氣，其神治於孟月。故章道存乎至，微道存乎終，皆陰陽變化之際也。若微者沈潛而不及，章者高明而過亢，皆非上帝之居也。

斗杓謂之外廷，陽精之所布也。斗魁謂之會府，陽精之所復也。杓以治外，故鶉尾爲南方負海之國。魁以治內，故陬訾爲中州四戰之國。其餘列舍，在雲漢之陰者八，爲負海

之國。在雲漢之陽者四，爲四戰之國。降婁、玄枵以負東海，其神主於岱宗，歲星位焉。星紀、鶉尾以負南海，其神主於衡山，熒惑位焉。鶉首、實沈以負西海，其神主於華山，太白位焉。大梁、析木以負北海，其神主於恆山，辰星位焉。鶉火、大火、壽星、豕韋爲中州，其神主於嵩丘，鎮星位焉。

近代諸儒言星土者，或以州，或以國。虞、夏、秦、漢，郡國廢置不同。周之興也，王畿千里。及其衰也，僅得河南七縣。今又天下一統，而直以鶉火爲周分，則疆埸舛矣。七國之初，天下地形雌韓而雄魏，魏地西距高陵，盡河東、河內，北固漳、鄴，東分梁、宋，至於汝南，韓據全鄭之地，南盡潁川、南陽，西達虢略，距函谷，固宜陽，北連上地，皆綿亙數州，相錯如繡。考雲漢山河之象，多者或至十餘宿。其後魏徙大梁，則西河合於東井；秦拔宜陽，而上黨入於輿鬼。方戰國未滅時，星家之言，屢有明效。今則同在畿甸之中矣。而或者猶據漢書地理志推之，是守甘、石遺術，而不知變通之數也。

又古之辰次與節氣相係，各據當時曆數，與歲差遷徙不同。今更以七宿之中分四象中位，自上元之首，以度數紀之，而著其分野，其州縣雖改隸不同，但據山河以分爾。

須女、虛、危，玄枵也。初，須女五度，餘二千三百七十四，秒四少。中，虛九度。終，危十二度。其分野，自濟北東踰濟水，涉平陰，至于山茌，循岱岳衆山之陰，東南及高密，又東

盡萊夷之地，得漢北海、千乘、淄川、濟南、齊郡及平原、渤海、九河故道之南，濱于碣石。古齊、紀、祝、淳于、萊、譚、寒及斟尋、有過、有鬲、蒲姑氏之國，其地得陬訾之下流，自濟東達于河外，故其象著爲天津，絕雲漢之陽。凡司人之星與羣臣之錄，皆主虛、危，故岱宗爲十二諸侯受命府。又下流得婺女，當九河末派，比于星紀，與吳、越同占。

營室、東壁，陬訾也。初，危十三度，餘二千九百二十六，秒一太。中，營室十二度。終，奎一度。自王屋、太行而東，得漢河內，至北紀之東隅，北負漳、鄴，東及館陶、聊城。又自河、濟之交，涉滎波，濱濟水而東，得東郡之地，古邶、鄘、衞、凡、胙、邘、雍、共、微、觀、南燕、昆吾、豕韋之國。自閣道、王良至東壁，在豕韋，爲上流。當河內及漳、鄴之南，得山河之會，爲離宮。又循河、濟而東接玄枵爲營室之分。

奎、婁，降婁也。初，奎二度，餘千二百一十七，秒十七少。中，婁一度。終，胃三度。自蛇丘、肥成，南屆鉅野，東達梁父，循岱岳衆山之陽，以負東海。又濱泗水，經方輿、沛、留、彭城，東至于呂梁，乃東南抵淮，並淮水而東，盡徐夷之地，得漢東平、魯國、琅邪、東海、泗水、城陽，古魯、薛、邾、莒、小邾、徐、郯、鄫、鄅、邳、邿、任、宿、須句、顓臾、牟、遂、鑄夷、介、根牟及大庭氏之國。奎爲大澤，在陬訾下流，當鉅野之東陽，至于淮、泗。婁、胃之墟，東北負山，蓋中國膏腴地，百穀之所阜也。胃得馬牧之氣，與冀之北土同占。

胃、昴、畢，大梁也。初，胃四度，餘二千五百四十九，秒八太。中，昴六度。終，畢九度。自魏郡濁漳之北，得漢趙國、廣平、鉅鹿、常山，東及清河、信都，北據中山、眞定，全趙之分。又北逾衆山，盡代郡、鴈門、雲中、定襄之地與北方羣狄之國。北紀之東陽，表裏山河，以蕃屏中國，爲畢分。循北河之表，西盡塞垣，皆髦頭故地，爲昴分。冀之北土，馬牧之所蕃庶，故天苑之象存焉。

觜觿、參、伐，實沈也。初，畢十度，餘八百四十一，秒四之一。中，參七度。終，東井十一度。自漢之河東及上黨、太原，盡西河之地，古晉、魏、虞、唐、耿、楊、霍、冀、黎、郇與西河戎狄之國。西河之濱，所以設險限秦、晉，故其地上應天闕。其南曲之陰，在晉地，衆山之陽；南曲之陽，在秦地，衆山之陰。陰陽之氣并，故與東井通。河東永樂、芮城、河北縣及河曲豐、勝、夏州，皆東井之分。參、伐爲戎索，爲武政，當河東，盡大夏之墟。上黨次居下流，與趙、魏接，爲觜觿之分。

東井、輿鬼，鶉首也。初，東井十二度，餘二千一百七十二，秒十五太。中，東井二十七度。終，柳六度。自漢三輔及北地、上郡、安定，西自隴坻至河右，西南盡巴、蜀、漢中之地，及西南夷犍爲、越巂、益州郡，極南河之表，東至牂柯，古秦、梁、豳、芮、豐、畢、駘、杠、有扈、密須、庸、蜀、羌、髳之國。東井居兩河之陰，自山河上流，當地絡之西北。輿鬼居兩河之陽，自漢中東盡華陽，與鶉火相接，當地絡之東南。鶉首之外，雲漢潛流而未達，故狼星在江、河上源之西，弧矢、犬、雞皆徼外之備也。西羌、吐蕃、吐谷渾及西南徼外夷人，皆占狼星。

柳、七星、張，鶉火也。初，柳七度，餘四百六十四，秒七少。中，七星七度。終，張十四度。北自滎澤、滎陽，並京、索，暨山南，得新鄭、密縣，至外方東隅，斜至方城，抵桐柏，北自宛、葉，南暨漢東，盡漢南陽之地。又自雒邑負北河之南，西及函谷，逾南紀，達武當、漢水之陰，盡弘農郡，以淮源、桐柏、東陽爲限，而申州屬壽星，古成周、虢、鄭、管、鄶、東虢、密、滑、焦、唐、隨、申、鄧及祝融氏之都。新鄭爲軒轅、祝融之墟，其東鄙則入壽星。柳，在輿鬼東，又接漢源，當商、洛之陽，接南河上流。七星係軒轅，得土行正位，中岳象也，河南之分。張，直南陽、漢東，與鶉尾同占。

翼、軫，鶉尾也。初，張十五度，餘千七百九十五，秒二十二太。中，翼十二度。終，軫九度。自房陵、白帝而東，盡漢之南郡、江夏，東達廬江南部，濱彭蠡之西，得長沙、武陵，又逾南紀，盡鬱林、合浦之地，自沅、湘上流，西達黔安之左，皆全楚之分。自富、昭、象、龔、繡、容、白、廉州已西，亦鶉尾之墟。古荆、楚、鄖、鄀、羅、權、巴、夔與南方蠻貊之國。翼與咮張同象，當南河之北，軫在天關之外，當南河之南，其中一星主長沙，逾嶺徼而南，爲東

甌、青丘之分。安南諸州在雲漢上源之東陽，宜屬鶉火。而柳、七星、張皆當中州，不得連負海之地，故麗于鶉尾。

角、亢，壽星也。初，軫十度，餘八十七，秒十四少。中，角八度。終，氐一度。自原武、管城，濱河、濟之南，東至封丘、陳留，盡陳、蔡、汝南之地，逾淮源至于弋陽，西涉南陽郡至于桐柏，又東北抵嵩之東陽，中國地絡在南北河之間，首自西傾，極于陪尾，故隨、申、光皆豫州之分，宜屬鶉火，古陳、蔡、許、息、江、黃、道、柏、沈、賴、蓼、須頓、胡、防、弦、厲之國。氐涉壽星，當洛邑衆山之東，與亳土相接，次南直潁水之間，曰太昊之墟，爲亢分。又南涉淮，氣連鶉尾，在成周之東陽，爲角分。

氐、房、心，大火也。初，氐二度，餘千四百一十九，秒五太。中，房二度。終，尾六度。自雍丘、襄邑、小黃而東，循濟陰，界于齊、魯，右泗水，達于呂梁，乃東南接太昊之墟，盡漢濟陰、山陽、楚國、豐、沛之地，古宋、曹、郕、滕、茅、郜、蕭、葛、向城、偪陽、申父之國。商、亳負北河，陽氣之所升也，爲心分。豐、沛負南河，陽氣之所布也，爲房分。其下流與尾同占，西接陳、鄭爲氐分。

尾、箕，析木津也。初，尾七度，餘二千七百五十，秒二十一少。中，箕五度。終，南斗八度。自渤海、九河之北，得漢河間、涿郡、廣陽及上谷、漁陽、右北平、遼西、遼東、樂浪、

玄菟，古北燕、孤竹、無終、九夷之國。尾得雲漢之末派，龜、魚麗焉，當九河之下流，濱于渤碣，皆北紀之所窮也。箕與南斗相近，爲遼水之陽，盡朝鮮三韓之地，在吳、越東。

南斗、牽牛，星紀也。初，南斗九度，餘千四十二，秒十二太。中，南斗二十四度。終，女四度。自廬江、九江，負淮水，南盡臨淮、廣陵，至于東海，又逾南河，得漢丹楊、會稽、豫章，西濱彭蠡，南涉越門，迄蒼梧、南海，逾嶺表，自韶、廣以西，珠崖以東，爲星紀之分也。古吳、越、羣舒、廬、桐、六、蓼及東南百越之國。南斗在雲漢下流，當淮、海間，爲吳分。牽牛去南河寖遠，自豫章迄會稽，南逾嶺徼，爲越分。島夷蠻貊之人，聲教所不暨，皆係于狗國云。

校勘記

〔一〕南北科兩極　「科」，舊書卷三五天文志作「斜」。

〔二〕雙閒挾樞軸及玉衡望筩　「挾」，各本原作「使」，據舊書卷三五天文志改。

〔三〕與日行緩急相及　「及」，各本原作「反」。按本書卷二五曆志作「日月行有緩速相及」，「反」字誤，逕改。

〔四〕皆用鋼鐵　舊書卷三五天文志、唐會要卷四二和合鈔卷五〇「鋼」俱作「銅」。此疑誤。

〔五〕外屏在觜觿　隋丹元子步天歌：「觜南參宿七星昭，西南玉井四星僑，前列屏星廁右邊。壁東奎宿象晶瑩，南列微平七外屏。」隋書卷二〇天文志和開元占經引甘石星經均謂屏二星在玉井南，外屏七星在奎南。北宋蘇頌新儀象法要星圖和南宋蘇州石刻天文圖，屏和外屏位置亦如此。

〔六〕外屏在畢　按畢宿與觜宿相鄰，「外」字疑衍。參閱本卷校勘記〔五〕。

〔七〕（陽城）極出地三十四度十分度之四　按唐會要卷四二：「河南府告成，北極高三十四度七分，冬至影在表北一丈二尺七寸一分，夏至影在表北一尺四寸九分。」未記及陽城。核算下文所記陽城與武陵、橫野軍、安南、林邑、鐵勒等地極高差、距離和影差時，發現俱係用河南府極高和影長代替陽城極高和影長。若用陽城極高和影長計算陽城與武陵等地極高差、距離和影差，則與所列有關數據不合。

〔八〕定春秋分晷五尺八寸七分　「五尺」，舊書卷三五天文志作「九尺」，經計算，舊書是。

唐書卷三十二

志第二十二

天文二

日食

武德元年十月壬申朔，日有食之，在氐五度。占曰：「諸侯專權，則其應在所宿國；諸侯附從，則爲王者事。」四年八月丙戌朔，日有食之，在翼四度。楚分也。六年十二月壬寅朔，日有食之，在南斗十九度。吳分也。九年十月丙辰朔，日有食之，在氐七度。

貞觀元年閏三月癸丑朔，日有食之，在胃九度。九月庚戌朔，日有食之，在亢五度。胃爲天倉，亢爲疏廟。二年三月戊申朔，日有食之，在婁十一度。占爲大臣憂。三年八月己巳朔，日有食之，在翼五度。占曰：「旱。」四年正月丁卯朔〔一〕，日有食之，在營室四度。七月甲子朔，日有食之，在張十四度。占爲禮失。六年正月乙卯朔，日有食之，在虛九度。虛，耗

祥也。八年五月辛未朔，日有食之，在參七度。九年閏四月丙寅朔，日有食之，在畢十三度。占爲邊兵。十一年三月丙戌朔，日有食之，在婁二度。占爲大臣憂。十二年閏二月庚辰朔，日有食之，在奎九度。奎，武庫也。十三年八月辛未朔，日有食之，在翼十四度。翼爲遠夷。十七年六月己卯朔，日有食之，在東井十六度。京師分也。十八年十月辛丑朔，日有食之，在房三度。房，將相位。二十年閏三月癸巳朔，日有食之，在胃九度。占曰：「主有疾。」二十二年八月己酉朔，日有食之，在翼五度。占曰：「旱。」

顯慶五年六月庚午朔，日有食之，在柳五度。

龍朔元年五月甲子晦，日有食之，在東井二十七度。皆京師分也。

麟德二年閏三月癸酉，日有食之，在胃九度。占曰：「主有疾。」

乾封二年八月己丑朔，日有食之，在翼六度。

總章二年六月戊申朔，日有食之，在東井二十九度。

咸亨元年六月壬寅朔，日有食之，在東井十八度。二年十一月甲午朔，日有食之，在箕九度。三年十一月戊子朔，日有食之，在尾十度。東井，京師分。箕爲后妃之府。尾爲後宮。五年三月辛亥朔，日有食之，在婁十三度。占爲大臣憂。

永隆元年十一月壬申朔，日有食之，在尾十六度。

開耀元年十月丙寅朔，日有食之，在尾四度。

永淳元年四月甲子朔，日有食之，在畢五度。十月庚申朔，日有食之，在房三度。

垂拱二年二月辛未朔，日有食之，在營室十五度。四年六月丁亥朔，日有食之，在東井二十七度。京師分也。

天授二年四月壬寅朔，日有食之，在昴七度。

如意元年四月丙申朔，日有食之，在胃十一度。皆正陽之月。

長壽二年九月丁亥朔，日有食之，在角十度。角內爲天廷。

延載元年九月壬午朔，日有食之，在軫十八度。軫爲車騎。

證聖元年二月己酉朔，日有食之，在營室五度。

聖曆三年五月己酉朔，日有食之，在畢十五度。

長安二年九月乙丑朔，日有食之，幾既，在角初度。三年三月壬戌朔，日有食之，在奎十度。占曰：「君不安。」九月庚寅朔〔二〕，日有食之，在亢七度。

神龍三年六月丁卯朔，日有食之，在東井二十八度。京師分也。

景龍元年十二月乙丑朔，日有食之，在南斗二十一度。斗爲丞相位。

先天元年九月丁卯朔，日有食之，在角十度。

開元三年七月庚辰朔，日有食之，在張四度。七年五月己丑朔，日有食之，在畢十五度。九年九月乙巳朔，日有食之，在軫十八度。十二年閏十二月丙辰朔，日有食之，在虛初度。十七年十月戊午朔，日有食之，不盡如鉤，在氐九度。二十年二月甲戌朔，日有食之，在營室十度。八月辛未朔，日有食之，在翼七度。二十一年七月乙丑朔，日有食之，在張十五度。二十二年十二月戊子朔，日有食之，在南斗二十三度。二十三年閏十一月壬午朔，日有食之，在南斗十一度。二十六年九月丙申朔，日有食之，在亢九度。二十八年三月丁亥朔，日有食之，在婁三度。

天寶元年七月癸卯朔，日有食之，在張五度。五載五月壬子朔，日有食之，在畢十六度。十三載六月乙丑朔，日有食之，幾既，在東井十九度。京師分也。

至德元載十月辛巳朔，日有食之，既，在氐十度。

上元二年七月癸未朔，日有食之，既，大星皆見，在張四度。

大曆三年三月乙巳朔，日有食之，在奎十一度。十年十月辛酉朔，日有食之，在氐十一度。宋分也。十四年七月戊辰朔，日有食之，在張四度。十二月丙寅晦，日有食之，在危十二度。

貞元三年八月辛巳朔，日有食之，在軫八度。五年正月甲辰朔，日有食之，在營室六度。八年十一月壬子朔，日有食之，在尾六度。宋分也。十二年八月己未朔，日有食之，在翼十八度。占曰：「旱。」十七年五月壬戌朔，日有食之，在東井十度。

元和三年七月辛巳朔，日有食之，在七星三度。十年八月己亥朔，日有食之，在翼十八度。十三年六月癸丑朔，日有食之，在輿鬼一度。京師分也。

長慶二年四月辛酉朔，日有食之，在胃十三度。三年九月壬子朔，日有食之，在角十二度。

大和八年二月壬午朔，日有食之，在奎一度。

開成元年正月辛丑朔，日有食之，在虛三度。

會昌三年二月庚申朔，日有食之，在東壁一度。并州分也。四年二月甲寅朔，日有食之，在營室七度。五年七月丙午朔，日有食之，在張七度。六年十二月戊辰朔，日有食之，在南斗十四度。

大中二年五月己未朔，日有食之，在參九度。八年正月丙戌朔，日有食之，在危二度。危爲玄枵，亦耗祥也。

咸通四年七月辛卯朔，日有食之，在張十七度。

乾符三年九月乙亥朔〔三〕，日有食之，在軫十四度。四年四月壬申朔，日有食之，在畢

三度。六年四月庚申朔，日有食之，既，在胃八度。

文德元年三月戊戌朔，日有食之，在胃一度。

天祐元年十月辛卯朔，日有食之，在心二度。三年四月癸未朔，日有食之，在胃十二度。

凡唐著紀二百八十九年，日食九十三：朔九十，晦二，二日一〔四〕。

日變

貞觀初，突厥有五日並照。二十三年三月，日赤無光。李淳風曰：「日變色，有軍急。」又曰：「其君無德，其臣亂國。」濮陽復曰：「日無光，主病。」

咸亨元年二月壬子，日赤無光。癸丑，四方濛濛，日有濁氣，色赤如赭。

上元二年三月丁未，日赤如赭。

永淳元年三月，日赤如赭。

文明元年二月辛巳，日赤如赭。

長安四年正月壬子，日赤如赭。

景龍三年二月庚申，日色紫赤無光。

開元十四年十二月己未，日赤如赭。二十九年三月丙午，風霾，日無光，近晝昏也。占爲上刑急，人不樂生。

天寶三載正月庚戌，日暈五重。占曰：「是謂棄光，天下有兵。」

肅宗上元二年二月乙酉，白虹貫日。

大曆二年七月丙寅，日旁有青赤氣，長四丈餘。壬申，日上有赤氣，長二丈。九月乙亥至于辛丑，日旁有青赤氣。三年正月丁巳，日有黃冠、青赤珥。辛丑，亦如之。凡氣長而立者爲直，橫者爲格，立于日上者爲冠。直爲有自立者，格爲戰鬭。又曰：「赤氣在日上，君有佞臣。黃爲土功，青赤爲憂。」

貞元二年閏五月壬戌，日有黑暈。六年正月甲子，日赤如血。十年三月乙亥，黃霧四塞，日無光。

元和二年十月壬午，日傍有黑氣如人形跪，手捧盤向日，盤中氣如人頭。四年閏三月，日傍有物如日。五年四月辛未，白虹貫日。十年正月辛卯，日外有物如烏。十一年正月己卯，日紫赤無光。

長慶元年六月己丑，白虹貫日。三年二月庚戌，白虹貫日。

寶曆元年六月甲戌，赤虹貫日。九月甲申，日赤無光。二年三月甲午，日中有黑氣如

杯。辛亥，日中有黑子。四月甲寅，白虹貫日。

大和二年二月癸亥，日無光，白霧晝昏。十二月癸亥，有黑祲，與日如鬭。五年二月辛丑，白虹貫日。六年三月，有黑祲與日如鬭。庚戌，日中有黑子。四月乙丑，黑氣磨日。七年正月庚戌，白虹貫日。八年七月甲戌，白虹貫日，日有交暈。十月壬寅，白虹貫日，東西際天，上有背玦。九年二月辛卯，日月赤如血。壬辰，亦如之。

開成元年正月辛丑朔，白虹貫日。二月己丑，亦如之。二年十一月辛巳，日中有黑子，大如雞卵，日赤如赭，晝昏至于癸未。五年正月己丑，日暈，白虹在東，如玉環貫珥。二月丙辰，日有重暈，有赤氣夾日。十二月癸卯朔，日旁有黑氣來觸。

會昌元年十一月庚戌，日中有黑子。四年正月戊申，日無光。二月己巳，白虹貫日如玉環。

大中十三年四月甲午，日暗無光。

咸通六年正月，白虹貫日，中有黑氣如雞卵。七年十二月癸酉，白氣貫日，日有重暈。甲戌，亦如之。白氣，兵象也。十四年二月癸卯，白虹貫日。

乾符元年，日中有黑子。二年，日中有若飛燕者。六年十一月丙辰朔，有兩日並出而鬭，三日乃不見。鬭者，離而復合也。

廣明元年，日暈如虹，黃氣蔽日無光。日不可以二；虹，百殃之本也。

中和三年三月丙午，日有青黃暈。四月丙辰，亦如之。丁巳、戊午，又如之。

光啓三年十一月己亥，下晡，日上有黑氣。四年二月己丑，日赤如血。庚寅，改元文德。是日，風，日赤無光。

景福元年五月，日色散如黃金。

光化三年冬，日有虹蜺背璚彌旬，日有赤氣，自東北至于東南。

天復元年十月，日色散如黃金。十一月，又如之。三年二月丁丑，日有赤氣，自東北至于東南。

天祐元年二月丙寅，日中見北斗，其占重。十一月癸酉，日中，日有黃暈，旁有青赤氣二。二年正月甲申，日有黃白暈，暈上有青赤背。乙酉亦如之，暈中生白虹，漸東，長百餘丈。二月乙巳，日有黃白暈如半環，有蒼黑雲夾日，長各六尺餘，既而雲變，狀如人如馬，乃消。舊占：「背者，叛背之象。日暈有虹者爲大戰，半暈者相有謀。蒼黑，祲祥也。夾日者，賊臣制君之象。變而如人者爲叛臣；如馬者爲兵。」三年正月辛未，日有黃白暈，上有青赤背。二月癸巳，日有黃白暈，如半環，有青赤背。庚戌，日有黃白暈，青赤背。

月變

貞觀初，突厥有三月並見。

儀鳳二年正月甲子朔，月見西方，是謂朓。朓則侯王其舒。

武太后時，月過望不虧者二。

天寶三載正月庚戌，月有紅氣如垂帶。

肅宗元年建子月癸巳乙夜，月掩昴而暈，色白，有白氣自北貫之。昴，胡也。白氣，兵喪。建辰月丙戌，月有黃白冠，連暈，圍東井、五諸侯、兩河及輿鬼。東井，京師分也。

大曆十年九月戊申，月暈熒惑、畢、昴、參，東及五車，暈中有黑氣，乍合乍散。十二月丙子，月出東方，上有白氣十餘道，如匹練，貫五車及畢、觜觽、參、東井、輿鬼、柳、軒轅，中夜散去。占曰：「女主凶。」白氣爲兵喪，五車主庫兵，軒轅爲後宮，其宿則晉分及京師也。

元和十一年，己未旦，日已出，有虹貫月于營室。

開成四年閏正月甲申朔，乙酉，月在營室，正偃魄質成，早也。占爲臣下專恣之象。五年正月戊寅朔，甲申，月昏而中，未弦而中，早也。占同上。

景福二年十一月，有白氣如環，貫月，穿北斗，連太微。

天復二年十二月甲申，夜月有三暈，裏白，中赤黃，外綠。

天祐二年二月丙申，月暈熒惑。

孛彗

武德九年二月壬午，有星孛于胃、昴間；丁亥，孛于卷舌。孛與彗皆非常惡氣所生，而災甚于彗。

貞觀八年八月甲子，有星孛于虛、危，歷玄枵，乙亥不見[五]。十三年三月乙丑，有星孛于畢、昴。十五年六月己酉，有星孛于太微，犯郎位，七月甲戌不見。

龍朔三年八月癸卯，有彗星于左攝提，長二尺餘，乙巳不見。攝提，建時節，大臣象。

乾封二年四月丙辰，有彗星于東北，在五車、畢、昴間，乙亥不見[六]。

上元二年十二月壬午，有彗星于角、亢南，長五尺。三年七月丁亥，有彗星于東井，指北河，長三尺餘；東北行，光芒益盛，長三丈，掃中台，指文昌。九月乙酉，不見。東井，京師分；中台、文昌，將相位；兩河，天闕也。

開耀元年九月丙申，有彗星于天市中，長五丈，漸小，東行至河鼓，癸丑不見。市者，貨食之所聚，以衣食生民者；一曰帝將遷都。河鼓，將軍象。

永淳二年三月丙午，有彗星于五車北，四月辛未不見。

文明元年七月辛未夕，有彗星于西方，長丈餘，八月甲辰不見。是謂天攙。

光宅元年九月丁丑，有星如半月，見于西方。月，衆陰之長，星如月者陰盛之極。

景龍元年十月壬午，有彗星于西方，十一月甲寅不見。二年七月丁酉[七]，有星孛于胃、昴間。胡分也。三年八月壬辰[八]，有星孛于紫宮。

延和元年六月，有彗星自軒轅入太微，至大角滅。

開元十八年六月甲子，有彗星于五車。癸酉，有星孛于畢、昴。二十六年三月丙子，有星孛于紫宮垣，歷北斗魁，旬餘，因雲陰不見。

乾元三年四月丁巳，有彗星于東方，在婁、胃間，色白，長四尺，東方疾行，歷昴、畢、觜觿、參、東井、輿鬼、柳、軒轅至右執法西，凡五旬餘不見。閏月辛酉朔，有彗星于西方，長數丈，至五月乃滅。婁爲魯，胃、昴、畢爲趙，觜觿、參爲唐，東井、輿鬼爲京師分，柳其半爲周分。二彗仍見者，荐禍也。又婁、胃間，天倉。

大曆元年十二月己亥，有彗星于匏瓜，長尺餘，經二旬不見，犯宦者星。五年四月己未，有彗星于五車，光芒蓬勃，長三丈。五月己卯，彗星見于北方，色白，癸未東行近八穀中星；六月癸卯近三公，己未不見。占曰：「色白者，太白所生也。」七年十二月丙寅，有長星于參下，其長亙天。長星，彗屬。參，唐星也。

元和十年三月，有長星于太微，尾至軒轅。十二年正月戊子，有彗星于畢。

長慶元年正月己未，有星孛于翼；丁卯，孛于太微西上將[九]。六月，有彗星于昴，長一丈，凡十日不見。

大和二年七月甲辰，有彗星于右攝提南，長二尺。三年十月，客星見于水位。八年九月辛亥，有彗星于太微，長丈餘，西北行，越郎位，庚申不見。

開成二年二月丙午，有彗星于危，長七尺餘，西指南斗；戊申在危西南，芒耀愈盛；癸丑在虛；辛酉，長丈餘，西行稍南指；壬戌，在婺女，長二丈餘，廣三尺；癸亥，愈長且闊；三月甲子，在南斗；乙丑，長五丈，其末兩岐，一指氐，一掩房；丙寅，長六丈，無岐，北指在亢七度；丁卯，西北行，東指；己巳，長八丈餘，在張；癸未，長三尺，在軒轅右不見。凡彗星晨出則西指，夕出則東指，乃常也，未有遍指四方，凌犯如此之甚者。甲申，客星出于東井下。戊子，客星別出于端門內，近屏星。四月丙午，東井下客星沒。五月癸酉，端門內客星沒。壬午，客星如孛，在南斗天籥旁。八月丁酉，有彗星于虛、危，虛、危爲玄枵。枵，耗名也。三年十月乙巳，有彗星于軫魁，長二丈餘，漸長，西指。十一月乙卯，有彗星于東方，在尾、箕，東西亙天；十二月壬辰不見。四年正月癸酉，有彗星于羽林。衞分也。閏月丙午，有彗星于卷舌西北；二月己卯不見。五年二月庚申，有彗星于營室、東壁間，二十日滅。十一月戊寅，有彗星于東方。燕分也。

會昌元年七月，有彗星于羽林、營室、東壁間也。十一月壬寅，有彗星于北落師門，在營室，入紫宮，十二月辛卯不見。并州分也。

大中六年三月，有彗星于觜、參。參，唐星也。十一年九月乙未，有彗星于房，長三尺。

咸通五年五月己亥，夜漏未盡一刻，有彗星出于東北，色黃白，長三尺，在婁。徐州分也。九年正月，有彗星于婁、胃。十年八月，有彗星于大陵，東北指。占爲外夷兵及水災。

乾符四年五月，有彗星。

光啓元年，有彗星于積水、積薪之間。二年五月丙戌，有星孛于尾、箕，歷北斗、攝提。占曰：「貴臣誅。」

大順二年四月庚辰，有彗星于三台，東行入太微，掃大角、天市，長十丈餘，五月甲戌不見。宦者陳匡知星，奏曰：「當有亂臣入宮。」三台，太一三階也；太微大角，帝廷也；天市，都市也。

景福元年五月，蚩尤旗見，初出有白彗，形如髮，長二尺許，經數日，乃從中天下，如匹布，至地如蛇。六月，孫儒攻楊行密于宣州，有黑雲如山，漸下，墜于儒營上，狀如破屋。占曰：「營頭星也。」十一月，有星孛于斗、牛。占曰：「越有自立者。」十二月丙子，天攙出于西南；己卯，化爲雲而沒。二年三月，天久陰，至四月乙酉夜，雲稍開，有彗星于上台，長十餘丈，東行入太微，掃大角，入天市，經三旬有七日，益長，至二十餘丈，因雲陰不見。

乾寧元年正月，有星孛于鶉首。秦分也。又星隕于西南，有聲如雷。七月，妖星見，非彗非孛，不知其名，時人謂之妖星，或曰惡星。三年十月，有客星三，一大二小，在虛、危間，乍合乍離，相隨東行，狀如鬬，經三日而二小星沒，其大星後沒。虛、危，齊分也。

光化三年正月，客星出于中垣宦者旁，大如桃，光炎射宦者，宦者不見。

天復元年五月，有三赤星，各有鋩，在南方，既而西方、北方、東方亦如之，頃之，又各增一星，凡十六星；少時，先從北滅。占曰：「濛星也，見則諸侯兵相攻。」二年正月，客星如桃，在紫宮華蓋下，漸行至御女。丁卯，有流星起文昌，抵客星，客星不動；己巳，客星在杠，守之，至明年猶不去。占曰：「將相出兵。」五月夕，有星當箕下，如炬火，炎炎上衝，人初以爲爟火也，高丈餘乃隕。占曰：「機星也，下有亂。」

天祐元年四月，有星狀如人，首赤身黑，在北斗下紫微中。占曰：「天衝也。天衝抱極泣帝前，血濁霧下天下冤。」後三日而黑風晦暝。二年四月庚子夕，西北隅有星類太白，上有光似彗，長三四丈，色如赭；辛丑夕，色如縞。或曰五車之水星也，一曰昭明星也。甲辰，有彗星于北河，貫文昌，長三丈餘，陵中台、下台；五月乙丑夜，自軒轅左角及天市西垣，光

芒猛怒，其長亙天；丙寅雲陰，至辛未少霽，不見。兩河爲天闕，在東井間，而北河，中國所經也。文昌，天之六司。天市，都市也。

星變

武德三年十月己未，有星隕于東都中，隱隱有聲。

貞觀二年，天狗隕于夏州城中。十四年八月，有星隕于高昌城中。十六年六月甲辰，西方有流星如月，西南行三丈乃滅。占曰：「星甚大者，爲人主。」十八年五月，流星出東壁，有聲如雷。占曰：「聲如雷者，怒象。」十九年四月己酉，有流星向北斗杓而滅。

永徽三年十月，有流星貫北極。四年十月，睦州女子陳碩眞反，婺州刺史崔義玄討之，有星隕于賊營。

乾封元年正月癸酉，有星出太微，東流，有聲如雷。

咸亨元年十一月，西方有流星聲如雷。

調露元年十一月戊寅，流星入北斗魁中；乙巳，流星燭地有光，使星也。

神龍三年三月丙辰，有流星聲如頹牆，光燭天地。

景龍二年二月癸未，有大星隕于西南，聲如雷，野雉皆雊。

景雲元年八月己未，有流星出五車，至上台滅。九月甲申，有流星出中台，至相滅。

太極元年正月辛卯，有流星出太微，至相滅。

延和元年六月，幽州都督孫佺討奚、契丹，出師之夕，有大星隕于營中。

開元二年五月乙卯晦，有星西北流，或如甕，或如斗，貫北極，小者不可勝數，天星盡搖，至曙乃止。占曰：「星，民象；流者，失其所也。」漢書曰：「星搖者民勞。」十二年十月壬辰，流星大如桃，色赤黃，有光燭地。占曰：「色赤爲將軍使。」

天寶三載閏二月辛亥，有星如月，墜于東南，墜後有聲。

至德二載，賊將武令珣圍南陽，四月甲辰夜中，有大星赤黃色，長數十丈，光燭地，墜賊營中。十一月壬戌，有流星大如斗，東北流，長數丈，蛇行屈曲，有碎光迸出。占曰：「是謂枉矢。」

廣德二年六月丁卯，有妖星隕于汾州。十二月丙寅，自乙夜至曙，星流如雨。

大曆二年九月乙丑，晝有星如一斗器，色黃，有尾長六丈餘，出南方，沒于東北。東北于中國，則幽州分也。三年九月乙亥，有星大如斗，北流，有光燭地，占爲貴使。六年九月甲辰，有星西流，大如一升器，光燭地，有尾，迸光如珠，長五丈，出婺女，入天市南垣滅。八年六月戊辰，有流星大如一升器，有尾，長三丈餘，入太微。十二月壬申，有流星大如一升

器，有尾，長二丈餘，出紫微入濁。十年三月戊戌，有流星出于西方，如二升器，有尾，長二丈，入濁。十二年二月辛亥，有流星如桃，尾長十丈，出匏瓜，入太微。

建中四年八月庚申，有星隕于京師。

興元元年六月戊午，星或什或伍而隕。

貞元三年閏五月戊寅，枉矢墜于虛、危。十四年閏五月辛亥，有星墜于東北，光燭如晝，聲如雷。

元和二年十二月己巳，西北有流星亙天，尾散如珠。占曰：「有貴使。」四年八月丁丑，西北有大星，東南流，聲如雷鼓。六年三月戊戌日晡，天陰寒，有流星大如一斛器，墜于兗、鄆間，聲震數百里，野雉皆雊，所墜之上，有赤氣如立蛇，長丈餘，至夕乃滅。時占者以爲日在戌，魯分也，不及十年，其野主殺而地分。九年正月，有大星如半席，自下而升，有光燭地，羣小星隨之。四月辛巳，有大流星，尾迹長五丈餘，光燭地，至右攝提西滅。十二年九月己亥甲夜，有流星起中天，首如甕，尾如二百斛舡，長十餘丈，聲如羣鴨飛，明若火炬，過月下西流，須臾，有聲礱礱，墜地，有大聲如壞屋者三，在陳、蔡間。十四年五月己亥，有大流星出北斗魁，長二丈餘，南抵軒轅而滅。占曰：「有赦，赦視星之大小。」十五年七月癸亥，有大星出鉤陳，南流至婁滅。

長慶元年正月丙辰，有大星出狼星北，色赤，有尾迹，長三丈餘，光燭地，東北流至七星南滅。四月，有大星墜于吳，聲如飛羽。七月乙巳，有大流星出參西北，色黃，有尾迹，長六七丈，光燭地，至羽林滅。八月辛巳，東北方有大星自雲中出，色白，光燭地，前銳後大，長二丈餘，西北流入雲中滅。二年四月辛亥，有流星出天市，光燭地，隱隱有聲，至郎位滅。市者，小人所聚，郎在天廷中，主宿衞。六月丁酉，有小星隕于房、心間，戊戌亦如之，己亥亦如之。閏十月丙申，有流星大如斗，抵中台上星。三年八月丁酉夜，有大流星如數斗器，起西北，經奎、婁，東南流，去月甚近，迸光散落，墜地有聲。四年四月，紫微中，星隕者衆。七月乙卯，有大流星出天船，犯斗魁樞星而滅。占曰：「有舟楫事。」丙子，有大流星出天將軍東北，入濁。

寶曆元年正月乙卯，有流星出北斗樞星，光燭地，入濁。占曰：「有赦。」二年五月癸巳，西北有流星，長三丈餘，光燭地，入天市中滅。占爲有誅。七月丙戌，日初入，東南有流星，向南滅，以晷度推之，在箕、斗間。八月丙申，有大流星出王良，長四丈餘，至北斗杓滅。王良，奉車御官也。

大和四年六月辛未，自昏至戌夜，流星或大或小，觀者不能數。占曰：「民失其所，王者失道，綱紀廢則然。」又曰：「星在野象物，在朝象官。」七年六月戊子〔10〕，自昏及曙，四方流

星，大小縱橫百餘。八年六月辛巳，夜中有流星出河鼓，赤色，有尾迹，光燭地，迸如散珠，北行近天棓滅，有聲如雷。河鼓爲將軍。天棓者，帝之武備。九年六月丁酉，自昏至丁夜，流星二十餘，縱橫出沒，多近天漢。

開成二年九月丁酉，有星大如斗，長五丈，自室、壁西北流，入大角下沒，行類枉矢，中天有聲，小星數百隨之。十一月丁丑，有大星隕于興元府署寢室之上，光燭庭宇。三年五月乙丑，有大星出于柳、張，尾長五丈餘，再出再沒。四年二月己亥〔11〕，丁夜至戊夜，四方中天流星小大凡二百餘，並西流，有尾迹，長二丈至五丈。八月辛未，流星出羽林，有尾迹，長八丈餘，有聲如雷。羽林，天軍也。十二月壬申，蚩尤旗見。

會昌元年六月戊辰，自昏至戊夜，小星數十，縱橫流散。占曰：「小星，民象。」七月庚午，北方有星，光燭地，東北流經王良，有聲如雷。十一月壬寅，有大星東北流，光燭地，有聲如雷。四年八月丙午，有大星如炬火，光燭天地，自奎、婁掃西方七宿而隕。六年二月辛丑，夜中有流星赤色如桃，光燭地，有尾迹，貫紫微入濁。

咸通六年七月乙酉，甲夜有大流星長數丈，光爍如電，羣小星隨之，自南徂北。其象南方有以衆叛而之北也。九年十一月丁酉，有星出如匹練，亙空化爲雲而沒，在楚分。是謂長庚，見則兵起。十三年春，有二星從天際而上，相從至中天，狀如旌旗，乃隕。九月，蚩尤旗見。

乾符二年冬，有二星，一赤一白，大如斗，相隨東南流，燭地如月，漸大，光芒猛怒。三年，晝有星如炬火，大如五升器，出東北，徐行，隕于西北。四年七月，有大流星如盂，自虛、危，歷天市，入羽林滅。占爲外兵。

中和元年，有異星出于輿鬼。占者以爲惡星。八月己丑夜，星隕如雨，或如杯椀者，交流如織，庚寅夜亦如之，至丁酉止。三年十一月夜，星隕于西北，如雨。

光啓二年九月，有大星隕于揚州府署延和閣前，聲如雷，光炎燭地。十月壬戌，有星出于西方，色白，長一丈五尺，屈曲而隕。占曰：「長庚也，下則流血。」三年五月，秦宗權擁兵于汴州北郊，晝有大星隕于其營，聲如雷，是謂營頭。其下破軍殺將。

乾寧元年夏，有星隕于越州，後有光，長丈餘，狀如蛇。或曰枉矢也。三年六月，天暴雨，雷電，有星大如椀，起西南，墜于東北，色如鶴練，聲如羣鴨飛。占爲姦謀。

光化元年九月丙子，有大星墜于北方。三年三月丙午，有星如二十斛船，色黃，前銳後大，西南行。十一月，中天有大星自東緩流如帶屈曲，光凝著天，食頃乃滅。是謂枉矢。

天復三年二月，帝至自鳳翔，其明日，有大星如月，自東濁際西流，有聲如雷，尾跡橫貫中天，三夕乃滅。

天祐元年五月戊寅，乙夜雨，晦暝，有星長二十丈，出東方，西南向，首黑、尾赤、中白，枉矢也，一曰長星。二年三月乙丑，夜中有大星出中天，如五斗器，流至西北，去地十丈許而止，上有星芒，炎如火，赤而黃，長丈五許，而蛇行，小星皆動而東南，其隕如雨，少頃沒，後有蒼白氣如竹叢，上衝天中，色瞢瞢。占曰：「亦枉矢也。」三年十二月昏，東方有星如太白，自地徐上，行極緩，至中天，如上弦月，乃曲行，頃之，分爲二。占曰：「有大孽。」

校勘記

〔一〕四年正月丁卯朔　「正月」上各本原有「閏」字。按唐會要卷四二和本書卷二太宗紀記此次日食時間，正月上俱無「閏」字；又陳垣二十史朔閏表，貞觀四年正月未閏。據刪。

〔二〕九月庚寅朔　按二十史朔閏表，是年八月庚申朔，九月己丑朔。朱文鑫歷代日食考唐代日食表記是年「八月庚申朔日食」；又據本卷上下文所記見食日期推算，此次日食，亦在八月庚申朔。此疑誤。

〔三〕乾符三年九月乙亥朔　唐代日食表記是年「五月丁丑朔日食」；又據本卷上下文所記見食日期推算，亦在五月丁丑朔。此疑誤。

〔四〕朔九十晦二二日一　衲、十行本作「朔九十一晦一二日一」，汲、殿、局本作「朔九十一晦二日」。

按上文記日食計九十三次，在朔者九十次，在晦者二次，在二日者一次。各本並誤，逕改。

〔五〕乙亥不見　按舊書卷三六天文志、唐會要卷四三云：「貞觀八年八月二十三日，有星孛于虛、危，歷於玄枵，凡十一日滅。」又按二十史朔閏表，是年八月庚子朔，無乙亥；九月庚午朔，六日乙亥。疑「乙亥」上脫「九月」二字。

〔六〕乙亥不見　按二十史朔閏表，是年四月辛卯朔，無乙亥。

〔七〕二年七月丁酉　「七月」，各本原作「二月」。舊書卷三六天文志和唐會要卷四三俱作「二年七月七日」；本書卷四中宗紀亦作「七月」；又按二十史朔閏表，是年二月無丁酉，七月辛卯朔，七日丁酉。據改。

〔八〕三年八月壬辰　「八月」上各本原無「三年」二字。舊書卷三六天文志和唐會要卷四三俱作「三年八月八日」，本書卷四中宗紀亦繫在景龍三年；又按二十史朔閏表，三年八月八日爲壬辰。據補。

〔九〕丁卯孛于太微西上將　「丁卯」上各本原有「二月」二字。按本書卷八穆宗紀此事繫在長慶元年正月下，作「丁卯有星孛于太微」；舊書卷三六天文志無「二月」二字。又按二十史朔閏表，是年二月戊辰朔，無丁卯；正月戊戌朔，三十日爲丁卯。「二月」衍，據刪。

〔一〇〕七年六月戊子　合鈔卷五一沈炳震按：「舊紀六月丁巳朔，無戊子。」依二十史朔閏表推算，沈說是。

〔一一〕四年二月己亥　按二十史朔閏表，是年二月癸丑朔，無己亥。

唐書卷三十三

志第二十三

天文三

月五星淩犯及星變

隋大業十三年六月，鎭星贏而旅于參。參，唐星也。李淳風曰：「鎭星主福，未當居而居，所宿國吉。」

義寧二年三月丙午，熒惑入東井。占曰：「大人憂。」武德元年五月庚午，太白晝見。占曰：「兵起，臣彊。」六月丙子，熒惑犯右執法。占曰：「執法，大臣象。」二年七月戊寅，月犯牽牛。凡月與列宿相犯，其宿地憂。牽牛，吳、越分。九月庚寅，太白晝見。冬，熒惑守五諸侯。六年七月癸卯，熒惑犯輿鬼西南星。占曰：「大臣有誅。」七年六月，熒惑犯右執法。七月戊寅，歲星犯畢。占曰：「邊有兵。」八年九月癸

丑，熒惑入太微。太微，天廷也。冬，太白入南斗。斗主爵祿。九年五月，太白晝見；六月丁巳，經天；己未，又經天。在秦分。丙寅，月犯氐。氐爲天子宿宮。己卯，太白晝見；七月辛亥，晝見；甲寅，晝見；八月丁巳，晝見。太白，上公，經天者，陰乘陽也。

貞觀三年三月丁丑，歲星逆行入氐。占曰：「人君治宮室過度。」一曰：「饑。」五年五月庚申，鎭星犯鍵閉。占爲腹心喉舌臣。九年四月丙午，熒惑犯軒轅。十年四月癸酉，復犯之。占曰：「熒惑主禮，禮失而後罰出焉。」軒轅爲後宮。十一年二月癸未，熒惑入輿鬼。占曰：「賊在大人側。」十二年六月辛卯，熒惑入東井。占曰：「旱。」十三年五月乙巳，犯右執法。六月，太白犯東井北轅。井，京師分也。十四年十一月壬午，月入太微。占曰：「君不安。」十五年二月，熒惑逆行，犯太微東上相。十六年五月，太白犯畢左股，畢爲邊將；六月戊戌，晝見。九月己未，熒惑犯太微西上將；十月丙戌，入太微，犯左執法。十七年二月，犯鍵閉；三月丁巳，守心前星；癸酉，逆行犯鉤鈐。熒惑常以十月入太微，受制而出，伺其所守犯，天子所誅也。鍵閉爲腹心喉舌臣，鉤鈐以開闔天心，皆貴臣象。十八年十一月乙未，月掩鉤鈐。十九年七月壬午〔一〕，太白入太微，是夜月掩南斗，太白遂犯左執法，光芒相及箕、斗間。漢津，高麗地也。太白爲兵，亦罰星也。二十年七月丁未，歲星守東壁。占曰：「五穀以水傷。」二十一年四月戊寅，月犯熒惑。占曰：「貴臣死。」十二月丁丑，月食昴。占曰：

「天子破匈奴。」二十二年五月丁亥，犯右執法。七月，太白晝見。乙巳，鎮星守東井。占曰：「旱。」閏十二月辛巳，太白犯建星。占曰：「大臣相譖。」

永徽元年二月己丑，熒惑犯東井。占曰：「旱。」四月己巳，月犯五諸侯，熒惑犯輿鬼。占曰：「諸侯凶。」五月己未，太白晝見。二年六月己丑，太白入太微，犯右執法；九月甲午，犯心前星。十二月乙未，太白晝見。三年正月壬戌，犯牽牛。牽牛爲將軍，又吳、越分也。丁亥，歲星掩太微上將。二月己丑，熒惑犯五諸侯；五月戊子〔三〕，掩右執法。四年六月己丑，太白晝見。六年七月乙亥，歲星守尾。占曰：「人主以嬪爲后。」己丑，熒惑入輿鬼；八月丁卯，入軒轅。

顯慶元年四月丁酉，太白犯東井北轅。占曰：「秦有兵。」五年二月甲午，熒惑入南斗；六月戊申〔三〕，復犯之。南斗，天廟；去復來者，其事大且久也。

龍朔元年六月辛巳，太白晝見經天；九月癸卯，犯左執法。二年七月己丑，熒惑守羽林，羽林，禁兵也；三年正月己卯，犯天街。占曰：「政塞姦出。」六月乙酉，太白入東井。占曰：「君失政，大臣有誅。」

麟德二年三月戊午，熒惑犯東井；四月壬寅，入輿鬼，犯質星。

乾封元年八月乙巳，熒惑入東井。二年五月庚申〔四〕，入軒轅。三年正月乙巳，月犯軒轅大星。

咸亨元年四月癸卯，月犯東井。占曰：「人主憂。」七月壬申，熒惑入東井。占曰：「旱。」丙申，月犯熒惑。占曰：「貴人死。」十二月丙子，熒惑入太微；二年四月戊辰，復犯。太微垣，將相位也。五年六月壬寅，太白入東井。

上元二年正月甲寅，熒惑犯房。占曰：「君有憂。」一曰：「有喪。」三年正月丁卯，太白犯牽牛。占曰：「將軍凶。」

儀鳳二年八月辛亥，太白犯軒轅左角。左角，貴相也。三年十月戊寅〔五〕，熒惑犯鉤鈐；四年四月戊午，入羽林。占曰：「軍憂。」

調露元年七月辛巳，入天囷。

永隆元年五月癸未，犯輿鬼。丁酉，太白晝見經天。是謂陰乘陽，陽，君道也。

永淳元年五月丁巳，辰星犯軒轅。九月庚戌，熒惑入輿鬼，犯質星；十一月乙未，復犯輿鬼。去而復來，是謂「句巳」。

垂拱元年四月癸未，辰星犯東井北轅。辰星爲廷尉，東井爲法令，失道則相犯也。十二月戊子，月掩軒轅大星；二年三月丙辰，復犯之。

萬歲通天元年十一月乙丑，歲星犯司怪。占曰：「水旱不時。」

聖曆元年五月庚午，太白犯天關。天關主邊事。二年，熒惑入輿鬼。三年三月辛亥，歲星犯左執法。

久視元年十二月甲戌晦，熒惑犯軒轅。

自乾封二年後，月及熒惑、太白、辰星凌犯軒轅者六。

長安二年，熒惑犯五諸侯。渾儀監尚獻甫奏：「臣命在金，五諸侯太史之位，火克金，臣將死矣。」武后曰：「朕爲卿禳之，以獻甫爲水衡都尉，水生金，又去太史之位，卿無憂矣。」是秋，獻甫卒。四年，熒惑入月，鎮星犯天關。

神龍元年三月癸巳，熒惑犯天田，占曰「旱」；七月辛巳，掩氐西南星，占曰「賊臣在內」。二年閏正月丁卯，月掩軒轅后星。九月壬子，熒惑犯左執法。己巳，月犯軒轅后星；十一月辛亥，犯昴，占曰「胡王死」。戊午，熒惑入氐；十二月丁酉，犯天江，占曰「旱」。三年五月戊戌，太白入輿鬼中。占曰：「大臣有誅。」

景龍三年六月癸巳，太白晝見在東井。京師分也。四年二月癸未，熒惑犯天街。五月甲子，月犯五諸侯。

景雲二年三月壬申，太白入羽林。八月己未，歲星犯執法。

太極元年三月壬申〔六〕，熒惑入東井。

先天元年八月甲子，太白襲月。占曰：「太白，兵象；月，大臣體。」二年十一月丙子，熒惑犯司怪。

開元二年七月己丑，太白犯輿鬼東南星。七年六月甲戌，太白犯東井鉞星。占曰：「斧鉞用。」八年三月庚午，犯東井北轅；五月甲子，犯軒轅。十一年十一月丁卯，歲星犯進賢。十四年十月甲寅，太白晝見。二十五年六月壬戌，熒惑犯房。二十七年七月辛丑，犯南斗。占曰：「貴相凶。」

天寶十三載五月，熒惑守心五旬餘。占曰：「主去其宮。」十四載十二月，月食歲星在東井。占曰：「其國亡。」東井，京師分也。

至德二載七月己酉，太白晝見經天，至于十一月戊午不見，歷秦、周、楚、鄭、宋、燕之分。十二月，歲星犯軒轅大星。占曰：「女主謀君。」

乾元元年五月癸未，月掩心前星，占曰「太子憂」；六月癸丑，入南斗魁中，占曰「大人憂」。二年正月癸未，歲星蝕月在翼，楚分也，一曰：「饑。」二月丙辰，月犯心中星。占曰：「主命惡之。」

上元元年五月癸丑，月掩昴。占曰：「胡王死。」八月己酉〔七〕，太白犯進賢。十二月癸未，歲星掩房。占曰：「將相憂。」三年建子月癸巳，月掩昴，出昴北；八月丁卯，又掩昴。

寶應二年四月己丑，月掩歲星。占曰：「饑。」

永泰元年九月辛卯，太白晝見經天。

大曆二年七月癸亥，熒惑入氐，其色赤黃。乙丑，鎮星犯水位。占曰：「有水災。」乙亥，歲星犯司怪。八月壬午，月入氐；丙申，犯畢。九月戊申，歲星守東井。占皆爲有兵。乙丑，熒惑犯南斗。在燕分。十二月丁丑，犯壘壁。占曰：「兵起。」三年正月壬子，月掩畢；八月己未，復掩畢；辛酉，入東井。九月壬申，歲星入輿鬼。占曰：「歲星爲貴臣，輿鬼主死喪。」丁丑，熒惑入太微，二旬而出。己卯，太白犯左執法。四年二月壬寅，熒惑守房上相；丙午，有芒角；三月壬午，逆行入氐中。是月，鎮星犯輿鬼。七月戊辰，熒惑犯次相；九月丁卯，犯建星。占曰：「大臣相譖。」五年二月乙巳，歲星入軒轅。六月丁酉，月犯進賢；庚子，犯氐。庚戌，太白入東井。六年七月乙巳，月掩畢，入畢中；壬子，月犯太微。八月甲戌，熒惑犯鄭星。庚辰，月入太微。九月壬辰，熒惑犯哭星；庚子，犯泣星。是夜，月掩畢；丁未，入太微；十月丁卯，掩畢。己巳，熒惑犯壘壁。甲戌，月入軒轅，占曰「憂在後宮」；十一月壬寅，入太微；丙午掩氐；十二月己巳，入太微；七年正月乙未，犯軒轅；二月戊午，掩天關。占曰：「亂臣更天子法令。」己巳，熒惑犯天街；四月丁巳，入東井。辛未，歲星犯左角。占曰：「天下之道不通。」壬申，月入羽林；五月丙戌，入太微。八年四月癸丑，歲星

掩房。占曰：「將相憂。」又宋分也。甲寅，熒惑入壘壁；五月庚辰，入羽林。七月己卯，太白入東井，留七日，非常度也。占曰：「秦有兵。」乙未，月入畢中。癸未[八]，入羽林。己丑，太白入太微。占曰：「兵入天廷。」八月晝見。十月丁巳，月掩畢；壬戌，入輿鬼，掩質星。庚午，月及太白入氐中。占曰：「君有哭泣事。」十一月己卯，月入羽林。癸未，太白入房。占曰：「白衣會。」不曰犯而曰入，蓋鉤鈐間。癸丑[九]，月掩天關；甲寅，入東井；癸酉[一〇]，入羽林。九年三月丁未，熒惑入東井。四月丁丑，月入太微。五月己未，太白入軒轅。占曰：「憂在後宮。」六月己卯，月掩南斗；庚辰，入太微；七月甲辰，掩房；辛亥，入羽林；壬戌，入輿鬼。九月辛丑，太白入南斗。占曰：「有反臣。」又曰：「有赦。」甲子，熒惑入氐。宋分也。十月戊子，歲星入南斗。占曰：「大臣有誅。」十二月戊辰，月入羽林。十年三月庚戌，熒惑入壘壁；四月甲子，入羽林。八月戊辰[一一]，月入太微。十一年閏八月丁酉，太白晝見經天。十二年正月乙丑，月掩軒轅；癸酉，掩心前星，宋分也；丙子，入南斗魁中。二月乙未，鎮星入氐中。占曰：「其分兵喪。」李正己地也。三月壬戌，月入太微；四月乙未，掩心前星；五月丙辰，入太微；戊戌[一二]，入羽林；七月庚戌，入南斗。乙亥，熒惑入東井。十月壬辰，月掩昴；庚子，入太微；十一月乙卯，入羽林；十二月壬午，復入羽林。自六年至此，月入太微者十有二，入羽林者八；熒惑三入東井，再入羽林，三入壘壁；月、太白、歲星，皆入南斗魁中。十四年春，歲星入東井。

建中元年十一月，月食歲星在秦分。占曰：「其國亡。」是月，歲星食天尸。天尸，輿鬼中星。占曰：「有妖言，小人在位，君王失樞，死者太半。」三年七月，月掩心中星。

貞元四年五月丁卯，月犯歲星在營室。六月癸卯，熒惑逆行入羽林。占曰：「軍有憂。」六年五月戊辰，月犯太白，間容一指。占曰：「大將死。」十年四月，太白晝見。十一年七月，熒惑、太白相繼犯太微上將。十三年二月戊辰，太白入昴。三月庚寅，月犯太白。十九年三月，熒惑入南斗，色如血。斗，吳、越分；色如血者，旱祥也。二十一年正月己酉[一三]，太白犯昴。趙分也。

永貞元年十二月丙午，月犯畢。己酉，歲星犯太微西垣。將相位也。

元和元年十月，太白入南斗；十二月，復犯之。斗，吳分也。二年正月癸丑，月犯太白于女、虛。二月壬申，月掩歲星。占曰：「大臣死。」四月丙子，太白犯東井北轅。己卯，月犯房上相。三年三月乙未，鎮星蝕月在氐。占曰：「其地主死。」四年九月癸亥，太白犯南斗。七年正月辛未，月掩熒惑。五月癸亥，熒惑犯右執法。六月己亥，月犯南斗魁。八年七月癸酉，月犯五諸侯。十月己丑，熒惑犯太微西上將；十二月，掩左執法。九年二月丁酉，月犯心中星；七月辛亥，掩心中星。占曰：「其宿地凶。」心，豫州分。壬辰[一四]，月掩軒轅。

是月，太白入南斗，至十月出，乃晝見。熒惑入南斗中，因留，犯之。南斗，天廟，又丞相位也。十年八月丙午，月入南斗魁中。十一年二月丙辰，月掩心。是月，熒惑入氐，因逆行。三月己丑，月犯鎮星在女。齊分也。四月丙辰，太白犯輿鬼。占曰：「有僇臣。」六月甲辰，月掩心後星。是月，熒惑復入氐，是謂「句巳」。十一月戊寅，月犯歲星；十二月甲午，犯鎮星在危。亦齊分也。十二年三月丁丑，月犯心。十三年正月乙未，歲星逆行，犯太微西上將。三月，熒惑入南斗，因逆留，至于七月，在南斗中，大如五升器，色赤而怒，乃東行，非常也。八月甲戌，太白犯左執法。乙巳[一五]，熒惑犯哭星。十月甲子，月犯昴。趙分也。十四年正月癸卯，月犯南斗魁。占曰：「相凶。」五月丙戌[一六]，月犯心中星；七月乙酉，掩心中星；十五年正月丙申，復犯中星。四月，太白犯昴。七月庚申，熒惑逆行入羽林。八月己卯，月掩牽牛。吳、越分也。十一月壬子，月犯東井北轅。

長慶元年正月丙午，月掩東井鉞，遂犯南轅第一星。二月乙亥，太白犯昴。趙分也。丁亥，月犯歲星在尾。占曰：「大臣死。」燕分也。三月庚戌，太白犯五車，因晝見，至于七月。以曆度推之，在唐及趙、魏之分。占曰：「兵起。」七月壬寅，月掩房次相。九月乙巳，太白犯左執法。二年九月，太白晝見。熒惑守天囷，六旬餘乃去。占曰：「天囷，上帝之藏，耗祥也。」十月，熒惑犯鎮星于昴。甲子，月掩牽牛中星。占曰：「吳、越凶。」十一月丁丑，掩左

中華書局

角；十二月，復掩之。占曰：「將死。」甲寅，月犯太白于南斗。四年三月庚午，太白犯東井北轅，遂入井中，晝見經天，七日而出，因犯輿鬼。京師分也。五月乙亥，月掩畢大星。六月丙戌，鎮星依曆在觜觿，贏行至參六度，當居不居，失行而前，遂犯井鉞。占曰：「所居宿久，國福厚；易，福薄。」又曰：「贏，爲王不寧；鉞主斬刈而又犯之，其占重。」癸未，熒惑犯東井；丁亥，入井中。己丑，太白犯軒轅右角，因晝見，至于九月。占曰：「相凶。」十月辛巳，月入畢口。十一月，熒惑逆行向參，鎮星守天關。十二月戊子，月掩東井。

寶曆元年四月壬寅，熒惑入輿鬼，掩積尸；七月癸卯，犯執法。甲子，月掩畢大星。癸未，太白犯南斗。丙戌，月犯畢；十月辛亥，犯天囷。十一月庚辰，鎮星復犯東井。癸未，月犯東井；二年正月甲申，犯左執法；戊子，入于氐。二月丙午，犯畢。五月甲午，熒惑犯昴。六月，太白犯昴。七月壬申，月犯畢。八月庚戌，熒惑犯輿鬼。

大和元年正月庚午，月掩畢；三月癸丑〔七〕，入畢口，掩大星。月變于畢者，自寶曆元年九月，及茲而五。五月，月掩熒惑在太微西垣。丙戌，熒惑犯右執法。

大和二年正月庚午，月掩鎮星。七月甲辰，熒惑掩輿鬼質星。十月丁卯，月掩東井北轅。三年二月乙卯，太白犯昴。壬申，熒惑掩右執法；七月，入于氐；十月，入于南斗。四

年四月庚申，月掩南斗杓次星。十一月辛未，熒惑犯右執法。五年二月甲申，月掩熒惑。三月，熒惑犯南斗杓次星。六年四月辛未，月掩鎮星于端門。己丑，太白晝見。七月戊戌，月掩心大星；辛丑，掩南斗杓次星。七年五月甲辰，熒惑守心中星。六月丙子，月掩心中星，遂犯熒惑。七月甲午，月掩心中星；丙申，掩南斗口第二星。九月丁巳，入于箕；戊辰，入于南斗。癸酉，太白入南斗。冬，鎮星守角；八年二月始去。七月戊子〔八〕，月犯昴。十月庚子，熒惑、鎮星合于亢。十二月丙戌，月掩昴。是歲，月入南斗者五。占曰：「大人憂。」九年夏，太白晝見，自軒轅至于翼、軫。六月庚寅，月掩歲星在危而暈；十月庚辰，月復掩歲星在危。

開成元年正月甲辰，太白掩建星。占曰：「大臣相譖。」六月丁未，月掩心前星；八月乙巳，入南斗。二年正月壬申，月掩昴。二月己亥，月掩太白于昴中。六月甲寅，月掩昴而暈，太白亦有暈。六月己酉，大星晝見。庚申，太白入于東井。七月壬申，月入南斗；丁亥，掩太白于柳。八月壬子，太白入太微，遂犯左、右執法。九月丙子，月掩昴；三年二月己酉，掩心前星。二月戊午，熒惑入東井；三月乙酉，入輿鬼。五月辛酉，太白犯輿鬼。庚午，月犯心中星。甲寅〔九〕，太白犯右執法。七月乙丑，月掩心前星。十月辛卯，太白犯南斗。四年二月丁卯，月掩歲星于畢；三月乙酉，掩東井。七月乙未，月犯熒惑。占曰：「貴臣死。」八月壬申，熒惑犯鉞，遂入東井。十月戊午，辰星入南斗魁中。占曰：「大赦。」五年春，木當王，而歲星小闇無光。占曰：「有大喪。」二月壬申，熒惑入輿鬼。四月，太白、歲星入輿鬼。五月，辰星見于七星，色赤如火。七月乙酉，月掩鎮星。

會昌元年閏八月丁酉〔一〇〕，熒惑入輿鬼中。占曰：「有兵喪。」十二月庚午，月犯太白于羽林；二年正月壬戌，掩太白于羽林。六月丙寅，太白犯東井。十月丙戌，月掩歲星于角。三年三月丙申，又掩歲星于角。七月癸巳，熒惑入東井，色蒼赤，動搖井中；八月丁丑，犯輿鬼。十月壬午晝，月食太白于亢。四年二月，歲星守房，掩上相；熒惑逆行，守軒轅，四旬乃去。庚申，月掩畢大星。十月癸未，太白與熒惑合，遂入南斗。五年二月壬午，太白掩昴；五月辛酉，入畢口；八月壬午，犯軒轅大星。九月癸巳〔一一〕，熒惑犯太微上將。六年二月丁丑，犯畢大星。丁亥，月出無光，犯熒惑于太微，頃之，乃稍有光，遂犯左執法；丙申，掩牽牛南星，遂犯歲星。牽牛，揚州分。

大中十一年八月，熒惑犯東井。

咸通十年春，熒惑逆行，守心。

乾符二年四月庚辰，太白晝見在昴。三年七月，常星晝見。四年七月，月犯房。六年冬，歲星入南斗魁中。占曰：「有反臣。」

光啓二年四月，熒惑犯月角。

文德元年七月丙午，月入南斗。八月，熒惑守輿鬼。占曰：「多戰死。」

龍紀元年七月甲辰，月犯心。

乾寧二年七月癸亥，熒惑犯心。

光化二年，鎮星入南斗。三年八月壬申，太白應見在氐，不見，至九月丁亥乃見，是謂當出不出。十一月丁未，太白犯月，因晝見。

天復元年五月自丁酉至于己亥，太白晝見經天，在井度。十月，大角五色散搖，煌煌如火。占曰：「王者惡之。」二年五月甲子，太白襲熒惑在軒轅后星上，太白遂犯端門，又犯長垣中星。占曰：「賊臣謀亂，京畿大戰。」十月甲戌，太白夕見在斗，去地一丈而墜。占曰：「兵聚其下。」又曰：「山摧石裂，大水竭。」庚子，辰星見氐中，小而不明。占曰：「負海之國大水。」是歲，鎮星守虛。三年二月始去虛。十一月丙戌〔一二〕，太白在南斗，去地五尺許，色小而黃，至明年正月乃高十丈，光芒甚大。是冬，熒惑徘徊于東井間，久而不去。京師分也。

天祐元年二月辛卯，太白夕見昴西，色赤，炎餤如火；壬辰，有三角如花而動搖。占曰：「有反，城有火災，胡兵起。」六月甲午，太白在張，芒角甚大；癸丑，句巳，犯水位。自夏

及秋，大角五色散搖，煌煌然。占同天復初。三年八月丙午，歲星在哭星上，生黃白氣如孛狀。

五星聚合

武德元年七月丙午，鎮星、太白、辰星聚于東井。關中分也。二年三月丙申，鎮星、太白、辰星復聚于東井。九年六月己卯，歲星、辰星合于東井。占曰：「爲變謀。」

貞觀十八年五月，太白、辰星合于東井。占曰：「爲兵謀。」十九年六月丙辰，太宗征高麗，次安市城，太白、辰星合于東井。史記曰，太白爲主，辰星爲客，爲蠻夷，出相從而兵在野爲戰。

永徽元年七月辛酉，歲星、太白合于柳。在秦分。占曰：「兵起。」

景龍元年十月丙寅，太白、熒惑合于虛、危。占曰：「有喪。」

景雲二年七月，鎮星、太白合于張。占曰：「內兵。」

太極元年四月，熒惑、太白合于東井。

天寶九載八月，五星聚于尾、箕，熒惑先至而又先去。尾、箕，燕分也。占曰：「有德則慶，無德則殃。」十四載二月，熒惑、太白鬬于畢、昴、井、鬼間，至四月乃伏。十五載五月，熒

惑，鎮星同在虛、危，中天芒角大動搖。占者以爲北方之宿，子午相衝，災在南方。

至德二載四月壬寅，歲星、熒惑、太白、辰星聚于鶉首，從歲星也。罰星先去，而歲星留。占曰：「歲星、熒惑爲陽，太白、辰星爲陰。陰主外邦，陽主中邦，陽與陰合，中外相連以兵。」八月，太白芒怒，掩歲星于鶉火，又晝見經天。鶉火，周分也。

乾元元年四月，熒惑、鎮星、太白聚于營室。太史南宮沛奏：「其地戰不勝。」衞分也。

大曆三年七月壬申，五星並出東方。占曰：「中國利。」八年閏十一月壬寅，太白、辰星合于危。齊分也。十年正月甲寅，歲星、熒惑合于南斗。占曰：「饑、旱。」吳、越分也。一曰：「不可用兵。」七月庚辰〔三三〕，太白、辰星合于柳。京師分也。

建中二年六月，熒惑、太白鬬于東井。四年六月，熒惑、太白復鬬于東井。京師分也。

興元元年春，熒惑守歲星在角、亢。占曰：「有反臣。」角、亢，鄭也。

貞元四年五月乙亥，歲星、熒惑、鎮星聚于營室。占曰：「其國亡。」地在衞分。六年閏三月庚申，太白、辰星合于東井。占爲兵憂。戊寅，熒惑犯鎮星在奎。魯分也。

元和九年十月辛未，熒惑犯鎮星，又與太白合于女。在齊分。十年六月辛未〔三四〕，歲星、熒惑、太白、辰星合于東井。占曰：「中外相連以兵。」十一年五月丁卯，歲星、辰星合于東井；六月己未，復合于東井。占曰：「爲變謀而更事。」十一月戊子，鎮星、熒惑合于虛、危。十二月，鎮星、太白、辰星聚于危。皆齊分也。十四年八月丁丑〔三五〕，歲星、太白、辰星聚于軫。占曰：「兵喪。」在楚分與南方夷貊之國。十五年三月，鎮星、太白合于奎。占曰：「內兵。」徐州分也。十二月，熒惑、鎮星合于奎。占曰：「主憂。」

長慶二年二月甲戌，歲星、熒惑合于南斗。占曰：「饑、旱。」八月丙寅，熒惑犯鎮星在昴、畢，因留相守。占曰：「主憂。」四年八月庚辰，熒惑犯鎮星于東井，鎮星既失行犯鉞，而熒惑復往犯之。占曰：「內亂。」

寶曆二年八月丁未，熒惑、鎮星復合于東井、輿鬼間。

大和二年九月，歲星、熒惑、鎮星聚于七星。三年四月壬申，歲星犯鎮星。占曰：「饑。」四年五月丙午〔三六〕，歲星、太白合于東井。六年正月，太白、熒惑合于羽林。十月，太白、熒惑、鎮星聚于軫。八年七月庚寅〔三七〕，太白、熒惑合相犯，推曆度在翼，近太微。占曰：「兵起。」

開成三年六月丁亥，太白犯熒惑于張。占曰：「有喪。」四年正月丁巳，熒惑、太白、辰星聚于南斗，推曆度在燕分。占曰：「內外兵喪，改立王公。」多，歲星、熒惑俱逆行失色，合于東井。京師分也。

會昌二年六月乙丑，熒惑犯歲星于翼。占曰：「旱。」四年十月癸未，太白、熒惑合于南

斗。

咸通中，熒惑、鎮星、太白、辰星聚于畢、昴，在趙、魏之分。詔鎮州王景崇被袞冕，軍府稱臣以獻之。

文德元年八月，歲星、鎮星、太白聚于張，周分也。占曰：「內外有兵。」爲河內、河東地。

光化三年十月，太白、鎮星合于南斗。占曰：「吳、越有兵。」

校勘記

〔一〕十九年七月壬午　舊書卷三六天文志和唐會要卷四三俱作「九月二十四日（己丑）」。

〔二〕五月戊子　舊書卷三六天文志和唐會要卷四三俱作「六月二日」。又二十史朔閏表是年五月丁巳朔，無戊子；六月丁亥朔，二日戊子。本書疑誤。

〔三〕六月戊申　按二十史朔閏表，是年六月庚午朔，無戊申。

〔四〕二年五月庚申　按二十史朔閏表，是年五月辛酉朔，無庚申。

〔五〕三年十月戊寅　按二十史朔閏表，是年十月甲申朔，無戊寅。

〔六〕太極元年三月壬申　各本原無「太極元年」四字。按唐會要卷四三此事繫在太極元年，舊書卷三六天文志作「太極元年三月三日」；又按二十史朔閏表，太極元年三月庚午朔，三日壬申。據

補。

〔七〕八月己酉　按二十史朔閏表，是年八月戊午朔，無己酉。

〔八〕癸未　舊書卷三六天文志作「九月癸未」，本書繫在七月下，疑「癸未」上脫「九月」二字。

〔九〕癸丑　舊書卷三六天文志作「閏十一月癸丑」，本書繫在十一月下。按二十史朔閏表，是年十一月壬申朔，無癸丑；閏十一月壬寅朔，十二日癸丑。疑「癸丑」上脫「閏十一月」四字。

〔一〇〕癸酉　舊書卷三六天文志作「十二月癸酉」。按二十史朔閏表，是年十二月辛未朔，三日癸酉，此上疑脫「十二月」三字。

〔一一〕八月戊辰　舊書卷三六天文志「戊辰」作「戊子」。按二十史朔閏表，是年八月壬戌朔，七日戊辰，二十七日戊子。據本卷所記月球運行情況推算，「辰」字疑誤。

〔一二〕戊戌　按二十史朔閏表，是年五月辛亥朔，無戊戌。

〔一三〕二十一年正月己酉　按二十史朔閏表，是年正月辛未朔，無己酉。

〔一四〕壬辰　按二十史朔閏表，是年七月丙午朔，無壬辰。

〔一五〕乙巳　舊書卷一五憲宗紀作「九月甲辰，熒惑近哭星」。按二十史朔閏表，八月壬子朔，無乙巳；九月壬午朔，二十三日甲辰，二十四日乙巳。本書疑脫「九月」二字。

〔一六〕五月丙戌　舊書卷三六天文志「丙戌」作「庚寅」。按二十史朔閏表，是年五月戊寅朔，九日丙戌，十三日庚寅。據本卷所記月球運行情況推算，此疑誤。

〔一七〕三月癸丑　按二十史朔閏表，是年三月壬戌朔，無癸丑。

〔一八〕七月戊子　舊書卷三六天文志「戊子」作「己巳」。按二十史朔閏表，七月庚戌朔，無戊子，二十日己巳。此疑誤。

〔一九〕甲寅　按二十史朔閏表，是年五月丁巳朔，無甲寅。

〔二〇〕會昌元年閏八月丁酉　舊書卷三六天文志、合鈔卷五二和唐會要卷四三「閏八月」俱作「閏九月」。按二十史朔閏表，是年閏九月。此疑誤。

〔二一〕九月癸巳　唐會要卷四三作「九月二十九日」。按二十史朔閏表，九月乙巳朔，二十九日癸酉。是月無癸巳，此疑誤。

〔二二〕十一月丙戌　按二十史朔閏表，是年十一月丁酉朔，無丙戌。

〔二三〕七月庚辰　按二十史朔閏表，是年七月壬辰朔，無庚辰。

〔二四〕十年六月辛未　按二十史朔閏表，是年六月辛丑朔，無辛未。

〔二五〕十四年八月丁丑　按二十史朔閏表，是年八月丁未朔，無丁丑。

〔二六〕四年五月丙午　按二十史朔閏表，是年五月甲戌朔，無丙午。

〔二七〕八年七月庚寅　按二十史朔閏表，是年七月甲辰朔，無庚寅。

唐書卷三十四

志第二十四

五行一

萬物盈於天地之間，而其爲物最大且多者有五：一曰水，二曰火，三曰木，四曰金，五曰土。其用於人也，非此五物不能以爲生，而闕其一不可，是以聖王重焉。夫所謂五物者，其見象於天也爲五星，分位於地也爲五方，行於四時也爲五德，稟於人也爲五常，播於音律爲五聲，發於文章爲五色，而總其精氣之用謂之五行。

自三代之後，數術之士興，而爲災異之學者務極其說，至舉天地萬物動植，無大小，皆推其類而附之於五物，曰五行之屬。以謂人稟五行之全氣以生，故於物爲最靈。其餘動植之類，各得其氣之偏者，其發爲英華美實、氣臭滋味、羽毛鱗介、文采剛柔，亦皆得其一氣之盛。至其爲變怪非常，失其本性，則推以事類吉凶影響，其說尤爲委曲繁密。

蓋王者之有天下也，順天地以治人，而取材於萬物以足用。若政得其道，而取不過度，則天地順成，萬物茂盛，而民以安樂，謂之至治。若政失其道，用物傷夭，民被其害而愁苦，則天地之氣沴，三光錯行，陰陽寒暑失節，以爲水旱、蝗螟、風雹、雷火、山崩、水溢、泉竭、雪霜不時、雨非其物，或發爲氛霧、虹蜺、光怪之類，此天地災異之大者，皆生於亂政。而考其所發，驗以人事，往往近其所失，而以類至。然時有推之不能合者，豈非天地之大，固有不可知者邪？若其諸物種類，不可勝數，下至細微家人里巷之占，有考於人事而合者，有漠然而無所應者，皆不足道。

語曰：「迅雷風烈必變。」蓋君子之畏天也，見物有反常而爲變者，失其本性，則思其有以致而爲之戒懼，雖微不敢忽而已。至爲災異之學者不然，莫不指事以爲應。及其難合，則旁引曲取而遷就其說。蓋自漢儒董仲舒、劉向與其子歆之徒，皆以春秋、洪範爲學，而失聖人之本意。至其不通也，父子之言自相戾，可勝歎哉！昔者箕子爲周武王陳禹所有洪範之書，條其事爲九類，別其說爲九章，謂之「九疇」。考其說初不相附屬，而向爲五行傳，乃取其五事、皇極、庶證附於五行，以爲八事皆屬五行歟，則至於八政、五紀、三德、稽疑、福、極之類，又不能附，至俾洪範之書失其倫理，有以見所謂旁引曲取而遷就其說也。然自漢以來，未有非之者。又其祥眚禍痾之說，自其數術之學，故略存之，庶幾深識博聞之士有以考而擇焉。

夫所謂災者，被於物而可知者也，水旱、螟蝗之類是已。異者，不可知其所以然者也，日食、星孛、五石、六鷁之類是已。孔子於春秋，記災異而不著其事應，蓋慎之也。以謂天道遠，非諄諄以諭人，而君子見其變，則知天之所以譴告，恐懼脩省而已。若推其事應，則有合有不合，有同有不同。至於不合不同，則將使君子怠焉，以爲偶然而不懼。此其深意也。蓋聖人慎而不言如此，而後世猶爲曲說以妄意天，此其不可以傳也。故考次武德以來，略依洪範五行傳，著其災異，而削其事應云。

五行傳曰：「田獵不宿，飲食不享，出入不節，奪民農時，及有姦謀，則木不曲直。」謂生不暢茂，多折槁，及爲變怪而失其性也。又曰：「貌之不恭，是謂不肅。厥咎狂，厥罰常雨，厥極凶。時則有服妖，時則有龜孽，時則有雞禍，時則有下體生上之痾，時則有青眚青祥，鼠妖，惟金沴木。」

木不曲直。

武德四年，亳州老子祠枯樹復生枝葉。老子，唐祖也。占曰：「枯木復生，權臣執政。」眭孟以爲有受命者。九年三月，順天門樓東柱已傾毀而自起。占曰：「木仆而自起，國之災。」

永徽二年十一月甲申，陰霧凝凍封樹木，數日不解。劉向以爲木少陽，貴臣象。此人將有害，則陰氣脅木先寒，故得雨而冰也。亦謂之樹介，介，兵象也。

顯慶四年八月，有毛桃樹生李。李，國姓也。占曰：「木生異實，國主殃。」

麟德元年十二月癸酉，氛霧終日不解。甲戌，雨木冰。

儀鳳三年十一月乙未，昏霧四塞，連夜不解。丙申，雨木冰。

垂拱四年三月，雨桂子于台州，旬餘乃止。占曰：「天雨草木，人多死。」

長壽二年十月，萬象神宮側檉杉皆變爲柏。柏貫四時，不改柯易葉，有士君子之操；檉杉柔脆，小人性也。象小人居君子之位。

延載元年十月癸酉，白霧，木冰。

景龍四年三月庚申，雨木冰。

景雲二年，高祖故第有柿樹，自天授中枯死，至是復生。

開元二十一年六月，蓬州枯楊生李枝，有實，與顯慶中毛桃生李同。二十九年，亳州老子祠枯樹復榮。是年十一月己巳，寒甚，雨木冰，數日不解。

永泰元年三月庚子，夜霜，木有冰。

大曆二年十一月，紛霧如雪，草木冰。九年，晉州神山縣慶唐觀枯檜復生。

興元元年春，亳州眞源縣有李樹，植已十四年，其長尺有八寸，至是枝忽上聳，高六尺，周迴如蓋九尺餘。李，國姓也。占曰：「木生枝聳，國有寇盜。」是歲，中書省枯柳復榮。

貞元元年十二月，雨木冰。四年正月，雨木于陳留，十里許，大如指，長寸餘，中空，所下者立如植。木生于下，而自上隕者，上下易位之象；碎而中空者，小人象；如植者，自立之象。二十年冬，雨木冰。

元和十五年九月己酉，大雨，樹無風而摧者十五六。近木自拔也。占曰：「木自拔，國將亂。」

長慶三年十一月丁丑，雨木冰；成都栗樹結實，食之如李。

寶曆元年十一月丙申，雨木冰。

大和三年，成都李樹生木瓜，空中不實。七年十二月丙戌，夜霧，木冰。

開成四年九月辛丑，雨雪，木冰。十月己巳，亦如之。

會昌元年十二月丁丑，雨木冰。四年正月己酉，雨木冰。庚戌，亦如之。

咸通十四年四月，成都李實變爲木瓜。時人以爲：李，國姓也；變者，國奪於人之象。

廣明二年春，眉州有檀樹已枯倒，一夕復生。

常雨。

武德六年秋，關中久雨。少陽曰暘，少陰曰雨，陽德衰則陰氣勝，故常雨。

貞觀十五年春，霖雨。

永徽六年八月，京城大雨。

顯慶元年八月，霖雨，更九旬乃止。

開元二年五月壬子，久雨，禜京城門。十六年九月，關中久雨，害稼。

天寶五載秋，大雨。十二載八月，久雨。十三載秋，大霖雨，害稼，六旬不止。九月，閉坊市北門，蓋井，禁婦人入街市，祭玄冥太社，禜明德門，壞京城垣屋殆盡，人亦乏食。

至德二載三月癸亥，大雨，至甲戌乃止。

上元元年四月，雨，訖閏月乃止。二年秋，霖雨連月，渠竇生魚。

永泰元年九月丙午，大雨，至于丙寅。

大曆四年四月，雨，至于九月，閉坊市北門，置土臺，臺上置壇，立黄幡以祈晴。六年八月，連雨，害秋稼。

貞元二年正月乙未，大雨雪，至于庚子，平地數尺，雪上黃黑如塵。五月乙巳，雨，至于丙申。時大飢，至是麥將登，復大雨霖，衆心恐懼。十年春，雨，至閏四月，間止不過一二日。十一年秋，大雨。十九年八月己未，大霖雨。

元和四年四月，册皇太子寧，以雨霑服罷。十月，再擇日册，又以雨霑服罷。近常雨也。六年七月，霖雨害稼。十二年五月，連雨。八月壬申，雨，至于九月戊子。十五年二月癸未，大雨。八月，久雨，閉坊市北門。宋、滄、景等州大雨，自六月癸酉至于丁亥，廬舍漂沒殆盡。

寶曆元年六月，雨，至于八月。

大和四年夏，鄆、曹、濮等州雨，壞城郭廬舍殆盡。五年正月庚子朔，京城陰雪，彌旬。

開成五年七月，霖雨，葬文宗，龍輴陷不能進。

大中十年四月，雨，至于九月。

咸通九年六月，久雨，禜明德門。

乾符五年秋，大霖雨，汾、澮及河溢流害稼。

廣明元年秋八月，大霖雨。

天復元年八月，久雨。

服妖。

唐初，宮人乘馬者，依周舊儀，著冪䍦，全身障蔽。永徽後，乃用帷帽，施裙及頸，頗爲淺露，至神龍末，冪䍦始絕，皆婦人預事之象。

太尉長孫无忌以烏羊毛爲渾脫氈帽，人多效之，謂之「趙公渾脫」。近服妖也。

高宗嘗內宴，太平公主紫衫、玉帶、皁羅折上巾，具紛礪七事，歌舞于帝前。帝與武后笑曰：「女子不可爲武官，何爲此裝束？」近服妖也。

武后時，嬖臣張易之爲母臧作七寶帳，有魚龍鸞鳳之形，仍爲象牀、犀簟。

安樂公主使尚方合百鳥毛織二裙，正視爲一色，傍視爲一色，日中爲一色，影中爲一色，而百鳥之狀皆見，以其一獻韋后。公主又以百獸毛爲韉面，韋后則集鳥毛爲之，皆具其鳥獸狀，工費巨萬。公主初出降，益州獻單絲碧羅籠裙，縷金爲花鳥，細如絲髮，大如黍米，眼鼻觜甲皆備，瞭視者方見之。皆服妖也。自作毛裙，貴臣富家多效之，江、嶺奇禽異獸毛羽採之殆盡。

韋后妹嘗爲豹頭枕以辟邪，白澤枕以辟魅，伏熊枕以宜男，亦服妖也。

景龍三年十一月，郊祀，韋后爲亞獻，以婦人爲齋娘，以祭祀之服執事。近服妖也。

中宗賜宰臣宗楚客等巾子樣，其制高而踣，即帝在藩邸時冠也，故時人號「英王踣」。踣，顛仆也。

開元二十五年正月，道士尹愔爲諫議大夫，衣道士服視事，亦服妖也。

天寶初，貴族及士民好爲胡服胡帽，婦人則簪步搖釵，衿袖窄小。楊貴妃常以假鬢爲首飾，而好服黃裙。近服妖也。時人爲之語曰：「義髻拋河裏，黃裙逐水流。」

元和末，婦人爲圓鬟椎髻，不設鬢飾，不施朱粉，惟以烏膏注脣，狀似悲啼者。圓鬟者，上不自樹也；悲啼者，憂恤象也。

文宗時，吳、越間織高頭草履，纖如綾縠，前代所無。履，下物也，織草爲之，又非正服，而被以文飾，蓋陰斜闒茸泰侈之象。

乾符五年，雒陽人爲帽，皆冠軍士所冠者。又內臣有刻木象頭以裹幞頭，百官效之，工門如市，度木斫之曰：「此斫尚書頭，此斫將軍頭，此斫軍容頭。」近服妖也。

僖宗時，內人束髮極急，及在成都，蜀婦人效之，時謂爲「囚髻」。

唐末，京都婦人梳髮以兩鬢抱面，狀如椎髻，時謂之「拋家髻」。又世俗尚以琉璃爲釵釧。近服妖也。拋家、流離，皆播遷之兆云。

昭宗時，十六宅諸王以華侈相尚，巾幘各自爲制度，都人傚之，則曰：「爲我作某王頭。」識者以爲不祥。

龜孽。

大足初，虔州獲龜，六眼，一夕而失。

肅宗上元二年，有鼉聚于揚州城門上，節度使鄧景山以問族弟珽，對曰：「鼉，介物，兵象也。」

貞元三年，潤州魚鼉蔽江而下，皆無首。

大和三年，魏博管內有蟲，狀如龜，其鳴晝夜不絕。近龜孽也。

秦宗權在蔡州，州中地忽裂，有石出，高五六尺，廣袤丈餘，正如大龜。

雞禍。

垂拱三年七月，冀州雌雞化爲雄。

永昌元年正月，明州雌雞化爲雄。八月，松州雌雞化爲雄。

景龍二年春，滑州匡城縣民家雞有三足。京房易妖占曰：「君用婦言，則雞生妖。」

玄宗好鬭雞，貴臣、外戚皆尙之，貧者或弄木雞，識者以爲：雞，酉屬，帝生之歲也；鬭者，兵象。近雞禍也。

大中八年九月，考城縣民家雄雞化爲雌，伏子而雄鳴。化爲雌，王室將卑之象，反雌伏也。漢宣帝時，雌雞化爲雄，至元帝而王氏始萌，蓋馴致其禍也。

咸通六年七月，徐州彭城民家雞生角。角，兵象，雞，小畜，猶賤類也。

下體生上之痾。

咸通十四年七月，宋州襄邑有獵者得雉，五足，三足出背上。足出于背者，下干上之象；五足者，衆也。

青眚青祥。

貞觀十七年四月，立晉王爲太子，有青氣繞東宮殿。始册命而有祲，不祥。十八年六月壬戌，有青黑氣廣六尺，貫于辰戌，其長亙天。

大和九年，鄭注篋中藥化爲蠅數萬飛去。注始以藥術進，化爲蠅者，敗死之象。近青眚也。

乾元三年六月，昏，西北有青氣三。

鼠妖。

武德元年秋，李密、王世充隔洛水相拒，密營中鼠，一夕渡水盡去。占曰：「鼠無故皆夜去，邑有兵。」

貞觀十三年，建州鼠害稼。二十一年，渝州鼠害稼。

顯慶三年，長孫无忌第有大鼠見於庭，月餘出入無常，後忽然死。

龍朔元年十一月，洛州猫鼠同處。鼠隱伏象盜竊，猫職捕噬，而反與鼠同，象司盜者廢職容姦。

弘道初，梁州倉有大鼠，長二尺餘，爲猫所噬，數百鼠反噬猫。少選，聚萬餘鼠，州遣人捕擊殺之，餘皆去。

景雲中，有蛇鼠鬬于右威衞營東街槐樹，蛇爲鼠所傷。鬬者，兵象。

景龍元年，基州鼠害稼。

開元二年，韶州鼠害稼，千萬爲羣。

天寶元年十月，魏郡猫鼠同乳。同乳者，甚于同處。

大曆十三年六月，隴右節度使朱泚於兵家得猫鼠同乳以獻。

大和三年，成都猫鼠相乳。

開成四年，江西鼠害稼。

咸通十二年正月，汾州孝義縣民家鼠多銜蒿芻巢樹上。鼠穴居，去穴登木，賤人將貴之象。

乾符三年秋，河東諸州多鼠，穴屋，壞衣，三月止。鼠，盜也，天戒若曰：「將有盜矣。」

乾寧末，陝州有蛇鼠鬬于南門之內，蛇死而鼠亡去。

金沴木。

武德元年八月戊戌，突厥始畢可汗衙帳無故自壞。

中宗即位，金雞竿折。樹雞竿所以肆赦，始發大號而雞竿折，不祥。

神龍中，有羣狐入御史大夫李承嘉第，其堂無故壞；又秉筆而管直裂，易之又裂。

開元五年正月癸卯，太廟四室壞。

天寶十四載十二月，哥舒翰帥師守潼關，前軍啓行，牙門旗至坊門，觸落槍刃，衆以爲不祥。

永泰二年三月辛酉，中書敕庫壞。

貞元四年正月庚戌朔，德宗御含元殿受朝賀，質明，殿階及欄檻三十餘間自壞，衞士死者十餘人。含元路寢，大朝會之所御也；正月朔，一歲之元。王者之事，天所以儆者重矣。

大和九年，鄭注爲鳳翔節度使，將之鎮，出開遠門，旗竿折。

光啓初，揚州府署門屋自壞，故隋之行臺門也，制度甚宏麗云。

五行傳曰：「棄法律，逐功臣，殺太子，以妾爲妻，則火不炎上。」謂火失其性而爲災也。京房易傳曰：「上不儉，下不節，盛火數起，燔宮室。」蓋火主禮云。又曰：「視之不明，是謂不哲。厥咎舒，厥罰常燠，厥極疾。時則有草妖，時則有羽蟲之孽，時則有羊禍，時則有目痾，時則有赤眚赤祥，惟水沴火。」

火不炎上。

貞觀四年正月癸巳，武德殿北院火。十三年三月壬寅，雲陽石燃，方丈，晝則如灰，夜則有光，投草木則焚，歷年乃止。火失其性而沴金也。二十三年三月，甲弩庫火。

永徽五年十二月乙巳，尚書司勳庫火。

顯慶元年九月戊辰，恩州、吉州火，焚倉廩、甲仗、民居二百餘家。十一月己巳，饒州火。

證聖元年正月丙申夜，明堂火，武太后欲避正殿，徹樂。宰相姚璹以爲火因人，非天災也，不宜貶損。后乃御端門觀酺，引建章故事，復作明堂以厭之。是歲，內庫災，燔二百餘區。

萬歲登封元年三月壬寅，撫州火。

久視元年八月壬子，平州火，燔千餘家。

景龍四年二月，東都凌空觀災。

開元五年十一月乙卯，定陵寢殿火。是歲，洪州、潭州災，延燒州署，州人見有物赤而暾暾飛來，旋即火發。十五年七月甲戌，興教門樓柱災。是年，衡州災，延燒三百餘家，州人見有物大如甕，赤如燭籠，所至火即發。十八年二月丙寅，大雨雪，俄而雷震，左飛龍廄災。占曰：「天火燒廄，兵大起。」十月乙丑，東都宮佛光寺火。

天寶二年六月，東都應天門觀災，延燒左、右延福門，經日不滅。京房易傳曰：「君不思

道，天火燔其宮室。」九載三月，華岳廟災，時帝將封西嶽，以廟災乃止。十載八月丙辰，武庫災，燔兵器四十餘萬。武庫，甲兵之本也。

寶應元年十二月己酉，太府左藏庫火。

廣德元年十二月辛卯夜，鄂州大風，火發江中，焚舟三千艘，延及岸上民居二千餘家，死者數千人。

大曆十年二月，莊嚴寺浮圖災。初有疾風震雷，俄而火從浮圖中出。

貞元元年，江陵度支院火，焚江東租賦百餘萬。十三年正月，東都尚書省火。十九年四月，家令寺火。

二年七月，洪州火，燔民舍萬七千家〔一〕。元和七年六月，鎮州甲仗庫災，主吏坐死者百餘人。八年，江陵大火。十一年十一月甲戌，元陵火。李師道起宮室於鄆州，將謀亂，既成而火。

大和二年十一月甲辰，禁中昭德寺火，延至宣政東垣及門下省，宮人死者數百人。三年十月癸丑，仗內火。四年三月，陳州、許州火，燒萬餘家。十月，浙西火。十一月，揚州海陵火。八年三月，揚州火。皆燔民舍千區。五月己巳，飛龍神駒中廄火。十月，揚州市火，燔民舍數千區。十二月，禁中昭成寺火。

開成二年六月，徐州火，延燒民居三百餘家。四年十二月乙卯，乾陵火。丁丑晦，揚州市火，燔民舍數千家。

會昌元年五月，潞州市火。三年六月，西內神龍寺火；萬年縣東市火，焚廬舍甚衆。六年八月，葬武宗，辛未，靈駕次三原縣，夜大風，行宮幔城火。

乾符四年十月，東都聖善寺火。

大順二年六月乙酉，幽州市樓災，延及數百步。七月癸丑甲夜，汴州相國寺佛閣災。是日暮，微雨震電，或見有赤塊轉門譙藤網中，周而火作。頃之，赤塊北飛，轉佛閣藤網中，亦周而火作。既而大雨暴至，平地水深數尺，火益甚，延及民居，三日不滅。

常燠。

天寶元年冬，無冰。先儒以爲陰失節也。又曰：「知罪不誅，其罰燠，夏則暑殺人，冬則物華實。」蓋當寒反燠，象宜刑而賞之也。

貞元十四年夏，大燠。

元和九年六月，大燠。

長慶二年冬，少雪，水不冰凍，草木萌蘖如正月。

廣明元年十一月，暖如仲春。

草妖。

武德四年，益州獻芝草如人狀。占曰：「王德將衰，下人將起，則有木生爲人狀。」草，亦木類也。

景龍二年，岐州郿縣民王上賓家，有苦蕒菜高三尺餘，上廣尺餘，厚二分。近草妖也。三年，內出蒜條，上重生蒜。蒜，惡草也；重生者，其類衆也。四年，京畿藍田山竹實如麥。占曰：「大饑。」

開元二年，終南山竹有華，實如麥，嶺南亦然，竹並枯死，是歲大饑，民採食之。占曰：「國中竹、柏枯，不出三年有喪。」十七年，睦州竹實。

天寶初，臨川郡人李嘉胤屋柱生芝草，狀如天尊像。

上元二年七月甲辰，延英殿御座上生白芝，一莖三花。白，喪象也。

大和九年冬，鄭注之金帶有菌生。近草妖也。

開成四年六月，襄州山竹有實成米，民採食之。

光啓元年七月，河中解、永樂生草，葉自相樛結，如旌旗之狀，時人以爲「旗子草」。一年

七月，鳳翔麟游草生如旗狀。占曰：「其野有兵。」

羽蟲之孽。

武德初，隋將堯君素守蒲州，有鵲巢其砲機。

貞觀十七年春，齊王祐爲齊州刺史，好畜鴨，有狸齧鴨，頭斷者四十餘。是歲四月丙戌，立晉王爲太子，雌雉集太極殿前，雄雉集東宮顯德殿前。太極，三朝所會也。

永徽四年，宋州人蔡道基舍傍有獸高丈餘，頭類羊，一角，鹿形，馬蹄，牛尾，五色，有翅。占曰：「鳥如畜形者，有大兵。」五年七月辛巳，萬年宮有小鳥如雀，生子大如鴝鵒。

調露元年，鳴鵽羣飛入塞，相繼蔽野，至二年正月，還復北飛，至靈夏北，悉墮地而死，視之皆無首。

文明後，天下屢奏雌雉化爲雄，或半化者。

景龍四年六月辛巳朔，烏集太極殿梁，驅之不去。

開元十三年十一月戊子，雄雉馴飛泰山齋宮內。封禪，所以告成功，祀事無重於此者，而野鳥馴飛，不忌禁衞，不祥。二十五年四月，濮州兩烏、兩鵲、兩鸜鵒同巢。隴州鵲哺慈烏。二十八年四月庚辰，慈烏巢宣政殿栱。辛巳，又巢宣政殿栱。

天寶十三載，葉縣有鵲巢于車轄中。不巢木而巢地，失其所也。

至德二載三月，安祿山將武令珣圍南陽，有鵲巢于城中砲機者三，雛成乃去。

大曆八年九月，武功獲大鳥，肉翅狐首，四足有爪，長四尺餘，毛赤如蝙蝠，羣鳥隨而噪之。

近羽蟲孽也。十三年五月，左羽林軍有鸜鵒乳鵲二。

貞元四年三月，中書省梧桐樹有鵲以泥爲巢。鵲巢知歲次，於羽蟲爲有知，今以泥露巢，遇風雨壞矣。是歲夏，鄭、汴境內烏皆羣飛，集魏博田緒、淄青李納境內，銜木爲城，高二三尺，方十里。緒、納惡而焚之，信宿又然，烏口皆流血。九年春，許州鵲哺烏雛。十年四月，有大烏飛集宮中，食雜骨數日，獲之，不食死。六月辛未晦，水鳥集左藏庫。十三年十月，懷州鶺鴒巢內有黃雀往來哺食。十四年秋，有異鳥，色青，類鳩、鵲，見於宋州郊外，所止之處，羣鳥翼衞，朝夕嗛稻粱以哺之，睢陽人適野聚觀者旬日。十八年六月，烏集徐州之滕縣，嗛柴爲城，中有白烏一，碧烏一。

元和元年，常州鸛巢于平地。四年十二月，羣烏夜集于太行山上。十三年春，淄青府署及城中烏、鵲互取其雛，各以哺子，更相搏擊，不能禁。

寶曆元年十一月丙申，羣烏夜鳴。

開成元年閏五月丙戌，烏集唐安寺，逾月散。雀集玄法寺，燕集蕭望之冢。二年三月，眞興門外鵲巢於古冢。鵲巢知避歲，而古占又以高下卜水旱，今不巢于木而穴于冢，不祥。秋，突厥鳥自塞北羣飛入塞。五年六月，有禿鶖羣飛集禁苑。鶖，水鳥也。

會昌元年，潞州長子有白頸烏與鵲鬭。

大中十年三月，舒州吳塘堰有衆禽成巢，闊七尺，高一尺。水禽山鳥，無不馴狎。中有如人面、綠毛、紺爪觜者，其聲曰「甘」，人謂之甘蟲。占曰：「有鳥非常，來宿于邑中，國有兵，人相食。」

咸通七年，涇州靈臺百里成有雀生燕，至大俱飛去。京房易傳曰：「賊臣在國，厥妖燕生雀。」雀生燕同說。十一年夏，雉集河內縣署。咸通中，吳、越有異鳥極大，四目三足，鳴山林，其聲曰「羅平」。占曰：「國有兵，人相食。」

乾符四年春，廬江縣北鵲巢于地。六年夏，鴟、雉集于偃師南樓及縣署。劉向說：「野鳥入處，宮室將空。」

廣明元年春，絳州翼城縣有鵂鶹鳥羣飛集縣署，衆鳥逐而噪之。光啓元年、二年，復如之。鵂鶹，一名訓狐。

中和元年三月，陳留有烏變爲鵲。二年，有鵲變爲烏。古者以烏卜軍之勝負。烏變爲鵲，民從賊之象；鵲復變爲烏，賊復爲民之象。三年，新安縣吏家捕得雉養之，與雞馴，月

餘相與鬭死。四年，臨淮漣水民家鷹化爲鵝，而弗能游。鷹以鷙而擊，武臣象也；鵝雖毛羽清潔，而飛不能遠，無搏擊之用，充庖廚而已。

光啓元年十二月，陝州平陸集津山有雉二首向背而連頸者，棲集津倉廡後，數月，羣雉數百來鬭殺之。二年正月，閿鄉、湖城野雉及鳶夜鳴。七月，中條山鵲焚其巢。三年七月，鵲復焚巢。京房易傳曰：「人君暴虐，鳥焚其舍。」三年十月，慈州仵城梟與鴟鬭相殺。

光化二年，幽州節度使劉仁恭居貝州去，夜有鵂鶹鳥十數飛入帳中，逐去復來。

昭宗時，有禿鶖鳥巢寢殿隅，帝親射殺之。

天復二年，帝在鳳翔，十一月丁巳，日南至，夜驟風，有烏數千，迄明飛噪，數日不止。自車駕在岐，常有烏數萬棲殿前諸樹，岐人謂之神鴉。三年，宣州有鳥如雉而大，尾有火光如散星，集于戟門，明日大火，曹局皆盡，惟兵械存。

羊禍。

義寧二年三月丙辰，麟游縣有羔生而無尾。是月乙丑，太原獻羖羊，無頭而不死。

開元二年正月，原州獻肉角羊。二年三月，富平縣有肉角羊。

會昌二年春，代州崞縣羊生二首連頸，兩尾。占曰：「二首，上不一也。」

咸通三年夏，平陶民家羊生羔如猿。

乾符二年，洛陽建春門外因暴雨，有物墮地如羖羊，不食，頃之入地中，其跡月餘不滅，或以爲雨土也。占曰：「當旱。」

赤眚赤祥。

武德七年，河間王孝恭征輔公祏，宴羣帥于舟中，孝恭以金盌酌江水，將飲之，則化爲血。孝恭曰：「盌中之血，公祏授首之祥。」

武德初，突厥國中雨血三日。

光宅初，宗室岐州刺史崇眞之子橫、杭等夜宴，忽有氣如血腥。

武后時，來俊臣家井水變赤如血，井中夜有吁嗟歎惋聲，俊臣以木棧之，木忽自投十步外。

長安中，幷州晉祠水赤如血。

中宗時，成王千里家有血點地，及奩箱上有血淋瀝，腥聞數步。又中郎將東夷人毛婆羅炊飯，一夕化爲血。

景龍二年七月癸巳，赤氣際天，光燭地，三日乃止。赤氣，血祥也。

天寶六載，少陵原楊愼矜父墓封域內，草木皆流血，愼矜令浮屠史敬思禳之，退朝裸而桎梏於叢棘間，如是數旬而流血不止。十二載，李林甫第東北隅每夜火光起，或有如小兒持火出入者。近赤祥也。

寶應元年八月庚午夜，有赤光亙天，貫紫微，漸移東北，彌漫半天。

大曆十三年二月，太僕寺有泥像，左臂上有黑汗滴下，以紙承之，血也。

貞元二年十一月壬午，日沒，有赤氣五，出于黑雲中，亙天。十二年九月癸卯，夜有赤氣如火，見北方，上至北斗。十七年，福州劍池水赤如血。二十一年正月甲戌，雨赤雪于京師。

元和十四年二月，鄆州從事院門前地有血，方尺餘，色甚鮮赤，不知所從來，人以爲自空而墮也。

長慶元年七月戊午，河水赤，三日止。

寶曆元年十二月乙酉夜，西北有霧起，須臾遍天，霧止，有赤氣，或淺或深，久而乃散。

大和元年四月庚戌，北方有赤氣，中有數白氣間之。六月乙卯夜，西北有赤氣。八月癸卯，京師見赤氣滿天。二年閏三月乙卯，北方有赤氣如血。

咸通七年，鄭州永福湖水赤如凝血者三日。

乾符六年，中書政事堂忽旦有死人，血汚滿地，不知主名。又御井水色赤而腥，渫之，得一死女子腐爛。近赤祥也。

中和二年七月丙午夜，西北方赤氣如絳，際天。

光啓元年正月，潤州江水赤，凡數日。

水沴火。

幽州坊谷地常有火，長慶三年夏，遂積水爲池。近水沴火也。

校勘記

〔一〕二年七月洪州火燔民舍萬七千家　按上文曰貞元十九年，下文曰元和七年，「二年」上疑有脫文。通考卷二九八繫此事於憲宗元和二年七月。

中華書局

唐書卷三十五

志第二十五

五行二

五行傳曰：「治宮室，飾臺榭，內淫亂，犯親戚，侮父兄，則稼穡不成。」謂土失其性，則有水旱之災，草木百穀不熟也。又曰：「思心不睿，是謂不聖。厥咎霿，厥罰常風，厥極凶短折。時則有脂夜之妖，時則有華孽，羸蟲之孽，時則有牛禍，時則有心腹之痾，時則有黃眚黃祥，時則有木、火、金、水沴土。」

稼穡不成。

貞觀元年，關內饑。

總章二年，諸州四十餘饑，關中尤甚。

儀鳳四年春，東都饑。

調露元年秋，關中饑。

永隆元年冬，東都饑。

永淳元年，關中及山南州二十六饑，京師人相食。

垂拱三年，天下饑。

大足元年春，河南諸州饑。

景龍二年春，饑。三年三月，饑。

先天二年冬，京師、岐、隴、幽州饑。

開元十六年，河北饑。

乾元三年春，饑，米斗錢千五百。

廣德二年秋，關輔饑，米斗千錢。

永泰元年，饑，京師米斗千錢。

貞元元年春，大饑，東都、河南、河北米斗千錢，死者相枕。二年五月，麥將登而雨霖，米斗千錢。十四年，京師及河南饑。十九年秋，關輔饑。

元和七年春，饑。八年，廣州饑。九年春，關內饑。十一年，東都、陳許州饑。

長慶二年，江淮饑。

大和四年，河北及太原饑。六年春，劍南饑。九年春，饑，河北尤甚。

開成四年，溫、台、明等州饑。

大中五年冬，湖南饑。六年夏，淮南饑，海陵、高郵民於官河中漉得異米，號「聖米」。九年秋，淮南饑。

咸通三年夏，淮南、河南饑。九年秋，江左及關內饑，東都尤甚。

乾符三年春，京師饑。

中和二年，關內大饑。四年，關內大饑，人相食。

光啓二年二月，荊、襄大饑，米斗三千錢，人相食。三年，揚州大饑，米斗萬錢。

大順二年春，淮南大饑。

天祐元年十月，京師大饑。

常風。

武德二年十二月壬子，大風拔木。易巽爲風，「重巽以申命」。其及物也，象人君誥命，其鼓動於天地間，有時飛沙揚塵，怒也，發屋拔木者，怒甚也。其占：「大臣專恣而氣盛，衆逆同志，君行蒙暗，施於事則皆傷害，故常風。」又「飄風入宮闕，一日再三，若風聲如雷觸地而起，爲兵將興。」

貞觀十四年六月乙酉，大風拔木。

咸亨四年八月己酉，大風落太廟鴟尾。

永隆二年七月，雍州大風害稼。

弘道元年十二月壬午晦，宋州大風拔木。

嗣聖元年四月丁巳，寧州大風拔木。

垂拱四年十月辛亥，大風拔木。

永昌二年五月丁亥，大風拔木。

神龍元年三月乙酉，睦州大風拔木。崔玄暐封博陵郡王也，大風折其輅蓋。二年六月乙亥，滑州大風拔木。

景龍元年七月，郴州大風，發屋拔木。八月，宋州大風拔木，壞廬舍。二年十月辛亥，滑州暴風發屋。三年三月辛未，曹州大風拔木。

開元二年六月，京師大風發屋，大木拔者十七八。四年六月辛未，京師、陝、華大風拔木。九年七月丙辰，揚州、潤州暴風雨，發屋拔木。十四年六月戊午，大風拔木發屋，端門鴟尾盡落。端門，號令所從出也。十九年六月乙酉，大風拔木。二十二年五月戊子，大風拔木。

天寶十一載五月甲子，東京大風拔木。十三載三月辛酉，大風拔木。

永泰元年三月辛亥，大風拔木。

大曆七年五月乙酉，大風拔木。十年五月甲寅，大風拔木。

貞元元年七月庚子，大風拔木。六年四月甲申，大風雨。八年五月己未，暴風發太廟屋瓦，毀門闕、官署、廬舍不可勝紀。十年六月辛未，大風拔木。十四年八月癸未，廣州大風，壞屋覆舟。

元和元年六月丙申，大風拔木。三年四月壬申，大風毀含元殿欄檻二十七間。占爲兵起。四年十月壬午，天有氣如煙，臭如燔皮，日昳大風而止。五年三月丙子，大風毀崇陵上宮衙殿鴟尾及神門戟竿六，壞行垣四十間。八年六月庚寅，京師大風雨，毀屋飄瓦，人多壓死者。丙申，富平大風，拔棗木千餘株。十二年春，青州一夕暴風自西北，天地晦冥，空中有若旌旗狀，屋瓦上如蹂躪聲。有日者占之曰：「不及五年，茲地當大殺戮。」

長慶二年正月己酉，大風霾。十月，夏州大風，飛沙爲堆，高及城堞。三年正月丁巳朔，大風，昏霾終日。四年六月庚寅，大風毀延喜門及景風門。

大和八年六月癸未，暴風壞長安縣署及經行寺塔。九年四月辛丑，大風拔木萬株，墮含元殿四鴟尾，拔殿廷樹三，壞金吾仗舍，發城門樓觀內外三十餘所，光化門西城十數雉壞。

開成三年正月戊辰，大風拔木。五年四月甲子，大風拔木；五月壬寅，亦如之；七月戊寅，亦如之。

會昌元年三月，黔南大風飄瓦。

咸通六年正月，絳州大風拔木，有十圍者。十一月己卯晦，潼關夜中大風，山如吼雷，河噴石鳴，羣鳥亂飛，重關傾側。十二月，大風拔木。

乾符五年五月丁酉，大風拔木。

廣明元年四月甲申，京師及東都、汝州雨雹，大風拔木。四年六月乙巳，太原大風雨，拔木千株，害稼百里。

光化三年七月乙丑，洺州大風，拔木發屋。

天復二年，昇州大風，發屋飛大木。

夜妖。

大和九年十一月戊辰，晝晦。

咸通七年九月辛卯朔，天闇。

乾符二年二月，宣武境內黑風，雨土。

天祐元年閏四月乙未朔，大風，雨土。

華孽。

延載元年九月，內出梨華一枝示宰相。萬木搖落而生華，陰陽驕也。傳曰：「天反時爲災。」又近常燠也。

神龍二年十月，陳州李有華，鮮茂如春。

元和十一年十二月，桃杏華。

大和二年九月，徐州、滑州李有華，實可食。

會昌三年冬，沁源桃李華。

廣明元年冬，桃李華，山華皆發。

中和二年九月，太原諸山桃杏華，有實。

景福中，滄州城塹中冰有文，如畫大樹華葉芬敷者，時人以爲其地當有兵難。近華孽也。

蠃蟲之孽。

貞觀二十一年八月，萊州螟。

開元二十二年八月，榆關虸蚄蟲害稼，入平州界，有羣雀來食之，一日而盡。二十六年，榆關虸蚄蟲害稼，羣雀來食之。

三載，青州紫蟲食田，有鳥食之。

廣德元年秋，虸蚄蟲害稼，關中尤甚，米斗千錢。

貞元十年四月，江西溪澗魚頭皆戴蚯蚓。

長慶四年，絳州虸蚄蟲害稼。

大和元年秋，河東、同號等州虸蚄蟲害稼。

開成元年，京城有蟻聚，長五六十步，闊五尺至一丈，厚五寸至一尺者。四年，河南黑蟲食田。

牛禍。

調露元年春，牛大疫。京房易傳曰：「牛少者穀不成。」又占曰：「金革動。」長安中，有獻牛無前膊，三足而行者。又有牛膊上生數足，蹄甲皆具者。武太后從姊之子司農卿宗晉卿家牛生三角。

神龍元年春，牛疫。二年冬，牛大疫。

先天初，洛陽市有牛，左脅有人手，長一尺，或牽之以乞丐。

開元十五年春，河北牛大疫。

大曆八年，武功、櫟陽民家牛生犢，二首。

貞元二年，牛疫。四年二月，郊牛生犢，六足。足多者，下不一；郊所以奉天。七年，關輔牛大疫，死者十五六。

咸通七年，荆州民家牛生犢，五足。十五年夏，滄州江陽有水牛生驢駒，駒死。

光啓元年，河東有牛人言，其家殺而食之。二年，延州膚施有牛死復生。

黄眚黄祥。

貞觀七年三月丁卯，雨土。二十年閏三月己酉，有黄雲闊一丈，東西際天。黄爲土功。

永徽三年三月辛巳，雨土。

景龍元年六月庚午，陝州雨土。十二月丁丑，雨土。

天寶十三載二月丁丑，雨黄土。

大曆七年十二月丙寅，雨土。

貞元二年四月甲戌，雨土。八年二月庚子，雨土。

大和八年十月甲子，土霧晝昏，至于十一月癸丑。

開成元年七月乙亥，雨土。

咸通十四年三月癸巳，雨黄土。

中和二年五月辛酉，大風，雨土。

天復三年二月，雨土，天地昏霾。

天祐元年閏四月甲辰，大風，雨土。

木火金水沴土。

武德二年十月乙未，京師地震。陰盛而反常則地震，故其占爲臣彊，爲后妃專恣，爲夷犯華，爲小人道長，爲寇至，爲叛臣。七年七月，巂州地震，山摧壅江，水噎流。

貞觀七年十月乙丑，京師地震。十二年正月壬寅，松、叢二州地震，壞廬舍。二十年九月辛亥，靈州地震，有聲如雷。二十三年八月癸酉朔，河東地震，晉州尤甚，壓殺五十餘人；乙亥，又震。十一月乙丑，又震。

永徽元年四月己巳朔，晉州地震；己卯，又震。六月庚辰，又震，有聲如雷。二年十月，又震。十一月戊寅，定襄地震。帝始封晉王，初即位而地屢震，天下將由帝而動搖象也。

儀鳳二年正月庚辰，京師地震。

永淳元年十月甲子，京師地震。

垂拱三年七月乙亥，京師地震。四年七月戊午，又震。八月戊戌，神都地震。

延載元年四月壬戌，常州地震。

大足元年七月乙亥，揚、楚、常、潤、蘇五州地震。二年八月辛亥，劍南六州地震。

景龍四年五月丁丑，剡縣地震。

景雲三年正月甲戌，并、汾、絳三州地震，壞廬舍，壓死百餘人。

開元二十二年二月壬寅，秦州地震，西北隱隱有聲，坼而復合，經時不止，壞廬舍殆盡，壓死四千餘人。二十六年三月癸巳，京師地震。

至德元載十一月辛亥朔，河西地震裂有聲，陷廬舍，張掖、酒泉尤甚，至二載三月癸亥乃止。

大曆二年十一月壬申，京師地震，自東北來，其聲如雷者。三年五月丙戌，又震。十二年，恆、定二州地大震，三日乃止，束鹿、寧晉地裂數丈，沙石隨水流出平地，壞廬舍，壓死者數百人。

建中元年四月己亥，京師地震。三年六月甲子，又震。四年四月甲子，又震。五月辛巳，又震。

貞元二年五月己酉，又震。三年十一月丁丑夜，京師、東都、蒲、陝地震。四年正月庚戌朔夜，京師地震；辛亥、壬子、丁卯、戊辰、庚午、癸酉、甲戌、乙亥，皆震，金、房二州尤甚，江溢山裂，屋宇多壞，人皆露處。二月壬午，京師又震；甲申、乙酉、丙申，三月甲寅、己未、庚午、辛未，五月丙寅、丁卯，皆震。八月甲午，又震，有聲如雷；甲辰，又震。九年四月辛酉，又震，有聲如雷，河中、關輔尤甚，壞城壁廬舍，地裂水涌。十年四月戊申，京師地震；癸丑，又震，侍中渾瑊第有樹湧出，樹枝皆戴蚯蚓。十三年七月乙未，又震。

元和七年八月，京師地震，草樹皆搖。九年三月丙辰，巂州地震，晝夜八十，壓死百餘人，地陷者三十里。十年十月，京師地震。十一年二月丁丑，又震。十五年正月，穆宗即位，戊辰，始朝羣臣於宣政殿，是夜地震。

大和二年正月壬申，地震。七年六月甲戌，又震。九年三月乙卯，京師地震，屋瓦皆墜，戶牖間有聲。

開成元年二月乙亥，又震。二年十一月乙丑夜，又震。四年十一月甲戌，又震。

會昌二年正月癸亥，宋、亳二州地震。十二月癸未，京師地震。

大中三年十月辛巳，上都及振武、河西、天德、靈武、鹽夏等州地震，壞廬舍，壓死數十人。十二年八月丁巳，太原地震。

咸通元年五月，上都地震。六年十二月，晉、絳二州地震，壞廬舍，地裂泉湧，泥出青色。八年正月丁未，河中、晉、絳三州地大震，壞廬舍，人有死者。十三年四月庚子朔，浙東、西地震。

乾符三年六月乙丑，雄州地震，至七月辛巳止，州城廬舍盡壞，地陷水湧，傷死甚衆。是月，濮州地震。十二月，京師地震有聲。四年六月庚寅，雄州地震。六年二月，京師地震，有聲如雷，藍田山裂水湧。

中和三年秋，晉州地震，有聲如雷。

光啓二年春，成都地震，月中十數。占曰：「兵、饑。」十二月，魏州地震。

乾寧二年三月庚午，河東地震。

山摧。

貞觀八年七月，隴右山摧。山者高峻，自上而隕之象也。

垂拱二年九月己巳，雍州新豐縣露臺鄉大風雨，震電，有山湧出，高二十丈，有池周三百畝，池中有龍鳳之形，禾麥之異，武后以爲休應，名曰「慶山」。荆州人俞文俊上言：「天氣不和而寒暑隔，人氣不和而贅疣生，地氣不和而堆阜出。今陛下以女主居陽位，反易剛柔，故地氣隔塞，山變爲災。陛下以爲『慶山』，臣以爲非慶也。宜側身脩德以答天譴，不然，恐災禍至。」后怒，流于嶺南。

永昌中，華州赤水南岸大山，晝日忽風昏，有聲隱隱如雷，頃之漸移東數百步，擁赤水，壓張村民三十餘家，山高二百餘丈，水深三十丈，坡上草木宛然。金滕曰：「山徙者人君不用道，祿去公室，賞罰不由君，佞人執政，政在女主，不出五年，有走王。」

開元十七年四月乙亥，大風震電，藍田山摧裂百餘步，畿內山也。國主山川，山摧川竭，亡之證也。占曰：「人君德消政易則然。」

大曆九年十一月戊戌，同州夏陽有山徙于河上，聲如雷。十三年，郴州黃芩山摧，壓死者數百人。

建中二年，霍山裂。

元和八年五月丁丑，大隗山摧。十五年七月丁未，苑中土山摧，壓死二十人。

光啓三年四月，維州山崩，累日不止，塵坌亙天，壅江水逆流。占曰：「國破。」

山鳴。

武德二年三月，太行山聖人崖有聲。占曰：「有寇至。」

開元二十八年六月，吐蕃圍安戎城，斷水路，城東山鳴石坼，湧泉二。

土爲變怪。

垂拱元年九月，淮南地生毛，或白或蒼，長者尺餘，遍居人牀下，揚州尤甚，大如馬鬣，焚之臭如燎毛。占曰：「兵起，民不安。」

長壽中，東都天宮寺泥像皆流汗霡霂。

天寶十一載六月，虢州閿鄉黃河中女媧墓因大雨晦冥，失其所在，至乾元二年六月乙未夜，瀕河人聞有風雷聲，曉見其墓踊出，下有巨石，上有雙柳，各長丈餘，時號風陵堆。占曰：「塚墓自移，天下破。」十三載，汝州葉縣南有土塊鬬，中有血出，數日不止。

大曆六年四月戊寅，藍田西原地陷。

建中初，魏州魏縣西四十里，地數畝忽長崇數尺。四年四月甲子，京師地生毛，或黃或白，有長尺餘者。

貞元四年四月，淮南及河南地生毛。

元和十二年四月，吳元濟鄾城守將鄧懷金以城降，城自壞五十餘步。

大和六年二月，蘇州地震，生白毛。

長慶中，新都大道觀泥人生須數寸，拔之復生。

咸通五年十月，貞陵隧道摧陷。神策軍有浮屠像，懿宗嘗跪禮之，像沒地四尺。

五行傳曰：「好攻戰，輕百姓，飾城郭，侵邊境，則金不從革。」謂金失其性而爲變怪也。又曰：「言之不從，是謂不乂。厥咎僭，厥罰常暘，厥極憂。時則有詩妖、訛言，時則有毛蟲之孽，時則有犬禍，時則有口舌之痾，時則有白眚白祥，惟木沴金。」

金不從革。

堯君素爲隋守蒲州，兵器夜皆有光如火。火鑠金，金所畏也，敗亡之象。劉武周據井州，兵勢甚盛，城上稍刃夜每有火光。

貞觀十七年八月，涼州昌松縣鴻池谷有石五，青質白文成字曰：「高皇海出多子李元王八十年太平天子李世民千年太子李治書燕山人士樂太國主尚汪譚奨文仁邁千古大王五王六王七王十鳳毛才子七佛八菩薩及上果佛田天子文武貞觀昌大聖延四方上不治示孝仙戈八爲善。」太宗遣使祭之曰：「天有成命，表瑞貞石，文字昭然，曆數惟永，既旌高廟之業，又錫眇身之祚。迨于皇太子治，亦降貞符，具紀姓氏。甫惟寡薄，彌增寅懼。」昔魏以土德代漢，涼州石有文。石，金類，以五勝推之，故時人謂爲魏氏之妖，而晉室之瑞。唐亦土德王，石有文，事頗相類。然其文初不可曉，而後人因推已事以驗之。蓋武氏革命，自以爲金德王，其「佛菩薩」者，慈氏金輪之號也；「樂太國主」則鎮國太平公主、安樂公主，皆以女亂國；其「五王六王七王」者，唐世十八之數。

垂拱三年七月，魏州地出鐵如船數十丈。廣州雨金。金位正秋，爲刑、爲兵。占曰：「人君多殺無辜，一年兵災于朝。」

開元二十三年十二月乙巳，龍池聖德頌石自鳴，其音清遠如鐘磬。石與金同類。春秋傳：「怨讟動于民，則有非言之物言。」石鳴，近石言也。

天寶十載六月乙亥，大同殿前鐘自鳴。占曰：「庶雄爲亂。」

至德二載，昭陵石馬汗出。昔周武帝之克晉州也，齊有石像，汗流濕地，此其類也。

乾元二年七月乙亥晝，渾天儀有液如汗下流。

上元二年，楚州獻寶玉十三：曰「玄黃天符」，形如笏，長八寸，有孔，云辟兵疫；曰「玉雞毛」，白玉也；曰「穀璧」，亦白玉也，粟粒自然，無雕鐫迹；曰「西王母白環」二；曰「如意寶珠」，大如雞卵；曰「紅靺鞨」，大如巨栗；曰「琅玕珠」二，形如玉環，四分缺一；曰「玉印」，大如半手，理如鹿，陷入印中；曰「皇后採桑鉤」，如箸屈其末；曰「雷公石斧」無孔；其一闕。凡十三。寘之日中，白氣連天。

元和中，文水武士彠碑失其龜頭。翰林院有鈴，夜中文書入，則引之以代傳呼，長慶中，河北用兵，夜輒自鳴，與軍中息耗相應，聲急則軍事急，聲緩則軍事緩。資州有石方丈，走行數畝。

大和三年，南蠻圍成都，毀玉晨殿爲礮，有吼聲三，乃止。四年五月己卯，通化南北二門鎖不可開，鑰入，如有持之者。破其管，門乃啓。又浙西觀察使王璠治潤州城隍，中得方石，有刻文曰：「山有石，石有玉，玉有瑕，瑕即休。」

廣明元年，華岳廟玄宗御製碑隱隱然有聲，聞數里間，浹旬乃止。近石言也。

光化三年冬，武德殿前鐘聲忽嘶嗄；天復元年九月，聲又變小。

常暘。

武德三年夏，旱，至于八月乃雨。四年，自春不雨，至于七月。雨，少陰之氣，其氣毀則不雨。少陰者，金也，金爲刑，爲兵，刑不辜，兵不戢，則金氣毀，故常爲旱。火爲盛陽，陽氣彊悍，故聖人制禮以節之。禮失則僭而驕炕，以導盛陽，火勝則金衰，故亦旱。於五行，土實制水，土功興則水氣壅閼，又常爲旱。天官有東井，主水事，天漢、天江，亦水祥也。水與火仇，而受制于土，土火謫見，若日蝕過分而未至，與七曜循中道之南，皆旱祥也。七年秋，關內、河東旱。

貞觀元年夏，山東大旱。二年春，旱。三年春、夏，旱。四年春，旱。自太上皇傳位至此，而比年水旱。九年秋，劍南、關東州二十四，旱。十二年，吳、楚、巴、蜀州二十六，旱；冬，不雨，至于明年五月。十七年春、夏，旱。二十一年秋，陝、絳、蒲、夔等州旱。二十二年秋，開、萬等州旱；冬，不雨，至于明年三月。

永徽元年，京畿雍、同、絳等州十，旱。二年九月，不雨，至于明年二月。四年夏、秋，旱，光、婺、滁、潁等州尤甚。

顯慶五年春，河北州二十二，旱。

總章元年，京師及山東、江淮大旱。二年七月，劍南州十九，旱；冬，無雪。

咸亨元年春，旱；秋，復大旱。

儀鳳二年夏，河南、河北旱。三年四月，旱。

永隆二年，關中旱，霜，大饑。

永淳元年，關中大旱，饑。二年夏，河南、河北旱。

永昌元年三月，旱。

神功元年，黃、隋等州旱。

久視元年夏，關內、河東旱。

長安二年春，不雨，至于六月。三年冬，無雪，至于明年二月。

神龍二年冬，不雨，至于明年五月，京師、山東、河北、河南旱，饑。

太極元年春，旱；七月復旱。

開元二年春，大旱。十二年七月，河東、河北旱，帝親禱雨宮中，設壇席，暴立三日。九月，蒲、同等州旱。十四年秋，諸道州十五，旱。十五年，諸道州十七，旱。十六年，東都、河南、宋亳等州旱。二十四年夏，旱。

永泰元年春、夏，旱。二年，關內大旱，自三月不雨，至于六月。

大曆六年春，旱，至于八月。

建中三年，自五月不雨，至于七月。

興元元年冬，大旱。

貞元元年春，旱，無麥苗，至于八月，旱甚，灞、滻將竭，井皆無水。六年春，關輔大旱，無麥苗；夏，淮南、浙西、福建等道大旱，井泉竭，人暍且疫，死者甚衆。七年，揚、楚、滁、壽、澧等州旱。十四年春，旱，無麥。十五年夏，旱。十八年夏，申、光、蔡州旱。十九年正月，不雨，至七月甲戌乃雨。

永貞元年秋，江浙、淮南、荆南、湖南、鄂岳陳許等州二十六，旱。

元和三年，淮南、江南、江西、湖南、廣南、山南東西皆旱。四年春、夏，大旱；秋，淮南、浙西、江西、江東旱。七年夏，揚、潤等州旱。八年夏，同、華二州大旱。十五年夏，旱。

寶曆元年秋，荆南、淮南、浙西、江西、湖南及宣、襄、鄂等州旱。

大和元年夏，京畿、河中、同州旱。六年，河東、河南、關輔旱。七年秋，大旱。八年夏，江淮及陝、華等州旱。九年秋，京兆、河南、河中、陝華同等州旱。

開成二年春、夏，旱。四年夏，旱，浙東尤甚。

會昌五年春，旱。六年春，不雨；冬，又不雨，至明年二月。

大中四年，大旱。

咸通二年秋，淮南、河南不雨，至于明年六月。九年，江淮旱。十年夏，旱。十一年夏，旱。

廣明元年春、夏，大旱。

中和四年，江南大旱，饑，人相食。

景福二年秋，大旱。

光化三年冬，京師旱，至于四年春。

詩妖。

竇建德未敗時，有謠曰：「豆入牛口，勢不得久。」

貞觀十四年，交河道行軍大總管侯君集伐高昌。先是其國中有童謠曰：「高昌兵馬如霜雪，漢家兵馬如日月，日月照霜雪，回首自消滅。」

永徽後，民歌武媚娘曲。

調露初，京城民謠有「側堂堂，橈堂堂」之言。太常丞李嗣眞曰：「側者，不正；橈者，不安。自隋以來，樂府有堂堂曲，再言堂堂者，唐再受命之象。」

永淳元年七月，東都大雨，人多殍殕。先是童謠曰：「新禾不入箱，新麥不入場，迨及八九月，狗吠空垣牆。」

高宗自調露中欲封嵩山，屬突厥叛而止；後又欲封，以吐蕃入寇遂停。時童謠曰：「嵩山凡幾層，不畏登不得，但恐不得登，三度徵兵馬，傍道打騰騰。」

永徽末，里歌有桑條韋也、女時韋也樂。

龍朔中，時人飲酒令曰：「子母相去離，連臺拗倒。」俗謂盃盤爲子母，又名盤爲臺。又里歌有突厥鹽。

永淳後，民歌曰：「楊柳楊柳漫頭駝。」

垂拱後，東都有契苾兒歌，皆淫豔之詞。契苾，張易之小字也。

如意初，里歌曰：「黃麞黃麞草裏藏，彎弓射爾傷。」其後，王孝傑敗於黃麞谷。

神龍以後，民謠曰：「山南烏鵲窠，山北金駱駝，鐮柯不鑿孔，斧子不施柯。」山南，唐也，烏鵲窠者，人居寡也；山北，胡也，金駱駝者，虜獲而重載也。安樂公主於洛州造安樂寺，童謠曰：「可憐安樂寺，了了樹頭懸。」

景龍中，民謠曰：「黃牸犢子挽紖斷，兩足踏地鞵斷，城南黃牸犢子韋。」又有阿緯娘

歌。時又謠曰：「可憐聖善寺，身著綠毛衣，牽來河裏飲，踏殺鯉魚兒。」

玄宗在潞州，有童謠曰：「羊頭山北作朝堂。」

天寶中，有術士李遐周於玄都觀院廡間爲詩曰：「燕市人皆去，函關馬不歸，人逢山下鬼，環上繫羅衣。」而人皆不悟，近詩妖也。又祿山未反時，童謠曰：「燕燕飛上天，天上女兒鋪白氈，氈上有千錢。」時幽州又有謠曰：「舊來誇戴竿，今日不堪看，但看五月裏，淸水河邊見契丹。」

德宗時，或爲詩曰：「此水連涇水，雙眸血滿川，青牛逐朱虎，方號太平年。」近詩妖也。朱泚未敗前兩月，有童謠曰：「一隻筯，兩頭朱，五六月，化爲胆。」

元和初，童謠曰：「打麥打麥三三三。」乃轉身曰：「舞了也。」

大中末，京師小兒疊布漬水，紐之向日，謂之曰「拔暈」。

咸通七年，童謠曰：「草青青，被嚴霜，鵲始後，看顚狂。」十四年，成都童謠曰：「咸通癸巳，出無所之，蛇去馬來，道路稍開，頭無片瓦，地有殘灰。」是歲，歲陰在巳，明年在午。巳蛇也；午，馬也。

僖宗時，童謠曰：「金色蝦蟆爭努眼，翻却曹州天下反。」

乾符六年，童謠曰：「八月無霜寒草青，將軍騎馬出空城，漢家天子西巡狩，猶向江東更

宷兵。」

中和初，童謠曰：「黃巢走，泰山東，死在翁家翁。」

訛言。

貞觀十七年七月，民訛言官遣棖棖殺人，以祭天狗。云其來也，身衣狗皮，鐵爪，每於闇中取人心肝而去。於是更相震怖，每夜驚擾，皆引弓劍自防，無兵器者剡竹爲之，郊外不敢獨行。太宗惡之，令通夜開諸坊門，宣旨慰諭，月餘乃止。

武后時，民歙酒謳歌，曲終而不盡者，謂之「族鹽」。

開元二十七年十月，改作東都明堂，訛言官取小兒埋明堂下，以爲厭勝。村野兒童藏于山谷，都城騷然，或言兵至。玄宗惡之，遣使慰諭，久之乃止。

天寶三載二月辛亥，有星如月，墜于東南，墜後有聲。京師訛言官遣棖棖捕人，取肝以祭天狗，人頗恐懼，畿內尤甚，遣使安諭之，與貞觀十七年占同。

天寶後，詩人多爲憂苦流寓之思，及寄興于江湖僧寺。而樂曲亦多以邊地爲名，有伊州、甘州、涼州等，至其曲遍繁聲，皆謂之「入破」。又有胡旋舞，本出康居，以旋轉便捷爲巧，時又尚之。破者，蓋破碎云。

建中三年秋，江淮訛言有毛人食其心，人情大恐。朱泚既僭號，名其舊第曰潛龍宮，移內府珍貨以實之。占者以爲易稱「潛龍勿用」，此敗祥也。

大和九年，京師訛言鄭注爲上合金丹，生取小兒心肝，密旨捕小兒無算。往往陰相告曰：「某處失幾兒矣。」方士言金丹可致神仙，蓋誕妄不經之語，或信而服之，則發熱多死，如有所戒云。小兒，無辜者，取其心肝，將有殺戮象。

劉從諫未死時，潞州有狂人折腰於市曰：「石雄七千人至矣。」從諫捕斬之。

咸通十四年秋，成都訛言有猰母鬼夜入人家，民皆恐，夜則聚坐。或曰某家見鬼，眼晃然如燈焰，民益懼。

黃巢未入京師時，都人以黃米及黑豆屑蒸食之，謂之「黃賊打黑賊」。僖宗時，里巷鬭者激怒，言：「任見右廂天子。」

毛蟲之孽。

永徽中，河源軍有狼三，晝入軍門，射之，斃。

永淳中，嵐、勝州兔害稼，千萬爲羣，食苗盡，兔亦不復見。

開元三年，有熊晝入揚州城。

乾元二年十月，詔百官上勸政樓觀安西兵赴陝州，有狐出于樓上，獲之。

大曆四年八月己卯，虎入京師長壽坊宰臣元載家廟，射殺之。虎，西方之屬，威猛吞噬，刑戮之象。六年八月丁丑，獲白兔于太極殿之內廊。占曰：「國有憂。白，喪祥也。」

建中三年九月己亥夜，虎入宣陽里，傷人二，詰朝獲之。

貞元二年二月乙丑，有野鹿至于含元殿前，獲之；壬申，又有鹿至于含元殿前，獲之。占曰：「有大喪。」四年三月癸亥，有鹿至京師西市門，獲之。

開成四年四月，有麞出于太廟，獲之。

犬禍。

武德三年，突厥處羅可汗將入寇，夜聞犬羣嗥而不見犬。

武后初，酷吏丘神勣家狗生子皆無首，當項有孔如口，晝夜鳴吠，俄失所在。

神功元年，安國獻兩首犬。首多者，上不一也。

天寶十一載，李林甫晨起盥飾將朝，取書囊視之，中有物如鼠，躍于地即變爲狗，壯大雄目，張牙視林甫，林甫射之，中，殺然有聲，隨箭沒。

貞元七年，趙州柏鄉民李崇貞家黃犬乳犢。

會昌三年，定州深澤令家狗生角。

大中初，狗生角。京房曰：「執政失將害之應。」又曰：「君子危陷，則狗生角。」

咸通中，會稽有狗生而不能吠，擊之無聲。狗職吠以守禦，其不能者，象鎮守者不能禦寇之兆。

成汭爲荆南節度使，城中犬皆夜吠，日者向隴以爲城郭將丘墟。

中和二年秋，丹徒狗與彘交。占曰：「諸侯有謀害國者。」

白眚白祥。

調露元年十一月壬午，秦州神亭冶北霧開如日初耀，有白鹿、白狼見。近白祥也。

神龍二年四月己亥，雨毛于越州之鄮縣。占曰：「邪人進，賢人遁。」

大曆二年七月甲戌日入時，有白氣亙天。九月戊午夜，白霧起西北，亙天。五年五月甲申，西北有白氣亙天。

貞元二十年九月庚辰甲夜，有白氣八，東西際天。

大和三年八月，西方有白氣如柱。七年十月己酉，西方又有白氣如柱者三。

光啓二年四月，有白氣頭黑如髮，自東南入于揚州城。

光化二年三月乙巳，日中有白氣亙天，自西南貫于東北。

天復元年八月己亥，西方有白雲如履底，中出白氣如匹練，長五丈，上衝天，分爲三彗，頭下垂。占曰：「天下有兵。白者，戰祥也。」

木沴金。

神龍中，東都白馬寺鐵像頭無故自落於殿門外。

天寶五載四月，宰臣李適之常列鼎具膳羞，中夜，鼎躍出相鬭不解，鼎耳及足皆折。

唐書卷三十六

志第二十六

五行三

五行傳曰：「簡宗廟，不禱祠，廢祭祀，逆天時，則水不潤下。」謂水失其性，百川逆溢，壞鄉邑，溺人民，而爲災也。又曰：「聽之不聰，是謂不謀。厥咎急，厥罰常寒，厥極貧。時則有鼓妖，時則有豕禍，時則有耳痾，時則有雷電、霜、雪、雨、雹，黑眚黑祥，惟火沴水。」

水不潤下。

貞觀三年秋，貝、譙、鄆、泗、沂、徐、豪、蘇、隴九州水。水，太陰之氣也。若臣道顓，女謁行，夷狄彊，小人道長，嚴刑以逞，下民不堪其憂，則陰類勝，其氣應而水至；其謫見于天，月及辰星與列星之司水者爲之變，若七曜循中道之北，皆水祥也。四年秋，許、戴、集

三州水。七年八月，山東、河南州四十，大水。八年七月，山東、江淮大水。十年，關東及淮海旁州二十八，大水。十一年七月癸未，黃氣際天，大雨，穀水溢，入洛陽宮，深四尺，壞左掖門，毀官寺十九；洛水漂六百餘家。九月丁亥，河溢，壞陝州之河北縣及太原倉，毀河陽中潬。十六年秋，徐、戴二州大水。十八年秋，穀、襄、豫、荆、徐、梓、忠、綿、宋、亳十州大水。十九年秋，沁、易二州水，害稼。二十一年八月，河北大水，泉州海溢，驩州水。二十二年夏，瀘、越、徐、交、渝等州水。

永徽元年六月，新豐、渭南大雨，零口山水暴出，漂廬舍；宣、歙、饒、常等州大雨，水，溺死者數百人。秋，齊、定等州十六，水。二年秋，汴、定、濮、亳等州水。四年，杭、夔、果、忠等州水。五年五月丁丑夜，大雨，麟遊縣山水衝萬年宮玄武門，入寢殿，衞士有溺死者。六月，河北大水，滹沱溢，損五千餘家。六年六月，商州大水。秋，冀、沂、密、兗、滑、汴、鄭、婺等州水，害稼；洛州大水，毀天津橋。十月，齊州河溢。

顯慶元年七月，宣州涇縣山水暴出，平地四丈，溺死者二千餘人。九月，括州暴風雨，海水溢，壞安固、永嘉二縣。四年七月，連州山水暴出，漂七百餘家。

麟德二年六月，鄜州大水，壞居人廬舍。

總章二年六月，括州大風雨，海溢，壞永嘉、安固二縣，溺死者九千七十人；冀州大雨，

水平地深一丈，壞民居萬家。

咸亨元年五月丙戌，大雨，山水溢，溺死五千餘人。二年八月，徐州山水漂百餘家。四年七月，婺州大雨，山水暴漲，溺死五千餘人。

上元三年八月，青州大風，海溢，漂居人五千餘家；齊、淄等七州大水。

永隆元年九月，河南、河北大水，溺死者甚衆。二年八月，河南、河北大水，壞民居十萬餘家。

永淳元年五月丙午，東都連日澍雨；乙卯，洛水溢，壞天津橋及中橋，漂居民千餘家。六月乙亥，京師大雨，水平地深數尺。秋，山東大雨，水，大饑。二年七月己巳，河溢，壞河陽橋。八月，恆州滹沱河及山水暴溢，害稼。

文明元年七月，溫州大水，漂千餘家；括州溪水暴漲，溺死百餘人。

如意元年四月，洛水溢，壞永昌橋，漂居民四百餘家。七月，洛水溢，漂居民五千餘家。八月，河溢，壞河陽縣。

長壽二年五月，棣州河溢，壞居民二千餘家。是歲，河南州十一，水。

萬歲通天元年八月，徐州大水，害稼。

神功元年三月，括州水，壞民居七百餘家。是歲，河南州十九，水。

聖曆二年七月丙辰，神都大雨，洛水壞天津橋。秋，河溢懷州，漂千餘家。三年三月辛亥，鴻州水，漂千餘家，溺死四百餘人。

久視元年十月，洛州水。

長安三年六月，寧州大雨，水，漂二千餘家，溺死千餘人。四年八月，瀛州水，壞民居數千家。

神龍元年四月，雍州同官縣大雨，水，漂居民五百餘家。六月，河北州十七，大水。七月甲辰，洛水溢，壞民居二千餘家。二年四月辛丑，洛水壞天津橋，溺死數百人。八月，魏州水。

景龍三年七月，灃水溢，害稼。九月，密州水，壞民居數百家。

開元三年，河南、河北水。四年七月丁酉，洛水溢，沈舟數百艘。五年六月甲申，瀍水溢，溺死者千餘人；鞏縣大水，壞城邑，損居民數百家；河南水，害稼。八年夏，契丹寇營州，發關中卒援之，宿澠池之缺門，營穀水上，夜半，山水暴至，萬餘人皆溺死。六月庚寅夜，穀、洛溢，入西上陽宮，宮人死者十七八；畿內諸縣田稼廬舍蕩盡，掌閑衛兵溺死千餘人，京師興道坊一夕陷爲池，居民五百餘家皆沒不見。是年，鄧州三鴉口大水塞谷，或見二小兒以水相沃，須臾，有蛇大十圍，張口仰天，人或斫射之，俄而暴雷雨，漂溺數百家。十年五月辛酉，伊水溢，毀東都城東南隅，平地深六尺；河南許、仙、豫、陳、汝、唐、鄧等州大水，害稼，漂沒民居，溺死者甚衆。六月，博州、棣州河決。十二年六月，豫州大水。八月，兗州大水。十四年秋，天下州五十，水，河南、河北尤甚，河及支川皆溢，懷、衞、鄭、滑、汴、濮人或巢或舟以居，死者千計；潤州大風自東北，海濤沒瓜步。十五年五月，晉州大水。七月，鄧州大水，溺死數千人；洛水溢，入鄜城，平地丈餘，死者無算，壞同州城市及馮翊縣，漂居民二千餘家。八月，澗、穀溢，毀澠池縣。是秋，天下州六十三，大水，害稼及居人廬舍，河北尤甚。十七年八月丙寅，越州大水，壞州縣城。十八年六月壬午，東都瀍水溺揚、楚等州租船；洛水壞天津、永濟二橋及居千餘家。十九年秋，河南水，害稼。二十年秋，宋、滑、兗、鄆等州大水。二十二年秋，關輔、河南州十餘，水，害稼。二十七年三月，澧、袁、江等州水。二十八年十月，河南郡十三，水。二十九年七月，伊、洛及支川皆溢，害稼，毀天津橋及東西漕、上陽宮仗舍，溺死千餘人。是秋，河南、河北郡二十四，水，害稼。

天寶四載九月，河南、淮陽、睢陽、譙四郡水。十載，廣陵大風駕海潮，沈江口船數千艘。十三載九月，東都瀍、洛溢，壞十九坊。

廣德元年九月，大雨，水平地數尺，時吐蕃寇京畿，以水自潰去。二年五月，東都大雨，洛水溢，漂二十餘坊，河南諸州水。

大曆元年七月，洛水溢。二年秋，湖南及河東、河南、淮南、浙東西、福建等道州五十五水災。七年二月，江州江溢。十年七月，杭州海溢。十一年七月戊子，夜澍雨，京師平地水尺餘，溝渠漲溢，壞民居千餘家。十二年秋，京畿及宋、亳、滑三州大雨水，害稼，河南尤甚，平地深五尺，河溢。

建中元年，幽、鎮、魏、博大雨，易水、滹沱橫流，自山而下，轉石折樹，水高丈餘，苗稼蕩盡。

貞元二年六月丁酉，大風雨，京城通衢水深數尺，有溺死者。東都、河南、荊南、淮南江河溢。三年三月，東都、河南、江陵、汴揚等州大水。四年八月，灞水暴溢，殺百餘人。八年秋，自江淮及荊、襄、陳、宋至于河朔州四十餘，大水，害稼，溺死二萬餘人，漂沒城郭廬舍，幽州平地水深二丈，徐、鄭、涿、薊、檀、平等州，皆深丈餘。八年六月，淮水溢，平地七尺，沒泗州城。十一年十月，朗、蜀二州江溢。十二年四月，福、建二州大水，嵐州暴雨，水深二丈。十三年七月，淮水溢于亳州。十八年春，申、光、蔡等州大水。

永貞元年夏，朗州之熊、武五溪溢。秋，武陵、龍陽二縣江水溢，漂萬餘家。京畿長安等九縣山水害稼。

元和元年夏，荊南及壽、幽、徐等州大水。二年六月，蔡州大雨，水平地深數尺。四年十月丁未，渭南暴水，漂民居二百餘家。六年七月，鄜坊、黔中水。七年正月，振武河溢，毀東受降城；五月，饒、撫、虔、吉、信五州暴水，虔州尤甚，平地有深至四丈者。八年五月，陳州、許州大雨，大隗山摧，水流出，溺死者千餘人。六月庚寅，大風，毀屋揚瓦，人多壓死；京師大水，城南深丈餘，入明德門，猶漸車輻。辛卯，渭水漲，絕濟。時所在百川發溢，多不由故道。滄州水潦，浸鹽山等四縣。九年秋，淮南及岳、安、宣、江、撫、袁等州大水，害稼。十一年五月，京畿大雨水，昭應尤甚；衢州山水害稼，深三丈，毀州郭，溺死百餘人。六月，密州大風雨，海溢，毀城郭；饒州浮梁、樂平二縣暴雨，水，漂沒四千餘戶；潤、常、潮、陳、許五州及京畿水〔二〕，害稼。八月甲午，渭水溢，毀中橋。十二年六月乙酉，京師大雨，水，含元殿一柱傾，市中水深三尺，毀民居二千餘家；河南、河北大水，洺、邢尤甚，平地二丈；河中、江陵、幽澤潞晉隰蘇台越州水，害稼。十三年六月辛未，淮水溢。十五年秋，洪、吉、信、滄等州水。

長慶二年七月，河南陳、許、蔡等州大水；好畤山水漂民居三百餘家；處州大雨，水，平地深八尺，壞城邑、桑田太半。四年夏，蘇、湖二州大雨，水，太湖決溢；睦州及壽州之霍山山水暴出；鄆、曹、濮三州雨，水壞州城、民居、田稼略盡；襄、均、復、郢四州漢水溢決。秋，河南及陳、許二州水，害稼。

寶曆元年秋，鄜、坊二州暴水；兗、海、華三州及京畿奉天等六縣水，害稼。

大和二年夏，京畿及陳、滑二州水，害稼；河陽水，平地五尺；河決，壞棣州城；越州大風，海溢；河南鄆、曹、濮、淄、青、齊、德、兗、海等州並大水。三年四月，同官縣暴水，漂沒三百餘家；宋、亳、徐等州大水，害稼。四年夏，江水溢，沒舒州太湖、宿松、望江三縣民田數百戶；鄜、坊水，漂三百餘家；浙西、浙東、宣歙、江西、鄜坊、山南東道、淮南、京畿、河南、江南、荊襄、鄂岳、湖南大水，皆害稼。五年六月，玄武江漲，高二丈，溢入梓州羅城；淮西、浙東、浙西、荊襄、岳鄂、東川大水，害稼。六年二月，蘇、湖二州大水。六月，徐州大雨，壞民居九百餘家。七年秋，浙西及揚、楚、舒、廬、壽、滁、和、宣等州大水，害稼。八年秋，江西及襄州水，害稼；蘄州湖水溢；滁州大水，溺萬餘戶。

開成元年夏，鳳翔麟遊縣暴雨，水，毀九成宮，壞民舍數百家，死者百餘人。七月，鎮州滹沱河溢，害稼。三年夏，河決，浸鄭、滑外城；陳、許、鄜、坊、鄂、曹、濮、襄、魏、博等州大水；江、漢漲溢，壞房、均、荊、襄等州民居及田產殆盡；蘇、湖、處等州水溢入城，處州平地八尺。四年秋，西川、滄景、淄青大雨，水，害稼及民廬舍，德州尤甚，平地水深八尺。五年七月，鎮州及江南水。

會昌元年七月，江南大水，漢水壞襄、均等州民居甚衆。

大中十二年八月，魏、博、幽、鎮、兗、鄆、滑、汴、宋、舒、壽、和、潤等州水，害稼；徐、泗等州水深五丈，漂沒數萬家。十三年夏，大水。

咸通元年，潁州大水。四年閏六月，東都暴水，自龍門毀定鼎、長夏等門，漂溺居人。七月，東都、許汝徐泗等州大水，傷稼。九月，孝義山水深三丈，破武牢關金城門汜水橋。六年六月，東都大水，漂壞十二坊，溺死者甚衆。七年夏，江淮大水。秋，河南大水，害稼。十四年八月，關東、河南大水。

乾符三年，關東大水。

光化三年九月，浙江溢，壞民居甚衆。

乾寧三年四月，河圯于滑州，朱全忠決其堤，因爲二河，散漫千餘里。

常寒。

顯慶四年二月壬子，大雨雪。方春，少陽用事，而寒氣脅之，古占以爲人君刑法暴濫之象。近常寒也。

咸亨元年十月癸酉，大雪，平地三尺，人多凍死。

儀鳳三年五月丙寅，高宗在九成宮，霖雨，大寒，兵衛有凍死者。

開耀元年冬，大寒。

久視元年三月，大雪。

神龍元年三月乙酉，睦州暴寒且冰。

開元二十九年九月丁卯，大雨雪，大木偃折。

大曆四年六月伏日，寒。

貞元元年正月戊戌，大風雪，寒；丙午，又大風雪，寒，民飢，多凍死者。十二年十二月，大雪甚寒，竹柏柿樹多死。占曰：「有德遭險，厥災暴寒。」十九年三月，大雪。二十年二月庚戌，始雷，大雨雹，震電，大雨雪。既雷則不當雪，陰脅陽也，如魯隱公之九年。

元和六年十二月，大寒。八年十月，東都大寒，霜厚數寸，雀鼠多死。十二年九月己丑，雨雪，人有凍死者。十五年八月己卯，同州雨雪，害稼。

長慶元年二月，海州海水冰，南北二百里，東望無際。

大和六年正月，雨雪踰月，寒甚。九年十二月，京師苦寒。

會昌三年，春寒，大雪，江左尤甚，民有凍死者。

咸通五年冬，隰、石、汾等州大雨雪，平地深五尺。

景福二年二月辛巳，曹州大雪，平地二尺。

天復三年三月，浙西大雪，平地三尺餘，其氣如煙，其味苦。十二月，又大雪，江海冰。

天祐元年九月壬戌朔，大風，寒如仲冬。是冬，浙東、浙西大雪。吳、越地氣常燠而積雪，近常寒也。

鼓妖。

武德三年二月丁丑，京師西南有聲如崩山。近鼓妖也。說者以爲人君不聰，爲衆所惑，則有聲無形，不知所從生。

天授元年九月，檢校內史宗秦客拜日，無雲而雷震。近鼓妖也。

貞元十三年六月丙寅，天晦，街鼓不鳴。

中和二年十月，西北方無雲而雷。

天復三年十月甲午，有大聲出于宣武節度使廳事。近鼓妖也。

魚孽。

如意中，濟源路敬淳家水碾柱將壞，易之爲薪，中有鮎魚長尺餘，猶生。近魚孽也。

開元四年，安南都護府江中有大蛇，首尾橫出兩岸，經日而腐，寸寸自斷。數日，江魚

盡死，蔽江而下，十十五五相附著，江水臭。

神龍中，渭水有蝦蟆大如鼎，里人聚觀，數日而失。是歲大水。

元和十四年二月，晝，有魚長尺餘，墜於鄆州市，良久乃死。魚失水而墜于市，敗滅象也。

開成二年三月壬申，有大魚長六丈，自海入淮，至濠州招義，民殺之。近魚孽也。

乾符六年，汜水河魚逆流而上，至垣曲、平陸界。魚，民象，逆流而上，民不從君令也。

光啓二年，揚州雨魚。占如元和十四年。

蝗。

武德六年，夏州蝗。蝗之殘民，若無功而祿者然，皆貪撓之所生。先儒以爲人主失禮煩苛則旱，魚螺變爲蟲蝗，故以屬魚孽。

貞觀二年六月，京畿旱蝗。太宗在苑中掇蝗祝之曰：「人以穀爲命，百姓有過，在予一人，但當蝕我，無害百姓。」將吞之，侍臣懼帝致疾，遽以爲諫。帝曰：「所冀移災朕躬，何疾之避？」遂吞之。是歲，蝗不爲災。三年五月，徐州蝗。秋，德、戴、廓等州蝗。四年秋，觀、兗、遼等州蝗。二十一年秋，渠、泉二州蝗。

永徽元年，夔、絳、雍、同等州蝗。

永淳元年三月，京畿蝗，無麥苗。六月，雍、岐、隴等州蝗。

長壽二年，台、建等州蝗。

開元三年七月，河南、河北蝗。四年夏，山東蝗，蝕稼，聲如風雨。二十五年，貝州蝗，有白鳥數千萬，羣飛食之，一夕而盡，禾稼不傷。

廣德二年秋，蝗，關輔尤甚，米斗千錢。

興元元年秋，螟蝗自山而東際于海，晦天蔽野，草木葉皆盡。

貞元元年夏，蝗，東自海，西盡河、隴，羣飛蔽天，旬日不息，所至草木葉及畜毛靡有孑遺，餓殣枕道，民蒸蝗，曝，颺去翅足而食之。

永貞元年秋，陳州蝗。

元和元年夏，鎮、冀等州蝗。

長慶三年秋，洪州螟蝗害稼八萬頃。

開成元年夏，鎮州、河中蝗，害稼。二年六月，魏博、昭義、淄青、滄州、兗海、河南蝗。三年秋，河南、河北鎮定等州蝗，草木葉皆盡。五年夏，幽、魏、博、鄆、曹、濮、滄、齊、德、淄、青、兗海、河陽、淮南、虢、陳、許、汝等州螟蝗害稼。占曰：「國多邪人，朝無忠臣，居位食

祿，如蟲與民爭食，故比年蟲蝗。」

會昌元年七月，關東、山南鄧唐等州蝗。

大中八年七月，劍南東川蝗。

咸通三年六月，淮南、河南蝗。六年八月，東都、同華陝虢等州蝗。七年夏，東都、同、華、陝、虢及京畿蝗。九年，江淮、關內及東都蝗。十年夏，陝、虢等州蝗。不紬無德，虐取於民之罰。

乾符二年，蝗自東而西蔽天。

光啓元年秋，蝗，自東方來，羣飛蔽天。二年，荆、襄蝗，米斗錢三千，人相食；淮南蝗，自西來，行而不飛，浮水緣城入揚州府署，竹樹幢節，一夕如剪，幡幟畫像，皆齧去其首，撲不能止。旬日，自相食盡。

豕禍。

貞觀十七年六月，司農寺豕生子，一首八足，自頸分爲二。

貞元四年二月，京師民家有豕生子，兩首四足。首多者，上不一也。是歲，宣州大雨震電，有物墜地如豬，手足各兩指，執赤班蛇食之。頃之，雲合不復見。近豕禍也。

元和八年四月，長安西市有豕生子，三耳八足，自尾分爲二。足多者，下不一也。

咸通七年，徐州蕭縣民家豕出圂舞，又牡豕多將鄰里羣豕而行，復自相噬齧。

乾符六年，越州山陰民家有豕入室內，壞器用，銜桉缶置於水次。

廣明元年，絳州稷山縣民家豕生如人狀，無眉目耳髮。占爲邑有亂。

雷電。

貞觀十一年四月甲子，震乾元殿前槐樹。震耀，天之威怒，以象殺戮；槐，古者三公所樹也。

證聖元年正月丁酉，雷。雷者陽聲，出非其時，臣竊君柄之象。

長安四年五月丁亥，震雷，大風拔木，人有震死者。

延和元年六月，河南偃師縣李材村有震電入民家，地震裂，闊丈餘，長十五里，深不可測，所裂處井廁相通，或銜冢墓，柩出平地無損。李，國姓也；震電，威刑之象；地，陰類也。

永泰元年二月甲子夜，震霆。自是無雷，至六月甲申乃雷。

大曆十年四月甲申，雷電，暴風拔木飄瓦，人有震死者，京畿害稼者七縣。

建中元年九月己卯，雷。四年四月丙子，東都畿汝節度使哥舒曜攻李希烈，進軍至潁橋，大雨震電，人不能言者十三四，馬驢多死。

貞元十四年五月己酉夏至，始雷。

元和十一年冬，雷。

長慶二年六月乙丑，大風震電，落太廟鴟尾，破御史臺樹。

大和八年七月辛酉，定陵臺大雨，震，廡下地裂二十有六步。占曰：「士庶分離，大臣專恣，不救大敗。」

會昌三年五月甲午，始雷。

咸通四年十二月，震雷。

乾符二年十二月，震雷，雨雹。

乾寧四年，李茂貞遣將符道昭攻成都，至廣漢，震雷，有石隕于帳前。

霜。

貞觀元年秋，霜殺稼。京房易傳曰：「人君刑罰妄行，則天應之以隕霜。」三年，北邊霜殺稼。

永徽二年，綏、延等州霜殺稼。

調露元年八月，邠、涇、寧、慶、原五州霜。

證聖元年六月，睦州隕霜，殺草。吳、越地燠而盛夏隕霜，昔所未有。四年四月，延州霜殺草[三]。四月純陽用事，象人君當布惠于天下，而反隕霜，是無陽也。

開元十二年八月，潞、綏等州霜殺稼。十五年，天下州十七，霜殺稼。

元和二年七月，邠、寧等州霜殺稼。九年三月丁卯，隕霜，殺桑。十四年四月，淄、青隕霜，殺惡草及荆棘，而不害嘉穀。

寶曆元年八月，邠州霜殺稼。

大和三年秋，京畿奉先等八縣早霜，殺稼。

大中三年春，隕霜，殺桑。

中和元年春，霜。秋，河東早霜，殺稼。

雹。

貞觀四年秋，丹、延、北永等州雹。

顯慶二年五月，滄州大雨雹，中人有死者。

咸亨元年四月庚午，雍州大雨雹。二年四月戊子，大雨雹，震電，大風折木，落則天門鴟尾三。先儒以爲「雹者，陰脅陽也」。又曰：「人君惡聞其過，抑賢用邪，則雹與雨俱；信讒殺無罪，則雹下毀瓦、破車、殺牛馬。」

永淳元年五月壬寅，定州大雨雹，害麥禾及桑。

天授二年六月庚戌，許州大雨雹。

證聖元年二月癸卯，滑州大雨雹，殺燕雀。

神功元年，嬀、綏二州雹。

聖曆元年六月甲午，曹州大雨雹。

久視元年六月丁亥，曹州大雨雹。

長安三年八月，京師大雨雹，人畜有凍死者。

神龍元年四月壬子，雍州同官縣大雨雹，殺鳥獸。

景龍元年四月己巳，曹州大雨雹。二年正月己卯，滄州雨雹如雞卵。

開元八年十二月丁未，滑州大雨雹。二十二年五月戊辰，京畿渭南等六縣大風雹，傷麥。

大曆七年五月乙酉，雨雹。

貞元二年六月丙子，大雨雹。十七年二月丁酉，雨雹；己亥，霜；戊申，夜，震雷，雨雹；庚戌，大雨雪而雹。五月戊寅，好畤縣風雹，害麥。十八年七月癸酉，大雨雹。

元和元年，鄜、坊等州雹。十年秋，鄜、坊等州風雹，害稼。十二年夏，河南雨雹，中人有死者。十五年三月，京畿興平、醴泉等縣雹，傷麥。

長慶四年六月庚寅，京師雨雹如彈丸。

大和四年秋，鄜、坊等州雹。五年夏，京畿奉先、渭南等縣雨雹。

開成二年秋，河南雹，害稼。四年七月，鄭、滑等州風雹。五年六月，濮州雨雹如拳，殺人三十六，牛馬甚衆。

會昌元年秋，登州雨雹，文登尤甚，破瓦害稼。四年夏，雨雹如彈丸。

乾符六年五月丁酉，宣授宰臣豆盧瑑、崔沆制，殿庭氛霧四塞，及百官班賀于政事堂，雨雹如鳧卵，大風雷雨拔木。

廣明元年四月甲申朔，汝州大雨風，拔街衢樹十二三；東都有雲起西北，大風隨之，長夏門內表道古槐樹自拔者十五六，宮殿鴟尾皆落，雨雹大如杯，鳥獸殪於川澤。

黑眚黑祥。

大曆二年十二月戊戌，黑氣如壟，彌漫于北方。黑氣，陰沴也。

貞元四年七月，自陝至河陰，河水黑，流入汴，至汴州城下，一宿而復。近黑祥也。占曰：「法嚴刑酷，傷水性也。五行變節，陰陽相干，氣色繆亂，皆敗亂之象。」十四年，潤州有黑氣如隄，自海門山橫亙江中，與北固山相峙，又有白氣如虹自金山出，與黑氣交，將旦而沒。

大和四年正月壬寅，黑氣如帶，東西際天。

咸通十四年七月，僖宗即位，是日，黑氣如盤，自天屬含元殿庭。

火沴水。

武德九年二月，蒲州河清。襄楷以爲：「河，諸侯象；清，陽明之效也。」

貞觀十四年二月，陝州、泰州河清。十六年正月，懷州河清。十七年十二月，鄭州、滑州河清。二十三年四月，靈州河清。

永徽元年正月，濟州河清。二年十二月，衞州河清。五年六月，濟州河清十六里。

調露二年夏，豐州河清。

長安初，醴泉坊太平公主第井水溢流。又并州文水縣猷水竭，武氏井溢。

神龍二年三月壬子，洛陽城東七里，地色如水，樹木車馬，歷歷見影，漸移至都，月餘乃滅。長安街中往往見水影。昔苻堅之將死也，長安嘗有是。

景龍四年三月庚申，京師井水溢。占曰：「君凶。」又曰：「兵將起。」

開元二十二年八月，清夷軍黃帝祠古井湧浪。二十五年五月，淄州、棣州河清。二十九年，亳州老子祠九井涸復湧。

乾元二年七月，嵐州合河關河三十里清如井水，四日而變。

寶應元年九月甲午，太州至陝州二百餘里河清，澄澈見底。

大曆末，深州束鹿縣中有水影長七八尺，遙望見人馬往來，如在水中，及至前，則不見水。

建中四年五月乙巳，滑州、濮州河清。

貞元十四年閏五月乙丑，滑州河清。二十一年夏，越州鏡湖竭〔三〕。是歲，朗州熊、武五溪水鬭。占曰：「山崩川竭，國必亡。」又曰：「方伯力政，厥異水鬭。」

開成二年夏，旱，揚州運河竭。

大中八年正月，陝州河清。

咸通八年七月，泗州下邳雨湯，殺鳥雀。水沸于火，則可以傷物，近火沴水也。雨者，自上而降；鳥雀，民象。

中和三年秋，汴水入于淮水鬭，壞船數艘。

廣明元年夏，汝州峴陽峯龍池涸。近川竭也。

五行傳曰：「皇之不極，是謂不建。厥咎眊，厥罰常陰，厥極弱。時則有射妖，時則有龍蛇之孽，時則有馬禍，時則有下人伐上之痾，時則有日月亂行，星辰逆行。」謂木金火水土沴天也。

常陰。

長安四年，自九月霖雨陰晦，至于神龍元年正月。

貞元二十一年秋，連月陰霪。

元和十五年正月庚辰至于丙申，晝常陰晦，微雨雪，夜則晴霽。占曰：「晝霧夜晴，臣志得申。」

咸通十四年七月，靈州陰晦。

乾符六年秋，多雲霧晦冥，自旦及禺中乃解。

光啓元年秋，河東大雲霧。明年夏，晝陰積六十日。二年十一月，淮南陰晦雨雪，至明年二月不解。

景福二年夏，連陰四十餘日。

霧。

長壽元年九月戊戌，黃霧四塞。霧者，百邪之氣，爲陰冒陽，本于地而應于天；黃爲土，土爲中宮。

神龍二年三月乙巳，黃霧四塞。

景龍二年八月甲戌，黃霧昏濁不雨。二年正月丁卯，黃霧四塞。十一月甲寅，日入後，昏霧四塞，經二日乃止。占曰：「霧連日不解，其國昏亂。」

開元五年正月戊辰，昏霧四塞。

天寶十四載冬三月，常霧起昏暗，十步外不見人，是謂晝昏。占曰：「有破國。」

至德二載四月，賊將武令珣圍南陽，白霧四塞。

上元元年閏四月，大霧。占曰：「兵起。」

貞元十年三月乙亥，黃霧四塞，日無光。

咸通九年十一月，龐勛圍徐州，甲辰，大霧昏塞，至于丙午。

光化四年冬，昭宗在東內，武德門內煙霧四塞，門外日色皎然。

虹蜺。

武德初，隋將堯君素守蒲州，有白虹下城中。

唐隆元年六月戊子，虹蜺亙天。蜺者，斗之精。占曰：「后妃陰脅王者。」又曰：「五色迭至，照于宮殿，有兵。」

延和元年六月，幽州都督孫佺帥兵襲奚，將入賊境，有白虹垂頭于軍門。占曰：「其下流血。」

至德二載正月丙子，南陽夜有白虹四，上亙百餘丈。

元和十三年十二月丙辰，有白虹闊五尺，東西亙天。

會昌四年正月己酉，西方有白虹。

咸通元年七月己酉朔，白虹橫亙西方。九年七月戊戌，白虹橫亙西方。

光啓二年九月，白虹見西方。十月壬辰夜，又如之。

天復三年三月庚申，有曲虹在日東北。

龍蛇孽。

貞觀八年七月，隴右大蛇屢見。蛇，女子之祥；大者，有所象也。又汾州青龍見，吐物在空中，光明如火，墮地地陷，掘之得玄金，廣尺，長七寸。

顯慶二年五月庚寅，有五龍見于岐州之皇后泉。

先天二年六月，京師朝堂塼下有大蛇出，長丈餘，有大蝦蟆如盤，而目赤如火，相與鬬，俄而蛇入于大樹，蝦蟆入于草。蛇、蝦蟆，皆陰類；朝堂出，非其所也。

開元四年六月，郴州馬嶺山下有白蛇與黑蛇鬬，白蛇長六七尺，吞黑蛇，至腹，口眼血流，黑蛇長丈餘，頭穿白蛇腹出，俱死。

天寶中，洛陽有巨蛇，高丈餘，長百尺，出芒山下，胡僧無畏見之曰：「此欲決水瀦洛城。」即以天竺法咒之，數日蛇死。十四載七月，有二龍鬬于南陽城西。易坤：「上六，龍戰于野。」文言曰：「陰疑于陽必戰。」

至德元載八月朔，成都丈人廟有肉角蛇見。二載三月，有蛇鬬于南陽門之外，一蛇死，一蛇上城。

建中二年夏，趙州寧晉縣沙河北，有棠樹甚茂，民祠之爲神。有蛇數百千自東西來，趨

北岸者聚棠樹下，爲二積，留南岸者爲一積，俄有徑寸龜三，繞行，積蛇盡死，而後各登其積。野人以告。蛇腹皆有瘡，若矢所中。刺史康日知圖其事，奉三龜來獻。四年九月戊寅，有龍見于汝州城壕。龍，大人象，其潛也淵，其飛也天；城壕，失其所也。

貞元末，資州得龍丈餘，西川節度使韋皋匣而獻之，百姓縱觀，三日，爲煙所薰而死。

大和二年六月丁丑，西北有龍鬬。三年，成都門外有龍與牛鬬。

開成元年，宮中有衆蛇相與鬬。

光化三年九月，杭州有龍鬬于浙江，水溢，壞民廬舍。占同天寶十四載。

光啓二年冬，鄜州洛交有蛇見于縣署，復見于州署。蛇，多則螫，易曰：「龍蛇之蟄，以存身也。」

馬禍。

義寧二年五月戊申，有馬生角，長二寸，末有肉。角者，兵象。

武德三年十月，王世充僞左僕射韋霽馬生角，當項。

永隆二年，監牧馬大死，凡十八萬疋。馬者，國之武備，天去其備，國將危亡。

文明初，新豐有馬生駒，二首同項，各有口鼻，生而死。又咸陽牝馬生石，大如升，上微

有綠毛。皆馬禍也。

開元十二年五月，太原獻異馬駒，兩肋各十六，肉尾無毛。二十五年，濮州有馬生駒，肉角。二十九年三月，滑州刺史李邕獻馬，肉鬉鱗臆，嘶不類馬，日行三百里。

建中四年五月，滑州馬生角。

大和九年八月，易定馬飲水，因吐珠一，以獻。

開成元年六月，揚州民明齊家馬生角，長一寸三分。

會昌元年四月，桂州有馬生駒，三足，能隨羣于牧。

咸通三年，郴州馬生角。十一年，沁州綿上及和川牡馬生子，皆死。京房易傳曰：「方伯分威，厥妖牡馬生子。」

乾符二年，河北馬生人。

中和元年九月，長安馬生人。京房易傳曰：「諸侯相伐，厥妖馬生人。」一曰：「人流亡。」二年二月，蘇州嘉興馬生角。

光啓二年夏四月，僖宗在鳳翔，馬尾皆咤蓬如篲。咤，怒象。

文德元年，李克用獻馬二，肘膝皆有鬣，長五寸許，蹄大如七寸甌。

人痾。

武德四年，太原尼志覺死，十日而蘇。

貞觀十九年，衞州人劉道安頭生肉角，隱見不常，因以惑衆，伏誅。角，兵象；肉，不可以觸者。

永徽六年，淄州高苑民吳威妻、嘉州民辛道護妻皆一產四男。凡物反常則爲妖，亦陰氣盛則母道壯也。

顯慶三年，普州有人化爲虎。虎，猛噬而不仁。

儀鳳三年四月，涇州獻二小兒，連心異體。初，鶉觚縣衞士胡萬年妻吳生一男一女，其胸相連，餘各異體，乃析之，則皆死；又產，復然，俱男也，遂育之，至是四歲，以獻于朝。

永隆元年，長安獲女魃，長尺有二寸，其狀怪異。詩曰：「旱魃爲虐，如炎如焚。」是歲秋，不雨，至于明年正月。

永隆二年九月，萬年縣女子劉凝靜衣白衣，從者數人，升太史令廳，問比有何災異。令執之以聞。是夜，彗星見。太史司天文、曆候，王者所以奉若天道、恭授民時者，非女子所當問。

載初中，涪州民范端化爲虎。

神功元年一月庚子，有人走入端門，又入則天門，至通天宮，閽及仗衞不之覺。時來俊臣婢產肉塊如二升器，剖之有赤蟲，須臾化爲蜂，螫人而去。

久視二年正月，成州有大人跡見。

長安中，郴州佐史因病化爲虎，欲食其嫂，擒之，乃人也，雖未全化，而虎毛生矣。

太極元年，狂人段萬謙潛入承天門，登太極殿，升御牀，自稱天子，且言：「我李安國也，人相我年三十二當爲天子。」

開元二十三年四月，冀州獻長人李家寵，八尺有五寸。

大曆十年二月，昭應婦人張產一男二女。

貞元八年正月丁亥，許州人李狗兒持仗上含元殿擊欄檻，伏誅。十年四月，恆州有巨人跡見。十五年正月戊申，狂人劉忠詣銀臺，稱白起令上表，天下有火災。十七年十一月，翰林待詔戴少平死十有六日而蘇。是歲，宣州南陵縣丞李嶷死，已殯三十日而蘇。

元和二年，商州洪崖冶役夫將化爲虎，衆以水沃之，不果化。

長慶四年三月，民徐忠信潛入浴堂門。

寶曆二年十二月，延州人賀文妻一產四男。

大和二年十月，狂人劉德廣入含元殿。

咸通七年，渭州有人生角寸許。占曰：「天下有兵。」十三年四月，太原晉陽民家有嬰兒，兩頭異頸，四手聯足。此天下不一之妖。是歲，民皇甫及年十四，暴長七尺餘，長啜大嚼，三倍如初，歲餘死。

乾符六年秋，蜀郡婦人尹生子首如豕，目在腓下。占曰：「君失道。」

光啓元年，隰州温泉民家有死者，既葬且半月，行人聞聲呼地下，其家發之，則復生，歲餘乃死。二年春，鳳翔郿縣女子未亂化爲丈夫，旬日而死。京房易傳曰：「兹謂陰昌，賤人爲王。」

大順元年六月，資州兵王全義妻如孕，覺物漸下入股，至足大拇，痛甚，坼而生珠如彈丸，漸長大如杯。

天祐二年五月，潁州汝陰民彭文妻一產三男。

疫。

貞觀十年，關內、河東大疫。十五年三月，澤州疫。十六年夏，穀、涇、徐、戴、虢五州疫。十七年夏，潭、濠、廬三州疫。十八年，廬、濠、巴、普、郴五州疫。二十二年，卿州大疫。

永徽六年三月，楚州大疫。

中華書局

永淳元年多，大疫，兩京死者相枕於路。占曰：「國將有恤，則邪亂之氣先被于民，故疫。」
景龍元年夏，自京師至山東、河北疫，死者千數。
寶應元年，江東大疫，死者過半。
貞元六年夏，淮南、浙西、福建道疫。
元和元年夏，浙東大疫，死者太半。
大和六年春，自劍南至浙西大疫。
開成五年夏，福、建、台、明四州疫。
咸通十年，宣、歙、兩浙疫。
大順二年春，淮南疫，死者十三四。

天鳴。
天寶十四載五月，天鳴，聲若雷。占曰：「人君有憂。」
貞元二十一年八月，天鳴，在西北。
中和三年三月，浙西天鳴，聲如轉磨。

無雲而雨。
元和十二年正月乙酉，星見而雨。占曰：「無雲而雨，是謂天泣。」

隕石。
永徽四年八月己亥，隕石于同州馮翊十八，光耀，有聲如雷。近星隕而化也。庶民惟星，自上而隕，民去其上之象。一曰：「人君爲詐妄所蔽則然。」

校勘記

〔一〕潤常潮陳許五州及京畿水　「潮」，衲、十行、汲、局本同，殿本作「朝」，舊書卷三七五行志、會要卷四四均作「湖」。按潤、常、湖三州毗連，同屬江南東道，潮州則屬嶺南道，地望不合，疑「潮」乃「湖」之誤。

〔二〕證聖元年六月……四年四月延州霜殺草　按證聖無四年，必有脫誤。

〔三〕建中四年五月乙巳滑州濮州河清貞元十四年閏五月乙丑滑州河清二十一年夏越州鏡湖竭　「貞元」二字各本原在「二十一年」上。按建中無十四年。查冊府卷二五，滑州河清在貞元十四年閏五月乙丑，「貞元」二字當移至「十四年」上。據改。

新唐書

宋　歐陽修　宋祁　撰

第四冊

卷三七至卷四九（志）

中華書局

唐書卷三十七

志第二十七

地理一

自秦變古，王制亡，始郡縣天下。下更漢、晉，分裂爲南、北。至隋滅陳，天下始合爲一，乃改州爲郡，依漢制置太守，以司隸、刺史相統治，爲郡一百九十，縣一千二百五十五，戶八百九十萬七千五百三十六，口四千六百一萬九千九百五十六。其地：東西九千三百里，南北一萬四千八百一十五里，東、南皆至海，西至且末，北至五原。

唐興，高祖改郡爲州，太守爲刺史，又置都督府以治之。然天下初定，權置州郡頗多。太宗元年，始命併省，又因山川形便，分天下爲十道：一曰關內，二曰河南，三曰河東，四曰河北，五曰山南，六曰隴右，七曰淮南，八曰江南，九曰劍南，十曰嶺南。至十三年定簿，凡州府三百五十八，縣一千五百五十一。明年，平高昌，又增州二，縣六。其後，北殄突厥頡

利，西平高昌，北踰陰山，西抵大漠。其地東極海，西至焉耆，南盡林州南境，北接薛延陀界；東西九千五百一十一里，南北一萬六千九百一十八里。景雲二年，分天下郡縣，置二十四都督府以統之。既而以其權重不便，罷之。開元二十一年，又因十道分山南、江南爲東、西道，增置黔中道及京畿、都畿，置十五採訪使，檢察如漢刺史之職。天寶盜起，中國用兵，而河西、隴右不守，陷于吐蕃，至大中、咸通，始復隴右。乾符以後，天下大亂，至於唐亡。

然舉唐之盛時，開元、天寶之際，東至安東，西至安西，南至日南，北至單于府，蓋南北如漢之盛，東不及而西過之。開元二十八年戶部帳，凡郡府三百二十有八，縣千五百七十三，戶八百四十一萬二千八百七十一，口四千八百一十四萬三千六百九，應受田一千四百四十萬三千八百六十二頃。

考隋、唐地理之廣狹、戶口盈耗與其州縣廢置，其盛衰治亂興亡可以見矣。蓋自古爲天下者，務廣德而不務廣地，德不足矣，地雖廣莫能守也。嗚呼，盛極必衰，雖曰勢使之然，而殆忽驕滿，常因盛大，可不戒哉！

關內道，蓋古雍州之域，漢三輔、北地、安定、上郡及弘農、隴西、五原、西河、雲中之境。京兆、華、同、鳳翔、邠、隴、涇、原、渭、武、寧、慶、鄜、坊、丹、延、靈、威、雄、會、鹽、綏、宥爲鶉首分，麟、豐、勝、銀、夏、單于、安北爲實沈分，商爲鶉火分。爲府二，都護府二，州二十七，縣百三十五。其名山：太白、九嵕、吳、岐、梁、華。其大川：涇、渭、灞、滻。厥賦：絹、綿、布、麻。京兆、同、華、岐調綿，餘州布、麻。開元二十五年，以關輔寡蠶，詔納米粟，其河南、河北非通漕州，皆調絹，以便關中。厥貢：毛、羽、革、角、布、席、弓、刀。

上都，初曰京城，天寶元年曰西京，至德二載曰中京，上元二年復曰西京，肅宗元年曰上都。皇城長千九百一十五步，廣千二百步。宮城在北，長千四百四十步，廣九百六十步，周四千八百六十步，其崇三丈有半。龍朔後，皇帝常居大明宮，乃謂之西內，神龍元年曰太極宮。大明宮在禁苑東南，西接宮城之東北隅，長千八百步，廣千八十步，曰東內，本永安宮，貞觀八年置，九年曰大明宮，以備太上皇清暑，百官獻貲以助役。高宗以風痺，厭西內湫濕，龍朔二年始大興葺，曰蓬萊宮，咸亨元年曰含元宮，長安元年復曰大明宮。興慶宮在皇城東南，距京城之東，開元初置，至十四年又增廣之，謂之南內，二十年，築夾城入芙蓉園。京城前直子午谷，後枕龍首山，左臨灞岸，右抵灃水，其長六千六百六十五步，廣五千五百七十五步，周二萬四千一百二十步，其崇丈有八尺。

京兆府京兆郡，本雍州，開元元年爲府。厥貢：水土稻、麥、麰、紫稈粟、隔紗、粲席、韡鞾、蠟、酸棗人、地骨皮、櫻桃、藕粉。天寶元年領戶三十六萬二千九百二十一，口百九十六萬一百八十八。領縣二十。有府百三十一，曰眞化、匡道、水衡、仲山、新城、竇泉、善信、鳳神、安業、平香、太清、

餘皆逸。萬年，赤。本大興，武德元年更名。二年析置芷陽縣，七年省。總章元年析置明堂縣，長安二年省。天寶七載曰咸寧，至德三載復故名。有南望春宮，臨滻水，西岸有北望春宮，宮東有廣運潭。隴陵在東二十五里，敬陵在東南四十里。長安，赤。總章元年析置乾封縣，長安二年省。有大安宮，本弘義，後更名。南五十里太和谷有太和宮，武德八年置，貞觀十年廢，二十一年復置，曰翠微宮，籠山爲苑，元和中以爲翠微寺。有子午關。天寶二年，尹韓朝宗引渭水入金光門，置潭于西市，以貯材木。大曆元年，尹黎幹自南山開漕渠抵景風、延喜門，入苑以漕炭薪。咸陽，畿。武德元年析涇陽、始平置。有望賢宮。有便橋。有興寧陵，又有順陵，在咸陽原。興平，畿。本始平，景龍二年，中宗送金城公主降吐蕃至此〔一〕，改曰金城，至德二載更名。西十八里有隋仙林宮。雲陽，赤。武德元年析置石門縣，三年以石門、溫秀置泉州。貞觀元年州廢，省溫秀，更石門曰雲陽，雲陽曰池陽。八年省雲陽，更池陽曰雲陽。天授二年以雲陽、涇陽、醴泉、三原置鼎州，大足元年州廢。有堯山、甘泉山，凡禁樵採者著于志。有古鄭、白渠。崇陵在北十五里嵯峨山，貞陵在西北四十里。涇陽，畿。三原，次赤。武德四年曰池陽，六年曰華池，析置三原，隸泉州，貞觀元年省，復華池曰三原。永康陵在北十八里，獻陵在東十八里，莊陵在西北五里，端陵在東十里。渭南，畿。武德元年隸華州，五年還隸雍州。天授二年析渭南、慶山置鴻門縣，以渭南、慶山、鴻門、高陵、櫟陽置鴻州，尋省鴻門，大足元年州廢。西十里有遊龍宮，開元二十五年更置。東十五里有隋崇業宮。昭應，次赤。本新豐，垂拱二年曰慶山，神龍元年復故名。有宮在驪山下，貞觀十八年置，咸亨二年始名溫泉宮。天寶元年更驪山曰會昌山。三載，以縣去宮遠，析新豐、萬年置會昌縣。六載，更溫泉曰華清宮，宮治湯井爲池，環山列宮室，又築羅城，置百司及十宅。七載省新豐，更會昌縣及山曰昭應。東三

十五里有慶山，垂拱二年涌出。有清虛原，本鳳凰，有幽棲谷，本鷄鵠，中宗以韋嗣立所居更名。有旌儒鄉，有廟，故坑儒，玄宗更名。齊陵在東十六里。高陵，畿。武德元年析置鹿苑縣，貞觀元年省。西四十里有龍躍宮，武德六年，高祖以舊第置，德宗以爲脩眞觀。有古白渠，寶曆元年，令劉仁師請更水道，渠成，名曰劉公，堰曰彭城。同官，畿。有女迴山。富平，次赤。有荆山，有鹽池澤。定陵在西北十五里龍泉山，元陵在西北二十五里檀山，豐陵在東三十三里甕金山，章陵在西北二十里，簡陵在西北四十里。藍田，畿。武德二年析置白鹿縣，三年更曰寧民，又析藍田置玉山縣，貞觀元年皆省。有覆車山。有藍田關，故嶢關。有庫谷，谷有關。武德六年，寧民令顏昶引南山水入京城。永淳元年作萬全宮，弘道元年廢。鄠，畿。有渼陂。東南三十里有隋太平宮，西南二十二里有隋甘泉宮。奉天，次赤。文明元年，析醴泉、始平、好時、武功、豳州之永壽置，以奉乾陵，陵在北五里梁山。靖陵在東北十里。乾寧二年以縣置乾州，及覃王出鎮，又以畿內之好時、武功、盩厔、醴泉隸之。好時，畿。故上宜，武德二年析醴泉置好時。貞觀八年廢上宜入岐陽，二十一年省好時、岐陽，復置上宜，更上宜曰好時。有大橫關。武功，畿。武德三年，以武功、好時、盩厔及郿州之郿、鳳泉置稷州，又析始平置扶風縣，四年以岐州之圍川隸之，七年以郿隸岐州。貞觀元年州廢，省扶風，以圍川、鳳泉隸岐州，盩厔、武功隸雍州。天授二年，復以武功、始平、奉天、盩厔、好時置稷州，大足元年州廢。有太一山。南十八里有慶善宮，臨渭水，武德元年，高祖以舊第置宮，後廢爲慈德寺。西原，隋帝所葬。醴泉，次赤。武德元年析置溫秀縣，後省醴泉。貞觀十年營昭陵，析雲陽、咸陽復置。有芳山，有九嵕山。昭陵在西北六十里九嵕山。建陵在東北十八里武將山，一名馮山。華原，畿。義寧二年以華原、宜君、同官置宜君郡，幷置土門縣以隸之。武德元年曰宜州，貞觀十七年州廢，省

宜君、土門，以華原、同官隸雍州。垂拱二年更華原曰永安。天授二年復以永安、同官、富平、美原置宜州，大足元年州廢。有永安宮，長安二年置。神龍元年復永安曰華原。有薔薇園官。天祐三年，李茂貞墨制以縣置耀州。美原。畿。咸亨二年，析富平、華原及同州之蒲城，以故土門縣置。天祐三年，李茂貞墨制以縣置鼎州。

華州華陰郡，上輔。義寧元年析京兆郡之鄭、華陰置，垂拱二年避武氏諱曰太州，神龍元年復故名，上元二年又更名太州，寶應元年復故名，乾寧四年曰興德府。縣次畿、赤。光化三年復爲州。土貢：鷂、烏鵲、伏苓、伏神、細辛。戶三萬三千一百八十七，口二十二萬三千六百一十三。縣四。有府二十，曰普樂、豐原、義全、淸義、萬福、脩仁、神水、常興、義津、定城、延壽、羅文、鄭邑、宣義、相原、孝德、溫湯、宣化、懷德、懷仁。有鎭國軍，肅宗上元元年置。鄭，望。有少華山。東北三里有神臺宮，本隋普德宮，咸亨二年更名。西南二十三里有利俗渠，引喬谷水，東南十五里有羅文渠，引小敷谷水，支分溉田，皆開元四年詔陝州刺史姜師度疏故渠，又立隄以捍水害。華陰，望。垂拱元年更名仙掌。天授二年析置潼津縣，在關口，後隸虢州，聖曆二年來屬，長安中省。神龍元年復曰華陰，上元二年曰太陰，華山曰太山，寶應元年復故名。有岳祠。有潼關，有渭津關。有漕渠，自苑西引渭水，因古渠會灞、滻〔二〕，經廣運潭至縣入渭，天寶三載韋堅開。又有永豐倉，有臨渭倉。西十八里有瓊岳宮，故隋華陰宮，顯慶三年更名。東十三里有隋金城宮，武德三年廢，顯慶三年復置。西二十四里有敷水渠，開元二年，姜師度鑿，以洩水害，五年，刺史樊忱復鑿之，使通渭漕。下邽，望。本隸同州，垂拱元年來屬。東南二十里有金氏二陂，武德二年引白渠灌之，以置監屯。櫟陽。本畿。故萬年，隸雍州。武德元年更名，又析置平陵縣，二年更平陵曰粟邑，貞觀八年省。有煮鹽澤。天祐三年來屬。

同州馮翊郡，上輔。武德元年更諸郡爲州，其沒于賊者，事平乃更。天寶三載以州爲郡〔二〕，乾元元年復以郡爲州。凡州、郡、縣無所更置者皆承隋舊。土貢：韡鞹二物、皺紋吉莫、麝、芑莢、龍莎、凝水石。戶六萬九百二十八，口四十萬八千七百五。縣八。有府二十六，曰濟北、唐安、秦城、太州、大亭、河東、興德、連邑、伏龍、溫湯、安遠、業善、南鄉、臨高、漢陽、襄城、崇道、淅谷、吉安、長春、華池、永大、洪泉、普福、司禦、效誠。馮翊，望。武德九年析置臨沮縣，貞觀九年省。有沙苑。南三十二里有興德宮，在志武里，高祖將趨長安所次。朝邑，望。有長春宮。武德三年析置河濱縣，貞觀元年省。北四里有通靈陂，開元七年，刺史姜師度引洛堰河以溉田百餘頃。乾元三年曰河西，隸河中府，大曆五年復曰朝邑，還隸同州。有河瀆祠、西海祠。小池有鹽。韓城，上。武德八年徙置西韓州，貞觀八年州廢，以韓城、河西、郃陽來屬，天祐二年更名韓原。有鐵。有梁山。有龍門山，有關。武德七年，治中雲得臣自龍門引河溉田六千餘頃。郃陽，望。有陽班湫，貞元四年堰湾谷水成。夏陽，本河西，武德三年析郃陽置，又以河西、郃陽、韓城置西韓州。乾元三年更河西曰夏陽，隸河中，後復來屬。白水，望。澄城，望。武德三年析置長寧縣，貞觀八年省。奉先。本次赤。故蒲城，開元四年更名，隸京兆府。橋陵在西北三十里豐山，泰陵在東北二十里金粟山，景陵在西北二十里金熾山，光陵在北十五里堯山，惠陵在西北十里。有鹵池二，大中二年，其一生鹽。天祐三年來屬。

商州上洛郡，望。土貢：麝香、弓材。有洛源監錢官。貞元七年，刺史李西華自藍田至

內鄉開新道七百餘里，迴山取塗，人不病涉，謂之偏路，行旅便之。戶八千九百二十六，口五萬三千八十。縣六。有府二，曰洵水、玉京。有興平軍，初在鄠縣東原，至德中徙。上洛，緊。有熊耳山。豐陽，上。洛南，上。有金，有銅，有鐵。商洛，望。東有武關。上津，上。義寧二年以上津、豐利、黃土置上津郡，幷置長利縣。武德元年曰上州。貞觀元年省長利。八年州廢，以黃土隸金州，豐利隸均州，上津來屬。乾元。中下。本安業，萬歲通天元年析豐陽置，景龍三年隸雍州，景雲元年來屬，乾元元年更名，隸京兆，尋復還屬。

鳳翔府扶風郡，赤上輔。本岐州，至德元載更郡曰鳳翔，二載復郡故名，號西京，爲府。上元二年罷京，元年曰西都，未幾復罷都。土貢：榛實、龍鬚席、蠟燭。戶五萬八千四百八十六，口三十八萬四百六十三。縣九。有府十三，曰岐山、雍北、道淸、洛邑、留谷、岐陽、文城、郊邑、三交、鳳泉、望苑、邵吉、山泉。天興，次赤。本雍，至德二載曰鳳翔，仍析置天興縣，寶應元年省鳳翔入天興。岐山，次畿。貞觀七年，析扶風、岐山及京兆之上宜置岐陽縣，八年省上宜入岐山，永徽五年復置，元和三年省〔四〕。有岐山。扶風，次畿。本湋川，武德三年析岐山置，以湋水名之，貞觀八年更名。麟遊，次畿。義寧元年置，以麟遊及京兆之上宜、扶風郡之普潤置鳳棲郡。二年以仁壽宮中獲白麟，更郡曰麟遊，又以安定郡之鶉觚幷析置靈臺縣隸之。武德元年曰麟州。貞觀元年州廢，省靈臺入麟遊，以麟遊、普潤來屬，上宜還隸雍州，鶉觚還隸涇州。西五里有九成宮，本隋仁壽宮，義寧元年廢，貞觀五年復置，更名，永徽二年曰萬年宮，乾封二年復曰九成宮，周垣千八百步，幷置禁苑及府庫官寺等。又西三十里有永安宮，貞觀八年置。普潤，次畿。有隴右軍，貞元十年置，十一年以縣隸隴右經略使，元和元年更名保義軍。

寶雞，次畿。本陳倉，至德二載更名。東有渠引渭水入昇原渠，通長安故城，咸通三年開〔五〕。西南有大散關。有寶雞山。虢，次畿。貞觀八年省入岐山，天授二年復置。東北十里有高泉渠，如意元年開，引水入縣城。又西北有昇原渠，引汧水至咸陽，垂拱初運岐、隴水入京城。郿，次畿。義寧二年置郿城郡，又析置鳳泉縣。武德元年曰郇州，以鳳泉來屬，三年州廢，以郿隸稷州，七年來屬。貞觀八年省鳳泉。大曆五年權隸京兆。有太白山，有鳳泉湯。盩厔。本畿，隸雍州。武德二年析置終南縣，貞觀八年省，天寶元年更名宜壽，至德二載復故名，乾寧中隸乾州，天復元年來屬。有駱谷關，武德七年置。有司竹園。東南三十二里有隋宜壽宮。有樓觀、老子祠。

邠州新平郡，緊。義寧二年析北地郡之新平、三水置。邠，故作「豳」，開元十三年以字類「幽」改。土貢：剪刀、火筯、蓽豆、澡豆、白蜜、地膽。戶二萬二千九百七十七，口十二萬五千二百五十。縣四。有府十，曰嘉陽、宜祿、公劉、良社、胡陵、蟒川、萬敵、金池、舜城、宜山。新平，望。有永定壘二，太宗討薛舉置。三水，緊。有石門山。北二十里有萬壽湫，大曆八年因風雷而成。永壽，上。武德二年析新平置，神龍元年隸雍州，唐隆元年來屬。宜祿。中。貞觀二年析新平及涇州之保定、靈臺置。有淺水原，有長武城。

右京畿採訪使，治京城內。

隴州汧陽郡，上。本隴東郡，義寧二年，析扶風郡之汧源、汧陽、南由，安定郡之華亭置。天寶元年更郡曰汧陽。土貢：榛實、龍鬚席。戶二萬四千六百五十二，口十萬一百四十八。

縣三。有府四，曰大堆、龍盤、開川、臨汧。汧源，上。垂拱二年更華亭曰亭川，神龍元年復故名，元和三年省入汧源。西有安戎關，在隴山，本大震關，大中六年，防禦使薛逵徙築，更名。有鐵。有五節堰，引隴川水通漕，武德八年，水部郎中姜行本開，後廢。華亭有義寧軍，大曆八年置。貞元十三年築永信城于平戎川。汧陽，上。有臨汧城，大和元年築。吳山。中。本長蛇，義寧二年置，貞觀元年更名，上元二年曰華山，尋復曰吳山。武德元年以南由縣置含州，四年州廢，元和三年省入焉。有西鎮吳山祠，有紫塠山。西有安夷關。

涇州保定郡，上。本安定郡，至德元載更名。土貢：龍鬚席。戶三萬一千三百六十五，口十八萬六千八百四十九。縣五。有府六，曰涇陽、四門、興教、純德、肅清、仁賢。保定，上。本安定，至德元載更名，廣德元年沒吐蕃，大曆三年復置。有折墌故城。靈臺，上。本鶉觚，天寶元年更名。臨涇，中。良原，上。興元二年沒吐蕃，貞元四年復置。潘原。中。本陰盤，天寶元年更名，後省為彰信堡，貞元十一年復置。

原州平涼郡，中都督府，望。廣德元年沒吐蕃，節度使馬璘表置行原州於靈臺之百里城。貞元十九年徙治平涼。元和三年又徙治臨涇。大中三年收復關、隴，歸治平高。廣明後復沒吐蕃，又僑治臨涇。土貢：氈、覆鞍氈、龍鬚席。戶七千三百四十九，口三萬三千一百四十六。縣二。有府二，曰彭陽、安善。平高，望。有崆峒山。西南有木峽關。州境又有石門、驛藏、制勝、石峽、木靖等關，幷木峽、六盤為七關。又南有瓦亭故關。百泉。上。

渭州，元和四年以原州之平涼縣置行渭州，廣明元年為吐蕃所破，中和四年，涇原節度使張鈞表置。凡乾元後所置州，皆無郡名；及其季世，所置州縣，又不列上、中、下之第。縣一。平涼。上。廣德元年沒吐蕃，貞元四年復置。及為行渭州，其民皆州自領之。西南隴山有六盤關。有銀，有銅，有鐵。西北五里有吐蕃會盟壇，貞元三年築。

武州，中。大中五年以原州之蕭關置。中和四年僑治潘原。縣一。蕭關。中。貞觀六年以突厥降戶置緣州，治平高之他樓城。高宗置他樓縣，隸原州，神龍元年省，更置蕭關縣。白草軍在蔚茹水之西，至德後沒吐蕃。

寧州彭原郡，望。本北地郡，天寶元年更名。土貢：五色覆鞍氈、龍鬚席、芫青、亭長、菴䕡、假蘇。戶三萬七千一百二十一，口二十二萬四千八百三十七。縣五。有府十一，曰彭池、高望、靜難、麟寶、天固、蒲川、東原、三會、大延、和泉、永寧。定安，望。義寧二年析置歸義縣，十七年省入定平〔六〕。有定安故關。真寧，緊。本羅川。有要册湫。天寶元年獲玉真人像二十七，因更名。襄樂，緊。彭原，緊。武德元年以縣置彭州，二年析置豐義縣。貞觀元年州廢，以彭原、豐義來屬。開元八年以豐義隸涇州，尋復還屬，唐末省。定平。上。武德二年析定安置，後隸邠州。元和三年復來屬，四年隸左神策軍。有高摭城。唐末以縣置衍州。

慶州順化郡，中都督府。本弘化郡，天寶元年曰安化，至德元載更名。土貢：胡女布、牛酥、麝、蠟。戶二萬三千九百四十九，口十二萬四千二百三十六。縣十。有府八，曰龍息、交水、同川、永清、蟠交、永業、樂蟠、永安。順化，中。本弘化，天寶元年曰安化，至德元載更名。合水，中。本合川，武

德元年置，是年，又析置蟠交縣。貞觀元年省合川入弘化。天寶元年更蟠交曰合水。樂蟠，中。義寧元年析合水置。馬嶺，中。華池，下。武德四年置，以縣置林州，貞觀元年州廢。同川，中下。本三泉，義寧二年析彭原郡之彭原置，武德三年更名。洛源，中。貞觀三年置，四年隸北永州，五年徙州來治，八年州廢，來屬。延慶，中。本白馬，武德六年徙故豐州民析合水置，天寶元年更名。方渠，中下。神龍三年析馬嶺置。懷安。下。開元十一年括逃戶連党項蕃落置。

鄜州洛交郡，上。本上郡，天寶元年更名。土貢：龍鬚席。戶二萬三千四百八十四，口十五萬三千七百一十四。縣五。有府十一，曰洛昌、龍交、蓴川、五交、大同、安光、洛安、銀方、杏林、脩武、安吉。有肅戎軍，大曆六年置，在鄜城。洛交，緊。洛川，上。三川，中。華池水、黑水、洛水所會。直羅，中。武德三年析三川、洛交因古直羅城置，羅水過城下，地平直，故名。甘泉。中。本伏陸，武德元年析洛交置，天寶元年更名。

坊州中部郡，上。武德二年析鄜州之中部、鄜城置。土貢：龍鬚席、枲、弦麻。戶二萬二千四百五十八，口十二萬二百八。縣四。有府五，曰杏城、仁里、思臣、永平、安臺。中部，上。本內部，武德二年更名。周天和中，元皇帝為敷州刺史，置馬坊，高祖因以名州。有鐵。州郭無水，東北七里有上善泉，開成二年，刺史張怡架水入城，以紓遠汲。四年，刺史崔駢復增修之，民獲其利。後思之，為立祠。宜君，上。本隸宜州。有仁智宮，武德七年置。貞觀十七年州廢，縣亦省。二十年置玉華宮，復置縣，隸雍州。宮在北四里鳳凰谷。永徽二年廢宮為玉華寺，縣又省。龍朔三年析中部、同官復置，來屬。有鐵。昇平，上。天寶十二載析宜君置，寶應元年省，後復置。鄜

城。上。唐末以縣置翟州。

丹州咸寧郡，上。本丹陽郡，義寧元年析延安郡之義川、汾川、咸寧縣置，天寶元年更名。土貢：龍鬚席、麝、蠟燭。戶萬五千一百五，口八萬七千六百二十五。縣四。有府五，曰宜城、通天、同化、丹陽、長松。義川，上。雲巖，中。武德元年析義川置。汾川，上。有烏仁關。咸寧。中。

延州延安郡，中都督府。土貢：樺皮、麝、蠟。戶萬八千九百五十四，口十萬四十。縣十。有府七，敦化、延川、寧戎、因城、塞門、延安、金明。又儀鳳中，吐谷渾部落自涼州內附，置二府于金明西境，曰羌部落，曰閤門。膚施，上。有牢山鎮城。延長，中。本延安，武德二年置，以縣置北連州，并置義鄉、齊明二縣以隸之。貞觀二年州廢，省義鄉、齊明入延安，來屬。廣德二年更名。臨真，中。武德元年隸東夏州，貞觀二年州廢來屬。金明，中。武德二年析膚施置，以縣置北武州，并置開遠、全義、崇德、永安、定義五縣。貞觀二年州廢，省開遠、全義、崇德、永安、定義入金明，來屬。豐林，中。武德四年僑置雲州及雲中、榆林、龍泉三縣，八年州廢，省龍泉入臨真，省雲中、榆林入豐林。東北有合嶺關。延川，中。武德二年招慰稽胡置基州；又安撫使段德操表置義門縣，以義門置南平州。三年析綏州之城平置魏平縣。四年廢南平州，省義門、魏平。五年更基州曰北基州。貞觀八年州廢，來屬。敷政，中下。本因城，武德二年徙治金城鎮，更名金城；又東境置永州，并置洛盤、新昌、土塠三縣。貞觀四年徙州治洛源。及州廢，省洛盤、新昌、土塠入金城。天寶元年曰敷政。延昌，武德二年置北仁州，貞觀三年州廢，十年以其地置罷交縣，天寶元年更名。其北蘆子關。延水，中下。本安民，武德二年析延川置，以縣置西和州，并置修文、桑原二縣。貞觀二年州

廢，省修文、桑原入安民，隸北基州。州廢，來屬。二十三年曰弘風，神龍元年更名。門山。上。武德三年析汾川置，隸丹州，廣德二年來屬。

靈州靈武郡，大都督府。土貢：紅藍、甘草、花蓯蓉、代赭、白膠、青蟲、鵰、鶻、白羽、麝、野馬、鹿革、野豬黃、吉莫韡、鞹、氈、庫利、赤檉、馬策、印鹽、黃牛臆。戶萬一千四百五十六，口五萬三千一百六十三。縣四。有府五，曰武略、河閒、靜城、鳴沙、萬春。有朔方經略軍〔七〕。黃河外有豐安、定遠、新昌等軍，豐寧、保寧等城。迴樂，望。武德四年析置豐安縣。貞觀四年於迴樂境置迴州，以豐安隸迴州。十三年州廢，省豐安。有溫泉鹽池。有特進渠，溉田六百頃，長慶四年詔開。靈武，上。懷遠，緊。武德六年廢豐州，省九原、永豐二縣入焉，隋九原郡也。有鹽池三：曰紅桃、武平、河池。保靜。上。本弘靜，神龍元年曰安靜，至德元載更名。

威州郡闕。中。本安樂州。初，吐谷渾部落自涼州徙于鄯州，不安其居，又徙于靈州之境，咸亨三年以靈州之故鳴沙縣地置州以居之。至德後沒吐蕃。大中三年收復，更名。光啓三年徙治涼州鎮爲行州。縣二。鳴沙，上。武德二年置會州，貞觀六年州廢，更置環州〔八〕，以大河環曲爲名。九年州廢，還隸靈州。神龍中爲默啜所寇，移治故豐安城。咸亨三年復得故縣〔九〕。溫池。上。本隸靈州，神龍元年置，大中四年來屬。有鹽池。

雄州，在靈州西南百八十里。中和元年徙治承天堡爲行州。

警州，本定遠城，在靈州東北二百里，先天二年，朔方大總管郭元振置。其後爲上縣，隸靈州。景福元年，靈威節度使韓遵表爲州〔一〇〕。羊馬城幅員十四里，信安王禕所築。

會州會寧郡，上。本西會州，武德二年以平涼郡之會寧鎮置。貞觀八年以足食故更名粟州，是年又更名。土貢：駝毛褐、野馬革、覆鞍氈、鹿舌、鹿尾。戶四千五百九十四，口二萬六千六百六十。縣二。有新泉軍，開元五年廢爲守捉。會寧，上。本涼川，武德二年更名。開元四年別置涼川縣，九年省。有黃河堰，開元七年，刺史安敬忠築，以捍河流。有河池，因雨生鹽。東南有會寧關。烏蘭。上。武德九年置。西南有烏蘭關。

鹽州五原郡，下都督府。本鹽川郡。唐初沒梁師都。武德元年僑治靈州。貞觀元年州省，以縣隸靈州，二年，師都平，復置州。天寶元年更郡曰五原。貞元三年沒吐蕃，九年復城之。土貢：鹽山、木瓜、羖牛。戶二千九百二十九，口萬六千六百六十五。縣二。有府一，曰鹽川。有保塞軍，貞元十九年置。五原，上。有烏池、白池、細項池、瓦窰池鹽〔一一〕。白池。上。本興寧，貞觀元年與州同省，二年復置。景龍三年更名。

夏州朔方郡，中都督府。土貢：氈、角弓、酥、拒霜薺。戶九千二百一十三，口五萬三千一十四。縣三。有府二，曰寧朔、順化。朔方，上。本巖綠，貞觀三年更名。貞元七年開延化渠，引烏水入庫狄澤，溉田二百頃。有鹽池二。有天柱軍，天寶十四載置，寶應元年廢。長慶四年，節度使李祐築烏延、宥州、臨塞、陰河、陶子等城于蘆子關北，以護塞外。有木瓜嶺。德靜，中下。貞觀七年隸北開州，八年曰化州，十三年州廢。寧朔。中下。武德六年置南夏州。貞觀二年州廢，縣省入朔方，五年復置〔一二〕，來屬。長安二年省。開元四年又置，九年省，其後又置。

綏州上郡，下。本雕陰郡地。唐初沒梁師都。武德三年以歸民於延州豐林縣僑置，六年徙治延川境，七年徙治魏平。貞觀二年，師都平，歸治上縣。天寶元年更郡名。土貢：胡女布、蠟燭。戶萬八百六十七，口八萬九千一百一十二。縣五。有府四，曰伏洛、義合、萬古、大斌。龍泉，中。本上縣，天寶元年更名。延福，中下。武德六年析置北吉州，并置歸義、洛陽二縣；又析置羅州，并置石羅、開善、萬福三縣；又析置匡州，并置安定、源泉二縣。貞觀二年州、縣皆廢。綏德，中下。武德二年置。六年析置雲州，并置信義、淳義二縣；又析置龍州，并置風鄉、義良二縣。貞觀二年州、縣皆廢。城平，中下。武德三年置魏州，并置安故、安泉二縣。貞觀二年州廢，省安故、安泉。西南有魏平關。大斌。中下。武德七年徙治魏平城，取「稽胡懷化，文武雜半」以名。

銀州銀川郡，下。貞觀二年析綏州之儒林、真鄉置。土貢：女稽布。戶七千六百二，口四萬五千五百二十七。縣四。儒林，中。東北有無定河。真鄉，中下。西北有茹盧水。開光，中。本隸綏州，貞觀二年置，八年隸柘州，十三年州廢，來屬。撫寧。中下。本隸綏州，貞觀八年來屬。

宥州寧朔郡，上。調露元年，於靈、夏南境以降突厥置魯州、麗州、含州、塞州、依州、契

州，以唐人爲刺史，謂之六胡州。長安四年併爲匡、長二州。神龍三年置蘭池都督府，分六州爲縣。開元十年復置魯州、麗州、契州、塞州。十年平康待賓，遷其人於河南及江、淮。十八年復置匡、長二州。二十六年還所遷胡戶置宥州及延恩等縣，其後僑治經略軍。至德二載更郡曰懷德。乾元元年復故名。寶應後廢。元和九年於經略軍復置，距故州東北三百里。十五年徙治長澤，爲吐蕃所破。長慶四年，節度使李祐復奏置。土貢：氈。戶七千八十三，口三萬二千六百五十二。縣二。延恩，中。開元二十六年以故匡州地置；又以故塞門縣地置懷德縣，以故蘭州之長泉縣地置歸仁縣〔二三〕。寶應後皆省。元和九年復置延恩。有經略軍，在榆多勒城，天寶中王忠嗣奏置。長澤。中下。本隸夏州，貞觀七年置長州，十三年州廢，隸夏州，元和十五年來屬。有胡洛鹽池。

麟州新秦郡，下都督府。開元十二年析勝州之連谷、銀城置，十四年廢，天寶元年復置。土貢：青他鹿角。戶二千四百二十八，口萬九百三。縣三。新秦，中。開元二年置，七年又置鐵麟縣，十四年州廢，皆省。天寶元年復置新秦。連谷，中下。貞觀八年以隋連谷戍置。銀城。中下。貞觀二年置，四年隸銀州，八年隸勝州。

勝州榆林郡，下都督府。武德中沒梁師都。師都平，復置。土貢：胡布、青他鹿角、芍藥、徐長卿。戶四千一百八十七，口二萬九百五十二。縣二。有義勇軍。榆林，中下。有隋故榆林宮。東有榆林關，貞觀十三年置。河濱。中下。貞觀三年置，以縣置雲州，四年曰威州，八年州廢，來屬。東北有河濱關，

貞觀七年置。

豐州九原郡，下都督府。貞觀四年以降突厥戶置，不領縣。十一年州廢，地入靈州。二十三年復置。土貢：白麥、印鹽、野馬胯革、駝毛褐、氈。戶二千八百一十三，口九千六百四十一。縣二。九原，中下。永徽四年置。有陵陽渠，建中三年浚之以溉田，置屯，尋弃之。有咸應、永清二渠，貞元中，刺史李景略開，溉田數百頃。永豐。中下。永徽元年置。麟德元年別置豐安縣，天寶末省。東受降城，景雲三年，朔方軍總管張仁愿築三受降城。寶曆元年，振武節度使張惟清以東城濱河，徙置綏遠烽南。中受降城，有拂雲堆祠。接靈州境有關，元和九年置。又有橫塞軍，本可敦城，天寶八載置，十二載廢。西二百里大同川有天德軍，大同川之西有天安軍，皆天寶十二載置。天德軍，乾元後徙屯永濟柵，故大同城也。元和九年，宰相李吉甫奏脩復舊城。北有安樂戍。西受降城。開元初爲河所圮，十年，總管張說於城東別置新城。北三百里有鸊鵜泉。

單于大都護府，本雲中都護府，龍朔三年置，麟德元年更名。土貢：胡女布、野馬胯革。戶二千一百五十五，口六千八百七十七。縣一。金河。中。天寶四年置。本後魏道武所都。有雲伽關，後廢，大和四年復置。

安北大都護府，本燕然都護府。龍朔三年曰瀚海都督府。總章二年更名。開元二年治中受降城，十年徙治豐、勝二州之境，十二年徙治天德軍。土貢：野馬胯革。戶二千六，口七千四百九十八。縣二。陰山，上。天寶元年置。通濟。上。

鎮北大都護府〔二四〕。土貢：犛牛尾。縣二。大同，上。長寧。上。

右關內採訪使，以京官領。

校勘記

〔一〕景龍二年中宗送金城公主降吐蕃至此　「二年」，元和郡縣圖志（下簡稱元和志）卷二同。本書卷四中宗紀、舊書卷七中宗紀、卷三八地理志、卷一九六上吐蕃傳及唐會要卷六均作「四年」，應以「四年」爲是。

〔二〕因古渠會灞滻　「古」，各本原作「石」，據元和志卷二、寰宇記卷二九及本書卷一三四韋堅傳改。

〔三〕天寶三載以州爲郡　據本書卷五及舊書卷九玄宗紀、通鑑卷二一五、文獻通考（下簡稱通考）卷三一五記載，改州爲郡爲天寶元年。

〔四〕貞觀七年析扶風岐山及京兆之上宜置岐陽縣八年省上宜入岐山永徽五年復置元和三年省　據上文京兆府好時條：「（貞觀）二十一年省好時、岐陽。」唐會要卷七〇：「岐陽縣，貞觀七年割扶風、岐山并京兆上宜縣置焉，二十一年廢，永徽五年十二月又置，元和三年三月併入岐山、扶風縣。」疑「永徽五年復置」上脫「二十一年廢」五字。又「八年省上宜入岐山」，本卷上文京兆府好時下作「貞觀八年廢上宜入岐陽」。

〔五〕咸通三年開　「咸通」，元和志卷二、冊府卷四九七均作「咸亨」。按元和志成書在咸通前，當以「咸亨」爲是。

〔六〕義寧二年析置歸義縣十七年省入定平　據舊書卷三八地理志、寰宇記卷三四載，歸義縣省於貞觀十七年。此處「十七年」上脫「貞觀」二字。

〔七〕有朔方經略軍　各本「朔方」下原有「軍」字。查舊書卷三八地理志、通典卷一七二、元和志卷四，朔方節度使所統軍府無「朔方軍」。又按本書卷五〇兵志，關內道有軍九，朔方經略軍爲其一。考異卷四四云：「當云朔方經略軍，多一『軍』字。」據刪。

〔八〕鳴沙上武德二年置會州貞觀六年州廢更置環州　通典卷一七三、元和志卷四、寰宇記卷三六並謂：北周保定二年於鳴沙縣置會州，隋開皇時於此置環州，大業三年罷環州，唐貞觀六年復置。

〔九〕神龍中爲默啜所寇移治故豐安城咸亨三年復得故縣　突厥集史卷九考證云：「按神龍後無咸亨。志上文有云：『咸亨三年，以靈州之故鳴沙縣地置州以居之，至德後沒吐蕃，大中三年收復，更名。』是復得故縣乃大中三年，涉上文『咸亨三年』而誤作『咸亨』也。」

〔一〇〕靈威節度使韓遵表爲州　考異卷四四據本書卷二一七下回鶻傳及舊五代史卷一三二韓遜傳，謂「遵」當作「遜」。

〔一一〕有烏池白池細項池瓦窰池　各本「瓦窰池」上原有「四」字，據元和志卷四、寰宇記卷三七刪。

〔三二〕寧朔 中下 武德六年置南夏州，貞觀二年州廢，縣省入朔方，五年復置　按舊書卷三八地理志云：朔方，「永徽五年分置寧朔縣」。此處「五年」上疑脫「永徽」二字。

〔三三〕蘭州　舊書卷三八地理志作「蘭池州」。

〔三四〕鎮北大都護府　上文關內道總敍謂有「都護府二」，卷末則列單于、安北、鎮北三都護府。考本書卷四〇地理志，安西大都護府「至德元載更名鎮西，後復爲安西」；又卷四三上地理志云：安南中都護府，「至德二載曰鎮南都護府，大曆三載復爲安南」。依此類推，「鎮北」當係「安北」之更名，非別爲一府，今三府並列，蓋誤。

唐書卷三十八

志第二十八

地理二

河南道，蓋古豫、兗、青、徐之域，漢河南、弘農、潁川、汝南、陳留、沛、泰山、濟陰、濟南、東萊、齊、山陽、東海、琅邪、北海、千乘、東郡，及梁、楚、魯、東平、城陽、淮陽、菑川、高密、泗水等國，暨平原、渤海、九江之境。洛、陝負河而北，爲實沈分；負河而南，虢、汝、許及新鄭之地，爲鶉火分；鄭、汴、陳、蔡、潁爲壽星分；宋、亳、徐、宿、鄆、曹、濮爲大火分；兗、海、沂、泗爲降婁分；青、淄、密、登、萊、齊、棣爲玄枵分；滑爲娵訾分；濠爲星紀分。爲府一，州二十九，縣百九十六。其名山：三崤、少室、砥柱、蒙、嶧、嵩高、泰岳。其大川：伊、洛、汝、潁、沂、泗、淮、濟。厥賦：絹、絁、綿、布。厥貢：絲布、葛、席、埏埴盎缶。

東都，隋置，武德四年廢。貞觀六年號洛陽宮，顯慶二年曰東都，光宅元年曰神都，神

龍元年復曰東都，天寶元年曰東京，上元二年罷京，肅宗元年復爲東都。皇城長千八百一十七步，廣千三百七十八步，周四千九百三十步，其崇三丈七尺，曲折以象南宮垣，名曰太微城。宮城在皇城北，長千六百二十步，廣八百有五步，周四千九百二十一步，其崇四丈八尺，以象北辰藩衞，曰紫微城，武后號太初宮。上陽宮在禁苑之東，東接皇城之西南隅，上元中置，高宗之季常居以聽政。都城前直伊闕，後據邙山，左瀍右澗，洛水貫其中，以象河漢。東西五千六百一十步，南北五千四百七十步，西連苑，北自東城而東二千五百四十步，周二萬五千五十步，其崇丈有八尺，武后號曰金城。

河南府河南郡，本洛州，開元元年爲府。土貢：文綾、繒、縠、絲葛、埏埴盎缶、苟杞、黃精、美果華、酸棗。戶十九萬四千七百四十六，口百一十八萬三千九百七十二。縣二十。有府三十九，曰武定、復梁、康城、柏林、巖邑、陽樊、王陽、永嘉、邵南、慕善、政教、鞏洛、伊陽、懷音、軹城、洛汭、郟鄏、伊川、洛泉、通谷、纈源、宜陽、金谷、王屋、成皐、夏邑、原邑、原城、鵠臺、函谷、千秋、同軌、餞濟、溫城、具茨、寶圖、鈞臺、承雲、軒轅〔一〕。河南，赤。垂拱四年析河南、洛陽置永昌縣。永昌元年更河南曰合宮。長安二年省永昌。神龍元年復曰河南，二年又曰合宮，唐隆元年復故名。有洛漕新潭，大足元年開，以置租船。龍門山東抵天津，有伊水石堰，天寶十載，尹裴迥置。有瀍水，避武宗名曰吉水，宣宗立，復故名。洛陽，赤。天授三年析洛陽、永昌置來庭縣，長安二年省。神龍二年更洛陽曰永昌，唐隆元年復故名。偃師，畿。天寶七載，尹韋濟以北坡道迂，自縣東山下開新道通孝義橋。西北有故富平津、河陽故關。鞏，畿。有洛口倉。緱氏，次赤。貞觀十八年省，上元二年復置。有恭陵，有和陵，在太平山，

本[illegible]來山，天祐元年更名。東南有轘轅故關。陽城，畿。武德四年，王世充僞令王雄來降，以陽城、嵩陽、陽翟置嵩州，又析三縣地置康城縣〔二〕。貞觀三年州廢，省康城。萬歲登封元年將封嵩山，改陽城曰告成。神龍元年復故名，二年復爲告成。天祐二年更名陽邑。有測景臺，開元十一年，詔太史監南宮說刻石表焉。登封，畿。本嵩陽，貞觀十七年省入陽城。永淳元年營奉天宮，分陽城、緱氏復置，二年省。光宅元年復置。萬歲登封元年更名，神龍元年曰嵩陽，二年復曰登封。嵩山有中岳祠，有少室山；有三陽宮，聖曆三年置。陸渾，畿。有鳴皐山。有漢故關。伊闕，畿。北有伊闕故關。有陸渾山，一名方山。新安，畿。義寧二年以縣置新安郡。武德元年曰穀州，以熊州之澠池隸之，并析置東垣縣。四年省東垣。貞觀元年來屬。有長石山。澠池，畿。貞觀元年徙穀州來治。西五里有紫桂宮，儀鳳二年置，調露二年曰避暑宮，永淳元年曰芳桂宮，弘道元年廢。福昌，畿。本宜陽。義寧二年以宜陽、澠池、永寧置宜陽郡，武德元年曰熊州。二年更宜陽曰福昌，因隋宮爲名。四年以洛州之壽安隸之。貞觀元年州廢，以福昌、永寧二縣隸穀州。六年徙穀州來治。八年以虢州之長水隸之。顯慶二年州廢，以福昌、永寧、長水來屬。西十七里有蘭昌宮；有故隋福昌宮，顯慶三年復置。有女几山。長水，畿。本長淵，隸弘農郡，義寧元年更名。武德元年隸虢州，貞觀八年隸穀州，顯慶二年來屬。有錫。西有高門關、松陽故關、鵜鶘故關。永寧，畿。本熊耳，義寧二年更名，隸宜陽郡。武德三年以永寧、崤置函州。八年州廢，以永寧隸熊州，崤隸陝州。西五里有崎岫宮，西三十三里有蘭峯宮，皆顯慶三年置。壽安，畿。初隸穀州，貞觀七年來屬。西二十九里有連昌宮，顯慶三年置。西南四十里萬安山有興泰宮，長安四年置，并析置興泰縣，神龍元年省。有錦屏山，武后所名。密，畿。武德三年以縣置密州，并置嵩水、洧源二縣。四年州廢，省嵩水、洧源，以

密隸鄭州。龍朔二年來屬。有羽山。河淸，畿。本大基，武德二年置，隸懷州，八年省。咸亨四年析河南、洛陽、新安、王屋、濟源、河陽復置，并置柏崖縣，尋省柏崖。先天元年更名。會昌三年隸孟州，尋還屬，後廢。咸通中復置。有柏崖倉。潁陽，畿。本武林，載初元年析河南、伊闕、嵩陽置。開元十五年更名。西北有大谷故關。倚箔山有鍾乳，貞觀七年采。伊陽，畿。先天元年析陸渾置。有太和山。有銀、銅、錫。伊水有金。王屋，畿。武德元年更名邵伯，隸邵州。貞觀元年州廢，隸懷州。顯慶二年復故名，來屬。有王屋山。

汝州臨汝郡，雄。本伊州襄城郡，貞觀八年更州名，天寶元年更郡名。土貢：絁。戶六萬九千三百七十四，口二十七萬三千七百五十六。縣七。有府四，曰龍興、魯陽、梁川、郟城。梁，望。本承休。又有梁縣在西南四十五里。貞觀元年省梁，更承休曰梁。西南五十里有溫湯，可以熟米。又有黃女湯。高宗置溫泉頓。有石樓山、永仁山。郟城，緊。魯山，上。王世充置魯州，武德四年廢。俄以魯山、滍陽復置魯州。貞觀九年州廢，省滍陽，以魯山來屬。有堯山。有銀。有漢故關。葉，緊。本隸許州，武德四年以縣置葉州，五年州廢，隸北澧州。貞觀八年隸魯州，州廢，隸許州。開元三年，以葉、襄城及唐州之方城、豫州之西平、許州之舞陽置仙州，二十六年州廢，縣還故屬，未幾以葉來屬。大曆四年復以葉、襄城置仙州，又析置仙鳧縣，以許州之舞陽、蔡州之西平、唐州之方城隸之。五年州廢，省仙鳧，餘縣皆還故屬。有黃城山、白石山。襄城，望。武德元年以縣置汝州，并置汝墳、期城二縣。貞觀元年州廢，省汝墳、期城，以襄城隸許州，開元二十六年來屬，二十八年還隸許州，天寶七載復來屬。龍興，上。本滍陽，武德四年置，貞觀元年省。證聖元年析郟城、魯山復置，曰武興。神龍元年更名中興，尋又更名。臨汝。上。先天元年置。有淸暑宮，在鳴皐山南，貞觀中置。

右都畿採訪使，治東都城內。

陝州陝郡，大都督府，雄。本弘農郡，義寧元年置。武德元年曰陝州。三年兼置南韓州，四年廢南韓州。天寶元年更郡名。天祐元年爲興唐府，縣次畿、赤。哀帝初復故。土貢：䴵麥、栝蔞、柏實。戶二萬九百五十八，口十七萬二百三十八。縣六。府十五，曰曹陽、崇業、華望、安城、桃林、夏臺、萬歲、安戎、河北、忠孝、上陽、底柱、夏川、望陝、古亭。陝，望。有大陽故關，即茅津，一曰陝津，貞觀十一年造浮梁。有南、北利人渠。南渠，貞觀十一年太宗東幸，使武候將軍丘行恭開。有陝城宮。有廣濟渠，武德元年，陝東道大行臺金部郎中長孫操所開，引水入城，以代井汲。有太原倉。有峴山。峽石，上。本崤，義寧二年省，武德元年復置。貞觀十四年移治峽石塢，因更名。有底柱山，山有三門，河所經，太宗勒銘。有繡嶺宮，顯慶三年置。東有神雀臺，天寶二年以赤雀見置。靈寶，望。本桃林，義寧元年隸虢郡，武德元年來屬。天寶元年獲寶符于縣南古函谷關，因更名。有洹津，義寧元年置關，貞觀元年廢關，置津。有桃源宮，武德元年置。夏，望。本隸虞州，貞觀十七年隸絳州，大足元年來屬，尋還隸絳州，乾元三年復來屬。芮城，望。武德二年以芮城、河北、永樂置芮州。貞觀元年州廢，以永樂隸鼎州，芮城、河北來屬。平陸。望。本河北，隸蒲州，貞觀元年來屬。天寶元年，太守李齊物開三門以利漕運，得古刃，有篆文曰「平陸」，因更名。三門西有鹽倉，東有集津倉。有瑟瑟穴，有銀穴三十四，銅穴四十八，在覆釜、

三錐、五岡、分雲等山。

虢州弘農郡，雄。本虢郡，治盧氏。義寧元年，析隋弘農郡三縣置。貞觀八年徙治弘農。天寶元年更郡名。土貢：絁、瓦硯、麝、地骨皮、梨。戶二萬八千二百四十九，口八萬八千八百四十五。縣六。有府四，曰鼎湖、全節、金明〔三〕、開方。弘農，緊。本隋弘農郡，義寧元年曰鳳林，領弘農、閿鄉、湖城。武德元年曰鼎州，因鼎湖爲名。貞觀八年州廢，縣皆來屬。神龍初避孝敬皇帝諱，曰恒農，開元十六年復故名。南七里有渠，貞觀元年，令元伯武引水北流入城。閿鄉，望。貞觀元年來屬。有潼關，大谷關，武德二年廢。有鳳陵關，貞觀元年廢。有軒遊宮，故隋別院宮，咸亨五年更名。湖城，望。義寧元年置。乾元三年更名天平，大曆四年復舊。有故隋上陽宮，貞觀初置，咸亨元年廢。縣東故道濱河，不井汲，馬多渴死，天寶八載，館驛使、御史中丞宋渾開新路，自稠桑西由晉王斜。有熊耳山；覆釜山，一名荆山。朱陽，上。龍朔元年隸商州，萬歲通天二年隸洛州，後來屬。有鐵。玉城，上。義寧元年置。盧氏。上。武德元年置。南有朱陽關，武德八年廢。

滑州靈昌郡，望。本東郡，天寶元年更名。土貢：方紋綾、紗、絹、藨席、酸棗人。戶七萬一千九百八十三，口四十二萬二千七百九。縣七。有宣義軍，大曆七年置，本永平。十四年徙屯蔡州，興元元年復還。貞元元年曰義成軍，光啓二年更名。白馬，望。衞南，緊。匡城，望。有長垣縣，貞觀八年省。韋城，望。王世充置燕州，僞刺史覃宗來降，復爲縣。胙城，緊。武德二年置胙州，并置南燕縣。四年州廢，省南燕，以胙城來屬。酸棗，望。本隸東梁州。武德三年析酸棗、胙城置守節縣，四年省。貞觀八年州廢，來屬。靈昌。緊。王

中華書局

世充置輿州，世充平，廢。

鄭州滎陽郡，雄。武德四年置，治虎牢城。貞觀七年徙治管城。土貢：絹、龍莎。戶七萬六千六百九十四，口三十六萬七千八百八十一。縣七。管城，望。武德四年以管城、中牟、原武、陽武、新鄭置管州，并置須水、清池二縣。貞觀元年州廢，省須水、清池，以管城、原武、陽武、新鄭來屬。有僕射陂，後魏孝文帝賜僕射李沖，因以爲名。天寶六載更名廣仁池，禁漁採。滎陽，上。天授二年析置武泰縣，隸洛州，尋省，更滎陽曰武泰。萬歲通天元年復爲滎陽，又別置武泰縣，二年省，更滎陽曰武泰。神龍元年復故名，二年來屬。滎澤，望。原武，緊。本原陵，唐初更名，復漢舊。陽武，望。本原武城，武德四年置。新鄭，望。中牟。緊。本圃田，武德三年更名，以縣置牟州。四年州廢，隸管州。貞觀元年隸汴州，龍朔二年來屬。

潁州汝陰郡，上。本信州，武德四年置，六年更名。土貢：絁、綿、糟白魚。戶三萬七百七，口二十萬二千八百九十。縣四。汝陰，緊。武德初有永安、高唐、永樂、清丘、潁陽等縣，六年省永安、高唐、永樂，貞觀元年省清丘、潁陽，皆入汝陰。南三十五里有椒陂塘，引潤水溉田二百頃，永徽中，刺史柳寶積修。潁上，上。下蔡，上。武德四年置渦州，八年州廢。西北百二十里有大崇陂，八十里有雞陂，六十里有黃陂，東北八十里有湄陂，皆隋末廢，唐復之，溉田數百頃。沈丘。中。本郯州，領沈丘、宛丘。唐初州廢，以宛丘隸陳州，沈丘來屬。後省沈丘入汝陰，神龍二年復置。

許州潁川郡，望。土貢：絹、藨席、柿。戶七萬三千三百四十七，口四十八萬七千八百六

十四。縣九。長社，望。本潁川，隸汴州。武德四年更名，來屬。州又領黃臺、灑暉二縣，貞觀元年省入焉。繞州郭有堤塘百八十里，節度使高瑀立以溉田。長葛，緊。有小陘山。陽翟，本畿。初隸嵩州，貞觀元年來屬，龍朔二年隸洛州，會昌三年復來屬。有具茨山。許昌，上。鄢陵，上。扶溝，望。武德四年以縣置北陳州，是年州廢，隸洧州。臨潁，上。貞觀元年省繁昌縣入焉。有講武臺，本尚書臺，馬融講書之地，顯慶二年，高宗大閱于此，更名。舞陽，上。本北舞，隸道州。貞觀元年來屬，尋廢。開元四年復置，更名。有鐵。郾城。望。武德四年以郾城、邵陵、北舞、西平置道州。貞觀元年州廢，省邵陵、西平入郾城，隸蔡州。建中二年以郾城、臨潁、陳州之溵水置溵州。貞元二年州廢，縣還故屬。元和十二年復以郾城、上蔡、西平、遂平置溵州。長慶元年州廢，縣還隸蔡州，是年，以郾城來屬。

陳州淮陽郡，上。土貢：絹。戶六萬六千四百四十二，口四十萬二千四百八十六。縣六。有忠武軍，貞元元年置于許州。天復元年徙屯。宛丘，緊。武德元年析置新平縣，八年省。太康，緊。貞觀元年省扶樂縣入焉。項城，上。武德四年置，以項城、鮦陽、南頓、溵水置沈州，并置潁東縣。貞觀元年州廢，省潁東入項城，以溵水來屬。溵水，上。建中二年隸溵州，興元二年州廢，來屬。南頓，上。武德六年省入項城。證聖元年復置，曰光武，以縣有光武祠名。景雲元年復故名。西華。上。武德元年更名箕城，貞觀元年省入宛丘。長壽元年復置，曰武城。神龍元年又曰箕城，景雲元年復故名。有鄧門廢陂，神龍中，令張餘慶復開，引潁水溉田。

蔡州汝南郡，緊。本豫州，寶應元年更名。土貢：珉玉棋子、四窠、雲花、龜甲、雙距、溪鷘等綾。戶八萬七百六十一〔四〕，口四十六萬二百五。縣十。汝陽，緊。貞元七年析汝陽、朗山、上蔡、吳房置汝南縣，元和十三年省。朗山，上。本隸北朗州，貞觀元年隸蔡州。遂平，上。本吳房，貞觀元年省，八年復置，元和十二年更名，權隸唐州，長慶元年復來屬。上蔡，緊。新蔡，中。武德四年以新蔡、褒信、舒城置舒州，貞觀元年州廢，省舒城入沈丘。褒信，中。天祐中更曰包孚。新息，上。武德四年以縣置息州，并置淮川、長陵二縣。貞觀元年州廢，省淮川入眞陽，長陵入褒信，以新息來屬。有珉玉坑，歲出貢玉。西北五十里有隋故玉梁渠，開元中，令薛務增濬，溉田三千餘頃。眞陽，上。載初元年曰淮陽，神龍元年復故名。平輿，中。王世充置輿州，武德七年州廢。貞觀元年省入新蔡，天授二年復置。西平。上。武德初置，貞觀元年省。天授二年分郾城復置，尋又廢。開元四年復置。

汴州陳留郡，雄。武德四年以鄭州之浚儀、開封，滑州之封丘置。土貢：絹。戶十萬九千八百七十六，口五十七萬七千五百七。縣六。有宣武軍，建中二年置于宋州，興元元年徙屯。浚儀，望。故縣陷李密，縣民王要漢率豪族置縣，自爲令。高祖因之，復置汴州，并置小黃、新里二縣。貞觀元年省二縣。開封，望。貞觀元年省入浚儀，延和元年析浚儀、尉氏復置。有湛渠，載初元年引汴注白溝，以通曹、兗賦租。有福源池，本蓬池，天寶六載更名，禁漁採。尉氏，望。本隸潁川郡，王世充置尉州。武德四年廢，以尉氏、扶溝、鄢陵置洧州，并置康陰、新汲、宛陵、歸化四縣。貞觀元年州廢，省康陰、宛陵、新汲、歸化，以扶溝、鄢陵隸許州，尉氏來屬。封丘，緊。雍丘，望。本隸梁郡。武德四年，以雍丘、陳留、圉城、襄邑、外黃、濟陽置杞州。貞觀元年州廢，省濟陽、圉城、外黃，以襄邑隸宋州，雍丘、陳留來屬。陳留。緊。武德四年置。有觀省陂，貞觀十年，令劉雅決水溉田百頃。

宋州睢陽郡，望。本梁郡，天寶元年更名。土貢：絹。戶十二萬四千二百六十八，口八十

九萬七千四十一。縣十。宋城，望。襄邑，望。本隸杞州，貞觀元年來屬〔三〕。寧陵，緊。下邑，上。穀熟，上。隋末縣民劉繼叔據之，武德二年置南穀州，授以刺史，四年州廢。楚丘，緊。柘城，緊。貞觀元年省入寧陵、穀熟，永淳元年復置。碭山，上。光化二年，朱全忠以碭山、虞城、單父，曹州之成武，表置輝州。三年置崇德軍。單父，緊。光化三年徙輝州來治。虞城。上。武德四年置東虞州，五年州廢。

亳州譙郡，望。本譙州，貞觀八年更名。土貢：絹。戶八萬八千九百六十，口六十七萬五千一百二十一。縣七。譙，緊。酇，上。本隸沛郡，武德四年來屬。城父，上。王世充置成州，世充平，廢。武德三年於魯丘堡置文州，并置蘗城縣。四年州廢爲文城縣，七年省入城父，天祐二年更名焦夷。鹿邑，上。大業十三年，縣民田黑社盜據，號渦州。武德三年來降，復爲縣。眞源，望。本谷陽，乾封元年更名。載初元年曰仙源，神龍元年復曰眞源。有老子祠，天寶二年曰太清宮。又有洞霄宮，先天太后祠也。永城，上。蒙城。上。本山桑，天寶元年更名。

徐州彭城郡，緊。土貢：雙絲綾、絹、綿紬、布、刀錯、紫石。戶六萬五千一百七十，口四十七萬八千六百七十六。縣七。彭城，望。秋丘冶有鐵。蕭，上。豐，上。沛，上。武德五年置。滕，上。宿遷，上。本宿預，隸泗州。寶應元年更名，來屬。下邳。上。武德四年以下邳、郯、良城置邳州。貞觀元年州廢，省郯、良城，以下邳隸泗州，又省泗州之淮陽入焉。元和四年來屬。

泗州臨淮郡，上。本下邳郡，治宿預，開元二十三年徙治臨淮。天寶元年更郡名。土貢：

錦、貲布。戶三萬七千五百二十六，口二十萬五千九百五十九。縣四。臨淮，緊。長安四年析徐城置。漣水，上。武德四年以縣置漣州，并置金城縣。貞觀元年州廢，省金城，以漣水來屬。總章元年隸楚州，咸亨五年復故。有新漕渠，南通淮，垂拱四年開，以通海、沂、密等州。盱眙，緊。武德四年以縣置西楚州，八年州廢，隸楚州。光宅初曰建中，後復故名。建中二年來屬。有直河，太極元年，敕使魏景清引淮水至黃土岡，以通揚州。徐城。中。

濠州鍾離郡，上。「濠」字初作「豪」，元和三年改從「濠」。土貢：絁、綿、絲布、雲母。戶二萬一千八百六十四，口十三萬八千三百六十一。縣三。鍾離，緊。武德七年省塗山縣入焉。南有故千人塘，乾封中修以溉田。有塗山。定遠，緊。本臨豪，武德三年更名。招義。上。本化明，武德二年析置睢陵縣，三年更化明曰招義，四年省睢陵。大業末，縣民馬簿盜據，號化州。後楊益德殺簿，自號刺史，又置濟陰縣，是年來降。貞觀元年廢化州，省濟陰。

宿州，上。元和四年析徐州之苻離、蘄，泗州之虹置。大和三年州廢，七年復置。初治虹，後徙治苻離。土貢：絹。縣四。苻離，武德四年置〔六〕。貞觀元年省徐州之諸陽入焉。有西句山，一曰石城。東北九十里有隋故牌湖堤，溉田五百餘頃，顯慶中復修。虹，中。本夏丘。武德四年以夏丘、穀陽置仁州，又析夏丘置虹及龍亢二縣。六年省夏丘。貞觀八年州廢，省龍亢，以虹隸泗州，穀陽隸北譙州。有銅。有廣濟新渠，開元二十七年，採訪使齊澣開，自虹至淮陰北十八里入淮，以便漕運，既成，湍急不可行，遂廢。蘄，上。顯慶元年省穀陽入焉。臨渙。緊。武德四年以臨渙、永城、山桑、蘄置北譙州。貞觀八年增領穀陽。十七年州廢，以臨渙、永城、山桑隸

亳州，穀陽、蘄隸徐州。元和後來屬。

鄆州東平郡，緊。本治鄆城，貞觀八年徙治須昌。土貢：絹、防風。戶八萬三千四十八，口五十萬一千五百九。縣九。須昌，望。貞觀八年省宿城縣入焉。景龍三年復置宿城縣。貞元四年曰東平，大和四年曰天平，六年省入須昌。壽張，緊。武德四年以縣置壽州，并置壽良縣。五年州廢，省壽良，以壽張來屬。有刃梁山〔七〕。鄆城，緊。天祐二年曰萬安。鉅野，望。武德四年以縣置麟州。五年州廢，隸鄆州。貞觀元年省乘丘縣入焉。後隸戴州，州廢來屬。盧，緊。本濟州，武德四年析東平郡置。隋曰濟北郡，天寶元年更名濟陽郡。領盧、平陰、長清、東阿、陽穀、范六縣，又置昌城、濟北、穀城、孝感、冀丘、美政六縣。六年省美政、孝感、穀城、冀丘、昌城，八年以范隸濮州，貞觀元年省濟北，天寶十三載郡廢，以長清隸齊州，以盧、平陰、東阿、陽穀來屬。北有碻磝津故關。平陰，緊。大和六年省入盧、東阿。開成二年復置。有龍山。東阿，緊。陽穀，上。中都。上。本平陸，隸兗州。天寶元年更名。貞元十四年來屬。

齊州濟南郡，上。本齊郡，天寶元年更名臨淄，五載又更名。土貢：絲、葛、絹、綿、防風、滑石、雲母。戶六萬二千四百八十五，口三十六萬五千九百七十二。縣六。歷城，上。有華不注山。有鐵。章丘，上。武德二年，縣民李義滿以縣來降，於平陵置譚州，并置平陵縣，以章丘、亭山、營城、臨邑隸之。八年省營城入平陵，又領臨濟、鄒平。貞觀元年州廢，以平城、亭山、章丘、臨邑、臨濟來屬，鄒平隸淄州。十七年，齊王祐反，平陵人不從，因更名全節。元和十五年省全節入歷城，省亭山入章丘。有大胡山、長白山。臨邑，上。元和十三年

析德州之安德置歸化縣，隸德州。大和二年來屬，四年省入臨邑。北有鹿角故關。臨濟，上。武德元年以臨濟、鄒平、長山、高苑，滄州之蒲臺置鄒州。八年州廢，以長山、高苑、蒲臺隸淄州。長清，中。本隸濟州，貞觀十七年來屬。武德元年析置山茌縣，天寶元年曰豐齊，元和十年省。有牛山。西南有四口關，武德中廢。禹城。上。本祝阿，貞觀元年省源陽縣入焉。天寶元年更名。

曹州濟陰郡，上。土貢：絹、綿、大蛇粟、葶藶。戶十萬三百五十二，口七十一萬六千八百四十八。縣六。濟陰，緊。武德四年析置蒙澤縣，貞觀元年，及定陶省入焉。考城，上。武德四年以縣置東梁州，五年州廢，來屬。元和十四年權隸宋州，尋復故。宛句，上。武德四年析置濟陽縣，隸杞州。貞觀元年省。乘氏，上。武德四年置陽晉縣，尋省。南華，上。本離狐，天寶元年更名。成武。緊。武德四年以成武及宋州之單父、楚丘置戴州，并置高鄉、郜城二縣，尋省高鄉、郜城入單父。貞觀十七年州廢，以成武來屬。光化二年，朱全忠表縣隸輝州。

濮州濮陽郡，上。武德四年置。土貢：絹、犬。戶五萬七千七百八十二，口四十萬六百四十八。縣五。鄄城，緊。武德四年析置永定縣，八年省。北有靈津關。濮陽，緊。武德四年析置昆吾縣，五年省。范，上。武德二年以縣置范州。五年州廢，隸濟州。貞觀八年來屬。雷澤，上。武德四年析置廩城縣，八年省。臨濮。緊。武德四年析雷澤置，并置長城、安丘二縣。五年省長城、安丘。

青州北海郡，望。土貢：仙紋綾、絲、棗、紅藍、紫草。戶七萬三千一百四十八，口四十萬

二千七百四。縣七。益都，望。臨淄，緊。武德八年省時水縣入焉。千乘，緊。武德二年以千乘、博昌、壽光置乘州，并置新河縣。六年省新河。八年州廢，縣來屬。博昌，上。武德八年省樂安、安平二縣入焉。有鹽山。壽光，緊。武德二年置。臨朐，上。武德五年置，八年省般陽縣入焉。北海。緊。唐初，營丘民汲嗣率鄉人拒賊，權置杞州。武德二年復爲營丘縣。是年，以北海、營丘、下密置濰州；又置連水、平壽、華池、城都、東陽、寒水、訾亭、濰水、汶陽、膠東、華宛、昌安、城平十三縣，六年皆省。八年州廢，省營丘、下密入北海，來屬。長安中，令竇琰於故營丘城東北穿渠，引白浪水曲折三十里以溉田，號竇公渠。

淄州淄川郡，上。武德元年析齊州之淄川置。土貢：防風、理石。戶四萬二千七百三十七，口二十三萬三千八百二十一。縣四。淄川，上。武德元年析置長白縣，六年省。有鐵。長山，上。高苑，上。景龍元年析置濟陽縣，元和十五年省。南有八會津。鄒平。上。武德元年置。

登州東牟郡，中都督府。如意元年以萊州之牟平、黃、文登置。神龍三年徙治蓬萊。土貢：貲布、水葱席、石器、文蛤、牛黃。戶二萬二千二百九十八，口十萬八千九。縣四。有平海軍，亦曰東牟守捉。蓬萊，本黃，神龍三年更名。有銀山、龍山。牟平，中。武德四年以牟平、黃置牟州。六年以登州之觀陽隸萊州。麟德元年析文登復置牟平，來屬。有之罘山。文登，武德四年置登州，以東萊郡之觀陽隸之。六年析置清陽、廓定二縣。及州廢，省清陽、廓定，以文登來屬。有成山。黃。中。先天元年析蓬萊別置。有萊山。

萊州東萊郡，中。土貢：貲布、水葱席、石器、文蛤、牛黃。戶二萬六千九百九十八，口十

七萬一千五百一十六。縣四。有東萊守捉，亦曰「團結營」。又有蓬萊鎮兵，亦曰「挽彊兵」。掖，上。貞觀元年省曲城、當利、曲臺三縣入焉。有東海祠。有鹽井二。昌陽，上。貞觀元年省盧鄉縣入焉。有銀，有鐵。東百四十里有黃銀坑，貞觀初得之。膠水，中。貞觀元年省膠東縣入焉。有鹽。即墨。中。有馬山、中祠山、女姑山。東南有堰，貞觀十年，令仇源築，以防淮涉水。有鹽。

棣州樂安郡，上。武德四年析滄州之陽信、滴河、樂陵、厭次置。八年州廢，縣還隸滄州。貞觀十七年，復以滄州之厭次，德州之滴河、陽信置。土貢：絹。戶三萬九千一百五十，口二十三萬八千一百五十九。縣五。厭次，上。貞觀元年隸德州。滴河，中。貞觀元年隸德州。陽信，望。貞觀元年省，八年復置。蒲臺，緊。本隸淄州，貞觀六年省入高苑，七年復置。景龍元年來屬。渤海。緊。垂拱四年析蒲臺、厭次置。有鹽。

兗州魯郡，上都督府。土貢：鏡花綾、雙距綾、絹、雲母、防風、紫石。戶八萬七千九百八十七，口五十八萬六百八。縣十。瑕丘，上。曲阜，緊。貞觀元年省，八年復置。乾封，上。本博城。武德五年以博城、梁父、嬴置東泰州，并置肥城、岱二縣。貞觀元年州廢，省梁父、嬴、肥城、岱入博城，來屬。乾封元年更名乾封，總章元年又曰博城，神龍元年復曰乾封。有泰山，有東岳祠，有梁父山、亭亭山、突突山、云云山、社首山、肅然山、石閭山、蒿里山。泗水，上。鄒，上。有嶧山。任城，緊。龔丘，中。金鄉，望。武德四年以金鄉、方與置金州〔八〕。五年州廢，縣隸戴州，徙戴州來治，仍析金鄉置昌邑縣。八年省昌邑。貞觀十七年，以單父、楚丘隸宋州，成

武隸曹州，鉅野隸鄆州〔九〕。魚臺，上。本方與，寶應元年更名。元和十四年權隸徐州，尋復故。萊蕪。中。本隸淄州，武德六年省入博城〔一〇〕。長安四年以廢嬴縣復置，元和十五年省入乾封，大和元年復置。有鐵冶十三，有銅冶十八，銅坑四。有錫。西北十五里有普濟渠，開元六年，令趙建盛開。

海州東海郡，上。土貢：綾、楚布、紫菜。戶二萬八千五百四十九，口十八萬四千九。縣四。朐山，上。武德四年，析州境置龍沮、曲陽、利城、厚丘、新樂五縣。六年改新樂曰祝其。八年，省龍沮、曲陽入朐山，利城、祝其入懷仁，厚丘入沭陽。東二十里有永安堤，北接山，環城長十里，以捍海潮，開元十四年，刺史杜令昭築。東海，上。武德四年以縣置環州，并置青山、石城、贛榆三縣。八年州廢，省青山、石城、贛榆，以東海來屬。沭陽，中。總章元年隸泗州，咸亨五年復故。懷仁。中。

沂州琅邪郡，上。土貢：紫石、鍾乳。戶三萬三千五百一十，口十九萬五千七百三十七。縣五。臨沂，上。武德四年析置蘭山、臨沭〔一一〕、昌樂三縣，六年皆省。費，上。貞觀元年省顓臾縣入焉。氶，上。本蘭陵，武德四年以縣置鄫州，更名，別置蘭陵、鄫城二縣。貞觀元年州廢，省蘭陵、鄫城，以氶來屬。有鐵。有陂十三，畜水溉田，皆貞觀以來築。沂水，上。武德五年以沂水、新泰、莒置莒州。貞觀八年州廢，以莒隸密州，沂水、新泰來屬。有銅。有沂山、龍山。北有穆陵關。新泰。上。有蒙山。

密州高密郡，上。土貢：貲布、海蛤、牛黃。戶二萬八千二百九十二，口十四萬六千五百二十四。縣四。諸城，上。有鹽。輔唐，上。本安丘，武德六年省郚城縣入焉。乾元二年更名。高密，上。武德三年置，六年省膠西縣入焉。莒。上。有鹽。

右河南採訪使，治汴州。

校勘記

〔一〕軒轅　廿五史補編唐折衝府考云：「石刻漁陽郡君李氏造龕銘有『轘轅府折衝都尉□□□顯慶四年六月』。……案『轘轅』新志作『軒轅』。軒轅，古帝王號，不當以名軍府，當是『轘轅』之誤。」

〔二〕康城縣　「城」，各本原作「成」，據下文及舊書卷三八地理志、唐會要卷七〇改。

〔三〕金明　唐折衝府考云：張賁然忠武將軍茹公神道碑（見文苑英華卷九〇九）有「尋改虢州金門府折衝」文，「金明」當爲「金門」之誤。

〔四〕戶八萬七百六十一　「百」，汲、殿、局本作「千」，衲、十行本作「百」。

〔五〕貞觀元年來屬　「元」，各本原作「九」，據舊書卷三八地理志、元和志卷七、寰宇記卷一一改。

〔六〕荐離武德四年置　通典卷一八〇、元和志卷九、寰宇記卷一七均稱荐離爲秦、漢舊縣。

〔七〕刀梁山　通典卷一八〇、元和志卷一〇、寰宇記卷一三均作「梁山」，「刀」字疑衍。

〔八〕方與　各本原作「方輿」。按漢書卷二八上地理志、後漢書志第二一郡國、隋書卷三一地理志、通典卷一八〇、元和志卷一〇俱作「方與」，據改。下同。

〔九〕貞觀十七年以單父楚丘隸宋州成武隸曹州鉅野隸鄆州　「十七」，各本原作「元」，據舊書卷三八地理志、元和志卷七及卷一一載，諸縣改隸於貞觀十七年廢戴州時。本卷上文曹州成武下所記亦同。明「元」爲「十七」之訛，據改。

〔一〇〕武德六年省入博城　唐會要卷七〇、元和志卷一〇及寰宇記卷二一「武德六年」均作「貞觀元年」。

〔一一〕臨沭　「沭」，各本原作「汴」，舊書卷三八地理志、寰宇記卷二三並作「沭」。按縣以臨沭水得名，作「沭」是。據改。

唐書卷三十九

志第二十九

地理三

河東道，蓋古冀州之域，漢河東、太原、上黨、西河、鴈門、代郡及鉅鹿、常山、趙國、廣平國之地。河中、絳、晉、慈、隰、石、太原、汾、忻、潞、澤、沁、遼爲實沈分，代、雲、朔、蔚、武、新、嵐、憲爲大梁分。爲府二，州十九，縣百一十。其名山：雷首、介、霍、五臺。其大川：汾、沁、丹、潞。厥賦：布、繭。厥貢：布、席、豹尾、熊鞹、鵰羽。

河中府河東郡，赤。本蒲州，上輔。義寧元年治桑泉，武德三年徙治河東。開元八年置中都，爲府；是年罷都，復爲州。乾元三年復爲府。土貢：氈、䴸扇、龍骨、棗、鳳棲梨。戶七萬八百，口四十六萬九千二百一十三。縣十三。有府三十三，曰興樂、德義、胡壁、龍亭、清源、永和、陶城、䨥山、漢水、首陽、壽貴、歸仁、長渠、虞城、通閏、寶鼎、鹽海、歸淳、大陽、永安、奉信、永興、右威、汾陰、甘泉、平川、

安保、石門、綏化、壇道、安邑、崇義、六軍。又有耀德軍，乾元二年置，廣德二年廢。河東，次赤。有芳醞監、汲河以釀，武德三年置，貞觀十年廢。南有風陵關，聖曆元年置。有歷山。河西，次赤。開元八年析河東置，尋省。乾元三年更同州之朝邑曰河西，來屬。大曆五年復還同州，析朝邑、河東別置。有蒲津關，一名蒲坂。開元十二年鑄八牛，牛有一人策之，牛下有山，皆鐵也，夾岸以維浮梁。十五年自朝邑徙河瀆祠于此。臨晉，次畿。本桑泉，武德三年析置溫泉縣，九年省。天寶十三載更名。解，次畿。本虞鄉，武德元年更名。貞觀十七年省，以地入虞鄉，二十二年復置。有鹽池，又有女鹽池。有紫泉監，乾元元年置，有銅穴十二。猗氏，次畿。有孤山。虞鄉，次畿。武德元年別置。貞觀二十二年省，以地入解。天授二年復置。北十五里有涑水渠，貞觀十七年，刺史薛萬徹開，自聞喜引涑水下入臨晉。永樂，次畿。武德元年置，本隸芮州，州廢，隸鼎州，貞觀八年來屬，後又隸虢州，神龍元年復故。有雷首山。安邑，次畿。義寧元年以安邑、虞鄉、夏置安邑郡。武德元年曰虞州，又析置桐鄉縣。三年析安邑置興樂縣。貞觀元年省。十七年州廢，省桐鄉入聞喜，以安邑、解來屬。至德二載更安邑曰虞邑，乾元元年隸陝州，大曆四年復故名，元和三年來屬。有龍池宮，開元八年置。有鹽池，與解爲兩池，大曆十二年生乳鹽，賜名寶應靈慶池〔一〕。有銀監。寶鼎，次畿。本汾陰。義寧元年以汾陰、龍門置汾陰郡，武德元年曰泰州，州廢來屬。開元十年獲寶鼎，更名。有后土祠。襄陵，緊。本隸晉州，元和十四年隸絳州，大和元年來屬。稷山，上。本隸絳州，唐末來屬。有稷山。萬泉，上。本隸泰州，武德三年析稷山、安邑、猗氏、汾陰、龍門置，州廢隸絳州，大順二年來屬。有介山。龍門，次畿。武德二年徙泰州來治，五年析置萬春縣。貞觀十七年州廢，省萬春入龍門，隸絳州。元和初來屬。有龍門關。有高祖廟，貞觀中置。北三十里有瓜谷山堰，貞觀十年築。東南二十三里有十石壚渠，二十三年，縣令長孫恕鑿，溉田良沃，畝收十石。西二十一里有馬鞍塢渠，亦恕所鑿。有龍門倉，開元二年置。

晉州平陽郡，望。本臨汾郡，義寧二年更名。土貢：蠟燭，有平陽院礬官。戶六萬四千八百三十六，口四十二萬九千二百二十一。縣八。有府十五〔二〕，曰神山、平陽、豐寧、翼城、安信、萬安、益昌、英臺、岳陽、仁壽、高陽、臨汾、晉安、白澗、高華、仁德。臨汾，望。東北十里有高梁堰，武德中引高梁水溉田，入百金泊。貞觀十三年爲水所壞。永徽二年，刺史李寬自東二十五里夏柴堰引潏水溉田，令陶善鼎復治百金泊，亦引潏水溉田。乾封二年堰壞，乃西引晉水。有姑射山。洪洞，望。本楊〔三〕，義寧二年更名。武德元年析洪洞、臨汾置西河縣，貞觀十七年省入臨汾。神山，中。本浮山，武德二年析襄陵置。東南有羊角山。四年以老子祠更名。岳陽，中。東有府城關。有鐵。霍邑，上。義寧元年以霍邑、趙城、汾西、靈石置霍山郡。武德元年曰呂州。貞觀十七年州廢，以靈石隸汾州，霍邑、趙城、汾西來屬。有西北鎮霍山祠。趙城，上。義寧元年析霍邑置。汾西，中。有鐵。冀氏，中。

絳州絳郡，雄。土貢：白縠、粱米、梨、墨、蠟燭、防風。戶八萬二千二百四，口五十一萬七千三百三十一。縣七。有府三十三，曰新田、大平、正平、武城、長社、大鄉、垣城、涑川、絳川、薔松、鳳亭、延光、平原、高涼、神泉、桐鄉、萬泉、翼城、皮氏、董澤、零原、石池、延福、永康、景山、周陽、夏臺、古亭、崇樂、絳邑、長平、武陽、蒲邑。正平，望。西有武平故關。太平，緊。有太平關，貞觀七年置。曲沃，望。東北三十五里有新絳渠，永徽元年，令崔翳引古堆水溉田百餘頃。南十三里山有銅。翼城，望。義寧元年以翼城、絳置翼城郡，并置小鄉縣。武德元年曰澮州，二年曰北澮州，四年州廢，縣皆來屬，九年省小鄉入翼城。天祐二年更曰澮川。有銅源、翔皋鐵坊二。有澮高山，有銅，有鐵。絳，望。有鐵。聞喜，望。武德元年置。有銅冶。東南三十五里有沙渠，儀鳳二年，詔引中條山水于南坡下，西流經十六里，溉涑陰田。垣，上。義寧元年以垣、王屋置邵原郡，又置清廉、亳城二縣。武德元年曰邵州。二年置長泉縣，是年，以長泉隸懷州，後省。五年省亳城入垣。貞觀元年州廢，省清廉入垣，來屬。龍朔二年隸洛州，長安二年復舊；貞元三年隸陝州，元和三年復舊。

慈州文城郡，下。本汾州，武德五年曰南汾州，貞觀八年更名。土貢：白蜜、蠟燭。戶萬一千六百一十六，口六萬二千四百八十六。縣五。有府三，曰仵城、吉昌、平昌。吉昌，中。有鐵。文城，中。天祐中更曰屈邑。有孟門山、石鼓山。昌寧，中。有鐵。呂香，中。本平昌，義寧元年析仵城置，貞觀元年更名。仵城。中。有難山。

隰州大寧郡，下。本龍泉郡，天寶元年更名。土貢：胡女布、蜜、蠟燭。戶萬九千四百五十五，口十三萬四千四百二十。縣六。有府六，曰隰川、大義、孝敬、循善、玉城、屈產。隰川，中。蒲，中。武德二年以縣置昌州，并置仵城、常安、昌原三縣。貞觀元年州廢，省昌原、仵城、常安，以蒲來屬。西南有常安原。大寧，中。本仵城，武德二年更名，是年置中州，并置大義、白龍二縣。貞觀元年州廢，省大義、白龍，以大寧來屬。有孔山。西有馬鬭關。永和，中。武德二年置東和州，六年析置樓山縣。貞觀二年州廢，省樓山，以永和來屬。西北有永和關。

石樓，中。武德二年以縣置西德州，并置長壽、臨河二縣。貞觀元年州廢，省長壽、臨河，以石樓隸東和州，州廢來屬。北有上平津。溫泉。中。武德三年置北溫州，并置新城、高唐二縣。貞觀元年州廢，省新城、高唐，以溫泉來屬。有鐵。

北都，天授元年置，神龍元年罷，開元十一年復置，天寶元年曰北京，上元二年罷，肅宗元年復爲北都。晉陽宮在都之西北，宮城周二千五百二十步，崇四丈八尺。都城左汾右晉，潛丘在中，長四千三百二十一步，廣三千一百二十二步，周萬五千一百五十三步，其崇四丈。汾東曰東城，貞觀十一年長史李勣築。兩城之間有中城，武后時築，以合東城。宮南有大明城，故宮城也。宮城東有起義堂。倉城中有受瑞壇。唐初高祖使子元吉留守，獲瑞石，有文曰「李淵萬吉」，築壇，祠以少牢。

太原府太原郡，本并州，開元十一年爲府。土貢：銅鏡、鐵鏡、馬鞾、梨、蒲萄酒及煎玉粉屑、龍骨、柏實人、黃石鉚、甘草、人葠、礬石、礜石。戶十二萬八千九百五，口七十七萬八千二百七十八。縣十三。有府十八，曰興政、復化、寧靜、洞渦、五泉、昌寧、志節、汾陽、靜智、信重、晉原、開陽、清定、豐川、竹馬、攘胡、西胡、文谷。城中有天兵軍，開元十一年廢。太原，赤。井苦不可飲，貞觀中，長史李勣架汾引晉水入東城，以甘民食，謂之晉渠。晉陽，赤。有虢令堂，高祖誓義師於此。西北十五里有講武臺、飛閣，顯慶五年築。有龍山。太谷，畿。武德三年以太谷、祁置太州，六年州廢，二縣來屬。東南八十里馬嶺上有長城，自平城至于魯口三百里，貞觀元年廢。祁，畿。文水，畿。武德三年隸汾州，六年來屬，七年又隸汾州，貞觀元年復舊，天授元年更名武興，

神龍元年復故名。西北二十里有柵城渠，貞觀三年，民相率引文谷水，溉田數百頃。西十里有常渠，武德二年，汾州刺史蕭顗引文水南流入汾州。東北五十里有甘泉渠，二十五里有蕩沙渠，二十里有靈長渠，有千畝渠，俱引文谷水，傳溉田數千頃，皆開元二年令戴謙所鑿。榆次，畿。盂，畿。武德三年以盂、受陽置受州，貞觀元年省并州之烏河縣入焉。有銅，有鐵。東北有白馬故關。壽陽，畿。本受陽。武德六年徙受州來治，又以遼州之石艾、樂平隸之。貞觀八年州廢，縣皆來屬，十一年更名。有方山。樂平，畿。廣陽，畿。本石艾，天寶元年更名。東有井陘故關。東北有盤石故關、葦澤故關。清源，畿。武德元年置。交城，畿。先天二年析置靈川縣，開元二年省。有鐵。陽曲。畿。本陽直。武德三年析置汾陽縣，七年省陽直，更汾陽曰陽曲，仍析置羅陰縣。貞觀元年省，六年以蘇農部落置燕然縣，隸順州，八年僑治陽曲，十七年省。有赤塘關、天門關。

汾州西河郡，望。本浩州，武德三年更名。土貢：㲲面氈、龍鬚席、石膏、消石。戶五萬九千四百五十，口三十二萬二百三十。縣五。有府十二，曰嘉善、六壁、崇德、華夏、靈扶、五柳、京陵、介休、賈胡、寧固、開遠、濟勝。西河，望。本隰城，肅宗上元元年更名。孝義，望。本永安，貞觀元年更名。有隱泉山。介休，望。義寧元年以介休、平遙置介休郡，武德元年曰介州，貞觀元年州廢，以二縣來屬。有雀鼠谷。有介山。平遙，望。靈石。上。有賈胡堡，宋金剛拒唐兵，高祖所次。西南有陰地關，又有長寧關。

沁州陽城郡，下。本義寧郡，義寧元年置，天寶元年更郡名。土貢：龍鬚席、弦麻。戶六千三百八，口三萬四千九百六十三。縣三。有府二，曰延慶、安樂。沁源，中。武德二年析置招遠縣，三年省。有榮店關。和川，中。義寧元年析沁源置。綿上。中。有鐵。

遼州樂平郡，下。武德三年析并州之樂平、遼山、平城、石艾置，六年徙治遼山，八年曰箕州。先天元年避玄宗名曰儀州。中和三年復曰遼州。土貢：人葠、蠟。戶九千八百八十二，口五萬四千五百八十。縣四。有府三，曰遼城、清谷、龍城。遼山，中。榆社，中。本隸太原郡，義寧元年析上黨之鄉置。武德元年隸韓州。三年以縣及并州之平城置榆州，又析置偃武縣。六年州廢，省偃武，以榆社、平城來屬。平城，中。和順。中。武德三年析置義興縣，六年省。

嵐州樓煩郡，下。本東會州，武德六年更名。土貢：熊鞹、麝香。戶萬六千七百四十八，口八萬四千六。縣四。有府一，曰嵐山。有守捉兵。宜芳，中。本嵐城，武德四年更名，析置豐閏、合會二縣，五年省豐閏，六年省合會。靜樂，中。武德四年置管州，仍析置汾陽、六度二縣。五年曰北管州。六年州廢，省汾陽、六度，以靜樂來屬。有天池祠。有管涔山。北有樓煩關，有隋故汾陽宮。合河，中。本臨泉。武德三年曰臨津，四年隸東會州，九年省太和縣入焉。貞觀元年更名，三年復置大和，八年又省。北有合河關。東有蔚汾關。嵐谷。中。長安三年析宜芳置，神龍二年省，開元十二年復置。有岢嵐軍，永淳二年以岢嵐鎮爲柵，長安三年爲軍，景龍中，張仁亶徙其軍於朔方，留者號岢嵐守捉，隸大同。

憲州，下。本樓煩監牧，嵐州刺史領之。貞元十五年別置監牧使。龍紀元年，李克用表置州，領縣三。樓煩，下。玄池，下。有鐵。天池。下。有雁門關。

石州昌化郡，下。本離石郡，天寶元年更名。土貢：胡女布、龍鬚席、蜜、蠟燭、菝葜。戶萬四千二百九十四，口六萬六千九百三十五。縣五。有府二，曰離石、昌化。離石，中。平夷，中。有孝文山。定胡，中。武德三年置西定州。貞觀二年州廢，來屬，又析置孟門縣，七年省。西有孟門關。臨泉，中。本太和。武德三年更名，置北和州，別析置太和縣，四年以太和隸東會州。貞觀三年州廢，以臨泉來屬。方山。中。武德二年以縣置方州，三年州廢，來屬。

忻州定襄郡，下。本新興郡，義寧元年以樓煩郡之秀容置。土貢：麝香、豹尾。戶萬四千八百六，口八萬二千三十二。縣二。有府四，曰秀容、高城、漳源、定襄。有守捉兵。秀容，上。貞觀五年以思結部落於縣境置懷化縣，隸順州。十二年以懷化隸代州，後省。有繫舟山，有鐵。定襄。上。武德四年析秀容置。有石嶺關。

代州雁門郡，中都督府。土貢：蜜、青碌彩、麝香、豹尾、白鵰羽。戶二萬一千二百八十，口十萬三百五十。縣五。有府三，曰五臺、東冶、雁門。有守捉兵。其北有大同軍，本大武軍，調露二年曰神武軍，天授二年曰平狄軍，大足元年復更名。其西有天安軍〔三〕，天寶十二載置。又有代北軍，永泰元年置。雁門，上。有東陘關、西陘關。五臺，中。柏谷有銀，有銅，有鐵。有五臺山。繁畤，中。崞，中。有石門關。唐林。中。本武延，證聖元年析五臺、崞置，唐隆元年更名。

雲州雲中郡，下都督府。貞觀十四年自朔州北定襄城徙治定襄縣。永淳元年爲默啜

所破，徙其民于朔州。開元十八年復置。土貢：犛牛尾、鵰羽。戶三千一百六十九，口七千九百三十。縣一。有雲中、樓煩二守捉。城東有牛皮關。雲中。中。本馬邑郡雲內之恆安鎮。武德六年置北恆州〔三〕，七年廢。貞觀十四年復置，曰定襄縣。永淳元年廢。開元十八年復置，更名。有陰山道、青坡道，皆出兵路。

朔州馬邑郡，下。本治善陽，建中中，節度使馬燧徙治馬邑，後復故治。土貢：白鵰羽、豹尾、甘草。戶五千四百九十三，口二萬四千五百三十三。縣二。善陽，中。武德四年省常寧縣入焉。馬邑。中。開元五年析善陽於大同軍城置。

蔚州興唐郡，下。本安邊郡。隋鴈門郡之靈丘、上谷郡之飛狐縣地。唐初沒突厥。武德六年置州，并置靈丘、飛狐二縣，僑治陽曲。七年僑治繁時。八年僑治秀容故北恆州城。貞觀五年破突厥，復故地，還治靈丘。開元初徙治安邊。至德二載更郡名，復故治。土貢：熊鞹、豹尾、松實。戶五千五十二，口二萬九百五十八。縣三。東北有橫野軍，乾元元年徙天成軍合之，而廢橫野軍。西有清塞軍，本清塞守捉城，貞元十五年置。靈丘，中。有直谷關。其北有孔嶺關，有大安鎮。飛狐，中。初僑治易州之遂城，尋隸蔚州，貞觀五年復故地。有三河銅冶，有錢官。興唐。中。本安邊，開元十二年置，治橫野軍，至德二載更名。

武州。闕。領縣一。文德。

新州。闕。領縣四。永興，礬山，龍門，懷安。

潞州上黨郡，大都督府。土貢：貲布、人葠、石蜜、墨。戶六萬八千三百九十一，口三十八萬八千六百六十一。縣十。有府一，曰懺黎。上黨，望。有啓聖宮，本飛龍，玄宗故第，開元十一年置，後又更名。有瑞閣。有五龍山、馬駒山。壺關，上。武德四年析上黨置。長子，緊。屯留，上。有三嵕山。潞城，上。天祐二年更曰潞子。襄垣，上。武德元年以襄垣、黎城、涉、銅鞮、鄉置韓州，貞觀十七年州廢，縣皆來屬。東有井谷故關。黎城，上。天祐二年更曰黎亭。有銅山。東有壺口故關。涉，中。有鐵。銅鞮，上。武德三年析置甲水縣，隸韓州，九年省。永徽六年隸沁州。顯慶四年來屬。武鄉。中。本鄉，武后更名武鄉，神龍元年復故名，尋又曰武鄉。北有昂車關。

澤州高平郡，上。本長平郡，治濩澤，武德八年徙治端氏，貞觀元年徙治晉城，天寶元年更郡名。土貢：人葠、石英、野雞。戶二萬七千八百二十二，口十五萬七千九十。縣六。有府五，曰丹川、永固、安平、沁水、白澗。晉城，上。本丹川，武德元年置建州。三年析丹川置晉城以隸之。六年州廢，隸蓋州，徙蓋州來治。九年省丹川、蓋城入晉城。貞觀元年州廢，以晉城、高平、陵川來屬。天祐二年更曰丹川。南有天井關，一名太行關。端氏，中。有隗山。陵川，中。陽城，中。本濩澤，天寶元年更名，天祐二年更曰濩澤。有銅，有錫，有鐵。沁水，中。高平。上。本隋長平郡，武德元年曰蓋州，領高平、丹川、陵川三縣，并析置蓋城縣以隸之。有泫水，一曰丹水，貞元元年，令明濟引入城，號甘泉。有省冤谷，本殺谷，玄宗幸潞州，過之，因更名。北有長平關。

右河東採訪使，治蒲州。

河北道，蓋古幽、冀二州之境，漢河內、魏、勃海、清河、平原、常山、上谷、涿、漁陽、右北平、遼西、眞定、中山、信都、河間、廣陽等郡國，又參有東郡、河東、上黨、鉅鹿之地。孟、懷、澶、衞及魏、博、相之南境爲娵訾分，邢、洺、惠、貝、冀、深、趙、鎭、定及魏、博、相之北境爲大梁分，滄、景、德爲玄枵分，瀛、莫、幽、易、涿、平、嬀、檀、薊、營、安東爲析木津分。爲州二十九，都護府一，縣百七十四。其名山：林慮、白鹿、封龍、井陘、碣石、常岳。其大川：漳、淇、呼陀。厥賦：絲、絹、綿。厥貢：羅、綾、紬、紗、鳳翮葦席。

孟州，望。建中二年，以河南府之河陽、河清、濟源、溫租賦入河陽三城使，又以氾水租賦益之。會昌三年遂以五縣爲州。土貢：黃魚鮓。縣五。有河陽軍，建中四年置。河陽，望。武德四年，析懷州之河陽、集城、溫於河陽宮置盟州。八年州廢，省集城入河陽，溫隸懷州。顯慶二年隸洛州。有河陽關。有回洛故城。有池，永徽四年引濟水漑之，開元中以畜黃魚。氾水，望。本隸鄭州，武德四年析置成皐縣，貞觀元年省，顯慶二年隸洛州，垂拱四年曰廣武，神龍元年復故名。有虎牢關。東南有成皐故關。西南有旋門故關。有牛口渚。西一

里伏龜山有昭武廟，會昌五年置。河陰，望。開元二十二年析氾水、滎澤、武陟置，隸河南府，領河陰倉，會昌三年來屬。有梁公堰，在河、汴間，開元二年，河南尹李傑因故渠濬之，以便漕運。溫，望。武德四年，隋令周仲隱以縣去王世充，來降，置平州，名縣城曰李城；是年州廢，隸懷州。顯慶二年隸洛州。濟源。望。武德二年，王世充將丁伯德以縣來降，置西濟州，又析置漁陽、蒸川、邵原三縣。四年州廢，省漁陽、蒸川、邵原，以濟源隸懷州。貞觀元年省懷州之軹縣入焉。顯慶二年隸洛州。有枋口堰，大和五年，節度使溫造浚古渠，漑濟源、河內、溫、武陟田五千頃。有濟瀆祠、北海祠。西有故軹關。

懷州河內郡，雄。武德二年沒王世充，僑治濟源之柏崖城。四年，世充平，還舊治。土貢：平紗、平紬、枳殼、茶、牛膝。戶五萬五千三百四十九，口三十一萬八千一百二十六。縣五。有府二，曰丹水、吳澤。河內，望。武德三年析置太行、忠義、紫陵三縣，析河陽置穀旦縣。四年皆省。有太行山。有丹水，開元十一年更名懷水。武德，望。本安昌，武德二年更名，是年，置北義州。四年州廢，來屬。北百里有大斛故關在太行山。獲嘉，望。武德四年以獲嘉、武陟、脩武、新鄉、共城置殷州，并置博望縣。貞觀元年州廢，以獲嘉、武陟、脩武來屬，新鄉、共城、博望隸衞州。武陟，望。貞觀元年省懷縣入焉。脩武。緊。武德二年，河內民李厚德以濁鹿城來降，置陟州，并置脩武縣。四年徙縣治故脩武，更脩武曰武陟，別置脩武縣；是年州廢，隸殷州。西北二十里有新河，自六眞山下合黃丹泉水南流入吳澤陂，大中年，令杜某開。

魏州魏郡，大都督府，雄。本武陽郡，龍朔二年更名冀州，咸亨三年復曰魏州，天寶元

年更郡名。土貢：花紬、綿紬、平紬、絁、絹、紫草。戶十五萬一千五百九十六，口百一十萬九千八百七十三。縣十四。貴鄉，望。有西渠，開元二十八年，刺史盧暉徙永濟渠，自石灰窠引流至城西，注魏橋，以通江、淮之貨。元城，望。貞觀十七年省入貴鄉，聖曆二年復置。魏，望。武德四年置漳陰縣，貞觀元年省入焉。館陶，望。武德五年，以館陶、冠氏及博州之堂邑，貝州之臨清、清水置毛州，并析臨清置沙丘縣。貞觀元年州廢，省清水入冠氏，省沙丘入臨清，餘縣皆還故屬。冠氏，望。莘，上。武德五年以莘、臨黃、武陽、博州之武水置莘州，貞觀元年州廢，縣還故屬。朝城，緊。本武陽，貞觀十七年省入臨黃、莘。永昌元年復置，曰武聖。開元七年更名。元和中隸澶州，後復來屬。天祐三年更曰武陽，又以武陽、莘河外地入鄆州。昌樂，望。武德五年置，貞觀十八年省繁水入焉。臨河，上。武德二年隸黎州，貞觀十七年省澶水縣入焉。澶水，本澶淵，避高祖名更。州廢，隸相州，天祐三年來屬。洹水，上。本隸相州，天祐三年來屬。成安，上。本隸相州，天祐二年更名斥丘，三年來屬。內黃，緊。本隸相州，武德四年析置繁陽縣，隸黎州，貞觀元年省，天祐三年來屬。宗城，望。本隸貝州。武德四年，以宗城、經城及冀州之南宮、斌彊置宗州，析經城置府城縣。九年州廢，省府城入經城，省斌彊入清河，餘縣皆還故屬。天祐三年曰廣宗，是歲來屬。永濟。上。本隸貝州，大曆七年，田承嗣析魏州之臨清置。天祐三年來屬。

博州博平郡，上。武德四年以魏州之聊城、武水、堂邑、高唐置。土貢：綾、平紬。戶五萬二千六百三十一，口四十萬八千二百五十二。縣六。聊城，緊。武德四年析置在平縣，又析魏州之莘置莘亭縣。貞觀元年皆省。天祐三年更曰聊邑，又以聊邑、博平、高唐、武水之河外地入鄆州。東南有四口故關。

博平，上。武德三年析置靈泉縣，四年省。貞觀十七年省博平入聊城，天授二年復置。武水，上。清平，上。武德四年置。堂邑，上。高唐。上。長壽二年曰崇武，神龍元年復故名。

相州鄴郡，望。本魏郡，天寶元年更名。土貢：紗、絹、隔布、鳳翮席、花口瓢、知母、胡粉。戶十萬一千一百四十二，口五十九萬一百九十六。縣六。安陽，緊。有昭義軍，大曆元年置。鄴，緊。武德四年省零泉縣，五年省相縣入焉。西二十里有高平渠，刺史李景引安陽水東流溉田，入廣潤陂，咸亨三年開。有鐵。湯陰，上。本蕩陰。武德四年析安陽置蕩源縣，隸衛州，六年來屬。貞觀元年更蕩源曰湯陰〔六〕。林慮，上。武德二年以縣置巖州，五年州廢，來屬。有鐵。有林慮山。堯城，上。天祐三年更曰永定。北四十五里有萬金渠，引漳水入故齊都領渠以溉田，咸亨三年開。臨漳。上。南有菊花渠，自鄴引天平渠水溉田，屈曲經三十里。又北三十里有利物渠，自滏陽下入成安，并取天平渠水以溉田，皆咸亨四年令李仁綽開。

衛州汲郡，望。本治衛，貞觀元年徙治汲。土貢：綾、絹、綿、胡粉。戶四萬八千五十六，口二十八萬四千六百三十。縣五。汲，緊。武德元年以汲、新鄉置義州。四年州廢，以汲來屬，新鄉隸殷州。衛，緊。貞觀十七年省清淇縣入焉。長安三年復置清淇縣。神龍元年又省。御水有石堰一，貞觀十七年築。有蘇門山。共城，上。武德元年以縣置共州，并析置凡城縣。四年州廢，省凡城，以共城隸殷州。六年省博望縣入焉。有白鹿山。新鄉，望。東北有故臨清關。東南有故延津關。黎陽。上。武德二年以縣置黎州，尋沒竇建德。四年，建德平，復以黎陽、臨河、內黃、澶水，魏州觀城、頓丘，相州之蕩源置；是年，以頓丘、觀城還隸魏州，蕩源還隸相州。貞觀十七年州廢，省澶水，以黎陽來屬，內黃、臨河隸相州。有白馬津，一名黎陽關。有大伾山，一名黎陽山。有新河，元和八年，觀察使田弘正及鄭滑節度使薛平開，長十四里，闊六十步，深丈有七尺，決河注故道，滑州遂無水患。

貝州清河郡，望。本治清河，武德六年徙治歷亭，八年復故治。土貢：絹、氈、覆鞌氈。戶十萬一十五，口八十三萬四千七百五十七。縣八。清河，緊。清陽，緊。武德四年析置夏津縣，九年省。武城，上。經城，望。西南四十里有張甲河，神龍三年，姜師度因故瀆開。臨清，望。大曆七年隸瀛州，貞元末來屬。漳南，上。歷亭，上。夏津。上。本鄃，天寶元年更名。

澶州，上。武德四年析黎州之澶水，魏州之頓丘、觀城置。貞觀元年州廢，縣還故屬。大曆七年，田承嗣表以魏州之頓丘、臨黃復置。土貢：角弓、鳳翮席、胡粉。縣四。頓丘，望。清豐，上。大曆七年析頓丘、昌樂置，以孝子張清豐名。觀城，緊。貞觀十七年省入昌樂、臨黃，大曆七年復置。臨黃。緊。東南有盧津關，一名高陵津。

邢州鉅鹿郡，上。本襄國郡，天寶元年更名。土貢：絲布、磁器、刀、文石。戶七萬一百八十九，口三十八萬二千七百九十八。縣八。龍岡，上。武德元年析龍岡、內丘置青山縣，開成五年省入焉。沙河，上。武德元年置溫州，四年州廢，來屬。有鐵。南和，緊。武德元年置和州，四年州廢，來屬。鉅鹿，上。武德元年置起州，并析置白起縣。四年州廢，省白起，以鉅鹿隸趙州。貞觀元年來屬。有大陸澤。有鹹泉，煮而成

鹽。平鄉，上。武德元年置封州，四年州廢，來屬。貞元中，刺史元誼徙漳水，自州東二十里出，至鉅鹿北十里入故河。任，中。武德四年置。堯山，上。本柏仁。武德元年置東龍州，四年州廢，隸趙州，五年來屬。天寶元年更名。內丘。上。武德四年隸趙州，五年來屬。有鐵。

洺州廣平郡，望。本武安郡，天寶元年更名。土貢：絁、綿、紬、油衣。戶九萬一千六百六十六，口六十八萬三千二百八十。縣六。永年，望。平恩，上。臨洺，緊。武德元年以臨洺、武安、肥鄉、邯鄲置紫州，四年州廢，縣皆隸磁州，六年以臨洺、肥鄉來屬。狗山有太宗故壘，討劉黑闥于此。雞澤，上。武德四年置。有昔樂縣，武德初置，後陷竇建德，遂廢。有漳、洺南堤二，沙河南堤一，永徽五年築。肥鄉，上。州又領清漳、池水二縣。會昌三年省清漳入肥鄉，池水入曲周。曲周。上。武德四年置。

惠州，上。本磁州，武德元年以相州之滏陽、臨水、成安置。貞觀元年州廢，滏陽、成安還隸相州。永泰元年，昭義節度使薛嵩表復以相州之滏陽，洺州之邯鄲、武安置。天祐三年以「磁」「慈」聲一，更名。土貢：紗、磁石。縣四。滏陽，望。邯鄲，上。貞觀元年隸洺州。武安，上。武德六年隸洺州。有錫。昭義。上。本臨水，武德六年省，永泰元年復置，更名。有鐵。

鎮州常山郡，大都督府。本恆州恆山郡，治石邑，義寧元年析隋高陽郡置。武德四年徙治眞定。天寶元年更郡名，十五載曰平山，尋復爲恆山。元和十五年避穆宗名更。土貢：孔雀羅、瓜子羅 春羅、梨。戶五萬四千六百三十三，口三十四萬二千一百三十四。縣

十一。有恒陽軍，開元中置。眞定，望。武德六年析置恒山縣，貞觀元年省。載初元年曰中山，神龍元年復故名。槀城，緊。義寧元年置鉅鹿郡，并析置柏肆、新豐、宜安三縣。武德元年曰廉州。四年，以趙州之鼓城、定州之毋極、冀州之鹿城隸之，省柏肆、新豐、宜安入槀城。貞觀元年州廢，以鹿城隸深州，鼓城、毋極隸定州，槀城來屬。天祐二年更曰槀平。石邑，緊。九門，上。義寧元年置九門郡，并析置新市、信義二縣。武德元年曰觀州，五年州廢，省信義、新市，以九門來屬。行唐，中。武德四年置玉城縣，五年省滋陽縣入焉。長壽二年曰章武，神龍元年復故名。大曆三年以縣置洨州，又以靈壽及定州之恒陽隸之。九年州廢，縣還故屬。井陘，中。義寧元年置井陘郡，又析置蒿澤縣。武德元年曰井州，後又領鹿泉及房山、蒲吾、靈壽。貞觀元年省蒲吾入房山，鹿泉、蒿澤入井陘。十七年州廢，縣皆來屬。有鐵。有離隔山。平山，中。本房山。義寧元年置房山郡，又置蒲吾縣。武德元年曰嶽州，四年州廢，縣皆隸井州(七)。天寶十五載更名。有鐵。有白馬關。有房山。獲鹿，中。本鹿泉，天寶十五載更名。有故井陘關，一名土門關。東北十里有大唐渠，自平山至石邑，引太白渠溉田。有禮教渠，總章二年，自石邑西北引太白渠東流入眞定界以溉田。天寶二年，又自石邑引大唐渠東南流四十三里入太白渠。有抱犢山。靈壽，中。義寧元年以縣置燕州，四年州廢，隸井州(八)。鼓城，中。本隸定州，大曆三年來屬。欒城。中。本隸趙州，大曆二年來屬，天祐二年更名欒氏。

冀州信都郡，上。本治信都，武德六年徙治下博，貞觀元年復故治，龍朔二年更名魏州，咸亨三年復故名。土貢：絹、綿。戶十一萬三千八百八十五，口八十三萬五百二十。縣九。信都，望。天祐二年更曰堯都。東二里有葛榮陂，貞觀十一年，刺史李興公開，引趙照渠水以注之。南宮，望。

西五十九里有濁漳隄，顯慶元年築。有通利渠，延載元年開。堂陽，上。西南三十里有渠，自鉅鹿入縣境，下入南宮，景龍元年開。西十里有漳水隄，開元六年築。棗彊，上。武邑，上。武德四年析置昌亭縣，貞觀元年省。北三十里有衡漳右隄，顯慶元年築。衡水，上。南一里有羊令渠，載初中，令羊元珪引漳水北流，貫城注隍。阜城，望。天祐二年更曰漢阜。蓨，上。本隸德州，永泰元年來屬。武彊。望。貞觀元年隸深州，州廢來屬。後復隸深州，開元二年來屬。永泰元年復隸深州，唐末來屬。

深州饒陽郡，上。武德四年以定州之安平、瀛州之饒陽置，尋徙治饒陽。貞觀十七年州廢，縣還故屬。先天二年，以瀛州之饒陽，冀州之鹿城、下博、武彊，定州之安平復置。土貢：絹。戶萬八千八百二十五，口三十四萬六千四百七十二。縣七。陸澤，上。先天二年析饒陽、鹿城置。饒陽，望。武德四年析置無蔞縣，貞觀元年省。束鹿，上。本鹿城，天寶十五載更名。安平，上。博野，望。本隸瀛州。武德五年以博野、清苑、定州之義豐置蠡州，八年州廢，縣還故屬，九年復以博野、清苑置。貞觀元年州廢，以博野、清苑隸瀛州。永泰中以博野來屬。元和十年復隸瀛州，後又來屬。樂壽，緊。本隸瀛州，大曆中來屬，元和十年復隸瀛州，後又來屬。下博。上。本隸冀州，貞觀元年來屬。州廢，還隸冀州。開元二年隸冀州。永泰元年復來屬。有永寧軍，貞元十年置。

趙州趙郡，望。武德初治柏鄉，四年徙治平棘，五年更名欒州，貞觀初復故名。土貢：絹。戶六萬三千四百五十四，口三十九萬五千二百三十八。縣八。平棘，上。東二里有廣潤陂，引太白渠以注之，東南二十里有畢泓，皆永徽五年令弓志元開，以畜洩水利。寧晉，緊。本廮陶(九)，天寶元年更名。地卑鹵。西南有新渠，上元中，令程處默引洨水入城以溉田，經十餘里，地用豐潤，民食乃甘。昭慶，望。本大陸，武德四年曰象城，天寶元年更名。西南二十里有建初陵、啓運陵，二陵共塋。城下有澧水渠，儀鳳三年，令李玄開，以溉田通漕。柏鄉，上。西有千金渠、萬金堰，開元中，令王佐所浚築，以疏積潦。高邑，中。臨城，中。本房子，天寶元年更名，天祐二年更曰房子。贊皇，中。元氏。上。有鼉山、封龍山。

滄州景城郡，上。本渤海郡，治清池，武德元年徙治饒安，六年徙治胡蘇，貞觀元年復治清池。土貢：絲布、柳箱、葦簟、糖蟹、鱧鮬。戶十二萬四千二十四，口八十二萬五千七百五。縣七。清池，緊。西北五十五里有永濟隄二，永徽二年築。西四十五里有明溝河隄二，西五十里有李彪淀東隄及徒駭河西隄，皆三年築。西四十里有衡漳隄二，顯慶元年築。西北六十里有衡漳東隄，開元十年築。東南二十里有渠，注毛氏河，東南七十里有渠，注漳，並引浮水，皆刺史姜師度開。西南五十七里有無棣河，東南十五里有陽通河，皆開元十六年開。南十五里有浮河隄、陽通河隄，又南三十里有永濟北隄，亦是年築。有甘井二，十年，令毛某母老，苦水鹹無以養，縣舍穿地，泉湧而甘，民謂之毛公井。有鹽。鹽山，緊。武德四年置東鹽州，五年，以景州之清池并析鹽山置浮水縣以隸之。貞觀元年州廢，省浮水，以清池、鹽山來屬。有鹽。長蘆，上。本隸瀛州。武德四年，以長蘆、平舒、魯城及滄州之清池置景州。貞觀元年州廢，以平舒還隸瀛州，長蘆、魯城來屬。樂陵，上。本隸棣州，武德八年來屬，大和二年又隸棣州，尋復來屬。饒安，上。武德四年析置

鬲津縣，貞觀元年省入陽信，八年復置，大和二年隸棣州，尋來屬。有無棣溝通海，隋末廢，永徽元年，刺史薛大鼎開。乾符。上。本魯城，乾符元年生野稻水穀二千餘頃，燕、魏饑民就食之，因更名。

景州，上。貞元三年析滄州之弓高、東光、臨津置。長慶元年州廢，縣還滄州，二年復以弓高、東光、臨津、南皮、景城置。大和四年，州又廢，縣還滄州。景福元年復置。土貢：葦簟。縣四。弓高，上。本隸德州，武德四年，以弓高及胡蘇、東光，冀州之阜城，蓨、安陵、觀津置觀州，并析東光置安陵縣，析蓨置觀津縣。六年以胡蘇隸滄州。貞觀元年省觀津，復以胡蘇隸觀州。十七年州廢，以弓高、東光、胡蘇隸滄州，蓨、安陵隸德州，阜城還隸冀州。東光，上。南二十里有靳河，自安陵入浮河，開元中開。臨津，上。本胡蘇，天寶元年更名。南皮。上。古毛河自臨津經縣入清池，開元十年開。有唐昌軍，貞元二十一年置。

德州平原郡，上。土貢：絹、綾。戶八萬三千二百一十一，口六十五萬九千八百五十五。縣六。安德，緊。長河，上。東南有張公故關。平原，上。大和二年隸齊州，三年來屬。平昌，上。貞觀十七年省般縣入焉，大和二年隸齊州，三年來屬。有馬頰河，久視元年開，號「新河」。將陵，望。安陵。望。景福元年隸景州，尋復來屬。

定州博陵郡，上。本高陽郡，天寶元年更名。土貢：羅、紬、細綾、瑞綾、兩窠綾、獨窠綾、二包綾、熟線綾。戶七萬八千九十，口四十九萬六千六百七十六。縣十。有義武軍，建中四年置。西有北平軍，開元中置。安喜，緊。本鮮虞，武德四年更名。義豐，緊。萬歲通天二年以拒契丹更名立節，神龍

元年復故名。北平，上。萬歲通天二年以拒契丹更名徇忠，神龍元年復故名。西北有安陽故關。望都，上。武德四年置。曲陽，上。本恒陽，元和十五年更名，是年，又更恒岳曰鎮岳，有岳祠。陘邑，中。本隋昌，武德四年曰唐昌，天寶元年更名。唐，上。有銅，有鐵。西北有八度故關、倒馬故關。北有委粟故關。新樂，中。東南二十里有木刀溝，有民木刀居溝傍，因名之。無極，上。「無」本作「毋」，萬歲通天二年更。有無極山。景福二年，節度使王處存以縣及深澤表置祁州。深澤。中。

易州上谷郡，上。土貢：紬、綿、墨。戶四萬四千二百三十，口二十五萬八千七百七十九。縣六。有府九，曰遂城、安義、脩武、德行、新安、古亭、武遂、長樂、龍水。有高陽軍。易，上。容城，上。本遒。武德五年，以容城及幽州之固安、歸義置北義州。貞觀元年州廢，縣還故屬。聖曆二年以拒契丹更名全忠，神龍二年復故名，天寶元年又更名。遂城，上。淶水，上。滿城，中。本永樂，天寶元年更名。有郎山。有永清軍，貞元十五年置。五回。中下。開元二十三年析易置，并置樓亭、板城二縣。天寶後省。

幽州范陽郡，大都督府。本涿郡，天寶元年更名。土貢：綾、綿、絹、角弓、人葠、栗。戶六萬七千二百四十三，口三十七萬一千三百一十二。縣九。有府十四，曰呂平、涿城、德聞、潞城、樂上、清化、洪源、良鄉、開福、政和、停驂、柘河、良杜、咸寧。城內有經略軍，又有納降軍，本納降守捉城，故丁零川也。西南有安塞軍，有赫連城。有宗王、乾澗、殄寇三鎮城，召堆、車坊、萬城、河旁四戍。薊，望。天寶元年析置廣寧縣，三載省。有鐵。有故隋臨朔宮。幽都，望。本薊縣地。隋於營州之境汝羅故城置遼西郡，以處粟末靺鞨降人。武德元年

曰燕州，領縣三：遼西、瀘河、懷遠。土貢：豹尾。是年，省瀘河。六年自營州遷于幽州城中，以首領世襲刺史。貞觀元年省懷遠。開元二十五年徙治幽州北桃谷山。天寶元年曰歸德郡。戶二千四十五，口萬一千六百三。建中二年爲朱滔所滅，因廢爲縣。廣平，上。天寶元年析薊置，三載省，至德後復置。潞，上。武德二年自無終徙漁陽郡於此，置玄州，領潞、漁陽，并置臨泃縣。貞觀元年州廢，省臨泃、無終，以潞、漁陽來屬。武清，上。本雍奴，天寶元年更名。永清，緊。本武隆，如意元年析安次置，景雲元年曰會昌，天寶元年更名。安次，上。良鄉，望。聖曆元年曰固節，神龍元年復故名。有大防山。昌平。望。北十五里有軍都陘。西北三十五里有納款關，即居庸故關，亦謂之軍都關。其北有防禦軍，古夏陽川也。有狼山。

涿州，上。大曆四年，節度使朱希彩表析幽州之范陽、歸義、固安置。縣五。范陽，望。本涿，武德七年更名。歸義，上。武德五年置，貞觀元年省，八年復置。景雲二年隸鄚州，是年，還隸幽州。固安，上。新昌，上。大曆四年析固安置。新城。上。大和六年以故督亢地置。

瀛州河間郡，上。土貢：絹。戶九萬八千一十八，口六十六萬三千一百七十一。縣五。河間，望。武德五年置武垣縣，貞觀元年省入焉。西北百里有長豐渠，二十一年，刺史朱潭開。又西南五里有長豐渠，開元二十五年，刺史盧暉自東城、平舒引滹沱東入淇通漕，溉田五百餘頃。高陽，上。武德四年以高陽、鄚、博野、清苑置滿州。五年以博野、清苑隸蠡州。貞觀元年州廢，以鄚、高陽來屬。平舒，上。東城，上。景城。上。本隸滄州，武德四年來屬，貞觀元年隸滄州，大曆七年復舊。後隸景州，尋又來屬。

莫州文安郡，上。本鄚州，景雲二年，以瀛州之鄚、任丘、文安、清苑、唐興，幽州之歸義置。開元十三年以「鄚」「鄭」文相類，更名。土貢：絹、綿。戶五萬三千四百九十三，口三十三萬九千九百七十二。縣六。有唐興軍，開元十四年置。北又有渤海軍。莫，緊。本鄚，開元十三年更。有九十九淀。清苑，上。文安，上。貞觀元年省豐利縣入焉。任丘，上。武德五年分鄚置。有通利渠，開元四年，令魚思賢開，以洩陂淀，自縣南五里至城西北入滱，得地二百餘頃。長豐，中。本利豐，開元十年析文安、任丘置，是年更名。唐興。上。本武興〔10〕，如意元年析河間置。長安四年隸易州，是年，還隸瀛州。神龍元年更名。

平州北平郡，下。初治臨渝，武德元年徙治盧龍。土貢：熊鞹、蔓荊實、人葠。戶三千一百一十三，口二萬五千八十六。縣三。有府一，曰盧龍。有盧龍軍，天寶二載置。又有柳城軍，永泰元年置。有溫溝、白望、西狹石、東狹石、綠疇、米磚、長楊、黃花、紫蒙、白狼、昌黎、遼西等十二戍，愛川、周夔二鎮城。東北有明埵關、鶻湖城、牛毛城。盧龍，中。本肥如，武德二年更名，又置撫寧縣，七年省。石城，中。本臨渝，武德七年省，貞觀十五年復置，萬歲通天二年更名。有臨渝關，一名臨閭關。有大海關。有碣石山。有溫昌鎮。馬城。中。古海陽城也，開元二十八年置，以通水運。東北有千金冶。城東有茂鄉鎮城。

嬀州嬀川郡，上。本北燕州，武德七年平高開道，以幽州之懷戎置。貞觀八年更名。土貢：樺皮、胡祿、甲榆、麝矢、麝香。戶二千二百六十三，口萬一千五百八十四。縣一。有府二，曰密雲、白檀。有清夷軍，垂拱中置。有淮北、白陽度、雲治、廣邊四鎮兵。有橫河、柴城二戍。有陽門城。有泳

定、鷂子二關。又有懷柔軍，在嬀、蔚二州之境。懷戎。上。天寶中析置嬀川縣，尋省。嬀水貫中。北九十里有長城，開元中張說築。東南五十里有居庸塞，東連盧龍、碣石，西屬太行、常山，實天下之險。有鐵門關。西有寧武軍。又北有廣邊軍，故白雲城也。

檀州密雲郡，本安樂郡，天寶元年更名。土貢：人葠、麝香。戶六千六十四，口三萬二百四十六。縣二。有威武軍，萬歲通天元年置，本漁陽，開元十九年更名。又有鎮遠軍，故黑城川也。有三叉城、橫山城、米城。有大王、北來、保要、鹿固、赤城、邀虜、石子蚖七鎮。有臨河、黃崖二戍。密雲，中。有隗山。燕樂。中。東北百八十五里有東軍、北口二守捉。北口，長城口也。又北八百里有吐護眞河，奚王衙帳也。

薊州漁陽郡，下。開元十八年析幽州置。土貢：白膠。戶五千三百一十七，口萬八千五百二十一。縣三。有府二，曰漁陽、臨渠。南二百里有靜塞軍，本障塞軍，開元十九年更名。又有雄武軍，故廣漢川也。東北九十里有洪水守捉，又東北三十里有鹽城守捉，又東北渡灤河有古盧龍鎮，又有斗陘鎮。自古盧龍北經九荊嶺、受米城、張洪隘度石嶺至奚王帳六百里。又東北行傍吐護眞河五百里至奚、契丹衙帳。又北百里至室韋帳。漁陽，中。神龍元年隸營州，開元四年還隸幽州。有平虜渠，傍海穿漕，以避海難，又其北漲水爲溝，以拒契丹，皆神龍中滄州刺史姜師度開。三河，中。開元四年析潞置。北十二里有渠河塘。西北六十里有孤山陂，溉田三千頃。玉田。中。本無終，武德二年置，貞觀元年省，乾封二年復置，萬歲通天元年更名，神龍元年隸營州，開元四年還隸幽州，八年隸營州，十一年又隸幽州。有壕門、米亭、三谷、礦石、方公、白楊等七戍。

營州柳城郡，上都督府。本遼西郡，萬歲通天元年爲契丹所陷，聖曆二年僑治漁陽，開元五年又還治柳城，天寶元年更名。土貢：人葠、麝香、豹尾、皮骨䚢。戶九百九十七，口三千七百八十九。縣一。有平盧軍，開元初置。東有鎭安軍，本燕郡守捉城，貞元二年爲軍城。西四百八十里有渝關守捉城。又有汝羅、懷遠、巫閭、襄平四守捉城。柳城。中。西北接奚，北接契丹，有東北鎭醫巫閭山祠。又東有碣石山。

安東，上都護府。總章元年，李勣平高麗國，得城百七十六，分其地爲都督府九，州四十二，縣一百，置安東都護府於平壤城以統之，用其酋渠爲都督、刺史、縣令。上元三年徙遼東郡故城，儀鳳二年又徙新城。聖曆元年更名安東都督府，神龍元年復故名。開元二年徙于平州，天寶二年又徙于遼西故郡城。至德後廢。土貢：人葠。有安東守捉。有懷遠軍，天寶二載置。又有保定軍。

右河北採訪使，治魏州。

校勘記

〔一〕賜名寶應靈慶池　「靈慶」，各本原作「慶靈」，據金石萃編卷一〇三大唐河東鹽池靈慶公神祠碑及本書卷二二四下喬琳傳改。

〔二〕有府十五　按下文實有十六府。

〔三〕本楊　「楊」，各本原作「揚」。舊書卷三九地理志、隋書卷三〇地理志、元和志卷一二、寰宇記卷四三均作「楊」，據改。

〔四〕其西有天安軍　按本書卷三七地理志，豐州中受降城西有天安軍，與本州之天安軍同名又同時置，兩地相去不遠，考異卷四五疑爲重出。突厥集史卷一〇考證云：「錢氏所疑，絲毫不謬。地志何以重出？諒由代州有大同軍，而天安軍在大同川西，大同軍與大同川，名涉近似而牽混也。」唐書兵志箋正卷二據元和志卷四豐州天德軍條及舊書卷九玄宗紀、卷一二〇郭子儀傳，疑天寶年間安思順於大同川西所築之城爲大安城，後移橫塞軍理此，並改軍名爲天德，天安軍實爲大安城之訛。又謂其以大安爲城名者，蓋因襲北魏大安郡。據魏書卷一〇六上地形志，大安郡原在懷朔鎭附近（元和志豐州有懷朔鎭），孝昌後寄治幷州界。冊府卷九九二、唐會要卷七八並稱「古代郡大安城」。唐판斷所謂「古代郡」乃指北魏之代郡，唐人不詳而誤羼入河東；故河東之天安，卽朔方之天安，但同爲大安城之訛。

〔五〕武德六年置北恆州　「六」，各本原作「元」。按舊書卷三九地理志、寰宇記卷四九皆謂武德四年平劉武周，六年置北恆州。又據元和志卷一四，置北恆州亦在武德四年平劉武周後。作「元」顯誤，據改。

〔六〕貞觀元年更蕩源曰湯陰　「蕩源」，各本原作「蕩陰」；「元年」下有「省」字。按寰宇記卷五五載：漢蕩陰縣，後魏省，隋開皇六年復置湯陰縣，十年又省入安陽，武德四年又分安陽置蕩源縣，貞觀元年改爲湯陰，以從漢舊名。舊書卷三九地理志、元和志卷一六所記略同。可知此處「蕩陰」爲「蕩源」之訛，「貞觀元年」下「省」字衍，今改正。又本卷下文衞州黎陽下相州之「蕩源」各本亦誤作「蕩陰」，並改。

〔七〕縣皆隸井州　「井」，各本原作「幷」。按元和志卷一七房山縣作「武德四年又屬井州」；本卷上文井陘縣注文亦云武德元年改井陘郡爲井州，後領房山、蒲吾、靈壽等縣。明「幷」爲「井」之訛，據改。

〔八〕義寧元年以縣置燕州四年州廢隸井州　按義寧無四年，舊書卷三九地理志、寰宇記卷六一並作「武德四年州廢」，疑此「四年」上脫「武德」二字。又「井」，各本原作「幷」，據寰宇記卷六一及本卷上文井陘縣注文改。

〔九〕本瘿陶　「瘿」，舊書卷三九地理志、通典卷一七八同，漢書卷二八上地理志、後漢書志第二〇郡國、元和志卷一七、寰宇記卷六〇均作「廮」。按字本作「廮」，然諸書「瘿」「廮」雜出，混用已久，不改。

〔一〇〕本武興　「興」，舊書卷三九地理志、唐會要卷七一、寰宇記卷六六均作「昌」。

唐書卷四十

志第三十

地理四

山南道，蓋古荆、梁二州之域，漢南郡、武陵、巴郡、漢中、南陽及江夏、弘農、廣漢、武都郡地。江陵、峽、歸、夔、澧、朗、復、郢、襄、房爲鶉尾分，鄧、隋、泌、均爲鶉火分，興元、金、洋、鳳、興、成、文、扶、利、集、壁、巴、蓬、通、開、忠、萬、涪、閬、果、渠爲鶉首分。爲府二，州三十三，縣百六十一。其名山：嶓冢、熊耳、銅梁、巫、荆、峴。其大川：巴、漢、沮、淯。厥賦：絹、布、綿紬。厥貢：金、絲、紵、漆。

江陵府江陵郡，本荆州南郡，天寶元年更郡名。肅宗上元元年號南都，爲府。二年罷都，是年又號南都。尋罷都。土貢：方紋綾、貲布、柑、橙、橘、椑、白魚、糖蟹、梔子、貝母、覆盆、烏梅、石龍芮。戶三萬三百九十二，口十四萬八千一百四十九。縣八。有府一，曰羅含。有

永安軍，乾元二年置。江陵，次赤。貞觀十七年省安興縣入焉。貞元八年，節度使嗣曹王皋塞古堤，廣良田五千頃，畝收一鍾。又規江南廢洲爲廬舍，架江爲二橋。荆俗飲陂澤，乃教人鑿井，人以爲便。枝江，次畿。上元元年析江陵置長寧縣。二年省枝江入長寧。大曆六年復置枝江，省長寧。當陽，次畿。武德四年置平州，并析置臨沮縣。六年曰玉州。八年州廢，省臨沮，以當陽來屬。有南紫蓋山、北紫蓋山。長林，次畿。武德四年於東境置基州，并置章山縣。七年州廢，以章山隸郢州。郢州廢，來屬。八年省章山入長林。石首，次畿。武德四年置。松滋，次畿。公安，次畿。荆門。次畿。貞元二十一年析長林置。

峽州夷陵郡，中。本治下牢戍，貞觀九年徙治步闡壘。土貢：紵葛、箭竹、柑、茶、蠟、芒硝、五加、杜若、鬼臼。戶八千九十八，口四萬五千六百六。縣四。夷陵，上。西北二十八里有下牢鎮。有黃牛山。宜都，中下。本宜昌，隸南郡。武德二年更名，以宜都及峽州之夷道置江州，六年曰東松州。貞觀八年州廢，省入宜都，來屬。長陽，中下。本隸南郡。武德四年以縣置睦州，并置巴山、鹽水二縣。八年州廢，省鹽水，以長陽、巴山隸東松州。州廢，來屬。天寶八載省巴山入長陽。遠安。中下。有神馬山，本白馬山，天寶元年更名。

歸州巴東郡，下。武德二年析夔州之秭歸、巴東置。土貢：紵葛、茶、蜜、蠟。戶四千六百四十五，口二萬三千四百一十七。縣三。秭歸，中。有鹽。東南八十五里有太清鎮城。巴東，中下。有鹽，有鐵。興山。中下。武德三年析秭歸置。

夔州雲安郡，下都督府。本信州巴東郡，武德二年更州名，天寶元年更郡名。土貢：紵錫布、熊、羆、山雞、茶、柑、橘、蜜、蠟。戶萬五千六百二十，口七萬五千。縣四。有府一，曰東陽。奉節，上。本人復，貞觀二十三年更名。有鐵。有永安井鹽官。雲安，上。有鹽官。巫山，中。有巫山。大昌。下。有鹽官。

澧州澧陽郡，上。土貢：紋綾、紵練縛巾、犀角、竹簟、光粉、柑、橘、恆山、蜀漆。戶萬九千六百二十，口九萬三千三百四十九。縣四。澧陽，望。有關山。安鄉，中。貞觀元年省孱陵縣入焉。石門，中。有鐵。慈利。中下。武德中置崇義縣，麟德元年省入焉。本故崇州。

朗州武陵郡，下。土貢：葛、紵練簟、柑、犀角。戶九千三百六，口四萬三千七百六十。縣二。武陵，上。北有永泰渠，光宅中，刺史胡處立開，通漕，且爲火備。西北二十七里有北塔堰，開元二十七年，刺史李璡增修，接古專陂，由黃土堰注白馬湖，分入城隍及故永泰渠，溉田千餘頃。東北八十九里有考功堰，長慶元年，刺史李翺因故漢樊陂開，溉田千一百頃；又有右史堰，二年，刺史溫造增修，開後鄉渠，經九十七里，溉田二千頃。又北百一十九里有津石陂，本聖曆初，令崔嗣業開，翺、造亦從而增之，溉田九百頃。翺以尚書考功員外郎，造以起居舍人，出爲刺史，故以官名。東北八十里有崔陂。東北三十五里有槎陂，亦嗣業所修以溉田，後廢。大曆五年，刺史韋夏卿復治槎陂，溉田千餘頃。十三年以堰壞遂廢。有枉山。龍陽。中上。

忠州南賓郡，下。本臨州，義寧二年析巴東郡之臨江置，貞觀八年更名。土貢：生金、綿紬、蘇薰席、文刀。戶六千七百二十二，口四萬三千二十六。縣五。臨江，中下。有鹽。豐

都，中下。義寧二年析臨江置。南賓，中下。武德二年析浦州之武寧置。有鐵。墊江，中下。桂溪。中下。本清水，武德二年析臨江置，天寶元年更名。

涪州涪陵郡，下。武德元年以渝州之涪陵鎮置。土貢：麩金、文刀、獠布、蠟。戶九千四百，口四萬四千七百二十二。縣五。涪陵，中下。武德二年置，并置武龍縣。又析涪陵、巴縣地置永安縣。開元二十二年省永安入樂溫。賓化，下。本隆化，貞觀十一年置，先天元年更名。武龍，中下。樂溫，中下。武德二年析巴縣地置，隸南潾州，九年來屬。溫山。下。本隸南潾州，後來屬。

萬州南浦郡，下。本南浦州，武德二年析信州置。八年州廢，以南浦、梁山隸夔州，武寧隸臨州。九年復置，曰浦州。貞觀八年更名。土貢：麩金、藥子。戶五千一百七十九，口二萬五千七百四十六。縣三。南浦，中。有盤響監、漁陽監，鹽官二。武寧，中下。梁山。中下。

襄州襄陽郡，望。土貢：綸巾、漆器、庫路眞二品：十乘花文、五乘碎石文，柑、蔗、芋，薑。戶四萬七千七百八十，口二十五萬二千一。縣七。有府一，曰漢津。襄陽，望。貞觀八年省常平縣入焉。有峴山。鄧城，緊。本安養，天寶元年曰臨漢，貞元二十一年更名。穀城，上。武德四年以穀城、陰城置酇州，五年州廢，二縣來屬。貞觀八年省陰城入焉。有薤山。義清，中。貞觀八年省南漳入焉。南漳，本臨沮。南漳，中下。本荆山，武德二年析南漳置，以縣置重州，并置重陽、平陽、渠陽、土門、歸義五縣。七年省渠陽入荆山，省平陽入重陽，省土門、歸義入房州之永清。貞觀元年州廢，以荆山來屬，徙重陽于故重州，隸遷州。八年省重陽入荆山。開

元十八年徙于故南漳，因更名。有荆山。樂鄉，中下。本隸竟陵郡，武德四年以樂鄉及鄀州之率道、上洪置鄀州。貞觀元年又領長壽，省上洪。八年州廢，以長壽隸溫州，樂鄉、率道來屬。宜城。上。本率道，貞觀八年省漢南縣入焉，天寶七載更名。有石梁山、陰山。

泌州淮安郡，上。本昌州舂陵郡，治棗陽。武德五年以唐城山更名唐州，九年徙治比陽。天寶元年更郡名。天祐三年，朱全忠徙治泌陽，表更名。土貢：絹、布。戶四萬二千六百四十三，口十八萬二千三百六十四。縣七。泌陽，中。本上馬，貞觀元年省入湖陽，開元十三年復置，天寶元年更名。比陽，上。本淮安郡治，武德四年曰顯州，領比陽、慈丘、平氏、顯岡、桐柏五縣。二年省顯岡〔一〕。九年州廢，縣皆來屬。慈丘，上。桐柏，中。武德初置純州，貞觀元年州廢，來屬。有桐柏山。有淮瀆祠。平氏，中。有祈中山。湖陽，中。武德四年以縣置湖州，貞觀元年州廢，來屬。有蓼山。方城。上。本淯陽郡治。武德二年曰北澧州，領方城、眞昌二縣。貞觀元年省眞昌。八年曰魯州，九年州廢，以方城來屬。

隋州漢東郡，上。土貢：合羅、綾、葛、覆盆。戶二萬三千九百一十七，口十萬五千七百二十二。縣四。隋，上。武德四年省安貴縣入焉。五年省平林、順義縣入焉。光化，上。棗陽，上。本隸唐州。武德五年省唐州之清潭縣入焉。貞觀元年又省唐州之舂陵縣入焉。十年以棗陽來屬。有光武山。唐城。上。開元二十六年以客戶析棗陽地置。

鄧州南陽郡，上。土貢：絲布、茅菊。戶四萬三千五十五，口十六萬五千二百五十七。

縣六。穰，望。武德四年析置平晉縣，以新野置新州，尋廢新州，以新野來屬。六年省平晉縣〔二〕。又領淯陽縣〔三〕，貞觀元年省，乾元元年省新野，皆入焉。南陽，緊。武德三年以南陽及舂陵郡之上馬置宛州，并置云陽、上宛、安固三縣。八年州廢，以上馬隸唐州，省云陽、上宛，以安固入南陽，來屬。聖曆元年曰武臺。神龍初復故名。有銅。向城，上。武德三年以縣置清州。八年州廢，隸北澧州，州廢，來屬。聖曆元年曰武淸。神龍初復故名。北八十里有魯陽關。臨湍，上。本新城。武德二年以縣置酈州，八年州廢，來屬。貞觀元年省冠軍縣入焉。天寶元年更名。又有順陽縣，武德二年析冠軍置，六年省。內鄉，上。本淅陽郡治。武德二年曰淅州，并置默水縣。貞觀八年州廢，省默水入內鄉，來屬。有岵山。菊潭。中。開元二十四年析新城置。

均州武當郡，下。義寧二年析淅陽郡之武當、均陽置。貞觀元年州廢，二縣隸淅州。八年以武當、鄖鄉復置。土貢：山雞尾、麝香。戶九千六百九十八，口五萬八百九。縣三。有府一，曰至誠。武當，上。義寧二年析置平陵縣，武德七年省，八年省均陽入焉。東南百里有鹽池。有武當山。鄖鄉，上。本隸淅陽郡。武德元年以鄖鄉、安福置南豐州，并置堵陽、黃沙、白沙、固城四縣。八年省黃沙、白沙、固城，是年州廢，以鄖鄉、安福、堵陽隸淅州。貞觀元年省安福、堵陽入焉。有精舍山，本獨山，天寶中更名。豐利。上。有伏龍山。有錫義山，一名天心山。

房州房陵郡，上。武德元年析遷州之竹山、上庸置。貞觀十年徙治房陵。土貢：蠟、蒼礬、麝香、鍾乳、雷丸、石膏、竹鼺。戶萬四千四百二十二，口七萬一千七百八。縣四。房陵，上。本光遷，房陵郡治，武德元年曰遷州，并析置受陽、淅川、房陵三縣。五年省淅川。七年省房陵、受陽。貞觀十年州廢，來屬，更光遷曰房陵。永淸，中下。本隸遷州，州廢，來屬。有房山。竹山，中下。武德元年析置武陵縣，貞觀十年省。上庸。上。

復州竟陵郡，上。本沔陽郡，治竟陵。貞觀七年徙治沔陽。天寶元年更名。寶應二年復故治。土貢：白紵、白蜜。戶八千二百一十，口四萬四千八百八十五。縣三。沔陽，上。竟陵，上。有五花山。有石堰渠，咸通中，刺史董元素開。監利。中下。

郢州富水郡，上。本竟陵郡，治長壽。貞觀元年州廢，以長壽隸鄀州，十七年復置，治京山，後還治長壽。土貢：紵布、葛、蕉、春酒麴、棗、節米。戶萬二千四十六，口五萬七千三百七十五。縣三。長壽，上。貞觀元年省藍水縣入焉。京山，上。本隸安州。武德四年以京山、富水二縣置溫州，貞觀十七年州廢，縣皆來屬。富水。上。有白沙山。

金州漢陰郡〔四〕，上。本西城郡，天寶元年曰安康郡，至德二載更名。土貢：麩金、茶牙、椒、乾漆、椒實、白膠香、麝香、杜仲、雷丸、枳殼、枳實、黃蘗。有橘官。戶萬四千九十一，口五萬七千九百二十九。縣六。有府一，曰洪義。西城，上。本金川，義寧二年更名。有牛山。漢水有金。洵陽，中下。武德元年以縣置洵州，并置洵城、驢川二縣，七年州廢，縣皆來屬。貞觀二年省驢川，八年省洵城。東有申口鎮城。淯陽，上。本黃土，天寶元年更名，大曆六年省入洵陽，長慶初復置。石泉，中下。聖曆元年曰武安，

神龍元年復故名，大曆六年省入漢陰，永貞元年復置。漢陰，中下。本安康。武德元年以縣置西安州，并置寧都、廣德二縣。二年曰直州。貞觀元年州廢，省寧都，以廣德入安康，來屬。至德二載更名。西有方山關，貞觀十二年置。月川水有金。平利。中下。武德元年以故吉安置，大曆六年省入西城，長慶初復置。有女媧山。

右東道採訪使，治襄州。

興元府漢中郡，赤。本梁州漢川郡，開元十三年以「梁」「涼」聲相近，更名褒州，二十年復曰梁州，天寶元年更郡名，興元元年爲府。土貢：穀、蠟、紅藍、燕脂、夏蒜、冬筍、糟瓜、柑、枇杷、茶。戶三萬七千四百七十，口十五萬三千七百一十七。縣五。有府一，曰麗水。南鄭，次赤。有旱山、玉女山、中梁山。褒城，次畿。義寧二年更名褒中。貞觀三年復故名。有牛頭山。北有甘亭關。城固，次畿。武德二年更名唐固，三年析置白雲縣，九年省。貞觀二年復故名。西，次畿。武德三年以縣置褒州，析利州之綿谷置金牛縣，八年州廢，二縣來屬。寶曆元年省金牛縣入焉。西南有百牢關。有錫，有鐵。三泉。次畿。武德四年析利州之綿谷置，以縣置南安州，并置嘉牟縣。八年州廢，省嘉牟，以三泉隸利州。天寶元年來屬。

洋州洋川郡，雄。武德元年析梁州之西鄉、黃金、興勢置，天寶十五載徙治興道。土貢：白交梭、火麻布、野苧麻、蠟、白膠香、麝香。戶二萬三千八百四十九，口八萬八千三百二十七。縣四。興道，緊。本興勢，貞觀二十三年更名。有駱谷路，南口曰儻谷，北口曰駱谷。西鄉，上。武德

四年析置洋源縣，寶曆元年省。有嬰亭山。黃金，中。有子午谷路。眞符。中。本華陽，開元十八年析興道置。天寶三載省。八載開清水谷路，復置，因鑿山得玉册，更名，隸京兆府。十一載來屬。有太白山、金星洞。

利州益昌郡，下都督府。本義城郡，天寶元年更名。土貢：金、絲布、粱米、蠟燭、鮇魚、天門冬、芎藭、麝香。戶萬三千九百一十，口四萬四千六百。縣六。綿谷，上。有鐵。葭萌，上。益昌，中下。嘉川，中下。胤山，中下。本義城，義寧二年曰義清。武德七年以義清、岐坪、隆州之奉國置西平州。貞觀二年州廢，以義清來屬，岐坪、奉國隸閬州。天寶元年更名。景谷。中下。武德四年以景谷及龍州之方維置沙州。貞觀元年州廢，省方維爲鎮，以景谷來屬。寶曆元年省，尋復置。西有石門關。西北有白壩、魚老二鎮城。

鳳州河池郡，下。土貢：布、蠟燭、麝香。戶五千九百一十八，口二萬七千八百七十七。縣三。有府一，曰歸昌。梁泉，中下。武德元年析置黃花縣，寶曆元年省。有銀，有鐵。兩當，中下。有銀。河池。中下。

興州順政郡，下。土貢：蠟、漆、丹沙、蜜、筍。戶二千二百二十四，口萬一千四百四十六。縣二。順政，中。有鐵。南有興城關。長舉。中下。元和中，節度使嚴礪自縣而西疏嘉陵江二百里，焚巨石，沃醯以碎之，通漕以饋成州戍兵。州又領鳴水縣，長慶元年省入焉。有鐵。

成州同谷郡，下。本漢陽郡，治上祿，天寶元年更名，寶應元年沒吐蕃，貞元五年，於同谷之西境泥公山權置行州，咸通七年復置，徙治寶井堡，後徙治同谷。土貢：蠟燭、麝香、

鹿茸、防葵、狼毒。戶四千七百二十七，口二萬一千五百八。縣三。有府一，曰平陰。有靜戎軍，寶應元年，徙馬邑州于鹽井城置。同谷，中下。武德元年以縣置西康州，貞觀元年州廢，來屬，咸通十三年復置。上祿，中。沒蕃後廢。有仇池山。有鹽。漢源。中下。沒蕃後廢。

文州陰平郡，下。義寧二年析武都郡之曲水、正西、長松置。土貢：麩金、紬、綿、麝香、白蜜、蠟燭、柑。戶千九百八，口九千二百五。縣一。曲水。中下。貞觀元年省正西縣，貞元六年省長松縣，皆來屬。

扶州同昌郡，下。乾元後沒吐蕃，大中二年，節度使鄭涯收復。土貢：麝香、當歸、芎藭。戶二千四百一十八，口萬四千二百八十五。縣四。有府二，曰安川、會川。同昌，中下。帖夷，中下。萬歲通天二年曰武進，神龍元年復故名。萬全，中下。本尙安，至德二年更名。鉗川。中下。

集州符陽郡，下。武德元年，析梁州之難江，巴州之符陽、長池、白石置。土貢：蠟燭、藥子。戶四千三百五十三，口二萬五千七百二十六。縣三。難江，上。武德元年析置平桑縣，貞觀元年省，二年復置，六年省，又省長池縣入焉。大牟，下。武德二年徙靜州治狄平，更狄平曰地平。十七年廢靜州，以大牟、清化隸巴州，地平來屬。永泰元年以大牟隸集州，更地平曰通平，寶曆元年省。嘉川。下。本隸利州，貞觀二年隸靜州，州廢，還隸利州，永泰元年來屬。

壁州始寧郡，下。武德八年析巴州之始寧縣地置。土貢：紬、綿、馬策。戶萬三千三百

六十八，口五萬四千七百五十七。縣五。通江，上。本諾水，隸萬州。武德中省，八年又析巴州之始寧復置，天寶元年更名。廣納，中。武德三年析始寧、歸仁置，寶曆元年省，大中初復置。符陽，中。本隸清化郡，武德元年隸集州，八年來屬，貞觀八年復隸集州，長安三年來屬，景雲二年又隸集州，永泰元年來屬。白石，中。本隸清化郡，武德元年隸集州，八年來屬。東巴。中。本太平，開元二十三年置，天寶元年更名。

巴州清化郡，中。土貢：麩金、綿、紬、貲布、花油、橙、石蜜。戶三萬二百一十，口九萬一千五十七。縣九。化城，上。盤道，中下。寶曆元年省入恩陽，長慶中復置。清化，上。武德元年置靜州，又析置大牟、狄平二縣。曾口，中。歸仁，中。始寧，中。其章，中。寶曆元年省，大中元年復置。恩陽，中。貞觀十七年省，萬歲通天元年復置。七盤。上。久視元年置。

蓬州蓬山郡，下。本咸安郡，武德元年，以巴州之安固、伏虞，隆州之儀隴、大寅，渠州之宕渠、咸安置，開元二十九年徙治大寅，至德二載更郡名。土貢：綿、紬。戶萬五千五百七十六，口五萬三千三百五十三。縣七。蓬池，中。本大寅，廣德元年更名，後省，開成元年復置。良山，中。本安固，天寶元年更名，寶曆元年省入蓬池，大中中復置。儀隴，中。武德三年以縣置方州。八年州廢，還隸蓬州。伏虞，中。宕渠，中下。寶曆元年省入蓬山，大中中復置。蓬山，上。本咸安，至德二載更名。朗池。中。武德四年析果州之相如縣置，隸果州，寶應元年來屬。寶曆元年省，開成二年復置。

通州通川郡，上。土貢：紬、綿、蜜、蠟、麝香、楓香、白藥實。戶四萬七百四十三，口十

一萬八百四。縣九。通川，上。武德二年置思來縣，貞觀元年省入焉。永穆，上。本隸巴州。武德二年以永穆及歸仁置萬州，又置諾水、廣納、太平、恆豐四縣，七年省諾水。貞觀元年州廢，以歸仁還隸巴州，廣納隸壁州，省太平、恆豐入永穆，來屬。三岡，中。寶曆元年省，大中五年復置。石鼓，中。寶曆元年省，大中元年復置。東鄉，中。武德三年置南石州，又置下蒲、昌樂二縣。八年州廢，省昌樂入石鼓，下蒲入東鄉，來屬。宣漢，中下。武德元年置南井州，并析置東關縣。貞觀元年州廢，省東關，以宣漢來屬。有鹽，有金。新寧，中下。武德二年析通川置。大和三年隸開州，四年來屬。巴渠，中。永泰元年析石鼓置，大和三年隸開州，四年來屬。閬英。中。天寶九載置。

開州盛山郡，下。本萬世郡，義寧二年，析巴東郡之盛山、新浦，通川郡之萬世、西流置，天寶元年更名。土貢：白紵布、柑、茱萸實。戶五千六百六十，口三萬四百二十一。縣三。開江，上。本盛山，貞觀元年省西流縣入焉，廣德元年更名。新浦，中下。萬歲。中下。本萬世，貞觀二十三年更名，寶曆元年省，尋復置。有鹽。東南五里有靈洞，貞元九年雷雨震開。

閬州閬中郡，上。本隆州巴西郡，先天二年避玄宗名更州名，天寶元年更郡名。土貢：蓮綾、綿、絹、紬、穀。戶二萬九千五百八十八，口十三萬二千一百九十二。縣九。閬中，緊。本閬內，武德元年更名，是年析置思恭縣，七年省。有靈山。有鹽。晉安，中。本晉城，武德中避隱太子名更。有鹽。南部，上。有鹽。蒼溪，中下。有雲臺山、紫陽山。西水，中下。奉國，上。武德七年隸西平州，貞觀元年州廢，還隸隆州。新井，中。武德元年析南部、晉安置。有鹽。新政，中。本新城，武德四年析南部、相如置，避隱太子名更。有

鹽。岐坪。中。本隸利州，開元二十三年來屬，寶曆元年省入奉國，蒼溪，天復中，王建表置。

果州南充郡，中。武德四年析隆州之南充、相如置，大曆六年更名充州，十年復故名。土貢：絹、絲布。戶三萬三千六百四，口八萬九千二百二十五。縣五。南充，上。有鹽。相如，中。有鹽。流溪，中。開耀元年析南充置。西充，上。武德四年析南充置。有鹽。岳池。中。萬歲通天二年析南充、相如置。有龍扶速山。

渠州潾山郡，下。本宕渠郡，天寶元年更名。土貢：紬、綿、藥實、買子本實。戶九千九百五十七，口二萬六千五百二十四。縣三。流江，上。武德元年析置義興縣，別置賨城縣，八年皆省。渠江，中。本賨城，武德元年曰始安，又析置豐樂縣，八年省。天寶元年更名。潾山。中下。武德元年析潾水置，以縣置潾州，并置鹽泉縣及渠州之潾水、墊江以隸之。三年以潾水來屬。八年州廢，以墊江隸忠州，潾山來屬。久視元年分蓬州之宕渠置大竹縣，隸蓬州。至德二載來屬。寶曆元年省潾水、大竹入潾山。有鐵。

右西道採訪使，治梁州。

隴右道，蓋古雍、梁二州之境，漢天水、武都、隴西、金城、武威、張掖、酒泉、燉煌等郡，總爲鶉首分。爲州十九，都護府二，縣六十。其名山：秦嶺、隴坻、鳥鼠同穴、朱圉、西傾、積

石、合黎、崆峒、三危。其大川：河、洮、弱、羌、休屠之澤。厥賦：布、麻。厥貢：金屑、礪石、鳥獸、革角。自祿山之亂，河右暨西平、武都、合川、懷道等郡皆沒于吐蕃，寶應元年又陷秦、渭、洮、臨，廣德元年復陷河、蘭、岷、廓，貞元三年陷安西、北廷，隴右州縣盡矣。大中後，吐蕃微弱，秦、武二州漸復故地，置官守。五年，張義潮以瓜、沙、伊、肅、鄯、甘、河、西、蘭、岷、廓十一州來歸，而宣、懿德微，不暇疆理，惟名存有司而已。

秦州天水郡，中都督府。本治上邽，開元二十二年以地震徙治成紀之敬親川，天寶元年還治上邽，大中三年復徙治成紀。土貢：龍鬚席、芎藭。戶二萬四千八百二十七，口十萬九千七百四十。縣六。有府六，曰成紀、脩德、清德、清水、三度、長川。成紀，上。有銀，有銅，有鐵。上邽，上。有嶓冢山。伏羌，中。本冀城。武德二年更名，是年，以伏羌及渭州之隴西置伏州，八年州廢，縣還故屬。九年析置鹽泉縣，貞觀元年更名夷賓，三年省。有石白山、朱圉山。隴城，下。武德二年以縣置文州，八年州廢，來屬。貞觀三年置長川縣，六年省入焉。有銀。清水，下。武德四年以縣置邽州，六年州廢來屬。又有秦嶺縣，貞觀十七年省。大中二年先收復，權隸鳳翔府，三年來屬。東五十里有大震關。有銀。長道。中下。本隸成州，天寶末廢，咸通十三年復置，來屬。有鹽。

河州安昌郡[五]，下。本枹罕郡，天寶元年更名。土貢：麝香。戶五千七百八十二，口三萬六千八十六。縣三。西百八十里有鎮西軍，開元二十六年置。西八十里索恭川有天成軍，西百餘里鵰窠城有振威軍，皆天寶十三載置。西南四十里有平夷守捉城。枹罕，中下。有可藍關。大夏，中下。貞觀元年省入枹罕，五年復置。鳳林。中下。本烏州，貞觀七年置，十一年州廢，更置安昌縣，來屬，天寶元年更名。北有鳳林關，有積石山。

渭州隴西郡，中都督府。土貢：龍鬚席、麝香、秦艽。戶六千四百二十五，口二萬四千五百二十。縣四。有府四，曰渭源、平樂、臨源、萬年。襄武，上。隴西，上。鄣，下。天授二年曰武陽，神龍元年復故名。南二里有鹽井。渭源。上。高宗上元二年更名首陽，於渭源故縣別置渭源縣。儀鳳三年省首陽入渭源。有鳥鼠同穴山，一名青雀山。

鄯州西平郡，下都督府。土貢：牸犀角。戶五千三百八十九，口二萬七千一十九。縣三。星宿川西有安人軍。西北三百五十里有威戎軍。西南二百五十里有綏和守捉城。南百八十里有合川守捉城。湟水，中。龍支，中。肅宗上元二年，州沒吐蕃，以龍支、鄯城隸河州。鄯城。中。儀鳳三年置。有土樓山。有河源軍，西六十里有臨蕃城，又西六十里有白水軍、綏戎城，又西南六十里有定戎城。又南隔澗七里有天威軍，軍故石堡城，開元十七年置，初曰振武軍，二十九年沒吐蕃，天寶八載克之，更名。又西二十里至赤嶺，其西吐蕃，有開元中分界碑。自振武經尉遲川、苦拔海、王孝傑米柵，九十里至莫離驛。又經公主佛堂、大非川二百八十里至那錄驛，吐渾界也。又經暖泉、烈謨海，四百四十里渡黃河，又四百七十里至衆龍驛。又渡西月河，二百一十里至多彌國西界。又經犛牛河度藤橋，百里至列驛。又經食堂、吐蕃村、截支橋，兩石南北相當，又經截支川，四百四十里至婆驛。乃度大月河羅橋，經潭

池、魚池，五百三十里至悉諾羅驛。又經乞量寧水橋，又經大速水橋，三百二十里至鶻莽驛，唐使入蕃，公主每使人迎勞于此。又經鶻莽峽十餘里，兩山相崟，上有小橋，三瀑水注如瀉缶，其下如煙霧，百里至野馬驛。經吐蕃墾田，又經樂橋湯，四百里至閣川驛。又經恕諶海，百三十里至蛤不爛驛，旁有三羅骨山，積雪不消。又六十里至突錄濟驛，唐使至，贊普每遣使慰勞于此。又經柳谷莽布支莊，有溫湯，涌高二丈，氣如煙雲，可以熟米。又經湯羅葉遺山及贊普祭神所，二百五十里至農歌驛。邏些在東南，距農歌二百里，唐使至，吐蕃宰相每遣使迎候于此。又經鹽池、暖泉、江布靈河，百一十里渡姜濟河，經吐蕃墾田，二百六十里至卒歌驛。乃渡臧河，經佛堂，百八十里至勃令驛鴻臚館，至贊普牙帳，其西南拔布海。

蘭州金城郡，下。以皋蘭山名州。土貢：麩金、麝香、鼧鼥鼠。戶二千八百八十九，口萬四千二百二十六。縣二。有府二，曰金城、廣武。又有榆林軍。五泉，下。咸亨二年更名金城，天寶元年復故名。北有金城關。金城。下。本廣武縣，乾元二年更名。

臨州狄道郡，下都督府。天寶三載析金城郡之狄道縣置。縣二。有臨洮軍，久視元年置，寶應元年沒吐蕃。狄道，下。長樂。下。本安樂，天寶後置，乾元後更名。

階州武都郡，下。本武州，因沒吐蕃，廢，大曆二年復置爲行州，咸通中始得故地，龍紀初遣使招葺之，景福元年更名，治皋蘭鎮。土貢：麝香、蜜、蠟燭、山雞尾、羚羊角。戶二千九百二十三，口萬五千三百一十三。縣三。將利，中下。州又領建威縣，貞觀元年省入焉。福津，中下。

本覆津，景福元年更名。盤隄。中下。沒蕃後不復置。

洮州臨洮郡，下。本治美相，貞觀八年徙治臨潭。開元十七年州廢，以縣隸岷州，二十年復置，更名臨州，二十七年復故名。土貢：甘草、麝香。戶二千七百，口萬五千六十。縣一。有府一，曰安西。有莫門軍，儀鳳二年置。西八十里磨禪川有神策軍，天寶十三載置。臨潭。中。本美相。貞觀四年徙治洪和城，以故地置旭州。五年又置臨潭縣。八年州廢，以臨潭來屬，徙州來治，遷于洮陽城。十二年省博陵縣，天寶中省美相縣，皆入臨潭。西百六十里有廣恩鎮。有西傾山。

岷州和政郡，下。義寧二年析臨洮郡之臨洮、和政置。土貢：龍鬚席、甘草。戶四千三百二十五，口二萬三千四百四十一。縣三。有府三，曰祐川、臨洮、和政。溢樂，中下。本臨洮，義寧二年更名，貞觀二年析置當夷縣，神龍元年省。有岷山。西有崆峒山。祐川，中下。本基城，義寧二年置，先天元年更名。和政。中。有閤博山。

廓州寧塞郡，下。本澆河郡，天寶元年更名。土貢：麩金、酥、大黃、戎鹽、麝香。戶四千二百六十一，口二萬四千四百。縣三。西有寧邊軍，本寧塞軍。西八十里宛秀城有威勝軍。西南百四十里洪濟橋有金天軍，其東南八十里百谷城有武寧軍。南二百里黑峽川有曜武軍。皆天寶十三載置。廣威，下。本化隆，先天元年曰化成，天寶元年又更名。達化，下。西有積石軍，本靜邊鎮，儀鳳二年爲軍。東有黃沙戍。米川。下。貞觀五年置，又以縣置米州，十年州廢，隸河州。永徽六年來屬。

疊州合川郡，下。武德二年析洮州之合川、樂川、疊川置。土貢：麝香。戶千二百七十五，口七千六百七十四。縣二。有府一，曰長利。合川，下。武德五年以党項戶置安化、和同二縣，尋省。貞觀二年省樂川、疊川入焉。有消轆山。常芬。下。武德元年以縣置芳州，并置丹嶺縣。四年以丹嶺隸洮州。貞觀二年置恆香縣，僑治恆香戍，復以丹嶺隸芳州。高宗上元二年陷吐蕃，神龍元年州廢，省丹嶺、恆香，以常芬來屬。

宕州懷道郡，下。本宕昌郡，天寶元年更名。土貢：麩金、散金、麝香。戶千一百九十，口七千一百九十九。縣二。有府二，曰同歸、常吉。懷道，下。貞觀三年省和戎縣入焉。西百八十三里有蘇董戍。有同均山。良恭。下。貞觀元年以成州之潭水來屬，後省入焉。

涼州武威郡，中都督府。土貢：白麦〔六〕，龍鬚席、毯、野馬革、芎藭。戶二萬二千四百六十二，口十二萬二百八十一。縣五。有府六，曰明威、洪池、番禾、武安、麗水、姑臧。又有赤水軍，本赤烏鎮，有赤青泉，因名之，幅員五千一百八十里，軍之最大也。西二百里有大斗軍，本赤水守捉，開元十六年爲軍，因大斗拔谷爲名。東南二百里有烏城守捉。南二百里有張掖守捉。西二百里有交城守捉。西北五百里有白亭軍，本白亭守捉，天寶十四載爲軍。姑臧，中下。北百八十里有明威戍。西北百六十里有武安戍。有武興鹽池、嶶眉鹽池。神烏，下。武德三年置，貞觀元年省，總章元年復置，曰武威，神龍元年復故名。昌松，中。東北百五十里有白山戍。天寶，中下。本番禾，咸亨元年以縣置雄州，調露元年州廢，來屬，天寶三載以山出醴泉，更名。有通化鎮。有焉支山。嘉麟。神龍二年於故漢鸞鳥縣城置，景龍元年省，先天二年復置。

沙州燉煌郡，下都督府。本瓜州，武德五年曰西沙州，貞觀七年曰沙州。土貢：碁子、黃礬、石膏。戶四千二百六十五，口萬六千二百五十。縣二。有府三，曰龍勒、效穀、懸泉。有豆盧軍，神龍元年置。燉煌，下。東四十七里有鹽池。有三危山。壽昌。下。武德二年析燉煌置，永徽元年省，乾封二年復置，開元二十六年又省，後復置，治漢龍勒城。西有陽關，西北有玉門關。有雲雨山。

瓜州晉昌郡，下都督府。武德五年析沙州之常樂置。土貢：野馬革、緊鞋、草豉、黃礬、絳礬、胡桐律。戶四百七十七，口四千九百八十七。縣二。有府一，曰大黃。西北千里有墨離軍。晉昌，中下。本常樂，武德四年更名。東北有合河鎮，又百二十里有百帳守捉，又東百五十里有豹文山守捉，又七里至寧寇軍，與甘州路合。常樂。中下。武德五年別置。有拔河帝山。

甘州張掖郡，下。土貢：麝香，野馬革，冬柰，苟杞實、葉。戶六千二百八十四，口二萬二千九十二。縣二。西北百九十里祁連山北有建康軍，證聖元年，王孝傑以甘、肅二州相距回遠，置軍。西百二十里有蓼泉守捉城。張掖，上。有祁連山、合黎山。北九百里有鹽池。西有鞏筆驛。刪丹。中下。北渡張掖河，西北行出合黎山峽口，傍河東壖屈曲東北行千里，有寧寇軍，故同城守捉也，天寶二載爲軍。軍東北有居延海，又北三百里有花門山堡，又東北千里至迴鶻衙帳。

肅州酒泉郡，下。武德二年析甘州之福祿、瓜州之玉門置。土貢：麩金、野馬革、蓯蓉、柏脈根。戶二千二百三十，口八千四百七十六。縣三。有酒泉、威遠二守捉城。酒泉，中下。本福

祿，唐初更名。西十五里有興聖皇帝陵，七十里有洞庭山，出金。有崑崙山。福祿，下。武德二年別置。東南百二十里有祁連戍。東北八十里有鹽池。玉門。中下。貞觀元年省，後復置。開元中沒吐蕃，因其地置玉門軍。天寶十四載廢軍爲縣。北有獨登山，出鹽，以充貢。有神雨山。

伊州伊吾郡，下。本西伊州，貞觀六年更名。土貢：香棗、陰牙角、胡桐律。戶二千四百六十七，口萬一百五十七。縣三。西北三百里甘露川有伊吾軍，景龍四年置。伊吾，下。貞觀四年置，并置柔遠縣，神功元年省入焉。在大磧外，南去玉門關八百里，東去陽關二千七百三十里。有折羅漫山，亦曰天山。南二里有鹹池海。納職，下。貞觀四年以鄯善故城置，開元六年省，十五年復置。南六十里有陸鹽池。自縣西經獨泉、東華、西華駝泉，渡茨萁水，過神泉，三百九十里有羅護守捉；又西南經達匪草堆，百九十里至赤亭守捉，與伊西路合。別自羅護守捉西北上乏驢嶺，百二十里至赤谷；又出谷口，經長泉、龍泉，百八十里有獨山守捉；又經蒲類，百六十里至北庭都護府。柔遠。下。

西州交河郡，中都督府。貞觀十四年平高昌，以其地置。開元中曰金山都督府。天寶元年爲郡。土貢：絲、氎布、氈、刺蜜、蒲萄五物酒漿煎皺乾。戶萬九千一十六，口四萬九千四百七十六。縣五。有天山軍，開元二年置。自州西南有南平、安昌兩城，百二十里至天山西南入谷，經礌石磧，二百二十里至銀山磧，又四十里至焉耆界呂光館。又經盤石百里，有張三城守捉。又西南百四十五里經新城館，渡淡河，至焉耆鎮城。前庭，下。本高昌，寶應元年更名。柳中，下。交河，中下。自縣北八十里有龍泉館，又北入谷百三

十里，經柳谷，渡金沙嶺，百六十里，經石會漢戍，至北庭都護府城。蒲昌，中。本隸庭州，後來屬。西有七屯城〔七〕、弩支城，有石城鎮、播仙鎮。天山。下。有天山。

北庭大都護府，本庭州，貞觀十四年平高昌，以西突厥泥伏沙鉢羅葉護阿史那賀魯部落置，并置蒲昌縣，尋廢，顯慶三年復置，長安二年爲北庭都護府。土貢：陰牙角、速霍角、阿魏截根。戶二千二百二十六，口九千九百六十四。縣四。有瀚海軍，本燭龍軍，長安二年置，三年更名，開元中蓋嘉運增築。西七百里有清海軍，本清海鎮，天寶中爲軍。南有神山鎮。自庭州西延城西六十里有沙鉢城守捉，又有馮洛守捉，又八十里有耶勒城守捉，又八十里有俱六城守捉，又百里至輪臺縣，又百五十里有張堡城守捉，又渡里移得建河，七十里有烏宰守捉，又渡白楊河，七十里有清鎮軍城，又渡葉葉河，七十里有葉河守捉，又渡黑水，七十里有黑水守捉，又七十里有東林守捉，又七十里有西林守捉。又經黃草泊、大漠、小磧，渡石漆河，踰車嶺，至弓月城。過思渾川、蟄失蜜城，渡伊麗河，一名帝帝河，至碎葉界。又西行千里至碎葉城，水皆北流入磧及入夷播海。金滿，下。輪臺，下。有靜塞軍，大曆六年置。後庭，下。本蒲類，隸西州，後來屬，寶應元年更名〔八〕。有蒲類、郝遮、鹹泉三鎮，特羅堡。西海。下。寶應元年置。

安西大都護府，初治西州。顯慶二年平賀魯，析其地置濛池、崑陵二都護府，分種落列置州縣，西盡波斯國，皆隸安西，又徙治高昌故地。三年徙治龜茲都督府，而故府復爲西州。咸亨元年，吐蕃陷都護府。長壽二年收復安西四鎮。至德元載更名鎮西。後復爲安

西。土貢：硇砂、緋氈、偏桃人。吐蕃既侵河、隴，惟李元忠守北庭，郭昕守安西，與沙陀、迴紇相依，吐蕃攻之久不下。建中二年，元忠、昕遣使間道入奏，詔各以爲大都護，並爲節度。貞元三年，吐蕃攻沙陀、迴紇，北庭、安西無援，遂陷。有保大軍，屯碎葉城。于闐東界有蘭城、坎城二守捉城。西有葱嶺守捉城，有胡弩、固城、吉良三鎮。東有且末鎮。西南有皮山鎮。焉耆西有于術、榆林、龍泉、東夷僻、西夷僻、赤岸六守捉城。

右隴右採訪使，治鄯州。

校勘記

〔一〕二年省顯岡　按省顯岡，舊書卷三九地理志在貞觀三年，寰宇記卷一四二在貞觀二年。此處「二年」上當脫「貞觀」二字。

〔二〕省平晉縣　「縣」，各本原作「州」。按上文云「武德四年置平晉縣」，則六年所省當是平晉縣。舊書卷三九地理志、寰宇記卷一四二並謂武德六年「省平晉入襪縣」。據改。

〔三〕又領淭陽縣　「淭」，衲、十行、汲本同，殿、局本及舊書卷三九地理志、寰宇記卷一四二作「深」，隋書卷三〇地理志作「課」。

〔四〕金州漢陰郡　「陰」，舊書卷三九地理志、寰宇記卷一四一作「南」。

〔五〕河州安昌郡　「昌」，舊書卷四〇地理志、通典卷一七四、寰宇記卷一五四均作「鄉」。

〔六〕白麦　「麦」，衲、十行、汲、局本同，殿本作「綾」。按通典卷六、元和志卷四〇，涼州貢有「白麥」，無「白麦」。「麦」疑爲「麥」之訛。

〔七〕西有七屯城　樓蘭鄯善問題（載輔仁學誌三卷二期）據敦煌所得沙州圖經，謂「七屯城」乃「古屯城」之訛。

〔八〕後庭下本蒲類隸西州後來屬寶應元年更名　寰宇記卷一五六云：後庭縣「即車師後王庭之地，唐貞觀十四年置爲金滿縣，貞元中改爲後庭縣」。高昌城鎮與唐代蒲昌（中央亞細亞一卷一期）謂唐人多誤「金滿」爲「金蒲」，如元和志卷四〇、後漢書卷四九耿恭傳李賢注。又云本書襲元和志之誤，「始由金滿訛爲金蒲，復因蒲昌、蒲類首一字同，又誤以金蒲爲蒲昌。庭州既有蒲昌，於是不得不將蒲類位置在西州。終以與事實不符，乃以蒲類本隸西州，後屬庭州，蒲昌本隸庭州，後屬西州，而自圓其說」。

唐書卷四十一

志第三十一

地理五

淮南道，蓋古揚州之域，漢九江、廬江、江夏等郡，廣陵、六安國及南陽、汝南、臨淮之境。揚、楚、滁、和、廬、壽、舒爲星紀分，安、黃、申、光、蘄爲鶉尾分。爲州十二，縣五十三。其名山：灊、天柱、羅、塗、八公。其大川：滁、肥、巢湖。厥賦：絁、絹、綿、布。厥貢：絲、布、紵、葛。

揚州廣陵郡，大都督府。本南兗州江都郡，武德七年曰邗州，以邗溝爲名，九年更置揚州，天寶元年更郡名。土貢：金、銀、銅器、青銅鏡、綿、蕃客袍錦、被錦、半臂錦、獨窠綾、殿額莞席、水兕甲、黃稑米、烏節米、魚臍、魚鮬、糖蟹、蜜薑、藕、鐵精、空青、白芒、兔絲、蛇粟、括蔞粉。有丹楊監、廣陵監錢官二。戶七萬七千一百五，口四十六萬七千八百五十七。縣

七。有府四，曰江平、新林、方山、邗江。江都，望。東十一里有雷塘，貞觀十八年，長史李襲譽引渠，又築勾城塘，以溉田八百頃。有愛敬陂水門，貞元四年，節度使杜亞自江都西循蜀岡之右，引陂趨城隅以通漕，溉夾陂田。寶曆二年，漕渠淺，輸不及期，鹽鐵使王播自七里港引渠東注官河，以便漕運。有銅。江陽，望。貞觀十八年析江都置。有康令祠，咸通中大旱，令以身禱雨赴水死，天即大雨，民爲立祠。六合，緊。武德七年析置石梁縣，以石梁、六合二縣置方州。貞觀元年州廢，省石梁，以六合來屬。有銅，有鐵。海陵，望。武德三年更名吳陵，以縣置吳州。七年州廢，復故名，來屬。景龍二年析置海安縣，開元十年省。有鹽官。高郵，上。有隄塘，溉田數千頃，元和中，節度使李吉甫築。揚子，望。永淳元年析江都置。天長。望。本千秋，天寶元年析江都、六合、高郵置，七載更名。有銅。

楚州淮陰郡，緊。本江都郡之山陽、安宜縣地，臧君相據之，號東楚州。武德四年，君相降，因之，八年更名。土貢：貲布、紵布。戶二萬六千六十二，口十五萬三千。縣四。山陽，上。有常豐堰，大曆中，黜陟使李承置以溉田。鹽城，上。本故漢鹽瀆縣地。隋末，盜韋徹據其地，置射州及射陽、安樂、新安三縣。武德四年來歸，因之。七年州廢，省射陽、安樂、新安，置鹽城縣。有鹽亭百二十三，有監。寶應，望。本安宜。武德四年以縣置倉州，七年州廢，來屬。上元三年以獲定國寶更名。西南八十里有白水塘、羨塘，證聖中開，置屯田。西南四十里有徐州涇、青州涇，西南五十里有大府涇，長慶中興白水塘屯田，發青、徐、揚州之民以鑿之，大府卽揚州。北四里有竹子涇，亦長慶中開。淮陰。中。武德七年省，乾封二年析山陽復置。南九十五里有棠梨涇，長慶二年開。

滁州永陽郡，上。武德三年析揚州置。土貢：貲布、絲布、紵、練、麻。有銅坑二。戶二萬六千四百八十六，口十五萬二千三百七十四。縣三。清流，上。全椒，緊。永陽。上。景龍三年析清流置。

和州歷陽郡，上。土貢：紵布。戶二萬四千七百九十四，口十二萬二千一十三。縣三。有府一，曰新川。歷陽，上。有麻應山，本白石山，有棲隱山，本梅山，皆天寶六載更名。烏江，上。東南二里有韋游溝，引江至郭十五里，溉田五百頃，開元中，丞韋尹開，貞元十六年，令游重彥又治之，民享其利，以姓名溝。含山。上。武德六年析歷陽之故龍亢縣地置，八年省，長安四年復置，更名武壽，神龍元年復故名。

壽州壽春郡，中都督府。本淮南郡，天寶元年更名。土貢：絲布、絁、茶、生石斛。戶三萬五千五百八十一，口十八萬七千五百八十七。縣五。壽春，上。有八公山。安豐，緊。武德七年省小黃、肥陵二縣入焉。東北十里有永樂渠，溉高原田，廣德二年，宰相元載置，大曆十三年廢。盛唐，上。本霍山。武德四年以霍山、應城、灊城三縣置霍州。貞觀元年州廢，省應城、灊城，以霍山來屬。神功元年曰武昌，神龍元年復故名，開元二十七年更名。有開化縣，武德四年置，有潛縣，五年置，貞觀中皆省。霍丘，緊。武德四年以松滋、霍丘二縣置蓼州，七年州廢，省松滋，以霍丘來屬。神功元年曰武昌〔一〕。景雲元年復故名。霍山。上。天寶初析盛唐別置。有大別山、霍山。

廬州廬江郡，上。土貢：花紗、交梭絲布、茶、蠟、酥、鹿脯、生石斛。戶四萬三千三百二

十三，口二十萬五千三百九十六。縣五。合肥，緊。愼，緊。巢，上。本襄安。武德三年置巢州，幷析置開成、扶陽二縣。七年州廢，省開成、扶陽，以巢來屬。東南四十里有故東關。廬江，緊。有擂山、白茅山。有銅。舒城。上。開元二十三年析合肥、廬江置。

舒州同安郡，上。至德二載更名盛唐郡，後復故名。土貢：紵布、酒器、鐵器、石斛、蠟。戶三萬五千三百五十三，口十八萬六千三百九十八。縣五。懷寧，上。武德五年析置皖城、安樂、梅城、皖陽四縣，是年省安樂，七年省皖城、梅城、皖陽。有皖山。宿松，上。武德四年以縣置嚴州，七年以望江隸之，八年州廢，縣皆來屬。有嚴恭山。望江，中。武德四年以縣置高州，尋更名智州。七年州廢，以望江隸嚴州。太湖，上。武德四年析置青城、荆陽二縣，七年省青城入荆陽，八年省荆陽入太湖。桐城。緊。本同安，至德二載更名。自開元中徙治山城，地多猛虎、毒虺，元和八年，令韓震焚薙草木，其害遂除。

光州弋陽郡，上。本治光山，太極元年徙治定城。土貢：葛布、石斛。戶三萬一千四百七十三，口十九萬八千五百八十。縣五。定城，上。武德三年置弦州，貞觀元年州廢，來屬。光山，上。南有木陵故關。西南八里有雨施陂，永徽四年，刺史裴大覺積水以溉田百餘頃。仙居，上。本樂安。武德三年析置宋安縣，以宋安置谷州。貞觀元年州廢，省宋安。天寶元年更名。殷城，中。武德元年置義州，貞觀元年州廢，來屬。西有定城故關。固始。上。

蘄州蘄春郡，上。土貢：白紵，簟，鹿毛筆，茶，白花蛇、烏蛇脯。戶二萬六千八百九，口

十八萬六千八百四十九。縣四。蘄春，上。武德四年省蘄水縣入焉。有鼓吹山。黃梅，上。武德四年置，以縣置南晉州，析置義豐、長吉、塘陽、新蔡四縣。八年州廢，省義豐、長吉、塘陽、新蔡，以黃梅來屬。廣濟，中。本永寧，武德四年析蘄春置，天寶元年更名。有鐵。蘄水。上。本浠水。武德四年更名蘭溪，省羅田縣入焉。天寶元年又更名。有鐵。

安州安陸郡，中都督府。土貢：青紵布、糟筍瓜。戶二萬二千二百二十一，口十七萬一千二百二。縣六。有府一，曰義安。安陸，上。雲夢，中。有神山。孝昌，中。武德四年以縣置澴州，并置澴陽縣。八年州廢，省澴陽，以孝昌來屬。寶應二年隸沔州，後復來屬。元和三年省入雲夢。咸通中復置。應城，中。本應陽，武德四年更名。元和三年省入雲夢，大和二年復置。天祐二年復曰應陽。吉陽，中。元和三年省入應山，後復置。有白兆山。應山。中。武德四年以縣置應州，并析置禮山縣。八年州廢，省禮山，以應山來屬。有故黃峴、武陽、百鴈、平靖四關。

黃州齊安郡，下。本永安郡，天寶元年更名。土貢：白紵布、貲布、連翹、松蘿、蝱蟲。戶萬五千五百一十二，口九萬六千三百六十八。縣三。黃岡，上。武德三年省木蘭縣入焉；又析置堡城縣，七年省。有木蘭山。黃陂，中。武德三年以縣置南司州，七年州廢，來屬。北有大活關，有白沙關。麻城。中。武德三年以縣置亭州，又析置陽城縣。八年州廢，省陽城，以麻城來屬。元和三年省入黃岡，建中三年復置。西北有木陵關，在木陵山上。東北有陰山關。

申州義陽郡，中。土貢：絺葛、紵布、貲布、茶、蝱蟲。戶二萬五千八百六十四，口十四萬七千七百五十六。縣三。義陽，上。南有故平靖關。鍾山，上。羅山。上。武德四年以縣置南羅州，八年州廢，來屬。

右淮南採訪使，治揚州。

江南道，蓋古揚州南境，漢丹楊、會稽、豫章、廬江、零陵、桂陽等郡，長沙國及牂柯、江夏、南郡地。潤、昇、常、蘇、湖、杭、睦、越、明、衢、處、婺、溫、台、宣、歙、池、洪、江、饒、虔、吉、袁、信、撫、福、建、泉、汀、漳爲星紀分，岳、鄂、潭、衡、永、道、郴、邵、黔、辰、錦、施、敘、獎、夷、播、思、費、南、溪、溱爲鶉尾分。爲州五十一，縣二百四十七。其名山：衡、廬、茅、蔣、天目、天台、會稽、四明、括蒼、縉雲、金華、大庾、武夷。其大川：湘、灨、沅、澧、浙江、洞庭、彭蠡、太湖。厥賦：麻、紵。厥貢：金、銀、紗、綾、蕉、葛、綿、練、鮫革、藤紙、丹沙。

潤州丹楊郡，望。武德三年以江都郡之延陵縣地置，取潤浦爲州名。土貢：衫羅、水紋、方紋、魚口、繡葉、花紋等綾，火麻布，竹根、黃粟，伏牛山銅器，鱘，鮓。戶十萬二千二十三，口六十六萬二千七百六。縣四。有丹楊軍，乾元二年置，元和二年廢。丹徒，望。本延陵縣地，武德三年置。開元二十二年，刺史齊澣以州北隔江，舟行繞瓜步，回遠六十里，多風濤，乃於京口埭下直趨渡江二十里，開伊婁河二十五里，渡揚子，立埭，歲利百億，舟不漂溺。有勾驪山。丹楊，望。本曲阿。武德二年以縣置雲州。五年曰簡州，以縣南有簡瀆取名。八年州廢，來屬。天寶元年更名。有練塘，周八十里，永泰中，刺史韋損因廢塘復置，以溉丹楊、金壇、延陵之田，民刻石頌之。金壇，緊。本曲阿縣地。隋末，土人保聚，因爲金山縣。隋亡，沈法興又置琅邪縣，李子通以琅邪置茅州，以金山隸之。賊平，因之，後隸蔣州。武德八年省入延陵。垂拱四年復置，來屬，更名。東南三十里有南、北謝塘，武德二年，刺史謝元超因故塘復置以溉田。延陵。緊。故治丹徒，武德三年別置，隸茅州，後隸蔣州，九年來屬。有茅山。

昇州江寧郡，至德二載以潤州之江寧縣置，上元二年廢，光啓三年復以上元、句容、溧水、溧陽四縣置。土貢：筆、甘棠。縣四。有江寧軍，乾元二年置。有石頭鎮兵。有下蜀、淮山二戍。上元，望。本江寧，隸潤州。武德三年以江寧、溧水二縣置揚州，析置丹楊、溧陽、安業三縣，更江寧曰歸化。七年平輔公祏，更名蔣州。八年，復爲揚州，又以延陵、句容隸之，省安業入歸化，更歸化曰金陵。九年州廢，都督徙治江都，更名金陵曰白下，以白下、延陵、句容隸潤州，丹楊、溧水、溧陽隸宣州。貞觀九年更白下曰江寧，肅宗上元二年又更名。有銅，有鐵。有蔣山。句容，望。武德三年以句容、延陵二縣置茅州，七年州廢，隸蔣州，九年隸潤州。乾元元年來屬。西南三十里有絳巖湖，麟德中，令楊延嘉因梁故隄置，後廢，大曆十二年，令王昕復置，周百里爲塘，立二斗門以節旱暵，開田萬頃。絳巖，故赤山，天寶中更名。有銅，有礬。溧水，上。乾元元年隸昇州，州廢，還隸宣州。有銅。溧陽。緊。上元元年

隸昇州，州廢，還隸宣州。有湖山。有銅，有鐵。

常州晉陵郡，望。本毗陵郡，天寶元年更名。土貢：紬、絹、布、紵、紅紫綿巾、緊紗、兔褐、皂布、大小香秔、龍鳳席、紫筍茶、署預。戶十萬二千六百三十三，口六十九萬六百七十三。縣五。晉陵，望。武進，望。武德三年以故蘭陵縣地置，貞觀八年省入晉陵，垂拱二年復置。西四十里有孟瀆，引江水南注通漕，溉田四千頃，元和八年，刺史孟簡因故渠開。江陰，望。武德三年以縣置暨州，并析置暨陽、利城二縣。九年州廢，省暨陽、利城，以江陰來屬。義興，緊。武德七年以縣置南興州，并析置臨津、陽羨二縣。八年州廢，省陽羨、臨津，以義興來屬。有張公山。無錫。望。南五里有泰伯瀆，東連蠡湖，亦元和八年孟簡所開。

蘇州吳郡，雄。土貢：絲葛，絲綿，八蠶絲，緋綾，布，白角簟，草席，鞵，大小香秔，柑、橘、藕、鯔皮、魬、鯖、鴨胞、肚魚、魚子、白石脂、蛇粟。戶七萬六千四百二十一，口六十三萬二千六百五十。縣七。有長洲軍，乾元二年置，大曆十二年廢。吳，望。有包山。有銅。長洲，望。萬歲通天元年析吳置。嘉興，望。武德七年置，八年省入吳，貞觀八年復置。有鹽官。崑山，望。常熟，緊。海鹽，緊。貞觀元年省，景雲二年復置。有古涇三百一，長慶中令李諤開，以禦水旱。又西北六十里有漢塘，大和七年開。有故縣山。華亭。上。天寶十載析嘉興置。

湖州吳興郡，上。武德四年，以吳郡之烏程縣置。土貢：御服、烏眼綾[三]、折皂布、綿紬、布、紵、糯米、黃糙、紫筍茶、木瓜、杭子、乳柑、蜜、金沙泉。戶七萬三千三百六，口四十

七萬七千六百九十八。縣五。烏程，望。東百二十三里有官池，元和中刺史范傳正開。東南二十五里有陵波塘，寶曆中刺史崔玄亮開。北二里有蒲帆塘，刺史楊漢公開，開而得蒲帆，因名。有卞山。有太湖，占湖、宣、常、蘇四州境。武康，上。李子通置安州，又曰武州。武德四年平子通，因之，七年州廢，縣隸湖州。有封山。有銅。長城，望。大業末沈法興置長州。武德四年更置綏州，因古綏安縣名之，又更名雉州，并置原鄉縣。七年州廢，省原鄉，以長城來屬。有西湖，溉田三千頃，其後堙廢，貞元十三年，刺史于頔復之，人賴其利。顧山有茶，以供貢。有銅。安吉，緊。義寧二年沈法興置。武德四年賊平，因之，以縣隸桃州。七年，省入長城。麟德元年復置。北三十里有邸閣池，北十七里有石鼓堰，引天目山水溉田百頃，皆聖曆初令鉗耳知命置。有銅，有錫。德清。上。本武源，天授二年析武康置，景雲二年曰臨溪，天寶元年更名。

杭州餘杭郡，上。土貢：白編綾、緋綾、藤紙、木瓜、橘、蜜薑、乾薑、芑、牛膝。有臨平監、新亭監鹽官二。戶八萬六千二百五十八，口五十八萬五千九百六十三。縣八。有餘杭軍，乾元二年置。有鎮海軍，建中二年置于潤州，元和六年廢，大和九年復置，景福二年徙屯。又有烏山戍。錢塘，望。南五里有沙河塘，咸通二年刺史崔彥曾開。有臯亭山。鹽官，緊。武德四年隸東武州，七年省入錢塘，貞觀四年復置。有鹽官。有捍海塘隄，長百二十四里，開元元年重築。餘杭，望。南五里有上湖，西二里有下湖，寶曆中，令歸珧因漢令陳渾故迹置。北三里有北湖，亦珧所開，溉田千餘頃。珧又築甬道，通西北大路，高廣徑直百餘里，行旅無山水之患。有銅。富陽，緊。北十四里有陽陂湖，貞觀十二年令郝某開。南六十步有堤，登封元年令李濬時築，東自海，西至于

浦，以捍水患。貞元七年，令鄭早又增脩之。王洲有橘，以供貢。於潛，緊。武德七年以縣置潛州，并置臨水縣。八年州廢，省臨水，以於潛來屬。南三十里有紫溪水溉田，貞元十八年令杜泳開，又鑿渠三十里，以通舟楫。有天目山。臨安，緊。垂拱四年析餘杭、於潛地以故臨水城置。有石鏡山。新城，上。武德七年省入富陽，永淳元年復置。北五里有官塘，堰水溉田，有九澳，永淳元年開。唐山。中。垂拱二年析於潛置紫溪縣。萬歲通天元年曰武隆，其年復為紫溪，又析紫溪別置武隆縣。聖曆三年省武隆入紫溪，長安四年復置。神龍元年更武隆為唐山。大曆二年皆省。長慶初復置唐山。

睦州新定郡，上。本遂安郡，治雉山。武德七年曰東睦州，八年復舊名。萬歲通天二年徙治建德。天寶元年更郡名。土貢：文綾、簟、白石英、銀花、細茶。有銅坑二。戶五萬四千九百六十一，口三十八萬二千五百六十三。縣六。有三河戍。建德，上。武德四年置，七年省入桐廬、雉山。永淳二年復置。有銅。青溪〔三〕，上。本雉山，文明元年曰新安，開元二十年曰還淳，永貞元年更名。壽昌，上。永昌元年析雉山置，載初元年省，神龍元年復置。桐廬，緊。武德四年以桐廬、分水、建德置嚴州。七年州廢，以桐廬來屬。分水，上。武德七年省入桐廬，如意元年復置，更名武盛，神龍元年復故名。寶應二年析置昭德縣，大曆六年省。遂安。上。石英山有白石英，以供貢。有銅。

越州會稽郡，中都督府。土貢：寶花、花紋等羅，白編、交梭、十樣花紋等綾，輕容、生縠、花紗，吳絹，丹沙，石蜜，橘，葛粉，瓷器，紙，筆。有蘭亭監鹽官。戶九萬二百七十九，口五十二萬九千五百八十九。縣七。有府一，曰蒲陽。有義勝軍、靜海軍，寶應元年置。大曆二年廢靜海軍，元和六年廢義勝軍。中和二年復置義勝軍，乾寧三年曰鎮東。會稽，望。有南鎮會稽山，有祠。東北四十里有防海塘，自上虞江抵山陰百餘里，以畜水溉田，開元十年令李俊之增脩，大曆十年觀察使皇甫溫、大和六年令李左次又增脩之。有錫。山陰，緊。武德七年析會稽置，八年省，垂拱二年復置，大曆二年省，七年復置，元和七年省，十年復置。北三十里有越王山堰，貞元元年，觀察使皇甫政鑿山以畜洩水利，又東北二十里作朱儲斗門。北五里有新河，西北十里有運道塘，皆元和十年觀察使孟簡開。西北四十六里有新逕斗門，大和七年觀察使陸亘置。有鐵。諸暨，望。有銀冶。東二里有湖塘，天寶中令郭密之築，溉田二十餘頃。餘姚，緊。武德四年析故句章縣置，以縣置姚州，七年州廢，來屬。有鳳山、四明山。剡，望。武德四年以縣置嵊州，并析置剡城縣，八年州廢，省剡城，以剡來屬。蕭山，緊。本永興，儀鳳二年置，天寶元年更名。上虞。上。貞元中析會稽置。西北二十七里有任嶼湖，寶曆二年令金堯恭置，溉田二百頃。北二十里有黎湖，亦堯恭所置。

明州餘姚郡，上。開元二十六年，採訪使齊澣奏以越州之鄮縣置，以境有四明山為名。土貢：吳綾、交梭綾、海味、署預、附子。戶四萬二千二百七，口二十萬七千三十二。縣四。有上亭戍。鄮，上。武德四年析故句章縣置鄞州，八年州廢，更置鄮縣，隸越州。開元二十六年析置翁山縣，大曆六年省。有鹽。南二里有小江湖，溉田八百頃，開元中令王元緯置，民立祠祀之。東二十五里有西湖，溉田五百頃，天寶二年令陸南金開廣之。西十二里有廣德湖，溉田四百頃，貞元九年，刺史任侗因故迹增脩。西南四十里有仲夏堰，溉田數千

頃，大和六年刺史于季友築。奉化，上。開元二十六年析鄮置。有銅。慈溪，上。開元二十六年析鄮置。象山。中。本隸台州，神龍元年析寧海及鄮置，廣德二年來屬。

衢州信安郡，上。武德四年析婺州之信安縣置，六年沒輔公祏，因廢州，垂拱二年析婺州之信安、龍丘、常山復置。土貢：綿紙、竹扇。戶六萬八千四百七十二，口四十四萬四百一十一。縣四。西安，望。本信安，武德四年析置定陽縣，六年省，咸通中更信安曰西安。東五十五里有神塘，開元五年，因風雷摧山，偃澗成塘，溉田二百頃。有銀。龍丘，緊。本太末，武德四年置，以縣置穀州，并置白石縣，八年州廢，省太末、白石入信安。貞觀八年析信安、金華復置，更名龍丘，隸婺州。如意元年析置盈川縣。證聖二年置武安縣，後省武安。元和七年省盈川入信安。有岑山。須江，上。武德四年析信安置，八年省，永昌元年復置。常山。上。咸亨五年析信安置，隸婺州，垂拱二年來屬，乾元元年隸信州，後復故。

處州縉雲郡，上。本括州永嘉郡，天寶元年更郡名，大曆十四年更州名。土貢：綿、蠟、黃連。戶四萬二千九百三十六，口二十五萬八千二百四十八。縣六。麗水，上。本括蒼，武德八年省麗水縣入焉，大曆十四年更名。有銅，出豫章、孝義二山。東十里有惡溪，多水怪，宣宗時刺史段成式有善政，水怪潛去，民謂之好溪。有括蒼山。松陽，上。武德中以縣置松州，八年州廢，來屬。有銀，出馬鞍山。縉雲，上。聖曆元年析括蒼及婺州之永康置。有縉雲山。青田，中。景雲二年析括蒼置。遂昌，上。武德八年省入松陽，景雲二年復置。龍泉。中。乾元二年析遂昌、松陽置。

婺州東陽郡，上。土貢：綿、葛、紵布、藤紙、漆、赤松澗米、香秔、葛粉、黃連。戶十四萬四千八十六，口七十萬七千一百五十二。縣七。金華，望。武德八年省長山縣入焉。垂拱四年曰金山，神龍元年復故名。有百沙山、金華山。有銅。義烏，緊。本烏傷，武德四年以縣置綢州，因綢巖爲名，并析置華川縣。七年州廢，省華川入烏傷，更名，來屬。永康，望。本縉雲，武德四年置麗州，八年州廢，更名，來屬。東陽，望。垂拱二年析義烏置。有歌山。蘭溪，緊。咸亨五年析金華置。有望雲山、大家山。武成，上。本武義，天授二年析永康置，更名，天祐中復曰武義。浦陽。上。天寶十三載析義烏、蘭溪及杭州之富陽置。

溫州永嘉郡，上。高宗上元元年析括州之永嘉、安固置。土貢：布、柑、橘、蔗、鮫革。有永嘉監鹽官。戶四萬二千八百一十四，口二十四萬一千六百九十。縣四。永嘉，上。武德五年以縣置東嘉州，并析置永寧、安固、橫陽、樂成四縣。貞觀元年州廢，省橫陽、永寧，以永嘉、安固隸括州。安固，上。有銅。橫陽，上。大足元年析安固復置。樂成。上。武德七年省入永嘉，載初元年復置。

台州臨海郡，上。本海州，武德四年以永嘉郡之臨海置。土貢：金漆、乳柑、乾薑、甲香、鮫革、飛生鳥。戶八萬三千八百六十八，口四十八萬九千一十五。縣五。臨海，望。武德四年析置章安縣，八年省。有鐵。唐興，上。本始豐，武德四年析臨海置，八年省，貞觀八年復置，高宗上元二年更名。有土墻山、鼻山、天台山。黃巖，上。本永寧，高宗上元二年析臨海置，天授元年更名。有鐵，有鹽。樂安，上。武德四年析臨海置，八年省，高宗上元二年復置。寧海。上。武德四年析臨海置，七年省入章安，永昌元年復置。有鐵，有鹽。

福州長樂郡，中都督府。本泉州建安郡治，武德六年別置，景雲二年曰閩州，開元十三年更州名，天寶元年更郡名。土貢：蕉布、海蛤、文扇、茶、橄欖。戶三萬四千八十四，口七萬五千八百七十六。縣十。有經略軍，有寧海軍，至德二載置，元和六年廢。閩，望。東五里有海隄，大和二年令李茸築。先是，每六月潮水鹹鹵，禾苗多死，隄成，潴溪水殖稻，其地三百戶皆良田。侯官，緊。武德六年置，八年省，長安二年析閩復置，元和三年省，五年復置。有鹽官。西南七里有洪塘浦，自石岊江而東，經甓瀆至柳橋，以通舟楫，貞元十一年觀察使王翃開。長樂，上。本新寧，武德六年析閩置，尋更名。元和三年省入福唐，五年復置。有鹽。東十里有海隄，大和七年令李茸築，立十斗門以禦潮，旱則潴水，雨則洩水，遂成良田。福唐，上。本萬安，聖曆二年析長樂置，天寶元年更名。有鐵。連江，上。本溫麻，武德六年析閩置，尋更名。有鹽。東北十八里有材塘，貞觀元年築。長溪，中下。武德六年置，尋省入連江，長安二年復置。有鹽。古田，中下。永泰二年析侯官、尤溪置〔四〕。梅溪，中。貞元元年析侯官置〔五〕。永泰，中。咸通二年析連江及閩置〔六〕。尤溪。中下。開元二十九年開山洞置。有銀，有銅，有鐵。

建州建安郡，上。武德四年置。土貢：蕉、花練、竹練。戶二萬二千七百七十，口十四萬二千七百七十四。縣五。建安，上。有銀，有銅。邵武，中下。本隸撫州，武德四年析置綏城縣，隸建州，七年以邵武來屬。貞觀三年省綏城入焉。有銅，有鐵。浦城，緊。本吳興，武德四年更名唐興，後廢入建安，載初元年復置，天授二年曰武寧，神龍元年復曰唐興，天寶元年更名。建陽，上。武德四年置，八年省入建安，垂拱四年復置。有武夷山。將樂。中下。武德五年析邵武置，隸撫州，七年省，垂拱四年析邵武及故綏城縣地復置，元和三年省，五年復置。金泉有金。又有銀，有鐵。

泉州清源郡，上。本武榮州，聖曆二年析泉州之南安、莆田、龍溪置，治南安，後治晉江。三年，州廢，縣還隸泉州。久視元年復置。景雲二年更名。土貢：綿、絲、蕉、葛。戶二萬三千八百六，口十六萬二百九十五。縣四。自州正東海行二日至高華嶼，又二日至鼅鼊嶼，又一日至流求國。晉江，上。開元八年析南安置。北一里有晉江，開元二十九年，別駕趙頤貞鑿溝通舟楫至城下。東一里有尚書塘，溉田三百餘頃，貞元五年刺史趙昌置，名常稔塘，後昌爲尚書，民思之，因更名。西南一里有天水淮，灌田百八十頃，大和三年刺史趙棨開。有鹽。南安，緊。武德五年以縣置豐州，并析置莆田縣，貞觀元年州廢，二縣來屬。有鹽，有鐵。莆田，上。武德五年析南安置。西一里有諸泉塘，南五里有瀝嶠塘，西南二里有永豐塘，南二十里有橫塘，東北四十里有頡洋塘，東南二十里有國清塘，溉田總千二百頃，並貞觀中置。北七里有延壽陂，溉田四百餘頃，建中年置。仙遊。中。本清源，聖曆二年析莆田置，天寶元年更名。

汀州臨汀郡，下。開元二十四年開福、撫二州山洞置，治新羅〔七〕，大曆四年徙治白石，皆長汀縣地。土貢：蠟燭。戶四千六百八十，口萬三千七百二。縣三。長汀，中下。有銅，有鐵。寧化，中下。本黃連，天寶元年更名。有銀，有鐵。沙。中下。本隸建州，武德四年置，後省入建安，永徽六年復置，大曆十二年來屬。有銅，有鐵。

漳州漳浦郡，下。垂拱二年析福州西南境置，以南有漳水爲名，并置漳浦、懷恩二縣，初治漳浦，開元四年徙治李澳川，乾元二年徙治龍溪。土貢：甲香、鮫革。戶五千八百四十六，口萬七千九百四十。縣三。龍溪，中下。本隸泉州，後隸武榮州，開元二十九年來屬。龍巖，中下。開元二十四年置，隸汀州，大曆十二年來屬。漳浦。中下。開元二十九年省懷恩縣入焉。有梁山。

右東道採訪使，治蘇州。

宣州宣城郡，望。土貢：銀、銅器、綺、白紵、絲頭紅毯、兔褐、簟、紙、筆、署預、黃連、碌青。有鉛坑一。戶十二萬一千二百四，口八十八萬四千九百八十五。縣八。有采石軍，乾元二年置，元和六年廢。宣城，望。武德三年析置懷安縣，六年省。東十六里有德政陂，引渠溉田二百頃，大曆二年觀察使陳少遊置。有敬亭山。當塗，緊。武德三年以縣置南豫州，八年州廢，來屬。貞觀元年省丹楊縣入焉。乾元元年隸昇州，上元二年復來屬。有神武山。有采石戍。有銅，有鐵。涇，緊。武德三年以縣置南徐州，尋更名猷州，并置南陽、安吳二縣。八年州廢，省南陽、安吳，以涇來屬。廣德，緊。本綏安。武德三年以縣置桃州，并置桐陂、懷德二縣。七年州廢，省桐陂、懷德，以綏安來屬。至德二載更名。有橫山。南陵，望。武德四年隸池州，州廢來屬。後析置義安縣，又廢義安爲銅官冶。利國山有銅，有鐵。鳳凰山有銀。有大農陂，溉田千頃，元和四年，寧國令范某因廢陂置，爲石堰三百步，水所及者六十里。有永豐陂，在青弋江中，咸通五年置。有鵠頭鎮兵。有梅根、宛陵二監錢官。太平，上。

中華書局

天寶十一載析當塗、涇置，大曆中省，永泰中復置。寧國，緊。武德三年析宣城置，六年省，天寶三載析宣城、當塗復置。有銀。旌德。上。寶應二年析太平置。

歙州新安郡，上。土貢：白紵、簟、紙、黃連。戶三萬八千三百二十，口二十六萬九千一百九。縣六。歙，緊。東南十二里有呂公灘，本車輪灘，湍悍善覆舟，刺史呂季重以俸募工鑿之，遂成安流。有主簿山。休寧，上。永泰元年，盜方清陷州，州民拒賊，保于山險，二年賊平，因析置歸德縣，大曆四年省。黟，上。績溪，中下。本北野，永徽五年析歙置，後更名。有銀，有鉛。婺源，上。開元二十八年析休寧置。祁門。中下。永泰二年平方清，因其壘析黟及饒州之浮梁置。西四十里有武陵嶺，元和中令路旻鑿石爲盤道。西南十三里有閶門灘，善覆舟，旻開斗門以平其隘，號路公溪，後斗門廢。咸通三年，令陳甘節以俸募民穴石積木爲橫梁，因山派渠，餘波入于乾溪，舟行乃安。

池州，上。武德四年以宣州之秋浦、南陵二縣置，貞觀元年州廢，縣還隸宣州，永泰元年復析宣州之秋浦、青陽，饒州之至德置。土貢：紙、鐵。有鉛坑一。縣四。秋浦，緊。有烏石山，廣德初盜陳莊、方清所據。有銀，有銅。青陽，上。天寶元年析涇、南陵、秋浦置。有銅，有銀。至德，中。至德二載析鄱陽、秋浦置，隸潯陽郡，乾元元年隸饒州。石埭。中。永泰二年析青陽、秋浦置。

洪州豫章郡，上都督府。土貢：葛、絲布、梅煎、乳柑。有銅坑一。戶五萬五千五百三十，口三十五萬三千二百三十一。縣七。有南昌軍，乾元二年置，元和六年廢。南昌，望。本豫章，武德

五年析置鍾陵縣，又置南昌縣，以南昌置孫州，八年州廢，又省南昌、鍾陵。寶應元年更豫章曰鍾陵。貞元中又更名。縣南有東湖，元和三年，刺史韋丹開南塘斗門以節江水，開陂塘以溉田。豐城，上。天祐中曰吳皋。高安，望。本建城，武德五年更名，以縣置靖州，又置望蔡、華陽、宜豐、陽樂四縣。七年曰米州，又更名筠州。八年州廢，省華陽、望蔡、宜豐、陽樂，以高安來屬。有米山。建昌，緊。武德五年置南昌州，又析置龍安、永脩、新吳三縣。八年州廢，省永脩、龍安、新吳，以建昌來屬。南一里有捍水隄，會昌六年攝令何易于築。西二里又有隄，咸通三年令孫永築。新吳，上。永淳二年析建昌復置。武寧，上。長安四年析建昌置，景雲元年曰豫寧，寶應元年復故名。分寧。上。貞元十五年析武寧置。

江州潯陽郡，上。本九江郡，天寶元年更名。土貢：葛、紙、碌、生石斛。戶萬九千二十五，口十萬五千七百四十四。縣三。有湖口、湓城二戍。潯陽，緊。本湓城，武德四年更名，又別析置湓城縣，五年析湓城置楚城縣，八年省湓城，貞觀八年省楚城。南有甘棠湖，長慶二年刺史李渤築，立斗門以蓄洩水勢。東有秋水隄，大和三年刺史韋珩築，西有斷洪隄，會昌二年刺史張又新築，以窒水害。有銀，有銅。有廬山。有彭蠡湖，一名宮亭湖。彭澤，上。武德五年置浩州，又析置都昌、樂城二縣。八年州廢，省樂城，以彭澤、都昌隸江州。有銅。都昌。上。南一里有陳令塘，咸通元年令陳可夫築，以阻潦水。

鄂州江夏郡，緊。土貢：銀、碌、貲布。有鳳山監錢官。戶萬九千一百九十，口八萬四千五百六十三。縣七。有武昌軍，元和元年置。江夏，望。有鐵。永興，緊。有銅，有鐵。北有長樂堰，貞元

十三年築。武昌，緊。有樊山，有銀，有銅，有鐵。蒲圻，上。唐年，上。天寶二年開山洞置。漢陽，中。本沔州漢陽郡，武德四年以沔陽郡之漢陽、汊川二縣置。寶應二年以安州之孝昌隸之。建中二年州廢，四年復置。元和三年省孝昌。寶曆二年州又廢，二縣來屬。汊川。中。武德四年析漢陽置。

岳州巴陵郡，中。本巴州，武德六年更名。土貢：紵布、鼈甲。戶萬一千七百四十，口五萬二千二百九十八。縣五。巴陵，上。有鐵。有洞庭山，在洞庭湖中。華容，上。垂拱二年更名容城，神龍元年復故名。橋江，中。本沅江，乾寧中更名。湘陰，中下。武德八年省羅縣入焉。昌江。中下。神龍三年析湘陰置。

饒州鄱陽郡，上。土貢：麩金、銀、簟、茶。有永平監錢官。有銅坑三。戶四萬八百九十九，口二十四萬四千三百五十。縣四。鄱陽，上。武德五年析置廣晉縣，隸浩州，八年州廢，省縣入焉。縣東有邵父堤，東北三里有李公堤，建中元年刺史李復築，以捍江水。東北四里有馬塘，北六里有土湖，皆刺史馬植築。餘干，上。武德四年置玉亭、長城二縣，七年省玉亭入長城，八年省長城入餘干。有神山。樂平，上。武德四年置，九年省，後復置。有金，有銀，有銅，有鐵。浮梁。上。本新平，武德四年析鄱陽置，八年省，開元四年復置，曰新昌，天寶元年更名。

虔州南康郡，上。土貢：絲布、紵布、竹練、石蜜、梅、桂子、斑竹。戶三萬七千六百四十七，口二十七萬五千四百一十。縣七。有獨口鎮兵，有百丈戍。贛，上。虔化，上。有梅嶺山。南康，

上。有錫。有大庾山。雩都，上。有金，天祐元年置瑞金監。有君山，有般固山。信豐，上。本南安，永淳元年析南康置，天寶元年更名。大庾，中。神龍元年析南康置。有鉛、錫。有橫浦關。安遠。中。貞元四年析雩都置。有鐵，有錫。

吉州廬陵郡，上。土貢：絲葛、紵布、陟釐、斑竹。戶三萬七千七百五十二，口三十三萬七千三十二。縣五。廬陵，緊。太和，上。武德五年置南平州，并置永新、廣興、東昌三縣。八年州廢，省永新、廣興、東昌入太和，來屬。有王山〔六〕。安福，上。武德五年以縣置穎州，七年州廢，來屬。新淦，上。永新。上。顯慶二年析太和置。

袁州宜春郡，上。土貢：白紵。有銅坑一。戶二萬七千九十三，口十四萬四千九十六。縣三。宜春，上。有宜春泉，醞酒入貢。西南十里有李渠，引仰山水入城，刺史李將順鑿。有鐵。萍鄉，上。新喻。上。本作「渝」，天寶後相承作「喻」。

信州，上。乾元元年析饒州之弋陽，衢州之常山、玉山及建、撫之地置。土貢：葛粉。有玉山監錢官。有銅坑一，鉛坑一。縣四。上饒，緊。武德四年置，隸饒州，七年省入弋陽，乾元元年復置，并置永豐縣，元和七年省永豐入焉。有金，有銅，有鐵，有鉛。弋陽，上。有銀。貴溪，中。永泰元年析弋陽置。玉山。上。證聖二年析常山、須江及弋陽置。有銀。

撫州臨川郡，上。土貢：金絲布、葛、竹箭、朱橘。戶三萬六百五，口十七萬六千三百九

十四。縣四。臨川，上。有金，有銀。南城，上。武德五年析置永城、東興二縣，七年省。崇仁，上。武德五年析置宜黄縣，八年省。南豐。上。景雲二年析南城置，先天二年省，開元八年復置。

潭州長沙郡，中都督府。土貢：絲葛、絲布、木瓜。戶三萬二千二百七十二，口十九萬二千六百五十七。縣六。有府一，曰長沙。有淥口、花石二戍。有橋口鎭兵。長沙，望。有金。湘潭，緊。本隸衡州，元和後來屬。有衡山。湘鄉，緊。武德四年析衡山置。益陽，上。武德四年析置新康縣，七年省。永泰元年，都督瞿灌自望浮驛開新道，經浮丘至湘鄉。醴陵，中。武德四年析長沙置。有王喬山。瀏陽。中。景龍二年析長沙置。

衡州衡陽郡，上。本衡山郡，天寶元年更名。土貢：麩金、綿紙。戶三萬三千六百八十八，口十九萬九千二百二十八。縣六。有戍分、洞口、平陽三戍。衡陽，緊。本臨烝，武德四年置，七年省重安、新城二縣入焉。開元二十年更名。有西母山。衡山，上。本隸潭州，神龍三年來屬。有南岳衡山祠。常寧，中下。本新寧，天寶元年更名。攸，中。武德四年置南雲州，又析置茶陵、安樂、陰山、新興、建寧五縣。貞觀元年州廢，省茶陵、安樂、陰山、新興、建寧，以攸來屬。茶陵，中。聖曆元年析攸因故縣復置。耒陽。上。本耒陰，武德四年更名。

永州零陵郡，中。土貢：葛、笥、零陵香、石蜜、石鷰。戶二萬七千四百九十四，口十七萬六千一百六十八。縣四。有麻田鎭兵。有雷石、盧洪二戍。零陵，上。祁陽，上。武德四年析零陵置，貞

觀元年省，四年復置。有鐵。湘源，上。有金，有鐵。灌陽。中。蕭銑析湘源置，武德七年省，上元二年復置。

道州江華郡，中。本營州，武德四年以零陵郡之營道、永陽二縣置，五年曰南營州，貞觀八年更名，十七年，州廢入永州，上元二年復置。土貢：白紵、零陵香、犀角。戶二萬二千五百五十一，口十三萬九千六十三。縣五。弘道，上。本營道，天寶元年更名。延唐，上。本梁興，蕭銑析營道置，銑平，更名唐興，長壽二年曰武盛，神龍元年復曰唐興，天寶元年又更名。有鐵。江華，中。武德四年析賀州之馮乘縣置，文明元年曰雲溪〔九〕，神龍元年更名。有錫。永明，中。本永陽，貞觀八年省入營道，天授二年復置，天寶元年更名。有銀，有鐵。大曆。中。大曆二年析延唐置。

郴州桂陽郡，上。土貢：赤錢、紵布、絲布。有桂陽監錢官。戶三萬三千一百七十五。縣八。郴，上。有馬嶺山。義章，中下。蕭銑析郴置，武德七年省，八年復置。有銀，有銅，有鉛。平陽，上。資興，上。本晉興，貞觀八年省，咸亨三年復置，更名。高亭，中下。本安陵，開元十三年析郴置，天寶元年更名。義昌，中下。臨武，中下。如意元年曰隆武，神龍元年復故名。藍山。上。本南平，咸亨二年置，天寶元年更名。

邵州邵陽郡，下。本南梁州，武德四年析潭州之邵陽置，并置邵陵、建興二縣，貞觀十年更名。土貢：銀、犀角。戶萬七千七十三，口七萬一千六百四十四。縣二。邵陽，上。武德七年省邵陵縣入焉。有文斤山。武岡。中。本武攸，武德四年更名，七年省建興縣入焉。

右西道採訪使，治洪州。

黔州黔中郡，下都督府。本黔安郡，天寶元年更名。土貢：犀角、光明丹沙、蠟。戶四千二百七十，口二萬四千二百四。縣六。彭水，上。武德元年析置都上、石城二縣，二年又析置盈隆、洪杜、相永、萬資四縣。貞觀四年以相永、萬資置費州，都上置夷州，十年以思州之高富來屬，十一年以高富隸夷州。有鹽。黔江，中下。本石城，天寶元年更名。洪杜，中下。洋水，中下。本盈隆，先天元年曰盈川，天寶元年更名。信寧，中下。本信安，武德二年更名，隸義州，貞觀十一年州廢，來屬。都濡。中下。貞觀二十年析盈隆置。

辰州盧溪郡，中都督府。本沅陵郡，天寶元年更名。土貢：光明丹沙、犀角、黄連、黄牙。戶四千二百四十一，口二萬八千五百五十四。縣五。沅陵，上。盧溪，中下。武德三年析沅陵置。有武山。漵浦，上。武德五年析辰溪置。麻陽，中下。武德三年析沅陵、辰溪置。垂拱四年析置龍門縣，尋省。有丹穴。辰溪。中。

錦州盧陽郡，下。垂拱二年以辰州麻陽縣地及開山洞置。土貢：光明丹砂、犀角。戶二千八百七十二，口萬四千三百七十四。縣五。盧陽，中下。招諭，中下。渭陽，中下。常豐，中下。本萬安，天寶元年更名。洛浦。中下。本隸溪州，天授二年析辰州之大鄉置，長安四年來屬。

施州清化郡，下。本清江郡，天寶元年更名。土貢：麩金、犀角、黄連、蠟、藥實。戶三千七百二，口萬六千四百四十四。縣二。清江，中下。義寧元年置開夷縣，麟德元年省入焉。建始。中下。義寧二年置業州，貞觀八年州廢，來屬。

敘州潭陽郡，下。本巫州，貞觀八年以辰州之龍標縣置，天授二年曰沅州，開元十三年以「沅」「原」聲相近，復爲巫州，大曆五年更名。土貢：麩金、犀角。戶五千三百六十八，口二萬二千七百三十八。縣三。龍標，上。武德七年置，貞觀八年析置夜郎、朗溪、思微三縣，九年省思微。朗溪，中下。潭陽。中下。先天二年析龍標置。

獎州龍溪郡〔一〇〕，下。本舞州，長安四年以沅州之夜郎、渭溪二縣置，開元十三年以「舞」「武」聲相近，更名鶴州，二十年曰業州，大曆五年又更名。土貢：麩金、犀角、蠟。戶千六百七十二，口七千二百八十四。縣三。峨山，中下。本夜郎，天寶元年更名。渭溪，中下。天授二年析夜郎置。梓薑。中下。本隸充州，天寶三載廢爲羈縻州，以縣來屬。

夷州義泉郡，下。本隋明陽郡地，武德四年以思州之寧夷縣置，貞觀元年州廢，四年復以黔州之都上縣開南蠻置，十一年徙治綏陽。土貢：犀角、蠟燭。戶千二百八十四，口一千一十三。縣五。綏陽，中下。有綏陽山。都上，中下。義泉，中下。本隸明陽郡。武德二年以信安、義泉、綏陽三縣置義州，并置都牢、洋川二縣，五年曰智州。貞觀四年省都牢。五年，以廢邪州之樂安、宜林、芙蓉、琊川四縣隸之，後又領廢夷州之綏養。十一年曰牢州，徙治義泉。十六年州廢，省綏養、樂安、宜林，以綏陽、義泉、洋川來屬，芙蓉、琊川隸播州。洋川，中下。寧夷。中下。武德四年，析置夜郎、神泉、豐樂、綏養、雞翁、伏遠、明陽、高富、思義、丹川、

宜慈、慈岳十二縣。六年省雞翁。及州廢，省夜郎、神泉、豐樂，以寧夷、伏遠、明陽、高富、思義、丹川隸務州，宜慈、慈岳隸涪州〔一一〕，綏養隸智州。貞觀六年復置雞翁縣，來屬。十一年又以高富來屬。永徽後省雞翁、高富。開元二十五年復以寧夷來屬。

播州播川郡，下。本郎州，貞觀九年以隋牂柯郡之牂柯縣置，十一年廢，十三年復置，更名。土貢：斑竹。戶四百九十，口二千一百六十八。縣三。遵義，中下。本恭水，貞觀元年以牂柯地置，并置高山、貢山、柯盈、邪施、釋燕五縣。及郎州廢，縣亦省。十三年復置州，亦復置縣。十四年，更恭水曰羅蒙，高山曰舍月，貢山曰湖江〔一二〕，柯盈曰帶水，邪施曰羅爲，釋燕曰胡刀。十六年更羅蒙曰遵義。顯慶五年省舍月、湖江、羅爲。芙蓉，中下。貞觀五年置，隸郢州，十一年并郢川，隸牢州。開元二十六年省郢川、胡刀入焉。帶水。中下。

思州寧夷郡，下。本務州，武德四年以隋巴東郡之務川、扶陽置，貞觀四年更名。土貢：蠟。戶千五百九十九，口萬二千二十一。縣三。務川，中下。武德元年置。貞觀元年，以廢夷州之寧夷、伏遠、思義、明陽、高富、丹川及廢思州之丹陽、城樂、感化、思王、多田隸務州，尋省思義、明陽、丹川，二年省丹陽，八年省感化，十年以高富隸黔州，十一年省伏遠。思王，中下。武德三年置。思邛。中下。開元四年開生獠置。

費州涪川郡，下。貞觀四年析思州之涪川、扶陽，開南蠻置。土貢：蠟。戶四百二十九，口二千六百九。縣四。涪川，中下。武德四年析務川置。貞觀四年以黔州之相永、萬資隸費州，十一年省。扶陽，中下。多田，中下。武德四年置，隸思州，貞觀元年隸務州，八年來屬。城樂。中下。武德四年招慰生獠置，隸思州，貞觀元年隸務州，八年來屬。

南州南川郡，下。武德二年開南蠻置，三年更名僰州，四年復故名。土貢：斑布。戶四百四十三，口二千四十三。縣二。南川，中下。本隆陽，武德二年置，并置扶化、隆巫、丹溪、靈水四縣。貞觀十一年省扶化、隆巫、靈水。先天元年更隆陽曰南川〔一三〕。三溪。中下。貞觀五年置，七年又置當山、嵐山、歸德、汝溪四縣，八年皆省。

溪州靈溪郡，下。天授二年析辰州置。土貢：丹沙、犀角、茶牙。戶二千一百八十四，口萬五千二百八十二。縣二。大鄉，上。三亭。中下。貞觀九年析大鄉置。有大酉山。

溱州溱溪郡，下。貞觀十六年開山洞置。土貢：文龜、斑布、丹沙。戶八百七十九，口五千四十五。縣五。榮懿，中下。貞觀十六年置，并置扶歡、樂來二縣。咸亨元年省樂來。扶歡，中下。夜郎，中下。貞觀十六年開山洞置珍州，并置夜郎、麗皋、樂源三縣，後爲夜郎郡。元和三年州廢，縣皆來屬。麗皋，中下。樂源。中下。

右黔中採訪使，治黔州。

校勘記

〔一〕神功元年曰武昌　按上文盛唐下云「神功元年曰武昌」，與舊書卷四〇地理志、唐會要卷七一合。靈丘不應於同年亦改名武昌，疑有衍誤。

〔二〕鳥眼綾　「鳥」，十行、汲、殿、局本均作「烏」，衲本作「鳥」。

〔三〕青溪　「青」，舊書卷四〇地理志、元和志卷二五、唐會要卷七一、寰宇記卷九五均作「清」。

〔四〕古田中下永泰二年析候官尤溪置　舊書卷四〇地理志、元和志卷二九、寰宇記卷一〇〇均作「開元二十九年開山洞置」。

〔五〕梅溪中貞元元年析候官置　寰宇記卷一〇〇閩清縣云：「唐貞觀元年割候官一十里爲梅溪場，至梁乾化元年改爲縣。」按元和志卷二九福州領縣無梅溪，似以寰宇記說爲是。

〔六〕永泰中咸通二年析連江及閩置　寰宇記卷一〇〇永泰縣云：「圖經：唐永泰二年置，以年號爲縣名。」舊書卷四〇地理志、元和志卷二九略同。此疑誤。

〔七〕新羅　「新」，寰宇記卷一〇二作「雜羅」，謂「天寶元年改爲龍巖」。元和志卷二九龍巖縣亦云天寶元年由雜羅改名。

〔八〕王山　「王」，各本原作「玉」，寰宇記卷一〇九作「王」，謂「昔王子喬曾控鶴於此山，因以『王』爲名」。據改。

〔九〕文明元年曰雲漢　「漢」，舊書卷四〇地理志作「溪」，唐會要卷七一作「谿」。

〔一〇〕獎州龍溪郡　「溪」，元和志卷三〇、寰宇記卷一二二同，通典卷一八三、舊書卷四〇地理志作「標」。

〔一一〕涪州　「涪」，舊書卷四〇地理志、寰宇記卷一二一夷州敍作「溪」。

〔一二〕貢山曰湖江　「湖」，舊書卷四〇地理志、元和志卷三〇、寰宇記卷一二一均作「胡」。

〔一三〕先天元年更隆陽曰南川　「隆」，各本原作「龍」，舊書卷四〇地理志、元和志卷三〇、寰宇記卷一二二均作「隆」，本卷上文亦作「隆」。據改。

唐書卷四十二

志第三十二

地理六

劍南道，蓋古梁州之域，漢蜀郡、廣漢、犍爲、越巂、益州、牂柯、巴郡之地，總爲鶉首分。爲府一，都護府一，州三十八，縣百八十九。其名山：岷、峨、青城、鶴鳴。其大川：江、涪、雒、西漢。厥賦：絹、綿、葛、紵。厥貢：金、布、絲、葛、羅、綾、綿紬、羚角、氂尾。

成都府蜀郡，赤。至德二載曰南京，爲府，上元元年罷京。土貢：錦、單絲羅、高杼布、麻、蔗糖、梅煎、生春酒。戶十六萬九百五十，口九十二萬八千一百九十九。縣十。有府三，曰威遠、歸德、三江。有天征軍，本天威，乾元二年置，元和三年更名。成都，次赤。有江瀆祠。北十八里有萬歲池，天寶中，長史章仇兼瓊築隄，積水溉田。南百步有官源渠隄百餘里，天寶二載，令獨孤戒盈築。華陽，次赤。本蜀，貞觀十七年析成都置，乾元元年更名。新都，次畿。武德二年置。有繁陽山。犀浦，次畿。垂拱二年析成都置。新繁，

次畿。雙流，次畿。廣都，次畿。龍朔二年析雙流置。郫，次畿。温江，次畿。本萬春，武德三年置，貞觀元年更名。有新源水，開元二十三年，長史章仇兼瓊因蜀王秀故渠開，通漕西山竹木。靈池。次畿。本東陽，久視元年置，天寶元年更名。

彭州濛陽郡，緊。垂拱二年析益州置。土貢：段羅、交梭。戶五萬五千九百二十二，口三十五萬七千三百八十七。縣四。有府二，曰天水、唐興。有威戎軍。有羊灌田、朋笮、繩橋三守捉城。有七盤、安遠、龍溪三城。有當風戍。有歸塞關。九隴，望。武德三年以九隴、綿竹、導江置濛州。貞觀二年州廢，縣皆來屬。武后時，長史劉易從決唐昌沲江，鑿川派流，合堋口埌岐水溉九隴、唐昌田，民爲立祠。有葛璝山、濛沅山、陽平山。導江，望。本盤龍，武德元年以故汶山置，尋更名。貞觀中曰灌寧，開元中復爲導江。有侍郎堰，其東百丈堰，引江水以溉彭、益田，龍朔中築。又有小堰，長安初築。西有蠶崖關；有岷山、玉壘山。有鎮靜軍，開元中置。有白沙守捉城。有木瓜戍、三奇戍。唐昌，望。儀鳳二年析九隴、導江、郫置。長壽二年曰周昌，神龍元年復故名。濛陽。緊。儀鳳二年析九隴、什邡、雒置。

蜀州唐安郡，緊。垂拱二年析益州置。土貢：錦、單絲羅、花紗、紅藍、馬策。戶五萬六千五百七十七，口三十九萬六百九十四。縣四。有府三，曰金堰、廣逢、灌口。有鎮靜軍，乾符二年，節度使高駢置。晉原，望。有天倉山。青城，望。「青」故作「清」，開元十八年更。有青城山。唐安，望。本唐隆，武德元年置。長壽二年曰武隆，神龍元年復爲唐隆，先天元年更名。新津。望。西南二里有遠濟堰〔一〕，分四筒穿渠，溉眉州通義、彭山之田，開元二十八年，採訪使章仇兼瓊開。有稠稉山、本竹山、天社山、主簿山。有鐵。

漢州德陽郡，上。垂拱二年析益州置。土貢：交梭，雙紃，彌牟、紵布，衫段，綾，紅藍，蜀馬。戶六萬九千五，口三十萬八千二百三。縣五。有府一，曰玉津。有威勝軍。雒，望。貞元末，刺史盧士珵立隄堰，溉田四百餘頃。德陽，緊。武德三年析雒置。有鹿頭關。什邡，望。武德二年析雒置。有李冰祠山。綿竹，緊。有庾除山、萬安山、鹿堂山。金堂。上。咸亨二年析雒、新都置。有昌利山。

嘉州犍爲郡，中。本眉山郡，天寶元年更名。土貢：麩金、紫葛、麝香。戶三萬四千二百八十九，口九萬九千五百九十一。縣八。有犍爲、沐源、寺莊、牛猑、銅山、曲灘、陁和、平戎、依名、利震、滄川、羅護、柘林、大池、雞心、龍溪、賴泥、可陽、婆籠、馬鞍、始埠、峨眉等二十二鎮兵。龍遊，緊。平羌，中下。有鐵。有關。峨眉，上。有金，有鐵。夾江，上。有鐵。玉津，中。綏山，中。久視元年析置樂都縣，尋省。有綏山。羅目，中。麟德二年開生獠置，以縣置沐州。高宗上元三年州廢，縣亦省，儀鳳三年復置，來屬。有峨眉山。犍爲。中。本隸戎州，高宗上元元年來屬。

眉州通義郡，上。武德二年析嘉州置。土貢：麩金、柑、石蜜、葛粉。戶四萬三千五百二十九，口十七萬五千二百五十六。縣五。通義，緊。彭山，緊。本隆山，隸陵州。貞觀元年省入通義，二年復置，來屬。先天元年更名。有通濟大堰一，小堰十，自新津邛江口引渠南下，百二十里至州西南入江，溉田千六百頃，開元中，益州長史章仇兼瓊開。有鹽。有彭女山。丹稜，上。有龍鵠山。洪雅，上。武德元年以縣置犍州，

五年省南安入焉。貞觀元年州廢，來屬。開元七年置義州，并以獠戶置南安、平鄉二縣。八年州廢，省二縣，以洪雅來屬。青神。上。大和中，榮夷人張武等百餘家請田于青神，鑿山釃渠，溉田二百餘頃。

邛州臨邛郡，上。武德元年析雅州置，顯慶二年徙治臨邛。土貢：葛、絲布、酒杓。戶四萬二千一百七，口十九萬三百二十七。縣七。有府一，曰興化。有鎮南軍，寶應元年置。臨邛，緊。有銅，有鐵。依政，上。安仁，上。武德三年析臨邛、依政置。貞觀十七年省，咸亨元年復置。大邑，上。咸亨二年析益州之晉原置。有鶴鳴山〔二〕。蒲江，中下。有鹽。大和四年以蒲江、臨溪隸嶲州，後皆復來屬。臨溪，中下。有鐵。火井。中下。有鎮兵。有鹽。

簡州陽安郡，下。武德三年析益州置。土貢：麩金、葛、綿紬、柑。戶二萬三千六十六，口十四萬三千一百九。縣三。陽安，上。有銅，有鹽。有柏鄗山、玉女靈山。金水，上。本金淵，武德元年更名。有銅。平泉。中。

資州資陽郡，上。本治盤石，咸通六年徙治內江，七年復治盤石。土貢：麩金、柑。戶二萬九千六百三十五，口十萬四千七百七十五。縣八。有安夷軍。盤石，中。有平岡山、崇龕山。有鹽。北七十里有百枝池，周六十里，貞觀六年，將軍薛萬徹決東使流。資陽，上。有鹽。清溪，下。本牛鞞，天寶元年更名。內江，中。有鹽。月山，下。義寧二年置。龍水，中。義寧二年置。有鹽。銀山，下。義寧二年置。丹山。中。貞觀四年置，六年省入內江，七年復置。

嶲州越嶲郡，中都督府。本治越嶲，至德二載沒吐蕃，貞元十三年收復。大和五年爲蠻寇所破，六年徙治臺登。土貢：蜀馬、絲布、花布、麩金、麝香、刀靶。戶四萬七百二十一，口十七萬五千二百八十。縣九。有清溪關，大和中，節度使李德裕徙于中城。西南有昆明軍，其西有寧遠軍，有新安、三阜、沙野、蘇祁、保塞、羅山、西瀘、蛇勇、遏戎九城。自清溪關南經大定城百一十里至達仕城，西南經菁口百二十里至永安城，城當滇、笮要衝。又南經水口西南度木瓜嶺二百二十里至臺登城。又九十里至蘇祁縣，又南八十里至嶲州。又經沙野二百六十里至羌浪驛。又經陽蓬嶺百餘里至俄準添館。陽蓬嶺北嶲州境，其南南詔境。又經菁口、會川四百三十里至河子鎭城，又三十里渡瀘水，又五百四十里至姚州，又南九十里至外沴蕩館。又百里至佉龍驛，與戎州往羊苴咩城路合。貞元十四年，內侍劉希昂使南詔由此。臺登，中。武德元年隸登州，貞觀二年來屬。有九子山。越嶲，中。邛部，中。蘇祁，中。西瀘，中。本可（三），天寶元年更名。昆明，中。武德二年置。有鹽，有鐵。和集，中。貞觀八年置。昌明，中。貞觀二十二年開松外蠻，置牢州及松外、尋聲、林開三縣。永徽三年州廢，省三縣入昌明。會川。中。本邛都，高宗上元二年徙于會川，因更名。有瀘津關。

雅州盧山郡，下都督府。本臨邛郡，天寶元年更名。土貢：麩金、茶、石菖蒲、落鴈木。戶萬八百九十二，口五萬四千一十九。縣五。有和川、始陽、靈關、安國四鎭兵。又有婁山、邊臨、統塞、集重、伐謀、制勝、龍游、尼陽八城。嚴道，中。唐初，以州境析置濛陽、長松、靈關、陽啓、嘉良、火利六縣，武德六年皆省。盧山，中。儀鳳二年置大渡縣，長安二年省。有靈關。有鹽，有銅。名山，中下。有雞棟關。百丈，中。貞觀

八年置。榮經。中下。武德三年置。有邛崍山，有關。有銅。有金湯軍，乾符二年置；并置靜寇軍，故延貢地也。

黎州洪源郡，下都督府。大足元年以雅州之漢源、飛越，嶲州之陽山置。神龍三年州廢，縣還故屬。開元四年復置。土貢：升麻、椒、麝香、牛黃。戶千七百三十一，口七千六百七十。縣三。有洪源軍。有定蕃、飛越、和孤三鎭兵。又有武侯、廓清、銅山、肅寧、大定、要衝、潘倉、三碉、杖義、瑠璃、和孤十一城。漢源，中。武德元年以漢源、陽山二縣置登州，九年州廢，二縣來屬。貞觀二年隸嶲州，永徽三年復故。飛越，中。儀鳳二年析漢源置；并置大渡縣，隸雅州，長安二年省。神龍中隸雅州，開元三年還屬。通望。中下。本陽山，隸登州，武德元年析臺登置。州廢，隸雅州，貞觀二年來屬。天寶元年更名。

茂州通化郡，下都督府。本汶山郡，武德元年曰會州，四年曰南會州，貞觀八年更州名，天寶元年更郡名。土貢：麩金、丹砂、麝香、狐尾、羌活、當歸、乾酪。戶二千五百一十，口萬三千二百四十二。縣四。有威戎軍。汶山，中。有龍泉山、岷山。汶川，中下。有古桃關。石泉，中下。貞觀八年置，永徽二年省北川縣入焉。有石紐山。通化。中下。

翼州臨翼郡，下。武德元年析會州之左封、翼針置。咸亨三年僑治悉州之悉唐，上元二年還治翼針。土貢：犛牛尾、麝香、白蜜。戶七百一十一，口三千六百一十八。縣三。有峨和、白岸、都護、祚吊四城。有合江、毅埴、三谷三守捉城。有隴東、益登、清溪、禦蕃、吉超五鎭兵。衞山，中下。本翼針，天寶元年更名。翼水，下。峨和。下。

維州維川郡，下。武德七年以白狗羌戶於姜維故城置，并置金川、定廉二縣。貞觀元年以羌叛州廢，縣亦省，二年復置。麟德二年自羈縻州爲正州，儀鳳二年以羌叛，復降爲羈縻州，垂拱三年復爲正州。廣德元年沒吐蕃，大和五年收復，尋棄其地。大中三年首領以州內附。土貢：麝香、犛牛尾、羌活、當歸。戶二千一百四十二，口三千一百九十八。縣三。有通化軍。有乾溪、白望、嗜桶、赤鼓溪、石梯、達節、鵶口、賞臺、駱它九守捉城。西山南路有通耳、瓜平、乾溪、侏儒、箭上、谷口六守捉城。又有苻堅城。有寧塞、姜維二鎭兵。薛城，中下。貞觀二年置，又析置鹽溪縣，永徽元年省入定廉。有鹽。通化，中下。本小封，咸亨二年以生羌戶於故金川縣地置，後更名。歸化。下。

戎州南溪郡，中都督府。本犍爲郡，治南溪，貞觀中徙治僰道。天寶元年更名。長慶中復治南溪。土貢：葛纖、荔枝煎。戶四千三百五十九，口萬六千三百七十五。縣五。有石門、龍騰、和戎、馬湖、移風、伊祿、義賓、可封、泥溪、開邊、平寇十一鎭兵。有奮戎城，乾符二年置。南溪，中。有平蓋山。僰道，中。義賓，中下。本鄗鄏，武德二年省，三年復置。天寶元年更名，又省撫夷縣入焉。開邊，中下。貞觀四年以石門、開邊、朱提三縣置南通州，五年析置鹽泉縣以隸之。八年曰賢州，是年州廢，以石門、朱提、鹽泉置撫夷縣及開邊，隸戎州。自縣南七十里至曲州。又四百八十里至石門鎭，隋開皇五年率益、漢二州兵所開。又經鄧枕山、馬鞍渡二百二十五里至阿傍部落。又經蒙夔山百九十里至阿夔部落。又百八十里至諭官川。又經薄晬川百五十里至界江山下。又經荆溪谷、瀓溹池三百二十里至湯麻頓。又二百五十里至柘東城。又經安寧井三百九十里至曲水。又經石鼓二

百二十里渡石門至佉龍驛。又六十里至雲南城。又八十里至白崖城。又八十里至龍尾城。又四十里至羊苴咩城。貞元十年，詔祠部郎中袁滋與內給事劉貞諒使南詔，由此。歸順。中下。聖曆二年析郘鄏縣地，以生獠戶置。

姚州雲南郡，下。武德四年以漢雲南縣地置。土貢：麩金、麝香。戶三千七百。縣三。有澄川、南江二守捉城。自嶲州南至西瀘，經陽蓬、鹿谷、菁口、會川四百五十里至瀘州。乃南渡瀘水，經褒州、微州三百五十里至姚州。州西距羊苴咩城三百里，東南距安南水陸二千里。姚城，下。故漢弄棟縣地。瀘南，下。本長城，垂拱元年置，天寶初更名。有葱山。長明。下。

松州交川郡，下都督府。武德元年以扶州之嘉誠、會州之交川置，以地產甘松名。廣德元年沒吐蕃，其後松、當、悉、靜、柘、恭、保、眞、霸、乾、維、翼等爲行州，以部落首領世爲刺史、司馬。土貢：蠟、朴硝、麝香、狐尾、當歸、羌活。戶千七十六，口五千七百四十二。縣四。有松當軍，武后時置。嘉誠，下。交川，下。平康，下。本隸當州，垂拱元年析交川及當州之通軌、翼針置。天寶元年隸松州。鹽泉。下。

當州江源郡，下。貞觀二十一年，以羌首領董和那蓬固守松州功，析松州之通軌縣置，以地產當歸名。土貢：麩金、酥、麝香、當歸、羌活。戶二千一百四十六，口六千七百一十三。縣三。通軌，中下。貞觀三年置。利和（四），下。顯慶二年析通軌置。谷和。下。文明元年開生羌置，并置平唐縣，後省。有常舊山。

悉州歸誠郡，下。顯慶元年以當州之左封置，并置悉唐、識臼二縣，治悉唐。咸亨元年徙治左封，儀鳳二年羌叛，僑治當州，俄徙治左封。土貢：麩金、麝香、犛牛尾、當歸、柑。戶八百一十六，口三千九百一十四。縣二。左封，中。本隸會州，武德元年隸翼州，二年省，貞觀四年復置，二十一年隸當州。歸誠。下。垂拱二年析左封置。

靜州靜川郡，下。本南和州，儀鳳元年以悉州之悉唐置，天授二年更名。土貢：麝香、犛牛尾、當歸、羌活。戶千五百七十七，口六千六百六十九。縣三。悉唐，中。靜居，中。清道。下。

柘州蓬山郡，下。顯慶三年開置。土貢：麝香、當歸、羌活。戶四百九十五，口二千一百二十。縣二。柘，下。喬珠。下。

恭州恭化郡，下。開元二十四年以靜州之廣平置。土貢：麝香、當歸、升麻、羌活。戶千一百八十九，口六千二百二十三。縣三。西南有平戎軍。和集，下。本廣平，天寶元年更名。博恭，下。開元二十四年析廣平置。烈山。下。開元二十四年析廣平置。

保州天保郡，下。本奉州雲山郡，開元二十八年以維州之定廉置。天寶八年徙治天保軍，更郡名。廣德元年沒吐蕃，乾元元年，嗣歸誠王董嘉俊以郡來歸，更州名。後又更名古州，其後復爲保州。土貢：麩金、麝香、犛牛尾。戶千二百四十五，口四千五百三十六。縣

四。有天保軍。定廉，下。武德七年置，永徽元年省維州之鹽溪縣入焉。歸順，下。天寶八載析定廉置。雲山，下。天寶八載析定廉置。安居。下。

眞州昭德郡，下。天寶五載析臨翼郡置。土貢：麝香、大黃。戶六百七十六，口三千一百四十七。縣四。眞符，中下。天寶五載析雞川、昭德置。雞川，中下。先天元年析翼水縣地開生獠置，本隸悉州，天寶元年隸翼州。昭德，下。本識臼，顯慶元年開生獠置，隸悉州，天寶元年隸翼州。昭遠。中下。

霸州靜戎郡，下。天寶元年招附生羌置。戶五百七十一，口千八百六十一。縣四。安信，下。牙利，中。保寧，中。歸化。中。

乾州，下。大曆三年開西山置。縣二。招武，下。寧遠。下。

梓州梓潼郡，下。本新城郡，天寶元年更名。土貢：紅綾、絲布、柑、蔗糖、橘皮。戶六萬一千八百二十四，口二十四萬六千六百五十二。縣九。郪，望。有鹽。射洪，上。通泉，緊。大曆二年隸遂州，後復來屬。有鹽，有鐵。玄武，上。本隸益州，武德三年來屬。有鹽。鹽亭，上。有鹽。有負戴山。飛鳥，上。有鹽。永泰，中。武德四年，析鹽亭及劍州之黃安、閬州之西水置。有鹽。有女徒山。銅山，中。南河象山，西北私鎔山，皆有銅。貞觀二十三年置鑄錢官，調露元年罷，析郪、飛鳥置縣。有會軍堂山。涪城。緊。本隸綿州，大曆十三年來屬。有鹽。

遂州遂寧郡，中都督府。土貢：樗蒲綾、絲布、天門冬。戶三萬五千六百三十二，口十

萬七千七百一十六。縣五。有靜戎軍。方義，望。有鹽。長江，中。有鹽。有廣山。蓬溪，中。本唐興，永淳元年析方義置。長壽二年曰武豐，神龍元年復故名。景龍二年析置唐安縣，先天二年省。天寶元年更唐興曰蓬溪。有化鹽池。青石，中。遂寧。中。景龍元年以故廣溪縣地置。

綿州巴西郡，上。本金山郡，天寶元年更名。土貢：鏤金銀器、麩金、輕容、雙紃、綾、錦、白藕、蔗。有橘官。戶六萬五千六十六，口二十六萬三千三百五十二。縣八。巴西，望。南六里有廣濟陂，引渠溉田百餘頃，垂拱四年，長史樊思孝、令夏侯爽因故渠開。有富樂山。有金，有銀，有鐵，有鹽。昌明，緊。本昌隆，武德三年析置顯武、文義二縣。貞觀元年省文義，神龍元年更顯武曰興聖，先天元年更昌隆曰昌明，開元二年省興聖入焉。尋又析巴西、涪城、萬安地復置興聖，二十七年省，地還故屬。有北芒山。有鹽，有鐵。魏城，上。北五里有洛水堰，貞觀六年引安西水入縣，民甚利之。有鐵，有鹽。羅江，中。本萬安，天寶元年更名。北五里有茫江堰，引射水溉田入城，永徽五年，令白大信置。北十四里有楊村堰，引折脚堰水溉田，貞元二十一年，令韋德築。有白馬關。有鹽。神泉，上。北二十里有折脚堰，引水溉田，貞觀元年開。有鐵。鹽泉，中。武德三年析魏城置。有鹽。龍安，上。本金山，武德三年更名。有松嶺關，開元十八年廢。東南二十三里有雲門堰，決茶川水溉田，貞觀元年築。西昌。中。永淳元年以隋益昌縣地置。有鐵。

劍州普安郡，上。本始州，先天二年更名。土貢：麩金、絲布、蘇薰席、葛粉。戶二萬三千五百一十，口十萬四百五十。縣八。普安，上。普城，緊。本黃安，唐末更名。永歸，中下。有停船

山。梓潼，上。有亮山、神山。陰平，中。西北二里有利人渠，引馬閣水入縣溉田，龍朔三年，令劉鳳儀開，寶應中廢，後復開，景福二年又廢。有浮滄山。臨津，中上。武連，中。劍門。中下。聖曆二年析普安、永歸、陰平置。

合州巴川郡，中。本涪陵郡，天寶元年更名。土貢：麩金、葛、桃竹箸、雙陸子、書筒、橙、牡丹、藥實。戶六萬六千八百一十四，口七萬七千二百二十。縣六。石鏡，上。有鐵。有銅梁山。新明，中。武德三年析石鏡置。漢初，中。赤水，中。巴川，中。開元二十三年析石鏡、銅梁置。有鐵。銅梁。中。長安三年置。

龍州應靈郡，中都督府。本平武郡西龍州，義寧二年曰龍門郡，又曰西龍門郡，貞觀元年曰龍門州。初爲羈縻，屬茂州，垂拱中爲正州。天寶元年曰江油郡，至德二載更郡名，乾元元年更州名。土貢：麩金、酥、羚羊角、葛粉、厚朴、附子、天雄、側子、烏頭。戶二千九百九十二，口四千二百二十八。縣二。江油，望。貞觀八年省平武縣入焉。有涪水關。清川。中下。本馬盤(五)，天寶元年更名。

普州安岳郡，中。武德二年析資州置。土貢：雙紃、葛布、柑、天門冬煎。戶二萬五千六百九十三，口七萬四千六百九十二。縣六。安岳，上。有鹽。安居，中下。大曆二年隸遂州，後復來屬。有鹽。普慈，中。樂至，中。武德三年置。有鹽。普康，中下。本隆康，先天元年更名。有鹽。崇龕。中。本隆龕，武德三年置，先天元年更名。

渝州南平郡，下。本巴郡，天寶元年更名。土貢：葛、藥實。戶六千九百九十五，口二萬七千六百八十五。縣五。巴，中下。有鹽。江津，中下。萬壽，中下。本萬春，武德三年析江津置，五年更名。南平，中下。貞觀四年析巴縣置南平州，幷置南平、清谷、周泉、昆川、和山、白溪、瀛山七縣。八年曰霸州，十三年州廢，省清谷、周泉、昆川、和山、白溪、瀛山，以南平來屬。壁山。中下。至德二載析巴、江津、萬壽置。有鹽。

陵州仁壽郡，本隆山郡，天寶元年更名。土貢：麩金、鵝溪絹、細葛、續隨、苦藥。戶三萬四千七百二十八，口十萬一百二十八。縣五。仁壽，望。有鹽。有高城山。貴平，中。有鹽。井研，中。有井鑊山。始建，中下。有鐵。籍。上。永徽四年析貴平置。東五里有漢陽堰，武德初引漢水溉田二百頃，後廢，文明元年，令陳充復置，後又廢。有鹽。

榮州和義郡，中。武德元年析資州置，治公井，六年徙治大牢，永徽二年徙治旭川。土貢：紬、斑布、葛、利鐵、柑。戶五千六百三十九，口萬八千二十四。縣六。旭川，中下。貞觀元年析大牢置。應靈，中下。本大牢，景龍二年省雲州及羅水、雲川、胡連三縣入焉。天寶元年更名。有鹽。公井，中下。武德元年置。有鹽。資官，中下。本隸嘉州，武德六年來屬。有鹽，有鐵。威遠，中下。貞觀元年析置婆日、至如二縣。二年以瀘州之隆越來屬。八年省婆日、至如、隆越入焉。有鹽。和義。中下。本隸瀘州，貞觀八年來屬。

昌州，下都督府。乾元二年析資、瀘、普、合四州之地置，治昌元。大曆六年州、縣廢，

其地各還故屬，十年復置。光啓元年徙治大足。土貢：麩金、麝香。縣四。大足，下。本合州巴川地。靜南，中。昌元，上。永川。下。本瀘州璧山縣地。有鐵。

瀘州瀘川郡，下都督府。土貢：麩金、利鐵、葛布、斑布。戶萬六千五百九十四，口六萬五千七百一十一。縣五。瀘川，中。貞觀八年析置涇南縣，後省。富義，中。本富世，武德九年省來鳳縣入焉。貞觀二十三年更名。江安，中。貞觀元年以夷獠戶置思隸、思逢、施陽三縣。八年省施陽，十三年省思隸、思逢入焉。有鹽。合江，中。綿水。中。

保寧都護府，天寶八載以劍南之索磨川置，領牂柯、吐蕃。

右劍南採訪使，治益州。

校勘記

〔一〕遠濟堰 「遠」，下文眉州彭水縣下作「通」。

〔二〕鶴鳴山 「鶴鳴」，各本原作「鳴鶴」。元和志卷三一、寰宇記卷七五均作「鶴鳴」，本卷總序亦作「鶴鳴」，據改。

〔三〕西瀘中本可 「可」，舊書卷四一地理志、唐會要卷七一同。按隋書卷二九地理志越巂郡有可泉縣。寰宇記卷八〇云嶲州武德元年領有可泉縣。元和志卷三二西瀘縣云：「周武帝天和二年於此置本可縣。」楊守敬隋書地理志考證附補遺謂「『本可』蓋『可泉』之誤」。

〔四〕利和 元和志卷三二同。舊書卷四一地理志、通典卷一七六、寰宇記卷八一均作「和利」。

〔五〕馬盤 「馬」，各本原作「烏」。據隋書卷二九地理志、元和志卷三三、寰宇記卷八四改。

唐書卷四十三上

志第三十三上

地理七上

嶺南道，蓋古揚州之南境，漢南海、鬱林、蒼梧、珠崖、儋耳、交趾、合浦、九眞、日南等郡。韶、廣、康、端、封、梧、藤、羅、雷、崖以東爲星紀分，桂、柳、鬱林、富、昭、蒙、龔、繡、容、白、羅而西及安南爲鶉尾分。爲州七十有三，都護府一，縣三百一十四。其名山：黃嶺、靈洲。其大川：桂、鬱。厥賦：蕉、紵、落麻。厥貢：金、銀、孔翠、犀、象、綵藤、竹布。

廣州南海郡，中都督府。土貢：銀、藤簟、竹席、荔支、鼉皮、鼊甲、蚺蛇膽、石斛、沈香、甲香、詹糖香。戶四萬二千二百三十五，口二十二萬一千五百。縣十三。有府二，曰綏南、番禺。有經略軍，屯門鎮兵。南海，上。有南海祠。山峻水深，民不井汲，都督劉巨鱗始鑿井四。有牛鼻鎮兵。有赤岸、紫石二戍。有靈洲山，在鬱水中。番禺，上。增城，中。四會，中。武德五年以四會、化蒙二縣置南綏州，并析置新招、化

注、化穆三縣。貞觀元年省新招、化注，以廢威州之懷集、廢齊州之洊安隸之。八年更名湞州。十三年州廢，省化穆，以四會、化蒙、懷集、洊安來屬。化蒙，中。有鉛穴一。懷集，中。武德五年置威州，并析置興平、霶清、威成三縣。貞觀元年州廢，省興平、霶清、威成入懷集。開元二年省永固縣入焉。有驃山，有鐵。洊水，中。本洊安，武德五年置齊州，并析置宜樂、宋昌二縣。貞觀元年州廢，省宜樂、宋昌入洊安。至德二載更名。有鹽。有黃嶺山。清遠，中。武德六年省政賓縣入焉。浛洭，中。武德五年以浛洭、湞陽二縣置洭州，并析置翁源縣。貞觀元年州廢，以翁源隸韶州，浛洭、湞陽來屬。湞陽，中。本眞陽，貞觀元年更名。有鐵。西南有洭浦故關。新會，中。武德四年，以南海郡之新會、義寧二縣置岡州新會郡，以地有金岡以名州，并析置封平、封樂二縣。貞觀十三年州廢，省封平、封樂，以新會、義寧來屬。是年，復以新會、義寧置岡州，又析義寧置封樂縣。後省封樂。開元二十三年州廢〔一〕，以新會、義寧復來屬。有鹽。義寧。中。

韶州始興郡，下。本番州，武德四年析廣州之曲江、始興、樂昌、翁源置。尋更名東衡州，貞觀元年又更名。土貢：竹布、鍾乳、石斛。戶三萬一千，口十六萬八千九百四十八。縣六。曲江，上。武德四年置臨瀧、良化二縣，貞觀八年省。始興，下。有大庾嶺新路，開元十七年，詔張九齡開。東北有安遠鎮兵。樂昌，下。翁源，下。仁化，下。本隸廣州，垂拱四年析曲江置，後來屬。湞昌。下。光宅元年析始興置。

循州海豐郡，下。本龍川郡，天寶元年更名。土貢：布、五色藤盤、鏡匣、蚺蛇膽、甲煎、鮫革、荃臺、綏草。戶九千五百二十五。縣六。歸善，中下。貞觀元年省龍川縣入焉。博羅，中下。貞觀元年省羅陽縣入焉。河源，中下。武德五年析置石城縣，貞觀元年省。海豐，中下。武德五年析置陸安縣，貞觀元年省。興寧，貞觀元年省齊昌縣入焉。雷鄉。中下。天授二年置。

潮州潮陽郡，下。本義安郡。土貢：蕉、鮫革、甲香、蚺蛇膽、龜、石井、銀石、水馬。戶四千四百二十，口二萬六千七百四十五。縣三。海陽，中下。有鹽。潮陽，中下。永徽初省，先天初復置。程鄉。中下。

康州晉康郡，下。本南康州，武德六年析端州之端溪置，九年州廢。貞觀元年復置，十一年又廢，十二年復置，更名康州。土貢：金、銀。戶萬五百一十，口萬七千二百一十九。縣四。端溪，下。武德五年析端州之博林置撫納縣，後省。晉康，下。本遂安〔二〕，至德二載更名。悅城，下。本樂城，隸端州，武德五年來屬，後更名。都城。下。

瀧州開陽郡，下。本永熙郡，天寶元年更名。土貢：銀、石斛。戶三千六百二十七，口九千四百三十九。縣四。瀧水，下。武德四年析置正義縣，并領懷德縣。後省正義，以懷德隸竇州。開陽，下。武德四年析瀧水置。鎭南，下。本安南，武德四年置南建州，以永熙郡之安遂、永熙、永業三縣隸之。五年析瀧水置安南縣。貞觀八年更南建州曰藥州。十八年州廢，省安遂、永業，以永寧、安南來屬。至德二載更名。建水。下。本永熙，武德五年曰永寧，天寶元年復更名，以建水在西也。

端州高要郡，下。本信安郡，天寶元年更名。土貢：銀、柑。戶九千五百，口二萬一千一百二十。縣二。高要，下。貞觀十三年省博林縣入焉。東有青岐鎮。平興。下。武德七年析置淸泰縣，貞觀十三年省。

新州新興郡，下。本新昌郡，武德四年以端州之新興置。土貢：金、銀、蕉。戶九千五百。縣二。新興，下。武德四年析置索盧、新昌、單牒、永順四縣。後省新昌、單牒，乾元後又省索盧。永順。下。

封州臨封郡，下。本廣信郡，天寶元年更名。土貢：銀、鮫革、石斛。戶三千九百，口萬一千八百二十七。縣二。封川，下。武德四年析置封興縣，後省。開建。下。武德四年置。

潘州南潘郡，下。本南宕州南巴郡，武德四年以合浦郡之南昌、定川置。本治南昌，貞觀元年徙治定川，八年更名，後徙治茂名。後廢，地入高州。永徽元年復以茂名、南巴、毛山三縣置。土貢：銀。戶四千三百，口八千九百六十七。縣三。茂名，下。本隸高州，以茂名水名，貞觀元年來屬。潘水，下。武德五年置，以潘水名，又析南昌、定川置陸川、思城、溫水、宕川四縣。貞觀八年省思成，後以定川、宕川隸牢州，陸川、溫水隸禺州，後省南昌。二十三年析潘水置毛山縣，以毛山名。其後省潘水縣。開元二年改毛山曰潘水。南有博吽鎮。南巴。下。本隸高州，武德五年置，永徽元年來屬。

春州南陵郡，下。本陽春郡，武德四年以高涼郡之陽春置，天寶元年更郡名。土貢：

銀、鍾乳、石斛。戶萬一千二百一十八。縣二。陽春，下。武德四年并置流南縣，五年又置西城縣，後皆省。有鉛。羅水。下。天寶後置。

勤州雲浮郡，下。本銅陵郡，武德四年析春州置，五年州廢。萬歲通天二年復置，長安中復廢。開元十八年平春、瀧等州，首領陳行範餘黨保銅陵北山，廣州都督耿仁忠奏復置州，治富林洞，因以爲縣。乾元元年徙治銅陵。土貢：金、銀、石斛。戶六百八十二，口千九百三十三。縣二。銅陵，下。本隸端州，武德五年隸春州，後來屬。有銅。富林。下。武德四年析銅陵置。州廢，隸春州，後縣亦廢，乾元元年復置。

羅州招義郡，下。本石城郡，武德五年以高涼郡之石龍、吳川置，六年徙治石城。土貢：銀、孔雀、鸚鵡。戶五千四百六十，口八千四十一。縣四。廉江，下。本石城，以石城水名。武德五年，析石龍、吳川置南河、石城、招義、零綠、石龍、陵羅、龍化、羅辯、慈廉、羅肥十縣。後以石龍而下六縣隸南石州。天寶元年更名。大曆八年以南河隸順州。吳川，下。幹水，下。本石龍，武德五年曰招義，天寶元年更名，以幹水名。零綠。下。以零綠水名。

辯州陵水郡，下。本南石州石龍郡，武德六年，以羅州之石龍、陵羅、龍化、羅辯、慈廉、羅肥置。貞觀九年更名。天祐元年，朱全忠以「辯」「汴」聲近，表更名勳州。土貢：銀、竹簟。戶四千八百五十八，口萬六千二百九。縣二。石龍，下。貞觀元年省慈廉、羅肥二縣入焉。陵羅。下。

高州高涼郡，下。武德六年分廣州之電白、連江置。本治高涼，貞觀二十三年徙治良德，大曆十一年徙治電白。土貢：銀、蚺蛇膽。戶萬二千四百。縣三。電白，下。良德，下。本隸瀧州，武德中來屬。保寧。下。本連江，開元五年曰保安，至德二載更名。

恩州恩平郡，下。本齊安郡，貞觀二十三年以高州之西平、齊安、杜陵置。大順二年徙治恩平。土貢：金、銀。戶九千。縣三。有清海軍。恩平，下。本海安，武德五年曰齊安，至德二載更名。有西平縣，本高涼，亦武德五年更名，後省。杜陵，下。本杜原，武德五年更名。陽江。下。有銀。

雷州海康郡，下。本南合州徐聞郡，武德四年以合浦郡之海康、隋康、鐵杷置。貞觀元年更名東合州，八年又更名。土貢：絲電、班竹、孔雀。戶四千三百二十，口二萬五百七十二。縣三。海康，中。遂溪，下。本鐵杷、椹川二縣，後併省，更名。徐聞。下。本隋康，貞觀二年更名。

崖州珠崖郡，下。土貢：金、銀、珠、玳瑁、高良薑。戶八百一十九。縣三。舍城，下。以舍城水名。西南有勸連鎮兵。有顏城縣，本顏盧，貞觀元年更名，開元後省。澄邁，下。文昌。下。本平昌，武德五年置，貞觀元年更名。

瓊州瓊山郡，下都督府。貞觀五年以崖州之瓊山置。自乾封後沒山洞蠻，貞元五年，嶺南節度使李復討復之。土貢：金。戶六百四十九。縣五。瓊山，下。貞觀十三年析置曾口、顏羅、容瓊三縣。貞元七年省容瓊。有鹽。臨高，下。本臨機，隸崖州，貞觀五年來屬，州沒隸崖州。開元元年更名。曾口，下。樂會，下。顯慶五年置。顏羅。下。

振州延德郡，下。本臨振郡，又曰寧遠郡，天寶元年更名。土貢：金、五色藤盤、班布、食單。戶八百一十九，口二千八百二十一。縣五。寧遠，下。以寧遠水名。有鹽。延德，下。以延德水名。吉陽，下。貞觀二年析延德置。臨川，下。落屯。下。天寶後置。

儋州昌化郡，下。本儋耳郡，隋珠崖郡治，天寶元年更名。土貢：金、糖香。戶三千三百九。縣五。義倫，下。有鹽。昌化，下。貞觀元年析置吉安縣，乾元後省。感恩，下。洛場，下。乾元後置。富羅。下。本毗善，武德五年更名。

萬安州萬安郡，下。龍朔二年以崖州之萬安置。開元九年徙治陵水。至德二載更名萬全郡。貞元元年復治萬全，後復故名。土貢：金、銀。戶二千九百九十七。縣四。萬安，下。本隸瓊州，貞觀五年析文昌置，并置富雲、博遼二縣。十三年隸崖州，後來屬。至德二載曰萬全，後復故名。陵水，下。本隸振州，後來屬。富雲，下。博遼。下。

邕州朗寧郡，下都督府。本南晉州，武德四年以隋鬱林郡之宣化置，貞觀八年更名。土貢：金、銀。有金坑。戶二千八百九十三，口七千三百二。縣七。有經略軍。宣化，中下。武德五年析置武緣、晉興、朗寧、橫山四縣。乾元後省橫山。鬱水自蠻境七源州流出，州民常苦之，景雲中，司馬呂仁引渠分流以殺水勢，自是無沒溺之害，民乃夾水而居。武緣，中下。西有都稜鎮。晉興，中下。朗寧，中下。思籠，中下。乾元後開山洞置。如和，中下。本隸欽州，武德五年析南賓、安京置，景龍二年來屬。封陵。中下。乾元後開山洞置。

澄州賀水郡，下。本南方州，武德四年以鬱林郡之嶺方地置，貞觀八年更名。土貢：金、銀。戶千三百六十八，口八千五百八十。縣四。上林，下。武德四年，析嶺方縣地置無虞、琅邪、思干、上林、止戈五縣。無虞，下。止戈，下。賀水。下。本隸柳州，武德四年析馬平置，八年來屬。

賓州嶺方郡，下。本安城郡，貞觀五年，析南方州之嶺方、思干、琅邪，南尹州之安城置。至德二載更名。土貢：藤器。戶千九百七十六，口八千五百八十。縣三。嶺方，中下。貞觀十二年省思干縣。琅邪，中下。保城。中下。本安城，至德二載更名。

橫州寧浦郡，下。本簡州，武德四年以鬱林郡之寧浦、樂山置。六年曰南簡州，貞觀八年更名。土貢：金、銀。戶千九百七十八，口八千三百四十二。縣三。寧浦，中下。武德四年析置蒙澤縣。五年以貴州之嶺山來屬。貞觀十二年省蒙澤入焉，後又省嶺山。從化，中下。本淳風，武德四年析寧浦置，永貞元年更名。樂山。下。

潯州潯江郡，下。貞觀七年以龔州之桂平、大賓置。十三年州廢，縣隸龔州，後復置。土貢：金、銀。戶二千五百，口六千八百三十六。縣三。桂平，下。本隸貴州，武德五年隸龔州。七年置陵江縣，十二年省入焉。皇化，下。本隸繡州，貞觀七年來屬。大賓。下。

潯州永定郡，下。本淳州，武德四年以故秦桂林郡地置，永貞元年更名。土貢：金、銀。戶七百七十，口三千八百三。縣三。永定，下。武羅，下。靈竹。下。

欽州寧越郡。土貢：金、銀、翠羽、高良薑。戶二千七百，口萬一百四十六。縣五。欽江，下。東南有西零戍。保京，下。本安京，至德二載更名。內亭，下。武德五年以內亭、遵化二縣置南亭州。貞觀二年州廢，二縣來屬。遵化，中下。靈山。下。本南賓，貞觀十年更名。

貴州懷澤郡，下。本南定州鬱林郡，武德四年曰南尹州，貞觀八年曰貴州，天寶元年更郡名。土貢：金、銀、鉛器、紵布。戶三千二十六，口九千三百。縣四。有府一，曰龍山。鬱林，中下。懷澤，下。武德四年置。潮水，下。武德四年析鬱林置。義山。下。武德四年更馬嶺縣曰馬度。貞觀後省，天寶後更置，曰義山。

龔州臨江郡，下。貞觀七年，以燕州故治，析潯州之武林、燕州之泰川置〔三〕，後徙治平南〔四〕。土貢：銀。戶九千，口二萬一千。縣五。平南，下。貞觀七年置，又置西平、歸政、大同三縣。十二年省泰川入平南，又省歸政、西平〔五〕。武林，下。本隸藤州，武德七年來屬〔六〕。隋建，下。本隸藤州，貞觀十三年來屬。大同，下。陽川。下。本陽建，後更名。

象州象郡，下。本桂林郡，武德四年以始安郡之陽壽、桂林置，以象山爲州名。貞觀十

三年徙治武化，大曆十一年復治陽壽。土貢：銀、藤器。戶五千五百，口萬八百九十。縣三。陽壽，下。武德四年析桂林置武德、西寧、武仙三縣。貞觀十二年省西寧入武德，天寶元年省武德入陽壽。武仙，下。乾封元年省桂林縣入焉。武化。下。武德四年析桂州之建陵置，本隸封州，後隸晏州；又析陽壽置長風縣，隸晏州。州廢，縣皆來屬。大曆十一年省長風入焉。

藤州感義郡，下。本永平郡，天寶元年更名。土貢：銀。戶三千九百八十。縣四。鐔津，中下。初州治永平，無鐔津，又有隋安、賀川、寧人等縣，皆貞觀後省併更置，而寧人隸容州，永平隸昭州。有鉛。感義，下。本淳民，武德中更名。義昌，下。本安昌，至德二載更名。寧風。下。武德五年以縣置燕州，以貴州之桂平隸之。貞觀三年又以藤州之大賓隸之，增領長恭、泰川、池陽、龍陽四縣，治長恭，五年置新樂、寧風、梁石、羅風四縣。七年更名泰州，徙治寧風，更池陽曰承恩，復以藤州之安基隸之；以梁石、羅風隸藤州；省長恭縣。八年徙治安基，復爲燕州。十二年省龍陽、承恩二縣。十八年州廢，以寧風來屬。後省新樂、安基、梁石、羅風。

巖州常樂郡，下。調露二年析橫、貴二州置，以巖岡之北因爲名。天寶元年曰安樂郡，至德二載更名。土貢：金。戶千一百一十。縣四。常樂，下。本安樂，蕭銑分興德縣置。貞觀元年省，乾封元年復置，隸鬱林州，永隆元年來屬。至德二載更名。恩封，下。本伏龍洞，當牢、白二州之境，調露二年與高城、石巖同置。高城，下。以高城水名。石巖。下。

宜州龍水郡，下。唐開置，本粵州，乾封中更名。有銀、丹沙。戶千二百二十，口三千

二百三十。縣四。龍水，下。崖山，下。東璽，下。天河。下。

邕管所領，又有顯州、武州、沈州，後皆廢省。

瀼州臨潭郡，下。貞觀十二年，清平公李弘節開夷獠置。戶千六百六十六。縣四。瀼江〔七〕，下。波零，下。鵠山，下。弘遠。下。貞元後州、縣名存而已。

籠州扶南郡，下。貞觀十二年，李弘節招慰生蠻置。戶三千六百六十七。縣七。武勤〔八〕，下。武禮，下。羅龍，下。扶南，下。龍額，下。武觀，下。武江。下。

田州橫山郡，下。開元中開蠻洞置，貞元二十一年廢，後復置。戶四千一百六十八。縣五。都救，下。惠佳，下。武龍，下。橫山，下。如賴。下。

環州整平郡，下。貞觀十二年，李弘節開拓生蠻置。縣八。正平，下。福零，下。龍源，下。饒勉，下。思恩，下。武石，下。歌良，下。都蒙〔九〕。下。

桂州始安郡，中都督府。至德二載更郡曰建陵，後復故名。土貢：銀、銅器、麖皮鞾、簟。戶萬七千五百，口七萬一千一十八。縣十一。有經略軍。臨桂，上。本始安，武德四年置福祿縣，貞觀八年省入焉，更名〔一〇〕。有相思埭，長壽元年築，分相思水使東西流。又東南有回濤堤，以捍桂水，貞元十四年築。有侯山。理定，中。本興安，武德四年置宜風縣，貞觀十二年省入焉。至德二載更名。西十里有靈渠，引灕水，故秦史祿所鑿，後廢。寶曆初，觀察使李渤立斗門十八以通漕，俄又廢。咸通九年，刺史魚孟威以石爲鏵隄，亙四十里，植

大木爲斗門，至十八重，乃通巨舟。靈川，中。龍朔二年析始安置。陽朔，中下。武德四年置歸義縣，貞觀元年省入焉。荔浦，中下。武德四年，以始安郡之荔浦、建陵、隋化三縣置荔州，又析置崇仁、純義、東區三縣。五年以隋化、東區隸南恭州，貞觀元年以建陵隸晏州。十二年州廢，以荔浦、崇仁來屬。崇仁後省，純義隸蒙州。豐水，中下。本永豐，隸昭州，武德四年析陽朔置，後來屬。長慶三年更名。修仁，中下。本建陵，貞觀元年置晏州，并置武龍、武化、長風三縣。十二年州廢，省武龍，以武化、長風隸象州，建陵來屬。長慶三年更名。恭化〔一一〕，中下。本純化，武德四年析始安置，永貞元年更名。永福，中下。武德四年析始安置。全義，中下。本臨源，武德四年析始安置，大曆三年更名。古。乾寧二年析慕化置。

梧州蒼梧郡，下。武德四年以靜州之蒼梧、豪靜、開江置。土貢：銀、白石英。戶千二百九。縣三。蒼梧，下。貞觀八年以賀州之綏越來屬。十二年省豪靜，其後又省綏越，而開江復隸富州。戎城，下。本隸藤州，永徽中來屬。光化四年，馬殷表以縣隸桂州。孟陵。下。本猛陵，隸藤州，蕭銑置。貞觀八年來屬，更名。光化中，馬殷表以縣隸桂州。

賀州臨賀郡，下。本綏越郡，武德四年，以始安郡之富川、熙平郡之桂嶺、零陵郡之馮乘、蒼梧郡之封陽置。土貢：銀。戶四千五百五十二，口二萬五百七十。縣六。臨賀，下。武德四年置。東有銅冶，在橘山。桂嶺，下。朝岡、程岡皆有鐵。馮乘，下。有荔平關。有錫冶三。封陽，下。貞觀元年省，九年復置。富川，下。有富水。天寶中更名富水，後復故名。有錫。有鍾乳穴三。蕩山。下。天寶後置。

連州連山郡，下。本熙平郡，天寶元年更名。土貢：赤錢、竹紵練、白紵細布、鍾乳、水銀、丹沙、白鑞。戶三萬二千二百一十，口十四萬三千五百三十三。縣三。桂陽，上。有桂陽山，本靈山，天寶八載更名。有銀，有鐵。陽山，中下。有鐵。有故秦湟谿關。連山。中。有金，有銅，有鐵。

柳州龍城郡，下。本昆州，武德四年以始安郡之馬平置，是年，更名南昆州，貞觀八年又以地當柳星更名。土貢：銀、蚺蛇膽。戶二千二百三十二，口萬一千五百五十。縣五。馬平，下。武德四年析置新平、文安、賀水、歸德四縣，尋更名歸德曰脩德，文安曰樂沙。八年以賀水隸澄州。貞觀七年省樂沙，九年置崖山縣，十二年省新平。其後又省崖山，以脩德隸嚴州。龍城，下。武德四年置龍州，并置柳嶺縣。貞觀七年州廢，省柳嶺，以龍城來屬。象，下。本隸桂州，後來屬。洛曹，下。本洛封，元和十三年更名。洛容。下。貞觀中置。

富州開江郡，下。本靜州龍平郡，武德四年，以始安郡之龍平、豪靜，蒼梧郡之蒼梧置，貞觀八年更名。土貢：銀、班布。戶千四百六十，口八千五百八十六。縣三。龍平，下。武德四年析置博勞、歸化、安樂、開江四縣，尋以蒼梧、豪靜、開江隸梧州，九年省安樂、歸化、博勞。思勤，下。天寶後置。馬江。下。本開江，後隸梧州，又復隸柳州。長慶三年更名。

昭州平樂郡，下。本樂州，武德四年以始安郡之平樂置，貞觀八年更名。土貢：銀。戶四千九百一十八，口萬二千六百九十一。縣三。平樂，下。以平樂水名之。有鍾乳穴三。武德四年析置沙亭縣，貞觀七年省沙亭。恭城，下。蕭銑置。有鍾乳穴十二，在銀帳山。永平。下。本隸藤州，後來屬。

蒙州蒙山郡，下。本南恭州，武德五年析荔州之隋化置，貞觀八年更名。土貢：麩金、銀。戶千五十九，口五千九百三十三。縣三。立山，下。本隋化，武德五年更名；又析置欽政縣，貞觀十二年省。東區，下。武德五年析立山置。貞觀六年隸鷰州，十年來屬。正義。下。本純義，隸鷰州，十年來屬。永貞元年更名。

嚴州循德郡〔二〕，下。乾封二年招致生獠，以秦故桂林郡地置。土貢：銀。戶千八百五十九，口七千五十一。縣三。來賓，下。乾封二年置。循德，下。本隸柳州，後來屬。歸化。下。乾封二年置。

融州融水郡，下。武德四年析始安郡之義熙置。土貢：金、桂心。戶千二百三十二。縣二。融水，下。本義熙，武德四年析置臨牂、黃水、安脩三縣，六年更名。貞觀十三年省安脩入臨牂。武陽。下。天寶初併黃水、臨牂二縣更置。

思唐州武郎郡，下。永隆二年析龔、蒙、象三州置。開元二十四年爲羈縻州，建中元年爲正州。土貢：銀。戶百四十一。縣二。武郎，下。思和。下。本平原，長慶三年更名。

古州樂興郡〔三〕，下。貞觀十二年，李弘節開夷獠置。土貢：蠟。戶二百八十五。縣三。樂山〔四〕，本樂預，寶應元年更名。古書，下。樂興。下。

容州普寧郡，下都督府。本銅州，武德四年以合浦郡之北流、普寧置，貞觀八年更名。元和中徙治普寧。土貢：銀、丹沙、水銀。戶四千九百七十，口萬七千八十五。縣六。有經略軍。普寧，下。北流，下。武德四年析置豪石、宕昌、南流、陵城、新安五縣。貞觀十一年省新安，後又省豪石、宕昌。北三十里有鬼門關，兩石相對，中闊三十步。陵城，下。渭龍，下。武德四年析普寧置。欣道，下。本寧人，隸藤州，貞觀二十三年更名，來屬。陸川。下。本隸東峩州，唐末來屬。

牢州定川郡，下。本義州，武德二年以巴蜀徼外蠻夷地置。貞觀十一年以東北有牢石，因更名，徙治南流，後廢。乾封三年，將軍王杲平蠻獠復置。土貢：布、銀。戶千六百四十一，口萬一千七百五十六。縣三。南流，下。本隸容州，武德四年析北流置南流、定川、牢川三縣，以南百步有南流江名之，乾封三年皆來屬。定川，下。本隸潘州，定川水名之。宕川。下。本隸潘州，因瀘宕水名之。

白州南昌郡，下。本南州，武德四年以合浦郡之合浦地置，六年更名。土貢：金、銀、珠。戶二千五百七十四，口九千四百九十八。縣四。博白，下。武德四年置，并置朗平、周羅、龍豪、淳良、建寧五縣。貞觀六年以廉州之大都隸之。十二年省朗平、淳良，後又省大都。大曆八年以龍豪隸順州。西南百里有北戍灘，咸通中，安南都護高駢募人平其險石，以通舟檝。建寧，下。周羅，下。南昌。下。本隸潘州，後來屬。

順州順義郡，下。大曆八年，容管經略使王翃析禺、羅、辯、白四州置。土貢：銀。戶五百九。縣四。龍化，下。武德四年置，以西有龍化水名之，六年隸辯州。溫水，下。本隸禺州。南河，下。武德五年析石龍置，隸羅州。龍豪。武德四年析合浦置，隸白州。

繡州常林郡，下。本林州，武德四年以鬱林郡之阿林縣及鬱平縣地置，六年更名。土貢：金。戶九千七百七十三。縣三。常林，中。武德四年置，又置羅繡、皇化、歸誠三縣。貞觀七年以皇化隸潯州，省歸誠。阿林，中下。羅繡。下。武德四年析置盧越縣，貞觀六年縣廢入焉。

鬱林州鬱林郡，下。本鬱州，麟德二年析貴州之石南、興德、鬱平置，乾封元年更名。土貢：布。戶千九百一十八，口九千六百九十九。縣四。鬱平，下。本隸貴州，後來屬。興業，下。麟德二年析石南置，建中二年省石南入焉。興德，下。蕭銑析石南置，尋廢。武德四年析鬱平復置。潭栗。下。

黨州寧仁郡，下。本鬱林州地，永淳元年開古黨洞置。土貢：金、銀。戶千一百四十九，口七千四百四。縣八。撫安，下。古西甌地。善勞，中下。善文，下。寧仁，下。容山，下。本安仁，永淳二年析黨州置平琴州平琴郡，領安仁、懷義、福陽、古符四縣。垂拱三年廢，神龍三年復置。至德中更安仁曰容山。建中二年州廢，縣皆來屬。懷義，下。福陽，下。古符。下。

竇州懷德郡，下。本南扶州，武德四年以永熙郡之懷德置。以獠叛，僑治瀧州，後徙治信義。貞觀元年州廢，以縣隸瀧州。二年復置，五年又廢，以縣隸瀧州。六年復置，八年更名。土貢：銀。戶千一十九，口七千三百三十九。縣四。信義，中下。武德四年置，并析置潭峩縣，五年又析置特亮縣。懷德，中下。淳峩，下。特亮。下。

禺州温水郡，下。本東峩州，乾封三年，將軍王杲奏析白、辯、竇、容四州置，總章二年更名。土貢：銀。戶三千一百八十。縣四。峩石，下。總章二年析白州之溫水置，以南有峩石名之。羅辯，下。本陸川，隸辯州，後更名。本羅辯洞地。扶萊，下。武德五年析信義縣置，隸竇州，以扶萊水名之。貞觀中省，後復置。宕昌。下。本隸容州。

廉州合浦郡，下。本合州，武德四年曰越州，貞觀八年更名，以本大廉洞地。土貢：銀。戶三千三十二，口萬三千二十九。縣四。合浦，中下。武德五年置安昌、高城、大廉、大都四縣。貞觀六年置珠池縣。後以大都隸白州。十二年省珠池、安昌入焉。封山，下。武德五年置姜州，并置東羅、蔡龍二縣。貞觀十年州廢，以封山、東羅、蔡龍來屬。後省東羅。蔡龍，下。以蔡龍洞名之。貞觀十二年省高城縣入焉。大廉〔一三〕。下。

義州連城郡，下。本南義州，武德五年以永熙郡之永業縣地置。貞觀元年州廢，以縣隸南建州。二年復置，五年又廢，以縣隸南建州。六年復置，後第名義州。土貢：銀。戶千一百一十，口七千三百三。縣三。岑溪，下。本龍城，武德五年置，并置安義、義城二縣。至德中更龍城曰岑溪。其後又省義城。有郡山。永業，下。本安義，至德中更名。連城。下。武德五年析瀧州之正義置。

安南中都護府，本交趾郡，武德五年曰交州，治交趾。調露元年曰安南都護府，至德二

載曰鎮南都護府，大曆三年復爲安南。寶曆元年徙治宋平。土貢：蕉、檳榔、鮫革、蚺蛇膽、翠羽。戶二萬四千二百三十，口九萬九千六百五十二。縣八。有經略軍。宋平，上。武德四年置宋州，并置弘教、南定二縣。五年析置交趾、懷德二縣，隸交州。六年曰南宋州。貞觀元年州廢，省弘教、懷德，徙交趾于故南慈州，來屬。南定，本隸宋州，武德四年析宋平置，五年隸交州。大曆五年省，貞元八年復置。太平，中下。本隆平，武德四年置，以縣置隆州，并置義廉、封溪二縣，治義廉。六年曰南隆州。貞觀元年州廢，省義廉，以封溪隸峯州，隆平來屬。先天元年更名。交趾，中下。武德四年置慈州，并置慈廉、烏延、武立三縣，以慈廉水因名之。六年曰南慈州。貞觀元年州廢，省三縣更置。朱鳶，上。武德四年置鳶州，并置高陵、定安二縣。貞觀元年州廢，省高陵、定安，以朱鳶來屬。龍編，中下。武德四年置龍州，并置武寧、平樂二縣。貞觀元年州廢，省武寧、平樂，以龍編隸仙州，州廢來屬。平道，中下。武德四年置道州，并置昌國縣。六年曰南道州，是年更名仙州。貞觀十年州廢，省昌國，以平道來屬。武平。中下。本隸道州，武德五年來屬。

陸州玉山郡，下。本玉山州，武德五年以寧越郡之安海、玉山置。貞觀二年州廢，縣隸欽州。高宗上元二年復置，更名。土貢：銀、玳瑁、鼊皮、翠羽、甲香。戶四百九十四，口二千六百七十四。縣三。烏雷，下。華清，下。本玉山，天寶中更名。寧海。下。本安海。武德四年又置海平縣，貞觀十二年省。至德二載更名。

峯州承化郡，下都督府。武德四年以交趾郡之嘉寧置。土貢：銀、藤器、白鑞、蚺蛇膽、豆蔻。戶千九百二十。縣五。嘉寧，下。武德四年置新昌、安仁、竹格、石堤四縣，又領封溪縣。貞觀元年省石堤、封溪入嘉寧，後又省安仁。承化，下。新昌，下。貞觀元年省竹格縣入焉。高山〔一四〕，元和後置。珠綠。元和後置。

愛州九眞郡，下。土貢：紗、絁、孔雀尾。戶萬四千七百。縣六。九眞，下。武德五年置松源、楊山、安預三縣。貞觀元年省楊山、安預，九年省松源。有金，有石磬。安順，下。武德五年置順州，并析置東河、建昌、邊河三縣。貞觀元年州廢，省三縣入安順，來屬。崇平，下。本隆安。武德五年置安州，并置教山、建道、都握三縣，又置山州，并置岡山、眞潤、古安、西安、建初五縣。貞觀元年廢安州，省教山、建道、都握入隆安，來屬；又廢山州，省岡山、眞潤、古安、西安入建初，來屬。八年省建初。先天元年更隆安曰崇安，至德二載又更名。軍寧，下。本軍安，武德五年以縣置永州，七年曰都州。貞觀元年州廢，隸南陵州。至德二載更名。日南，下。武德五年置積州，又置積善、津梧、方載三縣；又以移風縣地置前眞州，并置九皋、建正、眞寧三縣；又以胥浦縣置胥州，并置攀龍、如侯、博犢、鎮星四縣。九年更積州曰南陵州，貞觀元年曰後眞州。是年廢前眞州，省九皋、建正、眞寧，以移風隸南陵州；又廢胥州，省攀龍、如侯、博犢、鎮星，以胥浦隸南陵州。十年州亦廢，以軍安、日南、移風、胥浦來屬，天寶中省移風、胥浦。長林。下。本無編。

驩州日南郡，下都督府。本南德州，武德八年曰德州，貞觀元年又更名。土貢：金、金薄、黃屑、象齒、犀角、沈香、班竹。戶九千六百一十九，口五萬八百一十八。縣四。九德，

中下。武德五年置安遠、曇羅、光安三縣。是年，以光安置源州，又置水源、安銀、河龍、長江四縣。貞觀八年更名阿州。十三年州廢，省水源、河龍、長江，以光安、安銀來屬。安遠、曇羅、光安、安銀後皆省。浦陽，下。越裳，下。武德五年置明州，并置萬安、明弘、明定三縣；又以日南郡之文谷、金寧二縣置智州，并置新鎭、闍員二縣。貞觀元年更曰南智州，省新鎭、闍員。十三年廢明州，省萬安、明弘、明定入越裳，隸智州。後廢智州，省文谷、金寧入越裳，來屬。初以隋林邑郡置林州，比景郡置七州。又更名七州曰南景州，貞觀二年綏懷林邑，乃僑治驩州之南境，領比景、朱吾二縣，并置由文縣。八年第名景州。九年置林州，亦寄治驩州之南境，領林邑、金龍、海界三縣。又置山州，領龍池、盆山二縣。有浦陽戍。戶千三百二十，口五千二百。後爲龍池郡。皆貞元末廢。懷驩。下。本咸歡，武德五年置驩州，并置安人、扶演、相景、西源四縣，治安人。貞觀元年更名演州。十三年省相景。十六年州廢，省安人、扶演、西源，以咸驩來屬。後更咸驩曰懷驩。

長州文楊郡，下。唐置。土貢：金。戶六百四十八。縣四。文陽，下。銅蔡，下。長山，下。其常。下。

福祿州唐林郡，下。本福祿郡，總章二年，智州刺史謝法成招慰生獠昆明、北樓等七千餘落，以故唐林州地置。大足元年更名安武州，至德二載更郡曰唐林，乾元元年復州故名。土貢：白鑞、紫鉚。戶三百一十七。縣三。柔遠，本安遠，至德二載更名。唐林，唐初以唐林、安遠二縣置唐林州，後州、縣皆廢，更置。福祿。下。

湯州湯泉郡，下。唐以故秦象郡地置。土貢：金。縣三。湯泉，下。綠水，下。羅韶。下。

芝州忻城郡，下。唐置。戶千二百，口五千三百。縣七。忻城，下。富川，下。平西，下。樂光，下。樂᷊，下。多雲，下。思龍。下。

武峩州武峩郡，下。唐置。戶千八百五十，口五千三百二十。縣七。武峩，下。如馬，下。武義，下。武夷，下。武緣，下。武勞，下。梁山。下。

演州龍池郡，下。本忠義郡，又曰演水郡。貞觀中廢，廣德二年析驩州復置。土貢：金。戶千四百五十。縣七。忠義，下。懷驩，下。龍池，下。思農，下。武郎，下。武容，下。武金。下。

武安州武曲郡，下。土貢：金、朝霞布。戶四百五十。縣二。武安，下。臨江。下。

開元中安南所領有隴州，土貢：孔雀尾、紫䤵；又有南登州。後皆廢省。

右嶺南採訪使，治廣州。

校勘記

〔一〕開元二十三年州廢　按舊書卷四一地理志岡州云：「天寶元年改爲義寧郡，乾元元年復爲岡州也。」元和志卷三四義寧縣云：「天寶初廢岡州，以縣屬廣州。」此謂開元二十三年岡州廢，恐誤。

〔二〕遂安　舊書卷四一地理志同。隋書卷三一地理志、元和志（岱南閣本）卷三四、寰宇記卷一六四均作「安遂」。

〔三〕龔州臨江郡下貞觀七年以燕州故治析潯州之武林蒼州之泰川置　舊書卷四一地理志、元和志卷三七、寰宇記卷一五八俱謂武林割屬龔州前原隸藤州。按本卷上文，潯州亦貞觀七年置，析潯州之武林置龔州說已屬可疑；下文武林縣更明云「本隸藤州」。則此「潯州」應是「藤州」之訛。

〔四〕後徙治平南　「平南」，各本及舊書卷四一地理志作「南平」。本卷下文及通典卷一八四、元和志卷三七均作「平南」，據改。

〔五〕又省歸政西平　舊書卷四一地理志、寰宇記卷一五八均作「省歸政入西平」。

〔六〕武林下本隸潨州武德七年來屬　舊書卷四一地理志、元和志卷三七、寰宇記卷一五八均謂武林原屬藤州，貞觀七年始屬龔州。按本卷上文龔州置於貞觀七年，則「武德」當爲「貞觀」之訛。

〔七〕瀼江　「瀼」，舊書卷四一地理志、通典卷一八四、寰宇記卷一六七均作「臨」。

〔八〕武勤　「勤」，舊書卷四一地理志、通典卷一八四、寰宇記卷一七一均作「勒」。

〔九〕都䝉　舊書卷四一地理志、通典卷一八四、寰宇記卷一七一均作「䝉都」。

〔一〇〕臨桂上本始安武德四年置福祿縣貞觀八年省入焉更名　元和志卷三七、寰宇記卷一六二均云：始安，「至德二年改爲臨桂」。按本卷下文靈川縣云「龍朔二年析始安置」，知始安改名臨桂必不在「貞觀」時。「更名」上當脫「至德二年」四字。

〔一一〕恭化　舊書卷四一地理志謂本純化縣，元和初改爲恭化。寰宇記卷一六二則云永貞元年十二月改純化爲慕化，以避憲宗廟諱。按永貞元年八月改元元和，兩書繫年實同，而元和志卷三七、唐會要卷七一均作「慕化」，本卷下文古縣亦有「乾寧二年析慕化置」文。疑作「慕化」是。

〔一二〕嚴州循德郡　「循」，元和志卷三七同，舊書卷四一地理志、通典卷一八四、寰宇記卷一六五均作「修」。

〔一三〕古州樂興郡　「興」，舊書卷四一地理志、通典卷一八四、寰宇記卷一六七均作「古」。

〔一四〕樂山　「山」，通典卷一八四、寰宇記卷一六七均作「古」。

〔一五〕大廉　「廉」上各本原無「大」字。按上文及舊書卷四一地理志、通典卷一八四、寰宇記卷一六九均作「大廉」，據補。

〔一六〕高山　「高」，舊書卷四一地理志、通典卷一八四、寰宇記卷一七〇均作「嵩」。

唐書卷四十三下

志第三十三下

地理七下

羈縻州

唐興，初未暇於四夷，自太宗平突厥，西北諸蕃及蠻夷稍稍內屬，即其部落列置州縣。其大者爲都督府，以其首領爲都督、刺史，皆得世襲。雖貢賦版籍，多不上戶部，然聲教所暨，皆邊州都督、都護所領，著于令式。今錄招降開置之目，以見其盛。其後或臣或叛，經制不一，不能詳見。突厥、回紇、党項、吐谷渾隸關內道者，爲府二十九，州九十。突厥之別部及奚、契丹、靺鞨、降胡、高麗隸河北者，爲府十四，州四十六。突厥、回紇、党項、吐谷渾之別部及龜茲、于闐、焉耆、疏勒、河西內屬諸胡、西域十六國隸隴右者，爲府五十一，州百九十八。羌、蠻隸劍南者，爲州二百六十一。蠻隸江南者，爲州五十一，隸嶺南者，爲州九

十二。又有党項州二十四，不知其隸屬。大凡府州八百五十六，號爲羈縻云。

關內道

突厥州十九，府五。

定襄都督府，貞觀四年析頡利部爲二，以左部置，僑治寧朔。領州四。貞觀二十三年分諸部置州三。阿德州　以阿史德部置。　執失州　以執失部置。　蘇農州　以蘇農部置。　拔延州

右隸夏州都督府

雲中都督府，貞觀四年析頡利右部置，僑治朔方境。領州五。貞觀二十三年分諸部置州三。舍利州　以舍利吐利部置。　阿史那州　以阿史那部置。　綽州　以綽部置。　思壁州　白登州　貞觀末隸燕然都護，後復來屬。

桑乾都督府，龍朔三年分定襄置，僑治朔方。領州四。貞觀二十三年分諸部置州三。郁射州　以郁射施部置，初隸定襄，後來屬。　藝失州　以多地藝失部置。　卑失州　以卑失部置，初隸定襄，後來屬。　叱略州

呼延都督府，貞觀二十年置。領州三。貞觀二十三年分諸部置州二。賀魯州　以賀魯部置，初隸雲中都督，後來屬。　葛邏州　以葛邏、挹怛部置，初隸雲中都督，後來屬。　跌跌州　初爲都督府，隸北庭，後爲州，來屬。

右隸單于都護府

新黎州　貞觀二十三年以車鼻可汗之子羯漫陀部置。初爲都督府，後爲州。　渾河州　永徽元年，以車鼻可汗餘衆歌邏祿之烏德鞬山左廂部落置。　狼山州　永徽元年以歌邏祿右廂部落置，爲都督府，隸雲中都護。顯慶三年爲州，來屬。

堅昆都督府　貞觀二十二年以沙鉢羅葉護部落置〔一〕。

右隸安北都護府

回紇州十八，府九。貞觀二十一年分回紇諸部置。

燕然州　以多濫葛部地置，初爲都督府，及雞鹿、雞田、燭龍三州，隸燕然都護。開元元年來屬，僑治回樂。　雞鹿州　以奚結部置，僑治回樂。　雞田州　以阿跌部置，僑治回樂。　東皋蘭州　以渾部置，初爲都督府，并以延陀餘衆置祁連州，後罷都督，又分東、西州，永徽三年皆廢。後復置東皋蘭州，僑治鳴沙。　燭龍州　貞觀二十二年析瀚海都督之掘羅勿部置，僑治溫池。　燕山州　僑治溫池。

右隸靈州都督府

達渾都督府，以延陀部落置，僑治寧朔。領州五。姑衍州　步訖若州　嵠彈州　永徽中收延陀散亡部落置。　鶻州　低粟州

安化州都督府　僑治朔方。

寧朔州都督府　僑治朔方。

僕固州都督府　僑治朔方。

右隸夏州都督府

榆溪州　以契苾部置。　寘顏州　以白霫部置。　居延州　以白霫別部置。　稽落州　本高闕州，以斛薩部置。永徽元年廢高闕州，更置稽落州，後又廢，三年以阿特部復置。　余吾州　本玄闕州，貞觀中以骨利幹部置，龍朔中更名。

浚稽州　仙萼州　初隸瀚海都護，後來屬。

瀚海都督府　以回紇部置。

金微都督府　以僕固部置。

幽陵都督府　以拔野古部置。

龜林都督府　貞觀二年以同羅部落置〔二〕。

堅昆都督府　以結骨部置。

右隸安北都護府

党項州五十一，府十五。貞觀三年，酋長細封步賴內附，其後諸姓酋長相率亦內附，皆列其地置州縣，隸松州都

督府。五年又開其地置州十六，縣四十七；又以拓拔赤詞部置州三十二。乾封二年以吐蕃入寇，廢都、流、厥、調、湊、般、匐、器、邇、鍠、率、差等十二州，咸亨二年又廢蠶、黎二州。祿山之亂，河、隴陷吐蕃，乃徙党項州所存者于靈、慶、銀、夏之境。

清塞州　歸德州僑治銀州境。

蘭池都督府

芳池都督府

相興都督府

永平都督府

旭定都督府

清寧都督府

忠順都督府

寧保都督府

静塞都督府

萬吉都督府

樂容州都督府，領州一。東夏州

静邊州都督府，貞觀中置，初在隴右，後僑治慶州之境。領州二十五。布州　北夏州　思義州

思樂州　昌塞州　吳州天授二年置吳、朝、歸、浮等州。　朝州「朝」一作「彭」。　歸州「歸」一作「陽」。

浮州　祐州貞觀四年置，領縣二：廓川，歸定。　卑州　西歸州　韓州貞觀四年置。縣四：洛平，顯川，桂川，顯平。　餘州　開元州　歸順州本在山南之西，寶應元年詣梁州刺史內附。　淳州貞觀十二年以降戶置于洮州之境，并置索恭、烏城二縣。開元中廢，後爲羈縻。　烏籠州　恤州　嵯州貞觀五年置。縣一：相雞。　悅州相雞本隸西懷州，貞觀十年來屬。　蓋州本西唐州，貞觀四年置，八年更名。縣四：湘水，河唐，曲嶺，祐川。

迴樂州　烏掌州　諾州貞觀五年置。縣三：諾川，德歸，籬渭。

右隸靈州都督府

芳池州都督府，僑治懷安，皆野利氏種落。領州九。寧静州　種州　玉州貞觀五年置。縣二：玉山，帶河。

濮州　林州　尹州　位州貞觀四年置。縣二：位豐，西使。　長州　寶州

宜定州都督府，本安定，後更名。領州七。党州　橋州貞觀六年置。　烏州　西戎州貞觀五年以拓拔赤詞部落置。初爲都督府，後爲州，來屬。　野利州　米州　還州

安化州都督府，領州七。永和州(三)　威州　旭州　莫州　西滄州貞觀六年置，八年更名蓋州，後復故名。　琮州　儒州本西鹽州，貞觀五年以拓拔部置，治故後魏洪和郡之藍川縣地，八年更名。開元中廢，後爲羈縻。

右隸慶州都督府

吐谷渾州二。

寧朔州初隸樂容都督府，代宗時來屬。

右隸夏州都督府

渾州儀鳳中自涼州內附者，處於金明西境置。

右隸延州都督府

河北道

突厥州二。

順州順義郡貞觀四年平突厥，以其部落置順、祐、化、長四州都督府于幽、靈之境；又置北開、北寧、北撫、北安等四州都督府。六年順州僑治營州南之五柳戍；又分思農部置燕然縣，僑治陽曲；分思結部置懷化縣，僑治秀容，隸順州；後皆省。祐、化、長及北開等四州亦廢，而順州僑治幽州城中。歲貢麝香。縣一：賓義。　瑞州本威州，貞觀十年以烏突汗達干部落置，在營州之境。咸亨中更名。後僑治良鄉之廣陽城。縣一：來遠。

右初隸營州都督府，及李盡忠陷營州，以順州隸幽州都督府，徙瑞州于宋州之境。神龍初北還，亦隸幽州都督府。

奚州九，府一。

鮮州武德五年析饒樂都督府置。僑治潞之古縣城。縣一：賓從。　崇州武德五年析饒樂都督府之可汗部落置。貞觀三年更名北黎州，治營州之廢陽師鎮。八年復故名。後與鮮州同僑治潞之古縣城。縣一：昌黎。　順化州縣一：懷遠。

歸義州歸德郡總章中以新羅戶置，僑治良鄉之廣陽城。縣一：歸義。後廢。開元中，信安王禕降契丹李詩部落五千帳，以其衆復置。

奉誠都督府，本饒樂都督府，唐初置，後廢。貞觀二十二年以內屬奚可度者部落更置，并以別帥五部置弱水等五州。開元二十三年更名。領州五。弱水州以阿會部置。　祁黎州以處和部置。　洛瓌州以奧失部置。　太魯州以度稽部置。　渴野州以元俟析部置。

契丹州十七，府一。

玄州貞觀二十年以紇主曲據部落置。僑治范陽之魯泊村。縣一：靜蕃。　威州本遼州，武德二年以內稽部落置。初治燕支城，後僑治營州城中。貞觀元年更名。後治良鄉之石窟堡。縣一：威化。　昌州貞觀二年以松漠部落置，僑治

營州之靜蕃戍。七年徙于三合鎮，後治安次之故常道城。縣一：龍山。 師州貞觀三年以契丹、室韋部落置，僑治營州之廢陽師鎮，後僑治良鄉之東閭城。縣一：陽師。 帶州貞觀十年以乙失革部落置。僑治昌平之清水店。縣一：孤竹。 歸順州歸化郡 本彈汗州，貞觀二十二年以內屬契丹別帥析紇便部置。開元四年更名。縣一：懷柔。 沃州載初中析昌州置。萬歲通天元年沒于李盡忠，開元二年復置。後僑治薊之南回城。縣一：濱海。 信州萬歲通天元年以乙失活部落置。僑治范陽境。縣一：黃龍。 青山州景雲元年析玄州置。僑治范陽之水門村。縣一：青山。

松漠都督府，貞觀二十二年以內屬契丹窟哥部置，其別帥七部分置峭落等八州。李盡忠叛後廢，開元二年復置。領州八。 峭落州以達稽部置。 無逢州以獨活部置。 羽陵州以芬問部置。 白連州以突便部置。 徒何州以芮奚部置。 萬丹州以墜斤部置。 疋黎州以伏部置。 赤山州以伏部分置。

歸誠州

靺鞨州三，府三。

慎州武德初以涑沫、烏素固部落置。僑治良鄉之故都鄉城。縣一：逢龍。 夷賓州乾符中以愁思嶺部落置，僑治良鄉之古廣陽城。縣一：來蘇。 黎州載初二年析慎州置。僑治良鄉之故都鄉城。縣一：新黎。

黑水州都督府開元十四年置。

渤海都督府

安靜都督府

右初皆隸營州都督，李盡忠陷營州，乃遷玄州于徐、宋之境，威州于幽州之境，昌、師、帶、鮮、信五州于青州之境，崇、慎二州于淄、青之境，夷賓州于徐州之境，黎州于宋州之境，在河南者十州，神龍初乃使北還，二年皆隸幽州都督府。

降胡州一。

凜州天寶初置，僑治范陽境。

右隸幽州都督府

高麗降戶州十四，府九。太宗親征，得蓋牟城，置蓋州；得遼東城，置遼州；得白崖城，置巖州。及師還，拔蓋、遼二州之人以歸。高宗滅高麗，置都督府九，州四十二，後所存州止十四。初，顯慶五年平百濟，以其地置熊津、馬韓、東明、金漣、德安五都督府，并置帶方州，麟德後廢。

南蘇州 蓋牟州 代那州 倉巖州 磨米州 積利州 黎山州 延津州 木底州 安市州

諸北州 識利州 拂涅州 拜漢州

新城州都督府

遼城州都督府

哥勿州都督府

衞樂州都督府

舍利州都督府

居素州都督府

越喜州都督府

去旦州都督府

建安州都督府

右隸安東都護府

隴右道

突厥州三，府二十七。

臯蘭州貞觀二十二年以阿史德特健部置，初隸燕然都護，後來屬。

興昔都督府

右隸涼州都督府

特伽州 雞洛州開元中又有火拔州、葛祿州，後不復見。

濛池都護府貞觀二十三年，以阿史那賀魯部落置瑤池都督府，永徽四年廢。顯慶二年禽賀魯，分其地，置都護府二、都督府八，其役屬諸胡皆爲州。

崑陵都護府

匐延都督府以處木昆部置。

嗢鹿州都督府以突騎施索葛莫賀部置。

潔山都督府以突騎施阿利施部置。

雙河都督府以攝舍提暾部置。

鷹娑都督府以鼠尼施處半部置。

鹽泊州都督府以胡祿屋闕部置。

陰山州都督府顯慶三年分葛邏祿三部置三府，以謀落部置。

大漠州都督府以葛邏祿熾俟部置。

玄池州都督府以葛邏祿踏實部置。

金附州都督府析大漠州置。

輪臺州都督府

金滿州都督府永徽五年以處月部落置爲州，隸輪臺。龍朔二年爲府。

咽麪州都督府初，玄池、咽麪爲州，隸燕然，長安二年爲都督府，隸北庭。

鹽祿州都督府

哥係州都督府

孤舒州都督府

西鹽州都督府

東鹽州都督府

叱勒州都督府

迦瑟州都督府

憑洛州都督府

沙陀州都督府

答爛州都督府

右隸北庭都護府

回紇州三，府一。

蹛林州以思結別部置。　金水州　賀蘭州

盧山都督府以思結部置。

右初隸燕然都護府，總章元年隸涼州都督府。

党項州七十三，府一，縣一。

馬邑州開元十七年置，在秦、成二州山谷間。寶應元年徙于成州之鹽井故城。

右隸秦州都督府

保塞州

右隸臨州都督府

密恭縣高宗上元三年爲吐蕃所破，因廢，後復置。

右隸洮州

叢州貞觀三年置。縣三：寧遠，臨泉，臨河。　岷州貞觀元年以降戶置。縣二：江源，落稽。　奉州本西仁州，貞觀元年置，八年更名。縣三：奉德，恩安，永慈。　遠巖州本西金州，貞觀五年置，八年更名。縣三：金池，甘松，丹巖。　麟州本西麟州，貞觀五年置，八年更名。縣七：硤川，和善，劍具，硤源，三交，利恭，東陵。　可州本西義州，貞觀四年置，八年更名。縣三：義誠，清化，靜方。　闊州貞觀五年置。縣二：闊源，落吳。　彭州本洪州，貞觀三年置，七年更名。縣四：洪川，歸遠，臨津，歸正。　直州本西集州，貞觀五年置，八年更名。縣二：集川，新川。　肆州貞觀五年置。縣四：歸唐，芳叢，鹽水，磨山。　序州貞觀十年置。　靜州咸亨三年以內附部落置。

軌州都督府貞觀二年以細封步賴部置。縣四：玉城，金原，俄徹，通川。

以上有版。

研州　探那州　怛州　毗州　河州　幹州　瓊州　犀州　鑫州　陪州　如州　麻州

鶵州　彌州　光州　至涼州　曄州　思帝州　統州　穀邛州　達違州　萬卑州　慈州

融洮州　執州　答針州　稅河州　吳洛州　齊帝州　苗州　始目州　悉多州　質州

兆州　求易州　託州　志德州　延避州　略州　索京州　柘剛州　明桑州　白豆州

瓚州　佮和州　和昔州　祝州　索川州　拔揭州　鼓州　飛州　索渠州　目州　寶劍州

津州　柘鍾州　紀州　徽州

以上無版。

右初隸松州都督府，肅宗時懿、蓋、嵯、諾、蟑、祐、臺、橋、浮、寶、玉、位、儒、歸、恤及西戎、西滄、樂容、歸德等州皆內徙，餘皆沒于吐蕃；

乾封州　歸義州　順化州　和寧州　和義州　保善州　寧定州　羅雲州　朝鳳州以上寶應元年內附。　永定州永泰元年以永定等十二州部落內附，析置州十五。　宜芳州餘闕。

右闕。

吐谷渾州一。

閤門州

右隸涼州都督府

四鎮都督府，州三十四。咸亨元年，吐蕃陷安西，因罷四鎮，長壽二年復置。

龜兹都督府，貞觀二十年平龜兹置。領州九。闕。

毗沙都督府，本于闐國，貞觀二十二年內附，初置州五，高宗上元二年置府，析州爲十。領州十。闕。

焉耆都督府貞觀十八年滅焉耆置。有碎葉城，調露元年，都護王方翼築，四面十二門，爲屈曲隱出伏沒之狀云。

疏勒都督府，貞觀九年疏勒內附置。領州十五。闕。

河西內屬諸胡，州十二，府二。

烏壘州　和墨州　溫府州　蔚頭州　遍城州　耀建州　寅度州　豬拔州　達滿州

蒲順州　郢及滿州　乞乍州

嫣塞都督府

渠黎都督府

西域府十六，州七十二。龍朔元年，以隴州南由令王名遠爲吐火羅道置州縣使，自于闐以西，波斯以東，凡十六國，以其王都爲都督府，以其屬部爲州縣。凡州八十八，縣百一十，軍、府百二十六。

月支都督府，以吐火羅葉護阿緩城置。領州二十五。藍氏州以鉢勃城置。大夏州以縛叱城置。

漢樓州以俱祿犍城置。弗敵州以烏邏氈城置。沙律州以咄城置。嬀水州以羯城置。盤越州以忽婆城置。

忸密州以烏羅渾城置。伽倍州以摩彥城置。粟特州以阿捺臘城置。鉢羅州以蘭城置。

雙泉州以悉計蜜悉帝城置。祀惟州以昏磨城置。遲散州以悉蜜言城置。富樓州以乞施巘城置。

丁零州以泥射城置。薄知州以析面城置。桃槐州以阿臘城置。大檀州以頰厥伊城具闕達官部落置。

伏盧州以播薩城置。身毒州以乞澀職城置。西戎州以突厥施怛駃城置〔四〕。篾頡州以騎失帝城置。

疊仗州以發部落城置。苑湯州以拔特山城置。

大汗都督府，以嚈噠部落活路城置。領州十五。附墨州以奚那城置。奄蔡州以胡路城置。依耐州以婆多楞薩達健城置。犂州以少俱部落置。榆令州以烏模言城置。安屋州以遮瑟多城置。闕陵州以數始城置。碣石州以迦沙紛遮城置。波知州以羯勞支城置。烏丹州以烏捺斯城置。諸色州以速利城置。迷蜜州以順問城置。盻頓州以乍城置。宿利州以頗施谷部落置。賀那州以汗曜部落置。

條支都督府，以訶達羅支國伏寶瑟顛城置。領州九。細柳州以護聞城置。虞泉州以贊候瑟顛城置。犂靳州以摅瑟部落置。崦嵫州以遏忽部落置。巨雀州以烏離難城置。遺州以遺蘭部落置。西海州以郝薩大城置。鎮西州以活恨部落置。乾陀州以縛狼部落置。

天馬都督府，以解蘇國數瞞城置。領州二。洛那州以忽論城置。東離州以達利薄紇城置。

高附都督府，以骨咄施沃沙城置。領州二。五翎州以葛邏犍城置。休蜜州以烏斯城置。

脩鮮都督府，以罽賓國遏紇城置。領州十。毗舍州以羅漫城置。陰米州以賤那城置。波路州以和藍城置。龍池州以遺恨城置。烏弋州以塞奔你邏斯城置。羅羅州以濫犍城置。檀特州以半製城置。

烏利州以勃逸城置。漠州以鶻換城置。懸度州以布路犍城置。

寫鳳都督府，以帆延國羅爛城置。領州四。解谷州以屑捺城置。冷淪州以俟麟城置。悉萬州以縛時伏城置。鉗敦州以未臘薩旦城置。

悅般州都督府，以石汗那國豔城置。領雙靡州。以俱蘭城置。

奇沙州都督府，以護時犍國遏蜜城置。領州二。沛隸州以漫山城置。大秦州以叡蜜城置。

姑墨州都督府，以怛沒國怛沒城置。領粟弋州。以弩羯城置。

旅獒州都督府以烏拉喝國摩竭城置。

崑墟州都督府以多勒建國低寶那城置。

至拔州都督府以俱蜜國褚瑟城置。

鳥飛州都督府，以護蜜多國摸逵城置〔五〕。領鉢和州。以娑勒色訶城置。

王庭州都督府以久越得犍國步師城置。

波斯都督府以波斯國疾陵城置。

右隸安西都護府

劍南道

諸羌州百六十八。

西雅州貞觀五年置。縣三：新城，三泉，石龍。蛾州貞觀五年置。縣二：常平，那川。拱州顯慶元年以鉢南伏浪恐部置。劍州永徽五年以大首領凍就部落置。

右隸松州都督府

塗州武德元年以臨塗羌內附置，領臨塗、端源、婆覽三縣。貞觀元年州廢，縣亦省。二年析茂州之端源戍復置，縣三：端源，臨塗，悉隣。炎州本西封州，貞觀五年開生羌置，八年更名。縣三：大封，慕仙，義川。徹州貞觀六年以西羌董洞貴部落置。縣三：文徹，俄耳，文進。向州貞觀五年以生羌置。縣二：貝左，向貳。冉州本西冉州，貞觀六年以徼外敛才羌地置，八年更名，九年第爲冉州。縣四：冉山，磨山，玉溪，金水。穹州本西博州，貞觀五年以生羌置，八年更名。縣五：小川，徹當，璧川，當博，恭耳。笮州本西恭州，貞觀七年以白狗羌戶置，八年更名。縣三：遂都，亭勸，比思。蓬魯州永徽二年，特浪生羌董悉奉求、辟惠生羌卜檐莫等種落萬餘戶內附，又析置州三十二。

姜州　恕州　葛州　勿州　覲州　占州　達州　浪州　邠州　斂州　補州　賴州　那州

畢州　多州　爾州　射州　鐸州　平祭州　時州　箭州　婆州　浩州　質州　居州

可州　宕州　歸化州　柰州　笁州　卓州

右隸茂州都督府

思亮州　杜州　初漢州　孚川州　渠川州　丘盧州　祐州　計州　龍施州　月亂州

浪彌州 月邊州 圖州 櫃州 威川州 米羌州

右隸巂州都督府

當馬州此下二十一州，天寶前置。 林波州 中川州 林燒州 鉗矢州 會野州 當仁州
金林州 東嘉梁州 西嘉梁州 東石乳州 西石乳州 涉邛州 汶東州 費林州
徐渠州 彊雞州 長臂州 楊常州 羅巖州初隸黎州都督，後來屬。 雅州 椎梅州此下三十六州，
開元後置。 三井州 東鋒州 名配州 鉗恭州 斜恭州 畫重州 羅林州 籠羊州
龍逢州 敢川州 驚川州 榻眉州 木燭州 當品州 嚴城州 昌磊州 鉗并州 作重州
榻林州 三恭州 布嵐州 欠馬州 羅蓬州 論川州 讓川州 遠南州 卑盧州 夔龍州
耀川州 金川州 鹽井州 涼川州 夏梁州 甫和州 椒查州

右隸雅州都督府

奉上州此下二十二州，開元前置。 輒榮州 劇川州 合欽州 蓬口州 博盧州 明川州
胣皮州 蓬矢州 大渡州 米川州 木屬州 河東州 甫嵐州 昌明州 歸化州初隸巂州
後來屬。 象川州 叢夏州 和良州 和都州 附樹州 東川州 上貴州此下二十八州，開元十
七年置。 滑川州 比川州 吉川州 甫蕚州 比地州 蒼榮州 野川州 邛凍州
貴林州 牒珍州 浪彌州 郎郭州 上欽州 時蓬州 儼馬州 邛川州 護邛州

脚川州 開望州 上蓬州 比蓬州 剝重州 久護州 瑤劍州 明昌州 護川州
柰古州此下三州，大和以前置。 諾柞州 柏坡州

右隸黎州都督府

諸蠻州九十二。皆無城邑，椎髻皮服，惟來集于都督府，則衣冠如華人焉。

南寧州漢夜郎地。武德元年開南中，因故同樂縣置，治味。四年置總管府。五年僑治益州。八年復治味，更名郎州。貞觀元年罷都督。開元五年復故名。天寶末沒于蠻，因廢。唐末復置州于清溪鎭，去黔州二十九日行。縣七：味，同樂，升麻，同起，新豐，隴堤，泉麻。 昆州本隋置，隋亂廢。武德元年開南中，復置。土貢：牛黃。縣四：益寧，晉寧，安寧，秦臧。有滇池，在晉寧。其秦臧，則故臧漢地也〔六〕。 棃州本西寧州，武德七年析南寧州二縣置，貞觀八年更名。北接昆州。縣二：梁水，絳。 匡州本南雲州，武德七年置，貞觀八年更名。漢永昌郡地。縣二：勃弄，匡川。 髳州本西濮州，武德四年置，貞觀十一年更名。漢越巂郡地，南接姚州。縣四：濮水，青蛉，岐星，銅山。 尹州武德四年置，北接髳州。縣五：馬邑，天池，鹽泉，百泉，涌泉。 曾州 武德四年置，西接匡州。縣五：曾，三部，神泉，龍亭，長和。 鉤州本南龍州，武德七年置，貞觀十一年更名。東北接昆州。縣二：望水，唐封。 裒州 武德七年置。本昇棟地，南接姚州。縣二：陽彼，樂疆。 宗州本西宗州，武德七年置，貞觀十一年第名宗州。北接姚州。縣三：宗居，石塔，河西。 徵州本西利州，武德七年置，貞觀十一年更名。北接縻州。縣二：深利，十部。 縻州本西豫州，武德七年置，貞觀三年更名。南接姚州。初為都督府，督縻、望、諾羅三州，後罷都督。縣二：磨豫，七部。 望州貞觀末以諸蠻內附，與傍州同置，初隸郎州都督，後來屬。 諾羅州 盤州本西平州，武德四年置，貞觀八年更名。故興古郡地，其南交州。縣三：附唐，平夷，盤水。 麻州貞觀二十二年析郎州置。 英州 磬州 勤州 傍州貞觀二十三年，諸蠻末徒莫祗、儉望二種落內附，置傍、望、求、丘、覽五州。 求州 丘州 覽州 咸州 滤蒸州 歸武州 嚴州 湯望州 武德州 奏龍州 武鎭州本武恆，避穆宗名改。 南唐州 連州縣六：當爲，都寧，邏遊，羅龍，加平，清坎。 南州析盈州置。縣三：播政，百榮，洪盧。 德州析志州置。縣二：羅連，萬巖。 爲州析扶德州置。縣二：扶，羅僧。 洛州析鏡州置。縣四：臨津，賓夷，曾城，葱蘗。 移州析悅州置。縣三：移當，臨河，湯陵。 悅州縣六：甘泉，青賓，臨川，悅水，夷鄰，胡瑠。 鏡州縣六：夷郎，賓唐，溪琳，琮連，池臨，野井。 篛州縣八：鹽水，篛山，羅余，臨居，澄瀾，臨崑，唐川，尋源。 志州「志」一作「總」。縣四：浮萍，雞惟，夷賓，河西。 盈州縣四：盈川，塗賽，播陵，施縣。 武昌州縣七：洪武，羅虹，琅林，夷朗，來賓，羅新，綺婆。 扶德州縣三：宋水，扶德，阿險。 播朗州析鞏州置。縣三：播勝，從頹，順化。 信州 居州 炎州 馴州縣五：馴祿，天池，方陀，羅藏，播聘。 騁州縣二：斛木，羅相。 浪川州貞元十三年，節度使韋皐表置。縣五：郎浪，郎遠，何度，郎仁，因閣。 協州本隋置，隋亂廢。武德元年開南中復置。縣三：東安，西安，胡津。 靖州析協州置。縣二：靖川，分協。 曲州本恭州，隋置，隋亂廢。武德元年開南中復置，八年更名。故朱提郡，北接協州。縣二：朱提，唐興。 朱提，本安上，武德七年更名。 播陵州析盈州置。 鉗州析開邊縣置。 哥靈州 滈州縣三：拱平，

播宮，羅谷。 切騎州縣四：柳池，奚祿，縻託，通讖。 品州縣三：八秤，松花，牧。 從州縣六：從花，昆池，武安，羅林，梯山，南寧。 牱連州縣三：牱連，羅名，新戍。 磾衞州縣三：麻金，磾衞，涪麻。

右隸戎州都督府

于州武德四年以古滇王國民多姚姓，因置姚州都督，并置州十三。 巽州 五陵州 袖州 和往州
舍利州 范鄧州 野共州 洪郎州 日南州 眉鄧州 澄備州 洛諾州

右隸姚州都督府

納州都寧郡儀鳳二年開山洞置。縣八：羅圍，播羅，施陽，都寧，羅當，羅藍，都，胡茂。 先天二年與薩、晏、鞏皆降爲羈縻。 薩州黃池郡儀鳳二年招生獠置。縣二：黃池，播陵。 晏州羅陽郡儀鳳二年招生獠置。縣七：思峩，牱陰，新賓，扶來，思晏，哆岡，羅陽。 鞏州因忠郡儀鳳二年開山洞置。縣五：哆樸，都稟，波婆，比求，播郎。 奉州儀鳳二年開山洞置。縣二：牱里，邏蓬。 浙州儀鳳二年開山洞置。縣四：浙源，越賓，洛川，鱗山。 順州載初二年置。縣五：曲水，順山，靈巖，來猿，龍池。 思峩州天授二年置。縣二：多溪，洛溪。 淯州久視元年置。縣四：新定，淯川，固城，居牢。 能州大足元年置。縣四：長寧，來銀，菊池，猿山。 高州縣三：牱巴，移甫，徒西。 宋州縣四：牱龍，牱支，宋水，盧吾。 長寧州縣四：婆員，波居，青盧，羅門。 定州縣二：支江，扶德。

右隸瀘州都督府

江南道

諸蠻州五十一。

牂州武德三年以牂柯首領謝龍羽地置，四年更名柯州，後復故名。初，牂、琰、莊、充、應、矩六州皆爲下州，開元中降牂、琰、莊爲羈縻，天寶三載又降充、應、矩爲羈縻。縣三：建安，賓化，新興。建安，本牂柯，武德二年更名。新興與州同置。

琰州　貞觀四年置。縣五：武侯，望江，應江，始安，東南。貞觀中又領隆昆、琰川二縣，後省。　莊州本南壽州，貞觀三年以南謝蠻首領謝彊地置，四年更名，十一年爲都督府，景龍二年罷都督。故隋牂柯郡地。南百里有桂嶺關。縣七：石牛，南陽，輕水，多樂，樂安，石城，新安。貞觀中又領清蘭縣，後省。　充州武德三年以牂柯蠻別部置，縣七：平蠻，東停，韶明，牂柯，東陵，辰水，思王。　應州貞觀三年以東謝首領謝元深地置，縣五：都尙，婆覽，應江，陁隆，羅恭。

矩州武德四年置。　明州貞觀中以西趙首領趙磨酋地置。　蕎州　勞州　羲州　福州　犍州　邦州

清州　峩州　蠻州縣一：巴江。　獻州「獻」一作「皷」。　濡州　琳州縣三：多梅，古陽，多奉。

鸞州　令州　那州　暉州　都州　總州咸亨三年，昆明十四姓率戶二萬內屬分置。　敦州咸亨三年析內屬昆明部置，縣六：武寧，溝水，古質，昆川，義燕，孤雲。　殷州咸亨三年析昆明部置，後廢。開元十五年分戎州復置，後又廢。貞元二年，節度使韋皋表復置。故南漢之境也〔七〕。縣五：殷川，東公，龍原，韋川，賓川。初與敦州皆隸戎州都督，

後來屬。

候州　晃州　樊州　稜州　添州　普寧州　功州　亮州　茂龍州　延州　訓州

卿州　貞觀十五年置。　雙城州　整州　懸州　撫水州　縣四：撫水，古勞，多蓬，京水。　思源州

逸州　南平州　勳州　襲州　寶州　萬歲通天二年以昆明夷內附置。　姜州　鴻州　縣五：樂鴻，思翁，都部，新庭，臨川。

右隸黔州都督府

嶺南道

諸蠻州九十二。

紆州縣六：東區，吉陵，賓安，南山，都邦，紆質。　歸思州〔八〕　思順州縣五：羅遙，履博，都恩，吉南，許水。

蕃州縣三：蕃水，都伊，思寮。　温泉州温泉郡土貢：金。縣二：溫泉，洛富。　述昆州土貢：桂心。縣五：夷蒙，夷水，古桂，臨山，都隴。　格州

右隸桂州都督府

棖州縣八：正平，富平，龍源，思恩，饒勉，武招，都象，歌良。　歸順州本歸淳，元和初更名。　思剛州　侯州

歸誠州　倫州　石西州　思恩州　思同州　思明州縣一：顯川。　萬形州　萬承州　上思州

談州　思琅州　波州　員州　功饒州　萬德州　左州　思誠州　鍋州　歸樂州　青州

得州　七源州

右隸邕州都督府

德化州永泰二年以林覩符部落置。縣二：德化，歸義。　郎茫州永泰二年以林覩符部落分置。縣二：郎茫，古勇。

龍武州大曆中以潘歸國部落置。縣二：龍丘，福宇。　歸化州縣四：歸朝，洛都，落回，落巍。　郡州土貢：白鑞、孔雀尾。縣二：郡口，樂安。　萬泉州縣一：陸水。　思農州縣三：武郎，武容，武全。　爲州縣三：都龍，漢會，武零。　西原州　縣三：羅和，古林，羅淡。　林西州　縣二：林西，甘橘。　思廓州　縣三：都寧，昆陽，羅方。

武靈州縣三：文葛，甘郎，蘇吻。　新安州縣三：歸化，賓陽，安德。　金廓州縣三：羅嘉，文龍，祿榮。　提上州縣三：長賓，提頭，朱祿。　甘棠州縣一：忠誠。　武定州縣三：福祿，柔遠，康林。　都金州縣四：溫泉，嘉陵，甘陽，都金。　諒州縣二：武興，古都。　武陸州開成三年，都護馬植表以武陸縣置。　平原州開成四年析都金州之平原館置。縣三：龍石，平林，龍當。　龍州　武定州　眞州　信州　思陵州　祿州中宗時有單樂縣，後省。

南平州　西平州　門州　餘州　歸州　金隣州儀鳳元年置。　暑州　羅伏州

儋陵州　樊德州　金龍州　哥富州貞元十二年置。　倚思州貞元十二年置。　安德州貞元十二年置。

右隸安南都護府

蜀纛蠻州十八貞元七年領州名逸。

右隸峯州都督府

唐置羈縻諸州，皆傍塞外，或寓名於夷落。而四夷之與中國通者甚衆，若將臣之所征討，敕使之所慰賜，宜有以記其所從出。天寶中，玄宗問諸蕃國遠近，鴻臚卿王忠嗣以西域圖對，纔十數國。其後貞元宰相賈耽考方域道里之數最詳，從邊州入四夷，通譯于鴻臚者，莫不畢紀。其入四夷之路與關戍走集最要者七：一曰營州入安東道，二曰登州海行入高麗渤海道，三曰夏州塞外通大同雲中道，四曰中受降城入回鶻道，五曰安西入西域道，六曰安南通天竺道，七曰廣州通海夷道。其山川聚落，封略遠近，皆概舉其目。州縣有名而前所不錄者，或夷狄所自名云。

營州西北百里曰松陘嶺，其西奚，其東契丹。距營州北四百里至湟水。營州東百八十里至燕郡城。又經汝羅守捉，渡遼水至安東都護府五百里。府，故漢襄平城也。東南至平

壤城八百里；西南至都里海口六百里；西至建安城三百里，故中郭縣也；南至鴨淥江北泊汋城七百里，故安平縣也。自都護府東北經古蓋牟、新城，又經渤海長嶺府，千五百里至渤海王城，城臨忽汗海，其西南三十里有古肅愼城，其北經德理鎭，至南黑水靺鞨千里。

登州東北海行，過大謝島、龜歆島、末島、烏湖島三百里。北渡烏湖海，至馬石山東之都里鎭二百里。東傍海壖，過青泥浦、桃花浦、杏花浦、石人汪、橐駝灣、烏骨江八百里。乃南傍海壖，過烏牧島、貝江口、椒島，得新羅西北之長口鎭。又過秦王石橋、麻田島、古寺島、得物島，千里至鴨淥江唐恩浦口。乃東南陸行，七百里至新羅王城。自鴨淥江口舟行百餘里，乃小舫泝流東北三十里至泊汋口，得渤海之境。又泝流五百里，至丸都縣城，故高麗王都(九)。又東北泝流二百里，至神州。又陸行四百里，至顯州，天寶中王所都。又正北如東六百里，至渤海王城。

夏州北渡烏水，經賀麟澤、拔利干澤，過沙，次內橫剗、沃野泊、長澤、白城，百二十里至可朱渾水源。又經故陽城澤、橫剗北門、突紇利泊、石子嶺，百餘里至阿頹泉。又經大非苦鹽池，六十六里至賀蘭驛。又經庫也干泊、彌鵝泊、榆祿渾泊，百餘里至地頹澤。又經步拙

泉故城，八十八里渡烏那水，經胡洛鹽池、紇伏干泉，四十八里度庫結沙，一曰普納沙，二十八里過橫水，五十九里至十賁故城，又十里至寧遠鎭。又涉屯根水，五十里至安樂戍，戍在河西壖，其東壖有古大同城。今大同城故永濟柵也。北經大泊，十七里至金河。又經故後魏沃野鎭城，傍金河，過古長城，九十二里至吐俱麟川。傍水行，經破落汗山、賀悅泉，百三十一里至步越多山。又東北二十里至纈特泉。又東六十里至賀人山，山西磧口有詰特犍泊。吐俱麟川水西有城，城東南經拔厥那山，二百三十里至帝割達城。又東北至諸眞水汉。又東南百八十七里，經古可汗城至鹹澤。又東南經烏咄谷，二百七里至古雲中城。又西五十五里有綏遠城。皆靈、夏以北蕃落所居。

中受降城正北如東八十里，有呼延谷，谷南口有呼延柵，谷北口有歸唐柵，車道也，入回鶻使所經。又五百里至鸊鵜泉，又十里入磧，經麠鹿山、鹿耳山、錯甲山，八百里至山鷰子井。又西北經密粟山、達旦泊、野馬泊、可汗泉、橫嶺、綿泉、鏡泊，七百里至回鶻衙帳。又別道自鸊鵜泉北經公主城、眉間城、怛羅思山、赤崖、鹽泊、渾義河、爐門山、木燭嶺，千五百里亦至回鶻衙帳。東有平野，西據烏德鞬山，南依嗢昆水，北六七百里至仙娥河，河北岸有富貴城。又正北如東過雪山松樺林及諸泉泊，千五百里至骨利幹，又西十三日行至

都播部落，又北六七日至堅昆部落，有牢山、劍水。

又自衙帳東北渡仙娥河，二千里至室韋。骨利幹之東，室韋之西有鞠部落，亦曰祴部落。其東十五日行有俞折國，亦室韋部落。又正北十日行有大漢國，又北有骨師國。骨利幹、都播二部落北有小海，冰堅時馬行八日可度。海北多大山，其民狀貌甚偉，風俗類骨利幹，晝長而夕短。

回鶻有延姪伽水，一曰延特勒泊，曰延特勒那海。烏德鞬山左右嗢昆河、獨邏河皆屈曲東北流，至衙帳東北五百里合流。泊東北千餘里有俱倫泊，泊之四面皆室韋。

安西西出柘厥關，渡白馬河，百八十里西入俱毗羅磧。經苦井，百二十里至俱毗羅城。又六十里至阿悉言城。又六十里至撥換城，一曰威戎城，曰姑墨州，南臨思渾河。乃西北渡撥換河、中河，距思渾河百二十里，至小石城。又二十里至于闐境之胡蘆河(一〇)。又六十里至大石城，一曰于祝，曰温肅州。又西北三十里至粟樓烽。又四十里度拔達嶺。又五十里至頓多城，烏孫所治赤山城也。又三十里渡眞珠河，又西北度乏驛嶺，五十里渡雪海，又三十里至碎卜戍，傍碎卜水五十里至熱海。又四十里至凍城，又百一十里至賀獵城，又三十里至葉支城，出谷至碎葉川口，八十里至裴羅將軍城。又西二十里至碎葉城，城北有

碎葉水，水北四十里有羯丹山，十姓可汗每立君長於此。自碎葉西十里至米國城，又三十里至新城，又六十里至頓建城，又五十里至阿史不來城，又七十里至俱蘭城，又十里至稅建城，又五十里至怛羅斯城。

自撥換、碎葉西南渡渾河，百八十里有濟濁館，故和平鋪也。又經故達幹城，百二十里至謁者館。又六十里至據史德城，龜茲境也，一曰鬱頭州，在赤河北岸孤石山。渡赤河，經岐山，三百四十里至葭蘆館。又經達漫城，百四十里至疏勒鎭，南北西三面皆有山，城在水中。城東又有漢城，亦在灘上。赤河來自疏勒西葛羅嶺，至城西分流，合于城東北，入據史德界。自撥換南而東，經崑崗，渡赤河，又西南經神山、睢陽、鹹泊，又南經疎樹，九百三十里至于闐鎭城。

于闐西五十里有葦關，又西經勃野，西北渡繫館河，六百二十里至郅支滿城，一曰磧南州。又西北經苦井、黃渠，三百二十里至雙渠，故羯飯館也。又西北經半城，百六十里至演渡州，又北八十里至疏勒鎭。自疏勒西南入劍末谷、青山嶺、青嶺、不忍嶺，六百里至葱嶺守捉，故羯盤陀國，開元中置守捉，安西極邊之戍。有寧彌故城，一曰達德力城，曰汗彌國，曰拘彌城。于闐東三百九十里，有建德力河，東七百里有精絕國。于闐西南三百八十里，有皮山城，北與姑墨接。凍凌山在于闐國西南七百里。又于闐東三百里有坎城鎭，東六百

里有蘭城鎮，南六百里有胡弩鎮，西二百里有固城鎮，西三百九十里有吉良鎮。于闐東距且末鎮千六百里。自焉耆西五十里過鐵門關，又二十里至于術守捉城，又二百里至榆林守捉，又五十里至龍泉守捉，又六十里至東夷僻守捉，又七十里至西夷僻守捉，又六十里至赤岸守捉，又百二十里至安西都護府。

又一路自沙州壽昌縣西十里至陽關故城，又西至蒲昌海南岸千里。自蒲昌海南岸，西經七屯城，漢伊脩城也。又西八十里至石城鎮，漢樓蘭國也，亦名鄯善，在蒲昌海南三百里，康豔典爲鎮使以通西域者。又西二百里至新城，亦謂之弩支城，豔典所築。又西經特勒井，渡且末河，五百里至播仙鎮，故且末城也，高宗上元中更名。又西經悉利支井、祆井、勿遮水，五百里至于闐東蘭城守捉。又西經移杜堡、彭懷堡、坎城守捉，三百里至于闐〔二一〕。

安南經交趾太平，百餘里至峯州。又經南田，百三十里至恩樓縣，乃水行四十里至忠城州。又二百里至多利州，又三百里至朱貴州，又四百里至丹棠州〔二二〕，皆生獠也。又四百五十里至古湧步，水路距安南凡千五百五十里。又百八十里經浮動山、天井山，山上夾道皆天井，間不容跬者三十里。二日行，至湯泉州。又五十里至祿索州，又十五里至龍武州，皆爨蠻安南境也。又八十三里至儻遲頓，又經八平城，八十里至洞澡水，又經南亭，百六十

里至曲江，劍南地也。又經通海鎮，百六十里渡海河、利水至絳縣。又八十里至晉寧驛，戎州地也。又八十里至柘東城，又八十里至安寧故城，又四百八十里至雲南城〔二三〕，又八十里至白崖城，又七十里至蒙舍城，又八十里至龍尾城，又十里至大和城，又二十五里至羊苴咩城。

自羊苴咩城西至永昌故郡三百里。又西渡怒江〔二四〕，至諸葛亮城二百里。又南至樂城二百里。又入驃國境，經萬公等八部落，至悉利城七百里。又經突旻城至驃國千里。又自驃國西度黑山，至東天竺迦摩波國千六百里。又西北渡迦羅都河至奔那伐檀那國六百里。又西南至中天竺國東境恆河南岸羯朱嗢羅國四百里。又西至摩羯陀國六百里。

一路自諸葛亮城西去騰充城二百里。又西至彌城百里。又西過山，二百里至麗水城。乃西渡麗水、龍泉水，二百里至安西城。乃西渡彌諾江水，千里至大秦婆羅門國。又西渡大嶺，三百里至東天竺北界箇沒盧國。又西南千二百里，至中天竺國東北境之奔那伐檀那國，與驃國往婆羅門路合。

一路自驩州東二日行，至唐林州安遠縣，南行經古羅江，二日行至環王國之檀洞江。又四日至朱崖，又經單補鎮，二日至環王國城，故漢日南郡地也。

自驩州西南三日行，度霧溫嶺，又二日行至棠州日落縣，又經羅倫江及古朗洞之石蜜

山，三日行至棠州文陽縣。又經蔡蔡澗，四日行至文單國之算臺縣，又三日行至文單外城，又一日行至內城，一曰陸眞臘，其南水眞臘。又南至小海，其南羅越國，又南至大海。

廣州東南海行，二百里至屯門山，乃帆風西行，二日至九州石。又南二日至象石。又西南三日行，至占不勞山，山在環王國東二百里海中。又南二日行至陵山。又一日行，至門毒國。又一日行，至古笪國。又半日行，至奔陀浪洲。又兩日行，到軍突弄山。又五日行至海硤，蕃人謂之「質」，南北百里，北岸則羅越國，南岸則佛逝國。佛逝國東水行四五日，至訶陵國，南中洲之最大者。又西出硤，三日至葛葛僧祇國，在佛逝西北隅之別島，國人多鈔暴，乘舶者畏憚之。其北岸則箇羅國。箇羅西則哥谷羅國。又從葛葛僧祇四五日行，至勝鄧洲。又西五日行，至婆露國。又六日行，至婆國伽藍洲。又北四日行，至師子國，其北海岸距南天竺大岸百里。又西四日行，經沒來國，南天竺之最南境。又西北經十餘小國，至婆羅門西境。又西北二日行，至拔颶國。又十日行，經天竺西境小國五，至提颶國，其國有彌蘭太河，一曰新頭河，自北渤崑國來，西流至提颶國北，入于海。又自提颶國西二十日行，經小國二十餘，至提羅盧和國，一曰羅和異國，國人於海中立華表，夜則置炬其上，使舶人夜行不迷。又西一日行，至烏剌國，乃大食國之弗利剌河，南入于海。小舟泝流，二日至

末羅國，大食重鎮也。又西北陸行千里，至茂門王所都縛達城。

自婆羅門南境，從沒來國至烏剌國，皆緣海東岸行；其西岸之西，皆大食國，其西最南謂之三蘭國。自三蘭國正北二十日行，經小國十餘，至設國。又十日行，經小國六七，至薩伊瞿和竭國，當海西岸。又西六七日行，經小國六七，至沒巽國。又西北十日行，經小國十餘，至拔離謌磨難國。又一日行，至烏剌國，與東岸路合。

西域有陀拔思單國〔二五〕，在疏勒西南二萬五千里，東距勃達國，西至涅滿國，皆一月行，南至羅剎支國半月行〔二六〕，北至海兩月行。

羅剎支國東至都槃國半月行，西至沙蘭國，南至大食國皆二十日行。

都槃國東至大食國半月行，南至大食國二十五日行，北至勃達國一月行。

勃達國東至大食國兩月行，西北至岐蘭國二十日行，北至大食國一月行。

河沒國東南至陀拔國半月行，西北至岐蘭國二十日行，南至沙蘭國一月行，北至海兩月行。

岐蘭國西至大食國兩月行，南至涅滿國二十日行，北至海五日行。

涅滿國西至大食國兩月行，南至大食國一月行，北至岐蘭國二十日行。

沙蘭國南至大食國二十五日行，北至涅滿國二十五日行。

石國東至拔汗那國百里，西南至東米國五百里。

罽賓國在疏勒西南四千里，東至俱蘭城國七百里，西至大食國千里，南至婆羅門國五百里，北至吐火羅國二百里。

東米國在安國西北二千里，東至碎葉國五千里，西南至石國千五百里，南至拔汗那國千五百里。

史國在疏勒西二千里，東至俱蜜國千里，西至大食國二千里，南至吐火羅國二百里，西北至康國七百里。

校勘記

〔一〕堅昆都督府貞觀二十二年以沙鉢羅葉護部落置　按本卷下文回紇州又有「堅昆都督府，以結骨部置」。唐會要卷七三、册府卷九九九均謂貞觀二十二年，以結骨部置堅昆都督府，隸燕然都護。突厥集史卷六云：「當日之沙鉢羅葉護，係指賀魯，與堅昆無涉，新志之誤，當因會要前文有『四日，西蕃沙鉢羅葉護率衆歸附』一句，以爲兩事相連，故妄謂以沙鉢羅葉護部落置也。」

〔二〕貞觀二年以同羅部落置　「二」，唐會要卷七三、通鑑卷一九八作「二十一」。

〔三〕永和州　「和」，舊書卷三八地理志、寰宇記卷三三作「利」。

〔四〕突厥施怛駃城　西突厥史料補闕及考證西域十六國都督府州治地通考云：「『突厥施』得爲『突騎施』之訛？」

〔五〕以護蜜多國摸達城置　「達」，舊書卷四〇地理志作「廷」；唐會要卷七三作「逵」。西突厥史料補闕及考證西域十六國都督府州治地通考謂「應以摸達爲正」。

〔六〕其秦臧則故臧漢地也　此句文義不明，疑有訛舛。按漢書卷二八上地理志、後漢書志第二三郡國，益州郡並領有秦臧縣，「故」下「臧」字疑衍。

〔七〕殷州……開元十五年分戎州復置……故南漢之境也　「南漢」，清一統志卷三〇二廢殷州條引作「南溪」。按元和志卷三一南溪縣云：「本漢南廣縣地。梁於此立南廣縣，屬戎州，仁壽三年改爲南溪縣，避煬帝諱也。皇朝因之。」疑當作「南溪」。

〔八〕歸思州　「思」，寰宇記卷一六八作「恩」。按此州闕所領縣，本卷下文思順州所領五縣，寰宇記置於此州下，其思順州別領安寧、欽化、巖栖三縣。寰宇記校勘記疑本書有舛闕。

〔九〕至丸都縣城故高麗王都　「丸」，各本原作「九」。按三國志魏書卷二八毌丘儉傳、卷三十烏丸鮮卑東夷傳均謂高句麗都於丸都；三國史記亦作「丸都」。據改。

〔一〇〕又二十里至于闐境之胡蘆河　「闐」，西突厥史料作「祝」，謂「唐書原文于祝誤作于闐」。

〔一一〕又西經移杜堡彭懷堡坎城守捉三百里至于闐　「坎」，各本原作「次」。按上文云「于闐東三百里有坎城鎮」，本書卷四〇地理志亦載「于闐東界有蘭城、坎城二守捉城」，據改。

〔一二〕丹棠州　樊綽蠻書卷一作「甘棠州」，校註以賈耽所記丹棠即蠻書之甘棠。按本卷上文安南都護府有甘棠州，校註當是。

〔一三〕雲南城　「雲」，各本原作「靈」，本書卷四二地理志及蠻書卷一、卷一〇均作「雲」。「靈」、「雲」形近而訛，據改。

〔一四〕自羊苴咩城西至永昌故郡三百里又西渡怒江　「怒」，各本原作「恕」。蠻書卷二云：「高黎共山在永昌西，下臨怒江。」明萬曆雲南通志卷二永昌府：潞江，舊名怒江。作「恕」誤，據改。

〔一五〕西域有陀拔思單國　「思」，各本原作「恩」。本書卷二二一下波斯傳、册府卷九七一均作「斯」。中外史地考證唐代大食七屬國考證云：「按恩乃思誤。」據改。

〔一六〕南至羅刹支國　「刹」，本書卷二二一西域傳作「利」。中西交通史料匯編三册一一三頁註三〇云：「羅刹支乃羅利支之誤刊。」下同。

唐書卷四十四

志第三十四

選舉志上

唐制，取士之科，多因隋舊，然其大要有三。由學館者曰生徒，由州縣者曰鄉貢，皆升于有司而進退之。其科之目，有秀才，有明經，有俊士，有進士，有明法，有明字，有明算，有一史，有三史，有開元禮，有道舉，有童子。而明經之別，有五經，有三經，有二經，有學究一經，有三禮，有三傳，有史科。此歲舉之常選也。其天子自詔者曰制舉，所以待非常之才焉。

凡學六，皆隸于國子監：國子學，生三百人，以文武三品以上子孫若從二品以上曾孫及勳官二品、縣公、京官四品帶三品勳封之子爲之；太學，生五百人，以五品以上子孫、職事官五品期親若三品曾孫及勳官三品以上有封之子爲之；四門學，生千三百人，其五百人以勳官三品以上無封、四品有封及文武七品以上子爲之，八百人以庶人之俊異者爲之；律

學，生五十人，書學，生三十人，算學，生三十人，以八品以下子及庶人之通其學者爲之。京都學生八十人，大都督、中都督府、上州各六十人，下都督府、中州各五十人，下州四十人，京縣五十人，上縣四十人，中縣、中下縣各三十五人，下縣二十人。國子監生，尚書省補，祭酒統焉。州縣學生，州縣長官補，長史主焉。

凡館二：門下省有弘文館，生三十人；東宮有崇文館，生二十人。以皇緦麻以上親，皇太后、皇后大功以上親，宰相及散官一品、功臣身食實封者、京官職事從三品、中書黃門侍郎之子爲之。

凡博士、助教，分經授諸生，未終經者無易業。凡生，限年十四以上，十九以下；律學十八以上，二十五以下。

凡禮記、春秋左氏傳爲大經，詩、周禮、儀禮爲中經，易、尚書、春秋公羊傳、穀梁傳爲小經。通二經者，大經、小經各一，若中經二。通三經者，大經、中經、小經各一。通五經者，大經皆通，餘經各一，孝經、論語皆兼通之。凡治孝經、論語共限一歲，尚書、公羊傳、穀梁傳各一歲半，易、詩、周禮、儀禮各二歲，禮記、左氏傳各三歲。學書，日紙一幅，間習時務策，讀國語、說文、字林、三蒼、爾雅。凡書學，石經三體限三歲，說文二歲，字林一歲。凡算學，孫子、五曹共限一歲，九章、海島共三歲，張丘建、夏侯陽各一歲，周髀、五經算共一歲，

綴術四歲，緝古三歲，記遺、三等數皆兼習之。

旬給假一日。前假，博士考試，讀者千言試一帖，帖三言，講者二千言問大義一條，總三條通二爲第，不及者有罰。歲終，通一年之業，口問大義十條，通八爲上，六爲中，五爲下。併三下與在學九歲、律生六歲不堪貢者罷歸。諸學生通二經、俊士通三經已及第而願留者，四門學生補太學，太學生補國子學。每歲五月有田假，九月有授衣假，二百里外給程。其不帥教及歲中違程滿三十日，事故百日，緣親病二百日，皆罷歸。既罷，條其狀下之屬所，五品以上子孫送兵部，準蔭配色。

每歲仲冬，州、縣、館、監舉其成者送之尚書省；而舉選不繇館、學者，謂之鄉貢，皆懷牒自列于州、縣。試已，長吏以鄉飲酒禮，會屬僚，設賓主，陳俎豆，備管絃，牲用少牢，歌鹿鳴之詩，因與耆艾敘長少焉。既至省，皆疏名列到，結款通保及所居，始由戶部集閱，而關于考功員外郎試之。

凡秀才，試方略策五道，以文理通粗爲上上、上中、上下、中上，凡四等爲及第。凡明經，先帖文，然後口試，經問大義十條，答時務策三道，亦爲四等。凡開元禮，通大義百條、策三道者，超資與官；義通七十、策通二者，及第。散、試官能通者，依正員。凡三傳科，左氏傳問大義五十條，公羊、穀梁傳三十條，策皆三道，義通七以上、策通二以上爲第，白

身視五經，有出身及前資官視學究一經。凡史科，每史問大義百條、策三道，義通七、策通二以上爲第。能通一史者，白身視五經、三傳，有出身及前資官視學究一經；三史皆通者，獎擢之。凡童子科，十歲以下能通一經及孝經、論語，卷誦文十，通者予官；通七，予出身。凡進士，試時務策五道、帖一大經，經、策全通爲甲第；策通四、帖過四以上爲乙第。凡明法，試律七條、令三條，全通爲甲第，通八爲乙第。凡書學，先口試，通，乃墨試說文、字林二十條，通十八爲第。凡算學，錄大義本條爲問答，明數造術，詳明術理，然後爲通。試九章三條，海島、孫子、五曹、張丘建、夏侯陽、周髀、五經算各一條，十通六，記遺、三等數帖讀十得九，爲第。試綴術、緝古，錄大義爲問答者，明數造術，詳明術理，無注者合數造術，不失義理，然後爲通。綴術七條、緝古三條，十通六，記遺、三等數帖讀十得九，爲第。落經者，雖通六，不第。

凡弘文、崇文生，試一大經、一小經，或二中經，或史記、前後漢書、三國志各一，或時務策五道。經史皆試策十道。經通六，史及時務策通三，皆帖孝經、論語共十條通六，爲第。

凡貢舉非其人者、廢舉者、校試不以實者，皆有罰。

其教人取士著於令者，大略如此。而士之進取之方，與上之好惡、所以育材養士、招來獎進之意，有司選士之法，因時增損不同。

自高祖初入長安，開大丞相府，下令置生員，自京師至于州縣皆有數。既即位，又詔祕書外省別立小學，以教宗室子孫及功臣子弟。其後又詔諸州明經、秀才、俊士、進士明於理體爲鄉里稱者，縣考試，州長重覆，歲隨方物入貢；吏民子弟學藝者，皆送于京學，爲設考課之法。州、縣、鄉皆置學焉。及太宗即位，益崇儒術。乃於門下別置弘文館，又增置書、律學，進士加讀經、史一部。十三年，東宮置崇文館。自天下初定，增築學舍至千二百區，雖七營飛騎，亦置生，遣博士爲授經。四夷若高麗、百濟、新羅、高昌、吐蕃，相繼遣子弟入學，遂至八千餘人。

高宗永徽二年，始停秀才科。龍朔二年，東都置國子監，明年以書學隸蘭臺，算學隸祕閣，律學隸詳刑。上元二年，加試貢士老子策，明經二條，進士三條。國子監置大成二十人，取已及第而聰明者爲之。試書日誦千言，并日試策，所業十通七，然後補其祿俸，同直官。通四經業成，上於尚書，吏部試之，登第者加一階放選。其不第則習業如初，三歲而又試，三試而不中第，從常調。

永隆二年，考功員外郎劉思立建言，明經多抄義條，進士唯誦舊策，皆亡實才，而有司以人數充第。乃詔自今明經試帖粗十得六以上，進士試雜文二篇，通文律者然後試策。

武后之亂，改易舊制頗多。中宗反正，詔宗室三等以下、五等以上未出身，願宿衞及任國子生，聽之。其家居業成而堪貢者，宗正寺試，送監舉如常法。三衞番下日，願入學者，聽附國子學、太學及律館習業。蕃王及可汗子孫願入學者，附國子學讀書。

玄宗開元五年，始令鄉貢明經、進士見訖，國子監謁先師，學官開講問義，有司爲具食，清資五品以上官及朝集使皆往閱禮焉。七年，又令弘文、崇文、國子生季一朝參。及注老子道德經成，詔天下家藏其書，貢舉人減尚書、論語策，而加試老子。又敕州縣學生年二十五以下、八品子若庶人二十一以下通一經及未通經而聰悟有文辭、史學者，入四門學爲俊士。即諸州貢舉省試不第，願入學者亦聽。

二十四年，考功員外郎李昂爲舉人詆訶，帝以員外郎望輕，遂移貢舉於禮部，以侍郎主之。禮部選士自此始。

二十九年，始置崇玄學，習老子、莊子、文子、列子，亦曰道舉。其生，京、都各百人，諸州無常員。官秩、蔭第同國子，舉送、課試如明經。

天寶九載，置廣文館於國學，以領生徒爲進士者。舉人舊重兩監，後世祿者以京兆、同、華爲榮，而不入學。十二載，乃敕天下罷鄉貢，舉人不由國子及郡、縣學者，勿舉送。是歲，道舉停老子，加周易。十四載，復鄉貢。

代宗廣德二年，詔曰：「古者設太學，教胄子，雖年穀不登，兵革或動，而俎豆之事不廢。頃年戎車屢駕，諸生輟講，宜追學生在館習業，度支給廚米。」是歲，賈至爲侍郎，建言歲方艱歉，舉人赴省者，兩都試之。兩都試人自此始。

貞元二年，詔習開元禮者舉同一經例，明經習律以代爾雅。是時弘文、崇文生未補者，務取員闕以補，速於登第，而用蔭乖實，至有假市門資、變易昭穆及假人試藝者。六年，詔宜據式考試，假代者論如法。初，禮部侍郎親故移試考功，謂之別頭。十六年，中書舍人高郢奏罷，議者是之。

元和二年，置東都監生一百員。然自天寶後，學校益廢，生徒流散。永泰中，雖置西監生〔一〕，而館無定員。於是始定生員：西京國子館生八十人，太學七十人，四門三百人，廣文六十人，律館二十人，書、算館各十人；東都國子館十人，太學十五人，四門五十人，廣文十人，律館十人，書館三人，算館二人而已。明經停口義，復試墨義十條。五經取通五，明經通六。其嘗坐法及爲州縣小吏，雖藝文可采，勿舉。十三年，權知禮部侍郎庾承宣奏復考功別頭試。

初，開元中，禮部考試畢，送中書門下詳覆，其後中廢。是歲，侍郎錢徽所舉送，覆試多不中選，由是貶官，而舉人雜文復送中書門下。長慶三年，侍郎王起言：「故事，禮部已放牓，而中書門下始詳覆。今請先詳覆，而後放牓。」議者以起雖避嫌，然失貢職矣。諫議大夫殷侑言：「三史爲書，勸善懲惡，亞於六經。比來史學都廢，至有身處班列，而朝廷舊章莫能知者。」於是立史科及三傳科。大和三年，高鍇爲考功員外郎，取士有不當，監察御史姚中立又奏停考功別頭試。六年，侍郎賈餗又奏復之。八年，宰相王涯以爲「禮部取士，乃先以牓示中書，非至公之道。自今一委有司，以所試雜文、鄉貫、三代名諱送中書門下」。

大抵衆科之目，進士尤爲貴，其得人亦最爲盛焉。方其取以辭章，類若浮文而少實；及其臨事設施，奮其事業，隱然爲國名臣者，不可勝數，遂使時君篤意，以謂莫此之尚。及其後世，俗益媮薄，上下交疑，因以謂按其聲病，可以爲有司之責，捨是則汗漫而無所守，遂不復能易。嗚呼，乃知三代鄉里德行之舉，非至治之隆莫能行也！太宗時，冀州進士張昌齡、王公謹有名於當時，考功員外郎王師旦不署以第。太宗問其故，對曰：「二人者，皆文采浮華，擢之將誘後生而弊風俗。」其後，二人者卒不能有立。

寶應二年，禮部侍郎楊綰上疏言：

進士科起於隋大業中，是時猶試策。高宗朝，劉思立加進士雜文，明經塡帖，故爲進士者皆誦當代之文，而不通經史，明經者但記帖括。又投牒自舉，非古先哲王仄席

待賢之道。請依古察孝廉，其鄉閭孝友信義廉恥而通經者，縣薦之州，州試其所通之學，送于省。自縣至省，皆勿自投牒，其到狀、保辨、識牒皆停。而所習經，取大義，聽通諸家之學。每問經十條，對策三道，皆通，爲上第，吏部官之；經義通八，策通二，爲中第，與出身；下第，罷歸。論語、孝經、孟子兼爲一經，其明經、進士及道舉並停。詔給事中李栖筠、李廙、尚書左丞賈至、京兆尹兼御史大夫嚴武議。栖筠等議曰：

夏之政忠，商之政敬，周之政文，然則文與忠敬皆統人行。且謚號述行，莫美於文，文興則忠敬存焉。故前代以文取士，本文行也，由辭觀行，則及辭焉。宣父稱顏子「不遷怒，不貳過」，謂之「好學」。今試學者以帖字爲精通，不窮旨義，豈能知遷怒貳過之道乎？考文者以聲病爲是非，豈能知移風易俗化天下乎？是以上失其源，下襲其流，先王之道莫能行也。夫先王之道消，則小人之道長，亂臣賊子由是生焉！今取士試之小道，而不以遠大，是猶以蝸蚓之餌垂海，而望吞舟之魚，不亦難乎？所以食垂餌者皆小魚，就科目者皆小藝。且夏有天下四百載，禹之道喪而商始興；商有天下六百祀，湯之法棄而周始興；周有天下八百年，文、武之政廢而秦始并焉。三代之選士任賢，皆考實行，是以風俗淳一，運祚長遠。漢興，監其然，尊儒術，尚名節，雖近戚竊位，彊臣擅權，弱主外立，母后專政，而亦能終彼四百，豈非學行之效邪？魏、晉以來，專尚

浮俊，德義不修，故子孫速顛，享國不永也。今縮所請，實爲正論。然自晉室之亂，南北分裂，人多僑處，必欲復古鄉舉里選，竊恐未盡。請兼廣學校，以明訓誘。雖京師州縣皆有小學，兵革之後，生徒流離，儒臣、師氏，祿廩無向。請增博士員，厚其稟稍，選通儒碩生，閑居其職。十道大郡，置太學館，遣博士出外，兼領郡官，以敎生徒。保桑梓者，鄉里舉焉；在流寓者，庠序推焉。朝而行之，夕見其利。

而大臣以爲舉人循習，難於速變，請自來歲始。帝以問翰林學士，對曰：「舉進士久矣，廢之恐失其業。」乃詔明經、進士與孝廉兼行。

先是，進士試詩、賦及時務策五道，明經策三道。建中二年，中書舍人趙贊權知貢舉，乃以箴、論、表、贊代詩、賦，而皆試策三道。大和八年，禮部復罷進士議論，而試詩、賦。文宗從內出題以試進士，謂侍臣曰：「吾患文格浮薄，昨自出題，所試差勝。」乃詔禮部歲取登第者三十人，苟無其人，不必充其數。是時，文宗好學嗜古，鄭覃以經術位宰相，深嫉進士浮薄，屢請罷之。文宗曰：「敦厚浮薄，色色有之，進士科取人二百年矣，不可遽廢。」因得不罷。

武宗卽位，宰相李德裕尤惡進士。初，舉人既及第，綴行通名，詣主司第謝。其制，序立西階下，北上東向；主人席東階下，西向；諸生拜，主司答拜；乃敍齒，謝恩，遂升階，與公卿觀者皆坐；酒數行，乃赴期集。又有曲江會、題名席。至是，德裕奏：「國家設科取士，而附黨背公，自爲門生。自今一見有司而止，其期集、參謁、曲江題名皆罷。」德裕嘗論公卿子弟艱於科舉，武宗曰：「向聞楊虞卿兄弟朋比貴勢，妨平進之路。昨黜楊知至、鄭朴等，抑其太甚耳。有司不識朕意，不放子弟，卽過矣，但取實藝可也。」德裕曰：「鄭肅、封敖子弟皆有才，不敢應舉。臣無名第，不當非進士。然臣祖天寶末以仕進無他岐，勉彊隨計，一舉登第。自後家不置文選，蓋惡其不根藝實。然朝廷顯官，須公卿子弟爲之。何者？少習其業，目熟朝廷事，臺閣之儀，不敎而自成。寒士縱有出人之才，固不能閑習也。則子弟未易可輕。」德裕之論，偏異蓋如此。然進士科當唐之晚節，尤爲浮薄，世所共患也。

所謂制舉者，其來遠矣。自漢以來，天子常稱制詔道其所欲問而親策之。唐興，世崇儒學，雖其時君賢愚好惡不同，而樂善求賢之意未始少怠，故自京師外至州縣，有司常選之士，以時而舉。而天子又自詔四方德行、才能、文學之士，或高蹈幽隱與其不能自達者，下至軍謀將略、翹關拔山、絕藝奇伎莫不兼取。其爲名目，隨其人主臨時所欲，而列爲定科者，如賢良方正、直言極諫、博通墳典達於敎化、軍謀宏遠堪任將率、詳明政術可以理人之類，其名最著。而天子巡狩、行幸、封禪太山梁父，往往會見行在，其所以待之之禮甚優，而

宏材偉論非常之人亦時出於其間，不爲無得也。

其外，又有武舉，蓋其起於武后之時。長安二年，始置武舉。其制，有長垛、馬射、步射、平射、筒射，又有馬槍、翹關、負重、身材之選。翹關，長丈七尺，徑三寸半，凡十舉後，手持關距，出處無過一尺；負重者，負米五斛，行二十步，皆爲中第，亦以鄉飲酒禮送兵部。其選用之法不足道，故不復書。

校勘記

〔一〕永泰中雖置西監生　唐會要卷六六云：「至永泰後，西監置五百五十員，東監近置一百員，未定每館員額。」是永泰後仍東、西監並置。按東、西監習稱「兩監」，本卷上文亦有「舊置兩監」語。疑此處「西監」爲「兩監」之誤。

唐書卷四十五

志第三十五

選舉志下

凡選有文、武，文選吏部主之，武選兵部主之，皆爲三銓，尙書、侍郎分主之。

凡官員有數，而署置過者有罰，知而聽者有罰，規取者有罰。每歲五月，頒格于州縣，選人應格，則本屬或故任取選解，列其罷免、善惡之狀，以十月會于省，過其時者不敍。其以時至者，乃考其功過。同流者，五五爲聯，京官五人保之，一人識之。刑家之子、工賈異類及假名承僞、隱冒升降者有罰。文書粟錯，隱倖者駮放之；非隱倖則不。

凡擇人之法有四：一曰身，體貌豐偉；二曰言，言辭辯正；三曰書，楷法遒美；四曰判，文理優長。四事皆可取，則先德行；德均以才，才均以勞。得者爲留，不得者爲放。五品以上不試，上其名中書門下；六品以下始集而試，觀其書、判。已試而銓，察其身、言；

已銓而注，詢其便利而擬；已注而唱，不厭者得反通其辭，三唱而不厭，聽冬集。厭者爲甲，上于僕射，乃上門下省，給事中讀之，黃門侍郎省之，侍中審之，然後以聞。主者受旨而奉行焉，謂之「奏受」。視品及流外，則判補。皆給以符，謂之「告身」。凡官已受成，皆廷謝。

凡試判登科謂之「入等」，甚拙者謂之「藍縷」。選未滿而試文三篇，謂之「宏辭」；試判三條，謂之「拔萃」。中者卽授官。

凡出身，嗣王、郡王，從四品下；親王諸子封郡公者，從五品上；國公，正六品上；郡公，正六品下；縣公，從六品上；侯，正七品上；伯，正七品下；子，從七品上；男，從七品下；皇帝緦麻以上親、皇太后期親，正六品上；皇太后大功、皇后期親，從六品上；皇帝袒免、皇太后小功緦麻、皇后大功親，正七品上；皇后小功緦麻、皇太子妃期親，從七品上。外戚，皆以服屬降二階敍。娶郡主者，正六品上；娶縣主者，正七品上；郡主子，從七品上；縣主子，從八品上。

凡用蔭，一品子，正七品上；二品子，正七品下；三品子，從七品上；從三品子，從七品下；正四品子，正八品上；從四品子，正八品下；正五品子，從八品上；從五品及國公子，從八品下。凡品子任雜掌及王公以下親事、帳內勞滿而選者，七品以上子，從九品上敍。其任流外而應入流內，敍品卑者，亦如之。九品以上及勳官五品以上子，從九品下敍。三品以上蔭曾孫，五品以上蔭孫。孫降子一等，曾孫降孫一等。贈官降正官一等，死事者與正官同。郡、縣公子，視從五品孫。縣男以上子，降一等。勳官二品子，又降一等。二王後孫，視正三品。

凡秀才，上上第，正八品上；上中第，正八品下；上下第，從八品上；中上第，從八品下。明經，上上第，從八品下；上中第，正九品上；上下第，正九品下；中上第，從九品下。進士、明法，甲第，從九品上；乙第，從九品下。弘文、崇文館生及第，亦如之。應入五品者，以聞。書、算學生，從九品下敍。

凡弘文、崇文生，皇緦麻以上親，皇太后、皇后大功以上親，一家聽二人選。職事二品以上，散官一品、中書門下正三品同三品、六尙書等子孫并姪，功臣身食實封者子孫，一蔭聽二人選。京官職事正三品、同中書門下平章事、供奉官三品子孫，京官職事從三品、中書黃門侍郎并供奉三品官、帶四品五品散官子，一蔭一人。

凡勳官選者，上柱國，正六品敍；六品而下，遞降一階。驍騎尉、武騎尉，從九品上敍。

凡居官必四考，四考中中，進年勞一階敍。每一考，中上進一階，上下二階，上中以上及計考應至五品以上奏而別敍。六品以下遷改不更選及守五品以上官，年勞歲一敍，給記階牒。考多者，準考累加。

凡醫術，不過尙藥奉御。陰陽、卜筮、圖畫、工巧、造食、音聲及天文，不過本色局、署令。鴻臚譯語，不過典客署令。凡千牛備身、備身左右，五考送兵部試，有文者送吏部。凡齋郎，太廟以五品以上子孫及六品職事并淸官子爲之，六考而滿；郊社以六品職事官子爲之，八考而滿。皆讀兩經粗通，限年十五以上、二十以下，擇儀狀端正無疾者。

武選，凡納課品子，歲取文武六品以下、勳官三品以下五品以上子，年十八以上，每州爲解上兵部，納課十三歲而試，第一等送吏部，第二等留本司，第三等納資二歲，第四等納資三歲；納已，復試，量文武授散官。若考滿不試，免當年資；遭喪免資。無故不輸資及有犯者，放還之。凡捉錢品子，無違負滿二百日，本屬以簿附朝集使，上于考功、兵部。滿十歲，量文武授散官。其視品國官府佐應停者，依品子納課，十歲而試，凡一歲爲一選。自一選至十二選，視官品高下以定其數，因其功過而增損之。

初，武德中，天下兵革新定，士不求祿，官不充員。有司移符州縣，課人赴調，遠方或賜衣續食，猶辭不行。至則授用，無所黜退。不數年，求者寖多，亦頗加簡汰。貞觀二年，侍郎劉林甫言：「隋制以十一月爲選始，至春乃畢。今選者衆，請四時注擬。」十九年，馬周以四時選爲勞，乃復以十一月選，至三月畢。

太宗嘗謂攝吏部尚書杜如晦曰：「今專以言辭刀筆取人，而不悉其行，至後敗職，雖刑戮之，而民已敝矣。」乃欲放古，令諸州辟召。會功臣行世封，乃止。它日復顧侍臣曰：「致治之術，在於得賢。今公等不知人，朕又不能徧識，日月其逝，而人遠矣。吾將使人自舉，可乎？」而魏徵以爲長澆競，又止。

初，銓法簡而任重。高宗總章二年，司列少常伯裴行儉始設長名牓，引銓注法，復定州縣升降爲八等，其三京、五府、都護、都督府，悉有差次，量官資授之。其後李敬玄爲少常伯，委事於員外郎張仁禕，仁禕又造姓歷，改狀樣、銓歷等程式，而銓總之法密矣。然是時仕者衆，庸愚咸集，有僞主符告而矯爲官者，有接承它名而參調者，有遠人無親而置保者。試之日，冒名代進，或旁坐假手，或借人外助，多非其實。雖繁設等級、遞差選限、增譴犯之科、開糾告之令以遏之，然猶不能禁。大率十人競一官，餘多委積不可遣，有司患之，謀爲黜落之計，以僻書隱學爲判目，無復求人之意。而吏求貨賄，出入升降。至武后時，天官侍郎魏玄同深嫉之，因請復古辟署之法，不報。

初，試選人皆糊名，令學士考判，武后以爲非委任之方，罷之。而其務收人心，士無賢不肖，多所進奬。長安二年，舉人授拾遺、補闕、御史、著作佐郎、大理評事、衞佐凡百餘人。明年，引見風俗使，舉人悉授試官，高者至鳳閣舍人、給事中，次員外郎、御史、補闕、拾遺、

校書郎。試官之起，自此始。時李嶠爲尚書，又置員外郎二千餘員，悉用勢家親戚，給俸祿，使釐務，至與正官爭事相毆者。又有檢校、敕攝、判知之官。神龍二年，嶠復爲中書令，始悔之，乃停員外官釐務。

中宗時，韋后及太平、安樂公主等用事，於側門降墨敕斜封授官，號「斜封官」，凡數千員。內外盈溢，無聽事以居，當時謂之「三無坐處」，言宰相、御史及員外郎也。又以鄭愔爲侍郎，大納貨賂，選人留者甚衆，至逆用三年員闕，而綱紀大潰。韋氏敗，始以宋璟爲吏部尚書，李乂、盧從愿爲侍郎，姚元之爲兵部尚書，陸象先、盧懷愼爲侍郎，悉奏罷斜封官，量闕留人，雖資高考深，非才實者不取。初，尚書銓掌七品以上選，侍郎銓掌八品以下選。至是，通其品而掌焉。未幾，璟、元之等罷，殿中侍御史崔涖、太子中允薛昭希太平公主意，上言：「罷斜封官，人失其所，而怨積於下，必有非常之變。」乃下詔盡復斜封別敕官。

玄宗即位，厲精爲治。左拾遺內供奉張九齡上疏言：「縣令、刺史，陛下所與共理，尤親於民者也。今京官出外，乃反以爲斥逐，非少重其選不可。」又曰：「古者或遙聞辟召，或一見任之，是以士脩名行，而流品不雜。今吏部始造簿書，以備遺忘，而反求精於案牘，不急人才，何異遺劍中流，而刻舟以記。」於是下詔擇京官有善政者補刺史，歲十月，按察使校殿最，自第一至第五，校考使及戶部長官總覈之，以爲升降。凡官，不歷州縣不擬臺省。已而

悉集新除縣令宣政殿，親臨問以治人之策，而擢其高第者。又詔員外郎、御史諸供奉官，皆進名敕授，而兵、吏部各以員外郎一人判南曹，由是銓司之任輕矣。其後戶部侍郎宇文融又建議置十銓，乃以禮部尚書蘇頲等分主之。太子左庶子吳兢諫曰：「易稱『君子思不出其位』，言不侵官也。今以頲等分掌吏部選，而天子親臨決之，尚書、侍郎皆不聞參，議者以爲萬乘之君，下行選事。」帝悟，遂復以三銓還有司。

開元十八年，侍中裴光庭兼吏部尚書，始作循資格，而賢愚一概，必與格合，乃得銓授，限年躡級，不得踰越。於是久淹不收者皆便之，謂之「聖書」。及光庭卒，中書令蕭嵩以爲非求材之方，奏罷之。乃下詔曰：「凡人年三十而出身，四十乃得從事，更造格以分寸爲差，若循新格，則六十未離一尉。自今選人才業優異有操行及遠郡下寮名迹稍著者，吏部隨材甄擢之。」

初，諸司官兼知政事者，至日午後乃還本司視事。兵部、吏部尚書侍郎知政事者，亦還本司分闕注唱。開元以來，宰相位望漸崇，雖尚書知政事，亦於中書決本司事以自便。而左、右相兼兵部、吏部尚書者，不自銓總。又故事，必三銓、三注、三唱而后擬官，季春始畢，乃過門下省。楊國忠以右相兼文部尚書，建議選人視官資、書判、狀迹、功優，宜對衆定留放。乃先遣吏密定員闕，一日會左相及諸司長官於都堂注唱，以誇神速。由是門下過

官、三銓注官之制皆廢，侍郎主試判而已。

肅、代以後兵興，天下多故，官員益濫，而銓法無可道者。至德宗時，試太常寺協律郎沈既濟極言其敝曰：

近世爵祿失之者久，其失非他，四太而已。入仕之門太多，世冑之家太優，祿利之資太厚，督責之令太薄。臣以爲當輕其祿利，重其督責。夫古今選用之法，九流常敍，有三科而已，曰德也，才也，勞也；而今選曹，皆不及焉。且吏部甲令，雖曰度德居任，量才授職，計勞升敍，然考校之法，皆在書判簿歷、言辭俯仰之間，侍郎非通神，不可得而知。則安行徐言，非德也；空文善書，非才也；累資積考，非勞也。苟執不失，猶乖得人，況衆流茫茫，耳目有不足者乎？蓋非鑒之不明，非擇之不精，法使然也。王者觀變以制法，察時而立政。按前代選用，皆州、府察舉，至于齊、隋，署置多由請託。故當時議者，以爲與其率私，不若自舉；與其外濫，不若內收。是以罷州府之權，而歸於吏部。此矯時懲弊之權法，非經國不刊之常典。

今吏部之法蹙矣，不可以坐守刓弊。臣請五品以上及羣司長官，宰臣進敍，吏部、兵部得參議焉；六品以下或僚佐之屬，聽州、府辟用。則銓擇之任，委於四方；結奏之成，歸於二部。必先擇牧守，然後授其權。高者先署而後聞，卑者聽版而不命。其

牧守、將帥，或選用非公，則吏部、兵部得察而舉之。聖主明目達聰，逖聽遐視，罪其私冒，不慎舉者，小加譴黜，大正刑典。責成授任，誰敢不勉？夫如是，則接名僞命之徒，非才薄行之人，貪叨賄貨，懦弱姦宄，下詔之日，隨聲而廢，通大數，十去八九矣。如是，人少而員寬，事褎而官審，賢者不奬而自進，不肖者不抑而自退。

或曰：「開元、天寶中，不易吏部之法，而天下砥平，何必外辟，方臻于理？」臣以爲不然。夫選舉者，經邦之一端，雖制之有美惡，而行之由法令。是以州郡察舉，在兩漢則理，在魏、齊則亂。吏部選集，在神龍、景龍則紊，在開元、天寶則理。當其時久承升平，御以法術，慶賞不軼，威刑必齊，由是而理，匪用吏部而臻此也。向以此時用辟召之法，則理不益久乎？

天子雖嘉其言，而重於改作，訖不能用。

初，吏部歲常集人，其後三數歲一集，選人猥至，文簿紛雜，吏因得以爲姦利，士至蹉跌，或十年不得官，而闕員亦累歲不補。陸贄爲相，乃懲其弊，命吏部據內外員三分之，計闕集人，歲以爲常。是時，河西、隴右沒于虜，河南、河北不上計，吏員大率減天寶三之一，而入流者加一，故士人二年居官，十年待選，而考限遷除之法寖壞。憲宗時，宰相李吉甫定考遷之格，諸州刺史、次赤府少尹、次赤令、諸陵令、五府司馬、上州以上上佐、東宮官詹事諭

德以下、王府官四品以上皆五考。侍御史十三月，殿中侍御史十八月，監察御史二十五月。凡三省官、諸道敕補、檢校五品以上及臺省官皆三考，餘官四考，文武官四品以下五考。凡遷，尙書省四品以上、文武官三品以上皆先奏。

唐取人之路蓋多矣，方其盛時，著於令者，納課品子萬人，諸館及州縣學六萬三千七十人，太史曆生三十六人，天文生百五十人，太醫藥童、針呪諸生二百一十一人，太卜卜筮三十人，千牛備身八十人，備身左右二百五十六人，進馬十六人，齋郎八百六十二人，諸衞三衞監門直長三萬九千四百六十二人，諸屯主、副千九百八人，諸折衝府錄事、府、史一千七百八十二人，校尉三千五百六十四人，執仗、執乘每府三十二人，親事、帳內萬人，集賢院御書手百人，史館典書、楷書四十一人，尙藥童三十人，諸臺、省、寺、監、軍、衞、坊、府之胥史六千餘人。凡此者，皆入官之門戶，而諸司主錄已成官及州縣佐史未敍者，不在焉。

至於銓選，其制不一，凡流外，兵部、禮部舉人，郎官得自主之，謂之「小選」。太宗時，以歲旱穀貴，東人選者集于洛州，謂之「東選」。高宗上元二年，以嶺南五管、黔中都督府得即任土人，而官或非其才，乃遣郎官、御史爲選補使，謂之「南選」。其後江南、淮南、福建大抵因歲水旱，皆遣選補使即選其人。而廢置不常，選法又不著，故不復詳焉。

唐書卷四十六

志第三十六

百官一

唐之官制，其名號祿秩雖因時增損，而大抵皆沿隋故。其官司之別，曰省、曰臺、曰寺、曰監、曰衞、曰府，各統其屬，以分職定位。其辨貴賤、敍勞能，則有品、有爵、有勳、有階，以時考覈而升降之，所以任羣材、治百事。其爲法則精而密，其施於事則簡而易行，所以然者，由職有常守，而位有常員也。方唐之盛時，其制如此。蓋其始未嘗不欲立制度、明紀綱爲萬世法，而常至於交侵紛亂者，由其時君不能愼守，而徇一切之苟且，故其事愈繁而官益冗，至失其職業而卒不能復。

初，太宗省內外官，定制爲七百三十員，曰：「吾以此待天下賢材，足矣。」然是時已有員外置，其後又有特置，同正員。至於檢校、兼、守、判、知之類，皆非本制。又有置使之名，或

因事而置，事已則罷，或遂置而不廢。其名類繁多，莫能徧舉。自中世已後，盜起兵興，又有軍功之官，遂不勝其濫矣。故採其綱目條理可爲後法，及事雖非正後世遵用因仍而不能改者，著於篇。

宰相之職，佐天子總百官、治萬事，其任重矣。然自漢以來，位號不同，而唐世宰相，名尤不正。初，唐因隋制，以三省之長中書令、侍中、尙書令共議國政，此宰相職也。其後，以太宗嘗爲尙書令，臣下避不敢居其職，由是僕射爲尙書省長官，與侍中、中書令號爲宰相，其品位既崇，不欲輕以授人，故常以他官居宰相職，而假以他名。自太宗時，杜淹以吏部尙書參議朝政，魏徵以祕書監參預朝政，其後或曰「參議得失」、「參知政事」之類，其名非一，皆宰相職也。貞觀八年，僕射李靖以疾辭位，詔疾小瘳，三兩日一至中書門下平章事，而「平章事」之名蓋起於此。其後，李勣以太子詹事同中書門下三品，謂同侍中、中書令也，而「同三品」之名蓋起於此。然二名不專用，而佗官居職者猶假佗名如故。自高宗已後，爲宰相者必加「同中書門下三品」，雖品高者亦然；惟三公、三師、中書令則否。其後改易官名，而張文瓘以東臺侍郎同東西臺三品，「同三品」入銜，自文瓘始。永淳元年，以黃門侍郎郭待舉、兵部侍郎岑長倩等同中書門下平章事，「平章事」入銜，自待舉等始。自是以後，終唐

之世不能改。

初，三省長官議事于門下省之政事堂，其後，裴炎自侍中遷中書令，乃徙政事堂於中書省。開元中，張說爲相，又改政事堂號「中書門下」，列五房于其後：一曰吏房，二曰樞機房，三曰兵房，四曰戶房，五曰刑禮房，分曹以主衆務焉。

宰相事無不統，故不以一職名官，自開元以後，常以領他職，實欲重其事，而反輕宰相之體。故時方用兵，則爲節度使；時崇儒學，則爲大學士；時急財用，則爲鹽鐵轉運使，又其甚則爲延資庫使。至於國史、太清宮之類，其名頗多，皆不足取法，故不著其詳。

學士之職，本以文學言語被顧問，出入侍從，因得參謀議、納諫諍，其禮尤寵；而翰林院者，待詔之所也。

唐制，乘輿所在，必有文詞、經學之士，下至卜、醫、伎術之流，皆直於別院，以備宴見；而文書詔令，則中書舍人掌之。自太宗時，名儒學士時時召以草制，然猶未有名號；乾封以後，始號「北門學士」。玄宗初，置「翰林待詔」，以張說、陸堅、張九齡等爲之，掌四方表疏批答、應和文章；既而又以中書務劇，文書多壅滯，乃選文學之士，號「翰林供奉」，與集賢院學士分掌制詔書敕。開元二十六年，又改翰林供奉爲學士，別置學士院，專掌內命。凡

拜免將相、號令征伐，皆用白麻。其後，選用益重，而禮遇益親，至號爲「內相」，又以爲天子私人。凡充其職者無定員，自諸曹尚書下至校書郎，皆得與選。入院一歲，則遷知制誥，未知制誥者不作文書。班次各以其官，內宴則居宰相之下，一品之上。憲宗時，又置「學士承旨」。唐之學士，弘文、集賢分隸中書、門下省，而翰林學士獨無所屬，故附列於此云。

三師三公

太師、太傅、太保，各一人，是爲三師；太尉、司徒、司空，各一人，是爲三公。皆正一品。三師，天子所師法，無所總職，非其人則闕。三公，佐天子理陰陽、平邦國，無所不統。親王拜者不親事，祭祀闕則攝。

隋廢三師，貞觀十一年復置，與三公皆不設官屬。

尚書省

尚書令一人，正二品，掌典領百官。其屬有六尚書：一曰吏部，二曰戶部，三曰禮部，四曰兵部，五曰刑部，六曰工部。六尚書：兵部、吏部爲前行，刑部、戶部爲中行，工部、禮部爲後行；行總四司，以本行爲頭司，餘爲子司。庶務皆會決焉。凡上之逮下，其制有六：一曰制，二曰敕，三曰册，天子用之；四曰令，皇太子用之；五曰教，親王、公主用之；六曰符，省下於州，州下於縣，縣下於鄉。下之達上，其制有六：一曰表，二曰狀，三曰牋，四曰啓，五曰辭，六曰牒。諸司相質，其制有三：一曰關，二曰刺，三曰移。凡授內外百司之事，皆印其發日爲程，一曰受，二曰報。諸州計奏達京師，以事大小多少爲之節。凡符、移、關、牒，必遣於都省乃下。天下大事不決者，皆上尚書省。凡制敕計奏之數、省符宣告之節，以歲終爲斷。

龍朔二年，改尚書省曰中臺，廢尚書令；尚書曰太常伯，侍郎曰少常伯。光宅元年，改尚書省曰文昌臺，俄曰文昌都省。垂拱元年曰都臺，長安三年曰中臺。

左右僕射，各一人，從二品，掌統理六官，爲令之貳，令闕則總省事，劾御史糾不當者。

龍朔二年，改左右僕射曰左右匡政；光宅元年曰文昌左右相；開元元年曰左、右丞相；天寶元年復。

左丞一人，正四品上；右丞一人，正四品下。掌辯六官之儀，糾正省內，劾御史舉不當者。吏部、戶部、禮部，左丞總焉；兵部、刑部、工部，右丞總焉。郎中各一人，從五品上；員外郎各一人，從六品上。掌付諸司之務，舉稽違，署符目，知宿直，爲丞之貳。以都事受事發辰、察稽失、監印、給紙筆；以主事、令史、書令史署覆文案，出符目；以亭長啓閉、傳

禁約；以掌固守當倉庫及陳設。諸司皆如之。

隋尚書省諸司郎及承務郎各一人，而廢左右司。武德三年，改諸司郎爲郎中，承務郎爲員外郎。貞觀元年，復置左右司郎中。龍朔元年，改左右丞曰左右肅機，郎中曰左右承務，諸司郎中曰大夫。永昌元年，復置員外郎。

都事各六人，從七品上；主事各六人，從八品下。吏部考功、禮部主書皆如之。諸司主事，從九品上。

神龍元年省，明年復置。初有驛驢百人，掌乘傳送符，後廢。

有令史各十八人，書令史各三十六人，亭長各六人，掌固各十四人。

吏部

尚書一人，正三品；侍郎二人，正四品上；郎中二人，正五品上；員外郎二人，從六品上。掌文選、勳封、考課之政。以三銓之法官天下之材，以身、言、書、判，德行、才用、勞效較其優劣而定其留放，爲之注擬。五品以上，以名上而聽制授；六品以下，量資而任之。其屬有四：一曰吏部，二曰司封，三曰司勳，四曰考功。

吏部郎中，掌文官階品、朝集、祿賜，給其告身、假使，一人掌選補流外官。員外郎二人，從六品上，一人判南曹。皆爲尚書、侍郎之貳。凡文官九品，有正、有從，自正四品以

下，有上、下，爲三十等。凡文散階二十九：從一品曰開府儀同三司，正二品曰特進，從二品曰光祿大夫，正三品曰金紫光祿大夫，從三品曰銀青光祿大夫，正四品上曰正議大夫，正四品下曰通議大夫，從四品上曰太中大夫，從四品下曰中大夫，正五品上曰中散大夫，正五品下曰朝議大夫，從五品上曰朝請大夫，從五品下曰朝散大夫，正六品上曰朝議郎，正六品下曰承議郎，從六品上曰奉議郎，從六品下曰通直郎，正七品上曰朝請郎，正七品下曰宣德郎，從七品上曰朝散郎，從七品下曰宣義郎，正八品上曰給事郎，正八品下曰徵事郎，從八品上曰承奉郎，從八品下曰承務郎，正九品上曰儒林郎，正九品下曰登仕郎，從九品上曰文林郎，從九品下曰將仕郎。自四品，皆番上於吏部；不上者，歲輸資錢，三品以上六百，六品以下一千，水、旱、蟲、霜減半資。有文藝樂京上者，每州七人；六十不樂簡選者，罷輸。勳官亦如之。以征鎭功得護軍以上者，納資減三之一。凡流外九品，取其書、計、時務，其校試、銓注，與流內略同，謂之小選。

吏部主事四人，司封主事二人，司勳主事四人，考功主事三人。

武德五年改選部曰吏部，七年省侍郎。貞觀二年復置。龍朔元年改吏部曰司列，主爵曰司封，考功曰司績。武后光宅元年改吏部曰天官。垂拱元年改主爵曰司封。天寶十一載改吏部曰文部，至德二載復舊。有吏部令史三十人，書令史六十人；制書令史十四人；甲庫令史十三人，亭長八人，掌固十二人；司封令史四人，書令史

九人，掌固四人；司勳令史三十三人，書令史六十七人，掌固四人；考功令史十五人，書令史三十人，掌固四人。

司封郎中一人，從五品上；員外郎一人，從六品上；諸郎中、員外郎品皆如之。掌封命、朝會、賜予之級。凡爵九等：一曰王，食邑萬戶，正一品；二曰嗣王、郡王，食邑五千戶，從一品；三曰國公，食邑三千戶，從一品；四曰開國郡公，食邑二千戶，正二品；五曰開國縣公，食邑千五百戶，從二品；六曰開國縣侯，食邑千戶，從三品；七曰開國縣伯，食邑七百戶，正四品上；八曰開國縣子，食邑五百戶，正五品上；九曰開國縣男，食邑三百戶，從五品上。皇兄弟、皇子，皆封國爲親王；皇太子子，爲郡王；親王之子，承嫡者爲嗣王，諸子爲郡公，以恩進者封郡王；襲郡王、嗣王者，封國公。皇姑爲大長公主，正一品；姊妹爲長公主〔一〕，女爲公主，皆視一品；皇太子女爲郡主，從一品；親王女爲縣主，從二品〔二〕。凡王、公十五以上，預朝集，宗親女婦、諸王長女月一參。內命婦，一品母爲正四品郡君，二品母爲從四品郡君，三品、四品母爲正五品縣君〔三〕。凡諸王、公主、外戚之家，卜、祝、占、相不入門。王妃、公主、郡縣主嫠居有子者，不再嫁。凡外命婦有六：王、嗣王、郡王之母、妻爲妃，文武官一品、國公之母、妻爲國夫人，三品以上母、妻爲郡夫人，四品母、妻爲郡君，五品母、妻爲縣君，勳官四品有封者母、妻爲鄉君。凡外命婦朝參，視夫、子之品。諸蕃三品以上母、妻授封以制。流外技術官，不封母、妻。親王，孺人二人，視正五品，媵十人，視從六品〔四〕；二品，媵八人，視正七品；國公及三品，媵六人，視從七品；四品，媵四人，視正八品；五品，媵三人，視從八品。凡置媵，上其數，補以告身。散官三品以上，皆置媵。凡封戶，三丁以上爲率，歲租三之一入于朝廷。食實封者，得眞戶，分食諸州。皇后、諸王、公主食邑，皆有課戶。名山、大川、畿內之地，皆不以封。

司勳郎中一人，員外郎二人，掌官吏勳級。凡十有二轉爲上柱國，視正二品；十有一轉爲柱國，視從二品；十轉爲上護軍，視正三品；九轉爲護軍，視從三品；八轉爲上輕車都尉，視正四品；七轉爲輕車都尉，視從四品；六轉爲上騎都尉，視正五品；五轉爲騎都尉，視從五品；四轉爲驍騎尉，視正六品；三轉爲飛騎尉，視從六品；二轉爲雲騎尉，視正七品；一轉爲武騎尉，視從七品。凡以功授者，覆實然後奏擬，戰功則計殺獲之數。堅城苦戰，功第一者，三轉。出少擊多，曰上陣；兵數相當，曰中陣；出多擊少，曰下陣；矢石未交，陷堅突衆，敵因而敗者，曰跳盪。殺獲十之四，曰上獲；十之二，曰中獲；十之一，曰下獲。凡酬功之等：見任、前資、常選，曰上資；文武散官、衞官、勳官五品以上，曰次資；五品以上子孫，上柱國、柱國子，勳官六品以下，曰下資；白丁、衞士，曰無資。跳盪人，上資加二階，次資、下資、無資以次降。凡上陣：上獲五轉，中獲四轉，下獲三轉，第二、第三等遞降焉。中陣之上獲視上陣之中獲，中獲視上陣之下獲，下獲兩轉。下陣之上獲視中陣之

中獲，中獲視中陣之下獲，下獲一轉。破蠻、獠，上陣上獲，比兩番降二轉。凡勳官九百人，無職任者，番上於兵部，視遠近爲十二番，以彊幹者爲番頭，留宿衞者爲番，月上。外州分五番，主城門、倉庫，執刀。上柱國以下番上四年，驍騎尉以下番上五年，簡於兵部，授散官；不第者，五品以上復番上四年，六品以下五年，簡如初；再不中者，十二年則番上六年，八年則番上四年。勳至上柱國有餘，則授周以上親，無者賜物。太常音聲人，得五品以上勳，非征討功不除簿。諸州授勳人，歲第勳之高下，三月一報戶部，有蠲免必驗。

考功郎中、員外郎，各一人，掌文武百官功過、善惡之考法及其行狀。若死而傳於史官、謚于太常，則以其行狀質其當不；其欲銘于碑者，則會百官議其宜述者以聞，報其家。其考法，凡百司之長，歲較其屬功過，差以九等，大合衆而讀之。流內之官，敍以四善：一曰德義有聞，二曰清愼明著，三曰公平可稱，四曰恪勤匪懈。善狀之外有二十七最：一曰獻可替否，拾遺補闕，爲近侍之最；二曰銓衡人物，擢盡才良，爲選司之最；三曰揚清激濁，褒貶必當，爲考校之最；四曰禮制儀式，動合經典，爲禮官之最；五曰音律克諧，不失節奏，爲樂官之最；六曰決斷不滯，與奪合理，爲判事之最；七曰部統有方，警守無失，爲宿衞之最；八曰兵士調習，戎裝充備，爲督領之最；九曰推鞫得情，處斷平允，爲法官之最；十曰讎校精審，明於刊定，爲校正之最；十一曰承旨敷奏，吐納明敏，爲宣納之最；十二曰訓導

有方，生徒充業，爲學官之最；十三曰賞罰嚴明，攻戰必勝，爲軍將之最；十四曰禮義興行，肅清所部，爲政教之最；十五曰詳錄典正，詞理兼舉，爲文史之最；十六曰訪察精審，彈舉必當，爲糾正之最；十七曰明於勘覆，稽失無隱，爲句檢之最；十八曰職事脩理，供承彊濟，爲監掌之最；十九曰功課皆充，丁匠無怨，爲役使之最；二十曰耕耨以時，收穫成課，爲屯官之最；二十一曰謹於蓋藏，明於出納，爲倉庫之最；二十二曰推步盈虛，究理精密，爲曆官之最；二十三曰占候醫卜，效驗多者，爲方術之最；二十四曰檢察有方，行旅無壅，爲關津之最；二十五曰市廛弗擾，姦濫不行，爲市司之最；二十六曰牧養肥碩，蕃息孳多，爲牧官之最；二十七曰邊境清肅，城隍脩理，爲鎭防之最。一最四善爲上上，一最三善爲上中，一最二善爲上下；無最而有二善爲中上，無最而有一善爲中中，職事粗理，善最不聞，爲中下；愛憎任情，處斷乖理，爲下上；背公向私，職務廢闕，爲下中；居官諂詐，貪濁有狀，爲下下。凡定考，皆集於尚書省，唱第然後奏。親王及中書、門下、京官三品以上，都督、刺史、都護、節度、觀察使，則奏功過狀，以覈考行之上下。每歲，尚書省諸司具州牧、刺史、縣令殊功異行，災蝗祥瑞，戶口賦役增減，盜賊多少，皆上於考司。監領之官，以能撫養役使者爲功；有耗亡者，以十分爲率，一分爲一殿。博士、助教，計講授多少爲差。親、勳、翊衞，以行能功過爲三等，親、勳、翊衞備身，東宮親、勳、翊衞備身，王府執仗親事、執

乘親事及親勳翊衞主帥、校尉、直長、品子、雜任、飛騎，皆上、中、下考，有二上第者，加階。番考別爲簿，以侍郎顓掌之。流外官，以行能功過爲四等：清謹勤公爲上，執事無私爲中，不勤其職爲下，貪濁有狀爲下下。凡考，中上以上，每進一等，加祿一季；中中，守本祿；中下以下，每退一等，奪祿一季。中品以下，四考皆中中者，進一階；一中上考，復進一階；一上下考，進二階；計當進而參有下考者，以一中上覆一中下，以一上下覆二中下。上中以上，雖有下考，從上第。有下下考者，解任。凡制敕不便，有執奏者，進其考。貞觀初，歲定京官望高者二人，分校京官、外官考，給事中、中書舍人各一人涖之，號監中外官考使。考功郎中判京官考，員外郎判外官考。其後屢置監考、校考、知考使。故事，考簿朱書，吏緣爲姦；咸通十四年，始以墨。

戶部

尚書一人，正三品；侍郎二人，正四品下。掌天下土地、人民、錢穀之政、貢賦之差。其屬有四：一曰戶部，二曰度支，三曰金部，四曰倉部。

戶部郎中、員外郎，掌戶口、土田、賦役、貢獻、蠲免、優復、姻婚、繼嗣之事，以男女之黃、小、中、丁、老爲之帳籍，以永業、口分、園宅均其土田，以租、庸、調斂其物，以九等定天下之戶，以爲尚書、侍郎之貳。其後以諸行郎官判錢穀，而戶部、度支郎官失其職矣。會昌二年著令，以本行郎官，分判錢穀。

戶部巡官二人，主事四人；度支主事二人；金部主事三人；倉部主事三人。

高宗即位，改民部曰戶部。龍朔二年，改戶部曰司元，度支曰司度，金部曰司珍，倉部曰司庾。光宅元年，改戶部曰地官。天寶十一載，改金部曰司金，倉部曰司儲。有戶部令史十七人，書令史三十四人，計史一人，亭長六人，掌固十人；度支令史十六人，書令史三十三人，計史一人，掌固四人；金部令史十人，書令史二十一人，計史一人，掌固四人；倉部令史十二人，書令史二十三人，計史一人，掌固四人。

度支郎中、員外郎，各一人，掌天下租賦、物產豐約之宜、水陸道涂之利，歲計所出而支調之，以近及遠，與中書門下議定乃奏。

金部郎中、員外郎，各一人，掌天下庫藏出納、權衡度量之數，兩京市、互市、和市、宮市交易之事，百官、軍鎭、蕃客之賜，及給宮人、王妃、官奴婢衣服。

倉部郎中、員外郎，各一人，掌天下庫儲，出納租稅、祿糧、倉廩之事。以木契百，合諸司出給之數，以義倉、常平倉備凶年，平穀價。

禮部

尚書一人，正三品；侍郎一人，正四品下。掌禮儀、祭享、貢舉之政。其屬有四：一曰禮部，二曰祠部，三曰膳部，四曰主客。

禮部郎中、員外郎，掌禮樂、學校、衣冠、符印、表疏、圖書、册命、祥瑞、鋪設，及百官、宮人喪葬贈賻之數，爲尚書、侍郎之貳。五禮之儀：一曰吉禮，二曰賓禮，三曰軍禮，四曰嘉禮，五曰凶禮。凡齊衰心喪以上奪情從職，及周喪未練、大功未葬，皆不預宴；大功以上喪，受册涖官，鼓吹從而不作，戎事則否。凡朝，晚入、失儀，御史錄名奪俸，三奪者奏彈。凡出蕃册授、弔贈者，給衣冠。皇帝巡幸，兩京文武官職事五品以上，月朔以表參起居；近州刺史，遣使一參；留守，月遣使起居；北都，則四時遣使起居。諸司奏大事者，前期三日具狀，長官躬署，對仗伏奏，仗下，中書門下涖讀。河南、太原府父老，每歲上表願駕幸，遣使以聞。駕在都，則京兆府亦如之。凡景雲、慶雲爲大瑞〔五〕，其名物六十有四；白狼、赤兔爲上瑞，其名物三十有八；蒼烏、朱雁爲中瑞，其名物三十有二；嘉禾、芝草、木連理爲下瑞，其名物十四。大瑞，則百官詣闕奉賀；餘瑞，歲終員外郎以聞，有司告廟。凡喪，三品以上稱薨，五品以上稱卒，自六品達于庶人稱死。皇親三等以上喪，舉哀，有司帳具給食；諸蕃首領喪，則主客、鴻臚月奏。

禮部主事二人，祠部主事二人，膳部主事二人，主客主事二人。

武德三年，改侍曹郎曰禮部郎中，司蕃郎曰主客郎中。龍朔二年，改禮部曰司禮，祠部曰司禋，膳部曰司膳〔六〕，光宅元年，改禮部曰春官。有禮部令史五人，書令史十一人，亭長六人，掌固八人；祠部令史六人，書令史十三人，掌固四人；主客令史四人，書令史九人，掌固四人。

祠部郎中、員外郎，各一人，掌祠祀、享祭、天文、漏刻、國忌、廟諱、卜筮、醫藥、僧尼之事。珠玉珍寶供祭者，不求於市。駕部、比部歲會牲之死亡，輸皮於太府。郊祭酒醴、脯醢、黍稷、果實，所司長官封署以供。兩京及磧西諸州火祆〔七〕，歲再祀，而禁民祈祭。凡巡幸，路次名山、大川、聖帝明王名臣墓，州縣以官告祭。二王後享廟，則給牲牢、祭器，而完其帷帟、几案，主客以四時省問。凡國忌廢務日，內教、太常停習樂，兩京文武五品以上及清官七品以上，行香於寺觀。凡名醫子弟試療病，長官涖覆，三年有驗者以名聞。

膳部郎中、員外郎，各一人，掌陵廟之牲豆酒膳。諸司供奉口味，紖鐍其輿乃遣，進胙亦如之。非大禮、大慶不獻食，不進口味。凡羊，至廚而乳者釋之長生。大齋日，尚食進蔬食，釋所殺羊為長生供奉。凡獻食、進口味，不殺犢。尚食有猝須別索，必奏覆，月終而會之。凡尚食進食，以種取而別嘗之。殿中省主膳上食於諸陵，以番上下，四時遣食醫、主食各一人涖之。

主客郎中、員外郎，各一人，掌二王後、諸蕃朝見之事。二王後子孫視正三品，酅公歲

賜絹三百，米粟亦如之，介公減三之一。殊俗入朝者，始至之州給牒，覆其人數，謂之邊牒。蕃州都督、刺史朝集日，視品給以衣冠、袴褶。乘傳者日四驛，乘驛者六驛。供客食料，以四時輸鴻臚，季終句會之。客初至及辭設會，第一等視三品，第二等視四品，第三等視五品，蕃望非高者，視散官而減半，參日設食。路由大海者，給祈羊豕皆一。西南蕃使還者，給入海程糧；西北諸蕃，則給度磧程糧。蕃客請宿衞者，奏狀貌年齒。突厥使置市坊，有貿易，錄奏，為質其輕重，太府丞一人涖之。蕃王首領死，子孫襲初授官，兄弟子降一品，兄弟子代攝者，嫡年十五還以政。使絕域者還，上聞見及風俗之宜、供饋贈贶之數。

兵部

尚書一人，正三品；侍郎二人，正四品下。掌武選、地圖、車馬、甲械之政。其屬有四：一曰兵部，二曰職方，三曰駕部，四曰庫部。凡將出征，告廟，授斧鉞；軍不從令，大將專決，還日，具上其罪。凡發兵，降敕書於尚書，尚書下文符。放十人，發十馬，軍器出十，皆不待敕。衞士番直，發一人以上，必覆奏。諸蕃首領至，則備威儀郊導。凡俘馘，酬以絹，入鈔之俘，歸於司農。

郎中一人判帳及武官階品、衞府衆寡、校考、給告身之事；一人判簿及軍戎調遣之名數，朝集、祿賜、假告之常。員外郎一人掌貢舉、雜請；一人判南曹，歲選解狀，則覈簿書、資歷、考課。皆為尚書、侍郎之貳。武散階四十有五：從一品曰驃騎大將軍；正二品曰輔國大將軍；從二品曰鎮軍大將軍；正三品上曰冠軍大將軍、懷化大將軍；正三品下曰懷化將軍；從三品上曰雲麾將軍、歸德大將軍；從三品下曰歸德將軍；正四品上曰忠武將軍；正四品下曰壯武將軍、懷化中郎將；從四品上曰宣威將軍；從四品下曰明威將軍、歸德中郎將；正五品上曰定遠將軍；正五品下曰寧遠將軍、懷化郎將；從五品上曰游騎將軍；從五品下曰游擊將軍、歸德郎將；正六品上曰昭武校尉；正六品下曰昭武副尉、懷化司階；從六品上曰振威校尉；從六品下曰振威副尉、歸德司階；正七品上曰致果校尉；正七品下曰致果副尉、懷化中候；從七品上曰翊麾校尉；從七品下曰翊麾副尉、歸德中候；正八品上曰宣節校尉；正八品下曰宣節副尉、懷化司戈；從八品上曰禦侮校尉；從八品下曰禦侮副尉、歸德司戈；正九品上曰仁勇校尉；正九品下曰仁勇副尉、懷化執戟長上；從九品上曰陪戎校尉；從九品下曰陪戎副尉、歸德執戟長上。自四品以下，皆番上於兵部，以遠近為八番，三月一上；三千里外者免番，輸資如文散官，唯追集乃上。六品以下，尚書省送符。懷化大將軍、歸德大將軍，配諸衞上下；餘直諸衞為十二番，皆月上。忠武將軍以下、游擊將軍以上，每番，閱彊毅者直諸衞；番滿，有將略者以名聞。

兵部主事四人，職方主事二人，駕部主事二人，庫部主事二人。龍朔二年，改兵部曰司戎，職方曰司城，駕部曰司輿，庫部曰司庫。光宅元年，改兵部曰夏官，天寶十一載曰武部，駕部曰司駕。有兵部令史三十人，書令史六十人，制書令史十三人，甲庫令史十二人，亭長八人，掌固十二人；職方令史四人，書令史九人，掌固四人；駕部令史十人，書令史二十四人，掌固四人；庫部令史七人，書令史十五人，掌固四人。

職方郎中、員外郎，各一人，掌地圖、城隍、鎮戍、烽候、防人道路之遠近及四夷歸化之事。凡圖經，非州縣增廢，五年乃脩，歲與版籍偕上。凡蕃客至，鴻臚訊其國山川、風土，為圖奏之，副上於職方；殊俗入朝者，圖其容狀、衣服以聞。

駕部郎中、員外郎，各一人，掌輿輦、車乘、傳驛、廄牧馬牛雜畜之籍。凡給馬者，一品八匹，二品六匹，三品五匹，四品、五品四匹，六品三匹，七品以下二匹；給傳乘者，一品十馬，二品九馬，三品八馬，四品、五品四馬，六品、七品二馬，八品、九品一馬；三品以上敕召者給四馬，五品三馬，六品以下有差。凡驛馬，給地四頃，蒔以苜蓿。凡三十里有驛，驛有長，舉天下四方之所達，為驛千六百三十九；阻險無水草鎮戍者，視路要隙置官馬。水驛有舟。凡傳驛馬驢，每歲上其死損、肥瘠之數。

庫部郎中、員外郎，各一人，掌戎器、鹵簿儀仗。元日冬至陳設、祠祀、喪葬，辨其名數

而供焉。凡戎器，色別而異處，以衞尉幕士暴涼之。京衞旗畫辟獸、立禽，行幸則給飛走旗。凡諸衞儀仗，以御史涖其庋掌；武庫器仗，則兵部長官涖其脩完。京官五品以上征行者，假甲、纛、旗、幡、矟；諸衞，給弓；千牛，給甲。

刑部

尚書一人，正三品；侍郎一人，正四品下。掌律令、刑法、徒隸、按覆讞禁之政。其屬有四：一曰刑部，二曰都官，三曰比部，四曰司門。

刑部郎中、員外郎，掌律法，按覆大理及天下奏讞，爲尚書、侍郎之貳。凡刑法之書有四：一曰律，二曰令，三曰格，四曰式。凡鞫大獄，以尚書侍郎與御史中丞、大理卿爲三司使。凡國有大赦，集囚徒于闕下以聽。

刑部主事四人，都官主事二人，比部主事四人，司門主事二人。龍朔二年，改刑部曰司刑，都官曰司僕，比部曰司計，司門曰司關。光宅元年，改刑部曰秋官。天寶十一載，改刑部曰司憲，比部曰司計。有刑部令史十九人，書令史三十八人，亭長六人，掌固十人；都官令史九人，書令史十二人，掌固四人；比部令史十四人，書令史二十七人，計史一人，掌固四人；司門令史六人，書令史十三人，掌固四人。

都官郎中、員外郎，各一人，掌俘隸簿錄，給衣糧醫藥，而理其訴免。凡反逆相坐，沒其家配官曹，長役爲官奴婢。一免者，一歲三番役。再免爲雜戶，亦曰官戶，二歲五番役。每番皆一月。三免爲良人。六十以上及廢疾者，爲官戶；七十爲良人。每歲孟春上其籍，自黃口以上印臂，仲冬送於都官，條其生息而按比之。樂工、獸醫、騙馬、調馬、羣頭、栽接之人皆取焉。附貫州縣者，按比如平民，不番上，歲督丁資，爲錢一千五百；丁婢、中男，五輸其一；侍丁、殘疾半輸。凡居作者，差以三等：四歲以上，爲小；十一以上，爲中；二十以上，爲丁。丁奴，三當二役；中奴、丁婢，二當一役；中婢，三當一役。

比部郎中、員外郎，各一人，掌句會內外賦斂、經費、俸祿、公廨、勳賜、贓贖、徒役課程、逋欠之物，及軍資、械器、和糴、屯收所入。京師倉庫，三月一比，諸司、諸使、京都，四時句會於尚書省，以後季句前季；諸州，則歲終總句焉。

司門郎中、員外郎，各一人，掌門關出入之籍及闌遺之物。凡著籍，月一易之。流內，記官爵、姓名；流外，記年齒、貌狀。非遷解不除。凡有召者，降墨敕，勘銅魚、木契然後入。監門校尉巡日送平安。凡奏事，遣官送之，晝題時刻，夜題更籌。命婦諸親朝參者，內侍監校尉涖索。凡輦輿車，不入宮門。闌遺之物，揭於門外，牓以物色，期年沒官。天下關二十六，有上、中、下之差，度者，本司給過所；出塞踰月者，給行牒；獵手所過，給長籍，三月一易。蕃客往來，閱其裝重，入一關者，餘關不譏。

工部

尚書一人，正三品；侍郎一人，正四品下。掌山澤、屯田、工匠、諸司公廨紙筆墨之事。其屬有四：一曰工部，二曰屯田，三曰虞部，四曰水部。

工部郎中、員外郎，各一人，掌城池土木之工役程式，爲尚書、侍郎之貳。凡京都營繕，皆下少府、將作共其用，役千功者先奏。凡工匠，以州縣爲團，五人爲火，五火置長一人。四月至七月爲長功，二月、三月、八月、九月爲中功，十月至正月爲短功。雇者，日爲絹三尺，內中尚巧匠，無作則納資。凡津梁道路，治以九月。

工部主事三人，屯田主事二人，虞部主事二人，水部主事二人。武德三年，改起部曰工部，龍朔二年，曰司平，屯田曰司田，虞部曰司虞，水部曰司川。光宅元年，改工部曰冬官。天寶十一載，改虞部曰司虞，水部曰司水。工部有令史十二人，書令史二十一人，計史一人，亭長六人，掌固八人；屯田令史七人，書令史十二人，計史一人，掌固四人；虞部令史四人，書令史九人，掌固四人；水部令史四人，書令史九人，掌固四人。

屯田郎中、員外郎，各一人，掌天下屯田及京文武職田、諸司公廨田，以品給焉。

虞部郎中、員外郎，各一人，掌京都衢衖、苑囿、山澤草木及百官蕃客時蔬薪炭供頓、畋獵之事。每歲春，以戶小兒、戶婢仗內蒔種溉灌，冬則謹其蒙覆。凡郊祠神壇、五岳名山，樵採、芻牧皆有禁，距壝三十步外得耕種，春夏不伐木。京兆、河南府三百里內，正月、五月、九月禁弋獵。山澤有寶可供用者，以聞。

水部郎中、員外郎，各一人，掌津濟、船艫、渠梁、堤堰、溝洫、漁捕、運漕、碾磑之事。凡坑陷、井穴皆有標。京畿有渠長、斗門長。諸州堤堰，刺史、縣令以時檢行，而涖其決築。有埭，則以下戶分牽，禁爭利者。

校勘記

〔一〕姊妹爲長公主　各本原脫「妹」字，據唐六典卷二及舊書卷四三職官志補。

〔二〕親王女爲縣主從二品　唐六典卷二及舊書卷四三職官志「從二品」作「視正二品」。

〔三〕內命婦……三品四品母爲正五品縣君　唐六典卷二及舊書卷四三職官志「縣君」均作「郡君」。

〔四〕親王……媵十人視從六品　唐六典卷二及舊書卷四三職官志作「親王……媵十人，視正六品；嗣王、郡王及一品，媵十人，視從六品」。

〔五〕凡景雲慶雲爲大瑞　「景雲」，唐六典卷四「大瑞」注作「景星」。

〔六〕龍朔二年改禮部曰司禮祠部曰司禋膳部曰司膳　按唐六典卷四、舊書卷四三職官志及唐會要卷五九，龍朔二年並改主客郎中曰司蕃大夫，考異卷四四謂此下脫「主客曰司蕃」五字。

〔七〕兩京及磧西諸州火祆　「祆」，各本原作「祅」。按唐書釋音卷五作「祆」，呼煙切。說文云：「祆，胡神也，從示，天聲。」據改。

唐書卷四十七

志第三十七

百官二

門下省

侍中二人，正二品。掌出納帝命，相禮儀。凡國家之務，與中書令參總，而顓判省事。下之通上，其制有六：一曰奏鈔，以支度國用、授六品以下官、斷流以下罪及除免官用之；二曰奏彈；三曰露布；四曰議；五曰表；六曰狀。自露布以上乃審；其餘覆奏，畫制可而授尚書省。行幸，則負寶以從，版奏中嚴、外辦；還宮，則請降輅、解嚴。皇帝齋，則請就齋室；將奠，則奉玉、幣；盥，則奉匜、取盤，酌罍水，贊洗；酌泛齊，受虛爵，進福酒，皆左右其儀。饗宗廟，進瓚而贊酌鬱酒；既祼，贊酌醴齊。籍田，則奉耒。四夷朝見，則承詔勞問。臨軒命使冊皇后、皇太子，則承詔降宣命。慰問，聘召，則涖封題。發驛遣使，則給魚符。

凡官爵廢置、刑政損益，授之史官；既書，復涖其記注。職事官六品以下進擬，則審其稱否而進退之。

武德元年改侍內曰納言，三年曰侍中。龍朔二年改門下省曰東臺，侍中曰左相，武后光宅元年曰納言，垂拱元年改門下省曰鸞臺。開元元年曰黃門省，侍中曰監，天寶元年曰左相。

門下侍郎二人，正三品。掌貳侍中之職。大祭祀則從；盥則奉巾，既帨，奠巾；奉匏爵贊獻。元日、冬至，奏天下祥瑞。侍中闕，則涖封符券、給傳驛。

龍朔二年改黃門侍郎曰東臺侍郎，武后垂拱元年曰鸞臺侍郎，天寶元年曰門下侍郎，乾元元年曰黃門侍郎，大曆二年復舊。

左散騎常侍二人，正三品下。掌規諷過失，侍從顧問。

隋廢散騎常侍。貞觀元年復置，十七年爲職事官。顯慶二年，分左右，隸門下、中書省，皆金蟬、珥貂，左散騎與侍中爲左貂，右散騎與中書令爲右貂，謂之八貂。龍朔二年曰侍極。

左諫議大夫四人，正四品下。掌諫諭得失，侍從贊相。武后垂拱二年，有魚保宗者，上書請置匭以受四方之書，乃鑄銅匭四，塗以方色，列于朝堂：青匭曰「延恩」，在東，告養人勸農之事者投之；丹匭曰「招諫」，在南，論時政得失者投之；白匭曰「申冤」，在西，陳抑屈者投之；黑匭曰「通玄」，在北，告天文、祕謀者投之。以諫議大夫、補闕、拾遺一人充使，知匭事；御史中丞、侍御史一人，爲理匭使。其後，同爲一匭。天寶九載，玄宗以「匭」聲近「鬼」，改理匭使爲獻納使，至德元年復舊。寶應元年，命中書門下擇正直淸白官一人知匭，以給事中、中書舍人爲理匭使，諫議大夫一人爲知匭使；投匭者，使先驗副本。開成三年，知匭使李中敏以爲非所以廣聰明而慮幽枉也，乃奏罷驗副封。

武德元年曰諫議大夫，龍朔二年曰正諫大夫，貞元四年分左右。

給事中四人，正五品上。掌侍左右，分判省事，察弘文館繕寫讎校之課。凡百司奏抄，侍中既審，則駮正違失。詔敕不便者，塗竄而奏還，謂之「塗歸」。季終，奏駮正之目。凡大事，覆奏；小事，署而頒之。三司詳決失中，則裁其輕重。發驛遣使，則與侍郎審其事宜。六品以下奏擬，則校功狀殿最、行藝，非其人，則白侍中而更焉。與御史、中書舍人聽天下冤滯而申理之。

門下省有錄事四人，從七品上；主事四人，從八品下。

有令史二十二人，書令史四十三人，甲庫令史十三人，能書一人，傳制二人，亭長六人，掌固十四人，脩補制敕匠五人，裝潢一人。起居郎領令史三人，贊者六人〔一〕。武德三年，改給事郎曰給事中。

左補闕六人，從七品上；左拾遺六人，從八品上。掌供奉諷諫，大事廷議，小則上封事。

武后垂拱元年，置補闕、拾遺，左右各二員。

起居郎二人，從六品上。掌錄天子起居法度。天子御正殿，則郎居左，舍人居右。有命，俯陛以聽，退而書之，季終以授史官。貞觀初，以給事中、諫議大夫兼知起居注，或知起居事。每仗下，議政事，起居郎一人執筆記錄于前，史官隨之。其後，復置起居舍人，分侍左右，秉筆隨宰相入殿；若仗在紫宸內閤，則夾香案分立殿下，直第二螭首，和墨濡筆，皆即坳處，時號螭頭。高宗臨朝不決事，有司所奏，唯辭見而已。許敬宗、李義府爲相，奏請多畏人之知也，命起居郎、舍人對仗承旨，仗下，與百官皆出，不復聞機務矣。長壽中，宰相姚璹建議：仗下後，宰相一人，錄軍國政要，爲時政紀，月送史館。然率推美讓善，事非其實，未幾亦罷。而起居郎猶因制敕，稍稍筆削，以廣國史之闕。起居舍人本記言之職，唯編詔書，不及它事。開元初，復詔脩史官非供奉者，皆隨仗而入，位於起居郎、舍人之次。及李林甫專權，又廢。大和九年，詔入閤日，起居郎、舍人具紙筆立螭頭下，復貞觀故事。

有令史三人，贊者六人。貞觀三年置起居郎，廢舍人。龍朔二年曰左史，天授元年亦如之。

典儀二人，從九品下。掌贊唱及殿中版位之次，侍中版奏中嚴、外辦，亦贊焉。

隋謁者臺有典儀，武德五年復置，隸門下省。

城門郎四人，從六品上。掌京城、皇城、宮殿諸門開闔之節，奉管鑰而出納之。開則先外後內，闔則先內後外；啓閉有時，不以時則詣閤覆奏。

有令史二人，書令史二人。武德五年，置門僕八百人，番上送管鑰。

符寶郎四人，從六品上。掌天子八寶及國之符節。有事則請於內，既事則奉而藏之。大朝會，則奉寶進于御座；行幸，則奉以從焉。大事出符，則藏其左而班其右，以合中外之契，兼以敕書；小事則降符函封，使合而行之。凡命將、遣使，皆請旌、節，旌以顓賞，節以顓殺。

有令史二人，書令史三人，主寶二人，主符四人，主節四人。武后延載元年，改符璽郎曰符寶郎；開元元年，亦曰符寶郎。

弘文館　學士，掌詳正圖籍，教授生徒；朝廷制度沿革、禮儀輕重，皆參議焉。

武德四年，置修文館于門下省；九年，改曰弘文館。貞觀元年，詔京官職事五品已上子嗜書者二十四人，隸館習書，出禁中書法以授之。其後又置講經博士。儀鳳中，置詳正學士，校理圖籍。武德後，五品以上曰學士，六品已下曰直學士，又有文學直館，皆它官領之。武后垂拱後，以宰相兼領館務，號館主；給事中一人判館事。神龍元年，改弘文館曰昭文館，以避孝敬皇帝之名；二年曰脩文館。景龍二年，置大學士四人，以象四時；學士八人，以象八節；直學士十二人，以象十二時。景雲中，減其員數，復爲昭文館。開元七年曰弘文館，置校書郎，又有校

理、讎校錯誤等官。長慶三年，與詳正學士、講經博士皆罷，額以五品以上曰學士，六品以下曰直學士，未登朝爲直館。

校書郎二人，從九品上。掌校理典籍，刊正錯謬。凡學生教授、考試，如國子之制。

有學生三十八人，令史二人，楷書十二人，供進筆二人，典書二人，搨書手三人，筆匠三人，熟紙裝潢匠八人，亭長二人，掌固四人。

中書省

中書令二人，正二品。掌佐天子執大政，而總判省事。凡王言之制有七：一曰册書，立皇后、皇太子，封諸王，臨軒册命則用之；二曰制書，大賞罰、赦宥慮囚、大除授則用之；三曰慰勞制書，褒勉贊勞則用之；四曰發敕，廢置州縣、增減官吏、發兵、除免官爵、授六品以上官則用之；五曰敕旨，百官奏請施行則用之；六曰論事敕書，戒約臣下則用之；七曰敕牒，隨事承制，不易於舊則用之。皆宣署申覆，然後行焉。大祭祀，則相禮；親征纂嚴，則戒飭百官；臨軒册命，則讀册；若命於朝，則宣授而已；册太子，則授璽綬。凡制詔文章獻納，以授記事之官。

武德三年，改內書省曰中書省，內書令曰中書令。龍朔元年，改中書省曰西臺，中書令曰右相。光宅元年，改中書省曰鳳閣，中書令曰內史。開元元年，改中書省曰紫微省，中書令曰紫微令。天寶元年曰右相，至大曆五年，紫微侍郎乃復爲中書侍郎。

侍郎二人，正三品。掌貳令之職，朝廷大政參議焉。臨軒册命，爲使，則持册書授之。四夷來朝，則受其表疏而奏之；獻贄幣，則受以付有司。

舍人六人，正五品上。掌侍進奏，參議表章。凡詔旨制敕、璽書册命，皆起草進畫；既下，則署行。其禁有四：一曰漏洩，二曰稽緩，三曰違失，四曰忘誤。制敕既行，有誤則奏改之。大朝會，諸方起居，則受其表狀；大捷、祥瑞，百寮表賀亦如之。册命大臣，則使持節讀册命；將帥有功及大賓客，則勞問。與給事中及御史三司鞫冤滯。百司奏議考課，皆預裁焉。以久次者一人爲閣老，判本省雜事；又一人知制誥，顓進畫，給食于政事堂；其餘分署制敕。以六員分押尚書六曹，佐宰相判案，同署乃奏，唯樞密遷授不預。姚崇爲紫微令，奏：大事，舍人爲商量狀，與本狀皆下紫微令，判二狀之是否，然後乃奏。開元初，以它官掌詔敕策命，謂之「兼知制誥」。肅宗即位，又以它官知中書舍人事。兵興，急於權便，政去臺閣，決遺顓出宰相，自是舍人不復押六曹之奏。會昌末，宰相李德裕建議：臺閣常務、州縣奏請，復以舍人平處可否。先是，知制誥率用前行正郎，宣宗時，選尚書郎爲之。

主書四人，從七品上。主事四人，從八品下。

有令史二十五人，書令史五十人，能書四人，蕃書譯語十人，乘驛二十人，傳制十人，亭長十八人，掌固二十四人，裝制敕匠一人，脩補制敕匠五十人，掌函、掌案各二十人。

右散騎常侍二人，右諫議大夫四人，右補闕六人，右拾遺六人，掌如門下省。

起居舍人二人，從六品上。掌脩記言之史，錄制誥德音，如記事之制，季終以授國史。

有楷書手四人，典二人。

通事舍人十六人，從六品上。掌朝見引納、殿庭通奏。凡近臣入侍、文武就列，則導其進退，而贊其拜起、出入之節。蠻夷納貢，皆受而進之。軍出，則受命勞遣；既行，則每月存問將士之家，視其疾苦；凱還，則郊迓。

有令史十人，典謁十人，亭長十八人，掌固二十四人。武德四年，廢謁者臺，改通事謁者曰通事舍人。

集賢殿書院　學士、直學士、侍讀學士、脩撰官，掌刊緝經籍。凡圖書遺逸、賢才隱滯，則承旨以求之。謀慮可施於時，著述可行於世者，考其學術以聞。凡承旨撰集文章、校理經籍，月終則進課於內，歲終則考最於外。

開元五年，乾元殿寫四部書，置乾元院使，有刊正官四人，以一人判事；押院中使一人，掌出入宣奏，領中官監守院門；知書官八人，分掌四庫書。六年，乾元院更號麗正脩書院，置使及檢校官，改脩書官爲麗正殿直學士。八年，加文學直，又加脩撰、校理、刊正、校勘官。十一年，置麗正院脩書學士；光順門外，亦置書院。十二年，東都明福門外亦置麗正書院。十三年，改麗正脩書院爲集賢殿書院，五品以上爲學士，六品以下爲直學士，宰相一人爲學士知院事，常侍一人爲副知院事，又置判院一人、押院中使一人。玄宗嘗選耆儒，日一人侍讀，以質史籍疑義，至是，置集賢院侍講學士、侍讀直學士。其後，又增脩撰官、校理官、待制官、留院官、知檢討官、文學直之員；募能書者爲書直及寫御書人，其後亦以前資、常選、三衞、散官五品以上子孫爲之；又置畫直。至十九年，以書直、畫直、搨書有官者爲直院。至德二年，置大學士。貞元初，置編錄官；四年，罷大學士；八年，罷校理，置校書四人、正字二人。元和二年，復置集賢校理，罷校書、正字；四年，集賢御書院學士、直學士皆用五品，如開元故事，以學士一人年高者判院事，非登朝官者爲校理，餘皆罷。初，太宗即位，命京官五品以上，更宿中書、門下兩省，以備訪問。永徽中，命弘文館學士一人，日待制于武德殿西門。文明元年，詔京官五品以上清官，日一人待制于章善、明福門。先天末，又命朝集使六品以上二人，隨仗待制。永泰時，勳臣罷節制，無職事，皆待制于集賢門，凡十三人。崔祐甫爲相，建議文官一品以上更直待制。其後著令，正衙待制官日二人。

校書四人，正九品下。正字二人，從九品上。

有中使一人，孔目官一人，專知御書檢討八人，知書官八人，書直、寫御書手九十人，畫直六人，裝書直十四人，造筆直四人，搨書六人，典四人。

史館　脩撰四人，掌脩國史。

貞觀三年，置史館於門下省，以他官兼領，或卑位有才者亦以直館稱，以宰相涖脩撰；又於中書省置祕書內省，脩五代史。開元二十年，李林甫以宰相監脩國史，建議以爲中書切密之地，史官記事隸門下省，疏遠。於是諫議大夫、史館脩撰尹愔奏徙于中書省。天寶後，他官兼史職者曰史館脩撰，初入爲直館。元和六年，宰相裴垍建議：登朝官領史職者爲脩撰，以官高一人判館事；未登朝官皆爲直館。大中八年，廢史館直館二員，增脩撰四人，分掌四季。有令史二人，楷書十二人，寫國史楷書十八人，楷書手二十五人，典書二人，亭長二人，掌固四人，熟紙匠六人。

祕書省

監一人，從三品；少監二人，從四品上；丞一人，從五品上。監掌經籍圖書之事，領著作局，少監爲之貳。

武德四年，改少令曰少監。龍朔二年，改祕書省曰蘭臺，監曰太史，少監曰侍郎，丞曰大夫，祕書郎曰蘭臺郎。武后垂拱元年，祕書省曰麟臺；太極元年曰祕書省。有典書四人，楷書十人，令史四人，書令史九人，亭長六人，掌固八人，熟紙匠十人，裝潢匠十人，筆匠六人。

祕書郎三人，從六品上。掌四部圖籍。以甲乙丙丁爲部，皆有三本，一曰正，二曰副，三曰貯。凡課寫功程，皆分判。

校書郎十人，正九品上；正字四人，正九品下。掌讎校典籍，刊正文章。

著作局　郎二人，從五品上；著作佐郎二人，從六品上；校書郎二人，正九品上；正字二人，正九品下。著作郎掌撰碑誌、祝文、祭文，與佐郎分判局事。

武德四年，改著作曹曰局。龍朔二年，曰司文局；郎曰郎中，佐郎曰司文郎。有楷書五人，書令史一人，書吏二人，掌固四人。

司天臺　監一人，正三品；少監二人，正四品上；丞一人，正六品上；主簿二人，正七品上；主事一人，正八品下。監掌察天文，稽曆數。凡日月星辰、風雲氣色之異，率其屬而占。有通玄院，以藝學召至京師者居之。凡天文圖書、器物，非其任不得與焉。每季錄祥眚送門下、中書省，紀于起居注，歲終上送史館。歲頒曆于天下。

武德四年，改太史監曰太史局，隸祕書省；七年，廢監候。龍朔二年，改太史局曰祕書閣局，令曰祕書閣郎中。武后光宅元年，改太史局曰渾天監，不隸麟臺；俄改曰渾儀監，置副監及丞、主簿，改司辰師曰司辰。長安二

年，渾儀監復曰太史局，廢副監及丞，隸麟臺如故，改天文博士曰靈臺郎，曆博士曰保章正。景龍二年，改太史局曰太史監，不隸祕書省，復置丞。景雲元年，又爲局，隸祕書省，踰月爲監，歲中復爲局；二年，改曰渾儀監。開元二年，復曰太史監，改令爲監，置少監。十四年，太史監復爲局，以監爲令，而廢少監。天寶元年，太史局復爲監，自是不隸祕書省。乾元元年，曰司天臺。藝術人韓潁、劉烜建議改令爲監，置通玄院及主簿，置五官監候及五官禮生十五人，掌布諸壇神位，五官楷書手五人，掌寫御書。有令史五人，天文觀生九十人，天文生五十人，曆生五十五人。初，有天文博士二人，正八品下；曆博士一人，從八品上；司辰師五人，正九品下；裝書曆生〔三〕。掌候天文，掌教習天文氣色，掌寫御曆，後皆省。

春官、夏官、秋官、多官、中官正，各一人，正五品上；副正各一人，正六品上。掌司四時，各司其方之變異。冠加一星珠，以應五緯；衣從其方色。元日、多至、朔望朝會及大禮，各奏方事，而服以朝見。乾元三年，置五官正及副正。

五官保章正二人，從七品上；五官監候三人，正八品下；五官司曆二人，從八品上。掌曆法及測景分至表準。

五官靈臺郎各一人，正七品下。掌候天文之變。五官挈壺正二人，正八品上；五官司辰八人，正九品上；漏刻博士六人，從九品下。掌知漏刻。凡孔壺爲漏，浮箭爲刻，以考中星昏明，更以擊鼓爲節，點以擊鐘爲節。

武后長安二年，置挈壺正。乾元元年，與靈臺郎、保章正、司曆、司辰，皆加五官之名。有漏刻生四十人，典鐘、典鼓三百五十人。初，有刻漏視品、刻漏典事，掌知刻漏，檢校刻漏，後皆省。

殿中省

監一人，從三品；少監二人，從四品上；丞二人，從五品上。監掌天子服御之事。其屬有六局，曰尚食、尚藥、尚衣、尚乘、尚舍、尚輦。少監爲之貳。凡聽朝，率屬執繖扇列于左右；大朝會、祭祀，則進爵；行幸，則侍奉仗內、驂乘，百司皆納印而藏之，大事聽焉，有行從百司之印。

左右仗廏，左曰奔星，右曰內駒。兩仗內又有六廏：一曰左飛，二曰右飛，三曰左萬，四曰右萬，五曰東南內，六曰西南內。園苑有官馬坊，每歲河隴羣牧進其良者以供御。六閑馬，以殿中監及尚乘主之。武后萬歲通天元年，置仗內六閑：一曰飛龍，二曰祥麟，三曰鳳苑，四曰鵷鸞，五曰吉良，六曰六羣，亦號六廏。以殿中丞檢校仗內閑廏，以中官爲內飛龍使。聖曆中，置閑廏使，以殿中監承恩遇者爲之，分領殿中、太僕之事，而專掌輿輦牛馬。自是，宴游供奉，殿中監皆不豫。開元初，閑廏馬至萬餘匹，駱駝、巨象皆養焉。以駝、馬隸

閑廏，而尚乘局名存而已。閑廏使押五坊，以供時狩：一曰鵰坊，二曰鶻坊，三曰鷂坊，四曰鷹坊，五曰狗坊。侍御尚醫二人，正六品上；主事二人，從九品上。

武德元年，改殿內省曰殿中省〔三〕。龍朔二年，曰中御府，監曰大監，丞曰大夫。有令史四人，書令史十二人，左右仗、千牛各十人，掌固、亭長各八人。舊有天藏府，開元二十三年省。

進馬五人，正七品上。掌大陳設，戎服執鞭，居立仗馬之左，視馬進退。

天寶八載，罷南衙立仗馬，因省進馬；十二載復置，乾元後又省，大曆十四年復。

尚食局　奉御二人，正五品下；直長五人，正七品上。諸奉御、直長，品皆如之。食醫八人，正九品下。奉御掌儲供，直長爲之貳。進御必辨時禁，先嘗之；饗百官賓客，則與光祿視品秩而供；凡諸陵月享，視膳乃獻。

龍朔二年，改尚食局曰奉膳局，諸局奉御皆曰大夫。有書令史二人，書吏五人，主食十六人，主膳八百四十人，掌固八人。

尚藥局　奉御二人，直長二人。掌和御藥、診視。凡藥供御，中書、門下長官及諸衞上將軍各一人，與監、奉御涖之。藥成，醫佐以上先嘗，疏本方，具歲月日，涖者署奏；餌日，

奉御先嘗，殿中監次之，皇太子又次之，然後進御。太常每季閱送上藥，而還其朽腐者。左右羽林軍，給藥；飛騎、萬騎病者，頒焉。

龍朔二年，改尚藥局曰奉醫局。有按摩師四人，呪禁師四人，書令史二人，書吏四人，直官十人，主藥十二人，藥童三十人，合口脂匠二人，掌固四人。

侍御醫四人，從六品上。掌供奉診候。

司醫五人，正八品下；醫佐十人，正九品下。掌分療衆疾。

皆貞觀中置。

尚衣局　奉御二人，直長四人，掌供冕服、几案。祭祀，則奉鎮圭於監，而進于天子；大朝會，設案。

龍朔二年，改尚衣局曰奉冕局。有書令史三人，書吏四人，主衣十六人，掌固四人。

尚舍局　奉御二人，直長六人，掌殿庭祭祀張設、湯沐、燈燭、汛掃。行幸，則設三部帳幕，有古帳、大帳、次帳、小次帳、小帳凡五等，各三部；其外，則蔽以排城。大朝會，設黼扆，施蹟席，薰鑪。朔望，設幄而已。

龍朔二年，改尚舍局曰奉扆局。有書令史三人，書吏七人，掌固十人，幕士八十人。舊有給使百二十人，掌供御湯沐、燈燭、雜使，貞觀中省。

尚乘局　奉御二人，直長十人，掌內外閑廄之馬。左右六閑：一曰飛黃，二曰吉良，三曰龍媒，四曰騊駼，五曰駃騠，六曰天苑。凡外牧歲進良馬，印以三花、「飛」「鳳」之字。飛龍廄日以八馬列宮門之外，號南衙立仗馬，仗下，乃退。大陳設，則居樂縣之北，與象相次。

龍朔二年，改尚乘局曰奉駕局。有書令史六人，書吏十四人，直官二十人，習馭五百人，掌閑五千人，典事五人，獸醫七十人，掌固四人。習馭，掌調六閑之馬；掌閑，掌飼六閑之馬，治其乘具鞍轡；典事，掌六閑芻粟。太宗置司廩，司庫；高宗置習馭、獸醫。

司廩、司庫各一人，正九品下。掌六閑藁秸出納。奉乘十八人，正九品下。掌飼習御馬。

尚輦局　奉御二人；直長三人；尚輦二人，正九品下。掌輿輦、繖扇，大朝會則陳于庭，大祭祀則陳于廟，皆繖二、翰一、扇一百五十有六，既事而藏之。常朝則去扇，左右留者三。

龍朔二年，改尚輦局曰奉輿局。有書令史二人，書吏四人，七輦主輦各六人，掌扇六十人，掌翰三十人，掌輦四十二人[四]，奉輿十五人，掌固六人。掌扇，掌翰，掌執繖扇、紙筆硯雜供奉之事；掌輦，掌率主輦以供其事。高宗置掌翰。

內侍省

監二人，從三品；少監二人，內侍四人，皆從四品上。監掌內侍奉，宣制令。其屬六局，曰掖庭、宮闈、奚官、內僕、內府、內坊。少監、內侍爲之貳。皇后親蠶，則升壇執儀；大駕出入，爲夾引。

武德四年，改長秋監曰內侍監，內承奉曰內常侍，內承直曰內給事。龍朔二年，改監爲省。武后垂拱元年，曰司宮臺。天寶十三載，置內侍監，改內侍曰少監；尋更置內侍。有高品一千六百九十六人，品官白身二千九百三十二人，令史八人，書令史十六人。

內常侍六人，正五品下，通判省事。

內給事十人，從五品下。掌承旨勞問，分判省事。凡元日、冬至，百官賀皇后，則出入宣傳；宮人衣服費用，則具品秩，計其多少，春秋宣送于中書。主事二人，從九品下。

內謁者監十人，正六品下。掌儀法、宣奏、承敕令及外命婦名帳。凡諸親命婦朝會者，籍其數上內侍省；命婦下車，則導至朝堂奏聞。

唐廢內謁者局，置內典引十八人，掌諸親命婦朝參，出入導引。有內亭長六人，掌固八人。

內謁者十二人，從八品下。掌諸親命婦朝集班位，分涖諸門。

內寺伯六人，正七品下。掌糾察宮內不法，歲儺則涖出入。

寺人六人，從七品下。掌皇后出入執御刀宂從。

掖庭局　令二人，從七品下；丞三人，從八品下。掌宮人簿帳、女工。凡宮人名籍，司其除附；公桑養蠶，會其課業；供奉物皆取焉。婦人以罪配沒，工縫巧者隸之，無技能者隸司農。諸司營作須女功者，取於戶婢。

有書令史四人，書吏八人，計史二人，典事十人，掌固四人。計史掌料功程。

宮教博士二人，從九品下。掌教習宮人書、算、衆藝。

初，內文學館隸中書省，以儒學者一人爲學士，掌教宮人。武后如意元年，改曰習藝館，又改曰萬林內教坊，尋復舊。有內教博士十八人，經學五人，史、子、集綴文三人，楷書二人，莊老、太一、篆書、律令、吟詠、飛白書、算、碁各一人。開元末，館廢，以內教博士以下隸內侍省，中官爲之。

監作四人，從九品下。掌監涖雜作，典工役。

宮闈局　令二人，從七品下；丞二人，從八品下。掌侍宮闈，出入管龠。凡享太廟，皇后神主出入，則帥其屬輿之。總小給使學生之籍，給以糧稟。

有書令史三人，書吏六人，內閽史二十人，內掌扇十六人，內給使無常員，小給使學生五十人，掌固四人。凡無官品者，號曰內給使，掌諸門進物之曆；內閽史，掌承傳諸門，出納管鑰；內掌扇，掌中宮繖扇。

奚官局　令二人，正八品下；丞二人，正九品下。掌奚隸、工役、宮官之品。宮人病，則供醫藥；死，給衣服，各視其品。陪陵而葬者，將作給匠戶，衞士營冢，三品葬給百人，四品八十人，五品六十人，六品、七品十人，八品、九品七人；無品者，斂以松棺五釘，葬以犢車，給三人。皆監門校尉、直長涖之。內命婦五品以上無親戚者，以近冢同姓中男一人主祭于墓；無同姓者，春、秋祠以少牢。

有書令史三人，書吏六人，典事、藥童、掌固各四人。

內僕局　令二人，正八品下；丞二人，正九品下。掌中宮車乘。皇后出，則令居左、丞居右，夾引。

有書令史二人，書吏四人，駕士百四十人，典事八人，掌固八人。駕士掌習御車輿、雜畜。

內府局　令二人，正八品下；丞二人，正九品下。掌中藏寶貨給納之數，及供燈燭、湯沐、張設。凡朝會，五品已上及有功將士、蕃酋辭還，皆賜於庭。

有書令史二人，書吏、典史、掌固各四人，典事六人。

太子內坊局　令二人，從五品下；丞二人，從七品下。掌東宮閤內及宮人糧稟。坊事五人，從八品下。

初，內坊隸東宮。開元二十七年，隸內侍省，爲局，改典內曰令，置丞。坊事及導客舍人六人，掌序導賓客；閣帥六人，掌帥閤人、內給使以供其事；內閤人八人，掌承諸門出入管鑰，內繖扇、燈燭；內廄尉二人，掌車乘。有錄事一人，令史三人，書令史五人，典事二人，駕士三十人，亭長、掌固各一人。

典直四人，正九品下。掌宮內儀式導引，通傳勞問，糾劾非違，察出納。

內官

貴妃、惠妃、麗妃、華妃，各一人，正一品。掌佐皇后論婦禮於內，無所不統。

唐因隋制，有貴妃、淑妃、德妃、賢妃，各一人，爲夫人，正一品；昭儀、昭容、昭媛、脩儀、脩容、脩媛、充儀、充容、充媛，各一人，爲九嬪，正二品；婕妤九人，正三品；美人四人，正四品；才人五人，正五品；寶林二十七人，正六品；御女二十七人，正七品；采女二十七人，正八品。六尚亦曰諸尚書，正三品；二十四司亦曰諸司事，正四品；二十四典亦曰諸典事，正六品；二十四掌亦曰諸掌事。龍朔二年，置贊德二人，正一品；宣儀四人，正二品；承閨五人，正四品；承旨五人，正五品；衞仙六人，正六品；供奉八人，正七品；侍櫛二十人，正八品；侍巾三十人，正九品。咸亨復舊。開元中，玄宗以后妃四星，一爲后，有后而復置四妃，非典法，乃置惠妃、麗妃、華妃，以代三夫人；又置六儀、美人、才人，增尚宮、尚儀、尚服三局。諸司諸典，自六品至九品而止。其後復置貴妃。

淑儀、德儀、賢儀、順儀、婉儀、芳儀，各一人，正二品。掌教九御四德，率其屬以贊后禮。

美人四人，正三品。掌率女官脩祭祀、賓客之事。才人七人，正四品。掌敍燕寢，理絲枲，以獻歲功。

宮官

尚宮局　尚宮二人，正五品。六尚皆如之。掌導引中宮，總司記、司言、司簿、司闈。凡六尚事物出納文籍，皆涖其印署。

有女史六人，掌執文書。

司記二人，正六品；二十四司皆如之。掌宮內文簿入出，錄爲抄目，審付行焉。牒狀無違，然後加印。典記佐之。典記二人，正七品；二十四典皆如之。掌記二人，正八品；二十四掌皆如之。

有女史四人。

司言、典言、掌言，各二人，掌承敕宣付，別鈔以授司闈傳外。掌言二人，掌宣傳，外司附奏受事者，奏聞；承敕處分，則錄所奏爲案記。

有女史四人。

司簿、典簿、掌簿，各二人，掌女史以上名簿。稟賜，則品別條錄爲等。

有女史六人。

司闈六人，掌諸閤管鑰。典闈、掌闈，各六人，掌分涖啓閉。

有女史四人。

尚儀局　尚儀二人，掌禮儀起居。總司籍、司樂、司賓、司贊。

司籍、典籍、掌籍，各二人，掌供御經籍。分四部，部別爲目，以時暴涼。教學則簿記課業，供奉几案、紙筆，皆預備焉。

有女史十人。

司樂、典樂、掌樂，各四人，掌宮縣及諸樂陳布之儀，涖其閱習。

有女史二人。

司賓、典賓、掌賓，各二人，掌賓客朝見，受名以聞。宴會，則具品數以授尚食；有賜物，與尚功涖給。

有女史二人。

司贊、典贊、掌贊，各二人，掌賓客朝見、宴食，贊相導引。會日，引客立于殿庭，司言宣勅坐，然後引卽席。酒至，起再拜；食至，亦起。皆相其儀。

彤史二人，正六品。

有女史二人。

尚服局　尚服二人，掌供服用采章之數，總司寶、司衣、司飾、司仗。

司寶二人，掌神寶、受命寶、六寶及符契，皆識其行用，記以文簿。典寶、掌寶，各二人，凡出付皆旬別案記，還則朱書注入。

有女史四人。

司衣、典衣、掌衣，各二人，掌宮內御服、首飾整比，以時進奉。

有女史四人。

司飾、典飾、掌飾，各二人，掌湯沐、巾櫛。凡供進，識其寒溫之節。

有女史二人。

司仗、典仗、掌仗，各二人，掌仗衞之器。凡立儀衞，尚服率司仗等供其事。

有女史二人。

尚食局　尚食二人，掌供膳羞品齊。總司膳、司醞、司藥、司饎。凡進食，先嘗。

司膳二人，掌烹煎及膳羞、米麪、薪炭。凡供奉口味，皆種別封印。典膳、掌膳，各四人，掌調和御食，溫、涼、寒、熱，以時供進則嘗之。

有女史四人。

司醞、典醞、掌醞，各二人，掌酒醴酏飲，以時進御。

有女史二人。

司藥、典藥、掌藥，各二人，掌醫方。凡藥外進者，簿案種別。

有女史四人。

司饎、典饎、掌饎，各二人，掌給宮人廩食、薪炭，皆有等級，受付則旬別案記。

有女史四人。

尚寢局　尚寢二人，掌燕見進御之次敍，總司設、司輿、司苑、司燈。

司設、典設、掌設，各二人，掌牀帷茵席鋪設，久故者以狀聞。凡汛掃之事，典設以下分視。

有女史四人。

司輿、典輿、掌輿，各二人，掌輿輦、繖扇、文物、羽旄，以時暴涼。典輿以下分察。

有女史二人。

司苑、典苑、掌苑，各二人，掌園苑蒔植蔬果。典苑以下分察之。果熟，進御。

有女史二人。

司燈、典燈、掌燈，各二人，掌門閤燈燭。晝漏盡一刻，典燈以下分察。

有女史二人。

尚功局　尚功二人，掌女功之程，總司製、司珍、司綵、司計。

司製、典製、掌製，各二人，掌供御衣服裁縫。

有女史二人。

司珍、典珍、掌珍，各二人，掌珠珍、錢貨。

有女史六人。

司綵、典綵、掌綵，各二人，掌錦綵、縑帛、絲枲。有賜用，則旬別案記。

有女史二人。

司計、典計、掌計，各二人，給衣服、飲食、薪炭。

有女史二人。

宮正一人，正五品；司正二人，正六品；典正二人，正七品。宮正掌戒令、糾禁、謫罰之事。宮人不供職者，司正以牒取裁，小事決罰，大事奏聞。

有女史四人。阿監、副監，視七品。

太子內官

良娣二人，正三品；良媛六人，正四品；承徽十人，正五品；昭訓十六人，正七品；奉儀二十四人，正九品。

司閨二人，從六品；三司皆如之。掌導引妃及宮人名簿，總掌正、掌書、掌筵。

掌正三人，從八品，九掌皆如之。掌文書出入、管鑰、糾察推罰。

有女史三人。

掌書三人，掌符契、經籍、宣傳、啓奏、教學、稟賜、紙筆。

有女史三人。

掌筵三人，掌幄帟、牀褥、几案、輿繖、汛掃、鋪設。

司則二人，掌禮儀參見，總掌嚴、掌縫、掌藏。

掌嚴三人，掌首飾、衣服、巾櫛、膏沐、服玩、仗衞。

有女史三人。

掌縫三人，掌裁紉、織績。

有女史三人。

掌藏三人，掌財貨、珠寶、縑綵。

司饌二人，掌進食先嘗，總掌食、掌醫、掌園。

有女史四人。

掌食三人，掌膳羞、酒醴、燈燭、薪炭、器皿。

有女史四人。

掌醫三人，掌方藥、伎樂。

有女史二人。

掌園三人，掌種植蔬果。

有女史二人。

校勘記

〔一〕起居郎領令史三人贊者六人　按此與下文「起居郎」注「有令史三人，贊者六人」重複，疑爲衍文。

〔二〕裴書曆生　唐六典卷一〇作「裴書曆生五人」。

〔三〕殿內省　「省」，各本原作「監」，據唐六典卷一一、通典卷二六、唐會要卷六五及舊書卷四四職官志改。

〔四〕掌輦四十二人　唐六典卷一一云：「掌輦二人，正九品下。」注：「皇朝初置四人，開元二十三年減二人。」又云：「主輦四十二人。」注：「凡七輦，輦六人。」與本卷上文主輦員數合。此葢誤以主輦員數爲掌輦員數。

唐書卷四十八

志第三十八

百官三

御史臺

大夫一人，正三品；中丞二人，正四品下。大夫掌以刑法典章糾正百官之罪惡，中丞爲之貳。其屬有三院：一曰臺院，侍御史隸焉；二曰殿院，殿中侍御史隸焉；三曰察院，監察御史隸焉。凡冤而無告者，三司詰之。三司，謂御史大夫、中書、門下也。大事奏裁，小事專達。凡有彈劾，御史以白大夫，大事以方幅，小事署名而已。有制覆囚，則與刑部尚書平閱。行幸，乘路車爲導。朝會，則率其屬正百官之班序，遲明列於兩觀，監察御史二人押班，侍御史顯舉不如法者。

文武官職事九品以上及二王後，朝朔望。文官五品以上及兩省供奉官、監察御史、員外郎、太常博士，日參，號常參官。武官三品以上，三日一朝，號九參官；五品以上及折衝當番者，五日一朝，號六參官。弘文、崇文館、國子監學生，四時參。凡諸王入朝及以恩追至者，日參。九品以上，自十月至二月，袴褶以朝；五品以上有珂，蕃官及四品非清官則否。

凡朝位以官，職事同者先爵，爵同以齒，致仕官居上；職事與散官、勳官合班，則文散官居職事之下，武散官次之，勳官又次之；官同者，異姓爲後。親王、嗣王任文武官者，從其班，官卑者從王品；郡王任三品以下職事者，居同階品之上，非任文武官者，嗣王居太子太保之下，郡王次之，國公居三品之下，郡公居從三品之下，縣公居四品之下，侯居從四品之下，伯居五品之下，子居從五品之上，男居從五品之下。以前官召見者，居本品見任之上，以理解者，居同品之下。本司參集者，以職事爲上下。文武三品非職事官者，朝參名簿，皆稱曰諸公。

凡出，不踰四面關則不辭見。都督、刺史、都護既辭，候旨於側門。左右僕射、侍中、中書令初拜，以表讓。中書門下五品以上及諸司長官，謝於正衙，復進狀謝於側門。兩班三品以朔望朝，就食廊下，殿中侍御史二人爲使涖之。

高宗改治書侍御史中丞，以避帝名；龍朔二年，改御史臺曰憲臺，大夫曰大司憲，中丞曰司憲大夫。武后文明元年，改御史臺曰肅政臺。光宅元年，分左右臺：左臺知百司，監軍旅；右臺察州縣、省風俗。尋命左臺兼察州縣。兩臺歲再發使八人，春曰風俗，秋曰廉察，以四十八條察州縣。兩臺御史，有假、有檢校、有員外、有試，至神龍初皆廢。景雲三年，以兩臺望齊，糾舉苛察，百僚厭其煩，乃廢右臺。延和元年，復置，歲中以尚書省隸左臺，月餘而右臺復廢。至德後，諸道使府參佐，皆以御史爲之，謂之外臺；復有檢校、裏行、內供奉，或兼或攝，諸使下官亦如之。會昌初，升大夫、中丞品。東都留臺，有中丞一人、侍御史一人、殿中侍御史二人、監察御史三人；元和後，不置中丞，以侍御史、殿中侍御史、監察御史主留臺務，而三院御史亦不常備。

侍御史六人，從六品下。掌糾舉百寮及入閤承詔，知推、彈、雜事。凡三司理事，與給事中、中書舍人更直朝堂。若三司所按而非其長官，則與刑部郎中、員外郎、大理司直、評事往訊。彈劾，則大夫、中丞押奏。大事，法冠、朱衣、纁裳、白紗中單；小事，常服。久次者一人知雜事，謂之雜端，殿中監察職掌、進名、遷改及令史考第，臺內事顓決，亦號臺端。次一人知公廨。次一人知彈。分京城諸司及諸州爲東、西：次一人知西推、贓贖、三司受事，號副端；次一人知東推、理匭等，有不糾舉者罰之；以殿中侍御史第一人同知東推，莅

太倉出納；第二人同知西推，莅左藏出納。號四推御史。隻日，臺院受事；雙日，殿院受事。次侍御史一人，分司東都臺。凡御史以下遇長官於路，去蓋下馬，長官斂轡止之。出入行止，殿中以下視以爲法，先後有罰。入朝，則與殿中侍御史隨仗分入，東則居侍中、黃門侍郎、給事中之次，西則居中書令、侍郎、舍人之次，各居中丞、大夫下。每一人東嚮承詔五日，有旨召御史，不呼名則承詔者出。欒彥瑋爲大夫，以嘗召兩御史，乃加副承詔一人，闕則殿中承乏。監察御史分日直朝堂，入自側門，非奏事不至殿庭，正門無籍；天授中，詔側門置籍，得至殿庭；開元七年，又詔隨仗入閤。分左右巡，糾察違失，左巡知京城內，右巡知京城外，盡雍、洛二州之境，月一代，將晦，即巡刑部、大理、東西徒坊、金吾、縣獄。蒐狩，則監圍，察斷絕失禽者。其後，以殿中掌左右巡；尋以務劇，選用京畿縣尉。又置御史裏行使、侍御史裏行使、殿中裏行使、監察裏行使，以未爲正官，無員數。

唐法，殿中侍御史遷拜及職事，與侍御史鈞。開元以降，權屬侍御史，而殿中兼知庫藏、宮門內事。故事，御史臺不受訟，有訴可聞者略其姓名，託以風聞。其後，御史嫉惡者少，通狀壅絕。十四年，乃定授事御史一人，知其日劾狀，題告事人姓名。其後，宰相以御史權重，建議彈奏先白中丞、大夫，復通狀中書、門下，然後得奏。自是御史之任輕矣。建中元年，以侍御史分掌公廨、推、彈，自是雜端之任輕矣。元和八年，命四推御史受事，周而

復始，罷東西分日之限。

隋末，廢殿內侍御史，義寧元年，承相府僚察非按二人；武德元年，改曰殿中侍御史；龍朔元年，置監察御史裏行；武后文明元年，置殿中裏行，後亦顯以裏行名官；長安二年，置內供奉。

主簿一人，從七品下。掌印，受事發辰，覈臺務，主公廨及戶奴婢、勳散官之職。錄事二人，從九品下。

有主事二人。臺院有令史七十八人〔一〕，書令史二十五人，亭長六人，掌固十二人。殿院有令史八人，書令史十八人。察院有計史三十四人，令史十人，掌固十二人。

殿中侍御史九人，從七品下。掌殿庭供奉之儀，京畿諸州兵皆隸焉。正班，列於閤門之外，糾離班、語不肅者。元日、冬至朝會，則乘馬、具服、戴黑豸升殿。巡幸，則往來門旗之內，檢校文物虧失者。一人同知東推，監太倉出納；一人同知西推，監左藏出納；二人爲廊下食使；二人分知左右巡；三人內供奉。

監察御史十五人，正八品下。掌分察百寮，巡按州縣，獄訟、軍戎、祭祀、營作、太府出納皆莅焉；知朝堂左右廂及百司綱目。

凡十道巡按，以判官二人爲佐，務繁則有支使。其一，察官人善惡；其二，察戶口流散，籍帳隱沒，賦役不均；其三，察農桑不勤，倉庫減耗；其四，察妖猾盜賊，不事生業，爲私蠹害；其五，察德行孝悌，茂才異等，藏器晦跡，應時用者；其六，察黠吏豪宗兼并縱暴，貧弱冤苦不能自申者。

凡戰伐大克獲，則數俘馘、審功賞，然後奏之。屯田、鑄錢，嶺南、黔府選補，亦視功過糾察。決囚徒，則與中書舍人、金吾將軍莅之。國忌齋，則與殿中侍御史分察寺觀。莅宴射、習射及大祠、中祠，視不如儀者以聞。

初，開元中，兼巡傳驛，至二十五年，以監察御史檢校兩京館驛。大曆十四年，兩京以御史一人知館驛，號館驛使。監察御史分察尚書省六司，繇下第一人爲始，出使亦然。興元元年，以第一人察吏部、禮部，兼監祭使；第二人察兵部、工部，兼館驛使；第三人察戶部、刑部。歲終議殿最。元和中，以新人不出使無以觀能否，乃命顯察尚書省，號曰六察官。開元十九年，以監察御史二人莅太倉、左藏庫。三院御史，皆初領繁劇外府推事。其後，以殿中侍御史上一人爲監太倉使，第二人爲監左藏庫使。

凡諸使下三院御史內供奉，其班居正臺監察御史之上。

太常寺

卿一人，正三品；少卿二人，正四品上。掌禮樂、郊廟、社稷之事，總郊社、太樂、鼓吹、太醫、太卜、廩犧、諸祠廟等署，少卿爲之貳。凡大禮，則贊引；有司攝事，則爲亞獻；三公行園陵，則爲副；大祭祀，省牲、器，則謁者爲之導；小祀及公卿嘉禮，命謁者贊相。凡巡幸、出師、克獲，皆擇日告太廟。

凡藏大享之器服，有四院：一曰天府院，藏瑞應及伐國所獲之寶，禘祫則陳于廟庭；二曰御衣院，藏天子祭服；三曰樂縣院，藏六樂之器；四曰神廚院，藏御廩及諸器官奴婢〔二〕。

初，有衣冠署，令，正八品上；貞觀元年，署廢。高宗即位，改治禮郎曰奉禮郎，以避帝名；龍朔二年，改太常寺曰奉常寺，九寺卿皆曰正卿，少卿曰大夫。武后光宅元年，復改太常寺曰司禮寺。

丞二人，從五品下。掌判寺事。凡享太廟，則脩七祀于西門之內。主簿二人，從七品上。

博士四人，從七品上。掌辨五禮；按王公、三品以上功過善惡爲之謚；大禮，則贊卿導引。

太祝六人，正九品上。掌出納神主；祭祀則跪讀祝文；卿省牲則循牲告充，率以授太

官。

奉禮郎二人，從九品上。掌君臣版位，以奉朝會、祭祀之禮。宗廟則設皇帝位於庭，九廟子孫列焉，昭、穆異位，去爵從齒。凡樽、彝、勺、冪、篚、坫、簠、簋、登、鉶、籩、豆，皆辨其位。凡祭祀、朝會，在位拜跪之節，皆贊導之。公卿巡行諸陵，則主其威儀鼓吹，而相其禮。

協律郎二人，正八品上。掌和律呂。錄事二人，從九品上；八寺錄事品同。

有禮院修撰、檢討官各一人，府十二人，史二十三人，謁者十人，贊引二十人，贊者四人，祝史六人，贊者十六人〔三〕。太常寺、禮院禮生各三十五人，亭長八人，掌固十二人。

兩京郊社署　令各一人，從七品下；丞各一人，從八品上。令掌五郊、社稷、明堂之位，與奉禮郎設樽、罍、篚、冪，而太官令實之。立燎壇，積柴。合朔有變，則巡察四門，以俟變過，明則罷。

有府二人，史四人，典事五人，掌固五人，門僕八人，齋郎百一十人。齋郎掌供郊廟之役。太廟九室，室有長三人，以主樽、罍、篚、冪、饋鑰，又有罍洗二人；郊壇有掌坐二十四人，以主神御之物。皆禮部奏補。凡室長十年、掌座十二年，皆授官。祭饗而員少，兼取三館學生，皆絳衣絳幘。更一番者，戶部下蠲符，歲一申考諸署所擇者，太常以十月申解於禮部，如貢舉法，帖論語及一大經。中第者，錄奏，吏部注冬集散官，否者番上如初。六試而絀，授

散官。唐初，以郊社、太樂、鼓吹、太醫、太官、左藏、乘黃、典廄、典客、上林、太倉、平準、常平、典牧、左尙、右尙爲上署，鉤盾、右藏、織染、掌冶爲中署，珍羞、良醞、掌醢、守宮、武器、車府、司儀、崇玄、導官、甄官、河渠、鷙坊、甲坊、舟楫、太卜、廩犧、中校、左校、右校爲下署。

太樂署　令二人，從七品下；丞一人，從八品下；樂正八人，從九品下。令掌調鐘律，以供祭饗。

凡習樂，立師以教，而歲考其師之課業爲三等，以上禮部。十年大校，未成，則五年而校，以番上下。有故及不任供奉，則輸資錢，以充伎衣樂器之用。散樂，閏月人出資錢百六十，長上者復繇役，音聲人納資者歲錢二千。博士教之，功多者爲上第，功少者爲中第，不勤者爲下第，禮部覆之。十五年有五上考、七中考者，授散官，直本司，年滿考少者，不敍。教長上弟子四考，難色二人、次難色二人業成者，進考，得難曲五十以上任供奉者爲業成。習難色大部伎三年而成，次部二年而成，易色小部伎一年而成，皆入等第三爲業成。業成、行脩謹者，爲助教；博士缺，以次補之。長上及別教未得十曲，給資三之一；不成者隸鼓吹署。習大小橫吹，難色四番而成，易色三番而成；不成者，博士有謫。內教博士及弟子長教者，給資錢而留之。

武德後，置內教坊于禁中。武后如意元年，改曰雲韶府，以中官爲使。開元二年，又置內教坊于蓬萊宮側，有音聲博士、第一曹博士、第二曹博士。京都置左右教坊，掌俳優雜技。自是不隸太常，以中官爲教坊使。

唐改太樂爲樂正，有府三人，史六人，典事八人，掌固六人，文武二舞郎一百四十人，散樂三百八十二人，仗內散樂一千人，音聲人一萬二十七人。有別教院。開成三年，改法曲所處院曰仙韶院。

鼓吹署　令二人，從七品下；丞二人，從八品下；樂正四人，從九品下。令掌鼓吹之節。合朔有變，則帥工人設五鼓于太社，執麾旐于四門之塾，置龍牀，有變則舉麾擊鼓，變復而止。馬射，設搁鼓金鉦，施龍牀。大儺，帥鼓角以助侲子之唱。

有府三人，史六人，典事四人，掌固四人。唐并清商、鼓吹爲一署，增令一人。

太醫署　令二人，從七品下；丞二人，醫監四人，并從八品下；醫正八人，從九品下。令掌醫療之法，其屬有四：一曰醫師，二曰針師，三曰按摩師，四曰咒禁師。皆教以博士，考試登用如國子監。醫師、醫正、醫工療病，書其全之多少爲考課。歲給藥以防民疾。凡陵寢廟皆儲以藥，尙藥、太常醫各一人受之。宮人患坊有藥庫，監門莅出給；醫師、醫監、醫正番別一人莅坊。凡課藥之州，置採藥師一人。京師以良田爲園，庶人十六以上爲藥園生，業成者爲師。凡藥，辨其所出，擇其良者進焉。

有府二人，史四人，主藥八人，藥童二十四人，藥園師二人，藥園生八人，掌固四人，醫師二十人，醫工百人，醫生四十人，典藥一人，針工二十人，針生二十人，按摩工五十六人，按摩生十五人，咒禁師二人，咒禁工八人，咒禁生十人。

醫博士一人，正八品上；助教一人，從九品上。掌教授諸生以本草、甲乙、脈經，分而爲業：一曰體療，二曰瘡腫，三曰少小，四曰耳目口齒，五曰角法。

針博士一人，從八品上；助教一人，針師十人，並從九品下。掌教針生以經脈、孔穴，教如醫生。

按摩博士一人，按摩師四人，并從九品下。掌教導引之法以除疾，損傷折跌者，正之。

咒禁博士一人，從九品下。掌教咒禁祓除爲厲者，齋戒以受焉。

太卜署　令一人，從七品下；丞二人，從八品下；卜正、博士各二人，從九品下。掌卜筮之法：一曰龜，二曰五兆，三曰易，四曰式。祭祀、大事，率卜正卜日，示高於卿，退而命龜，既灼而占，先上旬，次中旬，次下旬。小祀、小事者，則卜正示高、命龜、作，而太卜令佐

莅之。季冬，帥侲子堂贈大儺，天子六隊，太子二隊，方相氏右執戈、左執楯而導之，唱十二神名，以逐惡鬼，儺者出，磔雄鷄于宮門、城門。

有卜助教二人，卜師二十人，巫師十五人，卜筮生四十五人，府一人，史二人，掌固二人。

廩犧署　令一人，從八品下；丞二人，正九品下。掌犧牲粢盛之事。祀用太牢者，三牲加酒、脯、醢，與太祝牽牲就牓位，卿省牲，則北面告腯，以授太官。籍田，則供耒于司農卿，卿以授侍中；籍田所收以供粢盛、五齊、三酒之用，以餘及稾飼犧牲。

有府一人，史二人，典事二人，掌固二人。

汾祠署　令一人，從七品下；丞一人，從八品上。掌享祭灑掃之制。

有府二人，史四人，廟幹二人。開元二十一年置署。

三皇五帝以前帝王、三皇、五帝、周文王、周武王、漢高祖、兩京武成王廟　令一人，從六品下；丞一人，正八品下。掌開闔、灑掃、釋奠之禮。

有錄事一人，府二人，史四人，廟幹二人，掌固四人，門僕八人。神龍二年，兩京置齊太公廟署，其後廢；開

元十九年復置。天寶三載，初置周文王廟署；六載，置三皇五帝廟署；七載，置三皇五帝以前帝王廟署；九載，置周武王漢高祖廟署。上元元年，改齊太公署爲武成王廟署，朱全忠曰武明。

光祿寺

卿一人，從三品；少卿二人，從四品上；丞二人，從六品上；主簿二人，從七品上。掌酒醴膳羞之政，總太官、珍羞、良醞、掌醢四署。凡祭祀，省牲鑊，濯溉；三公攝祭，則爲終獻。朝會宴享，則節其等差。錄事二人。

龍朔二年，改光祿寺曰司宰寺。武后光宅元年，曰司膳寺。有府十一人，史二十一人，亭長六人，掌固六人。

太官署　令二人，從七品下；丞四人，從八品下。掌供祠宴朝會膳食。祭日，令白卿詣廚省牲鑊，取明水、明火，帥宰人割牲，取毛血實豆，遂烹。又實簠簋，設于饌幕之內。

有府四人，史八人，監膳十人，監膳史十五人，供膳二千四百人，掌固四人。

珍羞署　令一人，正八品下；丞二人，正九品下。掌供祭祀、朝會、賓客之庶羞，榛

栗、脯脩、魚鹽、菱芡之名數。

武后垂拱元年，改肴藏署曰珍羞署，神龍元年復舊，開元元年又改。有府三人，史六人，典書八人，餳匠五人，掌固四人。

良醞署　令二人，正八品下；丞二人，正九品下。掌供五齊、三酒。享太廟，則供鬱鬯以實六彝；進御，則供春暴、秋清、酴醾、桑落之酒。

有府三人，史六人，監事二人，掌醞二十人，酒匠十三人，奉觶百二十人，掌固四人。

掌醢署　令一人，正八品下；丞二人，正九品下。掌供醢醯之物：一曰鹿醢，二曰兔醢，三曰羊醢，四曰魚醢。宗廟，用菹以實豆；賓客、百官，用醯醬以和羹。

有府二人，史二人，主醢十人，醬匠二十三人，酢匠十二人，豉匠十二人，葅醯匠八人，掌固四人。

衞尉寺

卿一人，從三品；少卿二人，從四品上；丞二人，從六品上。掌器械文物，總武庫、武器、守宮三署。兵器入者，皆籍其名數。祭祀、朝會，則供羽儀、節鉞、金鼓、帷帟、茵席。凡供宮衞者，歲再閱，有敝則脩於少府。主簿二人，從七品上。錄事一人。

龍朔二年，改曰司衞寺。武后光宅元年又改。有府六人，史十一人，亭長四人，掌固六人。

丞，掌判寺事，辨器械出納之數。大事承制敕，小事則聽於尙書省。

兩京武庫署　令各二人，從六品下；丞各二人，從八品下。掌藏兵械。有赦，建金雞，置鼓宮城門之右，大理及府縣囚徒至，則擊之。監事各一人，正九品上。諸署監事，品同。

有府各六人，史各六人，典事各二人，掌固各五人。開元二十五年，東都亦置署。

武器署　令一人，正八品下；丞二人，正九品下。掌外戎器。祭祀、巡幸，則納於武庫。給六品以上葬鹵簿、棨戟。凡戟，廟、社、宮、殿之門二十有四，東宮之門一十八，一品之門十六，二品及京兆河南太原尹、大都督、大都護之門十四，三品及上都督、中都督、上都護、上州之門十二，下都督、下都護、中州、下州之門各十。衣幡壞者，五歲一易之。薨卒者既葬，追還。監事二人。

有府二人，史六人，典事二人，掌固四人。貞觀中，東都亦置署。

守宮署　令一人，正八品下；丞二人，正九品下。掌供帳帟。祭祀、巡幸，則設王公百官之位。吏部、兵部、禮部試貢舉人，則供帷幕。王公婚禮，亦供帳具。京諸司長上官，以品給其牀罽。供蕃客帷帟，則題歲月。席壽三年，氈壽五年，褥壽七年；不及期而壞，有罰。監事二人。

有府二人，史四人，掌設六人，幕士八十人，掌固四人。

宗正寺

卿一人，從三品；少卿二人，從四品上；丞二人，從六品上。掌天子族親屬籍，以別昭穆；領陵臺、崇玄二署。凡親有五等，先定於司封：一曰皇帝周親、皇后父母，視三品；二曰皇帝大功親、小功尊屬，太皇太后、皇太后、皇后周親，視四品；三曰皇帝小功親、緦麻尊屬，太皇太后、皇太后、皇后大功親，視五品；四曰皇帝緦麻親、袒免尊屬，太皇太后、皇太后、皇后小功親；五曰皇帝袒免親，太皇太后小功卑屬，皇太后、皇后緦麻親，視六品。皇帝親之夫婦男女，降本親二等，餘親降三等，尊屬進一等，降而過五等者不爲親。諸

王、大長公主、長公主親，本品；嗣王、郡王非三等親者，亦視五品；駙馬都尉，視諸親。祭祀、册命、朝會、陪位、襲封者皆以簿書上司封。主簿二人，從七品上。知圖譜官一人，脩玉牒官一人，知宗子表疏官一人，錄事二人。

武德二年，置宗師一人，後省。龍朔二年，改宗正寺曰司宗寺。武后光宅元年曰司屬寺。有府五人，史五人，亭長四人，掌固四人。京都太廟齋郎各一百三十人，門僕各三十三人，主簿、錄事各二人。

諸陵臺　令各一人，從五品上；丞各一人，從七品下。建初、啓運、興寧、永康陵，令各一人，從七品下；丞各一人，從八品下。掌守衞山陵。凡陪葬，以文武分左右，子孫從父祖者亦如之；宮人陪葬，則陵戶成墳。諸陵四至有封，禁民葬，唯故墳不毀。

開元二十四年，以宗廟所奉不可名以署，太常少卿韋縚奏廢太廟署，以少卿一人知太廟事。二十五年，濮陽王徹爲宗正卿，恩遇甚厚，建議以宗正司屬籍，乃請以陵寢、宗廟隸宗正。天寶十二載，駙馬都尉張垍爲太常卿，得幸，又以太廟諸陵署隸太常。十載，改獻、昭、乾、定、橋五陵署爲臺，升令品，永康、興寧二陵稱署如故。至德二年，復以陵廟隸宗正。永泰元年，太常卿杜鴻漸初復奏以陵廟隸太常，大曆二年復舊。陵臺有錄事各一人，府各二人，史各四人，主衣、主輦、主藥各四人，典事各三人，掌固各二人，陵戶各三百人，昭陵、乾陵、橋陵增百人。諸陵有錄事各一人，府各一人，史各二人，典事各二人，掌固各二人，陵戶各百人。

諸太子廟　令各一人，從八品上；丞各一人，正九品下；錄事各一人。令掌灑掃開闔之節，四時享祭焉。

有府各一人，史各二人，典事各二人，掌固各一人。

諸太子陵　令各一人，從八品下；丞各一人，從九品下；錄事各一人。

有府各一人，史各二人，典事各二人，掌固各一人，陵戶各三十人。太常舊有太廟署，令一人，從七品下；丞二人，從七品下；齋郎二十四人。

崇玄署　令一人，正八品下；丞一人，正九品下。掌京都諸觀名數與道士帳籍、齋醮之事[三]。新羅、日本僧入朝學問，九年不還者編諸籍。道士、女官、僧、尼，見天子必拜。凡止民家，不過三夜。出踰宿者，立案連署，不過七日，路遠者州縣給程。天下觀一千六百八十七，道士七百七十六，女官九百八十八；寺五千三百五十八，僧七萬五千五百二十四，尼五萬五百七十六。兩京度僧、尼、道士、女官，御史一人涖之。每三歲州、縣爲籍，一以留縣，一以留州；僧、尼，一以上祠部，道士、女官，一以上宗正，一以上司封。

有府二人，史三人，典事六人，掌固二人，崇玄學博士一人、學生百人。隋以署隸鴻臚，又有道場、玄壇。唐置諸寺觀監，隸鴻臚寺，每寺觀有監一人。貞觀中，廢寺觀監。上元二年，置漆園監，尋廢。開元二十五年，置崇玄學於玄元皇帝廟。天寶元年，兩京置博士、助教各一員，學生百人，每祠享，以學生代齋郎。二載，改崇玄學曰崇玄館，博士曰學士，助教曰直學士，置大學士一人，以宰相爲之，領兩京玄元宮及道院，改天下崇玄學爲通道學，博士曰道德博士，未幾而罷。寶應、永泰間，學生存者亡幾。大曆三年，復增至百人。初，天下僧、尼、道士、女官，皆隸鴻臚寺，武后延載元年，以僧、尼隸祠部。開元二十四年，道士、女官隸宗正寺，天寶二載，以道士隸司封。貞元四年，崇玄館罷大學士，後復置左右街大功德使、東都功德使、脩功德使，總僧、尼之籍及功役。元和二年，以道士、女官隸左右街功德使。會昌二年，以僧、尼隸主客，太淸宮置玄元館，亦有學士，至六年廢，而僧、尼復隸兩街功德使。

太僕寺

卿一人，從三品；少卿二人，從四品上；丞四人，從六品上；主簿二人，從七品上；錄事二人。卿掌廄牧、輦輿之政，總乘黃、典廄、典牧、車府四署及諸監牧。行幸，供五路屬車。凡監牧籍帳，歲受而會之，上駕部以議考課。

永徽中，太僕寺曰司馭寺，武后光宅元年改曰司僕寺。有府十七人，史三十四人，獸醫六百人，獸醫博士四人，學生百人，亭長四人，掌固六人。

乘黃署　令一人，從七品下；丞一人，從八品下。掌供車路及馴馭之法。凡有事，前期四十日，率駕士調習，尙乘隨路色供馬；前期二十日，調習於內侍省。

有府一人，史二人，駕士一百四十人，羊車小史十四人，掌固六人。

典廄署　令二人，從七品下；丞四人，從八品下。掌飼馬牛、給養雜畜。良馬一丁，中馬二丁，駑馬三丁，乳駒、乳犢十給一丁。

有府四人，史八人，主乘六人，典事八人，執馭百人，駕士八百人，掌固六人。

典牧署　令三人，正八品上；丞六人，從九品上。掌諸牧雜畜給納及酥酪脯腊之事。羣牧所送羊犢，以供廩犧、尙食。監事八人。

有府四人，史八人，典事十六人，主酪七十四人，駕士百六十人，掌固四人。

車府署　令一人，正八品下；丞一人，正九品下。掌王公以下車路及馴馭之法。從官三品以上婚、葬，給駕士。凡路車之馬牛，率馭士調習。

有府一人，史二人，典書四人，馭士百七十五人，掌固六人。

諸牧監　上牧監，監各一人，從五品下；副監各二人，正六品下；丞各二人，正八品上；主簿各一人，正九品下。中牧監：監，正六品下；副監，從六品下；丞，從八品上；主簿，從九品上。下牧監：監，從六品下；副監，正七品下；丞，正九品上；主簿，從九品下。中牧監副監、丞，減上牧監一員。南使、西使，丞各三人，從七品下；錄事各一人，從九品下。北使、鹽州使，丞各二人，從七品下。掌羣牧孳課。

凡馬五千爲上監，三千爲中監，不及爲下監。馬牛之羣，有牧長，有尉。馬之駑、良，皆著籍，良馬稱左，駑馬稱右。每歲孟秋，羣牧使以諸監之籍合爲一，以仲秋上於寺，送細馬，則有率夫、識馬小兒、獸醫等。凡馬游牝以三月，駒犢在牧者，三歲別羣。孳生過分有賞，死耗亦以率除之。歲終監牧使巡按，以功過相除爲考課。

上牧監，有錄事各一人，府各三人，史各六人，典事各八人，掌固各四人。中牧監，減府一人，史、典事各減二人。下牧監，典事，掌固減二人。南使、西使，錄事，史各一人，府各五人，史各九人；北使、鹽州使，錄事以下員數及品，如南使。麟德中，置八使，分總監坊。秦、蘭、原、渭四州及河曲之地。凡監四十有八：南使有監十五，西使有監十六，北使有監七，鹽州使有監八，嵐州使有監二。自京師西屬隴右，有七馬坊，置隴右三使領之。又有沙苑、樓煩、天馬監。沙苑監掌畜隴右諸牧牛羊，給宴祭及尚食所用，每歲與典牧署供焉。自監以下，品數如下牧監。至開

元二十三年，廢監。

東宮九牧監　丞二人，正八品上；錄事一人，從九品下。掌牧養馬牛，以供皇太子之用。

有錄事史各一人，府三人，史六人。初，監有監、副監、丞、主簿、錄事各一人，府二人，史四人，典事四人，掌固二人。自監以下，品同下牧監。又有馬牧使，有丞以下官。

大理寺

卿一人，從三品；少卿二人，從五品下。掌折獄、詳刑。凡罪抵流、死，皆上刑部，覆於中書、門下。繫者五日一慮。

龍朔二年，改曰詳刑寺；武后光宅元年，改曰司刑寺；中宗時廢獄丞。有府二十八人，史五十六人，司直史十二人，評事史二十四人，獄史六人，亭長四人，掌固十八人，問事百人。

正二人，從五品下。掌議獄，正科條。凡丞斷罪不當，則以法正之。五品以上論者，莅決。巡幸，則留總持寺事。

丞六人，從六品上。掌分判寺事，正刑之輕重。徒以上囚，則呼與家屬告罪，問其服否。

主簿二人，從七品上。掌印，省署鈔目，句檢稽失。凡官吏抵罪及雪免，皆立簿。私罪贖銅一斤，公罪二斤，皆爲一負；十負爲一殿。每歲，吏部、兵部牒覆選人殿負，錄報焉。獄丞二人，從九品下。掌率獄史，知囚徒。貴賤、男女異獄。五品以上月一沐，暑則置漿。禁紙筆、金刃、錢物、杵梃入者。囚病，給醫藥，重者脫械鎖，家人入侍。

司直六人，從六品上；評事八人，從八品下。掌出使推按。凡承制推訊長吏，當停務禁錮者，請魚書以往。錄事二人。

鴻臚寺

卿一人，從三品；少卿二人，從四品上；丞二人，從六品上。掌賓客及凶儀之事。領典客、司儀二署。凡四夷君長，以蕃望高下爲簿，朝見辨其等位，第三等居武官三品之下，第四等居五品之下，第五等居六品之下，有官者居本班。御史察食料。二王後、夷狄君長襲官爵者，辨嫡庶。諸蕃封命，則受册而往。海外諸蕃朝賀進貢使有下從，留其半於境；繇海路朝者，廣州擇首領一人、左右二人入朝；所獻之物，先上其數於鴻臚。凡客還，鴻臚

籍衣齎賜物多少以報主客，給過所。蕃客奏事，具至日月及所奏之宜，方別爲狀，月一奏，爲簿，以副藏鴻臚。獻馬，則殿中、太僕寺涖閱，良者入殿中，駑病入太僕。獻藥者，鴻臚寺驗覆，少府監定價之高下。鷹、鶻、狗、豹無估，則鴻臚定所報輕重。凡獻物，皆客執以見，駝馬則陳于朝堂，不足進者州縣留之。皇帝、皇太子爲五服親及大臣發哀臨弔，則卿贊相。大臣一品葬，以卿護；二品，以少卿；三品，以丞。皆司儀示以禮制。

主簿一人，從七品上。錄事二人。

龍朔二年，改鴻臚寺曰同文寺，武后光宅元年，改曰司賓寺。有府五人，史十人，亭長四人，掌固六人。

典客署　令一人，從七品下；丞三人，從八品下。掌二王後介公、酅公之版籍及四夷歸化在藩者，朝貢、宴享、送迎皆預焉。酋渠首領朝見者，給稟食；病，則遣醫給湯藥；喪，則給以所須；還蕃賜物，則佐其受領，教拜謝之節。

有典客十三人，府四人，史八人，掌固二人。

掌客十五人，正九品上。掌送迎蕃客，顓莅館舍。

司儀署　令一人，正八品下；丞一人，正九品下。掌凶禮喪葬之具。京官職事三品

以上、散官二品以上祖父母、父母喪，職事散官五品以上、都督、刺史卒于京師，及五品死王事者，將葬，祭以少牢，率齋郎執俎豆以往。三品以上贈以束帛，黑一、纁二，一品加乘馬；既引，遣使贈於郭門之外，皆有束帛，一品加璧。五品以上葬，給營墓夫。

有司儀六人，府二人，史四人，掌設十八人，齋郎三十人，掌固四人，幕士六十人。

司農寺

卿一人，從三品；少卿二人，從四品上。掌倉儲委積之事。總上林、太倉、鉤盾、導官四署及諸倉、司竹、諸湯、宮苑、鹽池、諸屯等監。凡京都百司官吏祿稟、朝會、祭祀所須，皆供焉。藉田，則進耒耜。

丞六人，從六品上。總判寺事。凡租及藁秸至京都者，閱而納焉。官戶奴婢有技能者配諸司，婦人入掖庭，以類相偶，行宮監牧及賜王公、公主皆取之。凡孳生雞彘，以戶奴婢課養。俘口則配輕使，始至給稟食。

主簿二人，從七品上；錄事二人。

龍朔二年，改司農寺曰司稼寺。有府三十八人，史七十六人，計史三人，亭長九人，掌固七人。

上林署 令二人，從七品下；丞四人，從八品下。掌苑囿園池。植果蔬，以供朝會、祭祀及尚食諸司常料。季冬，藏冰千段，先立春三日納之冰井，以黑牡、秬黍祭司寒，仲春啓冰亦如之。監事十人。

有府七人，史十四人，典事二十四人，掌固五人。

太倉署 令三人，從七品下；丞五人，從八品下；監事八人。掌廩藏之事。

有府十人，史二十人，典事二十四人，掌固八人。

鉤盾署 令二人，正八品上；丞四人，正九品上；監事十人。掌供薪炭、鵝鴨、蒲藺、陂池藪澤之物，以給祭祀、朝會、饗燕賓客。

有府七人，史十四人，典事十九人，掌固五人。

導官署 令二人，正八品下；丞四人，正九品上；監事十人。掌導擇米麥。凡九穀，皆隨精粗差其耗損而供焉。

有府八人，史十六人，典事二十四人，掌固五人。初有御細倉督、麴麪倉督，貞觀中省。

太原、永豐、龍門等倉 每倉，監一人，正七品下；丞二人，從八品上。掌倉廩儲積。凡出納帳籍，歲終上寺。

有錄事一人，府三人，史六人，典事八人，掌固六人；龍門等倉，減府一人，史、典事、掌固各減二人。

司竹 監一人，從六品下；副監一人，正七品下；丞二人，正八品上。掌植竹、葦，供宮中百司簾篚之屬，歲以筍供尚食。

有錄事一人，府二人，史四人，典事三十人，掌固四人，葦園匠一百人。

慶善、石門、溫泉湯等監 每監，監一人，從六品下；丞一人，正七品下。掌湯池、宮禁、防堰及偫粟芻、脩調度，以備供奉。王公以下湯館，視貴賤爲差。凡近湯所潤瓜蔬，先時而熟者，以薦陵廟。

有錄事一人，府一人，史二人，掌固四人。

京都諸宮苑總監 監各一人，從五品下；副監各一人，從六品下；丞各二人，從七品下；主簿各二人，從九品上。掌苑內宮館、園池、禽魚、果木。凡官屬人畜出入，皆有籍。

有錄事各二人，府各八人，史各十六人，亭長各四人，掌固各六人，獸醫各五人。

京都諸園苑監、苑四面監 監各一人，從六品下；副監各一人，從七品下；丞各二人，正八品下。掌完葺苑面、宮館、園池與種蒔、蕃養六畜之事。

顯慶二年，改青城宮監曰東都苑北面監，明德宮監曰東都苑南面監，洛陽宮農圃監曰東都苑東面監，食貨監曰東都苑西面監。有錄事各一人，府各三人，史各六人，典事各六人，掌固各六人。

九成宮總監 監一人，從五品下；副監一人，從六品下；丞一人，從七品下；主簿一人，從九品上。掌脩完宮苑，供進鍊餌之事。

有錄事一人，府三人，自監以下，品同宮苑。武德初，改隋仁壽宮監曰九成宮監。

諸鹽池監 監一人，正七品下。掌鹽功簿帳。

有錄事一人，史二人。

二十四史

中華書局

諸屯　監一人，從七品下；丞一人，從八品下。掌營種屯田，句會功課及畜產簿帳，以水旱蝝蝗定課。屯主勸率營農，督斂地課。有錄事一人，府一人，史二人，典事二人，掌固四人。每屯主一人，屯副一人，主簿一人，錄事一人，府三人，史五人。

太府寺

卿一人，從三品；少卿二人，從四品上。掌財貨、廩藏、貿易，總京都四市、左右藏、常平七署。凡四方貢賦、百官俸秩，謹其出納。賦物任土所出，定精粗之差，祭祀幣帛皆供焉。龍朔二年，改太府寺曰外府寺。武后光宅元年，改曰司府寺。中宗即位，復曰太府寺。有府二十五人，史五十人，計史四人，亭長七人，掌固七人。

丞四人，從六品上。掌判寺事。凡元日、冬至以方物陳于庭者，受而進之。會賜及別敕六品以下賜者，給於朝堂。以一人主左、右藏署帳，凡在署爲簿，在寺爲帳，三月一報金

部。

主簿二人，從七品上。掌印，省鈔目，句檢稽失，平權衡度量，歲以八月印署，然後用之。錄事二人。

兩京諸市署　令一人，從六品上；丞二人，正八品上。掌財貨交易、度量器物，辨其眞僞輕重。市肆皆建標築土爲候，禁榷固及參市自殖者。凡市，日中擊鼓三百以會衆，日入前七刻，擊鉦三百而散。有果毅巡迣。平貨物爲三等之直，十日爲簿。車駕行幸，則立市于頓側互市，有衛士五十人，以察非常。有錄事一人，府三人，史七人，典事三人，掌固一人。

左藏署　令三人，從七品下；丞五人，從八品下；監事八人。掌錢帛、雜綵。天下賦調，卿及御史監閱。有府九人，史十八人，典事十二人，掌固八人。

右藏署　令二人，正八品上；丞三人，正九品上；監事四人。掌金玉、珠寶、銅鐵、骨角、齒毛、綵畫。有府五人，史十二人，典事七人，掌固十人。

常平署　令一人，從七品上；丞二人，從八品下；監事五人。掌平糴、倉儲、出納。有府四人，史八人，典事五人，掌固六人。顯慶三年，置署。武后時，東都亦置署。

國子監

祭酒一人，從三品；司業二人，從四品下。掌儒學訓導之政，總國子、太學、廣文、四門、律、書、算凡七學。天子視學，皇太子齒胄，則講義。釋奠，執經論議，奏京文武七品以上觀禮。凡授經，以周易、尚書、周禮、儀禮、禮記、毛詩、春秋左氏傳、公羊傳、穀梁傳各爲一經，兼習孝經、論語、老子，歲終，考學官訓導多少爲殿最。

丞一人，從六品下，掌判監事。每歲，七學生業成，與司業、祭酒莅試，登第者上於禮部。主簿一人，從七品下。掌印，句督監事。七學生不率教者，舉而免之。錄事一人，從九品下。

武德初，以國子監曰國子學，隸太常寺，貞觀二年復曰監。龍朔二年，改國子監曰司成館，祭酒曰大司成，司業曰少司成。咸亨元年復曰監。垂拱元年，改國子監曰成均監。有府七人，史十三人，亭長六人，掌固八人。

國子學　博士五人，正五品上。掌教三品以上及國公子孫、從二品以上曾孫爲生者。五分其經以爲業：周禮、儀禮、禮記、毛詩、春秋左氏傳各六十人，暇則習隸書、國語、說文、字林、三倉、爾雅。每歲通兩經。求仕者，上於監，秀才、進士亦如之。學生以長幼爲序，習正業之外，教吉、凶二禮，公私有事則相儀。

龍朔二年，改博士曰宣業。有大成十人，學生八十人，典學四人，廟幹二人，掌固四人，東都學生十五人。

助教五人，從六品上。掌佐博士分經教授。

直講四人，掌佐博士、助教以經術講授。

五經博士各二人，正五品上。掌以其經之學教國子。周易、尚書、毛詩、左氏春秋、禮記爲五經，論語、孝經、爾雅不立學官，附中經而已。

太學　博士六人，正六品上；助教六人，從七品上。掌教五品以上及郡縣公子孫、從三品曾孫爲生者，五分其經以爲業，每經百人。

有學生七十人，典學四人，掌固六人；東都學生十五人。

廣文館　博士四人，助敎二人。掌領國子學生業進士者。

有學生六十人，東都十人。天寶九載，置廣文館，有知進士助敎，後罷知進士之名。

四門館　博士六人，正七品上；助敎六人，從八品上；直講四人。掌敎七品以上、侯伯子男子爲生及庶人子爲俊士生者。

有學生三百人，典學四人，掌固六人；東都學生五十人。

律學　博士三人，從八品下；助敎一人，從九品下。掌敎八品以下及庶人子爲生者。律令爲顓業，兼習格式法例。

隋，律學隸大理寺，博士八人。武德初，隸國子監，尋廢；貞觀六年復置，顯慶三年又廢，以博士以下隸大理寺；龍朔二年復置。有學生二十人，典學二人。元和初，東都置學生五人。

書學　博士二人，從九品下；助敎一人。掌敎八品以下及庶人子爲生者。石經、說

文、字林爲顓業，兼習餘書。

武德初，廢書學，貞觀二年復置，顯慶三年又廢，以博士以下隸祕書省，龍朔二年復。有學生十人，典學二人，東都學生三人。

算學　博士二人，從九品下；助敎一人。掌敎八品以下及庶人子爲生者。二分其經以爲業：九章、海島、孫子、五曹、張丘建、夏侯陽、周髀、五經算、綴術、緝古爲顓業，兼習記遺、三等數。

凡六學束脩之禮、督課、試舉，皆如國子學；助敎以下所掌亦如之。

唐廢算學，顯慶元年復置，三年又廢，以博士以下隸太史局。龍朔二年復。有學生十人，典學二人，東都學生二人。

少府

監一人，從三品；少監二人，從四品下。掌百工技巧之政。總中尙、左尙、右尙、織染、掌冶五署及諸冶、鑄錢、互市等監。供天子器御、后妃服飾及郊廟圭玉、百官儀物。凡武庫袍襦，皆識其輕重乃藏之，冬至、元日以給衞士。諸州市牛皮角以供用，牧畜角筋腦革悉輸焉。鈿鏤之工，敎以四年；車路樂器之工，三年；平漫刀矟之工，二年；矢鏃竹漆屈柳之工半焉；冠冕弁幘之工，九月。敎作者傳家技，四季以令丞試之，歲終以監試之，皆物勒工名。

丞六人，從六品下。掌判監事。給五署所須金石、齒革、羽毛、竹木，所入之物，各以名數州土爲籍。工役衆寡難易有等差，而均其勞逸。

主簿二人，從七品下；錄事二人，從九品上。

武德初，廢監，以諸署隸太府寺。貞觀元年復置。龍朔二年改曰內府監，武后垂拱元年曰尙方監。有府二十七人，史十七人，計史三人，亭長八人，掌固六人，短蕃匠五千二十九人，綾錦坊巧兒三百六十五人，內作使綾匠八十三人，掖庭綾匠百五十人，內作巧兒四十二人，配京都諸司諸使雜匠百二十五人。

中尙署　令一人，從七品下；丞二人，從八品下。掌供郊祀圭璧及天子器玩、后妃服飾彫文錯綵之制。凡金木齒革羽毛，任土以時而供。赦日，樹金雞於仗南，竿長七丈，有雞高四尺，黃金飾首，銜絳幡長七尺，承以綵盤，維以絳繩，將作監供焉。擊㭊鼓千聲，集百官、父老、囚徒。坊小兒得雞首者官以錢購，或取絳幡而已。歲二月，獻牙尺。寒食，獻毬。五月，獻綬帶。夏至，獻雷車。七月，獻鈿針。臘日，獻口脂。唯筆、琴瑟絃，月獻。金銀璽

紙，非旨不獻。製魚袋以給百官；蕃客賜寶鈿帶魚袋，則授鴻臚寺丞、主簿。監作四人，從九品下。凡監作，皆同品。

有府九人，史十八人，典事四人，掌固四人。唐改內尙方署曰中尙方署。武后改少府監曰尙方監，而中左右尙方、織染方、掌冶方五署，皆去方以避監。自是不改矣。有金銀作坊院。

左尙署　令一人，從七品下；丞五人，從八品下。掌供翟扇、蓋繖、五路、五副、七輦、十二車，及皇太后、皇太子、公主、王妃、內外命婦、王公之車路。凡畫素刻鏤與宮中蠟炬雜作，皆領之。監作六人。

有府七人，史二十人，典事十八人，掌固十四人。

右尙署　令二人，從七品下；丞四人，從八品下。掌供十二閑馬之轡。每歲取於京兆、河南府，加飾乃進。凡五品三部之帳，刀劍、斧鉞、甲冑、紙筆、茵席、履舃，皆儗其用，皮毛之工亦領焉。監作六人。

有府七人，史二十人，典事十三人，掌固十人。

織染署　令一人，正八品上；丞二人，正九品上。掌供冠冕、組綬及織紝、色染。錦、羅、紗、縠、綾、紬、絁、絹、布，皆廣尺有八寸，四丈爲匹。布五丈爲端，綿六兩爲屯，絲五兩爲絇，麻三斤爲綟。凡綾錦文織，禁示於外。高品一人專涖之，歲奏用度及所織。每掖庭經錦，則給酒羊。七月七日，祭杼。監作六人。

有府六人，史十四人，典事十一人，掌固五人。

掌冶署　令一人，正八品上；丞二人，正九品上。掌范鎔金銀銅鐵及塗飾琉璃玉作。銅鐵人得採，而官收以稅，唯鑞官市。邊州不置鐵冶，器用所須，皆官供。凡諸冶成器，上數于少府監，然後給之。監作二人。

有府六人，史十二人，典事二十三人，掌固四人。

諸冶監　令各一人，正七品下；丞各一人，從八品上。掌鑄兵農之器，給軍士、屯田居民，唯興農冶監供隴右監牧。監作四人。

有錄事一人，府一人，史二人，典事二人，掌固四人。太原冶，減監作二人。

諸鑄錢監　監各一人，副監各二人，丞各一人。以所在都督、刺史判焉；副監，上佐；丞，以判司。監事以參軍及縣尉爲之。監事各一人。

有錄事各一人，府各三人，史各四人，典事各五人。凡鑄錢有七監，會昌中，增至八監。每道置鑄錢坊一。大中初，三監廢。

互市監　每監，監一人，從六品下；丞一人，正八品下。掌蕃國交易之事。

隋以監隸四方館。唐隸少府。貞觀六年，改交市監曰互市監，副監曰丞。武后垂拱元年曰通市監。有錄事一人，府二人，史四人，價人四人，掌固八人。

將作監

監一人，從三品；少監二人，從四品下。掌土木工匠之政，總左校、右校、中校、甄官等署，百工等監。大明、興慶、上陽宮，中書、門下、六軍仗舍、閑廄，謂之內作；郊廟、城門、省、寺、臺、監、十六衞、東宮、王府諸廨，謂之外作。自十月距二月，休冶功；自冬至距九月，休土功。凡治宮廟，太常擇日以聞。

丞四人，從六品下。掌判監事。凡外營繕，大事則聽制敕，小事則須省符。功有長短，役有輕重。自四月距七月，爲長功；二月、三月、八月、九月，爲中功；自十月距正月，爲短功。長上匠，州率資錢以酬雇。軍器則勒歲月與工姓名。

武德初，改令曰大匠，少令曰少匠。龍朔二年，改將作監曰繕工監，大匠曰大監，少匠曰少監。咸亨元年，繕工監曰營繕監。天寶十一載，改大匠曰大監，少匠曰少監。有府十四人，史二十八人，計史三人，亭長四人，掌固六人，短蕃匠一萬二千七百四十四人，明資匠二百六十人。

主簿二人，從七品下。掌官吏糧料、俸食，假使必由之。諸司供署監物有闕，舉焉。錄事二人，從九品上。

左校署　令二人，從八品下；丞一人，正九品下。掌梓匠之事。樂縣、簨簴、兵械、喪葬儀物皆供焉。宮室之制，自天子至士庶有等差，官脩者左校爲之。監作十人。

有府六人，史十二人，監作十二人。

右校署　令二人，正八品下；丞三人，正九品下。掌版築、塗泥、丹堊、匽廁之事。有所須，則審其多少而市之。監作十人。

有府五人，史十人，典事二十四人。

中校署　令一人，從八品下；丞三人，正九品下。掌供舟車、兵械、雜器。行幸陳設則供竿柱，閑廄繫秣則供行槽，禱祀則供棘葛，內外營作所須皆取焉。監牧車牛，有年支芻豆，則受之以給車坊。監事四人。

武后時，改曰營繕署。垂拱元年復舊，尋廢。開元初復置。有府三人，史六人，典事八人，掌固二人。

甄官署　令一人，從八品下；丞二人，正九品下。掌琢石、陶土之事，供石磬、人、獸、碑、柱、碾、磑、瓶、缶之器，敕葬則供明器。監作四人。

有府五人，史十人，典事十八人。

百工、就谷、庫谷、斜谷、太陰、伊陽監　監各一人，正七品下；副監一人，從七品下；丞一人，正八品上。掌采伐材木。監作四人。

武德初，置百工監，掌舟車及營造雜作，有監、少監各一人，丞四人，主簿一人。又置就谷、庫谷、斜谷、太陰、伊陽五監。貞觀中，廢百工監。高宗復置百工署，掌東都土木瓦石之功。開元十五年爲監。有錄事一人，府一人，史三人，典事二十人。

軍器監

監一人，正四品上；丞一人，正七品上。掌繕甲弩，以時輸武庫。總署二：一曰弩坊，二曰甲坊。主簿一人，正八品下；錄事一人，從九品下。

武德初，有武器監一人，正八品下。掌兵仗、廄牧。少監一人，丞二人，主簿一人。七年廢軍器監，八年復置，九年又廢。貞觀六年，廢武器監。開元以前，軍器皆出右尙署，三年置軍器監，十一年復廢為甲弩坊，隸少府，十六年復為監。有府八人，史十二人，亭長二人，掌固四人。

弩坊署 令一人，正八品下；丞一人，正九品下。掌出納矛矟、弓矢、排弩、刃鏃、雜作及工匠。監作二人。

有府二人，史五人，典事二人。貞觀六年，改弓弩署為弩坊署，甲鎧署為甲坊署。

甲坊署 令一人，正八品下；丞一人，正九品下。掌出納甲冑、綅繩、筋角、雜作及

工匠。監作二人。

有府二人，史五人，典事二人。

都水監

使者二人，正五品上。掌川澤、津梁、渠堰、陂池之政，總河渠、諸津監署。凡漁捕有禁，溉田自遠始，先稻後陸，渠長、斗門長節其多少而均焉。府縣以官督察。

丞二人，從七品上。掌判監事。凡京畿諸水，因灌溉盜費者有禁。水入內之餘，則均王公百官。

主簿一人，從八品下。掌運漕、漁捕程，會而糾舉之。

武德初，廢都水監為署。貞觀六年復為監，改令曰使者。龍朔二年，改都水監曰司津監，使者曰監。武后垂拱元年，改都水監曰水衡監，使者曰都尉。開元二十五年，不隸將作監。有錄事一人，府五人，史十人，亭長一人，掌固四人。初，貞觀六年，置舟楫署，有令一人，正八品下，掌舟楫、運漕；漕正一人，府三人，史六人，監漕一人，漕史二人，典事六人，掌固八人。上元二年，置丞二人，正九品下，掌運漕隱失。開元二十六年，署廢。

河渠署 令一人，正八品下；丞一人，正九品上。掌河渠、陂池、隄堰、魚醢之事。凡溝渠開塞，漁捕時禁，皆顓之。饗宗廟，則供魚鱐；祀昊天上帝，有司攝事，則供腥魚。日供尙食及給中書、門下，歲供諸司及東宮之冬藏。渭河三百里內漁釣者，五坊捕治之。供祠祀，則自便橋至東渭橋禁民漁。三元日，非供祠不採魚。

唐有河隄使者。貞觀初改曰河隄謁者。有府三人，史六人，典事三人，每渠及斗門有長一人，掌固三人，魚師十二人。初，有監漕十人，從九品上，大曆後省。興成、五門、六門、龍首、涇堰、滋隄，凡六堰，皆有丞一人，從九品下。府一人，史二人，典事二人，掌固二人。貞觀六年皆廢。

河隄謁者六人，正八品下。掌完隄堰、利溝瀆、漁捕之事。涇、渭、白渠，以京兆少尹一人督視。

諸津 令各一人，正九品上；丞二人，從九品下。掌天下津濟舟梁。灞橋、永濟橋，以勳官散官一人莅之；天津橋、中橋，則以衞士抍掃。凡舟渠之備，皆先儮其半，椥塞、竹䉶，所在供焉。

唐改津尉曰令，有錄事一人，府一人，史二人，典事三人，津吏五人，橋丁各三十人，匠各八人。京兆、河南諸津，隸都水監；便橋、渭橋、萬年三橋，有丞一人，從九品下；府一人，史十人，典事二人，掌固二人。貞觀中廢。

校勘記

〔一〕臺院有令史七十八人 「七十八人」，唐六典卷一三作「十五人」，舊書卷四四職官志作「十七人」。

〔二〕四曰神廚院藏御廩及諸器官奴婢 按唐六典卷一四、玉海卷一二四，神廚院惟藏御廩及諸器，此多「官奴婢」，疑衍或有脫文。

〔三〕贊者四人……贊者十六人 按唐六典卷一四、舊書卷四四均謂太常寺有「贊者十六人」，「贊者四人」疑為誤衍。

〔四〕諸觀名數 「觀」，各本原作「覩」，據唐六典卷一六及舊書卷四四職官志改。

唐書卷四十九上

志第三十九上

百官四上

十六衞

左右衞　上將軍各一人，從二品；大將軍各一人，正三品；將軍各二人，從三品。掌宮禁宿衞，凡五府及外府皆總制焉。凡五府三衞及折衝府驍騎番上者，受其名簿而配以職。皇帝御正殿，則守諸門及內廂宿衞仗。非上日，亦將軍一人押仗，將軍缺，以中郎將代將軍，掌貳上將軍之事。

左右驍衞、左右武衞、左右威衞、左右領軍、左右金吾、左右監門衞上將軍以下，品同。

武德五年，改左右翊衞曰左右衞府，左右驍騎衞曰左右驍騎府，左右屯衞曰左右威衞，左右禦衞曰左右領軍衞，左右備身府曰左右府，唯左右武衞府、左右監門府、左右候衞，仍隋不改。顯慶五年，改左右府曰左右千牛

府。龍朔二年，左右衞府、驍衞府、武衞府，皆省「府」字，左右威衞曰左右武威衞，左右領軍衞曰左右戎衞，左右候衞曰左右金吾衞，左右監門府曰左右監門衞，左右千牛府曰左右奉宸衞，後又曰左右千牛衞。咸亨元年，改左右戎衞曰領軍衞。武后光宅元年，改左右驍衞曰左右武威，左右武衞曰左右鷹揚衞，左右威衞曰左右豹韜衞，左右領軍衞曰左右玉鈐衞。貞元二年，初置十六衞上將軍。左右衞有錄事一人，府一人，史二人，亭長八人，掌固四人。

長史各一人，從六品上。掌判諸曹、五府、外府稟祿，卒伍、軍團之名數，器械、車馬之多少，小事得專達，每歲秋，贊大將軍考課。

錄事參軍事各一人，正八品上。掌受諸曹及五府、外府之事〔一〕，句稽抄目，印給紙筆。

倉曹參軍事各二人，正八品下。掌五府文官勳考、假使、祿俸、公廨、田園、食料、醫藥、過所。自倉曹以下同品。

有府二人，史四人。兵曹，府四人，史七人。騎曹，府二人，史四人。胄曹，府三人，史三人。武后長安初，改鎧曹曰胄曹，中宗即位復舊，先天元年又曰胄曹。開元初，諸衞司倉、司兵、騎兵參軍，改曰倉曹、兵曹、騎曹、胄曹參軍事。

兵曹參軍事各二人，掌五府武官宿衞番第，受其名數，而大將軍配焉。

騎曹參軍事各一人，掌外府雜畜簿帳、牧養。凡府馬承直，以遠近分七番，月一易之。

以赦出宮城者，給馬。

胄曹參軍事各一人，掌兵械、公廨興繕、罰謫。大朝會行從，則受黃質甲鎧、弓矢於衞尉。

奉車都尉，掌馭副車。有其名而無其人，大陳設則它官攝。駙馬都尉無定員，與奉車都尉皆從五品下。

司階各二人，正六品上；中候各三人，正七品下；司戈各五人，正八品下；執戟各五人，正九品下；長上各二十五人，從九品下。

武后天授二年，置諸衞司階、中候、司戈、執戟，謂之四色官。

親衞之府一：曰親府。勳衞之府二：一曰勳一府，二曰勳二府。翊衞之府二：一曰翊一府，二曰翊二府。凡五府。每府，中郎將一人，正四品下；左右郎將一人，正五品上；親衞，正七品上；勳衞，從七品上；翊衞，正八品上。總四千九百六十三人。兵曹參軍事各一人，正九品上；校尉各五人，正六品上。每校尉有旅帥二人，從六品上；每旅帥各有隊正二十人，正七品上，副隊正二十人，正七品下。

五府中郎將掌領校尉、旅帥、親衞、勳衞之屬宿衞者，而總其府事；左右郎將貳焉。番上者，以名簿上于大將軍而配以職。武德、貞觀世重資廕，二品、三品子，補親衞；二品曾

孫、三品孫、四品子、職事官五品子若孫、勳官三品以上有封及國公子，補勳衞及率府親衞；四品孫、五品及上柱國子，補翊衞及率府勳衞；勳官二品及縣男以上、散官五品以上子若孫，補諸衞及率府翊衞。王府執仗親事、執乘親事，每月番上者數千人，宿衞內廡及城門，給稟食。執扇三衞三百人，擇少壯肩膊齊、儀容整美者，本衞印臂，送殿中省肄習，仗下，每番三衞一人，爲太僕寺引輅。其後入官路艱，三衞非權勢子弟輒退番，柱國子有白首不得進者；流外雖鄙，不數年給祿稟。故三衞益賤，人罕趣之。

有錄事一人，府一人，史三人。唐親衞、勳衞置驃騎將軍、車騎將軍，翊衞置車騎將軍。武德七年，改驃騎將軍爲中郎將，車騎將軍皆爲郎將，分左右，以親衞曰一府，勳衞、翊衞曰二府，謂之三府衞。諸衞翊衞及率府親、勳衞，亦曰三衞。永徽三年，避太子諱，改中郎將曰旅賁郎，郎將曰翊軍郎。太子廢，復舊。

左右驍衞　上將軍各一人，大將軍各一人，將軍各二人。掌同左右衞。凡翊府之翊衞、外府豹騎番上者，分配之。凡分兵守諸門，在皇城四面、宮城內外，則與左右衞分知助鋪。

長史各一人，錄事參軍事各一人，倉曹參軍事各二人，兵曹參軍事各二人，騎曹參軍事各一人，胄曹參軍事各一人，左右司階各二人，左右中候各三人，左右司戈各五人，左右執

戟各五人。左右翊中郎將府中郎將各一人，左郎將各一人，右郎將各一人，兵曹參軍事各一人，校尉各五人，旅帥各十人，隊正各二十人，副隊正各二十人。

有錄事一人，史二人，亭長二人，掌固四人。倉曹，府二人，史二人；兵曹，府三人，史五人；騎曹，府二人，史四人；冑曹，府三人，史三人。左右翊中郎將府錄事一人，府一人，史二人。

左右武衛　上將軍各一人，大將軍各一人，將軍各二人。掌同左右衛。凡翊府之翊衛、外府熊渠番上者，分配之。

長史各一人，錄事參軍事各一人，倉曹參軍事各二人，兵曹參軍事各二人，騎曹參軍事各一人，冑曹參軍事各一人，左右司階各二人，左右中候各三人，左右司戈各五人，左右執戟各五人，長上各二十五人。左右翊中郎將府官，同驍衞。

有稱長二人，錄事一人，史二人，亭長二人，掌固四人。倉曹，府二人，史四人；兵曹，府三人，史五人；騎曹，府二人，史四人；冑曹，府三人，史三人。稱長掌唱警，爲應蹕之節。

左右威衛　上將軍各一人，大將軍各一人，將軍各二人。掌同左右衞。凡翊府之翊衞、外府羽林番上者，分配之。凡分兵主守，則知皇城東面助鋪。

長史各一人，錄事參軍事各一人，倉曹參軍事各二人，兵曹參軍事各二人，騎曹參軍事各一人，冑曹參軍事各一人，左右司階各二人，左右中候各三人，左右司戈各五人，左右執戟各五人，長上各二十五人。左右翊中郎將府官，同驍衞。

有錄事一人，史二人，亭長二人，掌固四人。倉曹，府二人，史四人；兵曹，府三人，史五人；騎曹，府二人，史四人；冑曹，府三人，史三人。

左右領軍衛　上將軍各一人，大將軍各一人，將軍各二人。掌同左右衞。凡翊府之翊衞、外府射聲番上者，分配之。凡分兵主守，則知皇城西面助鋪及京城、苑城諸門。

長史各一人，錄事參軍事各一人，倉曹參軍事各二人，兵曹參軍事各二人，騎曹參軍事各一人，冑曹參軍事各一人，左右司階各二人，左右中候各三人，左右司戈各五人，左右執戟各五人，長上各二十五人。左右翊中郎將府官，同驍衞。

有錄事一人，史二人，亭長二人，掌固四人。倉曹，府二人，史四人；兵曹，府三人，史五人；騎曹，府二人，史四人；冑曹，府三人，史三人。

左右金吾衛　上將軍各一人，大將軍各一人，將軍各二人。掌宮中、京城巡警，烽候、道路、水草之宜。凡翊府之翊衞及外府佽飛番上，皆屬焉。師田，則執左右營之禁，南衙宿衞官將軍以下及千牛番上者，皆配以職。大功役，則與御史循行。凡敝幕、故氈，以給病坊。

兵曹參軍事，掌翊府、外府武官，兼掌獵師。

騎曹參軍事，掌外府雜畜簿帳、牧養之事。

冑曹參軍事，掌同左右衞。大朝會行從，給青龍旗、㺚矟於衞尉。

長史各一人，錄事參軍事各一人，倉曹參軍事各二人，兵曹參軍事各二人，騎曹參軍事各一人，冑曹參軍事各一人，左右司階各二人，左右中候各三人，左右司戈各五人，左右執戟各五人，左右街使各一人，判官各二人。左右翊中郎將府官，如驍衞。

有錄事一人，史二人。倉曹，府二人，史四人；兵曹，府三人，史五人；騎曹，府二人，史四人；冑曹，府三人，史三人。左右街典二人，引駕仗三衞六十人，引駕佽飛六十六人，大角手六百人。隋有察非掾，至唐廢。

左右翊中郎將府中郎將，掌領府屬，督京城左右六街鋪巡警，以果毅二人助巡探。入閤日，中郎將一人升殿受狀，衞士六百爲大角手，六番閱習，吹大角爲昏明之節，諸營壘候以進退。

左右街使，掌分察六街徼巡。凡城門坊角，有武候鋪，衞士、彍騎分守，大城門百人，大

鋪三十人，小城門二十人，小鋪五人，日暮，鼓八百聲而門閉；乙夜，街使以騎卒循行嚻謼，武官暗探；五更二點，鼓自內發，諸街鼓承振，坊市門皆啓，鼓三千撾，辨色而止。

左右監門衛　上將軍各一人，大將軍各一人，將軍各二人。掌諸門禁衞及門籍。文武官九品以上，每月送籍於引駕仗及監門衞，衞以帳報內門。凡朝參、奏事、待詔官及繖扇儀仗出入者，閱其數。以物貨器用入宮者，有籍有傍。左監門將軍判入，右監門將軍判出，月一易其籍。行幸，則率屬於衙門監守。

長史，掌判諸曹及禁門，巡視出入而司其籍、傍。餘同左右衞。

兵曹參軍事兼掌倉曹，冑曹兼掌騎曹。

左右翊中郎將府中郎將，掌涖宮殿城門，皆左入右出。中郎將各四人，長史各一人，錄事參軍事各一人，兵曹參軍事各一人，冑曹參軍事各一人。

有錄事一人，史二人，亭長二人，掌固二人。兵曹，府三人，史五人；冑曹，府三人，史四人。監門校尉三百二十人，直長六百八十人，長入長上二十人（三），直長長上二十人。監門校尉掌敍出入。唐改監門府郎將爲將軍。

左右千牛衛　上將軍各一人，大將軍各一人，將軍各二人。掌侍衞及供御兵仗。以

千牛備身左右執弓箭宿衞，以主仗守戎器。朝日，領備身左右升殿列侍。親射，則率屬以從。

冑曹參軍事，掌甲仗。凡御仗之物二百一十有九，羽儀之物三百，自千牛以下分掌之。上日，執御弓箭者亦自備以入宿。主仗每月上，則配以職，行從則兼騎曹。中郎將各二人，長史各一人，錄事參軍事各一人，兵曹參軍事各一人，冑曹參軍事各一人。

唐改備身郎將曰將軍，備身將曰中郎將，千牛左右、備身左右曰千牛備身。初置備身主仗。有錄事一人，史二人，亭長二人，掌固四人。兵曹，府一人，史二人；冑曹，府一人，史一人。千牛備身十二人，備身左右十二人，備身一百人，主仗一百五十人。千牛備身掌執御刀，服花鈿繡衣綠，執象笏，宿衞侍從。備身左右掌執御弓矢，宿衞侍從。備身，掌宿衞侍從。主仗，掌守供御兵仗。

左右翊中郎將府中郎將，掌供奉侍衞。凡千牛及備身左右以御刀仗升殿供奉者，皆上將軍領之，中郎將佐其職。有口敕，通事舍人承傳，聲不下聞者，中郎將宣告。

諸衞折衝都尉府　每府折衝都尉一人，上府正四品上，中府從四品下，下府正五品下。左右果毅都尉各一人，上府從五品下，中府正六品上，下府正六品下。別將各一人，上府正七品下，中府從七品上，下府從七品下。長史各一人，上府正七品下，中府從七品上，

下府從七品下。兵曹參軍事各一人，上府正八品下，中府正九品下，下府從九品上。校尉五人，從七品下。旅帥十人，從八品上。隊正二十人，正九品下；副隊正二十人，從九品下。

折衝都尉掌領屬備宿衞，師役則總戎具、資糧、點習，以三百人爲團，一校尉領之。捉鋪持更者，晨夜有行人必問，不應則彈弓而嚮之，復不應則旁射，又不應則射之。晝以排門人遠望，暮夜以持更人遠聽。有衆而囂，則告主帥。

左右果毅都尉，掌貳都尉。

每府有錄事一人，府一人，史二人。兵曹，府二人，史三人。每隊正領兵五十人。武德元年，改鷹揚郎將曰軍頭，正四品下；鷹擊郎將曰府副，正五品上；司馬曰長史，正八品下；校尉，正六品下；旅帥，正七品下。廢越騎、步兵二校尉及察非掾。又改軍頭曰驃騎將軍，府副曰車騎將軍，皆爲府。諸率府置驃騎將軍五人、車騎將軍十人。二年，以車騎將軍府隸驃騎府，置十二軍，分關內諸府皆隸焉。每軍，將軍一人，副一人。至六年廢。七年，改驃騎將軍府爲統軍府，車騎將軍爲別將。八年，復置十二軍。貞觀十年，改統軍府曰折衝都尉，別將曰果毅都尉。軍坊置坊主一人，檢校戶口，勸課農桑，以本坊五品勳官爲之。三輔及近畿州都督府皆置府，凡六百三十三。永徽中，廢長史，置司馬一人，總司兵、司騎二局。武后垂拱中，以千二百人爲上府，千人爲中府，八百人爲下府，赤縣爲赤府，畿縣爲畿府。聖曆元年，廢司馬，置長史、兵曹參軍事，又有別將一人，從六品下，居果毅都尉之次，其後分左右各一人，尋廢。久之，復置一人，降其品。開元初，衞士爲武士，諸衞折衝、果毅、別將，擇有行者爲展仗押官。右羽林軍十五人，左羽林軍二十五人，衣服同色。諸衞有弩手，左右驍衞各八十五人，餘衞各八十三人。

左右羽林軍　大將軍各一人，正三品；將軍各三人，從三品。掌統北衙禁兵，督攝左右廂飛騎儀仗。大朝會，則周衞階陛；巡幸，則夾馳道爲內仗。凡飛騎番上者，配其職。有敕上南衙者，大將軍承墨敕，白移於金吾，引駕仗官與監門奏覆，降墨敕，然後乃得入。

長史各一人，從六品上；錄事參軍事各一人，正八品上；倉曹參軍事各一人，兼總騎曹事；兵曹參軍事各一人；冑曹參軍事各一人。自倉曹參軍以下，皆正八品下。司階各二人，正六品上；中候各三人，正七品下；司戈各五人，正八品上；執戟各五人，正九品下；長上各十人。左右翊衞中郎將府中郎將一人，正四品下；左右中郎一人，左右郎將一人，皆正五品上；兵曹參軍事一人，正九品上；校尉五人，旅帥十人，隊正二十人，副隊正二十人。

有錄事一人，史二人，亭長二人，掌固四人。倉曹、兵曹各府二人、史四人；冑曹，府、史各二人。左右翊中郎

將府，錄事一人，府一人，史二人；倉曹、兵曹各府二人，史四人；冑曹，府、史各二人。

左右龍武軍　大將軍各一人，正二品；統軍各一人，正三品；將軍三人，從三品。掌同羽林。

長史、錄事參軍事、倉曹參軍事、兵曹參軍事、冑曹參軍事各一人，司階各二人，中候各三人，司戈、執戟各五人，長上各十人。

景雲元年，置龍武將軍。開元元年，六軍各置統軍。貞元三年，龍武軍增將軍一員，有錄事一人，史二人，亭長二人，掌固四人。倉曹，府二人，史四人；兵曹，府二人，史四人；冑曹，府、史各二人。

左右神武軍　大將軍各一人，正二品；統軍各一人，正三品；將軍三人，從三品。總衙前射生兵。

長史、錄事參軍事、倉曹參軍事、兵曹參軍事、冑曹參軍事各一人，司階各二人，中候各三人，司戈、執戟各五人，長上各十人。

有錄事一人，史二人，倉曹、兵曹、冑曹府、史，皆如龍武軍。開元二十六年，分羽林置左右神武軍，尋廢；至德二年復置。

左右神策軍　大將軍各一人，正二品；統軍各二人，正三品；將軍各四人，從三品。掌衞兵及內外八鎮兵。

護軍中尉各一人，中護軍各一人，判官各三人，都句判官二人，句覆官各一人，表奏官各一人，支計官各一人，孔目官各二人，驅使官各二人。

自長史以下，員數如龍武軍。

左右龍武、左右神武、左右神策，號六軍。貞元二年，神策軍置大將軍、將軍，十四年置統軍，品秩同六軍。始，殿前左右神威軍，有大將軍二人，正二品；統軍二人，從三品；將軍二人，從五品。元和初，爲一軍，號天威軍。八年廢，以軍隸神策，有馬軍、步軍將軍及指揮使等，以馬軍大將軍知軍事。天復三年廢神策軍，四年復置神策軍。

東宮官

太子太師、太傅、太保，各一人，從一品。掌輔導皇太子。每見，迎拜殿門，三師答拜，每門必讓，三師坐，太子乃坐。與三師書，前名惶恐，後名惶恐再拜。太子出，則乘路備鹵簿以從。

少師、少傅、少保，各一人，從二品。掌曉三師德行，以諭皇太子，奉太子以觀三師之道德。自太師以下唯其人，不必備。

先天元年開府，置令、丞各一人，隸詹事府。尋廢。

太子賓客四人，正三品。掌侍從規諫，贊相禮儀，宴會則上齒。侍讀，無常員，掌講導經學。

貞觀十八年，以宰相兼賓客。開元中，定員四人。太宗時，晉王府有侍讀，及爲太子，亦置焉。其後，或置或否。開元初，十王宅引辭學工書者入教，亦爲侍讀。

詹事府　太子詹事一人，正三品；少詹事一人，正四品上。掌統三寺、十率府之政，少詹事爲之貳。皇太子書稱令，庶子以下署名奉行，書案、畫日。

丞二人，正六品上。掌判府事，知文武官簿、假使。凡敕令及尚書省、二坊符牒下東宮諸司者，皆發焉。

主簿一人，從七品上；錄事二人，正九品下。

隋廢詹事府。武德初復置。龍朔二年曰端尹府，詹事曰端尹，少詹事曰少尹。武后光宅元年改曰宮尹府，詹事曰宮尹，少詹事曰少尹。有令史九人，書令史十八人。

司直二人，正七品上。掌糾劾宮寮及率府之兵。皇太子朝，則分知東西班。監國，則詹事、庶子爲三司使，司直一人與司議郎、舍人分日受理啓狀。太子出，則分察鹵簿之內。

有令史一人，書令史二人，亭長四人，掌固六人。

左春坊　左庶子二人，正四品上；中允二人，正五品下。掌侍從贊相，駁正啓奏。總司經、典膳、藥藏、內直、典設、宮門六局。皇太子出，則版奏外辦、中嚴；入則解嚴。凡令書下，則與中允、司議郎等畫諾、覆審，留所畫以爲案〔三〕，更寫印署，注令諾，送詹事府。

司議郎二人，正六品上。掌侍從規諫，駁正啓奏。凡皇太子出入、朝謁、從祀、釋奠、講學、監國之命，可傳於史册者，錄爲記注；宮坊祥眚，官長除拜、薨卒，歲終則錄送史館。

左諭德一人，正四品下。掌諭皇太子以道德，隨事諷贊。皇太子朝宮臣，則列侍左階，出入騎從。

左贊善大夫五人，正五品上。掌傳令，諷過失，贊禮儀，以經教授諸郡王。錄事二人，從八品下；主事三人，從九品下。

隋有內允。武德三年改曰中舍人，隸門下坊。貞觀初曰中允，十八年置司議郎。永徽三年，避皇太子名，復改中允曰內允。太子廢，復舊。龍朔二年，改門下坊曰左春坊，左庶子曰左中護，中允曰左贊善大夫，司議郎分左

右，置左右諭德各一人。咸亨元年，皆復舊，司議郎不分左右，其後諭德廢而司議郎復分。儀鳳四年，置左右贊善大夫各十人，以同姓爲之。景雲二年，始兼用庶姓，改門下坊曰左春坊，復置諭德，庶子以比侍中，中允以比門下侍郎，司議郎以比給事中，贊善大夫以比諫議大夫，諭德以比散騎常侍。右坊，則庶子以比中書令，中舍人以比中書侍郎，太子監國則庶子比尚書令。有令史六人，書令史十二人，傳令四人，掌儀二人，贊者三人，亭長三人，掌固十人。

崇文館　學士二人，掌經籍圖書，教授諸生，課試舉送如弘文館。校書郎二人，從九品下。掌校理書籍。

貞觀十三年置崇賢館。顯慶元年，置學生二十人。上元二年，避太子名，改曰崇文館。有學士、直學士及讎校，皆無常員，無其人則庶子領館事。開元七年，改讎校曰校書郎。乾元初，以宰相爲學士，總館事。貞元八年，隸左春坊。有館生十五人，書直一人，令史二人，書令史二人，典書二人，搨書手二人，楷書手十人，熟紙匠一人，裝潢匠二人，筆匠一人。

司經局　洗馬二人，從五品下。掌經籍，出入侍從。圖書上東宮者，皆受而藏之。文學三人，正六品下。分知經籍，侍奉文章。校書四人，正九品下；正字二人，從九品上。掌校刊經史。

唐改太子正書曰正字。龍朔三年，改司經局曰桂坊，罷隸左春坊，領崇賢館，比御史臺；以詹事一人爲令，比

御史大夫，司直二人比侍御史，以洗馬爲司經大夫。置文學四人，錄事一人，正九品下。三年，改司經大夫曰桂坊大夫〔四〕，糾正違失。咸亨元年，復隸左春坊，省錄事。有書令史二人，書吏二人，典書四人，楷書二十五人，掌固六人，裝潢匠二人，熟紙匠、筆匠各一人。

典膳局　典膳郎二人，從六品下；丞二人，正八品上。掌進膳、嘗食，丞爲之貳。每夕，更直於廚。

龍朔二年，改典膳監曰典膳郎。有書令史二人，書吏四人，主食六人，典食二百人，掌固四人。

藥藏局　藥藏郎二人，從六品下；丞二人，正八品上。掌和醫藥，丞爲之貳。皇太子有疾，侍醫診候議方。藥將進，宮臣涖嘗，如尚藥局之職。

有書令史一人，書吏二人，侍醫四人，典藥二人，藥童六人，掌固四人。

內直局　內直郎二人，從六品下；丞二人，正八品下。掌符璽、衣服、繖扇、几案、筆硯、垣牆。

龍朔二年，改監曰內直郎，副監曰丞。有令史一人，書吏三人，典服十二人，典扇八人，典翰八人，掌固六人。武德中，有典璽四人，開元中廢。

典設局　典設郎四人，從六品下；丞二人，正八品下。掌湯沐、燈燭、汛掃、鋪設。凡皇太子散齋別殿，致齋正殿，前一日設幄坐于東序及室內，張帷前楹。

龍朔二年，改齋帥局曰典設局，齋帥曰郎。有書令史二人，書吏四人，幕士二百四十五人，掌固十二人。

宮門局　宮門郎二人，從六品下；丞二人，正八品下。掌宮門管籥。凡夜漏盡，擊漏鼓而開；夜漏上水一刻，擊漏鼓而閉。歲終行儺，則先一刻而啓。皇太子不在，則闔正門，還仗，如常。凡宮中，明時不鼓。

龍朔三年，改宮門監曰宮門郎。有書令史一人，書吏二人，門僕百人，掌固四人。

右春坊　右庶子二人，正四品下；中舍人二人，正五品下。掌侍從、獻納、啓奏，中舍人爲之貳。皇太子監國，下令書則畫日，至春坊則庶子宣傳，中舍人奉行。

太子舍人四人，正六品上。掌行令書、表啓。諸臣上皇太子，大事以牋，小事以啓，其封題皆上右春坊通事舍人以進。

通事舍人八人，正七品下。掌導宮臣辭見，承令勞問。

右諭德一人，右贊善大夫五人，錄事一人，主事二人，品皆如左春坊。

隋內舍人隸典書坊。武德初改曰中舍人，管記舍人曰太子舍人。永徽元年，避太子名，復改中舍人曰內舍人。龍朔二年，改典書坊曰右春坊，右庶子曰右中護，中舍人曰右贊善大夫，舍人曰右司議郎。有令史九人，書令史十八人，傳令四人，典謁四人，亭長六人，掌固十人。

家令寺　家令一人，從四品上。掌飲膳、倉儲。總食官、典倉、司藏三署。皇太子出入，則乘軺車爲導；祭祀、賓客，則供酒食；賜予，則奉金玉、貨幣。凡牀几、茵席、器物，非取於將作、少府者，皆供焉。

丞二人，從七品下，掌判寺事。凡三署出納，皆刺於詹事。莊宅、田園，審肥墝爲收斂之數。宮、朝、坊、府土木營繕，則下於司藏。

主簿一人，正九品下。

隋改司府令曰家令。龍朔二年，改家令寺曰宮府寺，家令曰大夫。有錄事一人，府十人，史二十人，亭長四人，掌固四人，雜匠百人。

食官署　令一人，從八品下；丞二人，從九品下。掌飲膳、酒醴。凡四時供送設食皆預焉。供六品以下元日、寒食、冬至食於家令廚者。

有府二人，史四人，掌膳四人，供膳百四十人，奉觶三十人。

典倉署　令一人，從八品下；丞二人，從九品下。掌九穀、醯醢、庶羞、器皿、燈燭。凡園圃樹藝，皆受令焉。每月籍出納上於寺，歲終上詹事府。給戶奴婢、番戶、雜戶資糧衣服。

有府三人，史五人，園丞二人，史二人。

司藏署　令一人，從八品下；丞二人，從九品下。掌庫藏財貨出納、營繕。

有府三人，史四人，計史一人。

率更寺　令一人，從四品上。掌宗族次序、禮樂、刑罰及漏刻之政。太子釋奠、講學、齒胄，則總其儀；出入，乘軺車爲導，居家令之次。坊、寺、府有罪者，論罰，庶人杖以下，皆送大理〔五〕。皇太子未立，判斷於大理。

丞一人，從七品上。掌貳令事。宮臣有犯理於率更者，躬問蔽罪而上於詹事。

主簿一人，正九品下。掌印句。凡宗族不序，禮儀不節，音律不諧，漏刻不審，刑名不法，皆舉而正之。決囚，則與丞同涖。

龍朔二年，改曰司更寺，令曰司更大夫。有錄事一人，府三人，史四人，漏刻博士三人，掌漏六人，漏童二十人，典鐘、典鼓各十二人，亭長四人，掌固四人。漏刻博士掌教漏刻。

僕寺　僕一人，從四品上。掌車輿、乘騎、儀仗、喪葬，總廄牧署。太子出，則率廄牧令進路，親馭。

丞一人，從七品上。掌判寺事。凡馬畜芻粟，歲以季夏上於詹事，以時出入而節其數。

主簿一人，正九品下。掌廄牧畜養、車騎駕馭、儀仗。

龍朔二年，改曰廄僕寺，僕曰大夫。有進馬十一人，錄事一人，府三人，史五人，亭長三人，掌固三人。

廄牧署　令一人，從八品下；丞二人，從九品下。掌車馬、閑廄、牧畜。皇太子出，則率典乘先期習路馬，率駕士馭車乘，既出，進路，式路車於西閤外，南向以俟。凡羣牧隸東宮者，皆受其職事。典乘四人，從九品下。

有府三人，史六人，翼馭十人，駕士十五人，掌閑六百人，獸醫十人，主酪三十人。翼馭掌調馬執馭。

太子左右率府　率各一人，正四品上；副率各二人，從四品上。掌兵仗、儀衞。凡諸曹及三府、外府皆隸焉。元日、冬至，皇太子朝宮臣、諸方使，則率衞府之屬爲衞。每月三府三衞及五府超乘番上者，配以職。

武德五年，改左右侍率曰左右衞率府，左右武侍衞率曰左右宗衞率府，左右宮門將曰左右監門率府。龍朔二年，改左右衞率府曰左右典戎衞，左右宗衞率府曰左右司禦率府，左右虞候率府曰左右清道衞，左右內率府曰左右奉裕衞，左右監門率府曰左右崇掖衞。武后垂拱中，改左右監門率府曰左右鷂禁衞。神龍元年，改左右司禦率府曰左右宗衞府，左右清道衞曰左右虞候率府。景雲二年，左右宗衞府復曰左右司禦率府。開元初，左右虞候率

府復曰左右清道率府。

長史各一人，正七品上。掌判諸曹府。季秋以屬官功狀上於率，而爲考課。

錄事參軍事各一人，從八品上；倉曹參軍事、兵曹參軍事、冑曹參軍事、騎曹參軍事各一人，從八品下。倉曹掌文官簿書，兵曹掌武官簿書，冑曹掌器械、公廨營繕。司階各一人，從六品上〔六〕；中候各二人，從七品下；司戈各二人，從八品上；執戟各三人，散長上各十人，從九品下。左右司禦、清道、監門、內率府，自率以下品同。

有錄事一人，府一人，史一人。倉曹，府一人，史二人；兵曹、冑曹，各府二人，史三人；騎曹，府五人，史七人。亭長、掌固各二人。

親府、勳府、翊府三府　每府中郎將各一人，從四品上；左右郎將各一人，正五品下。中郎將、郎將，掌其府校尉、旅帥及親、勳、翊衞之屬宿衞，而總其事。

兵曹參軍事各一人，從九品上。掌判句。大朝會及皇太子出，則從鹵簿而涖其儀。親衞從七品上，勳衞正八品上，翊衞從八品上，員皆亡。校尉各五人，從六品上；旅帥各十人，正七品下；隊正各二十人，從八品上。

武德元年，改功曹曰親衞，義曹曰勳衞，良曹曰翊衞，置三府，有錄事一人，府、史各一人。

太子左右司禦率府　率各一人，正四品上；副率各二人，從四品上。掌同左右衞。凡諸曹及外府旅賁番上者隸焉。

長史各一人，正七品上；錄事參軍事各一人，從八品上；倉曹參軍事、兵曹參軍事、冑曹參軍事、騎曹參軍事，各一人，從八品下；司階各一人，中候各二人，司戈各二人，執戟各三人。親衞、勳衞、翊衞三府中郎將以下，如左右衞率府。

有錄事一人，史二人。倉曹，府一人，史二人；兵曹，府二人，史三人；冑曹，府、史各二人。亭長一人，掌固二人。

太子左右清道率府　率各一人，副率各二人。掌晝夜巡警。凡諸曹及外府直盪番上者隸焉。皇太子出入，則以清游隊先導，後拒隊爲殿。

長史各一人，錄事參軍事各一人，從八品上；倉曹參軍事、兵曹參軍事、冑曹參軍事各一人，從八品下；左右司階各一人，左右中候各二人，左右司戈各一人，左右執戟各三人。親衞、勳衞、翊衞三府中郎將以下，如左右衞率府。

有錄事一人，史二人，亭長二人，掌固二人。倉曹，府一人，史二人；兵曹，府二人，史三人；冑曹，府二人，史二人。細引押仗五十人。

太子左右監門率府　率各一人，副率各二人。掌諸門禁衞。凡財物、器用，出者有籍。

長史各一人，錄事參軍事各一人，正九品上；兵曹參軍事各一人，正九品下，兼領倉曹；冑曹參軍事各一人，正九品下；監門直長七十八人，從七品下。

唐改宮門將曰監門率，直事曰直長。有錄事一人，史二人，亭長一人，掌固二人。兵曹，府二人，史二人；冑曹，府二人，史三人。

太子左右內率府　率各一人，副率各一人。掌千牛供奉之事。皇太子坐日，領千牛升殿。射于射宮，則千牛奉弓矢立東階，西面；率奉弓，副率奉矢、決拾。北面張弓，左執弣，右執簫以進，副率以弓拂矢而進〔七〕，各退立於位。既射，左內率啓其中否〔八〕。

長史各一人，錄事參軍事各一人，正九品上；兵曹參軍事各一人，正九品下，兼領倉曹；冑曹參軍事各一人，正九品下；千牛各四十四人，從七品上。

唐置兵曹，改司使左右復曰千牛備身，主射左右復曰備身左右，弓箭備身去弓箭之名。龍朔二年，改千牛備身曰奉裕。開元中，千牛備身、備身左右，幷爲千牛。有備身二十八人，主仗四十人，錄事一人，史二人。兵曹，府一

人，史二人；胄曹，府一人，史一人。

校勘記

〔一〕錄事參軍事各一人正八品上掌受諸曹及五府外府之事　各本「之」字原在「外府」上。按唐六典卷二四、職官分紀卷三五俱云：錄事參軍事「掌印及受諸曹、五府及外府百司所由之事」。明「之」字當在「外府」下，今改正。

〔二〕長入長上二十人　唐六典卷二五、舊書卷四四「入」作「人」。

〔三〕凡令畫下則與中允司議郎等畫諾覆審留所畫以爲案　按唐六典卷二六云：「凡令書下於左春坊，則與中允、司議郎等覆啓以畫諾，及覆下，以皇太子所畫者留爲案。」職官分紀卷二八同。此應是留皇太子所畫以爲案，本書文義欠明。

〔四〕龍朔三年改司經局曰桂坊……以洗馬爲司經大夫……三年改司經大夫曰桂坊大夫　上「三」字，各本同；下「三」字，衲、殿本同，汲、局本作「二」。按以洗馬爲司經大夫事，唐六典卷二六及通典卷三〇俱繫在龍朔二年；改司經局曰桂坊事，唐六典未載，通典繫在龍朔三年。本書則均在龍朔三年，且「三年」文重出，不合體例，顯有舛誤。

〔五〕坊寺府有罪者論罰庶人杖以下皆送大理　唐六典卷二七云：「凡諸坊寺府之有犯者，令其主司定罪，庶人杖以下決之，官吏杖以下皆送於大理。」

〔六〕司階各一人從六品上　「階」，各本原作「皆」，唐六典卷二八作「階」。按本書下文及唐六典同卷太子左右司禦率府、太子左右淸道率府均有「司階」，並從六品上。據改。

〔七〕副率以弓拂矢而進　唐六典卷二八「弓」作「巾」，職官分紀卷三〇引唐六典文同。「弓」疑爲「巾」之誤。

〔八〕左內率啓其中否　唐六典卷二八作「左右內率啓其矢中及不中」，職官分紀卷三〇引唐六典文同。此處「左」下疑脫「右」字。

唐書卷四十九下

志第三十九下

百官四下

王府官

傅一人，從三品。掌輔正過失。諮議參軍事一人，正五品上。掌訏謀議事。友一人，從五品下。掌侍游處，規諷道義。侍讀，無定員。文學一人，從六品上。掌校典籍，侍從文章。東西閤祭酒各一人，從七品上。掌禮賢良、導賓客。

自祭酒以下爲王官。武德中，置師一人、常侍二人、侍郎四人，皆掌表啓書疏，贊相禮儀；舍人四人，掌通傳引納。謁者二人，舍人二人，諮議參軍事、友，皆正五品下；文學、祭酒，皆正六品下。高宗、中宗時，相王府長史以宰相兼之，魏、雍、衞王府以尚書兼之，徐、韓二王爲刺史，府官同外官，資望愈下。永淳以前，王未出閤則不開府。天授二年，置皇孫府官。玄宗諸子多不出閤，王官益輕而員亦減矣。景雲二年，改師曰傅，開元二年廢，尋復置，廢常侍、侍郎、謁者、舍人。開成元年，改諸王侍讀曰奉諸王講讀，大中初復舊。

長史一人，從四品上；司馬一人，從四品下。皆掌統府僚，紀綱職務。掾一人，掌通判功曹、倉曹、戶曹事，屬一人，皆正六品上，掌通判兵曹、騎曹、法曹、士曹事。主簿一人，掌覆省書教，記室參軍事二人，掌表啓書疏，錄事參軍事一人，皆從六品上，掌付事、句稽，省署鈔目。錄事一人，從九品下。功曹參軍事掌文官簿書、考課、陳設，倉曹參軍事掌祿稟、廚膳、出內、市易、畋漁、芻藁，戶曹參軍事掌封戶、僮僕、弋獵、過所，兵曹參軍事掌武官簿書、考課、儀衞、假使，騎曹參軍事掌廄牧、騎乘、文物、器械，法曹參軍事掌按訊、決刑，士曹參軍事掌土功、公廨，自功曹以下各一人，正七品上。參軍事二人，正八品下；行參軍事四人，從八品上。皆掌出使雜檢校。典籤二人，從八品下，掌宣傳書教。

武德中，改功曹以下書佐、法曹行書佐、士曹佐皆曰參軍事，長兼行書佐曰行參軍，廢城局參軍事。又有鎧曹參軍事二人，掌儀衞兵仗；田曹參軍事一人，掌公廨、職田、弋獵；水曹參軍事二人，掌舟船、漁捕、芻草。皆正七品下。家吏二人，百司問事謁者一人，正七品下。司閣一人，正九品下。貞觀中，廢鎧曹、田曹、水曹。武后時，家吏以下皆廢。主簿、記室有史二人；錄事、功曹、倉曹、兵曹、騎曹、法曹、士曹，各府一人、史二人；戶曹府、史，各二人。自典籤以上爲府官，郡王、嗣王不置長史。

親事府　典軍二人，正五品上；副典軍二人，從五品上。皆掌校尉以下守衞、陪從，兼知鞍馬。校尉五人，從六品上；旅帥，從七品下；隊正，從八品下，隊副，從九品下。皆掌領親事、帳內陪從〔一〕。自旅帥以下，視親事多少乃置。

帳內府　典軍二人，正五品上；副典軍二人，從五品上。自校尉以下，員、品如親事府。

初，典軍以武官及流外爲之，領執仗、帳內等。秦王、齊王府置左右六護軍府、左右親軍府、左右帳內府。左一、右一護軍府，護軍各一人，副護軍各二人，長史、錄事參軍事，倉曹、兵曹、鎧曹參軍事，各一人，統軍各五人，別將各一人。左二、右二護軍府，左三、右三護軍府，減統軍三人，別將六人。左右親軍府，統軍各一人，長史各一人，錄事參軍事，兵曹、鎧曹參軍事，左別將，右別將，各一人。帳內府職員，與護軍府同。又有庫直，隸親事府；驅咥直，隸帳內府。選材勇爲之。貞觀中，庫直以下皆廢。親事府有府一人，史二人；執仗親事十六人，執弓仗；執乘親事十六人，掌供騎乘；親事三百三十人。帳內府有府一人，史一人，帳內六百六十七人。

親王國　令一人，從七品下；大農一人，從八品下。掌判國司。尉一人，正九品下；丞一人，從九品下。學官長、丞各一人，掌教授內人；食官長、丞各一人，掌營膳食；廐牧長、丞各二人，掌畜牧；典府長、丞各二人，掌府內雜事。長皆正九品下，丞皆從九品下。

有典衞八人，掌守衞、陪從。舍人四人，錄事一人，府四人，史八人。

公主邑司　令一人，從七品下；丞一人，從八品下。掌公主財貨、稟積、田園。主簿一人，正九品下；錄事一人，從九品下。督封租、主家財貨出入。

有史八人，謁者二人，舍人二人，家史二人。

外官

天下兵馬元帥、副元帥，都統、副都統，行軍長史，行軍司馬、行軍左司馬、行軍右司馬，判官，掌書記，行軍參謀，前軍兵馬使、中軍兵馬使、後軍兵馬使，中軍都虞候，各一人。元帥、都統、招討使，掌征伐，兵罷則省。都統總諸道兵馬，不賜旌節。

高祖起兵，置左右領軍大都督，各總三軍。及定京師，置左右元帥、太原道行軍元帥、西討元帥，皆親王領之。天寶末，置天下兵馬元帥，都統朔方、河東、河北、平盧節度使。招討、都統之名，始於此。大曆八年，罷天下兵馬元帥。建中四年，以李希烈反，置諸軍行營兵馬都元帥；興元元年，置副都統。會昌中，置鄜、夏六道元帥。黃巢之亂，置諸道行營都都統。天復三年〔二〕，置諸道兵馬元帥，尋復改曰天下兵馬元帥。

行軍司馬，掌弼戎政。居則習蒐狩，有役則申戰守之法，器械、糧糒、軍籍、賜予皆專焉。

武德元年，改贊治曰治中。高宗即位，曰司馬，下州亦置焉。顯慶二年，置洛州司馬。武后大足元年，東都、北都、雍、荆、揚、益州，置左右司馬。神龍二年省。太極元年，雍、洛四大都督府增司馬一人，亦分左右。

掌書記，掌朝覲、聘問、慰薦、祭祀、祈祝之文與號令升絀之事。行軍參謀，關豫軍中機密。

景龍元年，置掌書記。開元十二年，罷行軍參謀，尋復置。

節度使、副大使知節度事、行軍司馬、副使、判官、支使、掌書記、推官、巡官、衙推各一人，同節度副使十人，館驛巡官四人，府院法直官、要籍、逐要親事各一人，隨軍四人。節度使封郡王，則有奏記一人；兼觀察使，又有判官、支使、推官、巡官、衙推各一人；又兼安撫使，則有副使、判官各一人；兼支度、營田、招討、經略使，則有副使、判官各一人；支度使復有遣運判官、巡官各一人。

節度使掌總軍旅，顓誅殺。初授，具帑抹兵仗詣兵部辭見，觀察使亦如之。辭日，賜雙旌雙節。行則建節、樹六纛，中官祖送，次一驛輒上聞。入境，州縣築節樓，迎以鼓角，衙仗

居前，旌幢居中，大將鳴珂，金鉦鼓角居後，州縣齋印迎于道左。視事之日，設禮案，高尺有二寸，方八尺，判三案，節度使判宰相，觀察使判節度使，團練使判觀察使。三日洗印，視其刓缺。歲以八月考其治否，銷兵爲上考，足食爲中考，邊功爲下考。觀察使以豐稔爲上考，省刑爲中考，辦稅爲下考。團練使以安民爲上考，懲姦爲中考，得情爲下考。防禦使以無虞爲上考，清苦爲中考，政成爲下考。經略使以計度爲上考，集事爲中考，脩造爲下考。罷秩則交廳，以節度使印自隨，留觀察使、營田等印，以郎官主之。鎖節樓、節堂，以節院使主之，祭奠以時。入朝未見，不入私第。

京兆、河南牧，大都督，大都護，皆親王遙領。兩府之政，以尹主之；大都督府之政，以長史主之；大都護府之政，以副大都護主之，副大都護則兼王府長史。其後有持節爲節度、副大使知節度事者，正節度也。諸王拜節度大使者，皆留京師。

觀察使、副使、支使、判官、掌書記、推官、巡官、衙推、隨軍、要籍、進奏官，各一人。

團練使、副使、判官、推官、巡官、衙推，各一人。

防禦使、副使、判官、推官、巡官，各一人。

觀察處置使，掌察所部善惡，舉大綱。凡奏請，皆屬於州。

貞觀初，遣大使十三人巡省天下諸州，水旱則遣使，有巡察、安撫、存撫之名。神龍二年，以五品以上二十人

為十道巡察使，按舉州縣，再周而代。景雲二年，置都督二十四人，察刺史以下善惡，置司舉從事二人，秩比侍御史。揚、益、并、荆四州為大都督，汴、兗、魏、冀、蒲、綿、秦、洪、潤、越十州為中都督，皆正三品；齊、鄜、涇、襄、安、潭、遂、通、梁、夔十州為下都督，從三品。當時以為權重難制，罷之，唯四大都督府如故。置十道按察使，道各一人。開元二年，曰十道按察採訪處置使，至四年罷，八年復置十道按察使，秋、冬巡視州縣，十年又罷。十七年復置十道、京都兩畿按察使，二十年曰採訪處置使，分十五道，天寶末，又兼黜陟使，乾元元年，改曰觀察處置使。

西都、東都、北都牧各一人，從二品。西都、東都、北都、鳳翔、成都、河中、江陵、興元、興德府尹各一人，從三品。掌宣德化，歲巡屬縣，觀風俗，錄囚，恤鰥寡。親王典州，則歲以上佐巡縣。

武德元年，雍州置牧一人，以親王為之，然常以別駕領州事。永徽中，改尹曰長史。初，太宗伐高麗，置京城留守，其後車駕不在京都，則置留守，以右金吾大將軍為副留守；開元元年，改京兆、河南府長史復為尹，通判府務，牧缺則行其事；十一年，太原府亦置尹及少尹，以尹為留守，少尹為副留守：謂之三都留守。三都大都督府有典獄十八人，問事十二人，白直二十四人；典獄以防守囚繫，問事以行罰。中府、上州，典獄十四人，問事八人，白直二十人；下府、中州，典獄十二人，問事六人，白直十六人；下州，典獄八人，問事四人，白直十六人。自三都以下，皆有執刀十五人。

少尹二人，從四品下。掌貳府州之事，歲終則更次入計。司錄參軍事二人，正七品上。錄事四人，從九品上。功曹、倉曹、戶曹、田曹、兵曹、法曹、士曹參軍事各二人，皆正七品下。參軍事六人，正八品下。六府錄事參軍事以下減一人。

錄事參軍事，掌正違失，莅符印。

武德初，改州主簿曰錄事參軍事，開元元年，改曰司錄。有史十人。大都督府有史四人，中府有史三人，下府、都護府、上州、中州、下州各有史二人。

功曹司功參軍事，掌考課、假使、祭祀、禮樂、學校、表疏、書啓、祿食、祥異、醫藥、卜筮、陳設、喪葬。

武德初，司功、司倉、司戶、司兵、司法、司士書佐皆為司功等參軍事，有府四人、史十人。大都督府有府三人、史六人；中府有府二人、史三人；下府有府一人、史三人。大都護府有府一人、史二人。上府有府、史各二人。上州有佐二人、史五人；中州減史二人。

倉曹司倉參軍事，掌租調、公廨、庖廚、倉庫、市肆。

有府五人，史十三人。大都督府有府四人，史六人。中府、下府，各有府三人，史五人。都護府有府、史各二人。上州有佐二人，史五人；中州、下州減史二人。

戶曹司戶參軍事，掌戶籍、計帳、道路、過所、蠲符、雜傜、逋負、良賤、芻藁、逆旅、婚姻、

田訟、旌別孝悌。

有府八人，史十六人，帳史二人，知籍，按帳目捉錢。大都督府有府四人，史七人，帳史二人；中府有府三人，史五人，帳史一人；下府有府二人，史五人，帳史一人。上州有佐四人，史六人，帳史一人；中州有佐三人，史五人，帳史一人；下州有佐二人，史四人，帳史一人。都護府有府、史各二人，帳史一人。

田曹司田參軍事，掌園宅、口分、永業及蔭田。

景龍三年，初置司田參軍事，唐隆元年省，上元二年復置。有府四人，史十人。大都督府有府二人，史六人；中府有府、史各二人；下府有府一人，史二人。上州有佐二人，史五人；中州、下州減史二人。

兵曹司兵參軍事，掌武官選、兵甲、器仗、門禁、管鑰、軍防、烽候、傳驛、畋獵。

有府六人，史十四人。大都督府有府四人，史八人；中府有府三人，史六人；下府有府二人，史五人。都護府有府三人，史四人。上州有佐二人，史五人；中州減史二人。

法曹司法參軍事，掌鞫獄麗法、督盜賊、知贓賄沒入。

有府六人，史十四人。大都督府有府三人，史八人；中府有府三人，史六人；下府有府二人，史五人。上州有佐四人，史七人；中州有佐一人，史四人；下州有佐一人，史三人。

士曹司士參軍事，掌津梁、舟車、舍宅、工藝。

有府五人，史十一人。大都督府有府四人，史八人；中府、下府有府三人，史六人。上州有佐二人，史五人；中州有佐一人，史四人。

參軍事掌出使、贊導。

武德初，改行書佐曰行參軍，尋又改曰參軍事。初有亟使十五人，後省。

文學一人，從八品上。掌以五經授諸生。縣則州補，州則授於吏部。然無職事，衣冠恥之。

武德初，置經學博士、助教、學生。德宗即位，改博士曰文學。元和六年，廢中州、下州文學。京兆等三府，助教二人，學生八十人。大都督府、上州，各助教一人；中都督府，學生五十人；下府、下州，各四十人。

醫學博士一人，從九品上。掌療民疾。

貞觀三年，置醫學，有醫藥博士及學生。開元元年，改醫藥博士為醫學博士，諸州置助教，寫本草、百一集驗方藏之。未幾，醫學博士、學生皆省，僻州少醫藥者如故。二十七年，復置醫學生，掌州境巡療。永泰元年，復置醫學博士。三都、都督府、上州、中州各有助教一人。三都學生二十人，都督府、上州二十人，中州、下州十人。

大都督府　都督一人，從二品；長史一人，從三品；司馬二人，從四品下；錄事參軍事一人，正七品上；錄事二人，從九品上；功曹參軍事、倉曹參軍事、戶曹參軍事、田曹參軍事、兵曹參軍事、法曹參軍事、士曹參軍事各一人，正七品下；參軍事五人，正八品下；

市令一人，從九品上；文學一人，正八品下；醫學博士一人，從八品上。

中都督府　都督一人，正三品；別駕一人，正四品下；長史一人，正五品上；司馬一人，正五品下；錄事參軍事一人，正七品下；錄事二人，從九品上；功曹參軍事、倉曹參軍事、戶曹參軍事、田曹參軍事、兵曹參軍事、法曹參軍事、士曹參軍事各一人，從七品上；參軍事四人，從八品上；市令一人，從九品上；文學一人，從八品上；醫學博士一人，正九品上。

下都督府　都督一人，從三品；別駕一人，從四品下；長史一人，從五品上；司馬一人，從五品下；錄事參軍事一人，從七品上；錄事二人，從九品上；功曹參軍事、倉曹參軍事、戶曹參軍事、田曹參軍事、兵曹參軍事、法曹參軍事、士曹參軍事各一人，從七品下；參軍事三人，從八品下；文學一人，從八品下；醫學博士一人，正九品上。

都督掌督諸州兵馬、甲械、城隍、鎭戍、糧稟，總判府事。

武德初，邊要之地置總管以統軍，加號使持節，蓋漢刺史之任。有行臺，有大行臺。其員有尚書省令一人，正二品，掌管內兵民，總判省事。有僕射一人，從二品，掌貳令事。自左右丞以下，諸司郎中略如京省。又有食貨監一人，丞二人，掌膳羞、財物、賓客、帳具、音樂、醫藥；有農圃監一人，丞四人，掌倉廩、園囿、薪炭、芻藁、運漕；有武器監一人，丞二人，掌兵械、廄牧；有百工監一人，丞四人，掌舟車、營作。監皆正八品下，丞正九品下。七年，改

總管曰都督，總十州者爲大都督。貞觀二年，去大字，凡都督府有刺史以下如故，然大都督又兼刺史，而不檢校州事。其後都督加使持節，則爲將，諸將亦通以都督稱，唯朔方猶稱大總管。邊州別置經略使，沃衍有屯田之州，則置營田使。武后聖曆元年，以夏州都督領鹽州防禦使。及安祿山反，諸郡當賊衝者，皆置防禦守捉使。乾元元年，置團練守捉使、都團練守捉使，大者領州十餘，小者二三州。代宗即位，廢防禦使，唯山南西道如故。元載秉政，思結人心，刺史皆得兼團練守捉使。楊綰爲相，罷團練守捉使，唯澧、朗、峽、興、鳳如故。建中後，行營亦置節度使、防禦使、都團練使。大率節度、觀察、防禦、團練使，皆兼所治州刺史。都督府則領長史，都護府則領都護，或亦別置都護。都督府有掾，有屬，有記室參軍事，有典籤，武德中省。

市令一人，從九品上。掌交易，禁姦非，通判市事。

貞觀十七年廢市令。垂拱元年復置。都督府、三都、諸州，各有市丞一人，佐一人，史二人，帥三人，分行檢察；倉督二人，顓涖出納；史二人。下州省丞。

大都護府　大都護一人，從二品；副大都護二人，從三品；副都護二人，正四品上；長史一人，正五品上；司馬一人，正五品下；錄事參軍事一人，正七品上；錄事二人，從九品上；功曹參軍事、倉曹參軍事、戶曹參軍事、兵曹參軍事、法曹參軍事各一人，正七品下；參軍事三人，正八品下。

上都護府　都護一人〔三〕，正三品；副都護二人，從四品上；長史一人，正五品上；司馬一人，正五品下；錄事參軍事一人，正七品下；功曹參軍事、倉曹參軍事、戶曹參軍事、兵曹參軍事各一人，從七品上；參軍事三人，從八品上。

都護掌統諸蕃，撫慰、征討、敍功、罰過，總判府事。

上州　刺史一人，從三品，職同牧尹；別駕一人，從四品下。

武德元年，改太守曰刺史，加使持節，丞曰別駕。十年，改雍州別駕曰長史。高宗即位，改別駕皆爲長史。上元二年，諸州復置別駕，以諸王子爲之。永隆元年省，永淳元年復置。景雲二年，始參用庶姓。天寶元年，改刺史曰太守。八載，諸郡廢別駕，下郡置長史一員。上元二年，諸州復置別駕。德宗時，復省。元和、長慶之際，兩河用兵，裨將有功者補東宮王府官，久次當進及受代居京師者，常數十人，訴宰相以求官；文宗世，宰相韋處厚建議，復置兩輔、六雄、十望、十緊州別駕。

長史一人，從五品上；司馬一人，從五品下；錄事參軍事一人，從七品上；錄事二人，從九品下；司功參軍事一人、司倉參軍事一人、司戶參軍事二人、司田參軍事一人、司兵參軍事一人、司法參軍事二人、司士參軍事一人，皆從七品下；參軍事四人，從八品下；市令一人，從九品上；丞一人，從九品下；文學一人，從八品下；醫學博士一人，從九品下。

中州　刺史一人，正四品下；錄事參軍事一人，正八品上；錄事一人，從九品上；司功參軍事、司倉參軍事、司戶參軍事、司田參軍事、司兵參軍事、司法參軍事、司士參軍事各一人，正八品下；參軍事三人，正九品下；醫學博士一人，從九品下。

下州　刺史一人，正四品下；別駕一人，從五品上；司馬一人，從六品上；錄事參軍事一人，從八品上；錄事一人，從九品下；司倉參軍事、司戶參軍事、司田參軍事、司法參軍事各一人，從八品下；參軍事二人，從九品下；醫學博士一人，從九品下。

諸軍各置使一人，五千人以上有副使一人，萬人以上有營田副使一人。軍皆有倉、兵、胄三曹參軍事。刺史領使，則置副使、推官、衙官、州衙推、軍衙推。

京縣　令各一人，正五品上；丞二人，從七品上；主簿二人，從八品上；錄事二人，從九品下；尉六人，從八品下。

畿縣　令各一人，正六品上；丞一人，正八品下；主簿一人，正九品上；尉二人，正九品下。

上縣　令一人，從六品上；丞一人，從八品下；主簿一人　正九品下；尉二人，從九品上。

中縣　令一人，正七品上；丞一人，從八品下；主簿一人，從九品上；尉一人，從九品下。

中下縣　令一人，從七品上；丞一人，正九品上；主簿一人，從九品上；尉一人，從九品下。

下縣　令一人，從七品下；丞一人，正九品下；主簿一人，從九品上；尉一人，從九品下。

縣令掌導風化，察冤滯，聽獄訟。凡民田收授，縣令給之。每歲季冬，行鄉飲酒禮。籍帳、傳驛、倉庫、盜賊、隄道，雖有專官，皆通知。縣丞爲之貳，縣尉分判衆曹，收率課調。

武德元年，改書佐曰縣尉，尋改曰正。諸縣置主簿，以流外爲之。京縣、上縣，丞皆一人；畿縣、上縣，正皆四人。七年，改縣正復曰尉。貞觀初，諸縣置錄事。開元，上縣萬戶，中縣四千戶以上，增尉一人。京兆、河南府諸縣，戶三千以上置市令一人，戶一萬以上置義倉督三人。其後畿縣戶不及四千，亦置尉二人，萬戶增一人。凡縣有司功佐、司倉佐、司戶佐、司兵佐、司法佐、司士佐、典獄、門事等，畿縣減司兵，上縣有司戶、司法而已。凡縣皆有經學博士、助教各一人，京縣學生五十人，畿縣四十人，中縣以下各二十五人。

志第三十九下　百官四下　一三一九

唐書卷四十九下　一三二〇

上鎮，將一人，正六品下；鎮副二人，正七品下；倉曹參軍事、兵曹參軍事各一人，從八品下。中鎮，將一人，正七品上；鎮副一人，從七品上；兵曹參軍事一人，正九品下。下鎮，將一人，正七品下；鎮副一人，從七品下；兵曹參軍事一人，從九品下。每鎮又有使一人，副使一人。凡軍鎮，二萬人以上置司馬一人，正六品上；增倉曹、兵曹參軍事各一人，從七品下。不及二萬者，司馬從六品上，倉曹、兵曹參軍事正八品上。

上戍，主一人，正八品下；戍副一人，從八品下。中戍，主一人，從八品下。下戍，主一人，正九品下。

鎮將、鎮副、戍主、戍副，掌捍防守禦。凡上鎮二十，中鎮九十，下鎮一百三十五；上戍十一，中戍八十六，下戍二百四十五。倉曹參軍事，掌儀式、倉庫、飲膳、醫藥、付事、句稽、省署鈔目、監印、給紙筆、市易、公廨。中鎮則兵曹兼掌。兵曹參軍事，掌防人名帳、戎器、管鑰、馬驢、土木、讁罰之事。

上鎮有錄事一人，史一人，倉曹佐一人、史二人，兵曹佐、史各二人，倉督一人、史二人。中鎮，錄事一人，兵曹佐一人、史四人，倉督一人、史二人。下鎮，錄事一人，兵曹佐一人、史二人，倉督一人、史一人。凡軍鎮，五百人有押官一人，千人有子總管一人，五千人又有府三人、史四人。上戍，佐一人、史二人；中戍，史二人；下戍，史一人。唐廢戍子，每防人五百人爲上鎮，三百人爲中鎮，不及者爲下鎮；五十人爲上戍，三十人爲中戍，不及者爲下戍。開元十五年，朔方五城各置田曹參軍事一人，品同諸軍判司，專莅營田。永泰後，諸鎮官頗增減開元之舊。

五岳、四瀆，令各一人，正九品上，掌祭祀。

有祝史三人，齋郎各三十人。

上關，令一人，從八品下；丞二人，正九品下。中關，令一人，正九品下；丞一人，從九品下。下關，令一人，從九品下。掌禁末游，察姦慝。凡行人車馬出入，據過所爲往來之節。凡關二十有六，京四面關有驛道者爲上關，無驛道者爲中關，餘爲下關。

丞掌付事、句稽、監印、省署鈔目，通判關事。

上關，錄事一人，府二人，史四人，典事六人。中關，錄事一人，府二人，史二人，典事四人。下關，府一人，史、典事各二人。典事掌巡雍及雜當。初，諸關置都尉，亦有仡官奉敕監者。上津置尉一人，掌舟梁之事；府一人，史二人，津長四人。下津，尉一人，府一人，史二人，津長二人。永徽中，廢津尉，上關置津吏八人。永泰元年，中關置津吏六人，下關四人，無津者不置。

校勘記

〔一〕皆掌領親事帳內陪從　各本原無「親」字。按此條原注，親事府有親事三百三十人，帳內府有帳

志第三十九下　校勘記　一三二一

唐書卷四十九下　一三二二

內六百六十七人。又唐六典卷二九載：親事府與帳內府之校尉、旅帥、隊正、隊副分別掌領親事、帳內陪從。「事」上當有「親」字，據補。

〔二〕天復三年置諸道兵馬元帥　「天復三年」，各本原作「天福二年」。按「天福」乃晉太祖石敬瑭年號。舊書卷四四職官志敍天下兵馬元帥沿革云：「及代宗即位，又以雍王爲之，自後不置。昭宗又以輝王爲之也。」本書卷一〇昭宗紀、唐會要卷七八、通鑑卷二六四並繫昭宗天復三年以輝王祚爲諸道兵馬元帥。「天福二年」當是「天復三年」之譌。今改正。

〔三〕上都護府都護一人　各本「上都護」下原無「府都護」三字，據唐六典卷三〇、舊書卷四四職官志補。

二十四史

新唐書

第五册

卷五〇至卷六〇（志）

宋　歐陽修　宋祁　撰

中華書局

唐書卷五十

志第四十

兵

古之有天下國家者，其興亡治亂，未始不以德，而自戰國、秦、漢以來，鮮不以兵。夫兵豈非重事哉！然其因時制變，以苟利趨便，至於無所不爲，而考其法制，雖可用於一時，而不足施於後世者多矣，惟唐立府兵之制，頗有足稱焉。

蓋古者兵法起於井田，自周衰，王制壞而不復；至於府兵，始一寓之於農，其居處、教養、畜材、待事、動作、休息，皆有節目，雖不能盡合古法，蓋得其大意焉，此高祖、太宗之所以盛也。至其後世，子孫驕弱，不能謹守，屢變其制。夫置兵所以止亂，及其弊也，適足爲亂，又其甚也，至困天下以養亂，而遂至於亡焉。

蓋唐有天下二百餘年，而兵之大勢三變，其始盛時有府兵，府兵後廢而爲彍騎，彍騎又

廢，而方鎮之兵盛矣。及其末也，彊臣悍將兵布天下，而天子亦自置兵於京師，曰禁軍。其後天子弱，方鎮彊，而唐遂以亡滅者，措置之勢使然也。若乃將卒、營陣、車旗、器械、征防、守衛，凡兵之事不可以悉記，記其廢置、得失、終始、治亂、興滅之迹，以爲後世戒云。

府兵之制，起自西魏、後周，而備於隋，唐興因之。隋制十二衞，曰翊衞，曰驍騎衞，曰武衞，曰屯衞，曰禦衞，曰候衞，爲左右，皆有將軍以分統諸府之兵。府有郎將、副郎將、坊主、團主，以相統治。又有驃騎、車騎二府，皆有將軍。後更驃騎曰鷹揚郎將，車騎曰副郎將。別置折衝、果毅。

自高祖初起，開大將軍府，以建成爲左領大都督，領左三軍，燉煌公爲右領大都督，領右三軍，元吉統中軍。發自太原，有兵三萬人。及諸起義以相屬與降羣盜，得兵二十萬。武德初，始置軍府，以驃騎、車騎兩將軍府領之。析關中爲十二道，曰：萬年道、長安道、富平道、醴泉道、同州道、華州道、寧州道、岐州道、豳州道、西麟州道、涇州道、宜州道，皆置府。三年，更以萬年道爲參旗軍，長安道爲鼓旗軍，富平道爲玄戈軍，醴泉道爲井鉞軍，同州道爲羽林軍，華州道爲騎官軍，寧州道爲折威軍，岐州道爲平道軍，豳州道爲招搖軍，西麟州道爲苑游軍，涇州道爲天紀軍，宜州道爲天節軍；軍置將、副各一人，以督耕戰，以車騎府

統之。六年，以天下既定，遂廢十二軍，改驃騎曰統軍，車騎曰別將。居歲餘，十二軍復，而軍置將軍一人，軍有坊，置主一人，以檢察戶口，勸課農桑。

太宗貞觀十年，更號統軍爲折衝都尉，別將爲果毅都尉，諸府總曰折衝府。凡天下十道，置府六百三十四，皆有名號，而關內二百六十有一，皆以隸諸衞。凡府三等：兵千二百人爲上，千人爲中，八百人爲下。府置折衝都尉一人，左右果毅都尉各一人，長史、兵曹、別將各一人，校尉六人。士以三百人爲團，團有校尉；五十人爲隊，隊有正；十人爲火，火有長。火備六馱馬。凡火具烏布幕、鐵馬盂、布槽、鍤、钁、鑿、碓、筐、斧、鉗、鋸皆一，甲牀二，鎌二。隊具火鑽一，胸馬繩一，首羈、足絆皆三。人具弓一，矢三十，胡祿、橫刀、礪石、大觿、氈帽、氈裝、行縢皆一，麥飯九斗，米二斗，皆自備，并其介胄、戎具藏於庫。有所征行，則視其入而出給之。其番上宿衞者，惟給弓矢、橫刀而已。

凡民年二十爲兵，六十而免。其能騎而射者爲越騎，其餘爲步兵、武騎、排穳手、步射。

每歲季冬，折衝都尉率五校兵馬之在府者，置左右二校尉，位相距百步。每校爲步隊十，騎隊一，皆卷矟幡，展刃旗，散立以俟。角手吹大角一通，諸校皆斂人騎爲隊；二通，偃旗矟，解幡；三通，旗矟舉。左右校擊鼓，二校之人合譟而進。右校擊鉦，隊少却，左校進逐至右校立所；左校擊鉦，少却，右校進逐至左校立所；右校復擊鉦，隊還，左校復薄戰；

皆擊鉦，隊各還。大角復鳴一通，皆卷幡、攝矢、弛弓、匣刃；二通，旗矟舉，隊皆進；三通，左右校皆引還。是日也，因縱獵，獲各入其人。

其隸於衞也，左、右衞皆領六十府，諸衞領五十至四十，其餘以隸東宮六率。

凡發府兵，皆下符契，州刺史與折衝勘契乃發。若全府發，則折衝都尉以下皆行；不盡，則果毅行；少則別將行。當給馬者，官予其直市之，每匹予錢二萬五千。刺史、折衝、果毅歲閱不任戰事者鬻之，以其錢更市，不足則一府共足之。

凡當宿衞者番上，兵部以遠近給番，五百里爲五番，千里七番，一千五百里八番，二千里十番，外爲十二番，皆一月上。若簡留直衞者，五百里爲七番，千里八番，二千里十番，外爲十二番，亦月上。

先天二年誥曰：「往者分建府衞，計戶充兵，裁足周事，二十一入募，六十一出軍，多憚勞以規避匿。今宜取年二十五以上，五十而免。屢征鎮者，十年免之。」雖有其言，而事不克行。玄宗開元六年，始詔折衝府兵每六歲一簡。自高宗、武后時，天下久不用兵，府兵之法寖壞，番役更代多不以時，衞士稍稍亡匿，至是益耗散，宿衞不能給。宰相張說乃請一切募士宿衞。十一年，取京兆、蒲、同、岐、華府兵及白丁，而益以潞州長從兵，共十二萬，號「長從宿衞」，歲二番，命尚書左丞蕭嵩與州吏共選之。明年，更號曰「彍騎」。又詔：「諸州府馬闕，官私共補之。今兵貧難致，乃給以監牧馬。」然自是諸府士益多不補，折衝將又積歲不得遷，士人皆恥爲之。

十三年，始以彍騎分隸十二衞，總十二萬，爲六番，每衞萬人。京兆彍騎六萬六千，華州六千，同州九千，蒲州萬二千三百，絳州三千六百，晉州千五百，岐州六千，河南府三千，陝、虢、汝、鄭、懷、汴六州各六百，內弩手六千。其制：皆擇下戶白丁、宗丁、品子彊壯五尺七寸以上，不足則兼以戶八等五尺以上，皆免征鎮、賦役。爲四籍，兵部及州、縣、衞分掌之。十人爲火，五火爲團，皆有首長。又擇材勇者爲番頭，頗習弩射。又有羽林軍飛騎，亦習弩。凡伏遠弩自能施張，縱矢三百步，四發而二中；擘張弩二百三十步，四發而二中；角弓弩二百步，四發而三中；單弓弩百六十步，四發而二中：皆爲及第。諸軍皆近營爲堋，士有便習者，教試之，及第者有賞。

自天寶以後，彍騎之法又稍變廢，士皆失拊循。八載，折衝諸府至無兵可交，李林甫遂請停上下魚書。其後徒有兵額、官吏，而戎器、馱馬、鍋幕、糗糧并廢矣。故時府人目番上宿衞者曰侍官，言侍衞天子；至是，衞佐悉以假人爲童奴，京師人恥之，至相罵辱必曰侍官。而六軍宿衞皆市人，富者販繒綵、食粱肉，壯者爲角觝、拔河、翹木、扛鐵之戲，及祿山

反，皆不能受甲矣。

初，府兵之置，居無事時耕於野，其番上者，宿衞京師而已。若四方有事，則命將以出，事解輒罷，兵散于府，將歸于朝。故士不失業，而將帥無握兵之重，所以防微漸、絕禍亂之萌也。及府兵法壞而方鎮盛，武夫悍將雖無事時，據要險，專方面，既有其土地，又有其人民，又有其甲兵，又有其財賦，以布列天下。然則方鎮不得不彊，京師不得不弱，故曰措置之勢使然者，以此也。

夫所謂方鎮者，節度使之兵也。原其始，起於邊將之屯防者。唐初，兵之戍邊者，大曰軍，小曰守捉，曰城，曰鎮，而總之者曰道。若盧龍軍一，東軍等守捉十一，曰平盧道。橫海、北平、高陽、經略、安塞、納降、唐興、渤海、懷柔、威武、鎮遠、靜塞、雄武、鎮安、懷遠、保定軍十六，曰范陽道。天兵、大同、天安、橫野軍四，岢嵐等守捉五，曰河東道。朔方經略、豐安、定遠、新昌、天柱、宥州經略、橫塞、天德、天安軍九，三受降、豐寧、保寧、烏延等六城，新泉守捉一，曰關內道。赤水、大斗、白亭、豆盧、墨離、建康、寧寇、玉門、伊吾、天山軍十，烏城等守捉十四，曰河西道。瀚海、清海、靜塞軍三，沙鉢等守捉十，曰北庭道。保大軍一，鷹娑都督一，蘭城等守捉八，曰安西道。鎮西、天成、振威、安人、綏戎、河源、白水、天威、榆

林、臨洮、莫門、神策、寧邊、威勝、金天、武寧、曜武、積石軍十八，平夷、綏和、合川守捉三，曰隴右道。威戎、安夷、昆明、寧遠、洪源、通化、松當、平戎、天保、威遠軍十，羊灌田等守捉十五，新安等城三十二，犍爲等鎭三十八，曰劍南道。嶺南、安南、桂管、邕管、容管經略、清海軍六，曰嶺南道。福州經略軍一，曰江南道。平海軍一，東牟、東萊守捉二，蓬萊鎭一，曰河南道。此自武德至天寶以前邊防之制。

其軍、城、鎭、守捉皆有使，而道有大將一人，曰大總管，已而更曰大都督。至太宗時，行軍征討曰大總管，在其本道曰大都督。自高宗永徽以後，都督帶使持節者，始謂之節度使，然猶未以名官。景雲二年，以賀拔延嗣爲涼州都督、河西節度使。自此而後，接乎開元，朔方、隴右、河東、河西諸鎭，皆置節度使。

及范陽節度使安祿山反，犯京師，天子之兵弱不能抗，遂陷兩京。肅宗起靈武，而諸鎭之兵共起誅賊。其後祿山子慶緒及史思明父子繼起，中國大亂，肅宗命李光弼等討之，號「九節度之師」。久之，大盜既滅，而武夫戰卒以功起行陣，列爲侯王者，皆除節度使。由是方鎭相望於內地，大者連州十餘，小者猶兼三四。故兵驕則逐帥，帥彊則叛上。或父死子握其兵而不肯代；或取捨由於士卒，往往自擇將吏，號爲「留後」，以邀命於朝。天子顧力不能制，則忍恥含垢，因而撫之，謂之姑息之政。蓋姑息起於兵驕，兵驕由於方鎭，姑息愈

甚，而兵將愈俱驕。由是號令自出，以相侵擊，虜其將帥，并其土地，天子熟視不知所爲，反爲和解之，莫肯聽命。

始時爲朝廷患者，號「河朔三鎭」。及其末，朱全忠以梁兵、李克用以晉兵更犯京師，而李茂貞、韓建近據岐、華，妄一喜怒，兵已至於國門，天子爲殺大臣、罪己悔過，然後去。及昭宗用崔胤召梁兵以誅宦官，劫天子奔岐，梁兵圍之逾年。當此之時，天下之兵無復勤王者。嚮之所謂三鎭者，徒能始禍而已。其他大鎭，南則吳、浙、荆、湖、閩、廣，西則岐、蜀，北則燕、晉，而梁盜據其中，自國門以外，皆分裂於方鎭矣。

故兵之始重於外也，土地、民賦非天子有；既其盛也，號令、征伐非其有；又其甚也，至無尺土，而不能庇其妻子宗族，遂以亡滅。語曰：「兵猶火也，弗戢將自焚。」夫惡危亂而欲安全者，庸君常主之能知，至於措置之失，則所謂困天下以養亂也。唐之置兵，既外柄以授人，而末大本小，方區區自爲捍衛之計，可不哀哉！

夫所謂天子禁軍者，南、北衙兵也。南衙，諸衞兵是也；北衙者，禁軍也。

初，高祖以義兵起太原，已定天下，悉罷遣歸，其願留宿衞者三萬人。高祖以渭北白渠旁民棄腴田分給之，號「元從禁軍」。後老不任事，以其子弟代，謂之「父子軍」。及貞觀初，太宗擇善射者百人，爲二番於北門長上，曰「百騎」，以從田獵。又置北衙七營，選材力驍壯，月以一營番上。十二年，始置左右屯營於玄武門，領以諸衞將軍，號「飛騎」。其法，取戶二等以上、長六尺闊壯者，試弓馬四次上、翹關舉五、負米五斛行三十步者。復擇馬射爲百騎，衣五色袍，乘六閑駁馬，虎皮韉，爲游幸翊衞。

高宗龍朔二年，始取府兵越騎、步射置左右羽林軍，大朝會則執仗以衞階陛，行幸則夾馳道爲內仗。武后改百騎曰「千騎」。中宗又改千騎曰「萬騎」〔一〕，分左、右營。及玄宗以萬騎平韋氏，改爲左右龍武軍，皆用唐元功臣子弟，制若宿衞兵。是時，良家子避征戍者，亦皆納資隸軍，分日更上如羽林。開元十二年，詔左右羽林軍、飛騎闕，取京旁州府士，以戶部印印其臂，爲二籍，羽林、兵部分掌之。末年，禁兵寖耗，及祿山反，天子西駕，禁軍從者裁千人，肅宗赴靈武，士不滿百，及卽位，稍復調補北軍。至德二載，置左右神武軍，補元從、扈從官子弟，不足則取它色，帶品者同四軍，亦曰「神武天騎」，制如羽林。總曰「北衙六軍」。又擇便騎射者置衙前射生手千人，亦曰「供奉射生官」，又曰「殿前射生」，分左、右廂，總號曰「左右英武軍」。乾元元年，李輔國用事，請選羽林騎士五百人徼巡。李揆曰：「漢以南、北軍相制，故周勃以北軍安劉氏。朝廷置南、北衙，文武區列，以相察伺。今用羽林代金吾警，忽有非常，何以制之？」遂罷。

上元中，以北衙軍使衞伯玉爲神策軍節度使，鎭陝州，中使魚朝恩爲觀軍容使，監其軍。初，哥舒翰破吐蕃臨洮西之磨環川，卽其地置神策軍，以成如璆爲軍使。及祿山反，如璆以伯玉將兵千人赴難，伯玉與朝恩皆屯于陝。時邊土陷蹙，神策故地淪沒，卽詔伯玉所部兵，號「神策軍」，以伯玉爲節度使，與陝州節度使郭英乂皆鎭陝。其後伯玉罷，以英乂兼神策軍節度。英乂入爲僕射，軍遂統於觀軍容使。

代宗卽位，以射生軍入禁中清難，皆賜名「寶應功臣」，故射生軍又號「寶應軍」。廣德元年，代宗避吐蕃幸陝，朝恩舉在陝兵與神策軍迎扈，悉號「神策軍」。天子幸其營。及京師平，朝恩遂以軍歸禁中，自將之，然尚未與北軍齒也。永泰元年，吐蕃復入寇，朝恩又以神策軍屯苑中，自是寖盛，分爲左、右廂，勢居北軍右，遂爲天子禁軍，非它軍比。朝恩乃以觀軍容宣慰處置使知神策軍兵馬使。大曆四年，請以京兆之好畤，鳳翔之麟游、普潤，皆隸神策軍。明年，復以興平、武功、扶風、天興隸之，朝廷不能遏。又用愛將劉希暹爲神策虞候，主不法，遂置北軍獄，募坊市不逞，誣捕大姓，沒產爲賞，至有選舉旅寓而挾厚貲多橫死者。朝恩得罪死，以希暹代爲神策軍使。是歲，希暹復得罪，以朝恩舊校王駕鶴代將。十數歲，德宗卽位，以白志貞代之。是時，神策兵雖處內，而多以裨將將兵征伐，往往有功。

及李希烈反，河北盜且起，數出禁軍征伐，神策之士多鬬死者。建中四年下詔募兵，以志貞爲使，蒐補峻切。郭子儀之壻端王傅吳仲孺殖貲累巨萬，以國家有急不自安，請以子率奴馬從軍。德宗喜甚，爲官其子五品。志貞乃請節度、都團練、觀察使與世嘗任者家，皆出子弟馬奴裝鎧助征，授官如仲孺子。於是豪富者緣爲幸，而貧者苦之。神策兵既發殆盡，志貞陰以市人補之，名隸籍而身居市肆。及涇卒潰變，皆戢伏不出，帝遂出奔。初，段秀實見禁兵寡弱，不足備非常，上疏曰：「天子萬乘，諸侯千，大夫百，蓋以大制小，十制一也，尊君卑臣彊幹弱支之道。今外有不廷之虜，內有梗命之臣，而禁兵不精，其數削少，後有猝故，何以待之？猛虎所以百獸畏者，爪牙也，爪牙廢，則孤豚特犬悉能爲敵。願少留意。」至是方以秀實言爲然。

及志貞等流貶，神策都虞候李晟與其軍之它將，皆自飛狐道西兵赴難，遂爲神策行營節度，屯渭北，軍遂振。貞元二年，改神策左右廂爲左右神策軍，特置監句當左右神策軍，以寵中官，而益置大將軍以下。又改殿前射生左右廂曰殿前左右射生軍，亦置大將軍以下。三年，詔射生、神策、六軍將士，府縣以事辦治，先奏乃移軍，勿輒逮捕。京兆尹鄭叔則建言：「京劇輕猾所聚，慝作不常，俟奏報，將失罪人，請非昏田，皆以時捕。」乃可之。俄改殿前左右射生軍曰左右神威軍，置監左右神威軍使。左右神策軍皆加將軍二員，左右龍武

軍加將軍一員，以待諸道大將有功者。

自肅宗以後，北軍增置威武、長興等軍，名類頗多，而廢置不一。惟羽林、龍武、神武、神策、神威最盛，總曰左右十軍矣。其後京畿之西，多以神策軍鎭之，皆有屯營。軍司之人，散處甸內，皆恃勢淩暴，民間苦之。自德宗幸梁還，以神策兵有勞，皆號「興元元從奉天定難功臣」，恕死罪。中書、御史府、兵部乃不能歲比其籍，京兆又不敢總舉名實。三輔人假比於軍，一牒至十數。長安姦人多寓占兩軍，身不宿衞，以錢代行，謂之納課戶。益肆爲暴，吏稍禁之，輒先得罪，故當時京尹、赤令皆爲之斂屈。十年，京兆尹楊於陵請置挾名敕，五丁許二丁居軍，餘差以條限，繇是豪彊少畏。

十二年，以監句當左神策軍、左監門衞大將軍、知內侍省事竇文場爲左神策軍護軍中尉，監句當右神策軍、右監門衞將軍、知內侍省事霍仙鳴爲右神策軍護軍中尉，監右神威軍使、內侍兼內謁者監張尙進爲右神威軍中護軍，監左神威軍使、內侍兼內謁者監焦希望爲左神威軍中護軍。護軍中尉、中護軍皆古官，帝既以禁衞假宦官，又以此寵之。十四年，又詔左右神策置統軍，以崇親衞，如六軍。時邊兵衣饟多不贍，而戍卒屯防，藥茗蔬醬之給最厚。諸將務爲詭辭，請遙隸神策軍，稟賜遂贏舊三倍，繇是塞上往往稱神策行營，皆內統於中人矣，其軍乃至十五萬。故事，京城諸司、諸使、府、縣，皆季以御史巡囚。後以北軍地密，未嘗至。十九年，監察御史崔薳不知近事，遂入右神策，中尉奏之，帝怒，杖薳四十，流崖州。

順宗即位，王叔文用事，欲取神策兵柄，乃用故將范希朝爲左右神策、京西諸城鎭行營兵馬節度使，以奪宦者權而不克。元和二年，省神武軍〔二〕。明年，又廢左右神威軍，合爲一，曰「天威軍」。八年，廢天威軍，以其兵騎分隸左右神策軍。及僖宗幸蜀，田令孜募神策新軍爲五十四都，離爲十軍，令孜自爲左右神策十軍兼十二衞觀軍容使，以左右神策大將軍爲左右神策諸都指揮使，諸都又領以都將，亦曰「都頭」。

景福二年，昭宗以藩臣跋扈、天子孤弱，議以宗室典禁兵。及伐李茂貞，乃用嗣覃王允爲京西招討使，神策諸都指揮使李鐬副之，悉發五十四軍屯興平，已而兵自潰，茂貞逼京師，昭宗爲斬神策中尉西門重遂、李周譚，乃引去。乾寧元年，王行瑜、韓建及茂貞連兵犯闕，天子又殺宰相韋昭度、李磎，乃去。太原李克用以其兵伐行瑜等，同州節度使王行實入迫神策中尉駱全瓘、劉景宣請天子幸邠州，全瓘、景宣及子繼晟與行實縱火東市，帝御承天門，敕諸王率禁軍扞之。捧日都頭李筠以其軍衞樓下，茂貞將閻圭攻筠，矢及樓扉，帝乃與親王、公主幸筠軍，扈蹕都頭李君實亦以兵至，侍帝出幸莎城、石門。詔嗣薛王知柔入長安收禁軍、淸宮室，月餘乃還。又詔諸王閱親軍，收拾神策亡散，得數萬。益置安聖、捧宸、保寧、安化軍〔三〕，曰「殿後四軍」，嗣覃王允與嗣延王戒丕將之。三年，茂貞再犯闕，嗣覃王

戰敗，昭宗幸華州。明年，韓建畏諸王有兵，請皆歸十六宅，留殿後兵三十人，爲控鶴排馬官，隸飛龍坊，餘悉散之，且列甲圍行宮，於是四軍二萬餘人皆罷。又請誅都頭李筠，帝恐，爲斬於大雲橋。俄遂殺十一王。

及還長安，左右神策軍復稍置之，以六千人爲定。是歲，左右神策中尉劉季述、王仲先以其兵千人廢帝，幽之。季述等誅。已而昭宗召朱全忠兵入誅宦官，宦官覺，劫天子幸鳳翔。全忠圍之歲餘，天子乃誅中尉韓全誨、張弘彥等二十餘人，以解梁兵，乃還長安。於是悉誅宦官，而神策左右軍繇此廢矣。諸司悉歸尙書省郎官，兩軍兵皆隸六軍，而以崔胤判六軍十二衞事。六軍者，左右龍武、神武、羽林，其名存而已。自是軍司以宰相領。

及全忠歸，留步騎萬人屯故兩軍，以子友倫爲左右軍宿衞都指揮使，禁衞皆汴卒。崔胤乃奏：「六軍名存而兵亡，非所以壯京師。軍皆置步軍四將，騎軍一將。步將皆兵二百五十人，騎將皆百人，總六千六百人。番上如故事。」乃令六軍諸衞副使京兆尹鄭元規立格募兵於市，而全忠陰以汴人應之。胤死，以宰相裴樞判左三軍，獨孤損判右三軍，向所募士悉散去。全忠亦兼判左右六軍十二衞。及東遷，唯小黃門打毬供奉十數人、內園小兒五百人從。至穀水，又盡屠之，易以汴人，於是天子無一人之衞。昭宗遇弒，唐乃亡。

馬者，兵之用也；監牧，所以蕃馬也，其制起於近世。唐之初起，得突厥馬二千匹，又得隋馬三千於赤岸澤，徙之隴右，監牧之制始於此。其官領以太僕；其屬有牧監、副監；監有丞，有主簿、直司、團官、牧尉、排馬、牧長、羣頭，有正，有副；凡羣置長一人，十五長置尉一人，歲課功，進排馬。又有掌閑，調馬習上。

又以尙乘掌天子之御。左右六閑：一曰飛黃，二曰吉良，三曰龍媒，四曰騊駼，五曰駃騠，六曰天苑。總十有二閑爲二廄，一曰祥驎，二曰鳳苑，以繫飼之。其後禁中又增置飛龍廄。

初，用太僕少卿張萬歲領羣牧。自貞觀至麟德四十年間，馬七十萬六千，置八坊岐、豳、涇、寧間，地廣千里，一曰保樂，二曰甘露，三曰南普閏，四曰北普閏，五曰岐陽，六曰太平，七曰宜祿，八曰安定。八坊之田，千二百三十頃，募民耕之，以給芻秣。八坊之馬爲四十八監，而馬多地狹不能容，又析八監列布河西豐曠之野〔四〕。凡馬五千爲上監，三千爲中監，餘爲下監。監皆有左、右，因地爲之名。方其時，天下以一縑易一馬。萬歲掌馬久，恩信行於隴右。

後以太僕少卿鮮于匡俗檢校隴右牧監。儀鳳中，以太僕少卿李思文檢校隴右諸牧監使，監牧有使自是始。後又有羣牧都使，有閑廄使，使皆置副，有判官。又立四使：南使十五，西使十六，北使七，東使九。諸坊若涇川、亭川、闕水、洛、赤城，南使統之；清泉、温泉，

西使統之；烏氏，北使統之；木硤、萬福，東使統之。它皆失傳。其後益置八監於鹽州，三監於嵐州。鹽州使八，統白馬等坊；嵐州使三，統樓煩、玄池、天池之監。

凡征伐而發牧馬，先盡彊壯，不足則取其次。錄色、歲、膚第印記、主名送軍，以帳馱之，數上於省。

自萬歲失職，馬政頗廢，永隆中，夏州牧馬之死失者十八萬四千九百九十。景雲二年，詔羣牧歲出高品，御史按察之。開元初，國馬益耗，太常少卿姜晦乃請以空名告身市馬於六胡州，率三十匹讎一游擊將軍。命王毛仲領內外閑廄。九年又詔：「天下之有馬者，州縣皆先以郵遞軍旅之役，定戶復緣以升之。百姓畏苦，乃多不畜馬，故騎射之士減曩時。自今諸州民勿限有無蔭，能家畜十馬以上〔五〕，免帖驛郵遞征行，定戶無以馬爲貲。」毛仲既領閑廄，馬稍稍復，始二十四萬，至十三年乃四十三萬。其後突厥款塞，玄宗厚撫之，歲許朔方軍西受降城爲互市，以金帛市馬，於河東、朔方、隴右牧之。既雜胡種，馬乃益壯。

天寶後，諸軍戰馬動以萬計。王侯、將相、外戚牛駝羊馬之牧布諸道，百倍於縣官，皆以封邑號名爲印自別；將校亦備私馬。議謂秦、漢以來，唐馬最盛，天子又銳志武事，遂弱西北蕃。十一載，詔二京旁五百里勿置私牧。十三載，隴右羣牧都使奏：馬牛駝羊總六十萬五千六百，而馬三十二萬五千七百。

安祿山以內外閑廄都使兼知樓煩監，陰選勝甲馬歸范陽，故其兵力傾天下而卒反。肅宗收兵至彭原，率官吏馬抵平涼，蒐監牧及私羣，得馬數萬，軍遂振。至鳳翔，又詔公卿百寮以後乘助軍。其後邊無重兵，吐蕃乘隙陷隴右，苑牧畜馬皆沒矣。乾元後，回紇恃功，歲入馬取繒，馬皆病弱不可用。永泰元年，代宗欲親擊虜，魚朝恩乃請大搜城中百官、士庶馬輸官，曰「團練馬」。下制禁馬出城者，已而復罷。德宗建中元年，市關輔馬三萬實內廄。貞元三年，吐蕃、羌、渾犯塞，詔禁大馬出潼、蒲、武關者。元和十一年伐蔡，命中使以絹二萬市馬河曲。其始置四十八監也，據隴西、金城、平涼、天水，員廣千里，繇京度隴，置八坊爲會計都領，其間善水草腴田皆隸之。後監牧使與坊皆廢，故地存者一歸閑廄，旋以給貧民及軍吏，間又賜佛寺、道館幾千頃。十二年，閑廄使張茂宗舉故事，盡收岐陽坊地，民失業者甚衆。十三年，以蔡州牧地爲龍陂監。十四年，置臨漢監於襄州，牧馬三千二百，費田四百頃。穆宗即位，岐人叩闕訟茂宗所奪田，事下御史按治，悉予民。

大和七年，度支鹽鐵使言：「銀州水甘草豐，請詔刺史劉源市馬三千，河西置銀川監，以源爲使。」襄陽節度使裴度奏停臨漢監。開成二年，劉源奏：「銀川馬已七千，若水草乏，則徙牧綏州境。今綏南二百里，四隅險絕，寇路不能通，以數十人守要，畜牧無它患。」乃以隸銀川監。

其後闕，不復可紀。

校勘記

〔一〕中宗又改千騎曰萬騎　「中宗」，各本原作「睿宗」，按本卷下文、本書卷五及舊書卷八玄宗紀、通鑑卷二〇九俱云玄宗以萬騎平韋氏，則改稱萬騎必在睿宗即位之前。又按通典卷二八、舊書卷四四職官志、通鑑卷二〇八，置萬騎乃中宗時事。據改。

〔二〕元和二年省神武軍　唐書兵志箋正卷三略云：「按此事不見他書。肅宗以後以羽林、龍武、神武爲六軍，若廢神武則但有四軍，而元和以後，每有敕書、德音，無不六軍並稱，若廢神武而以他軍補，則亦未見記載。蓋是廢英武之誤。」

〔三〕安化軍　本書卷八二十一宗諸子傳同。舊書卷二〇上昭宗紀、通鑑卷二六〇「安」作「宣」。唐書兵志箋正卷三疑作「安」誤。

〔四〕又析八監列布河西豐曠之野　「河西」，文苑英華卷八六九張說隴右監牧頌德碑及通典卷二五均作「河曲」。

〔五〕能家畜十馬以上　「上」，各本原作「下」，據册府卷六二一、全唐文卷二八禁差民馬詔改。

中華書局

唐書卷五十一

志第四十一

食貨一

古之善治其國而愛養斯民者，必立經常簡易之法，使上愛物以養其下，下勉力以事其上，上足而下不困。故量人之力而授之田，量地之產而取以給公上，量其入而出之以爲用度之數。是三者常相須以濟而不可失，失其一則不能守其二。及暴君庸主，縱其佚欲，而苟且之吏從之，變制合時以取寵於其上。故用於上者無節，而取於下者無限，民竭其力而不能供，由是上愈不足而下愈困，則財利之說興，而聚斂之臣用。記曰：「寧畜盜臣。」盜臣誠可惡，然一人之害爾。聚斂之臣用，則經常之法壞，而下不勝其弊焉。

唐之始時，授人以口分、世業田，而取之以租、庸、調之法，其用之也有節。蓋其畜兵以府衞之制，故兵雖多而無所損；設官有常員之數，故官不濫而易祿。雖不及三代之盛時，

然亦可以爲經常之法也。及其弊也，兵冗官濫，爲之大蠹。自天寶以來，大盜屢起，方鎭數叛，兵革之興，累世不息，而用度之數，不能節矣。加以驕君昏主，姦吏邪臣，取濟一時，屢更其制，而經常之法，蕩然盡矣。由是財利之說興，聚斂之臣進。蓋口分、世業之田壞而爲兼并，租、庸、調之法壞而爲兩稅。至於鹽鐵、轉運、屯田、和糴、鑄錢、括苗、榷利、借商、進奉、獻助，無所不爲矣。蓋愈煩而愈弊，以至於亡焉。

唐制：度田以步，其闊一步，其長二百四十步爲畝，百畝爲頃。凡民始生爲黃，四歲爲小，十六爲中，二十一爲丁，六十爲老。授田之制，丁及男年十八以上者，人一頃，其八十畝爲口分，二十畝爲永業；老及篤疾、廢疾者，人四十畝，寡妻妾三十畝，當戶者增二十畝，皆以二十畝爲永業，其餘爲口分。永業之田，樹以榆、棗、桑及所宜之木，皆有數。田多可以足其人者爲寬鄉，少者爲狹鄉。狹鄉授田，減寬鄉之半。其地有薄厚，歲一易者，倍授之。寬鄉三易者，不倍授。工商者，寬鄉減半，狹鄉不給。凡庶人徙鄉及貧無以葬者，得賣世業田。自狹鄉而徙寬鄉者，得并賣口分田。已賣者，不復授。死者收之，以授無田者。凡收授皆以歲十月。授田先貧及有課役者。凡田，鄉有餘以給比鄉，縣有餘以給比縣，州有餘以給近州。

凡授田者，丁歲輸粟二斛，稻三斛，謂之租。丁隨鄉所出，歲輸絹二匹，綾、絁二丈，布加五之一，綿三兩，麻三斤，非蠶鄉則輸銀十四兩，謂之調。用人之力，歲二十日，閏加二日，不役者日爲絹三尺，謂之庸。有事而加役二十五日者免調，三十日者租、調皆免。通正役不過五十日。

自王公以下，皆有永業田。太皇太后、皇太后、皇后緦麻以上親，內命婦一品以上親，郡王及五品以上祖父兄弟，職事、勳官三品以上有封者若縣男父子，國子、太學、四門學生、俊士，孝子、順孫、義夫、節婦同籍者，皆免課役。凡主戶內有課口者爲課戶。若老及男廢疾、篤疾、寡妻妾、部曲、客女、奴婢及視九品以上官，不課。

凡里有手實，歲終具民之年與地之闊陿，爲鄉帳。鄉成於縣，縣成於州，州成於戶部。又有計帳，具來歲課役以報度支。國有所須，先奏而斂。凡稅斂之數，書于縣門、村坊，與衆知之。水、旱、霜、蝗耗十四者，免其租；桑麻盡者，免其調；田耗十之六者，免租調；耗七者，課役皆免〔一〕。凡新附之戶，春以三月免役，夏以六月免課，秋以九月課役皆免。徙寬鄉者，縣覆於州，出境則覆于戶部，官以閑月達之。自畿內徙畿外，自京縣徙餘縣，皆有禁。四夷降戶，附以寬鄉，給復十年。奴婢縱爲良人，給復三年。沒外蕃人，一年還者給復三年，二年者給復四年，三年者給復五年。浮民、部曲、客女、奴婢縱爲良者附寬鄉。

貞觀中，初稅草以給諸閑，而驛馬有牧田。

太宗方銳意於治，官吏考課，以鰥寡少者進考，如增戶法；失勸導者以減戶論。配租以斂穫早晚、險易、遠近爲差。庸、調輸以八月，發以九月。同時輸者先遠民，皆自槩量。州府歲市土所出爲貢，其價視絹之上下，無過五十匹。異物、滋味、口馬、鷹犬，非有詔不獻。有加配，則以代租賦。

其凶荒則有社倉賑給，不足則徙民就食諸州。尚書左丞戴冑建議：「自王公以下，計墾田，秋熟所在爲義倉，歲凶以給民。」太宗善之，乃詔：「畝稅二升，粟、麥、秔、稻，隨土地所宜。寬鄉斂以所種，狹鄉據靑苗簿而督之。田耗十四者免其半，耗十七者皆免之。商賈無田者，以其戶爲九等，出粟自五石至于五斗爲差。下下戶及夷獠不取焉。歲不登，則以賑民；或貸爲種子，則至秋而償。」其後洛、相、幽、徐、齊、并、秦、蒲州又置常平倉，粟藏九年，米藏五年；下溼之地，粟藏五年，米藏三年，皆著于令。

貞觀初，戶不及三百萬，絹一匹易米一斗。至四年，米斗四五錢，外戶不閉者數月，馬牛被野，人行數千里不齎糧，民物蕃息，四夷降附者百二十萬人。是歲，天下斷獄，死罪者二十九人，號稱太平。此高祖、太宗致治之大略，及其成効如此。

高宗承之，海內艾安。太尉長孫无忌等輔政，天下未見失德。數引刺史入閤，問民疾苦。即位之歲，增戶十五萬。及中書令李義府、侍中許敬宗既用事，役費並起。永淳以後，

給用益不足。加以武后之亂，紀綱大壞，民不勝其毒。

玄宗初立求治，蠲徭役者給蠲符，以流外及九品京官爲蠲使，歲再遣之。開元八年，頒庸調法于天下，好不過精，惡不至濫，闊者一尺八寸，長者四丈。然是時天下戶未嘗升降。監察御史宇文融獻策：括籍外羨田、逃戶，自占者給復五年，每丁稅錢千五百，以攝御史分行括實。陽翟尉皇甫憬上書言其不可。玄宗方任用融，乃貶憬爲盈川尉。諸道所括得客戶八十餘萬，田亦稱是。州縣希旨張虛數，以正田爲羨，編戶爲客，歲終，籍錢數百萬緡。

十六年，乃詔每三歲以九等定籍。而庸調折租所取華好，州縣長官勸織，中書門下察濫惡以貶官吏，精者褒賞之。二十二年，詔男十五女十三以上得嫁娶。州縣歲上戶口登耗，採訪使覆實之，刺史、縣令以爲課最。

初，永徽中禁買賣世業、口分田。其後豪富兼并，貧者失業，於是詔買者還地而罰之。

先是楊州租、調以錢，嶺南以米，安南以絲，益州以羅、紬、綾、絹供春綵。因詔江南亦以布代租。

中書令李林甫以租庸、丁防、和糴、春綵、稅草無定法，歲爲旨符，遣使一告，費紙五十餘萬。條目既多，覆問踰年，乃與採訪朝集使議革之，爲長行旨，以授朝集使及送旨符使，歲

有所支，進畫附驛以達，每州不過二紙。

凡庸、調、租、資課，皆任土所宜，州縣長官涖定粗良，具上中下三物之樣輸京都。有濫惡，督中物之直。二十五年，以江、淮輸運有河、洛之艱，而關中蠶桑少，菽粟常賤，乃命庸、調、資課皆以米，凶年樂輸布絹者亦從之。河南、北不通運州，租皆爲絹，代關中庸、課〔二〕，詔度支減轉運。

明年，又詔民三歲以下爲黃，十五以下爲小，二十以下爲中。又以民間戶高丁多者，率與父母別籍異居，以避征戍，乃詔十丁以上免二丁，五丁以上免一丁，侍丁孝者免徭役。天寶三載，更民十八以上爲中男，二十三以上成丁。五載，詔貧不能自濟者，每鄉免三十丁租庸。男子七十五以上、婦人七十以上，中男一人爲侍；八十以上以令式從事。

是時，海內富實，米斗之價錢十三，靑、齊間斗纔三錢，絹一匹錢二百。道路列肆，具酒食以待行人，店有驛驢，行千里不持尺兵。天下歲入之物，租錢二百餘萬緡，粟千九百八十餘萬斛，庸、調絹七百四十萬匹，綿百八十餘萬屯，布千三十五萬餘端。天子驕於佚樂而用不知節，大抵用物之數，常過其所入。於是錢穀之臣，始事朘刻。太府卿楊崇禮句剝分銖，有欠折漬損者，州縣督送，歷年不止。其子愼矜專知太府，次子愼名知京倉，亦以苛刻結主恩。王鉷爲戶口色役使，歲進錢百億萬緡，非租庸正額者，積百寶大盈庫，以供天子燕私。

及安祿山反，司空楊國忠以爲正庫物不可以給士，遣侍御史崔衆至太原納錢度僧尼道士，旬日得百萬緡而已。自兩京陷沒，民物耗弊，天下蕭然。

肅宗卽位，遣御史鄭叔淸等籍江淮、蜀漢富商右族訾畜，十收其二，謂之率貸。諸道亦稅商賈以贍軍，錢一千者有稅。於是北海郡錄事參軍第五琦以錢穀得見，請於江淮置租庸使，吳鹽、蜀麻、銅冶皆有稅，市輕貨繇江陵、襄陽、上津路，轉至鳳翔。明年，鄭叔淸與宰相裴冕建議，以天下用度不充，諸道得召人納錢，給空名告身，授官勳邑號；度道士僧尼不可勝計；納錢百千，賜明經出身；商賈助軍者，給復。及兩京平，又於關輔諸州，納錢度道士僧尼萬人。而百姓殘於兵盜，米斗至錢七千，鬻籺爲糧，民行乞食者屬路。乃詔能賑貧乏者，寵以爵秩。

故事，天下財賦歸左藏，而太府以時上其數，尙書比部覆其出入。是時，京師豪將假取不能禁，第五琦爲度支鹽鐵使，請皆歸大盈庫，供天子給賜，主以中官。自是天下之財爲人君私藏，有司不得程其多少。

廣德元年，詔一戶三丁者免一丁，凡畝稅二升，男子二十五爲成丁，五十五爲老，以優民。而疆寇未夷，民耗斂重。及吐蕃逼京師，近甸屯兵數萬，百官進俸錢，又率戶以給軍糧。

至大曆元年，詔流民還者，給復二年〔三〕，田園盡，則授以逃田。天下苗一畝稅錢十五，市輕貨給百官手力課。以國用急，不及秋，方苗靑卽征之，號「靑苗錢」。又有「地頭錢」，每畝二十，通名爲靑苗錢。又詔上都秋稅分二等，上等畝稅一斗，下等六升，荒田畝稅二升。五年，始定法：夏，上田畝稅六升，下田畝四升；秋，上田畝稅五升，下田畝三升；荒田如故；靑苗錢畝加一倍，而地頭錢不在焉。

初，轉運使掌外，度支使掌內。永泰二年，分天下財賦、鑄錢、常平、轉運、鹽鐵，置二使。東都畿內、河南、淮南、江東西、湖南、荆南、山南東道，以轉運使劉晏領之；京畿、關內、河東〔四〕、劍南、山南西道，以京兆尹、判度支第五琦領之。及琦貶，以戶部侍郎、判度支韓滉與晏分治。

時回紇有助收西京功，代宗厚遇之，與中國婚姻，歲送馬十萬匹，酬以縑帛百餘萬匹。而中國財力屈竭，歲負馬價。河、湟六鎭既陷，歲發防秋兵三萬戍京西，資糧百五十餘萬緡。而中官魚朝恩方恃恩擅權，代宗與宰相元載日夜圖之。及朝恩誅，帝復與載貳，君臣猜間不協，邊計兵食，置而不議者幾十年。而諸鎭擅地，結爲表裏，日治兵繕壘，天子不能繩以法，顓留意祠禱，焚幣玉、寫浮屠書，度支稟賜僧巫，歲以鉅萬計。然帝性儉約，身所御衣，必浣染至再三，欲以先天下。然生日、端午，四方貢獻至數千萬者，加以恩澤，而諸道尙

二十四史

中華書局

侈靡以自媚。朝多留事，經歲不能遣，置客省以居，上封事不足采者、蕃夷貢獻未報及失職未敍者，食度支數千百人。德宗卽位，用宰相崔祐甫，拘客省者出之，食度支者遣之，歲省費萬計。

校勘記

〔一〕耗七者課役皆免　「課」，各本原作「諸」。舊書卷四八食貨志、唐會要卷八三及册府卷四八七俱作「損七已上，課役俱免」。據改。

〔二〕代關中庸課　「庸」，舊書卷四八食貨志、唐會要卷八三及册府卷四八七均作「調」。

〔三〕詔流民還者給復二年　「二」，本書卷六代宗紀、册府卷四八七均作「三」。

〔四〕河東　「東」，各本原作「南」。按本卷上文，劉晏已領「河南」。查舊書卷四九食貨志、唐會要卷八八及通鑑卷二二四，第五琦所領有河東，無河南，明「南」爲「東」之訛。據改。

唐書卷五十二

志第四十二

食貨二

租庸調之法，以人丁爲本。自開元以後，天下戶籍久不更造，丁口轉死，田畝賣易，貧富升降不實。其後國家侈費無節，而大盜起，兵興，財用益屈，而租庸調法弊壞。

自代宗時，始以畝定稅，而斂以夏秋。至德宗相楊炎，遂作兩稅法，夏輸無過六月，秋輸無過十一月。置兩稅使以總之，量出制入。戶無主、客，以居者爲簿；人無丁、中，以貧富爲差。商賈稅三十之一，與居者均役。田稅視大曆十四年墾田之數爲定。遣黜陟使按比諸道丁産等級，免鰥寡惸獨不濟者。敢有加斂，以枉法論。議者以租、庸、調，高祖、太宗之法也，不可輕改。而德宗方信用炎，不疑也。舊戶三百八十萬五千，使者按比得主戶三百八十萬，客戶三十萬。天下之民，不土斷而地著，不更版籍而得其虛實。歲斂錢二千五

十餘萬緡，米四百萬斛，以供外；錢九百五十餘萬緡，米千六百餘萬斛，以供京師。

稅法既行，民力未及寬，而朱滔、王武俊、田悅合從而叛，用益不給，而借商之令出。初，太常博士韋都賓、陳京請借富商錢，德宗以問度支杜佑，以爲軍費裁支數月，幸得商錢五百萬緡，可支半歲。乃以戶部侍郎趙贊判度支，代佑行借錢令，約罷兵乃償之。京兆少尹韋楨、長安丞薛萃，搜督甚峻，民有不勝其冤自經者，家若被盜。然總京師豪人田宅、奴婢之估，裁得八十萬緡。又取僦櫃納質錢及粟麥糶於市者，四取其一，長安爲罷市，市民相率遮邀宰相哭訴，盧杞疾驅而過。韋楨懼，乃請錢不及百緡、粟麥不及五十斛者免，而所獲裁二百萬緡。淮南節度使陳少游增其本道稅錢，每緡二百，因詔天下皆增之。

自太宗時置義倉及常平倉以備凶荒，高宗以後，稍假義倉以給他費，至神龍中略盡。玄宗卽位，復置之。其後第五琦請天下常平倉皆置庫，以畜本錢。至是趙贊又言：「自軍興，常平倉廢垂三十年，凶荒潰散，餧死相食，不可勝紀。陛下卽位，京城兩市置常平官，雖頻年少雨，米不騰貴，可推而廣之，宜兼儲布帛。請於兩都、江陵、成都、揚、汴、蘇、洪置常平輕重本錢，上至百萬緡，下至十萬，積米、粟、布、帛、絲、麻，貴則下價而出之，賤則加估而收之。諸道津會置吏，閱商賈錢，每緡稅二十，竹、木、茶、漆稅十之一，以贍常平本錢。」德

宗納其策。屬軍用迫蹙，亦隨而耗竭，不能備常平之積。

是時，諸道討賊，兵在外者，度支給出界糧。每軍以臺省官一人爲糧料使，主供億。士卒出境，則給酒肉。一卒出境，兼三人之費。將士利之，逾境而屯。趙贊復請稅間架，算除陌。其法：屋二架爲間，上間錢二千，中間一千，下間五百；匿一間，杖六十，告者賞錢五萬。除陌法：公私貿易，千錢舊算二十，加爲五十；物兩相易者，約直爲率。而民益愁怨。及涇原兵反，大譟長安市中曰：「不奪爾商戶僦質，不稅爾間架、除陌矣。」於是間架、除陌、竹、木、茶、漆、鐵之稅皆罷。

朱泚平，天下戶口三耗其二。貞元四年，詔天下兩稅審等第高下，三年一定戶。自初定兩稅，貨重錢輕，乃計錢而輸綾絹。既而物價愈下，所納愈多，絹匹爲錢三千二百，其後一匹爲錢一千六百，輸一者過二，雖賦不增舊，而民愈困矣。度支以稅物頒諸司，皆增本價爲虛估給之，而繆以濫惡督州縣剝價，謂之折納。復有「進奉」、「宣索」之名，改科役曰「召雇」，率配曰「和市」，以巧避微文，比大曆之數再倍。又癘疫水旱，戶口減耗，刺史析戶，張虛數以寬責。逃死闕稅，取於居者，一室空而四鄰亦盡。戶版不緝，無浮游之禁，州縣行小惠以傾誘鄰境，新收者優假之，唯安居不遷之民，賦役日重。帝以問宰相陸贄，贄上疏請蠲

革其甚害者，大略有六：其一曰：

國家賦役之法，曰租、曰調、曰庸。其取法遠，其斂財均，其域人固。有田則有租，有家則有調，有身則有庸，天下法制均壹，雖轉徙莫容其姦，故人無搖心。天寶之季，海內波蕩，版圖隳於避地，賦法壞於奉軍。賦役舊法，行之百年，人以爲便。兵興，供億不常，誅求隳制，此時弊，非法弊也。時有弊而未理，法無弊而已更。兩稅新制，竭耗編甿，日日滋甚。陛下初卽位，宜損上益下，嗇用節財，而摘郡邑，驗簿書，州取大曆中一年科率多者爲兩稅定法，此總無名之暴賦而立常規也。夫財之所生，必因人力。兩稅以資產爲宗，不以丁身爲本，資產少者稅輕，多者稅重。不知有藏於襟懷囊篋，物貴而人莫窺者；有場圃、囷倉，直輕而衆以爲富者；有流通蕃息之貨，數寡而日收其贏者；有廬舍器用，價高而終歲利寡者。計估算緡，失平長僞，挾輕費轉徙者脫徭稅，敦本業者困斂求。此誘之爲姦，敺之避役也。今徭賦輕重相百，而以舊爲準，重處流亡益多，輕處歸附益衆。有流亡則攤出，已重者愈重；有歸附則散出，已輕者愈輕。人嬰其弊。願詔有司與宰相量年支，有不急者罷之，廣費者節之。軍興加稅，諸道權宜所增，皆可停。稅物估價，宜視月平，至京與色樣符者，不得虛稱折估。有濫惡，罪官吏，勿督百姓。每道以知兩稅判官一人與度支參計戶數，量土地沃瘠、物產多少爲二等，州等下者配錢少，高者配錢多。不變法而逋逃漸息矣。

其二曰：

播殖非力不成，故先王定賦以布、麻、繒、纊、百穀，勉人功也。又懼物失貴賤之平，交易難準，乃定貨泉以節輕重。蓋爲國之利權，守之在官，不以任下。然則穀帛，人所爲也；錢貨，官所爲也。人所爲者，租稅取焉；官所爲者，賦斂捨焉。國朝著令，租出穀〔一〕，庸出絹，調出繒、纊、布、麻，曷嘗禁人鑄錢而以錢爲賦？今兩稅効算緡之末法，估資產爲差，以錢穀定稅，折供雜物，歲目頗殊。所供非所業，所業非所供，增價以市所無，減價以貿所有，耕織之力有限，而物價貴賤無常。初定兩稅，萬錢爲絹三匹，價貴而數不多。及給軍裝，計數不計價，此稅少國用不充也。近者萬錢爲絹六匹，價賤而數加。計口蠶織不殊，而所輸倍，此供稅多人力不給也。宜令有司覆初定兩稅之歲絹、布定估，爲布帛之數，復庸、調舊制，隨土所宜，各脩家技。物甚賤，所出不加；物甚貴，所入不減。且經費所資，在錢者獨月俸、資課，以錢數多少給布，廣鑄而禁用銅器，則錢不乏。有糴鹽以入直〔二〕，榷酒以納資，何慮無所給哉！

其三曰：

廉使奏吏之能者有四科，一曰戶口增加，二曰田野墾闢，三曰稅錢長數，四曰率辦

先期。夫貴戶口增加，詭情以誘姦浮，苛法以析親族，所誘者將議薄征則遽散，所析者不勝重稅而亡，有州縣破傷之病。貴田野墾闢，率民殖荒田，限年免租，新畝雖闢，舊畲蕪矣。人以免租年滿，復爲汚萊，有稼穡不增之病。貴稅錢長數，重困疲羸，捶骨瀝髓，苟媚聚斂之司，有不恤人之病。貴率辦先期，作威殘人，絲不容織，粟不暇舂，貧者奔迸，有不恕物之病。四病繇考覈不切事情之過。驗之以實，則租賦所加，固有受其損者，此州若增客戶，彼郡必減居人。增處邀賞而稅數加，減處懼罪而稅數不降。國家設考課之法，非欲崇聚斂也。宜命有司詳考課績，州稅有定，徭役有等，覆實然後報戶部。若人益阜實，稅額有餘，據戶均減十三爲上課，減二次之，減一又次之。若流亡多，加稅見戶者，殿亦如之。民納租以去歲輸數爲常，罷據額所率者。增闢勿益租，廢耕不降數。定戶之際，視雜產以校之。田既有常租，則不宜復入兩稅。如此，不督課而人人樂耕矣。

其四曰：

明君不厚所資而害所養，故先人事而借其暇力，家給然後斂餘財。今督收迫促，蠶事方興而輸縑，農功未艾而斂穀。有者急賣而耗半直，無者求假費倍。定兩稅之初，期約未詳，屬征役多故，率先限以收。宜定稅期，隨風俗時候，務於紓人。

其五曰：

頃師旅亟興，官司所儲，唯給軍食，凶荒不遑賑救。人小乏則取息利，大乏則鬻田廬。斂穫始畢，執契行貸，饑歲室家相棄，乞爲奴僕，猶莫之售，或縊死道途。天災流行，四方代有。稅茶錢積戶部者，宜計諸道戶口均之。穀麥熟則平糴，亦以義倉爲名，主以巡院。時稔傷農，則優價廣糴，穀貴而止；小歉則借貸。循環斂散，使聚穀幸災者無以牟大利。

其六曰：

古者百畝地號一夫，蓋一夫授田不得過百畝，欲使人不廢業，田無曠耕。今富者萬畝，貧者無容足之居，依託彊家，爲其私屬，終歲服勞，常患不充。有田之家坐食租稅，京畿田畝稅五升，而私家收租畝一石，官取一，私取十，穡者安得足食？宜爲占田條限，裁租價，損有餘，優不足，此安富恤窮之善經，不可捨也。

贄言雖切，以讒逐，事無施行者。

十二年，河南尹齊抗復論其弊，以爲：「軍興，國用稍廣，隨要而稅，吏擾人勞。陛下變爲兩稅，督納有時，貪暴無容其姦。二十年間，府庫充牣。但定稅之初，錢輕貨重，故陛下以錢爲稅。今錢重貨輕，若更爲稅名，以就其輕，其利有六：吏絕其姦，一也；人用不擾，二

也；靜而獲利，三也；用不乏錢，四也；不勞而易知，五也；農桑自勸，六也。百姓本出布帛，而稅反配錢，至輸時復取布帛，更爲三估計折，州縣升降成姦。若直定布帛，無估可折。蓋以錢爲稅，則人力竭而有司不之覺。今兩稅出於農人，農人所有，唯布帛而已。用布帛處多，用錢處少，又有鼓鑄以助國計，何必取於農人哉？」疏入，亦不報。

初，德宗居奉天，儲畜空窘，嘗遣卒視賊，以苦寒乞襦袴，帝不能致，剔親王帶金而鬻之。朱泚既平，於是帝屬意聚斂，常賦之外，進奉不息。劍南西川節度使韋皋有「日進」，江西觀察使李兼有「月進」，淮南節度使杜亞、宣歙觀察使劉贊、鎮海節度使王緯李錡皆徼射恩澤，以常賦入貢，名爲「羨餘」。至代易又有「進奉」。當是時，戶部錢物，所在州府及巡院皆得擅留，或矯密旨加斂，謫官吏、刻祿稟，增稅通津、死人及蔬果。凡代易進奉，取於稅入，十獻二三，無敢問者。常州刺史裴肅鬻薪炭案紙爲進奉，得遷浙東觀察使。刺史進奉，自肅始也。劉贊卒于宣州，其判官嚴綬傾軍府爲進奉，召爲刑部員外郎。判官進奉，自綬始也。自裴延齡用事，益爲天子積私財，而生民重困。延齡死，而人相賀。

是時，宮中取物於市，以中官爲宮市使。兩市置「白望」數十百人，以鹽估敝衣、絹帛，尺寸分裂酬其直。又索進奉門戶及脚價錢，有齎物入市而空歸者。每中官出，沽漿賣餅之家皆徹肆塞門。諫官御史數上疏諫，不聽，人不堪其弊。戶部侍郎蘇弁言：「京師游手數千萬家，無生業者仰宮市以活，奈何罷？」帝悅，以爲然。京兆尹韋湊奏：「小人因宮市爲姦，眞僞難辨，宜下府縣供送。」帝許之。中官言百姓賴宮市以養者也，湊反得罪。

順宗即位，乃罷宮市使及鹽鐵使月進。憲宗又罷除官受代進奉及諸道兩稅外榷率；分天下之賦以爲三，一曰上供，二曰送使，三曰留州。宰相裴垍又令諸道節度、觀察調費取於所治州，不足則取於屬州，而屬州送使之餘與其上供者，皆輸度支。

是時，因德宗府庫之積，頗約費用，天子身服澣濯。及劉闢、李錡既平，訾藏皆入內庫。山南東道節度使于頔、河東節度使王鍔進獻甚厚，翰林學士李絳嘗諫曰：「方鎮進獻，因緣爲姦，以侵百姓，非聖政所宜。」帝喟然曰：「誠知非至德事，然兩河中夏貢賦之地，朝覲久廢，河、湟陷沒，烽候列於郊甸。方刷祖宗之恥，不忍重斂於人也。」然獨不知進獻之取於人者重矣。

及討淮西，判度支楊於陵坐餽餉不繼貶，以司農卿皇甫鎛代之，由是益爲刻剝。司農卿王遂、京兆尹李鄘號能聚斂，乃以爲宣歙、浙西觀察使，予之富饒之地，以辦財賦。鹽鐵使王播言：「劉晏領使時，自按租庸，然後知州縣錢穀利病虛實。」乃以副使程异巡江、淮，覈州府上供錢穀。异至江、淮，得錢百八十五萬貫。其年，遂代播爲鹽鐵使。是時，河北兵討

王承宗，於是募人入粟河北、淮西者，自千斛以上皆授以官。度支鹽鐵與諸道貢獻尤甚，號「助軍錢」。及賊平，則有賀禮及助賞設物。羣臣上尊號，又有獻賀物。

穆宗即位，一切罷之，兩稅外加率一錢者，以枉法贓論。然自在藩邸時，習見用兵之弊，以謂戎臣武卒，法當姑息。及即位，自神策諸軍，非時賞賜，不可勝紀。已而幽州兵囚張弘靖，鎮州殺田弘正，兩鎮用兵，置南北供軍院。而行營軍十五萬，不能亢兩鎮萬餘之衆。而餽運不能給，帛粟未至而諸軍或彊奪於道。

蓋自建中定兩稅，而物輕錢重，民以爲患，至是四十年。當時爲絹二匹半者爲八匹，大率加三倍。豪家大商，積錢以逐輕重，故農人日困，末業日增。帝亦以貨輕錢重，民困而用不充，詔百官議革其弊。而議者多請重挾銅之律。戶部尙書楊於陵曰：「王者制錢以權百貨，貿遷有無，通變不倦，使物無甚貴甚賤，其術非它，在上而已。何則？上之所重，人必從之。古者權之於上，今索之於下；昔散之四方，今藏之公府；昔廣鑄以資用，今減鑪以廢功；昔行之於中原，今洩之於邊裔。又有閭井送終之唅，商賈貸舉之積，江湖壓覆之耗，則錢焉得不重，貨焉得不輕？開元中，天下鑄錢七十餘鑪，歲盈百萬，今纔十數鑪，歲入十五萬而已。大曆以前，淄青、太原、魏博雜鉛鐵以通時用，嶺南雜以金、銀、丹砂、象齒，今一用泉貨，故錢不足。今宜使天下兩稅、榷酒、鹽利、上供及留州、送使錢，悉輸以布帛穀粟，則人

寬於所求，然後出內府之積，收市廛之滯，廣山鑄之數，限邊裔之出，禁私家之積，則貨日重而錢日輕矣。」宰相善其議。由是兩稅、上供、留州，皆易以布帛、絲纊，租、庸、課、調不計錢而納布帛，唯鹽酒本以榷率計錢，與兩稅異，不可去錢。

文宗大和九年，以天下回殘錢置常平義倉本錢，歲增市之。非遇水旱不增者，判官罰俸，書下考；州縣假借，以枉法論。

文宗嘗召監倉御史崔虞問太倉粟數，對曰：「有粟二百五十萬石。」帝曰：「今歲費廣而所畜寡，柰何？」乃詔出使郎官、御史督察州縣壅遏錢穀者。時豪民侵噬產業不移戶，州縣不敢徭役，而征稅皆出下貧。至於依富室爲奴客，役罰峻於州縣。長吏歲輒遣吏巡覆田稅，民苦其擾。

武宗即位，廢浮圖法，天下毀寺四千六百、招提蘭若四萬，籍僧尼爲民二十六萬五千人，奴婢十五萬人，田數千萬頃，大秦穆護、祆二千餘人。上都、東都每街留寺二，每寺僧三十人，諸道留僧以三等，不過二十人。腴田鬻錢送戶部，中下田給寺家奴婢丁壯者爲兩稅戶，人十畝。以僧尼既盡，兩京悲田養病坊，給寺田十頃，諸州七頃，主以耆壽。

自會昌末，置備邊庫，收度支、戶部、鹽鐵錢物。宣宗更號延資庫。初以度支郎中判之，至是以屬宰相，其任益重。戶部歲送錢帛二十萬，度支鹽鐵送者三十萬，諸道進奉助軍

錢皆輸焉。

懿宗時，雲南蠻數內寇，徙兵戍嶺南。淮北大水，征賦不能辦，人人思亂。及龐勛反，附者六七萬。自關東至海大旱，冬蔬皆盡，貧者以蓬子爲麵，槐葉爲齏。乾符初，大水，山東饑。中官田令孜爲神策中尉，怙權用事，督賦益急。王仙芝、黃巢等起，天下遂亂，公私困竭。昭宗在鳳翔，爲梁兵所圍，城中人相食，父食其子，而天子食粥，六宮及宗室多餓死。其窮至於如此，遂以亡。

初，乾元末，天下上計百六十九州，戶百九十三萬三千一百二十四，不課者百一十七萬四千五百九十二；口千六百九十九萬三百八十六，不課者千四百六十一萬九千五百八十七。減天寶戶五百九十八萬二千五百八十四，口三千五百九十二萬八千七百二十三。元和中，供歲賦者，浙西、浙東、宣歙、淮南、江西、鄂岳、福建、湖南八道，戶百四十四萬，比天寶纔四之一。兵食於官者八十三萬，加天寶三之一，通以二戶養一兵。京西北、河北以屯兵廣，無上供。至長慶，戶三百三十五萬，而兵九十九萬，率三戶以奉一兵。至武宗即位，戶二百一十一萬四千九百六十。會昌末，戶增至四百九十五萬五千一百五十一。宣宗既復河、湟，天下兩稅、榷酒茶鹽錢，歲入九百二十二萬緡，歲之常費率少三百餘萬，有司遠取後年乃濟。及羣盜起，諸鎮不復上計云。

校勘記

〔一〕租出穀　「租」，各本原作「稅」。據陸宣公翰苑集（四部叢刊影宋本）卷二二、通鑑卷二三四改。

〔二〕有糴鹽以入直　「糴」，陸宣公翰苑集卷二二作「糶」。

唐書卷五十三

志第四十三

食貨三

唐都長安，而關中號稱沃野，然其土地狹，所出不足以給京師，備水旱，故常轉漕東南之粟。高祖、太宗之時，用物有節而易贍，水陸漕運，歲不過二十萬石，故漕事簡。自高宗已後，歲益增多，而功利繁興，民亦罹其弊矣。

初，江淮漕租米至東都輸含嘉倉，以車或馱陸運至陝。而水行來遠，多風波覆溺之患，其失嘗十七八，故其率一斛得八斗爲成勞。而陸運至陝，纔三百里，率兩斛計傭錢千。民送租者，皆有水陸之直，而河有三門底柱之險。顯慶元年，苑西監褚朗議鑿三門山爲梁，可通陸運。乃發卒六千鑿之，功不成。其後，將作大匠楊務廉又鑿爲棧，以輓漕舟。輓夫繫二釽於胸，而繩多絕，輓夫輒墜死，則以逃亡報，因繫其父母妻子，人以爲苦。

開元十八年，宣州刺史裴耀卿朝集京師，玄宗訪以漕事，耀卿條上便宜曰：「江南戶口多，而無征防之役。然送租、庸、調物，以歲二月至揚州入斗門，四月已後，始渡淮入汴，常苦水淺，六七月乃至河口，而河水方漲，須八九月水落始得上河入洛，而漕路多梗，船檣阻隘。江南之人，不習河事，轉雇河師水手，重爲勞費。其得行日少，阻滯日多。今漢、隋漕路，瀕河倉廩，遺迹可尋。可於河口置武牢倉，鞏縣置洛口倉，使江南之舟不入黃河，黃河之舟不入洛口。而河陽、柏崖、太原、永豐、渭南諸倉，節級轉運，水通則舟行，水淺則寓於倉以待，則舟無停留，而物不耗失。此甚利也。」玄宗初不省。二十一年，耀卿爲京兆尹，京師雨水，穀踊貴，玄宗將幸東都，復問耀卿漕事，耀卿因請「罷陝陸運，而置倉河口，使江南漕舟至河口者，輸粟於倉而去，縣官雇舟以分入河、洛。置倉三門東西，漕舟輸其東倉，而陸運以輸西倉，復以舟漕，以避三門之水險」。玄宗以爲然。乃於河陰置河陰倉，河清置柏崖倉〔二〕；三門東置集津倉，西置鹽倉；鑿山十八里以陸運。自江、淮漕者，皆輸河陰倉，自河陰西至太原倉，謂之北運，自太原倉浮渭以實關中。玄宗大悅，拜耀卿爲黃門侍郎、同中書門下平章事，兼江淮都轉運使，以鄭州刺史崔希逸、河南少尹蕭炅爲副使，益漕晉、絳、魏、濮、邢、貝、濟、博之租輸諸倉，轉而入渭。凡三歲，漕七百萬石，省陸運傭錢三十萬緡。

是時，民久不罹兵革，物力豐富，朝廷用度亦廣，不計道里之費，而民之輸送所出水陸之直，增以「函脚」、「營窖」之名，民間傳言用斗錢運斗米，其糜耗如此。

及耀卿罷相，北運頗艱，米歲至京師纔百萬石。二十五年，遂罷北運。而崔希逸爲河南陝運使，歲運百八十萬石。其後以太倉積粟有餘，歲減漕數十萬石。

二十九年，陝郡太守李齊物鑿砥柱爲門以通漕，開其山顚爲輓路，燒石沃醯而鑿之。然棄石入河，激水益湍怒，舟不能入新門，候其水漲，以人輓舟而上。天子疑之，遣宦者按視，齊物厚賂使者，還言便。

齊物入爲鴻臚卿，以長安令韋堅代之，兼水陸運使。堅治漢、隋運渠，起關門，抵長安，通山東租賦。乃絕灞、滻，並渭而東，至永豐倉與渭合。又於長樂坡瀕苑牆鑿潭於望春樓下，以聚漕舟。堅因使諸舟各揭其郡名，陳其土地所產寶貨諸奇物於栿上。先時民間唱俚歌曰「得体紇那邪」。其後得寶符於桃林，於是陝縣尉崔成甫更得体歌爲得寶弘農野。堅命舟人爲吳、楚服，大笠、廣袖、芒屩以歌之。成甫又廣之爲歌辭十闋，自衣缺後綠衣、錦半臂、紅抹額，立第一船爲號頭以唱，集兩縣婦女百餘人，鮮服靚粧，鳴鼓吹笛以和之。衆艘以次輳樓下，天子望見大悅，賜其潭名曰廣運潭。是歲，漕山東粟四百萬石。自裴耀卿言漕事，進用者常兼轉運之職，而韋堅爲最。

初，耀卿興漕路，請罷陸運，而不果廢。自景雲中，陸運北路分八遞，雇民車牛以載。

開元初，河南尹李傑爲水陸運使，運米歲二百五十萬石，而八遞用車千八百乘。耀卿罷久之，河南尹裴迥以八遞傷牛，乃爲交場兩遞，濱水處爲宿場，分官總之，自龍門東山抵天津橋爲石堰以遏水。其後大盜起，而天下匱矣。

肅宗末年，史朝義兵分出宋州，淮運於是阻絕，租庸鹽鐵泝漢江而上。河南尹劉晏爲戶部侍郎，兼句當度支、轉運、鹽鐵、鑄錢使，江淮粟帛，繇襄、漢越商於以輸京師。

及代宗出陝州，關中空窘，於是盛轉輸以給用。廣德二年，廢句當度支使，以劉晏顓領東都、河南、淮西、江南東西轉運、租庸、鑄錢、鹽鐵，轉輸至上都，度支所領諸道租庸觀察使，凡漕事亦皆決於晏。晏卽鹽利顧傭分吏督之，隨江、汴、河、渭所宜。故時轉運船繇潤州陸運至揚子，斗米費錢十九，晏命囊米而載以舟，減錢十五；繇揚州距河陰，斗米費錢百二十，晏爲歇艎支江船二千艘，每船受千斛，十船爲綱，每綱三百人，篙工五十，自揚州遣將部送至河陰，上三門，號「上門塡闕船」，米斗減錢九十。調巴、蜀、襄、漢麻枲竹篠爲綯挽舟，以朽索腐材代薪，物無棄者。未十年，人人習河險。江船不入汴，汴船不入河，河船不入渭；江南之運積揚州，汴河之運積河陰，河船之運積渭口，渭船之運入太倉。歲轉粟百一十萬石，無升斗溺者。輕貨自揚子至汴州，每馱費錢二千二百，減九百，歲省十餘萬緡。又分官吏主丹楊湖，禁引溉，自是河漕不涸。大曆八年，以關內豐穰，減漕十萬石，度支和糴以優農。晏自天寶末掌出納，監歲運，知左右藏，主財穀三十餘年矣。及楊炎爲相，以舊惡罷晏，轉運使復歸度支，凡江淮漕米，以庫部郎中崔河圖主之。

及田悅、李惟岳、李納、梁崇義拒命，舉天下兵討之，諸軍仰給京師。而李納、田悅兵守渦口，梁崇義搤襄、鄧，南北漕引皆絕，京師大恐。江淮水陸轉運使杜佑以秦、漢運路出浚儀十里入琵琶溝，絕蔡河，至陳州而合，自隋鑿汴河，官漕不通，若導流培岸，功用甚寡；疏雞鳴岡首尾，可以通舟，陸行纔四十里，則江、湖、黔中、嶺南、蜀、漢之粟可方舟而下，繇白沙趣東關，歷潁、蔡，涉汴抵東都，無濁河泝淮之阻，減故道二千餘里。會李納將李洧以徐州歸命，淮路通而止。戶部侍郎趙贊又以錢貨出淮迂緩，分置汴州東西水陸運兩稅鹽鐵使，以度支總大綱。

貞元初，關輔宿兵，米斗千錢，太倉供天子六宮之膳不及十日，禁中不能釀酒，以飛龍駝負永豐倉米給禁軍，陸運牛死殆盡。德宗以給事中崔造敢言，爲能立事，用爲相。造以江、吳素嫉錢穀諸使顓利罔上，乃奏諸道觀察使、刺史選官部送兩稅至京師，廢諸道水陸轉運使及度支巡院、江淮轉運使，以度支、鹽鐵歸尚書省，宰相分判六尚書事。以戶部侍郎元琇判諸道鹽鐵、榷酒，侍郎吉中孚判度支諸道兩稅。增江淮之運，浙江東、西歲運米七十五萬石，復以兩稅易米百萬石，江西、湖南、鄂岳、福建、嶺南米亦百二十萬石，詔浙江東、西節

度使韓滉，淮南節度使杜亞運至東、西渭橋倉。諸道有鹽鐵處，復置巡院。歲終宰相計課最。崔造厚元琇，而韓滉方領轉運，奏國漕不可改。帝亦雅器滉，復以爲江淮轉運使。元琇嫉其剛，不可共事，因有隙。琇稱疾罷，而滉爲度支、諸道鹽鐵、轉運使，於是崔造亦罷。滉遂劾琇常餽米淄青、河中，而李納、懷光倚以構叛，貶琇雷州司戶參軍，尋賜死。

是時，汴宋節度使春夏遣官監汴水，察盜灌溉者。歲漕經底柱，覆者幾半。河中有山號「米堆」，運舟入三門，雇平陸人爲門匠，執標指麾，一舟百日乃能上。諺曰：「古無門匠墓。」謂皆溺死也。陝虢觀察使李泌益鑿集津倉山西逕爲運道，屬于三門倉，治上路以回空車，費錢五萬緡，下路減半；又爲入渭船，方五板，輸東渭橋太倉米至凡百三十萬石，遂罷南路陸運。其後諸道鹽鐵、轉運使張滂復置江淮巡院。及浙西觀察使李錡領使，江淮堰埭隸浙西者，增私路小堰之稅，以副使潘孟陽主上都留後。李巽爲諸道轉運、鹽鐵使，以堰埭歸鹽鐵使，罷其增置者。自劉晏後，江淮米至渭橋寖減矣，至巽乃復如晏之多。

初，揚州疏太子港、陳登塘，凡三十四陂，以益漕河，輒復堙塞。淮南節度使杜亞乃濬渠蜀岡，疏句城湖、愛敬陂，起隄貫城，以通大舟。河益庳，水下走淮，夏則舟不得前。節度使李吉甫築平津堰，以泄有餘，防不足，漕流遂通。然漕益少，江淮米至渭橋者纔二十萬斛。諸道鹽鐵、轉運使盧坦糴以備一歲之費，省冗職八十員。自江以南，補署皆剸屬院監，

而漕米亡耗於路頗多。刑部侍郎王播代坦，建議米至渭橋五百石亡五十石者死。其後判度支皇甫鎛議萬斛亡三百斛者償之，千七百斛者流塞下，過者死；盜十斛者流，三十斛者死。而覆船敗輓，至者不得十之四五。部吏舟人相挾爲姦，榜笞號苦之聲聞于道路，禁錮連歲，赦下而獄死者不可勝數。其後貸死刑，流天德五城，人不畏法，運米至者十亡七八。鹽鐵、轉運使柳公綽請如王播議加重刑。大和初，歲旱河涸，掊沙而進，米多耗，抵死甚衆，不待覆奏。

秦、漢時故漕興成堰，東達永豐倉，咸陽縣令韓遼請疏之，自咸陽抵潼關三百里，可以罷車輓之勞。宰相李固言以爲非時，文宗曰：「苟利於人，陰陽拘忌，非朕所顧也。」議遂決。堰成，罷輓車之牛以供農耕，關中賴其利。

故事，州縣官充綱，送輕貨四萬，書上考。開成初，爲長定綱，州擇清彊官送兩稅，至十萬遷一官，往來十年者授縣令。江淮錢積河陰，轉輸歲費十七萬餘緡，行綱多以盜抵死。而判度支王彥威置縣遞羣畜萬三千三百乘，使路傍民養以取傭，日役一驛，省費甚博。而宰相亦以長定綱命官不以材，江淮大州，歲授官者十餘人，乃罷長定綱，送五萬者書上考，七萬者減一選，五十萬減三選而已。及戶部侍郎裴休爲使，以河瀕縣令董漕事，自江達渭，運米四十萬石。居三歲，米至渭橋百二十萬石。

凡漕達于京師而足國用者，大略如此。其他州、縣、方鎮，漕以自資，或兵所征行，轉運以給一時之用者，皆不足紀。

唐開軍府以扞要衝，因隙地置營田，天下屯總九百九十二。司農寺每屯三十頃〔三〕，州、鎮諸軍每屯五十頃。水陸腴瘠、播殖地宜與其功庸煩省、收率之多少，皆決於尚書省。苑內屯以善農者爲屯官、屯副，御史巡行莅輸。上地五十畝，瘠地二十畝，稻田八十畝，則給牛一〔四〕。諸屯以地良薄與歲之豐凶爲三等，具民田歲穫多少，取中熟爲率。有警，則以兵若夫千人助收。隸司農者，歲三月，卿、少卿循行，治不法者。凡屯田收多者，褒進之。歲以仲春籍來歲頃畝、州府軍鎮之遠近，上兵部，度便宜遣之。開元二十五年，詔屯官敍功以歲豐凶爲上下。鎮戍地可耕者，人給十畝以供糧。方春，屯官巡行，譴作不時者。天下屯田收穀百九十餘萬斛。

初，度支歲市糧於北都，以贍振武、天德、靈武、鹽、夏之軍，費錢五六十萬緡，泝河舟溺甚衆。建中初，宰相楊炎請置屯田於豐州，發關輔民鑿陵陽渠以增溉。京兆尹嚴郢嘗從事朔方，知其利害，以爲不便，疏奏不報。郢又奏：「五城舊屯，其數至廣，以開渠之糧貸諸城，約以多輸；又以開渠功直布帛先給田者，據估轉穀。如此則關輔免調發，五城田闢，比之

浚渠利十倍也。」時楊炎方用事，郢議不用，而陵陽渠亦不成。然振武、天德良田，廣袤千里。

元和中，振武軍饑，宰相李絳請開營田，可省度支漕運及絕和糴欺隱。憲宗稱善，乃以韓重華爲振武、京西營田、和糴、水運使，起代北，墾田三百頃，出贓罪吏九百餘人，給以耒耜、耕牛，假種糧，使償所負粟，二歲大熟。因募人爲十五屯，每屯百三十人，人耕百畝，就高爲堡，東起振武，西逾雲州，極於中受降城，凡六百餘里，列柵二十，墾田三千八百餘頃〔四〕，歲收粟二十萬石，省度支錢二千餘萬緡。重華入朝，奏請益開田五千頃，法用人七千，可以盡給五城。會李絳已罷，後宰相持其議而止。憲宗末，天下營田皆雇民或借庸以耕，又以瘠地易上地，民間苦之。穆宗即位，詔還所易地，而耕以官兵。耕官地者，給三之一以終身。

靈武、邠寧，土廣肥而民不知耕。大和末，王起奏立營田。後党項大擾河西，邠寧節度使畢諴亦募士開營田，歲收三十萬斛，省度支錢數百萬緡。

貞觀、開元後，邊土西舉高昌、龜茲、焉耆、小勃律，北抵薛延陀故地，緣邊數十州戍重兵，營田及地租不足以供軍，於是初有和糴。牛仙客爲相，有彭果者獻策廣關輔之糴，京師糧稟益羨，自是玄宗不復幸東都。天寶中，歲以錢六十萬緡賦諸道和糴，斗增三錢，每歲短

遞輸京倉者百餘萬斛。米賤則少府加估而糴，貴則賤價而糶。

貞元初，吐蕃劫盟，召諸道兵十七萬戍邊。關中爲吐蕃蹂躪者二十年矣，北至河曲，人戶無幾，諸道戍兵月給粟十七萬斛，皆糴於關中。宰相陸贄以「關中穀賤，請和糴，可至百餘萬斛。計諸縣船車至太倉，穀價四十有餘，米價七十，則一年和糴之數當轉運之二年，一斗轉運之資當和糴之五斗。減轉運以實邊，存轉運以備時要。江淮米至河陰者罷八十萬斛，河陰米至太原倉者罷五十萬，太原米至東渭橋者罷二十萬。以所減米糶江淮水菑州縣，斗減時五十以救乏。京城東渭橋之糴，斗增時三十以利農。以江淮糶米及減運直市絹帛送上都。」帝乃命度支增估糴粟三十三萬斛，然不能盡用贄議。憲宗即位之初，有司以歲豐熟，請畿內和糴。當時府、縣配戶督限，有稽違則迫蹙鞭撻，甚於稅賦，號爲和糴，其實害民。

校勘記

〔一〕河清置柏崖倉　「河清」，各本原作「河西」。通典卷一〇、冊府卷四九八及本書卷三八地理志俱云於河清縣置柏崖倉，據改。

〔二〕司農寺每屯三十頃　各本原無「十」字。通典卷二：「開元二十五年令：諸屯隸司農寺者，每三十頃以下，二十頃以上爲一屯。」考異卷四五謂「三」下當脫「十」字。據補。

〔三〕上地五十畝瘠地二十畝……則給牛一　通典卷二作「土軟處每一頃五十畝配牛一頭，強硬處一頃二十畝配牛一頭」。考異卷四五引盧召弓曰，此以「上地」、「瘠地」易「土軟」、「土硬」，而兩句皆脫去「一頃」二字。

〔四〕墾田三千八百餘頃　「頃」，各本原作「里」。按通考卷七作「頃」，本卷上下文敍墾田亦以「頃」爲單位，當以「頃」爲是，據改。

唐書卷五十四

志第四十四

食貨四

唐有鹽池十八，井六百四十，皆隸度支。蒲州安邑、解縣有池五，總曰「兩池」，歲得鹽萬斛，以供京師。鹽州五原有烏池、白池、瓦池、細項池，靈州有溫泉池、兩井池、長尾池、五泉池、紅桃池、回樂池、弘靜池，會州有河池，三州皆輸米以代鹽。安北都護府有胡落池，歲得鹽萬四千斛，以給振武、天德。黔州有井四十一，成州、巂州井各一，果、閬、開、通井百二十三，山南西院領之。邛、眉、嘉有井十三，劍南西川院領之。梓、遂、綿、合、昌、渝、瀘、資、榮、陵、簡有井四百六十，劍南東川院領之。皆隨月督課。幽州、大同橫野軍有鹽屯，每屯有丁有兵，歲得鹽二千八百斛，下者千五百斛。負海州歲免租爲鹽二萬斛以輸司農。靑、楚、海、滄、棣、杭、蘇等州，以鹽價市輕貨，亦輸司農。

天寶、至德間，鹽每斗十錢。乾元元年，鹽鐵、鑄錢使第五琦初變鹽法，就山海井竈近利之地置監院，游民業鹽者爲亭戶，免雜傜。盜鬻者論以法。及琦爲諸州榷鹽鐵使，盡榷天下鹽，斗加時價百錢而出之，爲錢一百一十。

自兵起，流庸未復，稅賦不足供費，鹽鐵使劉晏以爲因民所急而稅之，則國足用。於是上鹽法輕重之宜，以鹽吏多則州縣擾，出鹽鄉因舊監置吏，亭戶糶商人，縱其所之。江、嶺去鹽遠者，有常平鹽，每商人不至，則減價以糶民，官收厚利而人不知貴。晏又以鹽生霖潦則鹵薄，暵旱則土溜墳，乃隨時爲令，遣吏曉導，倍於勸農。吳、越、揚、楚鹽廩至數千，積鹽二萬餘石。有漣水、湖州、越州、杭州四場，嘉興、海陵、鹽城、新亭、臨平、蘭亭、永嘉、大昌、候官、富都十監，歲得錢百餘萬緡，以當百餘州之賦。自淮北置巡院十三，曰揚州、陳許、汴州、廬壽、白沙、淮西、甬橋、浙西、宋州、泗州、嶺南、兗鄆、鄭滑，捕私鹽者，姦盜爲之衰息。然諸道加榷鹽錢，商人舟所過有稅。晏奏罷州縣率稅，禁堰埭邀以利者。晏之始至也，鹽利歲纔四十萬緡，至大曆末，六百餘萬緡。天下之賦，鹽利居半，宮闈服御、軍饟、百官祿俸皆仰給焉。明年而晏罷。

貞元四年，淮南節度使陳少游奏加民賦〔一〕，自此江淮鹽每斗亦增二百，爲錢三百一十，其後復增六十，河中兩池鹽每斗爲錢三百七十。江淮豪賈射利，或時倍之，官收不能過半，民始怨矣。

劉晏鹽法既成，商人納絹以代鹽利者，每緡加錢二百，以備將士春服。包佶爲汴東水陸運、兩稅、鹽鐵使，許以漆器、瑇瑁、綾綺代鹽價，雖不可用者亦高估而售之，廣虛數以罔上。亭戶冒法，私鬻不絕，巡捕之卒，遍于州縣。鹽估益貴，商人乘時射利，遠鄉貧民困高估，至有淡食者。巡吏既多，官冗傷財，當時病之。其後軍費日增，鹽價寖貴，有以穀數斗易鹽一升。私糶犯法，未嘗少息。

順宗時始減江淮鹽價，每斗爲錢二百五十，河中兩池鹽，斗錢三百。增雲安、渙陽、塗澮三監。其後鹽鐵使李錡奏江淮鹽斗減錢十以便民，未幾復舊。方是時，錡盛貢獻以固寵，朝廷大臣，皆餌以厚貨，鹽鐵之利，積于私室，而國用耗屈，榷鹽法大壞，多爲虛估，率千錢不滿百三十而已。兵部侍郎李巽爲使，以鹽利皆歸度支，物無虛估，天下糶鹽稅茶，其贏六百六十五萬緡。初歲之利，如劉晏之季年，其後則三倍晏時矣。兩池鹽利，歲收百五十餘萬緡。四方豪商猾賈，雜處解縣，主以郎官，其佐貳皆御史。鹽民田園籍於縣，而令不得以縣民治之。

憲宗之討淮西也，度支使皇甫鎛加劍南東西兩川、山南西道鹽估以供軍。貞元中，盜鬻兩池鹽一石者死，至元和中，減死流天德五城，鎛奏論死如初。一斗以上杖背，沒其車

驢，能捕斗鹽者賞千錢；節度觀察使以判官、州以司錄錄事參軍察私鹽，漏一石以上罰課料；鬻兩池鹽者，坊市居邸主人、市儈皆論坐；盜刮鹻土一斗，比鹽一升。州縣團保相察，比於貞元加酷矣。自兵興，河北鹽法羈縻而已。至皇甫鎛又奏置榷鹽使，如江淮榷法，犯禁歲多。及田弘正舉魏博歸朝廷，穆宗命河北罷榷鹽。戶部侍郎張平叔議榷鹽法弊，請糶鹽可以富國，詔公卿議其可否。中書舍人韋處厚、兵部侍郎韓愈條詰之，以爲不可，平叔屈服。

是時奉天鹵池生水柏，以灰一斛得鹽十二斤，利倍鹻鹵。文宗時，采灰一斗，比鹽一斤論罪。開成末，詔私鹽月再犯者，易縣令，罰刺史俸；十犯，則罰觀察、判官課料。

宣宗即位，茶、鹽之法益密，糶鹽少、私盜多者，謫觀察、判官，不計十犯。戶部侍郎、判度支盧弘止以兩池鹽法敝，遣巡院官司空輿更立新法，其課倍入，遷榷鹽使。以壕籬者，鹽池之隄禁，有盜壞與鬻鹻皆死，鹽盜持弓矢者亦皆死刑。兵部侍郎、判度支周墀又言：「兩池鹽盜販者，迹其居處，保、社按罪。鬻五石，市二石，亭戶盜糶二石，皆死。」是時江、吳羣盜，以所剽物易茶鹽，不受者焚其室廬，吏不敢枝梧，鎭戍、場鋪、堰埭以關通致富。宣宗乃擢費更兩畿輔望縣令者爲監院官。戶部侍郎裴休爲鹽鐵使，上鹽法八事，其法皆施行，兩池榷課大增。

其後兵遍天下，諸鎮擅利，兩池爲河中節度使王重榮所有，歲貢鹽三千車。中官田令孜募新軍五十四都，餫轉不足，乃倡議兩池復歸鹽鐵使，而重榮不奉詔，至舉兵反，僖宗爲再出，然而卒不能奪。

唐初無酒禁。乾元元年，京師酒貴，肅宗以稟食方屈，乃禁京城酤酒，期以麥熟如初。二年，饑，復禁酤，非光祿祭祀、燕蕃客，不御酒。廣德二年，定天下酤戶以月收稅。建中元年，罷之。三年，復禁民酤，以佐軍費，置肆釀酒，斛收直三千，州縣總領，醨薄私釀者論其罪。尋以京師四方所湊，罷榷。貞元二年，復禁京城、畿縣酒，天下置肆以酤者，斗錢百五十，免其徭役，獨淮南、忠武、宣武、河東榷麴而已。元和六年，罷京師酤肆，以榷酒錢隨兩稅青苗斂之。大和八年，遂罷京師榷酤。凡天下榷酒爲錢百五十六萬餘緡，而釀費居三之一，貧戶逃酤不在焉。昭宗世，以用度不足，易京畿近鎮麴法，復榷酒以贍軍，鳳翔節度使李茂貞方顓其利，按兵請入奏利害，天子遽罷之。

初，德宗納戶部侍郎趙贊議，稅天下茶、漆、竹、木，十取一，以爲常平本錢。及出奉天，

乃悼悔，下詔亟罷之。及朱泚平，佞臣希意興利者益進。貞元八年，以水災減稅，明年，諸道鹽鐵使張滂奏：出茶州縣若山及商人要路，以三等定估，十稅其一。自是歲得錢四十萬緡，然水旱亦未嘗拯之也。

穆宗即位，兩鎮用兵，帑藏空虛，禁中起百尺樓，費不可勝計。鹽鐵使王播圖寵以自幸，乃增天下茶稅，率百錢增五十。江淮、浙東西、嶺南、福建、荊襄茶，播自領之，兩川以戶部領之。天下茶加斤至二十兩，播又奏加取焉。右拾遺李珏上疏諫曰：「榷率起於養兵，今邊境無虞，而厚斂傷民，不可一也。茗飲，人之所資，重稅則價必增，貧弱益困，不可二也。山澤之饒，其出不訾，論稅以售多爲利，價騰踊則市者稀，不可三也。」其後王涯判二使，置榷茶使，徙民茶樹於官場，焚其舊積者，天下大怨。令狐楚代爲鹽鐵使兼榷茶使，復令納榷，加價而已。李石爲相，以茶稅皆歸鹽鐵，復貞元之制。

武宗卽位，鹽鐵轉運使崔珙又增江淮茶稅。是時茶商所過州縣有重稅，或掠奪舟車，露積雨中，諸道置邸以收稅，謂之「搨地錢」，故私販益起。大中初，鹽鐵轉運使裴休著條約：私鬻三犯皆三百斤，乃論死；長行羣旅，茶雖少皆死；雇載三犯至五百斤、居舍儈保四犯至千斤者，皆死；園戶私鬻百斤以上，杖背，三犯，加重徭；伐園失業者，刺史、縣令以縱私鹽論。廬、壽、淮南皆加半稅，私商給自首之帖，天下稅茶增倍貞元。江淮茶爲大摸，一斤至五十兩。諸道鹽鐵使于悰每斤增稅錢五，謂之「剩茶錢」，自是斤兩復舊。

凡銀、銅、鐵、錫之冶一百六十八。陝、宣、潤、饒、衢、信五州〔三〕，銀冶五十八，銅冶九十六，鐵山五，錫山二，鉛山四。汾州礬山七。麟德二年，廢陝州銅冶四十八。開元十五年，初稅伊陽五重山銀、錫。德宗時戶部侍郎韓洄建議，山澤之利宜歸王者，自是皆隸鹽鐵使。元和初，天下銀冶廢者四十，歲采銀萬二千兩，銅二十六萬六千斤，鐵二百七萬斤，錫五萬斤，鉛無常數。開成元年，復以山澤之利歸州縣，刺史選吏主之。其後諸州牟利以自殖，舉天下不過七萬餘緡，不能當一縣之茶稅。及宣宗增河湟戍兵衣絹五十二萬餘匹，鹽鐵轉運使裴休請復歸鹽鐵使以供國用，增銀冶二、鐵山七十一，廢銅冶二十七、鉛山一。天下歲率銀二萬五千兩、銅六十五萬五千斤、鉛十一萬四千斤、錫萬七千斤、鐵五十三萬二千斤。

隋末行五銖白錢，天下盜起，私鑄錢行。千錢初重二斤，其後愈輕，不及一斤，鐵葉、皮紙皆以爲錢。高祖入長安，民間行綫環錢，其製輕小，凡八九萬纔滿半斛。

武德四年，鑄「開元通寶」，徑八分，重二銖四參，積十錢重一兩，得輕重大小之中，其文以八分、篆、隸三體。洛、幷、幽、益、桂等州皆置監。賜秦王、齊王三鑪，右僕射裴寂一鑪以鑄。盜鑄者論死，沒其家屬。其後盜鑄漸起。

顯慶五年，以惡錢多，官爲市之，以一善錢售五惡錢，民間藏惡錢以待禁弛。乾封元年，改鑄「乾封泉寶」錢，徑寸，重二銖六分，以一當舊錢之十。踰年而舊錢多廢。明年，以商賈不通，米帛踊貴，復行開元通寶錢，天下皆鑄之。然私錢犯法日蕃，有以舟筏鑄江中者。詔所在納惡錢，而姦亦不息。儀鳳中，瀕江民多私鑄錢爲業，詔巡江官督捕，載銅、錫、鑞過百斤者沒官。四年，命東都糶米粟，斗別納惡錢百，少府、司農毀之。是時鑄多錢賤，米粟踊貴，乃罷少府鑄，尋復舊。永淳元年，私鑄者抵死，鄰、保、里、坊、村正皆從坐。武后時，錢非穿穴及鐵錫銅液，皆得用之，熟銅、排斗、沙澀之錢皆售，自是盜鑄蜂起，江淮游民依大山陂海以鑄，吏莫能捕。

先天之際，兩京錢益濫，郴、衡錢纔有輪郭，鐵錫五銖之屬皆可用之。或鎔錫摸錢，須臾百十。開元初，宰相宋璟請禁惡錢，行二銖四參錢，毀舊錢不可用者。江淮有官鑪錢、偏鑪錢、稜錢、時錢，遣監察御史蕭隱之使江淮，率戶出惡錢，捕責甚峻，上青錢皆輸官，小惡者沈江湖，市井不通，物價益貴，隱之坐貶官。宋璟又請出米十萬斛收惡錢，少府毀之。十一

年，詔所在加鑄，禁賣銅錫及造銅器者。二十年，千錢以重六斤四兩爲率，每錢重二銖四參，禁缺頓、沙澀、盪染、白彊、黑彊之錢。首者，官爲市之。銅一斤爲錢八十。

二十二年，宰相張九齡建議：「古者以布帛菽粟不可尺寸抄勺而均，乃爲錢以通貿易。官鑄所入無幾，而工費多，宜縱民鑄。」議下百官，宰相裴耀卿、黃門侍郎李林甫、河南少尹蕭炅、祕書監崔沔皆以爲「嚴斷惡錢則人知禁，稅銅折役則官冶可成，計估度庸則私錢以利薄而自息。若許私鑄，則下皆棄農而競利矣」。左監門衞錄事參軍事劉秩曰〔三〕：「今之錢，古之下幣也。若捨之任人，則上無以御下，下無以事上，不可一也。物賤傷農，錢輕傷賈，物重則錢輕，錢輕由乎物多，多則作法收之使少，物少則作法布之使輕，奈何假人？不可二也。鑄錢不雜鉛鐵則無利，雜則錢惡。今塞私鑄之路，人猶冒死，況設陷穽誘之？不可三也。鑄錢無利則人不鑄，有利則去南畝者衆，不可四也。人富則不可以賞勸，貧則不可以威禁。法不行，人不理，繇貧富不齊。若得鑄錢，貧者服役於富室，富室乘而益恣，不可五也。夫錢重繇人日滋於前，而鑪不加舊。公錢與銅價頗等，故破重錢爲輕錢，銅之不贍，在採用者衆也。銅之爲兵不如鐵，爲器不如漆。禁銅則人無所用，盜鑄者少，公錢不破，人不犯死，錢又日增，是一舉而四美兼也。」是時公卿皆以縱民鑄爲不便，於是下詔禁惡錢而已。信安郡王禕復言國用不足，請縱私鑄，議者皆畏禕帝弟之貴，莫敢與抗，獨倉部郎中韋伯陽

以爲不可，禕議亦格。

二十六年，宣、潤等州初置錢監，兩京用錢稍善，米粟價益下。其後錢又漸惡，詔出銅所在置監，鑄開元通寶錢，京師庫藏皆滿。天下盜鑄益起，廣陵、丹楊、宣城尤甚。京師權豪，歲歲取之，舟車相屬。江淮偏鑪錢數十種，雜以鐵錫，輕漫無復錢形。公鑄者號官鑪錢，一以當偏鑪錢七八，富商往往藏之，以易江淮私鑄者。兩京錢有鵝眼、古文、綖環之別，每貫重不過三四斤，至翦鐵而緡之。

宰相李林甫請出絹布三百萬匹，平估收錢，物價踊貴，訴者日萬人。兵部侍郎楊國忠欲招權以市恩，揚鞭市門曰：「行當復之。」明日，詔復行舊錢。天寶十一載，又出錢三十萬緡易兩市惡錢，出左藏庫排斗錢，許民易之。國忠又言錢非鐵錫、銅沙、穿穴、古文，皆得用之。

是時增調農人鑄錢，既非所習，皆不聊生。內作判官韋倫請厚價募工，繇是役用減而鼓鑄多。天下鑪九十九：絳州三十，揚、潤、宣、鄂、蔚皆十，益、郴皆五〔四〕，洋州三，定州一。每鑪歲鑄錢三千三百緡，役丁匠三十，費銅二萬一千二百斤、鑞三千七百斤、錫五百斤。每千錢費錢七百五十。天下歲鑄三十二萬七千緡。

肅宗乾元元年，經費不給，鑄錢使第五琦鑄「乾元重寶」錢，徑一寸，每緡重十斤，與開元通寶參用，以一當十，亦號「乾元十當錢」。先是諸鑪鑄錢窳薄，鎔破錢及佛像，謂之「盤陀」，皆鑄爲私錢，犯者杖死。第五琦爲相，復命絳州諸鑪鑄重輪乾元錢，徑一寸二分，其文亦曰「乾元重寶」，背之外郭爲重輪，每緡重十二斤，與開元通寶錢並行，以一當五十。是時民間行三錢，大而重稜者亦號「重稜錢」。法既屢易，物價騰踊，米斗錢至七千，餓死者滿道。初有「虛錢」，京師人人私鑄，并小錢，壞鍾、像，犯禁者愈衆。鄭叔清爲京兆尹，數月榜死者八百餘人。肅宗以新錢不便，命百官集議，不能改。上元元年，減重輪錢以一當三十，開元舊錢與乾元十當錢，皆以一當十，碾磑鬻受，得爲實錢，虛錢交易皆用十當錢，由是錢有虛實之名。

史思明據東都，亦鑄「得一元寶」錢，徑一寸四分，以一當開元通寶之百。既而惡「得一」非長祚之兆，改其文曰「順天元寶」。

代宗卽位，乾元重寶錢以一當二，重輪錢以一當三，凡三日而大小錢皆以一當一。自第五琦更鑄，犯法者日數百，州縣不能禁止，至是人甚便之。其後民間乾元、重稜二錢鑄爲器，不復出矣。

當時議者以爲「自天寶至今，戶九百餘萬。王制：上農夫食九人，中農夫七人。以中農夫計之，爲六千三百萬人。少壯相均，人食米二升，日費米百二十六萬斛，歲費四萬五千三百六十萬斛，而衣倍之，吉凶之禮再倍，餘三年之儲以備水旱凶災，當米十三萬六千八十萬

斛，以貴賤豐儉相當，則米之直與錢鈞也。田以高下肥瘠豐耗爲率，一頃出米五十餘斛，當田二千七百二十一萬六千頃。而錢亦歲毀於棺瓶埋藏焚溺，其間銅貴錢賤，有鑄以爲器者，不出十年錢幾盡，不足周當世之用」。諸道鹽鐵轉運使劉晏以江、嶺諸州，任土所出，皆重粗賤弱之貨，輸京師不足以供道路之直。於是積之江淮，易銅鉛薪炭，廣鑄錢，歲得十餘萬緡，輸京師及荊、揚二州，自是錢日增矣。

大曆七年，禁天下鑄銅器。建中初，戶部侍郎韓洄以商州紅崖冶銅多，請復洛源廢監，起十鑪，歲鑄錢七萬二千緡，每千錢費九百。德宗從之。

江淮多鉛錫錢，以銅盪外，不盈斤兩，帛價益貴。銷千錢爲銅六斤，鑄器則斤得錢六百，故銷鑄者多，而錢益耗。判度支趙贊採連州白銅鑄大錢，一當十，以權輕重。貞元初，駱谷、散關禁行人以一錢出者。諸道鹽鐵使張滂奏禁江淮鑄銅爲器，惟鑄鑑而已。十年，詔天下鑄銅器，每器一斤，其直不得過百六十，銷錢者以盜鑄論。然而民間錢益少，繒帛價輕，州縣禁錢不出境，商賈皆絕。浙西觀察使李若初請通錢往來，而京師商賈齎錢四方貿易者，不可勝計。詔復禁之。二十年，命市井交易，以綾、羅、絹、布、雜貨與錢兼用。憲宗以錢少復禁用銅器。

時商賈至京師，委錢諸道進奏院及諸軍、諸使富家，以輕裝趨四方，合券乃取之，號「飛

錢」。京兆尹裴武請禁與商賈飛錢者，廋索諸坊，十人爲保。

鹽鐵使李巽以郴州平陽銅坑二百八十餘，復置桂陽監，以兩鑪日鑄錢二十萬。天下歲鑄錢十三萬五千緡。

命商賈蓄錢者，皆出以市貨，天下有銀之山必有銅，唯銀無益於人，五嶺以北，採銀一兩者流他州，官吏論罪。元和四年，京師用錢緡少二十及有鉛錫錢者，捕之；非交易而錢行衢路者，不問。復詔采五嶺銀坑，禁錢出嶺。六年，貿易錢十緡以上者，參用布帛。

蔚州三河冶距飛狐故監二十里而近，河東節度使王鍔置鑪，疏拒馬河水鑄錢，工費尤省，以刺史李聽爲使，以五鑪鑄，每鑪月鑄錢三十萬，自是河東錫錢皆廢。

自京師禁飛錢，家有滯藏，物價寖輕。判度支盧坦、兵部尚書判戶部事王紹、鹽鐵使王播請許商人於戶部、度支、鹽鐵三司飛錢，每千錢增給百錢，然商人無至者。復許與商人敵貫而易之，然錢重帛輕如故。憲宗爲之出內庫錢五十萬緡市布帛，每匹加舊估十之一。

會吳元濟、王承宗連衡拒命，以七道兵討之，經費屈竭。皇甫鎛建議，內外用錢每緡墊二十外，復抽五十送度支以贍軍。十二年，復給京兆府錢五十萬緡市布帛，而富家錢過五千貫者死，王公重貶，沒入於官，以五之一賞告者。京師區肆所積，皆方鎮錢，少亦五十萬

緡，乃爭市第宅。然富賈倚左右神策軍官錢爲名，府縣不敢劾問。民間墊陌有至七十者，鉛錫錢益多，吏捕犯者，多屬諸軍、諸使，譁集市人彊奪，毆傷吏卒。京兆尹崔元略請犯者本軍、本使涖決，帝不能用，詔送本軍、本使，而京兆府遣人涖決。穆宗即位，京師鬻金銀十兩亦墊一兩，糴米鹽百錢墊七八。京兆尹柳公綽以嚴法禁止之。尋以所在用錢墊陌不一，詔從俗所宜，內外給用，每緡墊八十。

寶曆初，河南尹王起請銷錢爲佛像者以盜鑄錢論。大和三年，詔佛像以鉛、錫、土、木爲之，飾帶以金銀、鍮石、烏油、藍鐵，唯鑑、磬、釘、鐶、鈕得用銅，餘皆禁之，盜鑄者死。是時峻鉛錫錢之禁，告千錢者賞以五千。

四年，詔積錢以七千緡爲率，十萬緡者期以一年出之，二十萬以二年。凡交易百緡以上者，匹帛米粟居半。河南府、揚州、江陵府以都會之劇，約束如京師。未幾皆罷。

八年，河東錫錢復起，鹽鐵使王涯置飛狐鑄錢院於蔚州，天下歲鑄錢不及十萬緡。文宗病幣輕錢重，詔方鎮縱錢穀交易。時雖禁銅爲器，而江淮、嶺南列肆鬻之，鑄千錢爲器，售利數倍。宰相李珏請加鑪鑄錢，於是禁銅器，官一切爲市之。天下銅坑五十，歲采銅二十六萬六千斤。

及武宗廢浮屠法，永平監官李郁彥請以銅像、鍾、磬、鑪、鐸皆歸巡院，州縣銅益多矣。

鹽鐵使以工有常力，不足以加鑄，許諸道觀察使皆得置錢坊。淮南節度使李紳請天下以州名鑄錢，京師爲京錢，大小徑寸，如開元通寶，交易禁用舊錢。會宣宗即位，盡黜會昌之政，新錢以字可辨，復鑄爲像。

昭宗末，京師用錢八百五十爲貫，每百纔八十五，河南府以八十爲百云。

校勘記

〔一〕貞元四年淮南節度使陳少游奏加民賦　按舊書卷一二德宗紀及通鑑卷二三一俱云陳少游死於興元元年，則奏加民賦自不當在貞元四年。查舊書卷四八食貨志載：「建中三年五月，淮南節度使陳少游請於本道兩稅錢每千增二百，因詔他州悉如之。」本書卷二二四上陳少游傳及冊府卷五一〇合。「貞元四年」疑爲「建中三年」之誤。又「淮南」，各本原作「淮西」，上引諸書並作「淮南」，據改。

〔二〕陝宣潤饒衢信五州　按州名有六而綜稱「五州」，必有誤衍。

〔三〕左監門衞錄事參軍事劉秩　「秩」，衲本原作「袟」，汲、殿、局本作「秩」。按通典卷九、唐會要卷八九及文苑英華卷七六九均作「秩」。又本書卷一三二有劉秩傳，謂秩「開元末歷左監門衞錄事參軍事」，當即此人。據改。

〔四〕益郴皆五　通典卷九、通志卷六二均作「益鄧郴各五鑪」。按本卷上文言「天下鑪九十九」，而綜列舉之數止九十四，此處疑脫「鄧」字。

唐書卷五十五

志第四十五

食貨五

武德元年，文武官給祿，頗減隋制，一品七百石，從一品六百石，二品五百石，從二品四百六十石，三品四百石，從三品三百六十石，四品三百石，從四品二百六十石，五品二百石，從五品百六十石，六品百石，從六品九十石，七品八十石，從七品七十石，八品六十石，從八品五十石，九品四十石，從九品三十石，皆以歲給之。外官則否。

一品有職分田十二頃，二品十頃，三品九頃，四品七頃，五品六頃，六品四頃，七品三頃五十畝，八品二頃五十畝，九品二頃，皆給百里內之地。諸州都督、都護、親王府官二品十二頃，三品十頃，四品八頃，五品七頃，六品五頃，七品四頃，八品三頃，九品二頃五十畝。三

衞中郎將、上府折衝都尉六頃，中府五頃五十畝，下府及郎將五頃；上府果毅都尉四頃，中府三頃五十畝，下府三頃；上府長史、別將三頃，中府、下府二頃五十畝；親王府典軍五頃五十畝，副典軍四頃；千牛備身左右、太子千牛備身三頃；折衝上府兵曹二頃，中府、下府一頃五十畝。外軍校尉一頃二十畝，旅帥一頃，隊正、副八十畝。

親王以下又有永業田百頃，職事官一品六十頃，郡王、職事官從一品五十頃，國公、職事官從二品三十五頃，縣公、職事官三品二十五頃，職事官從三品二十頃，侯、職事官四品十二頃，子、職事官五品八頃，男、職事官從五品五頃，六品、七品二頃五十畝，八品、九品二頃。上柱國三十頃，柱國二十五頃，上護軍二十頃，護軍十五頃，上輕車都尉十頃，輕車都尉七頃，上騎都尉六頃，騎都尉四頃，驍騎、飛騎尉八十畝，雲騎、武騎尉六十畝。散官五品以上給同職事官。五品以上受田寬鄉，六品以下受於本鄉。解免者追田，除名者受口分之田，襲爵者不別給。流內九品以上口分田終其身，六十以上停私乃收。

凡給田而無地者，畝給粟二斗。

京司及州縣皆有公廨田，供公私之費。其後以用度不足，京官有俸賜而已。諸司置公廨本錢，以番官貿易取息，計員多少爲月料。

貞觀初，百官得上考者，給祿一季。未幾，又詔得上下考給祿一年，出使者稟其家，新至官者計日給糧。中書舍人高季輔言：「外官卑品貧匱，宜給祿養親。」自後以地租春秋給京官，歲凡五十萬一千五百餘斛。外官降京官一等，一品以五十石爲一等，二品、三品以三十石爲一等，四品、五品以二十石爲一等，六品、七品以五石爲一等，八品、九品以二石五斗爲一等。無粟則以鹽爲祿。

十一年，以職田侵漁百姓，詔給逃還貧戶，視職田多少，每畝給粟二升，謂之「地子」。是歲，以水旱復罷之。

十二年，罷諸司公廨本錢，以天下上戶七千人爲胥士，視防閤制而收其課，計官多少而給之。十五年，復置公廨本錢，以諸司令史主之，號「捉錢令史」。每司九人，補於吏部，所主纔五萬錢以下，市肆販易，月納息錢四千，歲滿受官。諫議大夫褚遂良上疏：「京七十餘司，更一二載，捉錢令史六百餘人受職。太學高第，諸州進士，拔十取五，猶有犯禁罹法者，況廛肆之人，苟得無恥，不可使其居職。」太宗乃罷捉錢令史，復詔給百官俸。

十八年，以京兆府、岐、同、華、邠、坊州隙地陂澤可墾者，復給京官職田。

二十二年，置京諸司公廨本錢，捉以令史、府史、胥士。永徽元年，廢之，以天下租脚直爲京官俸料。其後又薄斂一歲稅，以高戶主之，月收息給俸。尋顓以稅錢給之，歲總十五

萬二千七百三十緡。

一品月俸八千，食料一千八百，雜用一千二百。二品月俸六千五百，食料一千五百，雜用一千。三品月俸五千一百，雜用九百。四品月俸三千五百，食料、雜用七百。五品月俸三千，食料、雜用六百。六品月俸二千，食料、雜用四百。七品月俸一千七百五十，食料、雜用三百五十。八品月俸一千三百，食料三百，雜用二百五十。九品月俸一千五十，食料二百五十，雜用二百。行署月俸一百四十，食料三十。

職事官又有防閤、庶僕：一品防閤九十六人，二品七十二人，三品四十八人，四品三十二人，五品二十四人；六品庶僕十五人，七品四人，八品三人，九品二人。公主有邑士八十人，郡主六十人，縣主四十人。外官以州、府、縣上下中爲差，少尹、長史、司馬及丞減長官之半，參軍、博士減判司三之二，主簿、縣尉減丞三之二，錄事、市令以參軍職田爲輕重，京縣錄事以縣尉職田爲輕重。羈縻州官，給以土物。關監官，給以年支輕貨。折衝府官則有仗身：上府折衝都尉六人，果毅四人，長史、別將三人，兵曹二人，中、下府各減一人，皆十五日而代。開府儀同三司、特進、光祿大夫同職事官，公廨、雜用不給。員外官、檢校、判、試、知給祿料食糧之半，散官、勳官、衞官減四之一，致仕五品以上給半祿，解官充侍亦如之。四夷宿衞同京官。

天下置公廨本錢，以典史主之，收贏十之七，以供佐史以下不賦粟者常食，餘爲百官俸料。京兆、河南府錢三百八十萬，太原及四大都督府二百七十五萬，中都督府、上州二百四十二萬，下都督、中州一百五十四萬，下州八十八萬；京兆、河南府京縣一百四十三萬，太原府京縣九十一萬三千，京兆、河南府畿縣八十二萬五千，太原府畿縣、諸州上縣七十七萬，中縣五十五萬，中下縣、下縣三十八萬五千；折衝上府二十萬，中府減四之一，下府十萬。麟德二年，給文官五品以上仗身，以掌閑、幕士爲之。咸亨元年，與職事官皆罷。乾封元年，京文武官視職事品給防閤、庶僕。

百官俸出於租調，運送之費甚廣。公廨出舉，典史有徹垣墉、鬻田宅以免責者。又以雜職供薪炭，納直倍於正丁。儀鳳三年，王公以下率口出錢，以充百官俸食防閤、庶僕、邑士、仗身、封戶。

調露元年，職事五品以上復給仗身。光宅元年，以京官八品、九品俸薄，詔八品歲給庶僕三人，九品二人。文武職事三品以上給親事、帳內。以六品、七品子爲親事，以八品、九品子爲帳內，歲納錢千五百，謂之「品子課錢」。三師、三公、開府儀同三司百三十人；嗣王、郡王百八人；上柱國領二品以上職事九十五人，領三品職事六十九人；柱國領二品以上職事七十三人，領三品職事五十五人；護軍領二品以上職事六十二人，領三品職事三十六

人。二品以下又有白直、執衣：二品白直四十人，三品三十二人，四品二十四人，五品十六人，六品十人，七品七人，八品五人，九品四人；二品執衣十八人，三品十五人，四品十三人，五品九人，六品、七品各六人，八品、九品各三人。皆中男爲之。防閤、庶僕，皆滿歲而代。外官五品以上亦有執衣。都護府不治州事亦有仗身：都護四人，副都護、長史、司馬三人，諸曹參軍事二人，上鎭將四人，中下鎭將、上鎭副三人，中、下鎭副各二人，鎭倉曹、關令丞、戍主副各一人，皆取於防人衞士，十五日而代。宿衞官三品以上仗身三人，五品以上二人，六品以下及散官五品以上各一人，取於番上衞士，役而不收課。親王出藩者，府佐史、典軍、副典軍有事力人，數如白直。諸司、諸使有守當及廳子，以兵及勳官爲之。白直、執衣以下分三番，周歲而代，供役不踰境。後皆納課：仗身錢六百四十，防閤、庶僕、白直錢二千五百，執衣錢一千。其後親事、帳內亦納課如品子之數。

州縣典史捉公廨本錢者，收利十之七。富戶幸免徭役，貧者破產甚衆。祕書少監崔沔請計戶均出，每丁加升尺，所增蓋少；流亡漸復，倉庫充實，然後取於正賦，罷新加者。開元十年，中書舍人張嘉貞又陳其不便，遂罷天下公廨本錢，復稅戶以給百官；籍內外職田，賦逃還戶及貧民；罷職事五品以上仗身。

十八年，復給京官職田。州縣籍一歲稅錢爲本，以高戶捉之，月收贏以給外官。復置天下公廨本錢，收贏十之六。十九年，初置職田頃畝簿，租價無過六斗，地不毛者畝給二斗。

二十四年，令百官防閤、庶僕俸食雜用以月給之，總稱月俸：一品錢三萬一千，二品二萬四千，三品萬七千，四品萬一千五百六十七，五品九千二百，六品五千三百，七品四千一百，八品二千四百七十五，九品千九百一十七。祿米則歲再給之：一品七百斛，從一品六百斛，二品五百斛，從二品四百六十斛，三品四百斛，從三品三百六十斛，四品三百斛，從四品二百五十斛，五品二百斛，從五品百六十斛，六品百斛，自此十斛爲率，至從七品七十斛，八品六十七斛，自此五斛爲率，至從九品五十二斛。外官降一等。

先是州縣無防人者，籍十八以上中男及殘疾以守城門及倉庫門，謂之門夫。番上不至者，閑月督課，爲錢百七十，忙月二百。至是以門夫資課給州縣官。

二十九年，以京畿地狹，計丁給田猶不足，於是分諸司官在都者，給職田於都畿，以京師地給貧民。是時河南、北職田兼稅桑，有詔公廨、職田有桑者，毋督絲課。天寶初，給員外郎料，天下白直歲役丁十萬，有詔罷之，計數加稅以供用，人皆以爲便。

自開元後，置使甚衆，每使各給雜錢。宰相楊國忠身兼數官，堂封外月給錢百萬。幽州平盧節度使安祿山、隴右節度使哥舒翰兼使所給，亦不下百萬。

十二載，國忠以兩京百官職田送租勞民，請五十里外輸于縣倉，斗納直二錢，百里外納直三錢，使百官就請于縣，然縣吏欺盜蓋多，而閑司有不能自直者。

十四載，兩京九品以上月給俸加十之二，同正員加十之一。兵興，權臣增領諸使，月給厚俸，比開元制祿數倍。

至德初，以用物不足，內外官不給料錢，郡府縣官給半祿及白直、品子課。乾元元年，亦給外官半料及職田，京官給手力課而已。上元元年，復令京官職田以時輸送，受加耗者以枉法贓論。其後籍以爲軍糧矣。永泰末，取州縣官及折衝府官職田苗子三之一，市輕貨以賑京官。

大曆元年，斂天下靑苗錢，得錢四百九十萬緡，輸大盈庫，封太府左、右藏，鐍而不發者累歲。二年，復給京兆府及畿縣官職田，以三之一供軍饟。增稅靑苗錢，一畝至三十。權臣月俸有至九十萬者，刺史亦至十萬。楊綰、常衮爲相，增京官正員官及諸道觀察使、都團練使、副使以下料錢。初，檢校官同中書門下平章事者，月給錢十二萬。至是戶部侍郎判度支韓滉請同正官，從高而給之。文官一千八百五十四員，武官九百四十二員，月俸二十六萬緡，而增給者居三之一。

先是，州縣職田、公廨田，每歲六月以白簿上尙書省覆實；至十月輸送，則有黃籍，歲

一易之。後不復簿上，唯授租清望要官，而職卑者稽留不付，黃籍亦不復更矣。德宗即位，詔黃籍與白簿皆上有司。

建中三年，復減百官料錢以助軍。李泌爲相，又增百官及畿內官月俸，復置手力資課，歲給錢六十一萬六千餘緡，文官千八百九十二員，武官八百九十六員。左右衞上將軍以下又有六雜給：一曰糧米，二曰鹽，三曰私馬，四曰手力，五曰隨身，六曰春冬服。私馬則有芻豆，手力則有資錢，隨身則有糧米、鹽，春冬服則有布、絹、絁、紬、綿，射生、神策軍大將軍以下增以鞋，比大曆制祿又厚矣。州縣官有手力雜給錢，然俸最薄者也。

李泌以度支有兩稅錢，鹽鐵使有筦榷錢，可以擬經費，中外給用，每貫墊二十，號「戶部除陌錢」。復有闕官俸料，職田錢，積戶部，號「戶部別貯錢」。御史中丞專掌之，皆以給京官，歲費不及五十五萬緡。京兆和糴，度支給諸軍冬衣，亦往往取之。減王公以下永業田：郡王、職事官從一品田五十頃，國公、職事官正二品田四十頃，郡公、職事官從二品田三十頃，縣公、職事官正四品田十四頃，職事官從四品田十一頃。尙郡主檢校四品京官者月給料錢三十萬，祿百二十石。尙縣主檢校五品京官者料錢二十萬，祿百石。

自李泌增百官俸，當時以爲不可脧削矣。然有名存而職廢、額去而俸在者。宰相李吉甫建議減之，遂爲常法。

于時祠祭，蕃夷賜宴，別設，皆長安、萬年人吏主辦，二縣置本錢，配納質積戶收息以供費。諸使捉錢者，給牒免傜役，有罪府縣不敢劾治。民間有不取本錢，立虛契，子孫相承爲之。嘗有毆人破首，詣閑廄使納利錢受牒貸罪。御史中丞柳公綽奏諸使捉錢戶，府縣得捕役，給牒者毀之，自是不得錢者不納利矣。議者以兩省、尙書省、御史臺總樞機，正百寮，而倍稱息利，非馭官之體。

元和九年，戶部除陌錢每緡增墊五錢，四時給諸司諸使之餐，置驅使官督之，御史一人覈其侵漁，起明年正月，收息五之一，號「元和十年新收置公廨本錢」。

初，捉錢者私增公廨本，以防耗失，而富人乘以爲姦，可督者私之，外以逋官錢迫蹙閭里，民不堪其擾。御史中丞崔從奏增錢者不得踰官本。其後兩省捉錢，官給牒逐利江淮之閒，鬻茶鹽以橈法。十三年，以職田多少不均，每司收草粟以多少爲差。其後宰相李珏、楊嗣復奏堂廚食利錢擾民煩碎，於是罷堂廚捉錢官，置庫量入計費。

唐世百官俸錢，會昌後不復增減，今著其數：太師、太傅、太保，錢二百萬。太尉、司徒、司空，百六十萬。侍中，百五十萬。中書令，門下中書侍郎，左右僕射，太子太師、太保、太傅，百四十萬。尙書，御史大夫，太子少師、少保、少傅，百萬。節度使，三十萬。都防禦使、副使，監軍，十五萬。觀察使，十萬。左右丞，侍郎，散騎常侍，諫議大夫，給事中，中書舍人，祕書、殿中、內侍監，御史中丞，太常、宗正、大理、司農、太府、鴻臚、太僕、光祿、衞尉卿，國子祭酒，將作、少府監，太子賓客，詹事，諸府尹，大都督府長史，都團練使，副使，上州刺史，八萬。太常、宗正少卿，太子左右庶子，節度副使，刺史知軍事，七萬。六軍統軍，諸府少尹，少監，少卿，國子司業，少詹事，六萬五千。左右衞、金吾衞上將軍，六軍大將軍，六萬。左右驍衞、武衞、威衞、領軍衞、監門衞、千牛衞上將軍，上州別駕，五萬五千。郎中，司天監，太子左右諭德、家令寺、僕寺、率更寺令，親王傅，別敕判官，觀察、團練判官掌書記，上州長史、司馬，五萬。左右衞、金吾衞大將軍，懷化大將軍，諸府、大都督司錄參軍事，鳩赤縣令，四萬五千。員外郎，起居郎，通事舍人，起居舍人，著作郎，內常侍，侍御史，殿中侍御史，太常、宗正、殿中、祕書丞，大理正，國子博士，京都宮苑總監監，都水使者，太子中舍、中允，王府長史，歸德將軍，節度推官、支使，防禦判官，上州錄事參軍事，畿縣、上縣令，四萬。懷化中郎將，三萬七千。左右驍衞、武衞、威衞、領軍衞、監門衞、千牛衞，殿前左右射生軍、神策軍大將軍，左右衞、金吾衞將軍，三萬六千。補闕，殿中侍御史，諸府、大都督府判官，赤縣丞，三萬五千。懷化郎將，三萬二千。拾遺，司天少監，六局奉御，內常侍，監察御史，御史臺主簿，太常博士，陵署令，大理司直，中書主書，門下錄事，太子贊善、典內、洗

馬，司議郎，王府司馬，驍衞、武衞、威衞、領軍衞、監門衞、六軍、射生、神策軍將軍，歸德中郎將，觀察防禦團練推官巡官，鳩赤縣丞，兩赤縣主簿、尉，上州功曹參軍以下，上縣丞，三萬。城門郎，祕書郎，著作佐郎，六局直長，十六衞、六軍、諸府、十率府長史，懷化司階，畿縣丞，鳩赤縣主簿、尉，二萬五千。歸德司階，二萬三千。五官正，太常寺協律郎，陵署丞，諸寺監主簿，國子、太學、廣文助教，都水監丞，詹事府司直，太子通事舍人、文學，三寺丞，五局郎，王府諮議參軍、友，畿縣上縣主簿尉，二萬。懷化中候，萬八千。十六衞六軍十率府率、副率、中郎、中郎將，萬七千三百五十。歸德中候，萬七千。四門助教，十六衞佐〔一〕，祕書省、崇文、弘文館校書郎，正字，太常寺奉禮郎、太祝，郊社、太樂、鼓吹署令，四門助教，京都宮苑總監副監，九成宮總監監、主事，十六衞、六軍衞佐，尙書省都事，萬六千。十六衞、六軍中候，太子內率府千牛，六千一百七十四。內寺伯，懷化司戈，諸府大都督府參軍事、文學、博士、錄事，上州參軍事、博士，萬五千。歸德司戈，萬四千。十六衞、六軍、十率府左右郎將，親王府典軍、副典軍，萬三千八百。司戈、內率府備身、僕寺進馬，三千七百一十二。符寶郎，內謁者監，九寺諸監，詹事府丞，太醫署令，太學、廣文、四門博士，中書門下主事，太子文學，侍醫，諸府、都督府醫博士，法直，兩赤縣錄事，上州錄事，市令，萬三千。懷化執戟長上，萬一千。門下省典儀，侍御醫，司天臺丞，都水監主簿，率府衞佐，諸司主

事、御史臺主事，萬二千。司醫，太醫署丞，歸德執戟長上，一萬。醫佐，大理寺評事，太常宗正寺詹事府主簿，寺監，內侍省司天臺左右春坊詹事府錄事、主事，八千。司階，千牛備身左右，七千九百九十。京都園苑四面監監，兩京諸市、中尚、武庫、武成王廟署令，王府掾、屬、主簿、記室、錄事參軍事，七千。司天臺主簿，靈臺郎，保章正，上局署令，七品陵廟令，京都宮苑總監丞，司竹、溫泉監監，太子內坊丞，王府功曹以下參軍事，親王國令，公主邑司令，六千。奚官、內僕、內府局令，司竹、溫泉副監，五千。書、算、律學博士，內謁者，中局署令，上局署丞，五官挈壺正，京都園苑四面監，九成宮總監副監，醫、針博士，醫監，陵廟令，司竹、溫泉監丞，太子藥藏局丞，王府參軍事，王國大農，公主邑司丞，四千。獄丞，國子監直講，掌客，司儀，中局署丞，監膳，監作，監事，食醫，尚輦，進馬，奉乘，主乘，典乘，司庫，司廩，十六衞、十率府錄事，親、勳、翊府兵曹參軍事，司天臺司辰，司曆，監候，內坊典直，宮教博士，樂正，醫正，卜正，按摩、呪禁、卜博士，針、醫、卜、書、算助教，陵廟、太樂、鼓吹署丞，京都園苑四面監，九成宮總監丞，諸總監主簿，太子典膳、內直、典設、宮門局丞，三寺主簿，親王國尉、丞，三千。十六衞、六軍、十率府執戟，長上，左右中郎將〔二〕，二千八百五十。

校勘記

〔一〕四門助教十六衞佐　下文又有四門助教及十六衞、六軍衞佐，疑重出。按本卷叙百官俸錢，官名多有重複者，如殿中侍御史、內常侍、太子文學等，不一一出校。

〔二〕左右中郎將　張森楷校勘記云：「案百官志，衞府、率府並有中郎將，正四品，左右郎將，正五品，無左右中郎將也。上文中郎將列親王典軍前，即是其事，安得降與執戟、長上同位，而又在其後乎？」

唐書卷五十六

志第四十六

刑法

古之為國者，議事以制，不為刑辟，懼民之知爭端也。後世作為刑書，惟恐不備，俾民之知所避也。其為法雖殊，而用心則一，蓋皆欲民之無犯也。然未知夫導之以德、齊之以禮，而可使民遷善遠罪而不自知也。

唐之刑書有四，曰：律、令、格、式。令者，尊卑貴賤之等數，國家之制度也；格者，百官有司之所常行之事也；式者，其所常守之法也。凡邦國之政，必從事於此三者。其有所違及人之為惡而入于罪戾者，一斷以律。律之為書，因隋之舊，為十有二篇：一曰名例，二曰衞禁，三曰職制，四曰戶婚，五曰廄庫，六曰擅興，七曰賊盜，八曰鬭訟，九曰詐偽，十曰雜律，十一曰捕亡，十二曰斷獄。

其用刑有五：一曰笞。笞之為言恥也；凡過之小者，捶撻以恥之。漢用竹，後世更以楚。書曰「扑作教刑」是也。二曰杖。杖者，持也；可持以擊也。書曰「鞭作官刑」是也。三曰徒。徒者，奴也；蓋奴辱之。周禮曰：「其奴，男子入于罪隸，任之以事，寘之圜土而教之，量其罪之輕重，有年數而捨。」四曰流。書云「流宥五刑」，謂不忍刑殺，宥之于遠也。五曰死。乃古大辟之刑也。

自隋以前，死刑有五，曰：磬、絞、斬、梟、裂。而流、徒之刑，鞭笞兼用，數皆踰百。至隋始定為：笞刑五，自十至于五十；杖刑五，自六十至于百；徒刑五，自一年至于三年；流刑三，自一千里至于二千里；死刑二，絞、斬。除其鞭刑及梟首、轘裂之酷。又有議、請、減、贖、當、免之法。唐皆因之。然隋文帝性刻深，而煬帝昏亂，民不勝其毒。

唐興，高祖入京師，約法十二條，惟殺人、劫盜、背軍、叛逆者死。及受禪，命納言劉文靜等損益律令。武德二年，頒新格五十三條，唯吏受賕、犯盜、詐冒府庫物，赦不原。凡斷屠日及正月、五月、九月不行刑。四年，高祖躬錄囚徒，以人因亂冒法者衆，盜非劫傷其主及征人逃亡、官吏枉法，皆原之。已而又詔僕射裴寂等十五人更撰律令，凡律五百，麗以五十三條。流罪三，皆加千里；居作三歲至二歲半者悉為一歲。餘無改焉。

太宗卽位，詔長孫无忌、房玄齡等復定舊令，議絞刑之屬五十，皆免死而斷右趾。既而又哀其斷毀支體，謂侍臣曰：「肉刑，前代除之久矣，今復斷人趾，吾不忍也。」王珪、蕭瑀、陳叔達對曰：「受刑者當死而獲生，豈憚去一趾？去趾，所以使見者知懼。今以死刑爲斷趾，蓋寬之也。」帝曰：「公等更思之。」其後蜀王法曹參軍裴弘獻駮律令四十餘事，乃詔房玄齡與弘獻等重加刪定。玄齡等以謂「古者五刑，刖居其一。及肉刑既廢，今以笞、杖、徒、流、死爲五刑，而又刖足，是六刑也」。於是除斷趾法，爲加役流三千里，居作二年。

太宗嘗覽明堂針灸圖，見人之五藏皆近背，針灸失所，則其害致死，歎曰：「夫箠者，五刑之輕；死者，人之所重。安得犯至輕之刑而或致死？」遂詔罪人無得鞭背。

五年，河內人李好德坐妖言下獄，大理丞張蘊古以爲好德病狂瞀，法不當坐。治書侍御史權萬紀劾蘊古相州人，好德兄厚德方爲相州刺史，故蘊古奏不以實。太宗怒，遽斬蘊古，既而大悔，因詔「死刑雖令卽決，皆三覆奏」。久之，謂羣臣曰：「死者不可復生。昔王世充殺鄭頲而猶能悔，近有府史取賕不多，朕殺之，是思之不審也。決囚雖三覆奏，而頃刻之間，何暇思慮？自今宜二日五覆奏。決日，尚食勿進酒肉，教坊太常輟教習，諸州死罪三覆奏，其日亦蔬食，務合禮撤樂、減膳之意。」

故時律，兄弟分居，廕不相及，而連坐則俱死。同州人房彊以弟謀反當從坐，帝因錄囚

爲之動容，曰：「反逆有二：興師動衆一也，惡言犯法二也。輕重固異，而鈞謂之反，連坐皆死，豈定法耶？」玄齡等議曰：「禮，孫爲父尸，故祖有廕孫令，是祖孫重而兄弟輕。」於是令：反逆者，祖孫與兄弟緣坐，皆配沒；惡言犯法者，兄弟配流而已。玄齡等遂與法司增損隋律，降大辟爲流者九十二，流爲徒者七十一，以爲律；定令一千五百四十六條，以爲令；又刪武德以來敕三千餘條爲七百條，以爲格；又取尚書省列曹及諸寺、監、十六衞計帳以爲式。

凡州縣皆有獄，而京兆、河南獄治京師，其諸司有罪及金吾捕者又有大理獄。京師之四，刑部月一奏，御史巡行之。每歲立春至秋及大祭祀、致齊，朔望、上下弦、二十四氣、雨及夜未明，假日、斷屠月，皆停死刑。

京師決死，涖以御史、金吾，在外則上佐，餘皆判官涖之。五品以上罪論死，乘車就刑，大理正涖之，或賜死于家。凡囚已刑，無親屬者，將作給棺，瘞于京城七里外，壙有甎銘，上揭以榜，家人得取以葬。

諸獄之長官，五日一慮囚。夏置漿飲，月一沐之；疾病給醫藥，重者釋械，其家一人入侍，職事散官三品以上，婦女子孫二人入侍。

天下疑獄讞大理寺不能決，尚書省衆議之，錄可爲法者送祕書省。奏報不馳驛。經覆而決者，刑部歲以正月遣使巡覆，所至，閱獄囚杻校、糧餉，治不如法者。

杻校鉗鎖皆有長短廣狹之制，量囚輕重用之。

囚二十日一訊，三訊而止，數不過二百。

凡杖，皆長三尺五寸，削去節目。訊杖，大頭徑三分二氂，小頭二分二氂。常行杖，大頭二分七氂，小頭一分七氂。笞杖，大頭二分，小頭一分有半。

死罪校而加杻，官品勳階第七者，鎖禁之。輕罪及十歲以下至八十以上者、廢疾、侏儒、懷姙皆頌繫以待斷。

居作者著鉗若校，京師隸將作，女子隸少府縫作。旬給假一日，臘、寒食二日，毋出役院。病者釋鉗校、給假，疾差陪役。謀反者男女奴婢沒爲官奴婢，隸司農，七十者免之。凡役，男子入于蔬圃，女子入于廚饎。

流移人在道疾病，婦人免乳，祖父母、父母喪，男女奴婢死，皆給假，授程糧。

非反逆緣坐，六歲縱之，特流者三歲縱之，有官者得復仕。

初，太宗以古者斷獄，訊於三槐、九棘，乃詔：「死罪，中書、門下五品以上及尚書等平議

之；三品以上犯公罪流，私罪徒，皆不追身。」凡所以纖悉條目，必本於仁恕。然自張蘊古之死也，法官以失出爲誡，有失入者，又不加罪，自是吏法稍密。帝以問大理卿劉德威，對曰：「律，失入減三等，失出減五等。今失入無辜，而失出爲大罪，故吏皆深文。」帝矍然，遂命失出入者皆如律，自此吏亦持平。

十四年，詔流罪無遠近皆徙邊要州。後犯者寖少。十六年，又徙死罪以實西州，流者戍之，以罪輕重爲更限。

廣州都督黨仁弘嘗率鄉兵二千助高祖起，封長沙郡公。仁弘交通豪酋，納金寶，沒降獠爲奴婢，又擅賦夷人。既還，有舟七十。或告其贓，法當死。帝哀其老且有功，因貸爲庶人，乃召五品以上，謂曰：「賞罰所以代天行法，今朕寬仁弘死，是自弄法以負天也。人臣有過，請罪於君，君有過，宜請罪於天。其令有司設藁席于南郊三日，朕將請罪。」房玄齡等曰：「寬仁弘不以私而以功，何罪之請？」百僚頓首三請，乃止。

太宗以英武定天下，然其天姿仁恕。初卽位，有勸以威刑肅天下者，魏徵以爲不可，因爲上言王政本於仁恩，所以愛民厚俗之意，太宗欣然納之，遂以寬仁治天下，而於刑法尤慎。四年，天下斷死罪二十九人。六年，親錄囚徒，閔死罪者三百九十人，縱之還家，期以明年秋卽刑；及期，囚皆詣朝堂，無後者，太宗嘉其誠信，悉原之。然嘗謂羣臣曰：「吾聞語

曰「一歲再赦，好人喑啞」。吾有天下未嘗數赦者，不欲誘民於幸免也。」自房玄齡等更定律、令、格、式，訖太宗世，用之無所變改。

高宗初即位，詔律學之士撰律疏。又詔長孫无忌等增損格敕，其曹司常務曰留司格，頒之天下曰散頒格。龍朔、儀鳳中，司刑太常伯李敬玄、左僕射劉仁軌相繼又加刊正。武后時，內史裴居道、鳳閣侍郎韋方質等又刪武德以後至于垂拱詔敕爲新格，藏於有司，曰垂拱留司格。神龍元年，中書令韋安石又續其後至於神龍，爲散頒格。睿宗即位，戶部尚書岑羲等又著太極格。

玄宗開元三年，黃門監盧懷愼等又著開元格。至二十五年，中書令李林甫又著新格，凡所損益數千條。明年，吏部尚書宋璟又著後格〔一〕，皆以開元名書。天寶四載，又詔刑部尚書蕭炅稍復增損之。

肅宗、代宗無所改造。至德宗時，詔中書門下選律學之士，取至德以來制敕奏讞，掇其可爲法者藏之，而不名書。

憲宗時，刑部侍郎許孟容等刪天寶以後敕爲開元格後敕。文宗命尚書省郎官各刪本司敕，而丞與侍郎覆視，中書門下參其可否而奏之，爲大和

格後敕。開成三年，刑部侍郎狄兼謨採開元二十六年以後至于開成制敕，刪其繁者，爲開成詳定格。

宣宗時，左衞率府倉曹參軍張戣以刑律分類爲門，而附以格敕，爲大中刑律統類，詔刑部頒行之。

此其當世所施行而著見者，其餘有其書而不常行者，不足紀也。書曰：「愼乃出令。」蓋法令在簡，簡則明，行之在久，久則信，而中材之主，庸愚之吏，常莫克守之，而喜爲變革。至其繁積，則雖有精明之士不能徧習，而吏得上下以爲姦，此刑書之弊也。蓋自高宗以來，其大節鮮可紀，而格令之書，不勝其繁也。

高宗既昏懦，而繼以武氏之亂，毒流天下，幾至於亡。自永徽以後，武氏已得志，而刑濫矣。當時大獄，以尚書刑部、御史臺、大理寺雜按，謂之「三司」，而法吏以慘酷爲能，至不釋枷而笞棰以死者，皆不禁。律有杖百，凡五十九條，犯者或至死而杖未畢，乃詔除其四十九條，然無益也。武后已稱制，懼天下不服，欲制以威，乃修後周告密之法，詔官司受訊，有言密事者，馳驛奏之。自徐敬業、越王貞、琅邪王沖等起兵討亂，武氏益恐。乃引酷吏周興、來俊臣輩典大獄，與侯思止、王弘義、郭弘霸、李敬仁、康暐、衞遂忠等集告事數百人，共爲羅織，構陷無辜。自唐之宗室與朝廷之士，日被告捕，不可勝數，天下之人，爲之仄足，如狄仁傑、魏元忠等皆幾不免。左臺御史周矩上疏曰：「比姦憸告訐，習以爲常。推劾之吏，以深刻爲功，鑿空爭能，相矜以虐。泥耳囊頭，摺脅籤爪，縣髮燻耳，臥鄰穢溺，刻害支體，糜爛獄中，號曰『獄持』；閉絕食飲，晝夜使不得眠，號曰『宿囚』。殘賊威暴，取快目前。被誣者苟求得死，何所不至？爲國者以仁爲宗，以刑爲助，周用仁而昌，秦用刑而亡。願陛下緩刑用仁，天下幸甚！」武后不納。麟臺正字陳子昂亦上書切諫，不省。及周興、來俊臣等誅死，后亦老，其意少衰，而狄仁傑、姚崇、宋璟、王及善相與論垂拱以來酷濫之冤，太后感寤，由是不復沒戮。然其毒虐所被，自古未之有也。大足元年，乃詔法司及推事使敢多作辯狀而加語者，以故入論。中宗、韋后繼以亂敗。

玄宗自初即位，勵精政事，常自選太守、縣令，告戒以言，而良吏布州縣，民獲安樂；二十年間，號稱治平，衣食富足，人罕犯法。是歲刑部所斷天下死罪五十八人，往時大理獄，相傳鳥雀不棲，至是有鵲巢其庭樹，羣臣稱賀，以爲幾致刑錯。然而李林甫用事矣，自來俊臣誅後，至此始復起大獄，以誣陷所殺數十百人，如韋堅、李邕等皆一時名臣，天下冤之。而天子亦自喜邊功，遣將分出以擊蠻夷，兵數大敗，士卒死傷以萬計，國用耗乏，而轉漕輸送，遠近煩費，民力既弊，盜賊起而獄訟繁矣。天子方惻然，詔曰：「徒非重刑，而役者寒暑

不釋械繫。杖，古以代肉刑也，或犯非巨蠹而棰以至死，其皆免，以配諸軍自效。民年八十以上及重疾有罪，皆勿坐。侍丁犯法，原之俾終養。」以此施德其民。然巨盜起，天下被其毒，民莫蒙其賜也。

安、史之亂，僞官陸大鈞等背賊來歸，及慶緒奔河北，脅從者相率待罪闕下，自大臣陳希烈等合數百人。以御史大夫李峴、中丞崔器等爲三司使，而肅宗方喜刑名，器亦刻深，乃以河南尹達奚珣等三十九人爲重罪，斬于獨柳樹者十一人，珣及韋恆腰斬，陳希烈等賜自盡於獄中者七人，其餘決重杖死者二十一人。以歲除日行刑，集百官臨視，家屬流竄。初，史思明、高秀巖等皆自拔歸命，聞珣等被誅，懼不自安，乃復叛。而三司用刑連年，流貶相繼。及王璵爲相，請詔三司推覈未已者，一切免之。然河北叛人畏誅不降，兵連不解，朝廷屢起大獄。肅宗後亦悔，歎曰：「朕爲三司所誤。」臨崩，詔天下流人皆釋之。

代宗性仁恕，常以至德以來用刑爲戒。及河、洛平，下詔河北、河南吏民任僞官者，一切不問。得史朝義將士妻子四百餘人，皆赦之。僕固懷恩反，免其家，不緣坐。劇賊高玉聚徒南山，啗人數千，後擒獲，會赦，代宗將貸其死，公卿議請爲葅醢，帝不從，卒杖殺之。諫者常諷帝政寬，故朝廷不肅。帝笑曰：「艱難時無以逮下，顧刑法峻急，有威無恩，朕不忍也。」即位五年，府縣寺獄無重囚。故時，別敕決人捶無數。寶應元年，詔曰：「凡制敕與一

頓杖者，其數止四十；至到與一頓及重杖一頓、痛杖一頓者，皆止六十。」

德宗性猜忌少恩，然用刑無大濫。刑部侍郎班宏言：「謀反、大逆及叛、惡逆四者，十惡之大也，犯者宜如律。其餘當斬、絞刑者，決重杖一頓處死，以代極法。」故時，死罪皆先決杖，其數或百或六十，於是悉罷之。

憲宗英果明斷，自卽位數誅方鎭，欲治僭叛，一以法度，然於用刑喜寬仁。是時，李吉甫、李絳爲相。吉甫言：「治天下必任賞罰，陛下頻降赦令，蠲逋負，賑飢民，恩德至矣。然典刑未舉，中外有懈怠心。」絳曰：「今天下雖未大治，亦未甚亂，乃古平國用中典之時。自古欲治之君，必先德化，至暴亂之世，始專任刑法。吉甫之言過矣。」憲宗以爲然。司空于頔亦諷帝用刑以收威柄，帝謂宰相曰：「頔懷姦謀，欲朕失人心也。」元和八年，詔：「兩京、關內、河東、河北、淮南、山南東西道死罪十惡、殺人、鑄錢、造印，若彊盜持仗劫京兆界中及它盜贓踰三匹者，論如故。其餘死罪皆流天德五城，父祖子孫欲隨者，勿禁。」蓋刑者，政之輔也。政得其道，仁義興行，而禮讓成俗，然猶不敢廢刑，所以爲民防也，寬之而已。今不隆其本、顧風俗謂何而廢常刑，是弛民之禁，啓其姦，由積水而決其防。故自玄宗廢徒杖刑，至是又廢死刑，民未知德，而徒以爲幸也。

穆宗童昏，然頗知愼刑法，每有司斷大獄，令中書舍人一人參酌而輕重之，號「參酌

院」。大理少卿崔杞奏曰：「國家法度，高祖、太宗定制二百餘年矣。周禮正月布刑，張之門閭及都鄙邦國，所以屢丁寧，使四方謹行之。大理寺，陛下守法之司也。今別設參酌之官，有司定罪，乃議其出入，是與奪繫於人情，而法官不得守其職。昔子路問政，孔子曰：『必也正名乎。』臣以爲參酌之名不正，宜廢。」乃罷之。

大和六年，興平縣民上官興以醉殺人而逃，聞械其父，乃自歸。京兆尹杜悰、御史中丞宇文鼎以其就刑免父，請減死。詔兩省議，以爲殺人者死，百王所守；若許以生，是誘之殺人也。諫官亦以爲言。文宗以興免父囚，近於義，杖流靈州，君子以爲失刑。文宗好治，躬自謹畏，然閹宦肆孽不能制。至誅殺大臣，夷滅其族，濫及者不可勝數，心知其冤，爲之飮恨流涕，而莫能救止。蓋仁者制亂，而弱者縱之，然則剛彊非不仁，而柔弱者仁之賊也。

武宗用李德裕誅劉稹等，大刑舉矣，而性嚴刻。故時，竊盜無死，所以原民情迫於飢寒也，至是贓滿千錢者死，至宣宗乃罷之。而宣宗亦自喜刑名，常曰：「犯我法，雖子弟不宥也。」然少仁恩，唐德自是衰矣。

蓋自高祖、太宗除隋虐亂，治以寬平，民樂其安，重於犯法，致治之美，幾乎三代之盛時。考其推心惻物，其可謂仁矣！自高宗、武后以來，毒流邦家，唐祚絕而復續。玄宗初勵精爲政，二十年間，刑獄減省，歲斷死罪纔五十八人。以此見致治雖難，勉之則易，未有爲而不至者。自此以後，兵革遂興，國家多故，而人主規規，無復太宗之志。其雖有心於治者，亦不能講考大法，而性有寬猛，凡所更革，一切臨時苟且，或重或輕，徒爲繁文，不足以示後世。而高祖、太宗之法，僅守而存。故自肅宗以來，所可書者幾希矣；懿宗以後，無所稱焉。

校勘記

〔一〕至二十五年中書令李林甫又著新格凡所損益數千條明年吏部尙書宋璟又著後格　本書卷五八藝文志、舊書卷五〇刑法志及唐會要卷三九均載開元七年宋璟等著開元後格，開元二十五年李林甫等著開元新格。又本書卷一二四及舊書卷九六宋璟傳都說璟死于開元二十五年，何得於開元二十六年刪定格令？此處顯有舛訛。

唐書卷五十七

志第四十七

藝文一

自六經焚於秦而復出於漢，其師傳之道中絕，而簡編脫亂訛缺，學者莫得其本眞，於是諸儒章句之學興焉。其後傳注、箋解、義疏之流，轉相講述，而聖道粗明，然其爲說固已不勝其繁矣。至於上古三皇五帝以來世次，國家興滅終始，僭竊僞亂，史官備矣。而傳記、小說，外暨方言、地理、職官、氏族，皆出於史官之流也。自孔子在時，方脩明聖經以絀繆異，而老子著書論道德。接乎周衰，戰國遊談放蕩之士，田駢、愼到、列、莊之徒，各極其辯；而孟軻、荀卿始專脩孔氏，以折異端。然諸子之論，各成一家，自前世皆存而不絕也。夫王迹熄而詩亡，離騷作而文辭之士興，歷代盛衰，文章與時高下。然其變態百出，不可窮極，何其多也。自漢以來，史官列其名氏篇第，以爲六藝、九種、七略，至唐始分爲四類，曰經、

史、子、集。而藏書之盛，莫盛於開元，其著錄者，五萬三千九百一十五卷，而唐之學者自爲之書者，又二萬八千四百六十九卷。嗚呼，可謂盛矣！

六經之道，簡嚴易直而天人備，故其愈久而益明。其餘作者衆矣，質之聖人，或離或合。然其精深閎博，各盡其術，而怪奇偉麗，往往震發於其間，此所以使好奇博愛者不能忘也。然凋零磨滅，亦不可勝數，豈其華文少實，不足以行遠歟？而俚言俗說，猥有存者，亦其有幸不幸者歟？今著于篇，有其名而亡其書者，十葢五六也，可不惜哉。

初，隋嘉則殿書三十七萬卷，至武德初，有書八萬卷，重複相糅。王世充平，得隋舊書八千餘卷，太府卿宋遵貴監運東都，浮舟泝河，西致京師，經砥柱舟覆，盡亡其書。貞觀中，魏徵、虞世南、顏師古繼爲祕書監，請購天下書，選五品以上子孫工書者爲書手，繕寫藏于內庫，以宮人掌之。玄宗命左散騎常侍、昭文館學士馬懷素爲脩圖書使，與右散騎常侍、崇文館學士褚无量整比。會幸東都，乃就乾元殿東序檢校。无量建議：御書以宰相宋璟、蘇頲同署，如貞觀故事。又借民間異本傳錄。及還京師，遷書東宮麗正殿，置修書院於著作院。其後大明宮光順門外、東都明福門外，皆創集賢書院，學士通籍出入。既而太府月給蜀郡麻紙五千番，季給上谷墨三百三十六丸，歲給河間、景城、清河、博平四郡兔千五百皮爲筆材。兩都各聚書四部，以甲、乙、丙、丁爲次，列經、史、子、集四庫。其本有正有副，軸帶帙籤皆異色以別之。

安祿山之亂，尺簡不藏。元載爲相，奏以千錢購書一卷，又命拾遺苗發等使江淮括訪。至文宗時，鄭覃侍講，進言經籍未備，因詔祕閣搜採，於是四庫之書復完，分藏于十二庫。黃巢之亂，存者葢尠。昭宗播遷，京城制置使孫惟晟斂書本軍，寓教坊於祕閣，有詔還其書，命監察御史韋昌範等諸道求購，及徙洛陽，蕩然無遺矣。

甲部經錄，其類十一：一曰易類，二曰書類，三曰詩類，四曰禮類，五曰樂類，六曰春秋類，七曰孝經類，八曰論語類，九曰讖緯類，十曰經解類，十一曰小學類。凡著錄四百四十家，五百九十七部，六千一百四十五卷。不著錄一百一十七家，三千三百六十卷。

連山十卷
司馬膺注歸藏十三卷
周易卜商傳二卷
孟喜章句十卷
京房章句十卷
費直章句四卷

馬融章句十卷
荀爽章句十卷
鄭玄注周易十卷
劉表注五卷
董遇注十卷
宋忠注十卷
王肅注十卷
王弼注七卷
又大衍論三卷
虞翻注九卷
陸績注十三卷
姚信注十卷
荀煇注十卷
蜀才注十卷
王廙注十卷
干寶注十卷
又爻義一卷
黃穎注十卷
崔浩注十卷
崔覲注十三卷
何胤注十卷
盧氏注十卷
傅氏注十四卷
王又玄注十卷
王凱沖注十卷
荀氏九家集解十卷
馬、鄭、二王集解十卷
王弼、韓康伯注十卷
二王集解十卷
張璠集解十卷

又略論一卷
謝萬注繫辭二卷
桓玄注繫辭二卷
荀諺注繫辭二卷
荀柔之注繫辭二卷
宋褰注繫辭二卷
宋明帝注義疏二十卷
張該等羣臣講易疏二十卷
梁武帝大義二十卷
又大義疑問二十卷
蕭偉發義一卷
又幾義一卷
蕭子政義疏十四卷
又繫辭義二卷
張譏講疏三十卷
何妥講疏十三卷
褚仲都講疏十六卷
梁蕃文句義疏二十卷
又開題論序疏十卷
釋序義三卷
劉瓛繫辭義疏二卷
又乾坤義疏一卷
鍾會周易論四卷
范氏周易論四卷
應吉甫明易論一卷
鄒湛統略論三卷
阮長成、阮仲容難答論二卷
宋處宗通易論一卷
宣聘通易象論一卷
欒肇通易象論一卷

袁宏略譜一卷
楊乂卦序論一卷
沈熊周易譜一卷
雜音三卷
任希古注周易十卷
周易正義十六卷　國子祭酒孔穎達、顏師古、司馬才章、王恭、太學博士馬嘉運、太學助教趙乾叶、王談、于志寧等奉詔撰，四門博士蘇德融、趙弘智覆審。
陸德明周易文句義疏二十四卷
文外大義二卷
陰弘道周易新傳疏十卷顥子，臨渙令。
薛仁貴周易新注本義十四卷
王勃周易發揮五卷
玄宗周易大衍論三卷
李鼎祚集注周易十七卷
東鄉助周易物象釋疑一卷
僧一行周易論卷亡。
又大衍玄圖一卷
義決一卷
大衍論二十卷
崔良佐易忘象卷亡。
元載集注周易一百卷
李吉甫注一行易卷亡。
衛元嵩元包十卷蘇源明傳，李江注。
高定周易外傳二十二卷郢子，京兆府參軍。
裴通易書一百五十卷　字又玄，士淹子，文宗訪以易義，令進所撰書。
盧行超易義五卷字孟起，大中六合丞。
陸希聲周易傳二卷

右易類七十六家，八十八部，六百六十五卷。失姓名一家，李鼎祚以下不著錄十一家，三百二十九卷。

古文尚書孔安國傳十三卷
謝沈注十三卷
王肅注十卷
又釋駁五卷
范甯注十卷
李顒集注十卷
又新釋二卷
要略二卷
姜道盛集注十卷
徐邈注逸篇三卷
伏勝注大傳三卷
又暢訓一卷
劉向洪範五行傳論十一卷
馬融傳十卷
王肅孔安國問答三卷
鄭玄注古文尚書九卷
又注釋問四卷王粲問，田瓊、韓益正。
呂文優義注三卷
伊說釋義四卷
顧歡百問一卷
巢猗百釋三卷
又義疏十卷

費甝義疏十卷
任孝恭古文大義二十卷
蔡大寶義疏三十卷
劉焯義疏三十卷
顧彪古文音義五卷
又文外義一卷
劉炫述義二十卷
王儉音義四卷
王玄度注尚書十三卷
今文尚書十三卷　開元十四年，玄宗以洪範「無偏無頗」聲不協，詔改爲「無偏無陂」。天寶三載，又詔集賢學士衞包改古文從今文。
尚書正義二十卷　國子祭酒孔穎達、太學博士王德韶、四門助教李子雲等奉詔撰。四門博士朱長才、蘇德融、太學助教隋德素、四門助教王士雄趙弘智覆審。太尉揚州都督長孫无忌、司空李勣、左僕射于志寧、右僕射張行成、吏部尚書侍中高季輔、吏部尚書褚遂良、中書令柳奭、弘文館學士谷那律、劉伯莊、太學博士賈公彥范義頵齊威、太常博士柳士宣孔志約、四門博士趙君贊、右內率府長史弘文館直學士薛伯珍、國子助教史士弘、太學助教鄭祖玄周玄達、四門助教李玄植王真儒與王德韶、隋德素等刊定。
王元感尚書糾繆十卷
穆元休洪範外傳十卷
陳正卿續尚書　纂漢至唐十二代詔策、章疏、歌頌、符檄、論議成書，開元末上之。卷亡。
崔良佐尚書演範卷亡。

右書類二十五家，三十三部，三百六卷。王元感以下不著錄四家，二十卷。

韓詩卜商序韓嬰注二十二卷
又外傳十卷
卜商集序二卷
又翼要十卷
毛萇傳十卷
鄭玄箋毛詩詁訓二十卷
又譜三卷
王肅注二十卷
又雜義駁八卷
問難二卷
葉遵注二十卷號葉詩。
崔靈恩集注二十四卷
義注五卷
劉楨義問十卷
王基毛詩駁五卷
毛詩雜答問五卷
雜義難十卷
孫毓異同評十卷
楊乂毛詩辨三卷
陳統難孫氏詩評四卷
又表隱二卷
元延明諡府三卷
張氏義疏五卷
陸璣草木鳥獸魚蟲疏二卷
謝沈釋義十卷
劉氏序義一卷

劉炫述義三十卷
魯世達音義二卷
鄭玄等諸家音十五卷
王玄度注毛詩二十卷
毛詩正義四十卷孔穎達、王德韶、齊威等奉詔撰，趙乾叶、四門助教賈普曜、趙弘智等覆正。
許叔牙毛詩纂義十卷
成伯璵毛詩指說一卷
又斷章二卷
毛詩草木蟲魚圖二十卷開成中，文宗命集賢院脩撰并繪物象，大學士楊嗣復、學士張次宗上之。

右詩類二十五家，三十一部，三百二十二卷。失姓名三家，許叔牙以下不著錄三家，三十三卷。

大戴德禮記十三卷
又喪服變除一卷
鄭玄注小戴聖禮記二十卷
又禮議二十卷
禮記音三卷曹耽解。
三禮目錄一卷
注周官十三卷
音三卷
注儀禮十七卷
喪服變除一卷
注喪服紀一卷
盧植注小戴禮記二十卷

馬融周官傳十二卷
又注喪服記一卷
王肅注小戴禮記三十卷
又注周官十二卷
注儀禮十七卷
音二卷
喪服要記一卷
注喪服紀一卷
鄭小同禮記義記四卷
袁準注儀禮一卷
孔倫注一卷
陳銓注一卷
蔡超宗注二卷
田僧紹注二卷
傅玄周官論評十二卷陳邵駁。
杜預喪服要集議三卷
賀循喪服譜一卷
又喪服要記五卷謝徽注。
干寶注周官十二卷
又答周官駁難五卷孫略問。
李軌小戴禮記音二卷
尹毅音二卷
徐邈音三卷
徐爰音二卷
司馬伷周官寧朔新書八卷
又禮記寧朔新書二十卷並王懋約注。
戴顒月令章句十二卷
又中庸傳二卷
緱氏要鈔六卷
王逡之注喪服五代行要記十卷

徐廣禮論問答九卷
范甯禮問九卷
又禮論答問九卷
射慈小戴禮記音二卷
又喪服天子諸侯圖一卷
崔游喪服圖一卷
蔡謨喪服譜一卷
喪服要難一卷趙成問，袁祈答。
伊說注周官十卷
孫炎注禮記三十卷
葉遵注十二卷
董勛問禮俗十卷
劉雋禮記評十卷
吳商雜禮義十一卷
何承天禮論三百七卷
顏延之禮逆降議三卷
任預禮論條牒十卷
又禮論帖三卷
禮論鈔六十六卷
庾蔚之禮記略解十卷
又注喪服要記五卷
禮論鈔二十卷
王儉禮儀答問十卷
又禮雜答問十卷
喪服古今集記三卷
荀萬秋禮雜鈔略二卷
傅隆禮議一卷
梁武帝禮大義十卷
周捨禮疑義五十卷
何佟之禮記義十卷

又禮答問十卷
戚壽雜禮義問答四卷
賀瑒禮論要鈔一百卷
賀述禮統十二卷
崔靈恩周官集注二十卷
又三禮義宗三十卷
元延明三禮宗略二十卷
皇侃禮記講疏一百卷
又義疏五十卷
喪服文句義十卷
沈重周禮義疏四十卷
又禮記義疏四十卷
熊安生義疏四十卷
劉芳義證十卷
沈文阿喪服經傳義疏四卷
又喪服發題二卷
夏侯伏朗三禮圖十二卷
禮記隱二十六卷
禮類聚十卷
禮儀雜記故事十一卷
禮統郊祀六卷
禮論要鈔十三卷
區分十卷
禮論鈔略十三卷
禮記正義七十卷孔穎達、國子司業朱子奢、國子助教李善信、賈公彥、柳士宣、范義頵、魏王參軍事張權等奉詔撰，與周玄達、趙君贊、王士雄、趙弘智覆審。
賈公彥禮記正義八十卷
又周禮疏五十卷
儀禮疏五十卷

魏徵次禮記二十卷亦曰類禮。
王玄度周禮義決三卷
又注禮記二十卷
元行沖類禮義疏五十卷
御刊定禮記月令一卷集賢院學士李林甫、陳希烈、徐安貞、直學士劉光謙、齊光乂、陸善經、脩撰官史玄晏、待制官梁令瓚等注解。自第五易爲第一。
成伯璵禮記外傳四卷
王元感禮記繩愆三十卷
王方慶禮經正義十卷
禮雜問答十卷
李敬玄禮論六十卷
張鎰三禮圖九卷
陸質類禮二十卷
韋彤五禮精義十卷
丁公著禮志十卷
禮記字例異同一卷元和十三年詔定。
丘敬伯五禮異同十卷
孫玉汝五禮名義十卷
杜肅禮略十卷
張頻禮粹二十卷

右禮類六十九家，九十六部，一千八百二十七卷。失姓名七家，元行沖以下不著錄十六家，二百九十五卷。

桓譚樂元起二卷
又琴操二卷
孔衍琴操二卷
荀勗太樂雜歌辭三卷
又太樂歌辭二卷
樂府歌詩十卷
謝靈運新錄樂府集十一卷
信都芳刪注樂書九卷
留進管絃記十二卷
凌秀管絃志十卷
公孫崇鍾磬志二卷
梁武帝樂社大義十卷
又樂論三卷
沈重鍾律五卷
釋智匠古今樂錄十三卷
鄭譯樂府歌辭八卷
又樂府聲調六卷
蘇夔樂府志十卷
李玄楚樂經三十卷
元殷樂略四卷
又聲律指歸一卷
翟子樂府歌詩十卷
又三調相和歌辭五卷
劉氏、周氏琴譜四卷
陳懷琴譜二十一卷
漢魏吳晉鼓吹曲四卷
琴集歷頭拍簿一卷
外國伎曲三卷
又一卷
論樂事二卷

歷代曲名一卷
推七音一卷
十二律譜義一卷
鼓吹樂章一卷
李守眞古今樂記八卷
蕭吉樂譜集解二十卷
武后樂書要錄十卷
趙邪利琴敍譜九卷
張文收新樂書十二卷
劉貺太樂令壁記三卷
徐景安歷代樂儀三十卷
崔令欽教坊記一卷
吳兢樂府古題要解一卷
郗昂樂府古今題解三卷一作王昌齡。
段安節樂府雜錄一卷文昌孫。
竇璡正聲樂調一卷
玄宗金風樂一卷
蕭祐無射商九調譜一卷
趙惟暕琴書三卷
陳拙大唐正聲新址琴譜十卷
呂渭廣陵止息譜一卷
李良輔廣陵止息譜一卷
李約東杓引譜一卷勉子，兵部員外郎。
齊嵩琴雅略一卷
王大力琴聲律圖一卷
陳康士琴譜十三卷字安道，僖宗時人。
又琴調四卷
琴譜一卷
離騷譜一卷
趙邪利琴手勢譜一卷

南卓羯鼓錄一卷

右樂類三十一家，三十八部，二百五十七卷。失姓名九家，張文收以下不著錄二十家，九十三卷。

左丘明春秋外傳國語二十卷
董仲舒春秋繁露十七卷
春秋穀梁傳十五卷 尹更始注。
春秋公羊傳五卷 嚴彭祖述。
賈逵春秋左氏長經章句二十卷
又解詁三十卷
春秋三家訓詁十二卷
董遇左氏經傳章句三十卷
王肅注三十卷
又國語章句二十二卷
王朗注左氏十卷
士燮注春秋經十一卷
杜預左氏經傳集解三十卷
又釋例十五卷
音三卷
鄭衆牒例章句九卷
潁容釋例七卷
劉寔條例十卷
方範經例六卷
何休左氏膏肓十卷 鄭玄箴。

又公羊解詁十三卷
春秋漢議十卷 麋信注，鄭玄駁。
公羊條傳一卷
墨守一卷 鄭玄發。
穀梁廢疾三卷 鄭玄釋，張靖箋(一)。
服虔左氏解誼三十卷
又膏肓釋痾五卷
春秋成長說七卷
塞難三卷
音隱一卷
駁何氏春秋漢議十一卷
王玢達長義一卷
孫毓左氏傳義注三十卷
又賈服異同略五卷
梁簡文帝左氏傳例苑十八卷
干寶春秋義函傳十六卷
序論一卷
殷興左氏釋滯十卷
何始眞春秋左氏區別十二卷
張沖春秋左氏義略三十卷
嚴彭祖春秋圖七卷
吳略春秋經傳詭例疑隱一卷
京相璠春秋土地名三卷
王延之旨通十卷
顧啓期大夫譜十一卷
李謐叢林十二卷
崔靈恩立義十卷
申先儒傳例十卷
沈宏經傳解六卷
又文苑六卷

嘉語六卷
沈文阿義略二十七卷
劉炫攻昧十二卷
又規過三卷
述議三十七卷
高貴鄉公左氏音三卷
曹耽、荀訥音四卷
李軌音三卷
孫邈音三卷
王元規音三卷
孔氏公羊集解十四卷
王愆期注公羊十二卷
又難答論一卷 庾翼難。
高襲傳記十二卷
荀爽、徐欽答問五卷
劉寔左氏牒例二十卷
又公羊違義三卷 劉晏注。
王儉音二卷
春秋穀梁傳段肅注十三卷
唐固注穀梁十二卷
又注國語二十一卷
麋信注穀梁十二卷
又左氏傳說要十卷
張靖集解十一卷
程闡經傳集注十六卷
孔衍訓注十三卷
范甯集注十二卷
徐乾注十三卷
徐邈注十二卷
又傳義十卷

音一卷
沈仲義集解十卷
蕭邕問傳義三卷
劉兆三家集解十一卷
韓益三傳論十卷
胡訥集撰三傳經解十一卷
又三傳評十卷
潘叔度春秋成集十卷(二)
又合三傳通論十卷
江熙公羊穀梁二傳評三卷
李鉉春秋二傳異同十二卷
虞翻注國語二十一卷
韋昭注二十一卷
孔晁解二十一卷
春秋辨證明經論六卷
左氏音十二卷
左氏鈔十卷
春秋辭苑五卷
雜義難五卷
左氏杜預評二卷
春秋正義三十六卷 孔穎達、楊士勛、朱長才奉詔撰，馬嘉運、王德韶、蘇德融與隋德素覆審。
楊士勛穀梁疏十二卷
王玄度注春秋左氏傳 卷亡。
盧藏用春秋後語十卷
高重春秋纂要四十卷 字文明，士廉五代孫，文宗時翰林侍講學士。帝好左氏春秋，命重分諸國各爲書，別名經傳要略。歷國子祭酒。
許康佐等集左氏傳三十卷 一作文宗御集。
徐文遠左傳義疏六十卷

又左傳音三卷
陰弘道春秋左氏傳序一卷
李氏三傳異同例十三卷 開元中，右威衞錄事參軍，失名。
馮伉三傳異同三卷
劉軻三傳指要十五卷
韋表微春秋三傳總例二十卷
王元感春秋振滯二十卷
韓滉春秋通一卷
陸質集注春秋二十卷
又集傳春秋纂例十卷
春秋微旨二卷
春秋辨疑七卷
樊宗師春秋集傳十五卷
春秋加減一卷 元和十三年，國子監脩定。
李瑾春秋指掌十五卷
張傑春秋圖五卷
又春秋指元十卷
裴安時左氏釋疑七卷 字適之，大中江陵少尹。
第五泰左傳事類二十卷 字伯通，青州益都人，咸通鄂州文學。
成玄公穀總例十卷 字又玄，咸通山陽令。
陸希聲春秋通例三卷
陳岳折衷春秋三十卷 唐末鍾傳江西從事。
郭翔春秋義鑑三十卷
柳宗元非國語二卷

右春秋類六十六家，一百部，一千一百六十三卷。失姓名五家，王玄度以下不著錄二十二家，四百三卷。

古文孝經孔安國傳一卷
劉邵注一卷
孝經王肅注一卷
鄭玄注一卷
韋昭注一卷
孫熙注一卷
蘇林注一卷
謝萬注一卷
虞盤佐注一卷
孔光注一卷
殷仲文注一卷
殷叔道注一卷
徐整默注二卷
車胤講孝經義四卷
荀勗講孝經集解一卷
皇侃義疏三卷
何約之大明中皇太子講義疏一卷
梁武帝疏十八卷
太史叔明發題四卷
劉炫述義五卷
張士儒演孝經十二卷
應瑞圖一卷
賈公彥孝經疏五卷
魏克己注孝經一卷
任希古越王孝經新義十卷
今上孝經制旨一卷 玄宗。

元行沖御注孝經疏二卷
尹知章注孝經一卷
孔穎達孝經義疏 卷亡。
王元感注孝經一卷
李嗣眞孝經指要一卷
平貞昚孝經議 卷亡。
徐浩廣孝經十卷 浩稱四明山人，乾元二年上，授校書郎。

右孝經類二十七家，三十六部，八十二卷。失姓名一家，尹知章以下不著錄六家，一十三卷。

論語鄭玄注十卷
又注論語釋義一卷
論語篇目弟子一卷
王弼釋疑二卷
王肅注論語十卷
又注孔子家語十卷
李充注論語十卷
梁覬注十卷
孟釐注九卷
袁喬注十卷
尹毅注十卷
張氏注十卷
何晏集解十卷
孫綽集解十卷
盈氏集義十卷
江熙集解十卷

徐氏古論語義注譜一卷
虞喜贊鄭玄論語注十卷
暢惠明義注十卷
宋明帝補衞瓘論語注十卷
樂肇論語釋十卷
又駁二卷
崔豹大義解十卷
繆播旨序二卷
郭象體略二卷
戴詵述議二十卷
劉炫章句二十卷
皇侃疏十卷
褚仲都講疏十卷
義注隱三卷
雜義十三卷
剔義十卷
徐邈音二卷
孔叢七卷
王勃次論語十卷
賈公彥論語疏十五卷
韓愈注論語十卷
張籍論語注辨二卷

右論語類三十家，三十七部，三百二十七卷。失姓名三家，韓愈以下不著錄二家，十二卷。

宋均注易緯九卷
注詩緯十卷

注禮緯三卷
注樂緯三卷
注春秋緯三十八卷
注論語緯十卷
注孝經緯五卷
鄭玄注書緯三卷
注詩緯三卷
右讖緯類二家，九部，八十四卷。
劉向五經雜義七卷
又五經通義九卷
五經要義五卷
許慎五經異義十卷鄭玄駁。
譙周五經然否論五卷
楊方五經鉤沉十卷
楊思五經咨疑八卷
元延明五經宗略四十卷
劉炫五經正名十二卷
沈文阿經典玄儒大義序錄十卷
班固等白虎通義六卷
鄭玄六藝論一卷
鄭志九卷
鄭記六卷
王肅聖證論十一卷
梁武帝孔子正言二十卷

簡文帝長春義記一百卷
樊文深七經義綱略論三十卷
又質疑五卷
張譏游玄桂林二十卷
謚法三卷荀顗演，劉熙注。
沈約謚例十卷
賀琛謚法三卷
集天名稱三卷
陸德明經典釋文三十卷
顏師古匡謬正俗八卷
趙英五經對訣四卷英，龍朔中汲令。
劉迅六說五卷
劉貺六經外傳三十七卷
張鎰五經微旨十四卷
韋表微九經師授譜一卷
裴僑卿微言注集二卷開元中鄭縣尉。
高重經傳要略十卷
王彥威續古今謚法十四卷
慕容宗本五經類語十卷字泰初，幽州人，大中時。
劉氏經典集音三十卷鎔，字正範，絳州正平人，咸通晉州長史。
右經解類十九家，二十六部，三百八十一卷。失姓名一家，趙英以下不著錄十家，一百二十七卷。

爾雅李巡注三卷
樊光注六卷
孫炎注六卷
沈琁集注十卷
郭璞注一卷
又圖一卷
音義一卷
江灌圖贊一卷
又音六卷
李軌解小爾雅一卷
楊雄別國方言十三卷
劉熙釋名八卷
韋昭辨釋名一卷
李斯等三蒼三卷郭璞解。
杜林蒼頡訓詁二卷
張揖廣雅四卷
又埤蒼三卷
三蒼訓詁三卷
雜字一卷
古文字訓二卷
樊恭廣蒼一卷
史游急就章一卷曹壽解。
顏之推注一卷
司馬相如凡將篇一卷
班固在昔篇一卷
太甲篇一卷
蔡邕聖草章一卷
又勸學篇一卷
今字石經論語二卷
崔瑗飛龍篇篆草勢合三卷

許慎說文解字十五卷
呂忱字林七卷
楊承慶字統二十卷
馮幹括字苑十三卷
賈魴字屬篇一卷
葛洪要用字苑一卷
戴規辨字一卷
僧寶誌文字釋訓三十卷
周成解文字七卷
王延雜文字音七卷
王氏文字要說一卷
阮孝緒文字集略一卷
彭立文字辨嫌一卷
王愔文字志三卷
顧野王玉篇三十卷
李登聲類十卷
呂靜韻集五卷
陽休之韻略一卷
又辨嫌音二卷
夏侯詠四聲韻略十三卷
張諒四聲部三十卷
趙氏韻篇十二卷
陸慈切韻五卷
郭訓字旨篇一卷
古文奇字二卷
衞宏詔定古文字書一卷
虞龢法書目錄六卷
衞恆四體書勢一卷
蕭子雲五十二體書一卷
庾肩吾書品一卷

顏之推筆墨法一卷
僧正度雜字書八卷
何承天纂文三卷
顏延之纂要六卷
又詁幼文三卷
張推證俗音三卷
顏愍楚證俗音略一卷
李虔續通俗文二卷
李少通俗語難字一卷
諸葛潁桂苑珠叢一百卷
朱嗣卿幼學篇一卷
項峻始學篇十二卷
王義之小學篇一卷
楊方少學集十卷
顧凱之啓疑三卷

蕭子範千字文一卷
周興嗣次韻千字文一卷
演千字文五卷
黃初篇一卷
吳章篇一卷
音隱四卷
雜要字三卷
覽字知源三卷
字書十卷
敍同音三卷
桂苑珠叢略要二十卷
古今八體六文書法一卷
古來篆隸詁訓名錄一卷
筆墨法一卷
鹿紙筆墨疏一卷

篆書千字文一卷
今字石經易篆三卷
今字石經尚書本五卷
今字石經鄭玄尚書八卷
三字石經尚書古篆三卷
今字石經毛詩三卷
今字石經儀禮四卷
三字石經左傳古篆書十二卷
今字石經左傳經十卷
今字石經公羊傳九卷
蔡邕今字石經論語二卷
曹憲爾雅音義二卷
又博雅十卷
文字指歸四卷
劉伯莊續爾雅一卷

顏師古注急就章一卷
武后字海一百卷凡武后所著書，皆元萬頃、范履冰、苗神客、周思茂、胡楚賓、衞業等撰。
李嗣眞書後品一卷
徐浩書譜一卷
古跡記一卷
張懷瓘書斷三卷開元中翰林院供奉。
又評書藥石論一卷
張敬玄書則一卷貞元中處士。
褚長文書指論一卷
張彥遠法書要錄十卷弘靖孫，乾符初大理卿。
裴行儉草字雜體卷亡。
荆浩筆法記一卷浩稱洪谷子。
二王、張芝、張昶等書一千五百一十卷太宗出御府金帛購天下古本，命魏徵、虞世南、褚遂良定眞

僞，凡得羲之眞行二百九十紙，爲八十卷，又得獻之、張芝等書，以「貞觀」字爲印。草跡命遂良楷書小字以影之。其古本多梁、隋官書。梁則滿騫、徐僧權、沈熾文、朱异，隋則江總、姚察署記〔三〕。帝令魏、褚卷尾各署名。開元五年，敕陸玄悌、魏哲、劉懷信檢校，分益卷秩。玄宗自書「開元」字爲印。
王方慶寶章集十卷
又王氏八體書範四卷
王氏工書狀十五卷
玄宗開元文字音義三十卷
張參五經文字三卷
唐玄度九經字樣一卷文宗時待詔。

顏元孫干祿字書一卷
歐陽融經典分毫正字一卷
李騰說文字源一卷陽冰從子。
僧慧力像文玉篇三十卷
蕭鈞韻音二十卷
孫愐唐韻五卷
武元之韻銓十五卷
玄宗韻英五卷天寶十四載撰，詔集賢院寫付諸道採訪使，傳布天下。
顏眞卿韻海鏡源三百六十卷
李舟切韻十卷
僧猷智辨體補脩加字切韻五卷

右小學類六十九家，一百三部，七百二十一卷。失姓名二十三家，徐浩以下不著錄二十三家，二千四十五卷。

校勘記

〔一〕張靖箋　「箋」，各本作「成」，據隋書卷三二經籍志、册府卷六〇五改。

〔二〕潘叔度春秋成集十卷　「集」，隋書卷三二經籍志、通志卷六三作「奪」。

〔三〕隋則江總姚察署記　各本原無「則江」二字。唐會要卷三五作「隋則江總、姚察署記」。按陳書卷二七有江總姚察合傳，謂江總「每有制作，必先以簡察」。此當以唐會要爲正，據補。

唐書卷五十八

志第四十八

藝文二

乙部史錄，其類十三：一曰正史類，二曰編年類，三曰僞史類，四曰雜史類，五曰起居注類，六曰故事類，七曰職官類，八曰雜傳記類，九曰儀注類，十曰刑法類，十一曰目錄類，十二曰譜牒類，十三曰地理類。凡著錄五百七十一家，八百五十七部，一萬六千八百七十四卷；不著錄三百五十八家，一萬二千三百二十七卷。

司馬遷史記一百三十卷
裴駰集解史記八十卷

徐廣史記音義十三卷
鄒誕生史記音三卷

班固漢書一百一十五卷
服虔漢書音訓一卷
應劭漢書集解音義二十四卷
諸葛亮論前漢事一卷
又音一卷
孟康漢書音義九卷
晉灼漢書集注十四卷
又音義十七卷
韋昭漢書音義七卷
崔浩漢書音義二卷
孔氏漢書音義鈔二卷孔文祥。
劉嗣等漢書音義二十六卷
夏侯詠漢書音二卷
包愷漢書音十二卷
蕭該漢書音十二卷

陰景倫漢書律曆志音義一卷
項岱漢書敍傳八卷
劉寶漢書駁義二卷
陸澄漢書新注一卷
韋稜漢書續訓二卷
姚察漢書訓纂三十卷
顏游秦漢書決疑十二卷
僧務靜漢書正義三十卷
李喜漢書辨惑三十卷〔一〕
漢書正名氏義十二卷
漢書英華八卷
劉珍等東觀漢記一百二十六卷
又錄一卷
謝承後漢書一百三十卷
又錄一卷

薛瑩後漢記一百卷
司馬彪續漢書八十三卷
又錄一卷
劉義慶後漢書五十八卷
華嶠後漢書三十一卷
謝沈後漢書一百二卷
袁山松後漢書一百一卷
又外傳十卷
又錄一卷
范曄後漢書九十二卷
又論贊五卷
劉昭補注後漢書五十八卷
張瑩漢南紀五十八卷
劉熙注范曄後漢書一百二十二卷
蕭該後漢書音三卷

劉芳後漢書音一卷
臧兢後漢書音三卷
王沈魏書四十七卷
陳壽魏國志三十卷
蜀國志十五卷
吳國志二十一卷並裴松之注。
韋昭吳書五十五卷
王隱晉書八十九卷
虞預晉書五十八卷
朱鳳晉書十四卷
謝靈運晉書三十五卷
又錄一卷
臧榮緒晉書一百一十卷
干寶晉書二十二卷
蕭子雲晉書九卷

何法盛晉中興書八十卷
徐爰宋書四十二卷
孫嚴宋書五十八卷
沈約宋書一百卷
王智深宋書三十卷
魏收後魏書一百三十卷
魏澹後魏書一百七卷
李德林北齊未脩書二十四卷
王劭齊志十七卷
又隋書八十卷
蕭子顯齊書六十卷
劉陟齊書十三卷
謝昊、姚察梁書三十四卷
顧野王陳書二卷
傅縡陳書三卷

許子儒注史記一百三十卷
又音三卷字文舉，叔牙子也。證聖天官侍郎、潁川縣男。
劉伯莊史記音義二十卷
御銓定漢書八十七卷高宗與郝處俊等撰。
顧胤漢書古今集義二十卷
顏師古注漢書一百二十卷
章懷太子賢注後漢書一百卷賢命劉訥言、格希玄等注。
韋機後漢書音義二十七卷
晉書一百三十卷房玄齡、褚遂良、許敬宗、來濟、陸元仕、劉子翼、令狐德棻、李義府、薛元超、上官儀、崔行功、李淳風、辛丘馭、劉引之、陽仁卿、李延壽、張文恭、敬播、李安期、李懷儼、趙弘智等脩，而名爲御撰。
姚思廉梁書五十六卷

陳書三十六卷皆魏徵等同撰。
張大素後魏書一百卷
又北齊書二十卷
隋書三十二卷
李百藥北齊書五十卷
令狐德棻後周書五十卷
隋書八十五卷
志三十卷顏師古、孔穎達、于志寧、李淳風、韋安化、李延壽與德棻、敬播、趙弘智、魏徵等撰。
王元感注史記一百三十卷
徐堅注史記一百三十卷
李鎮注史記一百三十卷開元十七年上，授門下典儀。
又義林二十卷
陳伯宣注史記一百三十卷貞元中上。
韓琬續史記一百三十卷
司馬貞史記索隱三十卷開元潤州別駕。
劉伯莊又撰史記地名二十卷
漢書音義二十卷
張守節史記正義三十卷
竇羣史記名臣疏三十四卷
敬播注漢書四十卷
又漢書音義十二卷
元懷景漢書議苑卷亡。開元右庶子，武陵縣男。謚曰文。
姚珽漢書紹訓四十卷
沈遵漢書問答五卷
李善漢書辨惑二十卷
徐堅晉書一百一十卷
高希嶠注晉書一百三十卷開元二十年上，授清

池主簿。
何超晉書音義三卷處士。
武德貞觀兩朝史八十卷長孫无忌、令狐德棻、顧胤等撰。
吳兢又齊史十卷
梁史十卷
陳史五卷
周史十卷
隋史二十卷
唐書一百卷
又一百三十卷兢、韋述、柳芳、令狐峘、于休烈等撰。
國史一百六卷
又一百一十三卷
裴安時史記纂訓二十卷
又元魏書三十卷字適之，大中江陵少尹。

凡集史五家，六部，一千二百二十二卷。高峻以下不著錄三家，四百四十卷。

梁武帝通史六百二卷
李延壽南史八十卷
又北史一百卷
高氏小史一百二十卷高峻，初六十卷，其子迥釐益之。峻，元和中人。
劉氏洞史二十卷劉樺，忠州刺史晏曾孫。
姚康復統史三百卷大中太子詹事。

右正史類七十家，九十部，四千八十五卷。失姓名二家，王元感以下不著錄二十三家，一千七百九十卷。總七十三家，六十九部。

紀年十四卷汲冢書。
荀悅漢紀三十卷
應劭等注荀悅漢紀三十卷
崔浩漢紀音義三卷
侯瑾漢皇德紀三十卷
張璠後漢紀三十卷
袁宏後漢紀三十卷
張緬後漢略二十七卷
劉艾漢靈獻二帝紀六卷
袁曄漢獻帝春秋十卷
樂資山陽公載記十卷
習鑿齒漢晉春秋五十四卷
魏武本紀四卷
孫盛魏武春秋二十卷
又晉陽秋二十二卷
魏澹魏紀十二卷
梁祚魏書國紀十卷
環濟吳紀十卷
陸機晉帝紀四卷
干寶晉紀二十二卷
劉協注干寶晉紀六十卷
劉謙之晉紀二十卷

曹嘉之晉紀十卷
徐廣晉紀四十五卷
鄧粲晉紀十一卷
又晉陽秋三十二卷
檀道鸞晉春秋二十卷
蕭景暢晉史草三十卷
郭季產晉續紀五卷
晉錄五卷
王智深宋紀三十卷
裴子野宋略二十卷
鮑衡卿宋春秋二十卷
王琰宋春秋二十卷
沈約齊紀二十卷
吳均齊春秋三十卷
謝昊梁典三十九卷
劉璠梁典三十卷
何之元梁典三十卷
蕭韶梁太清紀十卷
皇帝紀七卷
梁末代記一卷
臧嚴棲鳳春秋五卷
姚最梁昭後略十卷
北齊記二十卷
王劭北齊志十七卷
趙毅隋大業略記三卷
杜延業晉春秋略二十卷
張大素隋後略十卷
柳芳唐曆四十卷
續唐曆二十二卷韋澳、蔣偕、李荀、張彥遠、崔瑄撰，崔龜從監脩。

吳兢唐春秋三十卷
韋述唐春秋三十卷
陸長源唐春秋六十卷
陳嶽唐統紀一百卷
焦璐唐朝年代記十卷徐州從事，龐勛亂遇害。
李仁實通曆七卷
馬總通曆十卷
王氏五位圖十卷王起。
廣五運圖卷亡。
苗台符古今通要四卷宣、懿時人。

賈欽文古今年代曆一卷大中時人。
曹圭五運錄十二卷
張敦素建元曆二卷
劉軻帝王曆數謌一卷字希仁，元和末進士第，洺州刺史。
封演古今年號錄一卷天寶末進士第。
韋美嘉號錄一卷中和中進士。
柳璨正閏位曆三卷
李匡文兩漢至唐年紀一卷昭宗時宗正少卿。

右編年類四十一家，四十八部，九百四十七卷。失姓名四家，柳芳以下不著錄十九家，三百五十五卷。

常璩華陽國志十三卷
又漢之書十卷

蜀李書九卷
和包漢趙紀十四卷
田融趙石記二十卷
又二石記二十卷
苻朝雜記一卷
王度、隨翽二石僞事六卷
二石書十卷
范亨燕書二十卷
王景暉南燕錄六卷
張詮南燕書十卷
高閭燕志十卷
段龜龍涼記十卷
西河記二卷

張諮涼記十卷
劉昞涼書十卷
又燉煌實錄二十卷
裴景仁秦記十一卷杜惠明注。
拓拔涼錄十卷
桓玄僞事二卷
鄴洛鼎峙記十卷
守節先生天啓紀十卷
崔鴻十六國春秋一百二十卷
蕭方三十國春秋三十卷
李槩戰國春秋二十卷
蔡允恭後梁春秋十卷
武敏之三十國春秋一百卷

右僞史類一十七家，二十七部，五百四十二卷。失姓名三家。

古文瑣語四卷
汲冢周書十卷
子貢越絕書十六卷
孔晁注周書八卷
何承天春秋前傳十卷
又春秋前傳雜語十卷
樂資春秋後傳三十卷
孟儀注周載三十卷
趙曄吳越春秋十二卷
楊方吳越春秋削煩五卷
吳越記六卷
劉向戰國策三十二卷
高誘注戰國策三十二卷
延篤戰國策論一卷

陸賈楚漢春秋九卷
衞颯史記要傳十卷
張瑩史記正傳九卷
譙周古史考二十五卷
王粲漢書英雄記十卷
葛洪史記鈔十四卷
又漢書鈔三十卷
後漢書鈔三十卷
張緬後漢書略二十五卷
又晉書鈔三十卷
范曄後漢書纘十三卷
孔衍春秋時國語十卷
又春秋後國語十卷
漢尙書十卷

漢春秋十卷
後漢尙書六卷
後漢春秋六卷
後魏尙書十四卷
後魏春秋九卷
王越客後漢文武釋論二十卷
袁希之漢表十卷
張溫三史要略三十卷
阮孝緒正史削繁十四卷
王延秀史要二十八卷
蕭肅合史二十卷
又錄一卷
王蔑史漢要集二卷
司馬彪九州春秋九卷
後漢雜事十卷

魚豢魏略五十卷
孫壽魏陽秋異同八卷
魏武本紀年曆五卷
王隱刪補蜀記七卷
張勃吳錄三十卷
李槩左史六卷
胡沖吳朝人士品秩狀八卷
又吳曆六卷
虞禹吳士人行狀名品二卷
虞溥江表傳五卷
徐衆三國評三卷
王濤三國志序評三卷
傅暢晉諸公讚二十二卷
晉曆二卷
荀綽晉後略五卷

買匪之漢魏晉帝要紀三卷
郭頒魏晉代說十卷
謝綽宋拾遺錄十卷
孔思倘宋齊語錄十卷
陰僧仁梁撮要三十卷
宋孝王關東風俗傳六十三卷
來奥帝王本紀十卷
環濟帝王略要十二卷
劉滔先聖本紀十卷
楊曄華夷帝王紀三十七卷
張愔等帝系譜二卷
韋昭洞紀四卷
皇甫謐帝王代紀十卷
又年曆六卷
何茂林續帝王代紀十卷

帝王代紀十六卷
曆紀十卷
姚恭年曆帝紀二十六卷
吉文甫十五代略十卷
代譜四十八卷周武帝敕撰。
諸葛耽帝錄十卷
庾和之歷代記三十卷
熊襄十代記十卷
盧元福帝王編年錄五十一卷
又共和以來甲乙紀年二卷
趙弘禮王業曆二卷
周樹洞曆記九卷
徐整三五曆紀二卷
又通曆二卷
雜曆五卷

孔衍國志曆五卷
長曆十四卷
千年曆二卷
許氏千歲曆三卷
陶弘景帝王年曆五卷
羊瑗分王年曆五卷
王嘉拾遺錄三卷
又拾遺記十卷蕭綺錄。
周祇崇安記二卷
王韶之崇安記十卷
鮑衡卿乘輿飛龍記二卷
蕭大圜淮海亂離志四卷
李仁實通曆七卷
裴矩隋開業平陳記十二卷
褚无量帝王紀錄三卷

皇甫遵吳越春秋傳十卷
盧彥卿後魏紀三十三卷
劉允濟魯後春秋二十卷
丘悅三國典略三十卷
元行沖魏典三十卷
員半千三國春秋二十卷
李筌閫外春秋十卷
李吉甫六代略三十卷
張絢古五代新記二卷
許嵩建康實錄二十卷
柳氏自備三十卷柳仲郢。
鄭暐史雋十卷
呂才隋記二十卷
丘啓期隋記十卷開元管城尉。
杜寶大業雜記十卷

杜儒童隋季革命記五卷武后時人。
劉氏行年記二十卷劉仁軌。
崔良佐三國春秋卷亡。良佐，深州安平人，日用從子。居共白鹿山，門人謚曰貞文孝父。
裴遵度王政記
楊岑皇王寶運錄並卷亡。岑，憲宗時人。
功臣錄三十卷
唐穎稽典一百三十卷開元中，穎寵臨汾尉，上之。張說奏留史館修史，乘集賢待制。
王彥威唐典七十卷
吳兢唐書備闕記十卷
續皇王寶運錄十卷韋昭度、楊涉撰。
韓祐續古今人表十卷開元十七年上，授太常寺太祝。
張薦宰輔傳略卷亡。

蔣乂大唐宰輔錄七十卷
又淩煙功臣、秦府十八學士、史臣等傳四十卷
淩璠唐錄政要十二卷昭宗時江都尉。
南卓唐朝綱領圖一卷字昭嗣，大中黔南觀察使。
薛璫唐聖運圖二卷
劉肅大唐新語十三卷元和中江都主簿。
李肇國史補三卷翰林學士，坐薦柏耆，自中書舍人左遷將作少監。
林恩補國史十卷僖宗時進士。
傳載一卷
史遺一卷
溫大雅今上王業記六卷
李延壽太宗政典三十卷
吳兢太宗勳史一卷

又貞觀政要十卷
李康明皇政錄十卷
鄭處誨明皇雜錄二卷
鄭棨開天傳信記一卷
溫畬天寶亂離西幸記一卷
宋巨明皇幸蜀記一卷
姚汝能安祿山事迹三卷華陰尉。
包諝河洛春秋二卷安祿山、史思明事。
徐岱奉天記一卷德宗西狩事。
崔光庭德宗幸奉天錄一卷
趙元一奉天錄四卷
張讀建中西狩錄十卷字聖用，僖宗時吏部侍郎。
袁皓興元聖功錄三卷
谷況燕南記三卷張孝忠事。
路隋平淮西記一卷

杜信史略三十卷
又閑居錄三十卷
鄭澥涼國公平蔡錄一卷字蘊士，李愬山南東道掌書記，開州刺史。
薛圖存河南記一卷李師道事。
李潛用乙卯記一卷李訓、鄭注事。
大和摧兇記一卷
野史甘露記二卷
開成紀事二卷
李石開成承詔錄二卷
李德裕次柳氏舊聞一卷
又文武兩朝獻替記三卷
會昌伐叛記一卷
上黨紀叛一卷劉從諫事。
韓昱壺關錄三卷

裴廷裕東觀奏記三卷大順中,詔脩宣、懿、僖實錄,以日曆注記亡缺,因撫宣宗政事奏記於監脩國史杜讓能。廷裕,字膺餘,昭宗時翰林學士、左散騎常侍,貶湖南,卒。

令狐澄貞陵遺事二卷綯子也。乾符中書舍人。

柳玭續貞陵遺事一卷

鄭言平剡錄一卷裘甫事。言,字垂之,浙西觀察使王式從事,咸通翰林學士、戶部侍郎。

張雲咸通解圍錄一卷字景之,一字瑞卿,起居舍人。

鄭樵彭門紀亂三卷龐勛事。

王坤驚聽錄一卷黃巢事。

郭廷誨廣陵妖亂志三卷高駢事。

乾寧會稽錄一卷董昌事。

韓偓金鑾密記五卷

王振汴水滔天錄一卷昭宗時拾遺。

公沙仲穆大和野史十卷起大和,盡龍紀。

右雜史類八十八家,一百七部,一千八百二十八卷。失姓名八家,元行沖以下不著錄六十八家,八百六十一卷。

郭璞穆天子傳六卷

漢獻帝起居注五卷

李軌晉泰始起居注二十卷

又晉咸寧起居注二十二卷

晉太康起居注二十一卷

晉永平起居注八卷

晉咸和起居注十八卷

晉咸康起居注二十二卷

劉道薈晉起居注三百二十卷

晉建武大興永昌起居注二十二卷

晉建元起居注四卷

晉永和起居注二十四卷

晉升平起居注十卷

晉隆和興寧起居注五卷

晉太和起居注六卷

晉咸安起居注三卷

晉寧康起居注六卷

晉太元起居注五十二卷

晉崇寧起居注十卷

晉元興起居注九卷

晉義熙起居注三十四卷

晉元熙起居注二卷

何始眞晉起居鈔五十一卷

晉起居注鈔二十四卷

宋永初起居注六卷

宋景平起居注三卷

宋元嘉起居注七十一卷

宋孝建起居注十七卷

宋大明起居注十五卷

後魏起居注二百七十六卷

齊永明起居注二十五卷

梁大同七年起居注十卷

陳起居注四十一卷

隋開皇元年起居注六卷

王逡之三代起居注鈔十五卷

流別起居注四十七卷

溫大雅大唐創業起居注三卷

開元起居注三千六百八十二卷失撰人名。

姚璹脩時政記四十卷

凡實錄二十八部,三百四十五卷。劉知幾以下不著錄四百五十七卷。

周興嗣梁皇帝實錄二卷

謝昊梁皇帝實錄五卷

梁太清實錄十卷

高祖實錄二十卷敬播撰,房玄齡監脩,許敬宗刪改。

今上實錄二十卷敬播、顧胤撰,房玄齡監脩。

長孫无忌貞觀實錄四十卷

許敬宗皇帝實錄三十卷

高宗後脩實錄三十卷初,令狐德棻撰,止乾封,劉知幾、吳兢續成。

韋述高宗實錄三十卷

武后高宗實錄一百卷

則天皇后實錄二十卷魏元忠、武三思、祝欽明、徐彥伯、柳沖、韋承慶、崔融、岑羲、徐堅撰,劉知幾、吳兢刪正。

宗秦客聖母神皇實錄十八卷

吳兢中宗實錄二十卷

劉知幾太上皇實錄十卷

吳兢睿宗實錄五卷

張說今上實錄二十卷說與唐潁撰,文玄宗開元初事。

開元實錄四十七卷失撰人名。

玄宗實錄一百卷令狐峘撰,元載監脩。

肅宗實錄三十卷元載監脩。

令狐峘代宗實錄四十卷

沈既濟建中實錄十卷

德宗實錄五十卷蔣乂、樊紳、林寶、韋處厚、獨孤郁撰,裴垍監脩。

順宗實錄五卷韓愈、沈傳師、宇文籍撰,李吉甫監脩。

憲宗實錄四十卷沈傳師、鄭澣、宇文籍、蔣係、李漢、陳夷行、蘇景胤撰,杜元穎、韋處厚、路隋監脩。景胤,弁子也,中書舍人。

穆宗實錄二十卷蘇景胤、王彥威、楊漢公、蘇滌、裴休撰,路隋監脩。滌,字玄獻,冕子也,荆南節度使、吏部尚書。

敬宗實錄十卷陳商、鄭亞撰,李讓夷監脩。商,字述聖,禮部侍郎、祕書監。

文宗實錄四十卷盧耽、蔣偕、王渢、盧告、牛叢撰,魏謩監脩。耽,字子嚴,一字子重,歷西川節度使、同中書門下平章事。渢,字中德,歷東都留守。告,字子有,弘宣子也,歷吏部侍郎。

武宗實錄三十卷韋保衡監脩。

凡詔令一家,一十一部,三百五卷。失姓名十家,溫彥博以下不著錄十一家,二百二十二卷。

晉雜詔書一百卷

又二十八卷

又六十六卷

晉詔書黃素制五卷

晉定品雜制一卷
晉太元副詔二十一卷
晉崇安元興大亨副詔八卷
晉義熙詔二十二卷
宋永初詔六卷
宋元嘉詔二十一卷
宋幹詔集區別二十七卷
溫彥博古今詔集三十卷
李義府古今詔集一百卷
薛克構聖朝詔集三十卷
唐德音錄三十卷
太平內制五卷
明皇制詔錄一卷
元和制集十卷
王起寫宣十卷
馬文敏王言會最五卷
唐舊制編錄六卷費氏集。
擬狀注制十卷

右起居注類六家，三十八部，一千二百七十二卷。失姓名二十六家，開元起居注以下不著錄三家，三千七百二十五卷。總七家，七十七部。

秦漢以來舊事八卷
漢武帝故事二卷

韋氏三輔舊事一卷
葛洪西京雜記二卷
建武故事三卷
永平故事二卷
應劭漢朝駁三十卷
漢諸王奏事十卷
漢魏吳蜀舊事八卷
魏名臣奏事三十卷
魏臺訪議三卷
魏廷尉決事十卷
南臺奏事九卷
晉太始太康故事八卷
孔愉晉建武咸和咸康故事四卷
晉建武以來故事三卷
晉氏故事三卷
晉朝雜事二卷
晉故事四十三卷
晉諸雜故事二十二卷
晉雜議十卷
晉要事三卷
晉宋舊事一百三十卷
車灌晉脩復山陵故事五卷
盧綝晉八王故事十二卷
又晉四王起事四卷
張敞晉東宮舊事十卷
范汪尚書大事二十一卷
華林故事名一卷
劉道薈先朝故事二十卷
交州雜故事九卷
中興伐逆事二卷

溫子昇魏永安故事三卷
蕭大圜梁魏舊事三十卷
僧亡名天正舊事三卷
應詹江南故事三卷
大司馬陶公故事三卷
郗太尉爲尚書令故事三卷
王愆期救襄陽上都府事一卷
春坊舊事三卷
武后述聖紀一卷
杜正倫春坊要錄四卷
王方慶南宮故事十二卷
裴矩鄴都故事十卷
馬總唐年小錄八卷
張齊賢孝和中興故事三卷
盧若虛南宮故事三十卷
令狐德棻凌煙閣功臣故事四卷
敬播文貞公傳事四卷
劉禕之文貞公故事六卷
張大業魏文貞故事八卷
王方慶文貞公事錄一卷
李仁實衞公平突厥故事二卷
謝偃英公故事四卷
劉禕之英國貞武公故事四卷
陳諫等彭城公故事一卷劉晏。
張九齡事迹一卷
李渤事迹一卷
杜悰事迹一卷
吳湘事迹一卷
丘據相國涼公錄一卷李抱玉事。據，諫議大夫。

右故事類十七家，四十三部，四百九十六卷。失姓名二十五家，裴矩以下不著錄十六家，九十卷。

王隆漢官解詁三卷胡廣注。
應劭漢官五卷
漢官儀十卷
蔡質漢官典儀一卷
丁孚漢官儀式選用一卷
荀攸等魏官儀一卷
傅暢晉公卿禮秩故事九卷
百官名十四卷
干寶司徒儀注五卷
陸機晉惠帝百官名三卷
晉官屬名四卷
晉過江人士目一卷
衞禹晉永嘉流士二卷
登城三戰簿三卷
范曄百官階次一卷
荀欽明宋百官階次三卷
宋百官春秋六卷
魏官品令一卷
王珪之齊職官儀五十卷
徐勉梁選簿三卷
沈約梁新定官品十六卷
梁百官人名十五卷
陳將軍簿一卷
太建十一年百官簿狀二卷

鄭楚之隋官序錄十二卷
王道秀百官春秋十三卷
郭演職令古今百官注十卷
陶彥藻職官要錄三十六卷
職員舊事三十卷
王方慶宮卿舊事一卷
六典三十卷開元十年，起居舍人陸堅被詔集賢院脩「六典」，玄宗手寫六條，曰理典、教典、禮典、政典、刑典、事典。張說知院，委徐堅，經歲無規制，乃命毋煚、余欽、咸廙業、孫季良、韋述參撰。始以令式象周禮六官爲制。蕭嵩知院，加劉鄭蘭、蕭晟、盧若虛。張九齡知院，加陸善經。李林甫代九齡，加苑咸。二十六年書成。
王方慶又撰尙書考功簿五卷
又尙書考功狀績簿十卷

尙書科配簿五卷
五省遷除二十卷
裴行儉選譜十卷
唐循資格一卷天寶中定。
沈既濟選舉志十卷
梁載言具員故事十卷
又具員事述十卷
杜英師職試二卷
任戩官品纂要十卷
溫大雅大丞相唐王官屬記二卷
杜易簡御史臺雜注五卷
韓琬御史臺記十二卷
韋述御史臺記十卷
又集賢注記三卷
李構御史臺故事三卷

劉貺天官舊事一卷
柳芳大唐宰相表三卷
馬宇鳳池錄五十卷
賀蘭正元輔佐記十卷
又舉選衡鑑三卷昭義判官，貞元十三年上。
韋瓘國相事狀七卷憲宗時人。
張之緒文昌損益二卷德宗時人。
李肇翰林志一卷
李吉甫元和國計簿十卷
又元和百司舉要一卷

王涯唐循資格五卷
韋處厚大和國計二十卷
王彥威占額圖一卷
孫結大唐國照圖一卷文宗時人。
大唐國要圖五卷左僕射賈耽撰，監察御史褚璆重脩。
翰林內誌一卷
楊鉅翰林學士院舊規一卷字文碩，收子也。昭宗時翰林學士、吏部侍郎。

右職官類十九家，二十六部，二百六十二卷。失姓名十家，六典以下不著錄二十九家，二百八十卷。

趙岐三輔決錄十卷摯虞注。

魏文帝海內士品錄三卷

海內先賢傳五卷魏明帝時撰。
李氏海內先賢行狀三卷
韋氏四海耆舊傳一卷
諸國先賢傳一卷
圈稱陳留風俗傳三卷
蘇林陳留耆舊傳三卷
劉昞燉煌實錄二十卷
陳英宗陳留先賢傳像讚一卷
江敞陳留人物志十五卷
周斐汝南先賢傳五卷
陸胤志廣州先賢傳七卷
劉芳廣州先賢傳七卷
徐整豫章舊志八卷
又豫章烈士傳三卷
華隔廣陵烈士傳一卷

張勝桂陽先賢畫讚五卷
朱育會稽記四卷
虞預會稽典錄二十四卷
謝承會稽先賢傳七卷
賀氏會稽先賢傳像讚四卷
鍾離岫會稽後賢傳三卷
賀氏會稽太守像讚二卷
陸凱吳國先賢傳五卷
吳國先賢像讚三卷
陳壽益部耆舊傳十四卷
益州耆舊雜傳記二卷
白褒魯國先賢傳十四卷
張方楚國先賢傳十二卷
高範荊州先賢傳三卷
仲長統山陽先賢傳一卷

范瑗交州先賢傳四卷
習鑿齒襄陽耆舊傳五卷
又逸人高士傳八卷
王基東萊耆舊傳一卷
王義度徐州先賢傳九卷
又一卷
劉義慶徐州先賢傳讚八卷
劉彧長沙舊邦傳讚四卷
郭緣生武昌先賢傳三卷
虞溥江表傳三卷
崔蔚祖海岱志十卷
吳均吳郡錢塘先賢傳五卷
陽休之幽州古今人物志三十卷
留叔先東陽朝堂書讚一卷
濟北先賢傳一卷

廬江七賢傳一卷
零陵先賢傳一卷
蕭廣濟孝子傳十五卷
師覺授孝子傳八卷
王韶之孝子傳十五卷
又讚三卷
宗躬孝子傳二十卷
又止足傳十卷
虞盤佐孝子傳一卷
又高士傳二卷
徐廣孝子傳三卷
梁武帝孝子傳三十卷
雜孝子傳二卷
鄭緝之孝子傳讚十卷
申秀孝友傳八卷

元暉顯忠錄二十卷
嵇康聖賢高士傳八卷
皇甫謐高士傳十卷
又逸士傳一卷
玄晏春秋二卷
韋氏家傳三卷
周續之上古以來聖賢高士傳讚三卷
劉晝高才不遇傳四卷
周弘讓續高士傳八卷
張顯逸人傳三卷
鍾離儒逸人傳七卷
袁宏名士傳三卷
袁淑眞隱傳二卷
阮孝緒高隱傳十卷
劉向列士傳二卷

范晏陰德傳二卷
齊竟陵文宣王子良止足傳十卷
鍾岏良吏傳十卷
先儒傳五卷
殷系英藩可錄事三卷一云張薦賢撰。
鄭忱文林館記十卷
張騭文士傳五十卷
梁元帝孝德傳三十卷
又忠臣傳三十卷
全德志一卷
丹楊尹傳十卷
同姓名錄一卷
懷舊志九卷
裴懷貴兄弟傳三卷
悼善列傳四卷

劉昭幼童傳十卷
盧思道知己傳一卷
孫敏春秋列國名臣傳九卷
孔子弟子傳五卷
東方朔傳八卷
李固別傳七卷
梁冀傳二卷
郭沖諸葛亮隱沒五事一卷
何顒傳一卷
曹瞞傳一卷
毌丘儉記三卷
管辰管輅傳二卷
戴逵竹林七賢論二卷
孟仲暉七賢傳七卷
桓玄傳二卷

雜傳六十九卷
又四十卷
又九卷
任昉雜傳一百二十卷
荆揚二州遷代記四卷
元暉等祕錄二百七十卷
王孝恭集記一百卷
漢明帝畫讚五十卷
姚濬四科傳讚四卷
七國敍讚十卷
益州文翁學堂圖一卷
荀伯子荀氏家傳十卷
又薛常侍傳二卷
明氏世錄六卷明粲。
漢南庾氏家傳三卷庾守業。

褚氏家傳一卷褚結撰，褚陶注。
殷氏家傳三卷殷敬。
崔氏世傳七卷崔鴻。
邵氏家傳十卷
王氏家傳二十一卷
江氏家傳七卷江饒。
暨氏家傳一卷
虞氏家傳五卷虞覽。
裴氏家記三卷裴松之。
諸葛傳五卷
曹氏家傳一卷曹毗。
諸王傳一卷
陸史十五卷陸煦。
王劭尒朱氏家傳二卷
何妥家傳二卷

裴若弼家傳一卷
令狐德棻令狐家傳一卷
張大素燉煌張氏家傳二十卷
魏徵自古諸侯王善惡錄二卷
章懷太子列藩正論三十卷
鄭世翼交游傳二卷
李襲譽忠孝圖傳讚二十卷
許敬宗文館詞林文人傳一百卷
崔玄暐友義傳十卷
又義士傳十五卷
傅弈高識傳十卷
郎餘令孝子後傳三十卷
平貞眘養德傳卷亡。
徐堅大隱傳三卷
裴朏續文士傳十卷開元中懷州司馬。

李襲譽又撰江東記三十卷
李義府宦游記七十卷
王方慶友悌錄十五卷
又王氏訓誡五卷
王氏列傳十五卷
王氏尙書傳五卷
魏文貞故書十卷
唐臨冥報記二卷
李筌中台志十卷
盧詵四公記一卷一作梁載言。
王瓘廣軒轅本紀三卷
李渤六賢圖讚一卷
陸龜蒙小名錄五卷
張昌宗古文紀年新傳三卷昌宗，冀州南宮人，太子舍人。

王緒永寧公輔梁記十卷緒，開元人，僧辯兄孫也永寧即僧辯所封。
賈閏甫李密傳三卷閏甫，密舊屬。
顏師古安興貴家傳卷亡。
陸氏英賢徵記三卷陸師儒。
李邕狄仁傑傳三卷
郭湜高氏外傳一卷力士。湜，大曆大理司直。
李翰張巡姚誾傳二卷
陳翃郭公家傳八卷子儀。翃嘗爲其寮屬，後又從事渾瑊河中幕。
殷亮顏氏家傳一卷杲卿。
殷仲容顏氏行狀一卷眞卿。
馬宇段公別傳二卷秀實。宇，元和祕書少監，史館脩撰。
李繁相國鄴侯家傳十卷

王起李趙公行狀一卷李吉甫。
張茂樞河東張氏家傳三卷弘靖孫。
崔氏唐顯慶登科記五卷失名。
姚康科第錄十六卷字汝諧，南仲孫也。兵部郎中，
金吾將軍。
李弈唐登科記二卷
文場盛事一卷
國朝舊事四十卷
劉餗國朝傳記三卷
張鷟朝野僉載二十卷自號浮休子。
封氏聞見記五卷封演。
蘇特唐代衣冠盛事錄一卷
李綽尚書故實一卷尚書即張延賞。
柳氏訓序一卷柳玭。
武平一景龍文館記十卷

蕭叔和天祚永歸記一卷僖宗事。
韋機西征記卷亡。
韓琬南征記十卷
凌準邠志二卷
陸贄遣使錄一卷
裴廙平戎記五卷休父。
房千里投荒雜錄一卷字鵠舉，大和初進士第，高州
刺史。
杜佑賓佐記一卷
文宗朝備問一卷
黃璞閩川名士傳一卷字紹山，大順中進士第。
魏徵祥瑞錄十卷
徐景玉璽正錄一卷
國寶傳一卷
許康佐九鼎記四卷

顏師古王會圖卷亡。
李德裕異域歸忠傳二卷
西蕃會盟記三卷
西戎記二卷

英雄錄一卷
趙琰孝行志二十卷字盈之，晉州岳陽人，會昌中。
武詵自古忠臣傳二十卷字子思，楚州盱眙人，咸
通中州從事。

凡女訓十七家，二十四部，三百八十三卷。失姓名一家，王方慶以下不著錄五家，八十三卷。

劉向列女傳十五卷曹大家注。
皇甫謐列女傳六卷
綦毋邃列女傳七卷
劉熙列女傳八卷
趙母列女傳七卷
項宗列女後傳十卷
曹植列女傳頌一卷
孫夫人列女傳序讚一卷
杜預列女記十卷

虞通之后妃記四卷
又妬記二卷
諸葛亮貞絜記一卷
曹大家女誡一卷
辛德源、王劭等內訓二十卷
徐湛之婦人訓解集十卷
女訓集六卷
長孫皇后女則要錄十卷
魏徵列女傳略七卷

武后列女傳一百卷
又孝女傳二十卷
古今內範一百卷
內範要略十卷
保傅乳母傳七卷
鳳樓新誡二十卷
王方慶王氏女記十卷

又王氏王嬪傳五卷
續妬記五卷
尚宮宋氏女論語十篇
薛蒙妻韋氏續曹大家女訓十二章韋溫女，蒙，
字中明，開成中進士第。
王摶妻楊氏女誡一卷

右雜傳記類一百二十五家，一百四十六部，一千六百五十六卷。失姓名十四家，崔玄暐以下不著錄五十一家，二千五百七十四卷。總一百四十七家，一百五十一部。

衛宏漢舊儀四卷
董巴大漢輿服志一卷
徐廣車服雜注一卷

又晉尚書儀曹新定儀注四十一卷
晉儀注三十九卷
傅瑗晉新定儀注四十卷

晉尚書儀曹吉禮儀注三卷
晉尚書儀曹事九卷
晉雜儀注二十一卷
宋尚書儀注三十六卷
宋儀注二卷
張鏡宋東宮儀記二十三卷
嚴植之南齊儀注二十八卷
又梁皇帝崩凶儀十一卷
梁皇太子喪禮五卷
梁王侯以下凶禮九卷
士喪禮儀注十四卷
沈約梁儀注十卷
又梁祭地祇陰陽儀注二卷
鮑泉新儀三十卷
明山賓等梁吉禮十八卷

梁吉禮儀注四卷
又十卷
梁尚書儀曹儀注十八卷
又二十卷
梁天子喪禮七卷
又五卷
梁大行皇帝皇后崩儀注一卷
梁太子妃薨凶儀注九卷
梁諸侯世子卒凶儀注九卷
梁陳大行皇帝崩儀注八卷
賀瑒等梁賓禮一卷
梁賓禮儀注十三卷
陸璉梁軍禮四卷
司馬褧梁嘉禮三十五卷
又嘉禮儀注四十五卷

陳吉禮儀注五十卷
陳雜吉儀注三十卷
陳雜儀注六卷
陳諸帝后崩儀注五卷
陳雜儀注凶儀十三卷
陳皇太后崩儀注四卷儀曹撰。
陳皇太子妃薨儀注五卷儀曹撰。
張彥陳賓禮儀注六卷
常景後魏儀注五十卷
趙彥深北齊吉禮七十二卷
北齊皇太后喪禮十卷
高熲隋吉禮五十四卷
牛弘、潘徽隋江都集禮一百二十卷
大賀鹵簿一卷
周遷古今輿服雜事十卷

蕭子雲古今輿服雜事二十卷
甲辰儀注五卷
摯虞決疑要注一卷
崔豹古今注一卷
諸王國雜儀注十卷
雜儀注一百卷
范汪雜府州郡儀十卷
又祭典三卷
何胤喪服治禮儀注九卷
何點理禮儀注九卷
冠婚儀四卷
崔皓婚儀祭儀二卷
魏氏郊丘三卷
何晏魏明帝謚議二卷
高堂隆魏臺雜訪議三卷

晉謚議八卷
晉簡文謚議四卷
孔晁等晉明堂郊社議三卷
蔡謨晉七廟議三卷
干寶雜議五卷
荀顗等晉雜議十卷
王景之要典三十九卷
王逸齊典四卷
丘仲孚皇典五卷
盧諶雜祭法六卷
盧辯祀典五卷
徐爰家儀一卷
王儉吉儀二卷
又弔答書儀十卷
皇室書儀七卷

鮑衡卿皇室書儀十三卷
謝朏書筆儀二十卷
謝允書儀二卷
唐瑾婦人書儀八卷
童悟十三卷
紀僧眞玉璽譜一卷
姚察傳國璽十卷
徐令言玉璽正錄一卷
張大頤明堂儀一卷
姚璠等明堂儀注三卷
皇太子方岳亞獻儀二卷
蕭子雲東宮雜事二十卷
陸開明、宇文愷東宮典記七十卷
令狐德棻皇帝封禪儀六卷
孟利貞封禪錄十卷

裴守眞神岳封禪儀注十卷
郭山惲大享明堂儀注二卷
覲享太廟儀注三卷
裴矩、虞世南大唐書儀十卷
竇維鍌吉凶禮要二十卷
韋叔夏五禮要記三十卷
王懿中禮儀注八卷
楊炯家禮十卷
大唐儀禮一百卷長孫无忌、房玄齡、魏徵、李百藥、顏師古、令狐德棻、孔穎達、于志寧等撰。吉禮六十一篇，賓禮四篇，軍禮二十篇，嘉禮四十二篇，凶禮六篇，國恤五篇，總一百三十八篇。貞觀十一年上。
永徽五禮一百三十卷長孫无忌、侍中許敬宗、兼中書令李義府、黃門侍郎劉祥道許圉師、太常卿韋琨、博士蕭楚材孔志約等撰。削國恤，以爲豫凶事非臣子所宜論次，定著二百九十九篇。顯慶三年上。

武后紫宸禮要十卷
開元禮一百五十卷開元中，通事舍人王嵒請改禮記，附唐制度，張說引嵒就集賢書院詳議。說奏：「禮記，漢代舊文，不可更，請脩貞觀、永徽五禮爲開元禮。」命賈登、張烜、施敬本、李銳、王仲丘、陸善經、洪孝昌撰緝，蕭嵩總之。
蕭嵩開元禮義鏡一百卷
開元禮京兆義羅十卷
開元禮類釋二十卷
開元禮百問二卷
顏眞卿禮樂集十卷禮儀使所定。
韋渠牟貞元新集開元後禮二十卷
柳逞唐禮纂要六卷
韋公肅禮閣新儀二十卷元和人。

王彥威元和曲臺禮三十卷
又續曲臺禮三十卷
李弘澤直禮一卷林甫孫，開成太府卿。
韋述東封記一卷
李襲譽明堂序一卷
員半千明堂新禮三卷
李嗣眞明堂新禮十卷
王涇大唐郊祀錄十卷貞元九年上，時爲太常禮院脩撰。
裴瑾崇豐二陵集禮卷亡。瑾，字封叔，光庭曾孫，元和吉州刺史。
王方慶三品官祔廟禮二卷
又古今儀集五十卷
孟詵家祭禮一卷
徐閏家祭儀一卷

范傳式寢堂時饗儀一卷
鄭正則祠享儀一卷
周元陽祭錄一卷
賈頊家薦儀一卷
盧弘宣家祭儀卷亡。
孫氏仲享儀一卷孫日用。
劉孝孫二儀實錄一卷
袁郊二儀實錄衣服名義圖一卷
又服飾變古元錄一卷字之儀，滋子也。昭宗翰林學士。
王晉使範一卷
戴至德喪服變服一卷
張戩喪儀纂要九卷
孟詵喪服正要二卷
商价喪禮極議一卷

張薦五服圖卷亡。

仲子陵五服圖十卷貞元九年上。

裴茝內外親族五服儀二卷

又書儀三卷朱儔注。茝，元和太常少卿。

葬王播儀一卷

鄭氏書儀二卷鄭餘慶。

裴度書儀二卷

杜有晉書儀二卷

右儀注類六十一家，一百部，一千四百六十七卷。失姓名三十二家，竇維鋈以下不著錄四十九家，八百九十三卷。

漢建武律令故事三卷

漢名臣奏二十九卷

廷尉決事二十卷

廷尉駁事十一卷

廷尉雜詔書二十六卷

南臺奏事二十二卷

應劭漢朝議駁三十卷

陳壽漢名臣奏事三十卷

晉駁事四卷

晉彈事九卷

賈充、杜預刑法律本二十一卷

又晉令四十卷

宗躬齊永明律八卷

蔡法度梁律二十卷

又梁令三十卷

梁科二卷

條鈔晉宋齊梁律二十卷

范泉等陳律九卷

又陳令三十卷

陳科三十卷

趙郡王叡北齊律二十卷

令八卷

麟趾格四卷文襄帝時撰。

趙肅等周律二十五卷

蘇綽大統式三卷

張斐律解二十卷

劉邵律略論五卷

高熲等隋律十二卷

牛弘等隋開皇令三十卷

隋大業律十八卷

武德律十二卷

又式十四卷

令三十一卷尚書左僕射裴寂、右僕射蕭瑀、大理卿崔善爲、給事中王敬業、中書舍人劉林甫、顏師古、王孝遠、涇州別駕靖延、太常丞丁孝烏、隋大理丞房軸、天策上將府參軍李桐客、太常博士徐上機等奉詔撰定。以五十三條附新律，餘無增改。武德七年上。

貞觀律十二卷

又令二十七卷

格十八卷

留司格一卷

式三十三卷中書令房玄齡、右僕射長孫无忌、蜀王府法曹參軍裴弘獻等奉詔撰定。凡律五百條，令一千五百四十六條，格七百條。以尚書省諸曹爲目，其常務留本司者，著爲留司格。

永徽律十二卷

又式十四卷

式本四卷

令三十卷

散頒天下格七卷

留本司行格十八卷太尉无忌、司空李勣、左僕射于志寧、右僕射張行成，侍中高季輔、黃門侍郎宇文節、柳奭、尚書右丞段寶玄、太常少卿令狐德棻、吏部侍郎高敬言、刑部侍郎劉燕客、給事中趙文恪、中書舍人李友益、少府丞張行實、太府丞王文端、大理丞元紹、刑部郎中賈敏行等奉詔撰定。分格爲二部，以曹司常務爲「留司格」，天下所共爲「散頒格」。永徽三年上。至龍朔二年，詔司刑太常伯源直心、少常伯李敬玄、司刑大夫李文禮復刪定，唯改官曹局名而已。題行格曰「留本司行格中本」，散頒格曰「天下散行格中本」。

律疏三十卷无忌、李勣、于志寧、刑部尚書唐臨、大理卿段寶玄、尚書右丞劉燕客、御史中丞賈敏行等奉詔撰，永徽四年上。

永徽留本司格後十一卷左僕射劉仁軌、右僕射戴至德、侍中張文瓘、中書令李敬玄、右庶子郝處俊、黃門侍郎來恆、左庶子高智周、右庶子李義琰、吏部侍郎裴行儉、馬載、兵部侍郎蕭德昭、裴炎、工部侍郎李義琛、刑部侍郎張楚金、金部郎中盧律師等奉詔撰，儀鳳二年上。

趙仁本法例二卷

崔知悌法例二卷

垂拱式二十卷

又格十卷

新格二卷

散頒格三卷

留司格六卷秋官尚書裴居道、夏官尚書同鳳閣鸞臺三品岑長倩、鳳閣侍郎同鳳閣鸞臺平章事韋方質、刪定官袁智弘、咸陽尉王守慎奉詔撰。加計帳、勾帳二式。垂拱元年上新格，武后製序。

刪垂拱式二十卷

又散頒格七卷中書令韋安石、禮部尚書同中書門下三品祝欽明、尚書右丞蘇瓌、兵部郎中狄光嗣等刪定，神龍元年上。

太極格十卷戶部尚書同中書門下三品岑羲、中書侍郎同中書門下三品陸象先、右散騎常侍徐堅、右司郎中唐紹、刑部員外郎邵知新、大理寺丞陳義海、評事張名播、右衛長史張處斌、左衛率府倉曹參軍羅思貞、刑部主事閻義顓等刪定，太極元年上。

開元前格十卷兵部尚書兼紫微令姚崇、黃門監盧懷慎、紫微侍郎兼刑部尚書李乂、紫微侍郎蘇頲、舍人呂延祚、給事中魏奉古、大理評事高智靜、韓城縣丞侯郢璡、瀛州司法參軍閻義顓等奉詔刪定，開元三年上。

開元後格十卷

又令三十卷

式二十卷吏部侍郎兼侍中宋璟、中書侍郎蘇頲、尚書左丞盧從愿、吏部侍郎裴漼、慕容珣、戶部侍郎楊滔、中書舍人劉令植、大理司直高智靜、幽州司功參軍侯郢璡等刪定，開元七年上。

格後長行敕六卷侍中裴光庭、中書令蕭嵩等刪次，開元十九年上。

開元新格十卷

格式律令事類四十卷中書令李林甫、侍中牛仙客、御史中丞王敬從、左武衛冑曹參軍崔晃、衞州司戶參軍直中書陳承信、酸棗尉直刑部俞元杞等刪定，開元二十五年上。

度支長行旨五卷

王行先律令手鑑二卷

元泳式苑四卷

裴光庭唐開元格令科要一卷

元和格敕三十卷權德輿、劉伯芻等集。

元和删定制敕三十卷許孟容、韋貫之、蔣乂、柳登等集。

大和格後敕四十卷

格後敕五十卷初，前大理丞謝登纂，凡六十卷。詔刑部詳定，去其繁複。大和七年上。

狄兼謩開成詳定格十卷

大中刑法總要格後敕六十卷刑部侍郎劉瑑等纂。

張戣大中刑律統類十二卷

盧紓刑法要錄十卷裴向上之。

張伾判格三卷

李崇法鑑八卷

右刑法類二十八家，六十一部，一千四卷。失姓名九家，自開元新格以下不著錄十三家，三百二十三卷。

劉向七略別錄二十卷

劉歆七略七卷

荀勗晉中經簿十四卷

又新撰文章家集敘五卷

丘深之晉義熙以來新集目錄三卷

王儉宋元徽元年四部書目錄四卷

今書七志七十卷賀縱補注。

阮孝緒七錄十二卷

丘賓卿梁天監四年書目四卷

劉遵梁東宮四部書目四卷

陳天嘉四部書目四卷

牛弘隋開皇四年書目四卷

王劭隋開皇二十年書目四卷

殷淳四部書目序錄三十九卷

楊松珍史目三卷

摯虞文章志四卷

宋明帝晉江左文章志二卷

沈約宋世文章志二卷

傅亮續文章志二卷

名手畫錄一卷

虞龢法書目錄六卷

羣書四錄二百卷殷踐猷、王愜、韋述、余欽、毋煚、劉彥直、王灣、王仲丘撰，元行冲上之。

毋煚古今書錄四十卷

韋述集賢書目一卷

李肇經史釋題二卷

宗諫注十三代史目十卷

常寶鼎文選著作人名目三卷

尹植文樞祕要目七卷鈔文思博要、藝文類聚爲祕要。

唐書敘例目錄一卷

孫玉汝唐列聖實錄目二十五卷

吳氏西齋書目一卷吳兢。

河南東齋史目三卷

蔣彧新集書目一卷

杜信東齋籍二十卷字立言，元和國子司業。

右目錄類十九家，二十二部，四百六卷。失姓名二家，毋煚以下不著錄十二家，一百一十四卷。

宋衷世本四卷

世本別錄一卷

宋均注帝譜世本七卷

王氏注世本譜二卷

漢氏帝王譜二卷

齊永元中表簿六卷

梁大同四年表簿三卷

齊梁宗簿三卷

梁親表譜五卷

後魏皇帝宗族譜四卷

元暉業後魏辨宗錄二卷

後魏譜二卷

後魏方司格一卷

齊高氏譜六卷

周宇文氏譜一卷

賈冠國親皇太子親傳四卷

王儉百家集譜十卷

王僧孺百家譜三十卷

又十八州譜七百一十二卷

徐勉百官譜二十卷

賈執百家譜五卷

又姓氏英賢譜一百卷

何承天姓苑十卷

賈希鏡氏族要狀十五卷

官族傳十五卷

冀州姓族譜七卷

洪州諸姓譜九卷

袁州諸姓譜七卷

司馬氏世家二卷

楊氏譜一卷

蘇氏譜一卷

孫氏譜記十五卷

韋氏譜十卷韋鼎。

裴氏家牒二十卷裴守真。

大唐氏族志一百卷高士廉、韋挺、岑文本、令狐德棻撰。

姓氏譜二百卷許敬宗、李義府、孔志約、楊仁卿、史玄道、呂才撰。

柳沖大唐姓族系錄二百卷

路敬淳衣冠譜六十卷

又著姓略記二十卷

王元感姓氏實論十卷

崔日用姓苑略一卷

岑羲氏族錄卷亡。

王方慶王氏家牒十五卷

又家譜二十卷

王氏著錄十卷

韋述開元譜二十卷

國朝宰相甲族一卷

百家類例三卷

唐新定諸家譜錄一卷李林甫等。

林寶元和姓纂十卷

竇從一系纂七卷
陳湘姓林五卷
孔至姓氏雜錄一卷
李利涉唐官姓氏記五卷初，十卷。利涉貶南方，亡其半。
又編古命氏三卷
柳璨姓氏韻略六卷
蕭穎士梁蕭史譜二十卷
柳芳永泰新譜二十卷一作皇室新譜。
柳璟續譜十卷
皇唐玉牒一百一十卷開成二年，李衢、林寶撰。
唐皇室維城錄一卷
李匡文天潢源派譜一卷
又唐偕日譜一卷
玉牒行樓一卷
皇孫郡王譜一卷
元和縣主譜一卷
家譜一卷
李衢大唐皇室新譜一卷
黃恭之孔子系葉傳二卷
謝氏家譜一卷
東萊呂氏家譜一卷
薛氏家譜一卷
顏氏家譜一卷
虞氏家譜一卷
孫氏家譜一卷
吳郡陸氏宗系譜一卷陸景獻。
劉氏譜考三卷
劉氏家史十五卷並劉子玄。
紀王愼家譜一卷

蔣王惲家譜一卷
李用休家譜二卷紀王愼之後。
徐氏譜一卷徐商。
徐義倫家譜一卷
劉晏家譜一卷
劉輿家譜一卷
周長球家譜一卷
施氏家譜二卷
萬氏譜一卷
滎陽鄭氏家譜一卷
竇氏家譜一卷懿宗時國子博士竇澄之。
鮮于氏家譜一卷
趙郡東祖李氏家譜二卷
李氏房從譜一卷
韋氏諸房略一卷韋絢。
諱行錄一卷

右譜牒類十七家，三十九部，一千六百一十七卷。王元感以下不著錄二十二家，三百三十三卷。

三輔黃圖一卷
三輔舊事三卷
漢宮閣簿三卷
洛陽宮殿簿三卷
葛洪西京雜記二卷
薛冥西京記三卷

潘岳關中記一卷
陸機洛陽記一卷
戴延之洛陽記一卷
後魏洛陽記五卷
楊佺期洛城圖一卷
鄧基、陸澄地理志一百五十卷
任昉地記二百五十二卷
虞茂區宇圖一百二十八卷
郎蔚之隋圖經集記一百卷
周地圖一百三十卷
雜記十二卷
雜地志五卷
地理志書鈔十卷
地域方丈圖一卷
地域方尺圖一卷
職方記十六卷
晉太康土地記十卷
太康州郡縣名五卷
後魏諸州記二十卷
周處風土記十卷
圈稱陳留風俗傳三卷
揚雄蜀王本記一卷
譙周三巴記一卷
李充益州記三卷
郭仲產荊州記二卷
鮑堅南雍州記三卷
阮敍之南兗州記一卷
山謙之南徐州記二卷
劉損之京口記二卷
孫處玄潤州圖注二十卷

雷次宗豫章記一卷
鄭緝之東陽記一卷
張僧監潯陽記二卷
李叔布齊州記四卷
張勃吳地記一卷
晏模齊地記二卷
陸翽鄴中記二卷
劉芳徐地錄一卷
梁元帝職貢圖一卷
又荊南地志二卷
王範交廣二州記一卷
樊文深中岳潁州志五卷
秣陵記二卷
湘州記四卷
湘州圖副記一卷
京邦記二卷
分吳會丹楊三郡記二卷
西河舊事一卷
闞駰十三州志十四卷
顧野王輿地志三十卷
又十國都城記十卷
周明帝國都城記九卷
郭璞注山海經二十三卷
又山海經圖讚二卷
山海經音二卷
桑欽水經三卷一作郭璞撰。
酈道元注水經四十卷
僧道安四海百川水源記一卷
又一卷
江圖二卷

庾仲雍江記五卷
又漢水記五卷
尋江源記五卷
劉澄之永初山川古今記二十卷
李氏宜都山川記一卷
沈瑩臨海水土異物志一卷
楊孚交州異物志一卷
陳祈暢異物志一卷
萬震南州異物志一卷
朱應扶南異物志一卷
京兆郡方物志二十卷
諸郡土俗物產記十九卷
涼州異物志二卷
廟記一卷
薛泰輿駕東幸記一卷
諸葛潁巡撫揚州記七卷
戴祚西征記二卷
郭緣生述征記二卷
姚最述行記二卷
沈懷文隨王入沔記十卷
魏聘使行記五卷
李彤聖賢塚墓記一卷
宋雲魏國以西十一國事一卷
沈懷遠南越志五卷
程士章西域道里記三卷
常駿等赤土國記二卷
王玄策中天竺國行記十卷
僧智猛游行外國傳一卷
僧法盛歷國傳二卷
日南傳一卷

林邑國記一卷
眞臘國事一卷
交州以來外國傳一卷
奉使高麗記一卷
西南蠻入朝首領記一卷
裴矩高麗風俗一卷
鄧行儼東都記三十卷貞觀著作郎。
括地志五百五十卷
又序略五卷魏王泰命著作郎蕭德言、祕書郎顧胤、記室參軍蔣亞卿、功曹參軍謝偃蘇勗撰。
長安四年十道圖十三卷
開元三年十道圖十卷
劍南地圖二卷
李播方志圖卷亡。
西域國志六十卷高宗遣使分往康國、吐火羅，訪其風俗物產，畫圖以聞。詔史官撰次，許敬宗領之，顯慶三年上。
李吉甫元和郡縣圖誌五十四卷
又十道圖十卷
古今地名三卷
删水經十卷
梁載言十道志十六卷
王方慶九嵕山志十卷
賈耽地圖十卷
又皇華四達記十卷
古今郡國縣道四夷述四十卷
關中隴右山南九州別錄六卷
貞元十道錄四卷
吐蕃黃河錄四卷
韋澳諸道山河地名要略九卷一作處分語。

劉之推、文括九州要略三卷
郡國志十卷
馬敬寔諸道行程血脉圖一卷
鄭世隆東都記三十卷
韋機東都記二十卷
韋述兩京新記五卷
兩京道里記三卷
李仁實戎州記一卷
盧僎嵩山記一卷天寶人。
馬温鄴都故事二卷肅、代時人。
劉公銳鄴城新記三卷
張周封華陽風俗錄一卷字子望，西川節度使李德裕從事，試協律郎。
盧求成都記五卷西川節度使白敏中從事。
鄭暐益州理亂記三卷
李璋太原事迹記十四卷
張文規吳興雜錄七卷
房千里南方異物志一卷
孟琯嶺南異物志一卷
劉恂嶺表錄異三卷
余知古渚宮故事十卷文宗時人。
吳從政襄沔記三卷
張氏燕吳行役記二卷宣宗時人，失名。
韋宙零陵錄一卷
張密廬山雜記一卷
張容九江新舊錄三卷咸通人。
莫休符桂林風土記三卷
段公路北戶雜錄三卷文昌孫。
林諝閩中記十卷
裴矩又撰西域圖記三卷

顧愔新羅國記一卷大曆中，歸崇敬使新羅，愔爲從事。
張建章渤海國記三卷
戴斗諸蕃記一卷
達奚通海南諸蕃行記一卷
袁滋雲南記五卷
李繁北荒君長錄三卷
高少逸四夷朝貢錄十卷
呂述黠戛斯朝貢圖傳一卷字脩業，會昌祕書少監，商州刺史。
樊綽蠻書十卷咸通嶺南西道節度使蔡襲從事。
竇滂雲南別錄一卷
雲南行記一卷
徐雲虔南詔錄三卷乾符中人。

右地理類六十三家，一百六部，一千二百九十二卷。失姓名三十一家，李播以下不著錄五十三家，九百八十九卷。

校勘記

〔一〕李喜漢書辨惑三十卷　按舊書卷四六經籍志載漢書辨惑三十卷，李善撰，與卷一八九上李善傳合。本卷下文既有「李善漢書辨惑二十卷」，此又著「李喜漢書辨惑三十卷」，疑實爲一書，作者當是李善。

唐書卷五十九

志第四十九

藝文三

丙部子錄，其類十七：一曰儒家類，二曰道家類，三曰法家類，四曰名家類，五曰墨家類，六曰縱橫家類，七曰雜家類，八曰農家類，九曰小說類，十曰天文類，十一曰曆算類，十二曰兵書類，十三曰五行類，十四曰雜藝術類，十五曰類書類，十六曰明堂經脈類，十七曰醫術類。凡著錄六百九家，九百六十七部，一萬七千一百五十二卷；不著錄五百七家，五千六百一十五卷。

晏子春秋七卷晏嬰。

曾子二卷曾參。

子思子七卷孔伋。
公孫尼子一卷
趙岐注孟子十四卷孟軻。
劉熙注孟子七卷
鄭玄注孟子七卷
綦毋邃注孟子七卷
荀卿子十二卷荀況。
董子一卷董無心。
魯連子一卷魯仲連。
陸賈新語二卷
賈誼新書十卷
桓寬鹽鐵論十卷
劉向新序三十卷
又說苑三十卷
揚子法言六卷揚雄。

宋衷注法言十卷
李軌注法言三卷
陸績注揚子太玄經十二卷
虞翻注太玄經十四卷
范望注太玄經十二卷
宋仲子注太玄經十二卷
蔡文邵注太玄經十卷
桓子新論十七卷桓譚。
王符潛夫論十卷
仲長子昌言十卷仲長統。
荀悅申鑒五卷
魏子三卷魏朗。
魏文帝典論五卷
徐氏中論六卷徐幹。
王粲去伐論集三卷

王肅政論十卷
杜氏體論四卷杜恕。
顧子新論五卷顧譚。
文禮通語十卷殷興續。
諸葛亮集誡二卷
陸景典訓十卷
譙子法訓八卷
又五教五卷譙周。
王嬰古今通論三卷
周生烈子五卷
袁子正論二十卷
又正書二十五卷袁準。
孫氏成敗志三卷孫毓。
夏侯湛新論十卷
楊泉物理論十六卷

又太元經十四卷劉緝注。
華譚新論十卷
虞喜志林新書二十卷
又後林新書十卷
顧子義訓十卷顧夷。
蔡洪清化經十卷
干寶正言十卷
又立言十卷
蔡韶閎論二卷
呂竦要覽五卷
周捨正覽六卷
劉徽魯史欹器圖一卷
綦毋氏誡林三卷
顏氏家訓七卷顏之推。
李穆叔典言四卷

王滂百里昌言二卷
崔子至言六卷崔靈童。
盧辯墳典三十卷
王劭讀書記三十二卷
王通中說五卷
辛德源正訓二十卷
太宗序志一卷
又帝範四卷賈行注。
高宗天訓四卷
又臣軌二卷
武后紫樞要錄十卷
百寮新誡五卷
青宮紀要三十卷
少陽政範三十卷
列藩正論三十卷

章懷太子春宮要錄十卷
又脩身要覽十卷
君臣相起發事三卷
魏徵諫事五卷
又自古諸侯王善惡錄二卷
張大玄平臺百一寓言三卷
楊相如君臣政理論三卷
陸善經注孟子七卷
張鎰孟子音義三卷
楊倞注荀子二十卷汝士子，大理評事。
王涯注太玄經六卷
員俶太玄幽贊十卷開元四年京兆府童子，進書，召試及第，授散官文學，直弘文館。
柳宗元注揚子法言十三卷
李襲譽五經妙言四十卷

鄭澣經史要錄二十卷
劉貺續說苑十卷
杜正倫百行章一卷
憲宗前代君臣事跡十四篇
武后訓記雜載十卷采青宮紀要、維城典訓、古今內範、內範要略等書爲雜載云。
維城典訓二十卷
褚无量翼善記卷亡。
裴光庭搖山往則一卷
又維城前軌一卷
丁公著皇太子諸王訓十卷
六經法言二十卷韋處厚、路隋撰。
崔鄲諸經纂要十卷
于志寧諫苑二十卷
王方慶諫林二十卷

楊浚聖典三卷校書郎，開元中上。
張九齡千秋金鏡錄五卷
唐次辨謗略三卷
元和辨謗略十卷令狐楚、沈傳師、杜元穎撰。
裴潾大和新脩辨謗略三卷
李仁實格論三卷
趙多曦王政三卷景龍二年上。
馮中庸政錄十卷開元十九年上，授汜水尉。
賈子一卷開元中藍田尉。失名。
儲光羲正論十五卷兗州人，開元進士第，又詔中書試文章，歷監察御史，安祿山反，陷賊自歸。
牛希濟理源二卷
陸贄君臣圖翼二十五卷
李吉甫古今說苑十一卷
李德裕御臣要略卷亡。

丘光庭康教論一卷
元子十卷
又浪說七篇
漫說七篇元結。
杜信元和子二卷

林愼思伸蒙子三卷咸通中人。
冀子五卷冀重，字子泉，定州容城人。廣明脩武令。
崔愻儒玄論三卷字敬之，後魏白馬侯浩七世孫，中和光祿丞。

右儒家類六十九家，九十二部，七百九十一卷。陸善經以下不著錄三十九家，三百七十一卷。

鬻子一卷鬻熊。
老子道德經二卷李耳。
又三卷
河上公注老子道德經二卷
王弼注新記玄言道德二卷
又老子指例略二卷
蜀才注老子二卷

鍾會注二卷
羊祜注二卷
又解釋四卷
孫登注老子二卷
王尚注二卷
袁眞注二卷
張憑注二卷

劉仲融注二卷
陶弘景注四卷
樹鍾山注二卷
李允愿注二卷
陳嗣古注二卷
僧惠琳注二卷
惠嚴注二卷
鳩摩羅什注二卷
義盈注二卷
程韶集注二卷
任眞子集解四卷
張道相集注四卷
盧景裕、梁曠等注二卷
安丘望之老子章句二卷
又道德經指趣三卷

王肅玄言新記道德二卷
梁曠道德經品四卷
嚴遵指歸十四卷
何晏講疏四卷
又道德問二卷
梁武帝講疏四卷
又講疏六卷
顧歡道德經義疏四卷
又義疏治綱一卷
孟智周義疏五卷
戴詵義疏六卷
葛洪老子道德經序訣二卷
韓莊玄旨八卷
劉遺民玄譜一卷
節解二卷

章門一卷
李軌老子音一卷
鶡冠子三卷
張湛注列子八卷列禦寇。
郭象注莊子十卷莊周。
向秀注二十卷
崔譔注十卷
司馬彪注二十一卷
又注音一卷
李頤集解二十卷
王玄古集解二十卷
李充釋莊子論二卷
馮廓老子指歸十三卷
又莊子古今正義十卷
梁簡文帝講疏三十卷

王穆疏十卷
又音一卷
莊子疏七卷
文子十二卷
廣成子十二卷商洛公撰，張太衡注。
唐子十卷唐滂。
蘇子七卷蘇彥。
宣子二卷宣聘。
陸子十卷陸雲。
抱朴子內篇二十卷葛洪。
孫子十二卷孫綽。
苻子三十卷苻朗。
賀子十卷賀道養。
牟子二卷牟融。
傅弈注老子二卷

楊上善注老子道德經二卷
又注莊子十卷
老子指略論二卷太子文學。
辟閭仁諝注老子二卷聖曆司禮博士。
賈大隱老子述義十卷
陸德明莊子文句義二十卷
玄宗注道德經二卷
又疏八卷天寶中加號玄通道德經，世不稱之。
盧藏用注老子二卷
又注莊子內外篇十二卷
邢南和注老子開元二十一年上。
馮朝隱注老子
白履忠注老子
李播注老子
尹知章注老子

傅奕老子音義並卷亡。
陸德明老子疏十五卷
逵行珪注鬻子一卷鄭縣尉。
陳庭玉老子疏開元二十年上，授校書郎。卷亡。
陸希聲道德經傳四卷
吳善經注道德經二卷貞元中人。
楊上善道德經三略論三卷
道士成玄英注老子道德經二卷
又開題序訣義疏七卷
注莊子三十卷
疏十二卷玄英，字子實，陝州人，隱居東海。貞觀五年，召至京師。永徽中，流郁州。書成，道王元慶遣文學賈鼎就授大義，嵩高山人李利涉爲序，唯老子注、莊子疏著錄。
張游朝南華象罔說十卷

又沖虛白馬非馬證八卷張志和父。
孫思邈注老子卷亡。
又注莊子
柳縱注莊子開元二十年上，授章懷太子廟丞。
尹知章注莊子並卷亡。
甘暉、魏包注莊子卷亡。開元末奉詔注。
元載南華通微十卷
張志和太易十五卷
又玄眞子十二卷章詣作內解。
陳庭玉莊子疏卷亡。
道士李含光老子莊子周易學記三卷
又義略三卷含光，揚州江都人，本姓弘，避孝敬皇帝諱改焉，天寶間人。
凡神仙三十五家，五十部，三百四十一卷。失姓名十三家，自道藏音義以下不著錄六十二家，二百六十

張隱居莊子指要三十三篇名九據，號渾淪子，代、德時人。
帥夜光三玄異義三十卷幽州人。開元二十年上，授校書郎，直國子監。
徐靈府注文子十二卷
李暹訓注文子十二卷
王士元亢倉子二卷天寶元年，詔號莊子爲南華眞經，列子爲沖虛眞經，文子爲通玄眞經，亢桑子爲洞靈眞經。然亢桑子求之不獲，襄陽處士王士元謂：「莊子作『庚桑子』，太史公、列子作『亢倉子』，其實一也。」取諸子文義類者補其亡。
无能子三卷不著人名氏，光啓中隱民間。

五卷。
尹喜高士老君內傳三卷
玄景先生老子道德簡要義五卷
梁簡文帝老子私記十卷
戴詵老子西升經義一卷
韋處玄集解老子西升經二卷
老子黃庭經一卷
老子探眞經一卷
老君科律一卷
老子宣時誡一卷
老子入室經一卷
老子華蓋觀天訣一卷
老子消氷經一卷
老子神策百二十條經一卷
鬼谷先生關令尹喜傳一卷四皓注。

清虛眞人王君內傳一卷
王襃三天法師張君內傳一卷
李遵茅君內傳一卷
呂先生太極左仙公葛君內傳一卷
華嶠紫陽眞人周君傳一卷
趙昇等仙人馬君陰君內傳一卷
鄭雲千清虛眞人裴君內傳一卷
范邈紫虛元君南岳夫人內傳一卷
項宗紫虛元君魏夫人內傳一卷
王羲之許先生傳一卷
九華眞妃內記一卷
宋都能嵩高少室寇天師傳三卷
王喬傳一卷
漢武帝傳二卷

劉向列仙傳二卷
葛洪神仙傳十卷
見素子洞仙傳十卷
東方朔神異經二卷張華注。
又十洲記一卷
周季通蘇君記一卷
梁曠南華仙人莊子論三十卷
南華眞人道德論三卷
任子道論十卷任嘏。
顧道士論三卷顧谷。
姮威渾輿經一卷
杜夷幽求子三十卷
張譏玄書通義十卷
陶弘景登眞隱訣二十五卷
又眞誥十卷

張湛養生要集十卷
養性傳二卷
張太衡無名子一卷
劉道人老子玄譜一卷
劉無待同光子八卷侯儼注。
靈人辛玄子自序一卷
華陽子自序一卷茅處玄。
無上祕要七十二卷
道要三十卷
馬樞學道傳二十卷
郭憲漢武帝別國洞冥記四卷
道藏音義目錄一百一十三卷崔湜、薛稷、沈佺期、道士史崇玄等撰。
集注陰符經一卷太公、范蠡、鬼谷子、張良、諸葛亮、李淳風、李筌、李洽、李鑒、李銳、楊晟。

李靖陰符機一卷
道士李少卿十異九迷論一卷
道士劉進喜老子通諸論一卷
又顯正論一卷
張果陰符經太無傳一卷
又陰符經辨命論一卷
氣訣一卷
神仙得道靈藥經一卷
罔象成名圖一卷
丹砂訣一卷開元二十二年上。
韋弘陰符經正卷一卷
李筌驪山母傳陰符玄義一卷筌，號少室山達觀子，於嵩山虎口巖石壁得黃帝陰符本，題云「魏道士寇謙之傳諸名山」。筌至驪山，老母傳其說。
槃靜能太上北帝靈文三卷

李淳風注泰乾祕要三卷
楊上器注太上玄元皇帝聖紀十卷
崔少元老子心鏡一卷
皇天原太上老君現跡記一卷文明元年老子降事。
呂氏老子昌言二卷
王方慶神仙後傳十卷
玄晉蘇元明太清石壁記三卷乾元中，劍州司馬，失名。
議化胡經狀一卷萬歲通天元年，僧惠澄上言乞毀老子化胡經，敕秋官侍郎劉如璿等議狀。
寧州通眞觀二十七宿眞形圖贊一卷記天寶中，寧州羅川縣金華洞獲玉像，皆列宿之眞，唯少氐宿，改縣爲寧眞事。
道士令狐見堯正一眞人二十四治圖一卷貞

元人。
孫思邈馬陰二君內傳一卷
又太清眞人煉雲母訣二卷
攝生眞錄一卷
養生要錄一卷
氣訣一卷
燒煉祕訣一卷
龍虎通元訣一卷
龍虎亂日篇一卷
幽傳福壽論一卷
枕中素書一卷
會三教論一卷
龍虎篇一卷青羅子周希彭、少室山人馮登同注。
朱少陽道引錄三卷浮山隱士，代、德時人。
張志和玄眞子二卷

戴簡眞教元符三卷
楊嗣復九徵心戒一卷
裴煜延壽赤書一卷
紇干臮序通解錄一卷字咸一，大中江西觀察使。
守眞子秦鑑語一卷
道士張仙庭三洞瓊綱三卷
段世貴演正一炁化圖三卷
女子胡愔黃庭內景圖一卷
道士司馬承禎坐忘論一卷
又脩生養氣訣一卷
洞元靈寶五岳名山朝儀經一卷
賈參寥莊子通眞論三卷垂拱中，隱武陵。
白履忠注黃庭內景經卷亡。
又三玄精辨論一卷
吳筠神仙可學論一卷

又玄綱論三卷
明眞辨僞論一卷
輔正除邪論一卷
辨方正惑論一卷
道釋優劣論一卷
心目論一卷
復淳化論一卷
著生論一卷
形神可固論一卷
李延章集鄭綽錄中元論一卷大和人。
施肩吾辨疑論一卷睦州人，元和進士第，隱洪州西山。
道士令狐見堯玉笥山記一卷
道士李沖昭南岳小錄一卷
沈汾續神仙傳三卷

道士胡慧超神仙內傳一卷
晉洪州西山十二眞君內傳一卷
李渤眞系傳一卷
李遵茅三君內傳一卷
道士胡法超許遜脩行傳一卷
張說洪崖先生傳一卷張氳先生，唐初人。
沖虛子胡慧超傳一卷失名。慧超，高宗時道士。
潘尊師傳一卷師正。
蔡尊師傳一卷名南玉，字叔寶，宋兩部尙書廓七世孫，歷金部員外郎，棄官入道。大曆中卒。
劉谷神葉法善傳二卷
正元師謫仙崔少元傳二卷
陰日用傳仙宗行記一卷仙宗，開元貴陽道士。
謝良嗣吳天師內傳一卷吳筠。
溫造瞿童述一卷大曆辰溪童子瞿柏庭升仙，造爲

朗州刺史，追述其事。
李堅東極眞人傳一卷果州謝自然。
江積八仙傳一卷大中後事。
王仲丘攝生纂錄一卷
高福攝生錄三卷
郭霽攝生經一卷
上官翼養生經一卷
康仲熊服內元氣訣一卷
氣經新舊服法三卷
康眞人氣訣一卷
太无先生炁訣一卷失名。大曆中，遇羅浮王公傳

凡釋氏二十五家，四十部，三百九十五卷。

蕭子良淨注子二十卷王融頌。
僧僧祐法苑集十五卷

氣術。
菩提達磨胎息訣一卷
李林甫唐朝煉大丹感應頌一卷
崔元眞靈沙受氣用藥訣一卷
又雲母論二卷天寶隱峨山。
劉知古日月元樞一卷
海蟾子元英還金篇一卷
還陽子太還丹金虎白龍論一卷隱士，失姓名。
陳少微大洞鍊眞寶經脩伏丹砂妙訣一卷
嚴靜大丹至論一卷

失姓名一家，玄琬以下不著錄七十四家，九百四十一卷。

又弘明集十四卷
釋迦譜十卷

薩婆多師資傳四卷
虞孝敬高僧傳六卷
又內典博要三十卷
僧賢明眞言要集十卷
郭瑜脩多羅法門二十卷
駱子義經論纂要十卷
顧歡夷夏論二卷
甄鸞笑道論三卷
衞元嵩齊三教論七卷
杜乂甄正論三卷
李思愼心鏡論十卷
裴子野名僧錄十五卷
僧寶唱名僧傳二十卷
又比丘尼傳四卷
僧惠皎高僧傳十四卷

僧道宗續高僧傳三十二卷
陶弘景草堂法師傳一卷
蕭回理草堂法師傳一卷
稠禪師傳一卷
陽衒之洛陽伽藍記五卷
費長房曆代三寶記三卷 長房,成都人,隋翻經學士。
僧彥琮崇正論六卷
又集沙門不拜俗議六卷
福田論一卷
道宣統略淨住子二卷
又通惑決疑錄二卷
廣弘明集三十卷
集古今佛道論衡四卷
續高僧傳二十卷 起梁初,盡貞觀十九年。

後集續高僧傳十卷
東夏三寶感通錄三卷
大唐貞觀內典錄十卷
義淨大唐西域求法高僧傳二卷
法琳辯正論八卷 陳子良注。
又破邪論二卷 琳,姓陳氏。太史令傅弈請廢佛法,琳諍之,放死蜀中。
復禮十門辨惑論二卷 永隆二年,答太子文學權無二釋典稽疑。
楊上善六趣論六卷
又三教詮衡十卷
僧玄琬佛教後代國王賞罰三寶法一卷
又安養蒼生論一卷
三德論一卷 姓楊氏,新豐人。貞觀十年上。
入道方便門二卷

衆經目錄五卷
鏡諭論一卷
無礙緣起一卷
十種讀經儀一卷
無盡藏儀一卷
發戒緣起二卷
法界僧圖一卷
十不論一卷
懺悔罪法一卷
禮佛儀式二卷
李師政內德論一卷 上黨人,貞觀門下典儀。
僧法雲辨量三教論三卷
又十王正業論十卷 絳州人。
道宣又撰注戒本二卷
疏記四卷

注羯磨二卷
疏記四卷
行事删補律儀三卷 或六卷。
釋門正行懺悔儀三卷
釋門亡物輕重儀二卷
釋門章服儀二卷
釋門歸敬儀二卷
釋門護法儀二卷
釋氏譜略二卷
聖迹見在圖贊二卷
佛化東漸圖贊二卷
釋迦方志二卷
僧彥琮大唐京寺錄傳十卷
又沙門不敬錄六卷 龍朔人,并隋有二彥琮。
玄應大唐衆經音義二十五卷

玄惲敬福論十卷
又略論二卷
大小乘觀門十卷
法苑珠林集一百卷
四分律僧尼討要略五卷
金剛般若經集注三卷
百願文一卷 玄惲,本名道世。
玄範注金剛般若經一卷
又注二帝三藏聖教序一卷 太宗、高宗。
慧覺華嚴十地維摩續義章十三卷 姓范氏,武德人。
行友己知沙門傳一卷 序僧海順事。
道岳三藏本疏二十二卷 姓孟氏,河陽人,貞觀中。
道基雜心玄章并鈔八卷
又大乘章鈔八卷 姓呂氏,東平人,貞觀時。

智正華嚴疏十卷 姓白氏,安喜人,貞觀中。
慧淨雜心玄文三十卷 姓房,隋國子博士徽遠從子。
又俱舍論文疏三十卷
大莊嚴論文疏三十卷
法華經纘述十卷
那提大乘集議論四十卷
釋疑論一卷
注金剛般若經一卷
諸經講序一卷
玄會義源文本四卷
又時文釋鈔四卷
涅槃義章句四卷 字懷默,姓席氏,安定人,貞觀中。
慧休雜心玄章鈔疏卷亡。 姓樂氏,瀛州人。
靈潤涅槃義疏十三卷
又玄章三卷

遍攝大乘論義鈔十三卷
玄章三卷 姓梁氏,虞鄉人。
辯相攝論疏五卷 辯相,居淨影寺。
玄奘大唐西域記十二卷 姓陳氏,緱氏人。
辯機西域記十二卷
清徹金陵塔寺記三十六卷
師哲前代國王脩行記五卷 盡中宗時。
大唐內典錄十卷 西明寺僧撰。
毋煚開元內外經錄十卷 道、釋書二千五百餘部,九千五百餘卷。
智矩寶林傳十卷
法常攝論義疏八卷
又玄章五卷 姓張氏,南陽人,貞觀末。
慧能金剛般若經口訣正義一卷 姓盧氏,曲江人。

僧灌頂私記天台智者詞旨一卷
又義記一卷字法讜，姓吳氏，章安人。
道綽淨土論二卷姓衞氏，并州文水人。
道綽行圖一卷
智首五部區分鈔二十一卷姓皇甫氏。
法礪四分疏十卷
又羯磨疏三卷
拾懺儀一卷
輕重儀一卷姓李氏，趙郡人。
慧滿四分律疏二十卷姓梁氏，京兆長安人。
慧旻十誦私記十三卷
又僧尼行事三卷
尼衆羯磨二卷
菩薩戒義疏四卷字玄鑒，河東人。
空藏大乘要句三卷姓王氏，新豐人。

道宗續高僧傳三十二卷
玄宗注金剛般若經一卷
道氤御注金剛般若經疏宣演三卷
高僧嬾殘傳一卷天寶人。
元偉眞門聖冑集五卷
僧法海六祖法寶記一卷
辛崇僧伽行狀一卷
神楷維摩經疏六卷
靈湍攝山棲霞寺記一卷
破胡集一卷會昌沙汰佛法詔敕。
法藏起信論疏二卷
法琳別傳二卷
大唐京師寺錄卷亡。
玄覺永嘉集十卷慶州刺史魏靖緝次。
懷海禪門規式一卷

希運傳心法要一卷裴休集。
玄嶷甄正論三卷
光瑤注僧肇論二卷
李繁玄聖蘧廬一卷
白居易八漸通眞議一卷
七科義狀一卷雲南國使段立之問，僧悟達答。
棲賢法雋一卷僧惠明與西川節度判官鄭愚、漢州刺史趙璘論佛書。
禪關八問一卷楊士達問，唐宗美對。
僧一行釋氏系錄一卷
宗密禪源諸詮集一百一卷
又起信論二卷
起信論鈔三卷
原人論一卷
圓覺經大小疏鈔各一卷

楚南般若經品頌偈一卷
又破邪論一卷大順中人。
希還參同契一卷〔一〕
良价大乘經要一卷
又激勵道俗頌偈一卷
光仁四大頌一卷
又略華嚴長者論一卷
無殷垂誡十卷
神清參元語錄十卷
智月僧美三卷
惠可達摩血脉一卷
靖邁古今譯經圖紀四卷
智昇續古今譯經圖紀一卷
又續大唐內典錄一卷
續古今佛道論衡一卷

對寒山子詩七卷天台隱士。台州刺史閭丘胤序，僧道翹集。寒山子隱唐興縣寒山巖，於國清寺與隱者拾得往還。
龐蘊詩偈三卷字道玄，衡州衡陽人，貞元初人，三百餘篇。
智閑偈頌一卷二百餘篇。
李吉甫一行傳一卷
王彥威內典目錄十二卷

右道家類一百三十七家，七十四部，一千二百四十卷。失姓名三家，玄宗以下不著錄一百五十八家，一千三百三十八卷。總一百三十七家，一百七十四部。

管子十九卷管仲。
商君書五卷商鞅。或作商子。
愼子十卷愼到撰，滕輔注。
申子三卷申不害。
韓子二十卷韓非。
晁氏新書七卷晁錯。

董仲舒春秋決獄十卷黃氏正。
崔氏政論六卷崔寔。
劉氏政論五卷劉廙。
阮子政論五卷阮武。
劉氏法論十卷劉邵。
桓氏世要論十二卷桓範。

陳子要言十四卷陳融。
李文博治道集十卷
邯鄲綽五經析疑三十卷
尹知章注管子三十卷

又注韓子卷亡。
杜佑管氏指略二卷
李敬玄正論三卷

右法家類十五家，十五部，一百六十六卷。尹知章以下不著錄三家，三十五卷。

鄧析子一卷
尹文子一卷
公孫龍子三卷
陳嗣古注公孫龍子一卷
劉邵人物志三卷
劉炳注人物志三卷
姚信士緯十卷
魏文帝士操一卷

盧毓九州人士論一卷
范謐辨名苑十卷
僧遠年兼名苑二十卷
賈大隱注公孫龍子一卷
趙武孟河西人物志十卷
杜周士廣人物志三卷
宋璲吳興人物志十卷字勝之，吳興烏程人，大中時。

右名家類十二家，十二部，五十五卷。始尹文子以下不著錄三家，二十三卷。

墨子十五卷墨翟。
隨巢子一卷
胡非子一卷

右墨家類三家，三部，一十七卷。

鬼谷子二卷蘇秦。
樂臺注鬼谷子三卷
梁元帝補闕子十卷
尹知章注鬼谷子三卷

右縱橫家類四家，四部，一十五卷。尹知章不著錄。

尉繚子六卷
尸子二十卷尸佼。
呂氏春秋二十六卷呂不韋撰，高誘注。
許慎注淮南子二十一卷淮南王劉安。

高誘注淮南子二十一卷
又淮南鴻烈音二卷
嚴尤三將軍論一卷
王充論衡三十卷
應劭風俗通義三十卷
蔣子萬機論十卷蔣濟。
杜恕篤論四卷
鍾會芻蕘論五卷
傅子一百二十卷傅玄。
張儼默記三卷
又誓論三十卷
裴玄新言五卷
蘇道立言十卷
劉歆新義十八卷
秦子三卷秦菁。
張明折言論二十卷
古訓十卷
孔衍說林五卷
抱朴子外篇二十卷葛洪。
楊偉時務論十二卷
范泰古今善言三十卷
徐益壽記聞三卷
何子五卷何楷。
劉子十卷劉勰。
梁元帝金樓子十卷
朱澹遠語麗十卷
又語對十卷
張公雜記一卷張華。
陸士衡要覽三卷
郭義恭廣志二卷

崔豹古今注三卷
伏侯古今注三卷
江邃釋文十卷
盧辯稱謂五卷
謝昊物始十卷
任昉文章始一卷張績補。
姚察續文章始一卷
庾肩吾採璧三卷〔三〕
韋道孫新略十卷
徐陵名數十卷
沈約袖中記二卷
范謐典墳數集十卷
侯亶祥瑞圖八卷
孟衆張掖郡玄石圖一卷
高堂隆張掖郡玄石圖一卷
孫柔之瑞應圖記三卷
熊理瑞應圖讚三卷
顧野王符瑞圖十卷
又祥瑞圖十卷
王劭皇隋靈感志十卷
許善心皇隋瑞文十四卷
何望之諫林十卷
虞通之善諫二卷
孟儀子林二十卷
沈約子鈔三十卷
庾仲容子鈔三十卷
殷仲堪論集九十六卷
崔宏帝王集要三十卷
陸澄述正論十三卷
又缺文十卷

徐陵文府七卷宗道寧注。
劉守敬四部言心十卷
新舊傳四卷
古今辨作錄三卷
博覽十五卷
部略十五卷
翰墨林十卷
魏徵羣書治要五十卷
麟閣詞英六十卷高宗時敕撰。
朱敬則十代興亡論十卷
薛克構子林三十卷
虞世南帝王略論五卷
劉伯莊羣書治要音五卷
張大素說林二十卷
王方慶續世說新書十卷
韓潭統載三十卷夏綏銀節度使。貞元十三年上。
熊執易化統五百卷執易類九經爲書，三十年乃成，未及上，卒於西川，武元衡將爲寫進，妻薛藏之不許。
李文成博雅志十三卷安國公興貴子。
元懷景屬文要義十卷
崔玄暐行己要範十卷
盧藏用子書要略一卷
馬揔意林三卷
魏氏手略二十卷魏謩。
辛之諤敘訓二卷開元十七年上，授長社尉。
博聞奇要二十卷開元武功縣人徐圖上，詔試文章，留集賢院校理。
周蒙續古今注三卷
薛洪古今精義十五卷
趙甤長短要術十卷字太賓，梓州人。開元，召之不赴。
杜佑理道要訣十卷
賀蘭正元用人權衡十卷貞元十三年上。
樊宗師魁紀公三十卷
又樊子三十卷
郭昭度治書十卷
朱朴致理書十卷
蘇源治亂集三卷唐末人。
張薦江左寓居錄卷亡。
張楚金紳誠三卷
馮伉諭蒙一卷
庾敬休諭善錄七卷
蕭佚牧宰政術二卷耒陽令。
魯人初公侯政術十卷魯人名初不著姓，大中人。
李知保檢志三卷代宗信州司倉參軍。
王範續蒙求三卷
白廷翰唐蒙求三卷曠明人。
李伉系蒙二卷
盧景亮三足記二卷

右雜家類六十四家，七十五部，一千一百三十卷。失姓名六家，虞世南以下不著錄三十四家，八百一十六卷。

范子計然十五卷范蠡問，計然答。
尹都尉書三卷

氾勝之書二卷
崔寔四民月令一卷
賈思協齊民要術十卷
宗懍荊楚歲時記一卷
杜公瞻荊楚歲時記二卷
杜臺卿玉燭寶典十二卷
王氏四時錄十二卷
戴凱之竹譜一卷
顧烜錢譜一卷
浮丘公相鶴經一卷
堯須跋鷙擊錄二十卷
相馬經三卷
伯樂相馬經一卷
徐成等相馬經二卷
諸葛潁種植法七十七卷
又相馬經六十卷
甯戚相牛經一卷
范蠡養魚經一卷
禁苑實錄一卷
鷹經一卷
蠶經一卷
又二卷
相貝經一卷
武后兆人本業三卷
王方慶園庭草木疏二十一卷
孫氏千金月令三卷孫思邈。
李淳風演齊民要術卷亡。
李邕金谷園記一卷
薛登四時記二十卷
裴澄乘輿月令十二卷國子司業。貞元十一年上。

王涯月令圖一軸
李綽秦中歲時記一卷
韋行規保生月錄一卷
韓鄂四時纂要五卷
歲華紀麗二卷

右農家類十九家，二十六部，二百三十五卷。失姓名六家，王方慶以下不著錄十一家，六十六卷。

燕丹子一卷燕太子。
邯鄲淳笑林三卷
裴子野類林三卷
張華博物志十卷
又列異傳一卷
賈泉注郭子三卷郭澄之。
劉義慶世說八卷
又小說十卷
劉孝標續世說十卷
殷芸小說十卷
劉齊釋俗語八卷
蕭賁辨林二十卷
劉炫酒孝經一卷
庾元威座右方三卷
侯白啓顏錄十卷
雜語五卷

戴祚甄異傳三卷
袁王壽古異傳三卷
祖沖之述異記十卷
劉質近異錄二卷
干寶搜神記三十卷
劉之遴神錄五卷
梁元帝妍神記十卷
祖台之志怪四卷
孔氏志怪四卷
荀氏靈鬼志三卷
謝氏鬼神列傳二卷
劉義慶幽明錄三十卷
東陽无疑齊諧記七卷
吳均續齊諧記一卷
王延秀感應傳八卷
陸果繫應驗記一卷
王琰冥祥記一卷
王曼潁續冥祥記十一卷
劉泳因果記十卷
顏之推冤魂志三卷
又集靈記十卷
徵應集二卷
侯君素旌異記十五卷
唐臨冥報記二卷
李恕誡子拾遺四卷
開元御集誡子書一卷
王方慶王氏神通記十卷
狄仁傑家範一卷
盧公家範一卷盧僎。
蘇瓌中樞龜鏡一卷

姚元崇六誡一卷
事始三卷劉孝孫、房德懋。
劉睿續事始三卷
元結猗犴子一卷
趙自勔造化權輿六卷
通微子十物志一卷
吳筠兩同書一卷
李涪刊誤二卷
李匡文資暇三卷
炙轂子雜錄注解五卷王叡。
蘇鶚演義十卷
又杜陽雜編三卷字德祥，光啓中進士第。
柳氏家學要錄二卷柳珵。
盧光啓初舉子一卷字子忠，相昭宗。
劉訥言俳諧集十五卷

陳翶卓異記一卷憲、穆時人。
裴紫芝續卓異記一卷
薛用弱集異記三卷字中勝，長慶光州刺史。
李玫纂異記一卷大中時人。
李亢獨異志十卷
谷神子博異志三卷
沈如筠異物志三卷
古異記一卷
劉餗傳記三卷一作國史異纂。
牛肅紀聞十卷
陳鴻開元升平源一卷字大亮，貞元主客郎中。
張薦靈怪集二卷
陸長源辨疑志三卷
李繁說纂四卷
戴少平還魂記一卷貞元待詔。

牛僧孺玄怪錄十卷
李復言續玄怪錄五卷
陳翰異聞集十卷唐末屯田員外郎。
鄭遂洽聞記一卷
鍾輅前定錄一卷
趙自勤定命論十卷天寶祕書監。
呂道生定命錄二卷大和中，道生增趙自勤之說。
溫畬續定命錄一卷
胡璩譚賓錄十卷字子溫，文、武時人。
韋絢劉公嘉話錄一卷絢，字文明，執誼子也，咸通義武軍節度使。劉公，禹錫也。
戎幕閑談一卷
趙璘因話錄六卷字澤章，大中衢州刺史。
袁郊甘澤謠一卷
溫庭筠乾𦠆子三卷

又採茶錄一卷
段成式酉陽雜俎三十卷
盧陵官下記二卷
康軿劇談錄三卷字駕言，乾符進士第。
高彥休闕史三卷
盧子史錄卷亡。
又逸史三卷大中時人。
李隱大唐奇事記十卷咸通中人。
陳劭通幽記一卷
范攄雲溪友議三卷咸通時，自稱五雲溪人。
李躍嵐齋集二十五卷
尉遲樞南楚新聞三卷並唐末人。
張固幽閑鼓吹一卷
常侍言旨一卷柳珵。
盧氏雜說一卷

桂苑叢譚一卷馮翊子子休。
樹萱錄一卷
會昌解頤四卷
松牕錄一卷
芝田錄一卷
玉泉子見聞眞錄五卷
張讀宣室志十卷
柳祥瀟湘錄十卷
皇甫松醉鄉日月三卷
何自然笑林三卷

焦璐窮神祕苑十卷
裴鉶傳奇三卷高駢從事。
劉軻牛羊日曆一卷牛僧孺、楊虞卿事。皇甫松序。
補江總白猿傳一卷
郭良輔武孝經一卷
陸羽茶經三卷
張又新煎茶水記一卷
封演續錢譜一卷

右小說家類三十九家，四十一部，三百八卷。失姓名二家，李恕以下不著錄七十八家，三百二十七卷。

趙嬰注周髀一卷

甄鸞注周髀一卷

張衡靈憲圖一卷
又渾天儀一卷
王蕃渾天象注一卷
姚信昕天論一卷
石氏星經簿讚一卷石申。
虞喜安天論一卷
甘氏四七法一卷甘德。
劉表荊州星占二卷
劉叡荊州星占二十卷
天文集占三卷
祖暅之天文錄三十卷
韓楊天文要集四十卷
高文洪天文橫圖一卷
吳雲天文雜占一卷
陳卓四方星占一卷

又五星占一卷
天文集占七卷
孫僧化等星占三十三卷
史崇十二次二十八宿星占十二卷
庾季才靈臺祕苑一百二十卷
逢行珪玄機內事七卷
論二十八宿度數一卷
五星兵法一卷
黃道略星占一卷
孝經內記星圖一卷
周易分野星圖一卷
李淳風釋周髀二卷
又乙巳占十二卷
天文占一卷
大象元文一卷

乾坤祕奧七卷
法象志七卷
太白會運逆兆通代記圖一卷淳風與袁天綱集。
武密古今通占鏡三十卷
大唐開元占經一百一十卷瞿曇悉達集。
董和通乾論十五卷和，本名純，避憲宗名改。善曆算。裴冑爲荊南節度，館之，著是書云。
長慶算五星所在宿度圖一卷司天少監徐昇。
黃冠子李播天文大象賦一卷李台集解。
王希明丹元子步天歌一卷

右天文類二十家，三十部，三百六卷。失姓名六家，李淳風天文占以下不著錄六家，一百七十五卷。

劉向九章重差一卷
徐岳九章算術九卷
又算經要用百法一卷
數術記遺一卷甄鸞注。
張丘建算經一卷甄鸞注。
董泉三等數一卷甄鸞注。
夏侯陽算經一卷甄鸞注。
甄鸞九章算經九卷
又五曹算經五卷
七曜本起曆五卷
七曜曆算二卷
曆術一卷

韓延夏侯陽算經一卷
又五曹算經五卷
宋泉之九經術疏九卷
劉徽海島算經一卷
又九章重差圖一卷
劉祐九章雜算文二卷
陰景愉七經算術通義七卷
信都芳器準三卷
黃鍾算法四十卷
劉歆三統曆一卷
四分曆一卷
推漢書律曆志術一卷
劉洪乾象曆術三卷闞澤注
乾象曆三卷
楊偉魏景初曆三卷
何承天宋元嘉曆二卷
又刻漏經一卷
虞劆梁大同曆一卷
吳伯善陳七曜曆五卷
孫僧化後魏永安曆一卷
李業興後魏甲子曆一卷
後魏武定曆一卷
宋景業北齊天保曆一卷
北齊甲子元曆一卷
王琛周大象曆二卷
馬顯周甲寅元曆一卷
周甲子元曆一卷
劉孝孫隋開皇曆一卷
又七曜雜術二卷
李德林隋開皇曆一卷

張冑玄隋大業曆一卷
又玄曆術一卷
七曜曆疏三卷
劉焯皇極曆一卷
趙毆河西壬辰元曆一卷
河西甲寅元曆一卷
劉智正曆四卷薛夏訓。
姜氏曆術三卷
崔浩律曆術一卷
曆日義統一卷
曆日吉凶注一卷
朱史刻漏經一卷
宋景刻漏經一卷
李淳風注周髀算經二卷
又注九章算術九卷
注九章算經要略一卷
注五經算術二卷
注張丘建算經三卷
注海島算經一卷
注五曹孫子等算經二十卷
注甄鸞孫子算經三卷
釋祖沖之綴術五卷
皇極曆一卷
傅仁均大唐戊寅曆一卷
唐麟德曆一卷
麟德曆出生記十卷
王孝通緝古算術四卷太史丞李淳風注。
算經表序一卷
南宮說光宅曆草十卷
瞿曇謙大唐甲子元辰曆一卷

大唐刻漏經一卷
王勃千歲曆卷亡。
謝察微算經三卷
江本一位算法二卷
陳從運得一算經七卷
魯靖新集五曹時要術三卷
邢和璞潁陽書三卷隱居潁陽石堂山。
僧一行開元大衍曆一卷
又曆議十卷
曆立成十二卷
曆草二十四卷
七政長曆三卷
心機算術括一卷黃栖巖注。
寶應五紀曆四十卷
建中正元曆二十八卷
曹士蔿七曜符天曆一卷建中時人。
七曜符天人元曆三卷
龍受算法二卷貞元人。
長慶宣明曆三十四卷
長慶宣明曆要略一卷
宣明曆超捷例要略一卷
邊岡景福崇玄曆四十卷岡稱處士。
大衍通元鑑新曆三卷貞元至大中。
大唐長曆一卷
都利聿斯經二卷貞元中，都利術士李彌乾傳自西天竺，有璩公者譯其文。
陳輔聿斯四門經一卷

右曆算類三十六家，七十五部，二百三十七卷。失姓名五家，王勃以下不著錄十九家，二百二十六卷。

黃帝問玄女法三卷

黃帝用兵法訣一卷

黃帝兵法孤虛推記一卷

黃帝太一兵曆一卷

黃帝太公三宮法要訣一卷

太公陰謀三卷

又陰謀三十六用一卷

金匱二卷

六韜六卷

當敵一卷

周書陰符九卷

周呂書一卷

田穰苴司馬法三卷

魏武帝注孫子三卷

又續孫子兵法二卷

孟氏解孫子二卷

兵書接要七卷魏武。

沈友注孫子二卷

賈詡注吳子兵法一卷吳起。

吳孫子三十二壘經一卷

伍子胥兵法一卷

黃石公三略三卷

又陰謀乘斗魁剛行軍祕一卷

成氏三略訓三卷

張良經一卷

張氏七篇七卷張良。

魏文帝兵書要略十卷

宋高祖兵法要略一卷

司馬彪兵記十二卷

孔衍兵林六卷

葛洪兵法孤虛月時祕要法一卷

梁武帝兵法一卷

梁元帝玉韜十卷

劉祐金韜十卷

蕭吉金海四十七卷

陶弘景眞人水鏡十卷

握鏡三卷

王略武林一卷

許子新書軍勝十卷

樂產王佐祕書五卷

後周齊王憲兵書要略十卷

隋高祖新撰兵書三十卷

解忠順龍武玄兵圖二卷

新兵法二十四卷

用兵要術一卷

太一兵法一卷

兵法要訣一卷

承神兵書八卷

兵機十五卷

兵書要略十卷

用兵撮要二卷

兵春秋一卷

獸圖亭亭一卷

玉帳經一卷

三陰圖一卷

兵法雲氣推占一卷

武德圖五兵八陣法要一卷

李靖六軍鏡三卷

員半千臨戎孝經二卷

李淳風懸鏡十卷

李筌注孫子二卷

又太白陰經十卷

靑囊括一卷

杜牧注孫子三卷

陳皡注孫子一卷

賈林注孫子一卷

孫鏻注吳子一卷

裴行儉安置軍營行陣等四十六訣一卷

李嶠軍謀前鑒十卷

郭元振定遠安邊策三卷

吳兢兵家正史九卷

李處祐兵法開元中左衞中郎將，率韶撰。卷亡。

鄭虔天寶軍防錄卷亡。

劉秩止戈記七卷

至德新議十二卷

董承祖至德元寶玉函經十卷

李光弼統軍靈轄祕策一卷一作武寵。

裴守一軍誡三卷

裴子新令二卷裴緒。

韓滉天事序議一卷

韋皋開復西南夷事狀十七卷

范傳正西陲要略三卷

王公亮兵書十八卷長慶元年上。商州刺史。

行師類要七卷

燕倫利正長慶人事軍律三卷

李渤禦戎新錄二十卷

李德裕西南備邊錄十三卷

杜希全新集兵書要訣三卷

張道古兵論一卷字子美，景福進士第。

右兵書類二十三家，六十部，三百一十九卷。失姓名十四家，李筌以下不著錄二十五家，一百六十三卷。

史蘇沈思經一卷

焦氏周易林十六卷焦贛。

京氏周易四時候二卷京房。

又周易飛候六卷

周易混沌四卷

周易錯卦八卷

逆刺三卷

費氏周易逆刺占災異十二卷費直。

又周易林二卷

崔氏周易林十六卷崔篆。

鄭玄注九宮行碁經三卷

管輅周易林四卷

又鳥情逆占一卷

張滿周易林七卷

許氏周易雜占七卷許峻。

尙廣周易雜占八卷

武氏周易雜占八卷
魏伯陽周易參同契二卷
又周易五相類一卷
徐氏周易筮占二十四卷徐苗。
伏曼容周易集林十二卷
伏氏周易集林一卷
杜氏新易林占三卷
梁運周易雜占筮訣文二卷
虞翻周易集林律曆一卷
郭璞周易洞林解三卷
梁元帝連山三十卷
又洞林三卷
郭氏易腦一卷
周易立成占六卷
易林十四卷

周易新林一卷
易律曆一卷
周易服藥法一卷
易三備三卷
又三卷
易髓一卷
周易問十卷
周易雜圖序一卷
周易八卦斗內圖一卷
又三卷
周易內卦神筮法二卷
周易雜筮占四卷
老子神符易一卷
孝經元辰二卷
推元辰厄命一卷

元辰章三卷
元辰一卷
雜元辰祿命二卷
湴河祿命二卷
孫僧化六甲開天曆一卷
翼奉風角要候一卷
王琛風角六情訣一卷
又推產婦何時產法一卷
九宮行棊立成一卷
祿命書二卷
遁甲開山圖一卷
劉孝恭風角鳥情二卷
又祿命書二十卷
鳥情占一卷
風角十卷

九宮經解三卷
婚嫁書二卷
登壇經一卷
太一大游曆二卷
大游太一曆一卷
曜靈經一卷
七政曆一卷
六壬曆一卷
六壬擇非經六卷
靈寶登圖一卷
梁主榮光明符十二卷
推二十四氣曆一卷
太一曆一卷
曹氏黃帝式經三十六用一卷
玄女式經要訣一卷

董氏大龍首式經一卷
桓公式經一卷
宋琨式經一卷
六壬式經雜占九卷
雷公式經一卷
太一式經二卷
太一式經雜占十卷
黃帝式用常陽經一卷
黃帝龍首經二卷
黃帝集靈三卷
黃帝降國一卷
黃帝斗曆一卷
太史公萬歲曆一卷司馬談。
萬歲曆祠二卷
任氏千歲曆祠二卷

舉百事要略一卷
張衡黃帝飛鳥曆一卷
太一飛鳥曆一卷
太一九宮雜占十卷
九宮經三卷
堪輿曆注二卷
殷紹黃帝四序堪輿一卷
地節堪輿二卷
伍子胥遁甲文一卷
信都芳遁甲經二卷
葛洪三元遁甲圖三卷
許昉三元遁甲六卷
杜仲三元遁甲一卷
榮氏遁甲開山圖二卷
遁甲經十卷

遁甲囊中經一卷
遁甲推要一卷
遁甲祕要一卷
遁甲九星曆一卷
遁甲萬一訣三卷
三元遁甲立成圖二卷
遁甲立成法三卷
遁甲九宮八門圖一卷
遁甲三奇三卷
陽遁甲九卷
陰遁甲九卷
遁甲三元九甲立成一卷
白澤圖一卷
武王須臾二卷
師曠占書一卷

東方朔占書一卷
淮南王萬畢術一卷
樂產神樞靈轄十卷
柳彥詢龜經三卷
柳世隆龜經三卷
劉寶眞龜經一卷
王弘禮龜經一卷
莊道名龜經一卷
蕭吉五行記五卷
又五姓宅經二十卷
葬經二卷
王粲新撰陰陽書三十卷
靑烏子三卷
葬經八卷
又十卷

葬書地脉經一卷
墓書五陰一卷
雜墓圖一卷
墓圖立成一卷
六甲冢名雜忌要訣二卷
郭氏五姓墓圖要訣五卷
壇中伏尸一卷
胡君玄女彈五音法相冢經一卷
百怪書一卷
祠竈經一卷
解文一卷
周宣占夢書三卷
又二卷
孫思邈龜經一卷
又五兆算經一卷
龜上五兆動搖經訣一卷
福祿論三卷
李淳風四民福祿論三卷
又玄悟經三卷
太一元鑑五卷
占燈經一卷
注鄭玄九旗飛變一卷
三元經一卷
太一樞會賦一卷玄宗注。
崔知悌產圖一卷
呂才陰陽書五十三卷
廣濟陰陽百忌曆一卷
大唐地理經十卷貞觀中上。
袁天綱相書七卷
要訣三卷

陳恭釗天寶曆二卷天寶中詔定。
趙同珍壇經一卷
黎幹蓬瀛書三卷
賈躭唐七聖曆一卷
李遠龍紀聖異曆一卷
竇維鋈廣古今五行記三十卷
濮陽夏樵子五行志五卷
祿命人元經三卷
楊龍光推計祿命厄運詩一卷
王希明太一金鏡式經十卷開元中詔撰。
僧一行天一太一經一卷
又遁甲十八局一卷
太一局遁甲經一卷
五音地理經十五卷
六壬明鏡連珠歌一卷
六壬髓經三卷
馬先天寶太一靈應式記五卷
李鼎祚連珠明鏡式經十卷開耀中上之。
蕭君靖遁甲圖開元僕寺主簿，奉詔撰。卷亡。
司馬驤遁甲符寶萬歲經國曆一卷驤與弟裕同撰。
曹士蔿金匱經三卷
馬雄絳囊經一卷雄稱居士。
李靖玉帳經一卷
李筌六壬大玉帳歌十卷
王叔政推太歲行年吉凶厄一卷
由吾公裕葬經三卷
孫季邕葬範三卷
盧重元夢書四卷開元人。
柳璨夢雋一卷

右五行類六十家，一百六十部，六百四十七卷。失姓名六十五家，袁天綱以下不著錄二十五家，一百三十二卷。
郝沖、虞譚法投壺經一卷
魏文帝皇博經一卷
大小博法二卷
大博經行碁戲法二卷
鮑宏小博經一卷
博塞經一卷
雜博戲五卷
隋煬帝二儀簿經一卷
范汪等注碁品五卷
梁武帝碁評一卷
碁勢六卷
圍碁後九品序錄一卷
竹苑仙碁圖一卷
周武帝象經一卷
何安象經一卷
王裦象經一卷
王裕注象經一卷
今古術藝十五卷
名手畫錄一卷
李嗣眞畫後品一卷
禮圖等雜畫五十六卷
漢王元昌畫漢賢王圖

閻立德畫文成公主降蕃圖
玉華宮圖
鬬雞圖
閻立本畫秦府十八學士圖
凌煙閣功臣二十四人圖
范長壽畫風俗圖
醉道士圖
王定畫本草訓誡圖貞觀尙方令。
檀智敏畫游春戲藝圖振武校尉。
殷嶶、韋无忝畫皇朝九聖圖
高祖及諸王圖
太宗自定輦上圖
開元十八學士圖開元人。
董蕚畫盤車圖開元人，字重照。
曹元廓畫後周北齊梁陳隋武德貞觀永徽等朝臣圖
高祖太宗諸子圖
秦府學士圖
凌煙圖武后左尙方令。
楊昇畫望賢宮圖
安祿山眞
張萱畫少女圖
乳母將嬰兒圖
按羯鼓圖
鞦韆圖並開元館畫直。
談皎畫武惠妃舞圖
佳麗寒食圖
佳麗伎樂圖
韓幹畫龍朔功臣圖
姚宋及安祿山圖

相馬圖

玄宗試馬圖

寧王調馬打毬圖大梁人，太府寺丞。

陳宏畫安祿山圖

玄宗馬射圖

上黨十九瑞圖永王府長史。

王象畫鹵簿圖

田琦畫洪崖子橘木圖德平子，汝南太守。

竇師綸畫內庫瑞錦對雉鬭羊翔鳳游麟圖字希言，太宗秦王府諮議、相國錄事參軍，封陵陽公。

韋鷗畫天竺胡僧渡水放牧圖鑾子。

周昉畫撲蝶、按箏、楊眞人降眞、五星等圖各一卷字景玄。

張彥遠歷代名畫記十卷

姚最續畫品一卷

裴孝源畫品錄一卷中書舍人，記貞觀、顯慶年事。

顧況畫評一卷

朱景玄唐畫斷三卷會昌人。

竇蒙畫拾遺卷亡。

吳恬畫山水錄卷亡。恬一名玢，字建康，青州人。

王琚射經一卷

張守忠射記一卷

任權弓箭論一卷

上官儀投壺經一卷

王積薪金谷園九局圖一卷開元待詔。

韋延碁圖一卷

呂才大博經二卷

董叔經博經一卷貞元中上。

李郃骰子選格三卷字中玄，賀州刺史。

右雜藝術類十一家，二十部，一百四十二卷。失姓名八家，張彥遠以下不著錄一十六家，一百一十七卷。

何承天幷合皇覽一百二十二卷

徐爰幷合皇覽八十四卷

劉孝標類苑一百二十卷

劉杳壽光書苑二百卷

徐勉華林遍略六百卷

祖孝徵等脩文殿御覽三百六十卷

虞綽等長洲玉鏡二百三十八卷

諸葛潁玄門寶海一百二十卷

張氏書圖泉海七十卷

要錄六十卷

檢事書一百六十卷

帝王要覽二十卷

文思博要一千二百卷

目十二卷右僕射高士廉、左僕射房玄齡、特進魏徵、中書令楊師道、兼中書侍郎岑文本、禮部侍郎顏相時、國子司業朱子奢、博士劉伯莊、太學博士馬嘉運、給事中許敬宗、司文郎中崔行功、太常博士呂才、祕書丞李淳風、起居郎褚遂良、晉王友姚思廉、太子舍人司馬宅相等奉詔撰，貞觀十五年上。

許敬宗搖山玉彩五百卷孝敬皇帝令太子少師許敬宗、司議郎孟利貞、崇賢館學士郭瑜、顧胤、右史董思恭等撰。

累璧四百卷

又目錄四卷許敬宗等撰，龍朔元年上。

東殿新書二百卷許敬宗、李義府奉詔於武德內殿脩撰。其書自史記至晉書刪其繁辭。龍朔元年上，高宗製序。

歐陽詢藝文類聚一百卷令狐德棻、袁朗、趙弘智等同脩。

虞世南北堂書鈔一百七十三卷

張大素策府五百八十二卷

武后玄覽一百卷

三教珠英一千三百卷

目十三卷張昌宗、李嶠、崔湜、閻朝隱、徐彥伯、張說、沈佺期、宋之問、富嘉謨、喬侃、員半千、薛曜等撰。開成初改爲海內珠英，武后所改字並復舊。

孟利貞碧玉芳林四百五十卷

玉藻瓊林一百卷

王義方筆海十卷

玄宗事類一百三十卷

又初學記三十卷張說類集要事以教諸王，徐堅、韋述、余欽、施敬本、張烜、李銳、孫季良等分撰。

是光乂十九部書語類十卷開元末，自祕書省正字上，授集賢院脩撰，後賜姓齊。

劉秩政典三十五卷

杜佑通典二百卷

蘇冕會要四十卷

續會要四十卷楊紹復、裴德融、崔瑑、薛逢、鄭言、周膚敏、薛廷望、于珪、于球等撰，崔鉉監脩。

陸贄備舉文言二十卷

劉綺莊集類一百卷

高丘詞集類略三十卷

陸羽警年十卷

張仲素詞圃十卷字繪之，元和翰林學士、中書舍人。

元氏類集三百卷元稹。

白氏經史事類三十卷白居易。一名六帖。

王氏千門四十卷王洛賓。

于立政類林十卷

郭道規事鑑五十卷

馬幼昌穿楊集四卷判目。

盛均十三家貼均，字之材，泉州南安人，終昭州刺史。以白氏六帖未備而廣之，卷亡。

竇蒙青囊書十卷國子司業。

韋稔瀛類十卷

應用類對十卷

高測韻對十卷

溫庭筠學海三十卷

王博古脩文海十七卷

李途記室新書三十卷

孫翰錦繡谷五卷

張楚金翰苑七卷

皮氏鹿門家鈔九十卷皮日休，字襲美，咸通太常博士。

劉揚名戚苑纂要十卷

戚苑英華十卷袁說重脩。

右類書類十七家，二十四部，七千二百八十八卷。失姓名三家，王義方以下不著錄三十二家，一千三百三十八卷。

皇甫謐黃帝三部鍼經十二卷
張子存赤烏神鍼經一卷
黃帝鍼灸十二卷
黃帝雜注鍼經一卷
黃帝鍼經十卷
玉匱鍼經十二卷
龍銜素鍼經并孔穴蝦蟇圖三卷
徐叔嚮鍼灸要鈔一卷
黃帝明堂經三卷
黃帝明堂三卷
楊玄注黃帝明堂經三卷
黃帝內經明堂十三卷
黃帝十二經脈明堂五藏圖一卷
曹氏黃帝十二經明堂偃側人圖十二卷

秦承祖明堂圖三卷
明堂孔穴五卷
秦越人黃帝八十一難經二卷
全元起注黃帝素問九卷
靈寶注黃帝九靈經十二卷
黃帝甲乙經十二卷
黃帝流注脈經一卷
三部四時五藏辨候診色脈經一卷
脈經十卷
又二卷
徐氏脈經訣三卷
王子顒脈經二卷
岐伯灸經一卷
雷氏灸經一卷

五藏訣一卷
五藏論一卷
賈和光鈴和子十卷
王冰注黃帝素問二十四卷
釋文一卷冰號啓元子。
楊上善注黃帝內經明堂類成十三卷

又黃帝內經太素三十卷
甄權脈經一卷
鍼經鈔三卷
鍼方一卷
明堂人形圖一卷
米遂明堂論一卷

右明堂經脈類一十六家，三十五部，二百三十一卷。失姓名十六家，甄權以下不著錄二家，七卷。

神農本草三卷
雷公集撰神農本草四卷
吳氏本草因六卷吳普。
李氏本草三卷
原平仲靈秀本草圖六卷

殷子嚴本草音義二卷
本草用藥要妙九卷
本草病源合藥節度五卷
本草要術三卷
瘰癧疽耳眼本草要妙五卷

桐君藥錄三卷
徐之才雷公藥對二卷
僧行智諸藥異名十卷
藥類二卷
藥目要用二卷
四時採取諸藥及合和四卷
名醫別錄三卷
吳景諸病源候論五十卷
巢氏諸病源候論五十卷巢元方。
徐嗣伯雜病論一卷
又徐氏落年方三卷
彭祖養性經一卷
張湛養生要集十卷
延年祕錄十二卷
秦承祖藥方四十卷

吳普集華氏藥方十卷華佗。
葛洪肘後救卒方六卷
梁武帝坐右方十卷
如意方十卷
陶弘景集注神農本草七卷
又效驗方十卷
補肘後救卒備急方六卷
太清玉石丹藥要集三卷
太清諸草木方集要三卷
隋煬帝敕撰四海類聚單方十六卷
王叔和張仲景藥方十五卷
又傷寒卒病論十卷
阮河南方十六卷阮炳。
尹穆纂范東陽雜藥方一百七十卷范汪。
胡居士治百病要方三卷胡洽。

徐叔嚮雜療方二十二卷
又體療雜病方六卷
脚弱方八卷
解寒食方十五卷
阮河南藥方十七卷
褚澄雜藥方十二卷
陳山提雜藥方十卷
謝泰黃素方二十五卷
孝思雜湯丸散方五十七卷
謝士太刪繁方十二卷
徐之才徐王八代効驗方十卷
又家祕方三卷
范世英千金方三卷
姚僧垣集驗方十卷
陳延之小品方十二卷

蘇游玄感傳屍方一卷
又太一鐵胤神丹方三卷
俞氏治小兒方四卷
俞寶小女節療方一卷
僧僧深集方三十卷
僧鸞調氣方一卷
龔慶宣劉涓子男方十卷
甘濬之療癰疽金瘡要方十四卷
甘伯齊療癰疽金瘡要方十二卷
雜藥方六卷
雜丸方一卷
名醫集驗方三卷
百病膏方十卷
雜湯方八卷
療目方五卷

寒食散方并消息節度二卷
婦人方十卷
又二十卷
少女方十卷
少女雜方二十卷
類聚方二千六百卷
種芝經九卷
芝草圖一卷
諸葛穎淮南王食經一百三十卷
音十三卷
食目十卷
盧仁宗食經三卷
崔浩食經九卷
竺暄食經四卷
又十卷
趙武四時食法一卷
太官食法一卷
太官食方十九卷
四時御食經一卷
抱朴子太清神仙服食經五卷
沖和子太清璇璣文七卷
太清神丹中經三卷
太清神仙服食經五卷
太清諸丹藥要錄四卷
京里先生金匱仙藥錄三卷
神仙服食經十二卷
神仙藥食經一卷
神仙服食方十卷
神仙服食藥方十卷
服玉法并禁忌一卷

寒食散論二卷
葛仙公錄狐子方金訣二卷
狐子雜訣三卷
明月公陵陽子祕訣一卷
黃公神臨藥祕經一卷
黃白祕法一卷
又二十卷
葛氏房中祕術一卷
沖和子玉房祕訣十卷張鼎
本草二十卷
目錄一卷
藥圖二十卷
圖經七卷顯慶四年，英國公李勣、太尉長孫无忌、兼侍中辛茂將、太子賓客弘文館學士許敬宗、禮部郎中兼太子洗馬弘文館大學士孔志約、尚藥奉御許孝崇胡子象蔣季璋、尚藥局直長藺復珪許弘直、侍御醫巢孝儉、太子藥藏監蔣季瑜吳嗣宗、丞蔣義方、太醫令蔣季琬許弘、丞蔣茂昌、太常丞呂才賈文通、太史令李淳風、潞王府參軍吳師哲、禮部主事顏仁楚、右監門府長史蘇敬等撰。
孔志約本草音義二十卷
蘇敬新脩本草二十一卷
又新脩本草圖二十六卷
本草音三卷
本草圖經七卷
甄立言一作權。本草音義七卷
又本草藥性三卷
古今錄驗方五十卷
孟詵食療本草三卷
又補養方三卷

必效方十卷
宋俠經心方十卷
崔氏纂要方十卷崔行功。
崔知悌骨蒸病灸方一卷
王方慶新本草四十一卷
又藥性要訣五卷
袖中備急要方三卷
嶺南急要方二卷
針灸服藥禁忌五卷
李含光本草音義二卷
陳藏器本草拾遺十卷開元中人。
鄭虔胡本草七卷
孫思邈千金方三十卷
又千金髓方二十卷
千金翼方三十卷
神枕方一卷
醫家要妙五卷
楊太僕醫方一卷失名。天授二年上。
衛嵩醫門金寶鑑三卷
許詠六十四問一卷
段元亮病源手鏡一卷
伏氏醫苑一卷伏適。
甘伯宗名醫傳七卷
王超仙人水鏡圖訣一卷貞觀人。
吳兢五藏論應象一卷
裴璡五藏論一卷
劉清海五藏類合賦五卷
裴王廷五色傍通五藏圖一卷
張文懿藏府通元賦一卷
段元亮五藏鏡源四卷

喻義纂療癰疽要訣一卷
瘡腫論一卷
沈泰之癰疽論二卷
青溪子萬病拾遺三卷
又消渴論一卷
脚氣論三卷
李暄嶺南脚氣論一卷
又方一卷
脚氣論一卷蘇鑒、徐玉等編集。
鄭景岫南中四時攝生論一卷
蘇游鐵粉論一卷
陳元北京要術一卷元爲太原少尹。
司空輿發焰錄一卷圖父，大中時商州刺史。
青羅子道光通元祕要術三卷失姓，咸通人。
乾寧晏先生制伏草石論六卷晏封。
江承宗刪繁藥詠三卷鳳翔節度要籍。
玄宗開元廣濟方五卷
劉貺眞人肘後方三卷
王燾外臺祕要方四十卷
又外臺要略十卷
德宗貞元集要廣利方五卷
陸氏集驗方十五卷陸贄。
賈躭備急單方一卷
薛弘慶兵部手集方三卷兵部尚書李絳所傳方。弘慶，大和河中少尹。
薛景晦古今集驗方十卷　元和刑部郎中，貶道州刺史。
劉禹錫傳信方二卷
崔玄亮海上集驗方十卷
楊氏產乳集驗方三卷楊歸厚，元和中，自左拾遺貶鳳州司馬、虢州刺史。方九百一十一。

鄭注藥方一卷

韋氏集驗獨行方十二卷韋宙。

張文仲隨身備急方三卷

蘇越翬方祕要三卷

李繼皋南行方三卷

白仁敍唐興集驗方五卷

包會應驗方一卷

許孝宗篋中方三卷

梅崇獻方五卷

姚和衆童子祕訣三卷

又衆童延齡至寶方十卷

孫會嬰孺方十卷

邵英俊口齒論一卷

又排玉集二卷口齒方。

李昭明嵩臺集三卷

陽曄膳夫經手錄四卷

嚴龜食法十卷震之後，鎮西軍節度使礪子也。昭宗時宣慰汴寨。

右醫術類六十四家，一百二十部，四千四十六卷。失姓名三十八家，王方慶以下不著錄五十五家，四百八十八卷。

校勘記

〔一〕希還參同契一卷 宋史卷二〇五藝文志載「石頭和尚參同契一卷」。據景德傳燈錄（四部叢刊影宋本）卷一四及宋高僧傳卷九，石頭和尚，名希遷，唐僧。「希還」疑為「希遷」之訛。

〔二〕庾肩吾採璧三卷 「璧」，各本原作「壁」。隋書卷三四經籍志、舊書卷四七經籍志及通志卷六八均作「璧」，據改。

唐書卷六十

志第五十

藝文四

丁部集錄，其類三：一曰楚辭類，二曰別集類，三曰總集類。凡著錄八百一十八家，八百五十六部，一萬一千九百二十三卷；不著錄四百八家，五千八百二十五卷。

王逸注楚辭十六卷

郭璞注楚辭十卷

楊穆楚辭九悼一卷

劉杳離騷草木蟲魚疏二卷

孟奧楚辭音一卷

徐邈楚辭音一卷

僧道騫楚辭音一卷

右楚辭類七家，七部，三十二卷。

趙荀況集二卷

楚宋玉集二卷

漢武帝集二卷

淮南王安集二卷

賈誼集二卷

枚乘集二卷

司馬遷集二卷

東方朔集二卷

董仲舒集二卷

李陵集二卷

司馬相如集二卷

孔臧集二卷

魏相集二卷

張敞集二卷

韋玄成集二卷

劉向集五卷

王褒集五卷

谷永集五卷

杜鄴集五卷

師丹集五卷

息夫躬集五卷

劉歆集五卷

揚雄集五卷

崔篆集一卷

東平王蒼集二卷
桓譚集二卷
史岑集二卷
王文山集二卷
朱勃集二卷
梁鴻集二卷
黃香集二卷
馮衍集五卷
班彪集三卷
杜篤集五卷
傅毅集五卷
班固集十卷
崔駰集十卷
賈逵集二卷
劉騊駼集二卷

崔瑗集五卷
蘇順集二卷
竇章集二卷
胡廣集二卷
高彪集二卷
王逸集二卷
桓驎集二卷
邊韶集二卷
皇甫規集五卷
張奐集二卷
朱穆集二卷
趙壹集二卷
張升集二卷
侯瑾集二卷
酈炎集二卷

盧植集二卷
劉珍集二卷
楊厚集二卷
張衡集十卷
葛龔集五卷
李固集十卷
馬融集五卷
崔琦集二卷
延篤集二卷
劉陶集二卷
荀爽集二卷
劉梁集二卷
鄭玄集二卷
蔡邕集二十卷
應劭集四卷

士孫瑞集二卷
張邵集五卷
禰衡集二卷
孔融集十卷
潘勗集二卷
阮瑀集五卷
陳琳集十卷
張紘集一卷
繁欽集十卷
楊脩集二卷
王粲集十卷
魏武帝集三十卷
文帝集十卷
明帝集十卷
高貴鄉公集二卷

陳思王集二十卷
又三十卷
華歆集三十卷
王朗集三十卷
邯鄲淳集二卷
袁渙集五卷
應瑒集二卷
徐幹集五卷
劉楨集二卷
路粹集二卷
丁儀集二卷
丁廙集二卷
劉廙集二卷
吳質集五卷
孟達集三卷

陳羣集三卷
王脩集三卷
管寧集二卷
劉邵集二卷
麋元集五卷
李康集二卷
孫該集二卷
卞蘭集二卷
傅巽集二卷
高堂隆集十卷
繆襲集五卷
殷褒集二卷
韋誕集三卷
曹羲集五卷
傅嘏集二卷

桓範集二卷
夏侯霸集二卷
鍾毓集五卷
江奉集二卷
夏侯惠集二卷
毌丘儉集二卷
王弼集五卷
呂安集二卷
王昶集五卷
王肅集五卷
何晏集十卷
應璩集十卷
杜摯集二卷
夏侯玄集二卷
程曉集二卷

阮籍集五卷
嵇康集十五卷
鍾會集十卷
蜀許靖集二卷
諸葛亮集二十四卷
吳張溫集五卷
士燮集五卷
虞翻集三卷
駱統集十卷
暨豔集二卷
謝承集四卷
姚信集十卷
陸凱集五卷
華覈集五卷
胡綜集二卷

薛瑩集二卷
薛綜集三卷
張儼集二卷
韋昭集二卷
紀隲集二卷
晉宣帝集五卷
文帝集二卷
明帝集五卷
簡文帝集五卷
齊王攸集二卷
會稽王道子集八卷
彭城王集八卷
譙王集三卷
王沈集五卷
鄭袤集二卷

應貞集五卷
嵇喜集二卷
傅玄集五十卷
成公綏集十卷
裴秀集三卷
何禎集五卷
袁準集二卷
山濤集五卷
向秀集二卷
阮沖集二卷
阮侃集五卷
羊祜集二卷
賈充集二卷
荀勗集二十卷
杜預集二十卷

王濬集二卷
皇甫謐集二卷
程咸集二卷
劉毅集二卷
庾峻集三卷
郄正集一卷
楊泉集二卷
陶濬集二卷
宣騁集三卷
曹志集二卷
鄒湛集四卷
孫毓集五卷
王渾集五卷
王深集四卷
江偉集五卷

閔鴻集二卷
裴楷集二卷
何劭集二卷
劉寔集二卷
裴頠集十卷
許孟集二卷
王祜集三卷
王濟集二卷
華頌集三卷
劉嶠集二卷
庾鯈集三卷
謝衡集二卷
傅咸集三十卷
棗據集二卷
劉寶集三卷

孫楚集十卷
王讚集二卷
夏侯湛集十卷
夏侯淳集十卷
張敏集二卷
劉許集二卷
李重集二卷
樂廣集二卷
阮渾集二卷
楊乂集三卷
張華集十卷
李虔集十卷
石崇集五卷
潘岳集十卷
潘尼集十卷

歐陽建集二卷
嵇紹集二卷
衞展集十四卷
盧播集二卷
欒肇集五卷
應亨集二卷
司馬彪集三卷
杜育集二卷
摯虞集十卷
繆徵集二卷
左思集五卷
夏侯靖集二卷
鄭豐集二卷
陳略集二卷
張翰集二卷

陸機集十五卷
陸雲集十卷
陸沖集二卷
孫極集二卷
張載集二卷
張協集二卷
束晳集五卷
華譚集二卷
曹攄集二卷
江統集十卷
胡濟集五卷
卞粹集二卷
閭丘沖集二卷
庾敳集二卷
阮瞻集二卷

阮脩集二卷
裴邈集二卷
郭象集五卷
嵇含集十卷
孫惠集十卷
蔡洪集二卷
牽秀集五卷
蔡克集二卷
索靖集二卷
閭纂集二卷
張輔集二卷
殷巨集二卷
陶佐集五卷
仲長敖集二卷
虞溥集二卷

吳商集五卷
劉弘集三卷
山簡集二卷
宗岱集三卷
王曠集五卷
王峻集二卷
棗腆集二卷
棗嵩集二卷
劉琨集十卷
盧諶集十卷
傅暢集五卷
顧榮集五卷
荀組集二卷
周顗集二卷
周嵩集三卷

王導集十卷
荀邃集二卷
王敦集五卷
謝琨集二卷
張抗集二卷
賈霖集三卷
劉隗集三卷
應詹集五卷
陶侃集二卷
王洽集三卷
張闓集三卷
卞壼集二卷
劉超集二卷
楊方集二卷
傅純集二卷

郗鑒集十卷
溫嶠集十卷
孔坦集五卷
王濤集五卷
王篋集五卷
甄述集五卷
王嶠集二卷
戴邈集五卷
賀循集二十卷
張悛集二卷
應碩集二卷
陸沈集二卷
曾瓌集五卷
熊遠集五卷
郭璞集十卷

王鑒集五卷
庾亮集二十卷
虞預集十卷
顧和集五卷
范宣集十卷
張虞集五卷
庾冰集二十卷
庾翼集二十卷
何充集五卷
諸葛恢集五卷
祖台之集十五卷
李充集十四卷
蔡謨集十卷
謝艾集八卷
范汪集八卷

范甯集十五卷
阮放集五卷
王廙集十卷
王彪之集二十卷
謝安集五卷
謝万集十卷
王羲之集五卷
干寶集四卷
殷融集十卷
劉遐集五卷
殷浩集五卷
劉惔集二卷
王濛集五卷
謝尚集五卷
張憑集五卷

張望集三卷
韓康伯集五卷
王胡之集五卷
江霖集五卷
范宣集五卷
江惇集五卷
王述集五卷
郝默集五卷
黃整集十卷
王浹集二卷
王度集五卷
劉系之集五卷
劉恢集五卷
范起集五卷
殷康集五卷

孫嗣集三卷
王坦之集五卷
桓溫集二十卷
郗超集十五卷
謝朗集五卷
謝玄集十卷
王珣集十卷
許詢集三卷
孫統集五卷
孫綽集十五卷
孔嚴集五卷
江逌集五卷
車灌集五卷
丁纂集二卷
曹毗集十五卷

蔡系集二卷
李顒集十卷
顧夷集五卷
袁喬集五卷
謝沈集五卷
庾闡集十卷
王隱集十卷
殷允集十卷
徐邈集八卷
殷仲堪集十卷
殷叔獻集三卷
桓嗣集五卷
伏滔集五卷
習鑿齒集五卷
鈕滔集五卷

邵毅集五卷
孫盛集十卷
袁質集二卷
袁宏集二十卷
袁邵集三卷
羅含集三卷
孫放集十五卷
辛昞集四卷
庾統集二卷
郭愔集五卷
滕輔集五卷
庾龢集二卷
庾軌集二卷
庾蕎集二卷
庾肅之集十卷

王脩集二卷
戴逵集十卷
桓玄集二十卷
殷仲文集七卷
卞湛集五卷
蘇彥集十卷
袁豹集十卷
王謐集十卷
周祗集十卷
梅陶集十卷
湛方生集十卷
劉瑾集八卷
羊徽集一卷
卞裕集十四卷
王愆期集十卷

孔璠之集二卷
王茂略集四卷
薄肅之集十卷
滕演集二卷
宋武帝集二十卷
文帝集十卷
長沙王義欣集十卷
臨川王義慶集八卷
衡陽王義季集十卷
江夏王義恭集十五卷
南平王鑠集五卷
建平王宏集十卷
又小集六卷
新渝侯義宗集十二卷
謝瞻集二卷

孔琳之集十卷
王叔之集十卷
徐廣集十五卷
孔甯子集十五卷
蔡廓集十卷
傅亮集十卷
孫康集十卷
鄭鮮之集二十卷
陶潛集二十卷
又集五卷
范泰集二十卷
王弘集二十卷
謝惠連集五卷
謝靈運集十五卷
荀昶集十四卷

孔欣集十卷
卞伯玉集五卷
王曇首集二卷
謝弘微集二卷
王韶之集二十卷
沈林子集七卷
姚濤之集二十卷
賀道養集十卷
衞令元集八卷
褚詮之集八卷
荀欽明集六卷
殷淳集三卷
劉瑀集七卷
劉緄集五卷
雷次宗集三十卷

宗炳集十五卷
伍緝之集十一卷
荀雍集十卷
袁淑集十卷
顏延之集三十卷
王微集十卷
王僧達集十卷
張暢集十四卷
何偃集八卷
沈懷文集十三卷
江智淵集十卷
謝莊集十五卷
殷琰集八卷
顏竣集十三卷
何承天集二十卷

裴松之集三十卷
卞瑾集十卷
丘淵之集六卷
顏測集十一卷
湯惠休集三卷
沈勃集十五卷
徐爰集十卷
鮑照集十卷
庾蔚之集十一卷
虞通之集五卷
劉愔集十卷
孫緬集十卷
袁伯文集十卷
袁粲集十卷
齊竟陵王集三十卷

褚淵集十五卷
王儉集六十卷
周顒集二十卷
徐孝嗣集十二卷
王融集十卷
謝朓集十卷
孔稚珪集十卷
陸厥集十卷
虞羲集十一卷
宗躬集十二卷
江奐集十一卷
張融玉海集六十卷
梁文帝集十八卷
武帝集十卷
簡文帝集八十卷

元帝集五十卷
又小集十卷
昭明太子集二十卷
邵陵王綸集四卷
武陵王紀集八卷
范雲集十二卷
江淹前集十卷
後集十卷
任昉集三十四卷
宗夬集十卷
王暕集二十卷
魏道微集三卷
司馬褧集九卷
沈約集一百卷
又集略三十卷

傅昭集十卷
袁昂集二十卷
徐勉前集三十五卷
後集十六卷
陶弘景集三十卷
周捨集二十卷
何遜集八卷
謝琛集五卷
謝郁集五卷
王僧孺集三十卷
張率集三十卷
楊眺集十卷
鮑畿集八卷
周興嗣集十卷
蕭洽集二卷

裴子野集十四卷
庾曇隆集十卷
陸倕集二十卷
劉之遴前集十一卷
後集三十卷
虞喟集六卷
王冏集三卷
劉孝綽集十二卷
劉孝儀集二十卷
劉孝威前集十卷
後集十卷
丘遲集十卷
王錫集七卷
蕭子範集三卷
蕭子雲集二十卷

蕭子暉集十一卷
江革集十卷
吳均集二十卷
庾肩吾集十卷
王筠洗馬集十卷
又中庶子集十卷
左右集十卷
臨海集十卷
中書集十卷
尙書集十一卷
鮑泉集一卷
謝瑱集十卷
任孝恭集十卷
張纘集十卷
陸雲公集四卷

張綰集十卷
甄玄成集十卷
蕭欣集十卷
沈君攸集十二卷
後梁明帝集一卷〔一〕
後魏文帝集四十卷
高允集二十卷
宗欽集二卷
李諧集十卷
韓宗集五卷
袁躍集九卷
薛孝通集六卷
温子昇集三十五卷
盧元明集六卷
陽固集三卷

魏孝景集一卷
北齊陽休之集三十卷
邢邵集三十卷
魏收集七十卷
劉逖集四十卷
後周明帝集五十卷
趙平王集十卷
滕簡王集十二卷
宗懍集十卷
王褒集二十卷
蕭撝集十卷
庾信集二十卷
王衡集三卷
陳後主集五十五卷
沈炯前集六卷

後集十三卷
周弘正集二十卷
周弘讓集十八卷
徐陵集三十卷
張正見集四卷
陸玠集五卷
陸琰集十卷
沈不害集十卷
張式集十三卷
褚介集十卷
顧越集二卷
顧覽集五卷
姚察集二十卷
隋煬帝集三十卷
盧思道集二十卷

李元操集二十二卷
辛德源集三十卷
李德林集十卷
牛弘集十二卷
薛道衡集三十卷
何妥集十卷
柳顧言集十卷
江總集二十卷
殷英童集三十卷
蕭慤集九卷
魏澹集四卷
尹式集五卷
諸葛潁集十四卷
王胄集十卷
虞茂世集五卷

劉興宗集三卷
李播集三卷
道士江旻集三十卷
僧曇諦集六卷
惠遠集十五卷
支遁集十卷
惠琳集五卷
曇瑗集六卷
靈裕集二卷
亡名集十卷
曹大家集二卷
鍾夫人集二卷
劉臻妻陳氏集五卷
左九嬪集一卷
臨安公主集三卷

范靖妻沈滿願集三卷
徐悱妻劉氏集六卷
太宗集四十卷
高宗集八十六卷
中宗集四十卷
睿宗集十卷
武后垂拱集一百卷
又金輪集十卷
陳叔達集十五卷
竇威集十卷
褚亮集二十卷
虞世南集三十卷
蕭瑀集一卷
沈齊家集十卷
薛收集十卷

楊師道集十卷
庾抱集十卷
孔穎達集五卷
王績集五卷
郎楚之集三卷
魏徵集二十卷
許敬宗集八十卷
于志寧集四十卷
上官儀集三十卷
李義府集四十卷
顏師古集六十卷
岑文本集六十卷
劉子翼集二十卷
殷聞禮集一卷
陸士季集十卷

劉孝孫集三十卷
鄭世翼集八卷
崔君實集十卷
李百藥集三十卷
孔紹安集五十卷
高季輔集二十卷
溫彥博集二十卷
李玄道集十卷
謝偃集十卷
沈叔安集二十卷
陸楷集十卷
曹憲集三十卷
蕭德言集二十卷
潘求仁集三卷
殷芊集三卷

蕭鈞集三十卷
袁朗集十四卷
楊續集十卷
王約集一卷
任希古集十卷
凌敬集十四卷
王德儉集十卷
徐孝德集十卷
杜之松集十卷
宋令文集十卷
陳子良集十卷
顏頵集十卷
劉穎集十卷
司馬僉集十卷
鄭秀集十二卷

耿義褒集七卷
楊元亨集五卷
劉綱集三卷
王歸一集十卷
馬周集十卷
薛元超集三十卷
高智周集五卷
褚遂良集二十卷
劉禕之集七十卷
郝處俊集十卷
崔知悌集五卷
李安期集二十卷
唐覲集五卷
張大素集十五卷
鄧玄挺集十卷

劉允濟集二十卷
駱賓王集十卷
盧照鄰集二十卷
又幽憂子三卷
楊炯盈川集三十卷
王勃集三十卷
狄仁傑集十卷
李懷遠集八卷
盧受采集二十卷
喬知之集二十卷
王適集二十卷
蘇味道集十五卷
薛曜集二十卷
郎餘慶集十卷
盧光容集二十卷

崔融集六十卷
閻鏡機集十卷
李嶠集五十卷
喬備集六卷
陳子昂集十卷
元希聲集十卷
李適集十卷
沈佺期集十卷
徐彥伯前集十卷
後集十卷
宋之問集十卷
杜審言集十卷
谷倚集十卷
富嘉謨集十卷
吳少微集十卷

劉希夷集十卷
張柬之集十卷
桓彥範集三卷
韋承慶集六十卷
閭丘均集二十卷
郭元振集二十卷
魏知古集二十卷
閻朝隱集五卷
蘇瓌集十卷
員半千集十卷
李乂集五卷
姚崇集十卷
丘悅集十卷
劉子玄集三十卷
盧藏用集三十卷

玄宗集
德宗集卷亡。
濮王泰集二十卷
上官昭容集二十卷
令狐德棻集三十卷
褚亮集二十卷
許彥伯集十卷
劉洎集十卷
來濟集三十卷
杜正倫集十卷
李敬玄集三十卷
裴行儉集二十卷
崔行功集六十卷
張文琮集二十卷
麴崇裕集二十卷

劉憲集三十卷
薛稷集三十卷
宋璟集十卷
蔣儼集五卷
趙弘智集二十卷
賀德仁集二十卷
許子儒集十卷
蔡允恭集二十卷
張昌齡集二十卷
杜易簡集二十卷
顏元孫集三十卷
姚璹集七卷
杜元志集十卷字道寧，開元考功郎中、杭州刺史。
楊仲昌集十五卷
崔液集十卷裴耀卿纂。

張說集三十卷
蘇頲集三十卷
徐堅集三十卷
元海集十卷字休則，開元臨河尉。
李邕集七十卷
王澣集十卷
張九齡集二十卷
康國安集十卷以明經高第直國子監，教授三館進士，授右典戎衞錄事參軍、太學崇文助教，遷博士，白獸門內供奉、崇文館學士。
孫逖集二十卷
趙冬曦集卷亡。
苑咸集卷亡。京兆人。開元末上書，拜司經校書、中書舍人，貶漢東郡司戶參軍，復起爲舍人、永陽太守。
毛欽一集三卷字傑，荆州長林人。

王助雕蟲集一卷
王維集十卷
康希銑集二十卷字南金，開元台州刺史。
張均集二十卷
權若訥集十卷開元梓州刺史。
白履忠集十卷
鮮于向集十卷
康玄辯集十卷字通理，開元廬州刺史。
嚴從集三卷從卒，詔求其稾，呂向集而進焉。
陶翰集卷亡。潤州人。開元禮部員外郎。
崔國輔集卷亡。應縣令舉，授許昌令、集賢直學士、禮部員外郎。坐王鉷近親貶竟陵郡司馬。
高適集二十卷
賈至集二十卷
別十五卷蘇顯編。

張孝嵩集十卷字仲山，南陽人。開元河東節度使、南陽郡公。
儲光羲集七十卷
蘇源明前集三十卷
李白草堂集二十卷李陽冰錄。
杜甫集六十卷
小集六卷潤州刺史樊晃集。
岑參集十卷
盧象集十二卷字緯卿，左拾遺、膳部員外郎，授安祿山僞官，貶永州司戶參軍，起爲主客員外郎。
蕭穎士游梁新集三卷
又集十卷
李華前集十卷
中集二十卷
李翰前集三十卷

王昌齡集五卷
元結文編十卷
邵說集十卷
裴倩集五卷
又滏城集五卷均之父。
劉彙集三卷
樊澤集十卷
崔良佐集十卷
湯賁集十五卷字文叔，潤州丹陽人。貞元宋州刺史。
劉迥集五卷
武就集五卷元衡父。
于休烈集十卷
元載集十卷
張薦集三十卷
劉長卿集十卷字文房。至德監察御史，以檢校祠部員外郎爲轉運使判官，知淮西鄂岳轉運留後，鄂岳觀察使。吳仲孺誣奏，貶潘州南巴尉。會有爲辨之者，除睦州司馬，終隨州刺史。
戎昱集五卷衞伯玉鎮荆南從事，後爲辰州、虔州二刺史。
崔祐甫集三十卷
常袞集十卷
又詔集六十卷
楊炎集十卷
又制集十卷蘇弁編。
顏眞卿吳興集十卷
又廬陵集十卷
臨川集十卷
歸崇敬集二十卷
劉太眞集三十卷

于邵集四十卷
梁肅集二十卷
獨孤及毗陵集二十卷
竇叔向集七卷字遺直。與常袞善，袞爲相，用爲左拾遺、內供奉，及貶，亦出溧水令。
丘爲集卷亡。蘇州嘉興人，事繼母孝，嘗有靈芝生堂下。累官太子右庶子，時年八十餘，而母無恙，給俸祿之半。及居憂，觀察使韓滉以致仕官給祿所以惠養老臣，不可在喪爲異，唯罷春秋羊酒。初還鄉，縣令謁之，爲候門磬折，令坐，乃拜，里胥立庭下，既出，乃敢坐。經縣署，降馬而趨。卒年九十六。
柳渾集十卷
李泌集二十卷
張建封集二百三十篇
顧況集二十卷

鮑溶集五卷
齊抗集二十卷
鄭餘慶集五十卷
崔元翰集三十卷
楊凝集二十卷
歐陽詹集十卷
李觀集三卷陸希聲纂。
呂溫集十卷
穆員集十卷
竇常集十八卷
鄭絪集三十卷
符載集十四卷
郗純集六十卷
戴叔倫述藁十卷
張登集六卷貞元漳州刺史。

陸迅集十卷德宗時監察御史裏行。
柳冕集卷亡。
姚南仲集十卷
李吉甫集二十卷
武元衡集十卷
權德輿童蒙集十卷
又集五十卷
制集五十卷
韓愈集四十卷
柳宗元集三十卷
韋貫之集三十卷
李絳集二十卷
令狐楚漆奩集一百三十卷
又梁苑文類三卷
表奏集十卷自稱白雲孺子表奏集

韋武集十五卷
皇甫鏞集十八卷
樊宗師集二百九十一卷
武儒衡集二十五卷
又制集二十卷
李道古文興三十卷
董侹武陵集卷亡。侹，字庶中，元和荊南從事。
劉禹錫集四十卷
元氏長慶集一百卷
又小集十卷元稹。
白氏長慶集七十五卷白居易。
白行簡集二十卷
張仲方集三十卷
鄭澣集三十卷
馮宿集四十卷

劉伯芻集三十卷
段文昌集三十卷
又詔誥二十卷
韋處厚集七十卷
劉栖楚集二十卷
李翺集十卷
溫造集八十卷
滕珦集卷亡。珦，東陽人。歷茂王傅，大和初以右庶子致仕，四品給祿還鄉自珦始。
王起集一百二十卷
崔咸集二十卷大和人。
皇甫湜集三卷
舒元輿集一卷
李德裕會昌一品集二十卷
又姑臧集五卷

窮愁志三卷
雜賦二卷
杜牧樊川集二十卷
沈亞之集九卷
羅讓集三十卷
王涯集十卷
魏謩集十卷
秣陵子集一卷來擇，字无擇，寶曆應賢良科。
柳仲郢集二十卷
陳商集十七卷
歐陽袞集二卷袞，福州閩縣人，歷侍御史。
溫庭筠握蘭集三卷
又金筌集十卷
詩集五卷
漢南眞藁十卷

陳陶文錄十卷
劉蛻文泉子十卷字復愚，咸通中書舍人。
鄭畋玉堂集五卷
又鳳池藁草三十卷
續鳳池藁草三十卷
孫樵經緯集三卷字可之，大中進士第。
周愼辭寧蘇集五卷字若訥，咸通進士第。
皮日休集十卷
又胥臺集七卷
文藪十卷
詩一卷
陸龜蒙笠澤叢書三卷
又詩編十卷
賦六卷
楊夔集五卷

又冗書十卷
冗餘集一卷
沈栖遠景臺編十卷字子雲，咸通進士第。
鄭諴集卷亡。字中虔，福州閩縣人。大中國子司業，邵、安二州刺史，江西節度副使。
司空圖一鳴集三十卷
陸扆集七卷
秦韜玉投知小錄三卷字中明，田令孜神策判官、工部侍郎。
鄭賨集十卷字賓輝，乾符進士第。
袁皓碧池書三十卷袁州宜春人。龍紀集賢殿圖書使，自稱碧池處士。
鄭氏貽孫集四卷
養素先生遺榮集三卷皆唐末人。
張玄晏集二卷字寅節，昭宗翰林學士。

齊㜸集一卷
黃璞霧居子十卷
譚正夫集一卷
丘光庭集三卷
張安石涪江集一卷
張友正雜編一卷
沈光集五卷題曰靈夢子。
程晏集七卷字晏然，乾寧進士第。
沈顏聲書十卷
李善夷江南集十卷
劉綺莊集十卷
王棨集五卷
孫子文纂四十卷
又孫氏小集三卷孫郃，字希韓，乾寧進士第。
陳黯集三卷字希儒，泉州南安人，昭宗時。

羅袞集二卷字子制，天祐起居郎。
李嶠雜詠詩十二卷
劉希夷詩集四卷
崔顥詩一卷汴州人，才俊無行，娶妻不愜即去之者三四，歷司勳員外郎。
綦毋潛詩一卷字孝通。開元中，繇宜壽尉入集賢院待制，遷右拾遺，終著作郎。
祖詠詩一卷
李頎詩一卷並開元進士第。
孟浩然詩集三卷弟洗然。宜城王士源所次，皆三卷也。士源別爲七類。
包融詩一卷潤州延陵人。歷大理司直。二子何、佶齊名，世稱「二包」。何，字幼嗣，大曆起居舍人。融與儲光羲皆延陵人；曲阿有餘杭尉丁仙芝、緱氏主簿蔡隱丘、監察御史蔡希周、渭南尉蔡希寂、處士張彥雄、張

潮、校書郎張彙、吏部常選周瑀、長洲尉談戭，句容有忠王府倉曹參軍殷遙、硤石主簿樊光、橫陽主簿沈如筠，江寧有右拾遺孫處玄、處士徐延壽，丹徒有江都主簿馬挺、武進尉申堂構，十八人皆有詩名。殷璠彙次其詩，爲丹楊集者。
皇甫冉詩集三卷字茂政，潤州丹楊人，祕書少監、集賢院脩撰彬姪也。天寶末無錫尉，避難居陽羨，後爲左金吾衞兵曹參軍、左補闕，與弟曾齊名。曾，字孝常，歷侍御史，坐事貶徙舒州司馬，陽翟令。
嚴維詩一卷字正文，越州人，祕書郎。
張繼詩一卷字懿孫，襄州人。大曆末，檢校祠部員外郎，分掌財賦於洪州。
李嘉祐詩一卷別名從一，袁州、台州二刺史。
郎士元詩一卷字君冑，中山人。寶應元年，選畿縣官，詔試中書，補渭南尉，歷拾遺、郢州刺史。

張南史詩一卷字季直，幽州人。以試參軍避亂居揚州楊子，再召之，未赴，卒。
暢當詩二卷
鄭常詩一卷
蘇渙詩一卷渙少喜剽盜，善用白弩，巴蜀商人苦之，號白跖，以比莊蹻。後折節讀書，進士及第。湖南崔瓘辟從事，瓘遇害，渙走交廣，與哥舒晃反，伏誅。
朱灣詩集四卷李勉永平從事。
古中孚詩一卷楚州人，始爲道士，後官校書郎，登宏辭，諫議大夫、翰林學士、戶部侍郎，判度支。貞元初卒。
朱放詩一卷字長通，襄州人，隱居剡溪。嗣曹王皐鎮江西，辟節度參謀，貞元初召爲拾遺，不就。
劉方平詩一卷河南人，與元魯山善，不仕。
常建詩一卷肅、代時人。
麴信陵詩一卷

章八元詩一卷睦州人，大曆進士第。
秦系詩一卷
陳詡集十卷字載物，福州閩縣人。貞元戶部郎中，知制誥。
錢起詩一卷
李端詩集三卷
韓翃詩集五卷
司空曙詩集二卷
盧綸詩集十卷
耿湋詩集二卷
崔峒詩一卷
韋應物詩集十卷
許經邦詩集一卷建中右武衞冑曹參軍。
韋渠牟詩集十卷諫議大夫時集。
劉商詩集十卷貞元比部郎中。

王建集十卷大和陝州司馬。
張碧歌行集二卷貞元人。
雍裕之詩一卷
楊巨源詩一卷字景山，大和河中少尹。
孟郊詩集十卷
張籍詩集七卷
李涉詩一卷
李賀集五卷
李紳追昔遊詩三卷
又批答一卷
章孝標詩一卷
殷堯藩詩一卷元和進士第。
李敬方詩一卷字中虔，大和歙州刺史。
玉川子詩一卷盧仝。
裴夷直詩一卷

施肩吾詩集十卷
姚合詩集十卷
韓琮詩一卷字成封，大中湖南觀察使。
李商隱樊南甲集二十卷
乙集二十卷
玉溪生詩三卷
又賦一卷
文一卷
賈島長江集十卷
又小集三卷
張祜詩一卷字承吉，爲處士，大中中卒。
許渾丁卯集二卷字用晦，圉師之後，大中睦州、郢州二刺史。
李遠詩集一卷字求古，大中建州刺史。
雍陶詩集十卷字國鈞，大中八年自國子毛詩博士出爲簡州刺史。

朱慶餘詩一卷名可久，以字行。寶曆進士第。
喻鳧詩一卷開成進士第，烏程令。
馬戴詩一卷字虞臣，會昌進士第。
李羣玉詩三卷
後集五卷字文山，澧州人。裴休觀察湖南，厚延致之，及爲相，以詩論薦，授校書郎。
崔櫓無譏集四卷
鄭渾百篇集一卷渾常應百篇舉，壽州刺史李紳命百題試之。
姚鵠詩一卷字居雲，會昌進士第。
項斯詩一卷字子遷，江東人，會昌丹徒尉。
孟遲詩一卷字遲之，會昌進士第。
顧非熊詩一卷況之子，大中盱眙尉，棄官隱茅山。
章碣詩一卷

趙嘏渭南集三卷
又編年詩二卷字承祐，大中渭南尉。
薛逢詩集十卷
又別紙十三卷
賦集十四卷
于武陵詩一卷
李頻詩一卷
李郢詩一卷字楚望，大中進士第，侍御史。
曹鄴詩三卷字鄴之，大中進士第，洋州刺史。
劉滄詩一卷字蘊靈。
崔珏詩一卷字夢之，並大中進士第。
劉得仁詩一卷
高蟾詩一卷乾寧御史中丞。
高駢詩一卷
薛能詩集十卷
又繁城集一卷
陸希聲頤山詩一卷
鄭嵎津陽門詩一卷
于濆詩一卷字子漪。
許棠詩一卷字文化。
公乘億詩一卷字壽山，並咸通進士第。
聶夷中詩二卷字坦之，咸通華陰尉。
于鄴詩一卷
于鵠詩一卷
鄭谷雲臺編三卷
又宜陽集三卷字守愚，袁州人，爲右拾遺。乾寧中，以都官郎中卒于家。
朱朴詩四卷
又雜表一卷
玄英先生詩集十卷方干。

李洞詩一卷
吳融詩集四卷
又制誥一卷
韓偓詩一卷
又香奩集一卷
曹唐詩三卷字堯賓。
周賀詩一卷
劉干詩一卷
崔塗詩一卷字禮山，光啓進士第。
唐彥謙詩集三卷
張喬詩集二卷
王駕詩集六卷字大用。
吳仁璧詩一卷字廷寶，並大順進士第。
王貞白詩一卷字有道。
張蠙詩集二卷字象文。
翁承贊詩一卷字文堯。
褚載詩三卷字厚之，並乾寧進士第。
王轂詩集三卷字虛中，乾寧進士第，郎官致仕。
曹松詩集三卷字夢徵，天復進士第，校書郎。
羅鄴詩一卷
趙摶歌詩二卷
周朴詩二卷朴，稱處士。
朱景元詩一卷
崔道融申唐詩三卷
陳光詩一卷
王德輿詩一卷
湯緒灊陽雜題詩三卷
韋靄詩一卷
張爲詩一卷
羅浩源詩一卷

薛瑩洞庭詩集一卷
謝蟠隱雜感詩二卷
譚藏用詩一卷
劉言史歌詩六卷
黃滔集十五卷字文江，光化四門博士。
鄭良士白巖集十卷字君夢。昭宗時獻詩五百篇，授補闕。
嚴郾詩二卷
劉威詩一卷
鄭雲叟詩集三卷
來鵬詩一卷
陸元皓詠劉子詩三卷
任翻詩一卷
李山甫詩一卷
道士吳筠集十卷
僧惠頤集八卷姓李，江陵人。
僧玄範集二十卷
僧法琳集三十卷
僧靈徹詩集十卷姓湯，字源澄，越州人。
皎然詩集十卷字清晝，姓謝，湖州人，靈運十世孫，居杼山。顏眞卿爲刺史，集文士撰韻海鏡源，預其論著。貞元中，集賢御書院取其集以藏之，刺史于頔爲序。
盧獻卿愍征賦一卷
謝觀賦八卷
盧肇海潮賦一卷
又通屈賦一卷
注林絢大統賦二卷字子發，袁州人。咸通歙州刺史。
高邁賦一卷
皇甫松大隱賦一卷

崔葆數賦十卷乾寧進士，王克昭注。
宋言賦一卷字表文。
陳汀賦一卷字用濟，並大中進士第。
樂朋龜綸閣集十卷
又德門集五卷
賦一卷字兆吉，僖宗翰林學士，太子少保致仕。
蔣凝賦三卷字仲山，咸通進士第。
公乘億賦集十二卷
林嵩賦一卷字降臣，乾符進士第。
王翃賦一卷字雄飛，大順進士第。
賈嵩賦三卷
李山甫賦二卷
陸贄論議表疏集十二卷
又翰苑集十卷韋處厚纂。
王仲舒制集十卷
李虞仲制集四卷
封敖翰稾八卷
崔嘏制誥集十卷字乾錫，邢州刺史。會劉稹反，歸朝，授考功郎中、中書舍人。李德裕之謫，嘏草制不盡書其過，貶端州刺史。
獨孤霖玉堂集二十卷
劉崇望中和制集十卷
李磎制集四卷
錢珝舟中錄二十卷
薛廷珪鳳閣書詞十卷
郭元振九諫書一卷
李絳論事集三卷蔣偕集。
李磎表疏一卷
張濬表狀一卷
臨淮尺題二卷武元衡西川從事撰。

李程表狀一卷
劉三復表狀十卷
問遺雜錄三卷
趙璘表狀集一卷
張次宗集六卷
呂述東平小集三卷
段全緯集二十卷
劉鄴甘棠集三卷
王虬集十卷字希龍，泉州南安人。大順初舉進士第。
崔致遠四六一卷
又桂苑筆耕二十卷高麗人，賓貢及第，高駢淮南從事。
顧氏編遺十卷
苕川總載十卷
纂新文苑十卷
啓事一卷
賦二卷
集遺具錄十卷顧雲，字垂象，池州人。虞部郎中，高駢淮南從事。
鄭準渚宮集一卷字不欺，乾寧進士第。
李巨川四六集二卷韓建華州從事。
胡曾安定集十卷
陳蟠隱集五卷
張澤飲河集十五卷
黃台江西表狀二卷鍾傳從事。
太宗凌煙閣功臣讚一卷
崔融寶圖贊一卷王起注。
盧鋋武成王廟十哲讚一卷
李靖霸國箴一卷
魏徵時務策五卷

郭元振安邦策一卷
劉蕡策一卷
王勃舟中纂序五卷
才命論一卷張鷟撰，郗昂注。一作張說撰，潘詢注。
杜元穎五題一卷
李甘文一卷
南卓文一卷
劉軻文一卷
陸鸞文一卷字離祥，咸通進士第。
吳武陵書一卷
夏侯韞大中年與涼州書一卷
駱賓王百道判集一卷
張文成龍筋鳳髓十卷
崔銑判一卷大曆人。
鄭寬百道判一卷元和拔萃。

右別集類七百三十六家，七百五十部，七千六百六十八卷。失姓名一家，玄宗以下不著錄四百六家，五千一十二卷。

摯虞文章流別集三十卷
杜預善文四十九卷
謝沈名文集四十卷
孔逭文苑一百卷
梁昭明太子文選三十卷
又古今詩苑英華二十卷

蕭該文選音十卷
僧道淹文選音義十卷
小辭林五十三卷
集古今帝王正位文章九十卷
蕭圓文海集三十六卷
康明貞辭苑麗則二十卷
庾自直類文三百七十七卷
宋明帝賦集四十卷
皇帝瑞應頌集十卷
五都賦五卷
卞鑠獻賦集十卷
司馬相如上林賦一卷
曹大家注班固幽通賦一卷
項岱注幽通賦一卷
張衡二京賦二卷
薛綜二京賦音二卷
三都賦三卷
左太沖齊都賦一卷
李軌齊都賦音一卷
褚令之百賦音一卷
郭徵之賦音二卷
綦毋邃三京賦音一卷
木連理頌二卷
李裔靖恭堂頌一卷
諸郡碑一百六十六卷
雜碑文集二十卷
殷仲堪雜論九十五卷
劉楷設論集三卷
謝靈運設論集五卷
又連珠集五卷

梁武帝制旨連珠四卷
陸緬注制旨連珠十一卷
謝莊讚集五卷
張湛古今箴銘集十三卷
衆賢誡集十五卷
雜誡箴二十四卷
李德林霸朝雜集五卷
王履書集八十卷
夏赤松書林六卷
山濤啓事十卷
梁中書表集二百五十卷
薦文集七卷
宋元嘉策五卷
又元嘉宴會游山詩集五卷
宋伯宜策集六卷
卞氏七林集十二卷
顏之推七悟集一卷
袁淑俳諧文十五卷
顏竣婦人詩集二卷
殷淳婦人集三十卷
江邃文釋十卷
干寶百志詩集五卷
崔光百國詩集二十九卷
應璩百一詩八卷
李夔百一詩集二卷
晉元正宴會詩集四卷伏滔、袁豹、謝靈運撰。
顏延之元嘉西池宴會詩集三卷
清溪集三十卷齊武帝敕撰。
齊釋奠會詩集二十卷
徐伯陽文會詩集四卷

文林詩府六卷北齊後主作。

蕭淑西府新文十卷

新文要集十卷

宋明帝詩集新撰三十卷

詩集二十卷

謝靈運詩集五十卷

又詩集鈔十卷

詩英十卷

回文詩集一卷

七集十卷

劉和詩集二十卷

顏竣詩集一百卷

許凌六代詩集鈔四卷

詩林英選十一卷

虞綽等類集一百一十三卷

詩纘十二卷

詩錄二十卷

文苑詞英八卷

徐陵六代詩集鈔四卷

又玉臺新詠十卷

謝混集苑六十卷

宋臨川王義慶集林二百卷

丘遲集鈔四十卷

李善注文選六十卷

公孫羅注文選六十卷

又音義十卷

劉允濟金門待詔集十卷

文館辭林一千卷許敬宗、劉伯莊等撰。

麗正文苑二十卷

芳林要覽三百卷許敬宗、顧胤、許圉師、上官儀、楊

思儉、孟利貞、姚璹、竇德玄、郭瑜、董思恭、元思敬集。

僧惠淨續古今詩苑英華集二十卷

劉孝孫古今類聚詩苑三十卷

郭瑜古今詩類聚七十九卷

歌錄集八卷

李淳風注顏之推稽聖賦一卷

張庭芳注庾信哀江南賦一卷

崔令欽注一卷

竇嚴東漢文類三十卷

李善文選辨惑十卷

五臣注文選三十卷衢州常山尉呂延濟、都水使者劉承祖男良、處士張銑呂向李周翰注，開元六年，工部侍郎呂延祚上之。

曹憲文選音義卷亡。

康國安注駁文選異義二十卷

許淹文選音十卷

孟利貞續文選十三卷

崔玄暐訓注文館詞林策二十卷

康顯辭苑麗則三十卷

又海藏連珠三十卷希銑之兄，脩書學士。

卜長福續文選三十卷開元十七年上，授富陽尉。

卜隱之擬文選三十卷開元處士。

朝英集三卷開元中張孝嵩出塞，張九齡、韓休、崔沔、王翰、胡皓、賀知章所撰送行歌詩。

王方慶王氏神道銘二十卷

張楚金翰苑三十卷

徐堅文府二十卷開元中，詔張說括文選外文章，乃命堅與賀知章、趙冬曦分討，會詔促之，堅乃先集詩賦二韻爲文府上之。餘不能就而罷。

裴潾大和通選三十卷

李康玉臺後集十卷

元思敬詩人秀句二卷

孫季良正聲集三卷

珠英學士集五卷崔融集武后時脩三教珠英學士李嶠、張說等詩。

搜玉集十卷

曹恩起予集五卷大曆人。

元結篋中集一卷

奇章集四卷

劉明素麗文集五卷興元中集。

李吉甫古今文集略二十卷

又國朝哀策文四卷

梁大同古銘記一卷

麗則集五卷

類表五十卷亦名表啓集。

柳宗直西漢文類四十卷

柳玄同題集十卷

竇常南薰集三卷

殷璠丹楊集一卷

又河岳英靈集二卷

王起文場秀句一卷

姚合極玄集一卷

高仲武中興間氣集二卷

李戡唐詩三卷

顧陶唐詩類選二十卷大中校書郎。

劉餗樂府古題解一卷

李氏花萼集二十卷李乂、尚一、尚貞。

韋氏兄弟集二十卷韋會、弟弼。

竇氏聯珠集五卷竇羣、常、牟、庠、鞏。

集賢院壁記詩二卷

翰林歌詞一卷

大曆年浙東聯唱集二卷

斷金集一卷李逢吉、令狐楚唱和。

元白繼和集一卷元稹、白居易。

三州唱和集一卷元稹、白居易、崔玄亮。

劉白唱和集三卷劉禹錫、白居易。

汝洛集一卷裴度、劉禹錫唱和。

洛中集七卷

彭陽唱和集三卷令狐楚、劉禹錫。

吳蜀集一卷劉禹錫、李德裕唱和。

裴均壽陽唱詠集十卷

又渚宮唱和集二十卷

峴山唱詠集八卷

荊潭唱和集一卷

盛山唱和集一卷

荊夔唱和集一卷

僧廣宣與令狐楚唱和一卷

名公唱和集二十二卷

漢上題襟集十卷段成式、溫庭筠、余知古。

袁皓集道林寺詩二卷

松陵集十卷皮日休、陸龜蒙唱和。

廖氏家集一卷廖光圖，唐末人。

盧瓌杼情集二卷

孟啓本事詩一卷

劉松宜陽集六卷松，字穉美，袁州人。集其州天寶以後詩四百七十篇。

蔡省風瑤池新詠二卷集婦人詩。

僧靈徹訓唱集十卷大曆至元和中名人。

吳兢唐名臣奏十卷

馬摠奏議集三十卷

臧嘉猷羽書三卷處士。

沈常總戎集三十卷

唐稟貞觀新書三十卷稟，袁州萍鄉人。集貞觀以前文章。

黃滔泉山秀句集三十卷編閩人詩，自武德盡天祐末。

周仁瞻古今類聚策苑十四卷

五子策林十卷集許南容而下五人策問。

元和制策三卷元稹、獨孤郁、白居易。

李太華掌記略十五卷

新掌記略九卷

林逢續掌記略十卷

凡文史類四家，四部，十八卷。劉子玄以下不著錄二十二家，二十三部，一百七十九卷。

李充翰林論三卷

劉勰文心雕龍十卷

顏竣詩例錄二卷

鍾嶸詩評三卷

劉子玄史通二十卷

柳氏釋史十卷柳璨。一作史通析微。

劉餗史例三卷

沂公史例十卷田弘正客撰。

裴傑史漢異義三卷河南人，開元十七年上，授臨濮尉。

李嗣眞詩品一卷

元兢宋約詩格一卷

王昌齡詩格二卷

晝公詩式五卷

詩評三卷僧皎然。

王起大中新行詩格一卷

姚合詩例一卷

賈島詩格一卷

炙轂子詩格一卷

元兢古今詩人秀句二卷

李洞集賈島句圖一卷

張仲素賦樞三卷

范傳正賦訣一卷

浩虛舟賦門一卷

倪宥文章龜鑑一卷

劉蘧應求類二卷

孫郃文格二卷

右總集類七十五家，九十九部，四千二百二十三卷。李淳風以下不著錄七十八家，八百一十三卷。總七十九家，一百七部。

校勘記

〔一〕後粱明帝集一卷　舊書卷四七經籍志作「後魏明帝集一卷」。

新唐書

宋　歐陽修　宋　祁　撰

第　六　册

卷六一至卷六九（表）

中華書局

唐書卷六十一

表第一

宰相上

唐因隋舊，以三省長官爲宰相，已而又以他官參議，而稱號不一，出於臨時，最後乃有同品、平章之名，然其爲職業則一也。作宰相表。

公元	年	宰相	三師	三公
618	武德元年戊寅	六月甲戌，趙國公世民爲尙書令，相國長史裴寂拜尙書右僕射知政事；相國司馬劉文靜爲納言；隋民部尙書宋國公蕭瑀、相國司錄參軍竇威並爲內史令。 庚辰，世民封秦王。 癸未，世民爲西討元帥；壬辰，爲雍州牧。 辛丑，威薨。將作大匠竇陳國公竇抗本官兼納言，黃門侍郎陳叔達判納言。 八月己丑，世民爲西討行軍元帥。 戊申，文靜除名。 十月，抗罷爲左武候大將軍。		十二月壬申，秦王世民爲太尉、陝東道行臺尙書令。
619	二年己卯	正月甲子，叔達兼納言。 十月己亥，黃門侍郎、涼州總管楊恭仁遙領納言。		
620	三年庚辰	三月甲戌，中書侍郎封德彝兼中書令。		四月甲寅，世民爲益州道行臺尙書令。
621	四年辛巳	正月，德彝判吏部尙書。 四月癸酉，寂爲左僕射〔一〕。		十月己丑，齊王元吉爲司空，世民加司徒、天策上將。
622	五年壬午			十月甲子，世民領左、右十二衞大將軍。
623	六年癸未	四月癸酉，德彝爲中書令；恭仁入爲吏部尙書兼中書令，檢校涼州諸軍事；瑀爲尙書右僕射；寂爲左僕射。		
624	七年甲申	十二月庚午，太子詹事裴矩檢校侍中。		
625	八年乙酉	十一月辛卯，矩罷判黃門侍郎。 庚子，天策府司馬宇文士及權檢校侍中兼太子詹事。 癸卯，世民加中書令，元吉加侍中。		
626	九年丙戌	六月癸亥，世民爲皇太子。 七月辛卯，太子右庶子高士廉爲侍中，左庶子房玄齡爲中書令，蕭瑀爲尙書左僕射。恭仁罷。 癸巳，士及爲中書令，德彝爲尙書右僕射。 十月庚辰，叔達、瑀坐事免。		正月甲寅，裴寂爲司空。 二月庚申，元吉爲司徒。 六月庚申，元吉誅。
627	貞觀元年丁亥	六月辛丑，德彝薨。 壬辰，太子少師蕭瑀爲尙書左僕射。 七月壬子，吏部尙書長孫无忌爲尙書右僕射。 八月，士及檢校涼州都督。 戊戌，士廉貶爲安州大都督。 九月辛酉，御史大夫杜淹檢校吏部尙書，參豫朝政。士及罷爲殿中監。 十二月壬午，瑀罷。		

628 二年戊子	正月辛亥，兵部尚書杜如晦檢校侍中，攝吏部尚書，仍總監東宮兵馬事。无忌罷。 庚午，刑部尚書李靖檢校中書令。 三月壬戌，靖爲關內道行軍大總管。 七月戊申，玄齡兼太子詹事。 十月庚辰，淹薨。 十二月壬辰，黃門侍郎王珪守侍中。		
629 三年己丑	二月戊寅，房玄齡爲尚書左僕射；杜如晦爲右僕射；尚書右丞魏徵爲祕書監，參豫朝政；靖爲兵部尚書。 八月，靖爲定襄道行軍大總管。 十二月癸未，如晦罷。		正月辛未，寂免。

630 四年庚寅	二月甲寅，珪爲侍中；太常卿蕭瑀爲御史大夫，參議朝政；御史大夫溫彥博爲中書令；民部尚書戴胄檢校吏部尚書，參豫朝政。 七月癸酉，瑀罷爲太子少傅。 八月甲寅，靖爲尚書右僕射。 十一月壬戌，右衞大將軍侯君集爲兵部尚書，參豫朝政。		
631 五年辛卯			
632 六年壬辰	三月，君集以喪罷。 五月，徵檢校侍中。 十月，君集起復。		

633 七年癸巳	三月戊子，珪罷爲同州刺史。 庚寅，徵爲侍中。 六月辛亥，胄薨。		十一月壬辰，開府儀同三司長孫无忌爲司空。
634 八年甲午	十月丙寅，詔靖三兩日一至門下、中書，平章政事。 十一月辛未，靖罷爲特進。 十二月辛丑，君集爲積石道行軍總管。		
635 九年乙未	七月辛巳，恭仁罷爲雍州牧〔三〕。 十一月壬戌，特進蕭瑀參豫朝政。		二月，无忌以母喪罷。 五月，起復。
636 十年丙申	六月壬申，彥博爲尚書右僕射，太常卿楊師道爲侍中，參豫朝政；魏徵罷爲特進，知門下省事，朝章國典，參議得失。 十二月，瑀罷爲岐州刺史。		
637 十一年丁酉	六月甲寅，彥博薨。		

638 十二年戊戌	七月癸酉，吏部尚書高士廉爲尚書右僕射。 八月戊寅，君集爲吏部尚書；壬寅，爲當彌道行軍大總管。		
639 十三年己亥	正月，玄齡爲太子少師。 十一月辛亥，師道爲中書令。 戊辰，尚書左丞劉洎爲黃門侍郎，參知政事。 十二月壬申，君集爲交河道行軍大總管。		
640 十四年庚子	十二月，君集還。		
641 十五年辛丑			
642 十六年壬寅	正月辛未，中書舍人兼侍郎岑文本爲中書侍郎，專典機密。 九月丁巳，徵罷爲太子太師。		七月戊午，无忌爲司徒，玄齡爲司空。

643	十七年癸卯	四月乙酉，君集誅。丁亥，師道罷爲吏部尚書。己丑，特進蕭瑀爲太子太保，兵部尚書李世勣爲特進、太子詹事，並同中書門下三品。六月丁酉，士廉爲開府儀同三司、同中書門下三品，平章政事。七月丁酉，玄齡以母喪罷。八月庚戌，工部尚書張亮爲刑部尚書，參豫朝政。十月丁巳，玄齡起復。		七月丁酉，玄齡以母喪罷。十月丁巳，起復。
644	十八年甲辰	八月丁卯，洎爲侍中，文本爲中書令，中書侍郎馬周守中書令。九月，黃門侍郎褚遂良參豫朝政。十一月甲子，世勣、周爲遼東道行軍大總管。		

645	十九年乙巳	二月乙卯，士廉攝太子太傅，劉洎、馬周、太子左庶子許敬宗、右庶子高季輔、少詹事張行成同掌機務。三月壬辰，楊師道攝中書令，无忌攝侍中。四月丁未，文本薨。十一月丁亥，師道貶爲工部尚書。十二月庚申，洎賜死。		
646	二十年丙午	三月己丑，亮誅。四月甲子，瑀罷太子太保。十月，貶商州刺史。		
647	二十一年丁未	正月壬辰，士廉薨。三月戊子，世勣爲遼東道行軍大總管。十月癸丑，遂良以父喪罷。		

648	二十二年戊申	正月庚寅，周薨。己亥，中書舍人崔仁師爲中書侍郎，參知機務。丙午，无忌檢校中書令，知尚書、門下三省事。二月，遂良起復。己卯，仁師除名，流于連州。九月己亥，遂良爲中書令。		七月癸卯，玄齡薨。
649	二十三年己酉	五月戊午，勣貶疊州都督。庚午，行成兼侍中，檢校刑部尚書季輔兼中書令，禮部尚書于志寧爲侍中。癸巳，檢校洛州刺史李勣爲開府儀同三司、同中書門下參掌機密〔三〕。九月乙卯，李勣爲尚書左僕射、同中書門下三品。		六月癸未，无忌爲太尉。九月甲寅，荆王元景爲司徒，吳王恪爲司空。

650	永徽元年庚戌	正月丙午，行成爲侍中。十月戊辰，勣罷僕射。十一月，遂良貶同州刺史。		
651	二年辛亥	正月乙巳，黃門侍郎宇文節、中書侍郎柳奭並同中書門下三品。八月己巳，張行成爲尚書右僕射、同中書門下三品，高季輔爲侍中，志寧爲尚書左僕射、同中書門下三品。		
652	三年壬子	正月己巳，褚遂良爲吏部尚書、同中書門下三品。三月辛巳，節爲侍中，奭守中書令，兵部侍郎韓瑗守黃門侍郎同中書門下三品。七月乙丑，行成兼太子少傅，季輔兼太子少保，志寧兼太子少師，節兼太子詹事。九月，守中書侍郎來濟同中書門下三品。		

年	宰相		
653 四年癸丑	二月乙酉，節流桂州。 九月甲戌，遂良爲尚書左僕射、同中書門下三品，仍知選事。 壬戌，行成薨。 十一月癸丑，兵部尚書崔敦禮爲侍中。 丁巳，奭爲中書令。 十二月庚子，季輔薨。		二月甲申，荆王元景、吳王恪賜死。 己亥，開府儀同三司、同中書門下三品勣爲司空，徐王元禮爲司徒。
654 五年甲寅	六月癸亥，奭罷爲吏部尚書。		
655 六年乙卯	五月壬辰，瑗爲侍中，濟爲中書令。 七月乙酉，敦禮爲中書令；中書舍人李義府守中書侍郎，參知政事。 九月庚午，遂良貶潭州都督。 十月癸丑，敦禮檢校太子詹事。		

年	宰相		
顯慶 656 元年丙辰	正月甲申，志寧爲太子太傅，瑗、濟並罷太子賓客。 三月丙戌，戶部侍郎杜正倫爲黃門侍郎、同中書門下三品。 七月癸未，敦禮爲太子少師、同中書門下三品。 八月丙申，敦禮薨。		
657 二年丁巳	三月癸丑，義府兼中書令，兼檢校御史大夫，仍太子賓客；正倫兼度支尚書。 八月丁卯，瑗貶振州刺史，濟貶台州刺史。 辛未，衞尉卿許敬宗爲侍中。 九月庚寅，正倫兼中書令。		
658 三年戊午	十一月乙酉，正倫貶橫州刺史，義府貶普州刺史。 戊子，敬宗權檢校中書令。		

年	宰相		
	戊戌，敬宗爲中書令，大理卿辛茂將兼侍中。		
659 四年己未	四月丙辰，志寧爲太子太師、同中書門下三品。 乙丑，守黃門侍郎許圉師兼檢校左庶子、同中書門下三品。 戊辰，志寧免。 五月己卯，圉師爲中書侍郎同三品。 丙申，兵部尚書任雅相同中書門下三品，度支尚書盧承慶參知政事。 八月壬子，義府兼吏部尚書、同中書門下三品。 九月癸卯，茂將兼左庶子。 十月甲辰，圉師兼右庶子。 十一月丙午，圉師爲左散騎常侍，檢校侍中。 戊午，茂將薨。 癸亥，承慶同中書門下三品。		四月戊辰，无忌爲揚州都督，黔州安置。

年	宰相		
660 五年庚申	七月丁卯，承慶免。		
龍朔 661 元年辛酉	四月庚辰，雅相爲浿江道行軍總管。		
662 二年壬戌	二月甲戌，雅相薨。 丙戌，敬宗爲右相；圉師爲左侍極，檢校左相。 七月戊戌，義府以母喪罷。 八月壬寅，敬宗爲太子少師、同東西臺三品，仍知西臺事。 九月丁丑，義府起復。 十月庚戌，西臺侍郎上官儀同東西臺三品。 十一月辛未，圉師貶爲虔州刺史。		
663 三年癸亥	正月乙丑，義府爲右相。 四月戊子，義府流于巂州。		

664	麟德 元年甲子	八月丁亥，司列太常伯劉祥道兼右相；大司憲竇德玄爲司元太常伯、檢校左相。十二月丙戌，儀被殺。戊子，祥道罷爲司禮太常伯、太子右中護；樂彥瑋檢校西臺侍郎，西臺侍郎孫處約，並同知軍國政事，尋同東西臺三品。		
665	二年乙丑	三月甲寅，司戎太常伯姜恪同東西臺三品。四月戊辰，彥瑋、處約並罷，左侍極陸敦信檢校右相。十月壬戌，帶方州刺史劉仁軌爲大司憲，兼知政事，檢校太子左中護。		
666	乾封 元年丙寅	四月庚戌，敦信罷爲大司成。七月庚午，仁軌兼右相，檢校右中護。八月辛丑，德玄薨。十二月癸酉，勣爲遼東道行軍大總管。		
667	二年丁卯	六月乙卯，西臺侍郎楊武、戴至德、東臺侍郎李安期、司列少常伯趙仁本並同東西臺三品；東臺舍人張文瓘參知政事。八月辛亥，安期罷爲荊州大都督長史。		
668	總章 元年戊辰	正月壬子，仁軌爲遼東道行軍副總管兼安撫大使、浿江道行軍總管。四月辛巳，武薨。十二月甲戌，恪檢校左相，司平太常伯閻立本守右相。是歲，勣加太子太師。		
669	二年己巳	二月辛酉，文瓘爲東臺侍郎，右肅機李敬玄爲西臺侍郎，並同東西臺三品。三月丙戌，東臺侍郎郝處俊同東西臺三品。		十二月戊申，勣薨。

670	咸亨 元年庚午	正月丁丑，仁軌以金紫光祿大夫致仕。三月壬辰，敬宗以特進致仕。四月己酉，敬玄以喪免。七月戊子，敬玄起復。閏九月甲寅，恪爲涼州道行軍大總管。十月乙未，仁本罷爲左肅機。		
671	二年辛未	恪爲侍中，立本爲中書令。		九月丙申，徐王元禮薨。
672	三年壬申	二月己卯，恪薨。十月，文瓘爲大理卿。乙亥，至德爲戶部尙書，敬玄吏部侍郎，處俊中書侍郎。十二月，劉仁軌爲太子左庶子、同中書門下三品。		
673	四年癸酉	十月壬午，立本薨。		
674	上元 元年甲戌	二月壬午，仁軌爲雞林道行軍大總管。		
675	二年乙亥	八月庚子，文瓘爲侍中，處俊爲中書令，並同中書門下三品。仁軌爲尙書左僕射，至德爲右僕射，敬玄爲吏部尙書。		
676	儀鳳 元年丙子	三月癸卯，黃門侍郎來恆、中書侍郎薛元超並同中書門下三品。四月甲寅，中書侍郎李義琰同中書門下三品。六月癸亥，黃門侍郎高智周同中書門下三品。十一月庚寅，敬玄爲中書令。十二月丙午，恆爲河南道大使，元超河北道大使。		

677 二年丁丑	三月癸亥，處俊、智周爲太子左庶子，義琰爲右庶子。四月，太子左庶子張大安同中書門下三品。八月辛亥，仁軌爲洮河軍鎭守使。		
678 三年戊寅	正月丙子，敬玄爲洮河道行軍大總管兼安撫大使、檢校鄯州都督。九月癸亥，文瓘薨。十一月壬子，恆薨。		
調露 679 元年己卯	正月庚戌，至德薨。四月辛酉，處俊爲侍中，元超檢校太子左庶子。十一月戊寅，智周罷爲御史大夫。		

永隆 680 元年庚辰	四月戊辰，中書侍郎王德眞、黃門侍郎裴炎、崔知溫並同中書門下三品。八月丁巳，敬玄貶衡州刺史。己巳，大安貶普州刺史。九月甲申，德眞罷爲相王府長史。		
開耀 681 元年辛巳	三月辛卯，仁軌兼太子少傅，處俊罷爲太子少保。七月甲午，仁軌罷左僕射，以太子少傅同中書門下三品。閏七月丁未，元超、知溫並守中書令，炎爲侍中。		
永淳 682 元年壬午	四月丙寅，仁軌爲京副留守，元超、炎留輔皇太子。丁亥，黃門侍郎郭待舉、兵部侍郎岑長倩、祕書員外少監郭正一、吏部侍郎魏玄同並與		

	中書門下同承受進止平章事。十月丙寅，黃門侍郎劉景先同中書門下平章事。		
弘道 683 元年癸未	三月庚子，義琰以銀青光祿大夫致仕。癸丑，知溫薨。四月壬申，待舉檢校太子右庶子，正一爲中書侍郎，並同中書門下平章事。七月甲辰，元超罷。十一月戊申，炎、正一、景先兼於東宮平章事。十二月甲戌，仁軌罷爲左僕射、京師留守，炎爲中書令。戊寅，景先守侍中，長倩兵部尚書，待舉左散騎常侍，玄同黃門侍郎，並同中書門下三品。癸未，正一罷爲國子祭酒。	十二月庚午，韓王元嘉爲太尉，霍王元軌爲司徒，舒王元名爲司空。	

光宅 684 元年甲申	正月癸巳，左散騎常侍韋弘敏爲太府卿、同中書門下三品。二月丁丑，檢校豫王府長史、太常卿王德眞爲侍中，中書侍郎、豫王府司馬劉禕之爲中書侍郎、同中書門下三品。閏五月甲子，禮部尚書武承嗣爲太常卿、同中書門下三品。八月丙午，承嗣罷爲禮部尚書。十月丁亥，鳳閣舍人李景諶同鳳閣鸞臺平章事，左肅政臺御史大夫騫味道檢校內史、同鳳閣鸞臺三品。丙申，炎被殺。丁酉，景先貶辰州刺史，弘敏貶汾州刺史，景諶罷守司賓少卿，守右史沈君諒、著作郎崔詧並爲正諫大夫、同鳳閣鸞臺平章事。		

年	宰相		
	十一月丁卯，待舉罷爲左庶子。鸞臺侍郎韋方質守鳳閣侍郎、同鳳閣鸞臺平章事。		
685 垂拱元年乙酉	正月戊辰，仁軌薨。 庚戌，味道守內史、同三品。 二月乙巳，承嗣同鳳閣鸞臺三品。君諒罷。右肅政臺御史大夫韋思謙、秋官尚書裴居道並同鳳閣鸞臺三品。 三月辛酉，承嗣罷，督使河北，罷。 四月丙子，味道貶青州刺史。 五月丙午，居道爲內史。 丁未，德眞罷爲同州刺史，其日流象州。 己酉，冬官尚書蘇良嗣守納言。 壬申，方質同鳳閣鸞臺三品。 六月，天官尚書韋待價同鳳閣鸞臺三品。		十一月丙辰，元嘉自殺，元軌流黔州。

年	宰相		
	七月己酉，玄同自文昌左丞遷鸞臺侍郎。 十一月癸卯，待價爲燕然道行軍大總管。		
686 二年丙戌	三月丙辰，玄同爲地官尚書。 四月庚辰，長倩爲內史。 五月丙午，居道爲納言〔三〕。 六月辛未，良嗣守文昌左相、同鳳閣鸞臺三品，待價守文昌右相。 己卯，思謙守納言。		
687 三年丁亥	三月乙丑，思謙以太中大夫致仕。 四月壬戌，居道爲納言。 五月丙寅，夏官侍郎張光輔爲鳳閣侍郎、同鳳閣鸞臺平章事。 庚午，禕之被殺。 八月壬子，玄同彖檢校納言。 十二月壬辰，待價爲安息道行軍大總管。		

年	宰相		
688 四年戊子	九月丁卯，左肅政臺御史大夫騫味道、夏官侍郎王本立並同鳳閣鸞臺平章事。 丙辰，光輔爲諸軍節度，長倩爲後軍大總管，討越王貞。 十二月己亥，味道被殺。		
689 載初元年己丑	二月甲寅，方質守地官尚書。 三月甲寅，本立守左肅政臺御史大夫。 甲子，光輔守納言。 癸酉，天官尚書武承嗣爲納言，光輔守內史。 五月丙辰，待價爲安息道行軍總管。 七月丙子，待價流繡州。 戊寅，本立同鳳閣鸞臺三品。 八月甲申，光輔被殺。 閏九月甲午，玄同被殺。		正月丁巳，元名爲司徒。

年	宰相		
	十月丁卯，春官尚書范履冰、鳳閣侍郎邢文偉並同鳳閣鸞臺平章事。		
690 天授元年庚寅	一月戊子，承嗣爲文昌左相，長倩爲文昌右相並同鳳閣鸞臺三品。良嗣爲特進，本立罷爲地官尚書，文偉守內史，鳳閣侍郎武攸寧納言，居道爲太子少保。 甲午，方質流于儋州。 三月丁亥，良嗣薨。 四月丁巳，履冰被殺。 八月甲寅，居道下獄死。 九月丙戌，給事中傅游藝爲鸞臺侍郎、同鳳閣鸞臺平章事，司賓卿史務滋守納言，鳳閣侍郎宗秦客檢校納言。 十月甲子，秦客貶遵化尉。 辛未，文偉貶珍州刺史。		七月辛巳，元名流和州。

691 二年辛卯

一月庚子，務滋自殺。

五月丁亥，長倩爲武威道行軍大總管。

六月庚戌，鸞臺侍郎樂思晦、鳳閣侍郎任知古，左肅政臺御史大夫格輔元爲地官尚書，並同鳳閣鸞臺平章事。

癸卯，長倩爲輔國大將軍。

八月戊申，攸寧罷爲左羽林衛大將軍。夏官尚書歐陽通爲司禮卿，兼判納言事。

九月壬辰，游藝自殺。

癸巳，攸寧守納言，冬官侍郎裴行本、洛州司馬狄仁傑守地官侍郎，並同鳳閣鸞臺平章事。

十月己酉，長倩、輔元、通被殺。

壬戌，思晦被殺。

692 長壽元年壬辰

一月戊辰，夏官尚書楊執柔同鳳閣鸞臺平章事。

庚午，知古貶江夏令，行本流嶺南，仁傑貶彭澤令。

庚辰，司刑卿李游道爲冬官尚書、同鳳閣鸞臺平章事。

二月戊午，秋官尚書袁智弘同鳳閣鸞臺平章事。

八月戊寅，承嗣罷爲特進，攸寧罷爲冬官尚書，執柔罷守地官尚書。司賓卿崔神基、秋官侍郎崔元綜、夏官侍郎李昭德、權檢校天官侍郎姚璹、守容州都督檢校地官侍郎李元素並同鳳閣鸞臺平章事。

辛巳，營繕大匠王璿守夏官尚書、同鳳閣鸞臺平章事。

九月辛丑，璹罷爲司賓少卿。

癸丑，游道、智弘、神基、元素、璿並流嶺南。

693 二年癸巳

一月庚子，夏官侍郎婁師德同鳳閣鸞臺平章事。

乙卯，昭德爲夏官侍郎。

九月癸丑，文昌右丞韋巨源、秋官侍郎陸元方爲鸞臺侍郎，並同鳳閣鸞臺平章事。司賓卿豆盧欽望守內史。

694 延載元年甲午

二月甲午，師德爲秋官尚書，充河源、積石、懷遠等軍營田大使。

三月甲申，昭德爲檢校內史，鳳閣舍人蘇味道爲鳳閣侍郎、同鳳閣鸞臺平章事，昭德爲朔方道行軍長史，味道爲司馬。

四月壬戌，夏官尚書、武威道大總管王孝傑同鳳閣鸞臺三品。

七月癸未，嵩岳山人武什方爲正諫大夫、同鳳閣鸞臺平章事。

八月，什方乞歸山，遣之。

戊辰，孝傑爲瀚海道行軍總管。

己巳，姚璹守納言，左肅政臺御史大夫楊再思爲鸞臺侍郎，洛州司馬杜景佺檢校鳳閣侍郎，並同鳳閣鸞臺平章事。

戊寅，元綜流于振州。

九月壬寅，昭德貶南賓尉。

十月壬申，文昌右丞李元素守鳳閣侍郎，右肅政臺御史中丞周允元檢校鳳閣侍郎，並同鳳閣鸞臺平章事。

695 萬歲登封元年乙未

正月戊子，欽望貶趙州刺史，巨源鄜州刺史，景佺溱州刺史，味道集州刺史，元方綏州刺史。

丙午，孝傑爲朔方道行軍總管。

二月丙辰，允元薨。

七月辛酉，孝傑爲肅邊道行軍大總管。

696 萬歲通天元年丙申

一月甲寅，師德爲左肅政臺御史大夫、肅邊道行軍總管。

三月壬寅，孝傑免。

四月癸酉，檢校夏官侍郎孫元亨同鳳閣鸞臺平章事。

庚子，師德貶原州司馬。

七月辛亥，璹爲榆關道安撫副大使。

九月庚申，并州長史王方慶爲鸞臺侍郎，殿中監李道廣，並同鳳閣鸞臺平章事。

十月己卯，方慶爲鳳閣侍郎。

697 神功元年丁酉

正月壬戌，元素、元亨被殺。

甲子，師德守鳳閣侍郎、同鳳閣鸞臺平章事。

四月癸酉，前益州大都督府長史王及善爲內史。

五月癸卯，師德爲淸邊道行軍副大總管。

六月己卯，尚方少監宗楚客檢校夏官侍郎、同鳳閣鸞臺平章事。

戊子，承嗣、春官尚書武三思並同鳳閣鸞臺三品。道廣爲檢校洛州長史。

辛卯，師德安撫河北。

七月丁酉，承嗣、三思並罷。

八月丙戌，璹罷爲益州長史。

庚子，仁傑兼納言，三思檢校內史〔五〕，欽望自太子宮尹爲文昌右相、同鳳閣鸞臺三品。

九月甲子，攸寧同鳳閣鸞臺三品〔六〕。

戊寅，仁傑爲河北道副元帥，檢校納言〔七〕。

庚戌，師德守納言。

十月癸卯，仁傑爲河北道安撫大使〔八〕。

閏十月甲寅，仁傑爲鸞臺侍郎，景佺爲鳳閣侍郎，並同鳳閣鸞臺平章事。

698 聖曆元年戊戌

正月丙寅，楚客罷爲文昌左丞。

丁亥，道廣罷爲汴州刺史。

二月乙未，欽望罷爲太子賓客。

三月甲戌，師德爲納言〔九〕。

四月辛丑，師德爲隴右諸軍大使，仍檢校河西營田事。

七月辛未，景佺罷爲秋官尚書。

八月甲午，方慶罷爲麟臺監，修國史。

庚子，三思檢校內史，仁傑兼納言。

九月甲子，夏官尚書武攸寧同鳳閣鸞臺三品。

戊寅，仁傑爲河北道行軍副元帥，檢校納言。

辛巳，試天官侍郎蘇味道爲鳳閣侍郎、同鳳閣鸞臺平章事。

十月癸卯，狄仁傑爲河北道安撫大使。夏官侍郎姚元崇，麟臺少監監修國史、知鳳閣侍郎李嶠，同鳳閣鸞臺平章事。

臘月戊子，檢校左肅政臺御史中丞吉頊爲天官侍郎，右臺魏元忠爲鳳閣侍郎，並同鳳閣鸞臺平章事。

699 二年己亥

二月庚申，武攸寧罷爲冬官尚書。

三月甲戌，師德爲納言。

四月壬辰，魏元忠檢校幷州大都督府長史、天兵軍大總管，師德副之。
壬寅，師德充隴右諸軍大使。
八月庚子，再思罷爲左肅政臺御史大夫。及善爲文昌左相、同鳳閣鸞臺平章事，太子宮尹欽望爲文昌右相、同鳳閣鸞臺三品。
丁未，師德薨。試天官侍郎陸元方爲鸞臺侍郎、同鳳閣鸞臺平章事。
戊申，三思爲內史。
九月庚辰，及善薨。

700 久視元年庚子

正月戊午，頊貶琰川尉。
壬申，三思罷爲特進、太子少保。
丁酉，狄仁傑爲內史。
庚子，文昌左相韋巨源爲納言〔一〇〕。
二月乙未，欽望罷爲太子賓客。
三月癸丑，元忠兼洛州長史。

辛未，嶠守鸞臺侍郎兼修國史。
甲戌，頊加左控鶴內供奉。
六月丁亥，元忠爲左肅政臺御史大夫。
閏七月己丑，嶠罷爲成均祭酒。守天官侍郎張錫爲鳳閣侍郎、同鳳閣鸞臺平章事。
八月庚戌，元忠爲隴右諸軍州大總管。
九月辛丑，仁傑薨。
十月辛亥，元忠爲蕭關道行軍大總管。
丁巳，巨源罷爲地官尚書。文昌右丞韋安石守鸞臺侍郎、同鳳閣鸞臺平章事。

701 長安元年辛丑

二月己酉，鸞臺侍郎李懷遠同鳳閣鸞臺平章事。
三月己卯，元崇爲鳳閣侍郎。
丙申，錫流循州。

四月癸丑，元崇往并州以北檢校諸軍州兵馬。
五月丁丑，元忠爲靈武道行軍大總管。
丙申，天官侍郎顧琮同鳳閣鸞臺平章事。
六月庚申，元崇兼知夏官尚書事，夏官侍郎、右奉宸內供奉李迥秀同鳳閣鸞臺平章事。
七月壬午，味道充使往幽、平等州按察兵馬。
甲申，懷遠罷爲秋官尚書。
十月丙寅，元忠同鳳閣鸞臺三品，兼羣牧大使。
十一月壬申，三思罷爲特進、太子少保〔一一〕。
甲午，元崇加相王府長史，安石加檢校太子左庶子。

702 二年壬寅

三月丙戌，迥秀充使山東諸州安置軍馬并檢校武騎兵。
五月，元忠爲安北道行軍副元帥，尋授并州道行軍大總管兼宣勞使、左肅政臺御史大夫、同鳳閣鸞臺三品，兼知并州事。
十月甲辰，琮薨。
甲寅，元崇同鳳閣鸞臺平章事，味道、迥秀、安石並同鳳閣鸞臺三品。
十二月甲午，元忠爲安東道安撫使。

十一月甲子，相王旦爲司徒。

703 三年癸卯

閏四月庚午，嶠兼左丞、同鳳閣鸞臺平章事。
丁丑，安石爲神都留守，判天官、秋官二尚書事。
己卯，嶠知納言事。
五月戊戌，元忠兼左庶子。

四月庚子，相王旦罷。

七月壬寅，正諫大夫朱敬則同鳳閣鸞臺平章事。
庚戌，檢校涼州都督唐休璟爲夏官尚書、同鳳閣鸞臺平章事。
九月丁酉，元忠貶高要尉。

704 四年甲辰

正月壬子，天官侍郎韋嗣立爲鳳閣侍郎、同鳳閣鸞臺三品。
二月癸亥，迥秀貶廬州刺史。
壬申，敬則致仕。
三月己丑，嗣立檢校汴州刺史。
己亥，貶味道坊州刺史。夏官侍郎宗楚客同鳳閣鸞臺平章事，休璟行右庶子。
四月壬戌，安石知納言事，嶠知內史事。
六月辛酉，元崇罷爲相王府長史，一事以上並同三品。

乙丑，天官侍郎崔玄暐爲鸞臺侍郎、同鳳閣鸞臺平章事。嗣立追赴宮所。
丁丑，嶠爲成均祭酒、同鳳閣鸞臺三品。
壬午，元崇兼知夏官尚書、同鳳閣鸞臺三品。
七月丙戌，左肅政臺御史大夫楊再思守內史。
甲午，楚客貶原州都督。
八月甲寅，安石兼檢校揚州長史。
庚申，休璟兼幽營二州都督、安東都護。
辛酉，元崇兼知春官尚書。
庚辰，元崇爲司僕卿。
九月壬子，元之知羣牧使，兼攝右肅政臺御史大夫、靈武道行軍大總管。

十月辛酉，元之爲靈武道安撫大使，權檢校左臺大夫。
甲戌，判秋官侍郎張柬之同鳳閣鸞臺平章事。
乙亥，嗣立檢校魏州刺史。
壬午，懷州長史房融爲正諫大夫、同鳳閣鸞臺平章事。
十一月丁亥，天官侍郎韋承慶行鳳閣侍郎、同鳳閣鸞臺平章事，柬之守鳳閣侍郎。
癸卯，嶠罷爲地官尚書，監修國史。
丁未，玄暐兼檢校太子右庶子。
十二月丙辰，嗣立罷爲成均祭酒。

705 神龍元年乙巳

正月丙午，安國相王爲太尉。
二月丙寅，梁王武三思爲司空、同中書門下三品。
丁卯，右散騎常侍武攸暨爲司徒。
辛未，安國相王讓太尉、同三品。
丁丑，三思、攸暨罷。

正月甲辰，司刑少卿袁恕己爲鳳閣侍郎、同鳳閣鸞臺平章事。
丙午，安國相王爲太尉、同鳳閣鸞臺三品。
庚戌，玄暐守內史。左羽林將軍敬暉、檢校左羽林將軍桓彥範並爲納言。柬之爲天官尚書，恕己爲鳳閣侍郎，並同鳳閣鸞臺三品。
二月甲寅，再思爲戶部尚書、同中書門下三品。元之罷爲亳州刺史〔三〕，韋承慶貶高要尉，融除名，流高州。
甲戌，太子少詹事祝欽明同中書門下三品，安石罷爲守刑部尚書。
三月己丑，恕己守中書令。
四月辛亥，恕己爲中書令，彥範爲侍中，柬之爲天官尚書。
丁卯，元忠爲衞尉卿、同中書門下平章事。

辛未，暉爲侍中。

甲戌，元忠爲兵部尚書，安石爲吏部尚書，懷遠爲左散騎常侍，休璟自涼州入爲輔國大將軍，並同中書門下三品。再思檢校揚州大都督。玄暐爲特進，檢校益州大都督府長史、同中書門下三品。欽明守刑部尚書。

乙亥，柬之爲中書令、同中書門下三品。

五月甲午，安石兼檢校中書令。玄暐罷爲博陵郡王，柬之罷爲漢陽郡王，恕己罷爲南陽郡王，暉罷爲平陽郡王，彥範罷爲扶陽郡王，元忠兼侍中。

庚子，懷遠爲左散騎常侍。

甲辰，休璟爲尚書左僕射，欽望自特進爲右僕射、同中書門下平章事。

六月癸亥，欽望軍國重事中書門下平章，安石

為中書令，元忠爲侍中，再思檢校中書令。

七月辛巳，太子賓客韋巨源同中書門下三品。

八月，欽望兼檢校安國相王府長史。

九月癸巳，巨源罷爲禮部尚書。

十月丁未，休璟爲京留守，仍判尚書省事。

辛未，元忠爲中書令，再思行侍中。

706 二年丙午

正月戊戌，守吏部尚書李嶠同中書門下三品，中書侍郎于惟謙同中書門下平章事。

二月乙未，禮部尚書韋巨源守刑部尚書、同中書門下三品。

三月甲辰，安石罷爲戶部尚書。戶部尚書蘇瓌守侍中。

戊申，休璟致仕。

四月己丑，懷遠致仕。

六月戊寅，貶暉爲崖州司馬，彥範瀧州司馬，恕己竇州司馬，玄暐白州司馬，柬之新州司馬。

七月丙寅，元忠爲尚書右僕射、兼中書令，仍知兵部事。嶠守中書令。

辛未，懷遠復爲同中書門下三品。流暉于嘉州，彥範于瀼州，恕己于環州，玄暐于古州，柬之于瀧州。

八月丙子，欽明貶申州刺史。

九月戊午，懷遠薨。

十月癸巳，瓌爲侍中。

十二月丙申，欽望爲開府儀同三司，依舊平章軍國重事。元忠爲尚書左僕射。

707 景龍元年丁未

七月壬戌，嶠爲中書令，巨源爲吏部尚書，元忠加特進。

八月丙戌，元忠以特進致仕。

九月丁酉，惟謙罷爲國子祭酒。行兵部尚書宗楚客左衞將軍、兼太府卿紀處訥爲太僕卿，吏部侍郎蕭至忠爲黃門侍郎，並同中書門下三品。

丙辰，至忠行中書侍郎。

辛亥，再思爲中書令，巨源、處訥爲侍中。瓌罷爲行吏部尚書。

708 二年戊申

七月癸巳，左屯衞大將軍、朔方道行軍大總管張仁亶同中書門下三品。

709 三年己酉

二月壬寅，巨源爲尚書左僕射，再思爲右僕射，同中書門下三品。

三月戊午，楚客爲中書令，至忠守侍中，太府卿

韋嗣立守兵部尚書、同中書門下三品。中書侍郎兼檢校吏部侍郎崔湜、守兵部侍郎趙彥昭爲中書侍郎，並同中書門下平章事。

戊寅，禮部尚書韋溫爲太子少保、同中書門下三品；太常少卿鄭愔守吏部侍郎、同中書門下平章事。

五月丙戌，湜貶襄州刺史，愔貶江州司馬。

六月癸卯，再思薨。

八月乙酉，嶠守兵部尚書、同中書門下三品，安石自特進爲侍中，至忠爲中書令。

九月，巨源爲都留守。

戊辰，瓌爲右僕射、同中書門下三品。

十一月甲戌，欽望薨。

十二月壬辰，前右僕射、同三品、宋國公致仕唐休璟爲太子少師、同中書門下三品。

710

景雲元年庚戌

六月壬午，工部尚書張錫、刑部尚書裴談並同中書門下三品，吏部侍郎崔湜、中書侍郎岑羲、吏部尚書張嘉福並同中書門下平章事，溫總知內外兵馬。

甲申，相王參謀政事。

壬辰，嘉福持節河北道巡撫，羲持節河南道巡撫，處訥持節關內道巡撫。

庚子，巨源誅。

辛丑，朝邑尉劉幽求爲中書舍人，苑總監鍾紹京爲中書侍郎，並參豫機務。

壬寅，紹京、黃門侍郎李日知、殿中監平王隆基並同中書門下三品。至忠貶許州刺史，嗣立宋州刺史，彥昭絳州刺史，湜華州刺史。處訥、楚客、溫誅。

癸卯，隆基同中書門下三品。紹京行中書令。嘉福誅。

乙巳，紹京罷爲戶部尚書。

丙午，太常少卿薛稷爲黃門侍郎，參豫機務。

丁未，隆基爲皇太子。

戊申，許州刺史姚元之爲兵部尚書、同中書門下三品；嗣立、至忠爲中書令；彥昭爲中書侍郎，湜爲吏部侍郎，同中書門下平章事。

七月癸丑，兵部尚書崔日用行黃門侍郎，參知機務；稷爲中書侍郎。

丁巳，洛州長史宋璟檢校吏部尚書、同中書門下三品，元之兼太子左庶子，璟兼右庶子。羲罷爲右散騎常侍。

壬戌，湜罷爲尚書左丞，錫貶絳州刺史，至忠爲晉州刺史，彥昭爲宋州刺史，嗣立爲許州刺史。

六月甲申，安國相王罷參謀政事，加太尉。

十一月己巳，宋王成器爲司徒兼揚州大都督。

丙寅，元之兼中書令，瓌爲尚書左僕射，嶠貶爲懷州刺史。

丁卯，休璟致仕，仁亶罷爲左衞大將軍。

己巳，日用罷爲雍州刺史[二〇]，稷罷爲左散騎常侍。

八月癸巳，談罷爲蒲州刺史。

十一月戊申，元崇爲中書令兼兵部尚書。

壬子，安石罷爲太子少保，瓌罷爲少傅。宋王成器爲尚書左僕射。

711

二年辛亥

正月己未，太僕卿郭元振、中書侍郎張說並同中書門下平章事。

二月甲申，璟貶楚州刺史，元之申州刺史。

丙戌，韋安石爲侍中，幽求罷爲戶部尚書。

四月甲申，宋王憲讓司徒爲太子賓客。

四月甲申，安石爲中書令。

辛卯，日知守侍中。

庚戌，安石加開府儀同三司。

壬戌，殿中監竇懷貞爲左臺御史大夫、同中書門下平章事。

八月庚午，安石爲尚書左僕射、同中書門下三品。

九月乙亥，懷貞守侍中。

十月甲辰，日知罷爲戶部尚書，元振罷爲吏部尚書，說罷爲尚書左丞，懷貞罷爲左臺御史大夫，安石罷爲特進。中書侍郎陸象先同中書門下平章事。吏部尚書劉幽求爲侍中，右散騎常侍魏知古，太子詹事崔湜爲中書侍郎，並同中書門下三品。

712

先天元年壬子

正月壬辰，象先同中書門下三品。

乙未，竇懷貞、戶部尚書岑羲並同中書門下三品。

六月癸丑，羲爲侍中。

壬戌，知古爲戶部尚書、同中書門下三品。

七月乙亥，懷貞爲尚書右僕射、軍國重事宜共平章。

八月庚戌，湜檢校中書令；幽求守尚書右僕射，懷貞守左僕射，並同三品；知古守侍中。

戊午，幽求流于封州。

八月己酉，宋王成器爲司空。

校勘記

〔一〕四月癸酉寂爲左僕射　下文武德六年欄重見。按本書及舊書卷一高祖紀、舊書卷五七裴寂傳，裴寂遷左僕射，僅見於武德六年，通鑑亦然。本書卷八八裴寂傳則記在武德四年至九年之間，觀其敍事次第，乃因襲舊書，而省去「六年」文。新唐書糾謬（下簡稱糾謬）卷一九云：若四年已遷左僕射，中間又不見遷改罷免，無緣於六年復遷左僕射。疑此爲誤書。

〔二〕七月辛巳恭仁罷爲雍州牧　本書卷一高祖紀載武德九年「七月辛卯楊恭仁罷」，卷一〇〇楊恭仁傳云「武德末拜雍州牧」，舊書卷六二楊恭仁傳云「貞觀初拜雍州牧」，繫年均相合。本卷武德九年欄已書，此當是誤記。

〔三〕癸巳檢校洛州刺史李勣爲開府儀同三司同中書門下參掌機密　本書卷三高宗紀及通鑑卷一九九俱繫於貞觀二十三年六月。「癸巳」上疑脫「六月」二字。

〔四〕五月丙午居道爲納言　下文垂拱三年欄重見。按本書卷四則天紀，垂拱二年以裴居道爲內史，三年改納言。舊書卷六則天紀及通鑑卷二〇四亦云垂拱三年爲納言。此疑爲誤書。

〔五〕庚子仁傑兼納言三思檢校內史　本書卷四及舊書卷六則天紀、通鑑卷二〇六均繫在聖曆元年八月，舊書卷二〇六武三思傳合。舊書卷八九狄仁傑傳則繫爲納言於神功元年。通鑑卷二〇六考異云：「此月無庚子，仁傑、三思除命在明年。新表誤重複。」

〔六〕九月甲子攸寧同鳳閣鸞臺三品　下文聖曆元年欄亦見。本書卷四及舊書卷六則天紀、通鑑卷二〇六並繫於聖曆元年九月，疑此爲誤書。

〔七〕戊寅仁傑爲河北道副元帥檢校納言　下文聖曆元年欄亦見。本書卷四及舊書卷六則天紀、通鑑卷二〇六並繫於聖曆元年九月，疑此爲誤書。

〔八〕十月癸卯仁傑爲河北道安撫大使　下文聖曆元年欄亦見。本書卷四則天紀、舊書卷八九狄仁傑傳、通鑑卷二〇六並繫於聖曆元年，疑此爲誤書。

〔九〕三月甲戌師德爲納言　下文聖曆二年欄亦見。本書卷四則天紀繫在聖曆二年，此疑爲誤書。

〔一〇〕庚子文昌左相韋巨源爲納言　「左相」，本書卷四則天紀同。通鑑卷二〇六作「左丞」，考異云：「先時不言巨源爲左相，舊紀、傳皆無之，蓋『左丞』誤爲『左相』耳。」

〔一一〕十一月壬申三思罷爲特進太子少保　通鑑卷二〇六考異曰：「新紀、表皆云，『……（久視元年正月）壬申，三思罷』，中間未嘗入相。明年十一月壬申，又云三思罷。日及官皆同，蓋誤重複耳。」

〔一二〕元之罷爲豪州刺史　「豪州」，本書卷一二四姚崇傳、舊書卷七中宗紀、通鑑卷二〇八均作「亳州」。

〔一三〕日用罷爲雍州刺史　「刺史」，本書卷一二一及舊書卷九九崔日用傳、舊書卷七睿宗紀、通鑑卷二〇九均作「長史」。

唐書卷六十二

表第二

宰相中

	宰相	三師	三公
公元713 開元元年癸丑	正月乙亥，吏部尚書蕭至忠爲中書令。 六月丙辰，兵部尚書郭元振同中書門下三品。 七月甲子，至忠、羲誅，懷貞自殺。 庚午，湜流竇州。 乙亥，說檢校中書令。 庚辰，象先罷爲益州大都督府長史。 八月癸巳，幽求爲尚書右僕射，知軍國重事。 九月庚午，說爲中書令，幽求同三品。 十月癸卯，元振流于新州。 甲辰，同州刺史姚元之爲兵部尚書、同中書門下三品。 十一月乙丑，幽求兼侍中。 十二月壬寅，元之兼紫微令。 癸丑，幽求罷爲太子少師，說貶爲相州刺史。 甲寅，黃門侍郎盧懷愼同紫微黃門平章事。		八月壬寅，宋王成器爲太尉，申王撝爲司徒，邠王守禮爲司空。 九月丙寅，宋王憲罷爲開府儀同三司。
714 二年甲寅	正月己卯，懷愼檢校黃門監。 甲申，和戎、大武諸軍節度使薛訥同紫微黃門三品。 五月辛亥，知古罷守工部尚書。 七月，訥除名。		
715 三年乙卯	正月癸卯，懷愼檢校吏部尚書兼黃門監。		
716 四年丙辰	正月丙申，懷愼檢校吏部尚書。 十一月己卯，懷愼去官養疾。 丙申，尚書左丞源乾曜爲黃門侍郎、同紫微黃門平章事。 閏十二月己亥，元之、幽求罷爲開府儀同三司，乾曜罷爲京兆尹。刑部尚書宋璟爲吏部尚書兼黃門監，紫微侍郎蘇頲同紫微黃門平章事。		
717 五年丁巳			
718 六年戊午			
719 七年己未			
720 八年庚申	正月辛巳，頲罷爲禮部尚書，璟罷爲開府儀同三司。京兆尹源乾曜爲黃門侍郎、同中書門下平章事，并州大都督府長史張嘉貞守中書侍郎、同中書門下平章事。 五月丁卯，乾曜爲侍中，嘉貞爲中書令。		
721 九年辛酉	九月癸亥，天兵軍節度使張說守兵部尚書、同中書門下三品。		
722 十年壬戌			
723 十一年癸亥	二月己酉，嘉貞貶幽州刺史。 癸亥，說兼中書令。 四月甲子，說爲中書令，吏部尚書王晙爲兵部尚書、同中書門下三品。 五月己丑，晙持節朔方節度使，兼知河北、河東、		

公元	年	宰相		三公
		隴右、河西兵馬使，六月巡邊。十二月庚申，晙貶蘄州刺史。		
724	十二年甲子			十一月辛巳，申王撝薨。
725	十三年乙丑	十一月壬辰，説爲尚書右丞相兼中書令，乾曜爲尚書左丞相兼侍中。		
726	十四年丙寅	四月丁巳，戶部侍郎李元紘爲中書侍郎、同中書門下平章事。四月庚申，説罷爲尚書右丞相。九月己丑，磧西節度使杜暹檢校黃門侍郎、同中書門下平章事。		
727	十五年丁卯			
728	十六年戊辰	十一月癸巳，河西節度使蕭嵩守兵部尚書、同中書門下平章事。		

公元	年	宰相		三公
729	十七年己巳	六月甲戌，元紘罷爲曹州刺史，乾曜罷爲左丞相，暹罷爲荆州大都督府長史。嵩爲兼中書令；兵部侍郎裴光庭爲中書侍郎，戶部侍郎宇文融爲黃門侍郎，並同中書門下平章事。八月己卯，光庭兼御史大夫。九月壬子，融貶汝州刺史。		
730	十八年庚午	正月辛卯，光庭爲侍中。四月乙丑，兼吏部尚書。		
731	十九年辛未			
732	二十年壬申	十二月壬申，嵩爲兵部尚書。		六月丁丑，忠王浚爲司徒。
733	二十一年癸酉	三月乙巳，光庭薨。甲寅，尚書右丞韓休爲黃門侍郎、同中書門下平章事。十二月丁巳，嵩罷爲右丞相，休罷爲檢校工部		四月丁巳，宋王憲爲太尉，薛王業爲司徒。

公元	年	宰相		三公
		尚書。京兆尹裴耀卿守黃門侍郎、同中書門下平章事，前檢校中書侍郎起復張九齡爲中書侍郎、同中書門下平章事。		
734	二十二年甲戌	五月戊子，耀卿爲侍中，九齡爲中書令，黃門侍郎李林甫爲禮部尚書、同中書門下三品。七月甲申，九齡爲河南開稻田使。八月，耀卿爲江淮以南回造使。		七月己巳，薛王業薨。
735	二十三年乙亥	十一月壬寅，林甫爲戶部尚書。		
736	二十四年丙子	七月庚子，林甫爲兵部尚書。十一月壬寅，耀卿罷爲左丞相，九齡罷爲右丞相。林甫兼中書令，朔方節度使牛仙客守工部尚書、同中書門下三品。十二月丙寅，仙客知門下省事。		十二月戊申，慶王琮爲司徒。

公元	年	宰相		三公
737	二十五年丁丑	正月乙亥，仙客守侍中。		
738	二十六年戊寅	正月壬辰，林甫持節遙領隴右節度副大使，知節度事。二月乙卯，仙客遙領河東節度使。五月乙酉，林甫遙領河西節度副大使，知節度事，仍判涼州事。		六月庚子，忠王浚爲皇太子。
739	二十七年己卯	四月己丑，林甫爲吏部尚書，仙客爲兵部尚書兼侍中。		
740	二十八年庚辰	十一月，仙客罷節度使。		
741	二十九年辛巳			十一月庚戌，邠王守禮薨。辛未，宋王憲薨。

742	天寶元年壬午	七月辛丑，仙客薨。八月丁丑，刑部侍郎李適之爲左相。壬辰，林甫爲尚書左僕射，適之兼兵部尚書。		
743	二年癸未			
744	三載甲申			
745	四載乙酉			
746	五載丙戌	四月庚寅，適之罷爲太子少保。丁酉，門下侍郎陳希烈同中書門下平章事。		
747	六載丁亥	三月甲辰，希烈爲左相兼兵部尚書。		
748	七載戊子			
749	八載己丑			

750	九載庚寅			
751	十載辛卯	正月丁酉，林甫遙領單于、安北副大都護，充朔方節度等使。		
752	十一載壬辰	四月丙戌，林甫罷都護。十一月乙卯，林甫死。庚申，御史大夫判度支事、劍南節度使楊國忠爲右相兼文部尚書。		五月戊申，慶王琮薨。
753	十二載癸巳	十二月戊子，希烈爲祕書省圖書使。		
754	十三載甲午	八月丙戌，希烈罷爲太子太師。文部侍郎韋見素爲武部尚書、同中書門下平章事，知門下省事。		二月丁丑，楊國忠爲司空。
755	十四載乙未			

756	至德元載丙申	六月丙午，劍南節度使崔圓爲中書侍郎、同中書門下平章事。七月甲子，憲部侍郎房琯爲文部尚書，河西行軍司馬裴冕爲中書侍郎，並同中書門下平章事。庚午，見素爲左相，蜀郡太守崔渙爲門下侍郎、同中書門下平章事。八月庚子，見素、琯、渙赴靈武。十一月甲寅，憲部尚書李麟同中書門下平章事。戊午，渙爲江南宣慰使。		六月丙申，國忠死。
757	二載丁酉	正月甲寅，圓自蜀來。三月辛酉，見素罷爲左僕射，冕罷爲右僕射。憲部尚書致仕苗晉卿爲左相。五月丁巳，琯罷爲太子少師。諫議大夫兼侍御		四月戊寅，朔方節度使、同平章事郭子儀爲司空。五月甲子，子儀罷司

		史張鎬爲中書侍郎、同中書門下平章事。八月甲申，渙罷爲左散騎常侍、餘杭郡太守。鎬兼河南節度使，都統淮南諸軍事。十二月甲寅，晉卿爲中書侍郎、同中書門下平章事。戊午，圓爲中書令，麟同中書門下三品，晉卿行侍中。		空。十二月戊午，河東節度使、同平章事李光弼守司空，子儀爲司徒，廣平郡王俶爲太尉，進封楚王。
758	乾元元年戊戌	五月戊子，鎬罷爲荆州大都督府長史。乙未，圓罷爲太子少師，麟罷爲太子少傅。太常少卿王璵爲中書侍郎、同中書門下平章事。		三月甲戌，楚王俶封成王。五月庚寅，俶爲皇太子。八月丙辰，光弼爲侍中，子儀兼中書令。
759	二年己亥	三月甲午，兵部侍郎呂諲同中書門下平章事，		

	判度支。 乙未，晉卿罷為太子太傅，璵罷為刑部尚書。御史大夫、京兆尹李峴為吏部尚書，中書舍人李揆為中書侍郎，戶部侍郎第五琦並同中書門下平章事。 五月辛巳，峴貶蜀州刺史。 七月辛卯，諲以母喪罷。十月壬戌，起復。 十一月庚午，琦貶忠州刺史。 十二月甲午，諲充勾當度支使；丙午，為黃門侍郎。		
760 上元元年庚子	五月丙午，晉卿為侍中。	壬子，諲罷為太子賓客。	正月辛巳，光弼加太尉，兼中書令。 閏四月丁卯，河東節度副大使王思禮為司空。

761 二年辛丑	二月癸未，揆貶袁州長史。河中節度使蕭華為中書侍郎、同中書門下平章事。 四月己未，吏部侍郎裴遵慶為黃門侍郎、同中書門下平章事。		三月戊戌，光弼罷太尉，復兼侍中。 五月庚子，光弼復為太尉。思禮薨。
762 寶應元年壬寅	建辰月戊申，華罷為禮部尚書。戶部侍郎元載同中書門下平章事。 五月丙寅，載行中書侍郎，勾當轉運租庸支度使。		正月壬午，李輔國為司空〔一〕；十月壬戌，死。
763 廣德元年癸卯	正月癸未，京兆尹劉晏為吏部尚書、同中書門下平章事。 七月壬子，雍王适兼中書令。 十月壬辰，載判元帥行軍司馬〔二〕。 十二月乙未，晉卿罷為太子太保。檢校禮部尚書李峴為黃門侍郎、同中書門下平章事。遵慶罷為太子少傅。		六月癸未，澤潞節度使李抱玉為司空，兼兵部尚書。

764 二年甲辰	正月乙卯，雍王适為皇太子。 癸亥，峴罷為太子詹事，晏罷為太子賓客。右散騎常侍王縉為黃門侍郎，太常卿杜鴻漸為兵部侍郎，並同中書門下平章事。 丁卯，鴻漸加莊宅使；四月甲午，為中書侍郎。 八月丙寅，縉為侍中，持節都統河南、淮南、淮西、山南東道行營節度事〔三〕。 壬申，縉罷侍中；甲午，兼東都留守。	四月壬午，朔方行營節度使、尚書左僕射、同平章事兼太保僕固懷恩為太保。	七月乙酉，光弼薨。 九月辛亥，子儀為太尉，抱玉為司徒。甲寅，子儀讓，罷之。 十二月乙丑，子儀為尚書令。辛未，子儀讓，罷之。
765 永泰元年乙巳	八月庚辰，縉為河南副元帥。	九月丁酉，懷恩死。	三月丙午，抱玉讓司徒。
766 大曆元年丙午	二月壬子，鴻漸為黃門侍郎、同中書門下平章事，兼成都尹，持節山南西道、劍南東川西川、邛南、西山等道副元帥，仍充劍南西川節度副大使。		

767 二年丁未	六月丙戌，鴻漸自劍南追至。		
768 三年戊申	閏六月庚午，縉兼幽州盧龍節度使；八月庚午，兼河東節度使。		閏六月己酉，子儀為司徒。 庚午，魏博節度使田承嗣為司空，兼檢校尚書左僕射。
769 四年己酉	二月乙卯，鴻漸讓山、劍副元帥。 六月戊申，縉罷副元帥、都統行營節度事。 十一月壬申，鴻漸罷。 癸酉，載權知門下省事。 丙子，尚書左僕射裴冕為同中書門下平章事。 十二月戊戌，冕薨。		
770 五年庚戌	四月庚申，縉至自太原。		

771 六年辛亥			
772 七年壬子			
773 八年癸丑			二月戊申，承嗣爲太尉。
774 九年甲寅			
775 十年乙卯			
776 十一年丙辰			
777 十二年丁巳	三月辛巳，載誅，縉貶括州刺史。四月壬午，太常卿楊綰爲中書侍郎，禮部侍郎常袞爲門下侍郎，並同中書門下平章事。七月己巳，綰薨。		
778 十三年戊午			

779 十四年己未	三月丁未，前淮西節度使、檢校司空、同平章事李忠臣本官同平章事。閏五月甲戌，袞貶河南少尹。河南少尹崔祐甫爲門下侍郎、同中書門下平章事。八月甲辰，懷州刺史喬琳爲御史大夫，道州司馬楊炎爲門下侍郎，並同中書門下平章事。十一月壬午，琳罷爲工部尚書。		二月癸未，承嗣死。閏五月甲申，子儀加尚父，兼太尉、中書令。六月己亥，平盧淄青節度使、檢校司空、同平章事李正己爲司徒，成德軍節度使、檢校司空、同平章事李寶臣爲司空。
建中 780 元年庚申	六月甲午，祐甫薨。		
781 二年辛酉	二月乙巳，炎爲中書侍郎，御史大夫盧杞爲門下侍郎、同中書門下平章事。七月庚申，永平軍節度使張鎰爲中書侍郎、平		正月戊辰，寶臣死。六月辛丑，子儀薨。七月庚申，檢校右僕

	章事。炎罷爲左僕射。		射侯希逸爲司空，是日卒。壬午，幽州隴右兼四鎮北庭行軍涇原節度使、檢校司空兼中書令朱泚爲太尉。八月辛卯，正己死。
782 三年壬戌	四月戊寅，鎰罷爲鳳翔節度使。十月丙辰，吏部侍郎關播爲中書侍郎、同中書門下平章事。		
783 四年癸亥	十月丁巳，戶部尚書蕭復爲吏部尚書，吏部郎中劉從一爲刑部侍郎，京兆府戶曹參軍、翰林學士姜公輔爲諫議大夫，並同中書門下平章事。		

	十一月癸巳，朔方節度使李懷光爲中書令、朔方邠寧同華陝虢河中晉絳慈隰行營兵馬副元帥。十二月壬戌，杞貶新州司馬。		
興元 784 元年甲子	正月癸酉，播罷爲刑部尚書。丙戌，吏部侍郎盧翰爲兵部侍郎、同中書門下平章事。戊子，復爲山南東西、荊湖、淮南、江西、鄂岳、浙江東西、福建、嶺南宣慰安撫使。四月甲寅，公輔罷爲左庶子。六月己酉，李晟爲中書令。癸丑，從一爲中書侍郎，翰爲門下侍郎。甲寅，朔方節度使、邠寧振武永平奉天行營兵馬副元帥、檢校尚書右僕射、同平章事渾瑊爲侍中。丙辰，忠臣誅。		二月甲子，李懷光爲太尉，不拜。六月己酉，京畿、渭北、商華兵馬副元帥李晟爲司徒、中書令。八月癸卯，晟爲鳳翔隴右諸軍、涇原四鎮北庭行營兵馬元帥。

年	宰相		
	八月癸卯，瑊爲河中、同絳、陝虢諸軍行營兵馬副元帥。 丙午，瑊兼朔方行營兵馬副元帥。 十月辛丑，檢校司徒李勉本官同中書門下平章事。十一月乙丑，復罷爲左庶子。 十二月己卯，勉加太淸宮使，翰加太微宮使，從一集賢殿大學士。		
785 貞元元年乙丑	四月丙戌，瑊爲河中招撫使。 六月辛卯，西川節度使、同平章事張延賞爲中書侍郎、同中書門下平章事。 八月己卯，河東節度使、檢校司徒、同平章事馬燧兼侍中。延賞罷爲左僕射。 九月辛亥，從一罷爲戶部尙書。		八月甲戌，懷光伏誅。

年	宰相		
786 二年丙寅	正月壬寅，翰罷爲太子賓客。吏部侍郎劉滋爲左散騎常侍，給事中崔造，中書舍人齊映，並同中書門下平章事。 癸丑，映判兵部，勉判刑部，滋判吏部、禮部，造判戶部、工部。 十二月丁巳，燧爲綏銀麟勝招討使。 庚申，造罷爲右庶子。		
787 三年丁卯	正月壬寅，尙書左僕射張延賞同中書門下平章事。 壬子，滋罷守左散騎常侍，映貶夔州刺史。兵部侍郎柳渾同中書門下平章事。 三月辛亥，燧罷副元帥。 六月丙戌，陝虢觀察使李泌爲中書侍郎、同中書門下平章事。		三月丁未，晟爲太尉。 六月丙戌，馬燧爲司徒兼侍中。

年	宰相		
	七月壬申，延賞薨。 八月己丑，渾罷爲散騎常侍。		
788 四年戊辰	七月庚戌，瑊爲邠寧慶副元帥。		
789 五年己巳	二月庚子，御史大夫竇參爲中書侍郎，大理卿董晉爲門下侍郎，並同中書門下平章事。 三月甲辰，泌薨。		
790 六年庚午			
791 七年辛未			
792 八年壬申	三月丁丑，參兼吏部尙書，知選事。 四月乙未，參貶郴州別駕。尙書左丞趙憬、兵部侍郎陸贄並中書侍郎、同中書門下平章事。		

年	宰相		
793 九年癸酉	五月甲辰，憬爲門下侍郎，義成軍節度使賈耽爲尙書右僕射，尙書右丞盧邁，並同中書門下平章事。 五月丙午，晉罷爲禮部尙書。		正月己亥，抱眞讓司徒，爲檢校左僕射。 六月壬寅，抱眞卒。 八月庚戌，晟薨。
794 十年甲戌	十二月壬戌，贄罷爲太子賓客。		
795 十一年乙亥	正月乙亥，邁爲中書侍郎。		八月辛亥，燧薨。
796 十二年丙子	二月乙丑，瑊兼中書令。 八月丙戌，憬薨。 十月甲戌，右諫議大夫崔損、給事中趙宗儒並同中書門下平章事。		
797 十三年丁丑	九月己丑，邁罷爲太子賓客。		

	年	宰相	
798	十四年戊寅	四月丁丑，損爲脩八陵使。 七月壬申，宗儒罷爲太子右庶子。工部侍郎鄭餘慶爲中書侍郎、同中書門下平章事。損爲門下侍郎。	
799	十五年己卯	十二月辛未，瑊薨。	
800	十六年庚辰	九月庚戌，餘慶貶郴州司馬。 庚申，太常卿齊抗爲中書侍郎、同中書門下平章事。	
801	十七年辛巳		
802	十八年壬午		
803	十九年癸未	三月壬子，淮南節度使、檢校尚書左僕射、同平章事杜佑檢校司空、同中書門下平章事。 七月己未，抗罷爲太子賓客。 閏十一月丁巳，損薨〔四〕。 十二月庚申，太常卿高郢爲中書侍郎，吏部侍郎鄭珣瑜爲門下侍郎，幷同中書門下平章事。	

	年	宰相	
804	二十年甲申		
805	永貞 元年乙酉	二月辛亥，吏部侍郎韋執誼爲尚書右丞、同中書門下平章事。 三月丙戌，佑檢校司徒。 庚寅，郢爲刑部尚書，珣瑜爲吏部尚書，執誼爲中書侍郎。 七月乙未，郢罷守刑部尚書，珣瑜罷守吏部尚書。太常卿杜黃裳爲門下侍郎，左金吾衞大將軍袁滋爲中書侍郎，並同中書門下平章事。 八月己未，滋爲劍南東西川、山南西道安撫大使。 癸亥，尚書左丞鄭餘慶同中書門下平章事。 十月丁酉，耽薨。 戊戌，滋罷爲檢校吏部尚書同平章事西川節度使。 十一月壬申，執誼貶崖州司馬。 十二月壬戌，中書舍人鄭絪爲中書侍郎同中書門下平章事。	

	年	宰相	
806	元和 元年丙戌	十一月庚戌，餘慶罷爲河南尹。	四月丁未，佑爲司徒。
807	二年丁亥	正月乙巳，黃裳罷爲檢校司空、同平章事河中節度使。 己酉，御史中丞武元衡爲門下侍郎，中書舍人李吉甫爲中書侍郎，並同中書門下平章事。 八月辛酉，元衡兼判戶部；十月丁卯，檢校吏部尚書兼門下侍郎、同平章事、西川節度使。	

	年	宰相	
808	三年戊子	九月庚寅，山南東道節度使、檢校尚書左僕射于頔守司空、同中書門下平章事。 丙申，戶部侍郎裴垍守中書侍郎、同中書門下平章事，絪爲門下侍郎。 戊戌，吉甫檢校兵部尚書兼中書侍郎、同平章事、淮南節度使。	九月庚寅，頔守司空。
809	四年己丑	二月丁卯，絪罷爲太子賓客。給事中李藩爲門下侍郎、同中書門下平章事。	
810	五年庚寅	九月丙寅，太常卿權德輿爲禮部尚書、同中書門下平章事。 十一月庚申，垍罷爲兵部尚書。	

811	六年辛卯	正月庚申，李吉甫爲中書侍郎、同中書門下平章事。 二月壬申，藩罷爲太子詹事。 十一月己丑，戶部侍郎李絳爲中書侍郎、同中書門下平章事。		
812	七年壬辰		六月癸巳，佑爲太保致仕。	
813	八年癸巳	正月辛未，德輿罷爲禮部尚書。 三月甲子，武元衡爲門下侍郎、平章事；己巳，至自西川。		二月丁酉，頔貶恩王傅。
814	九年甲午	二月癸卯，絳罷爲禮部尚書。 六月壬寅，河中節度使張弘靖爲刑部尚書、同中書門下平章事。 十月丙午，吉甫薨。 十二月庚戌，弘靖守中書侍郎。 戊辰，尚書右丞韋貫之同中書門下平章事。		
815	十年乙未	六月癸卯，元衡爲盜殺。 乙丑，御史中丞裴度爲中書侍郎、同中書門下平章事。		正月乙酉，宣武軍節度使韓弘守司徒。
816	十一年丙申	正月己巳，弘靖罷檢校吏部尚書、河東節度使。 二月乙巳，中書舍人李逢吉爲門下侍郎、同中書門下平章事，貫之爲中書侍郎。 八月壬寅，貫之罷爲吏部侍郎。 十二月丁未，翰林學士、工部侍郎王涯爲中書侍郎、同中書門下平章事。		
817	十二年丁酉	七月丙辰，度守門下侍郎、同平章事、彰義節度、淮西宣慰處置使，戶部侍郎崔羣爲中書侍郎、		

		同中書門下平章事。 九月丁未，逢吉罷爲劍南東川節度使。 十月甲戌，淮南節度使、檢校尚書右僕射李鄘爲門下侍郎、同中書門下平章事。 十二月戊寅，鄘至。		
818	十三年戊戌	三月戊戌，鄘罷爲戶部尚書。御史大夫李夷簡爲門下侍郎、同中書門下平章事。 七月辛丑，夷簡檢校左僕射、同平章事、淮南節度使。 八月壬子，涯罷爲兵部侍郎。 九月甲辰，戶部侍郎、判度支皇甫鎛，工部侍郎、諸道鹽鐵轉運使程异，並同中書門下平章事，判使各如故。		
819	十四年己亥	四月辛未，异薨。 丙子，度檢校左僕射，兼門下侍郎、同平章事、河東節度使。 七月丁酉，鎛守門下侍郎，河陽節度使令狐楚守中書侍郎、同中書門下平章事。 八月己酉，宣武節度使、守司徒兼侍中、同平章事韓弘兼中書令。 十二月己卯，羣罷爲湖南觀察使。		
820	十五年庚子	正月壬午，鎛罷度支。 閏月丁未，鎛貶崖州司戶參軍。 辛亥，楚爲門下侍郎，御史中丞蕭俛、中書舍人翰林學士段文昌並守中書侍郎、同中書門下平章事。 七月丁卯，楚罷爲宣歙觀察使。		九月戊午，檢校左僕射、河東節度使裴度守司空。

	八月戊戌，俛爲門下侍郎，御史中丞崔植守中書侍郎、同中書門下平章事。		

校勘記

〔一〕正月壬午李輔國爲司空　「正月」，本書卷六及舊書卷一一代宗紀、通鑑卷二二二並作「五月」。

〔二〕載判元帥行軍司馬　「軍」，各本原作「兵」，舊書卷一一代宗紀及通鑑卷二二三均作「軍」。按本書卷四九下百官志、舊書卷四四職官志，元帥及節度使下置「行軍司馬」。據改。

〔三〕山南東道行營節度　各本原無「南」字，據本書卷六及舊書卷一一代宗紀、通鑑卷二二三補。

〔四〕閏十一月丁巳損薨　「閏十一月」，本書卷七及舊書卷一三德宗紀、通鑑卷二三六並作「閏十月」。查二十史朔閏表，「閏十月」是。

唐書卷六十三

表第三

宰相下

	宰相	三師	三公
公元821 長慶元年辛丑	正月壬戌，俛罷爲尚書右僕射。二月壬午，文昌檢校刑部尚書同平章事、西川節度使，戶部侍郎、翰林學士杜元穎守戶部侍郎、同中書門下平章事。十月丙寅，諸道鹽鐵轉運使、刑部尚書王播守中書侍郎、同中書門下平章事。		
822 二年壬寅	二月辛巳，植罷爲刑部尚書。工部侍郎元稹守工部侍郎、同中書門下平章事，元穎爲中書侍郎。三月戊午，度守司空兼門下侍郎、平章事，播檢校尚書右僕射、平章事、淮南節度使。六月甲子，度罷爲尚書左僕射，稹罷爲同州刺史，兵部尚書李逢吉守門下侍郎、同中書門下平章事。戊寅，夷簡分司東都。		三月戊午，度守司空。十二月庚寅，弘卒。
823 三年癸卯	三月壬戌，御史中丞牛僧孺爲戶部侍郎、同中書門下平章事。丁卯，復判戶部。十月己丑，元穎檢校禮部尚書同平章事、西川節度使。庚寅，僧孺爲中書侍郎。		八月癸卯，度守司空、山南西道節度使。

824 四年甲辰	五月乙卯，吏部侍郎李程、戶部侍郎、判度支竇易直，並同中書門下平章事。六月丙申，度同平章事。乙酉，逢吉爲尚書左僕射。		六月丙申，橫海軍節度使李光顏守司徒。
825 寶曆元年乙巳	正月乙卯，僧孺檢校禮部尚書、同平章事、武昌節度使。辛酉，程守中書侍郎，易直守門下侍郎。七月庚午，易直罷度支。		二月丁未，度守司空。
826 二年丙午	二月丁未，裴度守司空、同中書門下平章事。八月丙申，度判度支。九月壬午，程檢校兵部尚書、同平章事、河東節度使。十一月甲申，逢吉檢校司空、同平章事、山南東道節度使。		九月戊寅，光顏卒。

	十二月庚戌，兵部侍郎、翰林學士韋處厚爲中書侍郎、同中書門下平章事。庚申，度兼門下侍郎，易直尚書右僕射。		
827 大和元年丁未	六月癸巳，淮南節度副大使王播爲尚書左僕射、同中書門下平章事。十月丙寅，度罷度支。		正月癸未，天平軍節度使烏重胤守司徒。丙寅，重胤卒。
828 二年戊申	十月癸酉，易直檢校尚書左僕射、平章事、山南東道節度使。十二月壬申，處厚薨。		九月甲午，武寧軍節度使王智興守司徒。
	戊寅，兵部侍郎、翰林學士路隋守中書侍郎、同中書門下平章事。		
829 三年己酉	八月甲戌，吏部侍郎李宗閔同中書門下平章事。十二月己酉，元穎貶邵州刺史。	十一月乙巳，智興爲太傅。	

830 四年庚戌	正月辛卯，牛僧孺爲兵部尚書、同中書門下平章事。六月丁未，度平章軍國重事。己酉，隋爲門下侍郎，宗閔爲中書侍郎。七月癸未，尚書右丞宋申錫同中書門下平章事。	六月己巳，檢校司徒、平章事李載義守太保。	六月丁未，度守司徒。九月壬午，度爲司徒。
	九月壬午，度爲司徒兼侍中、山南東道節度使。		
831 五年辛亥	三月庚子，申錫罷爲太子右庶子。乙丑，僧孺爲中書侍郎。		
832 六年壬子	十二月乙丑，僧孺檢校尚書右僕射、平章事、淮南節度使。		

833 七年癸丑	二月丙戌，兵部尚書李德裕守本官、同中書門下平章事。六月乙亥，宗閔檢校禮部尚書、平章事、興元節度使。七月丁酉，德裕爲中書侍郎。壬寅，尚書右僕射、諸道鹽鐵轉運使王涯守右僕射、同中書門下平章事。是年，隋爲太子太師。		
834 八年甲寅	三月戊午，涯檢校司空兼門下侍郎。十月庚寅，李宗閔守中書侍郎、同平章事。甲午，德裕檢校兵部尚書、同平章事、山南西道節度使。		
835 九年乙卯	四月丙申，隋檢校尚書右僕射、平章事、鎮海軍節度使。戊戌，浙西觀察使賈餗守中書侍郎、同中	七月癸酉，智興卒。十一月癸丑，載義守太傅。	五月辛未，涯爲司空。十一月乙丑，仇士良殺涯。

書門下平章事。
六月壬寅,宗閔貶明州刺史。
七月辛亥,御史大夫李固言守門下侍郎、同中書門下平章事。
九月丁卯,固言檢校兵部尚書、山南西道節度使。
己巳,御史中丞舒元輿爲刑部侍郎,兵部侍郎、翰林學士李訓爲禮部侍郎,並同中書門下平章事。
十月乙亥,涯兼諸道鹽鐵榷茶使。
庚子,度兼中書令。
十一月甲子,訓斬首於昆明池。尚書右僕射鄭覃同中書門下平章事。
乙丑,元輿、餗爲仇士良所殺。戶部侍郎、判度支李石守本官、同中書門下平章事。

年		
836 開成元年丙辰	正月甲子,覃兼門下侍郎,石爲中書侍郎。 四月甲午,李固言守門下侍郎、同中書門下平章事,石兼鹽鐵使。 丙申,固言判戶部。五月己巳,罷。 八月己酉,覃兼國子祭酒,石罷度支。	
837 二年丁巳	四月戊戌,翰林學士、工部侍郎陳夷行以本官同中書門下平章事。 十月戊申,固言爲門下侍郎、同平章事、西川節度使。 十一月壬戌,石罷鹽鐵使。	四月庚申,戴義卒。
838 三年戊午	正月戊辰,戶部尚書、諸道鹽鐵轉運使楊嗣復,戶部侍郎、判戶部李珏,並同中書門下平章事。 丙子,石以中書侍郎同中書門下平章事、荆南節度使。	

年		
839 四年己未	三月庚午,覃爲太子太師。 四月丙申,珏罷戶部。 七月戊辰,嗣復罷鹽鐵使。 九月己巳,夷行爲門下侍郎,珏、嗣復爲中書侍郎。 十二月辛丑,度守司徒兼中書令。 丙午,覃罷太子太師,五日一入中書。 閏正月己亥,度來朝。 五月丙申,覃罷爲尚書左僕射,夷行罷爲吏部侍郎。 七月甲辰,太常卿崔鄲同中書門下平章事。 十一月壬午,嗣復爲門下侍郎,鄲爲中書侍郎。	三月丙戌,度薨。

年		
840 五年庚申	二月癸丑,珏兼戶部尚書,嗣復兼吏部尚書,鄲兼禮部尚書。 五月己卯,珏爲門下侍郎。嗣復罷,守吏部尚書、刑部尚書。諸道鹽鐵轉運使、刑部尚書崔珙同中書門下平章事。 八月庚午,珏貶太常卿。 九月丁丑,淮南節度副大使、檢校右僕射李德裕爲門下侍郎、同中書門下平章事。 庚辰,珙爲中書侍郎。	
841 會昌元年辛酉	三月甲戌,御史大夫陳夷行爲門下侍郎、同中書門下平章事。 十一月癸亥,鄲檢校吏部尚書、同平章事、劍南西川節度使。	

842 二年壬戌	正月己亥，夷行爲尚書左僕射，珙爲尚書右僕射。二月丁丑，檢校尚書右僕射、淮南節度使李紳爲中書侍郎、平章事。三月丙申，紳權判度支。六月，夷行罷爲太子太保。七月，尚書左丞兼御史中丞李讓夷爲中書侍郎、同中書門下平章事。		正月己亥，李德裕爲司空。
843 三年癸亥	二月辛未，珙罷守尚書右僕射。五月壬寅，紳爲門下侍郎。戊申，翰林學士承旨、中書舍人崔鉉爲中書侍郎、同中書門下平章事。庚戌，紳爲尚書右僕射。		六月辛酉，德裕爲司徒。

844 四年甲子	閏七月壬戌，淮南節度使、檢校尚書右僕射、駙馬都尉杜悰爲尚書右僕射兼中書侍郎、同中書門下平章事、諸道鹽鐵轉運使，紳檢校尚書右僕射、同平章事、淮南節度使。八月庚戌，讓夷爲檢校尚書右僕射兼中書侍郎，鉉兼戶部尚書，悰爲尚書左僕射兼門下侍郎。		八月戊申，德裕守太尉。
845 五年乙丑	正月己未，德裕加特進。五月壬戌，鉉罷爲戶部尚書，悰罷爲尚書右僕射。乙丑，戶部侍郎判戶部李回爲中書侍郎、同中書門下平章事，兼判戶部。七月，山南東道節度使、檢校尚書右僕射鄭肅本官同中書門下平章事。		

846 六年丙寅	四月丙子，德裕檢校司徒、同平章事、荆南節度使。辛卯，肅檢校尚書左僕射兼中書侍郎，讓夷爲司空兼門下侍郎。五月乙巳，翰林學士承旨、兵部侍郎白敏中本官同中書門下平章事。九月，肅本檢校官、荆南節度使。兵部侍郎、判度支盧商爲中書侍郎兼工部尚書、同中書門下平章事，回爲門下侍郎，敏中爲中書侍郎。		四月辛卯，讓夷爲司空。七月，讓夷檢校司空、同平章事、淮南節度使。
847 大中元年丁卯	三月，商檢校兵部尚書、武昌軍節度使。刑部尚書、判度支崔元式爲門下侍郎兼刑部尚書，翰林學士承旨、戶部侍郎韋琮爲中書侍郎，並同中書門下平章事。八月丙申，回檢校吏部尚書、同平章事、劍南西川節度使。		

848 二年戊辰	正月丙寅，敏中兼刑部尚書，元式兼戶部尚書，琮兼禮部尚書。己卯，刑部侍郎、諸道鹽鐵轉運使馬植同中書門下平章事。元式罷爲刑部尚書。兵部侍郎、判度支周墀同中書門下平章事。六月庚戌，敏中、琮爲門下侍郎，植、墀爲中書侍郎。十一月壬午，琮罷爲太子賓客，分司東都。		
849 三年己巳	三月，墀兼刑部尚書，敏中爲尚書右僕射，植檢校禮部尚書、天平軍節度使。四月乙酉，御史大夫崔鉉守中書侍郎、同中書門下平章事，墀檢校刑部尚書、東川節度使，兵部侍郎、判戶部事魏扶守本官、同中書門下平章事。		

850	四年庚午	六月戊申，扶薨。戶部侍郎、判度支崔龜從守戶部尚書、同中書門下平章事，判如故。八月庚戌，罷判。十月辛未，翰林學士承旨、兵部侍郎令狐綯守本官、同中書門下平章事。	
851	五年辛未	三月甲申，敏中爲特進，守司空兼門下侍郎、同平章事，招討南山、平夏党項行營兵馬都統制置使，幷南北路供軍使兼邠寧慶等州節度使。四月乙卯，鉉守尚書右僕射兼門下侍郎，龜從爲中書侍郎兼吏部尚書，綯爲中書侍郎兼禮部尚書。十月戊辰，戶部侍郎判戶部魏謩守本官、同中書門下平章事，判如故。十一月庚寅，龜從檢校吏部尚書、同平章事、宣武節度使。	三月甲申，敏中守司空。十月，敏中守司空、同中書門下平章事，兼邠寧慶等州節度使。

852	六年壬申	正月癸巳，綯兼戶部尚書。八月，禮部尚書、諸道鹽鐵轉運使裴休本官同中書門下平章事，使如故。十二月壬午，謩爲中書侍郎。	四月甲辰，敏中檢校司徒、平章事、西川節度使。
853	七年癸酉		
854	八年甲戌	十一月乙酉，休罷使。十二月癸巳，謩罷戶部。	
855	九年乙亥	二月甲戌，鉉爲尚書左僕射，綯爲門下侍郎，謩兼禮部尚書，休爲中書侍郎兼戶部尚書。七月丙辰，鉉檢校尚書左僕射、同平章事、淮南節度使。	
856	十年丙子	正月丁巳，御史大夫鄭朗守工部尚書、同中書門下平章事。十月戊子，休爲檢校戶部尚書、同平章事、宣武	

		節度使，綯爲尚書右僕射，謩爲門下侍郎兼戶部尚書，朗爲中書侍郎兼禮部尚書。十二月壬辰，戶部侍郎判戶部事崔慎由爲工部尚書、同中書門下平章事。	
857	十一年丁丑	二月辛巳，謩爲檢校戶部尚書平章事、西川節度使。七月庚子，兵部侍郎、判度支蕭鄴本官同中書門下平章事，判如故。十月，鄴罷度支。壬申，朗罷爲檢校尚書右僕射、兼太子少師。十一月己未，慎由爲中書侍郎、禮部尚書，鄴爲工部尚書。	

858	十二年戊寅	正月戊戌，戶部侍郎、判度支劉瑑本官同中書門下平章事，判如故。二月壬申，慎由罷爲檢校禮部尚書、劍南東川節度使。四月戊申，兵部侍郎諸道鹽鐵轉運使夏侯孜本官同中書門下平章事，使如故。己酉，鄴爲中書侍郎兼禮部尚書，瑑爲工部尚書。五月丙寅，瑑薨。十月癸巳，孜爲工部尚書。十一月己未，綯爲尚書左僕射。十二月甲寅，兵部侍郎、判戶部蔣伸本官同中書門下平章事，判如故。	
859	十三年己卯	三月甲戌，伸罷戶部。八月癸卯，鄴爲門下侍郎，伸爲中書侍郎並兼	八月癸卯，綯爲司空。十二月丁酉，檢校司

公元	年	宰相		三公
		兵部尚書。孜爲中書侍郎兼刑部尚書。 十一月戊午，鄴檢校尚書右僕射、同平章事、荆南節度使。 十二月甲申，翰林學士承旨、兵部侍郎杜審權本官同中書門下平章事。 丁酉，敏中守司徒兼門下侍郎、同中書門下平章事。		徒兼太子太師、同平章事、荆南節度使白敏中守司徒，綯爲檢校司徒同平章事、河中節度使。
860	咸通元年庚辰	九月癸酉，孜爲門下侍郎兼兵部尚書，伸兼刑部尚書，審權爲中書侍郎兼工部尚書。 戊申，敏中爲中書令。 十月己亥，孜爲檢校尚書右僕射、同平章事、劍南西川節度使，戶部尚書、判度支畢諴爲禮部尚書、同中書門下平章事。		十二月癸亥，鄆王緒爲司空。

公元	年	宰相		三公
861	二年辛巳	二月，尚書左僕射、判度支杜悰本官兼門下侍郎、同中書門下平章事，判如故。 庚戌，敏中檢校司徒兼中書令、鳳翔節度使。		二月庚戌，敏中遷。福王綰薨。
862	三年壬午	正月己酉，伸檢校兵部尚書、同平章事、河中節度使。 二月庚子，審權爲門下侍郎兼吏部尚書，諴爲中書侍郎兼兵部尚書。 七月，夏侯孜爲尚書左僕射兼門下侍郎、同中書門下平章事。		二月庚子，悰守司空。 十月丙申，悰爲司徒。
863	四年癸未	四月癸巳，諴罷爲兵部尚書。 五月己巳，翰林學士承旨、兵部侍郎楊收守本官、同中書門下平章事。		正月庚辰，攄王紘守司空。

公元	年	宰相		三公
		戊子，審權檢校吏部尚書、同平章事、鎮海軍節度使。 閏六月，兵部侍郎、判度支曹確本官同中書門下平章事，悰檢校司徒、同平章事、鳳翔節度使。 十月，收爲中書侍郎。		
864	五年甲申	三月己亥，確爲中書侍郎。 四月，兵部侍郎、判戶部蕭寘本官同中書門下平章事。 五月戊戌，伸爲太子少保，分司東都。 八月乙卯，收爲門下侍郎兼刑部尚書，確兼工部尚書，寘爲中書侍郎。 十一月壬寅，翰林學士承旨、兵部侍郎路巖本官同中書門下平章事。		八月丁卯，孜爲司空。 十一月戊戌，孜檢校尚書右僕射、同平章事、河中節度使。

公元	年	宰相		三公
865	六年乙酉	三月，寘薨。 四月，劍南東川節度使高璩爲兵部侍郎、同中書門下平章事。 六月，收爲尚書右僕射兼門下侍郎，確兼工部尚書，巖爲中書侍郎。 庚戌，璩薨。御史大夫徐商爲兵部侍郎、同中書門下平章事。		
866	七年丙戌	十月壬申，收檢校工部尚書、宣歙池觀察使。 十一月戊辰，確爲門下侍郎，巖兼刑部尚書，商爲中書侍郎兼工部尚書。		
867	八年丁亥	七月甲子，兵部侍郎、諸道鹽鐵轉運使、駙馬都尉于琮本官同中書門下平章事。 十月，確兼吏部尚書，巖爲門下侍郎兼戶部尚書，商兼刑部尚書。		

868 九年戊子	六月癸卯，商檢校尚書右僕射、平章事、荆南節度使，翰林學士承旨戶部侍郎劉瞻本官同中書門下平章事。		
869 十年己丑	九月，瞻爲中書侍郎。		
870 十一年庚寅	正月戊午，確加尚書左僕射，巖加右僕射，瞻兼刑部尚書。 三月，確檢校司徒、同平章事、鎭海軍節度使。 四月丙午，翰林學士承旨、兵部侍郎、駙馬都尉韋保衡本官同中書門下平章事。 九月丙辰，瞻檢校刑部尚書、同平章事、荆南節度使。 十一月辛亥，禮部尚書、判度支王鐸本官同中書門下平章事。		

871 十二年辛卯	四月癸卯，巖檢校司徒、平章事、劍南西川節度使，鐸爲中書侍郎兼刑部尚書。 十月，兵部侍郎、諸道鹽鐵轉運使劉鄴爲禮部尚書、同中書門下平章事，使如故。鐸爲門下侍郎兼吏部尚書。		
872 十三年壬辰	二月丁巳，琮檢校尚書左僕射、山南東道節度使，保衡爲右僕射，鐸爲尚書左僕射，鄴爲中書侍郎。以刑部侍郎、判戶部趙隱爲戶部侍郎、同中書門下平章事。 十月，保衡爲門下侍郎兼兵部尚書。 十一月庚辰，鄴兼戶部尚書，尋爲門下侍郎。隱爲中書侍郎。		十一月，保衡爲司空，鐸爲司徒。
873 十四年癸巳	六月，鐸檢校尚書左僕射、同平章事、宣武軍節度使。 八月乙卯，鄴兼吏部尚書，隱兼禮部尚書。		八月乙卯，保衡爲司徒。 九月癸亥，保衡貶賀

	十月乙未，鄴爲尚書左僕射，隱兼戶部尚書。尚書左僕射蕭倣爲中書侍郎兼兵部尚書、同中書門下平章事。		州刺史。
874 乾符元年甲午	二月癸丑，隱檢校兵部尚書、鎭海軍節度使。檢校戶部尚書兼華州刺史裴坦爲中書侍郎、同中書門下平章事。 五月乙未，坦薨。刑部尚書劉瞻爲中書侍郎、同中書門下平章事。 八月辛未，瞻薨。兵部侍郎、判度支崔彥昭爲中書侍郎、同中書門下平章事。 十月丙辰，鄴檢校尚書左僕射、同平章事、淮南節度使。吏部侍郎鄭畋爲兵部侍郎，翰林學士承旨、戶部侍郎盧攜，並同中書門下平章事。 十一月，彥昭爲門下侍郎兼刑部尚書，畋爲中書侍郎兼禮部尚書，攜爲中書侍郎。		十一月，倣爲司空。

875 二年乙未	六月，吏部尚書李蔚爲中書侍郎、同中書門下平章事。彥昭爲尚書右僕射兼門下侍郎，畋爲門下侍郎，攜兼工部尚書。		五月，倣薨。
876 三年丙申			六月乙丑，撫王紘爲太尉，未幾，紘薨。
877 四年丁酉	正月，畋兼兵部尚書，攜兼刑部尚書。 閏二月，彥昭罷爲太子太傅。王鐸檢校司徒兼門下侍郎、同中書門下平章事。 九月，攜兼戶部尚書。		正月丁丑，彥昭爲司空。 六月癸酉，鐸爲司徒。
878 五年戊戌	五月丁酉，畋、攜並罷爲太子賓客，分司東都。翰林學士承旨、戶部侍郎豆盧瑑爲兵部侍郎，吏部侍郎崔沆爲戶部侍郎，並同中書門下平章事。 九月，吏部尚書鄭從讜爲中書侍郎兼禮部尚		

年	宰相		
	書同中書門下平章事。蔚檢校司空，判東都尚書省，都畿汝防禦使。		
879 六年己亥	四月，鐸檢校司空兼侍中、荆南節度使、南面行營招討都統，從讜兼禮部尚書。 十二月，兵部尚書盧攜為門下侍郎、同中書門下平章事，瑑為中書侍郎兼戶部尚書，沆為中書侍郎兼工部尚書，從讜為門下侍郎兼兵部尚書。鐸貶太子賓客，分司東都。		
880 廣明元年庚子	二月壬子，從讜檢校司空兼平章事、河東節度行營招討等使。 六月丙午，攜兼兵部尚書。 十二月甲申，攜貶為太子賓客，分司東都。翰林學士承旨、尚書左丞王徽為戶部侍郎，翰林學士、戶部侍郎裴澈為工部侍郎，並同中書門下平章事。 庚子，黃巢殺瑑、沆。		八月，榮王憒守司空，是月，憒薨。

年	宰相		
881 中和元年辛丑	正月壬申，兵部侍郎、判度支蕭遘為工部侍郎、同中書門下平章事。 二月，澈兼禮部尚書。 己卯，太子少師王鐸為司徒兼門下侍郎、同中書門下平章事。 三月，徽罷為兵部尚書。 四月戊寅，澈為門下侍郎兼兵部尚書，遘為中書侍郎兼禮部尚書，鐸兼侍中。 六月戊戌，檢校司空、同平章事、京城西面行營都統鄭畋守司空兼門下侍郎、同中書門下平章事、京城四面行營都統，鐸守司徒兼太子太保。 七月庚申，翰林學士承旨、兵部侍郎韋昭度本官同中書門下平章事。 十一月，畋罷為太子少傅，分司東都。澈為檢校兵部尚書、鄂岳觀察使，遘兼戶部尚書，昭度為中書侍郎兼禮部尚書。		二月己卯，鐸為司徒、駢為太尉。 六月丁丑，鐸守司徒，畋為司空。 十一月，畋為太子少傅，分司東都。

年	宰相		
882 二年壬寅	正月辛亥，鐸為諸道行營都都統，兼指揮諸軍兵馬收復京城及諸道租庸等使，權知義成軍節度使。 二月，遘判度支，鐸兼判戶部。 己卯，鄭畋為司空兼門下侍郎、同中書門下平章事。 四月，遘為門下侍郎兼吏部尚書。 五月，昭度兼吏部尚書，遘為尚書左僕射。		二月己卯，畋為司空。

年	宰相		
883 三年癸卯	正月乙亥，鐸檢校司徒兼中書令、義成軍節度使。 五月，東都留守、檢校司空兼侍中鄭從讜為司空，兼門下侍郎、同中書門下平章事。 七月，昭度為門下侍郎、檢校兵部尚書、判度支裴澈為中書侍郎、同中書門下平章事。	二月，建王震守太保。	五月，畋為司徒，從讜為司空。 七月，畋罷為檢校司徒，守太子太保。
884 四年甲辰	十月，澈加尚書右僕射，昭度加左僕射，并兼門下侍郎。		十月，遘為司空。
885 光啓元年乙巳	三月，澈為尚書左僕射。		二月，遘為司徒，昭度為司空。
886 二年丙午	三月戊戌，御史大夫孔緯、翰林學士承旨、兵部尚書杜讓能並為兵部侍郎、同中書門下平章事。 四月，緯為中書侍郎，讓能為工部尚書。		二月，從讜為太傅兼侍中。

887 三年丁未	三月癸未，澈伏誅。緯爲門下侍郞，讓能爲中書侍郞。六月，緯兼吏部尚書，充諸道鹽鐵轉運等使。讓能兼兵部尚書，昭度兼侍中。九月，戶部侍郞、判度支張濬爲兵部侍郞、同中書門下平章事。	八月，昭度爲太保兼侍中。	三月，從讜爲太子太保。癸未，讜伏誅。壬辰，昭度爲司徒。
888 文德元年戊申	二月，讓能爲尚書右僕射，緯爲左僕射，濬爲中書侍郞。四月，昭度守中書令，讓能爲尚書左僕射，濬守戶部尚書。六月，昭度檢校太尉兼中書令、劍南西川節度兼兩川招撫制置等使。九月，緯兼國子祭酒。	二月，昭度兼中書令。四月，昭度守中書令。	四月，緯爲司空。

889 龍紀元年己酉	正月，翰林學士承旨、兵部侍郞劉崇望本官同中書門下平章事。三月，濬兼吏部尚書，崇望爲中書侍郞，讓能兼門下侍郞。十一月己酉，崇望兼吏部尚書。	十一月戊午，緯爲太保。	三月，緯爲司徒，讓能爲司空。十二月戊午，讓能爲司徒。
890 大順元年庚戌	五月，濬爲河東行營都招討制置宣慰使。		
891 二年辛亥	正月庚申，緯檢校太保兼御史大夫、荆南節度使，濬罷爲檢校尚書右僕射、鄂岳觀察使。翰林學士承旨、兵部侍郞崔昭緯，御史中丞徐彥若爲戶部侍郞，並同中書門下平章事。崇望判度支。二月，崇望爲門下侍郞，昭緯、彥若並爲中書侍郞。	正月庚申，緯遷。	

	十月，崇望爲尚書右僕射。十二月，昭緯兼吏部尚書，彥若兼兵部尚書。		
892 景福元年壬子	二月，崇望罷爲檢校司徒、同中書門下平章事、武寧軍節度使。三月，戶部尚書鄭延昌爲中書侍郞、同中書門下平章事。八月，昭緯爲門下侍郞。		四月，讓能守太尉。
893 二年癸丑	正月，彥若爲檢校尚書左僕射、同平章事、鳳翔節度使。六月，昭緯爲尚書左僕射，延昌兼刑部尚書。九月壬辰，檢校司徒、東都留守韋昭度爲司徒兼門下侍郞，御史中丞崔胤爲戶部侍郞，並同中書門下平章事。十月，昭緯充諸道鹽鐵轉運使。	十二月，昭度爲太傅。	九月，讓能貶梧州刺史，再貶雷州司戶參軍。昭度守司徒。十月，讓能賜死。

894 乾寧元年甲寅	二月，延昌爲尚書右僕射兼門下侍郞，右散騎常侍鄭綮爲禮部侍郞、同中書門下平章事。五月，延昌罷爲尚書右僕射。六月，胤爲中書侍郞。戊午，翰林學士承旨、禮部尚書李谿本官同中書門下平章事。庚申，谿罷爲太子少傅。御史大夫徐彥若爲中書侍郞兼吏部尚書、同中書門下平章事。七月，綮爲太子少保致仕。	二月，昭度守太傅。	
895 二年乙卯	正月己巳，給事中陸希聲爲戶部侍郞、同中書門下平章事。二月乙未，李谿爲戶部侍郞、同中書門下平章事，判度支。三月，胤檢校尚書右僕射、同平章事、護國節度使。谿罷爲檢校吏部尚書，守太子少師。戶部侍	八月辛丑，河東節度使、檢校太傅、同平章事李克用守太師兼中書令，充邠寧四面諸軍行營都統。	六月癸巳，孔緯爲司空。九月丙辰，彥若爲司空。癸亥，緯薨。

郎、判戶部王摶為中書侍郎、同中書門下平章事。

四月，希聲罷為太子少師，昭度太保致仕。

六月癸巳，吏部尚書孔緯為司空、兼門下侍郎、同中書門下平章事，彥若為尚書左僕射、兼門下侍郎。

七月庚申，京兆尹、檢校司徒兼戶部尚書、判度支、諸道鹽鐵轉運使嗣薛王知柔權知中書事及隨駕置頓使。

甲子，崔胤為中書侍郎兼禮部尚書、同中書門下平章事。

辛未，知柔為清海軍節度使、同平章事，仍權知京兆尹、判度支，充諸道鹽鐵轉運等使。

八月壬子，昭緯罷為尚書左僕射。摶為門下侍郎兼戶部尚書、判度支、諸道鹽鐵轉運使。

九月，胤判戶部。

十月，京兆尹孫偓為戶部侍郎、同中書門下平章事，判戶部。

896 三年丙辰

五月，偓為兵部侍郎。

七月乙巳，胤檢校禮部尚書、同平章事、武安軍節度使。偓為中書侍郎。

丙午，翰林學士承旨、尚書左丞陸扆為戶部侍郎、同中書門下平章事。

八月甲寅，摶檢校戶部尚書、同平章事、威勝軍節度使。

戊午，扆為中書侍郎，判戶部。

乙丑，國子監毛詩博士朱朴為左諫議大夫、同中書門下平章事。

九月乙未，崔胤為中書侍郎兼戶部尚書、同中書門下平章事，翰林學士承旨、兵部侍郎崔遠

三月，彥若兼侍中、大明宮留守、京畿安撫制置使。

本官同中書門下平章事。

丁酉，扆貶峽州刺史。

己亥，朴判戶部。

戊申，偓為門下侍郎兼諸道鹽鐵轉運使，判度支。

十月壬子，偓兼禮部尚書，持節鳳翔四面行營節度諸軍都統、招討、處置等使。

戊午，王摶為吏部尚書、同中書門下平章事。

十一月癸卯，朴為中書侍郎。

897 四年丁巳

正月己亥，偓罷都統招討使。

二月乙亥，偓罷守禮部尚書，朴罷守祕書監。

三月，遠判戶部。

四月，摶為門下侍郎兼吏部尚書、諸道轉運等

使，遠為兵部尚書。

六月乙巳，遠為中書侍郎，胤兼戶部尚書。

光化

898 元年戊午

正月，摶為尚書右僕射兼門下侍郎，胤兼吏部尚書，遠兼工部尚書。

九月，鎮國匡國軍節度使、檢校太尉兼侍中韓建守太傅、兼中書令。

正月，彥若為司徒。

899 二年己未

正月丁未，胤罷守吏部尚書。兵部尚書陸扆本官同中書門下平章事，未幾，為中書侍郎兼戶部尚書、平章事。彥若兼門下侍郎。

十一月，彥若為太保。

十一月，摶為司空。

900 三年庚申

四月，遠兼吏部尚書。

六月丁卯，崔胤為尚書左僕射兼門下侍郎、同中書門下平章事、諸道鹽鐵轉運等使。

九月乙巳，彥若檢校太尉、同平章事、清海軍節度使。

六月，摶罷為工部侍郎。

年	宰相		三師三公
	丙午，遠罷爲兵部尚書。戊申，刑部尚書裴贄爲中書侍郎兼刑部尚書、同中書門下平章事，扆爲門下侍郎兼戶部尚書。		書門下平章事。八月庚辰，劍南東西川節度使、檢校太師王建守司徒。
901 天復元年辛酉	二月，翰林學士、戶部侍郎王溥爲中書侍郎，吏部侍郎裴樞爲戶部侍郎，並同中書門下平章事。五月，扆兼兵部尚書，贄兼戶部尚書。十一月辛酉，兵部侍郎盧光啓權句當中書事，兼判三司。丁卯，光啓爲右諫議大夫，參知機務。甲戌，胤、樞罷，並守工部尚書。		正月，胤爲司空。
902 二年壬戌	正月丁卯，給事中韋貽範爲工部侍郎、同中書門下平章事，判度支。四月，光啓罷爲太子少保。五月庚午，貽範以母喪罷。六月丙子，中書舍人蘇檢爲工部侍郎、同中書門下平章事。八月己亥，貽範起復，守戶部侍郎、同中書門下平章事，依前充諸道鹽鐵轉運等使，判度支。十一月丙辰，貽範薨。		
903 三年癸亥	正月壬子，崔胤守司空兼門下侍郎、同中書門下平章事，判使如故；辛未，兼判六軍十二衞事。二月甲戌，扆貶沂王傅，分司東都。丙子，胤兼侍中。檢爲全忠所害。溥罷爲戶部侍郎。乙未，淸海軍節度使、檢校尚書右僕射、同平章事裴樞爲門下侍郎、同中書門下平章事。十二月，贄罷爲尚書左僕射。辛巳，禮部尚書獨孤損爲兵部侍郎、同中書門下平章事。		二月庚辰，胤守司徒，宣武宣義天平護國軍節度、晉絳慈隰觀察處置安邑解縣兩池榷鹽制置等使、檢校太師兼中書令梁王朱全忠守太尉、中書令，充諸道兵馬副元帥；四月己卯，判元帥府事。
904 天祐元年甲子	正月乙巳，胤罷爲太子少傅，分司東都。兵部尚書崔遠爲中書侍郎，翰林學士、左拾遺柳璨爲右諫議大夫，並同中書門下平章事。樞判左三軍事、諸道鹽鐵轉運等使，損判右三軍事、判度支。閏四月乙卯，損爲門下侍郎兼戶部尚書，遠兼兵部尚書，樞爲尚書右僕射。		三月丁未，全忠兼判左右神策及六軍諸衞事。
905 二年乙丑	三月甲子，樞罷爲尚書左僕射。戊寅，損檢校尚書左僕射、同平章事、靜海軍節度使，禮部侍郎張文蔚同中書門下平章事。甲申，吏部侍郎楊涉同中書門下平章事、判戶部，文蔚爲中書侍郎、判度支，璨爲門下侍郎兼戶部尚書。遠罷爲尚書右僕射。十二月癸卯，璨爲司空、諸道鹽鐵轉運使；癸丑，貶登州刺史。		十一月辛巳，全忠進封魏王，授相國，總百揆。十二月丁酉，全忠爲天下兵馬元帥。癸卯，璨爲司空。癸丑，璨貶登州刺史。
906 三年丙寅			三月戊寅，全忠爲諸道鹽鐵等使，判度支戶部事，充三司都制置使。閏十二月丙寅，建削奪官爵。
907 四年丁卯			

唐書卷六十四

表第四

方鎮一

高祖、太宗之制，兵列府以居外，將列衞以居內，有事則將以征伐，事已各解而去。兵者，將之事也，使得以用，而不得以有之。及其晚也，土地之廣，人民之衆，城池之固，器甲之利，舉而予之。何慮於其始也深，而易於其後也忽，如此之異哉？豈其弊有漸，馴而致之，勢有不得已而然哉？方鎮之患，始也各專其地以自世，既則迫於利害之謀，故其喜則連衡而叛上，怒則以力而相并，又其甚則起而弱王室。唐自中世以後，收功弭亂，雖常倚鎮兵，而其亡也亦終以此，可不戒哉！作方鎮表。

公元		京畿	興鳳隴	涇原	邠寧	渭北鄜坊	朔方	東畿
710	景雲元年							
711	二年							
712	先天元年							
713	開元元年							
714	二年							
715	三年							
716	四年							
717	五年							
718	六年							
719	七年							
720	八年							
721	九年						置朔方軍節度使，領單于大都護府，夏、鹽、綏、銀、豐、勝六州，定遠、豐安二軍，東中西三受降城。	
722	十年						朔方節度增領魯、麗、契三州。	
723	十一年							
724	十二年							
725	十三年							
726	十四年						朔方節度領關內支度營田使。	
727	十五年						朔方節度兼關內鹽池使。	
728	十六年						廢達渾都督府，朔方節度兼檢校渾部落使。	
729	十七年							
730	十八年							
731	十九年							

732 二十年						朔方節度增領押諸蕃部落使及閑廄宮苑監牧使。	
733 二十一年							
734 二十二年						朔方節度兼關內道採訪處置使，增涇、原、寧、慶、隴、鄜、坊、丹、延、會、宥、麟十二州，以匡、長二州隸慶州，安樂二州隸原州〔一〕。	

735 二十三年							
736 二十四年							
737 二十五年							
738 二十六年							
739 二十七年							
740 二十八年							
741 二十九年						朔方節度兼六城水運使。	
742 天寶元年						朔方節度增領邠州。	
743 二年							
744 三載							
745 四載							

746 五載							
747 六載							
748 七載							
749 八載						朔方節度兼隴右兵馬使。	
750 九載							
751 十載							
752 十一載							
753 十二載							
754 十三載						以豐州置九原朔方節度、隴右兵馬使。	

755 十四載							
756 至德元載	置京畿節度使，領京兆、同、岐、金、商五州。是年，以金、商、岐州隸興平，鳳翔、同州隸河中。					別置關內節度使以代採訪使，徙治安化郡。	置東畿觀察使，領懷、鄭、汝、陝四州，尋以鄭州隸淮西。
757 二載							
758 乾元元年						置振武節度押蕃落使，領鎮北大都護府、麟、勝二州。	陝州隸陝虢華節度，汝州隸豫許汝節度。

759 二年				置邠寧節度使，領州九：邠、寧、慶、涇、原、鄜、坊、丹、延。			置陝虢華節度，領潼關防禦、團練、鎮守等使，治陝州。
760 上元元年		置興鳳隴節度使。		罷領鄜、坊、丹、延。	置渭北鄜坊節度使，治坊州，并領丹、延二州。		改陝虢華節度為陝西節度，兼神策軍使，尋置觀察使。
761 二年	以華州置鎮國節度，亦曰關東節度。					廢關內節度使，罷領單于大都護，以涇、原、寧、慶、坊、丹、延隸邠寧節度，麟、勝隸振武節度。	陝西節度罷領華州。

762 寶應元年	京畿節度使復領金、商。是年，廢節度使。					振武節度增領鎮北大都護府，以鎮北隸朔方。	陝西觀察使增領都防禦使。
763 廣德元年	罷鎮國軍節度。						懷州隸昭義，陝西觀察使增領虢州。
764 二年	置京畿觀察使，以御史中丞兼之。					朔方節度復兼單于大都護，罷河中、振武節度，以所管七州隸朔方。	罷東畿觀察使。

765 永泰元年	以御史大夫兼京畿觀察使。				渭北鄜坊節度使罷領丹、延二州，增領綏州，以丹、延二州別置都團練使，治延州。是年，增領安塞軍使，尋升為觀察使。		
766 大曆元年							
767 二年							
768 三年			置涇原節度使，治涇州。	罷邠寧節度使。		朔方節度增領邠、寧、慶三州。	

769 四年							
770 五年			涇原節度使馬璘訴地貧軍廩不給，遙領鄭、潁二州。				
771 六年					渭北鄜坊節度使更名渭北節度使，復領丹、延二州，廢丹延觀察使。		
772 七年							
773 八年							

774	九年							
775	十年							
776	十一年							
777	十二年							
778	十三年							
779	十四年			潁州隸永平節度使。	復置邠寧慶節度使。	罷渭北節度，置都團練觀察使。	析置河中、振武、邠寧三節度，朔方所領靈鹽夏豐四州、西受降城、定遠天德二軍。振武節度復領鎭北大都護府及綏	復置東畿觀察使，以留臺御史中丞兼之，復領汝州，廢陝西防禦觀察使。

							銀二州、東中二受降城。	
780	建中元年							
781	二年			鄭州隸永平節度，				以汝州隸河陽，尋復舊。復置陝西防禦使。置河陽三城節度使，以東都畿觀察使兼之，領懷、鄭、汝、陝四州，尋置使，增領東畿五縣及衞州，亦曰懷衞節度使。

782	三年							
783	四年	置京畿渭南節度觀察使，領金、商二州。是年，兼渭北、鄜坊、丹、延、綏五州。未幾，罷五州及金州，爲京畿商州節度使。	興鳳隴節度賜號保義節度。是年，罷保義，以隴州置奉義軍節度使，尋廢。			復置渭北節度，如上元之舊，尋罷。未幾復置，徙治鄜州，其後置都團練觀察防禦使。		罷觀察，置東畿汝州節度。置陝西都防禦使，尋升爲節度使。
784	興元元年	罷京畿節度使，以同州爲奉誠軍節度，領同、晉、慈、隰						廢陝西節度使。

		四州。是年，罷，以華州置潼關節度使。						
785	貞元元年		保義節度增領臨洮軍使。					廢東都畿汝州節度，置都防禦使，以東都留守兼之，增領唐、鄧二州。置陝虢都防禦使，治陝州。踰月，又爲都防禦觀察陸運使。罷河陽節度，置都團練使。

公元	年							
786	二年							升東都畿汝州都防禦使爲都防禦觀察使。
787	三年			罷保義節度，置都團練觀察防禦使。未幾，復置節度，兼右神策軍行營節度使。初，隴右節度兵入屯秦州，尋徙岐州，及吐蕃陷隴右，德宗置行秦州，以刺史兼隴右經略使，治普潤，以鳳翔節度使領隴右支度營田觀察使。		復置渭北節度使，以綏州隸銀夏節度、	置夏州節度觀察處置押蕃落使，領綏、鹽二州，其後罷領鹽州。	唐、鄧二州隸山南東道。
788	四年							
789	五年							罷東都畿汝州觀察使，置都防禦使，汝州別置防禦使。
790	六年			涇原節度領四鎮北庭行軍節度使。				

公元	年							
791	七年							
792	八年							
793	九年	罷潼關節度。						
794	十年							
795	十一年							
796	十二年						朔方節度罷領豐州及西受降城、天德軍，以振武之東、中二受降城隸天德軍，以天德軍置都團練防禦使，領豐、會二州、三受降城。	復置河陽懷節度，治河陽。

公元	年							
797	十三年							
798	十四年							
799	十五年							
800	十六年							
801	十七年							
802	十八年							
803	十九年							
804	二十年							
	永貞							
805	元年							
	元和		升隴右經略使爲保義節度，尋罷保義、			析丹州置防禦使。		
806	元年							

公元	年							
			復舊名。是年,增領靈臺、良原、崇信三鎮。					
807	二年							
808	三年							罷東都畿汝州都防禦使。
809	四年			涇原節度增領行渭州。				
810	五年							
811	六年							
812	七年							
813	八年							
814	九年						夏州節度增領宥州。	河陽節度增領汝州,徙治汝州。
815	十年							
816	十一年							
817	十二年							
818	十三年							汝州隸東畿,復置東都畿汝州都防禦使,兼東都留守如故,罷河陽節度。
819	十四年							
820	十五年							

公元	年							
821	長慶元年							東都畿防禦罷領汝州。
822	二年							東都畿復領汝州。
823	三年							
824	四年							
825	寶曆元年							
826	二年							
827	大和元年							
828	二年							
829	三年							以陝虢地近京師,罷陝虢都防禦使。
830	四年							
831	五年							
832	六年							
833	七年						以銀州刺史領銀川監牧使。	
834	八年							
835	九年							
836	開成元年							復置陝虢都防禦觀察使。

公元	年	1	2	3	4	5	6	7	8
837	二年								
838	三年							夏州節度使領採造供軍、銀川監牧使。	
839	四年								
840	五年								
	會昌								
841	元年								
842	二年							天德軍使賜號歸義軍節度使，尋廢。	
843	三年							改單于大都護爲安北都護。	復置河陽節度，徙治孟州。

公元	年	1	2	3	4	5	6	7	8
844	四年								河陽節度增領澤州。
845	五年								
846	六年								
	大中								
847	元年								
848	二年								
849	三年						邠寧節度以南山平夏部落叛，徙治寧州，及內附，復徙故治。		
850	四年				增領秦州。				

公元	年	1	2	3	4	5	6	7	8
851	五年			罷領隴州，以隴州置防禦使，領黃頭軍使		增領武州。			
852	六年								
853	七年								
854	八年							朔方節度增領威州。	
855	九年								
856	十年							夏州節度使增領撫平党項等使。	
857	十一年								

公元	年	1	2	3	4	5	6	7	8
858	十二年								
859	十三年								
	咸通								
860	元年								
861	二年								
862	三年								
863	四年								
864	五年			秦州隸天雄軍節度。					
865	六年								
866	七年								
867	八年								

年								
868 九年								
869 十年								
870 十一年								
871 十二年								
872 十三年								
873 十四年								
874 乾符元年								
875 二年								
876 三年								
877 四年								
878 五年								

年								
879 六年								
880 廣明元年								
881 中和元年								
882 二年						渭北節度賜號保大軍節度，增領翟州，以延州置保塞軍節度。	夏州節度賜號定難節度。	
883 三年			隴州防禦使增京甸神勇軍使。					升陝虢防禦觀察使爲節度使。

年								
884 四年								置東畿觀察兼防遏使。
885 光啓元年						邠寧節度賜號靜難軍節度。		
886 二年								
887 三年								升東畿觀察兼防遏使爲佑國軍節度。
888 文德元年								
889 龍紀元年								賜陝虢節度爲保義軍節度。

年								
890 大順元年								
891 二年								
892 景福元年								
893 二年								
894 乾寧元年		以乾州置威勝軍節度。	鳳翔節度增領乾州，未幾罷。	涇原節度賜號彰義軍節度，增領渭、武二州。				汝州隸忠武軍節度。
895 二年		升同州爲匡國軍節度。						
896 三年								

年							
897 四年							
898 光化元年	以華州置鎮國軍節度，領華、同二州，兼興德尹〔二〕。				更保塞軍節度曰寧塞軍節度，後又更名衞國軍節度。罷丹州防禦使，以丹州隸衞國軍。		
899 二年							
900 三年	罷鎮國軍節度及興德尹。						復置東畿觀察使兼防遏使。置佑國軍節度。河陽節度罷領澤州。

年							
901 天復元年		升隴州防禦使爲保勝節度使。					
902 二年							
903 三年							
904 天祐元年	以京畿置佑國軍節度使，領金、商二州。						罷東畿觀察使兼防遏使。
905 二年							

年							
906 三年	置義勝軍節度使，領耀、鼎二州，罷匡國軍。						
907 四年							

校勘記

〔一〕安樂二州隸原州　按本書卷三七地理志載：咸亨三年以靈州之故鳴沙縣置安樂州，至德後沒吐蕃，大中三年收復，更名威州。寰宇記卷三六略同。此處「二」字疑衍，或「二」上脫一州名。

〔二〕以華州置鎮國軍節度領華同二州兼興德尹　此繫於光化元年。考異卷四六云：「通鑑大順元年，張濬用兵河東，時韓建已爲鎮國軍節度使，非於此時始置節度也；其兼領同州節度，亦在乾寧四年；惟興德尹之稱，則於是年始授。蓋改州爲府，因進刺史爲尹耳。」

唐書卷六十五

表第五

方鎮二

公元	年	滑衛	河南	鄭陳	淮南西道	徐海沂密	青密	北都
710	景雲元年							
711	二年							北都長史領持節和戎、大武等諸軍州節度使。
712	先天元年							
713	開元元年							
714	二年							
715	三年							
716	四年							
717	五年							領天兵軍大使。
718	六年							
719	七年							
720	八年							更天兵軍大使爲天兵軍節度使。
721	九年							
722	十年							
723	十一年							更天兵軍節度爲太原府以北諸軍州節度、河東道支度營田使，兼北都留守，領太原及遼、石、嵐、汾、代、忻、朔、蔚、雲九州，治太原。
724	十二年							
725	十三年							
726	十四年							
727	十五年							
728	十六年							
729	十七年							以儀、石二州隸潞州都督。
730	十八年							更太原府以北諸軍州節度爲河東節度。自後節度使領大同軍使，副使以代州刺史領之，復領儀、石二州。
731	十九年							
732	二十年							
733	二十一年							

公元	年							
734	二十二年							
735	二十三年							
736	二十四年							
737	二十五年							
738	二十六年							
739	二十七年							
740	二十八年							
741	二十九年							
742	天寶元年							
743	二年							
744	三載							
745	四載							

公元	年							
746	五載							
747	六載							
748	七載							
749	八載							
750	九載							
751	十載							
752	十一載							
753	十二載							
754	十三載							
755	十四載							
756	至德元載		置河南節度使，治汴州，領郡十三：陳留、		置淮南西道節度使，領義陽、弋陽、潁川、		置青密節度使，領北海、高密、東牟、東萊	

公元	年							
			睢陽、靈昌、淮陽、汝陰、譙、濟陰、濮陽、淄川、琅邪、彭城、臨淮、東海。		滎陽、汝南五郡，治潁川郡。		四郡，治北海郡。置鄆、齊、兗三州都防禦使，治齊州。	
757	二載							
758	乾元元年		廢河南節度使，置汴州都防禦使，領州十三如故；尋以滑、濮二州隸青密節度，亳州隸淮西節度。		淮南西道節度徙治鄭州，增領陳、潁、亳三州，別置豫許汝節度使，治豫州。		青密節度增領滑、濮二州。	

公元	年							
759	二年		廢汴州都防禦使，置汴滑節度使，治滑州，領州五：滑、濮、汴、曹、宋。又置河南節度使，治徐州，領州五：徐、泗、海、亳、潁。未幾，潁州隸鄭陳節度，尋復領潁州。是年，又以濮州隸兗鄆節度，潁、亳二州隸鄭陳節度。	置鄭陳節度使，領鄭、陳、亳、潁四州，治鄭州，尋增領申、光、壽三州；未幾，以三州隸淮西。	廢淮南西道節度使，以陳、潁、亳隸陳鄭。是年，復置淮南西道節度使，領申、光、壽、安、沔、蘄、黃七州，治壽州。		青密節度使增領淄、沂、海三州。滑州隸汴滑節度使，濮州隸鄆齊兗節度使。是年以海州隸汴滑節度。升鄆、齊、兗三州都防禦使爲節度使，治兗州，增領濮州，尋以濮州隸河南節度。	

年							
760 上元元年		以海州隸青密節度。				海州復隸青密節度。	
761 二年	置滑衛節度使，治滑州，領州六：滑、衛、相、魏、德、貝。尋以德州隸淄沂節度，而增領博州。	廢汴滑、河南二節度，以徐、泗、汴、宋、曹五州隸淮西節度，滑州隸滑衛節度。	廢鄭陳節度，以鄭、陳、亳、潁四州隸淮西。	淮南西道節度使增領陳、鄭、潁、亳、汴、曹、宋、徐、泗九州，徙治安州，號淮西十六州節度使。尋以亳州隸滑衛節度，徐州隸兗鄆節度。		置淄沂節度使，領淄、沂、滄、德、棣五州，治沂州。平盧軍節度使侯希逸引兵保青州，授青密節度使，遂廢淄沂節度，并所管五州，號淄青平盧節度，增領齊州。以	

年							
						齊州隸青密，而兗鄆節度增領徐州。	
762 寶應元年		復置河南節度使，治汴州，領州八：汴、宋、曹、徐、潁、兗、鄆、濮，		淮西節度增領許、隋、唐三州，以鄭州隸澤潞節度，潁、汴、宋、曹四州隸河南節度，泗州隸兗鄆節度，申州隸蔡汝節度。		登、萊、沂、海、泗五州隸兗鄆節度。是年，廢兗鄆節度，以鄆、兗、濮、徐四州隸河南節度，登、萊、沂、海、泗隸淄青平盧節度。	
763 廣德元年	滑衛節度增領亳州，更號					滄、德二州隸魏博節度。淄	

年							
	滑亳節度使，增領德州，以衛州隸澤潞，析相、貝別置節度，魏博別置防禦。					青平盧節度，增領瀛州；未幾，瀛州復隸魏博節度。	
764 二年							
765 永泰元年				沔、蘄、黃三州隸鄂岳節度。		淄青平盧節度增領押新羅渤海兩蕃使[一]。	
766 大曆元年							

年							
767 二年							
768 三年				蔡汝節度增領仙州。			
769 四年	滑亳節度增領陳州。	河南節度增領泗州，以潁州隸澤潞節度。				淄青平盧節度罷領海、沂、密三州，置海、沂、密三州都防禦使，尋廢，復以三州隸淄青平盧節度。	
770 五年				省仙州。			
771 六年							

年							
772 七年	賜滑亳節度爲永平節度。						
773 八年				淮西節度使徙治蔡州，廢蔡汝節度使，所管州皆隸淮西節度。			
774 九年							
775 十年						淄青平盧節度又領德州。	
776 十一年	永平節度增領宋、泗二州。	廢河南節度使，曹、兗、鄆、濮、徐五州隸淄青節度，宋、潁、泗三州隸永平軍節度，汴州隸淮西節度。		淮西節度使增領汴州，徙治汴州。		淄青平盧節度增領鄆、曹、濮、徐、兗五州，以泗州隸永平軍節度。	

年							
777 十二年							
778 十三年							
779 十四年	永平節度增領汴、潁二州，徙治汴州。			淮西節度使復治蔡州，是年賜號淮寧軍節度，尋更號申光蔡節度使，汝州隸東都畿，汴州隸永平軍節度。			

年							
780 建中元年							
781 二年	永平節度增領鄭州，析宋、亳、潁別置節度使，以泗州隸淮南。是年以鄭州隸河陽三城節度，既而復舊。	置宋亳潁節度使，治宋州、尋號宣武軍節度使。					
782 三年					置徐海沂密都團練觀察使，治徐州。	廢淄青平盧節度使，置淄青都團練觀察使，領淄、青、登、萊、齊、兗、鄆七州，治青州；置曹濮都團練觀察使，治濮州。	

年							
783 四年							
784 興元元年	永平軍節度以汴、滑二州隸宣武軍，尋復領滑州，徙治滑州。	宣武軍節度使徙治汴州。		壽州別置觀察使。	廢徐海沂密都團練觀察使。	復置淄青平盧節度使，領青、淄、登、萊、齊、兗、鄆、徐、海、沂、密、曹、濮十三州，治青州，廢曹濮都團練觀察使。	賜河東節度號保寧軍節度。

年							
785 貞元元年	永平軍節度更號義成軍節度,增領許州。			唐州隸東都畿,許州隸義成軍節度。			
786 二年							
787 三年	以許州隸陳許節度使。		置陳許節度使,治許州。	安州隸山南東道。			保寧軍節度復爲河東節度。
788 四年					置徐、泗、濠三州節度使,治徐州。	淄青平盧節度使徙治鄆州,以徐州隸徐泗節度。	
789 五年							
790 六年							

年							
791 七年							
792 八年							
793 九年							
794 十年			陳許節度賜號忠武軍節度使。				
795 十一年							
796 十二年							
797 十三年							
798 十四年				申光蔡節度賜號彰義軍節度。			
799 十五年							

年							
800 十六年						廢徐、泗、濠三州節度使,未幾,復置泗、濠二州觀察使,隸淮南。徐州領本州留後。	
801 十七年							
802 十八年							
803 十九年							
804 二十年							
805 永貞元年							

年							
806 元和元年							
807 二年						廢泗、濠二州觀察使,置武寧軍節度使,治徐州,領徐、泗、濠三州。	
808 三年							
809 四年						武寧軍節度增領宿州。	
810 五年							
811 六年							
812 七年							

年							
813 八年							
814 九年							
815 十年							
816 十一年				彰義軍節度增領唐、隨、鄧三州，尋以三州別置節度使。			
817 十二年			忠武節度增領溵州。	彰義軍節度復爲淮西節度，增領溵州，未幾，以溵州隸忠武軍節度。			

年							
818 十三年			忠武軍節度增領蔡州。	廢淮西節度。			
819 十四年						淄青平盧節度使領青、淄、齊、登、萊五州，復治青州。置鄆曹濮節度使，治鄆州。置沂海觀察使，領沂、海、兗、密四州，治沂州。	
820 十五年						賜鄆曹濮節度使號天平軍節度使	

年							
821 長慶元年					宿州隸淮南節度。	升沂海觀察使爲節度使，徙治兗州。	河東節度使領押北山諸蕃使。
822 二年	義成軍節度使復領潁州。		省溵州。				
823 三年							
824 四年							
825 寶曆元年							
826 二年							
827 大和元年						齊州隸橫海節度。	
828 二年						淄青平盧節度增領棣州。	

年							
829 三年							
830 四年							
831 五年							
832 六年							
833 七年					宿州復隸武寧節度。		
834 八年					廢沂海節度使爲觀察使。		
835 九年							
836 開成元年							
837 二年							
838 三年							

公元	年							
839	四年							
840	五年							
	會昌							
841	元年							
842	二年							
843	三年							河東節度使罷領雲、朔、蔚三州，以雲、蔚、朔三州置大同都團練使，治雲州。
844	四年							升大同都團練使爲大同都防禦使。

公元	年							
845	五年							
846	六年							
	大中							
847	元年							
848	二年				置蔡州防禦使、龍陂監牧使。			
849	三年							
850	四年							
851	五年						升沂海觀察使爲節度使。	
852	六年							
853	七年							

公元	年							
854	八年							
855	九年							
856	十年							
857	十一年							
858	十二年							
859	十三年							
	咸通							
860	元年							
861	二年							
862	三年					罷武寧軍節度。置徐州團練防禦使，隸兗海。又置宿、泗等州都團練觀察處置使，治宿州。	沂海節度使增領徐州。	

公元	年							
863	四年					罷徐州防禦使，以濠州隸淮南節度。		
864	五年					置徐泗團練觀察處置使，治徐州。	天平軍節度增領齊、棣二州。沂海節度使罷領徐州。	
865	六年							
866	七年							

公元	年							
867	八年							
868	九年							
869	十年					置徐泗節度使，是年，復置都團練防禦使，增領濠、宿二州。		
870	十一年					置徐泗觀察使，尋賜號感化軍節度使。		
871	十二年							
872	十三年						淄青平盧節度復領齊、棣二州。	

公元	年							
873	十四年							
874	乾符元年							
875	二年					感化軍節度罷領泗州。		
876	三年							
877	四年							
878	五年							升大同都防禦使爲節度使。
879	六年							
880	廣明元年							

公元	年							
881	中和元年							
882	二年			蔡州置奉國軍節度。	升蔡州防禦使爲奉國軍節度。			河東節度增領蔚州，以忻、代二州隸雁門節度。更大同節度爲雁門節度，領左神策軍、天寧鎮遏觀察使，徙治代州。
883	三年							賜雁門節度爲代北節度。
884	四年							河東節度復領雲、蔚二州。

公元	年							
885	光啓元年							
886	二年	義成軍節度使改爲宣義軍節度使，朱全忠請改，以避其父名。						
887	三年							
888	文德元年							
889	龍紀元年							河東節度增領憲州。
890	大順元年							

891 二年							
892 景福元年							
893 二年							
894 乾寧元年			忠武軍節度增領汝州。				
895 二年						析齊州置武肅軍防禦使。	
896 三年							
897 四年				奉國軍節度增領申、和二州。		賜沂海節度使爲泰寧軍節度使。	

898 光化元年					威化軍節度復爲武寧軍節度，未幾，復爲威化軍節度。		
899 二年							
900 三年			汝州隸東都。				
901 天復元年						罷武肅軍防禦使。	
902 二年					罷威化軍節度。		
903 三年							

904 天祐元年							
905 二年							
906 三年							
907 四年							

校勘記

〔一〕淄青平盧節度增領押新羅渤海兩蕃使　「渤海」，各本原作「北海」。按舊書卷一二四李正己傳：平盧節度使侯希逸爲其下所逐，因授李正己「平盧淄青節度觀察使，海運押新羅渤海兩蕃使」。通鑑卷二二三繫於永泰元年，與本書合。又唐會要卷七八，平盧淄青節度加「押新羅渤海兩蕃使」之文數見。足證「北海」爲「渤海」之訛，據改。

唐書卷六十六

表第六

方鎮三

公元	年	河中	澤潞沁	成德	義武	幽州	魏博	橫海
710	景雲元年							
711	二年							
712	先天元年							
713	開元元年					幽州置防禦大使。		
714	二年					置幽州節度、諸州軍管內經略、鎮守大使，領幽、易、平、檀、嬀、燕六州，治幽州。置營平鎮守治太平州〔一〕。		
715	三年							
716	四年							
717	五年					營州置平盧軍使。		
718	六年							
719	七年					升平盧軍使爲平盧軍節度，經略、河北支度、管內諸蕃及營田等使，兼領安東都護及營、遼、燕三州。		
720	八年					幽州節度兼本軍州經略大使，幷節度河北諸軍大使。		
721	九年							
722	十年							
723	十一年							
724	十二年							
725	十三年							滄州置橫海軍使。
726	十四年							
727	十五年					幽州節度大使兼河北支度營田使。		
728	十六年							
729	十七年							
730	十八年					幽州節度增領薊、滄二州。		
731	十九年							

年							
732 二十年					幽州節度使兼河北採訪處置使,增領衞、相、洺、貝、冀、魏、深、趙、恆、定、邢、德、博、棣、營、鄚十六州及安東都護府。		
733 二十一年							
734 二十二年							
735 二十三年							
736 二十四年							
737 二十五年							
738 二十六年							

年							
739 二十七年					幽州節度使增領河北海運使。		
740 二十八年					平盧軍節度使兼押兩蕃、渤海、黑水四府經略處置使。		
741 二十九年					幽州節度副使領平盧軍節度副使,治順化州。		
742 天寶元年					更幽州節度使爲范陽節度使,增領歸順、歸德二郡。		

年							
743 二年					平盧軍節度使治遼西故城,副都護領保定軍使。		
744 三載							
745 四載							
746 五載							
747 六載							
748 七載							
749 八載							
750 九載							
751 十載							
752 十一載							

年							
753 十二載							
754 十三載							
755 十四載							
756 至德元載	置河中防禦守捉蒲關使。	置澤潞沁節度使,治潞州。					
757 二載	升河中防禦爲河中節度,兼蒲關防禦使,領蒲、晉、絳、隰、慈、虢、同七州,治蒲州。						
758 乾元元年							

	年							
759	二年	河中節度兼河中尹、耀德軍使。虢州隸陝華節度。						
760	上元元年							
761	二年	河中節度增領沁州，以同州隸鎮國軍節度。是年，復以沁州隸澤潞節度。	澤潞節度增領沁州。			滄、德、棣三州隸淄沂節度，衞、相、貝、魏、博五州隸滑衞節度。		

	年							
762	寶應元年		澤潞節度增領鄭州，又增領陳、邢、洺、趙四州。是年，以趙州隸成德軍節度。	置成德軍節度使，領恆、定、易、趙、深五州，治恆州。		范陽節度使復爲幽州節度使，及平盧陷，又兼盧龍節度使，以恆、定、易、趙、深五州隸成德軍節度，邢州隸澤潞節度，置平盧防禦本軍營田使，		
763	廣德元年		置相衞節度使，治相州。是年，增領貝、邢、洺，號洺相節度。衞州復隸澤潞，未幾，復	成德軍節度增領冀州。		冀州隸成德軍節度，罷領順、易、歸順三州。	置魏博等州防禦使，領魏、博、貝、瀛、滄五州，治魏州。是年，升爲節度使，增領德州。	

	年							
764	二年	廢河中節度，置河中五州都團練觀察使。	領，號相衞六州節度使。是年，增領河陽三城。澤潞節度增領懷、衞二州，尋以衞州還相衞節度。				以瀛、滄二州隸淄青平盧節度，貝州隸洺相節度。未幾，復領瀛、滄二州。	
765	永泰元年							

	年							
766	大曆元年		相衞六州節度賜號昭義軍節度，後田承嗣盜取相、衞、洺、貝四州，所存者二州。					
767	二年							
768	三年							
769	四年		澤潞節度增領潁州。					
770	五年		潁、鄭二州皆隸涇原節度。					
771	六年							

公元	年							
772	七年						魏博節度增領澶州。	
773	八年							
774	九年							
775	十年			成德軍節度增領滄州。				瀛州隸幽州盧龍節度，滄州隸義武軍節度〔二〕，德州隸淄青平盧節度。
776	十一年						魏博節度增領衛、相、洺、貝四州。	

公元	年							
777	十二年							
778	十三年							
779	十四年							
780	建中元年		昭義軍節度兼領澤、潞二州，徙治潞州。					
781	二年		昭義軍節度罷領懷衛二州、河陽三城。			省燕州。		
782	三年		昭義軍節度增領洺州，以趙州隸深趙節度。	罷成德軍節度，置恆冀都團練觀察使，治恆州；深趙	置義武軍。	幽州節度復領德、棣二州，後以二州復隸成德軍節度。		

公元	年							
783	四年			都團練觀察使，治趙州。				
784	興元元年	置晉慈隰節度使，治晉州。尋罷，復置河中節度使，領河中府、同絳虢陝四州。		廢恆冀、深趙二觀察，復置成德軍節度使，領恆、冀、趙、深四州，治恆州。				
785	貞元元年	河中節度罷領陝、虢二州。		成德軍節度增領德、棣二州。				置德、棣二州都團練守捉使。
786	二年							

公元	年							
787	三年		陳州隸陳許節度。					置橫海軍節度使，領滄、景二州，治滄州
788	四年	置晉慈隰防禦觀察使。						
789	五年							
790	六年							
791	七年							
792	八年							
793	九年							
794	十年							
795	十一年							
796	十二年							

797	十三年							
798	十四年							
799	十五年	罷河中節度，置河中防禦觀察使。						
800	十六年	復置河中節度使。						
801	十七年							
802	十八年							
803	十九年							
804	二十年							
805	永貞元年							

806	元和元年							
807	二年							
808	三年	罷晉慈隰觀察使，以三州隸河中節度。						
809	四年			德、棣二州隸保信軍節度。				置保信軍節度使，領德、棣二州，治德州。
810	五年			成德軍節度復領德、棣二州。				廢保信軍節度使，以德、棣二州隸成德軍節度。

811	六年							
812	七年							
813	八年							
814	九年							
815	十年							
816	十一年							
817	十二年							
818	十三年			以德、棣二州隸橫海節度。				
819	十四年	罷河中節度，置河中都防禦觀察使。						

820	十五年	復置河中節度使。						
831	長慶元年			置深冀節度，治深州，尋罷，復以深冀隸成德軍節度。		幽州節度罷領瀛、莫二州，置瀛莫都團練觀察使，治瀛州，尋升爲節度使。		置德、棣二州觀察處置使，省景州。
822	二年	置晉慈都團練觀察使，治晉州。				幽州節度復領瀛、莫二州。廢瀛莫節度使。		罷德、棣二州觀察處置使，橫海節度使復領景州。
823	三年							
824	四年							

825 寶曆元年	826 二年	827 大和元年	828 二年	829 三年
		升晉慈觀察使爲保義軍節度。是年罷，以二州隸河中節度。		
				置相、衞、澶三州節度使，治相州，尋罷，三州復隸魏博。
		橫海節度增領齊州。		罷橫海節度，更置齊德節度使，治德州、尋廢，復置，更號齊滄德節度使。

830 四年	831 五年	832 六年	833 七年	834 八年	835 九年	836 開成元年	837 二年	838 三年	839 四年
省景州。	齊德滄節度使賜號義昌軍節度。								

840 五年	841 會昌元年	842 二年	843 三年	844 四年	845 五年	846 六年	847 大中元年	848 二年	849 三年
				澤州隸河陽節度〔三〕。					

850 四年	851 五年	852 六年	853 七年	854 八年	855 九年	856 十年	857 十一年	858 十二年	859 十三年	860 咸通元年	861 二年

年							
862 三年							
863 四年							
864 五年							
865 六年							
866 七年							
867 八年							
868 九年							
869 十年							
870 十一年							
871 十二年							
872 十三年							
873 十四年							

年							
874 乾符元年							
875 二年							
876 三年							
877 四年							
878 五年							
879 六年							
880 廣明元年							
881 中和元年							
882 二年		節度使孟方立徙昭義軍					

年							
		於邢州，而兼領潞州，自是五州有二昭義節度。					
883 三年							
884 四年							
885 光啓元年	賜河中節度號護國軍節度。						
886 二年							
887 三年							
888 文德元年							

年							
889 龍紀元年							
890 大順元年							
891 二年							
892 景福元年							襄昌軍節度復領最州。
893 二年							
894 乾寧元年							
895 二年							齊州隸武肅軍節度。
896 三年							

公元	年							
897	四年							
	光化							
898	元年							
899	二年							
900	三年							
	天復							
901	元年		二昭義軍節度合爲一，復領澤州。			置平、營、瀛、莫等州觀察使。		
902	二年							
903	三年							
	天祐							
904	元年						賜魏博節度號天雄軍節度。	
905	二年			更成德軍節度號武順軍節度。				
906	三年							
907	四年							

校勘記

〔一〕治太平州　按本書卷三九及舊書卷三九地理志，河北道有「平州」，無「太平州」。此疑誤。

〔二〕滄州隸義武軍節度　本欄第三格已載「成德軍節度增領滄州」；又按下文，建中三年始置義武軍。並與此矛盾。考異卷四八云「義武當爲成德之訛」。

〔三〕澤州隸河陽節度　考異卷四八：「『澤州』以下七字，當在第二格，誤入第一格。」據改。

唐書卷六十七

表第七

方鎮四

公元	年	南陽	山南西道	荊南	安西	河西	隴右	劍南
	景雲							
710	元年				安西都護四鎮經略大使〔一〕。	置河西諸軍州節度、支度營田督察九姓部落、赤水軍兵馬大使，領涼、甘、肅、伊、瓜、沙、西七州，治涼州。副使治甘州，領都知河西兵馬使。		
711	二年							
	先天							
712	元年				北庭都護領伊西節度等使。			
	開元							
713	元年							
714	二年					河西節度使兼隴右羣牧		以益州長史領劍南道支度營

公元	年							
						都使、本道支度營田等使。		田、松當姚嶲州防禦處置兵馬經略使。
715	三年							
716	四年				安西大都護領四鎮諸蕃落大使。			
717	五年						置隴右節度，亦曰隴西節度，兼隴右道經略大使，領秦、河、渭、鄯、蘭、臨、武、洮、岷、廓、疊、宕十二州，治鄯州。	
718	六年				安西都護領四鎮節度、支度經略使，副大都護領磧西節度、支度、經略等使，治西州。			
719	七年					河西節度增領經略大使。		升劍南支度、營田、處置兵馬經略使為節度使，兼昆明軍使，領益、彭、蜀、漢、眉、綿、梓、遂、邛、劍、榮、陵、嘉、普、資、嶲、黎、戎、
								維、茂、簡、龍、雅、瀘、合二十五州，治益州。
720	八年							
721	九年							
722	十年							
723	十一年							
724	十二年							
725	十三年							
726	十四年							
727	十五年				分伊西、北庭置二節度使。		隴右節度副使兼關西兵馬使。	
728	十六年							
729	十七年							
730	十八年							
731	十九年				合伊西、北庭二節度為安西四鎮北庭經略、節度使。			
732	二十年							
733	二十一年							
734	二十二年							劍南節度兼山南西道採訪處置使，號山劍西道，增領文、扶、姚三州。

	年							
735	二十三年							
736	二十四年							
737	二十五年							
738	二十六年							
739	二十七年							
740	二十八年							劍南節度增領奉州。
741	二十九年				復分置安西四鎮節度，治安西都護府。北庭伊西節度使治北庭都護府。			
	天寶							
742	元年							劍南節度增領巂州。
743	二年							
744	三載							
745	四載					以張掖郡太守領河西節度副使。		
746	五載							
747	六載							
748	七載							
749	八載							劍南節度增領保寧都護府。
750	九載							
751	十載							
752	十一載							
753	十二載							
754	十三載				安西四鎮復兼北庭節度，是年，復置二節度。			
755	十四載							
	至德							
756	元載	襄陽、南陽二郡皆置防禦守捉使，尋升南陽防禦為節度使。置興平節度使，領上洛、安康、武當、房陵四郡，治上洛郡。	置山南西道防禦守捉使。	置夔州防禦守捉使。		河西節度兼隴右河西北路，未幾而罷。	天水郡太守兼防禦守捉使及大震關使。	
757	二載	廢南陽節度使，升襄陽防禦使為山南東道節度使，領襄、鄧、隋、唐、安、均、房、金、商九州，治襄州。		置荊南節度，亦曰荊澧節度，領荊、澧、朗、郢、復、夔、峽、忠、萬、歸十州，治荊州。升夔州防禦為夔峽節度使。	更安西曰鎮西。			更劍南節度號西川節度使，兼成都尹，增領果州。以梓、遂、綿、劍、龍、閬、普、陵、瀘、榮、資、簡十二州隸東川節度。

公元	年							
758	乾元元年			廢夔峽節度使。				
759	二年		置興、鳳二州都團練守捉使，治鳳州。	置澧朗溆都團練使，治澧州。以夔、峽、忠、歸、萬五州隸夔州。				
760	上元元年			廢澧朗溆都團練使。荊南節度使兼江陵尹〔三〕。荊南節度復領澧、朗、忠、峽四州。				

公元	年							
761	二年	廢興平節度使，置武關內外四州防禦觀察使，領州如故。		荊南節度增領涪、衡、潭、岳、郴、邵、永、道、連九州。				
762	寶應元年	金、商二州隸京畿。罷武關內外四州防禦觀察使。						劍南節度增領通、巴、蓬、渠四州，尋以四州隸山南西道，其後又領松、當、悉、柘、翼、恭、靜、環、真九州、
763	廣德元年		升山南西道防禦守捉使爲節度使，尋					

公元	年							
764	二年		降爲觀察使，領梁、洋、集、壁、文、通、巴、興、鳳、利、開、渠、蓬十三州，治梁州。	荊南節度罷領忠、涪二州，以衡、潭、邵、永、道五州隸湖南觀察使。置夔忠涪都防禦使，治夔州。				劍南西川節度復領東川十五州。
765	永泰元年			荊南節度罷領岳州。				

公元	年							
766	大曆元年			荊南節度復領澧、朗、涪三州。		河西節度徙治沙州。		置邛南防禦使，治邛州，尋升爲節度使，未幾廢。置劍南西山防禦使，治茂州，未幾廢。復以十五州還東川節度。
767	二年				鎮西復爲安西，其後增領五十七蕃使。			
768	三年							劍南節度增領乾州。
769	四年							

公元	年							
770	五年							
771	六年							
772	七年							
773	八年							
774	九年							
775	十年							
776	十一年							
777	十二年							
778	十三年							
779	十四年							
780	建中元年		升山南西道觀察使爲節度使。					

公元	年							
781	二年							
782	三年							
783	四年							
784	興元元年	置金、商二州都防禦使。	山南西道節度使兼興元尹，增領果、閬二州。					果州隸山南西道。
785	貞元元年	鄧州隸東都畿。						
786	二年							
787	三年	山南東道節度增領復州。						
788	四年							

公元	年							
789	五年							
790	六年				涇原節度使兼領安西四鎮、北庭節度。			
791	七年							
792	八年							
793	九年							
794	十年	安州隸奉義軍節度。						西川節度增領統押近界諸蠻及西山八國雲南安撫使。
795	十一年							

公元	年							
796	十二年							
797	十三年							
798	十四年							
799	十五年							
800	十六年							
801	十七年							
802	十八年							
803	十九年							
804	二十年							
805	永貞元年							西川節度增領古州。
806	元和元年							

公元	年	2	3	4	5	6	7	8
807	二年							
808	三年			涪州隸黔中節度。				
809	四年							西川節度復領資、簡二州。
810	五年							
811	六年							
812	七年							
813	八年							
814	九年							
815	十年	置唐隋鄧三州節度使，治唐州。						

公元	年	2	3	4	5	6	7	8
816	十一年	廢唐隋鄧節度使，是年復置，徙治隋州。						
817	十二年	廢唐隋鄧節度使，以唐、隋、鄧三州還隸山南東道。						
818	十三年							
819	十四年	山南東道節度增領臨漢監牧使。						
820	十五年							
821	長慶元年							

公元	年	2	3	4	5	6	7	8
822	二年							
823	三年							
824	四年							
825	寶曆元年							
826	二年							
827	大和元年							
828	二年							
829	三年							
830	四年							
831	五年							

公元	年	2	3	4	5	6	7	8
832	六年			廢荊南節度使，置都團練觀察使。				
833	七年	山南東道節度罷臨漢監牧使。						
834	八年							
835	九年							
836	開成元年							
837	二年							
838	三年			復置荊南節度使。				

839 四年							
840 五年							
會昌							
841 元年							
842 二年							
843 三年							
844 四年	廢山南東道節度，是年復置。						
845 五年							
846 六年							
大中							
847 元年							

848 二年			荆南節度，復領涪州，未幾，復以涪州隸黔中。				
849 三年						升秦州防禦守捉使爲秦成兩州經略、天雄軍使。	
850 四年							
851 五年						置歸義軍節度使，領沙、甘、瓜、肅、鄯、伊、西、河、蘭、岷、廓十一州，治沙州。	

852 六年							秦成兩州經略領押蕃落副使。	
853 七年								
854 八年								
855 九年								
856 十年								
857 十一年								
858 十二年								
859 十三年								
咸通								
860 元年								
861 二年								

862 三年								
863 四年						置涼州節度，領涼、洮、西、鄯、河、臨六州，治涼州。	河、鄯、西三州隸涼州節度。	
864 五年							升秦成兩州經略、天雄軍使爲天雄軍節度、觀察處置、營田、押蕃落等使，增領階州。	
865 六年								
866 七年								

867	八年								置定邊軍節度，觀察、處置、統押近界諸蠻并統領諸道行營兵馬制置等使，領巂、眉、蜀、邛、雅、嘉、黎七州，治邛州。
868	九年								
869	十年								
870	十一年								西川節度復領統押近界諸蠻等使，又增領管內制置、指揮兵馬等使。

871	十二年								廢定邊軍節度使，復以巂、眉、蜀、邛、雅、嘉、黎七州隸西川節度。
872	十三年								
873	十四年								
	乾符								
874	元年								
875	二年								
876	三年								
877	四年								
878	五年								

879	六年								
	廣明								
880	元年								
	中和								
881	元年								
882	二年								置保勝軍防禦使，治眉州。綿、漢二州皆置防禦使。置彭州防禦使。
883	三年								
884	四年								

	光啓								
885	元年		升金商都防禦使爲節度，兼京畿制置、萬勝軍等使。是年，罷節度，置昭信軍防禦使，治金州。	升興、鳳二州都團練守捉使爲防禦使，治鳳州。置武定軍節度使，治洋州。					
886	二年			升興、鳳二州防禦使爲感義軍節度使。					
887	三年								
	文德								
888	元年		賜山南東道節度號忠義軍節度。	感義軍節度增領利州。				成州隸威戎軍節度。	置永平軍節度使，領邛、蜀、黎、雅四州，治邛州。升

	龍紀 889 元年	大順 890 元年	891 二年
			武定軍節度增領階、扶二州。
彭州防禦使爲威戎軍節度使，領彭、文、成、龍、茂五州，治彭州。			廢永平軍節度使，以邛、蜀、黎、雅四州復隸西川節度使。

景福 892 元年	893 二年	乾寧 894 元年	895 二年	896 三年	897 四年
武定軍節度增領閬、果二州。是年，以閬州隸龍劍節度。					更威義軍節度曰昭武軍節度。
彭州隸龍劍節度。					

光化 898 元年	899 二年	900 三年	天復 901 元年	902 二年	903 三年
升昭信軍防禦爲節度使。					
蓬、壁二州隸武定軍節度。		巴州置防禦使。		昭武軍節度罷領利州。	置利州節度使。
置武貞軍節度使，領澧、朗、溆三州，治澧州。					

天祐 904 元年	905 二年	906 三年
	賜昭信軍節度號戎昭軍節度，增領均、房二州。是年，更戎昭軍曰武定軍，徙治均州。	忠義軍節度復爲山南東道節度。廢武定軍節度，復以均、房二州
	山南西道節度罷領巴、渠、開三州，升巴州防禦使爲渠、巴、開三州團練觀察使。	利州節度增領閬、陵、榮、果、蓬、通六州，更號利閬節度。置興文節度
		升夔忠涪防禦使爲鎮江節度使。
		文州隸興文節度。

907 四年		隸山南東道節度。	使，領興、文、集、壁四州，治興州。					

校勘記

〔一〕安西都護四鎮經略大使　考異卷四八云：「『都護』下當有『領』字。」

〔二〕荆南節度使兼江陵尹　「江陵」，各本原作「江南」。舊書卷三九地理志、寰宇記卷一四六俱云：「上元元年九月置南都，以荆州爲江陵府，長史爲尹。」本書卷四〇地理志所載略同。明「江南」是「江陵」之訛，據改。

唐書卷六十八

表第八

方鎮五

	東川	淮南	江東	浙東	福建	洪吉	鄂岳沔
公元710 景雲元年							
711 二年							
712 先天元年							
713 開元元年							
714 二年							
715 三年							
716 四年							
717 五年							
718 六年							
719 七年							
720 八年							
721 九年							
722 十年							
723 十一年							
724 十二年							

中華書局

公元	年							
725	十三年							
726	十四年							
727	十五年							
728	十六年							
729	十七年							
730	十八年							
731	十九年							
732	二十年							
733	二十一年					置福建經略使，領福、泉、建、漳、潮五州，治福州。		

公元	年							
734	二十二年					福建經略使增領汀州，漳、潮二州隸嶺南道經略使。		
735	二十三年							
736	二十四年							
737	二十五年							
738	二十六年							
739	二十七年							
740	二十八年							
741	二十九年							
742	天寶元年					福建經略使復領漳、潮二州。		

公元	年							
743	二年							
744	三載							
745	四載							
746	五載							
747	六載							
748	七載							
749	八載							
750	九載							
751	十載				漳、潮二州隸嶺南經略使。			
752	十一載							
753	十二載							
754	十三載							

公元	年							
755	十四載							
756	至德元載		置淮南節度使，領揚、楚、滁、和、壽、廬、舒、光、蘄、安、黃、申、沔十三州，治揚州。尋以光州隸淮西。					
757	二載	置劍南東川節度使，領梓、遂、綿、劍、龍、閬、普、陵、瀘、榮、資、簡十二州，治梓州。		置江東防禦使，治杭州。				

年							
758 乾元元年			置浙江西道節度兼江寧軍使，領昇、潤、宣、歙、饒、江、蘇、常、杭、湖十州，治昇州，尋徙治蘇州，未幾，罷領宣、歙、饒三州，副使兼餘杭軍使，治杭州。	置浙江東道節度使，領越、睦、衢、婺、台、明、處、溫八州，治越州。	改福建經略使爲都防禦使兼寧海軍使。	置洪吉都防禦團練觀察處置使兼莫傜軍使，領洪、吉、虔、撫、袁五州，治洪州。置宣歙饒觀察使，治宣州。	
759 二年	劍南東川增領昌、渝、合三州。	沔州隸鄂岳節度，壽州隸淮西節度。	廢浙江西道節度使，置觀察處置都團練守捉及本道營田使，更領丹陽軍使，			廢宣歙饒觀察使	置鄂、岳、沔三州都團練守捉使，治鄂州

年							
（759 二年續）			治蘇州，復領宣、歙、饒三州。				
760 上元元年					升福建都防禦使爲節度使。	洪吉觀察使增領信州。	岳州隸荊南節度。
761 二年			浙江西道觀察使徙治宣州，罷領昇州。杭州刺史領防禦使。				
762 寶應元年							
763 廣德元年							

年							
764 二年	廢東川節度，以所管十五州隸西川節度。					洪吉都防禦團練觀察使更號江南西道。	
765 永泰元年		蘄、黃二州隸鄂岳節度。					升鄂州都團練使爲觀察使，增領岳、蘄、黃三州。
766 大曆元年	復置劍南東川節度使，領州如故。		浙江西道觀察使罷領宣、歙二州。			復置宣歙池等州都團練守捉觀察處置使兼采石軍使。	

年							
767 二年	廢劍南東川節度，置都防禦觀察使兼靜戎軍使，治遂州。尋復置節度使，治梓州。						
768 三年							
769 四年							
770 五年				廢浙江東道節度使，置都團練守捉及觀察處置等使，領州如故。			

771 六年	劍南東川節度罷領昌州。				廢福建節度使，置都團練觀察處置使。		
772 七年							
773 八年							
774 九年							
775 十年	劍南東川節度復領昌州。						
776 十一年							
777 十二年			浙江西道觀察使罷領丹楊軍使。				鄂州觀察使兼防禦使。
778 十三年							

779 十四年			合浙江東、西道置都團練觀察使。	廢浙江東道都團練觀察使，以所管州隸浙江西道。		廢宣歙池觀察使，置團練使。	罷鄂州觀察防禦使。
780 建中元年			分浙江東、西道都團練觀察使爲二道。	復置浙江東道都團練觀察使。			
781 二年		淮南節度增領泗州。	合浙江東、西二道觀察置節度使，治潤州，尋賜號鎮海軍節度。	廢浙江東道都團練觀察使，以所管州隸浙江西道。			省沔州。
782 三年							

783 四年		置壽州團練使。				升江南西道都防禦團練觀察使爲節度使。	復置鄂州都團練觀察使。復領沔州。
784 興元元年	閬州隸山南西道。	淮南節度罷領滁、壽、廬三州。升壽州團練使爲都團練觀察使，領壽、滁、廬三州，治壽州。					

785 貞元元年						廢江南西道節度使，復置都團練觀察使。	
786 二年							
787 三年			分浙江東、西爲二道，復置浙江西道都團練觀察使，領潤、江、常、蘇、杭、湖、睦七州，治蘇州。				
788 四年		淮南節度復領廬、壽二州，以泗州隸徐	江州隸江西觀察使。			江南西道觀察使增領江州。	

			泗節度，廢壽州都團練觀察使爲團練使。					
789	五年							
790	六年							
791	七年							
792	八年							
793	九年							
794	十年							
795	十一年							
796	十二年							
797	十三年							

798	十四年							
799	十五年							置安黃節度觀察使，治安州。
800	十六年		置舒、廬、滁、和四州都團練使，隸淮南節度。					
801	十七年							
802	十八年							
803	十九年							賜安黃節度觀察使號奉義軍節度。

804	二十年							
805	永貞元年							
806	元和元年							罷奉義軍節度使，升鄂岳觀察使爲武昌軍節度使，增領安、黃二州。
807	二年		淮南節度罷領楚州，尋復領楚州。升壽州團練使爲都團練	升浙江西道都團練觀察使爲鎮海軍節度使〔二〕。				

			使，領壽、泗、楚三州，治泗州。尋廢都團練使，復爲壽州團練使，以泗州隸武寧節度，楚州隸淮南節度。					
808	三年							
809	四年	資、簡二州隸西川節度。		廢浙江西道節度使，復置觀察使，領鎮海軍使。				
810	五年							罷武昌軍節度使，置鄂岳

年							
							都團練觀察使。
811 六年			浙西觀察罷領鎮海軍使。			宣歙團練使罷領采石軍使。	
812 七年							
813 八年							
814 九年							
815 十年							
816 十一年							
817 十二年							
818 十三年		淮南節度增領光州。					鄂岳觀察使增領申州。

年							
819 十四年							
820 十五年							
821 長慶元年		淮南節度增領宿州。					
822 二年							
823 三年							
824 四年							
825 寶曆元年							
826 二年							省泗州。
827 大和元年							
828 二年							

年							
829 三年							
830 四年							
831 五年							
832 六年							
833 七年		宿州隸武寧軍節度。					
834 八年							
835 九年			復置鎮海軍節度使，數日廢，既而復置，踰月又廢。				
836 開成元年							

年							
837 二年							
838 三年							
839 四年							
840 五年							
841 會昌元年							
842 二年							
843 三年							
844 四年							
845 五年							
846 六年							
847 大中元年							復置武昌軍節度使。

公元	年						
848	二年						罷武昌軍節度使。
849	三年						
850	四年						復置武昌軍節度。
851	五年						
852	六年						罷武昌軍節度。
853	七年						
854	八年						
855	九年						
856	十年						

公元	年						
857	十一年						
858	十二年		淮南節度增領申州，未幾，復以申州隸武昌軍節度。	復置鎮海軍節度使。			
859	十三年			廢鎮海軍節度使，置都團練觀察使。			
	咸通						
860	元年						
861	二年						
862	三年			置鎮海軍節度使。			

公元	年						
863	四年		淮南節度增領濠州。				
864	五年						
865	六年					升江南西道團練觀察使爲鎮南軍節度使。	
866	七年						
867	八年			廢鎮海軍節度使。			
868	九年						
869	十年		濠州隸武寧軍節度。				

公元	年						
870	十一年			置鎮海軍節度使。			
871	十二年						
872	十三年						
873	十四年						
	乾符						
874	元年					廢鎮南軍節度，復置江南西道觀察使。	
875	二年						
876	三年						
877	四年						
878	五年						
879	六年						

年							
880 廣明元年							
881 中和元年							
882 二年							
883 三年				升浙江東道觀察使爲義勝軍節度使。			
884 四年							
885 光啓元年							
886 二年							

年							
887 三年				改義勝軍節度爲威勝軍節度。			
888 文德元年	龍州隸威戎節度。		置忠國軍節度使，治湖州。				復置武昌軍節度。
889 龍紀元年			置杭州防禦使。			復升江南西道觀察使爲鎮南軍節度使。	
890 大順元年							
891 二年							

年							
892 景福元年	置龍劍節度使，領龍、劍、利、閬四州。		賜杭州防禦使號武勝軍防禦使。			升宣歙團練使爲寧國軍節度。	
893 二年			升武勝軍防禦使爲都團練使，蘇杭等州觀察使，尋廢。徙鎮海軍節度使治杭州。				
894 乾寧元年							
895 二年							
896 三年				改威勝軍節度爲鎮東節度。			

年							
897 四年	置武信軍節度使，領遂、合、昌、渝、瀘五州。				升福建都團練觀察處置使爲威武軍節度使。		
898 光化元年							
899 二年							
900 三年							
901 天復元年							
902 二年							
903 三年						廢寧國軍節度使，復爲都團練觀察使。	

公元	904	905	906	907
	天祐元年	二年	三年	四年
			龍劍節度罷領閬州。	
	廢舒、廬、滁、和四州都團練使，置光州防禦使。			
		置歙、婺、衢、睦四州都團練觀察處置使。		

校勘記

〔一〕升浙江西道都團練觀察使爲鎮海軍節度使　此繫於元和二年。舊書卷一一二李錡傳敍在德宗時。通鑑卷二三六繫於永貞元年二月，胡注據實錄，謂「云德宗、元和者，皆誤也」。

唐書卷六十九

表第九

方鎮六

公元	衡州	黔州	嶺南	邕管	容管	桂管	安南
710 景雲元年						桂州，開耀後置管內經略使，領桂、梧、賀、連、柳、富、昭、蒙、嚴、環、融、古、思唐、龔十四州，治桂州。	
711 二年							
712 先天元年							
713 開元元年							
714 二年							
715 三年							
716 四年							
717 五年							
718 六年							
719 七年							
720 八年							
721 九年							

公元	年	1	2	3	4	5	6	7
722	十年							
723	十一年							
724	十二年							
725	十三年							
726	十四年							
727	十五年							
728	十六年							
729	十七年							
730	十八年							
731	十九年							
732	二十年							
733	二十一年							

公元	年	1	2	3	4	5	6	7
734	二十二年							
735	二十三年							
736	二十四年							
737	二十五年							
738	二十六年		黔州置五溪諸州經略使。					
739	二十七年							
740	二十八年							
741	二十九年							
742	天寶元年							
743	二年							

公元	年	1	2	3	4	5	6	7
744	三載							
745	四載							
746	五載							
747	六載							
748	七載							
749	八載							
750	九載							
751	十載							置安南管內經略使，領交、陸、峯、愛、驩、長、福祿、芝、武峨、演、武安十一州，治交州。

公元	年	1	2	3	4	5	6	7
752	十一載							
753	十二載							
754	十三載							
755	十四載		五溪經略使增領守捉使。		置邕州管內經略使，領邕、貴、橫、欽、澄、賓、嚴、羅、淳、瀼、山、田、籠十三州，治邕州。	置容州管內經略使，領容、白、禺、牢、繡、黨、竇、廉、義、鬱林、湯、岩、辯、平琴十四州，治容州。		
756	至德元載			升五府經略討擊使爲嶺南節度使，領廣、韶、循、潮、康、				

年							
			瀧、端、新、封、春、勤、羅、潘、高、恩、雷、崖、瓊、振、儋、萬安、藤二十二州〔一〕，治廣州。				
757 二載	置衡州防禦使，領衡、涪、岳、潭、郴、邵、永、道八州，治衡州。						
758 乾元元年	衡州防禦使罷領郴州。		置韶、連、郴三州都團練守捉使，治韶州。	邕州管內經略使兼都防禦使，增領羅州。			升安南管內經略使爲節度使。

年							
759 二年	涪州隸荆南節度使。岳州隸鄂岳團練使。			升邕州管內都防禦經略使爲節度使。	容州管內經略使增領都防禦使。		
760 上元元年				廢邕州管內節度使，置都防禦經略使。	升容州經略都防禦使爲觀察使。		
761 二年	廢衡州防禦使。廢韶、連、郴都團練使，三州復隸嶺南節度。羅、潘二州隸邕管觀察使。						

年							
762 寶應元年							
763 廣德元年							
764 二年	置湖南都團練守捉觀察處置使，治衡州，領衡、潭、邵、永、道五州，治衡州。			廢邕州管內都防禦使，以所管州隸桂管經略使。		置桂邕都防禦、觀察、招討、處置等使，增領邕管諸州。	改安南節度使爲鎮南大都護、都防禦、觀察、經略使。
765 永泰元年							
766 大曆元年							更鎮南曰安南。

年							
767 二年							
768 三年							
769 四年	湖南觀察使徙治潭州。	置辰、溪、巫、錦、業五州都團練守捉觀察處置使，治辰州。					
770 五年				復置邕州管內都防禦使。		桂管觀察使罷領邕管諸州。	
771 六年							
772 七年							
773 八年				邕州管內都防禦使增領		罷桂管觀察使，以諸州隸邕管。	

774	九年				桂管諸州。			
775	十年							
776	十一年							
777	十二年		置黔州經略招討觀察使，領黔、施、夷、辰、思、費、溆、播、南、溱、珍、錦十二州，治黔州。					
778	十三年							
779	十四年							

780	建中元年					容管觀察使增領順、藤二州。		
781	二年					省平琴州。		
782	三年							
783	四年							
784	興元元年							
785	貞元元年		黔州觀察使徙治辰州，增領獎、溪二州。		邕州都防禦使罷領桂管諸州，增領瀼州。		復置桂管經略招討使。	
786	二年							

787	三年		黔州觀察使復治黔州。					
788	四年							
789	五年							
790	六年							
791	七年						桂管經略使罷領招討使。	
792	八年							
793	九年							
794	十年							
795	十一年							
796	十二年							
797	十三年							

798	十四年							
799	十五年							
800	十六年							
801	十七年							
802	十八年							
803	十九年							
804	二十年							
805	永貞元年				省瀼、田、山三州。			
806	元和元年			嶺南節度復領潘、辯二州。	邕州管內都防禦觀察經略使增領懷遠軍使。	辯州隸嶺南節度。嚴州隸桂管觀察。省湯州。	桂管經略使增領嚴州。	

年							
				嚴州隸容管觀察使，羅州隸嶺南節度。			
807 二年							
808 三年		黔州觀察增領涪州。					
809 四年							
810 五年							
811 六年							
812 七年							
813 八年							
814 九年							
815 十年							

年							
816 十一年							
817 十二年							
818 十三年							
819 十四年							
820 十五年				廢邕管經略使。			
長慶							
821 元年							
822 二年				復置邕管經略使。			
823 三年							
824 四年							

年							
寶曆							
825 元年							
826 二年							
大和							
827 元年							
828 二年							
829 三年							
830 四年							
831 五年							
832 六年							
833 七年							
834 八年							
835 九年							

年							
開成							
836 元年							
837 二年							
838 三年							
839 四年							
840 五年							
會昌							
841 元年							
842 二年							
843 三年							
844 四年							
845 五年							
846 六年							

公元	年	事
847	大中元年	
848	二年	涪州隸荊南節度，未幾，復隸黔州觀察。
849	三年	
850	四年	
851	五年	
852	六年	
853	七年	
854	八年	
855	九年	
856	十年	

公元	年	事	事
857	十一年		
858	十二年		
859	十三年		
860	咸通元年	邕管經略使增領容管十一州，尋皆罷領。	廢容管觀察使，以所管十一州隸邕管經略使，未幾復置，領州如故。
861	二年		
862	三年	分嶺南節度爲東西道，改嶺南節度爲嶺南東道節度。	升邕管經略使爲嶺南西道節度使，增領龔州。

公元	年	事
863	四年	
864	五年	
865	六年	
866	七年	升安南都護爲靜海軍節度使。
867	八年	
868	九年	
869	十年	
870	十一年	
871	十二年	
872	十三年	
873	十四年	

公元	年	事
874	乾符元年	
875	二年	
876	三年	
877	四年	
878	五年	
879	六年	
880	廣明元年	
881	中和元年	
882	二年	

年號	年	公元							
	三年	883	升湖南觀察使爲欽化軍節度。						
	四年	884							
光啓	元年	885	改欽化軍節度爲武安軍節度使。						
	二年	886							
	三年	887							
文德	元年	888							
龍紀	元年	88							

年號	年	公元							
大順	元年	890		賜黔州觀察使號武泰軍節度。					
	二年	891							
景福	元年	892							
	二年	893							
乾寧	元年	894							
	二年	895			賜嶺南東道節度號淸海軍節度。				

年號	年	公元							
	三年	896							
	四年	897					升容管觀察使爲寧遠軍節度使。		
光化	元年	898		黔州隸武貞軍節度。					
	二年	899							
	三年	900						升桂管經略使爲靜江軍節度使。	
天復	元年	901							
	二年	902							

年號	年	公元							
	三年	903		武泰軍節度徙治涪州。					
天祐	元年	904							
	二年	905							
	三年	906							
	四年	907							

校勘記

〔一〕升五府經略討擊使爲嶺南節度使領……恩雷崖瓊……二十二州　「恩」，各本原作「思」。按本書卷四三上及舊書卷四一地理志、唐六典卷三、通典卷一八四，嶺南道有「恩州」而無「思州」，據改。

新唐書

宋 歐陽修 宋祁 撰

第七冊

卷七〇上至卷七一上（表）

中華書局

唐書卷七十上

表第十上

宗室世系上

昔者周有天下，封國七十，而同姓居五十三焉，後世不以爲私也，蓋所以隆本支，崇屏衞。雖其弊也，以侵陵王室，有末大之患，然亦崇獎扶持，猶四百餘年而後亡，蓋其德與力皆不足矣，而其勢或然也。至漢鑒秦，務廣宗室，世其國地，不幸世絕若罪除，輒復續以存其祭祀，與爲長久之計，故自三代以來，獨漢爲長世。唐有天下三百年，子孫蕃衍，可謂盛矣！其初皆有封爵，至其世遠親盡，則各隨其人賢愚，遂與異姓之臣雜而仕宦，至或流落於民間，甚可歎也！然其疏戚遠近，源流所來，可以考見，作宗室世系表。

李氏出自嬴姓。帝顓頊高陽氏生大業，大業生女華，女華生皐陶〔一〕，字庭堅，爲堯大理。生益，益生恩成，歷虞、夏、商，世爲大理，以官命族爲理氏。至紂之時，理徵字德靈，爲

翼隸中吳伯，以直道不容於紂，得罪而死。其妻陳國契和氏與子利貞逃難於伊侯之墟，食木子得全，遂改理爲李氏。利貞亦娶契和氏女，生昌祖，爲陳大夫，家于苦縣。生彤德，彤德曾孫碩宗，周康王賜采邑於苦縣。五世孫乾，字元果，爲周上御史大夫，娶益壽氏女嬰敷，生耳，字伯陽，一字聃，周平王時爲太史。其後有李宗，字尊祖，魏封於段，爲干木大夫。生同，爲趙大將軍。生兌，爲趙相。生躋，趙陽安君。二子：曰雲，曰恪。恪生洪，字道弘，秦太子太傅。生興族，字育神，一名汪，秦將軍。生曇，字貴遠，趙柏人侯，入秦爲御史大夫，葬柏人西。生四子：崇、辨、昭、璣。崇爲隴西房，璣爲趙郡房。崇字伯祐，隴西守、南鄭公。生二子：長曰平燕；次曰瑤，字內德，南郡守、狄道侯。生信，字有成，大將軍、隴西侯。生超，一名伉，字仁高，漢大將軍、漁陽太守。生二子：長曰元曠，侍中；次曰仲翔，河東太守、征西將軍，討叛羌于素昌，戰沒，贈太尉，葬隴西狄道東川，因家焉。生伯考，隴西、河東二郡太守。生尚，成紀令，因居成紀。弟向，范陽房始祖也。尚生廣，前將軍。二子：長曰當戶，生陵，字少卿，騎都尉；次曰敢，字幼卿，郎中令、關內侯。生禹，字子通。弟忠，頓丘房始祖也。禹生丞公，字丞公，河南太守。生先，字敬宗，蜀郡、北平太守。生長宗，字伯禮，漁陽丞。生君況，字叔干，一字子期，博士、議郎、太中大夫。生本，字上明，郎中、侍御史。生次公，字仲君，巴郡太守、西夷校尉。弟恬，渤海房始祖也。次公生軌，字文逸，魏臨淮太

守、司農卿，弟潛，申公房始祖也。軌生隆，字彥緒，長安令、積弩將軍。生艾，字世績，晉驍騎將軍、魏郡太守。生雍，字儁熙，濟北、東莞二郡太守。生二子：長曰倫，丹楊房始祖也；次曰柔，字德遠，北地太守。雍孫蓋，安邑房始祖也。柔生弇，字季子，前涼張駿天水太守、武衛將軍、安西亭侯。生昶，字仲堅，涼太子侍講。生暠，字玄盛，西涼武昭王、興聖皇帝。十子：譚、歆、讓、愔、恂、翻、豫、宏、眺、亮。愔，鎭遠將軍房始祖也。其曾孫系，平涼房始祖也。翻孫三人：曰丞，姑臧房始祖也，曰茂，燉煌房始祖也；曰沖，僕射房始祖也。曾孫曰成禮，絳郡房始祖也。豫玄孫曰剛，武陵房始祖也。歆字士業，西涼後主。八子：勗、紹、重耳、弘之、崇明、崇產、崇庸、崇祐。重耳字景順，以國亡奔宋，爲汝南太守。後魏克豫州，以地歸之，拜恆農太守，復爲宋將薛安都所陷，後魏安南將軍、豫州刺史。生獻祖宣皇帝熙，字孟良，後魏金門鎭將。生懿祖光皇帝，諱天賜，字德眞。三子：長曰起頭，長安侯，生達摩，後周羽林監、太子洗馬、長安縣伯，其後無聞；次曰太祖；次乞豆。

定州刺史房。

後魏定州刺史乞豆。	開化郡公、後周秦河渭三州刺史貞。										
	襲公，後周申、衛二州刺史慧。	濟南鼎公、隆州刺史士都〔二〕。	尚輦直長上善。		右衛將軍延之。	自由。					
		西平王普定。	嗣楚王靈夔，出繼智雲〔三〕。	嗣楚公、右威衛將軍福。	右羽林將軍承況。						
		北平公世武。		濟。							
				益府長史濬。	麟，相肅宗。	登封令全。					

	郇國公冷。	义羅。									
		滿才。				瑽。	大理少卿直方。				
							君房。				

太祖景皇帝虎，字文彬，後周柱國大將軍、唐國襄公。八子，長曰延伯，生於山東。其後太祖入關，延伯仕北齊爲散騎常侍。武德四年，追封南陽伯，附屬籍，貞觀初，罷之，與姑臧、絳郡、武陽公三房，號「四公子」房，至開元二十三年，復附屬籍。

南陽公房。

南陽公延伯。	隋廣平太守昭貴。										

	周南陽太守昭仲。		祕書丞元璋。		司駕員外郎朏。						
					監察御史晞。						

譙王房。

譙王眞字長宜。	竟陵郡王道素，以雍王第五男韶子繼。										

蔡王房。

蔡王岡〔四〕，周朔	西平懷王安，字玄德、	平原王瓊。	平原王崇嗣，丹冀貝	太常卿、蔡國公法祥。							

州總管、相隋右領軍燕恆三州大將軍、趙刺史、襄武郡懷公、縣公。
霍山王璡。 襄武郡王琛，字惟寶，一字道恭。
三州刺史、宗正卿，諡曰懿。 嗣衛王保定，出繼玄霸。 霍山公洪嗣，以漢陽郡王瓌子繼，諡曰武。 襲公儉。
裔孫太常卿居士。

河間元王孝恭。
蒲同絳陝幽夏六州刺史、益州長史、譙國公崇義。
襲譙國公、雙流令錫。 河西令尚昭。 丘。
襲譙國軫。 公、太子舍人冰。 宋王府司功參軍皎。 輪。
士衡，初名銳。

婺州長史涗。
宗正丞[illegible]。 士詹，初名寬。 和州刺史士英，初名容。 永康令士先，初名宏。
嵒。 嶰。 嵓。 岌。 崟。 岑。

河南府法曹士淹，初名宰。
越州參軍巇。 然。
保淋。 保榮。 太子通事舍人保眞。
漢和。 知朴。 可信。 光遠，初名可集。
左金吾引駕押衙厚。 小老。

									玄都。		
									可誠。		
									可立。		
									小都。		
									小休。		
								保昇。			
							崗。				
							徽。				
						幽府錄事參軍齐。	岸。				

						西河丞士恭，初名寀。	玉。	疆。	文春。	左武衛兵曹參軍撝。	弘丕。
											弘侍。
											弘惠。
											弘球。
											弘抱。
									文芳。	播。	
										拒。	弘晟。
									溫州文學、奉禮郎文經。	樂。	仲瑄。
										讓。	初遠。

										省。	
										燮。	
										統。	
									文絢。	道超。	
										道遷。	
										道逾。	瓌。
											理。
										道延。	
										道遄。	
									文明。	友。	琮。
											鈃。
					岐王府參軍畯。						

					復州刺史測。	遇。					
						迴。					
						邁。					
						迪。					
				尚範。	浩。						
				揚府戶曹參軍可道。	翼城令汪。	平。					
						茸。					
						鞏。					
						覃。					
						宰。					

少府監、諸曁令
右衛郎罕。
將，貶夏
州司馬
濠。
永新令
夔。
宋州長
少戢。
史彙。
少益。
少雅。
永王府
參軍重。

吳興郡
少誠。
司功參
軍來。
少謙。
永嘉監
官爵。
綏山令
惣。
福州戶
曹參軍
準。
庶。
司勳員
并。

外郎、延
坊邠三
州刺史，
貶密州
司馬灌。
潭。
尚旦。
仙鶴。
仙童。
仙芝。
尚古。
濮陽太將作監
守頠。
士則。
延州刺史
相如。
尚賓。

簡如。
雅、儒二少府監
太子詹正平令
州刺史鍨。
事、右散
復元。
騎常侍
岑。
休古。
太子司宗正丞
議郎茂
郁。
元。
宗正少
五嶺租
胙尉途。
卿通元。
庸判官、
蒙州刺
史漳。
開封令
長垣主
守一。
簿暎。

1	2	3	4	5	6	7	8	9	10	11	12
										潁州錄事參軍郢。	陪位出身璮。
										滎澤尉封。	陪位出身瑕。
									大理司直道元。	鄖城主簿鄲。	
										南頓尉郊。	
									黃金令光元。	陪位出身鄩。	
									大理丞、湖陽令正元。	陪位出身部。	

1	2	3	4	5	6	7	8	9	10	11	12
							況。	自勗。	大理丞師全。	陪位出身邠。	
			秋官尚書崇晦。	嗣吳王榮。							
			岐州刺史崇眞。								
		濟北郡王瑊。	都水使者、左金吾衛大將軍儉。	植。	愿。	右金吾衛大將軍方叔。	莆田令丹。	崇。	承誨。	士元。	璝。
								舜卿。	仁景。	甫。	琨。
										正白。	玢。
											昇。

1	2	3	4	5	6	7	8	9	10	11	12
											昂。
											平。
											勉。
											希。
										欣。	宗道。
											宗暢。
											宗元。
											宗善。
											宗閔。
											宗亮。
											宗魯。
											宗巖。

1	2	3	4	5	6	7	8	9	10	11	12
										[illegible]。	宗禮。
										歆。	宗古。
											宗回。
											宗何。
								巖。	仁詡。	正輔。	晁。
											暈。
										正朴。	
										宣。	
		襲濟北郡公、梓州刺史崇敬〔五〕。	襲濟北郡公、太子中允孚。	襲濟北郡公、須江令越客。	太子家令炎。						

隴西郡公、青衛慈邢汝五州刺史、永王傅津客。

襄濟北郡公、衢黃二州刺史兼防禦使、興平軍節度使、御史中丞奐。

倉部員外郎儋。

襄濟北郡公、北海令級。

沂水令循。

青州司法參軍爰。

坊州錄事參軍各。

陪位出身遜。

黃令慶。

陪位出身勳。

陪位出身童。

陪位出身沐。

陪位出身澗。

陪位出身洪。

陪位出身弘。

陪位出身汶。

博興令元保。

陪位出身經。

陪位出身蒙。

元立。

陪位出身應。

陪位出身綜。

陪位出身周。

陪位出身換。

陪位出身方。

陪位出身顒。

陪位出身全。

陪位出身鍔。

千乘令敦禮。

陪位出身邵。

陪位出身鄴。

陪位出身榮。

中華書局

吏部郎中直。

洺州錄事參軍讓。

大理評事瑜。

申州錄事參軍晦。

祕。

光州司法參軍造。

登州參軍興。

晉州文學參軍頊。

安州司馬勣。

徐州錄事參軍朗。

邵州長史、前司農卿銘。

御史中丞元亮。

大理司直兼監察御史元道。

盩厔尉元規。

右金吾兵曹參軍元會。

江陵府參軍元簡。

太原府參軍元舉。

太子文學元明。

太子賓客容。

詹事府丞涪。

陪位出身承遠。

郯城令湘。

孟州錄事參軍澤。

承邁。

元衡。

元輔。

河南功曹參軍倫。

翼城令巨濟。

梓州司士參軍論。

通義令孟。

襄陵主簿瓌。

漢陽王瓌。

兗州長史沖寂。

隋州刺史銳。

冬官尚書沖玄。

祠部員外郎恆。

中部郡太守惇。

尚方監沖虛。

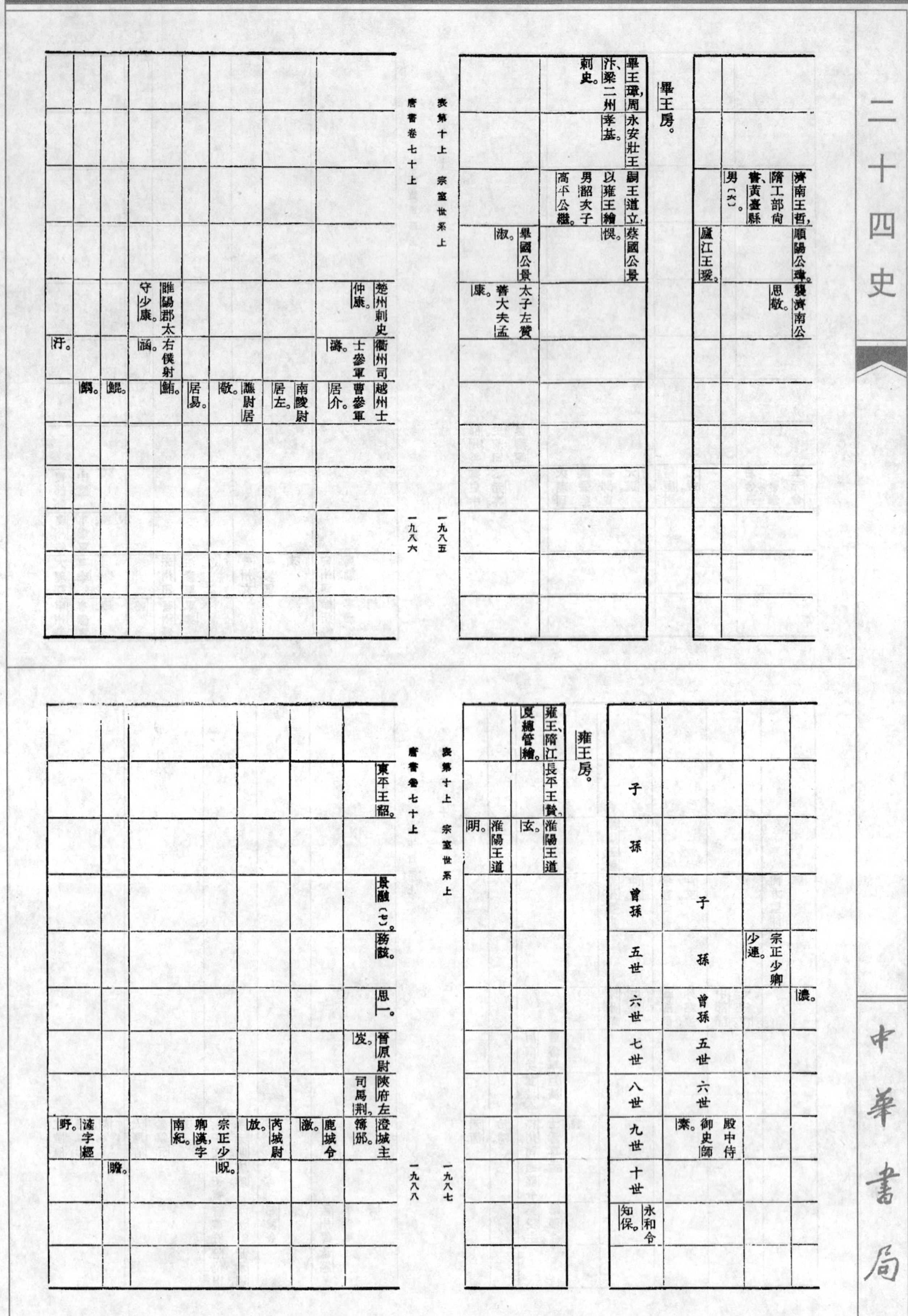

濟南王哲，隋工部尚書、黃臺縣男〔六〕。	
順陽公璋。	廬江王瑗。
襲濟南公思敬。	

畢王房。

畢王璋，周汴、梁二州刺史。			
永安壯王孝基。			
嗣王道立，	以雍王繪	男韶夾子	高平公繼。
蔡國公景愰。	畢國公景淑。		
太子左贊善大夫孟康。			

楚州刺史仲康。	睢陽郡太守少康。									
衢州司士參軍濤。	右僕射涵。	汧。								
越州士曹參軍居介。	南陵尉居左。	譙尉居敬。	居易。	鮪。	鯤。	鰐。				

子	子		
孫			
曾孫	子		
五世	孫	宗正少卿少連。	
六世	曾孫		濃。
七世	五世		
八世	六世		
九世	殿中侍御史師槖。		
十世			
永和令知保。			

雍王房。

雍王、隋江夏總管繪。	
長平王贇、	
淮陽王道玄。	淮陽王道明。

東平王韶。					
景融〔七〕。					
務該。					
思一。					
晉原尉岌。					
陝府左司馬荆。					
澄城主簿邠。	鹿城令激。	芮城尉放。	宗正少卿漢，字南紀。	澹字經野。	
			晛。	瞻。	

			江夏王道宗，字承範、		
			廬國公、相州刺史景惧〔八〕。	子	
				孫	
				曾孫	
				洧。	宗正少卿涚。
				戶部員外郎宗衡。	
洸字正武。	潘字子及。				
	炬字則中。	烱字著明。			

	廣寧公道興	博陵郡公道弼。	
潞城令景仁，字楚子。			
		御史中丞知柔，	刑部郎中知止。

郇王房。

郇王禕，隋陳留太守、長平郡公。
武陵郡王伯良、

長平肅王叔良。									
郇國公孝協。									
思慎。	思言。	思泰。	思本。	思莊。	夔州司功參軍思正，			婺州刺史、襲郇國公	思忠。
					蘭陵丞令望。			宣州士曹參軍建成。	
					璨。	來。	倫。	泗水令峻嶸。	
								奉先令如仙。	
								綿州刺史駢。	
								成都少尹寓。	

					回，初名瓛，相武宗。
阿端。	郇王傅知隱。		南鄭令知章。	京兆少尹知義。	滑州觀察巡官知柔。
	度支漁陽監事銳。	邠州司法參軍臻。	潛。		

興平尉塤，字濬光。

山南東道節度掌書記篘，字禮符。

江陵令少微。

小翯。

清江。

萬倩。

高巖。

澄潭。

芳苑。

海州司倉參軍進成。

冏。

固。

文水令遂成。

曹州士曹參軍明眞。

朝仙。

宜春令女眞。

文迪。

太子僕超成。

許州司馬澄眞。

文昌。

壽州團練使文

監察御史穆。

臨濮令鎮。

祕書少監中庸。

通，破蔡州有功、終遂州刺史。

太府少卿元，

濤。

承確。

承休。

仲寶。

承端。

瀞。

承績。

隋縣令去惑，死王仙芝，贈隋州刺史。

阿圭。

權。

賓。

業。

實。

耽。

櫰。

高卿。

華陽郡公、原州長史孝斌。

彭國昭公、左武衞大將軍思訓，字建。

魏州別駕福道。

1	2	3	4	5	6
		揚州參軍思誨。			
儀王府司馬復道。	太原府倉曹直集賢院昭道。	林甫，相玄宗。			
		將作監岫。	司儲郎中崿。	太常少卿嶼。	武功令崒。

1	2	3	4	5	6	7
					中山郡王仲良。	季良。
					去病，以季良子繼。	
				林宗，字直木。		
符寶郎嵰。						
宗正卿弘澤，字德潤。						
汴州參軍仁之。	昌圖。	虢州參軍損之。	常熟尉大雅。			

1	2	3	4	5
新興郡王德良。				
西陽郡公仁裕。			蓼國公仁敬。	都水使者仁方。
新興郡公、戶部尚書晉。		張掖郡公、水部郎中欽。		處淨。
宗正卿濟。				
左金吾衛大將軍通。	左金吾衛大將軍翰。			

1
長樂郡王幼長。
上黨孝公矩。

大鄭王房。

1	2
鄭孝王亮，隋趙興太守、長社郡公。	
淮南靖王神通〔九〕。	
膠東郡公道彥。	
辰錦觀察使昌岠。	荊南節度使、檢校工部尚書昌巙。

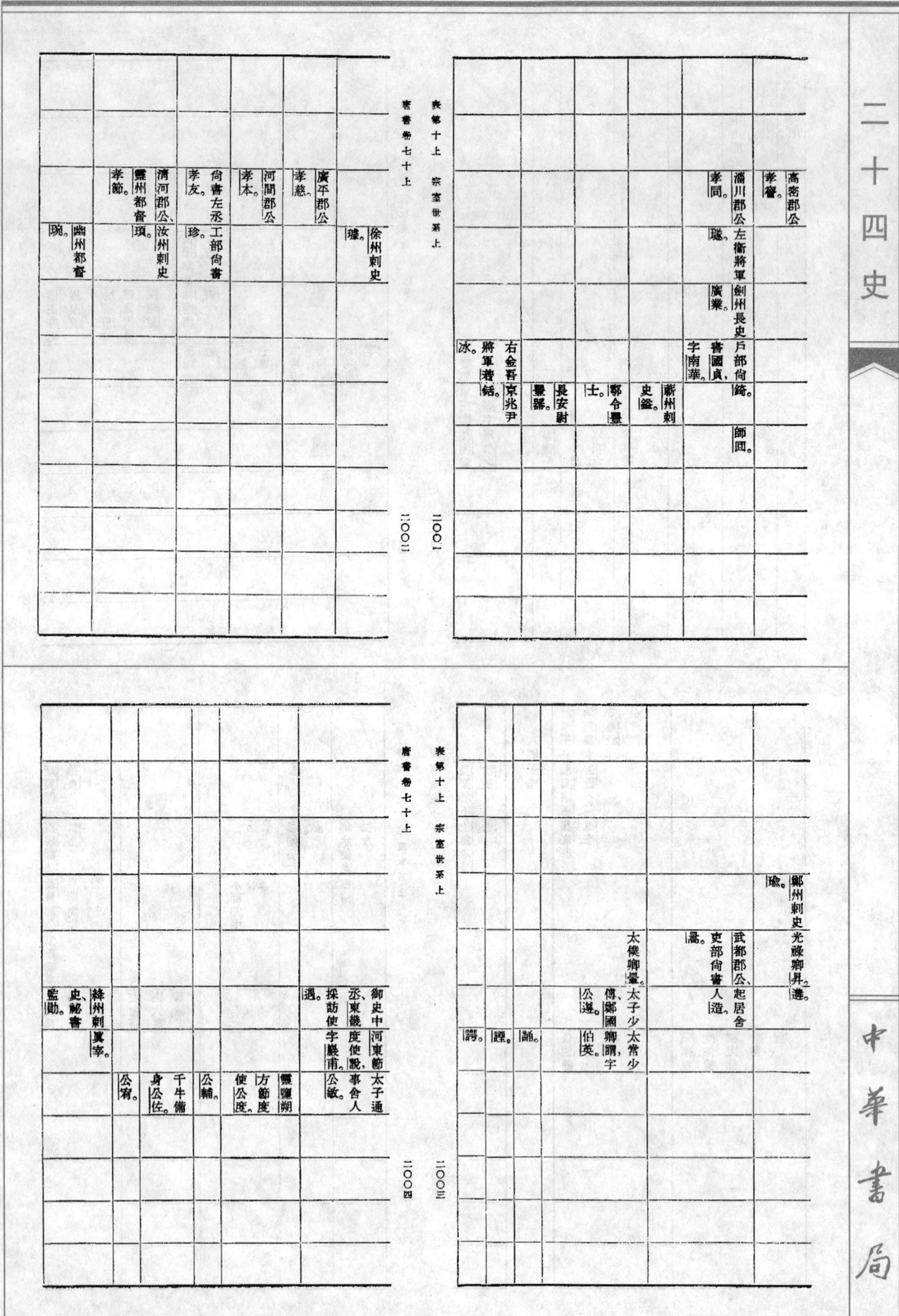

高密郡公孝睿。	淄川郡公孝同。				
	左衛將軍璲。				
	劍州長史廣業。				
	戶部尚書國貞，字南華。				右金吾將軍藿。冰。
	錡。	蘄州刺史鎰。	鄂令豐士。	長安尉豐器。	京兆尹銛。
	師回。				

	廣平郡公孝慈。	河間郡公孝本。	尚書左丞孝友。	清河郡公、靈州都督孝節。	
徐州刺史璩。			工部尚書珍。	汝州刺史頊。	幽州都督琬。

鄭州刺史瑜。					
光祿卿昇。	武都郡公、吏部尚書暠。	太僕卿暈。			
進。	起居舍人造。	太子少傅、鄭國公遜。			
		太常少卿謂，字伯英。	誦。	諲。	諤。

御史中丞、東畿採訪使遇。					絳州刺史、祕書監勛。
河東節度使說，字巖甫。					眞宰。
太子通事舍人公敏。	靈鹽朔方節度使公度。	公輔。	千牛備身公佐。	公宥。	

膠西郡公、襲公，司農卿孝義。
南州司馬瓛。
泗州刺史孟犨，字公悅。
金州刺史權。
清漳尉衡。
檢校虞部員外郎兼侍御史樞。
歙州別駕軫。
兵部侍郎進。
江西觀察使少和。

渭南令房。
萬鈞。
磵字燿山。
千鈞。
磁字景山。
蟾，初名礦。
蚡字漢山。
廷璧字冠群。
蠙字懿川。
昭裔字延誨。
昭業字延章。

仁鈞。
碉字次山。
昭圖字延魯。
礎。
宗正卿、太子賓客、隴西縣子翼，字則之。
大理評事良鈞。
陸渾尉正鈞。
執鈞。

左千牛衛兵曹參軍巨鈞。
一子出身直鈞。
鹽州刺史孝銳。
弘農太守璟。
刑部尚書齊物。
鄭滑節度使、檢校右僕射復。
司農少卿條，字堅。
昌。

淮安忠公、宗正卿琇，字琇。

陝王府戶曹參軍齊晏。

少府監齊古。

文部侍郎暐。

御史中丞汶。

刑部侍郎曄。

符寶郎盱。

梁郡公、給事中孝逸。

襄邑恭王神符。

廣宗郡公仁鑒。

中書舍人歆。

臨川郡公、刑部尚書德懋。

左衛將軍思齊。

鄖城令知賢。

司農卿，諡曰敬，模。

太子賓客、守散騎常侍嗣。

吏部郎中顥鈞。

將作監話。

明州刺史譒。

左諫議大夫從規。

懷州刺史從矩。

檢校刑部郎中從毅，字仁卿。

竦字特卿。

興元節度使、檢校工部尚書從晦，字含章。

國子監主簿伸。

司農寺主簿俶。

擢字大用。

成都府參軍拙。

招。

尚書右丞擇，字仁表。

太常卿從乂。

右拾遺濬沖。

檢校戶部員外郎濬源。

太子左庶子澗甫。

左諫議大夫敏愉。

試協律郎仁曦。

				太子左贊善大夫從師。	江陵少尹從吉。
	大理司直敬悅。				
弘文館校書郎仁峻。	昌忠。	攝泉州衙推昌岳。	昌嶼。		
惟邈。		惟植。	梨。		

				廣川郡公靈州刺史，成紀令朝。 義範。
				襲廣川郡公邏。
				尋陽丞儀。
			福建觀察使海。	湖南觀察使、檢校右散
太子左庶子從方。	宗正少卿從貞。	咸陽縣尉、史館脩撰從實。		伊陽丞良史。

騎常侍叢。						常州刺史龕。
	國子廣文春秋博士彬。	湖州錄事參軍眞。				
		濟源尉弘乂，字大能。			文徽。	
		虬。	乾。	胤。		

魏國公、幽州大總管文暕。				
宗正卿佺。	挺。			
	太僕卿柏，字康幹。			
	鶴。		鶬。	太子少師鸛。
	長水令台。			禮部尚書、太子
	南陵令靡。	湖南觀察使兼御史大夫庾，字子虔。		湖南團練副使、
		衡州刺史延澤。		祕書省祕書郎

賓客分司東都恬。
檢校工部員外郎宗師。
瑄。
漳州刺史環。
仁魯。
鐸。
錫。
叶。
準。
用霖。
華州文學仁穎。
嘉州刺史宗長。

鵜。
鴿。
鳩。
鶚。
中牟令宗規。
滁州刺史鷸。
池州刺史倨。
程，字表臣，相敬宗。
武寧軍節度使、檢校工部尚書廓。
濟。
昌符，字殿夢。

萬年尉、直史館審，字貞耀。
華陽令庇。
太子中允慶。
祕書省祕書郎庠。
太子通事舍人廡。

殿中丞，襲魏國公捷。
虢州刺史堅。
盛唐令鵬。
石，字中奇。
玉，相文宗。
巘。
太子太傅、同平章事福，字能之。
太常卿就。
汴州法曹參軍彥孫。
正字佩。
扶。
駕部郎中玩，字成璉。
監察御史韜。
昌素。

監察御史航，字殷用。

涪。

璩。

懷州刺史鞏。

膳部郎中勍，字德勝。

太府卿檠。

太常博士、宗正寺脩撰頡，字昭升。

給事中元龜，字從吉。

安平公、國子祭酒仲思。

文舉。

宗正少卿言思。

兵部郎中華。

代祖元皇帝諱昺，周安州總管、柱國大將軍、唐國仁公。四子：長曰高祖，次曰梁王澄，次曰蜀王湛，次曰漢王洪。

梁王房。

梁王澄。

彭城王士衎。

淄州刺史、陳國公玄

同，以隴西王博乂第五子繼。

荆州司馬玄弁。

江東郡王世證。

衡山郡王世訓。

宗正卿、隴西恭王博乂，以蜀王第二子繼。

蒲州潼水府折衝、陳留郡公懷仁。

師盆。

元蜈。

天盆。

道盆。

常州司馬、晉昌縣男懷節。

元盆。

璥。

班。

倩。

溫州刺史、蔣國公懷讓。

貞。

賓。

璩。

瓌。

瑾。

京兆尹愼名。司門員外郎自下。

愼終。

蜀王房，後爲渤海王房。

蜀王湛。

襄城王容兒。

懷眞，以隴西王博乂第二子繼。

左衞大將軍、渤海敬王奉慈。

眉州刺史義節。

灃州司馬如珪。

益州戶曹參軍匀。

慶王府典庫牧。

江陵尉堯。

贊善大夫參。

華原丞桐。

大理評事元。

左羽林錄事參軍方。

福建觀察使椅。

信州刺史充。

承構。

南陽令承緒。

六局丞承規。

稷山尉承祚。

長水令直。

京兆府戶曹參軍齊。

同州參軍、知海陵監允。

黔州刺史瑋。

玄。

亮。

梓州刺史季貞，初名栝。

爽。

商。

宗正丞逢。

溫江令京。

杞。

交。

遷。

唐興令繼。

蜀。

臨邛尉署。

前宗正寺明經鯨。

陪位出身武。

陪位出身寔。

長。

及。

唐州刺史、袁州別駕隴西縣男冬日。

常州別駕褖。

朝晟。

如玉。

朝式。

岐陽令檮。

徐州司馬椶。

南陵令檣。

洵。

濛。

消。

都水使者夏日。

澧陽令標。

江陵府士曹參軍朝相。

龔丘令朝盈。

寧州參軍檍。

鄭州刺史朝則。

商州別駕椲。

河中府戶曹參軍朝師。

授。

溶。

元樞。

洌。

徽。

杭州參軍朝英。

朝野。

猗氏令朝用。

朝汝。

朝衡。

徽。

徹。

徐泗節度判官楓。

揚府法曹參軍朝宗。

亳州參軍偘。

吏部常選貞伯。

寧化尉厚。

洪州參軍求中。

芮城尉惠伯。

申伯。

陽翟令何。

豐城丞景伯。

吏部常選侶。

鄠尉宣伯。

義方。

穰尉朝諫。

朝清。

休甫。

朝興。

吉羅。

安悉。

竹箭。

朝威。

膠，初名朝良。

橦。

虞鄉丞樅。

坊州司法參軍檡。

太子通事舍人春日。

棹。

冀州別駕守一。

勉均。

左率府長史國寧。

江陵府功曹參軍系。

襄州司兵參軍國平。

京兆府法曹參軍國榮。

黔中觀察使國清。

東陽令弘周。

季方。

安州刺史韶。

渭南尉有方。

成都府司錄參軍國英。

越州司錄參軍勵均。

漣水令岑。

岌。

巖。

良原令助均。

左金吾衛大將軍兼鴻臚卿禪徒。

左監門衛率府兵曹參軍維城。

承宗。

左驍衛長史勸均。

無錫令勸均。

鳳州刺史信伯。

新津令稱。

渠江令言思。

知遠。

七盤令言中。

陪位出身言約。

東漢。

稽。

臨汝尉穗。

陽陵令稹。

汧源令稠。

玄武主簿秬。

延州別駕振。

浙西長史嗣金。

壽州長史繆。

盈川令杠。

浦陽尉登。

平盧節度判官戡，字定臣。

審之。

順陽丞標。

涇陽尉昭。

江陵錄事參軍纂。

祐。

建。

攸。

猗氏令管。

隴州錄事參軍作。

吏部常選景之。

昭應令信。

臨濟令建度。

中牟尉旺。

靈昌尉玄謀。

郢州刺史、宗正少卿篆。

管城尉某。

左金吾衛大將軍、趙州刺史嗣璘。

諸暨尉椽。

南陽令樑。

濟王府戶曹參軍梓，初名橑。

襄陽令繼祖。

栒。

椳。

左率府郎將嗣琳。

司議郎相。

栝。

札。

都官郎中嗣瓌。

宗正卿栻，初名檀。

宗正卿仍叔，字周美，初名章甫。

檢校水部員外郎彙嶺南節度副使焜。

渭州參軍暉。

襄州支使絢，字繪老，初名弘本。

鄂尉弘文。

四會令弘略。

主客郎中讓。

延興，初名廷玉。

楣。

遂州司馬知本。

汾州長史守愼。

青州司倉參軍子房

昇。

延州司馬友諒。

惠陵臺令晃。

潞府士曹參軍審。

偃師尉江。

大牟令思文。

靈寶主簿思永。

涇王府功曹參軍從。

鄜州錄事參軍蒼梧。

洛水主簿弘慶。

洛交主簿弘度。

白馬令乃武。

綮。

閬中主簿弘恕，初名楚

閞。

三泉令寧。

難江主簿緒。

吏部常選纘。

褒城尉璵。

綱。

隋州錄事參軍、隋城令寂。

經。

沔陽尉禎顒。
絢。
吏部常
選紹。
徐州司
戶參軍
昂。
金華丞
垣尉渾。
炫。
昉。
烱。
密令暵。
玉城主
簿公瑾。
公贇。

陽翟尉
公度。
汴州司
粲
倉參軍
察，初名
公器。
公選。
濡水令
暉。
宋州參
軍公倍。
安州倉
沅江令蘊中。
曹、衡州
克勤。
錄事參
軍公約。

蘊達。
饒州錄
事參軍
傷。
雩都主
簿確。
雲夢令
克讓。
導。
克章。
左金吾
穀城令
蒲圻丞
倉曹參
從簡。
必聞。
軍昉。

南陽尉
賁。
從神。
金。
澧州司
倉參軍
公立。
蔡州司戶
定陵令
恆王府
參軍友貞。
旻。
參軍寔。
晉陽丞
寬。
烏程令
寵。

宏。

容。

雍丘丞寂。

昱。

宇。

宙。

代州都督、守忠。

景城縣男行褒。

餘福。

國子祭酒、壽王府司
隴西郡王馬仙舟。

滄州司戶參軍元暹。

益府司戶參軍日休。

餘慶。

華陽尉日就。

睦州長史乘家令晼。

太子典膳郎闐。

新津令閟。

金城令璘。

乾元丞日用。

翼城丞日成。

永王府參軍日知。

昭州刺史日敷。

晉州參軍日正。

璘。

嘉王府長史瓚。

汧原尉邏。

華陽令況。

暄。

成都丞准。

江陽令晤。

潤州別駕潔。

綿州參軍同節。

成都司戶參軍璥。

支輔，以荆國公玢子繼。

岐王府功曹參軍元遂。

左領軍長史元湜。

青鄉令瞻。

潤州司戶參軍信。

吏部常選脩。

揚子丞像。

				黃州司馬可聞。						
				國子監丞可器。						
		圓滿。	崇禮。							
			崇嘉。	懷州參軍易從。儀。						
					敬從。					
				脩。						
		渠州司馬洛。寶積。								
			晉州司功參軍常光。	可襲。						

				可獻。						
		尚輦奉御明遠。	睦州刺史無言。							
			無忝。	虞部郎中灑。						
		殿中丞明哲。								
	嗣沈黎侯長沙，出繼元景〔一〇〕。		嗣荆王逖。							
漢王洪。	巴陵郡王盤陁。									

校勘記

〔一〕帝顓頊高陽氏生大業大業生女華女華生皋陶　本書卷七一上宰相世系表裴氏下云：「大業生女華，女華生大費，大費生皋陶。」與此異。又按史記卷五秦本紀：「大業取少典之子曰女華，女華生大費。」則女華乃大業之妻，非其子。

〔二〕濟南鼎公隆州刺史士都　「士都」，本書卷七九及舊書卷六四楚王智雲傳作「世都」。

〔三〕嗣楚王靈夔出繼智雲　按本書卷七九及舊書卷六四楚王智雲傳及魯王靈夔傳，靈夔爲高祖之子，出繼智雲者乃濟南公世都子靈龜。

〔四〕蔡王罔　「罔」，本書卷七八及舊書卷六〇宗室傳并作「蔚」。

〔五〕襲濟北郡公梓州刺史崇敬　合鈔列第四格，孚至炎亦遞移。

〔六〕濟南王哲隋工部尚書黃臺縣男　按本書卷七八長樂王幼良傳，哲爲蔡王蔚子，西平懷王安弟，則哲當與安同列。合鈔已改正。

〔七〕景融　按舊書卷一七一李漢傳，景融乃淮陽王道明之子，則應繫於道明之下，其子孫亦當從移。

〔八〕盧國公相州刺史景悞　糾繆卷六云：「畢王璋之曾孫亦有蔡國公景悞，此二人止是三從昆弟耳，無緣如此同名。」按本書卷七八及舊書卷六〇江夏王道宗傳云：子景恒，降封盧國公，相州刺史。此作「景悞」誤。

〔九〕淮南靖王神通　「南」，本書卷七八及舊書卷六〇宗室傳均作「安」。

〔一〇〕嗣沈黎侯長沙出繼元景　按本書卷七九荆王元景傳，長沙爲渤海王奉慈子，則長沙當低奉慈一格，其孫逖亦應遞移。

唐書卷七十下

表第十下

宗室世系下

高祖神堯大聖大光孝皇帝二十二子，分十五房：曰楚王智雲，曰荆王元景，曰徐王元禮，曰韓王元嘉，曰彭王元則，曰鄭王元懿，曰霍王元軌，曰虢王鳳，曰道王元慶，曰鄧王元裕，曰舒王元名，曰魯王靈夔，曰江王元祥，曰密王元曉，曰滕王元嬰。智雲、元景皆無後。

徐王房。

徐康王元禮。	淮南王茂。	嗣王、宗正員外卿璀。	嗣王、餘杭郡司馬延年。	嗣王、施州刺史諷。

	淮南公蕃。
	汝山公蓁。

韓王房，建中元年詔改爲嗣鄆王房，懿宗即位，復舊。

韓王元嘉。	潁川郡公訓。		
	武陵郡王誼。	楚國公野。	
	黃國公譔。		
	上黨郡公諶。		
	嗣韓王、太僕卿訥。	嗣王叔璩。	嗣鄆王煒。

彭王房。

彭思王元則。	絢，以霍王元軌第五子繼。		志謙。
			嗣王、左千牛衛將軍志暕。

小鄭王房，稱惠鄭王房。

鄭惠王元懿。	嗣王、遂州刺史璥。	嗣王、太子詹事希言。			
		贈左僕射察言。	太僕少卿、楚州別駕自仙。	夷簡字易之，相憲宗。	匡文。

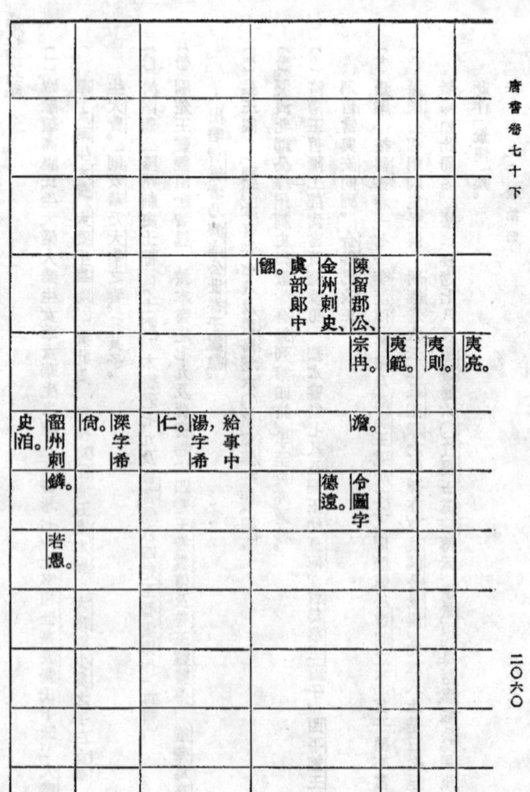

				夷亮。			
				夷則。			
				夷範。			
			陳留郡公、金州刺史、虞部郎中翻。	宗冉。	澹。	令圖字德遠。	
					給事中湯，字希仁。		
					深字希尚。		
					韶州刺史洎。	鏻。	若愚。

						鉊。	承翰。
				宗閔字損之，相文宗。	琨字希立。	鉳字執聖。	
					桂管觀察使瓚，字公錫。	欽說字巖卿。	
			眉州刺史自昌。				
	呂國公。	嗣公玄言，以南海公璿第三子繼。					
	樂安郡公珪。						

	上庸郡公琰。				
	樂陵郡公球。				
	南海郡公璿。				
	安德郡公琳。	嗣公、岐州刺史擇言，以南海公璿次子繼。	勉字玄卿，相德宗。	纘。	
				縝。	
				緯。	

				兵部員外郎約。	
	新平郡公遂。				
	邵陵郡公珩。	左千衛將軍德言。			

霍王房。

霍王元軌。	江都郡王緒。	嗣王志順。		嗣王、左千牛員外將軍暉。	

	安定郡王純。	邵國公志直，以南陽郡公綱長子繼。		
	胙國公綽。	翼國公志廉，以南昌郡公絢長子繼。		
	南陽公綱。	襲公志悌。		
	南昌郡公絢。			
	山陽郡公繹。			

虢王房。

虢莊王鳳。	嗣王翼。	嗣王寓。								
	鄅國公顒。									
	定襄公、宣州刺史宏。	嗣虢王、祕書監邕。	嗣王、河南節度使巨。	嗣王、左金吾大將軍則之。						
			豳國公、昭義軍節度使、檢校吏部尚書承昭，字承昭。	循王府長史宗之。						
				太僕寺主簿徽。						

				楡次令應。						
				潤之。						
	東莞郡公茂融。	濮陽郡王、宗正卿徹。								
	中山郡公堯臣。	驤公、宗正卿伯潛。	鄭州刺史韜。	密令承晧。						
	燕郡公舜臣。									

道王房。

道孝王元慶。	嗣王誘。									

	東安郡公、壽州刺史詢。	嗣王、宗正卿徹。	嗣王、宗正卿鍊。	嗣王、京兆尹寘。						
	南康郡公諒。	嗣公崎。								
	信安郡公翺。									
	廣漢郡公謐。									
	鄱陽郡公諲。									
	敷城郡公誕。	右千牛將軍岑。	嗣公雲。	兵部郎中洞淸。						

	魯陽郡公禰。									
	修城郡公鰈。						兵部尚書辟疆，元慶十一世孫。	鴻臚卿紹封。	仁濟。	匡遠字聖文。
									允濟。	在愚字韜業。

鄧王房。

鄧康王元裕。	嗣王炅，以江王第五子繼。									

舒王房，建中元年改爲嗣邵王房。

舒王元名。	
豫章王亶。	鄅國公昭。
嗣王、左威衛將軍津。	
嗣王萬〔一〕。	
嗣王藻。	

魯王房，寶應元年改爲嗣鄒王房。

魯王靈夔。		
清河郡王誂。	范陽郡王、左散騎常侍藹。	
	嗣王、宗正卿道堅。	蔡國公道欽。
	嗣鄒王、太僕卿宇〔二〕。	
	孝。	

戴國公、宗正卿道邃。

江王房。

江安王元祥。					
永嘉郡王晫。	武陽郡王、復州刺史暎。				
	粲。				
	贈祕書監萬康。				
	隴西郡公、左領軍衛大將軍、太常卿楚珪。				
	洪州都督長史尙殷。				
	暖。				
	承光。				
	珦。				濟。
	崇。	忠。	賢。	孝。	

										尙昃。
環。	僕。									
	僉。						繼。	祚。		
	最。							呈。		
	兒。			勳。	須。	崇。		琀。		
	圜。	冬。	智。	相。	庫。	元譽。		寵。	勇。	
	滈。									

		奉天定難功臣、左武衛將軍曇嵩。				
左驍衛翊府左郎將尙盈。	尙達。	左翊府中郎將尙春。				
太原府至節府折衝都尉日進。	闐。	善訓府左果毅都尉懷順。				
		禮。	寧。	翩。	瑤。	時。
奓。						玩。
						闞。
						邦。

		奉天定難功臣、左金吾衛大將軍尙芬。			
右衛絳州新田府折衝都尉希悅。		右金吾衛翊府左郎將庭金。			庭芝。
翃。	翺。	引。		畬。	專。
顒。	省。	調。		坤。	球。
謎。	琚。	都。	繼。	滕。	鞠。
惔。	岫。	陣。	卿。	謌。	溫。

				壽王傅、浙江東道越福十二州招討海賊使晶唐。	
				桂州長史尙儀。	左羽林大將軍、試鴻臚卿、隴西
				紹宗。	興宗。
					孝隨。
			愈。		承霈。
	育。		良。		
高。	愼。	縱。	仰。		

縣男尙	祿。											
			興昌。				中羲。					
			諜。	律。	銳。		莆田尉	翃。	晦。	週。		
		承霄。		檢。	鄖。	約。	逢。			璹。		
		因。		璒。	崑。	路。	郃。			威。	感。	鳳。
		泗。		玉。	皎武。	忍。	濱。			餘。	護。	藹。

			試太僕卿尙鍠。			右驍衛翊府中郎將尙巘。	
			全交。	全立。	全經。	思勳。	試千牛衞長史思韻。
	鎬。	璉。					
憧。							

					左驍衛翊府中郎將暠縱〔三〕。	江澄。					
						江清。					
						尚長。					
						丹州長松府折衝都尉尚容。	標。	續。	彥。	師。	將。
						尚榮。	浩然。				
	任國公昕。										
	義興郡公晧。										

	廣平郡公昃。	嗣鄧王、右監門衛大將軍孝先。								
		信王傅繼先。	鳳翔少尹無詔。							
		濮國公、金吾衛軍繼宗。								
		中郎將繼賢。								
	鉅鹿郡公晃。	嗣江王、千牛將軍欽。								
	暹。									

密王房。

密貞王元曉。	南安王穎。	嗣王勗。					
	亮。	嗣王曇。					

滕王房。

滕王元嬰。	薛國公脩琦。						
	長安公脩珌。						
	嗣滕王脩瑀。						

	下邳公脩瑤。							
	蘭陵公脩璩。	金山公知禮。						
		昌寧公知節。						
	臨海公脩珍。							
	臨淮公脩琬。							
	脩瑱。							
	脩玘。							
	脩琨。							

	脩珽。		
	脩琢。		
	脩琮。		
	脩琉。		
	脩珵。		
	脩琈。		
	脩琚。		
	脩瑁。	嗣滕王涉，本名茂宗。	嗣王、殿中監滋然。

太宗文武大聖大廣孝皇帝十四子：長曰恆山愍王承乾，次曰楚王寬，出繼。次曰吳王恪，次曰濮王泰，次曰庶人祐，附濮王譜。次曰蜀王愔，次曰蔣王惲，次曰越王貞，次曰高宗，次曰紀王慎，次曰江王囂，次曰代王簡，次曰趙王福，次曰曹王明。囂、簡、福皆附曹王譜。

恆山愍王房。

恆山愍王承乾。	郇國公象。	太子詹事玭。	宗正卿粹。	信州刺史伷。	
			尚書左丞裒。	邕管經略使兼御史中丞位。	孟輿。
					仲權。
					季謀。
		適之，相玄宗。			

	鄂州別駕厥。	扶風郡太守裀。
		旭。
	醫。	

吳王房。

吳王恪。	成王千里，初名仁。	太僕少卿、天水郡王禧。	蔡國公瓘。
			右金吾衛將軍、郕國公峒。
	朗陵王瑋。	嗣王祚。	

		廣漢王瑊，本名瑜。		
	淄、衡、宋、鄭、梁、幽六州刺史，贈吳王琨。	信安王禕。	越國公峘。	
			戶部侍郎嶧。	
			峴，相肅宗。	孝孫。
			崍。	
			嵒。	
			嶒。	
			右千牛衛將軍崗。	

濮王房。

濮恭王泰。	嗣王欣。	嗣王嶠，初名餘慶。	襄陽郡司馬誠初。	鴻臚丞倚。	自勤。

	璄。				
	歸政郡王	吳國公禕。			
		褳。			
			嗣王巘。	嗣王寅。	復。
			崐。		
			刺史岾。		
		嗣吳王祇。	蘇、潁二州		
		譪。			
		畢國公譪。			

					自建。
					自順。
					自諴。
					自憎。
			誠逸。		
			誠奢〔四〕。		
			誠惑。		
			誠憚。		
			誠超。		
			誠疑。		
			永興丞誠信。		
			滿。		

				何。
				侗。
	新安郡王			
	徽。			
蜀悼王愔。	廣都王璠。			
	江陵郡公			
	瑾。			
	房鄧台三			
	州刺史、嗣			
	王璠。			

蔣王房。

蔣王惲。	博陵王焯。

	嗣蔣王煒。	銑。	嗣王紹宗。	濟州司馬	吏部常	贊字子
				欽業。	選遇。	匡。
				嗣王、左千	頲。	
				牛衛將軍		
				欽福。		
					顓。	
					頊。	
				濠州司馬	序。	
				欽鍔。		
					廙。	
	蔡國公煜。	承業。				
		承嘉。				
		承胤。				

左武衛將軍、蔡國公承祖。
鄂州別駕之遠。
岳州長史藡。
吏部常選驂。
吏部常選踳。
騋。
太子賓客之芳。
奉天皇帝廟丞佇。
珣。
玠。
定陵令之芬。

同州別駕、成紀縣男之尊。
忻王府司馬、清河縣男之蘭。
左清道率府兵曹參軍保。
項城令俟。
永城尉從賓。
駉。
從師。
從古。
從乂。
從衆。

澤州參軍紀。
從素。
從魯。
從儉。
修。
佚。
泗水公炯，
五原公遴。
六安公珙。
襄公、忠王襄公、殿中府長史思監恕。
絢。
都水監丞已。

珍州司馬昌庭。
承煦。
國芬。
國幹。
弋陽郡公煥。
建寧公休
中山王据，右衛長史繁。
道。
初名思順，齊昌。
宗正卿齊
太常主簿珂。
運，字仲達。
贊，初名庠。
頊。
康。
庾。

典膳丞贇。
齊明。　廉。
九眞郡公發。
潯陽郡公爽。
襲公、右武衛將軍森，初名溫。
鴻臚寺主簿盈。
監察御史裹行乘。
連江令覃。
湖城主簿皋。　處儀。
處脩。
處位。
七盤令早。　處厚。

硤石尉平。　處約。
六合尉常。　處仁。
玉城尉準。　處讓。
宗正主簿巖。　譙尉聿。
臨渙尉單。　嗣宗。
茂宗。
元宗。
紹宗。

峯。
芊。
牟。
橋陵令羨。　萬州刺史元系。　萬州錄事參軍知至。　博雅。
餘姚令元隱。　知則。
興平丞博文。
杭州刺史構。　太常寺協律郎種。

常州司法參軍稅。　希。
茂玄。
茂豪。
茂覺。
滁州司馬穠。　玄一。
岳州司馬稜。　茂奭。
潭。
錢塘丞程。　茂雍。
茂高。

茂元。

鄭丞穰。

茂文。

茂章。

茂奇。

吏部常選穰。

亳州司戶參軍掄。

湖州參軍絳。

禴。

純。

綬。

緡。

稱。

紳。

裯。

綽。

緯。

松滋尉樅。

元立。

元直。

安州別駕括。

申州刺史珽。

越州兵曹參軍瑜。

吏部常選承慶。

吏部常寔。

寰。

宬。

吏部常選承榮。

寮。

審。

吏部常選承赦。

吏部常選承義。

吏部常選承怡。

同州司兵參軍璘。

節愍廟令繁。

廬州司馬揖。

嘉興丞頠。

纘。

譯。

訊。

爟。

吏部常選顒。

吏部常選纘。

紳。

義烏丞纈。

紘。

紵。

綱。

尚衣奉御滔。

安定郡公封。

潁川郡伯椿、初名承恩。

蜀州司兵參軍若愚。

太子文學若冰。

蘄州刺史若水。

太常寺協律郎雄。

文力。

文方。

慶王府兵曹參軍若蕃。

襄烏主簿廣。

維寧。

維城。

維平。

維清。

廣州司馬若思。

某王府參軍卓。

仁忠。

仁志。

仁愿。

仁恕。

虔王府參軍準。

盛王府參軍若虛。

吏部常選摽。

角。

房。

延王府參軍若彥。

咸寧郡公珪。

潁田郡公璋。

汝南郡公晉。

同安郡公游棄。

真安郡公游藝。

越王房。

越敬王貞。

琅邪王沖。

汲。

洽。

沈國公溫。

常山公清。

臨淮公珍子。

晉州參軍銳。

嗣越王存紹。

規。

紀王房。

紀王慎。

東平郡王續。

徐國公行淹。

兗州錄事參軍毅。

季隼。

王屋主簿季和。

武陟尉沔。

脩武尉汀。

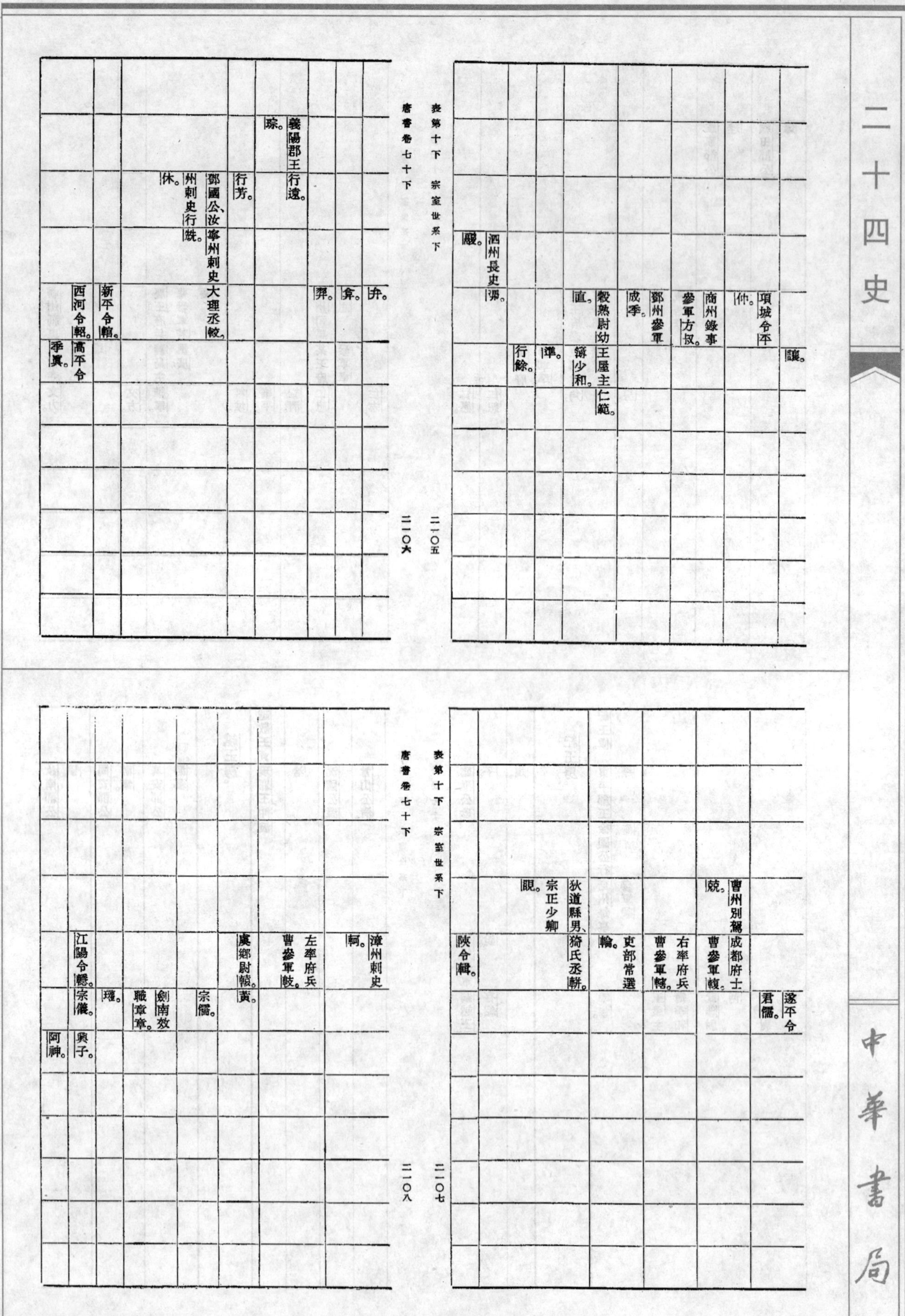

表第十下　宗室世系下　二一〇五

讓。

項城令平仲。

商州錄事參軍方叔。

鄧州參軍成季。

穀熟尉幼直。

王屋主仁範。

鄯少和。

準。

行餘。

泗州長史弼。

嚴。

唐書卷七十下　二一〇六

弁。

弇。

羿。

義陽郡王行遠。

琮。

行芳。

鄧國公、汝寧州刺史大理丞較、

州刺史行烑。

休。

新平令輷。

西河令軺。

高平令

季眞。

表第十下　宗室世系下　二一〇七

遂平令君儒。

曹州別駕競。

成都府士曹參軍輹。

右率府兵曹參軍轄。

吏部常選輪。

狄道縣男、猗氏丞耕。

宗正少卿覗。

陝令輯。

唐書卷七十下　二一〇八

漳州刺史軻。

左率府兵曹參軍岐。

虞鄉尉轅。

黃。

宗儒。

劍南效職章章。

璡。

江陽令轗。

宗儀。

輿子。

阿神。

					樂安縣公、衢州別駕悉。
太原府司錄參軍愿。	陽翟令宗本。	譙尉應。	阿師。	諸暨尉李五。	

丹楊郡公、宋州刺史莊。				
襲公、汴州節度使行褘。				
均州刺史淯。				
陝府兵曹參軍審。				永樂令宸。
文舉。	晉州參軍榮子。		同州司馬文通。	敦敍。
	譙丞衢，以姊壻崔歊諫子繼。	萬泉令立言。	元立。	元度。

				汾州司戶參軍亨。	撫州別駕良。
扶風令宙。	潞州錄事參軍宁。				長社令寮。
廬州司倉參軍老老。	朗山令文貞。	蒲圻令文亮。	安吉主簿文約。		
			阿蕅。		

崐山令宷。						
吏部常選㯳。	餘姚令悰。	富陽令某。		江夏令愐。		武昌尉惟。
觀主。	少矜。	雷澤令少徽。		餘姚主簿少眞。	舒州參軍崟。	唐興主簿少康。
		阿叔。	阿老。			

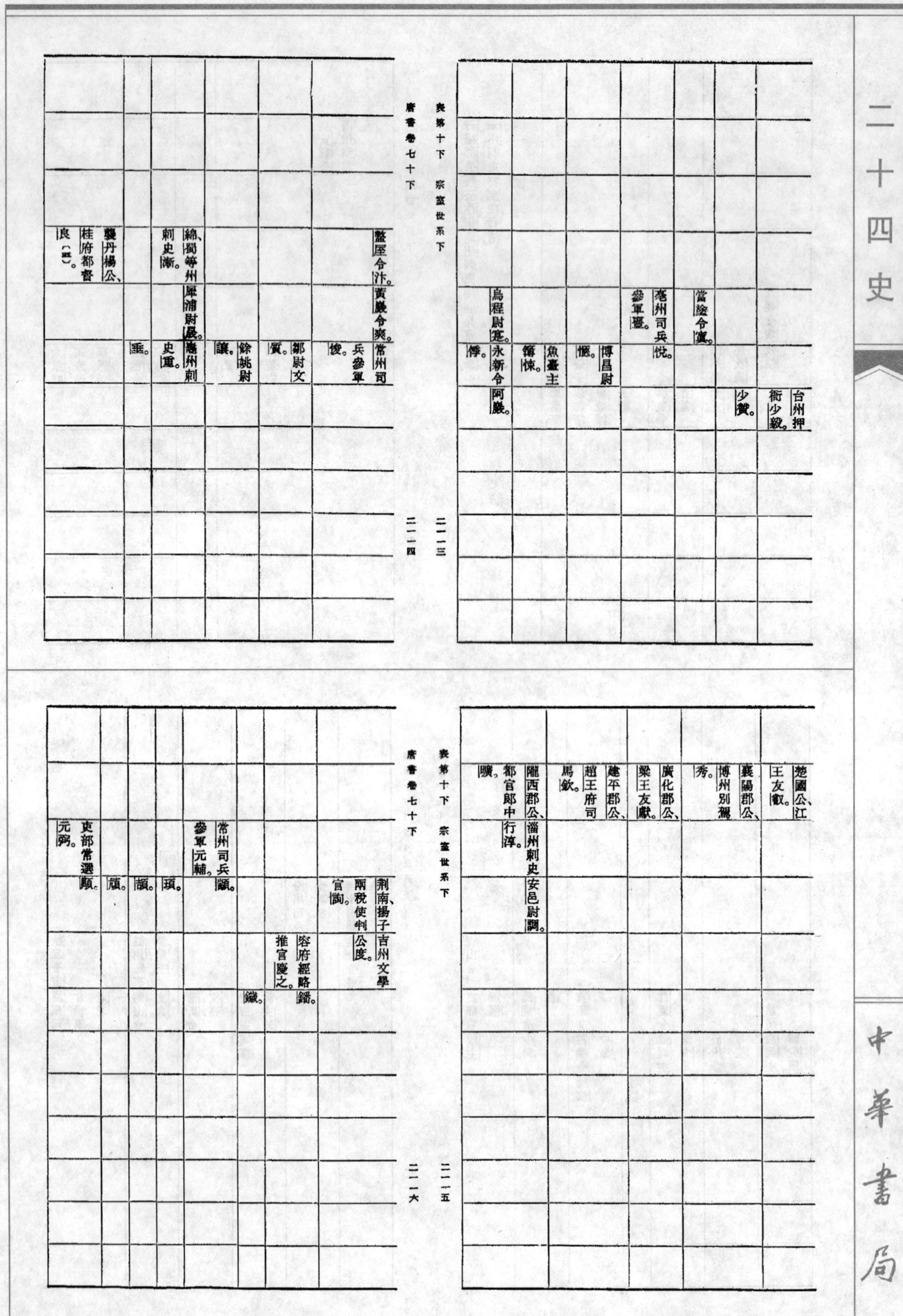

						台州押衙少縠。
						少贇。
				當塗令寘。		
				亳州司兵參軍璽。	悅。	
					博昌尉愜。	
					魚臺主簿悚。	
				烏程尉寔。	永新令惇。	阿嚴。

			盩厔令汴。	黃巖令爽。	常州司兵參軍俊。
					鄮尉文賓。
					餘姚尉讓。
			綿、蜀等州刺史漸。	犀浦尉晟。	巂州刺史重。
					垂。
			襲丹楊公、桂府都督良〔三〕。		

	楚國公、江王友叡。		
	襄陽郡公、博州別駕秀。		
	廣化郡公、梁王友獻。		
	建平郡公、趙王府司馬欽。		
	隴西郡公、都官郎中曠。	淄州刺史行淳。	安邑尉調。

			荊南、揚子兩稅使判官詢。	吉州文學公度。	
				容府經略推官慶之。	鐇。
					鏦。
		常州司兵參軍元輔。	顗。		
			頊。		
			頵。		
			頎。		
		吏部常選元弼。	顒。		

中華書局

顒。

頎。

復州刺史行肅。

美原尉某。

武德令謨。

襲隴西郡公、宣歙觀察使行穆。

義烏令嗣。

太常寺奉禮郎元裕。

左押衙、當塗鎮遏使，兼知縣事、檢校右僕射廷彥。

南陵鎮縣事、檢校刑部尚書用休。

宣州衙前虞候法師。

左軍衙前總管三奇。

金州刺史行正。

泗州司馬謠。

華州司功參軍記。

衛南尉迪。

寧陵尉洌。

譙郡司戶參軍行謙。

鄂州司馬諸。

吏部常選德宣。

嗣紀王、定州刺史澄，初名鐵誠。

嗣王、信王府長史行同。

嗣紀王、光祿少卿行周。

端王府司馬行用。

襄王府司馬行冏。

嘉州刺史行冏。

廣都令翃。

嗣紀王、資州司馬建。

德陽尉翃。

錦州錄事參軍翃。

曹王房。

趙王福。

贈建平王胤。

嗣趙王穆。

嗣王思順，以蔣王惲孫繼。

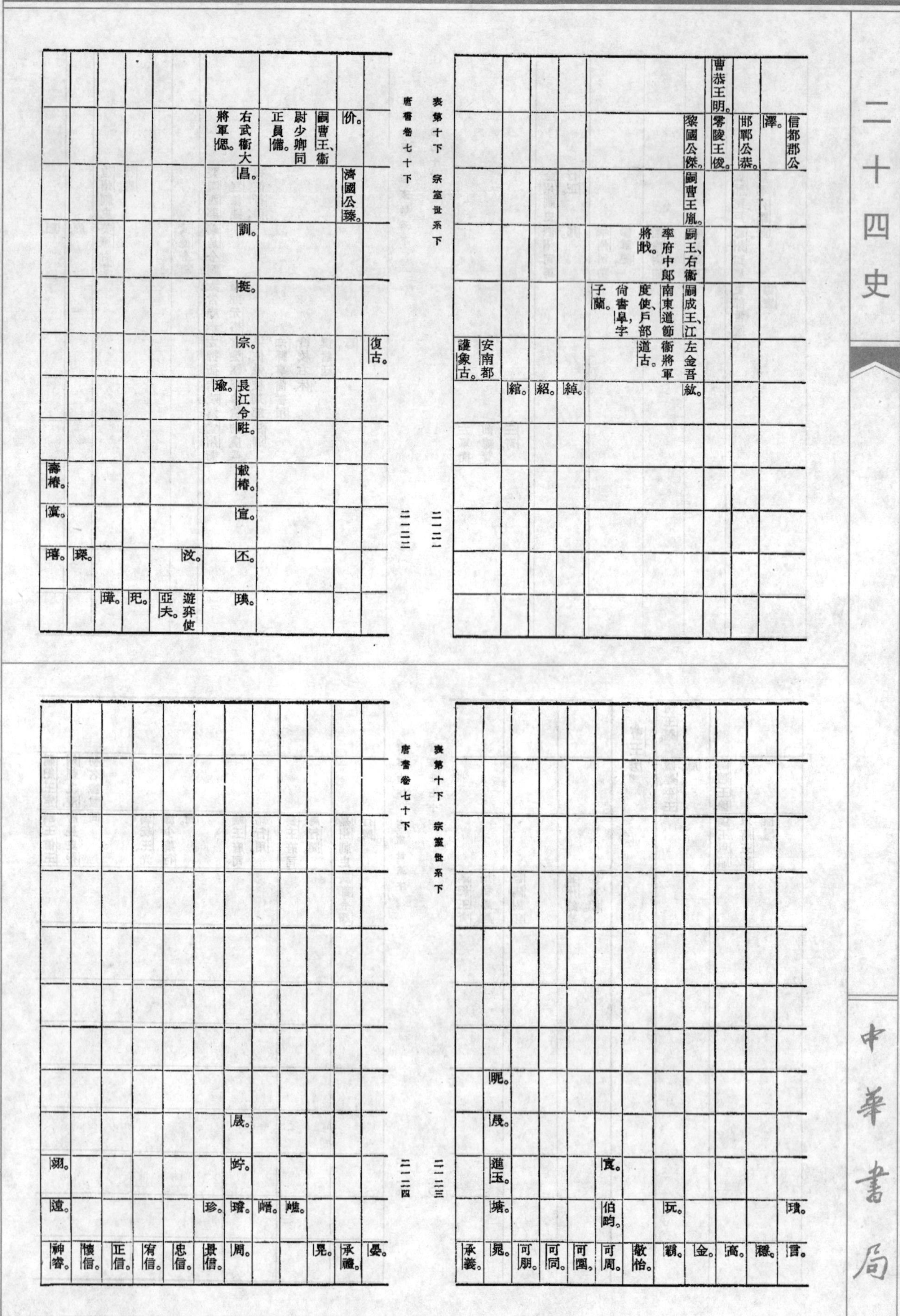

	信都郡公澤。										
	邯鄲公恭。										
曹恭王明。	零陵王俊。										
	黎國公傑。	嗣曹王胤。	嗣王、右衞率府中郎將戢。	嗣成王、江南東道節度使、戶部尚書皋，字子蘭。	左金吾衞將軍道古。	紘。					
						綽。					
						紹。					
						綰。					
					安南都護象古。						

					復古。						
	价。	濟國公臻。									
	嗣曹王、衞尉少卿同正員備。										
	右武衞大將軍偲。	昌。	訓。	挺。	宗。	長江令睢。		載椿。	宣。	丕。	琠。
						瑜。					
										汶。	遊弈使亞夫。
											玘。
											瑋。
										琛。	
								壽椿。	寘。	璿。	

										璝。	言。
											穆。
											高。
											金。
										玩。	覿。
											敏怡。
									寔。	伯昀。	可周。
											可圖。
											可同。
											可朋。
							晛。	晟。	進玉。	塘。	晁。
											承義。

											晏。
											承禮。
											晃。
										嶕。	
										嶒。	
								晟。	[illegible]	璿。	周。
										珍。	景信。
											忠信。
											宥信。
											正信。
											懷信。
									翊。	遠。	神睿。

中華書局

		陳。									
		承光。									
		叔殷。								戣。	
	懷謙。	諷。	崗。			崧。		嵩。	崇。	嚴。	逢。
樞。	權。	延珠。	歸漢。	居靜。	翬。	承祐。	元頡。	元順。	蓬。		

叔徵。			叔徵。								叔毅。
球。	椽。	匡遠。	蔾。			匡賓。	匡業。		匡友。	匡譯。	匡緒。
	行偉。		行昭。	蘊。	紹。	礭。	延誨。	延賓。	延族。		孺臣。

			晴。	映。						曙。	
			賽。		玹。	璹。			璠。	玔。	
玕。			玎。		玫。	從道。	愃。	悅。	恪。		
	鋑。		饒。		摽。				珪。		瑱。
太邠。	太郢。	太郃。	太祁。		式。						

璀。	瑭。						琉。	強。			
饊。	鐧。			味餘。	味言。		餑。		餉。		
		太鄘。	太邢。	太郎。		太酆。	太靜。		太鄗。	太郗。	太部。

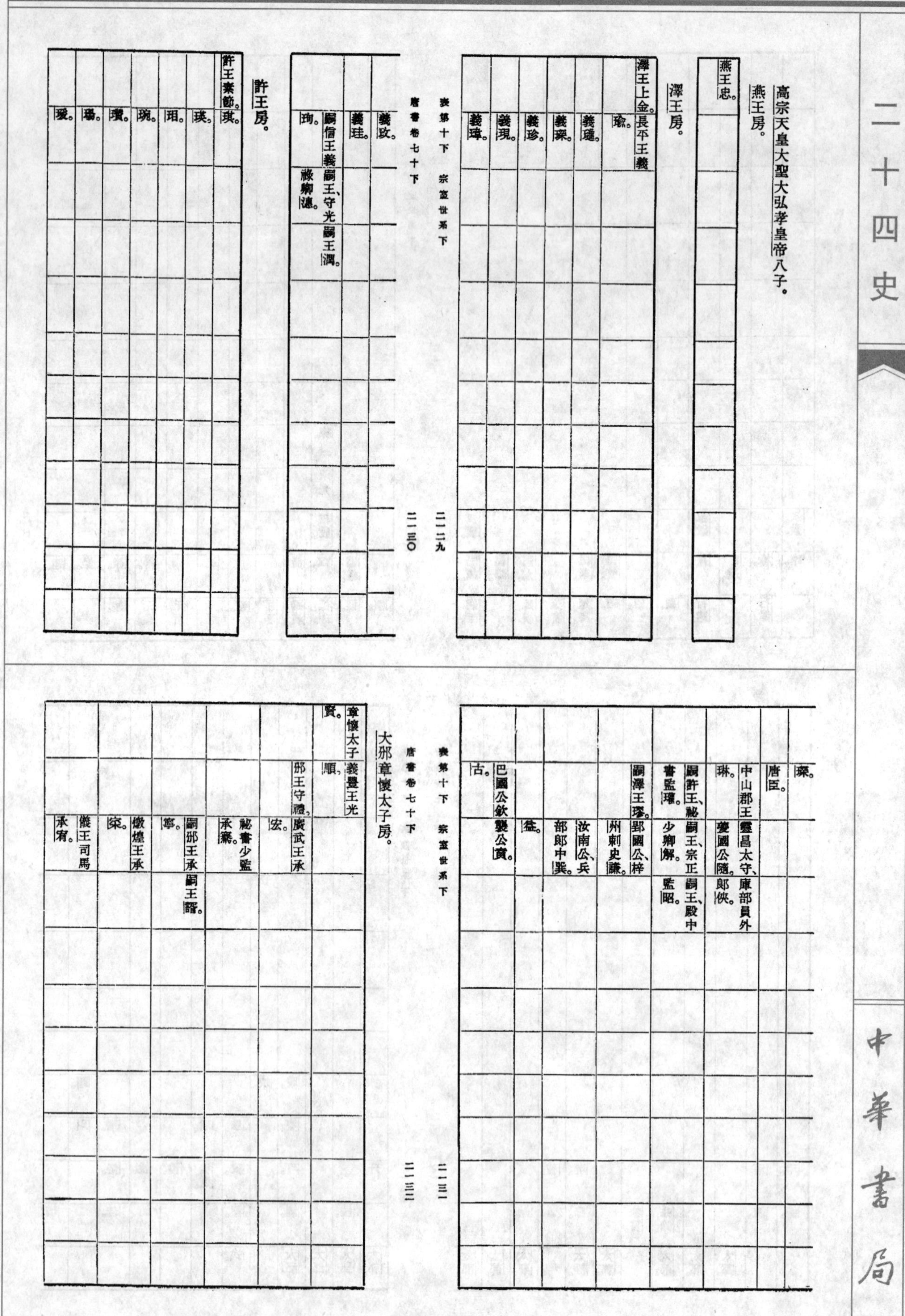

高宗天皇大聖大弘孝皇帝八子。

燕王房。

燕王忠。			

澤王房。

澤王上金。	長平王義		
	瑜。		
	義璡。		
	義琛。		
	義珍。		
	義現。		
	義璋。		

	義玫。		
	義珪。		
	嗣信王義	嗣王、守光	嗣王潤。
	珣。	祿卿溓。	

許王房。

許王素節。	珙。		
	瑛。		
	琄。		
	琬。		
	璝。		
	璠。		
	瑗。		

	璨。		
	唐臣。		
	中山郡王	靈昌太守、	庫部員外
	琳。	夔國公隨。	郎俠。
	嗣許王、祕	嗣王、宗正	嗣王、殿中
	書監瓘。	少卿解。	監昭。
	嗣澤王璆。	鄆國公、梓	
		州刺史謙。	
		汝南公、兵	
		部郎中巽。	
		益。	
	巴國公欽	襲公賁。	
	古。		

大邠章懷太子房。

章懷太子	義豐王光		
賢。	順、		
	邠王守禮、	廣武王承	
		宏。	
		祕書少監	
		承寀。	
		嗣邠王承	嗣王諧。
		寧。	
		燉煌王承	
		寀。	
		儀王司馬	
		承宥。	

梁王諮議參軍承賓。

梁王諮議參軍承寔。

豐王友承寄。

豐王友承寶。

信王諮議參軍承寘。

信王諮議參軍承宣。

延王友承奭。

延王友承容。

榮王諮議參軍承突。

榮王諮議參軍承寁。

永王友承夰。

永王友承齊。

濟王諮議參軍承寯。

濟王諮議參軍承奭。

永安郡王、贈畢王守義。

中宗大和大聖大昭孝皇帝四子。

湖陽郡王房。

節愍太子重俊。

湖陽郡王宗暉。

睿宗玄眞大聖大興孝皇帝六子。

讓皇帝房，亦曰寧王房。

讓皇帝憲。

汝陽王璡，初名嗣恭，又名淳。

隴西縣男、劍州刺史稽。

頓丘縣子、睦州別駕〔蘇〕。

燉煌縣子、泰陵令榧。

天水縣男、朗州別駕榴。
宗正少卿杙。
梠。
范陽縣男楞。
弘農令楩。
楓。
上邽縣男、富平令子閱禮。
太原少尹昱。
樞。

嗣寧王、邠寧節度使存禮。
勳令子稱。
居禮。
三水令全禮。
太子中允左武衞將軍傳禮。
子誼。
隴西郡公、光祿寺丞光符、靈武節度使玄禮。
檢校祠部員外郎光啓。

隴西縣男、檢校吏部尚書光碩，初名瀆。
橋陵臺令濟。傳裔。
守琮。
文耆。
文蔚。
文郁。
守端。
友澤。
誥。
謀。
詠。
友諒。
湜。

彭原令恭禮。
演。
濟陽郡王嗣莊。
嗣寧王琳、鴻臚卿㭬。
嗣寧王、宗正卿瓛。
嗣王子澈。
嗣寧王、太子僕卿子鴻。
嗣王、太子家令平原。
嗣王、祕書少監穎。
潁川郡公珣。

晉昌郡公珽。

魏郡公琯。

蒼梧郡公杞，以晉昌公珽第五子繼。

玠。

嶺南節度使從易。

榮州刺史弘度。

蓬、劍、滁、光等州刺史弘毅。

濛、復等州刺史從簡。

文安郡公璀。

漢中郡王楀。

瑀。

太常博士、諫議大夫圻字夾山。

太子中舍人棆。

景儉。

堪字勝之。

散騎常侍景儒。

江州刺史矞字平叔。

景信。

容管經略使、左庶子景仁。

惠莊太子房，亦曰申王房。

惠莊太子撝。

嗣申王珣，初名嗣英，以讓皇帝第六子繼。

嗣王璹，以珣兄繼，

構。

嗣申王、陝州左司馬師貞。

左散騎常侍秘。

贈諫議大夫祜。

鳳、齊、乾、婺、安五州刺史弘讓。

左贊善大夫允方。

涇原節度副使仲方。

戴。

醴泉令元方。

恕。

佺。

光祿少卿敬立。

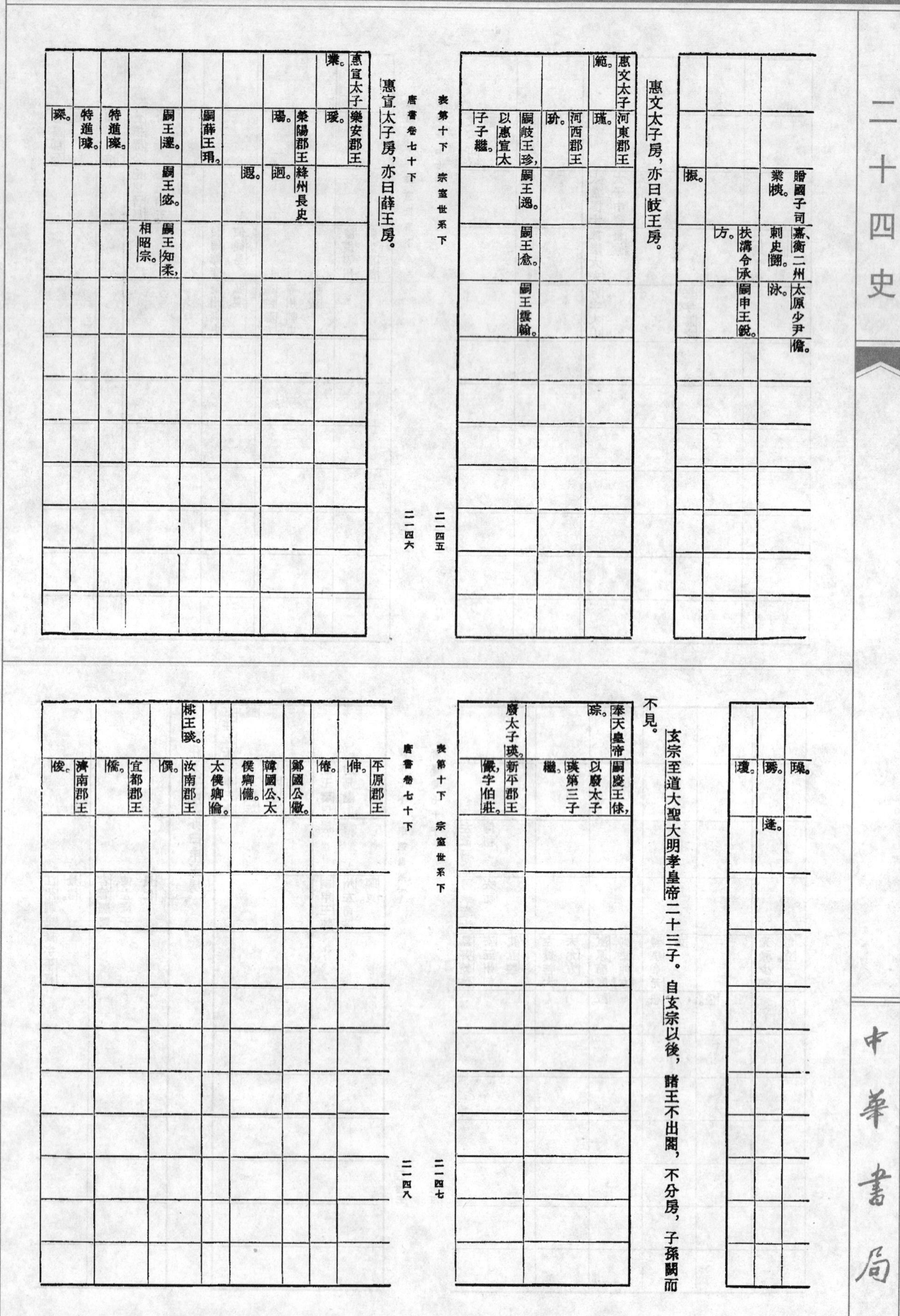

		贈國子司業構。	嘉、衡二州刺史翻。	太原少尹儋。泳。
			扶溝令承方。	嗣申王銳。
		振。		

惠文太子房，亦曰岐王房。

惠文太子範。	河東郡王瑾。			
	河西郡王玠。			
	嗣岐王珍，以惠宣太子子繼。	嗣王逸。	嗣王愈。	嗣王甕翰。

惠宣太子房，亦曰薛王房。

惠宣太子業。	樂安郡王瑗。		
	榮陽郡王瑒。	絳州長史迴。	
		遐。	
	嗣薛王琄。		
	嗣王邃。	嗣王宓。	嗣王知柔，相昭宗。
	特進璨。		
	特進璲。		
	琛。		

	璪。	
	琇。	逢。
	瓊。	

玄宗至道大聖大明孝皇帝二十三子。自玄宗以後，諸王不出閤，不分房，子孫闕而不見。

奉天皇帝琮。	嗣慶王俅，以廢太子瑛第三子繼。
廢太子瑛。	新平郡王儼，字伯莊。

	平原郡王伸。
	倦。
	鄭國公儆。
	韓國公、太僕卿備。
	太僕卿倫。
棣王琰。	汝南郡王僎。
	宜都郡王僑。
	濟南郡王俊。

中華書局

	順化郡王俀。
	衛尉卿微。
	太僕卿僚。
	國子祭酒俠。
	殿中監仁。
	祕書監僾。
鄂王瑤。	
靖恭太子琬。	濟陰郡王備。
	北平郡王僐。

	陳留郡王倩。
	衛尉卿傆。
	祕書監債。
	鴻臚卿佩。
	文安郡王像。
光王琚。	
儀王璲。	嗣王侹。
	臨川郡王侁。
	廣陵郡王僆。

	虢國公供。
潁王璬。	滎陽郡王伸。
	高邑郡王儤。
	楚國公俔。
	夔國公僔。
永王璘。	襄城郡王偒。
	餘姚郡王儹。
	莒國公偵。
	鄖國公儇。

	國子祭酒伶。
	國子祭酒儀。
壽王瑁。	德陽郡王僾。
	濟陽郡王伓。
	廣陽郡王倛。
	薛國公伉。
	滕國公侑。

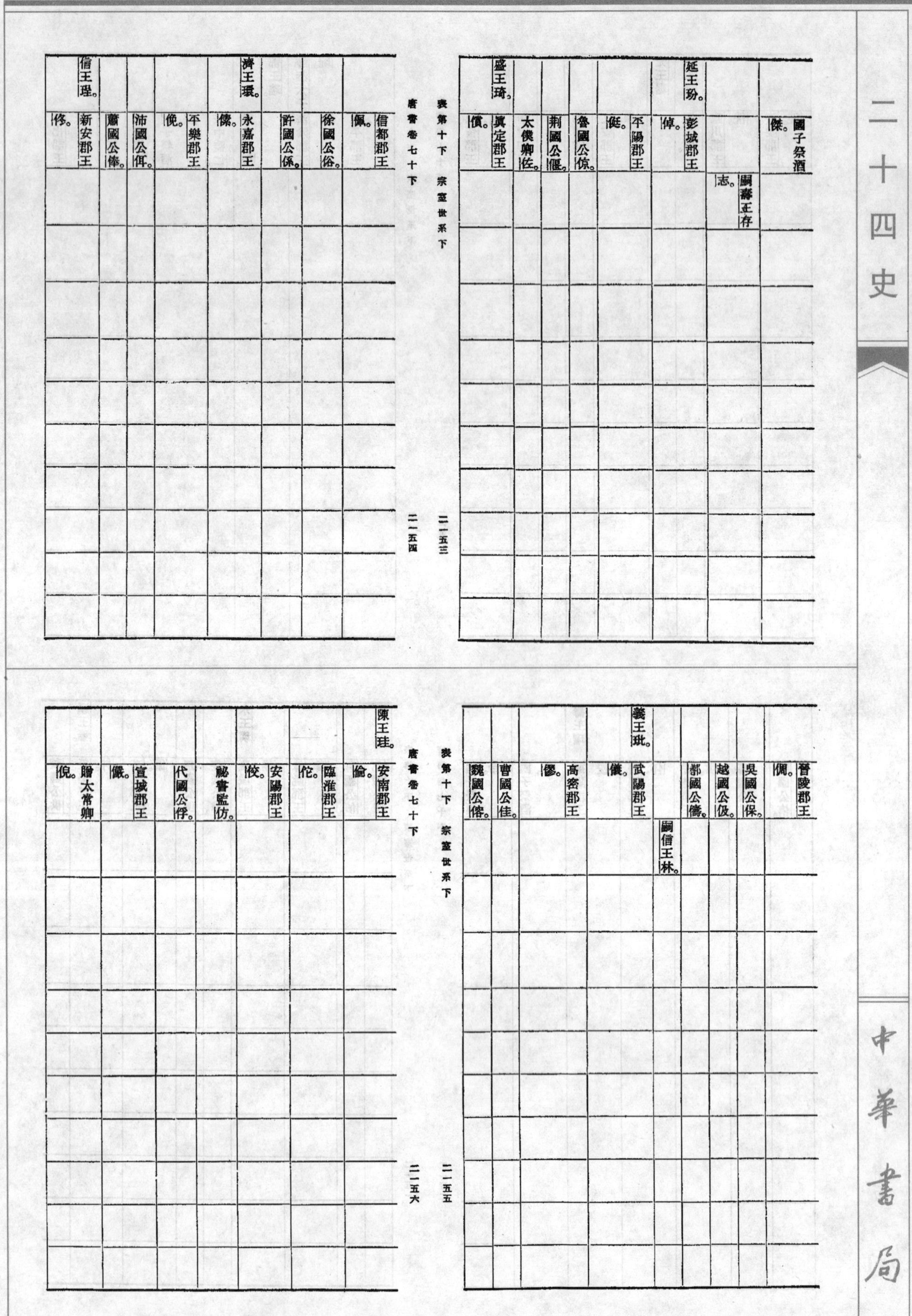

	國子祭酒傑。	
		嗣壽王存志。
延王玢。	彭城郡王倬。	
	平陽郡王侹。	
	魯國公倞。	
	荊國公偃。	
	太僕卿佐。	
盛王琦。	眞定郡王償。	

	信都郡王佩。	
	徐國公俗。	
	許國公係。	
濟王環。	永嘉郡王傫。	
	平樂郡王俛。	
	沛國公佴。	
	蕭國公俸。	
信王珵。	新安郡王佟。	

	晉陵郡王僴。	
	吳國公保。	
	越國公伋。	
	郜國公儔。	
		嗣信王林。
義王玼。	武陽郡王儀。	
	高密郡王傪。	
	曹國公佳。	
	魏國公傛。	

陳王珪。	安南郡王倫。	
	臨淮郡王佗。	
	安陽郡王佼。	
	祕書監仿。	
	代國公俘。	
	宣城郡王儼。	
	贈太常卿俔。	

一世	二世
豐王珙。	齊安郡王佻。
	宜春郡王伷。
	郇國公佽。
	江國公佝。
恆王瑱。	
涼王璿。	瀘陽郡王伆。
	安定郡王仕。
	蒲國公侶。

一世	二世	三世
	鄭國公佺。	嗣涼王賓雅。

肅宗文明武德大聖大宣孝皇帝十四子。

一世	二世
越王係。	武威郡王建。
	興道郡王逌。
	延德郡王洽〔六〕。

一世	二世
承天皇帝倓。	
彭王僅。	常山郡王鎮。
兗王僴。	
涇王侹。	延德郡王洽。
襄王僙。	伊吾郡王宣。
	樂安郡王宷。

一世	二世
杞王倕。	同昌郡王逵。
邵王偲。	

代宗睿文孝武皇帝二十子。

一世	二世	三世
昭靖太子邈。	舒王誼。	寧塞郡王、太僕卿涉。
		清河郡王、太府卿汭。
	靈溪郡王詠。	

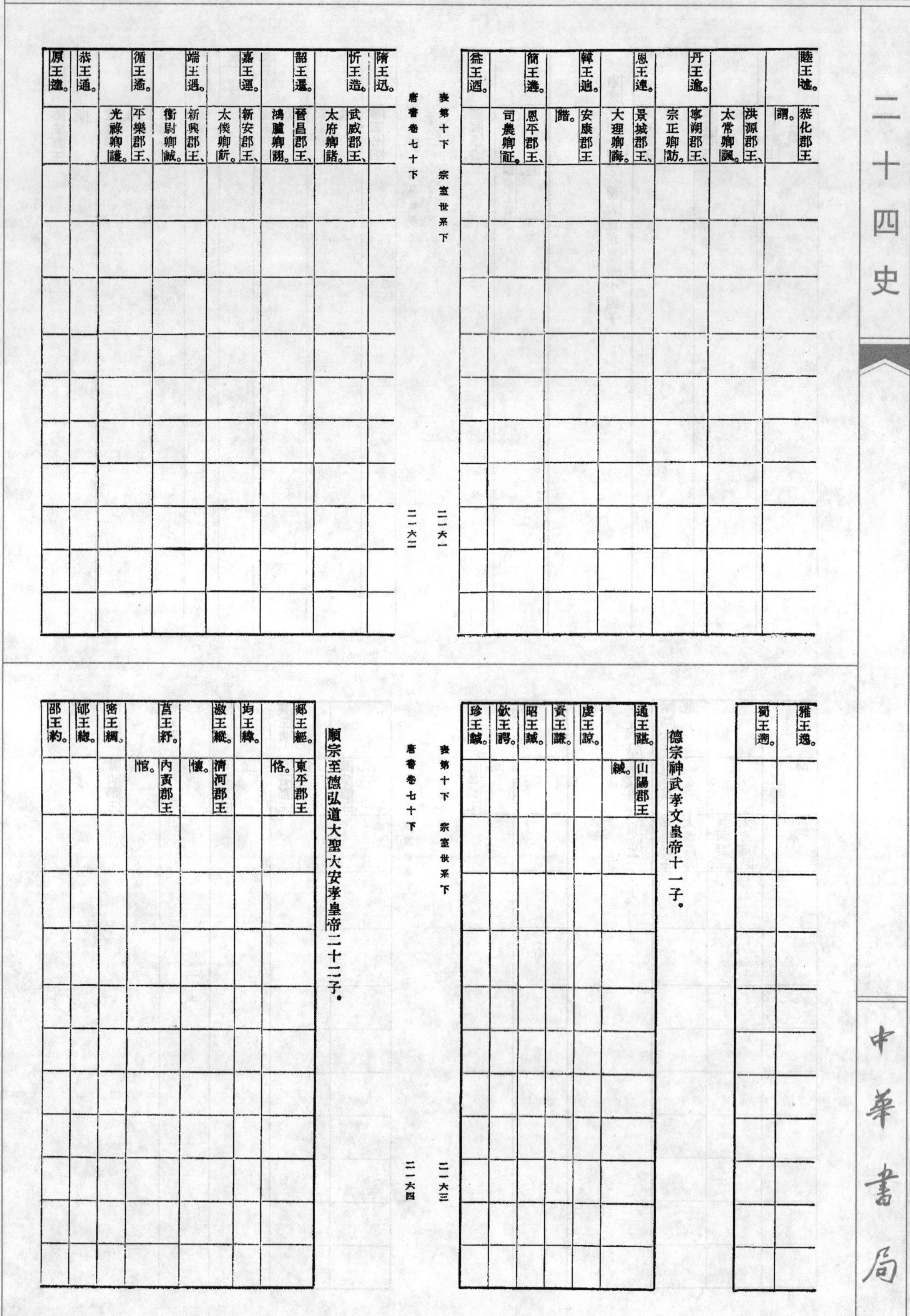

王	子
睦王述。	恭化郡王謂。
	洪源郡王、太常卿諷。
丹王逾。	寧朔郡王、宗正卿訪。
恩王連。	景城郡王、大理卿誨。
韓王迥。	安康郡王譜。
簡王遘。	恩平郡王、司農卿証。
益王迺。	

王	子
隋王迅。	
忻王造。	武威郡王、太府卿諸。
韶王暹。	晉昌郡王、鴻臚卿諴。
嘉王運。	新安郡王、太僕卿訢。
端王遇。	新興郡王、衛尉卿誡。
循王遹。	平樂郡王、光祿卿謹。
恭王通。	
原王逵。	

王	子
雅王逸。	
蜀王遡。	

德宗神武孝文皇帝十一子。

王	子
通王諶。	山陽郡王緘。
虔王諒。	
資王謙。	
昭王誡。	
欽王諤。	
珍王諴。	

順宗至德弘道大聖大安孝皇帝二十二子。

王	子
郯王經。	東平郡王佫。
均王緯。	
漵王縱。	清河郡王懷。
莒王紓。	內黃郡王悺。
密王綢。	
郇王總。	
邵王約。	

宋王結。	
集王緗。	
冀王綠。	
和王綺。	
衡王絢。	
欽王續。	
會王纁。	
福王綰。	高陽郡王 愼。
珍王繕。	
撫王紘。	中山郡王 悵。

岳王緄。	
袁王紳。	安善郡王 憻。
桂王綸。	
翼王綽。	上谷郡王 愷。
蘄王緝。	

憲宗昭文章武大聖至神孝皇帝二十子。

惠昭皇太子寧。	
澧王惲。	東陽郡王 漢。

	安陸郡王 源
	臨川郡王 演。
深王悰。	河內郡王 潭。
	吳興郡王 淑。
洋王忻。	潁川郡王 沛。
絳王悟。	新安郡王 洙。

	高平郡王 滂。
建王恪	
鄜王憬。	平陽郡王 溥。
瓊王悅。	河間郡王 津。
沔王恂。	晉陵郡王 瀛。
婺王懌。	新平郡王 濟。
茂王愔。	武功郡王 瀍。

淄王協。	許昌郡王瀞。
	馮翊郡王滋。
衢王憺。	晉平郡王涉。
澶王忱。	鴈門郡王濘。
棣王惴。	
彭王惕。	
信王憻。	
榮王憒。	嗣王令平。

穆宗睿聖文惠孝皇帝五子。

懷懿太子湊。	
安王溶。	

敬宗睿武昭愍孝皇帝五子。

悼懷太子普。	
梁王休復。	
襄王執中。	

紀王言揚。	
陳王成美。	

文宗元聖昭獻孝皇帝二子。

莊恪太子永。	
蔣王宗儉。	

武宗至道昭肅孝皇帝五子。

杞王峻。	
益王峴。	

兗王岐。	
德王嶧。	
昌王嵯。	

宣宗元聖至明成武獻文睿知章仁神德懿道大孝皇帝十一子。

靖懷太子漢。	
雍王涇。	
衞王灌。	
夔王滋。	
慶王沂。	
濮王澤。	

懷王洽。

鄂王潤。

昭王汭。

康王汶。

廣王澥。

懿宗昭聖恭惠孝皇帝八子。

魏王佾。

涼王侹。

蜀王佶。

咸王偘。

吉王保。

恭哀太子倚。

僖宗聖神聰睿仁哲明孝皇帝二子。

建王震。

益王陞。

昭宗聖文睿德光武弘孝皇帝十七子。

德王裕。

棣王祤。

虔王禊。

沂王禋。

遂王禕。

景王祕。

祁王祺。

雅王禛。

瓊王祥。

端王禎。

豐王祁。

和王福。

登王禧。

嘉王祜。

潁王禔。

蔡王祐。

宗室四十一房：一曰定州刺史，二曰南陽公，三曰譙王，四曰蔡王，五曰畢王，六曰雍王，七曰郇王，八曰大鄭王，九曰蜀王，十曰巢王，十一曰大楚王，十二曰荆王，十三曰徐王，十四曰韓王，十五曰彭王，十六曰小鄭王，十七曰霍王，十八曰虢王，十九曰道王，二十曰鄧王，二十一曰舒王，二十二曰魯王，二十三曰江王，二十四曰密王，二十五曰滕王，二十六曰恆山王，二十七曰吳王，二十八曰濮王，二十九曰蔣王，三十曰越王，三十一曰紀王，三十二曰曹王，三十三曰澤王，三十四曰章懷太子，三十五曰湖陽郡王，三十六曰讓皇帝，三十七曰惠莊太子，三十八曰惠文太子，三十九曰惠宣太子，蜀王房又有隴西、渤海二房附見其譜，定著三十九房。終唐之世，有宰相十一人。郇王房有林甫、回；鄭王房有程、石、福；小鄭王房有勉、夷簡、宗閔；恆山王房有適之；吳王房有峴；惠宣太子房有知柔。

校勘記

〔一〕嗣王萬　按本書卷七九及舊書卷六四舒王元名傳，萬爲津子，不應空格，疑有誤。

〔二〕嗣鄒王太僕卿字　「字」，本書卷七九及舊書卷六四魯王靈夔傳並作「宇」。

〔三〕左驍衞翊府中郎將最挺　合鈔列第五格，與最嵩、最唐同班，其子孫亦遞升。

〔四〕誠奢　此下次第，十行本爲誠惑、誠平、誠惲、誠超、誠疑，汲、殿、局本爲誠惲、誠超、誠平、誠惑、誠疑，並多「誠平」。

〔五〕驟丹楊公桂府都督良　合鈔沈炳震案：「上撫州別駕名良，不應兄弟同名，疑有誤。」

〔六〕延德郡王滄　按下文涇王侹子亦爲「延德郡王滄」，從兄弟不當同名同封。查本書卷八二十一宗諸子傳，越王係三子：「建王武威郡，逌興道，逾濟國公。」無「延德郡王滄」。此疑爲誤書。

唐書卷七十一上

表第十一上

宰相世系一上

唐爲國久，傳世多，而諸臣亦各修其家法，務以門族相高。其材子賢孫不殞其世德，或父子相繼居相位，或累數世而屢顯，或終唐之世不絕。嗚呼，其亦盛矣！然其所以盛衰者，雖由功德薄厚，亦在其子孫。作宰相世系表。

裴氏出自風姓。顓頊裔孫大業生女華，女華生大費，大費生臯陶，臯陶生伯益〔一〕，賜姓嬴氏。生大廉，大廉五世孫曰仲衍，仲衍四世孫曰軒，軒生潏，潏生飛廉，飛廉生惡來，惡來生女防，女防生旁臯，旁臯生太几，太几生大駱，大駱生非子，周孝王使養馬汧、渭之間，以馬蕃息，封之於秦爲附庸，使續嬴氏，號曰秦嬴。非子之支孫封𨛬鄉，因以爲氏，今聞喜𨛬城是也。六世孫陵，當周僖王之時封爲解邑君，乃去「邑」從「衣」爲裴。裴，衣長貌。一云晉平公封顓頊之孫鍼於周川之裴中，號裴君，疑不可辨。陵裔孫蓋，漢水衡都尉、侍中，九世孫燉煌太守遵，自雲中從光武平隴、蜀，徙居河東安邑，安、順之際徙聞喜。曾孫曄，并州刺史、度遼將軍。子茂字巨光，靈帝時歷郡守、尚書，率諸將討李傕有功，封陽吉平侯。三子：潛、徽、輯。

西眷裴出自陽吉平侯茂長子徽〔二〕，字文秀，魏冀州刺史、蘭陵武公，以其子孫多仕西涼者，故號西眷。四子：黎、康、楷、綽。黎字伯宗，一名演，游擊將軍、祕書監。二子：粹、苞。粹，晉武威太守。二子：詵、晅。詵，太常卿，避地涼州，及苻堅克河西，復還解縣，生劭，劭生和，和生鍾，鍾生景惠。

景惠，後魏州別駕。	會。	韜。	融，後周司木大夫。	孝瑜，儀同大將軍。	該。		奐，戶部員外郎。				
								惆，赤丞。			
					禕。						

爽。	寂字眞玄，相高祖。		
	律師，駙馬都尉、河東公。		法師，將軍、聞喜公。
	承光，檢校左羽林軍將軍、鄜國公。	承祿，右清道率、河東公。	
		景儒，武彊公。	

他字元化，後魏中軍將軍、荊州刺史。				
讓之字士禮，齊中書舍人。			訥之字士言，北齊中書舍人，居聞喜。	
			揆。	
淨。	綸，太子舍人。			
	傑。	式微，大理司直。		子儀，瀛州刺史。

			謁之字士敬，齊壺關令。
世矩字弘大，相高祖。			通。
宣機，禮部侍郎。	奉高。	善昌，河州刺史。	
	延慶，商州刺史、聞喜公。		瑀，費州刺史。

洗馬裴出自粹子暅。暅生慬，自河西歸桑梓，居解縣洗馬川，號洗馬裴，仕前秦大鴻臚。二子：天恩、天壽。

天恩，後魏武都太守。				
安祖，安邑令。				
思濟。				
宗賢。				
錯。				
同。	機。			
	奉禮。	恆，左拾遺。	談，相中宗。	
	亭，駕部郎中。		元明，睦州刺史。	
			光裔。	
			晏，左金吾大將軍。	晟，和州刺史。
				康時，昭應令。
				恰，滁州刺史，生宣禮，司農卿。

晞，尚方監。

仙裔。

幼雋，猗氏令。

處晞。

慶升。

弘獻，刑部郎中、潁州刺史，初以蜀王府法曹參軍刪改律令。

邦基字祖思，大理正。

祖思。

仲初。

昶。

克巳，京掾。

克諧，都官員外郎。

萬頃，冀州刺史。

祖愛。

義同，鴻臚卿。

仁素。

大同，洛交府折衝。

炎字子隆，相中宗、武后。

懿，太子舍人。

彥先，太子中舍人。

天壽，後魏中書博士。

智深。

褒。

叔攜。

善政，隋黎州刺史、黎國公。

文立，紀王府諮議參軍。

元簡，尉氏尉。

曠，御史中丞。

鵬，容州長史。

道玄。

重晈，一名積慶，登州刺史。

朏，禮部郎中。

慎從。

翼。

思益，起居舍人。

旦，京掾。

仙先，工部尚書、翼城公。

愿，左補闕。

虬，諫議大夫。

復字茂紹，河南少尹。

環，生蟾。

賓，吏部郎中。

望郎。

乾貞字敬夫，潼關防禦使、御史大夫。

訥，太子正字、夏州觀察判官。

蓍。

謠。

恭字肅
琰。
夫，邕管經略使。
璀。
弘泰，義成、邠寧、鳳翔節度使、太子少傅、河東縣伯。
竦。

述。
士衡。
季通，金部郎中、恆王傅。
依訓，絳州刺史。
士勣。
延休，慈州刺史。
英。
元。
彥，後周驃騎大將軍、吉陽郡公。
通，開府儀同三司、懷義郡公。
弘策，隋將作大匠、黎溫公。
行方字德備，茂州道行軍總管、淸丘道行軍副總管、右衛將軍。
履昭，甘州刺史。
務。
裔。
萇，襄陽節度使。

檢校幽州都督，襲懷義平公。
薦，主客員外郎。
次元，福建觀察使、兼御史中丞、京兆尹。三子：處道、處範、處權。
處權，處範生曦，字蘊微。
處權字

善文。
元琰，都官員外郎。
敬忠。
晉，梓州刺史。
觀，荊州按察使。
遜，一名從，京兆少尹。
敷，成都少尹。
晦之，禮部郎中。
生曄，字升蒙。

兢。					
操之。					
弘泰，雍州錄事參軍。					大猷，監察御史。
思義，河東太守、晉城縣子。					閱韶，赤尉。
歆珍，薛王騎曹參軍。					
回字玉溫，任城尉。					
	迪。	通，同州刺史。	造。	達。	
	薦。				

大方。	
思敬，一名思明，蓬州刺史。	

南來吳裴出自黎第二子苞。苞三子：軫、丕、彬。軫生嗣，嗣西涼武都太守。三子：邕、顗、策。邕度江居襄陽，生順宗。順宗三子：叔寶、叔業、令寶。叔業，齊南兗州刺史，初歸北，號南來吳裴，事後魏，豫州刺史、蘭陵郡公，謚忠武。子蒨之、芬之、簡之、英之、藹之。

蒨之字文驄、北齊隋王左常侍、	
譚，輔國將軍、襲蘭陵敬公。	
測字伯源、後周常侍、	
	同節，殿中侍御史。
	光復，虔州刺史、

簡之，後魏岐州刺史。						
景，富平令。						
正，隋散騎常侍。						
眘字歸厚，南鄭、鄴令。						
九思，歷陽丞。						
仲卿。	季卿，湖州司士參軍。	叔卿，濟州司馬。				
浮，永平尉、大理正。	淑，汝州參軍。	淘，揚府參軍。	澗，明法。	淨，明法。	演，明經。	江，明經。
集。						

守眞字方忠，邢、寧二州刺史。			
子餘，給事中，諡孝。		亘卿，衞尉少卿。	
泳，奉禮郎。	潁，左清道率府兵曹參軍。	沐，河南府參軍。	涑，臨安令。

樞，司勳員外郎。
惲字知止。
褒字補臣。
燿卿字遂，太子司議郎。
渙之，相玄宗。
泛，梁州都督。
晛。
收。
彪。
汯，祕書少監。

綜，吏部郎中。
佶字弘正，國子祭酒。
泰章字孝頊。
敦藻，給事中。
翾字祈山。
含章字積中。
耕字德實。
琬，侍御史。
茂章字子光。
鉞字鼎俊。
武，太府卿。

皐，給事中。
堪，江西觀察使。
德潘字商老。
德融字周耀。
德符字渭翁。
延，通事舍人。
幼卿，洛陽尉。
士安，太府卿。
亮。
僑卿，起居郎。
佐。
佑。

傳。
保。
信。
汧，尚舍直長。
仲佐。
叔謩。
叔猷，均州刺史。
伯言，戶部員外郎。
行立，邕管經略使。
春卿，太子中允。
淑，倉曹參軍。

挺，內直丞。
常棣，杭州刺史。
臨，字敦吉。
常懣。
好古。
好問。
昱，鼓城令。
洽，左司禦兵曹參軍。
濟，明法。
液。
澈。

歸仁，潞府司兵參軍。
知柔，夷州司馬、襲治。
廣。
嗣。
守祚，下邳令。
令溫，房、豫、陝三州刺史。
導。

令寶二子：彥先、彥遠。彥遠生鑒，鑒生獻。

獻，隋扶州刺史、臨汾公。
義山。
爽。
知節，南和令。
倩。
士淹，禮部尚書、絳郡公。
登。

通，字文玄，檢校禮部尚書。
嬰，閬州刺史。
士南。
行本，相武后。
羅，隋魏郡丞。
公緯，祠部郎中。
瑾之，倉部郎中。
灌、太子賓客、正平懿公。
兗。

琰之。
緬。
系，諫議大夫。
公繹，邢州長史。
延昕，婺州刺史。
無悔，袁州長史。
卓，岐州刺史。
騰，戶部郎中。
涗，員外郎。
悰。
沖。
汶，湖州刺史。
渾。
瀋。

坦，太平令。
昌，弘農太守。
寬，禮部尚書。

清，祕書監。
覊，吏部員外郎。
興，工部員外郎。
徹，戶部郎中。
諝字士明，東都副留守。

叔潾。
滉。
涓。
弘儀。
戩。

歆，侍御史、大理正。
勝，國子司業。
澥，給事中。
覽。
克，河南府司錄參軍。
珏，杭州刺史。
堅。
璩字挺秀，檢校司空。
瓚字公器，刑部尚書。
垣字克構。
腆，戶部侍郎。
涇。

恂，河內太守。

佾，鳳州刺史。
育，檢校員外郎。
漸。
脩。
靖，舒州刺史。

沼。
注。
渙。
澡，工部郎中。
溶。
濡。

晏。
京，汝州別駕。

胄字遐胤，容府經略推官。
叔，檢校兵部尚書，謚成。

溫，太子舍人。
漳，右衛錄事參軍。
湀，絳州參軍。
渙，弘文明經。

允。

眺。龍虔，相州刺史。守義，左補闕。

肅，右領軍將軍。

公緻。挺之，洪州都督。

中眷裴氏出自嗣中子奫，晉太尉宋公版諮議參軍、幷州別駕，號中眷。三子：萬虎、雙虎、三虎。

萬虎。保歡。良字元賓，後魏太府卿，諡貞。子通，隋太中大夫。敬彝，吏部侍郎。錫，司勳員外郎。

叔祉，北齊太府卿。子闕。

元質，尚書右丞。杞。

大醜。慶孫，後魏太中大夫。子瑩，太尉司參軍。受。宣明，華州刺史，諡簡。景鸞，華州刺史。文端，北齊行臺郎。顧。

安。

弘。

振。

景鴻，北齊和夷郡守。叔卿，貝丘令。神舉，和州刺史。

神符。紹宗。旭，和州刺史，生光進，堯臣，禹臣，延齡，戶

雙虎，後魏河東郡太守。秀業，天水郡太守。邃，正平郡太守、澄城縣子。文舉字道裕，後周青州刺史。胄，大都督、通守。神，安邑州刺史。知禮，同州刺史。思本。

思哲。

思恭。

知古，太常令。

茂宗，禮部尚書。眺，金部郎中，孫嘉壽。

部侍郎，生操。

璣。大感，石州刺史、允初，太子賓客。藏之，道州刺史。常。

則之。

惠秀。嵩壽，梁兵部尚書。伯鳳，後周光汾二州刺史、琅邪郡公。定高，襲琅邪郡公、馮翊郡公。仁基字德本，隋光祿大夫、忠公。行儼。貞隱，邵南府果毅。參玄，鄧州刺史。植，祠部郎中。

義玄。

悟玄，赤

丞。

延休。

慶遠。

德超，事州刺史。思簡。休貞，定州刺史。

思諒，靈武大總管、河東郡公。
肅，親衛參軍。
孜察，漢州刺史。
歛。
繁。
微。
行儉，襄武道大總管、聞喜憲公。
光庭字連城，相玄宗。
稹，司勳員外郎，襲正平縣子。
倩字容卿，度支郎中、正平縣男，謚節。
均字君齊，左僕射平章事、鄅公。
鉷，鳳翔府參軍、河東縣男。

鍔，江陵尉。
鋗。
鐈。
鎬。
儆字九思，左金吾將軍，謚成。
堅，殿中丞。
墉字封叔，吉州長史。
銑。

三虎，後魏義陽太守。
文德。
軌。
瑾。
景叔，青州刺史。
倚，殿中侍御史。
侑，楡次尉。
鎰字振德。
塤，戶部郎中。
鐇。
壎字靖之，祕書監。

子瑜。
喻，朗州刺史。
景深。
澄。
世清，江州刺史。
嘉陵，齊州司馬。
思訓，巴州刺史。
皎然。
周南，監察御史。
邵南。
士南。
國南。
脩然。
嵩仁。
耀之，高陽太守。
知道，武陵令。
義弘，中書舍人、玄武公。
惓字翁喜，杭州刺史、河東縣男。
遐裕。
單。

宜。	邏業。	邏慶字會，都官郎中。	向字傑仁，吏部尚書。	樞字化聖，相昭宗。
	彭。	少良，相代宗。	寅字子敬，御史大夫。	
	禮，韶州刺史。		格。	

桃弓。
夙字賈興，後魏河北太守。
堅，司徒右長史。
澤，北齊黃門侍郎。
鮮。
方產，右司郎中。
咸，太子諭德。

苞第三子丕。丕孫定宗。定宗，涼州刺史。生訛，後魏冠軍將軍。生遂，太原太守、散騎常侍。生纂，纂正平太守、鄜西公。四子：舒、嗣、秀、詢。舒，後周車騎將軍、元氏公。生昂。生玄運，濮州刺史。生季友，司門郎中、太子僕。生武，武曾孫訢。

訢，赤尉。	世節，隋營州司馬、永福公。
搢，太常博士、太子舍人。	玄本，梁州都督，襲永福公。

知久，宜芳令。	邠，少府監丞。	鄘，涪州刺史。	郕，兗州別駕。	部，汾州別駕。	譽。
安期，汾州司馬。				乂，福建觀察使。	
後己，濟源令。				誨。	
郁，太常卿、河東縣公。					

謨。	坦字知進，相僖宗。	勛字思弘。	暕字延賓。	購字昌言。	硯，虔州刺史。
頫字敦士。	質字殷敬。				儲，大理丞。
					贊字敬臣，相昭宗。
					羽字用化，壽安尉。

璭字右郊，越州觀察判官。

及。

循己，左衛大將軍。

鄖，澤州刺史。

郕，嶺南節度判官。

鄮，江州刺史。

溫伯，澤州刺史。

岫，宜春尉。

郢，河陽令。

脩己，左贊善大夫。

郾，衢州刺史。

郇，宣州長史。

遠，梁主簿。

知言。

琬，登州刺史。

瑒。

東眷裴出自茂第三子輯，號東眷。生頴，頴司隸校尉。生武，字文應，晉大將軍、玄菟太守，永嘉末，避地平州。二子：開、湛。開字景舒，仕慕容氏，太常卿、祭酒。三子：原、成、範。範字仁則，河南太守。四子：韜、沖、湛、綏。沖字太寧，後秦幷州刺史、夷陵子。五子：道子、道護、道大、道會、道賜。道子字復泰，本州別駕，從劉裕入關，事魏，南梁州刺史、義昌順伯。三子：德歡、恩立、輔立。德歡一名度，豫、鄭、廣、坊四州刺史，謚曰康。二子：澄、禮。

澄字靜慮，後魏汾州刺史、

景漢字仲霽，後周車騎大將軍。

鏡民，隋兵曹郎。

熙載，兵部尚書。

居道，相武后。

望，麟臺郎。

彙。

潤。

融，右驍衛將軍。

泰，安南都護。

熙勣，洛州長史。

居業。

中庸。

恂，京掾。

文度，隋絳州留守，知蒲、虞、絳、秦十六州兵馬事。

瞿曇，舒州刺史。

居素。

惲。

孝禮，京掾。

洽。

汲。

孝智，都官郎中。

通，壽州刺史。

造。

居默，太谷令。					
恪，亳州刺史。				敦柔，聞喜令。	
千鈞，丹州刺史。			敬休，文水令。		
政柔，左金吾將軍。					
炫，隰川令。	嶠，虞部員外郎。				建，新安令。
	浩，麟游令。	滔，聞喜令。			

						大方，司列員外郎。
						居晊。
銳，絳州刺史。	弘慶，屯田郎中。	弘本，鄂州知院。	魯願，宿州刺史。	魯賓。	玘。	

居士，太子少詹事。				
虛巳，光祿卿、駙馬都尉。	虛舟，左贊善大夫。	璆。	珧。	玲，太僕卿、駙馬都尉。
	元乘。	徽，殿中丞、駙馬都尉。		倣，太常卿、駙馬都尉。
		液，道州刺史、駙馬都尉。		

					尼字景尼，後周御正大夫。		
					之隱，梓州長史、會稽縣男。	師民，後周記室參軍。	之爽。
				正覺。			希仁，膳部郎中。
	居業。	居約。	居近。				
光叔，導江令。							
師貞。							

希惇字處實，齊州長史。

思進，隋令。

巽，國子祭酒、駙馬都尉、魏國公。

齊參，贊善大夫。

齊閱，國子司業。

齊頫，衛尉卿、駙馬都尉。

頎，太原令。

頲。

齊游，祕書少監。

大亮，兼御史中丞。

齊丘，祕書監、駙馬都尉。

齊嬰，陳王府長史。

頊。

孚。

臨，祕書郎。

隨。

冀，右金吾將軍。

鼎，左衛將軍。

友悌，郴州刺史。

思約，威遠令。

思禮，穀熟令。

思政。

醫王，太子僕。

思溫，洛州司功參軍。

希莊，陳州刺史。

抗，京掾。

宣。

肅字中明，浙東觀察使。

儔字次之，江西觀察使。

延翰字伯甫，藍田尉、集賢校理。

延魯字東禮，浙東觀察使。

休字公美，相宣宗。

弘字裕志。

瑀字夷玉。

珣字德潤。

韍字藏器。

瑑。

俅字冠儀，諫議大夫。

溫。

澈，字深源，相僖宗。

撝，寧州刺史。

撙，職方郎中。

亘源。

思愼，職方郎中。

稚珪，戶部郎中。

道護二子：次愛、祖念。祖念生弘陁，後魏聞喜公。生鴻琳，易郡太守。生客兒。

客兒，後魏長平郡丞。

文行，右艾丞。

玄度，絳丞。

翔，朝城令。

浩。

佐，杭州司田參軍。

文政。

玄珪，莊州都督。

獻之。

令慈。

守一，河州刺史。

偃。

淑，永州刺史。

文藝，後魏伊、河二州刺史。

思賢，青州刺史。

遵，齊州刺史。

果，字茂昭，孝仁、建、譙、後周眉、復、亳三州刺史。二州刺史、冠軍質公。

思業。

譒。

鴻智，襄州長史、高邑縣侯。

師道。

懷節，洛州刺史，謚定。

浩，太僕少卿。

貞，亳州刺史。

昭，太府少卿。

礹，右金吾將軍、平陽貞公。

兢，大理司直。

悟，長樂太守。

怦，洛交太守。

希先，溫州刺史。

綱，蔡州刺史。

璩，河南少尹。

澄，蘇州刺史。

濟。

涇，泉州刺史。

歡，赤尉。

相，京掾。

皎，太廟令。

之慶，綏州刺史。

懷儉，監察御史。

昱，高陵令。

增。

垍字弘中，相憲宗。
衡字無私。
垧，大理少卿。

鎧。
含章。
惠迪。
思猷字獻臣，工部尚書。

曄。

思謙字自牧，左散騎常侍兼大理卿。
恩。

紹光字安卑。
紹昌，殿中侍御史。
洗，大理寺丞。
瀍，臨汾尉。

愼辭。

師武。

懷肅。
懷晛，忠州刺史。

愻，吉州刺史。

登。

堪。
墉，壽州刺史。

紳字子佩。

庭裕字膺餘。
滉，太原府參軍。
湘，絳州司法參軍。

磐字莊巳。

師義。

懷感，澧州刺史。

陟，滑州司馬。

紀，長安丞。

冕字章甫，相代宗。
正，河中少尹。
昪，太僕卿。

殷。
縠。
某，朗州刺史。
饌，贊善大夫。
儉，劍州刺史。

希顏，邕府巡官。
覺。

							縚。		
			嬰。				憊。		
素。	廣。	均。	匠，慈州刺史。	匯。	匪。	匣。	區。	蔭，國子司業。	爽。
									格字文明。

					欣敬。		
		成。	珍。	泰，京兆掾。	魯師。		
積。					知機。		
洄。	昕，兼御史中丞。	峴。	平。		鉉。	寘。	
偃。					夏。	有鄰，濮陽令。	
					致，行軍司馬。	澈，澠池丞。	
					克諒。	度字中立，相憲、穆、敬、文。	
						譔字宜業，翰林學士、工部侍郎。	詡。
							造。

表第十一上　宰相世系一上

諗，權知刑部侍郎。	諷。	識字通理，檢校右僕射、晉昭公。		誠。
沼字化龍。		佋，監察御史。	適，司封員外郎。	光鼎字德原。
			純懿，掌書記。	

唐書卷七十一上

讓。
禹昌字聖規。

裴氏定著五房：一曰西眷裴，二曰洗馬裴，三曰南來吳裴，四曰中眷裴，五曰東眷裴。宰相十七人。西眷有寂、矩；洗馬有談、炎；南來吳有耀卿、行本、坦；中眷有光庭、遵慶、樞、贄〔四〕；東眷有居道、休、澈、垍、冕、度。

劉氏出自祁姓。帝堯陶唐氏子孫生子有文在手曰「劉累」，因以爲名。能擾龍，事夏爲御龍氏，在商爲豕韋氏，在周封爲杜伯，亦稱唐杜氏。至宣王，滅其國。其子隰叔奔晉爲士師，生士蔿。蔿生成伯缺，缺生士會。會適秦，歸晉，有子留於秦，自爲劉氏。生明，明生遠，遠生陽，十世孫，戰國時獲於魏，遂爲魏大夫。秦滅魏，徙大梁，生清，徙居沛。生仁，號豐公。生煓，字執嘉。生四子：伯、仲、邦、交。邦，漢高祖也。高祖七世孫宣帝，生楚孝王囂，囂生思王衍，衍生紆，紆生居巢侯般，字伯興。般生愷，字伯豫，太尉、司空。生茂，字叔盛，司空、太中大夫，徙居巖亭里。愷六世孫訥，晉司隸校尉。孫憲生羨。羨二子：敏、該。

敏從子僧利。

敏。
慶，後魏東徐州刺史，諡曰簡。
軫，北齊高平太守。
通字子將，隋毗陵郡通守。
德威字尚重，刑部尚書。
審禮，工部尚書、彭城公。
佺壽，太常丞。
侍庶。
易從，漢州長史。
昪，中書舍人。
晟、給事中。
顗。
顥，殿中侍御史。
識。
崇業。
朏，汴州刺史。

延景，陝州刺史。
溫玉，許州刺史。
寡悔，齊州刺史。
承顏，宗正卿。
瑗，國子祭酒。
爲輔。
商，檢校虞部郎中。
仁師字行興，司勳郎中。
寶。
爲鱗。

琪，左衞將軍。
爲翼。
爲範。
德敏，梁州都督。
崇術，隋州刺史。
悅，鳳州刺史。
德智，滁州刺史。
延嗣，汾州刺史。
崇直，嘉州刺史。
體微，諫議大夫、衞尉卿。
守約。
昌源，秦州都督。

宅相，吏部郎中。
守悌，刑部侍郎。
軌。
權，隋衞尉卿。
澈。
僧利，後魏羽林監。
世明字伯楚，南兗州刺史。
偉字世英，北齊睢州刺史。
瑗。
胤之，楚州刺史。
欣時，侍御史。
叔時，殿中侍御史。
行之。
延祜，安南都護。
含章。
猛。

延慶。
賁，太平尉。
液，管城令。
汴。
居簡，太原尹。
深。
珉，北齊睢陽太守。
務本，隋留縣長。
藏器，比部員外郎。
知柔，工部尚書、彭城侯。
繹，金部郎中。
緝，巴陵太守。
綝，和州刺史。
繪，延州刺史。

繡，桂府都督。
知章。
子玄，中書舍人、居巢文公。
貺，起居郎。
浹。
敦實。
滋，相德宗。
約。
緒。
餗，河南功曹參軍。
贊。
從周，左補闕。

彙，尚書右丞。
贊字公佐，宣歙觀察使、彭城縣男。
茂孫。
勝孫。
憲孫。
懿孫。
秩，國子祭酒。
燮。
製。
迅，左補闕。

迴，給事中。

京兆武功劉氏，本出彭城，後周有石州刺史懿。

懿。
昭，隋上儀同三司。
文靜字肇仁，相高祖。
樹藝。
樹義，襲魯國公。
文起，通直散騎常侍。

彭城劉氏又有劉升。

升。
景字司光，鄜坊從事。
瞻字幾之，相懿宗。
滉字鑒源。

			陟。								
			延賞，渭南尉、右拾遺。								

尉氏劉氏出自漢章帝子河間孝王開，世居樂城，十世孫通徙居尉氏。

通，後魏建武將軍、南陽太守、樂城侯。		能，北齊冠軍將軍。	孅，淮陽王參軍。	子威。	仁軌字正則，相高宗。	滔。	濬，工部員外郎。	晃，太常卿，襲樂城公。	子藩，河東節度掌書記、虞部員外郎。	熠，雅州刺史。	瑑字子全，相宣宗。
											頊字昭愿。
							昂，京兆少尹。	子之。	元鼎，慈州刺史。	思字秀挺。	
									公輿，祠部員外郎。		
					仁相。						

臨淮劉氏出自漢世祖光武皇帝子廣陵思王荆。子俞鄉元侯平，平生彪，襲封，事繼母以孝聞，世號仁義侯。生玄，玄生熙，魏尚書郎。熙生逃，東平太守。逃生建，晉永城令，世居臨淮。建生會，歷琅邪內史，從元帝度江，居丹楊。曾孫彥英，宋給事中、通直散騎常侍。二子：隱人、逸人。梁末又徙晉陵。隱人五世孫子翼。

子翼字小心，著作郎、弘文館學士。	懿之，給事中。										
	禕之，相武后。	揚名。									

南陽劉氏出自長沙定王。生安衆康侯丹，襲封三世，徙沮陽。裔孫廙字恭嗣，魏侍中、關內侯，無子，以弟子阜嗣。阜字伯陵，陳留太守。生喬，字仲彥，晉太傅軍諮祭酒。生挺，潁川太守。二子：簡、耽。耽字敬道，爲尚書令。生柳，字叔惠，徐、兗、江三州刺史，又徙江陵。曾孫虯。

虯字靈預，宋當陽令，文藝先生。	之遴字思貞，梁都官尚書。			洎字思道，相太宗。	廣宗，都官郎中。						

						敦行，屯田員外郎。	眩。				
							眺。				
					弘業。						

廣平劉氏出自漢景帝子趙敬肅王彭祖。彭祖生陰城思侯蒼，蒼薨，嗣子有罪不得立，遂居廣平肥鄉。蒼十一世孫邵，字孔才，魏散騎常侍。十一世孫藻。

藻。	矜，兗州刺史。		林甫，中書侍郎、樂平男。	祥道，相高宗。	齊賢，更名景先，相高宗。						
					廣禮。						
				慶道，祠部郎中。							

應道，吏部郎中。　令植，禮部尚書。　孺之，京兆少尹。　從一，相德宗。

武幹，會寧五州留守，襲金鄉公。　元昜，括州刺史。　如璠，朐山丞。　廼字永夷，兵部侍郎、貞惠公。　伯錫字棗芝，刑部侍郎。　寬夫字盛之，澤潞掌書記、秘書省校書郎。　允章字醞中。　濟明字外朗。

煥章字文中。

玄章字求中。

端夫，吏部員外郎。　巖夫字子耕。

丹陽劉氏，世居句容。

三復，刑部侍郎。　鄴字漢藩，相懿宗、僖宗。　希字至顏。

覃字致君，校書郎。

曹州南華劉氏出自漢楚元王交之後，自彭城避地徙南華，築堌以居，世號「劉堌」。隋有東萊令劉晉字進之。三子：郁、多讓、多退。

郁字蔚卿，弘文館學士。　懷器字汨藏。　知仁字仲安，新鄭令。　十兒，五經及第。

恭字伯寅，新井令。　知晦字仲昌，武功丞。　昱字士明，大理司直。　傳經字仲習，殿中侍御史。　譜字伯圖，睦州士曹參軍。　鼎字仲實。　顏，新安令。

徽郎。

巽字中正。

咸。

革。

解。

益。

專經字仲審一。

純，侍御史、徐州觀察判官。

繕經字仲莊，幽州功曹參軍。

深經字仲淵，幽州功曹參軍。

遙字士昭，杭州刺史。　談經字辨之，大理評事。　濛字潤之，大理卿。　堪，河中少尹。

埴字秉中，兵部、吏部郎中。

顗。

頵，著作郎。

拱。

技字士能，檢校戶部員外郎。

文滔，泉州觀察推官。

文濟字霸源，吏部郎中。

文澤，武連令。

徽字休祥，藍田尉、直史館。

武庫。

揆，長水尉。

圻字唐叟，宣武節度判官。

首孫，江陽令。

弄璋。

垣。

渙字濟川，芮城尉。

珝字子美，大理評事。

暉，陳留令。

汪。

壇。

通經字仲達，奉天尉。

全經字仲博，清河尉。

賁字寶卿，王屋尉。

埳。

弘夫。

鵬夫。

顧夫。

瞻經字仲璽。

遵經字仲常，太常寺太祝。

天養。

志經字仲修，雅州刺史。

灌字禮先，華州司馬。

紀，大理評事。

寔，西河令。

詳，金州防禦判官。
紹。
薑。
阿尹，渠江令。
阿更。
從方，朗山令。
紘，商南令。
縕，渠江令。
三象。

晏字士安，相肅宗、代宗。
執經字長儒，吏部郎中。
璪字景光，大理評事、嶺南節度判官。
審己，華州文學。
隄。
澹字子固，河東節度使。
紓。
洙字敏先，好時尉。
庚子。
頻。
綰。

讓字直哉。
瑀字景溫，澤州刺史。
彥，盧氏尉。
瑺字景潤，楚州參軍。
琢字景眞。
坤。
垌，松陽令。

和字時中，汝州司士參軍。
珂字景儀，夏尉。
誥字坦然，普安令。
詠，澤州錄事參軍。
韶，新寧令。

宗經字仲儒，國子祭酒。				
倚字正卿，監察御史。	文簡，洛陽丞。	侃，虢州長史、左贊善大夫。		
權，平輿令。		好古字彦純，宋州司士參軍。		好問字彦博，無錫丞。
		車子。	季隨。	

					懷策字伯謀。
					知至字惟幾。
					去澄。
	伉，藍田令。			儼，龍丘令。	
好學字彦深，蘇州功曹參軍。	挺，溵水令。	軒，河南尉。	韜。	承嗣。	

		多讓字肅之。							
		知滿字子沖。							
知運字惟夔。	知遠字惟深。	緒福。			神慶。	神務。	犨。		瓌。
寶，南充丞。		欽太。	欽瑜。	欽惠。		光輔。	光嶷。	逸愷。	

	多退字敬之。		
	懷亮字子信。	懷璧字子溫。	懷安字子寧。
贄。		景珍。	
瑋。			

劉氏定著七房：一曰彭城，二曰尉氏，三曰臨淮，四曰南陽，五曰廣平，六曰丹楊，七曰南華。宰相十二人。彭城房有滋、文靜、瞻；尉氏房有仁軌、晊；臨淮房有禕之；南陽房有洎；廣平房有祥道、景先、從一；丹楊房有鄴；南華房有晏。

河南劉氏本出匈奴之族。漢高祖以宗女妻冒頓，其俗貴者皆從母姓，因改爲劉氏。左賢王去卑裔孫庫仁，字沒根，後魏南部大人、淩江將軍。弟眷，生羅辰，定州刺史、永安敬公。其後又居遼東襄平，徙河南。羅辰五世孫環雋，字仲賢，北齊中書侍郎、秀容懿公。弟仕雋。

仕雋。		
坦字寬夫，隋大理卿、昌國縣伯。		
政會，邢襄公。		
玄意字深之，汝州刺史、駙馬都尉。		
奇，天官侍郎。		
慎知，獲嘉令。		
裘，東阿令。		
藻字茂實，祕書郎。		
符字端期，蔡州刺史。		
崇龜字子長，清海節度使。	崇彝字子憲，都官郎中。	崇望字希徒，相昭宗。
垂字昭晛。		

崇魯字郊文，水部員外郎、知制誥。	崇謩字成禹，太常少卿、弘文館直學士。	珪字寶臣，洪洞令。	瓌。
		岳字昭輔。	

					玄象，主客郎中。
				循，金吾將軍。	
	超，河南少尹。	徽字可大，吳郡太守、江南採訪使。	同，萬年令。		
	全誠。	方平。			
玗。					

玄育，易州刺史。

河南劉氏，宰相一人。崇望。

校勘記

〔一〕大業生女華女華生大費大費生皐陶皐陶生伯益　此與宗室世系表及史記秦本紀不合，參見本書卷七〇上宗室世系表校勘記〔一〕。

〔二〕茂長子徽　按上文云「（茂）三子：潛、徽、輯」。又晉書卷三五裴秀傳載：「祖茂，漢尚書令。父潛，魏尚書令。……叔父徽有盛行。」是徽非長子，此疑誤。

〔三〕行儉　按舊書卷八四及本書卷一〇八裴行儉傳、文苑英華卷八八四張九齡裴光庭神道碑、卷九七二獨孤及裴稹行狀及全唐文卷二二八張說贈太尉裴公神道碑，行儉乃仁基之子，貞隱爲行儉長子，延休、慶遠乃貞隱弟，疑此處并誤。

〔四〕南來吳有耀卿行本坦中眘有光庭遵慶樞贄　按上文，唐僖宗朝宰相坦系出中眘，非出南來吳，南來吳之裴坦，官太平令，未嘗任宰相。此疑誤。

二十四史

中華書局

宋　歐陽修　宋　祁　撰

新唐書

第八冊

卷七一下至卷七二上（表）

中華書局

唐書卷七十一下

表第十一下

宰相世系一下

蕭氏出自姬姓，帝嚳之後。商帝乙庶子微子，周封爲宋公，弟仲衍八世孫戴公生子衎，字樂父，裔孫大心平南宮長萬有功，封於蕭，以爲附庸，今徐州蕭縣是也，子孫因以爲氏。其後楚滅蕭，裔孫不疑爲楚相春申君上客，世居豐沛。漢有丞相酇文終侯何，二子：遺、則〔一〕。則生彪，字伯文，諫議大夫、侍中，以事始徙蘭陵丞縣。生章，公府掾。章生仰，字惠高，生皓。皓生望之，御史大夫，徙杜陵。生育，光祿大夫。生紹，御史中丞，復還蘭陵。生閎，光祿勳。閎生闡，濟陰太守。闡生冰，吳郡太守。冰生苞，後漢中山相。生周，博士。周生蟜，蛇丘長。蟜生逵，州從事。逵生休，孝廉。休生豹，廣陵郡丞。豹生裔，太中大夫。生整，字公齊，晉淮南令，過江居南蘭陵武進之東城里。三子：儁、鎋、烈。苞九世孫卓，字

子略，洮陽令，女爲宋高祖繼母，號皇舅房。卓生源之，字君流，徐、兗二州刺史，襲封陽縣侯。生思話，郢州都督，封陽穆侯。六子：惠開、惠明、惠基、惠休、惠朗、惠蒨。惠蒨，齊左戶尚書。生介。

介字茂鐵，梁侍中。	引字叔休，陳吏部侍郎。	德言，祕書少監。	沇，太子洗馬。	安節，相王兵曹參軍。	至忠，相中宗、睿宗。	衡。					
						衍。					
						隨。					
					元嘉，諫議大夫。						
					廣徽，工部員外郎。						

齊梁房：整第二子鏘，濟陰太守。生副子，州治中從事。生道賜，宋南臺治中侍御史。三子：尚之、順之、崇之。順之字文緯，齊丹楊尹、臨湘懿侯。十子：懿、敷、衍、暢、融、宏、偉、秀、憺、恢。衍，梁高祖武皇帝也，號齊梁房。懿字元達，長沙宣武王。七子：業、藻、象、猷、朗、軌、明。明字靖通，梁貞陽侯，曾孫文懔。

文懔，湖州司馬。	元祚，萍鄉侯。	誠，司勳員外郎。				
		諒，汝州刺史。	直，給事中。	策，檢校員外郎。		
				節。		
				革，邵州刺史。	解字應之。	說字僧弼。
					鄴字啓之，相宣宗。	晏字季平。

						涚字文度。
						昌字光祚。
						黯字中蘊。
						曙字象文。
					峴。	藹字文舉。
	元禮，湘州刺史。	識，虢州刺史。				

		誕，鄂州刺史。				
		詮，大理評事。				
		纂。				

梁高祖武皇帝八子：統、綱、續、繹、綜、績、綸、紀。統，昭明太子。綱，簡文皇帝也。統五子：歡、譽、詧、警、譽。

歡字孟孫，豫章安王。					崇望，洛陽令。	
詧，後梁宣帝。	巋，後梁明帝。	琮，隋莒國公。	鉉，集州刺史。			
		璩，祕書監。				

		琢，晉陵王。	欽，貝州刺史。	昉。		
				昭。		
		珣，南海王。	鉦。	嗣德，銀州刺史。		煒。
				嗣業，鴻臚少卿、琅邪郡公。		希諒，黔州都督。
			鈞，太子率更令。	灌字玄茂，渝州長史。	仲豫，絳州刺史。	賁，侍御史。
						孚，均州刺史。

昚，汾州刺史。

遇，國子司業。

顒，東川行軍司馬，兼御史大夫。

澣字明文。

泳。

巽，起居舍人。

嵩，相玄宗。

華，相肅宗。

恆，殿中侍御史。

俛字思謙，相穆宗。

悟，大理司直。

倣字思道，相僖宗。

廉字富侯，給事中。

須字子登。

愿字文恭。

益，商州團練推官。

頎字子光，度支巡官。

俶。

庸字應之。

衡，太僕卿、駙馬都尉。

戩。

復字履初，相德宗。

儉。

騫字鵬舉。

湛。

寘，相懿宗。

遘字得聖，相僖宗。

宥。

遹字昌聖。

巽。

升，太僕卿、駙馬都尉。

位。

佩。

儒。

偲。

鼎，蜀州別駕。

瑀字時文，相高祖。

銳，駙馬都尉、太常卿。

守業，衢州刺史。

建，黔中觀察使。

守道。

籍，襄州刺史。

				守規。	沔，劍南西川行軍司馬，兼御史中丞。
			鍇，虞部郎中。		
			鋮，給事中。	恕，虢州刺史。	定字梅臣，太常卿。
	岌。				
	巖，安平王。				隱之，刑部侍郎。

	岑，吳王。	瓚。	文朗，祕書少監。	
		球。	緒，衢州刺史。	
		珥。		瘱，亳州刺史。

蕭氏定著二房：一曰皇舅房，二曰齊梁房。宰相十人。皇舅房有至忠；齊梁房有鄴、嵩、華、俛、倣、復、寘、遘、瑀。

竇氏出自姒姓，夏后氏帝相失國，其妃有仍氏女方娠，逃出自竇，奔歸有仍氏，生子曰少康。少康二子：曰杼，曰龍，留居有仍，遂爲竇氏。龍六十九世孫鳴犢，爲晉大夫，葬常山。及六卿分晉，竇氏遂居平陽。鳴犢生仲，仲生臨，臨生亶，亶生陽，陽生庚，庚生誦，二子：世、扈。世生嬰，漢丞相魏其侯也。扈二子：經、充。經，秦大將軍，生甫，漢孝文皇后之

兄也。充，避秦之難，徙居清河，漢贈安成侯，葬觀津。二子：長君、廣國。廣國字少君，章武景侯。二子：定、誼。誼生賞，襲章武侯，宣帝時，以吏二千石徙扶風平陵。二子：壽、邕。壽，護羌校尉，敦煌南竇祖也。邕，南陽太守，生猛，定安太守。二子：秀、敷。秀二子：丕、林。林，後漢武威太守、太中大夫，避難徙居武威，爲武威竇祖。敷三子：平年、友、融。融字周公，大司馬、安豐戴侯。生穆，城門校尉、駙馬都尉，襲安豐侯。五子：勳、宣、褒、霸、嘉。宣生尚，以家難隨母徙隴右，爲隴右竇祖。嘉，少府兼侍中、安豐侯。三子：潛、奉、萬全。奉子武，特進槐里侯，晉贈文嘉貞侯。萬全襲安豐侯。二子：會宗、章。會宗子孫居武功扶風。章，大鴻臚卿。三子：陶、唐、統。統字敬道，鴈門太守，以竇武之難，亡入鮮卑拓拔部，使居南境代郡平城，以間窺中國，號沒鹿回部落大人。後得匈奴舊境，又徙居之。生賓，字力延，襲部落大人。二子：異、他。他字建侯，亦襲部落大人，爲後魏神元皇帝所殺，併其部落。他生勤，字羽德，穆帝復使領舊部落，命爲紇豆陵氏。晉册穆帝爲代王，亦封勤忠義侯，徙居五原。生子眞，字玄道，率衆入魏，爲征西大將軍。生朗，字明遠，復領父衆。二子：滔、祐。祐，遼東公，亦領部落。三子：提、拓、巖。自拓不領部落，爲魏侍中、遼東宣王。巖，安西大將軍、遼東穆公，從孝武徙洛陽，自是遂爲河南洛陽人。三子：那、敦、略。略字六頭，征北大將軍、建昌孝公。孝文帝之世，復爲竇氏。五子：興、拔、岳、善、熾。

岳，後周清河廣平二郡太守、神武郡公，與善、熾，子孫號爲「三祖」。岳二子：彪、毅。

彪，後魏定安扶風二郡太守、義安侯。	洪景，隋驃騎大將軍、西河郡公。	儼，都水使者，襲公。	明哲，河池郡司馬，襲公。	曹。		
毅，後周大司馬、杞公。	照，蜀郡太守、鉅鹿郡公。	彥，隋駕部侍郎，襲公。	德明，晉陵郡太守，襲公。	知敬，常州長史，襲公。	思泰。	
			德素，南康郡太守。	懷文，延安郡司馬。	思暕，陳留令。	仙童。
					承家，右勳衞。	

思忠，尋陽郡司馬。
景容，唐安郡司馬。
千頃。
敞。
萬頃。
景光。
景詮。
萬鈞。
萬錫。
景俊，恆王府參軍。
論。
建，左武衛兵曹參軍。

承祖，三山令。
南容，安康令。
充，猗氏令。
瑨，鴈門丞。
昕。
霈，江陵丞。
工奴。
霽，義川令。
穆。
浦。
迴。
伯金。
伯玉。

伯瑜，平高令。
西賓。
東里，河東丞。
思恭，洪府錄事參軍。
如璧，東陽令。
思泰。
懷哲，武威郡都督。
承基，右衛中郎。
儼，扶風主簿。
傑，三水主簿。

承禮。
俶。
承慶，安西副都護。
偉，左衛千牛。
儆，左金吾胄曹參軍。
倩，恆王府戶曹參軍。
倫，恆州參軍。

倓，太常寺太祝。
儀，同州司士參軍。
承孝，夷陵太守。
僎，唐安郡太守。
迴。
逞。
遇。
逾。
逖。
僑，巴西郡參軍。

承福。
俊。
德沖，陝州刺史。
積善，榆林郡司馬。
昝，益昌郡司馬。
宣，新蔡丞。
詵，巴西郡參軍。
崇，樂安主簿。
鴻漸，應城令。
復，監察御史。
敞，神皋丞。
岳。

君布，西令。
南銑。
卓，太原府倉曹參軍。
良弼。
義積，太常少卿。
欽望，中定令。
廣成，中部令。
良縱，絳州錄事參軍。
敬常。
豐。
敬則。
敬文。
良友，涇州錄事參軍。
敬初。
良杞。

廣濟，右一監丞。
燈，恆王府參軍。
履霸，忻州定襄府折衝。
銑，大理評事。
公軌。
公敏。
公佐。
公甫。
公亮。
義節，虢州刺史。
誠言，左監門將軍。
庭蘭，衛尉少卿。
衛霸。
覃。

遷，左衞兵曹參軍。

庭萱，光祿卿。
文剛，城門郎。

文仲，光祿寺丞。

文雄，著作郎。

及，初名文舉，朔州刺史。

誠盈，青州刺史。
庭芝，太府少卿。
伯元，會稽令。

伯昌，江陵令。

伯朗，渭州長史。

伯陽，侍御史。

伯良，河陽尉。

庭華，中書舍人。
叔展，太子正字、左拾遺。
抗。

晏，同官令。

庭蕙，揚府長史。
申，給事中。
宣孟，長沙令。

庭芳。
昱，給事中。
都師，耒陽令。

自正。

誠奢，富平令。
子童，漢陽郡參軍。
字。

子禹。

子夏。

誠逸，果州司士參軍。
薇。

藨。

德玄，相高宗。
懷讓，密州刺史。
思仁字恕，殿中少監、扶風郡公。
津，永樂令。
良矩，朗州別駕。

良緯，夔府兵曹參軍。

良輔。

二十四史

思純，南唐郡司馬。
潔。
良逸，蒲江令。
汲。
溫，吏部常選。
渟。
思亮，檢詳，清化鍼順。
林郡太太守。
守。
鍼信。

鍼勗。
漢，忠州鍼質。
長史。
鍼家。
鍼則，光
祿寺主
簿。
鍼懋。
良釗。
良顥。
良鎮，射
洪令。
良銛。

思光，蜀淄，吏部
州錄事常選。
參軍。
渾，蓬山良俛。
長史。
液。
泌。
寓。
賓。
宏。
簡能。
寘。
宰。
溥，高山
令。

懷道。
崇喜，衛
尉少卿。
崇道，廣況。
陵郡太
守。
泳，定州協。
參軍。
凜，涇州遂良。
司功參
軍。
崇敏，太凝。
常丞。

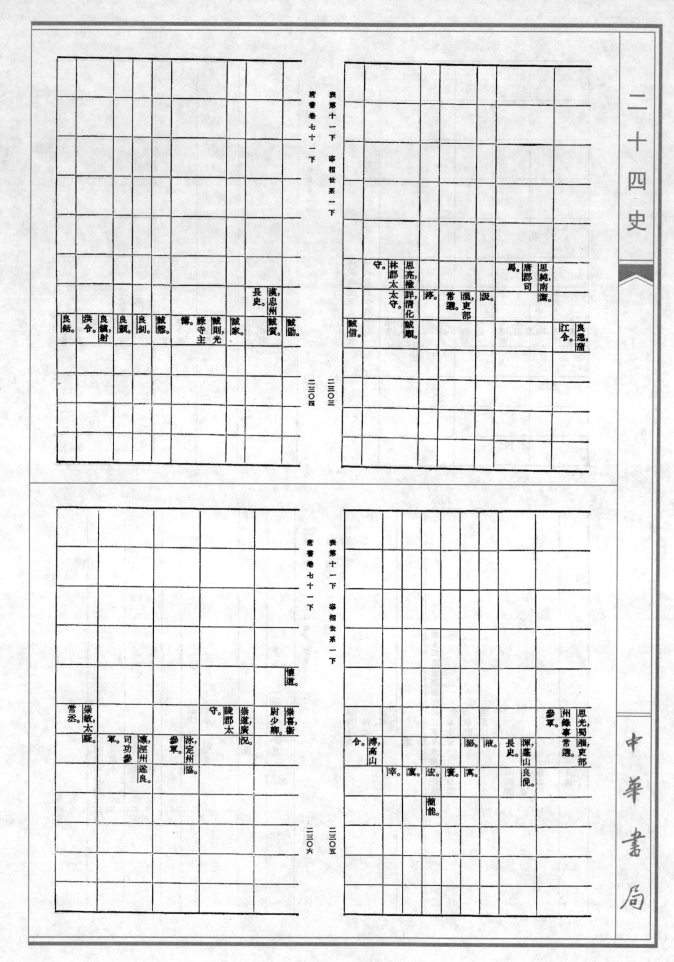

中華書局

懷武，弘農郡司馬。
庭玉。
庭瑜。
采。
泳，朔方令。
齊運。
齊物。
庭璠。
懷恪，天水都督。
延宗，舒王文學。
延祚，鄆州刺史。
延福。
懷貞，相中、睿。
鼎。

德遠，樂安縣男。
知節，永康令。
崇宗，成都尉。
崇基。
思光。
知勖，左金吾引駕。
處常，翼城令。
令瓌。
固思，光州長史。
固言，安邑府果毅。
固信。

楨幹，相州參軍。
德洽，將作大匠。
全眞，永樂令。
令宗，左衞翊府左郎將。
睿知，四門府別將。
崇俊。
萬。
睿惑，安邑府別將。
獻誠，太常卿。
睿言，新津令。
叔良，太僕卿。
文工，岳陽府別將。
晟。

令琬，蜀州司馬。
睿盈。
令琰，太濟府別將。
睿徵。
鍠。
澄。
令玢。
令琇，兵部常選。
令瓌，兵部常選。
睿非，金吾衞大將軍。
睿滔。

	令珍，玉津府果毅。				
全賢，江陰令。	令瑜，吏部常選。	珣。			
知約。					
知軌。	思貞，成都尉。	崇禮，德陽郡司戶參軍。	稱，太常少卿。	綱。	
				繼。	
				維。	儒宗。
					明宗。
知義。	胡子。	元臣。			

			懷質。	榮。			
文殊，隋儀同三司、成都公。							
招賢，隋灃州刺史、杞國公。	孝宣，襲安成公。						
	紹宣，襲杞國公。	德藏，以孝宣子繼，北海太守，襲杞國公。	靈運，汾州長史，襲杞國公。	琛，河東郡司士參軍，襲公。	溫，御史大夫。	承胤，濮陽郡參軍。	邈，揚州戶曹參軍。
							遂，光祿寺丞。

			連，大理評事。
瓘。			
珣，華州刺史、扶風郡公。	液，以弟子繼，揚子尉。		
琰，北海令。	嶠。		
	洮。		
	澄。		
	淹。		
璠。			

琁，灌津縣男。	汝。	
	潤。	晉。
	汪。	
珪。		
璆，新平令。		
璁，靈安丞。	淳。	
	滑。	
	洌。	
	濯。	

		洞。	
		浩。	
	璋。		
惠慈，滁州司馬。	禹。		
	翊，華州司兵參軍。	嵩，兗州參軍。	
		崑。	鄉，吏部常選。
			郢。
			鄖。
	詳。		

義方，扶風郡參軍。			
大智，杞王府參軍。	迦，廣平郡參軍。	琳。	
	務。	暠。	
		顏。	
		鳳。	仕俛。
			仕品。
	邏，梓潼郡參軍。		
靈勖，魯王府戶曹參軍。	欽。	重客。	

	鍔，東流令。			
	銑。	劑。		
		晏，平鄉府別將。		
		昊，寧遠將軍。		
	敬。	好客。		
靈獎，信都郡太守。	仙期，麗水府別將。	撥。	彝。	榮。
	仙鶴。	捍。		
	仙童。	撫。		

			仙客。		
鳳宣。	志，以姪繼，襲神武郡公。	靈感，和蓋令，襲公。	昱，延州戶曹參軍，襲公。	灌。	
				榮。	
				涓，安業府別將。	偁。
					偃。
					求。
				汪，兵部常選。	
				滂，道舉出身。	

隄，新鄭令。

昇，岐陽令，襲神武公。

渙，兵部常選。

潤，恆王府兵曹參軍。

季倫。

泌，戲黎府折衝。

華，閬喜令。

季初。

潮，貝州司兵參軍。

善一名温，西魏汾華隴三州刺史、永富縣男。生榮定。

榮定，隋冀州刺史、陳懿公。

抗字道生，相高祖。

衍，左武候將軍。

孝儉。

彝，太僕少卿。

孝威。

孝忠，簡州刺史。

静字元休，民部尚書、信都肅公。

逵，駙馬都尉，襲公。

松壽，殿中少監。

遜字克讓，兵部侍郎。

邃，蔡州刺史。

誕，駙馬都尉、莘安公。

孝德，慈州刺史。

希玠，禮部尚書、莘公。

錫。

銳。

希璬，蓬州刺史。

銓，滑州刺史。

敬賓，河南少尹。

孝立。

鎮，右武衞將軍。

頊，洋州刺史。

孝沖。

孝臻，夷州刺史。

璀。

審言，閬喜尉。

戲。

權，著作郎。

參，相德宗。

景伯，兼監察御史。

孝誠，溪州刺史。

孝果。
維鑒，水部郎中。

孝諶，潤州刺史。
希瑊字美玉，太子少傳、幽公。
鍊，司農卿。

鋼，將作監。

希球字國珍，太子賓客、冀靖公。
鑑。
榮，虞部郎中。

希瑍字希璀，太子少師、畢公。
鉉，太子左贊善大夫。

鍔，駙馬都尉、祕書監。
克恭。

濬，涇王傅。

汭，壽王傅。
克良，駙馬都尉。

克溫。

漼，陳王府長史。

希琬，衛尉少卿。
鋒，太僕少卿。
昱，隋州刺史。

昷，鳳州刺史。

孝禮，良原令。
瑋，遂州刺史。

璉，京兆少尹。
紹，給事荊府長史。
寓。

綜。

綸。

繹，駙馬都尉、衛尉卿。

繽。

續，奉先令。

繽。

級。

良賓。
林，司封郎中。

瑗，光祿少卿。
戭。

乂，太府卿同正。

幹。

師綸，太府少卿。
尚義。
瓚，道州刺史。

		師武。				師仁。
尚烈。		孝綽。			孝約，開州刺史。	
進，右庶子。		惯。				
蒙，太原令。	鼎，都官郎中。	履庭，梓州刺史。	履信，鴻臚卿。			
		暄。	曙。	暖。		

慶。						
智純，蒲州刺史。	智弘。					智圓，開州刺史。
	懷玉，嫛州刺史。	懷溯。				
		從之，右司郎中。	從光。		從昭，江州刺史。	
			靚。	覶，揚府長史。		

	巘，周太保、鄧公。六子：恭、覽、深、嶷、誼、威。	恭，後周雍州牧、鄭國公。			覽。
璡字之推，將作大匠、鄧安公。		軌字士則、猛州都督、鄭公。		琮，晉州總管、譙敬公。	
晉行，饒州刺史。		奉節，駙馬都尉、黃國公。		孝謙，洛州刺史。	孝仁，濟州刺史。
揔，汾州刺史。					
弘儼，屯田員外郎。			克順，將作大匠。		

	深。		嶷。	誼。	威字文蔚，相高祖。
	驥，右武衛將軍。				惲，岐州刺史。
孝鼎，司勳郎中。	文表。		德宗，播州刺史。	有意，熊州刺史。	晏。
	季爽，開州刺史。	季安，湖州刺史。		元晦，諫議大夫。	翊，隸王傅、觀津公。
					顒，撫州刺史。
		至柔。			

竇武之後又有敬遠，封西河公，居扶風平陵，孫善衡。

善衡，左衛將軍，襲西河公。	懷亶，洪州都督，襲公。	胤，同昌郡司馬，襲公。	叔向，左拾遺。	常字中行，國子祭酒。	弘餘，黃州刺史。
				牟字貽周，國子司業。	周餘，祕書監。
					藩餘字外臣。
				罩字丹列，容管觀察使。	謙餘。
					審餘。

				庠字冑卿，澧、登、信、婺四州刺史。	繇。
					載。
				翟字友封，鄂岳節度副使。	景餘。
					師裕。
				端。	
		元昌，九隴令。		洵直。	
			彧，廬州刺史。	易直字宗玄，相穆、敬。	綰字受章，循州

					司戶參軍。
					從實，殿中侍御史。
					敬直。

竇氏定著二房：一曰三祖房，二曰平陵房。宰相六人。三祖房有德玄、懷貞、抗、參、威；平陵房有易直。

陳氏出自嬀姓，虞帝舜之後。夏禹封舜子商均於虞城，三十二世孫遏父爲周陶正，武王妻以元女大姬，生滿[二]，封之於陳，賜姓嬀，以奉舜祀，是爲胡公。九世孫厲公他生敬仲完，奔齊，以國爲姓。既而食邑於田，又爲田氏。十五世孫齊王建爲秦所滅。三子：昇、桓、軫。桓稱王氏。軫，楚相，封潁川侯，因徙潁川，稱陳氏。生嬰，秦東陽令史。嬰生成安君

餘，餘生軌，軌生審，審生安，安生恆，恆生願，願四子：淸、察、齊、尚。齊生源，源三子：寔、肅、逸。寔字仲弓，後漢大將軍掾屬，文範先生。六子：紀、夔、洽、諶、休、光。諶字季方，獻文先生。生青州刺史忠。二子：佐、和。佐二子：準、徽。準字道基，晉太尉、廣陵元公。生伯眕，建興中度江居曲阿新豐湖。生匡，二子：赤松、世達。世達，長城令，徙居長城下若里，生丞相掾康。康生盱眙太守英，英生尚書郎公弼，公弼生步兵校尉鼎，鼎生散騎侍郎高，高生懷安令詠，詠生安成太守猛，猛生太常卿道巨，道巨生文讚。文讚三子：談先、霸先、休先。

談先，梁東宮直閤將軍、義興昭烈公。	曇倩，陳世祖文皇帝。	伯山字靜之，鄱陽王。	君範，隋溫令。	
			君通，淄州刺史。	矩，穆州刺史。

			君賓，虔州刺史。	
		伯固字牢之，新安王。	顧，萬州刺史。	
		伯仁字壽之，廬陵王。	蕃，隋貲陽令。	
				挺，綏州刺史。
				岌，長城公。
		伯義字堅之，江夏王。	元基，隋穀熟令。	

			察，文州刺史。	
			憲，忠州刺史。	
		伯謀字深之，桂陽王。	鄖，隋番和令。	璿，渠州刺史。
				瓚，黔州都督。
		伯信，出繼衡陽王，西衡州刺史。	法會，梁州刺史。	
	曇頊，高宗孝宣皇帝。	叔寶，後主。	莊字承肅，隋昌陽令。	蕃字承廣，忠州刺史。

		叔英字子烈，隋涪陵太守。	弘。			履華，夏州刺史。
			徵。	元凱，申州刺史。		
		叔堅字子成，隋遂寧郡守。		遺玉，涇州長史。		
		叔卿字子弼，隋上黨通守。				正，循王傅。
		叔明字子昭，隋鴻臚少卿。		繹，侍御史。		

				宏，邢州刺史。							
			某，會稽郡司馬。	某，晉陵郡司功參軍。	秉，右補闕、翰林學士。	當，監察御史。					
						蔓，大理評事。					
						京字慶復，祕書少監。	褒，以從子繼，鹽官令。	灌，高安丞。	伯宣，著作郎。	旺字野王。	機。
									伯黨。	元史。	徵，溫州司戶參軍。

						歸，考功員外郎。	翮。
		叔彪字子華，淮南王。	瓊，唐州錄事參軍。	彝，左散騎常侍。	商字述岐。		
					璽，祕書監、許昌縣男。		
		叔達字子聰，相高祖。	政德。			義，少府少監。	
			玄德。	仲方，順州刺史。			
			賢德，水部郎中。				

			紹德。		復，盩厔尉。	遼。	

又有潁川陳忠，不知所承。

忠。	邕。	夷行字周道，相文宗。					
		玄錫。					
		夷則。		喜，陵州別駕。	聞，陵州刺史。	仲寓。	光象。
						昌誨，初名黯。	康乂。
		夷實。	翻字昭文。				

陳氏宰相三人〔三〕。叔達、希烈、夷行。

封氏出自姜姓，炎帝裔孫鉅爲黄帝師，胙土命氏，至夏后氏之世，封父列爲諸侯，其地汴州封丘有封父亭，即封父所都。至周失國，子孫爲齊大夫，遂居渤海蓨縣。裔孫岌，字仲山，後漢侍中、涼州刺史。生咺，咺四世孫仁，仁孫釋，晉侍中、東夷校尉。二子：悛、懷。懷二子：放、奕。奕，燕太尉。二子：蘄、勸。蘄孫鑒，後魏滄水太守。三子：琳、回、滑。

回字叔念，後魏尚書僕射、孝宣公。	隆之字祖裔，北齊右僕射、富城宣懿子。	子繪字仲藻，祠部尚書、右僕射，諡簡。	寶蓋。	
				智瞻。

		子繡，隋通州刺史。	德潤，青城令。	行賓。	廣城，雍州司法參軍。	希顏，中書舍人、吏部侍郎。
				行高，禮部郎中。		
				梁客，吏部員外郎、中書舍人。		
			德輿，隋南田令。	安壽，湖州刺史。	玄景。	
			德如，隋河南王司馬。	元素，戶部侍郎。		

	興之字祖胄，後魏平北府長史，謚曰文。			
	孝琬字士脩，北齊東宮洗馬。	孝琰字士光，北齊通直散騎常侍。		
倫字德彝，相高祖、太宗。		君確。	君靜。	君嚴。
言道，汝宋二州刺史、駙馬都尉。				
思敏。				
守靜，渠州刺史。				
利建。				
夏時，兼殿中侍御史。				

	孝璋。				
君贊。	君誕。		君夷。		
			道弘，右司郎中、虢州刺史。		
	叔廉，光州刺史。		踐一。		
	悌。	愔。	無待，刑部郎中。		
			希夷。		
			亮，司封員外郎、杭州刺史。		
			敫字頑夫，戶部尚書、渤海縣男。		
			望卿字子踐。	彥卿字峙元。	挺卿字愼獨。
				翹字明。	

				踐禘，黃州刺史。	道瑜。
				無遺。	綰。
					恩，武邑令。
		賁。			思業，戶部郎中、幽州都督。
舜卿字贊聖。	煦卿字愛之。	特卿字亞公。	信卿。		
			潤字希叟。		

士泰。	
松年。	
良弼，京兆府士曹參軍。	
洞。	

封氏宰相一人。倫。

楊氏出自姬姓，周宣王子尚父封爲楊侯。一云晉武公子伯僑生文，文生突，羊舌大夫也。又云晉之公族食邑於羊舌，凡三縣：一曰銅鞮，二曰楊氏，三曰平陽。突生職，職五子：赤、肸、鮒、虎、季夙。赤字伯華，爲銅鞮大夫，生子容。肸字叔向，亦曰叔譽。鮒字叔魚。虎字叔羆，號「羊舌四族」。叔向，晉太傅，食采楊氏，其地平陽楊氏縣是也。叔向生伯石，字食我，以邑爲氏，號曰楊石，黨於祁盈，盈得罪於晉，并滅羊舌氏，叔向子孫逃于華山仙谷，遂居華陰。有楊章者，生苞、朗、款。苞爲韓襄王將，守脩武，子孫因居河內。朗爲秦將，封臨晉君，子孫因居馮翊。款爲秦上卿，生碩，字太初，從沛公征伐，爲太史。八子：鷃、奮、彪、儵、熊、喜、鵬、魋。喜字幼羅，漢赤泉嚴侯。生敷，字伯宗，赤泉定侯。生胤，字毌害。胤生儆，字君平，丞相、安平敬侯。二子：忠、惲。忠，安平頃侯。生譚，屬國、安平侯。二子：寶、並。寶字稚淵。二子：震、衡。震字伯起，太尉。五子：牧、里、秉、讓、奉。牧字孟信，荊州刺史、富波侯。二子：統、馥。十世孫孕，孕六世孫渠，渠生鉉，燕北平郡守。生元壽，後魏武川鎮司馬，生惠嘏。

惠嘏，太原郡守。	馨，汲郡太守。	鍾馗，隋義城縣公。	處綱，秦州總管、義城恭公。	元暠。							
				元珙。	君操，陳州刺史。						
				元約。	諲，度支員外郎。	孚，刑部郎中。	黃裳。	申，侍御史。			
			處樂，隋洛州刺史。								

	烈，平原太守。	禎，寧遠將軍。	忠，隋桓公、太祖武元皇帝。	堅字那羅延，隋高祖文皇帝。	廣，煬皇帝。	昭，元德太子、世宗孝成皇帝。	侑，酅國公。	行基，嗣酅公。	棨字德潤。 順，嗣酅公。		
										溫。	幼言，嗣酅公。
									懷讓。		敦，駙馬都尉、太僕卿同正員。
							倓字仁安，隋燕王。				

							侗字仁謹，隋恭皇帝。				
						暕字世胐，隋齊王。	正道，尚衣奉御。	崇禮，大府卿、戶部尚書。	眘餘，吏部郎中、少府少監。	岳，少府監。	
									眘矜，戶部侍郎。	諫，岳州刺史。	
									眘名，洛陽令。		

觀王房本出渠孫興，後魏新平郡守。生國，國孫紹，後周特賜姓屋呂引氏，隋初復舊。後以士雄封觀王，號觀王房。

國，後魏中散大夫。	定，幷州刺史、晉昌穆侯。	紹字子安，後周驃騎大將軍、儻城信公。	士雄，隋雍州牧、司空、觀德王。	恭仁，相高祖。	思誼。	嘉賓，晉州刺史。					
					思訓，左屯衛將軍。	嘉本，左衛將軍。	愼交，駙馬都尉、祕書監。	洄，駙馬都尉、衞尉卿。	悅，駙馬都尉。		
								沐。			
					思訥，鳳州刺史。						

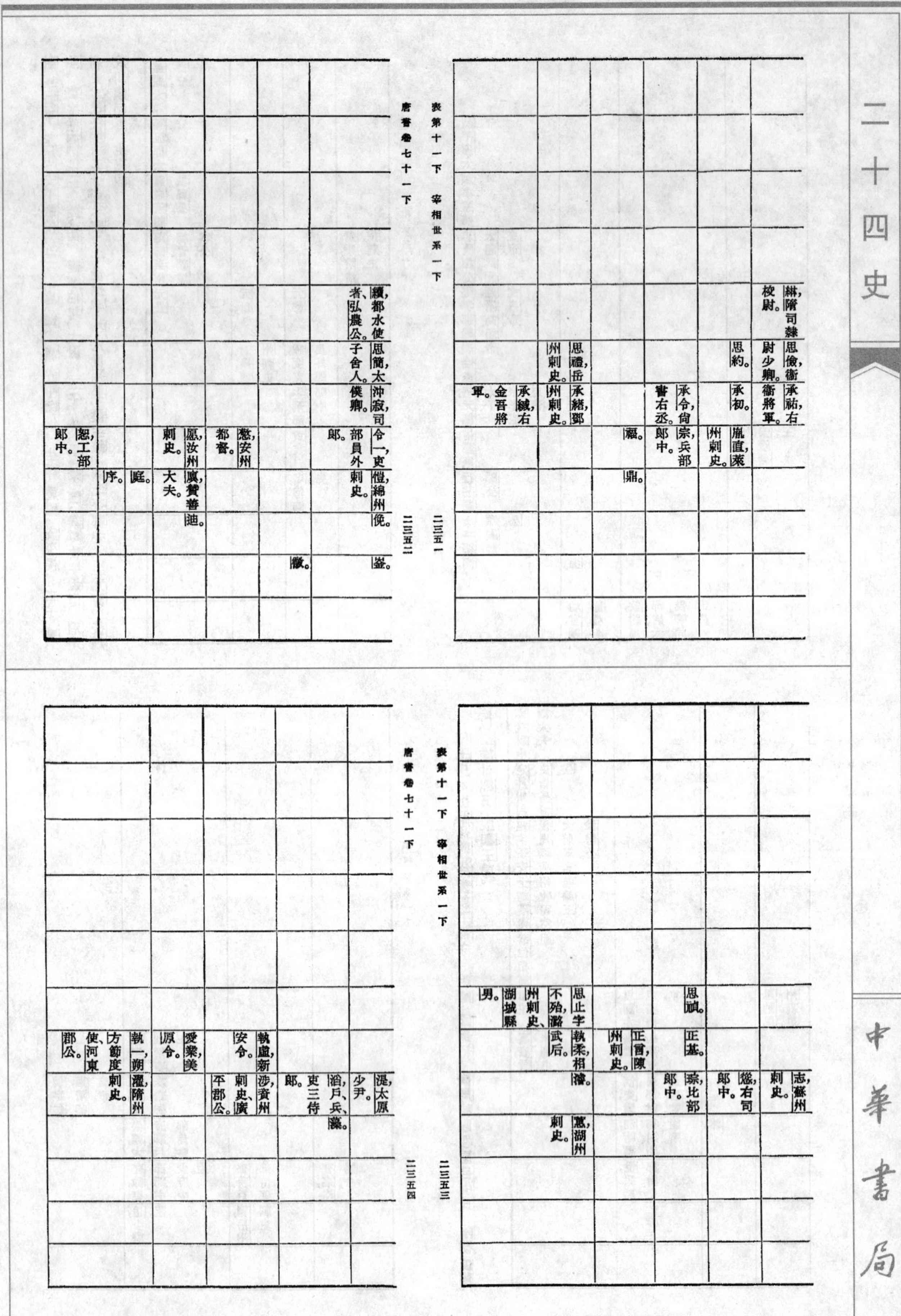

綝，隋司隸校尉。
思儉，衛尉少卿。
承祐，右衛將軍。
思約。
承初。
胤直，萊州刺史。
承令，尚書右丞。
宗，兵部郎中。
福。
鼎。
思禮，岳州刺史。
承緒，鄧州刺史。
承緘，右金吾將軍。

續，都水使者、弘農公。
思簡，太子舍人。
沖寂，司僕卿。
令一，吏部員外郎。
愷，綿州刺史。
俛。
崟。
徽。
懲，安州都督。
願，汝州刺史。
廙，贊善大夫。
迪。
庭。
序。
恕，工部郎中。

志，蘇州刺史。
燧，右司郎中。
思禎。
正基。
琮，比部郎中。
正會，陳州刺史。
思止字不殆，潞州刺史、湖城縣男。
執柔，相武后。
濬。
憲，湖州刺史。

湜，太原少尹。
滔，戶、兵、吏三侍郎。
藻。
執盧，新安令。
涉，資州刺史、廣平郡公。
愛業，美原令。
執一，朔方節度使、河東郡公。
濯，隋州刺史。

		縝。		綱，主爵郎中、平阿公。
	思昭，膳部員外郎。	思玄，吏部侍郎。	思敬，禮部尚書、駙馬都尉。	思謙，光祿卿。
				履忠，殿中侍御史。
汪，殿中侍御史。				

						士貴，隋道、撫二州刺史、邢國公。
	恭道。				師道，相太宗。	福，潘州刺史。
					豫之。	
履言。	還，汾陰令。					
湑，倉部郎中。	譚，廣州都督。	詗。		譿，水部郎中。		
		伯明。	叔興。	詢伯。		

譽，汾州刺史、靜公。					
崇禮。		崇敬，太子少師、鄭懿公。			
		志誠，吏部員外郎中。			
		澂，兵部郎中。		洮，左武衛將軍。	均，光祿少卿。
晤。		默。	默。		
損。	漸。				

遠字士達，隋納言、始安恭侯。					
緘。					
全節。					
知慶，左武將軍。	知運。				
	令珪，漢州刺史。				
翽，尚書奉御。	揩，左衛將軍。	援，巴州刺史。			
		岳。	罡。	岱。	嵇，檢校員外郎。

				白澤。		
				孝義。	至公。	
					令禕，司農少卿。	令深，商州刺史。
知亮，集州刺史。	知什。					
	挹玉，太僕卿。	幼玉，右衛將軍。	遺玉，鄭王傅。			

知敬。	孝仁，濟、汝二州刺史。

孕五世孫贇，隋輔國將軍、河東公。生初，左光祿大夫、華山郡公。初裔孫播，世居扶風。

播。
炎字公南，相德宗。
朗，殿中侍御史。

太尉震子奉，字季叔，後漢城門校尉、中書侍郎。八世孫結，仕慕容氏中山相。二子：珍、繼。至順，徙居河中永樂，岐徙居原武。

珍，後魏上谷太守。
眞，河內、清河二太守。
懿，洛州刺史、弘農簡公。
順字延伯，冀州刺史、三門縣伯。
璪，儀同三司、平鄉縣公。
汪字元度，隋梁郡通守。
令本，庫部郎中。
友諒，吳陵令。
珣，宣州司士參軍。
國忠，相玄宗。
暄，太常卿。

			志謙。	
			玄琰，蜀州司戶參軍。	玄珪，工部尚書。
			銛，殿中祕書監。	錡，大僕卿、駙馬都尉。
曉，殿中少監。	朏，鴻臚卿、駙馬都尉。	晞，太子中允。		晅。

		津字羅漢，後魏司空、孝穆公。		
		愔字遵彥，北齊尚書令、開府王。	暐字延孝，後魏安南將軍。	岐，呂州刺史。
				行表，長安尉。
				敏。
	志詮。	復珪，起居郎。		冠時，侍御史。
玄璬，國子司業。	明肅，少府監。			
鑑，湖州刺史。				

綝字再思，相武后、中宗。

禎，司勳員外郎。

獻，汝南太守。

和。

亮字季昭，鄧州刺史。

潤字溫玉，國子祭酒、湖城公。

回，遂寧太守。

勉。

垂。

炅，遂州刺史。

昱，偃師丞。

歸厚，右拾遺。

轄字殷

纁。

侃，白水令。

纘。

紘。

繪。

縉字公權，相代宗。

弘徽，兼監察御史。

寂字玄之，陝主簿。

越公房本出中山相結次子繼。生暉，洛州刺史，謚曰簡。生河間太守恩，恩生越恭公鈞，號越公房。

鈞，恆州刺史、越恭公。

暄字宣和，西魏度支尚書。

敷字文衍，後周汾州刺史、臨貞壯武公。

素字處道，隋尚書令、司徒、楚景武公。

玄獎，清河公。

崇本，宋州長史。

積善，上儀同。

悟靈，錢塘令。

幼烈，寧州司馬。

藏器，三水丞。

遺直，濠州錄事參軍。

發。

楪字文逸。

假。

收字藏之，相懿宗。

鑒字文通，生弘，字伯寬。

鏻字文豪。

鉦字文碩。

嚴字凜之，兵部侍郎判度支。

涉字文川，相昭宗，生凝式。

注字文台。

約，隋萬年令、脩武公。
慎，義安侯。
岳，隋萬年令、蒼山公。

弘禮，中書侍郎、太府少卿。
弘文，駕部郎中。

洞字文遠。

弘武，相高宗。

元亨，庫部郎中、睦州刺史。
元裕，博州刺史。
元禧，台州刺史。
元禕，宣州刺史。
元咸，安州都督。

儉字景則，西魏侍中、夏陽靜侯。

文昇。
文休。

處嶷。
處相。

昉，尚書右丞、工部尚書。
寶應，華州刺史、鴻臚卿。
寶琳。

維友，工部員外郎。
仲敏，郴州刺史。

志先，戶部郎中。
恂，左司郎中。

佚。

鎡。
鉞，侍御史。

文异字文安仁。

珠，隋刑部尚書、吳州總管、樂昌縣侯。

德立。

隱朝，郃陽令。

燕客，臨汝令。

審。

寧，國子祭酒。

汝士字慕巢，刑部尚書、東川節度使。

知溫字德之，荆南節度使。
知遠字明之，絳州刺史。

開物字照之，左拾遺。
及善字元吉，西令。

知至字幾之，戶部侍郎。
整字秉禮，鳳翔從事。

全慶，岳陽令。

嘉羲。

弘嘉。

協字與樂。

愔。

貽德字垂裕，永州刺史。

廣卿字師皐，京兆尹。

知退字先之，左散騎常侍。

贊禹字昭謨，左司郎中、集賢學士，生澄，字表微。

贊圖字光祜，司封員外郎，知制誥。

緒。

濟。

業。

元孫字立之，潁州刺史。
球字遐寶，度支、宣歙院巡官，兼侍御史。

贊辭字彰史。

知權字正之，試協律郎。
甸字禹封，司勳員外郎。

惝字莊已，常州刺史，生道沖。

磻字後隱，水部郎中。
安期字樂全。

思方字立之，鳳翔副使、檢校吏部郎中。

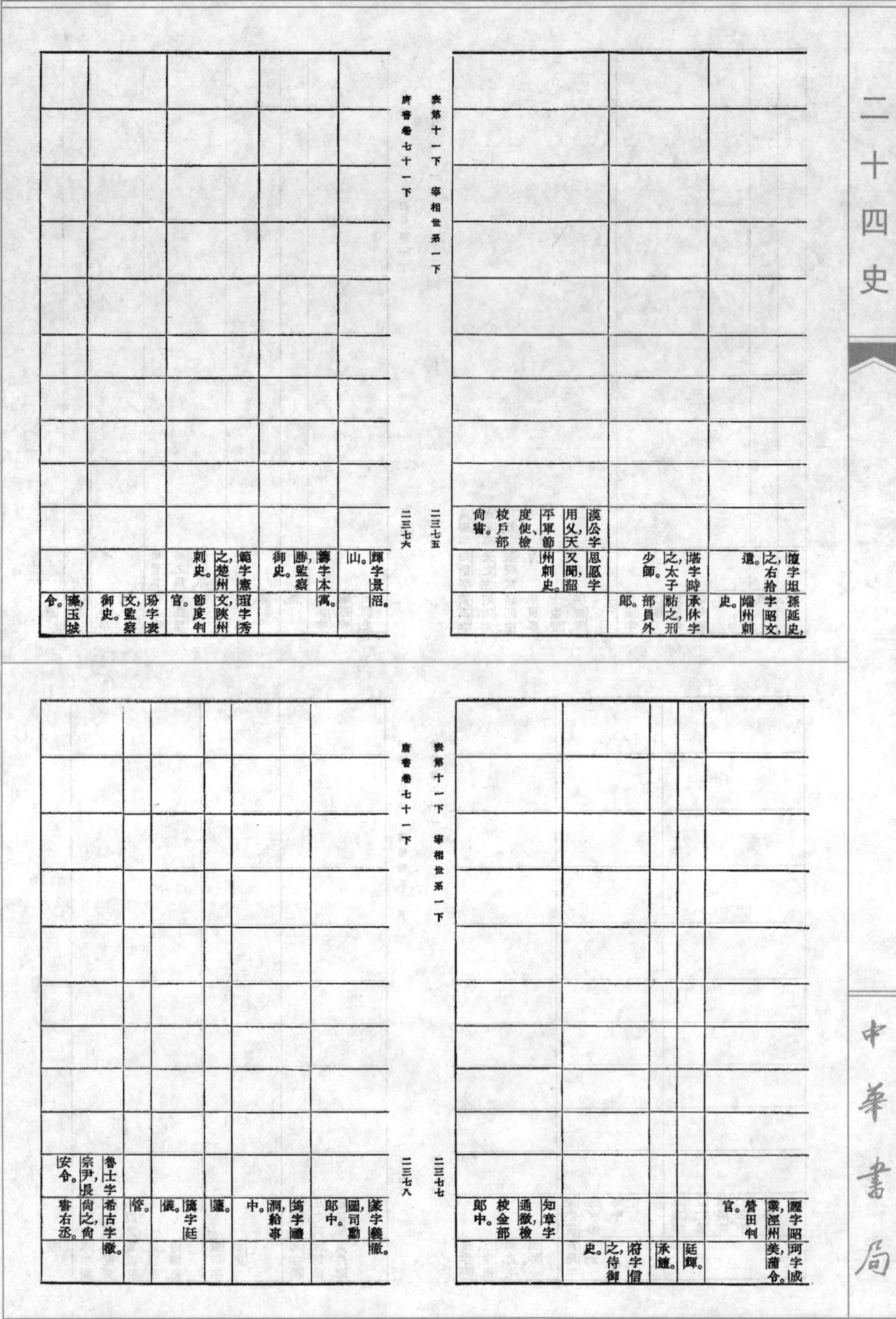

㫋字坦之，右拾遺。	堪字時之，太子少師。	漢公字用乂，天平軍節度使、檢校戶部尙書。
孫延史，字昭文，端州刺史。	承休字祐之，刑部員外郎。	思愿字又聞，韶州刺史。

輝字景山。	籌字本勝，監察御史。	範字憲之，楚州刺史。		
沼。	寓。	瑄字秀文，陝州節度判官。	玢字表文，監察御史。	璪，玉城令。

歷字昭業，涇州營田判官。				知章字通微，檢校金部郎中。
珂字成美，蒲令。	廷輝。	承鐘。	符字信之，侍御史。	

					魯士字宗尹，長安令。
篆字義圖，司勳郎中。	筠字禮潤，給事中。	籧。	篋字廷儀。	管。	希古字徽。尙之，尙書右丞。
徹。					

仁贍字濟之，祕書監。

峴字鎮川，左拾遺。

嶠。

思貫，忠武從事。

敬福字遐吉，同官令。

郁字堯之，永和令。

崇鼎。

源嶓字紀川，兵部郎中。

雍字昭化，藍田尉、直弘文館。

志立。

九思，鄜州刺史。

如權，瓜州刺史。

思齊，瀛州刺史。

虔遜。

文偉，隋安、溫二州刺史、安平公。

師，武州刺史。

秦，駕部郎中。

恪，溫令。

元表，國子司業。

元政，司勳郎中。

志玄，殿中侍御史。

咸名。

還字盧渾之。

簡。

逾字遐至。

受，刑部侍郎、京兆尹。

凝字懋功，司封郎中。

後之字譙人。

稷。

敬之，同州刺史。

戴字贊業，江西觀察使。

迢字文通。

邁字嗣古，太僕少卿。

成規。

邈。

士積。

緘，都官員外郎、將作少匠。

言成，商州刺史。

魏成，滁州刺史。

安，濟州刺史。

纂，戶部尚書、長平公。

守拙，考功郎中。

頤，職方郎中。

守鵬,倉部郎中、汾州刺史。	守愨,雍州長史。	守柔,鄧州刺史。		守挹,岐州刺史。
		祗本,吏部郎中。	戩本。	勵本,蜀州別駕。
普,金部郎中。				

寬字蒙仁,周總管、梁興等州諸軍事、宜陽元公。			
文紀字溫範,隋荊州總管、陽山恭公。			
孝滿。	孝儼。		
弘業,主客員外郎。	弘毅,洛州長史。		
	璡。	珪,辰州司戶參軍。	
		冠俗,奉先丞。	
	鐘,大理司直。	太清,單父尉。	
	成器,涪州刺史。	於陵字達夫,左僕射、弘農郡公。	
		景復,衛尉卿。	嗣復字繼之,相
			損。
			溥字元尤,生安

文宗、武宗。					紹復字紹之。
	授。	技字昭文。	拭字昭玉。	撝字謙光。	據字道叶。
貞字不忒,安古字垂則。	然字公隱。				

				孝怡,膳部郎中、太僕卿。
			弘睞,工部員外郎。	弘胄,水部郎中。
		師復。		
授字知幾。	拯字致堯。	拙字藏用。		

楊氏宰相十一人。恭仁、執柔、師道、炎、國忠、再思、綰、收、涉、弘武、嗣復。

高氏出自姜姓，齊太公六世孫文公赤，生公子高，孫傒，爲齊上卿，與管仲合諸侯有功，桓公命傒以王父字爲氏，食采於盧，諡曰敬仲，世爲上卿。敬仲生莊子虎，虎生傾子，傾子生宣子固，固生厚，厚生子麗，子麗生止，奔燕。十世孫量，爲宋司城，後入楚。十世孫洪，後漢渤海太守，因居渤海蓨縣。洪四世孫褒，字宣仁，太子太傅。褒孫承，字文休，國子祭酒、東莞太守。生延，字慶壽，漢中太守。延生納，字孝才，魏尚書郎、東莞太守。納生達，字式遠，吏部郎中、江夏太守。四子：約、乂、隱、漢。隱，晉玄菟太守。生慶，北燕太子詹事、司空。三子：展、敬、泰。展，後魏黃門侍郎，三都大官。二子：讜、頤。讜，冀青二州中正、滄水康公。二子：祚、祐。祐字子集，光祿大夫、建康靈侯。二子：和璧、振。

和璧字僧壽，後魏中書博士、下博公。	顥字門賢，輔國將軍、建康惠子。	德政，北齊左僕射、藍田康公。	伯堅。	希傑。	敬言，吏部侍郎。	崇業。					

						子繼。	憲。	蓋，禮部郎中。			
								丘。	叔讓，殿中侍御史。		
							慈。				
						光復，天官郎中。	悆，職方員外郎。				
							寧。				
							寬。				
							密。				
							察。				

振。	石安。	志廉，都官員外郎。	正臣，襄州刺史。								
	袤，後魏安德太守。	衡，隋萬年令。	元道，汲令。								
			仲仁。		豫，刑部郎中。						
			季通，宗正少卿。								
			馮字季輔，相太宗、高宗。	正業，中書舍人。							

泰，北燕吏部尚書、中書令。二子：韜、湖。

湖，後魏寧西右將軍。	謐，侍御史。	樹生。	歡，北齊高祖神武皇帝。	廓字仁弘，齊安王。			玄景，沂州刺史。	元思，吏部郎中。			
			琛，趙郡王。	叡，襲趙郡王，裔孫正初。	正初，隋左金吾衛郎將。	翰，常州長史。	莊，左驍衛將軍。	武光字昇，右司郎中。			
								叔良，晉州刺史、渤海縣伯。			
		翻字飛雀，後魏侍御中散、孝宣公。	岳字洪略，北齊太保、清河昭武王。	勱字敬德，隋洮州刺史、樂安侯。	士寧。				昱。		

宗儉字士廉,相太宗。

文斂字履行,戶部尚書、駙馬都尉。

琁,循州司馬,襲申公。　蓮。

紹,考功郎中。　術,衛尉少卿。　丕。　遷,祠部郎中。

燭字時雍。　子羽,右司郎中。

曙。　暄。　曖。

質行,主客郎中。　眞行,左驍衛將軍。

嶠,司門郎中。　峻,殿中丞、蒲州長史。

迴,餘杭令。

子平。　彪,著作佐郎、崇賢館學士。

炅,侍御史、倉部員外郎。　集,太原少尹,兼御史中丞。

允恭。

表第十一下　宰相世系一下

唐書卷七十一下

少逸,工部尚書。　元裕字景圭,初名允中,吏部尚書、渤海縣男。子璩字瑩之,相懿宗。

熊,和州刺史。　象,魏州別駕。

重字文明,檢校戶部尚

允誠生錫盟,字叶中;曄字暈;殷字贊禹。殷生濟,字德昌;汶字魯昌。　元經,河南兵曹參軍。

書、渤海縣子。

德明，大理評事。　光庭，右金吾、胄曹參軍。　由庚，華州參軍。　公衡，河中觀察支使，生育，字全之。

審行，戶部侍郎。

嵊，祠部郎中。　嶧，廬州刺史。　崘，倉部郎中。　嶸。

惠恭，巴州刺史。

京兆高氏，又有與北齊同祖，初居文安，後徙京兆。

卿，遂城令。　賓，滄州長史。　伯雄，右拾遺。　郢字公楚，相德宗、順宗。　定。

晉陵高氏，本出吳丹楊太守高瑞。初居廣陵，四世孫悝，徙秣陵，十三世孫子長。

子長，隋祕書學士。　智周，相高宗。

高氏宰相四人〔四〕。士廉、璩、郢、智周。

房氏出自祁姓，舜封堯子丹朱於房，朱生陵，以國爲氏。陵三十五世孫鍾，周昭王時食采璽壽。生沈，沈十二世孫漢常山太守雅，徙清河繹幕。十一世孫植，後漢司空。植八代孫諶，隨慕容德南遷，因居濟南。四子：裕、坦、邃、熙，號「四祖」。裕孫後魏冀州刺史法壽。

法壽孫翼，仕至鎮遠將軍，襲壯武伯。二子：熊、豹。熊字子彪，本州主簿，生彥謙。

彥謙，司隸刺史。

玄齡字喬松〔五〕，相太宗。

遺直，禮部尚書。　遺則。　遺愛，太府卿。

絳。

晦。　勳。

階，大理司直。　凝字玄儉，鄄州刺史。　克讓。

詧字詠歸。　鄴字正封。

重字慕，武功尉。

詷，大理評事。

從約。　從繹。　從絢。　從縉。

二十四史

中華書局

沼，監察御史。

復。

河南房氏，晉初有房乾，本出清河，使北虜，留而不遣，虜俗謂「房」爲「屋引」，因改爲屋引氏。乾子孫隨魏南遷，復爲房氏，而河南猶有屋引氏，唐雲麾將軍、弘江府統軍、渭源縣公豐生，即其後也。

倫，後魏殿中尚書、武陽公。

謨，北齊侍中、吏部尚書。

廣深。

恭懿，隋海州刺史。

彥雲。

德懋，兵部郎中。

玄基，倉部郎中。

元陽，水部郎中。

由，度支郎中。

融，相武后。

琯字次律，相肅宗。

宗偃，御史中丞。

乘，祕書郎。

啓，容管經略使。

越。

孺復，容州刺史。

璩，少府監。

履。

潔。

覯，成都少尹。

輿。

奉若。

滂，容管經略使。

琡。

瑜。

溆，中書侍郎。

岳。

玄靜，膳部郎中、清漳公。

肱。

譽，都水使者。

陟。

武，興元少尹。

次卿字蜀客。

式，宣歙觀察使。

岱。

密，諫議大夫。

署，光祿卿。

嵒。

諶。

全慶。

岡。

說，右司郎中。

夷則。

千里字鵠舉。

1	2	3	4	5	6	7	8	9	10	11	12
							垂。	挺，常州刺史。	頲字莊己。		
		巖，周平陽公。		頠，朗州刺史。							

房氏宰相三人。玄齡、融、琯。

宇文氏出自匈奴南單于之裔。有葛烏兔爲鮮卑君長，世襲大人，至普迴，因獵得玉璽，自以爲天授也，俗謂「天子」爲「宇文」，因號宇文氏。或云神農氏爲黄帝所滅，子孫遁居北方。鮮卑俗呼「草」爲「俟汾」，以神農有嘗草之功，因自號俟汾氏，其後音訛遂爲宇文氏。普迴子莫那自陰山徙居遼西，至後周追謚曰獻侯。獻侯生可地汗，號莫何單于，闢地西出玉門，東踰遼水。孫普撥，普撥生丘不勤，丘不勤生莫珪，莫珪生遜昵延，遜昵延生佚豆歸，自稱大單于，爲慕容晃所滅。生六子：一曰拔拔陵陵，二曰拔拔瓌，三曰紇闍，四曰目原，五曰紇闍俟直，六曰目陳。拔拔陵陵號阿若諺，仕後魏，都牧主、開府儀同三司、安定忠侯，以

豪傑徙居代州武川。生系，位至內阿干。二子：韜、阿頭。韜三子：肱、顥、泰。泰，後周太祖文皇帝。阿頭生仲，贈大司徒、虞公。生興，襲虞公，生洛。

1	2	3	4	5	6	7	8	9	10	11	12
洛，隋介公。	裕。	延。	離惑。			庭立，並襲介公。					
							邈，御史中丞。	鼎字周重。	獻字昌言。		
								瓚字禮用。			

目原孫跋，後魏羽眞尚書、居庸侯。生直力勤，比部尚書。直力勤生賢。

1	2	3	4	5	6	7	8	9	10	11	12
賢字大雅，定州刺史。	瑋字法珍，後周宕州刺史、壽張公。	弼字公輔，隋禮部尚書、平昌縣公。	儉，九隴令。	節字大禮，相高宗。	嶠，萊州長史。	融，相玄宗。	寬。				

1	2	3	4	5	6	7	8	9	10	11	12
							寧。				
							審字審，永州刺史。	炫，刑部郎中。			
							宣。				
			瑗。								
			紹，水部員外郎。								

又有費也頭氏，臣屬鮮卑佚豆歸，後從其主亦稱宇文氏。仕後魏，世爲沃野鎮軍主，玄孫盛。

1	2	3	4	5	6	7	8	9	10	11	12
盛，後周柱國、濮陽公。	歸。	定及，德州刺史。	規，光祿少卿。	頤。	實，好畤令。						

1	2	3	4	5	6	7	8	9	10	11
					宿，均州刺史。					
	述，隋左翊衞大將軍。	智及。								
		化及，隋太僕卿。								
		士及，相高祖。	某，封城縣公。							
	靜。	福及。		全志，左司員外郎。						

順，虞部員外郎。

賓。

巘。

妃。

宇文氏宰相三人。士及、節、融。

校勘記

〔一〕漢有丞相酇文終侯何二子遺則　按漢書卷一六高惠高后文功臣表及卷三九蕭何傳，遺、則均蕭何孫，非子也。

〔二〕遏父爲周陶正武王妻以元女大姬生滿　按左傳襄公二五年云「庸以元女大姬配胡公」，杜預注：「胡公，閼父之子滿也」。「閼父」即「遏父」。此言以大姬妻遏父而生滿，蓋誤。

〔三〕陳氏宰相三人　上表無希烈世系。按希烈相唐玄宗，本書卷二二三上及舊書卷九七有傳，表漏列。

〔四〕高氏宰相四人　按本卷高氏表載：「馮字季輔，相太宗、高宗。」與本書卷一〇四及舊書卷七八高季輔傳合，此處漏計。

〔五〕玄齡字喬松　本書卷九六房玄齡傳云「房玄齡字喬」，舊書卷六六房玄齡傳云「房喬字玄齡」。